NSQF (Level 3)

मैकेनिक ट्रैक्टर

थ्योरी

I YEAR

निम्मी पैटर्न

NSQF (Level 3)

मैकेनिक ट्रैक्टर

थ्योरी

I YEAR

गुरूदत्त शर्मा
अनुराग चौधरी

arihant
SUCCESS AND NOTHING LESS

arihant
SUCCESS AND NOTHING LESS

अरिहन्त प्रकाशन (इण्डिया) लिमिटेड

卐 **रजि. कार्यालय**
'रामछाया' 4577/15, अग्रवाल रोड, दरियागंज, नई दिल्ली- 110002
फोन: 011-47630600, 43518550

卐 **मुख्य कार्यालय**
कालिन्दी, टी.पी. नगर, मेरठ (यूपी)– 250002
फोन: 0121-7156203, 7156204

मुख्य वितरक
शर्मा बुक एजेन्सी, ओम नगर, आगरा देहली बाईपास (निकट अलवर ब्रिज), मथुरा
फोन: 09219662591, 8433486830 ई.मेल: sharmabookagency25@gmail.com

卐 **शाखा कार्यालय**
आगरा, अहमदाबाद, बरेली, बेंगलुरु, चेन्नई, दिल्ली, गुवाहाटी, हैदराबाद, जयपुर, झाँसी, कोलकाता, लखनऊ, नागपुर तथा पुणे

卐 **मूल्य** ₹ 450.00

PO No : TXT-XX-XXXXXXX-X-XX

PUBLISHED BY ARIHANT PUBLICATIONS (INDIA) LTD.

'अरिहन्त' की पुस्तकों के बारे में अधिक जानकारी के लिए हमारी वेबसाइट **www.arihantbooks.com** पर लॉग इन करें या **info@arihantbooks.com** पर सम्पर्क करें।

Follow us on...

प्रस्तावना

तकनीकी शिक्षा के क्षेत्र में नेशनल कॉउन्सिल ऑफ वोकेशनल ट्रेनिंग, NCVT एक महत्त्वपूर्ण भूमिका निभाता है, क्योंकि यह प्रशिक्षुओं के लिए पाठ्यक्रम पर निर्धारित ऑल इण्डिया ट्रेड टैस्ट आयोजित करने के साथ-साथ उन्हें राष्ट्रीय व्यापार प्रमाण-पत्र द्वारा भी प्रमाणित करता है। इसके अतिरिक्त यह विविध ट्रेडों के पाठ्यक्रम में निरन्तर बदलाव कर प्रशिक्षुओं को अपने-अपने क्षेत्र में लगभग पूर्ण विशेषज्ञ बनाने का प्रयास करता है।

अरिहन्त प्रकाशन द्वारा प्रकाशित पुस्तक **'मैकेनिक ट्रैक्टर थ्योरी'** इन्हीं बातों को ध्यान में रखकर तैयार की गई है। यह पुस्तक निम्मी पैटर्न एवं DGT और NCVT के नवीनतम पाठ्यक्रम के अनुसार तैयार की गई है। यह पुस्तक एक पूर्णत: संशोधित संस्करण है जिसमें विभिन्न विषयों तथा सम्बन्धित सम्पूर्ण पाठ्य सामग्री को सटीक चित्रों सहित सरलतम भाषा में समझाकर विषयक् जटिलता के स्तर को न्यूनतम स्तर तक लाने का प्रयास किया गया है। इसके अतिरिक्त परीक्षा पैटर्न के अनुरूप बहुविकल्पीय प्रश्नों की अधिकता तथा अन्य प्रकार के उपयोगी प्रश्नों का समावेश जैसी विशेषताएँ इस पुस्तक को सर्वश्रेष्ठ बनाती हैं।

पुस्तक की विशेषताएँ

- नवीन संशोधित पाठ्यक्रम के अनुसार मैकेनिक ट्रैक्टर सम्बन्धी सभी सिद्धान्तों का सरल एवं सटीक भाषा में प्रस्तुतीकरण।
- पाठ्यक्रम के अनुसार अध्यायों का संकलन।
- सम्पूर्ण पाठ्य सामग्री का तालिका एवं सटीक आरेखों द्वारा वर्णन।
- महत्त्वपूर्ण बिन्दु एवं महत्त्वपूर्ण प्रश्नोत्तरी का अध्यायवार संकलन।
- परीक्षा के दृष्टिकोण से प्रत्येक अध्याय के अन्त में बहुविकल्पीय प्रश्नों का कुंजी सहित समावेश।
- प्रत्येक अध्याय के अन्तर्गत तकनीकी शब्दों के तुल्य अंग्रेजी शब्दों का समावेशन।

यद्यपि यह पुस्तक एक पूर्णत संशोधित संस्करण है परन्तु फिर भी यदि आपको किसी भी स्तर पर इसमें संशोधन की आवश्यकता प्रतीत होती है तो कृपया अवगत कराने का कष्ट अवश्य करें ताकि आगामी संस्करणों को और परिष्कृत रूप में प्रस्तुत किया जा सकना सम्भव हो।

लेखक

विषय–सूची

SYLLABUS

- **Admission & Introduction to the Trade** Introduction to the course duration, course content, study of the syllabus. General rule pertaining to the Institute, facilities available– Hostel, Recreation, Medical and Library working hours and time table.
- **Occupational Safety & Health** Importance of Safety and general Precautions to be observed in the shop. Basic first aid, safety signs - for Danger, Warning, caution & personal safety message. Safe handling of Fuel Spillage, Fire extinguishers used for different types of fire. Safe disposal of toxic dust, safe handling and Periodic testing of lifting equipment, Authorization of Moving & road testing vehicles.
- **Energy Conservation** Definition, Energy Conservation Opportunities (ECOs)-Minor ECOs and Medium ECOs, Major ECOs), Safety disposal of Used engine oil, Electrical safety tips.
- **Hand & Power Tools** Marking scheme, Marking material chalk, Prussian blue. Cleaning tools–Scraper, wire brush, Emery paper, Description, care and use of Surface plates, steel rule, measuring tape, try square. Calipers-inside and outside. Dividers, surface gauges, scriber, punches-prick punch, center punch, pin punch, hollow punch, number and letter punch. Chisel-flat, cross-cut. Hammer- ball pein, lump, mallet. Screw drivers–blade screwdriver, Phillips screw driver, Ratchet screwdriver. Allen key, bench vice & C-clamps, Spanners- ring spanner, open end spanner & the combination spanner, universal adjustable open end spanner. Sockets & accessories, Pliers - Combination pliers, multi grip, long nose, flat-nose, Nippers or pincer pliers, Side cutters, Tin snips, Circlip pliers, external circlips pliers. Air impact wrench, air ratchet, wrenches- Torque wrenches, pipe wrenches, car jet washers, Pipe flaring & cutting tool, pullers-Gear and bearing.
- **Systems of Measurement** Description, care & use of - Micrometers- Outside and depth mirometer, Micrometer adjustments, Vernier calipers, Telescope gauges, Dial bore gauges, Dial indicators, straightedge, feeler gauge, thread pitch gauge, vacuum gauge, tire pressure gauge.
- **Fasteners** Study of different types of screws, nuts, studs & bolts, locking devices, Such as lock nuts, cotter, split pins, keys, circlips, lock rings, lock washers and locating where they are used. Washers & chemical compounds can be used to help secure these fasteners. Function of Gaskets Selection of materials for gaskets and packing, oil seals.
- **Cutting Tools** Study of different types of cutting tools like Hacksaw, File- Definition, parts of a file, specification, Grade, shape, different types of cuts and uses. OFF-hand grinding with sander, bench and pedestal grinders, safety precautions while grinding.
- **Limits, Fits & Tolerances** Definition of limits, fits & tolerances with examples used in auto components.
- **Drilling Machine** Description and study of Bench type Drilling machine, Portable electrical Drilling machine, drill holding devices, Work Holding devices, Drill bits.
- **Taps and Dies** Hand Taps and wrenches, Calculation of Tap drill sizes for metric and inch taps. Different types of Die and Die stock. Screw extractors.
- Hand Reamers Different Types of hand reamers, Drill size for reaming, Lapping, Lapping abrasives, type of Laps.

- **Sheet Metal** State the various common metal Sheets used in Sheet Metal shop Sheet metal operations - Shearing, bending, Drawing, Squeezing Sheet metal joints - Hem & Seam Joints Fastening Methods - Riveting, soldering, Brazing. fluxes used on common joints. Sheet and wire-gauges. The blow lamp- its uses and pipe fittings.
- **Basic Electricity** Electricity principles, Ground connections, Ohm's law, Voltage, Current, Resistance, Power, Energy. Voltmeter, ammeter, Ohmmeter Mulitmeter, Conductors & insulators, Wires, Shielding, Length vs resistance, Resistor rating.
- **Fuses** & circuit breakers, Ballast resistor, Stripping wire insulation, cable colour codes and sizes, Resistors in Series circuits, Parallel circuits and Series-parallel circuits, Electrostatic effects, Capacitors and its applications, Capacitors in series and parallel.
- **Description of Chemical Effects,** Batteries & cells, Lead acid batteries & Stay Maintenance Free (SMF) batteries, Magnetic effects, Heating effects, Thermo-electric energy, Thermisters, Thermo couples, Electrochemical energy, Photo-voltaic energy, Piezo-electric energy, Electromagnetic induction, Relays, Solenoids, Primary & Secondary windings, Transformers, stator and rotor coils.
- **Basic Electronics** Description of Semi conductors, Solid state devices- Diodes, Transistors, Thyristors, Uni Junction Transistors (UJT), Metal Oxide Field Effect Transistors (MOSFETs), Logic gates-OR, AND & NOT and Logic gates using switches.
- **Introduction to Welding and Heat Treatment**
- **Welding Processes** Principles of Arc welding, brief description, classification and applications. Manual Metal Arc welding -principles, power sources, electrodes, welding parameters, edge preparation & fit up and welding techniques; Oxy – Acetylene welding - principles, equipment, welding parameters, edge preparation & fit up and welding techniques.
- Heat Treatment Process– Introduction, Definition of heat treatment, Definition of Annealing, Normalizing, Hardening and tempering. Case hardening, Nitriding, Induction hardening and Flame Hardening process used in auto components with examples.
- **Non-destructive Testing Methods**–Importance of Non-Destructive Testing In Automotive Industry, Definition of NDT, Liquid penetrant and Magnetic particle testing method – Portable Yoke method.
- **Introduction to Hydraulics & Pneumatics** Definition of Pascal law, pressure, Force, viscosity. Description, symbols and application in automobile of Gear pump-Internal & External, single acting, double acting & Double ended cylinder; Directional control valves-2/2, 3/2, 4/2, 4/3 way valve, Pressure relief valve, Non return valve, Flow control valve used in automobile. Pneumatic Symbols, Description and function of air Reciprocating Compressor. Function of Air service unit (FRL-Filter, Regulator & Lubricator).
- **Auto Industry History,** leading manufacturers, development in automobile industry, trends, new product. Brief about Ministry of Road transport & Highways, The Automotive Research Association of India (ARAI), National Automotive Testing and R&D Infrastructure Project (NATRIP), & Automobile Association. Definition Classification of vehicles on the basis of load as per central motor vehicle rule, wheels, final drive, and fuel used, axles, position of engine and steering transmission, body and load. Brief description and uses of Vehicle hoists – Two post and four post hoist, Engine hoists, Jacks, Stands.
- **Tractor Industry in India** Leading manufacturers, development in Tractor industry, trends, new product. Study of tractors, dozers & their major assemblies, and different make (indigenous). Constructional differences between tractor and dozers and their merits. Different type of Tractor starting method and stopping.

- **Engine Basics** Classification of engines, Principle & working of 2&4-stroke diesel engine (Compression ignition Engine (C.I)), Principle of Spark Ignition Engine(SI), differentiate between 2-stroke and 4 stroke, C.I engine and S.I Engine, Direct injection and Indirect injection.
  Brief on common rail diesel injection engine. Engine output, compression pressure, Compression ratio.
- **Engine Components** Working principle & construction of cylinder heads, types of combustion chambers. Function of Engine Valves, different types, materials, Type of valve operating mechanism. Importance of Valve seats & inserts, importance of Valve movement, Valve stem, oil seals, Valve-timing diagram and concept of Variable valve timing.
- **Description of Cylinder block, Cylinder Block Construction,** types of cylinder blocks & cylinder liners. Description & functions of different types of pistons, piston rings and piston pins and materials. Used recommended clearances for the rings and its necessity precautions while fitting rings, common troubles and remedy.
- **Description & Function of Connecting Rod,** importance of big-end split obliquely, Materials used for connecting rods big end & main bearings. Shells piston pins and locking methods of piston pins. Recommended clearances for the cylinder liners & rings. Bearing failure & its causes-care & maintenance.
- **Description of Crankshaft & Camshafts.** Types of their drives. Description of Overhead camshaft, importance of Cam lobes. Crankcase ventilation (PCV). Camshaft, Crank-shaft balancing, Firing order of the engine. Description and function of the fly wheel and vibration damper. Timing mark.
- **Cooling Systems** Purpose, types, Heat transfer method, effect of boiling point & pressure, coolant properties, preparation and recommended change of interval, use of antifreezer.
  Cooling system components, water pump, function of thermostat, pressure cap, Recovery system & Thermo-switch. Function & types of Radiator.
- **Lubrication System** purposes & characteristics of oil, type of lubricants, grade as per SAE, & their application, oil additives, type of lubrication system.
  Lubrication system components- different type of Oil pump, Oil filters & oil cooler. Probable reasons for low/high oil pressure, high oil consumption and their remedies.
- **Intake & Exhaust Systems** Description of Diesel induction & Exhaust systems. Description & function of air compressor, exhauster, Super charger, Intercoolers, turbo charger, variable turbo charger mechanism.
- **Intake System Components** Description and function of Air cleaners, Different type air cleaner, Description of Intake manifolds and material.
- **Exhaust System Components** Description and function of Exhaust manifold, Exhaust pipe, Mufflers- Reactive, absorptive, Combination, Electronic mufflers, Catalytic converters, Back-pressure, Diesel particulate filter, Exhaust Gas Recirculation (EGR).
- **Carburetor** operation Carburation, Carburetor system components, Carburetor systems, Metering jets, Accelerating, Carburetor barrels.
- **Diesel Fuel Systems** Diesel fuel characteristics, concept of Quiet diesel technology & Clean diesel technology, Fuel feed system used in Tractor's description and layout. Diesel fuel system components, Description and function of Diesel fuel injection system, types of fuel injection pumps, type of drive, injectors-types and function. Governor and their types. Distributor-type injection pump, Glow plugs, Cummins & Detroit Diesel injection Diesel electronic control- Diesel electronic control systems (DEC), Common rail diesel injection system. Method of bleeding fuel supply system.

- **Clutch** types, construction and function. Components of clutch -driver & driven plates, torsion spring, cushion springs, operating fingers, clutch shaft, Slave cylinder & oil seal. Clutch release bearing & linkages.
- **Manual Transmissions** Function, description, types and their application. Gearbox layout. Components of tractor gear box. Principle of epicyclical gear box. Necessity of torque convertor, need of 4 x 4 wheel drive / Front wheel drive, Low & high gear ratio, universal joint and propeller shaft.
- **Final Drive & Drive Shafts** Differential carriers double reduction gearing, differential lock, crown wheel and pinion adjustments, function and types of power take off (PTO) mechanism. Types of front & rear axles. Common trouble and their remedies, care and maintenance.
- **Steering & Suspension Systems** Function and types of steering system. Description, construction and function of mechanical steering system steering wheel, steering gear box, tie-rod, arms link, ball and socket joints etc. their movement and adjustment. Description and mechanism of foot steerage pedal as incorporated in tractors. Description, working and principle of hydraulic steering system. Different parts such as pump, distributor valves, pipe line and hoses etc Development of mechanical framing. Use of Power tiller, Tractor & Bulldozer, Chassis frame of tractor.
- **Wheels & Tyres** Description, construction and function of Wheel. Rim sizes. Types & sizes of tyres. Solid, pneumatic & Radial. Ply rating Tyre materials, Hysteresis & designations, Tyre information, Tyre tread designs, Tyre ratings for temperature & traction. Importance of in-Flatting tyres to correct pressure. Repair and maintenance of tyres and tubes. Storage of tyres. Descriptions Tirewear Patterns and causes Nitrogen vs atmospheric air in tyres
- **Braking Systems** Braking fundamentals Principles of braking, Drum & disc brakes, Lever/mechanical advantage, Hydraulic pressure & force, Brake fade. **Braking systems** - Brake type used on tractor - principles, Air brakes.
- **Braking System Components** Park brake system, Brake pedal, Brake lines, Brake fluid, Bleeding, Master cylinder, Divided systems, Tandem master cylinder, Power booster or brake unit, Hydraulic brake booster, Applying brakes, Brake force, Brake light switch.
- **Drum Brakes & Components** Drum brake system, Drum brake operation, Brake linings & shoes, Backing plate, Wheel cylinders.
- **Disc Brakes & Components** Disc brake system, Disc brake operation, Disc brake rotors, Disc brake pads, Disc brake calipers, Proportioning valves, Proportioning valve operation, Brake friction materials. Description, working principle & use of power tiller (two wheel tractor) power unit. Method of power transmission to wheel from engine. Main clutch assembling working procedure steering Clutch/brakes mechanism method of power transmission to implement (Rotation), irrigation pump, thresher. Hitching of M.B. Plough, trailer disc harrow.
- **Tractor Equipment** Description, function of harrows, cultivators, seed drills & tractor trailer. Hitching of equipment. Danger in overloading & incorrect field operation. Average life of Agriculture implements. Description and function of tractor accessories such as Draw bar, top link & Belly Pulley. Setting of draw bar to correct height. Use of Hydraulic lift. Maintenance of tractor accessories.
- **Tractor Electrical Maintenance** Lighting arrangement in tractors (As applicable). Description of charging circuit. Operation of alternator, regulator unit ignition warning lamp troubles and remedy in charging system. Fault finding in electrical system. Description of starter motor circuit, common troubles and remedy in starter circuit. Description of lighting circuit. Charging & discharging of lead acid battery.
- Inplant Training/Project work

अध्याय 01

ट्रेड परिचय

Trade Introduction

परिचय Introduction

देश के समस्त औद्योगिक प्रशिक्षण संस्थान प्रत्येक राज्य सरकार के अधीन संचालित किए जाते हैं, जिन्हें केन्द्र सरकार द्वारा श्रम विभाग के प्रशिक्षण एवं सेवा नियोजन निदेशालय के अन्तर्गत मान्यता प्राप्त होती है। इन औद्योगिक प्रशिक्षण संस्थानों में मैकेनिक ट्रैक्टर व्यवसाय भी एक प्रमुख ट्रेड है। मैकेनिक ट्रैक्टर ट्रेड की अवधि एक वर्ष की होती है।

औद्योगिक प्रशिक्षण संस्थानों से इस ट्रेड में प्रशिक्षण प्राप्त करने तथा परीक्षा में उत्तीर्ण होने के पश्चात् प्रशिक्षुओं को 'नेशनल ट्रेड सर्टिफिकेट' (National Trade Certificate) प्रदान किया जाता है। प्रशिक्षण अवधि पूर्ण होने के पश्चात् प्रशिक्षुओं को विभिन्न मान्यता प्राप्त कार्यशालाओं में एप्रेन्टिसशिप का अवसर प्रदान किया जाता है। इस अवधि के दौरान उन्हें नियमानुसार प्रतिमाह छात्रवृत्ति भी दी जाती है।

एप्रेन्टिसशिप प्रशिक्षण पूर्ण होने के पश्चात् पुनः ली जाने वाली परीक्षा में उत्तीर्ण होने पर प्रशिक्षु को नेशनल एप्रेन्टिसशिप सर्टिफिकेट (National Apprenticeship Certificate) प्रदान किया जाता है, जिसकी मान्यता अन्तर्राष्ट्रीय स्तर पर होती है। औद्योगिक प्रशिक्षण संस्थानों में मुख्य व्यवसाय एवं सम्बन्धित व्यवसाय की थ्योरी एवं प्रैक्टिकल के अतिरिक्त सहायक सामग्री के रूप में विज्ञान, गणित एवं इंजीनियरिंग ड्रॉइंग विषय को भी पढ़ाया जाता है। इसके लिए समस्त प्रशिक्षण की समय सारणी निर्धारित होती है।

अध्याय विषय सूची

1.1 व्यवसाय में प्रवेश Admission in Trade

मैकेनिक ट्रैक्टर व्यवसाय में प्रवेश हेतु आवश्यक योग्यता 10वीं कक्षा उत्तीर्ण होना है। इसके लिए संस्थान द्वारा विवरण पत्रिका उपलब्ध कराई जाती है। इस पत्रिका में व्यवसाय में प्रवेश हेतु निर्धारित शैक्षणिक योग्यता के अतिरिक्त आयु, पात्रता, फॉर्म भरकर जमा करने की अंतिम तिथि, प्रशिक्षण एवं प्रशिक्षण अवधि, संस्थान के नियम, लाइब्रेरी तथा अन्य सुविधाओं की जानकारी इत्यादि लिखी रहती हैं।

1.2 पाठ्यक्रम सम्बन्धी अध्ययन Study Related to Syllabus

प्रशिक्षु को मैकेनिक ट्रैक्टर व्यवसाय के पाठ्यक्रम का विस्तारपूर्वक अध्ययन करना चाहिए। इस पाठ्यक्रम में क्रियात्मक, प्रयोगात्मक कार्य, सैद्धान्तिक ज्ञान, इंजीनियरिंग ड्रॉइंग, वर्कशाप गणित एवं विज्ञान इत्यादि की जानकारी दी जाती है। इन सभी विषयों के लिए प्रशिक्षण घण्टे निर्धारित होते हैं।

पाठ्यक्रम की समयावधि Course Duration

औद्योगिक प्रशिक्षण संस्थान द्वारा संचालित मैकेनिक ट्रैक्टर ट्रेड एकवर्षीय ट्रेड है। इस ट्रेड के विषयों एवं प्रयोगात्मक कार्य को निम्न तालिका के अनुसार निर्धारित समयावधि में विभाजित किया गया है

कुल घण्टे/सप्ताह	ट्रेड प्रैक्टिकल	ट्रेड थ्योरी	कार्यशाला, गणना एवं विज्ञान	इन्जीनियरिंग ड्रॉइंग	एम्प्लॉयएबिलिटि स्किल्स
40 घण्टे	25 घण्टे	7 घण्टे	2 घण्टे	2 घण्टे	4 घण्टे

पाठ्यक्रम में विषय Course Content

पाठ्यक्रम का प्रशिक्षण तीन खण्डों में दिया जाता है

1. प्रयोगात्मक
2. सैद्धान्तिक (थ्योरी) एवं एम्प्लॉयएबिलिटि स्किल
3. कार्यशाला गणना तथा विज्ञान एवं इंजीनियरिंग ड्रॉइंग

1.3 प्रशिक्षण संस्थान के सामान्य अनुशासन General Discipline of the Institute

संस्थान के प्रत्येक प्रशिक्षु को निर्धारित सामान्य अनुशासन का अनुपालन अवश्य करना चाहिए। अनुशासन में प्रशिक्षु स्वयं की सुरक्षा के साथ-साथ कार्यशाला और मशीनों की सुरक्षा भी सुनिश्चित करता है।

इस प्रकार, यह कहा जा सकता है कि प्रशिक्षण संस्थान के अनुशासन का पालन करना प्रत्येक प्रशिक्षु का कर्त्तव्य है।

संस्थान के कुछ मुख्य अनुशासन निम्नलिखित हैं

1. संस्थान में छात्रों को कार्य करने के लिए कीमती उपकरण दिए जाते हैं। अत: छात्रों द्वारा लापरवाही से उन उपकरणों का प्रयोग करने पर उन्हें दण्डित भी किया जा सकता है।
2. संस्थान में परीक्षार्थी की 80% उपस्थिति अनिवार्य होती है, इससे कम उपस्थिति पर अन्तिम परीक्षा में बैठने की अनुमति निदेशक महोदय द्वारा प्रदान नहीं की जाती है।
3. सुरक्षा की दृष्टि से प्रत्येक छात्र को काम करते समय एप्रन (apron) पहनने के लिए दी जाती है।
4. संस्थान में अधिकतर कार्य मशीनों पर होते हैं, मशीनों पर कार्य के दौरान दुर्घटना की स्थिति में संस्थान में प्राथमिक चिकित्सा के साथ उपयुक्त चिकित्सा की सुविधा भी होती है।
5. छात्रों के लिए संस्थान में खेलकूद, मनोरंजन व पुस्तकालय का प्रबन्ध होता है, इसके साथ ही छात्र NCC में भी भाग ले सकते हैं।
6. व्यर्थ की क्रियाओं से संस्थान के अनुशासन को खराब न करें।
7. अपने साथ-साथ दूसरों की सुरक्षा का भी ध्यान रखें।
8. संस्थान व उसकी कक्षाओं, कार्यशालाओं, मशीनों की सुरक्षा व सफाई का भी ध्यान रखें।
9. संस्थान में प्रत्येक कर्मचारी व प्रशिक्षु का सम्मान करें।
10. संस्थान परिसर को स्वच्छ रखने में सहायता करें।

संस्थान में उपलब्ध सुविधाएँ Facilities Available in Institute

संस्थान की कार्यपालिका के प्रावधानों के अनुरूप प्रशिक्षु को निम्न सुविधाएँ पूर्ण या आंशिक रूप से उपलब्ध कराई जाती हैं

1. **छात्रावास** (Hostel) कुछ संस्थानों को छोड़कर अन्य संस्थानों में छात्रावास उपलब्ध होने पर कुछ शर्तों के अन्तर्गत छात्रों को रहने की अनुमति दी जाती है, जिनका पालन करना प्रशिक्षु के लिए अनिवार्य होता है।
2. **खेलकूद या मनोविनोद** (Recreation) संस्थाओं में प्राय: इसके लिए अलग से कोई अनुदेशक नियुक्त नहीं किया जाता, बल्कि NCC ऑफिसर द्वारा ही विभिन्न खेल आयोजित किए जाते हैं।
3. **चिकित्सा** (Medical) संस्थानों में चिकित्सालय भी बने होते हैं, जिनसे चिकित्सा सुविधाएँ प्रधानाचार्य की अनुमति पर प्रदान की जाती हैं।
4. **पुस्तकालय** (Library) संस्थाओं का अपना एक पुस्तकालय होता है, जिसमें विभिन्न तकनीकी विषयों से सम्बन्धित पुस्तकें उपलब्ध होती हैं।

1.4 मैकेनिक ट्रैक्टर ट्रेड की महत्ता Importance of Mechanic Tractor Trade

मैकेनिक ट्रैक्टर ट्रेड एकवर्षीय पाठ्यक्रम है जिसमें सफलतापूर्वक प्रशिक्षण प्राप्त करने के पश्चात् प्रशिक्षु विभिन्न प्रकार के डीजल इंजनों की मरम्मत करने में पारंगत अर्थात् निपुण हो जाता है। वर्तमान में लगभग समस्त प्रकार के कृषि कार्यों एवं कार्यशालाओं में सामानों एवं निर्मित उत्पादों को एक स्थान से दूसरे स्थान तक पहुँचाने के लिए डीजल इंजन वाले वाहनों का उपयोग किया जाता है।

निरन्तर कार्य करते रहने के फलस्वरूप इन इंजनों में विभिन्न प्रकार के दोष उत्पन्न हो जाते हैं जिससे उद्योगों एवं कार्यशालाओं की कार्यप्रणाली प्रभावित होती है। ट्रैक्टर मैकेनिक, डीजल इंजनों के दोषों को दूर करके उन्हें पुन: प्रचालन की स्थिति में लाते हैं तथा साथ ही इंजनों के समस्त भागों की जाँच करके यह भी सुनिश्चित करते हैं कि इंजन सुचारु रूप से कार्य कर रहा है या नहीं। इस प्रकार, ट्रैक्टर मैकेनिक, कृषि कार्यों एवं कार्यशालाओं में प्रयुक्त विभिन्न प्रकार के डीजल इंजनों को प्रचालन स्थिति में बनाए रखने में महत्त्वपूर्ण भूमिका निभाते हैं।

1.5 मैकेनिक ट्रैक्टर ट्रेड के कार्यक्षेत्र Scope of Mechanic Tractor Trade

किसी भी औद्योगिक प्रशिक्षण संस्थान से मैकेनिक ट्रैक्टर ट्रेड में प्रशिक्षण प्राप्त करने के उपरान्त, एक कुशल मैकेनिक को ऑटोमोबाइल उद्योग में विविध प्रकृति के अवसर प्राप्त होते हैं।

ट्रैक्टर मैकेनिक अपनी अपेक्षित योग्यता एवं रुचि के अनुसार निम्नलिखित कार्यों का चयन कर सकता है

1. वह स्वयं की वर्कशॉप खोल सकता है।
2. वह किसी भी सरकारी अथवा निजी कार्यशाला में कुशल मैकेनिक के तौर पर कार्य कर सकता है।
3. वह कार्यशाला फोरमैन की भाँति कार्य कर सकता है।
4. वह रेल व सेना में इंजन ऑपरेटर के तौर पर कार्य कर सकता है।
5. वह स्पेयर पार्ट्स सेल्समैन अथवा सेल्स मैनेजर बन सकता है।
6. वह सर्विस मैनेजर का कार्य कर सकता है।
7. वह सरकारी अथवा निजी प्रशिक्षण संस्थानों में अनुदेशक के तौर पर कार्य कर सकता है।
8. वह इंजन से चलने वाली मशीनों अथवा यन्त्रों का मैकेनिक बन सकता है।
9. वह एक इंजन डीलर की भाँति भी कार्य कर सकता है।

1.6 ट्रैक्टर मैकेनिक के कर्त्तव्य
Duties of Tractor Mechanic

ट्रैक्टर मैकेनिक के मुख्य कर्त्तव्य निम्नवत् हैं

1. **अनुरक्षण एवं मरम्मत** (Maintenance and Repair) इंजन/वाहन का कार्यकाल बढ़ाने के लिए उनका समय-समय पर अनुरक्षण करना एवं वाहन के टूटे हुए एवं घिसे हुए भागों को समय-समय पर बदलना।
2. **खोलना एवं बाँधना** (Dismantling and Assembling) यदि वाहन का इंजन सही प्रकार से कार्य नहीं करता है, तो निर्माता द्वारा निर्देशित विधि के अनुसार ही खोलना एवं तत्पश्चात् बाँधना।
3. **ट्यूनिंग** (Tunning) इंजन/वाहन के क्रियाशील भागों में ऐसी ट्यूनिंग अर्थात् समायोजन करना कि वह पूर्ण दक्षता से कार्य कर सके।
4. **निरीक्षण** (Inspection) किसी वाहन को अलग-अलग भागों की असेम्बली समायोजन, अलाइनमेन्ट एवं सन्तुलन जाँचने के लिए निरीक्षण करना जिससे वाहन को कार्यसंगत बनाया जा सके।
5. **ओवरहॉलिंग एवं रिकण्डीशनिंग** (Overhauling and Reconditioning) घिसे हुए भागों को बदलने के लिए वाहन/इंजन की ओवरहॉलिंग की जाती है, जिसका ज्ञान वाहन मैकेनिक को होना चाहिए। टूटे मशीनी भागों पर उचित वैल्डिंग करने के पश्चात् लेथ मशीन एवं मशीनिंग क्रिया द्वारा पुन: मानक आकार का बनाकर प्रयोग होने योग्य बनाना, रिकण्डीशनिंग कहलाता है।

उपरोक्त कर्त्तव्यों के अतिरिक्त अलाइनिंग, एडजस्टमेण्ट, क्लीयरैन्स, डी-कार्बनाइजिंग, मीजरिंग (measuring), चार्जिंग, एयर ब्लीडिंग इत्यादि भी ट्रैक्टर मैकेनिक के कर्त्तव्य होते हैं।

महत्त्वपूर्ण बिन्दु

- मैकेनिक ट्रैक्टर ट्रेड एकवर्षीय पाठ्यक्रम सम्बन्धी ट्रेड है।
- औद्योगिक प्रशिक्षण संस्थान में छात्रों की सप्ताह में 40 घण्टे कक्षाएँ चलती हैं।
- औद्योगिक प्रशिक्षण संस्थानों से मैकेनिक ट्रैक्टर ट्रेड में प्रशिक्षण प्राप्त करने एवं परीक्षा में उत्तीर्ण होने के पश्चात् प्रशिक्षुओं को नेशनल ट्रेड सर्टिफिकेट प्रदान किया जाता है।
- प्रशिक्षण अवधि पूर्ण होने के पश्चात् प्रशिक्षुओं को विभिन्न मान्यता प्राप्त कार्यशालाओं में एप्रेन्टिसशिप का अवसर प्रदान किया जाता है।
- प्रशिक्षण संस्थानों में समस्त सुविधाओं की व्यवस्था कार्यपालिका के निर्देशानुसार होती है। इसमें अवकाश से आरक्षण तक सभी कुछ सम्मिलित रहता है।
- प्रशिक्षण संस्थान में छात्रों को दिए जाने वाले उपकरणों का लापरवाही से उपयोग करने पर दण्डित किया जा सकता है।
- संस्थान में प्रशिक्षुओं के लिए छात्रावास, चिकित्सा, पुस्तकालय एवं खेलकूद सम्बन्धी सुविधाएँ उपलब्ध होती हैं।
- मैकेनिक ट्रैक्टर के पाठ्यक्रम का प्रशिक्षण प्रयोगात्मक, सैद्धान्तिक थ्योरी एवं एम्प्लॉयएबिलिटि स्किल, कार्यशाला गणना तथा विज्ञान, इन्जीनियरिंग ड्रॉइंग निम्न खण्डों में दिया जाता है।
- इंजन व्हीकल को खोलना/बाँधना, अनुरक्षण व मरम्मत करना, ट्यूनिंग, निरीक्षण एवं ओवरहॉलिंग करना इत्यादि मैकेनिक ट्रैक्टर को आना चाहिए।
- किसी भी औद्योगिक प्रशिक्षण संस्थान से प्रशिक्षण प्राप्त करने के पश्चात् प्रशिक्षु सरकारी एवं निजी प्रशिक्षण संस्थानों में अनुदेशक के तौर पर कार्य कर सकता है।

महत्त्वपूर्ण प्रश्नोत्तरी

1. मैकेनिक ट्रैक्टर ट्रेड के पाठ्यक्रम की समयावधि कितने वर्ष की होती है?

उत्तर मैकेनिक ट्रैक्टर ट्रेड के पाठ्यक्रम की समयावधि एक वर्ष की होती है।

2. प्रशिक्षार्थियों को सत्रांक अंक किसके आधार पर दिए जाते हैं?

उत्तर प्रशिक्षार्थियों को सत्रांक अंक प्रायोगिक कार्य तथा गृह-परीक्षा के अंकों के आधार पर दिए जाते हैं।

3. मैकेनिक ट्रैक्टर ट्रेड में प्रवेश हेतु न्यूनतम योग्यता क्या है?

उत्तर 10 वीं कक्षा उत्तीर्ण होना।

4. मैकेनिक ट्रैक्टर ट्रेड में प्रशिक्षण प्राप्त करने के पश्चात् मुख्य रोजगार क्षेत्र बताइए।

उत्तर सरकारी या निजी कार्यशाला में मैकेनिक के रूप में, प्रशिक्षण संस्थानों में अनुदेशक के रूप में एवं रेल व सेना इत्यादि में।

5. संस्थान में उपलब्ध सुविधाएँ कौन-कौन सी है?

उत्तर छात्रावास, खेलकूद, चिकित्सा तथा पुस्तकालय आदि।

अभ्यास प्रश्न

परीक्षा प्रारूपी प्रश्न

बहुविकल्पीय

1. मैकेनिक ट्रैक्टर ट्रेड की प्रशिक्षण अवधि है

(a) 6 माह (b) 1 वर्ष
(c) $1\frac{1}{2}$ वर्ष (d) 2 वर्ष

2. औद्योगिक प्रशिक्षण संस्थान में छात्रों की सप्ताह में कितने घण्टे कक्षाएँ चलती हैं?

(a) 18 घण्टे (b) 24 घण्टे
(c) 40 घण्टे (d) 58 घण्टे

3. औद्योगिक प्रशिक्षण संस्थान में छात्रों के लिए निम्न में से कौन-सी सुविधा उपलब्ध रहती है?

(a) छात्रावास (b) चिकित्सा
(c) खेलकूद (d) ये सभी

4. मैकेनिक ट्रैक्टर ट्रेड के पाठ्यक्रम का प्रशिक्षण ………… सेमेस्टर में दिया जाता है।

(a) दो (b) तीन
(c) चार (d) पाँच

5. मैकेनिक ट्रैक्टर ट्रेड में प्रयोगात्मक परीक्षा के लिए निर्धारित अंक हैं

(a) 150 (b) 180
(c) 250 (d) 300

6. मैकेनिक ट्रैक्टर ट्रेड में सप्ताह में …………. ट्रेड थ्योरी सम्बन्धी कक्षाएँ चलती है।

(a) 6 घण्टे (b) 7 घण्टे
(c) 8 घण्टे (d) 2 घण्टे

7. औद्योगिक प्रशिक्षण संस्थान में परीक्षार्थी को कितने प्रतिशत उपस्थिति अनिवार्य है?

(a) 50% (b) 60%
(c) 65% (d) 80%

8. मैकेनिक ट्रैक्टर ट्रेड में प्रशिक्षण प्राप्त करने के पश्चात् प्रशिक्षार्थी ………… कार्य कर सकता है।

(a) फोरमैन की भाँति (b) इलेक्ट्रीशियन की भाँति
(c) कम्प्यूटर ऑपरेटर की भाँति (d) ये सभी

9. मैकेनिक ट्रैक्टर ट्रेड में सप्ताह में कितने घण्टे इन्जीनियरिंग ड्राइंग की कक्षाएँ चलती हैं?

(a) 2 घण्टे (b) 4 घण्टे
(c) 7 घण्टे (d) 10 घण्टे

10. कार्यशाला में ट्रैक्टर मैकेनिक का मुख्य कार्य है

(a) ट्यूनिंग करना (b) मशीनों को खोलना एवं बाँधना
(c) ओवरहॉलिंग करना (d) ये सभी

उत्तरमाला

1. (b) **2.** (c) **3.** (d) **4.** (a) **5.** (d) **6.** (b) **7.** (d) **8.** (a) **9.** (a) **10.** (d)

अध्याय 02

व्यावसायिक सुरक्षा, स्वास्थ्य एवं ऊर्जा संरक्षण

Occupational Safety, Health and Energy Conservation

अध्याय विषय सूची

2.1 व्यावसायिक सुरक्षा Occupational Safety

सुरक्षा शब्द का शाब्दिक अर्थ सुरक्षित रहना है। किसी भी अनचाही (undesirable) आकस्मिक दुर्घटना, जो किसी व्यक्ति या उसके आस-पास के वातावरण को प्रभावित करती है, से सुरक्षित रहना ही सुरक्षा कहलाता है। जीवन एक अमूल्य निधि है।

इसकी सुरक्षा हेतु सावधानी रखना अत्यन्त आवश्यक है। कार्यशालाओं में कार्य करते समय, प्रत्येक कर्मचारी को स्वयं की सुरक्षा पर विशेष ध्यान देना चाहिए, क्योंकि एक छोटी-सी असावधानी बड़ी दुर्घटना का कारण बन सकती है। इससे स्वयं की हानि के साथ-साथ मशीनों का भी नुकसान होता है तथा उत्पादन भी प्रभावित होता है, इसलिए प्रत्येक कर्मचारी को सुरक्षा की महत्ता को समझकर सुरक्षात्मक ढंग से कार्य करना चाहिए।

कार्यशाला में अपनाए जाने वाले सामान्य सुरक्षा नियम
General Safety Rules Observed in Workshop

जब भी हम सम्पूर्ण सुरक्षा की बात करते हैं, तो उसमें स्वयं की सुरक्षा, मशीनों एवं कार्यशाला में बनाए जाने वाले कार्यखण्डों की सुरक्षा सम्मिलित होती है। अत: कार्यशाला में कार्यरत् प्रत्येक प्रशिक्षार्थी को निम्न प्रकार की सुरक्षा का ज्ञान होना अत्यन्त आवश्यक है

1. स्वयं की सुरक्षा Personal Safety

जब कोई कारीगर, सम्पूर्ण जानकारी एवं सुरक्षा के बिना किसी मशीन या औजार का प्रयोग करता है, तो वह दुर्घटना का शिकार हो सकता है, इसलिए उसका कर्त्तव्य है कि वह अपनी सुरक्षा के लिए निम्न दिये गये नियमों का पालन करें

(i) कार्यशाला में सदैव बूट पहनकर चलना चाहिए, क्योंकि मशीनों से निकली लोहे की छीलन के पैर में लगने से घाव होने का भय रहता है। इसके लिए स्टील कैप बूट का प्रयोग किया जा सकता है।

(ii) कार्यशाला में कभी भी ढीले कपड़े, टाई, मफलर इत्यादि पहनकर कार्य न करें। इनसे चलती मशीनों पर दुर्घटना होने का सदैव भय रहता है।

(iii) मशीन पर कार्य करते समय किसी दूसरे कारीगर के साथ बातचीत न करें। अपना ध्यान अपने कार्य में लगाएँ। ऐसा करने से दुर्घटना होने का भय भी कम रहता है।

(iv) किसी भी मशीन की जानकारी प्राप्त किए बिना मशीन को न चलाएँ, क्योंकि यह आपके लिए दुर्घटना का कारण बन सकता है।

(v) किसी चलती मशीन के साथ छेड़खानी करना दुर्घटना को ही बुलावा देना है, इसलिए चलती मशीन के सहारे न तो खड़े हों और न ही बैठें।

(vi) किसी चलती मशीन के पास यदि खड़े होकर कार्य करना हो, तो चलती मशीन पर सुरक्षा गार्ड (safety guard) अवश्य लगाएँ।

(vii) कार्यशाला के अन्दर ओवरहैड क्रेन पर लटकते हुए वजन के नीचे खड़े होकर काम न करें, क्योंकि वजन के गिरने से भारी दुर्घटना हो सकती है।

(viii) यदि कोई भी कारीगर किसी ऊपरी स्थान (overhead) पर कार्य कर रहा है, तो उसे चाहिए कि वह प्रत्येक टूल (tool) को मजबूती से पकड़कर कार्य करे, क्योंकि स्पैनर, हैमर या चीजल जैसे औजार नीचे गिरने पर किसी भी कर्मचारी को लग सकते हैं। ऐसी कार्यशाला में सभी कर्मचारियों को हमेशा हैलमेट का प्रयोग करना चाहिए।

(ix) चलती हुई मशीनों में तेल देते समय तेल-कुप्पी (funnel) का प्रयोग करना चाहिए।

(x) किसी भी मशीन से निकलने वाली लोहे की छीलन को हाथ से न खींचे, क्योंकि इसकी तेज धार हाथ को काट सकती है।

(xi) किसी भी बाहरी व्यक्ति को कार्यशाला में लाने से पहले, उसे कार्यशाला के मौलिक सिद्धान्तों की जानकारी देना कारीगर (worker) का ही कर्त्तव्य होता है।

(xii) चलती हुई मशीन की कभी मरम्मत नहीं करनी चाहिए।

(xiii) बिजली के तारों को चलते हुए पार्ट्स के ऊपर से नहीं ले जाना चाहिए, क्योंकि रगड़ खाने से इन्सुलेशन कट सकता है तथा कारीगर को इलेक्ट्रिक शॉक (shock) लग सकता है।

(xiv) अधिक भारी सामान को ध्यानपूर्वक उठाना चाहिए, क्योंकि लापरवाही के कारण मोच आने या अन्य दुर्घटना होने की सम्भावना रहती है।

(xv) प्रयोग में आने वाले हस्त औजारों (hand tools) को उपयुक्त स्थान पर रखें, जिससे उनके नीचे गिरने पर चोट लगने की सम्भावना न रहे।

2. मशीनों की सुरक्षा Safety of Machines

अपनी सुरक्षा के साथ-साथ हमें मशीनों पर प्रयोग होने वाले अन्य औजारों की सुरक्षा का भी ध्यान रखना चाहिए। मशीनों की सुरक्षा के लिए हमें निम्नलिखित बातों को ध्यान में रखना चाहिए

(i) सर्वप्रथम जिस मशीन पर कार्य प्रारम्भ करना हो, उसके विषय में सम्पूर्ण जानकारी प्राप्त करनी चाहिए।

(ii) मशीन को प्रचालित करने से पूर्व उसकी भली-भाँति साफ-सफाई करनी चाहिए तथा उसके नट व बोल्टों की भी जाँच करनी चाहिए।

(iii) मशीन को प्रचालन की अवस्था में छोड़कर नहीं जाना चाहिए। किसी अन्य व्यक्ति को मशीन के बारे में जानकारी न होने से दुर्घटना हो सकती है।

(iv) चलती मशीन पर जॉब की माप नहीं लेनी चाहिए।

(v) मशीन की टेबल पर हैमरिंग (hammering) नहीं करनी चाहिए, क्योंकि इससे टेबल पर स्पॉट पड़ जाते हैं, जिससे सतह की यथार्थता (accuracy) समाप्त हो जाती है।

(vi) किसी भी नई मशीन पर कार्य करने से पहले यह भली-भाँति समझ लें कि उसे चलाने की क्या विधि है। कार्य करते समय पैरों के नीचे लकड़ी का बोर्ड रखें एवं ध्यान रखें कि कार्य करते समय मशीन पर रोशनी पूर्ण रूप से हो।

(vii) किसी भी मशीन का कोई एक पार्ट (part) खराब होने पर उसे तुरन्त ठीक कर देना चाहिए, अन्यथा शेष पार्ट्स के भी खराब होने की सम्भावना बनी रहती है।

(viii) मशीन को सैट करने के पश्चात् हाथ से चलाकर देख लेना चाहिए।

(ix) बिजली चली जाने पर, मशीन के स्विच को बन्द कर देना चाहिए।

(x) मशीन का स्विच बन्द करने के पश्चात् उसे हाथ से रोकने का प्रयास नहीं करना चाहिए।

(xi) मशीन पर कार्य करते समय किसी से बातें नहीं करनी चाहिए।

3. कार्यखण्ड की सुरक्षा Safety of Workpiece

मशीनों की सुरक्षा के साथ-साथ, यह भी महत्त्वपूर्ण है कि कारीगर द्वारा कुछ मौलिक बातों का ध्यान रखा जाए, जो कार्यशाला में हो रहे कार्य तथा कार्यखण्ड के लिए लाभदायक हों। कार्यशाला में कार्यखण्ड की सुरक्षा से सम्बन्धित विवरण निम्नलिखित है

(i) किसी भी जॉब को मशीन पर बाँधने से पहले जॉब की आकृति के अनुसार उसकी सही क्लैम्पिंग (clamping) का प्रबन्ध करना चाहिए। जब तक जॉब सही नहीं बाँधा जाएगा, वह ठीक नहीं बन सकता।

(ii) जॉब को भली-भाँति मशीन पर बाँधने के पश्चात् सही कटिंग टूल का प्रयोग करना चाहिए, क्योंकि जब तक कटिंग टूल का सही प्रयोग नहीं किया जाएगा, जॉब कभी भी ठीक नहीं बनेगा।

(iii) जॉब को बनाते समय जॉब की माप के लिए उसकी सूक्ष्मता के अनुसार ही साधन अपनाया जाए; जैसे—रफ माप के लिए स्टील रूल तथा सूक्ष्म माप के लिए माइक्रोमीटर या वर्नियर कैलीपर इत्यादि।

(iv) जॉब को बनाने से पहले उसकी ड्रॉइंग को भली-भाँति समझ लेना चाहिए।

(v) यदि किसी जॉब को ज्यादा मात्रा (quantity) में बनाना है, तो उसको बाँधने के लिए सही फिक्स्चर तथा माप के लिए आवश्यक गेज पहले तैयार कर लेने चाहिए जिससे जॉब को बनाने में कम समय लगे और उनकी माप भी एकसमान बनाई जा सके।

(vi) कार्यशाला में, जॉब को एक स्थान से दूसरे स्थान तक ले जाने के लिए उपयुक्त ट्रॉली का प्रयोग करें जिससे जॉब को हानि पहुँचने की सम्भावना न रहे।

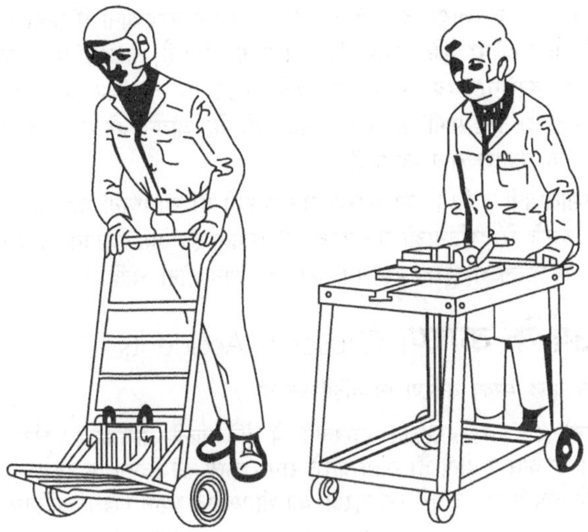

चित्र कार्यखण्ड की सुरक्षा

2.2 सुरक्षा संकेत Safety Symbols

किसी भी स्थान अथवा कार्यशाला में दुर्घटना से बचने के लिए विभिन्न सुरक्षा संकेत (safety symbols) उपलब्ध होते हैं। इसके अतिरिक्त कार्यशाला में कार्य करते समय कुछ विशेष सावधानियों एवं नियमों का पालन करना अनिवार्य होता है।

प्रशिक्षण काल में ही कारीगर को कारखानों में सुरक्षा के लिए उठाए गए विभिन्न कदमों, नियमों तथा उपायों की जानकारी दी जाती है। विभिन्न मशीनों तथा कार्यशाला आदि की दीवारों पर विभिन्न निर्देश (cautions), संकेतों के रूप में लगाए (लिखे) जाते हैं।

सुरक्षा संकेत निम्न चार प्रकार के होते हैं

1. निषेधात्मक संकेत
2. अनिवार्य संकेत
3. चेतावनी संकेत
4. सूचनात्मक संकेत

1. निषेधात्मक संकेत Prohibition Symbols

(i) इन संकेतों के द्वारा विशेष प्रकार के कार्य करने को मना (निषिद्ध) किया जाता है।

(ii) वृत्त के आकार के ये संकेत, लाल रंग के बॉर्डर तथा क्रॉस बार और सफेद बैकग्राउण्ड पर काली आकृति द्वारा बनाए जाते हैं।

(iii) निषेधात्मक संकेतों; जैसे—भागने के लिए मना करना, धूम्रपान न करना, आग न जलाना आदि को निम्न चित्रों में दर्शाया गया है

चित्र निषेधात्मक संकेत

2. अनिवार्य संकेत Mandatory Symbols

(i) इन संकेतों के द्वारा कारीगरों को सुरक्षात्मक निर्देश दिए जाते हैं और कारीगर इन संकेतों को सहज समझ लेते हैं।

(ii) ये संकेत नीली पृष्ठभूमि (blue background) पर सफेद संकेत द्वारा वृत्त के आकार में बने होते हैं।

(iii) कुछ अनिवार्य अथवा आदेशात्मक संकेतों; जैसे—हैलमेट, चश्मा, जूते, दस्ताने, श्वास यन्त्र पहनना आदि को निम्न चित्रों द्वारा दर्शाया गया है

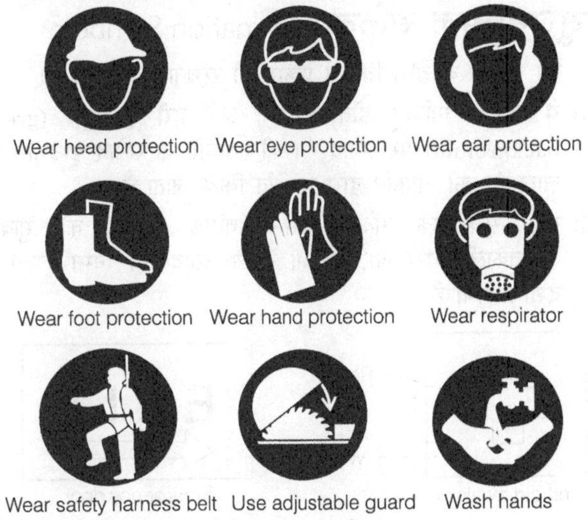

चित्र अनिवार्य संकेत

3. चेतावनी संकेत Warning Symbols

(i) इन संकेतों के माध्यम से चेतावनी दी जाती है।

(ii) ये संकेत त्रिभुजाकार होते हैं तथा इनको पीली पृष्ठभूमि (yellow background) पर काले रंग की आकृति द्वारा प्रदर्शित किया जाता है।

(iii) कुछ चेतावनी संकेतों; जैसे—आग का भय, बिजली के झटके का भय, विषैला पदार्थ, विस्फोटक पदार्थ का भय आदि को निम्न चित्रों द्वारा दर्शाया गया है

चित्र चेतावनी संकेत

4. सूचनात्मक संकेत Information Symbols

(i) इन संकेतों के द्वारा विविध प्रकार की सूचनाएँ दी जाती हैं।

(ii) ये संकेत वर्गाकार होते हैं तथा इन्हें हरी पृष्ठभूमि (green background) पर सफेद रंग की आकृति या सफेद पृष्ठभूमि पर लाल रंग की आकृति द्वारा प्रदर्शित किया जाता है।

(iii) कुछ सूचनात्मक संकेत; जैसे—प्राथमिक उपचार की सुविधा, आपातकालीन दरवाजा, प्रतीक्षा स्थल आदि को निम्न चित्रों में दर्शाया गया है

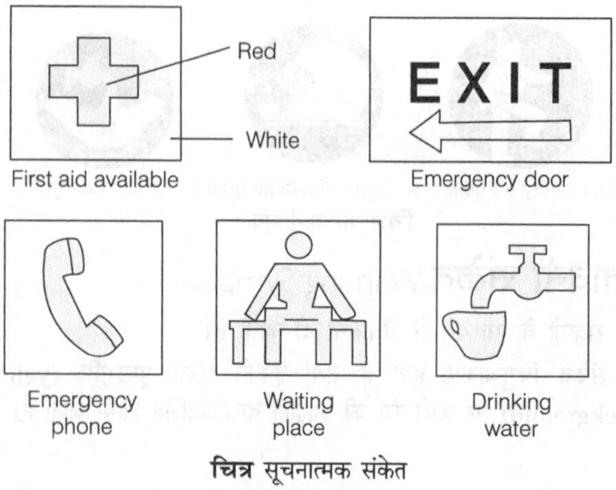

चित्र सूचनात्मक संकेत

2.3 दुर्घटना Accident

कारखानों में विभिन्न प्रकार की मशीनों पर निरन्तर कार्य चलते रहते हैं। जिसके फलस्वरूप कारखानों में सामानों को विभिन्न माध्यमों के द्वारा एक स्थान से दूसरे स्थान पर लाया तथा ले जाया जाता है। इसके अतिरिक्त कारखानों में कहीं तेल पड़ा रहता है, तो कहीं पर स्क्रैप, कहीं वैल्डिंग होती रहती है, तो कहीं पर तेजाब द्वारा पिकलिंग। कारीगर एक स्थान से दूसरे स्थान पर कार्यवश शीघ्रता से आते-जाते रहते हैं। इन सभी के कारण कारीगरों के जीवन को पग-पग पर विविध प्रकार का खतरा बना रहता है।

थोड़ी-सी असावधानी दुर्घटना का कारण बन सकती है। सावधानी को ध्यान में रखकर कार्य करने से दुर्घटनाओं को टाला जा सकता है। अत: प्रत्येक कारीगर को कारखाने में उपलब्ध सुरक्षा-साधनों का पूर्ण ज्ञान होना चाहिए।

दुर्घटनाओं के कारण Causes of Accidents

दुर्घटनाओं के कुछ मुख्य कारण निम्नलिखित हैं

- **असावधानी** (Carelessness) कारखानों में होने वाली अधिकतर दुर्घटनाएँ असावधानी के कारण होती हैं। कार्य करते समय कार्य की चिन्ता के साथ-साथ कारीगर को अपनी तथा दूसरों की सुरक्षा का भी पर्याप्त ध्यान रखना चाहिए।
- **अरुचि** (Loss of interest) कभी-कभी कारीगर कार्य में रुचि (interest) खो बैठता है। ऐसे समय में दुर्घटना होने की सम्भावना अधिक हो जाती है। रुचि न होने के कई कारण हो सकते हैं; जैसे—कोई पारिवारिक समस्या, फैक्ट्री से पैसा न मिलना या अपूर्ण मिलना, किसी गलती के कारण डाँट पड़ना या फिर किसी से झगड़ा हो जाना आदि।
- **जल्दबाजी** (Hastiness) कारखाना मालिक के दबाव के कारण या अपने अधिक लाभ के लिए कारीगर आवश्यकता से अधिक जल्दी करता है, जिसके कारण दुर्घटना होने की सम्भावना बढ़ जाती है।
- **अज्ञानता** (Ignorance) जिस उपकरण के बारे में पूर्ण जानकारी न हो, उससे छेड़छाड़ नहीं करनी चाहिए। कभी-कभी अपनी झूठी शान दर्शाने के लिए कारीगर ऐसा कार्य करने लगता है, जो दुर्घटना का कारण बन जाता है।
- **उत्सुकता** (Curiosity) उत्सुकता मानव स्वभाव में बसी है, परन्तु इस पर कारखानों में कार्यरत् कारीगरों को अंकुश लगाना होता है, क्योंकि ज्यादा उत्सुक व्यक्ति जल्दी दुर्घटना का शिकार बनता है।
- **असुरक्षित हस्त औजार** (Unsafe hand tools) कई कारखानों में मशीनों का रख-रखाव ठीक न होने के कारण मशीनें असुरक्षित अवस्था में भी प्रयोग होती रहती हैं जो एक दिन अवश्य ही दुर्घटना का कारण बन जाती हैं इसी प्रकार असुरक्षित हैण्ड-टूल्स से भी दुर्घटना हो सकती है; जैसे— हैण्डिल फटा हुआ हथौड़ा या फाइल तथा मशरूम हैडेड चीजल आदि।

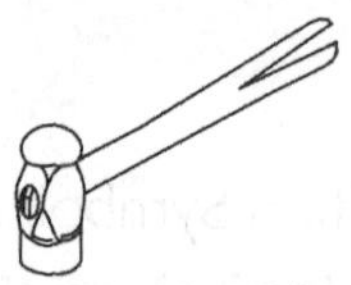

चित्र हैण्डिल फटा हुआ हथौड़ा

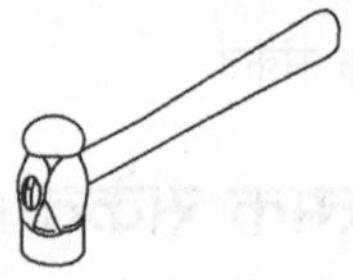

चित्र दुर्घटना से बचने हेतु उपयुक्त हथौड़ा

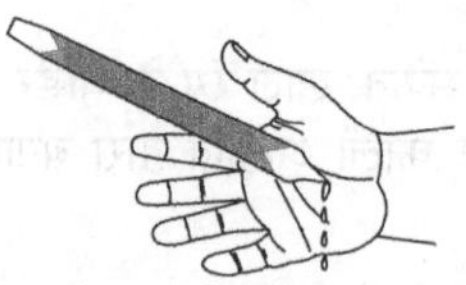

चित्र बिना हत्थे की फाइल का प्रयोग

- **असुरक्षित ले-आउट** (Unsafe lay-out) कारखानों में विभिन्न मशीनें स्थापित करते समय उनके लिए पर्याप्त स्थान छोड़ना चाहिए। कई बार अपर्याप्त स्थान होने के कारण दुर्घटना घट सकती है।
- **काम करने का गलत तरीका** (Wrong method of working) अनजाने में कई बार कारीगर काम करने का गलत तरीका अपना लेता है; जैसे—बिना हैण्डिल की रेती से फाइल करना, चलती मशीन में तेल देना, बिना स्टार्टर बन्द किए मशीन खोलना या चलती मशीन को हाथ से रोकना आदि।
- **स्वच्छता की कमी** (Lack of cleanliness) शॉप फ्लोर या मशीन की ठीक से सफाई न होने के कारण भी दुर्घटना हो सकती है; जैसे—तेल पर पैर स्लिप होना, कहीं भी ठोकर लग जाना आदि।
- **अनुशासन की कमी** (Lack of discipline) अनुशासन न होने के कारण कर्मचारी आपस में हँसी-मजाक करने लगते हैं और इसी हँसी-मजाक में कई बार दुर्घटना हो जाती है।
- **असुरक्षित पहनावा** (Unsafe dress) ढीले कपड़े, टाई, मफलर आदि का प्रयोग कारखाने में वर्जित होता है। कारखाने की आवश्यकता के अनुरूप ही कपड़ों (dress) का प्रयोग करना चाहिए। इसके अतिरिक्त कारीगर के लम्बे बाल भी मशीन में फँसकर दुर्घटना का कारण बन सकते हैं।

चित्र मशीन में बालों के उलझने से दुर्घटना घटित होना

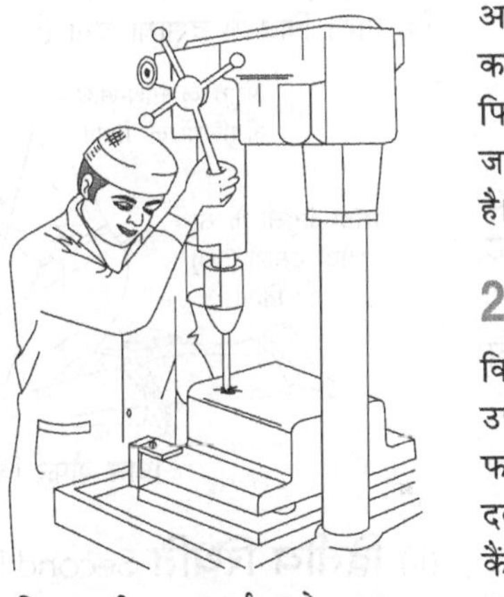

चित्र मशीन पर कार्य करते समय कारीगर का उपयुक्त पहनावा

अत: कारीगर को कार्यशाला के अनुरूप ही सुरक्षित कपड़े पहनने चाहिए, जैसा कि निम्न चित्र में दर्शाया गया है

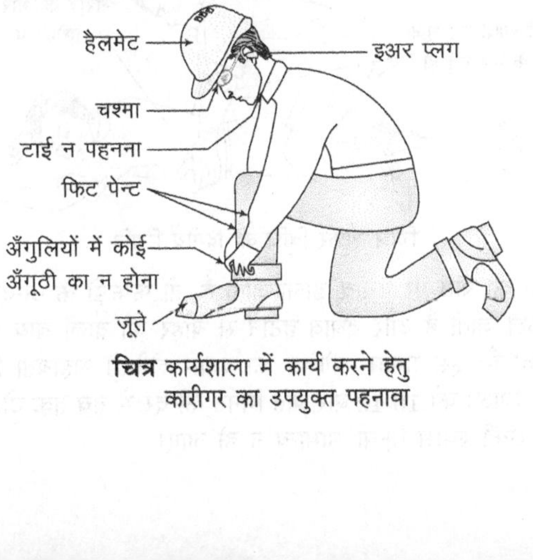

चित्र कार्यशाला में कार्य करने हेतु कारीगर का उपयुक्त पहनावा

- **प्रकाश की अनुचित व्यवस्था** (Improper arrangement of light) मशीनों पर प्रशिक्षार्थी/कारीगर जहाँ टूल कटाई करता है, उस स्थान पर पर्याप्त प्रकाश की व्यवस्था होनी चाहिए, क्योंकि कई बार प्रकाश की कमी के कारण दुर्घटना हो जाती है।
- **खतरे वाले पदार्थ के लिए विशेष सावधानी न होना** (No special care for dangerous materials) बहुत से कारखानों में विस्फोटक, तेजाब या ज्वलनशील या जहरीली गैसों का प्रयोग किया जाता है। जब भी इस प्रकार के पदार्थों को व्यवहार में लाया जाए, तब विशेष सावधानी बरतनी चाहिए।
- **अस्वस्थता या थकान** (Illness or tiredness) कभी-कभी श्रमिक आर्थिक तंगी के कारण, बीमार या कमजोर होते हुए भी कार्य पर आ जाते हैं तथा चक्कर खाकर या कमजोरी के कारण मशीन पर गिर पड़ते हैं, जिसके कारण दुर्घटना होती है। पैसे के लालच में श्रमिक अपनी सामर्थ्य से अधिक कार्य करने को तैयार हो जाते हैं, परन्तु थकान के कारण चोट खा बैठते हैं।
- **नशे की आदत** (Toxication) बहुत से कारीगर नशे की आदत के शिकार हो जाते हैं तथा कभी-कभी नशे की अवस्था में ही कारखाने में चले जाते हैं। ऐसे कारीगर स्वयं तो दुर्घटना के शिकार होते ही हैं, साथ ही दूसरों के लिए भी खतरा हो सकते हैं। अत: यह स्पष्ट है कि दुर्घटनाओं का सही प्रकार से ज्ञान होना ही, उनसे बचने का एक उपाय है। सही विधि से, सही स्थान पर ही सही कार्य किया जा सकता है।

अत: कार्यस्थल पर कार्य करते समय कारीगर को उपरोक्त दुर्घटना होने के कारणों का ध्यान रखते हुए कार्य करना चाहिए, परन्तु यदि किसी कारणवश फिर भी कोई दुर्घटना घटित हो जाती है एवं कोई कारीगर इसमें घायल हो जाता है, तो डॉक्टर के आने से पूर्व उसका प्राथमिक उपचार करना आवश्यक है। अत: अगले शीर्षक में प्राथमिक उपचार करने का तरीका बताया गया है।

2.4 प्राथमिक उपचार First Aid

किसी दुर्घटनाग्रस्त व्यक्ति का डॉक्टर के आगमन से पूर्व किया जाने वाला उपचार, प्राथमिक उपचार कहलाता है। इस कार्य के लिए कार्यशाला में स्थित फर्स्ट एड बॉक्स (first aid box) में स्ट्रेचर, डेटॉल, रूई, बरनॉल, बैण्डेज, दर्द निवारक गोलियाँ, अमोनिया, पोटैशियम परमैंगनेट, डिस्टिल्ड वाटर, कैंची/चाकू/सेफ्टी पिन, ड्रॉपर, आँख साफ करने की दवा आदि साधन आवश्यक रूप से उपलब्ध रहने चाहिए। इन साधनों का प्रयोग आवश्यकतानुसार करके हम दुर्घटनाग्रस्त व्यक्ति को प्राथमिक उपचार दे सकते हैं, जिससे उसके कष्ट को कम किया जा सकता है। विद्युत झटके या अन्य किसी दुर्घटना से पीड़ित व्यक्ति के उपचार के लिए किसी सहायक के द्वारा डॉक्टर को तुरन्त बुलवाएँ और डॉक्टर के आने से पूर्व निम्न प्राथमिक उपचार प्रारम्भ करें

1. पीड़ित के चारों ओर से भीड़ हटा दें, जिससे कि उसे स्वच्छ वायु मिल सके।
2. पीड़ित के मुँह से नकली दाँत, पान, तम्बाकू आदि निकाल दें, जिससे कि उसे श्वास लेने में कठिनाई न हो।
3. विद्युत झटके से पीड़ित व्यक्ति के शरीर पर पड़े छालों अथवा जले अंगों को स्वच्छ कपड़े अथवा कागज से ढक दें, जिससे कि उन पर मक्खी, मच्छर आदि न बैठें और पीड़ित के शरीर में अन्य बीमारियाँ न फैला सकें।
4. पीड़ित यदि कमरे में हो, तो कमरे के खिड़की-दरवाजे आदि खोल दें, जिससे कि स्वच्छ वायु का निर्बाध आवागमन हो सके।

5. पीड़ित को (सर्दी के मौसम में) सर्दी से बचाएँ और उसे पलंग, दरी, चटाई आदि पर लिटाकर कम्बल ओढ़ा दें, परन्तु उसका मुँह उघड़ा रखें। पीड़ित को पलंग, दरी आदि पर लिटाने से, उसके शरीर में एकत्र विद्युत धीरे-धीरे विसर्जित हो जाती है।
6. पीड़ित को यदि श्वास लेने में कठिनाई प्रतीत होती हो, तो कृत्रिम श्वास (artificial respiration) प्रक्रिया प्रारम्भ कर दें।

उपरोक्त क्रियाओं को 10-12 बार प्रति मिनट की दर से तब तक दोहराएँ, जब तक कि उसकी श्वास क्रिया सामान्य न हो जाए।

जब पीड़ित के सीने पर दबाव डाला जाता है, तो फेफड़ों के अन्दर की वायु बाहर निकल जाती है और दबाव हटाने से बाहर की ताजी वायु फेफड़ों के अन्दर जाती है। इस प्रकार, पीड़ित को श्वास लेने में सहायता मिलती है।

2.5 कृत्रिम श्वास क्रिया Artificial Respiration

इस क्रिया के अन्तर्गत पीड़ित व्यक्ति को श्वास न आने पर, विविध कृत्रिम क्रियाओं द्वारा श्वास दी जाती है। कृत्रिम श्वास क्रिया की चार प्रमुख विधियाँ निम्न प्रकार हैं

1. सिल्वेस्टर विधि
2. शैफर विधि
3. मुँह-से-मुँह में हवा भरना
4. कृत्रिम श्वास यन्त्र द्वारा

1. सिल्वेस्टर विधि Sylvester Method

इस विधि में पीड़ित को पीठ के बल लिटाया जाता है। तत्पश्चात् उसकी पीठ के नीचे तकिया लगा दिया जाता है, जिससे कि उसका सीना कुछ ऊपर उठ जाता है और सिर कुछ नीचा हो जाता है।

अब निम्नलिखित दो स्थितियों द्वारा पीड़ित व्यक्ति के शरीर में श्वास भरने का प्रयास करें

(i) प्रथम स्थिति First Position

पीड़ित के सिर के पास अपने घुटनों के बल बैठ जाएँ। उसके दोनों हाथों की आधी मुट्ठी बाँधकर हाथों को सीधा फैला दें। अब पीड़ित के दोनों हाथों को धीरे-धीरे मोड़कर उसके सीने पर लाएँ, जैसा कि निम्न चित्र में दर्शाया गया है

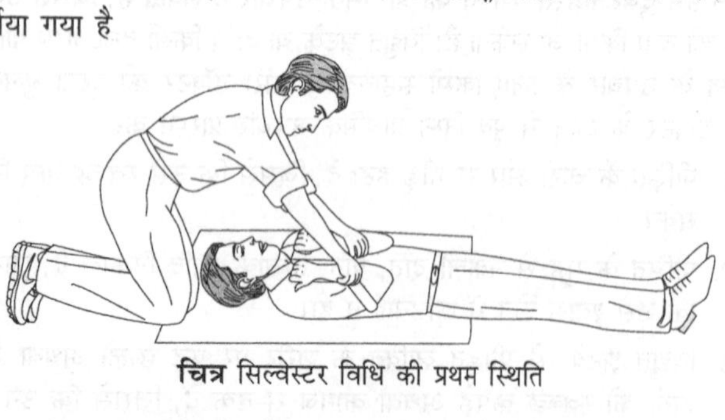

चित्र सिल्वेस्टर विधि की प्रथम स्थिति

(ii) द्वितीय स्थिति Second Position

प्रथम स्थिति में अपने हाथों से पीड़ित के सीने पर कुछ दबाव डालें। दो-तीन सेकण्ड बाद दबाव हटा लें और पीड़ित के हाथों को उसके सिर की ओर फैला दें और मुट्ठियाँ खोल दें, जैसा कि अग्र चित्र में दर्शाया गया है

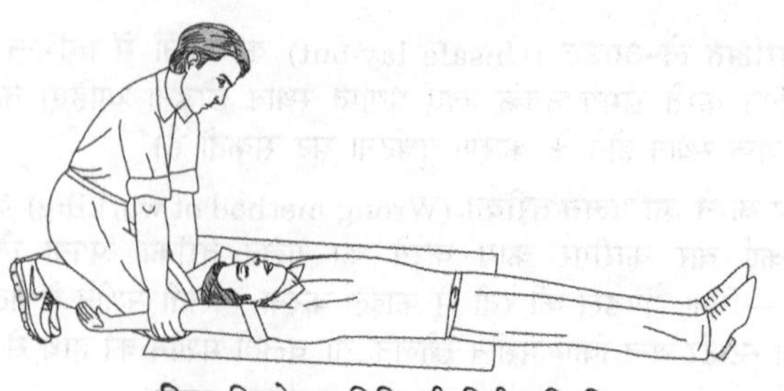

चित्र सिल्वेस्टर विधि की द्वितीय स्थिति

2. शैफर विधि Schaffer Method

इस विधि में पीड़ित को पेट के बल लिटाया जाता है और उसके सिर को किसी एक करवट कर दिया जाता है। पीड़ित के सीने के नीचे पतला तकिया रख दिया जाता है। अब निम्नलिखित दो स्थितियों का प्रयोग कर पीड़ित व्यक्ति के शरीर में श्वास भरने का प्रयास करें

(i) प्रथम स्थिति First Position

पीड़ित के घुटनों के पास अपने घुटनों के बल बैठ जाएँ। अपने दोनों हाथ पीड़ित की पीठ पर इस प्रकार रखें कि दोनों हाथ सीधे रहें और चारों अँगुलियाँ आपस में मिली रहें तथा वे अँगूठे से समकोण बनाएँ, जैसा कि निम्न चित्र में दर्शाया गया है

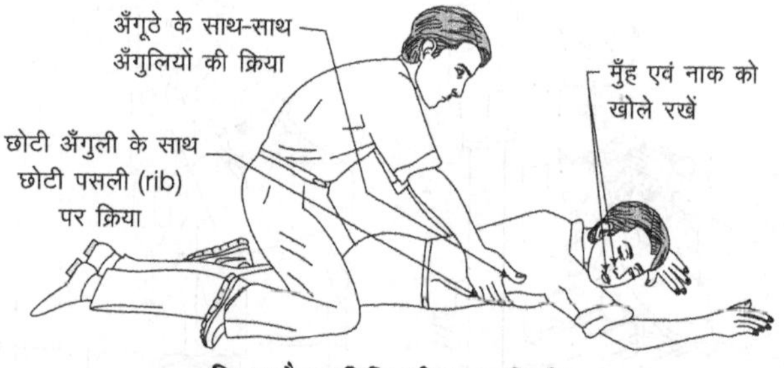

चित्र शैफर विधि की प्रथम स्थिति

(ii) द्वितीय स्थिति Second Position

इस स्थिति में, आगे की ओर झुकते हुए पीड़ित की पीठ पर भार डालें। दो-तीन सेकण्ड बाद दबाव को हटा लें और अपने दोनों हाथों को सीधा कर दें, जैसा कि निम्न चित्र में दर्शाया गया है

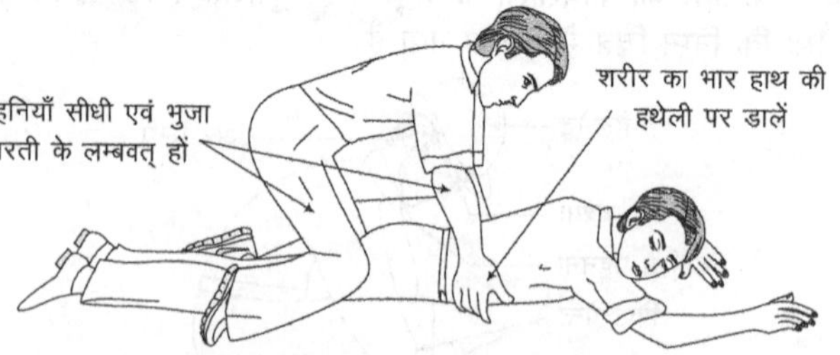

चित्र शैफर विधि की द्वितीय स्थिति

जब पीड़ित की पीठ पर दबाव डाला जाता है, तो फेफड़ों के अन्दर की वायु बाहर निकल जाती है और दबाव हटाने से बाहर की ताजी वायु फेफड़ों के अन्दर जाती है। इस प्रकार, पीड़ित को श्वास लेने में सहायता मिलती है। उपरोक्त क्रियाओं को 10-12 बार प्रति मिनट की दर से तब तक दोहराएँ, जब तक कि उसकी श्वास क्रिया सामान्य न हो जाए।

3. मुँह-से-मुँह में हवा भरना
Mouth to Mouth Respiration

इस विधि में पीड़ित के मुँह में सीधे हवा भरकर श्वसन क्रिया पूर्ण की जाती है। निम्नलिखित दो स्थितियों का प्रयोग कर मुँह-से-मुँह में हवा भरने की प्रक्रिया पूर्ण की जाती है

(i) **प्रथम स्थिति** First Position

पीड़ित को पीठ के बल लिटा लें। अब पीड़ित की पीठ के नीचे तकिया आदि लगा दें, जिससे कि उसका मुँह थोड़ा पीछे की ओर लटक जाए, जैसा कि निम्न चित्र में दर्शाया गया है

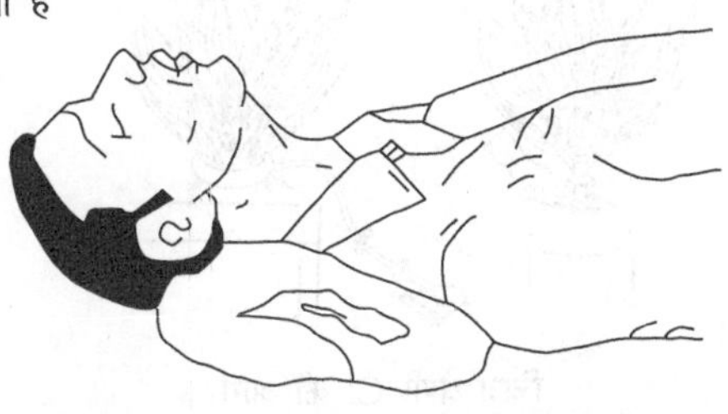

चित्र पीड़ित की पीठ के नीचे तकिया लगाना

(ii) **द्वितीय स्थिति** Second Position

पीड़ित का मुँह अच्छी तरह साफ कर लें। अब उसके खुले मुँह पर महीन कपड़ा रखकर और एक हाथ से उसकी नाक बन्द करके, अपने मुँह से उसके मुँह में बलपूर्वक झटके से हवा भरें। यह ध्यान रखें कि हवा बाहर न निकलने पाए और उसके फेफड़े कुछ फूलें। हवा को बाहर निकलने के लिए अपना मुँह हटा लें। उपरोक्त क्रिया को 10-12 बार प्रति मिनट की दर से तब तक दोहराते रहें, जब तक कि उसकी श्वास क्रिया सामान्य न हो जाए। बलपूर्वक झटके से हवा भरते समय पीड़ित के फेफड़े फूलते हैं और ताजी वायु अन्दर जाती है। मुँह हटा लेने पर अन्दर की वायु बाहर निकल जाती है। इस प्रकार, पीड़ित को श्वास लेने में सहायता मिलती है।

उपरोक्त तीनों विधियों में से तीसरी विधि अधिक प्रचलित होती जा रही है, क्योंकि यह विधि तुरन्त प्रारम्भ की जा सकती है। इसके साथ ही यह एक प्रभावशाली विधि है और इसे लम्बे समय तक जारी रखने की आवश्यकता नहीं होती, जबकि प्रथम एवं द्वितीय विधि को एक घण्टे से भी अधिक समय तक जारी रखना पड़ सकता है। मुँह-से-मुँह में हवा भरने के प्रक्रम को निम्न चित्र द्वारा दर्शाया गया है

चित्र मुँह-से-मुँह में हवा भरना

4. कृत्रिम श्वास यन्त्र द्वारा
By Through Artificial Respiration Instrument

श्वास यन्त्र द्वारा पीड़ित व्यक्ति को श्वास देने के लिए चित्र में दिखाए यन्त्र का प्रयोग किया जाता है। इस यन्त्र में प्रयुक्त रबड़ के वाल्व में से हवा फिल्टर होकर चैम्बर में आती है। यहाँ पर इनलेट तथा आउटलेट वाल्व लगे होते हैं, जोकि रबड़ वाल्व को दबाने व छोड़ने के साथ खुलते व बन्द होते हैं।

कृत्रिम श्वास यन्त्र के अन्तर्गत हवा, पीड़ित के मुँह पर लगे मास्क के माध्यम से पीड़ित के अन्दर भेजी जाती है। यह बहुत सरल प्रक्रिया है। इसमें रबड़ के वाल्व को 15 से 20 बार एक मिनट में ऑपरेट किया जाता है।

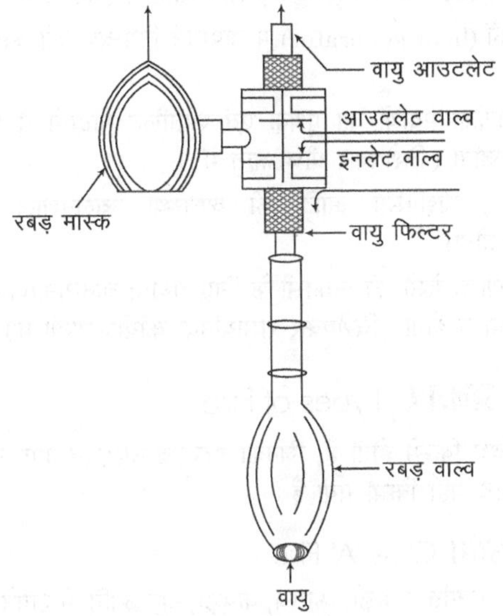

चित्र कृत्रिम श्वास यन्त्र

2.6 आग Fire

आग, किसी भी ज्वलनशील पदार्थ का दहन/जलना होता है। जब किसी पदार्थ का दहन होता है, तब ऊष्मा तथा विभिन्न प्रकार की अभिक्रियाओं का निर्माण होता है।

किसी भी पदार्थ के दहन में निम्न तीन कारक उपयुक्त मात्रा में आवश्यक होते हैं

1. ईंधन 2. ऊष्मा 3. ऑक्सीजन

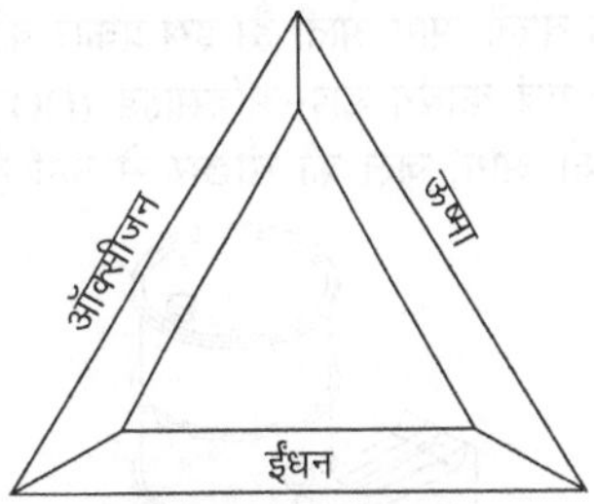

चित्र आग के कारक

उपरोक्त कारकों में किसी भी एक कारक की कमी होने पर आग बुझ जाती है। अत: आग को बुझाने की प्रक्रिया में उपरोक्त दिए गए किसी भी एक कारक को आग बुझाने के यन्त्रों द्वारा हटाया जाता है।

कार्यशालाओं में आग लगने के कारण
Causes of Fire in Workshops

1. वैद्युतिक शॉर्ट-सर्किट अथवा अत्यधिक स्पार्किंग होना।
2. ज्वलनशील पदार्थों की उपस्थिति; जैसे—मोबिल ऑयल, मिट्टी का तेल, डीजल, पेट्रोल, LPG गैस, ऑक्सीजन गैस के सिलेण्डर आदि।
3. विस्फोटक पदार्थों की उपस्थिति।
4. सर्दियों में हाथ तापने के लिए लकड़ी के टुकड़े, तेल में भीगा जूट आदि जलाना।
5. बीड़ी-सिगरेट के अनबुझे टुकड़े लापरवाही से इधर-उधर फेंक देना।
6. ऊष्मकों (heat generator) में तापमान नियन्त्रण की व्यवस्था का न होना।
7. ज्वलनशील पदार्थों का पृथक् एवं शीतलित गोदामों में भण्डारण न किया जाना (विशेषकर ग्रीष्म ऋतु में)।
8. वैल्डिंग, ग्राइण्डिग आदि की व्यवस्था ज्वलनशील पदार्थों के निकट होना।
9. ज्वलनशील गैसों की निकासी के लिए पर्याप्त वातायन (ventilation) व्यवस्था न होना (विशेषकर रासायनिक कार्यशालाओं में)।

आग के प्रकार Types of Fire

आग की विविध किस्में होती हैं, जिनका उल्लेख उपयुक्त आग बुझाने वाली सामग्री के साथ यहाँ किया गया है

श्रेणी 'A' आग Class 'A' Fire

इस श्रेणी के अन्तर्गत लकड़ी, कागज, कपड़ा, जूट आदि से लगने वाली आग आती है। इस प्रकार की आग को बुझाने के लिए शीतल जल की बौछार अथवा बहु-उद्देशीय (ABC) शुष्क रसायन उपयुक्त होते हैं।

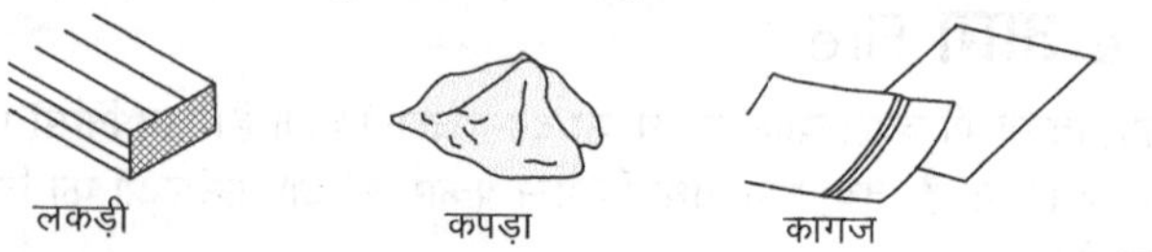

चित्र श्रेणी 'A' की आग

श्रेणी 'B' आग Class 'B' Fire

इसके अन्तर्गत ज्वलनशील द्रवों एवं ठोसों; जैसे—मिट्टी का तेल, डीजल, पेट्रोल आदि से लगने वाली आग आती है। इस प्रकार की आग को बुझाने के लिए झाग वाले यन्त्र एवं कार्बन डाइ-ऑक्साइड (CO_2) वाले यन्त्र प्रयुक्त होते हैं। इस प्रकार की आग, जल की बौछार से नहीं बुझती।

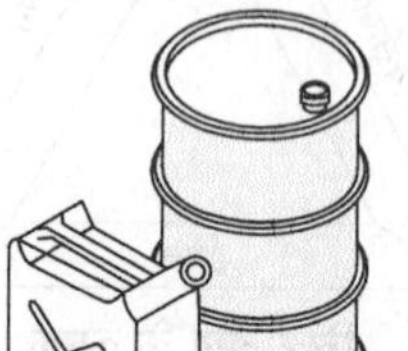

चित्र श्रेणी 'B' की आग

श्रेणी 'C' आग Class 'C' Fire

इसके अन्तर्गत सिलेण्डर आदि में भरी LPG गैस आदि से लगने वाली आग आती है। इस आग के कारण विस्फोट होने की सम्भावना भी बनी रहती है। इस प्रकार की आग बुझाने के लिए हो सके तो गैस की सप्लाई काट दें अन्यथा चेतावनी घण्टी बजा दें और आग बुझाने वाले विशेषज्ञों को बुलाएँ।

इसके अतिरिक्त, विद्युत उपकरण को प्लग से सम्पर्कित रखने पर लगी आग भी इसी श्रेणी में आती है। CO_2, हैलोन आदि शुष्क रसायन इस आग को बुझाने के लिए प्रयुक्त किए जाते हैं।

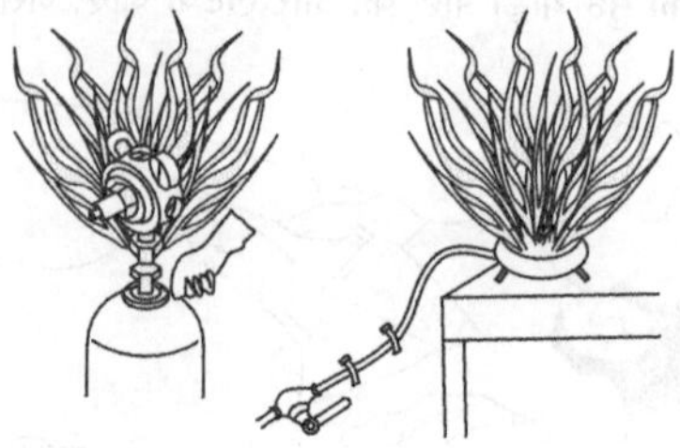

चित्र श्रेणी 'C' की आग

श्रेणी 'D' आग Class 'D' Fire

इसके अन्तर्गत बिजली के तारों, उपकरणों एवं अन्य धात्विक पदार्थों से लगने वाली आग आती है। इस आग को बुझाने के लिए कार्बन डाइ-ऑक्साइड (CO_2), शुष्क चूर्ण एवं CTC प्रकार के आग बुझाने वाले यन्त्र उपयुक्त रहते हैं। इसके अतिरिक्त, शुष्क रेत भी प्रयोग की जा सकती है। झाग वाले यन्त्र अथवा जल की बौछार का प्रयोग इस प्रकार की आग बुझाने के लिए नहीं किया जाता है।

चित्र श्रेणी 'D' की आग

2.7 आग बुझाना Fire Extinguishing

प्रत्येक कार्यशाला में आग बुझाने के यन्त्र आवश्यक रूप से उपलब्ध रहने चाहिए, क्योंकि विद्युत के 'शॉर्ट-सर्किट' अथवा अन्य किसी कारण से कार्यशाला में लगी आग की रोकथाम आवश्यक है।

आग बुझाने वाले यन्त्र एवं उपकरण, कार्यशाला में ऐसे स्थान पर स्थापित किए जाने चाहिए जहाँ से वे तुरन्त प्रयोग में लाए जा सकें। इनके अतिरिक्त रेत से भरी बाल्टियाँ, पानी से भरी बाल्टियाँ आदि की व्यवस्था भी होनी चाहिए।

अग्निशामक यन्त्र Fire Extinguisher

यह एक ऐसा उपकरण होता है, जिसके द्वारा जलती हुई वस्तुओं पर द्रव, गैस या चूर्ण का छिड़काव करके वस्तु की ऑक्सीजन की सप्लाई रोककर, आग बुझाई जा सकती है।

चित्र में एक अग्निशामक यन्त्र दर्शाया गया है,

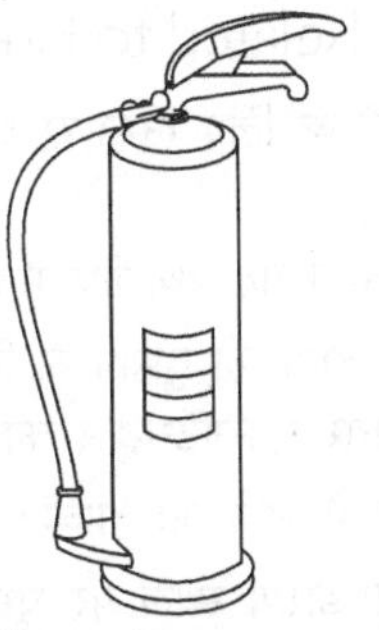

चित्र अग्निशामक यन्त्र

इसके द्वारा छिड़का जाने वाला द्रव, गैस या चूर्ण स्वयं ज्वलनशील नहीं होता और न ही ज्वलन में सहायक होता है। अग्नि बुझाने वाले यन्त्र मुख्यत: निम्न प्रकार के होते हैं

1. जलयुक्त अग्निशामक यन्त्र

Water Filled Fire Extinguisher

इस प्रकार के यन्त्र में वायुदाब के साथ जल भरा होता है। एक लीवर को दबाने से जल की बौछार पैदा होती है, जिसके द्वारा आग बुझाई जाती है।

लीवर को छोड़ते ही जल की बौछार रुक जाती है और इस प्रकार जल अनावश्यक रूप से व्यय नहीं हो पाता। इस यन्त्र का उपयोग श्रेणी 'A' की आग बुझाने के लिए किया जाता है। जलयुक्त अग्नि बुझाने के यन्त्र की दो प्रचालन विधियाँ क्रमश: गैस कारतूस तथा भण्डारित दाब हैं, जिन्हें चित्र में दर्शाया गया है

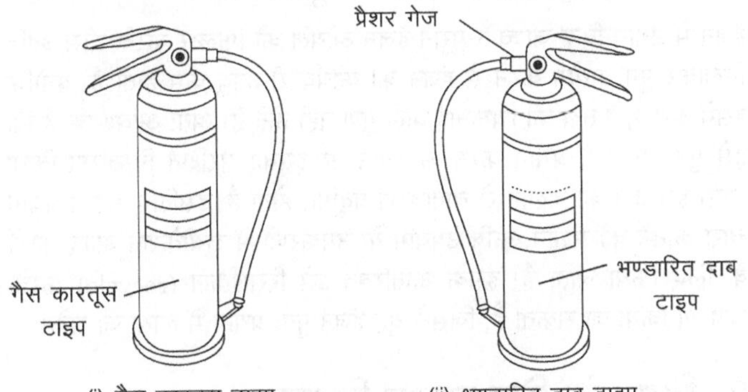

(i) गैस कारतूस टाइप (ii) भण्डारित दाब टाइप

चित्र जलयुक्त अग्निशामक यन्त्र

2. फोम टाइप अग्निशामक यन्त्र

Foam Type Fire Extinguisher

इस प्रकार का यन्त्र, जल की बौछार के साथ-साथ झाग पैदा करता है। झाग बनाने के लिए इसमें खनिज तेल, साबुन आदि पदार्थ वायुदाब के साथ जल में मिश्रित कर भरे जाते हैं। यन्त्र का लीवर दबाने पर जल मिश्रित झाग पैदा हो जाता है जो जलती हुई वस्तु की ऑक्सीजन सप्लाई काटकर आग बुझा देता है। इसका उपयोग श्रेणी 'B' की आग बुझाने के लिए किया जाता है।

इस यन्त्र का प्रयोग पेट्रोल से लगी आग को बुझाने के लिए किया जाता है, परन्तु विद्युत तथा अग्नि पर इसका प्रयोग नहीं किया जा सकता, क्योंकि झाग एवं पानी दोनों ही विद्युत के सुचालक होते हैं। यह यन्त्र भी गैस कारतूस अथवा भण्डारित दाब प्रकार का हो सकता है।

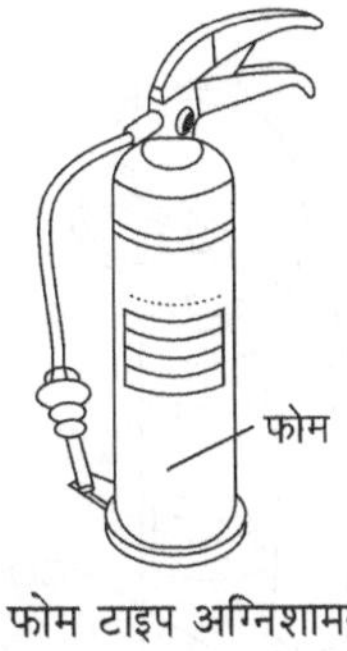

चित्र फोम टाइप अग्निशामक यन्त्र

3. शुष्क पाउडर टाइप अग्निशामक यन्त्र

Dry Powder Type Fire Extinguisher

इस प्रकार के यन्त्र में जल के स्थान पर वायुदाब के साथ चूर्ण भरा होता है। यह चूर्ण ज्वलनशील नहीं होता और न ही ज्वलन में सहायक होता है। यन्त्र का लीवर दबाने पर चूर्ण, जलती हुई वस्तु की ऑक्सीजन सप्लाई रोककर आग बुझा देता है। इसका उपयोग श्रेणी 'D' की आग बुझाने के लिए किया जाता है। यह यन्त्र भी गैस कारतूस अथवा भण्डारित दाब प्रकार का हो सकता है।

चित्र शुष्क पाउडर टाइप अग्निशामक यन्त्र

4. कार्बन डाइ-ऑक्साइड टाइप अग्निशामक यन्त्र

Carbon Dioxide (CO_2) Type Fire Extinguisher

इस प्रकार के यन्त्र में सोडियम बाइकार्बोनेट ($NaHCO_3$) घोल भरा होता है और एक काँच की बोतल में गन्धक का तनु अम्ल (तनु H_2SO_4) भरा होता है।

बोतल के ऊपर एक धात्विक बोल्ट इस प्रकार लगाया जाता है कि यन्त्र को उल्टा करके फर्श पर पटकने से काँच की बोतल टूट जाती है, जिससे बोतल में भरा अम्ल, सोडियम बाइकार्बोनेट के सम्पर्क में आ जाता है। दोनों पदार्थों में रासायनिक क्रिया के फलस्वरूप तीव्रता से कार्बन डाइ-ऑक्साइड गैस उत्पन्न होती है।

इसे हम निम्न रासायनिक समीकरण से समझ सकते हैं

$$\underset{\text{सोडियम बाइकार्बोनेट}}{2NaHCO_3} + \underset{\text{तनु गन्धक अम्ल}}{H_2SO_4} \rightarrow Na_2SO_4 + 2H_2O + \underset{\text{कार्बन डाइ-ऑक्साइड}}{2CO_2}$$

कार्बन डाइ-ऑक्साइड गैस ज्वलन में सहायक नहीं होती और जलने वाली वस्तुओं की ऑक्सीजन सप्लाई काटकर आग बुझा देती है। इसका उपयोग श्रेणी 'D' अर्थात् वैद्युतिक तारों, उपकरणों आदि में लगी आग को बुझाने के लिए किया जाता है।

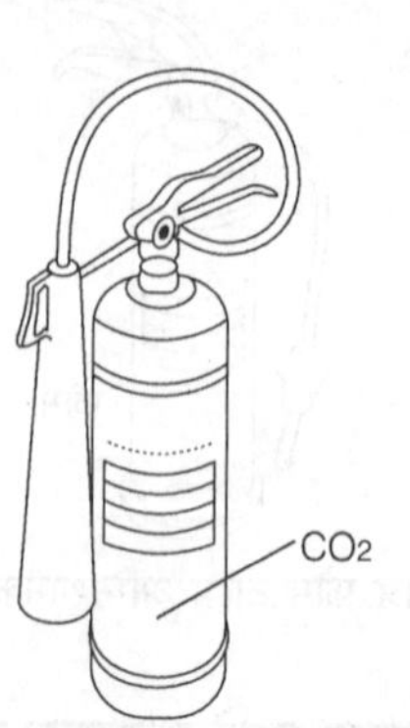

चित्र कार्बन डाइ-ऑक्साइड टाइप अग्निशामक यन्त्र

5. कार्बन टेट्राक्लोराइड टाइप अग्निशामक यन्त्र
Carbon Tetra-chloride (CCl_4) Type Fire Extinguisher

इस प्रकार के यन्त्र में कार्बन टेट्राक्लोराइड (CCl_4) अथवा ब्रोमोक्लोरो-डाई-फ्लोरो मीथेन (BFC) नामक द्रव, वायुदाब के साथ भरा हुआ होता है। यन्त्र का लीवर दबाने पर वायु मिश्रित द्रव की वाष्प का छिड़काव प्रारम्भ हो जाता है। इस यन्त्र का उपयोग सामान्यत: सभी प्रकार की आग बुझाने के लिए किया जा सकता है। यह द्रव, जलती हुई वस्तु को ढक लेता है और उसकी ऑक्सीजन की सप्लाई काटकर तुरन्त ही आग बुझा देता है। इन्हें **हैलोन टाइप** अग्नि बुझाने का यन्त्र भी कहते हैं। इस यन्त्र द्वारा उत्पन्न वाष्प जहरीली होने के कारण (विशेषकर घिरे हुए स्थान पर), इन्हें खुले स्थानों पर ही रखा जाता है। इस प्रकार के अग्नि बुझाने वाले यन्त्र विशेष रूप से विद्युत उपकरण में प्रयोग करने के लिए उपयुक्त एवं सुरक्षित हैं।

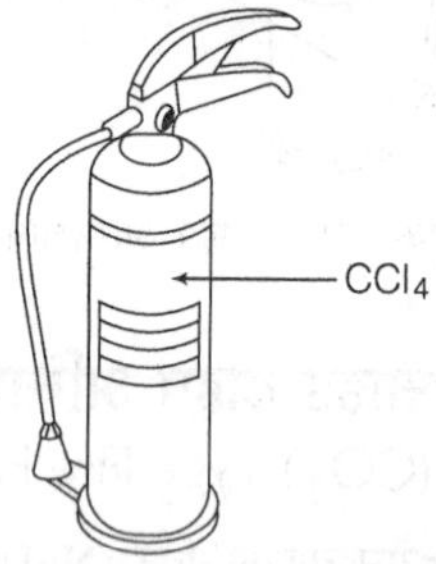

चित्र सी.टी.सी. टाइप अग्निशामक यन्त्र

6. रेत से भरी बाल्टियाँ Sand-filled Buckets

कार्यशालाओं के अन्दर अग्नि बुझाने के लिए विभिन्न यन्त्र लगे होते हैं, परन्तु कार्यशाला के बाहर लाल रंग से पेन्ट की हुई बाल्टियाँ सूखी रेत भरकर रखी जाती हैं। इन बाल्टियों पर संकेतात्मक स्वरूप अग्नि लिखा होता है। इनका प्रयोग विद्युत से लगी आग को बुझाने के लिए किया जाता है।

चित्र रेत से भरी बाल्टी

आग से सम्बन्धित सुरक्षा सावधानियाँ
Safety Precautions Related to Fire

कार्यशालाओं में आग बुझाने के लिए निम्न सुरक्षा-सावधानियाँ अपनानी चाहिए

1. बिजली द्वारा आग लगने पर यथाशीघ्र मेन स्विच बन्द कर दें।
2. तेल या मोम में लगी आग को बुझाने के लिए पानी का प्रयोग न करें। इसके लिए फोम फायर एक्सटिंग्यूशर का प्रयोग करें।
3. यदि आग लगे कमरे में जाने की आवश्यकता हो तो बैठकर जाएँ।
4. आग्नेय पदार्थों के भण्डारण स्थल पर धूम्रपान निषिद्ध कर दें।
5. कार्यशाला में ज्वलनशील पदार्थों को कूड़ेदान में ही डालें।
6. आग लगने पर शोर मचाकर सभी को सूचना दें।
7. छोटी-सी आग भी भयंकर रूप धारण कर सकती है, अत: प्रारम्भ में ही इस पर काबू पाने का प्रयत्न करें।
8. आग लगने पर तुरन्त ही फायर ब्रिगेड तथा उच्च अधिकारियों को सूचित करें।

2.8 अन्य सुरक्षा नियम Other Safety Norms

कार्यशाला एवं बाह्य वातावरण में दुर्घटना को घटित होने से रोकने के लिए कुछ अन्य नियमों का अनुपालन होना आवश्यक है, जो निम्न प्रकार हैं

1. प्रयुक्त इंजन ऑयल का सुरक्षित निस्तारण
Safe Disposal of Used Engine Oil

इंजन में प्रयोग किए जा चुके पुराने इंजन ऑयल को फिल्टर करके ग्रीस आदि मिलाकर पुन: प्रयोग करने से इंजन की कार्यकारी आयु कम होती है, क्योंकि इसमें अब शुद्ध तेल की चिकनाई वाले गुण नहीं होते हैं। अत: आवश्यक है कि इसे पुन: इंजन में प्रयोग करने के स्थान पर इसका सुरक्षित निस्तारण किया जाए। इस तेल को जलाने से वातावरण प्रदूषित होता है, इसलिए इसका प्रयोग चारा काटने की मशीन, कृषि उपयोग के उपकरणों में लुब्रीकेशन आदि कार्यों के लिए किया जाता है। इसके अतिरिक्त इसे रिसाईकल (recycle) करके शुद्ध भी किया जा सकता है, जिससे यह इंजन पुन: प्रयोग में लाया जा सके।

2. विद्युत के लिए सुरक्षा नियम
Safety Rules for Electricity

कार्यशालाओं में मशीन ऑपरेटरों को विद्युत सम्बन्धी निम्न सावधानियाँ रखनी चाहिए

(i) विद्युत सम्बन्धी कोई खराबी होने पर प्रशिक्षु को इसकी सूचना अपने अधिकारी को देनी चाहिए।

(ii) अल्प ज्ञान के आधार पर कभी भी वैद्युतिक दोष को स्वयं ठीक करने का प्रयास न करें।

(iii) यदि कोई नंगा तार या किसी चलते पार्ट पर बिजली का तार रगड़ खाता दिखाई दे तो, इलेक्ट्रीशियन को बुलाकर तुरन्त ठीक कराएँ।

(iv) विद्युत का मेन स्विच, मशीन व ऑपरेटर के पास ही लगा हो।

(v) बिना प्लग प्रयोग किए, सीधे बिजली के तार प्लग में लगाकर मशीन को न चलाएँ।

3. ईंधन के बिखराव का सुरक्षित निस्तारण

Safe Handling of Fuel Spillage

कार्यशाला में कार्य करने के दौरान अक्सर फर्श पर मिट्टी का तेल, डीजल अथवा पेट्रोल गिर जाता है जिस कारण अग्नि सम्बन्धी दुर्घटना घटने की सम्भावना बढ़ जाती है और इस कारण फिसलकर चोट लगने का डर भी बना रहता है।

अत: प्रशिक्षु को सावधानीपूर्वक उपरोक्त पदार्थों को उपयोग में लाना चाहिए जिससे दुर्घटना होने की सम्भावना कम हो जाए। निम्न चित्र में कार्यस्थल पर लगने वाला सुरक्षा सम्बन्धी लेबल दर्शाया गया है

DIESEL

Flammable

- Keep away from heat, sparks and flames
- Wear butyl rubber gloves and safety goggles
- Use with local exhaust ventilation

Material Safety Data Sheet Available

चित्र कार्यस्थल लेबल का नमूना

कार्यशाला में पेट्रोल व डीजल सम्बन्धी कार्य करते समय प्रशिक्षु की निम्न बातों का ध्यान रखना आवश्यक है

(i) ईंधन सम्बन्धी द्रवीय पदार्थों को एक स्थान से दूसरे स्थान पर सावधानीपूर्वक ले जाना चाहिए एवं इस कार्य के लिए ट्रॉली का प्रयोग करना चाहिए।

(ii) ईंधन सम्बन्धी द्रवीय पदार्थों को पलटते समय कीप (funnel) का प्रयोग करना चाहिए।

(iii) उपरोक्त क्रिया के उपरान्त डिब्बों या कैनों के ढक्कन को टाइट कर देना चाहिए जिससे पदार्थों के छलकने की सम्भावना न रहे।

(iv) तेल से भीगे कपड़ों को एक सुरक्षित स्थान पर रखना चाहिए तथा ऐसे स्थानों के आस-पास आग का प्रयोग न करें।

(v) ईंधन को निकालते समय फोम या ड्राई पाउडर आग बुझाने के यन्त्र को समीप रखना चाहिए जिससे आग लगने की स्थिति में उसे बुझाया जा सके।

(vi) ज्वलनशील ईंधन सम्बन्धी कार्यक्षेत्र उचित हवादार स्थान पर होना चाहिए।

(vii) वैल्डिंग या कटिंग वाले कार्यक्षेत्र के आस-पास ईंधन सम्बन्धी द्रवीय पदार्थ नहीं रखना चाहिए।

(viii) सतह पर बिखरे हुए तरल ईंधन को साफ करने के लिए लकड़ी के बुरादे का प्रयोग करना चाहिए।

उपरोक्त सावधानियों को ध्यान में रखकर प्रशिक्षु वर्ग आग सम्बन्धी तथा सामान्य घटनाओं से स्वयं को सुरक्षित कर सकते हैं।

4. विषाक्त पदार्थों का सुरक्षित निस्तारण

Safe Disposal of Toxic Dust

अधिकांश औद्योगिक कार्यस्थलों पर खतरनाक विषाक्त पदार्थों का प्रयोग किया जाता है। ये पदार्थ कार्य के दौरान धूल के कणों के रूप में वातावरण में मिश्रित हो जाते हैं। इन विषाक्त पदार्थों अथवा धूल के कणों का स्वास्थ्य पर हानिकारक प्रभाव पड़ता है, क्योंकि ये पदार्थ शरीर के किसी भी अंग या सम्पूर्ण शरीर पर विपरीत प्रभाव डाल सकते हैं।

अत: कार्यस्थल पर इन विषाक्त पदार्थों का निस्तारण प्रभावी रूप से किया जाना एक अनिवार्य आवश्यकता है।

विषाक्त पदार्थों के निस्तारण से सम्बन्धित कुछ महत्त्वपूर्ण सावधानियाँ निम्नलिखित हैं

(i) यदि सम्भव हो सके, तो विषाक्त पदार्थों के स्थान पर वैकल्पिक पदार्थों का प्रयोग करना चाहिए।

(ii) वेंटिलेशन एक उपाय है जिससे विषाक्त धूल के कणों के खतरे को कुछ सीमा तक कम किया जा सकता है।

(iii) विषाक्त रसायनों का प्रयोग करते समय सुरक्षा दस्तानों का प्रयोग अवश्य करना चाहिए।

(iv) कार्यस्थल से निकलने वाले विषैले धूल कणों को सीधे वातावरण में नहीं छोड़ना चाहिए।

(v) इन पदार्थों का उपयोग करने के लिए कार्यस्थल में श्वसन रक्षक तथा रक्षात्मक वेशभूषा का होना अनिवार्य है।

(vi) विषाक्त पदार्थों/धूल कणों के निस्तारण करने के लिए वैक्यूम क्लीनर व एग्जॉस्ट फैन का प्रयोग भी एक महत्त्वपूर्ण उपाय है।

5. भार उठाने वाले यन्त्रों की सामयिक जाँच

Periodic Testing of Lifting Equipments

भार उठाने वाले यन्त्रों का प्रयोग, कार्यस्थल पर भारी सामान को एक स्थान से दूसरे स्थान पर ले जाने के लिए किया जाता है। इनके उपयोग से समय की बचत होती है। कुछ भार उठाने वाले यन्त्र जो कार्यस्थल पर प्रयोग किए जाते हैं, निम्न प्रकार हैं

(i) ट्रॉली

(ii) जैक्स

(iii) व्हील बैरो

(iv) फोर्क लिफ्ट

(v) छोटी क्रेन

इन यन्त्रों के द्वारा उचित कार्य को करने के लिए इनकी समय-समय पर जाँच आवश्यक होती है जिनको निम्न पदों में व्यक्त किया जाता है

(i) विन्च, ब्लॉक और हॉइस्ट जैसे यन्त्रों की साधारण प्रयोग की स्थिति में 1 वर्ष बाद और तीव्र प्रयोग की स्थिति में 3 से 4 माह में जाँच होनी चाहिए।

(ii) कृत्रिम मैटेरियल के प्रयोग से बने भागों की हर 3 माह में जाँच करनी चाहिए।

(iii) भार उठाने वाले उपकरणों की हर 6 माह बाद जाँच होनी चाहिए।

(iv) अन्य सभी यन्त्रों की 1 वर्ष में जाँच करनी चाहिए।

कार्यशाला में भार उठाने वाले यन्त्रों की जाँचों के लिए इन विधियों को अपनाना चाहिए

(i) दृश्यिक जाँच और कार्यात्मक जाँच।
(ii) अभंजनात्मक जाँच और भार की जाँच।
(iii) घिसावट की जाँच।
(iv) जिन यन्त्रों की जाँच के लिए, उन्हें खोलने की आवश्यकता हो, तो यन्त्र को खोलकर जाँचें।

6. वाहनों को चलाने की अनुमति

Authorization of Moving Vehicles

वाहनों की रोड या वर्कशॉप में जाँच की आवश्यकता होती है। इसमें वाहन को चलाकर देखा जाता है। इसके लिए एक अनुभवी ड्राइवर की आवश्यकता होती है एवं ड्राइवर के पास वैध लाइसेंस आवश्यक होना चाहिए। उच्च प्रदर्शन वाले वाहनों को टैस्ट करने की जिम्मेदारी, सबसे कौशल और अनुभवी ड्राइवर को ही देनी चाहिए। इसके अतिरिक्त ग्राहकों को वर्कशॉप में वाहनों के चलाने के नियमों के बारे में सचेत व जागरूक करना कार्यालय की जिम्मेदारी होती है।

भारत में पुराने वाहनों को प्रत्येक 1 वर्ष में फिटनेस प्रमाण-पत्र लेना तथा नए वाहनों को प्रत्येक 2 वर्ष में फिटनेस प्रमाण-पत्र लेना अनिवार्य होता है। इस कार्य हेतु वाहनों की टैस्टिंग निम्न प्रकार की जाती है

वाहनों की टैस्टिंग Testing of Vehicles

प्रयोगशाला में वाहनों की टैस्टिंग के लिए एक विशेष मशीन का प्रयोग किया जाता है जिसे डायनमोमीटर कहते हैं। इस मशीन के रोलरों पर वाहन के ड्राइव पहियों को रखा जाता है जिससे मशीन द्वारा वैसी स्थिति उत्पन्न की जाती है जैसी स्थिति रोड पर वाहन के चलने से उत्पन्न होती है। वास्तविक स्थिति उत्पन्न करने के लिए, ऊर्जा को रोलरों पर इस प्रकार समायोजित किया जाता है जैसे कि वाहन पर वास्तव में हवा का दबाव और भार का असर भी पड़ रहा हो।

महत्त्वपूर्ण बिन्दु

- सुरक्षा का शाब्दिक अर्थ सुरक्षित रहना है।
- सम्पूर्ण सुरक्षा में स्वयं की सुरक्षा के साथ मशीनों एवं कार्यखण्ड की सुरक्षा भी सन्निहित रहती है।
- किसी भी मशीन को जानकारी के अभाव में नहीं चलाना चाहिए, क्योंकि यह दुर्घटना का कारण बन सकता है।
- किसी भी स्थान अथवा कार्यशाला में दुर्घटना से बचाने के लिए विभिन्न सुरक्षा संकेत उपलब्ध होते हैं।
- निषेधात्मक संकेत, सफेद बैकग्राउण्ड पर काली आकृति द्वारा बनाए जाते हैं।
- अनिवार्य संकेतों द्वारा कारीगरों को सुरक्षात्मक निर्देश दिए जाते हैं और कारीगर इन संकेतों को सहज समझ लेते हैं।
- अनिवार्य संकेत नीली पृष्ठभूमि पर सफेद संकेत द्वारा वृत्त के आकार में बने होते हैं।
- चेतावनी संकेत त्रिभुजाकार होते हैं तथा पीली पृष्ठभूमि पर काले रंग की आकृति द्वारा बनाए जाते हैं।
- सूचनात्मक संकेत वर्गाकार होते हैं तथा हरी पृष्ठभूमि पर सफेद रंग की आकृति या सफेद पृष्ठभूमि पर लाल रंग की आकृति द्वारा प्रदर्शित किये जाते हैं।
- कारखानों में अधिकतर दुर्घटनाएँ असावधानी के कारण होती हैं।
- किसी दुर्घटनाग्रस्त व्यक्ति का डॉक्टर के आगमन से पूर्व किया जाने वाला उपचार, प्राथमिक उपचार कहलाता है।
- जब किसी पदार्थ का दहन होता है, तो ऊष्मा तथा विभिन्न प्रकार की अभिक्रियाओं का निर्माण होता है।
- किसी भी पदार्थ का दहन तीन कारकों- ईंधन, ऊष्मा तथा ऑक्सीजन पर निर्भर करता है।
- लकड़ी, कागज, कपड़ा, जूट आदि से लगने वाली आग, श्रेणी A की अग्नि में आती है।
- श्रेणी B की आग के अन्तर्गत मिट्टी के तेल, पेट्रोल, डीजल आदि से लगने वाली आग आती है।
- श्रेणी B की आग को बुझाने के लिए झाग उत्पन्न करने वाले यन्त्र एवं कार्बन डाइ-ऑक्साइड वाले यन्त्र प्रयुक्त किए जाते हैं।
- श्रेणी C की आग के अन्तर्गत, सिलेण्डरों में भरी LPG गैस इत्यादि से लगने वाली गैस आती है।
- श्रेणी C की आग को बुझाने के लिए CO_2, हैलोन आदि शुष्क रसायन प्रयुक्त किए जाते हैं।
- श्रेणी D की आग में, बिजली के उपकरणों, तारों एवं अन्य धात्विक पदार्थों से लगने वाली आग आती है।
- कार्बन डाइ-ऑक्साइड प्रकार के अग्निशामक यन्त्र में सोडियम बाइ कार्बोनेट ($NaHCO_3$) का घोल भरा होता है।
- कार्यस्थल पर विषैले पदार्थों के निस्तारण हेतु प्रभावी उपाय उपलब्ध होने चाहिए।

महत्त्वपूर्ण प्रश्नोत्तरी

1. दुर्घटना के किन्हीं तीन मुख्य कारणों का उल्लेख कीजिए।

उत्तर दुर्घटना के तीन मुख्य कारण निम्नलिखित हैं
(i) कार्य के प्रति अज्ञानता
(ii) कार्य करते समय सुरक्षा सावधानियों पर ध्यान न देना
(iii) कार्य में अरुचि

2. दुर्घटना में मूर्च्छित व्यक्ति को पेय पदार्थ क्यों नहीं देना चाहिए?

उत्तर दुर्घटना में मूर्च्छित व्यक्ति को पेय पदार्थ इसलिए नहीं देना चाहिए, क्योंकि श्वास नलिका में पेय पदार्थ जाने से दम घुटने का भय रहता है।

3. प्राथमिक उपचार बॉक्स क्या होता है?

उत्तर प्राथमिक उपचार बॉक्स लकड़ी अथवा लौह शीट से निर्मित वह बॉक्स होता है, जिसमें प्राथमिक उपचार हेतु आवश्यक दवाएँ एवं सामग्री रखी जाती हैं।

4. विद्युत आघात लगे व्यक्ति को कृत्रिम श्वसन देने की विभिन्न विधियों के नाम लिखिए।

उत्तर विद्युत आघात लगे व्यक्ति को कृत्रिम श्वसन देने की चार विधियाँ निम्नलिखित हैं
(i) सिल्वेस्टर विधि (ii) शैफर विधि
(iii) मुँह-से-मुँह में हवा भरना (iv) कृत्रिम श्वास यन्त्र द्वारा

5. अनिवार्य संकेत किस रंग की पृष्ठभूमि पर और किस आकार में बने होते हैं?

उत्तर अनिवार्य संकेत नीली पृष्ठभूमि पर सफेद संकेतों द्वारा वृत्त के आकार में बने होते हैं।

6. यदि किसी व्यक्ति के दिल की धड़कन बन्द हो जाने पर उसको 3 मिनट के अन्दर पुनः चालू न किया जा सके, तो व्यक्ति पर क्या प्रभाव पड़ेगा?

उत्तर ऐसा होने पर उस व्यक्ति के मस्तिष्क को स्थायी रूप से हानि पहुँचने की आशंका रहती है।

7. श्रेणी 'B' की आग को बुझाने के लिए किसका प्रयोग करना चाहिए?

उत्तर श्रेणी 'B' की आग को बुझाने के लिए फोम टाइप अग्निशामक यन्त्र या कार्बन डाइ-ऑक्साइड वाले अग्निशामक यन्त्र का प्रयोग करना चाहिए।

अभ्यास प्रश्न

परीक्षा प्रारूपी प्रश्न

बहुविकल्पीय

1. निम्न में से असुरक्षित कार्य है
(a) ट्रांसफॉर्मर के पास खतरे का संकेत दर्शाना
(b) बिना हैलमेट पहने मोटरसाइकिल चलाना
(c) बिना अथॉरिटी के मशीन चलाना
(d) 'b' और 'c' दोनों

2. जब करण्ट बहुत निचले स्तर पर होती है, तो इलेक्ट्रिक शॉक का व्यक्ति पर क्या प्रभाव पड़ेगा?
(a) वह अपना सन्तुलन खो देगा और गिरेगा
(b) सम्पर्क स्थान पर मामूली जलन होगी
(c) अपना होश खो देगा
(d) त्वचा पर ज्यादा जलन होगी

3. सम्पूर्ण जानकारी के अभाव में किसी मशीन का परिणाम क्या हो सकता है?
(a) परिष्कृति (b) दुर्घटना
(c) लाभ (d) इनमें से कोई नहीं

4. निम्न में से कौन-सी घटना, दुर्घटना (accident) नहीं है?
(a) हाथ से हथौड़ा छूटकर सामने खड़े व्यक्ति को लगना
(b) अचानक हैक्सॉ ब्लेड टूटने से अँगुलियों में चोट लगना
(c) बीमा कम्पनी से पैसा कमाने को अपनी अँगुली काट लेना
(d) फर्श पर पड़े तेल पर फिसलने से हाथ की हड्डी का टूटना

5. निम्न में से कौन-सा दुर्घटना का कारण नहीं है?
(a) कार्य में रुचि न होना (b) अधिक फुर्तीला होना
(c) अधिक उत्सुक होना (d) अनुशासनहीन होना

6. निम्न में से कौन-सा उपकरण दुर्घटना का कारण नहीं है?
(a) मशरूम हैड चीजल (b) फैले मुँह का स्पैनर
(c) घिसा हुआ वर्नियर कैलीपर (d) टाइट कसा आरी का ब्लेड

7. दुर्घटना टालने का सर्वोच्च उपाय है
(a) सुरक्षा उपकरणों का प्रयोग
(b) जॉब, मशीन और कार्यक्षेत्र से सम्बन्धित सावधानियों का पालन करना
(c) अपने तरीके से कार्य करना
(d) किसी कुशल कारीगर की भाँति कार्य करना

8. चित्र में प्रदर्शित चेतावनी संकेत है

(a) आग लगने का खतरा (b) विषाक्त का खतरा
(c) फॉर्क लिफ्ट (d) इनमें से कोई नहीं

9. सूचनात्मक संकेत के सम्बन्ध में निम्न में से कौन-सा कथन सत्य है?
(a) इनकी पृष्ठभूमि नीली होती है
(b) इनकी आकृति वृत्ताकार होती है
(c) इनकी पृष्ठभूमि हरी होती है
(d) इनकी आकृति त्रिभुजाकार होती है

10. चित्र में प्रदर्शित सुरक्षा संकेत किस प्रकार का है?

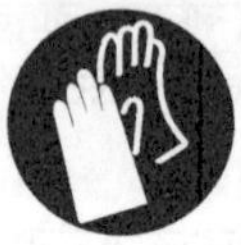

(a) सूचनात्मक संकेत (b) अनिवार्य संकेत
(c) निषेधात्मक संकेत (d) चेतावनी संकेत

11. निम्न में से कौन-सा चिन्ह 'आग के खतरे' को प्रदर्शित करता है?
(a) निषेध चिन्ह (b) सूचना चिन्ह
(c) चेतावनी चिन्ह (d) अनिवार्य चिन्ह

12. निम्न में से कौन-सा चित्र विकिरण से खतरे को दर्शाता है?

(a) 
(b) 
(c) 
(d) 

13. चित्र में प्रदर्शित संकेत है

(a) निषेधात्मक संकेत (b) अनिवार्य संकेत
(c) सूचनात्मक संकेत (d) चेतावनी संकेत

14. चित्र में प्रदर्शित संकेत है

(a) मिलर कटर
(b) एडजस्टेबल गार्ड
(c) वर्कशॉप क्षेत्र
(d) उपरोक्त में से कोई नहीं

15. लेजर बीम से खतरे के लिए कौन-सा चिन्ह प्रयोग किया जाता है

(a) 
(b) 
(c) 
(d) इनमें से कोई नहीं

16. निम्न में से प्राथमिक उपचार है
(a) विद्युत झटका लगे पीड़ित व्यक्ति का उपचार करना
(b) प्राथमिक सर्वे पूर्ण करना
(c) दुर्घटनाग्रस्त व्यक्ति को दी जाने वाली प्राथमिक सहायता
(d) उपरोक्त सभी

17. झटके लगे व्यक्ति को निम्न में से कौन-सा पेय पदार्थ नहीं पिलाना चाहिए?
(a) चाय (b) पानी (c) कॉफी (d) ये सभी

18. किसी दुर्घटना की स्थिति में पीड़ित व्यक्ति को
(a) आराम करने के लिए कहना चाहिए
(b) दुर्घटना के बारे में पूछताछ करनी चाहिए
(c) तुरन्त प्राथमिक उपचार प्रदान करना चाहिए
(d) चिकित्सक के आने तक लिटा देना चाहिए

19. कृत्रिम श्वसन की शैफर विधि को एक मिनट में लगभग कितनी बार दोहराना चाहिए?
(a) 2-5 बार (b) 3-8 बार (c) 5-10 बार (d) 10-12 बार

20. यदि एक मरीज मुँह-से-मुँह श्वसन प्रक्रिया पर सही प्रतिक्रिया न करे, तो प्राथमिक उपचारक को चाहिए
(a) तुरन्त चिकित्सा सहायता खोजना
(b) टूटी हुई अस्थियाँ देखना
(c) शरीर को कम्बल से गर्म रखना
(d) नाड़ी और नेत्र-चक्षु की जाँच करना

21. कृत्रिम श्वास क्रिया की सरलतम विधि है
(a) सिल्वेस्टर विधि (b) शैफर विधि
(c) मुँह-से-मुँह में श्वास देना (d) इनमें से कोई नहीं

22. कृत्रिम श्वास प्रक्रिया के लिए प्रयोग की जाने वाली विधि है
(a) शैफर विधि (b) सिल्वेस्टर विधि
(c) 'a' और 'b' दोनों (d) इनमें से कोई नहीं

23. आग मिश्रण है
(a) ईंधन + ऑक्सीजन + तापक्रम
(b) ईंधन + कार्बन + तेल
(c) तेल + ऑक्सीजन + कागज
(d) उपरोक्त में से कोई नहीं

24. निम्न में से कौन-सा आग लगने का कारण नहीं है?
(a) विद्युत परिपथ को अतिभार पर प्रयोग में लाना
(b) फ्यूज तार के रूप में पतले तार का प्रयोग करना
(c) तापन यन्त्रों का असावधानीपूर्वक प्रयोग करना
(d) उपरोक्त सभी

25. सामान्यतः आग तीन घटकों पर निर्भर करती है, चित्र में प्रदर्शित घटक 'X' है

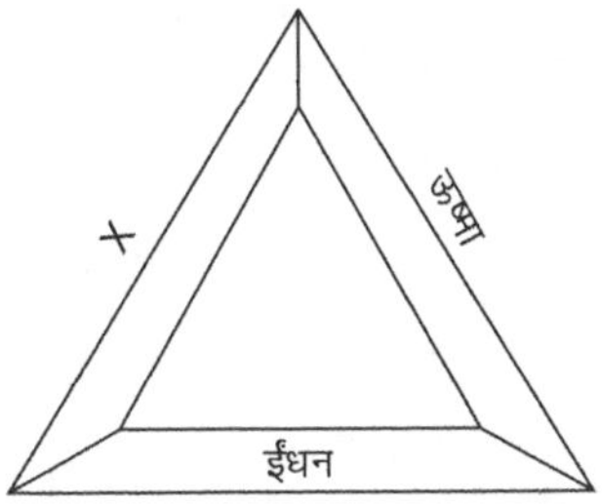

(a) तापमान (b) नाइट्रोजन
(c) ऑक्सीजन (d) CO_2

26. श्रेणी 'D' की आग में सम्मिलित है
(a) धात्विक पदार्थों में लगी आग
(b) विद्युत उपकरणों में लगी आग
(c) 'a' और 'b' दोनों
(d) डीजल या पेट्रोल से लगने वाली आग

27. श्रेणी 'B' अग्नि को बुझाने के लिए ……… का प्रयोग किया जाता है।
(a) झाग वाले यन्त्र (b) गर्म जल
(c) शीतल जल (d) शुष्क चूर्ण वाले यन्त्र

28. चित्र में प्रदर्शित ईंधन के लिए आग की श्रेणी का नाम बताइए।

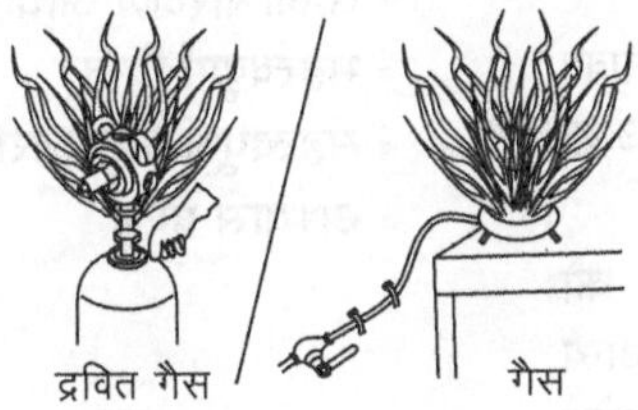

(a) श्रेणी 'D' की आग (b) श्रेणी 'C' की आग
(c) श्रेणी 'B' की आग (d) श्रेणी 'A' की आग

29. निम्नलिखित में से हैलोन अग्निशामक यन्त्र कौन-सा है?
(a) जलयुक्त अग्निशामक का यन्त्र
(b) शुष्क पाउडर वाला अग्निशामक यन्त्र
(c) CTC वाला अग्निशामक यन्त्र
(d) उपरोक्त में से कोई नहीं

30. इलेक्ट्रिकल केबिल में लगने वाली आग को बुझाया जाता है
(a) तेल से
(b) पानी से
(c) CTC टाइप अग्निशामक यन्त्र से
(d) फोम टाइप अग्निशामक यन्त्र से

31. ईंधन की प्रकृति के आधार पर, आग को चार समूहों में वर्गीकृत किया जाता है। चित्र में प्रदर्शित ईंधनों के लिए आग की श्रेणी का नाम बताइए।

(a) श्रेणी 'D' की आग (b) श्रेणी 'C' की आग
(c) श्रेणी 'B' की आग (d) श्रेणी 'A' की आग

32. विद्युतीय उपकरण में लगी आग को बुझाने के लिए किस टाइप के अग्निशामक यन्त्र का उपयोग करना चाहिए?
(a) फोम टाइप
(b) हैलोन टाइप
(c) जल से भरे हुए गैस कॉर्ट्रिज टाइप
(d) संग्रहित दाब वाटर फिल्ड टाइप

33. चित्र में प्रदर्शित श्रेणी 'D' की आग को बुझाने के लिए सबसे उपयुक्त आग बुझाने वाला यन्त्र कौन-सा है?

(a) कार्बन टेट्राक्लोराइड (CTC) टाइप अग्निशामक यन्त्र
(b) फोम टाइप अग्निशामक यन्त्र
(c) वाटर फिल्ड टाइप अग्निशामक यन्त्र
(d) गैस कॉर्ट्रिज हैलोन टाइप अग्निशामक यन्त्र

34. पेट्रोल से होने वाली दुर्घटना में प्रयुक्त अग्निशामक यन्त्र है
(a) शुष्क पाउडर टाइप अग्निशामक यन्त्र
(b) फोम टाइप अग्निशामक यन्त्र
(c) CO_2 टाइप अग्निशामक यन्त्र
(d) जलयुक्त अग्निशामक यन्त्र

35. CTC टाइप अग्निशामक यन्त्र में कौन-सा द्रव, वायुदाब के साथ भरा होता है?
(a) कार्बन टेट्राक्लोराइड (CCl_4)
(b) ब्रोमोक्लोरो-डि-फ्लोरो मीथेन ($CBrClF_2$)
(c) 'a' और 'b' दोनों
(d) कार्बन डाइ-ऑक्साइड (CO_2)

उत्तरमाला

1. (d)	**2.** (b)	**3.** (b)	**4.** (c)	**5.** (c)	**6.** (c)	**7.** (b)	**8.** (b)	**9.** (c)	**10.** (b)
11. (c)	**12.** (d)	**13.** (d)	**14.** (b)	**15.** (a)	**16.** (c)	**17.** (d)	**18.** (c)	**19.** (d)	**20.** (a)
21. (c)	**22.** (c)	**23.** (a)	**24.** (b)	**25.** (c)	**26.** (c)	**27.** (a)	**28.** (b)	**29.** (c)	**30.** (c)
31. (d)	**32.** (b)	**33.** (a)	**34.** (d)	**35.** (c)					

अध्याय 03

ऊर्जा संरक्षण
Energy Conservation

3.1 ऊर्जा संरक्षण Energy Conservation

आज के औद्योगिक युग में मनुष्य विकास के नाम पर दिन-प्रतिदिन प्राकृतिक संसाधनों का उपयोग कर रहा है जिसके परिणामस्वरूप प्राकृतिक सन्तुलन बिगड़ गया है, प्रदूषण की मात्रा हानिकारक स्तर पर पहुँच चुकी है तथा पृथ्वी की रक्षा कवच कही जाने वाली ओजोन परत नष्ट होने लगी है। इन सभी दुष्परिणामों को देखते हुए मनुष्य को जागरूक होने की आवश्यकता है।

हम जानते हैं कि पृथ्वी पर उपस्थित ऊर्जा नश्वर नहीं है, परन्तु सीमित अवश्य है। अत: वर्तमान में इसका संरक्षण एक महत्त्वपूर्ण आवश्यकता है। ऊर्जा संरक्षण से अभिप्राय बिना उत्पाद की गुणवत्ता को घटाए ऊर्जा की खपत को कम करना है।

दूसरे शब्दों में, हम कह सकते हैं कि बिना क्षय के एक निश्चित मात्रा की ऊर्जा से उत्पादन को बढ़ाकर अधिकतम दक्षता प्राप्त करना, ऊर्जा संरक्षण कहलाता है। ऊर्जा संरक्षण से सम्बन्धित एक अन्य पद ऊर्जा दक्षता है जिसका अर्थ किसी कार्य को करने में एक निश्चित मात्रा से कम ऊर्जा का उपयोग करना है।

ऊर्जा संरक्षण का मुख्य उद्देश्य प्राकृतिक ऊर्जा स्रोतों का संरक्षण करना है। पृथ्वी पर प्राकृतिक ऊर्जा के सीमित स्रोत हैं। प्राकृतिक ऊर्जा स्रोतों को निम्न प्रकार से वर्गीकृत किया जा सकता है

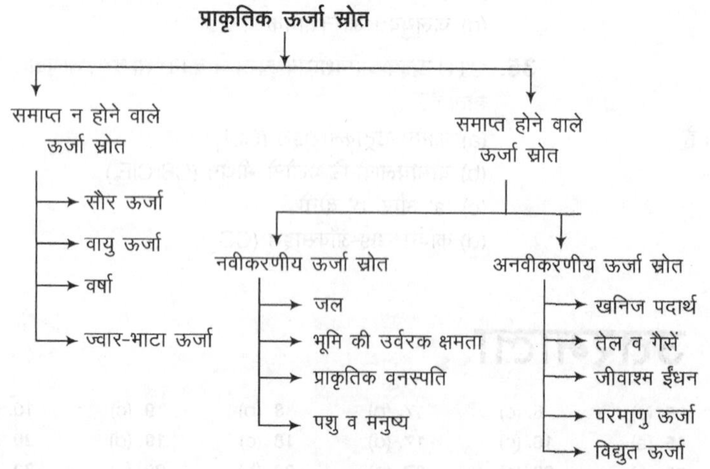

अध्याय विषय सूची

3.2 ऊर्जा जाँच एवं ऊर्जा संरक्षण अवसर
Energy Audit and Energy Conservation Opportunities (ECO's)

ऊर्जा जाँच एक प्रकार का सर्वेक्षण है, जो किसी संगठन/संयन्त्र उपकरण द्वारा किया जाता है। इसकी सहायता से, ऊर्जा की खपत में, बिना किसी अपव्यय के कमी ला सकते हैं तथा उत्पादन गुणवत्ता में वृद्धि कर सकते हैं।

इन सर्वेक्षणों की सहायता से सम्बन्धित सुझावों को ऊर्जा संरक्षण अवसर (Energy Conservation Opportunities; ECOs) कहा जाता है।

अत: ऊर्जा संरक्षण अवसर, ऊर्जा का संरक्षण करने में सहायक वे अवसर हैं, जो किसी भी रूप में ऊर्जा संरक्षण में सक्षम होते हैं।

यहाँ ऊर्जा संरक्षण अवसरों की श्रेणियों एवं अवसरों का क्रमिक रूप में विवरण निम्न प्रकार है।

1. श्रेणी 'A' : लघु ऊर्जा संरक्षण अवसर
Class : A Minor ECOs

लघु ऊर्जा संरक्षण अवसर (minor ECOs) अधिकतर साधारण रूप में उपस्थित होते हैं। इन्हें सरलता से क्रियान्वित (implement) किया जा सकता है। ऐसे अवसर कम निवेश (less investment) तथा कम क्रियान्वयन समय (less implementation time) वाले होते हैं

ये अवसर निम्न तथ्यों से सम्बन्धित होते हैं

(i) रिसाव बिन्दुओं की रोकथाम

(ii) लापरवाही से होने वाली बर्बादी को रोकना

(iii) गृह-व्यवस्थापन

2. श्रेणी 'B' : मध्यम ऊर्जा संरक्षण अवसर
Class B : Medium ECOs

मध्यम ऊर्जा संरक्षण अवसर (medium ECOs) को माध्यमिक ऊर्जा संरक्षण अवसर (intermediate ECOs) भी कहते हैं। ये प्राय: लघु ऊर्जा संरक्षण अवसरों की अपेक्षा थोड़े से जटिल या कठिन होते हैं।

ऐसे ऊर्जा संरक्षण अवसरों (ECOs) के लिए अतिरिक्त निवेश (additional investment) तथा मध्यम क्रियान्वयन समय (moderate implementation time) की आवश्यकता होती है।

3. श्रेणी 'C' : विस्तृत ऊर्जा संरक्षण अवसर
Class C : Major ECOs

विस्तृत ऊर्जा संरक्षण अवसर (major ECOs), महत्त्वपूर्ण ऊर्जा संरक्षण के अवसर प्रदान करते हैं। ये प्राय: उच्च तकनीक सहित जटिल (complex) रूप में उपस्थित होते हैं।

इनमें अत्यधिक मात्रा में निवेश (investment) तथा लम्बे क्रियान्वयन (implementation) समय की आवश्यकता होती है।

3.3 ऊर्जा संरक्षण की विधियाँ
Process of Energy Conservation

ऊर्जा के संरक्षण की निम्नलिखित विधियाँ हैं

वाहन संयोजन संयन्त्र में ऊर्जा बचत
Energy Saving in Vehicle Assembly Plant

मोटर वाहन संयन्त्रों में विविध गन्तव्यों के लिए ऊर्जा का उपयोग किया जाता है। इनमें ऊर्जा के रूप में विद्युत, भाप, गैस तथा सम्पीडित (compressed) वायु का उपयोग किया जाता है। इनमें भारी मात्रा में ऊर्जा तथा धन का व्यय होता है।

संयोजन संयन्त्रों के लिए निर्धारित बजट का लगभग दो-तिहाई विद्युत के साथ-साथ ऊष्मा पर व्यय किया जाता है। कुल ऊर्जा व्यय, वाहन संयोजन संयन्त्र के उत्पादन आउटपुट के लगभग 1% के बराबर होता है। इसके संरक्षण के लिए विविध स्तरों पर ऊर्जा व्यय में कमी की दिशा में प्रयास किए जा रहे हैं।

नियामक उपायों के माध्यम से ऊर्जा बचत
Energy Saving through Regulatory Measures

ऐसे अनेक नियामक उपाय हैं जो औद्योगिक क्षेत्रों में ऊर्जा की बचत कर सकते हैं।

इनमें न्यूनतम ऊर्जा कार्यक्षमता व मानक सम्मिलित हैं। कुछ देशों ने ऊर्जा कार्यक्षमता के न्यूनतम मानकों की प्राप्ति हेतु ऑफिस उपकरणों से सम्बन्धी दिशा-निर्देश जारी किए; जैसे—इमारत संहिता (नियमों) का उपयोग, नई इमारतों के निर्माण में ऊर्जा खपत को कम करने से सम्बन्धित नियमों का पालन हो, यह सुनिश्चित करना है।

आर्थिक उपायों के माध्यम से ऊर्जा बचत
Energy Saving through Economic Measures

आर्थिक उपायों की सहायता से भी ऊर्जा की बचत की जानी सम्भव है। ये उपाय, औद्योगिक क्षेत्रों में ऊर्जा कार्यक्षमता में वृद्धि को प्रोत्साहित करते हैं। इस श्रेणी में शुल्क-सूची (tariff) के प्रयोग का समय, वैकल्पिक ईंधनों (बायोफ्यूल सहित) के लिए अनुदान (subsidies), पुन: नवीकरणीय ऊर्जा के लिए अनुदान, ऊर्जा कार्यक्षम उपकरणों/यन्त्रों में निवेश के लिए अनुदान सम्मिलित हैं।

जागरूकता एवं शिक्षा के माध्यम से ऊर्जा बचत
Energy Saving through Awareness and Education

ऊर्जा बचत, जागरूकता एवं शिक्षा के माध्यम से भी सम्भव है, क्योंकि शिक्षा के माध्यम से व्यक्ति में ऊर्जा के महत्त्व की व्यापक समझ विकसित होती है। सामान्य रूप से इसके अन्तर्गत, औद्योगिक, व्यावसायिक एवं घरेलू स्तर पर प्रयोग हो रहे उपकरणों के प्रयोग न होने पर, उन्हें बन्द करके, ऊर्जा की बचत की जा सकती है।

3.4 ऊर्जा संरक्षण अधिनियम, 2001

Energy Conservation Act, 2001

वर्ष 1970 के प्रारम्भ में गल्फ तेल आघात (gulf oil shock) के उपरान्त फरवरी, 2000 में ऊर्जा संरक्षण अधिनियम प्रस्तुत किया गया। यह वास्तव में भारत में पेट्रोल संरक्षण अनुसन्धान अथॉरिटी (PCRA) की पहल पर एक जागरूकता कार्यक्रम का परिणाम था जिसके परिणामस्वरूप, एक विधायी फ्रेमवर्क बनाने की आवश्यकता महसूस की गई थी।

इस प्रकार, वर्ष 2001 में ऊर्जा संरक्षण सम्बन्धी अधिनियम तत्कालीन राष्ट्रपति की स्वीकृति के उपरान्त सितम्बर, 2001 में अस्तित्व में आया।

इसका उद्देश्य ऊर्जा कार्यक्षमता को प्रोत्साहित करना और ऊर्जा की बर्बादी को कम करना था। भारत में ऊर्जा बचत की अत्यधिक सम्भावनाएँ हैं। एक सर्वे के अनुसार देश के उद्यमी, व्यावसायिक एवं घरेलू क्षेत्रों (sectors) में ऊर्जा बचत की पर्याप्त सम्भावनाएँ हैं। भारत के बजट में ऊर्जा संरक्षण अधिनियम, 1 अक्टूबर, 2001 प्रकाशित हुआ, परन्तु देश भर में यह 1 मार्च, 2002 से लागू हुआ। अत: ब्यूरो ऑफ एनर्जी एफीशिएन्सी (BEE) ने भी इसे मार्च, 2002 से प्रभावी माना।

ऊर्जा संरक्षण अधिनियम ने ऊर्जा सम्बन्धी नियमों (norms) को सभी उपभोक्ताओं के लिए आदेशात्मक बनाया और इस अधिनियम की अवज्ञा करने पर दाण्डिक प्रावधानों की भी व्यवस्था की गई। यह अधिनियम पूर्ण प्रभाव में 1 अप्रैल, 2007 को आया।

महत्त्वपूर्ण बिन्दु

- ऊर्जा संरक्षण से अभिप्राय बिना उत्पाद की गुणवत्ता को घटाए ऊर्जा की खपत को कम करना है।
- ऊर्जा जाँच एक प्रकार का सर्वेक्षण है जो किसी संस्था/संगठन द्वारा किया जाता है।
- ऊर्जा जाँच सर्वेक्षणों की सहायता से सम्बन्धित सुझावों को ऊर्जा संरक्षण अवसर कहा जाता है।
- लघु संरक्षण अवसर अधिकतर साधारण रूप में उपस्थित होते हैं जिन्हें सरलतापूर्वक क्रियान्वित किया जा सकता है।
- मध्यम ऊर्जा संरक्षण अवसरों को माध्यमिक ऊर्जा संरक्षण अवसर भी कहा जाता है।
- माध्यमिक ऊर्जा संरक्षण अवसरों के लिए अतिरिक्त निवेश तथा मध्यम क्रियान्वित समय की आवश्यकता होती है।
- विस्तृत ऊर्जा संरक्षण अवसर, महत्त्वपूर्ण ऊर्जा संरक्षण के अवसर प्रदान करते हैं।
- विस्तृत ऊर्जा संरक्षण अवसरों में अत्यधिक निवेश तथा मध्यम क्रियान्वित समय की आवश्यकता होती है।
- ऊर्जा संरक्षण अधिनियम पूर्ण प्रभाव में 1 अप्रैल, 2007 को लागू हुआ।

महत्त्वपूर्ण प्रश्नोतरी

1. ऊर्जा संरक्षण क्या है?

उत्तर निश्चित ऊर्जा की मात्रा में बिना हानि के उत्पादन को बढ़ाना और अधिकतम दक्षता की प्राप्ति ही ऊर्जा संरक्षण कहलाती है।

2. लापरवाही से होने वाली ऊर्जा की बर्बादी को रोकना किस श्रेणी का ऊर्जा संरक्षण अवसर है?

उत्तर लापरवाही से होने वाली ऊर्जा की बर्बादी को रोकना श्रेणी 'A' लघु ऊर्जा संरक्षण अवसर के अन्तर्गत आता है।

3. ऊर्जा संरक्षण अधिनियम, 2001 को पारित करने का क्या उद्देश्य था?

उत्तर ऊर्जा संरक्षण अधिनियम, 2001 को पारित करने का उद्देश्य ऊर्जा कार्यक्षमता को प्रोत्साहित करना तथा ऊर्जा की बर्बादी को कम करना था।

4. श्रेणी 'C' के ऊर्जा संरक्षण अवसर किस रूप में उपस्थित होते है?

उत्तर श्रेणी 'C' के ऊर्जा संरक्षण अवसर उच्च तकनीक के रूप में उपस्थित होते है?

5. ऊर्जा संरक्षण का मुख्य उद्देश्य क्या हैं?

उत्तर ऊर्जा संरक्षण का मुख्य उद्देश्य प्राकृतिक ऊर्जा स्रोतों का संरक्षण करना है।

6. श्रेणी 'A' के ऊर्जा संरक्षण से सम्बन्धित तथ्य बताइए।

उत्तर (i) रिसाव बिन्दुओं की रोकथाम।
(ii) लापरवाही से होने वाली बरबादी को रोकना।
(iii) गृह व्यवस्थापन।

अभ्यास प्रश्न

परीक्षा प्रारूपी प्रश्न

बहुविकल्पीय

1. ऊर्जा संरक्षण है
(a) कम ऊर्जा खपत (b) अधिक ऊर्जा खपत
(c) 'a' और 'b' दोनों (d) इनमें से कोई नहीं

2. निम्न में से ऊर्जा संरक्षण का उदाहरण है
(a) वाहन का वजन कम करना
(b) टायरों में उचित वायुदाब रखना
(c) अधिक माइलेज के वाहनों का प्रयोग करना
(d) उपरोक्त सभी

3. ऊर्जा संरक्षण इनमें से क्या कहलाता है?
(a) निश्चित ऊर्जा की मात्रा के बिना हानि या क्षय के उत्पादन को बढ़ाना
(b) अधिकतम दक्षता की प्राप्ति
(c) 'a' और 'b' दोनों
(d) उपरोक्त में से कोई नहीं

4. ऊर्जा संरक्षण की आवश्यकता क्यों महसूस की गई?
(a) इसकी व्यापकता के कारण (b) इसकी सीमितता के कारण
(c) इसकी अनुपलब्धता के कारण (d) उपरोक्त में से कोई नहीं

5. इमारती डिजाइन में इनमें से किसका अप्रत्यक्ष रूप से ऊर्जा संरक्षण में सहयोग मिलता है?
(a) पेड़ (b) लैण्डस्केपिंग (c) पर्वत (d) ये सभी

6. किसकी सहायता से इमारती डिजाइनों द्वारा 25 से 50% तक ऊष्मा को कम किया जा सकता है?
(a) खिड़कियों
(b) भली प्रकार सीलबन्द दरवाजों
(c) अतिरिक्त ताप रोधन
(d) उपरोक्त सभी

7. लघु ऊर्जा संरक्षण सम्बन्धित है
(a) रिसाव बिन्दुओं की रोकथाम से
(b) गृह व्यवस्थापन से
(c) 'a' और 'b' दोनों
(d) उपरोक्त में से कोई नहीं

8. ऊर्जा संरक्षण अवसरों की श्रेणियों के सम्बन्ध में इनमें से कौन-सा शब्द-युग्म सही है?
(a) श्रेणी 'A'— लघु ECOs (b) श्रेणी 'B'— मध्यम ECOs
(c) श्रेणी 'C'— विस्तृत ECOs (d) ये सभी

9. ऊर्जा संरक्षण सम्बन्धी सिद्धान्त की उत्पत्ति कब मानी गई है?
(a) 1970 के प्रारम्भ में (b) 1970 के अन्त में
(c) 1980 के प्रारम्भ में (d) 1980 के अन्त में

10. ऊर्जा संरक्षण अधिनियम को राष्ट्रपति की स्वीकृति कब मिली?
(a) अक्टूबर, 2001 में (b) सितम्बर, 2001 में
(c) अक्टूबर, 2000 में (d) सितम्बर, 2002 में

11. ऊर्जा संरक्षण अधिनियम की इनमें से क्या विशेषता है?
(a) ऊर्जा कार्यक्षमता को प्रोत्साहित करता है
(b) ऊर्जा की बर्बादी को कम करता है
(c) 'a' और 'b' दोनों
(d) उपरोक्त में से कोई नहीं

12. भारत में ऊर्जा संरक्षण अधिनियम कब से पूर्ण प्रभाव में आया?
(a) 1 अक्टूबर, 2001 से (b) 1 अप्रैल, 2007 से
(c) 1 अप्रैल, 2006 से (d) इनमें से कोई नहीं

13. एक अध्ययन के अनुसार देश में इनमें से किस क्षेत्र में ऊर्जा बचत की पर्याप्त सम्भावनाएँ मौजूद हैं?
(a) उद्योग (b) व्यावसायिक
(c) घरेलू (d) ये सभी

14. देश भर में ऊर्जा संरक्षण अधिनियम लागू किया गया
(a) 25 मार्च, 2002 (b) 2 मार्च, 2002
(c) 1 मार्च, 2002 (d) 30 मार्च, 2002

15. ऊर्जा संरक्षण निम्न में से किसकी पहल का परिणाम माना जाता है?
(a) PCRA
(b) ONGC
(c) गैस प्राधिकरण ऑफ इण्डिया
(d) उपरोक्त में से कोई नहीं

उत्तरमाला

1. (a) **2.** (d) **3.** (c) **4.** (b) **5.** (d) **6.** (d) **7.** (c) **8.** (d) **9.** (a) **10.** (b)
11. (c) **12.** (b) **13.** (d) **14.** (c) **15.** (a)

अध्याय 04

हस्त औजार
Hand Tools

परिचय Introduction

अध्याय विषय सूची

- मार्किंग स्कीम तथा मार्किंग औजार
- क्लीनिंग औजार
- मापन औजार
- स्ट्राइकिंग औजार
- कर्तन औजार
- संयोजन-वियोजन औजार
- होल्डिंग औजार
- कार जैट वॉशर
- **महत्त्वपूर्ण बिन्दु**
- **महत्त्वपूर्ण प्रश्नोत्तरी**
- **अभ्यास प्रश्न**

वर्कशॉप में अधिकतम उत्पादन के लिए विभिन्न प्रकार के हस्त औजारों, उपकरणों एवं मशीनों का उपयोग किया जाता है। इन औजारों का प्रमुख उपयोग वर्कशॉप में जॉब की मार्किंग, मापन, कटिंग आदि करने में किया जाता है। किसी भी पदार्थ की उत्पादन प्रक्रिया के अन्तर्गत तीन प्रमुख प्रक्रियाएँ क्रमशः मार्किंग, मापन तथा कटिंग आती हैं, जिन्हें परिशुद्धता के साथ करना आवश्यक होता है। यह क्रियाएँ विभिन्न हस्त औजारों की सहायता से सम्पन्न होती हैं।

प्रस्तुत अध्याय में ऐसे ही कुछ हस्त औजारों का वर्णन किया गया है, जिससे कि प्रशिक्षु इनके उपयोग से भली-भाँति परिचित हो सकें एवं भविष्य में उत्पादन कार्य अथवा वर्कशॉप में कार्य करते समय उन्हें किसी भी प्रकार की अव्यवस्था का सामना न करना पड़े।

मैकेनिक द्वारा वर्कशॉप में विभिन्न प्रकार के हस्त औजार प्रयोग किए जाते हैं, जो निम्नलिखित हैं

1. मार्किंग औजार
2. क्लीनिंग औजार
3. मापन औजार
4. स्ट्राइकिंग औजार
5. कर्तन औजार
6. संयोजन-वियोजन औजार
7. होल्डिंग औजार

4.1 मार्किंग स्कीम तथा मार्किंग औजार
Marking Scheme and Marking Tools

बाजार में उपलब्ध कच्चे पदार्थ को उपयोगी वस्तु में परिवर्तित करने हेतु उस पर विभिन्न संक्रियाएँ; जैसे— काटना, मोड़ना आदि की जाती हैं। इन सभी संक्रियाओं से पूर्व की जाने वाली संक्रिया, पदार्थ की मार्किंग है। पदार्थ की मार्किंग से अभिप्राय यह है कि हमें पदार्थ पर कौन-कौन सी प्रक्रियाएँ करनी हैं तथा कहाँ से कितनी मात्रा में पदार्थ को काटना है। इसके लिए वस्तु की ड्रॉइंग के अनुसार कार्यखण्ड पर केन्द्र बिन्दु, केन्द्र रेखा, बाउण्ड्री लाइन्स खींच ली जाती हैं। इस कार्य को ही मार्किंग स्कीम कहा जाता है। मार्किंग स्कीम को अपनाने से, कार्य के दौरान होने वाले धातु व्यय को न्यूनतम स्तर पर लाया जा सकता है। मार्किंग प्रक्रिया सम्पन्न करने के लिए प्रयुक्त किए जाने वाले औजार, मार्किंग औजार कहे जाते हैं।

मार्किंग औजारों का प्रयोग करने से पूर्व मार्किंग करने के लिए निम्नलिखित मार्किंग मीडिया का उपयोग किया जाता है

1. चॉक
2. पर्शियन ब्लू
3. नीले थोथे का घोल
4. ले-आउट डाई

1. चॉक Chalk

जॉब की सतह पर चॉक द्वारा मार्किंग करने के लिए कई प्रकार के घोल बनाए जाते हैं; जैसे—

(i) साधारण चॉक का पानी में घोल
(ii) साधारण चॉक का मिथाइलेटेड स्प्रिट में घोल

चॉक सबसे अधिक प्रयोग किया जाने वाला मार्किंग मीडिया है। इसका प्रयोग कास्टिंग या फोर्जिंग की गई सतहों पर मार्किंग करने के लिए किया जाता है। लोहे की सतह पर इसके द्वारा लेप की मोटी सतह बनती है, जिस कारण यह महीन कार्यों के लिए उपयुक्त नहीं है।

2. पर्शियन ब्लू Pursian Blue

इसका प्रयोग मशीनिंग की गई सतहों पर किया जाता है। पर्शियन ब्लू की बहुत बारीक पर्त, जॉब की सतह पर फैलती है। अत: इसके द्वारा प्राप्त मार्किंग बहुत स्पष्ट तथा यथार्थ होती है, परन्तु इसके लेप को सूखने में बहुत अधिक समय लगता है।

3. नीले थोथे का घोल Copper Sulphate Solution

नीले थोथे को पानी में घोलने पर एक नीले रंग का घोल प्राप्त होता है। इसे अधिक क्रियाशील बनाने के लिए इसमें कुछ बूँदें सल्फ्यूरिक एसिड अथवा नाइट्रिक एसिड की मिला दी जाती हैं। इस घोल को मार्किंग की सतह पर लगाने से यह सतह को कॉपर के रंग में बदल देता है। इसका प्रयोग केवल स्टील के जॉब के लिए किया जाता है। इस पर बहुत यथार्थता से मार्किंग की जा सकती है। यह लेप लगाने से पहले सतहों से ग्रीस, ऑयल आदि साफ कर देना चाहिए। नीला थोथा जहरीला होने के कारण इसके प्रयोग में सावधानी अपनानी चाहिए।

4. ले-आउट डाई Lay-out Die

यह एक प्रकार की नीले रंग की स्याही होती है, जिसे धातु की सतह पर फैला दिया जाता है। यह जल्दी ही सूख जाती है। इसके द्वारा मार्किंग बहुत साफ-सुथरी होती है। ले-आउट डाई लगाने से पहले सतह को साफ कर लेना चाहिए।

मार्किंग के उद्देश्य Purpose of Marking

मार्किंग के निम्नलिखित उद्देश्य हैं—

(i) समय की बचत होती है।
(ii) जॉब को बार-बार जाँचने की आवश्यकता नहीं होती।
(iii) मार्किंग से जॉब पर की जाने वाली प्रक्रियाओं का पता चल जाता है।
(vi) मार्किंग से बनाई गई रेखाएँ, कारीगर के लिए गाइड लाइन का कार्य करती हैं जिससे जॉब शीघ्र तथा सही (accurate) बनता है।

मार्किंग करते समय सावधानियाँ
Precautions While Marking

मार्किंग क्रिया प्रारम्भ करने से पूर्व निम्नलिखित सावधानियाँ रखनी चाहिए

(i) मार्किंग शुरू करने से पहले ड्राइंग को भली-भाँति पढ़ लेना चाहिए।
(ii) प्रारम्भ में कोई सन्दर्भ बिन्दु या सन्दर्भ रेखा (reference line) नियत करने के बाद ही मार्किंग शुरू करनी चाहिए।
(iii) मार्किंग में प्रयुक्त स्क्राइबर (scriber) नुकीला व कठोर होना चाहिए, जिससे पतली व स्पष्ट रेखा अंकित हो।
(iv) ड्राइंग के अनुरूप माप के अनुसार ही मार्किंग औजारों का चुनाव करना चाहिए।
(v) मार्किंग को पक्का करने से पहले एक बार दोबारा से पूरी मार्किंग चैक कर लेनी चाहिए।
(vi) सेन्टर पंच से निशान इस प्रकार लगाने चाहिए कि मार्किंग स्पष्ट दिखाई देती रहे।
(vii) बिन्दु ठीक लाइन पर तथा बराबर दूरी पर लगाने चाहिए।
(viii) बिन्दु लगाते समय पंच को ठीक लम्बवत् रखना चाहिए तथा बिन्दुओं की गहराई समान होनी चाहिए।

मैकेनिक द्वारा वर्कशॉप में पदार्थ की यथार्थ मार्किंग के लिए प्रयोग किए जाने वाले **मार्किंग औजार** निम्न प्रकार के होते हैं

1. मार्किंग ऑफ टेबल
2. सर्फेस प्लेट
3. 'V' ब्लॉक
4. स्क्राइबर
5. डिवाइडर
6. सर्फेस गेज
7. पंच

1. मार्किंग ऑफ टेबल Marking Of Table

यह मार्किंग करने के उद्देश्य से बनाई गई टेबल होती है, जिसकी ऊपरी प्लेट कास्ट आयरन की बनी होती है। इस कास्ट आयरन की प्लेट को एंगल आयरन के बने स्टैण्ड पर रखा जाता है। यह कास्ट आयरन की प्लेट मशीनिंग करके समतल बनाई जाती है तथा इसके कोने ठीक 90° पर रखे जाते हैं। इसकी चारों साइड भी मशीनिंग की गई होती हैं।

आवश्यकतानुसार यह प्लेट चौकोर या आयताकार भी हो सकती है। मार्किंग किए जाने वाले जॉब को टेबल पर रखकर मार्किंग की जाती है। कार्य करने के पश्चात् टेबल को कपड़े से साफ करके, हल्के तेल की पर्त लगाकर रखा जाता है, जिससे कि यह जंग लगने से सुरक्षित रहती है।

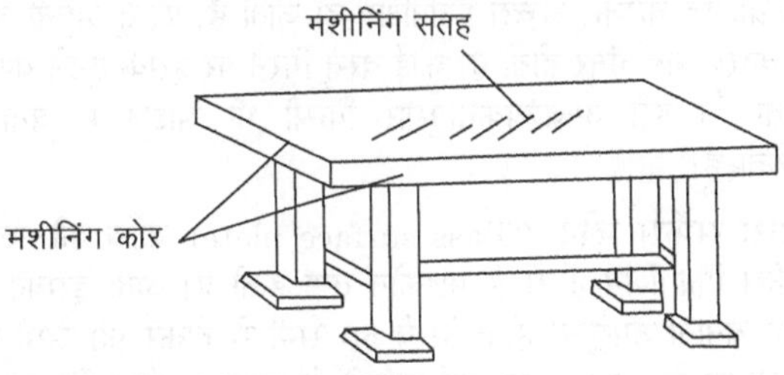

चित्र मार्किंग ऑफ टेबल

2. सर्फेस प्लेट Surface Plate

यह मार्किंग टेबल की तरह कास्ट आयरन की ढली हुई प्लेट होती है, जिसे किसी टेबल पर रखकर प्रयोग किया जाता है। सर्फेस प्लेट कई साइजों में उपलब्ध होती हैं, परन्तु साधारणत: 50×50 सेमी^{2} तथा 100×100 सेमी^{2} की सर्फेस प्लेटें ही प्रयोग में लाई जाती हैं।

इसकी मोटाई 2.5 सेमी से 7.5 सेमी तक हो सकती है। कई बार अधातुओं से बनी सर्फेस प्लेट भी प्रयोग की जाती है। सर्फेस प्लेटों को निम्न आधारों पर वर्गीकृत किया जा सकता है

(i) पदार्थ के आधार पर
(ii) उपयोगिता के आधार पर

(i) **पदार्थ के आधार पर** On the Basis of Material

सर्फेस प्लेट बनाने में प्रयोग किए गए पदार्थ के अनुसार, ये निम्नलिखित तीन प्रकार की होती हैं

(a) **कास्ट आयरन सर्फेस प्लेट** (Cast iron surface plate) इस सर्फेस प्लेट को उठाने के लिए साइडों में माइल्ड स्टील के दो हैण्डिल लगे होते हैं। टेबल की सतह को ऊँचा उठाए रखने के लिए एक फ्रेम भी साथ में ही ढलाई किया होता है। प्लेट की ऊपरी सतह पर की गई सतह परिष्कृति कई ग्रेड में होती हैं; जैसे—'A' ग्रेड की यथार्थता 5 माइक्रोन (0.005 मिमी) तथा 'B' ग्रेड की यथार्थता 20 माइक्रोन (0.02 मिमी) होती है।

कास्ट आयरन सर्फेस प्लेट को किसी ऊँची जगह पर या मार्किंग ऑफ टेबल पर रखा जाता है, जिससे कारीगर खड़ा होकर आसानी से कार्य कर सके। इसकी चारों साइड तथा बेस भी मशीनिंग करके ठीक लम्बवत् बनाया जाता है।

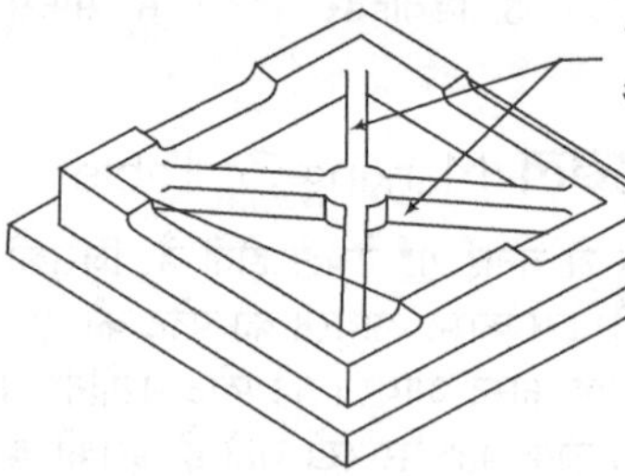

चित्र कास्ट आयरन की सर्फेस प्लेट

(b) **ग्रेनाइट सर्फेस प्लेट** (Granite surface plate) कुछ सर्फेस प्लेट ग्रेनाइट की बनाई जाती हैं। यह एक प्रकार का कठोर पत्थर होता है, जो बहुत कम पिघलता है। इस सर्फेस प्लेट की ऊपरी सतह तथा साइडों को ग्राइण्ड करके, अच्छी फिनिशिंग दी जाती है, परन्तु अपनी कठोरता के कारण यह भंगुर होती है। कोई वस्तु गिरने पर इसके टूटने का खतरा रहता है। इसे आवश्यकतानुसार किसी भी साइज में बनाया जा सकता है।

(c) **ग्लास सर्फेस प्लेट** (Glass surface plate) काँच की प्लेट की सर्फेस फिनिशिंग 4 से 8 माइक्रोन तक होती है। अत: इसकी सर्फेस प्लेट बनाना उपयुक्त होता है। ये 50 सेमी से लेकर 90 सेमी के वर्ग व आयत के आकार की कई साइजों में उपलब्ध होती हैं। इन सर्फेस प्लेटों पर मार्किंग को पक्का करने का काम अर्थात् पंचिंग का कार्य नहीं किया जा सकता।

(ii) **उपयोगिता के आधार पर** On the Basis of Usefulness

उपयोगिता के आधार पर सर्फेस प्लेट तीन प्रकार की होती हैं

(a) **निरीक्षण सर्फेस प्लेट** (Inspection surface plate) वर्कशॉप में जिस सर्फेस प्लेट को पार्ट्स के साइज का निरीक्षण करने के लिए प्रयोग किया जाता है, उसे निरीक्षण सर्फेस प्लेट कहते हैं। इस सर्फेस प्लेट को कभी-कभी प्रयोग किया जाता है, जिससे इसकी यथार्थता अधिक समय तक बनी रहती है। इसकी सतह की परिष्कृतता 2.5 माइक्रोन तक होती है।

(b) **वर्कशॉप सर्फेस प्लेट** (Workshop surface plate) इस सर्फेस प्लेट को वर्कशॉप में साधारणत: सभी प्रकार के कार्यों के लिए प्रयोग किया जाता है। कार्य की उपयोगितानुसार विभिन्न प्रकार की सतह परिष्कृति की सर्फेस प्लेट वर्कशॉप में प्रयोग की जाती है। इनकी सतह परिष्कृति 1 माइक्रोन से 25 माइक्रोन तक हो सकती है।

(c) **मास्टर सर्फेस प्लेट** (Master surface plate) यह प्लेट, सर्फेस प्लेट बनाने वाली फैक्ट्री में प्रयोग में लाई जाती है। इसकी सतह परिष्कृति बहुत अधिक होती है। इसको किसी भी सर्फेस को ट्रूइंग (truing) करने के लिए प्रयोग किया जाता है। प्लेट की समतलता की जाँच करने के लिए, सर्फेस प्लेट पर पर्शियन ब्लू (pursian blue) या सिन्दूर (red lead) की पतली परत लगाकर उस पर जॉब की जाँच करने वाली सतह को हल्के से रगड़ा जाता है। जहाँ पर रंग लगता है, वह भाग ऊँचा होता है तथा जहाँ पर रंग नहीं लगता, वह भाग नीचा होता है। समतलता बढ़ाने के लिए स्क्रैपर (scraper) द्वारा ऊँचे भाग को छीलकर स्क्रैप कर दिया जाता है तथा पुन: रंग का निशान लिया जाता है।

सर्फेस प्लेट प्रयोग करते समय सावधानियाँ
Precautions While Using Surface Plate

सर्फेस प्लेट का प्रयोग करते समय निम्न बातों का ध्यान रखना चाहिए

(i) सर्फेस प्लेट को हमेशा साफ व ढक कर रखना चाहिए।

(ii) कार्य प्रारम्भ करने से पहले प्लेट पर लगे तेल को साफ कर देना चाहिए।

(iii) जहाँ तक सम्भव हो सर्फेस प्लेट पर पंच द्वारा पक्की मार्किंग नहीं करनी चाहिए।

(iv) गरम जॉब को सर्फेस प्लेट पर नहीं रखना चाहिए।

3. 'V' ब्लॉक 'V' Block

बेलनाकार या गोल आकार की वस्तुओं को सर्फेस प्लेट पर रखकर मार्किंग करना कठिन होता है, इसलिए इन्हें सहारा देने के लिए 'V' ब्लॉक की आवश्यकता होती है। बेलनाकार जॉब को 'V' ग्रूव में रखकर मार्किंग की जा सकती है। मशीनिंग करने के लिए जॉब को 'V' ग्रूव में क्लैम्प किया जा सकता है।

साधारणत: 'V' ब्लॉक कास्ट आयरन के बनाए जाते हैं, परन्तु कभी-कभी इन्हें माइल्ड स्टील के बनाकर, केस-हार्ड किया जाता है। 'V' ग्रूव का कोण 90° होता है, परन्तु बड़े जॉब की आवश्यकता को देखते हुए यह कोण 120° का भी बनाया जाता है। 'V' ब्लॉक का साइज उसकी

लम्बाई × चौड़ाई × ऊँचाई से लिया जाता है। 'V' ब्लॉक हमेशा जोड़े में बनाए जाते हैं।

'V' ब्लॉक के प्रकार Types of 'V' Block

'V' ब्लॉक मुख्यत: निम्न प्रकार के होते हैं

(i) **सिंगल लेवल, सिंगल ग्रूव 'V' ब्लॉक**
Single Level, Single Groove 'V' Block

यह कास्ट-आयरन का बना हुआ ब्लॉक होता है, जिसमें केवल एक सतह पर 'V' ग्रूव बनाया होता है। बाकी सतहें समतल मशीन तथा ग्राइण्ड की गई होती हैं।

इसका प्रयोग केवल भारी जॉब पर मार्किंग करने के लिए ही किया जाता है।

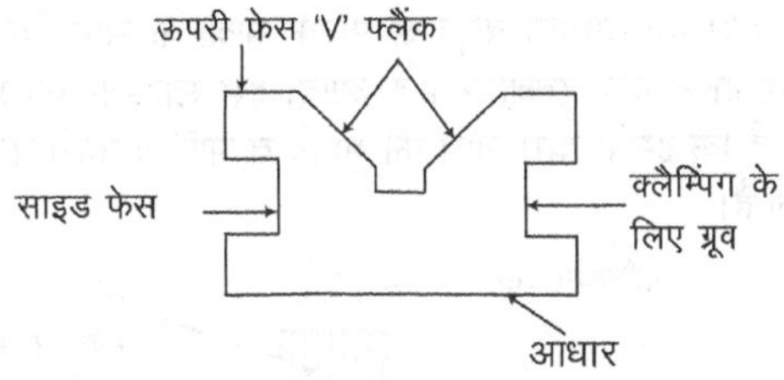

चित्र सिंगल लेवल, सिंगल ग्रूव 'V' ब्लॉक

(ii) **सिंगल लेवल, डबल ग्रूव 'V' ब्लॉक**
Single Level, Double Groove 'V' Block

इस प्रकार के 'V' ब्लॉक में एक 'V' खाँचा व दोनों तरफ दो चौकोर खाँचे कटे होते हैं। यह क्लैम्प को जॉब के आकार के अनुसार उचित स्थान प्रदान करता है।

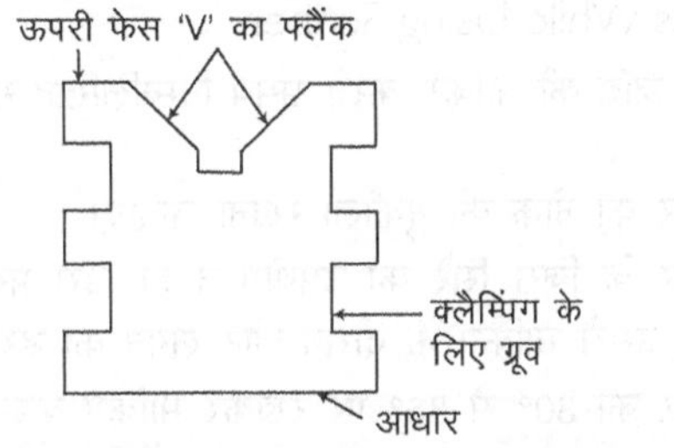

चित्र सिंगल लेवल, डबल ग्रूव 'V' ब्लॉक

(iii) **डबल लेवल, सिंगल ग्रूव 'V' ब्लॉक**
Double Level, Single Groove 'V' Block

इस प्रकार के 'V' ब्लॉक में परस्पर विपरीत सतहों में 'V' ग्रूव कटा होता है तथा साइड की दोनों सतहों में छोटा आयताकार ग्रूव होता है। दोनों 'V' ग्रूव में से एक 90° के कोण पर तथा दूसरा 120° के कोण पर होता है। 120° के 'V' ग्रूव में बड़े व्यास की वस्तुएँ पकड़ी जाती हैं, जबकि 90° के 'V' ग्रूव में छोटे व्यास की वस्तुएँ पकड़ी जाती हैं।

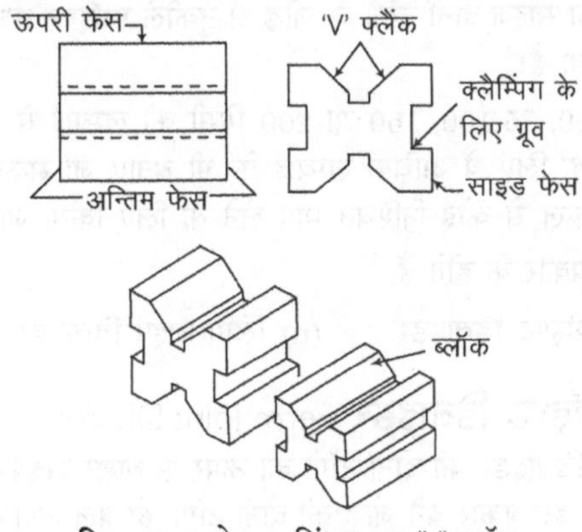

चित्र डबल लेवल, सिंगल ग्रूव 'V' ब्लॉक

(iv) **युग्मित 'V' ब्लॉक** Paired 'V' Block

इस प्रकार के 'V' ब्लॉक समान आकार के युग्म में रहते हैं। इन्हें निर्माता द्वारा दी गई संख्या या अक्षर के आधार पर पहचाना जाता है। इस प्रकार के 'V' ब्लॉक का उपयोग मार्किंग टेबल पर लम्बी शाफ्ट को सहारा देने के लिए किया जाता है।

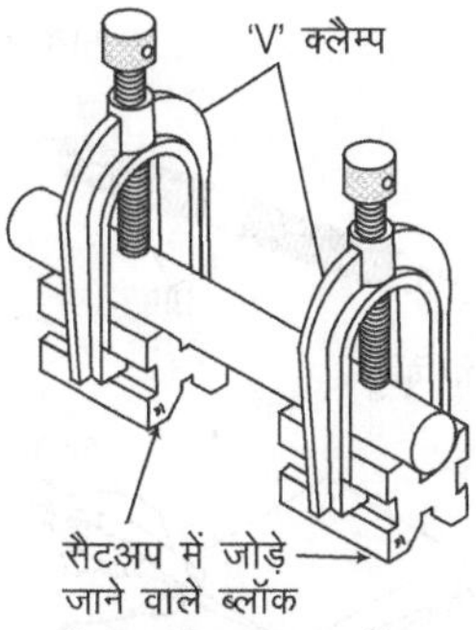

चित्र युग्मित 'V' ब्लॉक

(v) **चुम्बकीय 'V' ब्लॉक** Magnetic 'V' Block

मार्किंग करते समय 'V' ब्लॉक दाब पड़ने पर हिल सकता है। अतः इसे एक निश्चित स्थान पर क्लैम्प करने की आवश्यकता रहती है, जिसके लिए चुम्बकीय 'V' ब्लॉक का प्रयोग किया जाता है। इसमें एक अस्थायी चुम्बक होता है, जो एक लीवर द्वारा ऑपरेट होता है। लीवर के ऑन (ON) होने पर, इसमें चुम्बकीय प्रभाव आ जाता है, जिसके कारण यह सर्फेस प्लेट पर चिपक जाता है। जब इसे हटाना होता है, तो लीवर को ऑफ (OFF) कर देते हैं, जिससे चुम्बकीय प्रभाव खत्म हो जाता है।

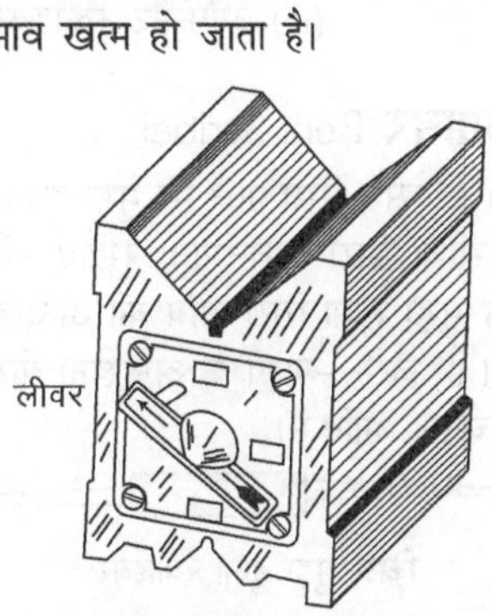

चित्र चुम्बकीय 'V' ब्लॉक

'V' ब्लॉक को प्रयोग करते समय सावधानियाँ
Precautions While Using 'V' Block

'V' ब्लॉक का प्रयोग करते समय निम्नलिखित सावधानियों का ध्यान रखना चाहिए

(i) 'V' ब्लॉक को कार्य के उपरान्त तेल से साफ करके रखना चाहिए।
(ii) 'V' ब्लॉक को सावधानी से उचित स्थान पर रखना चाहिए व इसे गिरने से बचाना चाहिए।
(iii) इसे खरोंच से बचाना चाहिए।

4. स्क्राइबर Scriber

धातु की सतहों पर लाइन खींचने के लिए स्क्राइबर का प्रयोग किया जाता है। ये हाई-कार्बन स्टील के बनाए जाते हैं, जिसके बाद इसे ऊष्मा उपचार विधि द्वारा हार्ड तथा टैम्पर किया जाता है। धातुओं पर साफ तथा तीव्र लाइनें बनाने के लिए इसके एक सिरे को ग्राइण्ड करके नुकीला बनाया जाता है।

इसके सिरों को 15° से 20° के कोण पर बनाया जाता है। चित्र में स्क्राइबर तथा इसके उपयोग को दर्शाया गया है।

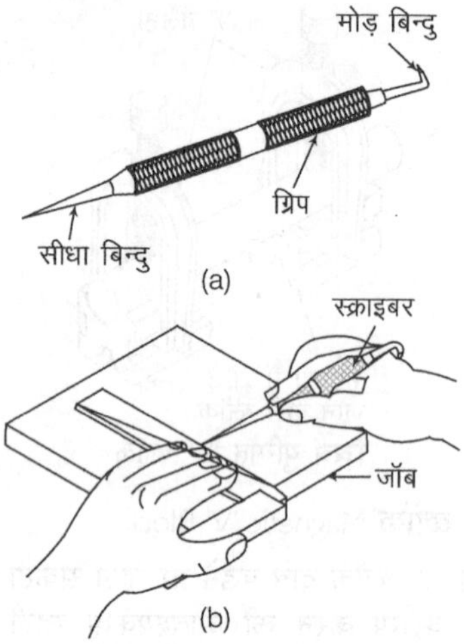

चित्र स्क्राइबर का उपयोग

बनावट के आधार पर स्क्राइबर निम्नलिखित चार प्रकार के होते हैं

(i) मुड़ा स्क्राइबर (ii) एडजस्टेबल स्क्राइबर
(iii) सीधा स्क्राइबर (iv) ऑफसैट स्क्राइबर

(i) मुड़ा हुआ स्क्राइबर Bent Scriber

इसका एक सिरा सीधा व दूसरा सिरा 90° पर मुड़ा हुआ होता है। इसके दोनों सिरे नुकीले होते हैं। सीधा सिरा साधारणत: रेखाएँ खींचने के लिए प्रयोग किया जाता है, जबकि मुड़ा हुआ सिरा जॉब की अन्दरूनी मार्किंग करने के लिए प्रयोग किया जाता है; जैसे—पाइप के अन्दरूनी बोर के अन्दर या किसी जॉब के अन्दर कटी चैनल आदि में।

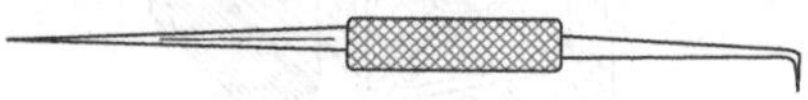

चित्र मुड़ा हुआ स्क्राइबर

(ii) एडजस्टेबल स्क्राइबर Adjustable Scriber

इस स्क्राइबर की लम्बाई को आवश्यकतानुसार घटाया-बढ़ाया जा सकता है। इसमें एक खोखली स्लीव होती है, जिसके बाहर के भाग में नर्लिंग होती है। स्क्राइबर का तार स्लीव के अन्दर किसी भी गहराई तक जा सकता है। एक नट की सहायता से उसे कहीं भी टाइट (tight) किया जा सकता है।

चित्र एडजस्टेबल स्क्राइबर

(iii) सीधा स्क्राइबर Straight Scriber

यह साधारण प्रकार का स्क्राइबर होता है, जिसका एक सिरा नुकीला व सीधा होता है और इसके बीच के भाग में नर्लिंग की गई होती है। इसका दूसरा सिरा मुड़ा हुआ नहीं होता है। इसका उपयोग साधारण प्रकार की मार्किंग करने के लिए किया जाता है।

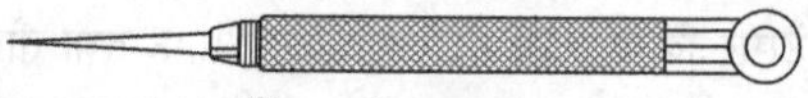

चित्र सीधा स्क्राइबर

(iv) ऑफसैट स्क्राइबर Offset Scriber

ऑफसैट स्क्राइबर का उपयोग बहुत से मापक यन्त्रों के साथ किया जाता है; जैसे—वर्नियर हाइट गेज, स्क्वायर हैड आदि। इस स्क्राइबर को प्रयोग करने का लाभ यह है कि इसके द्वारा जॉब को मापने व मार्किंग करने का काम एक साथ हो जाता है।

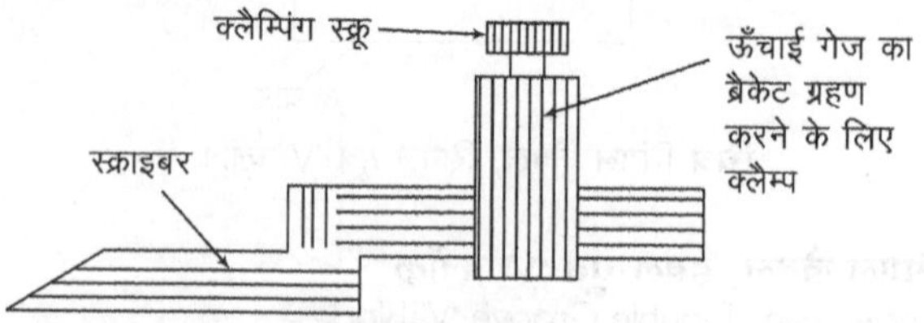

चित्र ऑफसैट स्क्राइबर

स्क्राइबर का प्रयोग करते समय सावधानियाँ Precautions While Using Scriber

स्क्राइबर द्वारा जॉब की मार्किंग करते समय निम्नलिखित सावधानियाँ बरतनी चाहिए

(i) स्क्राइबर की नोंक को नुकीला रखना चाहिए।
(ii) स्क्राइबर के जिस सिरे का उपयोग न हो, उस पर रबड़ लगा देनी चाहिए, इससे मार्किंग के दौरान चोट लगने का डर नहीं रहता।
(iii) स्क्राइबर को 30° से 35° पर रखकर मार्किंग करनी चाहिए।
(iv) हार्ड सतह पर स्क्राइबर का प्रयोग नहीं करना चाहिए, इससे स्क्राइबर की नोंक जल्दी मुड़ जाती है।

5. डिवाइडर Divider

यह माइल्ड स्टील या हाई-कार्बन स्टील का कम्पास (compass) के समान दो टाँगों वाला मार्किंग उपकरण है। इसकी दोनों टाँगें समान लम्बाई की तथा नुकीली होती हैं। हाई-कार्बन स्टील की कम्पास को हार्ड तथा टैम्पर किया जाता है, जबकि माइल्ड स्टील के कम्पास को केस हार्ड (case hard) किया जाता है। इसका साइज दोनों टाँगों के जोड़ से नुकीले प्वॉइण्ट तक की लम्बाई द्वारा दिया जाता है।

बाजार में ये 50, 75 100, 150 या 200 मिमी की लम्बाई में उपलब्ध हैं। विशेष कार्यों के लिए ये अधिक लम्बाई के भी बनाए जा सकते हैं। इसका प्रयोग स्टील रूल से कोई निश्चित माप लेने के लिए किया जाता है।

डिवाइडर दो प्रकार के होते हैं

(i) फर्म ज्वॉइण्ट डिवाइडर (ii) स्प्रिंग टाइप डिवाइडर

(i) फर्म ज्वॉइण्ट डिवाइडर Ferm Joint Divider

इस प्रकार के डिवाइडर की दोनों टाँगों को ऊपर से वाशर रखकर रिवेट द्वारा जोड़ा जाता है। इस प्रकार बने जोड़ की दोनों टाँगों को बल लगाकर खोला या बन्द किया जाता है। जोड़ ढीला पड़ने पर रिवेट को पीटकर उसे टाइट कर दिया जाता है। फर्म ज्वॉइण्ट डिवाइडर मुख्यत: तीन प्रकार के होते हैं

- साधारण फर्म ज्वॉइण्ट डिवाइडर, चित्र (a)
- फर्म ज्वॉइण्ट विंग डिवाइडर, चित्र (b)

• नीडिल प्वॉइण्ट फर्म ज्वॉइण्ट डिवाइडर, चित्र (c)

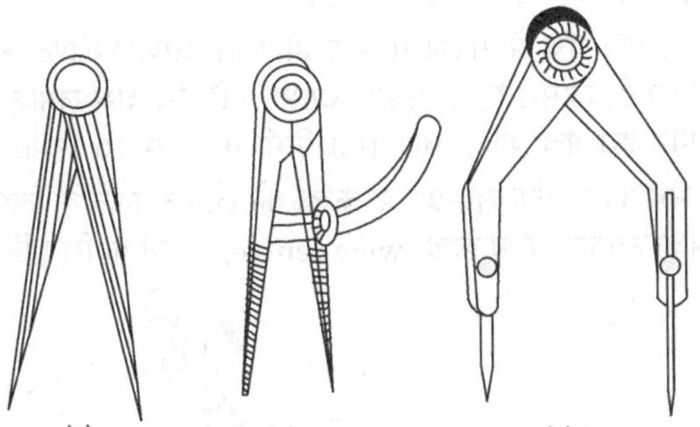

चित्र विभिन्न प्रकार के डिवाइडर

(ii) स्प्रिंग टाइप डिवाइडर Spring Type Divider

इसकी दोनों टाँगों के ऊपरी सिरों को एक रिवेट का आलम्ब बनाकर गोल कमानी स्प्रिंग के द्वारा जोड़ा जाता है। इसका जोड़ व आकार, इनसाइड स्प्रिंग कैलीपर से मिलता-जुलता होता है। स्प्रिंग के तनाव के विपरीत इसे स्क्रू व नट के द्वारा समायोजित किया जाता है।

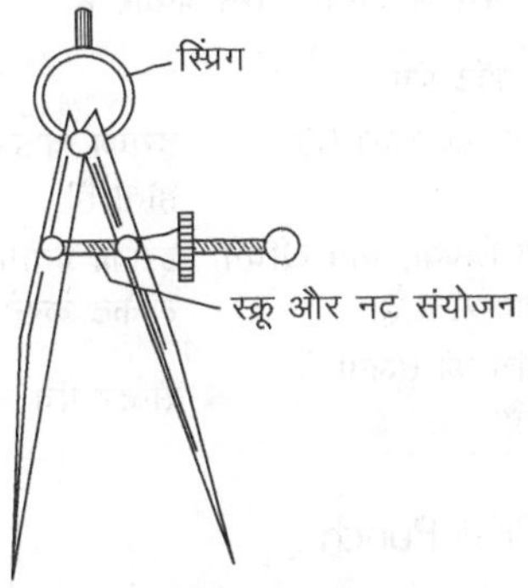

चित्र स्प्रिंग टाइप डिवाइडर

6. सर्फेस गेज Surface Gauge

मार्किंग ब्लॉक का प्रयोग किसी जॉब की एक साइड के समान्तर विभिन्न ऊँचाइयों पर समान्तर लाइनें खींचने के लिए किया जाता है। इसे मार्किंग ब्लॉक (marking block) या स्क्राइबिंग ब्लॉक (scribing block) के नाम से भी जाना जाता है। इसमें कास्ट आयरन का एक ब्लॉक होता है, जिसमें एक रॉड, स्टैण्ड का कार्य करने के लिए लगी होती है। इस पर एक स्क्राइबर होल्डर ऊपर-नीचे आवश्यकतानुसार समायोजित कर, एक नट के द्वारा किसी भी ऊँचाई पर सैट किया जा सकता है। मार्किंग ब्लॉक का स्क्राइबर, एक सिरे पर सीधा व दूसरे सिरे पर 90° में मुड़ा हुआ होता है। इसका प्रयोग सर्फेस प्लेट पर खिसकाकर किया जाता है। मार्किंग ब्लॉक निम्न दो प्रकार के होते हैं

(i) फिक्स्ड मार्किंग ब्लॉक (ii) यूनिवर्सल मार्किंग ब्लॉक

(i) फिक्स्ड सर्फेस गेज Fixed Surface Gauge

फिक्स्ड सर्फेस गेज के आधार में स्थायी रूप से एक लम्बवत् पिलर (pillar) लगा होता है, जिस पर स्क्राइबर को लगाकर एक ब्लॉक ऊपर-नीचे खिसकाया जा सकता है। स्क्राइबर को स्नग एवं क्लैम्प नट की सहायता से लगाया जाता है। इसमें स्क्राइबर को किसी निश्चित ऊँचाई पर यथार्थता से सैट करने में कठिनाई आती है। इसे मार्किंग करने के अलावा लेथ मशीन पर जॉब को फोर-जॉ चक में सेन्टर में करने के लिए भी प्रयोग किया जाता है।

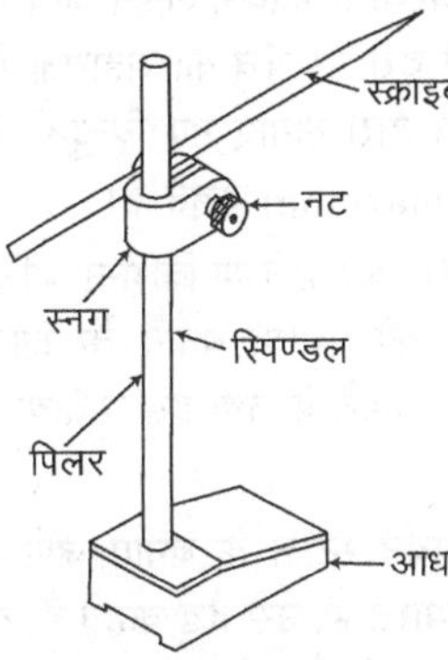

चित्र फिक्स्ड सर्फेस गेज

(ii) यूनिवर्सल सर्फेस गेज Universal Surface Gauge

फिक्स्ड सर्फेस गेज की तुलना में यूनिवर्सल सर्फेस गेज अधिक फाइन मार्किंग कर सकता है। इसकी मुख्य विशेषताएँ निम्न प्रकार हैं

- बेलनाकार सतह के लिए उपयोगी है।
- स्पिण्डल को किसी भी स्थिति में सैट कर सकते हैं।
- परिष्कृत फाइन समायोजन शीघ्रता से किया जाता है। यूनिवर्सल सर्फेस गेज के बेस में नीचे की तरफ 'V' ग्रूव कटा होता है, जिससे इसमें बेलनाकार वस्तु पर बैठाकर मार्किंग की जाती है। इसके अतिरिक्त, बेस पर दो गाइड पिन, रॉकर आर्म, फाइन एडजस्टमेण्ट स्क्रू लगे होते हैं। बेस पर लगे रॉकर आर्म तथा लॉक नट की सहायता से स्पिण्डल को बेस में फिट किया जाता है।

  इस स्पिण्डल में मार्किंग करने के उद्देश्य से स्क्राइबर संयोजित होता है, जिसकी स्थिति को स्नग एवं क्लैम्पिंग नट की सहायता से परिवर्तित किया जा सकता है। मार्किंग प्रक्रिया पूर्ण होने के पश्चात् बेस में लगी गाइड पिनों को दबाकर, इसे वस्तु से बाहर निकाल लिया जाता है। चित्र में एक यूनिवर्सल सर्फेस गेज दर्शाया गया है।

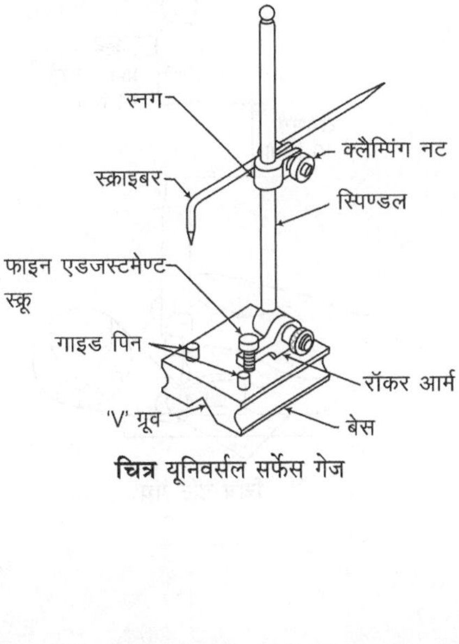

चित्र यूनिवर्सल सर्फेस गेज

7. पंच Punch

स्क्राइबर से खींची गई अस्थायी मार्किंग लाइनें जॉब से मिट सकती हैं, इसलिए लाइनों से 2.5 मिमी की दूरी पर पंच की सहायता से बिन्दु (dot) लगा दिया जाता है। इस प्रकार पंच द्वारा लगाए गए बिन्दुओं से बनी लाइन को स्थायी मार्किंग (permanent marking) कहते हैं।

यह मार्किंग, जॉब को बार-बार छूने या विभिन्न यान्त्रिक क्रियाओं से मिट नहीं पाती। अस्थायी मार्किंग को स्थायी बनाने के लिए, जिस टूल का प्रयोग किया जाता है, उसे पंच कहते हैं तथा इस प्रक्रिया को पंचिंग (punching) कहते हैं।

पंच साधारणतः हाई कार्बन स्टील के बनाए जाते हैं। इसके तीन भाग होते हैं—जहाँ हैमर से चोट मारते हैं, उसे हैड कहते हैं, यह संरचना में फ्लैट होता है। जिस भाग से बिन्दु बनते हैं उसे प्वॉइण्ट (point) कहते हैं, यह भाग नुकीला तथा हार्ड व टैम्पर किया हुआ होता है। बीच के भाग को बॉडी कहते हैं, यह भाग नर्लिंग किया हुआ बेलनाकार या षट्भुजाकार होता है।

पंच के मुख्य प्रकार निम्न हैं

(i) डॉट पंच (ii) सेन्टर पंच
(iii) प्रिक पंच (iv) पिन पंच
(v) सॉलिड पंच (vi) हॉलो पंच
(vii) वैड पंच (viii) अक्षर और संख्या पंच
(ix) बैल पंच

टिप्पणी *पाठ्यक्रम की उपयोगिता को ध्यान में रखते हुए यहाँ केवल डॉट पंच, सेन्टर पंच, प्रिक पंच, पिन पंच, सॉलिड पंच, हॉलो पंच तथा अक्षर और संख्या पंच का ही वर्णन किया गया है।*

(i) डॉट पंच Dot Punch

ये पंच कास्ट स्टील के बनाए जाते हैं। इनकी बॉडी षट्भुजाकार होती है तथा प्वॉइण्ट (point) का कोण 60° का रखा जाता है। डॉट पंच का प्वॉइण्ट कोण कम होने के कारण बिन्दु गहरा तथा कम व्यास का बनता है। इसका उपयोग त्रिज्या, चाप आदि खींचने के लिए किया जाता है या कभी-कभी वृत्त का केन्द्र लगाने के लिए भी किया जाता है।

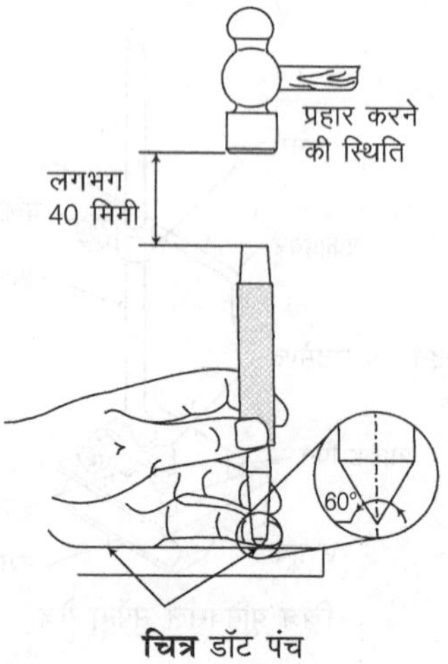

चित्र डॉट पंच

(ii) सेन्टर पंच Centre Punch

यह पंच, डॉट पंच से साइज में बड़ा होता है। इसके प्वॉइण्ट का कोण 90° रखा जाता है, जिससे ड्रिल प्वॉइण्ट आसानी से पंच द्वारा लगाए गए सेन्टर में बैठ सके। इस पंच की लम्बाई 100 मिमी व व्यास 10 मिमी होता है। सेन्टर पंच का उपयोग सुराखों के केन्द्रों को लोकेट करने के लिए किया जाता है। इसका उपयोग चौड़ा केन्द्र (wide centre) लगाने के लिए किया जाता है।

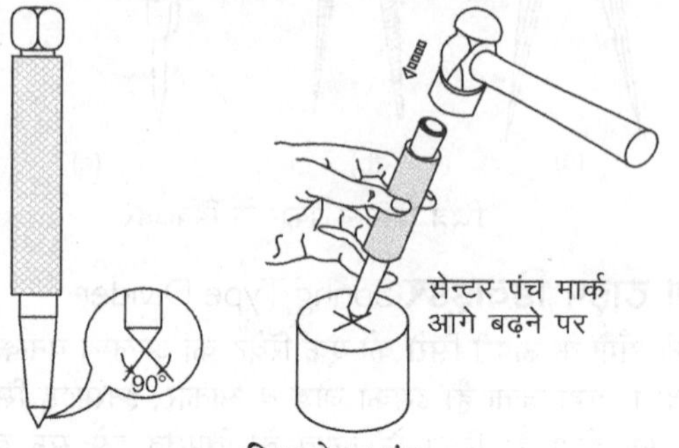

चित्र सेन्टर पंच

डॉट पंच व सेन्टर पंच में अन्तर निम्न प्रकार हैं

क्र.सं.	डॉट पंच	सेन्टर पंच
1.	इसका प्वॉइण्ट का कोण 60° होता है।	इसका प्वाइण्ट का कोण 90° होता है।
2.	इसका प्रयोग त्रिज्या, चाप खींचने के लिए किया जाता है।	इसका प्रयोग सुराखों के केन्द्रों को लोकेट करने के लिए होता है।
3.	यह सेन्टर पंच की तुलना में हल्का होता है।	सेन्टर पंच भारी होता है।

(iii) प्रिक पंच Prick Punch

प्रिक पंच कम लम्बाई वाला उच्च कार्बन स्टील से बना पंच होता है। इसके प्वॉइण्ट का कोण 30° या 60° का होता है। इसका प्वॉइण्ट कोण कम होने के कारण डिवाइडर की नोंक को बहुत यथार्थ स्थिति प्राप्त होती है, इसलिए इसका उपयोग सतह पर वक्र (curve) खींचने के लिए, केन्द्र लगाने के लिए किया जाता है। इस पंच का प्रयोग हल्की धातु के लिए किया जाता है; जैसे—पीतल, ताँबा तथा एल्युमीनियम आदि।

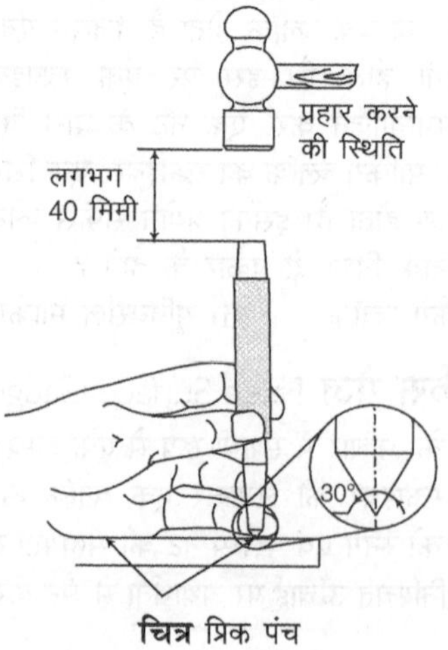

चित्र प्रिक पंच

30° वाले प्रिक पंच का उपयोग डिवाइडर को सही स्थिति में रखने के लिए किया जाता है। जबकि 60° वाले पंच का उपयोग विटनैस मार्किंग के लिए किया जाता है। प्रिक पंच का उपयोग सेन्टर पंचिंग से पहले केन्द्र निर्धारण में भी किया जाता है।

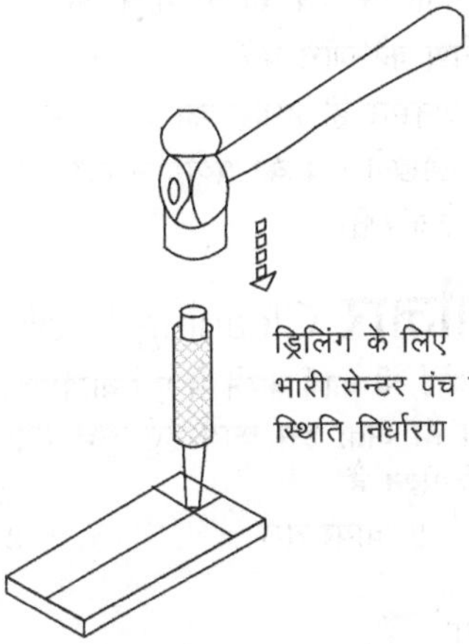

चित्र केन्द्र स्थिति निर्धारण

(iv) **पिन पंच** Pin Punch

इस पंच का प्रयोग मार्किंग के लिए नहीं किया जाता, बल्कि जॉब में फँसी हुई डॉवेल पिन या टेपर पिन को निकालने के लिए किया जाता है। इस पंच में नोंक नहीं होती, अपितु उसके स्थान पर एक बेलनाकार पिन होती है। ये पंच बाजार में 100 मिमी से 150 मिमी की लम्बाई व 3 मिमी से 8 मिमी के व्यास में उपलब्ध हैं। ये पंच 10 पिनों के सैट में आते हैं।

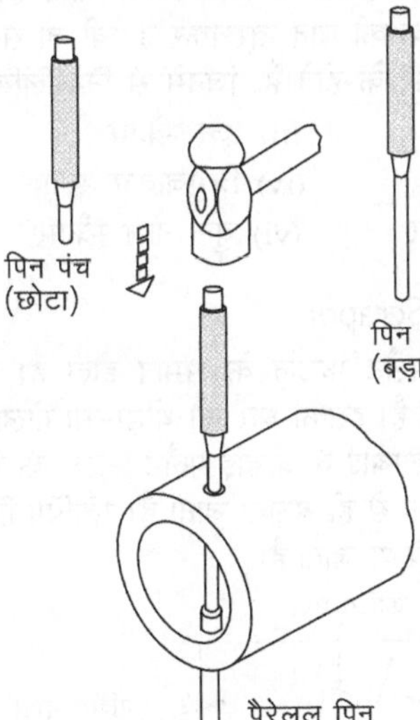

चित्र पिन पंच

(v) **सॉलिड पंच** Solid Punch

इस पंच का प्रयोग किसी शीट या गर्म लोहे के पीस में आर-पार छिद्र करने के लिए किया जाता है। इसके द्वारा एक ही साइज के छिद्र करना असम्भव होता है। इसका प्रयोग शीट मैटल शॉप या ब्लैकस्मिथी (black smithy) में किया जाता है।

छिद्र करते समय शीट के नीचे पंच के अनुरूप डाई रखनी आवश्यक होती है।

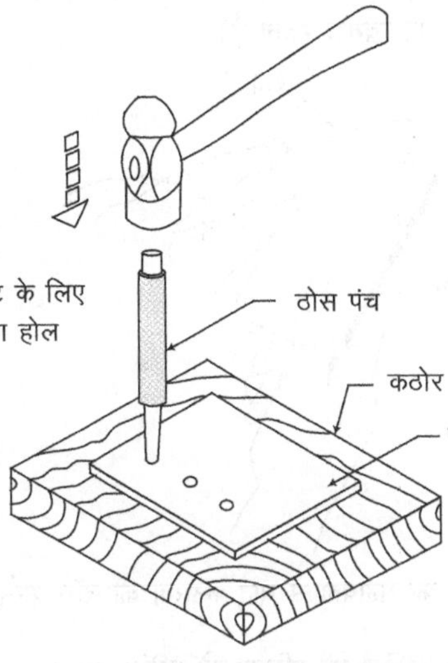

चित्र सॉलिड पंच का अनुप्रयोग

(vi) **हॉलो पंच** Hollow Punch

ये पंच अन्दर से खोखले होते हैं तथा मुलायम पदार्थों में बड़े छिद्र करने के लिए प्रयोग किए जाते हैं। इसके प्वॉइण्ट वाले भाग की परिधि को चारों ओर से ग्राइण्ड करके धारदार बनाया जाता है।

ये 1.5 मिमी से 13 मिमी तक के साइज में 1 मिमी के अन्तर पर उपलब्ध होते हैं। इसको चमड़े की शीट, रबड़ की शीट, गत्ता आदि में सुराख करने के लिए प्रयोग किया जाता है।

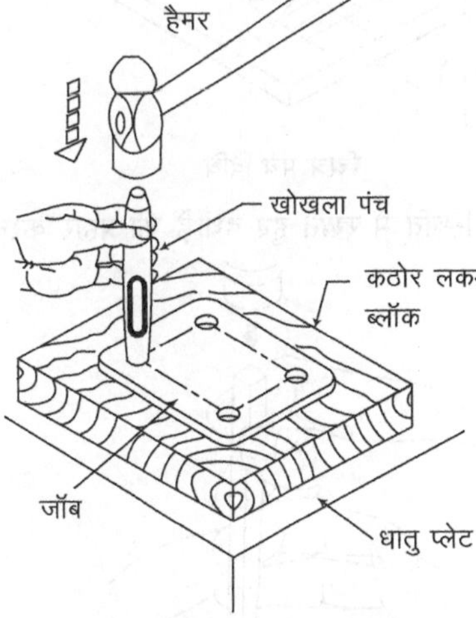

चित्र हॉलो पंच का अनुप्रयोग

(vii) **अक्षर और संख्या पंच** Letter and Number Punch

इस प्रकार के पंच का प्रयोग कार्यखण्ड पर अक्षर और संख्या को चिन्हित करने के लिए किया जाता है। बॉक्स सैट में 0.8 मिमी से 13 मिमी तक के आकार वाले पंचों को रखा जाता है।

सर्वप्रथम स्टैम्प की जाने वाली सतह की जाँच रेती से करते हैं, जैसा कि चित्र में दर्शाया गया है, क्योंकि अधिक कठोर पदार्थ पर चिन्हन करने से पंच के खराब होने का खतरा रहता है।

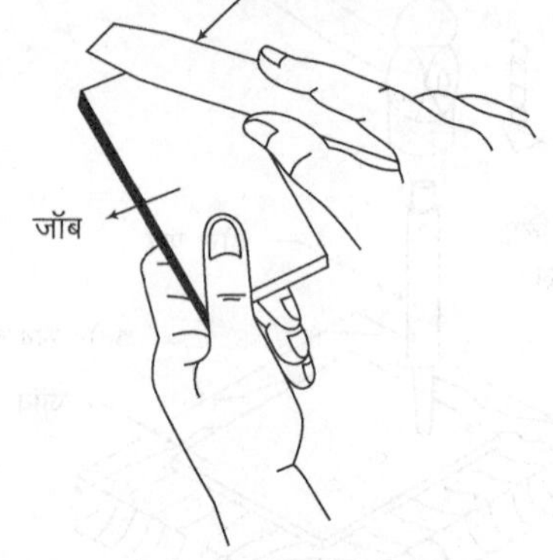

चित्र रेती की सहायता से धातु कठोरता की जाँच करना

कठोर कार्यखण्ड पर मार्किंग की प्रक्रिया को एचिंग (Etching) विधि द्वारा किया जाता है। मार्किंग के दौरान यह ध्यान रखें कि मार्किंग एक ही प्रहार में हो जाए, क्योंकि दूसरे प्रहार से मार्किंग खराब हो सकती है। अंग्रेजी वर्णमाला के अक्षर M, W, I व T की तुलना में अधिक स्पष्ट प्रहार की आवश्यकता होती है।

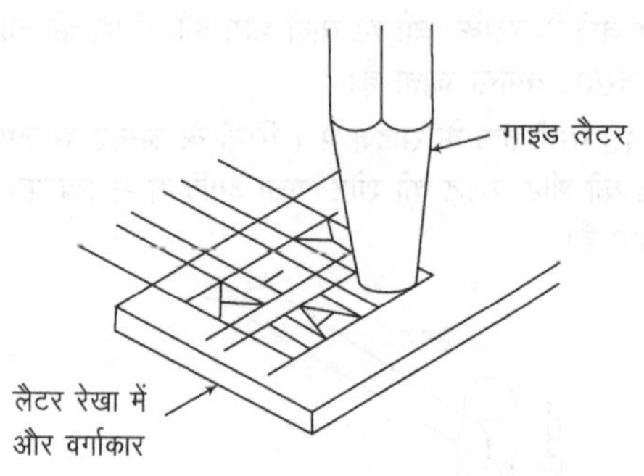

चित्र पंच विधि

पंच को ऊर्ध्वाधर स्थिति में रखते हुए हथौड़े का प्रहार करना चाहिए।

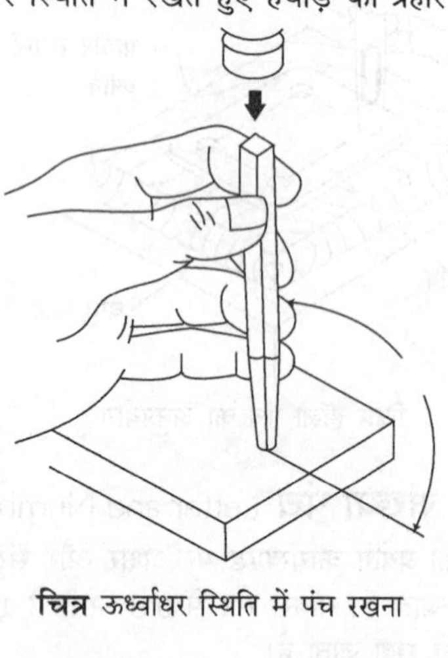

चित्र ऊर्ध्वाधर स्थिति में पंच रखना

पंच का प्रयोग करते समय सावधानियाँ
Precautions While Using Punch

पंच का प्रयोग करते समय ध्यान दी जाने वाली मुख्य सावधानियाँ निम्न हैं

(i) अत्यधिक कठोर धातुओं पर पंच का प्रयोग न करें।
(ii) कार्य से पूर्व पंच कोण की जाँच करें।
(iii) पंच की लम्बाई के अनुसार ही हथौड़े का प्रयोग करें।
(iv) मोटे कार्यखण्ड पर खोखले पंच का प्रयोग न करें।
(v) पंच की धार हमेशा तेज रखें।

4.2 क्लीनिंग औजार Cleaning Tools

वर्कशॉप में कार्यखण्ड पर कोई भी कार्य करने से पूर्व कार्यखण्ड की सफाई करना प्राथमिक आवश्यकता होती है। अत: इस कार्य हेतु कुछ उपयोगी औजार प्रयोग किए जाते हैं, जोकि निम्नलिखित हैं

1. स्क्रैपर 2. वायर ब्रुश 3. एमरी पेपर

1. स्क्रैपर Scraper

स्क्रैपर, हाई कार्बन स्टील या टूल स्टील के बनाए जाते हैं। इन्हें गर्म करके आवश्यकतानुसार किसी भी आकार व आकृति की कटिंग एज बनाई जा सकती है, जिसे बाद में हार्ड व टैम्पर करने के पश्चात्, ग्राइण्ड करके धार लगा दी जाती है। धार को अधिक शार्प करने के लिए, उसे ऑयल स्टोन पर रगड़कर फिनिशिंग दी जाती है। कार्यशाला में पुरानी बेकार पड़ी रेतियों को फोर्ज करके, किसी भी आकार का स्क्रैपर तैयार किया जा सकता है। स्क्रैपर के एक सिरे पर हत्था भी लगा होता है। इसका प्रयोग मशीनिंग प्रक्रिया पूर्ण होने के पश्चात्, प्राप्त जॉब पर उपस्थित अतिरिक्त धातु को खुरचकर हटाने के लिए किया जाता है। प्राय: इसके द्वारा 0.002" से 0.003" मोटाई तक की धातु खुरचकर हटायी जा सकती है। बनावट के आधार पर स्क्रैपर कई प्रकार के होते हैं, जिनमें से निम्नलिखित प्रमुख हैं

(i) फ्लैट स्क्रैपर (ii) हुक स्क्रैपर
(iii) हाफ राउण्ड स्क्रैपर (iv) त्रिभुजाकार स्क्रैपर
(v) डबल-हैण्डिल स्क्रैपर (vi) बुल नोज स्क्रैपर

(i) फ्लैट स्क्रैपर Flat Scraper

फ्लैट स्क्रैपर का आकार फ्लैट फाइल के समान होता है। इसकी कटिंग एज प्वॉइण्ट की ओर बनाई जाती है। इसकी धार को थोड़ा-सा गोलाई में 75° के कोण पर बनाया जाता है। इसकी लम्बाई व चौड़ाई फ्लैट फाइल के समान होती है। इसे अधिकतर पुरानी फ्लैट फाइल से ही बनाया जाता है। स्क्रैपिंग क्रिया के लिए फ्लैट फाइल को सतहों पर पुश किया जाता है।

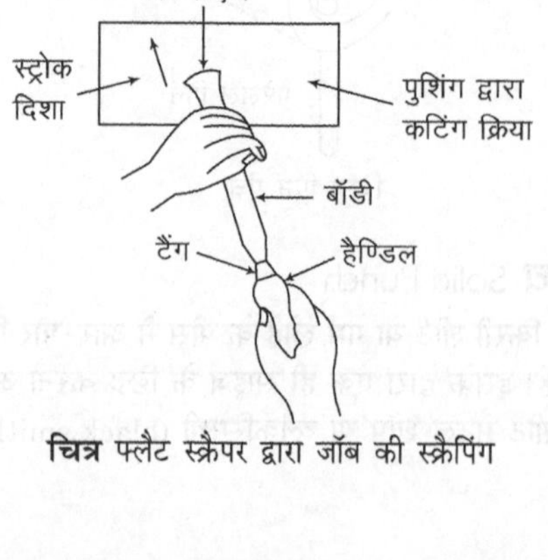

चित्र फ्लैट स्क्रैपर द्वारा जॉब की स्क्रैपिंग

(ii) हुक स्क्रैपर Hook Scraper

यदि फ्लैट स्क्रैपर को प्वॉइण्ट की ओर से 90° पर मोड़ दिया जाए, तो वह हुक स्क्रैपर बन जाता है। इसकी कटिंग एज अन्दर की ओर होती है, जिससे कि इसे पुल करके स्क्रैप करने के लिए प्रयोग कर सकते हैं। इसका उपयोग भी चपटी सतहों को स्क्रैप करने के लिए किया जाता है।

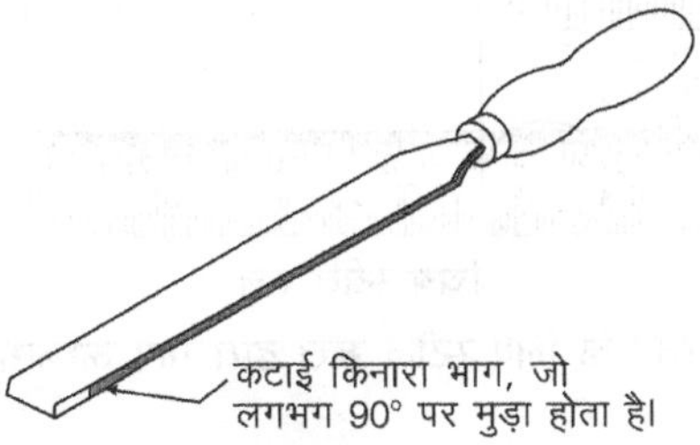

चित्र हुक स्क्रैपर

(iii) हाफ राउण्ड स्क्रैपर Half Round Scraper

यह स्क्रैपर बुश बियरिंग की अन्दरूनी सतहों को स्क्रैप करने के लिए प्रयोग किया जाता है, इसलिए इसे बियरिंग स्क्रैपर (bearing scraper) भी कहते हैं। इसकी बॉडी अर्द्धगोलाकार शेप में होती है तथा इसके दोनों ओर कटिंग एज (cutting edge) होती है। इसका कटाई कोण 45° से 65° के मध्य होता है। हाफ राउण्ड स्क्रैपर, प्लेन बियरिंग की वक्राकार सतह की स्क्रैपिंग के लिए उपयोगी होते हैं।

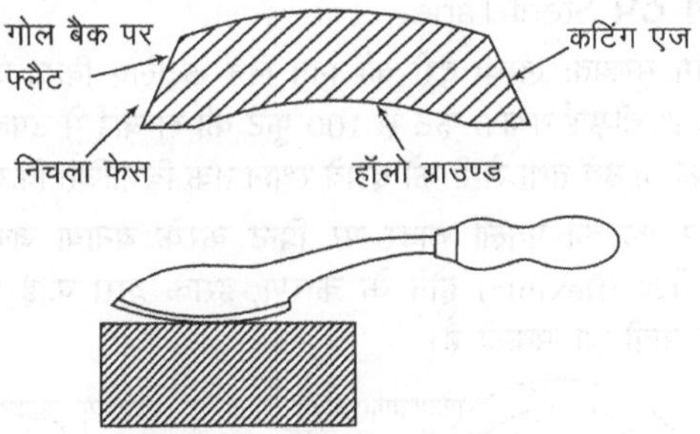

चित्र हाफ राउण्ड स्क्रैपर द्वारा स्क्रैपिंग

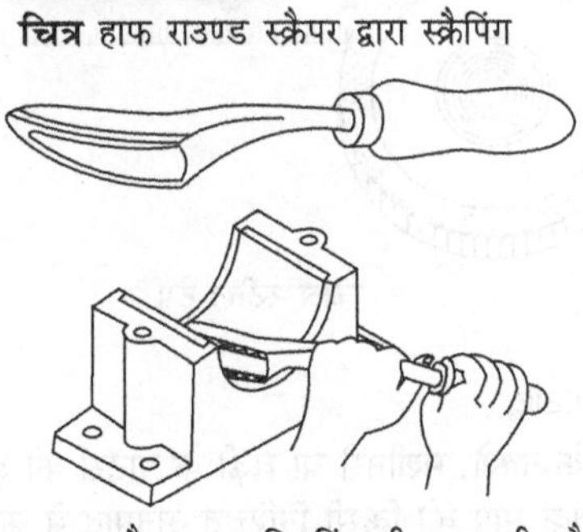

चित्र हाफ राउण्ड स्क्रैपर द्वारा बियरिंग की सतह की स्क्रैपिंग करना

(iv) त्रिभुजाकार स्क्रैपर Triangular Scraper

इस स्क्रैपर की अनुप्रस्थ काट त्रिभुजाकार होती है। त्रिभुजाकार होने के कारण इसकी तीन साइडें होती हैं, जिन्हें कटिंग एज के रूप में प्रयोग किया जाता है। यह आगे से नुकीला होता है। इसका प्रयोग वक्र सतहों (curved surface) तथा तेज धारों को खुरचने के लिए किया जाता है।

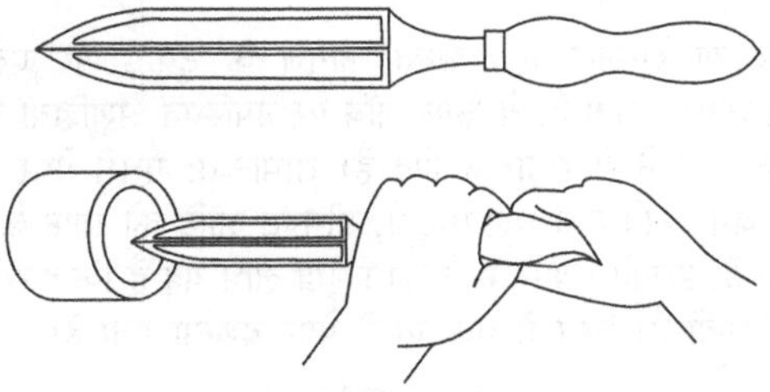

चित्र त्रिभुजाकार स्क्रैपर

(v) डबल हैण्डिल स्क्रैपर Double Handle Scraper

इसका प्रयोग बड़े आकार की फ्लैट सतहों को स्क्रैप करने के लिए किया जाता है। इस स्क्रैपर में दोनों तरफ हैण्डिल लगे होते हैं। इन दोनों हैण्डिलों को दोनों हाथों में पकड़कर स्क्रैपिंग करते हैं। दोनों ओर से पकड़े जाने के कारण यह समतल तथा शीघ्रतापूर्वक स्क्रैपिंग करता है।

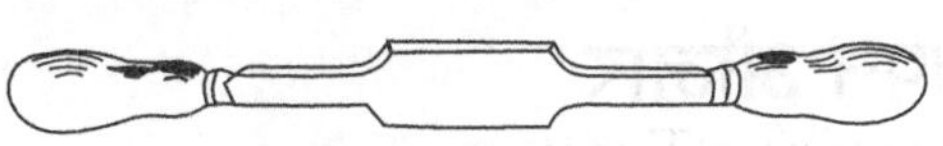

चित्र डबल हैण्डिल स्क्रैपर

(vi) बुल नोज स्क्रैपर Bull Nose Scraper

इस स्क्रैपर की आकृति (shape) बैल की नाक के समान फूली हुई होती है। इसके द्वारा समतल व हाफ राउण्ड सतह को स्क्रैप किया जा सकता है। इसकी धार गोलाई में होती है। इसका प्रयोग बड़े बियरिंगों में ऑयल-पॉकेट बनाने के लिए किया जाता है।

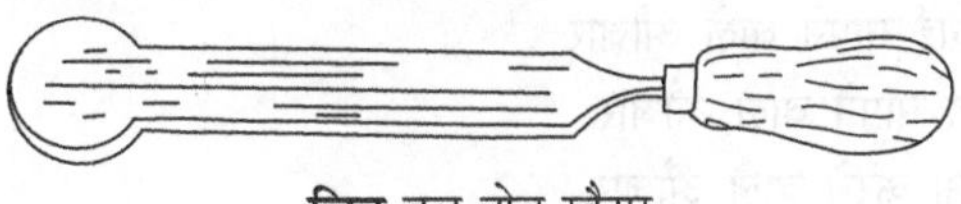

चित्र बुल नोज स्क्रैपर

2. वायर ब्रुश Wire Brush

जॉब पर उपस्थित विभिन्न अशुद्धियाँ जॉब पर की जाने वाली मार्किंग एवं मापन प्रक्रिया को प्रभावित कर सकती हैं। अतः इन प्रक्रियाओं से पूर्व जॉब को वायर ब्रश द्वारा साफ किया जाता है, जिससे जॉब पर मार्किंग एवं उसका मापन यथार्थतापूर्वक किया जा सके। सामान्यतः वायर ब्रुश का उपयोग वैल्ड जोड़ों को साफ करने के लिए किया जाता है। निम्न चित्र में एक वायर ब्रश दर्शाया गया है

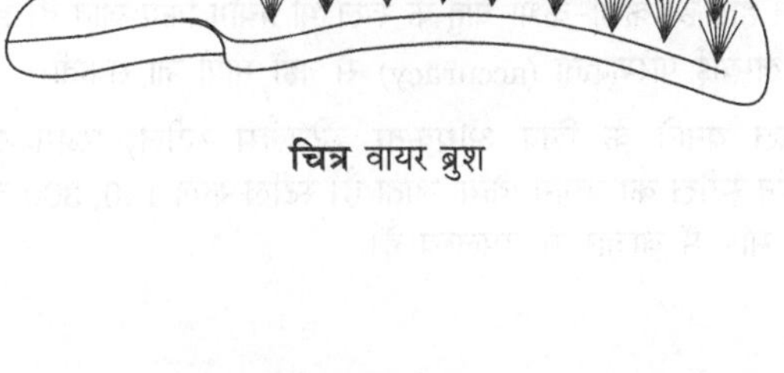

चित्र वायर ब्रुश

3. एमरी पेपर
Emery Paper

एमरी पेपर या रेगमाल एक सख्त कागज के टुकड़े पर एब्रेसिव कण चिपकाकर बनाया जाता है। ये कण, जॉब पर उपस्थित अशुद्धियों को हटाकर, उनकी सफाई करने में सहायक होते हैं। सामान्यत: एमरी पेपर का उपयोग धातुओं से जंग हटाने तथा धूल मिट्टी, सीमेण्ट आदि को साफ करने के लिए किया जाता है। इसको प्रयोग करने का प्रमुख लाभ यह है कि इससे धातुओं में चमक आ जाती है। चित्र में एक एमरी पेपर दर्शाया गया है।

चित्र एमरी पेपर

4.3 मापन औजार
Measuring Tools

कार्यशाला में विभिन्न प्रकार के उत्पाद, ड्रॉइंग की माप के अनुसार बनाए जाते हैं। ड्रॉइंग की ये माप लम्बाई, चौड़ाई, ऊँचाई, कोण आदि में होती है। इन उत्पादों को मापने के लिए मापन औजारों का प्रयोग किया जाता है। साधारण मापन औजारों द्वारा मीट्रिक प्रणाली में 0.5 मिमी तथा ब्रिटिश प्रणाली में 1/64 इंच तक की न्यूनतम माप ली जा सकती है।

सामान्यत: ली जाने वाली माप के अनुसार ही इन औजारों का प्रयोग किया जाता है। सामान्यत: ये औजार निम्न तीन प्रकार के होते हैं

1. लम्बाई मापने वाले औजार
2. कोण मापने वाले औजार
3. तुलना करने वाले औजार

1. लम्बाई मापने वाले औजार
Tools used for Measuring Length

जॉब की लम्बाई मापने के लिए विभिन्न प्रकार के औजार प्रयोग किए जाते हैं। ये अलग-अलग धातुओं से बने होते हैं तथा इनकी लम्बाइयाँ भी अलग-अलग होती हैं। कुछ साधारण औजार निम्न प्रकार हैं

(i) स्टील रूल (ii) स्टील टेप (iii) स्केल

(i) स्टील रूल
Steel Rule

अधिकतर लकड़ी के स्टील रूल प्रयोग किए जाते हैं, जिन पर इंचों या सेमी में निशान बने होते हैं। कभी-कभी धातु के रूल भी प्रयोग किए जाते हैं। इनके द्वारा जॉब की लम्बाई परिशुद्धता (accuracy) से नहीं मापी जा सकती।

स्टील रूल बनाने के लिए अधिकतर स्टेनलैस स्टील, स्प्रिंग स्टील या हाई-कार्बन स्टील का प्रयोग किया जाता है। स्टील रूल 150, 300 तथा 600 मिमी की माप में बाजार में उपलब्ध हैं। जिन पर 0.5, 1, 5, 10 मिमी के अंश बने होते हैं।

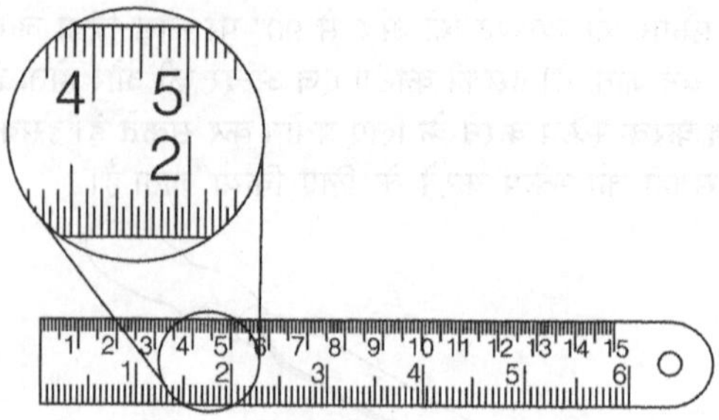

चित्र स्टील रूल

लम्बन त्रुटि से बचने के लिए स्टील रूल द्वारा माप ऊर्ध्वाधर स्थिति में ली जानी चाहिए।

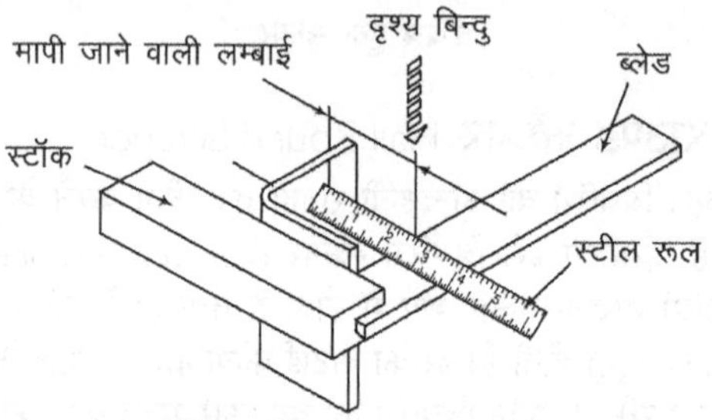

चित्र स्टील रूल द्वारा मापन

(ii) स्टील टेप Steel Tape

इसका प्रयोग मुख्यत: लम्बी दूरी की माप लेने के लिए किया जाता है। यह 1/2" या 3/4" चौड़ाई तथा 5 फुट से 100 फुट की लम्बाई में उपलब्ध होते हैं। इसमें इंच को आठवें तथा सेमी को दसवें स्थान तक विभाजित किया होता है।

यह स्प्रिंग स्टील की पतली चादर पर प्रिन्ट करके बनाया जाता है। बहुत अधिक लचीला (flexible) होने के कारण, इसके द्वारा कोई भी प्रोफाइल आसानी से मापी जा सकती है।

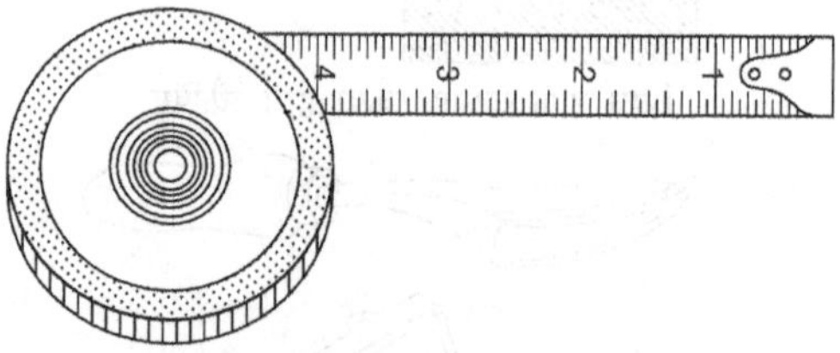

चित्र स्टील टेप

(iii) स्केल Scale

विभिन्न स्थानों के नक्शे, मशीनरी या घड़ी के पार्ट्स को ड्रॉइंग शीट पर बनाने के लिए वास्तविक माप को किसी निश्चित अनुपात में कम या अधिक करना होता है, जिससे ड्रॉइंग, कागज की सीमा में आ सके। इसके लिए स्केल प्रयोग किए जाते हैं। इस प्रकार स्केल आनुपातिक माप के लिए प्रयोग किए जाते हैं, जबकि रूल वास्तविक माप के लिए। स्केल का प्रयोग ड्राफ्ट्समैन द्वारा मानचित्र या ड्रॉइंग बनाने के लिए किया जाता है।

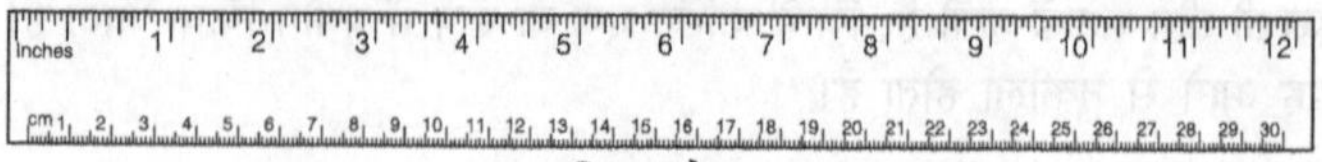

चित्र स्केल

2. कोण मापने वाले औजार
Angle Measuring Instruments

मैकेनिक को समय-समय पर जॉब का कोण मापने की भी आवश्यकता रहती है, जिसके लिए वह निम्न यन्त्र प्रयोग करता है

(i) चाँदा (ii) ट्राई-स्क्वायर (iii) कॉम्बीनेशन सैट

(i) **चाँदा** Protractor

यह एक प्रकार का कोण मापक औजार है। यह पारदर्शी प्लास्टिक या फिर काष्ठ से निर्मित होता है एवं इसका आकार प्राय: वर्गाकार, वृत्ताकार या अर्द्धवृत्ताकार होता है।

इसमें 0° से 180° या 0° से 360° तक के कोण अंकित होते हैं। इसकी सहायता से 0° से लेकर 360° तक किसी भी कोण को मापा जा सकता है।

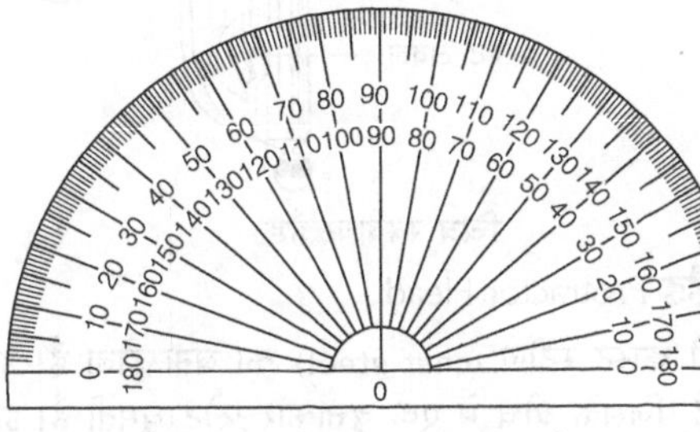

चित्र 0° से 180° तक का चाँदा

(ii) **ट्राई-स्क्वायर** Try-square

ट्राई-स्क्वायर एक चैकिंग टूल है, जिसकी सहायता से हम समकोण की जाँच करते हैं। इसके द्वारा सतह की समतलता की भी जाँच की जा सकती है। इसका प्रयोग जॉब पर समकोण मार्किंग करने के लिए किया जाता है। यह 'L' आकार में प्राय: 90° पर बना होता है।

इसका लम्बा भाग ब्लेड तथा छोटा भाग स्टॉक कहलाता है। चित्र में एक ट्राई-स्क्वायर दर्शाया गया है।

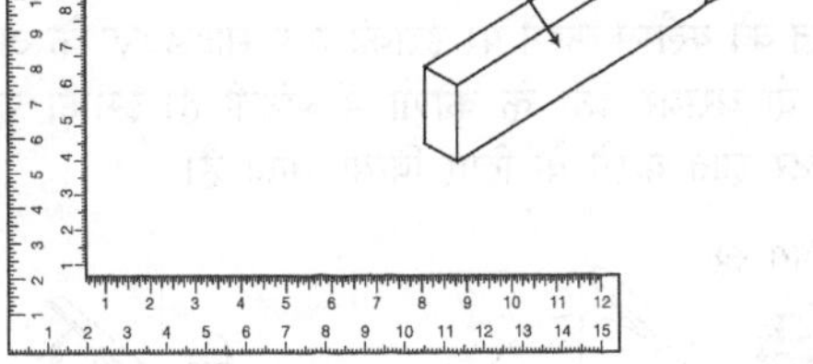

चित्र ट्राई-स्क्वायर

यह मुख्यत: निम्न दो प्रकार का होता है

(a) साधारण ट्राई-स्क्वायर

(b) मास्टर ट्राई-स्क्वायर

(a) **साधारण ट्राई-स्क्वायर** Simple Try-square

इसका प्रयोग आमतौर पर कारपेन्टर द्वारा किया जाता है। इसमें कोण को देखने के लिए अधिक सूक्ष्मता नहीं होती। इसमें एक कास्ट आयरन के बेस के साथ स्टील का ब्लेड रिवेट करके, समकोण पर जुड़ा रहता है।

(b) **मास्टर ट्राई-स्क्वायर** Master Try-square

इसका बेस तथा ब्लेड दोनों भली-भाँति ग्राइण्ड करके, हाई कार्बन स्टील से बनाए जाते हैं। मशीन शॉप में जहाँ अधिक सूक्ष्मता में मशीनों के पार्ट बनाए जाते हैं, वहाँ केवल **मास्टर ट्राई-स्क्वायर** से ही मापन कार्य किया जाता है। मास्टर ट्रॉई-स्क्वायर भी चार प्रकार के होते हैं

- **फिक्स्ड ट्राई-स्क्वायर** (Fixed Try-square) फिक्स्ड टाइप ट्राई-स्क्वायर का बेस तथा ब्लेड दोनों एक ही धातु से बहुधा निकाले जाते हैं, जिन्हें रिवेट करने की आवश्यकता नहीं होती और न ही ब्लेड को आगे-पीछे खिसकाया जा सकता है। इसे सॉलिड ट्राई-स्क्वायर भी कहते हैं। इसी में एक-दूसरे रूप के अन्तर्गत ब्लेड को रिवेट करके भी तैयार किया जाता है, जिसमें ब्लेड तथा बेस की धातु अलग-अलग होती है। इसे बैक-स्क्वायर टाइप कहते हैं।

चित्र (a) फिक्स्ड ट्राई-स्क्वायर (सॉलिड टाइप)

चित्र (b) फिक्स्ड ट्राई-स्क्वायर (बैक स्क्वायर टाइप)

- **एडजस्टेबल ट्राई-स्क्वायर** (Adjustable try-square) इस ट्राई-स्क्वायर के ब्लेड को आवश्यकतानुसार आगे-पीछे खिसकाया जा सकता है, जिससे स्टैपनुमा जॉब को ब्लेड की लम्बाई कम करके परखा जा सके। कॉम्बीनेशन सैट में स्क्वायर हैड के साथ अगर स्टील रूल को प्रयोग किया जाएगा, तो वह एडजस्टेबल ट्राई-स्क्वायर का ही कार्य करता है। इसके ब्लेड में बीच में पूरी लम्बाई में एक नाली कटी होती है, जिसमें स्टॉक के अन्दर लगी पिन का ऊपरी सिरा फँसा होता है।

  एडजस्टेबल ट्राई-स्क्वायर में पिन के दूसरे सिरे पर चूड़ियाँ कटी होती हैं। इसमें लगे नट को कसने पर स्टॉक व ब्लेड सही 90° का कोण बनाते हैं।

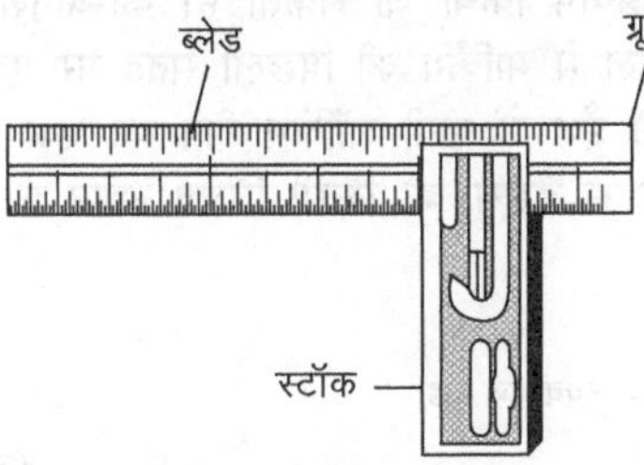

चित्र एडजस्टेबल ट्राई-स्क्वायर

- **डाई मेकर ट्राई-स्क्वायर** (Die makers try-square) इसका उपयोग डाई मेकर द्वारा किया जाता है। इसके स्टॉक में नीचे दो स्क्रू लगे होते हैं। इनमें से बड़ा स्क्रू ब्लेड को स्टॉक के साथ क्लैम्प करने के लिए होता है और छोटा स्क्रू, ब्लेड व स्टॉक के बीच बनने वाले कोण को समकोण से कुछ अधिक अथवा कम कोण पर व्यवस्थित (adjust) करने के लिए प्रयोग किया जाता है।

विभिन्न आकारों में मापन के लिए इसके सैट में चार ब्लेड होते हैं, जैसा कि चित्र में दर्शाया गया है

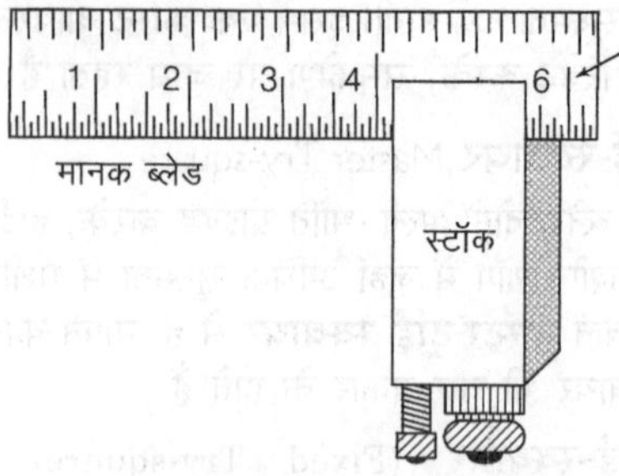

चित्र डाई मेकर ट्राई-स्क्वायर

- 'L' **स्क्वायर** ('L' square) यह लगभग आधा सूत मोटी मृदु इस्पात की पत्ती का बना होता है। इसकी चौड़ाई 30 से 50 मिमी तथा लम्बाई 150 से 200 मिमी होती है

इसकी दोनों भुजाओं पर ब्रिटिश तथा मीट्रिक प्रणालियों में निशान बने होते हैं। इसका उपयोग अधिकतर मिस्त्री, बढ़ई या दर्जी आदि के द्वारा किया जाता है। चित्र में 'L' स्क्वायर को दर्शाया गया है।

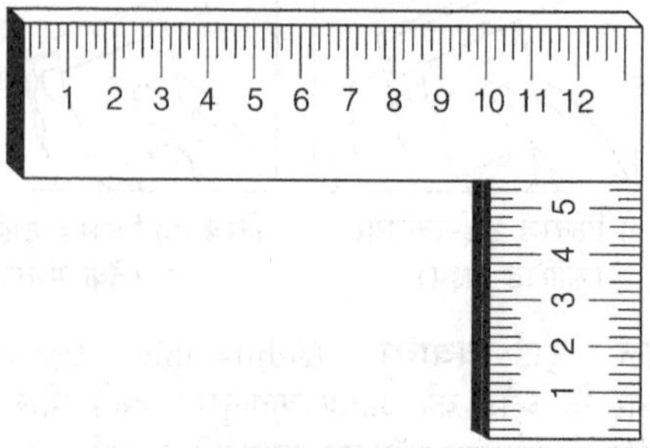

चित्र 'L' स्क्वायर

(iii) कॉम्बीनेशन सैट Combination Set

यह मशीन शॉप या फिटिंग शॉप में प्रयोग किया जाने वाला अत्यन्त उपयोगी उपकरण है। कॉम्बीनेशन सैट के तीन प्रमुख भाग होते हैं— स्क्वायर हैड, प्रोट्रैक्टर हैड तथा सेन्टर हैड। आवश्यकतानुसार, किसी भी हैड को स्टील रूल पर लगाकर प्रयोग किया जा सकता है। कॉम्बीनेशन सैट में प्रयोग होने वाले स्टील रूल में मार्किंग की पिछली सतह पर एक ग्रूव बना होता है, जिसमें इन तीनों हैड में लगी लॉकिंग पिन का एक सिरा फँसा रहता है। इसकी सहायता से हैड्स को किसी विशेष स्थान पर लॉक किया जा सकता है।

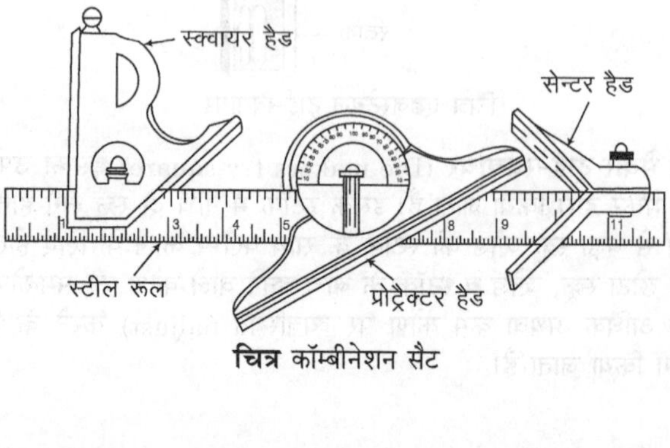

चित्र कॉम्बीनेशन सैट

कॉम्बीनेशन सैट के भाग Parts of Combination Set

इसके निम्नांकित भाग होते हैं

(a) **स्क्वायर हैड** Square Head

यह कास्ट स्टील का ढलाई किया गया भाग होता है। इसे स्टील रूल पर लगाकर प्रयोग में लाया जाता है। इसकी एक साइड 90° का कोण तथा दूसरी साइड 45° का कोण मापती है। इसके मध्य भाग में एक स्प्रिट लेवल भी होता है, जिसकी सहायता से सतह की समतलता की जाँच की जा सकती है। इसको मार्किंग गेज के समान मार्किंग करने के लिए भी प्रयोग किया जाता है।

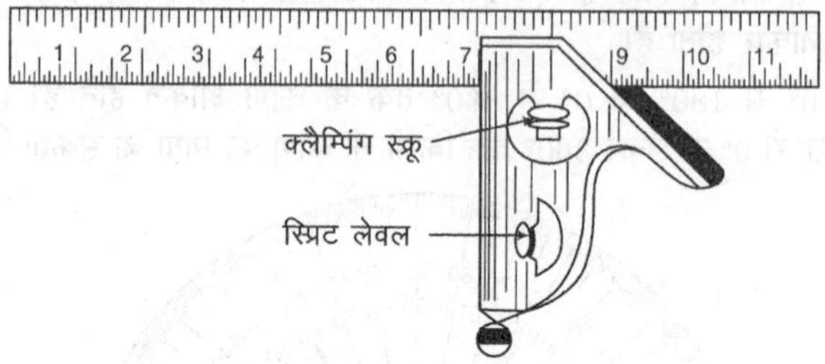

चित्र स्क्वायर हैड

(b) **प्रोट्रैक्टर हैड** Protractor Head

प्रोट्रैक्टर हैड भी कास्ट स्टील (cast steel) का बना होता है। इसकी बॉडी वृत्ताकार होती है, जिसके बीच में एक वृत्ताकार प्लेट घूमती है। इस पर दोनों ओर 0°-180° तक के निशान बने होते हैं। इसी डिस्क पर लॉक बोल्ट तथा नट लगे होते हैं। बॉडी के वृत्ताकार भाग के मध्य भाग को एक शून्य मार्क रेखा द्वारा प्रदर्शित किया गया है।

स्टील रूल पर प्रोट्रैक्टर हैड कसने के लिए लॉक बोल्ट का प्रयोग किया जाता है।

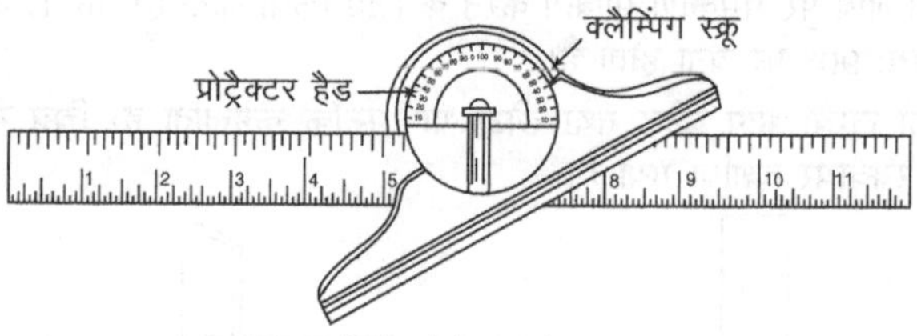

चित्र प्रोट्रैक्टर हैड

(c) **सेन्टर हैड** Centre Head

यह कास्ट स्टील (cast steel) का 'V' के आकार में ढला हुआ भाग होता है। 'V' का कोण 90° का होता है। स्टील रूल को पकड़ने के लिए इसके मध्य में एक झिर्री बनाई जाती है, जिसके लम्बवत् एक क्लैम्पिंग बोल्ट लगाया जाता है। स्टील रूल को क्लैम्प करने पर इसकी एक साइड 'V' के अन्दर बने 90° के कोण को दो बराबर 45° के कोणों में बाँटती है। इसका प्रयोग वृत्ताकार जॉब का सेन्टर ज्ञात करने के लिए किया जाता है।

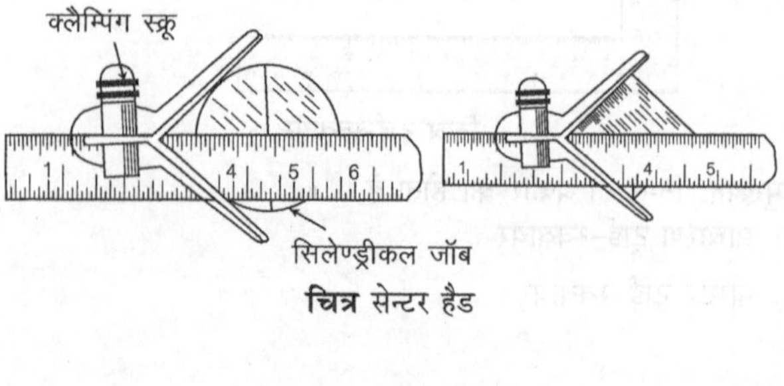

चित्र सेन्टर हैड

कॉम्बीनेशन सैट प्रयोग करते समय सावधानियाँ
Precautions While Using Combination Set

कॉम्बीनेशन सैट प्रयोग करते समय निम्न सावधानियाँ अपनानी चाहिए

(i) सर्वप्रथम इसे प्रयोग करने से पूर्व साफ अवश्य कर लेना चाहिए।

(ii) कॉम्बीनेशन सैट को गिरने से बचाना चाहिए तथा अन्य उपकरणों से अलग रखना चाहिए।

(iii) कॉम्बीनेशन सैट को अधिक नहीं कसना चाहिए अन्यथा दुर्घटना सम्भव है।

(iv) प्रयोग करने के बाद इसे साफ करके उचित स्थान पर तेल लगाकर रखना चाहिए।

3. तुलना करने वाले यन्त्र (कैलीपर)
Comparing Instruments (Caliper)

जब स्टील रूल से किसी जॉब की माप ली जाती है, तो वह माप इतनी परिशुद्ध नहीं होती है। अतः परिशुद्ध माप के लिए कैलीपर का प्रयोग किया जाता है। यह एक अप्रत्यक्ष मापी औजार है। कैलीपर द्वारा 0.5 मिमी तक शुद्धता से मापन किया जा सकता है जिसका प्रयोग किसी जॉब की लम्बाई, चौड़ाई, मोटाई तथा व्यास आदि मापने के लिए किया जाता है। कैलीपर निम्न प्रकार के होते हैं

(i) आउटसाइड कैलीपर (ii) इनसाइड कैलीपर

(iii) हर्माफ्रोडाइट कैलीपर

(i) **आउटसाइड कैलीपर** Outside Caliper

वे कैलीपर, जो जॉब की बाहरी माप लेने के लिए प्रयोग किए जाते हैं, आउटसाइड कैलीपर कहलाते हैं। ये 100, 150, 200 तथा 300 मिमी साइज में उपलब्ध होते हैं। आउटसाइड कैलीपर निम्न दो प्रकार के होते हैं

(a) **साधारण आउटसाइड कैलीपर** Simple Outside Caliper

साधारण आउटसाइड कैलीपर इस्पात की दो पत्तियों को अन्दर की ओर मोड़कर तथा उन्हें एक सिरे पर रिवेट द्वारा जोड़कर बनाया जाता है। रिवेट इस प्रकार लगाया जाता है कि कैलीपर की दोनों टाँगों को थोड़ा बल लगाकर खोला या बन्द किया जा सके तथा आवश्यक दूरी उसमें भरी जा सके।

साधारण आउटसाइड कैलीपर की दोनों टाँगें ऊपर से चौड़ी व क्रमशः पतली होकर नीचे नुकीली हो जाती हैं, जैसा कि निम्न चित्र में दर्शाया गया है

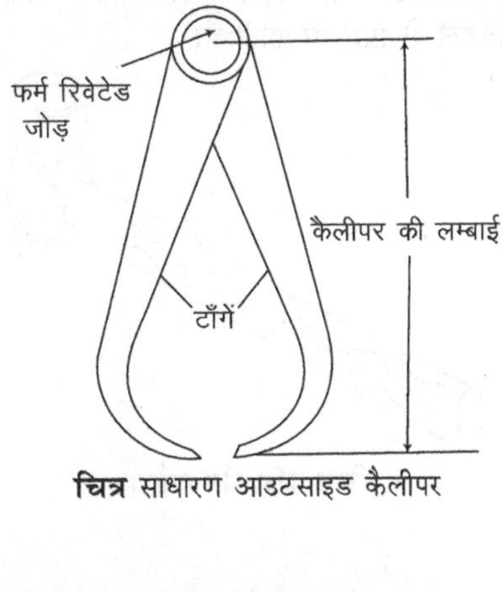

चित्र साधारण आउटसाइड कैलीपर

(b) **स्प्रिंग आउटसाइड कैलीपर** Spring Outside Caliper

स्प्रिंग आउटसाइड कैलीपर में कैलीपर की दोनों टाँगों के ऊपरी भाग में खाँचा (groove) देकर एक रिंग स्प्रिंग लगाया जाता है तथा उनके मध्य में एक लीवर डालकर दोनों टाँगों को कसने के लिए एक स्क्रू लगाया जाता है, जैसा कि चित्र में दर्शाया गया है।

इस स्क्रू पर लगे नट के द्वारा हम दोनों टाँगों के मध्य वांछित दूरी सैट कर सकते हैं। इस प्रकार से कैलीपर के मध्य सैट की गई दूरी स्क्रू पर नट को घुमाकर आगे-पीछे चलाने पर बदली जा सकती है।

कैलीपर द्वारा माप लेने पर इसमें भरी गई दूरी बल लगने पर भी बदलती नहीं है। अतः एक बार माप भरने पर उसे बार-बार प्रयोग में लाया जा सकता है।

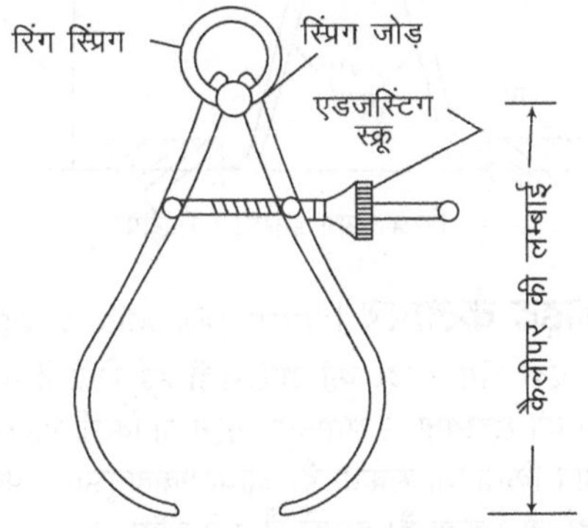

चित्र स्प्रिंग आउटसाइड कैलीपर

(ii) **इनसाइड कैलीपर** Inside Caliper

जैसा कि नाम से ही विदित है, यह कैलीपर जॉब के अन्दर की माप लेने में सक्षम है; जैसे—किसी बोर का व्यास, किसी झिर्री (groove) की चौड़ाई आदि। ये कैलीपर 75, 100, 150, 200 और 300 मिमी के साइज में उपलब्ध होते हैं। ये कैलीपर भी दो प्रकार के होते हैं

(a) **साधारण इनसाइड कैलीपर** Simple Inside Caliper

आउटसाइड कैलीपर की भाँति, इसमें भी दोनों टाँगें ऊपर की ओर एक रिवेट द्वारा दृढ़ सन्धि जोड़ बनाती हैं। रिवेट को इस प्रकार पीटा जाता है कि इसकी टाँगों को थोड़ा बल लगाकर खोला अथवा बन्द किया जा सके।

साधारण इनसाइड कैलीपर टाँगें दूसरे सिरे पर लगातार पतली होकर बाहर की ओर मुड़ी होती हैं। इससे जॉब के भीतरी भाग की माप लेने में सुविधा होती है। चित्र में साधारण इनसाइड कैलीपर को दर्शाया गया है।

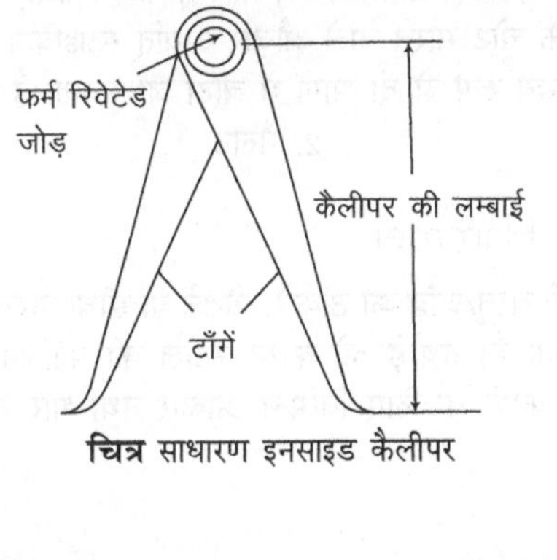

चित्र साधारण इनसाइड कैलीपर

(b) **स्प्रिंग इनसाइड कैलीपर** Spring Inside Caliper

स्प्रिंग इनसाइड कैलीपर में भी स्प्रिंग आउटसाइड कैलीपर की भाँति दोनों टाँगों के ऊपरी भाग में बने ग्रूव के अन्दर एक कमानीदार गोल स्प्रिंग फँसा रहता है। आलम्ब बनाने के लिए दोनों के बीच में एक रिवेट (rivet) फँसा होता है। इस गोल कमानीदार स्प्रिंग के विरुद्ध टाँगों को मिलाकर टाँगों में लगे एक स्क्रू पर नट चढ़ा दिया जाता है। नट को घुमाकर टाँगों के बीच की दूरी को परिवर्तित किया जा सकता है।

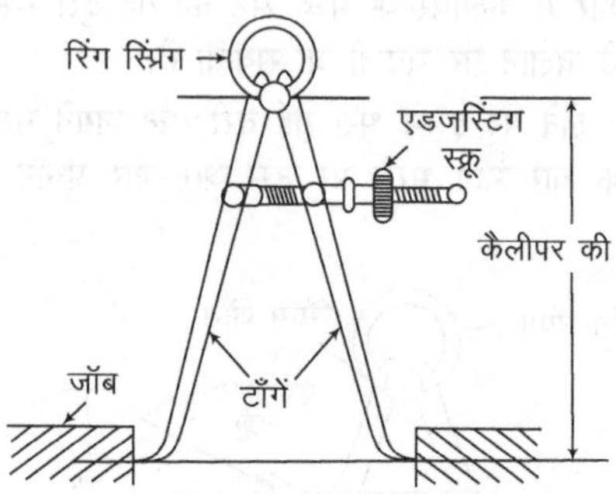

चित्र स्प्रिंग इनसाइड कैलीपर

(iii) **हर्माफ्रोडाइट कैलीपर** Hermaphrodite Caliper

इस कैलीपर की एक टाँग अन्दर की ओर मुड़ी हुई होती है तथा दूसरी नोंकदार होती है। इस टाँग की सहायता से समान्तर लाइन या किसी गोल शाफ्ट के फेस पर उसका सेन्टर ज्ञात किया जा सकता है। आवश्यकतानुसार इसकी लैग को बाहर की ओर भी मोड़ा जा सकता है। इसको जैनी कैलीपर (jenny caliper) या ऑड लैग कैलीपर (odd leg caliper) या लैग लेण्ड प्वॉइण्ट कैलीपर भी कहते हैं।

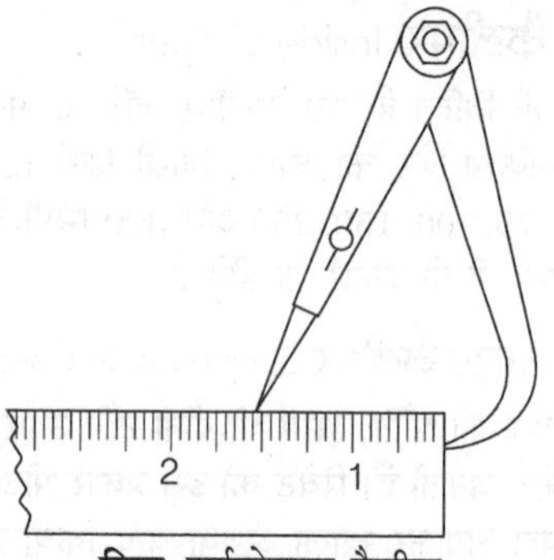

चित्र हर्माफ्रोडाइट कैलीपर

4.4 स्ट्राइकिंग औजार Striking Tools

जॉब को विभिन्न आकार प्रदान करने, मोड़ने, काटने तथा जोड़ लगाने के लिए विभिन्न प्रकार के चोट मारने वाले औजार अर्थात् स्ट्राइकिंग औजार प्रयोग किए जाते हैं। इन्हें मुख्य रूप से दो भागों में बाँटा जा सकता है

1. हथौड़ा
2. मैलट

1. हथौड़ा Hammer

वर्कशॉप में किसी वस्तु/जॉब को ठोकने, मोड़ने या सीधा करने के लिए हथौड़े का प्रयोग किया जाता है। हथौड़े को कास्ट स्टील की फोर्जिंग द्वारा बनाया जाता है। भिन्न-भिन्न कार्यों के लिए विभिन्न आकार तथा भार के हथौड़े बाजार में उपलब्ध हैं। इसके प्रमुख भाग फेस, पीन, चीक, आई होल तथा हैण्डिल होते हैं जैसा कि निम्न चित्र में दर्शाया गया है

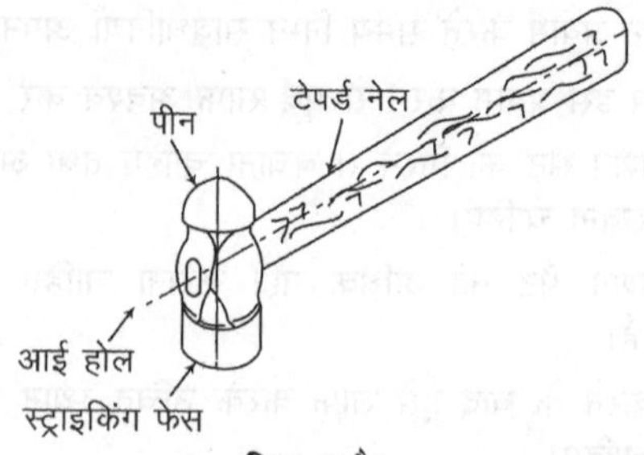

चित्र हथौड़ा

आकार के अनुसार वर्कशॉप में प्रयोग किए जाने वाले हथौड़े मुख्य रूप से चार प्रकार के होते हैं

(i) बॉल पीन हथौड़ा
(ii) क्रॉस पीन हथौड़ा
(iii) स्ट्रैट पीन हथौड़ा
(iv) स्लेज हथौड़ा

(i) बॉल पीन हथौड़ा Ball Pein Hammer

प्रायः धातु चादरों को जोड़ने के लिए लगने वाले रिवेट को चोट मारकर चारों तरफ फैलाने के लिए बॉल पीन हथौड़े प्रयोग किए जाते हैं। इसके पीन की शेप अर्द्धगोलाकार (semi-spherical) होती है। इसके फेस को छेनी अथवा पंच पर चोट मारने के लिए भी प्रयोग किया जाता है। वर्कशॉप में यह सर्वाधिक प्रयोग होने वाला हथौड़ा है।

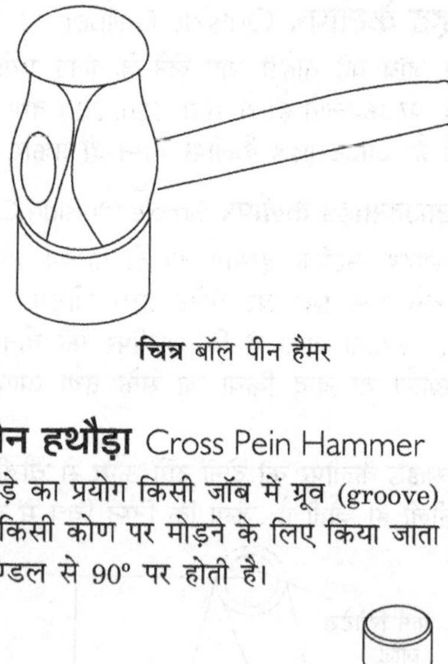

चित्र बॉल पीन हैमर

(ii) क्रॉस पीन हथौड़ा Cross Pein Hammer

क्रॉस पीन हथौड़े का प्रयोग किसी जॉब में ग्रूव (groove) बनाने के लिए अथवा उसको किसी कोण पर मोड़ने के लिए किया जाता है। इसकी पीन सपाट तथा हैण्डिल से 90° पर होती है।

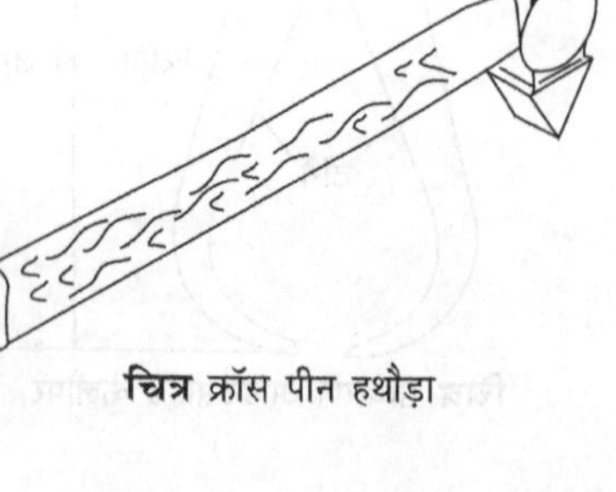

चित्र क्रॉस पीन हथौड़ा

(iii) स्ट्रैट पीन हथौड़ा
Straight Pein Hammer

इसकी पीन हैण्डिल की सीध में होती है, इसलिए इसे स्ट्रैट पीन हथौड़ा कहते हैं। इसका उपयोग भी क्रॉस पीन हथौड़े के समान जॉब को मोड़ने के लिए अथवा उसमें ग्रूव डालने के लिए किया जाता है।

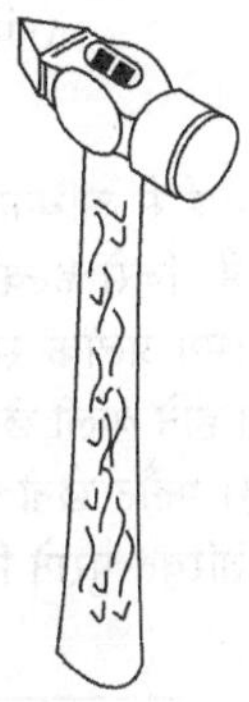

चित्र स्ट्रैट पीन हथौड़ा

(iv) स्लेज हथौड़ा
Sledge Hammer

स्लेज हथौड़े को लुहारी हथौड़ा या घन भी कहा जाता है। इसका प्रयोग भारी वस्तुओं को ठोकने के लिए किया जाता है। इस हथौड़े की हैण्डिल की लम्बाई इसके भार पर निर्भर करती है। इस हथौड़े का वजन 3 से 9 किग्रा तक होता है।

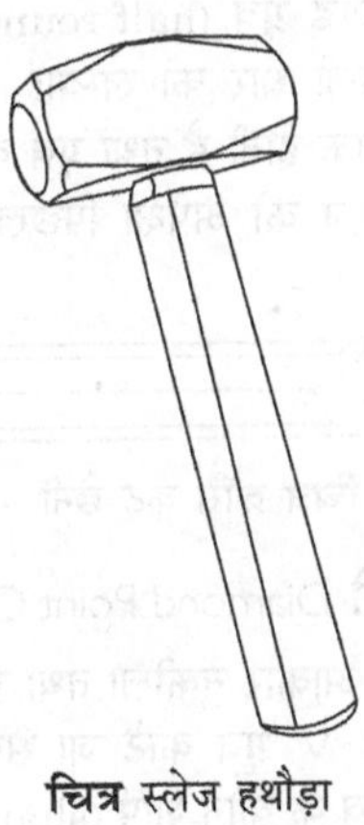

चित्र स्लेज हथौड़ा

2. मैलट Mallet

मुलायम हथौड़ा, जो लकड़ी का बना होता है, मैलट कहलाता है। इसका प्रयोग किसी जॉब पर चोट लगाकर उसे सीधी करने अथवा मोड़ने के लिए किया जाता है।

इसके प्रहार से जॉब पर निशान नहीं पड़ते। सॉफ्ट हथौड़ा बनाने के लिए लकड़ी, हार्ड रबड़, कच्चा चमड़ा, नायलॉन, टैफलॉन, लैड अथवा ताँबे का प्रयोग किया जाता है। शीट मैटल शॉप में अधिकतर लकड़ी के मैलट ही प्रयोग किए जाते हैं।

ये तीन प्रकार के होते हैं जिनका विवरण निम्न प्रकार है

(i) स्टैण्डर्ड वुडन मैलट Standard Wooden Mallet

स्टैण्डर्ड मैलट का प्रयोग मुख्यत: धातु चादर को सीधा करने के लिए किया जाता है। इसके दोनों ओर के फेस समतल होते हैं, जैसा कि निम्न चित्र में दर्शाया गया है।

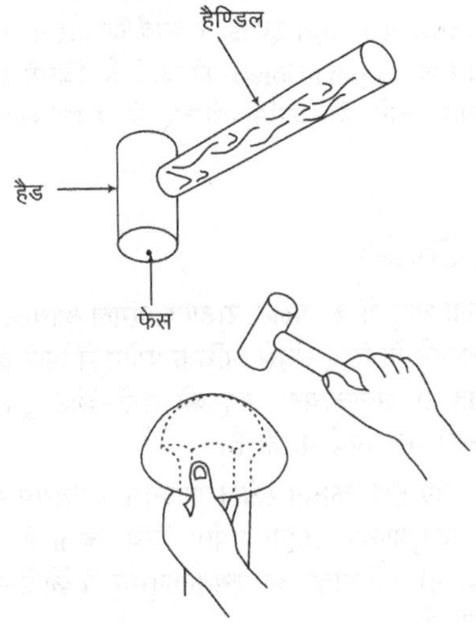

चित्र स्टैण्डर्ड वुडन मैलट

(ii) बॉसिंग मैलट Bossing Mallet

इसके दोनों सिरे गोलाई में होते हैं। इसका उपयोग चादर से बने पाइप अथवा अन्य कन्टेनर को अन्दर से बाहर की ओर ठोकने के लिए किया जाता है, क्योंकि इसका उपयोग चादर को उभारने के लिए किया जाता है, इसलिए इसे बॉसिंग मैलट कहते हैं।

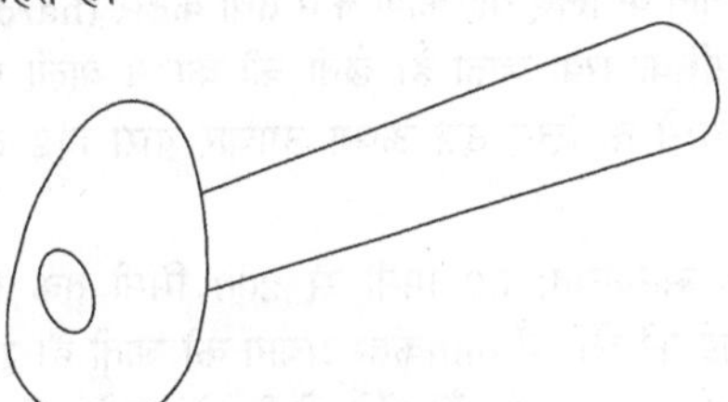

चित्र बॉसिंग मैलट

(iii) एण्ड फेक्ड मैलट End Faked Mallet

यह लकड़ी से बना क्रॉस पीन हथौड़े के समान आकृति वाला मैलट होता है, जैसा कि चित्र में दर्शाया गया है। इसका प्रयोग चादर को तार पर फैलाने अथवा मोड़ने के लिए किया जाता है।

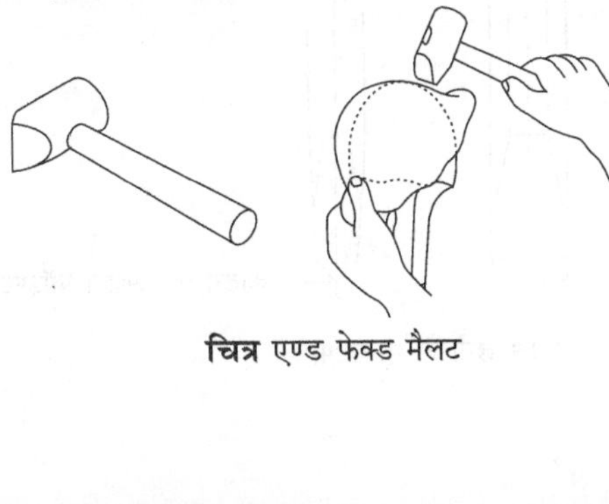

चित्र एण्ड फेक्ड मैलट

4.5 कर्तन औजार Cutting Tools

विविध कार्यशालाओं में विभिन्न प्रक्रियाओं को सम्पन्न करने के लिए बहुत से कर्तन औजारों का उपयोग किया जाता है, जिनकी सहायता से अवांछित धातु को काटकर हटाया जाता है तथा विशिष्ट सतह परिष्करण (surface finish) तथा आकृति व साइज (shape and size) का निर्माण किया जाता है। किसी भी निर्माणक (manufacturing) इकाई में कार्य के दौरान कटिंग, हैक्सॉइंग, फाइलिंग आदि संक्रियाएँ (operations) की जाती हैं, जिनमें समस्त प्रकृति के औजार प्रयुक्त किए जाते हैं। कर्तन औजार से सम्बन्धित विवरण निम्न प्रकार है

1. छेनियाँ Chisels

छेनी हल्की व पतली धातुओं की फ्लैट, राउण्ड, एंगल आयरन तथा 1/8" तक मोटी चद्दरों को काटने के लिए सबसे अधिक प्रयोग में आने वाला औजार है। यह जॉब की सतह से अनावश्यक धातु को छोटे-छोटे टुकड़ों के रूप में काटकर अलग करने का कार्य करती है।

छेनी को बनाने के लिए हाई-कार्बन स्टील या क्रोम वैनेडियम स्टील का गोल, षट्भुजाकार या अष्टभुजाकार लट्ठा प्रयोग किया जाता है। छेनी का कोई निश्चित आकार (size) नहीं होता, आवश्यकतानुसार ये छोटी-बड़ी हर साइज की प्रयोग की जाती हैं।

फोर्जिंग विधि द्वारा इसके शीर्ष (striking head) को लगभग 70° के कोण पर शंक्वाकार बनाया जाता है तथा निचले भाग को उल्टे आयताकार पिरामिड (pyramid) की भाँति बनाया जाता है, इसे उल्टे आयताकार पिरामिड वाले भाग को काटने के काम में लाते हैं। इसकी कटिंग एज पर 35° से 70° तक का कोण रखा जाता है। यह कोण, काटे जाने वाली धातु पर निर्भर करता है।

मुलायम (soft) धातु के लिए यह कोण कम तथा कठोर (hard) धातु के लिए इस कोण को अधिक रखा जाता है। छेनी की काटने वाली एज को पर्याप्त कठोरता प्रदान करने के लिए उसे ऊष्मा उपचार द्वारा हार्ड तथा टैम्पर कर लिया जाता है।

छेनी की लम्बाई सामान्यत: 50 मिमी से 200 मिमी तक होती है, परन्तु 150 मिमी लम्बाई की छेनियाँ अधिकतर प्रयोग की जाती हैं। शीर्ष, बॉडी तथा कटिंग एज छेनी के मुख्य भाग हैं। नीचे छेनी को उसके प्रमुख भागों सहित प्रदर्शित किया गया है

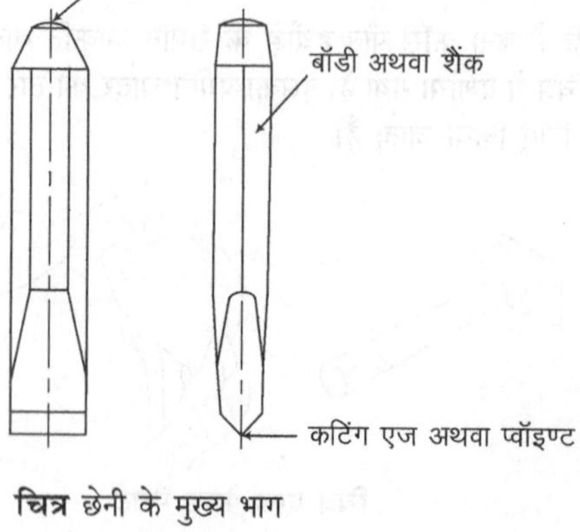

चित्र छेनी के मुख्य भाग

छेनियों के प्रकार Types of Chisels

छेनियाँ मुख्यत: निम्नलिखित प्रकार की होती हैं

(i) फ्लैट छेनी
(ii) क्रॉस कट छेनी
(iii) डायमण्ड प्वॉइण्ट छेनी
(iv) हाफ राउण्ड छेनी
(v) गऊ-मुख छेनी
(vi) खोखली छेनी
(vii) ऑफसैट छेनी
(viii) वेब छेनी

(i) **फ्लैट छेनी** Flat Chisel

फ्लैट छेनी की चौड़ाई, इसकी मोटाई से अधिक होती है। इसकी कटिंग एज V के आकार में तथा चपटी होती है, जिसे हल्की गोलाई दी जाती है, जिससे कटिंग में सुविधा मिलती है। लगभग प्रत्येक साइज की फ्लैट छेनी प्रयोग में आती है। यह सबसे अधिक प्रयोग होने वाली छेनी है। इसके प्रयोग से धातु को चिपिंग के रूप में हटाया जाता है। फ्लैट छेनी का प्रयोग तार, पतली चद्दरों तथा गोल छड़ों को काटने के अतिरिक्त पुराने रिवेट, जाम नट तथा बोल्ट को काटने में किया जाता है।

चित्र फ्लैट छेनी

(ii) **क्रॉस कट छेनी** Cross Cut Chisel

क्रॉस कट छेनी के कटिंग एज की चौड़ाई उसकी मोटाई से कम होती है। इसका प्रयोग किसी कार्यखण्ड में खाँचे (grooves) काटने के लिए किया जाता है। इसके द्वारा अधिक मोटाई की कटिंग की जा सकती है। इसके द्वारा शाफ्ट या हब में की-वे (key-way) काटे जाते हैं। इस छेनी का एक सिरा गोलाई में बनाकर हाफ राउण्ड ग्रूव (half round groove) भी बनाया जा सकता है। इसकी काटने वाली धार की लम्बाई 3 मिमी से 12 मिमी तथा चौड़ाई 5 मिमी से 9 मिमी तक होती है तथा ग्रूव काटते समय यह फँसे नहीं, इसके लिए इसकी कटिंग एज की अपेक्षा पिछला भाग कुछ पतला बनाया जाता है।

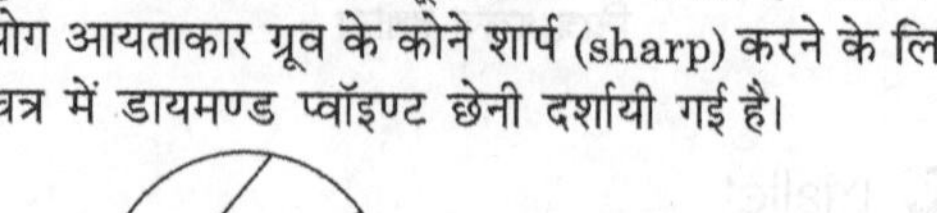

चित्र क्रॉस कट छेनी

(iii) **डायमण्ड प्वॉइण्ट छेनी** Diamond Point Chisel

इस छेनी की कटिंग एज का आकार नुकीला तथा चौकोर हीरे के समान होता है। इसके नुकीले प्वॉइण्ट से 'V' ग्रूव काटे जा सकते हैं। डायमण्ड प्वॉइण्ट छेनी का प्रयोग आयताकार ग्रूव के कोने शार्प (sharp) करने के लिए भी किया जाता है। चित्र में डायमण्ड प्वॉइण्ट छेनी दर्शायी गई है।

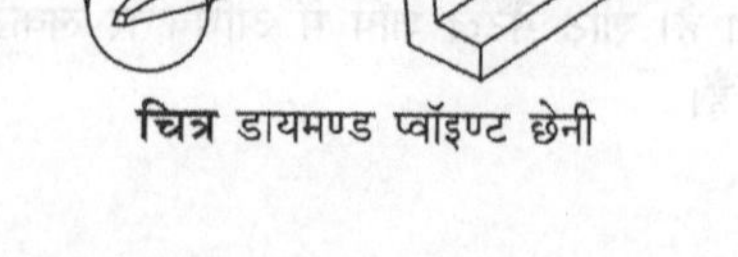

चित्र डायमण्ड प्वॉइण्ट छेनी

(iv) **हाफ राउण्ड छेनी** Half Round Chisel

इस छेनी के आगे के टेपर भाग को अर्द्धवृत्ताकार आकार का बनाया जाता है। इसके सिरे पर कटिंग एज बनाई जाती है। इसकी कटिंग एज की चौड़ाई बहुत कम होती है। हाफ राउण्ड छेनी का फोर्जिंग कोण 30 तथा कटिंग कोण 35° से 45° तक हो सकता है। इस छेनी का प्रयोग हब आदि में की-वे काटने, ब्रासों में ऑयल ग्रूव बनाने तथा कॉर्नर ग्रूव आदि काटने के लिए किया जाता है।

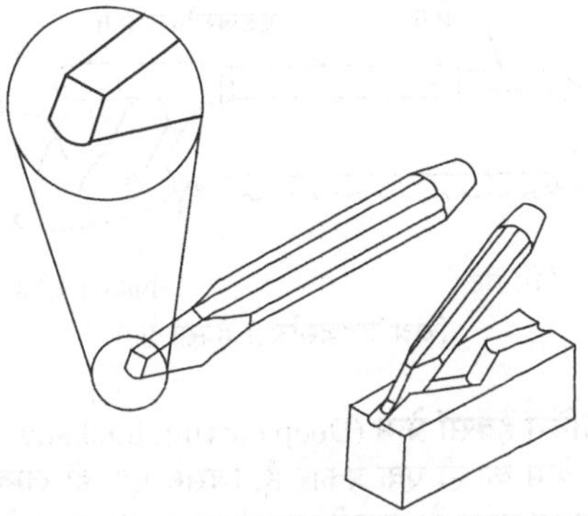

चित्र हाफ राउण्ड छेनी

(v) **गऊ-मुख छेनी** Cow-mouth Chisel

इस छेनी का शैंक खोखला होता है तथा आगे से टेपर (tapered) होता है। इसको तिरछा काटने से अन्दर की साइडों में कटिंग एज गऊ-मुख के समान प्राप्त होती है, जिस कारण इसे गऊ-मुख छेनी कहा जाता है। यह वक्र कटिंग एज (curved cutting edge) किसी भी कार्यखण्ड को परिधि पर काटने के काम आती है। इसके अतिरिक्त, यह गोलाकार कट लगाने तथा रिवेट हेड के व्यास को कम करने के लिए भी प्रयोग की जाती है।

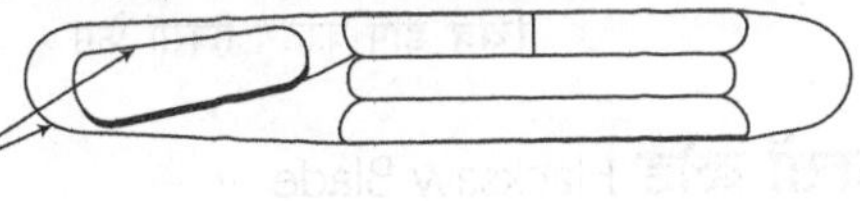

चित्र गऊ-मुख छेनी

(vi) **खोखली छेनी** Hollow Chisel

गऊ-मुख छेनी के समान यह छेनी भी खोखली होती है तथा आगे से शंकु आकार की होती है। इसकी कटिंग एज वृत्ताकार होती है, जैसा कि चित्र में दर्शाया गया है। यह गोल (circular) होल करने के काम आती है। कटिंग एज से ऊपर एक झिर्री बनी होती है, जिससे कटिंग के दौरान स्क्रैप मैटेरियल (scrap material) बाहर आ जाता है। यह छेनी मुलायम धातुओं या चमड़ा व रबड़ शीट काटने के काम आती है।

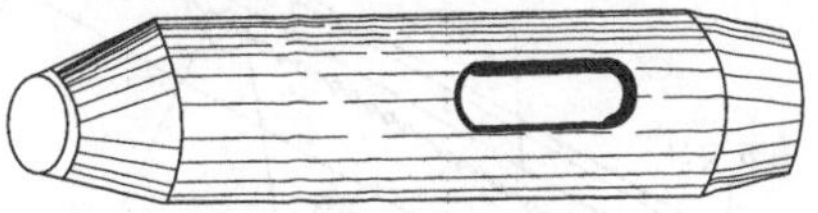

चित्र खोखली छेनी

(vii) **ऑफसैट छेनी** Offset Chisel

इस छेनी का आगे का शैंक वाला भाग फोर्ज करके एक साइड में ऑफसैट (offset) कर दिया जाता है, यह छेनी फ्लैट तथा साइड दो प्रकार की होती हैं। सामान्यत: इसका ऑफसैट कोण 90°, फोर्ज कोण 25° तथा कटिंग कोण 60° रखा जाता है। फ्लैट कटिंग छेनी की धार सम्पूर्ण चौड़ाई में बनी होती है तथा साइड कटिंग छेनी की धार साइड में बनी होती है। इस छेनी का प्रयोग चिपिंग व स्लॉट से चिप्स को साफ करने के लिए किया जाता है।

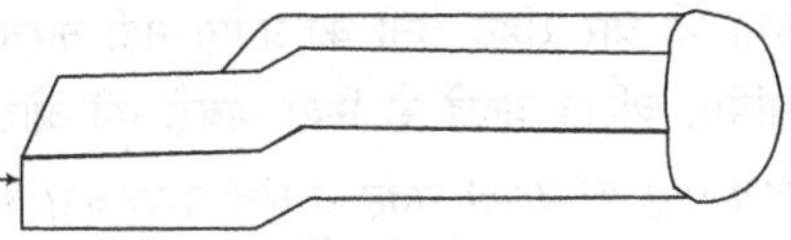

चित्र ऑफसैट छेनी

(viii) **वेब छेनी** Web Chisel

इस छेनी का प्रयोग ड्रिल द्वारा छिद्र बनाने के पश्चात् उनके बीच की धातु को हटाने के लिए किया जाता है। इसे पंचिंग मशीन भी कहते हैं।

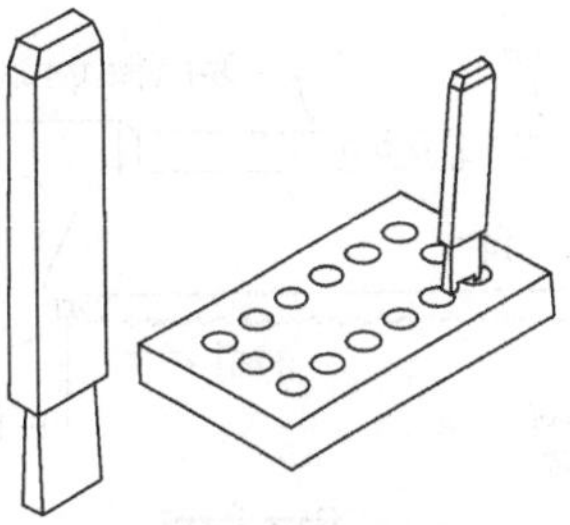

चित्र वेब छेनी

छेनियों के लिए कटिंग कोण Cutting Angles for Chisels

छेनी के कटिंग एज की ग्राइण्डिंग के अनुसार ही उसका कटिंग एंगल होता है। कठोर धातुओं के लिए कटिंग एंगल अधिक तथा नर्म धातुओं के लिए कम रखा जाता है। विभिन्न प्रकार की छेनियों को बनाने के लिए प्रयोग की गई धातुओं के अनुसार उनके कटिंग एंगल को एक तालिका के रूप में नीचे दर्शाया गया है। साधारणत: छेनी का कटिंग एंगल 60° ही रखा जाता है।

धातु	फ्लैट छेनी	क्रॉस कट छेनी	डायमण्ड प्वॉइण्ट छेनी	हाफ राउण्ड छेनी
इस्पात	70°	70°	60°	45°
कास्ट आयरन	60°	60°	60°	45°
ताँबा या पीतल	45°	45°	60°	45°
एल्युमीनियम	35°	35°	60°	45°

छेनियों का प्रयोग करते समय सावधानियाँ
Precautions While Using Chisels

(i) कार्यखण्ड की धातु के अनुसार ही छेनी का कटिंग एंगल होना चाहिए।

(ii) कटिंग एज उत्तल (convex) होनी चाहिए। इससे छेनी का लाइफ-टाइम (life-time) बढ़ जाता है तथा काटने में भी आसानी रहती है।

(iii) कार्य करते रहने से यदि छेनी के हैड (head) की धातु फैल गई है, तो उसे ग्राइण्ड कर देना चाहिए, क्योंकि इससे धातु के टूटकर चोट लगने का भय रहता है।

(iv) हथौड़े के फेस या छेनी के हैड पर कोई चिकनाई नहीं लगी होनी चाहिए।

(v) चिपिंग के समय गार्ड का प्रयोग करना न भूलें।

(vi) चिपिंग करते समय दृष्टि छेनी की धार पर रहनी चाहिए, उसके हैड पर नहीं।

(vii) कभी भी धार रहित छेनी का प्रयोग नहीं करना चाहिए।

(viii) चिपिंग, चलित जबड़े से स्थिर जबड़े की ओर करनी चाहिए।

टिप्पणी *धातु की ऊपरी सतह से छेनी द्वारा धातु की पतली परत (chip) को काटकर अलग करने की प्रक्रिया को चिपिंग (chipping) कहते हैं।*

2. हैक्सॉ Hacksaw

हैक्सॉ एक प्रकार का कटिंग टूल है। लोहे के लट्ठों, प्लेट, पाइप या शीट आदि में हैक्सॉ द्वारा धातु को काटने की क्रिया को हैक्साॅइंग (hacksawing) कहते हैं।

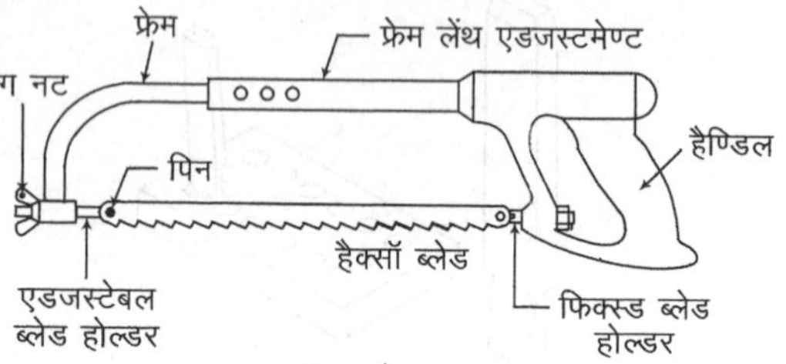

चित्र हैक्सॉ

हैक्सॉ के निम्नलिखित भाग होते हैं

(i) हैक्सॉ फ्रेम (ii) हैक्सॉ ब्लेड

(i) हैक्सॉ फ्रेम Hacksaw Frame

हैक्सॉ का मुख्य भाग उसका फ्रेम होता है, जोकि 'C' शेप (shape) में होता है। इसके एक सिरे पर फिक्स्ड स्क्रू लगा होता है, जिसमें अन्दर की ओर पीन तथा बाहर की ओर हैण्डिल लगा होता है। दूसरे सिरे पर एक स्लाइडिंग स्क्रू (sliding screw) लगा होता है, जिसमें फ्रेम के अन्दर की ओर पीन लगी होती है, जिसे प्रोंग कहा जाता है तथा बाहर की ओर से एक फ्लाई नट लगाया गया होता है। हैक्सॉ फ्रेम मुख्य रूप से तीन प्रकार के होते हैं

(a) फिक्स्ड हैक्सॉ फ्रेम (b) एडजस्टेबल हैक्सॉ फ्रेम

(c) डीप कटिंग हैक्सॉ फ्रेम

(a) **फिक्स्ड हैक्सॉ फ्रेम** (Fixed hacksaw frame) फिक्स्ड हैक्सॉ फ्रेम में एक फिक्स्ड लम्बाई के ब्लेड का प्रयोग किया जाता है; जैसे—यदि हैक्सॉ फ्रेम 250 मिमी लम्बाई का है, तो उस फ्रेम में इसी लम्बाई का ब्लेड लगाया जाना चाहिए। इस फ्रेम को फिक्स्ड फ्रेम कहते हैं।

उस फ्रेम में पहले ब्लेड को पीन में फँसाया जाता है। इसके बाद इसमें लगे विंग नट की सहायता से ब्लेड को कसा जाता है।

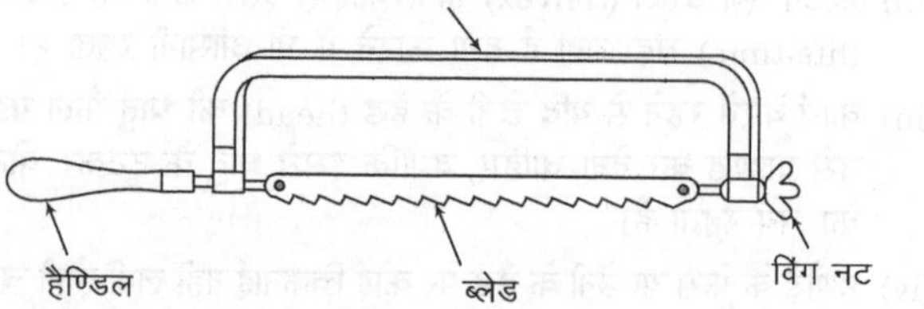

चित्र फिक्स्ड हैक्सॉ फ्रेम

(b) **एडजस्टेबल हैक्सॉ फ्रेम** (Adjustable hacksaw frame) एडजस्टेबल हैक्सॉ फ्रेम दो टुकड़ों में बना होता है। एडजस्टेबल स्क्रू की ओर के भाग में ग्रूव बने होते हैं। इसमें फ्रेम की लम्बाई को एडजस्ट किया जा सकता है

एडजस्टेबल हैक्सॉ फ्रेम में 200 से 300 मिमी तक के ब्लेड प्रयोग किए जा सकते है। ये फ्रेम समतल तथा नलिका दो प्रकार के होते हैं।

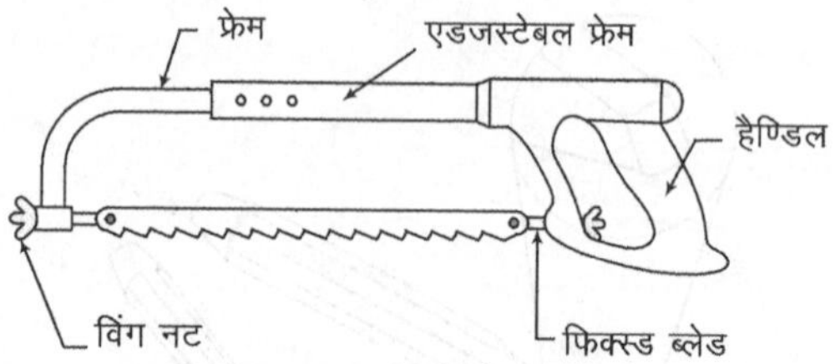

चित्र एडजस्टेबल हैक्सॉ फ्रेम

(c) **डीप कटिंग हैक्सॉ फ्रेम** (Deep cutting hacksaw frame) यह भी सॉलिड फ्रेम का ही एक प्रकार है, जिसमें एक ही लम्बाई के ब्लेड का प्रयोग किया जाता है। इसकी गहराई बहुत अधिक रखी जाती है, जिससे यह गहराई तक काटने पर भी जॉब में अटकता नहीं है।

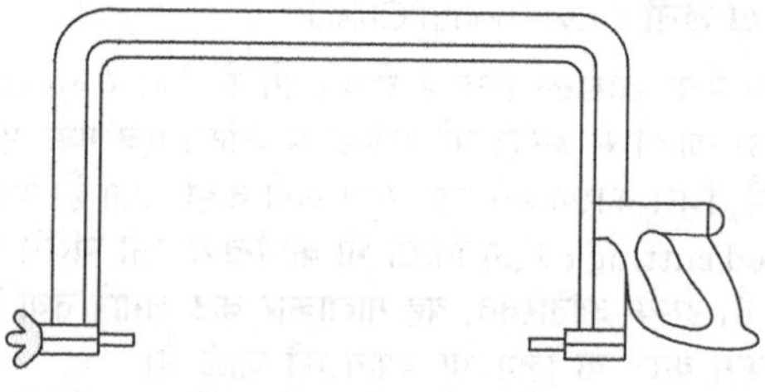

चित्र डीप कटिंग हैक्सॉ फ्रेम

(ii) हैक्सॉ ब्लेड Hacksaw Blade

हैक्सॉ में कटाई करने वाला पार्ट हैक्सॉ ब्लेड ही होता है। यह एक पत्ती (strip) के आकार में होता है, जिसके दोनों सिरे गोलाई में कटे होते हैं। इसके दोनों सिरों पर पीन होल बने होते हैं, जिनकी सहायता से इसे हैक्सॉ फ्रेम में फिट किया जाता है। इसकी दोनों या एक साइड में दाँते कटे होते हैं, जो एक दिशा में झुके हुए होते हैं। चित्र (a)

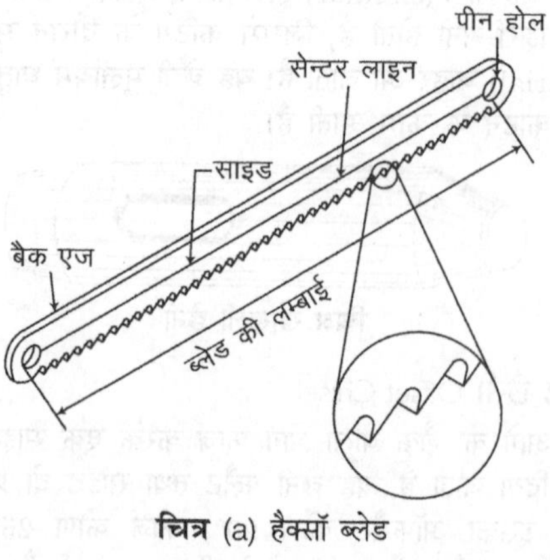

चित्र (a) हैक्सॉ ब्लेड

हैक्सॉ ब्लेड के लिए कार्बन स्टील, हाई-कार्बन स्टील, हाई स्पीड स्टील प्रयोग की जाती है। दाँते काटने तथा होल बनाने के पश्चात् इसे हार्ड व टेम्पर किया जाता है। कभी-कभी होल वाले भाग को अनील (anneal) भी किया जाता है। हैक्सॉ ब्लेड की लम्बाई सामान्यत: 250 मिमी से 300 मिमी होती है। ब्लेड की पत्ती की मोटाई 0.6 मिमी से 0.8 मिमी तथा चौड़ाई 12 मिमी से 16 मिमी तक होती है। हैक्सॉ ब्लेड की पिच, इसके दो संलग्न दाँतों के मध्य की दूरी होती है।

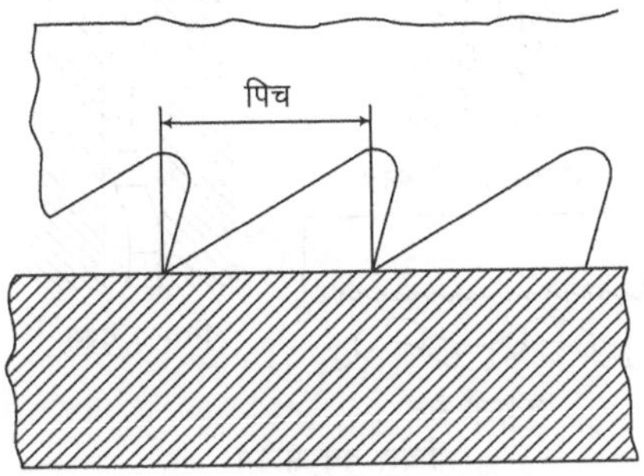

चित्र (b) हैक्सॉ ब्लेड की पिच

सामान्यत: हैक्सॉ में मोटी पिच, मध्यम पिच या पतली पिच के ब्लेड प्रयोग किए जाते हैं। 1.8 मिमी तक मोटी पिच, 1.0 से 1.4 मिमी तक मध्यम पिच तथा 0.8 मिमी तक फाइन पिच होती है।

दाँतों पर दिए गए टैम्पर के आधार पर ब्लेड तीन प्रकार के होते हैं

(a) ऑल हार्ड ब्लेड (b) हाफ हार्ड ब्लेड

(c) फ्लैक्सिबल ब्लेड

(a) **ऑल हार्ड ब्लेड** (All hard blade) हैक्सॉ ब्लेड का ऊष्मा उपचार कई प्रकार से किया जाता है। कुछ ब्लेडों की सम्पूर्ण बॉडी को ऊष्मा उपचार द्वारा हार्ड व टेम्पर किया जाता है, इन्हें ऑल हार्ड ब्लेड कहते हैं।

केवल कुशल कारीगर ही इनका प्रयोग कर सकते हैं। इनमें लचीलापन (flexibility) नहीं होता है, जिससे ये थोड़ा-सा मुड़ने अथवा बल लगाने पर टूट जाते हैं। ये ब्लेड हाई-कार्बन स्टील या हाई स्पीड स्टील के बनाए जाते हैं।

(b) **हाफ हार्ड ब्लेड** (Half hard blade) ब्लेड को टूटने से बचाने के लिए दाँतों की ओर आधी चौड़ाई तक ही ब्लेड को हार्ड किया जाता है। शेष भाग मुलायम ही बना रहता है, जो उसे टूटने से बचाता है।

इस ब्लेड की कठोरता कम रहती है, फलत: इसके दाँते जल्दी ही घिस जाते हैं। इस प्रकार के ब्लेड का प्रयोग कम कठोर या मुलायम धातुओं को काटने के लिए किया जाता है।

(c) **फ्लैक्सिबल ब्लेड** (Flexible blade) इस प्रकार के ब्लेडों में केवल दाँतों को ही हार्ड तथा टेम्पर किया जाता है, जिससे ये अत्यधिक नम्य अर्थात् लचीले हो जाते हैं तथा इनके झटका खाकर टूटने की दर कम हो जाती है।

इस प्रकार की ब्लेडों का प्रयोग पतली चादरों, पाइपों को वक्र लाइनों के साथ काटने में किया जाता है। इसके अतिरिक्त, हैक्सॉ ब्लेड में प्रयुक्त दाँतों के ग्रेड के आधार पर ये निम्नलिखित चार प्रकार के होते हैं

- **कोर्स ग्रेड हैक्सॉ ब्लेड** Coarse grade hacksaw blade
  इस ब्लेड में 14 से 18 दाँते प्रति इंच कटे होते हैं तथा इनका प्रयोग माइल्ड स्टील, ताँबा, एल्युमीनियम तथा पीतल आदि धातुओं की मोटी कटाई के लिए किया जाता है।
- **मीडियम ग्रेड हैक्सॉ ब्लेड** Medium grade hacksaw blade
  इस ब्लेड में 20 से 24 दाँते प्रति इंच कटे होते हैं तथा इस प्रकार के ब्लेड सभी प्रकार की धातुओं; जैसे—कास्ट आयरन, टूल स्टील, माइल्ड स्टील, ताँबा इत्यादि काटने के लिए किया जाता है।
- **फाइन ग्रेड हैक्सॉ ब्लेड** Fine grade hacksaw blade
  इस ब्लेड में 20 से 24 दाँते प्रति इंच कटे होते हैं तथा इनका प्रयोग पतली चादरें, पाइप तथा ट्यूब आदि काटने के लिए किया जाता है।
- **सुपर फाइन ग्रेड हैक्सॉ ब्लेड** Super fine grade hacksaw blade
  इस ब्लेड में 30 से 32 दाँते प्रति इंच कटे होते हैं तथा इनका प्रयोग अत्यधिक कठोर धातुओं तथा पतली शीटों को काटने के लिए किया जाता है।

ब्लेड की पिच Pitch of Blade

दो निकटवर्ती दाँतों की मध्य दूरी को ब्लेड की पिच कहते हैं। हैक्सॉ ब्लेड को उनकी लम्बाई, पिच तथा प्रकार के आधार पर डिजाइन किया जाता है।

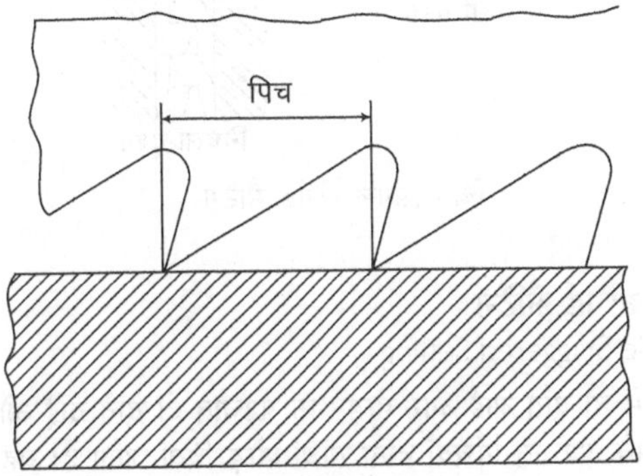

चित्र हैक्सॉ ब्लेड की पिच

वर्गीकरण	पिच
कोर्स	1.8 मिमी
मीडियम	1.4 मिमी एवं 1.0 मिमी
फाइन	0.8 मिमी

ब्लेड के दाँतों की सैटिंग
Setting of Teeths of Blades

ब्लेड को उसके द्वारा काटी गई झिर्री में फँसने से बचाने के लिए उसके दाँतों को दोनों ओर कुछ मोड़ दिया जाता है, जिससे कि उसके द्वारा कटने वाली झिर्री की चौड़ाई ब्लेड की मोटाई से अधिक होती है। इस प्रक्रिया को दाँतों की सैटिंग (setting of teeth) कहा जाता है। सैटिंग करने से ब्लेड अपने द्वारा बनाई गई झिर्री में नहीं फँसता तथा घर्षण भी कम हो जाता है।

दाँतों की सैटिंग के प्रकार निम्न हैं

(a) सिंगल स्टैगर्ड सैटिंग

(b) डबल स्टैगर्ड सैटिंग

(c) वेव सैटिंग

(a) सिंगल स्टैगर्ड सैटिंग
Single Staggered Setting

इस प्रकार की सैटिंग में एक दाँत बाएँ, तो दूसरे दाँत को दाएँ को मोड़ा जाता है। इस प्रकार अल्टरनेटली (alternately) दाएँ-बाएँ दाँते मोड़े जाते हैं। प्रत्येक चार दाँतों के बाद पाँचवाँ दाँता सीधा रखा जाता है। इसे दाँतों की अल्टरनेट सैटिंग भी कहा जाता है।
यह सीधा दाँता बुरादा बाहर निकालता है तथा आधार को सीधा रखता है। यह सैटिंग मोटे पिच के ब्लेडों में की जाती है।

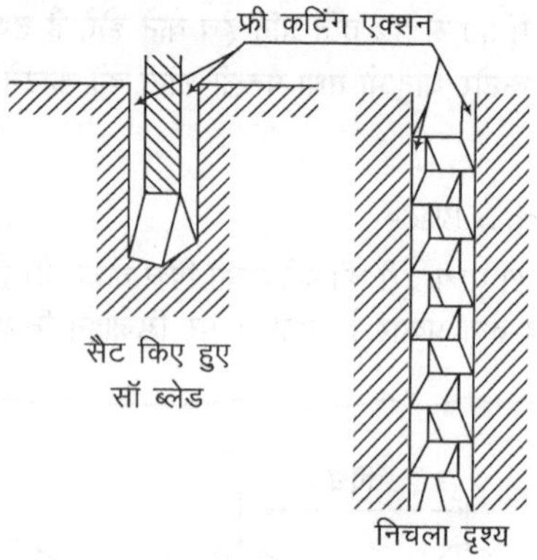

चित्र सिंगल स्टैगर्ड सैटिंग

(b) डबल स्टैगर्ड सैटिंग
Double Staggered Setting

इस सैटिंग में दो दाँते बाईं ओर मोड़ने के पश्चात् दो दाँते दाईं ओर मोड़े जाते हैं। इसके पश्चात् पाँचवाँ दाँता सीधा छोड़ दिया जाता है। यह सैटिंग मीडियम पिच (pitch) के लिए उपयुक्त है।

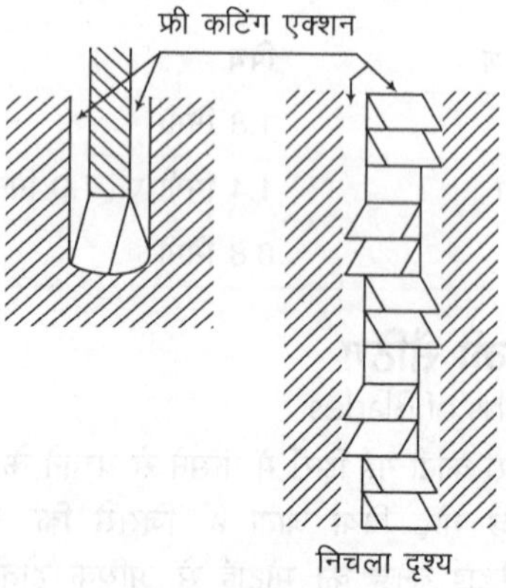

चित्र डबल स्टैगर्ड सैटिंग

(c) वेव सैटिंग Wave Setting

इस प्रकार की सैटिंग में दाँतों को एक लहर (wave) के आकार में सैट किया जाता है। यह सैटिंग फाइन तथा सुपर फाइन पिच के ब्लेडों में की जाती है।

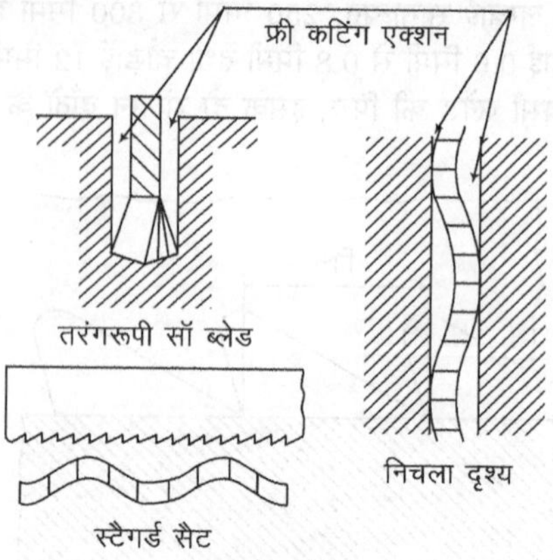

चित्र वेव सैटिंग

हैक्सॉ को प्रयोग करने की विधि Method of Using Hacksaw

हैक्सॉ से कटाई करने के लिए निम्नलिखित पदों में कार्य करना चाहिए

(i) जॉब पर कटिंग लाइन की मार्किंग करनी चाहिए।

(ii) जॉब को वाइस में इस प्रकार बाँधना चाहिए कि हैक्सॉ कहीं अड़े नहीं व कटिंग लाइन साफ दिखाई देती रहे।

(iii) जॉब की कटिंग सतह, वाइस से 5-6 मिमी से अधिक दूर नहीं होनी चाहिए अन्यथा चैटरिंग (chattering) आ सकती है।

(iv) जॉब की धातु तथा मोटाई के अनुसार ब्लेड का चयन करना; जैसे—स्टील की जॉब के लिए हाई स्पीड स्टील का ब्लेड चुनना चाहिए, जबकि ब्रास या एल्युमीनियम के लिए हाई-कार्बन स्टील का ब्लेड चुना जा सकता है।

(v) ब्लेड को फ्रेम में फिट करते समय उसके दाँतों का झुकाव आगे की ओर (अर्थात् फ्लाई नट की दिशा में) रखना चाहिए। इससे हैक्सॉ अगले स्ट्रोक (forward stroke) में कटिंग करता है।

(vi) हैक्सा को आगे ले जाते समय उस पर दबाव डालना चाहिए तथा अपनी तरफ खींचते समय उसे ढीला छोड़ना चाहिए।

(vii) जहाँ कटिंग करनी है अर्थात् कटिंग लाइन के पास बाएँ हाथ का अँगूठा रखकर, उसके नाखून से गाइडेंस लेते हुए, फाइल से 'V' ग्रूव बना लेना चाहिए।

हैक्सॉ प्रयोग करते समय सावधानियाँ
Precautions while Using Hacksaw

हैक्सॉ द्वारा कटिंग शुरू करने से पहले प्रयोग में लाई जाने वाली सावधानियाँ निम्नलिखित हैं

(i) जहाँ कटिंग शुरू करनी है, वहाँ रेती से 'वी' ग्रूव बना लेना चाहिए। इससे ब्लेड एक निश्चित स्थान पर कटिंग करता है।

(ii) हैक्सॉइंग के समय दाएँ हाथ से हैक्सॉ का हैण्डिल पकड़कर आगे-पीछे चलाने के लिए जोर लगाना चाहिए। साथ ही बाएँ हाथ से फ्रेम को आगे से सहारना चाहिए।

(iii) हैक्सॉइंग के समय मात्र फॉरवर्ड स्ट्रोक (forward stroke) में ही दाब डालना चाहिए, क्योंकि केवल फॉरवर्ड स्ट्रोक में ही कटाई होती है।

(iv) चिम्मड़ धातुओं को काटते समय शीतलक या पानी का प्रयोग करते हैं, जिससे ब्लेड अधिक गर्म न होने पाए। ढलवाँ लोहे की कटाई में कोई कूलैन्ट प्रयोग नहीं किया जाता, जबकि एल्युमीनियम के लिए कैरोसीन (kerosene) का प्रयोग करते हैं।

(v) कटिंग करते समय झटके से हैक्सॉ को नहीं चलाना चाहिए। हैक्सॉ फ्रेम (ब्लेड) हमेशा सीधे चलाना चाहिए। टेढ़ा होने पर कटाई टेढ़ी होगी तथा ब्लेड फँसकर टूट सकता है।

(vi) ब्लेड के टूटने पर पुराने कट में नया ब्लेड नहीं चलाना चाहिए, यह फँसकर टूट सकता है।

(vii) ब्लेड की पूरी लम्बाई का प्रयोग करना चाहिए।

3. रेतियाँ Files

किसी कार्यखण्ड की सतह से खुरदरी सतह वाले औजार को रगड़कर अवांछित पदार्थ को चूर्ण के रूप में हटाने की प्रक्रिया को रेतना कहते हैं तथा प्रयुक्त औजार को रेती कहा जाता है।

रेती के द्वारा हम प्लेन सतह, वक्र सतह, सीधी झिर्री, वृत्ताकार या आयताकार होल तथा लगभग प्रत्येक प्रकार की आकृति के ऊपर से अतिरिक्त पदार्थ को बारीक कणों के रूप में हटा सकते हैं। इसके लिए विभिन्न आकार व साइज की रेतियाँ बाजार में उपलब्ध हैं।

नीचे चित्र में रेती को पकड़ना तथा उसके द्वारा किसी कार्यखण्ड की रेताई करना दर्शाया गया है।

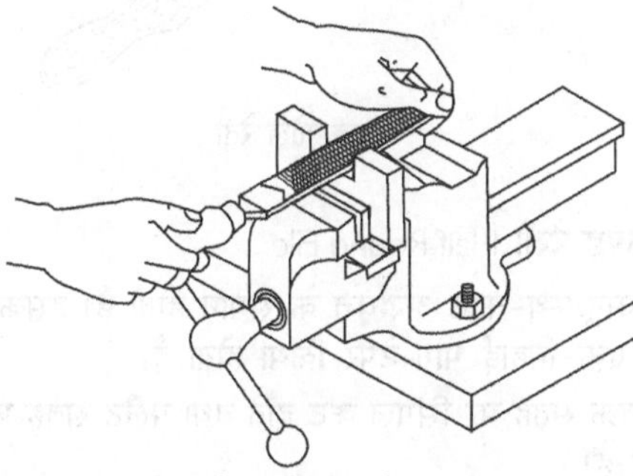

चित्र रेती को पकड़ने की विधि

रेती के मुख्य भाग Main Parts of File

रेती के मुख्य भाग निम्न प्रकार हैं

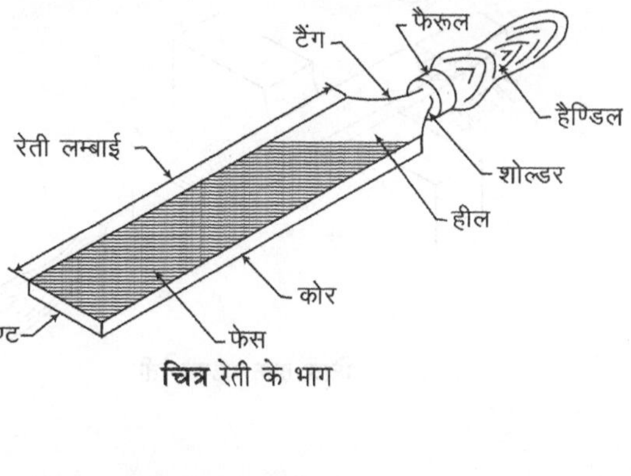

चित्र रेती के भाग

(i) **फेस** (Face) रेती का वह चपटा भाग, जिसमें कटाई दाँते बने होते हैं, फेस कहलाता है।

(ii) **टैंग** (Tang) रेती का वह नुकीला भाग, जिस पर हैण्डिल लगाया जाता है, टैंग कहलाता है।

(iii) **हैण्डिल** (Handle) रेती को पकड़ने के लिए टैंग पर लगा भाग उसका हैण्डिल कहलाता है।

(iv) **हील** (Heel) फेस तथा टैंग के मध्य कुछ भाग प्लेन (plain) तथा बिना दाँतों का बचता है, इस भाग को हील कहा जाता है।

(v) **कोर** (Edge) रेती का वह पतला भाग जिस पर समान्तर दाँतों की एकल पंक्ति (single row) होती है, कोर कहलाता है।

(vi) **टिप या प्वॉइण्ट** (Tip or point) रेती के निचले सिरे को प्वॉइण्ट कहा जाता है। इस प्वॉइण्ट की लम्बाई व चौड़ाई देखकर ही रेती के लकड़ी के हत्थे के आकार का निर्धारण किया जाता है।

(vii) **शोल्डर** (Shoulder) हील के ऊपर टैंग बनाने के लिए प्रयुक्त किए जाने वाले टेपर (taper) भाग को शोल्डर कहते हैं।

(viii) **फैरूल** (Ferrule) हैण्डिल में दरार पड़ने पर, दुर्घटना से बचने के लिए हैण्डिल के ऊपर धातु का छल्ला फिट कर दिया जाता है। इस धातु के छल्ले को ही फैरूल कहते हैं।

रेतियों का वर्गीकरण Classification of Files

रेतियाँ निम्न आधार पर वर्गीकृत की जा सकती हैं

(i) आकृति के आधार पर
(ii) दाँतों की कटिंग के आधार पर
(iii) दाँतों के ग्रेड के आधार पर
(iv) लम्बाई के आधार पर

(i) आकृति के आधार पर Based on the Shape

आकृति के आधार पर रेतियाँ निम्न प्रकार की होती हैं

(a) **फ्लैट रेती** Flat File

यह एक आयताकार काट वाली रेती है, जिसकी मोटाई व चौड़ाई में लगभग पाँच गुने का अन्तर होता है। हील की ओर यह 2/3 लम्बाई तक समान्तर रहती है तथा शेष 1/3 भाग (प्वॉइण्ट की ओर का) चौड़ाई तथा मोटाई दोनों में ही टेपर होता है।

इसकी दोनों ही चपटी सतहों पर (फलकों पर) सिंगल कट या डबल कट दाँते बने होते हैं, जबकि दोनों एज पर सिंगल कट सीधे दाँते बने होते हैं। इसका प्रयोग कार्यशालाओं में सबसे अधिक होता है। इसके द्वारा चपटी सतहों का निर्माण किया जा सकता है।

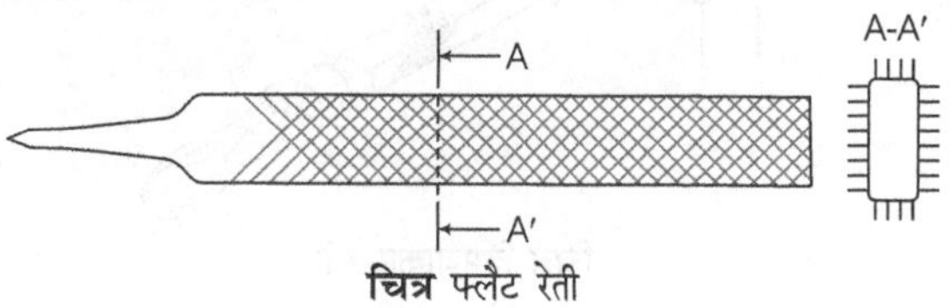

चित्र फ्लैट रेती

(b) **हस्त रेती** Hand File

यह रेती भी फ्लैट रेती के समान आयताकार काट वाली होती है। इसकी चौड़ाई समस्त लम्बाई में एकसमान होती है। यह प्वॉइण्ट की ओर 1/3 लम्बाई तथा मोटाई में टेपर होती है। इसकी एक एज (edge) पर सीधे सिंगल कट दाँते होते हैं, जबकि दूसरी एज बिना दाँतों की होती है।

बिना दाँतों वाली इस एज को सुरक्षित कोर (safe edge) कहते हैं। यह सेफ एज, रेती की फ्लैट सतह को खड़ी अवस्था में जॉब को साइड से फाइल करने में सहायता करती है तथा जिस सतह पर सेफ एज चलती है, वह सतह खराब नहीं होती।

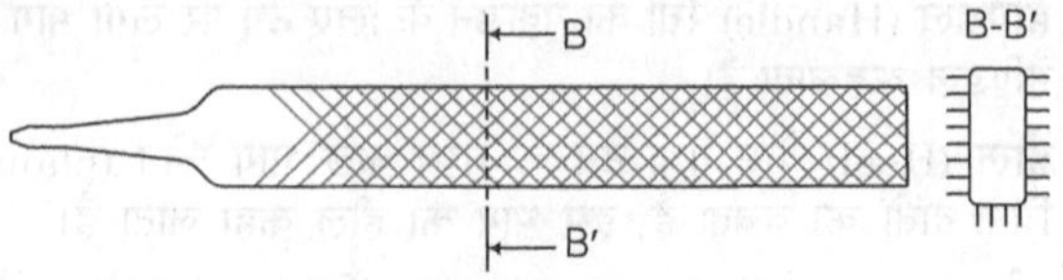

चित्र हस्त रेती

(c) **मिल रेती** Mill File

इस रेती की चौड़ाई व मोटाई समस्त लम्बाई में समान रहती है। इसकी एज चौरस, गोल या डायमण्ड आकार में होती है। इन एजों पर सिंगल कट दाँते बने होते हैं, जिनका उपयोग अर्द्धगोलाकार ग्रूव बनाने के लिए किया जा सकता है।

इस रेती का प्रयोग लेथ मशीन पर जॉब की सतह को परिष्कृत करने या ड्रॉ-रेताई करने के लिए भी किया जाता है।

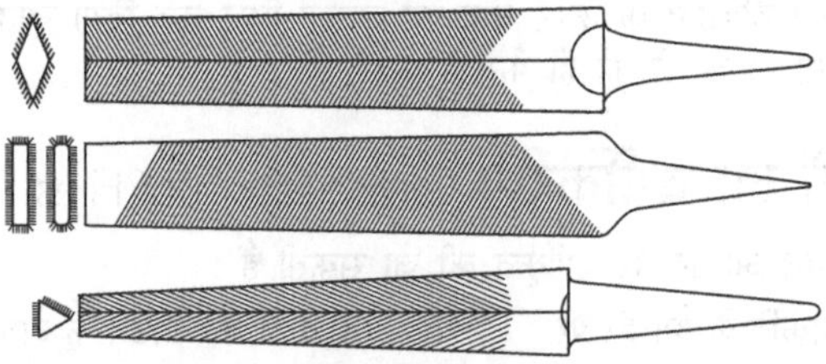

चित्र मिल रेती

(d) **त्रिभुजाकार रेती** Triangular File

इस रेती की अनुप्रस्थ-काट सम-त्रिभुज के समान होती है, इसलिए इसे त्रिभुजाकार रेती कहा जाता है। इस रेती में तीन समान आकार के आयताकार फलक होते हैं, जिन पर साधारणत: सिंगल कट वाले दाँते बने होते हैं। इस रेती का भी प्वॉइण्ट की ओर का एक-तिहाई भाग टेपर किया होता है। इस रेती का प्रयोग मुख्य रूप से आरी के दाँतों पर धार लगाने तथा चौकोर या तिकोने खाँचों के कोने शार्प (sharp) करने के लिए किया जाता है। नीचे चित्र में त्रिभुजाकार रेती तथा उसके प्रयोग को दर्शाया गया है।

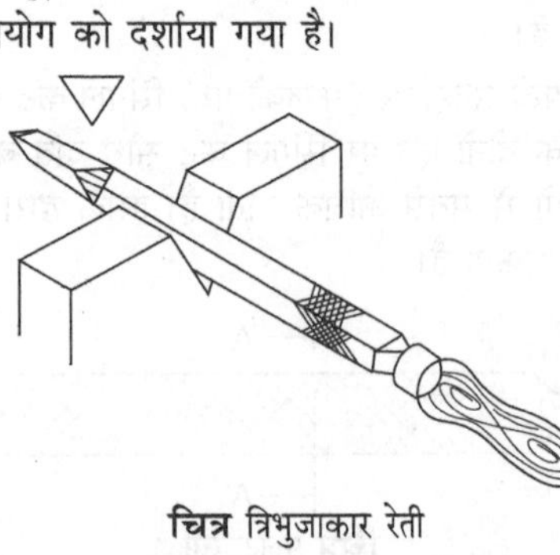

चित्र त्रिभुजाकार रेती

(e) **वर्गाकार रेती** Square File

इस रेती की अनुप्रस्थ-काट वर्गाकार होती है। इसमें चार समान आयताकार फलक होते हैं, जिन पर डबल-कट दाँते बने होते हैं। इस रेती का भी प्वॉइण्ट की ओर का 1/3 भाग टेपर में बना होता है। इस रेती का प्रयोग संकीर्ण झिर्रियों तथा आयताकार या वर्गाकार छिद्रों को रेतने के लिए किया जाता है। नीचे चित्र में वर्गाकार रेती तथा उसके अनुप्रयोग को दर्शाया गया है।

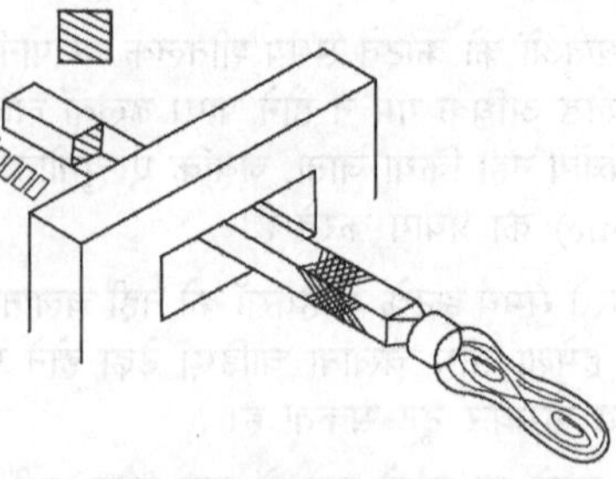

चित्र वर्गाकार रेती

(f) **गोल रेती** Round File

गोल रेती की अनुप्रस्थ-काट वृत्ताकार होती है। इसका भी एक-तिहाई (one-third) भाग (प्वॉइण्ट की ओर का) टेपर किया होता है।

इस रेती के सम्पूर्ण पृष्ठ पर सिंगल कट वाले दाँते होते हैं। इस रेती का उपयोग वृत्ताकार या वक्र सतहों (curved surfaces) को रेतने के लिए किया जाता है। नीचे चित्र में गोल रेती तथा उसकी प्रयोग विधि को दर्शाया गया है।

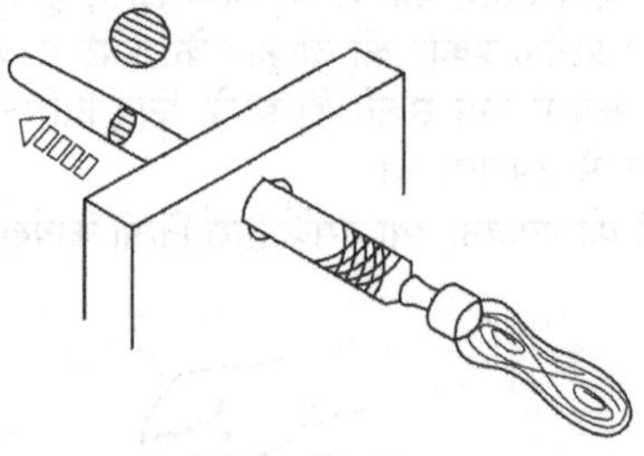

चित्र गोल रेती

(g) **हाफ राउण्ड रेती** Half Round File

इस रेती की अनुप्रस्थ-काट अर्द्धवृत्त के समान होती है। इसका भी प्वॉइण्ट की ओर का एक-तिहाई भाग टेपर किया होता है।

इस रेती की वक्र सतह पर सिंगल कट दाँते तथा फ्लैट सतह पर डबल कट दाँते बने होते हैं।

इस रेती का उपयोग समतल (flat) तथा आन्तरिक वक्राकार (curved) दोनों प्रकार की सतहों को रेतने के लिए किया जाता है। नीचे चित्र में हाफ राउण्ड रेती तथा उसकी प्रयोग विधि को दर्शाया गया है।

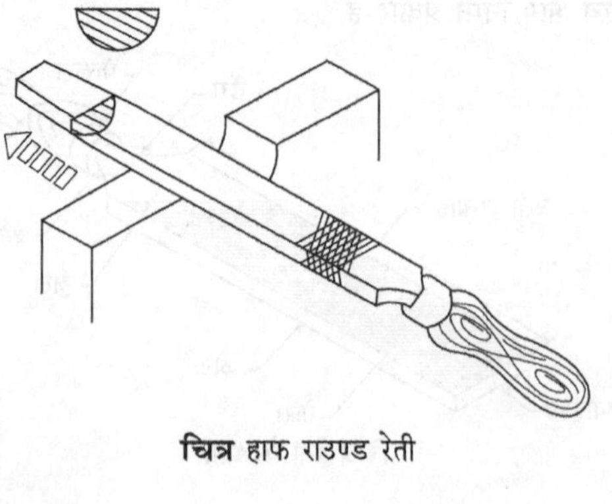

चित्र हाफ राउण्ड रेती

(h) **नीडिल रेती** Needle File

नीडिल रेती बहुत बारीक अनुप्रस्थ-काट की होती है, जबकि काट की आकृति विभिन्न प्रकार की रहती है। इसका प्वॉइण्ट नुकीला रहता है, इसलिए इसे नीडिल रेती कहा जाता है। इसकी लम्बाई 10-20 सेमी होती है।

इसकी टैंग (tang) गोल होती है तथा हाथ से सीधे पकड़ी जाती है। अत: यह हैण्डिल (handle) का कार्य करती है। ये रेतियाँ बहुत हल्के कार्यों में प्रयोग की जाती हैं। निम्न चित्र में नीडिल रेतियों की विभिन्न आकृतियाँ उनके संकेतों सहित दर्शायी गई हैं

(i) **नाइफ एज रेती** Knife Edge File

इस रेती की अनुप्रस्थ-काट चाकू की काट के समान होती है तथा एक एज नुकीली (sharp) होती है। इसकी काट का कोण 10° का होता है तथा इसकी सम्पूर्ण लम्बाई के 1/3 भाग पर टेपिंग की हुई होती है। इसके दोनों फलकों पर डबल कट दाँते होते हैं। इसका प्रयोग अति संकीर्ण (narrow) स्थानों पर रेताई करने के लिए किया जाता है। निम्न चित्र में नाइफ एज रेती तथा उसकी प्रयोग विधि को दर्शाया गया है।

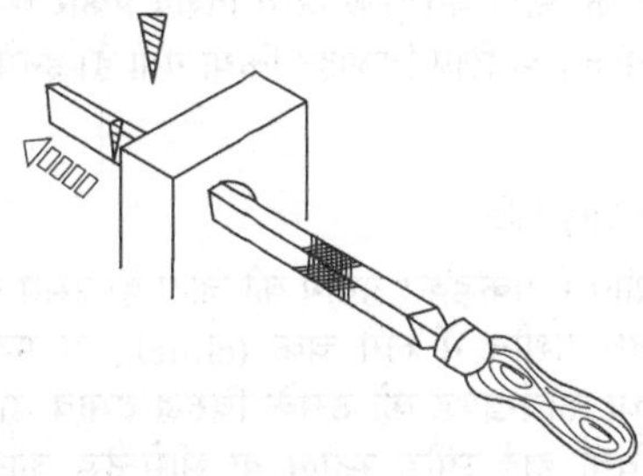

चित्र नाइफ एज रेती

(ii) दाँतों की कटिंग के आधार पर Based on the Cutting of Teeth

दाँतों की आकृति का रेती की उपयोगिता पर सीधा प्रभाव पड़ता है। दाँतों की कटिंग के आधार पर रेतियाँ निम्न पाँच प्रकार की होती हैं

(a) **सिंगल कट रेती** Single Cut File

इन रेतियों में दाँते फलक पर सीधी रेखाओं में बने होते हैं। ये रेखाएँ परस्पर समान्तर होती हैं तथा फलक की केन्द्र रेखा से 60° पर होती हैं, जैसा कि चित्र में दर्शाया गया है। इन रेतियों से धातु कम कटती है, परन्तु सतह अच्छी प्रकार परिष्कृत होती है। इन रेतियों का प्रयोग औजारों की धार बनाने के लिए तथा कठोर धातुओं को रेतने के लिए किया जाता है। दाँतों का झुकाव इस प्रकार होता है कि आगे चलने पर ही रेती रेतने का कार्य करती है।

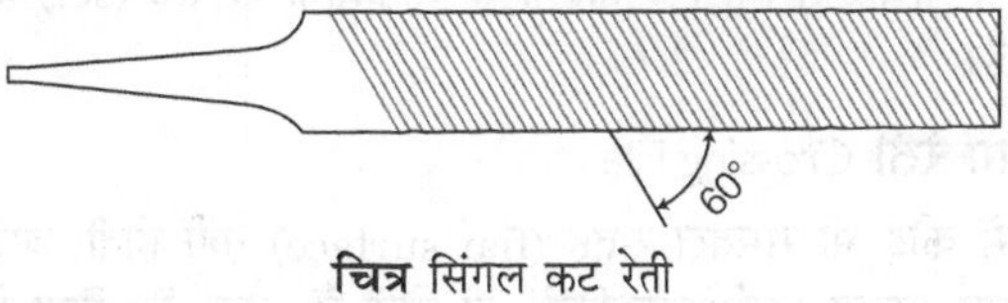

चित्र सिंगल कट रेती

(b) **डबल कट रेती** Double Cut File

इन रेतियों में दाँतों की दो पंक्तियाँ आपस में विकर्ण के रूप में होती हैं। दाँतों की प्रथम पंक्ति ओवर कट (over cut) कहलाती है। ये कट 70° के कोण पर बने होते हैं। दूसरा कट इसके विकर्ण पर होता है, जो 51° के कोण पर बना होता है। इसे अपकट (upcut) या अण्डरकट कहते हैं।

डबल कट रेती, सिंगल कट की अपेक्षा अधिक धातु हटाती है, परन्तु इसके द्वारा प्राप्त सतह चिकनी (smooth) नहीं होती है। रफ कार्यों के लिए इस रेती का प्रयोग किया जाता है।

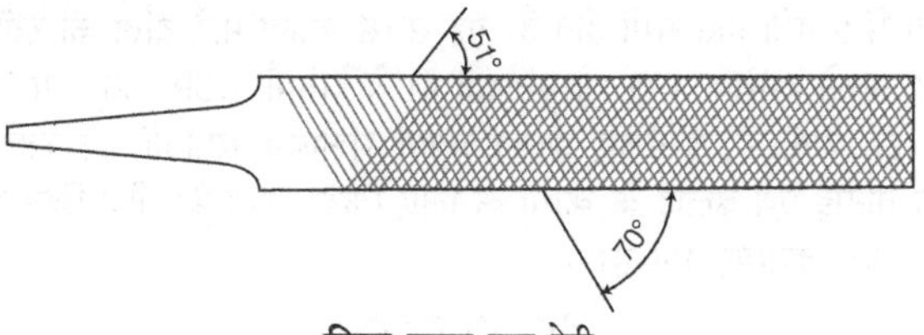

चित्र डबल कट रेती

(c) **रैस्प कट रेती** Rasp Cut File

सिंगल कट तथा डबल कट रेतियों के समान इन रेतियों के दाँते सीधी लाइनों में तथा एक-दूसरे से जुड़े हुए नहीं होते, बल्कि रेती के फलक पर दूर-दूर पंच द्वारा उभारकर बनाए जाते हैं, जैसा कि चित्र में दर्शाया गया है। इनका प्रयोग लकड़ी, रबड़ या घोड़े के खुर आदि को मुलायम करने के लिए तथा चिम्मड़ वस्तुओं को रेतने के लिए किया जाता है।

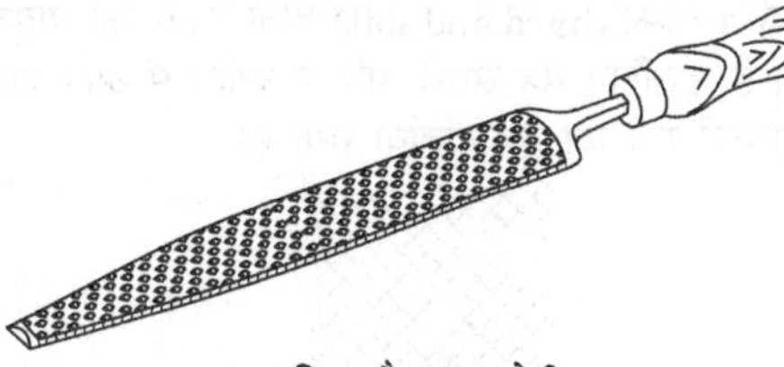

चित्र रैस्प कट रेती

(d) **कर्व्ड कट रेती** Curved Cut File

इस रेती में दाँते फलक पर सीधे न बनाकर कर्व्ड आकृति (curved shape) में एक-दूसरे के समान्तर बनाए जाते हैं। यह रेती मुलायम धातुओं की रेताई करने के कार्य में प्रयुक्त की जाती है। इसके द्वारा बहुत कम पदार्थ काटा जाता है। इसे विकमन (Vickman) रेती भी कहा जाता है।

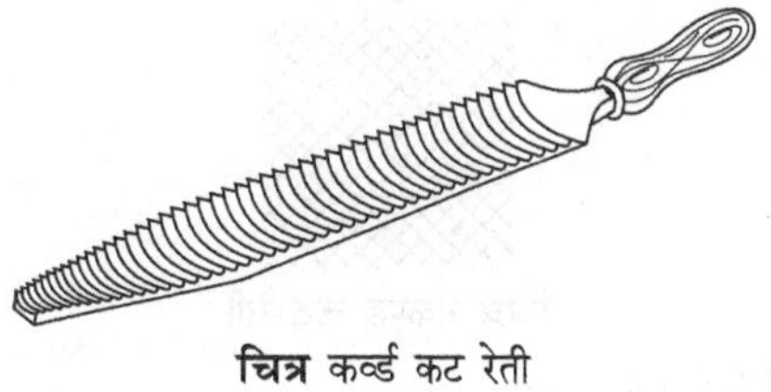

चित्र कर्व्ड कट रेती

(e) **स्पाइरल कट रेती** Spiral Cut File

इस रेती में दाँते स्पाइरल आकृति में बने होते हैं तथा प्वॉइण्ट से शुरू होकर हील तक पहुँचते हैं। इस प्रकार के दाँते गोल रेती में होते हैं।

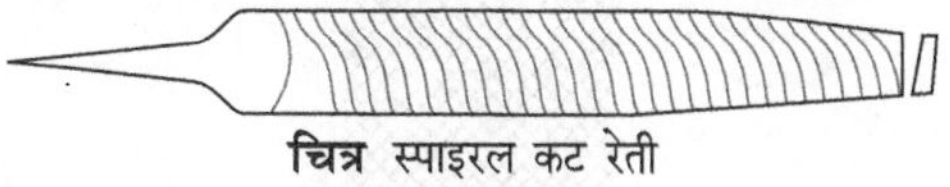

चित्र स्पाइरल कट रेती

(iii) दाँतों के ग्रेड के आधार पर Based on the Grade of Teeth

दाँतों के ग्रेड से तात्पर्य दाँतों की मोटाई से है। रेती के दाँतों का ग्रेड, प्रति सेमी में बने दाँतों की संख्या द्वारा दिया जाता है। कम प्रति सेमी संख्या से अभिप्राय है कि दाँते मोटे होंगे, परन्तु यदि प्रति सेमी संख्या अधिक है, तो दाँते बारीक होंगे।

ग्रेड्स के आधार पर, रेतियाँ निम्न प्रकार वर्गीकृत की जाती हैं

(a) **रफ रेती** Rough File

इस रेती में 8 दाँते प्रति सेमी होते हैं। यह सबसे ज्यादा मोटे दाँतों की रेती होती है। यह सबसे अधिक धातु भी उतारती है। ये रेतियाँ कठोर सतहों पर स्लिप (slip) हो जाती हैं, इसलिए इनका प्रयोग मुलायम धातुओं को रेतने तथा अधिक कटाई एवं ढलाई के कार्यों के लिए किया जाता है। नीचे चित्र में रफ रेती का ग्रेड दर्शाया गया है।

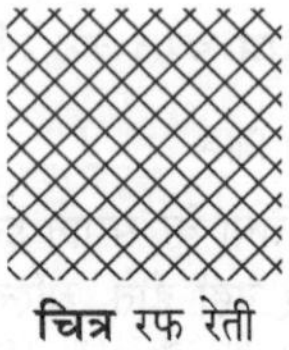

चित्र रफ रेती

(b) **बास्टर्ड रेती** Bastard File

इन रेतियों में 12 दाँते प्रति सेमी होते हैं। यह एक मध्यम ग्रेड की रेती होती है। इसका प्रयोग हार्ड व सॉफ्ट (hard and soft) दोनों प्रकार की धातुओं के लिए किया जा सकता है, इसलिए यह सबसे अधिक प्रयोग में आने वाली रेती है। नीचे चित्र में बास्टर्ड रेती का ग्रेड दर्शाया गया है।

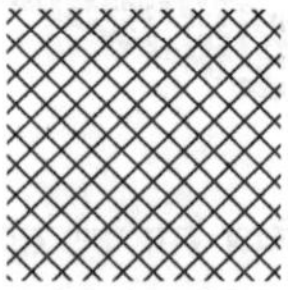

चित्र बास्टर्ड रेती

(c) **सेकण्ड कट रेती** Second Cut File

सेकण्ड कट रेती में 16 दाँते प्रति सेमी होते हैं अर्थात् यह बास्टर्ड रेती से अधिक महीन रेती है। इसके द्वारा अच्छी परिष्कृत सतह प्राप्त होती है। नीचे चित्र में इसका ग्रेड दर्शाया गया है।

चित्र सेकण्ड कट रेती

(d) **स्मूथ रेती** Smooth File

यह रेती बहुत कम धातु हटाती है, इसलिए हल्के कार्यों के लिए प्रयोग की जाती है। इस रेती में 20-24 दाँते प्रति सेमी होते हैं। इसके द्वारा अत्यधिक परिष्कृत सतह प्राप्त होती है। नीचे चित्र में इसका ग्रेड दर्शाया गया है।

चित्र स्मूथ रेती

(e) **सुपर डैड स्मूथ रेती** Super Dead Smooth File

इस रेती में दाँतों की संख्या 40 से 65 दाँते प्रति सेमी तक होती है। इसका प्रयोग बहुत ही परिशुद्ध तथा परिष्कृत (accurate and finished) सतह प्राप्त करने के लिए किया जाता है। नीचे चित्र में इस रेती का ग्रेड दर्शाया गया है।

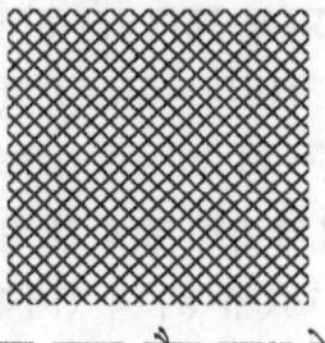

चित्र सुपर डैड स्मूथ रेती

(iv) लम्बाई के आधार पर Based on the Length

लम्बाई के आधार पर भी रेतियों को वर्गीकृत किया जाता है। रेती की लम्बाई प्वॉइण्ट से हील (heel) तक की दूरी होती है। बाजार में 10 से 45 सेमी लम्बाई तक की रेतियाँ मिलती हैं। महीन कार्यों के लिए कम लम्बाई (10 से 15 सेमी) की रेतियाँ, मध्यम कार्यों के लिए मध्यम लम्बाई (15 से 25 सेमी) की रेतियाँ तथा भारी कार्यों के लिए 25 से 45 सेमी लम्बी रेतियाँ प्रयोग की जाती हैं।

अन्य रेतियाँ Other Files

उपरोक्त वर्गीकरण के अतिरिक्त कुछ अन्य विशेष प्रकार की रेतियाँ भी होती हैं, जिन्हें विशेष प्रयोजन के लिए डिजाइन किया गया है। इनमें से प्रमुख रेतियाँ निम्न प्रकार हैं

(i) **रोटरी रेती** Rotary File

ये रेतियाँ किसी मशीन में पकड़कर प्रयोग की जाती हैं। इसमें बने स्पिण्डल को ड्रिल मशीन या लेथ मशीन में लगे चक (chuck) में पकड़कर रेती को घुमाया जाता है तथा कार्यखण्ड को उसके विरुद्ध दबाव डालकर रेता जाता है, इसलिए ये रेतियाँ हाई स्पीड स्टील या सीमेन्टेड कार्बाइड की बनाई जाती हैं। विभिन्न प्रकार की रोटरी रेतियाँ नीचे चित्र में दर्शायी गई हैं।

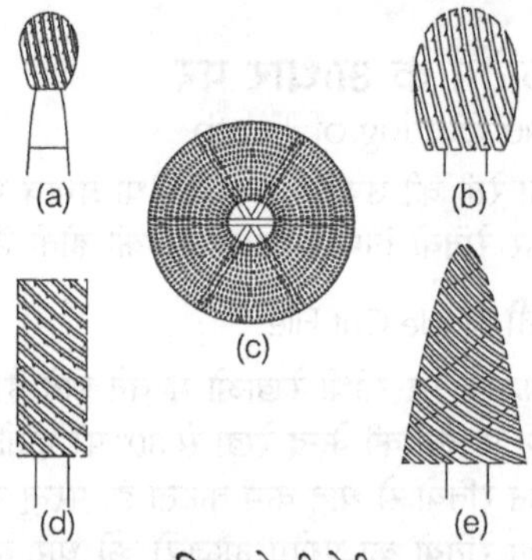

चित्र रोटरी रेती

इनका प्रयोग डाइयों में बनी कैविटी (cavity) को बढ़ाने के लिए किया जाता है। ये बाजार में विभिन्न साइजों व आकृतियों के सैट (set) के रूप में उपलब्ध हैं।

(ii) **क्रॉसिंग रेती** Crossing File

इस रेती में कोई भी समतल सतह (flat surface) नहीं होती, बल्कि दोनों सतहें अलग-अलग अर्द्धगोलाकृतियों की होती हैं, जैसा कि चित्र में दर्शाया गया है। इस रेती का प्रयोग विभिन्न प्रकार की वक्र सतहों को रेतने के लिए किया जाता है।

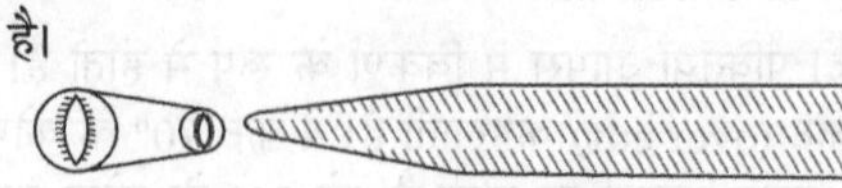

चित्र क्रॉसिंग रेती

(iii) **बैरेट रेती**
Barret File

यह भी एक विशेष प्रकार की अनुप्रस्थ-काट वाली रेती है। इसकी आकृति त्रिभुजाकार होती है, जिसमें एक सतह अधिक चौड़ी तथा अन्य दो सतहें छोटी होती हैं, जैसा कि चित्र में दर्शाया गया है। इसकी मात्र चौड़ी सतह पर ही दाँते कटे होते हैं। अन्य दोनों सतहें समतल अर्थात् बिना दाँतों की होती हैं। इस रेती का प्रयोग 60° से कम की झिर्री के किनारों को शार्प (sharp) करने के लिए विशेष रूप से किया जाता है। कहीं-कहीं पर इसे कैन्ट (cant) रेती के नाम से भी जाना जाता है।

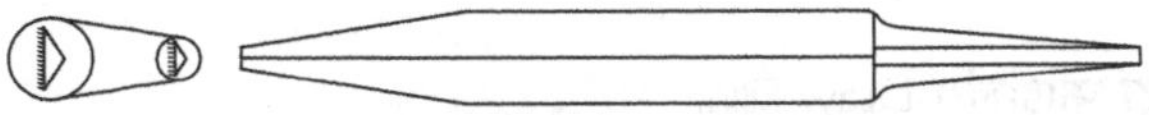

चित्र बैरेट या कैन्ट रेती

(iv) **डाई सिंकर्स रेफलर रेती**
Die Sinker's Reffler File

विभिन्न आकारों में उपलब्ध इन रेतियों को विशेष प्रकार से मोल्डिंग या कटिंग डाई बनाने वाले फिटर्स के उपयोग के लिए बनाया गया है। ये रेतियाँ 12 रेतियों के सैट में 10 सेमी लम्बाई में विभिन्न ग्रेडों (grades) में उपलब्ध हैं। चित्र में विभिन्न प्रकार की डाई सिंकर्स रेतियाँ दर्शायी गई हैं।

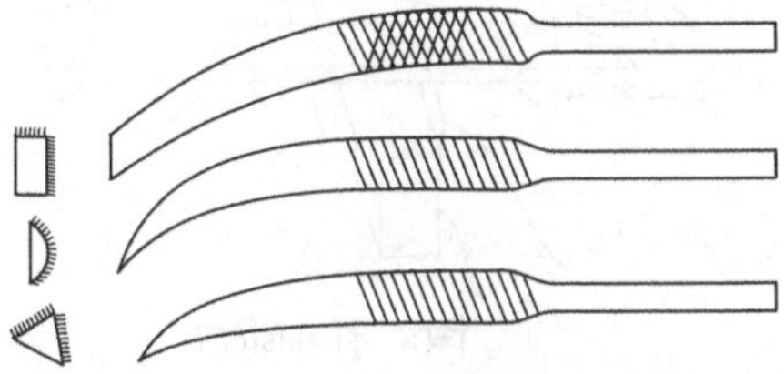

चित्र डाई सिंकर्स रेफलर रेती

(v) **बैण्ड रेती** Band file

इसमें रेती के ब्लॉकों को बैण्ड मशीन के स्टील के पट्टे पर स्क्रू या रिवेट के द्वारा जोड़ दिया जाता है। जब पट्टा चलता है, तो उसके विरुद्ध फ्लैट कार्यखण्डों की सतहों को दबाव दिया जाता है, जिससे सतह की रेताई होती है। चित्र में बैण्ड रेती को दर्शाया गया है।

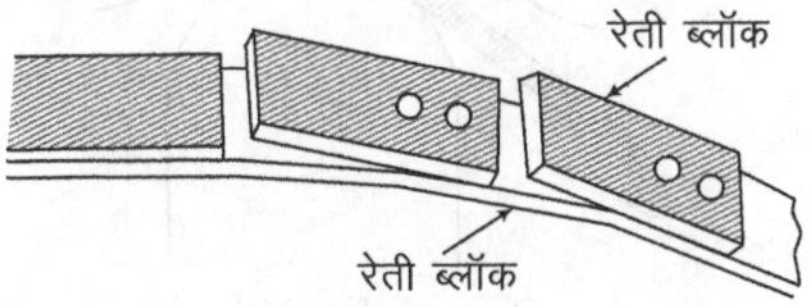

चित्र बैण्ड रेती

(vi) **टिंकर रेती** Tinker File

यह रेती भी फ्लैट रेती के समान आयताकार सेक्शन में होती है, परन्तु इसकी मात्र निचली सतह पर ही दाँते बने होते हैं, ऊपरी सतह पर हैण्डिल फिट किया जाता है।

इसका प्रयोग बहुत बड़ी फ्लैट सतह; जैसे—ऑटोमोबाइल की बॉडी की टिंकरिंग के पश्चात् फिनिशिंग करने के लिए किया जाता है। इसे ब्लॉक रेती के नाम से भी जाना जाता है।

चित्र में टिंकर रेती को दर्शाया गया है।

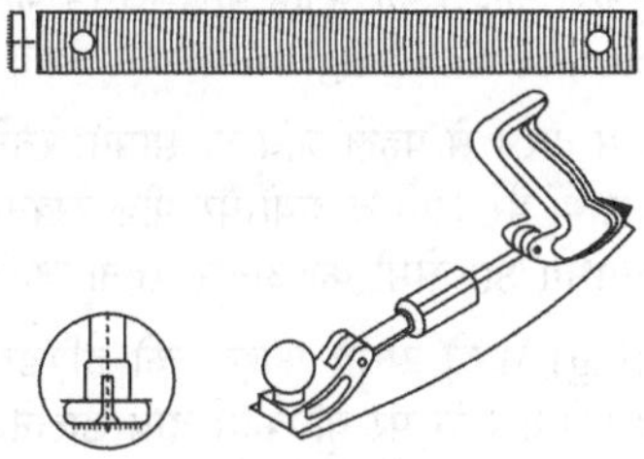

चित्र टिंकर रेती

(vii) **मशीन रेतियाँ** Machine Files

इस प्रकार की रेतियों पर डबल कट दाँते कटे होते हैं। इन रेतियों की लम्बाई व आकार मशीन की क्षमता के अनुसार रखे जाते हैं। आन्तरिक एवं बाह्य सतहों की फाइलिंग के लिए इन रेतियों का उपयोग किया जाता है।

डाई-सिकिंग एवं टूल जैसे कार्यों के लिए मशीन रेतियाँ अत्यन्त उपयोगी होती हैं। चित्र में विभिन्न प्रकार की मशीन रेतियाँ दर्शायी गई हैं।

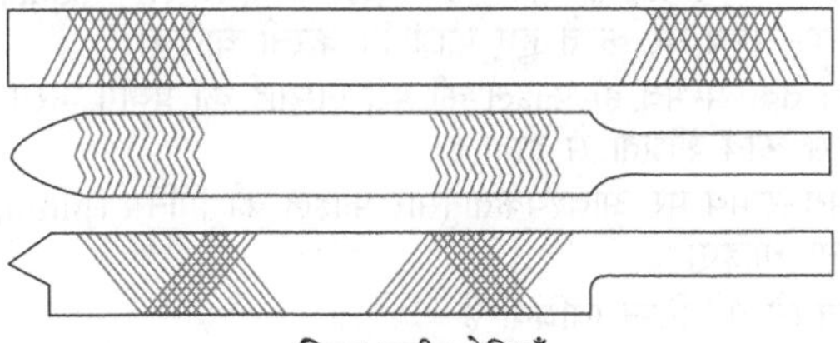

चित्र मशीन रेतियाँ

रेताई करना Filing

जैसा कि पहले स्पष्ट किया जा चुका है, किसी कार्यखण्ड (work piece) से, अतिरिक्त पदार्थ (extra material) को फाइल द्वारा रगड़कर अलग करने की प्रक्रिया को रेतना (filing) कहते हैं। फाइलिंग करने के लिए छोटे जॉबों (jobs) को वाइस (vice) में पकड़ा जाता है। बड़े व भारी जॉब बिना पकड़े हुए ही फाइल किए जा सकते हैं। फाइलिंग करने की विधि चित्र में दर्शायी गई है।

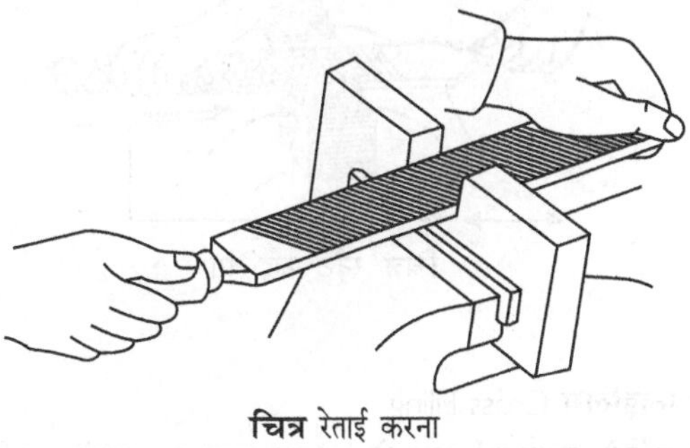

चित्र रेताई करना

सही प्रकार की फाइलिंग करने के लिए निम्नलिखित कार्य करें

1. सर्वप्रथम जॉब (job) पर मार्किंग (marking) करनी चाहिए।
2. जॉब की आकृति व आकार के अनुसार उसे वाइस में या फिक्सर में जकड़ने की व्यवस्था करें। यदि जॉब को वाइस में पकड़ा गया है, तो कम-से-कम 3 मिमी जॉब वाइस के बाहर रहना चाहिए तथा जॉब फिटर की कोहनी की ऊँचाई तक रहना चाहिए।

3. जॉब की धातु व आकार (size) के अनुसार रेती (file) का चुनाव (selection) करें। फाइल का चुनाव करते समय जॉब की वांछित सतह परिष्करण (surface finishing) का ध्यान रखना चाहिए।
4. फाइलिंग प्रारम्भ करने से पहले जॉब के सामने, रेतने की दिशा में खड़े होना चाहिए। बायाँ पैर आगे व दायाँ पैर पीछे रखना चाहिए। दोनों पैरों के बीच में लगभग 30 सेमी का अन्तर रहना चाहिए।
5. फाइलिंग (filing) करते समय फाइल को हैण्डिल से दाएँ हाथ से पकड़ना चाहिए तथा जॉब पर यूनिफॉर्म दाब डालने के लिए फाइल के अगले सिरे को बाएँ हाथ की अँगुलियों से दबाना चाहिए। साथ ही दाएँ हाथ की हथेली से फाइल को आगे धकेलना चाहिए।
6. उपरोक्तानुसार फाइल को जॉब के एक सिरे से चलाकर दूसरे सिरे तक ले जाना चाहिए। इससे समतल सतह प्राप्त होती है।
7. फाइल को आगे ले जाते समय ही दाब डालना चाहिए, क्योंकि, मात्र फॉरवर्ड स्ट्रोक (forward stroke) में ही धातु काटी जाती है। फाइल को पीछे लाते समय बिना किसी दाब के इसे वापस लाया जाता है।
8. सतह की समतलता की जाँच ट्राई स्क्वायर (try square) द्वारा समय-समय पर करते हुए फाइलिंग करनी चाहिए।
9. जहाँ तक सम्भव हो फाइल की पूरी लम्बाई का प्रयोग करना चाहिए। इससे कार्य शीघ्रता से होता है।
10. समय-समय पर आवश्यकतानुसार फाइल की पिनिंग (pining) करते रहना चाहिए।

फाइलिंग करने की निम्न विधियाँ हैं

A. **स्ट्रैट फाइलिंग** Straight Filing

जब वाइस की अक्ष के समान्तर फाइल को चलाकर फाइलिंग की जाती है, तो इसे स्ट्रैट फाइलिंग कहते हैं जैसा कि चित्र में दर्शाया गया है। इस विधि में अधिकतम धातु कटती है, लेकिन चैटरिंग (chattering) आने की सम्भावना अधिक हो जाती है। इस विधि में फाइलिंग (filing) एक सिरे से दूसरे सिरे तक की जाती है। इसमें फाइल को सन्तुलित (balanced) करके सीधा रखते हुए आगे-पीछे चलाने की आवश्यकता है।

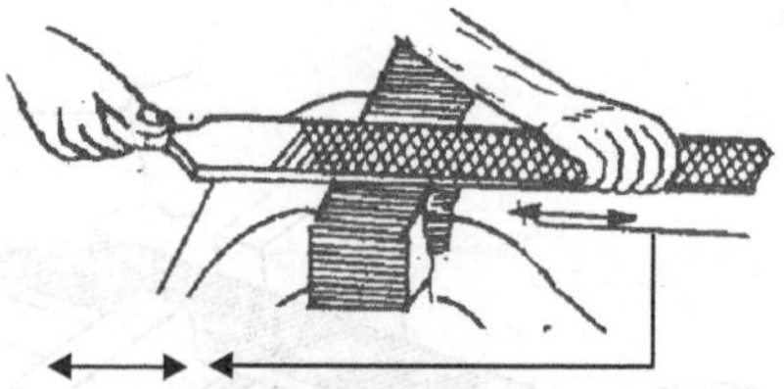

चित्र स्ट्रैट फाइलिंग

B. **क्रॉस फाइलिंग** Cross Filing

इसमें फाइल को वाइस की अक्ष से 45° पर चलाकर फाइलिंग की जाती है। फाइलिंग विकर्ण के एक कोने से प्रारम्भ की जाती है, तत्पश्चात् बाईं ओर 45° पर फाइलिंग की जाती है। इस प्रकार एक के पश्चात् दूसरी बार फाइलिंग करने पर आपस में क्रॉस हो जाती है। इसलिए इसे क्रॉस फाइलिंग कहते हैं। इस प्रकार से फाइलिंग करने पर चैटरिंग (chattering) होने की सम्भावना कम होती है तथा सतह अधिक समतल बनती है। फाइल की चलाने की दिशा चित्र में दर्शायी गई है। इसको डायगोनल फाइलिंग (diagonal filing) भी कहते हैं।

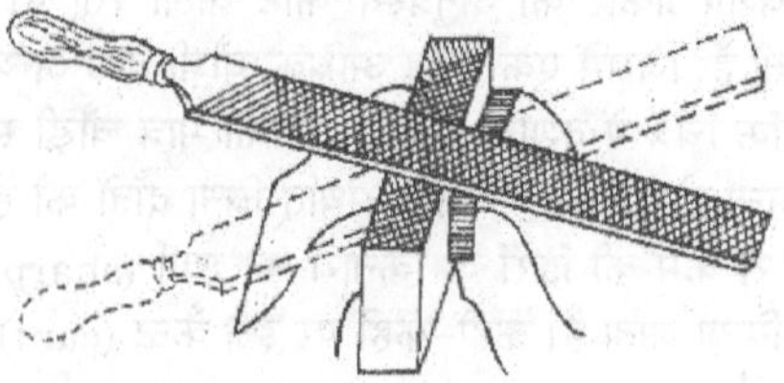

चित्र क्रॉस फाइलिंग

C. **ड्रॉ फाइलिंग** Draw Filing

इस प्रक्रिया में फाइल को दोनों हाथों में कसकर पकड़ते हैं तथा वाइस के सामने या साइड में खड़े होकर फाइल को जॉब की सतह पर रगड़ते हुए आगे-पीछे चलाते हैं। इस प्रक्रिया में सबसे कम धातु कटती है। ड्रॉ फाइलिंग जॉब की सतह पर बीच में आये उठान (उभार) को खत्म करने के लिए की जाती है। रफ फाइलिंग के कारण सतह पर बनी खरोंचों (scratches) को दूर करके अच्छी परिष्कृत सतह पाने के लिए भी ड्रॉ फाइलिंग (draw filing) की जाती है।

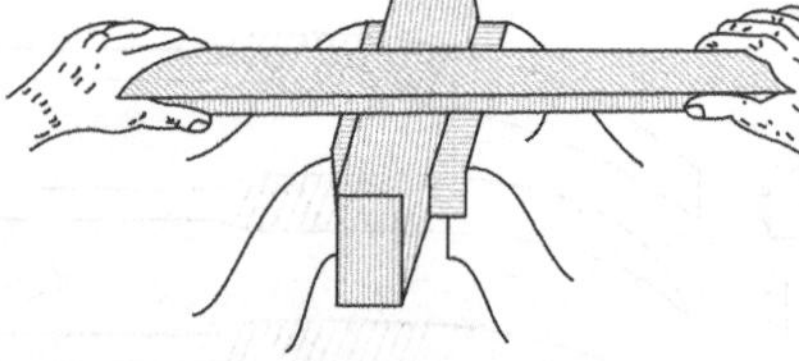

चित्र ड्रॉ फाइलिंग

D. **कर्व्ड फाइलिंग** Curved Filing

कर्व्ड सतह पर फाइलिंग फ्लैट फाइल द्वारा ही की जाती है। इसमें फाइल को फॉरवर्ड स्ट्रोक में आगे ले जाते समय, हैण्डिल (handle) वाले भाग को नीचे से ऊपर उठाते जाते हैं, जिससे सम्पूर्ण कर्व्ड सतह पर फाइल रगड़ती हुई आगे जाती है।

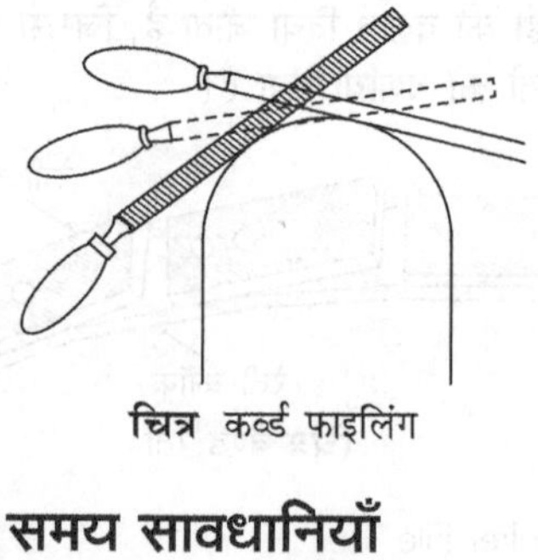

चित्र कर्व्ड फाइलिंग

फाइलिंग करते समय सावधानियाँ
Precautions to be Taken During Filing

जॉब की फाइलिंग करते समय निम्नलिखित सावधानियाँ बरतनी चाहिए

(i) फाइलिंग करने से पूर्व जॉब पर मार्किंग कर लेनी चाहिए।

(ii) जॉब के आकार तथा धातु के अनुसार उपयुक्त फाइल का चयन करना चाहिए।

(iii) बिना हैण्डिल की फाइल का प्रयोग नहीं करना चाहिए।

(iv) जॉब की सतह से तेल, ग्रीस अथवा जंग अच्छी तरह से साफ कर लेना चाहिए।

(v) मुलायम धातु पर रफ फाइल द्वारा फाइलिंग करनी चाहिए, जिससे पिनिंग दोष दूर हो जाए।

(vi) फाइल को जॉब की पूरी लम्बाई पर प्रयोग करना चाहिए।

(vii) फाइल पर पिनिंग दोष उत्पन्न होने की स्थिति में इसे हार्ड स्टील वायर ब्रुश से साफ करके प्रयोग करना चाहिए।

(viii) फाइलिंग करने से पूर्व एवं उसके पश्चात् फाइल को साफ करके रखना चाहिए।

(ix) फाइलिंग के दौरान फाइल को जॉब पर समान्तर एवं सन्तुलित रखना चाहिए।

(x) गर्म जॉब पर फाइलिंग नहीं करनी चाहिए, जिससे इसके टेम्परामेन्ट उतरे नहीं।

(xi) धाररहित फाइलों का प्रयोग नहीं करना चाहिए।

(xii) फाइलिंग में प्रयुक्त विभिन्न फाइलों को एकसाथ न रखकर, अलग-अलग रखना चाहिए।

(xiii) छोटी जॉब को फाइलिंग के लिए वाइस में इस प्रकार बाँधना चाहिए कि फाइलिंग के दौरान जॉब और वाइस हिले नहीं।

(xiv) फाइल को हथौड़े के समान चोट मारने के लिए उपयोग नहीं करना चाहिए।

(xv) अत्यन्त कठोर सतहों पर सीधे फाइलिंग नहीं करनी चाहिए, क्योंकि इससे फाइल के दाँते खराब होते हैं।

4. स्निप Snip

हाथ द्वारा 1.2 मिमी मोटाई की चादर को काटने के लिए स्निप का प्रयोग किया जाता है। इसकी बनावट तथा क्रिया सिद्धान्त कैंची के समान होता है। ये हाई-कार्बन स्टील के बनाए जाते हैं। इनके कर्तन किनारों को हार्ड व टैम्पर किया जाता है। किसी स्निप की समस्त लम्बाई उसके आकार को प्रकट करती है। बनावट के आधार पर स्निप दो प्रकार की होती हैं

(i) स्ट्रैट स्निप Straight Snip

इस स्निप के ब्लेड सीधे होते हैं। इसका उपयोग सीधी रेखा में कटिंग करने के लिए किया जाता है। इसके द्वारा बड़ी त्रिज्या के वक्र (curve) भी काटे जा सकते हैं।

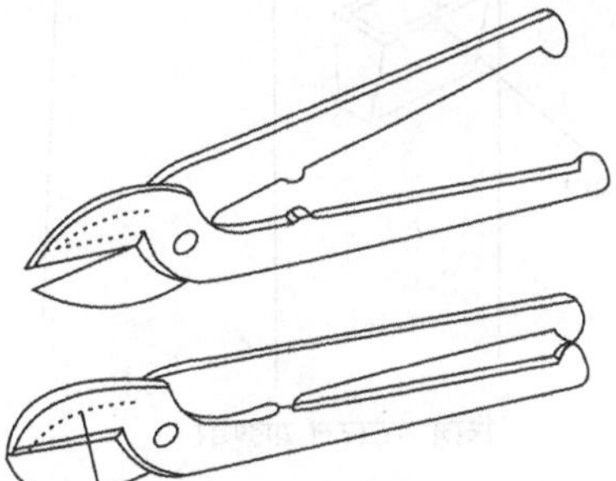

चित्र स्ट्रैट स्निप

(ii) बैन्ट स्निप Bent Snip

वक्र लाइन में कटिंग करने के लिए बैन्ट स्निप का प्रयोग किया जाता है। वृत्ताकार कटिंग करने के लिए स्निप के ब्लेडों को मोड़ दिया जाता है।

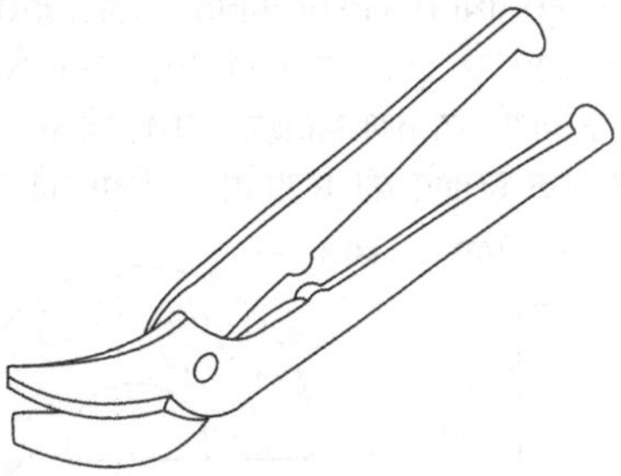

चित्र बैन्ट स्निप

5. ग्राइण्डर Grinder

कार्यशाला में धातु काटने के लिए ग्राइण्डर का प्रयोग किया जाता है। यह एक प्रकार का व्हील होता है जिसकी सतह पर एब्रेसिव पदार्थ लगा होता है। ग्राइण्डर द्वारा कार्यखण्ड को सतह से 0.25 मिमी से 0.5 मिमी तक धातु कणों के रूप में हटाई जा सकती है। ग्राइण्डर द्वारा धातु हटाने की प्रक्रिया ग्राइण्डिंग कहलाती है।

ग्राइण्डिंग प्रक्रिया में ग्राइण्डिंग व्हील में लगे हुए बहुत से एब्रेसिव कण (abrasive particles), छोटे-छोटे कटिंग टूलों की तरह कार्य करते हैं, जैसा कि निम्न चित्र में दर्शाया गया है। इन एब्रेसिव कणों को ग्राइण्डिंग पहिए की आकृति प्रदान करने के लिए एक बन्धक पदार्थ, जिसे बाइण्डर (binder) कहते हैं, प्रयोग किया जाता है।

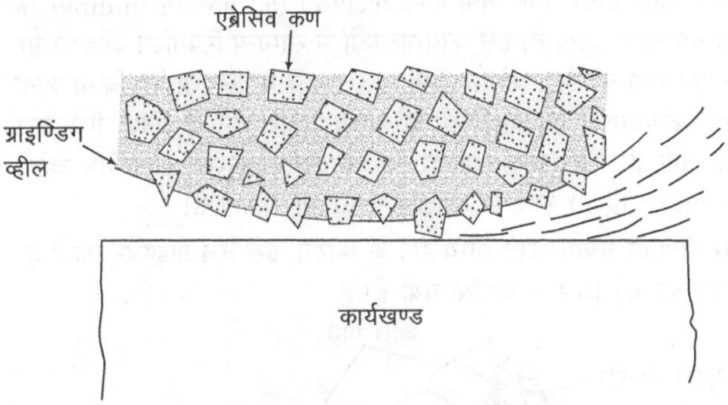

चित्र एब्रेसिव कणों के द्वारा घिसाई प्रक्रिया

ग्राइण्डिंग प्रक्रिया का मुख्य उद्देश्य, कटिंग टूलों की आकृति बनाना, उनकी धार लगाना, बिना कठोर की गई तथा कठोर की गई सतहों से बारीक कणों के रूप में धातु हटाकर, उन्हें उच्च यथार्थता (high accuracy) तथा सतह परिष्कृति प्रदान करना होता है। ग्राइण्डिंग व्हील द्वारा ग्राइण्डिंग करने के अतिरिक्त टूल को हाथ में पकड़कर भी ग्राइण्डिंग की जाती है, जिसे ऑफ हैण्ड ग्राइण्डिंग कहते हैं। ऑफ हैण्ड ग्राइण्डिंग का विवरण निम्न प्रकार है।

ऑफ हैण्ड ग्राइण्डिंग Off Hand Grinding

ऑफ हैण्ड ग्राइण्डिंग से अभिप्राय उस ग्राइण्डिंग संक्रिया से है, जहाँ पदार्थ को व्हील द्वारा हटाने में अधिक परिशुद्धता की आवश्यकता नहीं होती है। इसे करने के लिए जॉब को हाथ से ग्राइण्डिंग पहिए के विरुद्ध प्रैस किया जाता है। ऑफ हैण्ड ग्राइण्डिंग प्रक्रिया में फाइन ग्रिट वाले डायमण्ड द्वारा नुकीले किए गए डल (dull) टूल का प्रयोग किया जाता है। यदि टूल नया व मानक डिजाइन का है, तो सिलिकॉन कार्बाइड

के पहिए 5000 फीट/मिनट की गति से घूमते हुए घिसाई तथा फाइन ग्रेड सिलिकॉन कार्बाइड के डायमण्ड व्हील से 5000 से 6000 फीट प्रति मिनट की गति से घुमाते हुए सतह फिनिशिंग करते हैं। ग्राइण्डिंग व्हील द्वारा घिसाई के लिए ग्रेन का आकार 60 तथा सिलिकॉन कार्बाइड व्हील द्वारा फिनिशिंग के लिए ग्रेन का आकार 100 से 200 के मध्य रखा जाता है। ऑफ हैण्ड ग्राइण्डिंग जॉबों की रफ ग्राइण्डिंग तथा स्क्राइबर, पंच, चीजल, ट्विस्ट ड्रिल, सिंगल प्वॉइण्ट कटिंग टूल इत्यादि की रिशेपिंग के लिए की जाती है।

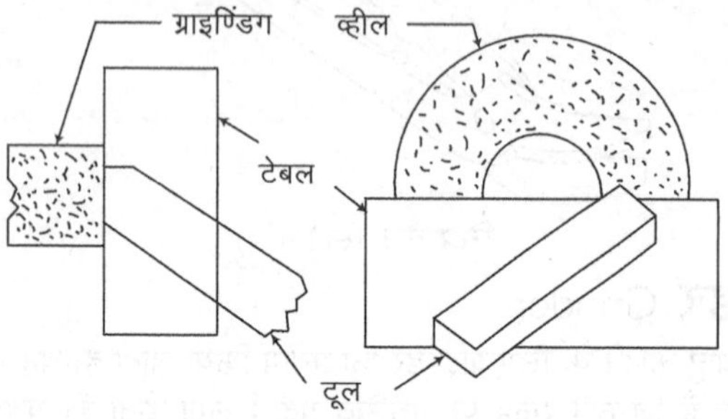

चित्र ऑफ हैण्ड ग्राइण्डिंग

ऑफ हैण्ड ग्राइण्डिंग बेंच अथवा पेडेस्टल ग्राइण्डर द्वारा की जाती है, जिनका वर्णन निम्नवत् है

(i) बेंच ग्राइण्डर Bench Grinder

साधारणतः प्रत्येक कार्यशाला में एक बेंच ग्राइण्डर अवश्य लगा होता है। इसे स्नेगिंग (snagging) तथा ऑफ हैण्ड ग्राइण्डिंग (off hand grinding) के लिए प्रयोग किया जाता है। इसे कार्यशालाओं में सामान्य रिपेयरिंग औजारों पर धार लगाने तथा कास्टिंग की फैटलिंग (fettling) के लिए प्रयोग किया जाता है। छोटे कार्यखण्डों को ग्राइण्डिंग के समय सहारा देने के लिए नीचे रैस्ट (rest) लगी होती है। बेंच ग्राइण्डर पर आवश्यकतानुसार पॉलिशिंग व्हील (polishing wheel) लगाकर पॉलिशिंग की जा सकती है।

बेंच पर लगाकर प्रयोग करने योग्य होने के कारण, इसे बेंच ग्राइण्डर कहते हैं। बेंच ग्राइण्डर को चित्र में दर्शाया गया है।

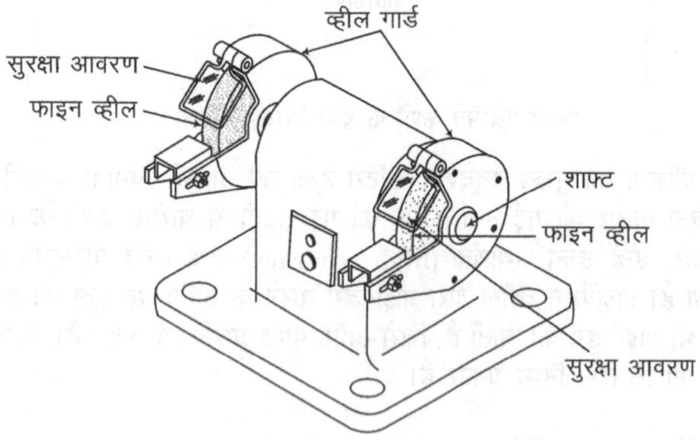

चित्र बेंच ग्राइण्डर

बेंच ग्राइण्डर के मुख्य भाग निम्नलिखित हैं

- **बॉडी** (Body) उच्च सामर्थ्य को सहन करने के लिए बेंच ग्राइण्डर की बॉडी उच्च ग्रेड वाले ढलवाँ लोहे की बनाई जाती है।
- **स्पिण्डल** (Spindle) स्पिण्डल, उच्च ग्रेड वाली स्टील का बनाया जाता है, जो डीप ग्रूव्ड बॉल बियरिंग पर बँधा होता है। बॉल बियरिंग को अच्छे से ग्रीस व सील्ड किया जाता है। इन स्पिण्डलों से ही ग्राइण्डिंग व्हील, बँधे होते हैं। एक व्हील रफ दाने वाला तथा दूसरा फाइन दाने वाला होता है।
- **मोटर** (Motor) सन्तुलित ग्राइण्डिंग व्हील कम्पन को कम करके स्मूथ प्रचालन में सहायक होती है। मोटर को विद्युत से चलाया जाता है, जो आर्मेचर शाफ्ट ग्राइण्डिंग व्हील लगाने के लिए स्पिण्डल का कार्य करता है। मोटर की वाइण्डिंग पर नमी व धूल में काम करने के लिए विद्युतरोधी वार्निश की गई होती है।
- **स्विच** (Switch) मोटर को चलाने के लिए ग्राइण्डर में एक रोटरी ऑन/ऑफ स्विच दिया गया होता है, जो आधार से जुड़ा होता है।
- **सुरक्षा आवरण** (Safety guard) सुरक्षा आवरण को ग्राइण्डिंग व्हील पर लगाया जाता है। यह धातु कार्यखण्ड के कणों को छितरने से रोकता है।

(ii) पेडेस्टल ग्राइण्डर Pedestal Grinder

यह प्रयोग करने तथा बनावट में बेंच ग्राइण्डर के समान होता है। अन्तर मात्र यह है कि इसमें मोटर को एक उचित ऊँचाई के स्टैण्ड पर रखा जाता है, जिससे ग्राइण्डिंग करने के लिए बेंच की आवश्यकता नहीं होती। इसे भी हाथ द्वारा ग्राइण्ड करने के लिए ऐसे स्थान पर प्रयोग किया जाता है, जहाँ कार्यखण्डों की विमाएँ (dimensions) बहुत एक्यूरेट न हों।

पेडेस्टल स्टैण्ड ग्राइण्डर चित्र में दर्शाया गया है। इस ग्राइण्डर में टूल टेस्ट एवं शीतलक द्रव धारक भी लगे होते हैं।

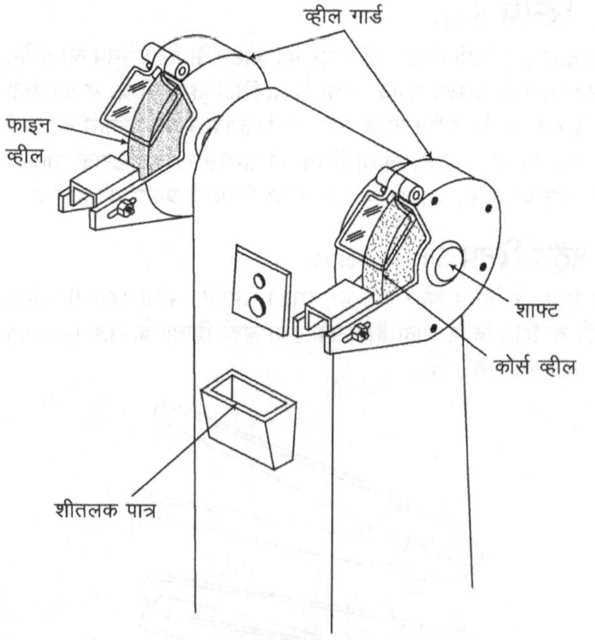

चित्र पेडेस्टल ग्राइण्डर

ग्राइण्डिंग प्रक्रिया Grinding Procedure

ग्राइण्डर प्रक्रिया निम्नलिखित चरणों में पूर्ण की जाती है

1. ग्राइण्डिंग टूल को मानक ऊँचाई पर सैट करके, इसका अच्छी तरह से निरीक्षण करें।
2. ग्राइण्डर पर काँच शील्ड को ठीक से इस प्रकार सैट करें कि इससे ग्राइण्डर दृश्य भी दिखें और ग्राइण्डिग के दौरान उड़ने वाले कणों से सुरक्षा भी हो सके।
3. ग्राइण्डर को स्टार्ट करके, जॉब को हाथ में पकड़कर इसे ग्राइण्डिंग टूल पर रखें, तत्पश्चात् उचित दाब लगाकर इसे ग्राइण्डिंग व्हील की तरफ धक्का दें अथवा चलाएँ।
4. ग्राइण्डिंग व्हील पर उपरोक्त प्रक्रिया को दोहराएँ एवं ग्राइण्डिंग प्रक्रिया पूर्ण कर, ग्राइण्डिंग टूल तथा जॉब को ठण्डा करें। टूल को ठण्डा करते समय यह ध्यान रखें कि ट्विस्ट ड्रिल पानी में भीगने से ठण्डे नहीं होते अपितु क्षतिग्रस्त हो सकते हैं।
5. इसके उपरान्त सर्फेस गेज तथा अन्य मापक टूल की सहायता से जॉब की साइज माप लें तथा ग्राइण्डर को बन्द कर दें।

ग्राइण्डिंग करते समय सुरक्षा सावधानियाँ Safety Precautions While Grinding

(i) ग्राइण्डिंग करने से पहले ऑपरेटर को चश्मा लगा लेना चाहिए।
(ii) ग्राइण्डिंग व्हील को काम में लाने से पहले उसको ड्रेस करना चाहिए।
(iii) ग्राइण्डिंग व्हील पर कार्य करने से पहले या उसे बाँधने से पहले व्हील को चैक कर लेना चाहिए।
(iv) टूल पोस्ट (tool post) ग्राइण्डिंग व्हील के केन्द्र से 2 मिमी से अधिक नीचा नहीं होना चाहिए।
(v) ग्राइण्डर के ठीक सामने खड़े नहीं होना चाहिए।
(vi) आवश्यकता से अधिक प्रैशर न दें, अन्यथा व्हील टूटकर आपको घायल कर सकता है।
(vii) ग्राइण्डिंग व्हील गार्ड का हमेशा प्रयोग करें।
(viii) जहाँ तक सम्भव हो, शीतलक का प्रयोग करें।
(ix) व्हील की साइडों से जॉब को ग्राइण्ड नहीं करना चाहिए।
(x) ग्राइण्डिंग व्हील के पूरे फेस को प्रयोग में लाएँ।
(xi) लकड़ी को ग्राइण्डर पर ग्राइण्ड नहीं करना चाहिए।
(xii) चलते हुए ग्राइण्डिंग व्हील को हाथ से रोकने की कोशिश न करें।

4.6 संयोजन-वियोजन औजार Mentalling-dismentalling Tools

किसी भी इंजन, मशीन अथवा वाहन की मरम्मत या उससे सम्बन्धित कार्य करने के लिए, उसे खोलने (वियोजन) अथवा बाँधने (संयोजन) की आवश्यकता होती है। इस कार्य हेतु संयोजन-वियोजन औजारों का प्रयोग किया जाता है। कार्य की आवश्यकतानुसार इन औजारों का चयन किया जाता है तथा इनके उपयोग से मशीन के संयोजन एवं वियोजन सम्बन्धी कार्य सरलता से बिना हानि के सम्पन्न किए जा सकते हैं।

ये औजार निम्न प्रकार के होते हैं

1. स्पैनर 2. रिंच 3. प्लायर्स
4. पेंचकस 5. बियरिंग तथा पुली पुलर्स

1. स्पैनर Spanner

मशीनों में विभिन्न अवयवों को प्राय: नट-बोल्ट के द्वारा जोड़ा जाता है। ये बोल्ट या नट अपने आप खुले नहीं, इसके लिए उन्हें बलपूर्वक कस दिया जाता है। बोल्ट प्राय: षट्भुजाकार (hexagonal) या चौकोर (square) आकार के होते हैं। इन्हें कसने या खोलने के लिए जिस टूल का प्रयोग किया जाता है, उसे स्पैनर कहते हैं। स्पैनर का मुँह नट में सैट करने के पश्चात्, उसके हैण्डिल पर बल लगाने से लीवरेज के सिद्धान्त के अनुसार नट को पर्याप्त दबाव मिल जाता है। हैण्डिल पर अधिक बल लगाने के लिए कभी भी हथौड़े या पाइप का सहारा नहीं लेना चाहिए।
स्पैनर्स को अन्य नामों; जैसे—पाना, चाबी आदि, से भी जाना जाता है। स्पैनर वेनेडियम स्टील से फोर्ज करके बनाए जाते हैं, तत्पश्चात् उन्हें ऊष्मा उपचार प्रक्रम द्वारा हार्ड तथा टैम्पर कर लिया जाता है।

स्पैनर के प्रकार Types of Spanner

कार्यशाला में प्राय: निम्न प्रकार के स्पैनर प्रयोग किए जाते हैं

(i) ओपन एण्डेड स्पैनर (ii) क्लोज्ड एण्डेड स्पैनर
(iii) कॉम्बीनेशन स्पैनर (iv) रिंग स्पैनर
(v) एडजस्टेबल फेस स्पैनर (vi) हुक स्पैनर
(vii) एडजस्टेबल स्पैनर (viii) 'T' सॉकेट स्पैनर
(ix) ट्यूबुलर बॉक्स स्पैनर

(i) ओपन एण्डेड स्पैनर Open Ended Spanner

यह सबसे अधिक प्रयोग किया जाने वाला स्पैनर है। इसके सिरे पर एक खुला खाँचा होता है, जो नट या बोल्ट के हैड की दो समान्तर सतहों के बीच की दूरी के बराबर होता है। इस खाँचे में नट या बोल्ट के हैड को फँसाकर लीवर पर बल लगाते हैं। यह खाँचा, स्पैनर की अक्ष के साथ $15°$ का कोण बनाता है। ये स्पैनर 6, 8, 10, 12 पीस के सैट में मिलते हैं। ये स्पैनर इंचों में $\frac{1"}{4}$ से $1\frac{3"}{4}$ तथा मिमी में 6 मिमी से 32 मिमी तक उपलब्ध होते हैं। ये स्पैनर दो प्रकार के होते हैं

- **सिंगल एण्डेड ओपन स्पैनर** (Single ended open spanner) इस प्रकार के स्पैनर में केवल एक ही सिरे पर मुँह बना होता है। अत: यह मात्र एक ही साइज के नट या बोल्ट को खोल या बन्द कर सकता है। चित्र में एक सिंगल एण्डेड स्पैनर (single ended spanner) दर्शाया गया है।

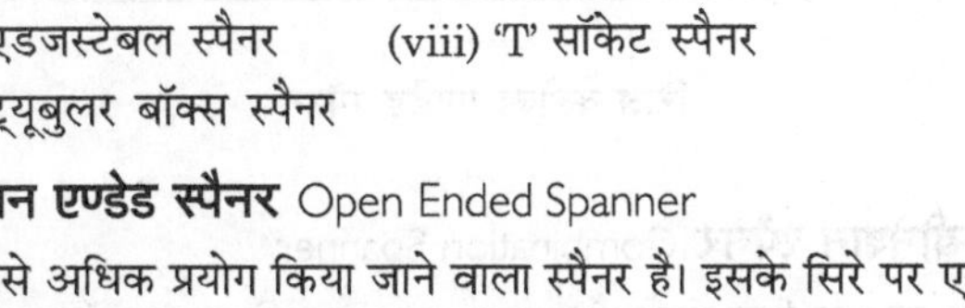

चित्र सिंगल एण्डेड ओपन स्पैनर

- **डबल एण्डेड ओपन स्पैनर** (Double ended open spanner) डबल एण्डेड स्पैनर के दोनों सिरों पर अलग-अलग साइज का मुँह बना होता है, इसलिए यह स्पैनर दो साइजों के नट-बोल्टों के लिए पर्याप्त है। चित्र में डबल एण्डेड ओपन स्पैनर दर्शाया गया है।

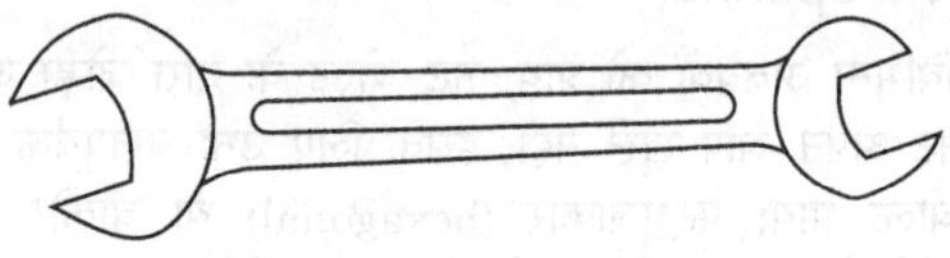

चित्र डबल एण्डेड ओपन स्पैनर

(ii) **क्लोज्ड एण्डेड स्पैनर** Closed Ended Spanner

इस प्रकार के स्पैनर में सिरा खुला न होकर बन्द होता है। इसमें एक सिरे पर गोल रिंग के अन्दर षट्भुजाकार या चौकोर छिद्र, नट या बोल्ट के हैड के अनुसार बना होता है।

यह एक मजबूत स्पैनर होता है, जो नट अथवा बोल्ट के हैड पर अधिक बल लगाता है। इसमें नट या बोल्ट के हैड के स्लिप होने की सम्भावना नहीं रहती है। चित्र में क्लोज्ड एण्डेड स्पैनर दर्शाया गया है।

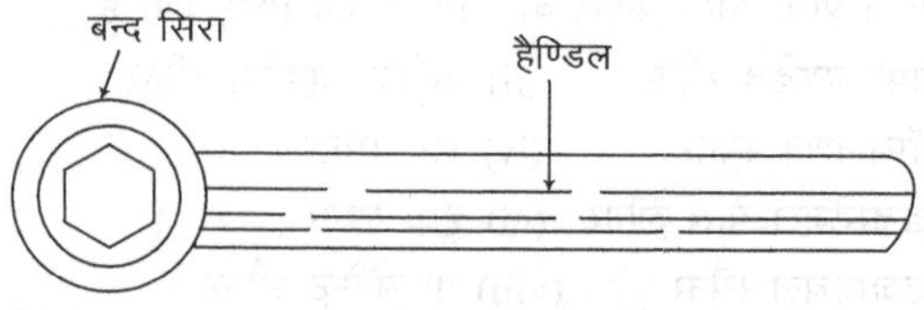

चित्र क्लोज्ड एण्डेड स्पैनर

(iii) **कॉम्बीनेशन स्पैनर** Combination Spanner

इस स्पैनर का एक सिरा खुले मुँह वाला तथा दूसरा सिरा बन्द मुँह वाला होता है। दोनों सिरों का साइज एक ही होता है। अत: इसे मात्र एक ही साइज के नट या बोल्ट कसने के लिए प्रयोग किया जा सकता है। चित्र में एक कॉम्बीनेशन स्पैनर दर्शाया गया है।

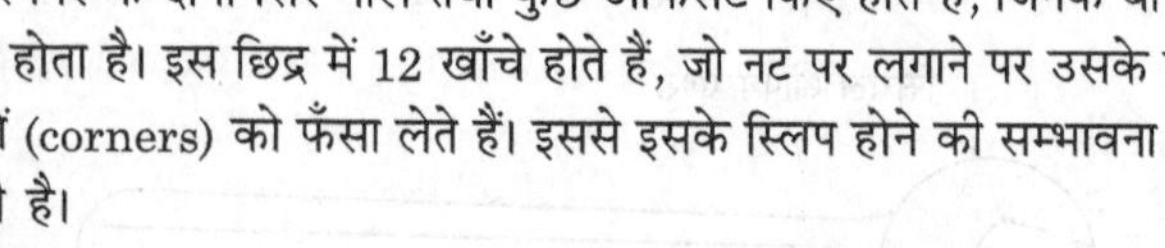

चित्र कॉम्बीनेशन स्पैनर

(iv) **रिंग स्पैनर** Ring Spanner

इस स्पैनर के दोनों सिरे गोल तथा कुछ ऑफसैट किए होते हैं, जिनके बीच में छिद्र होता है। इस छिद्र में 12 खाँचे होते हैं, जो नट पर लगाने पर उसके सभी कोनों (corners) को फँसा लेते हैं। इससे इसके स्लिप होने की सम्भावना कम रहती है।

इसे 'Twelve Point Box Wrench' भी कहते हैं। ये स्पैनर संकीर्ण जगहों में भी प्रयोग किए जा सकते हैं। इसके दोनों सिरों का आकार (size) अलग-अलग होता है।

चित्र में रिंग स्पैनर दर्शाया गया है।

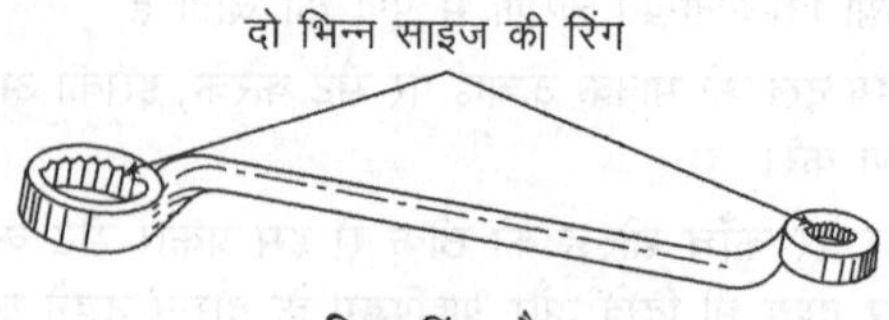

चित्र रिंग स्पैनर

(v) **एडजस्टेबल फेस स्पैनर** Adjustable Face Spanner

डिवाइडर या कैलीपर के समान इसकी दो भुजाएँ होती हैं, जो एक सिरे पर रिवेट द्वारा जुड़ी होती हैं। इस स्पैनर के दूसरे सिरे पर एक-एक पिन लगी होती है, आवश्यकतानुसार स्पैनर की भुजाओं के बीच की दूरी को घटाया या बढ़ाया जा सकता है।

इसके द्वारा किसी भी ऐसे बोल्ट या नट को खोला जा सकता है, जिसके पृष्ठ पर दो छिद्र (holes) बने होते हैं। चित्र में एडजस्टेबल फेस स्पैनर दर्शाया गया है।

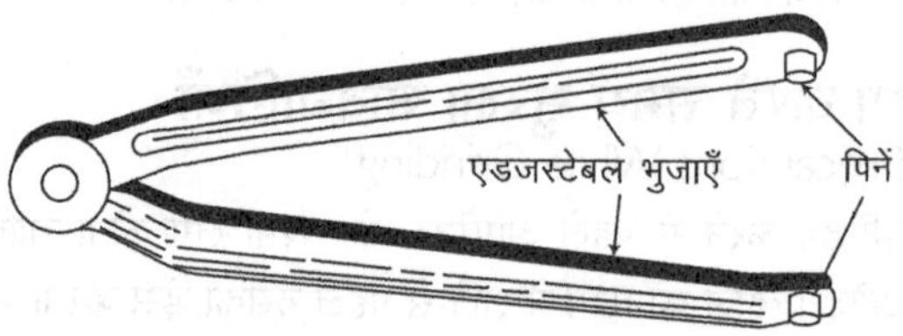

चित्र एडजस्टेबल फेस स्पैनर

(vi) **हुक स्पैनर** Hook Spanner

इस स्पैनर में 90° के एक वृत्त के सेन्टर में एक सिरे पर एक हुक तथा दूसरे सिरे पर हैण्डिल होता है, जैसा कि चित्र में दर्शाया गया है। इस हुक को बोल्ट व नट की परिधि पर बने छिद्र या स्लॉट (slot) में फँसाकर खोलने या बन्द करने के लिए आवश्यकतानुसार घुमाया जाता है।

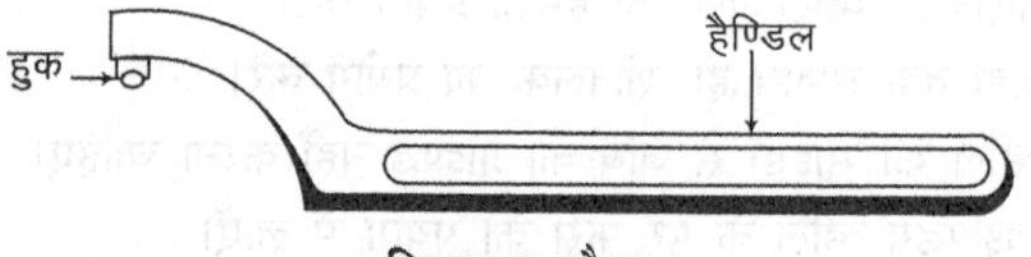

चित्र हुक स्पैनर

(vii) **एडजस्टेबल स्पैनर** Adjustable Spanner

यह ओपन एण्ड स्पैनर (open end spanner) का परिष्कृत रूप है। इसमें खुले सिरे के खाँचे को घटाया या बढ़ाया जा सकता है। इस स्पैनर के जॉ को 250 मिमी से 28.5 मिमी तक एडजस्ट किया जा सकता है। अत: एक ही एडजस्टेबल स्पैनर कई साइज के नट व बोल्ट के लिए प्रयोग किया जा सकता है।

एडजस्टेबल स्पैनर के खुले मुँह पर एक स्थिर जबड़ा तथा दूसरा चल जबड़ा (movable jaw) होता है। यह चल जबड़ा, इसमें लगे एक स्क्रू नट द्वारा एडजस्ट किया जा सकता है। इसका प्रयोग हल्के कार्यों के लिए किया जाता है।

इनका साइज, इनकी कुल लम्बाई से लिया जाता है; जैसे—400 मिमी, 760 मिमी आदि।

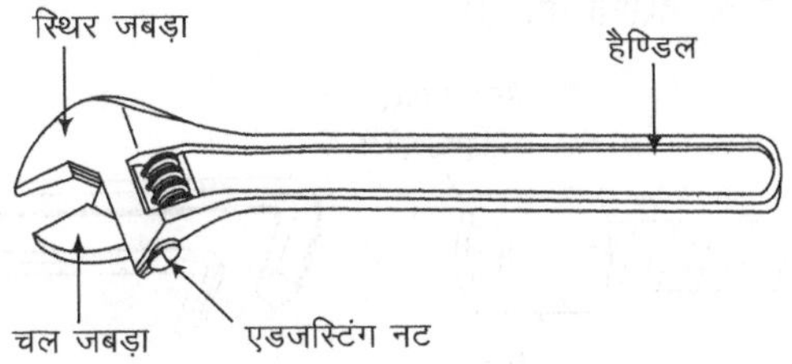

चित्र एडजस्टेबल स्पैनर

(viii) 'T' **सॉकेट स्पैनर** 'T' Socket Spanner

"T" सॉकेट स्पैनर किसी उपकरण में गहराई में लगे नट व बोल्टों को खोलने के लिए प्रयोग किया जाता है। यह "T" के आकार का स्पैनर होता है, जिसमें एक सिरे पर नट व बोल्ट के आकार के अनुरूप सॉकेट (socket) बना होता है तथा जिसे बल लगाकर घुमाने के लिए, दूसरे सिरे पर एक हैण्डिल लगा होता है। प्रत्येक साइज के लिए एक अलग "T"-सॉकेट स्पैनर होता है।

चित्र में "T" सॉकेट स्पैनर को दर्शाया गया है।

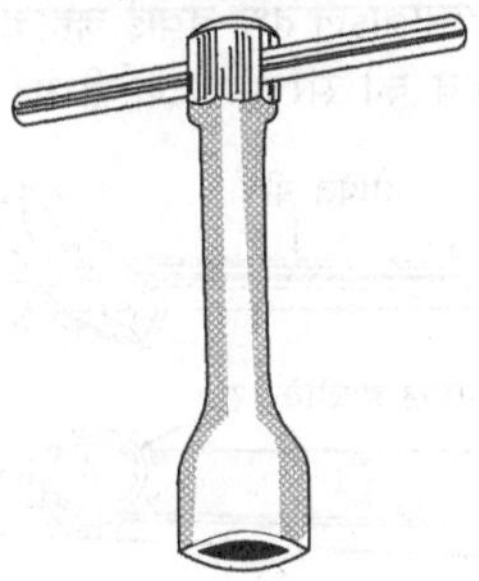
चित्र 'T' सॉकेट स्पैनर

(ix) **ट्यूबुलर बॉक्स स्पैनर** Tubular Box Spanner

यह स्पैनर एक पाइप को फोर्ज (forge) करके सिरों पर नट व बोल्ट के आकार के अनुरूप बना दिया जाता है। इसके दोनों सिरों पर अलग-अलग साइज भी बनाया जा सकता है। इसके उपरान्त दोनों ओर एक-एक छिद्र (hole) कर दिया जाता है। इस छिद्र में हैण्डिल डालकर खोलने या बन्द करने के लिए बल लगाया जाता है। चित्र में एक ट्यूबुलर बॉक्स स्पैनर दर्शाया गया है।

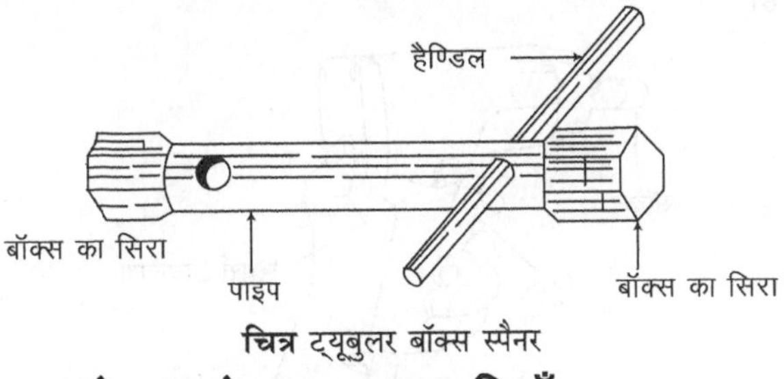

चित्र ट्यूबुलर बॉक्स स्पैनर

स्पैनर प्रयोग करते समय सावधानियाँ
Precautions While Using Spanner

स्पैनर का प्रयोग करते समय निम्न सावधानियों का ध्यान रखना आवश्यक है

(i) स्पैनर पर आवश्यकता से अधिक बल लगाने पर बोल्ट-हैड या नट के सिरे गोल होकर स्लिप होने का भय रहता है। अत: इस पर कभी भी हथौड़े का प्रयोग नहीं करना चाहिए तथा पाइप लगाकर इसकी लम्बाई नहीं बढ़ानी चाहिए।

(ii) ऐसे बोल्ट, जिनके सिरे गोल हो चुके हों या ऐसे स्पैनर, जिनका मुँह खुल चुका हो, प्रयोग में नहीं लाने चाहिए, क्योंकि इनसे चोट लगने की सम्भावना होती है।

(iii) नट या बोल्ट के लिए उचित साइज के स्पैनर का ही प्रयोग करना चाहिए। बड़ा स्पैनर प्रयोग करने से नट या बोल्ट का हैड गोल हो सकता है।

(iv) जाम (jam) हुए नट-बोल्ट को खोलने के लिए पेनीट्रेन्ट (penetrant) का प्रयोग करना चाहिए, क्योंकि हथौड़े द्वारा हल्की-हल्की चोट लगाने से भी जाम टूट सकता है।

(v) एडजस्टेबल स्पैनर का प्रयोग करते समय ध्यान रखना चाहिए कि चल जबड़ा बल लगाने की दिशा में रहे, क्योंकि विपरीत दिशा में होने पर स्पैनर टूट सकता है।

(vi) ग्रीस लगे स्पैनर का प्रयोग नहीं करना चाहिए।

2. रिंच Wrench

रिंच, स्पैनर जैसा ही एक औजार होता है, जिसका प्रयोग नट अथवा बोल्टों को कसने अथवा खोलने के लिए किया जाता है। रिंच कार्बन स्टील के बने होते हैं तथा भिन्न-भिन्न रूपों में बनाए जाते हैं। रिंच एवं स्पैनर में प्रमुख अन्तर यह है कि रिंच के जबड़ों के साइज को आवश्यकतानुसार घटाया अथवा बढ़ाया जा सकता है, अर्थात् स्पैनर एक स्थायी आकृति का हस्त औजार है और रिंच एक अस्थायी आकृति का औजार है।

रिंच के प्रकार
Types of Wrench

कार्यशाला में निम्न प्रकार के रिंच प्रयोग में लाए जाते हैं

(i) रैचेट रिंच (ii) चेन पाइप रिंच
(iii) पाइप रिंच (iv) ऐलन की
(v) टॉर्क रिंच (vi) एयर इम्पैक्ट रिंच

(i) **रैचेट रिंच**
Ratchet Wrench

रैचेट रिंच के दो भाग होते हैं—रैचेट हैण्डिल व बॉक्स स्पैनर या सॉकेट। बॉक्स को नट या बोल्ट हैड में फँसाकर, रैचेट हैण्डिल की सहायता से घुमाया जाता है। रैचेट मैकेनिज्म की सहायता से हैण्डिल को आगे-पीछे चलाने पर बॉक्स एक ही दिशा में घूमता है। आवश्यकतानुसार विपरीत दिशा में घुमाने के लिए, इसमें एक लीवर (lever) होता है। इसका सबसे बड़ा लाभ यह है कि इस रिंच को बार-बार नट या बोल्ट हैड पर सैट नहीं करना पड़ता। चित्र में एक रैचेट रिंच दर्शाया गया है।

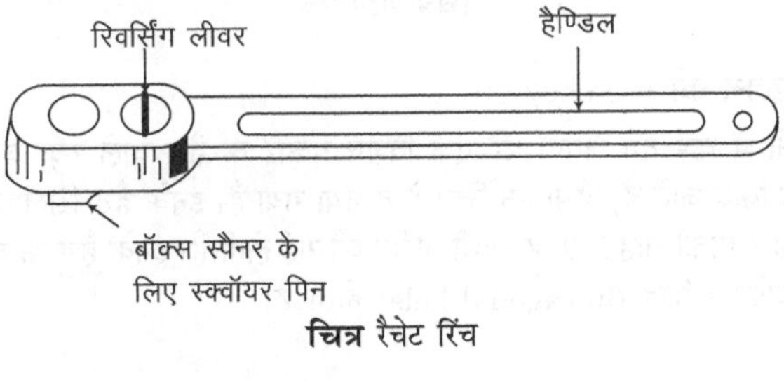

चित्र रैचेट रिंच

(ii) **चेन पाइप रिंच** Chain Pipe Wrench

इसमें रिंच के एक सिरे पर दो प्लेटें लगी होती हैं। इन प्लेटों के सिरों पर खाँचे बने होते हैं तथा एक चेन, रिवेट द्वारा इनसे जुड़ी होती है। पाइप को पकड़ने के लिए इसे पाइप पर लपेटकर रिंच में बने ग्रूव (groove) में फँसा दिया जाता है। अब रिंच को घुमाने पर पाइप भी रिंच के साथ घूमता है। चित्र में चेन पाइप रिंच एवं उसके अनुप्रयोग को दर्शाया गया है।

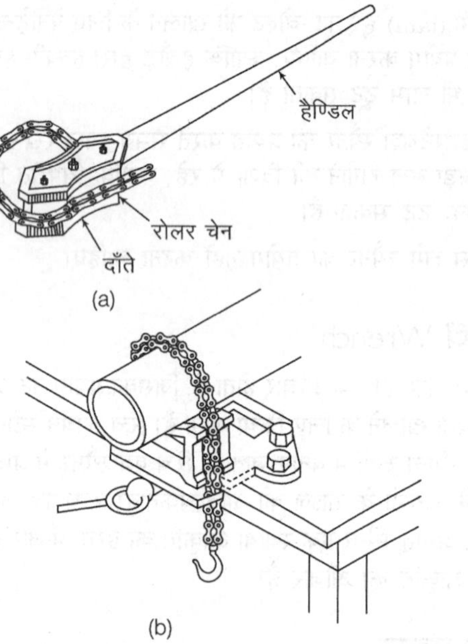

चित्र चेन पाइप रिंच

(iii) **पाइप रिंच** Pipe Wrench

चित्र में एक पाइप रिंच दर्शाया गया है। इसमें हैण्डिल में एक सिरे पर स्थिर जबड़ा होता है तथा दूसरे सिरे पर चल जबड़ा एक नट की सहायता से आगे-पीछे चलाया जाता है। दोनों जबड़ों पर दाँते कटे होते हैं। इससे ये किसी भी पाइप पर आसानी से पकड़ बना लेते हैं। इनका साइज रिंच की पूरी लम्बाई के द्वारा दिया जाता है; जैसे— 150 मिमी, 300 मिमी आदि।

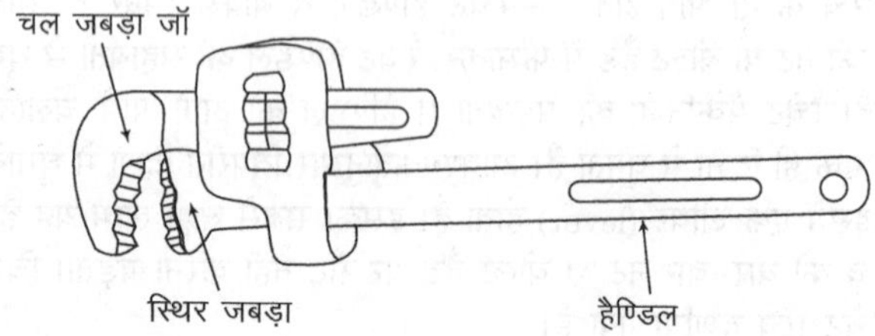

चित्र पाइप रिंच

(iv) **ऐलन की** Allen Key

मशीनों में कई तंग जगहों पर एक विशेष प्रकार के हैड वाले स्क्रू व बोल्ट प्रयोग किए जाते हैं, जैसा कि चित्र में दर्शाया गया है। इनके हैड सिलेण्ड्रीकल होते हैं जिनकी बाहरी सतह सीधी नर्लिंग की गई होती है। इनके हैड के बीच में हैक्सागोनल छिद्र (hexagonal hole) होता है। इस होल में 'ऐलन की' (allen key) को लगाकर घुमाया जाता है। यह ऐलन की एक स्टील की षट्भुजाकार रॉड को 90° पर मोड़कर बनाई जाती है। चित्र में ऐलन की को दर्शाया गया है।

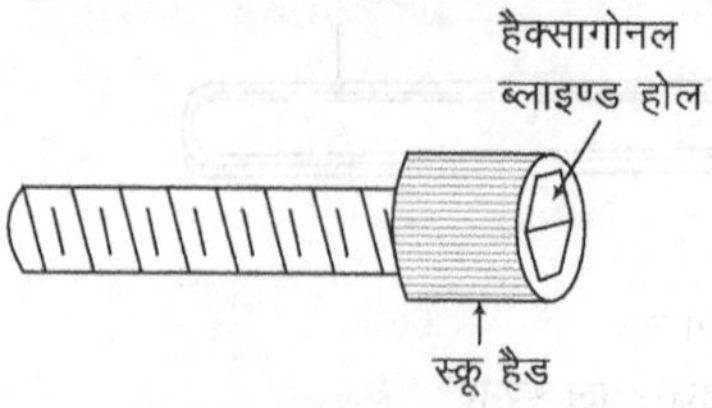

चित्र ऐलन स्क्रू

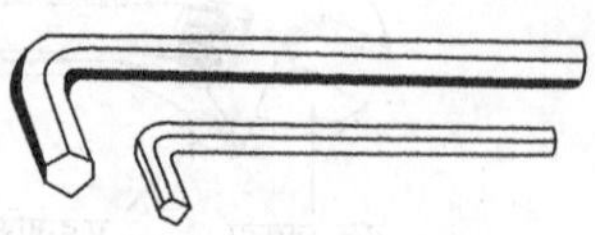

चित्र ऐलन की

(v) **टॉर्क रिंच** Torque Wrench

इस नट का प्रयोग सॉकिट स्पैनर्स के साथ किया जाता है। इस रिंच द्वारा नट को खोलते अथवा कसते समय प्रयुक्त शक्ति को मापा जा सकता है। इस रिंच का प्रयोग करने से बोल्ट अथवा स्टड को खोलते समय उसके टूटने की सम्भावना नहीं रहती है।

टॉर्क रिंच का प्रयोग ऑटोमोबाइल तथा हवाई जहाज सम्बन्धित कार्यों में किया जाता है। चित्र में इस रिंच की संरचना दर्शायी गई है।

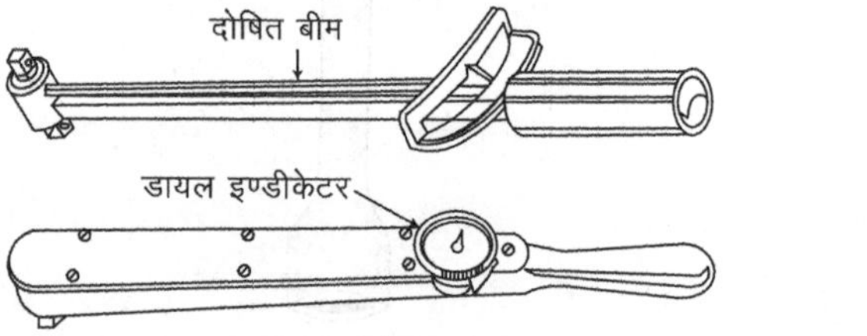

चित्र टॉर्क रिंच

(vi) **एयर इम्पैक्ट रिंच** Air Impact Wrench

एयर इम्पैक्ट रिंच हवा के दबाव पर कार्य करता है। यह नट तथा बोल्ट को कसने के लिए उच्च टॉर्क की स्पिनिंग स्पीड को प्रयोग करता है। रिंच की स्पिनिंग स्पीड को परिवर्तित करने के लिए इसमें लीवर लगा होता है। सामान्यत: एयर इम्पैक्ट रिंच में 1/2" या 3/8" का लग प्रयोग किया जाता है।

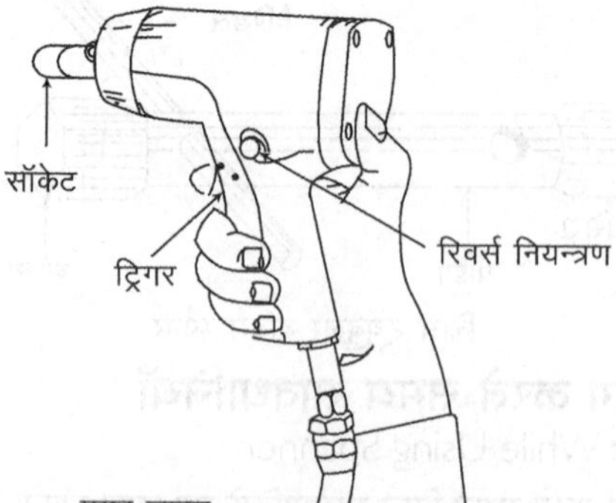

चित्र एयर इम्पैक्ट रिंच

3. प्लायर्स Pliers

प्लायर कार्यशाला में प्रयोग होने वाला एक बहु उपयोगी औजार है। इसके द्वारा किसी जॉब को पकड़ा जा सकता है, पकड़कर मोड़ा जा सकता है या तार आदि को काटा जा सकता है। यह कास्ट स्टील (cast steel) का बनाया जाता है। जबड़ों पर टैम्पर भी किया होता है, जिससे उनके दाँते जल्दी खराब न हों। इसका साइज इसकी सम्पूर्ण लम्बाई द्वारा दिया जाता है।

प्लायर्स के प्रकार Types of Pliers

ये निम्नलिखित प्रकार के होते हैं

(i) कॉम्बीनेशन प्लायर (ii) फ्लैट नोज प्लायर
(iii) साइड कटिंग प्लायर (iv) लॉन्ग नोज प्लायर
(v) मल्टी ग्रिप प्लायर (vi) पिन्सर प्लायर
(vii) सरक्लिप प्लायर

(i) कॉम्बीनेशन प्लायर Combination Plier

यह सबसे अधिक प्रयोग होने वाला प्लायर है, जिसका प्रयोग तारों को मोड़ने, जोड़ने अथवा काटने में किया जाता है। इसके अतिरिक्त, इस प्लायर द्वारा नट भी कसे जा सकते हैं तथा छोटी ट्यूब तथा पाइपों को पकड़ने के लिए भी इसका प्रयोग किया जाता है। चित्र में एक कॉम्बीनेशन प्लायर दर्शाया गया है।

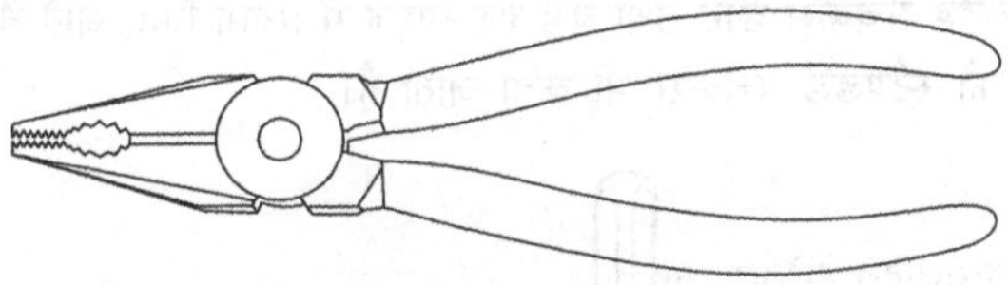

चित्र कॉम्बीनेशन प्लायर

(ii) फ्लैट नोज प्लायर Flat Nose Plier

फ्लैट नोज प्लायर की आकृति नोज प्लायर के समान ही होती है, परन्तु इस प्लायर का अगला सिरा नुकीला न होकर समतल होता है। चित्र में एक फ्लैट नोज प्लायर दर्शाया गया है।

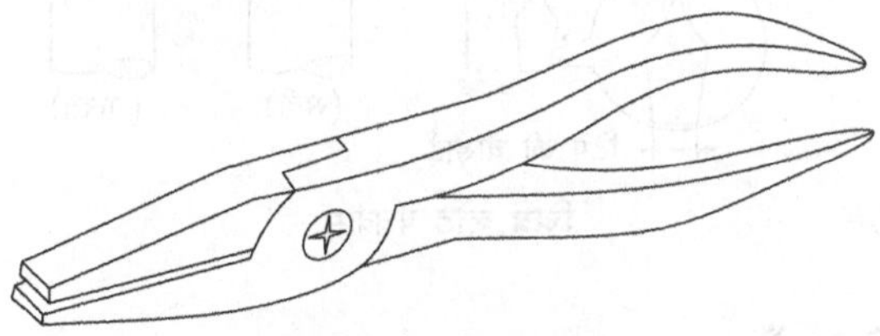

चित्र फ्लैट नोज प्लायर

(iii) साइड कटिंग प्लायर Side Cutting Plier

इस प्लायर में जबड़ों की साइड में तार आदि काटने के लिए कटर लगे होते हैं। इस प्लायर को अधिकतर वायरमैन या लाइनमैन द्वारा प्रयोग किया जाता है। वायरमैन इसके हैण्डिल पर रबड़ की स्लीव चढ़ाकर इसे इन्सुलेट कर देते हैं। कार्यशाला में भी इसका प्रयोग विभिन्न अवयवों को पकड़ने के लिए किया जाता है। इस प्लायर में जबड़े का सबसे आगे का भाग फ्लैट होता है, जो फ्लैट वस्तुओं को पकड़ने का कार्य करता है। उसके पीछे राउण्ड वस्तुओं को पकड़ने के लिए कुछ भाग राउण्ड कर दिया जाता है। इसके पीछे का भाग कटिंग का कार्य करता है।

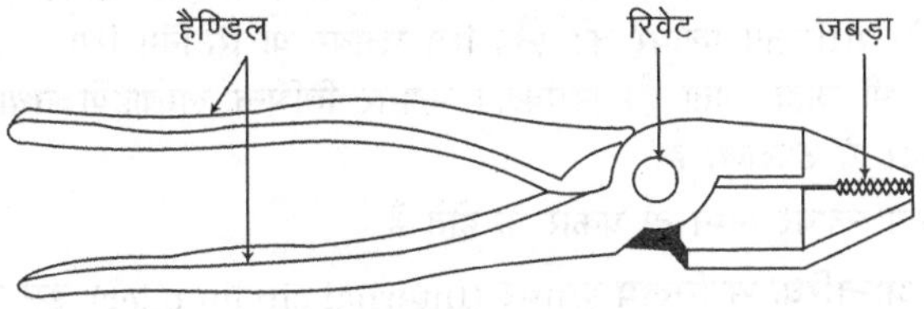

चित्र साइड कटिंग प्लायर

(iv) लॉन्ग नोज प्लायर Long Nose Plier

इस प्लायर का मुँह आगे से नुकीला तथा लम्बा होता है। यह प्लायर तंग जगहों पर अवयवों (components) को पकड़ने तथा टाइट करने के लिए प्रयोग किया जाता है। इसमें जबड़ों के पिछले भाग में साइड कटिंग प्लायर के समान साइड कटिंग एज (side cutting edge) होती है। इसका प्रयोग अधिकतर इलेक्ट्रीशियन द्वारा किया जाता है। इसके अतिरिक्त, लॉक वाशरों तथा सरक्लिपों को फिट करने के लिए भी इसका प्रयोग किया जाता है। चित्र में लॉन्ग नोज प्लायर दर्शाया गया है।

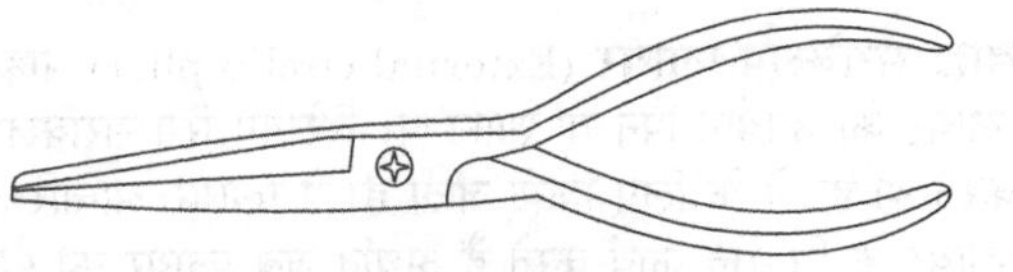

चित्र लॉन्ग नोज प्लायर

(v) मल्टी ग्रिप प्लायर Multi Grip Plier

जैसे स्लिप जोड़ के द्वारा दो स्लिप ज्वॉइण्ट बनते हैं, वैसे ही मल्टी ग्रिप प्लायर के द्वारा 5 या 7 ज्वॉइण्ट बनते हैं, इसलिए इसे मल्टी ग्रिप प्लायर कहते हैं। इसमें कटिंग करने का प्रावधान नहीं होता। इसे वाटर पम्प प्लायर भी कहा जाता है। चित्र में मल्टी ग्रिप प्लायर को दर्शाया गया है।

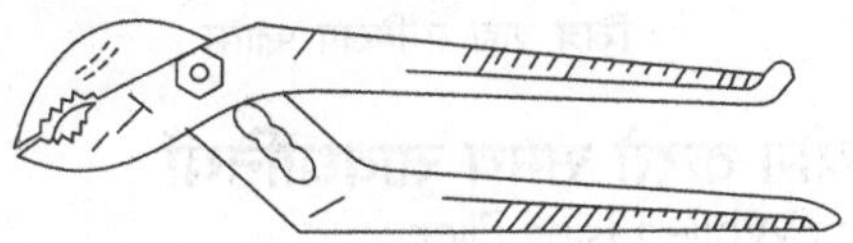

चित्र मल्टी ग्रिप प्लायर

(vi) पिन्सर प्लायर Pincer Plier

यह प्लायर कील का हैड पकड़कर, उसे उखाड़ने के लिए प्रयोग किया जाता है। इसके जबड़े वृत्ताकार तथा आगे से प्लेन व धारदार होते हैं, जिससे इनसे आसानी से कील को पकड़ा जा सके। इसकी एक टाँग पीछे से फ्लैट करके, उसमें स्लॉट बनाया जाता है। यह कील को ऊपर उठाने का काम करती है। चित्र में एक पिन्सर प्लायर दर्शाया गया है।

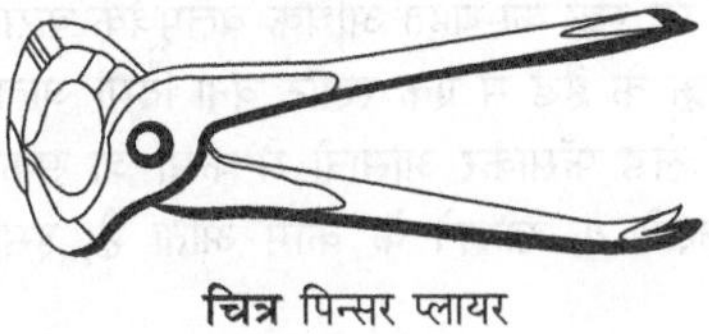

चित्र पिन्सर प्लायर

(vii) सरक्लिप प्लायर Circlip Plier

सरक्लिप प्लायर का प्रयोग सरक्लिप को फिट करने या हटाने के लिए किया जाता है। सरक्लिप प्लायर को स्नैप रिंग प्लायर या रिटेनिंग रिंग सरक्लिप प्लायर भी कहा जाता है। सरक्लिप प्लायर विभिन्न लम्बाइयों तथा टिप डायमीटर में उपलब्ध हैं।

सरक्लिप प्लायर निम्न दो प्रकार के होते हैं

(a) **आन्तरिक सरक्लिप प्लायर** (Internal circlip plier) इस प्रकार के प्लायर का प्रयोग शाफ्ट या बोर के अन्दर रिटेनिंग रिंग सरक्लिप को हटाने या फिट करने के लिए किया जाता है। ये प्लायर, मानक प्लायर के समान कार्य करते हैं अर्थात् जब प्लायर का हैण्डिल बन्द होता है, तो प्लायर की टिप भी बन्द रहती है।

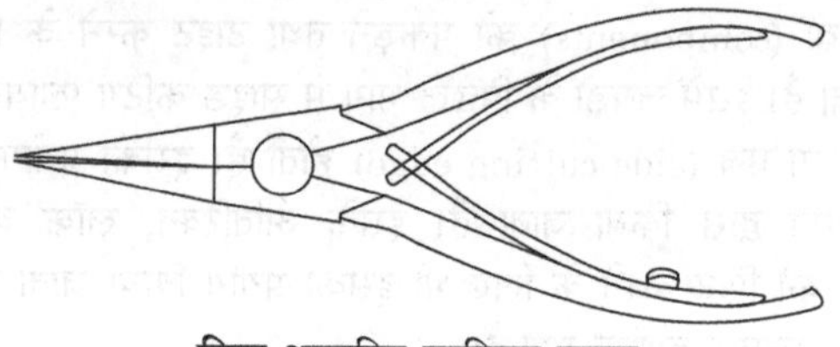

चित्र आन्तरिक सरक्लिप प्लायर

(b) **बाह्य सरक्लिप प्लायर** (External circlip plier) बाह्य सरक्लिप प्लायर का उपयोग पिन या शाफ्ट पर रिटेनिंग रिंग सरक्लिप को फिट करने या हटाने के लिए किया जाता है। ये प्लायर आन्तरिक सरक्लिप प्लायर के विपरीत कार्य करते हैं अर्थात् जब प्लायर का हैण्डिल बन्द रहता है, तो प्लायर की टिप खुली रहती है।

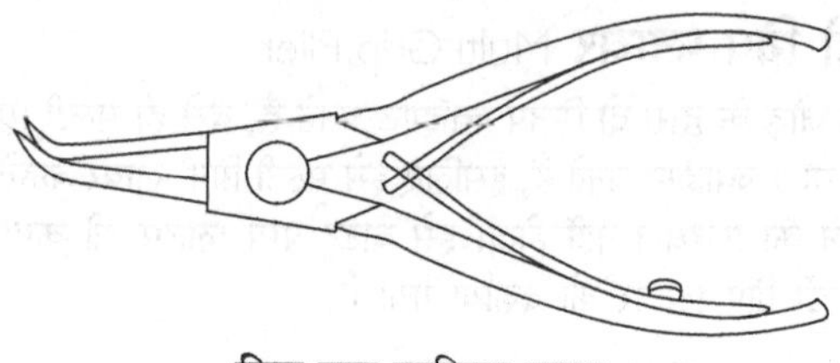

चित्र बाह्य सरक्लिप प्लायर

प्लायर प्रयोग करते समय सावधानियाँ
Precautions While Using Plier

प्लायर प्रयोग करते समय निम्न सावधानियों का ध्यान रखना चाहिए।

(i) इनका उपयोग सावधानी से करना चाहिए।

(ii) सही स्थिति के औजार को ही प्रयोग में लाना चाहिए, क्योंकि ढीले औजार हानि पहुँचा सकते हैं।

(iii) उपयुक्त दबाव के साथ औजार को प्रयोग में लाना चाहिए।

4. पेंचकस Screw-driver

ऐसे उपयोग जहाँ पर स्क्रू को बहुत अधिक बलपूर्वक कसने की आवश्यकता नहीं होती वहाँ स्क्रू के हैड में एक स्लॉट बना दिया जाता है। इस स्लॉट में स्क्रू-ड्राइवर का ब्लेड फँसाकर आसानी से कसा जा सकता है, क्योंकि यह टूल, पेंच को कसने या खोलने के काम आता है, इसलिए इसे पेंचकस (screw-driver) कहते हैं। यह टूल एक स्टील रॉड में एक सिरे पर हत्था तथा दूसरे सिरे को पीटकर, फ्लैट (flat) करके बनाया जाता है। फ्लैट भाग को ब्लेड (blade) कहते हैं। ऊष्मा उपचार द्वारा इसको हार्ड तथा टैम्पर किया जाता है। पेंचकस की कुल लम्बाई पेंचकस का साइज बताती है।

पेंचकस के प्रकार
Types of Screw-driver

पेंचकस निम्न प्रकार के होते हैं

(i) ब्लेड पेंचकस
(ii) फिलिप्स पेंचकस
(iii) ऑफसैट पेंचकस
(iv) रैचेट पेंचकस
(v) मैगजीन पेंचकस
(vi) घड़ीसाज पेंचकस

(i) ब्लेड पेंचकस Standard Screw-driver

चित्र में एक ब्लेड पेंचकस दर्शाया गया है। इसे बनाने के लिए एक हाई-कार्बन स्टील की छड़ का प्रयोग किया जाता है, जिसके एक सिरे पर लकड़ी या प्लास्टिक का हत्था (handle) फिट किया होता है तथा दूसरे सिरे को फ्लैट करके टैम्पर किया गया होता है। पेंचकस का चुनाव (selection) स्क्रू-हैड में बने स्लॉट (slot) की चौड़ाई से किया जाता है। ध्यान रहे कि पेंचकस का ब्लेड (blade) स्लॉट में ढीला नहीं होना चाहिए और न ही चौड़ाई में छोटा होना चाहिए। ब्लेड पेंचकस छोटे तथा बड़े हर साइज में प्रयोग किए जाते हैं। ब्लेड पेंचकस को स्टैण्डर्ड पेंचकस भी कहा जाता है।

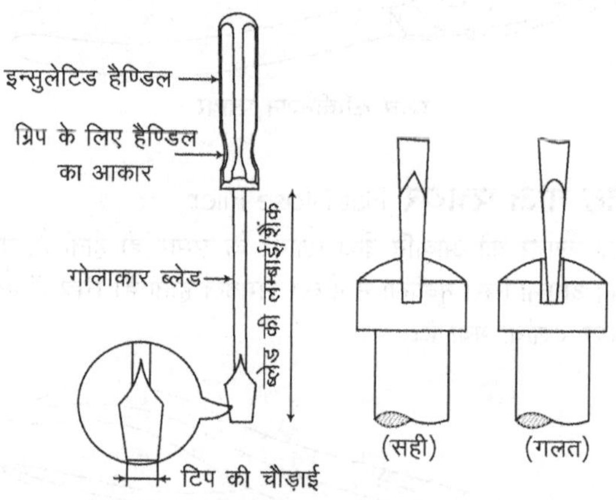

चित्र ब्लेड पेंचकस

(ii) फिलिप्स पेंचकस Philips Screw-driver

फिलिप्स पेंचकस वाले स्क्रू में स्लॉट के स्थान पर एक क्रॉस होता है। इस क्रॉस में बैठने के लिए एक चार मुख वाला पेंचकस प्रयोग किया जाता है, जिसे फिलिप्स पेंचकस कहते हैं। स्क्रू हैड में क्रॉस छः साइजों में होते हैं $0, 1, 1\frac{1}{2}, 2, 2\frac{1}{2}$ तथा 3। इन्हीं साइजों के अनुरूप छः प्रकार के पेंचकस बाजार में उपलब्ध रहते हैं। इस पेंचकस के चार फ्लैट सिरे 53° पर टेपर किए रहते हैं तथा बाह्य सिरा 110° पर ग्राइण्ड किया रहता है।

चित्र में एक फिलिप्स पेंचकस दर्शाया गया है।

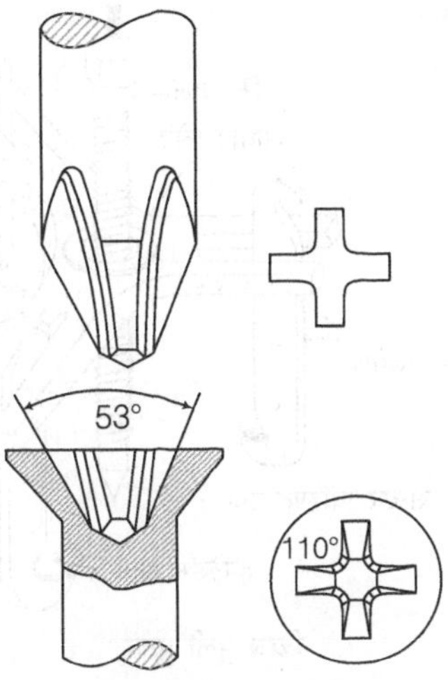

चित्र फिलिप्स पेंचकस

(iii) **ऑफसैट पेंचकस** Offset Screw-driver

तंग स्थानों पर जहाँ साधारण स्टैण्डर्ड पेंचकस प्रयोग नहीं किए जा सकते, वहाँ ऑफसैट पेंचकस प्रयोग किए जाते हैं। चित्र के अनुसार इसके दोनों सिरे फ्लैट करके एक-दूसरे के विपरीत 90° पर मोड़ दिए जाते हैं। तंग जगहों पर जहाँ पेंचकस घुमाने को खुला स्थान नहीं होता, दोनों सिरों को बारी-बारी से प्रयोग किया जाता है।

चित्र में ऑफसैट पेंचकस को दर्शाया गया है।

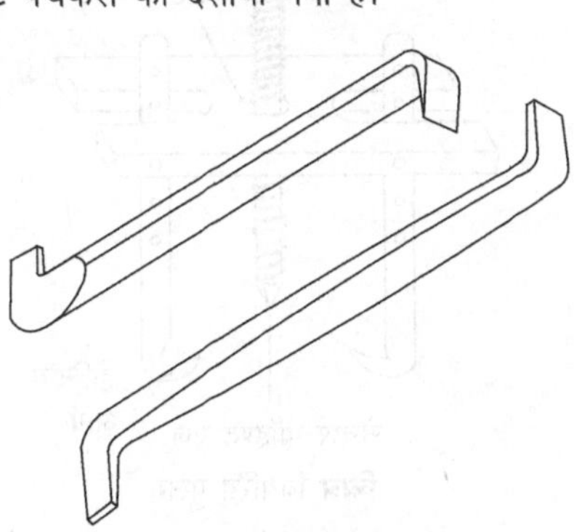

चित्र ऑफसैट पेंचकस

(iv) **रैचेट पेंचकस** Ratchet Screw-driver

पेंचकस को घुमाते समय उसका ब्लेड स्क्रू से निकल जाता है और उसे बार-बार स्लॉट में सैट करना पड़ता है। इस समस्या के समाधान हेतु पेंचकस में रैचेट लगा दिया जाता है। इसमें एक बटन, जिसे शिफ्टर (shifter) कहते हैं, दिशा परिवर्तित करने का कार्य करता है।

रैचेट का प्रयोग करने पर, पेंचकस को चलाने के लिए बार-बार हाथ की पकड़ को नहीं बदलना पड़ता, अपितु हत्थे को आगे-पीछे घुमाने पर पेंचकस एक ही दिशा में चलता है। इसका अन्य लाभ यह है कि जब हैण्डिल को नीचे दबाते हैं, तो पेंचकस अपने आप तेजी से घूमने लगता है। चित्र में रैचेट पेंचकस दर्शाया गया है।

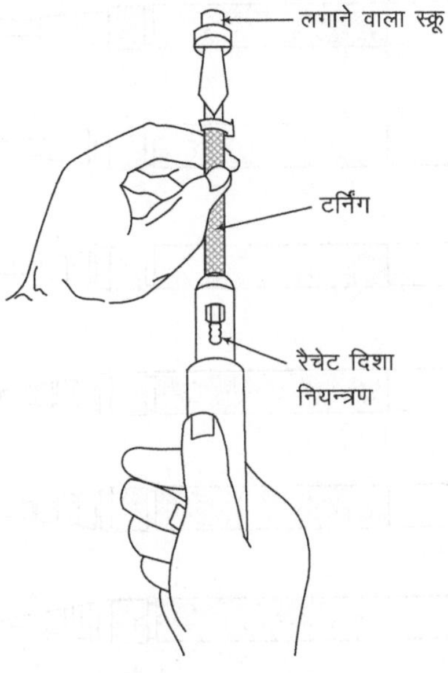

चित्र रैचेट पेंचकस

(v) **मैगजीन पेंचकस**
Magazine Screw-driver

इस पेंचकस के हैण्डिल में बनी पॉकेट में चार विभिन्न साइजों के ब्लेड होते हैं। हैण्डिल में एक कॉलेट (collet) लगा होता है, जिसमें आवश्यकतानुसार ब्लेड फिट करके कार्य किया जा सकता है। इन पेंचकसों की मजबूती कम होती है। चित्र में मैगजीन पेंचकस दर्शाया गया है।

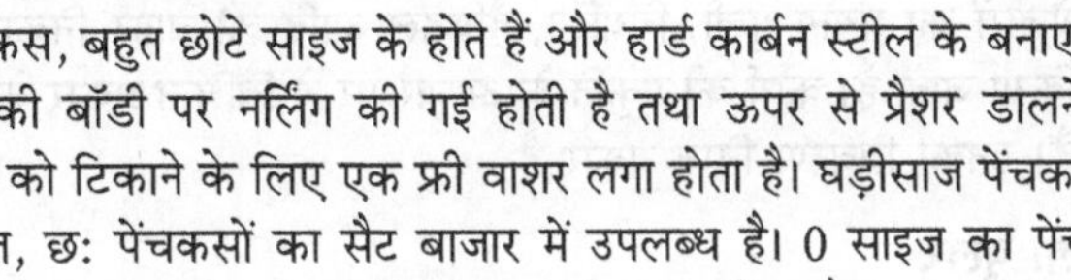

चित्र मैगजीन पेंचकस

(vi) **घड़ीसाज पेंचकस**
Watchmakers Screw-driver

ये पेंचकस, बहुत छोटे साइज के होते हैं और हार्ड कार्बन स्टील के बनाए जाते हैं। इनकी बॉडी पर नर्लिंग की गई होती है तथा ऊपर से प्रैशर डालने हेतु अँगुली को टिकाने के लिए एक फ्री वाशर लगा होता है। घड़ीसाज पेंचकस के अन्तर्गत, छः पेंचकसों का सैट बाजार में उपलब्ध है। 0 साइज का पेंचकस सबसे छोटा व 5 नम्बर का पेंचकस सबसे बड़ा होता है।

ये अधिकतर घड़ीसाज द्वारा प्रयोग किए जाते हैं इसलिए इन्हें घड़ीसाज पेंचकस कहा जाता है। वर्कशॉप में छोटे इन्स्ट्रूमेन्ट्स, गेज व मीटर आदि की रिपेयरिंग में इनका प्रयोग किया जाता है।

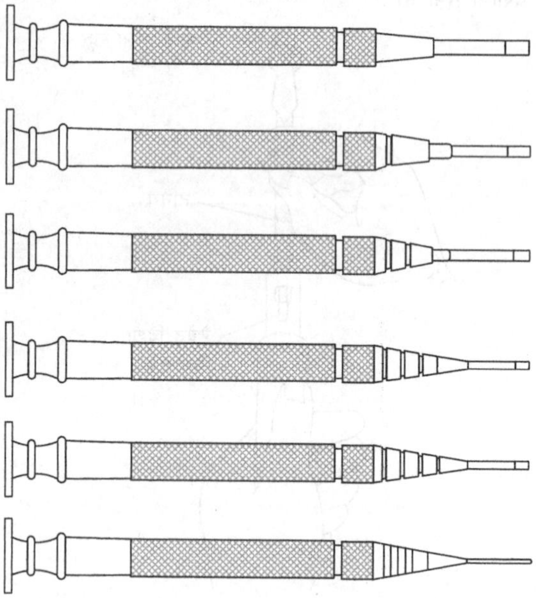

चित्र घड़ीसाज पेंचकस

पेंचकस प्रयोग करते समय सावधानियाँ
Precautions While Using Screw-driver

पेंचकस प्रयोग सम्बन्धी सावधानियाँ निम्न प्रकार हैं

(i) पेंचकस का प्रयोग सदैव उपयुक्त तरीके से करना चाहिए, क्योंकि लापरवाही हानिप्रद भी हो सकती है।

(ii) कार्य के अनुसार ही पेंचकस का प्रयोग करना चाहिए।

(iii) पेंचकस को सावधानीपूर्वक घुमाना चाहिए, विशेषकर यदि वह वैद्युतिक प्रकृति का हो।

5. बियरिंग तथा पुली पुलर्स
Bearing and Pulley Pullers

इन औजारों का प्रयोग पुली, बियरिंग, हैण्डिल आदि को बाहर निकालने के लिए किया जाता है। कार्य की प्रकृति के आधार पर ये विभिन्न प्रकार के बनाए जाते हैं। इनका विवरण निम्न प्रकार है

(i) पुली पुलर
Pulley Puller

पुली पुलर, माइल्ड स्टील का बना होता है, जिसमें तीन एडजस्टेबल टाँगें होती हैं। यह छोटे-बड़े कई किस्मों के होते हैं, जिनका चुनाव पुली के आकार के अनुसार किया जाता है। मशीनों की शाफ्ट से सुरक्षा पुली उतारने के लिए इनका प्रयोग किया जाता है। चित्र में एक पुली पुलर दर्शाया गया है।

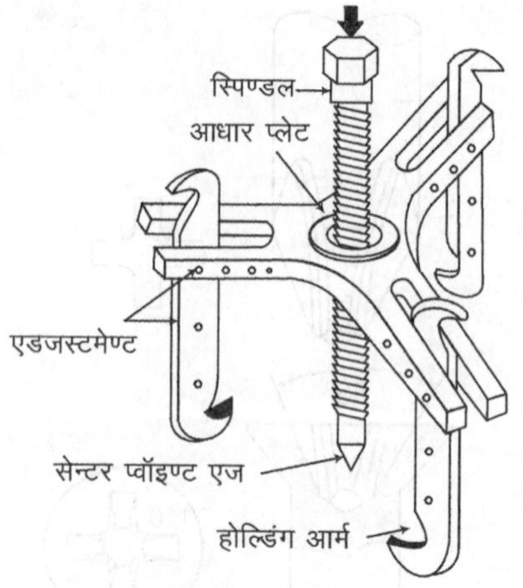

चित्र पुली पुलर

(ii) बियरिंग पुलर Bearing Puller

बियरिंग पुलर भी पुली पुलर के समान ही होता है, अन्तर केवल इतना है कि इसमें केवल दो टाँगें होती हैं। इसकी टाँगें आगे से समतल होती हैं, जिससे प्रयोग करते समय बियरिंग की जाली खराब न हो। इसके साथ ही इसके स्क्रू की लम्बाई पुली पुलर की अपेक्षा कुछ अधिक होती है।

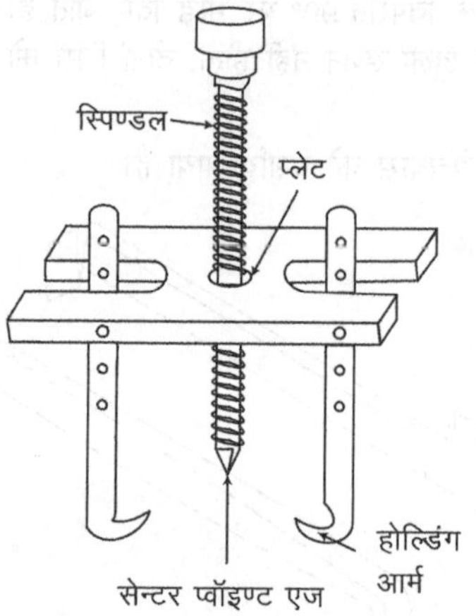

चित्र बियरिंग पुलर

4.7 होल्डिंग औजार Holding Tools

जॉब पर विभिन्न संक्रियाएँ करने से पूर्व यह आवश्यक है कि उसे मजबूती से एक निश्चित स्थान पर जकड़कर रखा जाए, अतः इस कार्य हेतु होल्डिंग औजारों का प्रयोग किया जाता है। होल्डिंग औजार के अन्तर्गत वाइस एक प्रमुख औजार है, जिसका वर्णन निम्नवत् है

वाइस Vice

वाइस जॉब को एक स्थिति में मजबूती के साथ जकड़कर रखने वाला उपकरण है। जॉब पर फाइलिंग, मशीनिंग, स्क्रैपिंग, फिटिंग आदि अन्य प्रक्रियाएँ करने से पहले इसे वाइस द्वारा मजबूती से जकड़ लिया जाता है। जॉब को जकड़कर रखने के लिए इसमें कठोर जबड़े (hard jaw) लगे होते हैं।

ये जबड़े जॉब की सतह में घुसकर, उसे जकड़ लेते हैं, जिससे जॉब पर निशान भी पड़ जाते हैं। तैयार माल को पकड़ने के लिए सॉफ्ट जॉ (soft jaw) प्रयोग किए जाते हैं। सॉफ्ट जॉ एल्युमीनियम की चादर के बने होते हैं तथा हार्ड जॉ के ऊपर ही प्रयोग किए जाते हैं। इससे जॉब की सतह पर निशान नहीं पड़ते हैं।

वाइस के प्रकार Types of Vice

मशीनों में प्रयोग होने वाली वाइसें निम्न प्रकार की होती हैं

1. बेंच वाइस 2. मशीन वाइस 3. पाइप वाइस
4. लैग वाइस 5. हैण्ड वाइस 6. पीन वाइस
7. टूल मेकर्स वाइस 8. 'C' क्लैम्प वाइस 9. समान्तर क्लैम्प वाइस

1. बेंच वाइस Bench Vice

किसी भी कार्यशाला के लिए सबसे आवश्यक वाइस, बेंच वाइस ही होती है। इसकी संरचना निम्न चित्र में दर्शायी गई है

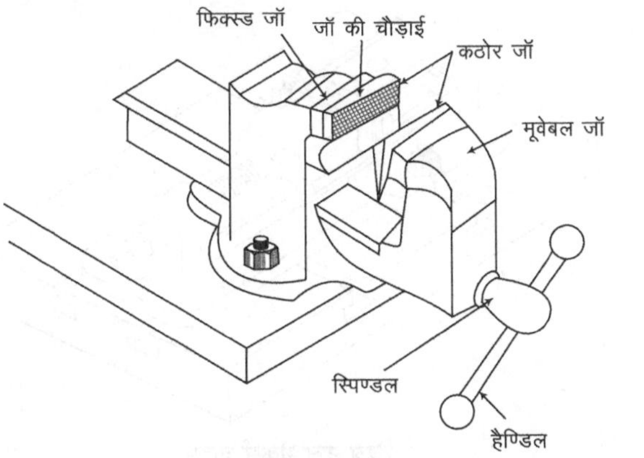

चित्र बेंच वाइस

बेंच वाइस की बॉडी साधारणत: ढलवाँ लोहे (cast iron) की बनी होती है। इसका प्रयोग प्राय: साइंग, फाइलिंग, चिपिंग, टैपिंग आदि ऑपरेशन करते समय कार्यखण्ड (workpiece) को पकड़ने के लिए किया जाता है। बेंच वाइस की बॉडी के अन्दर ही स्थिर जबड़ा (fixed jaw) कास्ट किया होता है, जबकि चलित जबड़े (movable jaw) का वर्गाकार लम्बा भाग, बॉडी के वर्गाकार होल में से गुजरता है। यह चलित जबड़ा भी ढलवाँ लोहे का बना होता है। इस चलित जबड़े का वर्गाकार भाग भी खोखला होता है, जिसमें माइल्ड स्टील (mild steel) का लम्बा स्क्रू घूमता है।

इस स्क्रू को घुमाने के लिए एक हैण्डिल की व्यवस्था की जाती है। यह स्क्रू बॉडी के अन्दर स्थिर किए गए एक नट के अन्दर घूमता है तथा घुमाने पर चलित जबड़े को आगे-पीछे चलाता है। दोनों जबड़ों पर कास्ट स्टील (cast steel) का दाँतेदार सतह वाला जबड़ा प्लेट स्क्रू के द्वारा लगा होता है। इन दोनों प्लेटों को ऊष्मा उपचार (heat treatment) द्वारा हार्ड किया जाता है। वाइस का साइज जबड़े की चौड़ाई से दिया जाता है।

2. मशीन वाइस Machine Vice

अधिकांश ड्रिलिंग प्रक्रियाओं में जॉब को ड्रिल करने के लिए मशीन वाइस में पकड़ा जाता है। जॉब पर ड्रिलिंग करते समय यह ध्यान रखना चाहिए कि ड्रिल कार्यखण्ड से गुजरने के पश्चात् वाइस में ड्रिलिंग न करें। इस उद्देश्य हेतु कार्यखण्ड को वाइस के ऊपर लकड़ी का समान्तर ब्लॉक रखकर, रखा जाता है, जिससे कार्यखण्ड तथा वाइस के मध्य कुछ अन्तराल रहे। नीचे चित्र में कार्यखण्ड को वाइस में पकड़े हुए ड्रिलिंग करते दर्शाया गया है।

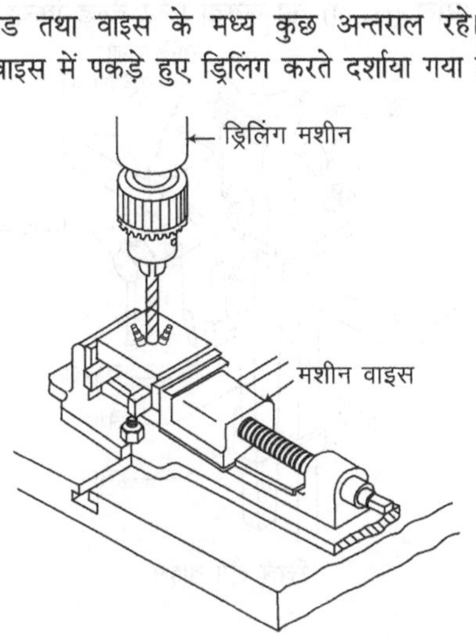

चित्र मशीन वाइस

3. पाइप वाइस Pipe Vice

पाइप वाइस का प्रयोग गोल पाइप व छड़ आदि को पकड़ने के लिए किया जाता है। इसके आधार में 'V' ग्रूव का स्थिर जबड़ा होता है। एक चल जबड़ा स्पिण्डल के द्वारा वर्टिकल फ्रेम में चलता है। दोनों जबड़ों में 90° का ग्रूव होता है। ये दोनों जबड़े ढलवाँ स्टील के बने होते हैं, जिन्हें ऊष्मा उपचार के द्वारा हार्ड किया जाता है। जॉब को मजबूती से पकड़ने के लिए इनमें दाँते (teeth) भी कटे होते हैं।

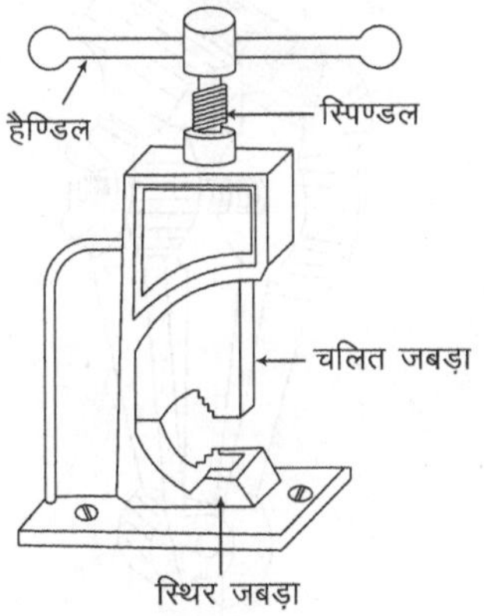

चित्र पाइप वाइस

4. लैग वाइस Leg Vice

इस वाइस में एक लम्बी टाँग होती है, जिसके ऊपरी सिरे में स्थिर जबड़ा होता है तथा निचला सिरा जमीन तक जाकर एक लकड़ी के लट्ठे पर टिका होता है। इसको किसी मजबूत व भारी मेज के ऊपर कस दिया जाता है। इसकी बड़ी टाँग (leg) से एक छोटी टाँग कब्जा जोड़ (hinge joint) के द्वारा जुड़ी होती है, जिसके ऊपरी भाग में चल जबड़ा होता है। यह चल जबड़ा, एक स्पिण्डल के द्वारा स्थिर जबड़े के सापेक्ष आगे-पीछे गति करता है। यह स्पिण्डल स्थिर जबड़े में लगे नट में गति करता है। यह वाइस, माइल्ड स्टील (mild steel) की बनी होती है।

दोनों जबड़ों में स्टील (steel) का जबड़ा प्लेट वैल्ड किया गया होता है।

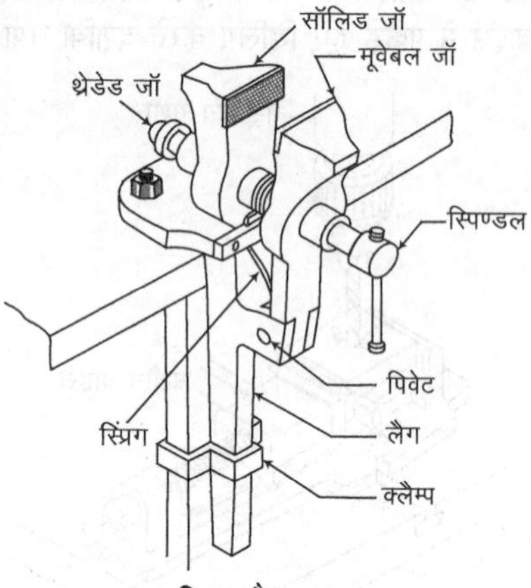

चित्र लैग वाइस

5. **हैण्ड वाइस** Hand Vice

इसकी बनावट कुछ सीमा तक लैग वाइस से मिलती-जुलती है, परन्तु यह वाइस साइज में बहुत छोटी होती है। इसे जॉब के साथ हाथ में पकड़कर प्रयोग किया जाता है, इसलिए इसे हैण्ड वाइस कहते हैं। इसके दोनों जबड़े एक सिरे पर कब्जा जोड़ (hinge joint) बनाते हैं, जबकि दूसरे सिरे पर जॉब की पकड़ मजबूत करने के लिए जबड़े को दाँतेदार बनाया जाता है। दोनों जबड़ों के मध्य एक पत्ती स्प्रिंग (leaf spring) होती है। जॉब को जबड़ों में पकड़ने के लिए एक विंग नट (wing nut) का प्रयोग किया जाता है, जैसा कि निम्न चित्र में दर्शाया गया है।

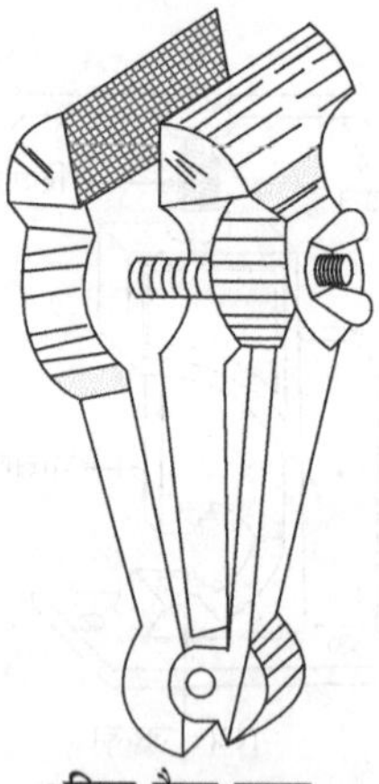

चित्र हैण्ड वाइस

यह समस्त वाइस, माइल्ड स्टील (mild steel) की बनी होती है तथा बाजार में 125-150 मिमी तक की लम्बाई तथा 40-44 मिमी तक की चौड़ाई में उपलब्ध होती है।

6. **पीन वाइस** Pein Vice

यह वाइस अत्यन्त महीन तारनुमा जॉब को पकड़ने के लिए प्रयोग की जाती है, इसलिए इसे पीन वाइस कहते हैं। इसके द्वारा पतली छड़, घड़ी की शाफ्ट या पिनियन (pinion) आदि को पकड़कर उन पर मशीनी कार्य किया जाता है।

जॉब को पकड़ने के लिए इसके एक सिरे पर ड्रिल चक की तरह के जबड़े होते हैं, जो आवश्यकतानुसार हैण्डिल को घुमाने पर खुलते तथा बन्द होते हैं। इसकी बॉडी पीन की तरह होती है। इसकी पकड़ बढ़ाने के लिए बॉडी पर नर्लिंग की गई होती है। इसकी पूरी लम्बाई में छिद्र किया गया होता है। इसका प्रयोग छोटे उपकरणों को पकड़ने के लिए किया जाता है।

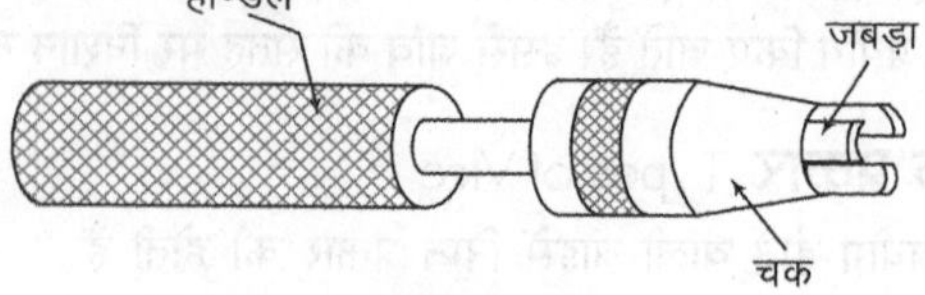

चित्र पीन वाइस

7. **टूल मेकर्स वाइस** Tool Makers Vice

टूल मेकर्स वाइस आकार में बहुत छोटी और पूर्णतः इस्पात (steel) की बनी होती है। इसके जबड़े प्लेन होते हैं, जिससे इसमें जॉब को पकड़ते समय, जॉब की सतह पर निशान नहीं पड़ते। इस वाइस को टूल मेकर द्वारा बारीक मशीन संक्रियाएँ करने के लिए प्रयोग किया जाता है।

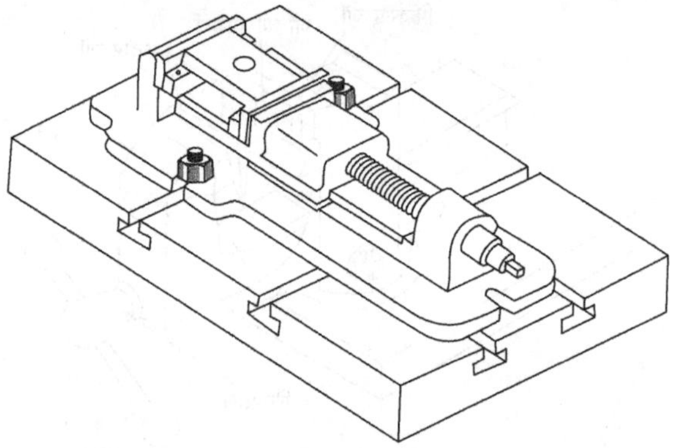

चित्र टूल मेकर्स वाइस

8. 'C' **क्लैम्प वाइस** 'C' Clamp Vice

इसकी बनावट 'C' के आकार की होती है, इसलिए इसे 'C' क्लैम्प वाइस कहते हैं। इसमें ढलवाँ लोहे का एक फ्रेम होता है, जिसका एक सिरा स्थिर बटन जैसा होता है। दूसरे सिरे को एक नट के रूप में बनाया जाता है। इस नट में एक स्पिण्डल गति कर सकता है। इस स्पिण्डल के अगले सिरे पर एक घूर्णी बटन लगा होता है तथा दूसरे सिरे पर एक हैण्डिल लगा होता है। इस हैण्डिल को कसने से ही घूर्णी बटन तथा स्थिर बटन के बीच जॉब को पकड़ा जाता है।

सी-क्लैम्प कई साइजों में उपलब्ध होते हैं। इसमें जितने बड़े-से-बड़े साइज का जॉब पकड़ा जा सकता है, वही उस 'C' क्लैम्प का साइज होता है। इसका प्रयोग फैब्रीकेशन के कार्यों में अधिक किया जाता है।

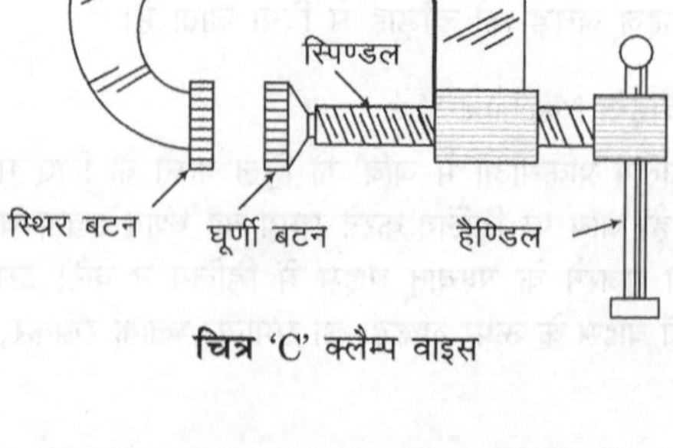

चित्र 'C' क्लैम्प वाइस

9. **समान्तर क्लैम्प वाइस** Parallel Clamp Vice

समान्तर क्लैम्प वाइस को टूल मेकर्स क्लैम्प भी कहते हैं। इसमें टूल-स्टील के दो प्लेन जबड़े होते हैं, जिन्हें लगभग बीच में एक स्क्रू द्वारा कसा जा सकता है। एक दूसरा स्क्रू दूसरे सिरे के पास क्लैम्प को तनाव देता है।

ये क्लैम्प तैयार जॉब को पकड़ने के लिए प्रयोग किए जाते हैं। इनसे जॉब की सतह खराब नहीं होती। इनका प्रयोग जॉब पर मार्किंग, सोल्डरिंग, ब्रेजिंग या ड्रिलिंग आदि करने के लिए किया जाता है। समान्तर जबड़ों में पकड़े जा सकने वाले बड़े-से-बड़े साइज से समान्तर जबड़े का साइज दिया जाता है।

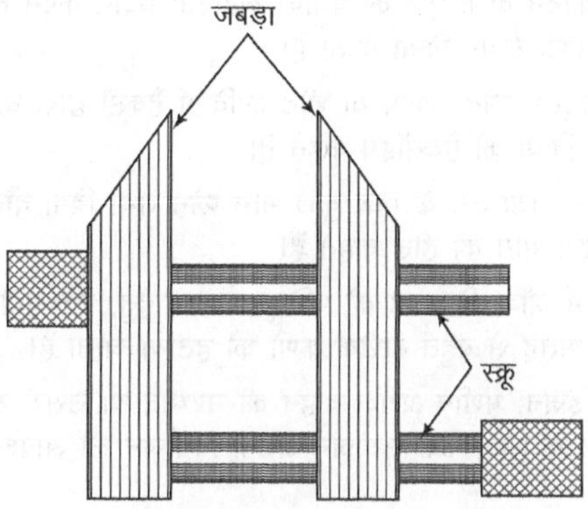

चित्र समान्तर क्लैम्प वाइस

वाइस प्रयोग करते समय सावधानियाँ
Precautions While Using Vice

वाइस का प्रयोग करते समय निम्न सावधानियों का ध्यान रखना चाहिए

(i) वाइस में नया जॉब बाँधने से पहले उसे भली-भाँति साफ कर लेना चाहिए।

(ii) वाइस के खिसकने वाले सभी भागों पर तेल आदि लगाते रहना चाहिए।

(iii) वाइस के स्पिण्डल व बॉक्स नट पर ग्रीस लगाते रहना चाहिए।

(iv) जॉब को वाइस में आवश्यकतानुसार कसना चाहिए। अधिक या कम कसने से कार्यखण्ड में त्रुटि की सम्भावना रहती है।

(v) तैयार उत्पाद को वाइस में पकड़ते समय सॉफ्ट जॉ (soft jaw) का प्रयोग करना चाहिए जिससे निशान न पड़ें।

4.8 कार जैट वॉशर Car Jet Washer

वाहन पर लगी ग्रीस, मोम, चिकनी मिट्टी, ट्रांसमिशन केस और इंजन ब्लॉक को उच्च दाब के पानी (150 kg/cm^2) के जैट से साफ करने के लिए कार जैट वॉशर मशीनों का उपयोग किया जाता है। जैट वॉशर मशीनों में मुख्यतः स्टीम जैट क्लीयरिंग मशीन का प्रयोग किया जाता है, क्योंकि इस मशीन को एक स्थान से दूसरे स्थान तक आसानी से ले जाया जा सकता है।

अधिक संख्या में कारों की क्लीनिंग के लिए वर्कशॉपों में ऑटोमैटिक वॉशिंग सिस्टम का उपयोग किया जाता है। बॉडी को साफ करने हेतु इस सिस्टम में मूवेबल फ्लेक्सिबल रोलर लगे होते हैं तथा चेसिस की सफाई के लिए मल्टी-डायरेक्शन वाली नोजल का प्रयोग किया जाता है।

महत्त्वपूर्ण बिन्दु

- वर्कशॉप में अधिकतम उत्पादन के लिए विभिन्न प्रकार के हस्त औजारों, उपकरणों एवं मशीनों का उपयोग किया जाता है।
- स्क्रैपर, हाई-कार्बन स्टील या टूल स्टील के बनाए जाते हैं।
- फ्लैट स्क्रैपर की धार को थोड़ा-सा गोलाई में 75° के कोण पर बनाया जाता है।
- सामान्यतः तारों के ब्रुश का उपयोग वैल्ड जोड़ों को साफ करने के लिए किया जाता है।
- एमरी पेपर या रेगमाल एक सख्त कागज के टुकड़े पर एब्रेसिव कण चिपकाकर बनाया जाता है।
- मार्किंग ऑफ टेबल मार्किंग के उद्देश्य से बनाई गई टेबल होती है। जिसकी ऊपरी प्लेट कास्ट आयरन की बनी होती है।
- कास्ट आयरन की सर्फेस प्लेट को उठाने के लिए साइडों में माइल्ड स्टील के दो हैण्डिल लगे होते हैं।
- बेलनाकार या गोल आकार की वस्तुओं को प्लेट सहारा देने के लिए 'V' ब्लॉक की आवश्यकता होती है।
- धातुओं की सतहों पर लाइन खींचने के लिए स्क्राइबर का प्रयोग किया जाता है।
- डिवाइडर माइल्ड स्टील या हाई-कार्बन स्टील का कम्पास के समान दो टाँगों वाला मार्किंग उपकरण है।
- मार्किंग ब्लॉक का प्रयोग किसी जॉब की एक साइड के समान्तर ऊँचाइयों पर समान्तर लाइनें खींचने के लिए किया जाता है।
- स्क्राइबर से खींची गई अस्थायी मार्किंग लाइनें जॉब से मिट सकती हैं, इसलिए लाइनों से 2.5 मिमी की दूरी पर पंच की सहायता से बिन्दु लगा दिया जाता है।
- डॉट पंच कास्ट स्टील के बनाए जाते हैं जिसकी बॉडी षट्भुजाकर होती है।
- जब धातु पर खींची गई लाइनें ठीक से दिखाई नहीं देतीं, तो जॉब पर मार्किंग मीडिया लगा दिया जाता है।
- उत्पादों की विमाओं को मापने के लिए मापन औजारों का प्रयोग किया जाता है।
- स्टील रूल अधिकतर स्टेनलैस स्टील, स्प्रिंग स्टील या हाई-कार्बन स्टील के बनाए जाते हैं।
- ट्राई-स्क्वायर एक चैकिंग टूल है, जिसकी सहायता से हम समकोण की जाँच करते हैं।
- वे कैलीपर, जो जॉब की बाहरी माप लेने के लिए प्रयोग किए जाते हैं, आउटसाइड कैलीपर कहलाते हैं।
- वर्कशॉप में किसी वस्तु जॉब को ठोकने, मोड़ने या सीधा करने के लिए हथौड़े का प्रयोग किया जाता है।
- मृदु हथौड़ा, जो लकड़ी का बना होता है, मैलट कहलाता है।
- छेनी की काटने वाली एज को पर्याप्त कठोरता प्रदान करने के लिए उसे हार्ड तथा टैम्पर किया जाता है।
- लोहे के लट्ठों, प्लेट, पाइप या शीट आदि में हैक्सॉ द्वारा धातु को काटने की क्रिया को हैक्सॉइंग कहते हैं।
- रेती के फेस तथा टैंग के मध्य कुछ भाग प्लेन तथा बिना दाँतों का होता है, इस भाग को हील कहते हैं।
- ग्राइण्डिंग में जॉब की सतह को परिष्कृत करने हेतु, एक एब्रेसिव व्हील द्वारा उस सतह से बहुत बारीक कणों को हटाया जाता है।
- किसी भी इंजन, मशीन अथवा वाहन की मरम्मत या उससे सम्बन्धित कार्य करने के लिए, उसे संयोजन अथवा वियोजन की आवश्यकता होती है।
- स्पैनर का मुँह नट में सैट करने के पश्चात्, उसके हैण्डिल पर बल लगाने से लीवरेज के सिद्धान्त के अनुसार नट को पर्याप्त दाब से कसा जाता है।
- कॉपर पाइप के किनारे का फैलाव व संकुचन करने के लिए फ्लेरिंग टूल का प्रयोग किया जाता है।
- कॉम्बीनेशन प्लायर सबसे अधिक प्रयोग में लाया जाने वाला प्लायर है।
- वाइस जॉब को एक स्थिति में मजबूती के साथ जकड़कर रखने वाला उपकरण है।
- वाहन पर लगी ग्रीस, मोम, चिकनी मिट्टी, ट्रांसमिशन केस और इंजन ब्लॉक उच्च दाब के पानी के जैट से साफ करने के लिए कार जैट वॉशर मशीनों का उपयोग किया जाता है।

महत्त्वपूर्ण प्रश्नोत्तरी

1. मशीन की सतह पर उभरे हुए भाग को समाप्त करने का क्या उद्देश्य है?

उत्तर मशीन की सतह पर उभरे हुए भाग को समाप्त करने का उद्देश्य मशीन की सतहों का घर्षण कम करके, उनके पार्ट्स की आयु को बढ़ाना है।

2. फ्लैट स्क्रैपर व हुक स्क्रैपर में अन्तर स्पष्ट कीजिए।

उत्तर फ्लैट स्क्रैपर का आकार फ्लैट फाइल के समान होता है। इसकी कटिंग एज प्वॉइण्ट की ओर बनाई जाती है। यदि फ्लैट स्क्रैपर को प्वॉइण्ट की ओर से 90° पर मोड़ दिया जाए, तो हुक स्क्रैपर बन जाता है।

3. क्लीनिंग औजार एमरी पेपर को किस प्रकार बनाया जाता है?

उत्तर क्लीनिंग औजार एमरी पेपर को एक सख्त कागज के टुकड़े पर एब्रेसिव कण चिपकाकर बनाया जाता है।

4. काँच की प्लेट की सतह परिष्कृति 4 से 8 माइक्रोन तक होती है। यह किस ओर संकेत करता है?

उत्तर प्लेट की सतह परिष्कृति प्लेट की कार्य उपयुक्तता की ओर संकेत करती है।

5. किसी बेलनाकार जॉब पर मार्किंग करने के लिए आप किस उपकरण का सहारा लेंगे, जिससे सफलतापूर्वक मार्किंग हो सके?

उत्तर किसी बेलनाकार जॉब पर मार्किंग करने के लिए 'V' ब्लॉक द्वारा जॉब को सहारा दिया जाता है।

6. मार्किंग करने के लिए स्क्राइबर का प्रयोग किया जाता है। एक जॉब के बोर में मार्किंग करनी है, आप कौन-से स्क्राइबर का प्रयोग करेंगे?

उत्तर जॉब के बोर में मार्किंग हेतु मुड़े हुए स्क्राइबर का प्रयोग किया जाता है।

7. स्क्राइबर से खींची गई अस्थायी मार्किंग लाइनें जॉब से मिट जाती हैं जॉब पर स्थायी मार्किंग के लिए किसका उपयोग करते हैं?

उत्तर जॉब पर स्थायी मार्किंग पंच द्वारा बनाई जाती हैं।

8. मुलायम धातु के जॉब पर मार्किंग के लिए किस पंच का प्रयोग किया जाता है, इस पंच का प्वॉइण्ट कोण होगा?

उत्तर मुलायम धातु के जॉब पर मार्किंग के लिए प्रिक पंच का प्रयोग किया जाता है। इस पंच का प्वॉइण्ट कोण 30° होगा।

9. आन्तरिक व बाह्य कैलीपर का साइज कहाँ से लिया जाता है?

उत्तर आन्तरिक व बाह्य कैलीपर का साइज लैग के प्वॉइण्ट से रिवेट के सेन्टर तक लिया जाता है।

10. चित्र में प्रदर्शित हथौड़े के भाग A का नाम बताइए।

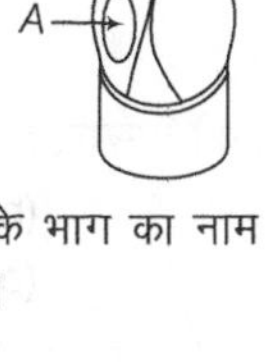

उत्तर चित्र में प्रदर्शित हथौड़े के भाग का नाम आई होल है, जिसमें हैण्डिल वैज द्वारा फिट रहता है।

11. क्रॉस कट छेनी की कटिंग एज की अपेक्षा इसका पिछला भाग कुछ पतला बनाया जाता है, क्यों?

उत्तर क्रॉस कट छेनी की कटिंग एज की अपेक्षा इसका पिछला भाग पतला बनाने से ग्रूव काटते समय इसकी कटिंग एज जॉब में नहीं फँसती है।

12. डीप कटिंग हैक्सॉ फ्रेम की गहराई अधिक रखने का क्या लाभ है?

उत्तर डीप कटिंग हैक्सॉ फ्रेम की गहराई अधिक रखने से यह जॉब को गहराई तक काटने पर भी जॉब में नहीं अटकता है।

13. हैक्सॉ की हाफ हार्ड ब्लेड में ब्लेड को टूटने से किस प्रकार बचाया जाता है?

उत्तर हैक्सॉ की हाफ हार्ड ब्लेड में ब्लेड को आधी चौड़ाई तक ही हार्ड करके टूटने से बचाया जाता है।

14. हैक्सॉ के दाँतों की वेव सैटिंग से क्या अभिप्राय है?

उत्तर हैक्सॉ के दाँतों की वेव सैटिंग में दाँतों को एक लहर के आकार में सैट किया जाता है।

15. रेती की सहायता से कौन-कौन से कार्य सम्पन्न किए जाते हैं?

उत्तर रेती द्वारा प्लेन सतह, वक्र सतह, सीधी झिर्री, वृत्ताकार होल तथा लगभग प्रत्येक प्रकार की आकृति से अनावश्यक पदार्थ हटाने जैसे कार्य सम्पन्न किए जाते हैं।

16. डबल कट रेती में उसके फेस पर कटिंग दाँते दो पंक्तियों में कटे होते हैं। अक्ष के साथ ओवर कट 70° के कोण पर तथा अप कट 51° के कोण पर होता है। क्या होगा यदि दाँतों की दोनों पंक्तियाँ एकसमान कोण पर हों?

उत्तर डबल कट रेती में यदि दाँतों की दोनों पंक्तियाँ एकसमान कोण पर होंगी, तो दाँतों की केवल सामने वाली पंक्ति ही धातु काटेगी।

17. रेती का कर्तन दन्त भाग कठोरीकृत है, जबकि पुच्छ भाग मृदुकृत होता है। पुच्छ भाग क्यों मृदुकृत होता है?

उत्तर पुच्छ भाग या टैंग का काट-क्षेत्रफल कम होता है। यदि यह हार्ड होगा, तब जोर लगाने पर इसके टूट जाने की प्रबल सम्भावना है। अतः टैंग मृदुकृत (soft) बनाया जाता है।

18. रेती को उत्तल करने का क्या उद्देश्य है?

उत्तर रेती को उत्तल करने का मुख्य उद्देश्य जॉब की सतह से घर्षण को हटाना है।

19. वर्कशॉप के अन्दर किस ग्राइण्डर का उपयोग स्नेगिंग तथा ऑफ हैण्ड ग्राइण्डिग में किया जाता है?

उत्तर वर्कशॉप के अन्दर स्नेगिंग तथा ऑफ हैण्ड के लिए बेंच ग्राइण्डर का उपयोग किया जाता है।

20. ग्राइण्डिंग करते समय अपनाई जाने वाली दो सावधानियाँ बताइए।

उत्तर ग्राइण्डिंग करते समय अपनाई जाने वाली दो सावधानियाँ निम्न हैं

(i) ग्राइण्डर के सामने ठीक से खड़े होना चाहिए।

(ii) ग्राइण्डिंग व्हील के गार्ड का प्रयोग अवश्य करना चाहिए।

अभ्यास प्रश्न

परीक्षा प्रारूपी प्रश्न

बहुविकल्पीय

1. वर्कशॉप में ………… के लिए विभिन्न प्रकार के हस्त औजार, उपकरणों एवं मशीनों का उपयोग किया जाता है।
(a) जॉब (b) उत्कृष्ट उत्पादन
(c) मापन (d) मार्किंग

2. स्क्रैपर किस पदार्थ से निर्मित होते हैं?
(a) हाई-कार्बन स्टील (b) टूल स्टील
(c) 'a' और 'b' दोनों (d) इनमें से कोई नहीं

3. फ्लैट स्क्रैपर की धार को थोड़ा-सा गोलाई में किस कोण पर बनाया जाता है?
(a) 25° (b) 50° (c) 75° (d) 90°

4. फ्लैट स्क्रैपर को हुक स्क्रैपर बनाने के लिए निम्न में से किस कोण पर मोड़ा जाता है?
(a) 45° (b) 60° (c) 90° (d) 120°

5. बड़े बियरिंगों में ऑयल पॉकिट बनाने में इनमें से किस स्क्रैपर का उपयोग किया जाता है?
(a) बुल नोज स्क्रैपर (b) ट्राइएंगुलर स्क्रैपर
(c) हाफ राउण्ड स्क्रैपर (d) हुक स्क्रैपर

6. हाफ राउण्ड स्क्रैपर को अन्य किस नाम से जाना जाता है?
(a) हुक स्क्रैपर (b) बुल नोज स्क्रैपर
(c) बियरिंग स्क्रैपर (d) त्रिभुजाकार स्क्रैपर

7. निम्न में से किस स्क्रैपर का प्रयोग बड़े आकार की फ्लैट सतहों को स्क्रैप करने के लिए किया जाता है?
(a) बुल नोज स्क्रैपर (b) बियरिंग स्क्रैपर
(c) डबल हैण्डिल स्क्रैपर (d) हुक स्क्रैपर

8. चित्र में दर्शाए गए स्क्रैपर का क्या नाम है?

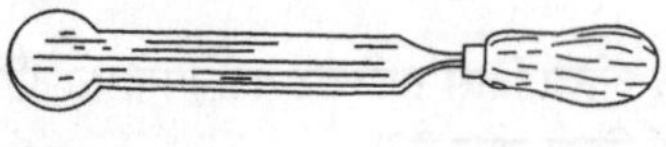

(a) फ्लैट स्क्रैपर (b) हुक स्क्रैपर
(c) हाफ राउण्ड स्क्रैपर (d) बुल नोज स्क्रैपर

9. चित्र में दर्शाया गया क्लीनिंग टूल है

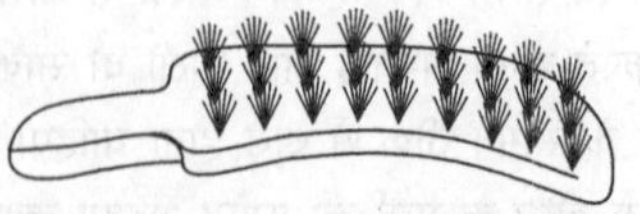

(a) खोखला कार्बन ब्रुश (b) वायर व्हील
(c) वायर ब्रुश (d) ब्रिशल हैड

10. निम्न में से कौन-सा मार्किंग का एक उद्देश्य नहीं है?
(a) समय की बचत करना
(b) सभी प्रक्रियाओं का उचित ज्ञान
(c) एक बार ही नापने की आवश्यकता
(d) जॉब की यथार्थता को निम्न कोटि की करना

11. कास्ट आयरन की सर्फेस प्लेट का प्रयोग निम्न में से किस कार्य में नहीं किया जाता है?
(a) किसी जॉब की समतलता को ज्ञात करने के लिए
(b) ट्राई-स्क्वायर की यथार्थता को जाँचने के लिए
(c) एंगल प्लेट को सहारा देने के लिए
(d) जॉब की जटिल मापों को मापने के लिए

12. जॉब की मार्किंग सर्फेस प्लेट पर रखकर की जाती है, उस समय हम रैफरेन्स सर्फेस लेते हैं
(a) जॉब की शीर्ष सर्फेस को (b) मार्किंग सर्फेस प्लेट को
(c) जॉब की अक्ष को (d) जॉब की ड्रॉइंग को

13. सर्फेस प्लेट बनी होती है
(a) मार्बल से (b) लाल पत्थर से
(c) ग्रेनाइट से (d) क्वॉर्ट्ज से

14. 'V' ब्लॉक ………… ग्रेड में उपलब्ध होते हैं।
(a) A और B (b) A, B और C
(c) 1, 2 और 3 (d) 1 और 2

15. सभी दशाओं में 'V' का कोण होता है
(a) 45° (b) 60°
(c) 75° (d) 90°

16. स्क्राइबर के सिरों को पत्थर पर घिसकर 15° से ………… के कोण पर बनाया जाता है।
(a) 30° (b) 15° (c) 20° (d) 45°

17. स्क्राइबर बना होता है
(a) उच्च कार्बन स्टील
(b) माइल्ड स्टील
(c) पीतल
(d) कास्ट आयरन

18. निम्न में से धातु वर्कर की पेन्सिल है
(a) स्क्राइबर (b) स्क्रैच ऑल
(c) चीजल (d) पंच

19. चित्र में दर्शाए गए डिवाइडर का प्रकार बताइए।

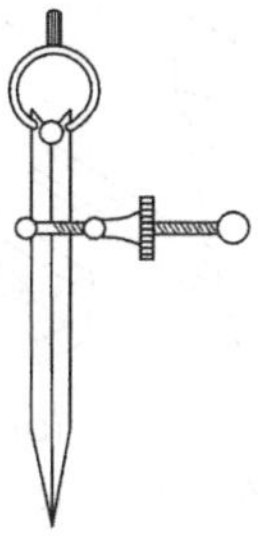

(a) फर्म जोड़ (b) स्प्रिंग जोड़
(c) स्क्रू जोड़ (d) नीडिल जोड़

20. मार्किंग औजार के रूप में प्रयुक्त स्प्रिंग प्रकार डिवाइडर का जोड़ व आकार निम्न में से किससे मिलता-जुलता है?
(a) इनसाइड स्प्रिंग कैलीपर (b) एडजस्टेबल स्क्राइबर
(c) रिवेट टाइप डिवाइडर (d) स्क्रैच गेज

21. स्थायी मार्किंग ब्लॉक के बेस में लगा पिलर स्थायी रूप से ………. लगा होता है।
(a) क्षैतिज (b) समान्तर (c) लम्बवत् (d) ऊर्ध्वाधर

22. यूनिवर्सल मार्किंग ब्लॉक में लगी दो पिनों को कहते हैं
(a) गाइड पिन (b) एडजस्टिंग पिन
(c) फाइन एडजस्टिंग पिन (d) स्नग पिन

23. यूनिवर्सल सर्फेस गेज में 'X' द्वारा अंकित भाग को पहचानिए।

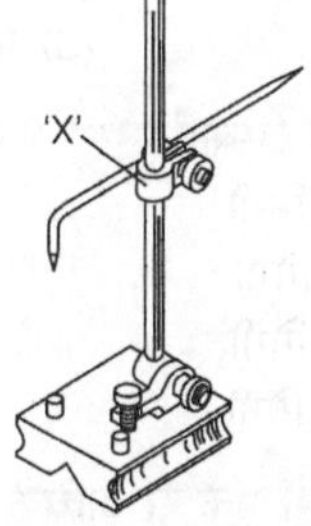

(a) गाइड पिन (b) क्लैम्पिंग नट
(c) स्नग (d) एडजस्टमेण्ट स्क्रू

24. डेटम एज पर समान्तर रेखा खींचने हेतु यूनिवर्सल मार्किंग ब्लॉक का प्रयुक्त भाग है
(a) रॉकर आर्म (b) स्नग
(c) टाइप एडजस्टमेण्ट स्क्रू (d) गाइड पिन

25. डेटम सर्फेस के समान्तर रेखा खींचने के लिए प्रयुक्त गेज है
(a) स्क्रू पिच गेज (b) सर्फेस गेज
(c) रेडियस गेज (d) स्क्रू गेज

26. प्रिक पंच का प्वॉइण्ट निम्न कोण पर होता है
(a) 60° (b) 90° (c) 30° (d) 120°

27. निम्न में से किसके द्वारा स्थायी मार्किंग का कार्य सम्पन्न किया जाता है?
(a) स्क्राइबर द्वारा (b) डिवाइडर द्वारा
(c) मार्किंग प्लेट द्वारा (d) पंच द्वारा

28. 30° प्वॉइण्ट पंच प्रयोग किया जाता है
(a) विटनेस मार्क्स बनाने के लिए
(b) होल्स बनाने के लिए
(c) ड्राइवर प्वॉइण्ट्स बनाने के लिए
(d) उपरोक्त में से कोई नहीं

29. सेन्टर पंच का प्वॉइण्ट कोण होता है
(a) 30° (b) 45° (c) 60° (d) 90°

30. सॉलिड पंच प्रयोग किया जाता है
(a) ब्लैक स्मिथ द्वारा (b) कारपेन्टर द्वारा
(c) पेन्टिंग द्वारा (d) इनमें से कोई नहीं

31. डॉट पंच का कोण होता है
(a) 30° (b) 45°
(c) 60° (d) 90°

32. चित्र में दिखाए गए प्रिक पंच के कोण को पहचानिए।

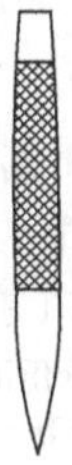

(a) 30° (b) 40°
(c) 50° (d) 60°

33. पिन पंचों का प्रयोग सिलेण्ड्रीकल जॉब में छिद्र करने के लिए किया जाता है। पिन पंच निम्न पिनों के सैट में उपलब्ध हैं
(a) 5 पिन (b) 6 पिन (c) 10 पिन (d) 12 पिन

34. स्टील रूल किस धातु का बना होता है?
(a) स्टेनलैस स्टील (b) कार्बन स्टील
(c) माइल्ड स्टील (d) काँसा

35. स्टील रूल द्वारा मापन की अधिकतम परिशुद्धता है
(a) 0.1 मिमी (b) 0.5 मिमी
(c) 1.0 मिमी (d) 5.0 मिमी

36. स्टील टेप में सेमी को ………. स्थान तक विभाजित किया होता है।
(a) पाँचवें (b) दसवें
(c) बीसवें (d) पन्द्रहवें

37. ट्राई-स्क्वायर का प्रयोग ………. चैक करने के किया जाता है।
(a) समतलता (b) गोलाकार
(c) परिशुद्धता (d) सतह परिष्कृति

38. ट्राई-स्क्वायर में स्टॉक पर ब्लेड के नीचे एक अण्डर-कट लगा होता है, जिसका उद्देश्य है
(a) ट्राई-स्क्वायर का साइज चैक करना
(b) उसकी खूबसूरती बढ़ाना
(c) मशीनिंग से जॉब के किनारों पर आई बर्र (burr) को स्थान देना
(d) उपरोक्त में से कोई नहीं

39. स्प्रिंग टाइप आउट साइड कैलीपर, स्टील रूल के साथ प्रयोग किया जाता है। इस कैलीपर की परिशुद्धता है
(a) 0.25 मिमी (b) 0.50 मिमी
(c) 0.75 मिमी (d) 1.00 मिमी

40. साधारणतः कैलीपर निम्न धातु के बनाए जाते हैं
(a) स्टेनलैस स्टील
(b) हाई-कार्बन स्टील
(c) माइल्ड स्टील
(d) उपरोक्त में से कोई नहीं

41. हथौड़े के लिए निम्न में से कौन-सी धातु प्रयोग की जाती है?
(a) कास्ट आयरन (b) लो-कार्बन स्टील
(c) टूल स्टील (d) कास्ट स्टील

42. पीन हथौड़े का एक भाग होता है। पीन के कई अलग-अलग प्रकार हैं। निम्न में से कौन-सा एक पीन का आकार नहीं है?
(a) बॉल पीन (b) क्रॉस पीन
(c) स्ट्रैट पीन (d) बैण्ड पीन

43. हथौड़े में पीन का क्या प्रयोग है?
(a) स्ट्राइक में प्रयोग होता है
(b) यह आकार देने में प्रयोग होता है
(c) धातु को एक दिशा में फैलाता है
(d) यह गढ़ने में प्रयोग होता है

44. हैमर का वह प्रकार जिसका वजन 3-9 किग्रा तथा जिसमें लकड़ी का लम्बा हत्था लगा होता है, जोकि फोर्ज शॉप में प्रयोग किया जाता है, है
(a) हैण्ड हैमर (b) स्लेज हैमर
(c) बॉल पीन हैमर (d) स्ट्रैट पीन हैमर

45. धातु चादर कार्य में किस हथौड़े का प्रयोग होता है?
(a) बॉल पीन हथौड़ा (b) स्लेज हथौड़ा
(c) क्रॉस पीन हथौड़ा (d) मृदु हथौड़ा

46. बॉल पीन हथौड़े का हार्ड किया हुआ भाग है
(a) वेज (b) फेस (c) चीक (d) आई होल

47. हैमर हैण्डिल को अन्त सिरे से पकड़ने का उद्देश्य है
(a) हाथ को क्षति पहुँचने से बचाना
(b) उत्तम ग्रिप के लिए
(c) अधिकतम लीवरेज के लिए
(d) जॉब को क्षतिग्रस्त होने से बचाना

48. चित्र में दर्शाया गया हथौड़ा है

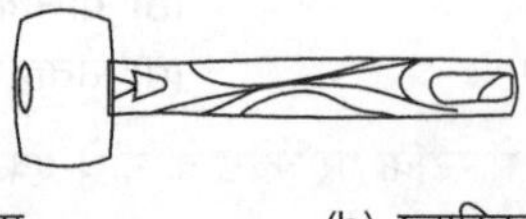

(a) लीड हथौड़ा (b) प्लास्टिक हथौड़ा
(c) ब्रास हथौड़ा (d) रबड़ हथौड़ा

49. की-वे कटिंग में प्रयुक्त चीजल है
(a) फ्लैट चीजल (b) क्रॉस-कट चीजल
(c) राउण्ड नोज चीजल (d) डायमण्ड प्वॉइण्ट चीजल

50. चित्र में प्रदर्शित चीजल है

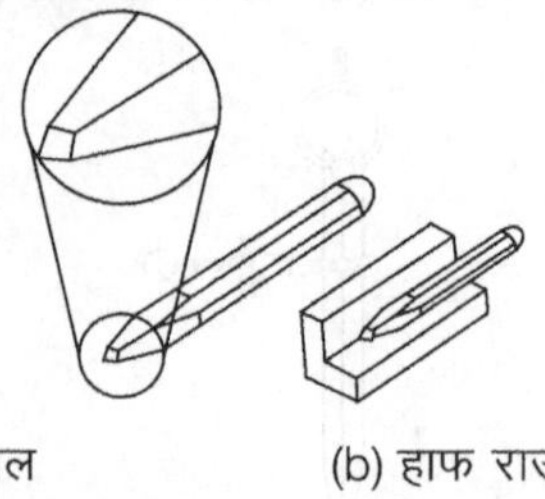

(a) फ्लैट चीजल (b) हाफ राउण्ड चीजल
(c) डायमण्ड प्वॉइण्ट चीजल (d) कैप चीजल

51. चीजल का प्रयोग किया जाता है
(a) रिवेट हैड की कटिंग में
(b) नट तथा बोल्ट को टाइट करने में
(c) लाइट मार्किंग में
(d) होल से छोटी पिनों को निकालने में

52. नीचे दिए गए चित्र में प्रयुक्त चीजल का नाम बताइए।

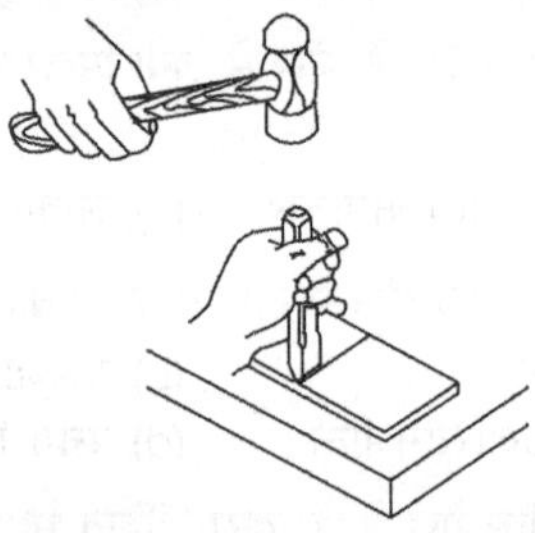

(a) क्रॉस कट चीजल (b) हाफ राउण्ड चीजल
(c) वेब चीजल (d) फ्लैट चीजल

53. हैक्सॉ ब्लेड दो मानक लम्बाई .... तथा .... में उपलब्ध है।
(a) 200 मिमी, 300 मिमी
(b) 250 मिमी, 300 मिमी
(c) 350 मिमी, 370 मिमी
(d) 100 मिमी, 150 मिमी

54. .... हैक्सॉ फ्रेम में एक से अधिक मानक साइज के ब्लेड फिट किए जाते हैं।
(a) फिक्स्ड (b) ट्यूबलर
(c) एडजस्टेबल (d) डीप कटिंग

55. हैक्सॉ ब्लेड कटिंग करते हैं
(a) फॉरवर्ड स्ट्रोक में (b) बैकवर्ड स्ट्रोक में
(c) एंगुलर स्ट्रोक में (d) इनमें से कोई नहीं

56. हैक्सॉ ब्लेड बार-बार ढीला क्यों हो जाता है?
(a) ब्लेड के खिंच जाने के कारण
(b) ब्लेड की पिच का सही चुनाव न होने के कारण
(c) विंग नट की चूड़ियाँ घिस जाने के कारण
(d) शीतलक का प्रयोग न करने के कारण

57. हैक्सॉ ब्लेड के दाँते .... मुड़े होते हैं।
(a) एक ओर (b) दोनों ओर
(c) पीछे की ओर (d) आगे की ओर

58. हैक्सॉ ब्लेड को ·········· से बनाया जाता है।
(a) हाई स्पीड एल्युमीनियम (b) लो स्पीड कार्बन
(c) हाई स्पीड कार्बन (d) इनमें से कोई नहीं

59. हैक्सॉ ब्लेड की लम्बाई मापी जाती है
(a) दाँतों वाले भाग के एक सिरे से दूसरे सिरे तक
(b) एक पिन होल के सेन्टर से दूसरे पिन होल के सेन्टर तक
(c) ब्लेड के एक सिरे से दूसरे सिरे तक
(d) एक पिन होल के सिरे से दूसरे पिन होल के सिरे तक

60. एक नए हैक्सॉ ब्लेड को पुराने द्वारा बनाए गए ब्लाइण्ड सॉ कट में प्रयोग नहीं करना चाहिए, क्योंकि
(a) ब्लेड को चलाने के लिए पर्याप्त स्थान नहीं होता है
(b) ब्लेड महँगा होता है
(c) नए ब्लेड के दाँते तेज धार वाले होते हैं
(d) उपरोक्त में से कोई नहीं

61. निम्न में से कौन-सा एक हैक्सॉ का भाग नहीं है?
(a) पिन (b) स्पेसर (c) ब्लेड (d) विंग नट

62. सॉलिड ब्रास (solid brass) को काटने के लिए हैक्सॉ ब्लेड (hacksaw blade) की उपयुक्त पिच ·········· होती है।
(a) 0.8 मिमी (b) 1.0 मिमी (c) 1.4 मिमी (d) 1.8 मिमी

63. हैक्सॉ ब्लेड में मोटे दाँत की पिच ·········· होती है।
(a) 0.5 मिमी (b) 0.8 मिमी (c) 1.8 मिमी (d) 1.0 मिमी

64. ठोस पीतल को काटने के लिए हैक्सॉ ब्लेड की उचित पिच है
(a) 1.8 मिमी (b) 1.4 मिमी (c) 1 मिमी (d) 0.8 मिमी

65. ब्लेड के साथ हस्त हैक्सॉ का प्रयोग धातु के विभिन्न सेक्शन को काटने में होता है। स्टैण्डर्ड लम्बाई के ब्लेड का प्रयोग किस प्रकार के फ्रेम में होता है?
(a) समतल प्रकार के एडजस्टेबल फ्रेम में
(b) ट्यूबलर प्रकार के एडजस्टेबल फ्रेम में
(c) ठोस फ्रेम में
(d) लचीले फ्रेम में

66. हैण्ड हैक्सॉ ब्लेड का चुनाव काटी जाने वाली धातु के आकार और कठोरता पर निर्भर करता है।
कण्ड्यूट और दूसरे टूबिंग को काटने के लिए कितने पिच के ब्लेड का प्रयोग करते हैं?
(a) 0.8 मिमी पिच (b) 1.0 मिमी पिच
(c) 1.5 मिमी पिच (d) 1.75 मिमी पिच

67. चित्र में 'X' अंकित भाग का नाम बताइए।

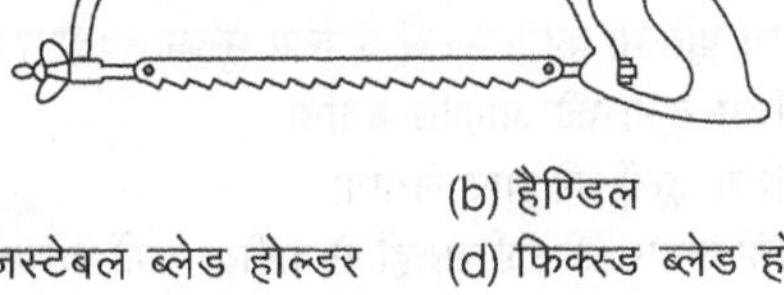

(a) फ्रेम (b) हैण्डिल
(c) एडजस्टेबल ब्लेड होल्डर (d) फिक्स्ड ब्लेड होल्ड

68. टैंग तथा बॉडी को पृथक् करने वाला फाइल का वक्र भाग कहलाता है
(a) फैरूल (b) हील (c) सोल्डर (d) एज

69. फाइल का कौन-सा भाग हार्ड तथा टेम्पर किया जाता है?
(a) हैण्डिल (b) टैंग (c) फैरूल (d) बॉडी

70. निम्न चित्र में किस प्रकार की रेताई (filling) प्रदर्शित की गई है?

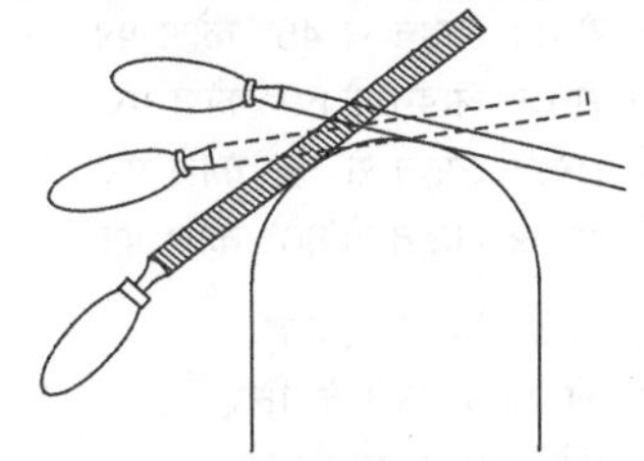

(a) क्रॉस रेताई (b) सीधी रेताई (c) ड्रॉ रेताई (d) कर्व्ड रेताई

71. नरम, हल्के एवं छोटे कार्यों के लिए निम्न रेतियों में से कौन-सी प्रयोग की जाती है?
(a) पिलर रेती (b) त्रिभुजाकार रेती
(c) नीडिल रेती (d) गोलाकार रेती

72. एक बास्टर्ड रेती में ·········· होते हैं।
(a) 8 दाँते/सेमी (b) 9 दाँते/सेमी
(c) 10 दाँते/सेमी (d) 12 दाँते/सेमी

73. बहुत हल्के कार्यों के लिए निम्न में से कौन-सी चाबी (key) का प्रयोग करते हैं?
(a) जिब शीर्ष चाबी (b) वुडरफ चाबी
(c) ठोस सैडल चाबी (d) खोखली सैडल चाबी

74. नीचे प्रदर्शित चित्र में किस प्रकार की रेताई दर्शायी गई है?

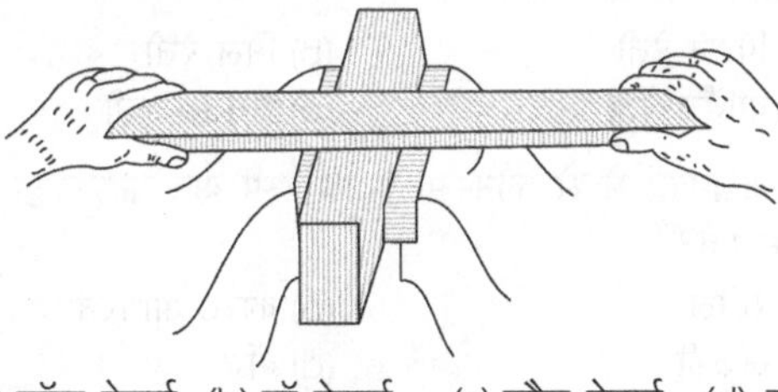

(a) क्रॉस रेताई (b) ड्रॉ रेताई (c) स्ट्रैट रेताई (d) कर्व्ड रेताई

75. फाइल के भाग 'A' की पहचान करें।

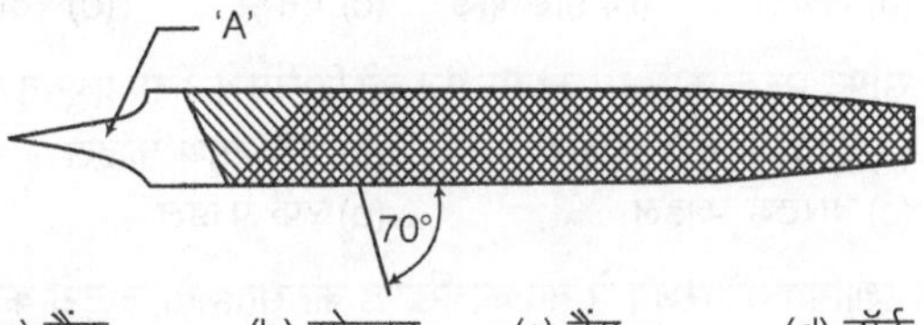

(a) शैंक (b) सोल्डर (c) टैंग (d) टॉर्क

76. हैण्ड फाइल बनाई जाती है।
(a) लो कार्बन स्टील से (b) मीडियम कार्बन स्टील से
(c) हाई-कार्बन स्टील से (d) हाई क्रोमियम स्टील से

77. मुख्यतः रेती में चार प्रकार के कट होते हैं। इनमें से कौन-सा एक रेती का कट नहीं है?
(a) सिंगल कट (b) डबल कट (c) कर्व्ड कट (d) स्ट्रैट कट

78. उस आयताकार फाइल का नाम बताइए, जिसमें निचली सतह में दाँते होते हैं तथा ऑटोमोबाइल क्षेत्र में प्रयुक्त होती है।
(a) रिफलर फाइल (b) मिल सॉ फाइल
(c) क्रॉसिंग फाइल (d) टिंकर फाइल

79. सिंगल कट रेती के फेस पर दाँते किस कोण में कटे होते हैं?
(a) रेती की सेन्टर लाइन से 45° कोण पर
(b) रेती की सेन्टर लाइन से 60° कोण पर
(c) रेती की सेन्टर लाइन से 75° कोण पर
(d) रेती की सेन्टर लाइन से 80° कोण पर

80. रेती कार्ड का प्रयोग किया जाता है
(a) वर्कपीस को साफ करने के लिए
(b) रेती के दाँते साफ करने के लिए
(c) रेती के दाँतों को पूर्ण अवस्था में लाने के लिए
(d) चिप्स को साफ करने के लिए

81. रफ रेती का प्रयोग किया जाता है
(a) अनियमित आकार की जॉबों पर
(b) धातु को शीघ्रता से रगड़ने के लिए
(c) लकड़ी पर
(d) यदि स्मूथ फाइल उपलब्ध न हो

82. आपको एक एल्युमीनियम ब्लॉक को स्मूथ फिनिश में काटना है। निम्नलिखित में से कौन-सी रेती अधिक उपयुक्त होगी?
(a) सिंगल कट (b) डबल कट
(c) रैस्प कट (d) वृत्ताकार कट

83. निम्न में से कौन-सी रेती का प्रयोग खाँचों की रेताई करने के लिए किया जाता है?
(a) पिलर रेती (b) मिल रेती
(c) वार्डिंग रेती (d) समतल रेती

84. निम्नलिखित में से कौन-सा पदार्थ रैस्प कट फाइल द्वारा काटा जा सकता है?
(a) स्टील (b) कास्ट आयरन
(c) लकड़ी (d) ब्रोंज

85. डबल कट रेती का प्रयोग किस पर रेताई के लिए प्रयोग किया जाता है?
(a) लकड़ी (b) हार्ड बोर्ड (c) चमड़ा (d) स्टील

86. सॉफ्ट मेटल कास्टिंग की रफ एज की ट्रिमिंग के लिए प्रयुक्त फाइल है
(a) सेकण्ड कट फाइल (b) डेड स्मूथ फाइल
(c) बास्टर्ड फाइल (d) रफ फाइल

87. मशीनिंग ऑपरेशन में बने कार्यखण्ड की सतह के कन्टूरों की धातु को एक उच्च गति पर घूमते हुए एब्रेसिव पहिए द्वारा बहुत बारीक कणों के रूप में हटाने की प्रक्रिया को .... कहा जाता है।
(a) होनिंग (b) ड्रिलिंग (c) ग्राइण्डिंग (d) वैल्डिंग

88. ग्राइण्डिंग द्वारा कार्यखण्ड की सतह से .... तक की धातु कणों को हटाया जा सकता है।
(a) 0.25 से 0.5 मिमी (b) 0.1 से 0.2 मिमी
(c) 0.20 से 0.9 मिमी (d) 0.3 से 0.4 मिमी

89. निम्न में से कौन-सा प्राकृतिक एब्रेसिव नहीं है?
(a) बालू-पत्थर (b) सिलिकॉन कार्बाइड
(c) कोरण्डम (d) डायमण्ड

90. सिलिकॉन कार्बाइड के पहिए की घिसाई गति होती है
(a) 4000 फीट/मिनट (b) 4500 फीट/मिनट
(c) 5000 फीट/मिनट (d) 6000 फीट/मिनट

91. एब्रेसिव कणों को ग्राइण्डिंग पहिए की आकृति प्रदान करने के लिए निम्न में से किस बन्धक पदार्थ का प्रयोग किया जाता है?
(a) सिलिकेट बॉण्ड (b) विट्रीफाइड बॉण्ड
(c) रबर बॉण्ड (d) ये सभी

92. एब्रेसिव कणों का साइज किसे प्रभावित करता है?
(a) ग्राइण्डिंग व्हील की कार्यक्षमता को
(b) ग्राइण्डिंग व्हील की संरचना को
(c) ग्राइण्डिंग व्हील के साइज को
(d) उपरोक्त में से कोई नहीं

93. ग्राइण्डिंग के दौरान प्रयोग करना चाहिए
(a) हैलमेट (b) चश्मा (c) लेग गार्ड (d) ढीले कपड़े

94. ग्राइण्डिंग करते समय यह सुनिश्चित कर लेना चाहिए कि ग्राइण्डिंग की दिशा मशीन की मार्किंग के अनुसार हो।
यदि ग्राइण्डिंग मशीन की घूर्णन दिशा विपरीत है, तो
(a) ग्राइण्डिंग प्रक्रिया सम्भव नहीं होगी
(b) ग्राइण्डिंग के दौरान अत्यधिक स्पार्किंग होगी
(c) ग्राइण्डिंग व्हील खराब हो जाएँगे
(d) उपरोक्त में से कोई नहीं

95. ग्राइण्डिंग व्हील को असामान्य बियरिंग को रोकने के लिए ....
(a) जॉब को फुल फेस पर चलाएँ
(b) जॉब को ग्राइण्डिंग व्हील के ऊपर घुमाएँ
(c) आवश्यकतानुसार ग्राइण्डिंग व्हील्स की ट्रूइंग तथा ड्रेसिंग करें
(d) कूलैन्ट का प्रयोग करें

96. नीचे दिए गए चित्र में किस प्रकार का ग्राइण्डर दर्शाया गया है?

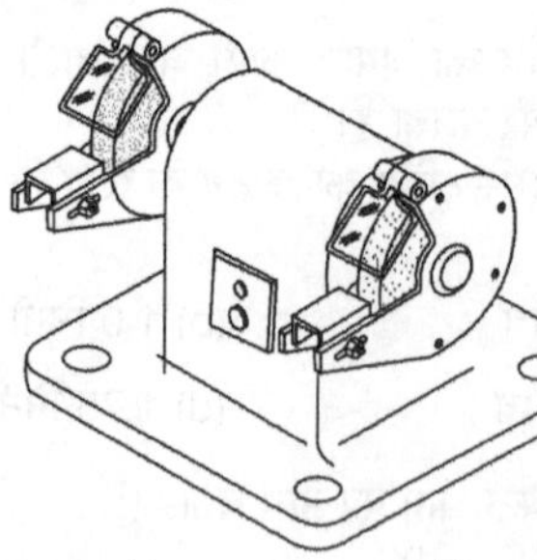

(a) स्टैण्ड ग्राइण्डर (b) बेंच ग्राइण्डर
(c) पोर्टेबल ग्राइण्डर (d) स्विंग-फ्रेम ग्राइण्डर

97. ग्राइण्डिंग प्रक्रिया का निम्न में से क्या मुख्य उद्देश्य है?
(a) कटिंग टूलों की आकृति बनाना
(b) कटिंग टूलों की धार लगाना
(c) बिना कठोर की गई सतहों से बारीक कणों के रूप में धातु हटाना
(d) उपरोक्त सभी

98. ग्राइण्डिंग व्हील की सुरक्षा के लिए सुरक्षा गार्ड लगाए जाते हैं। सुरक्षा गार्ड द्वारा बचाव होता है
(a) ग्राइण्डिंग व्हील का (b) कार्यखण्ड का
(c) ऑपरेटर का (d) ग्राइण्डिंग व्हील के स्पिण्डल का

99. मल्टी कॉन्टैक्ट नट अथवा बोल्ट को निकालने के लिए प्रयुक्त औजार है
(a) ओपन एण्ड स्पैनर (b) रिंग स्पैनर
(c) पंच (d) चीजल

100. डबल एण्ड स्पैनर साइज के चुनाव के लिए उपयुक्त है
(a) लम्बाई (b) मोटाई
(c) चौड़ाई (d) एक्रॉस जॉ

101. निम्न चित्र में दिया गया स्पैनर है

(a) रिंग स्पैनर (b) ओपन एण्ड स्पैनर
(c) रिंग तथा ओपन एण्ड स्पैनर (d) सॉकेट स्पैनर

102. चित्र में दर्शाया गया सॉकेट स्पैनर है

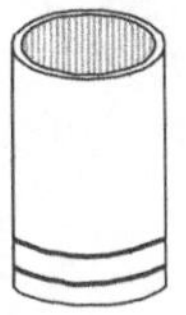

(a) 12 प्वॉइण्ट डिप सॉकेट स्पैनर
(b) 6 प्वॉइण्ट डिप सॉकेट स्पैनर
(c) 12 प्वॉइण्ट स्टैण्डर्ड सॉकेट स्पैनर
(d) 6 प्वॉइण्ट स्टैण्डर्ड सॉकेट स्पैनर

103. ऐलन रिंच का प्रयोग किया जाता है
(a) पाइप तथा औजारों को मोड़ने में
(b) सॉकेट हैड स्क्रू को निकालने में
(c) घड़ी के पार्ट्स को निकालने में
(d) उपरोक्त सभी

104. लाइट ड्यूटी पेंचकस ········· के द्वारा प्रयोग किया जाता है।
(a) कारपेन्टर (b) इलेक्ट्रीशियन
(c) ज्वैलर्स (d) इनमें से कोई नहीं

105. चित्र में दर्शाया गया पेंचकस है
(a) स्टैण्डर्ड पेंचकस (b) फिलिप्स पेंचकस
(c) क्लच पेंचकस (d) प्रिंस पेंचकस

106. वाइस का साइज निम्न से लिया जाता है
(a) स्पिण्डल की लम्बाई
(b) वाइस का भार
(c) जबड़ों की चौड़ाई
(d) दोनों जबड़ों के मध्य अधिकतम दूरी

107. चित्र में *'A'* पार्ट का क्या नाम है?

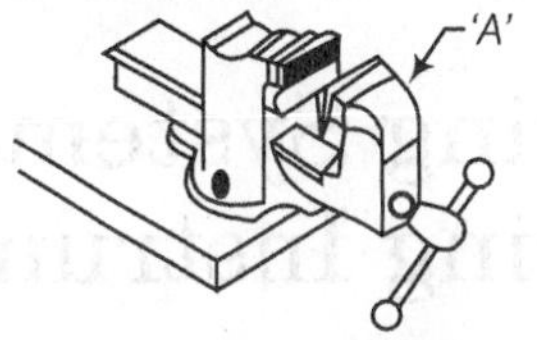

(a) स्थिर जबड़ा (b) चलित जबड़ा
(c) हैण्डिल (d) हैण्ड जबड़ा

108. वाइस में जॉब को जकड़कर रखने के लिए इसमें लगे होते हैं
(a) स्पिण्डल (b) हैण्डिल
(c) कठोर जबड़े (d) मृदु जबड़े

109. बेंच वाइस के सन्दर्भ में सही कथन है
(a) बेंच वाइस की बॉडी साधारणतः ढलवाँ लोहे की बनी होती है
(b) वाइस का साइज जबड़े की चौड़ाई से दिया जाता है
(c) बाजार में बेंच वाइस 75 मिमी से 150 मिमी तक उपलब्ध है
(d) उपरोक्त सभी

110. गोल पाइप व छड़ आदि को पकड़ने के लिए किस वाइस का प्रयोग किया जाता है?
(a) यूनिवर्सल मशीन वाइस (b) लैग वाइस
(c) ड्रिल मशीन वाइस (d) पाइप वाइस

उत्तरमाला

1. (b)	**2.** (c)	**3.** (c)	**4.** (c)	**5.** (a)	**6.** (c)	**7.** (c)	**8.** (d)	**9.** (c)	**10.** (d)
11. (c)	**12.** (b)	**13.** (c)	**14.** (a)	**15.** (d)	**16.** (c)	**17.** (a)	**18.** (a)	**19.** (b)	**20.** (a)
21. (c)	**22.** (a)	**23.** (c)	**24.** (d)	**25.** (b)	**26.** (c)	**27.** (d)	**28.** (a)	**29.** (d)	**30.** (a)
31. (c)	**32.** (a)	**33.** (c)	**34.** (a)	**35.** (b)	**36.** (b)	**37.** (a)	**38.** (c)	**39.** (b)	**40.** (c)
41. (b)	**42.** (d)	**43.** (b)	**44.** (b)	**45.** (d)	**46.** (b)	**47.** (c)	**48.** (d)	**49.** (b)	**50.** (c)
51. (a)	**52.** (d)	**53.** (b)	**54.** (c)	**55.** (a)	**56.** (c)	**57.** (b)	**58.** (c)	**59.** (d)	**60.** (a)
61. (b)	**62.** (d)	**63.** (c)	**64.** (d)	**65.** (a)	**66.** (a)	**67.** (a)	**68.** (b)	**69.** (d)	**70.** (d)
71. (c)	**72.** (d)	**73.** (d)	**74.** (b)	**75.** (c)	**76.** (c)	**77.** (d)	**78.** (d)	**79.** (b)	**80.** (b)
81. (b)	**82.** (a)	**83.** (a)	**84.** (c)	**85.** (d)	**86.** (d)	**87.** (c)	**88.** (a)	**89.** (b)	**90.** (c)
91. (d)	**92.** (a)	**93.** (b)	**94.** (a)	**95.** (d)	**96.** (b)	**97.** (d)	**98.** (a)	**99.** (b)	**100.** (d)
101. (c)	**102.** (a)	**103.** (b)	**104.** (b)	**105.** (d)	**106.** (c)	**107.** (b)	**108.** (c)	**109.** (d)	**110.** (d)

अध्याय 05

मापन प्रणालियाँ एवं सूक्ष्ममापी यन्त्र

Measuring Systems and Precision Measuring Instruments

अध्याय विषय सूची

परिचय Introduction

कार्यशाला में विभिन्न मशीनी अवयवों के निर्माण के दौरान, विविध स्तरों पर गणना की परिशुद्धता बनाए रखने के लिए सूक्ष्ममापी यन्त्रों की आवश्यकता होती है। इन सूक्ष्ममापी यन्त्रों द्वारा किसी भी जॉब को मीट्रिक प्रणाली में 0.01 मिमी तथा ब्रिटिश प्रणाली में 0.001 इंच या इससे भी अधिक सूक्ष्मता से मापा जा सकता है। स्टील रूल की सहायता से किसी माप को केवल 0.25 मिमी अथवा 0.01 इंच की शुद्धता के साथ ही मापा जा सकता है, इसलिए जहाँ अधिक शुद्धता के साथ मापन की आवश्यकता होती है, वहाँ सूक्ष्ममापी यन्त्रों का प्रयोग किया जाता है। प्रस्तुत अध्याय में परिशुद्ध मापन की उपयोगिताओं को ध्यान में रखते हुए माप, माप की प्रणाली तथा विशिष्ट सूक्ष्ममापी यन्त्रों; जैसे—माइक्रोमीटर, वर्नियर कैलीपर तथा गेज का विस्तारपूर्वक वर्णन किया गया है।

5.1 माप Measurement

कार्यशाला में विभिन्न प्रकार के उत्पाद, ड्रॉइंग की माप के अनुसार बनाए जाते हैं। ड्रॉइंग की यह माप लम्बाई, चौड़ाई, ऊँचाई, कोण आदि में होती है। कार्यशाला में अधिकतर इन्हीं माप पर उत्पादन कार्य होता है। किसी कार्यखण्ड के आकार को मानक इकाई में निर्धारित करने की प्रक्रिया को ही माप कहते हैं।

माप के प्रकार Types of Measurement

किसी मापक यन्त्र के द्वारा ली गई माप की यथार्थता (accuracy), मापक यन्त्र एवं कारीगर की दक्षता पर निर्भर करती है। माप मुख्यतः निम्न प्रकार की होती है

1. **रेखीय माप** (Linear measurement) सीधी रेखा में मापी जाने वाली माप को रेखीय माप कहते हैं। रेखीय माप को रूल, स्केल, माइक्रोमीटर, कैलीपर, वर्नियर कैलीपर आदि के द्वारा मापा जाता है।
2. **कोणीय माप** (Angular measurement) दो रेखाओं के प्रतिच्छेद बिन्दु की माप को कोणीय माप कहते हैं। कोणीय माप को ट्राई-स्क्वायर, चाँदा, बेवेल स्क्वायर, कॉम्बीनेशन सैट, साइन बार, वर्नियर बेवेल प्रोट्रेक्टर आदि के द्वारा मापा जाता है।

3. **त्रिज्य माप** (Radial measurement) किसी कार्यखण्ड की गोलाई (त्रिज्य) में माप लेना उसकी त्रिज्य माप कहलाती है। त्रिज्य माप को रिंग गेज, प्लग गेज, त्रिज्य गेज आदि के द्वारा मापा जाता है।
4. **समतल सतह माप** (Plane surface measurement) इस प्रकार की माप में कार्यखण्ड की समतलता को मापा जाता है। कार्यखण्ड की सतह समतलता की माप सर्फेस गेज, सर्फेस प्लेट, स्ट्रैट एज डायल टेस्ट इण्डीकेटर आदि के द्वारा ली जाती है।

माप की विधियाँ Methods of Measurement

कार्यशाला में हम विभिन्न प्रकार के मापक उपकरणों का उपयोग करते हैं। इन उपकरणों के द्वारा हम मुख्यत: तीन प्रकार से माप ले सकते हैं

(i) **प्रत्यक्ष माप** (Direct measurement) इस विधि में जॉब की माप सीधे ही स्टील रूल, माइक्रोमीटर, वर्नियर कैलीपर, बेवेल प्रोट्रेक्टर द्वारा ली जाती है।

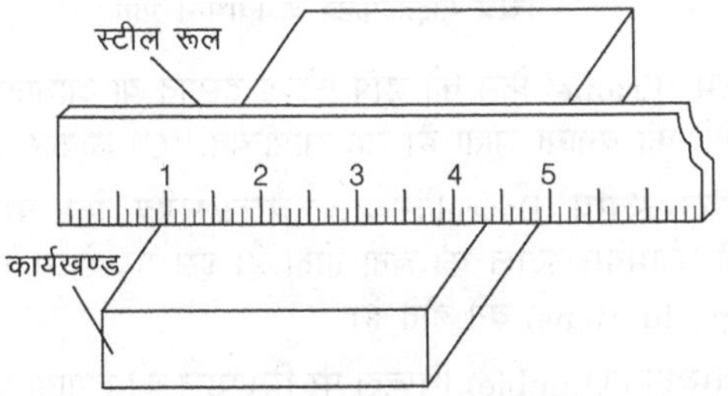

चित्र प्रत्यक्ष माप

(ii) **अप्रत्यक्ष माप** (Indirect measurement) इस विधि में जॉब की माप पहले आउटसाइड कैलीपर, इनसाइड कैलीपर डिवाइडर, टेलिस्कोपिक गेज द्वारा ली जाती है। इसके पश्चात् इस माप को स्टील रूल पर स्थानान्तरित करके मुख्य माप प्राप्त की जाती है।

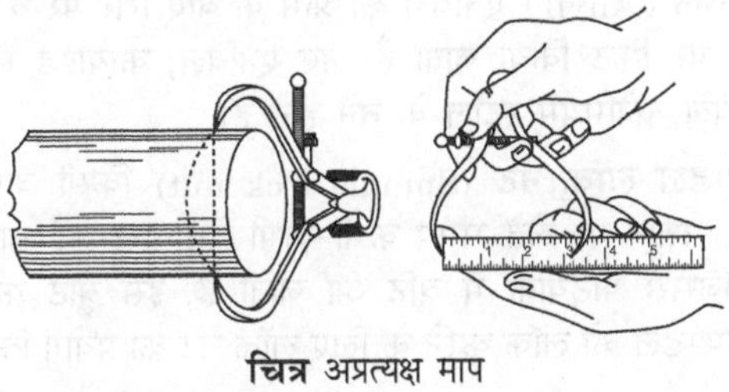

चित्र अप्रत्यक्ष माप

(iii) **तुलनात्मक माप** (Comparative measurement) इस विधि में जॉब की माप, किसी मास्टर पीस से तुलना करके ली जाती है।

5.2 माप की प्रणालियाँ Systems of Measurement

माप की प्रणालियाँ मुख्यत: तीन प्रकार की होती हैं, परन्तु आजकल केवल सी.जी. एस. (CGS) और एफ.पी.एस. (FPS) प्रणाली ही प्रयोग में लाई जाती हैं।

1. FPS प्रणाली FPS System

इसे **ब्रिटिश प्रणाली** भी कहा जाता है। इसमें लम्बाई, भार तथा समय की इकाइयाँ (units) क्रमश: फुट (foot), पौण्ड (pound) तथा सेकण्ड (second) होती हैं। अंग्रेजों (ब्रिटिश) के समय में हमारे देश में यही प्रणाली प्रचलित थी। इस प्रणाली में लम्बाई की सबसे बड़ी यूनिट मील होती है।

FPS प्रणाली में इकाइयों को निम्न प्रकार से बाँटा जाता है

1 मील = 8 फर्लांग
1 फर्लांग = 220 गज
1 गज = 3 फुट
1 फुट = 12 इंच
1 टन = 20 हन्ड्रेड्वेट
1 हन्ड्रेड्वेट = 4 क्वार्टर
1 क्वार्टर = 28 पौण्ड
1 पौण्ड = 16 औंस
1 औंस = 10 ड्रम
1 मिनट = 60 सेकण्ड
1 घण्टा = 60 मिनट

2. CGS प्रणाली CGS System

इसे **मीट्रिक प्रणाली** भी कहा जाता है। इसमें लम्बाई को सेमी में, भार को ग्राम में तथा समय को सेकण्ड में मापा जाता है। ये इकाइयाँ बहुत छोटी होती हैं।

3. MKS प्रणाली MKS System

इस प्रणाली में लम्बाई को मीटर, भार को किग्रा तथा समय को सेकण्ड में मापा जाता है। CGS प्रणाली की सभी इकाइयाँ MKS प्रणाली में समायोजित हैं। इस प्रणाली में लम्बाई की बड़ी यूनिट किमी होती है।

MKS प्रणाली में इकाइयों को निम्न प्रकार से बाँटा जाता है

1 किलोमीटर = 1000 मीटर = 10 हेक्टोमीटर
1 हेक्टोमीटर = 100 मीटर = 10 डेकामीटर
1 डेकामीटर = 10 मीटर
1 मीटर = 10 डेसीमीटर
1 डेसीमीटर = 10 सेन्टीमीटर = 0.1 मीटर
1 सेन्टीमीटर = 10 मिलीमीटर = 0.01 मीटर
1 मिलीमीटर = 0.001 मीटर
1 किलोग्राम = 1000 ग्राम = 10 डेक्टोमीटर
1 हेक्टोग्राम = 100 ग्राम = 10 डेकाग्राम
1 डेकाग्राम = 10 ग्राम
1 ग्राम = 10 डेसीग्राम
1 डेसीग्राम = 10 सेन्टीग्राम = 0.1 ग्राम
1 सेन्टीग्राम = 10 मिलीग्राम = 0.01 ग्राम
1 मिलीग्राम = 0.001 ग्राम

5.3 सूक्ष्ममापी यन्त्र Precision Measuring Instruments

स्टील रूल की सहायता से हम छोटी-से-छोटी माप 1/64" या 1/2 मिमी तक की माप ले सकते हैं। वर्तमान युग में मशीनों के कलपुर्जे अत्यधिक परिशुद्ध आकार के बनाए जाते हैं; जैसे— $50^{-0.02}_{-0.01}$ आदि।

इस प्रकार की माप लेने के लिए विशिष्ट संरचना वाले सूक्ष्ममापी यन्त्रों का प्रयोग किया जाता है जिन्हें **विशिष्ट सूक्ष्ममापी यन्त्र** (specific precision instruments) कहा जाता है। मापन में प्रयोग होने वाले कुछ प्रमुख सूक्ष्ममापी यन्त्र जिनका अध्ययन हम मुख्य शीर्षक के रूप में करेंगे, माइक्रोमीटर, वर्नियर कैलीपर तथा गेज आदि हैं।

5.4 माइक्रोमीटर Micrometer

यह एक सूक्ष्ममापी यन्त्र है जिसके द्वारा हम छोटी-से-छोटी 0.01 मिमी तथा 0.001" तक की माप ले सकते हैं। जैसा कि नाम से ज्ञात होता है, माइक्रो = सूक्ष्म या बारीक और मीटर का अर्थ है— मापना। इसका आविष्कार फ्रांस के जीन पालमर ने 1848 ई. में किया था, इस कारण इसका नाम जीन पालमर माइक्रोमीटर कैलीपर रखा गया।

किसी भी माइक्रोमीटर के द्वारा जो न्यूनतम माप ली जाती है वह उसकी अल्पमाप (least count) कहलाती है। माइक्रोमीटर द्वारा मापी जा सकने वाली न्यूनतम तथा अधिकतम माप को माइक्रोमीटर की रेंज (range) कहते हैं। बाजार में विभिन्न रेंजों में माइक्रोमीटर उपलब्ध हैं; जैसे— 0-25 मिमी, 25-50 मिमी, 50-75 मिमी तथा 75-100 मिमी इत्यादि।

माइक्रोमीटर का सिद्धान्त Principle of Micrometer

माइक्रोमीटर नट-बोल्ट या लीड और पिच (lead and pitch) के सिद्धान्त पर कार्य करता है। इसके द्वारा यदि किसी जॉब की माप लेनी होती है, तो उसे एनविल तथा स्पिण्डल के बीच रखकर रैचेट द्वारा सामान्य दाब लगाकर स्थिति नियत कर दी जाती है।

थिम्बल की परिधि पर लगाए गए चिन्ह डेटम लाइन के ठीक समानान्तर सैट हो जाते हैं। प्रत्येक चिन्ह के बीच पर्याप्त दूरी होने के कारण रीडिंग साफ तथा सुगमतापूर्वक पढ़ी जाती है।

माइक्रोमीटर में लगे नट को यदि स्थिर रखा जाए और बोल्ट को एक चक्र आगे की ओर घुमाया जाए तो वह अपनी पिच के बराबर आगे बढ़ता है। ऐसा होने का मुख्य कारण सिंगल स्टार्ट थ्रेड में लीड और पिच का बराबर होना है। उदाहरण के लिए; मीट्रिक माइक्रोमीटर के स्पिण्डल के बाहर तथा स्लीव के अन्दर की ओर 25 मिमी में 0.5 मिमी पिच के अनुसार थ्रेड (threads) काटी जाती हैं।

जब इसका स्पिण्डल एक चक्र आगे की ओर घुमाया जाता है, तो वह अपनी पिच के बराबर अर्थात् 0.5 मिमी आगे बढ़ता है। स्पिण्डल के आगे घूमने के लिए आवश्यक है कि उसके पूरे चक्र का कम-से-कम 50 वाँ भाग अर्थात् $\frac{1}{50}$ भाग घुमाया जाए। यही माइक्रोमीटर का सिद्धान्त है जिसे नीचे दिए गए चित्र की सहायता से समझा जा सकता है

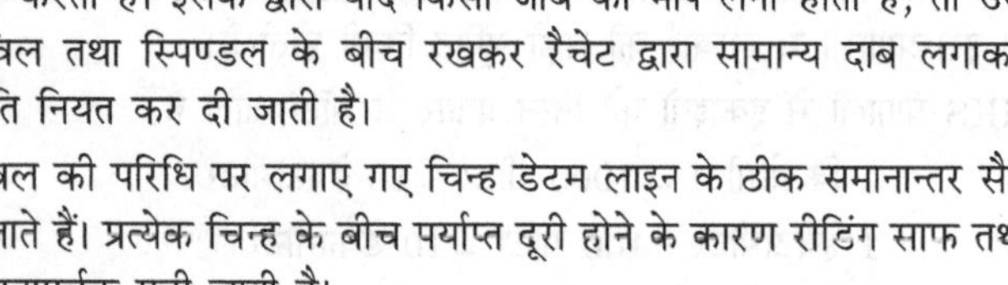

चित्र माइक्रोमीटर का सिद्धान्त

माइक्रोमीटर के मुख्य भाग Main Parts of Micrometer

माइक्रोमीटर के मुख्य भागों को निम्न चित्र में दर्शाया गया है

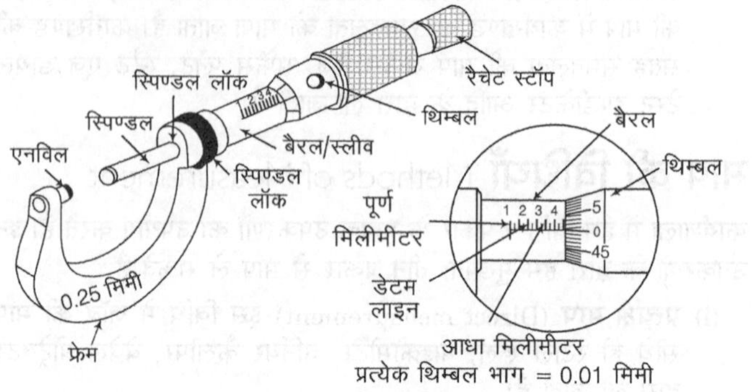

चित्र माइक्रोमीटर के विभिन्न भाग

1. **फ्रेम** (Frame) फ्रेम को ड्रॉप फोर्ज्ड इस्पात या आघातवर्धनीय ढलवाँ लोहे का बनाया जाता है। यह सामान्यत: 'C' आकार का होता है।
2. **बैरल/स्लीव** (Barrel/Sleeve) बैरल/स्लीव, फ्रेम पर लगा होता है जो क्रोमियम स्टील का बना होता है। इस पर डेटम रेखा और अंश (graduations) बने होते हैं।
3. **थिम्बल** (Thimble) थिम्बल पर स्पिण्डल को लगाया जाता है। इसकी बेवेल्ड सतह पर अंश बने होते हैं।
4. **स्पिण्डल** (Spindle) स्पिण्डल के एक सिरे पर मापक फलक व दूसरे सिरे पर चूड़ी काटकर नट को फिट किया जाता है। स्पिण्डल कठोर व ग्राइण्ड किए हुए क्रोमियम स्टील से निर्मित होता है।
5. **एनविल** (Anvil) एनविल को फ्रेम के बाएँ सिरे पर बैरल की अक्ष रेखा पर फिट किया जाता है। नए एनविल, कार्बाइड टिप व पुराने एनविल, क्रोमियम स्टील के बने होते हैं।
6. **स्पिण्डल लॉक नट** (Spindle lock nut) किसी कार्यखण्ड की माप, मशीन पर लेते समय कभी-कभी स्पिण्डल कई बार घूम जाता है, जिससे पाठ्यांक में त्रुटि आ जाती है, इस त्रुटि को दूर करने व स्पिण्डल को लॉक करने के लिए लॉक नट का प्रयोग किया जाता है।

चित्र स्पिण्डल लॉक नट

7. **रैचेट स्टॉप** (Ratchet stop) यह थिम्बल के पिछले सिरे के साथ जुड़ा रहता है। कारीगर को सही माप प्राप्त करने हेतु रैचेट स्टॉप का प्रयोग करना चाहिए।

माइक्रोमीटर का अल्पतमांक
Least Count of Micrometer

किसी माइक्रोमीटर द्वारा ली जा सकने वाली छोटी-से-छोटी माप को उसका अल्पतमांक या अल्पतम माप (least count or least measurement) कहते हैं। माइक्रोमीटर का अल्पतमांक निम्न प्रकार अलग-अलग निकाला जा सकता है

मीट्रिक माइक्रोमीटर का अल्पतमांक
Least Count of Metric Micrometer

मीट्रिक माइक्रोमीटर में स्लीव की एक-एक मिमी की दूरी पर 25 या आधा-आधा मिमी की दूरी पर 50 निशान होते हैं। स्लीव के अन्दर तथा स्पिण्डल पर एक मिमी पिच या आधा मिमी पिच की चूड़ियाँ कटी होती हैं। स्पिण्डल में लगे थिम्बल (thimble) के अगले भाग को 100 बराबर भागों या 50 बराबर भागों में बाँटा गया होता है। इस प्रकार थिम्बल के पूरा एक चक्कर काटने पर स्पिण्डल $\frac{1}{2}$ मिमी या 0.5 मिमी चलता है। अब यदि थिम्बल को मात्र एक निशान पर चलाया जाए, तो स्पिण्डल $\frac{1}{100}$ मिमी या $\frac{0.5}{50}$ मिमी चलेगा अर्थात् कुल $\frac{1}{100}$ मिमी या 0.01 मिमी। यही माप उस माइक्रोमीटर का अल्पतमांक होगा।

$$\text{अल्पतमांक} = \frac{\text{स्पिण्डल द्वारा एक चक्कर में चली गई दूरी (पिच)}}{\text{थिम्बल पर बने कुल भागों की संख्या}}$$

$$= \frac{1/2 \text{ मिमी}}{50} = \frac{1}{100} \text{ मिमी} = 0.01 \text{ मिमी}$$

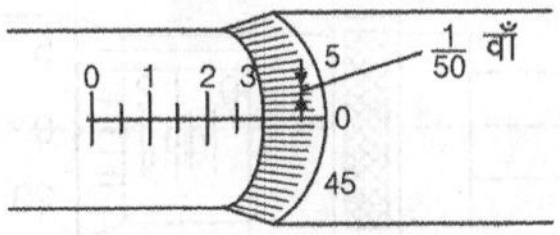

चित्र माइक्रोमीटर के स्लीव पर कटे 50 भाग

ब्रिटिश माइक्रोमीटर का अल्पतमांक
Least Count of British Micrometer

ब्रिटिश माइक्रोमीटर में स्लीव के 1" के भाग को पहले 10 बड़े डिविजन में तथा प्रत्येक मेन डिविजन को 4 सब-डिविजन में बाँटा गया होता है। इस प्रकार 1" को कुल 40 भागों में बाँटा गया है। अत: एक सब-डिविजन का मान $= \frac{1"}{40} = 0.025"$ है। इसके स्पिण्डल की पिच $\frac{1"}{40}$ होती है अर्थात् थिम्बल के एक चक्कर में स्पिण्डल $\frac{1"}{40}$ अर्थात् 0.025" चलता है। चूँकि थिम्बल को 25 बराबर भागों में बाँटा गया है अत:

$$\text{अल्पतमांक} = \frac{\text{पिच}}{\text{थिम्बल के कुल भागों की संख्या}}$$

$$= \frac{1/40}{25} = \frac{1}{1000} = 0.001"$$

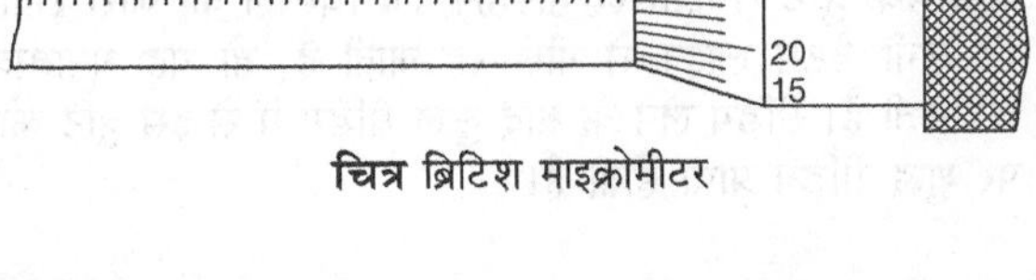

चित्र ब्रिटिश माइक्रोमीटर

मीट्रिक तथा ब्रिटिश माइक्रोमीटर में अन्तर
Difference between Metric and British Micrometer

क्र.सं.	मीट्रिक माइक्रोमीटर	ब्रिटिश माइक्रोमीटर
1.	इस माइक्रोमीटर में स्पिण्डल के ऊपर तथा स्लीव के अन्दर एक मिमी या आधा मिमी पिच की चूड़ियाँ कटी होती हैं।	इस माइक्रोमीटर में स्लीव के अन्दर तथा स्पिण्डल के ऊपर 0.025" की चूड़ियाँ कटी होती हैं।
2.	इस माइक्रोमीटर की परास मिमी में होती है।	इस माइक्रोमीटर की परास इंच में होती है।
3.	इस माइक्रोमीटर में स्लीव की एक-एक मीटर की दूरी पर 25 अथवा आधा-आधा मीटर की दूरी पर 50 निशान बने होते हैं।	इस माइक्रोमीटर में स्लीव के 1" को पहले 10 बड़े डिविजन में तथा प्रत्येक मेन डिविजन को 4 सब-डिविजन में विभाजित किया गया होता है।
4.	इस माइक्रोमीटर का अल्पतमांक 0.01 मिमी होता है।	इस माइक्रोमीटर का अल्पतमांक 0.001" होता है।

वर्नियर माइक्रोमीटर का अल्पतमांक
Least Count of Vernier Micrometer

इस प्रकार के माइक्रोमीटर में डेटम लाइन पर वर्नियर ग्रेजुएशन समान दूरी पर बने होते हैं। ग्रेजुएशन की रेखाएँ डेटम लाइन के ऊपर दस बराबर भागों में अंकित होती हैं। इन दस लाइनों की दूरी, थिम्बल के नौ डिविजन के बराबर होती है।

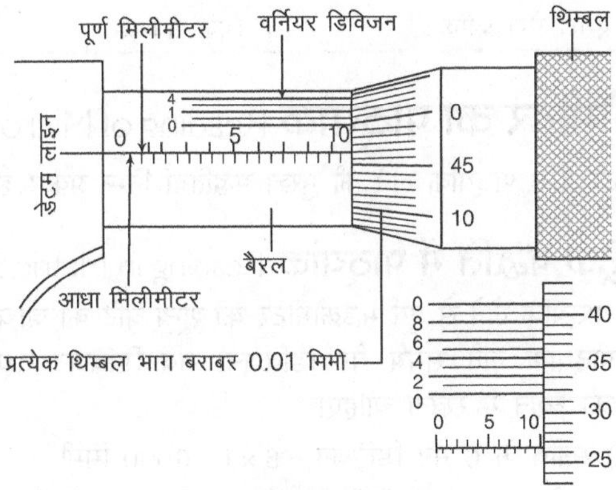

चित्र वर्नियर माइक्रोमीटर

$$10 \text{ वर्नियर डिविजन का मान} = 0.01 \text{ मिमी} \times 9$$
$$= 0.09 \text{ मिमी}$$

$$1 \text{ वर्नियर डिविजन का मान} = \frac{0.09 \text{ मिमी}}{10}$$
$$= 0.009 \text{ मिमी}$$

$$\text{अल्पतमांक} = 1 \text{ थिम्बल डिविजन} - 1 \text{ वर्नियर डिविजन}$$
$$= 0.01 \text{ मिमी} - 0.009 \text{ मिमी}$$
$$= 0.001 \text{ मिमी}$$

विभिन्न सूक्ष्ममापी यन्त्रों के अल्पतमांक को तालिका के माध्यम से नीचे दर्शाया गया है

क्र.सं.	सूक्ष्ममापी यन्त्र	अल्पतमांक मीट्रिक	ब्रिटिश
1.	आउटसाइड माइक्रोमीटर	0.01 मिमी	0.001"
2.	इनसाइड माइक्रोमीटर	0.01 मिमी	0.001"
3.	वर्नियर माइक्रोमीटर	0.001 मिमी	0.0001"
4.	डैप्थ माइक्रोमीटर	0.01 मिमी	0.001"
5.	स्क्रू थ्रेड माइक्रोमीटर	0.01 मिमी	0.001"
6.	डिजिटल माइक्रोमीटर	0.001 मिमी	0.0001"
7.	ट्यूब माइक्रोमीटर	0.01 मिमी	0.001"
8.	शीट माइक्रोमीटर	0.01 मिमी	0.001"
9.	कॉम्बी माइक्रोमीटर	0.01 मिमी	0.001"
10.	वर्नियर कैलीपर	0.02 मिमी	0.001"
11.	वर्नियर डैप्थ गेज	0.02 मिमी	0.001"
12.	वर्नियर हाइट गेज	0.02 मिमी	0.001"
13.	डायल कैलीपर	0.01 मिमी	0.001"
14.	गीयर टूथ कैलीपर	0.02 मिमी	0.001"
15.	डिजिटल हाइट गेज	0.01 मिमी	0.001"
16.	डायल टेस्ट इण्डीकेटर	0.01 मिमी	0.001"
17.	साइन बार	1' (एक मिनट)	
18.	वर्नियर बेवेल प्रोट्रेक्टर	5' (पाँच मिनट)	
19.	स्लिप गेज या गेज ब्लॉक	0.001 मिमी	0.0001"
20.	एंगल गेज ब्लॉक	1" (एक सेकण्ड)	

माइक्रोमीटर का पाठ्यांक Reading of Micrometer

माइक्रोमीटर द्वारा पाठ्यांक लेने की मुख्य पद्धतियाँ निम्न प्रकार हैं

1. मीट्रिक पद्धति में पाठ्यांक Reading in Metric System

सर्वप्रथम पाठ्यांक लेने से पूर्व माइक्रोमीटर की शून्य त्रुटि की जाँच कर लेनी चाहिए। पाठ्यांक लेते समय मेन डिविजन, सब-डिविजन तथा थिम्बल डिविजन को ध्यान में रखना चाहिए।

(i) स्लीव के 6 मेन डिविजन $= 6 \times 1 = 6.000$ मिमी

(ii) स्लीव का 1 सब-डिविजन $= 0 \times 0.5 = 0.000$ मिमी

(iii) थिम्बल के 21 डिविजन $= 21 \times 0.01$ मिमी $= 0.210$ मिमी

(iv) वर्नियर स्केल के 3 डिविजन $= 3 \times 0.001 = 0.003$ मिमी

कुल योग $= 6.213$ मिमी

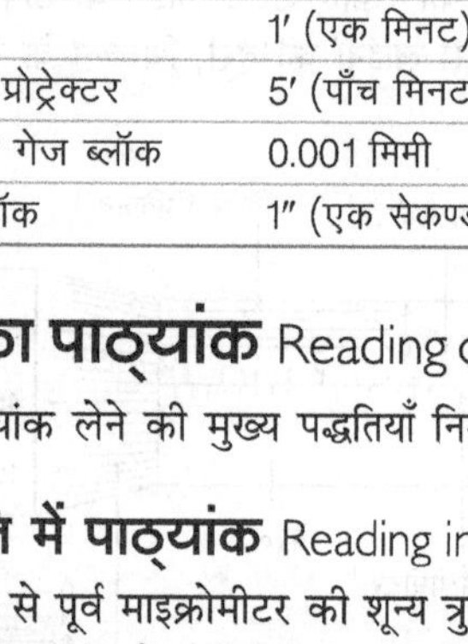

चित्र मीट्रिक पद्धति में पाठ्यांक

2. वर्नियर पद्धति में पाठ्यांक Reading in Vernier System

वर्नियर माइक्रोमीटर की बनावट सामान्य माइक्रोमीटर के समान ही होती है। वर्नियर माइक्रोमीटर का उपयोग 0.001 मिमी तक परिशुद्ध मापन के लिए किया जाता है।

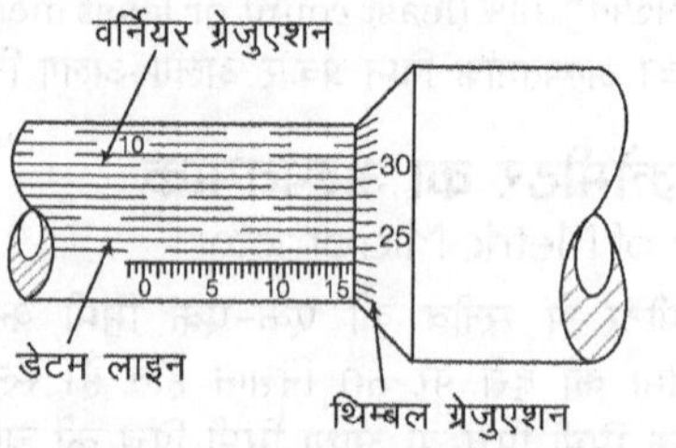

चित्र वर्नियर पद्धति में पाठ्यांक

(i) बैरल पर पूर्ण डिविजन का पाठ्यांक $= 15 \times 1 = 15.000$ मिमी

(ii) बैरल पर अर्द्ध-डिविजन $= 0 \times 0.5 = 0.000$ मिमी

(iii) इण्डैक्स लाइन के नीचे थिम्बल डिविजन $= 23 \times 0.01$ मिमी $= 0.23$ मिमी

(iv) थिम्बल डिविजन से मिलता वर्नियर डिविजन $= 3 \times 0.001$ $= 0.003$ मिमी कुल पाठ्यांक $= 15.233$ मिमी

3. ब्रिटिश पद्धति में पाठ्यांक Reading in British System

सर्वप्रथम माइक्रोमीटर का चयन माप के अनुसार करते हैं। कार्य प्रारम्भ करने से पूर्व शून्य त्रुटि को चैक करना आवश्यक है। मेन डिविजन, सब-डिविजन तथा थिम्बल डिविजन को ध्यान में रखकर पाठ्यांक लिया जाता है।

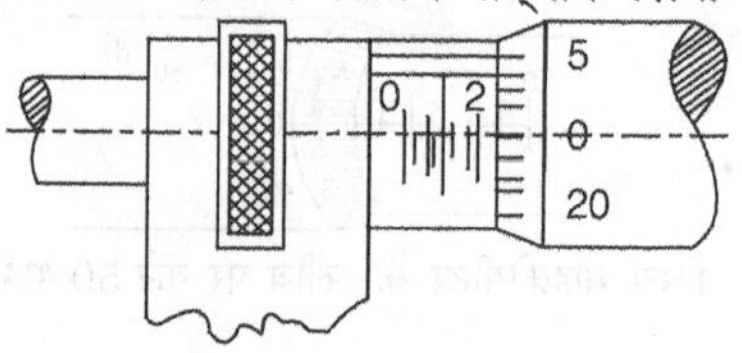

चित्र ब्रिटिश पद्धति में पाठ्यांक

(i) स्लीव के दो मेन डिविजन $= 2 \times 0.1" = 0.2000"$

(ii) स्लीव के दो सब-डिविजन $= 2 \times 0.025" = 0.05"$

(iii) थिम्बल के डिविजन शून्य $= 0 \times 0.001" = 0.000"$

(iv) वर्नियर स्केल के डिविजन $= 0 \times 0.000" = 0.0000"$

कुल पाठ्यांक $= 0.2500"$

माइक्रोमीटर की त्रुटियाँ Errors of Micrometer

माइक्रोमीटर में निम्न प्रकार की त्रुटियाँ उत्पन्न हो जाती हैं

1. शून्य त्रुटि Zero Error

माइक्रोमीटर का लगातार प्रयोग करने से उसकी मेजरिंग सर्फेस घिस जाती है, जिसके फलस्वरूप एनविल व स्पिण्डल को मिलाने पर थिम्बल व स्लीव की जीरो रेखा आपस में नहीं मिलती, जिस कारण यह अशुद्ध माप देने लगता है।

शून्य त्रुटि मुख्यत: दो प्रकार की होती है

(i) **धनात्मक त्रुटि** (Positive error) यदि थिम्बल की जीरो रेखा स्लीव पर लगी डेटम लाइन से पीछे रह जाती है, तो यह धनात्मक त्रुटि कहलाती है। रीडिंग लेने के बाद कुल रीडिंग में से इस त्रुटि को घटाने पर शुद्ध रीडिंग प्राप्त होती है।

(ii) **ऋणात्मक त्रुटि** (Negative error) यदि थिम्बल की जीरो रेखा स्लीव पर लगी डेटम लाइन से आगे बढ़ जाती है, तो यह ऋणात्मक त्रुटि कहलाती है।

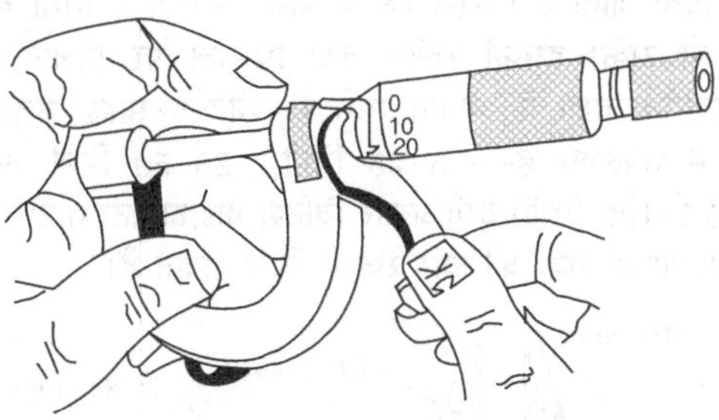

चित्र माइक्रोमीटर द्वारा जीरो त्रुटि की जाँच

उपाय Remedies

- माइक्रोमीटर की इस त्रुटि को, स्लीव एवं थिम्बल की शून्य रेखाओं को C-स्पैनर द्वारा समायोजित करके ठीक किया जाता है। इसके लिए स्पिण्डल तथा एनविल के फेस को मिलाते हैं। फिर लॉक नट द्वारा स्पिण्डल को लॉक करके 'C' स्पैनर को स्लीव में लगाकर आगे-पीछे घुमाते हैं तथा थिम्बल की 'O' और स्लीव की डेटम लाइन को मिलाते हैं। इस प्रकार त्रुटि दूर हो जाती है।
- कुछ माइक्रोमीटर की एनविल प्रायः स्क्रू के द्वारा ठीक की जाती है। इस स्क्रू की सहायता से एनविल को समायोजित करके शून्य त्रुटि ठीक की जा सकती है।
- यदि फिर भी त्रुटि दूर नहीं होती है तो धनात्मक त्रुटि को कुल रीडिंग में से घटाकर तथा ऋणात्मक त्रुटि को कुल रीडिंग में जोड़कर शुद्ध माप ज्ञात की जा सकती है।

2. **बैकलैस त्रुटि** Backlash Error

वह त्रुटि जो माइक्रोमीटर की थ्रेड की स्लीव के ढीला या टाइट होने के कारण उत्पन्न होती है, बैकलैस त्रुटि कहलाती है। यह धनात्मक एवं ऋणात्मक दोनों हो सकती है।

उपाय Remedies

बैकलैस त्रुटि को स्लीव के अन्दर लगे नट को ढीला या टाइट करके तथा 'C' स्पैनर द्वारा ठीक किया जा सकता है।

माइक्रोमीटर ग्रेजुएशन Micrometer Graduation

माइक्रोमीटर पर दो स्थानों पर ग्रेजुएशन (अंशांकन) अंकित किया होता है

(i) **बैरल या स्लीव ग्रेजुएशन** (Barrel or sleeve graduation) मीट्रिक माइक्रोमीटर में डेटम लाइन (datum line) पर 25 मिमी को 25 भागों में बराबर बाँटकर निशान अंकित किए होते हैं। मीट्रिक माइक्रोमीटर में डेटम लाइन के नीचे मिमी को दो भागों में बाँटकर निशान अंकित किए होते हैं जो 1/2 मिमी के बराबर होते हैं तथा ब्रिटिश माइक्रोमीटर में डेटम लाइन पर 1 इंच को 10 बराबर भागों में बाँटकर निशान अंकित किए होते हैं।

(ii) **थिम्बल ग्रेजुएशन** (Thimble graduation) मीट्रिक माइक्रोमीटर में थिम्बल के बेवेल किनारे को 50 बराबर भागों में बाँटा जाता है तथा इसमें 0, 5, 10, 15, 20, 25, 30, 35, 40 और 45 के नम्बर लगे होते हैं। इस पर प्रत्येक 5वें भाग पर स्थानीय मान अंकित रहता है।

माइक्रोमीटर के प्रकार Types of Micrometer

माइक्रोमीटर मुख्यतः निम्न प्रकार के होते हैं

- आउटसाइड माइक्रोमीटर
- इनसाइड माइक्रोमीटर
- वर्नियर माइक्रोमीटर
- स्क्रू थ्रेड माइक्रोमीटर
- डैप्थ माइक्रोमीटर
- डिजिटल माइक्रोमीटर
- फ्लैंज माइक्रोमीटर
- ट्यूब माइक्रोमीटर
- ऑटोमोबाइल माइक्रोमीटर
- डिस्क माइक्रोमीटर
- हब माइक्रोमीटर
- शीट माइक्रोमीटर
- ब्लेड टाइप माइक्रोमीटर
- 'वी' एनविल माइक्रोमीटर
- थ्री प्वॉइण्ट इण्टर्नल माइक्रोमीटर
- बॉल माइक्रोमीटर
- की-वे डैप्थ माइक्रोमीटर
- कॉम्बी माइक्रोमीटर
- इन्टरचेंजेबिल माइक्रोमीटर

नोट पाठ्यक्रम की उपयोगिता को ध्यान में रखते हुए यहाँ केवल आउटसाइट माइक्रोमीटर, इनसाइड माइक्रोमीटर तथा डैप्थ माइक्रोमीटर का ही वर्णन किया गया है।

1. आउटसाइड माइक्रोमीटर Outside Micrometer

यह माइक्रोमीटर, जॉब की बाहरी माप लेने के काम आता है। इसमें एक स्टील का 'U' फ्रेम होता है जिसके एक सिरे पर (बाएँ सिरे पर) हाई-कार्बन स्टील या टंगस्टन कार्बाइड की टिप (tip) लगा हुआ एनविल होता है। 'U' फ्रेम के दूसरे सिरे पर स्पिण्डल स्लीव, थिम्बल लॉक नट तथा रैचेट आदि फिट किए रहते हैं। स्लीव के अन्दर के भाग में स्पिण्डल के लिए चूड़ियाँ (threads) बनी होती हैं तथा ये फ्रेम के साथ जुड़ी होती हैं। इसके ऊपरी भाग पर एक मिमी तथा आधा मिमी के निशान बने होते हैं।

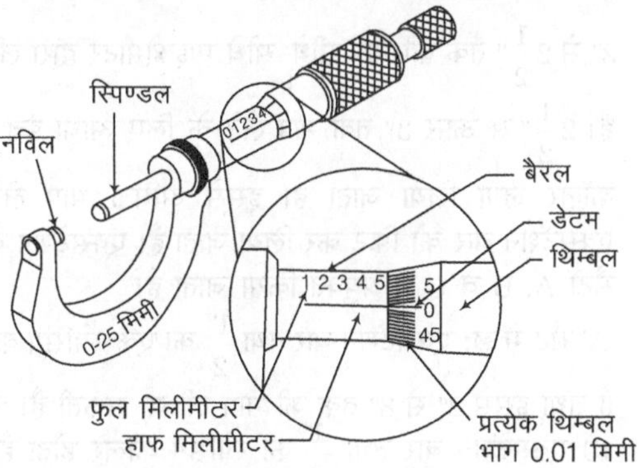

चित्र आउटसाइड माइक्रोमीटर

स्पिण्डल, स्लीव के अन्दर ठीक इसी प्रकार चलता है, जैसे नट में कोई बोल्ट चलता है। स्पिण्डल का आगे का भाग प्लेन होता है तथा इसके सिरे पर एक कार्बाइड की टिप लगी होती है। इसके पिछले भाग के साथ एक थिम्बल जुड़ा होता है तथा थिम्बल के बाद एक रैचेट सिस्टम लगा होता है। थिम्बल के आगे का भाग एक सिलेण्ड्रिकल स्केल में विभाजित रहता है। साधारणतः इसके 100 या 50 भाग होते हैं।

रैचेट दोनों एनविल के बीच कसे हुए जॉब पर एक निश्चित दबाव डालता है तथा उससे अधिक दबाव डालने पर फ्री हो जाता है। इससे सही माप (true reading) लेने में सहायता मिलती है। स्पिण्डल को घुमाकर दोनों एनविल को आपस में मिलाने पर, स्लीव पर बना शून्य तथा थिम्बल पर बना शून्य मिलना चाहिए।

2. इनसाइड माइक्रोमीटर Inside Micrometer

इनसाइड माइक्रोमीटर प्राय: दो प्रकार के होते हैं। बड़ा इनसाइड माइक्रोमीटर तथा छोटा इनसाइड माइक्रोमीटर।

(i) **बड़ा इनसाइड माइक्रोमीटर** (Large inside micrometer) इनसाइड माइक्रोमीटर का प्रयोग जॉब की आन्तरिक माप लेने के लिए किया जाता है। इसके द्वारा 2" या 50 मिमी से छोटी माप नहीं ली जा सकती। इसके स्लीव पर 1/2" या 10 मिमी के भाग में निशान होते हैं। अधिक लम्बे साइज की माप लेने के लिए इसके साथ में एक्सटेंशन रॉड लगाई जा सकती है।

यह आउटसाइड माइक्रोमीटर के समान ही होता है। इसमें 'U' फ्रेम तथा रैचेट (ratchet) नहीं होता। स्लीव के ऊपर थिम्बल होता है। इसकी अल्पतम माप (least count) भी माइक्रोमीटर के समान ही होती है।

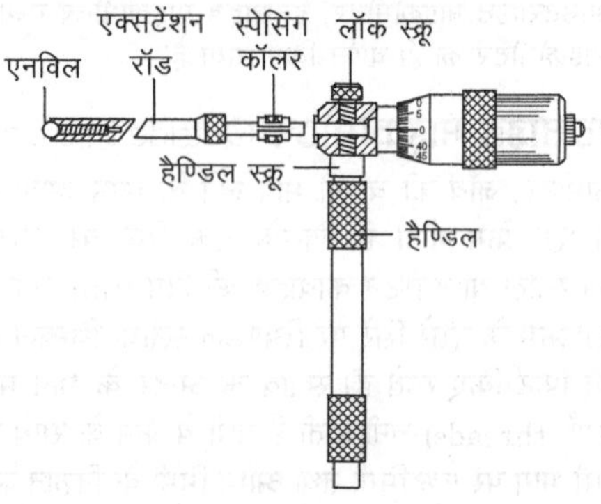

2" से $2\frac{1}{2}$" तक की माप सीधे-सीधे माइक्रोमीटर द्वारा ली जा सकती है। $2\frac{1}{2}$" से ऊपर 3" तक माप लेने के लिए आधा इंच का स्पेसिंग कॉलर लगा लिया जाता है। इससे अधिक माप लेने के लिए एक्सटेंशन बार को फिट कर लिया जाता है। एक्सटेंशन बार को तीन सैटों A, B व C में प्रयुक्त किया जाता है।

'A' सैट में छ: एक्सटेंशन बार तथा $\frac{1"}{2}$ का एक स्पेसिंग कॉलर होता है तथा इससे 2" से 8" तक की माप ली जा सकती है। 'B' सैट में 10 एक्सटेंशन बार तथा $\frac{1"}{2}$ का स्पेसिंग कॉलर होता है।

इसके द्वारा 2" से 12" तक की माप ली जा सकती है। 'C' सैट में 9 एक्सटेंशन बार तथा 1" तथा 2" लम्बाई के दो एक्सटेंशन कॉलर होते हैं। इसके माइक्रोमीटर के थिम्बल की चाल 1" होती है। इसके द्वारा 2" से 32" तक की माप ली जा सकती है।

(ii) **छोटा इनसाइड माइक्रोमीटर** (Small inside micrometer) आउटसाइड माइक्रोमीटर के आकार में थोड़ा परिवर्तन करके छोटा इनसाइड माइक्रोमीटर बनाया गया है। इसमें वर्नियर के समान एक जबड़ा स्पिण्डल में लगाया जाता है, जो चल जबड़े का कार्य करता है तथा दूसरा स्थिर जबड़ा स्लीव में लगाया जाता है। स्लीव पर थिम्बल को घुमाने से स्पिण्डल के साथ जबड़ा भी चलता है। दोनों जबड़ों की एक निश्चित मोटाई (5 मिमी) को बाहर से गोलाई में बना दिया जाता है जिससे कि ये कम-से-कम 5 मिमी की आन्तरिक माप ले सकें। इसकी स्लीव तथा थिम्बल पर निशान, माइक्रोमीटर से विपरीत दिशा में अंकित रहते हैं। छोटे इनसाइड माइक्रोमीटर चार रेंजों में उपलब्ध हैं— 5-25 मिमी, 25-50 मिमी, 50-75 मिमी तथा 75-100 मिमी। इसी प्रकार ब्रिटिश माइक्रोमीटर 0.2" -1", 1"-2", 2"-3", 3"-4" तक की चार रेंज में मिल सकते हैं।

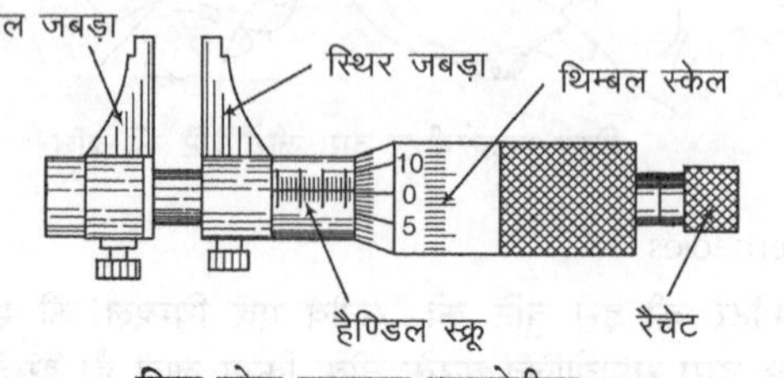

चित्र छोटा इनसाइड माइक्रोमीटर

3. डैप्थ माइक्रोमीटर Depth Micrometer

माइक्रोमीटर डैप्थ गेज का प्रयोग किसी ग्रूव की गहराई मापने के लिए किया जाता है। इसमें माइक्रोमीटर की भाँति ही ग्रेजुएटेड बैरल तथा थिम्बल कार्य करते हैं। थिम्बल को घुमाने पर स्पिण्डल आगे को बढ़ता है तथा इसमें अन्तर केवल इतना होता है कि इसकी बैरल या थिम्बल पर ग्रेजुएशन ऊपर से नीचे की ओर होती है।

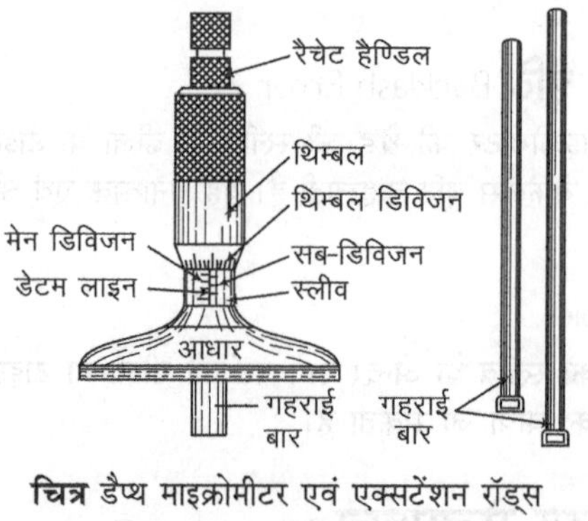

चित्र डैप्थ माइक्रोमीटर एवं एक्सटेंशन रॉड्स

डैप्थ गेज को पूरा ऊपर तक खोलने के पश्चात् स्पिण्डल को आधार से मिला दिया जाता है इसके पश्चात् गहराई मापी जाती है। इसकी रेंज 1" या 25 मिमी होती है। इससे अधिक गहरे ग्रूव की माप लेने के लिए इसके साथ एक्सटेंशन रॉड का प्रयोग किया जाता है।

जिस प्रकार इनसाइड माइक्रोमीटर में एक्सटेंशन रॉड लगाकर हम बड़े बोर की माप लेते हैं, ठीक उसी प्रकार माइक्रोमीटर डैप्थ गेज से हम अलग-अलग साइज की एक्सटेंशन रॉड का प्रयोग करके गहरे-से-गहरे ग्रूव की परख करते हैं। माइक्रोमीटर की भाँति ही इसकी रीडिंग ली जाती है।

इसके माइक्रोमीटर की अल्पतम माप मीट्रिक प्रणाली में 0.01 होती है। माप कार्य प्रारम्भ करने से पहले डैप्थ माइक्रोमीटर की शून्य त्रुटि ज्ञात कर लेनी चाहिए।

माइक्रोमीटर का प्रयोग करते समय सावधानियाँ
Precautions While Using Micrometer

माइक्रोमीटर का प्रयोग करते समय निम्नलिखित सावधानियाँ अपनानी चाहिए

(i) माइक्रोमीटर प्रयोग करने से पहले इसकी शून्य त्रुटि का निरीक्षण करना चाहिए।

(ii) स्पिण्डल तथा हब की चूड़ियाँ ढीली या अत्यधिक कसी नहीं होनी चाहिए।

(iii) यह एक सूक्ष्ममापी यन्त्र है, इसलिए चलती हुई मशीनों अथवा खुरदरी सतहों पर माइक्रोमीटर प्रयोग नहीं करना चाहिए।

(iv) मापक तलों को कम-से-कम घिसने देना चाहिए।

(v) प्रयोग करने से पहले तथा बाद में इसे मुलायम तथा साफ कपड़े से साफ करना चाहिए और इसे सदैव लकड़ी अथवा प्लास्टिक के बॉक्स में रखना चाहिए।

(vi) माइक्रोमीटर का प्रयोग करते समय अथवा इससे माप लेते समय रैचेट स्टॉप का प्रयोग करना चाहिए।

(vii) माइक्रोमीटर से रीडिंग लेने के पश्चात् लॉक नट को तुरन्त लॉक कर देना चाहिए, जिससे रीडिंग कम या अधिक न हो।

(viii) समय-समय पर कम श्यानता वाले तेल से इसका स्नेहन करना चाहिए।

5.5 वर्नियर कैलीपर Vernier Caliper

वर्नियर कैलीपर का आविष्कार फ्रांस के एक वैज्ञानिक पैरी वर्नियर ने किया था। उसी के नाम पर इस कैलीपर का नाम वर्नियर कैलीपर पड़ा।

वर्नियर कैलीपर बाजार में विभिन्न परिशुद्धताओं (accuracy) में उपलब्ध हैं; जैसे— 0.1 मिमी, 0.05 मिमी तथा 0.02 मिमी मीट्रिक प्रणाली में तथा 0.001 ब्रिटिश प्रणाली में। वर्नियर कैलीपर के द्वारा बाहरी, आन्तरिक तथा गहराई तीनों प्रकार की मापें ली जा सकती हैं। ये 6", 7", 1" तथा 2" तक की लम्बाइयों में बाजार में उपलब्ध हैं। वर्नियर कैलीपर दो स्केलों की माप के अन्तर के सिद्धान्त पर कार्य करता है।

वर्नियर कैलीपर के मुख्य भाग Main Parts of Vernier Caliper

चित्र में एक साधारण वर्नियर कैलीपर दर्शाया गया है। ये सामान्यत: निकिल, क्रोमियम स्टील या वेनेडियम स्टील के बने होते हैं। इसके मुख्य भाग निम्न प्रकार हैं

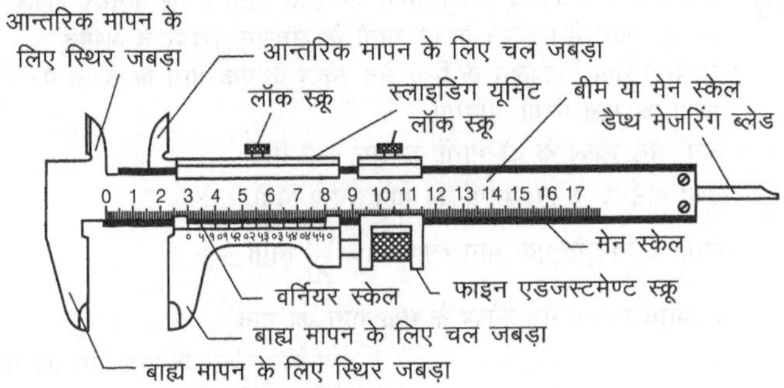

चित्र वर्नियर कैलीपर के मुख्य भाग

1. **चल जबड़ा** (Movable jaw) वर्नियर स्केल के साथ में मेन स्केल के समान ही चल जबड़ा तथा चल निब लगी होती है।
2. **स्थिर जबड़ा** (Fixed jaw) मेन स्केल के अगले भाग में एक स्थिर जबड़ा तथा आन्तरिक माप के लिए स्थिर निब लगी होती है। इसमें दो जबड़ों द्वारा आन्तरिक तथा बाह्य माप को मापा जा सकता है।
3. **वर्नियर स्लाइड** (Vernier slide) वर्नियर स्लाइड, बीम पर चलती है। इसे थम्ब लीवर की सहायता से किसी भी स्थिति में स्थिर किया जा सकता है।
4. **बीम या मेन स्केल** (Beam or main scale) यह एक वेनेडियम स्टील की स्टील रूल के समान चौड़ी परन्तु उससे काफी मोटी पट्टी होती है जिस पर एक ओर मिमी में तथा दूसरी ओर इंचों के निशान अंकित होते हैं। मिमी तथा इंचों के दसवें भागों को भी आगे कई भागों में बाँटा गया होता है, जैसा कि चित्र में दर्शाया गया है। इसके अगले भाग में एक फिक्स्ड जबड़ा तथा आन्तरिक माप के लिए फिक्स्ड निब (fixed nib) लगी होती है।
   मेन स्केल के पीछे की साइड में एक ग्रूव (groove) होता है, जिसमें डैप्थ मेजरिंग ब्लेड (depth measuring blade) स्लाइड (slide) करता है। वर्नियर कैलीपर के बाकी सभी भाग मेन स्केल के ऊपर ही स्लाइड करने के लिए फिट (fit) किए गए होते हैं।
5. **वर्नियर स्केल** (Vernier scale) यह वर्नियर कैलीपर का मुख्य भाग होता है। इसे मेन स्केल पर स्लाइड करने के लिए बनाया जाता है। इसकी दोनों साइडों में कमानी स्प्रिंग दी होती है, जो इसे सदैव एक ही स्थिति में रखती है। इसके बीच में एक खिड़की (window) कटी होती है जिस पर मेन स्केल के निश्चित भागों को एक से अधिक भागों में बाँटा गया होता है।
   इसे वर्नियर के सिद्धान्त में स्पष्ट किया गया है। वर्नियर स्केल के साथ में मेन स्केल के समान ही चल जबड़ा (movable jaw) तथा चल निब (movable nib) लगी होती है। इसे किसी स्थान पर स्थिर करने के लिए इसके ऊपरी भाग में एक लॉकिंग स्क्रू लगा होता है। यह स्केल एक फाइन एडजस्टमेण्ट यूनिट से मिला होता है।
6. **फाइन एडजस्टमेण्ट यूनिट** (Fine adjustment unit) वर्नियर स्केल को थोड़ा-सा आगे-पीछे लेने के लिए इस यूनिट का प्रयोग किया जाता है। इस यूनिट के ऊपर लगे लॉकिंग स्क्रू से इसे स्थिर कर दिया जाता है। अब इसके नीचे लगे नट को घुमाने पर उसमें लगे स्क्रू के द्वारा वर्नियर स्केल आगे-पीछे सरकता है। इसका प्रयोग वर्नियर स्केल के फाइन एडजस्टमेण्ट के लिए किया जाता है।
7. **डैप्थ मेजरिंग ब्लेड** (Depth measuring blade) वर्नियर स्केल के साथ में एक बारीक ब्लेड लगा होता है, जो मेन स्केल में पीछे की ओर बने ग्रूव (groove) में स्लाइड करता है। यह ग्रूव से बाहर न आए इसके लिए मेन स्केल के आखिरी सिरे पर ग्रूव के ऊपर एक पत्ती लगी होती है।
   जब वर्नियर स्केल के जबड़े मिले होते हैं, तो मेन स्केल पर शून्य, वर्नियर स्केल के शून्य के सामने होता है। ऐसे समय पर डैप्थ ब्लेड भी मेन स्केल के आखिरी सिरे से मिल रहा होता है।

कुछ कैलीपर में आन्तरिक माप लेने के लिए अलग से जबड़े नहीं होते, बल्कि बाहरी माप लेने वाले जबड़ों को एक निश्चित मोटाई में बाहर से गोल किया होता है। यह मोटाई साधारणत: 10 मिमी होती है। इस माप को कैलीपर द्वारा ली गई आन्तरिक माप में जोड़ दिया जाता है।

विशिष्टियाँ (Specifications) वर्नियर कैलीपर बाजार में 100, 150, 225, 900 व 1200 मिमी के आकार में उपलब्ध हैं।

वर्नियर कैलीपर का अल्पतमांक
Least Count of Vernier Caliper

किसी वर्नियर कैलीपर द्वारा मापी जा सकने वाली छोटी-से-छोटी माप उसकी अल्पतम माप या अल्पतमांक कहलाती है। यह अल्पतम माप, वर्नियर कैलीपर के मुख्य स्केल पर बने एक खाने के मान तथा वर्नियर स्केल पर बने एक खाने के मान के अन्तर के बराबर होती है।

1. मीट्रिक प्रणाली में अल्पतमांक
Least Count in Metric System

ऐसे कैलीपर, जिनमें मेन स्केल पर केवल मिमी के निशान अंकित होते हैं, उनमें मेन स्केल की 49 मिमी दूरी को वर्नियर स्केल पर 50 बराबर भागों में बाँटा जाता है।

मेन स्केल का एक भाग = 1 मिमी

मेन स्केल के 49 भाग = 49 मिमी

वर्नियर स्केल के 50 भाग = मेन स्केल के 49 भाग

वर्नियर स्केल का एक भाग $= \frac{49}{50}$

अल्पतमांक $= 1 - \frac{49}{50}$

$= \frac{50-49}{50}$

$= \frac{1}{50} = 0.02$ मिमी

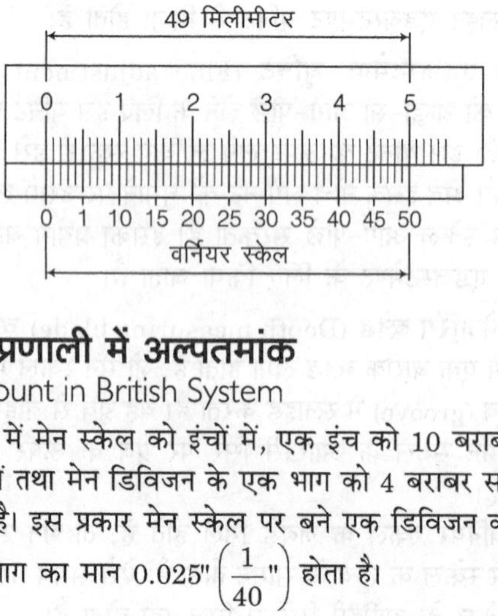

2. ब्रिटिश प्रणाली में अल्पतमांक
Least Count in British System

ब्रिटिश प्रणाली में मेन स्केल को इंचों में, एक इंच को 10 बराबर डिविजनों (divisions) में तथा मेन डिविजन के एक भाग को 4 बराबर सब डिविजनों में बाँटा जाता है। इस प्रकार मेन स्केल पर बने एक डिविजन का मान 0.1" तथा एक अनुभाग का मान 0.025" $\left(\frac{1}{40}\right)$" होता है।

वर्नियर स्केल पर 25 भाग होते हैं, जो मेन स्केल के 24 भागों के बराबर होते हैं। अत: वर्नियर स्केल के 25 भागों का मान = मेन स्केल के 24 भागों का मान $= \frac{24''}{40}$

वर्नियर स्केल के एक भाग का मान $= \frac{24^{H}}{40 \times 25}$

$= \frac{24''}{1000} = 0.024''$

अल्पतम माप = मेन स्केल के एक भाग का मान − वर्नियर स्केल के एक भाग का मान = 0.025 − 0.024 = 0.001"

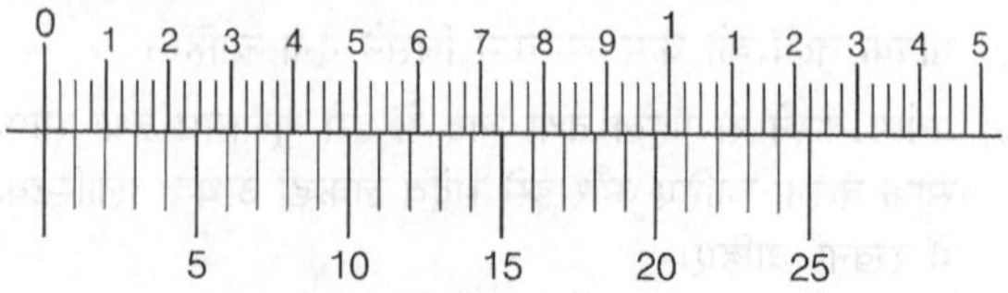

उदाहरण 1. यदि किसी वर्नियर कैलीपर के मेन स्केल पर 0.50 मिमी के निशान अंकित हैं तथा वर्नियर स्केल पर 25 निशान हैं, जोकि मेन स्केल के 24 निशानों के बराबर हैं, तो उसकी अल्पतम माप (least count) क्या होगी?

हल दिया है, मेन स्केल के एक भाग का मान = 0.50 मिमी

तो मेन स्केल के 24 भागों का मान = 0.5 × 24 = 12 मिमी

अतः वर्नियर स्केल के 25 भागों का मान = 12 मिमी

इसलिए वर्नियर स्केल के एक भाग का मान $= \frac{12}{25}$ मिमी = 0.48 मिमी

अल्पतम माप = मेन स्केल के एक भाग का मान − वर्नियर स्केल के एक भाग का मान

= 0.50 − 0.48 = 0.02 मिमी

सूत्र से उपरोक्त अल्पतम माप को निम्न सूत्र द्वारा भी निकाला जा सकता है

अल्पतम माप $= \frac{\text{मेन स्केल के एक भाग का मान}}{\text{वर्नियर स्केल के कुल भागों की संख्या}}$

अल्पतम माप $= \frac{0.50}{25} = 0.02$ मिमी

उदाहरण 2. एक वर्नियर कैलीपर के मेन स्केल की 39 मिमी की दूरी को वर्नियर स्केल के 20 बराबर भागों में बाँटा गया है। उस वर्नियर कैलीपर की अल्पतम माप क्या होगी?

हल उपरोक्त प्रश्न का विश्लेषण करने पर ज्ञात होता है कि वर्नियर स्केल का एक भाग मेन स्केल के दो भागों के लगभग बराबर है अर्थात् अल्पतम माप निकालने के लिए मेन स्केल के एक भाग के स्थान पर दो भागों का मान लिया जाएगा।

अतः मेन स्केल के दो भागों का मान = 2 मिमी

तथा वर्नियर के 20 भागों का मान = 39 मिमी

अतः वर्नियर के एक भाग का मान $= \frac{39}{20}$ मिमी

अल्पतम माप = मेन स्केल के एक भाग का मान − वर्नियर स्केल के एक भाग का मान

$= 2 - \frac{39}{20} = \frac{40-39}{20} = \frac{1}{20} = 0.05$ मिमी

इसको हम निम्न सूत्र द्वारा सीधे-सीधे निकाल सकते हैं

$$\text{अल्पतम माप} = \frac{\text{मेन स्केल के एक भाग का मान}}{\text{वर्नियर स्केल पर कुल भागों की संख्या}}$$

$$= \frac{1\ \text{मिमी}}{20} = 0.05\ \text{मिमी}$$

उदाहरण 3. किसी ब्रिटिश वर्नियर कैलीपर के वर्नियर स्केल पर 25 भाग हैं, जोकि मेन स्केल के 49 भागों की दूरी के बराबर हैं। उसकी अल्पतम माप क्या होगी?

हल उपरोक्त प्रश्न के अनुसार वर्नियर स्केल का एक भाग मेन स्केल के लगभग दो भागों के बराबर है अर्थात् अल्पतम माप, मेन स्केल के दो भाग तथा वर्नियर स्केल के एक भाग के अन्तर के बराबर होगी।

अब वर्नियर स्केल के 25 भागों का मान = मेन स्केल के 49 भागों का मान

$$= 49 \times \frac{1}{40} = \frac{49''}{40}$$

$$\text{वर्नियर स्केल के एक भाग का मान} = \frac{49}{40} \times \frac{1}{25} = \frac{49''}{1000}$$

मेन स्केल के दो भागों का मान

$$= \frac{1}{40} \times 2 = \frac{2}{40} \times \frac{25}{25} = \frac{50''}{1000}$$

$$\text{अल्पतम माप} = \frac{50}{1000} - \frac{49}{1000} = \frac{1''}{1000} = 0.001''$$

$$\textbf{सूत्र से}\ \text{अल्पतम माप} = \frac{\text{मेन स्केल के एक भाग का मान}}{\text{वर्नियर स्केल के कुल भागों की संख्या}}$$

$$= \frac{0.025}{25} = 0.001''$$

उदाहरण 4. वर्नियर कैलीपर में 1.186" को दर्शाइए।

हल उपरोक्त रीडिंग को ब्रिटिश वर्नियर के सिद्धान्त पर निम्न प्रकार विभाजित किया जा सकता है

इंचों का पूरा मान = 1"

इंच के मुख्य भागों का मान = 0.1"

अतः मुख्य भागों की संख्या = 1

अनुभागों का मान = 0.075"

अतः अनुभागों की संख्या = 3

वर्नियर स्केल का मान = 0.011"

अतः वर्नियर के मिलने वाले भाग की संख्या = 1.1

कुल = 1.186"

उपरोक्त को वर्नियर कैलीपर पर दर्शाने के लिए, वर्नियर का शून्य मेन स्केल पर 1" से 1 मुख्य भाग तथा 3 अनुभाग से आगे इस प्रकार हो कि वर्नियर का ग्यारहवाँ भाग मेन स्केल के किसी भाग के ठीक सामने हो। जैसा कि चित्र में दर्शाया गया है।

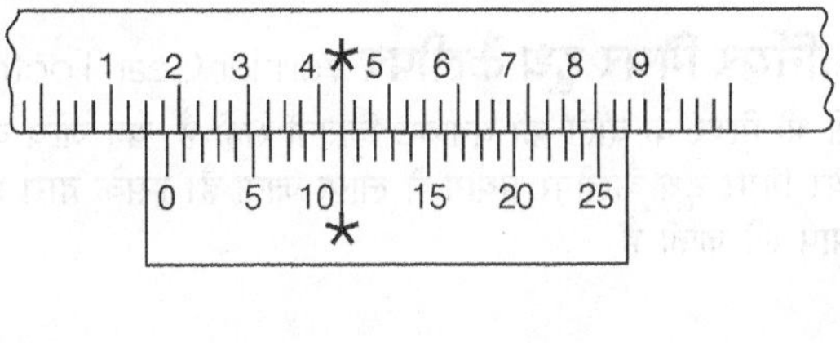

उदाहरण 5. एक मीट्रिक वर्नियर कैलीपर में 11.92 मिमी की माप दर्शाइए।

हल उपरोक्त रीडिंग को मीट्रिक कैलीपर पर निम्न प्रकार पढ़ा जा सकता है

मिमी के पूरे मान = 11 मिमी

मुख्य स्केल के अनुभाग का मान = 0.5 मिमी

अतः अनुभागों की संख्या = 1 भाग

वर्नियर स्केल का मान = 0.42 मिमी

अतः वर्नियर के मिलने वाले भाग की संख्या = 21वाँ भाग

(यदि अल्पतमांक 0.02 मिमी है।)

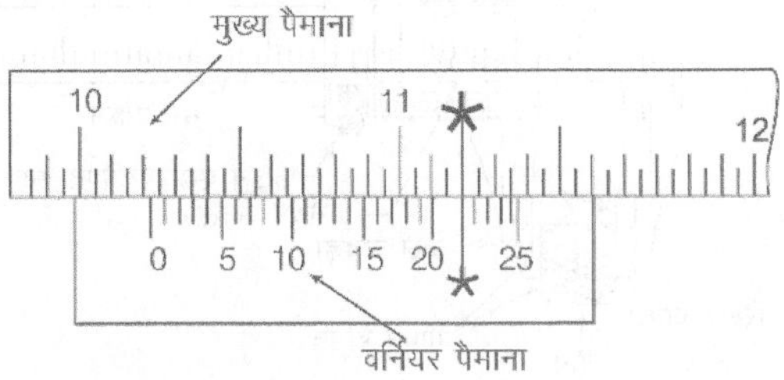

वर्नियर कैलीपर के प्रकार

Types of Vernier Caliper

वर्तमान समय में वर्नियर कैलीपर को और भी अधिक उपयोगी बनाने के उद्देश्य से उसकी संरचना में कुछ परिवर्तन किए गए हैं। बाजार में सामान्यतः निम्न प्रकार के वर्नियर कैलीपर उपलब्ध हैं

1. डैप्थ गेज वर्नियर कैलीपर
2. फ्लैट एज वर्नियर कैलीपर
3. नाइफ एज वर्नियर कैलीपर
4. फ्लैट और नाइफ एज वर्नियर कैलीपर
5. डायल वर्नियर कैलीपर
6. डिजिटल वर्नियर कैलीपर
7. वर्नियर गियर टूथ कैलीपर

उपरोक्त का विवरण निम्नवत् है

1. डैप्थ गेज वर्नियर कैलीपर Depth Gauge Vernier Caliper

इस प्रकार के कैलीपर में बीम के पिछले हिस्से में कैरियर के साथ एक डैप्थ बार लगा होता है। डैप्थ बार एक आयताकार स्लॉट है, जो बीम के पिछले हिस्से में लगा होता है तथा स्केल पर आगे-पीछे चलता है। इस प्रकार के कैलीपर द्वारा बाह्य माप, आन्तरिक माप व गहराई की माप तीनों ली जा सकती हैं। इसे यूनिवर्सल वर्नियर कैलीपर भी कहते हैं।

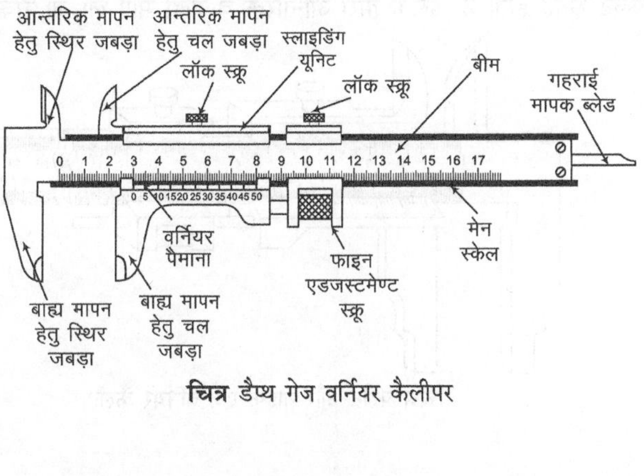

चित्र डैप्थ गेज वर्नियर कैलीपर

2. फ्लैट एज वर्नियर कैलीपर Flat Edge Vernier Caliper

इस कैलीपर द्वारा सामान्यतः जॉब की बाह्य माप का मापन किया जाता है। इसके जबड़ों की मापने वाली सतह फ्लैट होती है। इसके द्वारा जॉब की आन्तरिक माप का भी मापन किया जा सकता है। इसके लिए आन्तरिक माप, जबड़ों की चौड़ाई के बराबर ली जाती है जो 10 मिमी होती है।

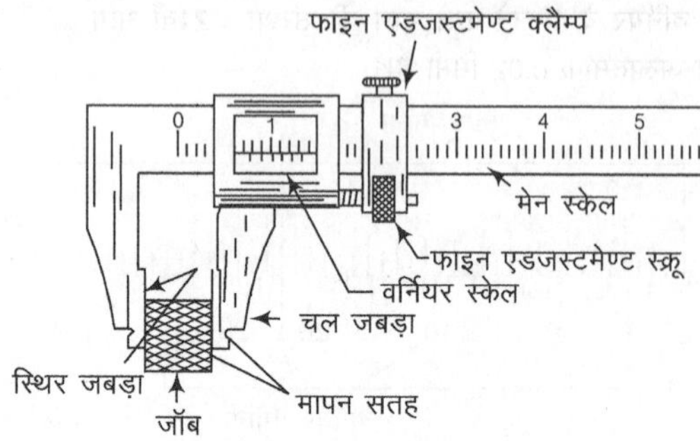

चित्र फ्लैट एज वर्नियर कैलीपर

3. नाइफ एज वर्नियर कैलीपर Knife Edge Vernier Caliper

इस प्रकार के कैलीपर की मापने वाली सतह चाकू की धार के समान होती है। इस प्रकार के कैलीपर का उपयोग दो छिद्रों के मध्य अन्तर ज्ञात करने के लिए किया जाता है। इस कैलीपर का उपयोग सामान्यतः कम ही किया जाता है, क्योंकि इसकी मापने वाली सतह बहुत संवेदनशील होती है जिसके कारण यह शीघ्र ही खराब हो जाती है।

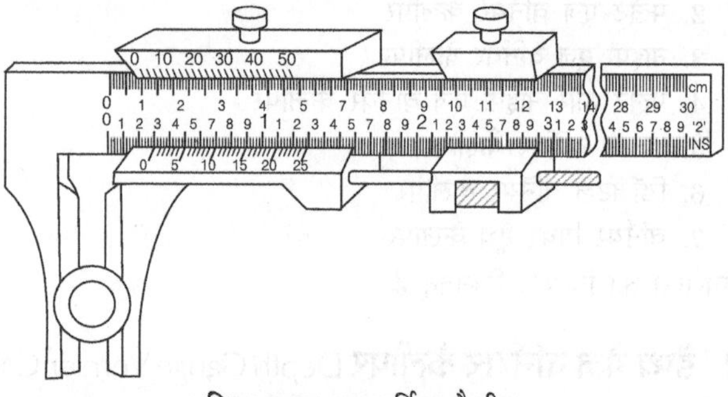

चित्र नाइफ एज वर्नियर कैलीपर

4. फ्लैट और नाइफ एज वर्नियर कैलीपर Flat And Knife Edge Vernier Caliper

इस प्रकार के वर्नियर कैलीपर के जॉ में एक ओर नाइफ एज व दूसरी ओर फ्लैट सतह होती है। इसके द्वारा आन्तरिक व बाह्य माप ली जा सकती है।

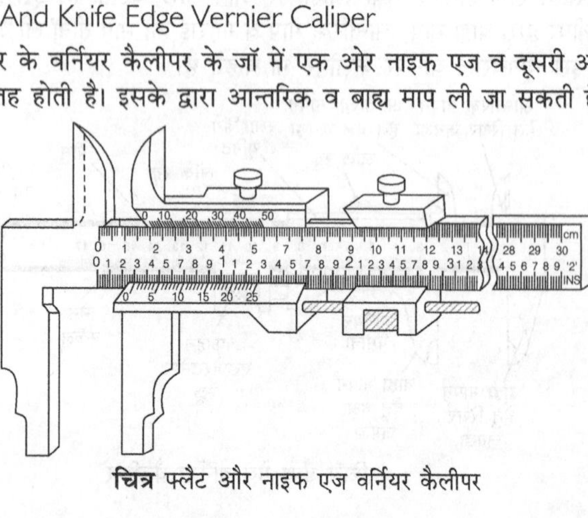

चित्र फ्लैट और नाइफ एज वर्नियर कैलीपर

5. डायल वर्नियर कैलीपर Dial Vernier Caliper

साधारण वर्नियर कैलीपर से माप लेने के लिए वर्नियर स्केल को पढ़कर, उसे अल्पतम माप से गुणा करना पड़ता है जिसमें इसमें त्रुटि होने की सम्भावना अधिक होती है।

डायल कैलीपर में वर्नियर स्केल के स्थान पर डायल गेज लगा होता है, जोकि 100 भागों में बँटा होता है। इसके केन्द्र पर लगी सूई इसके एक मिमी चलने पर 100 डिविजन घूम जाती है। यदि यह सूई एक डिविजन चलती है, तो कैलीपर 0.01 मिमी की दूरी तय करता है।

अतः इस कैलीपर की अल्पतम माप 0.01 मिमी होती है। माप लेने से पहले जबड़ों को मिलाते हैं तथा डायल गेज के डायल को घुमाकर सूई को डायल के शून्य से मिला लेते हैं।

अब जबड़ों को खोलकर उनमें जॉब को पकड़ते हैं तथा मेन स्केल एवं डायल की रीडिंग लेकर जोड़ लेते हैं।

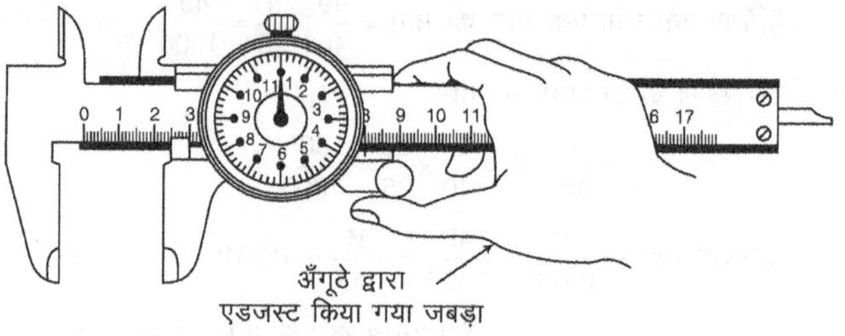

चित्र डायल वर्नियर कैलीपर

6. डिजिटल वर्नियर कैलीपर Digital Vernier Caliper

डायल गेज कैलीपर से रीडिंग लेना बहुत सरल है, परन्तु डिजिटल कैलीपर उससे भी अधिक सरलता से रीडिंग देने में सक्षम है। इसमें वर्नियर स्केल के स्थान पर स्क्रीन लगी होती है। वर्नियर कैलीपर को हम जैसे-जैसे खोलते हैं स्क्रीन पर कैलीपर के बीच की दूरी प्रदर्शित (display) होती रहती है। यह दशमलव के दो अंकों तक मिमी में दूरी को दर्शाता है; जैसे—20.09 मिमी या 13.76 मिमी आदि।

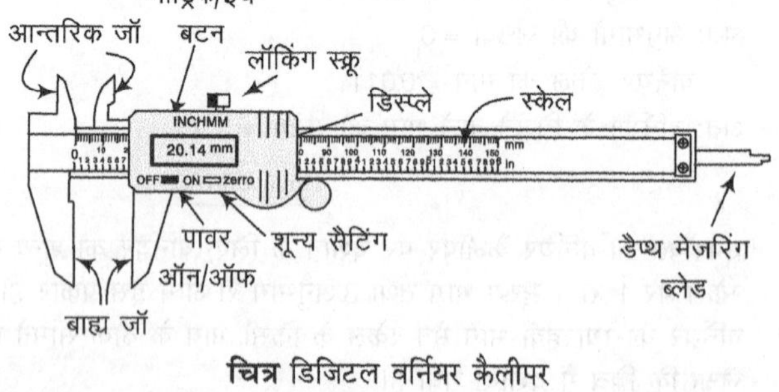

चित्र डिजिटल वर्नियर कैलीपर

7. वर्नियर गियर टूथ कैलीपर Vernier Gear Tooth Caliper

किसी भी गियर के दाँतों की बनावट कितनी सही है, यह जाँच करने के लिए वर्नियर गियर टूथ कैलीपर प्रयोग में लाया जाता है। इसके द्वारा प्रमुख रूप से दो माप ली जाती हैं

(i) गियर का कॉर्डल अडैण्डम (Chordal addendum of gear)
(ii) गियर की कॉर्डल मोटाई (Chordal thickness of gear)

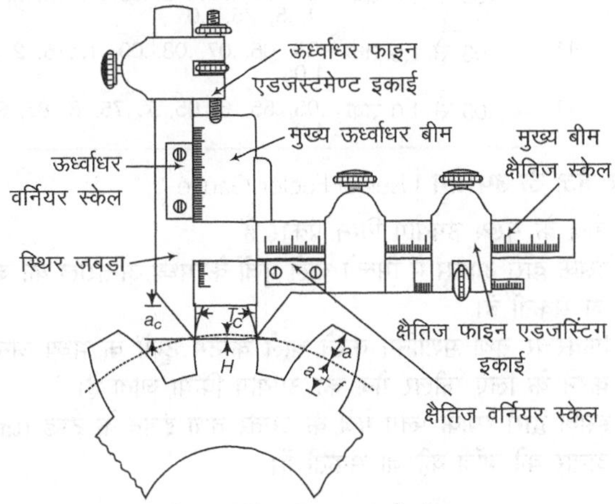

चित्र वर्नियर गियर टूथ कैलीपर

यदि किसी गियर की व्यासीय पिच तथा दाँतों की संख्या का सही ज्ञान होता है, तो निम्न सूत्रों के द्वारा उसका कॉर्डल अडैण्डम तथा कॉर्डल मोटाई का पता लगाया जा सकता है तथा वर्नियर गियर टूथ कैलीपर के द्वारा गियर की जाँच व माप की जा सकती है।

$$\text{कॉर्डल अडैण्डम} = \frac{\text{पिच व्यास}}{2}\left(1 - \cos\frac{90^\circ}{N}\right) + \text{अडैण्डम}$$

यहाँ पर, $$\text{पिच व्यास} = \frac{\text{दाँतों की संख्या}}{\text{व्यासीय पिच}}$$

तथा $$\text{अडैण्डम} = \frac{1}{\text{व्यासीय पिच}}$$

$$\text{कॉर्डल मोटाई} = \text{PD}\sin\frac{90^\circ}{N}$$

वर्नियर कैलीपर का प्रयोग करते समय सावधानियाँ
Precautions While Using Vernier Caliper

वर्नियर कैलीपर का प्रयोग करते समय निम्नलिखित सावधानियाँ अपनानी चाहिए

(i) वर्नियर कैलीपर एक सूक्ष्ममापी उपकरण है जो अतिसंवेदनशील होता है। अत: इसे सावधानी से रखना चाहिए। इसे नीचे गिरने या अन्य हैण्ड टूल्स की चोट लगने से बचाया जाना चाहिए। साथ ही इसे कर्तन औजारों (cutting tools) से पृथक् रखना चाहिए।

(ii) मापन के समय इस पर बहुत अधिक दबाव नहीं डालना चाहिए।

(iii) मापने से पहले इसकी शून्य त्रुटि चैक कर लेनी चाहिए।

(iv) फाइन एडजस्टिंग स्क्रू का प्रयोग करते समय अधिक बल नहीं लगाना चाहिए, क्योंकि इससे यह टेढ़ा हो सकता है अथवा रीडिंग में अन्तर आ सकता है।

(v) इसके जबड़े जॉब की सतह पर कम-से-कम रगड़ खाने चाहिए क्योंकि अधिक रगड़ खाने से ये शीघ्र ही घिस सकते हैं।

(vi) घूमते हुए जॉब पर इसके द्वारा कभी भी माप नहीं लेनी चाहिए।

(vii) कम प्रकाश में वर्नियर कैलीपर द्वारा परिशुद्ध रीडिंग लेने के लिए मैग्नीफाइंग ग्लास का प्रयोग करना चाहिए।

(viii) कार्य समाप्त होने के पश्चात् इसे अच्छी तरह साफ करके रखना चाहिए।

तालिका वर्नियर कैलीपर तथा माइक्रोमीटर में अन्तर

क्र.सं.	वर्नियर कैलीपर	माइक्रोमीटर
1.	वर्नियर कैलीपर द्वारा मीट्रिक तथा ब्रिटिश दोनों माप एकसाथ ले सकते हैं।	माइक्रोमीटर द्वारा ब्रिटिश तथा मीट्रिक माप लेने के लिए अलग-अलग माइक्रोमीटर की आवश्यकता होती है।
2.	वर्नियर कैलीपर अधिक परास की माप लेने में सक्षम है।	माइक्रोमीटर अधिक परास की माप लेने में अक्षम है। सामान्यतः 300 किमी की माप लेने के लिए 12 माइक्रोमीटर की आवश्यकता पड़ती है।
3.	वर्नियर कैलीपर द्वारा जॉब की बाह्य तथा आन्तरिक गहराई मापी जा सकती है।	माइक्रोमीटर द्वारा बाह्य तथा आन्तरिक माप भिन्न-भिन्न प्रकार के माइक्रोमीटर द्वारा ली जाती है।
4.	मिमी में वर्नियर कैलीपर द्वारा न्यूनतम 0.02 मिमी माप ली जा सकती है।	माइक्रोमीटर द्वारा मिमी में न्यूनतम 0.01 मिमी माप ली जा सकती है।
5.	वर्नियर कैलीपर द्वारा परिशुद्ध (accurate) माप लेना सम्भव नहीं है।	माइक्रोमीटर द्वारा परिशुद्ध माप लेना सम्भव है।
6.	वर्नियर कैलीपर पर रीडिंग पढ़ने के लिए अत्यधिक अभ्यास की आवश्यकता होती है।	वर्नियर कैलीपर की तुलना में माइक्रोमीटर पर रीडिंग पढ़ना अत्यन्त सरल है।

5.6 गेज Gauge

गेज एक ऐसा मापक यन्त्र है जिसके द्वारा अवयवों के साइज को मापकर तथा तुलना करके, उत्पादन के समय को नियन्त्रित किया जाता है, जिससे उसकी अन्तर्परिवर्तनीयता सुनिश्चित की जा सके।

किसी कारीगर द्वारा गेज का प्रयोग निम्नलिखित उद्देश्यों की पूर्ति हेतु किया जाता है

1. इसके प्रयोग से समय की बचत होती है।
2. इसके प्रयोग से बनाए जाने वाले जॉब में कम खर्च होता है।
3. इसके प्रयोग से जॉब को जाँचने में कम समय लगता है।

भिन्न-भिन्न प्रकार के जॉब के साइजों को मापने के लिए भिन्न-भिन्न प्रकार के गेजों का प्रयोग किया जाता है।

औद्योगिक क्षेत्र में प्रयोग होने वाले विभिन्न गेजों को उनकी उपयोगिता के आधार पर तीन श्रेणियों में वर्गीकृत किया गया है

1. वर्कशॉप गेज (Workshop gauge)
2. निरीक्षण गेज (Inspection gauge)
3. मास्टर गेज (Master gauge)

गेज के प्रकार Types of Gauge

उपयोग के आधार पर गेज प्राय: निम्न प्रकार के होते हैं

1. लिमिट गेज
2. रेडियस गेज
3. फीलर गेज
4. थ्रेड पिच गेज
5. टेलिस्कोपिक गेज
6. डायल बोर गेज
7. वायर गेज
8. वैक्यूम गेज
9. टायर दाब गेज
10. सिलेण्डर गेज या डायल टेस्ट इण्डीकेटर
11. डिजिटल टेस्ट इण्डीकेटर

नोट पाठ्यक्रम के अनुसार यहाँ फीलर गेज, थ्रेड पिच गेज, टेलिस्कोपिक गेज, डायल बोर गेज, वैक्यूम गेज, टायर दाब गेज तथा सिलेण्डर गेज का ही वर्णन किया गया है।

1. फीलर गेज Feeler Gauge

फीलर गेज के द्वारा आपस में फिट हुए दो पाटर्स के मध्य बनी झिर्री (slot) की जाँच की जा सकती है। इसके लिए विभिन्न मोटाइयों की कार्बन स्टील की ग्राइण्ड की हुई पत्तियाँ (blades) प्रयोग में लाई जाती हैं। विभिन्न मोटाई के गेजों के सैट एक होल्डर में रिवेट के द्वारा या स्क्रू के द्वारा फिट रहते हैं। प्रत्येक पत्ती पर एक साइड में उसकी मोटाई की माप लिखी रहती है। फीलर गेज इंचों तथा मिमी दोनों मापों में उपलब्ध हैं। इन सैटों में विभिन्न रेंज की मापों की विभिन्न संख्याओं में पत्तियाँ रहती हैं।

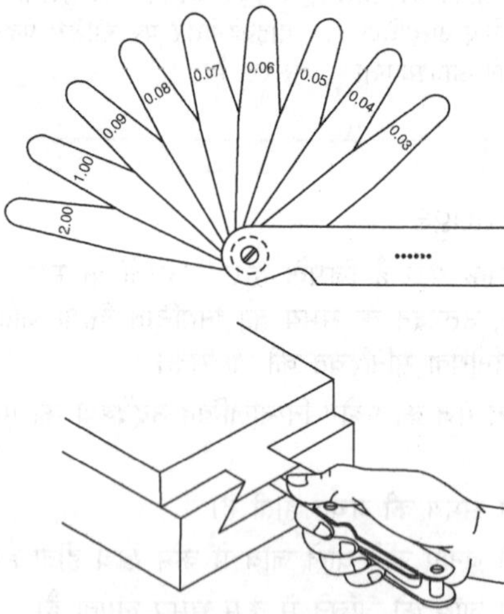

चित्र फीलर गेज

तालिका भारतीय मानक संस्थान द्वारा मीट्रिक प्रणाली में स्वीकृत फीलर गेज

सैट नं.	सैट में ब्लेडों की संख्या	रेंज	ब्लेडों की मोटाई (मिमी में)
1.	8	.03 से 10 तक	.03, .04, .05, .06, .07, .08, .09, .10
2.	9	.03 से .09 तक	.03, .03, .04, .04, .05, .05, .06, .07, .09
3.	16	.03 से 0.5 तक	.03, .04, .05, .05, .06, .07, .08, .09, .1, .15, .2, .25, .3, .35, .4, .45, .5
4.	11	.03 से 0.5 तक	.03, .04, .05, .06, .07, .1, .15, .2, .3, .4, .5
5.	14	.03 से 1.0 तक	.05, .06, .07, .08, .09, .1, .15, .2, .25, .3, .4, .5, .75, 1.0
6.	11	.03 से 1.0 तक	.05, .06, .07, .08, .09, .1, .15, .2, .4, .75, 1.0
7.	11	.05 से 1.0 तक	.05, .55, .6, .65, .7, .75, .8, .85, .9, .95, 1.0

फीलर गेज के उपयोग Uses of Feeler Gauge

फीलर गेज के मुख्य उपयोग निम्न प्रकार हैं

(i) इसके द्वारा आपस में मिलने वाले पुर्जों के मध्य अन्तराल की जाँच की जा सकती है।

(ii) फिक्स्चर तथा मशीनिंग करने वाले कटिंग टूलों के मध्य अन्तर सैट करने के लिए फीलर गेज का उपयोग किया जाता है।

(iii) इसके द्वारा स्पार्क प्लग गेज के अन्तर तथा इंजन के टैप्ड (tapped) अन्तर की जाँच की जा सकती है।

2. थ्रेड पिच गेज Thread Pitch Gauge

यह रेडियस गेज या फीलर गेज के समान कार्बन स्टील की पत्तियों का बना होता है। इन पत्तियों को विभिन्न पिचों की थ्रेडों की प्रोफाइल (profile) के अनुसार टेढ़ा-मेढ़ा (zig-zag) काटा गया होता है। प्रत्येक ब्लेड पर थ्रेड की पिच अंकित की गई होती है। इसको स्क्रू पिच गेज (screw pitch gauge) के नाम से भी जाना जाता है

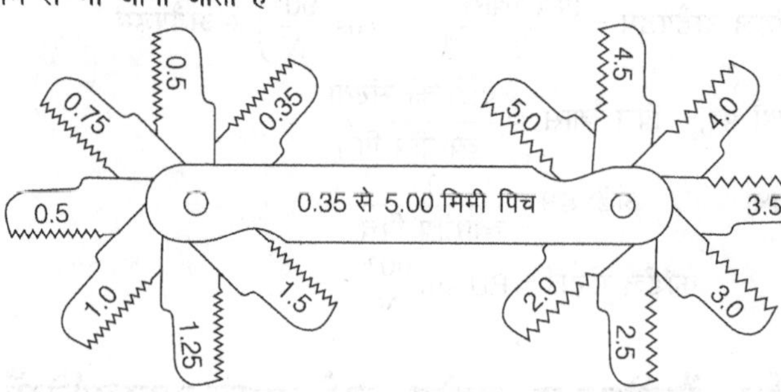

चित्र थ्रेड पिच गेज

शुद्ध परिणाम प्राप्त करने के लिए थ्रेड पिच गेज का प्रयोग करते समय, थ्रेड पर ब्लेड की पूरी लम्बाई रखनी आवश्यक होती है।

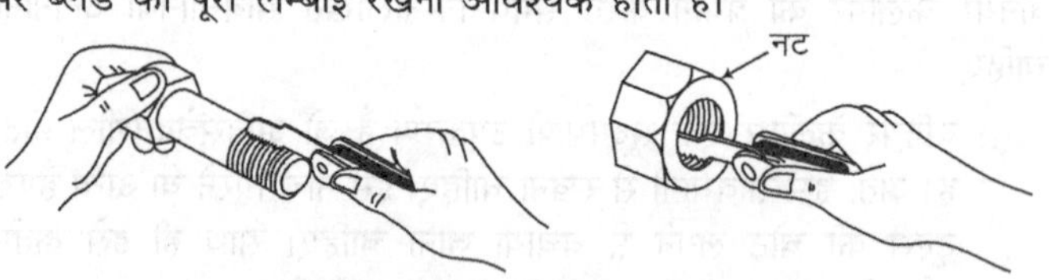

चित्र स्क्रू पिच गेज का प्रयोग

3. टेलिस्कोपिक गेज Telescopic Gauge

अधिक गहराई पर किसी छिद्र में माप लेने के लिए टेलिस्कोपिक गेज का प्रयोग किया जाता है। दिखने में यह गेज अंग्रेजी के ऊ अक्षर के जैसी आकृति का होता है। इसमें किसी बोर या स्लॉट की माप लेने के लिए एक लम्बे हैण्डिल में प्लंजर लगे होते हैं, जो एक स्प्रिंग के द्वारा खुलते हैं तथा किसी भी साइज के जॉब के अन्दर हैण्डिल में लगे लॉकिंग स्क्रू के द्वारा लॉक किए जा सकते हैं। इस प्लंजर के साइज को आउटसाइड माइक्रोमीटर द्वारा मापा जाता है।

टेलिस्कोपिक गेज को नीचे चित्र में दर्शाया गया है।

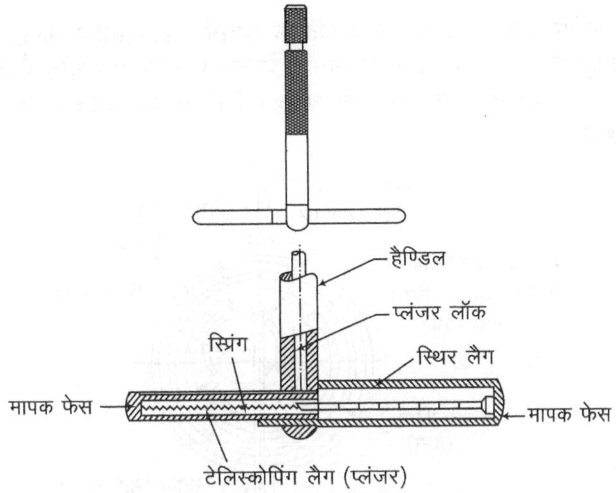

चित्र टेलिस्कोपिक गेज की संरचना

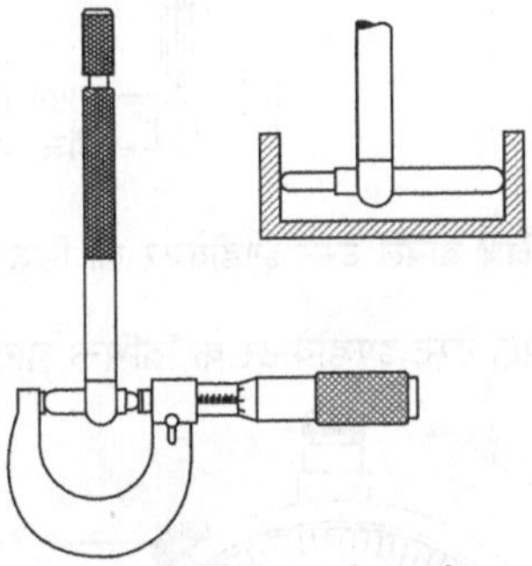

चित्र माइक्रोमीटर द्वारा टेलिस्कोपिक गेज के प्लंजर की माप

छिद्रों के मापन के लिए टेलिस्कोपिक गेज निम्न सैटों में उपलब्ध होते हैं

सैट संख्या	**सीमा** (मिमी में)
संख्या-1	संख्या 1 8.0 से 12.7
संख्या-2	12.7 से 19
संख्या-3	19 से 32
संख्या-4	32 से 54
संख्या-5	54 से 90
संख्या-6	90 से 152.4

4. **डायल बोर गेज** Dial Bore Gauge

विभिन्न साइजों के बोर का व्यास सीधे-सीधे चैक करने के लिए डायल बोर गेज का उपयोग किया जाता हैं। इनका प्रयोग उत्पादन कार्यों में अधिक किया जाता है। सर्वप्रथम इसे मास्टर माइक्रोमीटर अथवा परिशुद्ध वर्नियर माइक्रोमीटर की सहायता से सैट कर लिया जाता है। तत्पश्चात् उत्पादन प्रक्रिया पूर्ण की जाती है। साइज चैक करने के लिए इस पर एक डायल गेज (dial gauge) लगा होता है जो साइज का मान अंकित करता है।

प्रदर्शित चित्र में डायल बोर गेज को दिखाया गया है।

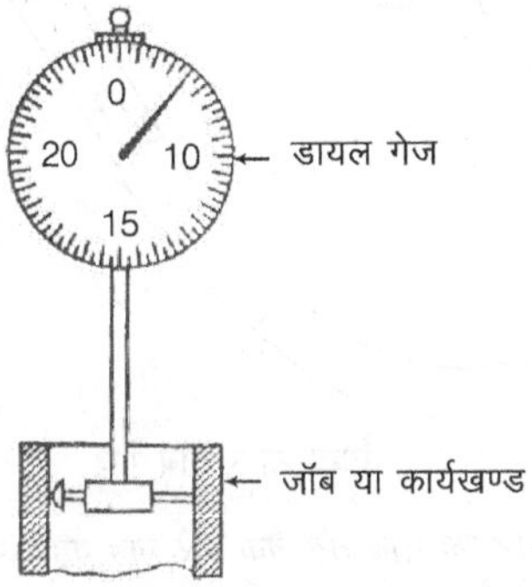

चित्र डायल बोर गेज

5. **वैक्यूम गेज** Vacuum Gauge

इस प्रकार के गेज का प्रयोग वैक्यूम दाब मापन हेतु किया जाता है। इसका प्रयोग मैनीफोल्ड में वैक्यूम दबाव मापने के लिए भी किया जाता है। सामान्यत: वैक्यूम को दो वर्गों उच्च वैक्यूम एवं निम्न वैक्यूम में वर्गीकृत किया जा सकता है। इन दोनों प्रकारों के वैक्यूम में दाब मापन की आवश्यकता बनी रहती है जिस कारण वैक्यूम गेज का प्रयोग किया जाता है।

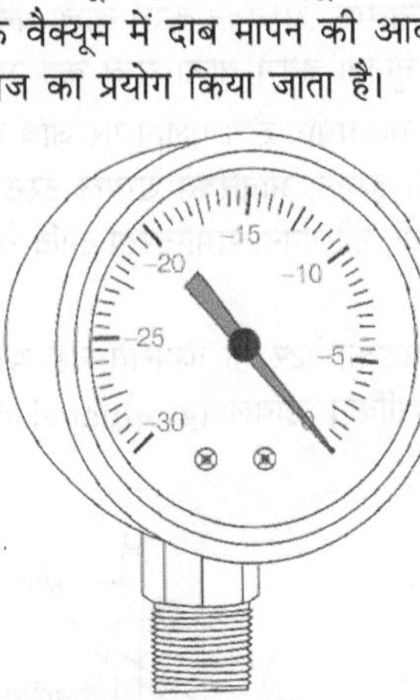

चित्र वैक्यूम गेज

6. **टायर दाब गेज** Tyre Pressure Gauge

इस प्रकार के गेज का प्रयोग ऑटोमोबाइल के क्षेत्र में वाहन टायर के दाब मापन हेतु किया जाता है। वाहनों में टायर एक आवश्यक अवयव है। अत: इसे व्यवस्थित क्रियाशील बनाए रखना चालक का कर्त्तव्य है। सामान्यत: इस गेज में एक डायल होता है जिसमें एक हौज पाइप संयोजित होता है जिससे टायर के दाब मापन हेतु टायर/ट्यूब वाल्व बॉडी पर प्रवेश कराया जाता है जो अन्त: दबी हुई वायु का मान पौण्ड प्रति वर्ग इंच या किग्रा प्रति वर्ग सेन्टीमीटर में डायल पर दर्शाता है।

प्रदर्शित चित्र में टायर दाब गेज को दर्शाया गया है।

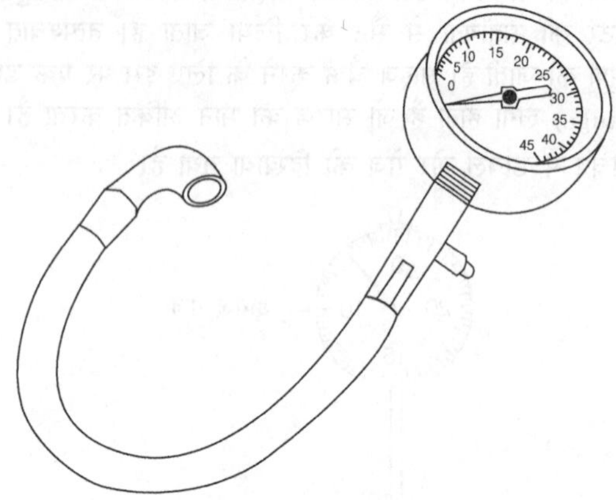

चित्र टायर दाब गेज

नोट *हमेशा टायर का दाब तब चैक करें जब वह ठण्डा हो, क्योंकि तापमान बढ़ने से प्रैशर बढ़ जाता है।*

7. सिलेण्डर गेज या डायल टेस्ट इण्डीकेटर
Cylinder Gauge or Dial Test Indicator

डायल टेस्ट इण्डीकेटर एक उच्च परिष्करण वाला यन्त्र है जिसका प्रयोग अवयवों के साइज के विचलन को ज्ञात एवं तुलना करने में किया जाता है। वास्तव में यह एक तुलनात्मक अध्ययन करने वाला यन्त्र है, इसलिए इसे एक मापन यन्त्र न कहकर तुलना करने वाला यन्त्र कह सकते हैं।

डायल टेस्ट इण्डीकेटर का प्रयोग लेथ मशीन पर जॉब को सेन्टर में सैट करने के लिए किया जाता है। इसके अतिरिक्त डायल टेस्ट इण्डीकेटर का प्रयोग किसी जॉब की समतलता, सीधापन, समान्तरता आदि के निरीक्षण के लिए भी किया जाता है।

वर्नियर कैलीपर तथा माइक्रोमीटर के विपरीत यह यन्त्र प्रत्यक्ष पाठ्यांक न दर्शाकर इसमें लगे अंशांकित डायल (graduated dial) की सहायता से पाठ्यांक को दर्शाता है।

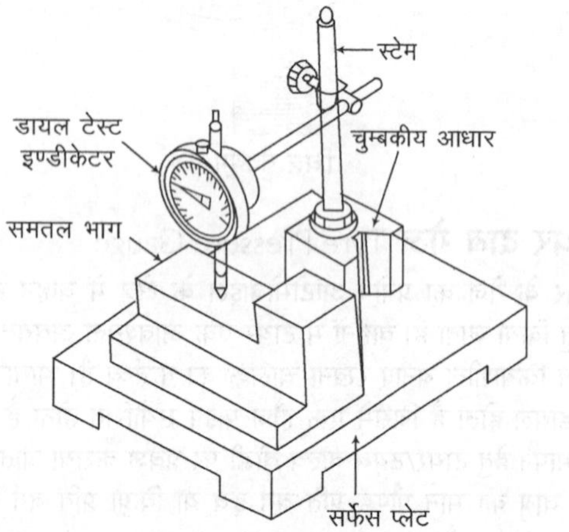

चित्र डायल टेस्ट इण्डीकेटर

डायल टेस्ट इण्डीकेटर का सिद्धान्त
Principle of Dial Test Indicator

यह प्लंजर अथवा सूई की सूक्ष्म गति के आवर्धन (magnification) को वृत्ताकार पैमाने पर, सूचक की घूर्णन गति के रूप में रूपान्तरित करता है तथा रैक व पिनियन साइज के अन्तर को, यान्त्रिक विधि से बड़ा करके डायल पर दिखाता है।

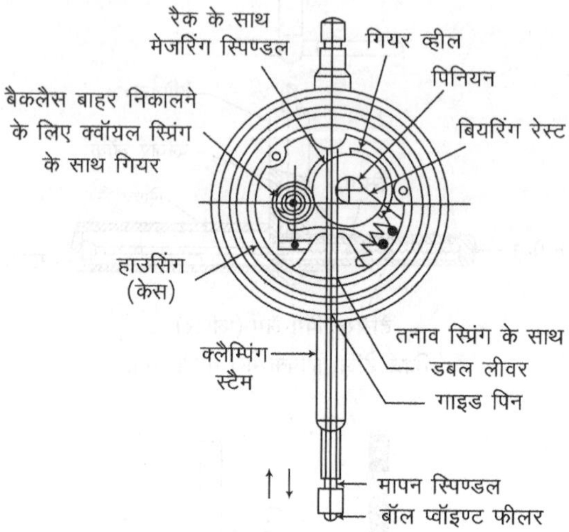

चित्र डायल टेस्ट इण्डीकेटर का सिद्धान्त

निम्न चित्र में एक डायल टेस्ट इण्डीकेटर के विभिन्न भागों को दर्शाया गया है।

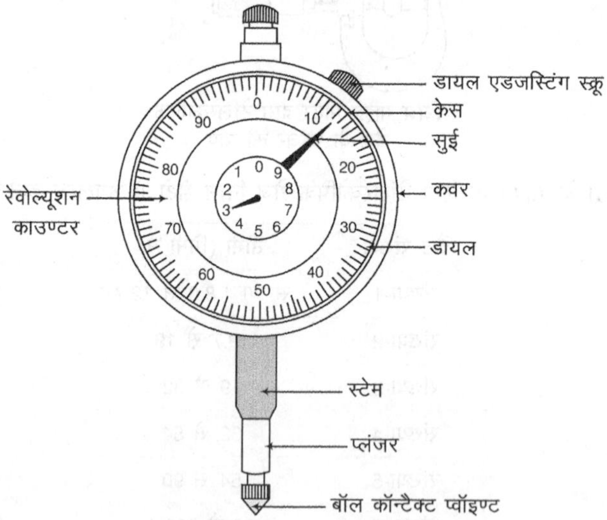

चित्र डायल टेस्ट इण्डीकेटर के भाग

मीट्रिक प्रणाली में डायल टेस्ट इण्डीकेटर का अल्पतमांक
Least Count of Dial Test Indicator in Metric System

मीट्रिक प्रणाली में स्पिण्डल पर 25 मिमी लम्बाई का 50 दाँतों वाला एक रैक कटा होता है। यह रैक एक दाँता ऊपर उठने पर $\frac{1}{2}$ मिमी चलता है। रैक के साथ एक 10 दाँतों वाला पिनियन A मैश करता है। इस पिनियन पर एक

75 दाँतों वाली गियर जुड़ी रहती है जिसके साथ एक अन्य पिनियन C लगा रहता है, जिसमें दाँतों की संख्या 15 होती है। पिनियन C पर एक इण्डीकेटर फिट होता है, जिसकी नीडिल के चक्करों की संख्या को निम्न सूत्र द्वारा ज्ञात किया जाता है

$$\text{नीडिल के चक्करों की संख्या} = \frac{\text{ड्राइवर}}{\text{ड्रिविन}} = \frac{50 \times 75}{10 \times 15} = 25$$

रैक द्वारा 50 दाँते चलने पर नीडिल द्वारा चले गए चक्करों की संख्या = 25

रैक द्वारा 1 दाँता चलने पर नीडिल द्वारा चले गए चक्करों की संख्या

$$= \frac{25 \times 1}{50} = \frac{1}{2}$$

रैक द्वारा 1 दाँता ऊपर उठने पर चली गई दूरी $= \frac{1}{2}$ मिमी

$= \text{नीडिल का } \frac{1}{2}$ चक्कर

यदि डायल के एक चक्कर में कुल भागों की संख्या 100 हो, तो डायल के आधे चक्कर में भागों की संख्या = 50

जब नीडिल 50 भाग चलती है, तो रैक चलता है $= \frac{1}{2}$ मिमी

जब नीडिल 1 भाग चलेगी, तो रैक चलेगा $= \frac{1}{2 \times 50}$ मिमी $\frac{1}{100} = 0.01$ मिमी

अतः डायल टेस्ट इण्डीकेटर का अल्पतमांक = 0.01 मिमी

ब्रिटिश प्रणाली में डायल टेस्ट इण्डीकेटर का अल्पतमांक
Least Count of Dial Test Indicator in British System

ब्रिटिश प्रणाली में स्पिण्डल की 1 इंच लम्बाई में 40 दाँतों वाला एक रैक कटा होता है जो मुख्य ड्राइवर का कार्य करता है। यह रैक एक दाँता ऊपर उठने पर $\frac{1}{40}$ इंच चलता है। रैक के साथ एक पिनियन A मैश करता है, जिसमें 20 दाँते होते हैं। इस पिनियन पर 100 दाँतों वाली एक स्थिर गियर फिट रहती है जिससे 10 दाँतों वाला एक पिनियन C मैश करता है। पिनियन C पर एक नीडिल फिट की जाती है। इस नीडिल के चक्करों की संख्या को निम्न सूत्र से ज्ञात किया जाता है

$$\text{चक्करों की संख्या} = \text{ड्राइवर/ड्रिविन} = \frac{40 \times 100}{20 \times 10} = 20$$

जब रैक 40 दाँते चलता है, तो नीडिल द्वारा चले गए चक्करों की संख्या = 20

अतः रैक द्वारा 1 दाँता चलने पर नीडिल द्वारा चले गए चक्करों की संख्या

$$= \frac{20 \times 1}{40} = \frac{1}{2} \text{ चक्कर}$$

यदि डायल के एक पूर्ण चक्कर में 50 भाग हों, तो डायल के आधे चक्कर में भागों की संख्या = 25

$\because$ जब नीडिल 25 भाग चलती है तो रैक चलता है $= \frac{1}{40}$ इंच

$\therefore$ जब नीडिल 1 भाग चलेगी तो रैक चलेगा $= \frac{1}{40} \times \frac{1}{25}$

$= \frac{1}{1000} = 0.001$ इंच

अतः ब्रिटिश प्रणाली में डायल टेस्ट इण्डीकेटर का अल्पतमांक

= 0.001 इंच

डायल टेस्ट इण्डीकेटर के अनुप्रयोग
Applications of Dial Test Indicator

डायल टेस्ट इण्डीकेटर का प्रयोग निम्न कार्यों हेतु किया जाता है

(i) किसी जॉब की सतह की समतलता व समान्तरता की जाँच करने के लिए।

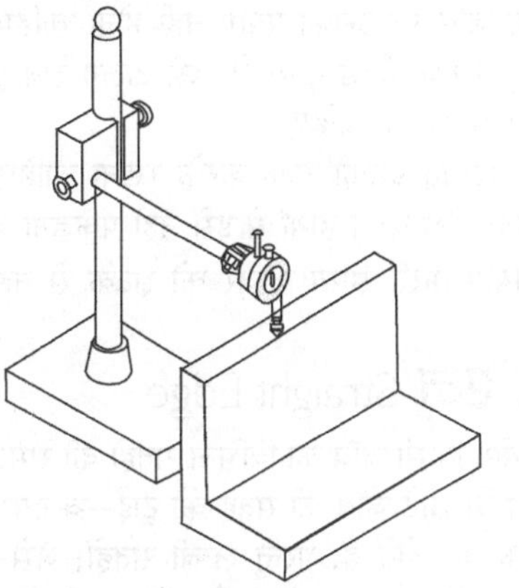

चित्र जॉब की समान्तरता की जाँच करना

(ii) किसी जॉब का टेपर चैक करने के लिए।

(iii) सिलेण्ड्रीकल जॉब की वक्रता चैक करने के लिए।

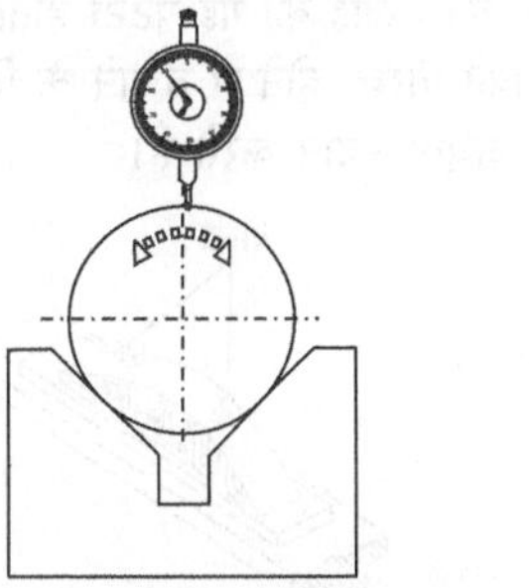

चित्र जॉब की वक्रता की जाँच करना

(iv) जॉब का सीधापन चैक करने के लिए।

(v) हैडस्टॉक तथा टेलस्टॉक का अलाइनमेन्ट चैक करने के लिए।

(vi) किसी शाफ्ट का केन्द्रीकरण (concentricity) चैक करने के लिए।

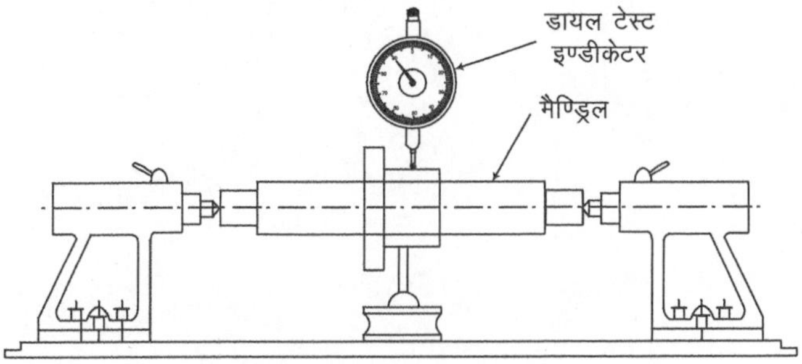

चित्र संकेन्द्रिता के लिए बुश की जाँच करना

डायल टेस्ट इण्डीकेटर प्रयोग करते समय सावधानियाँ
Precautions While Using Dial Test Indicator

डायल टेस्ट इण्डीकेटर एक संवेदनशील उपकरण है। अत: इसका प्रयोग बहुत सावधानीपूर्वक करना चाहिए।

(i) अधिक रफ सर्फेस पर इसका प्रयोग नहीं करना चाहिए।
(ii) घूमते हुए जॉब पर इसका प्रयोग नहीं होना चाहिए।
(iii) कटिंग टूल्स तथा हैण्ड टूल्स से, इसे अलग लकड़ी अथवा प्लास्टिक के बॉक्स में रखना चाहिए।
(iv) कार्य के पश्चात् इसको साफ करके रखना चाहिए।
(v) तेल अथवा ग्रीस युक्त हाथों से इसे नहीं पकड़ना चाहिए।
(vi) इसका प्रयोग करते समय प्लंजर को झटके से नहीं दबाना चाहिए।

5.7 स्ट्रैट एज Straight Edge

स्ट्रैट एज का प्रयोग किसी जॉब की विभिन्न सतहों की समतलता चैक करने के लिए किया जाता है। छोटे जॉब की सतह को ट्राई-स्क्वायर के ब्लेड या स्टील रूल से भी चैक कर लेते हैं, परन्तु लम्बी सतहों; जैसे— मशीन के बैड, मशीन की गाइडें आदि स्ट्रैट एज से ही चैक किए जाते हैं। स्ट्रैट एज निम्न तीन प्रकार की होती हैं

1. कास्ट आयरन स्ट्रैट एज Cast Iron Straight Edge

यह कास्ट आयरन की ढलाई की गई पट्‌टी होती है, जिसकी लम्बाई लगभग 3 मी होती है। इसको तिरछा होने से बचाने के लिए इसके ऊपर के भाग को रिब (rib) द्वारा मजबूती प्रदान करते हैं।

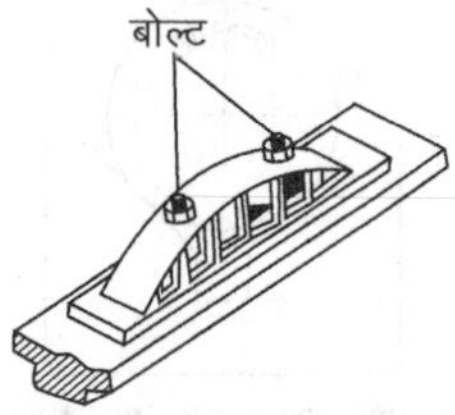

चित्र कास्ट आयरन स्ट्रैट एज

इसका उपयोग मशीनों के लम्बे गाइड-वेज (guide-ways) तथा समतलता जाँचने के लिए किया जाता है। इसका क्रॉस-सैक्शन (cross-section) गाइड-वेज के अनुरूप कई प्रकार का होता है।

2. स्टील स्ट्रैट एज Steel Straight Edge

स्टील स्ट्रैट एज हाई कार्बन-स्टील की बनाई जाती हैं। इनकी लम्बाई 2 मी तक होती है। इसकी एक साइड टेपर करके थोड़ी पतली बना देते हैं, जिससे स्ट्रैटनैस (straightness) चैक करने में सुविधा रहती है। नीचे चित्र में स्टील स्ट्रैट एज को दर्शाया गया है।

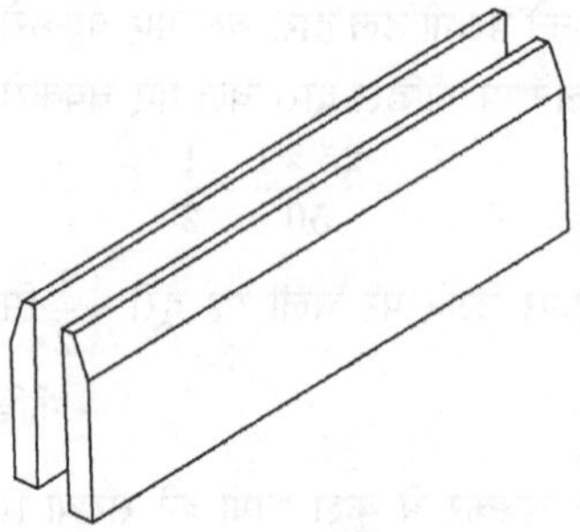

चित्र स्टील स्ट्रैट एज

3. बेवेल्ड स्ट्रैट एज Beveled Straight Edge

बेवेल्ड स्ट्रैट एज लम्बाई में छोटी होती है। इसका उपयोग डाई मेकर्स तथा मशीन फिटर्स द्वारा किया जाता है।

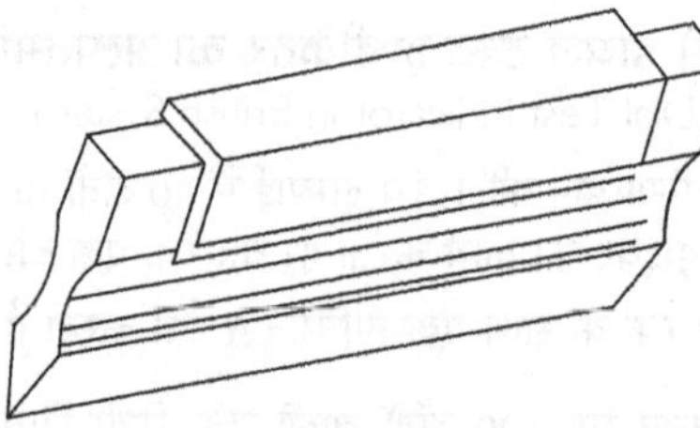

चित्र बेवेल्ड स्ट्रैट एज

इसका एक सिरा दोनों ओर से टेपर करके नुकीला बना होता है, जिससे डाइयों तथा स्लाइडों की सतहों की स्ट्रैटनैस आसानी से चैक की जा सके। उपरोक्त चित्र में बेवेल्ड स्ट्रैट एज को दर्शाया गया है।

महत्त्वपूर्ण बिन्दु

- दो रेखाओं के प्रतिच्छेद बिन्दु की माप को कोणीय माप कहते हैं।
- माइक्रोमीटर में प्रयुक्त फ्रेम, ड्रॉप फोर्ज्ड इस्पात अथवा आघातवर्धनीय ढलवाँ लोहे से तथा स्पिण्डल, कठोर व ग्राइण्ड किए हुए क्रोमियम स्टील से निर्मित होता है।
- मीट्रिक माइक्रोमीटर का अल्पतमांक 0.01 मिमी तथा ब्रिटिश माइक्रोमीटर का अल्पतमांक 0.001'' होता है।
- थिम्बल की जीरो रेखा, स्लीव पर लगी डेटम लाइन से पीछे होने पर माइक्रोमीटर में उत्पन्न त्रुटि 'धनात्मक त्रुटि' होती है।
- आउटसाइड माइक्रोमीटर में प्रयुक्त 'U' फ्रेम के एक सिरे पर लगे एनविल की टिप हाई-कार्बन स्टील अथवा टंगस्टन कार्बाइड से निर्मित होती है।
- बड़े इनसाइड माइक्रोमीटर द्वारा 2" अथवा 50 मिमी से छोटी माप नहीं ली जा सकती है।
- डैप्थ माइक्रोमीटर की परास 1" अथवा 25 मिमी होती है।
- डैप्थ माइक्रोमीटर द्वारा मापन कार्य प्रारम्भ करने से पूर्व इसकी शून्य त्रुटि ज्ञात की जाती है।
- वर्नियर कैलीपर द्वारा जॉब की बाह्य, आन्तरिक तथा गहराई की माप ली जाती है।
- डैप्थ बार का प्रयोग किसी झिर्री अथवा छिद्र की गहराई मापने के लिए किया जाता है।
- ब्रिटिश प्रणाली के अन्तर्गत वर्नियर कैलीपर का अल्पतमांक 0.001" तथा मीट्रिक प्रणाली के अन्तर्गत 0.02 मिमी होता है।
- डायल कैलीपर में वर्नियर स्केल के स्थान पर डायल गेज का प्रयोग किया जाता है।
- गेज द्वारा जॉब की माप लेने से समय की बचत के साथ जॉब के निर्माण में होने वाला व्यय कम हो जाता है।
- फीलर गेज द्वारा, आपस में फिट किए गए दो अवयवों के मध्य बनी झिर्री की जाँच की जाती है।
- थ्रेड पिच गेज, रेडियस गेज तथा फीलर गेज की भाँति कार्बन स्टील की पत्तियों का बना होता है।
- थ्रेड पिच गेज को स्क्रू पिच गेज भी कहते हैं।
- अधिक गहराई पर किसी छिद्र की माप लेने के लिए टेलिस्कोपिक गेज का प्रयोग किया जाता है जिसकी आकृति अंग्रेजी वर्णमाला के 'T' अक्षर की भाँति होती है।
- डायल बोर गेज का प्रयोग सामान्यतः उत्पादन कार्यों में किया जाता है।
- डायल बोर गेज को सैट करने के लिए मास्टर माइक्रोमीटर अथवा वर्नियर माइक्रोमीटर का प्रयोग किया जाता है।
- मैनीफोल्ड में दबाव मापन के लिए वैक्यूम गेज उपयुक्त होता है।
- ऑटोमोबाइल के क्षेत्र में टायर/ट्यूब वाल्व का दबाव टायर दाब गेज द्वारा मापा जाता है।
- टायर दाब गेज द्वारा मापी गई वायु का दाब पौण्ड प्रति वर्ग इंच अथवा किग्रा प्रति वर्ग सेन्टीमीटर में दर्शाया जाता है।
- सिलेण्डर गेज/डायल टेस्ट इण्डीकेटर एक उच्च परिष्करण (finishing) वाला तुलनात्मक यन्त्र है।
- डायल टेस्ट इण्डीकेटर, वर्नियर कैलीपर्स तथा माइक्रोमीटर की भाँति प्रत्यक्ष पाठ्यांक न दर्शाकर अंशांकित डायल की सहायता से पाठ्यांक दर्शाता है।
- मीट्रिक प्रणाली के अन्तर्गत डायल टेस्ट इण्डीकेटर का अल्पतमांक 0.01 मिमी तथा ब्रिटिश प्रणाली के अन्तर्गत 0.001 इंच होता है।
- डायल टेस्ट इण्डीकेटर की सहायता से जॉब की समतलता, सीधापन, समान्तरता, टेपर इत्यादि को ज्ञात किया जाता है।

महत्त्वपूर्ण प्रश्नोत्तरी

1. बाह्य माइक्रोमीटर के स्पिण्डल फेस और मापन निहाई फेस के मध्य समान दबाव सुनिश्चित करने के लिए क्या करना चाहिए?

उत्तर बाह्य माइक्रोमीटर के स्पिण्डल फेस और मापन निहाई फेस के मध्य समान दबाव सुनिश्चित करने के लिए रैचेट स्टॉप का प्रयोग करना चाहिए।

2. इंच माइक्रोमीटर की स्लीव पर किस साइज के निशान अंकित होते हैं?

उत्तर इंच माइक्रोमीटर की स्लीव पर $\frac{1"}{10}$ से $\frac{1"}{40}$ तक के निशान अंकित होते हैं।

3. माइक्रोमीटर को कैसे सुरक्षित रखना चाहिए?

उत्तर माइक्रोमीटर को लकड़ी या प्लास्टिक के बॉक्स में रखकर सुरक्षित रखना चाहिए।

4. वर्नियर सूक्ष्ममापी यन्त्रों से क्या अभिप्राय है?

उत्तर वह सूक्ष्ममापी यन्त्र, जिसमें एक मेन स्केल या मुख्य स्केल तथा वर्नियर स्केल होता है, वर्नियर सूक्ष्ममापी यन्त्र कहलाता है।

5. ब्रिटिश प्रणाली में वर्नियर कैलीपर द्वारा कितनी परिशुद्धता तक माप ले सकते हैं?

उत्तर ब्रिटिश प्रणाली में वर्नियर कैलीपर द्वारा 0.001 इंच तक की परिशुद्धता में माप ले सकते हैं।

6. डायल बोर गेज को सैट करने हेतु किसका प्रयोग किया जाता है?

उत्तर डायल बोर गेज को सैट करने हेतु मास्टर माइक्रोमीटर अथवा परिशुद्ध वर्नियर माइक्रोमीटर का प्रयोग किया जाता है।

7. डायल टेस्ट इण्डीकेटर के सिद्धान्त को स्पष्ट कीजिए।

उत्तर डायल टेस्ट इण्डीकेटर (सिलेण्डर गेज) एक प्रकार का तुलनात्मक यन्त्र है, जो प्लंजर अथवा सूई की सूक्ष्म गति के आवर्धन (magnification) को वृत्ताकार पैमाने पर सूचक की घूर्णन गति के रूप में रूपान्तरित करता है। इसके पश्चात् रैक व पिनियन, साइज के इस अन्तर को यान्त्रिक विधि से बड़ा करके डायल पर दर्शाते हैं।

अभ्यास प्रश्न

परीक्षा प्रारूपी प्रश्न

बहुविकल्पीय

1. दो रेखाओं के प्रतिच्छेद बिन्दु की माप को कहते हैं

(a) रेखीय माप (b) कोणीय माप
(c) त्रिज्य माप (d) समतल सतह माप

2. माइक्रोमीटर का फ्रेम निर्मित होता है

(a) आघातवर्धनीय ढलवाँ लोहे से
(b) ड्रॉप फोर्ज्ड इस्पात से
(c) 'a' और 'b' दोनों से
(d) हाई-कार्बन स्टील से

3. माइक्रोमीटर की डेटम लाइन कहाँ होती है?

(a) थिम्बल पर (b) फ्रेम पर
(c) स्लीव पर (d) इनमें से कोई नहीं

4. थिम्बल के ऊपर रैचेट की क्या उपयोगिता है?

(a) स्क्रू को घुमाता है
(b) स्क्रू को लॉक करता है
(c) जॉब पर निश्चित दाब डालता है
(d) उपरोक्त में से कोई नहीं

5. माइक्रोमीटर किस सिद्धान्त पर कार्य करता है?

(a) स्क्रू के (b) वर्नियर के
(c) नट-बोल्ट के (d) इनमें से कोई नहीं

6. माइक्रोमीटर का अल्पतमांक कितने माइक्रोन (μ) होता है?

(a) 1 (b) 10
(c) 100 (d) इनमें से कोई नहीं

7. मीट्रिक माइक्रोमीटर पर स्पिण्डल चूड़ी का अन्तराल है

(a) 0.01 मिमी (b) 0.001 मिमी
(c) 0.02 मिमी (d) 0.5 मिमी

8. मीट्रिक माइक्रोमीटर में एक थिम्बल स्केल का मान होता है

(a) 1 मिमी (b) 0.02 मिमी
(c) 0.4 मिमी (d) 0.01 मिमी

9. चित्र में 'X' अंकित भाग का नाम बताइए।

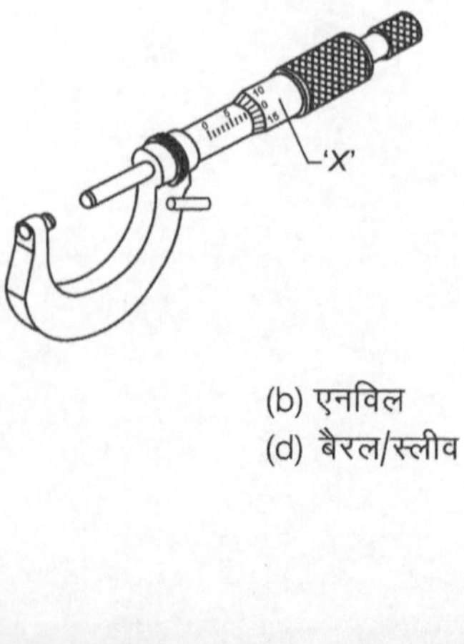

(a) स्पिण्डल (b) एनविल
(c) थिम्बल (d) बैरल/स्लीव

10. निम्न में से किस उपकरण का अल्पतमांक अल्पतम होता है?
(a) वर्नियर माइक्रोमीटर (b) वर्नियर कैलीपर
(c) माइक्रोमीटर (d) इनमें से कोई नहीं

11. यदि थिम्बल का 'O' ग्रेजुएशन डेटम लाइन से ऊपर है, जब मापन फेस सम्पर्क में हो, तो अशुद्धि है
(a) शून्य (b) धनात्मक
(c) धनात्मक एवं ऋणात्मक (d) ऋणात्मक

12. एक माइक्रोमीटर जिसमें 0.03 मिमी की ऋणात्मक त्रुटि है, वह 25.52 मिमी की माप दर्शाता है। उसका सही आकार .... है।
(a) 25.50 मिमी (b) 25.55 मिमी
(c) 25.57 मिमी (d) 25.60 मिमी

13. धनात्मक शून्य त्रुटि में थिम्बल की शून्य रेखा डेटम लाइन के
(a) आगे होती है (b) पीछे रहती है
(c) कहीं भी हो सकती है (d) इनमें से कोई नहीं

14. आउटसाइड माइक्रोमीटर के द्वारा अधिक-से-अधिक कितनी दूरी मापी जा सकती है?
(a) 100 मिमी (b) 50 मिमी
(c) 25 मिमी (d) इनमें से कोई नहीं

15. आउटसाइड माइक्रोमीटर में प्रयुक्त 'U' आकार के फ्रेम के एक सिरे पर लगे एनविल की टिप बनी होती है
(a) एल्युमीनियम से (b) हाई-कार्बन स्टील से
(c) टंगस्टन कार्बाइड से (d) 'b' और 'c' दोनों से

16. इनसाइड माइक्रोमीटर से $2\frac{1''}{2}$ से 3″ तक की माप लेने के लिए आधा इंच का ········· लगाया जाता है।
(a) स्पेसिंग कॉलर (b) एक्सटेंशन बार
(c) स्पिण्डल बार (d) इनमें से कोई नहीं

17. छोटा आन्तरिक माइक्रोमीटर निम्न में से किस रेंज में उपलब्ध है?
(a) 5-25 मिमी (b) 25-50 मिमी
(c) 50-75 मिमी (d) ये सभी

18. डैप्थ माइक्रोमीटर की मापन परास (measuring range) होती है
(a) 1″ या 25 मिमी (b) 1″ या 50 मिमी
(c) 2″ या 25 मिमी (d) 1.5″ या 25 मिमी

19. डैप्थ माइक्रोमीटर द्वारा ग्रूव की गहराई मापने से पूर्व किसे ज्ञात किया जाता है?
(a) धनात्मक त्रुटि (b) ऋणात्मक त्रुटि
(c) 'a' और 'b' दोनों (d) इनमें से कोई नहीं

20. वर्नियर कैलीपर के आविष्कारक, पैरी वर्नियर किस देश के रहने वाले थे?
(a) इटली (b) जर्मनी
(c) फ्रांस (d) इनमें से कोई नहीं

21. साधारणतः कैलीपर किस धातु के बनाए जाते हैं?
(a) स्टेनलैस स्टील (b) हाई-कार्बन स्टील
(c) माइल्ड स्टील (d) इनमें से कोई नहीं

22. वर्नियर कैलीपर में प्रयुक्त थम्ब लीवर का कार्य है
(a) जॉब की बाह्य एवं आन्तरिक माप लेना
(b) छिद्र की गहराई मापना
(c) वर्नियर स्लैब को बीम पैमाने पर किसी भी स्थिति में स्थिर करना
(d) उपरोक्त सभी

23. साधारण कैलीपर का साइज होता है
(a) टाँगों की लम्बाई
(b) मापी जाने वाली अधिकतम लम्बाई
(c) रिवेट के सेन्टर से नोंक तक की लम्बाई
(d) उपरोक्त में से कोई नहीं

24. वर्नियर कैलीपर का डैप्थ बार किससे जुड़ा होता है?
(a) मेन स्केल (b) फिक्स जॉ
(c) फाइन एडजस्ट यूनिट (d) मूवेबल जॉ

25. वर्नियर कैलीपर में वर्नियर स्केल ········ पर बना होता है।
(a) स्थिर जबड़े (b) बीम
(c) चल जबड़े (d) फ्रेम

26. वर्नियर कैलीपर का अल्पतमांक होता है
(a) 0.02 मिमी अथवा 0.001′′
(b) 0.001 मिमी अथवा 0.01′′
(c) 0.002 मिमी अथवा 0.0001′′
(d) उपरोक्त में से कोई नहीं

27. चित्र में दिखाए गए 'X' चिन्हित माप का प्रकार क्या है?

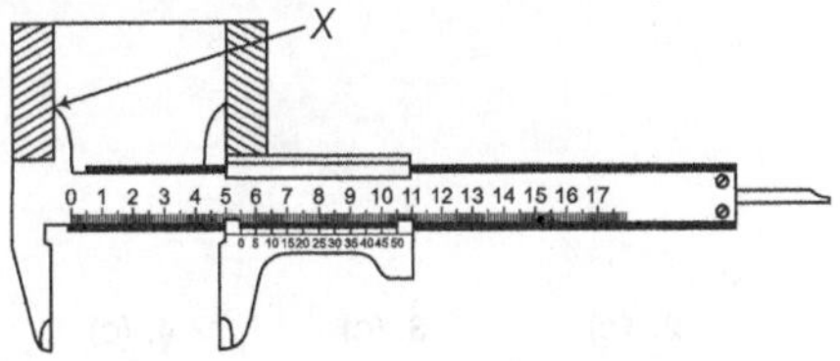

(a) आन्तरिक माप (b) बाह्य माप
(c) गहराई की माप (d) लम्बाई की माप

28. दिए गए चित्र में 'X' द्वारा अंकित भाग का नाम बताइए।

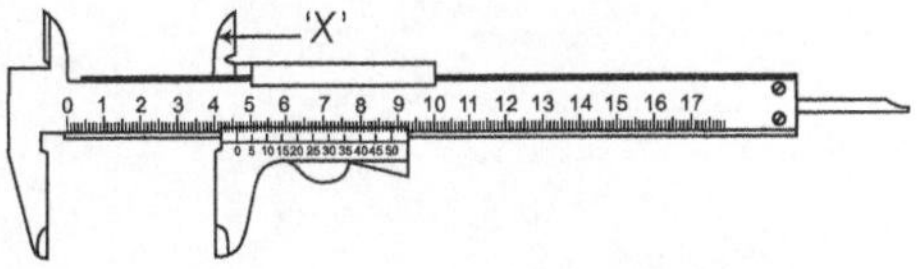

(a) स्थिर जबड़ा (b) गतिशील जबड़ा
(c) वर्नियर स्केल (d) मेन स्केल

29. निम्न में से कौन-सा यन्त्र वास्तविक विमा सीधे प्रदान करता है?
(a) इनसाइड कैलीपर
(b) आउटसाइड कैलीपर
(c) वर्नियर कैलीपर
(d) प्लग गेज

30. डायल कैलीपर में वर्नियर स्केल के स्थान पर प्रयोग किया जाता है
(a) थ्रेड गेज (b) फीलर गेज
(c) डायल गेज (d) स्क्रू पिच गेज

31. गेज को प्रयोग करने का उद्‌देश्य है
(a) समय की बचत
(b) निर्मित किए जाने वाले जॉब की लागत में कमी
(c) जॉब की जाँच करने में लगने वाले समय में कमी
(d) उपरोक्त सभी

32. थ्रेड पिच गेज को ……… के नाम से भी जाना जाता है।
(a) रिंग गेज
(b) थ्रेड रिंग गेज
(c) रेडियस गेज
(d) स्क्रू पिच गेज

33. आन्तरिक थ्रेड को जाँचने के लिए कौन-से प्रकार के गेज का प्रयोग किया जाता है?
(a) स्क्रू पिच गेज
(b) स्क्रू थ्रेड प्लग गेज
(c) स्क्रू थ्रेड रिंग गेज
(d) स्क्रू थ्रेड कैलीपर गेज

34. नीचे दर्शाए गए चित्र में यन्त्र का नाम बताइए।

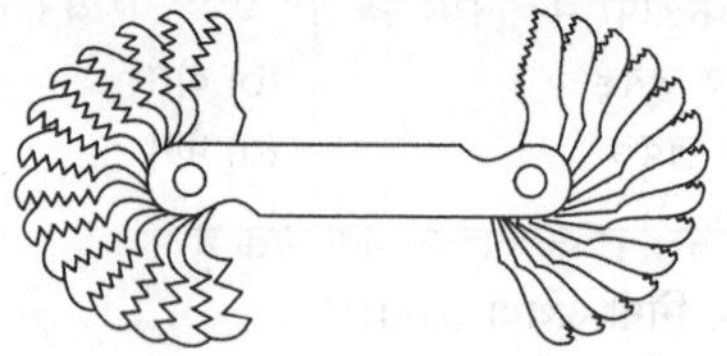

(a) फीलर गेज
(b) स्क्रू पिच गेज
(c) डैप्थ गेज
(d) रेडियस गेज

35. प्रति इंच थ्रेडों की संख्या को जाँचा जा सकता है
(a) टूल गेज द्वारा
(b) मीट्रिक पैमाने द्वारा
(c) रिंग गेज द्वारा
(d) स्क्रू पिच गेज द्वारा

36. टेलिस्कोपिक गेज का आकार अंग्रेजी वर्णमाला के किस अक्षर की भाँति होता है?
(a) A
(b) U
(c) D
(d) T

37. मैनीफोल्ड में दबाव मापने हेतु निम्न में से किस प्रकार का गेज उपयुक्त होता है?
(a) दाब गेज
(b) वैक्यूम गेज
(c) डायल बोर गेज
(d) सिलेण्डर गेज

38. टायर दाब गेज, टायर के अन्दर भरी हुई वायु के मान को दर्शाता है
(a) पौण्ड प्रति वर्ग इंच में
(b) किग्रा प्रति वर्ग सेन्टीमीटर में
(c) 'a' और 'b' दोनों
(d) ग्राम प्रति वर्ग सेन्टीमीटर में

39. डायल टेस्ट इण्डीकेटर का प्रयोग किया जाता है
(a) जॉब सतह की समतलता तथा समान्तरता की जाँच करने में
(b) जॉब के टेपर की जाँच करने में
(c) बेलनाकार जॉब की वक्रता की जाँच करने में
(d) उपरोक्त सभी

40. मीट्रिक प्रणाली में डायल टेस्ट इण्डीकेटर का अल्पतमांक होता है
(a) 0.1 मिमी
(b) 0.01 मिमी
(c) 0.001 मिमी
(d) 0.0001 मिमी

उत्तरमाला

1. (b)	**2.** (c)	**3.** (c)	**4.** (c)	**5.** (c)	**6.** (b)	**7.** (d)	**8.** (d)	**9.** (c)	**10.** (a)
11. (d)	**12.** (b)	**13.** (b)	**14.** (a)	**15.** (d)	**16.** (a)	**17.** (a)	**18.** (a)	**19.** (c)	**20.** (c)
21. (c)	**22.** (c)	**23.** (c)	**24.** (a)	**25.** (c)	**26.** (a)	**27.** (a)	**28.** (b)	**29.** (c)	**30.** (c)
31. (d)	**32.** (d)	**33.** (a)	**34.** (b)	**35.** (d)	**36.** (d)	**37.** (b)	**38.** (c)	**39.** (d)	**40.** (d)

अध्याय 06

बन्धक एवं कर्तन औज़ार
Fastener and Cutting Tools

अध्याय विषय सूची

6.1 बन्धक Fastener

इंजीनियरिंग उद्योगों में मशीनों के विभिन्न भागों को जोड़ने के लिए जो साधन प्रयुक्त किए जाते हैं वे बन्धक (fastener) कहलाते हैं तथा बन्धकों द्वारा मशीनी भागों को जोड़ने की विधि बन्धन या फास्टनिंग कहलाती है। मशीनी भागों को जोड़ने के लिए बन्धकों के रूप में स्क्रू, नट, बोल्ट, स्टड इत्यादि का उपयोग किया जाता है।

1. स्क्रू Screw

इंजीनियरिंग उद्योग में अस्थायी जोड़ लगाने के लिए स्क्रू का प्रयोग किया जाता है। इसमें बेलनाकार छड़ के एक सिरे पर बोल्ट को कसने के लिए चूड़ियाँ कटी होती हैं। स्क्रू के इस भाग को शैंक कहते हैं। स्क्रू के दूसरे सिरे पर एक हैड फोर्ज किया होता है, जिसे स्क्रू को कसने के समय पकड़ा जाता है। साधारणत: स्क्रू के हैड में पेंचकस लगाने के लिए एक स्लॉट भी बना होता है। स्क्रू, फैरस तथा नॉन-फैरस दोनों ही धातुओं के बनाए जा सकते हैं। माइल्ड स्टील, कार्बन स्टील, स्टेनलैस स्टील, पीतल, ताँबा तथा एल्युमीनियम आदि धातुओं के स्क्रू बाजार में उपलब्ध हैं। बनावट तथा उपयोग को ध्यान में रखते हुए स्क्रू निम्न प्रकार के होते हैं

(i) हैड स्क्रू Head Screw

इन स्क्रुओं में बोल्ट के समान हैड होता है। बहुत से हैड स्क्रुओं में पेंचकस लगाने के लिए स्लॉट भी बना होता है। वर्गाकार (square) तथा हैक्सागॉनल (hexagonal) हैड वाले स्क्रुओं को स्पैनर की सहायता से अधिक टाइट कसा जा सकता है। हैड की बनावट के अनुसार ये निम्न प्रकार के होते हैं

(a) **हैक्सागॉन हैड स्क्रू** (Hexagon head screw) हैक्सागॉन हैड स्क्रू का प्रयोग तब किया जाता है, जब स्क्रू के शीर्ष का उभार असेम्बली में बाधा उत्पन्न नहीं करता है। चित्र में हैक्सागॉन हैड स्क्रू को दर्शाया गया है।

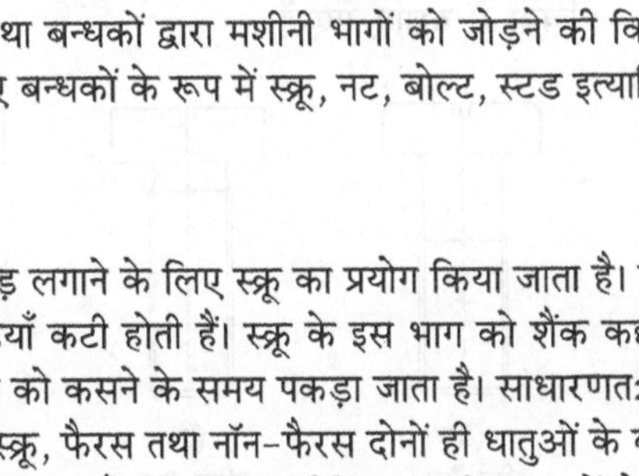

चित्र हैक्सागॉन हैड स्क्रू

(b) **हैक्सागॉन सॉकिट हैड कैप स्क्रू** (Hexagon socket head cap screw) हैक्सागॉन सॉकिट हैड कैप स्क्रू का प्रयोग तब किया जाता है, जब सतह के ऊपर स्क्रू के शीर्ष उभार से बचना हो। हैक्सागॉन हैड कैप स्क्रू को कसने के लिए 'ऐलन की' का प्रयोग करते हैं।
भारतीय मानक (BIS) के अनुसार, ये स्क्रू 1.6 मिमी से 36 मिमी तक की रेंज में उपलब्ध होते हैं। हैक्सागॉन हैड स्क्रू तथा हैक्सागॉन सॉकिट हैड स्क्रू स्टील के बनाए जाते हैं।

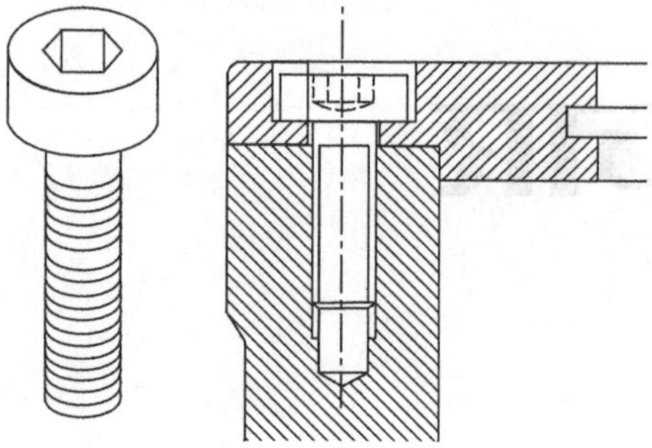

चित्र हैक्सागॉन सॉकिट हैड कैप स्क्रू

(c) **काउण्टर संक हैड स्क्रू** (Counter sunk head screw) इस प्रकार के स्क्रू का शीर्ष शंक्वाकार होता है। इसका प्रयोग काउण्टर सिंक होल में किया जाता है। इस प्रकार के स्क्रू को घुमाने के लिए पेंचकस की आवश्यकता पड़ती है। सामान्यत: निम्न चार प्रकार के काउण्टर संक हैड स्क्रू प्रयुक्त किए जाते हैं

- स्लॉटिड काउण्टर संक हैड स्क्रू [चित्र-(i)]
- क्रॉस-रिसेस्ड काउण्टर संक हैड स्क्रू [चित्र-(ii)]
- स्लॉटिड रेज्ड काउण्टर संक हैड स्क्रू [चित्र-(iii)]
- क्रॉस-रिसेस्ड रेज्ड काउण्टर संक हैड स्क्रू [चित्र-(iv)]

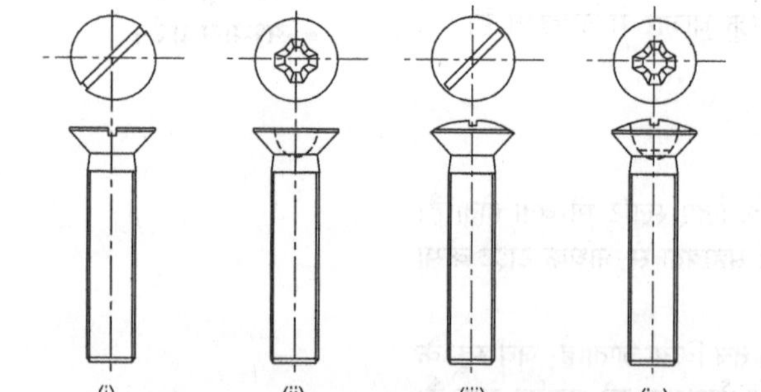

चित्र विभिन्न प्रकार के काउण्टर संक हैड स्क्रू

(d) **वर्गाकार हैड स्क्रू** (Square head screw) इन स्क्रुओं को रिंच (wrench) की सहायता से उच्च टॉर्क तक कसा जा सकता है। इन स्क्रुओं के हैड में एक वाशर लगा होता है, जिसका उद्देश्य कार्यखण्ड की सतह को खराब होने से बचाना है। वर्गाकार हैड स्क्रू का प्रयोग ऐसे स्थानों पर किया जाता है, जहाँ पर असेम्बली को बार-बार हटाने तथा पुन: फिट करने की आवश्यकता होती है।

निम्न चित्र में वर्गाकार हैड स्क्रू तथा इसकी प्रयोग विधि को दर्शाया गया है।

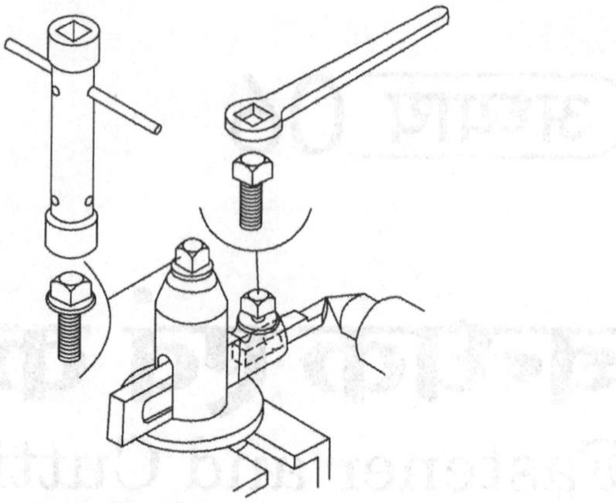

चित्र वर्गाकार हैड स्क्रू व उसका उपयोग

अन्य प्रकार के हैड स्क्रू
Other Types of Head Screw

हल्के असेम्बली कार्यों में प्रयुक्त किए जाने वाले कुछ अन्य हैड स्क्रू निम्न चित्रों में दर्शाए गए हैं

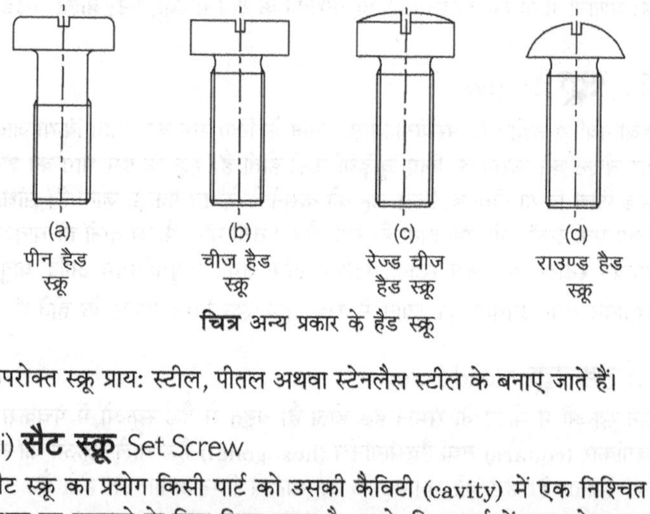

चित्र अन्य प्रकार के हैड स्क्रू

उपरोक्त स्क्रू प्राय: स्टील, पीतल अथवा स्टेनलैस स्टील के बनाए जाते हैं।

(ii) सैट स्क्रू Set Screw

सैट स्क्रू का प्रयोग किसी पार्ट को उसकी कैविटी (cavity) में एक निश्चित स्थान पर पकड़ने के लिए किया जाता है। इसके लिए पार्ट में एक छोटा ग्रूव या होल बना दिया जाता है। सैट स्क्रू पार्ट को अपनी टेल (tail) से पकड़ता है। सैट स्क्रू के प्वॉइण्ट के आकार के आधार पर ही इनका नामकरण किया जाता है। कुछ सैट स्क्रू मशीन की बॉडी के अन्दर ही चले जाते हैं। इनमें हैड नहीं होता तथा पूरे शैंक पर चूड़ियाँ कटी होती हैं।

सैट स्क्रू प्राय: निम्न प्रकार के होते हैं

(a) हैक्सागॉनल सॉकिट सैट स्क्रू
(b) वर्गाकार सैट स्क्रू

(i) **हैक्सागॉनल सॉकिट सैट स्क्रू** (Hexagonal socket set screw) इस प्रकार के स्क्रू बिना शीर्ष वाले स्क्रू होते हैं तथा विभिन्न प्रकार के कार्यों के लिए विभिन्न प्वॉइण्ट के साथ उपलब्ध होते हैं।

चित्र में हैक्सागॉनल सॉकिट सैट स्क्रू दर्शाया गया है।

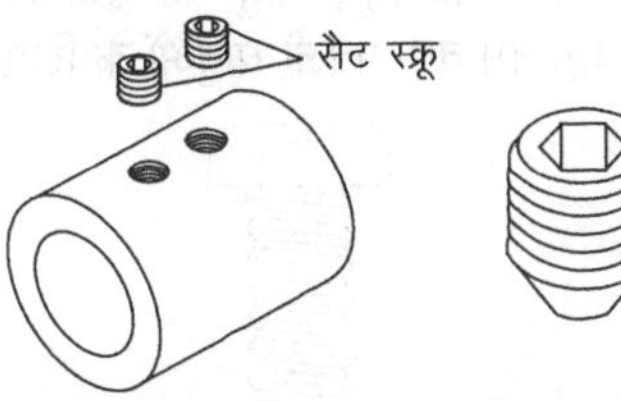

चित्र हैक्सागॉनल सॉकिट सैट स्क्रू

इन स्क्रुओं के प्वॉइण्ट धातु में फँस जाते हैं या बिना सतह को हानि पहुँचाए कस दिए जाते हैं। इस प्रकार के स्क्रुओं का प्रयोग पुली, कॉलर आदि को शाफ्ट के साथ बाँधने के लिए किया जाता है। इन स्क्रुओं का उपयोग सीमित स्थान पर उच्च सामर्थ्य अनुप्रयोगों (applications) के लिए भी किया जाता है।

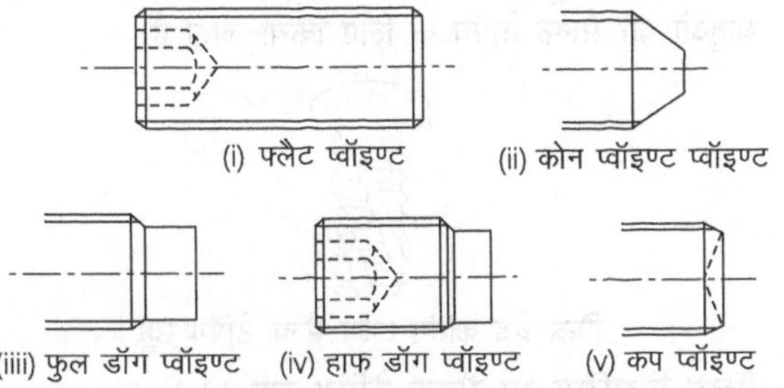

चित्र सैट स्क्रू प्वॉइण्ट

(ii) **वर्गाकार सैट स्क्रू** (Square set screw) इन स्क्रुओं का शीर्ष वर्गाकार होता है। इनका प्रयोग ऐसे स्थानों पर किया जाता है, जहाँ असेम्बली में बार-बार संयोजन तथा वियोजन की आवश्यकता होती है।

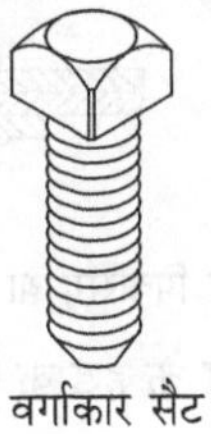

चित्र वर्गाकार सैट स्क्रू

(iii) ग्रब स्क्रू Grub Screw

ग्रब स्क्रू का उपयोग हैक्सागन सैट स्क्रू के समान ही किया जाता है, परन्तु इनका उपयोग हल्की पकड़ (holding) के लिए किया जाता है। कार्य के अनुसार ग्रब स्क्रू विभिन्न प्रकार के प्वॉइण्ट के साथ उपलब्ध हैं।

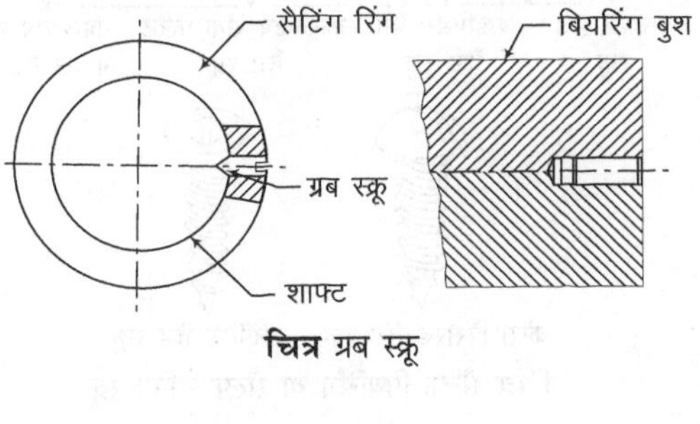

चित्र ग्रब स्क्रू

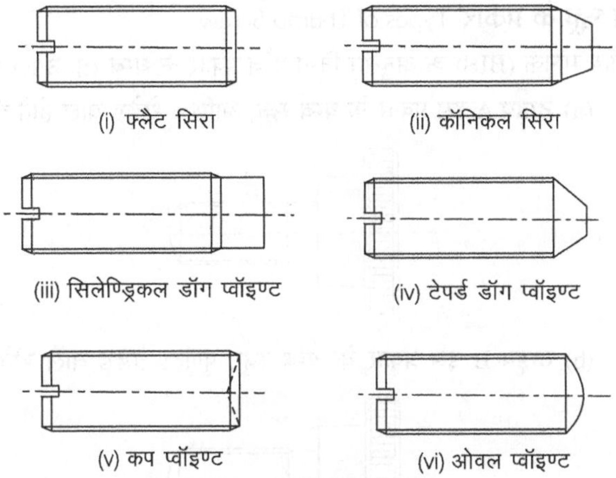

चित्र ग्रब स्क्रू

(iv) थम्ब स्क्रू Thumb Screw

ऐसे स्क्रू, जो हाथ द्वारा खोले व कसे जा सकें तथा जिन्हें बार-बार संयोजन तथा वियोजन करने की आवश्यकता हो, थम्ब स्क्रू कहलाते हैं।

इन स्क्रुओं का उपयोग ऐसे स्थानों पर किया जाता है, जहाँ कम्पोनेन्ट को केवल हाथ द्वारा खोलने या कसने की आवश्यकता होती है।

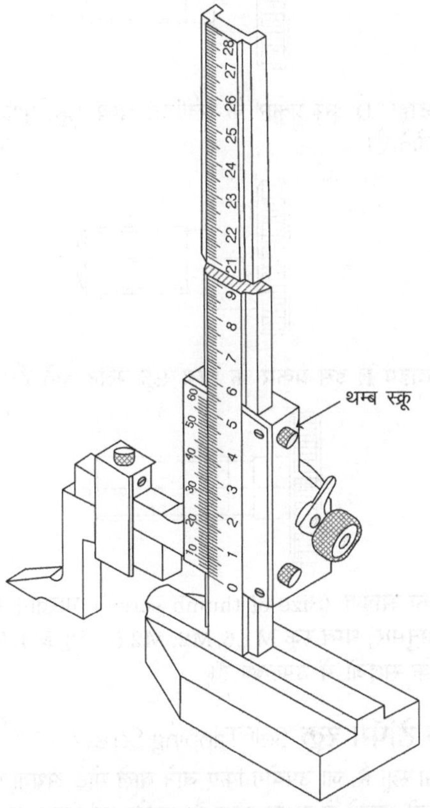

चित्र थम्ब स्क्रू का प्रयोग

थम्ब स्क्रू के प्रकार Types of Thumb Screw

भारतीय मानक (BIS) के अनुसार निम्न पाँच प्रकार के थम्ब स्क्रू उपलब्ध हैं

(a) **टाइप A** इस प्रकार के थम्ब स्क्रू, आंशिक थ्रेडेड वाले होते हैं।

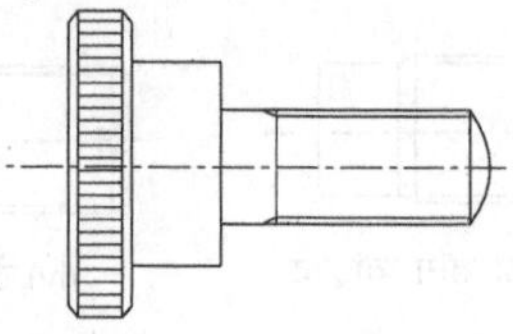

(b) **टाइप B** इस प्रकार के थम्ब स्क्रू, पूर्णतः थ्रेडेड वाले होते हैं।

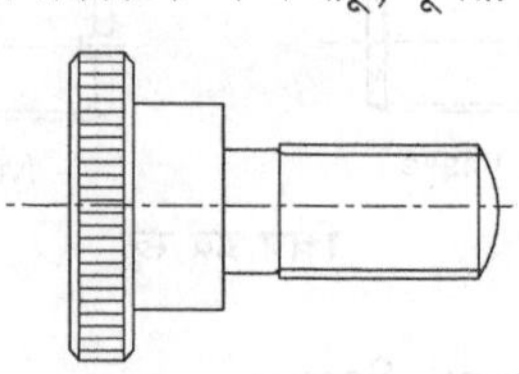

(c) **टाइप C** इस प्रकार के स्लॉटिड थम्ब स्क्रू, आंशिक थ्रेडेड वाले होते हैं।

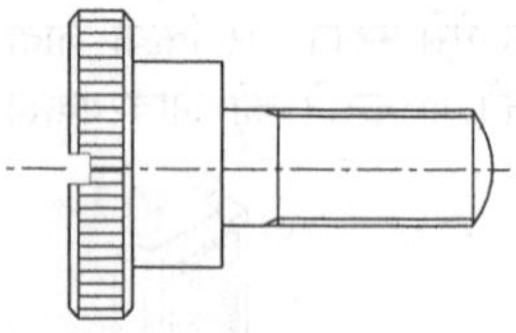

(d) **टाइप D** इस प्रकार के स्लॉटिड थम्ब स्क्रू, पूर्णतः थ्रेडेड वाले होते हैं।

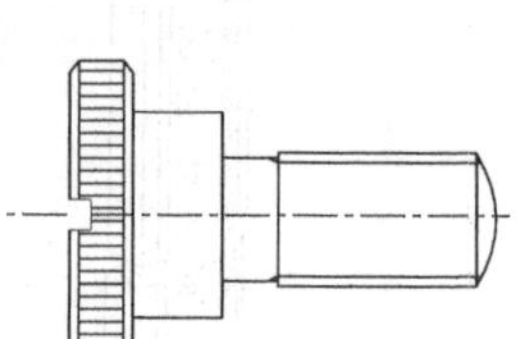

(e) **टाइप E** इस प्रकार के थम्ब स्क्रू फ्लैट होते हैं।

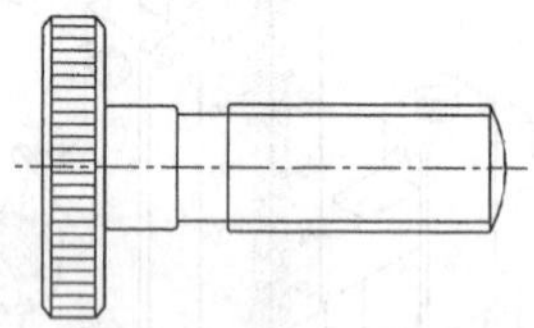

थम्ब स्क्रू का साइज (Size of thumb screw) भारतीय मानक संस्थान (BIS) के अनुसार, थम्ब स्क्रू M1.6, M2, M2.5, M3, M4, M5, M6, M8 तथा M10 के साइजों में उपलब्ध हैं।

(v) **सैल्फ टेपिंग स्क्रू** Self Tapping Screw

यह एक ऐसा स्क्रू है, जो उपयोग किए जाने वाले मोटे अथवा पतले भागों पर स्वतः ही चूड़ी काटने में सक्षम होता है। इसके अतिरिक्त जब असेम्बली में पतली अनुप्रस्थ काट वाली धातु की चादर (sheet) उपयोग की जाती है, तब सैल्फ टेपिंग स्क्रू का प्रयोग किया जाता है।

सैल्फ टेपिंग स्क्रू द्वारा बने जोड़ कम्पनरोधी होते हैं, जिन्हें कई बार संयोजन तथा वियोजन किया जा सकता है। सैल्फ टेपिंग स्क्रू निम्न प्रकार के होते हैं

(a) **थ्रेड फॉर्मिंग सैल्फ टेपिंग स्क्रू** (Thread forming self tapping screw) इस प्रकार के स्क्रू, धातु को हटाकर मैचिंग थ्रेड बनाते हैं, इसलिए ये स्क्रू नर्म तथा पतली धातुओं के लिए अधिक उपयोगी हैं।

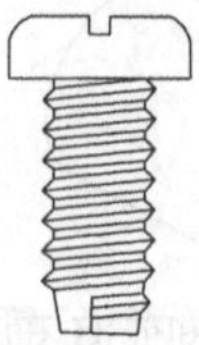

चित्र थ्रेड फॉर्मिंग सैल्फ टेपिंग स्क्रू

(b) **थ्रेड कटिंग टाइप सैल्फ टेपिंग स्क्रू** (Thread cutting type self tapping screw) इस प्रकार के सैल्फ टेपिंग स्क्रू, थ्रेड कटिंग टेप के समान छिद्र (hole) में मैचिंग थ्रेड काटते हैं। इन स्क्रुओं में कटिंग एक्शन के लिए थ्रेड की शेप में बाहर की ओर रिज (ridge) निकले होते हैं। इन स्क्रुओं का उपयोग पतले जॉब में कठोर अथवा मृदु धातुओं की सैल्फ टेपिंग के लिए किया जाता है।

चित्र थ्रेड कटिंग टाइप सैल्फ टेपिंग स्क्रू

(c) **सैल्फ पियर्सिंग या सैल्फ टेपिंग स्क्रू** (Self piercing or self tapping screw) इस प्रकार के स्क्रुओं में विशेष पियार्सिंग प्वॉइण्ट होता है तथा इस पर दोमुखी थ्रेड कटी होती हैं। इन स्क्रुओं का उपयोग विशेष गन के साथ किया जाता है।

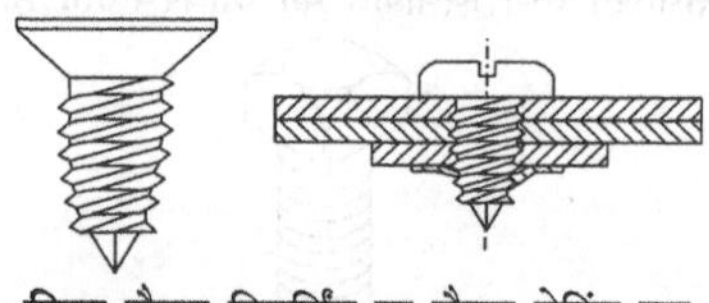

चित्र सैल्फ पियर्सिंग या सैल्फ टेपिंग स्क्रू

सैल्फ टेपिंग स्क्रू विभिन्न प्रकार के हैड के आकार में उपलब्ध हैं, जिन्हें निम्न चित्र में दर्शाया गया है

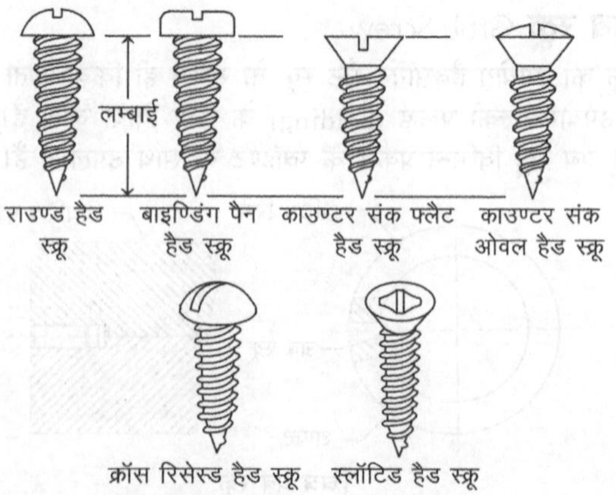

चित्र सैल्फ पियर्सिंग या सैल्फ टेपिंग स्क्रू

भारतीय मानक (BIS) के अनुसार, इन स्क्रुओं के प्वॉइण्ट दो प्रकार के होते हैं—टाइप AB तथा टाइप B। टाइप AB सैल्फ पियार्सिंग टाइप का तथा टाइप B थ्रेड फॉर्मिंग टाइप का होता है।

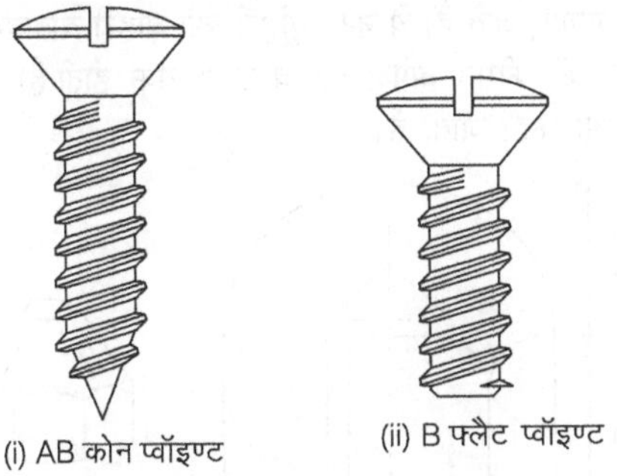

चित्र सैल्फ टेपिंग स्क्रू के प्वॉइण्ट्स

(vi) हैमर ड्राइव स्क्रू Hammer Drive Screw

इस प्रकार के स्क्रुओं का उपयोग मुख्य रूप से पतली प्लेट; जैसे—नेम प्लेट को कास्ट आयरन की मशीन की बॉडी पर फिक्स करने के लिए किया जाता है। इन स्क्रुओं में मल्टी स्टार्ट थ्रेड कटी होती है। इन स्क्रुओं को फिक्स करने के लिए मशीन कास्टिंग पर पायलट के साइज का होल ड्रिल किया जाता है।

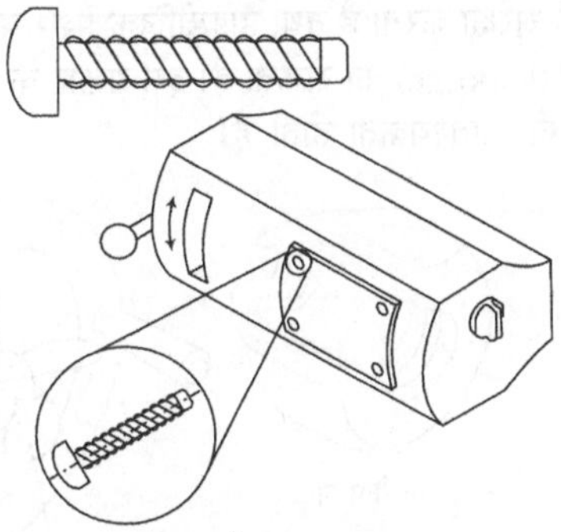

चित्र हैमर ड्राइव स्क्रू

ये स्क्रू साइज संख्या 00 से 14 तक उपलब्ध हैं। इन स्क्रुओं के साइज को नीचे तालिका में प्रदर्शित किया गया है।

तालिका

स्क्रू साइज संख्या	पायलट का व्यास-1		पायलट का व्यास-2	
	अधिकतम	न्यूनतम	अधिकतम	न्यूनतम
00	1.52	1.45	1.25	1.17
0	1.90	1.83	1.60	1.52
2	2.54	2.46	2.11	2.03
4	2.95	2.85	2.44	2.34
6	3.56	3.45	3.45	3.35
8	4.24	4.12	3.84	3.71
10	4.62	4.50	4.50	4.39
12	5.38	5.32	5.13	5.03
14	6.15	5.99	5.13	5.03

(vii) शोल्डर स्क्रू Shoulder Screw

शोल्डर स्क्रू की बॉडी प्लेन होती है तथा चूड़ी वाले भाग की अपेक्षा व्यास में अधिक होती है। इस प्रकार के स्क्रू का उपयोग ऐसे स्थानों पर किया जाता है जहाँ दूसरे पार्ट्स को स्क्रू पर घुमाने की आवश्यकता होती है।

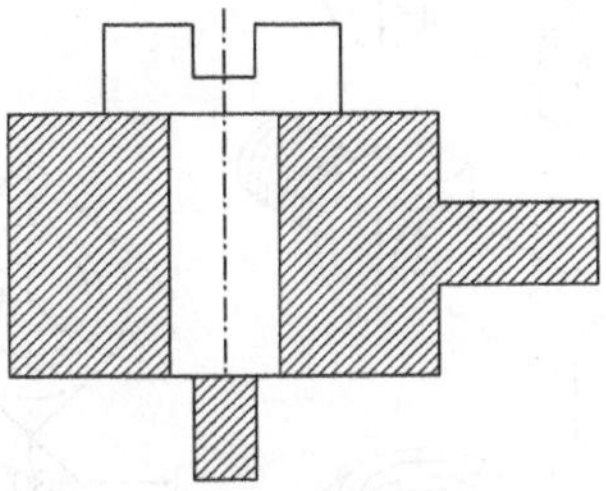

चित्र शोल्डर स्क्रू

2. नट Nut

नट एक ऐसी युक्ति है, जिसकी सहायता से मशीन के किन्हीं दो भागों को बोल्ट, स्क्रू, स्टड आदि के माध्यम से लॉक किया जाता है। यह धातु का किसी विशेष आकार (shape) में बना हुआ टुकड़ा होता है, जिसके बीच के छेद में चूड़ियाँ कटी होती हैं।

ये चूड़ियाँ बोल्ट या स्टड की चूड़ियों से मेल खाती हुई होती हैं। नट माइल्ड स्टील के बनाए जाते हैं। साधारणत: हैक्सागॉनल नट ही प्रयोग में लाए जाते हैं, परन्तु उपयोगिता को देखते हुए विभिन्न आकारों के नट भी प्रयोग किए जाते हैं, जिनमें से कुछ विशेष नट निम्न प्रकार हैं

(i) हैक्सागॉनल नट Hexagonal Nut

हैक्सागॉनल नट का प्रयोग लगभग सभी प्रकार के कार्यों के लिए किया जाता है, क्योंकि इनको खोलना व कसना आसान होता है। इसके लिए सबसे कम क्लीयरैन्स (clearance) की आवश्यकता होती है। इस नट के एक या दोनों फेस 30° पर चैम्फरिंग (chamfering) किए हुए होते हैं।

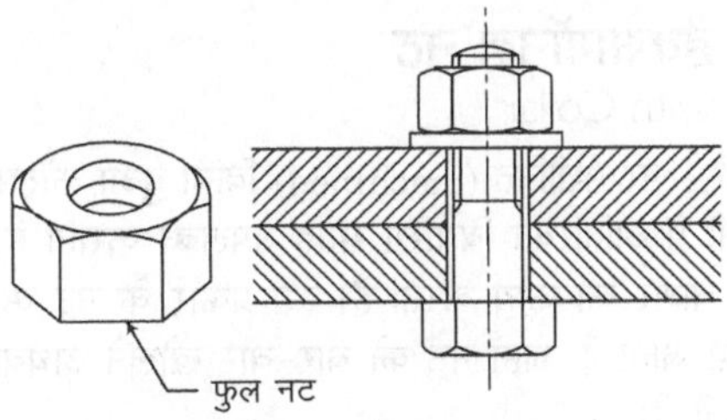

चित्र (a) हैक्सागॉनल नट

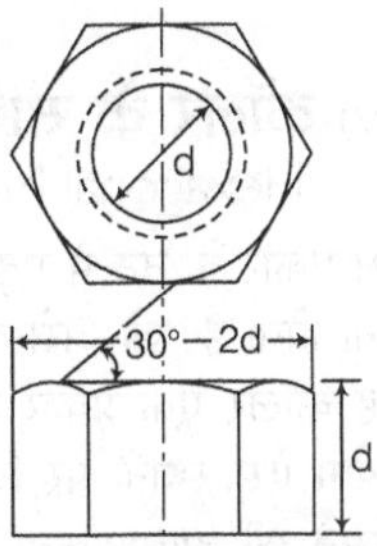

चित्र (b) विमांकन आरेख

(ii) स्क्वायर नट Square Nut

वर्गाकार शेप (square shape) में होने के कारण स्पैनर या प्लायर की पकड़ इन पर मजबूत होती है तथा इनके स्लिप होने का भय भी कम होता है, परन्तु स्पैनर को घुमाने के लिए अधिक क्लीयरैन्स की आवश्यकता रहती है। स्क्वायर नट के भी सभी फेस 30° पर चैम्फरिंग किए हुए होते हैं।

स्क्वायर नट (square nut) अधिकतर लकड़ी के कार्य में प्रयोग किए जाते हैं।

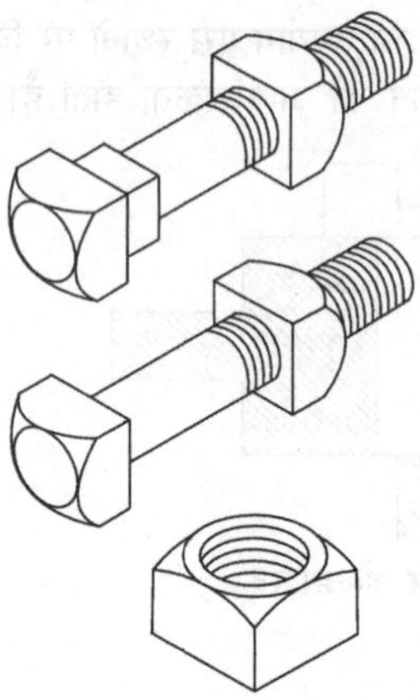

चित्र (a) स्क्वायर नट

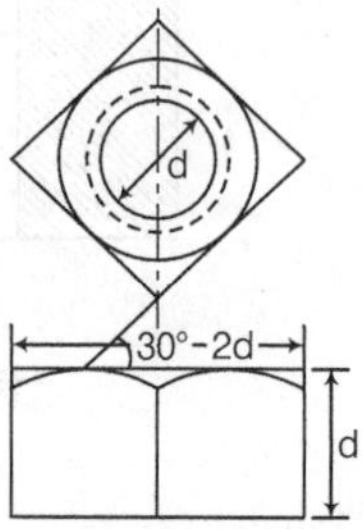

चित्र (b) विमांकन आरेख

(iii) 'T' **नट** T-Nut

"T" नट का प्रयोग स्टड के साथ मशीन टूल पर होल्डिंग डिवाइस या कार्यखण्ड को फिक्स करने के लिए किया जाता है।

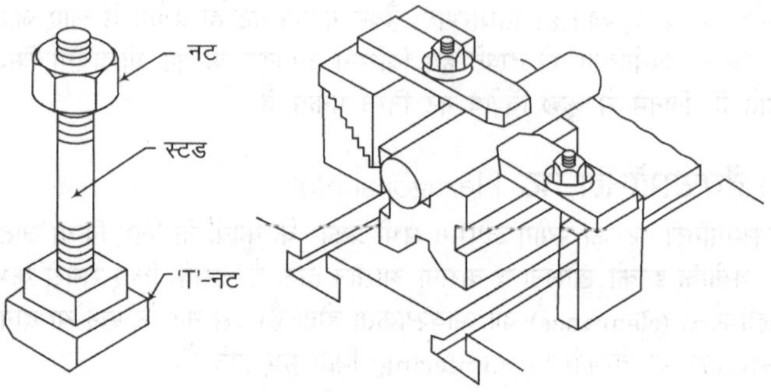

चित्र 'T'-नट

(iv) कॉलर के साथ हैक्सागॉनल नट
Hexagonal Nut with Collar

इस प्रकार के नट में एक सिरे पर मशीनित (machined) किया हुआ कॉलर बना होता है, जो असेम्बली में अतिरिक्त बियरिंग सतह उपलब्ध कराता है। यह कॉलर एक प्रकार से वाशर का कार्य करता है। इस प्रकार के नट का प्रयोग ऐसे स्थानों पर किया जाता है, जहाँ नट को बार-बार खोलने अथवा कसने की आवश्यकता होती है।

चित्र कॉलर के साथ हैक्सागॉनल नट

(v) **कफ नट** Cough Nut

यह भी एक हैक्सागॉनल नट होता है, जोकि एक सिरे से बन्द होता है। इस पर एक डोम (dome) के आकार का गोलाकार भाग होता है। ये नट मशीनों में बाहर की ओर लगाए जाते हैं। ये नट, चूड़ियों को बाहरी वातावरण तथा गन्दगी से बचाते हैं। इनकी कीमत अपेक्षाकृत बहुत अधिक होती है। इन्हें **डोम नट** (dome nut) भी कहा जाता है।

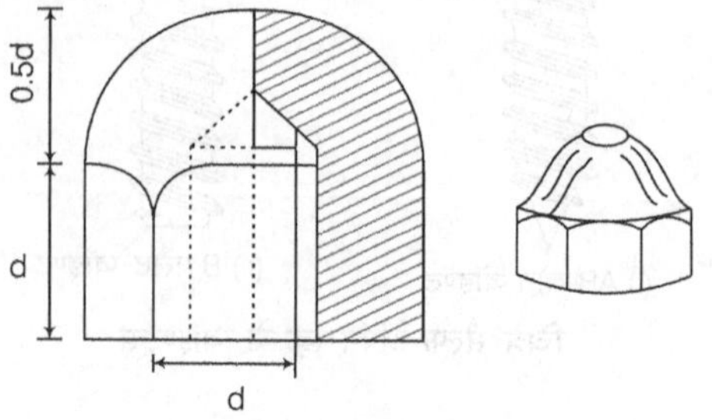

चित्र कफ नट

(vi) **कैप नट** Cap Nut

कफ नट के समान कैप नट भी एक सिरे पर बन्द हैक्सागॉनल नट होता है, परन्तु यह बन्द सिरे पर ऊपर से प्लेन (plane) होता है। यह भी बोल्ट की बाहरी चूड़ियों की सुरक्षा करता है तथा हाइड्रोलिक प्रैशर के कारण चूड़ियों से होने वाले लीकेज (leakage) को रोकता है। इस प्रकार के नट के लिए सबसे कम क्लीयरैन्स की आवश्यकता होती है।

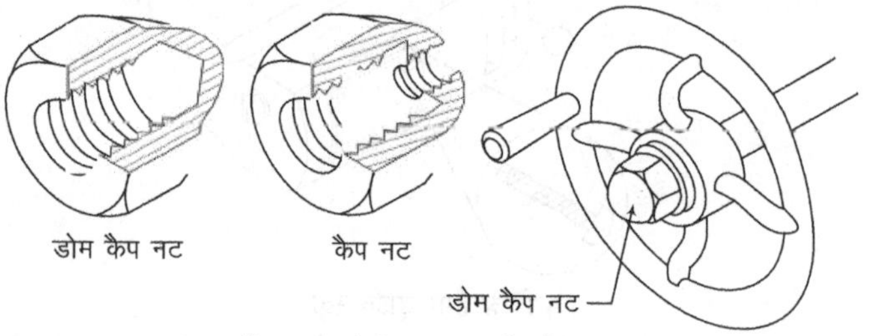

चित्र (a) विभिन्न प्रकार के कैप नट

कैप नट के विमांकन आरेख को निम्न चित्र में दर्शाया गया है।

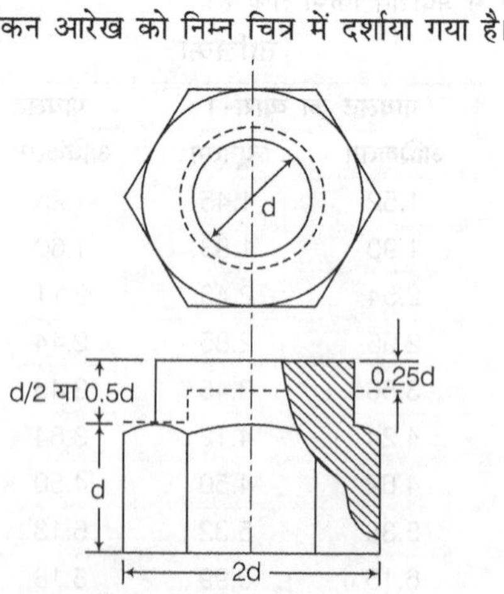

चित्र (b) विमांकन आरेख

(vii) **कैप्स्टन नट** Capstan Nut

इस नट की बनावट बेलनाकार (cylindrical) होती है तथा इसे खोलने के लिए इसकी परिधि पर छः छिद्र (hole) बने होते हैं। इन छिद्रों में हुक स्पैनर की पिन को फँसाकर नट को खोला जाता है। किसी नट में ये होल सामने वाले फेस पर बने होते हैं। ऐसे नट आमने-सामने के होल में फेस स्पैनर (face spanner) की पिनों को फँसाकर खोले जाते हैं।

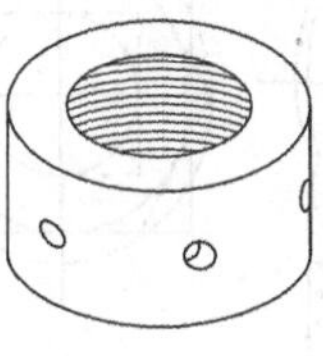

चित्र (a) कैप्स्टन नट

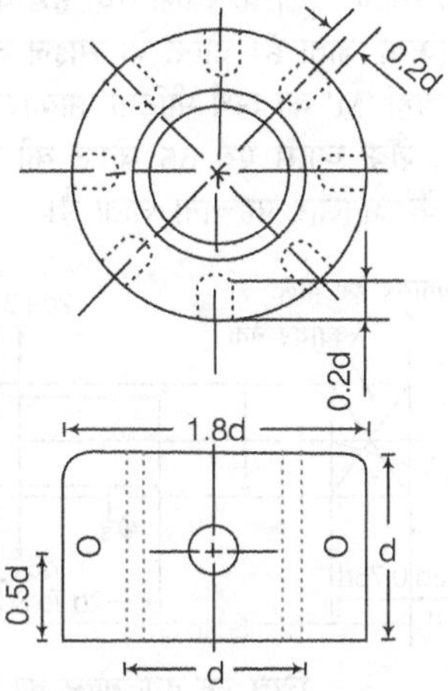

चित्र (b) विमांकन आरेख

(viii) **गोल नट** Round Nut

इन्हें रिंग नट भी कहा जाता है। ये नट अधिकतर बड़े साइज के बोल्ट या बियरिंग स्लीव (bearing sleeve) के ऊपर बनी चूड़ियों (threads) पर प्रयोग किए जाते हैं। इनमें परिधि पर स्लॉट्स (slots) बने होते हैं, जिनमें हुक स्पैनर का हुक आसानी से फँस जाता है।

गोल नट खोलने या टाइट करने के लिए हुक स्पैनर का प्रयोग किया जाता है। इनका प्रयोग लॉक नट के रूप में भी किया जाता है। चित्र में विभिन्न प्रकार के गोल नट तथा उन्हें खोलने अथवा कसने में प्रयुक्त किए जाने वाले स्पैनर दर्शाए गए हैं।

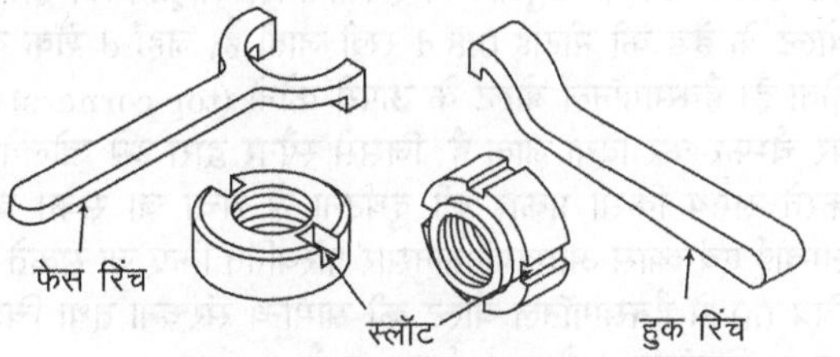

(a)

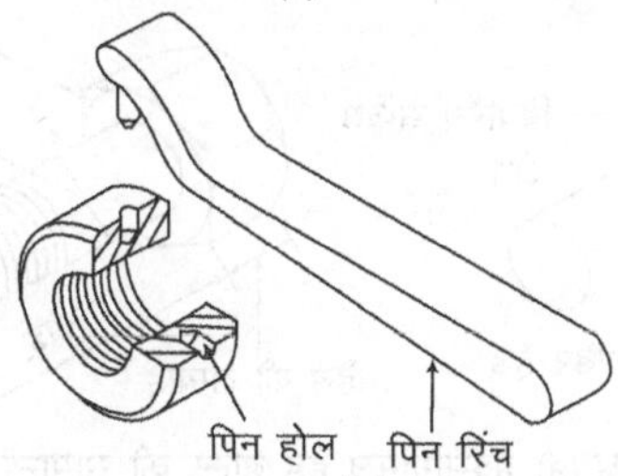

(b)

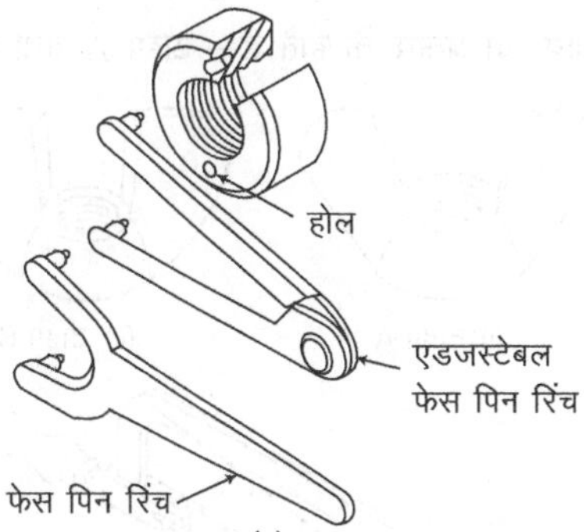

(c)

चित्र राउण्ड नट एवं उनके लिए प्रयुक्त रिंच

(ix) **नर्ल्ड नट** Knurled Nut

नर्ल्ड नट को **थम्ब नट** भी कहा जाता है। कैप्स्टन नट के समान यह नट भी बेलनाकार रिंग के आकार का होता है, परन्तु इस नट की परिधि पर अँगुलियों की पकड़ मजबूत करने के लिए उसे नर्ल (knurl) किया जाता है। हल्के दबाव से अँगुलियों से ही टाइट करने के लिए इस नट का प्रयोग किया जाता है। इसका प्रयोग ऐसे स्थानों पर किया जाता है, जहाँ नट को बार-बार खोलना पड़ता है, जैसे कि मार्किंग औजार तथा मोल्डिंग डाइयाँ आदि।

ये नट दो प्रकारों में उपलब्ध होते हैं—टाइप A तथा टाइप B। चित्र में नर्ल्ड नट व उसका विमांकन आरेख दर्शाया गया है।

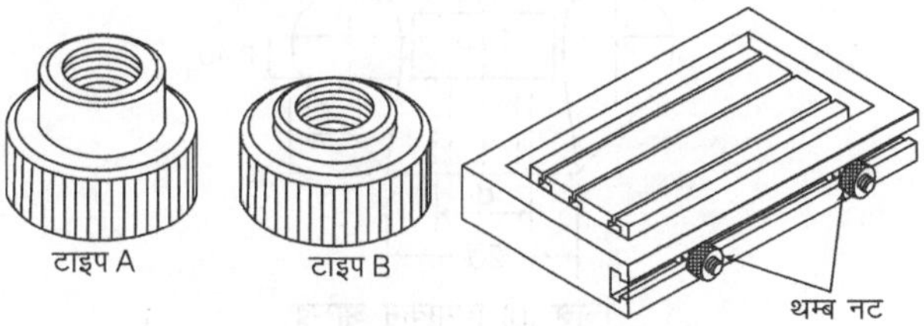

चित्र (a) नर्ल्ड नट व उसका अनुप्रयोग

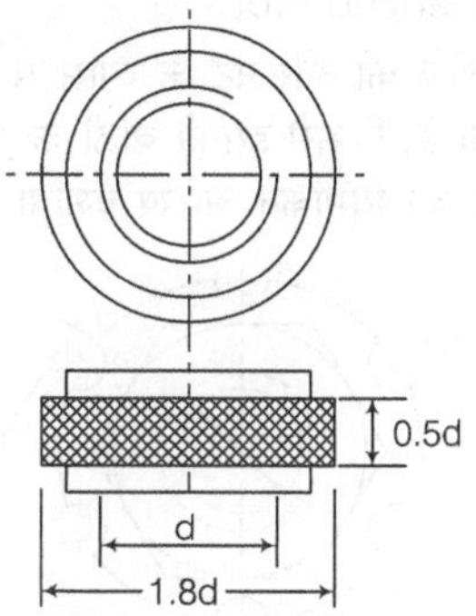

चित्र (b) विमांकन आरेख

(x) **फ्लाई नट** Fly Nut

यह नट भी अँगुलियों के दबाव की सहायता से ही खोलने व बन्द करने के लिए बनाया गया है। नट पर दबाव डालने के लिए, उसमें दो विंग (wings) लगे होते हैं, इसलिए इसे विंग नट भी कहा जाता है। इस नट का प्रयोग भी ऐसे स्थानों पर किया जाता है, जहाँ नट को बार-बार खोलने या बन्द करने की आवश्यकता होती है।

फ्लाई नट भी प्राय: दो प्रकार के होते हैं—टाइप A तथा टाइप B।

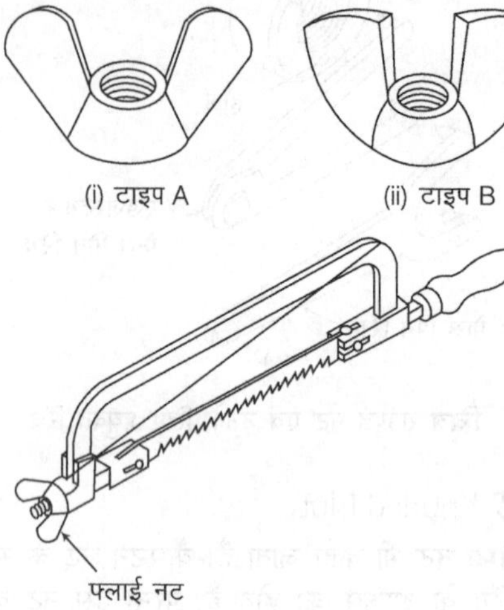

चित्र (a) फ्लाई नट व उसका अनुप्रयोग

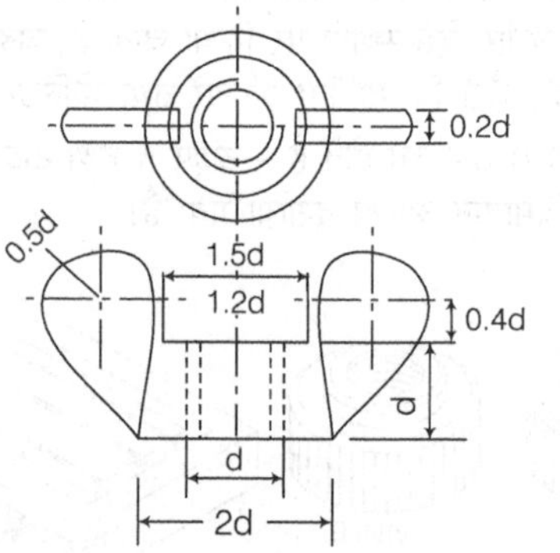

चित्र (b) विमांकन आरेख

(xi) **फ्लैंज्ड नट** Flanged Nut

इस प्रकार के नट में नीचे की ओर नट के व्यास से बड़े व्यास के वाशर के समान फ्लैंज बना होता है, जिससे इसकी बॉडी के साथ पकड़ अच्छी रहती है। चित्र में फ्लैंज नट का विमांकन आरेख दर्शाया गया है।

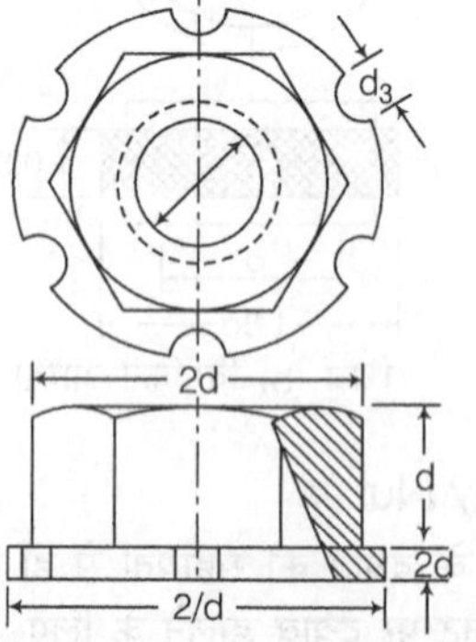

चित्र फ्लैंज्ड नट का विमांकन आरेख

3. **बोल्ट** Bolt

यह इंजीनियरिंग उद्योग में सबसे अधिक प्रयोग होने वाला अस्थायी बन्धक है। इसमें बेलनाकार छड़ के एक सिरे पर चूड़ियाँ बनी होती हैं, जिन पर नट कसा जा सकता है। इस सिरे को बोल्ट का शैंक कहा जाता है। दूसरे सिरे पर एक हैड फोर्ज (forge) किया जाता है, जिसे नट को कसते समय पकड़ा जा सकता है।

बोल्ट का साइज चूड़ी के व्यास तथा हैड के अतिरिक्त शैंक की लम्बाई द्वारा प्रदर्शित किया जाता है। बोल्ट के साइज को 'M' अक्षर द्वारा प्रदर्शित किया जाता है, जहाँ 'M' का अर्थ मीट्रिक आकार से है; जैसे—M16 ×55, यहाँ पर 16 बोल्ट शैंक व्यास एवं 55 बोल्ट की लम्बाई है। बोल्ट को उनके शीर्ष (head) के अनुसार पहचाना जाता है।

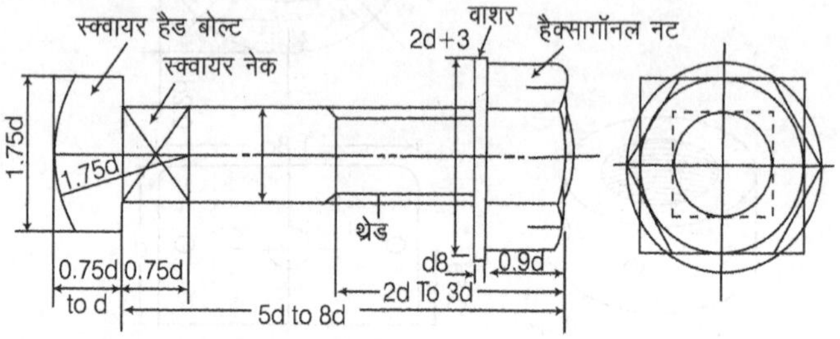

चित्र नट तथा बोल्ट का विमांकन आरेख

बोल्ट सामान्यत: मृदु स्टील के बनाए जाते हैं, परन्तु कुछ विशेष कार्यों के लिए पीतल, लाइट अलॉय के बने बोल्ट भी प्रयुक्त किए जाते हैं। बोल्ट का वर्गीकरण चूड़ी वाले भाग के व्यास, लम्बाई तथा पदार्थ के अनुसार किया जाता है। बोल्ट को मुख्यत: निम्न दो प्रकारों में विभक्त किया जाता है

(i) **हैड बोल्ट** Head Bolt

बोल्ट के हैड का चयन कार्य की प्रकृति के अनुसार किया जाता है। बोल्ट के शीर्ष के आधार पर वर्गीकृत बोल्ट के प्रकारों का आरेख सहित वर्णन निम्न प्रकार है

(a) **हैक्सागॉनल हैड बोल्ट** (Hexagonal head bolt) इस बोल्ट का हैड अपने नाम के अनुसार ही हैक्सागॉनल आकृति का होता है। इस बोल्ट के हैड की मोटाई 0.8 d रखी जाती है, जहाँ d शैंक का व्यास होता है। हैक्सागॉनल बोल्ट के ऊपरी कोनों (top corners) को 30° पर चैम्फर कर दिया जाता है, जिससे स्पैनर द्वारा इसे खोलते या बन्द करते समय किसी प्रकार की दुर्घटना से बचा जा सके। बोल्ट की लम्बाई एवं व्यास आवश्यकतानुसार परिवर्तित किए जा सकते हैं। निम्न चित्र (a) में हैक्सागॉनल बोल्ट की सामान्य संरचना तथा चित्र (b) में इसका विमांकन आरेख दर्शाया गया है।

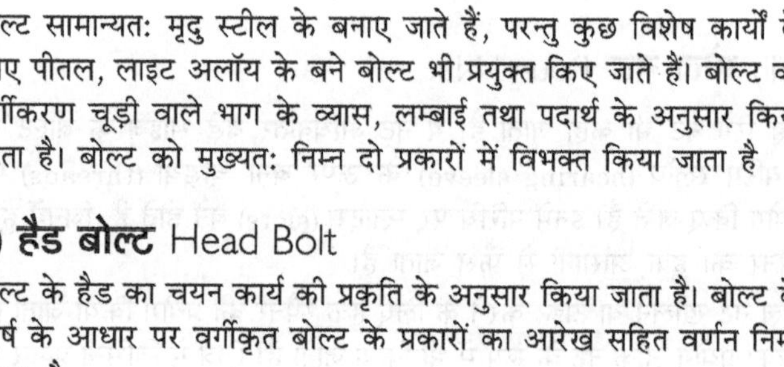

चित्र (a) हैक्सागॉनल हैड बोल्ट की सामान्य संरचना

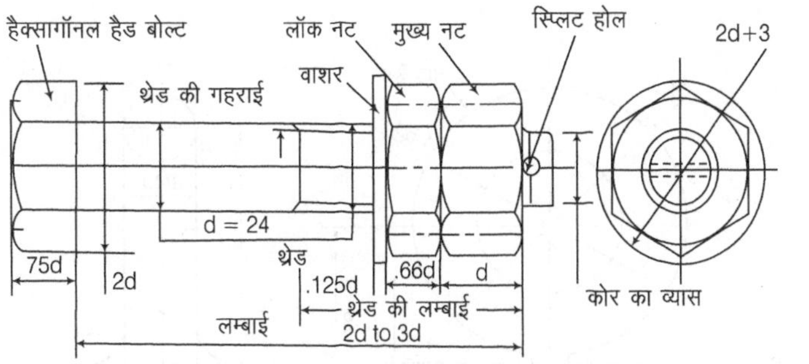

चित्र (b) हैक्सागॉनल बोल्ट का विमांकन आरेख

हैक्सागॉनल हैड बोल्ट के निम्न तीन ग्रेड होते हैं

(a) परिशुद्धता (b) अर्द्ध–परिशुद्धता

(c) विमा परिशुद्धता के अनुसार क्रमशः काले अक्षर A, B एवं C द्वारा प्रदर्शित।

(b) **स्क्वायर हैड बोल्ट** (Square head bolt) स्क्वायर खाँचे में इस बोल्ट का स्क्वायर हैड आसानी से फिट हो जाता है तथा बोल्ट को कसते समय घूमने नहीं देता है। इस बोल्ट की वर्गाकार नोंक 30° या 45° के कोण पर चैम्फर की हुई होती है। वर्गाकार हैड बोल्ट ग्रेड C में 6 से 39 मिमी (15 आकारों में) व्यास में उपलब्ध होते हैं। प्लमर ब्लॉक में बने ग्रूव में फिट करने के लिए स्क्वायर हैड बोल्ट का प्रयोग किया जाता है।

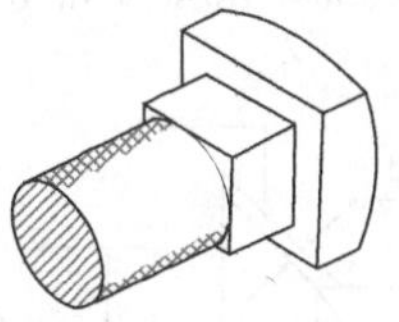

चित्र (a) स्क्वायर हैड बोल्ट की सामान्य संरचना

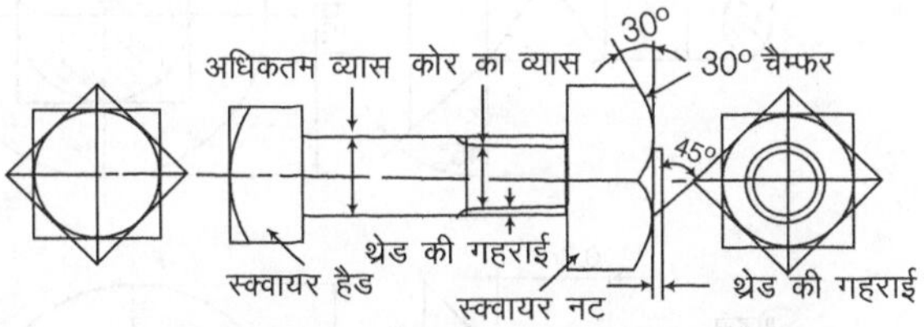

चित्र (b) स्क्वायर हैड बोल्ट का विमांकन आरेख

(c) **बेलनाकार हैड बोल्ट** (Cylindrical head bolt) इसे चीज (Cheese) हैड बोल्ट के नाम से भी जाना जाता है। इस बोल्ट का हैड बेलनाकार होता है। नट को बन्द या खोलते समय घूर्णन से बचाने के लिए, इसमें 0.2 d मोटाई एवं 0.12 d लम्बाई की पिन, शैंक अक्ष के समान्तर में फिट की जाती है, जिससे अतिरिक्त स्पैनर की आवश्यकता नहीं पड़ती है। बेलनाकार हैड बोल्ट का उपयोग सामान्यतः कनैक्टिंग रॉड के बड़े सिरों पर किया जाता है।

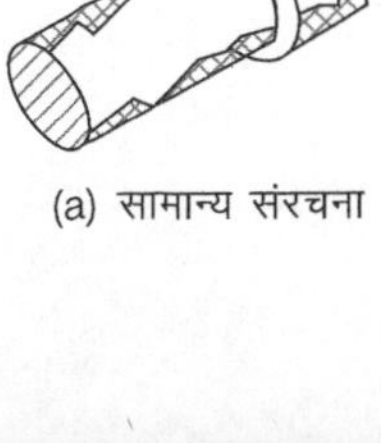

(a) सामान्य संरचना

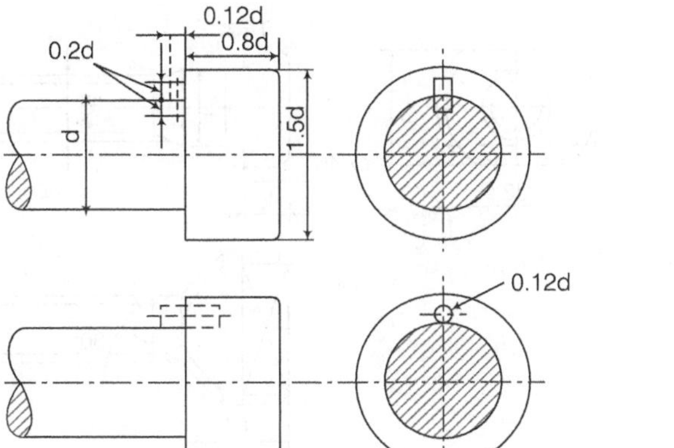

(b) विमांकन आरेख

चित्र बेलनाकार या चीज हैड बोल्ट

(d) **कप या गोलाकार हैड बोल्ट** (Cup or rounded head bolt) इसे रेल ट्रैक बोल्ट भी कहा जाता है। इस प्रकार के बोल्ट का हैड अर्द्धगोलाकार होता है, इसलिए यह स्पैनर आदि से पकड़ा नहीं जा सकता। इसमें हैड के नीचे शैंक के कुछ भाग को वर्गाकार फोर्ज कर दिया जाता है, जो इसको कसते समय घूमने से बचाता है। कभी–कभी हैड के नीचे स्नग (snug) या वर्गाकार नेक (neck) बनाकर भी बोल्ट को घूमने से बचाया जाता है। इसका प्रयोग अधिकतर बढ़ईगिरी (carpentry) में किया जाता है।

(a) सामान्य संरचना

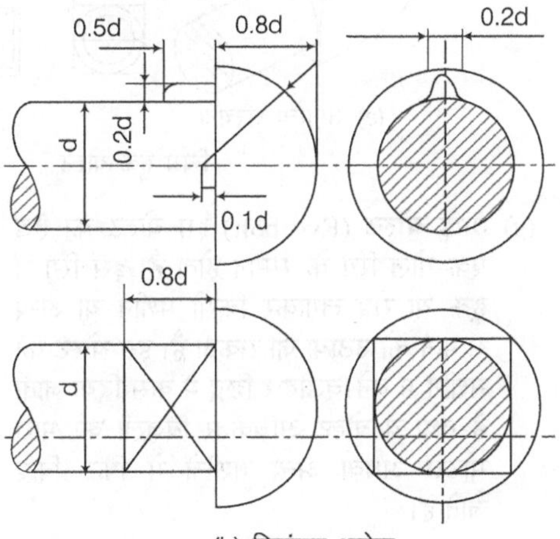

(b) विमांकन आरेख

चित्र कप या गोलाकार हैड बोल्ट

(e) **'T' हैड बोल्ट** ('T' head bolt) इस बोल्ट का हैड आयताकार तथा शैंक पर लम्ब रूप में जुड़ा होकर T का आकार बनाता है, जो मशीन टूल टेबल के T- स्लॉट में फिट किया जाता है। इस बोल्ट का उपयोग टेबल पर जॉब बाँधने या वाइस में पकड़ने के लिए किया जाता है।

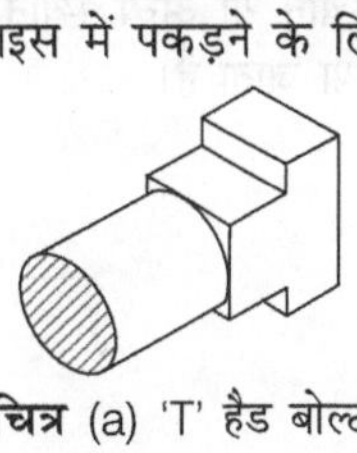

चित्र (a) 'T' हैड बोल्ट

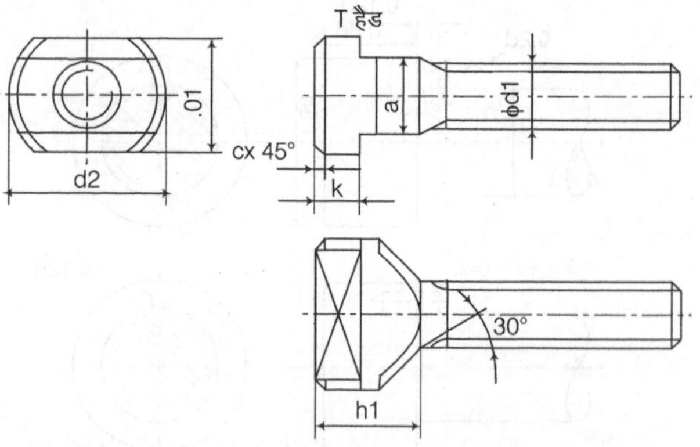

चित्र (b) IS : 2014 के अनुसार 'T' बोल्ट का विमांकन आरेख

(f) **हुक बोल्ट** (Hook bolt) इस बोल्ट का हैड, एक हुक के आकार का होता है, यह 'T' बोल्ट से थोड़ा-सा भिन्न होता है। मशीन के किसी भाग के साथ दूसरे भाग को अस्थायी क्लैम्प करने के लिए हुक बोल्ट का प्रयोग किया जाता है; जैसे—एंगल आयरन से बने भागों तथा शीटों को कसने के लिए हुक के नीचे बना वर्गाकार भाग बोल्ट को घूमने से रोकता है।

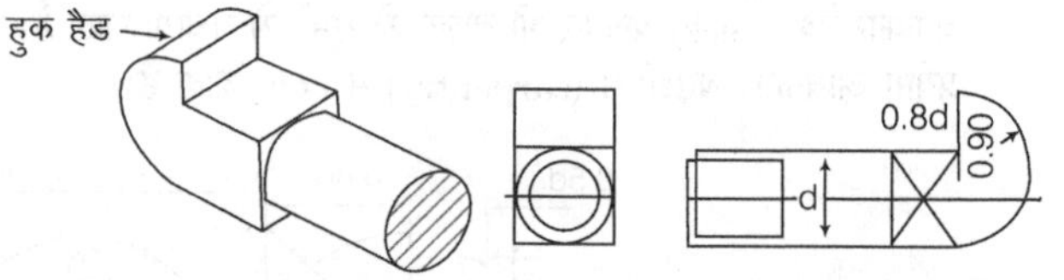

(a) सामान्य संरचना (b) विमांकन आरेख

चित्र हुक बोल्ट

(g) **आई बोल्ट** (Eye bolt) इस बोल्ट का हैड एक गोल रिंग के समान होता है। इस रिंग में हुक या रोप लगाकर किसी मशीन या अन्य सामान को उठाया जा सकता है। इस बोल्ट को मशीन में बने चूड़ीदार छिद्र में कस दिया जाता है तथा ये बोल्ट अधिकतर बिजली की भारी मोटरों अथवा अन्य मशीनों में फिट किए जाते हैं।

चित्र आई बोल्ट

(h) **लिफ्टिंग आई बोल्ट** (Lifting eye bolt) इस बोल्ट का हैड भी 'T' आकार में ही होता है, जोकि बेलनाकार रॉड से निर्मित रिंग होती है, जिसे वाशर आकृति के आधार से फोर्ज करके शैंक (shank) से जोड़ा जाता है। शैंक पर चूड़ियाँ कटी होती हैं, जिसे मशीन या मोटर की बॉडी के साथ फिट किया जाता है। इस बोल्ट का प्रयोग किसी मशीन या मोटर को एक स्थान या अन्य स्थान पर स्थानान्तरित करने एवं संरेखन के लिए किया जाता है।

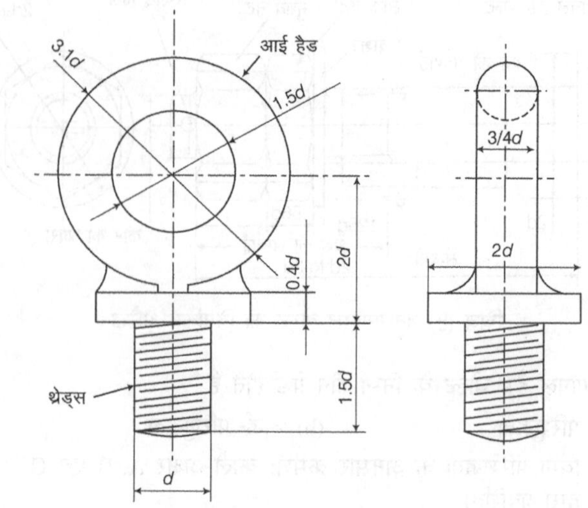

चित्र लिफ्टिंग आई बोल्ट का विमांकन

(i) **काउण्टर संक हैड बोल्ट** (Counter sunk head bolt) इसका हैड, शंकु के आकार का होता है, जो बॉडी में बने काउण्टर में बैठ जाता है, इसलिए यह बोल्ट सदैव ऐसे स्थानों पर प्रयोग किया जाता है, जहाँ हैड, जॉब की सतह के अन्दर ही रखा जाता है।

इस बोल्ट को घूमने से बचाने के लिए हैड के नीचे शैंक का कुछ भाग वर्गाकार फोर्ज किया जाता है अथवा स्नग भी बना दिया जाता है।

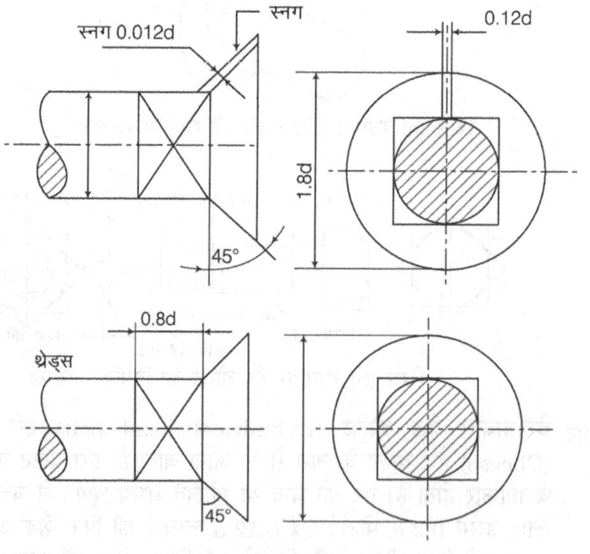

(b) विमांकन आरेख

चित्र काउण्टर संक हैड बोल्ट

(j) **टेपर बोल्ट** (Taper bolt) इस बोल्ट का हैड नहीं होता है, इसलिए इसे हैडलैस टेपर बोल्ट भी कहा जाता है। इस बोल्ट का शैंक टेपर में बनाया जाता है, जो मशीन में बने टेपर होल में फँस जाता है। इस प्रकार के बोल्ट का प्रयोग कपलिंग में किया जाता है।

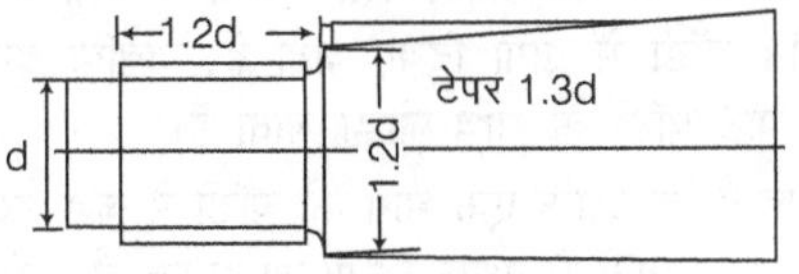

चित्र टेपर बोल्ट

(ii) फाउण्डेशन बोल्ट Foundation Bolt

मशीनों को कंक्रीट से बनी नींव (foundation) पर जकड़ने (fixed) के लिए फाउण्डेशन बोल्ट का प्रयोग किया जाता है। भारतीय मानक संस्थान (BIS) के अनुसार, फाउण्डेशन बोल्टों को A, B, C, D, E तथा F छः प्रकारों द्वारा निर्दिष्ट किया जाता है। ये 13 प्रकार के व्यास में (M 8 से M 72) उपलब्ध होते हैं, जिनकी लम्बाई 32 मिमी से 80 मिमी तक रहती है। फाउण्डेशन बोल्ट सामान्यत: शैंक व्यास एवं लम्बाई से निर्दिष्ट किए जाते हैं तथा इनके अन्त: सिरों को फोर्ज करके बनाया जाता है।

फाउण्डेशन बोल्ट मुख्यत: निम्न प्रकार के होते हैं

(a) **रैग बोल्ट** (Rag Bolt) इस बोल्ट का निचला सिरा वृत्ताकार या आयताकार होता है, जो नीचे की ओर क्रमश: बढ़ता चला जाता है, जिससे यह किनारों पर कटे खाँचे के समान प्रतीत होता है। कंक्रीट का फाउण्डेशन बनाते समय बोल्ट के स्थान पर आयताकार खाली जगह छोड़ दी जाती है।

फाउण्डेशन सूखने पर मशीन को फाउण्डेशन पर रखकर, उसमें बोल्टों को नट लगाकर लटका देते हैं। इस प्रकार बोल्टों की लोकेशन (location) निर्धारित हो जाती है। इसके चारों ओर कंक्रीट का मसाला, पिघली हुई सल्फर या लैड भर दिया जाता है, जो जमने के बाद मजबूती से भूमि को पकड़ लेता है। जब यह मसाला सैट हो जाता है, तो नट पुन: टाइट कर दिए जाते हैं।

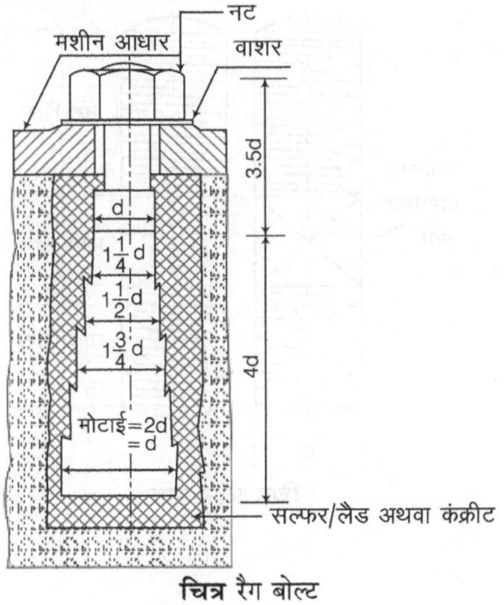

चित्र रैग बोल्ट

(b) **आई बोल्ट** (Eye bolt) ये बिना सिर वाले साधारण, परन्तु लम्बे बोल्ट को फोर्ज करके, रिंग के रूप में गोलाई में मोड़कर बनाए जाते हैं। इस रिंग में एक लोहे की रॉड को फँसा दिया जाता है, जिससे कि नट को कसने पर बोल्ट बाहर न आ सके।

इसे भी रैग बोल्ट के समान फाउण्डेशन में छोड़े गए स्थान में फँसाकर कंक्रीट भरकर जाम कर दिया जाता है।

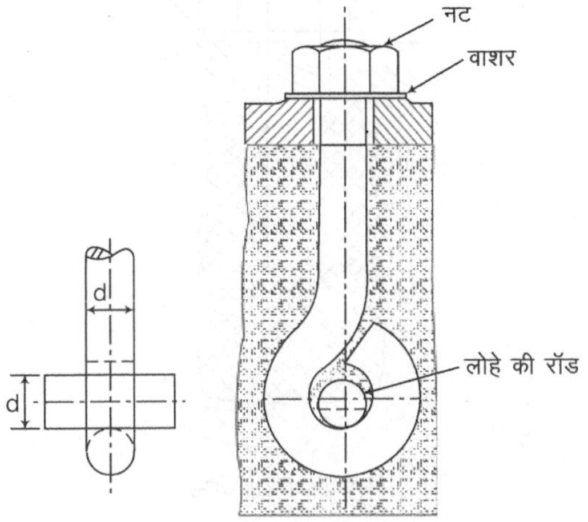

चित्र आई बोल्ट

(c) **कॉटर बोल्ट** (Cotter bolt) यह एक बिना हैड का बोल्ट होता है, जिसमें नीचे की ओर एक आयताकार स्लॉट (slot) बना होता है। इस स्लॉट के अन्दर एक कॉटर को फँसाया जा सकता है। इसके लिए फाउण्डेशन तैयार करते समय ही साइड में हाथ डालने के लिए एक हैण्ड होल बना दिया जाता है।

बोल्ट को फाउण्डेशन में स्थायी रूप से जाम नहीं किया जाता, बल्कि बोल्ट के साइज का एक होल छोड़ दिया जाता है। बोल्ट के अन्दर बने स्लॉट में कॉटर फँसा दिया जाता है।

अब बोल्ट को ऊपर खींचने पर कॉटर व वाशर, इसे ऊपर नहीं आने देते। इस प्रकार के बोल्ट को आसानी से बदला (replace) जा सकता है।

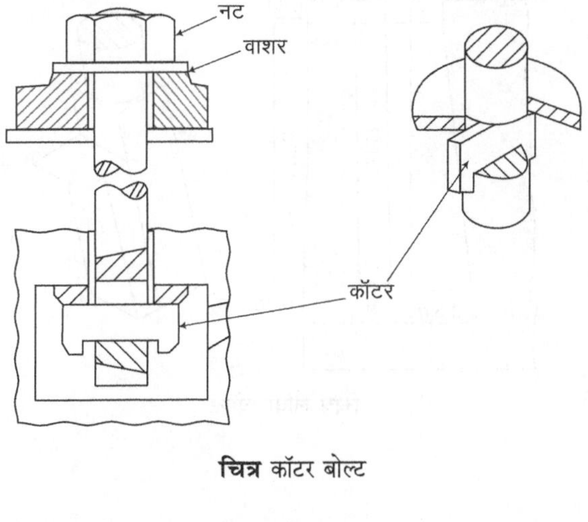

चित्र कॉटर बोल्ट

(d) **फिश टेल बोल्ट** (Fish tail bolt) इस बोल्ट के हैड वाले सिरे को बीच से काटकर मछली की पूँछ के समान दोनों ओर से मोड़ दिया जाता है, इसलिए इसे फिश टेल बोल्ट कहते हैं। इसे भी फाउण्डेशन में बने होल (hole) में रखकर कंक्रीट के मसाले से जाम कर दिया जाता है।

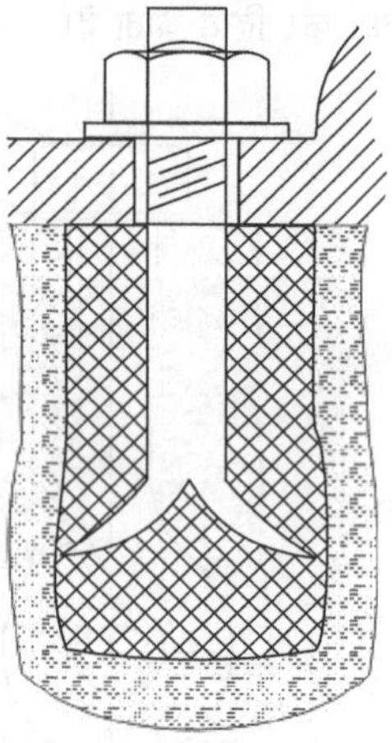

चित्र फिश टेल बोल्ट

(e) **लैविस बोल्ट** (Lewis bolt) इस बोल्ट का शैंक, टेपर में बनाकर एक साइड को सीधा कर दिया जाता है। फाउण्डेशन के अन्दर भी इसी प्रकार की मगर कुछ बड़ी कैविटी (cavity) तैयार की जाती है, जिससे उसमें चाबी (key) लगाई जा सके। बोल्ट को फाउण्डेशन में टेपर मिलाकर लगाते हैं तथा बाकी बचे रिक्त स्थान को भरने के लिए चाबी लगा देते हैं, जोकि बोल्ट को टाइट करने पर उसे ऊपर नहीं आने देती।

लैविस बोल्ट को भी बिना फाउण्डेशन तोड़े आसानी से बदला जा सकता है, परन्तु इस बोल्ट को निकालने से पहले चाबी को निकालना आवश्यक होता है।

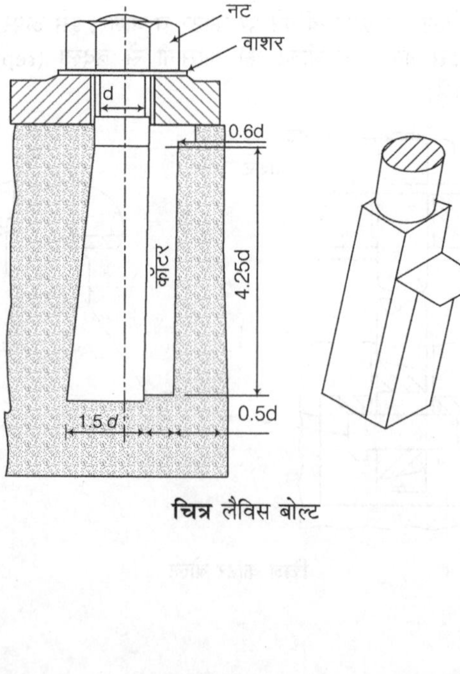

चित्र लैविस बोल्ट

4. स्टड Stud

जिस बोल्ट के दोनों सिरों पर चूड़ियाँ कटी होती हैं, उसे स्टड (stud) कहते है। यह एक बिना हैड का बोल्ट होता है, जिसके बीच में कुछ भाग प्लेन होता है। इस भाग से स्टड को पकड़कर, मशीन बॉडी में कसा जाता है। इसके एक सिरे को मशीन बॉडी में लगा दिया जाता है, जबकि दूसरे सिरे पर नट लगाकर कोई पार्ट बॉडी के साथ जोड़ा जाता है।

इसका लाभ यह है कि इसके एक भाग को बॉडी में जुड़ा रखकर, दूसरे भाग को नट खोलकर आसानी से पृथक् किया जा सकता है। इसका प्रयोग ग्लैण्ड बॉक्स (gland box) के ऊपर ग्लैण्ड कवर (gland cover) को कसने के लिए किया जाता है। स्टड प्रायः मृदु इस्पात के बनाए जाते हैं।

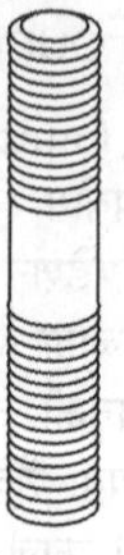

चित्र स्टड

बनावट के आधार पर ये दो प्रकार के होते हैं

(i) प्लेन स्टड (ii) शोल्डर स्टड

(i) प्लेन स्टड Plain Stud

यह स्टड, बोल्ट की भाँति, बोल्ट के साइज का तथा माइल्ड स्टील की वायर रॉड (wire rod) से बनाया जाता है। वायर रॉड से स्टड के साइज के टुकड़े काटकर दोनों सिरों पर रोलिंग द्वारा चूड़ियाँ काट दी जाती हैं तथा बीच का कुछ भाग प्लेन रखा जाता है।

यह प्लेन भाग कभी-कभी वर्गाकार (square) भी बना दिया जाता है, जिससे स्टड को खोलने में आसानी रहती है।

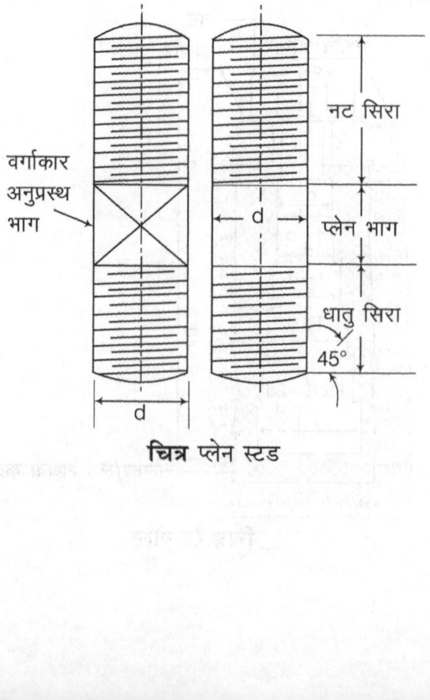

चित्र प्लेन स्टड

(ii) **शोल्डर स्टड** Shoulder Stud

इस स्टड की बॉडी में फिट होने वाले सिरे के ऊपर शोल्डर या कॉलर (shoulder or collar) बना होता है। स्टड को बॉडी में फिट करने पर, यह शोल्डर बॉडी की सतह से सट जाता है। शोल्डर के ऊपर का कुछ भाग प्लेन होता है तथा फिर दूसरे सिरे की चूड़ियाँ प्रारम्भ हो जाती हैं। इन चूड़ियों पर कोई भी पार्ट (part) नट द्वारा कसा जाता है।

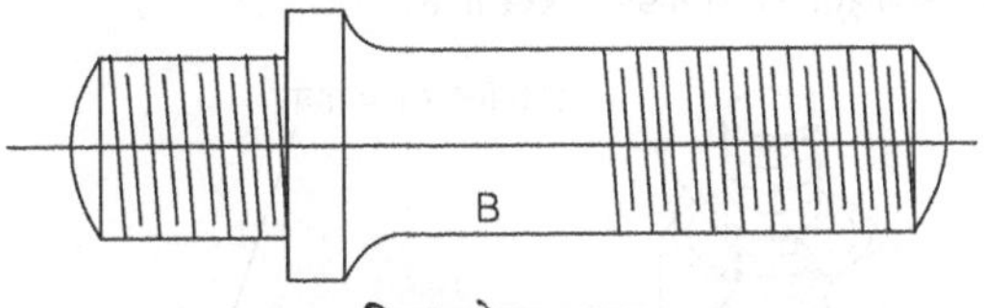

चित्र शोल्डर स्टड

6.2 लॉकिंग युक्तियाँ या थ्रेड सीलेन्ट
Locking Devices or Thread Sealants

किसी भी मशीन में प्रयुक्त वह युक्ति, जो चूड़ीदार बन्धकों को लॉक करने के लिए प्रयोग की जाती है, लॉकिंग युक्ति कहलाती है। मशीन के निरन्तर चलते रहने के कारण, इसके चल-पुर्जों में कम्पन उत्पन्न होता है, जिस कारण मशीन के चूड़ीदार बन्धक ढीले हो जाते हैं और मशीन में आवाज आने लगती है तथा मशीन के सम्बन्धित भागों के टूटने अथवा खराब होने की सम्भावना रहती है। अतः मशीनों के पुर्जों में होने वाली टूट-फूट से बचने के लिए लॉकिंग युक्तियाँ प्रयोग की जाती हैं।

कुछ मुख्य लॉकिंग युक्तियों का वर्णन निम्न प्रकार है

1. **लॉक नट** Lock Nut

मशीनों में लॉक नट का प्रयोग मशीन के विभिन्न पुर्जों को जोड़ने के लिए किया जाता है। इसके प्रयोग करने से सम्बन्धित पुर्जे ढीले नहीं होते हैं; जैसे—माइक्रोमीटर में लॉक नट का प्रयोग करने से रीडिंग लेने के पश्चात् स्पिण्डल गति नहीं करता तथा बॉयलर या गैस सिलेण्डर में लॉक नट का प्रयोग भाप तथा गैस लीकेज को रोकता है।

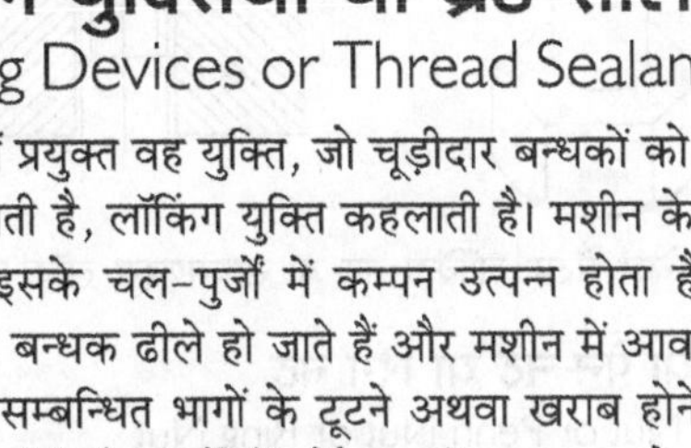

चित्र लॉक नट

लॉक नट को दो भागों में वर्गीकृत किया गया है

(i) **धनात्मक लॉक नट** Positive Lock Nut

धनात्मक लॉक नट में लॉकिंग प्रक्रिया धनात्मक होती है, परन्तु इस लॉक को लगाना अत्यधिक कठिन होता है। इसके अतिरिक्त, इसमें समय भी अधिक लगता है। इस प्रकार के लॉक नट का प्रयोग विशेषतः क्लच, ब्रेक, कण्ट्रोल इत्यादि के लिए किया जाता है, जहाँ खराबी होने पर गम्भीर दुर्घटनाएँ घट सकती हैं।

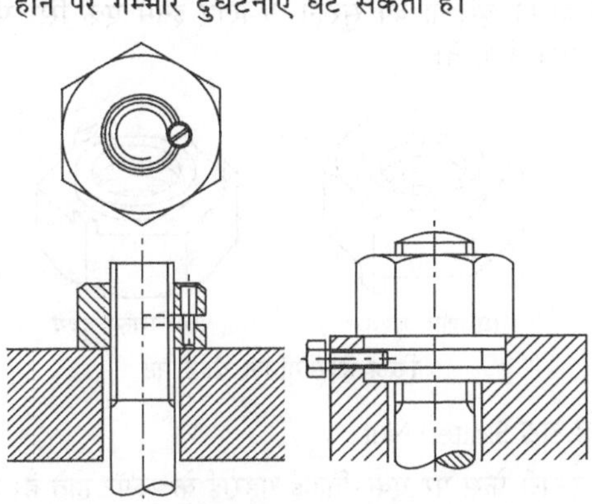

चित्र धनात्मक लॉक नट

कुछ प्रमुख धनात्मक लॉक नट; जैसे—हैक्सागॉनल नट, क्रॉस ड्रिल एवं पिन नट, स्लॉटिड नट, कैसल नट, लॉकिंग प्लेट, वायर बोल्ट हैड इत्यादि हैं।

(ii) **घर्षणी लॉक नट** Frictional Lock Nut

इस प्रकार के लॉक नट को लगाना अत्यन्त सरल होता है तथा इसे लगाने में समय भी कम लगता है। कुछ प्रमुख लॉक नट्स—चक नट, सायमण्ड्स लॉक नट, स्प्रिंग वाशर इत्यादि हैं।

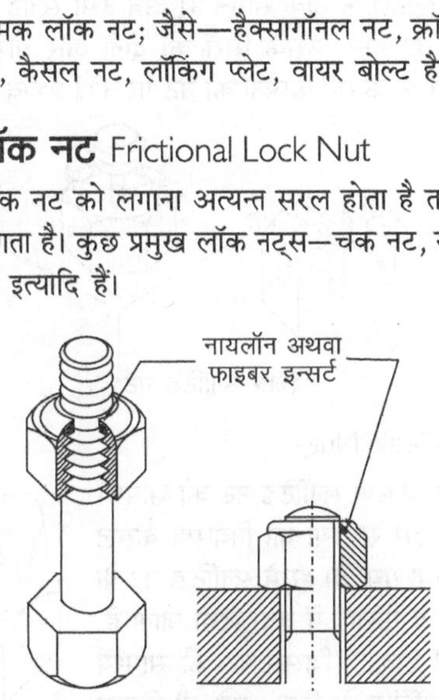

चित्र घर्षणी लॉक नट

लॉक नट के प्रकार Types of Lock Nut

लॉक नट प्रायः निम्न प्रकार के होते हैं

(i) हैक्सागॉनल वैल्ड नट
(ii) स्लॉटिड नट
(iii) कैसल नट
(iv) स्वान नट या विल्स नट
(v) सैल्फ लॉकिंग नट या सायमण्ड्स लॉक नट
(vi) ग्रूव्ड नट या पेन नट या रिंग नट
(vii) चक नट

(i) **हैक्सागॉनल वैल्ड नट** Hexagonal Weld Nut

इन नटों में तीन उभार बने होते हैं, जो वैल्ड की जाने वाली सतह पर एकसमान सम्पर्क उपलब्ध कराते हैं। हैक्सागॉनल नट में एक स्पाईगॉट रिंग होती है, जो प्लेट की रिंग में फिट होती है।

इस प्रकार के नट का प्रयोग प्लेट वर्क (plate work) पर वैल्डिंग करने के लिए किया जाता है।

वैल्डिंग के दौरान चूड़ियों की सुरक्षा के लिए इनमें एक सिरे पर काउण्टर सिंक छिद्र बना होता है।

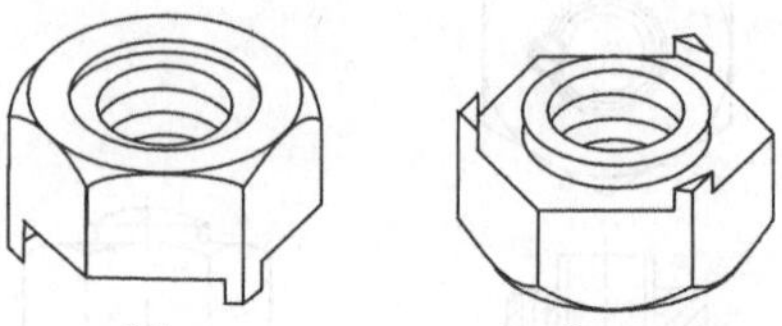

(a) शीर्ष दृश्य (b) निचला दृश्य

चित्र हैक्सागॉनल वैल्ड नट

(ii) **स्लॉटिड नट** Slotted Nut

इस नट के ऊपरी फेस पर एक-तिहाई गहराई के स्लॉट होते हैं। नट को पूरी गहराई तक टाइट (tight) करने के पश्चात् यह देखा जाता है कि बोल्ट का छिद्र किस स्लॉट (slot) के ठीक सामने है। अब उसी स्लॉट के अन्दर स्प्लिट पिन (split pin) डालकर, उसके सिरों को दोनों ओर मोड़ दिया जाता है। स्प्लिट पिन डालने के कारण कम्पनों का नट पर कोई प्रभाव नहीं पड़ता है।

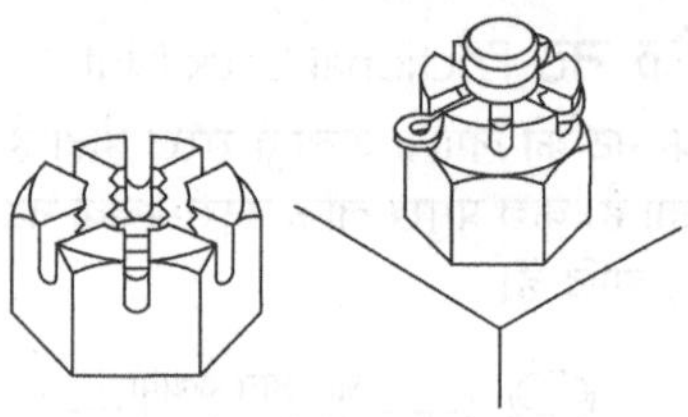

चित्र स्लॉटिड नट

(iii) **कैसल नट** Castle Nut

स्लॉट कटे होने के कारण स्लॉटिड नट की सामर्थ्य कम हो जाती है। इस समस्या का निवारण कैसल नट के रूप में किया गया है। इसमें स्लॉटिड नट के ऊपर का कुछ भाग गोलाई में बढ़ा दिया जाता है, जिसमें स्लॉट कटे होते हैं, जिससे नट की सामर्थ्य कम नहीं होती। लॉकिंग के लिए इसमें भी स्प्लिट पिन का प्रयोग किया जाता है।

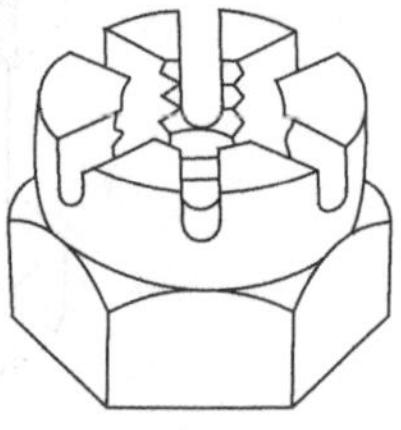

चित्र कैसल नट

(iv) **स्वान नट या विल्स नट** Swan Nut or Wills Nut

स्टैण्डर्ड नट को उसकी आधी चौड़ाई तक ऊपर से एक-तिहाई नीचे काट दिया जाता है। कटे हुए ऊपर के भाग में एक कैप स्क्रू के व्यास से बड़ा होल (hole) तथा नीचे के भाग में कैप स्क्रू की चूड़ियों के अनुसार टेपिंग (tapping) द्वारा चूड़ियाँ काट दी जाती हैं। स्वान नट को वांछित स्थान पर कसने के बाद, उसमें ऊपर से एक कैप नट लगाकर कस (tight) दिया जाता है। इससे कटे हुए स्थान पर नट की चूड़ियों की पिच बदल दी जाती है, जिससे नट अपने स्थान पर लॉक (lock) हो जाता है तथा नट के खुलने का भय नहीं रहता है।

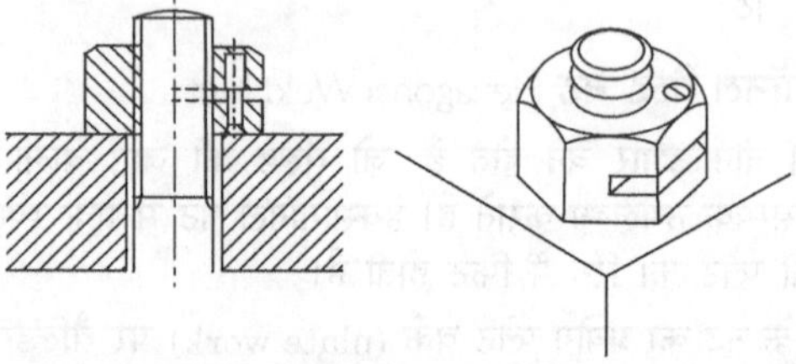

चित्र स्वान नट या विल्स नट

(v) **सैल्फ लॉकिंग नट या सायमण्ड्स लॉक नट**
Self Locking Nut or Simmonds Lock Nut

इस नट के ऊपरी भाग में एक कॉलर बना होता है। इस कॉलर में बने ग्रूव में एक हार्ड रबड़ या फाइबर का वाशर (washer) लगा होता है, जिसमें बोल्ट के रूट डायमीटर से छोटा बोर (bore) होता है। जब नट को बोल्ट पर कसते हैं, तो बोल्ट की चूड़ियाँ फाइबर वाशर में चूड़ी काटती हैं, जिससे यह नट बोल्ट को मजबूती से जकड़कर रखता है।

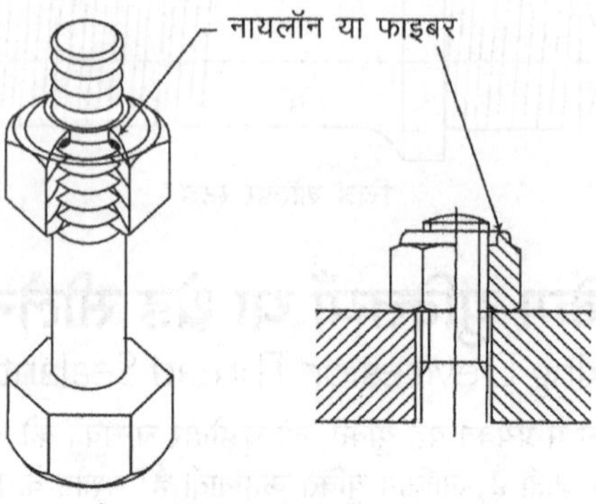

चित्र सैल्फ लॉकिंग नट या सायमण्ड्स लॉक नट

(vi) **ग्रूव्ड नट या पेन नट या रिंग नट**
Grooved Nut or Penn Nut or Ring Nut

यह बहुत कम तथा विशेष प्रयोजन से प्रयोग होने वाला नट है। इसमें नीचे की ओर एक कॉलर बना होता है, जिसमें एक ग्रूव होता है। यह कॉलर वाला भाग मशीन बॉडी में अन्दर बैठ जाता है तथा बॉडी की साइड में एक सैट स्क्रू इस प्रकार लगाया जाता है कि उसका सिरा डॉग एण्ड (dog end) ग्रूव में बैठ जाए।

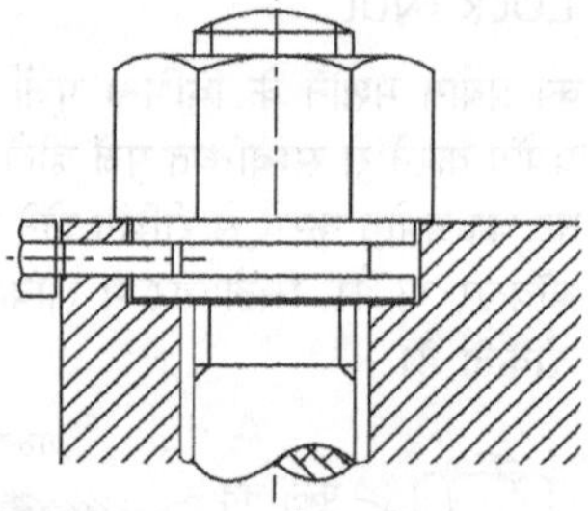

चित्र ग्रूव्ड नट या पेन नट या रिंग नट

(vii) **चक नट** Chuck Nut

इस नट का प्रयोग एक अन्य सामान्य (ordinary) नट के साथ किया जाता है। इस विधि में दोनों नटों को एक-दूसरे के विपरीत कस दिया जाता है जिससे नटों की बोल्ट पर पकड़ मजबूत हो जाती है। इस नट का उपयोग मुख्यत: ऑटोमोबाइल में किया जाता है।

2. **कॉटर** Cotter

कॉटर मृदु इस्पात (mild steel) या पिटवाँ लोहे (wrought iron) से निर्मित होता है। यह समान मोटाई का चपटी वैज (flat wedge) के आकार का एक टुकड़ा होता है। इसका एक किनारा (edge) सीधा तथा दूसरा टेपरित (tapered) होता है, जिससे इसे निकालने व लगाने में सुविधा होती है। यह टेपर 4 : 48 से 1 : 24 तक रखा जाता है।

विशेष परिस्थितियों में यह टेपर 1:8 भी रखा जाता है। कॉटर को अपनी स्थिति में बनाए रखने के लिए, इसके कम चौड़े सिरे पर सैट स्क्रू या टेपर पिन लगा दी जाती है।

कॉटर का उपयोग एक ही अक्ष पर स्थित दो अंगों को जोड़ने में किया जाता है, जबकि उस पर तनाव बल (tension) या सम्पीडन (compression) बल पारेषित (transmit) किए जाने हों।

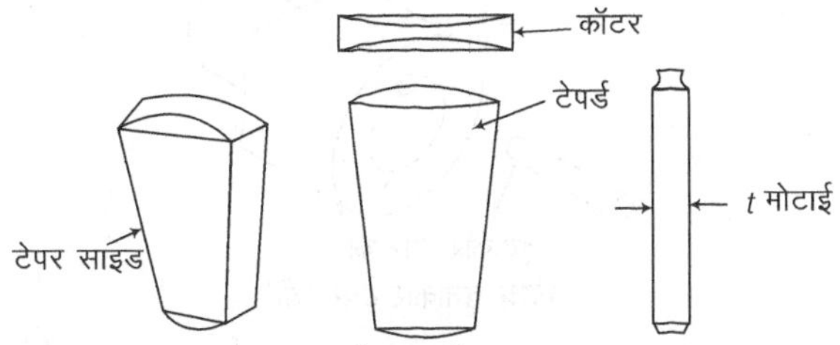

चित्र कॉटर

3. स्प्लिट पिन Split Pin

स्प्लिट पिन, अर्द्धगोलाकार क्रॉस सैक्शन के स्टील तार को मोड़कर बनाई जाती है। यह अनील्ड (annealed) अवस्था में होती है, क्योंकि होल में से पार करने के बाद, इसके दोनों सिरों को दोनों ओर मोड़ दिया जाता है, जिससे कि पिन अपने आप बाहर न आए। पिन में बनी घुण्डी के छेद को पिन बाहर निकालने के लिए काम में लाया जाता है।

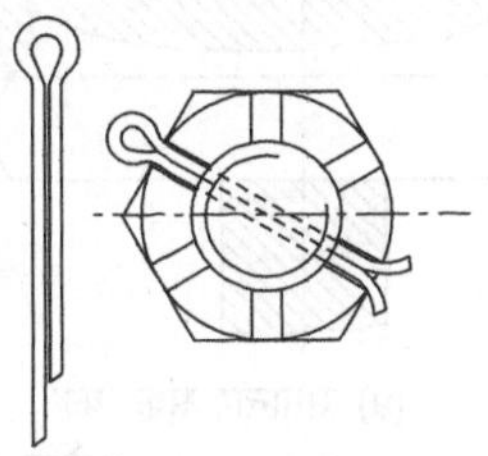

चित्र स्प्लिट पिन

स्प्लिट पिन के उपयोग Uses of Split Pin

स्प्लिट पिन का प्रयोग करके भी नट की स्थिति को लॉक किया जा सकता है। स्प्लिट पिनों का नाम नॉमिनल साइज, नॉमिनल लम्बाई, भारतीय मानक नम्बर एवं सामग्री से दिया जाता है। नॉमिनल साइज, स्प्लिट पिनों की प्राप्ति के लिए छिद्र का व्यास होता है, जबकि नॉमिनल लम्बाई भीतरी पार्श्व (underside of the eye) से शॉर्ट लेग के अन्त तक की दूरी होती है।

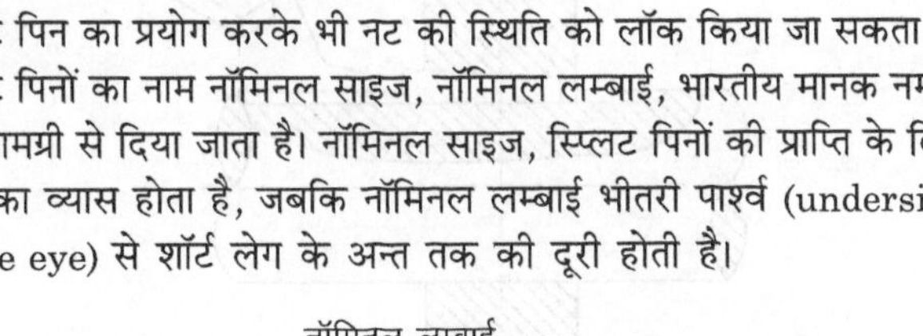

चित्र स्प्लिट पिन सहित नट

स्प्लिट पिनों का प्रयोग स्लॉटिड नट, कैसल नट, हैक्सागॉनल नट आदि की लॉकिंग के लिए विभिन्न तरीकों से किया जाता है।

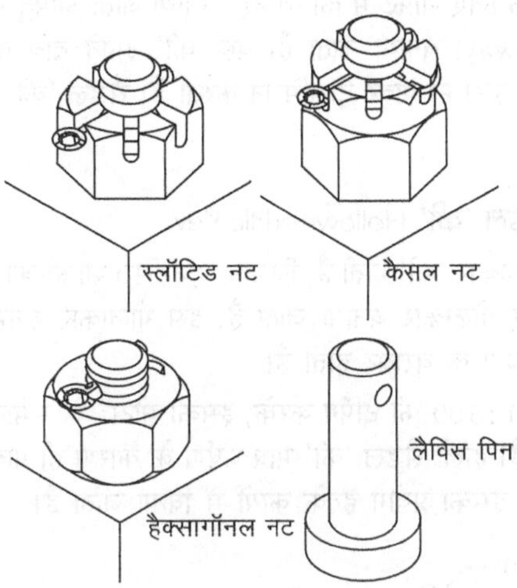

4. सरक्लिप Circlips

सरक्लिप का प्रयोग शाफ्ट पर अथवा एक छिद्र में घटकों को बनाए रखने के लिए व्यापक तौर पर किया जाता है। विशेष प्रकार के प्लायर्स का प्रयोग करके, इन सरक्लिप्स की सैटिंग को शीघ्रता से जोड़ा अथवा पृथक् किया जा सकता है। सरक्लिप बाह्य तथा आन्तरिक दोनों प्रकार के होते हैं, जैसा कि चित्र में दर्शाया गया है।

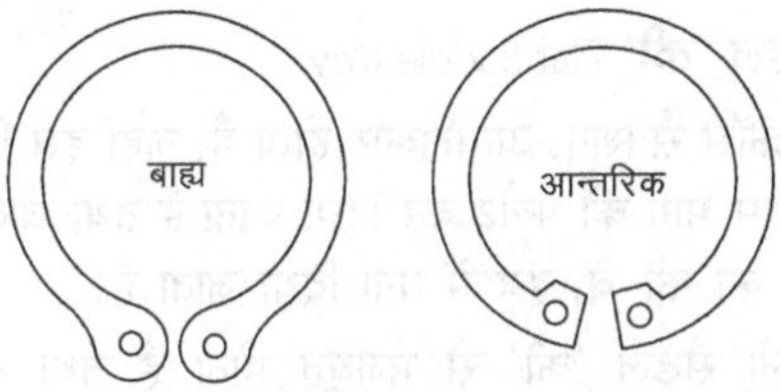

चित्र सरक्लिप

5. 'की' Key

जब किसी शाफ्ट पर, किसी पुली, गरारी (gear) आदि को पावर ट्रांसफर (power transfer) करने के उद्देश्य से लगाया जाता है, तो उनके बीच में सम्बन्ध स्थापित करने के लिए चाबी या 'की' (key) लगाई जाती है। 'की' पूरे पावर ट्रांसमिशन सर्किट को सुरक्षा भी प्रदान करती है। 'की' इस प्रकार डिजाइन की जाती है कि असाधारण स्थिति पैदा होने पर या अधिक पावर लगाने पर यह 'की' फेल हो जाती है, जिससे मशीन के महँगे पाट्‌र्स सुरक्षित रहते हैं। की अधिकतर माइल्ड स्टील की बनाई जाती है, जिनका आधा भाग शाफ्ट में बने 'की'-वे (key-way) में तथा आधा भाग हब में बने की-वे में रहता है।

अधिकतर की (key) को टाइट फिट किया जाता है, जबकि कभी-कभी 'की' को स्लाइड फिट भी रखा जाता है। पावर ट्रांसमिशन में प्रयोग किए जाने के अनुसार 'की' निम्न प्रकार की होती हैं

(i) सैडल 'की' (ii) वृत्ताकार टेपर 'की'
(iii) संक 'की' (iv) जिब हैड 'की'
(v) फैदर 'की' (vi) वुडरफ 'की'

(i) सैडल 'की' Saddle Key

सैडल 'की' के लिए शाफ्ट में की-वे नहीं बनाया जाता अपितु मात्र हब में ही की-वे (key-way) बनाया जाता है। यह 'की' अपने दाब के कारण बने घर्षण बल के द्वारा ही पावर ट्रांसमिशन करती है। सैडल 'की' दो प्रकार की होती हैं

(a) हॉलो सैडल 'की' Hollow Saddle Key

यह एक आयताकार 'की' होती है, जिसका एक सिरा शाफ्ट की सतह में फिट करने के लिए गोलाकार बनाया जाता है। इस गोलाकार सतह की त्रिज्या, शाफ्ट की त्रिज्या के बराबर होती है।

इस 'की' पर 1 : 100 की टेपिंग करके, इसकी मोटाई के समान की-वे, हब में बना होता है। हॉलो सैडल 'की' मात्र घर्षण के कारण ही पावर ट्रांसमिशन करती है तथा इसका प्रयोग हल्के कार्यों में किया जाता है।

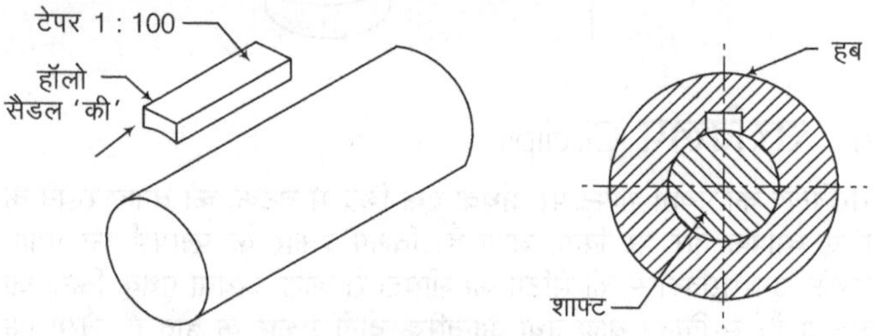

चित्र हॉलो सैडल 'की'

(b) फ्लैट सैडल 'की' Flat Saddle Key

इस 'की' का क्रॉस सैक्शन, आयताकार होता है, जहाँ इसे फिट करना होता है। शाफ्ट के उस भाग को फ्लैट कर दिया जाता है तथा चाबी की मोटाई के बराबर गहराई का की-वे, हब में बना दिया जाता है।

यह 'की' हॉलो सैडल 'की' से मजबूत होती है तथा यह हैवी ड्यूटी ट्रांसमिशन के लिए उपयुक्त मानी जाती है। इसे सैडल 'की' भी कहते हैं।

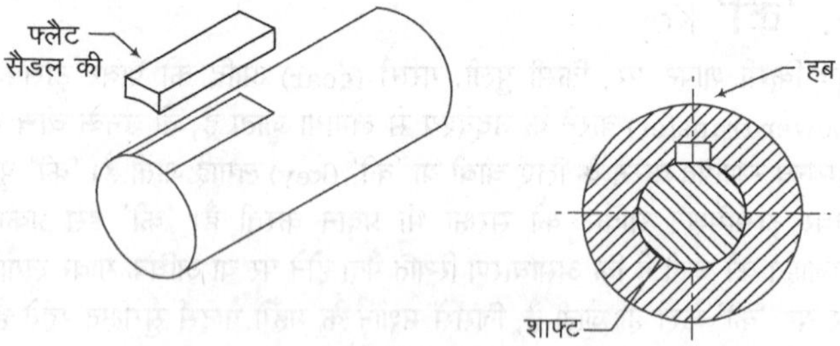

चित्र फ्लैट सैडल 'की'

(ii) वृत्ताकार टेपर 'की' Circular Taper Key

इस प्रकार की 'की' में, 'की' तथा शाफ्ट दोनों में अर्द्धवृत्ताकार की-वे (key-way) कटे होते हैं। शाफ्ट में बनी अर्द्धवृत्ताकार असेम्बली में 'की' को फिट किया जाता है। यह 'की' भी हल्के ट्रांसमिशन कार्यों के लिए उपयुक्त मानी जाती है।

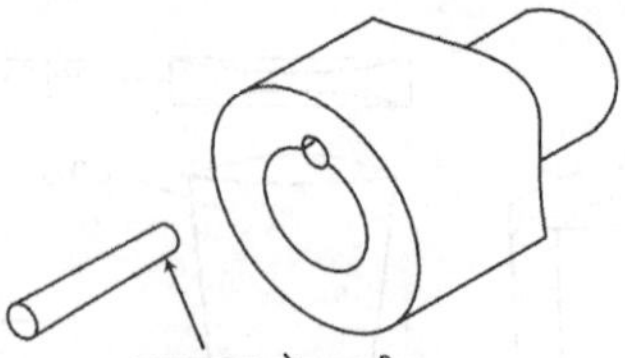

चित्र वृत्ताकार टेपर 'की'

(iii) संक 'की' Sunk Key

यह 'की' आयताकार क्रॉस सैक्शन वाली होती है और यह शाफ्ट तथा हब दोनों में कटे हुए की-वे में फिट की जाती है। संक 'की', समान्तर तथा टेपर दोनों प्रकार की हो सकती हैं।

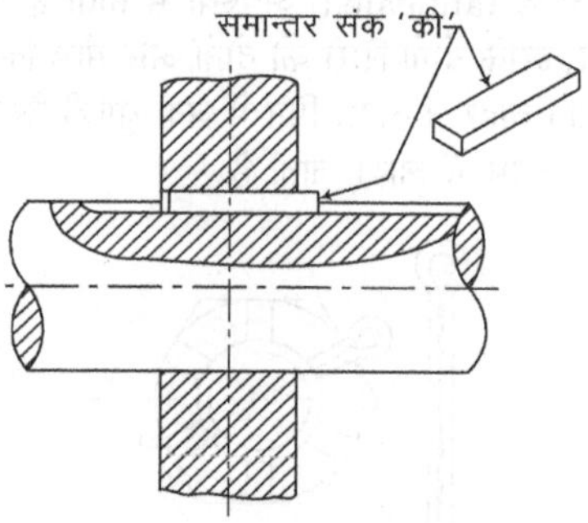

(a) समान्तर संक 'की'

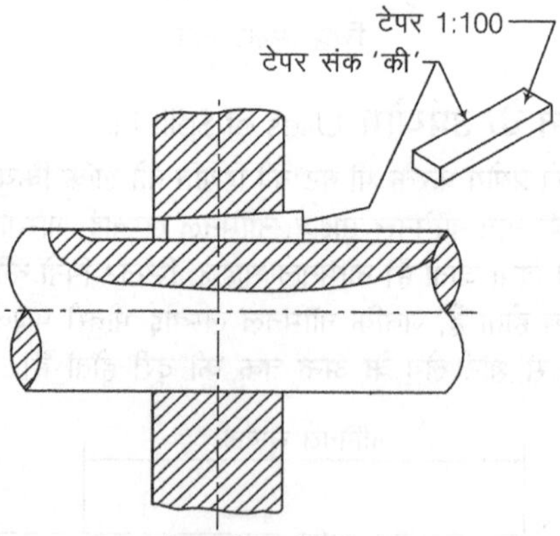

(b) टेपर संक 'की'

चित्र संक 'की'

(iv) **जिब हैड 'की'** Gib Head Key

यह भी एक प्रकार की संक की होती है, जो एक टेपर वाली होती है। इसके मोटे सिरे की ओर जिब हैड बना होता है, जिसके द्वारा इसे सरलता से फिट किया जा सकता है अथवा हटाया जा सकता है। इसका प्रयोग वहाँ किया जाता है, जहाँ शाफ्ट पर कोई पुली लगानी हो।

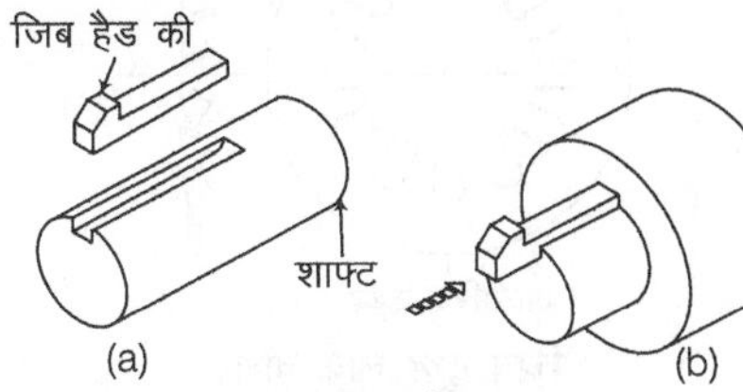

चित्र जिब हैड 'की'

(v) **फैदर 'की'** Feather Key

इस चाबी की चौड़ाई तथा मोटाई पूरी लम्बाई में समान होती है। इसमें टेपर नहीं होता तथा इसके दोनों सिरे गोल या चौकोर होते हैं। यह 'की' आयताकार या वर्गाकार क्रॉस सैक्शन 'की' होती है, परन्तु कभी-कभी यह डवटेल टाइप में भी होती है। फैदर 'की', शाफ्ट तथा हब के मध्य सापेक्ष घूर्णी गति (relative rotary motion) को रोकती है तथा पावर ट्रांसफर करती है।

साथ ही यह हब तथा शाफ्ट के मध्य सापेक्ष अक्षीय गति (relative axial motion) को नहीं रोकती। इसके लिए 'की' को हब या शाफ्ट पर जाम कर दिया जाता है तथा सम्बद्ध पार्ट में एक ऐसा की-वे (key-way) कटा होता है, जिसमें यह बिना रुके आसानी से खिसक सके। इस चाबी को स्थिर करने के लिए निम्नलिखित उपाय किए जा सकते हैं

- चाबी को शाफ्ट या हब में स्क्रू कर दिया जाता है।
- चाबी में एक खूँटी (peg) बना दी जाती है, जो हब या शाफ्ट में बने खाँचे में फँस जाती है।
- 'की' में एक आयताकार हैड बनाकर उसे हब की साइड में स्क्रू द्वारा कस दिया जाता है।
- फैदर 'की' में दोनों ओर हैड बनाकर उसे हब में फँसाया जा सकता है।
- 'की' को डवटेल क्रॉस सैक्शन का बनाकर प्रयोग में लाया जा सकता है।

फैदर 'की' की-वे में या तो टाइट फिट की जाती है या फिर स्क्रू द्वारा इसे फिट किया जाता है।

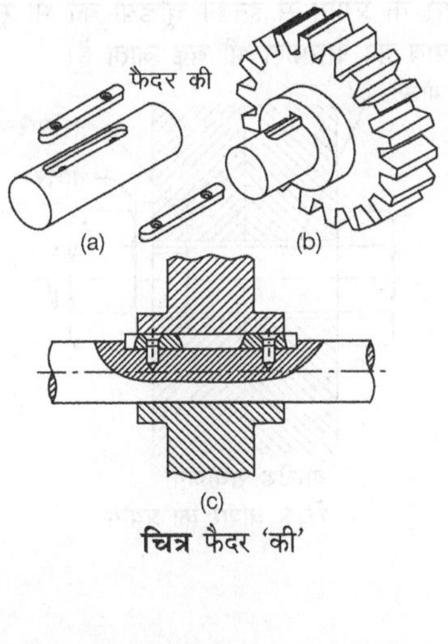

चित्र फैदर 'की'

(vi) **वुडरफ 'की'** Woodruff Key

यह 'की' अर्द्धवृत्ताकार होती है, जिसे लगाने के लिए हब या गियर में आयताकार की-वे (key-way) बनाया जाता है, परन्तु शाफ्ट के अन्दर की मोटाई के अनुसार वृत्ताकार कटर द्वारा सर्कुलर की-वे बनाया जाता है।

इस प्रकार की 'की' स्वत: ही हब के टेपर के अनुसार एडजस्ट (adjust) हो जाती है। ये की टेपर शाफ्ट या स्पिण्डल के लिए सर्वोत्तम हैं तथा ऑटोमोबाइल में अधिक प्रयोग की जाती हैं।

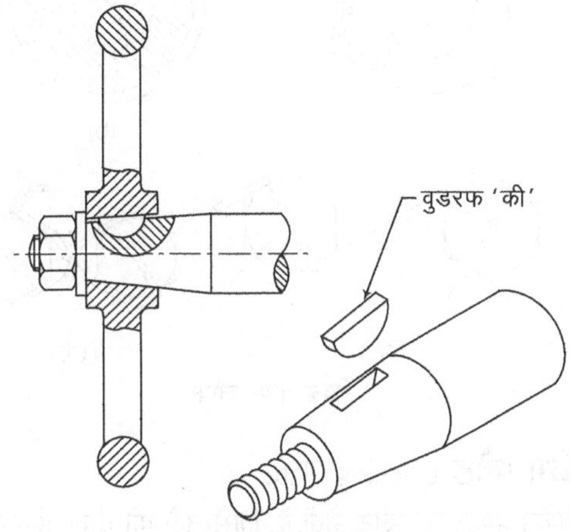

चित्र वुडरफ 'की'

6.3 कुछ अन्य लॉकिंग युक्तियाँ Some Other Locking Devices

चूड़ीदार बन्धकों को लॉक करने हेतु पूर्व वर्णित युक्तियों के अतिरिक्त कुछ अन्य युक्तियों को भी इस कार्य के लिए प्रयोग किया जाता है, जो निम्न प्रकार हैं

1. लॉक रिंग Lock Ring

इस लॉकिंग युक्ति का प्रयोग लेथ मशीन के स्पिण्डलों के टेपर नोंक में किया जाता है, जिससे चक लॉक किया जाता है।

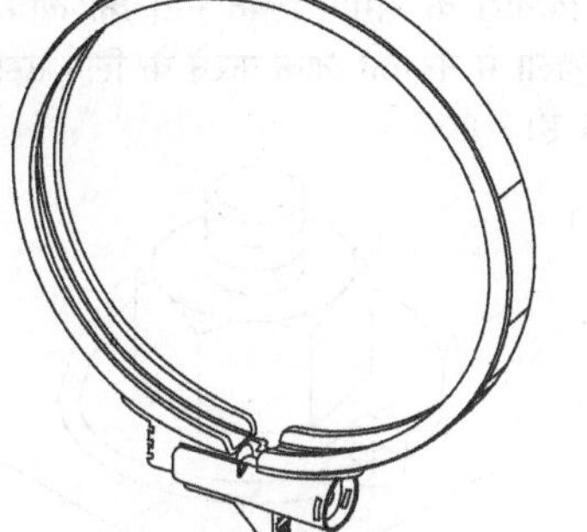
चित्र लॉक रिंग

2. वायर लॉक Wire Lock

इस लॉकिंग युक्ति का प्रयोग हल्के इंजीनियरिंग कार्यों में किया जाता है। इसमें नट तथा बोल्ट में सुराख करके, उसमें आर-पार डालकर लॉक कर दिया जाता है। नीचे चित्र में वायर लॉक तथा इसके उपयोग को दर्शाया गया है।

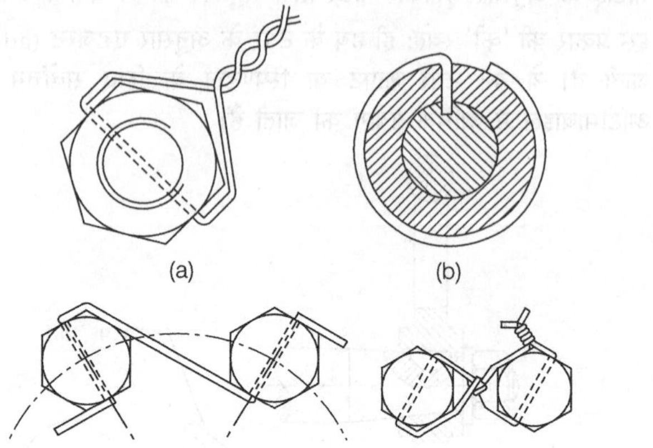

चित्र वायर लॉक

3. लॉकिंग प्लेट Locking Plate

यह एक विशेष प्रकार की प्लेट होती है, जिसे नटों को ढीला होकर खुलने से रोकने के लिए प्रयोग किया जाता है। सामान्यत: हैक्सागॉनल नटों में यह प्लेट नट के बाह्य भाग में फिक्स की जाती है।

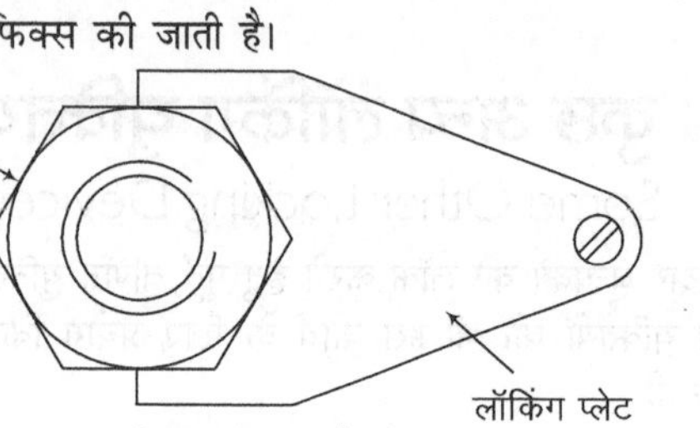

चित्र लॉकिंग प्लेट

4. लग सहित लॉक वाशर Lock Washer with Lug

इस लॉकिंग युक्ति में लग को बैठाने के लिए ड्रिल द्वारा एक छिद्र किया जाता है तथा नट के विपरीत दिशा में वाशर को मोड़कर नट की गति को रोका जाता है। सिरे अथवा किनारों के समीप स्थित नटों को लॉक करने के लिए टेप वाशर तथा असेम्बली में नट को लॉक करने के लिए उसके नीचे स्प्रिंग वाशर प्रयोग किए जाते हैं।

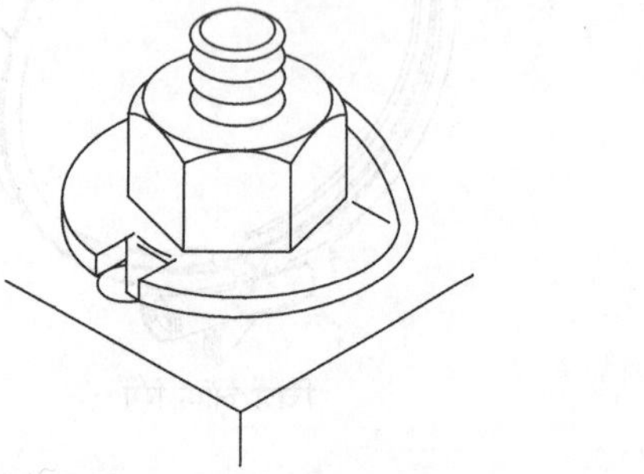

चित्र लग सहित लॉक वाशर

5. टूथ्ड लॉक वाशर Toothed Lock Washer

इन वाशरों में मुड़े हुए दाँते एवं कटाव होते हैं अर्थात् इन वाशरों की कुछ पत्तियाँ, जिन्हें दाँते कहते हैं, नट के मुख्य व्यास से बाहर निकली हुई होती हैं।

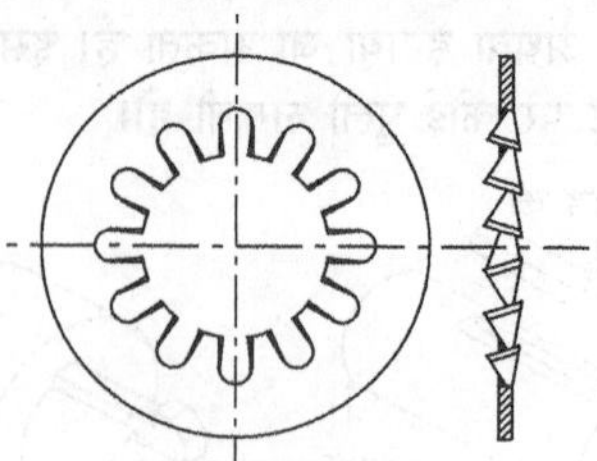

चित्र टूथ्ड लॉक वाशर

जब इन्हें नट एवं असेम्बली के मध्य रखा जाता है, तो ये सम्पर्क पृष्ठों के मध्य घर्षण उत्पन्न करते हैं, जिससे नट ढीले नहीं होते हैं। इनका प्रयोग उन स्थानों पर किया जाता है जहाँ नट व बोल्ट को कसने के पश्चात् कम्पन आदि से खुलने का डर हो। इनका प्रयोग अधिकतर ऑटोमोबाइल वाहनों में किया जाता है।

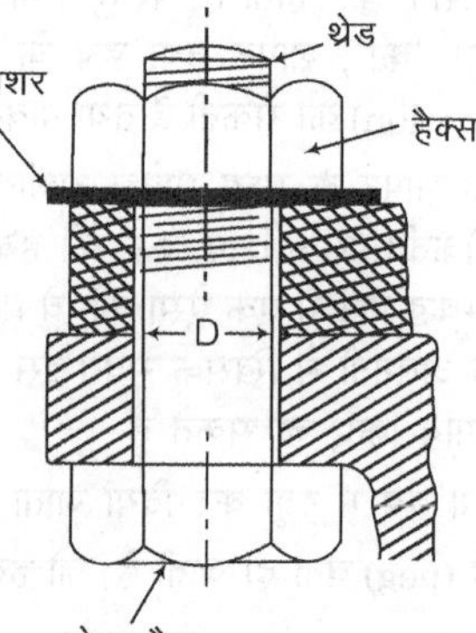

चित्र टूथ्ड लॉक वाशर का उपयोग

6.4 वाशर Washers

नट-बोल्ट, स्क्रू तथा स्टड आदि को वहाँ कहीं भी प्रयोग किया जाता है, जहाँ पर सहयोगी युक्ति के रूप में वाशर का प्रयोग अवश्य किया जाता है, जिससे मशीन की प्रचालन अवस्था के दौरान उत्पन्न कम्पन आदि से नट की पकड़ ढीली न हो। वाशर के प्रयोग से इनकी चूड़ियों की भी सुरक्षा होती है तथा नट-बोल्ट के दबाव का क्षेत्रफल भी बढ़ जाता है।

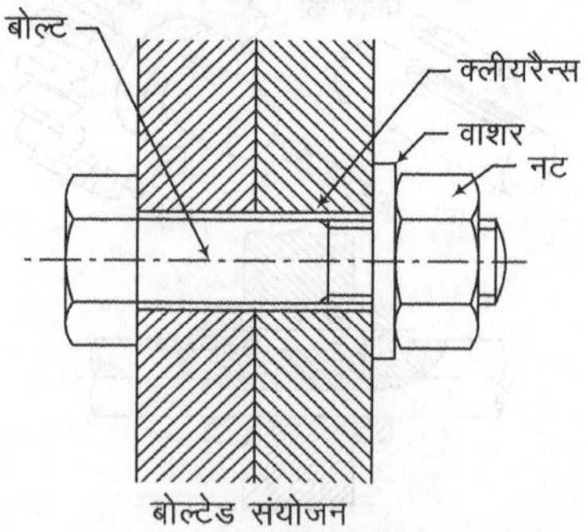

चित्र वाशर का प्रयोग

वाशर, बोल्ट की घर्षण पकड़ बढ़ाने में, कम्पन के कारण नटों के ढीलेपन को रोकने में, जॉब को क्षति से बचाने में तथा एक वृहत क्षेत्र में बल वितरित करने में सहायक होते हैं।

उपयोगिता के अनुसार वाशर निम्नलिखित प्रकार के होते हैं

1. प्लेन अथवा फ्लैट वाशर
2. टेपर्ड वाशर
3. स्प्रिंग वाशर
4. टैब वाशर

1. प्लेन अथवा फ्लैट वाशर Plane or Flat Washer

इस प्रकार के वाशर प्राय: गोल आकार के होते हैं, जिनके सेन्टर में सुराख बना होता है। इस वाशर का उपयोग मुख्यत: नट के नीचे स्पर्श क्षेत्रफल को बढ़ाने के लिए किया जाता है।

वाशर प्राय: माइल्ड स्टील के बनाए जाते हैं। इस वाशर का प्रयोग फ्लैट सर्फेस असेम्बली को बोल्ट करने के लिए किया जाता है तथा इसका व्यास, मोटाई तथा बोर का व्यास, बोल्ट के व्यास के समानुपाती होता है। ये वाशर निम्नलिखित स्टैण्डर्ड के होते हैं

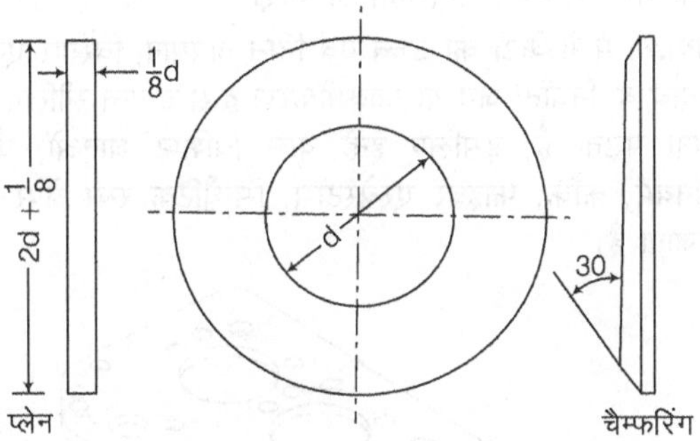

चित्र प्लेन अथवा फ्लैट वाशर

प्लेन अथवा फ्लैट वाशर मशीनित अथवा छिद्रित वाशरों के रूप में उपलब्ध होते हैं।

(i) **मशीनित वाशर** (Machined washer) इन वाशरों का प्रयोग मशीनित पुर्जों का प्रयोग करने वाली असेम्बली में किया जाता है। ये वाशर, एक अथवा दोनों सिरों से चैम्फरिंग किए हुए होते हैं। इन वाशरों पर ऊष्मीय उपचार किया जाता है।

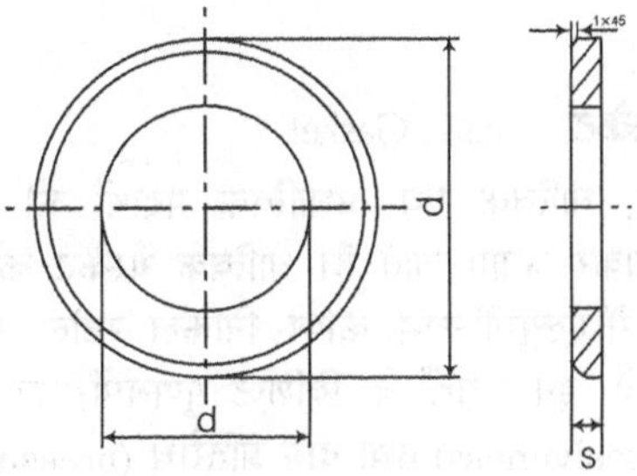

चित्र मशीनित वाशर

(ii) **छिद्रित वाशर** (Punched washer) इस प्रकार के वाशर चैम्फर नहीं किए जाते तथा इनका प्रयोग संरचनात्मक निर्माण कार्यों में किया जाता है।

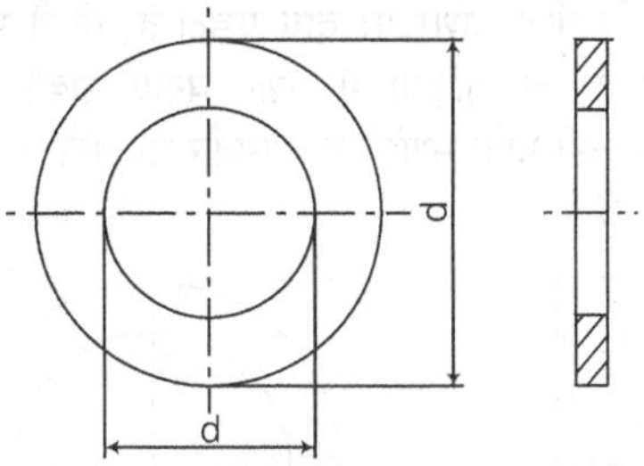

चित्र छिद्रित वाशर

2. टेपर्ड वाशर Tapered Washer

टेपर्ड वाशर का प्रयोग, टेपर सतहों वाली संरचनात्मक असेम्बली में किया जाता है; जैसे—बीमों का भीतरी भाग, चैनल आदि।

ये वाशर छिद्र पर बोल्ट हैड अथवा नट को कसने में सहायता प्रदान करते हैं।

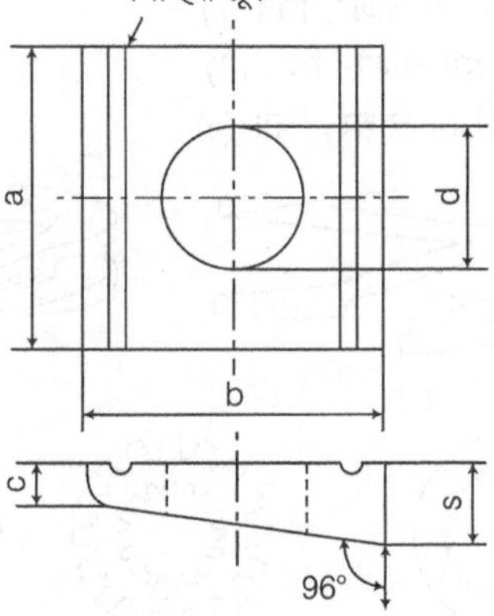

चित्र चैनल (SMC) के लिए टेपर्ड वाशर

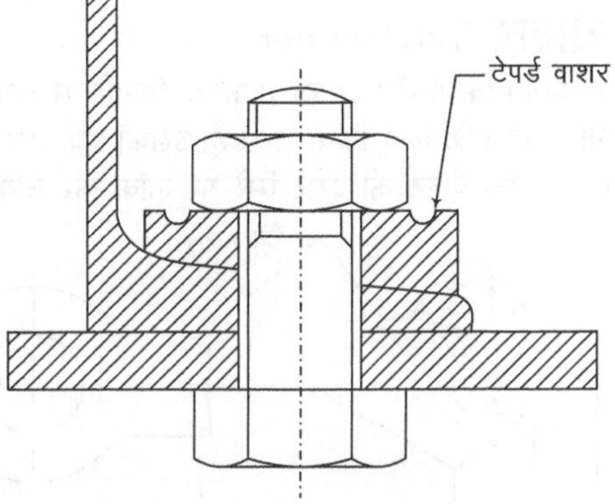

चित्र बोल्ट के लिए टेपर्ड वाशर

3. स्प्रिंग वाशर Spring Washer

ये वाशर एक सिरे पर काटकर मोड़ दिए जाते हैं और फिर टैम्पर कर दिए जाते हैं। जब नट के नीचे वाशर पर दाब पड़ता है, तो ये फ्लैट हो जाते हैं, परन्तु नट व बोल्ट की चूड़ियों में प्रैशर बनाए रखते हैं, जिस कारण नट कम्पन से खुल नहीं पाते। मशीनों में आमतौर पर नटों के नीचे स्प्रिंग वाशर प्रयोग किए जाते हैं।

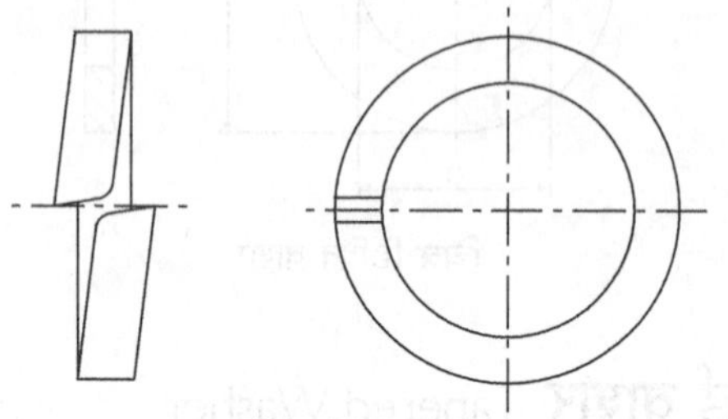

चित्र स्प्रिंग वाशर

स्प्रिंग वाशर बनावट के अनुसार निम्नलिखित प्रकार के होते हैं

(a) सिंगल पैटर्न स्प्रिंग वाशर, चित्र (a)
(b) स्टैण्डर्ड पैटर्न स्प्रिंग वाशर, चित्र (b)
(c) डबल पैटर्न स्प्रिंग वाशर, चित्र (c)
(d) ग्रिप पैटर्न स्प्रिंग वाशर, चित्र (d)
(e) गर्डर पैटर्न स्प्रिंग वाशर, चित्र (e)

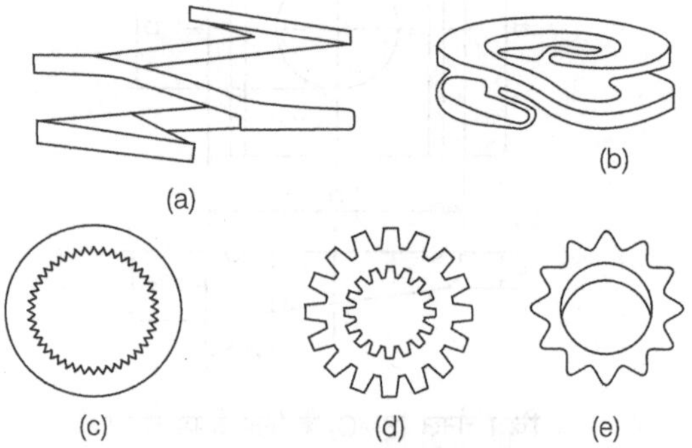

चित्र विभिन्न प्रकार के स्प्रिंग वाशर

4. टैब वाशर Tab Washer

इन वाशरों का प्रयोग किसी रॉड अथवा शाफ्ट के किनारे पर लगे नटों अथवा बोल्टों को लॉक करने के लिए किया जाता है। इसका एक सिरा लम्बा होता है, जिसे मोड़कर नट-बोल्ट को दूसरे सिरे पर लॉक कर दिया जाता है।

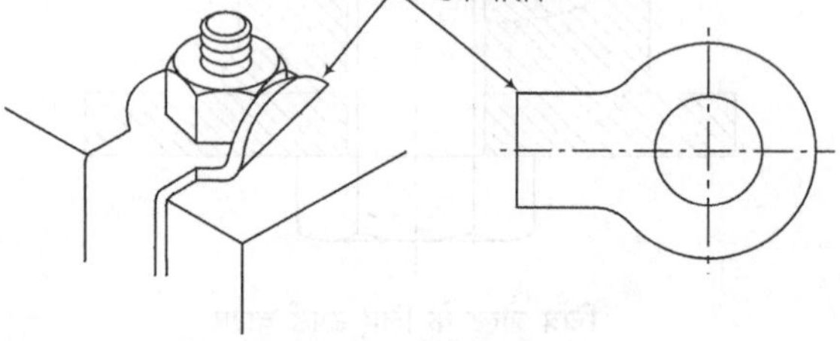

चित्र टैब वाशर

6.5 बन्धक रोधन Fastener Sealing

अनेक अवसरों पर बन्धकों का संयोजन में प्रयोग कर लेने के बाद भी उनमें तरल या वस्तु का संयोजन या जोड़ से प्रवाह होता रहता है, जो विशेष रूप से ऑटोमोटिव वाहनों के लिए समस्या का कारण बन बड़ी समस्या को उत्पन्न कर सकता है।

अत: इस समस्या के समाधान हेतु बन्धक रोधन का प्रयोग किया जाता है। बन्धक रोधन का उपयोग कर, जोड़ (संयोजन) को वायुरोधक, धूलरोधक व द्रवरोधक बनाया जाना सम्भव हो जाता है और इससे ऑटोमोटिव वाहन अपनी पूर्ण क्षमता से कार्य करने में सक्षम हो जाता है।

बन्धक रोधन में मुख्य भूमिका निभाने वाली कुछ युक्तियाँ निम्न हैं

1. गैस्केट Gasket

दो स्थिर घटकों के मध्य प्रयुक्त सीलों को स्थिर सीलें कहते हैं। गैस्केट भी एक प्रकार की स्थिर मैकेनिकल सील है, जिसका उपयोग किसी निकाय से सम्बद्ध किए जाने वाले भाग को इस प्रकार व्यवस्थित करने में किया जाता है कि उनके मध्य संयोजन वायुरहित हो जाए।

ऑटोमोबाइल में गैस्केटों को उच्च एवं निम्न तापमान, विस्तार एवं संकुचन, कम्पन दाब या निर्वात, जंग या ऑक्सीकरण द्वारा उत्पन्न सीलिंग समस्याओं से जूझना पड़ता है, इसलिए इन्हें कुछ विशिष्ट धातुओं; जैसे—ताँबा, एल्युमीनियम, कॉर्क, फाइबर एस्बेस्टॉस, सिन्थैटिक रबर पेपर इत्यादि से बनाया जाता है।

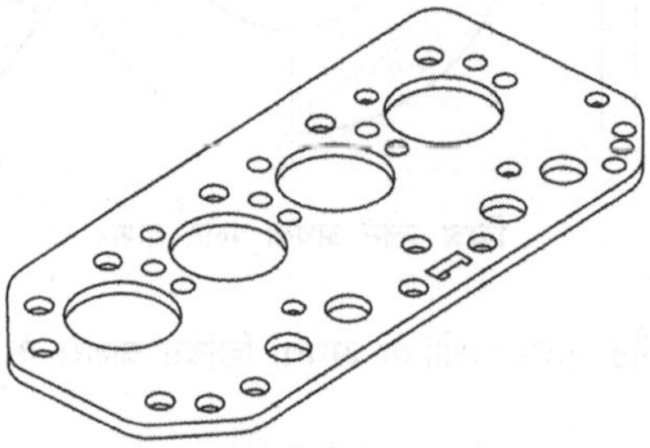

चित्र गैस्केट

गैस्केट के प्रकार Types of Gasket

गैस्केट निर्माण में प्रयोग किए जाने वाले पदार्थों के आधार पर ये निम्न प्रकार के होते हैं

(i) धात्विक गैस्केट Metallic Gasket

धात्विक गैस्केट, धात्विक एवं अधात्विक पदार्थों को आवश्यकतानुसार अनुपात में मिलाकर बनाए जाते हैं। धात्विक गैस्केट को बनाने के लिए उपयुक्त धातुओं में एल्युमीनियम, कॉपर, निकिल, स्टील, स्टेनलैस स्टील या ब्रास सम्मिलित हैं। इन पदार्थों के विशिष्ट गुणधर्मों; ऊष्णता (thermal), संक्षारकता (corrosiveness) तथा दाब प्रतिरोध (pressure resistance) से गैस्केट भी उच्च श्रेणी का हो जाता है एवं इनके प्रयोग से भागों के संयोजन में स्थायित्व (durability) तथा सामर्थ्य (strength) बढ़ जाती है।

(ii) **रबर तथा प्लास्टिक गैस्केट** Rubber and Plastic Gasket

उपरोक्त पदार्थों का गैस्केट निर्माण में प्रयोग, इनके प्रत्यास्थता गुणधर्म (elastomeric property) के कारण किया जाता है। इस गुणधर्म के कारण ही यह स्थायी हानि को बिना उच्च स्तर की विकृति (deformation) के सहन कर सकता है। इस पैकिंग युक्ति की सहायता से अत्यधिक मजबूत सील लगाई जा सकती है। गैस्केट निर्माण में रबर के नाइट्रिल वाइटन और नियोप्रिन प्रकारों का अधिक प्रयोग किया जाता है।

कुछ प्लास्टिक पॉलीमरों; जैसे—थर्मोप्लास्टिक इलास्टोमर, थर्मोप्लास्टिक रबर और पोलीविनायल क्लोराइड भी उपयुक्त गुणधर्मों के कारण गैस्केट निर्माण में प्रयोग किए जाते हैं।

(iii) **तरल गैस्केट** Liquid Gasket

यह एक प्रकार का तरल पदार्थ होता है, जो अन्य पदार्थों के लीकेज को रोकने के लिए सीलिंग प्रभाव प्रदान करता है। ये गैस्केट कमरे के तापमान पर तरल रूप में रहते हैं। जब इस तरल को जोड़ वाली सतह पर लगाया जाता है, तो निश्चित समय में एक पतली फिल्म बन जाती है। यह पतली फिल्म तेल, पानी अथवा हवा के लीकेज के लिए मजबूत सील उपलब्ध कराती है।

(iv) **मल्टी लेयर्ड मैटेलिक गैस्केट** Multilayered Metallic Gasket

मल्टी लेयर्ड मैटेलिक गैस्केट बनाने के लिए पतली स्टेनलैस या कार्बन स्टील की शीट का उपयोग किया जाता है। इन गैस्केटों में स्टेनलैस स्टील या कार्बन स्टील की दो से लेकर पाँच लेयर होती हैं। इन गैस्केटों की बाह्य परत पर उच्च निष्पादन (high performance) क्षमता में वृद्धि हो जाती है। इन गैस्केटों को लगाने के लिए ब्रास रिवेटों का उपयोग किया जाता है।

(v) **प्रिन्टेड गैस्केट** Printed Gasket

आजकल सीलिंग अवयव के रूप में प्रिन्टेड गैस्केट का उपयोग भी किया जाने लगा है। प्रिन्टेड गैस्केट बनाने के लिए, गैस्केट के ऊपर सिल्क की स्क्रीनिंग की जाती है। इस विधि में गैस्केट की सतह पर इलास्टोमैरिक बीड (elastomeric beads) को डिपॉजिट कर दिया जाता है। इसके फलस्वरूप गैस्केट की सतह पर उच्च तनाव उत्पन्न हो जाता है तथा गैस्केट की सीलिंग क्षमता बढ़ जाती है। इसके अतिरिक्त बीड के उच्च रिकवरी गुण (recovery properties) भी सीलिंग में सुधार करते हैं।

(vi) **पेपर गैस्केट** Paper Gasket

पेपर गैस्केट बनाने के लिए सेलुलोज पेपर का उपयोग किया जाता है। सेलुलोज पेपर के सीलिंग गुणों में वृद्धि करने के लिए इसे सर्वप्रथम ग्लिसरीन तथा एनीमल ग्लू (animal glue) से संतृप्त किया जाता है। इसके पश्चात् इस संतृप्त सेलुलोज पेपर को फॉर्मेल्डिहाइड से उपचारित करके ओवन में सुखाया जाता है। इस प्रकार सेलुलोज पेपर में तरल पदार्थों के लीकेज रोकने के गुण आ जाते हैं।

गैस्केट के कार्य Functions of Gasket

गैस्केट के निम्नलिखित कार्य हैं

(i) दो सतहों के मध्य कसावपूर्ण जोड़ बनाना।
(ii) तेल व गैस को लीक होने से रोकना।
(iii) बाहरी अवयवों; जैसे—धूल इत्यादि को मशीन में प्रवेश से रोकना।
(iv) दो सतहों के मध्य जंग लगने से रोकना।

गैस्केट की अनिवार्य आवश्यकताएँ
Essential Needs of Gasket

(i) गैस्केट संयोजित किए जाने वाले भागों की सतहों, जो खुरदरी या टेढ़ी-तिरछी हो सकती हैं, से समायोजन करने में सक्षम हों।
(ii) गैस्केट में तरल के प्रति अभेद्यता (impermeability) हो।
(iii) गैस्केट तापमान परिवर्तन से निष्प्रभावी रहे।
(iv) गैस्केट के सम्पर्क में आने वाले रसायन के विरुद्ध गैस्केट के पदार्थ में प्रतिरोध हो।
(v) गैस्केट में प्रचालन अवस्थाओं के विरुद्ध प्रतिरोध हो।
(vi) गैस्केट में स्टडों, प्रवेश एवं निर्गमन आदि के लिए उपयुक्त छिद्र हों।

2. ऑयल सील Oil Seal

ऑयल सील, यान्त्रिक साधनों में अत्यधिक प्रयोग होने वाली वह पैकिंग श्रेणी की युक्ति है, जिससे साधनों के स्थिर अवयव तथा चलित अवयव के मध्य निकटतम सम्बद्धता स्थापित की जा सकती है। यह प्रयुक्त होने वाले स्नेहक को रिसाव या टपकने से बचाती है।

यह मशीनों में जटिल वातावरणों में हानिकारक प्रदूषकों के प्रवेश को भी रोकती है। यह सूक्ष्म संरचना, घनीभूत फिटिंग बॉल, स्लीव व रोल बियरिंग की रक्षा करती है। ऐसी सील प्रायः ग्रीस, तरल या डर्ट (dirt) सील के नाम से भी जानी जाती है। ऑयल सील बनाने के लिए एस्बेस्टॉस, शीट फाइबर, कॉमर्शियल लैदर, कॉर्क इत्यादि का उपयोग किया जाता है।

ऑयल सील के कार्य
Functions of Oil Seal

1. ऑयल सील, क्रियाशील तरल को उपयुक्त स्थान पर पहुँचाना सुनिश्चित करती है।
2. यह अवयवों को धूल के कणों से बचाकर, शुद्ध आन्तरिक वातावरण प्रदान करती है।
3. यह वातावरणीय प्रदूषकों से मशीनों की सुरक्षा करती है।

3. एडहेसिव Adhesive

एडहेसिव एक ऐसा पदार्थ है, जिसका उपयोग दो अलग-अलग भागों को जोड़ने के लिए आवश्यकतानुसार किया जाता है।

एडहेसिव का प्रयोग करके ऑटोमोबाइल में कॉर्कशीट गैस्केट या हैड गैस्केट को शैलक से जोड़ा जाता है जिससे कि ऑटोमोबाइल से होने वाले तेल या गैसों के लीकेज को रोका जा सके। वाहनों के अन्दर रैक्सीन को छतों, डैशबोर्ड आदि से चिपकाने के लिए भी एडहेसिव का उपयोग किया जाता है।

बाजार में एडहेसिव विभिन्न प्रकार के रासायनिक पेस्ट के रूप में मिलते हैं। एडहेसिव आमतौर पर आसंजन की संयोजित विधि है। इसके अनुसार एडहेसिव को मुख्यत: दो भागों में बाँटा गया है (i) सक्रिय एडहेसिव तथा (ii) निष्क्रिय एडहेसिव

4. पैकिंग Packing

मैकेनिकल इंजीनियरिंग में मशीनों का डिजाइन और मरम्मत निहित होती है, जिसके लिए उन्हें खोलना व बाँधना एक सामान्य प्रक्रिया है। इस प्रक्रिया में इंजन को बाँधने के दौरान उसको किसी भी प्रकार के रिसाव से मुक्त रखने के लिए कुछ विशेष प्रकार की पैकिंगों का प्रयोग किया जाता है, जिन्हें मैकेनिकल पैकिंग भी कहा जाता है। किसी चलायमान (movable) मशीनी भाग में से होने वाले किसी भी प्रकार के रिसाव की आशंका वाले सिरे पर इनका प्रयोग करके उस आशंका को समाप्त किया जा सकता है। पैकिंग बनाने के लिए मुख्यतया एस्बेस्टॉस रबर कम्पोजिशन का उपयोग किया जाता है। इसे एस्बेस्टॉस में ग्रेफाइट रैड लैड आयरन ऑक्साइड तथा रबर को मिलाकर तैयार किया जाता है। यह पैकिंग 185°C तक का ताप सहन कर सकती है।

6.6 बन्धक सम्बन्धित दोषोपचार Fasteners Related Troubleshooting

बन्धन या संयोजन एक ऐसा प्रयास है, जो किसी इकाई के अवयवों को जोड़ने का कार्य करता है। ऐसे में जब बन्धन अपेक्षित परिणाम नहीं देता, तो उसके दोषोपचार अग्रप्रकार हो सकते हैं

क्र.सं.	दोष	उपचार
1.	नट पर बोल्ट का ठीक से न चढ़ना।	उपयुक्त आकार के नट-बोल्ट का प्रयोग करें।
2.	नट का बोल्ट पर टाइट चढ़ना।	बोल्ट की चूड़ियाँ अच्छी तरह साफ कर लें।
3.	नट की चूड़ियों का खराब हो जाना।	बोल्ट पर नट को चढ़ाने से पूर्व नट की चूड़ियों की दिशा को सुनिश्चित कर लें।
4.	स्क्रू की चूड़ियों का बेकार होना।	स्क्रू को पेंचकस से ही चढ़ाएँ।
5.	बोल्ट का टाइट न होना।	उपयुक्त आकार के स्पैनर का ही प्रयोग करें।
6.	बोल्ट या नट से स्पैनर का फिसलना।	बोल्ट या नट को टाइट करने से पूर्व उसे अच्छी तरह साफ कर लें।

6.7 कर्तन औजार Cutting Tools

नोट *कर्तन औजारों से सम्बन्धित अध्ययन के लिए प्रारम्भ में दिये अध्याय-4 का अवलोकन करें।*

महत्त्वपूर्ण बिन्दु

- मशीनों के विभिन्न भागों को जोड़ने में प्रयुक्त साधन बन्धक कहलाते हैं।
- इंजीनियरिंग उद्योग में अस्थायी जोड़ लगाने के लिए स्क्रू सर्वाधिक प्रयुक्त किया जाने वाला बन्धक है।
- स्क्रू बनाने के लिए फैरस तथा नॉन-फैरस दोनों प्रकार की धातुओं का प्रयोग किया जाता है।
- सैट स्क्रू का प्रयोग किसी पार्ट को उसकी कैविटी में एक निश्चित स्थान पर पकड़ने के लिए किया जाता है।
- थम्ब स्क्रू को हाथ द्वारा खोला व कसा जा सकता है।
- सैल्फ टेपिंग स्क्रू, मोटे व पतले भागों पर स्वत ही चूड़ी काटने में सक्षम होता है।
- नट की सहायता से मशीन के किन्हीं दो भागों को बोल्ट, स्क्रू, स्टड आदि के माध्यम से लॉक किया जाता है।
- स्क्वायर नट अधिकतर लकड़ी के कार्यों में प्रयुक्त किए जाते हैं।
- बोल्ट का साइज चूड़ी के व्यास तथा हैड के अतिरिक्त शैंक की लम्बाई द्वारा व्यक्त किया जाता है।
- बेलनाकार हैड बोल्ट को चीज (cheese) हैड बोल्ट के नाम से भी जाना जाता है।
- मशीनों को कंक्रीट से बनी नींव पर जकड़ने के लिए फाउण्डेशन बोल्ट का उपयोग किया जाता है।
- किसी भी मशीन में प्रयुक्त वह युक्ति जो चूड़ीदार बन्धकों को लॉक करने के लिए प्रयुक्त की जाती है, लॉकिंग युक्ति कहलाती है।
- धनात्मक लॉक नट का प्रयोग विशेषतः क्लच, ब्रेक, कण्ट्रोल इत्यादि के लिए किया जाता है।
- घर्षण लॉक नट को लगाना अत्यन्त सरल होता है तथा इसे लगाने में कम समय लगता है।
- कॉटर मृदु इस्पात या पिटवाँ लोहे से निर्मित होता है।
- स्प्लिट पिन, अर्द्धगोलाकार क्रॉस सैक्शन के स्टील तार को मोड़कर बनाई जाती है।
- सरक्लिप का प्रयोग शाफ्ट पर अथवा एक छिद्र में घटकों को बनाए रखने के लिए किया जाता है।
- 'की' किसी शाफ्ट पर, किसी पुली, गरारी आदि को पावर ट्रांसफर करने के उद्देश्य हेतु लगाई जाती है।
- 'फैदर की' शाफ्ट तथा हब के मध्य सापेक्ष घूर्णन गति को रोकती है।
- वाशर, कम्पन के कारण नटों के ढीलेपन को रोकने, जॉब को क्षति से बचाने तथा एक वृहत क्षेत्रफल में बल वितरित करने में सहायक होते हैं।
- गैस्केट एक प्रकार की स्थिर मैकेनिकल सील है जिसका उपयोग गैसों व तरल की लीकेज को रोकने के लिए किया जाता है।
- ऑयल सील, वातावरणीय प्रदूषकों से मशीनों की सुरक्षा करती है।

महत्त्वपूर्ण प्रश्नोत्तरी

1. मशीनों में अस्थायी जोड़ बनाए जाने का क्या कारण है?

उत्तर मशीनों में ऐसे विभिन्न भाग होते हैं, जिन्हें मरम्मत या सफाई के लिए बार-बार खोलने की आवश्यकता पड़ती है। ऐसे भागों को जोड़ने के लिए ही मशीनों में अस्थायी जोड़ बनाया जाता है।

2. कॉलर स्क्रू को केवल विशेष स्थानों पर ही प्रयुक्त किया जाता है। क्यों?

उत्तर अत्यधिक महँगा होने के कारण कॉलर स्क्रू को केवल विशेष स्थानों पर ही प्रयुक्त किया जाता है।

3. स्लॉटिड नट की सामर्थ्य कम क्यों हो जाती है?

उत्तर स्लॉट कटे होने के कारण स्लॉटिड नट की सामर्थ्य कम हो जाती है।

4. नट को कसते समय कार्य की सतह को क्षति से कैसे बचाया जा सकता है?

उत्तर नट को कसते समय कार्य की सतह को वाशर का प्रयोग करके, होने वाली क्षति से बचाया जा सकता है।

5. स्लॉटिड नट तथा कैसल नट देखने में एक जैसे तथा एक ही माप के होते हैं, परन्तु फिर भी इनमें अन्तर होता है। यह अन्तर क्या है?

उत्तर स्लॉटिड नट तथा कैसल नट देखने में एकसमान होते हुए भी उनमें मुख्य अन्तर यह है कि कैसल नट, स्लॉटिड नट की अपेक्षा 10% मोटा होता है।

अभ्यास प्रश्न

परीक्षा प्रारूपी प्रश्न

बहुविकल्पीय

1. अस्थायी जोड़ बनाने हेतु बोल्ट के स्थान पर .... का भी प्रयोग किया जा सकता है।
(a) स्क्रू (b) नट (c) 'की' (d) वाशर

2. निम्न में से कौन-सा अर्द्ध-स्थायी जोड़ है?
(a) सोल्डरिंग (b) रिवेटिंग (c) सीमिंग (d) ये सभी

3. सीमिंग जोड़ लगाए जाते हैं
(a) सन्दूकों में (b) टबों में
(c) 'a' और 'b' दोनों में (d) वैद्युतिक उपकरणों में

4. वैल्डिंग हैं
(a) अस्थायी जोड़ (b) अर्द्ध-स्थायी जोड़
(c) स्थायी जोड़ (d) इनमें से कोई नहीं

5. स्क्रू बने होते हैं
(a) माइल्ड स्टील के (b) पीतल के
(c) ताँबे के (d) ये सभी

6. निम्न में से किस स्क्रू का हैड, बोल्ट के समान होता है?
(a) कैप स्क्रू (b) सैट स्क्रू (c) शोल्डर स्क्रू (d) कॉलर स्क्रू

7. सैट स्क्रू पार्ट को अपनी .... से पकड़ता है।
(a) हैड (b) टेल
(c) 'a' और 'b' दोनों (d) इनमें से कोई नहीं

8. निम्न में से किस स्क्रू में हैड नहीं होता है?
(a) कैप स्क्रू (b) कॉलर स्क्रू (c) सैट स्क्रू (d) शोल्डर स्क्रू

9. कॉलर तथा शाफ्ट को अपने स्थान पर कनैक्ट करने के लिए किस स्क्रू का प्रयोग करते हैं?
(a) हैक्सागॉनल सॉकेट सैट स्क्रू (b) स्क्वायर हैड स्क्रू
(c) हैक्सागॉनल सॉकेट हैड कैप स्क्रू
(d) पैन हैड स्क्रू

10. एक पेंच जो सुमेलित घटकों को चूड़ीदार छिद्र में समुच्चयित करने में सक्षम हो तथा इस समायोजन के ऊपर उभरा न रहे, उसे .... कहते हैं।
(a) गोल हैड स्क्रू (b) पैन हैड स्क्रू
(c) चीज हैड स्क्रू (d) काउण्टर संक हैड स्क्रू

11. निम्न में से कौन-सा काउण्टर संक हैड स्क्रू है?

(a) 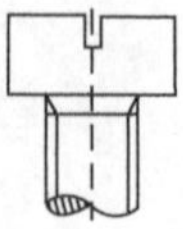

(b) 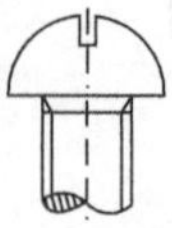

(c) 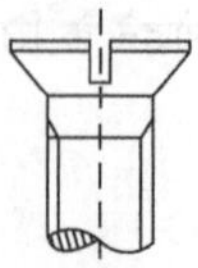

(d) 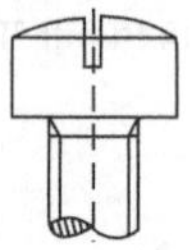

12. निम्न में से साधारणतः प्रयोग में लाया जाने वाला नट कौन-सा है?
(a) हैक्सागॉनल नट (b) कैप नट
(c) 'a' और 'b' दोनों (d) इनमें से कोई नहीं

13. निम्न में से किस नट के लिए सबसे कम क्लीयरैन्स की आवश्यकता रहती है?
(a) कफ नट (b) हैक्सागॉनल नट
(c) कैप नट (d) स्क्वायर नट

14. हैक्सागॉनल नट, हैक्सागॉनल बार का बना होता है, जिसके केन्द्र में एक स्क्रूव्ड छिद्र होता है। 'd' बोल्ट का व्यास है। सैद्धान्तिक रूप से नट की कोने-से-कोने की दूरी ········ होती है।
(a) d (b) 1.5 d (c) 2d (d) 2.5 d

15. स्क्वायर नट को स्पैनर से घुमाने के लिए अधिक ············ की आवश्यकता पड़ती है।
(a) टॉर्क (b) बल
(c) 'a' और 'b' दोनों (d) क्लीयरैन्स

16. यदि हैक्सागॉनल नट के नीचे कॉलर लगा हो, तो वह ······ होता है।
(a) फ्लैंज्ड नट (b) कैप नट
(c) गुम्बद नट (d) कैप्स्टन नट

17. निम्न में से किस नट के नीचे की ओर एक वाशर के समान गोल व फ्लैट बेस (base) होता है?
(a) फ्लैंज नट (b) कैप नट
(c) 'a' और 'b' दोनों (d) इनमें से कोई नहीं

18. चित्र में दिखाए गए नट का क्या नाम है?

(a) फ्लैंज्ड नट (b) कैप नट (c) कैसल नट (d) कैप्स्टन नट

19. "यह भी एक हैक्सागॉनल नट होता है, जोकि एक सिरे से बन्द होता है।" यह कथन निम्न में से किस नट से सम्बन्धित है?
(a) कफ नट (b) कैप नट (c) स्क्वायर नट (d) ये सभी

20. "कैप्स्टन नट के समान यह नट भी बेलनाकार रिंग के समान होता है।" यह कथन किस नट से सम्बन्धित है?
(a) कैप्स्टन नट (b) नर्ल्ड नट (c) कफ स्क्रू (d) कैप स्क्रू

21. निम्न में से लॉक नट कौन-सा है?

(a) 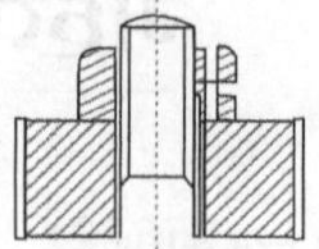

(b) 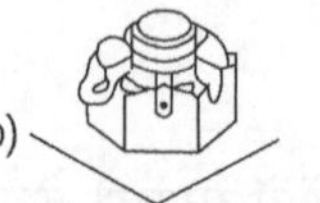

(c) 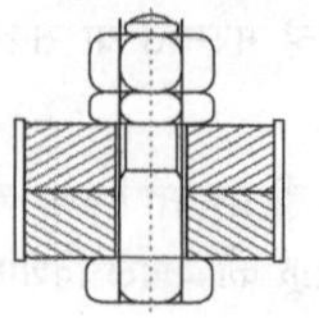

(d) 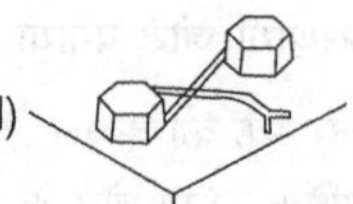

22. चित्र में प्रदर्शित नट की पहचान कीजिए।

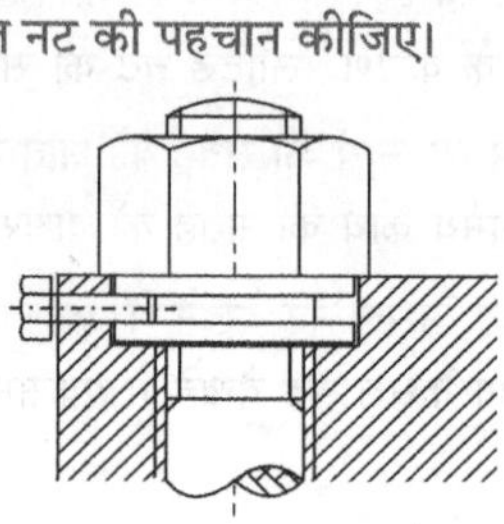

(a) स्वान नट (b) पेन नट
(c) सायमण्ड्स नट (d) चैक नट

23. दिए गए चित्रों में से कौन-सा सायमण्ड लॉक नट है?.

(a) 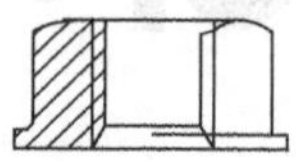

(b) 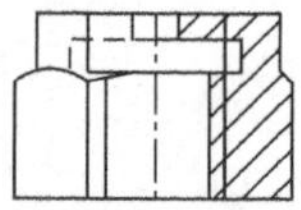

(c) 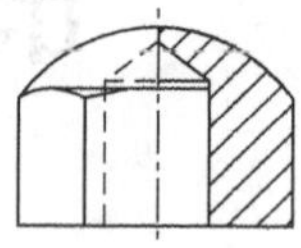

(d) 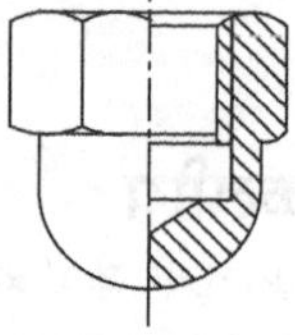

24. निम्न में से कौन-से बोल्ट का हैड राउण्ड नहीं होता है?
(a) 'T' हैड बोल्ट (b) आई बोल्ट
(c) टेपर बोल्ट (d) चीज हैड बोल्ट

25. कौन-से फाउण्डेशन बोल्ट को आसानी से बदला जा सकता है?
(a) 'T' बोल्ट (b) रैग बोल्ट
(c) आई बोल्ट (d) कॉटर बोल्ट

26. दिए गए चित्रों में से कौन-सा स्क्वायर हैड बोल्ट है?

(a) 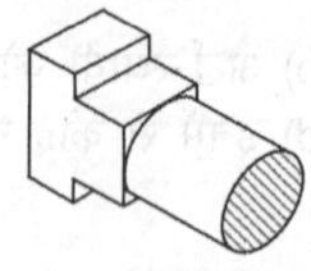

(b) 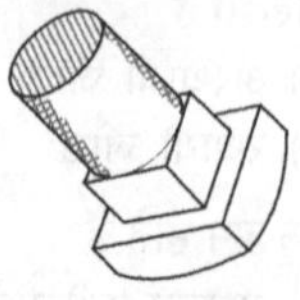

(c) 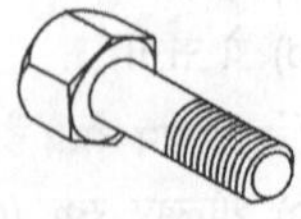

(d) 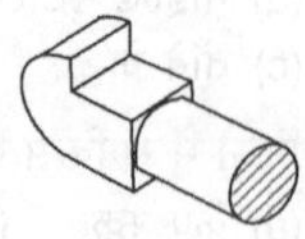

27. काउण्टर संक हैड बोल्ट को घूमने से बचाने के लिए टेपर भाग पर .... बना दी जाती है।
(a) स्नग
(b) शैंक
(c) चूड़ियाँ
(d) ये सभी

28. चित्र में कौन-सा फाउण्डेशन बोल्ट दर्शाया गया है?

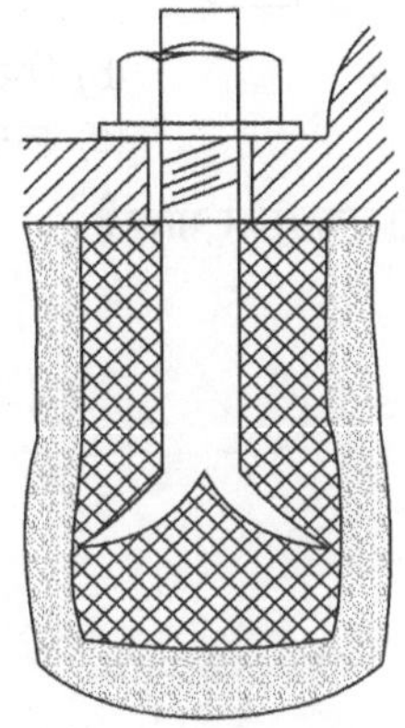

(a) आई बोल्ट
(b) कॉटर बोल्ट
(c) लैविस बोल्ट
(d) फिश टेल बोल्ट

29. निम्न में से कौन-सा फाउण्डेशन बोल्ट नहीं है?
(a) कॉटर बोल्ट
(b) लैविस बोल्ट
(c) रैग बोल्ट
(d) टेपर बोल्ट

30. निम्न में से स्टड का प्रकार नहीं है
(a) प्लेन स्टड (b) राउण्ड स्टड
(c) शोल्डर स्टड (d) ये सभी

31. स्टड में चूड़ी होती है
(a) अन्दरूनी
(b) बिना हैड के ऊपर-नीचे
(c) पूरे बोल्ट पर
(d) उपरोक्त में से कोई नहीं

32. स्प्लिट पिन का प्रयोग कौन-से नट में लॉकिंग के लिए किया जाता है?
(a) विंग नट (b) कैसल नट
(c) फ्लैंज नट (d) स्वान नट

33. स्प्लिट पिन अर्द्ध-गोलाकार तार को मोड़कर बनाई जाती है। स्प्लिट पिन की अन्य निम्न में से कौन-सी युक्ति, लॉकिंग के अन्तर्गत आती है?
(a) सॉलिड पिन (b) स्प्रिंग वाशर
(c) फ्लाई नट (d) कॉटर बोल्ट

34. सरक्लिप का प्रयोग किया जाता है
(a) हल्के इंजीनियरिंग कार्यों में
(b) हल्के कार्यखण्डों की स्थायी लॉकिंग के लिए
(c) कम्पन को रोकने हेतु
(d) एक छिद्र में घटकों को बनाए रखने के लिए

35. जहाँ अधिक कम्पन या झटके लगने से नट के ढीले होने की सम्भावना होती है, वहाँ निम्न में से कौन-सा वाशर प्रयोग किया जाता है?
(a) प्लेन वाशर (b) स्प्रिंग वाशर
(c) टैब वाशर (d) फाइबर वाशर

36. वाशर का प्रयोग किया जाता है
(a) नट की अच्छी पकड़ बनाने के लिए
(b) नट पर कम्पन व झटकों का असर कम करने के लिए
(c) फिटिंग करते समय पार्ट्स का समायोजन करने के लिए
(d) उपरोक्त सभी

37. प्लेन वाशर की निम्न उपयोगिता है
(a) नट को उचित सपोर्ट देना
(b) फोर्स को अधिक क्षेत्र में विभाजित करना
(c) जॉब को अच्छा प्रदर्शित करना
(d) बड़े होल के क्लीयरैन्स को कवर करना

38. टैब वाशर निम्न कारण प्रयोग किया जाता है
(a) नट को लॉक करने के लिए
(b) मशीन के कम्पन को कम करने के लिए
(c) नट को स्वतः लॉक करने के लिए
(d) नट को अच्छी सपोर्ट देने के लिए

39. स्प्रिंग वाशर निम्न स्थानों पर प्रयोग किया जाता है
(a) नट को खराब होने से बचाने के लिए
(b) जहाँ पर वाशर बार-बार खराब हो रहा हो
(c) जहाँ कम्पनों द्वारा नट के ढीला होने की सम्भावना हो
(d) जहाँ नट को अच्छी प्रकार से टाइट करने में कठिनाई हो

40. चित्र में कौन-सी बन्धक युक्ति दर्शायी गई है?

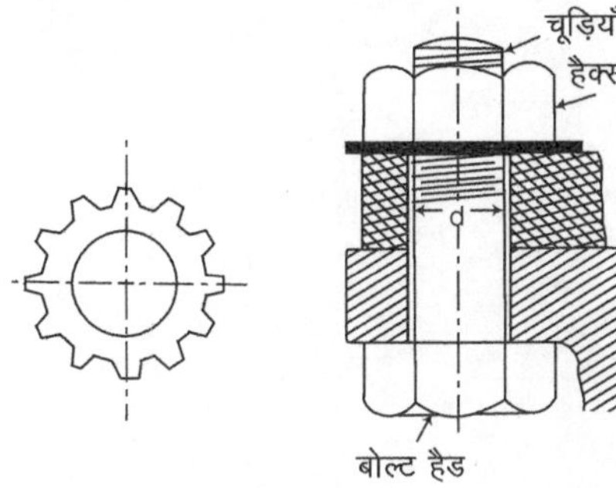

(a) पेन नट
(b) सैट स्क्रू
(c) लॉकिंग वाशर
(d) लॉकिंग प्लेट

41. पार्ट्स को 'की' द्वारा जोड़ने के लिए दोनों पार्ट्स में 'की-वे' काटा जाता है। ऐसी कौन-सी 'की' है, जिसके लिए शाफ्ट में की-वे नहीं काटा जाता?
(a) वुडरफ 'की' (b) पिन 'की'
(c) जिब हैड 'की' (d) सैडल 'की'

42. वुडरफ 'की' का आकार निम्न प्रकार का होता है
(a) आयताकार
(b) वृत्तखण्ड का आकार
(c) गोल व टेपर
(d) वर्गाकार

43. शाफ्ट पर टैप फिटिंग के लिए .... 'की' प्रयोग की जाती है।
(a) सैडल
(b) वृत्ताकार टेपर
(c) जिब हैड
(d) वुडरफ

44. टेपर 'की' पर स्टैण्डर्ड टेपर का मान निम्न होता है
(a) 1 : 50 (b) 1 : 100 (c) 1 : 48 (d) 1 : 75

45. चित्र में प्रदर्शित भाग 'A' है

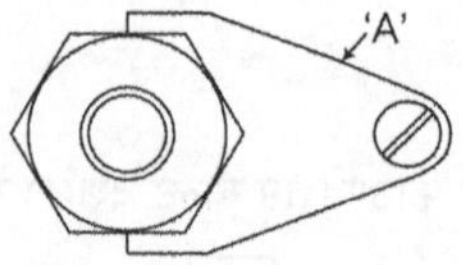

(a) लॉकिंग पिन (b) स्प्लिट पिन
(c) लॉकिंग प्लेट (d) इनमें से कोई नहीं

46. निम्नलिखित में से एक स्थिर सील है
(a) गैस्केट
(b) पैकिंग रोब
(c) 'O' रिंग
(d) रबर वाशर

उत्तरमाला

1. (a)	**2.** (d)	**3.** (c)	**4.** (c)	**5.** (d)	**6.** (a)	**7.** (b)	**8.** (c)	**9.** (c)	**10.** (d)
11. (c)	**12.** (a)	**13.** (b)	**14.** (c)	**15.** (d)	**16.** (a)	**17.** (a)	**18.** (c)	**19.** (a)	**20.** (b)
21. (c)	**22.** (b)	**23.** (b)	**24.** (a)	**25.** (d)	**26.** (b)	**27.** (a)	**28.** (d)	**29.** (d)	**30.** (b)
31. (b)	**32.** (b)	**33.** (b)	**34.** (d)	**35.** (b)	**36.** (d)	**37.** (b)	**38.** (a)	**39.** (c)	**40.** (c)
41. (d)	**42.** (b)	**43.** (a)	**44.** (b)	**45.** (c)	**46.** (a)				

अध्याय 07

अन्तर्परिवर्तनीयता
Interchangeability

परिचय Introduction

प्रायः हम देखते हैं कि ट्रैक्टर में बहुत से पार्ट्स लगे होते हैं, जब एक पार्ट दूसरे पार्ट के अन्दर घूमता है, तो कुछ समय पश्चात् पार्ट्स के घिसने के कारण, उन्हें बदलने की आवश्यकता पड़ जाती है या फिर ट्रैक्टर में अचानक टूट-फूट होने पर भी कोई पार्ट बदलना पड़ सकता है, इसलिए यदि हमारे पास पहले से ही सही माप में पार्ट मौजूद हैं, तो हम उन्हें बदल सकते हैं अन्यथा टूटे हुए पार्ट के अनुरूप पार्ट बनाने में बहुत समय लगेगा व तब तक ट्रैक्टर भी बन्द रहेगा, जिससे ट्रैक्टर द्वारा सम्पन्न होने वाले समस्त कार्य प्रभावित होंगे।

अतः कारखानों में स्टोर के अन्दर कुछ अतिरिक्त पार्ट्स, जिनके टूटने या घिसने की सम्भावना अधिक रहती है, सही माप में रखे होने चाहिए, जिससे उन्हें आवश्यकता पड़ने पर तुरन्त ट्रैक्टरों में लगाया जा सके। पार्ट्स का यह गुण, जिसके कारण उन्हें ट्रैक्टरों में आवश्यकता पड़ने पर तुरन्त फिट किया जा सके, अन्तर्परिवर्तनीयता (interchangeability) कहलाता है।

पार्ट्स के इस गुण से हमें निम्न लाभ मिलते हैं

1. ट्रैक्टर के निष्क्रिय समय में कमी आती है, क्योंकि पार्ट को बदलने में बहुत कम समय लगता है।
2. पार्ट्स का साइज पहले से निर्धारित होने से उन्हें अधिक संख्या में बनवाकर रखा जा सकता है, इससे पार्ट की कीमत में कमी आती है।
3. बनाते समय पार्ट्स खराब हो जाने की सम्भावना कम हो जाती है।
4. अधिक खपत वाले पार्ट्स बाजार में बने बनाए या तैयार मिल जाते हैं।

अन्तर्परिवर्तनीयता प्राप्त करने के लिए ट्रैक्टर के पार्ट्स को कुछ निर्धारित सीमाओं के अन्तर्गत अत्यधिक मात्रा में बनाया जाता है। यह सीमा ट्रैक्टर के पार्ट की लिमिट, टॉलरेन्स, फिट तथा अन्य मुख्य कारकों पर निर्भर करती है। ट्रैक्टर के पार्ट्स को एकसाथ अत्यधिक मात्रा में बनाने की यह प्रक्रिया बहु-उत्पादन कहलाती है।

अध्याय विषय सूची

7.1 भारतीय मानक प्रणाली से सम्बन्धित पद
Related Terms to Indian Standard System

1. **माप** (Size) वह संख्या, जिसके द्वारा किसी जॉब की लम्बाई, चौड़ाई या मोटाई व्यक्त की जाती है, माप कहलाती है।
2. **मूल माप** (Basic size) मूल माप से तात्पर्य उस माप से है, जिस पर छूट देकर उस माप का सीमांकन किया जाता है; जैसे—50 ± 0.02 मिमी की विमा में मूल माप 50 मिमी है।

3. **वास्तविक माप** (Actual size) वास्तविक माप से तात्पर्य जॉब के उस साइज से है, जो मशीनिंग होने के पश्चात्, उसको मापने पर वास्तव में प्राप्त होता है।

   यदि वास्तविक माप निचली मूल माप सीमा से अधिक तथा ऊपरी माप सीमा से कम होती है, तब जॉब को स्वीकृत (OK) कर दिया जाता है, परन्तु यदि वास्तविक माप, निचली सीमा से कम या ऊपरी सीमा से अधिक होती है, तो जॉब को अस्वीकृत (reject) कर दिया जाता है।

4. **होल** (Hole) आपस में फिट होने वाले पार्ट्स की अन्दरूनी माप वाला भाग, जिसमें कोई दूसरा पार्ट फिट होता है, होल कहलाता है।

5. **शाफ्ट** (Shaft) जॉब की सभी बाहरी माप चाहे वह गोल, वर्ग या अन्य आकार की हो, शाफ्ट कहलाती है।

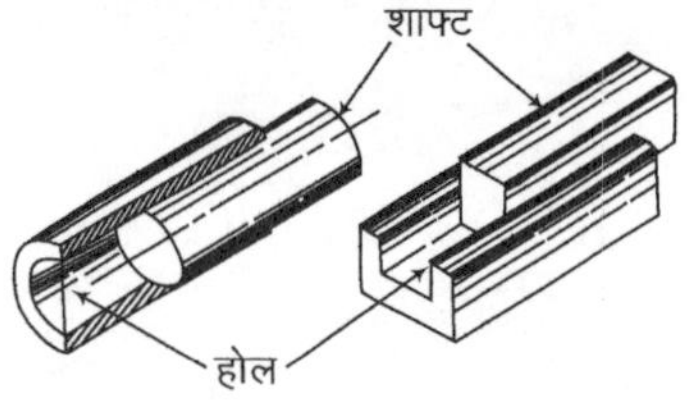

चित्र होल व शाफ्ट

6. **शून्य रेखा** (Zero line) ड्रॉइंग में दी गई वह मुख्य रेखा, जिस पर सभी छूट एवं सीमाएँ दी जाती हैं, शून्य रेखा कहलाती है। यह क्षैतिज रूप में होती है, जिसके ऊपर धनात्मक विचलन तथा नीचे ऋणात्मक विचलन अंकित होता है।

7. **विचलन** (Deviation) किसी जॉब की माप तथा उसकी मूल माप के बीजगणितीय अन्तर को विचलन कहते हैं। विचलन निम्न चार प्रकार का होता है

   (i) ऊपरी विचलन (ii) निचला विचलन
   (iii) वास्तविक विचलन (iv) मूलभूत विचलन

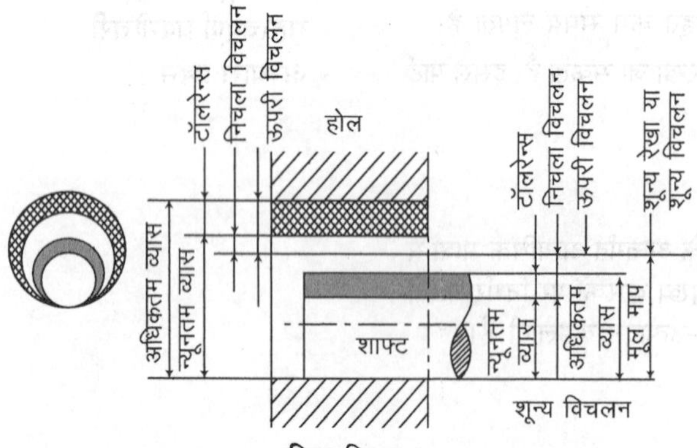

चित्र विचलन

(i) **ऊपरी विचलन** (Upper deviation) किसी जॉब की माप की अधिकतम सीमा व उसकी मूल माप के बीजगणितीय अन्तर को ऊपरी विचलन कहते हैं; जैसे—यदि कोई माप $50^{+0.08}_{+0.04}$ के द्वारा दी जाती है। इसमें जॉब की अधिकतम माप सीमा = 50.08 मिमी तथा मूल माप 50 मिमी है।

अत: ऊपरी विचलन = 50.08 – 50 = + 0.08 मिमी

होल के ऊपरी विचलन को ES तथा शाफ्ट के विचलन को es के द्वारा दर्शाया जाता है। ES का पूर्ण नाम ECART SUPERIEUR होता है।

(ii) **निचला विचलन** (Lower deviation) किसी जॉब की माप की न्यूनतम माप सीमा व मूल सीमा के बीजगणितीय अन्तर को निचला विचलन कहते हैं; जैसे—उपरोक्त उदाहरण में जॉब की न्यूनतम माप सीमा = 50 + 0.04 = 50.04 मिमी

जॉब की मूल सीमा = 50 मिमी

अत: जॉब का निचला विचलन

= 50.04 – 50.00 मिमी = + 0.04 मिमी

होल के निचले विचलन को EI तथा शाफ्ट के निचले विचलन को ei से दर्शाया जाता है। EI का पूर्ण नाम ECART INFERIEUR होता है।

(iii) **वास्तविक विचलन** (Actual deviation) किसी जॉब की वास्तविक माप तथा मूल माप के बीजगणितीय अन्तर को वास्तविक विचलन कहते हैं; जैसे—यदि किसी जॉब को मापने पर उसकी वास्तविक माप = 50.05 मिमी तथा जॉब की मूल माप = 50 मिमी है तो वास्तविक विचलन = 50.05 – 50 = + 0.05 मिमी।

(iv) **मूलभूत विचलन** (Fundamental deviation) दोनों (ऊपरी अथवा निचला) विचलनों में से एक, जिसमें शून्य रेखा के साथ सम्बन्ध दिखाने की सुविधा हो, मूलभूत विचलन कहलाता है। इंजीनियरिंग कार्यों में विभिन्न प्रकार की फिटिंग बनाने के लिए BIS सिस्टम द्वारा 25-मूल विचलन की व्यवस्था की गई है।

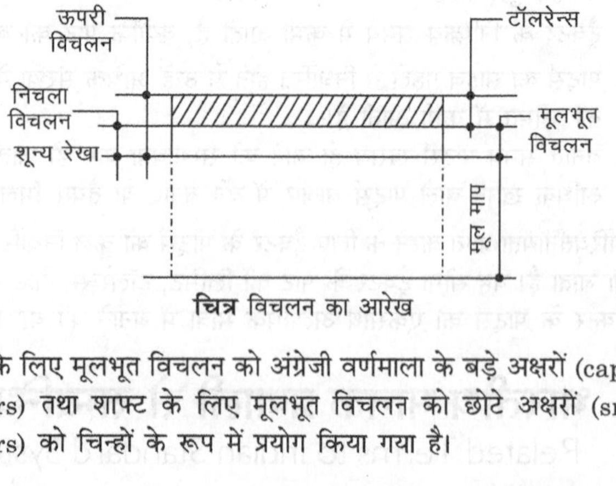

चित्र विचलन का आरेख

होल के लिए मूलभूत विचलन को अंग्रेजी वर्णमाला के बड़े अक्षरों (capital letters) तथा शाफ्ट के लिए मूलभूत विचलन को छोटे अक्षरों (small letters) को चिन्हों के रूप में प्रयोग किया गया है।

इनमें से I, L, O, Q तथा W (5-अक्षरों) को छोड़कर चार नए सैटों—JS, ZA, ZB तथा ZC का प्रयोग किया गया है, जैसा कि चित्र (a), (b) में दर्शाया गया है।

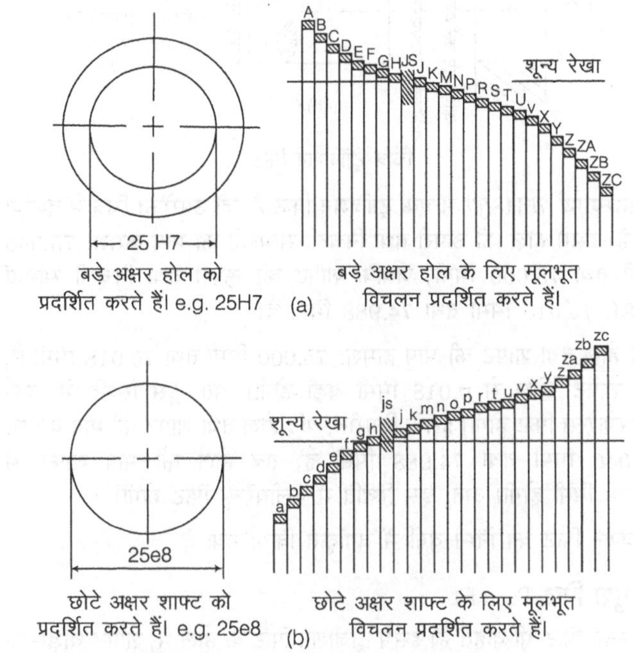

चित्र (a) होल तथा (b) शाफ्ट मूलभूत विचलन

7.2 लिमिट Limit

किसी मूल माप में स्वीकृत वह अधिकतम छूट, जिस पर पाट्र्स बनाए जा सकते हैं, उस साइज की लिमिट कहलाती है। यह छूट जितनी अधिक होगी, पाट्र्स को बनाने में उतना ही कम समय लगेगा तथा उनका रिजेक्शन भी उतना ही कम होगा। लिमिट्स दो प्रकार की होती हैं

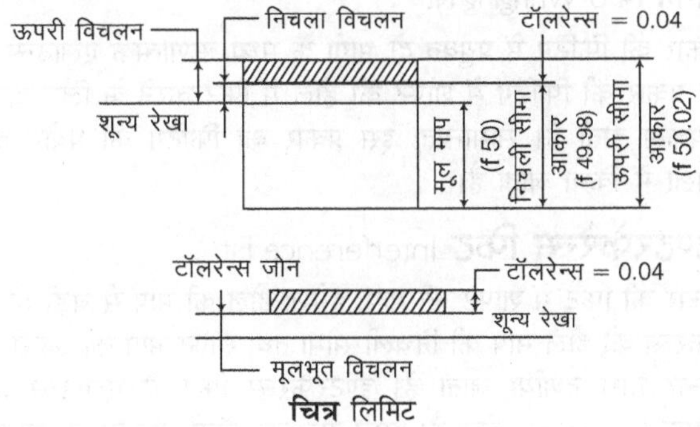

चित्र लिमिट

1. ऊपरी लिमिट Upper Limit

जॉब की अधिकतम माप को प्रकट करने के लिए, उसकी मूल माप में स्वीकृत छूट को उसकी ऊपरी लिमिट कहते हैं;

जैसे—यदि मूल माप $= 50$ मिमी, छूट $= \pm 0.02$ मिमी

जॉब की ऊपरी लिमिट $= +0.02$ मिमी

तथा ऊपरी लिमिट माप $= 50.02$ मिमी होगी।

2. निचली लिमिट Lower Limit

जॉब की न्यूनतम माप को प्रकट करने के लिए, उसकी मूल माप में स्वीकृत छूट को उसकी निचली लिमिट कहते हैं; जैसे—जॉब की मूल माप $= 50$ मिमी, जॉब की निचली लिमिट $= -0.02$ मिमी तथा निचली लिमिट माप $= 50.00 - 0.02 = 49.98$ मिमी होगी।

7.3 फिट तथा एलाउन्स Fit and Allowance

दिये गये शीर्षक में हम फिट तथा एलाउन्स सम्बन्धी क्रियाओं का अध्ययन करेंगे।

1. फिट Fit

मशीन में पाट्र्स के परस्पर मिलने की क्रिया विभिन्न प्रकार से होती है; जैसे—कुछ पाट्र्स आपस में फँसकर मिलते हैं, जबकि कुछ पाट्र्स दूसरों के अन्दर घूमते हैं। आपस में मिलने वाले दो पाट्र्स (होल तथा शाफ्ट) के बीच के सम्बन्ध को फिट कहते हैं।

फिट, दोनों पाट्र्स की मापों पर निर्भर करता है। फिट्स को प्रदर्शित करने के लिए, मूल माप के आगे पहले होल का विचलन तथा उसके बाद शाफ्ट का विचलन दिया जाता है; जैसे—20H7/g6 या 20H7-g6 या $20\frac{H7}{g6}$

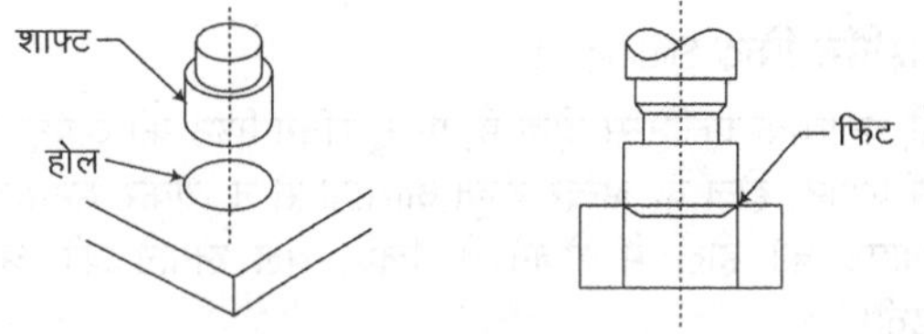

चित्र फिट

विभिन्न पाट्र्स के फिट होने के स्वभाव के आधार पर फिट को तीन भागों में बाँटा गया है

(i) क्लीयरैन्स फिट Clearance Fit

ऐसी फिट, जिसमें होल की छोटी-से-छोटी माप, शाफ्ट की बड़ी-से-बड़ी माप से भी बड़ी रहती है, क्लीयरैन्स फिट कहलाती है। इसमें शाफ्ट बिना किसी रुकावट के होल में घूम सकती है, क्योंकि क्लीयरैन्स फिट में हमेशा धनात्मक एलाउन्स (positive allowance) होता है। यहाँ पर होल का टॉलरेन्स जोन, शाफ्ट के टॉलरेन्स जोन के ऊपर रहता है तथा उनके मध्य कुछ क्लीयरैन्स भी रहता है।

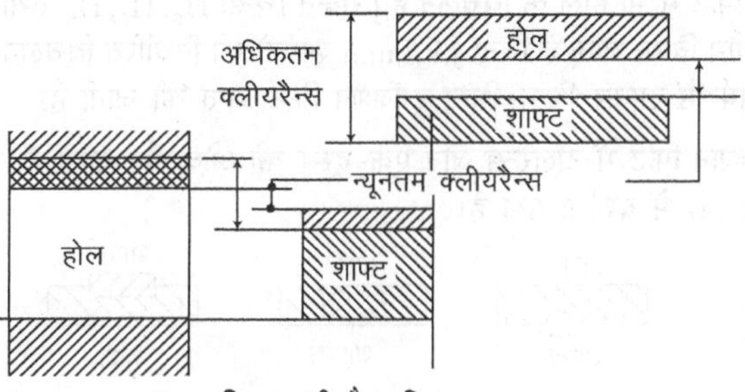

चित्र क्लीयरैन्स फिट

क्लीयरैन्स फिट में होल के विचलन को संकेत चिन्ह H_6, H_7, H_8, H_{11} द्वारा दर्शाया जाता है जिन्हें a, b, c, d, e, f, g और h शाफ्टों के निर्धारित विचलन के साथ सम्पर्क में लाकर विभिन्न प्रकार की क्लीयरैन्स फिट प्राप्त की जा सकती हैं।

होल की माप तथा शाफ्ट की माप के मध्य का अन्तर, क्लीयरैन्स कहलाता है। क्लीयरैन्स फिट में, शाफ्ट की अधिकतम माप तथा होल की न्यूनतम माप का बीजगणितीय अन्तर न्यूनतम क्लीयरैन्स व होल की अधिकतम माप तथा शाफ्ट की न्यूनतम माप का बीजगणितीय अन्तर अधिकतम क्लीयरैन्स कहलाता है।

क्लीयरैन्स फिट निम्न तीन प्रकार की होती हैं

(a) **लूज फिट** Loose Fit

यह फिट मशीन के उन भागों को मिलाने में प्रयुक्त होती है, जहाँ प्रिसीजन की आवश्यकता नहीं होती है; जैसे—लूज पुली, कृषि मशीनरी इत्यादि।

(b) **रनिंग फिट** Running Fit

इस फिट में धनात्मक एलाउन्स सबसे अधिक होता है, इस कारण शाफ्ट, होल माप में आसानी से घूम सकती है। इसमें शाफ्ट तथा बुश के अन्दर रनिंग फिट दी जाती है तथा इस फिट में लुब्रीकेटिंग ऑयल की फिल्म बनाए रखने के लिए शाफ्ट का आयाम बहुत छोटा रखा जाता है।

(c) **स्लाइडिंग फिट** Sliding Fit

इसमें भी धनात्मक एलाउन्स होता है, परन्तु रनिंग फिट की अपेक्षा कम होता है। इसमें शाफ्ट, होल के अन्दर बहुत आसानी से न जाकर सटकर जाती है, परन्तु शाफ्ट को होल में भेजने के लिए, बल लगाने की आवश्यकता नहीं पड़ती।

इस प्रकार की फिट का प्रयोग वहाँ किया जाता है, जहाँ अधिकतम प्रिसीजन की आवश्यकता होती है। ब्लैकिंग व पंचिंग डाई में पंच तथा डाई के अन्दर स्लाइडिंग फिट दी जाती है।

(ii) ट्रांजिशन फिट Transition Fit

ट्रांजिशन फिट वे फिट हैं जिसमें कभी क्लीयरैन्स तथा कभी इण्टरफियरैन्स प्रदान किया जाता है। इस फिट के दोनों पार्ट्स में टॉलरेन्स इस प्रकार दी जाती है कि उनके मध्य एलाउन्स, धनात्मक (+) या ऋणात्मक (–) हो जाता है। जब यह धनात्मक होता है, तो क्लीयरैन्स फिट बन जाती है तथा जब यह ऋणात्मक होता है, तो इण्टरफेरेन्स फिट बन जाती है।

इस फिट में भी होल के विचलन हेतु संकेत चिन्हों H_6, H_7, H_8 तथा H_{11} का उपयोग किया जाता है जिन्हें j, k, l, m, n शाफ्टों को निर्धारित विचलन के साथ सम्पर्क में लाकर भिन्न-भिन्न ट्रांजिशन फिट प्राप्त की जाती हैं।

ट्रांजिशन फिट में टॉलरेन्स जोन एक-दूसरे को ओवरलैप करते हैं, जैसा कि चित्र (a) में दर्शाया गया है।

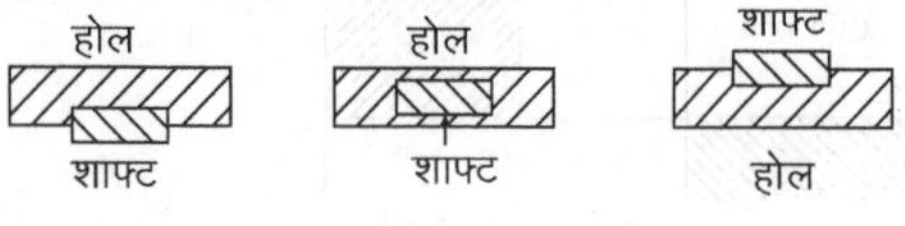

(a)

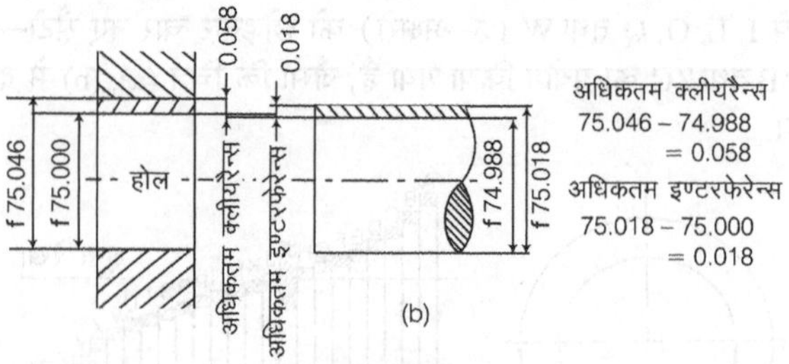

चित्र ट्रांजिशन फिट

उदाहरणार्थ 75H8/j7 में एक ट्रांजिशन फिट है, जो उपरोक्त चित्र में दर्शायी गई है। इसमें होल की ऊपरी तथा निचली सीमाओं की माप क्रमश: 75.046 मिमी तथा 75.000 मिमी, जबकि शाफ्ट की ऊपरी तथा निचली सीमाएँ क्रमश: 75.018 मिमी तथा 74.988 मिमी है।

यदि होल तथा शाफ्ट की माप क्रमश: 75.000 मिमी तथा 75.018 मिमी हैं, तब शाफ्ट, होल से 0.018 मिमी बड़ी होगी। अत: इस स्थिति में, यहाँ इण्टरफेरेन्स फिट होगी। इसके विपरीत, यदि होल तथा शाफ्ट की माप क्रमश: 75.046 मिमी तथा 74.988 मिमी हैं, तब होल की माप शाफ्ट से 0.058 मिमी होगी। अत: इस स्थिति में क्लीयरैन्स फिट होगी।

ट्रांजिशन फिट को निम्न वर्गों में वर्गीकृत किया गया है

(a) **पुश फिट** Push Fit

इसे स्नग फिट भी कहते हैं। इसमें ट्रांजीशन फिट के होल में, शाफ्ट थोड़ा-सा बल लगाने मात्र से ही प्रवेश कर जाती है। इस प्रकार की फिटिंग डाइयों में डॉवेल पिन या लोकेटिंग पिन लगाने में की जाती है। इस फिटिंग का एलाउन्स शून्य होता है।

(b) **फोर्स फिट या संकुचन फिट** Force Fit or Shrink Fit

इस प्रकार की फिटिंग में दो भागों को इस प्रकार फिट किया जाता है कि एक भाग के बिना दूसरा भाग मूव नहीं कर सकता है; जैसे—ट्रेन में प्रयुक्त पहिए।

(c) **रिंगिंग फिट** Wringing Fit

इस प्रकार की फिटिंग में प्रयुक्त दो भागों के मध्य ऋणात्मक एलाउन्स होता है। इस प्रकार की फिटिंग में शाफ्ट को होल में फिट करने के लिए दाब की आवश्यकता होती है। सामान्यत: इस प्रकार की फिटिंग का प्रयोग हल्की असेम्बली में किया जाता है।

(iii) इण्टरफेरेन्स फिट Interference Fit

इस प्रकार की फिट में शाफ्ट की माप, हमेशा होल की माप से बड़ी होती है। इण्टरफेरेन्स को होल माप की निचली सीमा तथा शाफ्ट माप की ऊपरी सीमा के अन्तर द्वारा दर्शाया जाता है। इण्टरफेरेन्स फिट में एलाउन्स हमेशा ऋणात्मक (negative) होता है। इसमें होल का टॉलरेन्स जोन, हमेशा शाफ्ट के टॉलरेन्स जोन से नीचे होता है।

दूसरे शब्दों में, जब होल का साइज, शाफ्ट के साइज से छोटा होता है, तो इनके बीच का अन्तर इण्टरफेरेन्स कहलाता है। शाफ्ट के अधिकतम साइज तथा होल के न्यूनतम साइज के बीच बीजगणितीय अन्तर को अधिकतम इण्टरफेरेन्स व होल के अधिकतम साइज तथा शाफ्ट के न्यूनतम साइज के बीच बीजगणितीय अन्तर को न्यूनतम इण्टरफेरेन्स कहते हैं। इसमें होल

विचलन के लिए H_6, H_7, H_8 व H_{11} संकेत चिन्हों तथा शाफ्ट के लिए p, r, s, t व u का उपयोग किया जाता है।

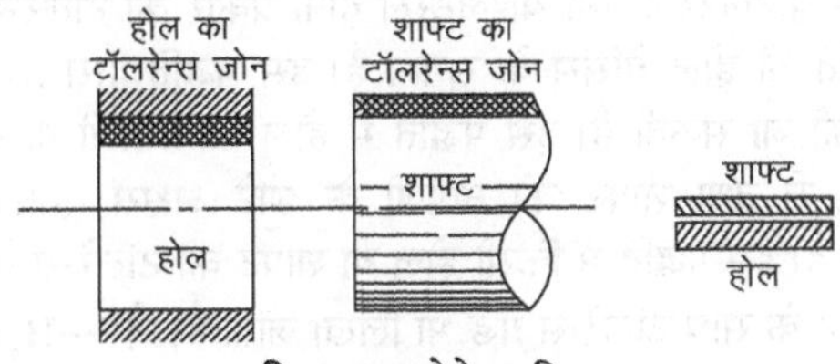

चित्र इण्टरफेरेन्स फिट

इण्टरफेरेन्स फिट में शाफ्ट को होल में बलपूर्वक फिट किया जाता है। इसके अन्तर्गत निम्न फिट्स आती हैं

(a) **ड्राइविंग फिट** Driving Fit

इस प्रकार की फिट में, इण्टरफेरेन्स मात्र इस प्रकार रखा जाता है कि हथौड़े की चोट से शाफ्ट को होल में फिट किया जा सके। यह फिट, शाफ्ट तथा पुली या गियर, शाफ्ट तथा बियरिंग आदि में दी जाती है।

(b) **फोर्स फिट** Force Fit

इसमें होल की माप, शाफ्ट की माप की अपेक्षा अत्यधिक छोटी होती है। इस फिट में दबाव द्वारा बल लगाने पर ही पाट्र्स को फिट किया जा सकता है; जैसे—सिलेण्डर में स्लीव फिट करना।

(c) **श्रिंकेज फिट** Shrinkage Fit

इसमें दोनों पाट्र्स में एलाउन्स इस प्रकार रखते हैं कि होल को गर्म करने पर शाफ्ट, उसमें आसानी से आ सके तथा ठण्डा होने पर होल की माप सिकुड़कर, शाफ्ट को बलपूर्वक पकड़ ले।

उदाहरणार्थ एक फिट 25H7-P6 जिसमें इण्टरफेरेन्स फिट है तथा शाफ्ट, होल से सदैव बड़ी होती है, इसके लिए अधिकतम तथा न्यूनतम इण्टरफेरेन्स नीचे चित्र में दर्शाए गए हैं

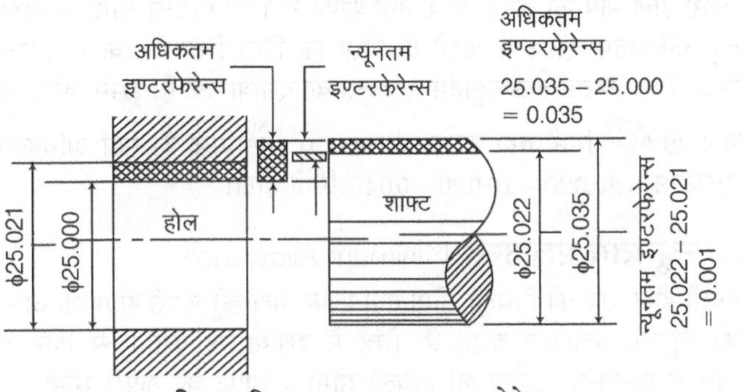

चित्र अधिकतम तथा न्यूनतम इण्टरफेरेन्स

विभिन्न प्रकार की फिट्स के लिए, IS : 2709 – 1964 के अनुसार नीचे टॉलरेन्स तालिका में दी गई है। तालिका में विभिन्न प्रकार की आवश्यकताओं के लिए फिट्स का चुनाव भी दर्शाया गया है।

तालिका विभिन्न फिट्स का वर्ग एवं उपयोग

फिट का प्रकार	शाफ्ट की फिट का वर्ग	होल बेसिस				फिटिंग का प्रकार
			H^7	H^8	H^{11}	
क्लीयरैन्स फिट	a	—	—	—	a^{11}	अधिक ढीली फिटिंग
	b	—	—	—	—	अधिक प्रयोग नहीं होता
	c	—	c^8	*c^9	c^{11}	ढीली रनिंग फिट के लिए
	d	—	d^8	*d^8d^{10}	d^{11}	Do
	e	*e^7	e^8	*e^8e^9	—	आसानी से घूमने वाली फिट
	f	*f^6	*f^7	*f^8	—	सामान्य गति से घूमने वाली फिट
	g	*g^5	*g^6	*g^7	—	रनिंग एवं स्लाइडिंग फिट के लिए
	h	*h^5	*h^6	* h^7h^8	*h^{11}	स्लाइडिंग फिट के लिए
इण्टरफेरेन्स फिट	n	*n^5	*n^6	*n^7	—	भारी ट्रांजिशन फिट के लिए
	p	p^5	*p^6	—	—	अलौह धातु की फिटिंग जोड़ने व खोलने हेतु
	r	r^5	*r^6	—	—	मध्यम दबाव की फिटिंग के लिए
	s	s^5	*s^6	*s^7	—	स्थायी फिटिंग के लिए
	t	t^5	*t^6	*t^7	—	अधिक दबाव से की जाने वाली फिटिंग
	u	u^5	t^6	*u^7	—	स्थायी श्रिंक फिटिंग के लिए
	v	—	—	—	—	
	x	—	—	—	—	
	y	—	—	—	—	
	z	—	—	—	—	* मार्क फिटिंग अधिकांशतः प्रयोग होती है।

2. एलाउन्स Allowance

आपस में जोड़े जाने वाले दो पार्ट्स की फिटिंग को ध्यान में रखते हुए, उनकी मापों में जो अन्तर रखा जाता है, उसे एलाउन्स कहते हैं। एलाउन्स दोनों पार्ट्स की मापों पर निर्भर करता है। फिटिंग के स्वभाव के अनुसार एलाउन्स धनात्मक तथा ऋणात्मक हो सकता है।

(i) अधिकतम एलाउन्स Maximum Allowance

किसी होल माप की ऊपरी सीमा तथा शाफ्ट माप की निचली सीमा के अन्तर को अधिकतम एलाउन्स कहते हैं, जैसा कि निम्न चित्र में एक क्लीयरैन्स फिट में अधिकतम तथा न्यूनतम एलाउन्स को दर्शाया गया है। इसमें होल की माप $20^{+0.020}_{-0.000}$ मिमी तथा शाफ्ट की माप $20^{-0.007}_{-0.020}$ मिमी है। यहाँ अधिकतम एलाउन्स $= 20.020 - 19.980 = 0.040$ मिमी होगा।

(ii) न्यूनतम एलाउन्स Minimum Allowance

किसी होल माप की निचली सीमा तथा शाफ्ट माप की ऊपरी सीमा के अन्तर को न्यूनतम एलाउन्स कहते हैं। चित्र में दर्शायी गई क्लीयरैन्स फिट में,

न्यूनतम एलाउन्स = होल की निचली सीमा − शाफ्ट की ऊपरी सीमा

न्यूनतम एलाउन्स $= 20.000 - 19.993 = 0.007$ मिमी

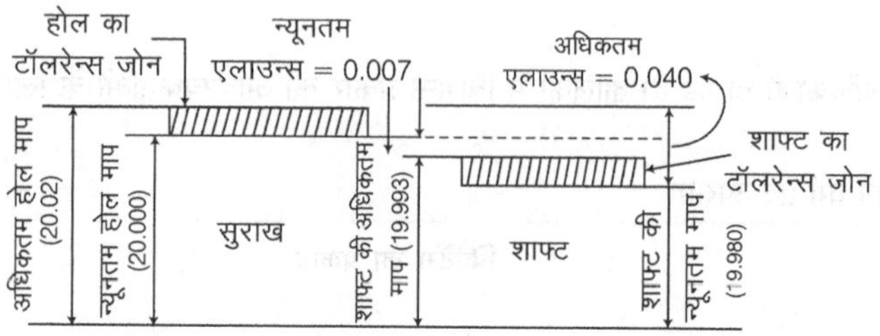

चित्र क्लीयरैन्स में अधिकतम तथा न्यूनतम एलाउन्स

7.4 विभिन्न लिमिट्स व फिट्स पद्धतियाँ Different Systems for Limits and Fits

लिमिट तथा फिट की सर्वाधिक प्रचलित पद्धतियाँ निम्न प्रकार हैं

1. न्यूऑल पद्धति Newall System

इस पद्धति के द्वारा 1/2" से 6" व्यास के छेदों की विभिन्न प्रकार की फिट्स के लिए टॉलरेन्स (tolerance) निर्धारित की गई है। यह पद्धति होल बेसिस के समान है। इसमें भी होल साइज को स्थिर रखा जाता है तथा फिट के अनुसार शाफ्ट में टॉलरेन्स दी जाती है।

जॉब की परिशुद्धता के आधार पर टॉलरेन्स को दो भागों में बाँटा गया है जिन्हें 'A' तथा 'B' से प्रदर्शित किया जाता है। 'A' श्रेणी में अत्यधिक परिशुद्ध तथा 'B' श्रेणी में सभी साधारण कार्यों के लिए टॉलरेन्स दी जाती है।

इन फिट्स को ड्रॉइंग पर दर्शाने के लिए फिट के पहले अक्षर को प्रयोग किया जाता है; जैसे— फोर्स फिट (force fit) को 'F', पुश फिट (push fit) को 'P', ड्राइविंग फिट को D, रनिंग फिट को R, हाई स्पीड रनिंग फिट को Y तथा फाइन रनिंग फिट को Z से दर्शाया जाता है।

2. ब्रिटिश पद्धति British System

इस पद्धति में यूनिलेटेरल तथा बाइलेटेरल दोनों प्रकार की टॉलरेन्स दी जाती है। यह पद्धति भी होल बेसिस के समान है। इस पद्धति द्वारा 21 प्रकार की फिट प्राप्त की जा सकती हैं। इस पद्धति में होल को अंग्रेजी के बड़े अक्षरों (ABCD....) से तथा शाफ्ट को अंग्रेजी के छोटे अक्षरों (a,b,c,d....) से दर्शाया जाता है। इस पद्धति में किसी होल या शाफ्ट को टॉलरेन्स देने के लिए होल या शाफ्ट के साथ टॉलरेन्स ग्रेड भी लिखा जाता है; जैसे—$H_4 G_3$ आदि।

3. भारतीय मानक पद्धति Indian Standard System

भारत में ब्रिटिश के आधार पर लागू IS 919-1959 को 1963 में संशोधित किया गया। इसमें विभिन्न व्यासों की शाफ्ट तथा होल की विभिन्न फिट्स प्राप्त करने के लिए 18 बेसिक टॉलरेन्स की श्रेणियाँ हैं जिन्हें IT01, IT0, IT, II2...... IT16 के द्वारा व्यक्त किया गया है।

इसके अतिरिक्त, विभिन्न फिट्स प्राप्त करने के लिए 25 मूल विचलनों में बाँटा गया है; जैसे—A, B......G, H, IS, J, K, M, N, P, R, S, X, Y, Z, ZA, ZB और ZC तथा शाफ्ट साइज को छोटे अक्षरों द्वारा उपरोक्त क्रमानुसार प्रयोग किया जाता है।

7.5 फिट के लिए एलाउन्स देने की पद्धति System Provided Allowance for Fit

वांछित फिट के लिए एलाउन्स देने की दो पद्धतियाँ हैं

1. बेसिक होल प्रणाली Basic Hole System

इस पद्धति में होल की माप को स्थिर माना जाता है और उसका न्यूनतम विचलन शून्य होता है अर्थात् होल की मूल माप ही निचली सीमा माप होती है। इस पद्धति में होल माप को 'H' से प्रदर्शित किया जाता है। शाफ्ट के अन्दर वांछित विचलन होल प्रणाली की तालिका से ज्ञात करते हैं।

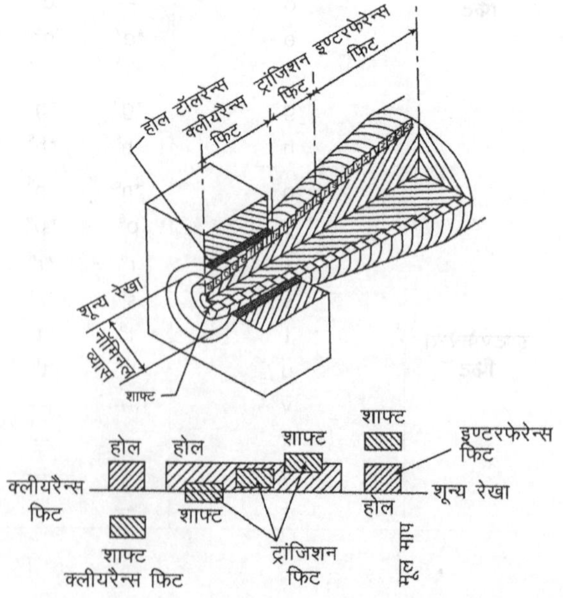

होल आधारित प्रणाली में फिट की तीन श्रेणियों का प्रदर्शन निम्न प्रकार है

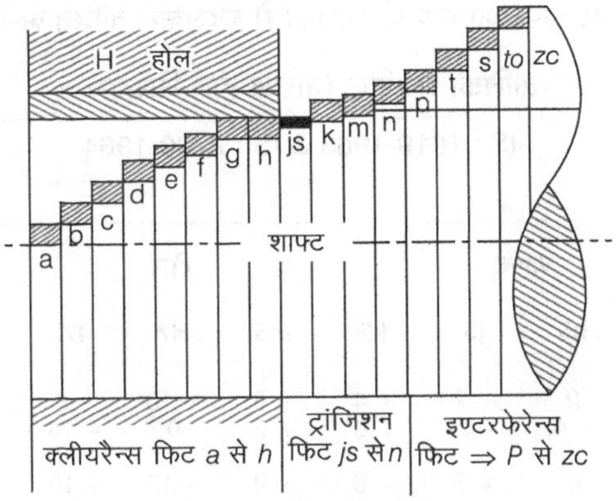

चित्र बेसिक होल प्रणाली

2. बेसिक शाफ्ट प्रणाली Basic Shaft System

इस प्रणाली में शाफ्ट की माप को स्थिर माना जाता है अर्थात् शाफ्ट का ऊपरी विचलन (upper deviation) शून्य होता है। इस पद्धति में शाफ्ट की ऊपरी सीमा माप, मूल माप ही होती है। इस प्रणाली में शाफ्ट की माप को 'h' द्वारा दर्शाया जाता है तथा उसके अनुसार होल की माप में विचलन दिया जाता है। इसके लिए शाफ्ट बेसिस की तालिका को प्रयोग किया जाता है। चित्र में होल तथा शाफ्ट सिस्टम में तीनों प्रकार की फिट्स के लिए टॉलरेन्स जोन को दर्शाया गया है।

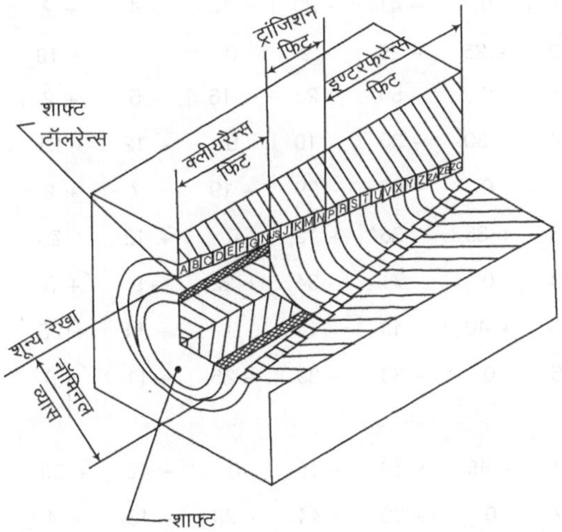

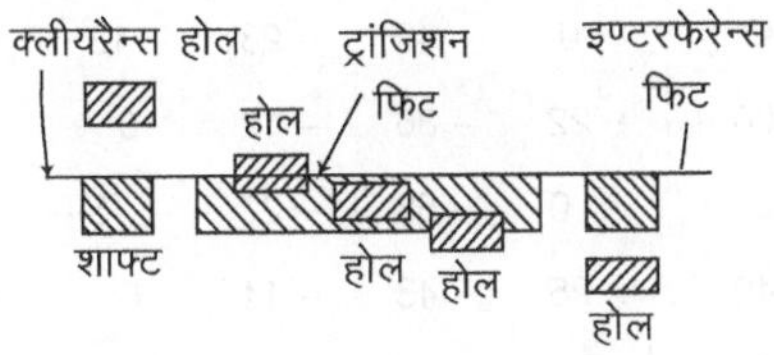

शाफ्ट आधारित प्रणाली में फिट की तीन श्रेणियों का प्रदर्शन निम्न प्रकार है

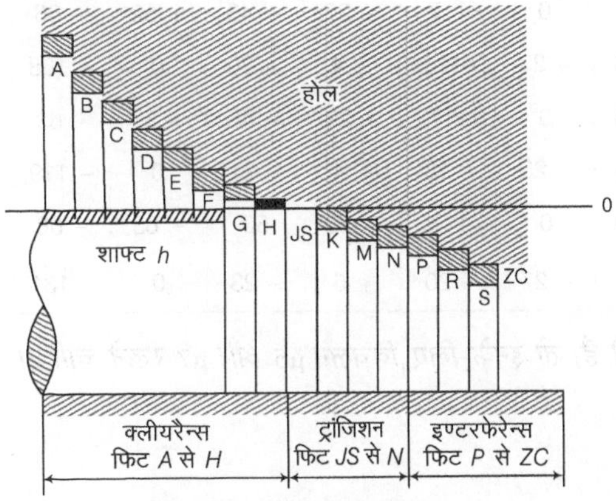

चित्र बेसिक शाफ्ट प्रणाली

अधिकतर होल सिस्टम को ही प्रयोग में लाया जाता है, क्योंकि एक होल की तुलना में शाफ्ट के साइज को बदलना सरल होता है। होल साइज को स्टैण्डर्ड टूल की सहायता से बनाया जाता है तथा फिट्स के अनुसार शाफ्ट की माप को बारीकी से बदलकर, वांछित क्लीयरैन्स (clearance) आसानी से दी जा सकती है।

तालिका IS फिट (बेसिक होल सिस्टम)

IS : 1919-1963 & IS : 2709-1964

आगे बढ़ने पर विचलन | μ **में विचलन** (1μ – 0.001 मिमी)

व्यास स्टेप 10 **मिमी**		**होल**	**शाफ्ट**						**होल**	**शाफ्ट**						
Over	To	H6	f6	g5	h5	j5	k5	m5	H7	f7	g6	h6	j6	k6	m6	n6
0	3	+ 6 0	– 6 – 12	– 2 – 6	0 – 4	+ 2 – 2	+ 4 + 0	+ 6 + 3	+ 10 0	– 6 – 16	– 2 – 8	0 – 6	+ 4 – 2	+ 6 0	+ 8 + 2	+ 10 – 4
3	6	+ 8 0	– 10 – 18	– 4 – 9	0 – 5	+ 3 – 2	+ 6 + 1	+ 9 + 4	+ 12 0	– 10 22	– 4 12	0 – 8	+ 6 – 2	+ 9 + 1	+ 12 + 4	+ 16 + 8
6	10	+ 9 0	– 13 – 22	– 5 11	0 – 6	+ 4 – 2	+ 7 + 1	+ 12 + 6	+ 15 0	– 13 – 28	– 5 – 14	0 – 9	+ 7 – 2	+ 10 + 1	+ 15 + 6	+ 19 + 10
10 14	14 18	+ 11 0	– 16 – 27	– 6 – 14	0 – 8	+ 5 – 3	+ 9 + 1	+ 15 + 7	– 18 0	– 16 – 34	– 6 – 17	0 – 11	+ 8 – 3	+ 12 + 1	+ 18 7	+ 23 + 12
18	24	+ 13	– 20	– 7	0	+ 5	+ 11	+ 17	– 21	– 20	– 7	0	+ 9	+ 15	+ 21	+ 28
24	30	0	– 33	– 16	– 9	– 4	+ 2	+ 8	0	– 41	– 20	– 13	– 4	+ 2	+ 8	+ 15
30	40	+ 16	+ 25	– 9	0	+ 6	+ 13	+ 20	+ 25	– 25	– 9	0	+ 11	+ 18	+ 25	+ 33
40	50	0	– 41	– 20	– 11	– 5	+ 2	+ 9	0	– 50	– 25	– 16	– 5	+ 2	+ 9	+ 17
50	65	+ 19	+ 30	– 10	0	+ 6	+ 15	+ 24	+ 30	– 30	– 10	0	+ 12	+ 21	+ 30	+ 39
65	80	0	– 49	– 23	– 13	– 7	+ 2	+ 11	0	– 60	– 29	– 19	– 7	+ 2	– 11	+ 20
80	100	+ 22	– 36	– 12	0	+ 6	– 18	+ 28	+ 35	– 36	– 12	0	+ 13	+ 25	+ 35	+ 45
100	120	0	– 58	– 27	– 15	– 9	+ 3	+ 13	0	– 71	– 34	– 22	– 9	+ 3	+ 13	+ 23
120	140	+ 25	– 43	– 14	0	– 7	– 21	+ 33	+ 40	– 43	– 14	0	+ 14	+ 28	+ 40	+ 52
140	160	0	– 68	– 32	– 18	– 11	+ 3	+ 15	0	– 83	– 39	– 25	– 11	+ 3	+ 15	+ 27
160	180															
180	200	+ 29	+ 50	– 15	0	+ 7	+ 24	+ 37	+ 46	+ 50	– 15	0	+ 16	+ 33	+ 46	+ 60
200	225	0	– 79	– 35	– 20	– 13	+ 4	+ 17	0	+ 96	– 44	– 29	– 13	+ 4	+ 17	+ 31
225	250															
250	280	+ 32	– 56	– 17	0	+ 7	+ 27	+ 43	+ 52	– 56	– 17	0	+ 16	+ 36	+ 52	+ 68
280	315	0	– 88	– 40	– 23	– 16	+ 4	+ 20	0	– 108	– 49	– 32	– 16	+ 4	+ 20	+ 34
315	355	+ 36	– 62	– 18	0	+ 7	+ 29	+ 46	+ 57	– 62	– 18	0	+ 18	+ 40	+ 57	+ 73
355	400	0	– 98	– 43	– 25	– 18	+ 4	– 21	0	– 119	– 54	– 36	– 18	+ 4	+ 21	+ 37
400	450	+ 40	– 68	– 70	0	+ 7	+ 32	50	+ 63	– 68	– 20	0	+ 20	+ 45	+ 63	+ 80
450	500	0	– 108	– 47	– 27	– 20	+ 5	– 23	0	– 131	– 60	– 40	– 20	+ 5	+ 23	+ 40

टिप्पणी *जब विचलन 15 और 17 लुप्त होते हैं, तो इनके लिए विचलन μ5 और μ7 रखने चाहिए।*

तालिका IS फिट (बेसिक होल सिस्टम)

			होल	शाफ्ट								होल	शाफ्ट	
p6	r6	x6	H8	c9	d8	e8	f8	h8	j7	t7	u7	H11	a11	h11
+ 12 + 6	+ 16 + 10	+ 20 + 14	+ 14 0	– 60 – 85	– 20 – 34	– 14 – 28	– 6 – 20	0 – 14	+ 6 – 4	– –	+ 28 + 18	+ 60 0	– 270 – 330	0 – 60
+ 20 + 12	+ 23 + 15	+ 27 – 19	+ 18 0	– 70 – 100	– 30 – 48	– 20 – 38	– 10 – 28	0 – 18	+ 8 – 4	– –	+ 35 + 23	+ 75 0	– 270 – 345	0 – 75
+ 24 + 15	+ 28 + 19	+ 12 – 23	+ 22 0	– 80 – 116	– 40 – 62	– 25 – 47	– 13 – 35	0 – 22	+ 10 – 5	– –	+ 43 + 28	+ 90 0	– 280 – 370	0 – 90
+ 29 + 18	+ 34 + 23	+ 39 – 28	+ 27 0	– 95 – 138	– 50 – 77	– 32 – 59	– 16 – 43	0 – 27	+ 12 – 6	– –	+ 51 + 33	+ 110 0	– 290 – 400	0 – 110
+ 35 + 22	+ 41 + 28	+ 48 + 35	+ 33 0	– 110 – 162	– 65 – 98	– 40 – 73	– 20 – 53	0 – 33	+ 13 – 8	– –	+ 62 – 41	+ 130	– 300	0
										+ 62 – 41	+ 69 + 48	0	– 430	– 130
+ 42 + 26	+ 50 + 34	+ 39 + 43	+ 39	– 120 – 182	– 80 – 119	– 50 – 89	– 25 – 64	0 – 39	+ 15 – 10	+ 73 – 48	+ 85 – 60	+ 160	– 310 – 470	0 – 160
				– 130 – 192						+ 79 + 54	+ 95 + 70	0	– 320 – 480	
+ 51 + 32	+ 60 + 41	+ 72 + 53	+ 46 0	– 140 + 214	– 100 – 146	– 60 – 106	– 30 – 76	0 – 46	+ 18 – 12	+ 96 + 66	+ 117 + 87	+ 190	– 340 – 530	0 – 190
	+ 62 + 43	+ 78 + 59		– 150 – 224						+ 105 + 75	+ 132 + 102	0	– 360 + 550	
+ 59 + 37	+ 73 + 51	+ 93 + 71	+ 54 0	– 170 + 257	– 120 – 174	– 72 – 126	– 36 – 90	0 – 54	+ 20 – 15	+ 126 + 91	+ 159 + 124	– 220	– 380 – 600	0 – 220
	+ 76 + 54	+ 101 + 79		– 180 – 267						+ 139 + 140	+ 179 + 144	0	– 410 – 630	
+ 68 + 43	+ 88 + 63	+ 117 + 92	+ 63 0	– 200 – 300	– 145	– 85	– 43	0	+ 22	+ 162 + 122	+ 210 – 170	– 250 0	– 460 – 710	0 – 250
	+ 90 – 65	+ 125 + 100		– 210 – 310	– 208	– 148	– 106	– 63	– 18	+ 174 + 134	+ 230 + 190		– 520 – 770	
	+ 93 + 68	+ 133 + 108		– 230 – 330						+ 186 + 146	+ 250 + 210		– 580 – 830	
+ 79 + 50	+ 100 + 77	+ 161 + 122	+ 72 0	– 240 – 355	– 170	– 100	– 50	0	+ 25	+ 212 + 166	+ 282 + 236	+ 290	– 600 – 950	0
	+ 109 + 80	+ 159 + 130		– 260 – 335						+ 226 – 180	+ 304 + 258	0	– 740 – 1030	
	+ 113 + 84	+ 169 + 140		– 280 – 395	– 242	– 172	– 122	– 72	– 21	+ 242 + 196	+ 330 + 284		– 820 – 1110	– 290
+ 88 + 56	+ 126 + 94	+ 190 + 158	+ 81	– 300 + 430	– 190 – 271	– 110 – 191	– 56 – 137	0 – 81	+ 26 – 26	+ 270 + 218	+ 367 + 315	+ 320	– 920 – 1240	0 – 320
	+ 130 + 98	+ 202 + 170	0	– 330 – 460						+ 292 + 240	+ 402 + 350	0	– 1050 – 1370	
+ 98 + 62	+ 144 + 108	+ 226 + 190	+ 89 0	– 360 – 500	– 210	– 125	– 62	0	+ 29	+ 325 + 268	+ 447 + 390	+ 360	– 1200 – 1560	0 – 360
	+ 150 + 114	+ 224 + 208		– 400 – 540	– 299	– 214	– 151	– 89	– 28	+ 351 + 294	+ 492 + 435	0	– 1350 – 1710	
+ 108 + 68	+ 166 + 126	+ 272 + 232	+ 97 0	– 440 – 595	– 230	– 135	– 68	0	+ 31	+ 393 + 330	+ 553 + 490	+ 400	– 1500 – 1900	0
	+ 172 + 132	+ 292 + 258		– 480 – 635	– 327	– 232	– 165	97	– 32	+ 423 + 360	+ 603 + 540	0	– 1650 – 2050	– 400

टिप्पणी 1 *मिमी व्यास तक के लिए सभी शाफ्ट नहीं दी जाती हैं।*

तालिका IS फिट (बेसिक शाफ्ट सिस्टम)

Ref. IS : 919-1963 & IS : 2709-1964

आगे बढ़ने पर विचलन **μ में विचलन** (1 μ = 0.001 मिमी)

व्यास स्टेप मिमी में		शाफ्ट	होल				शाफ्ट	होल								
से ऊपर	तक	*h5*	*G6*	*J6*	*K6*	*M6*	*h6*	*F6*	*G7*	*J7*	*K7*	*M7*	*N7*	*P7*	*R7*	*S7*
0	3	0 – 4	– 8 – 2	– 2 – 4	0 – 6	2 – 8	0 6	– 12 6	– 12 2	– 4 – 6	0 – 16	– 10 – 20	– 14 – 24	– 6 – 16	– 10 – 20	– 14 – 24
3	6	0 – 5	– 4	– 3	– 6	– 9	0 – 8	+ 18 + 10	+ 16 – 4	+ 6 – 6	+ 3 – 9	0 – 12	– 4 – 16	– 8 – 20	– 11 – 23	– 15 – 27
6	10	0 – 6	+ 14 + 5	+ 5 – 4	+ 2 – 7	– 3 – 12	0 – 9	+ 22 + 13	+ 20 – 5	+ 8 – 7	+ 5 – 10	0 – 15	– 4 – 19	– 9 – 24	– 13 – 28	– 17 – 32
10	14	0	+ 17	+ 6	– 2	+ 4	0	– 27	+ 24	+ 10	+ 6	0	– 5	– 11	– 16	– 21
14	18	– 8	– 6	– 5	– 9	– 15	– 11	– 16	+ 6	– 8	– 12	– 18	– 23	– 29	– 34	– 39
18	24	0	+ 20	+ 8	+ 2	+ 4	0	– 33	+ 28	– 12	+ 6	0	– 7	– 14	– 30	– 27
24	30	– 9	+ 7	– 5	– 11	– 17	– 13	– 20	– 7	– 9	– 18	– 21	– 28	– 35	– 41	– 48
30	40	0	+ 25	+ 10	+ 3	– 4	0	+ 41	+ 34	+ 14	+ 7	0	– 8	– 17	– 25	– 34
40	50	– 11	+ 9	– 6	– 13	– 20	– 16	– 25	+ 9	– 11	– 18	– 25	– 33	– 42	– 50	– 59
50	65	0	+ 29	+ 13	– 4	– 5	0	+ 49	– 40	+ 18	+ 9	0	– 9	– 21	– 30 – 60	– 42 – 72
65	80	– 13	+ 10	– 6	– 15	– 24	– 19	– 30	– 10	– 12	– 21	– 30	– 39	– 51	– 32 – 62	– 48 – 78
80	100	0	+ 34	+ 16	– 4	– 6	0	– 58	+ 47	+ 22	+ 10	0	– 10	– 24	– 38 – 73	– 58 – 95
100	120	– 15	+ 12	– 6	– 18	– 28	– 22	– 36	+ 12	– 13	– 25	– 35	– 45	– 59	– 41 – 76	– 66 – 101
120	140	0	+ 39	– 18	– 4	– 8	0	+ 68	– 54	+ 26	+ 12	0	– 12	– 28	– 48 – 88	– 72 – 117
140	160	– 18	+ 14	– 7	– 21	– 33	– 25	– 43	+ 14	– 14	– 28	– 40	– 52	– 68	– 50 – 90	– 85 – 125
160	180														– 53 – 93	– 93 – 133
180	200	0	+ 44	– 28	– 5	– 6	0	– 79	– 61	+ 30	+ 13	0	– 14	– 33	– 60 – 106	– 105 – 151
200	225	– 20	+ 15	– 7	– 24	– 37	– 29	+ 50	+ 15	– 16	– 33	– 46	– 60	– 79	– 63 – 109	– 113 – 159
225	250														– 67 – 113	– 123 – 169
250	280	0	+ 49	+ 25	+ 5	– 9	0	+ 88	+ 69	+ 36	+ 16	0	– 14	– 36	– 74 – 126	– 138 – 190
280	315	– 23	+ 17	– 7	– 27	– 41	– 32	+ 56	+ 17	– 16	– 36	– 52	– 66	– 88	– 78 – 130	– 191 – 202
315	355	0	+ 54	– 29	– 7	– 10	0	+ 98	– 75	+ 39	– 17	0	– 16	– 41	– 87 – 144	– 189 – 226
355	400	– 25	– 18	– 7	– 29	– 48	– 36	+ 62	+ 18	– 18	– 40	– 57	– 73	– 98	– 91 – 150	– 187 – 244
400	450	0	– 60	+ 33	+ 8	– 10	0	+ 108	+ 82	+ 43	– 43	– 60	– 17	– 45	– 103 – 166	– 209 – 372
450	500	– 27	+ 20	– 7	– 22	– 50	– 40	+ 68	– 20	– 20	– 45	– 63	– 80	– 108	– 109 – 172	– 229 – 292

तालिका IS फिट (बेसिक शाफ्ट सिस्टम)

विचलन μ में (1 μ – 0.001 mm)											
शाफ्ट	**होल**		**शाफ्ट**	**होल**				**शाफ्ट**	**होल**		
h7	*F7*	*Jk*	*h8*	*C4*	*D4*	*E8*	*F8*	*h11*	*A11*	*C11*	*D11*
0 – 10	– 16 + 6	+ 6 – 8	0 – 14	+ 85 + 60	+ 45 + 20	+ 28 + 14	+ 20 – 6	0 – 60	+ 330 + 270	+ 120 + 60	+ 80 + 20
0 – 12	– 22 + 10	+ 10 – 8	0 – 18	+ 100 + 70	+ 60 + 30	+ 38 + 20	+ 28 + 10	0 – 75	+ 345 + 270	+ 145 + 70	+ 105 + 30
0 – 15	– 28 + 13	+ 12 – 10	0 – 22	+ 116 + 80	+ 76 + 40	+ 47 + 25	+ 35 + 13	0 – 90	+ 370 + 280	+ 170 + 80	+ 130 + 40
0 – 13	+ 34 + 16	+ 15 – 12	0 – 27	+ 138 + 95	+ 93 + 50	+ 59 + 32	+ 43 + 16	0 – 110	+ 400 + 290	+ 205 + 95	+ 160 + 50
0 – 21	+ 41 + 20	+ 20 – 13	0 – 33	+ 162 + 110	+ 117 + 65	+ 73 + 40	+ 53 + 20	0 – 130	+ 430 + 300	+ 240 + 110	+ 195 + 65
0	+ 50	+ 24	0	+ 182 + 120	+ 142	+ 89	+ 64	0	+ 470 + 310	+ 280 + 120	+ 240
– 25	+ 25	– 15	– 39	+ 192 + 130	+ 80	+ 50	+ 25	– 160	+ 480 + 320	+ 290 + 130	+ 80
0	+ 60	+ 28	0	+ 214 + 140	+ 174	+ 106	+ 76	0	+ 530 + 340	+ 330 + 140	+ 290
– 30	+ 30	– 18	– 46	+ 224 + 150	+ 100	+ 60	+ 30	– 190	+ 550 + 360	+ 340 + 150	+ 100
0	– 71	– 34	0	+ 257 + 170	+ 207	+ 126	+ 90	0	+ 600 + 380	+ 390 + 170	+ 340
– 35	+ 36	– 20	– 54	+ 267 + 180	+ 120	+ 72	+ 36	– 220	+ 630 + 410	+ 400 + 180	+ 120
0	+ 83	– 41	0	+ 300 + 200	+ 245	+ 148	+ 106	0	+ 710 + 460	+ 450 + 200	+ 395
– 40	+ 43	– 22	– 63	+ 310 + 210	+ 145	+ 85	+ 43	– 250	+ 770 + 520	+ 460 + 210	+ 145
				+ 330 + 230					+ 830 + 580	+ 480 + 230	
0	– 90	– 47	0	+ 355 + 240	+ 285	+ 172	+ 122	0	+ 950 + 660	+ 530 + 240	+ 460
– 46	+ 50	– 25	– 72	+ 375 + 260	+ 170	+ 100	+ 50	– 290	+ 1030 + 740	+ 550 + 260	+ 170
				+ 395 + 280					+ 1110 + 820	+ 320 + 280	
0	+ 108	+ 55	0	+ 430 + 300	+ 320	+ 191	+ 137	0	+ 1240 + 920	+ 620 + 300	+ 510
– 52	+ 56	– 26	– 81	+ 460 + 330	+ 190	+ 110	+ 56	– 320	+ 1370 + 1050	+ 650 + 330	+ 190
0	– 119	– 60	0	+ 500 + 360	+ 350	+ 214	+ 151	0	+ 1560 + 1200	+ 720 + 360	+ 570
– 57	+ 62	– 29	– 89	+ 540 + 400	+ 210	+ 125	+ 62	– 360	+ 1710 + 1350	+ 760 + 400	+ 210
0	– 131	– 66	0	+ 595 + 440	+ 385	+ 232	+ 165	0	+ 1900 + 1500	+ 840 + 440	+ 630
– 63	+ 68	– 31	– 97	+ 635 + 480	+ 230	+ 135	+ 68	– 400	+ 2050 + 1650	+ 880 + 480	+ 230

7.6 टॉलरेन्स Tolerance

किसी जॉब की ऊपरी माप सीमा तथा निचली माप सीमा के अन्तर को टॉलरेन्स कहते हैं। टॉलरेन्स किसी जॉब की यथार्थता को प्रदर्शित करती है। यह हमेशा धनात्मक रहती है तथा इसके साथ में कोई चिन्ह प्रयोग नहीं किया जाता। जॉब के साइज में दी गई टॉलरेन्स को यदि ग्राफ द्वारा दर्शाया जाए, तो उसको **टॉलरेन्स जोन** कहते हैं। टॉलरेन्स जोन में सभी साइज, मान्य साइज के होते हैं।

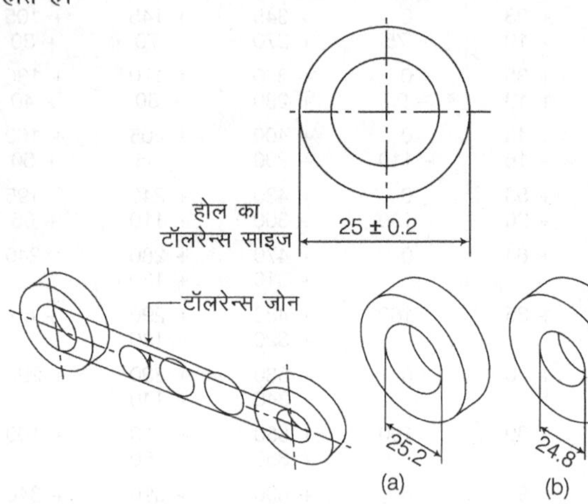

चित्र टॉलरेन्स जोन

चित्रानुसार, यहाँ पर अधिकतम सीमा 25.2 मिमी तथा न्यूनतम सीमा 24.8 मिमी है। अत: टॉलरेन्स = जॉब की अधिकतम सीमा – जॉब की न्यूनतम सीमा = 25.2 मिमी – 24.8 मिमी = 0.4 मिमी

टॉलरेन्स निम्न तीन प्रकार की होती है

1. यूनिलेटेरल टॉलरेन्स Unilateral Tolerance

इस टॉलरेन्स में जॉब की मूल माप में केवल एक ही ओर का विचलन होता है, क्योंकि दूसरी ओर का विचलन सदैव शून्य होता है, जैसा कि चित्र में $22^{+0.02}_{-0.00}$ को दर्शाया गया है।

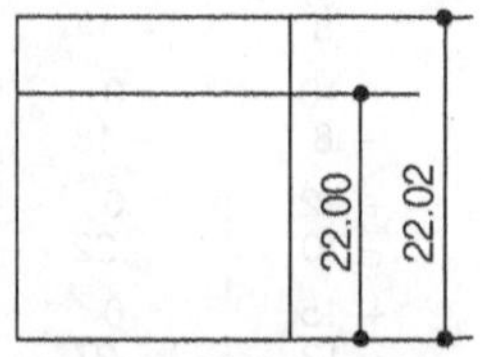

चित्र यूनिलेटेरल टॉलरेन्स

2. बाईलेटेरल टॉलरेन्स Bilateral Tolerance

इस प्रकार के टॉलरेन्स में जॉब की मूल माप में दोनों ओर दोनों विचलन (ऊपरी तथा निचले) रहते हैं, जैसा कि चित्र में $48^{+0.04}_{-0.02}$ को दर्शाया गया है।

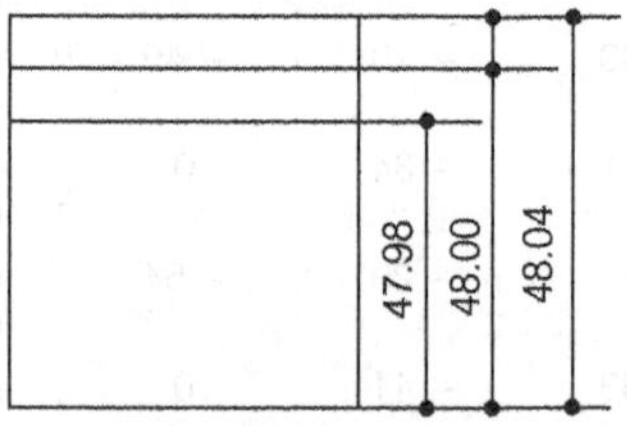

चित्र बाईलेटेरल टॉलरेन्स

तालिका टॉलरेन्स के मूलभूत ग्रेड

व्यास स्टेप (मिमी में)	(1 माइक्रोन = 0.001 मिमी)																
	टॉलरेन्स ग्रेड																
	01	0	1	2	3	4	5	6	7	8	9	10	11	12	13	14*	15*	16*
0 से 3 के बीच	0·3	0·5	0·8	1·2	2	3	4	6	10	14	25	40	60	100	140	250	400	600
3 से 6 के बीच	0·4	0·6	1	1·5	2·5	4	5	8	12	18	30	48	75	120	180	300	480	750
6 से 10 के बीच	0·4	0·6	1	1·5	2·5	4	6	9	15	22	36	58	90	150	220	360	580	900
10 से 18 के बीच	0·5	·8	1·2	2	3	5	8	11	18	27	43	70	110	180	270	430	700	1100
18 से 30 के बीच	0·6	1	1·5	2·5	4	6	9	13	21	33	52	84	130	210	330	520	840	1300
30 से 50 के बीच	0·6	1	1·5	2·5	4	7	11	16	26	39	62	100	160	250	390	620	1000	1600
50 से 80 के बीच	0·8	1·2	2	3	5	8	13	19	30	46	74	120	190	300	460	740	1200	1900
80 से 120 के बीच	1	1·5	2·5	4	6	10	15	22	35	54	87	140	220	350	540	870	1400	2200
120 से 180 के बीच	1·2	2	3·5	5	8	12	18	25	40	63	100	160	250	400	630	1000	1600	2500
180 से 250 के बीच	2	3	4·5	7	10	14	20	29	46	72	115	185	290	460	720	1150	1850	2900
250 से 315 के बीच	2·5	4	6	8	12	16	23	32	52	81	130	210	320	520	810	1300	2100	3200
315 से 400 के बीच	3	5	7	9	13	18	25	36	57	89	140	230	360	570	890	1400	2300	3600
400 से 500 के बीच	4	6	8	10	15	20	27	40	63	97	155	250	400	630	970	1550	2500	4000

नोट (1 मिमी तक, ग्रेड 14 से 16 नहीं दिए गए हैं)

3. मूलभूत टॉलरेन्स Fundamental Tolerance

भारत में ब्यूरो ऑफ इण्डियन स्टैण्डर्ड सिस्टम (BIS system) के द्वारा टॉलरेन्स के 18 ग्रेड्स निर्धारित किए गए हैं, जो विभिन्न प्रकार की फिट देने के लिए प्रयोग किए जाते हैं। ये ग्रेड्स, होल तथा शाफ्ट दोनों के लिए समान रूप से कार्य करते हैं।

जितना बड़ा नम्बर होता है, टॉलरेन्स जोन उतना ही अधिक बड़ा होता है। टॉलरेन्स जोन को IT01, IT0, IT1.......... IT16 द्वारा प्रदर्शित किया जाता है। विभिन्न व्यासों के लिए टॉलरेन्स के ग्रेड्स तालिका से ज्ञात किए गए हैं। किसी टॉलरेन्स की माप को दर्शाने के लिए सर्वप्रथम मूल माप लिखी जाती है, तत्पश्चात् मूल विचलन तथा उसके बाद टॉलरेन्स का ग्रेड; जैसे—30H7, इसमें 30 मूल माप, H मूल विचलन तथा 7 ग्रेड ऑफ टॉलरेन्स को प्रकट करता है।

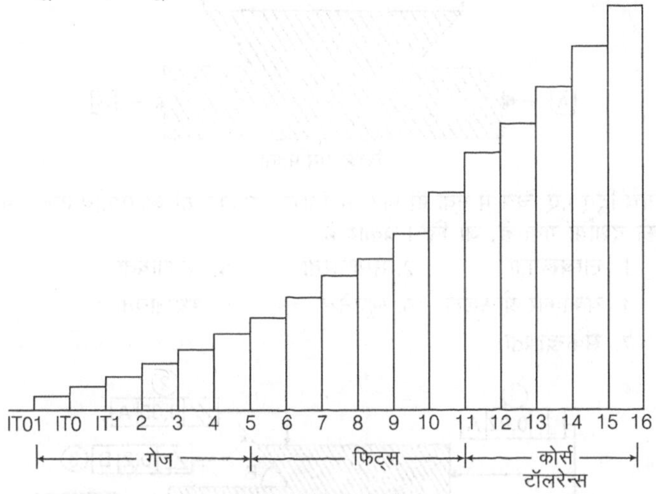

चित्र टॉलरेन्स के ग्रेड

7.7 ज्यामितीय टॉलरेन्स Geometrical Tolerance

किसी पार्ट का वास्तविक आकार, उसकी ज्यामिति से कितनी सीमा के अन्दर रखा जा सकता है, यह उसकी ज्यामितीय टॉलरेन्स के द्वारा प्रदर्शित किया जाता है। अत: ज्यामितीय टॉलरेन्स, किसी वस्तु के आकार अथवा स्थिति में स्वीकार्य अधिकतम अन्तर होता है। इसके द्वारा एक अन्तर्राष्ट्रीय प्रणाली (international system) तैयार की जाती है, जिसमें भाषा के स्थान पर चिन्हों के द्वारा अपनी आवश्यकता को प्रकट किया जाता है। यह प्राय: तीन प्रकार की होती है

1. फॉर्म टॉलरेन्स
2. एटीट्यूड टॉलरेन्स
3. लोकेशन टॉलरेन्स

1. फॉर्म टॉलरेन्स Form Tolerance

यह किसी पार्ट की सतह की समतलता (flatness), सीधापन (straightness), गोलाई (roundness), वक्रता (curvature), बेलनाकारिता (cylindricity) या अन्य प्रोफाइल के अधिकतम स्वीकृत अन्तर को प्रदर्शित करती है।

चित्र में टॉलरेन्स को प्रदर्शित करने के लिए खींची गई लीडरलाइन को सम्बन्धित सतह से 90° पर खींचा जाता है। चित्र (a) के द्वारा स्ट्रेटनैस की टॉलरेन्स, मात्र छोटे व्यास की लम्बाई में दर्शायी गई है, जबकि चित्र (b) में टॉलरेन्स सम्पूर्ण लम्बाई में दर्शायी गई है। चित्र (c) में समतलता की टॉलरेन्स को प्रदर्शित किया गया है।

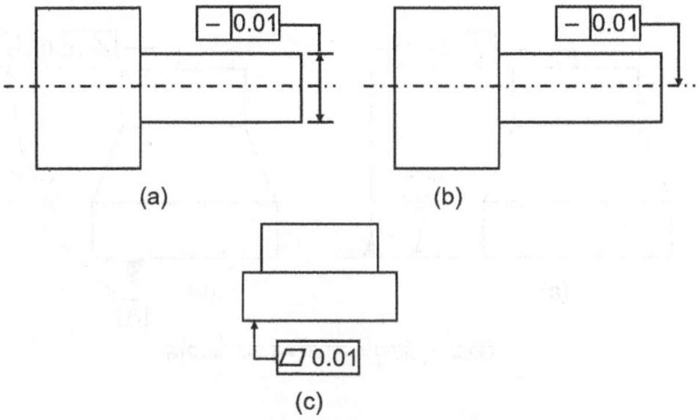

चित्र फॉर्म टॉलरेन्स का प्रदर्शन

निम्न तालिका में सतह के विभिन्न गुणों को उनके चिन्हों सहित प्रदर्शित किया गया है

क्र.सं.	गुण	चिन्ह/प्रतीक
1.	स्ट्रेटनैस	—
2.	फ्लैटनैस	▱
3.	राउण्डनैस	○
4.	सिलेण्ड्रिसिटी	⌭
5.	कर्वनैस	⌒
6.	सर्फेस प्रोफाइल	⌓

2. एटीट्यूड टॉलरेन्स Attitude Tolerance

इसके द्वारा पार्ट की विभिन्न सतहों के मध्य स्थापित सम्बन्ध में स्वीकृत अधिकतम छूट (अन्तर) को प्रदर्शित किया जाता है। किसी पार्ट की विभिन्न सतहें आपस में समान्तर (parallel), झुकी हुई (angular) या लम्बरूप (perpendicular) हो सकती हैं। निम्न तालिका में सतह के इन गुणों को उनके चिन्हों सहित दर्शाया गया है

तालिका गुण और सम्बन्धित चिन्ह

क्र.सं.	गुण	चिन्ह
1.	समान्तरता	//
2.	कोणीयता	∠
3.	लम्बरूपता	⊥

एटीट्यूड टॉलरेन्स को दर्शाने के लिए दो विधियाँ प्रयोग की जाती हैं—पहली टॉलरेन्स फ्रेम से सीधे डेटम लाइन को जोड़कर तथा दूसरी टॉलरेन्स फ्रेम में टॉलरेन्स के बाद में वह अक्षर जोड़कर, जिससे डेटम लाइन को दर्शाया गया हो।

डेटम लाइन को काले रंग के त्रिभुज के द्वारा प्रदर्शित किया जाता है।

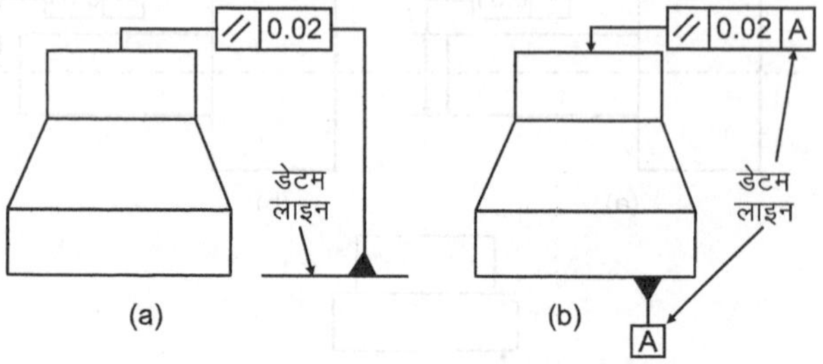

चित्र एटीट्यूड टॉलरेन्स का प्रदर्शन

3. लोकेशन टॉलरेन्स Location Tolerance

इसके द्वारा किसी पार्ट की विभिन्न सतहों की बनावट की स्थितियों (location) में स्वीकृत अधिकतम अन्तर को प्रदर्शित किया जाता है;

जैसे—विभिन्न होल की स्थानीयता (positioning), विभिन्न वृत्तों की संकेन्द्रीयता (concentricity) अथवा सतहों की सममितता (symmetry)। इनके लिए निम्न चिन्ह प्रयोग किए जाते हैं

तालिका गुण और सम्बन्धित चिन्ह

क्र.सं.	गुण	चिन्ह
1.	स्थानीयता	⌖
2.	संकेन्द्रीयता	◎
3.	सममितता	⌯

संकेन्द्रीयता को एक अथवा दो व्यासों के साथ निम्न प्रकार प्रकट किया जाता है

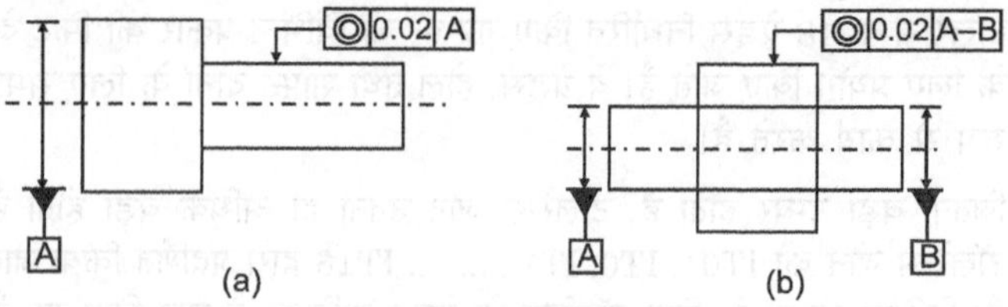

चित्र संकेन्द्रीयता का प्रदर्शन

इसी प्रकार निम्न चित्र में सममितता को दर्शाया गया है

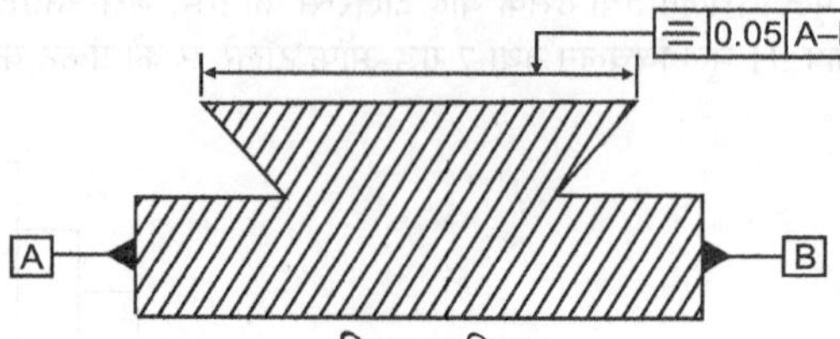

चित्र सममितता

नीचे दिए गए चित्र में एक ही पार्ट पर विभिन्न प्रकार की ज्यामितीय टॉलरेन्स को दर्शाया गया है, जो निम्न प्रकार हैं

1. लम्बरूपता
2. समान्तरता
3. कोणीयता
4. वक्राकार प्रोफाइल
5. स्ट्रेटनैस
6. स्थानीयता
7. संकेन्द्रीयता

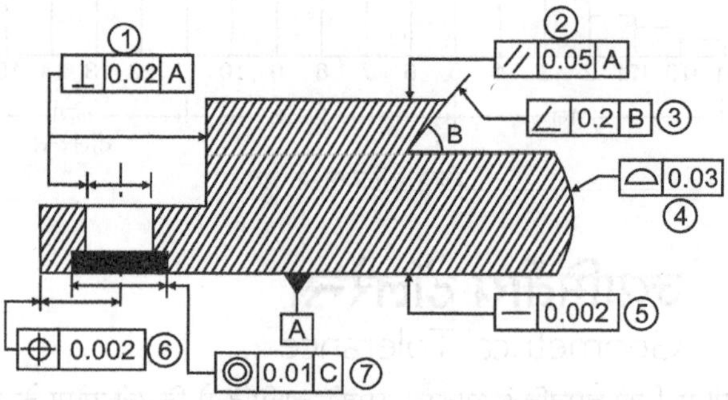

चित्र ज्यामितीय टॉलरेन्स

महत्त्वपूर्ण बिन्दु

- पार्ट्स का वह गुण, जिसके कारण उन्हें मशीनों में आवश्यकता पड़ने पर तुरन्त फिट किया जा सके अन्तर्परिवर्तनीयता कहलाता है।
- किसी मूल माप में स्वीकृत वह अधिकतम छूट, जिस पर पार्ट्स बनाए जा सकते हैं, उस साइज की लिमिट कहलाती है।
- आपस में मिलने वाले दो पार्ट्स (होल तथा शाफ्ट) के बीच के सम्बन्ध को फिट कहा जाता है।
- इण्टरफेरेन्स फिट में शाफ्ट की माप, सदैव होल की माप से बड़ी होती है।
- आपस में जोड़े जाने वाले पार्ट्स की फिटिंग को ध्यान में रखकर उनकी मापों में जो अन्तर रखा जाता है, उसे एलाउन्स कहा जाता है।
- टॉलरेन्स किसी वस्तु के आकार अथवा स्थिति में स्वीकृत अन्तर होता है।
- लोकेशन द्वारा किसी पार्ट की विभिन्न सतहों की बनावट की स्थितियों में स्वीकृत अधिकतम अन्तर को प्रदर्शित किया जाता है।
- फॉर्म टॉलरेन्स किसी पार्ट की सतह की समतलता, सीधापन, गोलाई वक्रता, बेलनाकारिता या अन्य प्रोफाइल के अधिकतम स्वीकृत अन्तर को प्रदर्शित करती है।
- जॉब के अधिकतम साइज को प्रकट करने के लिए उसके मूल साइज में स्वीकृत छूट को उसकी अपर लिमिट कहते हैं।
- जॉब के न्यूनतम साइज को प्रकट करने के लिए उसके मूल साइज में स्वीकृत छूट को उसकी लोअर लिमिट कहते हैं।
- रनिंग फिट में धनात्मक अलाउन्स सबसे अधिक होता है।
- किसी जॉब के साइज तथा उसके बेसिक साइज के बीजगणितीय अन्तर को विचलन कहते हैं।

महत्त्वपूर्ण प्रश्नोत्तरी

1. यदि किसी जॉब की मूल माप 30 मिमी व मूल माप में छूट ± 0.02 मिमी है, तो जॉब की ऊपरी सीमा माप क्या होगी?

उत्तर जॉब की ऊपरी सीमा माप 30.02 मिमी होगी।

2. वह कौन-सा विचलन है, जिसमें दोनों विचलन में से एक शून्य रेखा के साथ सम्बन्ध दिखाता है?

उत्तर वह विचलन, जिसमें दोनों विचलन में से एक शून्य रेखा के साथ सम्बन्ध दिखाता है, मूलभूत विचलन है।

3. किसी असेम्बली में शाफ्ट सीमाएँ छिद्र सीमाओं से बड़ी होती हैं। यह फिट का कौन-सा प्रकार है?

उत्तर वह फिट, जिसमें शाफ्ट सीमाएँ, छिद्र सीमाओं से बड़ी होती हैं, इण्टरफेरेन्स फिट कहलाती है।

4. रनिंग फिट में शाफ्ट का होल माप में आसानी से घूमने का क्या कारण है?

उत्तर रनिंग फिट में धनात्मक एलाउन्स सबसे अधिक होता है, इसलिए शाफ्ट होल माप में आसानी से घूमती है।

5. शाफ्ट की टॉलरेन्स विमा चित्र में दिखाई गई है 'g' किसको संकेत करता है?

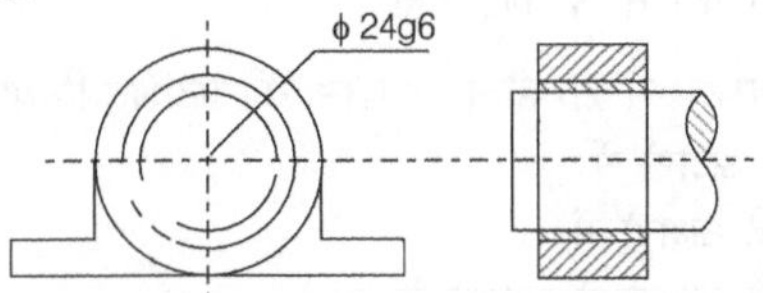

उत्तर चित्र में दर्शायी गई टॉलरेन्स विमा में 'g' विचलन को प्रदर्शित करता है।

अभ्यास प्रश्न

परीक्षा प्रारूपी प्रश्न

बहुविकल्पीय

1. अन्तर्परिवर्तनीयता अपनाने से निम्न कारण हानि उठानी पड़ती है
(a) पार्ट्स अधिक संख्या में बनवाकर रखे जाते हैं
(b) मशीन के आइडल समय में कमी आती है
(c) परस्पर मिलने वाले दोनों पार्ट्स बदले जाते हैं
(d) बाजार में रेडीमेड पार्ट्स उपलब्ध होते हैं

2. उत्पादन में किसी जॉब की मापी गई माप को ………… कहते हैं।
(a) वास्तविक साइज (b) नॉमिनल साइज
(c) गेज साइज (d) बेसिक साइज

3. यदि एक घटक की माप को उसके आकार की सीमा में परिष्कृत किया गया है, तो उसे कहते हैं
(a) न्यूनतम आकार
(b) मूल आकार
(c) स्वीकृत आकार
(d) अस्वीकृत आकार

4. किसी पार्ट की विभिन्न सतहों की बनावट की स्थितियों में स्वीकृत अधिकतम अन्तर को प्रदर्शित किया जाता है
(a) टॉलरेन्स द्वारा (b) इण्टरफेरेन्स द्वारा
(c) विचलन द्वारा (d) लोकेशन द्वारा

5. किसी ड्रॉइंग में होल-साइज $40^{+0.048}_{+0.028}$ दिया गया है। निम्न में से किस साइज का जॉब स्वीकार्य है?
(a) 40.010 मिमी (b) 40.068 मिमी
(c) 40.000 मिमी (d) 40.028 मिमी

6. 50 मिमी के होल का अधिकतम तथा न्यूनतम साइज निम्न में से क्या होगा, यदि ES = + 0.025 मिमी तथा EI = + 0.002 मिमी है?
(a) 50.025, 50.002 (b) 49.975, 49.998
(c) 50.025, 49.998 (d) 50.002, 49.075

7. 50 मिमी बेसिक साइज के होल का बेसिक तथा मूलभूत विचलन 'G' निम्न प्रकार चित्रण किया जा सकता है

(a) 

(b) 

(c)

(d) 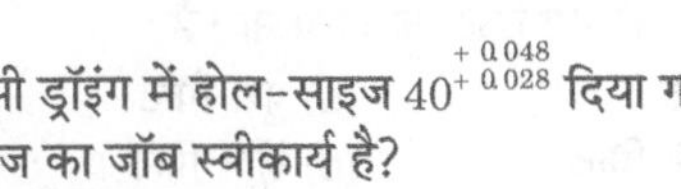

8. बेसिक होल का न्यूनतम विचलन शून्य (zero) होता है। निम्न में से कौन-सा अक्षर बेसिक होल को प्रकट करता है?
(a) H (b) G
(c) F (d) E

9. एक जॉब का साइज $24^{-0.2}$ दिया गया है। इससे निम्न तथ्य प्रकट होता है
(a) मूलभूत विचलन 0.00 मिमी है
(b) न्यूनतम विचलन – 0.2 मिमी है
(c) अधिकतम विचलन + 0.2 मिमी है
(d) उपरोक्त में से कोई नहीं

10. BIS सिस्टम में 25-होल विचलनों को प्रदर्शित किया जाता है
(a) बड़े अक्षरों में
(b) छोटे अक्षरों में
(c) छोटे अक्षरों में नम्बरों के साथ
(d) छोटे अक्षरों में टॉलरेन्स के साथ

11. जॉब के साइज की अधिकतम लिमिट तथा न्यूनतम लिमिट का अन्तर कहलाता है
(a) बेसिक
(b) वास्तविक साइज
(c) टॉलरेन्स
(d) विचलन

12. BIS सिस्टम में फिट्स के तीन मुख्य प्रकार हैं
(a) लूज फिट, टाइट फिट तथा श्रिंकेज फिट
(b) राउण्ड फिट, फ्लैट फिट तथा एक्सपैन्शन फिट
(c) पुश फिट, स्लाइडिंग फिट तथा मीडियम फिट
(d) क्लीयरैन्स फिट, ट्रांजिशन फिट तथा इण्टरफेरेन्स फिट

13. निम्नलिखित में से स्नग फिट का अन्य नाम है
(a) श्रिंकेज फिट (b) पुश फिट
(c) इण्टरफेरेन्स फिट (d) लूज फिट

14. एक क्लीयरैन्स फिट में अधिकतम क्लीयरैन्स का अर्थ होता है
(a) अधिकतम होल तथा न्यूनतम शाफ्ट के बीच अन्तर
(b) न्यूनतम होल तथा अधिकतम शाफ्ट के बीच अन्तर
(c) अधिकतम होल तथा अधिकतम शाफ्ट के बीच अन्तर
(d) न्यूनतम होल तथा न्यूनतम शाफ्ट के बीच अन्तर

15. एक ट्रांजिशन फिट में अधिकतम इण्टरफेरेन्स होता है
(a) अधिकतम होल तथा न्यूनतम शाफ्ट के बीच बीजगणितीय अन्तर
(b) अधिकतम शाफ्ट तथा न्यूनतम छिद्र के बीच बीजगणितीय अन्तर
(c) अधिकतम शाफ्ट तथा अधिकतम छिद्र के बीच बीजगणितीय अन्तर
(d) न्यूनतम शाफ्ट तथा न्यूनतम छिद्र के बीच बीजगणितीय अन्तर

16. ट्रांजिशन फिट (होल-बेसिस) में एलाउन्स निम्न होता है
(a) एलाउन्स केवल धनात्मक (+) होता है
(b) एलाउन्स केवल ऋणात्मक (–) होता है
(c) एलाउन्स धनात्मक अथवा ऋणात्मक हो सकता है
(d) एलाउन्स होता ही नहीं है

17. BIS सिस्टम में निम्न में से किन साइजों की लिमिट व फिट्स दर्शायी गई हैं?
(a) 0 से 1000 मिमी (b) 5 से 450 मिमी
(c) 0 से 500 मिमी (d) 0 से 100 मिमी

18. लिमिट, फिट और टॉलरेन्स पर IS 1919 के अनुसार मूल विचलन की स्थितियों की संख्या .... है।
(a) वर्णमाला में 26 (b) वर्णमाला में 25
(c) वर्णमाला में 18 (d) वर्णमाला में 16

19. टॉलरेन्स सदैव होती है
(a) शून्य (b) ऋणात्मक
(c) धनात्मक (d) इनमें से कोई नहीं

20. टॉलरेन्स का प्रकार है
(a) यूनिलेटेरल (b) बाईलेटेरल (c) मूलभूत (d) ये सभी

21. उत्पादन लागत अधिक होती है
(a) टॉलरेन्स अधिक होने से (b) टॉलरेन्स कम होने से
(c) उत्पादन अधिक संख्या में करने से
(d) उत्पादन कम संख्या में करने से

22. जब बेसिक साइज में टॉलरेन्स एक ही साइड में दी जाती है, तो उसे कहते हैं
(a) बेसिक टॉलरेन्स (b) बाईलेटेरल टॉलरेन्स
(c) यूनिलेटेरल टॉलरेन्स (d) इनमें से कोई नहीं

23. एक ड्रॉइंग पर $35^{\pm 0.002}$ मिमी दर्शाया गया है, इसकी टॉलरेन्स है
(a) 0.002 मिमी (b) 35.002 मिमी
(c) 35 मिमी (d) 0.004 मिमी

24. बाईलेटेरल टॉलरेन्स में बेसिक साइज के किस ओर टॉलरेन्स दी जाती है?
(a) ऊपर की ओर (b) नीचे की ओर
(c) 'a' और 'b' दोनों (d) किसी भी एक ओर

25. एक जॉब का साइज $24^{-0.2}$ दिया गया है इससे निम्न में से कौन-सा तथ्य प्रकट होता है?
(a) मूलभूत विचलन 0.00 मिमी है
(b) न्यूनतम विचलन –0.2 मिमी है
(c) अधिकतम विचलन +0.2 मिमी है
(d) उपरोक्त में से काई नहीं.

उत्तरमाला

1. (c)	**2.** (a)	**3.** (c)	**4.** (d)	**5.** (d)	**6.** (a)	**7.** (c)	**8.** (a)	**9.** (b)	**10.** (a)
11. (c)	**12.** (d)	**13.** (b)	**14.** (a)	**15.** (b)	**16.** (c)	**17.** (c)	**18.** (b)	**19.** (c)	**20.** (d)
21. (b)	**22.** (c)	**23.** (d)	**24.** (c)	**25.** (b)					

अध्याय 08

ड्रिलिंग मशीन एवं रीमर

Drilling Machine and Reamer

अध्याय विषय सूची

परिचय Introduction

ड्रिल एक प्रकार का कर्तन औजार (cutting tool) है, जिसका प्रयोग विभिन्न धातुओं में वृत्ताकार छिद्र बनाने के लिए किया जाता है। सामान्यतः मशीनों के विभिन्न भागों को संयोजित करने हेतु रिवेटों तथा बोल्टों का प्रयोग किया जाता है। अतः मशीनी भागों में ड्रिल द्वारा ही उपयुक्त रिवेट तथा बोल्ट को गुजारने हेतु छिद्र बनाए जाते हैं। ड्रिल द्वारा छिद्र करने की यह प्रक्रिया ड्रिलिंग तथा इस प्रक्रिया में प्रयुक्त मशीन, ड्रिलिंग मशीन कहलाती है।

वर्कशॉप में जॉब पर की जाने वाली कर्तन प्रक्रिया में कर्तन औजारों के अतिरिक्त कुछ सहायक औजार भी प्रयोग किए जाते हैं; जैसे—रीमर, टैप तथा डाई। कर्तन प्रक्रिया में सहायक होने के कारण इन औजारों को कर्तन सहायक भी कहा जाता है। इन औजारों का प्रयोग प्रायः चूड़ी कर्तन, रीमिंग एवं लैपिंग जैसी प्रक्रियाओं में जॉब की परिष्कृति (finishing) के उद्देश्य से किया जाता है। परिष्कृति से आशय किसी भी कार्य की स्वच्छता अथवा सफाई से है। यह सफाई कार्य के पश्चात् सतहों की समतलता आदि तरीकों से उपयुक्त रूप से दर्शायी जा सकती है।

8.1 ड्रिल बिट Drill Bit

वह कटिंग टूल, जिसका प्रयोग विभिन्न ठोस पदार्थों में छिद्र करने के लिए किया जाता है, ड्रिल बिट कहलाता है। चित्र में ड्रिल बिट की सामान्य संरचना दर्शायी गई है।

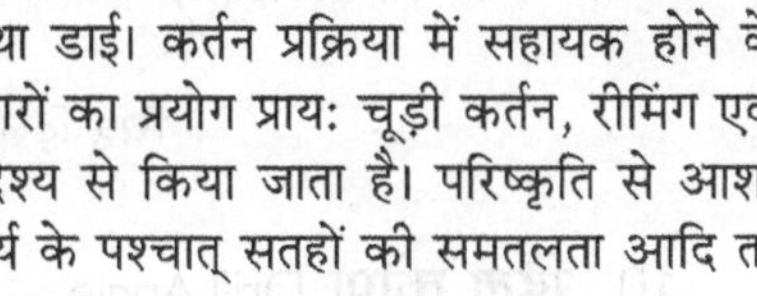

चित्र ड्रिल बिट के भाग

ड्रिल बिट का उपयोग करके सामान्यत: वृत्ताकार क्रॉस सैक्शन वाले छिद्र बनाए जाते हैं। ड्रिल बिट विभिन्न साइजों एवं आकृतियों में आते हैं तथा विभिन्न पदार्थों में विभिन्न प्रकार के छिद्र बनाने के लिए प्रयुक्त किए जाते हैं। ड्रिल बिट द्वारा छिद्र बनाने के लिए सर्वप्रथम बिट को ड्रिल मशीन में लगाया जाता है। इसके पश्चात् विद्युत द्वारा ड्रिल मशीन को चलाकर कार्यखण्ड में छिद्र बनाए जाते हैं। ड्रिल बिट बनाने के लिए हाई-कार्बन स्टील, निम्न कार्बन स्टील तथा हाई स्पीड स्टील का प्रयोग किया जाता है। ड्रिल बिट के मुख्य भाग निम्न प्रकार हैं

1. **बिन्दु** Point

ड्रिल के आगे का वह भाग, जोकि शंकु के आकार का होता है, बिन्दु कहलाता है। बिन्दु पर बना शंकु कोण भिन्न-भिन्न धातुओं के लिए भिन्न-भिन्न होता है, परन्तु साधारणत: इसे 118° के कोण पर ग्राइण्ड किया जाता है। इसे चीजल एज (chisel edge) या डैड सेन्टर (dead centre) भी कहा जाता है। ड्रिल की काटने वाली धार, लिप कहलाती है, जो प्रत्येक फ्लूट के साथ होती है।

2. **शैंक** Shank

ड्रिल का वह ड्राइविंग एण्ड जो मशीन में फिट होता है, शैंक कहलाता है। यह ड्रिल के ऊपर का भाग है। शैंक दो प्रकार का होता है-टेपर शैंक तथा स्ट्रैट शैंक। टेपर शैंक बड़े व्यास की ड्रिल के लिए प्रयोग किया जाता है तथा स्ट्रैट शैंक छोटे व्यास की ड्रिल के लिए प्रयोग किया जाता है।

3. **टैंग** Tang

यह टेपर शैंक ड्रिल का वह भाग है जो ड्रिलिंग मशीन के स्पिण्डल में फिट होता है। यह छोटा एवं चपटा होता है, जिससे कि इसे ड्रिलिंग मशीन की सीट में फिट करने में आसानी होती है।

4. **बॉडी** Body

ड्रिल की बॉडी उसका वह भाग है, जिसमें स्पाइरल फ्लूट (spiral flute) कटा हुआ होता है। इस भाग में डैड सेन्टर से शैंक की ओर हल्का टेपर (0.05 मी से 100 मिमी) रहता है, जिस कारण कटिंग एज द्वारा होल बनने के पश्चात् ड्रिल की बॉडी, होल की दीवारों से रगड़ती हुई नहीं चलती है।

5. **फ्लूट्स** Flutes

फ्लूट्स स्पाइरल खाँचे होते हैं जो ड्रिल की लम्बाई पर बने होते हैं। फ्लूट्स ड्रिल के घूमने पर धातु या पदार्थ की छीलन उतारते हैं। ये खाँचे ड्रिल की बॉडी में बने होते हैं। अधिक लम्बी ड्रिलों में तीन या अधिक फ्लूट्स भी रहते हैं।

6. **मार्जिन** Margin

लैण्ड के ऊपर, कटिंग आकार में एक बहुत बारीक स्पाइरल आकार की उभरी हुई रेखा होती है, जिसे मार्जिन कहते हैं। यह मार्जिन ही होल का आकार बनाती है। दो विपरीत मार्जिनों के बीच की दूरी ही ड्रिल का व्यास होती है।

7. **बॉडी क्लीयरैन्स** Body Clearance

मार्जिन को छोड़कर लैण्ड का शेष भाग बॉडी क्लीयरैन्स कहलाता है। यह भाग, होल की सतहों के साथ घर्षण नहीं करता है, क्योंकि इसका व्यास कुछ कम होता है, जिस कारण घर्षण कम हो जाता है।

8. **हील** Heel

कटिंग एज के पीछे वाले भाग को **हील** कहते हैं। इस भाग को पीछे की ओर टेपर दिया जाता है, जिससे कटिंग करते समय मात्र कटिंग एज ही जॉब की तली को स्पर्श करती है।

9. **वैब** Web

ड्रिल की बॉडी के बीच धातु का वह भाग, जो उस पर बने फ्लूट्स के बीच में बचता है अर्थात् फ्लूट्स को पृथक् करता है, वैब कहलाता है। प्वॉइण्ट से शैंक की ओर इसकी मोटाई अधिक होती जाती है।

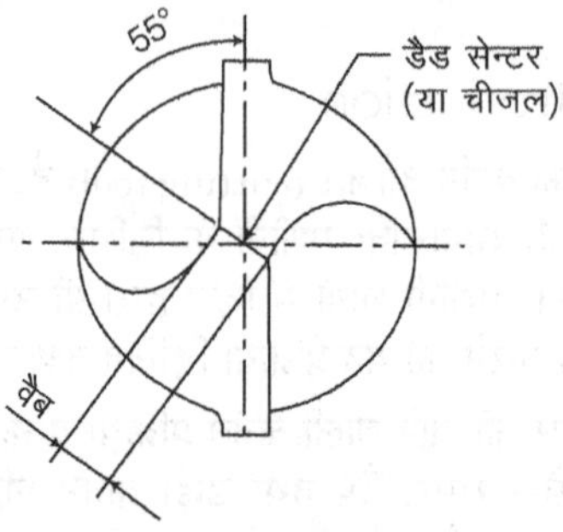

चित्र ड्रिल का वैब

10. **ड्रिल कोण** Drill Angle

अच्छी परिष्कृति (finishing) व उच्च दक्षता प्राप्ति के लिए ड्रिल में भी अन्य कटिंग टूल की भाँति कुछ निश्चित कोण दिए जाते हैं, जोकि निम्न चार प्रकार के होते हैं

(i) बिन्दु कोण
(ii) चीजल एज कोण
(iii) लिप क्लीयरैन्स कोण
(iv) हेलिक्स कोण

8.2 ड्रिल के प्रकार Types of Drill

बनावट के आधार पर ड्रिल निम्न प्रकार के होते हैं

1. **फ्लैट ड्रिल** Flat Drill

यह एक साधारण प्रकार का ड्रिल है, जिसमें दो स्ट्रैट कटिंग एज होती हैं। इसको हाई-कार्बन स्टील की गोल छड़ से बनाया जाता है।

गोल छड़ के एक सिरे को आगे से फोर्ज भट्ठी में गर्म करके चपटा कर लिया जाता है। इसके पश्चात् फाइल द्वारा या ग्राइण्डर से ग्राइण्ड करके इस चपटे भाग में कटिंग एजेज तैयार करते हैं। इसके बाद इसे ऊष्मा उपचार द्वारा हार्ड व टैम्पर कर लिया जाता है।

नीचे चित्र में फ्लैट ड्रिल को दर्शाया गया है

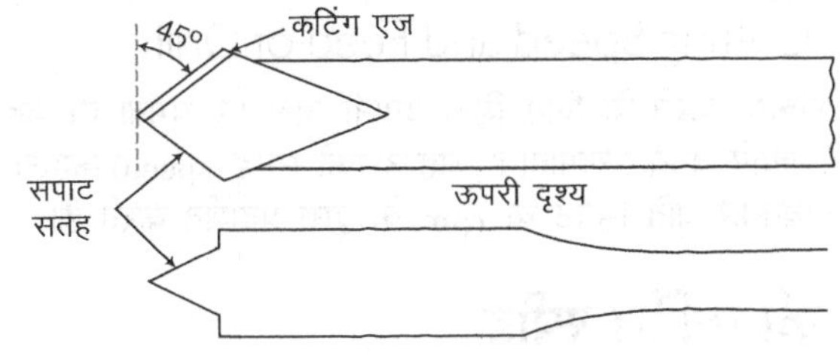

चित्र फ्लैट ड्रिल

इस ड्रिल का प्रयोग हैण्ड ड्रिलिंग मशीन तथा रैचेट ब्रेस (ratchet brace) के साथ लकड़ी तथा मुलायम धातुओं में ड्रिल (छिद्र) करने के उद्देश्य से किया जाता है।

2. स्ट्रैट फ्लूटेड ड्रिल Straight Fluted Drill

इस ड्रिल में दो सीधे खाँचे (flutes) बने होते हैं, जो एक-दूसरे की विपरीत दिशा में अक्ष के समान्तर रहते हैं, जैसा कि चित्र में दर्शाया गया है। ये स्ट्रैट शैंक व टेपर शैंक दोनों प्रकार के होते हैं तथा इनका हेलिक्स कोण 0° का होता है। स्ट्रैट फ्लूटेड ड्रिल बहुत कम धातु काटते हैं, इसलिए मुलायम धातुओं में ड्रिल करने के लिए ये अधिक उपयुक्त हैं। ये ड्रिल छोटे आकार के होते हैं। इनका प्रयोग बहुत कम किया जाता है, क्योंकि इनकी नालियों में छीलन फँस जाती है, जो घूमकर ड्रिल द्वारा बनाए गए होल को खराब कर देती है।

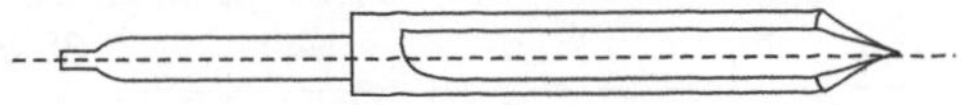

चित्र स्ट्रैट फ्लूटेड ड्रिल

3. ट्विस्ट ड्रिल Twist Drill

ट्विस्ट ड्रिल का वर्तमान में सबसे अधिक प्रयोग किया जाता है, क्योंकि इनके फ्लूट्स स्पाइरल आकार (spiral shape) के होते हैं, इसलिए इनके द्वारा ड्रिल करते समय धातु की छीलन सरलता से बाहर आ जाती है। शीतलक के आसानी से कटिंग एज तक पहुँचने के कारण इन ड्रिलों के द्वारा कटिंग अपेक्षाकृत अधिक तेजी से होती है।

ये बेलनाकार होते हैं तथा हाई स्पीड स्टील व हाई-कार्बन स्टील के बनाए जाते हैं। इनकी कटिंग एज में पर्याप्त क्लीयरैन्स कोण दिया गया होता है, जिस कारण ये किसी भी धातु को आसानी से काटते हुए आगे बढ़ते हैं। सामान्यत: 13 मिमी व्यास तक के छोटे ड्रिलों में स्ट्रैट शैंक और बड़े साइज के ड्रिलों में टेपर शैंक का प्रयोग किया जाता है।

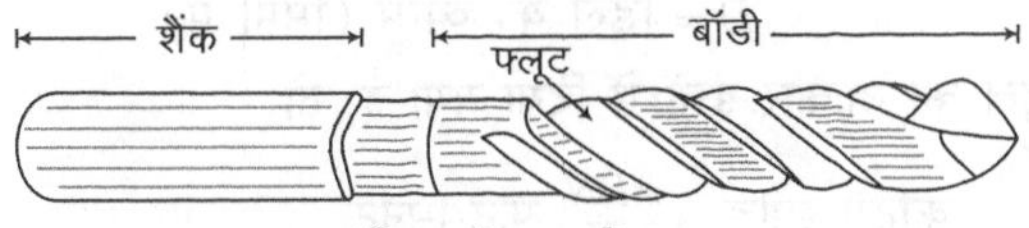

चित्र ट्विस्ट ड्रिल

4. टेपर शैंक कोर ड्रिल Taper Shank Core Drill

देखने में तो यह ड्रिल, ट्विस्ट ड्रिल के समान ही होता है, परन्तु यह ड्रिल पहले से बनाए गए होल को बड़ा करने के काम आती है। इस ड्रिल के द्वारा किसी धातु में नए होल का निर्माण नहीं किया जा सकता है। इसकी बॉडी पर तीन या चार स्पाइरल आकार के फ्लूट्स होते हैं। चित्र में टेपर शैंक कोर ड्रिल को दर्शाया गया है।

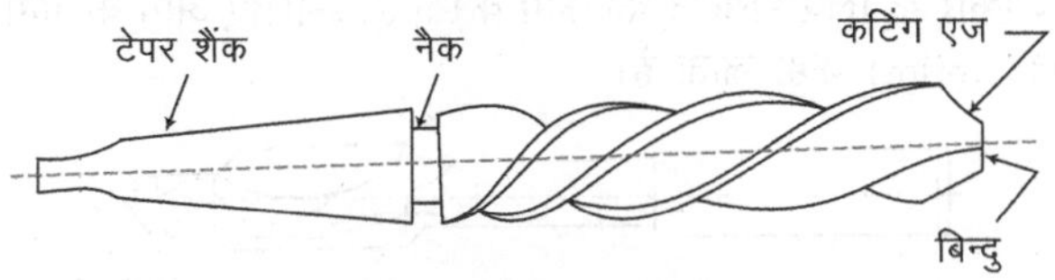

चित्र टेपर शैंक कोर ड्रिल

5. ऑयल होल ड्रिल Oil Hole Drill

इस ड्रिल में शैंक व बॉडी से होकर ऑयल होल बनाए जाते हैं, जिनके द्वारा कटिंग ऑयल, ड्रिल की कटिंग एज तक पहुँचता है, जिससे कटिंग एज ओवर हीट नहीं हो पाती है। चिप्स को बाहर निकालने के लिए इन्हीं छिद्रों में सम्पीडित वायु (compressed air) या प्रैशर से कटिंग ऑयल भेजते हैं। ऑयल होल ड्रिल को गन बैरल ड्रिल भी कहते हैं। ड्रिल में ऑयल होल की स्थिति को नीचे दिए गए चित्र द्वारा दर्शाया गया है।

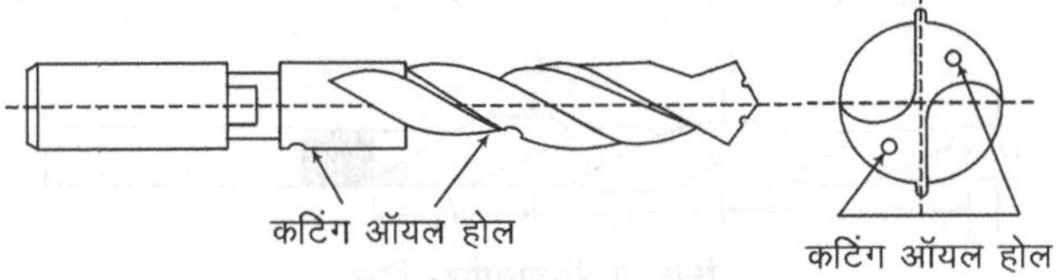

चित्र ऑयल होल ड्रिल

6. सेन्टर ड्रिल Centre Drill

सेन्टर ड्रिल को **कॉम्बीनेशन ड्रिल** (combination drill) भी कहा जाता है। सेन्टर ड्रिल हाई स्पीड स्टील के बनाए जाते हैं। इनके बीच का भाग बेलनाकार तथा प्लेन होता है, जिसके दोनों सिरों पर सेन्टर लगाने के लिए कटाई कोरें (cutting edges) होती हैं, जैसा कि चित्र में दर्शाया गया है। सेन्टर ड्रिल के दोनों ही सिरे, ड्रिल की भाँति बने होते हैं, जिसका प्वॉइण्ट कोण 120° ± 3° होता है।

इसके पश्चात् कुछ भाग शंकु के आकार का होता है, जिसका कोण 60° होता है। प्लेन ड्रिल का व्यास (d_2) 0.5 मिमी तक होता है, जबकि बेलनाकार भाग का व्यास (d_1) 3.5 से 25 मिमी तक होता है।

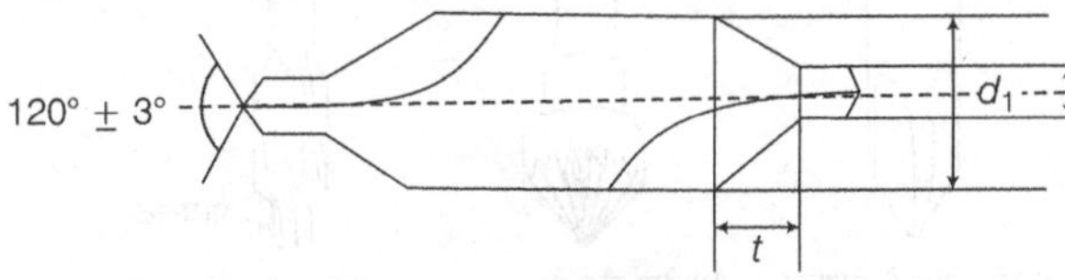

चित्र सेन्टर ड्रिल

7. काउण्टर बोर ड्रिल Counter Bore Drill

काउण्टर बोर ड्रिल में एक निश्चित लम्बाई के पश्चात् काउण्टर बोर करने के लिए एक बड़ा आकार होता है। आगे का छोटा आकार पहले होल करता है, इसके पश्चात् ड्रिल का पीछे का आकार, उसे बोर करके बड़ा करता है। इस ड्रिल का प्रयोग ऐलन बोल्ट के लिए किया जाता है। इस ड्रिल द्वारा बना होल बड़े आकार को गाइड करता है अर्थात् छोटा आकार, बड़े आकार के लिए पायलट का काम करता है, इसलिए आगे के भाग को पायलट (pilot) कहा जाता है।

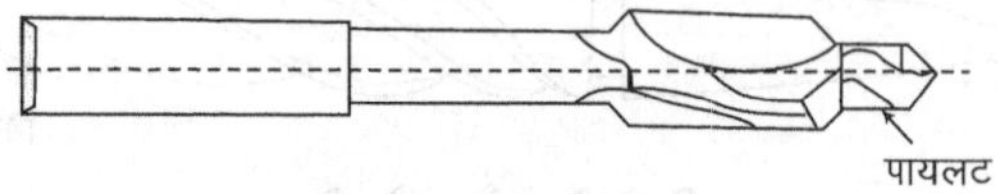

चित्र काउण्टर बोर ड्रिल

8. मल्टी-डायमीटर ड्रिल Multi-diameter Drill

इस ड्रिल की बॉडी दो या तीन अलग-अलग व्यासों से बनी होती है, इसलिए इस ड्रिल के द्वारा एक ही बार में तीन अलग-अलग व्यास के होल बनाए जा सकते हैं। ये ड्रिल टेपर तथा स्ट्रैट दोनों प्रकार की शैंक में उपलब्ध होते हैं, क्योंकि इस ड्रिल के द्वारा स्टैप ड्रिलिंग होती है, इसलिए इसे स्टैप ड्रिल भी कहते हैं। चित्र में एक मल्टी-डायमीटर ड्रिल को दर्शाया गया है, जहाँ l_1, l_2 एवं l_3 क्रमशः पहले, दूसरे व तीसरे भाग की लम्बाई व D_1, D_2 एवं D_3 क्रमशः पहले, दूसरे व तीसरे भाग के व्यास हैं।

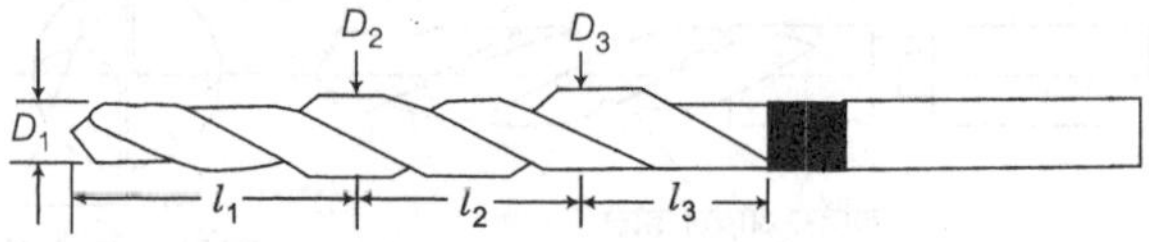

चित्र मल्टी-डायमीटर ड्रिल

9. काउण्टर सिंक ड्रिल Counter Sink Drill

काउण्टर सिंक ड्रिल, टेपर तथा स्ट्रैट शैंक दोनों प्रकार का होता है। वास्तव में, यह एक मल्टी फ्लूटेड ड्रिल है, जिसमें चार या इससे भी अधिक फ्लूट्स होते हैं, जैसा कि चित्र (a) तथा (b) में दर्शाया गया है। अधिक परिष्कृत काउण्टर सिंकिंग के लिए पायलटयुक्त काउण्टर सिंक ड्रिल प्रयोग किए जाते हैं, जिसे चित्र (c) में दर्शाया गया है। यह पायलट ही ड्रिल के पिछले भाग के लिए मार्गदर्शक का कार्य करता है। इन ड्रिलों का प्रयोग छोटे व्यास के छिद्र को काउण्टर सिंक करने के लिए किया जाता है।

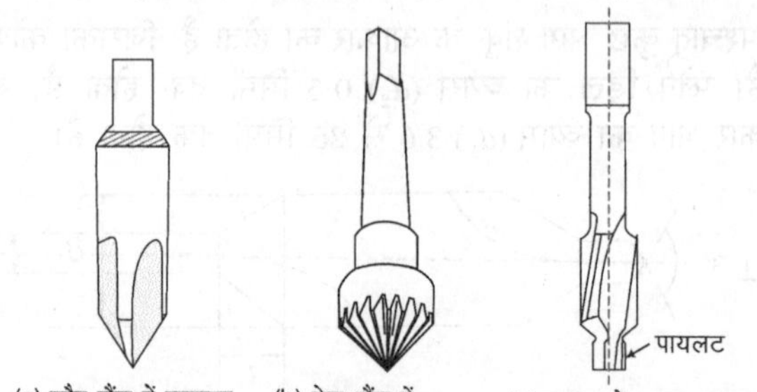

(a) स्ट्रैट शैंक में काउण्टर सिंक ड्रिल (b) टेपर शैंक में काउण्टर सिंक ड्रिल (c) पायलट के साथ काउण्टर सिंक ड्रिल

चित्र काउण्टर सिंक ड्रिल

8.3 ड्रिल की कटिंग स्पीड तथा फीड Cutting Speed and Feed of Drill

कटिंग प्रक्रिया करने के लिए ड्रिल अपनी अक्ष पर घूमता है। यह एक मिनट में जितने चक्कर लगाता है, वह उसकी स्पीड (speed) कहलाती है। इसे हम चक्कर प्रति मिनट या rpm के द्वारा प्रदर्शित करते हैं।

ड्रिल की कटिंग स्पीड Cutting Speed of Drill

ड्रिल की कटिंग स्पीड, ड्रिल की परिधि के किसी बिन्दु की चाल होती है अर्थात् ड्रिल की परिधि पर कोई बिन्दु एक मिनट में जितनी वृत्ताकार दूरी चलता है, वह उस ड्रिल की कटिंग स्पीड कहलाती है।

ड्रिल की कटिंग स्पीड को मीटर प्रति मिनट (metre per minute) में मापा जाता है, परन्तु यदि ड्रिल का आकार इंचों में हो, तो इसे फुट प्रति मिनट (foot per minute) में मापा जाता है।

ड्रिल की अधिकतम कटिंग स्पीड, ड्रिल की धातु तथा काटे जाने वाली धातु पर निर्भर करती है। हाई स्पीड स्टील के ड्रिल द्वारा विभिन्न धातुओं में छिद्र करने के लिए उपयुक्त कटिंग स्पीड नीचे तालिका में दी गई है

तालिका विविध धातुओं के ड्रिल की कटिंग स्पीड

क्र.सं.	धातु	कटिंग स्पीड (मी/मिनट)
1.	एल्युमीनियम	70-100
2.	ब्रास	35-50
3.	ब्रोन्ज (फॉस्फोरस)	20-35
4.	कास्ट आयरन (ग्रे)	25-40
5.	कॉपर	35-45
6.	स्टील (मीडियम कार्बन/माइल्ड स्टील)	20-30
7.	स्टील (अलॉय, हाई-टेन्साइल)	5-8
8.	थर्मोसैटिंग प्लास्टिक (एब्रेसिव गुणों के कारण लो स्पीड)	20-30

यदि ड्रिल का व्यास D तथा प्रति मिनट ड्रिल द्वारा लगाए गए चक्कर N (rpm में) हो, तो ड्रिल की कटिंग स्पीड ज्ञात करने के लिए निम्न सूत्र का प्रयोग किया जाता है

$$\text{कटिंग स्पीड} = \frac{\pi DN}{1000} \text{ मी/मिनट}$$

यहाँ, D = ड्रिल का व्यास (मिमी में)

यदि ड्रिल का आकार इंचों में दिया गया है, तो

$$\text{कटिंग स्पीड} = \frac{\pi DN}{1000} \text{ फुट/मिनट}$$

यहाँ, D = ड्रिल का व्यास (इंच में)

उदाहरण 1. यदि किसी जॉब में किसी ड्रिल, जिसकी कटिंग स्पीड 20 मी/मिनट है, के द्वारा 15 मिमी का सुराख करना हो, तो सुराख करने के लिए ड्रिल की उपयुक्त स्पीड rpm में ज्ञात कीजिए।

हल दिया है, ड्रिल का व्यास (D) = 15 मिमी

तथा कटिंग स्पीड = 20 मी/मिनट

$$\text{कटिंग स्पीड} = \frac{\pi DN}{1000} \text{ मी/मिनट}$$

$$N = \frac{\text{कटिंग स्पीड} \times 1000}{\pi \times D} = \frac{20 \times 1000}{3.14 \times 15}$$

$$= 424.63 \text{ rpm}$$

ड्रिल की फीड Feed of Drill

जब एक ड्रिल निश्चित चाल पर घूमता हुआ कटाई करता है, तो ड्रिल एक चक्कर में, जॉब में जितनी गहराई तक प्रवेश करता है, वह उसकी फीड दूरी कहलाती है। यह दूरी ड्रिल के आकार, प्रकार व काटे जाने वाली धातु की कठोरता पर निर्भर करती है, जैसा कि नीचे दिए गए चित्र में दर्शाया गया है। एक ड्रिल अपने एक पूर्ण चक्र में नीचे की ओर t दूरी किसी धातु में धँस जाता है। अतः इस ड्रिल की फीड दूरी t मी है।

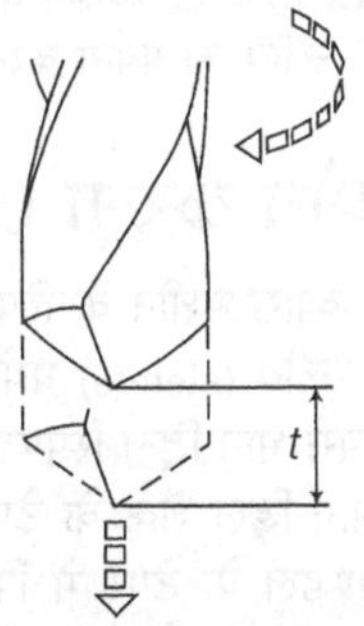

चित्र ड्रिल द्वारा एक पूर्ण चक्कर में चली गई दूरी (t)

कम आकार की ड्रिल में कम तथा बड़े आकार की ड्रिल में अधिक फीड दी जाती है। इसी प्रकार कठोर धातुओं में फीड कम दी जाती है तथा नरम धातुओं में अधिक।

तालिका कुछ विभिन्न आकार के ड्रिलों की फीड

क्र.सं.	ड्रिल का व्यास (मिमी में)	फीड की दर (मिमी/चक्कर)
1.	1.0 से 2.5	0.040-0.060
2.	2.6 से 4.5	0.050-0.100
3.	4.6 से 6.0	0.075-0.150
4.	6.1 से 9.0	0.100-0.200
5.	9.1 से 12.0	0.150-0.250
6.	12.1 से 15.0	0.200-0.300
7.	15.1 से 18.0	0.230-0.330
8.	18.1 से 21.0	0.260-0.360
9.	21.1 से 25.0	0.280-0.380

यदि T मिनट में, N चक्कर प्रति मिनट की दर से ड्रिल द्वारा चली गई दूरी L हो, तो ड्रिलिंग प्रक्रिया में फीड (f) ज्ञात करने के लिए निम्न सूत्र का प्रयोग किया जाता है

$$\text{फीड } (f) = \frac{L}{TN} \text{ मिमी/चक्कर}$$

यदि शंकु अर्थात् ड्रिल के बिन्दु की ऊँचाई (B) भी जोड़ दी जाए, तो निम्न सूत्र का प्रयोग किया जाता है

$$\text{फीड } (f) = \frac{L+B}{T \times N}$$

यहाँ, $B = 0.3D$ है [जहाँ, D मिमी में ड्रिल का व्यास है।]

उदाहरण 2. मृदु स्टील की 20 मिमी मोटी प्लेट में 1 छिद्र करने में लगने वाला समय ज्ञात कीजिए, जबकि ड्रिल का व्यास 10 मिमी और कटिंग स्पीड 1.5 मी प्रति मिनट और फीड 0.05 मिमी है।

हल दिया है, प्लेट की मोटाई (L) = 20 मिमी

ड्रिल का व्यास (D) = 10 मिमी

कटिंग स्पीड (CS) = 1.5 मी प्रति मिनट

छिद्रों के नम्बर = 5

फीड = 0.05 मिमी

$$\text{सूत्र के अनुसार, कटिंग स्पीड (CS)} = \frac{\pi DN}{1000} \text{ चक्कर/मिनट}$$

$$N = \frac{1000 \times CS}{\pi D}$$

$$N = \frac{1.5 \times 1000}{\pi \times 10}$$

$$= \frac{150}{\pi} \text{ rpm}$$

$$\text{या} \quad \text{फीड} = \frac{L+B}{T \times N} \quad [\text{जहाँ, } B = 0.3D, D = \text{ड्रिल का व्यास}]$$

$$0.05 = \frac{20 + 0.3 \times 10}{T \times \frac{150}{\pi}}$$

$$\text{या समय, } T = \frac{20+3}{0.05 \times 150/\pi}$$

$$= \frac{23 \times \pi}{7.5} = \frac{23 \times 22}{7 \times 7.5} = 9'.635'$$

अतः एक छिद्र करने में लगा समय = 9 मिनट 63 सेकण्ड

8.4 ड्रिल को पकड़ने की युक्तियाँ Drill Holding Devices

ड्रिलिंग मशीन में विभिन्न आकारों की ड्रिलों को अलग-अलग युक्तियों द्वारा पकड़ा जाता है; जैसे—बड़े आकार की ड्रिलों के शैंक टेपर में होते हैं, इसलिए उन्हें सीधे ही स्पिण्डल के टेपर होल में पकड़ा जाता है, परन्तु छोटे आकार की ड्रिल के शैंक स्ट्रैट होते हैं, जिन्हें सीधे ही स्पिण्डल द्वारा नहीं पकड़ा जा सकता है। अतः इन्हें पकड़ने के लिए एक अन्य उपकरण ड्रिल चक (drill chuck) का प्रयोग किया जाता है।

इस प्रकार ड्रिल को मशीन में पकड़ने के लिए निम्न चार तकनीकों का प्रयोग किया जाता है

1. सीधे स्पिण्डल में पकड़ना
Direct Holding in Spindle

सभी ड्रिलिंग मशीनों के स्पिण्डल में सिरे पर टेपरयुक्त लम्बा छेद होता है। साधारणत: यह स्टैण्डर्ड मोर्स टेपर होता है, जो लगभग 1 : 20 के अनुपात में होता है। मोर्स टेपर से अच्छा वैजिंग एक्शन (wedging action) प्राप्त होता है, जिस कारण ड्रिल स्पिण्डल में फँस जाता है, इसलिए मोर्स टेपर को सैल्फ होल्डिंग टेपर (self holding taper) भी कहा जाता है। मशीनों के स्पिण्डल में सिरे पर बने होल में बड़े आकार के ड्रिलों के टेपर शैंक सीधे ही फिट किए जा सकते हैं।

चित्र ड्रिल को स्पिण्डल में पकड़ने का गलत तरीका

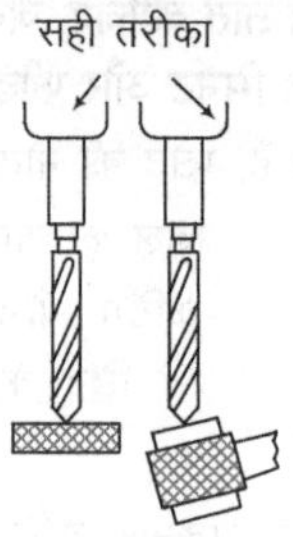

चित्र ड्रिल को स्पिण्डल में पकड़ने का सही तरीका

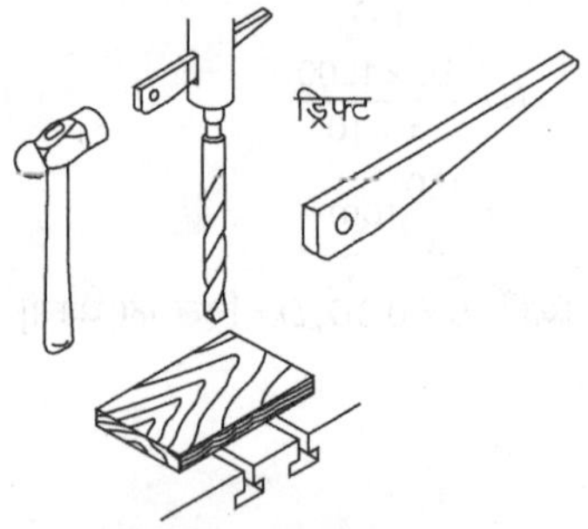

चित्र ड्रिफ्ट द्वारा ड्रिल को स्पिण्डल से निकालना

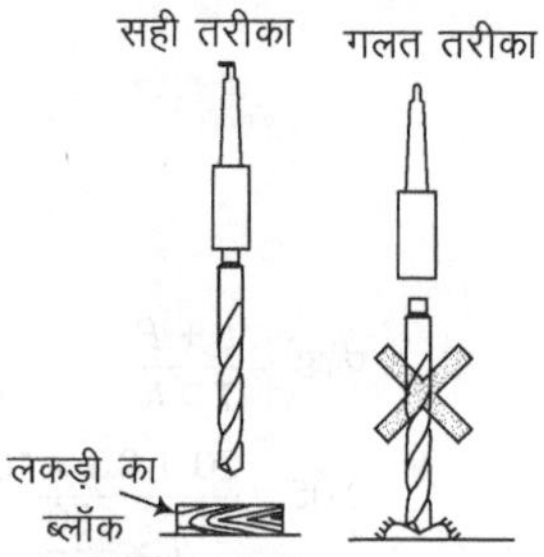

चित्र स्पिण्डल में ड्रिल लगाने व निकालने के दौरान लकड़ी के ब्लॉक का प्रयोग

ड्रिल को स्लिप होने से बचाने के लिए इसकी शैंक के ऊपर एक टैंग (tang) होती है। यह टैंग स्पिण्डल में होल के ऊपर बने खाँचे (slots) में फँस जाती है। ड्रिल को बाहर निकालने के लिए एक टेपर-की या ड्रिफ्ट प्रयोग की जाती है, जैसा कि चित्र में दर्शाया गया है। ड्रिल लगाते तथा निकालते समय उसके नीचे लकड़ी का ब्लॉक रखना नहीं भूलना चाहिए।

2. स्लीव का प्रयोग करना Using of Sleeve

ड्रिल मशीन के स्पिण्डल में किसी एक ही आकार के ड्रिल का शैंक पकड़ा जा सकता है, परन्तु यदि ड्रिल का शैंक छोटे व्यास का है, तो उसे बड़े आकार के स्पिण्डल होल में नहीं पकड़ा जा सकता है। इसके लिए पहले ड्रिल के शैंक को एक स्लीव में फिट करते हैं, जिससे उसका आकार बढ़ जाता है, जैसा कि चित्र में दर्शाया गया है।

कभी-कभी स्पिण्डल होल को ड्रिल के शैंक के आकार के अनुरूप करने के लिए दो या अधिक स्लीवों (sleeves) का भी प्रयोग किया जाता है। स्लीव में भी टैंग को पकड़ने के लिए खाँचे (slots) बने होते हैं। इन्हीं खाँचों में ड्रिफ्ट लगाकर बाद में ड्रिल को अलग करते हैं। ये स्लीव आकार के अनुसार कई नम्बरों में पाए जाते हैं; जैसे—0-1, 1-2, 2-3 आदि।

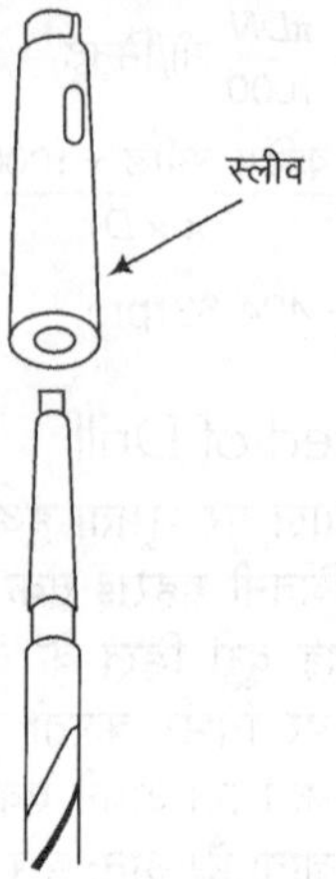

चित्र ड्रिल को पकड़ने के लिए स्लीव का प्रयोग करना

3. सॉकेट का प्रयोग करना Using of Socket

जब ड्रिल के टेपर शैंक का व्यास मशीन के स्पिण्डल के छिद्र से बड़ा होता है, तो ड्रिल पर एक विशेष स्लीव (sleeve) प्रयोग की जाती है, जिसे सॉकेट कहते हैं। इस सॉकेट का ऊपरी भाग ड्रिल स्पिण्डल के टेपर छिद्र के अनुरूप होता है, जबकि नीचे का भाग ड्रिल शैंक के टेपर के अनुरूप बना होता है। इस प्रकार का सॉकेट, स्पिण्डल के टेपर में फिट होकर अपने अन्दर बने टेपर होल में बड़े आकार का टेपर शैंक फिट कर लेता है।

सॉकेट का टैंग (tang) स्पिण्डल के अन्दर बने खाँचे में तथा ड्रिल का टैंग सॉकेट में बने खाँचे में फिट हो जाता है, जैसा कि चित्र में दर्शाया गया है। टेपर शैंक ड्रिल पर पाँच विभिन्न साइज MT1 से MT5 के मोर्स टेपर होते हैं।

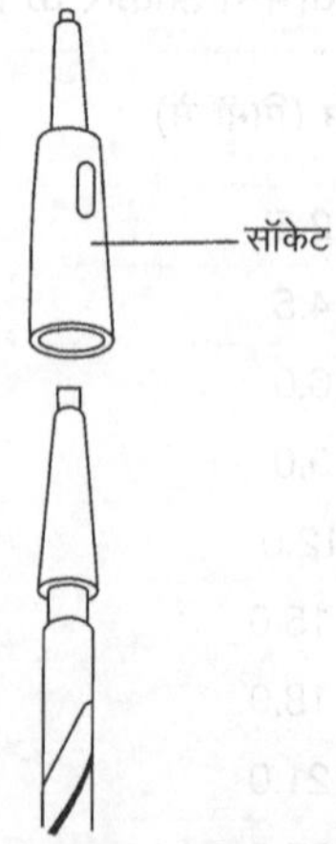

चित्र ड्रिल को पकड़ने के लिए सॉकेट का प्रयोग

4. ड्रिल चक का प्रयोग करना Using of Drill Chuck

छोटे आकार के (15 मिमी) ड्रिलों के शैंक सीधे होते हैं। इस कारण इन्हें ड्रिल मशीन के स्पिण्डल में सीधे नहीं पकड़ा जा सकता है। ऐसी ड्रिलों को पकड़ने के लिए ड्रिल चक का प्रयोग किया जाता है। चक में ड्रिल को फिक्स करने अथवा हटाने के लिए पिनियन-की अथवा नर्ल्ड रिंग का प्रयोग किया जाता है।

ड्रिल चक अलग-अलग व्यास; जैसे—1/4″, 1/2″ की ड्रिलों के अनुसार ही प्रयोग किए जाते हैं। ड्रिल चक कई प्रकार के होते हैं; जैसे—थ्री-जॉ चक, कॉलेट चक तथा क्विक चेंज कॉलेट चक आदि। सामान्यत: थ्री-जॉ ड्रिल चक ही ड्रिल मशीन पर प्रयोग किया जाता है, जैसा कि चित्र में दर्शाया गया है। इस चक में एक निश्चित आकार एवं अन्तराल के ड्रिल पकड़े जा सकते हैं।

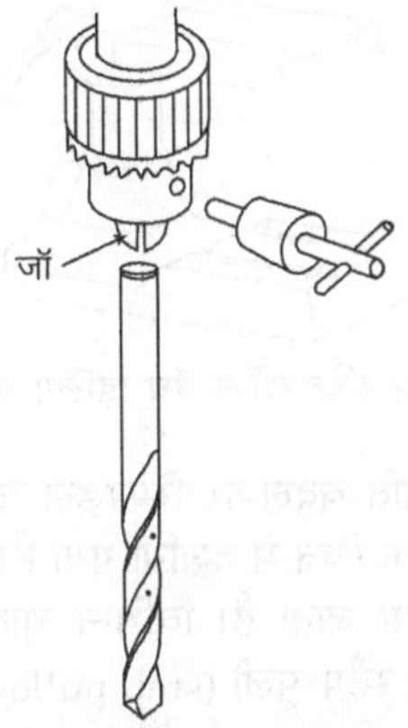

चित्र ड्रिल चक का प्रयोग

इस चक में ड्रिल को पकड़ने के लिए मशीन को रोकना पड़ता है, परन्तु क्विक चेंज कॉलेट में ड्रिल को पकड़ने या निकालने के लिए मशीन को रोकने की आवश्यकता नहीं होती। ध्यान रखें जब ड्रिल को स्पिण्डल, स्लीव अथवा सॉकेट से निकालना हो, तो उसके नीचे लकड़ी का टुकड़ा रखना न भूलें।

ड्रिल की नोक, मेज या कार्यखण्ड से नहीं टकरानी चाहिए। इसलिए ड्रिल को चक से निकालने तथा चक में पकड़ने के लिए चक में एक 'की'-होल बना होता है, जिसमें चक 'की' का प्रयोग कर, चक को ढीला व कसा जा सकता है।

8.5 ड्रिलिंग मशीन Drilling Machine

किसी कार्यखण्ड में सुराख करने के लिए प्रयुक्त औजार को ड्रिल कहते हैं। गोलाकार छिद्र अथवा सुराख करने की इस प्रक्रिया को ड्रिलिंग (drilling) कहा जाता है तथा जिस मशीन की सहायता से यह प्रक्रिया पूरी की जाती है, उसे ड्रिलिंग मशीन (drilling machine) कहते हैं।

ड्रिल मशीन में मुख्यत: एक घूमने वाला स्पिण्डल होता है, जिसमें ड्रिल को चक लगाकर या सीधे ही पकड़ा जाता है। स्पिण्डल के साथ में ड्रिल घूमता है तथा कटिंग प्रक्रिया करते हुए जॉब में प्रवेश करता है। इसके लिए स्पिण्डल को नीचे की ओर दबाव डालकर लाया जाता है।

ड्रिलिंग मशीन के प्रकार Types of Drilling Machine

ड्रिलिंग मशीनें कार्य की आवश्यकता के अनुसार मुख्यत: निम्नलिखित प्रकार की होती हैं

1. पोर्टेबल ड्रिलिंग मशीन Portable Drilling Machine

यह एक छोटे आकार की ड्रिलिंग मशीन होती है, जिसे सरलता से कार्यस्थल पर ले जाकर विभिन्न स्थितियों में ड्रिलिंग की जा सकती है। इस मशीन का प्रयोग बहुत भारी उपकरणों के लिए किया जाता है, जिन्हें मशीन शॉप में ले जाना सम्भव नहीं होता है।

कभी-कभी स्टील स्ट्रक्चरों में ड्रिल करने के लिए भी पोर्टेबल ड्रिल मशीन का प्रयोग किया जाता है। इन मशीनों से यथार्थ होल प्राप्त नहीं होते हैं। इन्हें हम निम्न प्रकार से वर्गीकृत कर सकते हैं

(i) **शक्ति चालित ड्रिलिंग मशीन** Power operated drilling machine

शक्ति चालित पोर्टेबल ड्रिलिंग मशीन को विद्युत, वायुवीय शक्ति आदि से चलाया जाता है। ये मुख्यत: निम्नलिखित दो प्रकार की होती हैं

(a) **विद्युत चालित पोर्टेबल ड्रिलिंग मशीन** (Electrically operated portable drilling machine) इस प्रकार की ड्रिलिंग मशीन में ड्रिल को चलाने के लिए एक विद्युत मोटर लगी होती है। यह ए. सी. व डी. सी दोनों पर प्रचालित हो सकती है। इसकी गति अन्य ड्रिलिंग मशीनों की अपेक्षाकृत अधिक होती है। यह प्राय: दो प्रकार की होती है—हैवी ड्यूटी ड्रिलिंग मशीन तथा लाइट ड्यूटी ड्रिलिंग मशीन।

हैवी ड्यूटी ड्रिलिंग मशीन का प्रयोग भारी कार्यों में किया जाता है, जबकि लाइट ड्यूटी ड्रिलिंग मशीन का प्रयोग हल्के कार्यों में किया जाता है।

हैवी ड्यूटी ड्रिलिंग मशीन के ड्रिल की गति को गियर प्रणाली द्वारा घटाया-बढ़ाया जा सकता है तथा इनसे 25 मिमी साइज तक के ड्रिल पकड़े जा सकते हैं जबकि लाइट ड्यूटी ड्रिलिंग मशीन एक ही गति पर प्रचालित होती है, जिनसे 13 मिमी साइज तक के ड्रिल पकड़े जा सकते हैं। लाइट ड्यूटी ड्रिलिंग मशीन को पिस्टन टाइप ड्रिलिंग मशीन भी कहा जाता है।

इन मशीनों में ड्रिल को पकड़ने हेतु उचित स्थान पर हैण्डिल लगा होता है, जिसके ऊपर मोटर को प्रचालित करने हेतु स्विच लगा होता है। इसमें विद्युत सप्लाई प्रदान करने के लिए हैण्डिल से एक लम्बी केबिल भी जुड़ी होती है।

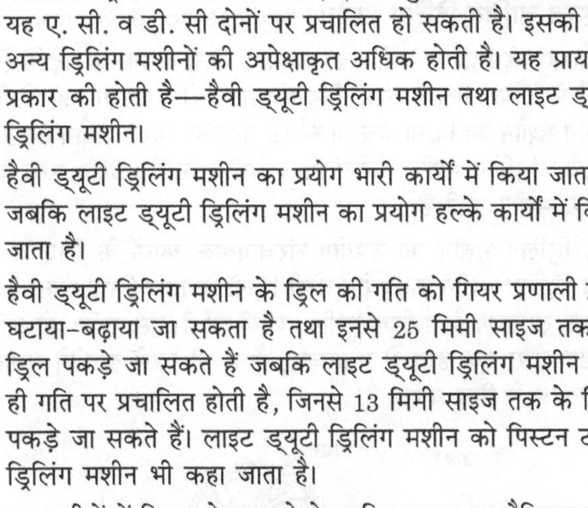

(a) लाइट ड्यूटी ड्रिलिंग मशीन (b) हैवी ड्यूटी ड्रिलिंग मशीन

चित्र विद्युत चालित पोर्टेबल ड्रिलिंग मशीन

(b) **वायु चालित पोर्टेबल ड्रिलिंग मशीन** (Pneumatic operated portable drilling machine) इस प्रकार की ड्रिलिंग मशीन को सम्पीडित वायु (compressed air) द्वारा चलाया जाता है। इसके केसिंग में लगी मोटर द्वारा वायु को सम्पीडित किया जाता है। मोटर में वायु की सप्लाई के लिए वायु सप्लाई पाइप लगा होता है।

ड्रिलिंग के दौरान कम्पन कम करने के लिए इसमें एक हैण्डिल व दाब नियन्त्रण के लिए दाब नियन्त्रक स्क्रू लगा होता है। इस तरह की ड्रिलिंग मशीन का प्रयोग पेट्रोलियम संयन्त्र तथा विस्फोटक फैक्ट्रियों में किया जाता है।

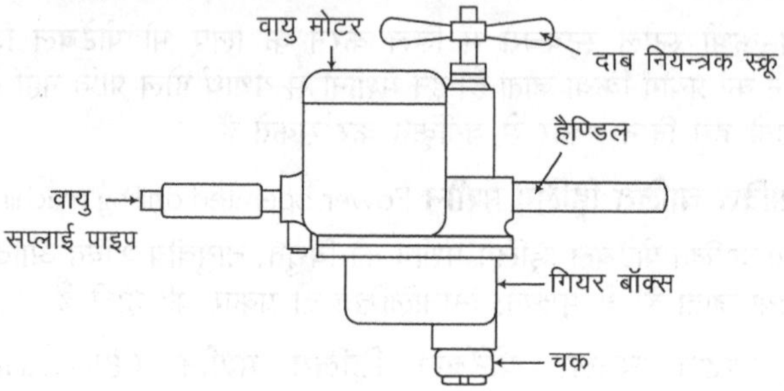

चित्र वायु चालित पोर्टेबल ड्रिलिंग मशीन

(ii) **हस्त चालित ड्रिलिंग मशीन** Hand operated drilling machine

इस तरह की ड्रिलिंग मशीन का उपयोग संरचनात्मक व बढ़ईगिरी जैसे कार्यों में किया जाता है, जहाँ विद्युत सरलता से उपलब्ध नहीं होती। इस ड्रिलिंग मशीन को किसी बेंच या स्टैण्ड पर फिट करके प्रयोग किया जाता है। रैचेट ड्रिलिंग मशीन, बेवेल गियर ड्रिलिंग मशीन आदि हस्त चालित ड्रिलिंग मशीन होती हैं।

रैचेट ड्रिलिंग मशीन का उपयोग संरचनात्मक कार्यों के लिए व बेवेल गियर ड्रिलिंग मशीन का प्रयोग छोटी ड्रिलों के लिए किया जाता है। चित्र में, एक साधारण हैण्ड ड्रिल मशीन दर्शायी गई है। इस मशीन को ऑपरेटर हैण्डिल द्वारा एक हाथ से पकड़कर, क्रैंक को दूसरे हाथ से घुमाते हुए कार्यखण्ड में छिद्र करता है।

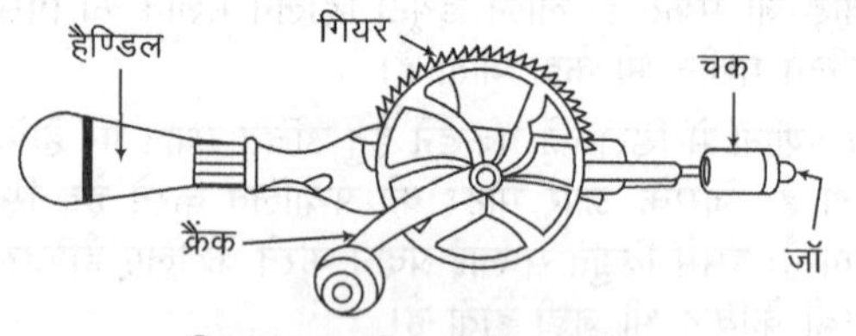

चित्र हस्त चालित ड्रिलिंग मशीन

2. संवेदनशील बेंच ड्रिलिंग मशीन
Sensitive Bench Drilling Machine

यह ड्रिलिंग मशीन उपकरणों में यथार्थ होल बनाने के लिए प्रयोग की जाती है। यह हाथ अथवा विद्युत दोनों से चलाई जा सकती है। इसका प्रयोग हल्के कार्यों के लिए किया जाता है। यह तीव्र गति से ड्रिलिंग करने में सक्षम होती है तथा इसमें 12.5 मिमी व्यास तक के ड्रिल करने की सामर्थ्य होती है। इस मशीन के हैड को किसी भी दिशा में, किसी भी ऊँचाई तक सैट किए जाने के कारण, इसके द्वारा सामान्य जॉब की ड्रिलिंग के अतिरिक्त, अत्यधिक ऊँचाई वाले जॉब की ड्रिलिंग भी की जा सकती है। इसमें बेस प्लेट के एक सिरे पर एक ऊर्ध्वाधर स्तम्भ होता है। बेस प्लेट ढलवाँ लोहे की तथा ऊर्ध्वाधर स्तम्भ मृदु इस्पात का बना होता है। इस स्तम्भ के ऊपरी सिरे पर ड्राइव सिस्टम तथा मध्य में स्विवेल टेबल (swivel table) होती है, जैसा कि चित्र में दर्शाया गया है।

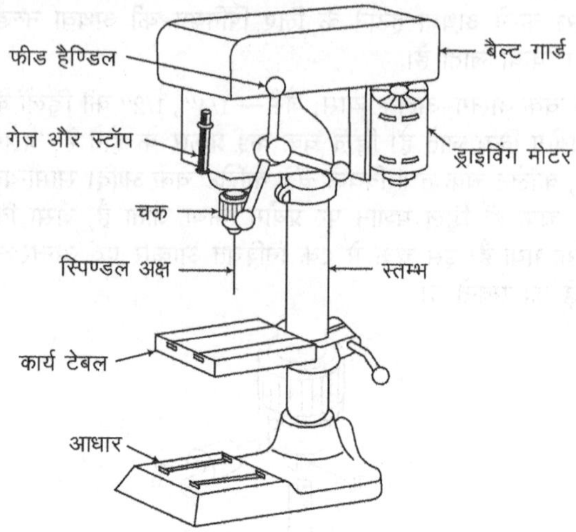

चित्र संवेदनशील बेंच ड्रिलिंग मशीन

स्टैप पुली पट्टे की स्थिति बदलकर स्पिण्डल की विभिन्न गतियाँ प्राप्त की जा सकती हैं, जैसा कि चित्र में दर्शाया गया है। ड्राइव सिस्टम को एक विद्युत मोटर द्वारा चलाया जाता है। विभिन्न चालें प्राप्त करने के लिए मोटर तथा स्पिण्डल पर स्टैप पुली (step pulley) लगाई जाती है।

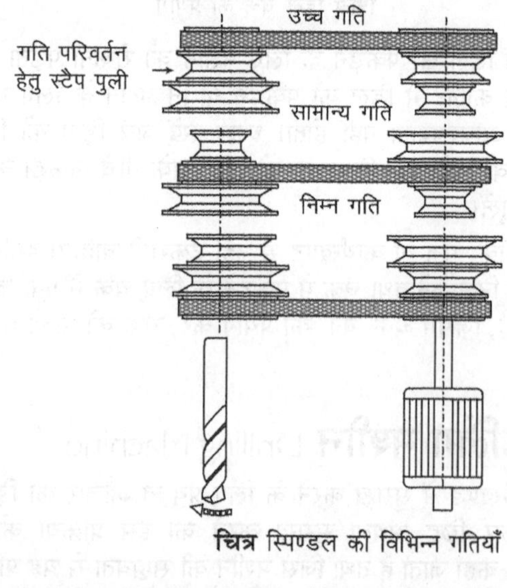

चित्र स्पिण्डल की विभिन्न गतियाँ

ड्रिल को शक्ति स्थानान्तरित करने के लिए स्पिण्डल में होल होता है, जिसमें मोर्स टेपर MT 1 होता है। इस होल में ड्रिल चक का शैंक या बड़े ड्रिल का टेपर शैंक सीधे फिट हो जाता है। इस मशीन में ऑटोमैटिक फीड का प्रबन्ध नहीं होता, इसलिए ड्रिल को फीड देने के लिए एक हैण्डिल लगा होता है, जिसमें रैक व पिनियन के द्वारा स्पिण्डल को फीड दी जाती है।

ड्रिलिंग मशीन ऑपरेटर, हाथ द्वारा हैण्डिल को घुमाकर फीड देता है। इस प्रकार यह ड्रिल द्वारा हो रही कटाई प्रक्रिया को मॉनीटर भी करता रहता है। जॉब को स्विवेल टेबल (swivel table) पर बाँधा जाता है तथा आवश्यकतानुसार इस टेबल को ऊपर-नीचे करके एक उचित ऊँचाई पर क्लैम्प कर दिया जाता है।

3. पिलर ड्रिलिंग मशीन Pillar Drilling Machine

यह मशीन संवेदनशील ड्रिलिंग मशीन के लगभग समान ही होती है, परन्तु आकार में अधिक बड़ी व भारी होती है।

इसका प्रयोग भारी कार्यों के लिए किया जाता है तथा इसके द्वारा 75 मिमी तक के छिद्र किए जा सकते हैं। इसके साथ ही, इसमें ऑटोमैटिक फीड का भी प्रबन्ध रहता है। इसमें भी स्पिण्डल की कई चालें प्राप्त की जा सकती हैं।

इसको एक पृथक् मोटर या पट्टा चालन द्वारा चलाया जा सकता है। इसमें भी एक गोल सैक्शन का पिलर होता है, जिसे एक बड़े साइज की ढलवाँ लोहे की बेस प्लेट के ऊपर फिट किया जाता है, जैसा कि चित्र में दर्शाया गया है।

इसकी वर्क टेबल भी स्विवेल (swivel) होती है, जिसे किसी भी स्थिति में क्लैम्प किया जा सकता है।

टेबल को ऊपर उठाने के लिए रैक और पिनियन प्रणाली का प्रयोग किया जाता है, जिसके लिए लिफ्टिंग हैण्डिल (lifting handle) का प्रयोग करते हैं। इसमें स्पिण्डल की विभिन्न चालें प्राप्त करने के लिए कोन पुली (cone pulley) का सैट प्रयोग होता है।

इसमें पावर ट्रांसमिशन ओपन बैल्ट के द्वारा किया जाता है। पिलर ड्रिलिंग मशीन को स्टैण्डर्ड या वर्टिकल ड्रिलिंग मशीन भी कहा जाता है।

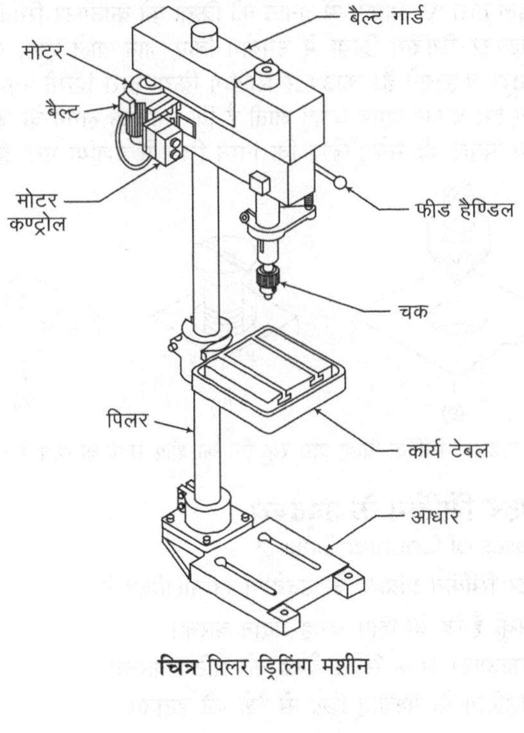

चित्र पिलर ड्रिलिंग मशीन

4. रेडियल ड्रिलिंग मशीन Radial Drilling Machine

इस ड्रिलिंग मशीन का प्रयोग मुख्यत: बड़े व्यास के छिद्र करने, कार्यखण्ड की एक ही सैटिंग में कई छिद्र करने तथा बड़े साइज के कार्यखण्ड में ड्रिलिंग करने के लिए किया जाता है। साधारण ड्रिलिंग मशीनों में स्पिण्डल को अपनी जगह पर स्थिर रखा जाता है और केवल कार्यखण्ड को सरकाकर या टेबल को चलाकर ड्रिल प्वॉइण्ट को स्पिण्डल के नीचे उचित स्थान पर लाया जाता है।

बहुत बड़े कार्यखण्ड को बार-बार सरकाना कठिन कार्य है। अत: रेडियल ड्रिलिंग मशीन की सहायता से कार्यखण्ड के एक ही प्लेन में किए जाने वाले सभी होल, कार्यखण्ड की एक ही सैटिंग में कर सकते हैं। इसमें कार्यखण्ड को स्पिण्डल के नीचे सैट करने के अतिरिक्त स्पिण्डल को ही कार्यखण्ड के ऊपर वांछित स्थान पर ले जाकर लॉक कर दिया जाता है।

इसके अतिरिक्त, इस ड्रिलिंग मशीन का उपयोग बड़े व्यास वाले छिद्रों की ड्रिलिंग करने में और भारी व बड़े कार्यखण्डों की ड्रिलिंग करने में किया जाता है।

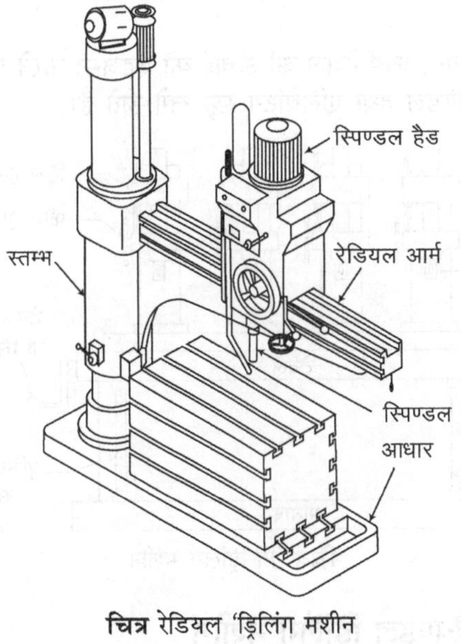

चित्र रेडियल 'ड्रिलिंग मशीन

इस मशीन के नीचे ढलवाँ लोहे से बना एक आधार होता है। इस आधार के किनारे पर एक बेलनाकार पिलर लगा होता है। इस पिलर पर एक रेडियल भुजा घूम सकती है। इस रेडियल भुजा पर एक स्पिण्डल हैड स्लाइड करता है, जिससे रेडियल आर्म ऊपर-नीचे चलती है।

रेडियल आर्म को स्तम्भ के चारों ओर दबाव देकर घुमाया जा सकता है, जैसा कि चित्र से स्पष्ट है। रेडियल आर्म पर स्थित स्पिण्डल के आर्म को दाएँ-बाएँ कहीं भी ले जाया जा सकता है। स्पिण्डल को घुमाने के लिए स्पिण्डल हैड के ऊपर एक अलग विद्युत मोटर होती है।

फीड देने से पहले रेडियल आर्म तथा स्पिण्डल को एक निश्चित स्थान पर लॉक कर दिया जाता है। फीड, हैण्डिल द्वारा मैनुअली दी जा सकती है, जबकि इसमें ऑटोमैटिक फीड का भी प्रबन्ध रहता है।

5. गैंग ड्रिलिंग मशीन Gang Drilling Machine

गैंग ड्रिलिंग मशीन में दो या दो से अधिक सैन्सिटिव ड्रिलिंग मशीनों का एक ही वर्क टेबल पर प्रयोग किया जाता है, जैसा कि चित्र में दर्शाया गया है। प्रत्येक मशीन पर कोई निश्चित ऑपरेशन किया जाता है। इसके पश्चात् उस जॉब को आगे की ड्रिल मशीन पर खिसका दिया जाता है, जहाँ उस पर दूसरा ऑपरेशन किया जाता है, इस प्रकार प्रत्येक मशीन स्वतन्त्र प्रक्रिया करती है।

यह मशीन ऐसे जॉब के लिए उपयोगी होती है, जिस पर एक से अधिक प्रक्रियाएँ करनी हों; जैसे—टैपिंग करने के लिए पहले दो ऑपरेशन ड्रिलिंग तथा रीमिंग करने होते हैं।

इस प्रकार यह ऑपरेशन तीन स्पिण्डल वाली गैंग ड्रिलिंग मशीन पर किया जाएगा, जिस पर सबसे पहले ड्रिलिंग, उसके बाद रीमिंग तथा अन्त में टैपिंग की जाएगी।

ये मशीनें मास प्रोडक्शन के लिए बहुत उपयोगी हैं। इसमें प्रत्येक स्पिण्डल पर अलग ऑपरेटर कार्य करता है। इसमें जॉब को बार-बार फिक्स्चर पर बाँधने व खोलने की आवश्यकता नहीं होती, जिससे समय की बचत होती है।

इसके अतिरिक्त, कार्य टेबल की ऊँचाई को एडजस्ट करने के लिए इसमें एलीवेशन हैण्डिल तथा एलिवेटिंग स्क्रू लगे होते हैं।

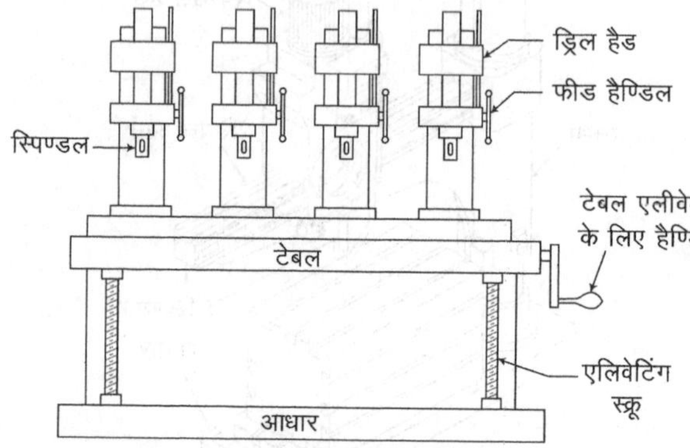

चित्र गैंग ड्रिलिंग मशीन

6. मल्टीस्पिण्डल ड्रिलिंग मशीन Multispindle Drilling Machine

इस मशीन में एक ही मोटर के द्वारा दो या दो से अधिक स्पिण्डलों को एकसाथ चलाया जाता है। इसमें स्पिण्डलों को चाल, स्प्लाइन शाफ्ट व हब के द्वारा दी जाती है। ऑपरेटर आवश्यकतानुसार सभी स्पिण्डलों को निश्चित दूरियों पर सैट कर देता है तथा एक ही दाब में सभी स्पिण्डलों को फीड दी जाती है, जिससे समय की बहुत बचत होती है।

इसका उपयोग भी मास प्रोडक्शन के लिए किया जाता है, क्योंकि प्रारम्भिक सैटिंग में बहुत समय लगता है। अत: यथार्थता लाने के लिए इसमें ड्रिल जिग का प्रयोग अनिवार्य हो जाता है।

इसमें सभी स्पिण्डलों को एकसाथ घुमाने के लिए एक जटिल गियर बॉक्स (gear box) का प्रयोग किया जाता है। कुछ बड़ी मल्टीस्पिण्डल ड्रिलिंग मशीन में 30 या उससे भी अधिक स्पिण्डल रहते हैं।

नीचे दिए गए चित्र में एक मल्टीस्पिण्डल ड्रिलिंग मशीन दर्शायी गई है।

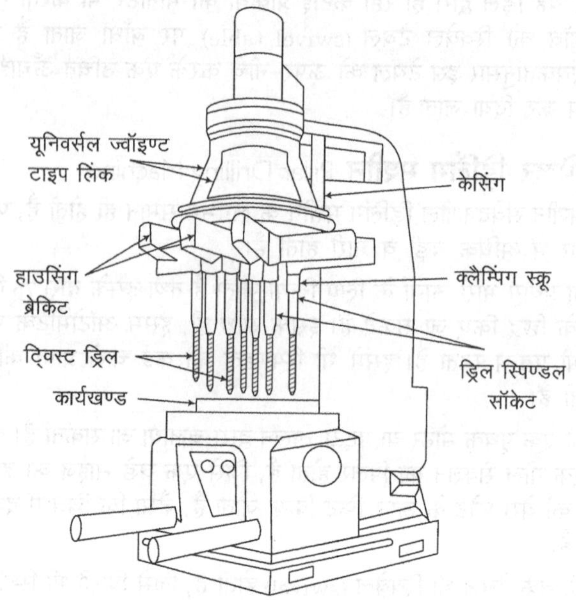

चित्र मल्टीस्पिण्डल ड्रिलिंग मशीन

8.6 ड्रिलिंग प्रक्रियाएँ Drilling Processes

ड्रिलिंग मशीन पर होने वाली कुछ प्रमुख प्रक्रियाएँ निम्नलिखित हैं

1. काउण्टर सिंकिंग Counter Sinking

किसी जॉब में पहले से बनाए हुए सुराख का ऊपरी सिरा चैम्फर करके बड़े ड्रिल द्वारा 'V' आकार में बनाने की क्रिया को काउण्टर सिंकिंग कहते हैं। काउण्टर सिंकिंग क्रिया में उपयोग किए जाने वाले टूल, **काउण्टर सिंक टूल** कहलाते हैं। काउण्टर सिंकिंग क्रिया द्वारा किसी स्क्रू के शीर्ष के लिए इस प्रकार जगह बनाई जाती है कि वह स्क्रू लगने के बाद सतह के साथ सपाट हो सके, जैसा कि निम्न चित्र में दर्शाया गया है

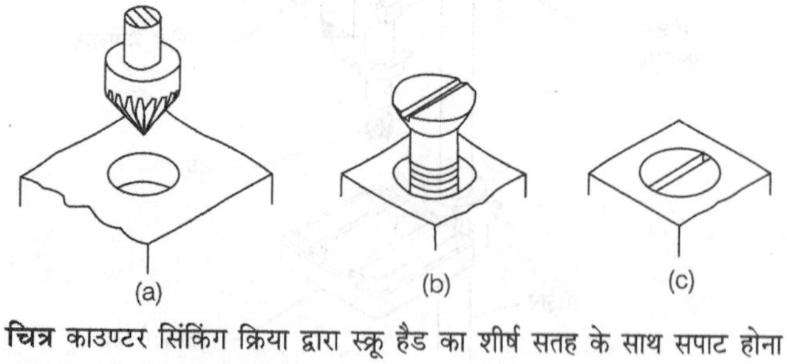

चित्र काउण्टर सिंकिंग क्रिया द्वारा स्क्रू हैड का शीर्ष सतह के साथ सपाट होना

काउण्टर सिंकिंग के उद्देश्य Purposes of Counter Sinking

काउण्टर सिंकिंग प्रक्रिया के उद्देश्य निम्नलिखित हैं

(i) स्क्रू हैण्ड के लिए जगह प्रदान करना।
(ii) काउण्टर सिंक रिवेट हैण्ड की सैटिंग करना।
(iii) ड्रिलिंग के पश्चात् छिद्र से रेशे को हटाना।

काउण्टर सिंकिंग के लिए कोण
Angle for Counter Sinking

काउण्टर सिंकिंग के मुख्य कोण निम्नलिखित हैं

(i) काउण्टर सिंक रिवेटिंग के लिए 75°

(ii) काउण्टर सिंक सैल्फ टैपिंग स्क्रू के लिए 80°

(iii) काउण्टर सिंक हैण्ड स्क्रू और डीबरिंग के लिए 90°

(iv) चूड़ी काटे जाने वाले छिद्रों की चैम्फरिंग तथा अन्य मशीनी प्रक्रमों के लिए 120°

काउण्टर सिंक टूल के प्रकार
Types of Counter Sink Tool

काउण्टर सिंक टूल निम्न प्रकार के होते हैं

(i) **साधारण काउण्टर सिंक टूल** (Simple counter sink tool) साधारण काउण्टर सिंक टूल में बहुकर्तन कोर होती हैं। ये टूल सीधे या टेपर शैंक में पाए जाते हैं। छोटे व्यास वाले काउण्टर सिंकिंग टूल में एक या दो फ्लूट वाले काउण्टर सिंक प्रयोग किए जाते हैं।

(ii) **सूचक सहित काउण्टर सिंक टूल** (Counter sink tool with pilot) इस प्रकार के काउण्टर सिंक टूल अन्तर्परिवर्तनीयता (interchangeability) और ठोस प्रकार के सूचक के साथ उपलब्ध होते हैं। इनका प्रयोग भारी कार्यों के लिए किया जाता है।

इस टूल में नीचे की ओर लगा एक सूचक, सुराख को केन्द्रित करने के लिए मार्गदर्शन करता है।

यह सूचक, काउण्टर सिंक के पिछले भाग के व्यास से कम व्यास वाला होता है।

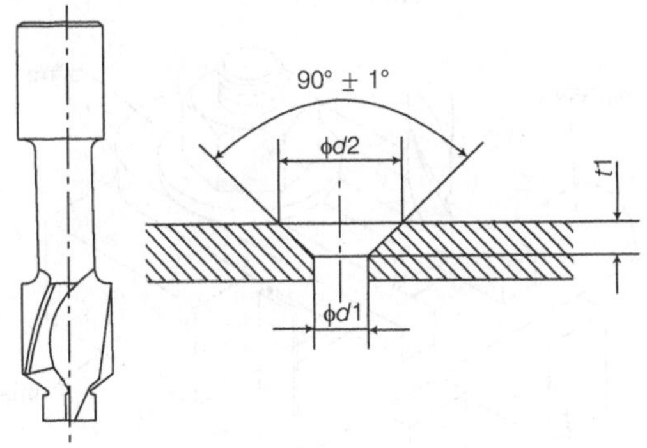

चित्र सूचक सहित काउण्टर सिंक टूल

2. काउण्टर बोरिंग Counter Boring

किसी जॉब में पहले से बनाए हुए सुराख का ऊपरी सिरा, कुछ गहराई तक बड़ा करने की प्रक्रिया को काउण्टर बोरिंग कहते हैं। बढ़े हुए सुराख का निचला सिरा सपाट होता है।

काउण्टर बोरिंग प्रक्रिया को जिस औजार की सहायता से पूरा किया जाता है, उसे काउण्टर बोर (counter bore) कहते हैं। इसके निचले सिरे पर लगा स्थिर सूचक ड्रिल किए गए छिद्र को गाइड करता है।

काउण्टर बोर द्वारा तैयार छिद्र में सॉकेट शीर्ष अथवा कैप स्क्रू के शीर्ष बैठाए जा सकते हैं, जैसा कि निम्न चित्रों में दर्शाया गया है

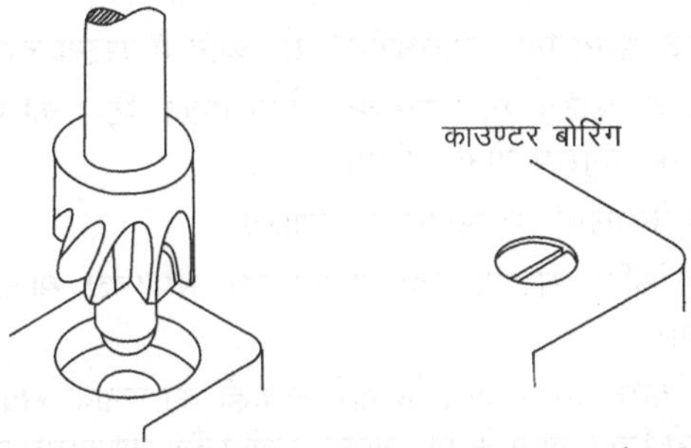

चित्र (a) काउण्टर बोरिंग **चित्र** (b) काउण्टर बोरिंग द्वारा ड्रिल किए गए होल में नट का प्रयोग

काउण्टर बोर मुख्यत: निम्न दो प्रकार के होते हैं

(i) **H किस्म का काउण्टर बोर** इसका प्रयोग स्लॉटिड चीज हैड, स्लॉटिड पैन हैड तथा क्रॉस रिसेस्ड पैन हैड स्क्रू लगाकर संयोजन के लिए किया जाता है।

(ii) **K किस्म का काउण्टर बोर** इसका प्रयोग षट्कोणीय सॉकेट हैड कैप स्क्रू से बने संयोजनों के लिए किया जाता है।

3. स्पॉट फेसिंग Spot Facing

ढलाई किए हुए जॉब में सुराख करने के बाद, सुराख की ऊपरी सतह या बोर के फेस पर समतल सतह बनाने के लिए, जो क्रिया सम्पन्न की जाती है, उसे स्पॉट फेसिंग कहते हैं।

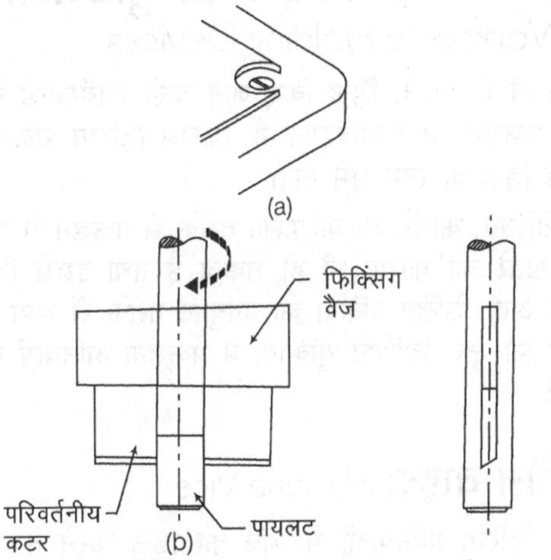

चित्र (a) स्पॉट फेसिंग द्वारा बने छिद्र में नट का प्रयोग
(b) फ्लाई कटर के द्वारा स्पॉट फेसिंग

इस प्रक्रिया में प्रयोग होने वाला टूल, स्पॉट फेसर कहलाता है। स्पॉट फेसिंग क्रिया के पश्चात् सुराख में फिट किए जाने वाले बोल्ट शीर्ष, वाशर अथवा नट आदि सुराख के चारों ओर समतल सतह पर ठीक से सैट हो जाते हैं। कभी-कभी स्पॉट फेसिंग के स्थान पर फ्लाई कटर के सिरे द्वारा भी कटिंग प्रक्रिया की जाती है। इसके लिए कटर ब्लेड को होल्डर की झिर्री में फँसाकर, उसे स्पिण्डल में फिट कर दिया जाता है; जैसे-जैसे स्पिण्डल घूमता है, ब्लेड कटिंग करता जाता है तथा अन्त में एक समतल सतह तथा उसके बीच में एक छिद्र प्राप्त होता है, जिसमें स्क्रू फिट किया जाता है।

ड्रिलिंग करते समय सावधानियाँ

Precautions to be Taken During Drilling

ड्रिलिंग करते समय निम्न सावधानियों को ध्यान में रखना चाहिए

(i) ड्रिल का कटिंग एंगल एवं क्लीयरैन्स एंगल, ड्रिल की जाने वाली धातु के अनुरूप होना चाहिए।

(ii) ड्रिल के लिप्स एकसमान होने चाहिए।

(iii) ड्रिल फिटिंग से पूर्व, ड्रिल स्लीव तथा स्पिण्डल साफ कर लेने चाहिए।

(iv) ड्रिल करते समय जॉब के नीचे लकड़ी का ब्लॉक रखना चाहिए जिससे ड्रिल, जॉब के पार जाकर, मशीन बैड को खराब न करे।

(v) यदि बड़े व्यास का ड्रिल करना हो, तो पहले छोटे ड्रिल से छिद्र करना चाहिए।

(vi) जॉब को पकड़ने के लिए मशीन वाइस अथवा क्लैम्प तथा बोल्ट्स का प्रयोग करना चाहिए।

(vii) ड्रिल को स्लीव अथवा स्पिण्डल से पृथक् करने हेतु ड्रिफ्ट का प्रयोग करना चाहिए।

(viii) ड्रिल प्रयोग करते समय जॉब को उपयुक्त तरीके से पकड़ना चाहिए, जिससे ड्रिल टूटे नहीं।

(ix) ड्रिलिंग मशीन पर जॉब की धातु व ड्रिल के व्यास के अनुरूप ही ड्रिल की स्पीड सैट करनी चाहिए।

8.7 कार्यखण्ड पकड़ने की युक्तियाँ

Workpiece Holding Devices

ड्रिलिंग करने से पहले, ड्रिल किए जाने वाले कार्यखण्ड को उपयुक्त तरीके से पकड़ना अति आवश्यक है, जिससे ड्रिलिंग प्रक्रिया के दौरान कार्यखण्ड ड्रिल के साथ घूमे नहीं।

इसके अतिरिक्त, कार्यखण्ड को गलत तरीके से पकड़ने से यह ऑपरेटर के लिए खतरे का कारण भी हो सकता है तथा इससे ड्रिल भी टूट सकती है। अत: ड्रिलिंग प्रक्रिया को उपयुक्त तरीके से सम्पन्न करने हेतु कार्यखण्ड को कुछ विशिष्ट युक्तियों में पकड़ना अनिवार्य होता है, जो निम्नवत् हैं

1. मशीन वाइस Machine Vice

अधिकांश ड्रिलिंग प्रक्रियाओं में जॉब को ड्रिल करने के लिए मशीन वाइस में पकड़ा जाता है। जॉब पर ड्रिलिंग करते समय यह ध्यान रखना चाहिए कि ड्रिल कार्यखण्ड से गुजरने के पश्चात् वाइस में ड्रिलिंग न करें। इस उद्देश्य हेतु कार्यखण्ड को वाइस के ऊपर लकड़ी का समान्तर ब्लॉक रखकर, रखा जाता है, जिससे कार्यखण्ड तथा वाइस के मध्य कुछ अन्तराल रहे।

निम्न चित्र में कार्यखण्ड को वाइस में पकड़े हुए ड्रिलिंग करते हुए दर्शाया गया है

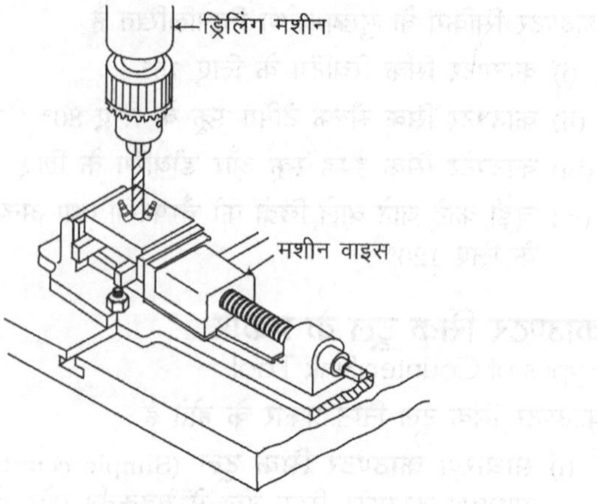

चित्र मशीन वाइस

2. क्लैम्प्स तथा बोल्ट्स Clamps and Bolts

ड्रिलिंग मशीन टेबल पर जॉब को बोल्ट हैड द्वारा पकड़ने के लिए अनेक 'T' स्लॉट्स दिए गए होते हैं। इस टेबल पर क्लैम्प तथा बोल्ट का प्रयोग करके कार्यखण्ड को मजबूती से पकड़ा जा सकता है। इस पद्धति का प्रयोग करते समय यह अवश्य जाँच लेना चाहिए कि पैकिंग, कार्यखण्ड की लम्बाई के बराबर हो तथा बोल्ट कार्यखण्ड के समीप हो।

चित्र (b) में कार्यखण्ड को ड्रिलिंग मशीन टेबल पर पकड़ने के लिए उपयुक्त तरीका दर्शाया गया है तथा चित्र (c) में इस कार्य में प्रयुक्त विभिन्न प्रकार के क्लैम्प्स दर्शाए गए हैं।

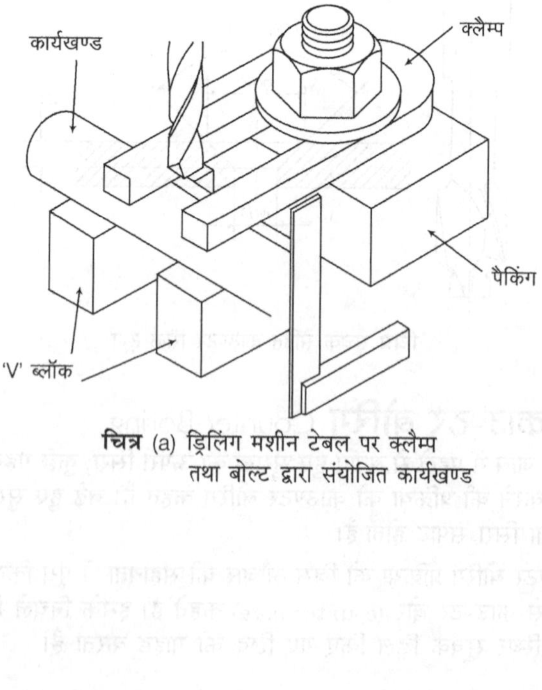

चित्र (a) ड्रिलिंग मशीन टेबल पर क्लैम्प तथा बोल्ट द्वारा संयोजित कार्यखण्ड

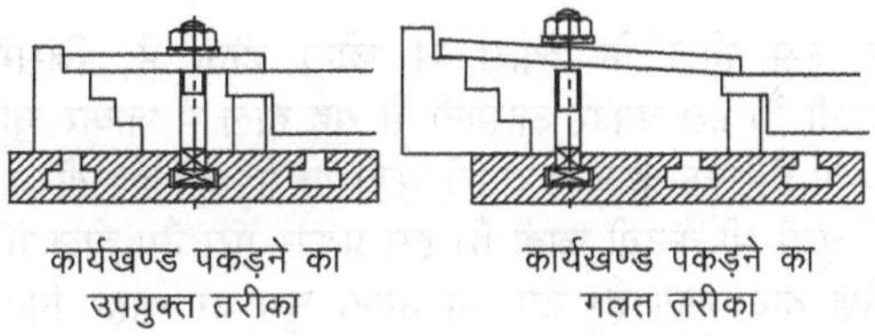

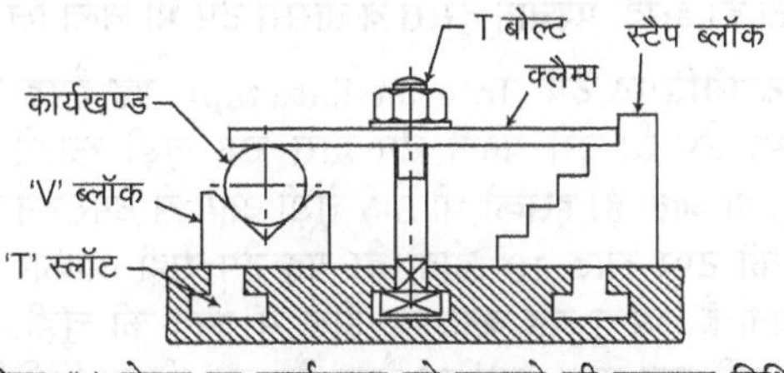

चित्र (b) टेबल पर कार्यखण्ड को पकड़ने की उपयुक्त विधि

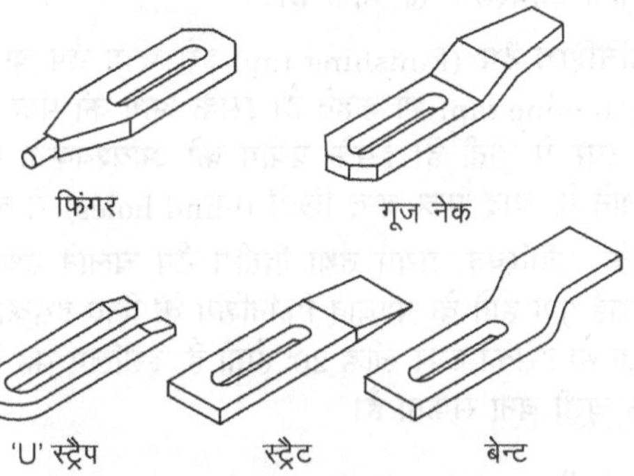

चित्र (c) कार्यखण्ड के अनुरूप प्रयुक्त विभिन्न प्रकार के क्लैम्प

8.8 टैप Tap

टैप भी एक प्रकार का हैण्ड कटिंग टूल है, जिसके द्वारा सिलेण्ड्रीकल छिद्रों में चूड़ियाँ काटी जाती हैं। बाजार में विभिन्न प्रकार की तथा विभिन्न साइजों की चूड़ियाँ काटने के लिए टैप उपलब्ध रहते हैं। इस प्रकार चूड़ियाँ काटने को टैपिंग (tapping) कहते हैं।

टैपिंग करने से पहले एक निश्चित साइज का होल, ड्रिल द्वारा बनाया जाता है, फिर रीमर द्वारा उसकी रीमिंग की जाती है, तत्पश्चात् उसमें टैप को चलाकर चूड़ियाँ काटी जाती हैं।

टैप बनाने के लिए हाई-कार्बन स्टील या हाई स्पीड स्टील को लेथ द्वारा चूड़ी के साइज में टर्न कर लिया जाता है तथा उस पर वांछित आकार की चूड़ी काटी जाती है। इसके पश्चात्, कटिंग एजेज बनाने के लिए इन चूड़ियों को काटते हुए लम्बाई में खाँचे काटे जाते हैं। अब इनको हार्ड तथा टैम्पर किया जाता है।

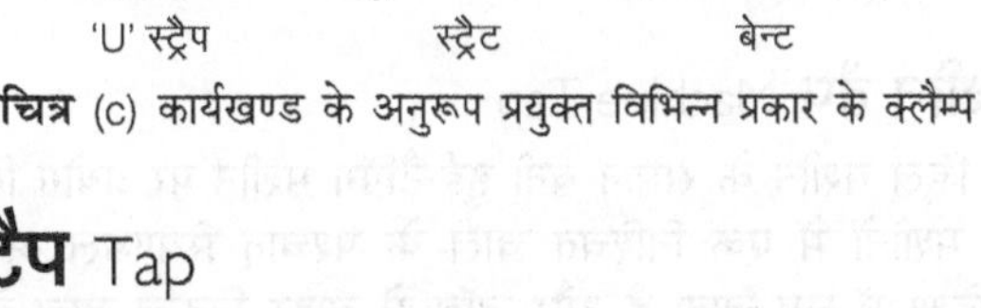

चित्र टैप के मुख्य भाग

टैप के मुख्य भाग Main Parts of Tap

टैप के मुख्य भाग निम्न प्रकार हैं

1. टैंग Tang

टैप के सबसे ऊपरी भाग को टैंग कहते हैं। इसको चौकोर बनाया जाता है, जिसमें टैप हैण्डिल में बना खाँचा फिट हो जाता है। टैप को घुमाने के लिए इसी हैण्डिल का प्रयोग किया जाता है।

2. शैंक Shank

बॉडी तथा टैंग के बीच में कुछ भाग सपाट होता है, जिसे शैंक कहते हैं। यह टैप की लम्बाई बढ़ाने के लिए आवश्यक होता है। इसका साइज बॉडी के व्यास से कम होता है और इस पर टैप की चूड़ियों का साइज व प्रकार अंकित होता है। कुछ शैंक पर वांछित ड्रिल का साइज भी अंकित किया जाता है; जैसे—BSW; BA, BSP मीट्रिक इत्यादि।

3. बॉडी Body

यह टैप का अत्यधिक उपयोगी भाग है। इसी भाग में चूड़ियाँ कटी होती हैं तथा फ्लूट्स बने होते हैं।

4. फ्लूट्स Flutes

चूड़ियों को काटते हुए चार गहरे व लम्बाई में बने हुए खाँचों को फ्लूट्स कहते हैं। ये खाँचे ही चूड़ियों को कटिंग एजेज प्रदान करते हैं। इन्हीं खाँचों से होकर कटिंग चिप्स बाहर आते हैं तथा स्नेहक अन्दर जाता है।

5. लैण्ड Land

चूड़ी के ऊपर वाले भाग को लैण्ड कहते हैं।

6. कटिंग एज Cutting Edge

चूड़ी के आगे वाले भाग को कटिंग एज या फेस कहते हैं। कटिंग फेस में बहुत-सी कटिंग एजेज होती हैं।

7. हील Heel

चूड़ीदार भाग के पिछले सिरे को हील कहते हैं। क्लीयरैन्स देने के लिए कटिंग एज के पिछले भाग को टेपर कर दिया जाता है।

8. चैम्फर Chamfer

बॉडी के नीचे के कुछ भाग को टेपर में ग्राइण्ड कर दिया जाता है, जिससे थोड़ी-थोड़ी धातु कटे, इस भाग को चैम्फर कहते हैं।

9. प्वॉइण्ट व्यास Point Diameter

टैप में एक साइज के तीन टैप का एक सैट होता है, जिनमें चैम्फर की लम्बाई अलग-अलग होती है। सबसे अधिक चैम्फर वाला टैप, प्रथम तथा सबसे कम चैम्फर वाला टैप, तृतीय टैप होता है। सबसे पहले नम्बर 1 के टैप को चलाया जाता है। इसी टैप का आगे का सबसे छोटा व्यास, प्वॉइण्ट व्यास कहलाता है।

टैप के प्रकार Types of Tap

टैप कई प्रकार के होते हैं, जिनमें से मुख्य निम्न प्रकार हैं

1. हैण्ड टैप Hand Tap

इस टैप को हाथ द्वारा चलाकर चूड़ियाँ काटी जाती हैं। चूड़ी काटने के दौरान टैप को पकड़ने तथा घुमाने के लिए इसकी शैंक वर्गाकार बनाई जाती है, जैसा कि चित्र में दर्शाया गया है। टैप का आकार तथा चूड़ी की प्रकृति सामान्यत: शैंक पर चिन्हित (mark) होती है।

टैप को हाथ द्वारा घुमाने के लिए एक हैण्डिल का प्रयोग किया जाता है, जिसमें दोनों ओर हत्थे लगे होते हैं तथा बीच में एक वर्गाकार झिर्री (फिक्स या एडजस्टेबल) होती है। अलग-अलग प्रकार की चूड़ियों के लिए अलग टैप सैट बनाए जाते हैं; जैसे—मीट्रिक, बी. एस. डब्ल्यू. आदि। हैण्ड टैप हाई-कार्बन स्टील अथवा हाई स्पीड स्टील से बनाए जाते हैं। कटिंग एज बनाने के लिए फ्लूट्स चूड़ी के आर-पार काटे जाते हैं तथा चूड़ी को काटने, सहारने तथा संरेखन के लिए टैप के सिरे को चैम्फर किया जाता है।

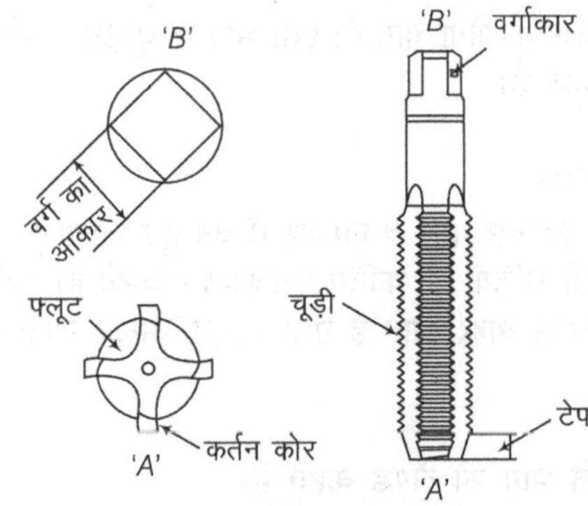

चित्र हैण्ड टैप

किसी निश्चित प्रकार की चूड़ी के लिए हैण्ड टैप के एक सैट में तीन टैप होते हैं, जिन्हें नीचे चित्र में दर्शाया गया है।

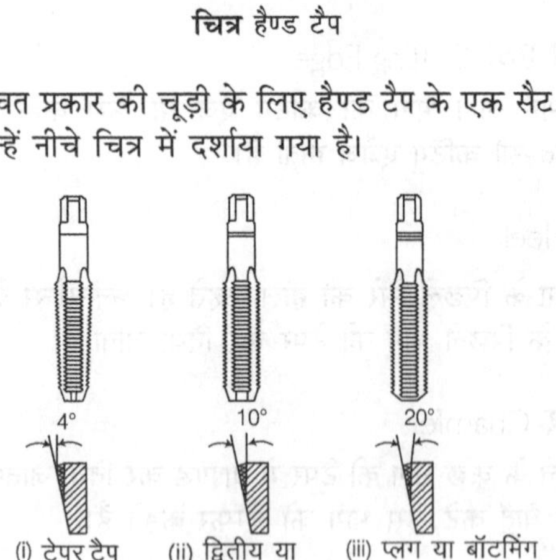

चित्र हैण्ड टैप के तीन सैट

(i) **टेपर टैप** (Taper tap) हाथ द्वारा चूड़ी काटते समय यह सबसे पहला टैप होता है। ISI में इसको रफर टैप कहा गया है। इसके अन्त के कुछ दाँते (8 या 10) घिसकर टेपर कर दिए जाते हैं। इसकी टेपर लीड 4° होती है और इसके अन्त के व्यास को प्वॉइण्ट व्यास कहते हैं। यह उस होल के व्यास से छोटा होता है, जिसमें चूड़ियाँ काटनी हैं। इस प्रकार आसानी से यह होल में जाकर चूड़ियाँ काट सकता है। एक के बाद दूसरी चूड़ी गहराई को बढ़ाती जाती है तथा नई चूड़ी भी कटती जाती है। इस प्रकार पूरा टैप होल में नीचे तक प्रवेश कर जाता है। टैप को उल्टा घुमाकर बाहर निकाल लिया जाता है। इसके पश्चात् दूसरा व तीसरा टैप भी चला लिया जाता है।

(ii) **इण्टरमीडिएट टैप** (Intermediate tap) यह हैण्ड टैप सैट का दूसरा टैप है। इसे पहले टैप द्वारा रफ चूड़ी काटने के पश्चात् चलाया जाता है। इसकी भी 3-5 चूड़ी आगे से टेपर की गई होती हैं। इसकी टेपर लीड 10° होती है। यह टैप सही आकार की चूड़ियाँ बनाता है, परन्तु यह ब्लाइण्ड होल में आगे की चूड़ी, सही साइज की नहीं बना पाता, इसलिए हैण्ड टैप का तीसरा फिनिशिंग टैप भी चलाना आवश्यक हो जाता है।

(iii) **फिनिशिंग टैप** (Finishing tap) इसे प्लग टैप या बॉटमिंग टैप (bottoming tap) भी कहते हैं। इसके आगे की मात्र एक-दो चूड़ी ही टेपर में होती है। इसके प्रयोग की आवश्यकता दूसरे टैप को चलाने के बाद मात्र बन्द छिद्रों (blind holes) में होती है।

इसके अतिरिक्त, प्रथम तथा द्वितीय टैप चलाने तथा चूड़ियों की गहराई पूर्ण होने के पश्चात् फिनिशिंग के लिए इसका प्रयोग किया जाता है। इसकी टेपर लीड 20° होती है, इसलिए यह छिद्र की तली तक चूड़ी बना सकता है।

2. मशीन टैप Machine Tap

ये टैप, ड्रिल मशीन के समान बनी हुई टैपिंग मशीन पर प्रयोग किए जाते हैं। इन मशीनों में एक निश्चित चाल के पश्चात् स्पिण्डल अपने आप उल्टी दिशा में घूम जाता है और जॉब से बाहर निकल जाता है।

ये टैप, स्ट्रैट शैंक व टेपर शैंक दोनों प्रकार के होते हैं। ये टैप इस प्रकार टेपर किए जाते हैं कि एक ही ऑपरेशन में फिनिश चूड़ी तैयार कर सकें। इनका प्रयोग ऑटोमैटिक लेथ मशीनों पर भी किया जाता है। नीचे चित्र में मशीन टैप को दर्शाया गया है।

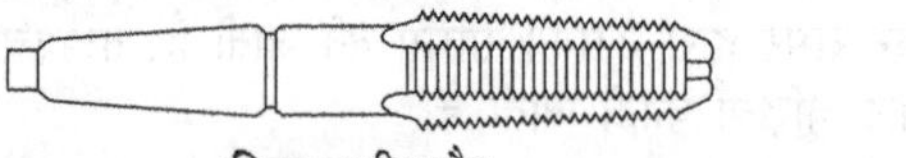

चित्र मशीन टैप

(i) **स्पाइरल फ्लूटेड टैप** (Spiral fluted tap) इस टैप में फ्लूट्स स्ट्रैट न होकर स्पाइरल होते हैं। इसका प्रयोग ऐसे होल में टैपिंग करने के लिए किया जाता है, जिसमें स्प्लाइन कटे होते हैं।

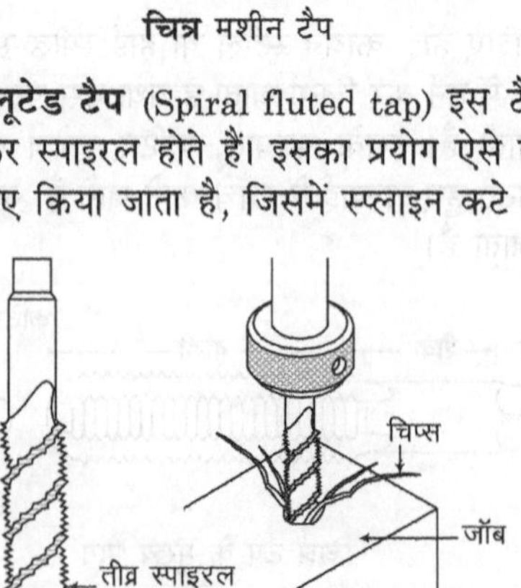

चित्र स्पाइरल फ्लूटेड टैप

स्पाइरल ग्रूव होने के कारण ये स्प्लाइन की-वे में नहीं फँसते हैं, इसे हेलिकल फ्लूटेड टैप (helical fluted tap) भी कहते हैं। इनका उपयोग सामान्यत: पीतल, ताँबा, एल्युमीनियम जैसी मृदु धातुओं पर चूड़ी कर्तन में किया जाता है।

(ii) **गन या स्पाइरल प्वॉइण्ट टैप** (Gun or spiral point tap) इस टैप की आगे की 3-4 चूड़ियाँ टेपर में होती हैं। इससे आगे की चूड़ियों पर एक विशेष रैक एंगल बनता है, जिससे इसके काटने की क्षमता बढ़ जाती है। इसका प्रयोग अधिक उत्पादन (mass production) के लिए किया जाता है।

इसे मशीन में लगाकर आर-पार के छिद्र बनाने में भी प्रयोग किया जाता है। इस प्रकार के टैप के नीचे छीलन निकालने के लिए खाली स्थान रखा जाता है, जो टैप टूटने की आशंका को कम करता है और छीलन को फँसने से रोकता है, जैसा कि निम्न चित्र में दर्शाया गया है।

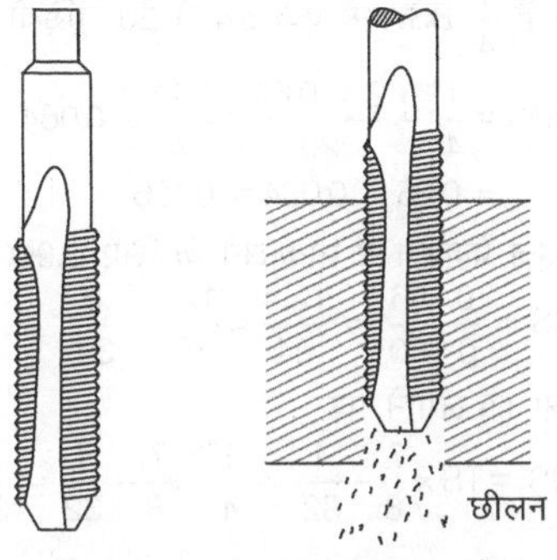

चित्र गन या स्पाइरल प्वॉइण्ट टैप

(iii) **थ्रेड फॉर्मिंग टैप** (Thread forming tap) जहाँ छीलन को आसानी से नहीं हटाया जा सकता, वहाँ थ्रेड फॉर्मिंग टैप का प्रयोग किया जाता है। इस प्रकार के टैप में पदार्थ की विस्थापन क्रिया द्वारा चूड़ियाँ काटी जाती हैं, जिससे प्रक्रम के दौरान कोई छीलन नहीं बनती। इससे अच्छी परिष्कृति प्राप्त होती है।

इस प्रकार के टैप का उपयोग पीतल, ताँबा, एल्युमीनियम आदि धातुओं की कटाई के लिए किया जाता है।

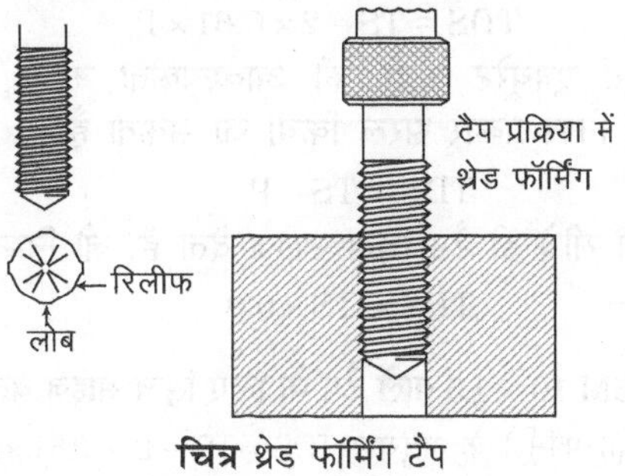

चित्र थ्रेड फॉर्मिंग टैप

(iv) **स्टब फ्लूट टैप** (Stub flute tap) ये टैप्स एक प्रकार के फॉर्मिंग टूल्स (forming tools) होते हैं। इनमें कटिंग एज की आवश्यकता नहीं होती, इसलिए फ्लूट्स नहीं बनाए जाते, इस कारण इसे फ्लूटलैस टैप भी कहा जाता है। इनका प्रयोग मुलायम धातु की चादरों को रोल करके चूड़ी काटने के लिए किया जाता है। जैसे—टिन बॉक्स आदि में चूड़ी काटने के लिए। चित्र में स्टब फ्लूट टैप दर्शाया गया है।

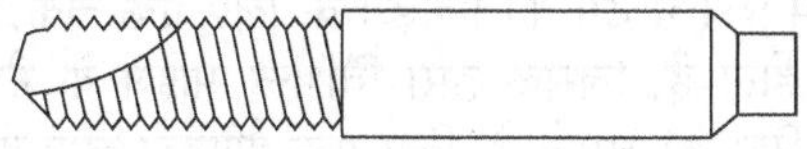

चित्र स्टब फ्लूट टैप

8.9 टैप रिंच Tap Wrench

हाथ के द्वारा टैप या रीमर को घुमाने के लिए एक विशेष टूल की आवश्यकता होती है, जिसके मध्य में टैप या रीमर की टैंग (tang) को पकड़ने के लिए झिर्रियाँ होती हैं तथा दोनों ओर हैण्डिल बने होते हैं। हैण्डिल को दोनों हाथों से पकड़कर सन्तुलन बनाते हुए घुमाया जाता है। यह टूल स्टील या माइल्ड स्टील से बना होता है।

ये निम्न प्रकार के होते हैं

1. सॉलिड टैप रिंच Solid Tap Wrench

इस रिंच का हैण्डिल, माइल्ड स्टील की प्लेट में से काटकर बनाया जाता है, जिसके मध्य में एक या दो वर्गाकार छिद्र होते हैं, जिसमें उसी साइज की टैंग को फँसाया जा सकता है, इसलिए इसे सॉलिड टैप रिंच कहते हैं। इससे गलत साइज के रिंच का प्रयोग न होने से रिंच को क्षति होने की रोकथाम होती है। चित्र में सॉलिड टैप रिंच दर्शाया गया है।

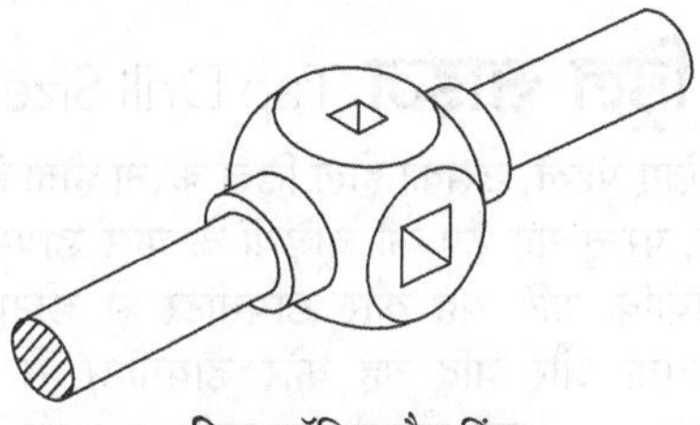

चित्र सॉलिड टैप रिंच

2. डबल-एण्डिड एडजस्टेबल टैप रिंच Double Ended Adjustable Tap Wrench

इस रिंच के बीच में दो जबड़े लगे होते हैं, जिनमें से एक स्थिर तथा दूसरा चल होता है। इसका सम्बन्ध हैण्डिल से होता है। हैण्डिल को गोल घुमाने पर यह जबड़ा आगे-पीछे चलता है। दोनों जॉ में 'V' ग्रूव बने होते हैं, जिनके मिलने पर वर्ग बनता है।

इस वर्ग में टैप या रीमर का टैंग फँसाया जाता है। इस रिंच में विभिन्न साइज के टैंग पकड़े जा सकते हैं, इसलिए इसे डबल-एण्डिड एडजस्टेबल टैप रिंच या बार टाइप टैप रिंच कहते हैं।

एडजस्टेबल टैप रिंच बड़े व्यास वाले टैपों के लिए उपयुक्त होते हैं तथा ऐसी खुली जगह जहाँ पर टैप को टर्न करने में कोई कठिनाई न हो, प्रयोग किए जाते हैं। चित्र में एडजस्टेबल टैप रिंच दर्शाया गया है।

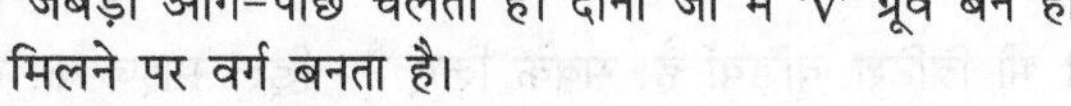

चित्र डबल-एण्डिड एडजस्टेबल टैप रिंच

3. 'T' हैण्डिल टैप रिंच 'T' Handle Tap Wrench

'T' हैण्डिल टैप रिंच में टैंग को पकड़ने के लिए एक चक, जिसमें दो जॉ होते हैं, लगा होता है, जिसके द्वारा विभिन्न साइज के टैप्स पकड़े जा सकते हैं तथा रिंच को घुमाने के लिए एक हैण्डिल लगा होता है। ये टैप रिंच बड़े व्यास के टैप को पकड़ने के लिए उपयुक्त नहीं होते हैं।

इस रिंच में हैण्डिल टैप से काफी ऊपर रहता है, इसलिए यह गहराई में भी किसी होल में टैपिंग कर सकता है। 'T' हैण्डिल टैप रिंच केवल एक हाथ से घुमाए जा सकते हैं तथा अधिकांश अवरोधित जगहों पर ही इनका प्रयोग किया जाता है। चित्र में 'T' हैण्डिल टैप रिंच दर्शाया गया है।

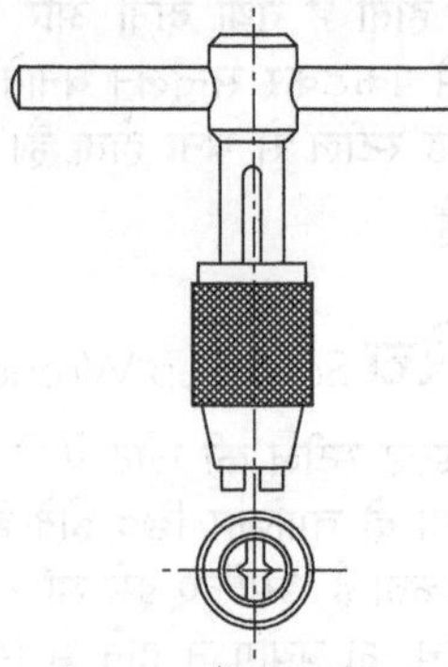

चित्र 'T' हैण्डिल टैप रिंच

8.10 टैप ड्रिल साइज Tap Drill Size

टैपिंग करने के लिए पहले, उसका होल ड्रिल करना होता है। यह होल टैप से छोटा होता है, परन्तु यह टैप की चूड़ियों के कोर डायमीटर के बराबर होना चाहिए, क्योंकि यदि यह कोर डायमीटर से छोटा होगा, तो टैप फँसकर टूट जाएगा और यदि यह कोर डायमीटर से बड़ा होगा, तो चूड़ियों के क्रैस्ट (crest) पूरी ऊँचाई तक नहीं आ पाएँगे, जिससे चूड़ियों की शक्ति कम हो जाएगी।

अत: किसी साइज के टैप के लिए उसका एक निश्चित ड्रिल साइज होता है, जिसे निकालने के लिए निम्नलिखित सूत्र प्रयोग किए जाते हैं

1. ब्रिटिश स्टैण्डर्ड चूड़ियाँ British Standard Threads

जितनी भी ब्रिटिश चूड़ियाँ हैं, सबके लिए टैप ड्रिल साइज का एक ही फॉर्मूला प्रयोग होता है, क्योंकि उनका साइज इंचों में दिया जाता है; जैसे—BSW, BSF, BA इत्यादि, जबकि उनकी पिच (pitch) अलग-अलग होती है।

टैप ड्रिल साइज = टैप साइज $-2\times$ चूड़ी की गहराई

$TDS = TS - 2d$ (जहाँ पर d = चूड़ी की गहराई $= 0.64\times$ पिच)

परन्तु $d = 0.64P$ (P = पिच)

अत: $TDS = TS - 2\times 0.64P$

$$= \frac{1}{\text{एक इंच में चूड़ियों की संख्या}}$$

या $$TDS = TS - \frac{2\times 0.64}{\text{No. of TPI}} \quad ...(i)$$

यह TDS प्राय: दशमलव में प्राप्त होता है, परन्तु इंचों में ड्रिल $\frac{1''}{64}$ के क्रम में उपलब्ध होते हैं। अत: दशमलव साइज को 0.960 से भाग करके, फ्रैक्शन में ड्रिल का साइज निकाल लिया जाता है। दूसरा फॉर्मूला, थम्ब रूल (thumb rule) के समान प्रयोग किया जाता है, जो निम्न प्रकार है

$$TDS = TS\times\frac{7}{8}-\frac{1''}{32} \text{ (थम्ब रूल)} \quad ...(ii)$$

उदाहरण 3. $\frac{1''}{4}$ BSW टैप के लिए टैप ड्रिल साइज ज्ञात कीजिए।

हल पहले फॉर्मूला नं. (i) लगाने पर $TDS = TS - \frac{2\times 0.64}{\text{No. of TPI}}$

हम जानते हैं $\frac{1''}{4}$ BSW में एक इंच में 20 चूड़ियाँ होती हैं।

अत: $TDS = \frac{1''}{4} - \frac{2\times 0.64}{20} = \frac{1''}{4} - 0.064$

$= 0.25 - 0.064 = 0.186''$

इसका साइज फ्रैक्शन में निकालने के लिए 0.960 से भाग करें

$$TDS = \frac{0.186}{0.960} = \frac{12.4}{64} \approx \frac{12}{64} = \frac{6''}{32}$$

अब फॉर्मूला (ii) लगाने पर

$$TDS = TS\times\frac{7}{8}-\frac{1''}{32} = \frac{1''}{4}\times\frac{7}{8}-\frac{1}{32} = \frac{7}{32}-\frac{1}{32} = \frac{6''}{32}$$

2. आई.एस.आई. चूड़ियाँ ISI Threads

इन्हें मीट्रिक चूड़ियाँ भी कहते हैं। इन्हें साधारणत: M अक्षर से प्रदर्शित किया जाता है तथा इसके साथ थ्रेड का साइज व पिच भी दिया जाता है; जैसे—$M20\times 1.5$, यहाँ पर 20 मिमी टैप का साइज है तथा 1.5 मिमी चूड़ियों की पिच है। इन चूड़ियों के टैप ड्रिल साइज (TDS) निकालने के भी कई फॉर्मूले हैं

$$TDS = TS - 2d$$

यहाँ, d = चूड़ी की गहराई = 0.61P, (P = पिच)

अर्थात् $$TDS = TS - 2\times 0.61\times P \quad ...(i)$$

जहाँ पर बहुत एक्यूरेट चूड़ी की आवश्यकता न हो, तो उपरोक्त समीकरण को निम्न प्रकार सरल किया जा सकता है

$$TDS = TS - P \quad ...(ii)$$

तीसरा फॉर्मूला सीधे ही टैप ड्रिल साइज देता है, जो निम्न प्रकार है

$$TDS = TS\times 0.8 \quad ...(iii)$$

उदाहरण 4. 5M 10×1.5 वाले टैप के लिए ड्रिल साइज बताइए।

हल पहले (i) फॉर्मूले के अनुसार $TDS = TS - 2\times 0.61\times P$

$= 10 - 2\times 0.61\times 1.5 = 10 - 1.83 = 8.17$ मिमी

दूसरे (ii) फॉर्मूले के अनुसार, $TDS = TS - P = 10 - 1.5 = 8.5$ मिमी

तीसरे (iii) फॉर्मूले के अनुसार, $TDS = TS\times 0.8 = 10\times 0.8 = 8$ मिमी

यह साइज भी फॉर्मूला (i) के साइज के लगभग बराबर है।

नोट *चूड़ी की पिच ज्ञात करने हेतु अग्रपृष्ठ पर दिए गए चार्ट का प्रयोग किया जाता है।*

टैप ड्रिल साइज हेतु तालिका आई.एस.ओ. ISO (मीट्रिक)

पिच / नॉमिनल डायमीटर	0.25	0.3	0.35	0.4	0.45	0.5	0.6	0.7	0.75	0.8	1	1.25	1.5	1.75		2.5	3	3.5	4	4.5	5	5.55
1	0.75																					
1.1	0.85																					
1.2	0.95																					
1.4		1.10																				
1.6			1.25																			
1.8			1.45																			
2				1.60																		
2.2					1.75																	
2.5			2.15		2.05																	
3			2.65			2.50																
3.5							2.90															
4						3.50		3.30														
4.5						4.00			3.70													
5						4.50				4.20												
5.5						5.00																
6									5.20		5.00											
7									6.20		6.00											
8									7.20		7.00	6.80										
9									8.20		8.00	7.80										
10									9.20		9.00	8.80	8.50									
11									10.20		10.00		9.50									
12											11.00	10.80	10.50	10.20								
14											13.00	12.80	12.50		12.00							
15											14.00		13.50									
16											15.00		14.50		14.00							
17											16.00		15.50									
18											17.00		16.50		16.00	15.50						
20											19.00		18.50		18.00	17.50						
22											21.00		20.50		20.00	19.50						
24											23.00		22.50		22.00		21.00					
25											24.00		23.50		23.00							
26													24.50									
27											26.00		25.50		25.00		24.00					
28											27.00		26.50		26.00							
30											29.00		28.50		28.00		27.00	26.50				
32													30.50		30.00							
33													31.50		31.00		30.00	29.50				
35													33.50									
36													34.50		34.00		33.00		32.00			
38													36.50									
39													37.50		37.00		36.00		35.00			
40													38.50		38.00		37.00					
42													40.50		40.00		39.00		38.00	37.00		
45													43.50		43.00		42.00		41.00	40.50		
48													46.50		46.00		45.00		44.00		43.00	
50													48.00		48.00		47.00					
52													50.00		50.00		49.00		48.00		47.00	50.50
56																						50.50

व्यावसायिक टैप ड्रिल साइज टेबल (आई.एस.ओ, इंच)

NC नेशनल कोर्स			NF नेशनल फाइन		
टैप साइज	चूड़ी प्रति इंच	टैप ड्रिल साइज प्रति इंच	टैप साइज	चूड़ी	टैप ड्रिल साइज
5	40	38	5	44	37
6	32	36	6	40	33
8	32	29	8	36	29
10	24	25	10	32	21
12	24	16	12	28	14
1/4"	20	7	1/4"	28	3
5/16"	18	F	5/16"	24	1
3/8"	16	5/16"	3/8"	24	0
7/16"	14	U	7/16"	20	25/64"
1/2"	13	27/64"	1/2"	20	29/64"
9/16"	12	31/64"	9/16"	18	33/64"
5/8"	11	17/32"	5/8"	18	37/64"
3/4"	10	21/32"	3/4"	16	11/16"
7/8"	9	49/64"	7/8"	14	13/16"
1"	8	7/8"	1"	14	15/16"
1 1/8"	7	63/64"	1 1/8"	12	1 3/6"
1 1/4"	7	17/64"	1 1/4"	12	1 11/6"
1 3/8"	6	17/32"	1 3/8"	12	1 19/64"
1 1/2"	6	1 11/32"	1 1/2"	12	1 27/64"
1 3/4"	5	1 9/16"			
2"	4 1/2	1 25/32"			

NPT, नेशनल पाइप चूड़ी

1/8"	27	11/32"	1"	11 1/2	1 5/32"
1/4"	18	7/16"	1 1/4"	11 1/4	1 1/2"
3/8"	18	19/32"	1 1/2"	11 1/2	1 23/32"
1/2"	14	23/32"	2"	11 1/2	2 23/16"
3/4"	14	15/16"	2 1/2"	8	2 5/8"

8.11 हैण्ड टैपिंग विधि Hand Tapping Method

हाथ द्वारा टैपिंग करते समय निम्न पदों में कार्य करना चाहिए

1. जॉब में सही मार्किंग करके, टैप ड्रिल साइज की गणना करके उचित साइज का होल (hole) ड्रिल करना चाहिए। ड्रिल द्वारा होल करते समय यह ध्यान रखना चाहिए कि होल बिल्कुल सीधा हो।
2. इसके पश्चात्, होल की अन्दर की सतह को परिष्कृत करने तथा एक्यूरेट साइज (accurate size) बनाने के लिए होल में रीमिंग करनी चाहिए।
3. यदि जॉब छोटा है, तो उसे वाइस में बिल्कुल सीधा बाँध लेना चाहिए।
4. अब प्रथम टैप या टेपर टैप को एक उचित टैप रिंच में पकड़कर होल में डालकर नीचे की ओर दबाव देते हुए घुमाना चाहिए।

5. जब यह दो-तीन चूड़ी काट ले, तो ट्राई स्क्वायर से टैप को दो साइड से जाँचना चाहिए—टैप सीधा लम्बवत् है या नहीं। सीधा न होने पर इसे सीधा कर लेना चाहिए।
6. टैप चलाते समय इसे आधा चूड़ी आगे चलाकर, आधा चूड़ी पीछे चलाना चाहिए। इससे कटे हुए चिप्स (chips) टूटकर नीचे गिर जाते हैं, जिससे टैप को आगे कटिंग करने में सुविधा रहती है।
7. टैप को गर्म होने से बचाने के लिए तथा घर्षण (friction) को कम करने के लिए धातु के अनुसार स्नेहक का प्रयोग करना चाहिए; जैसे– स्टील के लिए लार्ड ऑयल तथा एल्युमीनियम के लिए कैरोसीन आदि।
8. टेपर टैप के पश्चात् इण्टरमीडिएट टैप का प्रयोग करना चाहिए।
9. इण्टरमीडिएट टैप पूर्ण रूप से चलने पर पूरी चूड़ियाँ बन जाती हैं, परन्तु बन्द छिद्रों में टैपिंग करने के लिए बॉटमिंग टैप चलाना आवश्यक होता है।

8.12 टैप के टूटने के कारण
Causes for Breakage of a Tap

टैपिंग प्रक्रिया के दौरान टैप के टूटने के बहुत से कारण हो सकते हैं। इनमें से कुछ निम्न हैं

1. होल साइज का कम होना।
2. धातु का अधिक कठोर (hard) होना। इसके कारण टैप फँस जाता है।
3. यदि टैप, होल के अक्ष की सीध में नहीं होगा, तो इसके टूटने की सम्भावना होती है।
4. टैप को लगातार कटाई की दिशा में घुमाते जाने से अधिक लोड पड़ने के कारण टैप टूट सकता है।
5. टैप की धार कम हो जाने से अधिक लोड पड़ने के कारण टैप टूट सकता है।
6. बन्द छिद्रों को साफ करते रहना चाहिए। स्क्रैप भरने से छिद्र की लम्बाई कम होगी, जिससे टैप को आगे बढ़ने के लिए जगह नहीं मिलेगी और वह टूट जाएगा।
7. टैपिंग करते समय स्नेहक का प्रयोग न करने से भी टैप टूट सकता है।
8. टैपिंग करते समय सैट के तीनों टैप क्रम में प्रयोग करने चाहिए, अन्यथा अधिक लोड पड़ने से टैप टूट सकता है।

8.13 टूटे टैप को निकालने की विधि
Method of Removal of Broken Tap

सावधानियाँ बरतने के बावजूद भी टैप अकसर होल में ही टूट जाते हैं, इसलिए टूटे टैप को निकालने के लिए कुछ प्रमुख विधियों का प्रयोग किया जाता है, जो निम्नलिखित हैं

1. नोज प्लायर द्वारा By Nose Plier

यदि टैप जॉब की सतह के कुछ ऊपर से टूटा हुआ हो, तो नोज प्लायर के नोज को टैप के फ्लूट्स में घुसाकर, इसे उल्टा घुमाकर टैप को बाहर निकाला जा सकता है।

2. पंच व हथौड़े द्वारा By Punch and Hammer

यदि टैप, जॉब की सतह में या उससे कुछ ही ऊपर टूटा हो, जिसे नोज प्लायर से नहीं निकाला जा सकता हो, तो उसे पंच व हथौड़े की सहायता से निकालना चाहिए, जैसा कि चित्र में दर्शाया गया है। पंच पर हैमर की हल्की चोट लगाकर टैप को उल्टा घुमाना चाहिए।

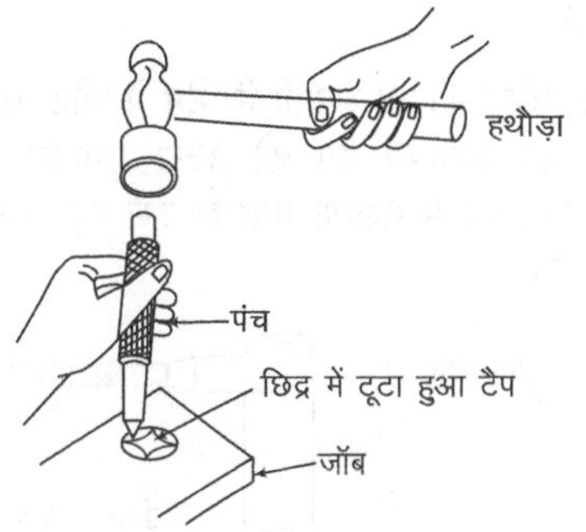

चित्र टैप निकालने के लिए पंच व हथौड़े का प्रयोग

3. स्क्रू एक्स्ट्रैक्टर द्वारा By Screw Extractor

जॉब में टूटी टैप को निकालने के लिए एक विशेष टूल का प्रयोग किया जाता है, जिसे एक्स्ट्रैक्टर कहते हैं। इसमें तीन या चार टाँगें होती हैं, जिन्हें टैप के फ्लूट्स में फँसाकर बुश कॉलर द्वारा कस दिया जाता है।

शैंक के पीछे वर्गाकार टैंग होती है, जिसमें टैप हैण्डिल को फँसाकर स्क्रू एक्स्ट्रैक्टर को उल्टा घुमाया जाता है, जिससे टैप बाहर आ जाता है। चित्र में एक स्क्रू एक्स्ट्रैक्टर दर्शाया गया है।

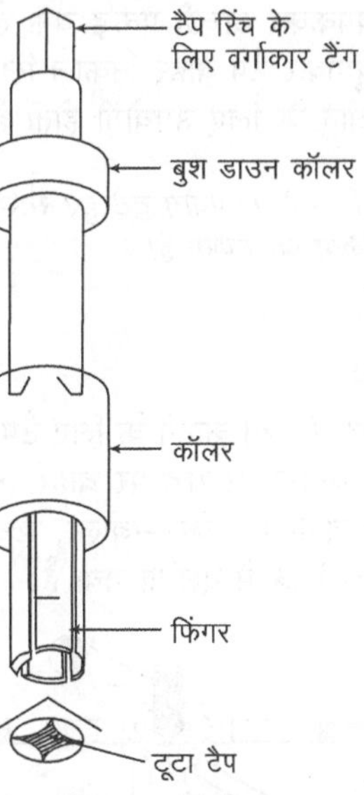

चित्र स्क्रू एक्स्ट्रैक्टर

4. नाइट्रिक एसिड द्वारा By Nitric Acid

इस विधि में टैप पर कुछ बूँदें नाइट्रिक एसिड की डाल दी जाती हैं। यह नाइट्रिक एसिड टैप तथा धातु दोनों को अपने अन्दर घोल लेता है, जिससे होल में टैप ढीला पड़ जाता है तथा आसानी से बाहर निकल जाता है।

5. अनीलिंग और ड्रिलिंग द्वारा By Annealing and Drilling

कोई भी विधि सफल न होने पर जॉब के साथ टैप को गर्म करके, धीरे-धीरे ठण्डा करके अनील कर दिया जाता है। टैप के मुलायम होने पर होल में पुन: ड्रिल किया जाता है, जिससे टैप कटकर स्क्रैप के रूप में बाहर आ जाता है।

अब होल में पुन: टैपिंग की जा सकती है। टैप में छोटा ड्रिल करके उसमें स्टड एक्स्ट्रैक्टर को फँसाकर टैप को उल्टा घुमाकर भी निकाला जा सकता है, जैसा कि चित्र में दर्शाया गया है। इसे स्क्रू एक्स्ट्रैक्टर या ईजी आउट भी कहते हैं।

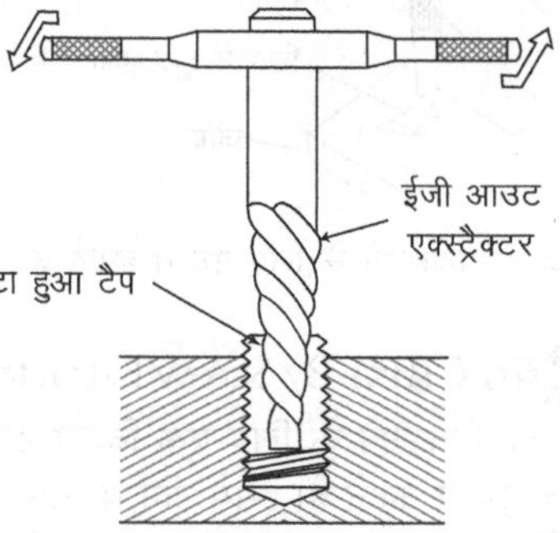

चित्र स्टड एक्स्ट्रैक्टर

6. आर्क वैल्डिंग द्वारा By Arc Welding

इस विधि में टूटे टैप पर वैल्डिंग इलेक्ट्रॉड का सम्पर्क कराया जाता है, जिससे वह टैप में चिपककर अच्छी पकड़ बना ले। इसके बाद टैप को दक्षिणावर्त दिशा में घुमाकर टैप बाहर निकाल लिया जाता है। यह विधि कम गलनांक वाली धातु के लिए उपयोगी होती है।

टिप्पणी *उपरोक्त विधियों का प्रयोग टूटे हुए स्टड या स्क्रू को छिद्र से निकालने हेतु भी किया जा सकता है।*

8.14 डाई Die

जिस प्रकार किसी होल में चूड़ी काटने के लिए टैप का प्रयोग किया जाता है, उसी प्रकार किसी बेलनाकार रॉड पर बाहरी चूड़ियाँ काटने के लिए डाई का प्रयोग किया जाता है; जैसे—बोल्ट, स्क्रू या पाइप इत्यादि पर चूड़ी काटना, जैसा कि चित्र में दर्शाया गया है।

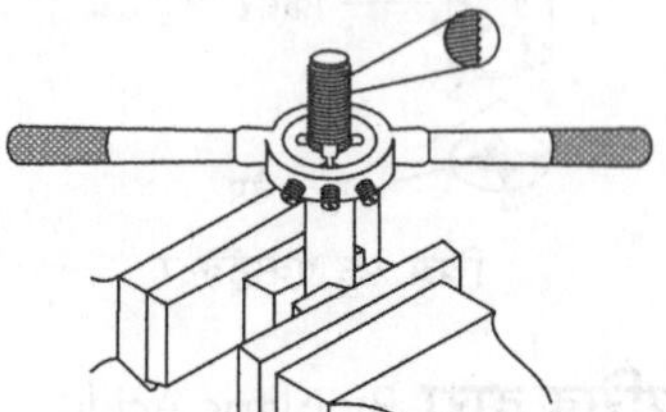

चित्र डाई द्वारा बाह्य चूड़ी काटना

डाई द्वारा बेलनाकार रॉड के बीच में एक होल करके विशेष प्रकार की चूड़ियाँ काटी जाती हैं। इन चूड़ियों को कटिंग एजेज प्रदान करने के लिए चार फ्लूट्स भी बना दिए जाते हैं। एक ओर की कुछ चूड़ियाँ चैम्फर की जाती हैं।

अब इसे हार्ड व टैम्पर किया जाता है। चूड़ियों में चैम्फर होने से डाई आसानी से रॉड पर चढ़ जाती है। डाइयाँ टूल स्टील या अलॉय स्टील की बनाई जाती हैं।

डाई के प्रकार Types of Die

डाइयाँ कई प्रकार की होती हैं

1. स्प्लिट/बटन डाई Split/Button Die

यह डाई, सॉलिड डाई के समान होती है, परन्तु इसे एक साइड से काट दिया जाता है, जैसा कि चित्र में दर्शाया गया है। कटे स्थान पर वैज (wedge) लगाकर डाई को खोला जा सकता है, जिससे यह पहली बार में पूरी गहराई की चूड़ी नहीं काटती। इस डाई को एक गोल डाई स्टॉक में पकड़कर प्रयोग में लाया जाता है।

इस प्रकार के डाई स्टॉक को पैटर्न डाई स्टॉक भी कहते हैं। इसे डाई स्टॉक के मध्य में लगे सैट स्क्रू की सहायता से समायोजित करके, वांछित गहराई की चूड़ियाँ काटी जा सकती हैं।

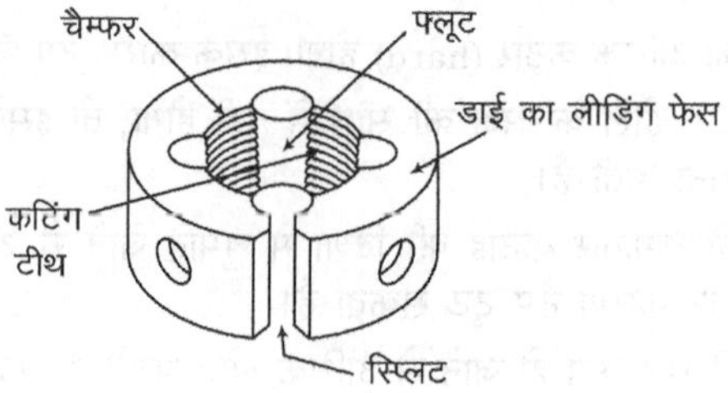

चित्र स्प्लिट डाई

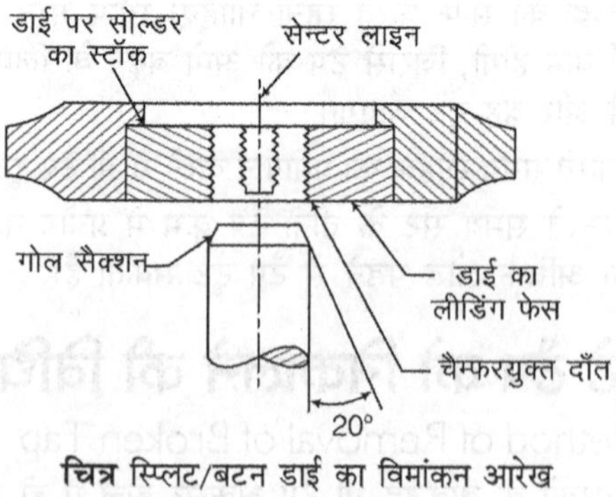

चित्र स्प्लिट/बटन डाई का विमांकन आरेख

2. ठोस नट डाई Solid Nut Die

ठोस नट डाई का आकार वर्गाकार या षट्भुजाकार नट के समान होता है। वर्गाकार डाई नट में चार फ्लूट तथा हैक्सागोनल डाई नट में छ: फ्लूट होते हैं। इस डाई नट को प्रयोग करने के लिए डाई हैण्डिल की आवश्यकता नहीं होती, बल्कि इस डाई को ओपन स्पैनर या बॉक्स स्पैनर या रिंच के द्वारा घुमाकर प्रयोग किया जा सकता है।

इसका प्रयोग गहराई में चूड़ी काटने या चूड़ी को साफ करने के लिए किया जाता है, जहाँ पर डाई हैण्डिल द्वारा डाई को घुमाना सम्भव न हो। चित्र में नट डाई को दर्शाया गया है।

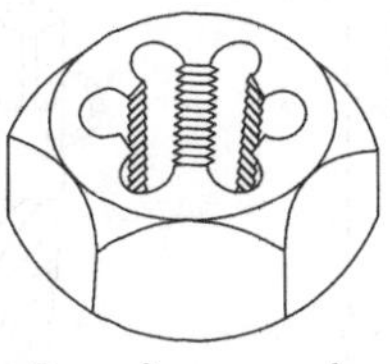

चित्र ठोस नट डाई

3. अर्द्ध-डाई Half-Die

अर्द्ध-डाई दो मिलान जोड़ों के रूप में उपलब्ध होने वाली एक बहुत मजबूत डाई होती है। इसमें कटाव की गहराई को घटाने व बढ़ाने हेतु समायोजन (adjustment) की भी व्यवस्था होती है।

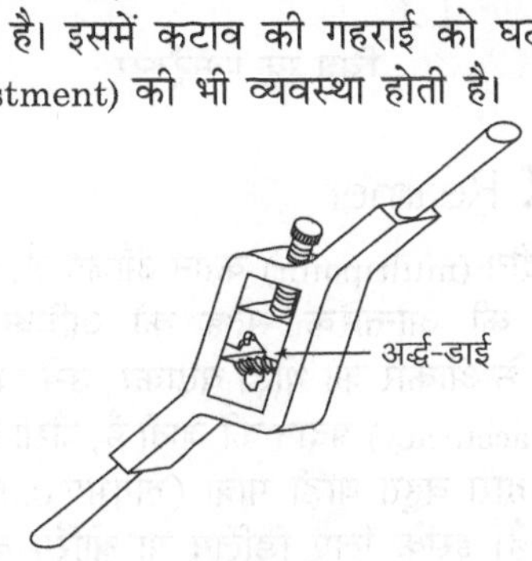

चित्र अर्द्ध-डाई

4. एडजस्टेबल स्क्रू प्लेट डाई Adjustable Screw Plate Die

यह डाई भी अर्द्ध-डाई की तरह दो भागों में बनी होती है, जिन्हें बिट्स कहते हैं। इस डाई में स्प्लिट डाई की तुलना में अधिक समायोजन की क्षमता होती है। डाई के दोनों भागों को कॉलर (collar) में एक गाइड प्लेट की सहायता से पकड़ा जाता है। गाइड प्लेट की सहायता से दोनों भाग, कॉलर में सही स्थान पर जकड़े जाते हैं। डाई के दोनों भागों को कॉलर में लगे स्क्रू की सहायता से एडजस्ट (adjust) किया जा सकता है। एडजस्टेबल स्क्रू प्लेट डाई को चित्र में दर्शाया गया है।

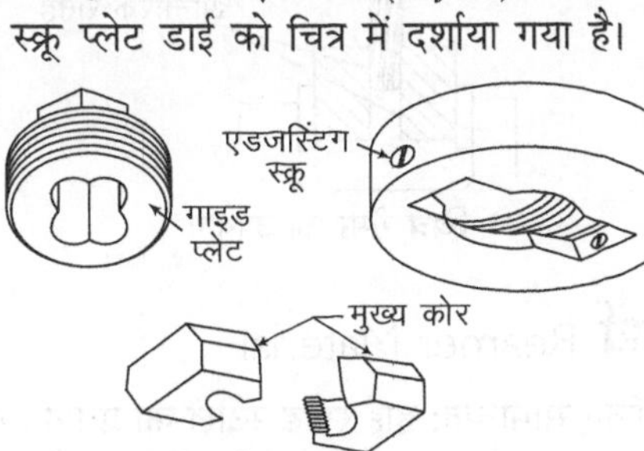

चित्र एडजस्टेबल स्क्रू प्लेट डाई

5. पाइप डाई Pipe Die

इसका प्रयोग पाइपों में बाहर की ओर चूड़ियाँ काटने के लिए किया जाता है। इसके लिए भी डाई ब्लॉक का प्रयोग किया जाता है, जिसमें दो या चार बिटों में डाई फिट की गई होती है। यह डाई, एडजस्टेबल डाई के समान ही होती है। इसमें भी साइज को कम या अधिक करने के लिए दो एडजस्टिंग स्क्रू लगे होते हैं तथा पाइप को गाइड करने के लिए स्टॉक में एक गाइड बुश लगा होता है, जिससे चूड़ियाँ टेढ़ी नहीं कटती हैं। चित्र में पाइप डाई को दर्शाया गया है।

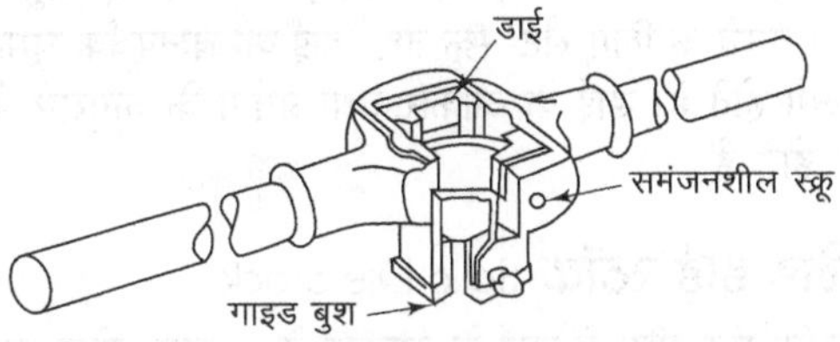

चित्र पाइप डाई

6. चेजर डाई Chaser Die

चेजर डाई में चार या छः हाई स्पीड स्टील के बिट्स के सैट होते हैं। इन बिट्स को स्वचालित मशीनों के डाई हैड में व्यवस्थित कर दिया जाता है। डाई हैड एक विशेष स्वचालित व्यवस्था के अनुसार खुलते या बन्द होते हैं।

इन्हें सैल्फ ओपनिंग डाई भी कहा जाता है, क्योंकि जब चूड़ी काटनी होती है, तो डाई सैट के बिट्स बन्द रहते हैं और जॉब पर चूड़ी काटते हैं, तो एक निश्चित लम्बाई तक जाने के बाद डाई हैड स्वत: ही खुल जाते हैं। ये विभिन्न स्टैण्डर्ड साइजों में सैट के रूप में बाजार में उपलब्ध होती हैं।

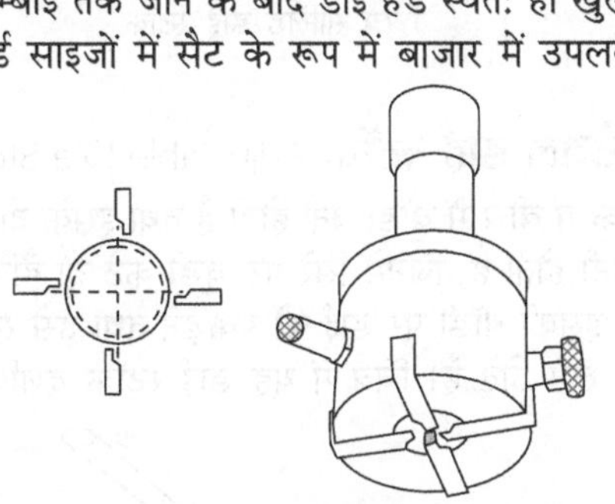

चित्र चेजर डाई

7. एक्रोन डाई Acron Die

यह एक बॉक्स टाइप की डाई है, जिसका प्रयोग किसी होल या स्लॉट में किसी गहराई अथवा किसी रॉड पर चूड़ी काटने के लिए किया जाता है। इसको विशेष प्रकार के डाई होल्डर में पकड़कर होल के अन्दर ले जाकर हाथ से या मशीनों से चलाया जाता है।

इसे चित्र में दर्शाया गया है।

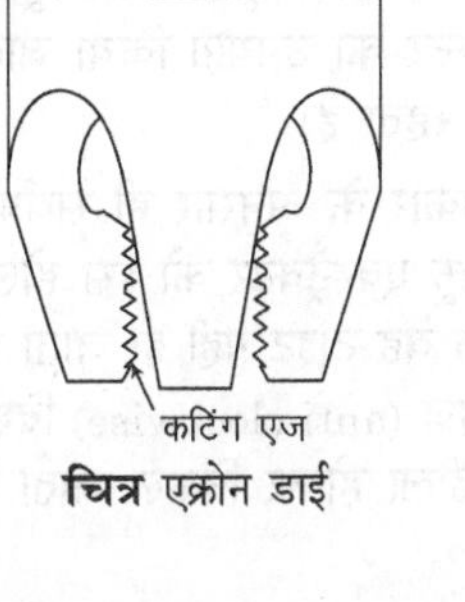

चित्र एक्रोन डाई

डाई स्टॉक Die Stock

डाई को पकड़ने वाले हैण्डिल या फिक्स्चर को डाई स्टॉक (die stock) कहते हैं। इसके अन्दर डाई को पकड़ने के लिए स्क्रू तथा उसे समायोजित करने के लिए सैट-स्क्रू तथा डाई को बलपूर्वक घुमाने के लिए हैण्डिल लगे होते हैं। डाई के आकार तथा प्रयोग के अनुसार ये निम्न दो प्रकार के होते हैं

1. सॉलिड डाई स्टॉक Solid Die Stock

ये डाई स्टॉक एक पीस में डाई के आकार के अनुसार होल वाले होते हैं। इनमें दोनों ओर हैण्डिल बने होते हैं तथा डाई को समायोजित करने के लिए स्क्रू लगे होते हैं। सेन्टर स्क्रू के द्वारा स्प्लिट डाई को आवश्यकतानुसार खोला जाता है, जबकि साइड स्क्रू, डाई को डाई स्टॉक में जकड़ते हैं।

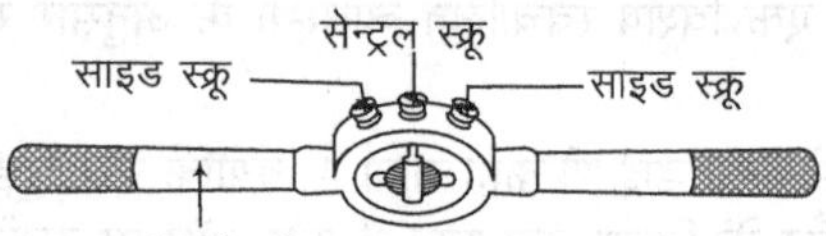

चित्र सॉलिड डाई स्टॉक

2. एडजस्टेबल डाई स्टॉक Adjustable Die Stock

इस डाई स्टॉक में बीच में बॉडी बनी होती है तथा इसके दोनों सिरों पर हब में चूड़ियाँ कटी होती हैं, जिनमें सिरे पर चूड़ी कटे दो हैण्डिल फिट किए जा सकते हैं। इसकी बॉडी पर डाई को पकड़ने तथा उसे समायोजित करने के लिए स्क्रू लगे होते हैं। चित्र में यह डाई स्टॉक दर्शाया गया है।

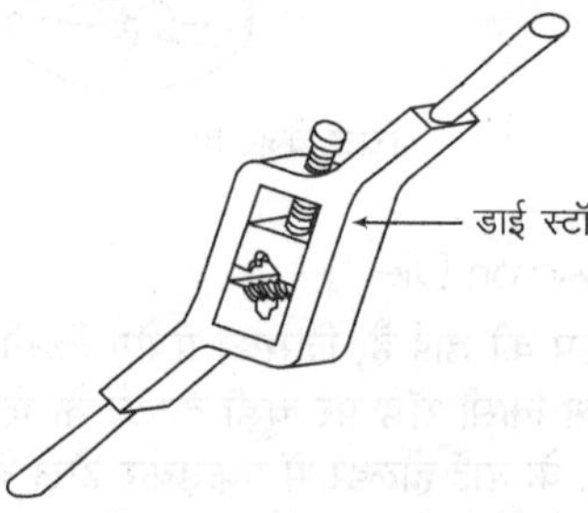

चित्र एडजस्टेबल डाई स्टॉक

8.15 स्क्रू एक्स्ट्रैक्टर Screw Extractor

जब किसी कार्यखण्ड में कोई स्क्रू या स्टड टूट जाता है, तो उसे निकालने के लिए स्क्रू एक्स्ट्रैक्टर का उपयोग किया जाता है। स्क्रू एक्स्ट्रैक्टर कई आकारों में उपलब्ध रहता है।

टूटे हुए स्टड के आकार के अनुसार ही सर्वप्रथम एक होल ड्रिल किया जाता है तत्पश्चात् स्क्रू एक्स्ट्रैक्टर को इस होल में इन्सर्ट (insert) किया जाता है एवं जब तक वह टाइट नहीं हो जाता है तब तक स्क्रू एक्स्ट्रैक्टर को एण्टी-क्लॉकवाइज (anti-clockwise) दिशा में घुमाते हैं, ऐसा करने से टूटा हुआ स्टड ढीला होकर निकल जाता है।

चित्र में स्क्रू एक्स्ट्रैक्टर को दर्शाया गया है।

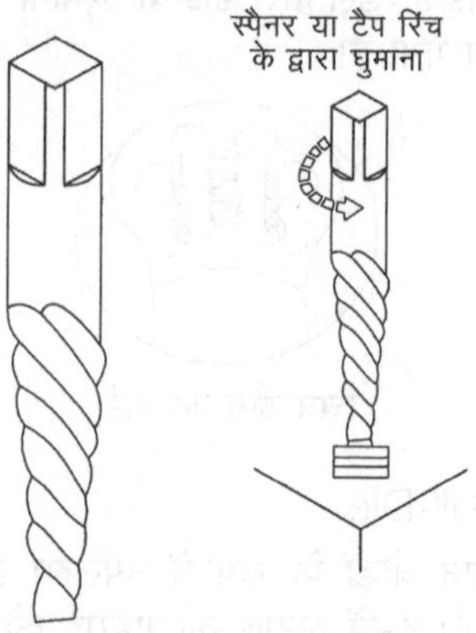

चित्र स्क्रू एक्स्ट्रैक्टर

8.16 रीमर Reamer

रीमर एक बहुबिन्दीय (multipoint) कर्तन औजार है, जिसके द्वारा पहले से तैयार छिद्र की आन्तरिक सतह को अधिक परिष्कृत बनाया जाता है तथा छिद्र के आकार को थोड़ा बढ़ाकर, उसे किसी विशेष फिटिंग के लिए यथार्थता (accuracy) प्रदान की जाती है, जैसा कि चित्र में दर्शाया गया है। रीमर के द्वारा बहुत थोड़ी मात्रा (लगभग 0.02–0.15 मिमी) में धातु काटी जाती है। इसके लिए ड्रिलिंग या बोरिंग करते समय रीमिंग एलाउन्स दे दिया जाता है। कभी-कभी रीमिंग को दो चरणों में विभक्त किया जाता है, जिसमें पहले रफ रीमिंग की जाती है, तत्पश्चात् परिष्कृत रीमिंग करते हैं।

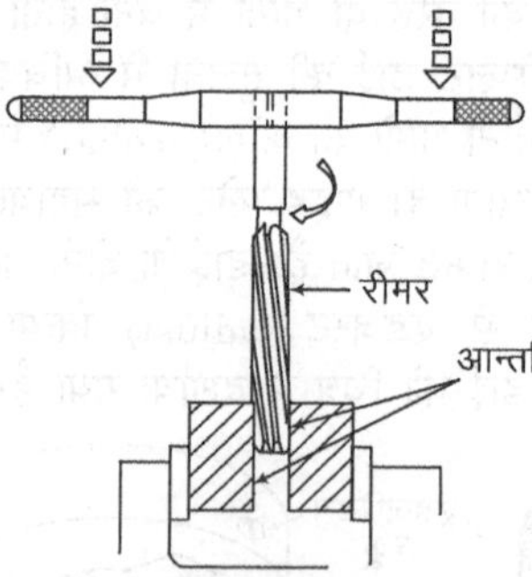

चित्र रीमर का उपयोग

रीमर पदार्थ Reamer Material

रीमर बनाने के लिए सामान्यत: हाई स्पीड स्टील का प्रयोग किया जाता है, क्योंकि यह अपेक्षाकृत सस्ता व अधिकतर पदार्थों में अच्छे से कार्य करता है, परन्तु जब किसी रीमर को दो खण्डों में बनाया जाता है, तो रीमर के शैंक को कार्बन स्टील तथा कटिंग करने वाले भाग को हाई स्पीड स्टील से बनाया जाता है। इन खण्डों को बट वैल्डिंग करके जोड़ा जाता है। इसके अतिरिक्त, कुछ अन्य पदार्थ; जैसे—कार्बाइड, उच्च कोबाल्ट अलॉय स्टील का प्रयोग भी रीमर बनाने के लिए किया जाता है। उच्च कोबाल्ट अलॉय स्टील का प्रयोग टाइटेनियम व स्टेनलैस स्टील की रीमिंग के लिए किया जाता है, परन्तु यह स्टील की तुलना में महँगा होता है।

रीमर के भाग Parts of Reamer

रीमर के मुख्य भाग निम्नलिखित हैं

1. **अक्ष** (Axis) रीमर की अनुदैर्ध्य (longitudinal) केन्द्रीय रेखा, रीमर की अक्ष कहलाती है।
2. **बॉडी** (Body) रीमर के प्रवेश छोर से प्रारम्भ तक का विस्तृत भाग अर्थात् रीमर के जिस भाग में कटिंग एज होती है, उसे रीमर की बॉडी कहते हैं। किसी भी रीमर का मुख्य भाग उसकी बॉडी होती है। बॉडी पर ड्रिल के समान बहुत से फ्लूट बने होते हैं।
3. **झिर्री** (Recess) रीमर की बॉडी का वह हिस्सा, जिसका व्यास कर्तन कोर तथा पायलट की अपेक्षा कम होता है, झिर्री कहलाता है।
4. **शैंक** (Shank) यह रीमर का बॉडी के ऊपर का भाग है, जोकि सपाट (plain) होता है। इसी भाग से रीमर को किसी मशीन रिंच आदि में पकड़कर घुमाया जाता है। कुछ रीमर का ऊपरी भाग वर्गाकार (square) होता है। इस वर्गाकार हैड को टैप रिंच (tap wrench) में पकड़कर घुमाया जा सकता है। रीमर की शैंक प्राय: दो प्रकार की होती है

   (i) **समान्तर शैंक** (Parallel shank) समान्तर शैंक वाले रीमर का शैंक सीधा होता है तथा इसका ऊपरी सिरा वर्गाकार होता है, जिसे टैंग कहते हैं। इसे टैप हैण्डिल में फिट करके हाथ से घुमाया जाता है। अधिकांश हैण्ड रीमर में समान्तर शैंक होती है।

   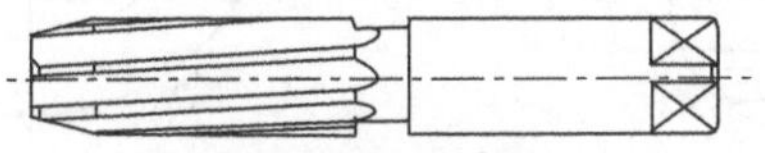

   चित्र समान्तर शैंक

   (ii) **टेपर शैंक** (Taper shank) ड्रिल की तरह रीमर की शैंक भी मानक मोर्स टेपर में बनी होती है। इस प्रकार की शैंक वाले रीमर को स्लीव, सॉकेट या मशीन स्पिण्डल में फिट करके प्रयोग में लाया जाता है। इसका उपयोग मशीन रीमर में होता है।

   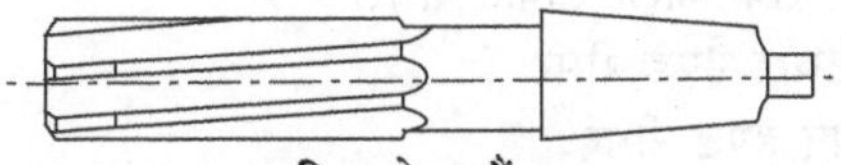

   चित्र टेपर शैंक

5. **वृत्ताकार लैण्ड** (Circular land) लैण्ड के आगे के किनारे पर कर्तन कोर के संलग्न बेलनाकार ग्राइण्ड सतह, वृत्ताकार लैण्ड कहलाती है।
6. **बेवेल लीड** (Bevel lead) रीमर के प्रयोग होने वाले सिरे पर कोणीय कटाई वाला भाग, बेवेल लीड कहलाता है। यह नुकीला भाग रीमर को छिद्र में प्रवेश करने में सहायता प्रदान करता है।
7. **टेपर लीड** (Taper lead) प्रवेश करने वाले सिरे पर टेपरित कर्तन भाग, जो कर्तन एवं परिष्करण में सहायक होता है, टेपर लीड कहलाता है।
8. **बेवेल लीड कोण** (Bevel lead angle) बेवेल लीड के कर्तन कोर तथा रीमर अक्ष के मध्य का कोण, बेवेल लीड कोण कहलाता है।
9. **टेपर लीड कोण** (Taper lead angle) यह टेपर के कर्तन कोर तथा रीमर की अक्ष के मध्य का कोण होता है।
10. **झिर्री लम्बाई** (Recess length) कर्तन कोर के नीचे रीमर की बॉडी के उस भाग की लम्बाई, जो व्यास में कम होती है, झिर्री लम्बाई कहलाती है।
11. **कुल लम्बाई** (Overall length) रीमर के एक सिरे से दूसरे सिरे तक की लम्बाई, उसकी कुल लम्बाई कहलाती है।

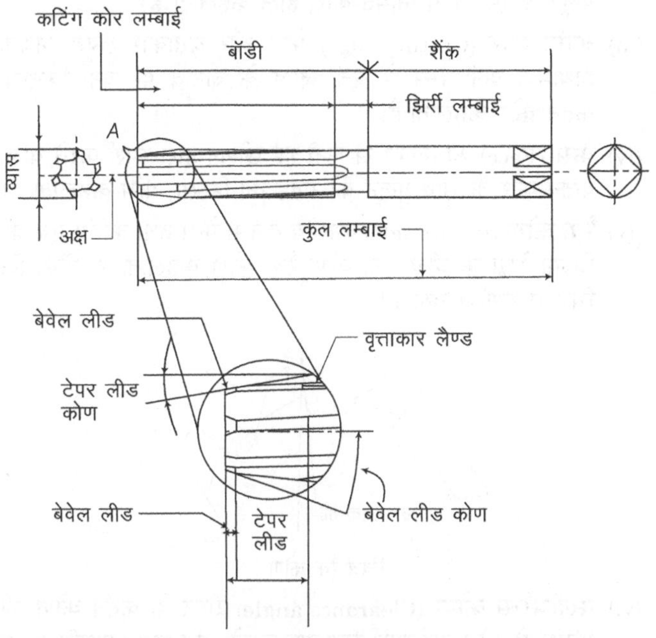

चित्र रीमर के मुख्य भाग

12. **बेवेल लीड लम्बाई** (Bevel lead length) बेवेल लीड की मापी गई अक्षीय लम्बाई, बेवेल लीड लम्बाई कहलाती है।
13. **कर्तन कोर लम्बाई** (Cutting edge length) कार्बाइड टिप की अक्षीय लम्बाई, जो प्राइमरी क्लीयरैन्स के साथ दी जाती है और जिसमें टेपर व बेवेल लीड सम्मिलित होती हैं, कर्तन कोर लम्बाई कहलाती है।

रीमर की कर्तन ज्यामितीय फ्लूट से सम्बन्धित पद
Terms Related to Cutting Geometry Flutes of Reamer

रीमर की बॉडी में बने खाँचों को फ्लूट कहते हैं। इसका उपयोग कर्तन धार बनाने, शीतलक को कर्तन धार तक पहुँचाने तथा छीलन हटाने में किया जाता है।

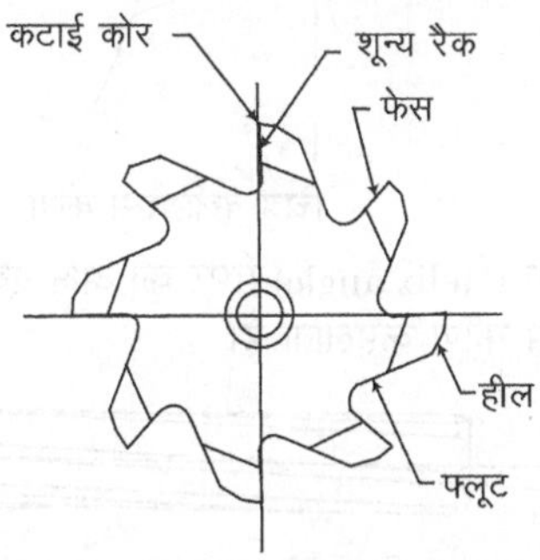

चित्र कर्तन ज्यामितीय फ्लूट से सम्बन्धित पद

इससे सम्बन्धित मुख्य पद निम्न प्रकार हैं

(i) **फ्लूट्स** (Flutes) रीमर की बॉडी में कटिंग सिरे बनाने के लिए जो खाँचें (grooves) बनाये जाते हैं, फ्लूट्स कहलाते हैं। फ्लूट्स चिप्स को हटाने तथा कटिंग फ्ल्यूड को कटिंग सिरों तक पहुँचाते हैं।

(ii) **हील** (Heel) द्वितीय अवकाश बनाने के पश्चात्, शेष सतह तथा फ्लूट के मिलने से निर्मित कोर, हील कहलाती है।

(iii) **कर्तन कोर** (Cutting edge) फेस और वृत्ताकार लैण्ड अथवा प्राथमिक क्लीयरैन्स से बची जगह के कटाव पर बना किनारा, कर्तन कोर कहलाता है।

(iv) **फेस** (Face) कार्यखण्ड से कटी हुई छीलन द्वारा स्पर्श करने वाली कर्तन कोर के साथ फ्लूट की सतह का हिस्सा, फेस कहलाता है।

(v) **रैक कोण** (Rake angle) व्यासीय तल में फेस तथा कटिंग एज की त्रिज्या रेखा के बीच बना कोण रैक कोण कहलाता है, जैसा कि चित्र में दर्शाया गया है।

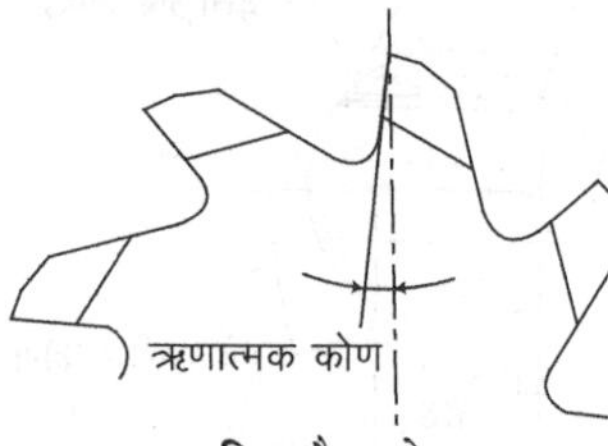

चित्र रैक कोण

(vi) **क्लीयरैन्स कोण** (Clearance angle) रीमर के कर्तन कोण की परिधि से खींची गई स्पर्श रेखा तथा उसके अवकाश (प्राथमिक एवं द्वितीयक) के मध्य का कोण, क्लीयरैन्स कोण कहलाता है। प्राथमिक अवकाश से बने कोण को प्राथमिक क्लीयरैन्स कोण तथा द्वितीयक अवकाश में बने कोण को द्वितीयक क्लीयरैन्स कोण कहते हैं, जैसा कि चित्र में दर्शाया गया है।

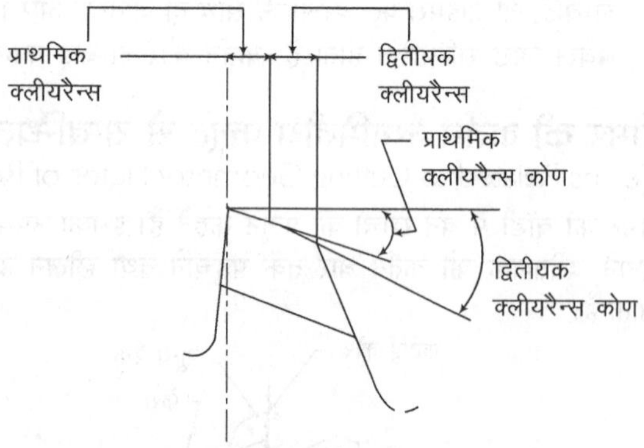

चित्र क्लीयरैन्स कोण

(vii) **हैलिक्स कोण** (Helix angle) रीमर की अक्ष एवं एज के बीच का कोण, हैलिक्स कोण कहलाता है।

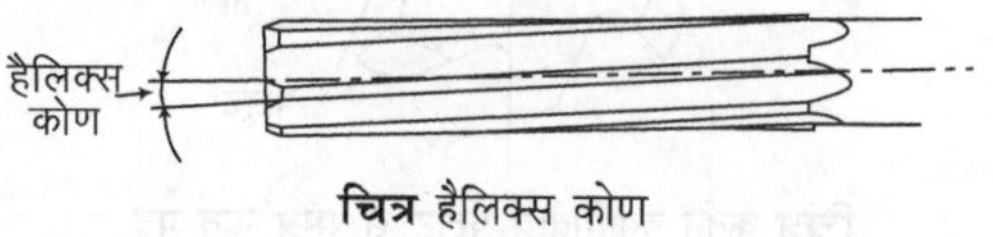

चित्र हैलिक्स कोण

रीमर के प्रकार Types of Reamer

रीमर को हाथ द्वारा या मशीन द्वारा घुमाकर प्रयोग किया जाता है। इसी के आधार पर इसे निम्न दो भागों में बाँटा गया है

1. हैण्ड रीमर Hand Reamer

इस प्रकार के रीमरों में शैंक के ऊपर एक चौकोर (square) टैंग होती है। इस चौकोर टैंग को हम किसी रिंच (wrench) या हैण्डिल में बने ग्रूव में आसानी से पकड़ सकते हैं तथा सरलता से हाथ द्वारा घुमा सकते हैं। अधिकांश हैण्ड रीमर दाएँ हाथ की ओर से कर्तन करने वाले होते हैं। हैलिक्स फ्लूट रीमर का हैलिक्स बाईं ओर होता है तथा इसकी शैंक सीधी होती है।

रीमिंग करते समय होने वाली चिपचिपाहट को कम करने के लिए अधिकांश हैण्ड रीमर में असामान्य दाँते पाए जाते हैं। चित्र में हैण्ड रीमर तथा इसके दाँते दर्शाए गए हैं।

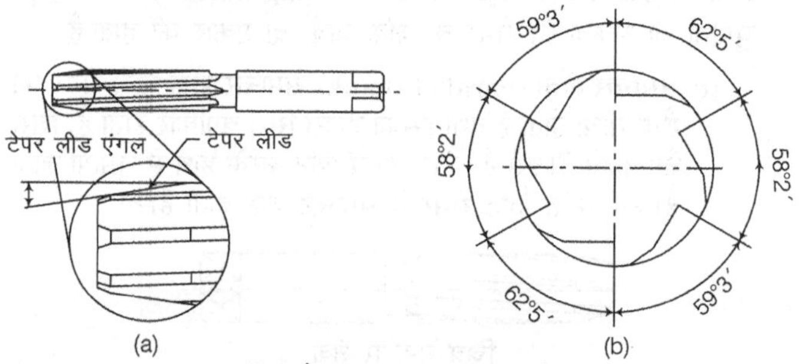

चित्र हैण्ड रीमर तथा उसके दाँते

हैण्ड रीमर निम्न प्रकार के होते हैं

(i) पैरेलल हैण्ड रीमर
(ii) पायलट सहित हैण्ड रीमर
(iii) समान्तर शैंक वाला सॉकेट रीमर
(iv) एडजस्टेबल हैण्ड रीमर
(v) टेपर पिन हैण्ड रीमर
(vi) एक्सपैन्शन हैण्ड रीमर
(vii) सीधे एवं हेलिकल फ्लूटिड रीमर

(i) पैरेलल हैण्ड रीमर Parallel Hand Reamer

पैरेलल हैण्ड रीमर में टेपर तथा बेवेल लीड सहित पैरेलल कटिंग एज होती है तथा इसकी बॉडी बेलनाकार होती है, जिस पर पैरेलल फ्लूट्स बने होते हैं।

ये फ्लूट्स सीधे या घुमावदार होते हैं। रीमर की बॉडी, शैंक के साथ समेकित (consolidated) होती है। इस शैंक का नॉमिनल व्यास, कटिंग एज के बराबर होता है।

बॉडी के निचले भाग पर चैम्फर कर दिया जाता है, जिससे यह सरलता से ड्रिल किए गए छिद्र में प्रवेश कर सके। इसके द्वारा 0.05 से 0.125 मिमी धातु को काटा जा सकता है।

इसका प्रयोग छिद्र को बिल्कुल उचित आकार देने के लिए किया जाता है। सामान्यत: कार्यशाला में H8 साइज के छिद्र बनाने के लिए इन रीमरों का प्रयोग किया जाता है।

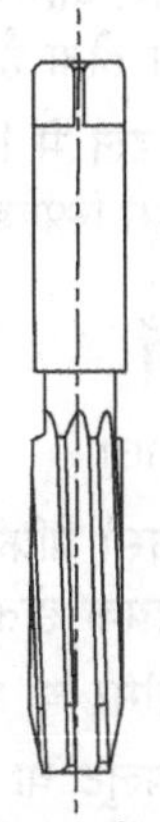

चित्र पैरेलल हैण्ड रीमर

(ii) **पायलट सहित हैण्ड रीमर** Hand Reamer with Pilot

इस प्रकार के रीमर में पायलट का उपयोग, रीमर को गाइड करने के लिए किया जाता है। पायलट को रीमर की बॉडी के सिरे पर एक बेलनाकार अपघर्षित भाग बनाकर, बनाया जाता है। यह पायलट होल के साइज का होता है, जिससे रीमर और छिद्र के केन्द्र, संकेन्द्रित रहते हैं। चित्र में सूचक सहित हैण्ड रीमर दर्शाया गया है।

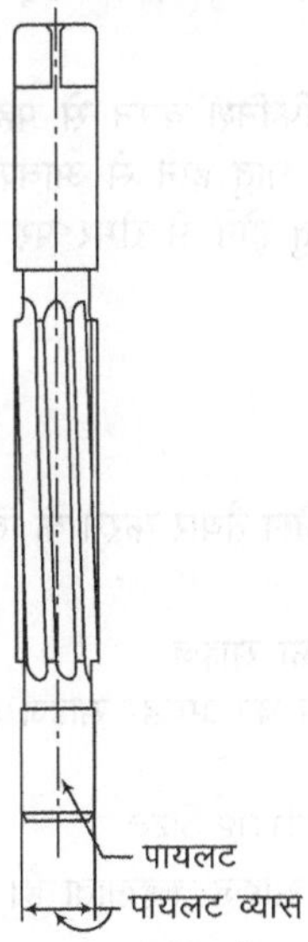

चित्र पायलट सहित हैण्ड रीमर

(iii) **समान्तर शैंक वाला सॉकेट रीमर**
Socket Reamer with Parallel Shank

इस प्रकार के रीमर में मीट्रिक मोर्स टेपर के समान ही टेपरित कर्तन कोर होती है। इसमें शैंक वर्गाकार बनाया जाता है, जो बॉडी के साथ जुड़ा होता है। इस प्रकार के रीमर के फ्लूट सीधे या घुमावदार होते हैं, जैसा कि चित्र में दर्शाया गया है

इस रीमर का प्रयोग आन्तरिक मोर्स टेपर की रीमिंग के लिए किया जाता है। इनका प्रयोग तीन रीमर के सैट में होता है, जिससे रफिंग (Roughing), पूर्व परिष्कृति (Pre-finishing) एवं परिष्कृति (Finishing) की जाती है।

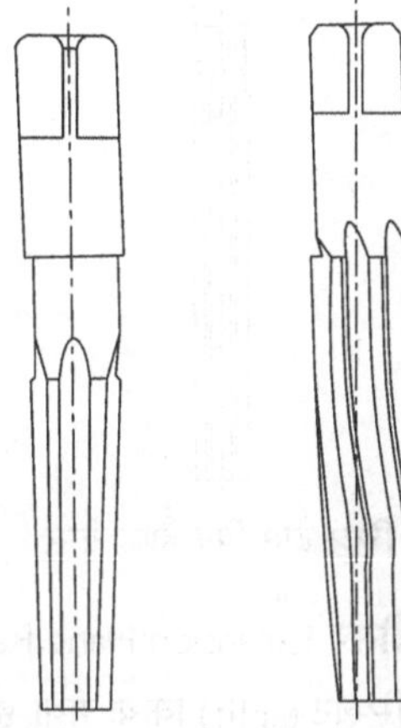

चित्र समान्तर शैंक वाला सॉकेट रीमर

(iv) **एडजस्टेबल हैण्ड रीमर** Adjustable Hand Reamer

इस रीमर की बॉडी पर टेपर में स्लॉट्स बने होते हैं, जिनमें उसी टेपर में बने कटिंग ब्लेड स्लाइड कर सकते हैं। इस प्रकार, रीमर की कटिंग एज एक-दूसरे के पैरेलल रहती हैं। इन ब्लेडों को पकड़े रखने के लिए विशेष बनावट के दो नट, रीमर की बॉडी पर बनी चूड़ियों में कसे जाते हैं, जिनके बीच में कटिंग ब्लेड होते हैं।

एडजस्टिंग नटों द्वारा ब्लेड को ऊपर-नीचे करके, रीमर की माप घटाई अथवा बढ़ाई जा सकती है। बॉडी पर यदि ब्लेड नीचे समायोजित होते हैं, तो रीमर का साइज कम होता है और रीमर का साइज बढ़ाने के लिए ब्लेडों को रीमर में ऊपर की ओर समायोजित किया जाता है क्योंकि इस रीमर का साइज एडजस्ट किया जा सकता है, इसलिए इसे एडजस्टेबल हैण्ड रीमर कहते हैं।

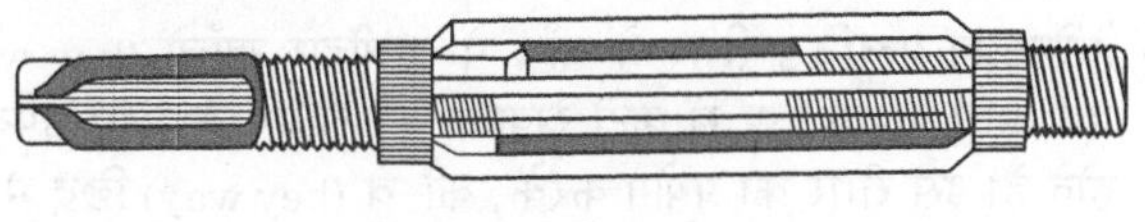

चित्र एडजस्टेबल हैण्ड रीमर

(v) **टेपर पिन हैण्ड रीमर** Taper Pin Hand Reamer

बहुत-सी मशीनों में शाफ्ट तथा हब का अस्थायी जोड़ बनाने के लिए टेपर पिन का प्रयोग किया जाता है। ये टेपर पिन, स्टैण्डर्ड टेपर के रूप में बाजार में उपलब्ध होती हैं। इन्हीं टेपर पिनों के टेपर के अनुसार बाजार में टेपर पिन हैण्ड रीमर भी उपलब्ध होते हैं।

प्राय: पचास में एक के हिसाब से टेपर पिन बनाकर टेपर पिन हैण्ड रीमर बनाया जाता है। ये टेपर पिन हैण्ड रीमर, ड्रिल किए गए होल को टेपर होल में बदलते हैं।

ये रीमर, स्ट्रैट फ्लूट्स तथा हेलिकल फ्लूट्स दोनों प्रकार के होते हैं। चित्र में एक टेपर पिन हैण्ड रीमर दर्शाया गया है।

चित्र टेपर पिन हैण्ड रीमर

(vi) **एक्सपैन्शन हैण्ड रीमर** Expansion Hand Reamer

इस रीमर की बॉडी को स्प्लिट (split) किया गया होता है, जिसके निचले सिरे पर एक टेपर होल होता है, जिसमें चूड़ियाँ कटी होती हैं। इसमें एक चूड़ीयुक्त टेपर प्लग लगाया जाता है।

जब प्लग को टाइट किया जाता है, तो रीमर की बॉडी फैलती है। एक्सपैन्शन रीमर बड़े साइज के होल को रीमिंग करने के लिए उपयुक्त होते हैं। चित्र में एक्सपैन्शन हैण्ड रीमर दर्शाया गया है।

चित्र एक्सपैन्शन हैण्ड रीमर

(vii) **सीधे एवं हेलिकल फ्लूटिड रीमर**
Straight and Helical Fluted Reamer

ये दो प्रकार के होते हैं

(a) **सीधे फ्लूटिड रीमर** ये साधारण रीमिंग क्रियाओं के लिए उपयुक्त होते हैं। इसके प्रयोग से छिद्र की सतह को परिष्कृत किया जाता है।

(b) **हेलिकल फ्लूटिड रीमर** ये जॉब में चाबीदार खाँचों (key way) एवं अन्य विशेष रूप से कटी रेखाओं की रीमिंग के लिए उपयुक्त होते हैं। इस रीमर का प्रयोग करके, की-वे (key way) छिद्र में गैप एवं चिपचिपाहट को कम किया जाता है।

चित्र (a) सीधे फ्लूटिड रीमर व (b) हेलिकल फ्लूटिड रीमर

2. **मशीन रीमर** Machine Reamer

ये रीमर, मशीन के द्वारा प्रयोग किए जाते हैं, इसलिए इन्हें मशीन रीमर कहा जाता है। इस प्रकार के रीमर, अधिकतर टेपर शैंक वाले होते हैं, जिन पर एक फ्लैट टैंग (tang) बना होता है।

यह टेपर शैंक मशीन के स्पिण्डल में फिट हो जाती है और फ्लैट टैंग स्पिण्डल में फँस जाती है तथा इसे स्पिण्डल के साथ स्थिर कर देती है।

रीमर की विशिष्टियाँ
Specifications of Reamer

रीमर को खरीदते समय या किसी प्रक्रिया का चुनाव करते समय निम्न चार बातों का ज्ञान होना आवश्यक होता है

(i) **रीमर का प्रकार** हैण्ड रीमर या मशीन रीमर
(ii) **फ्लूट का प्रकार** स्ट्रैट फ्लूट या हेलिकल फ्लूट
(iii) **शैंक का प्रकार** टेपर शैंक या समान्तर शैंक
(iv) **रीमर का साइज** कितने बड़े होल के लिए रीमर चाहिए।

उदाहरण के लिए, हैण्ड रीमर-हेलिकल फ्लूट-टेपर शैंक ϕ300 मिमी।

रीमिंग के लिए ड्रिल आकार
Drill Size for Reaming

हैण्ड या मशीन रीमर से रीमिंग करने के लिए रीमर साइज से छोटा होल ड्रिल करना चाहिए।

रीमर द्वारा उस होल को फिनिश करने से पहले पर्याप्त धातु का होना आवश्यक है, क्योंकि कम धातु होने से आवश्यकतानुसार फिनिश प्राप्त नहीं होगी और अधिक धातु होने से रीमर पर दबाव पड़ेगा, जिससे वह क्षतिग्रस्त हो जाएगा।

ड्रिल साइज गणना
Drill Size Calculation

किसी दिए गए साइज का होल तैयार करने के लिए निम्न सूत्र से ड्रिल का साइज निकाला जाता है

ड्रिल साइज = रीमर का साइज
– (रीमर का अण्डर साइज + ड्रिल का ओवर साइज)

परिष्कृति साइज Finishing Size

रीमर का व्यास, परिष्कृति साइज कहलाता है।

ओवर साइज Over Size

ड्रिल द्वारा होल करने पर हमेशा कुछ बड़े साइज का होल प्राप्त होता है, इसे ओवर साइज कहते हैं। होल का साइज ड्रिल के साइज से 0.05 मिमी बड़ा होता है।

अण्डर साइज Under Size

किसी विशेष साइज का होल प्राप्त करने के लिए उपयुक्त ड्रिल के साइज का चुनाव किया जाता है। यह साइज रीमर के छोटे साइज से भी कुछ कम होता है, जिसे अण्डर साइज (under size) कहते हैं।

तालिका रीमिंग हेतु अण्डर साइज

रीमिंग होल का व्यास (मिमी)	रफ होल का अण्डर साइज मार्जिन (मिमी)
0-5	0.1–0.2
5-20	0.2–0.3
20-50	0.3–0.5
50 से ऊपर	0.5–1.0

हल्की धातुओं के लिए अण्डर साइज को 50% बड़ा किया जाता है। यदि रीमिंग के लिए क्षतिग्रस्त रीमर का प्रयोग किया जाता है, तो छिद्र अण्डर साइज रह जाता है, इसलिए रीमिंग से पूर्व रीमर को अच्छे से जाँच लेना चाहिए।

रीमिंग के द्वारा उन्नत सतह परिष्कृति प्राप्त करने के लिए,

(i) रीमर को घुमाते समय, उस पर अत्यधिक दबाव नहीं डालना चाहिए।

(ii) रीमर को, ड्रिल किए गए छिद्र में सावधानीपूर्वक धीरे-धीरे आगे बढ़ाना चाहिए।

(iii) रीमिंग संक्रिया के दौरान स्नेहक का प्रयोग अवश्य करना चाहिए।

(iv) रीमिंग संक्रिया में बनी धातु छीलन (metal chips) को समय-समय पर हटाते रहना चाहिए।

उदाहरण 5. एक मृदु इस्पात में बने छिद्र की 20 मिमी के रीमर से रीमिंग की जाती है। इस छिद्र को बनाने के लिए ड्रिल साइज ज्ञात कीजिए।

हल रीमर का साइज = 20 मिमी

अण्डर साइज (सारणी के अनुसार) = 0.3 मिमी

ओवर साइज = 0.05 मिमी

ड्रिल का साइज = रीमर का साइज – (अण्डर साइज + ओवर साइज)

= 20 – (0.3 + 0.05)

ड्रिल का साइज = 19.65 मिमी

रीमिंग करने की विधि Methods of Reaming

वर्कशॉप में उपलब्ध उपकरणों के आधार पर या फिनिशिंग की आवश्यकता को देखते हुए रीमिंग के प्रकार का निर्धारण किया जाता है। यदि कम व्यास और अधिक गहराई पर रीमिंग करनी हो, तो फ्लूटेड मशीन रीमर का प्रयोग किया जाता है, परन्तु यदि बहुत अधिक फिनिशिंग की आवश्यकता हो, तो हैण्ड रीमर का ही प्रयोग किया जाता है। रीमिंग करने के लिए होल का साइज सदैव कुछ कम ही रखा जाता है।

रीमर द्वारा फिनिशिंग के लिए आवश्यक धातु होल में रहनी चाहिए, परन्तु ध्यान रखें कि धातु अधिक होने पर रीमर पर अधिक दबाव पड़ता है, जिससे रीमर टूट भी सकता है।

नोट *रीमिंग करने की दो विधियाँ होती हैं-पहली हाथ द्वारा रीमिंग तथा दूसरी मशीन द्वारा रीमिंग, परन्तु पाठ्यक्रम की उपयोगिता को ध्यान में रखते हुए यहाँ हाथ द्वारा रीमिंग को ही समझाया गया है।*

हाथ द्वारा रीमिंग Reaming by Hand

हाथ द्वारा रीमिंग करने के लिए निम्न पदों में कार्य करना चाहिए

1. सर्वप्रथम जॉब को वाइस या फिक्स्चर में पकड़ लें।
2. छिद्र के साइज की जाँच कर लें। यह रीमर के साइज से 3% से अधिक छोटा नहीं होना चाहिए।
3. इसके बाद रीमर को छिद्र में रखकर उसकी लम्बवत् स्थिति को जाँच लें। ध्यान रखें कि रीमर एवं छिद्र संकेन्द्रित होने चाहिए।
4. रीमर को हल्के दबाव के साथ दक्षिणावर्त (clockwise) दिशा में घुमाएँ।
5. रीमर को घुमाते समय छिद्र में उचित स्नेहक का प्रवाह करते रहें।
6. रीमिंग संक्रिया पूर्ण हो जाने पर रीमर को दक्षिणावर्त दिशा में घुमाते हुए बाहर निकाल लें।
7. इसके पश्चात्, जॉब एवं रीमर को साफ करके उचित स्थान पर रख दें।

रीमिंग के लाभ Advantages of Reaming

किसी कार्यखण्ड पर रीमर औजार द्वारा रीमिंग करने के मुख्य लाभ निम्नलिखित हैं

1. रीमिंग के द्वारा उच्च गुणवत्ता की सतह परिष्कृति प्राप्त होती है।
2. इसके द्वारा छोटे छिद्रों की परिष्कृति भी सम्भव होती है, जो अन्य प्रक्रियाओं द्वारा सम्भव नहीं है।
3. इससे निकटतम सीमा तक विमीय परिशुद्धता प्राप्त होती है।

रीमिंग के दोष, कारण व उपचार Faults, Reasons and Remedies of Reaming

रीमिंग के मुख्य दोष, कारण व उपचार निम्नलिखित हैं

दोष	कारण	उपचार
अण्डरपास रीमिंग	खराब रीमर का प्रयोग	खराब रीमर का प्रयोग न करें।
खुरदरी सतह परिष्कृति	अनुचित रीमर का उपयोग, शीतलक का प्रवाह न होना, अधिक तेज फीड गति आदि।	विपरीत दिशा में रीमर को न घुमाएँ, शीतलक का लगातार प्रवाह करें, धीमी व एकसमान फीड दर का प्रयोग करें।

8.17 सूक्ष्म परिष्करण प्रचालन Micro Finishing Operations

रूक्ष (rough) मशीनिंग प्रक्रियाओं के पश्चात् ग्राइण्डिंग की जाती है। ग्राइण्डिंग से प्राप्त सतह भी देखने में तथा कुछ विशेष उपयोगों में ठीक प्रकार से कार्य नहीं कर पाती, उन्हें सूक्ष्म परिष्करण प्रक्रियाओं द्वारा अधिक परिष्कृत बनाया जाता है। इन प्रक्रियाओं द्वारा सतहों की रुक्षता, कुछ माइक्रोन ही रह जाती है। ये प्रक्रियाएँ अग्रलिखित तीन प्रकार की होती हैं

नोट *पाठ्यक्रम की उपयोगिता की दृष्टि से यहाँ केवल लैपिंग का ही वर्णन किया गया है।*

लैपिंग Lapping

लैपिंग प्रक्रिया के दौरान बहुत कम धातु हटाई जाती है। इसमें वास्तव में धातु घिसी जाती है, जिसके कारण सतह की रुक्षता, वेवीनैस, अनियमितताएँ आदि लगभग समाप्त हो जाती हैं। अतः इस प्रक्रिया के द्वारा हम कार्यखण्ड के साइज या ज्यामिति का निर्माण नहीं कर सकते। लैपिंग द्वारा 0.005 मिमी से 0.01 मिमी तक धातु की परत हटाई जा सकती है।

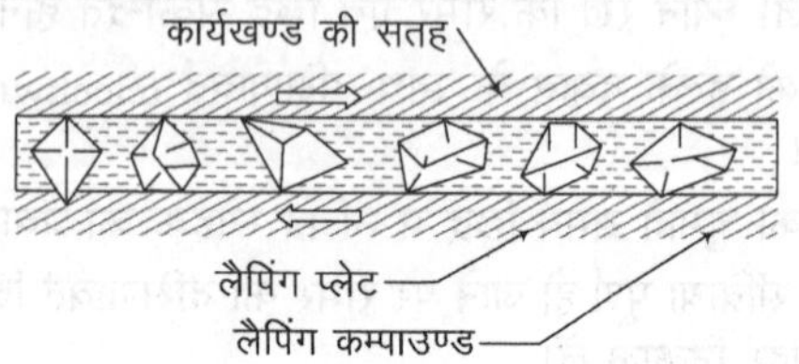

चित्र लैपिंग

लैपिंग का प्रयोग निम्न उपयोगों के लिए किया जाता है

(i) सतह के ऊपर विद्यमान छोटी अनियमितताओं को दूर करने के लिए।
(ii) ज्यामितीय यथार्थ सतह प्राप्त करने के लिए।
(iii) जॉब की बहुत यथार्थ विमाएँ प्राप्त करने के लिए।
(iv) घर्षणशील पाट्‌र्स का घर्षण कम करने के लिए।

लैपिंग एब्रेसिव Lapping Abrasive

एब्रेसिव से अभिप्राय: लैपिंग औजारों में प्रयोग होने वाले उस पदार्थ से है, जिसके द्वारा लैपिंग औजार बना होता है। यह पदार्थ ही सतह को परिष्कृत करने के लिए उत्तरदायी होता है। लैपिंग क्रिया के लिए निम्न एब्रेसिव प्रयोग में लाए जाते हैं

1. एल्युमीनियम ऑक्साइड Aluminium Oxide

यह फ्यूज्ड (fused), अनफ्यूज्ड (unfused) दोनों रूप में मिलता है। फ्यूज्ड एल्युमीनियम ऑक्साइड का प्रयोग नर्म स्टील और नॉन-फैरस मैटल की लैपिंग में किया जाता है, जबकि अनफ्यूज्ड एल्युमीनियम ऑक्साइड का प्रयोग अधिक मात्रा में धातु घिसने के लिए व उच्च कोटि की फिनिशिंग के लिए किया जाता है।

2. सिलिकॉन कार्बाइड Silicon Carbide

यह बहुत ही कठोर एब्रेसिव होता है। इसके ग्रेन बहुत तेज और भंगुर होते हैं। इसका प्रयोग हार्ड स्टील और कास्ट आयरन की लैपिंग के लिए किया जाता है और इसके द्वारा भारी मात्रा में धातु को हटाया जाता है।

3. बोरोन कार्बाइड Boron Carbide

डायमण्ड के बाद कठोरता में बोरोन का दूसरा स्थान है। इसकी कर्तन क्षमता बहुत अच्छी होती है, परन्तु महँगा होने के कारण इसके द्वारा डाई व गेजों की लैपिंग ही की जाती है।

4. डायमण्ड Diamond

यह सभी एब्रेसिव में सबसे अधिक कठोर होता है। इसका प्रयोग छोटे सुराखों की लैपिंग करने के लिए रोटरी लैपिंग में किया जाता है। इसका प्रयोग टंगस्टन कार्बाइड की लैपिंग में भी किया जाता है। इस एब्रेसिव से रोटरी डायमण्ड लैप भी तैयार किए जाते हैं।

लैप अथवा लैपिंग औजार Lap or Lapping Tools

लैपिंग औजारों को मुख्यत: दो भागों में वर्गीकृत किया गया है, जो निम्न प्रकार हैं

(i) **आन्तरिक लैपिंग औजार** (Internal lapping tools) आन्तरिक लैपिंग औजार ठोस या एडजस्टेबल प्रकार के होते हैं। प्राय: बड़े आकार के लैप कास्ट आयरन के बने होते हैं, जबकि छोटे आकार के आन्तरिक लैप मुख्यत: ताँबे व पीतल के बने होते हैं।

ये एडजस्टेबल प्रकार के भी होते हैं, जिनकी स्लीव ताँबे की बनी होती है तथा बदलने योग्य होती है। इसकी बाहरी सतह पर ग्रूव कटे होते हैं, जिससे एब्रेसिव, कम्पाउण्ड को ठहराया जाता है एवं स्लिट का प्रयोग आकार को बढ़ाने के लिए किया जाता है।

आन्तरिक लैपिंग औजारों का उपयोग आन्तरिक बेलनाकार सतहों या छिद्रों की लैपिंग हेतु किया जाता है। चित्र में आन्तरिक लैपिंग औजार तथा इसका क्रॉस सैक्शन दृश्य दर्शाया गया है।

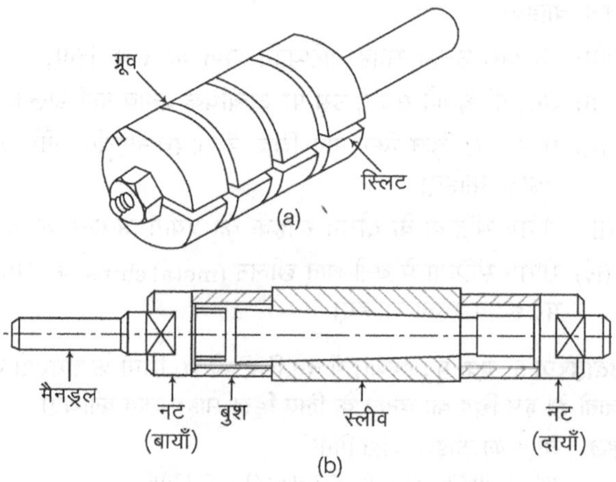

चित्र आन्तरिक लैपिंग औजार

आन्तरिक लैपिंग औजार द्वारा लैपिंग करने की विधि को नीचे चित्र में दर्शाया गया है। लैपिंग करते समय यह ध्यान रखना चाहिए कि लैप औजार, छिद्र से बाहर न निकले तथा इसे सदैव दक्षिणावर्त दिशा में घुमाना चाहिए।

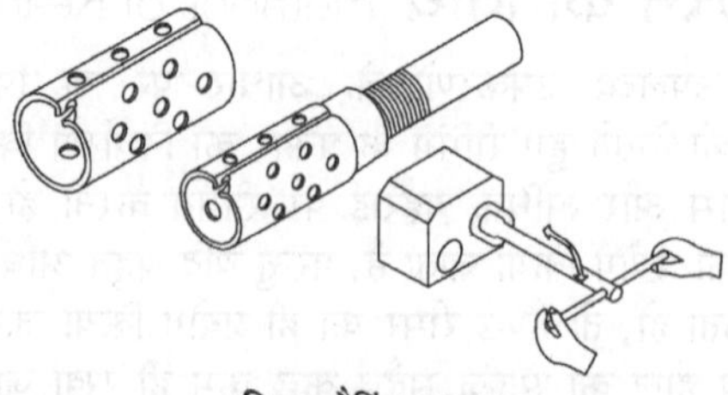

चित्र लैपिंग करना

(ii) **बाह्य लैपिंग औजार** (External lapping tools) इस प्रकार के लैपिंग औजार, जॉब की बाहरी सतह की लैपिंग के लिए प्रयोग किए जाते हैं। ये कई प्रकार के होते हैं; जैसे—फ्लैट लैप, रिंग लैप और स्प्रिंग लोडिड लैप। एडजस्टेबल रिंग लैप की बॉडी में स्लॉट कटा होता है, जिससे इसके साइज को एडजस्ट किया जा सकता है।

रिंग लैपिंग, हाथ द्वारा जॉब को वाइस में क्लैम्प (clamp) करके और लेथ मशीन पर जॉब को बाँधकर भी की जाती है। इसके लिए लैप को आगे-पीछे व गोलाई में चलाना चाहिए। बड़े व्यास की जॉब के लिए विशेष प्रकार के लैप प्रयोग किए जाते हैं, जिसकी बॉडी लकड़ी की बनी होती है। इस लैपिंग औजार में, लैपिंग कम्पाउण्ड को फीड करते हैं, जिससे इनका साइज भी एडजस्ट किया जाता है। कुछ रिंग लैप परिवर्तनीय (interchangeable) बुश वाले भी होते हैं।

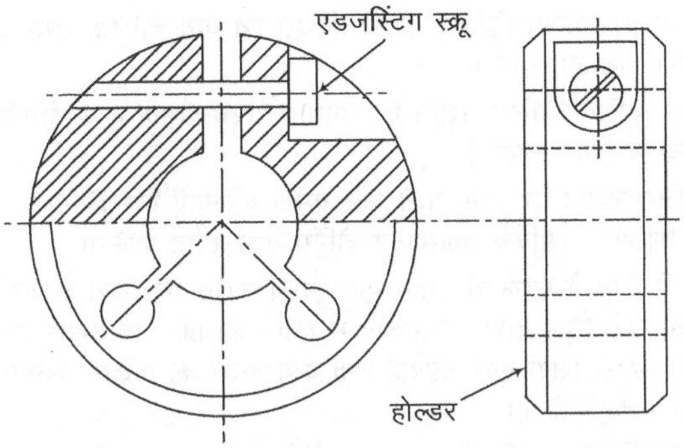

चित्र बाह्य लैपिंग औजार के रूप में एडजस्टेबल रिंग लैप

लैपिंग औजार का आवेशन
Charging of a Lapping Tool

इस प्रक्रिया में लैपिंग करने के लिए लैपिंग-शूज (lapping-shoes) का प्रयोग किया जाता है जिन्हें लैप (lap) कहते हैं। लैप्स किसी मुलायम धातु; जैसे—कास्ट आयरन, पीतल, ताँबा आदि के बनाए जाते हैं। लैप्स का आकार लैपिंग की जाने वाली सतह के अनुरूप बनाया जाता है। एब्रेसिव पाउडर को मिट्टी के तेल (kerosene) या अन्य पेट्रोलियम ऑयल के साथ मिलाकर पेस्ट (paste) तैयार किया जाता है। इस पेस्ट के द्वारा लैप को चार्ज किया जाता है।

लैप के एक बार चार्ज होने पर बार-बार एब्रेसिव लगाने की आवश्यकता नहीं पड़ती, क्योंकि चार्जिंग से एब्रेसिव पाउडर के कण लैप की सतह के अन्दर गड़ जाते हैं। जब लैप कटाई करना बन्द कर दे, तो पुनः एब्रेसिव पेस्ट लगाया जाता है। एब्रेसिव पाउडर के रूप में एमरी (emery), कोरण्डम (corundum), आयरन ऑक्साइड तथा क्रोमियम ऑक्साइड आदि का प्रयोग किया जाता है। लैपिंग करने के लिए बेलनाकार कार्यखण्डों को लेथ मशीन पर अथवा ड्रिल मशीन पर चक में पकड़कर घुमाया जाता है। लैप को कार्यखण्ड के विरुद्ध आगे-पीछे (reciprocating) गति दी जाती है। लैप को चाल देने के लिए हाथों की शक्ति अथवा मशीन की शक्ति का प्रयोग किया जा सकता है। यहाँ पर यह ध्यान रखना चाहिए कि लैप का रास्ता हमेशा बदलता रहे।

फ्लैट सतह पर लैपिंग करने के लिए मशीन स्पिण्डल पर लैप को घुमाया जाता है तथा कार्यखण्ड को मशीन टेबल पर बाँधकर रेसीप्रोकेटिंग गति दी जाती है। छोटी फ्लैट सतहों की लैपिंग करने के लिए उन्हें घूमती हुई लैप डिस्क के विरुद्ध दबाया जाता है। लैपिंग करते समय जॉब को अथवा लैप को इस प्रकार अनियमित गति देनी चाहिए कि एब्रेसिव कण एक ही स्थान पर कटाई न करें।

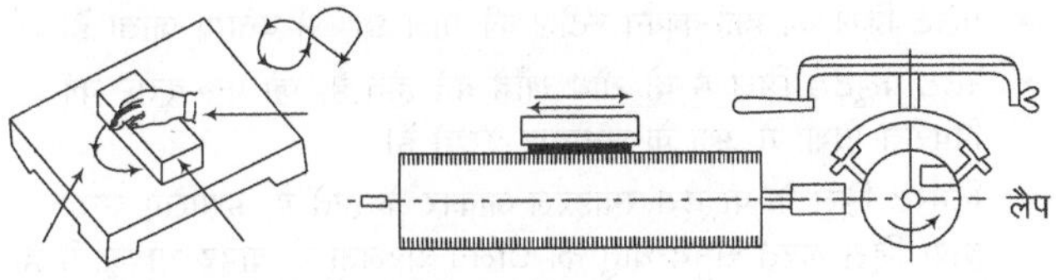

चित्र लैपिंग औजार का आवेशन

लैपिंग के लाभ Advantages of Lapping

(i) लैपिंग द्वारा परिष्कृत सतह पर बहुत कम जंग लगती है।
(ii) इससे सतह पर स्थित छोटे-छोटे बिन्दु भी समाप्त हो जाते हैं।
(iii) इसके द्वारा परिष्कृत होने वाली जॉब को तेजी से चलाया जा सकता है।
(iv) लैपिंग द्वारा उच्च कोटि की परिष्कृत सतह प्राप्त होती है। यह सतह इतनी परिष्कृत होती है कि परिष्कृत हुई दो सतहों को यदि परस्पर रगड़ा जाए, तो वे चिपक जाती है।

लैपिंग के दौरान सावधानियाँ Precautions While Lapping

(i) लैपिंग औजार को नमी से दूर रखना चाहिए।
(ii) लैपिंग प्रक्रिया के दौरान नया एब्रेसिव नहीं मिलाना चाहिए।
(iii) लैपिंग के दौरान अत्यधिक प्रैशर नहीं लगाना चाहिए।
(iv) लैपिंग के दौरान एक स्थान पर ध्यान केन्द्रित नहीं करना चाहिए।

महत्त्वपूर्ण बिन्दु

- मशीनी भागों में रिवेट तथा बोल्ट को गुजारने हेतु छिद्र करने के लिए ड्रिल की आवश्यकता होती है।
- ड्रिल द्वारा छिद्र करने की प्रक्रिया ड्रिलिंग तथा इस प्रक्रिया में प्रयुक्त मशीन, ड्रिलिंग मशीन कहलाती है।
- ड्रिल के मुख्य भाग टैंग, शैंक, बॉडी, नैक, फ्लूट्स, लैण्ड, मार्जिन, बॉडी, क्लीयरैन्स, बिन्दु आदि है।
- ड्रिल अनेक प्रकार के होते हैं; जैसे-फ्लैट ड्रिल, स्ट्रैट फ्लूटेड ड्रिल, ट्विस्ट ड्रिल, टेपर शैंक कोर ड्रिल, ऑयल होल ड्रिल, सेन्टर ड्रिल, काउण्टर बोर ड्रिल आदि।
- फ्लैट ड्रिल को हाई-कार्बन स्टील की गोल छड़ से बनाया जाता है।
- स्ट्रैट फ्लूटेड ड्रिल में दो सीधे खाँचे बने होते हैं, जो एक-दूसरे को विपरीत दिशा में अक्ष के समान्तर रखते हैं।
- ट्विस्ट ड्रिल के फ्लूट्स स्पाइरल आकार के होते हैं, इसलिए उनके द्वारा ड्रिल करते समय धातु की छीलन सरलता से बाहर आ जाती है।
- कटिंग प्रक्रिया करने के लिए ड्रिल अपनी अक्ष पर एक मिनट में जितने चक्कर लगाता है, वह उसकी स्पीड कहलाती है।
- ड्रिल की कटिंग स्पीड ज्ञात करने के लिए निम्न सूत्र का प्रयोग किया जाता है

$$\text{कटिंग स्पीड} = \frac{\pi DN}{1000} \text{ मी/मिनट}$$

जहाँ, D = ड्रिल का व्यास (मिमी में)

- जब एक ड्रिल निश्चित चाल पर घूमता हुआ कटाई करता है, तो ड्रिल के एक चक्कर में वह जॉब में जितनी गहराई तक प्रवेश करता है, वह उसकी फीड कहलाती है।
- ड्रिलिंग प्रक्रिया में फीड ज्ञात करने के लिए निम्न सूत्र का प्रयोग किया जाता है

$$\text{फीड } (f) = \frac{L}{TN} \text{ मिमी/चक्कर}$$

जहाँ, L = ड्रिल द्वारा चली गई दूरी (मिमी में)

T = समय (मिनट में)

N = दर (चक्कर प्रति मिनट में)

- ड्रिल को मशीन में पकड़ने के लिए निम्न चार तकनीकों का प्रयोग किया जाता है—सीधे स्पिण्डल में पकड़ना, स्लीव का प्रयोग करना, सॉकेट का प्रयोग करना, ड्रिल चक का प्रयोग करना।
- ड्रिल मशीन के स्पिण्डल में किसी एक ही आकार के ड्रिल का शैंक पकड़ा जा सकता है।
- स्पिण्डल होल को ड्रिल के शैंक के आकार के अनुरूप करने के लिए दो या अधिक स्लीवों का प्रयोग किया जाता है।
- ड्रिलिंग प्रक्रिया के लिए प्रयुक्त की जाने वाली मशीन को ड्रिलिंग मशीन कहते हैं।
- ड्रिलिंग मशीनें कार्य की आवश्यकता के अनुसार मुख्यतः निम्नलिखित प्रकार की होती हैं—पोर्टेबल ड्रिलिंग मशीन, संवेदनशील बेंच ड्रिलिंग मशीन, पिलर ड्रिलिंग मशीन, रेडियल ड्रिलिंग मशीन, गैंग ड्रिलिंग मशीन आदि।
- पोर्टेबल ड्रिलिंग मशीनों को निम्न प्रकार से वर्गीकृत किया जा सकता है—शक्ति चालित ड्रिलिंग मशीन (विद्युत एवं वायु चालित) तथा हस्त चालित ड्रिलिंग मशीन।
- हस्त चालित ड्रिलिंग मशीन का उपयोग संरचनात्मक व बढ़ईगिरी जैसे कार्यों में किया जाता है।
- ड्रिलिंग मशीन पर होने वाली कुछ प्रमुख प्रक्रियाएँ निम्नलिखित हैं—काउण्टर सिंकिंग, काउण्टर बोरिंग तथा स्पॉट फेसिंग।
- किसी जॉब में पहले से बनाए हुए सुराख का ऊपरी सिरा चैम्फर करके बड़े ड्रिल द्वारा 'V' आकार में बनाने की क्रिया काउण्टर सिंकिंग तथा ऊपरी सिरा कुछ गहराई तक बड़ा करने की प्रक्रिया काउण्टर बोरिंग कहलाती है।
- ढलाई किए हुए जॉब में सुराख करने के बाद, सुराख की ऊपरी सतह या बोर के फेस पर समतल सतह बनाने के लिए, जो क्रिया सम्पन्न की जाती है, उसे स्पॉट फेसिंग कहते हैं।
- ड्रिलिंग प्रक्रिया को उपयुक्त तरीके से सम्पन्न करने हेतु कार्यखण्ड को कुछ विशिष्ट युक्तियों में पकड़ना अनिवार्य होता है, जोकि निम्न हैं—मशीन वाइस, क्लैम्प तथा बोल्ट्स।
- टैप भी एक प्रकार का हैण्ड कटिंग टूल है, जिसके द्वारा सिलेण्ड्रीकल छिद्रों में चूड़ियाँ काटी जाती हैं।
- टैप के मुख्य भाग टैंग, शैंक, बॉडी, फ्लूट्स, लैण्ड, कटिंग एज, हील, चैम्फर आदि हैं।
- टैप निम्न प्रकार के होते हैं
  1. हैण्ड टैप (टेपर टैप, इण्टरमीडिएट टैप तथा फिनिशिंग टैप),
  2. मशीन टैप (स्पाइरल फ्लूटेड टैप, स्पाइरल प्वॉइण्ट टैप, थ्रेड फॉर्मिंग टैप तथा स्टब फ्लूट टैप)।
- हाथ के द्वारा टैप या रीमर को घुमाने के लिए एक विशेष टूल की आवश्यकता होती है, जिसे टैप रिंच कहते हैं। ये निम्न प्रकार के होते हैं—सॉलिड टैप रिंच, एडजस्टेबल टैप रिंच तथा 'T' हैण्डिल टैप रिंच।
- किसी बेलनाकार जॉब पर बाहरी चूड़ियाँ काटने के लिए डाई का प्रयोग किया जाता है।
- डाई अनेक प्रकार की होती हैं; जैसे—स्प्लिट/बटन डाई, ठोस नट डाई, अर्द्ध-डाई, एडजस्टेबल स्क्रू प्लेट डाई आदि।
- रीमर द्वारा किसी छिद्र की आन्तरिक सतह को अधिक परिष्कृत बनाया जाता है तथा छिद्र के आकार को थोड़ा बढ़ाकर उसे किसी विशेष फिटिंग के लिए यथार्थता प्रदान की जाती है।
- रीमर को हाथ द्वारा या मशीन द्वारा घुमाकर प्रयोग किया जाता है। इसी के आधार पर इसे दो भागों में बाँटा गया है—हैण्ड रीमर, मशीन रीमर।

महत्त्वपूर्ण प्रश्नोत्तरी

1. **ड्रिल का वास्तविक काटने वाला भाग कौन-सा होता है?**

उत्तर ड्रिल का वास्तविक काटने वाला भाग बॉडी होता है, जिसमें कटिंग के उद्देश्य से फ्लूट्स बने होते हैं।

2. **पोर्टेबल ड्रिलिंग मशीन किन उपकरणों के लिए अधिक उपयुक्त है?**

उत्तर पोर्टेबल ड्रिलिंग मशीन भारी उपकरणों, जिन्हें मशीन शॉप में ले जाना सम्भव नहीं है, के लिए अधिक उपयुक्त है।

3. **बहु-उत्पादन की ड्रिलिंग प्रक्रिया में ड्रिल को गाइड करने तथा कार्य को जकड़ने के लिए प्रयुक्त युक्ति का क्या नाम है?**

उत्तर बहु-उत्पादन की ड्रिलिंग प्रक्रिया में ड्रिल को गाइड करने तथा कार्य को पकड़ने के लिए प्रयुक्त युक्ति, फिक्स्चर है।

4. **साधारण काउण्टर सिंक टूल की तुलना में सूचक सहित काउण्टर सिंक का उपयोग किए जाने का क्या कारण है?**

उत्तर साधारण काउण्टर सिंक टूल की तुलना में सूचक सहित काउण्टर सिंक का उपयोग इसलिए किया जाता है, क्योंकि इस प्रकार के काउण्टर सिंक, अन्तर्परिवर्तनीयता और ठोस प्रकार के सूचक के साथ उपलब्ध होते हैं और इनका प्रयोग भारी कार्यों के लिए किया जाता है।

5. **बैण्ड शैंक टैप में हैण्डिल की आवश्यकता नहीं होती है, क्यों**

उत्तर बैण्ड शैंक टैप की शैंक लम्बी तथा 'L' आकार में मुड़ी होती है, जो स्वतः हैण्डिल की भाँति कार्य करती है, इसलिए इसमें हैण्डिल की आवश्यकता नहीं होती है।

6. **एडजस्टेबल डाई में, दोनों बिट्स को आगे लाने के लिए क्या करते हैं?**

उत्तर एडजस्टेबल डाई में दोनों बिट्स को आगे लाने के लिए एडजस्टिंग स्क्रू को आगे लाते हैं।

7. **अर्द्ध-डाई से आप क्या समझते हैं?**

उत्तर अर्द्ध-डाई, दो मिलान जोड़ों के रूप में उपलब्ध होने वाली एक मजबूत डाई होती है।

8. **एक हैण्ड रीमर की पूर्ण विशिष्टियों का उदाहरण दीजिए।**

उत्तर एक हैण्ड रीमर की पूर्ण विशिष्टियों का उदाहरण हैण्ड रीमर-स्ट्रैट फ्लूटिड, पैरेलल शैंक ϕ 12 मिमी है।

9. **रीमिंग करते समय रीमर की घूर्णन दिशा दक्षिणावर्त होनी चाहिए। रीमर को छिद्र से निकालते समय रीमर को किस दिशा में घूर्णन कराना चाहिए?**

उत्तर रीमर को छिद्र से निकालते समय रीमर को वामावर्त दिशा में घूर्णन कराना चाहिए।

10. **यदि लेप द्रव्य कार्यखण्ड से कठोर हो, तो क्या होगा?**

उत्तर यदि लेप द्रव्य कार्यखण्ड से कठोर हो, तो एब्रेसिव कण लेप में धँसने के बजाय कार्यखण्ड की धातु में धँस जाएँगे तथा लेप की धातु का लेप करेंगे।

अभ्यास प्रश्न

परीक्षा प्रारूपी प्रश्न

बहुविकल्पीय

1. ड्रिल को सामान्यतः किस धातु से बनाया जाता है?
(a) हाई स्पीड स्टील से
(b) हाई-कार्बन स्टील से
(c) 'a' और 'b' दोनों
(d) उपरोक्त में से कोई नहीं

2. ड्रिल की बॉडी के सन्दर्भ में सही कथन है
(a) यह ड्रिल के डैड सेन्टर से नैक तक का भाग होता है
(b) ड्रिल में स्पाइरल फ्लूट कटा हुआ होता है
(c) ड्रिल में डैड सेन्टर से शैंक की ओर हल्का टेपर होता है
(d) उपरोक्त सभी

3. ड्रिल के टेपर शैंक में आमतौर पर प्रयुक्त होने वाला मानक टेपर कौन-सा है?
(a) मोर्स टेपर (b) जार्नो टेपर
(c) ब्राउन एण्ड शार्प टेपर (d) पिन टेपर

4. ड्रिल के उस भाग को क्या कहते हैं, जिसके कारण ड्रिलिंग के दौरान छीलन बाहर आती रहती है?
(a) शैंक (b) टैंग
(c) कटिंग एज (d) फ्लूट्स

5. निम्न चित्र में ट्विस्ट ड्रिल के 'X' अक्षर द्वारा अंकित भाग की पहचान कीजिए।

(a) टैंग फ्लूट (b) शैंक
(c) मार्जिन (d) फ्लूट्स

6. टेपर शैंक ड्रिलों में आकार पर आधारित विभिन्न प्रकार का मोर्स टेपर दिया जाता है। मोर्स टेपर नम्बर-1 किस आकार में होता है?
(a) 10 मिमी (b) 20 मिमी
(c) 30 मिमी (d) 40 मिमी

7. टेपर शैंक ड्रिल किस व्यास में उपलब्ध होती है?
(a) 1/4" से 2" (b) 1/8" से 5"
(c) 1/2" से 1" (d) 1/8" से 3"

8. ड्रिल में कटिंग लिप और छेनी धार के बीच कोण कहलाता है।
(a) रैक कोण (b) वैब कोण
(c) बिन्दु कोण (d) इनमें से कोई नहीं

9. निम्न चित्र में दर्शायी गई ड्रिलिंग प्रक्रिया में प्रयुक्त होने वाले भाग का नाम है

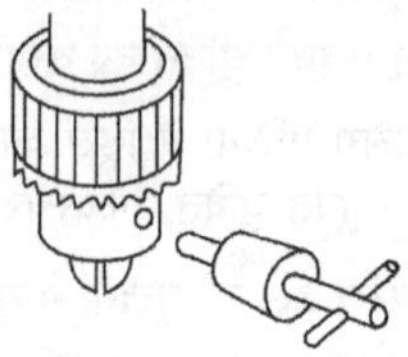

(a) ड्रिल चक (b) ड्रिल चक 'की'
(c) पुली (d) ड्राइविंग मोटर

10. एक ट्विस्ट ड्रिल (twist drill) निम्न में से कौन-सा कोण, रैक कोण बनाता है?
(a) छेनी कोण (b) बिन्दु कोण
(c) हैलिक्स कोण (d) लिप क्लीयरैन्स कोण

11. ढलवाँ लोहे की ट्विस्ट ड्रिल का लिप क्लीयरैन्स कोण होता है
(a) 4°–8° (b) 12°–16°
(c) 16°–20° (d) 8°–12°

12. ड्रिल वह औजार है, जिसका कर्तन औजार अटैचमेन्ट के रूप में प्रयोग किया जाता है तथा ये प्रायः हाई स्पीड स्टील के बनाए जाते हैं। बहुत अधिक हार्ड या एब्रेसिव पदार्थों के लिए कैसे ड्रिल प्रयोग किए जाते हैं?
(a) हाई-कार्बन स्टील के ड्रिल (b) स्ट्रैट फ्लूटेड ड्रिल
(c) कार्बाइड टिप वाले ड्रिल (d) इनमें से कोई नहीं

13. निम्न में से कौन-सी ड्रिल को कॉम्बीनेशन ड्रिल कहा जाता है?
(a) ट्विस्ट ड्रिल (b) सेन्टर ड्रिल
(c) मल्टी-डायमीटर ड्रिल (d) स्पाइरल ड्रिल

14. ड्रिलिंग मशीन के साधारणतः ड्रिल में कितने फ्लूट्स होते हैं?
(a) 4 (b) 3 (c) 2 (d) 1

15. मल्टी-डायमीटर ड्रिल द्वारा कौन-सी प्रक्रिया होती है?
(a) टैपिंग (b) रीमिंग
(c) स्टैप ड्रिलिंग (d) बोरिंग

16. निम्न में से कौन-सा ड्रिल देखने में ट्विस्ट ड्रिल के समान होता है?
(a) ऑयल होल ड्रिल (b) स्ट्रैट फ्लूटेड ड्रिल
(c) फ्लैट ड्रिल (d) टेपर शैंक कोर ड्रिल

17. सेन्टर ड्रिल में शंकु आकार के भाग का कोण होता है
(a) 30° (b) 45° (c) 60° (d) 90°

18. स्टैप ड्रिलिंग का अन्य नाम .... है।
(a) मल्टी-डायमीटर ड्रिल (b) सेन्टर ड्रिल
(c) काउण्टर बोर ड्रिल (d) काउण्टर सिंक ड्रिल

19. बाजार में ड्रिल अलग-अलग अन्तराल के होते हैं। ये अन्तराल ड्रिल के आकार पर निर्भर करता है
(a) बड़े ड्रिलों में अन्तराल कम होता है
(b) छोटे ड्रिलों में अन्तराल कम होता है
(c) सभी आकार की ड्रिलों में अन्तराल समान होता है
(d) ड्रिलों में अन्तराल नहीं होता है तथा वे सभी आकारों में उपलब्ध होते हैं

20. दिए गए चित्र में भाग 'A' का नाम है

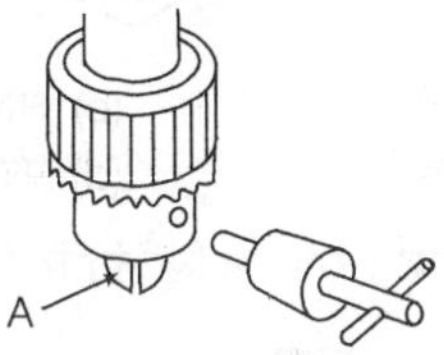

(a) जॉ (b) शैंक (c) छिद्र (d) स्लीव

21. अक्षर आकार की ड्रिल में सबसे बड़ा ड्रिल किस अक्षर से प्रदर्शित करते हैं?
(a) A अक्षर से (b) B अक्षर से
(c) Z अक्षर से (d) Y अक्षर से

22. फ्रैक्शनल आकार की ड्रिल का अन्य नाम .... है।
(a) मिलीमीटर आकार के ड्रिल (b) इंच आकार के ड्रिल
(c) नम्बर आकार के ड्रिल (d) लैटर आकार के ड्रिल

23. अधिकतम कटिंग स्पीड किस पर निर्भर करती है?
(a) ड्रिल की धातु पर (b) काटी जाने वाली धातु पर
(c) 'a' और 'b' दोनों (d) इनमें से कोई नहीं

24. ड्रिलिंग मशीन में कटिंग स्पीड (cutting speed) निकालने के लिए निम्न में से किस सूत्र का प्रयोग किया जाता है?
(a) $\frac{\pi DN}{1000}$ मी/मिनट (b) $\frac{\pi \times 1000}{DN}$ मी/मिनट
(c) $\frac{1000 \times D \times N}{\pi}$ मी/मिनट (d) इनमें से कोई नहीं

25. चित्र में दर्शाए गए मशीन भाग का नाम बताइए।

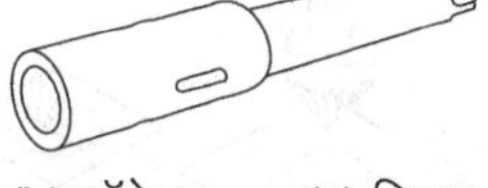

(a) स्लीव (b) सॉकेट (c) ड्रिफ्ट (d) पिनियन

26. एक ड्रिफ्ट का प्रयोग .... होता है।
(a) मशीन स्पिण्डल से ड्रिल निकालने में
(b) कार्य से टूटे ड्रिल को निकालने में
(c) मशीन स्पिण्डल में चक लगाने में
(d) ड्रिल की स्थिति बनाने में

27. टेपर हुए शैंक ड्रिल को पकड़ने में प्रयोग करते हैं
(a) चक (b) स्लीव
(c) ड्रिफ्ट (d) वाइस

28. यदि ड्रिल प्वॉइण्ट सेन्टर में न हो, तो इसका क्या प्रभाव पड़ेगा?
(a) ओवर साइज होल बनेगा (b) ड्रिल ओवरहीट हो जाएगी
(c) रफ होल बनेगा (d) ड्रिल टूट जाएगी

29. ड्रिल किया हुआ छिद्र प्रयुक्त ड्रिल से बड़ा है, तो इसका कारण है
(a) हैलिक्स कोण सही नहीं है
(b) लिप क्लीयरैन्स सही नहीं है
(c) कटिंग किनारे की असमान लम्बाई
(d) उपरोक्त सभी

30. जॉब पर ट्विस्ट ड्रिल द्वारा विषम छिद्र बनाने का क्या सम्भव कारण है?
(a) क्लीयरैन्स कोण बहुत बड़ा है
(b) क्लीयरैन्स कोण बहुत छोटा है
(c) कर्तन गति बहुत कम है
(d) कर्तन गति बहुत अधिक है

31. कॉपर धातु की ड्रिलिंग में प्रयुक्त शीतलक है
(a) लार्ड ऑयल
(b) सॉल्यूबल ऑयल
(c) केरोसीन
(d) उपरोक्त में से कोई नहीं

32. निम्न में से पोर्टेबल ड्रिलिंग मशीन का एक उदाहरण है
(a) विद्युत ड्रिलिंग मशीन (b) वायु चालित ड्रिलिंग मशीन
(c) हस्त ड्रिलिंग मशीन (d) ये सभी

33. निम्न चित्र में ड्रिलिंग मशीन का कौन-सा भाग दिखाया गया है?

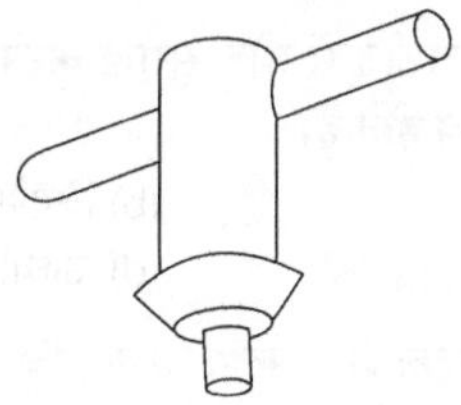

(a) स्टैप्ड पुली (b) हैण्डिल
(c) ड्रिल चक 'की' (d) स्पिण्डल

34. विद्युत चालित पोर्टेबल ड्रिलिंग मशीन का प्रकार है
(a) हैवी ड्यूटी ड्रिलिंग मशीन (b) लाइट ड्यूटी ड्रिलिंग मशीन
(c) 'a' और 'b' दोनों (d) इनमें से कोई नहीं

35. एक ड्रिलिंग मशीन पर कार्य को ड्रिल करते समय गोल कार्यखण्ड को जकड़ने के लिए किस युक्ति का प्रयोग करते हैं?
(a) V ब्लॉक और क्लैम्प, बोल्ट और पैकिंग टुकड़े
(b) मशीन बाँक, बोल्ट और पैकिंग टुकड़े
(c) हस्त बाँक, क्लैम्प और बोल्ट
(d) पिन बाँक, क्लैम्प और बोल्ट

36. पिलर ड्रिलिंग मशीन में टेबल को ऊपर उठाने के लिए किसका प्रयोग करते हैं?
(a) रैक और पिनियन का
(b) बेवेल गियर का
(c) स्पर गियर का
(d) माइटर गियर का

37. जॉब सैटिंग को अव्यवस्थित किए बिना, जॉब के विभिन्न स्थानों पर छिद्र करने हेतु प्रयुक्त ड्रिलिंग मशीन है
(a) बेंच ड्रिलिंग मशीन
(b) पिलर ड्रिलिंग मशीन
(c) रेडियल ड्रिलिंग मशीन
(d) विद्युत हस्त चालित ड्रिलिंग मशीन

38. चित्र में पिलर ड्रिलिंग मशीन दर्शायी गई है। 'X' द्वारा अंकित भाग का नाम बताइए।

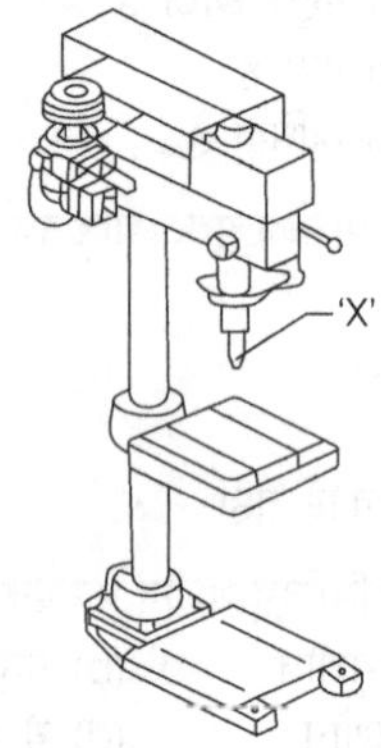

(a) फीड हैण्डिल (b) ड्रिल चक
(c) वर्क टेबल (d) बेस

39. रेडियल ड्रिलिंग मशीन में छोटे सुराख करने के लिए .... टेबल भी उपलब्ध होते हैं।
(a) वर्गाकार (b) त्रिकोण
(c) क्षैतिज (d) ऊर्ध्वाधर

40. बिना जॉब सैटिंग को छेड़े अलग-अलग चिन्हों पर अधिक होल करने के लिए कौन-सी ड्रिलिंग मशीन सबसे उपयुक्त है?
(a) बेंच ड्रिलिंग मशीन
(b) पिलर ड्रिलिंग मशीन
(c) रेडियल ड्रिलिंग मशीन
(d) इलेक्ट्रिक हैण्ड ड्रिलिंग मशीन

41. रेडियल ड्रिलिंग मशीन की विशिष्ट विशेषता क्या है?
(a) स्पिण्डल को किसी भी स्थिति में लाया जा सकता है
(b) टेबल को किसी भी स्थिति में घुमाया एवं सैट किया जा सकता है
(c) विभिन्न गतियाँ उपलब्ध हैं
(d) इसे HSS ड्रिल के साथ ड्रिलिंग के लिए प्रयुक्त किया जा सकता है

42. चित्र में दर्शायी गई ड्रिलिंग मशीन के भाग 'X' का नाम है

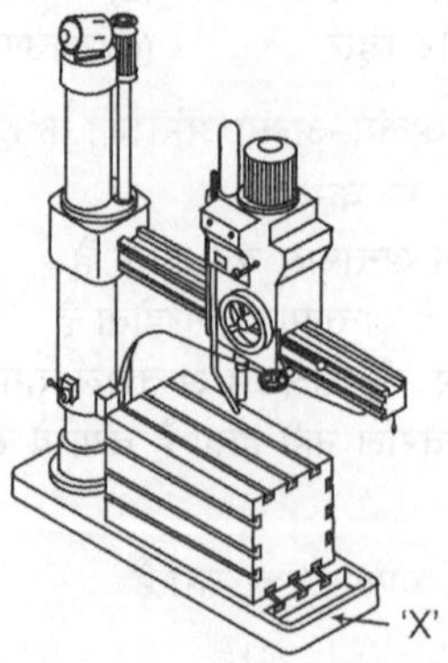

(a) रेडियल आर्म (b) आधार
(c) स्पिण्डल हैड (d) फीड हैण्डिल

43. अक्षर 'X' से प्रदर्शित रेडियल ड्रिलिंग मशीन के भाग का नाम है

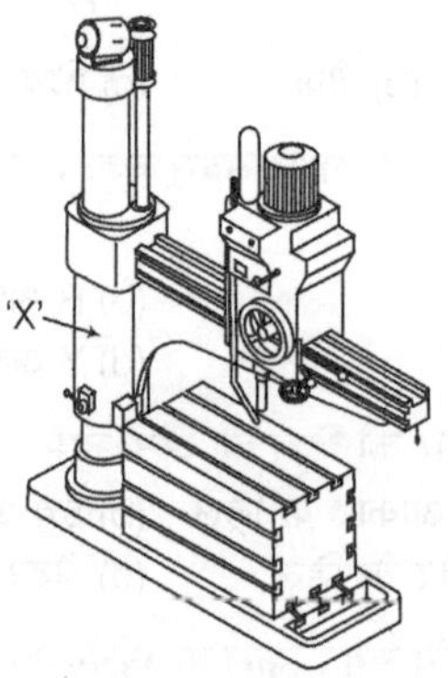

(a) पिलर (b) कॉलम
(c) स्पिण्डल हैड (d) रेडियल आर्म

44. रेडियल ड्रिलिंग मशीन का आधार बना होता है
(a) हाई स्पीड स्टील का (b) पीतल का
(c) ढलवाँ लोहे का (d) कॉपर का

45. गैंग ड्रिलिंग मशीन पर टैपिंग से पहले कौन-सा प्रक्रम किया जाता है?
(a) रीमिंग (b) ड्रिलिंग
(c) 'a' और 'b' दोनों (d) बोरिंग

46. नीचे दिए गए चित्र में ड्रिलिंग की कौन-सी प्रक्रिया दिखाई गई है?

(a) काउण्टर सिंकिंग (b) काउण्टर बोरिंग
(c) स्पॉट फेसिंग (d) इनमें से कोई नहीं

47. नीचे दिए गए चित्र में ड्रिलिंग की कौन-सी प्रक्रिया दिखाई गई है?

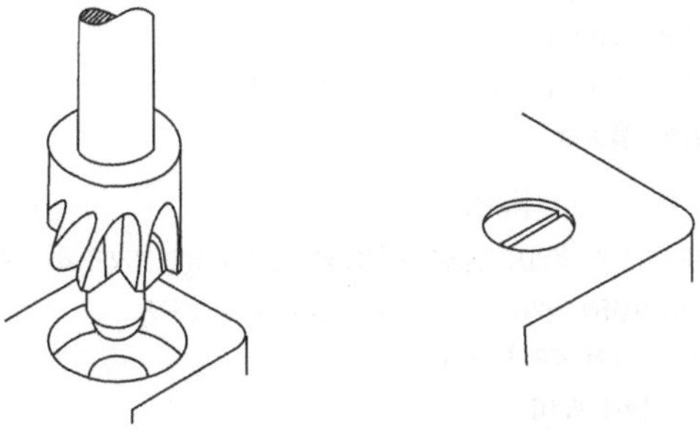

(a) काउण्टर सिंकिंग (b) काउण्टर बोरिंग
(c) स्पॉट फेसिंग (d) इनमें से कोई नहीं

48. ड्रिलिंग मशीन में कार्यखण्ड को पकड़ने हेतु प्रयोग किया जाता है
(a) मशीन वाइस (b) क्लैम्प तथा बोल्ट्स
(c) 'a' और 'b' दोनों (d) इनमें से कोई नहीं

49. इसके द्वारा सिलेण्ड्रीकल छिद्रों में चूड़ियाँ काटी जाती हैं। यह प्रक्रिया किस हस्त कर्तन औजार द्वारा की जाती है?
(a) डाई (b) टैप
(c) चेजर (d) इनमें से कोई नहीं

50. निम्न में से किस टैप की टैंग (tang) वर्गाकार होती है?
(a) टेपर टैप (b) हैण्ड टैप (c) मशीन टैप (d) मास्टर टैप

51. नीचे दर्शाए गए रिंच (wrench) का नाम बताइए।

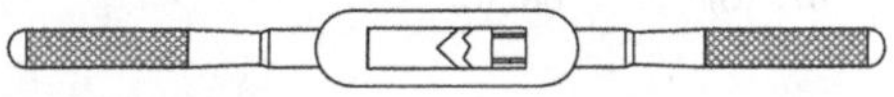

(a) फ्लूटलैस टैप रिंच
(b) 'टी' हैण्डिल टैप रिंच
(c) डबल एण्डिड एडजस्टेबल टैप रिंच
(d) सॉलिड टैप रिंच

52. M 10 × 1.5 थ्रेड की टैपिंग के लिए उपयुक्त टैप ड्रिल है
(a) 8.0 मिमी (b) 8.2 मिमी (c) 8.5 मिमी (d) 9.0 मिमी

53. ISO के अनुसार एक मीट्रिक थ्रेड M 12 ×1.25 है, तो इसमें 12 क्या प्रदर्शित करता है?
(a) थ्रेड का व्यास (b) थ्रेड की पिच
(c) थ्रेड का मीट्रिक कोर्स (d) थ्रेड का मीट्रिक फाइन

54. एक टैप से छिद्र में चूड़ी डालने के बाद यह पाया जाता है कि चूड़ी का क्रैस्ट पूर्ण रूप से नहीं बना है। निम्नलिखित में से इसका कारण है
(a) शीतलन की आपूर्ति पूर्ण नहीं है
(b) टैप के कटिंग किनारे का टिप टूट गया है
(c) टैप ड्रिल के आकार से छिद्र का आकार कम है
(d) टैप ड्रिल के आकार से छिद्र का आकार बड़ा है

55. हैण्ड डाई के द्वारा चूड़ियाँ काटते समय डाई को पीछे निम्न में से किस कारण घुमाया जाता है?
(a) चिप्स तोड़ने के लिए (b) डाई को स्नेहन करने के लिए
(c) डाई को ठण्डा करने के लिए (d) इनमें से कोई नहीं

56. नीचे दर्शायी गई डाई का नाम बताइए।

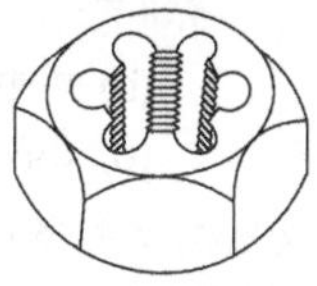

(a) डाई नट (b) स्प्लिट डाई
(c) सॉलिड डाई (d) इनमें से कोई नहीं

57. रीमर मूल रूप से क्या है?
(a) औजार (b) मशीन
(c) 'a' और 'b' दोनों (d) इनमें से कोई नहीं

58. रीमर के किस भाग को किसी मशीन या रिंच आदि में पकड़कर घुमाया जाता है?
(a) शैंक (b) चैम्फर
(c) बॉडी (d) इनमें से कोई नहीं

59. रीमर का उपयोग किया जाता है
(a) होल ड्रिल करने के लिए (b) डीप होल ड्रिलिंग में
(c) बर्र को हटाने में
(d) होल को बढ़ाने तथा परिष्कृत करने में

60. नीचे दिए गए चित्र में किस प्रकार का कोण दर्शाया गया है?

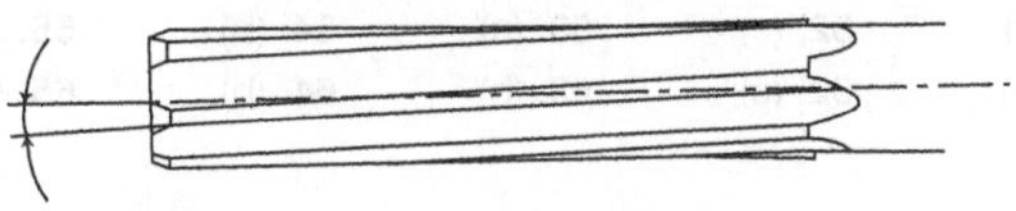

(a) रैक कोण (b) क्लीयरैन्स कोण
(c) हैलिक्स कोण (d) इनमें से कोई नहीं

61. चित्र में 'A' द्वारा दर्शाए गए रीमर के भाग का क्या नाम है?

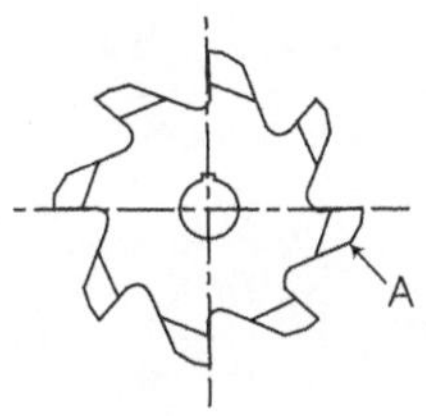

(a) कर्तन कोर (b) हील (c) फ्लूट (d) फलक

62. समान्तर शैंक वाला सॉकेट रीमर है

(a) 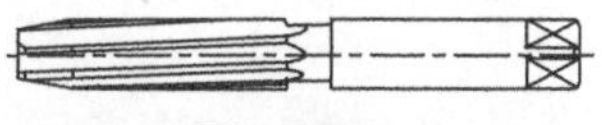

(b) 

(c) 'a' और 'b' दोनों
(d) उपरोक्त में से कोई नहीं

63. इनमें से किसका प्रयोग ड्रिल होल को टेपर करने के लिए किया जाता है?

(a) फाइन रीमर (b) टेपर पिन हैण्ड रीमर
(c) हैण्ड रीमर (d) मशीन रीमर

64. निम्न में से किस रीमर की बॉडी को स्प्लिट किया होता है तथा उसके निचले सिरे पर एक टेपर होल होता है?

(a) पायलट हैण्ड रीमर (b) एक्सपैन्शन हैण्ड रीमर
(c) टेपर पिन हैण्ड रीमर (d) टेपर हैण्ड रीमर

65. रीमर साइज का होल तैयार करने के लिए निम्न में से किस सूत्र द्वारा ड्रिल का साइज निकाला जाता है?

(a) ड्रिल साइज = रीमर का साइज + (रीमर का अण्डर साइज – ड्रिल का ओवर साइज)
(b) ड्रिल साइज = रीमर का साइज – (रीमर का अण्डर साइज + ड्रिल का ओवर साइज)
(c) ड्रिल साइज = रीमर का साइज + (रीमर का अण्डर साइज + ड्रिल का ओवर साइज)
(d) उपरोक्त में से कोई नहीं

66. वॉर्न-आउट रीमर का प्रयोग करने से रीमिंग किए हुए होल पर क्या प्रभाव पड़ेगा?

(a) अण्डर साइज
(b) ओवर साइज
(c) ओवर हीटिंग
(d) रीमर ब्रेकेज

67. लैपिंग का उपयोग किया जाता है

(a) सतह पर विद्यमान अनियमितताओं को दूर करने के लिए
(b) ज्यामितीय यथार्थ सतह प्राप्त करने के लिए
(c) घर्षण कम करने के लिए
(d) उपरोक्त सभी

68. डाई तथा गेजों की लैपिंग में प्रयुक्त एब्रेसिव है

(a) सिलिकॉन कार्बाइड
(b) डायमण्ड
(c) बोरोन कार्बाइड
(d) एल्युमीनियम ऑक्साइड

उत्तरमाला

1. (c)	**2.** (d)	**3.** (a)	**4.** (d)	**5.** (d)	**6.** (a)	**7.** (b)	**8.** (b)	**9.** (a)	**10.** (b)
11. (d)	**12.** (c)	**13.** (b)	**14.** (c)	**15.** (c)	**16.** (d)	**17.** (c)	**18.** (a)	**19.** (b)	**20.** (a)
21. (c)	**22.** (b)	**23.** (c)	**24.** (a)	**25.** (b)	**26.** (a)	**27.** (b)	**28.** (a)	**29.** (c)	**30.** (b)
31. (c)	**32.** (d)	**33.** (c)	**34.** (c)	**35.** (a)	**36.** (a)	**37.** (c)	**38.** (b)	**39.** (a)	**40.** (c)
41. (a)	**42.** (b)	**43.** (a)	**44.** (c)	**45.** (c)	**46.** (a)	**47.** (b)	**48.** (c)	**49.** (b)	**50.** (b)
51. (c)	**52.** (c)	**53.** (a)	**54.** (b)	**55.** (a)	**56.** (a)	**57.** (a)	**58.** (a)	**59.** (d)	**60.** (c)
61. (b)	**62.** (c)	**63.** (b)	**64.** (b)	**65.** (b)	**66.** (a)	**67.** (d)	**68.** (c)		

अध्याय 09

धातु चादर कार्य एवं पाइप फिटिंग्स

Sheet Metal Work and Pipe Fittings

परिचय Introduction

वर्तमान समय में इंजीनियरिंग क्षेत्र के लगभग सभी उद्योगों में धातु चादर का बहुत अधिक महत्त्व है। हमारे दैनिक जीवन में उपयोग होने वाली अधिकतर वस्तुओं; जैसे—बाल्टी, मग, बस, टैम्पो, रेल के डिब्बे, रेडिएटर, गीजर आदि में धातु चादर का उपयोग किया जाता है। धातु की चादर को विशेष आकार प्रदान करने के लिए कुछ विशेष प्रकार के औजारों का प्रयोग किया जाता है। इन टूलों का विवरण तथा चादर को विभिन्न आकार प्रदान करने की विधियों का विस्तृत अध्ययन हम धातु चादर शॉप के अन्तर्गत करते हैं। चादर की मोटाई को मिमी अथवा गेज के द्वारा प्रदर्शित किया जाता है।

धातु चादर शॉप के अन्तर्गत हम विभिन्न धातुओं की 10 से 30 गेज तक की चादरों का प्रयोग करते हैं। इसके अतिरिक्त, इन धातुओं को जोड़ने में प्रयुक्त प्रमुख प्रक्रियाएँ; जैसे—रिवेटिंग, सोल्डरिंग, ब्रेजिंग भी धातु चादर कार्य के अन्तर्गत ही आती हैं। धातु चादरों पर इन संक्रियाओं का प्रयोग करके, पाइप का निर्माण किया जाता है, जिसका उपयोग तरल पदार्थों को एक स्थान से दूसरे स्थान तक पहुँचाने में किया जाता है। इस अध्याय में धातु चादर कार्य सम्बन्धी अभिधारणाओं तथा पाइप एवं उसकी फिटिंग को सम्मिलित किया गया है।

अध्याय विषय सूची

9.1 धातु चादर शॉप में प्रयोग होने वाली विभिन्न धातुओं की चादरें

Different Metal Sheets Used in Sheet Metal Shop

चादरों की मोटाई को स्टैण्डर्ड वायर गेज (standard wire gauge) के नम्बर द्वारा प्रदर्शित किया जाता है। यह नम्बर जितना कम होगा, चादर उतनी ही अधिक मोटी होगी और यह नम्बर जितना अधिक होगा, चादर उतनी ही अधिक पतली होगी।

धातु चादर शॉप में प्रयोग होने वाली विभिन्न प्रकार की चादरें निम्न प्रकार हैं

1. लोहे की चादरें
2. ताँबे की चादरें
3. पीतल की चादरें
4. एल्युमीनियम की चादरें
5. स्टेनलैस स्टील की चादरें
6. सीसे की चादरें

1. लोहे की चादरें Iron Sheets

धातु चादर कार्यशाला में लोहे की चादरें ही सबसे अधिक प्रयोग की जाती हैं। ये चादरें निम्नलिखित तीन प्रकार की होती हैं

(i) **काली लोहे की चादरें** (Black iron sheets) पिटवाँ लोहे की बनी कोरी (अलेपित) चादरें, लोहे की काली चादर के नाम से भी जानी जाती हैं। संक्षारण अवरोधी (corrosion resistant) न होने के कारण, वायुमण्डलीय प्रभाव में इन पर जंग लग जाता है, जिस कारण इनका रंग, भूरा-काला हो जाता है। ये चादरें मुलायम, तन्य तथा आघातवर्धनीय (malleable) होती हैं।

इन्हें बनाने के बाद पेन्ट किया जाता है। इनका उपयोग टंकी, बाल्टी, पाइप आदि बनाने के लिए किया जाता है। ये चादरें 1.0 मी अथवा 1.2 मी चौड़ाई के रोल्स के रूप में उपलब्ध हैं, जिन्हें आवश्यकतानुसार 2 मी, 2.5 मी अथवा 3 मी लम्बाई में काट लिया जाता है।

(ii) **जस्ती लोहे की चादरें** (Galvanised iron sheets) काली लोहे की चादर को जंगरोधी बनाने के लिए, उसको पिघले हुए जस्ते (zinc) में डुबोकर, उस पर जिंक की एक पतली परत चढ़ा दी जाती है। जिंक की परत चढ़ी हुई शीट को गैल्वेनाइज्ड आयरन शीट या जस्ती लोहे की शीट कहते हैं। जिंक की परत चढ़ी होने के कारण, यह धातु पर जंग लगने से रोकती है, साथ ही यह धातु को सोल्डर करने में भी मदद करती है।

इसके अतिरिक्त, इस कोटिंग से यह शीट खुली हवा तथा पानी के सम्पर्क से उत्पन्न प्रभाव को भी सहने योग्य हो जाती है। इनका उपयोग पानी की टंकी, अनाज रखने की टंकी, बक्से, बसों की बॉडी आदि बनाने के लिए किया जाता है।

(iii) **टिन लेपित चादरें** (Tin coated sheets) जिंक के समान, लोहे की चादरों पर टिन धातु का लेप भी किया जाता है, जिससे इन पर जंग नहीं लगता तथा इन पर आसानी से सोल्डरिंग की जा सकती है। टिन लेपित लोहे की चादरें अधिक चमकने वाली तथा सपाट होता हैं।

इनको खाद्य वस्तुएँ रखने तथा खाद्य तेलों को भरने के लिए डिब्बे, घर की छतें, फर्नेशन फिटिंग आदि बनाने में प्रयोग किया जाता है। धातु चादरों पर कलई चढ़ाने की प्रक्रिया टिनिंग कहलाती है।

2. ताँबे की चादरें Copper Sheets

लोहे की चादरों की तुलना में, ये अधिक मुलायम तथा आघातवर्धनीय होती हैं। इसमें लचक अधिक होती है, जिस कारण इन्हें आसानी से किसी भी आकार में मोड़ा जा सकता है। सामान्यत: ये चादरें, कोल्ड रोल्ड या हॉट रोल्ड शीट में उपलब्ध होती हैं।

ऊष्मा तथा विद्युत का सुचालक होने के कारण वर्तमान समय में इन चादरों का उपयोग बिजली के सामान, गीजर, पाइप, रेडिएटर आदि को बनाने में अधिक होता है।

ताँबे की चादरें बाजार में अधिकतर 1.2 मी × 1.2 मी (4' × 4') अथवा 1.2 मी × 0.60 मी (4' × 2') के आकार में उपलब्ध होती हैं।

3. पीतल की चादरें Brass Sheets

पीतल, ताँबे तथा जिंक का एलॉय (alloy) होता है। पीतल की चादरें, ताँबे की चादरों की तुलना में अधिक कठोर व सस्ती होती हैं। पीतल पर भी वायुमण्डल का प्रभाव नहीं पड़ता तथा इसकी छड़ों को रोल करके, विभिन्न मापों में तैयार किया जा सकता है। इनका उपयोग बर्तन बनाने, वाल्व की कैप बनाने, हाइड्रोलिक वाल्व बनाने में किया जाता है।

4. एल्युमीनियम की चादरें Aluminium Sheets

एल्युमीनियम, कभी भी शुद्ध अवस्था में चादर बनाने के लिए प्रयोग नहीं किया जाता है, अपितु इसमें कुछ मात्रा में ताँबा, सिलिकॉन, मैंगनीज तथा लोहा मिला होता है। यह सफेद रंग की हल्की धातु होती है, जिस पर जंग नहीं लगता है।

एल्युमीनियम की चादरें हल्की, मुलायम, मजबूत, संक्षारण-रोधी, सस्ती तथा ऊष्मा और विद्युत की अच्छी सुचालक होती हैं। सस्ते घरेलू बर्तन एल्युमीनियम की चादरों के बनाए जाते हैं। एल्युमीनियम के कुछ एलॉय की चादरें बहुत अधिक सामर्थ्यवान् होती हैं, इसलिए इनका उपयोग हवाई जहाज की बॉडी बनाने में भी किया जाता है।

5. स्टेनलैस स्टील की चादरें Stainless Steel Sheets

निकिल तथा क्रोमियम मिली हुई स्टील को स्टेनलैस स्टील कहते हैं, इसकी चादरें बहुत अधिक सामर्थ्यवान्, आघातवर्धनीय तथा संक्षारणरोधी होती हैं। इन चादरों पर वातावरण तथा हल्के अम्ल और क्षारों का कोई प्रभाव नहीं पड़ता। यह GI चादरों की अपेक्षा हार्ड होती है। स्टेनलैस स्टील की चादरों का उपयोग बर्तन बनाने में, कैमिकल प्लान्ट्स में, फूड प्रोसेसिंग तथा अस्पतालों में प्रयोग होने वाले औजार बनाने में अधिक होता है।

6. सीसे की चादरें Lead Sheets

लैड अत्यधिक नर्म, परन्तु भारी धातु है। लैड की चादरें बहुत अधिक लचीली होती हैं। सीसे के ऊपर, तेजाब का प्रभाव नहीं होता, इसलिए इसका उपयोग लोहे के टैंकों के अन्दर सीसे की लाइनिंग करने के लिए तथा फ्लश पाइप को बनाने में किया जाता है।

9.2 धातु चादर औजार Sheet Metal Tools

धातु चादर कार्यशाला में जो औजार प्रयोग किए जाते हैं, उन्हें निम्न प्रकार वर्गीकृत किया जा सकता है

1. मापक औजार Measuring Tools

शीट मैटल शॉप में प्रयोग होने वाले विभिन्न मापक औजार निम्न प्रकार हैं

(i) **स्टील रूल** Steel Rule

नोट *प्रशिक्षु स्टील रूल के अध्ययन के लिए पूर्व में दिए गए अध्याय-4 का अवलोकन करें।*

(ii) **स्टील टेप** Steel Tape

नोट *प्रशिक्षु स्टील टेप के अध्ययन के लिए पूर्व में दिए गए अध्याय-4 का अवलोकन करें।*

(iii) स्टील स्क्वायर Steel Square

यह हार्ड स्टील की पत्ती का 'L' आकार का बना हुआ स्केल होता है। इसकी दोनों भुजाएँ परस्पर 90° पर होती हैं। एक भुजा दूसरी भुजा से लम्बी होती है।

दोनों भुजाओं पर दोनों ओर मिमी तथा इंचों के निशान होते हैं। इसकी लम्बी भुजा को बॉडी या ब्लेड और छोटी भुजा को टोंग (tongue) या स्टॉक कहते हैं। कोने को कॉर्नर या हील (heel) कहते हैं। इसका प्रयोग सतह की समकोणता की जाँच करने के लिए किया जाता है।

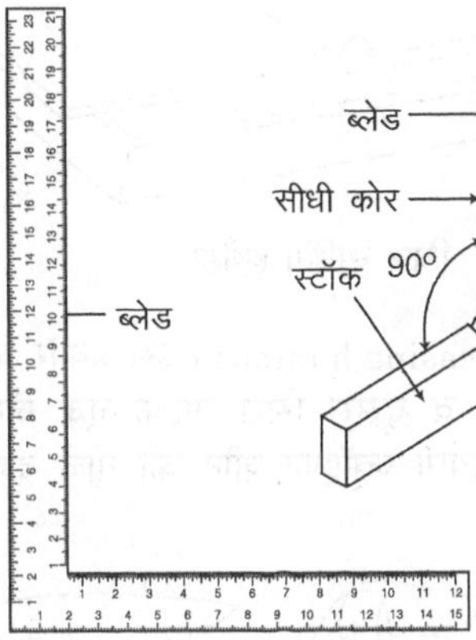

चित्र स्टील स्क्वायर

(iv) वायर गेज Wire Gauge

चादर की मोटाई कभी-कभी मिमी में तथा अधिकतर स्टैण्डर्ड वायर गेज के नम्बरों के द्वारा दी जाती है। ये नम्बर 0 से 40 तक रखे जाते हैं। सबसे बड़े नम्बर (40) का साइज सबसे कम तथा सबसे छोटे नम्बर (0) का साइज सबसे अधिक होता है। वायर गेज, आयताकार अथवा वृत्ताकार दोनों में होता है।

भारतीय स्टैण्डर्ड (BIS) के अनुसार इस गेज द्वारा 0.125 मिमी से 8 मिमी तक मोटी चादर या तार का व्यास मापा जा सकता है।

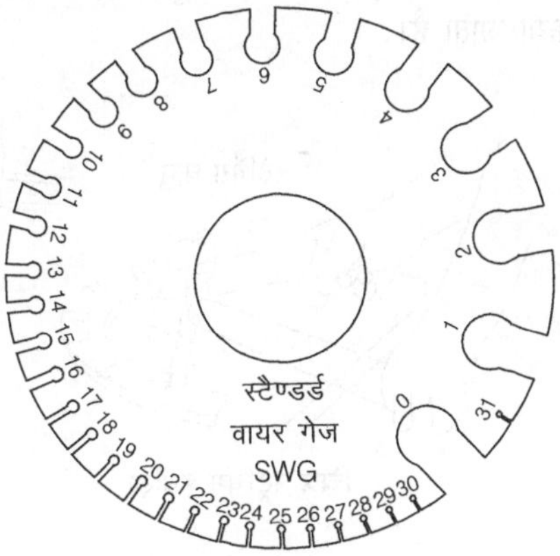

चित्र वायर गेज

2. चिन्हन औजार Marking Tools

चादर के ऊपर विभिन्न आकृतियाँ बनाने के लिए व मार्किंग करने के लिए विभिन्न प्रकार के औजार प्रयोग किए जाते हैं, जो निम्न प्रकार के होते हैं

(i) डिवाइडर Divider

***नोट** प्रशिक्षु डिवाइडर के अध्ययन के लिए अध्याय-4 का अवलोकन करें।*

(ii) कम्पास Compass

यह भी डिवाइडर के समान ही एक चिन्हन औजार है, जिसका उपयोग शीट मैटल शॉप में शीट पर वृत्त व चाप का चिन्हन करने के लिए किया जाता है। इसके अतिरिक्त, एक सीधी रेखा को समान भागों में विभाजित करने हेतु भी इसका प्रयोग किया जाता है। धातु चादर कार्य में प्रयोग होने वाले कम्पास विभिन्न प्रकार के होते हैं।

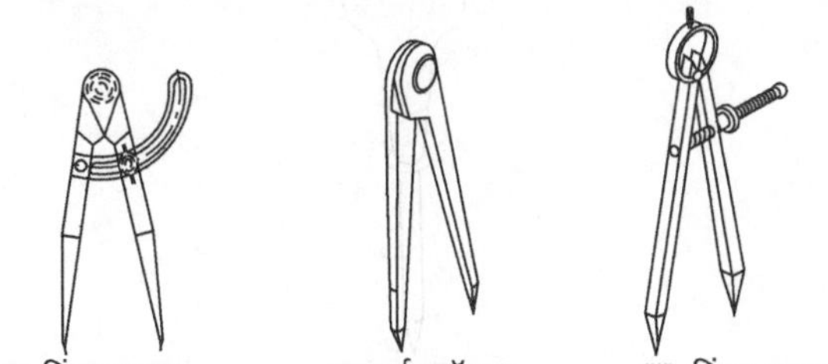

(i) विंग कम्पास (ii) फर्म ज्वॉइण्ट कम्पास (iii) स्प्रिंग कम्पास

चित्र कम्पास

(iii) ट्रेमल Trammel

कम्पास के द्वारा 200 मिमी त्रिज्या के चाप अथवा वृत्त बनाए जा सकते हैं, परन्तु इससे बड़े साइज के वृत्त बनाने में असक्षम होने के कारण ट्रेमल का प्रयोग किया जाता है। इसके द्वारा 6" त्रिज्या तक के चाप लगाए जा सकते हैं। इसे बीम कम्पास भी कहते हैं। इसके मुख्य भाग बीम, नट, चक, प्वॉइण्ट, कैरियर, एडजस्टिंग स्क्रू तथा स्विवेल होते हैं। बाजार में ट्रेमल 15 सेमी से 50 सेमी तक उपलब्ध हैं।

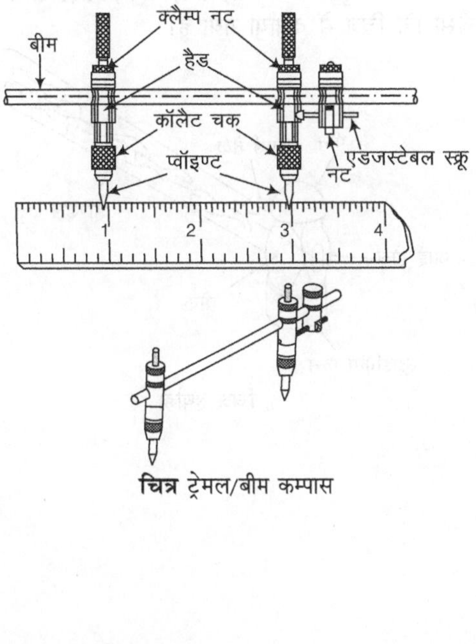

चित्र ट्रेमल/बीम कम्पास

(iv) **स्क्राइबर** Scriber

***नोट** प्रशिक्षु स्क्राइबर के अध्ययन के लिए पूर्व में दिए गए अध्याय-4 का अवलोकन करें।*

(v) **स्क्रैचऑल** Scratchawl

यह भी स्क्राइबर के समान प्रयोग होने वाला एक औजार है, जिसके एक सिरे पर लकड़ी का हैण्डिल लगा होता है। इस हैण्डिल की सहायता से इसे चादर के विरुद्ध अधिक बल लगाकर प्रयोग किया जा सकता है।

इसमें भी नुकीले सिरे 15° से 20° के कोण पर ग्राइण्ड तथा हार्ड व टेम्पर किए जाते हैं, जिससे यह अधिक दिनों तक नुकीला बना रहे। इसके अतिरिक्त, इसकी बॉडी को नर्ल किया जाता है, जिससे इसे पकड़ने में आसानी होती है।

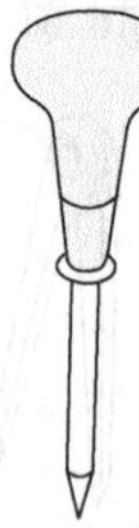

चित्र स्क्रैचऑल

3. चोट मारने वाले औजार Striking Tools

चादर को विभिन्न आकार प्रदान करने, मोड़ने, काटने तथा जोड़ लगाने के लिए विभिन्न प्रकार के चोट मारने वाले औजार प्रयोग किए जाते हैं। इन्हें मुख्य रूप से निम्न दो भागों में बाँटा जा सकता है

(i) **हथौड़ा** (Hammer) हथौड़े को कास्ट स्टील की फोर्जिंग करके बनाया जाता है। ये विभिन्न भारों में बाजार में उपलब्ध होते हैं। उपयोगिता के अनुसार ये विभिन्न आकारों (shape) में बनाए जाते हैं। इसके प्रमुख भाग फेस, पीन, चीक, आइहोल तथा हैण्डिल हैं, जैसा कि चित्र में दर्शाया गया है।

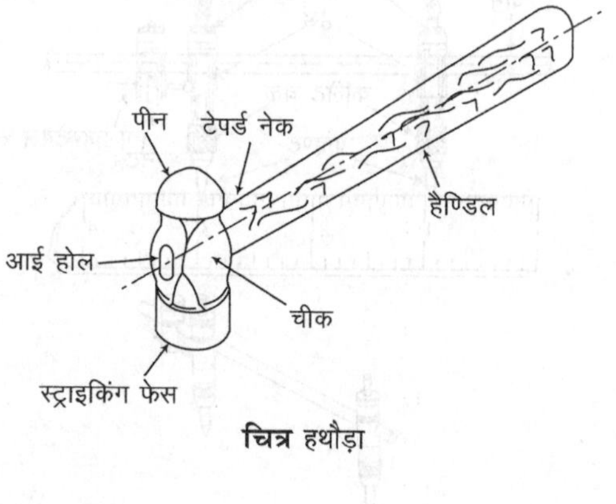

चित्र हथौड़ा

मुख्य रूप से शीट मैटल शॉप में निम्न प्रकार के हथौड़े प्रयोग किए जाते हैं

(a) **स्मूथिंग हथौड़ा** (Smoothing hammer) स्मूथिंग हथौड़ा, कास्ट स्टील का बना होता है। स्मूथिंग हथौड़े का प्रयोग जॉब को ठीक प्रकार से दबाने के लिए किया जाता है।

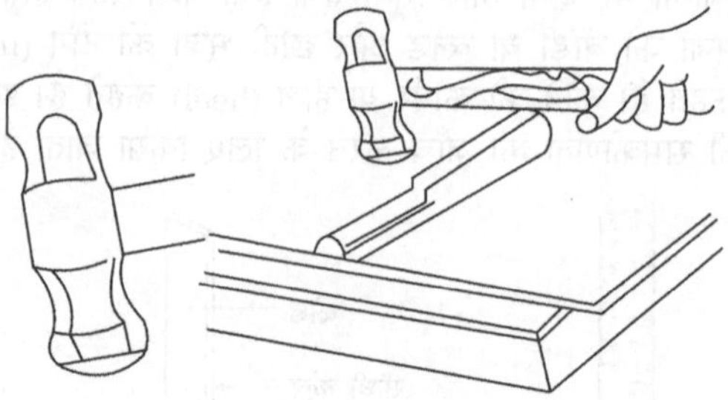

चित्र स्मूथिंग हथौड़ा

(b) **क्रीजिंग हथौड़ा** (Creasing hammer) इस प्रकार के हथौड़े का एक सिरा गोलाई में व दूसरा सिरा नाइफ-एज जैसा होता है। क्रीजिंग हथौड़े का प्रयोग ज्वॉइण्ट शीट को नीचे दबाने के लिए किया जाता है।

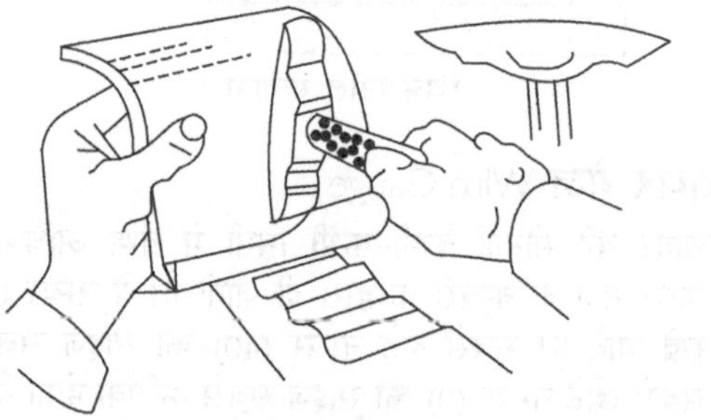

चित्र क्रीजिंग हथौड़ा

(c) **स्ट्रेचिंग हथौड़ा** (Stretching hammer) जैसा कि नाम से स्पष्ट है, इस प्रकार के हथौड़े का प्रयोग धातु चादर की लम्बाई बढ़ाने के लिए किया जाता है।

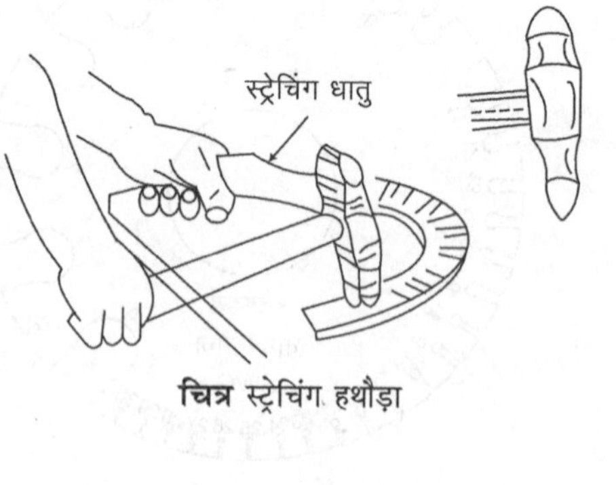

चित्र स्ट्रेचिंग हथौड़ा

(d) **रिवेटिंग हथौड़ा** (Riveting hammer) धातु चादर में रिवेटिंग हैड को फैलाने के लिए रिवेटिंग हथौड़े का प्रयोग किया जाता है।

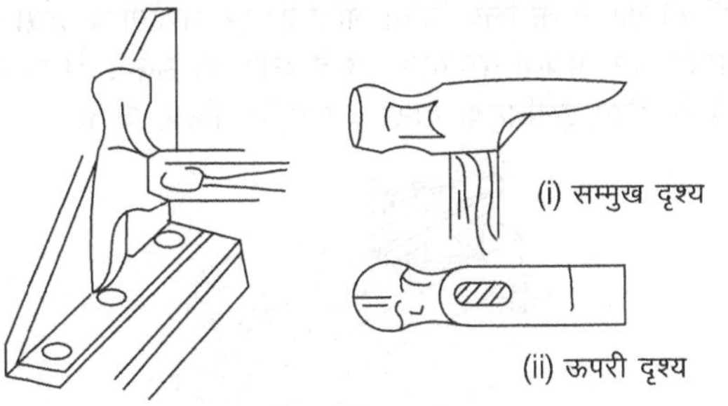

चित्र रिवेटिंग हथौड़ा

नोट *उपरोक्त हथौड़ों के अतिरिक्त धातु चादर कार्य में प्रयोग किए जाने वाले कुछ अन्य हथौड़े; जैसे–बाल पीन, क्रॉस पीन तथा स्ट्रैट पीन हथौड़े हैं, जिनका वर्णन पूर्व में दिए गए अध्याय-3 के शीर्षक 3.4 के अन्तर्गत किया गया है।*

(ii) मैलट Mallet

नोट *प्रशिक्षु मैलट के अध्ययन के लिए पूर्व में दिए गए अध्याय-4 का अवलोकन करें।*

4. कर्तन औजार Cutting Tools

चादर को मोटाई के अनुसार उसे काटने के लिए विभिन्न प्रकार के कर्तन औजार प्रयोग किए जाते हैं, जिन्हें निम्नलिखित प्रकार से वर्गीकृत किया गया है

(i) स्निप Snip

हाथ द्वारा, मुलायम धातु चादर को काटने के लिए स्निप का प्रयोग किया जाता है। इसकी बनावट तथा कार्य सिद्धान्त, कैंची के समान ही होता है। ये हाई कार्बन स्टील के बनाए जाते हैं और इनके कर्तन किनारों को हार्ड व टैम्पर किया जाता है।

इसके कटिंग ब्लेड के किनारों को लगभग 80° पर ग्राइण्ड किया जाता है। स्निप के द्वारा 1.2 मिमी तक मोटी धातु की मुलायम चादरों को काटा जा सकता है। किसी स्निप की समस्त लम्बाई उसके आकार को प्रकट करती है। बनावट के आधार पर स्निप दो प्रकार की होती हैं

(a) **स्ट्रैट स्निप** (Straight snip) इस स्निप के ब्लेड पतले, परन्तु सीधे होते हैं। इसका उपयोग सीधी रेखा में कटिंग करने के लिए किया जाता है। इसके द्वारा बड़ी त्रिज्या के वक्र (curve) भी काटे जा सकते हैं।

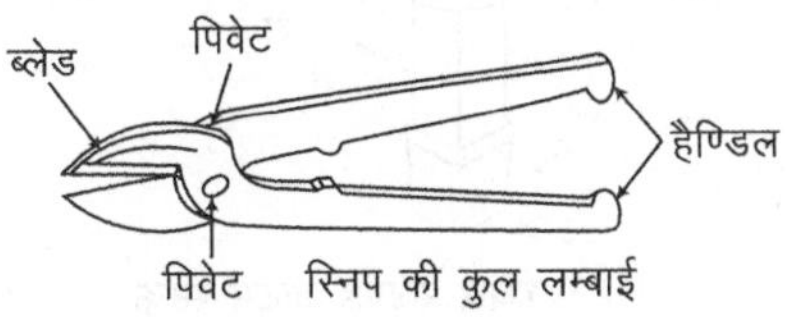

(a)

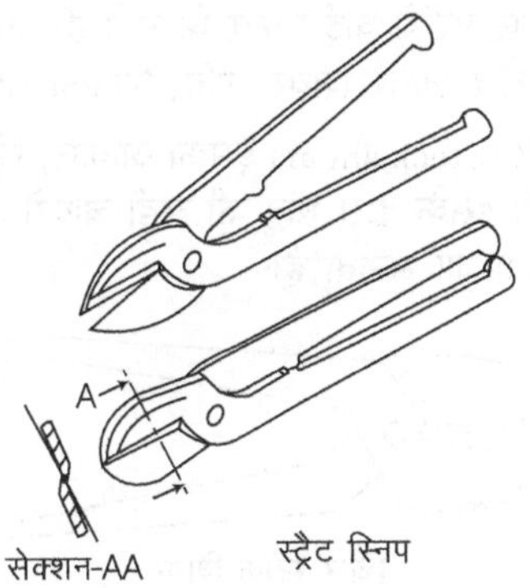

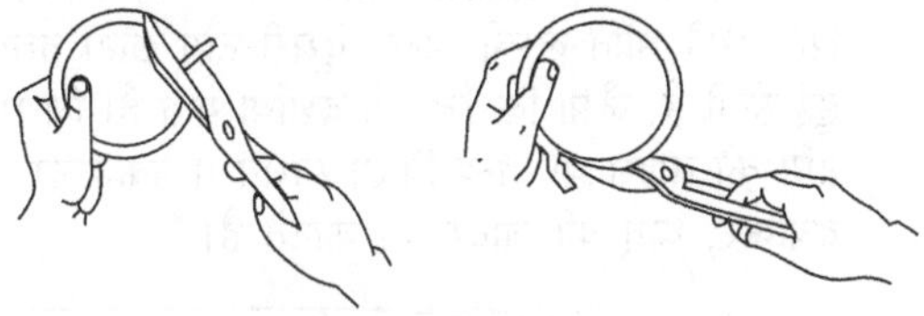

(b)

चित्र स्ट्रैट स्निप एवं उसके अनुप्रयोग

(b) **बैन्ट स्निप** (Bent snip) वक्र लाइन में कटिंग करने के लिए, बैन्ट स्निप का प्रयोग किया जाता है। वृत्ताकार कटिंग करने के लिए स्निप के ब्लेडों को मोड़ दिया जाता है।

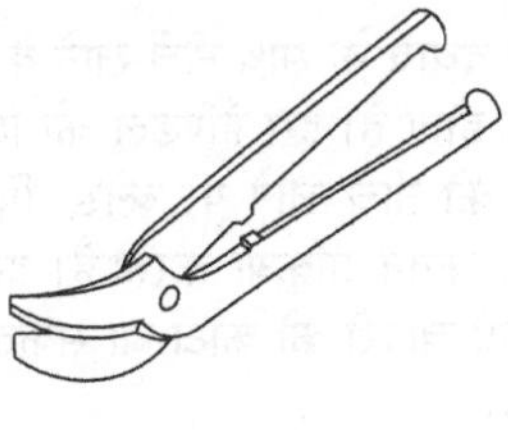

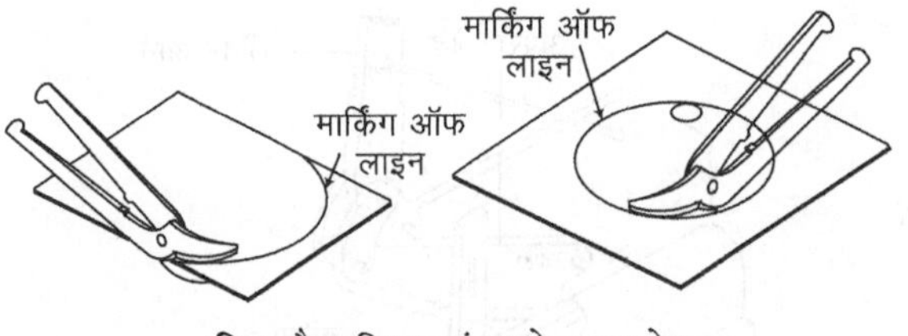

चित्र बैन्ट स्निप एवं उसके अनुप्रयोग

(ii) शियर Shear

धातु की 1.2 मिमी से अधिक मोटी चादरें स्निप के द्वारा नहीं काटी जा सकती हैं। अत: इन्हें काटने के लिए स्निप के सिद्धान्त पर ही बड़ा कटर बनाया गया, जिसे शियर कहते हैं। इसके ब्लेड्स पर कटिंग एज बनाने के लिए उन्हें 87° पर ग्राइण्ड किया जाता है।

उपयोगिता के आधार पर ये कई प्रकार के होते हैं; जैसे—स्टॉक शियर, ब्लॉक शियर तथा बैंच लीवर शियर आदि, जिनका वर्णन निम्नवत् है

(a) **स्टॉक शियर** (Stock shear) इसका आकार, स्ट्रैट स्निप की भाँति बड़ा होता है। इसके द्वारा धातु की बड़ी चादरों को अत्यधिक कम समय में काटा जा सकता है।

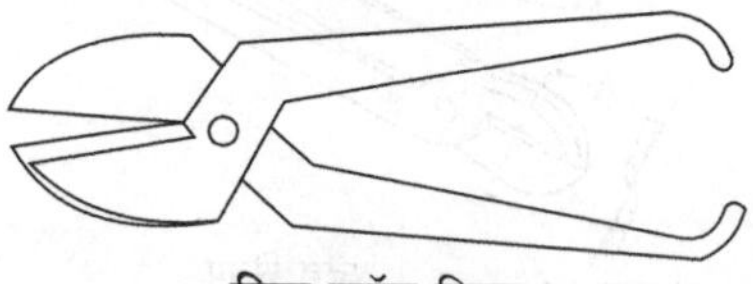

चित्र स्टॉक शियर

(b) **ब्लॉक शियर** (Block shear) इस शियर की एक टाँग, स्टॉक शियर की भाँति लम्बी, परन्तु दूसरी टाँग छोटी तथा 90° पर मुड़ी हुई होती है, जैसा कि चित्र में दर्शाया गया है। शियर की इस छोटी टाँग को वाइस या अन्य किसी साधन में पकड़कर, लम्बी टाँग को दबाकर, धातु की चादर को काटते हैं।

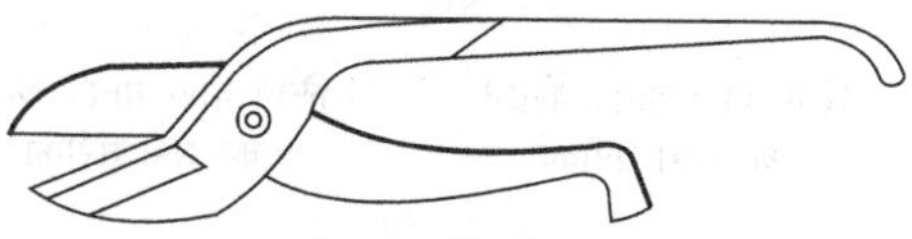

चित्र ब्लॉक शियर

(c) **बेंच शियर** (Bench shear) इस शियर को कार्य मेज पर नट-बोल्ट की सहायता से जकड़ दिया जाता है। बेंच शियर का एक ब्लेड, आधार के साथ स्थिर रहता है, जबकि दूसरा ब्लेड एक पिवेट (pivot) के साथ जुड़ा होता है।

इस ब्लेड को दबाव के साथ नीचे लाने के लिए, एक लम्बा व भारी हैण्डिल लगा होता है। इस हैण्डिल को शियर लीवर कहते हैं। इस शियर लीवर को नीचे लाने पर ब्लेड, पिवेट पर घूमता हुआ नीचे आता है तथा कर्तन प्रक्रिया करता है। इस शियर द्वारा 1/4" तथा 3/8" तक मोटी चादरों को काटा जा सकता है। इसे लीवर शियर भी कहा जाता है।

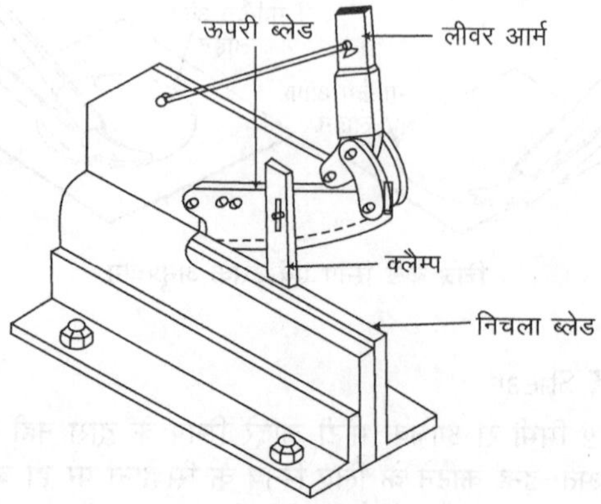

चित्र बेंच शियर

(iii) सर्कुलर कटिंग मशीन Circuler Cutting Machine

सर्कुलर कटिंग मशीनों का उपयोग बड़ी संख्या में एक ही साइज की चादरों को काटने के लिए किया जाता है। इन मशीनों के द्वारा धातु चादरों के आयताकार अथवा वृत्ताकार टुकड़े काटे जा सकते हैं। इसमें कटर को चलाने के लिए इलेक्ट्रिक मोटर का प्रयोग किया जाता है।

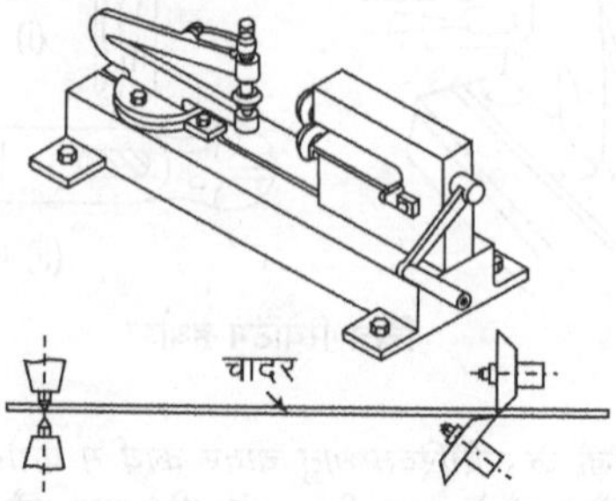

चित्र सर्कुलर कटिंग मशीन

5. छिद्रण औजार Piercing Tools

नोट *धातु चादरों में आवश्यकतानुसार, छिद्र करने के लिए मुख्य रूप से पंच का प्रयोग किया जाता है, जिसका वर्णन पूर्व में दिए गए अध्याय-4 का अवलोकन करें।*

6. मोड़ने वाले औजार Bending Tools

धातु चादर कार्य में मोड़ने वाले औजार के रूप में मुख्य रूप से स्टेक का प्रयोग किया जाता है। धातु चादरों को मोड़ने हेतु प्रयुक्त औजारों का वर्णन निम्नलिखित है

(i) स्टेक Stake

चादरों को कोई आकार प्रदान करने या जोड़ने के लिए, उसे मोड़ने की आवश्यकता होती है। इन्हें मोड़ने के लिए एक विशेष आकार की सपोर्ट (support) देने की आवश्यकता पड़ती है। यह विशेष सपोर्ट ही स्टेक कहलाती है। स्टेक को बैंच प्लेट में बने विभिन्न आकार के छिद्रों में लगाकर प्रयोग किया जाता है। स्टेक कई आकारों में उपलब्ध होते हैं। शीट मैटल शॉप में मुख्यत: निम्न स्टेकों का प्रयोग किया जाता है

(a) **राउण्ड बॉटम स्टेक** (Round bottom stake) यह कास्ट स्टील से निर्मित सीधी संरचना वाला स्टेक है, जिसमें शैंक तथा हैड अथवा हॉर्न होते हैं। इसका ऊपरी भाग सपाट तथा वृत्ताकार होता है। यह भारी धातु चादर कार्यों के लिए प्रयोग किया जाता है।

चित्र राउण्ड बॉटम स्टेक

(b) **बीक/बिक आयरन स्टेक** (Beak/Bick iron stake) इस स्टेक की संरचना, एनविल के समान होती है। इसमें एक ओर शंक्वाकार हॉर्न तथा दूसरी ओर सपाट आधार होता है।

शंक्वाकार हॉर्न का उपयोग फनल (funnel) आकार की वस्तुओं के जोड़ लगाने अथवा अन्य कार्य करने के लिए किया जाता है, जबकि सपाट आधार का प्रयोग छिद्र करने, रिवेट लगाने अथवा चादर को सीधा करने के लिए प्रयोग किया जाता है।

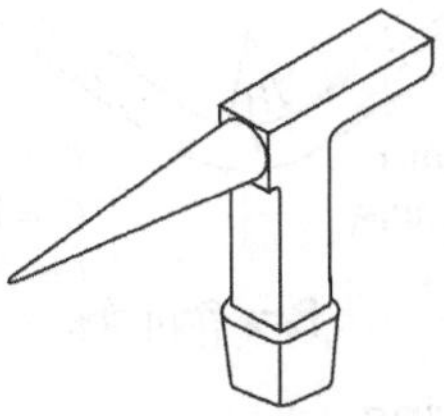

चित्र बीक/बिक आयरन स्टेक

(c) **हैचेट स्टेक** (Hatchet stake) हैचेट स्टेक का ऊपरी भाग, चाकू (knife) के समान सीधा और एक तरफ थोड़ा टेपर युक्त होता है।

इसका प्रयोग धातु चादर को सीधी लाइन में मोड़ने के लिए किया जाता है; जैसे—ट्रे अथवा डिब्बे आदि बनाने के लिए धातु चादरों को मोड़ा जाता है।

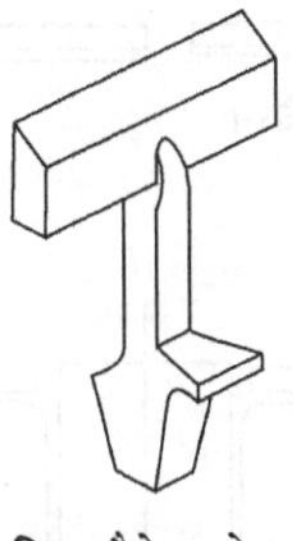

चित्र हैचेट स्टेक

(d) **हाफ मून स्टेक** (Half moon stake) यह स्टेक ऊपर से अर्द्धवृत्ताकार (semi-circular) होता है, इसलिए इसे हाफ मून स्टेक कहा जाता है। इसके ऊपरी भाग में एक ओर झुकाव होता है। इसका प्रयोग बर्तनों के फ्लैंज बनाने के लिए किया जाता है।

चित्र हाफ मून स्टेक

(e) **फनल स्टेक** (Funnel stake) इस स्टेक का ऊपरी भाग, अर्द्धशंक्वाकार होता है। इसका उपयोग शंक्वाकार वस्तुओं में जोड़ लगाने तथा उन्हें सही आकार देने के लिए किया जाता है।

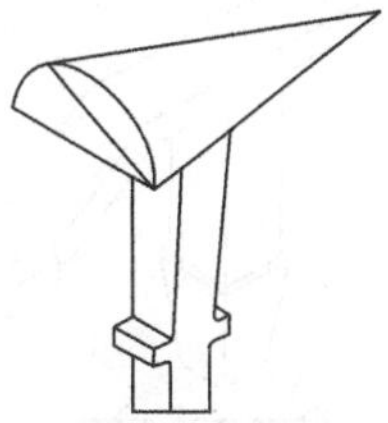

चित्र फनल स्टेक

(f) **प्लेनिशिंग एनविल स्टेक** (Plainishing anvil stake) इस स्टेक का ऊपरी भाग प्लेन होता है। इसका उपयोग जॉब के फ्लैंज वाले भाग को ड्रेसिंग करने अथवा उसमें छिद्र करने के लिए किया जाता है।

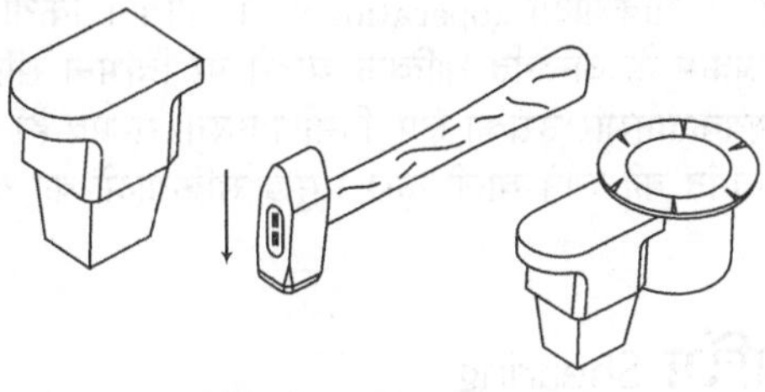

चित्र प्लेनिशिंग एनविल स्टेक

(g) **क्रीजिंग आयरन स्टेक** (Creasing iron stake) इस स्टेक के एक ओर प्लेन तथा दूसरी ओर सीधे ग्रूव होते हैं। ये ग्रूव, अलग-अलग साइज के होते हैं। इन ग्रूवों का प्रयोग चादर को पतले पाइपों में मोड़ने के लिए किया जाता है। इसके अतिरिक्त, इसके द्वारा शीट पर झिर्री भी बनाई जाती है।

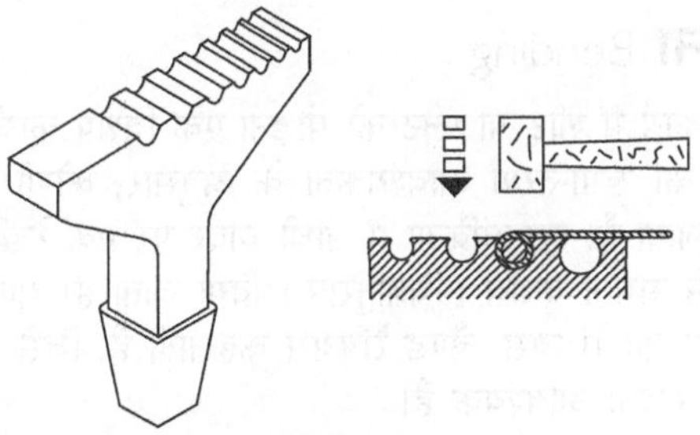

चित्र क्रीजिंग आयरन स्टेक

(h) **हॉर्स स्टेक** (Horse stake) इसके दोनों सिरों में अलग-अलग साइज के वर्गाकार आकार के सुराख होते हैं। जॉब को उचित आकार प्रदान करने के लिए, इन सुराखों में अन्य छोटे औजार अथवा स्टेक फिट किए जाते हैं। लम्बी भुजाएँ होने के कारण, इस स्टेक को प्रयोग करते समय सावधानी बरतनी चाहिए।

इस स्टेक की बनावट निम्न चित्र में दर्शायी गई है

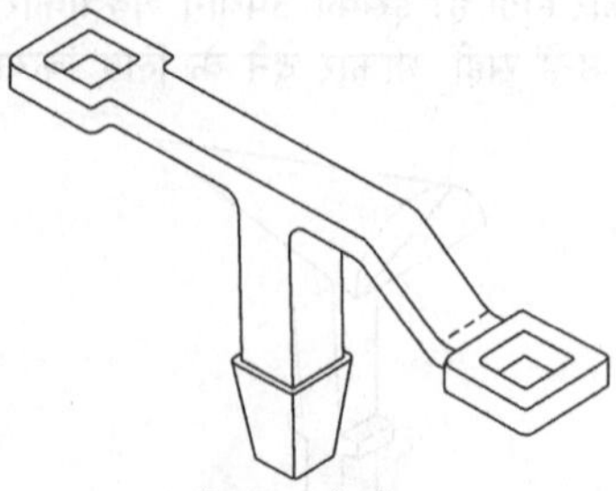

चित्र हॉर्स स्टेक

9.3 धातु चादर संक्रियाएँ
Sheet Metal Operations

किसी ऑटोमोटिव वाहन के निर्माण में धातु चादर का विविध रूपों (forms) में व संक्रियाओं (operations) में उपयोग किया जाता है। धातु-चादर प्रक्रम के अन्तर्गत धात्विक चादरों पर विभिन्न संक्रियाएँ कर अपनी आवश्यकतानुसार उसका रूप-निर्माण करना सम्भव है। धातु चादर कार्य के अन्तर्गत की जाने वाली कुछ प्रमुख संक्रियाओं का वर्णन निम्न प्रकार है

1. शियरिंग Shearing

यह एक प्रकार की कर्तन प्रक्रिया है, जिसके अन्तर्गत धातु की अधिक मोटी चादरों को काटा जाता है, जिनको स्निप की सहायता से काटा जाना सम्भव नहीं है। मोटी चादरों का कर्तन आवश्यकता के अनुसार स्टॉक शियर, ब्लॉक शियर या फिर बेंच शियर की सहायता से किया जा सकता है। इस प्रक्रिया में शियरिंग मशीनों की सहायता से आयताकार या वृत्ताकार टुकड़े काटे जाना सम्भव है।

2. मोड़ना Bending

धातु चादर कार्य में शीट या प्लेट को मोड़ना एक विशेष कार्य है, जिसमें धातु चादर का रूपान्तरण आवश्यकता के अनुसार, कोणीय विस्थापन द्वारा किया जाता है। इस संक्रिया में सीधी चादर पर एक रेखीय धुरी पर चारों ओर से समान दबाव (चित्रानुसार) दिया जाता है। धातु चादर के मुड़े हुए भाग की रेडियस, बैण्ड रेडियस कहलाती है, जिसे शीट मोड़ते समय ध्यान रखना आवश्यक है।

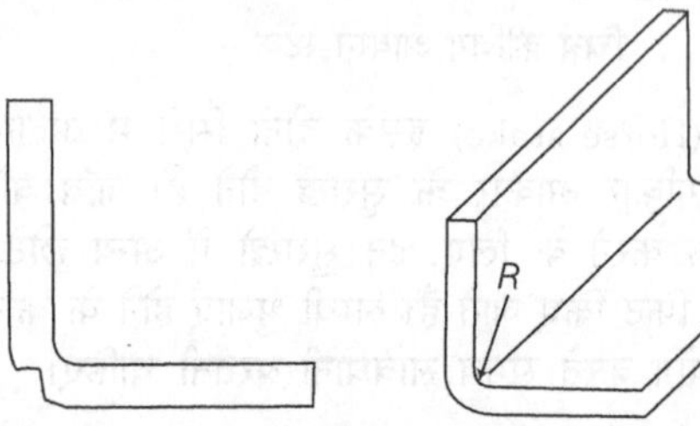

चित्र धातु-चादर को मोड़ना

जब स्टील की चादर को मोड़ा जाता है, तो बैण्डिग फोर्स के समाप्त होने पर उसमें पुनः सीधा होने का गुण होता है, इस गुण को ही स्प्रिंग बैक कहते हैं। चादरों में होने वाला स्प्रिंग बैक निम्न बातों पर निर्भर करता है

(i) धातु
(ii) चादर की मोटाई
(iii) कार्य की प्रक्रिया
(iv) बैण्डिंग रेडियस तथा
(v) मोड़ पर दबाव।

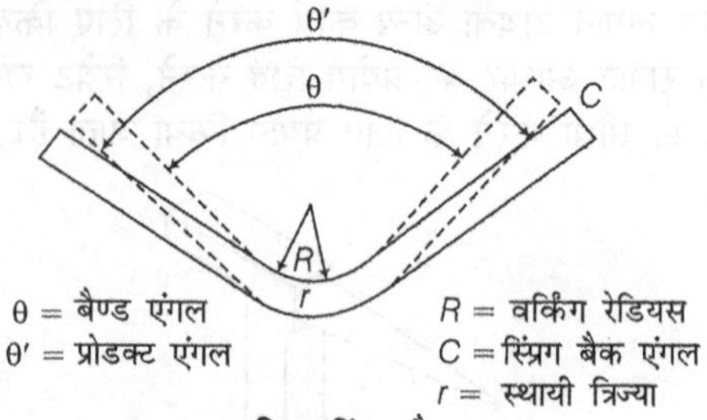

चित्र स्प्रिंग बैक

3. ड्रॉइंग Drawing

यह एक ऐसी संक्रिया है, जिसमें पंच की सहायता से एक समतल कार्यखण्ड (workpiece) की खोखली आकृति में रूपान्तरण किया जाता है, जिसके परिणामस्वरूप उसका प्रवाह रिक्ति से निर्मित गुहा की ओर हो जाता है।

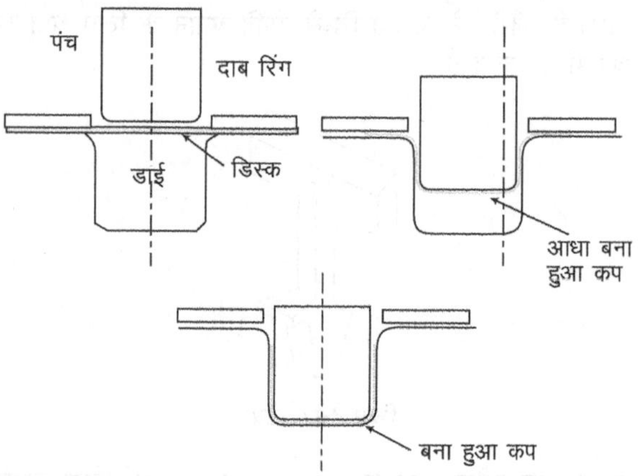

चित्र ड्रॉइंग संक्रिया

4. स्क्वीजिंग Squeezing

इस संक्रिया में डाई-गुहा की सहायता से धातु चादर के कार्यखण्ड को दबाया जाता है तथा पंच की सहायता से वांछित आकार प्राप्त किया जाता है।

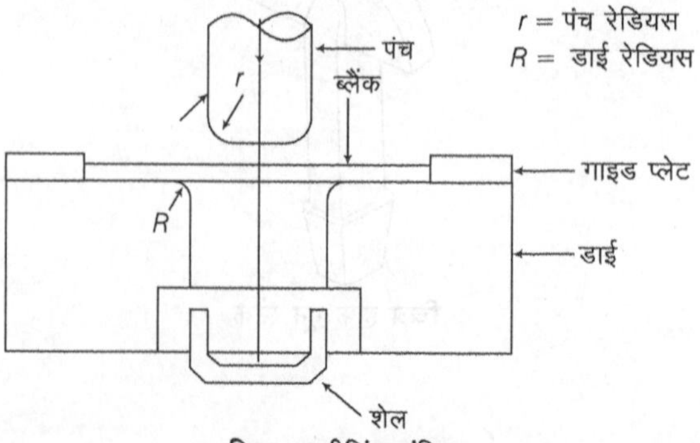

चित्र स्क्वीजिंग संक्रिया

9.4 धातु चादर कार्य सम्बन्धी सावधानियाँ Precautions Related to Sheet Metal Work

धातु चादर कार्य में निम्न सावधानियाँ अपेक्षित हैं

1. धातु चादर शॉप में कभी भी नंगे पैर नहीं जाना चाहिए।
2. धातु चादर सम्बन्धी कार्य करते समय ढीले हैण्डिल वाले हथौड़े व मैलट का उपयोग नहीं करना चाहिए।
3. धातु चादर को स्निप (snip) से काटने के बाद उस पर हाथ नहीं फेरना चाहिए।
4. धातु चादर को कभी भी हाथ से सीधा नहीं करना चाहिए।
5. धातु चादर के सभी औजारों को एक निश्चित स्थान पर रखना चाहिए।
6. सही जगह पर सही औजार व हमेशा तेज धार वाले कर्तन औजारों का प्रयोग करना चाहिए।
7. स्थायी जोड़ बनाते समय कोरों पर विशेष ध्यान देना चाहिए।

9.5 धातु चादर जोड़ Sheet Metal Joints

धातु चादर जोड़ प्राय: दो प्रकार के होते हैं

1. हैम Hem

पतली चादर से बने जॉब के किनारें पर तेज धार (sharp edges) वाले होते हैं तथा उनकी सामर्थ्य भी कम होती है। अत: ऐसे जॉब को सामर्थ्य देने के उद्देश्य से तथा किनारों को सुरक्षित बनाने के लिए उन्हें मोड़ दिया जाता है। इन मोड़े हुए किनारों को हैम कहते हैं। इसके अतिरिक्त, हैम बनाने से जॉब की सुन्दरता भी बढ़ जाती है।

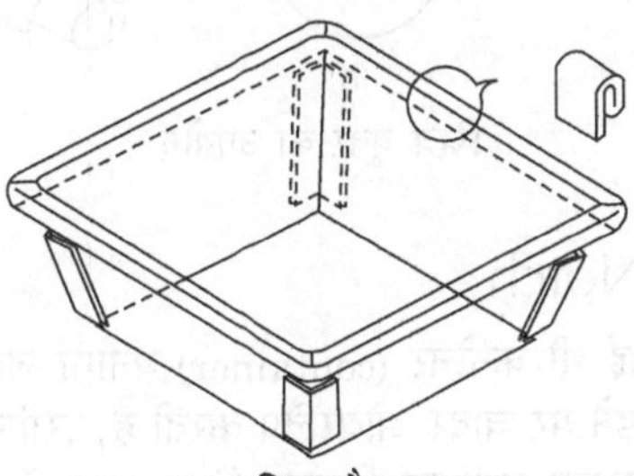

चित्र हैम

हैम के प्रकार Types of Hem

हैम, निम्न प्रकार के होते हैं

(i) **सिंगल हैम** (Single hem) चादर को एक बार मोड़कर बनाई गई हैम, सिंगल हैम कहलाती है। साधारणत: यह मोटी चादरों को एक बार मोड़कर बनाई जाती है। यह सीधी तथा सुन्दर होती है एवं इसका प्रयोग अधिकतर छोटे जॉबों में किया जाता है।

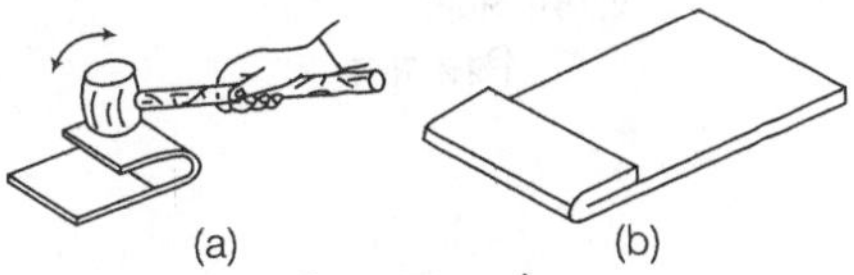

चित्र सिंगल हैम

(ii) **डबल हैम** (Double hem) पतली चादरों द्वारा बनाए गए जॉब में जब किनारों को दोबारा मोड़ (double folding) दिया जाता है, तो इसे डबल हैम कहते हैं। इसमें हैम की मोटाई अधिक बन जाने से यह अधिक मोटी, अधिक सुरक्षित तथा अधिक सामर्थ्यवान् हो जाती है। डबल हैम का प्रयोग लम्बे जॉबों में किया जाता है।

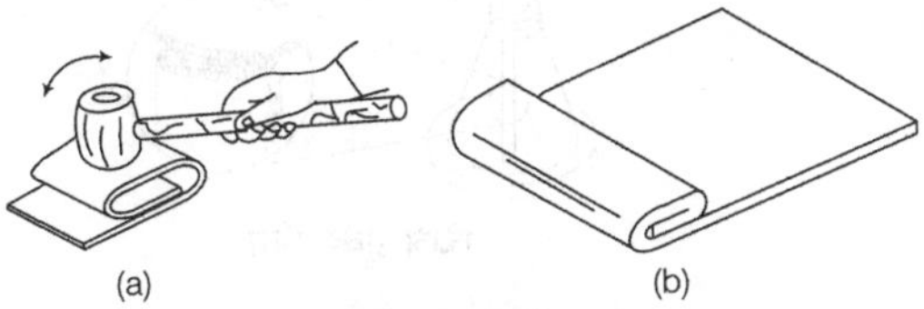

चित्र डबल हैम

(iii) **वायर्ड हैम** (Wired hem) जॉब को अधिक सामर्थ्य प्रदान करने के लिए चादर में किनारे पर एक माइल्ड स्टील का तार लपेट दिया जाता है। इससे किनारों की सुन्दरता तथा सामर्थ्य दोनों ही बढ़ जाती हैं। वायर्ड हैम का प्रयोग लम्बी वृत्ताकार अथवा चौकोर धातु चादर की जॉबों में किया जाता है।

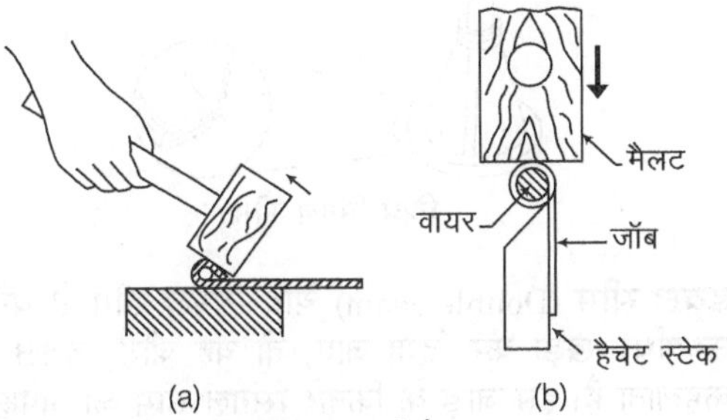

चित्र वायर्ड हैम

2. सीम Seam

चादर के किनारों (edges) को जोड़ने के लिए सीम बनाई जाती है। इसमें जोड़ी जाने वाली चादरों के किनारों को विशेष प्रकार से मोड़कर, आपस में फँसा दिया जाता है।

सीम के प्रकार Types of Seam

धातु चादरों के किनारों को परस्पर जोड़ने के लिए प्राय: निम्नलिखित प्रकार की सीम प्रयोग की जाती हैं

(i) **लैप सीम** (Lap seam) सबसे आसान प्रकार का जोड़ लैप सीम द्वारा बनाया जाता है। इसमें जोड़े जाने वाले किनारों (edges) को एक-दूसरे के ऊपर रखकर अथवा एक-दूसरे में फँसाकर (जैसे—बेलनाकार अथवा शंक्वाकार जॉब) सोल्डरिंग अथवा ब्रेजिंग द्वारा जोड़ दिया जाता है, जैसा कि चित्र में एक कीप के जोड़ को दर्शाया गया है। इस जोड़ को किनारों का जोड़ भी कहा जाता है।

चित्र लैप सीम

(ii) **ग्रूव्ड सीम** (Grooved seam) इस जोड़ में चादर के दोनों किनारों को इस प्रकार मोड़ा जाता है कि वे आपस में फँस जाएँ। तत्पश्चात्, एक ग्रूवर (groover) के द्वारा जोड़ को लॉक कर दिया जाता है।

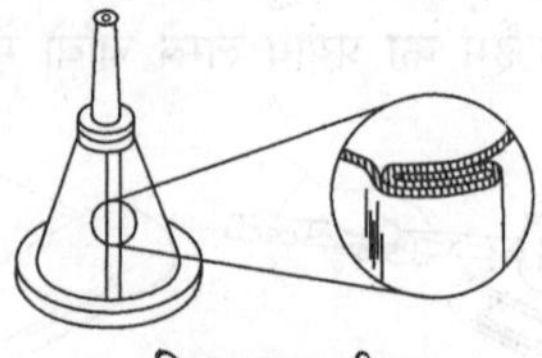

चित्र ग्रूव्ड सीम

(iii) **सिंगल सीम** (Single seam) सिंगल सीम का प्रयोग बाल्टी अथवा डिब्बों आदि में तली लगाने के लिए किया जाता है, इसलिए इस जोड़ को पैण्ड-डाउन जोड़ (paned down joint) कहते हैं। इस जोड़ को बनाने के बाद सोल्डर से उसे लीक प्रूफ (leak proof) किया जाता है।

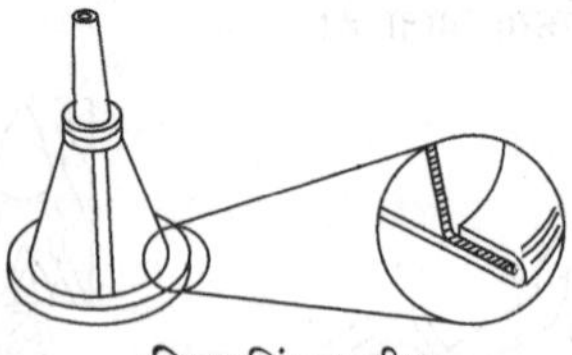

चित्र सिंगल सीम

(iv) **डबल सीम** (Double seam) यदि सिंगल सीम से बने जोड़ को ऊर्ध्वाधर खड़ा कर दिया जाए, तो यह जोड़, डबल सीम जोड़ कहलाता है। इस जोड़ के किनारे सिंगल सीम की अपेक्षा एक बार और मुड़ने से अधिक शक्तिशाली हो जाते हैं।

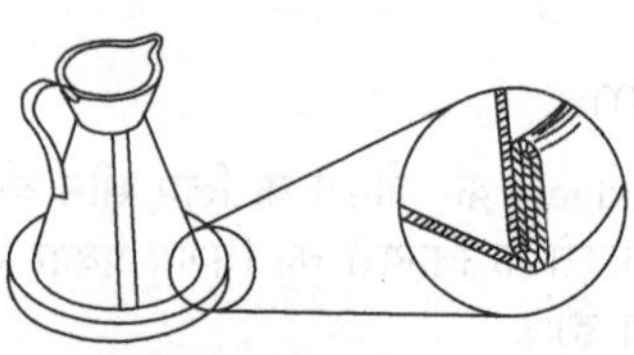

चित्र डबल सीम

(v) **डबल ग्रूव्ड सीम** (Double grooved seam) डबल ग्रूव्ड सीम बनाने के लिए चादरों के किनारों को मोड़कर, उन्हें एक अन्य मुड़ी हुई चादर में फँसाया जाता है। इस जोड़ को छतों के लिए तथा पैनलिंग करने के लिए प्रयोग किया जाता है।

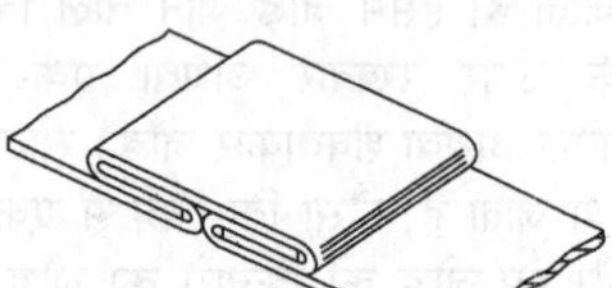

चित्र डबल ग्रूव्ड सीम

9.6 हैण्ड ग्रूवर Hand Groover

चादरों में सीम बनाने के तत्पश्चात्, उसे ठीक से लॉक करना आवश्यक होता है, अन्यथा जोड़ ढीला होकर खुल जाएगा। अत: सीम को बन्द करने तथा लॉक करने के लिए ग्रूवर (groover) का प्रयोग किया जाता है। सीम के साइज के अनुसार ही ग्रूवर का प्रयोग किया जाता है।

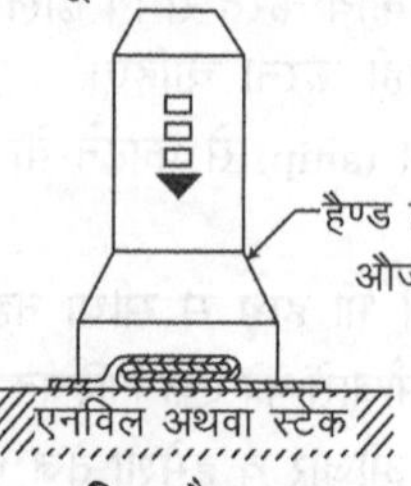

चित्र हैण्ड ग्रूवर

ग्रूवर के द्वारा सीम की क्लोजिंग तथा लॉकिंग (closing and locking) करने के लिए, पहले सीम को किसी सपोर्ट पर रखकर, मैलट से बन्द करते हैं। इसके पश्चात्, उसके ऊपर तिरछा ग्रूवर रखकर हैमर से ठोकते हैं। ग्रूवर को सीम की साइड से गाइड करते हैं।

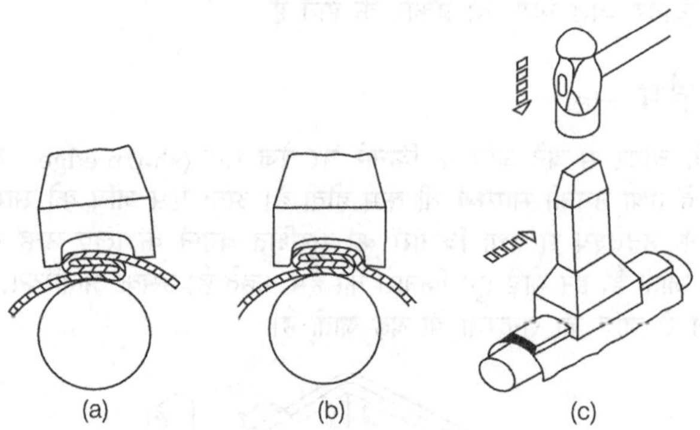

चित्र ग्रूवर का उपयोग

9.7 नॉच Notch

जब चादर से कोई भी कन्टेनर (container) बनाया जाता है, तो चादरों को किनारों से मोड़ने पर चादर ओवरलैप करती है, इसलिए ऐसे स्थानों से चादर का कुछ टुकड़ा काटकर निकाल दिया जाता है, जिसे नॉच कहा जाता है। नॉच बनाने पर जॉब का आकार ठीक बनता है।

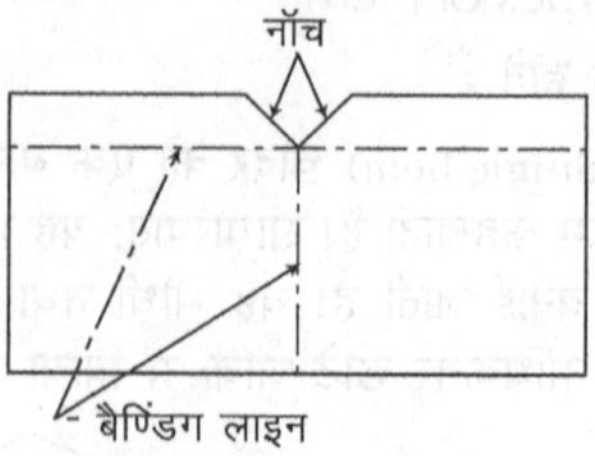

चित्र नॉच

विभिन्न प्रकार की आवश्यकताओं की पूर्ति के लिए विभिन्न प्रकार की नॉच बनाई जाती हैं। नॉच निम्न प्रकार की होती हैं

1. सीधी नॉच या स्लिट Straight Notch or Slit

चादर के किनारों को मोड़ने से पहले, जिस लाइन पर उन्हें मोड़ना होता है, उस पर एक सीधा कट लगा लिया जाता है, इसे ही सीधी नॉच कहते हैं।

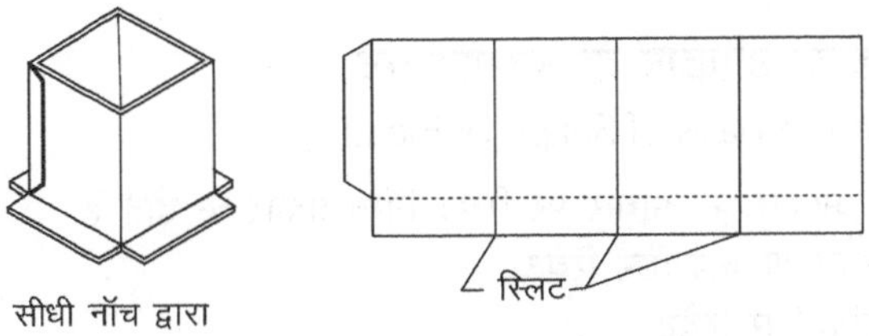

सीधी नॉच द्वारा बनी हुई आकृति

चित्र सीधी नॉच या स्लिट

2. वर्गाकार नॉच Square Notch

किसी वर्गाकार अथवा आयताकार डिब्बे के किनारों को 90° पर मोड़ने के लिए उसके कोनों पर वर्गाकार नॉच काटी जाती है।

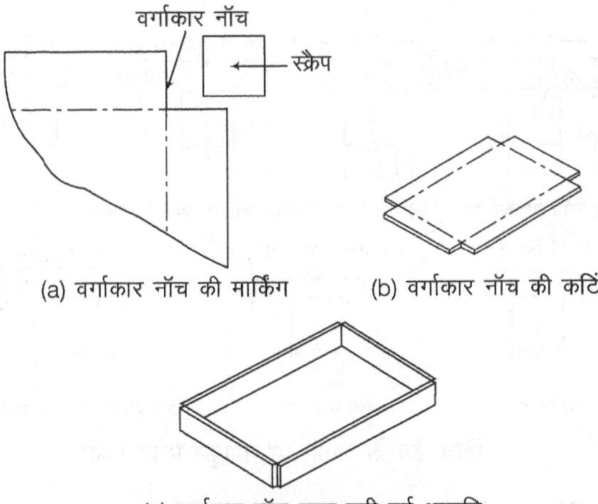

(a) वर्गाकार नॉच की मार्किंग (b) वर्गाकार नॉच की कटिंग

(c) वर्गाकार नॉच द्वारा बनी हुई आकृति

चित्र वर्गाकार नॉच

3. तिरछी नॉच Slant Notch

चादर के किनारे को 45° पर तिरछा काटकर यह नॉच बनाई जाती है। जहाँ पर सिंगल हैम को 90° पर मोड़ा जाता है, वहाँ पर इस नॉच का प्रयोग किया जाता है।

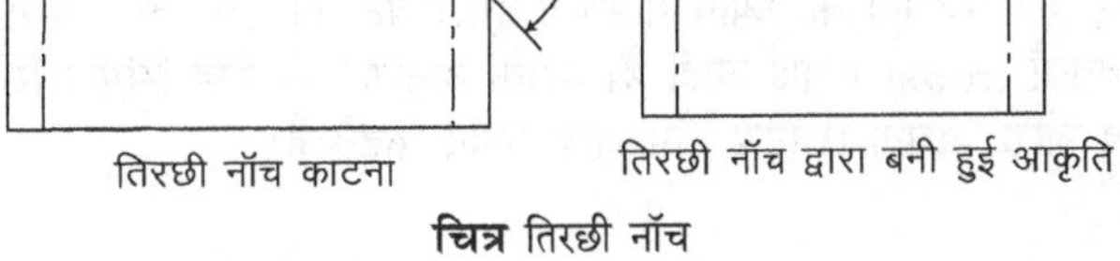

तिरछी नॉच काटना तिरछी नॉच द्वारा बनी हुई आकृति

चित्र तिरछी नॉच

4. V-नॉच V-notch

बैण्डिग लाइन से 45° पर दोनों साइड काटकर, यह नॉच बनाई जाती है। इसका उपयोग 90° पर मुड़े हुए फ्लैंजों को मोड़ने के लिए किया जाता है।

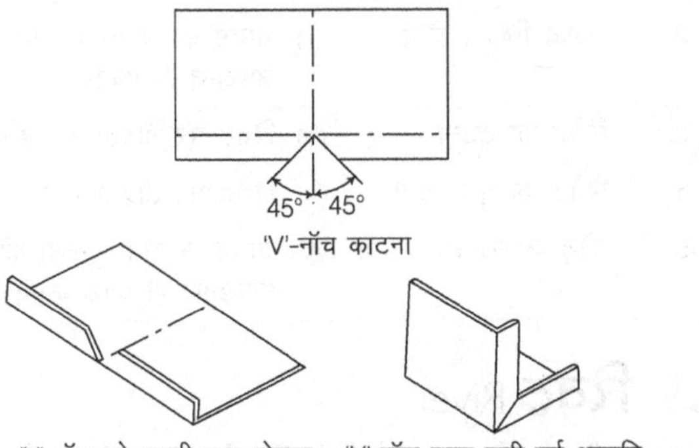

'V'-नॉच काटना

'V'-नॉच को पहली बार मोड़ना 'V'-नॉच द्वारा मुड़ी हुई आकृति

चित्र 'V'-नॉच

5. वायर नॉच Wire Notch

वायर नॉच का उपयोग वायर युक्त एजेज (wired edges) को ओवरलैप होने से बचाने के लिए किया जाता है। वायर नॉच बनाने के लिए, सिरे से वायर के व्यास की $3\frac{1}{2}$ गुना दूरी छोड़कर 30° पर कट लगाया जाता है।

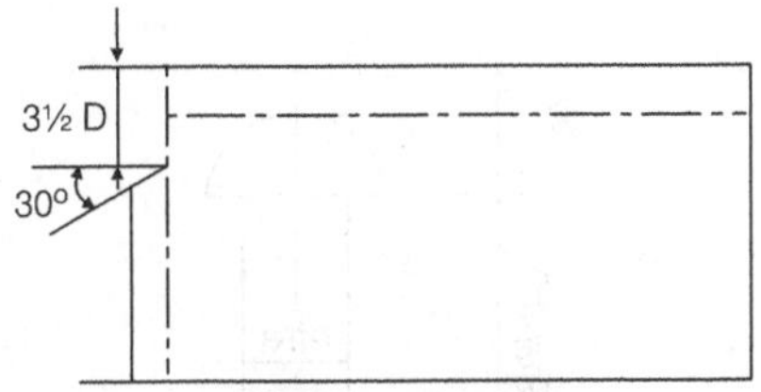

चित्र वायर नॉच

9.8 धातु चादर कार्य सम्बन्धी दोषोपचार
Troubleshooting Related to Sheet Metal Work

धातु चादर प्रक्रम में ऐसी विभिन्न संक्रियाएँ (operations) की जाती हैं, जो संवेदनशील श्रेणी की होती हैं और जिन्हें सम्पन्न करने में अतिरिक्त सतर्कता की जरूरत होती है, फिर भी धातु चादर प्रक्रम के दौरान कुछ दोष उत्पन्न हो जाते हैं, जिनका ज्ञान प्रशिक्षु को होना आवश्यक है, ऐसे ही कुछ सामान्य प्रकृति के दोष निम्न हैं जिन्हें उपचार सहित निम्न तालिका में दिया गया है

क्र.सं.	दोष	उपचार
I. धातु-चादर के स्वाभाविक दोषों से कार्य का उपयुक्त रूप में न होना		
1.	चादर का तिरछा कटना	(i) चादर को सही माप लेकर काटें
2.	चादर का उचित माप में न कटना	(ii) चादर को काटने से पूर्व चिन्हन कर लें
3.	चादर का गलना	(iii) गैल्वेनाइज्ड चादर का प्रयोग करें
4.	चादर का मुड़ जाना	(iv) चादर को मैलेट के द्वारा सीधा करें
5.	चादर में बर्र बनना	(v) बर्र को फाइल के द्वारा साफ कर लें

II. धातु-चादर बन्धन का विफल होना

1.	सही जोड़ का न बनना	(i) उपयुक्त जोड़ का चयन करके ही जोड़ बनाएँ
2.	अशुद्ध छिद्रण होना	(ii) चादर को व्यवस्थित करने के उपरान्त ही छिद्रण करें
3.	रिवेट का टूटना	(iii) रिवेट पर तीव्रता से प्रहार न करें
4.	रिवेट का मुड़ जाना	(iv) रिवेट पर तीव्रता से प्रहार न करें
5.	जोड़ को तिरछा बनाना	(v) चादर के दोनों टुकड़ों को सीधा पकड़कर ही जोड़ बनाएँ

9.9 रिवेट Rivet

यह धातु की एक गोल छड़ होती है, जिसके एक सिरे पर हैड तथा दूसरे सिरे पर टेल बनी होती है। चादरों को आपस में अर्द्धस्थायी रूप से जोड़ने के लिए रिवेट का प्रयोग किया जाता है। ये नरम धातुओं के बनाए जाते हैं; जैसे—ताँबा, पीतल, एल्युमीनियम, माइल्ड स्टील आदि। रिवेट के हैड के आकार के अनुसार ये कई प्रकार के होते हैं। रिवेट की विशेषताएँ देने के लिए उसकी धातु, लम्बाई, व्यास तथा हैड का प्रकार बताना आवश्यक होता है। चित्र में रिवेट के विभिन्न भागों को रेखांकित किया गया है।

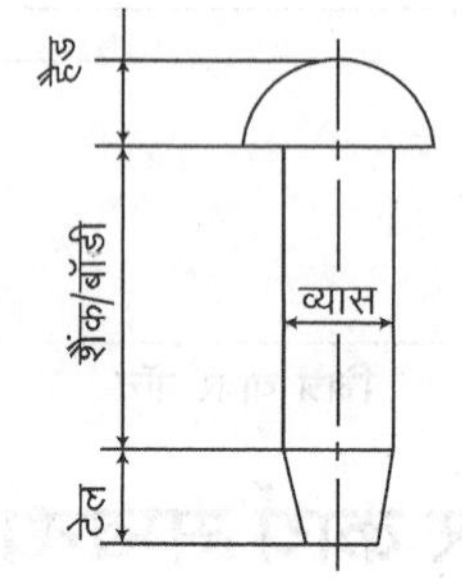

चित्र रिवेट

रिवेट का वर्गीकरण Classification of Rivet

रिवेट का आकार उसके शैंक के व्यास, शैंक की लम्बाई तथा हैड के प्रकार से विशेषीकृत किया जाता है। रिवेट की लम्बाई, उसके हैड के नीचे से मापी जाती है, परन्तु काउण्टर संक रिवेट की लम्बाई में हैड भी सम्मिलित होता है। रिवेट का वर्गीकरण प्राय: निम्न आधारों पर किया जाता है

1. बनावट के आधार पर On the Basis of Structure

रिवेट को उनकी बनावट के आधार पर निम्नानुसार वर्गीकृत किया जा सकता है

(i) **ठोस रिवेट** (Solid rivet) इस रिवेट का शैंक ठोस होता है व सामान्य कार्यों के लिए इस रिवेट का प्रयोग किया जाता है। यह सर्वाधिक सामर्थ्यवान् रिवेट है।

(ii) **खोखला रिवेट** (Hollow rivet) खोखले रिवेट का उपयोग जूतों में तस्मों के लिए छेद बनाने तथा फाइल कवर आदि में होता है।

(iii) **द्विशाखित रिवेट** (Bifurcated rivet) इस रिवेट का एक सिरा दो भागों में विभक्त होता है, जो प्रयोग के दौरान अलग-अलग कर देने पर दृढ़ हो जाता है। इसका प्रयोग हल्के कार्यों; जैसे—हैण्ड बैग तथा अटैची आदि में किया जाता है।

2. हैड के आकार के आधार पर
On the Basis of Shape of Head

हैड के आकार के आधार पर रिवेट निम्न प्रकार के होते हैं

(i) स्नैप या कप सिर रिवेट
(ii) शंकु सिर रिवेट
(iii) सपाट काउण्टर संक सिर रिवेट
(iv) गोल काउण्टर संक सिर रिवेट
(v) पैन सिर रिवेट
(vi) चपटा सिर रिवेट
(vii) टेपरित गर्दन के साथ पैन शीर्ष

हैड आधारित विविध रिवेट नीचे प्रदर्शित किए गए हैं।

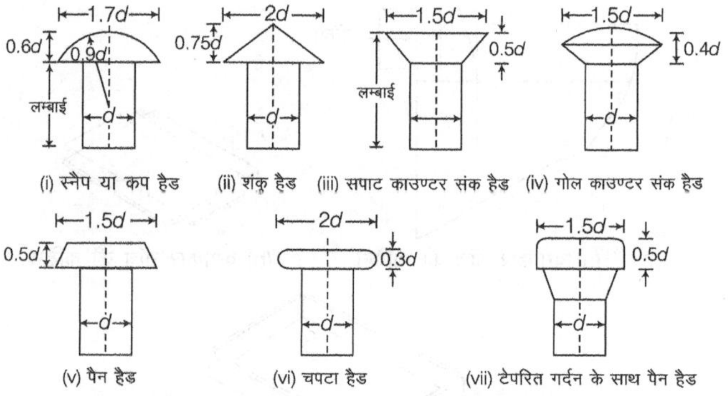

चित्र हैड के आधार पर वर्गीकृत रिवेट प्रकार

रिवेटिंग जोड़ Riveting Joints

रिवेट द्वारा धातु की चादरों को जोड़ने की प्रक्रिया को रिवेटिंग कहते हैं। रिवेटिंग में दो प्रकार के जोड़ बनाए जाते हैं—

1. लैप जोड़ Lap Joint

लैप जोड़ में जोड़े जाने वाली चादरों के सिरों को एक-दूसरे पर चढ़ाकर रिवेटिंग करते हैं। इसमें अलग से कोई चादर का टुकड़ा लगाने की आवश्यकता नहीं होती।

जोड़ की मजबूती को ध्यान में रखते हुए रिवेट की एक, दो अथवा तीन पंक्तियाँ (rows) लगाई जाती हैं। उसके अनुसार ही उन्हें सिंगल रिवेटेड लैप जोड़, डबल रिवेटेड लैप जोड़ आदि कहते हैं।

डबल रिवेटेड लैप जोड़, पंक्तियों की रचना के अनुसार दो प्रकार के होते हैं—चेन टाइप (chain type) तथा जिग-जैग टाइप (*zig-zag* type), जैसा कि चित्र से स्पष्ट है।

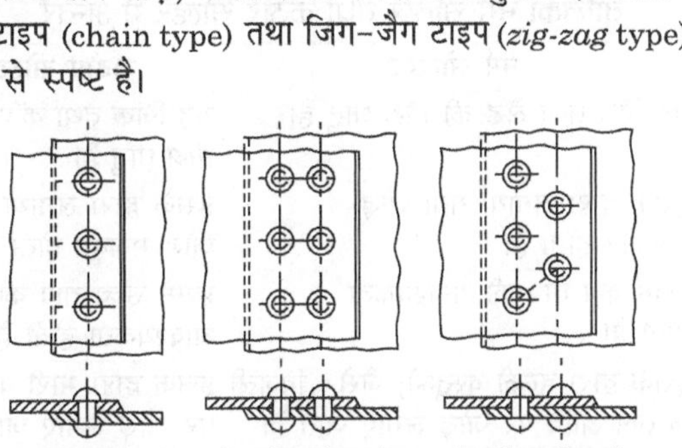

चित्र लैप ज्वॉइण्ट

2. बट जोड़ Butt Joint

बट जोड़ बनाने के लिए जोड़े जाने वाली चादर के सिरों की टक्कर मिलाते हैं तथा उस पर अलग से एक चादर का टुकड़ा रखकर, उसके दोनों सिरों में रिवेटिंग करते हैं। इस चादर के टुकड़े को स्ट्रैप (strap) कहते हैं। जोड़ की मजबूती के अनुरूप एक या दो स्ट्रैप प्रयोग किए जाते हैं। उसके अनुसार ही जोड़ को सिंगल स्ट्रैप अथवा डबल स्ट्रैप जोड़ कहते हैं। इसमें भी सिंगल रिवेटेड तथा डबल रिवेटेड जोड़ बनते हैं।

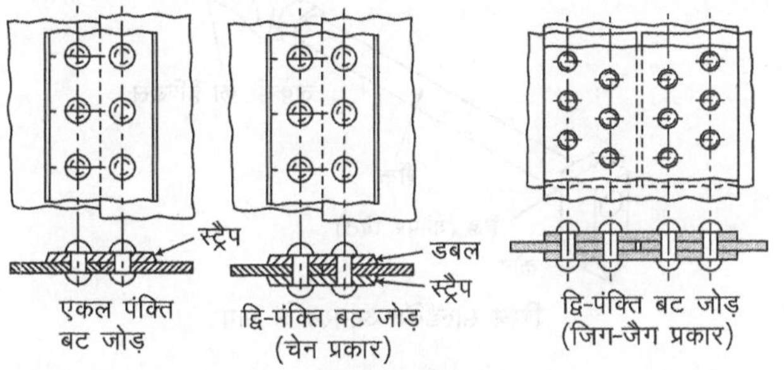

चित्र बट जोड़

रिवेटिंग औजार Riveting Tools

रिवेट को चादरों अथवा प्लेटों में लगाने के लिए विभिन्न प्रकार के औजार (tools) प्रयोग किए जाते हैं। इनमें प्रमुख औजार निम्न प्रकार हैं

1. रिवेट सैट Rivet Set

रिवेट सैट, एक खोखला पंच होता है, जिसके छिद्र में रिवेट का स्टैम (stem) चला जाता है। इसका उपयोग दो चादरों को एक-दूसरे के बहुत निकट लाने के लिए किया जाता है।

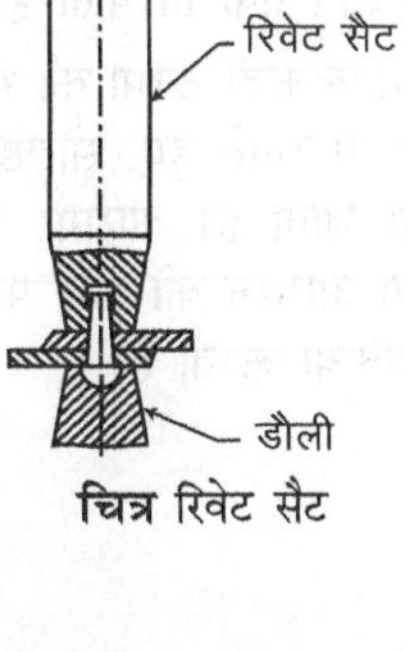

चित्र रिवेट सैट

2. डौली Dolly

इसके फेस पर रिवेट हैड के आकार का गड्ढा (cavity) पहले से बना होता है। इसका प्रयोग करने से रिवेट के हैड की शेप खराब नहीं होती तथा संरक्षित रहती है। डौली का उपयोग रिवेट हैड को सहारा देने के लिए किया जाता है।

3. रिवेट स्नैप Rivet Snap

रिवेट स्नैप का उपयोग रिवेटिंग के पश्चात्, उसको सही स्वरूप प्रदान करने के लिए किया जाता है। इसके द्वारा रिवेट के दोनों ओर समान आकार व आकृति प्रदान की जाती है।

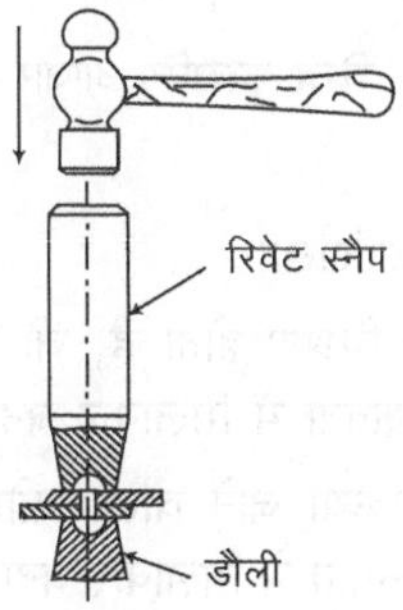

चित्र रिवेट स्नैप

4. ड्रिफ्ट Drift

ड्रिफ्ट, एक सिलेण्ड्रीकल पंच है, जो विभिन्न व्यासों में उपलब्ध होता है। दोनों चादरों के छिद्रों को एकसाथ करने के लिए छिद्रों के साइज का ड्रिफ्ट उनमें से गुजारा जाता है।

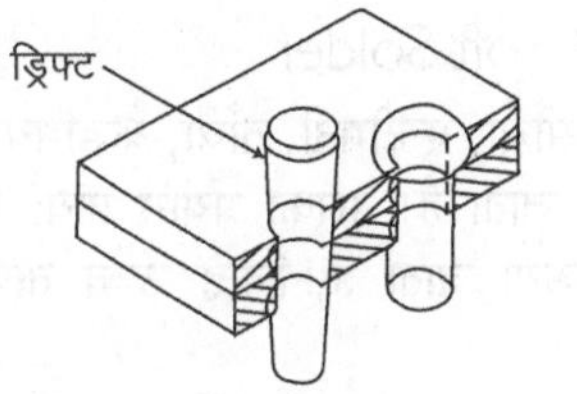

चित्र ड्रिफ्ट

5. कौल्किंग औजार Caulking Tool

कौल्किंग औजार का प्रयोग जुड़ी हुई अथवा जोड़े जाने वाली प्लेटों के किनारे तथा रिवेटों के हैड के किनारों को प्लेट की सतह से मिलाने के लिए किया जाता है।

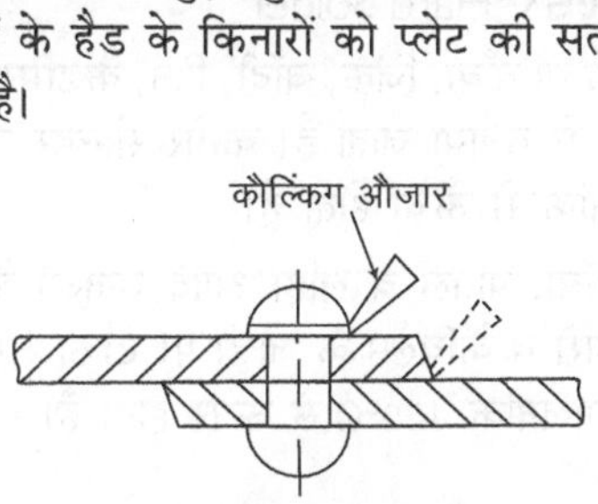

चित्र कौल्किंग औजार

6. फुल्लरिंग औजार Fullering Tool

फुल्लरिंग औजार का प्रयोग जुड़ी हुई किन्हीं दोनों प्लेटों के किनारों को आपस में मिलाकर लीक प्रूफ ज्वॉइण्ट बनाने के लिए किया जाता है। इसका प्रयोग चित्र में दर्शाया गया है।

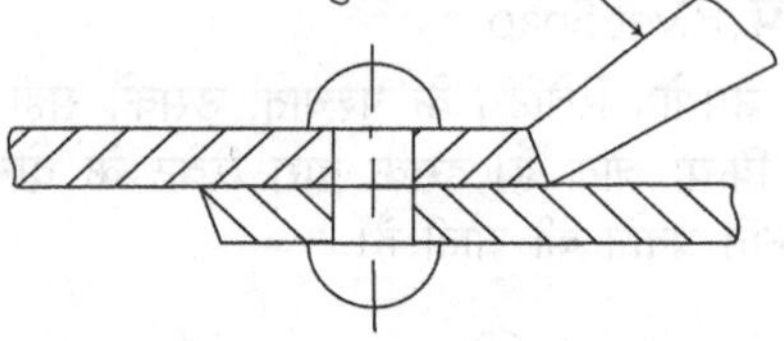

चित्र फुल्लरिंग औजार

9.10 सोल्डर Solder

सोल्डर, एक प्रकार का मिश्रण होता है, जो टिन तथा लैड जैसी नर्म धातुओं को विभिन्न प्रतिशतता में मिलाकर बनाया जाता है।

सबसे अधिक प्रयोग किया जाने वाला सोल्डर, टिन या लैड को 63 : 37 प्रतिशतता के अनुपात में मिलाकर बनाया जाता है। सोल्डर प्राय: पतली शीटों तथा पतले तारों को टाँके द्वारा जोड़ने के कार्य के लिए प्रयोग किया जाता है।

सोल्डर के प्रकार Types of Solder

सोल्डर निम्न दो प्रकार का होता है जिन्हें हम निम्न प्रकार समझ सकते हैं।

1. नर्म सोल्डर Soft Solder

नर्म सोल्डर टिन, सीसा, एन्टीमनी, ताँबा, कैडमियम तथा जिंक की मिश्र धातुओं से बनाया जाता है। इसका प्रयोग प्राय: ऐसी पतली शीटों को जोड़ने के लिए किया जाता है, जिन्हें उच्च ताप पर गर्म नहीं किया जा सकता।

यह सोल्डर प्राय: लैड तथा टिन को मिलाकर बनाया जाता है। नर्म सोल्डर का गलनांक 450°C से नीचे होता है, परन्तु इसमें बिस्मथ तथा एन्टीमनी मिलाने से इसका गलनांक घटकर 96°C तक पहुँच जाता है।

2. कठोर सोल्डर Hard Solder

ये ताँबा तथा जिंक या ताँबा, जिंक, चाँदी, टिन, कैडमियम तथा फॉस्फोरस की मिश्र धातुओं से बनाया जाता है। कठोर सोल्डर का गलनांक, अन्य सोल्डर्स के गलनांक से ऊँचा होता है।

इसका उपयोग ताँबा, पीतल व लोहा आदि धातुओं के बड़े आकार के टुकड़ों या मोटे तारों व केबिल्स के जोड़ों पर टाँका लगाने के लिए किया जाता है। इसका गलनांक 450°C से ऊपर होता है।

तालिका नर्म सोल्डर तथा कठोर सोल्डर में अन्तर

क्र.सं.	नर्म सोल्डर	कठोर सोल्डर
1.	यह टिन तथा लैड की मिश्र धातु है।	यह जिंक तथा कॉपर की मिश्र धातु है।
2.	इसके द्वारा लगाया गया जोड़ कमजोर होता है।	इसके द्वारा लगाया गया जोड़ मजबूत होता है।
3.	इसमें कम ताप की आवश्यकता होती है।	इसमें उच्च ताप की आवश्यकता होती है।
4.	इसके द्वारा हल्की वस्तुओं; जैसे– बिजली के तार आदि पर जोड़ लगाए जाते हैं।	इसके द्वारा भारी वस्तुओं पर जोड़ लगाए जाते हैं।
5.	इसमें फ्लक्स के रूप में नौसादर का प्रयोग किया जाता है।	इसमें फ्लक्स के रूप में सुहागा प्रयोग किया जाता है।

सोल्डरिंग आयरन Soldering Iron

सोल्डरिंग करने के लिए जिस औजार को गर्म करके, सोल्डर को पिघलाने का कार्य किया जाता है, वह सोल्डरिंग आयरन कहलाता है। सोल्डरिंग आयरन के निम्नलिखित भाग होते हैं

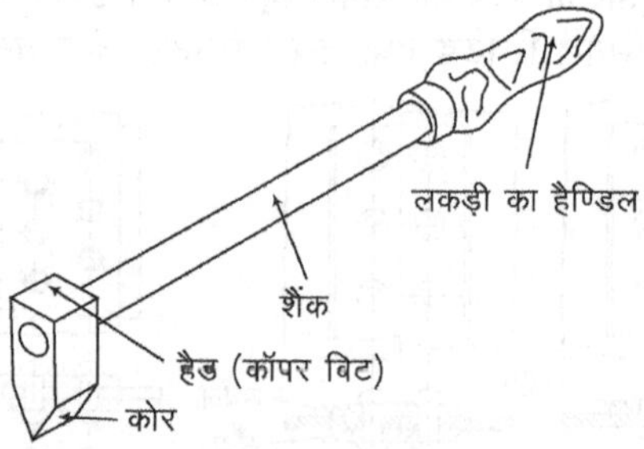

चित्र सोल्डरिंग आयरन के भाग

(i) **कोर** (Edge) यह हैड के सबसे नीचे का भाग होता है, जिसका आकार अंग्रेजी के 'V' अक्षर के समान होता है। कोर का आकार, आवश्यकतानुसार बदलता रहता है। कोर ही सोल्डरिंग आयरन का वह भाग है, जो गर्म होकर सोल्डरिंग प्रक्रिया करता है।

(ii) **हैड** (Head) सोल्डरिंग आयरन का हैड, ताँबे का बना होता है, क्योंकि ताँबे में ताप का संचालन शीघ्रता से होता है, इसलिए यह सोल्डर को सरलता से चिपका लेता है तथा शीघ्रता से पिघला भी देता है।

(iii) **शैंक** (Shank) सोल्डरिंग आयरन की शैंक लोहे की बनी होती है। शैंक हैड तथा हैण्डिल के बीच का भाग होता है। शैंक के द्वारा ही ऊष्मा का संचरण शीर्ष तक हो पाता है।

(iv) **हैण्डिल** (Handle) लकड़ी ऊष्मा की सबसे अच्छी कुचालक है। इसी बात को ध्यान में रखते हुए, सोल्डरिंग आयरन का हैण्डिल, लकड़ी का बनाया जाता है। कारीगर इस हैण्डिल को हाथ से पकड़कर सोल्डरिंग आयरन की कोर पर फ्लक्स आरोपित करता हुआ, सोल्डरिंग प्रक्रिया करता है।

सोल्डरिंग आयरन के प्रकार Types of Soldering Iron

सोल्डरिंग आयरन की बिट को गर्म करने के लिए प्रयुक्त स्रोत तथा इसकी उपयोगिता के आधार पर सोल्डरिंग आयरन निम्न दो प्रकार की होती हैं

1. यान्त्रिक सोल्डरिंग आयरन Mechanical Soldering Iron

वे सोल्डरिंग आयरन, जिनकी बिट को ब्लो लैम्प अथवा भट्ठी में गर्म करके सोल्डरिंग प्रक्रिया की जाती है, यान्त्रिक सोल्डरिंग आयरन की श्रेणी में आते हैं। ये हैचेट तथा वर्गाकार नोंकदार होते हैं। हैचेट प्रकार के सोल्डरिंग आयरन का कोर, त्रिभुजाकार आकृति का बना होता है। इस त्रिभुज का शीर्ष नीचे की ओर रहता है। इसी शीर्ष के द्वारा चित्रानुसार सोल्डरिंग की जाती है।

चित्र हैचेट प्रकार का सोल्डरिंग आयरन

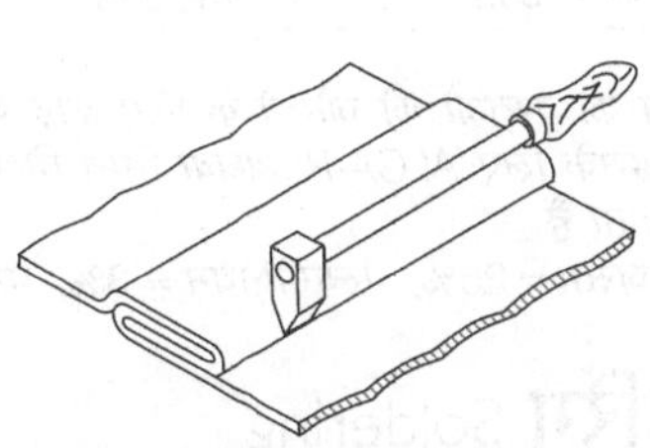

चित्र हैचेट प्रकार के सोल्डरिंग आयरन द्वारा टाँका लगाना

इसके विपरीत, वर्गाकार नोंकदार प्रकार के सोल्डरिंग आयरन में चारों फेस को एक कोण पर पिरामिड के आकार में बनाया जाता है। इसका उपयोग जोड़ बिन्दुओं पर टाँका लगाने के लिए किया जाता है।

नीचे दिए गए चित्रों में वर्गाकार नोंकदार प्रकार का सोल्डरिंग आयरन तथा उसके द्वारा टाँका लगाने की विधि को दर्शाया गया है।

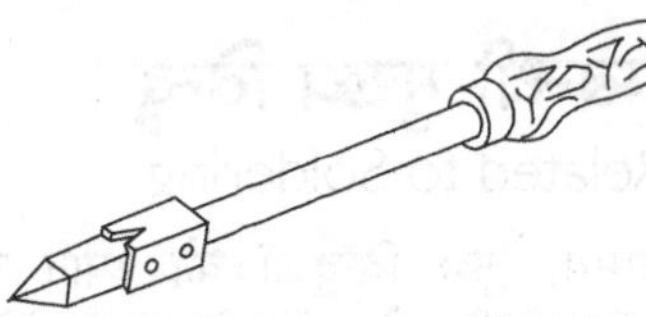

चित्र वर्गाकार नोंकदार प्रकार का सोल्डरिंग आयरन

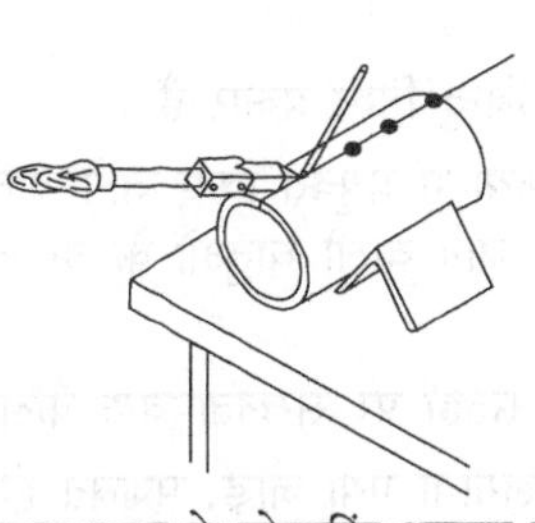

चित्र वर्गाकार नोंकदार प्रकार के सोल्डरिंग आयरन द्वारा टाँका लगाना

2. वैद्युतिक सोल्डरिंग आयरन Electric Soldering Iron

वैद्युतिक सोल्डरिंग आयरन का उपयोग विद्युत संयोजनों में किया जाता है। इनकी शैंक से होकर हीटिंग एलीमेण्ट, कॉपर बिट तक पहुँचता है। जैसे ही इस एलीमेण्ट में विद्युत धारा प्रवाहित होती है, यह गर्म होने लगता है जिस कारण कॉपर धातु का बना हुआ बिट भी गर्म होने लगता है।

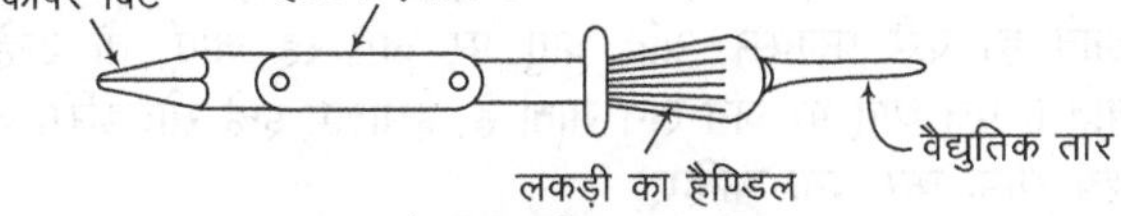

चित्र वैद्युतिक सोल्डरिंग आयरन

मीडियम ड्यूटी के वैद्युतिक सोल्डरिंग आयरन 100 से 250 वाट तक की रेंज में तथा हैवी ड्यूटी के वैद्युतिक सोल्डरिंग आयरन 250 से 500 वाट तक की रेंज में बाजार में उपलब्ध होते हैं।

9.11 सोल्डर फ्लक्स Solder Flux

सोल्डरिंग करते समय ऑक्साइड की परत न जमा हो, इसके लिए सोल्डर के साथ फ्लक्स का प्रयोग किया जाता है। यह ऑक्सीकरण से बचाव के साथ-साथ सोल्डर को शीघ्र पिघलने में भी सहायता करता है। सोल्डरिंग प्रक्रिया में प्रयुक्त होने वाला फ्लक्स, पाउडर, पेस्ट तथा द्रव तीनों रूपों में उपलब्ध है।

सोल्डर की जाने वाली सतह का ऑक्साइड रहित, चिकनाई रहित तथा अन्य गन्दगी से रहित होना अत्यन्त आवश्यक है, क्योंकि सोल्डरिंग करने में बेस धातु का फ्यूजन नहीं होता है। इसके अतिरिक्त, फ्लक्स, सोल्डर की पकड़ मजबूत बनाने में भी सहायता प्रदान करता है।

अच्छे फ्लक्स में कम ताप पर ही धातु तथा सोल्डर से ऑक्साइड बाहर निकालने की सामर्थ्य होनी चाहिए। इसका वाष्पनांक, गलनांक से अधिक होना चाहिए। इसकी आधार धातु या सोल्डर की धातु से कोई रासायनिक क्रिया नहीं होनी चाहिए।

सोल्डर फ्लक्स के कार्य Functions of Solder Flux

1. यह सोल्डर सतह से ऑक्साइड को अपने में घोलकर बाहर ले आता है तथा फिर से ऑक्साइड बनने से रोकता है।
2. यह संक्षारण को दूर करता है।
3. यह सोल्डर का पृष्ठ तनाव कम रखता है, जिससे यह पतला होकर समस्त जोड़ में फैल जाता है।
4. फ्लक्स, सोल्डरिंग आयरन का ताप, जोड़ के तल में पहुँचाने में सहायता करता है।
5. यह सोल्डरिंग किए जाने वाले जोड़ को मजबूती प्रदान करता है।

सोल्डर फ्लक्स का चयन Selection of Solder Flux

सोल्डर फ्लक्स का चयन निम्न बिन्दुओं के आधार पर किया जाता है

1. सोल्डरिंग की पद्धति पर
2. सोल्डर के कार्यकारी तापमान पर
3. जुड़ने वाली धातु पर

सोल्डर फ्लक्स के प्रकार Types of Solder Flux

सोल्डर फ्लक्स के मुख्य प्रकार निम्न हैं

1. कोरोसिव फ्लक्स Corrosive Flux

वे फ्लक्स जिनमें अकार्बनिक पदार्थ होते हैं; जैसे—जिंक क्लोराइड, अमोनियम क्लोराइड, हाइड्रोक्लोरिक एसिड आदि, कोरोसिव फ्लक्स कहलाते हैं। ऐसे फ्लक्स, यदि धातु पर लगे रह जाएँ, तो उन्हें क्षति पहुँचाते हैं एवं धातु पर जंग लग जाती है, इसलिए इन्हें सोल्डरिंग के बाद अवश्य साफ कर देना चाहिए।

ये मुख्यत: निम्न प्रकार के होते हैं

(i) **हाइड्रोक्लोरिक एसिड** (Hydrochloric acid) यह एक द्रव पदार्थ है, जो सान्द्र अवस्था में हवा के साथ सम्पर्क में आने पर धुआँ बनाता है। इस सान्द्र हाइड्रोक्लोरिक एसिड में इसकी मात्रा का दो अथवा तीन गुना पानी मिलाकर इसे तनु हाइड्रोक्लोरिक एसिड में परिवर्तित कर लिया जाता है। इसे जिंक के साथ मिलाने से जिंक क्लोराइड बनता है तथा फ्लक्स तैयार होता है, इसलिए इसका प्रयोग जिंक के साथ फ्लक्स के रूप में किया जाता है।

(ii) **जिंक क्लोराइड** (Zinc chloride) जिंक क्लोराइड सफेद क्रिस्टलीय ठोस होता है, जो पानी में अत्यधिक घुलनशील है। इसका प्रयोग ताँबे, पीतल की शीट तथा टिन प्लेट पर फ्लक्स के रूप में किया जाता है। इसका प्रयोग करने के बाद जोड़ को ठीक प्रकार पानी आदि से धोना आवश्यक होता है।

(iii) **अमोनियम क्लोराइड** (Ammonium chloride) अमोनियम क्लोराइड, सफेद क्रिस्टलीय नमक वाला, पानी में अत्यधिक घुलनशील, अकार्बनिक यौगिक है। यह पाउडर या लेप में काम आता है। यह गर्म होने पर शीघ्र वाष्प में बदलता है। इसे पानी में घोलकर, स्टेनलैस स्टील की सोल्डरिंग के समय फ्लक्स के रूप में प्रयोग करते हैं।

2. नॉन-कोरोसिव फ्लक्स Non-Corrosive Flux

कोरोसिव फ्लक्स के विपरीत, इन फ्लक्सों में तेजाब तथा क्षार की थोड़ी-सी भी मात्रा नहीं होती है। इस प्रकार के फ्लक्स, रेजिन पर आधारित होते हैं। रेजिन को चीड़ के वृक्ष से निकाला जाता है। इसके साथ ही ये धातु की सतह पर अधिक समय तक रहने पर भी धातु को किसी भी प्रकार का नुकसान नहीं पहुँचाते। सोल्डरिंग प्रक्रिया में प्रयोग होने वाले कुछ मुख्य नॉन-कोरोसिव फ्लक्स निम्न प्रकार हैं

(i) **ऑलिव ऑयल** (Olive oil) यह वनस्पति तेल होता है, जो सोल्डरिंग पर हल्के तेजाब के रूप में कार्य करता है।

(ii) **बोरेक्स** (Borex) बोरेक्स को सोडियम बोरेट भी कहते हैं। यह एक सफेद ठोस संरचना वाला बोरोन का महत्त्वपूर्ण यौगिक है, जिसका प्रयोग सोल्डरिंग के अतिरिक्त दो भिन्न-भिन्न धातुओं पर जोड़ लगाने वाली विधि, ब्रेजिंग में भी किया जाता है।

(iii) **रेजिन** (Resin) रेजिन, कार्बनिक अम्लों के मिश्रण वाला एक निर्जीव ठोस है। इसका प्रयोग ताँबे व पीतल की सोल्डरिंग में फ्लक्स के रूप में किया जाता है। रेजिन का गलनांक 80°C से 100°C होता है। इसका दूसरा नाम बिरोजा भी है।

(iv) **पेस्ट** (Paste) यह फ्लक्स जिंक क्लोराइड, रेजिन, ग्लिसरीन आदि को मिलाकर पेस्ट के रूप में तैयार किया जाता है। इसका प्रयोग तारों को जोड़ने व हल्के कार्यों में किया जाता है। भिन्न-भिन्न धातुओं को जोड़ने के लिए भिन्न-भिन्न सोल्डर फ्लक्स का प्रयोग किया जाता है, जैसा कि निम्न तालिका में दर्शाया गया है

तालिका सोल्डर के विभिन्न संघटन

क्र.सं.	BS सोल्डर	टिन	लैड	एण्टीमनी	गलनांक °C	उपयोग
1.	A	65	34.4	0.6	183-185	इलेक्ट्रॉनिक उपकरणों की सोल्डरिंग में
2.	K	60	39.5	0.5	183-188	टिन व स्मिथ के उच्च कार्यों में
3.	F	50	49.5	0.5	183-212	ताँबे के कार्यों व धातु शीट कार्यों में
4.	G	40	59.6	0.4	183-234	आभूषणों के जोड़ लगाने में
5.	J	30	69.7	0.3	183-255	

टिप्पणी *एल्युमीनियम की वस्तुओं को जोड़ने के लिए कोई भी सोल्डर उपयुक्त नहीं होता है। इसके लिए 'ALCA-P' अथवा निम्न मिश्रण वाला सोल्डर प्रयोग किया जाता है*
टिन = 70%, जस्ता = 25%, एल्युमीनियम = 3%, फॉस्फर-टिन = 2%

9.12 सोल्डरिंग Soldering

दो या दो से अधिक धातु के पार्ट्स को सोल्डर के माध्यम से जोड़ने की प्रक्रिया, सोल्डरिंग कहलाती है। सोल्डरिंग, एक प्रकार का कच्चा जोड़ होता है, जो कम्पन (vibration) होने पर खुल जाता है तथा अधिक लोड सहन नहीं कर पाता है।

इसे नर्म टाँका लगाना भी कहते हैं। सोल्डरिंग में गलनांक बढ़ाने व घटाने के लिए क्रमश: एण्टीमनी तथा बिस्मथ का प्रयोग किया जाता है।

सोल्डरिंग सम्बन्धी मुख्य बिन्दु Main Points Related to Soldering

सोल्डरिंग करते समय, कुछ बिन्दुओं को ध्यान में रखना अत्यन्त आवश्यक होता है, जिससे कि सोल्डरिंग के समय होने वाली समस्याओं से बचा जा सके।

इनमें से कुछ मुख्य बिन्दु निम्न प्रकार हैं

1. सोल्डरिंग प्रक्रिया में प्रयुक्त किए जाने वाले सोल्डर का गलनांक जोड़े जाने वाली धातुओं के गलनांक से कम होना चाहिए।
2. सोल्डर, धातु सतहों पर सरलतापूर्वक फैलने वाला होना चाहिए।
3. सोल्डर द्वारा लगाया गया जोड़, मजबूत होना चाहिए।
4. जोड़े जाने वाली धातुएँ, एक-दूसरे से अच्छी प्रकार जुड़ जानी चाहिए।

सोल्डरिंग प्रक्रिया Soldering Process

सोल्डरिंग प्रक्रिया निम्न पदों में पूरी की जाती है

1. **सोल्डरिंग आयरन को गर्म करना** (Heating the soldering iron) सोल्डरिंग करने के लिए सर्वप्रथम सोल्डरिंग आयरन को गर्म करना आवश्यक होता है। इसके लिए ब्लो लैम्प, ब्लो टार्च या गैस फ्लेम का प्रयोग किया जाता है। सोल्डरिंग आयरन की बिट को केवल उतना ही गर्म किया जाना चाहिए, जिससे कि सोल्डर सरलतापूर्वक पिघल सके।
2. **टिनिंग** (Tinning) सोल्डरिंग आयरन के बिट को गर्म करने के पश्चात्, उसकी टिप पर सोल्डर की परत चढ़ाना, टिनिंग कहलाता है। टिनिंग करने से पहले, सोल्डरिंग आयरन की बिट को रेती से साफ किया जाता है। बिट को साफ करने के पश्चात्, बिट को गर्म करके, उस पर नौसादर रगड़कर सोल्डर की परत चढ़ा दी जाती है।

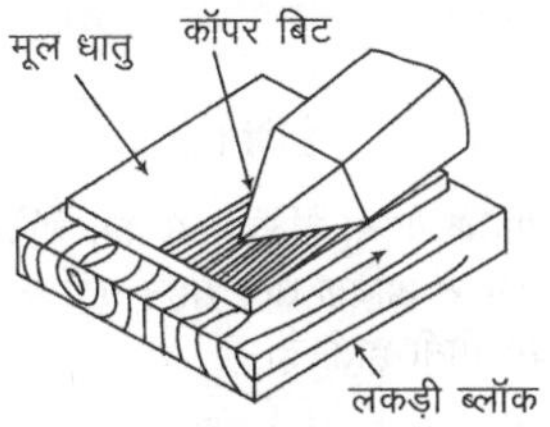

चित्र टिनिंग

3. **टैकिंग** (Tacking) सोल्डरिंग प्रक्रिया शुरू करने से पहले जोड़ पर टैकिंग प्रक्रिया की जाती है। टैकिंग पहले सेन्टर में तथा फिर किनारों पर की जाती है, जिससे कि जोड़े जाने वाले भागों का अलाइनमेण्ट बना रहे।
4. **फ्लोटिंग** (Floating) फ्लोटिंग में जॉब के जोड़ की आन्तरिक व बाहरी सतह पर फ्लक्स लगाकर, जॉब को लकड़ी के ब्लॉक पर 45° के कोण पर पकड़ा जाता है। इसके बाद सोल्डर के टुकड़ों को जोड़ पर रखकर, उन्हें सोल्डरिंग आयरन द्वारा पिघलाकर जोड़ा जाता है।

सोल्डरिंग के लाभ Advantages of Soldering

सोल्डरिंग के लाभ निम्न प्रकार हैं

(i) सोल्डरिंग द्वारा निम्न ताप (300°C) पर शीघ्रता से जोड़ लगाया जा सकता है।
(ii) सोल्डरिंग करने के लिए विशेष अनुभव या दक्षता की आवश्यकता नहीं है।
(iii) सोल्डरिंग द्वारा छोटे पार्ट्स, तार तथा पतली चादरों को अस्थायी रूप से जोड़ा जा सकता है।
(iv) सोल्डरिंग प्रक्रिया में जोड़ लगाने में कम लागत आती है।

सोल्डरिंग की हानियाँ Disadvantages of Soldering

सोल्डरिंग की हानियाँ निम्न हैं

(i) सोल्डरिंग द्वारा लगा जोड़ कमजोर होता है, जिससे यह आसानी से खुल जाता है।
(ii) सोल्डरिंग द्वारा भारी व मोटी प्लेटों पर जोड़ नहीं लगाए जा सकते हैं।

9.13 ब्रेजिंग Brazing

दो एकसमान व भिन्न-भिन्न धातुओं पर कठोर जोड़ लगाने की विधि, ब्रेजिंग कहलाती है। सोल्डरिंग क्रिया के विपरीत, ब्रेजिंग में सोल्डरिंग आयरन की आवश्यकता नहीं होती है। ब्रेजिंग का प्रयोग कटिंग टूल्स पर कार्बाइड टिप, नल तथा उनकी फिटिंग आदि जोड़ने के लिए कास्ट आयरन की मरम्मत के लिए तथा रेडिएटर आदि के लिए किया जाता है। ब्रेजिंग में जोड़ लगाने के लिए स्पैल्टर या सिल्वर का प्रयोग किया जाता है। इसके द्वारा लगाए गए जोड़ अपेक्षाकृत अधिक मजबूत होते हैं।

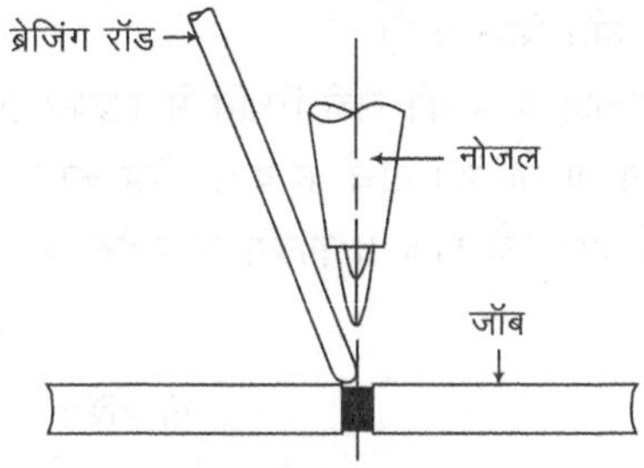

चित्र ब्रेजिंग प्रक्रिया

ब्रेजिंग एलॉय Brazing Alloy

ब्रेजिंग करने के लिए प्रयोग होने वाली फिलर धातु को स्पैल्टर या ब्रेजिंग एलॉय या कठोर सोल्डर कहते हैं। विभिन्न धातुओं को जोड़ने के लिए अलग-अलग प्रकार के ब्रेजिंग एलॉय या फिलर धातु प्रयोग की जाती है।

एक अच्छे ब्रेजिंग एलॉय में निम्नलिखित गुण होने चाहिए

1. यह बेस मैटल की सतह पर आसानी से फैलने योग्य होना चाहिए।
2. यह केशिकात्व (capillary action) के द्वारा आसानी से जोड़ों में भरने योग्य नहीं होना चाहिए।
3. इसका गलनांक (melting point) बेस मैटल के गलनांक से अत्यधिक कम होना चाहिए, जिससे कि ब्रेजिंग करने से बेस मैटल की सतह क्षतिग्रस्त न हो।
4. इसमें जोड़ के यान्त्रिक गुण (mechanical properties); जैसे—टेन्साइल स्ट्रैन्थ (tensile strength), तन्यता (ductility) आदि आवश्यकतानुसार होने चाहिए।

स्पैल्टर तथा सिल्वर स्पैल्टर ये दो प्रकार के ब्रेजिंग एलॉय, ब्रेजिंग क्रिया में मुख्य रूप से प्रयोग किए जाते हैं। इनका वर्णन निम्नलिखित है

1. **स्पैल्टर** (Spelter) यह ताँबा और जस्ता से बनने वाली एक मिश्र धातु होती है। ब्रेजिंग प्रक्रिया में प्रयुक्त स्पैल्टर के द्वारा ताँबा, ब्रास, लोहा, जस्ता, स्टील आदि धातुएँ जोड़ी जाती हैं। ताँबे तथा चाँदी, जैसी धातुओं को परस्पर जोड़ने के लिए स्पैल्टर का गलनांक 620°C से 850°C तक, जबकि ताँबे तथा जिंक को परस्पर जोड़ने के लिए स्पैल्टर का गलनांक 650°C से 950°C तक होता है।
2. **सिल्वर स्पैल्टर** (Silver spelter) यह ताँबा और चाँदी अथवा चाँदी तथा जस्ता से बनने वाली, एक मिश्र धातु होती है। इसमें फ्लक्स के रूप में सुहागा प्रयोग किया जाता है। इसमें ताँबा, जस्ता तथा चाँदी की प्रतिशत मात्रा क्रमशः 50%, 30% तथा 20% तक होती है।

ब्रेजिंग प्रक्रम Brazing Process

सोल्डरिंग के समान ब्रेजिंग के लिए भी सर्वप्रथम ब्रेजिंग की जाने वाली सतहों की सफाई करना आवश्यक है। इसके लिए, कुछ ब्रेजिंग फ्लक्स प्रयोग किए जाते हैं। ब्रेजिंग फ्लक्स, फिलर धातु के गलनांक से कम तापक्रम पर ही पिघलकर सम्पूर्ण सतह पर फैल जाते हैं। इस प्रक्रिया में कम तापक्रम पर फ्लक्स के रूप में अधिकतर सुहागा (borax) प्रयोग किया जाता है, परन्तु 60°C या इससे अधिक ताप के लिए सोडियम, पोटैशियम या लीथियम बोरेट प्रयोग किए जाते हैं।

इस प्रक्रिया में ऑक्साइड को हटाने के लिए Na, K तथा Li के फ्लोराइड्स प्रयोग किए जाते हैं। ब्रेजिंग के दौरान, ऑक्साइड बनने से रोकने के लिए विभिन्न प्रकार के कृत्रिम वायुमण्डल तैयार करके, उसके अन्दर वैल्डिंग की जाती है। इसके पश्चात् निम्न पदों में शेष ब्रेजिंग प्रक्रिया पूरी की जाती है

(i) ब्रेज धातु के छोटे-छोटे टुकड़े, जोड़ के साइज के अनुरूप काटकर, उस पर सुहागा लगाकर इस प्रकार रखते हैं कि ये गर्म होने पर पिघलकर, जोड़ के चारों ओर फैल जाएँ।

(ii) इसके पश्चात् जोड़ को सही स्थिति में रखकर फिक्स्चर, क्लैम्प या अनील्ड वायर के द्वारा कसकर बाँध देते हैं।

(iii) ब्लो लैम्प या वैल्डिंग टॉर्च के द्वारा जोड़ को तब तक गर्म करते हैं, जब तक स्पैल्टर पिघलकर जोड़ में न चला जाए।

(iv) अब गर्म जॉब को पानी में ब्रेजिंग के तुरन्त बाद धोकर फ्लक्स को हटा देते हैं।

तालिका सोल्डरिंग तथा ब्रेजिंग में अन्तर

गुण	सोल्डरिंग	ब्रेजिंग
शक्ति	ये जोड़ अत्यधिक कमजोर होते हैं तथा अधिक ताप सहन नहीं कर सकते हैं। सामान्यतः ये 7.5 kg प्रति वर्ग मिमी से अधिक भार सहन नहीं कर सकते।	ये जोड़ सोल्डरिंग से अधिक परन्तु वैल्डिंग से कम शक्तिशाली होते हैं। ये किण्डलिंग (kindling) ताप से अधिक ताप सहन नहीं कर पाते। इनकी शक्ति 25 से 50 किलो प्रति वर्ग मिमी होती है।
पेनीट्रेशन	इस पर बेस धातु नहीं पिघलती। सोल्डर केवल ऊपरी सतह से मिलकर मेटालिक बॉण्ड (metallic bond) बनाता है।	इसमें भी स्पैल्टर ही पिघलता है, परन्तु फिलर धातु का मेटालिक बॉण्ड अधिक मजबूत बनता है।
तापमान	सोल्डरिंग, फिलर धातु के गलनांक (melting point) से अधिक ताप पर की जाती है, लगभग 350°C।	ब्रेजिंग, स्पैल्टर के गलनांक से अधिक ताप पर की जाती है, लगभग 650°C।
फिलर धातु	इसमें काम आने वाली फिलर धातु को सोल्डर कहा जाता है। साधारणतः सोल्डर में टिन (tin) तथा सीसा (lead) का मिश्रण होता है।	इसमें काम में आने वाली फिलर धातु को स्पैल्टर, हाई सोल्डर या ब्रेज कहा जाता है। साधारणतः स्पैल्टर में ताँबा तथा अन्य धातुओं का मिश्रण होता है।
फिलर धातु की चाल	सोल्डर को सोल्डरिंग आयरन के साथ-साथ, बेस धातु की सतह पर फैलाना होता है।	पिघला हुआ स्पैल्टर, फिलर एलॉय केशिकात्व के द्वारा जोड़ में बनी झिर्री के अन्दर तक पहुँचता है।
जोड़े जाने वाली धातुओं का प्रकार	सोल्डर के द्वारा दो असमान धातुओं को भी जोड़ा जा सकता है; जैसे–ब्रास एवं लोहा।	ब्रेजिंग के द्वारा भी दो असमान धातुओं को जोड़ा जा सकता है।
दबाव	इसमें दबाव की आवश्यकता नहीं होती।	इसमें जोड़ने वाली सतहों को आपस में दबाव सहित बाँधकर रखा जाता है, जिससे कम-से-कम पतली झिर्री बने।

9.14 ब्लो लैम्प Blow Lamp

ब्लो लैम्प एक ऐसी युक्ति है, जिसकी बनावट सामान्य कुकिंग स्टोव के समान होती है। इसकी संरचना में प्रयुक्त मुख्य भाग, ब्रास टैंक, पम्प तथा बर्नर हैं। ब्लो लैम्प में ईंधन के रूप में मिट्टी के तेल का प्रयोग किया जाता है।

ब्लो लैम्प का प्रयोग सोल्डरिंग तथा ब्रेजिंग प्रक्रिया के दौरान सोल्डर को गर्म करने के लिए किया जाता है। इसकी कुछ प्रमुख विशेषता है, जैसे यह एक पोर्टेबल तथा हैण्ड टूल है। इसके अतिरिक्त, गैस ट्यूब को घुमाकर इसे किसी भी दिशा में प्रयोग किया जा सकता है।

चित्र ब्लो लैम्प

9.15 पाइप Pipe

बहने वाले पदार्थों को एक स्थान से दूसरे स्थान तक पहुँचाने के लिए सबसे आसान व सस्ता माध्यम पाइप अथवा ट्यूब होता है;
जैसे—तेल, पानी, एल्कोहॉल, गैस, भाप आदि को मुख्य टैंक से दूसरे स्थानों पर ले जाना हो, तो पाइपों का लीकप्रूफ (leakproof) जोड़ बनाते हुए, उपयुक्त पदार्थ को वांछित स्थान तक ले जाते हैं।

पाइपों के उपयोग Uses of Pipe

पाइपों के कुछ मुख्य उपयोग निम्न प्रकार हैं

1. बॉयलर से टरबाइन तथा अन्य स्थानों को, भाप ट्रांसफर करने के लिए तथा कण्डेन्सेट वाटर तथा बॉयलर वाटर को बॉयलर तक पहुँचाने के लिए।
2. रेफ्रीजरेटर तथा एयर कण्डीशनरों में रेफ्रिजरेन्ट (refrigerant) को सर्कुलेट (circulate) करने के लिए।
3. कूलर में पानी को विभिन्न दिशाओं में पहुँचाने के लिए।
4. हवाई जहाज में पानी तथा हवा को सर्कुलेट करने के लिए।
5. नगरों में घर-घर में पानी व कुकिंग गैस पहुँचाने के लिए।
6. मशीनों के विभिन्न भागों को लुब्रीकेन्ट तेल आदि पहुँचाने के लिए।
7. मशीनों पर जॉब तथा टूल को ठण्डा रखने के लिए कूलैन्ट पहुँचाने में।
8. घरों में ओवर हैड टैंक से विभिन्न स्थानों को पानी पहुँचाने व सीवर आदि को निष्कासित करने के लिए।

उपरोक्त विवरण से स्पष्ट है कि पाइप तथा पाइप फिटिंग का उपयोग उद्योगों, घर, सफाई, मेडिकल, वाहनों के रूप में हमारे दैनिक जीवन में किसी-न-किसी रूप में होता है। इन कार्यों के लिए पाइपों को काटना, मोड़ना तथा जोड़ना पड़ता है।

पाइप अनुसूची Pipe Schedule

यह एक ऐसी अनुसूची है, जिसके माध्यम से पाइपों को वाल मोटाई (wall thickness) के अनुसार व्यवस्थित किया जाता है। पाइप वाल मोटाई का पाइप फिटिंग में अपना अलग महत्त्व है। इसमें वृद्धि के कारण पाइप की यान्त्रिक सामर्थ्य (mechanical strength) बढ़ जाती है, जो इसे उच्च डिजाइन दाब (high design pressure) को नियन्त्रित करने के लिए अनुमति प्रदान करता है। वाल मोटाई को बढ़ाने के लिए 5S, 10S, 10, 20, 30, 40S, STD, 40, XS, 60, 80, 100, 120, 140, XXS तथा 160 जैसी पाइप अनुसूची का प्रयोग किया जाता है।

पाइप के प्रकार Types of Pipe

धातु के अनुसार पाइप निम्नलिखित प्रकार के होते हैं

1. **कास्ट आयरन पाइप** (Cast iron pipe)जल वितरण योजनाओं में सबसे अधिक कास्ट आयरन पाइप का प्रयोग किया जाता है। इन्हें सैन्ड मोल्डिंग विधि द्वारा ग्रे-कास्ट आयरन से बनाया जाता है। इन पाइपों पर कोलतार का लेप संक्षारण से बचाने के लिए किया जाता है। इनकी नाप दो इंच से छ: फुट तक व्यास की होती है तथा लम्बाई 9 फुट से 12 फुट तक होती है। इन्हें जोड़ने के लिए स्पिगॉट एवं बल का प्रयोग रबर रिंग की सहायता से किया जाता है। इसके चूड़ी या फ्लैंजदार जोड़ भी होते हैं।
2. **रॉट आयरन पाइप** (Wrought iron pipe) यह पाइप रॉट आयरन प्लेटों को रोल करके उचित व्यास में बनाए जाते हैं। इनके किनारों पर सरलता से चूड़ी बनाई जा सकती एवं इन्हें मोड़ा जा सकता है। इनकी लम्बाई 18 फुट से 36 फुट तक होती है। इन्हें आपस में जोड़ने के लिए किनारे पर फ्लैंज बने होते हैं।
3. **जी. आई. पाइप** (Galvanised iron pipe) रॉट आयरन के कम व्यास के पाइपों पर जस्ते की कोटिंग करके उन्हें संक्षारण से बचाया जाता है तथा उपसाधन फिट किए जाते हैं। इसी कारण इन्हें गैल्वेनाइज्ड पाइप (जी. आई. पाइप) कहा जाता है। इसके किनारों पर बी. एस. पी. मानक की चूड़ी कटी होती है। जिन पर सॉकेट चढ़ाकर इन्हें जोड़ा जाता है।
4. **स्टील पाइप** (Steel pipe) यह पाइप रॉट आयरन पाइप के समान बनाए जाते हैं। इनका प्रयोग मुख्य जल लाइन के लिए किया जाता है। इनके द्वारा उच्च दाब का जल प्रवाहित किया जाता है। प्राय: ये 2.43 मीटर व्यास के बनाए जाते हैं। इनका जीवनकाल 25 से 30 वर्ष तक होता है। इन्हें जोड़ने के लिए वैल्डिंग रिवेटिंग आदि संक्रिया का प्रयोग किया जाता है।
5. **कंक्रीट पाइप** (Concrete pipe) यह पाइप कंक्रीट द्वारा ढलाई करके बनाए जाते हैं। इनमें उच्च दाब पर जल प्रवाहित नहीं किया जाता है। इन्हें आपस में जोड़ने के लिए बल एवं स्पिगॉट का प्रयोग किया जाता है। यह 60 सेमी तक व्यास के बनाए जाते हैं। R.C.C. पाइपों में इनके ऊपर हाइटेन्शन तारों को लपेटकर ऊपर कंक्रीट व सीमेन्ट लेपित किया जाता है। यह अधिक मजबूत होते हैं। यह बहुत भारी पाइप होते हैं अत: इनके ट्रांसपोर्टेशन में कठिनाई आती है। इनका जीवनकाल 75 वर्ष से अधिक होता है।
6. **एस्बेस्टस-सीमेंट पाइप** (Asbestos-cement pipe) इस प्रकार के पाइप एस्बेस्टस फ्रैबिक को सीमेंट में मिलाकर बनाए जाते हैं। यह पाइप भार में हल्के होते हैं। यह 3.5 kg/cm^2 से 14 kg/cm^2 तक दाब सहन करने के लिए चार श्रेणियों में बनाए जाते हैं। इनका प्रयोग प्राय: बरसाती पानी आदि के निकास के लिए किया जाता है। इन पाइपों पर लवण अथवा संक्षारण का कोई प्रभाव नहीं पड़ता है।
7. **सीसे व ताँबे के पाइप** (Lead and copper pipe) सीसे के पाइप पानी के लिए प्रयोग नहीं किए जाते हैं, क्योंकि इनसे लैड प्वॉइजनिंग की सम्भावना होती है। जल वितरण प्रणाली में इनका प्रयोग क्लीनीकरण के लिए किया जाता है। इनका प्रयोग बाथरूम के फ्लशिंग सिस्टर्न तथा वाश-बेसिनों में वाटर कनैक्शन के लिए किया जाता था। इन पर तेजाब का कोई प्रभाव नहीं होता है।

   ताँबे के पाइप प्राय: 1/8'' से 1'' तक व्यास के आते हैं। इनकी लम्बाई अलग-अलग माप में व्यास के अनुसार होती है। इन पर तेजाब का कोई प्रभाव नहीं होता है। इनका प्रयोग बॉयलर तथा स्टीम के कार्यों में होता है। इन्हें आपस में जोड़ने के लिए ब्रास आदि की यूनियन का प्रयोग किया जाता है।

8. **एस. डब्ल्यू. जी. पाइप** (Stone ware glazed pipe) इन्हें चाइना क्ले पाइप भी कहा जाता है। इसे फायर क्ले द्वारा बनाया जाता है तथा यह चिकने ग्लेज्ड पाइप होते हैं। इनके एक सिरे पर सॉकेट बना होता है, जिसके द्वारा इन्हें आपस में सीमेन्ट से जोड़ा जाता है। इनका प्रयोग सैनेटरी कार्यों में किया जाता है।

9. **कण्ड्यूट पाइप** (Conduit pipe) इस प्रकार के पाइपों का प्रयोग प्राय: विद्युत कार्यों तथा फर्नीचर बनाने के लिए किया जाता है। इन्हें जोड़ने के लिए बैण्ड, सॉकेट, टी तथा जंक्शन बॉक्स आदि का प्रयोग किया जाता है। इन्हें सरलता से बैण्ड किया जाता है।

10. **कैनवास पाइप** (Canvas pipe) इन पाइपों का प्रयोग अस्थायी जल सप्लाई के लिए प्राय: फायर ब्रिगेड कर्मचारियों द्वारा किया जाता है। इन्हें उच्च क्वालिटी के कैनवास धागों से बनाया जाता है।

11. **रबर पाइप** (Rubber pipe) यह रबर द्वारा निर्मित पाइप होते हैं। घरेलू कार्यों में अस्थायी जल आपूर्ति के लिए इनका प्रयोग किया जाता है।

12. **प्लास्टिक पाइप** (Plastic pipe) यह पाइप हल्के व सस्ते होने के कारण सामान्य रूप से प्रयोग किए जा रहे हैं। इनमें जंग नहीं लगती है। प्लास्टिक पाइप चार प्रकार के होते हैं।

    (i) **प्लास्टिक पाइप** (Plastic pipe) यह पाइप प्राय: काले रंग के होते हैं। इनकी मजबूती बहुत कम होती है।

    (ii) **लौ-डैंसिटी पॉलीथीन पाइप** (Low density polythene pipe) इन पाइपों का प्रयोग एक स्थान से दूसरे स्थान तक जल प्रवाह के लिए किया जाता है। यह बहुत लचीले पाइप होते हैं तथा इनका व्यास 63 मिमी तक रखा जाता है। इन पाइपों को लम्बवत् रूप में फिट करके प्रयोग किया जाता है।

    (iii) **हाई डैंसिटी पॉलीथीन पाइप** (High density polythene pipe) यह पाइप अपेक्षाकृत कठोर होते हैं। इनका उत्पादन 1600 मिमी व्यास तक किया जाता है। प्राय: यह पाइप 16 मिमी से 400 मिमी व्यास के प्रयोग किए जाते हैं। इन पाइपों को प्रयोग करने में व्यावहारिक कठिनाइयाँ आती हैं; जैसे—पाइपों को जोड़ना, कनेक्शन खोलना। अत: कम व्यास के पाइप का प्रयोग नहीं किया जाता है, केवल बड़े व्यास के पाइप ही प्रयोग करने चाहिए।

    (iv) **पी. वी. सी. पाइप** (Poly vinyl chloride pipe) इन पाइपों का प्रयोग सीवर लाइनों, नालियों तथा बरसाती पानी के निकास के लिए अधिक किया जाता है। इन्हें गर्म पानी के लिए प्रयोग नहीं करते हैं। इनकी मजबूती उपरोक्त पाइपों से तीन गुनी होती है। इनका रंग काला, सफेद, सलेटी अथवा क्रीम जैसा होता है। इनकी सतह बहुत चिकनी होती है। इनकी दीवारों की मोटाई 2.8 मिमी से 4.3 मिमी तक होती है तथा इनका व्यास 20 मिमी से 50 मिमी तक होता है।

13. **बरसाती पाइप** (Rain water pipe) ये पाइप कठोर अथवा भारी ढलवाँ लोहे के बने होने के कारण HCI (Heaver/Hord Cast Iron) पाइप कहलाते हैं। इन पाइपों को जोड़ने के उद्देश्य से इसके एक तरफ स्पाइगॉट (spigot) तथा दूसरी तरफ दो कॉलर वाला सॉकेट बना होता है। जिनकी सहायता से इन पाइपों को दीवार पर फिट किया जाता है। इनका प्रयोग प्राय: छतों से बरसाती पानी को बाहर निकालने के लिए किया जाता है।

14. **उच्च दाब भाप अथवा गैस पाइप** (High pressure steam or gas pipe) बिना जोड़ वाले ये पाइप प्राय: भाप अथवा गैस को एक स्थान से दूसरे स्थान पर पहुँचाने के लिए प्रयोग किए जाते हैं। किसी कारणवश यदि इन्हें जोड़ने की आवश्यकता हो, तो उसके लिए इनके सिरों पर बी. एस. पी. फ्लैंज वैल्ड किए गए होते हैं।

    इन पाइपों में प्रवाहित होने वाली भाप का दाब बनाए रखने के लिए इनके ऊपर ग्लास वूल या एस्बेस्टॉस की परत चढ़ाकर, ऊपर जाली या लोहे की शीट से ढक दिया जाता है। इन पाइपों को सीमरहित (seam less) पाइप भी कहते हैं, जिन्हें नुकसान से बचाने के लिए सेफ्टी वाल्व का प्रयोग किया जाता है।

15. **पीतल की पाइप** (Brass pipe) ये पाइप पीतल से निर्मित होते हैं, जिनका प्रयोग सामान्यत: हवाई जहाजों में किया जाता है। इन पाइपों को जोड़ने के लिए यूनिवर्सल, कपलिंग, फ्लैंज इत्यादि का प्रयोग किया जाता है।

16. **एल्युमीनियम पाइप** (Aluminium pipe) ये पाइप एल्युमीनियम से निर्मित होते हैं। इस धातु का भार कम होने के कारण इससे निर्मित पाइप प्राय: हवाई जहाजों तथा पानी के जहाजों में प्रयोग किए जाते हैं। इन पाइपों को जोड़ने के लिए सॉकेट तथा बैन्ड का प्रयोग किया जाता है।

पाइप फिटिंग में सहायक सामग्रियाँ
Accessories in Pipe Fitting

बाजार में पाइप स्टैण्डर्ड, विभिन्न लम्बाई में उपलब्ध होते हैं। पदार्थों को आवश्यकतानुसार वांछित स्थान तक पहुँचाने के लिए विभिन्न व्यासों के पाइपों का प्रयोग किया जाता है, जिन्हें जोड़ने के लिए कुछ सहायक सामग्रियाँ प्रयोग की जाती हैं। पाइपों को परस्पर जोड़ने की इस क्रिया को पाइप फिटिंग के नाम से जाना जाता है। पाइप फिटिंग सम्बन्धित कुछ सहायक सामग्रियाँ निम्न प्रकार हैं

1. सॉकेट Socket

सॉकेट, एक प्रकार का खोखला पाइप का टुकड़ा होता है, जिसके अन्दर सम्पूर्ण लम्बाई में चूड़ी कटी होती है। इसका प्रयोग समान व्यास के पाइपों के दो टुकड़ों को आपस में जोड़कर, पाइप की लम्बाई बढ़ाने के लिए किया जाता है। ये पाइप के विभिन्न साइजों के अनुसार बाजार में उपलब्ध होते हैं; जैसे—आधा इंच, पौन इंच, एक इंच आदि। चित्र में सॉकेट को दर्शाया गया है

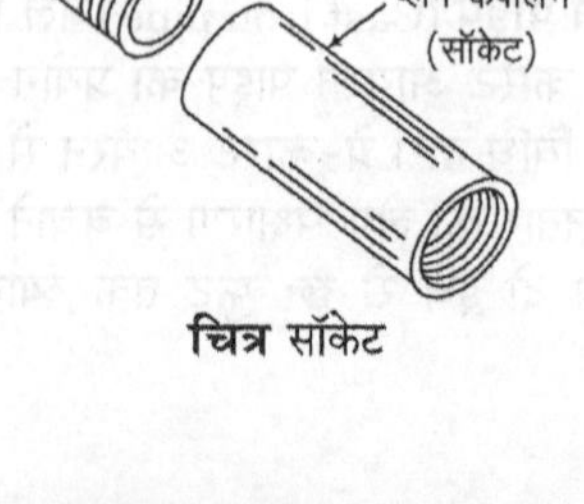

चित्र सॉकेट

2. एल्बो Elbow

एल्बो का आकार हाथ की मुड़ी कोहनी की तरह होता है, जिसके दोनों ही भागों में अन्दर की ओर चूड़ियाँ कटी होती हैं। एल्बो का प्रयोग पाइप लाइन को समकोण (90°) पर मोड़ने के लिए किया जाता है। इसका साइज भी जोड़े जाने वाली पाइप के साइज के अनुसार ही लिया जाता है। चित्र में एल्बो तथा उसके अनुप्रयोग को दर्शाया गया है

चित्र (a) एल्बो

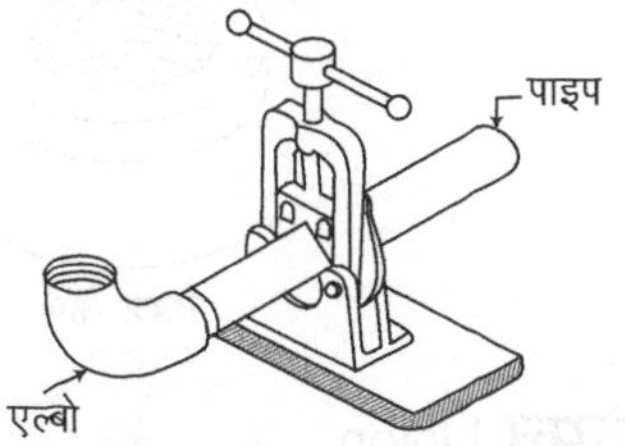

चित्र (b) एल्बो का अनुप्रयोग

पाइप के व्यास तथा पाइप डेविएशन के आधार पर एल्बो विभिन्न प्रकार के होते हैं, जैसा कि निम्न चित्र में दर्शाया गया है

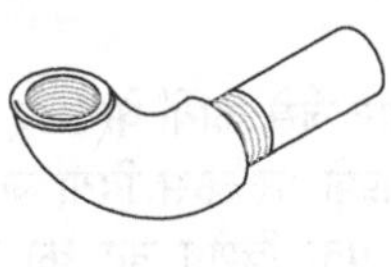

(a) लोंग रेडियस एल्बो

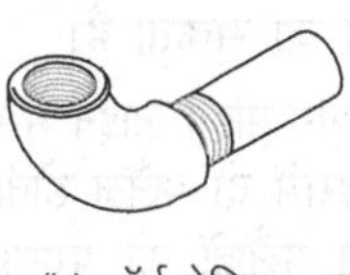

(b) शॉर्ट रेडियस एल्बो

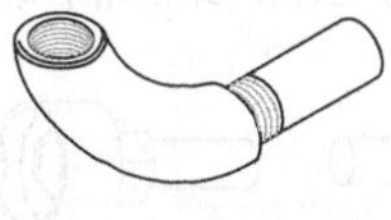

(c) 45° बैण्ड एल्बो

चित्र विभिन्न प्रकार के एल्बो

3. टी (T) Tee

पाइप फिटिंग की इस सहायक सामग्री की बनावट अंग्रेजी के T अक्षर के समान होती है। 'T' का प्रयोग किसी पाइप लाइन से समकोण पर नई पाइप ले जाने के लिए किया जाता है।

इसमें तीन सिरे होते हैं। प्रत्येक पर अन्दर की ओर चूड़ियाँ कटी होती हैं। बड़ी पाइप लाइन से कम व्यास की नई लाइन बनाने के लिए रिड्यूसिंग 'T' (reducing tee) का प्रयोग किया जाता है। नीचे चित्र में 'T' को दर्शाया गया है।

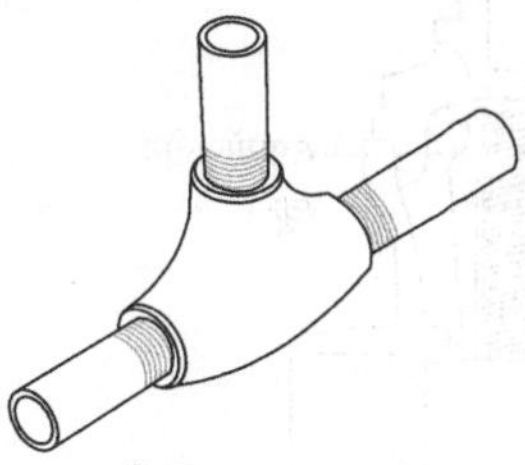

चित्र T

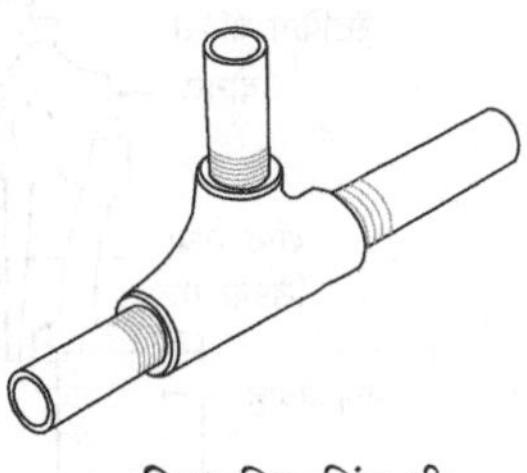

चित्र रिड्यूसिंग टी

4. क्रॉस Cross

इसे क्रॉस 'T' (cross tee) के नाम से भी जाना जाता है। इसका उपयोग परस्पर समकोण पर दो पाइप लाइनें बिछाने के लिए किया जाता है। इसमें चार मुँह होते हैं, जिनमें अन्दर की ओर चूड़ियाँ कटी होती हैं, जिससे कि उनमें पाइप जोड़े जा सकें।

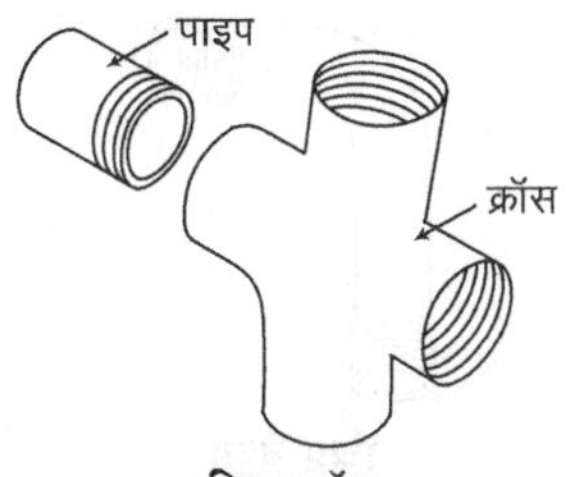

चित्र क्रॉस

5. कपलिंग Coupling

दो पाइपों को आपस में जोड़ने के लिए कपलिंग का प्रयोग किया जाता है। यह पाइप की बाहरी चूड़ियों पर कसा जाता है। पाइप की बाहरी चूड़ियों पर फिट करने के लिए इसके दोनों सिरों पर आन्तरिक चूड़ियाँ कटी होती हैं।

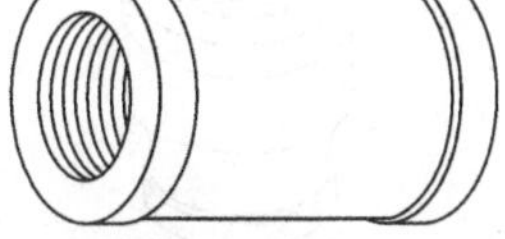

चित्र कपलिंग

6. पाइप निप्पल Pipe Nipple

पाइप निप्पल, ट्यूबुलर फिटिंग होती है, जिसका प्रयोग विभिन्न आकारों के दो या दो से अधिक पाइपों को जोड़ने के लिए किया जाता है। यह 3 प्रकार का होता है बन्द निप्पल, छोटा निप्पल तथा बड़ा निप्पल, जिन्हें नीचे चित्र में दर्शाया गया है

(a) बन्द निप्पल

(b) छोटा निप्पल

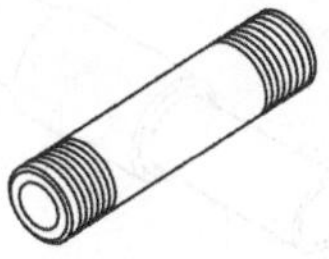

(c) बड़ा निप्पल

चित्र पाइप निप्पल

7. हैक्सॉगोनल नट Hexagonal Nut

पाइप निप्पल के केन्द्र में हैक्सॉगोनल नट को स्पैनर या रिंच की सहायता से कसा जाता है।

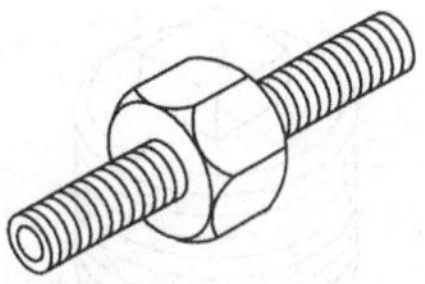

चित्र हैक्सॉगोनल नट

8. बैण्ड Bend

यह भी 90° (समकोण) पर मुड़ा हुआ पाइप का टुकड़ा होता है, जिसके दोनों सिरों पर ऊपर की ओर चूड़ियाँ कटी होती हैं। बैण्ड के मोड़ का व्यास, एल्बो की अपेक्षा बड़ा होता है। इसे लाइन में जोड़ने के लिए दोनों सिरों पर सॉकेट लगाने पड़ते हैं। चित्र में बैण्ड को दर्शाया गया है

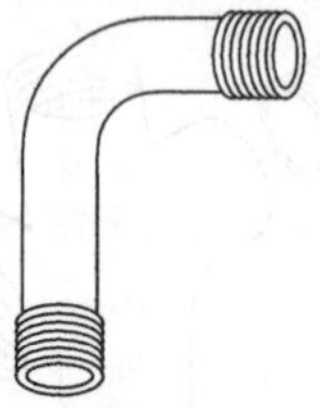

चित्र बैण्ड

9. रिड्यूसर अथवा रिड्यूसिंग सॉकेट Reducer or Reducing Socket

बड़े व्यास के पाइप में आगे कम व्यास का पाइप जोड़ने के लिए रिड्यूसर का प्रयोग किया जाता है। इसमें एक ओर का व्यास बड़ा तथा दूसरी ओर का व्यास छोटा होता है, जैसा कि निम्न चित्र में दर्शाया गया है

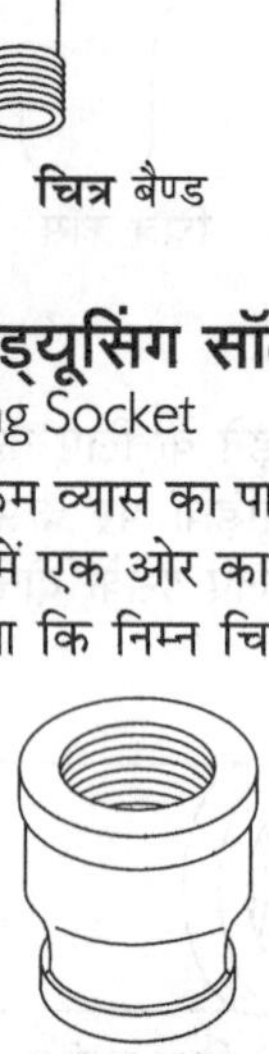

चित्र रिड्यूसर

रिड्यूसर दो प्रकार का होता है—कन्सेन्ट्रिक रिड्यूसर तथा एसेन्ट्रिक रिड्यूसर। कन्सेन्ट्रिक रिड्यूसर का प्रयोग ऊर्ध्वाधर स्थिति में, जबकि एसेन्ट्रिक रिड्यूसर का प्रयोग क्षैतिज स्थिति में किया जाता है। चित्र में कन्सेन्ट्रिक (concentric) तथा एसेन्ट्रिक (eccentric) रिड्यूसर दर्शाया गया है।

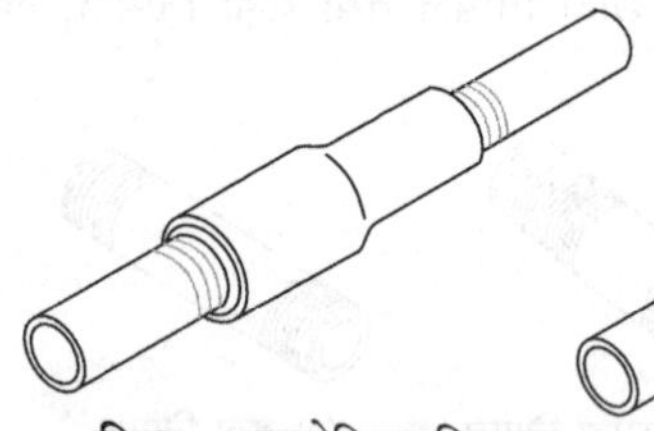

चित्र (a) कन्सेन्ट्रिक रिड्यूसर

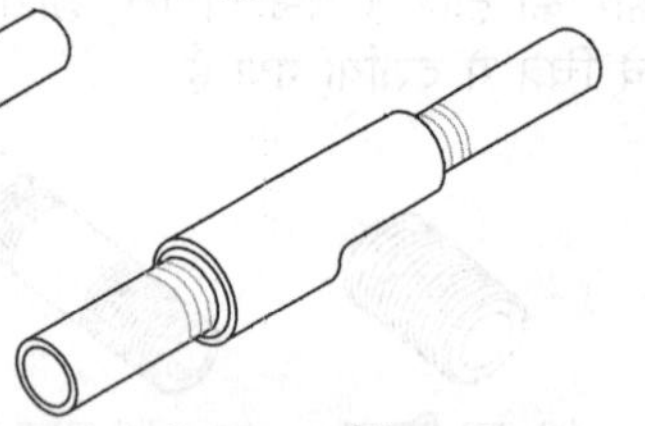

चित्र (b) एसेन्ट्रिक रिड्यूसर

10. प्लग Plug

पाइप के सिरे को बन्द करने के लिए उस पर सॉकेट लगाकर प्लग लगा देते हैं। प्लग की बॉडी के ऊपर पूरे भाग में चूड़ियाँ कटी होती हैं। प्लग को घुमाकर बन्द करने के लिए इसके ऊपर की तरफ स्क्वायर शैंक बनी होती है।

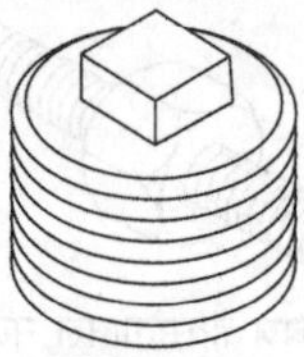

चित्र प्लग

11. कैप Cap

कैप का प्रयोग भी पाइप के खुले सिरे को बन्द करने के लिए किया जाता है। अत: यह भी प्लग की भाँति ही कार्य करता है। प्लग एवं कैप में अन्तर केवल यह है कि कैप में अन्दर की तरफ चूड़ियाँ कटी होती हैं, जबकि प्लग में बाहर की तरफ।

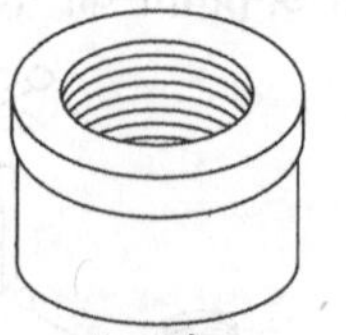

चित्र कैप

12. यूनियन Union

यूनियन का प्रयोग पाइपों में अस्थायी जोड़ बनाने के लिए किया जाता है। पाइप लाइन में लगे यूनियन को आसानी से खोलकर दोनों भागों को अलग-अलग किया जा सकता है तथा लाइन को आवश्यकतानुसार चैक भी किया जा सकता है।

इसका प्रयोग पाइप लाइन में मोटर पम्प सैट लगाने जैसे कार्यों के लिए किया जाता हैइसमें दो फ्लैंज होती हैं, जिन्हें दोनों पाइपों पर कस दिया जाता है तथा दोनों फ्लैंजों को परस्पर जोड़ने के लिए एक विशेष नट का प्रयोग किया जाता है।

चित्र में यूनियन जोड़ एवं उसके अनुप्रयोग को दर्शाया गया है।

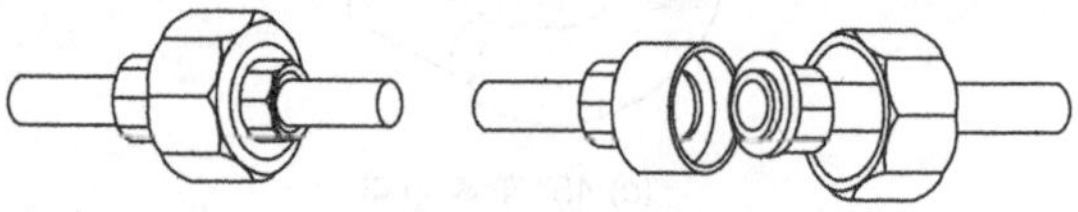

चित्र यूनियन जोड़

13. स्टॉप कॉक Stop Cock

इसका प्रयोग पाइप लाइन में प्रवाहित हो रहे पदार्थ (हवा, गैस, पानी अथवा कोई द्रव) के प्रवाह को रोकने के लिए किया जाता है।

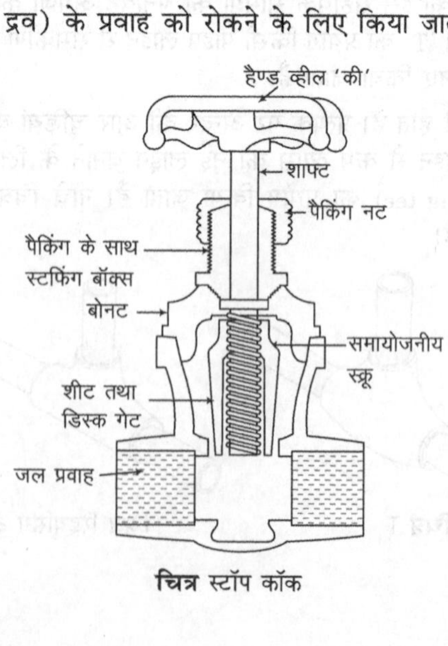

चित्र स्टॉप कॉक

इसके अतिरिक्त, पाइप लाइन में उत्पन्न हुए दोष की जाँच करने तथा उसे दूर करने के लिए भी स्टॉप कॉक का प्रयोग किया जाता है। इसकी बनावट निम्न चित्र में दर्शायी गई है। यह दो प्रकार का होता है—मेल एण्ड स्टॉप कॉक तथा फीमेल एण्ड स्टॉप कॉक। चित्र में स्टॉप कॉक को दर्शाया गया है।

14. प्लग कॉक Plug Cock

यह भी एक प्रकार का वाल्व ही होता है। प्लग की एक साइड से दूसरी साइड में पानी के बहाव को ले जाने व रोकने के लिए इसकी बॉडी में लगे एक समान्तर, टेपर्ड या गोलाकार प्लग को घुमाया जाता है। पानी के तेज बहाव वाले स्थानों पर प्लग कॉक का प्रयोग किया जाता है। इस प्लग में एक हैण्डिल, जिसे 'की' (key) कहते हैं, जुड़ा हुआ होता है। इसी हैण्डिल को पानी का बहाव रोकने के लिए घुमाया जाता है।

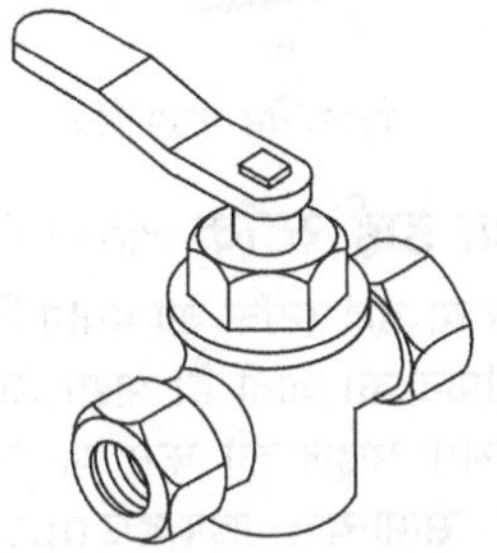

चित्र प्लग कॉक

15. फ्लैंज जोड़ Flange Joint

यह लोहे की एक गोल प्लेट होती है, जिसमें अन्दर की तरफ चूडियाँ कटी होती हैं। जोड़ी जाने वाली दोनों पाइपों के फ्लैंजों के मध्य रबर पैकिंग का प्रयोग जोड़ के लीक न होने के उद्देश्य से करते हैं। फ्लैंज जोड़ का प्रयोग दो लम्बे तथा बड़े व्यास के पाइपों को जोड़ने के लिए किया जाता है।

फ्लैंजों को स्क्रू, वैल्डिंग या पाइपों की बॉण्डिंग (bonding) करके फिट किया जा सकता है। फ्लैंज का प्रयोग पाइप व कण्ट्रोल वाल्व को जोड़ने के लिए किया जाता है।

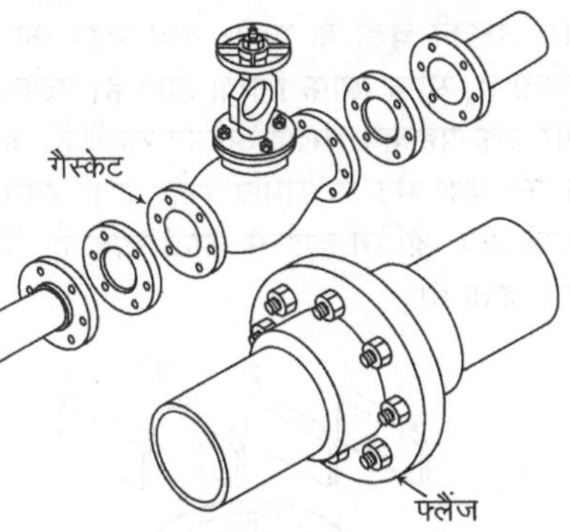

चित्र फ्लैंज जोड़

16. वाल्व Valve

वाल्व का प्रयोग पाइप में बहने वाले पानी की मात्रा को नियन्त्रित करने अथवा रोकने के लिए किया जाता है। वाल्व मुख्य रूप से कास्ट आयरन, स्टील, पीतल अथवा प्लास्टिक के बनाए जाते हैं।

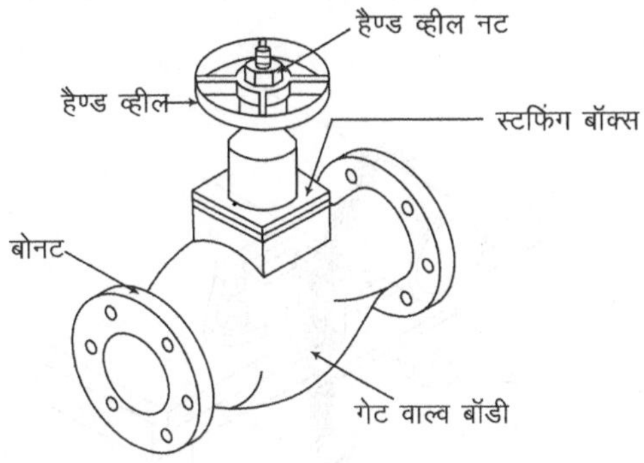

चित्र वाल्व

इसके एक सिरे पर मेन लाइन तथा दूसरे सिरे से ब्रांच लाइन निकाल दी जाती है। जब ब्रांच खराब हो जाती है, तो वाल्व में लगे हैण्डिल को घुमाकर (या कसकर) ब्रांच लाइन के लिए सप्लाई बन्द कर दी जाती है, जबकि मेन लाइन चलती रहती है।

पाइप फिटिंग टूल्स Pipe Fitting Tools

प्लम्बिंग शॉप में पाइप लाइन की फिटिंग करने, पाइपों पर चूड़ियाँ काटने, उन्हें मोड़ने व टाइट करने जैसे कार्यों के लिए विभिन्न प्रकार के टूल्स प्रयोग किए जाते हैं, जो निम्न प्रकार हैं

1. पाइप वाइस Pipe Vice

इसके आधार में 'V' ग्रूव का स्थिर जबड़ा होता है। इसके अतिरिक्त, एक चल जबड़ा, स्पिण्डल के द्वारा वर्टिकल फ्रेम में चलता है। दोनों जबड़ों में 90° का ग्रूव होता है। ये दोनों जबड़े कास्ट स्टील के बने होते हैं, जिन्हें ऊष्मा उपचार के द्वारा हार्ड किया जाता है। जॉब को मजबूती से पकड़ने के लिए इनमें दाँते (teeth) भी कटे होते हैं। इसकी बॉडी, कास्ट आयरन तथा स्पिण्डल, माइल्ड स्टील का बना होता है। इसका प्रयोग गोल पाइप व छड़ आदि को पकड़ने के लिए किया जाता है।

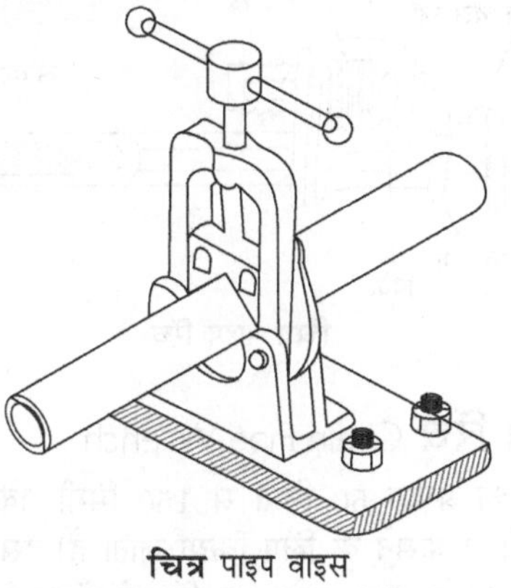

चित्र पाइप वाइस

पाइप वाइस मुख्यत: दो प्रकार के होते हैं—पोर्टेबल पाइप वाइस तथा चेन पाइप वाइस। जिनकी बनावट चित्र (a) तथा (b) में दर्शायी गई है। पोर्टेबल पाइप वाइस का प्रयोग पाइप को कार्यस्थल तक ले जाने के लिए किया जाता है तथा चेन पाइप वाइस का प्रयोग पाइप को पकड़ने के लिए किया जाता है। चेन पाइप वाइस द्वारा 200 मिमी तक व्यास के पाइप पकड़े जा सकते हैं।

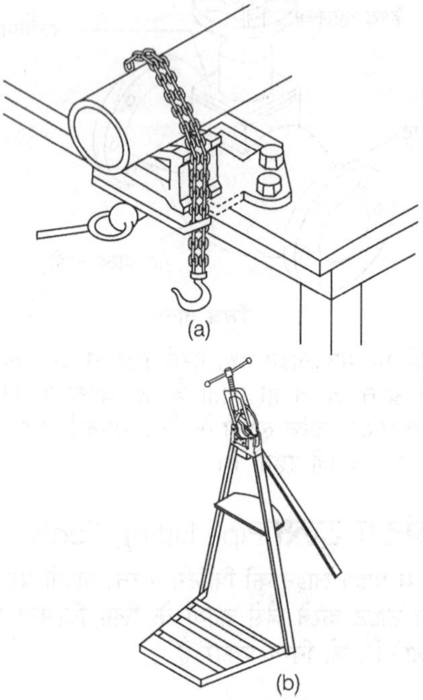

चित्र चेन एवं पोर्टेबल पाइप वाइस

2. पाइप रिंच Pipe Wrench

इसका प्रयोग पाइप फिटिंग करते समय पाइप को खोलने व कसने के लिए किया जाता है। यह कास्ट स्टील का बना होता है, जिसमें दो जॉ (चल तथा स्थिर) होते हैं, जिन्हें नट द्वारा एडजस्ट किया जाता है। इसका प्रयोग 15 मिमी से 50 मिमी व्यास वाले पाइपों के लिए किया जाता है।

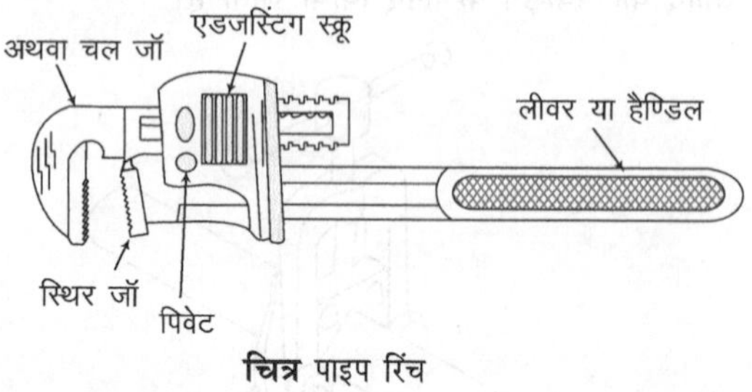

चित्र पाइप रिंच

3. चेन पाइप रिंच Chain Pipe Wrench

चेन पाइप रिंच का प्रयोग 50 मिमी से 150 मिमी तक के व्यास वाले पाइपों को खोलने व कसने के लिए किया जाता है। इसमें एक चेन लगी होती है, जिसे पाइप के ऊपर लपेटकर, रिंच में फँसा दिया जाता है तथा हैण्डिल द्वारा पाइप को खोला व कसा जाता है।

इसका प्रयोग बेलनाकार या असमान वस्तुओं को पकड़ने के लिए भी किया जाता है।

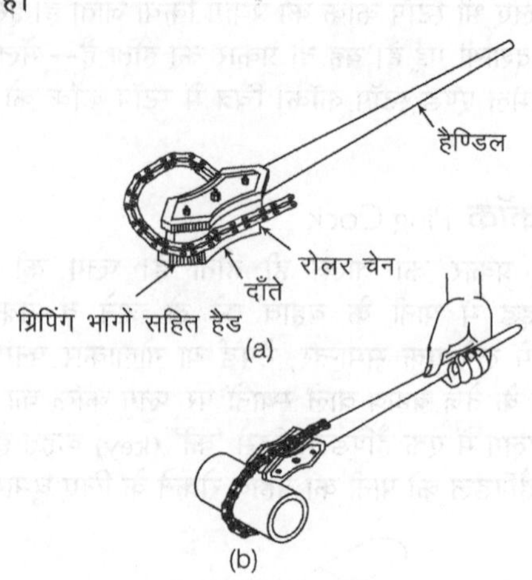

चित्र चेन पाइप रिंच

4. पाइप डाई तथा डाई स्टॉक Pipe Die and Die Stock

इसके लिए डाई ब्लॉक या डाई स्टॉक का प्रयोग किया जाता है, जिसमें दो या चार बिटों में डाई फिट की जाती है। पाइप डाई, एडजस्टेबल डाई के समान ही होती है। इसमें साइज को कम या ज्यादा करने के लिए दो एडजस्टिंग स्क्रू होते हैं। सामान्यत: पाइप डाई 0.25" से 4" तक के साइज में बाजार में उपलब्ध होती हैं। पाइप डाई का प्रयोग पाइपों में बाहरी चूड़ियाँ काटने के लिए किया जाता है।

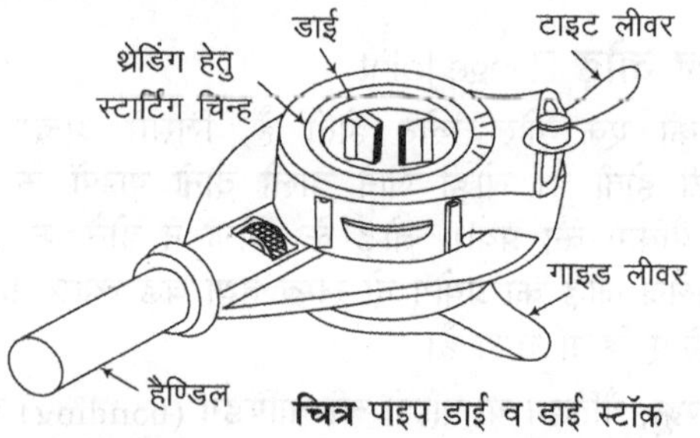

चित्र पाइप डाई व डाई स्टॉक

5. डाई सैट्स Die Sets

प्रत्येक डाई पर, उसकी चूड़ी के प्रकार तथा पाइप का रेंज, जिसके लिए वह उपयुक्त होता है, साफ-साफ लिखा होता है। प्रत्येक डाई की पहचान के लिए उस पर एक पहचान संख्या अंकित रहती है, जो 1 से 4 तक होती है। इन डाइयों को एक सैट के समान स्टोर तथा उपयोग करना चाहिए। पाइप पर चूड़ियाँ प्राय: थ्रेडिंग डाई से काटी जाती हैं, जिन्हें रिंग गेज द्वारा चैक कर लिया जाता है।

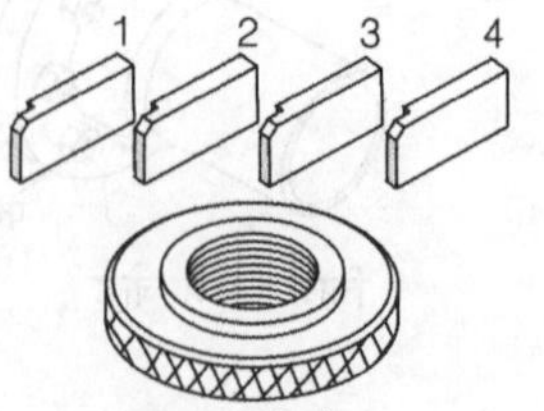

चित्र डाई सैट्स

6. पाइप टैप Pipe Tap

इसमें टेपर थ्रेड बने होते हैं, जो चूड़ियाँ काटने में सहायक होते हैं। पाइप के अन्दर चूड़ी काटने के लिए मानक टेपर पाइप टैप का प्रयोग किया जाता है।

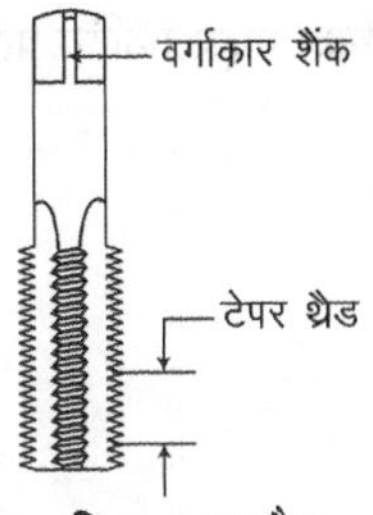

चित्र पाइप टैप

7. पाइप कटर Pipe Cutter

जैसा कि नाम से स्पष्ट है, पाइप कटर का प्रयोग पाइप को काटने के लिए किया जाता है। इसमें 'C' आकृति का एक मजबूत फ्रेम होता है, जिसके एक सिरे पर स्पिण्डल लगा होता है तथा दूसरे पर गाइड रोलरों का जोड़ लगा होता है। ये रोलर, पाइप को घूमते समय गाइड करते हैं। स्पिण्डल से संचालित स्लाइड पर कठोरीकृत इस्पात (hardened steel) की दो कटर डिस्क लगी होती हैं।

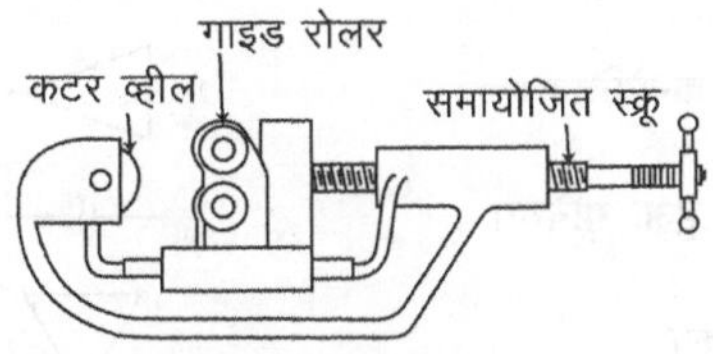

चित्र पाइप कटर

8. मल्टी व्हील चेन पाइप कटर
Multi Wheel Chain Pipe Cutter

सामान्य पाइप कटर के विपरीत मल्टी व्हील पाइप में कुछ अतिरिक्त व्हील भी होते हैं, जिन्हें लिंक के साथ जोड़कर किसी भी साइज के पाइप को काटने हेतु संयोजित किया जा सकता है। काटे जाने वाले पाइप के व्यास के अनुसार ही, कटर के प्रकार तथा साइज का चयन किया जाता है।

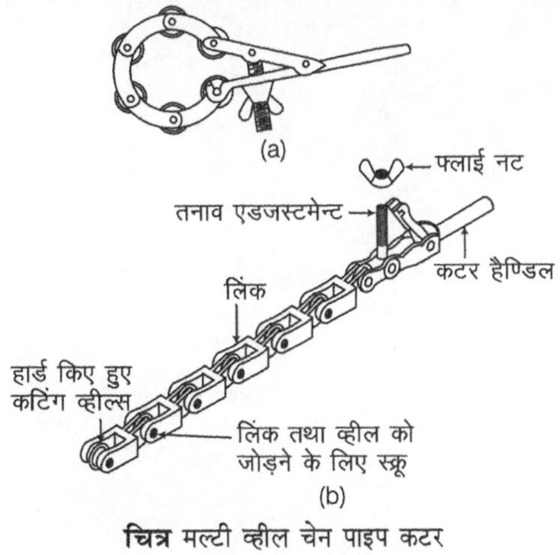

चित्र मल्टी व्हील चेन पाइप कटर

पाइप फिटिंग संक्रियाएँ
Pipe Fitting Operations

पाइप को फिट करते समय विभिन्न प्रकार की प्रक्रियाएँ की जाती हैं, जिनमें से कुछ मुख्य प्रक्रियाएँ निम्न प्रकार हैं

1. कटिंग Cutting

पाइप को आवश्यकतानुसार प्रयोग करने के लिए, उन्हें पाइप कटर द्वारा काटा जाता है। पाइप काटने की इस प्रक्रिया को पाइप कटिंग कहा जाता है।

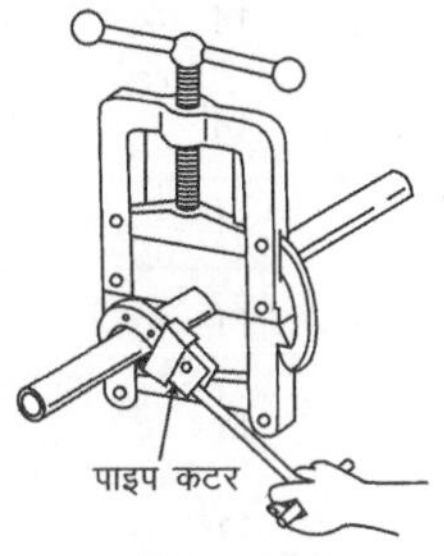

चित्र कटिंग

2. थ्रेडिंग Threading

पाइप डाइयों को स्टॉक के साथ प्रयोग करके पाइपों पर चूड़ियाँ काटी जाती हैं। पाइपों पर चूड़ियाँ काटने की इस प्रक्रिया को थ्रेडिंग कहा जाता है।

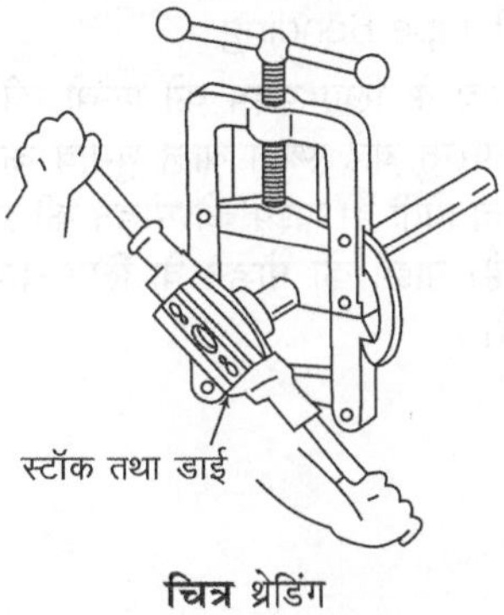

चित्र थ्रेडिंग

पाइप चूड़ियाँ (Pipe threads) मानक पाइप फिटिंग में ब्रिटिश स्टैण्डर्ड पाइप गेज (British Standard Pipe Gauge, BSP) द्वारा चूड़ियाँ काटी जाती हैं। आन्तरिक पाइपों में समान्तर चूड़ियाँ, जबकि बाह्य पाइपों में टेपर्ड चूड़ियाँ कटी होती हैं।

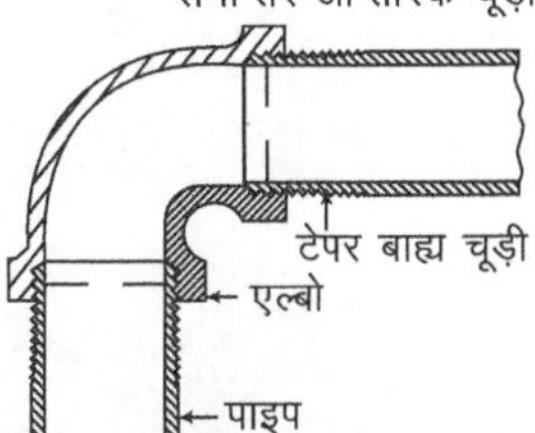

चित्र पाइप चूड़ियाँ

ये चूड़ियाँ गैल्वेनाइज्ड आयरन (GI) पाइप की दीवार मोटाई के अनुसार 0.5 इंच से 6 इंच तक की रेंज में उपलब्ध होती हैं, परन्तु तालिका में इन्हें 0.5 इंच से 4 इंच तक के बाह्य व्यास तथा चूड़ी प्रति इंच में प्रदर्शित किया गया है।

तालिका ब्रिटिश स्टैण्डर्ड पाइप चूड़ी

BSP पाइप साइज या DIN 2999 (आन्तरिक)	**चूड़ी/इंच**	**पाइप A का बाह्य व्यास** (मिमी में)
$\frac{1''}{2}$	14	20.955
$\frac{3''}{4}$	14	26.441
1"	11	33.249
$1\frac{1''}{4}$	11	41.910
$1\frac{1''}{2}$	11	47.803
2"	11	59.614
$2\frac{1''}{2}$	8	75.184
3"	8	87.884
4"	8	113.030

3. पाइप बैंडिंग Pipe Bending

छोटे स्थान वाले घुमाव के लिए पाइप को एल्बो की सहायता से घुमाव दिया जा सकता है, परन्तु बड़े स्थान वाले घुमाव के लिए पाइप को ही मोड़ने की आवश्यकता होती है। पाइप को मोड़ने की इस प्रक्रिया को पाइप बैण्डिग कहा जाता है। पाइप को मोड़ने के लिए बैण्डिग प्रक्रियाओं का प्रयोग किया जाता है।

पाइप फिटिंग के प्रतीक Symbols of Pipe Fitting

पाइप फिटिंग में प्रयोग किए जाने वाले प्रतीक नीचे तालिका में दर्शाए गए हैं।

तालिका पाइप फिटिंग प्रतीक

फिटिंग	**प्रतीक**
बैण्ड 90°	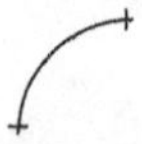
बैण्ड 45°	
क्रॉस	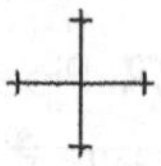
एल्बो 90°	
एल्बो 45°	
टी	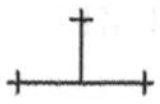
रिड्यूसर कन्सेन्ट्रिक	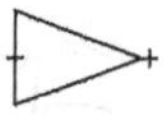
स्क्रू किया हुआ यूनियन	
प्लग या कैप	
ज्वॉइण्ट/सॉकेट	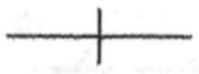

महत्त्वपूर्ण बिन्दु

- काली लोहे की चादरों पर पिघले हुए जिंक की परत चढ़ाकर, गैल्वेनाइज्ड आयरन शीट बनाई जाती है, जो जंगरोधी होती है।
- पीतल, ताँबे तथा जिंक की मिश्रधातु है। इसकी चादरें, ताँबे की चादरों की तुलना में अधिक कठोर व सस्ती होती है।
- स्टील स्क्वायर की लम्बी भुजा को ब्लेड या बॉडी तथा छोटी भुजा को टॉंग या स्टेक कहते हैं।
- वायर गेज द्वारा चादर की मोटाई मापने पर सबसे बड़े नम्बर (40) की चादर का साइज सबसे कम तथा सबसे छोटे नम्बर (0) का साइज सबसे अधिक होता है।
- ट्रेमल, जिसे बीम कम्पास भी कहते हैं, के द्वारा 6" त्रिज्या तक के चाप लगाए जा सकते हैं।
- क्रीजिंग हथौड़े का एक सिरा वृत्ताकार तथा दूसरा नाइफ एज जैसा होता है।
- स्निप के कटिंग ब्लेड के किनारे को लगभग 80° पर ग्राइण्ड किया जाता है तथा इसके द्वारा 1.2 मिमी तक मोटी धातु की मुलायम चादरें काटी जा सकती हैं।
- ट्रे तथा डिब्बे आदि में धात्विक चादरों को सीधी लाइन में मोड़ने के लिए हैचेट स्टेक का प्रयोग किया जाता है।
- शियरिंग एक प्रकार की कर्तन प्रक्रिया है, जिसमें अत्यधिक मोटी धात्विक चादरों को काटा जाता है।
- स्टील चादरों को मोड़ने पर, उनका बैण्डिंग फोर्स समाप्त होने के पश्चात् उनमें पुनः सीधा होने का जो गुण होता है, उसे स्प्रिंग बैक कहते हैं।
- धात्विक चादर को मोड़ने के पश्चात् मुड़े हुए भाग की त्रिज्या, बैण्ड रेडियस कहलाती है।
- ड्रॉइंग संक्रिया, समतल कार्यखण्ड को खोखली आकृति में रूपान्तरित करती है।
- धात्विक चादर कार्य के दौरान चादर में बर्र बनने पर उसे फाइल से साफ कर लेना चाहिए।
- जॉब को सामर्थ्य देने तथा उसके किनारों को सुरक्षित बनाने के लिए उन्हें मोड़ दिया जाता है, ये मुड़े हुए किनारे हैम कहलाते हैं।
- लम्बी वृत्ताकार अथवा चौकोर धात्विक चादरों की जॉबों की सुन्दरता तथा सामर्थ्य बढ़ाने के लिए वायर्ड हैम का प्रयोग किया जाता है, जिसमें माइल्ड स्टील के तार को चादर के किनारों पर लपेट दिया जाता है।
- लैप सीम को किनारों का जोड़ भी कहते हैं।
- 'V' नॉच बैडिंग लाइन से 45° पर दोनों साइड काटकर बनाई जाती है।
- रिवेट, जो नर्म धातुओं के बनाए जाते हैं, के द्वारा चादरों को परस्पर अर्द्धस्थायी रूप से जोड़ा जाता है।
- नर्म सोल्डर का गलनांक 450°C से नीचे तथा कठोर सोल्डर का गलनांक 450°C से ऊपर तक होता है।
- सोल्डरिंग प्रक्रिया में प्रयुक्त होने वाला फ्लक्स, पाउडर, पेस्ट तथा द्रव तीनों रूपों में उपलब्ध होता है।
- कोरोसिव फ्लक्स यदि धातु पर लगे रह जाएँ, तो उन्हें क्षति पहुँचाते हैं एवं धातु पर जंग लग जाती है।
- एल्युमीनियम की वस्तुओं को जोड़ने के लिए ALCA-P नामक सोल्डर उपयुक्त होता है।
- सोल्डरिंग प्रक्रिया में गलनांक बढ़ाने अथवा घटाने के लिए एण्टीमनी तथा बिस्मथ का प्रयोग किया जाता है।
- सोल्डरिंग एक प्रकार का नर्म जोड़ तथा ब्रेजिंग, कठोर जोड़ होता है।
- स्पैल्टर, ताँबा तथा जस्ते की मिश्र धातु है, जिसका गलनांक 650°C से 950°C तक होता है।
- एस. डब्ल्यू. जी. पाइप को चाइना क्ले पाइप भी कहा जाता है।
- एल्बो के द्वारा पाइप लाइन को समकोण पर मोड़ा जाता है।
- बड़े व्यास के पाइप में कम व्यास का पाइप जोड़ने के लिए रिड्यूसर का प्रयोग किया जाता है।
- स्टॉप कॉक के द्वारा पाइप लाइन में प्रवाहित हो रहे पदार्थ के प्रवाह को रोकने के साथ-साथ उसमें उत्पन्न हुए दोष की जाँच कर उसे दूर किया जाता है।

महत्त्वपूर्ण प्रश्नोत्तरी

1. **स्टैण्डर्ड वायर गेज द्वारा किस सीमा तक मोटी धातु चादर अथवा तार का व्यास मापा जा सकता है?**

उत्तर स्टैण्डर्ड वायर गेज द्वारा 0.125 मिमी से 8 मिमी तक मोटी धातु चादर या तार का व्यास मापा जा सकता है।

2. **वायर्ड हैम के अन्तर्गत जॉब की सामर्थ्य किस प्रकार बढ़ाई जाती है?**

उत्तर वायर्ड हैम के अन्तर्गत जॉब की सामर्थ्य बढ़ाने के लिए किनारे पर एक माइल्ड स्टील का तार लपेट दिया जाता है।

3. **सिंगल सीम जोड़ को पैण्ड–डाउन जोड़ भी कहते हैं, क्यों?**

उत्तर सिंगल सीम जोड़ का प्रयोग बाल्टी अथवा डिब्बों की तली लगाने में, होने के कारण इसे पैण्ड-डाउन जोड़ कहते हैं।

4. **रिवेट लगाने के लिए छिद्र को चिन्हित करके चादर के किनारे से छिद्र के केन्द्र तक चादर की मोटाई के सन्दर्भ में अधिकतम दूरी क्या होती है?**

उत्तर रिवेट लगाने के लिए छिद्र को चिन्हित करके चादर के किनारे से छिद्र के केन्द्र तक चादर की मोटाई के सन्दर्भ में अधिकतम मोटाई चादर की मोटाई से 10 गुनी होती है।

5. **नर्म टाँका किस तापक्रम पर लगाया जाता है?**

उत्तर नर्म टाँका बहुत कम तापक्रम (लगभग 200°C से 350°C) पर लगाया जाता है।

6. **सोल्डरिंग आयरन की टिप को कॉपर का ही क्यों बनाया जाता है?**

उत्तर सोल्डरिंग आयरन की टिप को कॉपर का ही बनाए जाने का मुख्य कारण यह है कि कॉपर में ऊष्मा का चालन (conduction) शीघ्रता से होता है, जिससे टिप शीघ्र गर्म हो जाती है।

7. **ब्रेजिंग एलॉय का गलनांक, बेस धातु के गलनांक से अधिक क्यों नहीं होना चाहिए?**

उत्तर यदि ब्रेजिंग एलॉय का गलनांक, बेस धातु के गलनांक से अधिक होगा, तो ब्रेजिंग के दौरान बेस धातु की सतह खराब हो सकती है।

8. **धातुओं को जोड़ने की क्षमता के आधार पर, आप सोल्डरिंग तथा ब्रेजिंग में अन्तर किस प्रकार व्यक्त करेंगे?**

उत्तर **सोल्डरिंग** इस विधि द्वारा बने जोड़, बहुत कमजोर होते हैं तथा अधिक ताप सहन नहीं कर पाते।

ब्रेजिंग इस विधि द्वारा बने जोड़ सोल्डरिंग द्वारा बने जोड़ से अधिक शक्तिशाली होते हैं तथा इसके द्वारा बने जोड़ एक निश्चित ताप के बाद खुल जाते हैं।

9. **पाइप और पाइप फिटिंग बनाने के लिए किस प्लास्टिक पदार्थ का प्रयोग करते हैं?**

उत्तर पाइप तथा पाइप फिटिंग बनाने के लिए पी.वी.सी. का प्रयोग करते हैं।

10. **जल पाइप लाइन में पाइप लाइन के अन्त सिरे को बन्द करने के लिए कौन-सी पाइप फिटिंग का प्रयोग करते हैं?**

उत्तर जल पाइप लाइन में पाइप लाइन के अन्त सिरे को बन्द करने के लिए प्लग का प्रयोग किया जाता है।

अभ्यास प्रश्न

परीक्षा प्रारूपी प्रश्न

बहुविकल्पीय

1. निम्न में से शीघ्रता से संक्षारित होने वाली भूरे काले रंग की सस्ती धातु चादर है
(a) काला लोहा (b) गैल्वेनाइज्ड लोहा
(c) स्टेनलैस स्टील (d) टिन प्लेट

2. निम्न में से जिंक कोटेड आयरन किसे कहा जाता है?
(a) पिग आयरन (b) रॉट आयरन
(c) ब्लैक आयरन (d) गैल्वेनाइज्ड आयरन

3. GI शीट पर ………… की पतली परत की कोटिंग की जाती है।
(a) ताँबा (b) टिन (c) एल्युमीनियम (d) जिंक

4. सतह संरक्षण के लिए प्रयुक्त अस्थायी उपचार है
(a) गैल्वेनाइजिंग (b) पेन्टिंग
(c) इनेमलिंग (d) टिनिंग

5. स्टील स्क्वॉयर द्वारा जॉब की ………… चैक की जाती है।
(a) समकोणता (b) राउण्डनैस
(c) परिशुद्धता (d) सतह परिष्कृति

6. स्टील स्क्वायर, जिसकी दोनों भुजाएँ परस्पर 90° पर होती हैं, की छोटी भुजा कहलाती है
(a) बॉडी (b) ब्लेड (c) स्टॉक (d) ये सभी

7. चादरों की मोटाई को स्टैण्डर्ड वायर गेज के नम्बर द्वारा प्रदर्शित किया जाता है, यह नम्बर, जितना कम होगा
(a) चादर उतनी ही अधिक पतली होगी
(b) चादर उतनी ही अधिक मोटी होगी
(c) चादर उतनी ही कम पतली होगी
(d) चादर की मोटाई उतनी ही कम इस पर निर्भर करेगी

8. ट्रेमल का अन्य नाम है
(a) स्प्रिंग कम्पास (b) बीम कम्पास
(c) विंग कम्पास (d) साधारण कम्पास

9. निम्न में से हैमर के हैण्डिल को अन्त सिरे से पकड़ने का कारण है
(a) हाथ में चोट लगने से बचाने के लिए
(b) उपयुक्त ग्रिप के लिए (c) अधिकतम लीवरेज के लिए
(d) जॉब को क्षतिग्रस्त होने से बचाने के लिए

10. निम्न में से किस हैमर का एक सिरा गोलाई में तथा दूसरा सिरा नाइफ एज जैसा होता है?
(a) लीड हैमर (b) प्लास्टिक हैमर
(c) क्रीजिंग हैमर (d) ब्रास हैमर

11. धातु चादर कार्य में किस हथौड़े का प्रयोग किया जाता है?
(a) बॉल पीन हथौड़ा (b) स्लेज हथौड़ा
(c) क्रॉस पीन हथौड़ा (d) मृदु हथौड़ा

12. स्निप के कटिंग ब्लेड के किनारों को लगभग ………… पर ग्राइण्ड किया जाता है।
(a) 45° (b) 70° (c) 80° (d) 105°

13. शियर का प्रयोग ………… काटने में होता है।
(a) बहुत पतली शीट (b) मोटी शीट
(c) GI वायर (d) रबर शीट

14. स्टेक ……… होता है।
(a) मार्किंग टूल (b) हैण्ड टूल
(c) कटिंग टूल (d) सपोर्टिंग टूल

15. हैचेट स्टेक द्वारा धात्विक चादरों को मोड़ा जाता है
(a) सीधी लाइन (b) वृत्ताकार
(c) वक्राकार (d) इनमें से कोई नहीं

16. चित्र में प्रदर्शित स्टेक का नाम पहचानिए।

(a) गोल शीर्ष स्टेक (b) कीप स्टेक
(c) अर्द्धचन्द्राकार स्टेक (d) ताम्रकारी स्टेक

17. शंक्वाकार वस्तुओं को जोड़ने में प्रयुक्त स्टेक है
(a) फनल स्टेक (b) हॉर्स स्टेक
(c) हाफ मून स्टेक (d) क्रीजिंग आयरन स्टेक

18. धात्विक चादरों में स्प्रिंग बैक का गुण निर्भर करता है
(a) चादर की मोटाई पर (b) बैण्डिंग रेडियस पर
(c) मोड़ के दबाव पर (d) ये सभी

19. मजबूती प्रदान करने के लिए चादर के किनारों को मोड़ दिया जाता है। इस मुड़े हुए किनारे को निम्न में से किस नाम से पुकारा जाता है?
(a) सीम (b) हैम
(c) बैण्ड (d) रिब

20. लैप सीम को कहते हैं
(a) किनारों का जोड़ (b) ग्रूव्ड जोड़
(c) डवटेल जोड़ (d) वर्गाकार नॉच

21. रिवेट धात्विक चादरों को जोड़ता है
(a) अस्थायी रूप से (b) स्थायी रूप से
(c) अर्द्धस्थायी रूप से (d) ये सभी

22. रिवेटिंग कार्य में रिवेट सैट का प्रयोग ······· के उद्देश्य से करते हैं।
(a) चादरों को एक-दूसरे के समीप लाने
(b) चादर को रिवेटिंग के पूर्व सीधा करने
(c) चादरों के मध्य बर्र हटाने
(d) रिवेट को सही स्थिति में रखने

23. रिवेटिड जोड़ के प्रकार को पहचानिए।

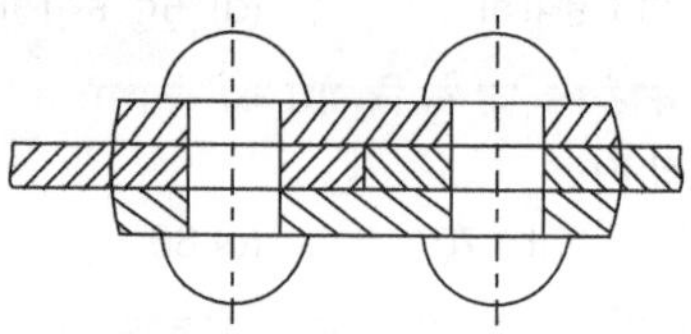

(a) लैप जोड़
(b) सिंगल स्ट्रेप बट जोड़
(c) डबल स्ट्रेप बट जोड़
(d) डबल रिवेटेड लैप जोड़

24. रिवेटिंग में, शैंक को सिर में विकृत करने से रिवेट सुरक्षित होता है। रिवेट पदार्थ का यान्त्रिकी लक्षण है
(a) तन्यता (b) डक्टिलिटी
(c) प्रत्यास्थता (d) कठोरता

25. नीचे रिवेट के प्रकार दिए गए हैं। पैन हैड पहचानें।

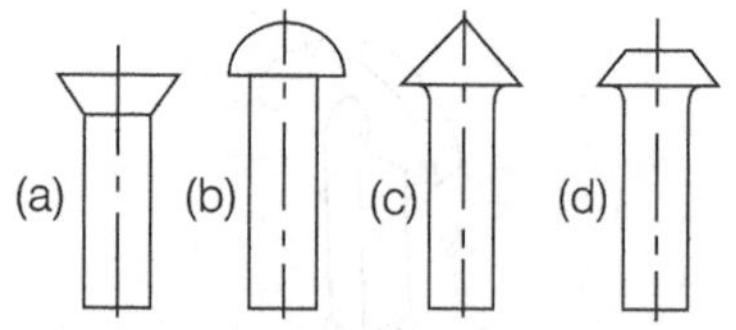

26. रिवेट ज्वॉइण्ट में धातु स्प्लिटिंग होने का प्रमुख कारण है
(a) रिवेटेड होल, प्लेट कोर से अत्यधिक दूरी पर ड्रिल किया गया है
(b) रिवेट होल, प्लेट कोर के निकट ड्रिल किया गया है
(c) रिवेट की पिच अत्यधिक कम है
(d) रिवेट की पिच अत्यधिक चौड़ी है

27. हैवी कन्स्ट्रक्शनल इंजीनियरिंग कार्यों में प्रयुक्त रिवेट है
(a) काउण्ट संक हैड रिवेट
(b) स्नैप हैड रिवेट
(c) फ्लैट हैड रिवेट
(d) पैन हैड रिवेट

28. लैड तथा टिन द्वार निर्मित नर्म सोल्डर का गलनांक होता है
(a) 550°C तक (b) 450°C से नीचे
(c) 450°C से ऊपर (d) इनमें से कोई नहीं

29. नर्म सोल्डर के सन्दर्भ में सही कथन है
(a) नर्म सोल्डर का गलनांक सिल्वर सोल्डर के गलनांक से कम होता है
(b) नर्म सोल्डर के निर्माण में टिन व सीसा धातुएँ प्रयोग की जाती हैं
(c) सोल्डर में टिन की मात्रा जितनी अधिक रखी जाती है उतना ही उसका गलनांक कम होता है
(d) उपरोक्त सभी

30. वह प्रक्रिया, जिसमें धात्विक पदार्थों को एक अन्य द्रव पदार्थ, जिसका गलनांक कम होता है, जोड़ा जाता है, कहलाती है
(a) सोल्डरिंग (b) रिवेटिंग
(c) हीटिंग एवं हैमरिंग (d) वैल्डिंग

31. सोल्डरिंग करने से पूर्व ध्यान देने योग्य तथ्य है
(a) ऑक्साइड को हटाना (b) प्री-हीटिंग
(c) धूल को हटाना (d) सतह की धुलाई करना

32. सोल्डरिंग आयरन के लिए कॉपर प्रयोग किया जाता है, क्योंकि
(a) इसका गलनांक उच्च होता है
(b) यह वीयर के लिए उच्च प्रतिरोध प्रस्तुत करता है
(c) यह कोरोजन से बचाता है
(d) यह ऊष्मा का सुचालक होता है

33. सोल्डरिंग प्रक्रिया में सोल्डरिंग आयरन का कार्य क्या है?
(a) धातु को पिघलाना (b) सोल्डर को पिघलाना
(c) सोल्डर को ठण्डा करना (d) धातु को ठण्डा करना

34. सोल्डरिंग आयरन का हैड बना होता है
(a) सीसे का (b) ब्रोंज का (c) ताँबे का (d) लोहे का

35. सोल्डरिंग बिट के लिए उत्तम पदार्थ ······ है।
(a) सीसा (b) टिन (c) ताँबा (d) जस्ता

36. सोल्डर फ्लक्स किस अवस्था में उपलब्ध होते हैं?
(a) द्रव (b) पाउडर (c) पेस्ट (d) ये सभी

37. पीतल की वस्तुओं को ब्रेजिंग द्वारा जोड़ने के लिए प्रयुक्त फ्लक्स है
(a) रेजिन (b) बोरेक्स
(c) एल्का–p (d) जिंक क्लोराइड

38. सोल्डरिंग प्रक्रिया में गलनांक बढ़ाने अथवा घटाने के लिए प्रयोग किया/किए जाते हैं
(a) जर्मेनियम (b) एण्टीमनी
(c) बिस्मथ (d) 'b' और 'c' दोनों

39. सोल्डरिंग करते समय प्रयोग किए जाने वाले फ्लक्स का मुख्य कार्य है
(a) जमाव को रोकना
(b) गीली सतह को बढ़ाना
(c) सोल्डर में दरार से बचाव
(d) सोल्डरिंग सतह से ऑक्साइड हटाना

40. रेडियो वायरिंग तथा हल्के हस्त कार्यों की सोल्डरिंग में प्रयुक्त फ्लक्स है
(a) जिंक क्लोराइड (b) अमोनियम क्लोराइड
(c) पेस्ट (d) रेजिन

41. निम्न में से गैल्वेनाइज्ड चादरों को सोल्डर करने के लिए प्रयुक्त सोल्डर फ्लक्स है
(a) जिंक क्लोराइड
(b) रेजिन
(c) हाइड्रोक्लोरिक एसिड
(d) पेस्ट

42. दिए गए चित्र में किस प्रकार का सोल्डरिंग आयरन दर्शाया गया है?

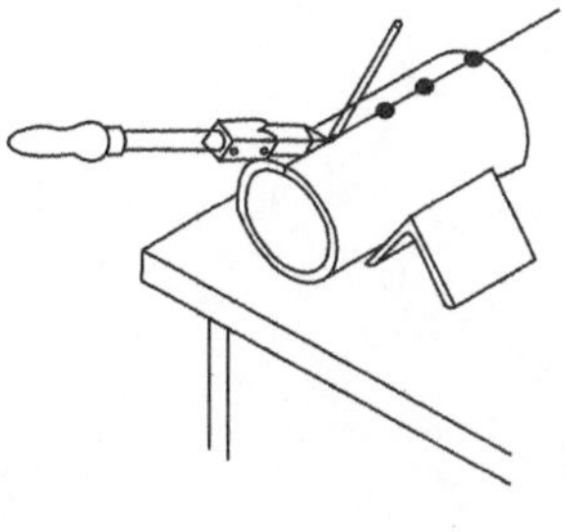

(a) वर्गाकार नोंकदार (b) हैचेट
(c) 'a' और 'b' दोनों (d) इनमें से कोई नहीं

43. ब्रेजिंग करने के लिए प्रयोग होने वाली फिलर धातु का एक अन्य नाम है
(a) स्पैल्टर (b) सोल्डर
(c) वैल्डिंग रॉड (d) इनमें से कोई नहीं

44. ब्रेजिंग में फ्लक्स के रूप में अधिकतर .... प्रयोग किया जाता है।
(a) पोटैशियम
(b) सुहागा
(c) सोडियम
(d) उपरोक्त में से कोई नहीं

45. ब्रेजिंग के लिए प्रयुक्त स्पैल्टर किसका बना होता है?
(a) ताँबे का (b) जस्ते का
(c) 'a' और 'b' दोनों (d) इनमें से कोई नहीं

46. ब्लो लैम्प से सम्बन्धित असत्य कथन है
(a) इसमें ईंधन के रूप में केरोसीन का प्रयोग किया जाता है
(b) यह एक हस्त उपकरण है
(c) इसकी संरचना बल्ब के समान होती है
(d) उपरोक्त सभी

47. चित्र में प्रदर्शित पाइप फिटिंग सहायक का नाम बताइए।

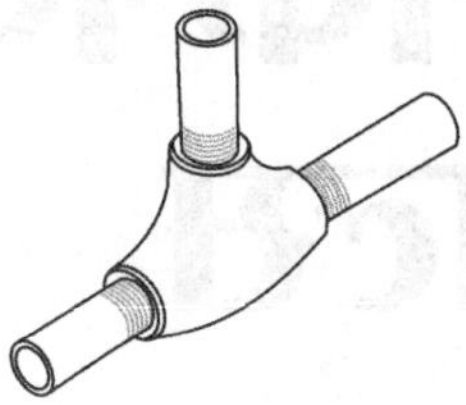

(a) प्लग (b) 'T'
(c) एल्बो (d) सॉकेट

48. चित्र में 'A' द्वारा किस पाइप फिटिंग सहायक को दर्शाया गया है?

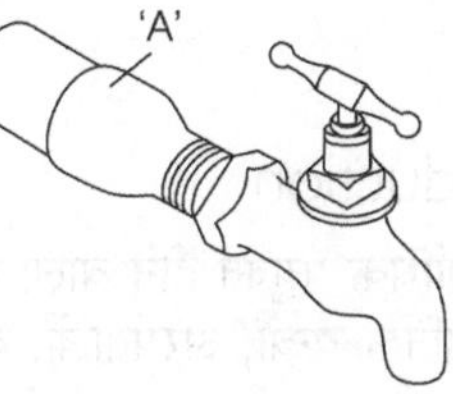

(a) रिड्यूसर (b) प्लग
(c) यूनियन (d) सॉकेट

उत्तरमाला

1. (a)	2. (d)	3. (d)	4. (b)	5. (a)	6. (c)	7. (b)	8. (b)	9. (c)	10. (c)
11. (d)	12. (c)	13. (b)	14. (d)	15. (a)	16. (c)	17. (a)	18. (d)	19. (b)	20. (a)
21. (c)	22. (d)	23. (c)	24. (d)	25. (d)	26. (b)	27. (b)	28. (b)	29. (d)	30. (a)
31. (a)	32. (a)	33. (b)	34. (c)	35. (c)	36. (d)	37. (b)	38. (d)	39. (d)	40. (a)
41. (c)	42. (a)	43. (a)	44. (b)	45. (c)	46. (c)	47. (b)	48. (a)		

अध्याय 10

मौलिक विद्युत एवं केबिल्स

Basic Electricity and Cables

अध्याय विषय सूची

परिचय Introduction

विद्युत, वर्तमान में सर्वाधिक प्रयुक्त होने वाला एक मुख्य ऊर्जा स्रोत है। विद्युतीय ऊर्जा का प्रयोग आजकल प्रत्येक क्षेत्र; जैसे—घरों, आधुनिक यन्त्रों, अस्पतालों, कम्प्यूटर तकनीक, अनुसन्धान, कार्यशालाओं तथा छोटे-बड़े उद्योगों आदि में किया जा रहा है। आधुनिक युग में विद्युत के बिना मानव जीवन की कल्पना करना भी कठिन है, क्योंकि विद्युत ने मानव जीवन पर अपना वर्चस्व स्थापित कर लिया है। विद्युत का प्रत्यक्ष सम्बन्ध विद्युत धारा से है, जिसे विद्युत सबस्टेशन से उपभोक्ताओं तक पहुँचाने के लिए प्रायः केबिल अथवा तारों का प्रयोग किया जाता है। इन तार/केबिल्स में विद्युत चालन के लिए प्रायः चालक तथा विद्युत रोधन के लिए अचालक पदार्थों का प्रयोग किया जाता है। अतः तार/केबिल्स के निर्माण में प्रयोग होने वाले इन पदार्थों का अध्ययन करना प्रशिक्षु के लिए अत्यन्त आवश्यक है। इस उद्देश्य हेतु प्रस्तुत अध्याय में मौलिक विद्युत सम्बन्धी तथ्यों; जैसे-विद्युत, प्रतिरोध, संधारित्र इत्यादि के अतिरिक्त मापन यन्त्रों एवं तार केबिल का विस्तृत वर्णन किया गया है।

10.1 विद्युत का सिद्धान्त Principle of Electricity

इलेक्ट्रॉन या आवेश का एक स्थान से दूसरे स्थान तक प्रवाह ही विद्युत (electricity) कहलाता है। इलेक्ट्रॉनों का प्रवाह किसी भी पदार्थ में हो सकता है। इलेक्ट्रॉनों के प्रवाह की गति पदार्थ के प्रकार पर निर्भर करती है। विद्युत के अन्तर्गत इलेक्ट्रॉन तथा विद्युतीय आवेशों की गति, प्राकृतिक गुणों एवं उनके अनुप्रयोगों का अध्ययन किया जाता है। यह भौतिक विज्ञान की ही एक महत्त्वपूर्ण शाखा है।

विद्युत सम्बन्धी मूल पद Basic Terms Related to Electricity

1. पदार्थ Matter

वह प्रत्येक वस्तु, जिसका कोई निश्चित भार होता है तथा जो स्थान घेरती है, पदार्थ कहलाती है। यह ठोस, द्रव तथा गैस तीनों अवस्थाओं में उपलब्ध होता है।

2. अणु Molecules

विभाज्य पदार्थ का वह छोटे-से-छोटा भाग, जिसमें उसके समस्त भौतिक तथा रासायनिक गुण विद्यमान होते हैं, अणु कहलाते हैं। अणु पूर्णतः स्वतन्त्र होते हैं।

3. परमाणु Atom

पदार्थ का वह छोटे-से-छोटा कण, जो रासायनिक क्रियाओं में भाग ले सके अथवा रासायनिक क्रियाओं के द्वारा पृथक् किया जा सके और जो स्वतन्त्र अवस्था में विद्यमान रहने में सक्षम न हो, परमाणु कहलाता है।

4. परमाणु संरचना Atomic Structure

परमाणु, प्रकृति का सूक्ष्मतम कण न होकर एक विभाज्य कण है जो इलेक्ट्रॉन, प्रोटॉन तथा न्यूट्रॉन से मिलकर बना होता है। परमाणु के केन्द्र में नाभिक होता है, जिसमें प्रोट्रॉन तथा न्यूट्रॉन उपस्थित होते हैं और नाभिक के चारों ओर उपस्थित दीर्घ वृत्ताकार कक्षाओं में इलेक्ट्रॉन्स परिक्रमा करते रहते हैं।

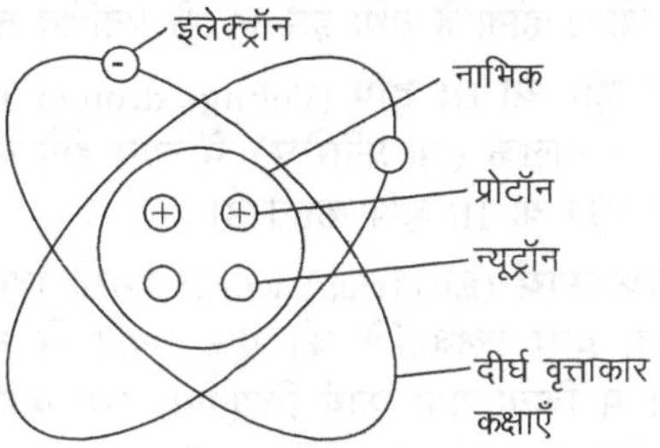

चित्र परमाणु संरचना

(i) **नाभिक** Nucleus

परमाणु का केन्द्रीय सघन भाग नाभिक कहलाता है। नाभिक में उपस्थित प्रोटॉन्स तथा न्यूट्रॉन्स अन्तराण्विक बल द्वारा नाभिक में बँधे होते हैं।

(ii) **प्रोटॉन** Proton

प्रोटॉन, नाभिक में उपस्थित एक स्थिर कण होता है, जिस पर 1.6×10^{-19} कूलॉम का धनावेश होता है। इसका द्रव्यमान 1.67×10^{-24} ग्राम होता है।

(iii) **न्यूट्रॉन** Neutron

न्यूट्रॉन, नाभिक में उपस्थित एक स्थिर कण होता है, जो आवेश रहित होता है। इसका द्रव्यमान, प्रोटॉन के द्रव्यमान के समतुल्य होता है।

(iv) **इलेक्ट्रॉन** Electron

इलेक्ट्रॉन, नाभिक के चारों ओर दीर्घवृत्ताकार कक्षा में परिक्रमा करने वाला एक मौलिक कण है, जिस पर 1.6×10^{-19} कूलॉम ऋणावेश होता है। इसका द्रव्यमान 9.11×10^{-28} ग्राम होता है।

5. विद्युत आवेश Electric Charge

विद्युत आवेश वस्तुओं का वह मौलिक गुण है जिसके कारण वस्तुओं के बीच वैद्युत बल उत्पन्न होता है। इसका मात्रक कूलॉम होता है। इसे ऐम्पियर प्रति सेकण्ड में भी मापा जा सकता है। एक कूलॉम आवेश में 6.28×10^{18} इलेक्ट्रॉन्स होते हैं। वैद्युत आवेश दो प्रकार का होता है धनावेश तथा ऋणावेश।

(i) एकसमान आवेश, एक-दूसरे को प्रतिकर्षित करते हैं।

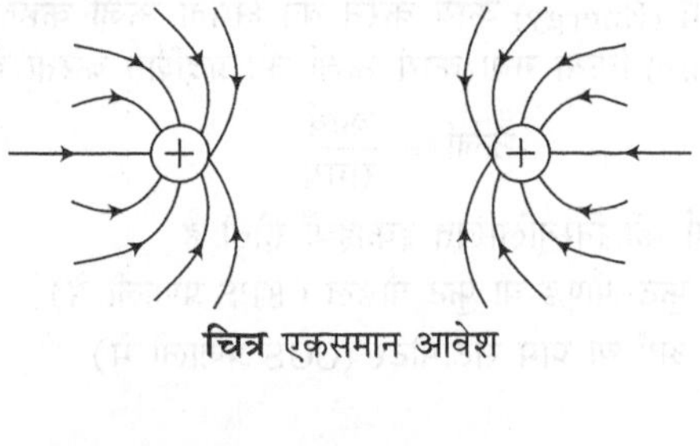

चित्र एकसमान आवेश

(ii) असमान/विपरीत आवेश, एक-दूसरे को आकर्षित करते हैं।

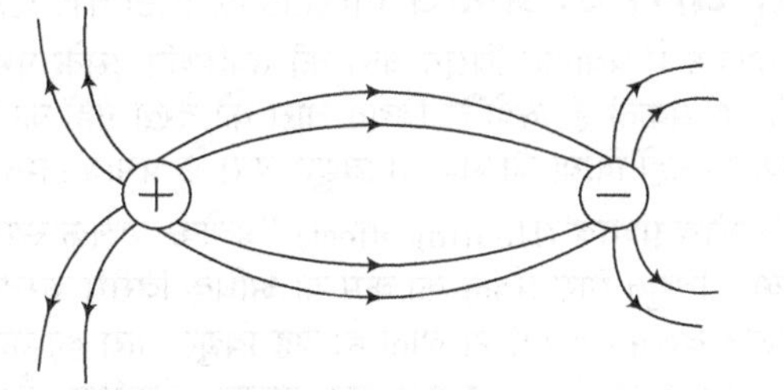

चित्र विपरीत आवेश

10.2 विद्युत धारा Electric Current

इलेक्ट्रॉन या आवेश के प्रवाह होने की दर विद्युत धारा कहलाती है। विद्युत धारा का प्रतीक I तथा मात्रक ऐम्पियर (A) होता है। विद्युत धारा की चाल, प्रकाश की चाल के तुल्य अर्थात् 3×10^{8} मी/से होती है। विद्युत धारा का प्रवाह धन दिशा से ऋण दिशा की ओर (अर्थात् इलेक्ट्रॉन प्रवाह के विपरीत) होता है।

विद्युत धारा के प्रकार Types of Electric Current

विद्युत धारा दो प्रकार की होती है जिनका विवरण निम्नवत् है

1. प्रत्यावर्ती धारा Alternating Current (AC)

जिस विद्युत धारा का मान और दिशा एक नियत समय अन्तराल पर परिवर्तित होती रहती है, वह प्रत्यावर्ती धारा (alternating current) कहलाती है। यह धारा आल्टरनेटर (ए.सी. जनित्र) से प्राप्त की जाती है। इसका उपयोग घरेलू, औद्योगिक आदि क्षेत्रों में प्रकाश, ऊष्मा, ठण्डक, यान्त्रिक ऊर्जा आदि प्रदान करने वाले उपकरणों को प्रचालित करने के लिए किया जाता है।

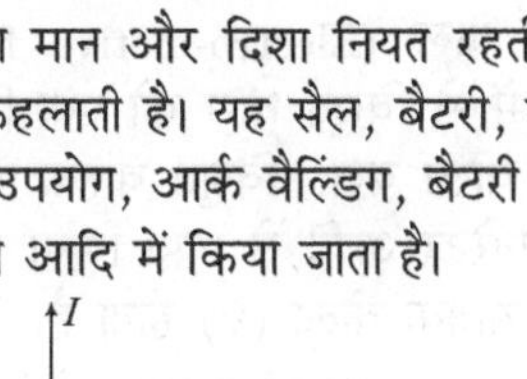

चित्र प्रत्यावर्ती धारा (ए.सी.)

2. दिष्ट धारा Direct Current (DC)

जिस विद्युत धारा का मान और दिशा नियत रहती है, वह दिष्ट धारा (direct current) कहलाती है। यह सैल, बैटरी, जनित्र आदि से प्राप्त की जाती है। इसका उपयोग, आर्क वैल्डिंग, बैटरी चार्जिंग, इलेक्ट्रॉनिक उपकरणों के प्रचालन आदि में किया जाता है।

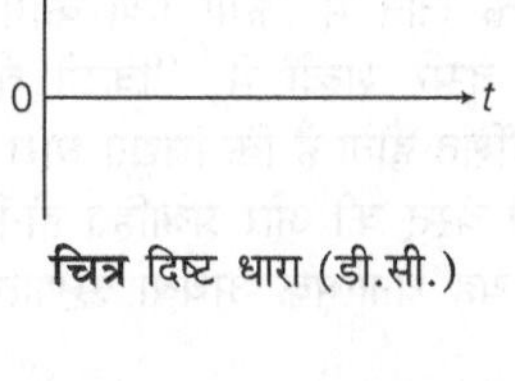

चित्र दिष्ट धारा (डी.सी.)

विद्युत धारा के प्रभाव Effects of Electric Current

किसी चालक में प्रवाहित विद्युत धारा की उपस्थिति इसके प्रभाव द्वारा ही ज्ञात की जा सकती है, क्योंकि विद्युत धारा को देखा नहीं जा सकता तथा इसे स्पर्श भी नहीं किया जा सकता। विद्युत धारा के प्रभाव निम्न प्रकार हैं

1. **ऊष्मीय प्रभाव** (Heating effect) "प्रत्येक चालक स्वयं में से होने वाले विद्युत धारा प्रवाह का कम या अधिक विरोध करता है, जिसके फलस्वरूप वह गर्म हो जाता है। यह विद्युत धारा का ऊष्मीय प्रभाव कहलाता है।" इस प्रभाव का उपयोग वैद्युतिक प्रैस, वैद्युतिक आयरन, हीटर, बल्ब आदि में किया जाता है।
2. **चुम्बकीय प्रभाव** (Magnetic effect) जब विद्युत धारा किसी धारावाही चालक में से गुजरती है तो विद्युत धारावाही चालक के चारों ओर चुम्बकीय क्षेत्र उत्पन्न हो जाता है। यह विद्युत धारा का चुम्बकीय प्रभाव कहलाता है। इस प्रभाव का उपयोग विद्युत घण्टी, विद्युत चुम्बक, पंखा, मोटर, जनित्र आदि में किया जाता है।
3. **रासायनिक प्रभाव** (Chemical effect) अम्लीय विलयनों में से विद्युत धारा प्रवाहित करने पर विलयन में घुले पदार्थ अपने अवयवों में विभाजित हो जाते हैं, यह विद्युत धारा का रासायनिक प्रभाव कहलाता है। इस प्रभाव का उपयोग सैल, विद्युतलेपन (विद्युतरंजन), धातु निष्कर्षण आदि कार्यों में किया जाता है।
4. **किरण प्रभाव** (Ray effect) "जब अधिक वोल्टेज एवं अधिक आवृत्ति वाली विद्युत धारा, वायु-शून्य नली (vacuum tube) में से प्रवाहित की जाती है, तो एक विशेष प्रकार की किरणें X-rays पैदा होती हैं। यह विद्युत धारा का किरण प्रभाव कहलाता है।" इस प्रभाव का उपयोग चिकित्सा क्षेत्र में हड्डियों का छाया-चित्र प्राप्त करने के लिए किया जाता है।
5. **गैस आयनीकरण प्रभाव** (Gas ionisation effect) किसी विसर्जन-नलिका में भरी मरकरी वेपर गैस, सोडियम वेपर गैस आदि में से विद्युत धारा प्रवाहित करने पर गैस का आयनीकरण हो जाता है। यह विद्युत धारा का आयनीकरण प्रभाव कहलाता है। इस प्रभाव का उपयोग उच्च प्रकाश तीव्रता वाले बल्बों में किया जाता है।

विद्युत धारा सम्बन्धी मूल पद
Basic Terms Related to Electric Current

विद्युत धारा से सम्बन्धित कुछ मुख्य पद निम्नलिखित हैं

1. **विद्युत वाहक बल** (Electro-motive force; EMF) किसी चालक पदार्थ में से विद्युत धारा को एक सिरे से दूसरे सिरे तक प्रवाहित करने वाला बल, 'विद्युत वाहक बल' कहलाता है। यह सैल, बैटरी, जेनरेटर आदि से प्राप्त किया जाता है। वि. वा. ब. का प्रतीक E और मात्रक वोल्ट (V) होता है।
2. **विभव** (Potential) "इकाई आवेश को अनन्तता (infinity) से किसी बिन्दु तक लाने में किया गया कार्य उस बिन्दु का विभव कहलाता है।" दूसरे शब्दों में, "किसी वस्तु का वैद्युतिक स्तर जिससे यह निर्देशित होता है कि विद्युत धारा वस्तु से पृथ्वी की ओर अथवा पृथ्वी से वस्तु की ओर प्रवाहित होगी, उस वस्तु का विभव कहलाता है।" यह धनात्मक अथवा ऋणात्मक होता है। जब विद्युत धारा पृथ्वी की ओर प्रवाहित होती है, तो वस्तु का विभव धनात्मक होता है। जब विद्युत धारा पृथ्वी से वस्तु की ओर प्रवाहित होती है, तो वस्तु का विभव ऋणात्मक होता है।
3. **विभवान्तर** (Potential difference, PD) जब किसी चालक (या प्रतिरोधक) में से विद्युत धारा प्रवाहित होती है, तो उसके सिरों के विभवों में कुछ अन्तर पैदा हो जाता है, जिसे विभवान्तर कहते हैं। विभवान्तर का प्रतीक V और मात्रक वोल्ट (V) होता है।
4. **टर्मिनल वोल्टेज** (Terminal voltage) विद्युत आपूर्ति स्रोत के टर्मिनल पर उपलब्ध वोल्टेज को टर्मिनल वोल्टेज कहते हैं। इसका मात्रक वोल्ट होता है तथा इसे V_T से प्रदर्शित करते हैं।
5. **वोल्टेज ड्रॉप या IR ड्रॉप** (Voltage drop or IR Drop) किसी परिपथ में चालक (या प्रतिरोध) में व्यय होने वाली वोल्टेज को वोल्टेज ड्रॉप या IR ड्रॉप कहते हैं।
6. **विद्युतीय कार्य** (Electrical work) किसी विद्युतीय परिपथ में वि.वा.ब. द्वारा इलेक्ट्रॉनों को एक स्थान से दूसरे स्थान तक पहुँचाने में किया गया कार्य विद्युतीय कार्य कहलाता है। इसका मात्रक जूल होता है।

   अर्थात्, कार्य = बल × विस्थापन [∵ 1 जूल = 1 न्यूटन-मीटर]

   या कार्य = वि. वा. ब. (emf) × धारा (i) × समय (t)
7. **विद्युतीय शक्ति** (Electrical power) किसी विद्युतीय उपकरण की कार्य करने की दर विद्युतीय शक्ति कहलाती है। इसका मात्रक हॉर्स पावर होता है।

   $$\text{विद्युतीय शक्ति} = \frac{\text{विद्युतीय कार्य}}{\text{समय}}$$

   1 हॉर्स पावर = 735.5 न्यूटन-मीटर/सेकण्ड

   या 1 हॉर्स पावर = 550 फुट पौण्ड प्रति सेकण्ड

   1 हॉर्स पावर = 746 जूल प्रति सेकण्ड

   ∴ 1 जूल = 10^7 अग (अर्ग, कार्य का एक छोटा मात्रक होता है।)

   $$\text{शक्ति } P = \frac{\text{कार्य } (W)}{\text{समय } (t)} \text{ तथा वोल्टेज } (V) = \frac{\text{कार्य } (W)}{\text{आवेश } (q)}$$

   तब $P = \frac{Vq}{t}$ $[\because q = It]$

   $\Rightarrow P = \frac{VIt}{t} \Rightarrow P = VI$ वाट

   या $P = \frac{V^2}{R}$ या $P = I^2R$

   अत: 1 हॉर्स पावर = 746 वाट (1 वाट = 1 जूल प्रति सेकण्ड)

   ब्रिटिश हॉर्स पावर (HP) = 33000 फुट-पौण्ड प्रति मिनट

   मीट्रिक हॉर्स पावर (HP) = 4500 मीटर-किग्रा प्रति मिनट
8. **ऊर्जा** (Energy) कार्य करने की क्षमता ऊर्जा कहलाती है। स्टोर (store) किया गया कार्य ऊर्जा को प्रदर्शित करता है। अत:

   $$\text{ऊर्जा} = \frac{\text{कार्य}}{\text{समय}}$$

   ऊर्जा की निम्नलिखित इकाइयाँ होती हैं

   (i) फुट-पौण्ड या फुट पौंडल (FPS प्रणाली में)

   (ii) अर्ग या ग्राम सेंटीमीटर (CGS प्रणाली में)

(iii) जूल या किग्रा-मीटर (MKS प्रणाली में)
(iv) वाट
(v) वाट-ऑवर (watt-hour)
(vi) किलोवाट-आवर (kilo watt-hour)

उदाहरण 1. **100 ओम प्रतिरोध वाला एक उपकरण 2 ऐम्पियर धारा लेता है। उस उपकरण द्वारा ली गई शक्ति की गणना कीजिए।**

हल ज्ञात है, प्रतिरोध $R = 100\,\Omega$

धारा $I = 2\,A$

शक्ति $P = I^2R$ $[P = VI$ से$]$

$P = 2^2 \times 100$ $[\because V = IR]$

$P = 400$ वाट

10.3 प्रतिरोध Resistance

पदार्थों का वह स्वाभाविक गुण, जिसके कारण वे स्वयं में से होने वाली विद्युत धारा प्रवाह का विरोध करते हैं, प्रतिरोध कहलाता है। प्रतिरोध का प्रतीक R और मात्रक ओम (Ω) है। इसे मापने के लिए ओम-मीटर का प्रयोग किया जाता है। वह पदार्थ जो प्रतिरोध का गुण प्रदर्शित करता है, प्रतिरोधक (resistor) कहलाता है। प्रतिरोध को निम्न प्रतीकों द्वारा व्यक्त किया जाता है

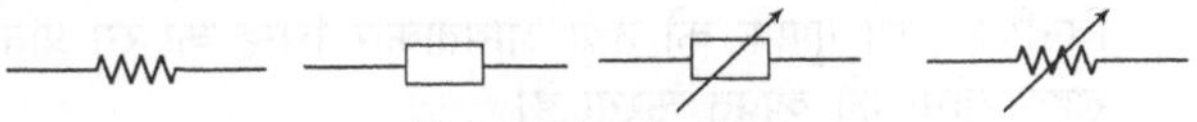

चित्र प्रतिरोध के प्रतीक

प्रतिरोध के नियम Rules of Resistance

किसी चालक या प्रतिरोधक का प्रतिरोध निम्न कारकों पर निर्भर करता है

1. किसी चालक का प्रतिरोध उसकी लम्बाई के अनुक्रमानुपाती होता है

अर्थात् $R \propto l$

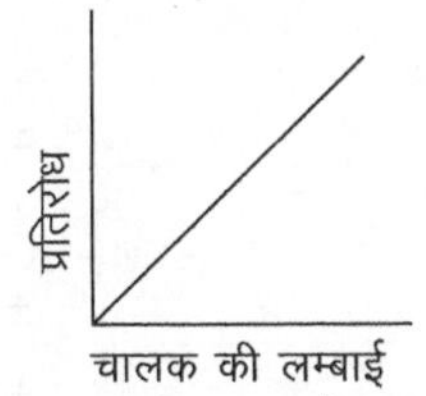

चित्र चालक की लम्बाई तथा उसके प्रतिरोध में सम्बन्ध

2. किसी चालक का प्रतिरोध उसके अनुप्रस्थ काट क्षेत्रफल (cross-sectional area) के व्युत्क्रमानुपाती होता है

अर्थात् $R \propto \frac{1}{A}$

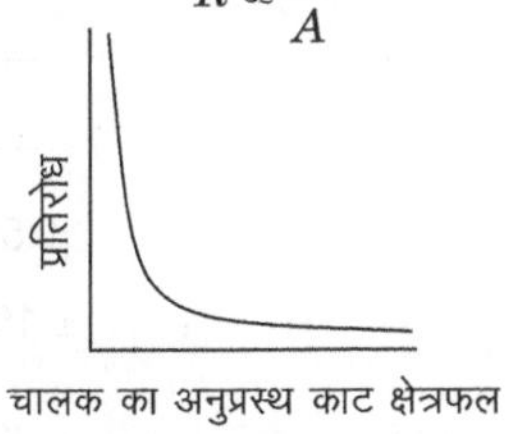

चित्र चालक के अनुप्रस्थ काट क्षेत्रफल तथा उसके प्रतिरोध में सम्बन्ध

3. किसी चालक का प्रतिरोध उसके पदार्थ की प्रकृति अर्थात् पदार्थ की प्रतिरोधकता (resistivity) पर निर्भर करता है।

इस प्रकार, $R \propto \frac{l}{a}$

अर्थात् $R = \frac{\rho \cdot l}{a}$

जहाँ, $R =$ प्रतिरोध, ओम में

$\rho =$ चालक की प्रतिरोधकता, ओम-सेमी में

$l =$ प्रतिरोधक की लम्बाई, सेमी में

$a =$ प्रतिरोधक का अनुप्रस्थ कटाक्ष क्षेत्रफल, सेमी^{2} में

प्रतिरोधकता या विशिष्ट प्रतिरोध
Resistivity or Specific Resistance

प्रत्येक चालक, अपनी संरचना के अनुसार, अपने में से प्रवाहित होने वाली विद्युत धारा का विरोध करता है, जो उसकी प्रतिरोधकता कहलाती है। किसी भी पदार्थ का प्रतिरोध शून्य नहीं होता है।

सूत्र $R = \frac{\rho \cdot l}{a}$ में यदि $l = 1$ सेमी तथा $a = 1$ सेमी^{2} हो तो $R = \rho$ अर्थात् "किसी पदार्थ के 1 सेमी लम्बे तथा 1 वर्ग सेमी अनुप्रस्थ काट क्षेत्रफल वाले टुकड़े का प्रतिरोध, उसका विशिष्ट प्रतिरोध कहलाता है।" इसका मात्रक उपरोक्त सूत्र के द्वारा निम्न प्रकार से प्राप्त किया जा सकता है

सूत्र $R = \frac{\rho \cdot l}{a}$ से $\rho = \frac{R \cdot a}{l}$

$$= \frac{\text{ओम} \times \text{सेमी}^2}{\text{सेमी}} = \text{ओम-सेमी}$$

MKS प्रणाली में इसका मात्रक ओम-मी होता है।

उदाहरण 2. **14 मी लम्बे तथा 0.14 सेमी व्यास वाले यूरेका तार का प्रतिरोध 2.5 ओम है, तो उसका विशिष्ट प्रतिरोध ज्ञात कीजिए।**

हल ज्ञात है, तार की लम्बाई, $l = 14$ मी $= 1400$ सेमी

तार का व्यास, $d = 0.14$ सेमी

$\therefore$ $r = \frac{0.14}{2}$ सेमी

तार का प्रतिरोध, $R = 2.5$ ओम

अतः तार का विशिष्ट प्रतिरोध $\rho = \frac{R \cdot a}{l}$

$= \frac{R.\pi.r^2}{l}$ $[\because$ क्षेत्रफल $a = \pi r^2]$

$= \frac{2.5 \times 22 \times 0.14 \times 0.14}{1400 \times 7 \times 2 \times 2}$

$= 27.5 \times 10^{-6}$ ओम-सेमी

चालकता Conductance

जिस प्रकार प्रतिरोध, विद्युत धारा प्रवाह का विरोध करता है उसी प्रकार चालकता, विद्युत धारा प्रवाह को सुगमता प्रदान करती है। इसका प्रतीक G तथा मात्रक सीमेन (S) तथा म्हो $\mho^{-1}$ है।

$$G = \frac{1}{R}$$

विशिष्ट चालकता Specific Conductance

विशिष्ट प्रतिरोध का विपरीत प्रभाव, विशिष्ट चालकता कहलाता है। इसका प्रतीक σ (सिग्मा) तथा मात्रक सीमेन प्रति सेमी या म्हो प्रति सेमी होता है।

$$\sigma = \frac{1}{\rho}$$

उदाहरण 3. **यदि किसी प्रतिरोधक की चालकता 0.05 सीमेन और उसकी विशिष्ट चालकता 0.05 सीमेन प्रति सेमी हो, तो उसका प्रतिरोध तथा विशिष्ट प्रतिरोध ज्ञात कीजिए।**

हल ज्ञात है, चालकता, $G = 0.05$ सीमेन

विशिष्ट चालकता, $\sigma = 0.05$ सीमेन प्रति सेमी

अत: प्रतिरोध, $R = \frac{1}{G} = \frac{1}{0.05} = \frac{100}{5} = 20$ ओम

और विशिष्ट प्रतिरोध, $\rho = \frac{1}{\sigma} = \frac{1}{0.05} = 20$ ओम-सेमी

प्रतिरोध मान अंकन Marking of Resistance Value

नियत मान कार्बन प्रतिरोधकों के अतिरिक्त अन्य सभी प्रकार के प्रतिरोधकों का प्रतिरोध मान, वाटेज आदि, अंकों एवं अक्षरों के द्वारा उनकी बॉडी पर अंकित कर दिया जाता है। नियत मान कार्बन प्रतिरोधकों का आकार इतना छोटा होता है कि उनकी बॉडी पर अंकों तथा अक्षरों के द्वारा मान अंकित करना कठिन होता है और साथ ही अंकित मान को पढ़कर अनेक प्रतिरोधकों में से आवश्यक मान के प्रतिरोधक का चयन करना असुविधाजनक होता है। प्रतिरोधकों पर मान अंकित करने की निम्न विधियाँ हैं

1. विभिन्न रंगों के द्वारा By Different Colours

प्रतिरोधकों पर मान अंकित करने की विधियों के आधार पर नियत मान कार्बन प्रतिरोधक 'बैण्ड टाइप' तथा 'बॉडी टाइप' प्रकार के होते हैं, जिनका विवरण निम्नवत् है

(i) **बैण्ड टाइप** (Band type) इस विधि में प्रतिरोधक की बॉडी पर एक किनारे से विभिन्न रंगों की चार पट्टियाँ अंकित की जाती हैं।

पहली पट्टी का रंग प्रतिरोध मान के पहले अंक को, दूसरी पट्टी का रंग दूसरे अंक को, तीसरी पट्टी का रंग गुणक को तथा चौथी पट्टी का रंग प्रतिशत सहन सीमा को व्यक्त करता है।

(ii) **बॉडी टाइप** (Body type) इस विधि में प्रतिरोधक की पूरी बॉडी को एक रंग से रँगा जाता है। अब दूसरे रंग से एक सिरे को रँगा जाता है और बॉडी पर भिन्न रंगों की एक वृत्ताकार तथा एक आयताकार बिन्दी अंकित की जाती है। प्रतिरोधक की बॉडी का रंग प्रतिरोध मान के पहले अंक को, सिरे का रंग दूसरे अंक को, बिन्दी का रंग गुणक को तथा आयताकार चिन्ह का रंग प्रतिशत सहन सीमा को व्यक्त करता है।

तालिका रंग संकेत तालिका

रंग	पहली पट्टी या बॉडी के लिए आंकिक मान	दूसरी पट्टी या सिरे के लिए आंकिक मान	तीसरी पट्टी या गोल बिन्दी के लिए आंकिक मान (गुणक)	चौथी पट्टी या आयताकार बिन्दी के लिए आंकिक मान (सहन सीमा)
काला (Black)	0	0	1	—
भूरा (Brown)	1	1	10	± 1%
लाल (Red)	2	2	10^2	± 2%
नारंगी (Orange)	3	3	10^3=K	± 3%
पीला (Yellow)	4	4	10^4	± 4%
हरा (Green)	5	5	10^5	—
नीला (Blue)	6	6	10^6 = M	—
बैंगनी (Violet)	7	7	—	—
सलेटी (Grey)	8	8	—	—
सफेद (White)	9	9	—	—
सुनहरी (Golden)	—	—	0.1	± 5%
चाँदनी (Silver)	—	—	0.01	± 10%
कोई रंग नहीं (No colour)	—	—	—	± 20%

उदाहरण के लिए,

क्र.सं.	पहली पट्टी या बॉडी का रंग	दूसरी पट्टी या सिरे का रंग	तीसरी पट्टी या गोल बिन्दी का रंग	चौथी पट्टी या चौकोर बिन्दी का रंग	प्रतिरोध मान
1.	भूरा	काला	सुनहरी	सुनहरी	$1.0\,\Omega \pm 5\%$
2.	लाल	लाल	काला	लाल	$22\,\Omega \pm 2\%$
3.	लाल	बैंगनी	नारंगी	चाँदनी	$27\,k\Omega \pm 10\%$
4.	पीला	बैंगनी	पीला	सुनहरी	$470\,k\Omega \pm 5\%$
5.	भूरा	काला	हरा	सुनहरी	$1M\Omega \pm 5\%$
6.	भूरा	काला	नीला	चाँदनी	$10\,M\Omega \pm 10\%$

2. प्रत्यक्ष विधि द्वारा By Direct Method

1/2 वाट से 2 वाट तक के कार्बन प्रतिरोधकों पर अंकों तथा अक्षरों के द्वारा प्रत्यक्ष रूप से भी प्रतिरोधक मान अंकित किया जाता है। इसमें $R = 1$, $k = 10^3$, $M = 10^6$ ओम होता है।

उदाहरण के लिए, R22 = $0.22\,\Omega$

1 R8 = $1.8\,\Omega$ 2 k7 = $2.7\,k\Omega$

M 2 = $0.2\,M\Omega$ 1 M5 = $1.5\,M\Omega$

इस प्रकार, व्यक्त मान में दशमलव बिन्दु के स्थान पर अक्षर प्रयोग किया गया है।

प्रतिरोधक पावर रेटिंग Resistor Power Rating

विभिन्न प्रकार के प्रतिरोधकों की पावर रेटिंग भी भिन्न-भिन्न होती है। प्रतिरोधक दो प्रकार के होते हैं—कार्बन प्रतिरोधक तथा वायर वाउण्ड प्रतिरोधक।

1. **कार्बन प्रतिरोधकों की पावर रेटिंग** (Power Rating of Carbon Resistors) कार्बन प्रतिरोधकों के अन्तर्गत आने वाले नियत मान वाले प्रतिरोधक 1 ओम से 20 मेगा ओम एवं 0.125 वाट से 2 वाट की पावर रेटिंग में बनाये जाते हैं तथा परिवर्ती मान वाले प्रतिरोधक 100 ओम से 5 मेगा ओम एवं 0.05 वाट से 0.25 वाट की पावर रेटिंग में बनाये जाते हैं।
2. **वायर वाउण्ड प्रतिरोधकों की पावर रेटिंग** (Power Rating of Wire Wound Resistors) वायर वाउण्ड प्रतिरोधकों के अन्तर्गत आने वाले नियत मान वाले प्रतिरोधक 0.1 ओम से 50 किलोओम एवं 1 वाट से 50 वाट की पावर रेटिंग में बनाये जाते हैं तथा परिवर्ती मान वाले प्रतिरोधक 5 ओम से 5 किलोओम एवं 1 वाट से 50 वाट की पावर रेटिंग में बनाये जाते हैं।

10.4 ओम का नियम Ohm's Law

जर्मन वैज्ञानिक **जी. एस. ओम** ने 1826 ई. में डी.सी. परिपथों में विद्युत धारा (I), विभवान्तर (V) तथा प्रतिरोध (R) के सम्बन्ध में एक नियम स्थापित किया था, जो ओम का नियम कहलाता है। इस नियम के अनुसार, "नियत तापमान तथा नियत भौतिक परिस्थितियों में किसी बन्द वैद्युतिक डी.सी. परिपथ में किसी प्रतिरोधक के सिरों पर उत्पन्न होने वाला विभवान्तर, उस प्रतिरोधक में से प्रवाहित होने वाली विद्युत धारा मान के अनुक्रमानुपाती होता है।"

अर्थात् $V \propto I$ या $\frac{V}{I} =$ नियतांक

या $\frac{V}{I} = R$ या $R = \frac{V}{I}$

या $V = IR$ या $I = \frac{V}{R}$

यहाँ, $R =$ प्रतिरोध, ओम में, $V =$ विभवान्तर, वोल्ट्स में

तथा $I =$ विद्युत धारा, ऐम्पियर में।

ओम के नियम का सत्यापन
Verification of Ohm's Law

चित्र में दर्शाए गए परिपथ के द्वारा रिहोस्टेट का मान परिवर्तित करके विभिन्न विद्युत धारा मानों के लिए विभिन्न विभवान्तर मानों के द्वारा ओम का नियम अर्थात् $V \propto I$ सम्बन्ध को ज्ञात किया जा सकता है। प्रत्येक दशा में V/I का मान एक नियतांक होगा।

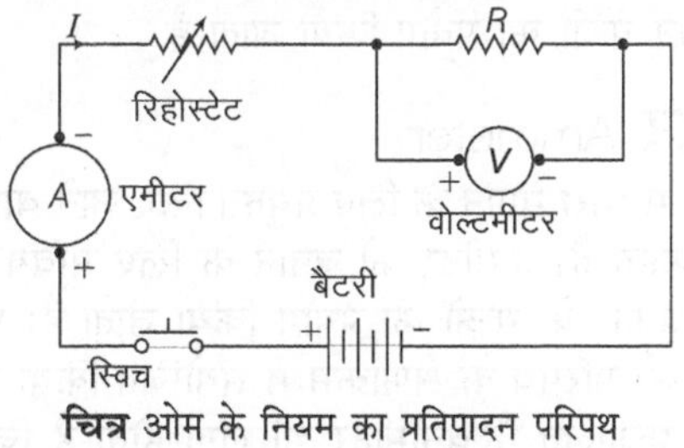

चित्र ओम के नियम का प्रतिपादन परिपथ

ओम के नियम को सत्यापित करने के लिए निम्न उपकरणों की आवश्यकता होती है

(i) एमीटर, 0-1 A, DC   (ii) वोल्टमीटर, 0-10 V, DC

(iii) रिहोस्टेट, $0\text{-}25\,\Omega$ (iv) प्रतिरोधक, $10\,\Omega$

(v) बैटरी, 6 V   (vi) फ्लैक्सिबल तार, 23/36-2 मी

(vii) पुश बटन स्विच।

उपरोक्त उपकरणों को चित्र के अनुसार संयोजित कर लें। रिहोस्टेट को लगभग $20\,\Omega$ प्रतिरोध मान पर सैट रखें और पुश बटन को दबाकर एमीटर एवं वोल्टमीटर की रीडिंग तालिका में नोट करें।

इसी प्रकार रिहोस्टेट के प्रतिरोध मान को घटाकर तीन-चार प्रेक्षण (observations) लें।

प्रेक्षण तालिका

क्र.सं.	एमीटर का पाठ्यांक, mA	वोल्टमीटर का पाठ्यांक, V	$\frac{\text{विभवान्तर}}{\text{विद्युत धारा}} = \frac{V}{I}$	प्रतिरोध, R
1.	200	2	$\frac{2}{200 \times 10^{-3}}$	$=10\Omega$
2.	400	4	$\frac{4}{400 \times 10^{-3}}$	$=10\Omega$
3.	550	5.5	$\frac{5.5}{550 \times 10^{-3}}$	$=10\Omega$
4.	670	6.7	$\frac{6.7}{670 \times 10^{-3}}$	$=10\Omega$
5.	...	...	...	$=10\Omega$

उपरोक्त तालिका से ज्ञात होता है कि प्रत्येक दशा में V/I का मान समान आता है, जो ओम के नियम को सत्यापित करता है।

उदाहरण 4. यदि किसी 20 ओम के प्रतिरोधक में से 2.5 ऐम्पियर मान की विद्युत धारा प्रवाहित हो रही हो, तो उसके सिरों पर उत्पन्न होने वाले विभवान्तर का मान ज्ञात कीजिए।

हल ज्ञात है, प्रतिरोध, $R = 20$ ओम

विद्युत धारा, $I = 2.5$ ऐम्पियर

अत: विभवान्तर, $V = I \cdot R = 2 \cdot 5 \times 20 = 50$ वोल्ट

कभी-कभी परिपथ के लिए आवश्यक मान का प्रतिरोधक उपलब्ध नहीं होता है तथा सभी मान वाले प्रतिरोधकों को खरीदना महँगा पड़ता है। अत: आवश्यक मान का प्रतिरोध प्राप्त करने के लिए उपलब्ध प्रतिरोधकों को विभिन्न क्रमों में संयोजित कर लिया जाता है।

10.5 मापक यन्त्र Measuring Instrument

विद्युतीय इकाइयों (धारा, वोल्टेज तथा प्रतिरोध) को मापने के लिए निम्न प्रकार के मापन यन्त्रों का प्रयोग किया जाता है

1. अमीटर Ammeter

किसी परिपथ में धारा मापन के लिए प्रयुक्त किए जाने वाले मापक यन्त्र को अमीटर कहते हैं। अमीटर को बनाने के लिए मूविंग क्वॉयल यन्त्र अथवा अन्य प्रकार के यन्त्रों का प्रयोग किया जाता है। धारा मापन के लिए अमीटर को परिपथ के श्रेणीक्रम में संयोजित किया जाता है। इसमें एक क्वॉयल प्रचालित गैल्वेनोमीटर भी लगा होता है जिसके समान्तर क्रम में निम्न मान का प्रतिरोधक संयोजित किया जाता है, जैसा कि निम्न चित्र में प्रदर्शित है

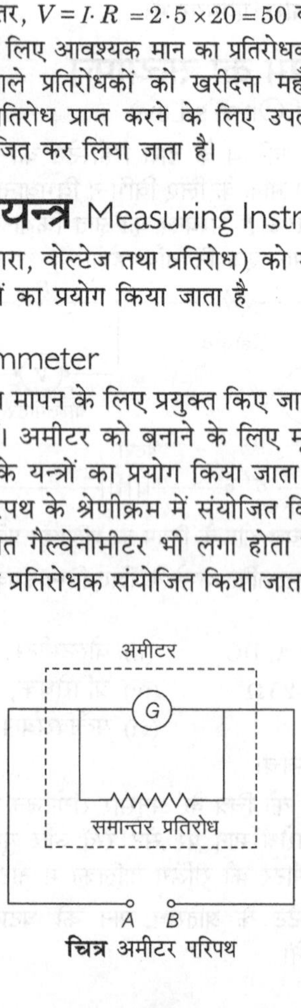

चित्र अमीटर परिपथ

अमीटर के A व B टर्मिनल को धारा मापने वाले परिपथ अथवा उपकरण के श्रेणी क्रम में संयोजित करते हैं। प्रतिरोध के समान्तर क्रम में होने के कारण गैल्वेनोमीटर में प्रतिरोध के बराबर ही वोल्टेज ड्रॉप होगा, जिससे गैल्वेनोमीटर के संकेतक में विक्षेप होता है। इस विक्षेप को अमीटर पैमाने पर पढ़कर धारा का मान ज्ञात कर लेते हैं।

2. वोल्टमीटर Voltmeter

किसी परिपथ में वोल्टेज मापन के लिए प्रयोग किए जाने वाले मापक यन्त्र को वोल्टमीटर कहते हैं। वोल्टमीटर के रूप में मूविंग क्वॉयल यन्त्र अथवा अन्य प्रकार के यन्त्रों का प्रयोग किया जाता है। वोल्टमीटर को वोल्टेज मापन के लिए परिपथ में समान्तर क्रम में संयोजित किया जाता है। मूविंग क्वॉयल यन्त्र अपने प्रतिरोध एवं प्रवाहित धारा के गुणनफल के द्वारा वोल्टेज का मापन करता है।

वोल्टमीटर में से प्रवाहित होने वाली धारा का प्रवाह न्यूनतम होना चाहिए अन्यथा इसके कारण लोड धारा प्रभावित हो जाती है, इसलिए इसके प्रतिरोध का मान अधिकतम होना चाहिए। वोल्टमीटर में एक क्वॉयल प्रचालित गैल्वेनोमीटर लगा होता है जिसके श्रेणी क्रम में एक उच्च मान का प्रतिरोधक लगा होता है। निम्न परिपथ में एक वोल्टमीटर दर्शाया गया है

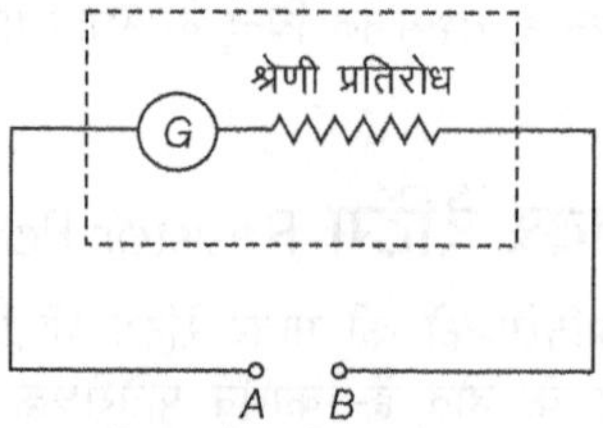

चित्र वोल्टमीटर परिपथ

उपरोक्त परिपथ में दर्शाए गये वोल्टमीटर के सिरों A तथा B को परिपथ अथवा उपकरण (जिसका वोल्टेज मापना हो) के समान्तर क्रम में संयोजित किये जाते हैं, जिससे गैल्वेनोमीटर में धारा प्रवाहित होती है। श्रेणी प्रतिरोध के कारण इसके सिरों पर विभवान्तर उत्पन्न हो जाता है, जिसे गैल्वेनोमीटर के पैमाने पर पढ़ लिया जाता है। यह विभवान्तर परिपथ अथवा उपकरण के वोल्टेज के तुल्य होता है।

3. ओममीटर Ohmmeter

ओममीटर प्रतिरोध की गणना करने वाली प्रत्यक्ष पाठ्यांक युक्ति है। यद्यपि इस यन्त्र की परिशुद्धता कम होती है, परन्तु यन्त्र की क्षमता पर कोई प्रभाव नहीं पड़ता है। इस यन्त्र का प्रयोग प्रतिरोध का निकटतम मान (approximate value) ज्ञात करने के लिए किया जाता है।

ओममीटर में मुख्यत: एक माइक्रो-अमीटर, बैटरी विद्युत धारा नियन्त्रक, प्रतिरोधक, शून्य समायोजक प्रतिरोधक (पोटेन्शियोमीटर) तथा 'प्रोब्स' (probes) होती हैं। ये यन्त्र दो प्रकार के होते हैं : (i) श्रेणी प्रकार के (ii) शण्ट प्रकार के। श्रेणी प्रकार के यन्त्र में अज्ञात प्रतिरोधक को बैटरी तथा माइक्रो-अमीटर के साथ श्रेणीक्रम में संयोजित किया जाता है। इसका उपयोग मध्यम तथा उच्च प्रतिरोधक मान मापन के लिए किया जाता है।

शण्ट प्रकार के यन्त्र में अज्ञात प्रतिरोधक को माइक्रो-अमीटर के साथ समान्तर-क्रम में संयोजित किया जाता है। इसका उपयोग निम्न तथा मध्यम प्रतिरोधक मान मापन के लिए किया जाता है।

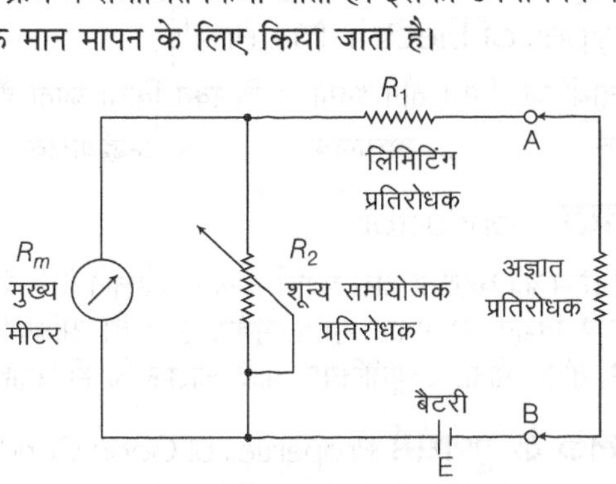

चित्र ओममीटर

A तथा B संयोजकों को 'शॉर्ट-सर्किट' करने पर अर्थात् अज्ञात प्रतिरोधक का मान शून्य होने पर परिपथ में से अधिकतम विद्युत धारा प्रवाहित होती है। इस स्थिति में शून्य समायोजक प्रतिरोधक (zero adjustment resistor) के द्वारा संकेतक को पैमाने की शून्य स्थिति पर समायोजित कर दिया जाता है। पैमाने पर 'शून्य' दायीं ओर होता है। जब संयोजकों A तथा B को एक-दूसरे से पृथक् रखा जाता है, तो संकेतक, पैमाने पर शून्य विद्युत धारा अनन्त (infinite) प्रतिरोध दर्शाता है।

संयोजकों A तथा B के बीच अज्ञात प्रतिरोधक संयोजित करने पर यन्त्र का संकेतक, पैमाने पर सीधे ही प्रतिरोध 'ओम' में दर्शाता है। इस यन्त्र का पैमाना आनुपातिक नहीं होता है।

4. मल्टीमीटर Multimeter

'मल्टीमीटर' का अर्थ है—कई प्रकार की वैद्युतिक राशियों को नापने वाला यन्त्र। ये वैद्युतिक राशियाँ हैं—माइक्रो/मिली ऐम्पियर, वोल्ट तथा ओम। इस यन्त्र को **बहुमापी** एवं **'एवो मीटर'** (AVO meter means Ampere Volt Ohm meter) भी कहते हैं।

मल्टीमीटर मुख्यत: दो प्रकार के होते हैं

(i) एनालॉग मल्टीमीटर (ii) डिजिटल मल्टीमीटर

(i) एनालॉग मल्टीमीटर Analog Multimeter

एनालॉग मल्टीमीटर को AVO (ऐम्पियर-वोल्ट-ओम) मीटर भी कहते हैं, क्योंकि यह मीटर धारा, वोल्टेज व प्रतिरोध तीनों ही वैद्युत राशियों को मापने हेतु प्रयोग होता है। इसमें वैद्युत राशियों का मापन एक संकेतक द्वारा पैमाने पर दर्शाया जाता है, इसलिए इसे एनालॉग मल्टीमीटर कहते हैं। परास स्विच की सहायता से यह पृथक्-पृथक् किसी भी वैद्युत राशि को मापने हेतु प्रयोग में लाया जा सकता है।

चित्रानुसार, मल्टीमीटर की आन्तरिक संरचना में AVO मीटर/एनालॉग मल्टीमीटर की भिन्न परासों के लिए पृथक्-पृथक् प्लग सॉकेट्स होते हैं। इस मल्टीमीटर के साथ दो परीक्षण लीड्स (testing leads) होती हैं, जिनमें एक लाल रंग की तथा दूसरी काले रंग की होती है। काले रंग की परीक्षण लीड को कॉमन (common) अंकित वाले प्लग सॉकेट के साथ संयोजित किया जाता है तथा लाल रंग की परीक्षण लीड को उपयुक्त परास वाले प्लग सॉकेट के साथ संयोजित किया जाता है।

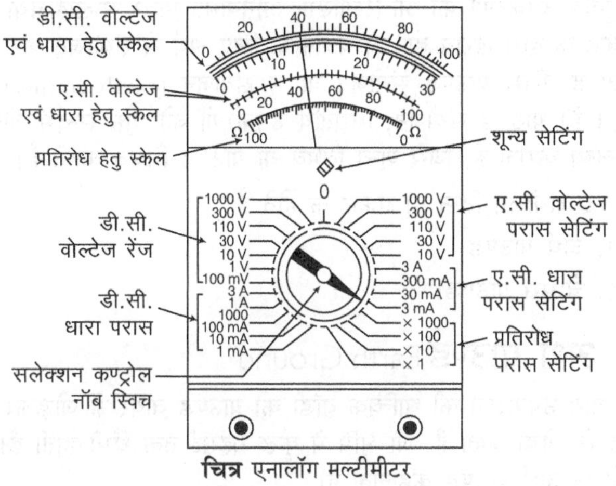

चित्र एनालॉग मल्टीमीटर

(ii) डिजिटल मल्टीमीटर Digital Multimeter

जिन मल्टीमीटर में वैद्युत राशि के पाठ्यांक को डायल पैमाने पर प्वॉइण्टर के द्वारा दर्शाए जाने के स्थान पर सीधे LCD डिस्प्ले इकाई पर डिजिट्स में दर्शाया जाता है, उन्हें डिजिटल मल्टीमीटर के नाम से जाना जाता है।

एनालॉग मल्टीमीटर्स के द्वारा विभिन्न वैद्युत राशियों को मापते समय चल-प्रणाली (moving system) के द्वारा पाठ्यांक को पढ़ने में त्रुटियों के कारण इनके द्वारा प्राप्त पाठ्यांक में यथार्थता (accurate) की कमी होती है, जबकि डिजिटल मल्टीमीटर के द्वारा प्राप्त किए गए पाठ्यांक में यथार्थता (accuracy) अधिक होती है। ये आकार में छोटे तथा वजन में हल्के होते हैं। इनके द्वारा प्राप्त पाठ्यांक अंकों (digits) में पढ़ा जाता है।

इनपुट 'प्रोब' को एक सलैक्टर नियन्त्रक (selector controller) के द्वारा संयोजित किया गया है, जो मापी जाने वाली भौतिक राशि का चयन करता है; जैसे— प्रतिरोध, ए.सी. वोल्टता, ए.सी. धारा, डी.सी. धारा एवं डी.सी. वोल्टता इत्यादि। 'प्रचालन धारा', एक स्थिर धारा स्रोत से प्राप्त की जाती है। प्रतिरोध मापन हेतु प्रचालन धारा को सीधे ही आपूर्ति के एक 'बफर एम्प्लीफायर' के द्वारा एम्प्लीफाई किया जाता है। डिजिटल मल्टीमीटर को निम्न चित्र में दर्शाया गया है

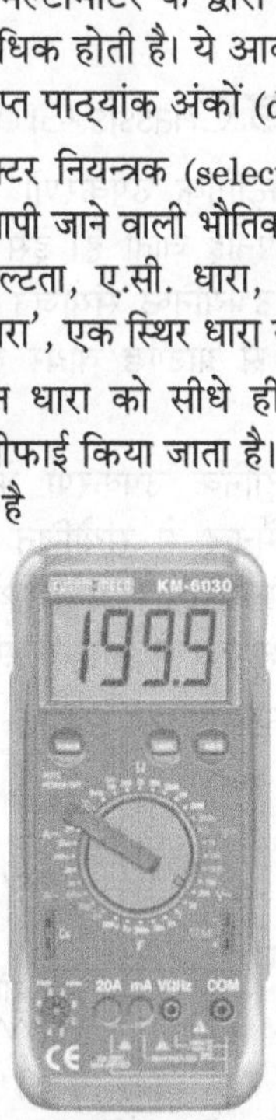

चित्र डिजिटल मल्टीमीटर का पैनल दृश्य

10.6 ग्राउण्ड संयोजन Ground Connection

विद्युतीय उपकरणों को ओवरलोडिंग, अनियमित पावर सप्लाई तथा शॉर्ट सर्किट के द्वारा खराब होने से बचाने के लिए अर्थ से संयोजित कर दिया जाता है, जिसे ग्राउण्ड संयोजन या भू-संयोजन (earth connection) कहते हैं। ग्राउण्ड संयोजन, विद्युतीय उपकरणों को एक सन्दर्भ वोल्टेज उपलब्ध कराता है, जिसे शून्य विभव या ग्राउण्ड विभव कहते हैं।

ग्राउण्ड संयोजन निम्न दो प्रकार के होते हैं

1. अर्थ ग्राउण्ड
2. चेसिस ग्राउण्ड।

1. अर्थ ग्राउण्ड Earth Ground

विद्युतीय उपकरणों की धात्विक बॉडी को ग्राउण्ड वायर से जोड़कर एक छड़ से जोड़ा जाता है, जो भूमि में कुछ गहराई तक धँसी होती है। यह संयोजन अर्थ ग्राउण्ड कहलाता है।

इसके द्वारा शॉर्ट सर्किट के द्वारा लगने वाले विद्युतीय झटकों से सुरक्षा प्राप्त होती है। इसे ⏚ संकेत द्वारा प्रदर्शित करते हैं। इसका उपयोग घरेलू परिपथों में किया जाता है।

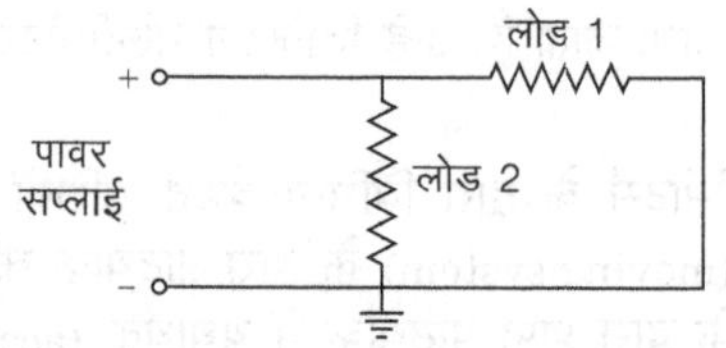

चित्र अर्थ ग्राउण्ड

2. चैसिस ग्राउण्ड Chassis Ground

ऑटोमोबाइल तथा इलेक्ट्रॉनिक उपकरणों को ग्राउण्ड करने के लिए चैसिस ग्राउण्ड विधि अपनाई जाती है। इस विधि में उपकरण के सभी विद्युतीय भागों को एक उभयनिष्ठ संयोजन प्रदान किया जाता है। इसमें ग्राउण्ड के लिए अलग से ग्राउण्ड वायर लगाने की आवश्यकता नहीं होती है।

ऑटोमोबाइल या इलेक्ट्रॉनिक उपकरण के चैसिस अथवा फ्रेम को बैटरी के ऋणात्मक टर्मिनल से संयोजित करके प्रत्येक उपकरण के ऋणात्मक टर्मिनल को भी चैसिस या फ्रेम संयोजित कर दिया जाता है। यह चैसिस अथवा फ्रेम प्रत्यक्ष रूप से भूमि से संयोजित न होकर टायरों द्वारा इन्सुलेटिड रहता है। चैसिस ग्राउण्ड को ⫨ संकेत के द्वारा प्रदर्शित करते हैं।

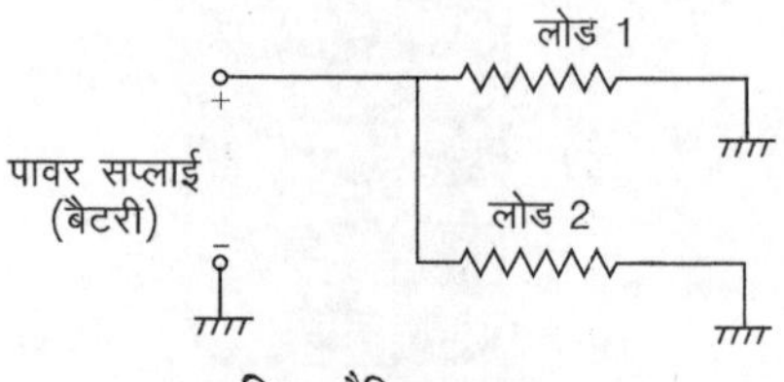

चित्र चैसिस ग्राउण्ड

10.7 वैद्युतिक पदार्थों के प्रकार Types of Electric Materials

वैद्युतिक पदार्थों को निम्न तीन भागों में विभक्त किया जाता है

1. चालक 2. अचालक 3. अर्द्धचालक

1. चालक Conductor

"मुक्त इलेक्ट्रॉन्स की बहुलता वाले पदार्थ चालक कहलाते हैं।" ये वे पदार्थ होते हैं, जिनमें विद्युत का प्रवाह सुगमतापूर्वक होता है। अधिकांश धातुएँ; जैसे—चाँदी, ताँबा, सोना, एल्युमीनियम आदि चालक के ही उदाहरण हैं।

अच्छे चालक के गुणधर्म Properties of Good Conductor

एक अच्छे चालक के निम्नलिखित गुण होने चाहिए

(i) चालक सस्ता तथा सरलता से उपलब्ध होना चाहिए, जिससे कि सामान्य वैद्युतिक कार्यों के लिए उसका उपयोग किया जा सके।

(ii) चालक तन्य (ductile) होना चाहिए, जिससे कि उसके द्वारा महीन तार निर्मित किए जा सकें और उनका चोक, आर्मेचर आदि वाइण्डिंग कार्यों में प्रयोग किया जा सके।

(iii) चालक सुदृढ़ (tough) अर्थात् मजबूत होना चाहिए, जिससे कि उससे निर्मित तार, ओवरहैड लाइन में प्रयोग किए जा सकें और दबाव डालने पर वे सरलता से टूटने नहीं चाहिए।

(iv) चालक आघातवर्ध्य (malleable) होना चाहिए, जिससे कि आवश्यकतानुसार, उसकी चादरें एवं पत्तियाँ बनाई जा सकें।

(v) चालक ऐसा होना चाहिए कि उसके जोड़ों की सोल्डरिंग आसानी से की जा सके।

(vi) चालक का विशिष्ट प्रतिरोध कम व चालकता अधिक होनी चाहिए, जिससे कि वोल्टेज में गिरावट तथा विद्युत शक्ति की खपत कम हो।

(vii) चालक ऐसा होना चाहिए कि वह वातावरण के प्रभावों; जैसे—नमी, वर्षा, धूप आदि से अप्रभावित रहे।

चालकों का वर्गीकरण Classification of Conductors

चालकों को निम्न तीन वर्गों में वर्गीकृत किया जा सकता है

(i) **ठोसीय चालक** (Solid conductors) ठोस चालक निश्चित आकृति एवं आकार के होते हैं; जैसे—सोना, कॉपर, चाँदी, लोहा आदि ठोस चालक के ही उदाहरण हैं।

(ii) **द्रवीय चालक** (Liquid conductors) वे चालक, जो आकार में स्थिर नहीं होते तथा जिनमें बहने (flow) का गुण विद्यमान होता है, द्रवीय चालक कहलाते हैं; जैसे—जल (H_2O), सिल्वर नाइट्रेट आदि।

(iii) **गैसीय चालक** (Gaseous conductors) कोई भी गैस, चालक नहीं होती है। किसी गैस को चालक बनाने के लिए उसमें कुछ मात्रा में लवण मिलाया जाता है, जिससे वह आयनीकृत होकर एक अच्छे गैसीय चालक की भाँति व्यवहार करती है। कुछ गैसें; जैसे—हीलियम, ऑर्गन, नियॉन आदि गैसीय चालक की भाँति व्यवहार करती हैं।

चालकों के अभिलक्षण
Characteristics of Conductors

वैद्युतिक कार्यों में सर्वाधिक प्रयोग होने वाले दो प्रमुख चालक पदार्थ ताँबा तथा एल्युमीनियम के अभिलक्षण निम्न तालिका में दर्शाए गए हैं

क्र.सं.	गुण	ताँबा (Cu)	एल्युमीनियम (Al)
1.	रंग	लाल-भूरा	श्वेत
2.	20°C पर प्रतिरोधकता (ओम/मीटर में)	0.01786	0.6278
3.	20° C पर प्रतिरोध ताप गुणांक	.00393	.00403
4.	20° C पर लम्ब प्रसार गुणांक	17×10^{-6}	23×10^{-6}
5.	विद्युत चालकता (म्हो/मीटर में)	56	36
6.	गलनांक	1083° C	660° C
7.	घनत्व (kg/cm^3 में)	8.93	2.7
8.	NW/mm^2 में तन्य दृढ़ता	220	70

प्रमुख चालक Principal Conductors

वैद्युतिक कार्यों में प्रयोग किए जाने वाले कुछ प्रमुख चालक निम्नलिखित हैं

(i) **चाँदी** (Silver) यह सफेद, तन्य, आघातवर्ध्य, उच्च चालकता एवं कम विशिष्ट प्रतिरोध वाली धातु है। इसकी चालकता 98% तथा विशिष्ट प्रतिरोध 20°C पर 1.64 माइक्रो ओम सेमी होता है। मूल्यवान होने के कारण इसका उपयोग केवल रिले, काण्टैक्टर्स, स्टार्टर्स आदि के संयोजक बिन्दु (contact points) बनाने के लिए किया जाता है।

(ii) **ताँबा** (Copper) यह मटमैली-लाल, तन्य, आघातवर्ध्य एवं कम विशिष्ट प्रतिरोध वाली धातु है। यह चाँदी की अपेक्षा सस्ती होती है एवं वातावरणीय परिवर्तनों को सरलता से सह सकती है। इसकी विद्युत चालकता 56 म्हो/मीटर तथा विशिष्ट प्रतिरोध 1.7 माइक्रो ओम सेमी होता है। इसका उपयोग वैद्युतिक तार, केबिल, अर्थिंग, इलेक्ट्रोड, बस-बार के निर्माण एवं वैद्युतिक सहायक सामग्री तथा विद्युत उपकरणों में किया जाता है।

(iii) **एल्युमीनियम** (Aluminium) यह सफेद, तन्य, आघातवर्ध्य, हल्की, जंगरोधी एवं कम विशिष्ट प्रतिरोध वाली धातु है, जिसकी चालकता 36 म्हो/मीटर होती है। भारत में अत्यधिक मात्रा में उपलब्ध होने के कारण इसका प्रयोग ताँबे के स्थान पर किया जाता है, परन्तु इसकी सुदृढ़ता ताँबे से कम होती है, जिसके कारण इसे ताँबे से कम महत्ता दी जाती है।

(iv) **सोना** (Gold) यह विद्युत का सबसे उत्तम चालक है। यह पीली, तन्य, आघातवर्ध्य एवं अत्यधिक मूल्यवान धातु है, जिसकी चालकता 99% होती है। अधिक मूल्यवान होने के कारण इसका उपयोग वैद्युतिक कार्यों में नगण्य है।

(v) **टंगस्टन** (Tungsten) यह गहरे-सलेटी रंग की, उच्च गलनांक वाली, तन्य एवं कठोर धातु है। इसका उपयोग विद्युत बल्ब एवं फ्लोरसैन्ट ट्यूब के फिलामेन्ट को बनाने में किया जाता है। इसे पिघलाने के लिए उच्च तापमान (3400°C) की आवश्यकता होती है।

(vi) **जस्ता** (Zinc) यह नीले-सलेटी रंग वाली, नर्म एवं जंगरोधी धातु है। इसका उपयोग लोहे के तारों, चादरों तथा पाइपों पर जंगरोधी पर्त चढ़ाने अर्थात् उन्हें गैल्वेनाइज्ड करने के लिए किया जाता है। इसके अतिरिक्त, इसका उपयोग शुष्क सैलों के खोल बनाने के लिए भी किया जाता है।

(vii) **पीतल** (Brass) यह ताँबे और जस्ते से बनी पीले रंग की तन्य, आघातवर्ध्य, जंगरोधी एवं सुदृढ़ धातु है। इसकी चालकता चाँदी की तुलना में सिर्फ 48% है। इसका उपयोग वैद्युतिक उपकरणों के संयोजक, पेंच व खोल आदि बनाने में किया जाता है। मिश्रण में अवयवों की प्रतिशत उपस्थिति में भिन्नता के आधार पर कई प्रकार का पीतल बनाया जाता है।

(viii) **निकिल** (Nickel) यह सफेद रंग की जंगरोधी धातु है। इसका उपयोग निकिल आयरन संचायक सैलों (iron-acidcells) की प्लेटें बनाने तथा अन्य धात्विक वस्तुओं पर जंगरोधक पर्त चढ़ाने के लिए किया जाता है।

(ix) **लोहा** (Iron) यह एक सुदृढ़, सस्ती, सुलभ, तन्य एवं आघातवर्ध्य धातु है। यद्यपि इसका विशिष्ट प्रतिरोध, ताँबे के विशिष्ट प्रतिरोध का लगभग 8 गुना होता है, परन्तु इसके अन्य गुणों; जैसे—उच्च यान्त्रिक शक्ति आदि के कारण, इसका उपयोग टेलीफोन तारों, अर्थ तारों एवं वैद्युतिक उपकरणों की बॉडी, लेमीनेशन्स आदि बनाने में किया जाता है।

(x) **टिन** (Tin) यह सफेद, अत्यधिक नर्म एवं जंगरोधी धातु है। इसका उपयोग सीसे के साथ मिश्र धातु के रूप में फ्यूज तार, सोल्डर आदि बनाने में किया जाता है। इसके अतिरिक्त, इसका उपयोग अन्य धातुओं के तार पर जंगरोधी एवं वातावरण के प्रभावों से बचाने वाली पर्त चढ़ाने के लिए भी किया जाता है। इस धातु पर जंग नहीं लगती, परन्तु गलनांक निम्न होने के कारण यह शीघ्र पिघल जाती है।

(xi) **जर्मन सिल्वर** (German silver) यह 60% ताँबा, 20% निकिल एवं 20% जस्ते से बनी मिश्र धातु है। यह पीतल की अपेक्षा अधिक सुदृढ़ एवं वातावरण परिवर्तनों से कम प्रभावित होने वाली धातु है। इसका उपयोग उच्च गुणवत्ता वाले उपकरणों में पीतल के स्थान पर किया जाता है।

(xii) **सीसा** (Lead) यह सलेटी रंग की नर्म एवं भारी धातु है, जिसका गलनांक टिन से अधिक होता है। इसके जंगरोधी गुण के कारण, इसका उपयोग भूमिगत केबिल्स पर नमीरोधी एवं जंगरोधी सुरक्षा आवरण चढ़ाने एवं सीसा संचायक सैलों की प्लेटें बनाने में किया जाता है। इसके अतिरिक्त, टिन के साथ मिश्र धातु के रूप में फ्यूज तार तथा सोल्डर बनाने के लिए भी इसका उपयोग किया जाता है।

(xiii) **मैंगनिन** (Manganin) यह 86% ताँबे, 12% मैंगनीज और 2% निकिल से बनी मिश्र धातु है। इसका उपयोग प्रतिरोधक बनाने में किया जाता है।

(xiv) **यूरेका** (Eureka) यह 45% निकिल और 55% ताँबे से बनी मिश्र धातु है, जो तन्य एवं उच्च विशिष्ट प्रतिरोध वाली होती है। इसका उपयोग अधिक ऊष्मा पैदा न करने वाले प्रतिरोधक, रेगुलेटर आदि बनाने में किया जाता है।

(xv) **प्लेटिनम** (Platinum) यह एक कठोर एवं चाँदी के तुल्य मूल्यवान धातु है। इसका उपयोग संयोजक बिन्दु बनाने के लिए किया जाता है।

(xvi) **पारा** (Mercury) यह सामान्य तापक्रम पर द्रव अवस्था में रहने वाली धातु है। इसका उपयोग थर्मामीटर्स में तथा वाष्प के रूप में मरकरी वेपर लैम्प में किया जाता है।

(xvii) **नाइक्रोम** (Nichrome) यह 80% निकिल और 20% क्रोमियम से बनी उच्च विशिष्ट प्रतिरोध वाली मिश्र धातु है। यह तन्य, सुदृढ़ एवं उच्च गलनांक वाली धातु है, जिसका उपयोग विद्युत प्रैस, केतली, टोस्टर आदि के हीटिंग एलीमेन्ट बनाने के लिए किया जाता है।

(xviii) **कार्बन** (Carbon) यह अधात्विक पदार्थ है और इसका विशिष्ट प्रतिरोध बहुत अधिक होता है। इसका तापक्रम बढ़ाने पर इसका प्रतिरोध घट जाता है। इसका उपयोग प्रतिरोधक तथा डी.सी. मशीनों के ब्रुश बनाने में किया जाता है।

चालकों की चालकता का क्रम
Order of Conductivity of Conductors

नीचे तालिका में 20°C विभिन्न चालकों की प्रतिरोधकता के बढ़ते क्रम, गलनांक व ताप-गुणांकों के मध्य तुलनात्मक विवरण दर्शाया गया है।

क्र.सं.	चालक	प्रतिरोधकता (Ω –m)	गलनांक (°C में)	ताप-गुणांक (20°C) पर प्रति °C
1.	चाँदी	1.59×10^{-8}	960	0.0038
2.	ताँबा	1.72×10^{-8}	1085	0.00428
3.	सोना	2.44×10^{-8}	1064	0.0034
4.	एल्युमीनियम	2.82×10^{-8}	660	0.004013
5.	टंगस्टन	5.6×10^{-8}	3422	0.0051
6.	जिंक	5.9×10^{-8}	420	0.0037
7.	निकिल	6.85×10^{-8}	1455	0.00537
8.	आयरन	1.0×10^{-7}	1538	0.0069
9.	प्लेटिनम	1.06×10^{-7}	1768	0.00367
10.	टिन	1.09×10^{-7}	232	0.0051
11.	लैड	2.2×10^{-7}	327	0.0043
12.	जर्मन सिल्वर	3.316×10^{-7}	906	0.0027
13.	मैंगनिन	4.55×10^{-7}	960	0.00025
14.	यूरेका	5×10^{-7}	1270	+0.00001 से –0.004
15.	मरकरी	9.8×10^{-7}	–38.83°C	0.0039
16.	नाइक्रोम	1.10×10^{-6}	1400	0.0014
17.	कार्बन	3×10^{-5}	3500	– 0.005

2. अचालक Insulators

"जिन पदार्थों में मुक्त इलेक्ट्रॉन्स की संख्या नगण्य होती है, वे पदार्थ अचालक कहलाते हैं।" सामान्य परिस्थितियों (वोल्टेज, तापक्रम आदि) में, इनमें विद्युत धारा का प्रवाह नहीं होता है। सामान्यतः ये पदार्थ अधात्विक होते हैं और प्रत्येक अचालक पदार्थ की पृथक्-पृथक् वोल्टेज सहन सीमा होती है, जिसे **डाइ-इलेक्ट्रिक स्ट्रैन्थ** अथवा परावैद्युत सामर्थ्य कहते हैं। डाइ-इलेक्ट्रिक स्ट्रैन्थ को किलोवोल्ट्स प्रति मिली मीटर में व्यक्त किया जाता है। कुछ प्रमुख अचालक पदार्थ हैं—अभ्रक, काँच, एस्बेस्टॉस, बैकेलाइट, पी.वी.सी आदि हैं।

अच्छे अचालक के गुणधर्म Properties of Good Insulator

एक अच्छे अचालक के निम्नलिखित गुणधर्म होने चाहिए

(i) अचालक की डाइ-इलेक्ट्रिक स्ट्रैन्थ का मान उच्च होना चाहिए, जिससे कि उसका उपयोग उच्च वोल्टेज पर कार्य करने वाली वैद्युतिक सामग्री एवं उपकरणों के निर्माण में किया जा सके।

(ii) अचालक का विशिष्ट प्रतिरोध 10^{12} ओम सेन्टीमीटर से उच्च होना चाहिए, जिससे कि उसे सुरक्षित रूप से प्रयोग किया जा सके।

(iii) अचालक पदार्थ, ऊष्मा को विकिरित (radiate) करने में सक्षम होना चाहिए, जिससे कि कार्य करते समय तापमान बढ़ने पर उसकी अचालकता समाप्त न हो सके।

(iv) अचालक, सस्ता एवं सुलभ होना चाहिए, जिससे कि सामान्य वैद्युतिक कार्यों के लिए उसका उपयोग किया जा सके।

(v) अचालक, पर्याप्त सुदृढ़ अर्थात् मजबूत होना चाहिए, जिससे कि उपयोग के समय वह सरलता से नष्ट न हो।

(vi) अचालक, नमी एवं जल से अप्रभावित रहना चाहिए, जिससे कि नम एवं बरसाती मौसम में उसकी अचालकता कम न हो।

(vii) अचालक पदार्थ में किसी भी आकार में ढलने अर्थात् तन्यता का गुण विद्यमान होना चाहिए, जिससे कि उसे विभिन्न प्रकार की वैद्युतिक युक्तियों के निर्माण में प्रयोग किया जा सके।

अचालकों का वर्गीकरण Classification of Insulators

अचालकों को निम्न तीन वर्गों में वर्गीकृत किया गया है

(i) **ठोस अचालक** (Solid insulators) ठोस अचालकों की आकृति, आकार व आयतन निश्चित होता है। इसके अन्तर्गत, एबोनाइट, अभ्रक, बैकेलाइट, पोर्सिलेन, काँच, मार्बल, स्लेट, सूखी लकड़ी, फाइबर आदि अचालक पदार्थ आते हैं।

(ii) **द्रवीय अचालक** (Liquid insulators) वे अचालक, जो प्रवाहित होने का गुण रखते हैं तथा जिनकी कोई निश्चित आकृति नहीं होती है, द्रव अचालक कहलाते हैं; जैसे—खनिज तेल। कुछ लचीले अचालक; जैसे—PVC, माइकानाइट, रेजिन आदि भी इसी के अन्तर्गत आते हैं।

(iii) **गैसीय अचालक** (Gaseous insulators) वे अचालक, जिनकी कोई निश्चित आकृति या आकार नहीं होता, गैसीय अचालक कहलाते हैं; जैसे—शुष्क हवा, नाइट्रोजन, हाइड्रोजन आदि।

प्रमुख अचालक Principal Insulators

वैद्युतिक कार्यों में प्रयोग किए जाने वाले कुछ प्रमुख अचालक निम्नलिखित हैं

(i) **शुष्क हवा** (Dry air) यह सबसे अच्छा अचालक पदार्थ है, परन्तु नमी से इसकी अचालकता प्रभावित होती है। ओवरहैड लाइनों में नंगे धात्विक तार प्रयोग किए जाते हैं और उनके बीच हवा ही अचालक का कार्य करती है। लाइन को नमी से अप्रभावित रखने के लिए प्रत्येक दो चालक तारों के बीच पर्याप्त दूरी रखी जाती है।

(ii) **वल्कैनाइज्ड रबर** (Vulcanised rubber) साधारण रबर में ऊष्मीय प्रक्रिया द्वारा गन्धक तथा जिंक ऑक्साइड मिलाकर, वल्कैनाइज्ड रबर तैयार की जाती है। इसका उपयोग विभिन्न प्रकार के तारों एवं केबिल्स में अचालक आवरण के रूप में किया जाता है।

(iii) **पी.वी.सी.** (Poly Vinyl Chloride, PVC) यह एक अच्छा अचालक पदार्थ है, जो वल्कैनाइज्ड रबर की अपेक्षा अधिक टिकाऊ होता है। वर्तमान समय में रबर के स्थान पर अधिकाधिक पी.वी.सी का ही प्रयोग किया जाता है।

(iv) **एबोनाइट** (Ebonite) यह एक कठोर रबर जैसा पदार्थ है, जो 180°C पर जलने लगता है। इसमें 80% से 40% तक सल्फर होता है। यह अम्लों से क्रिया नहीं करता इसलिए इसका उपयोग लैड-एसिड बैटरी के खोल, पैनल बोर्ड, यन्त्रों के खोल आदि बनाने में किया जाता है।

(v) **अभ्रक** (Mica) यह ऊष्मा एवं नमी से अप्रभावित रहने वाला एकमात्र प्राकृतिक एवं खनिज पदार्थ है, जो भारत में प्रचुर मात्रा में उपलब्ध है। यह एक पारदर्शक पदार्थ है, जो वैद्युतिक ऊष्मक उपकरणों के हीटिंग एलीमेण्ट के आधार के रूप में प्रयोग किया जाता है।

(vi) **माइकानाइट** (Micanite) साधारणत: अभ्रक की प्लेटें मोड़ने पर टूट जाती हैं। अत: अभ्रक की अति महीन चादरों को कपड़े अथवा कागज पर वार्निश की सहायता से चिपकाकर माइकानाइट पेपर या कपड़ा बनाया जाता है। इसका उपयोग आर्मेचर की वाइण्डिंग में किया जाता है। लचीला होने के कारण इसे आसानी से मोड़ा जा सकता है।

(vii) **बैकेलाइट** (Bakelite) यह विभिन्न प्रकार के रेजिन से बनाया गया कठोर, भंगुर एवं अधिक तापक्रम पर जलने वाला अचालक पदार्थ है। इसे किसी भी आवश्यक आकृति में ढाला जा सकता है। इसका उपयोग स्विच, प्लग टॉप, सॉकेट, बल्ब होल्डर, सीलिंग रोज आदि बनाने में किया जाता है।

(viii) **लैदरॉयड पेपर** (Leatheroid paper) यह विशेष प्रकार का सलेटी रंग का नमीरोधी कागज होता है, जो तेल, ग्रीस आदि से अप्रभावित रहता है। इसका उपयोग वैद्युतिक मशीनों की वाइण्डिंग में क्वॉयल्स एवं आर्मेचर स्लॉट्स के बीच अचालक पर्त के रूप में किया जाता है।

(ix) **रेजिन** (Resin) यह संश्लेषित पदार्थ होता है, जिसका उपयोग बैकेलाइट बनाने में किया जाता है, जिससे अचालक खोल बनाए जाते हैं।

(x) **खनिज तेल** (Mineral oil) खनिज तेल की अचालकता उच्च होती है और इन्हें पेट्रोलियम से प्राप्त किया जाता है। अधिकतर वानस्पतिक तेलों का ऑक्सीकरण हो जाने से वे अपना अचालक गुण खो देते हैं।
अत: ट्रांसफॉर्मर, स्टार्टर, अधिक धारा वहन क्षमता वाले स्विच, कैपेसिटर आदि में अचालक के रूप में खनिज तेल (पेट्रोलियम से प्राप्त) का ही प्रयोग किया जाता है।

(xi) **पोर्सिलेन** (Porcelain) यह एक विशेष प्रकार की मिट्टी होती है, जिसे विभिन्न आकृतियों में ढालकर, सुखाकर तथा पकाकर विभिन्न प्रकार की अचालक वस्तुएँ बनाई जाती हैं। इसका उपयोग ओवरहैड लाइन हेतु अचालक, किट-कैट फ्यूज, स्विच, हीटिंग एलीमेन्ट के लिए प्लेटें आदि बनाने में किया जाता है।

(xii) **काँच** (Glass) यह जल व नमी से अप्रभावित रहने वाला अचालक है, परन्तु भंगुर होने के कारण इसका उपयोग स्विचों में नहीं किया जाता। इसका उपयोग बल्ब, फ्लोरसैण्ट ट्यूब आदि के खोल बनाने में किया जाता है। साधारण काँच की अपेक्षा क्राउन काँच की अचालकता अधिक होती है।

(xiii) **एस्बेस्टास** (Asbestos) यह सफेद रंग का रेशेदार खनिज है, जो यह अग्नि से अप्रभावित, परन्तु नमी सोखने वाला होता है। इसका उपयोग विद्युत प्रैस, हीटर आदि में अचालक एवं ऊष्मा अवरोधक के रूप में किया जाता है।

(xiv) **मार्बल** (Marble) यह सफेद रंग का खनिज पत्थर है, जो अज्वलनशील होता है। इसका चूर्ण, इमर्सन हीटिंग एलीमेन्ट में अचालक के रूप में प्रयोग किया जाता है। इसके अतिरिक्त, जहाँ अधिक तापमान वृद्धि सम्भावित हो, वहाँ इसका उपयोग किया जाता है।

(xv) **शैलेक** (Shellac) यह एक रासायनिक पदार्थ है, जिसे मेथीलेटिड स्पिरिट में घोलकर वार्निश तैयार की जाती है। इस वार्निश का उपयोग कागज, कपड़ा, लकड़ी, वाइण्डिंग आदि को नमीरोधी बनाने के लिए किया जाता है।

(xvi) **कागज** (Paper) कागज घास, रूई आदि से तैयार किया जाता है, जिसका उपयोग अचालक पर्त के रूप में पेपर संधारित्र में किया जाता है। लैदरॉयड-पेपर तथा प्रैसफान-पेपर, कागज के ही भिन्न रूप हैं।

(xvii) **स्लेट** (Slate) यह काले रंग का पत्थर होता है, जिसका उपयोग तेल में डुबोकर एवं वार्निश की पर्त चढ़ाकर, स्विच बोर्ड तथा पैनल बोर्ड के रूप में किया जाता है।

(xviii) **सूखी लकड़ी** (Dry wood) यह एक अच्छा अचालक एवं ऊष्मारोधी प्राकृतिक पदार्थ है, जिसका उपयोग स्विच बोर्ड, राउण्ड ब्लॉक, बैटन आदि बनाने के लिए किया जाता है।

उपरोक्त अचालकों के अतिरिक्त, सूत, रूई, प्लास्टिक, वार्निश आदि से भी विभिन्न प्रकार के अचालक तैयार किए जाते हैं, जिनका प्रयोग विभिन्न वैद्युतिक कार्यों में किया जाता है; जैसे—फाइबर, प्रैसफान-पेपर, कॉटन टेप, ऐम्पायर-क्लॉथ, ऐम्पायर-स्लीव, हार्ड बोर्ड आदि।

अचालकों की अचालकता का क्रम
Order of Insulating of Insulators

प्रमुख अचालकों की अचालकता, उनकी डाइ-इलेक्ट्रिक स्ट्रैन्थ के रूप में 'किलो वोल्ट प्रति मिमी' के घटते हुए क्रम में निम्न तालिका में दर्शायी गई है

तालिका अचालकों की डाइ-इलेक्ट्रिक स्ट्रैन्थ

क्र.सं.	पदार्थ का नाम	डाइ-इलेक्ट्रिक स्ट्रैन्थ (kV/mm में)
1.	वल्कैनाइज्ड रबर	30-50
2.	एबोनाइट	30-40
3.	अभ्रक	20-60
4.	माइकानाइट	20-40
5.	बैकेलाइट	17-21
6.	साधारण रबर	15-20
7.	लैदरॉयड- पेपर	12-17
8.	रेजिन	12-14
9.	खनिज तेल	10-16
10.	पोर्सिलेन	8-12
11.	क्राउन काँच	8-12
12.	साधारण काँच	4-6
13.	एस्बेस्टास	4-6
14.	मार्बल	2-6
15.	वार्निश (शैलेक)	2-3
16.	कागज	1-16
17.	स्लेट	1-2
18.	सूखी लकड़ी	0.4-0.6

3. अर्द्धचालक Semiconductor

वे पदार्थ, जिनमें चालक तथा अचालक दोनों के गुण भिन्न-भिन्न दशाओं में विद्यमान होते हैं, अर्द्धचालक कहलाते हैं। जर्मेनियम, सिलिकॉन, सेलेनियम तथा कार्बन इसके प्रमुख उदाहरण हैं। परमाणु संरचना के अनुसार, इनके परमाणु की अन्तिम कक्षा में चार इलेक्ट्रॉन्स होते हैं। शुद्ध अवस्था और कम तापमान पर, इनमें अचालक का गुण होता है तथा इनमें अशुद्धि मिलाने अथवा कोई विकिरण-ताप या प्रकाश पड़ने से इनमें चालक के गुण आ जाते हैं।

अच्छे अर्द्धचालकों के गुणधर्म
Properties of Good Semiconductors

अर्द्धचालकों के कुछ गुणधर्म निम्नलिखित हैं

1. जैसा कि हम जानते हैं कि चालक पदार्थों का तापमान बढ़ाने पर उनका प्रतिरोध या प्रतिरोधकता बढ़ती है, जबकि अर्द्धचालकों में ऐसा नहीं होता अर्थात् अर्द्धचालक का तापमान बढ़ाने पर इनकी प्रतिरोधकता तेजी से घटती है। किसी चालक के परमताप T तथा प्रतिरोध के मध्य सम्बन्ध इस प्रकार होता है, $R = Ae^{B/T}$

   जहाँ, A तथा B प्रयुक्त अर्द्धचालक के नियतांक हैं। तापमान वृद्धि के साथ प्रतिरोधकता घटने के कारण अर्द्धचालकों का प्रतिरोध ताप गुणांक (temperature coefficient of resistance) ऋणात्मक होता है। सभी अर्द्धचालकों की विद्युत चालकता या प्रतिरोधकता ताप पर निर्भर करती है। परम शून्य ताप (0°K या −273°C) पर जर्मेनियम तथा सिलिकॉन शुद्ध अवस्था में पूर्णत: अचालक होते हैं अर्थात् इस ताप पर इसमें स्वतन्त्र इलेक्ट्रॉन नहीं होते हैं। ताप बढ़ने पर शुद्ध सिलिकॉन एवं जर्मेनियम में मुक्त इलेक्ट्रॉन उत्पन्न होने प्रारम्भ हो जाते हैं, जिससे ये अर्द्धचालक विद्युत चालन (conduction) अवस्था में आ जाते हैं।
2. किसी अर्द्धचालक में सूक्ष्म मात्रा में उपयुक्त अशुद्धि मिला देने पर उसकी विद्युत चालकता को बहुत अधिक बढ़ाया जा सकता है, जबकि चालकों के लिए यह सम्भव नहीं है।
3. अर्द्धचालक क्रिस्टल के परमाणुओं के मध्य बन्धन बल (binding force) की प्रकृति एवं उसका मान, चालक के बन्धन बल से सदैव भिन्न होता है।

10.8 वैद्युतिक तार Electrical Wires

विद्युत धारा के सतत प्रवाह के लिए मार्ग प्रस्तुत करने वाला, वृत्तीय कटाक्ष वाला नंगा अथवा आवरणयुक्त चालक, तार कहलाता है। एक से अधिक स्वतन्त्र आवरणयुक्त तारों से बने एक बड़े चालक में प्रत्येक तार, कोर कहलाता है। मल्टीकोर केबिल में प्रत्येक कोर के अचालक आवरण का रंग भिन्न-भिन्न होता है। इस प्रकार एक से अधिक तारों को ऐंठकर बनाई गई कोर, स्ट्रैण्डेड कोर कहलाती है। इलेक्ट्रॉनिक मशीनों में विभिन्न स्ट्रैण्डेड कोर के तार प्रयोग किए जाते हैं। नीचे 3, 7 व 19 स्ट्रैण्डेड कोर तार दर्शाए गए हैं।

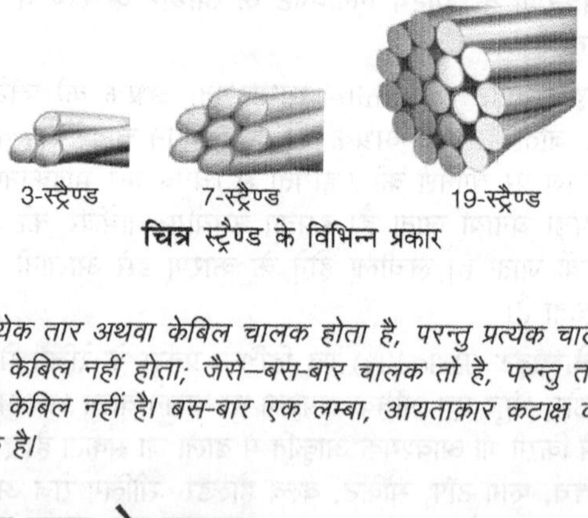

चित्र स्ट्रैण्ड के विभिन्न प्रकार

टिप्पणी प्रत्येक तार अथवा केबिल चालक होता है, परन्तु प्रत्येक चालक, तार अथवा केबिल नहीं होता; जैसे-बस-बार चालक तो है, परन्तु तार अथवा केबिल नहीं है। बस-बार एक लम्बा, आयताकार कटाक्ष वाला चालक है।

वैद्युतिक तार के प्रकार Types of Electrical Wire

वैद्युतिक कार्यों में प्रयोग किए जाने वाले तार निम्नलिखित प्रकार के होते हैं

1. **नंगा ताँबे का तार** (Bare copper wire) यह कठोर, खींचा गया (hard drawn) ताँबे का नंगा तार होता है। इसे वातावरण के प्रभावों से सुरक्षित रखने के लिए, इस पर प्राय: टिन आलेपित कर दिया जाता है। घरेलू वैद्युतिक वायरिंग में 14 या 16 SWG का तार तथा ओवरहैड लाइन में 6 या 8 SWG का तार प्रयोग किया जाता है।

2. **ए.सी.एस.आर. तार** (Aluminium conductor steel reinforced or ACSR wire) यह 5-6 एल्युमीनियम के तारों के बीच एक स्टील का तार रखकर स्ट्रैण्डेड तार के रूप में बनाया जाता है। ताँबे के तार महँगे होने के कारण वर्तमान समय में ओवरहैड लाइनों में इन्हीं तारों को प्रयोग किया जा रहा है। इस प्रकार के तार के बीच में स्टील का तार होने के कारण यह अत्यन्त मजबूत और झोल सहने वाला होता है।
3. **जी.आई. तार** (Galvanised iron wire or GI wire) यह तार, लोहे की तारों को गैल्वेनाइज करके बनाया जाता है। लोहे का विशिष्ट प्रतिरोध, ताँबे की अपेक्षा आठ गुना अधिक होता है। सस्ता और मजबूत होने के कारण टेलीफोन लाइनों और अर्थिंग लाइन में 6 या 8 SWG का जी.आई. तार प्रयोग किया जाता है। इसके अतिरिक्त, स्टे-तार के रूप में भी जी.आई. स्ट्रैण्डेड तार का प्रयोग किया जाता है।
4. **फ्यूज तार** (Fuse wire) वैद्युतिक परिपथों में, सुरक्षात्मक युक्ति के रूप में निम्न गलनांक वाली मिश्र धातु का तार, फ्यूज तार के रूप में प्रयोग किया जाता है। इसके अतिरिक्त, ताँबे एवं एल्युमीनियम के तार भी फ्यूज तार के रूप में प्रयोग किए जाते हैं।
5. **यूरेका तार** (Eureka wire) 60% ताँबा तथा 40% निकिल धातुओं से तैयार की गई मिश्र धातु से बनाया गया नंगा तार, यूरेका तार कहलाता है। इसका उपयोग प्रतिरोधक तथा रिहोस्टेट आदि बनाने के लिए किया जाता है।
6. **नाइक्रोम तार** (Nichrome wire) 80% निकिल तथा 20% क्रोमियम धातुओं से तैयार की गई मिश्र धातु से बनाया गया नंगा तार, नाइक्रोम तार कहलाता है। इसका उपयोग हीटिंग एलीमेन्ट बनाने के लिए किया जाता है।

10.9 केबिल Cable

एक अथवा कई ऐंठे हुए तारों पर अचालक आवरण चढ़ाकर केबिल बनाया जाता है। केबिल तार भी सिंगल या स्ट्रैण्डेड कोर के हो सकते हैं। एक इन्सुलेशन के अन्तर्गत आने वाले सम्पूर्ण चालक में जितने पृथक्-पृथक् इन्सुलेशन होंगे, उतनी ही कोर की केबिल कहलाएगी। सामान्यत: अचालक आवरणयुक्त तार को केबिल कहते हैं।

केबिल के भाग Parts of Cables

केबिल के मुख्यत: तीन भाग होते है—चालक, इन्सुलेशन व सुरक्षा आवरण, जिनके विवरण निम्न प्रकार हैं

1. **चालक** (Conductor) यह केबिल का मुख्य भाग होता है, जिसमें विद्युत धारा प्रवाहित होती है यह प्राय: ताँबे अथवा एल्युमीनियम का बना होता है।
2. **इन्सुलेशन** (Insulation) केबिल का इन्सुलेशन, विद्युत का कुचालक होता है। इन्सुलेशन से केबिल की यान्त्रिक शक्ति अच्छी होती है। कागज, बिटुमन, एम्पायर क्लॉथ, PVC आदि अचालक पदार्थों का प्रयोग केबिल कवरिंग या इन्सुलेशन चढ़ाने में किया जाता है।
3. **सुरक्षा आवरण** (Safety shield) एक से अधिक कोर की केबिलों तथा पावर सप्लाई के लिए जो केबिल बनाई जाती है, उनका रक्षा कवच मजबूत रहे, जिससे चालकों पर कोई असर न हो। इसके लिए केबिलों के ऊपर सुरक्षा आवरण लगाया जाता है। यह सुरक्षा आवरण कठोर रबड़, लैड (सीसा) आदि से बना होता है।

केबिल का परिरक्षण Shielding of Cable

केबिलों के परिरक्षण के लिए इसमें निम्न युक्तियों का प्रयोग किया जाता है

1. **केबिल कोर** (Cable core) यह केबिल का केन्द्रीय भाग होता है, जो ताँबे या एल्युमीनियम के तारों को लपेटकर बनाया जाता है। लपेटे जाने वाले तारों की संख्या इस प्रकार रखी जाती है कि इससे लम्बाकार सेक्शन का गोल चक्कर बनता है।
2. **इन्सुलेशन** (Insulation) चालकों को इन्सुलेट करने हेतु पेपर, वार्निश, फैब्रिक, वल्कैनाइज्ड रबड़, प्लास्टिक आदि पदार्थों का प्रयोग किया जाता है। प्राय: इन्सुलेशन के लिए प्रयोग की जाने वाली फैब्रिक टेप की सतहों के मध्य पेट्रोलियम जैली का प्रयोग किया जाता है।
3. **धात्विक शीथ** (Metallic sheath) चालक के ऊपर सर्वप्रथम इन्सुलेशन किया जाता है, उसके बाद इन्सुलेशन पर धातु की पत्तियों की तह चढ़ाई जाती है, जिसे मैटेलिक शीथ कहते हैं। यह बाहरी नमी को इन्सुलेशन की ओर नहीं जाने देती है। धात्विक शीथ के रूप में लैड अथवा कई बार एल्युमीनियम का प्रयोग किया जाता है।
4. **बीडिंग** (Beading) धात्विक शीथ के ऊपर पेपर टेप की तह चढ़ाई जाती है जिसे बीडिंग कहते हैं। बीडिंग से धात्विक शीथ को बचाया जाता है।
5. **आर्मरिंग** (Armouring) आर्मरिंग द्वारा केबिल को यान्त्रिक शक्ति प्रदान की जाती है। यह स्टील टेप के तारों के रूप में होती है।
6. **सर्विंग** (Serving) आर्मरिंग के ऊपर बीडिंग जैसी ही एक और तह चढ़ाई जाती है, जिसे सर्विंग कहते हैं।

केबिल्स के प्रकार Types of Cables

वैद्युतिक वायरिंग में प्रयोग किए जाने वाले केबिल्स निम्नलिखित प्रकार के होते हैं

1. वी.आई.आर. केबिल VIR Cable

टिन आलेपित ताँबे के तार पर वल्कैनाइज्ड इण्डियन रबर के आवरण पर सूती धागे की बुनाई का और फिर बिटुमन पदार्थ का लेप चढ़ाकर, वी.आई.आर. केबिल तैयार की जाती है। इसका उपयोग केसिंग-केपिंग, कण्ड्यूट पाइप एवं अस्थायी प्रकार की वैद्युतिक वायरिंग में किया जाता है। वी.आई.आर. केबिल भी प्राय: एक कोर वाला होता है, परन्तु दो व तीन कोर वी.आई.आर. केबिल बनाए जा सकते हैं।

इनका प्रचलन धीरे-धीरे बहुत कम हो गया है। चित्र में एक VIR केबिल दर्शायी गई है।

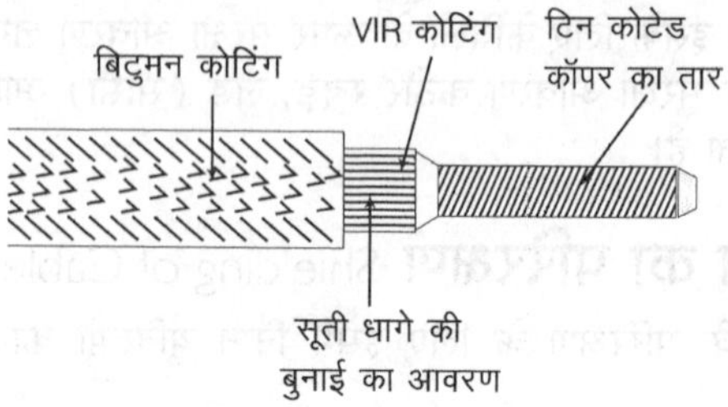

चित्र वी.आई.आर. केबिल

2. सी.टी.एस. केबिल CTS Cable

टिन आलेपित ताँबे के तार पर वल्कैनाइज्ड इण्डियन रबर का आवरण और उसके ऊपर कठोर रबर का सुरक्षा आवरण चढ़ाकर, सी.टी.एस. केबिल तैयार की जाती है। यह एक, दो तथा तीन कोर में बनाई जाती है। इसे टी.आर.एस. केबिल या 'टफ रबर शीथ्ड केबिल' भी कहते हैं।

सी.टी.एस. केबिल का उपयोग नमी वाले स्थानों की वैद्युतिक वायरिंग में किया जाता है। इसका प्रचलन भी धीरे-धीरे घटता जा रहा है। चित्र में एक CTS केबिल दर्शायी गई है।

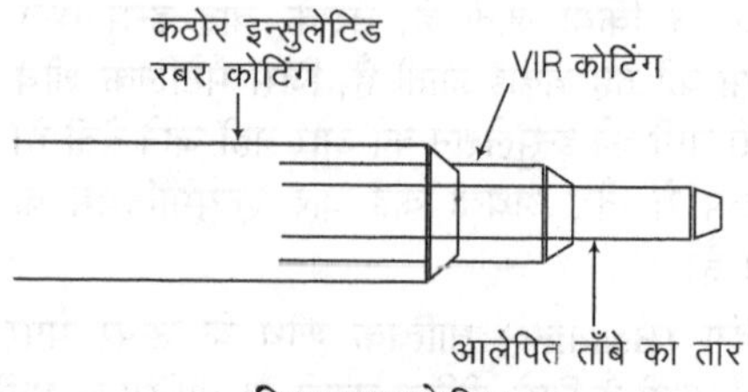

चित्र CTS केबिल

3. पी.वी.सी. केबिल PVC Cable

ताँबे अथवा एल्युमीनियम के नंगे तारों पर पी.वी.सी. का आवरण चढ़ाकर, यह केबिल तैयार किया जाता है। पी.वी.सी. नमी, जल, अम्ल व वातावरण परिवर्तनों से अप्रभावित रहने वाला कठोर संश्लेषित पदार्थ है। पी.वी.सी. केबिलों को सुरक्षा आवरण की आवश्यकता नहीं होती। यह एक, दो, तीन तथा चार कोर में बनाया जाता है। अत्यधिक उच्च तापमान पर पी.वी.सी. नर्म और अत्यधिक कम तापमान पर भंगुर हो जाता है, इसलिए अत्यधिक उच्च एवं अत्यधिक कम तापमानों के अतिरिक्त, सभी प्रकार की परिस्थितियों में और वैद्युतिक वायरिंग में पी.वी.सी. केबिल्स प्रयोग किए जाते हैं। चित्र में एक PVC केबिल दर्शायी गई है।

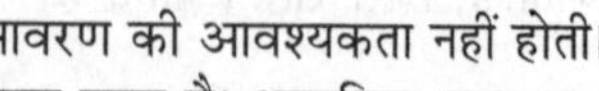

चित्र PVC केबिल

4. लैड शीथ्ड केबिल Lead Sheathed Cable

टिन आलेपित ताँबे के तार पर वल्कैनाइज्ड इण्डियन रबर का आवरण और उसके ऊपर सीसा नामक धातु का सुरक्षा आवरण चढ़ाकर, लैड शीथ्ड केबिल तैयार किया जाता है। ये भी एक, दो, तीन तथा चार कोर में बनाए जाते हैं। ये यान्त्रिक रूप से सुदृढ़ केबिल हैं और इनका उपयोग रासायनिक उद्योगों एवं अन्य मशीनों की वैद्युतिक वायरिंग में किया जाता है।

लैड शीथ्ड केबिल के निर्माण के समय धात्विक आवरण को 'अर्थ' करना आवश्यक होता है, जिससे कि अचालक आवरण चटक जाने की स्थिति में मशीन की बॉडी, फेज के सम्पर्क में आकर विद्युत झटका न दे सके। चित्र में एक लैड शीथ्ड केबिल दर्शायी गई है।

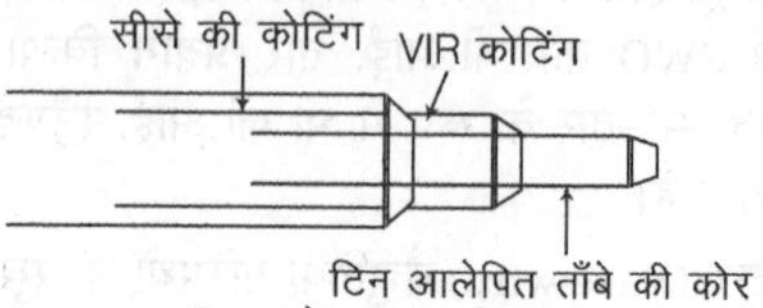

चित्र लैड शीथ्ड केबिल

5. वैदर-प्रूफ केबिल Weather-proof Cable

यह केबिल वी.आई.आर. केबिल की भाँति ही होता है, अन्तर केवल यह होता है कि इसमें बिटुमन पदार्थ का लेप करने के स्थान पर इसे वातावरणीय परिवर्तनों (वर्षा, धूप, ठण्ड आदि) को सह सकने वाले द्रव पदार्थ में डुबोकर 'वैदर-प्रूफ' किया जाता है। यह केबिल भी एक, दो, तीन तथा चार कोर में बनाया जाता है। इसका उपयोग घरेलू एवं औद्योगिक वैद्युतिक वायरिंग में खुले स्थानों में किया जाता है।

6. ट्रोपोड्योर केबिल Tropodure Cable

यह केबिल पी.वी.सी. केबिल के ऊपर 'थर्मोप्लास्टिक कम्पाउण्ड' का आवरण चढ़ाकर तैयार किया जाता है। यह केबिल भी एक, दो, तीन तथा चार कोर में बनाया जाता है। यह रेलवे सिग्नल्स एवं पावर उपकरणों की वायरिंग में प्रयोग किया जाता है। इसका उपयोग हल्की भूमिगत वैद्युतिक वायरिंग (230 वोल्ट्स तक) में भी किया जा सकता है।

7. फ्लैक्सिबल केबिल Flexible Cable

अनेक महीन तारों को समूह के रूप में इकट्ठा कर, अचालक आवरण चढ़ाकर बनाई गई केबिल, फ्लैक्सिबल केबिल कहलाती है। ये केबिल मुख्यत: तीन प्रकार की होती है, जो निम्न हैं

(i) **सामान्य फ्लैक्सिबल केबिल** (Ordinary flexible cable) इसे ताँबे के अनेक महीन तारों पर पी.वी.सी. आवरण चढ़ाकर तैयार किया जाता है। इन तारों का व्यास सामान्यत: 0.193 मिमी और SWG संख्या 36 होती है। तारों की संख्या के अनुसार, ये विभिन्न विद्युत धारा वहन क्षमता वाले होते हैं। इनका उपयोग सामान्य कार्यों, अस्थायी वैद्युतिक वायरिंग, लाउडस्पीकर को एम्प्लीफायर से जोड़ने आदि में किया जाता है।

(ii) **कॉटन या सिल्क कवर्ड फ्लैक्सिबल केबिल** (Cotton or silk covered flexible cable) ये केबिल्स, ताँबे के 36 SWG नम्बर के 23 या 40 तारों पर वल्कैनाइज्ड इण्डियन रबर का आवरण और उसके ऊपर सूती अथवा सिल्क के धागे की बुनाई का आवरण

चढ़ाकर तैयार किए जाते हैं। ये प्राय: 3 कोर वाले होते हैं और इनका उपयोग विद्युत प्रैस, विद्युत टोस्टर आदि विद्युत-ऊष्मीय उपकरणों में मेन-लीड के रूप में किया जाता है।

(iii) **वर्कशॉप फ्लैक्सिबल केबिल** (Workshop flexible cable) ये केबिल, 25 ऐम्पियर तक विद्युत धारा वहन क्षमता में 3 या 4 कोर वाले बनाए जाते हैं। इनमें प्रत्येक कोर के ऊपर पी.वी.सी. अथवा वल्कैनाइज्ड इण्डियन रबर का एक सुरक्षा आवरण होता है। सुरक्षा आवरण पी.वी.सी. अथवा कठोर रबर का होता है। इनका उपयोग वर्कशॉप में सचल मशीनों की मेन-लीड के रूप में किया जाता है।

8. आर्मर्ड केबिल Armoured Cable

इस प्रकार के केबिल को एकल स्ट्रैण्डेड ताँबे के तार को पॉलीथाइलीन की अचालक पर्त चढ़ाकर बनाया जाता है। भूमिगत केबिल के रूप में ये केबिल्स, विद्युत सप्लाई के लिए प्रयोग की जाती है। इस प्रकार का केबिल नीचे चित्र में दर्शाया गया है।

चित्र आर्मर्ड केबिल

इसमें पॉलीथाइलीन की अचालक पर्त से अच्छे वैद्युतिक गुण व उच्च जल प्रतिरोधकता के गुण आ जाते हैं। इस अचालक पर्त के ऊपर भी आर्म स्टील तार की कई पर्तें चढ़ी होती हैं, इसलिए ये केबिल मुख्यत: 3 या 4 कोर युक्त होते हैं। इन केबिलों पर कई प्रकार की अचालक पर्तों को चढ़ाकर इन्हें मजबूत बनाया जाता है।

केबिल्स का वर्गीकरण Classification of Cables

उपरोक्त केबिल्स के अतिरिक्त, कुछ अन्य प्रकार के केबिल्स भी होते हैं, जिनका वर्गीकरण निम्न आधार पर किया जाता है

1. वोल्टेज ग्रेड के आधार पर On the Basis of Voltage Grade

वोल्टेज ग्रेड के आधार पर, केबिल्स को इन चार वर्गों में वर्गीकृत किया जा सकता है

(i) **निम्न वोल्टेज केबिल** (Low voltage cable) 250 वोल्ट तक की वोल्टेज, निम्न श्रेणी की वोल्टेज कहलाती है। अत: 250 वोल्ट तक घरेलू 'लाइट एण्ड फैन' तथा 'पावर' लोड के लिए बनाए गए केबिल, निम्न वोल्टेज केबिल या निम्न दाब केबिल कहलाते हैं। ये वी.आई.आर., पी.वी.सी., सी.टी.एस., वैदर-प्रूफ तथा फ्लैक्सिबल प्रकार के होते हैं।

(ii) **मध्यम वोल्टेज केबिल** (Medium voltage cable) 650 V तक की वोल्टेज, मध्यम श्रेणी की वोल्टेज कहलाती है। अत: 650 V तक घरेलू एवं औद्योगिक 'पावर' लोड के लिए बनाए गए केबिल, मध्यम वोल्टेज केबिल कहलाते हैं। ये वी.आई.आर., पी.वी.सी., सी.टी.एस., वैदर-प्रूफ, लैड शीथ्ड, ट्रोपोड्योर तथा फ्लैक्सिबल प्रकार के होते हैं।

(iii) **उच्च वोल्टेज केबिल** (High voltage cable) 22,000 V तक की वोल्टेज, उच्च श्रेणी की वोल्टेज कहलाती है। अत: 22,000 V तक विद्युत वितरण प्रणाली में प्रयोग किए जाने वाले केबिल, उच्च वोल्टेज केबिल कहलाते हैं। ये आर्मर्ड केबिल अथवा स्ट्रैण्डेड प्रकार के नंगे तार होते हैं।

(iv) **अति उच्च वोल्टेज केबिल** (Extra high voltage cable) 22,000 V अर्थात् 22 kV से अधिक की वोल्टेज, अति उच्च श्रेणी की वोल्टेज कहलाती है। अत: 22 kV से अधिक वोल्टेज पर प्रयोग किए जाने वाले केबिल, अति उच्च वोल्टेज केबिल कहलाते हैं। ये स्ट्रैण्डेड प्रकार के नंगे तार होते हैं और प्राय: ताँबे के बने होते हैं।

2. कोर की संख्या के आधार पर On the Basis of Number of Core

कोर की संख्या के आधार पर केबिल्स निम्न प्रकार के होते हैं

(i) सिंगल कोर केबिल
(ii) डबल कोर केबिल
(iii) ट्रिपल कोर केबिल
(iv) मल्टी कोर केबिल

3. स्थापना स्थल के आधार पर On the Basis of Installation Place

स्थापना स्थल के आधार पर केबिल को निम्न भागों में बाँटा जा सकता है

(i) भूमिगत केबिल
(ii) भूतल केबिल
(iii) वायवीय केबिल
(iv) समुद्री केबिल

4. अनुप्रयोगी क्षेत्रों के आधार पर On the Basis of Fields of Application

अनुप्रयोगी क्षेत्रों के आधार पर केबिल निम्न प्रकार के होते हैं

(i) दूरसंचार केबिल
(ii) घरेलू विद्युतीय शक्ति केबिल
(iii) औद्योगिक विद्युतीय शक्ति केबिल
(iv) इलेक्ट्रॉनिक परिपथ केबिल

तारों/केबिलों में कलर कोड का उपयोग Use of Colour Code in Wires/Cables

ऑटो क्षेत्र में विभिन्न यन्त्रों/युक्तियों तथा परिपथों (circuits) की अलग पहचान करने के लिए तथा विद्युतीय युक्तियों से सम्बन्धित विविध दोषों का शीघ्र निवारण करने के लिए, कार्य या युक्ति-विशेष के लिए कलर कोड (colour code) का उपयोग किया जाता है।

नीचे विभिन्न युक्तियों में प्रयोग होने वाली केबिलों की कलर कोड (colour code) का वर्णन किया गया है

1. **भूरा** (Brown) इस रंग की तारों का प्रयोग, बैटरी परिपथ में निम्नलिखित यन्त्रों के लिए किया जाता है
   (i) बैटरी से ऐम्पियर मीटर,
   (ii) लाइट तथा इगनीशन स्विच तथा
   (iii) इलेक्ट्रिक हॉर्न आदि।

2. **सफेद** (White) इस रंग की तारों का प्रयोग, प्रज्वलन परिपथ में निम्नलिखित युक्तियों में किया जाता है
   (i) इग्नीशन स्विच से क्वॉयल आदि तक
   (ii) फ्यूल पम्प तक तथा
   (iii) सोलेनॉयड तक।
3. **पीला** (Yellow) इस रंग की तारों का प्रयोग, आवेशन परिपथ में निम्नलिखित युक्तियों के लिए किया जाता है
   (i) ऐम्पियर मीटर से रेगुलेटर तक
   (ii) इग्नीशन वार्निंग लैम्प तक तथा
   (iii) डायनमो से रेगुलेटर तक।
4. **हरा** (Green) इस रंग की तारों का प्रयोग, सहायक परिपथों में निम्नलिखित युक्तियों के लिए किया जाता है
   (i) स्टॉप लाइट से स्टॉप लाइट स्विच तक
   (ii) इग्नीशन स्विच से फ्यूज गेज तक तथा
   (iii) ट्रैफिक इण्डीकेटर तथा विण्ड स्क्रीन वाइपर मशीन तक।
5. **नीला** (Blue) इस रंग की तारों का प्रयोग, प्रकाश परिपथ में निम्नलिखित यन्त्रों के लिए किया जाता है
   (i) हैडलाइट, (ii) रियर या टेल लाइट तथा
   (iii) रूफ लाइट।
6. **लाल** (Red) इस रंग की तारों का प्रयोग निम्न परिपथों के लिए किया जाता है
   (i) इन्स्ट्रूमेन्ट पैनल लाइट परिपथ
   (ii) साइड या पार्किंग लाइट परिपथ तथा
   (iii) डिपर स्विच परिपथ।
7. **काला** (Black) जो यन्त्र चैसिस के साथ अर्थ नहीं होते हैं, उन्हें अर्थ देने के लिए काले रंग के तारों का प्रयोग किया जाता है।

केबिल का आकार Cable Size

सामान्य रूप से केबिल का आकार लोडिंग क्षमता, धारा वहन क्षमता तथा वोल्टेज क्षमता के आधार पर निश्चित किया जाता है। केबिल के आकार को निम्न विधियों द्वारा व्यक्त किया जाता है

1. **व्यास विधि** (Diameter method) इस विधि के अनुसार, केबिल आकार को मानक तारों की संख्या तथा एक तार के व्यास के अनुपात द्वारा प्रदर्शित किया जाता है।

$$\text{केबिल आकार} = \frac{\text{मानक तारों की संख्या}}{\text{एक तार का व्यास}}$$

2. **अनुप्रस्थ-काट क्षेत्र विधि** (Cross-sectional area method) इस विधि में, केबिल के किसी एक कोर चालक के अनुप्रस्थ काट क्षेत्रफल को मिलीमीटर में मापकर, केबिल के आकार को प्रदर्शित किया जाता है।
3. **मानक वायर गेज या SWG विधि** (Standard wire gauge or SWG method) इस विधि में केबिल को मानक वायर गेज उपकरण की सहायता से मापकर केबिल के आकार को ज्ञात किया जाता है।

मानक वायर गेज (SWG) वृत्त के आकार का होता है, जिसकी परिधि पर विभिन्न आकार के छिद्र या स्लॉट बने होते हैं। इस गेज के द्वारा 0.125 मिमी से 8 मिमी तक के केबिल को मापा जा सकता है।

केबिल/तारों का इन्सुलेशन उतारना
Stripping Insulation of Cables/Wires

केबिल अथवा तार को बिना क्षति पहुँचाए, उसके अचालक आवरण को हटाना, केबिल्स का इन्सुलेशन उतारना कहलाता है। केबिल/अथवा तार का इन्सुलेशन हटाए बिना उसे किसी भी विद्युतीय उपकरण अथवा दूसरे तार से नहीं जोड़ा जा सकता है। केबिल्स की इन्सुलेशन उतारने के लिए कॉम्बिनेशन प्लायर, चाकू, वायर स्ट्रीपर, हैक्सा ब्लेड तथा चीजल इत्यादि उपकरणों का उपयोग किया जाता है। इन उपकरणों द्वारा केबिल के इन्सुलेशन को उतारने की कुछ विधियाँ निम्नलिखित हैं

1. प्लायर स्किनिंग विधि Plier Skining Method

इस विधि द्वारा केबिल के इन्सुलेशन को उतारने के लिए निम्न बिन्दुओं का अनुसरण करते हैं

(i) सर्वप्रथम, जिस केबिल का इन्सुलेशन उतारना है, उसे प्लायर के काटने वाले भाग में निम्न चित्रानुसार पकड़ते हैं।

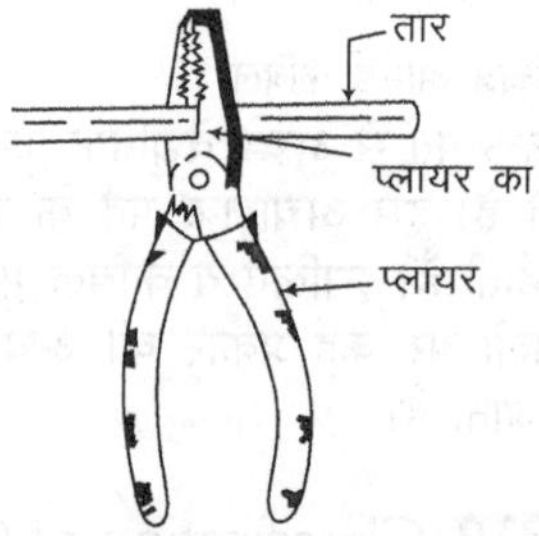

चित्र केबिल्स को प्लायर के काटने वाले भाग में पकड़ना

(ii) अब प्लायर पर हल्का-हल्का दबाव डालकर, केबिल अचालक आवरण को काटते हैं। यहाँ यह ध्यान रखना आवश्यक है कि केबिल का अचालक आवरण ही कटे, उसका चालक पदार्थ नहीं।

(iii) इसके पश्चात्, केबिल के पीछे के भाग को कसकर पकड़ते हैं तथा प्लायर पर हल्का दबाव डालकर इसे दूसरी दिशा में खींचकर अचालक आवरण को निकाल देते हैं,

जैसा कि निम्न चित्र में दर्शाया गया है

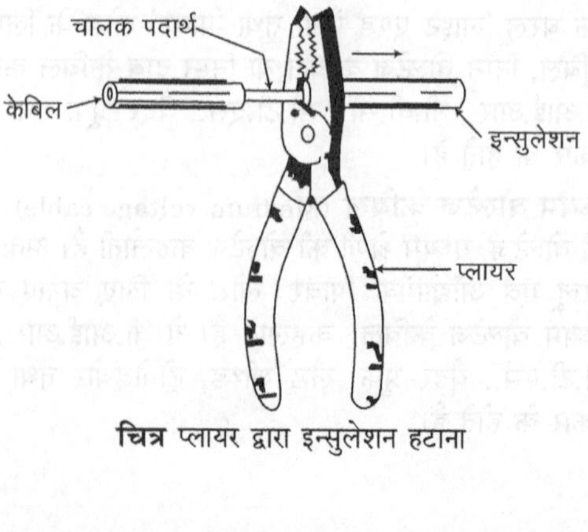

चित्र प्लायर द्वारा इन्सुलेशन हटाना

2. पेन्सिल स्किनिंग विधि Pencil Skining Method

इस विधि में चाकू की सहायता से निम्न चरणों में केबिल के इन्सुलेशन को हटाया जाता है

(i) सर्वप्रथम चाकू के ब्लेड को केबिल पर उसी प्रकार रखते हैं, जिस प्रकार पेन्सिल को छीलते समय चाकू को एक कोण पर रखते हैं।

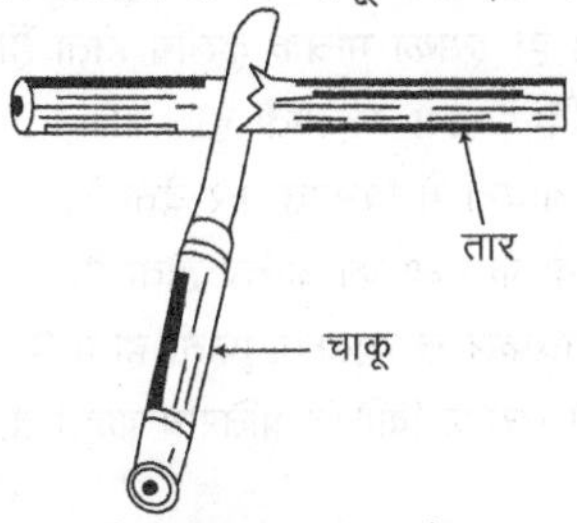

चित्र चाकू को केबिल पर एक कोण पर पकड़ना

(ii) अब जिस स्थान पर चाकू रखा है, उससे कुछ दूरी तक चाकू द्वारा अचालक आवरण को काटते हैं। अचालक आवरण को काटते समय यह ध्यान रखें कि केबिल/तार का चालक पदार्थ न कटे।

(iii) इसके पश्चात्, प्लायर द्वारा अचालक आवरण को पकड़कर खींच लेते हैं और केबिल से अलग कर देते हैं, जैसा कि निम्न चित्र में दर्शाया गया है

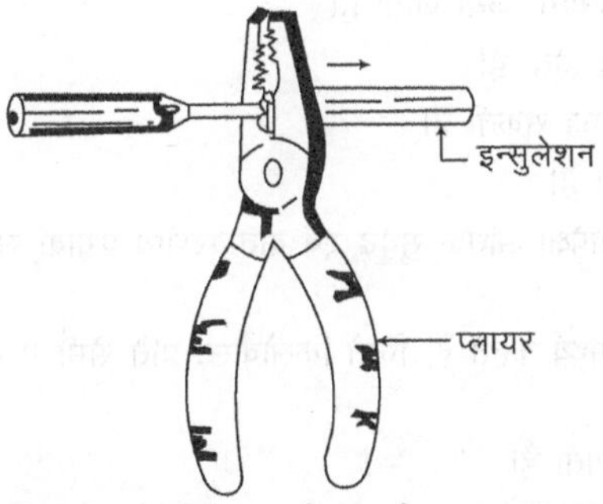

चित्र प्लायर द्वारा इन्सुलेशन को बाहर खींचना

3. स्नेक स्किनिंग विधि Snake Skining Method

इस विधि द्वारा केबिल से इन्सुलेशन को निम्न चरणों में हटाया जाता है

(i) सर्वप्रथम तार के जिस स्थान से इन्सुलेशन हटाना है, वहाँ चाकू द्वारा निशान लगाते हैं।

(ii) निशान लगाने के पश्चात्, चाकू से तार की गोलाई में कुछ दूरी तक चालक पदार्थ को बचाकर काटते हैं, जैसा कि निम्न चित्र में दर्शाया गया है

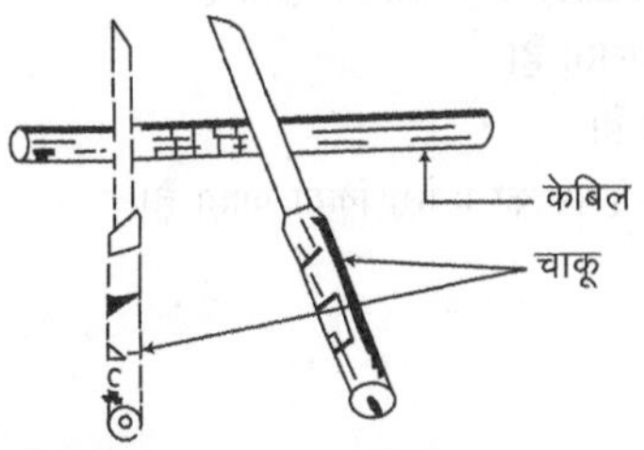

चित्र केबिल पर चाकू द्वारा सर्पिलाकार कट लगाना

(iii) इसके पश्चात्, इन्सुलेशन को प्लायर से पकड़कर निम्न चित्रानुसार निकाल देते हैं।

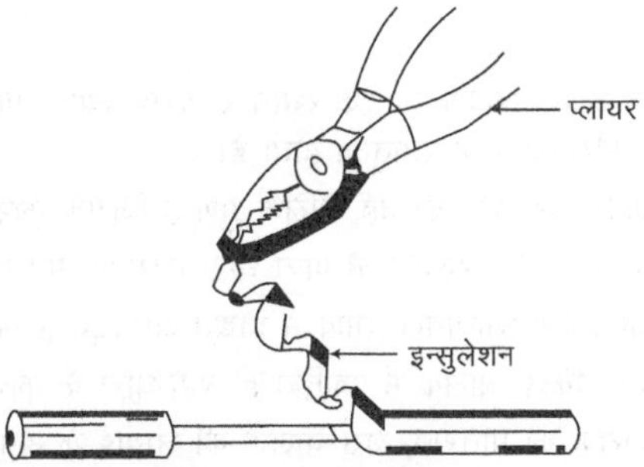

चित्र प्लायर द्वारा इन्सुलेशन को निकालना

4. सीधी स्किनिंग विधि Straight Skining Method

इस विधि का प्रयोग सामान्यतः अधिक मोटी तारों से इन्सुलेशन उतारने के लिए किया जाता है। इस विधि को निम्न चरणों में पूर्ण किया जाता है

(i) सर्वप्रथम, एक हैक्सॉ ब्लेड की सहायता से केबिल के चालक पदार्थ को बचाते हुए, तार पर पूर्ण गोलाई में दो निशान लगाते हैं, जैसा कि निम्न चित्र में दर्शाया गया है

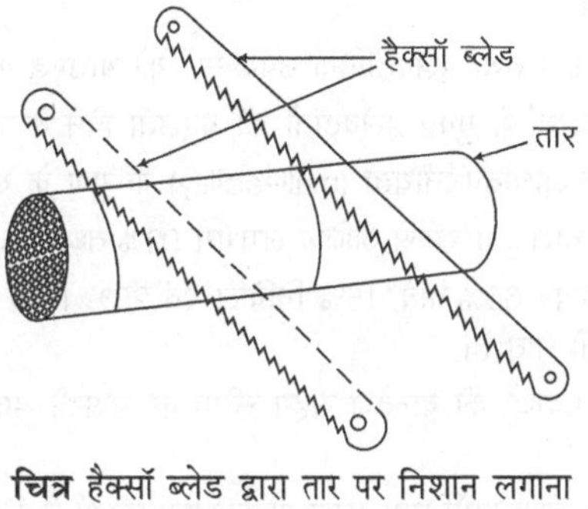

चित्र हैक्सॉ ब्लेड द्वारा तार पर निशान लगाना

(ii) इसके पश्चात् फर्मर चीजल तथा हैमर का प्रयोग करके, निम्न चित्रानुसार इन्सुलेशन को हटाते हैं। हैमर द्वारा इन्सुलेशन हटाते समय हल्की-हल्की चोट मारते हैं, अन्यथा चालक तार क्षतिग्रस्त हो सकता है।

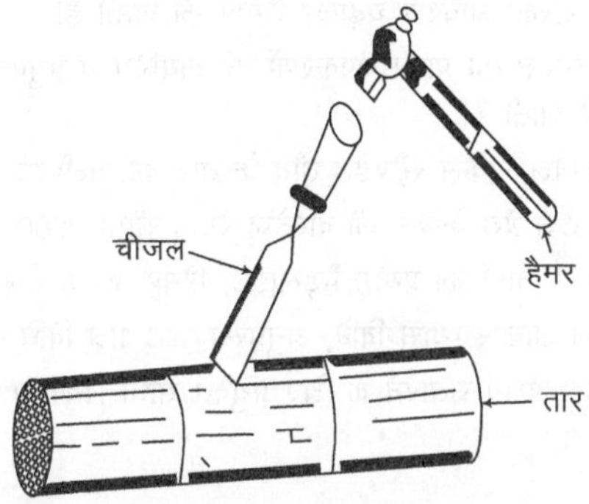

चित्र चीजल तथा हैमर के द्वारा इन्सुलेशन हटाना

महत्त्वपूर्ण बिन्दु

- इलेक्ट्रॉन अथवा आवेश का एक स्थान से दूसरे स्थान तक प्रवाह विद्युत कहलाती है। इन इलेक्ट्रॉनों/आवेशों के प्रवाह का वेग प्रकाश की चाल अर्थात् 3×10^8 मी/सेकण्ड के समतुल्य होता है।
- वैद्युत आवेश वस्तुओं का वह मौलिक गुण है जिसके कारण वस्तुओं के बीच वैद्युत बल उत्पन्न होता है। इसका मात्रक कूलॉम होता हैं।
- सैल, बैटरी, जनित्र इत्यादि से प्राप्त धारा जिसका मान तथा दिशा समय के साथ नियत रहती है, दिष्ट धारा कहलाती है।
- विद्युत धारा के रासायनिक प्रभाव में विद्युत अपघट्य (electrolyte) से प्रवाहित होने वाली धारा उसे आयनों में विभक्त कर देती है।
- विभवान्तर, किसी चालक में प्रवाहित हो रही धारा के कारण उसके सिरों पर उत्पन्न होने वाले विभवों के मध्य का अन्तर होता है।
- किसी चालक का प्रतिरोध, उस चालक की लम्बाई के अनुक्रमानुपाती तथा उसके अनुप्रस्थ काट के क्षेत्रफल के व्युत्क्रमानुपाती होता है।
- किसी चालक पदार्थ 1 सेमी लम्बे तथा 1 वर्ग सेंमी अनुप्रस्थ काट क्षेत्रफल वाले टुकड़े के प्रतिरोध को उसका विशिष्ट प्रतिरोध कहते हैं, जिसका मात्रक ओम-सेमी होता है।
- विशिष्ट प्रतिरोध का व्युत्क्रम, विशिष्ट चालकता होता है, जिसे सीमेन प्रति सेमी अथवा म्हो प्रति सेमी में मापा जाता है।
- प्रतिरोध के कलर बैण्ड में भूरे तथा सुनहरे रंग की सहन-सीमा क्रमशः $\pm$ 1% तथा $\pm$ 5% होती है।
- ओम के नियमानुसार, नियत तापमान तथा नियत भौतिक परिस्थितियों में किसी बन्द वैद्युतिक डी. सी. परिपथ में प्रतिरोध के सिरों पर उत्पन्न होने वाला विभवान्तर, प्रतिरोधक में प्रवाहित होने वाली धारा के अनुक्रमानुपाती होता है।
- मल्टीमीटर, जिसे एवोमीटर भी कहते हैं, के द्वारा कई प्रकार की वैद्युतिक राशियाँ; जैसे-प्रतिरोध, वोल्टेज, धारा इत्यादि का मापन किया जाता है।
- ग्राउण्ड संयोजन की सहायता से वैद्युतिक उपकरणों को ओवरलोडिंग, अनियमित पावर सप्लाई तथा शॉर्ट सर्किट द्वारा खराब होने से बचाया जा सकता है।
- ऑटोमोबाइल तथा इलेक्ट्रॉनिक उपकरणों को ग्राउण्ड करने के लिए चैसिस ग्राउण्ड विधि का प्रयोग किया जाता है।
- चालक पदार्थों में मुक्त इलेक्ट्रॉनों की बहुलता होने के कारण विद्युत धारा का प्रवाह सुगमता से होता है।
- चालक के आघातवर्धनीयता (malleability) के गुण के कारण इसकी चादरें तथा पत्तियाँ बनाई जा सकती हैं।
- सोने की चालकता सबसे अधिक लगभग 99% तथा चाँदी की चालकता लगभग 98% तक होती है।
- जर्मन सिल्वर 60% ताँबे, 15% निकिल एवं 25% जिंक से निर्मित मिश्रधातु है, जो पीतल की अपेक्षा अधिक सुदृढ़ एवं वातावरणीय प्रभावों से अप्रभावित रहने वाली धातु है।
- अचालक पदार्थों की वोल्टेज सहन सीमा को उसकी डाइ-इलेक्ट्रिक स्ट्रैन्थ अथवा परावैद्युत सामर्थ्य कहते हैं, जिसे किलोवोल्ट प्रति सेमी में व्यक्त किया जाता है।
- सिलिकॉन तथा जर्मेनियम मुख्य अर्द्धचालक पदार्थ हैं जिनका उपयोग डायोड बनाने में किया जाता है।
- ACSR तार 5-6 एल्युमीनियम के तारों के बीच एक स्टील तार रखकर स्ट्रैण्डेड तार के रूप में बनाया जाता है, जिसका प्रयोग ओवरहैड लाइनों में किया जाता है।
- हीटिंग अवयव बनाने के लिए प्रयुक्त नाइक्रोम में 80% निकिल तथा 20% क्रोमियम होता है।
- CTS केबिल, जिसे टफ रबर शीथ्ड केबिल भी कहते हैं, टिन आलेपित ताँबे के तार पर वल्कैनाइज्ड इण्डियन रबर का आवरण और उसके ऊपर कठोर रबर का सुरक्षा आवरण चढ़ाकर तैयार की जाती है।
- रेलवे सिग्नल्स एवं पावर उपकरणों की वायरिंग में प्रयुक्त ट्रोपोड्योर केबिल, पी.वी.सी. केबिल के ऊपर थर्मोप्लास्टिक कम्पाउण्ड का आवरण चढ़ाकर तैयार की जाती है।
- आर्मर्ड केबिल, एकल स्ट्रैण्डेड ताँबे के तार को पॉलीथाइलीन की अचालक पर्त चढ़ाकर बनाया जाता है, जिसका प्रयोग भूमिगत केबिलों में किया जाता है।
- उच्च वोल्टेज ग्रेड केबिल की वोल्टेज सहन सीमा 22000 V तथा अति उच्च वोल्टेज सहन सीमा 22000 V से अधिक होती है।
- नीले रंग के तारों का प्रयोग हैडलाइट, रियर अथवा टेल लाइट तथा रूफ लाइट के लिए किया जाता है।
- केबिल का आकार व्यास विधि, अनुप्रस्थ काट क्षेत्र विधि तथा SWG विधि द्वारा ज्ञात किया जाता है।
- केबिल इन्सुलेशन उतारने के लिए प्रयुक्त सीधी स्किनिंग विधि में हैक्सा ब्लेड, फर्मर चीजल तथा हैमर का प्रयोग किया जाता है।

महत्त्वपूर्ण प्रश्नोत्तरी

1. विद्युत धारा को परिभाषित कीजिए।

उत्तर इलेक्ट्रॉन या आवेश के प्रवाह होने की दर विद्युत धारा कहलाती है।

2. किसी चालक का प्रतिरोध किन-किन कारकों पर निर्भर करता है?

उत्तर किसी चालक का प्रतिरोध उसकी लम्बाई, अनुप्रस्थ काट क्षेत्रफल, तापमान एवं पदार्थ के प्रकार पर निर्भर करता है।

3. चालक के तन्य होने से क्या अभिप्राय है?

उत्तर चालक के तन्य होने से उसके द्वारा महीन तार निर्मित किए जा सकते हैं तथा उनका प्रयोग वाइण्डिंग के कार्यों में किया जा सकता है।

4. विशिष्ट प्रतिरोध कम तथा चालकता अधिक होने से चालक पर किस प्रकार का प्रभाव पड़ता है?

उत्तर चालक का विशिष्ट प्रतिरोध कम तथा चालकता अधिक होने से विद्युत शक्ति की खपत कम होती है।

5. विद्युत परिपथों में ताँबे की अपेक्षा लोहे का प्रयोग अधिक क्यों किया जाता है?

उत्तर विद्युत परिपथों में ताँबे की अपेक्षा लोहे का प्रयोग अधिक किया जाता है, क्योंकि लोहे का विशिष्ट प्रतिरोध ताँबे की तुलना में लगभग 8 गुना अधिक होता है।

6. डाइ-इलेक्ट्रिक स्ट्रैन्थ किसे कहते हैं?

उत्तर पदार्थों की वोल्टेज सहन सीमा को डाइ-इलेक्ट्रिक स्ट्रैन्थ कहते हैं।

7. ए.सी.एस.आर. (ACSR) तार में स्टील का तार प्रयोग करने से क्या प्रभाव पड़ता है?

उत्तर ए.सी.एस.आर. (ACSR) तार में स्टील का तार प्रयोग करने के कारण लचीला, मजबूत तथा झोल को सहने वाला हो जाता है।

अभ्यास प्रश्न

परीक्षा प्रारूपी प्रश्न

बहुविकल्पीय

1. निम्न में से डी.सी. का सही तरंग रूप है

(a)
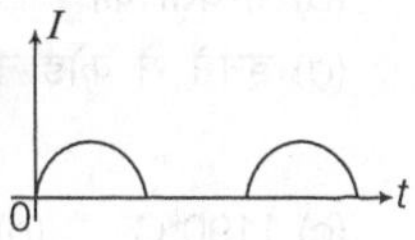

(b)
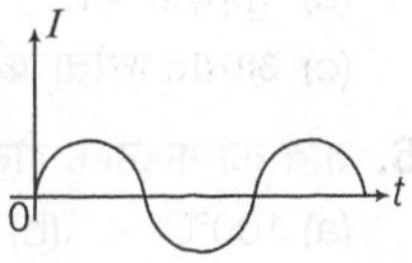

(c)
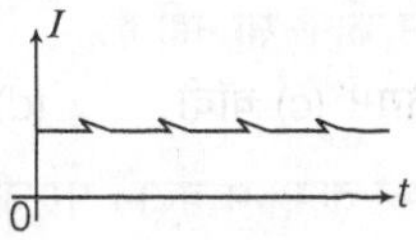

(d)
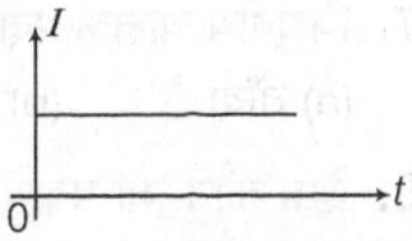

2. धारा प्रवाह स्थापित करने के लिए न्यूनतम आवश्यकताएँ हैं

(a) वोल्टेज स्रोत, चालक, अचालक तथा एमीटर
(b) वोल्टेज स्रोत एवं चालक
(c) वोल्टेज स्रोत, स्विच एवं रेजिस्टर
(d) वोल्टेज स्रोत, स्विच एवं फ्यूज

3. जब धारा इलेक्ट्रोलाइट से प्रवाहित होती है, तब धारा किस प्रकार का प्रभाव उत्पन्न करेगी?

(a) चुम्बकीय प्रभाव (b) तापीय प्रभाव
(c) रासायनिक प्रभाव (d) प्रकाशीय प्रभाव

4. स्पाइरल वाउण्ड कुण्डली में जब धारा बहती है, तो वह किस प्रकार की विद्युत धारा का प्रभाव उत्पन्न करेगी?

(a) हीटिंग प्रभाव (b) चुम्बकीय प्रभाव
(c) रासायनिक प्रभाव (d) थर्मल प्रभाव

5. एक ऐम्पियर धारा एक सेकण्ड तक प्रवाहित होने पर कहलाती है एक……।

(a) ऐम्पियर (b) इकाई
(c) कूलॉम (d) ओम

6. विद्युत आवेश की मात्रा की एस.आई. इकाई है ……।

(a) ऐम्पियर (b) वोल्ट (c) वाट-घण्टा (d) कूलॉम

7. प्रतिरोध की इकाई होती है

(a) म्हो (b) वोल्ट (c) ओम (d) ऐम्पियर

8. किसी चालक का प्रतिरोध बढ़ता है, जब

(a) उसकी लम्बाई बढ़ा दी जाती है
(b) उसकी लम्बाई एवं काट क्षेत्रफल बढ़ा दिया जाता है
(c) उसका काट क्षेत्रफल बढ़ा दिया जाता है
(d) उसकी लम्बाई घटा दी जाती है

9. निम्न में से कौन-सा ग्राफ चालक का प्रतिरोध तथा चालक की लम्बाई के बीच सही सम्बन्ध दर्शाता है?

(a)
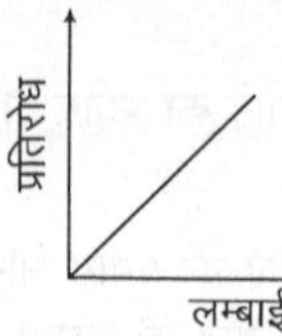

(b)
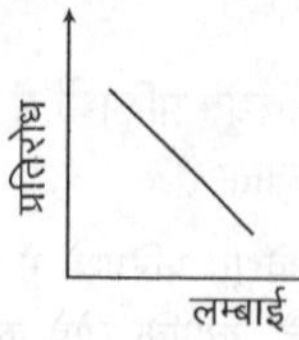

(c)
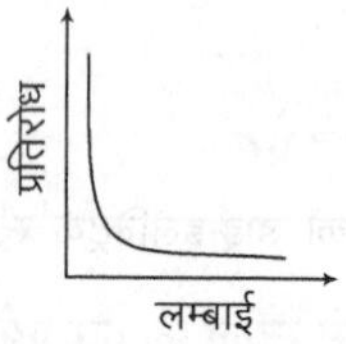

(d) इनमें से कोई नहीं

10. किसी चालक का विशिष्ट प्रतिरोध निर्भर करता है
(a) उसकी लम्बाई एवं काट क्षेत्रफल पर
(b) चालक के पदार्थ की प्रकृति पर
(c) चालक की लम्बाई पर
(d) उपरोक्त में से किसी पर नहीं

11. "विशिष्ट प्रतिरोध (specific resistance) का विपरीत प्रभाव विशिष्ट चालकता (specific conductance) कहलाता है।" इसका मात्रक है
(a) सीमेन प्रति सेमी (b) सीमेन
(c) ओम-सेमी (d) वाट-सेमी

12. 1.5 ओम प्रतिरोध के लिए कलर कोड होगा
(a) भूरा, हरा, भूरा (b) भूरा, हरा, सुनहरा
(c) भूरा, सुनहरा, हरा (d) भूरा, सुनहरा, सुनहरा

13. प्रतिरोध के कलर बैण्ड में भूरे रंग की सहन सीमा (tolerance) मान होता है
(a) ± 2 (b) ± 5
(c) ± 10 (d) ± 1

14. चित्र में प्रदर्शित रंग कोड वाले प्रतिरोध का क्या मान है?

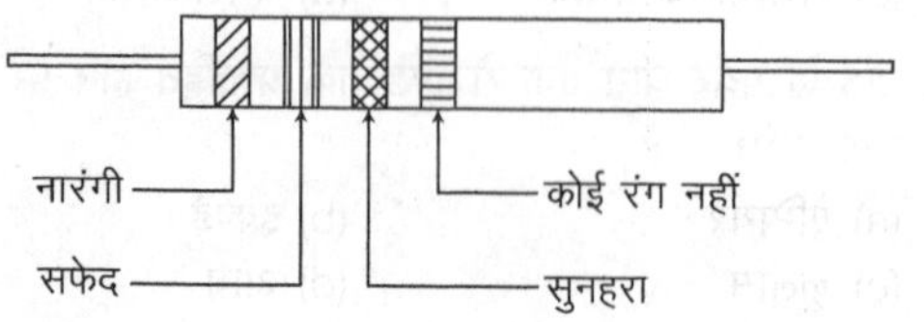

(a) 3.9 Ω (b) 39 Ω
(c) 390 Ω (d) 3900 Ω

15. ओम के नियम के कथन के अनुसार परिपथ में धारा ...... के सीधे समानुपाती होता है।
(a) वोल्टेज (b) प्रतिरोध (c) तापमान (d) विशिष्ट प्रतिरोध

16. ओम के नियम को व्यक्त किया जाता है
(a) वोल्टेज (*V*) = प्रतिरोध (*R*)/ धारा (*I*)
(b) प्रतिरोध (*R*) = धारा (*I*)/ वोल्टेज (*V*)
(c) धारा (*I*) = प्रतिरोध (*R*)/ वोल्टेज (*V*)
(d) धारा (*I*) = वोल्टेज (*V*)/ प्रतिरोध (*R*)

17. प्रतिरोधकों की रेटिंग किन कारकों द्वारा ज्ञात की जाती है?
(a) प्रतिरोधकों के मान (b) सहन सीमा
(c) पावर रेटिंग (d) ये सभी

18. प्रतिरोध को मापने के लिए कौन-सा उपकरण प्रयुक्त किया जाता है?
(a) अमीटर (b) वोल्टमीटर (c) वाटमीटर (d) मल्टीमीटर

19. ऑटोमोबाइल तथा इलेक्ट्रॉनिक उपकरणों को ग्राउण्ड करने के लिए निम्न में से कौन-सी विधि अपनाई जाती है?
(a) अर्थ ग्राउण्ड (b) चैसिस ग्राउण्ड
(c) वाटर टैम्प ग्राउण्ड (d) पाइप ग्राउण्ड

20. विद्युत चालकों का .... होना चाहिए।
(a) विशिष्ट प्रतिरोध उच्च (b) विशिष्ट प्रतिरोध मध्यम
(c) विशिष्ट प्रतिरोध निम्न (d) इनमें से कोई नहीं

21. निम्न में से सर्वोत्तम सुचालक पदार्थ है
(a) चीनी मिट्टी (b) रेजिन
(c) ग्रेफाइट (d) इनमें से कोई नहीं

22. ताँबा एक .... धातु होती है।
(a) चालक (b) अचालक
(c) अर्द्धचालक (d) इनमें से कोई नहीं

23. निम्न में से कौन-सा पदार्थ विद्युत का सुचालक है?
(a) रबर (b) ताँबा (c) एबोनाइट (d) बैकेलाइट

24. चालकों के किस गुण के कारण उसकी चादरें व पत्तियाँ बनाई जा सकती हैं?
(a) तन्यता (b) सुदृढ़ता
(c) आघातवर्ध्यता (d) ये सभी

25. यदि चालक खींचने पर टूटता नहीं है, तब यह चालकों के किस गुण को दर्शाता है?
(a) सुदृढ़ता को (b) तन्यता को
(c) आघातवर्ध्यता को (d) इनमें से कोई नहीं

26. ताँबे का गलनांक होता है
(a) 100°C (b) 660°C (c) 1190°C (d) 1083°C

27. विद्युतीय चालक पदार्थ इनमें से कौन-सा नहीं है?
(a) ताँबा (b) एल्युमीनियम (c) चाँदी (d) सीसा

28. ऐसा कौन-सा पदार्थ है, जिसका तापक्रम बढ़ाने पर उसका प्रतिरोध घटता है?
(a) टंगस्टन (b) कार्बन (c) नाइक्रोम (d) मैंगनीज

29. अच्छे अचालक में निम्न गुण में से कौन-सा होना चाहिए?
(a) तन्यता (b) सुदृढ़ता
(c) आघातवर्ध्यता (d) ये सभी

30. अचालक पदार्थों के तापमान गुणांक का मान .... होता है।
(a) नियत (b) शून्य (c) धनात्मक (d) ऋणात्मक

31. एक विद्युत रोधक पदार्थ (अचालक) का मूल गुण होना चाहिए
(a) निम्न वोल्टेज टूटन (b) उच्च परावैद्युत सामर्थ्य
(c) न्यून प्रतिरोधकता (d) इनमें से कोई नहीं

32. निम्न में से कौन–सा गुण अचालक पदार्थों में नहीं होना चाहिए?
(a) निम्न डाइ-इलेक्ट्रिक स्ट्रैन्थ (b) उच्च प्रतिरोध
(c) सुदृढ़ (d) ऊष्मा को विकरित करने योग्य

33. कुचालक पदार्थों की मुख्य विशेषता है …………।
(a) अधिक धारा चालन (b) कम यान्त्रिक क्षमता
(c) उच्च डाइ-इलेक्ट्रिक क्षमता (d) कम गलनांक

34. डाइ–इलेक्ट्रिक स्ट्रैन्थ का मात्रक है
(a) किलोवोल्ट/मिमी (b) वोल्ट/मिमी
(c) किलोवोल्ट/मी (d) वोल्ट/मी

35. निम्न में से कौन–सा पदार्थ अचालक नहीं है?
(a) बैकेलाइट (b) रबर (c) कार्बन (d) माइका

36. निम्नलिखित में से कौन–सा पदार्थ अचालक नहीं है?
(a) एबोनाइट (b) काँच (c) सीसा (d) मार्बल

37. निम्न में से कौन–सा लचीला अचालक नहीं है?
(a) फाइबर (b) कागज (c) रेजिन (d) कॉटन टेप

38. पी.वी.सी. अचालक के ……… वर्ग से सम्बन्धित है।
(a) ठोस अचालक (b) लचीले अचालक
(c) गैसीय अचालक (d) ये सभी

39. अर्द्धचालक पदार्थ के रूप में निम्न में से किस तत्त्व का प्रयोग किया जाता है?
(a) कॉपर (b) प्लास्टिक (c) सिलिकॉन (d) टंगस्टन

40. निम्नलिखित में से दो प्रसिद्ध अर्द्धचालक हैं
(a) गैलियम और इण्डियम (b) एल्युमीनियम और एण्टीमनी
(c) जर्मेनियम और सिलिकॉन (d) आर्सेनिक और बोरॉन

41. धातुओं का वह गुण, जिसके कारण उन्हें बिना तोड़े तार बनाया जा सकता है, कहलाता है
(a) मैलीएबिलिटी (b) मशीनेबिलिटी
(c) डक्टिलिटी (d) हार्डनैस

42. जिंक कोटेड आयरन कहलाता है
(a) पिग आयरन (b) रॉट आयरन
(c) ब्लैक आयरन (d) गैल्वेनाइज्ड आयरन

43. निम्न में से किस कार्य के लिए जी.आई.तार का उपयोग किया जाता है?
(a) टेलीफोन लाइनों में (b) अर्थिंग लाइन में
(c) स्टे-तार में (d) घरेलू वायरिंग में

44. केबिल्स के परिरक्षण के लिए कौन–सी युक्ति अपनाई जाती है?
(a) इन्सुलेशन (b) मैटेलिक शीथ
(c) बीडिंग (d) ये सभी

45. CTS केबिल का अन्य नाम क्या है?
(a) लैड शीथ्ड केबिल (b) टफ रबर शीथ्ड केबिल
(c) गैल्वेनाइज्ड आयरन केबिल (d) यूरेका केबिल

46. पी.वी.सी. केबिल के ऊपर थर्मोप्लास्टिक कम्पाउण्ड का आवरण चढ़ाकर तैयार किया जाता है
(a) लैड शीथ्ड केबिल (b) आर्मर्ड केबिल
(c) ट्रोपोड्योर केबिल (d) ताम्र केबिल

47. अति उच्च वोल्टेज केबिल प्रायः किस धातु के बने होते हैं?
(a) नाइक्रोम (b) पीतल (c) सीसा (d) ताँबे

48. उच्च वोल्टेज ग्रेड केबिल की अधिकतम सहनीय वोल्टेज कितनी होती है?
(a) 250 वोल्ट (b) 650 वोल्ट
(c) 22,000 वोल्ट (d) 22,000 वोल्ट से अधिक

49. मध्यम वोल्टेज ग्रेड केबिल की अधिकतम सहनीय वोल्टेज ……… होती है।
(a) 250 वोल्ट (b) 450 वोल्ट (c) 650 वोल्ट (d) 950 वोल्ट

50. निम्न में से केबिल का आकार ज्ञात करने की विधि है
(a) व्यास विधि (b) अनुप्रस्थ-काट क्षेत्र विधि
(c) मानक वायर गेज विधि (d) ये सभी

51. निम्न चित्रों द्वारा तार से इन्सुलेशन उतारने की कौन–सी विधि प्रदर्शित की गई है?

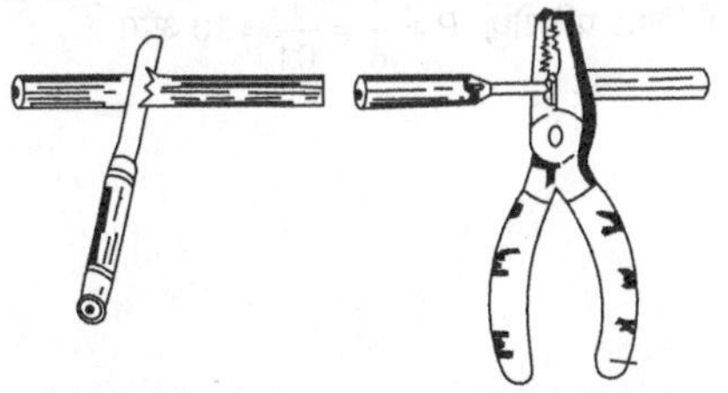

(a) प्लायर स्किनिंग विधि (b) पेन्सिल स्किनिंग विधि
(c) स्नेक स्किनिंग विधि (d) सीधी स्किनिंग विधि

52. सीधी स्किनिंग विधि में निम्न में से कौन–सा उपकरण प्रयुक्त होता है?
(a) हैक्सॉ ब्लेड (b) फर्मर चीजल
(c) हैमर (d) ये सभी

उत्तरमाला

1. (d)	2. (b)	3. (c)	4. (b)	5. (c)	6. (d)	7. (c)	8. (a)	9. (a)	10. (b)
11. (a)	12. (b)	13. (d)	14. (a)	15. (a)	16. (d)	17. (d)	18. (d)	19. (b)	20. (c)
21. (c)	22. (a)	23. (b)	24. (c)	25. (a)	26. (d)	27. (d)	28. (b)	29. (d)	30. (d)
31. (b)	32. (a)	33. (c)	34. (a)	35. (c)	36. (c)	37. (a)	38. (b)	39. (c)	40. (c)
41. (c)	42. (d)	43. (d)	44. (d)	45. (b)	46. (c)	47. (d)	48. (c)	49. (c)	50. (d)
51. (b)	52. (d)								

परीक्षा उपयोगी आंकिक प्रश्न (हल सहित)

1. **ताँबे के 120 सेमी लम्बे तथा 0.10 सेमी व्यास वाले तार का प्रतिरोध $2\,\Omega$ है। इसका विशिष्ट प्रतिरोध ज्ञात कीजिए।**

हल ज्ञात है, तार की लम्बाई, $l = 120\,\text{cm}$

तार का व्यास, $d = 0.10\,\text{cm}$,

त्रिज्या $r = \frac{0.10}{2} = 0.05\,\text{cm}$

तार का प्रतिरोध, $R = 2\Omega$

तार का विशिष्ट प्रतिरोध, $\rho = \frac{R \cdot a}{l}$ [क्षेत्रफल $a = \pi r^2$]

$$= \frac{R \cdot \pi \cdot r^2}{l}$$

$$= \frac{2 \times 22 \times 0.05 \times 0.05}{120 \times 7}$$

$$= 1.31 \times 10^{-4}\ \Omega\,\text{cm}$$

2. **0.01 सीमेन चालकता वाले चालक की विशिष्ट चालकता 0.1 सीमेन/सेमी है, तो चालक का प्रतिरोध तथा विशिष्ट प्रतिरोध ज्ञात कीजिए।**

हल दिया है, चालक की चालकता, $G = 0.01$ सीमेन

चालक की विशिष्ट चालकता, $\sigma = 0.1$ सीमेन/सेमी

तब, प्रतिरोध, $R = \frac{1}{G} = \frac{1}{0.01} = 100$ ओम

विशिष्ट प्रतिरोध, $P = \frac{1}{\sigma} = \frac{1}{0.1} = 10$ ओम

3. **किसी प्रतिरोधक पर चार विभिन्न रंगों की पट्टियाँ बनी हैं। यदि ये पट्टियाँ क्रमशः भूरे, काले, लाल तथा सुनहरे रंगों की हों, तब प्रतिरोधक का प्रतिरोध ज्ञात कीजिए।**

हल भूरे रंग की पट्टी के लिए अंकित मान = 1

काले रंग की पट्टी के लिए अंकित मान = 10

लाल रंग की पट्टी के लिए गुणक = 10^2

सुनहरे रंग की पट्टी के लिए सहन सीमा = $\pm$ 5%

अतः प्रतिरोधक का प्रतिरोध, $R = 10 \times 10^2 \pm 5\%$

$$= 1000\,\Omega \pm 5\% = 1\,\text{k}\Omega \pm 5\%$$

4. **यदि किसी प्रतिरोध को 2.5 ऐम्पियर की धारा प्रवाहित करने पर इसके सिरों पर 25 वोल्ट का विभवान्तर उत्पन्न होता है, तब प्रतिरोधक के प्रतिरोध की गणना कीजिए।**

हल दिया है, धारा, $I = 2.5$ ऐम्पियर, विभवान्तर, $V = 25$ वोल्ट

तब प्रतिरोध, $R = \frac{V}{I} = \frac{25}{2.5}$ [$V = IR$ से]

$R = 10$ ओम

5. **एक 500 Ω प्रतिरोध वाला उपकरण 240 वोल्ट की सप्लाई पर प्रचालित होता है। उपकरण द्वारा ली गई शक्ति की गणना कीजिए।**

हल दिया है, वोल्टेज, $V = 240$ वोल्ट, $R = 500\Omega$

शक्ति, $P = \frac{V^2}{R} = \frac{240 \times 240}{500}$

$P = \frac{24 \times 24}{5} = \frac{576}{5}$, $P = 115.2$ वाट

अध्याय 11

वैद्युतिक सुरक्षा युक्तियाँ एवं निष्क्रिय अवयव

Electrical Safety Devices and Passive Components

अध्याय विषय सूची

परिचय Introduction

किसी मैकेनिक द्वारा ट्रैक्टरों में विद्युतीय परिपथ अथवा उपकरण को बनाते समय उसके डिजाइन एवं उपयोग सम्बन्धी तथ्यों को ध्यान में रखा जाता है। इसके अतिरिक्त, एक महत्त्वपूर्ण तथ्य का भी ध्यान रखा जाता है, जिसका सम्बन्ध उस परिपथ अथवा उपकरण की सुरक्षा से होता है। ट्रैक्टरों एवं उपयोगकर्ताओं की सुरक्षा को ध्यान में रखकर प्रयोग में लाई गई युक्तियाँ, सुरक्षा युक्तियों के अन्तर्गत आती हैं, जो दुर्घटना एवं विषम परिस्थितियों में मशीनों का बचाव करने में सक्षम होती हैं।

इन युक्तियों के प्रयोग से ट्रैक्टरों एवं परिपथ की कार्य-आयु, कार्य-क्षमता एवं सुरक्षा को बढ़ाया जाता है तथा ये ट्रैक्टरों में होने वाले नुकसान से भी बचाती हैं। किसी भी परिपथ की उच्च-धारा, उच्च-भार अथवा उच्च-वोल्टता आदि से सुरक्षा हेतु सुरक्षा युक्तियों का प्रयोग किया जाता है। परिपथ की आवश्यकता के अनुसार, इन सुरक्षा युक्तियों के प्रकारों का चयन किया जाता है। इस अध्याय में विद्युतीय परिपथों में सामान्यत: प्रयुक्त की जाने वाली कुछ उपयोगी सुरक्षा युक्तियों; जैसे—फ्यूज, रिले तथा सर्किट ब्रेकर तथा कुछ निष्क्रिय अवयवों; जैसे-प्रतिरोधक, संधारित्र, प्रेरक आदि का वर्णन किया गया है।

11.1 फ्यूज Fuse

वह सुरक्षा युक्ति (safety device) जो उच्च विद्युत धारा के विरुद्ध केबिलों तथा उपकरणों के सुरक्षा/बचाव के लिए वैद्युतिक परिपथों के श्रेणी-क्रम (series) में संयोजित की जाती है, फ्यूज कहलाती है।

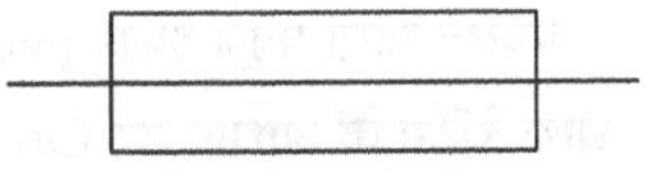

चित्र फ्यूज का प्रतीक

जब किसी वैद्युतिक अथवा इलेक्ट्रॉनिक परिपथ में निर्धारित धारा मान से अधिक धारा प्रवाहित होती है, तब परिपथ में शॉर्ट-सर्किट हो जाने से परिपथ में प्रयुक्त केबिल का अचालक आवरण जल जाता है और परिपथ नष्ट हो जाता है। इस समस्या के निवारण हेतु परिपथ में फ्यूज का उपयोग किया जाता है, जो परिपथ में निर्धारित धारा मान से अधिक धारा प्रवाहित होने पर पिघल जाता है तथा मुख्य परिपथ से दोषी परिपथ को वियोजित अर्थात् अलग कर परिपथ को नष्ट होने से बचाता है।

फ्यूज से सम्बन्धित पद Terms Related to Fuse

फ्यूज से सम्बन्धित कुछ प्रमुख पद निम्नलिखित हैं

(i) **फ्यूज आधार** (Fuse base) फ्यूज आधार, विद्युतरोधी पदार्थ (insulating material) पोर्सिलेन (porcelain) से निर्मित होता है। यह फ्यूज इकाई का एक स्थिर भाग है, जिसमें विद्युत परिपथ के इनपुट तथा आउटपुट सम्पर्क/टर्मिनल्स लगे होते हैं। यह फ्यूज वाहक (fuse carrier) को आधार प्रदान करता है।

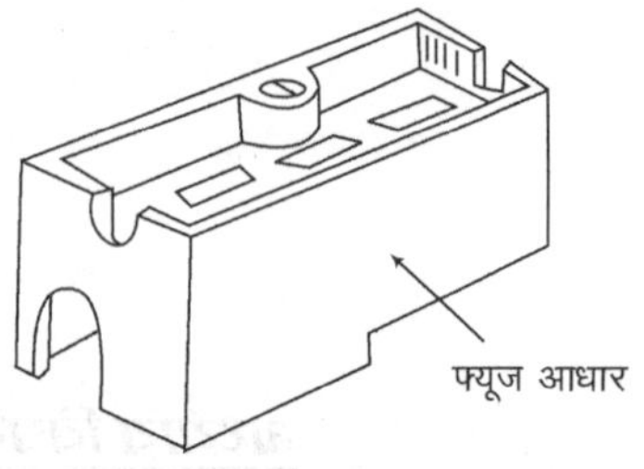

चित्र फ्यूज आधार

(ii) **फ्यूज कैप** (Fuse cap) फ्यूज का वह भाग जिसमें फ्यूज तार लगाया जाता है, फ्यूज कैप कहलाता है। फ्यूज कैप, फ्यूज आधार से संयोजित होता है।

चित्र फ्यूज कैप

(iii) **फ्यूज तार** (Fuse wire) फ्यूज तार, फ्यूज में प्रयुक्त मुख्य भाग होता है। इसका गलनांक अपेक्षाकृत कम होता है। यह फ्यूज कैप में संयोजित होता है। फ्यूज तार के जलने की स्थिति में फ्यूज कैप को फ्यूज आधार से अलग करके इसे बदल दिया जाता है।

(iv) **फ्यूज पदार्थ** (Fuse material) फ्यूज अवयवों को बनाने के लिए विभिन्न प्रकार के पदार्थों; जैसे—टिन, जिंक, कॉपर, एल्युमीनियम, सीसा, चाँदी आदि का प्रयोग किया जाता है। फ्यूज अवयवों में प्रयुक्त होने वाले पदार्थ एवं उनका गलनांक व प्रतिरोधकता तालिका में दर्शाया गया है

क्र.सं.	फ्यूज पदार्थ	गलनांक (°C में)	प्रतिरोधकता (μΩ-cm)
1.	टिन (Sn)	230	11.25
2.	जिंक (Zn)	420	5.5
3.	कॉपर (Cu)	1083	1.73
4.	एल्युमीनियम (Al)	660	2.65
5.	सीसा (Pb)	329	21.6
6.	सिल्वर (Ag)	961	1.59

(v) **फ्यूज वाहक** (Fuse carrier) फ्यूज वाहक, फ्यूज इकाई का वह भाग है, जो फ्यूज अवयव (fuse element) को आधार प्रदान करता है। यह विद्युतरोधी पदार्थ, पोर्सिलेन से निर्मित होता है जिसमें दो टर्मिनलों के मध्य एक फ्यूज अवयव (fuse element) संयोजित होता है।

(vi) **फ्यूज धारा रेटिंग** (Fuse current rating) यह फ्यूज अवयव तार की उच्चतम कार्यकारी धारा होती है, जिस पर फ्यूज तार सफलतापूर्वक निरन्तर कार्य कर सकता है। फ्यूज तार को इस उच्चतम धारा (maximum current) पर निरन्तर कार्य करने के लिए ही डिजाइन किया जाता है।
फ्यूज की धारा रेटिंग, सामान्य प्रचालन धारा के 125% पर की जाती है।
अत: फ्यूज रेटिंग = (शक्ति/वोल्टेज) ×125%

(vii) **फ्यूजिंग धारा** (Fusing current) फ्यूजिंग धारा, वह न्यूनतम धारा है जिस पर फ्यूज अवयव पिघल कर मुख्य परिपथ से दोषी परिपथ को वियोजित कर देता है। फ्यूज की फ्यूजिंग धारा का मान निर्धारित धारा की अपेक्षा लगभग डेढ़ गुना (1.5 times) होता है।

(viii) **फ्यूजिंग घटक** (Fusing factor) न्यूनतम फ्यूजिंग धारा तथा निर्धारित धारा के अनुपात को फ्यूजिंग घटक कहते हैं अर्थात्

$$\text{फ्यूजिंग घटक} = \frac{\text{न्यूनतम फ्यूजिंग धारा}}{\text{निर्धारित धारा}} > 1 \text{ (एकांक)}$$

फ्यूज का वर्गीकरण Classification of Fuse

फ्यूजों का वर्गीकरण निम्न घटकों के आधार पर किया जा सकता है

1. **वोल्टेज के आधार पर** On the Basis of Voltage
   - **निम्न वोल्टेज फ्यूज** (Low voltage fuse); जैसे—पुन: फ्यूज तार बदलने योग्य फ्यूज इकाई (rewirable fuse unit)
   - **उच्च वोल्टेज फ्यूज** (High voltage fuse); जैसे—फ्यूज तार न बदलने योग्य फ्यूज इकाई (non-rewirable fuse unit)
2. **धारा रेटिंग के आधार पर** On the Basis of Current Rating
   - 5A, 10A, 15A, 20A एवं 30A आदि।
   - 100A, 150A एवं 200A आदि।
   - कार्ट्रिज प्रकार के फ्यूज (cartridge type fuse) आदि।

3. **फ्यूज अवयव की धातु के आधार पर**
On the Basis of Metal of Fuse Component

- कॉपर अवयवी फ्यूज
- एल्युमीनियम अवयवी फ्यूज
- टिन अवयवी फ्यूज
- सीसा अवयवी फ्यूज
- टिन-सीसा मिश्रित अवयवी फ्यूज
- चाँदी अवयवी फ्यूज

4. **संरचना के आधार पर** On the Basis of Structure

- गोलाकार फ्यूज
- किट-कैट प्रकार का फ्यूज
- प्लग टाइप फ्यूज
- कार्ट्रिज प्रकार का फ्यूज
- D-टाइप कार्ट्रिज फ्यूज
- HRC फ्यूज

उपरोक्त फ्यूजों में से संरचना के आधार पर फ्यूजों का वर्णन निम्नलिखित है

(i) **गोलाकार फ्यूज** Round fuse

गोलाकार फ्यूज का बाह्य आवरण बैकेलाइट (bakelite) अथवा पोर्सिलेन (porcelain) का बना होता है। इसकी आकृति गोल डिब्बी के समान होती है, जिसमें दो पृथक्-पृथक् पीतल अथवा कॉपर (brass or copper) के टर्मिनल्स (terminals) स्थापित होते हैं। कॉपर टर्मिनलों के मध्य फ्यूज तार को लगाकर टर्मिनल्स में लगे पेचों (screws) की सहायता से कस दिया जाता है।

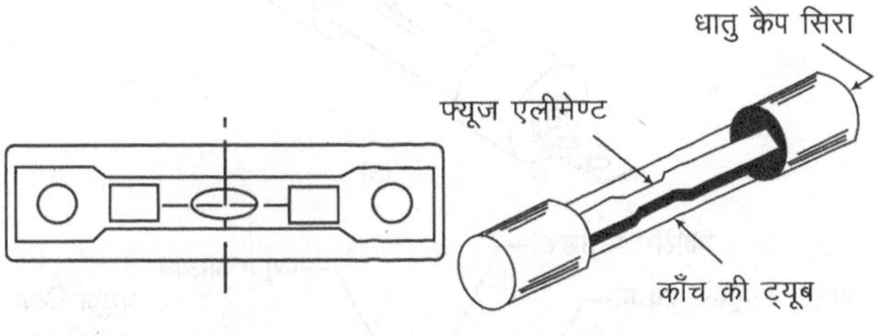

चित्र गोलाकार फ्यूज की बाह्य व आन्तरिक संरचना

गोलाकार फ्यूज में फ्यूज तार बदलने (replacement) के लिए सर्वप्रथम विद्युत संस्थापन (electrical installation) का मुख्य स्विच ऑफ करना आवश्यक होता है, क्योंकि मुख्य स्विच को ऑफ किए बिना ही फ्यूज अवयव/तार बदलने से विद्युत झटका लगने की सम्भावना रहती है। इसलिए इस प्रकार के फ्यूज का प्रयोग वर्तमान समय में बहुत कम किया जाता है।

(ii) **किट-कैट फ्यूज** Kit-kat fuse

किट-कैट फ्यूज के दो भाग होते हैं। प्रथम भाग को फ्यूज आधार (fuse base) तथा द्वितीय भाग को फ्यूज वाहक (fuse carrier) कहते हैं। ये दोनों भाग एक साथ मिलकर किट-कैट फ्यूज बनाते हैं। ये दोनों भाग विद्युतरोधी पदार्थ पोर्सिलेन (porcelain) के बने होते हैं। इस फ्यूज को वैद्युतिक संस्थापन के वितरण बोर्ड अथवा मीटर बोर्ड पर लगाया जाता है।

इसके निचले भाग अर्थात् फ्यूज आधार के एक टर्मिनल के साथ इनपुट फेज तार को तथा दूसरे टर्मिनल के साथ आउटपुट फेज तार को संयोजित किया जाता है। फ्यूज वाहक के दोनों टर्मिनल्स के मध्य फ्यूज अवयव (fuse element) कसा जाता है।

फ्यूज वाहक के दोनों टर्मिनल्स के साथ 'U' आकार का एक-एक कॉन्टैक्ट लगा होता है जो फ्यूज आधार के टर्मिनल्स के साथ कसे कमानीदार कॉन्टैक्ट में मजबूती से (tightly) लगाया जाता है।

गोलाकार फ्यूज इकाई की अपेक्षा किट-कैट प्रकार के फ्यूज का प्रयोग वर्तमान समय में घरेलू तथा विद्युत शक्ति संस्थापन (domestic and power installation) में अत्यधिक होता है।

किट-कैट फ्यूज इकाई में फ्यूज अवयव को बदलने के लिए मुख्य स्विच (main switch) को ऑफ करने की आवश्यकता नहीं होती। किट-कैट फ्यूज को रिवायरेबल फ्यूज भी कहते हैं। चित्र में किट-कैट फ्यूज की संरचना को दर्शाया गया है।

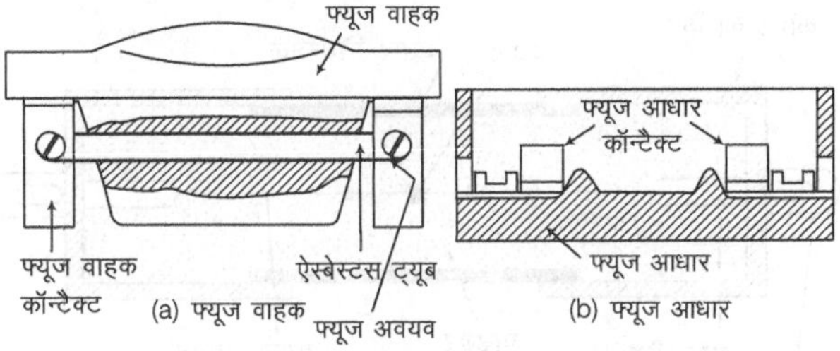

चित्र किट-कैट फ्यूज की आन्तरिक संरचना

(iii) **प्लग टाइप फ्यूज** Plug type fuse

विभिन्न इलेक्ट्रॉनिक उपकरण जो डी.सी. अथवा ए.सी. से प्रचालित होते हों तथा विभिन्न डी.सी. वायरिंग के साधनों; जैसे—बैटरी, चार्जर, ऑटो वायरिंग इत्यादि में प्लग टाइप फ्यूज प्रयोग किए जाते हैं।

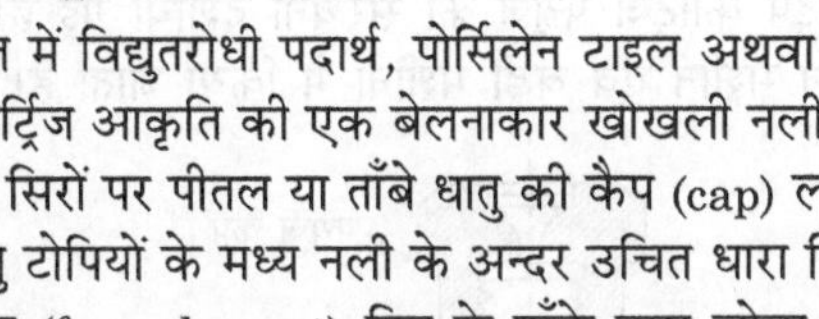

चित्र प्लग टाइप फ्यूज

(iv) **कार्ट्रिज फ्यूज** Cartridge fuse

कार्ट्रिज फ्यूज में विद्युतरोधी पदार्थ, पोर्सिलेन टाइल अथवा सीसे (lead) से निर्मित कार्ट्रिज आकृति की एक बेलनाकार खोखली नली होती है। इस नली में दोनों सिरों पर पीतल या ताँबे धातु की कैप (cap) लगाई जाती है। इन दोनों धातु टोपियों के मध्य नली के अन्दर उचित धारा निर्धारण वाला फ्यूज अवयव (fuse element) टिन के टाँके द्वारा जोड़ा जाता है तथा इस फ्यूज अवयव के चारों ओर पूरक पदार्थ के रूप में क्वार्ट्ज सैण्ड (quartz sand) भरा जाता है।

इस प्रकार के फ्यूज की नली के मध्य लाल रंग का सूचक वृत्त (indicator circle) बना होता है, जो फ्यूज अवयव की सही स्थिति को दर्शाता है। उच्च धारा अथवा लघु परिपथ दोष के कारण फ्यूज अवयव में निर्धारित धारा (60-400 ऐम्पियर तक) से अधिक धारा प्रवाहित होने पर फ्यूज अवयव गर्म होकर पिघल जाता है। इस अवस्था में, लाल रंग के सूचनांक वृत्त का रंग काला हो जाता है।

जब फ्यूज अवयव पिघल कर वाष्पित (vapourised) होता है, तब यह 'धातु वाष्प' क्वार्ट्ज सैण्ड के द्वारा सोख ली जाती है और फ्यूज इकाई की नली की आन्तरिक सतह पर नहीं जमती है।

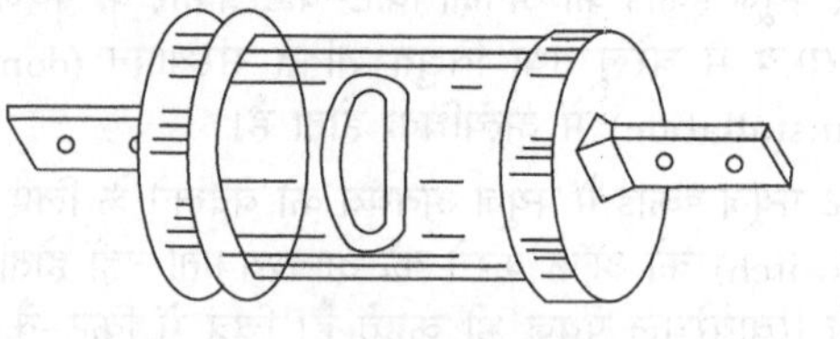

चित्र (a) कार्ट्रिज फ्यूज की बाह्य संरचना

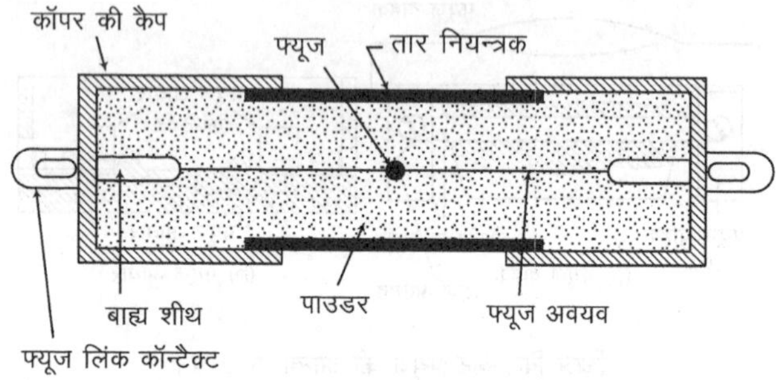

चित्र (b) कार्ट्रिज प्रकार की फ्यूज की आन्तरिक संरचना

(v) **D-टाइप कार्ट्रिज फ्यूज** D-type cartridge fuse

यह कार्ट्रिज फ्यूज का ही एक प्रकार है जो पूर्ण रूप से बन्द होता है अर्थात् इसके दोनों सिरे धातु कैप द्वारा सील होते हैं जिसे कार्ट्रिज कहते हैं। इसके एक सिरे पर बल्ब के आकार का कण्टेनर बना होता है। कार्ट्रिज में फ्यूज अवयव तथा उसमें भरे फिलर पदार्थ को इस कण्टेनर में बन्द करके रखा जाता है।

ओवरलोड होने के कारण जब फ्यूज अवयव गर्म होकर पिघल कर टूट जाता है, तो फ्यूज के दोनों साइड में लगा कागज जिसे लो-आउट डिवाइस कहते हैं, कट जाता है तथा फ्यूज तार के आस-पास रखा पाउडर, स्पार्किंग को रोकता है।

चित्र में D-टाइप कार्ट्रिज फ्यूज की संरचना दर्शायी गई है। इनका प्रयोग ऊर्ध्वाधर ड्रिल मशीन एवं बड़ी मशीनों में किया जाता है।

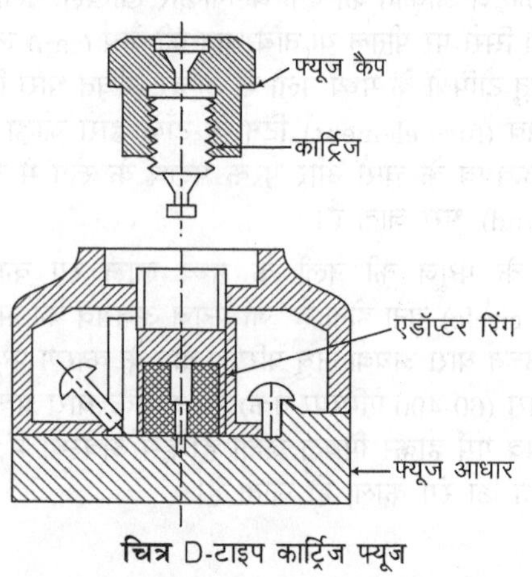

चित्र D-टाइप कार्ट्रिज फ्यूज

(vi) **हाई रैप्चरिंग कैपेसिटी फ्यूज**
High Rupturing Capacity Fuse (HRC)

एच.आर.सी. फ्यूज, कार्ट्रिज फ्यूज का विकसित रूप है और इनकी रैप्चरिंग कैपेसिटी (rupturing capacity) 66 kV से 500 MVA तक होती है। इनकी मुख्य विशेषता यह है कि ये शॉर्ट-सर्किट दोष के अन्तर्गत एक निश्चित समय तक उच्चतम विद्युत धारा प्रवाह की क्षमता रखते हैं। यदि इस निश्चित समय के अन्तर्गत, शॉर्ट सर्किट दोष (short circuit fault) दूर हो जाए, तब फ्यूज अवयव पिघल कर नष्ट नहीं होता। इसके विपरीत, यदि इस समय में यह दोष दूर नहीं होता है, तो फ्यूज अवयव पिघल कर नष्ट हो जाता है और विद्युत परिपथ में विद्युत धारा का मान शून्य हो जाता है।

इस फ्यूज इकाई का बाह्य आवरण, बेलनाकार नली के रूप में विद्युतरोधी पदार्थ काँच अथवा पोर्सिलेन टाइल से निर्मित होता है। इसमें फ्यूज अवयव के लिए सिल्वर के तार का प्रयोग किया जाता है। इस फ्यूज अवयव के चारों ओर फिलर पदार्थ (filler material) भरा होता है। इस प्रकार प्राप्त विद्युतरोधी नली के दोनों सिरे पीतल की सुदृढ़ फिलर कैप (caps) से पूर्णतः वायुरोधी (airtight) सील बन्द होते हैं।

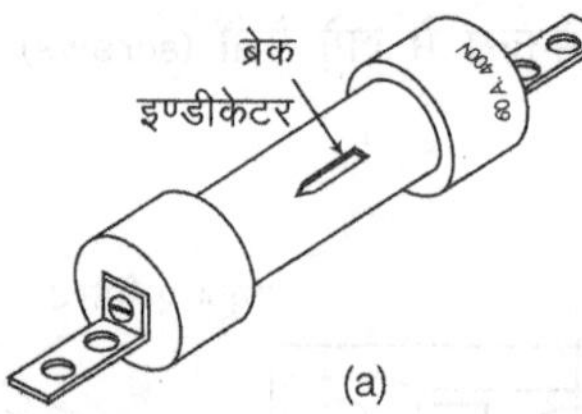

(a)

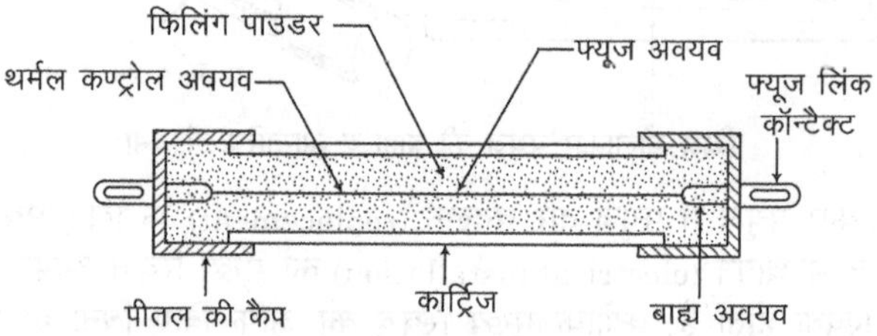

(b)

चित्र हाई रैप्चरिंग कैपेसिटी (HRC) फ्यूज की बाह्य एवं आन्तरिक संरचना

इन पीतल की टोपियों के द्वारा ही नली के अन्दर सिल्वर की पत्ती (silver strip) का फ्यूज अवयव जुड़ा होता है। यदि HRC फ्यूज में एक सूचक (indicator) यन्त्र भी संयोजित कर दिया जाता है, तो यह सूचक युक्त HRC फ्यूज कहलाता है। यह सूचक यन्त्र फ्यूज तार के समान्तर में संयोजित किया जाता है, इस सूचक से एक बल्ब संयोजित होता है, जो फ्यूज की स्थिति के विषय में सूचित करता है।

फ्यूज का अभिलक्षण Characteristics of Fuse

किसी विद्युतीय परिपथ में फ्यूज तब तक ही कार्य करता है, जब तक कि इसका तापमान गलनांक बिन्दु से कम रहता है। जब फ्यूज का तापमान I^2R तक बढ़ जाता है, तब फ्यूज पिघल जाता है, यहाँ R फ्यूज का प्रतिरोध तथा I फ्यूज में प्रवाहित धारा है। फ्यूज का प्रतिरोध नियत रहता है, परन्तु धारा के मान में वृद्धि होने के कारण फ्यूज अधिक गर्म हो जाता है तथा पिघलकर टूट जाता है।

धारा के मान में यह वृद्धि अधिक लोड के कारण अथवा शॉर्ट सर्किट होने के कारण हो सकती है। इस प्रकार यह निष्कर्ष निकलता है कि फ्यूज, अधिक धारा प्रवाह के कारण अधिक तेजी से पिघलता है तथा कम धारा प्रवाह पर कुछ समय पश्चात् पिघलता है। फ्यूज के लिए धारा तथा पिघलने के समय के इस सम्बन्ध को ही फ्यूज का अभिलक्षण कहते हैं जिसे निम्न वक्र (curve) द्वारा स्पष्ट किया गया है।

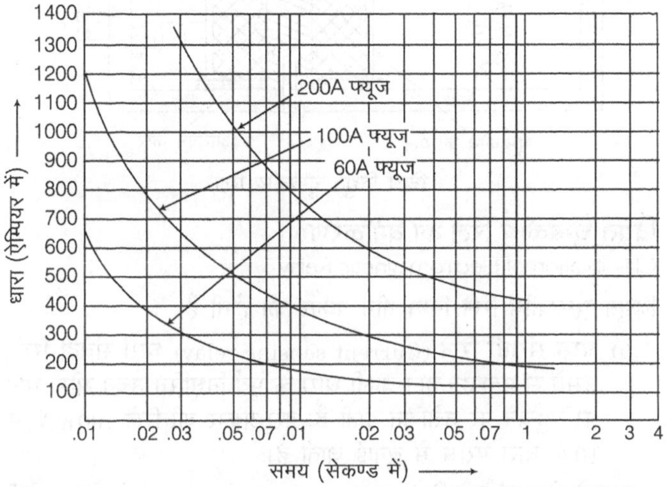

उपरोक्त धारा-समय वक्र में 60 A, 100 A तथा 200 A के तीन फ्यूज प्रयोग किए गए हैं। इस वक्र को समझने के लिए 60 A के फ्यूज को संज्ञान में लेते हैं। यदि 60 A के इस फ्यूज में से 350 A की धारा प्रवाहित होती है, तो यह फ्यूज 0.02 अर्थात् 20 मिली सेकण्ड में ही पिघलकर टूट जाएगा। यदि इस फ्यूज में से 225 A की धारा प्रवाहित होती है, तो यह 0.07 सेकण्ड अर्थात् 50 मिली सेकण्ड में ही टूट जाएगा। इस प्रकार स्पष्ट है कि फ्यूज अभिलक्षण, समय के व्युत्क्रमानुपाती होते हैं। अर्थात् फ्यूज में जितनी अधिक धारा प्रवाहित होगी उसके पिघलने का समय उतना ही कम होगा।

फ्यूज के लाभ तथा हानि
Advantages and Disadvantages of Fuse

लाभ Advantages

फ्यूज से होने वाले मुख्य लाभ निम्न हैं

(i) फ्यूज सुरक्षा युक्तियों में सबसे सस्ती युक्ति है।
(ii) यह एक स्वचालित युक्ति है।
(iii) इसे रख-रखाव (maintenance) की आवश्यकता नहीं होती।
(iv) इससे परिपथ को बिना आवाज अथवा धुएं के विच्छेदित किया जा सकता है।
(v) यह परिपथ में आसानी से सैट हो जाता है, क्योंकि यह आकार में छोटा होता है।
(vi) यह बहुत ही तीव्र गति से कार्य करता है।
(vii) फ्यूज स्वयं पिघलकर परिपथ को क्षतिग्रस्त होने से बचाता है।
(viii) धारा के मान के अनुसार, फ्यूज का चयन किया जा सकता है।
(ix) इसका प्रयोग ट्रांसफॉर्मर, आल्टरनेटर, मोटर इत्यादि युक्तियों में सुरक्षा युक्ति की भाँति किया जा सकता है।
(x) फ्यूज बहुत कम ऊर्जा की खपत करता है।

हानियाँ Disadvantages

फ्यूज से होने वाली मुख्य हानियाँ निम्नलिखित हैं

(i) विभिन्न प्रकार के परिपथों के लिए अलग-अलग प्रकार के फ्यूज का प्रयोग करना होता है।
(ii) उपयुक्त गलनांक वाले फ्यूज का चुनाव करना एक कठिन कार्य है।
(iii) फ्यूज जल जाने के पश्चात् पुन: प्रयोग नहीं किया जा सकता।

11.2 रिले Relay

रिले एक ऐसी युक्ति है, जो किसी वैद्युतिक अथवा इलेक्ट्रॉनिक परिपथ के वोल्टेज अथवा उसमें प्रवाहित होने वाली धारा के मान के आधार पर दूसरे परिपथों को 'ऑन' अथवा 'ऑफ' करने हेतु प्रयोग की जाती है।

रिले का वर्गीकरण Classification of Relay

रिले को उपयोगिता, प्रचालन एवं संरचना के आधार पर निम्न प्रकार से वर्गीकृत किया जाता है

1. उपयोगिता के आधार पर On the Basis of Uses

उपयोगिता के आधार पर रिले निम्न प्रकार की होती हैं

(i) **वोल्टेज रिले** इसमें अभिलक्षण राशि को परिपथ की वोल्टेज के संयोजन बिन्दु पर निर्धारित करते हैं।
(ii) **धारा रिले** इस रिले में अभिलक्षण राशि को परिपथ धारा के संयोजन बिन्दु पर निर्धारित करते हैं।
(iii) **अतिधारा रिले** इस प्रकार की रिले परिपथ में निर्धारित धारा से अधिक धारा प्रवाहित होने पर कार्य करती है।
(iv) **अतिवोल्टेज रिले** इस प्रकार की रिले निर्धारित वोल्टेज से अधिक वोल्टेज होने पर प्रयोग की जाती है।
(v) **आवृत्ति रिले** इसमें प्रचालन समय के आधार पर, बिन्दु पर अभिलक्षण राशि देती है।
(vi) **मन्द धारा रिले** ये रिले निर्धारित धारा से कम धारा पर कार्य करते हैं।
(vii) **मन्द वोल्टता रिले** यह रिले निर्धारित वोल्टेज से कम वोल्टेज पर कार्य करती है।

2. प्रचालन समय के आधार पर
On the Basis of Operating Time

प्रचालन समय के आधार पर रिले निम्न प्रकार की होती हैं

(i) **इन्वर्स टाइम लॉग रिले** इनका प्रचालन समय, विद्युत राशि के परिणाम के व्युत्क्रमानुपाती होता है।
(ii) **तात्कालिक रिले** यह रिले अल्प समय के दोष उत्पन्न होने पर आरम्भ हो जाती है।
(iii) **निश्चित टाइम लैग रिले** ये रिले कुछ निश्चित समय के बाद आरम्भ होती हैं।

3. संरचना के आधार पर On the Basis of Construction

संरचना के आधार पर रिले के निम्न प्रकार उपलब्ध हैं

(i) **सोलेनॉइड टाइप रिले** यह एक सोलेनॉइड के रूप में होती है, जिसका प्रचालन अधिक धारा प्रवाहित होने पर किया जाता है तथा इसमें प्लंजर को सोलेनॉइड के चुम्बकीय क्षेत्र द्वारा आकर्षित किया जाता है।

(ii) **मूविंग आयरन टाइप रिले** इस रिले में लोहे के आर्मेचर को विद्युत चुम्बकीय क्षेत्र द्वारा आकर्षित किया जाता है। विद्युत चुम्बक में निश्चित धारा से अधिक धारा प्रवाहित होने पर यह रिले आरम्भ होती है।

(iii) **इलेक्ट्रोडायनामिक टाइप रिले** इस रिले में धारावाही कुण्डली, विद्युत चुम्बकीय क्षेत्र में गतिशील होती है।

(iv) **इण्डक्शन रिले** इसमें भँवर धाराओं द्वारा धातु की डिस्क में घूर्णन बलाघूर्ण (rotating torque) उत्पन्न होता है।

(v) **स्थैतिक रिले** जैसा कि नाम से स्पष्ट है, इस रिले में कोई गतिमान भाग नहीं होता।

(vi) **तापीय रूपी रिले** यह रिले ताप बढ़ने पर प्रचालित होती है।

(vii) **इलेक्ट्रोमेग्नेटिक रिले** यह रिले ए.सी. अथवा डी.सी. सिग्नलों द्वारा प्रचालित होती है।

रिले के प्रकार Types of Relay

यान्त्रिक उपकरणों में मुख्य रूप से प्रयुक्त होने वाली रिले निम्नलिखित हैं

1. विद्युत चुम्बकीय रिले Electromagnetic Relay

वैद्युतिक परिपथों को स्वचालित रूप से 'ऑन' अथवा 'ऑफ' करने के लिए प्रयोग की जाने वाली विद्युत चुम्बकीय युक्ति, विद्युत चुम्बकीय रिले कहलाती है। यह एक धारा नियन्त्रक युक्ति है।

इसमें मुख्यत: एक 6V/12V डी.सी. क्वॉयल लौह-रीड, NO (Normally Open) एवं NC (Normally Closed) संयोजक होते हैं, NO तथा NC संयोजकों की संख्या आवश्यकतानुसार रखी जाती है।

इसमें क्वॉयल को नियन्त्रक सिग्नल, सीधे ही परिपथ से प्रदान किया जाता है। जैसे ही नियन्त्रक सिग्नल की धारा का मान, पूर्व-निर्धारित मान तक पहुँचता है, विद्युत-चुम्बक पूर्णत: उत्तेजित हो जाता है। विद्युत-चुम्बक, लौह-रीड को आकर्षित कर लेता है और NO तथा NC संयोजक, आवश्यकतानुसार परिपथों को क्रमश: 'ऑन' अथवा 'ऑफ' कर देते हैं।

इस युक्ति की सहायता से किसी वैद्युतिक/इलेक्ट्रॉनिक उपकरण को 'रिमोट कण्ट्रोल' के द्वारा भी प्रचालित किया जा सकता है। चुम्बकीय रिले का उपयोग वोल्टेज स्टेबिलाइजर, वोल्टेज रेगुलेटर, मशीनों के कण्ट्रोल सर्किट, रिमोट कण्ट्रोल से प्रचालित उपकरणों, रेफ्रीजेरेटर, टेलीफोन एक्सचेंज, रिसीवर, ट्रांसमीटर आदि उपकरणों में किया जाता है।

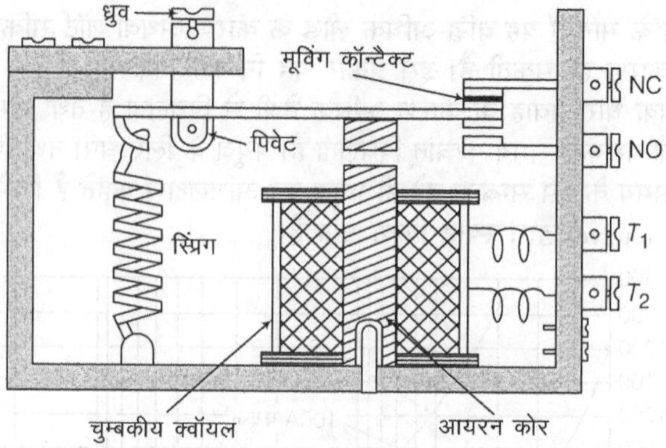

चित्र विद्युत चुम्बकीय रिले

विद्युत चुम्बकीय रिले का वर्गीकरण Classification of Electromagnetic Relay

विद्युत चुम्बकीय रिले निम्न तीन प्रकार की होती हैं

(i) **धारा संवेदी रिले** (Current sensing relay) धारा संवेदी रिले, उसमें से प्रवाहित होने वाली धारा के पूर्व निर्धारित उच्च सीमा मान पर पहुँचने पर उत्तेजित होती है। इस प्रकार की रिले 100 mA से 10 A धारा परास में बनाई जाती है।

(ii) **वोल्टेज संवेदी रिले** (Voltage sensing relay) वोल्टेज संवेदी रिले, उसके वोल्टेज मान के एक पूर्व निर्धारित मान से अधिक हो जाने पर उत्तेजित होती है। इस प्रकार की रिले सामान्यत: 3 वोल्ट से 24 वोल्ट परास में बनाई जाती है।

(iii) **अधो धारा संवेदी रिले** (Under current sensing relay) अधो धारा संवेदी रिले, उसमें से प्रवाहित होने वाली धारा के पूर्व निर्धारित मान से घट जाने की स्थिति में उत्तेजित होती है। इस प्रकार की रिले अलार्म तथा अन्य सुरक्षा युक्तियों में प्रयोग की जाती है।

2. ओवरलोड रिले Overload Relay

ओवरलोड रिले की मौलिक संरचना सामान्य प्रकार की चुम्बकीय रिले के समान ही होती है। इसमें कुण्डली को इस प्रकार बनाया जाता है कि यह पूर्व-निर्धारित मान की अपेक्षा भार-धारा का मान बढ़ जाने पर उत्तेजित हो जाती है और NC संयोजकों के द्वारा परिपथ को विसंयोजित कर देती है।

तीन-फेज लाइन के लिए तीन ओवरलोड रिले प्रयोग की जाती हैं। तीनों रिले की रीड एक दस्ते के द्वारा जोड़ दी जाती हैं जिससे कि किसी एक फेज में भार-धारा का मान बढ़ने पर तीनों फेज विसंयोजित हो जाते हैं। विद्युत वितरण केन्द्र 100 से 300 ऐम्पियर तक धारा आपूर्ति करते हैं।

अत: इस प्रकार के परिपथों के लिए धारा ट्रांसफॉर्मर (current transformer) प्रयोग करके, निम्न धारा मान पर प्रचालित होने वाली रिले प्रयोग की जाती हैं, जो आनुपातिक आधार पर, ओवरलोड स्थिति में सर्किट ब्रेकर के माध्यम से परिपथ को 'ऑफ' कर देती हैं। इन्हें **ट्रिपिंग रिले** (tripping relay) के नाम से भी जाना जाता है।

3. तापीय रिले Thermal Relay

तापीय रिले, विद्युत धारा के ऊष्मीय प्रभाव पर आधारित होती हैं। मोटर स्टार्टर तथा ओवरलोड युक्तियों में प्रयुक्त तापीय रिले में एक द्विधात्विक स्ट्रिप (bimetalic strip) लगी होती है जो प्रतिरोध निर्मित हीटर कुण्डली पर माउण्ट होती है।

द्विधात्विक स्ट्रिप प्राय: हीटिंग क्वॉयल द्वारा गर्म होती है जिसे एक धारा ट्रांसफॉर्मर के द्वारा धारा प्राप्त होती है।

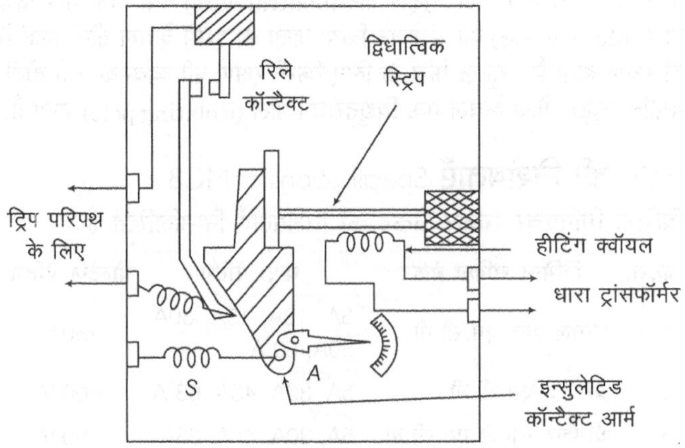

चित्र तापीय रिले

तापीय रिले में एक इन्सुलेटेड आर्म होता है जिस पर एक कॉन्टैक्ट (contact) बना होता है। यह इन्सुलेटेड आर्म सामान्यत: पिवेटिड (pivoted) होती है तथा एक स्प्रिंग S द्वारा स्ट्रिप के स्पर्श में रहती है। सैक्टर के आकार की एक प्लेट A को घुमाकर स्प्रिंग के तनाव को परिवर्तित किया जा सकता है।

सामान्य अवस्था में स्ट्रिप सीधी रहती है, परन्तु गर्म होने पर स्ट्रिप मुड़ (bend) जाती है, जिससे स्प्रिंग का तनाव समाप्त हो जाता है। इस प्रकार रिले का कॉन्टैक्ट बन्द हो जाता है तथा ट्रिप परिपथ सक्रिय (active) हो जाता है। अत: रिले की सैटिंग, स्प्रिंग के तनाव को परिवर्तित करके परिवर्तित की जा सकती है।

द्विधात्विक स्ट्रिप निकिल-स्टील अलॉय की परस्पर वैल्ड की हुई स्ट्रिप होती है। प्रत्येक स्ट्रिप को कम धारा (under current) के लिए अंशांकित (calibrated) किया जाता है। इस प्रकार की ट्रिपिंग रिले प्राय: मोटर कण्ट्रोल में प्रयोग की जाती है। इस रिले के हीटिंग एलीमेन्ट को इस प्रकार डिजाइन किया जाता है कि यह सात गुना फुल लोड धारा तक के ओवरलोड को अल्प समय तक सहन करने में सक्षम हो।

11.3 सर्किट ब्रेकर Circuit Breaker

किसी वैद्युतिक लाइन को ऑन/ऑफ करने तथा लाइन की ओवरलोड अथवा शॉर्ट सर्किट अवस्था में उसे स्वत: ऑफ कर देने वाली युक्ति, सर्किट ब्रेकर (circuit breaker) कहलाती है। सर्किट ब्रेकर विभिन्न आकार व प्रकार के तथा 5A, 250V से कई हजार ऐम्पियर तथा 440 किलो वोल्ट तक कार्य करने वाले होते हैं।

सर्किट ब्रेकर निम्न प्रकार के होते हैं

1. मिनिएचर सर्किट ब्रेकर
2. अर्थ लीकेज सर्किट ब्रेकर
3. मॉल्डिड केस सर्किट ब्रेकर
4. एयर सर्किट ब्रेकर
5. ऑयल सर्किट ब्रेकर
6. एयर ब्लास्ट सर्किट ब्रेकर
7. स्वचालित सर्किट ब्रेकर

1. मिनिएचर सर्किट ब्रेकर Miniature Circuit Breaker; MCB

वर्तमान समय में घरेलू एवं औद्योगिक वैद्युतिक संस्थापन/वायरिंग में फ्यूज के स्थान पर लघु आकार युक्ति (miniature devices) प्रयोग की जाती है।

मिनिएचर सर्किट ब्रेकर (miniature circuit breaker; MCB) एक स्वचालित सुरक्षा युक्ति है, जो परिपथ में ओवरलोड अथवा शॉर्ट सर्किट होने पर स्वत: ही स्विच ऑफ अथवा ब्रेक हो जाती है। एक फेज तथा तीन फेज दोनों प्रकार के MCB's प्रयोग में लाए जाते हैं।

बाजार में सिंगल-फेज विद्युत परिपथों के लिए 250 वोल्ट तथा 2.5 से 40 ऐम्पियर परास (ampere range) में एवं थ्री-फेज विद्युत परिपथों के लिए 500 वोल्ट तथा 10 से 100 ऐम्पियर परास में MCB's उपलब्ध होती हैं।

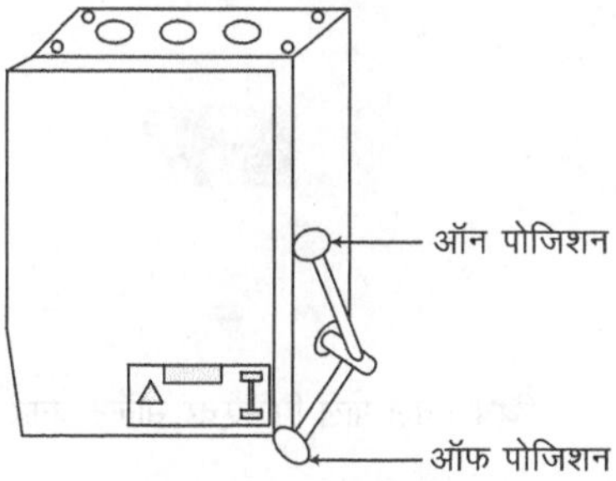

चित्र MCB की बाह्य संरचना

पावर सप्लाई के आधार पर मिनिएचर सर्किट ब्रेकर निम्न दो प्रकार के होते हैं

(i) सिंगल फेज मिनिएचर सर्किट ब्रेकर
(ii) थ्री-फेज मिनिएचर सर्किट ब्रेकर

(i) सिंगल फेज मिनिएचर सर्किट ब्रेकर Single Phase Miniature Circuit Breaker

विद्युत परिपथों में सिंगल फेज धारा सप्लाई (current supply) हेतु सिंगल फेज मिनिएचर सर्किट ब्रेकर्स का उपयोग किया जाता है। ये निम्न प्रकार के होते हैं

(a) सिंगल पोल मिनिएचर सर्किट ब्रेकर Single Pole Miniature Circuit Breaker

इस प्रकार के सर्किट ब्रेकर्स परिपथ ओवरलोड अथवा शॉर्ट सर्किट (short circuit) से सुरक्षा हेतु बनाए जाते हैं। ये प्रचालित परिपथों में 120 वोल्ट की पावर सप्लाई प्रदान करने हेतु प्रयोग किए जाते हैं।

चित्र में एक सिंगल पोल मिनिएचर सर्किट ब्रेकर दर्शाया गया है।

चित्र सिंगल पोल मिनिएचर सर्किट ब्रेकर

(b) डबल पोल मिनिएचर सर्किट ब्रेकर
Double Pole Miniature Circuit Breaker

इस सर्किट ब्रेकर का उपयोग विभिन्न संयोजनों हेतु किया जाता है। ये स्विच (switch) नियन्त्रण के साथ-साथ रक्षण (protection) का कार्य भी करते हैं, जिसके परिणामस्वरूप इन्हें परिपथ एवं उपकरण में नियन्त्रण के साथ रक्षण हेतु भी प्रयोग किया जाता है। यह परिपथ को 240 वोल्ट की पावर सप्लाई प्रदान करता है। चित्र में एक डबल पोल MCB (double pole MCB) दर्शाया गया है।

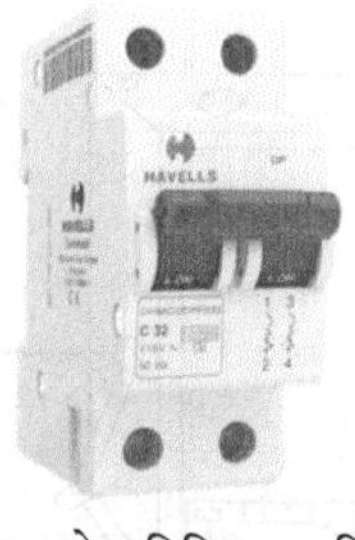

चित्र डबल पोल मिनिएचर सर्किट ब्रेकर

(ii) थ्री-फेज मिनिएचर सर्किट ब्रेकर
Three-Phase Miniature Circuit Breaker

ये MCB निम्न दो प्रकार की होते हैं

थ्री पोल मिनिएचर सर्किट ब्रेकर
Three Pole Miniature Circuit Breaker

इस प्रकार के सर्किट ब्रेकर का प्रयोग छोटे मकानों अथवा आवासों में मुख्य रूप से किया जाता है। छोटे मकानों में 10 से 16 ऐम्पियर का मिनिएचर सर्किट ब्रेकर प्रयोग किया जाता है। इसमें स्विचिंग एवं रक्षण तीन फेजों में प्रभावित होता है, क्योंकि इसमें न्यूट्रल की व्यवस्था नहीं होती है।

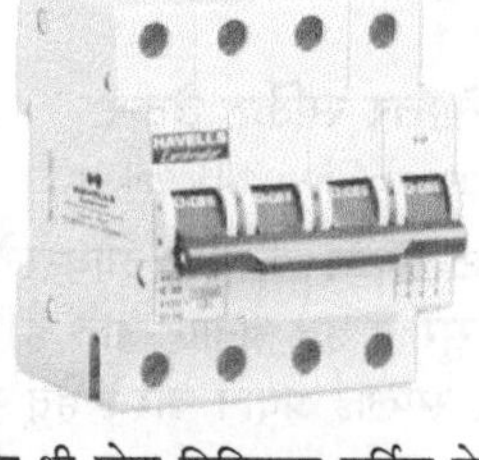

चित्र थ्री पोल मिनिएचर सर्किट ब्रेकर

इसे चार पोल मिनिएचर सर्किट ब्रेकर भी कहा जाता है। इसमें एक पोल न्यूट्रल तार (neutral wire) तथा तीन पोल फेज तारों (phase wires) का संयोजन किया जाता है। इसमें केवल तीन फेजों में ही रक्षण होता है। न्यूट्रल फेज के लिए किसी रक्षण की व्यवस्था नहीं होती, क्योंकि न्यूट्रल फेज केवल एक विद्युतरोधन पोल (isolating pole) होता है।

थ्री पोल एवं न्यूट्रल मिनिएचर सर्किट ब्रेकर (Three pole and neutral miniature circuit breaker) इसे चार पोल मिनिएचर सर्किट ब्रेकर भी कहा जाता है। इसमें एक पोल न्यूट्रल तार (neutral wire) तथा तीन पोल फेज तारों (phase wires) का संयोजन किया जाता है। इसमें केवल तीन फेजों में ही रक्षण होता है। न्यूट्रल फेज के लिए किसी रक्षण की व्यवस्था नहीं होती, क्योंकि न्यूट्रल फेज केवल एक विद्युतरोधन पोल (isolating pole) होता है।

MCB की विशेषताएँ Specifications of MCB

विभिन्न मिनिएचर सर्किट ब्रेकर की विशेषताएँ निम्नलिखित हैं

क्र.सं.	विभिन्न सर्किट ब्रेकर	धारा रेटिंग	वोल्टेज रेटिंग
1.	सिंगल फेज एम.सी.बी.	5A, 10A, 15A, 30A, 50A, 60 A	250 V
2.	थ्री-फेज एम.सी.बी.	5A, 32A, 45A, 63 A	500 V
3.	थ्री-फेज न्यूट्रल एम.सी.बी	5A, 30A, 45A, 63A	500 V

2. अर्थ लीकेज सर्किट ब्रेकर
Earth Leakage Circuit Breaker; ELCB

अर्थ लीकेज सर्किट ब्रेकर एक सुरक्षा युक्ति है, जो वैद्युतिक संस्थापन (electrical installation) में उच्च भू-प्रतिबाधा के साथ विद्युत झटके (electric shock) को रोकने के लिए प्रयोग की जाती है। यह युक्ति विद्युत उपकरणों के धात्विक आवरण पर लघु स्ट्रे वोल्टेज (small stray voltage) का पता लगाती है। वर्तमान समय में विद्युत संस्थापन में झटके से सुरक्षा हेतु अवशेष विद्युत धारा सर्किट ब्रेकर (residual electric current circuit breakers) प्रयोग किए जा रहे हैं जो सीधे ही लीकेज धारा (leakage current) का पता लगा लेते हैं।

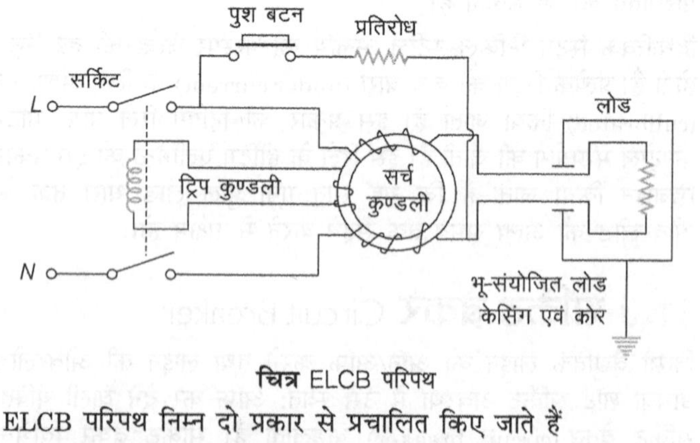

चित्र ELCB परिपथ

ELCB परिपथ निम्न दो प्रकार से प्रचालित किए जाते हैं

(i) वोल्टेज प्रचालित ELCB Voltage Operated ELCB

यह परिपथ वियोजक, वैद्युतिक उपकरण के धात्विक आवरण पर लीकेज वोल्टेज ज्ञात करता है। जब लीकेज वोल्टेज का मान भू-इलेक्ट्रोड के

सापेक्ष 50 वोल्ट तक पहुँच जाता है, तब यह विद्युत संस्थापन से जुड़े सर्किट ब्रेकर के सम्पर्कों को तुरन्त खोल (open) देता है। इससे उपकरण पर कार्य करने वाले व्यक्ति को विद्युत का झटका नहीं लगता तथा उस दोष युक्त उपकरण को वैद्युतिक संस्थापन से पृथक् करने के पश्चात् ही V-ELCB के मुख्य सर्किट ब्रेकर को पुन: ऑन किया जा सकता है। V-ELCB में एक द्वितीयक टर्मिनल होता है जिसे सीधा सन्दर्भ (reference) भू-इलेक्ट्रोड से संयोजित किया जाता है।

जब किसी विद्युत संस्थापन के साथ सुरक्षा की दृष्टि से V-ELCB संयोजित करना होता है, तो उस विद्युत संस्थापन से सम्बन्धित भू-इलेक्ट्रोड (earth-electrode) के भूमि खण्ड के मध्य प्रतिरोध मान को सुधारा जाता है। यदि उस वैद्युतिक संस्थापन के भू-इलेक्ट्रोड का प्रतिरोध 2 ओम से अधिक है, तो उस भू-इलेक्ट्रोड के साथ लगे भू-नलिका (earth-pipe) में नमक घुला पानी उचित मात्रा में डाल कर भू-इलेक्ट्रोड के प्रतिरोध मान को कम किया जाता है। इसके अतिरिक्त, भू-तार के संयोजनों (connections) को ठीक प्रकार स्वच्छ (clean) करने के पश्चात् पुन: ठीक प्रकार कसा जाता है।

(ii) अवशेष धारा युक्त ELCB
Residual Current Containing ELCB

यह ELCB युक्ति, V-ELCB के समान ही भू-रिसाव (earth-leakage) से विद्युत मशीन/उपकरणों पर कार्य करने वाले व्यक्तियों की विद्युत झटके से बचाव/सुरक्षा करती है। यह तीन फेजों में से किसी भी फेज से संयोजित विद्युत उपकरण में भू-दोष उत्पन्न होने पर मशीन/उपकरण पर कार्य करने वाले व्यक्ति की विद्युत झटके से सुरक्षा करती है। यह युक्ति/परिपथ वियोजक कुछ मिली ऐम्पियर विद्युत धारा से प्रचालित हो जाता है।

यह एक विशेष प्रकार की लैचिंग रिले है जिसमें एक संवेदनशील (sensitive) चुम्बक क्वॉयल होती है, जो विद्युत मशीन/उपकरण के आवरण से संयोजित तार एवं भू-इलेक्ट्रोड के मध्य संयोजित होती है।

जब इन मशीनों/उपकरणों में भू-दोष उत्पन्न होता है, तो उपकरण के बाह्य आवरण पर 50 वोल्ट से कम वोल्टेज उत्पन्न होने पर भी क्वॉयल से धारा प्रवाहित होने लगती है।

उस स्थिति में यह सर्किट ब्रेकर परिपथ के सम्पर्कों को खोल देता है, जिससे मशीन पर कार्यरत् व्यक्ति विद्युत झटके से बच जाता है।

3. मॉल्डिड केस सर्किट ब्रेकर
Moulded Case Circuit Breaker; MCCB

साधारण लघुरूप परिपथ वियोजक 5 ऐम्पियर से 60 ऐम्पियर पर कार्य करने के लिए बनाए जाते हैं। इससे अधिक ऐम्पियर पर कार्य करने के लिए मॉल्डिड केस परिपथ वियोजक बनाए गए हैं जो 25 ऐम्पियर से 2500 ऐम्पियर तक कार्य कर सकते हैं।

ये परिपथ वियोजक MCB की भाँति ही तापीय द्विधात्विक पत्ती के द्वारा प्रचालित होते हैं। इन परिपथ वियोजकों को एक तेलयुक्त कक्ष में बन्द कर दिया जाता है। इसलिए इनको मॉल्डिड केस परिपथ सर्किट ब्रेकर कहा जाता है।

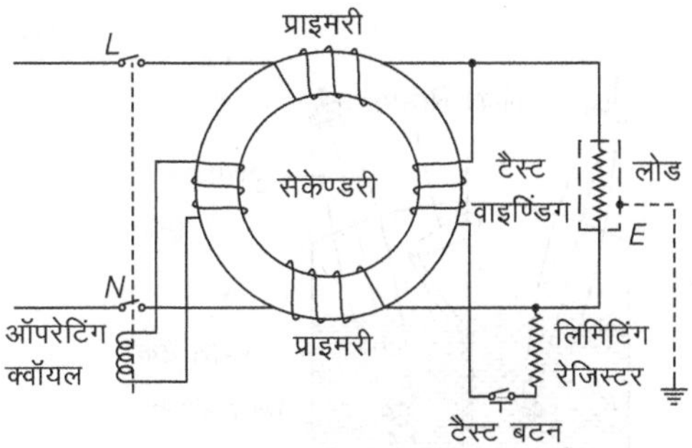

चित्र मॉल्डिड केस सर्किट ब्रेकर

4. एयर सर्किट ब्रेकर Air Circuit Breaker; ACB

इस प्रकार के सर्किट ब्रेकर 660V, 160 A तक की लाइन को ऑन/ऑफ करने के लिए प्रयोग किए जाते हैं। ये हस्तचालित होते हैं और इनके संयोजक, परिपथ को 'ऑन'/'ऑफ' करने के लिए वायु में गति करते हैं, इसलिए इन्हें 'एयर सर्किट ब्रेकर' कहते हैं।

ये डबल पोल तथा ट्रिपल पोल प्रकार के होते हैं। प्रत्येक पोल के श्रेणी-क्रम में एक ओवरलोड रिलीज क्वॉयल (Overload Release Coil, OLC) जुड़ी होती है।

इस क्वॉयल के प्रचालन के लिए विद्युत धारा के मान को आवश्यकतानुसार समायोजित किया जा सकता है। जैसे ही लाइन की विद्युत धारा का मान, पूर्व निर्धारित मान से अधिक होने लगता है, ये क्वॉयल्स, सर्किट ब्रेकर को स्वत: ही (automatically) 'ऑफ' कर देती हैं

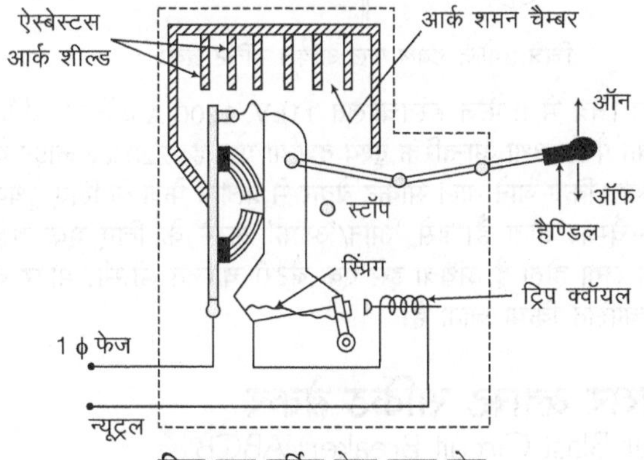

चित्र एयर सर्किट ब्रेकर डबल पोल

5. ऑयल सर्किट ब्रेकर Oil Circuit Breaker; OCB

इस प्रकार के सर्किट ब्रेकर्स 11 kV, 1200 A तक की लाइन को ऑन/ऑफ करने के लिए प्रयोग किए जाते हैं। ये भी हस्तचालित होते हैं, परन्तु इनके संयोजक, परिपथ को ऑन/ऑफ करने के लिए अचालक तेल में गति करते हैं। यह तेल एक चैम्बर/पात्र में भरा होता है। अचालक तेल, स्पार्किंग को नियन्त्रित करता है और संयोजकों में उत्पन्न हुई ऊष्मा को सोख लेता है।

चित्र में डबल पोल प्रकार के आयल सर्किट ब्रेकर की संरचना दर्शायी गई है।

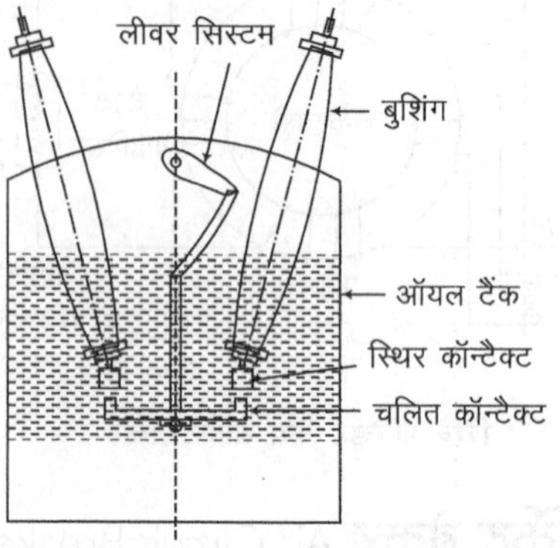

चित्र डबल पोल ऑयल सर्किट ब्रेकर

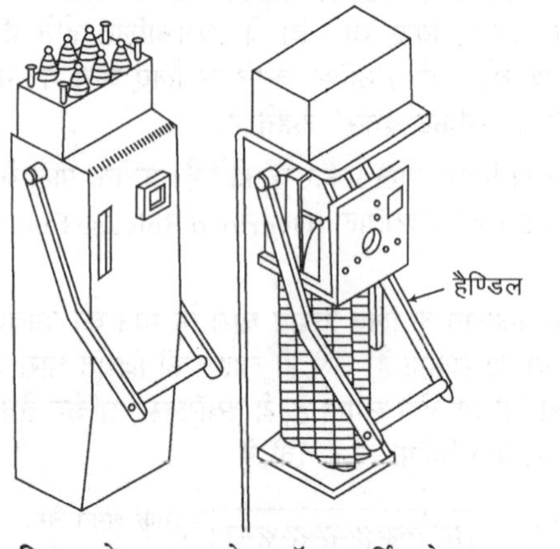

चित्र 3-फेज डबल पोल ऑयल सर्किट ब्रेकर

उपरोक्त चित्र में 3-फेज हस्तचालित 11kV, 1200 A ऑयल सर्किट ब्रेकर का पैनल तथा आन्तरिक दृश्य दर्शाया गया है। 220 kV लाइन के लिए प्रयोग किए जाने वाले सर्किट ब्रेकर में प्रत्येक फेज के लिए पृथक् ऑयल-चैम्बर होता है। इसे 'ऑन/'ऑफ' करने के लिए एक बड़ा हैण्डिल लगा होता है अथवा इसे एक बैटरी चालित डी.सी. मोटर के द्वारा प्रचालित किया जाता है।

6. एयर ब्लास्ट सर्किट ब्रेकर

Air Blast Circuit Breaker; ABCB

11 kV से अधिक वोल्टेज पर कार्य करने वाले ऑयल सर्किट ब्रेकर में यह दोष होता है कि अधिक वोल्टेज के कारण इनमें तेल का वाष्पीकरण होने लगता है जिसे बाहर निकालने के लिए वैन्ट (vent) बनाने की आवश्यकता होती है। 11kV से अधिक वोल्टेज की लाइन को 'ऑन/'ऑफ' करने के लिए प्राय: एयर ब्लास्ट सर्किट ब्रेकर्स प्रयोग किए जाते हैं। इनमें चल संयोजकों (movable contacts) का संचालन, 50-60 किग्रा/वर्ग सेमी दाब वाली शुष्क वायु से किया जाता है। सर्किट ब्रेकर को वायु दाब से प्रचालित करने के लिए इसमें एक पृथक् एयर-कम्प्रैसर (air compressor) की व्यवस्था की जाती है।

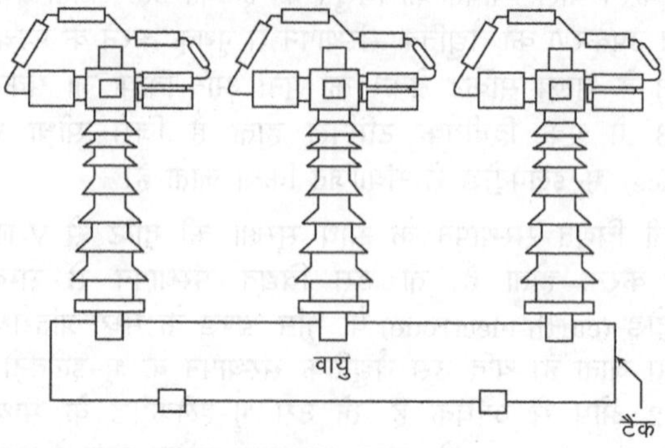

चित्र एयर ब्लास्ट सर्किट ब्रेकर

उच्च वायु दाब, सर्किट ब्रेकर को प्रचालित करने के साथ-साथ स्पार्किंग को भी नियन्त्रित करती है। चित्र में 110 kV, 3-फेज ABCB दर्शाया गया है। जब यह सर्किट ब्रेकर 'ऑन अथवा 'ऑफ' होता है, तो विस्फोट (blast) की ध्वनि उत्पन्न होती है, इसलिए इसका नाम एयर ब्लास्ट सर्किट ब्रेकर रखा गया। विस्फोट प्रणाली के आधार पर ये सर्किट ब्रेकर्स निम्न तीन प्रकार के होते हैं

- एक्सियल ब्लास्ट (Axial blast) सर्किट ब्रेकर
- रेडियल ब्लास्ट (Radial blast) सर्किट ब्रेकर
- क्रॉस ब्लास्ट (Cross blast) सर्किट ब्रेकर

7. स्वचालित सर्किट ब्रेकर

Automatic Circuit Breaker; ACB

यह ऑयल सर्किट ब्रेकर का परिवर्द्धित (modified) रूप है। प्रारम्भ में इसे हस्तचालित हैण्डिल से ही 'ऑन' किया जाता है। इसमें एक विद्युत धारा प्रचालित विद्युत चुम्बक लगा होता है जैसे ही विद्युत धारा का मान, एक पूर्व-निर्धारित मान से अधिक होता है, विद्युत चुम्बक उत्तेजित हो जाता है और सप्लाई परिपथ को 'ऑफ' कर देता है।

यदि विद्युत धारा का मान कुछ समय पश्चात् 'सामान्य' हो जाता है, तो विद्युत चुम्बक का चुम्बकत्व निर्बल पड़ जाता है और सप्लाई परिपथ स्वत: ही पुन: 'ऑन' हो जाता है। परन्तु सप्लाई परिपथ में बार-बार दोष पैदा होने की अवस्था में यह सर्किट ब्रेकर, सप्लाई परिपथ को स्थायी रूप से 'ऑफ' कर देता है। तत्पश्चात् सप्लाई परिपथ का दोष दूर करके, सर्किट ब्रेकर को हाथ से 'ऑन' करना पड़ता है। इस प्रकार स्वचालित सर्किट ब्रेकर, एक ऐसी सुरक्षा युक्ति है जो सप्लाई परिपथ की 'सर्ज करण्ट' (अस्थायी ओवरलोड धारा) से सुरक्षा करती है।

11.4 स्थिर वैद्युतिकी प्रभाव Electrostatic Effect

विद्युतीय आवेशों का एक स्थान से दूसरे स्थान पर स्थानान्तरण ही स्थिर विद्युत प्रभाव (electrostatic effect) कहलाता है। जब समान मात्रा में विपरीत आवेश एक-दूसरे के सम्पर्क में आते हैं तब वे एक-दूसरे के आवेश को निरस्त कर देते हैं तथा विद्युतीय उदासीन हो जाते हैं जिसके कारण इस विद्युत का उपयोग व्यावसायिक स्तर पर नहीं किया जाता है।

स्थिर विद्युत को किसी एक स्थान से दूसरे स्थान पर नहीं पहुँचाया जा सकता है जिस कारण इसका उत्पादन प्रचुर मात्रा में नहीं किया जा सकता है। इसे घर्षण विद्युत (frictional electricity) के नाम से भी जाना जाता है। निम्न चित्रों में स्थिर विद्युत उत्पन्न करने को दर्शाया गया है।

चित्र (a) के अनुसार, जब एम्बर की छड़ को चमड़े पर रगड़ा जाता है तब कुछ स्वतन्त्र इलेक्ट्रॉन चमड़े से एम्बर छड़ पर आ जाते हैं जिससे चमड़े पर इलेक्ट्रॉनों की कमी के कारण धन आवेश (positive charge) आ जाता है तथा एम्बर छड़ पर इलेक्ट्रॉनों की अधिकता के कारण ऋण आवेश (negative charge) आ जाता है, क्योंकि इलेक्ट्रॉन ऋण आवेशित कण होते हैं।

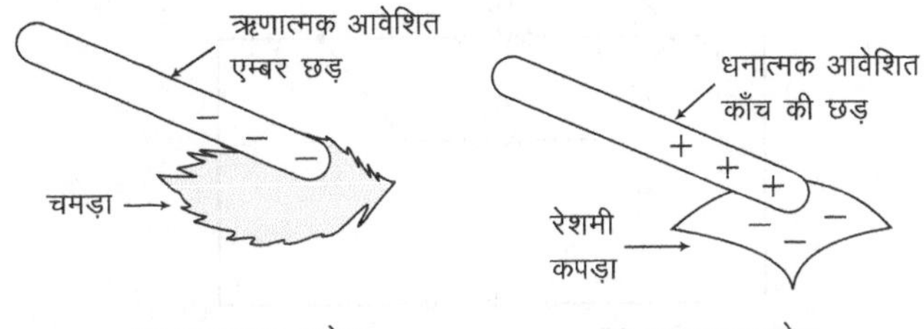

(a) ऋणात्मक आवेश (b) धनात्मक आवेश

चित्र स्थिर विद्युत

चित्र (b) के अनुसार, जब किसी काँच की छड़ को रेशमी कपड़े के साथ रगड़ा जाता है, तो कुछ स्वतन्त्र इलेक्ट्रॉन काँच की छड़ से रेशमी कपड़े पर आ जाते हैं। काँच की छड़ पर इलेक्ट्रॉनों की कमी के कारण काँच पर धन आवेश (positive charge) आ जाता है, जबकि रेशमी कपड़े पर इलेक्ट्रॉनों की अधिकता के कारण ऋण आवेश (negative charge) आ जाता है।

11.5 निष्क्रिय अवयव Passive Components

विभिन्न वैद्युतिक परिपथों के निर्माण में विभिन्न प्रकार के अवयवों का प्रयोग किया जाता है जो सक्रिय (active) व निष्क्रिय (passive) प्रकार के होते हैं। निष्क्रिय अवयवों से तात्पर्य उन अवयवों से है, जो परिपथों में धारा अथवा वोल्टेज को आवश्यकतानुसार समायोजित करते हैं एवं ये अवयव इनपुट सिग्नल की वोल्टेज या शक्ति को एम्प्लीफाई (amplify) नहीं करते हैं। प्रतिरोधक, प्रेरक एवं संधारित्र इत्यादि निष्क्रिय अवयव हैं जिनका विवरण निम्नवत् है

1. प्रतिरोधक Resistor

पदार्थों का वह स्वाभाविक गुण जिसके कारण वे स्वयं में से होने वाले विद्युत धारा प्रवाह का विरोध करते हैं, प्रतिरोध कहलाता है तथा वह पदार्थ जो प्रतिरोध का गुण प्रदर्शित करता है, प्रतिरोधक (resistor) कहलाता है। प्रतिरोधक का प्रतीक R और मात्रक ओम (Ω) होता है। इसका मापन ओम-मीटर में किया जाता है।

2. बैलास्ट प्रतिरोधक Ballast Resistor

बैलास्ट प्रतिरोधक वह युक्ति है, जो धारा को विद्युतीय लोड के सापेक्ष नियन्त्रित करती है। जब लोड सिरों पर विभवान्तर कम हो जाता है तथा धारा का मान अधिक बढ़ जाता है, तब उस लोड के साथ एक बैलास्ट प्रतिरोधक प्रयोग किया जाता है। यदि लोड को नियत वोल्टेज पावर सप्लाई से संयोजित किया जाता है तो यह लोड धारा के मान को कम कर देता है जिससे वोल्टेज के मान में वृद्धि हो जाती है। इसके फलस्वरूप लोड खराब हो सकता है अन्यथा पावर सप्लाई फेल हो सकती है। इस स्थिति से बचने के लिए बैलास्ट प्रतिरोधक परिपथ में धनात्मक प्रतिरोधक का कार्य करता है तथा धारा के मान को नियन्त्रित करता है। ऑटोमोबाइल प्रज्वलन सिस्टम में बैलास्ट प्रतिरोधक का प्रयोग प्रज्वलन सिस्टम पर आरोपित धारा को नियमित करने के लिए किया जाता है।

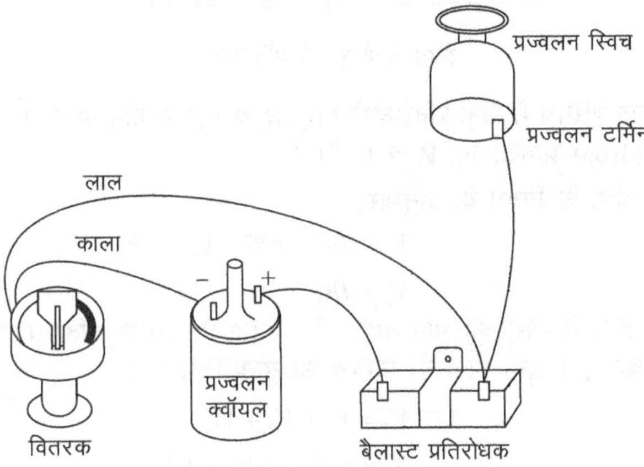

चित्र बैलास्ट प्रतिरोधक

बैलास्ट प्रतिरोधक को परिपथ के श्रेणी क्रम में प्रज्वलन स्विच तथा प्रज्वलन क्वॉयल के धनात्मक टर्मिनल पर लगाया जाता है। ऑटोमोबाइल इंजन के धीमी गति पर चलने से धारा के मान में वृद्धि होने के कारण प्रज्वलन क्वॉयल अधिक गर्म हो जाती है। बैलास्ट प्रतिरोधक धारा को नियन्त्रित करके प्रज्वलन क्वॉयल को अधिक गर्म होने से बचाता है। इंजन के उच्च गति पर चलने के कारण प्रज्वलन क्वॉयल में धारा का मान कम रहता है, जिससे यह गर्म नहीं होती।

विद्युत परिपथों में प्रतिरोधकों का संयोजन Combination of Resistors in Electric Circuits

जब किसी विशेष मान के प्रतिरोधक की आवश्यकता हो और उस मान का प्रतिरोधक अंकित मान में उपलब्ध न हो, तो प्रतिरोधकों को विभिन्न क्रमों में संयोजित करके आवश्यक प्रतिरोध मान प्राप्त किया जा सकता है। किसी भी परिपथ में प्रतिरोधकों को निम्न प्रकार के संयोजनों में संयोजित करके प्रयोग किया जाता है।

1. श्रेणी संयोजन
2. समान्तर संयोजन
3. मिश्रित संयोजन

1. श्रेणी संयोजन Series Combination

"प्रतिरोधकों का वह संयोजन, जिसमें विद्युत धारा प्रवाह का केवल एक ही मार्ग उपलब्ध हो, श्रेणी संयोजन कहलाता है।" इस संयोजन में प्रत्येक प्रतिरोधक का विभवान्तर पृथक्-पृथक् होता है और उनका योग कुल विभवान्तर (V_T) के तुल्य होता है, अर्थात्

$$\boxed{V_T = V_1 + V_2 + V_3}$$

ओम के नियम के अनुसार, किसी प्रतिरोधक के सिरों पर उत्पन्न होने वाला विभवान्तर, उसमें से प्रवाहित हो रही विद्युत धारा तथा उसके प्रतिरोध मान के गुणनफल (IR) के तुल्य होता है।

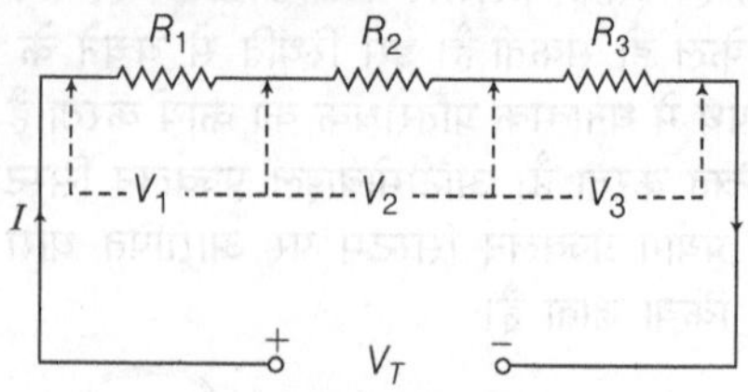

चित्र श्रेणी-क्रम में प्रतिरोधक

उपरोक्त परिपथ में तीनों प्रतिरोधकों (R_1, R_2 व R_3) में होने वाला वोल्टेज ड्रॉप (drop) क्रमश: V_1, V_2 व V_3 है।

अत: ओम के नियम के अनुसार,

$$V_1 = IR_1 \quad \text{तथा} \quad V_2 = IR_2$$

$$V_3 = IR_3$$

श्रेणी-क्रम में धारा का मान अपरिवर्तित रहता है, अर्थात् प्रतिरोधकों में धारा का ड्रॉप शून्य होता है। परिपथ का तुल्य विभवान्तर,

$$V_T = V_1 + V_2 + V_3$$

अत: $V_T = I \cdot R_1 + I \cdot R2 + I \cdot R3$

या $V_T = I(R1 + R2 + R3)$

या $\frac{V_T}{I} = R_1 + R_2 + R_3$

या $R_T = R1 + R2 + R3$

इस प्रकार, परिपथ का कुल प्रतिरोध, विभिन्न प्रतिरोध मानों के योग के तुल्य होता है। यदि परिपथ में समान मान (R) वाले प्रतिरोधक श्रेणी-क्रम में संयोजित किए हों और उनकी संख्या n हो, तो कुल प्रतिरोध

$$R_T = n \cdot R$$

उदाहरण 1. यदि 50 तथा 100 ओम प्रतिरोध मान वाले दो प्रतिरोधक श्रेणी-क्रम में 220 वोल्ट स्रोत के आर-पार जुड़े हों, तो ज्ञात कीजिए

(i) कुल प्रतिरोध (ii) परिपथ विद्युत धारा

(iii) प्रत्येक प्रतिरोधक का विभवान्तर।

हल ज्ञात है प्रतिरोध, $R_1 = 50$ ओम

प्रतिरोध, $R_2 = 100$ ओम

वोल्टेज, $V = 220$ वोल्ट

(i) कुल प्रतिरोध, $R_T = R_1 + R_2$

$= 50 + 100 = 150$ ओम

(ii) परिपथ विद्युत धारा, $I = \frac{V}{R_T} = \frac{220}{150} = 1.467$ ऐम्पियर

(iii) 50 ओम प्रतिरोधक का विभवान्तर,

$V_1 = I \times R_1 = 1.467 \times 50$

$= 73.35$ वोल्ट

100 ओम प्रतिरोधक का विभवान्तर,

$V_2 = I \times R_2 = 1.467 \times 100 = 146.7$ वोल्ट

2. समान्तर संयोजन Parallel Combination

"प्रतिरोधकों का वह संयोजन जिसमें सभी प्रतिरोधक एक ही सप्लाई स्रोत से आर-पार संयोजित हों, समान्तर संयोजन कहलाता है।" इस संयोजन में प्रत्येक प्रतिरोधक में से प्रवाहित होने वाली विद्युत धारा का मान पृथक्-पृथक् होता है और उनका योग परिपथ की कुल विद्युत धारा (I_T) के तुल्य होता है, अर्थात्

$$I_T = I_1 + I_2 + I_3$$

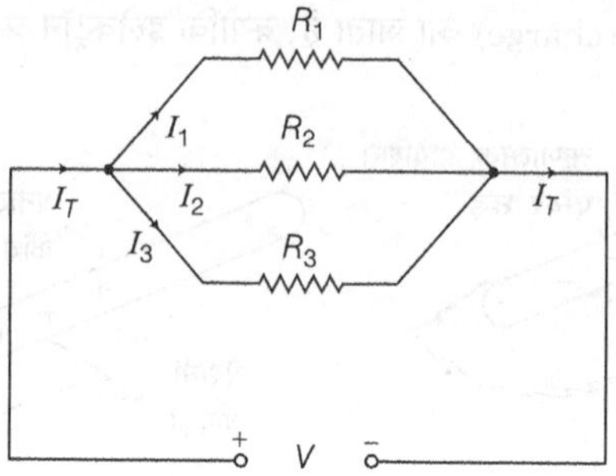

चित्र समान्तर क्रम में प्रतिरोधक

उपरोक्त परिपथ में, तीन प्रतिरोधकों R_1, R_2 व R_3 को समान्तर क्रम में संयोजित किया गया है। समान्तर क्रम में लगे प्रत्येक प्रतिरोधक में धारा क्रमश: I_1, I_2 व I_3 प्रवाहित हो रही है। इस संयोजन में प्रत्येक प्रतिरोध में वोल्टेज ड्रॉप परिपथ के तुल्य वोल्टेज (V) के बराबर होता है।

परिपथ की तुल्य धारा $I_T = I_1 + I_2 + I_3$

ओम के नियम के अनुसार, प्रत्येक प्रतिरोध में प्रवाहित धारा

$$I_1 = \frac{V}{R_1}, \quad I_2 = \frac{V}{R_2}$$

तथा $I_3 = \frac{V}{R_3}$

अत: $I_T = \frac{V}{R_1} + \frac{V}{R_2} + \frac{V}{R_3}$

या $I_T = V\left(\frac{1}{R_1} + \frac{1}{R_2} + \frac{1}{R_3}\right)$

या $\frac{I_T}{V} = \frac{1}{R_1} + \frac{1}{R_2} + \frac{1}{R_3}$

या $\frac{1}{R_T} = \frac{1}{R_1} + \frac{1}{R_2} + \frac{1}{R_3} \quad \left[\because R = \frac{V}{I} \therefore \frac{I}{V} = \frac{1}{R}\right]$

इस प्रकार, परिपथ का कुल प्रतिरोध, समान्तर क्रम में जुड़े न्यूनतम प्रतिरोध मान से भी कम होता है। यदि परिपथ में समान मान (R) वाले प्रतिरोधक समान्तर क्रम में संयोजित किए गए हों और उनकी संख्या n हो, तो कुल प्रतिरोध $R_T = \frac{R}{n}$

उदाहरण 2. यदि 50 तथा 100 ओम प्रतिरोध मान वाले दो प्रतिरोधक समान्तर क्रम में 220 वोल्ट स्रोत के आर-पार जुड़े हों, तो ज्ञात कीजिए

(i) कुल प्रतिरोध,

(ii) परिपथ विद्युत धारा तथा (iii) प्रत्येक प्रतिरोधक की विद्युत धारा।

हल ज्ञात है, प्रतिरोधक, $R_1 = 50$ ओम

प्रतिरोधक, $R_2 = 100$ ओम

वोल्टेज, $V = 220$ वोल्ट

(i) $\therefore$ कुल प्रतिरोध, $\dfrac{1}{R_T} = \dfrac{1}{R_1} + \dfrac{1}{R_2}$

$$= \frac{1}{50} + \frac{1}{100} = \frac{2+1}{100} = \frac{3}{100}$$

$$\therefore \quad R_T = \frac{100}{3} = 33.33 \text{ ओम}$$

(ii) परिपथ विद्युत धारा, $I_T = \dfrac{V}{R_T} = \dfrac{220}{33.33} = 6.6$ ऐम्पियर

(iii) 50 ओम प्रतिरोधक की विद्युत धारा,

$$I_1 = \frac{V}{R_1} = \frac{220}{50} = 4.4 \text{ ऐम्पियर}$$

100 ओम प्रतिरोधक की विद्युत धारा,

$$I_2 = \frac{V}{R_2} = \frac{220}{100} = 2.2 \text{ ऐम्पियर}$$

3. मिश्रित संयोजन Mixed Combination

श्रेणी एवं समान्तर संयोजनों के अतिरिक्त प्रतिरोधकों को मिश्रित क्रम में भी संयोजित किया जा सकता है। मिश्रित संयोजन, मुख्यतः निम्न दो प्रकार के होते हैं

(i) समान्तर-श्रेणी संयोजन

(ii) श्रेणी-समान्तर संयोजन

(i) समान्तर-श्रेणी संयोजन Parallel Series Combination

यदि कुछ समान्तर प्रतिरोधक समूहों को श्रेणीक्रम में जोड़ दिया जाए, तो यह समूह समान्तर श्रेणी समूह कहलाता है।

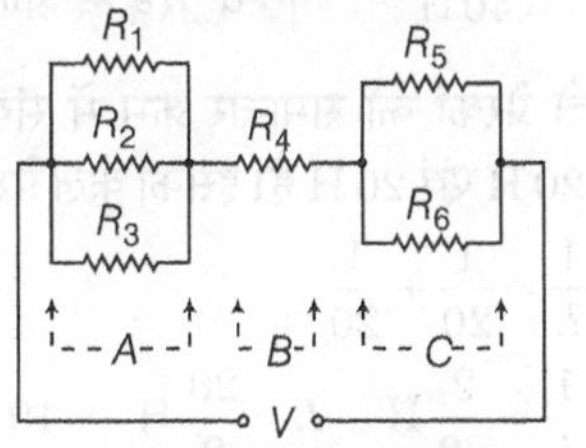

चित्र समान्तर-श्रेणी संयोजन

उपरोक्त परिपथ में प्रतिरोधकों का समान्तर श्रेणी क्रम संयोजन दर्शाया गया है।

परिपथ का कुल प्रतिरोध, $R_T = R_A + R_B + R_C$

जहाँ
$$\frac{1}{R_A} = \frac{1}{R_1} + \frac{1}{R_2} + \frac{1}{R_3}$$

$$R_B = R_4$$

$$\frac{1}{R_C} = \frac{1}{R_5} + \frac{1}{R_6}$$

(ii) श्रेणी-समान्तर संयोजन Series-Parallel Combination

यदि कुछ श्रेणी समूहों को समान्तर क्रम में जोड़ दिया जाए, तो यह समूह श्रेणी-समान्तर समूह कहलाता है।

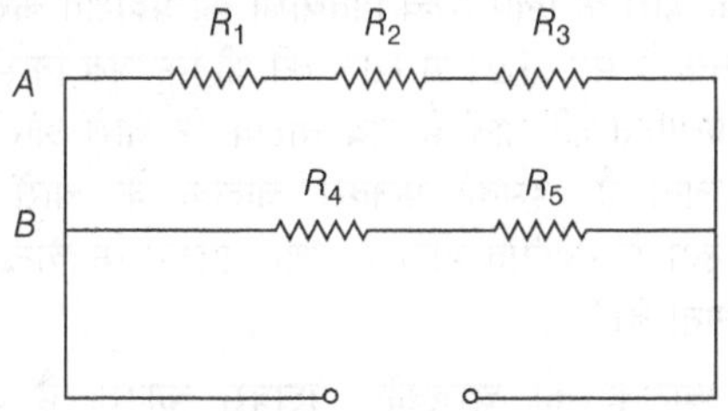

चित्र श्रेणी समान्तर संयोजन

उपरोक्त परिपथ में, प्रतिरोधकों का समान्तर-श्रेणी क्रम संयोजन दर्शाया गया है।

परिपथ का कुल प्रतिरोध, $\dfrac{1}{R_T} = \dfrac{1}{R_A} + \dfrac{1}{R_B}$

$$R_A = R_1 + R_2 + R_3$$

$$R_B = R_4 + R_5$$

उदाहरण 3. 5, 10, 15 तथा 20 ओम के प्रतिरोधक आपस में समान्तर क्रम में जोड़कर 1.6 ओम के प्रतिरोधक से श्रेणी में जुड़े हैं। इस परिपथ को 40 वोल्ट की सप्लाई लाइन में जोड़ा गया है, जैसा कि चित्र में दर्शाया गया है। परिपथ का कुल प्रतिरोध तथा प्रत्येक परिपथ में धारा ज्ञात कीजिए।

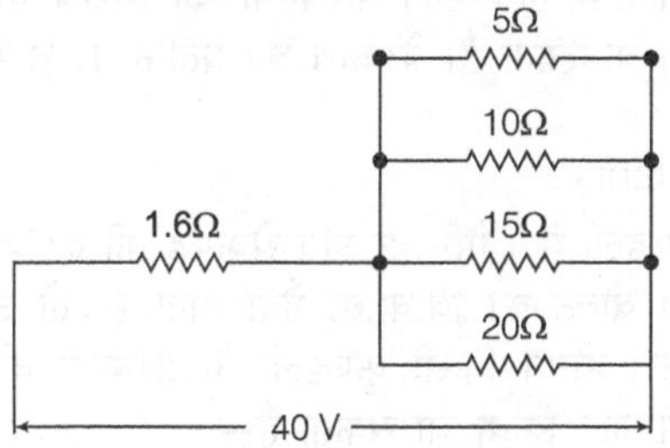

हल समान्तर में जुड़े प्रतिरोधकों का तुल्य प्रतिरोधक निम्न समीकरण से ज्ञात करते हैं—

$$\frac{1}{R} = \frac{1}{R_1} + \frac{1}{R_2} + \frac{1}{R_3} + \frac{1}{R_4}$$

यहाँ
$$\frac{1}{R} = \frac{1}{5} + \frac{1}{10} + \frac{1}{15} + \frac{1}{20}$$

$$\frac{1}{R} = \frac{25}{60}$$

$$\therefore \quad R = \frac{60}{25} = 2.4 \text{ ओम}$$

अब समान्तर में जुड़े प्रतिरोधकों के तुल्य प्रतिरोधक के मान को श्रेणी में जुड़े प्रतिरोधक में जोड़ने पर

$$R_r = 2.4 + 1.6 = 4 \text{ ओम}$$

$\therefore$ परिपथ का कुल प्रतिरोध $R_r = 4$ ओम

परिपथ से प्रवाहित होने वाली कुल धारा,

$$I = \frac{V}{R} = \frac{40}{4} = 10 \text{ ऐम्पियर}$$

3. प्रेरक Inductor

प्रेरक एक ऐसा निष्क्रिय अवयव है जो दिष्ट धारा के लिए निम्न प्रतिबाधा तथा प्रत्यावर्ती धारा के लिए उच्च प्रतिबाधा को प्रदर्शित करता है। ऑर्स्टेड नामक वैज्ञानिक ने सन् 1821 में खोज की थी कि जब किसी चालक में से विद्युत धारा प्रवाहित की जाती है, तब चालक के चारों ओर चुम्बकीय क्षेत्र उत्पन्न हो जाता है। इसका फ्लक्स चालक के चारों ओर सर्कुलर (circular) रूप में स्थापित होता है तथा चालक के केन्द्र से चारों ओर समकोण बनाता है।

यदि किसी चालक को चुम्बकीय फ्लक्स काटता है अथवा चालक चुम्बकीय फ्लक्स को काटता है, तब उस चालक में विद्युत वाहक बल (emf) उत्पन्न होता है। ऐसा विद्युत-चुम्बकीय प्रेरकत्व के कारण होता है।

प्रेरक से सम्बन्धित कुछ मुख्य पदों का वर्णन निम्नलिखित है

(i) प्रेरकत्व Inductance

जब किसी कुण्डली में ए.सी. धारा प्रवाहित की जाती है, तो उसके चारों ओर एक प्रत्यावर्ती क्षेत्र स्थापित हो जाता है। इस क्षेत्र में अवस्थित उसी कुण्डली अथवा दूसरी कुण्डली में फैराडे के नियमानुसार, एक वि.वा.ब. उत्पन्न हो जाता है, यह प्रभाव प्रेरण प्रभाव कहलाता है।

अतः हम कह सकते हैं कि ए.सी. परिपथों का वह गुण, जिसके कारण वह विद्युत धारा मान में होने वाले परिवर्तनों का विरोध करता है, प्रेरकत्व (inductance) कहलाता है। प्रेरकत्व का प्रतीक 'L' व मात्रक हेनरी है।

(ii) हेनरी Henry

यदि किसी कुण्डली में 1 ऐम्पियर प्रति सेकण्ड की दर पर विद्युत धारा के परिवर्तनों से 1 वोल्ट का वि.वा.ब. पैदा होता है, तो उस कुण्डली का प्रेरकत्व 1 हेनरी होगा। किसी कुण्डली के प्रेरकत्व को निम्न सूत्र की सहायता से भी ज्ञात किया जा सकता है—

$$L = \frac{N\phi}{I}$$

जहाँ, L = प्रेरकत्व, हेनरी में

I = कुण्डली में गुजरने वाली विद्युत धारा, ऐम्पियर में

ϕ = चुम्बकीय फ्लक्स, वेबर में

N = टर्न की संख्या

प्रेरकों का संयोजन Combination of Inductors

प्रेरकों को भी प्रतिरोध की भाँति निम्न दो प्रकार से संयोजित किया जा सकता है

1. श्रेणीक्रम संयोजन
2. समान्तर क्रम संयोजन

1. श्रेणीक्रम संयोजन Series Combination

श्रेणीक्रम में जुड़े प्रेरकों का तुल्य प्रेरकत्व भिन्न-भिन्न प्रेरकों के अलग-अलग प्रेरकत्व के योग के बराबर होता है।

चित्रानुसार, श्रेणीक्रम में तीन प्रेरक L_1, L_2 व L_3 जुड़े हैं

तब तुल्य प्रेरकत्व $L_r = L_1 + L_2 + L_3$

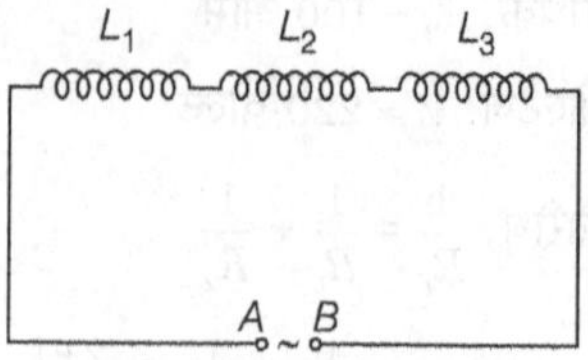

चित्र श्रेणी संयोजन

2. समान्तर संयोजन Parallel Combination

समान्तर क्रम में जुड़े प्रेरकों के तुल्य प्रेरकत्व का व्युत्क्रम भिन्न-भिन्न प्रेरकों के व्युत्क्रम के योग के बराबर होता है।

अतः यदि L_1, L_2 व L_3 तीन प्रेरकों को समान्तर क्रम में जोड़ा गया है, तब

$$\frac{1}{L_r} = \frac{1}{L_1} + \frac{1}{L_2} + \frac{1}{L_3}$$

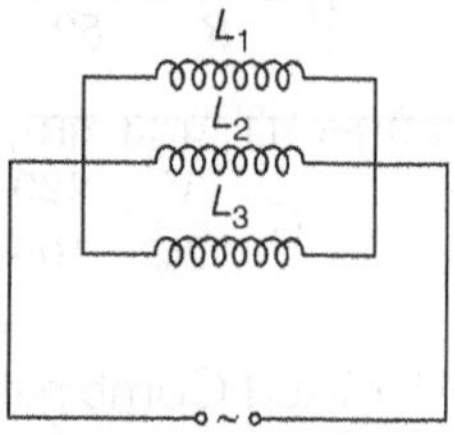

चित्र समान्तर संयोजन

जहाँ L_r तुल्य प्रेरकत्व है।

उदाहरण 4. यदि दो प्रेरक क्रमशः 15 H एवं 25 H के श्रेणीक्रम में संयोजित होते हैं, तब इनके कुल प्रेरकत्व का मान ज्ञात करें।

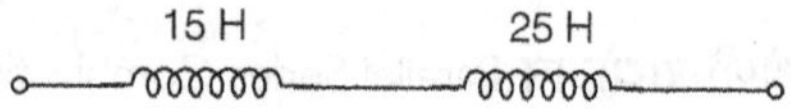

हल कुल प्रेरकत्व $= L_1 + L_2 = 15 + 25$

$= 40\,\text{H}$ [∵ ये प्रेरकत्व श्रेणीक्रम में संयोजित हैं।]

उदाहरण 5. यदि दो प्रेरकों को समान्तर क्रम में संयोजित किया जाता है, जिनका मान क्रमशः 20 H एवं 20 H है। इसका कुल प्रेरकत्व कितना होगा?

हल कुल प्रेरकत्व $\frac{1}{L} = \frac{1}{20} + \frac{1}{20}$

$$\frac{1}{L} = \frac{2}{20}\,\text{H}, \quad L = \frac{20}{2}\,\text{H} = 10\,\text{H}$$

4. संधारित्र Capacitor

किसी अचालक पदार्थ से पृथक् की गई दो चालक प्लेटों से निर्मित ऐसी युक्ति जो वैद्युतिक आवेश एकत्रित कर सके, संधारित्र या कैपेसिटर कहलाती है संधारित्र द्वारा विद्युत आवेश को एकत्रित करने की योग्यता, धारिता कहलाती है। धारिता का मात्रक फैरड होता है तथा इसे 'C' द्वारा प्रदर्शित किया जाता है।

$$\left[C = \frac{Q}{V}\right] \text{ फैरड}$$

यहाँ, C = धारिता (फैरड में), Q = आवेश (कूलॉम में) तथा V = वोल्टेज (वोल्ट में)। यदि संधारित्र को डी.सी. स्रोत से संयोजित कर दिया जाए, तो उसके परिपथ में क्षणिक विद्युत धारा प्रवाहित होती है, जिसके कारण वह आवेशित हो जाता है।

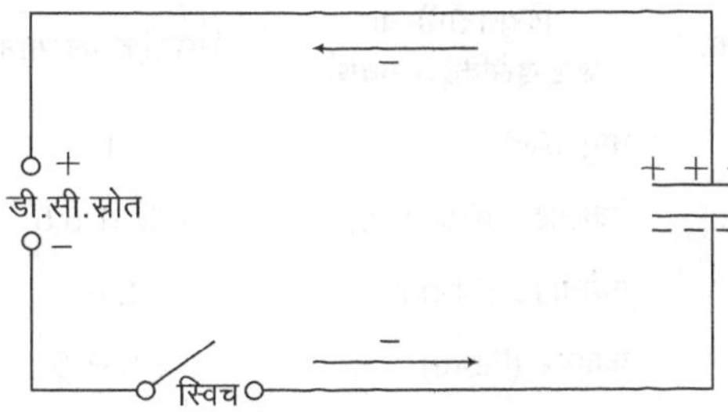

चित्र संधारित्र का आवेशन

चित्र में दर्शाए गए परिपथ में स्विच को 'ऑन' करने पर डी.सी. स्रोत के ऋण सिरे से कुछ इलेक्ट्रॉन्स खिसककर संधारित्र की प्लेट A पर पहुँचते हैं और उसे ऋणावेशित कर देते हैं। इसके साथ ही, तुल्य संख्या में इलेक्ट्रॉन्स, संधारित्र की प्लेट B से खिसककर डी.सी. स्रोत के धन सिरे पर पहुँच जाते हैं और प्लेट B धनावेशित हो जाती है।

इस प्रकार संधारित्र, डी.सी. स्रोत की वोल्टेज के अनुसार आवेशित हो जाता है। अब यदि स्विच को 'ऑफ' कर दिया जाए, तो भी संधारित्र कुछ समय तक आवेशित रहता है। संधारित्र के परिपथ में इलेक्ट्रॉन्स के खिसकने (electrons drift) के फलस्वरूप प्रवाहित होने वाली क्षणिक विद्युत धारा को **विस्थापन विद्युत धारा** (displacement electric current) कहते हैं।

संधारित्रों का संयोजन Combination of Capacitors

संधारित्रों को निम्न दो क्रम में संयोजित किया जा सकता है

1. श्रेणी क्रम संयोजन 2. समान्तर संयोजन

1. श्रेणी क्रम में संयोजन Series Combination

चित्र में तीन संधारित्र C_1, C_2 तथा C_3 श्रेणी क्रम में संयोजित किए गए हैं, जिनके सिरों पर विभवान्तर क्रमशः V_1, V_2 तथा V_3 हैं। यदि परिपथ की कुल सप्लाई वोल्टेज V है।

तब, $$C = \frac{Q}{V} \text{ या } V = \frac{Q}{C}$$

अतः, $$V_1 = \frac{Q}{C_1}, V_2 = \frac{Q}{C_2} \text{ तथा } V_3 = \frac{Q}{C_3}$$

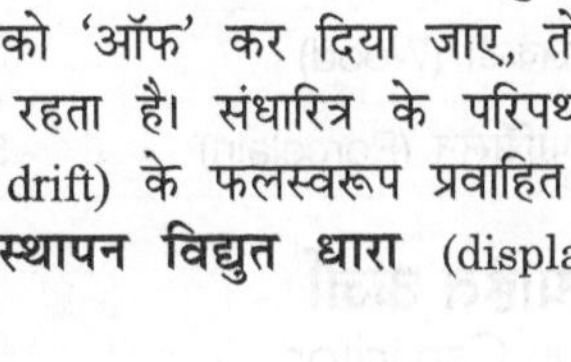

चित्र श्रेणी क्रम संयोजन

श्रेणी क्रम में सम्पूर्ण परिपथ में धारा का मान समान होता है तथा संधारित्रों के सिरों पर उत्पन्न विभवान्तर का बीजगणितीय योग कुल सप्लाई वोल्टेज के बराबर होता है।

अतः $$V = V_1 + V_2 + V_3$$

$$V = \frac{Q}{C_1} + \frac{Q}{C_2} + \frac{Q}{C_3}; \quad \frac{Q}{C} = \frac{Q}{C_1} + \frac{Q}{C_2} + \frac{Q}{C_3}$$

$$\therefore \quad \frac{1}{C} = \frac{1}{C_1} + \frac{1}{C_2} + \frac{1}{C_3} \quad \left[\because V = \frac{Q}{C}\right]$$

श्रेणी संयोजित n संधारित्रों के लिए कुल धारिता, निम्न सूत्र द्वारा ज्ञात की जा सकती है।

$$\frac{1}{C} = \frac{1}{C_1} + \frac{1}{C_2} + \frac{1}{C_3} + \ldots + \frac{1}{C_n}$$

नोट *श्रेणी क्रम में संयोजित संधारित्रों की कुल धारिता का मान कम होता है।*

2. समान्तर संयोजन Parallel Combination

चित्र में समान्तर क्रम में संयोजित तीन संधारित्र C_1, C_2 तथा C_3 दर्शाए गए हैं। समान्तर क्रम में संयोजित होने के कारण इनके सिरों पर उत्पन्न विभवान्तर, सप्लाई वोल्टेज के बराबर होगी, परन्तु प्रत्येक शाखा में धारा का मान भिन्न-भिन्न होगा, जैसा कि चित्र में दर्शाया गया है

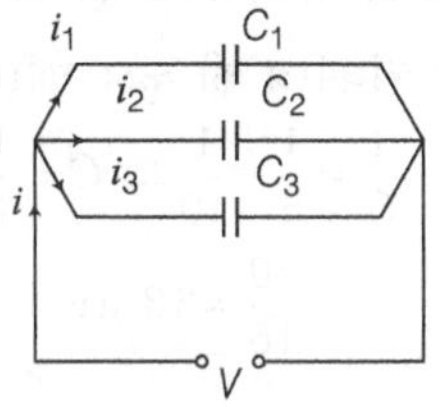

चित्र समान्तर संयोजन

अतः तीनों संधारित्रों का कुल आवेश

$$Q = Q_1 + Q_2 + Q_3$$

परन्तु $$Q = CV$$

अतः, $$C \times V = C_1 \times V + C_2 \times V + C_3 \times V$$

$$\therefore \quad C = C_1 + C_2 + C_3$$

n समान्तर संयोजित संधारित्रों के लिए कुल धारिता निम्न सूत्र द्वारा ज्ञात की जा सकती है।

$$C = C_1 + C_2 + C_3 + \ldots + C_n$$

नोट *संधारित्रों को समान्तर क्रम में संयोजित करने से परिपथ की कुल धारिता का मान बढ़ जाता है।*

उदाहरण 6. तीन कैपेसिटर्स के कैपेसिटैन्स क्रमशः 2, 4 तथा 6 μF हैं। इनका कुल कैपेसिटैन्स ज्ञात कीजिए जब ये (i) श्रेणी क्रम में (ii) समान्तर क्रम में संयोजित किए गए हों।

हल (i) जब कैपेसिटर्स श्रेणी क्रम में संयोजित हैं

$$\frac{1}{C} = \frac{1}{C_1} + \frac{1}{C_2} + \frac{1}{C_3}$$

$$\therefore \quad \frac{1}{C} = \frac{1}{2} + \frac{1}{4} + \frac{1}{6} = \frac{6+3+2}{12} = \frac{11}{12}$$

$$\therefore \text{ कुल कैपेसिटैन्स, } C = \frac{12}{11} = 1.09\,\mu\text{F}$$

(ii) जब कैपेसिटर्स समान्तर क्रम में संयोजित हैं—

$$C = C_1 + C_2 + C_3 \quad \text{(सूत्र)}$$

∴ कुल कैपेसिटैन्स $C = 2 + 4 + 6$

$$= 12\,\mu F$$

उदाहरण 7. यदि दो संधारित्र $2\,\mu F$ एवं $3\,\mu F$ समान्तर क्रम में संयोजित हैं तथा एक संधारित्र $10\,\mu F$ इनके श्रेणीक्रम में संयोजित है, तब परिपथ की कुल धारिता की गणना कीजिए।

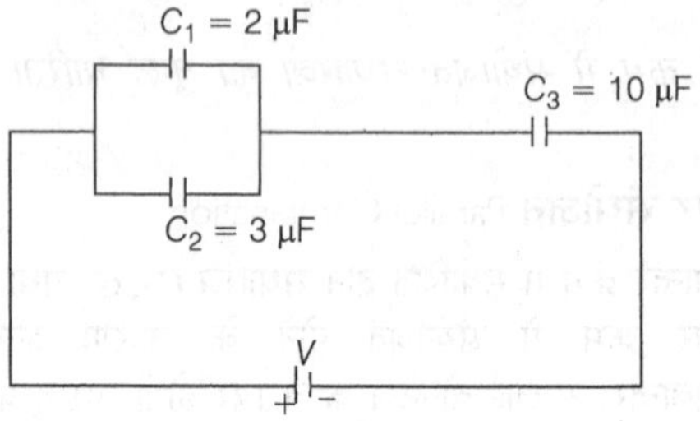

हल समान्तर क्रम में संयोजित संधारित्र की धारिता $= 2 + 3 = 5\ \mu F$

श्रेणी क्रम में जुड़े संधारित्र की कुल धारिता

$$\frac{1}{C} = \frac{1}{5} + \frac{1}{10} \Rightarrow C = \frac{10 \times 5}{10 + 5}$$

$$= \frac{50}{15} = 3.3\ \mu F$$

संधारित्र का परावैद्युत नियतांक
Dielectric Constant of Capacitor

जब दो बिन्दु आवेश q_1 तथा q_2 निर्वात में एक-दूसरे से r दूरी पर रखे होते हैं, तो उनके मध्य लगने वाला बल

$$F = \frac{1}{4\pi\varepsilon_0} \frac{q_1 q_2}{r^2} \quad \ldots(i)$$

जहाँ ε_0 निर्वात की वैद्युतशीलता है।

परन्तु यदि दोनों आवेश किसी माध्यम के भीतर समान दूरी (r) पर रख दिए जाएँ, तो उनके मध्य लगने वाला बल घट जाता है।

जहाँ,
$$F_m = \frac{1}{4\pi\varepsilon} \cdot \frac{q_1 q_2}{r^2} \quad \ldots(ii)$$

जहाँ ε माध्यम की वैद्युतशीलता है।

समी (i) को समी (ii) से भाग देने पर,

$$\frac{F}{F_m} = \frac{\frac{1}{4\pi\varepsilon_0} \cdot \frac{q_1 q_2}{r^2}}{\frac{1}{4\pi\varepsilon} \cdot \frac{q_1 q_2}{r^2}} = \frac{\varepsilon}{\varepsilon_0}$$

जहाँ $\left(\frac{\varepsilon}{\varepsilon_0}\right)$ का मान K के लिए बराबर होता है, जिसे माध्यम का परावैद्युतांक कहते हैं।

अत: किसी पदार्थ के लिए माध्यम की वैद्युतशीलता तथा निर्वात में वैद्युतशीलता का अनुपात पदार्थ का परावैद्युतांक नियतांक कहलाता है।

निम्नांकित तालिका में कुछ डाइ-इलेक्ट्रिक पदार्थ के परावैद्युत स्थिरांक का मान वायु के सापेक्ष दर्शाया गया है

तालिका परावैद्युत स्थिरांक

क्र.सं.	विद्युतरोधी या डाइ-इलेक्ट्रिक पदार्थ	स्थिरांक का मान
1.	वायु (Air)	1
2.	बैकेलाइट (Bakelite)	4.5 से 5.5
3.	एबोनाइट (Ebonite)	2.8
4.	फाइबर (Fibre)	2.5 से 5
5.	काँच (Glass)	5.4 से 14.5
6.	अभ्रक (Mica)	4 से 9
7.	तेल (Oil)	2.2 से 4.7
8.	कागज (Paper)	1.5 से 3
9.	पैराफिन (Parafin)	2.1 से 3
10.	रबर (Rubber)	2.0 से 4
11.	लकड़ी (Wood)	1.4 से 2.9
12.	पोर्सिलेन (Porcelain)	5.7 से 6.8

संधारित्र में संग्रहित ऊर्जा
Energy Stored in Capacitor

माना किसी संधारित्र को q आवेश देने पर उसका विभव V हो जाता है। यदि संधारित्र की धारिता C हो, तो

$$C = \frac{q}{V} \quad \text{या} \quad V = \frac{q}{C}$$

संधारित्र को अतिरिक्त d_q सूक्ष्म आवेश देने के लिए किया गया सूक्ष्म कार्य

$$dW = V \times d_q = \frac{q}{C} \times d_q$$

अत: संधारित्र को कुल आवेश Q देने में किया गया कार्य

$$\int_0^W dW = \frac{1}{C} \int_0^Q q \cdot d_q$$

$$W = \frac{1}{C}\left[\frac{q^2}{2}\right]_0^Q$$

$$W = \frac{1}{C}\left[\frac{Q^2}{2}\right]$$

बैटरी द्वारा किया गया यही कार्य, संधारित्र में ऊर्जा के रूप में संचित हो जाता है। अत: संधारित्र की संग्रहित ऊर्जा

$$U = \frac{1}{2}\frac{Q^2}{C}$$

या
$$U = \frac{1}{2} QV \quad \text{या} \quad U = \frac{1}{2} CV^2$$

संधारित्र के अनुप्रयोग Applications of Capacitor

संधारित्र के मुख्य: अनुप्रयोग निम्नलिखित हैं

1. संधारित्र का प्रयोग विभिन्न प्रकार के मोटर्स अर्थात् पंखे की मोटर, कूलर की मोटर, फ्रिज की मोटर आदि में भी किया जाता है।
2. संधारित्र का प्रयोग उच्च आवेशन के लिए डी.सी. परिपथों में भी किया जाता है।
3. डीजल व पेट्रोलियम ईंधन चालित वाहनों में स्पार्किंग को कम करने के लिए भी संधारित्र का प्रयोग किया जाता है।
4. ट्यूब लाइट में स्टार्टिंग में होने वाली स्पार्किंग को कम करने में भी संधारित्र का प्रयोग किया जाता है।

11.6 वैद्युतिक तार/केबिल Electrical Wires/Cable

विद्युत धारा के सतत प्रवाह के लिए मार्ग प्रस्तुत करने वाला, वृत्तीय कटाक्ष वाला नंगा अथवा आवरण युक्त चालक, तार कहलाता है। एक अथवा कई ऐंठे हुए तारों वाला आवरण युक्त तार, केबिल (cable) कहलाता है। ऑटो क्षेत्र में विभिन्न यन्त्रों/युक्तियों तथा परिपथों की अलग-अलग पहचान करने के लिए विशिष्ट रंगों के तारों का उपयोग किया जाता है।

नोट *वैद्युतिक तार/केबिल के विस्तृत अध्ययन के लिए पूर्व में दिए गये अध्याय-10 का अवलोकन करें।*

महत्त्वपूर्ण बिन्दु

- वह सुरक्षा युक्ति जो उच्च विद्युत धारा के विरुद्ध केबिलों तथा उपकरणों के सुरक्षा/बचाव के लिए वैद्युतिक परिपथों के श्रेणी-क्रम में संयोजित की जाती है, फ्यूज कहलाती है।
- फ्यूज से सम्बन्धित कुछ प्रमुख पद हैं—फ्यूज आधार, फ्यूज कैप, फ्यूज तार, फ्यूज पदार्थ, फ्यूज वाहक आदि।
- फ्यूज आधार विद्युतरोधी पदार्थ पोर्सिलेन से निर्मित होता है।
- फ्यूज का वह भाग जिसमें तार लगाया जाता है, फ्यूज कैप कहलाता है।
- फ्यूज अवयवों को बनाने के लिए विभिन्न पदार्थों; जैसे—टिन, जिंक, कॉपर, एल्युमीनियम, सीसा, चाँदी आदि का प्रयोग किया जाता है।
- न्यूनतम फ्यूजिंग धारा तथा निर्धारित धारा के अनुपात को फ्यूजिंग घटक (fusing factor) कहते हैं।
- गोलाकार फ्यूज का बाह्य आवरण बैकेलाइट व पोर्सिलेन का बना होता है।
- किट-कैट फ्यूज को रिवायरेबल फ्यूज भी कहते हैं।
- रिले एक ऐसी युक्ति है, जो किसी वैद्युतिक अथवा इलेक्ट्रॉनिक परिपथ के वोल्टेज अथवा उसमें प्रवाहित होने वाली धारा के मान के आधार पर दूसरे परिपथों को ऑन अथवा ऑफ करने हेतु प्रयोग की जाती है।
- HRC फ्यूज, कार्ट्रिज फ्यूज का विकसित रूप है और इसकी रैप्चरिंग क्षमता 66kV पर 500 MVA तक होती है।
- यान्त्रिक उपकरणों में मुख्य रूप से प्रयुक्त होने वाली रिले निम्नलिखित हैं—विद्युत चुम्बकीय रिले, ओवरलोड रिले, तापीय रिले आदि।
- विद्युत चुम्बकीय रिले की सहायता से वैद्युतिक उपकरण को रिमोट कण्ट्रोल के द्वारा भी प्रचालित किया जा सकता है।
- ओवरलोड रिले में कुण्डली को इस प्रकार बनाया जाता है कि यह पूर्व निर्धारित मान की अपेक्षा भार धारा का मान बढ़ जाने पर उत्तेजित हो जाती है और NC संयोजकों के द्वारा परिपथ को विसंयोजित कर देती है।
- किसी वैद्युतिक लाइन को ऑन/ऑफ करने तथा लाइन की ओवरलोड तथा शॉर्ट सर्किट अवस्था में उसे स्वत: ऑफ कर देने वाली युक्ति, सर्किट ब्रेकर कहलाती है।
- सिंगल पोल MCB का प्रयोग परिपथों में 120 V की पावर सप्लाई प्रदान करने हेतु किया जाता है।
- छोटे मकानों के लिए 10 से 16 ऐम्पियर का मिनिएचर सर्किट ब्रेकर प्रयोग किया जाता है।
- साधारण MCB 5 से 60 ऐम्पियर पर कार्य करता है जबकि MCCB 25 से 2500 ऐम्पियर पर कार्य करता है।
- अर्थ लीकेज सर्किट ब्रेकर एक सुरक्षा युक्ति है, जो वैद्युतिक संस्थापक में उच्च भू-प्रतिबाधा के साथ विद्युत झटके को रोकने के लिए प्रयोग की जाती है।
- बैलास्ट प्रतिरोध वह युक्ति है, जो धारा को विद्युतीय लोड के सापेक्ष नियन्त्रित करती है।
- बैलास्ट प्रतिरोध को परिपथ के श्रेणी क्रम में प्रज्वलन स्विच तथा प्रज्वलन क्वॉयल के धनात्मक टर्मिनल पर लगाया जाता है।
- विद्युतीय आवेशों का एक स्थान से दूसरे स्थान पर स्थानान्तरण ही स्थिर विद्युत प्रभाव कहलाता है।
- डायोड, ट्रांजिस्टर आदि सक्रिय अवयव (active component) होते हैं जबकि रजिस्टर, कैपेसिटर, इण्डक्टर आदि निष्क्रिय अवयव (passive component) होते हैं।
- पदार्थों का वह स्वाभाविक गुण, जिसके कारण वे स्वयं में से होने वाले विद्युत धारा प्रवाह का विरोध करते हैं, प्रतिरोध कहलाता है।
- प्रेरक एक ऐसा अवयव है, जो दिष्ट धारा के लिए निम्न प्रतिबाधा तथा प्रत्यावर्ती धारा के लिए उच्च प्रतिबाधा को प्रदर्शित करता है।
- किसी अचालक पदार्थ से पृथक् की गई दो चालक प्लेटों से निर्मित ऐसी युक्ति, जो वैद्युतिक आवेश एकत्रित कर सके, संधारित्र कहलाती है।

महत्त्वपूर्ण प्रश्नोत्तरी

1. फ्यूज क्या है? संक्षिप्त में समझाइए।

उत्तर फ्यूज वह रक्षण युक्ति है, जो उच्च विद्युत धारा के विरुद्ध केबिलों तथा उपकरणों के रक्षण/बचाव के लिए वैद्युतिक परिपथों में श्रेणी क्रम में लगाई जाती है।

2. निर्धारित धारा की अपेक्षा फ्यूज की फ्यूजिंग धारा का मान कितना होता है?

उत्तर निर्धारित धारा की अपेक्षा फ्यूज की फ्यूजिंग धारा का मान लगभग 1.5 गुना होता है।

3. गोलाकार फ्यूज में फ्यूज तार बदलने के लिए सर्वप्रथम विद्युत संस्थापन का मुख्य स्विच ऑफ करना क्यों आवश्यक होता है?

उत्तर गोलाकार फ्यूज में फ्यूज तार बदलने के लिए सर्वप्रथम विद्युत संस्थापन का मुख्य स्विच ऑफ करना आवश्यक होता है, क्योंकि ऐसा न करने पर कार्यरत् व्यक्ति को विद्युत का झटका लगने की सम्भावना रहती है।

4. कार्ट्रिज फ्यूज के अवयव के पिघलने का क्या कारण है?

उत्तर जब कार्ट्रिज फ्यूज के अवयव में ओवरलोड धारा अथवा शॉर्ट सर्किट (short circuit) दोष के कारण, निर्धारित धारा से अधिक धारा प्रवाहित होती है, तब फ्यूज अवयव अति तप्त (over heated) होकर पिघल जाता है।

5. वैद्युतिक उपकरणों को रिमोट कण्ट्रोल द्वारा प्रचालित करने के लिए कौन-सी रिले प्रयोग की जाती है?

उत्तर वैद्युतिक उपकरणों को रिमोट कण्ट्रोल द्वारा प्रचालित करने के लिए विद्युत चुम्बकीय रिले प्रयोग की जाती है

6. लोड धारा का मान पूर्व-निर्धारित मान से अधिक होने पर प्रचालित होने वाली रिले कौन-सी होती है?

उत्तर लोड धारा का मान पूर्व-निर्धारित मान से अधिक होने पर प्रचालित होने वाली रिले, ओवरलोड रिले कहलाती है।

7. ELCB का पूर्णरूप (full form) क्या है?

उत्तर ELCB का पूर्णरूप 'Earth Leakage Circuit Breaker' है।

8. ऑयल सर्किट ब्रेकर में अचालक तेल प्रयोग करने का क्या लाभ है?

उत्तर ऑयल सर्किट ब्रेकर में अचालक तेल स्पार्किंग को नियन्त्रित करने के साथ-साथ संयोजकों में उत्पन्न हुई ऊष्मा को भी सोख लेता है।

9. संधारित्र की परिभाषा दीजिए तथा इसकी धारिता के लिए उपयुक्त सूत्र लिखिए।

उत्तर किसी अचालक पदार्थ से पृथक् की गई दो चालक प्लेटों से निर्मित ऐसी युक्ति जो विद्युतीय आवेश को एकत्र कर सके, संधारित्र कहलाता है तथा विद्युतीय आवेश को एकत्र करने की योग्यता धारिता कहलाती है।

धारिता, $C = \frac{Q}{V}$ फैरड

जहाँ, C = धारिता (फैरड में),

Q = आवेश (कूलॉम में)

तथा V = वोल्टेज (वोल्ट में)

10. एक प्रतिरोध को घटाने पर प्रतिरोधों के श्रेणी व समान्तर संयोजनों के तुल्य प्रतिरोध पर क्या प्रभाव पड़ेगा?

उत्तर एक प्रतिरोध घटाने पर श्रेणी क्रम के तुल्य प्रतिरोध का मान घट जाएगा, जबकि समान्तर संयोजन के तुल्य प्रतिरोध का मान बढ़ जाएगा।

अभ्यास प्रश्न

परीक्षा प्रारूपी प्रश्न

बहुविकल्पीय

1. निम्न में से कौन-सी सुरक्षा युक्ति नहीं है?
(a) रिले (b) मोटर
(c) फ्यूज (d) सर्किट ब्रेकर

2. निम्न चित्र में प्रदर्शित अवयव किसे प्रदर्शित करता है?

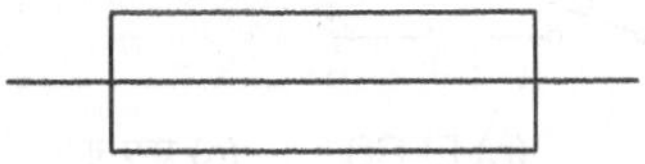

(a) प्रतिरोध (b) फ्यूज
(c) कैपेसिटर (d) रिले

3. निम्न में से कौन-सा फ्यूज का स्थिर भाग है?
(a) आधार (b) वाहक
(c) 'a' और 'b' दोनों (d) फ्यूज तार

4. फ्यूज का फ्यूजिंग घटक (fusing factor) होता है
(a) 1 से छोटा (b) 1 से बड़ा
(c) 1 के बराबर (d) शून्य

5. "गोलाकार फ्यूज का बाह्य आवरण बैकेलाइट अथवा पोर्सिलेन का बना होता है।" गोलाकार फ्यूज में किस धातु से निर्मित टर्मिनल्स स्थापित किए जाते हैं?
(a) पीतल या ताँबा (b) पीतल या जस्ता
(c) ताँबा या जस्ता (d) लोहा या पीतल

6. फ्यूज वाहक (fuse carrier) निम्न में से किस धातु से बनाये जाते हैं?
(a) कॉपर (b) एल्युमीनियम
(c) पोर्सिलेन (d) सीसा

7. चित्र में प्रदर्शित फ्यूज आधार किस फ्यूज से सम्बन्धित है?

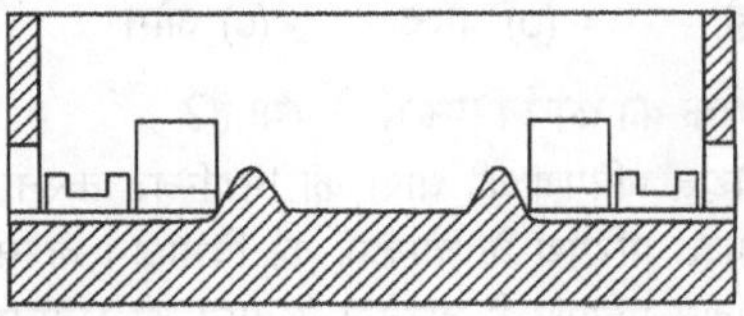

(a) किट-कैट फ्यूज (b) HRC फ्यूज
(c) कार्ट्रिज फ्यूज (d) इनमें से कोई नहीं

8. किट-कैट फ्यूज को ……… भी कहते हैं।
(a) कार्ट्रिज फ्यूज
(b) HRC फ्यूज
(c) प्लग टाइप फ्यूज
(d) रिवायरेबल फ्यूज

9. कार्ट्रिज फ्यूज में प्रयुक्त विद्युतरोधी पदार्थ किस धातु से निर्मित होता है?
(a) बैकेलाइट (b) पोर्सिलेन
(c) सीसा (d) 'b' और 'c' दोनों

10. चित्र में किस फ्यूज की आन्तरिक संरचना दर्शायी गई है?

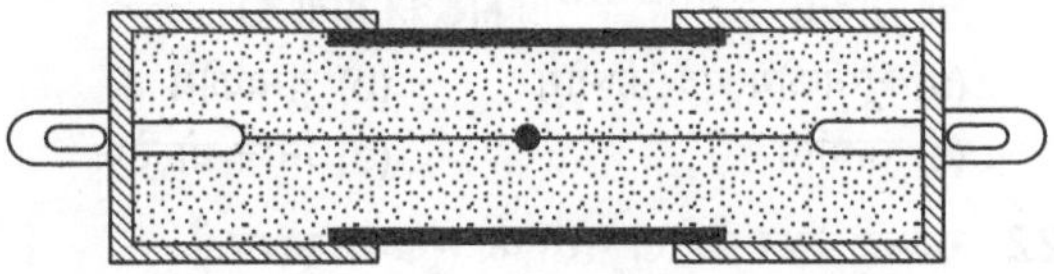

(a) गोलाकार फ्यूज (b) किट-कैट फ्यूज
(c) HRC फ्यूज (d) कार्ट्रिज फ्यूज

11. निम्नलिखित कथन किस सुरक्षा युक्ति से सम्बन्धित है?
"इसमें फ्यूज अवयव के चारों ओर पूरक पदार्थ के रूप में क्वार्ट्ज सैण्ड (quartz sand) भरा होता है।"
(a) गोलाकार फ्यूज (b) किट-कैट फ्यूज
(c) कार्ट्रिज फ्यूज (d) D-कार्ट्रिज फ्यूज

12. HRC फ्यूज की क्षमता कितनी होती है?
(a) 66 kV से 500 MVA पर' (b) 66 kV से 700 MVA तक
(c) 66 kV से 600 MVA तक (d) इनमें से कोई नहीं

13. HRC फ्यूज का अर्थ है
(a) High Rupturing Capacity Fuse
(b) High Resistance Capacity Fuse
(c) High Rate Consuming Fuse
(d) उपरोक्त में से कोई नहीं

14. उपयोगिता के आधार पर रिले का एक प्रकार है
(a) वोल्टता रिले (b) तात्कालिक रिले
(c) विद्युत चुम्बकीय रिले (d) तापीय रिले

15. धारा संवेदी रिले किस परास में बनाई जाती है?
(a) 50 mA से 100 mA (b) 100 mA से 1 mA
(c) 100 mA से 10 A (d) 50 mA से 10 mA

16. विद्युत चुम्बकीय रिले प्रयुक्त की जाती है
(a) वोल्टेज स्टैबिलाइजर में (b) नियन्त्रक परिपथों में
(c) ट्रांसमीटरों में (d) ये सभी

17. निम्न में से ट्रिपिंग रिले है
(a) विद्युत चुम्बकीय रिले (b) ओवरलोड रिले
(c) तापीय रिले (d) इनमें से कोई नहीं

18. तापीय रिले विद्युत के किस प्रभाव पर कार्य करती है?
(a) चुम्बकीय प्रभाव पर (b) ऊष्मीय प्रभाव पर
(c) रासायनिक प्रभाव पर (d) उत्सर्जन के प्रभाव पर

19. सर्किट ब्रेकर एक ऐसी युक्ति है, जो किसी विद्युत वितरण परिपथ को ········ अवस्था में तोड़ने और जोड़ने का कार्य करती है।
(a) सामान्य तथा असामान्य (b) सामान्य
(c) असामान्य (d) लोड-रहित

20. वह संरक्षी (protective) युक्ति जो निर्धारित धारा मान के 1.5 गुने मान पर चार घण्टे बाद तक भी परिपथ को नहीं खोलेगी, ········ होगी।
(a) HRC फ्यूज (b) कार्ट्रिज फ्यूज
(c) सर्किट ब्रेकर (d) पुनः तार स्थापत्य फ्यूज

21. सर्किट ब्रेकर में 'शॉर्ट-सर्किट' अवस्था में 'ट्रिपिंग' के लिए प्रयोग की गई युक्ति ·············· प्रकार की होती है।
(a) चुम्बकीय एवं ऊष्मीय (b) चुम्बकीय
(c) ऊष्मीय (d) निम्न वोल्टेज

22. सर्किट ब्रेकर में तेल भरने का मुख्य उद्देश्य है
(a) अचालक प्रभाव पैदा करना
(b) चारों ओर की वायु का आयनीकरण रोकना
(c) युक्ति का निम्न तापमान पर प्रचालन सुनिश्चित करना
(d) परिपथ के तोड़ते समय पैदा हुई चिंगारी को बुझाना और संयोजकों को ठण्डा करना

23. MCB का पूर्णरूप है
(a) Miniature Circuit Breaker
(b) Miniature Circuit Board
(c) Miniature Controlled Board
(d) Miniature Controlled Breaker

24. जिस सर्किट ब्रेकर में कोई अनुरक्षण योग्य (serviceable) पुर्जा नहीं होता, वह है
(a) तेल युक्त सर्किट ब्रेकर (b) वायु दबाव चालित सर्किट ब्रेकर
(c) मिनिएचर सर्किट ब्रेकर (d) वायु सर्किट ब्रेकर

25. विद्युत वायरिंग की ओवरलोड धारा (overload current) से सुरक्षा हेतु निम्न में से कौन-सी युक्ति (device) प्रयोग में लाई जाती है?
(a) लघु आकार सर्किट ब्रेकर
(b) उच्च विदारक क्षमता वाली फ्यूज इकाई
(c) 'a' और 'c' दोनों
(d) किट-कैट फ्यूज

26. सिंगल फेज AC परिपथों के लिए MCB की प्रचालन वोल्टेज कितनी होती है?
(a) 500 V (b) 200 V
(c) 100 V (d) 250 V

27. थ्री-फेज विद्युत परिपथों के लिए प्रयुक्त MCB's की वोल्टता है
(a) 100 V (b) 250 V
(c) 400 V (d) 500 V

28. ELCB का उपयोग विशेषकर ········ अवस्था में स्रोत को विसंयोजित करने के लिए किया जाता है।
(a) शॉर्ट-सर्किट (b) 'अर्थ'-दोष
(c) ओपन-सर्किट (d) ओवरलोड

29. निम्नलिखित में से अर्थ लीकेज सर्किट ब्रेकर का प्रकार नहीं है
(a) वोल्टेज प्रचालित ELCB (b) अवशेष धारा युक्त ELCB
(c) शक्ति प्रचालित ELCB (d) इनमें से कोई नहीं

30. चित्र में कौन-सी सुरक्षा युक्ति का परिपथ दर्शाया गया है?

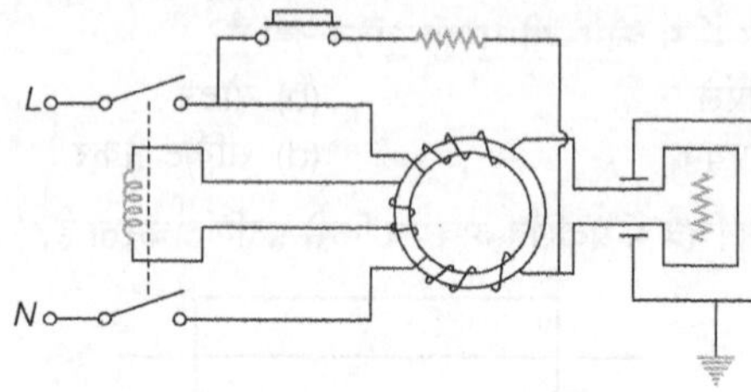

(a) MCB (b) ELCB (c) फ्यूज (d) कॉन्टैक्टर

31. ELCB की धारा रेटिंग होती है
(a) 240 वोल्ट (b) 100 वोल्ट (c) 150 वोल्ट (d) 300 वोल्ट

32. ई.एल.सी.बी. ········ का संक्षिप्त रूप है।
(a) इलेक्ट्रिकल लीकेज सर्किट ब्रेकर
(b) अर्थ लीकेज करण्ट ब्रेकर
(c) अर्थ लीकेज सर्किट ब्रेकर
(d) इलेक्ट्रिकल लाइन सर्किट ब्रेकर

33. किस युक्ति का उपयोग स्विच व सुरक्षात्मक युक्ति के रूप में हो सकता है?
(a) ट्रिपल पोल आयरन स्विच
(b) इण्टरमीडिएट स्विच
(c) लघु परिपथ भंजक (MCB)
(d) अर्थ लीकेज परिपथ भंजक (ELCB)

34. बैलास्ट प्रतिरोधक नियन्त्रित करता है
(a) विभवान्तर को (b) धारा को
(c) लोड को (d) गति को

35. प्रतिरोध की इकाई होती है।
(a) म्हो (b) वोल्ट (c) ओम (d) ऐम्पियर

36. प्रतिरोधक का कार्य निम्न में से क्या है?
(a) विद्युत परिपथ की धारा को नियन्त्रित करना
(b) विद्युत परिपथ के वोल्टेज का विभाजन करना
(c) विद्युत परिपथ में वोल्टेज के मान को घटाना
(d) 'a' और 'b' दोनों

37. प्रतिरोधकों को श्रेणी क्रम में संयोजित करने पर उनके प्रतिरोध के समतुल्य मान पर निम्न में से क्या प्रभाव पड़ता है?
(a) प्रतिरोध का मान घटता है
(b) प्रतिरोध का मान बढ़ता है
(c) प्रतिरोध के तुल्यांक मान पर कोई प्रभाव नहीं पड़ता
(d) उपरोक्त में से कोई नहीं

38. प्रतिरोधकों को समान्तर क्रम में संयोजित करने पर उनके प्रतिरोध के समतुल्य मान पर निम्न में से क्या प्रभाव पड़ता है?
(a) प्रतिरोध का तुल्यांक मान बढ़ता है
(b) प्रतिरोध का तुल्यांक मान घटता है
(c) प्रतिरोध के तुल्यांक मान पर कोई प्रभाव नहीं पड़ता
(d) उपरोक्त में से कोई नहीं

39. जब दो प्रतिरोधकों को समान्तर (parallel) क्रम में संयोजित किया जाता है, तो
(a) दोनों प्रतिरोधकों के सापेक्ष समान वोल्टेज प्राप्त होती है
(b) दोनों प्रतिरोधकों में समान धारा प्रवाहित होती है
(c) दोनों प्रतिरोधकों के सापेक्ष प्राप्त वोल्टेज भिन्न होती है
(d) दोनों प्रतिरोधक समान अवरोध उत्पन्न करते हैं

40. नीचे चित्रों में प्रदर्शित प्रतीक में प्रतिरोध का प्रतीक नहीं है

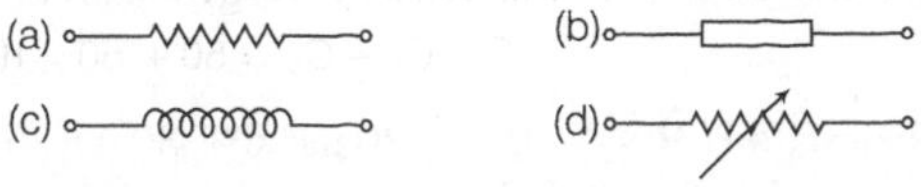

41. चित्र में प्रदर्शित प्रेरकों का तुल्य प्रेरकत्व कितना होगा?

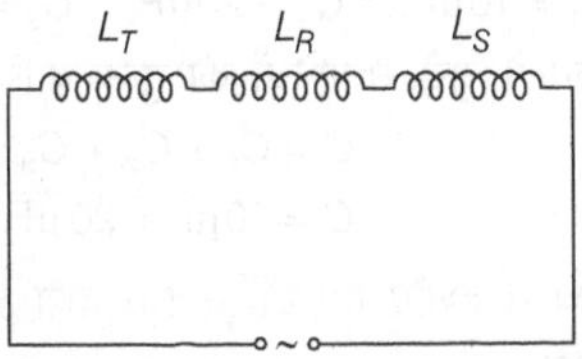

(a) $L_T + L_R + L_S$
(b) $\frac{L_T + L_R}{L_S}$
(c) $\frac{1}{L_T} + \frac{1}{L_R} + \frac{1}{L_S}$
(d) $\frac{L_T \cdot L_R \cdot L_S}{L_T + L_R + L_S}$

42. यदि किसी संधारित्र के आर-पार एक वोल्ट की वोल्टेज आरोपित करने पर उसमें एक कूलॉम आवेश एकत्रित होता है, तो उसकी धारिता .... होती है।
(a) शून्य
(b) 1 फैरड
(c) 1 कूलॉम
(d) नियत

43. वैद्युतिक कार्यों में संधारित्र का उपयोग किया जाता है
(a) ट्यूबलाइट में पावर-फैक्टर बढ़ाने के लिए
(b) वैद्युतिक मोटर्स को सैल्फ स्टार्ट बनाने के लिए
(c) रेक्टिफायर्स में फिल्टर के रूप में
(d) उपरोक्त सभी

44. संधारित्र की धारिता के लिए सही सूत्र है
(a) $C = \frac{Q}{V}$
(b) $C = \frac{V}{Q}$
(c) $C = \frac{Q}{V^2}$
(d) $C = Q \cdot V$

45. धारिता का SI मात्रक है
(a) कूलॉम/वोल्ट^2
(b) फैरड
(c) कूलॉम
(d) न्यूटन-मी^{2}

46. संधारित्र में एकत्र होने वाली वैद्युतिक ऊर्जा का सूत्र है
(a) $E = C \cdot V^2$ जूल
(b) $E = 2C \cdot V^2$ जूल
(c) $E = \frac{1}{2} C \cdot V^2$ जूल
(d) इनमें से कोई नहीं

47. कैपेसिटर्स को समान्तर क्रम में संयोजित करने पर उसकी धारिता/कैपेसिटैन्स के मान पर निम्न में से कौन-सा प्रभाव पड़ता है?
(a) धारिता का मान घटता है
(b) धारिता का मान बढ़ता है
(c) धारिता के मान पर कोई प्रभाव नहीं पड़ता
(d) उपरोक्त में से कोई नहीं

48. कैपेसिटर्स को श्रेणी क्रम में संयोजित करने पर उनकी धारिता के समतुल्य (equivalent) पर निम्न में से कौन-सा प्रभाव पड़ता है?
(a) धारिता का मान समतुल्य बढ़ता है
(b) धारिता का मान समतुल्य घटता है
(c) धारिता के समतुल्य मान पर कोई प्रभाव नहीं पड़ता
(d) उपरोक्त में से कोई नहीं

49. नीचे दर्शाया गया प्रतीक किसे प्रदर्शित करता है?

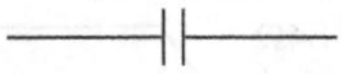

(a) संधारित्र को
(b) प्रतिरोध को
(c) प्रेरक को
(d) इनमें से कोई नहीं

50. नीचे चित्र में किस प्रकार का एवं किसका संयोजन दर्शाया गया है?

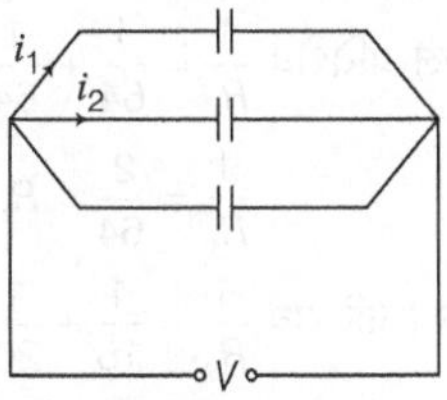

(a) श्रेणी संयोजन, संधारित्रों का
(b) समान्तर संयोजन, प्रेरकों का
(c) श्रेणी संयोजन, प्रतिरोधों का
(d) समान्तर संयोजन, संधारित्रों का

उत्तरमाला

1. (b)	**2.** (b)	**3.** (a)	**4.** (b)	**5.** (a)	**6.** (c)	**7.** (a)	**8.** (d)	**9.** (d)	**10.** (d)
11. (c)	**12.** (a)	**13.** (a)	**14.** (a)	**15.** (c)	**16.** (d)	**17.** (b)	**18.** (b)	**19.** (a)	**20.** (c)
21. (b)	**22.** (d)	**23.** (a)	**24.** (c)	**25.** (d)	**26.** (d)	**27.** (d)	**28.** (b)	**29.** (c)	**30.** (b)
31. (a)	**32.** (c)	**33.** (c)	**34.** (b)	**35.** (c)	**36.** (d)	**37.** (b)	**38.** (b)	**39.** (a)	**40.** (c)
41. (a)	**42.** (b)	**43.** (d)	**44.** (a)	**45.** (b)	**46.** (c)	**47.** (b)	**48.** (b)	**49.** (a)	**50.** (d)

परीक्षा उपयोगी आंकिक प्रश्न (हल सहित)

1. $10\Omega, 20\Omega$ व 25Ω मान के तीन प्रतिरोधक श्रेणी क्रम में संयोजित हैं, तो कुल प्रतिरोध का मान ज्ञात कीजिए। यदि सप्लाई वोल्टेज 220 V है।

हल दिया है, $R_1 = 10\Omega$; $R_2 = 20\Omega$; $R_3 = 25\Omega$

श्रेणी क्रम में तुल्य प्रतिरोध $R = R_1 + R_2 + R_3$

$$R = 10 + 20 + 25 = 55\Omega$$

2. यदि 5Ω, 10Ω व 15Ω के तीन प्रतिरोध समान्तर क्रम में संयोजित किए गए हैं, तो परिपथ में कुल धारा का मान ज्ञात कीजिए, यदि सप्लाई वोल्टेज 220 V हो।

हल परिपथ का कुल प्रतिरोध $\frac{1}{R} = \frac{1}{5} + \frac{1}{10} + \frac{1}{15}$

$$\frac{1}{R} = \frac{6+3+2}{30} = \frac{11}{30}; \quad R = \frac{30}{11}\Omega$$

सप्लाई वोल्टेज $V = 220\,V$

परिपथ में प्रवाहित धारा $I = \frac{V}{R} = \frac{220}{\frac{30}{11}} = \frac{22 \times 11}{3} = \frac{242}{3} = 80.66\,A$

3. चित्र में दिखाए गए परिपथ का कुल प्रतिरोध ज्ञात कीजिए। यदि 5 A की धारा परिपथ में से बहती है, तो सप्लाई का वोल्टेज ज्ञात कीजिए।

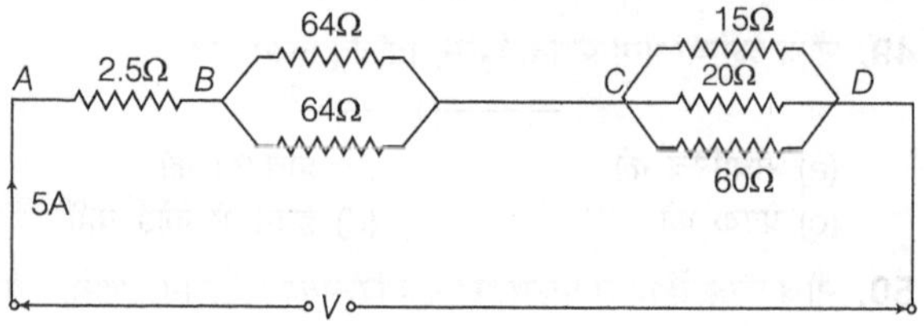

हल BC भाग का कुल प्रतिरोध $\frac{1}{R_1} = \frac{1}{64} + \frac{1}{64}$

$$\frac{1}{R_1} = \frac{2}{64}; \quad R_1 = \frac{64}{2} = 32\,\Omega$$

CD भाग का कुल प्रतिरोध $\frac{1}{R_2} = \frac{1}{15} + \frac{1}{20} + \frac{1}{60}$

$$= \frac{4+3+1}{60} = \frac{8}{60} = \frac{60}{8} = 7.5\,\Omega$$

AD भाग का कुल प्रतिरोध $R = 2.5\Omega + 32\Omega + 7.5\Omega = 42\,\Omega$

$\therefore$ परिपथ के सिरों पर सप्लाई वोल्टेज $= IR = 5 \times 42 = 210\,V$

4. किसी संधारित्र को 220 वोल्ट सप्लाई देने पर वह 0.11 कूलॉम का आवेश एकत्रित करता है। संधारित्र की धारिता ज्ञात कीजिए।

हल दिया है, वोल्टेज $V = 220$ वोल्ट

आवेश $Q = 0.11$ कूलॉम

तब धारिता $C = \frac{Q}{V} = \frac{0.11}{220} = \frac{11 \times 10^{-2}}{220}$

$$C = 0.05 \times 10^{-2}$$
$$C = 5 \times 10^{-4}$$
$$C = 500\,\mu F$$

5. $50\,\mu F$ के दो संधारित्रों को क्रमशः श्रेणी क्रम व समान्तर क्रम में संयोजित किया जाता है। प्रत्येक क्रम में तुल्य धारिता की गणना कीजिए।

हल दिया है, संधारित्रों की धारिता $C_1 = 50\,\mu F$ और $C_2 = 50\,\mu F$

(i) श्रेणी क्रम में संयोजित करने पर तुल्य धारिता

$$\frac{1}{C} = \frac{1}{C_1} + \frac{1}{C_2} = \frac{1}{50} + \frac{1}{50} = \frac{2}{50}$$
$$\frac{1}{C} = \frac{1}{25}$$
$$C = 25\,\mu F$$

(ii) समान्तर क्रम में संयोजित करने पर तुल्य धारिता

$$C = C_1 + C_2 = 50 + 50 = 100\,\mu F$$

6. समान्तर क्रम में जुड़े $10\,\mu F$, $20\,\mu F$ तथा $30\,\mu F$ के संधारित्रों की तुल्य धारिता कितनी होगी?

हल दिया है, $C_1 = 10\mu F$, $C_2 = 20\mu F$, $C_3 = 30\mu F$

समान्तर क्रम में जुड़े संधारित्रों की तुल्य धारिता

$$C = C_1 + C_2 + C_3$$

$\therefore$ $C = 10\mu F + 20\,\mu F + 30\,\mu F = 60\mu F$

7. नीचे परिपथ में दर्शाए गए टर्मिनल a तथा b के बीच तुल्य धारिता ज्ञात कीजिए।

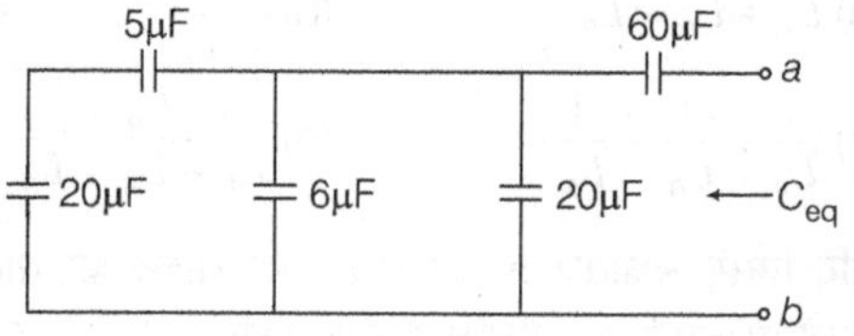

हल $20\mu F$ और $5\,\mu F$ श्रेणी में जुड़े हैं, तो इनका तुल्य प्रतिरोध

$$\frac{1}{C'} = \frac{1}{20} + \frac{1}{5} \Rightarrow \frac{1}{C'} = \frac{25}{20 \times 5}$$
$$C' = 4\mu F$$

$4\mu F$, $6\,\mu F$ व $20\,\mu F$ के साथ समान्तर क्रम में जुड़े हैं।

अतः $C'' = 4 + 20 + 6 = 30\mu F$

$30\,\mu F$, $60\,\mu F$ के श्रेणी क्रम में संयोजित हैं।

$$\frac{1}{C_{eq}} = \frac{1}{30} + \frac{1}{60} = \frac{60+30}{30 \times 60} = \frac{90}{30 \times 60}$$
$$C_{eq} = 20\mu F$$

8. यदि किसी संधारित्र की धारिता $50\,\mu F$ है तथा यह 220 V सप्लाई से जुड़ा है, तो संधारित्र की वैद्युत स्थैतिक ऊर्जा तथा संचित कुल आवेश कितना होगा?

हल संधारित्र $C = 50\,\mu F = 5 \times 10^{-6}\,F$

वोल्टेज $V = 220\,V$

कुल संचित आवेश $q = CV = 50 \times 10^{-6} \times 220 = 11\,mC$

कुल वैद्युत स्थैतिक ऊर्जा, $E = \frac{1}{2}CV^2 = \frac{1}{2} \times 50 \times 10^{-6} \times (220)^2$

$$= 1.21\,J$$

अध्याय 12

विद्युत धारा के प्रभाव

Effects of Electric Current

परिचय Introduction

विद्युत धारा के अनेक प्रभाव होते हैं जिनका उपयोग दैनिक जीवन में किसी-न-किसी रूप में किया जाता है। विद्युत धारा के अनेक प्रभावों में से एक है, इसका 'रासायनिक प्रभाव' जिसके अन्तर्गत किसी अम्लीय एवं अकार्बनिक विलयन में से विद्युत धारा प्रवाहित करने पर वह विलयन अपने अवयवों में वियोजित हो जाता है। यह क्रिया **वैद्युतिक-अपघटन** कहलाती है। विद्युत धारा के इस रासायनिक प्रभाव का उपयोग विद्युत लेपन, धातु शोधन, धातु निष्कर्षण आदि में व्यापक रूप से किया जाता है। इसके अतिरिक्त, रासायनिक क्रियाओं के फलस्वरूप विद्युत वाहक बल भी उत्पन्न किया जा सकता है। इस कार्य हेतु विभिन्न प्रकार के रासायनिक सैलों का निर्माण किया गया है। रासायनिक सैलों में रासायनिक ऊर्जा का परिवर्तन वैद्युतिक ऊर्जा में होता है। इनका उपयोग मनुष्य के दैनिक जीवन में अनेक रूपों में किया जा रहा है; जैसे—टॉर्च, स्वचालित वाहन, इलेक्ट्रॉनिक उपकरणों का प्रचालन आदि।

विद्युत धारा के विभिन्न प्रभावों में से एक महत्त्वपूर्ण प्रभाव इसका चुम्बकीय प्रभाव भी है, जो विद्युत धारा एवं चुम्बकीय क्षेत्र के परस्पर सम्बन्ध को व्यक्त करता है। इस प्रभाव के अनुसार, जब किसी चालक में विद्युत धारा प्रवाहित की जाती है, तो उस चालक के चारों ओर एक चुम्बकीय क्षेत्र कार्य करने लगता है तथा वह चालक चुम्बकित हो जाता है। विद्युत-चुम्बकीय प्रभाव पर आधारित एक प्रमुख नियम, विद्युत-चुम्बकीय प्रेरण है।

प्रस्तुत अध्याय में विद्युत धारा के प्रभावों एवं इन पर आधारित विभिन्न नियमों; जैसे—विद्युत-चुम्बकीय प्रेरण, विद्युत-चुम्बकीय प्रेरण की उत्पत्ति में प्रयुक्त क्वॉयल्स एवं इसके अनुप्रयोग; जैसे—ट्रांसफॉर्मर आदि का संक्षिप्त वर्णन किया गया है।

12.1 विद्युत धारा का रासायनिक प्रभाव
Chemical Effect of Electric Current

"जब किसी अम्लीय एवं अकार्बनिक विलयन में से विद्युत धारा प्रवाहित की जाती है, तो वह विलयन अपने अवयवों में विभक्त हो जाता है और यह क्रिया विद्युत का रासायनिक प्रभाव कहलाती है।"

विद्युत धारा के रासायनिक प्रभाव को पूर्ण रूप से समझने के लिए इसके दो प्रमुख घटकों क्रमशः इलेक्ट्रोलाइट तथा इलेक्ट्रॉड को समझना अति आवश्यक है, जिनका वर्णन आगे किया गया है

अध्याय विषय सूची

1. इलेक्ट्रोलाइट Electrolyte

"ऐसा विलयन, जिसमें से विद्युत धारा प्रवाहित करने पर उसकी संरचना परिवर्तित हो जाए, इलेक्ट्रोलाइट कहलाता है।" यह प्राय: अम्लीय एवं अकार्बनिक विलयन होता है, परन्तु कार्बनिक विलयन; जैसे—वानस्पतिक तेल, एल्कोहॉल, स्प्रिट आदि एवं अम्लरहित अथवा अकार्बनिक विलयन; जैसे—आसुत जल (distilled water) आदि विद्युत अचालक होते हैं, अर्थात् इलेक्ट्रोलाइट नहीं होते। इलेक्ट्रोलाइट की स्पेसिफिक ग्रेविटी लगभग 300 होती है। इलेक्ट्रोलाइट, बैटरी में सैलों से लगभग 1/8 इंच ऊपर तक भरा होना चाहिए।

2. इलेक्ट्रोड Electrode

इलेक्ट्रोलाइट में से विद्युत धारा प्रवाहित करने के लिए दो धात्विक छड़ों की आवश्यकता होती है, जिन्हें इलेक्ट्रोड कहते हैं। ये दो प्रकार के होते हैं

(i) एनोड Anode

जिस धात्विक छड़/प्लेट के माध्यम से विद्युत धारा विलयन से बाहर निकलती है, उसे एनोड कहते हैं।

(ii) कैथोड Cathode

जिस धात्विक छड़/प्लेट के माध्यम से विद्युत धारा विलयन में प्रवेश करती है, उसे कैथोड कहते हैं।

12.2 वैद्युतिक-अपघटन Electrolysis

जब किसी इलेक्ट्रोलाइट पदार्थ को विलायक पदार्थ; जैसे-जल आदि में घोला जाता है, तो वह 'आयन्स' (ions) में विभक्त हो जाता है। इनमें एक प्रकार के आयन्स धनायन (+) होते हैं और दूसरे प्रकार के आयन्स ऋणायन (–) होते हैं; जैसे—

$$H_2SO_4 \longrightarrow 2H^+ + SO_4^{--}$$
$$CuSO_4 \longrightarrow Cu^{2+} + SO_4^{--}$$

पहली रासायनिक क्रिया में गन्धक का अम्ल, हाइड्रोजन (+) तथा सल्फेट (–) आयन्स में विभक्त हो गया है और दूसरी क्रिया में कॉपर सल्फेट, कॉपर (+) तथा सल्फेट (–) आयन्स में विभक्त हो गया है।

जब एनोड को डी.सी. स्रोत के धन सिरे तथा कैथोड को स्रोत के ऋण सिरे से संयोजित किया जाता है, तो इलेक्ट्रोलाइट में विद्युत धारा प्रवाह स्थापित हो जाता है।

धन आयन कैथोड की ओर तथा ऋण आयन एनोड की ओर गति करने लगते हैं। गन्धक के अम्ल में H^+ आयन्स कैथोड को अपना आवेश देकर हाइड्रोजन गैस (H_2) बनाते हैं और SO_4^{2-} आयन्स, एनोड पर पहुँच कर जल के साथ क्रिया करके, पुन: गन्धक का अम्ल (H_2SO_4) तथा ऑक्सीजन गैस (O_2) बनाते हैं

$$2H_2O + 2SO_4^{2-} \longrightarrow 2H_2SO_4 + O_2$$

इस प्रक्रिया में ऊर्जा रासायनिक रूप में संचित रहती है, जिसे विद्युत रासायनिक ऊर्जा (electro chemical energy) कहते हैं।

विद्युत अपघटन प्रक्रिया में प्रयुक्त पात्र वोल्टामीटर तथा विद्युत अपघटन के दौरान होने वाली आयनीकरण प्रक्रिया का वर्णन निम्नवत् है

वोल्टामीटर Voltameter

जिस पात्र में वैद्युतिक-अपघटन क्रिया सम्पन्न की जाती है, उसे वोल्टामीटर कहते हैं। यह पात्र प्राय: काँच का जार या चीनी मिट्टी का बड़ा टैंक होता है, जैसा कि निम्न चित्र में दर्शाया गया है

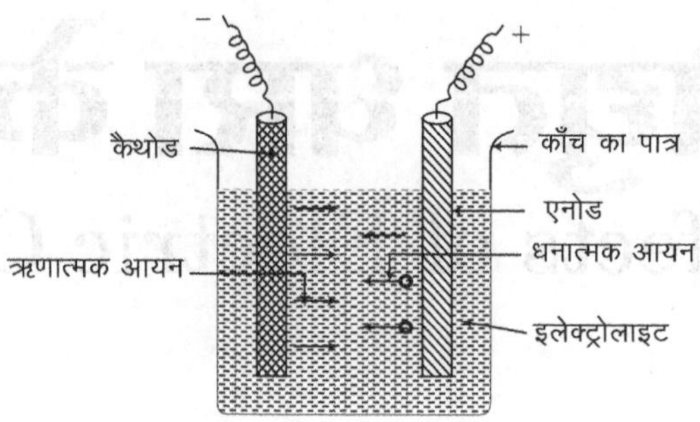

चित्र वोल्टामीटर (वैद्युतिक-अपघटन की क्रिया)

आयनीकरण Ionisation

इलेक्ट्रोलाइट पदार्थ को जल आदि विलायक में घोलने पर वह धन (+) तथा ऋण (–) अवयवों में विभक्त हो जाता है, जो मूलक (radicals) या आयन्स (ions) कहलाते हैं और यह प्रक्रिया आयनीकरण कहलाती है।

आयन्स, दो प्रकार के होते हैं

- **धनायन** (Cation) इलेक्ट्रोलाइट में कैथोड की ओर जाने वाले आयन्स, धनायन कहलाते हैं। इन आयनों पर धनात्मक आवेश होता है।
- **ऋणायन** (Anion) इलेक्ट्रोलाइट में एनोड की ओर जाने वाले आयन्स, ऋणायन कहलाते हैं। इन आयनों पर ऋणात्मक आवेश होता है।

फैराडे के वैद्युतिक-अपघटन सम्बन्धी नियम Faraday's Laws Related to Electrolysis

माइकल फैराडे नामक वैज्ञानिक ने वैद्युतिक-अपघटन के सम्बन्ध में निम्न दो नियम स्थापित किए

प्रथम नियम First Law

किसी इलेक्ट्रोड पर मुक्त हुए पदार्थ का द्रव्यमान, विलयन में से प्रवाहित की गई विद्युत धारा की मात्रा (अर्थात्, धारा मान × समय) के अनुक्रमानुपाती होता है, अर्थात्

$$m \propto It$$
$$m = ZIt$$

यहाँ, m = मुक्त हुए पदार्थ का द्रव्यमान (ग्राम में)

I = विद्युत धारा (ऐम्पियर में), t = समय (सेकण्ड में)

तथा Z = विद्युत रासायनिक तुल्यांक (ग्राम/कूलॉम में)

विद्युत-रासायनिक तुल्यांक Electro-chemical Equivalent

"किसी तत्त्व का वह द्रव्यमान, जो एक कूलॉम आवेश (एक ऐम्पियर-सेकण्ड) द्वारा विलयन से संयुक्त होता है अथवा उससे मुक्त होता है, वह उस तत्त्व का विद्युत रासायनिक तुल्यांक कहलाता है।"

$\therefore \quad m = ZIt$

यदि $\quad I = 1$ ऐम्पियर और $t = 1$ सेकण्ड

तो $\quad m = Z$

कुछ तत्त्वों के परमाणु भार, संयोजकता, रासायनिक तुल्यांक तथा विद्युत रासायनिक तुल्यांकों के मान निम्न तालिका में दर्शाए गए हैं

तालिका रासायनिक तुल्यांक एवं विद्युत-रासायनिक तुल्यांक

क्र.सं.	तत्त्व	परमाणु भार	संयोजकता	रासायनिक तुल्यांक (CE)	विद्युत-रासायनिक तुल्यांक (ECE)
1.	हाइड्रोजन	1.008	1	1.008	0.0104
2.	ताँबा	63.57	2	31.78	0.3293
3.	निकिल	58.68	2	29.34	0.304
4.	क्रोमियम	52.0	3	17.33	0.18
5.	एल्युमीनियम	27.1	3	9.03	0.0936
6.	जस्ता	65.38	2	32.69	0.3387
7.	चाँदी	107.88	1	107.88	1.118
8.	सोना	197.0	1	197.0	2.0438

द्वितीय नियम Second Law

यदि एक ही मान की विद्युत धारा, समान समय अन्तराल के लिए विभिन्न इलेक्ट्रोलाइट्स में से प्रवाहित की जाए, तो उनके इलेक्ट्रोड्स पर मुक्त हुए पदार्थों के द्रव्यमान, उनके रासायनिक तुल्यांकों के अनुक्रमानुपाती होते हैं,

अर्थात् $\quad m_1 \propto w_1\,;\, m_2 \propto w_2\,;\, m_3 \propto w_3$ या $\dfrac{m_1}{w_1} = \dfrac{m_2}{w_2} = \dfrac{m_3}{w_3}$

यहाँ, m_1, m_2, m_3 = इलेक्ट्रोड्स पर मुक्त हुए पदार्थों के द्रव्यमान, ग्राम में
w_1, w_2, w_3 = पदार्थों का रासायनिक तुल्यांक।

वैद्युतिक-अपघटन के उपयोग
Applications of Electrolysis

वैद्युतिक-अपघटन एक बहुउपयोगी प्रक्रिया है और इसके उपयोग निम्नलिखित हैं

(i) विद्युत-लेपन Electroplating

"लोहे, पीतल आदि से बनी वस्तुओं की सतह को वातावरण के प्रभावों से सुरक्षित रखने और उसे चमकदार बनाने के लिए उन पर क्षरणरोधी धातु (noble metal) की पर्त चढ़ाना, विद्युत-लेपन कहलाता है।"

उदाहरण के लिए, पीतल की वस्तु पर चाँदी की परत चढ़ाने के लिए सिल्वर नाइट्रेट ($AgNO_3$) के घोल में चाँदी की प्लेट को एनोड के रूप में और पीतल की प्लेट को कैथोड के रूप में प्रयोग किया जाता है। विद्युत-लेपन की जाने वाली वस्तु को रेत से साफ कर, कास्टिक सोडा के घोल में डाला जाता है, जिससे कि वस्तु की चिकनाई दूर हो जाए और फिर उसे साफ जल से धोकर इलेक्ट्रोलाइट में लटकाया जाता है।

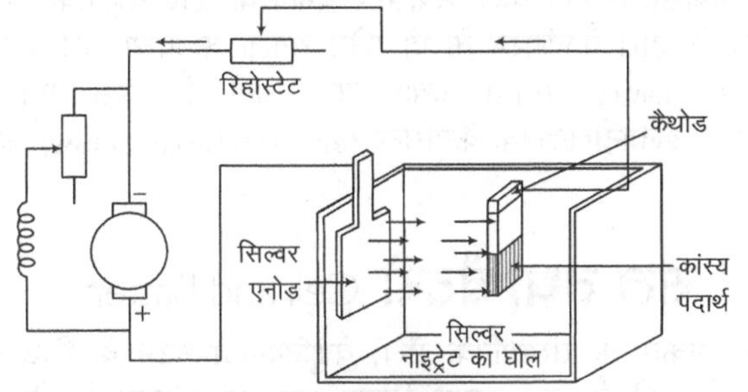

चित्र विद्युत-लेपन

सिल्वर नाइट्रेट के घोल में पोटैशियम साइनाइड की कुछ मात्रा उत्प्रेरक के रूप में डाली जाती है। अब एनोड व कैथोड को डी.सी. स्रोत से संयोजित कर घोल में से कुछ मिनटों के लिए विद्युत धारा प्रवाहित की जाती है। अच्छी पर्त जमाने के लिए विद्युत धारा का मान कम रखना चाहिए। वस्तु पर चाँदी की पर्त चढ़ जाने के बाद बफिंग (buffing) क्रिया द्वारा वस्तु की सतह को चमकदार बना दिया जाता है।

(ii) विद्युतमुद्रण Electrotyping

इस विधि में पहले अक्षरों की कम्पोजिंग करके, किसी पुस्तक के एक पूरे पृष्ठ का पाठ्य (text) तैयार किया जाता है। अब इस पर मोम या प्लास्टर-ऑफ-पेरिस की परत चढ़ाकर उल्टी प्रतिलिपि (negative copy) तैयार की जाती है। प्रतिलिपि को चालक बनाने के लिए उस पर ग्रेफाइट पाउडर का छिड़काव किया जाता है। इस प्रतिलिपि को कॉपर-सल्फेट ($CuSO_4$) के घोल में कैथोड से संयोजित कर दिया जाता है और एनोड के रूप में ताँबे की प्लेट प्रयोग की जाती है।

घोल में से डी.सी. विद्युत धारा प्रवाहित करने पर कैथोड पर ताँबे का एक ब्लॉक तैयार हो जाता है, जिसका उपयोग छपाई के लिए किया जाता है। वर्तमान में विद्युतमुद्रण का प्रचलन बहुत कम हो गया है। इसका स्थान कम्प्यूटर के द्वारा कम्पोज किए गए मैटर की फोटो फिल्म ने ले लिया है, जिसका उपयोग ऑफसैट छपाई के लिए किया जाता है।

(iii) धातु शोधन Purification of Metal

इस विधि में अशुद्ध धातु की प्लेट को एनोड के रूप में उसी धातु के किसी लवण के घोल में लटका दिया जाता है। कैथोड के रूप में शुद्ध धातु की प्लेट प्रयोग की जाती है। घोल में से डी.सी. विद्युत धारा प्रवाहित करने पर शुद्ध धातु के कण कैथोड पर एकत्र हो जाते हैं तथा अशुद्धियाँ एनोड पर ही रह जाती हैं। इस प्रकार, अशुद्ध धातु का शोधन सम्पन्न हो जाता है।

(iv) धातु निष्कर्षण Extraction of Metal

अनेक धातुओं के उत्पादन के लिए वैद्युतिक-अपघटन विधि अपनाई जाती है। इस विधि में अयस्क को एनोड के रूप में और उत्पादन की जाने वाली धातु के किसी लवण का घोल इलेक्ट्रोलाइट के रूप में प्रयोग किया जाता है। घोल में से डी.सी. विद्युत धारा प्रवाहित करने पर अयस्क में से वांछित धातु के कण घोल में से होते हुए कैथोड पर एकत्र हो जाते हैं। इस प्रकार, अयस्क से शुद्ध धातु प्राप्त की जाती है।

(v) **कैपेसिटर निर्माण** Construction of Capacitors

उच्च कैपेसिटैन्स मान वाले कैपेसिटर बनाने के लिए वैद्युतिक-अपघटन प्रक्रिया के द्वारा कैपेसिटर के दो प्लेट-युगलों के मध्य डाइ-इलेक्ट्रिक परत (dielectric film) तैयार की जाती है। इस प्रकार के कैपेसिटर, इलेक्ट्रोलाइटिक कैपेसिटर (electrolytic capacitor) कहलाते हैं।

12.3 सैल तथा बैटरी Cell and Battery

विभिन्न प्रकार के रासायनिक सैल, वैद्युतिक-अपघटन के सिद्धान्त पर ही कार्य करते हैं। इस प्रकार विद्युत अपघटन प्रक्रिया में होने वाली रासायनिक क्रिया के फलस्वरूप विद्युत वाहक बल (emf) उत्पन्न करने वाली युक्ति, रासायनिक सैल कहलाती है। जबकि सैलों के समान्तर या श्रेणीक्रम संयोजन को बैटरी कहा जाता है। सैल मुख्यत: निम्न दो प्रकार के होते हैं

1. प्राथमिक सैल
2. द्वितीयक सैल

1. प्राथमिक सैल Primary Cell

"जिन सैलों में रासायनिक क्रियाओं के फलस्वरूप विद्युत वाहक बल विकसित होता है, वे प्राथमिक सैल कहलाते हैं।" प्राथमिक सैल पुन: आवेशित प्रकृति का होता है।

2. द्वितीयक सैल Secondary Cell

"जिन सैलों में वैद्युतिक ऊर्जा को रासायनिक क्रियाओं के रूप में एकत्र करके पुन: रासायनिक प्रक्रियाओं के द्वारा विद्युत वाहक बल उत्पन्न किया जाता है, वे द्वितीयक सैल या बैटरी कहलाते हैं।"

इस सैल को पुन: आवेशित करना सम्भव है। इस कार्य के लिए सैल के निरावेशन के समय प्रवाहित धारा की दिशा के विपरीत दिशा में धारा प्रवाहित की जाती है।

लैड-एसिड बैटरी Lead-Acid Battery

लैड एसिड बैटरी बनाने के लिए लैड एसिड सैलों का उपयोग किया जाता है। यह बैटरी, कठोर रबर के पात्र में बनायी जाती है। इसमें धन तथा ऋण प्लेटों के दो समूह होते हैं। धन प्लेटों की संख्या, ऋण प्लेटों की संख्या से एक कम होती है।

प्लेटों की कुल संख्या 11, 13, 17, 23, 25 आदि होती हैं। प्रत्येक धन प्लेट दोनों ओर से कार्य कर सके, इसलिए ऋण प्लेटों की संख्या एक अधिक रखी जाती है। दोनों प्रकार की प्लेटें, सीसे की जाली से बनी होती हैं और उनमें रैड-लैड (Pb_3O_4) की लुगदी जमा दी जाती है।

बैटरी में तनु गन्धक अम्ल (H_2SO_4) इलेक्ट्रोलाइट के रूप में प्रयोग किया जाता है। प्लेटों को तली पर टिकाने के लिए पात्र में 'गुटके' (rests) बने होते हैं और उन्हें आपस में 'शॉर्ट-सर्किट' होने से रोकने के लिए 'सेपरेटर' (separator) प्रयोग किए जाते हैं।

इलेक्ट्रोलाइट Electrolyte

बैटरी के द्वारा वैद्युतिक ऊर्जा को रासायनिक ऊर्जा में तथा रासायनिक ऊर्जा को वैद्युतिक ऊर्जा में परिवर्तित करने हेतु इलेक्ट्रोलाइट की आवश्यकता होती है। इलेक्ट्रोलाइट को बनाने हेतु सल्फ्यूरिक अम्ल अथवा गन्धक (H_2SO_4) तथा पानी को 3 : 1 के अनुपात में मिलाया जाता है।

इलेक्ट्रोलाइट बनाने में केवल आसुत जल (distilled water) ही प्रयुक्त किया जाता है। इलेक्ट्रोलाइट बनाने हेतु डाला गया अम्ल धनात्मक तथा ऋणात्मक प्लेटों को रासायनिक ऊर्जा में परिवर्तित कर देता है। रासायनिक क्रिया के फलस्वरूप धनात्मक प्लेट में धनात्मक चार्ज तथा ऋणात्मक प्लेट में ऋणात्मक चार्ज बन जाता है। इलेक्ट्रोलाइट का विशिष्ट गुरुत्व लगभग 300 होता है।

लैड एसिड बैटरी की संरचना Construction of Battery

ओटोमोबाइल क्षेत्र एवं वाहनों में प्राय: लैड-एसिड बैटरी का उपयोग मुख्य रूप से किया जाता है इसके मुख्य भाग निम्नलिखित हैं

(i) पात्र
(ii) सैल कनैक्टर
(iii) फिलर कैप
(iv) धनात्मक प्लेट
(v) ऋणात्मक प्लेट
(vi) धनात्मक टर्मिनल या धनात्मक पोस्ट
(vii) ऋणात्मक टर्मिनल या ऋणात्मक पोस्ट
(viii) सेपरेटर
(ix) सैल कम्पार्टमेन्ट कवर
(x) ऋणात्मक पोस्ट स्ट्रेप
(xi) एलीमेन्ट रेस्ट
(xii) ग्रिड

(i) **पात्र** Container

इसे केस भी कहा जाता है। यह प्राय: हार्ड रबर से बनाया जाता है। इसके अन्दर की ओर सैलों को रखने हेतु अनेक कम्पार्टमेन्ट बने होते हैं। बैटरी के इस भाग पर अम्लों का प्रभाव नहीं पड़ता है।

(ii) **सैल कनैक्टर** Cell Connector

बैटरी में विभिन्न सैलों को जोड़ने की आवश्यकता होती है जिसके लिए सैल कनैक्टर का प्रयोग किया जाता है। बैटरी के सैलों को श्रेणी में जोड़ा जाता है। सैल कनैक्टर द्वारा बैटरी के सैलों को जोड़ने हेतु एक सैल के धनात्मक टर्मिनल को दूसरे सैल के ऋणात्मक टर्मिनल से जोड़ते हैं।

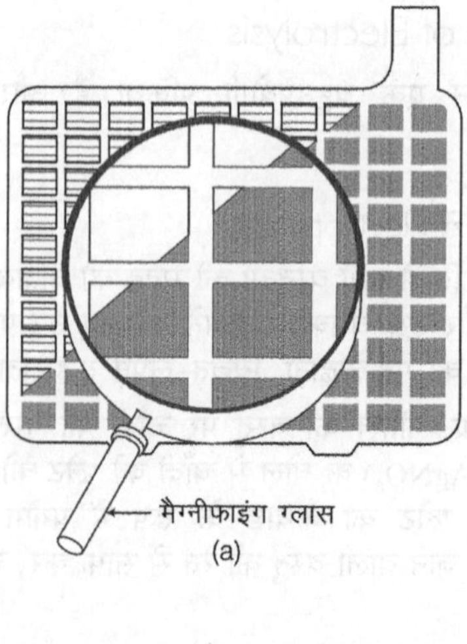

(a)

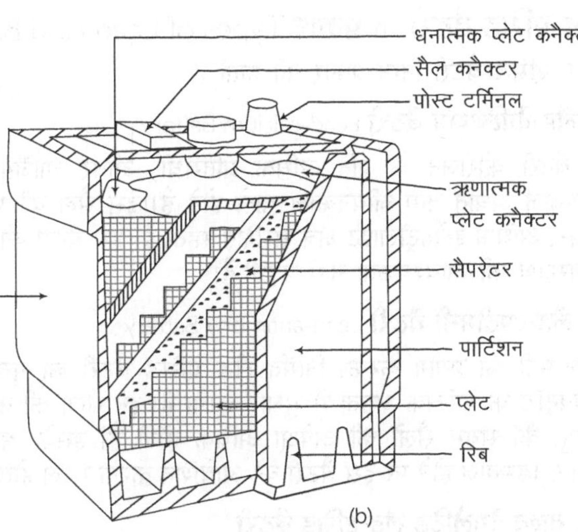

चित्र बैटरी की आन्तरिक (a) एवं बाह्य (b) संरचना

(iii) **फिलर कैप** Filler Cap

इसे वेन्ट प्लग (vent plug) भी कहा जाता है। इसे प्रत्येक सैल के ऊपर लगाया जाता है। फिर कैप को खोलकर सैल कम्पार्टमेन्ट में इलेक्ट्रोलाइट डाला जाता है। इसमें एक छोटा छिद्र होता है जिसे ब्लाइन्ड होल या वेन्ट होल कहते हैं। इस होल के द्वारा चार्जिंग के समय गैसें बाहर निकलती हैं।

(iv) **धनात्मक प्लेट** Positive Plate

धनात्मक प्लेटें ऊपर की ओर धनात्मक स्ट्रेप द्वारा धनात्मक टर्मिनल से जुड़ी होती हैं। लैड एसिड बैटरी की धनात्मक प्लेटों में लैड परॉक्साइड भरा होता है, इसलिए इन प्लेटों का रंग चॉकलेटी ब्राउन होता है।

(v) **ऋणात्मक प्लेट** Negative Plate

ऋणात्मक प्लेटें ऊपर की ओर ऋणात्मक स्ट्रेप द्वारा ऋणात्मक टर्मिनल से जुड़ी होती हैं। ये प्लेटें स्पंजी मैटलिक लैड की बनी होती हैं, जिनका रंग स्लेटी होता है।

(vi) **धनात्मक टर्मिनल या धनात्मक पोस्ट**
Positive Terminal or Positive Post

धनात्मक प्लेटें, जिस पोस्ट अथवा टर्मिनल से सोल्डर की हुई होती हैं, वह धनात्मक टर्मिनल या धनात्मक पोस्ट कहलाता है।

(vii) **ऋणात्मक टर्मिनल या ऋणात्मक पोस्ट**
Negative Terminal or Negative Post

ऋणात्मक प्लेटें, जिस पोस्ट अथवा टर्मिनल से सोल्डर की हुई होती हैं, वह ऋणात्मक टर्मिनल या ऋणात्मक पोस्ट कहलाता है।

(viii) **सैपरेटर** Saperator

बैटरी की धनात्मक तथा ऋणात्मक प्लेटों को शॉर्ट सर्किट होने से बचाने के लिए, प्लेटों के मध्य में लकड़ी अथवा प्लास्टिक के बने सैपरेटर्स लगाए जाते हैं। आजकल सैपरेटर्स के साथ ग्लास मैट्स का भी उपयोग किया जा रहा है, जिससे धनात्मक तथा ऋणात्मक प्लेटें अपने स्थान पर स्थिर रहे। सैपरेटर को प्राय: छिद्रयुक्त बनाया जाना चाहिए जिससे कि रसायन दोनों ओर जा सके।

(ix) **सैल कम्पार्टमेन्ट कवर** Cell Compartment Cover

बैटरी के सैलों को ढकने के लिए उनके ऊपर एक कवर लगाया जाता है जिसे सैल कम्पार्टमेन्ट कवर कहा जाता है। कवर के ऊपर की ओर एक ऋणात्मक व एक धनात्मक टर्मिनल निकला हुआ होता है तथा उनके मध्य में एक वेन्ट होल होता है, जिसमें वेन्ट प्लग को कसा जाता है।

(x) **ऋणात्मक पोस्ट स्ट्रेप** Negative Post Strep

ऋणात्मक प्लेटों को एक कंधे की भाँति जोड़े रखने हेतु ऋणात्मक पोस्ट स्ट्रेप का प्रयोग किया जाता है।

(xi) **एलीमेन्ट रेस्ट** Element Rest

बैटरी की प्लेटों को थोड़ा ऊपर स्थिर रखने के लिए एलीमेन्ट रेस्ट लगाए जाते हैं।

(xii) **ग्रिड** Grid

बैटरी की बाह्य संरचना को एन्टीमनी व लैड को मिलाकर आयताकार आकार में जालीदार बनाया जाता है। इन आयताकार ब्लॉकों को ग्रिड कहा जाता है। इन पर रसायनों आदि का कोई प्रभाव नहीं पड़ता।

रासायनिक क्रियाएँ Chemical Reactions

लैड-एसिड बैटरी में निम्न चरणों में रासायनिक क्रियाएँ सम्पन्न होती हैं

(i) **फॉर्मिंग** Forming

सैल में तनु गन्धक अम्ल भरते ही यह क्रिया प्रारम्भ हो जाती है। यह कार्य प्राय: बैटरी विक्रेता द्वारा ही किया जाता है। लैड एसिड बैटरी में इस प्रक्रिया को निम्न रासायनिक समीकरण से समझा जा सकता है

$$Pb_3O_4 + 2H_2SO_4 \longrightarrow PbO_2 + 2PbSO_4 + 2H_2O$$

(ii) **चार्जिंग** Charging

बैटरी में तनु गन्धक अम्ल भरने के 10-12 घण्टे पश्चात्, उसे डी.सी. स्रोत से जोड़ा जाता है, जिससे कि वैद्युतिक ऊर्जा को रासायनिक क्रियाओं के रूप में एकत्र किया जा सके। इस कार्य के लिए बैटरी के धन संयोजक को स्रोत के धन सिरे से और ऋण संयोजक को स्रोत के ऋण सिरे से जोड़ दिया जाता है और बैटरी में चार्जिंग के दौरान निम्न रासायनिक क्रियाएँ सम्पन्न होती हैं

$$H_2O \longrightarrow 2H^+ + O^{2-}$$

$$\underset{(+ve)}{PbSO_4} + \underset{(\text{जल})}{2H_2O} + \underset{(-ve)}{PbSO_4} \longrightarrow \underset{(+ve)}{PbO_2} + \underset{(\text{इलेक्ट्रोलाइट})}{2H_2SO_4} + \underset{(-ve)}{Pb}$$

चार्जिंग क्रिया के फलस्वरूप बैटरी की धन प्लेटें, लैड पर-ऑक्साइड (PbO_2) की तथा ऋण प्लेटें स्पंजी-लैड (spungy-lead, Pb) की बन जाती हैं।

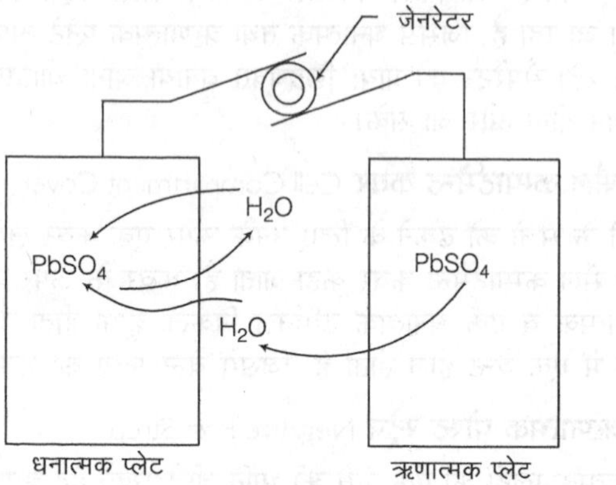

चित्र चार्जिंग

(iii) **डिस्चार्जिंग** Discharging

आवेशित बैटरी को लोड से संयोजित करने पर डिस्चार्जिंग क्रिया प्रारम्भ हो जाती है, जो निम्न रासायनिक समीकरणों द्वारा समझी जा सकती है

$$H_2O \longrightarrow 2H^+ + O^{2-}$$

$$\underset{(+ve)}{PbO_2} + \underset{(\text{इलेक्ट्रोलाइट})}{2H_2SO_4} + \underset{(-ve)}{Pb} \longrightarrow \underset{(+ve)}{PbSO_4} + \underset{(\text{जल})}{2H_2O} + \underset{(-ve)}{PbSO_4}$$

डिस्चार्जिंग क्रिया के फलस्वरूप बैटरी की दोनों ही प्रकार की प्लेटें लैड सल्फेट ($PbSO_4$) की बन जाती हैं। रासायनिक क्रिया में जल के निर्माण के कारण अम्ल पतला हो जाता है अर्थात् आपेक्षिक घनत्व घट जाता है।

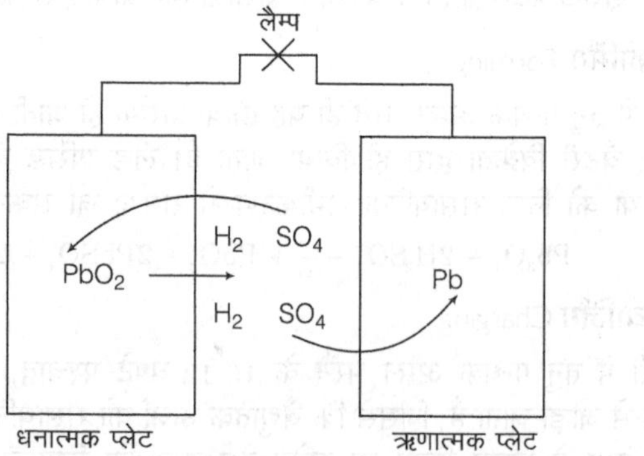

चित्र डिस्चार्जिंग

(iv) **रिचार्जिंग** Re-charging

सैल के डिस्चार्ज हो जाने के बाद उसे डी.सी. स्रोत से जोड़कर पुनः आवेशित किया जाता है। यह क्रिया चार्जिंग क्रिया के समान ही होती है और इसके अन्तर्गत वही रासायनिक क्रियाएँ होती हैं, जो चार्जिंग क्रिया के अन्तर्गत होती हैं। इस क्रिया में गन्धक के अम्ल (H_2SO_4) के निर्माण के कारण, इलेक्ट्रोलाइट का आपेक्षिक घनत्व बढ़ जाता है।

लैड-एसिड बैटरी के प्रकार Types of Lead Acid Battery

लैड-एसिड बैटरी निम्न प्रकार की होती हैं

(i) **लैड-कैल्सियम बैटरी** Lead-calcium Battery

ये बैटरी कोरोजन के प्रति अधिक प्रतिरोधी, ओवर चार्जिंग, सैल्फ डिस्चार्ज अर्थात् कम जीवनकाल वाले होते हैं। इस सैल की प्लेटों के ऊपर, अधिक इलेक्ट्रोलाइट क्षेत्र संरक्षित रहता है। इस बैटरी को अधिक अनुरक्षण की आवश्यकता नहीं पड़ती है।

(ii) **लैड-एण्टीमनी बैटरी** Lead-antimony Battery

एण्टीमनी का प्रयोग करके, निर्मित लैड-एसिड बैटरी का मुख्य लाभ इलेक्ट्रॉड के यान्त्रिक क्षमता में सुधार करना है। इन सैलों की कार्यकारी आयु, कैल्सियम सैलों की अपेक्षा अधिक होती है। इसके अतिरिक्त, पूर्णत: डिस्चार्ज होने पर इस बैटरी को आवेशित करना सरल होता है।

(iii) **वाल्व रेगुलेटिड लैड-एसिड बैटरी** Valve Regulated Lead-Acid Battery

इस बैटरी को सील्ड लैड-एसिड सैल भी कहा जाता है। इस बैटरी का निर्माण वाष्पन (evaporation), गैसिंग इत्यादि दोषों के कारण उत्पन्न इलेक्ट्रोलाइट हानि को कम करने के लिए किया जाता है।

(iv) AGM **बैटरी** Absorbed Glass Mat Battery

इस बैटरी को absorptive glass micro-fibre भी कहा जाता है। इस बैटरी का निर्माण काफी झटकों एवं कम्पनों को सहन करने के लिए किया जाता है। केस के क्रैक होने पर भी इस बैटरी के लीकेज होने का खतरा नगण्य होता है। इस बैटरी का सैल्फ-डिस्चार्ज रेट अत्यधिक निम्न लगभग 1 से 3% प्रतिमाह होता है।

लैड एसिड बैटरी के दोष एवं निवारण
Faults and Remedies of Lead Acid Battery

लैड-एसिड बैटरी में निम्न चार प्रकार के दोष पाए जाते हैं

(i) **सेडीमेन्टेशन** Sedimentation

लैड-एसिड बैटरी की प्लेटें ठोस धातु की न बनी होकर, रैड-लैड (Pb_3O_4) की लुगदी से बनी होती हैं। अत: रिचार्जिंग तथा डिस्चार्जिंग क्रियाओं में लुगदी का कुछ अंश झड़ जाता है। इसके अतिरिक्त, जल के विद्युत-विच्छेदन के कारण जल की अशुद्धियाँ, बैटरी की तली में एकत्र हो जाती हैं। इस प्रकार अधिक अशुद्धियाँ तली में एकत्र हो जाने पर प्लेटों के 'शॉर्ट-सर्किट' होने की सम्भावना उत्पन्न हो जाती है, यह दोष सेडीमेन्टेशन कहलाता है।

निवारण इस दोष के निवारण हेतु जब भी आवश्यक हो सैल में आसुत जल (distilled water) ही डालें।

(ii) **कोरोजन** Corrosion

वायुमण्डल की नमी तथा अम्ल के छिटकने के कारण, बैटरी के संयोजकों पर ताँबे तथा लैड के ऑक्साइड की एक सफेद-नीली पर्त उत्पन्न हो जाती है, जो बैटरी के संयोजकों तथा चालक तार के पूर्ण सम्बन्ध स्थापित होने में बाधक बन जाती है; यह दोष कोरोजन कहलाता है।

निवारण इस दोष के निवारण हेतु बैटरी के संयोजकों को गर्म पानी में भीगे कपड़े से समय-समय पर साफ करते रहना चाहिए। इसके अतिरिक्त, संयोजकों पर ग्रीस का पतला लेप चढ़ाना भी लाभदायक होता है।

(iii) **बकलिंग** Buckling

लैड-एसिड बैटरी को अधिक विद्युत धारा दर पर आवेशित अथवा विसर्जित करने पर उसकी प्लेटों के ऐंठ जाने अथवा आपस में 'शॉर्ट-सर्किट' हो जाने की सम्भावना उत्पन्न हो जाती है, यह दोष बकलिंग कहलाता है।

निवारण एसिड बैटरी को 6 ऐम्पियर से अधिक विद्युत धारा दर पर आवेशित करना और 25 ऐम्पियर से अधिक विद्युत धारा पर विसर्जित नहीं करना चाहिए। इस प्रकार, बैटरी में बकलिंग दोष उत्पन्न नहीं होता है।

(iv) **सल्फेशन** Sulphation

यदि लैड-एसिड बैटरी एक सप्ताह से अधिक समय तक अप्रयोगित अवस्था में पड़ा रहे, तो प्लेटों का लैड-सल्फेट कड़ा होने लगता है और बैटरी की रिचार्जिंग कठिन हो जाती है, यह दोष सल्फेशन कहलाता है।

निवारण लैड-एसिड बैटरी को प्रति सप्ताह कम-से-कम एक बार आवेशित तथा विसर्जित करते रहना चाहिए। यदि किसी कारण किसी बैटरी में यह दोष स्थायी रूप धारण कर ले तो उसे निम्न विद्युत धारा दर (1 ऐम्पियर) पर लम्बे समय तक आवेशित करके (ट्रिकिल चार्जिंग) ठीक करने का प्रयास करना चाहिए।

अन्य विवरण Other Discription

पूर्ण आवेशित अवस्था में लैड-एसिड बैटरी का विद्युत वाहक बल 2.2 वोल्ट प्रति सैल होता है। बैटरी की विद्युत धारा प्रदान करने की क्षमता प्लेटों के आकार तथा उनकी संख्या पर निर्भर करती है। इसका आन्तरिक प्रतिरोध कम (2 ओम तक) होता है।

उपयोग Uses

लैड-एसिड बैटरी का उपयोग मोटर गाड़ियों, रेल गाड़ियों आदि में उच्च दर पर विद्युत धारा प्रदान करने वाले एवं पुनरावेशित किए जा सकने वाले डी.सी. स्रोत के रूप में किया जाता है।

12.4 बैटरी में प्रयुक्त अन्य सैल Other Cells used in Battery

लैड एसिड सैल के अतिरिक्त कुछ अन्य सैल भी बैटरी के निर्माण में प्रयुक्त किए जाते हैं जिनका विवरण निम्नवत् है

1. निकिल-आयरन सैल Nickel-Iron Cell

निकिल आयरन सैल अत्यन्त लघु प्रकार के लीकप्रूफ सैल होते हैं, जिनका प्रयोग प्राय: ऐसे इलेक्ट्रॉनिक या वैद्युतिक उपकरणों में किया जाता है, जहाँ सैल को पुनरावेशित करने की आवश्यकता हो।

लैड-एसिड सैल का आकार बड़ा होने के कारण ये इस कार्य के लिए अनुपयुक्त होते हैं। निकिल आयरन सैल को एडीसन सैल (edison cell) भी कहा जाता है।

संरचना Construction

इसमें एक स्टील के पात्र में निकिल आलेपित स्टील की बेलनाकार धन प्लेटें होती हैं। ये प्लेटें, निकिल आलेपित स्टील रिबन को नली के रूप में लपेटकर बनाई जाती हैं। इन प्लेटों में निकिल हाइड्रेट $[Ni(OH)_2]$ की लुगदी भरी जाती है। इन प्लेटों में कुछ पॉकेट्स (pockets) बनाई जाती हैं और उनमें आयरन हाइड्रेट $[Fe(OH)_2]$ चूर्ण भर दिया जाता है, जो ऋण प्लेटों की भाँति कार्य करता है।

इलेक्ट्रोलाइट के रूप में लगभग 21% पोटैशियम हाइड्रॉक्साइड (KOH) तथा लीथियम हाइड्रेट (LiOH) का मिश्रण प्रयोग किया जाता है।

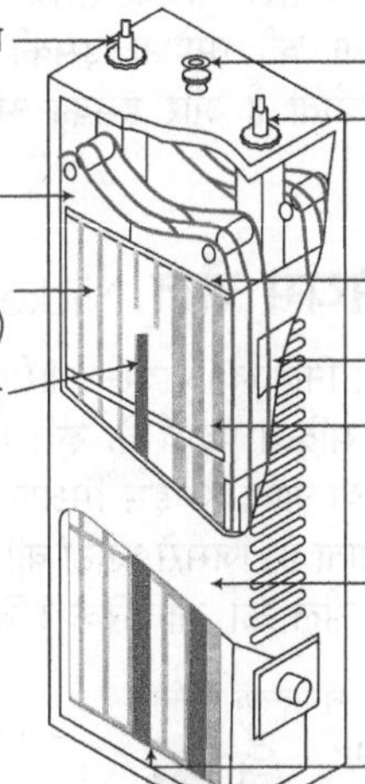

चित्र निकिल-आयरन सैल संरचना

रासायनिक क्रियाएँ Chemical Reactions

इन सैलों में निम्न चरणों में रासायनिक क्रियाएँ सम्पन्न होती हैं

(i) **चार्जिंग** Charging

सैल तैयार हो जाने के बाद उसे डी.सी. विद्युत स्रोत से संयोजित करके आवेशित किया जाता है। इसके अन्तर्गत सैल में निम्न रासायनिक क्रियाएँ होती हैं

$$KOH \longrightarrow K^+ + OH^-$$

(i) **एनोड पर** $Ni(OH)_2 + 2OH^- \longrightarrow Ni(OH)_4$

(ii) **कैथोड पर** $Fe(OH)_2 + 2K^+ \longrightarrow Fe + 2KOH$

इस प्रकार, आवेषण क्रिया के पश्चात् धन प्लेटें निकिल हाइड्रॉक्साइड $[Ni(OH)_4]$ की और ऋण प्लेटें लोहे (Fe) की बन जाती हैं।

(ii) **डिस्चार्जिंग** Discharging

डिस्चार्जिंग के समय सैल में निम्न रासायनिक क्रियाएँ होती हैं

$$KOH \longrightarrow K^+ + OH^-$$

(i) **एनोड पर** $Ni(OH)_4 + 2K^+ \longrightarrow Ni(OH)_2 + 2KOH$

(ii) **कैथोड पर** $Fe^+ + 2OH^- \longrightarrow Fe(OH)_2$

इस प्रकार, विसर्जन क्रिया के पश्चात् धन प्लेटें, पुन: निकिल हाइड्रेट $[Ni(OH)_2]$ तथा ऋण प्लेटें, आयरन हाइड्रेट $[Fe(OH)_2]$ की बन जाती हैं।

(iii) **पुनः आवेशन** Re-Charging

सैल के डिस्चार्ज हो जाने के बाद उसे डी.सी. स्रोत से जोड़कर पुनः आवेशित किया जाता है। यह क्रिया चार्जिंग क्रिया के समान होती है और इसके अन्तर्गत वही रासायनिक क्रियाएँ होती हैं, जोकि चार्जिंग क्रिया के अन्तर्गत होती हैं।

विशेषताएँ Characteristics

इस सैल का विद्युत वाहक बल 1.2 से 1.5 वोल्ट तक होता है। स्टील की प्लेटें काफी मजबूत होती हैं, इसलिए इस क्षारीय सैल की आयु, लैड-एसिड सैल से अधिक होती है। यह सैल अधिक समय तक विसर्जित अवस्था में रह सकती है। लैड-एसिड सैल की अपेक्षा इसकी विद्युत धारा प्रदान करने की क्षमता (Ah क्षमता) कम होती है और इसका आन्तरिक प्रतिरोध भी अधिक होता है।

2. निकिल-कैडमियम सैल Nickel-Cadmium Cell

इस सैल में धनात्मक प्लेटें, निकिल-आयरन क्षारीय सैल के समान ही होती हैं, परन्तु ऋणात्मक प्लेटों में सक्रिय पदार्थ के रूप में कैडमियम ऑक्साइड तथा लौह का मिश्रण प्रयोग किया जाता है। इस मिश्रण में 2.8 से 4.5% तक सोलर तेल (solar oil) मिलाया जाता है, जिससे प्लेटों की कैपेसिटी स्थिर रहती है तथा कैडमियम प्रयोग करने से सैल का आन्तरिक प्रतिरोध घट जाता है।

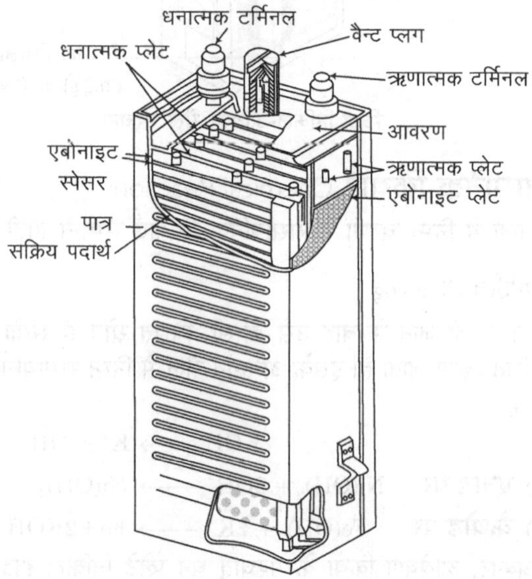

चित्र निकिल-कैडमियम क्षारीय स्टोरेज सैल के विभिन्न भाग

संरचना Construction

इलेक्ट्रोलाइट निकिल-लौह क्षारीय स्टोरेज सैल के समान ही इस सैल की प्लेटें, समूहों में जुड़ी होती हैं। दोनों में अन्तर केवल यह है कि निकिल-कैडमियम सैल में धनात्मक प्लेटों की संख्या, ऋणात्मक प्लेटों से एक अधिक होती है एवं किनारे की प्लेटें सदैव धनात्मक होती हैं तथा पात्र (container) से वैद्युतिक रूप से जुड़ी रहती हैं। इस सैल का विद्युत वाहक बल 1.2 से 1.5 वोल्ट तक होता है। उपरोक्त चित्र में निकिल-कैडमियम सैल की आन्तरिक संरचना तथा विभिन्न भागों को दर्शाया गया है।

रासायनिक क्रियाएँ Chemical Reactions

निकिल-कैडमियम सेल में होने वाली रासायनिक क्रियाएँ निकिल लौह सैल के लगभग समान ही होती हैं। प्लेटों पर होने वाली रासायनिक क्रिया निम्न प्रकार से होती है

(i) **चार्जिंग** Charging

एनोड प्लेट पर $Ni(OH)_2 + 2(OH)^- \longrightarrow Ni(OH)_4$

कैथोड प्लेट पर $Cd(OH)_2 + 2K^+ \longrightarrow Cd + 2KOH$

(ii) **डिस्चार्जिंग** Discharging

एनोड प्लेट पर $Ni(OH)_2 + 2K^+ \longrightarrow Ni(OH)_2 + 2KOH$

कैथोड प्लेट पर $Cd^{2+} + 2OH^- \longrightarrow Cd(OH)_2$

3. लीथियम सैल Lithium Cell

यह एक योग्य द्वितीयक सैल है, जिसका उपयोग वर्तमान में सभी प्रकार के वैद्युतिक एवं इलेक्ट्रॉनिक उपकरणों/यन्त्रों में किया जा रहा है। इसकी प्रमुख विशेषता इसकी उच्च वोल्टता, लघु आकार एवं अम्ल/जल रहित इलेक्ट्रोलाइट का उपयोग है। इसकी बाह्य आकृति बेलनाकार, प्रिज्माकार आदि होती है। यह सैल, निकिल-कैडमियम सैल की अपेक्षा अधिक तापमान पर कार्य कर सकता है और इसका ऊर्जा घनत्व (energy density) भी उच्च होता है।

इस सैल में लीथियम कोबाल्ट ऑक्साइड ($LiCoO_2$), लीथियम आयरन फॉस्फेट ($LiFePO_4$) और लीथियम मैगनीज ऑक्साइड ($LiMnO_2$) की छड़ को एनोड तथा ग्रेफाइट की छड़ को कैथोड के रूप में प्रयोग किया जाता है। इसके अतिरिक्त, इस सैल में इलेक्ट्रोलाइट के रूप में इथाइलीन कार्बोनेट या डाइ-इथाइल कार्बोनेट, जिसमें लीथियम आयन उपस्थित हो, प्रयोग किए जाते हैं।

सैल की चार्जिंग के समय चार्जिंग धारा (charging current), धन इलेक्ट्रॉड से ऋण इलेक्ट्रॉड की ओर गतिमान होती है और डिस्चार्जिंग के समय इसकी विपरीत दिशा में, अर्थात् ऋण इलेक्ट्रॉड से धन इलेक्ट्रॉड की ओर गतिमान होती है।

विशेषता Characteristic

लीथियम आयन सैल की वोल्टता 3.3 से 3.85 वोल्ट तक होती है।

4. सोलर सैल Solar Cell

विभिन्न सोलर सैलों के समूह से सोलर बैटरी का निर्माण होता है, जो द्वितीयक सैल का ही उदाहरण है। सोलर सैल में ऊर्जा का स्रोत सूर्य का प्रकाश होता है। यह एक अर्द्धचालक युक्ति है, जो प्रकाश-ऊर्जा को विद्युत-ऊर्जा में परिवर्तित करती है।

किसी सोलर सैल द्वारा उत्पन्न किए जाने वाले विद्युत वाहक बल का मान, अर्द्धचालक पदार्थ की परमाणु संरचना तथा क्रिस्टल संरचना पर निर्भर करता है। जब प्रकाश-किरणें इस पदार्थ पर डाली जाती हैं, तो इसमें से फोटो-जनित धारा प्रवाहित होती है, जो प्रकाश-किरणों की तीव्रता के अनुक्रमानुपाती होती है। इस प्रकार फोटो जनित धारा के कारण लोड के सिरों पर विद्युत वाहक बल विकसित हो जाता है।

इस प्रणाली में स्टोरेज बैटरियाँ प्रयोग की जाती हैं, जो वैद्युतिक ऊर्जा को एकत्रित करती हैं, जिससे सूर्य की अनुपस्थिति में ये बैटरियाँ विद्युत सप्लाई कर सकें।

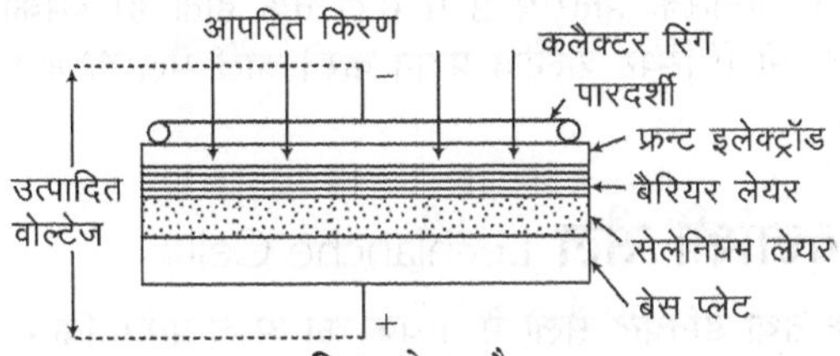

चित्र सोलर सैल

अनेक सोलर सैलों को श्रेणी क्रम में जोड़ने पर एक सोलर पैनल का निर्माण होता है, जिसे सूर्य के प्रकाश में रखने पर ये सैलें प्रकाश ऊर्जा को अवशोषित कर विद्युत धारा प्रवाहित करने लगती हैं। इस धारा को बैटरी में संग्रहीत कर लेते हैं। सोलर पैनलों से प्राप्त इस ऊर्जा को फोटो वोल्टाइक ऊर्जा (photo voltaic energy) कहते हैं।

उपयोग Uses

सोलर सैलों के उपयोग निम्नलिखित हैं

1. सोलर सैलों का उपयोग छोटे इलेक्ट्रॉनिक यन्त्र; जैसे—पॉकिट कैलकुलेटर आदि में किया जाता है।
2. इनका प्रयोग सड़क वाहनों हेतु गति प्रदान करने में भी किया जाता है।
3. गाँवों, रेलवे स्टेशनों, छोटी प्रयोगशालाओं आदि में विद्युत-शक्ति के वैकल्पिक स्रोत के रूप में इनका प्रयोग किया जाता है।
4. वैद्युतिक उपयोगों में भार-सन्तुलन हेतु इनका प्रयोग किया जाता है।
5. रात्रि के समय वायरलैस सैट, टेपरिकॉर्डर, रेडियो/टीलीविजन चलाने में सोलर सैल प्रयोग किए जाते हैं।

5. शुष्क सैल (कार्बन जिंक सैल) Dry Cell (Carbon Zinc Cell)

इस सैल में जस्ते का बना एक बेलनाकार पात्र होता है, जो कैथोड का कार्य करता है। पात्र के ठीक मध्य में एक कार्बन की छड़ स्थापित की जाती है, जो एनोड का कार्य करती है। इस छड़ के चारों ओर एक मोटे कपड़े की थैली में मैंगनीज डाइ-ऑक्साइड (MnO_2), कार्बन (C), अमोनियम क्लोराइड (NH_4Cl) तथा जिंक क्लोराइड ($ZnCl_2$) के चूर्णों को 10 : 10 : 2 : 1 के अनुपात में मिलाकर भरा जाता है। यह मिश्रण विध्रुवक का कार्य करता है। इस थैली के चारों ओर अमोनियम क्लोराइड, जिंक क्लोराइड तथा प्लास्टर ऑफ पेरिस की लुगदी (paste) भरी जाती है, जो इलेक्ट्रोलाइट का कार्य करती है। सैल के ऊपरी सिरे को भली–भाँति बन्द कर दिया जाता है।

चित्र शुष्क सैल (कार्बन जिंक सैल)

रासायनिक क्रियाएँ Chemical Reactions

$$NH_4Cl \longrightarrow NH_4^+ + Cl^-$$

कैथोड पर, $Zn + 2NH_4Cl \longrightarrow ZnCl_2 + 2NH_3 + H_2 \uparrow$

$$2MnO_2 + H_2 \longrightarrow Mn_2O_3 + H_2O$$

एनोड पर, $2Mn_2O_3 + O_2 \longrightarrow 4MnO_2$

अन्य विशिष्टताएँ Other Characteristics

इसका विद्युत वाहक बल 1.4 से 1.5 वोल्ट तक होता है और कार्यक्षमता सामान्यत: 0.084 AH से 5. 625 AH तक होती है, इसका आकार (व्यास × ऊँचाई) सामान्यत: 13×51 मिमी से 33×61 मिमी तक होता है।

उपयोग Uses

शुष्क सैल का उपयोग टॉर्च, टेलीफोन, विद्युत घण्टी, कैमरा, दीवार घड़ी, विद्युत चालित खिलौने, ट्रांजिस्टर युक्त रिसीवर, टेपरिकॉर्डर आदि उपकरणों में किया जाता है।

6. वोल्टाइक सैल Voltaic Cell

सन् 1800 के लगभग सर्वप्रथम वोल्टा नामक वैज्ञानिक ने रासायनिक क्रियाओं के द्वारा विद्युत वाहक बल उत्पन्न करने में सफलता प्राप्त की। वोल्टा द्वारा बनाए गए इस सैल को वोल्टाइक सैल कहा गया। इसमें काँच के पात्र में तनु गन्धक का अम्ल (H_2SO_4) इलेक्ट्रोलाइट के रूप में तथा ताँबे की छड़ एनोड एवं जस्ते की छड़ कैथोड के रूप में प्रयोग की जाती है, जिन्हें चित्र के माध्यम से दर्शाया गया है

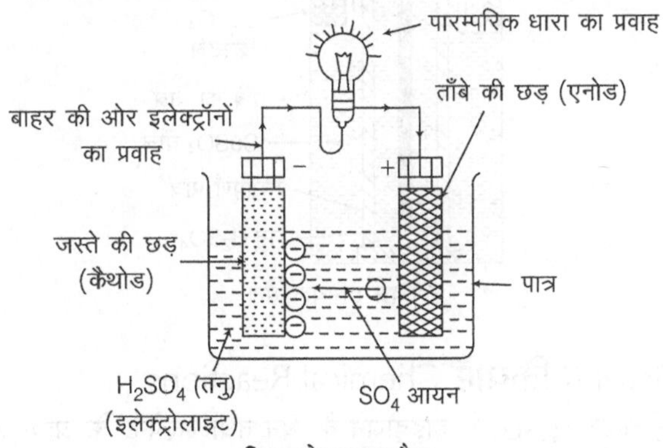

चित्र वोल्टाइक सैल

रासायनिक क्रियाएँ Chemical Reactions

इलेक्ट्रोलाइट (H_2SO_4) में हाइड्रोजन के धन आयन तथा सल्फेट के ऋण आयन उपस्थित होते हैं। ठोस लवण को जल आदि विलायक में घोलते ही उसके धन तथा ऋण आयन्स पृथक् हो जाते हैं।

$$H_2SO_4 \longrightarrow 2H^+ + SO_4^{2-}$$

एनोड तथा कैथोड को लोड से संयोजित कर देने पर सैल में निम्न रासायनिक क्रियाएँ होती हैं

(i) **कैथोड पर** $Zn^{2+} + SO_4^{2-} \longrightarrow ZnSO_4$

(ii) **एनोड पर** $2H^+ + 2e \longrightarrow H_2$

इन रासायनिक क्रियाओं में हाइड्रोजन गैस मुक्त हो जाती है। विद्युत धारा का प्रवाह सैल के अन्दर, जस्ते की छड़ से ताँबे की छड़ की ओर तथा सैल के बाहर, ताँबे की छड़ से जस्ते की छड़ की ओर होता है। बाह्य परिपथ में इलेक्ट्रॉन्स का प्रवाह, कैथोड से एनोड की ओर होता है।

अन्य विशिष्टताएँ Other Characteristics

वोल्टाइक सैल का विद्युत वाहक बल 1.08 वोल्ट होता है। अन्य प्रकार के परिष्कृत सैलों का निर्माण हो जाने से इस सैल का प्रचलन समाप्त हो चुका है।

7. डेनियल सैल Daniel Cell

सन् 1836 में प्रो. डेनियल ने प्रयोगशालाओं में प्रयोग किए जा सकने वाले सैल का निर्माण किया। वैज्ञानिक प्रो. डेनियल के नाम पर ही इस सैल का नाम डेनियल सैल रखा गया। इसमें, एनोड के रूप में ताँबे का एक बेलनाकार पात्र प्रयोग किया जाता है।

इस पात्र में ऊपर की ओर ताँबे का छिद्रयुक्त छज्जा (balcony) बना होता है, जिसमें कॉपर-सल्फेट ($CuSO_4$) के ठोस रवे (crystals) भरे जाते हैं। इस सैल में कॉपर-सल्फेट का घोल, इलेक्ट्रोलाइट के रूप में प्रयोग किया जाता है। एक लम्बे बेलनाकार सरन्ध्र-पात्र (porous pot) में तनु गन्धक का अम्ल (H_2SO_4) भरा जाता है और उसके बीच एक जस्ते की छड़ स्थापित की जाती है, जो कैथोड का कार्य करती है, जैसा कि निम्न चित्र में दर्शाया गया है

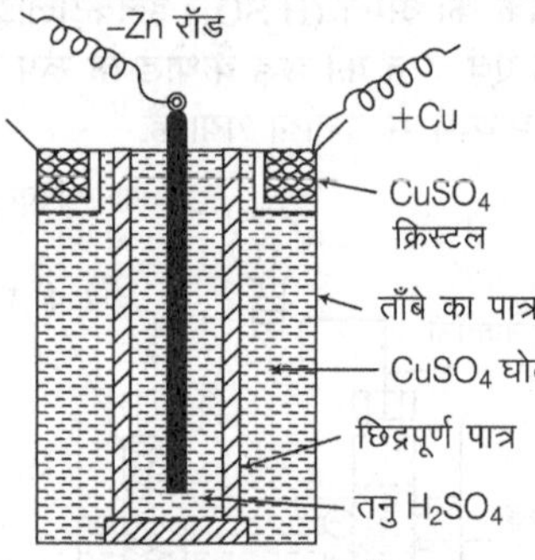

चित्र डेनियल सैल

रासायनिक क्रियाएँ Chemical Reactions

इलेक्ट्रोलाइट H_2SO_4 में हाइड्रोजन के धन तथा सल्फेट के ऋण आयन उपस्थित होते हैं

$$H_2SO_4 \longrightarrow 2H^+ + SO_4^{2-}$$

एनोड तथा कैथोड को लोड से संयोजित कर देने पर सैल में निम्न रासायनिक क्रियाएँ होती हैं

(i) **कैथोड पर** $Zn + H_2SO_4 \longrightarrow ZnSO_4 + H_2$ हाइड्रोजन गैस मुक्त हो जाती है।

(ii) **एनोड पर** $CuSO_4 + H_2 \longrightarrow H_2SO_4 + Cu$

इस प्रकार, कैथोड पर मुक्त हुई हाइड्रोजन, कॉपर सल्फेट से क्रिया करके ताँबा तथा गन्धक का अम्ल उत्पन्न करती है।

अन्य विशिष्टताएँ Other Characteristics

डेनियल सैल का विद्युत वाहक बल 1.1 वोल्ट होता है, जो स्थिर रहता है। इसका आन्तरिक प्रतिरोध 2 से 6 Ω तक होता है। इसका उपयोग प्रयोगशालाओं में स्थिर वोल्टेज प्रदान करने वाले सैल के रूप में किया जाता है।

8. लैक्लांशी सैल Lechlanche Cell

वोल्टाइक तथा डेनियल सैलों में गन्धक का अम्ल प्रयोग किया जाता है। अत: लैक्लांशी नामक अम्ल रहित प्रकार के सैल का निर्माण किया। इसमें, काँच के बेलनाकार पात्र में अमोनियम क्लोराइड (NH_4Cl) का घोल भरा जाता है, जो इलेक्ट्रोलाइट का कार्य करता है।

पात्र के बीच में एक लम्बे बेलनाकार सरन्ध्र-पात्र में मैंगनीज डाइ-ऑक्साइड चूर्ण भरा जाता है और उसके बीच में एक कार्बन की छड़ स्थापित की जाती है। कार्बन की छड़, एनोड का कार्य करती है और मैंगनीज डाइ-ऑक्साइड (MnO_2), विध्रुवक (depolariser) का कार्य करता है। इलेक्ट्रोलाइट में एक जस्ते की छड़ भी स्थापित की जाती है, जो कैथोड का कार्य करती है, जैसा कि चित्र में दर्शाया गया है

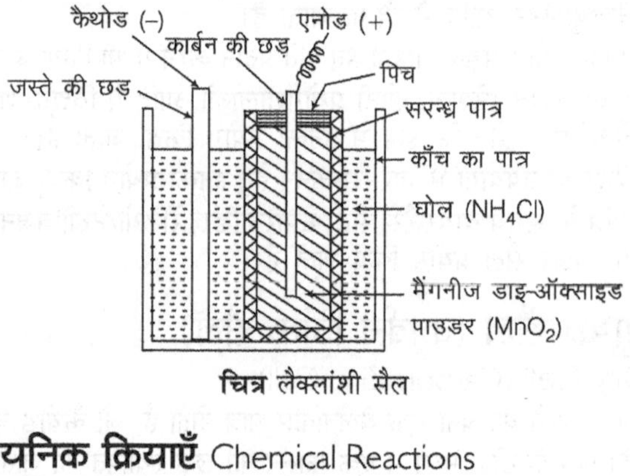

चित्र लैक्लांशी सैल

रासायनिक क्रियाएँ Chemical Reactions

अमोनियम क्लोराइड के जलीय विलयन में NH_4 के धन आयन तथा Cl के ऋण आयन्स उपस्थित होते हैं।

$$NH_4Cl \longrightarrow NH_4^+ + Cl^-$$

(i) **कैथोड पर**

$$Zn + 2NH_4Cl \longrightarrow ZnCl_2 + 2NH_3 + H_2 \uparrow$$

इस क्रिया में हाइड्रोजन गैस मुक्त हो जाती है, जो एनोड के चारों ओर एकत्र होने का प्रयास करती है, परन्तु विध्रुवक, मैंगनीज डाइ-ऑक्साइड, उसे जल में परिवर्तित कर देता है।

(ii) **एनोड पर**

$$2MnO_2 + H_2 \longrightarrow Mn_2O_3 + H_2O$$

इस क्रिया में उत्पन्न हुआ मैंगनीज पर-ऑक्साइड, वायु से ऑक्सीजन ग्रहण करके, पुन: मैंगनीज डाइ-ऑक्साइड में परिवर्तित हो जाता है।

$$2Mn_2O_3 + O_2 \longrightarrow 4MnO_2$$

अन्य विशिष्टताएँ Other Characteristics

इस सैल का विद्युत वाहक बल 1.46 वोल्ट होता है और इसका आन्तरिक प्रतिरोध 1 से 5 ओम तक होता है। इस सैल में विध्रुवण क्रिया (depolarising action) धीरे-धीरे सम्पन्न होती है।

अत: विद्युत वाहक बल भी रुक-रुक कर प्राप्त होता है, इसलिए इसका उपयोग ऐसे कार्यों में किया जाता है, जिनमें रुक-रुक कर विद्युत धारा की आवश्यकता होती है; जैसे—विद्युत घण्टी, टेलीफोन आदि।

9. मरकरी सैल Mercury Cell

इसमें निकिल आलेपित स्टील अथवा स्टेनलैस स्टील का एक बेलनाकार पात्र होता है, जो एनोड का कार्य करता है। सैल की तली में मरक्यूरिक ऑक्साइड (HgO) चूर्ण की एक पर्त होती है, जो विध्रुवक और एनोड की भाँति कार्य करती है।

इस पर्त के ऊपर एक सरन्ध्र-पृथक्कारी-पर्त (porous separator layer) होती है, जिसके ऊपर पोटैशियम-हाइड्रॉक्साइड (KOH) की लुगदी, अवशोषक पदार्थ से बने पैड्स (pads) में भरी जाती है, यह इलेक्ट्रोलाइट का कार्य करती है।

इलेक्ट्रोलाइट पर्त के ऊपर शुद्ध जस्ता चूर्ण का कैथोड बनाया जाता है। कुछ अन्य प्रकार के मरकरी सैलों में खोखली नली के आकार का शुद्ध जस्ते का बना, पारा आलेपित कैथोड भी प्रयोग किया जाता है और इलेक्ट्रोलाइट में जिंक ऑक्साइड (ZnO) भी मिलाया जाता है।

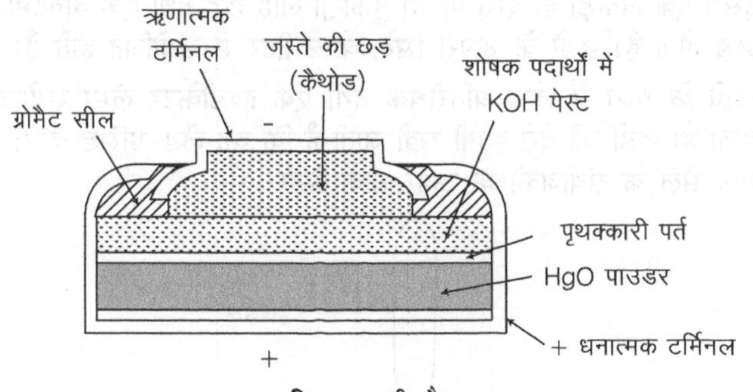

चित्र मरकरी सैल

अन्य विशिष्टताएँ Other Characteristics

इस सैल का विद्युत वाहक बल 1.35 से 1.4 वोल्ट तक होता है। इसका आकार अत्यन्त छोटा है—व्यास 4 मिमी तक और ऊँचाई 2.5 मिमी तक। मरकरी सैल को 'बटन सैल' (button cell) भी कहते हैं।

उपयोग Uses

मरकरी सैल का उपयोग अति लघु आकार वाले उपकरणों; जैसे— हीयरिंग एड, कलाई घड़ी, पॉकेट कैलकुलेटर आदि में किया जाता है।

10. सिल्वर-ऑक्साइड सैल Silver-oxide Cell

इस प्रकार के सैल की संरचना, मरकरी सैल की भाँति ही होती है, अन्तर केवल यह है कि इसमें मरक्यूरिक ऑक्साइड (HgO) के स्थान पर सिल्वर-ऑक्साइड (Ag_2O) प्रयोग किया जाता है।

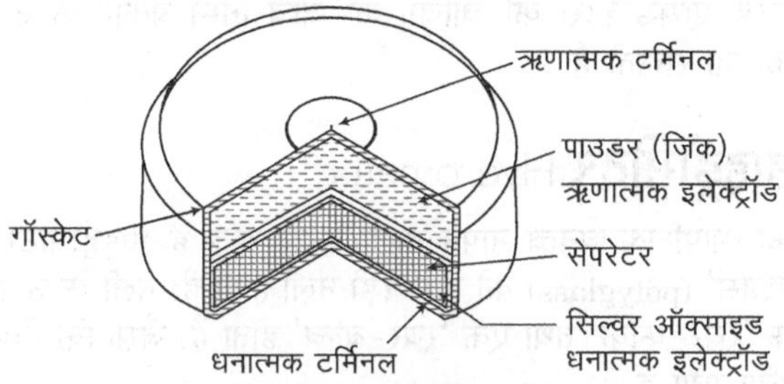

चित्र सिल्वर ऑक्साइड सैल

अन्य विशिष्टताएँ Other Characteristics

सिल्वर ऑक्साइड सैल का विद्युत वाहक बल 1.5 वोल्ट होता है। यह, मरकरी सैल की अपेक्षा महँगा होता है, परन्तु इसकी दक्षता उच्च होती है और यह लगातार विद्युत धारा प्रवाह वाले लोड के लिए भी उपयुक्त रहता है। यह भी 'बटन' आकार में बनाया जाता है।

उपयोग Uses

इसका उपयोग अति लघु आकार वाले डिजिटल उपकरणों एवं यन्त्रों में किया जाता है।

11. क्षारीय सैल Alkaline Cell

क्षारीय सैल में जस्ते की छड़, ऋणात्मक इलेक्ट्रॉड का कार्य करती है तथा मैंगनीज डाइ-ऑक्साइड की छड़, धनात्मक इलेक्ट्रॉड का कार्य करती है। निम्न चित्र में क्षारीय सैल की संरचना प्रदर्शित की गई है

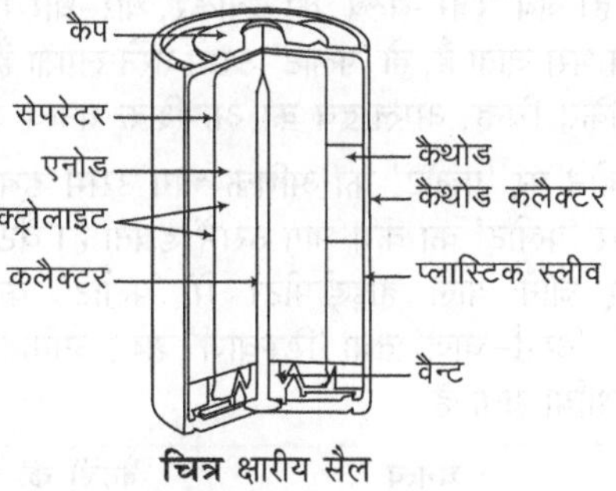

चित्र क्षारीय सैल

इस सैल में इलेक्ट्रोलाइट पोटैशियम हाइड्रॉक्साइड के घोल या क्षारीय घोल का होता है। क्षारीय सैल भी कार्बन जस्ता सैलों के मानकों पर ही निर्मित होते हैं, परन्तु इनका मूल्य अपेक्षाकृत अधिक होता है। यह अधिक धारा की आपूर्ति लम्बे समय अन्तराल तक करने में सक्षम होते हैं, यही इनका विशेष गुण होता है। एक मानक D प्रकार के 1.5 V क्षारीय सैल की क्षमता कार्बन जस्ता सैल से 2 Ah की तुलना में 3.5 Ah होती है। इनका भण्डारण समय कार्बन जस्ता सैल के भण्डारण समय की तुलना में लगभग ढाई वर्ष अधिक होता है।

12.5 बैटरी की चार्ज अवस्था की जाँच हेतु उपकरण Equipments for Checking of Charged Condition of Battery

किसी लैड-एसिड बैटरी की चार्जिंग की जाँच निम्न प्रकार के उपकरणों द्वारा की जा सकती है

1. हाइड्रोमीटर Hydrometer

द्रवों का आपेक्षिक घनत्व नापने वाला सरल यन्त्र है-हाइड्रोमीटर, इसमें 'पॉलीग्लास' (polyglass) की एक बड़ी नली होती है। नली के ऊपरी सिरे पर एक 'रबर-कॉर्क' तथा एक 'रबर-बल्ब' होता है, जैसा कि निम्न चित्र में दर्शाया गया है

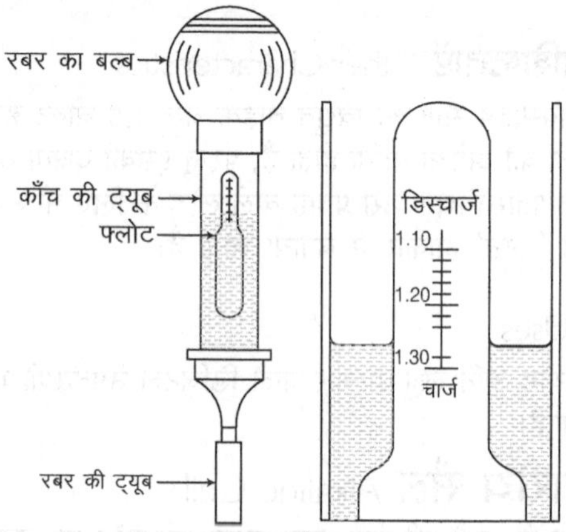

चित्र हाइड्रोमीटर

नली के निचले सिरे पर एक कॉर्क तथा रबर-ट्यूब और बीच में एक 'फ्लोट' (flot) होता है। जब 'रबर-बल्ब' को दबाकर, धीरे-धीरे मुक्त करते हुए नली में अम्ल/द्रव भरा जाता है, तो 'फ्लोट' उसमें तैरने लगता है। 'फ्लोट' के पतले भाग पर अंकित चिन्ह, अम्ल/द्रव का आपेक्षिक घनत्व दर्शाते हैं।

द्रव पतला होने पर 'फ्लोट' का अधिक भाग उसमें डूब जाता है और द्रव गाढ़ा होने पर 'फ्लोट' का कम भाग उसमें डूबता है। बैटरी चार्जिंग कार्य में प्रयोग किए जाने वाले हाइड्रोमीटर में 'फ्लोट' के पतले भाग पर 'पूर्ण-चार्ज', 'अर्द्ध-चार्ज' तथा 'डिस्चार्ज' शब्द अंकित कर दिए जाते हैं। इसे नीचे दर्शाया गया है

क्र सं.	घनत्व	बैटरी की चार्जिंग अवस्था
1.	1.260 -1.280	पूर्ण चार्ज
2.	1.230 - 1.260	3/4 चार्ज
3.	1.200 - 1.230	1/2 चार्ज
4.	1.170 - 1.200	1/4 चार्ज
5.	1.140 - 1.170	1/4 से कम चार्ज
6.	1.110 - 1.140	डिस्चार्ज

बैटरी की चार्जिंग अवस्था को उसके आपेक्षिक घनत्व के सन्दर्भ में मापा जाता है, जिसका वर्णन निम्नवत है

घनत्व Density

किसी वस्तु के द्रव्यमान तथा आयतन का अनुपात उसका घनत्व कहलाता है।

$$\text{घनत्व} = \frac{\text{द्रव्यमान}}{\text{आयतन}}$$

इसका मात्रक ग्राम/सेमी^{3} होता है। 4°C वाले जल का घनत्व 1 ग्राम/सेमी^{3} होता है। इसे 1.0×10^3 किग्रा/मी^{3} रूप में भी व्यक्त किया जाता है।

आपेक्षिक घनत्व Relative Density

किसी वस्तु के घनत्व और 4°C वाले जल के घनत्व का अनुपात आपेक्षिक घनत्व कहलाता है।

$$\text{आपेक्षिक घनत्व} = \frac{\text{वस्तु का घनत्व}}{4°\text{C वाले जल का घनत्व}}$$

या आपेक्षिक घनत्व

$$= \frac{\text{वस्तु का द्रव्यमान}}{\text{समान आयतन वाले } 4°\text{C के जल का द्रव्यमान}}$$

आपेक्षिक घनत्व का कोई मात्रक नहीं होता।

2. हाई-रेट डिस्चार्ज टैस्टर High-rate Discharge Tester

इसमें एक लकड़ी के दस्ते पर दो नुकीली लौह छड़ें तथा एक वोल्टमीटर छड़ होती है। छड़ों के ऊपरी सिरे, वोल्टमीटर से संयोजित होते हैं।

छड़ों के मध्य में लोड-प्रतिरोधक तथा एक इण्डीकेटर लैम्प संयोजित होता है। छड़ों की दूरी इतनी रखी जाती है कि वह लैड-एसिड बैटरी के एक सैल के संयोजकों के ऊपर ठीक बैठें।

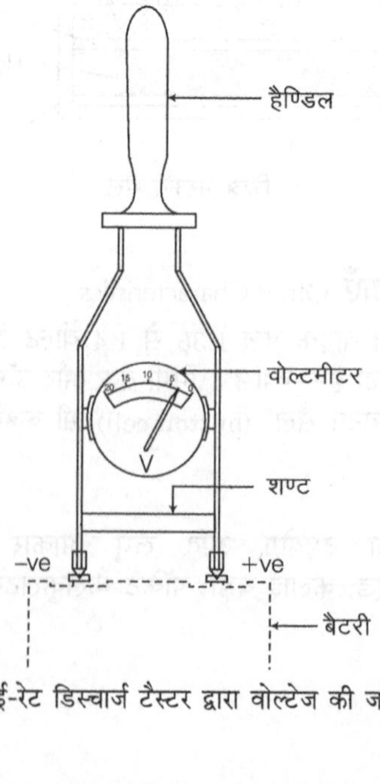

चित्र हाई-रेट डिस्चार्ज टैस्टर द्वारा वोल्टेज की जाँच करना

जब इस टैस्टर की छड़ों को लैड-एसिड सैल के संयोजकों पर दाब के साथ संयोजित करते हैं, तो लोड-प्रतिरोधक में उच्च मान की विद्युत धारा प्रवाहित होती है और यन्त्र का वोल्टमीटर, वोल्टेज दर्शाता है। यह वोल्टेज, सैल की चार्ज अवस्था दर्शाता है। यदि वोल्टेज का मान तीव्रता से घटने लगता है और 2V से नीचे गिर जाता है, तो इसका अर्थ है कि सैल, बहुत कम चार्ज है।

3. वोल्टमीटर से बैटरी की वोल्टेज जाँचना
Voltage Checking of Battery by Voltmeter

वोल्टमीटर की सहायता से बैटरी के प्रत्येक सैल के वोल्टेज की जाँच की जा सकती है। बैटरी के सैल सामान्यत: 2.15 से 2.00 वोल्ट तक आते हैं। प्रत्येक बैटरी के सैलों के वोल्टेज का अन्तर 0.1 वोल्ट से अधिक नहीं होना चाहिए। यदि यह अन्तर 0.1 वोल्ट से अधिक होता है, तो बैटरी को चार्ज करना चाहिए।

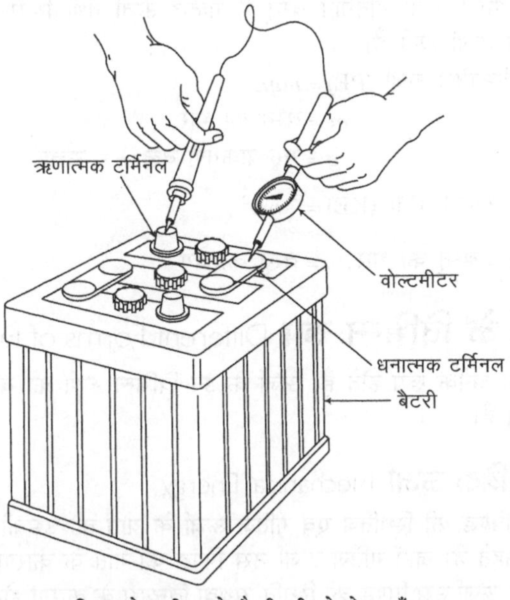

चित्र वोल्टमीटर से बैटरी की वोल्टेज जाँचना

12.6 बैटरी अनुरक्षण एवं सावधानियाँ
Battery Maintenance and Precautions

लैड-एसिड बैटरी को लम्बे समय तक कार्य करने योग्य बनाए रखने के लिए उनका नियमित अनुरक्षण आवश्यक है, अन्यथा ये कुछ ही समय में कार्यहीन हो जाती हैं। इस विषय में निम्न बिन्दुओं की ओर ध्यान देना आवश्यक है

1. नई बैटरी से अधिक-से-अधिक कार्य लेना चाहिए, जिससे कि वह क्रियाशील हो जाए।
2. बैटरी को सप्ताह में एक बार डिस्चार्ज कर (अर्थात् उससे कार्य लेकर) पुन: चार्ज अवश्य करना चाहिए।
3. बैटरी को लम्बे समय तक डिस्चार्ज अवस्था में नहीं रहने देना चाहिए, अन्यथा उसमें 'सल्फेशन' दोष उत्पन्न हो जाता है और उसे पुन: चार्ज करना कठिन हो जाता है।
4. बैटरी-चार्जिंग की दर 2 Ah/10 से अधिक नहीं होनी चाहिए। इसी प्रकार बैटरी-डिस्चार्जिंग की दर सामान्यत: 25A से अधिक नहीं होनी चाहिए, अन्यथा बैटरी में 'बकलिंग' दोष उत्पन्न हो जाता है और वह 'शॉर्ट-सर्किट' होकर कार्यहीन हो जाती है।
5. बैटरी की प्लेटें, इलेक्ट्रोलाइट में पूरी तरह डूबी रहनी चाहिए और इलेक्ट्रोलाइट का तल प्लेटों से लगभग 0.5 सेमी ऊपर होना चाहिए, अन्यथा प्लेटों का ऊपरी भाग निष्क्रिय हो जाएगा। बैटरी की कार्यक्षमता को बनाए रखने के लिए समय-समय पर उसमें आसुत जल (distilled water) डालते रहना चाहिए।
6. आवश्यक होने पर बैटरी में, केवल आसुत जल ही डालना चाहिए। साधारण जल डालने से, जल की अशुद्धियाँ बैटरी की तली में एकत्र हो जाएँगी और उसमें सेडीमेन्टेशन दोष तीव्रता से विकसित होने लगेगा।
7. बैटरी के इलेक्ट्रोलाइट के आपेक्षिक घनत्व का मान 1.18 से कम हो जाने पर, उससे कार्य लेना बन्द कर देना चाहिए, अन्यथा उसे पुन: चार्ज करना कठिन हो जाएगा।
8. बैटरी संयोजकों को समय-समय पर गर्म पानी में भीगे कपड़े से साफ कर उन पर, ग्रीस का पतला लेप करते रहना चाहिए, जिससे कि 'कोरोजन' दोष न होने पाए।
9. बैटरी चार्जिंग के समय बैटरी के समस्त वैन्ट-प्लग खोलकर अलग रख देने चाहिए, जिससे कि चार्जिंग के समय बैटरी से निकलने वाली गैसें सुगमता से निकल सकें।
10. बैटरी चार्जिंग कक्ष में स्वच्छ वायु का निर्बाध आवागमन होना चाहिए और कक्ष में ज्वलनशील पदार्थ रखा हुआ नहीं होना चाहिए।
11. बैटरी चार्जिंग कक्ष में आग न जलाएँ और न ही बीड़ी-सिगरेट आदि पिएँ, क्योंकि बैटरी से निकलने वाली गैसें ज्वलनशील होती हैं।
12. बैटरी अनुरक्षण कार्य को दायित्वपूर्ण ढंग से सम्पन्न करना चाहिए और इस कार्य का एक रिकॉर्ड बनाना चाहिए, जिसमें साप्ताहिक, पाक्षिक, मासिक एवं त्रैमासिक अनुरक्षण कार्य का विवरण अंकित किया जाना चाहिए।

12.7 सील्ड अनुरक्षण मुक्त बैटरी
Sealed Maintenance Free Battery

आधुनिक समय में लैड-एसिड बैटरी में विद्युत-अपघट्य को कुछ लेई (paste) का रूप देकर सील्ड अनुरक्षण मुक्त बैटरी तैयार की जा रही है। इन बैटरियों में समय-समय पर आसुत जल (distilled water) डालने की कोई आवश्यकता नहीं होती और न ही आवेशन के समय इनमें गैसों का विसर्जन होता है। इस प्रकार की बैटरियों का उपयोग स्वचालित वाहनों, अबाधित शक्ति आपूर्ति एवं सचल इलेक्ट्रॉनिक उपकरणों में किया जाता है। SMF (Sealed maintenance free) बैटरी की एक प्रमुख विशेषता यह है कि इसके चार्जिंग एवं डिस्जार्जिंग का समय अन्तराल अधिक होता है, जिस कारण इन्हें अधिक समय तक बिना चार्ज किए प्रयोग किया जा सकता है। SMF बैटरी की क्षमता ऐम्पियर-घण्टे (Ah) में मापी जाती है।

इसी के आधार पर इसे अग्र तीन प्रकारों में वर्गीकृत किया गया है

(i) **छोटी SMF बैटरी** (Small SMF Battery) छोटी SMF बैटरी की कार्य क्षमता प्राय: 4 Ah से 17 Ah तक होती है, जिसके आधार पर ये बैटरियाँ 5 मिनट से 20 मिनट तक का बैटरी बैक-अप प्रदान करती हैं। इस SMF बैटरी का प्रयोग मिनी तथा माइक्रो अबाधित पावर सप्लाई यूनिट के साथ किया जाता है

(ii) **मध्यम SMF बैटरी** (Medium SMF Battery) इस बैटरी की कार्यक्षमता 26 Ah से 200 Ah के मध्य होती है, जिसके आधार पर, यह 30 मिनट से 6 घण्टे का बैटरी बैक-अप प्रदान करती है। इस बैटरी का प्रयोग 1 kVA से 80 kVA क्षमता वाली अबाधित पावर सप्लाई के लिए किया जाता है।

(iii) **बड़ी SMF बैटरी** (Large SMF Battery) इस बैटरी की कार्यक्षमता 200 Ah से अधिक होती है और इसका प्रयोग प्राय: 80 kVA से अधिक रेटिंग वाली बैटरियों के साथ किया जाता है।

(लैड-एसिड बैटरी के अतिरिक्त, निकिल-कैडमियम और निकिल आयरन बैटरियाँ भी सील्ड अनुरक्षण मुक्त बनाई जाती हैं।) मोबाइल फोन तथा लैपटॉप आदि के लिए लीथियम-आयन (lithium-ion) बैटरियों का प्रयोग किया जाता है, जो सील्ड अनुरक्षण मुक्त प्रकार की ही होती हैं।

चार्ज बैटरी को किसी शक्ति आपूर्ति इकाई के साथ प्रयुक्त किया जाता है, जिससे कि आउटपुट पर निर्धारित ए.सी. वोल्टेज अबाधित रूप से प्राप्त हो सके, इन्वर्टर एक ऐसी ही शक्ति आपूर्ति इकाई है, जिसका विवरण निम्न प्रकार है

12.8 चुम्बकीय प्रभाव Magnetic Effect

वह पदार्थ जिसमें लौह तथा लौहयुक्त धातुओं को अपनी ओर आकर्षित करने एवं धागे में बाँधकर लटकाने पर उत्तर-दक्षिण दिशा को दर्शाने के गुण विद्यमान हो, चुम्बक कहलाता है तथा चुम्बक के द्वारा लौह युक्त धातुओं को अपनी ओर आकर्षित करने पर धातुओं पर पड़ने वाले प्रभाव को चुम्बकीय प्रभाव (magnetic effect) कहते हैं। इस प्रभाव के कारण ही विद्युत धारावाही चालकों अथवा धातुओं के चारों ओर चुम्बकीय क्षेत्र का अनुभव किया जाता है। चुम्बकीय प्रभाव का उपयोग करके ही मोटर्स, जनरेटर्स, अल्टरनेटर्स, विद्युत घंटी, बजर, चुम्बकीय रिले, चुम्बकीय क्लच आदि को प्रचालित किया जाता है।

12.9 ऊष्मीय प्रभाव Heating Effect

ऊष्मा एक प्रकार की ऊर्जा है, जो ताप के अन्तर के कारण उच्च ताप की वस्तु से निम्न ताप की वस्तु की ओर प्रवाहित होती है। ऊष्मा के कारण ही हमें गर्मी अथवा ठण्डक का अनुभव होता है। ऊष्मा को, विद्युत द्वारा चालक के प्रतिरोध या प्रेरण से उत्पन्न किया जाता है। जूल के नियम के अनुसार,

ऊष्मा, $H = I^2RT$ जूल

जहाँ, I = धारा,

R = प्रतिरोध व

T = समय

किसी निम्न ताप वाली वस्तु को उच्च ताप वाली वस्तु के सम्पर्क में रखकर अथवा उसको ऊष्मा प्रदान करके उसका तापमान बढ़ जाता है जिसे ऊष्मीय प्रभाव (heating effect) कहा जाता है। इस प्रभाव के कारण ही कोई भी पदार्थ गर्म हो जाता है। ऊष्मीय प्रभाव का उपयोग इलेक्ट्रिक प्रेस, इलेक्ट्रिक हीटर, बल्क, ओवन, गीजर, भट्टी आदि में किया जाता है।

12.10 ऊर्जा Energy

कार्य करने की क्षमता ऊर्जा कहलाती है। गणितीय रूप से ऊर्जा शक्ति तथा कार्य करने के समय का गुणनफल होती है अर्थात्

$$\text{ऊर्जा } (E) = \text{शक्ति } (P) \times \text{समय } (t)$$

इसका मात्रक जूल है।

3600 जूल = एक वाट-घण्टा

वस्तु की स्थिति के अनुसार, ऊर्जा दो प्रकार की होती है- गतिज ऊर्जा एवं स्थितिज ऊर्जा गतिमान वस्तु में गतिज ऊर्जा तथा स्थिर वस्तु में स्थितिज ऊर्जा होती है।

स्थितिज ऊर्जा (PE) $= mgh$

जहाँ, m = वस्तु का भार

g = गुरुत्वाकर्षण बल, h = ऊँचाई

गतिज ऊर्जा (KE) $= \frac{1}{2}mv^2$

जहाँ m = वस्तु का भार, v = वस्तु का वेग

ऊर्जा के विभिन्न रूप Different Forms of Energy

ऊर्जा के अनेक रूप होते हैं, ऊर्जा के इन विभिन्न रूपों का वर्णन निम्नवत् है।

1. यांत्रिक ऊर्जा Mechanical Energy

प्रत्येक पिण्ड की स्थितिज एवं गतिज ऊर्जा के योग को उसकी यांत्रिक ऊर्जा कहते हैं। जहाँ गतिज ऊर्जा उस पिण्ड की गति के कारण जबकि स्थितिज ऊर्जा उस पिण्ड की स्थिति अथवा विन्यास के कारण होती है।

2. आन्तरिक ऊर्जा Internal Energy

प्रत्येक वस्तु छोटे-छोटे एकसमान कणों से मिलकर बनी होती है, जिन्हें अणु कहते हैं। इन अणुओं में पारस्परिक आकर्षण बल लगता है जिससे इनमें स्थितिज ऊर्जा होती है। अणुओं की गति के कारण इनमें गतिज ऊर्जा होती है। समस्त अणुओं की स्थिति ऊर्जा तथा गतिज ऊर्जा के योग को आन्तरिक ऊर्जा (internal energy) कहते हैं। जब किसी वस्तु के ताप में वृद्धि की जाती है, तो उसके अणुओं की गति तथा अन्तराणुक दूरी बढ़ जाती है, जिससे उसकी आन्तरिक ऊर्जा में वृद्धि होती है।

3. ऊष्मीय ऊर्जा Heat Energy

जब किसी वस्तु को गर्म किया जाता है, तो उसकी आन्तरिक ऊर्जा बढ़ जाती है तथा जब वस्तु अपने प्रारम्भिक ताप पर आती है, तो उससे कुछ कार्य की प्राप्ति होती है अर्थात् गर्म वस्तु की कुछ कार्य करने की क्षमता होती है। अत: यह कहा जा सकता है कि ऊर्जा का एक रूप ऊष्मा भी है।

उदाहरणार्थ—भाप इंजन में भाप के फैलने और सिकुड़ने से पिस्टन गतिशील हो जाता है, जो रेलगाड़ी के पहियों को आगे बढ़ाती है। इसी प्रकार मोटर-गाड़ियों के इंजन में पेट्रोल को जलाने पर ऊर्जा उत्पन्न होती है, जो मोटर-गाड़ियों को चलाने में प्रयुक्त होती है। वस्तुत: ऊष्मीय ऊर्जा उसके अणुओं की अव्यवस्थित गति (disorderly motion) द्वारा प्रदर्शित की जाती है।

4. रासायनिक ऊर्जा Chemical Energy

किसी स्थिर रासायनिक यौगिक (stable chemical compound) की ऊर्जा उसके अलग-अलग अवयवों की तुलना में सदैव कम होती है। यह अन्तर उस यौगिक में इलेक्ट्रॉनों व नाभिकों की विशिष्ट व्यवस्था एवं गति के कारण होता है। इस अन्तर को रासायनिक ऊर्जा या रासायनिक बन्धन ऊर्जा कहते हैं। जब कोई रासायनिक अभिक्रिया होती है, तो उसमें या तो ऊर्जा का अवशोषण होता है या ऊर्जा उत्पन्न होती है। जो इस बात पर निर्भर करती है कि अभिकारकों (reactants) की कुल ऊर्जा, उत्पादों (products) की कुल ऊर्जा से कम है या अधिक है।

उदाहरणार्थ—किसी सैल में ऊर्जा रासायनिक ऊर्जा के रूप में संचित रहती है।

5. नाभिकीय ऊर्जा Nuclear Energy

जब कोई नाभिकीय अभिक्रिया होती है, तो उसमें द्रव्यमान क्षति (mass defect) होती है। यह द्रव्यमान क्षति ऊर्जा में परिवर्तित होती है, जिसे नाभिकीय ऊर्जा कहते हैं। यदि नाभिकीय अभिक्रिया के लिए प्रयुक्त नाभिकों के कुल द्रव्यमान तथा उत्पाद नाभिकों के कुल द्रव्यमान का अन्तर अर्थात् द्रव्यमान क्षति Δm हो, तो इससे उत्पन्न हुई नाभिकीय ऊर्जा

$$E = \Delta mc^2$$

जहाँ, c निर्वात् में प्रकाश की चाल है। चूँकि c का मान बहुत अधिक होता है। अत: नाभिकीय ऊर्जा का मान भी बहुत अधिक होता है।

नाभिकीय विखण्डन तथा नाभिकीय संलयन में अत्यधिक ऊर्जा मुक्त होती है। परमाणु बम तथा नाभिकीय रियेक्टर इनके उदाहरण हैं।

6. विद्युत ऊर्जा Electrical Energy

विद्युत क्षेत्र में किसी विद्युत आवेश को एक बिन्दु से दूसरे बिन्दु तक ले जाने में अथवा धारावाही चालक की चुम्बकीय क्षेत्र में अनुप्रस्थ गति के लिए कार्य करने की आवश्यकता होती है। इस कार्य से सम्बन्धित ऊर्जा को ही विद्युत ऊर्जा कहते हैं। विद्युत ऊर्जा की आवश्यकता एवं उपयोग से हम भली-भाँति परिचित हैं। प्रत्येक जीवनोपयोगी यंत्र को चलाने के लिए विद्युत ऊर्जा की आवश्यकता होती है।

7. ताप विद्युत ऊर्जा Thermo-Electric Energy

ताप विद्युत ऊर्जा में ऊष्मा (ताप) को विद्युतीय ऊर्जा में परिवर्तित किया जाता है। इसमें धनात्मक तथा ऋणात्मक प्रकृति के दो चालकों को n-टाइप तथा p-टाइप सेमीकण्डक्टर के ऊपर रखकर जोड़ते हैं तथा इनके जंक्शन के एक सिरे को गर्म तथा दूसरे सिरे को ठण्डा किया जाता है। इस प्रकार दोनों चालकों के मध्य तापान्तर उत्पन्न हो जाता है। इस तापान्तर के द्वारा n-टाइप तथा p-टाइप सेमीकण्डक्टर सक्रिय हो जाते हैं, जिसके कारण दोनों चालकों के मध्य धारा प्रवाहित होने लगती है जैसा कि निम्न चित्र द्वारा स्पष्ट है

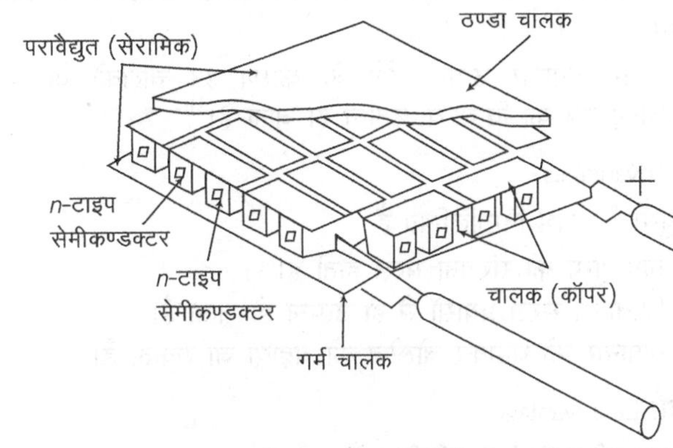

चित्र ताप विद्युत ऊर्जा

ताप विद्युत ऊर्जा ताप-युग्म तथा थर्मिस्टर के सिद्धान्त पर कार्य करती है।

ताप-युग्म Thermo-Couple

ताप-युग्म वह विद्युतीय युक्ति है, जिसमें दो विपरीत चालकों को अलग-अलग तापमान पर जोडकर एक जंक्शन बनाया जाता है। यह ताप-युग्म ताप विद्युतीय प्रभाव या सीबैक प्रभाव के कारण तापमान आधारित वोल्टेज प्रदान करता है तथा यह वोल्टेज ताप मापन की व्याख्या करती है। ताप-युग्म का प्रयोग मुख्य रूप से ताप संवेदकों के रूप में प्रयुक्त किया जाता है।

सन् 1821 में एक प्रसिद्ध जर्मन भौतिक वैज्ञानिक थॉमस जॉनसन सीबैक ने ताप-युग्म का आविष्कार किया था। इसके अनुसार, दो विभिन्न ताप वाले चालकों को जोड़ने पर उनके मध्य तापान्तर पैदा हो जाता है, जिसके फलस्वरूप चालकों के जंक्शन पर एक विद्युत वाहक बल कार्य करने लगता है। यह वि.वा.ब. चालकों के तापान्तर के अनुक्रमानुपाती होता है।

ताप-युग्म का सिद्धान्त Principle of Thermo-Couple

ताप-युग्म तापान्तर के सिद्धान्त पर कार्य करता है। यदि दो असमान धातुओं के चालकों के सिरों को जोड़कर एक जंक्शन बनाया जाए तथा एक चालक धातु को गर्म तथा दूसरी चालक धातु को ठण्डा किया जाए, तब चालकों के जंक्शन के मध्य तापान्तर उत्पन्न हो जाता है।

तापान्तर के कारण जंक्शन पर एक वि.वा.ब. उत्पन्न हो जाता है। इस वि.वा.ब. का मान बहुत कम (माइक्रो वोल्ट) होता है। यह वि.वा.ब. जंक्शन के तापान्तर तथा चालकों के पदार्थ की प्रकृति पर निर्भर करता है। निम्न आरेख में एक ताप-युग्म को दर्शाया गया है।

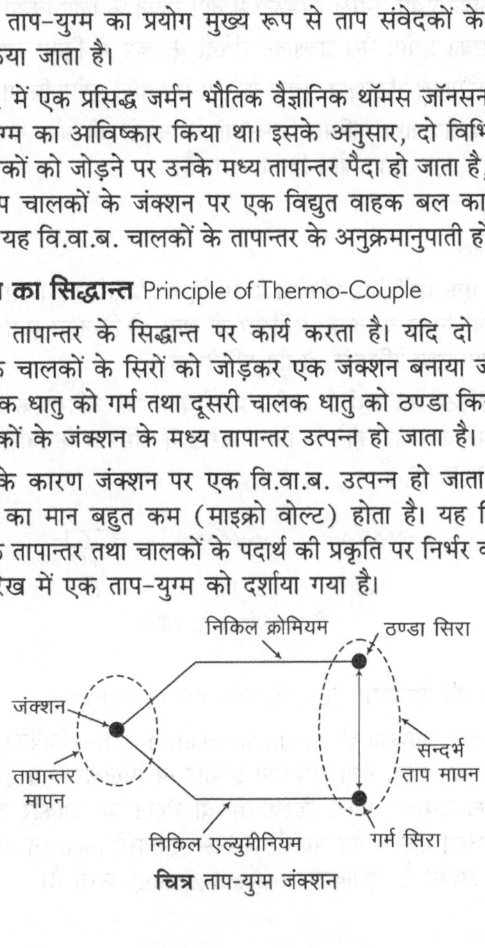

चित्र ताप-युग्म जंक्शन

उपरोक्त चित्र में निकिल क्रोमियम तथा निकिल एल्युमीनियम के दो चालक तारों का जंक्शन बनाया गया है जिन्हें क्रमश: ठण्डा व गर्म किया गया है।

जंक्शन पर तापान्तर उत्पन्न होने के कारण इन चालकों के मध्य माइक्रोवोल्ट रेंज का वि.वा.ब. उत्पन्न हो जाता है।

लाभ Advantages

ताप-युग्म के लाभ निम्नलिखित हैं

1. ताप-युग्म की संरचना सरल होती है।
2. वि.वा.ब. सरल प्रयासों से ही उत्पन्न हो जाता है।
3. तापान्तर को बढ़ाकर वोल्टेज को बढ़ाया जा सकता है।

हानियाँ Disadvantages

ताप-युग्म की हानियाँ निम्नलिखित हैं

1. इसके द्वारा माइक्रोवोल्ट से मिलीवोल्ट तक ही वोल्टेज प्राप्त होता है।
2. अधिक वोल्टेज प्राप्त करने के लिए चालकों का तापान्तर बढ़ाना पड़ता है, जिससे ऊर्जा की खपत अधिक होती है।
3. यह मन्द गति की प्रक्रिया है।

अनुप्रयोग Uses

1. इसका प्रयोग स्टील इण्डस्ट्री में ताप मापन के लिए किया जाता है।
2. इसका प्रयोग गैस प्रज्वलन संवेदी के रूप में किया जाता है।
3. थर्मोपाइल रेडिएशन संवेदी के रूप में इसका प्रयोग किया जाता है।
4. विद्युतीय तथा यान्त्रिक उपकरणों के नमूनों की जाँच करने के लिए ताप-युग्म का प्रयोग किया जाता है।

थर्मिस्टर
Thermistor

थर्मिस्टर एक थर्मोमीटर प्रतिरोध है अर्थात् वह प्रतिरोधक जिसका प्रतिरोध तापमान पर निर्भर करता है। थर्मिस्टर दो शब्दों से मिलकर बना है— थर्मल अर्थात् ताप तथा रेसिस्टर अर्थात् प्रतिरोधक।

अत: थर्मिस्टर का अर्थ है तापीय प्रतिरोधक। यह प्रतिरोधक तापमान के प्रति अत्यधिक संवेदी होते हैं। निम्न आरेख में थर्मिस्टर के विभिन्न प्रचलित प्रतीक दर्शाए गए हैं

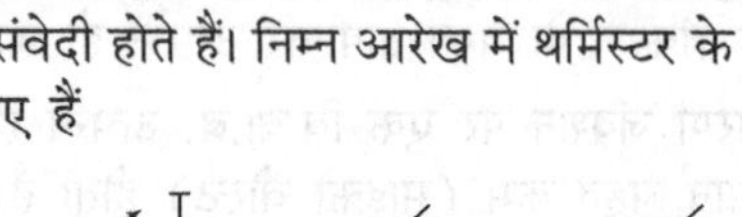

चित्र थर्मिस्टर के प्रतीक

थर्मिस्टर की संरचना Construction of Thermistor

यह धात्विक ऑक्साइडों (metallic oxides) जैसे—निकिल, कोबाल्ट, मैंगनीज, ताँबा, लोहा तथा यूरेनियम इत्यादि से मिलकर बना होता है। इस मिश्रण को दबाकर गोल, डिस्क अथवा बेलन का आकार देते हैं तथा इसके पश्चात् एक अभेद पदार्थ; जैसे— एपॉक्सी (epoxy) अथवा काँच के साथ इसका कैप्सूलीकरण (capsulization) करते हैं।

निम्न चित्र में विभिन्न आकार के थर्मिस्टर दर्शाए गए हैं

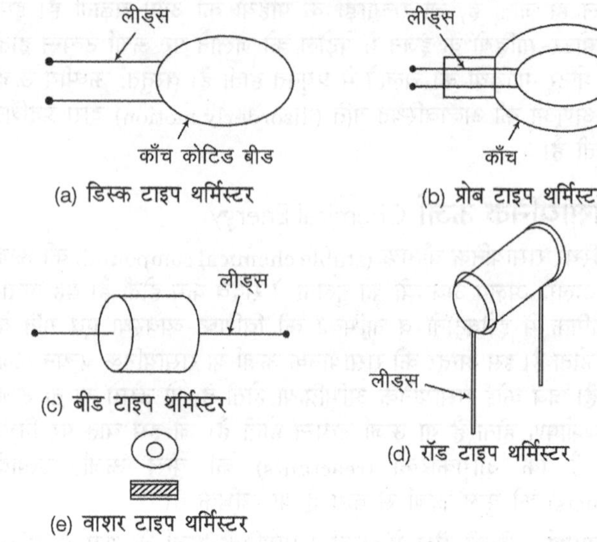

चित्र विभिन्न प्रकार के थर्मिस्टर

थर्मिस्टर दो प्रकार के होते हैं: ऋणात्मक तापमान गुणांक (NTC) तथा धनात्मक तापमान गुणांक (PTC)। वह थर्मिस्टर तथा प्रतिरोध तापमान के बढ़ने पर घटता है एवं तापमान के घटने पर बढ़ता है, NTC थर्मिस्टर कहलाता है तथा जिस थर्मिस्टर का प्रतिरोध तापमान के बढ़ने पर बढ़ता है एवं तापमान के घटने पर घटता है उसे PTC थर्मिस्टर कहते हैं। सामान्यत: NTC थर्मिस्टर का प्रयोग बहुतायत से किया जाता है। PTC थर्मिस्टर का प्रयोग फ्यूज (fuse) की भाँति किया जाता है 50° तापमान की सीमा में थर्मिस्टर अधिक शुद्धता के साथ कार्य करता है। तापमान की यह रेंज आधार प्रतिरोध पर निर्भर करती है। अत्यधिक उच्च तथा निम्न तापमान पर थर्मिस्टर कार्य नहीं करते हैं।

थर्मिस्टर का अभिलक्षण Characteristics of Thermistor

थर्मिस्टर के तापमान तथा प्रतिरोध के सम्बन्ध का ग्राफ के रूप में प्रदर्शन ही इसका अभिलक्षण कहलाता है। जोकि चित्र में प्रदर्शित है

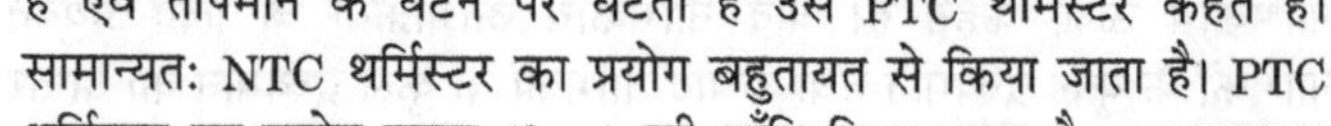

चित्र थर्मिस्टर का अभिलक्षण

जैसा कि उपरोक्त ग्राफ के द्वारा स्पष्ट है कि थर्मिस्टर के प्रतिरोध तथा तापमान का अभिलक्षण सीधी रेखा नहीं है। अत: स्पष्ट है कि थर्मिस्टर आरेखीय युक्ति है। ग्राफ की स्थिति तथा इसमें परिवर्तन, थर्मिस्टर की संरचना पर निर्भर करता है।

लाभ Advantages

थर्मिस्टर के लाभ निम्नलिखित हैं

1. यह बहुत संवेदी होता है तथा तापमान में कम परिवर्तन पर भी प्रतिक्रिया देता है।
2. जब विशिष्ट तापमान को बनाए रखने की आवश्यकता होती है तब यह प्रभावी रूप से कार्य करता है।
3. यह आकार में छोटा तथा सस्ता होता है।
4. इसका कार्यकाल अधिक होता है।
5. परिपथ में इनका स्थायित्व अच्छा होता है।
6. यह तापमान जाँच के लिए अन्य युक्तियों में माउण्ट किया जा सकता है।
7. इसके विभिन्न प्रकार के आधार पर द्रव, गैस तथा ठोसों को मापा जा सकता है।

हानियाँ Disadvantages

थर्मिस्टर की हानियाँ निम्नलिखित हैं

1. थर्मिस्टर अत्यधिक उच्च तथा निम्न तापमान पर कार्य नहीं करते हैं।
2. इनका अभिलक्षण वक्र अधिक आरेखीय होता है।
3. अत्यधिक प्रतिरोध के कारण परिपथ में शील्डिड केबल का प्रयोग करना पड़ता है।

अनुप्रयोग Uses

थर्मिस्टर के अनुप्रयोग निम्न प्रकार हैं

1. ताप विद्युतीय युक्तियों की ऊष्मा को मापने तथा नियन्त्रित करने में।
2. सिस्टम की स्थिरता को समायोजित करने के लिए।
3. तापमान ट्रांसड्यूसर में।
4. निर्वात ताप मापने के लिए।
5. द्रव के दाब के मापने में।
6. उच्च फ्रीक्वेंसी की शक्ति मापने में।
7. रिमोट नियंत्रण प्रणाली में।
8. तापमान मापने के लिए

8. विद्युत रासायनिक ऊर्जा Electrochemical Energy

बैटरी एक ऐसी युक्ति है जो रासायनिक क्रियाओं के फलस्वरूप वैद्युतिक ऊर्जा को रासायनिक ऊर्जा में तथा रासायनिक ऊर्जा को वैद्युतिक ऊर्जा में परिवर्तित करती है।

ऊर्जा के परिवर्तन के अतिरिक्त, बैटरी ऊर्जा को संचित करने का कार्य करती है चूँकि बैटरी में संचित ऊर्जा वैद्युतिक तथा रासायनिक दोनों रूपों में होती है

अत: बैटरी में संचित ऊर्जा विद्युत रासायनिक ऊर्जा (electrochemical energy) कहलाती है। इस ऊर्जा का उपयोग विभिन्न घरेलू एवं औद्योगिक अनुप्रयोगों हेतु किया जाता है।

9. फोटो-वोल्टाइक ऊर्जा Photo-voltaic Energy

सोलर सैल एक ऐसी युक्ति है जो सौर ऊर्जा अर्थात् सूर्य से प्राप्त होने वाली ऊर्जा को वैद्युतिक ऊर्जा में परिवर्तित करती है। दूसरे शब्दों में, यह प्रकाश की उपस्थिति में वोल्टेज उत्पन्न करती है। अत: सोलर सैल फोटो-वोल्टाइक प्रभाव पर कार्य करने वाली युक्ति है। सोलर सैल में संचित ऊर्जा फोटो-वोल्टाइक ऊर्जा कहलाती है। सोलर सैलों को अर्द्ध-चालक पदार्थों; जैसे– सिलिकॉन (Si) या गैलियम आर्सेनाइड (Ga As) से बनाया जाता है। सोलर सैलों की संरचना इस प्रकार की जाती है कि सूर्य की किरणें उनकी सतह पर सीधी आपतित हों।

10. दाब विद्युत ऊर्जा Piezo-Electric Energy

कोई भी दाब विद्युतीय पदार्थ, यान्त्रिक कम्पनों द्वारा विद्युतीय ऊर्जा उत्पन्न कर सकता है जब किसी दाब विद्युतीय पदार्थ में यान्त्रिक कम्पन या बल लगाया जाता है, तो इसके दोनों सतहों के मध्य विभवान्तर उत्पन्न हो जाता है।

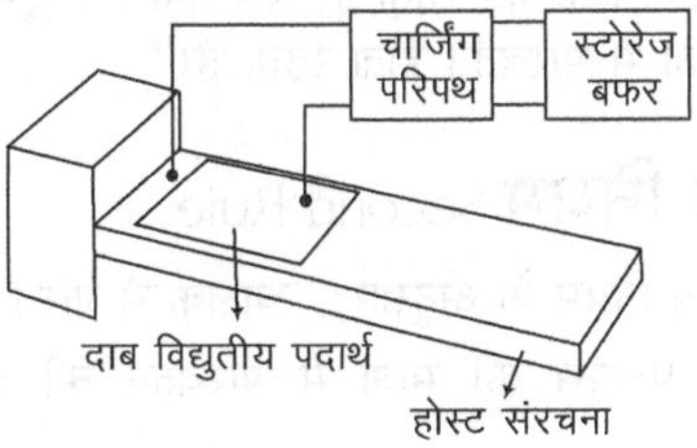

चित्र दाब विद्युत ऊर्जा परिपथ

सिद्धान्त Principle

दाब विद्युत ऊर्जा, दाब विद्युत प्रभाव के सिद्धान्त के द्वारा उत्पन्न होती है। जब दाब विद्युतीय पदार्थ के सिरों पर दबाव डाला जाता है, तो इसके सिरों के बीच दाब विद्युत प्रभाव के कारण विभवान्तर उत्पन्न हो जाता है इस उत्पन्न वोल्टेज को लोड के सापेक्ष संयोजित कर दिया जाता है।

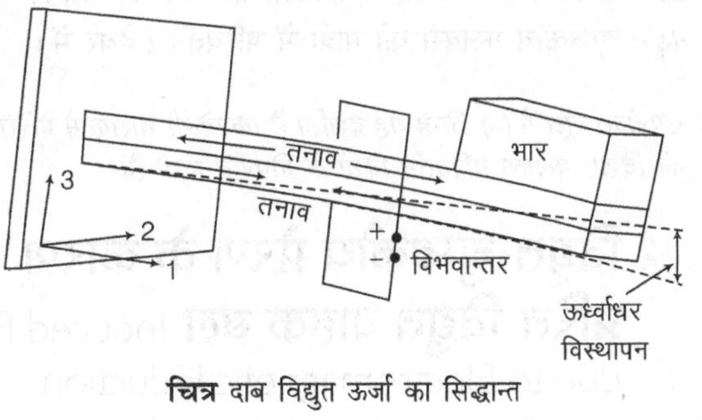

चित्र दाब विद्युत ऊर्जा का सिद्धान्त

अनुप्रयोग Uses

दाब विद्युत ऊर्जा के अनुप्रयोग निम्न प्रकार हैं

1. ध्वनि को उत्पन्न करने तथा इसका पता लगाने में।
2. अल्ट्रासोनिक नोजल के लिए।
3. लाइटर में आग जलाने के पत्थर के रूप में।
4. उच्च वोल्टेज प्राप्त करने के लिए।

12.11 विद्युत-चुम्बकीय प्रेरण Electromagnetic Induction

विद्युत-चुम्बकीय प्रेरण के सिद्धान्त की खोज सर्वप्रथम **माइकल फैराडे** नामक वैज्ञानिक द्वारा वर्ष 1931 में की गई थी। इस सिद्धान्त के अनुसार, "किसी चालक को चुम्बकीय क्षेत्र में घुमाने पर उसमें विद्युत धारा प्रवाहित होने लगती है।"

फैराडे ने विद्युत-चुम्बकीय प्रेरण सम्बन्धी दो नियम भी स्थापित किए, जो निम्न प्रकार हैं

1. प्रथम नियम First Rule

फैराडे के प्रथम नियम के अनुसार, "यदि किसी चालक में से गुजरने वाले चुम्बकीय फ्लक्स की मात्रा में परिवर्तन होता है, तो उस चालक में वि.वा.ब. उत्पन्न हो जाता है और इस प्रकार उत्पन्न हुए वि.वा.ब. का अस्तित्व तभी तक विद्यमान रहता है, जब तक कि चुम्बकीय क्षेत्र अथवा चालक की दिशा में परिवर्तन होता रहता है।"

2. द्वितीय नियम Second Rule

फैराडे के द्वितीय नियम के अनुसार, "चालक में प्रेरित वि.वा.ब. का मान (e), चुम्बकीय फ्लक्स की मात्रा में परिवर्तन की दर $\left(\frac{\phi_2 - \phi_1}{t}\right)$ के अनुक्रमानुपाती होता है", अर्थात्

$$e \propto \frac{\phi_2 - \phi_1}{t}$$

या
$$e = -\frac{N \cdot d\phi}{dt}$$

यहाँ, e = प्रेरित वि.वा.ब. (वोल्ट में), N = चालकों की संख्या,
dt = समय (सेकण्ड में) (फ्लक्स परिवर्तन का समय)
तथा $d\phi$ = चुम्बकीय फ्लक्स की मात्रा में परिवर्तन (वेबर में)।

नोट *उपरोक्त सूत्र में (–) चिन्ह यह दर्शाता है कि किसी चालक में प्रेरित वि.वा.ब. की दिशा, फ्लक्स परिवर्तन दिशा के विपरीत होती है।*

12.12 विद्युत-चुम्बकीय प्रेरण के कारण प्रेरित विद्युत वाहक बल Induced EMF due to Electromagnetic Induction

किसी चालक में विद्युत-चुम्बकीय प्रेरण सिद्धान्त के फलस्वरूप उत्पन्न होने वाला वि.वा.ब., प्रेरित वि.वा.ब. कहलाता है और इस प्रेरित वि.वा.ब के कारण चालक में प्रवाहित होने वाली विद्युत धारा, प्रेरित विद्युत धारा कहलाती है।

किसी चालक में प्रेरित वि.वा.ब. निम्न दो प्रकार से उत्पन्न किया जा सकता है

1. गतिजन्य प्रेरित वि.वा.ब. 2. स्थितिजन्य प्रेरित वि.वा.ब.

1. गतिजन्य प्रेरित वि.वा.ब. Dynamically Induced EMF

जब कोई चालक किसी स्थिर तथा नियत चुम्बकीय क्षेत्र में इस प्रकार गति करता है कि उसके द्वारा चुम्बकीय फ्लक्स का छेदन होता हो, तो उसमें प्रेरित होने वाला वि.वा.ब., गतिजन्य प्रेरित वि.वा.ब. कहलाता है। यह प्रेरित वि.वा.ब. निम्न समीकरण द्वारा प्रदर्शित किया जाता है

$$e = Blv\sin\theta$$

यहाँ, e = प्रेरित वि.वा.ब., (वोल्ट में)
B = चुम्बकीय फ्लक्स घनत्व, (वेबर/मी^{2} में)
l = चालक की लम्बाई, (मी में)
v = चालक की गति, (मी/से में)
$\sin\theta$ = चालक की गति दिशा और चुम्बकीय फ्लक्स की दिशा के बीच का ज्या कोण (sine)।

जेनरेटर, गतिजन्य प्रेरित वि.वा.ब. पर आधारित एक युक्ति है।

2. स्थितिजन्य प्रेरित वि.वा.ब. Statically Induced EMF

यदि कोई चालक किसी प्रत्यावर्ती चुम्बकीय क्षेत्र में अवस्थित हो, तो वह स्थिर अवस्था में ही चुम्बकीय फ्लक्स परिवर्तन में बाधा डालता है और फैराडे के विद्युत-चुम्बकीय प्रेरण सिद्धान्त के अनुसार, उसमें वि.वा.ब. उत्पन्न हो जाता है, जो स्थितिजन्य प्रेरित वि.वा.ब. कहलाता है। यह प्रेरित वि.वा.ब. निम्न समीकरण द्वारा प्रदर्शित किया जाता है

$$e = -N \cdot \frac{d\phi}{dt}$$

यहाँ, e = प्रेरित वि.वा.ब. (वोल्ट में)
N = चालकों की संख्या (क्वॉयल की लपेट संख्या)
$\phi_2 - \phi_1$ = चुम्बकीय फ्लक्स की मात्रा में परिवर्तन (वेबर में)
t = समय (सेकण्ड में) (चुम्बकीय फ्लक्स का मान ϕ_1 से ϕ_2 तक परिवर्तित होने में लगा समय)

(–) चिन्ह दर्शाता है कि प्रेरित वि.वा.ब. की दिशा चुम्बकीय फ्लक्स परिवर्तन की दिशा के विपरीत होती है।

12.13 स्वप्रेरण एवं अन्योन्य प्रेरण Self Induction and Mutual Induction

ट्रांसफॉर्मर, स्थितिजन्य प्रेरित वि.वा.ब. पर आधारित एक युक्ति है। चालकों में स्थितिजन्य प्रेरित वि.वा.ब. प्रायः स्वप्रेरण एवं अन्योन्य प्रेरण द्वारा उत्पन्न होता है, जिसका वर्णन आगे किया गया है।

यदि किसी चालक पदार्थ पर एक तार लपेटकर उसमें प्रत्यावर्ती विद्युत धारा प्रवाहित की जाए, तो इस चालक के चारों ओर एक चुम्बकीय क्षेत्र स्थापित हो जाता है, जिसकी दिशा सदैव धारा प्रवाह की दिशा से ज्ञात की जाती है। इस प्रक्रिया को स्वप्रेरण (self-induction) कहते हैं।

स्वप्रेरण प्रक्रिया निम्न चित्र में दर्शायी गई है

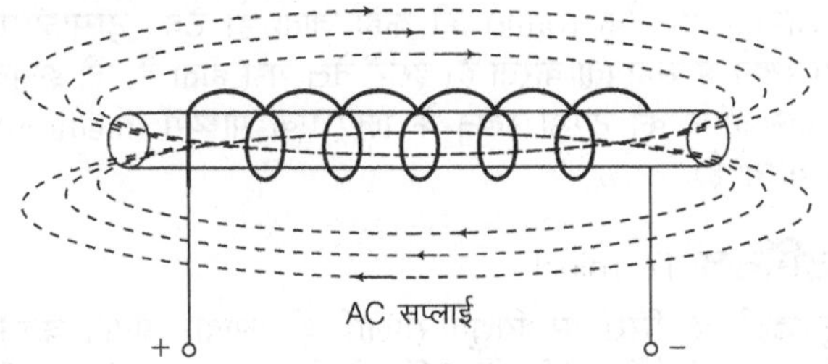

चित्र स्वप्रेरण

इस प्रकार उत्पन्न चुम्बकीय क्षेत्र में यदि कोई चालक, जिस पर तार लपेटा गया हो, स्थापित किया जाए, तो प्रथम चालक द्वारा स्थापित चुम्बकीय क्षेत्र की चुम्बकीय बल रेखाएँ इस चालक का छेदन करती हैं, जिसके फलस्वरूप, दूसरे चालक में तार से होकर धारा प्रवाहित होने लगती है, जिससे दूसरे परिपथ में भी प्रेरण द्वारा विद्युत वाहक बल उत्पन्न हो जाता है। इस प्रक्रिया को अन्योन्य प्रेरण (mutual induction) कहते हैं।

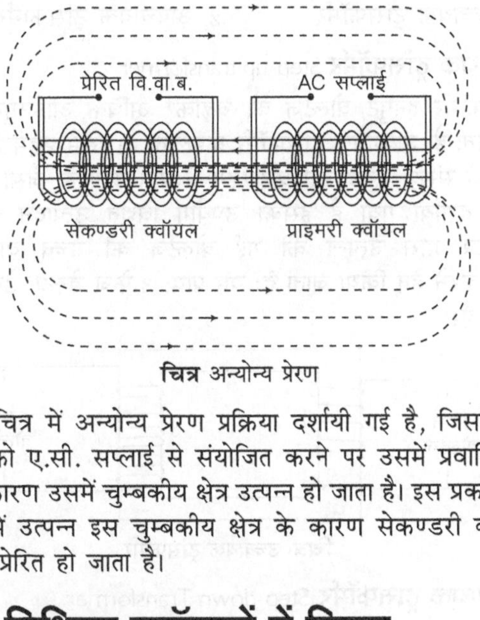

चित्र अन्योन्य प्रेरण

उपरोक्त चित्र में अन्योन्य प्रेरण प्रक्रिया दर्शायी गई है, जिसमें प्राइमरी क्वॉयल को ए.सी. सप्लाई से संयोजित करने पर उसमें प्रवाहित विद्युत धारा के कारण उसमें चुम्बकीय क्षेत्र उत्पन्न हो जाता है। इस प्रकार प्राइमरी क्वॉयल में उत्पन्न इस चुम्बकीय क्षेत्र के कारण सेकण्डरी क्वॉयल में वि.वा.ब. प्रेरित हो जाता है।

12.14 विभिन्न क्वॉयलों में विद्युत-चुम्बकीय प्रेरण Electromagnetic Induction in Different Coils

विभिन्न प्रकार की क्वॉयल में विद्युत-चुम्बकीय प्रेरण निम्नवत् हैं

1. सोलेनॉयड Solenoid

यह हेलिक्स की आकृति में बनी लम्बी वृत्ताकार टर्न्स वाली क्वॉयल होती है, जो विद्युत धारा वहन करती है। इसकी लम्बाई, इसके व्यास की अपेक्षा अधिक होती है, जैसा कि चित्र में दर्शाया गया है, सोलेनॉयड में अधिकांश चुम्बकीय बल रेखाएँ, पार होकर निकल जाती हैं। ये बल रेखाएँ सोलेनॉयड में एक ओर से प्रवेश करती हैं तथा दूसरी ओर से बाहर निकल जाती हैं एवं पुन: सोलेनॉयड के बराबर होती हुई प्रवेशी बल रेखाओं से मिलकर वही क्रम बनाती हैं।

यदि इस सोलेनॉयड के मध्य किसी चुम्बकीय पदार्थ; जैसे-लोहे की कोर (core) को रख दिया जाए, जो कोर (core) में अधिकांश बल रेखाएँ एकत्रित हो जाएँगी, क्योंकि वायु की अपेक्षा लोहे की निरपेक्ष चुम्बकशीलता (absolute permeability) अधिक होती है। ये बल रेखाएँ लोहे के कोर में प्रवाहित होकर, वहाँ विद्युत-चुम्बकीय क्षेत्र उत्पन्न कर देती हैं तथा इस प्रकार सोलेनॉयड एक विद्युत चुम्बक बन जाती है। यह एक प्रकार की विद्युत चुम्बक होती है, जिसका प्रयोग नियन्त्रक युक्तियों में रिले की भाँति किया जाता है।

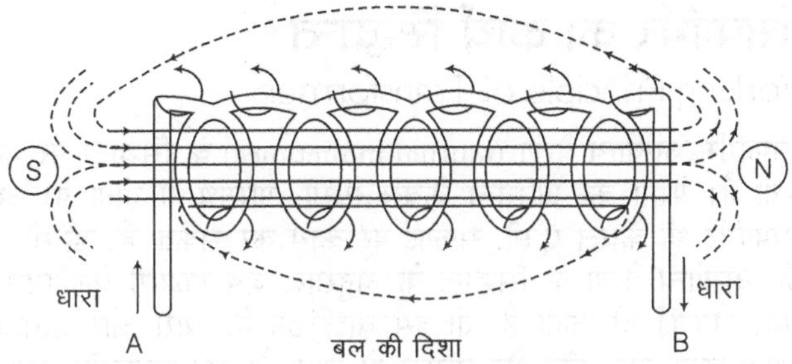

चित्र सोलेनॉयड

2. स्टेटर क्वॉयल Stator Coil

यह मोटर, जनित्र या अन्य चुम्बकीय युक्तियों का स्थिर भाग होता है, जिसे विद्युत सप्लाई दिए जाने पर इसमें एक घूर्णी स्वभाव वाला चुम्बकीय क्षेत्र स्थापित है, जिसके द्वारा रोटर घूर्णन करता है। स्टेटर में इन्सुलेटिड वायर द्वारा स्टेटर की परिधि में बने खाँचों में वाइण्डिग की जाती है।

3. रोटर क्वॉयल Rotor Coil

यह स्टेटर के अन्दर गति करने वाला भाग होता है। इसमें क्वॉयल की वाइण्डिग करना स्टेटर भाग की अपेक्षा कठिन होता है। रोटर की परिधि पर बने खाँचों में इन्सुलेटिड तार द्वारा वाइण्डिग की जाती है।

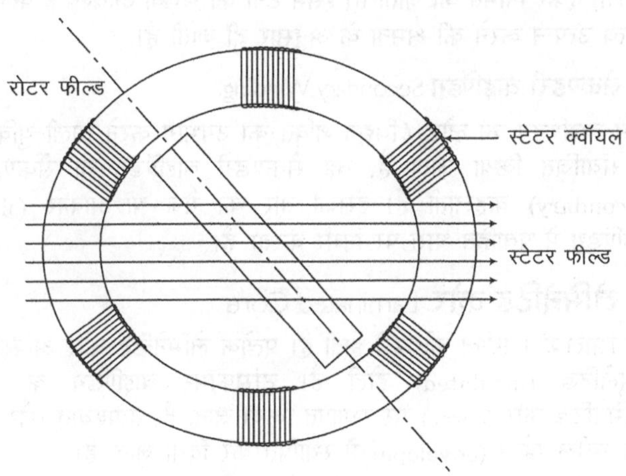

चित्र स्टेटर एवं रोटर क्वॉयल

4. रिले Relay

रिले से सम्बन्धित अध्ययन के लिए पूर्व में दिए गए अध्याय-11 का अवलोकन करें।

12.15 ट्रांसफॉर्मर Transformer

ट्रांसफॉर्मर, एक ऐसी स्थैतिक युक्ति (static device) है, जो विद्युत ऊर्जा को एक परिपथ से दूसरे परिपथ में स्थानान्तरित करती है। इसके साथ ही इस युक्ति के द्वारा वोल्टेज का अपचयन (step-down) एवं उच्चायन (step-up) सुगमता से किया जा सकता है। यह ध्यान रखना आवश्यक है कि यह युक्ति केवल प्रत्यावर्ती धारा आपूर्ति पर ही कार्य करती है, दिष्ट धारा आपूर्ति पर नहीं।

ट्रांसफॉर्मर का कार्य सिद्धान्त Working Principle of Transformer

ट्रांसफॉर्मर, अन्योन्य प्रेरण (mutual inductance) के सिद्धान्त पर कार्य करता है। प्रेरण का अस्तित्व केवल ए.सी. परिपथ में होता है। अत: ट्रांसफॉर्मर भी केवल ए.सी. सप्लाई पर कार्य कर सकता है, डी.सी. पर नहीं। अन्योन्य प्रेरण के सिद्धान्त के अनुसार, जब प्राइमरी वाइण्डिग में ए.सी. सप्लाई दी जाती है, तो इस वाइण्डिग के चारों ओर प्रत्यावर्ती स्वभाव वाला चुम्बकीय क्षेत्र उत्पन्न हो जाता है। इसी चुम्बकीय क्षेत्र के कारण सेकण्डरी वाइण्डिग में वि.वा.ब. उत्पन्न हो जाता है, जबकि दोनों वाइण्डिग के मध्य किसी प्रकार का वैद्युतिक सम्बन्ध नहीं होता।

ट्रांसफॉर्मर की संरचना Construction of Transformer

ट्रांसफॉर्मर में निम्न मुख्य भाग होते हैं

1. वाइण्डिग Winding

ट्रांसफॉर्मर में दो प्रकार की वाइण्डिग्स स्थापित की जाती है

(i) प्राइमरी वाइण्डिग Primary Winding

जिस वाइण्डिग को ए. सी. विद्युत स्रोत से संयोजित किया जाता है, वह प्राइमरी वाइण्डिग कहलाती है। यह बोबिन के ऊपर कुण्डली बनाकर टर्न (turn) देकर निर्मित की जाती है। इसमें टर्नों की संख्या आवश्यक फ्लक्स घनत्व उत्पन्न करने की क्षमता के अनुसार दी जाती है।

(ii) सेकण्डरी वाइण्डिग Secondary Winding

जिस वाइण्डिग को लोड (विद्युत शक्ति का उपभोग करने वाली युक्ति) से संयोजित किया जाता है, वह सेकण्डरी वाइण्डिग या सेकण्डरी (secondary) कहलाती है। इसकी तार का गेज या आकार (size) वाइण्डिग में प्रवाहित धारा पर निर्भर करता है।

2. लेमिनेटिड कोर Laminated Core

यह सिलिकॉन स्टील की बनी होती है। प्रत्येक लेमिनेटिड कोर आपस में इन्सुलेटिड (insulated) होती है। ट्रांसफॉर्मर वाइण्डिग को इन लेमिनेटिड कोर (cores) पर स्थापित किया जाता है, तत्पश्चात् कोर को एक स्टील खोल (envelope) में स्थापित कर दिया जाता है।

ट्रांसफॉर्मर की कोर के निम्नलिखित मुख्य कार्य होते हैं

(i) प्राइमरी वाइण्डिग द्वारा स्थापित चुम्बकीय क्षेत्र की चुम्बकीय बल रेखाओं का मार्ग पूर्ण रखना।

(ii) प्राइमरी वाइण्डिग द्वारा स्थापित चुम्बकीय क्षेत्र की अधिक-से-अधिक चुम्बकीय बल रेखाओं को सेकण्डरी में से गुजारना।

3. कन्टेनर Container

इसे आमतौर पर टैंक (tank) भी कहा जाता है। टैंक, ट्रांसफॉर्मर को ठण्डा रखने में सहायता करता है। इसमें तेल भरा होता है, जो इन्सुलेशन तथा ट्रांसफॉर्मर को ठण्डा रखने के लिए एक माध्यम (medium) का कार्य करता है।

4. टर्मिनल Terminal

ये कुण्डली के सिरों पर विद्युत सप्लाई को आदान-प्रदान करने का कार्य करते हैं। ट्रांसफॉर्मर के टर्मिनलों के द्वारा प्राइमरी पर विद्युत सप्लाई दी जाती है एवं सेकण्डरी विद्युत प्राप्त की जाती है। ट्रांसफॉर्मर का प्रयोग मुख्य रूप से इनपुट वोल्टेज को घटाने या बढ़ाने के लिए किया जाता है।

ट्रांसफॉर्मर के प्रकार Types of Transformer

आउटपुट वोल्टेज के आधार पर ट्रांसफॉर्मर निम्न दो प्रकार के होते हैं

1. उच्चायक ट्रांसफॉर्मर
2. अपचायक ट्रांसफॉर्मर

1. उच्चायक ट्रांसफॉर्मर Step-up transformer

जो ट्रांसफॉर्मर इनपुट वोल्टेज को बढ़ाकर अधिक आउटपुट वोल्टेज प्रदान करता है, उच्चायक ट्रांसफॉर्मर कहलाता है। इसमें प्राइमरी वाइण्डिग में टर्नों की संख्या, सेकण्डरी वाइण्डिग से कम होती है, जैसा कि निम्न चित्र में दर्शाया गया है इसका उपयोग विद्युत उत्पादन केन्द्रों पर आल्टरनेटर द्वारा उत्पन्न की गई वोल्टेज को उच्च वोल्टेज पर ट्रांसमिट करने हेतु किया जाता है। यह प्राय: 3-फेज डेल्टा-डेल्टा प्रकार का होता है।

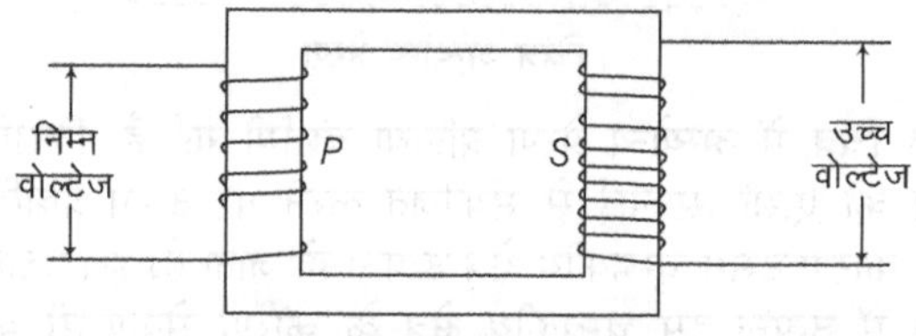

चित्र उच्चायक ट्रांसफॉर्मर

2. अपचायक ट्रांसफॉर्मर Step-down Transformer

जो ट्रांसफॉर्मर इनपुट वोल्टेज को घटाकर, निम्न आउटपुट वोल्टेज प्रदान करता है, अपचायक ट्रांसफॉर्मर कहलाता है। इसकी प्राइमरी वाइण्डिग पर अधिक वोल्टेज दी जाती है एवं प्राइमरी वाइण्डिग पर टर्नों की संख्या, सेकण्डरी वाइण्डिग की अपेक्षा अधिक होती है, जैसा कि चित्र में दर्शाया गया है। शहरी क्षेत्रों में वितरण वोल्टेज का मान प्राय: 1.1, 2.2, 3.3, 6.6 या 11 kV होता है। अत: उसे 400 V में परिवर्तित करने के लिए अपचायक ट्रांसफॉर्मर प्रयोग किया जाता है। यह प्राय: 3-फेज डेल्टा-स्टार प्रकार के होते हैं।

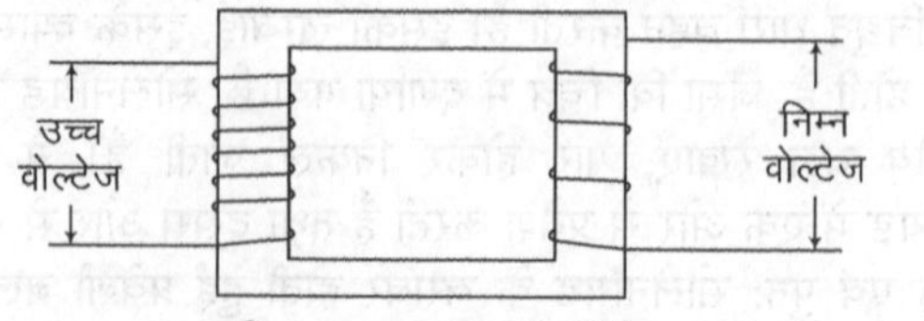

चित्र अपचायक ट्रांसफॉर्मर

महत्त्वपूर्ण बिन्दु

- जब किसी अम्लीय एवं अकार्बनिक विलयन में से विद्युत धारा प्रवाहित की जाती है, तो वह विलयन अपने अवयवों में विभक्त हो जाता है और यह क्रिया विद्युत का रासायनिक प्रभाव कहलाती है।
- ऐसा विलयन, जिसमें से विद्युत धारा प्रवाहित करने पर उसकी संरचना परिवर्तित हो जाए, इलेक्ट्रोलाइट कहलाता है।
- इलेक्ट्रोलाइट में से विद्युत धारा प्रवाहित करने के लिए दो धात्विक छड़ों की आवश्यकता होती है, जिन्हें इलेक्ट्रोड कहते हैं। ये दो प्रकार के होते हैं–एनोड तथा कैथोड।
- वैद्युतिक-अपघटन वह क्रिया है जिसमें किसी इलेक्ट्रोलाइट पदार्थ को विलायक पदार्थ; जैसे-जल आदि में घोला जाने पर वह आयन्स (ions) में विभक्त हो जाता है।
- जिस पात्र में वैद्युतिक-अपघटन क्रिया सम्पन्न की जाती है, उसे वोल्टमीटर कहते हैं।
- वैद्युतिक-अपघटन के उपयोग निम्नलिखित हैं–विद्युत लेपन, विद्युतमुद्रण, धातु-शोधन, धातु-निष्कर्षण आदि।
- विभिन्न प्रकार के रासायनिक सैल, वैद्युतिक-अपघटन के सिद्धान्त पर ही कार्य करते हैं।
- विद्युत-अपघटन प्रक्रिया में होने वाली रासायनिक क्रिया के फलस्वरूप, विद्युत-वाहक बल उत्पन्न करने वाली युक्ति रासायनिक सैल कहलाती हैं।
- जिन सैलों में रासायनिक क्रियाओं के फलस्वरूप विद्युत वाहक बल विकसित होता है, वे प्राथमिक सैल कहलाते हैं।
- जिन सैलों में वैद्युतिक ऊर्जा को रासायनिक क्रियाओं के रूप में एकत्र करके पुनः रासायनिक प्रक्रियाओं के द्वारा विद्युत वाहक बल उत्पन्न किया जाता है, वे द्वितीयक सैल कहलाते हैं।
- लैड-एसिड बैटरी में दोनों (धन तथा ऋण) प्लेटें, सीसे (lead) की जाली से बनी होती हैं तथा उसमें तनु गन्धक अम्ल (H_2SO_4) इलेक्ट्रोलाइट के रूप में प्रयोग किया जाता है।
- लैड-एसिड बैटरी के मुख्य भाग निम्न हैं–पात्र, सैल कनैक्टर, फिलर कैप, धनात्मक प्लेट, ऋणात्मक प्लेट, सेपरेटर, ग्रिड, एलीमेन्ट रेस्ट आदि।
- लैड एसिड बैटरी के पात्र को केस भी कहते हैं जो प्रायः हार्ड रबर से बनाया जाता है।
- बैटरी के सैलों को परस्पर जोड़ने हेतु सैल कनैक्टर का प्रयोग किया जाता है।
- बैटरी की धनात्मक तथा ऋणात्मक प्लेटों को शॉर्ट-सर्किट होने से बचाने के लिए, प्लेटों के मध्य में लकड़ी अथवा प्लास्टिक के बने सेपरेटर्स लगाए जाते हैं।
- बैटरी की चार्जिंग क्रिया के फलस्वरूप, धन प्लेटें लैड-परॉक्साइड (PbO_2) की तथा ऋण प्लेटें स्पंजी लैड (Pb) की बन जाती हैं।
- बैटरी की डिस्चार्जिंग क्रिया के फलस्वरूप, दोनों प्लेटें लैड सल्फेट ($PbSO_4$) की बन जाती हैं।
- लैड-एसिड बैटरी में निम्न दोष पाए जाते हैं- सेडीमेन्टेशन, कोरोजन, बकलिंग तथा सल्फेशन।
- हाइड्रोमीटर, द्रवों का आपेक्षिक घनत्व नापने वाला सरल यन्त्र है, जिसमें पॉलीग्लास की एक बड़ी नली होती है।
- ताप-युग्म (thermo-couple) वह विद्युतीय युक्ति है जिसमें दो विपरीत चालकों को अलग-अलग तापमान पर जोड़कर एक जंक्शन बनाया जाता है।
- थर्मिस्टर वह प्रतिरोधक है, जिसका प्रतिरोध तापमान (temperature) पर निर्भर करता है।
- ''किसी चालक को चुम्बकीय क्षेत्र में घुमाने पर उसमें विद्युत-धारा प्रवाहित होने लगती है'', यही विद्युत-चुम्बकीय प्रेरण का सिद्धान्त है।
- ट्रांसफॉर्मर एक ऐसी स्थैतिक युक्ति है, जो विद्युत ऊर्जा को एक परिपथ से दूसरे परिपथ में स्थानान्तरित करती है।

महत्त्वपूर्ण प्रश्नोत्तरी

1. शुष्क सैल का विद्युत वाहक बल कितना होता है?

उत्तर शुष्क सैल का विद्युत वाहक बल 1.5 वोल्ट होता है।

2. लैड-एसिड सैल/बैटरी का आन्तरिक प्रतिरोध कितना होता है?

उत्तर लैड-एसिड सैल का आन्तरिक प्रतिरोध 0.008 से 0.10 ओम प्रति सैल होता है।

3. यदि लैड-एसिड बैटरी का विद्युत वाहक बल 1.8 वोल्ट या इससे भी कम रह गया हो, तो उसे डिस्चार्ज करने पर क्या प्रभाव होगा?

उत्तर यदि लैड-एसिड सैल का विद्युत वाहक बल 1.8 वोल्ट या इससे भी कम रह जाता है, तो उसे डिस्चार्ज करने पर प्लेटों का सल्फेशन प्रारम्भ हो जाएगा।

4. हाइड्रोमीटर से क्या मापा जाता है?

उत्तर हाइड्रोमीटर से द्रव का आपेक्षिक घनत्व मापा जाता है।

5. क्या अनुरक्षण मुक्त बैटरी में समय-समय पर आसुत जल नहीं डालना पड़ता?

उत्तर अनुरक्षण मुक्त बैटरी सील्ड प्रकार की होती है, इसलिए उसमें समय-समय पर आसुत जल डालने की कोई आवश्यकता नहीं होती है।

6. फैराडे का विद्युत-चुम्बकीय सम्बन्धी प्रथम नियम बताइए।

उत्तर यदि किसी चालक में से गुजरने वाले चुम्बकीय फ्लक्स की मात्रा में परिवर्तन होता है, तो उस चालक में वि. वा. ब. उत्पन्न हो जाता है और इस वि. वा. ब. का अस्तित्व तभी तक विद्यमान रहता है, जब तक कि चुम्बकीय क्षेत्र अथवा चालक की दिशा में परिवर्तन होता है।

7. विद्युत-चुम्बकीय प्रेरित वि.वा.ब. तथा चुम्बकीय फ्लक्स की मात्रा में क्या सम्बन्ध है?

उत्तर विद्युत-चुम्बकीय प्रेरित वि. वा. ब. (e), चुम्बकीय फ्लक्स की मात्रा में परिवर्तन की दर के अनुक्रमानुपाती होता है

अर्थात् $e \propto \frac{\phi_2 - \phi_1}{t}$ या $e = -\frac{N \cdot d\phi}{dt}$

जहाँ e = प्रेरित वि. वा. ब., N = चालकों की संख्या

$d\phi$ = चुम्बकीय फ्लक्स की मात्रा में परिवर्तन

तथा dt = समयान्तराल

8. यदि किसी चालक पदार्थ पर एक तार को लपेटकर, उसमें विद्युत धारा प्रवाहित की जाए, तो चालक पर क्या प्रभाव पड़ेगा?

उत्तर यदि किसी चालक पदार्थ पर एक तार को लपेटकर, उसमें विद्युत धारा प्रवाहित की जाए, तो चालक के चारों तरफ एक चुम्बकीय क्षेत्र उत्पन्न हो जाता है, जिसे स्वप्रेरकत्व (self inductance) कहते हैं।

9. सोलेनॉयड में लोहे की कोर प्रयोग करने का क्या कारण है?

उत्तर सोलेनॉयड में लोहे की कोर प्रयोग की जाती है, क्योंकि वायु की अपेक्षा लोहे की निरपेक्ष चुम्बकशीलता अधिक होती है तथा चुम्बकीय बल रेखाओं के सम्पर्क में आने से ये चुम्बकित हो जाती है, जिससे चुम्बकीय क्षेत्र की तीव्रता बढ़ जाती है।

10. उच्च वोल्टेज को निम्न वोल्टेज में परिवर्तित करने के लिए कौन-सा ट्रांसफॉर्मर प्रयोग किया जाता है?

उत्तर उच्च वोल्टेज को निम्न वोल्टेज में परिवर्तित करने के लिए अपचायक (step-down) ट्रांसफॉर्मर प्रयोग किया जाता है।

अभ्यास प्रश्न

परीक्षा प्रारूपी प्रश्न

बहुविकल्पीय

1. अम्लीय एवं अकार्बनिक विलयन में से विद्युत धारा प्रवाहित होने पर विलयन का अपने अवयवों में विभक्त हो जाना कहलाता है

(a) विध्रुवण (b) विद्युत-विच्छेदन

(c) विद्युत का रासायनिक प्रभाव (d) ध्रुवण

2. इलेक्ट्रोलाइट की अवस्था को व्यक्त किया जाता है

(a) आपेक्षिक घनत्व के रूप में

(b) आउटपुट वोल्टेज के रूप में

(c) आउटपुट करण्ट के रूप में

(d) अम्लीय अंश के रूप में

3. किसी इलेक्ट्रोड पर जमा हुए पदार्थ का द्रव्यमान ………. के समानुपाती होता है।

(a) वोल्टता

(b) केवल समय

(c) केवल धारा मान

(d) धारा की मात्रा

4. बैटरी अपघटन में (आयतन के अनुसार) लगभग ……. सल्फ्यूरिक अम्ल व ……. जल होता है।

(a) 35%, 65% (b) 45%, 35%

(c) 65%, 35% (d) 35%, 45%

5. विद्युत-अपघटन में आसुत जल का ही प्रयोग क्यों किया जाता है?
(a) यह स्थानीय क्रिया को रोकता है अथवा मन्द कर देता है
(b) यह विद्युत-रासायनिक क्रिया की गति को बढ़ा देता है
(c) यह विद्युत अपघटन के आपेक्षित घनत्व को बढ़ाता है
(d) यह ध्रुवाच्छादन अपघटन को रोकता है

6. जब विद्युत अपघटन से धारा प्रवाहित होती है, तो धारा में किस प्रकार का प्रभाव उत्पन्न होता है?
(a) चुम्बकीय प्रभाव (b) ऊष्मीय प्रभाव
(c) रासायनिक प्रभाव (d) प्रकाशीय प्रभाव

7. निम्न में से कौन-सा सैल प्राथमिक सैल नहीं है?
(a) डेनियल सैल (b) लैक्लांशी सैल
(c) लैड-एसिड सैल (d) शुष्क सैल

8. द्वितीयक सैल का मुख्य लाभ है कि
(a) इसे सचल वैद्युतिक स्रोत के रूप में प्रयोग किया जा सकता है
(b) इसे पुनः आवेशित किया जा सकता है
(c) इसका मूल्य कम होता है
(d) इसका आकार छोटा होता है

9. निम्न में से कौन-सी सैल विद्युत धारा की सप्लाई द्वारा चार्ज की जा सकती है?
(a) वोल्टाइक सैल (b) लैड-एसिड सैल
(c) क्षारीय सैल (d) लीथियम सैल

10. लैड-एसिड बैटरी ……… है।
(a) एक विद्युत रासायनिक युक्ति
(b) एक विद्युत मैकेनिकल युक्ति
(c) एक रासायनिक युक्ति
(d) एक विद्युतीय युक्ति

11. लैड-एसिड सैल पुनः आवेशित किए जाने योग्य होता है, क्योंकि
(a) इसमें तनु गन्धक अम्ल, इलेक्ट्रोलाइट के रूप में प्रयोग किया जाता है
(b) इसकी रासायनिक प्रक्रिया उत्क्रमणीय होती है
(c) यह एक तरल प्रकार का सैल है
(d) इसके इलेक्ट्रोलाइट का आपेक्षिक घनत्व उच्च होता है

12. यदि किसी लैड-एसिड बैटरी को लम्बे समय तक निष्क्रिय रखना हो, तो
(a) बैटरी को ओवरचार्ज कर देना चाहिए
(b) इलेक्ट्रोलाइट निकाल देना चाहिए
(c) प्लेट्स को आसुत जल से धो देना चाहिए
(d) बैटरी का इलेक्ट्रोलाइट निकालकर, बैटरी को सुखाकर, शुष्क, ठण्डे व स्वच्छ स्थान में सुरक्षित रख देना चाहिए

13. यदि लैड-एसिड सैल को लम्बे समय तक चार्ज न किया जाए, तो उस स्थिति में सैल में क्या दोष उत्पन्न होगा?
(a) संक्षारण (b) बकलिंग
(c) सल्फेशन (d) ध्रुवण

14. लैड-एसिड बैटरी में प्रयुक्त इलेक्ट्रोलाइट है.
(a) नाइट्रिक अम्ल (b) साइट्रिक अम्ल
(c) सल्फ्यूरिक अम्ल (d) हाइड्रोक्लोरिक अम्ल

15. लैड-एसिड बैटरी के टर्मिनल किस धातु से बनाए जाते हैं?
(a) ताँबा (b) सीसा (c) जस्ता (d) ये सभी

16. यदि किसी लैड-एसिड बैटरी को लम्बे समय तक विसर्जित अवस्था में छोड़ दें, तो निम्नलिखित में से क्या घटित होगा?
(a) इलेक्ट्रोलाइट कण्टेनर को क्षतिग्रस्त कर देगा
(b) इलेक्ट्रोलाइट कमजोर हो जाएगा
(c) प्लेटें अत्यधिक सल्फेटिड हो जाएँगी
(d) इलेक्ट्रोलाइट लुप्त हो जाएगा

17. लैड-एसिड सैल का उपयोग है
(a) ऑटोमोबाइल्स में (b) क्वार्ट्ज घड़ी में
(c) पोर्टेबल रेडियो रिसिवर्स में (d) उपरोक्त सभी

18. जंग को लगने से रोकने के लिए लैड-एसिड बैटरी के टर्मिनल पोस्ट पर कौन-सा द्रव्य लगाया जाता है?
(a) अमोनियम सल्फेट (b) सिलिका जैल
(c) पेट्रोलियम जैली (d) सल्फर पाउडर

19. चार्जिंग के दौरान लैड-एसिड सैल के वेन्ट प्लग को खुला छोड़ने का क्या कारण है?
(a) मुक्त रूप से गैस निकलना
(b) चार्जिंग दर को बढ़ाना
(c) वैद्युत-अपघट्य के विशिष्ट गुरुत्व को बढ़ाना
(d) सल्फेशन दोष को कम करना

20. चित्र में 'X' से इंगित लैड-एसिड बैटरी के भाग का क्या नाम है?

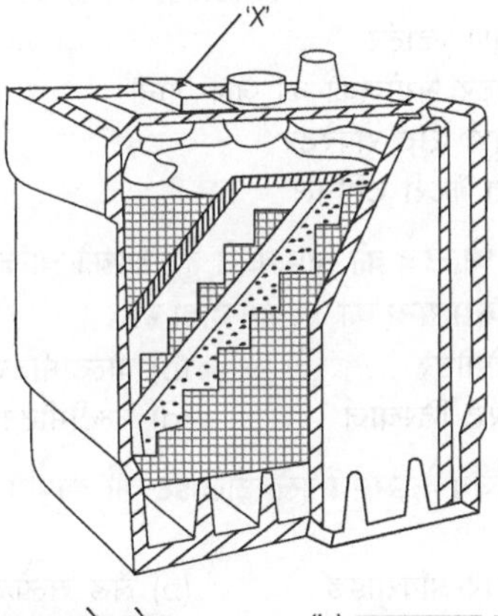

(a) धनात्मक इलेक्ट्रोड (b) ऋणात्मक इलेक्ट्रोड
(c) सैल कनैक्टर (d) टर्मिनल पोस्ट

21. लैड-एसिड सैल की तुलना में निकिल-आयरन सैल की दक्षता कम होती है, क्योंकि
(a) इसका विद्युत वाहक बल कम होता है
(b) इसमें कम इलेक्ट्रोलाइट प्रयुक्त होता है
(c) इसका आन्तरिक प्रतिरोध उच्च होता है
(d) इसकी संरचना सघन होती है

22. पूर्ण चार्ज अवस्था के लिए सैल/बैटरी वोल्टेज क्या है?
(a) 2 से 2.3 वोल्ट (b) 1.8 से 2 वोल्ट
(c) 1.5 से 1.7 वोल्ट (d) 1 से 1.4 वोल्ट

23. शुष्क सैल में कौन-सा पदार्थ विध्रुवक का कार्य करता है?
(a) अमोनिया क्लोराइड (b) जिंक क्लोराइड
(c) पेरिस प्लास्टर (d) मैंगनीज डाइ-ऑक्साइड

24. दर्शाए गए चित्र में सैल भाग 'A' का नाम बताइए

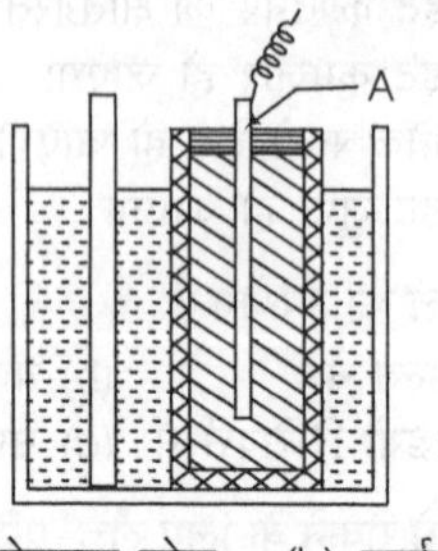

(a) अमोनियम क्लोराइड घोल (b) कार्बन एनोड
(c) जिंक कैथोड (d) काँच का पात्र

25. बैटरी की डिस्चार्ज अवस्था में अपेक्षित घनत्व का निम्न में से कौन-सा मान होगा?
(a) 1.260-1.280 (b) 1.170-1.200
(c) 1.200-1.230 (d) 1.110-1.14

26. बैटरी की पूर्ण चार्ज अवस्था में आपेक्षित घनत्व का मान निम्न में से क्या होता है?
(a) 1.340-1.500 (b) 1.410-1.512
(c) 1.260-1.280 (d) 1.200-1.330

27. बैटरी के आन्तरिक निरावेशन (discharge) का कारण है
(a) त्रुटिपूर्ण स्टार्टर
(b) रेगुलेटर संयोजकों का जल जाना
(c) त्रुटिपूर्ण प्लेट सेपरेटर
(d) कुंठित बैटरी टर्मिनल

28. बैटरी की वोल्टेज की माप करते हुए इसकी चार्जिंग स्थिति को जाँचने के लिए किस यन्त्र का उपयोग होता है?
(a) हाइड्रोमीटर (b) वोल्टामीटर
(c) हाई रेट डिस्चार्ज (d) मल्टीमीटर

29. बैटरी चार्जिंग के समय इलेक्ट्रोलाइट की आपूर्ति .... के द्वारा की जाती है।
(a) लैड पर-ऑक्साइड (b) लैड सल्फेट
(c) ऑक्सीजन (d) आसुत जल

30. वाहनों में बैटरी .... के द्वारा चार्ज होती है।
(a) इलेक्ट्रोलाइट (b) इन्वर्टर
(c) डायनमो (d) इनमें से कोई नहीं

31. सैल के आन्तरिक प्रतिरोध पर क्या प्रभाव पड़ता है जब सैल से लम्बे समय तक कार्य नहीं लिया जाता है?
(a) समान रहता है
(b) बढ़ जाता है
(c) घटता है
(d) घटकर शून्य हो जाता है

32. यदि बैटरी को उच्च दर पर अति आवेशित या निरावेशित करें तो क्या होगा?
(a) सल्फेशन (b) बकलिंग
(c) स्थानीय क्रिया (d) इनमें से कोई नहीं

33. बैटरी संयोजकों को समय-समय पर गर्म पानी में भीगे कपड़े से साफ करके उन पर ग्रीस का पतला लेपन करने से निम्न में से कौन-सा दोष दूर होता है?
(a) ध्रुवण (b) स्थानीय क्रिया
(c) संक्षारण (d) इनमें से कोई नहीं

34. निम्न में से कौन-सी अनुरक्षण-मुक्त बैटरी नहीं है?
(a) Ni-Cd (b) Ni-Fe
(c) क्षारीय मैग्नीशियम (d) सीसा-अम्ल

35. शील्डिड बैटरी के धीमी गति पर चार्जिंग होने पर बैटरी के इण्डीकेटर के किस रंग द्वारा बैटरी के पूर्ण चार्ज होने का पता चलता है।
(a) सफेद (b) लाल (c) हरा (d) काला

36. पदार्थ में चुम्बकत्व का गुण अस्तित्व में आता है
(a) पदार्थ के इलेक्ट्रॉनों की स्पिन (spin) के कारण
(b) पदार्थों की चालकता (conductance) के कारण
(c) पदार्थों की चुम्बकशीलता (permeability) के कारण
(d) उपरोक्त सभी

37. एक स्थायी चुम्बक के ध्रुव (poles) ....
(a) अलग-अलग किए जा सकते हैं
(b) अलग-अलग नहीं किए जा सकते
(c) चुम्बक तोड़कर पृथक् किए जा सकते हैं
(d) चुम्बक को गर्म करके अलग किया जा सकता है

38. किसी चुम्बक के दो उत्तरी ध्रुवों (north poles) के मध्य .... बल होता है।
(a) आकर्षण (attraction) (b) लम्बवत् (perpendicular)
(c) विकर्षण (repulsion) (d) ये सभी

39. निम्न में से कौन-सा चुम्बकीय पदार्थ है?
(a) निकिल (b) पीतल
(c) 'a' और 'b' दोनों (d) इनमें से कोई नहीं

40. निम्न में से कौन-सा पदार्थ सोलर सेल बनाने में अधिकतर प्रयोग होता है?
(a) सिल्वर (b) आयरन
(c) एल्युमीनियम (d) सिलिकॉन

41. विद्युत धारा का चुम्बकीय प्रभाव प्रदर्शित करता है
(a) विद्युत-चुम्बकीय प्रेरण (b) चुम्बकशीलता
(c) चुम्बकत्व (d) विद्युत अपघट्य

42. चुम्बकीय क्षेत्र में गतिशील चालक द्वारा उत्पन्न वि. वा. ब. कहलाता है
(a) गतिजन्य प्रेरित वि. वा. ब. (b) स्थितिजन्य प्रेरित वि. वा. ब.
(c) प्रेरित वि. वा. ब. (d) इनमें से कोई नहीं

43. विद्युत-चुम्बकीय प्रेरण द्वारा उत्पन्न वि. वा. ब. केवल तब तक ही विद्यमान रहता है, जब तक कि ·········· में परिवर्तन होता रहता है।
(a) चुम्बकीय क्षेत्र (b) चालक की दिशा
(c) 'a' और 'b' दोनों (d) इनमें से कोई नहीं

44. फैराडे का विद्युत-चुम्बकीय प्रेरण का द्वितीय नियम है
(a) $e = \frac{d\phi}{dt}$ (b) $e = \frac{N\phi}{t}$ (c) $e = \frac{Nd\phi}{dt}$ (d) $e = -\frac{Nd\phi}{dt}$

45. प्रत्यावर्ती चुम्बकीय क्षेत्र में स्थित, स्थिर चालक द्वारा उत्पन्न वि.वा.ब. कहलाता है
(a) गतिजन्य प्रेरित वि. वा. ब. (b) स्थितिजन्य प्रेरित वि. वा. ब.
(c) प्रेरित वि. वा. ब. (d) इनमें से कोई नहीं

46. प्रेरित वि.वा.ब. $e = -\frac{Nd\phi}{dt}$ में '–' चिन्ह दर्शाता है कि प्रेरित वि.वा.ब. की दिशा चुम्बकीय फ्लक्स परिवर्तन की दिशा के ·········· होती है।
(a) समान (b) लम्बवत्
(c) विपरीत (d) इनमें से कोई नहीं

47. स्वप्रेरण में कितनी क्वॉयल प्रयोग होती है?
(a) 1 (b) 2 (c) 3 (d) 4

48. एक विद्युत-चुम्बकीय परिपथ से दूसरे चुम्बकीय परिपथ में, चुम्बकीय फ्लक्स के स्थानान्तरण को कहते हैं
(a) स्वप्रेरण (b) म्यूचुअल प्रेरण
(c) चुम्बकशीलता (d) चुम्बकत्व

49. हॉर्न परिपथ में सोलेनॉयड का कार्य होता है?
(a) हॉर्न परिपथ को बनाना व ब्रेक करना
(b) रिले को प्रचालित करना
(c) निम्न धारा प्रवाहित करना
(d) आर्मेचर को आकर्षित करना

50. सोलेनॉयड में अधिकांश बल रेखाओं को एकत्र करने के लिए ·········· को प्रयुक्त किया जाता है।
(a) वायु (b) लोहे की कोर (c) बन्द लूप (d) ताँबे की छड़

51. निम्न में से किसकी निरपेक्ष चुम्बकशीलता अधिक होती है?
(a) वायु (b) ताँबा
(c) लोहा (d) इनमें से कोई नहीं

52. स्टेटर द्वारा उत्पन्न चुम्बकीय क्षेत्र में गति करने वाला भाग कहलाता है
(a) रोटर (b) चुम्बक
(c) लेमिनेटिड कोर (d) इनमें से कोई नहीं

53. वह युक्ति जो विद्युत ऊर्जा को एक परिपथ से दूसरे परिपथ में बिना किसी भौतिक संयोजन के स्थानान्तरित करती है, ········· कहलाती है।
(a) जनित्र (b) मोटर (c) आल्टरनेटर (d) ट्रांसफॉर्म

54. ट्रांसफॉर्मर किस सिद्धान्त पर कार्य करता है?
(a) स्वप्रेरण (b) म्यूचुअल प्रेरण
(c) विद्युत-चुम्बकीय प्रेरण (d) ये सभी

55. प्राइमरी तथा सेकण्डरी वाइण्डिंग में सदैव होता है
(a) भिन्न-भिन्न टर्न्स की संख्या
(b) कॉपर वायर का समान आकार
(c) उभयनिष्ठ चुम्बकीय परिपथ
(d) भिन्न-भिन्न चुम्बकीय परिपथ

56. लेमिनेटिड कोर बनाई जाती है
(a) स्टील की (b) हाई-स्पीड स्टील की
(c) लो-स्पीड स्टील की (d) सिलिकॉन स्टील की

57. लेमिनेटिड कोर का कार्य है
(a) प्राइमरी वाइण्डिंग द्वारा स्थापित चुम्बकीय क्षेत्र की चुम्बकीय बल रेखाओं का मार्ग पूर्ण रखना
(b) प्राइमरी वाइण्डिंग द्वारा स्थापित चुम्बकीय क्षेत्र की अधिक-से-अधिक चुम्बकीय बल रेखाओं को सेकण्डरी में से गुजारना
(c) 'a' और 'b' दोनों
(d) विद्युतीय ऊर्जा को प्राइमरी वाइण्डिंग से सेकण्डरी वाइण्डिंग में स्थानान्तरित करना

58. ट्रांसफॉर्मर की किस वाइण्डिंग से लोड को संयोजित किया जाता है?
(a) प्राइमरी वाइण्डिंग (b) सेकण्डरी वाइण्डिंग
(c) उभयनिष्ठ वाइण्डिंग (d) किसी भी वाइण्डिंग से

59. उच्चायक ट्रांसफॉर्मर में प्राइमरी वाइण्डिंग में टर्नों की संख्या सेकण्डरी वाइण्डिंग की तुलना में ········· रहती हैं।
(a) कम (b) समान
(c) अधिक (d) इनमें से कोई नहीं

60. विद्युत वितरण केन्द्र से प्राप्त 11 kV की वोल्टेज को उपयोग योग्य 240 V में परिवर्तित करने के लिए निम्न में से कौन-सा ट्रांसफॉर्मर प्रयुक्त किया जाता है?
(a) उच्चायक ट्रांसफॉर्मर (b) अपचायक ट्रांसफॉर्मर
(c) धारा ट्रांसफॉर्मर (d) विभव ट्रांसफॉर्मर

उत्तरमाला

1. (c)	**2.** (a)	**3.** (d)	**4.** (a)	**5.** (a)	**6.** (c)	**7.** (c)	**8.** (b)	**9.** (b)	**10.** (a)
11. (b)	**12.** (d)	**13.** (c)	**14.** (c)	**15.** (b)	**16.** (c)	**17.** (a)	**18.** (b)	**19.** (a)	**20.** (c)
21. (c)	**22.** (a)	**23.** (d)	**24.** (b)	**25.** (c)	**26.** (c)	**27.** (b)	**28.** (c)	**29.** (d)	**30.** (c)
31. (b)	**32.** (b)	**33.** (c)	**34.** (c)	**35.** (c)	**36.** (a)	**37.** (b)	**38.** (c)	**39.** (a)	**40.** (d)
41. (a)	**42.** (a)	**43.** (c)	**44.** (d)	**45.** (b)	**46.** (c)	**47.** (a)	**48.** (b)	**49.** (d)	**50.** (b)
51. (c)	**52.** (a)	**53.** (d)	**54.** (b)	**55.** (c)	**56.** (d)	**57.** (c)	**58.** (b)	**59.** (a)	**60.** (b)

अध्याय 13

बेसिक इलेक्ट्रॉनिक्स
Basic Electronics

परिचय Introduction

विज्ञान की वह शाखा, जिसमें बाह्य बलों के प्रभाव के अन्तर्गत इलेक्ट्रॉन तथा अन्य आवेश वाहकों के गुणों, व्यवहार एवं अनुप्रयोगों का अध्ययन किया जाता है, उसे इलेक्ट्रॉनिक्स कहा जाता है। वस्तुत: इलेक्ट्रॉनिक्स शब्द की उत्पत्ति इलेक्ट्रॉन से हुई है।

इलेक्ट्रॉन प्रकृति का वह मूल कण है, जो न्यूनतम **द्रव्यमान** एवं न्यूनतम **ऋणावेश** रखता है। अपनी चक्रण एवं कक्षीय गतियों के कारण ही इलेक्ट्रॉन को विभिन्न प्रकार की प्रक्रियाओं, यन्त्रों, उपकरणों (कम्प्यूटर, टी.वी. आदि) का मूल आधार माना जाता है। इलेक्ट्रॉन्स के प्रवाह के आधार पर ही वैद्युतिक पदार्थ को चालक, कुचालक एवं अर्द्धचालक में वर्गीकृत किया जाता है।

सम्पूर्ण इलेक्ट्रॉनिक्स का आधार अर्द्धचालक पदार्थ होते हैं। अर्द्धचालक पदार्थों के द्वारा ही इलेक्ट्रॉनिक्स युक्तियाँ; जैसे-डायोड, ट्रांजिस्टर इत्यादि का निर्माण किया जाता है। इस अध्याय में हम वैद्युतिक पदार्थ, डायोड ट्रांजिस्टर, थायरिस्टर, UJT, MOSFET आदि का अध्ययन करेंगे।

अध्याय विषय सूची

13.1 वैद्युतिक पदार्थों का वर्गीकरण
Classification of Electrical Materials

वैद्युतिक पदार्थों को निम्न तीन वर्गों में बाँटा गया है

1. चालक 2. अचालक 3. अर्द्धचालक

1. चालक Conductor

जिन पदार्थों में विद्युत धारा सुगमता से प्रवाहित हो जाती है, वे चालक (conductor) कहलाते हैं; जैसे—चाँदी, ताँबा, एल्युमीनियम आदि। किसी पदार्थ की चालकता, उसमें उपस्थित 'मुक्त इलेक्ट्रॉन्स' की संख्या पर निर्भर करती है। जिस पदार्थ में जितनी अधिक संख्या में 'मुक्त इलेक्ट्रॉन्स' विद्यमान होते हैं, वह पदार्थ विद्युत का उतना ही अच्छा चालक होता है। चालक पदार्थों के परमाणुओं की अन्तिम कक्षा में केवल 1, 2 या 3 इलेक्ट्रॉन्स अथवा 5, 6 या 7 इलेक्ट्रॉन्स होते हैं अर्थात् अन्तिम कक्षा अपूर्ण होती है।

चित्र में चालक पदार्थ का ऊर्जा बैण्ड आरेख दर्शाया गया है, जिसमें E_c पदार्थ के इलेक्ट्रॉनों की उच्चतम ऊर्जाओं का बैण्ड है, जिसे चालन बैण्ड (covalent band) कहा जाता है। इसके अतिरिक्त E_v, संयोजी इलेक्ट्रॉन्स के अधिकतम ऊर्जा स्तर को प्रदर्शित करता है, जिसे संयोजी बैण्ड (valence band) कहते हैं।

संयोजी बैण्ड में इलेक्ट्रॉन्स सदैव उपस्थित होते हैं।

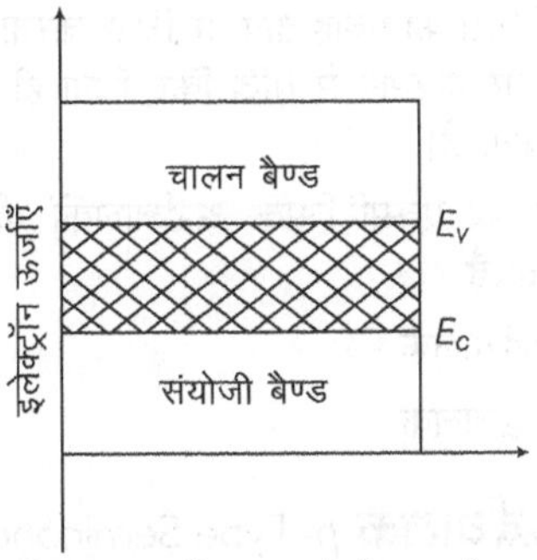

चित्र चालकों का ऊर्जा बैण्ड आरेख

चालक पदार्थों में इलेक्ट्रॉन्स की बहुलता के कारण चालन बैण्ड तथा संयोजी बैण्ड परस्पर ओवरलैप (overlap) करते हैं, अत: संयोजी इलेक्ट्रॉन्स (valence electrons) सरलता से संयोजी बैण्ड (निम्न ऊर्जा बैण्ड) से चालन बैण्ड (उच्च ऊर्जा स्तर) में स्थानान्तरित होते हैं, जिस कारण चालक पदार्थों में धारा का प्रवाह अत्यधिक सुगमता से अधिक मात्रा में होता है। दूसरे शब्दों में कहा जा सकता है कि चालक पदार्थ विद्युत धारा के प्रवाह के लिए न्यूनतम प्रतिरोध प्रस्तुत करते हैं।

2. **अचालक** Insulator

जिन पदार्थों में विद्युत धारा या तो प्रवाहित नहीं हो सकती अथवा अल्प मात्रा में कठिनाई से ही प्रवाहित हो सकती है, वे अचालक कहलाते हैं। इन पदार्थों में 'मुक्त इलेक्ट्रॉन्स' या तो होते ही नहीं अथवा अत्यन्त अल्प संख्या में विद्यमान होते हैं; जैसे—रबर, कागज, चीनी मिट्टी आदि।

सामान्यत: अचालक पदार्थों के परमाणुओं की बाह्यतम कक्षा संतृप्त (8 इलेक्ट्रॉन्स) होती है। अत: उनमें विद्युत धारा चालन के लिए 'मुक्त इलेक्ट्रॉन्स' उपलब्ध नहीं होते। चित्र में अचालक पदार्थ का ऊर्जा बैण्ड आरेख दर्शाया गया है।

संयोजी तथा चालन बैण्ड के मध्य वर्जित ऊर्जा बैण्ड (E_g) वह क्षेत्र होता है, जिसमें इलेक्ट्रॉन अनुपस्थित होते हैं तथा चालन एवं संयोजी बैण्ड के मध्य का ऊर्जा अन्तराल, बैण्ड अन्तराल कहलाता है।

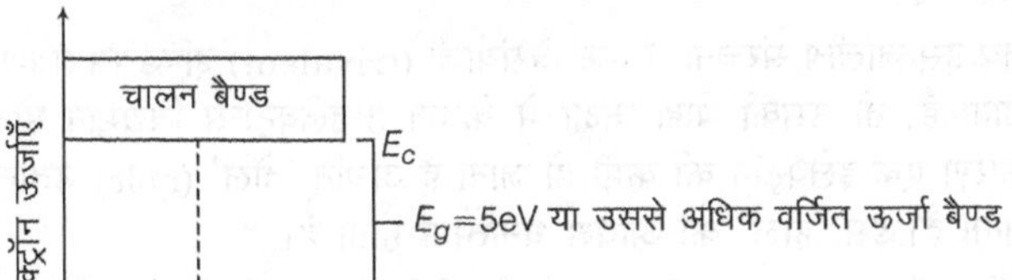

चित्र अचालकों का ऊर्जा बैण्ड आरेख

उपरोक्त चित्र से स्पष्ट है कि अचालक पदार्थों में चालन बैण्ड तथा संयोजी बैण्ड के मध्य ऊर्जा अन्तराल इतना अधिक होता है कि इलेक्ट्रॉन्स सरलता से उस ऊर्जा अन्तराल को पार करके चालन बैण्ड में नहीं जा पाता, जिस कारण इन पदार्थों में धारा का प्रवाह लगभग नगण्य होता है अर्थात् ये पदार्थ धारा प्रवाह के लिए अधिकतम प्रतिरोध प्रस्तुत करते हैं।

3. **अर्द्धचालक** Semiconductor

जिन पदार्थों की चालकता का स्तर, चालकों एवं अचालकों के मध्य का होता है, वे अर्द्धचालक कहलाते हैं। इन पदार्थों में मुक्त इलेक्ट्रॉन्स की संख्या अचालक पदार्थों से अधिक, परन्तु चालक पदार्थों से कम होती है। इन पदार्थों के परमाणुओं की अन्तिम कक्षा में प्राय: 4 इलेक्ट्रॉन्स होते हैं; जैसे—कार्बन, जर्मेनियम, सिलिकॉन आदि।

जर्मेनियम तथा सिलिकॉन चतुष्संयोजी (tetravalent) तत्व हैं अर्थात् इनकी बाह्यतम कक्षा में 4 इलेक्ट्रॉन्स होते हैं।

तत्व	प्रतीक	परमाणु संख्या	इलेक्ट्रॉनिक विन्यास
जर्मेनियम	Ge	32	2, 8, 18, 4
सिलिकॉन	Si	14	2, 8, 4

इन तत्वों में अन्य विशिष्ट तत्वों को अशुद्धि (impurity) के रूप में मिलाकर इनकी चालकता परिवर्तित की जा सकती है।

चित्र में अर्द्धचालक पदार्थों का ऊर्जा बैण्ड आरेख दर्शाया गया है, जिससे स्पष्ट है कि अर्द्धचालक पदार्थों का बैण्ड अन्तराल चालक पदार्थों से अधिक तथा अचालक पदार्थों से कम होता है।

परम शून्य ताप पर अर्द्धचालक पदार्थ अचालक के समान व्यवहार करते हैं।

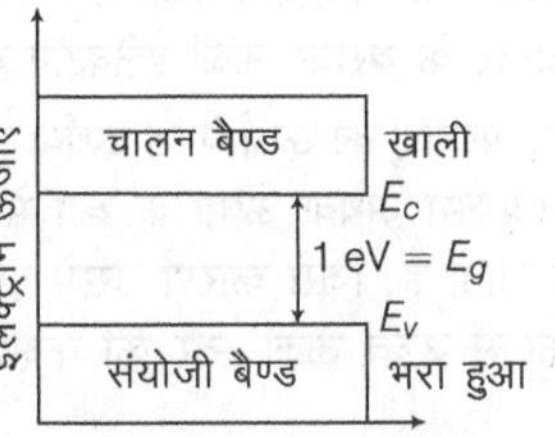

चित्र अर्द्धचालकों का ऊर्जा बैण्ड आरेख

अत: समस्त इलेक्ट्रॉन संयोजी बैण्ड में उपस्थित होते हैं और यह पूर्णत: भरा होता है, जैसे-जैसे तापमान में वृद्धि की जाती है, संयोजी बैण्ड के इलेक्ट्रॉन्स इस ऊर्जा को ग्रहण करते हैं और बैण्ड अन्तराल को पार करके चालन बैण्ड में चले जाते हैं, जिससे विद्युत धारा का प्रवाह प्रारम्भ हो जाता है अर्थात् अर्द्धचालक पदार्थ का प्रतिरोध घटने लगता है।

अत: हम कह सकते हैं कि तापमान वृद्धि के साथ-साथ अर्द्धचालक की वैद्युतिक चालकता में भी वृद्धि होती है जिससे यह चालक की भाँति व्यवहार करना प्रारम्भ कर देता है।

13.2 अर्द्धचालक ऊर्जा स्तर
Semiconductor Energy Level

पृथ्वी पर उपस्थित समस्त तत्वों के प्रत्येक परमाणु की कक्षाएँ निश्चित होती हैं। ये कक्षाएँ स्थायी अथवा अस्थायी दोनों प्रकार की होती हैं, परन्तु परमाणु में उपस्थित इलेक्ट्रॉन्स केवल स्थायी कक्षाओं में ही नाभिक की परिक्रमा करते हैं।

परमाणु में उपस्थित प्रत्येक कक्षा एक निश्चित ऊर्जा स्तर से संयोजित होती है। अत: किसी परमाणु में उपस्थित विभिन्न कक्षाओं से संयोजित ऊर्जा स्तरों का समूह उस परमाणु का ऊर्जा बैण्ड कहलाता है।

चित्र में एक परमाणु के विभिन्न कक्षाओं से संयोजित ऊर्जा स्तर दर्शाए गए हैं।

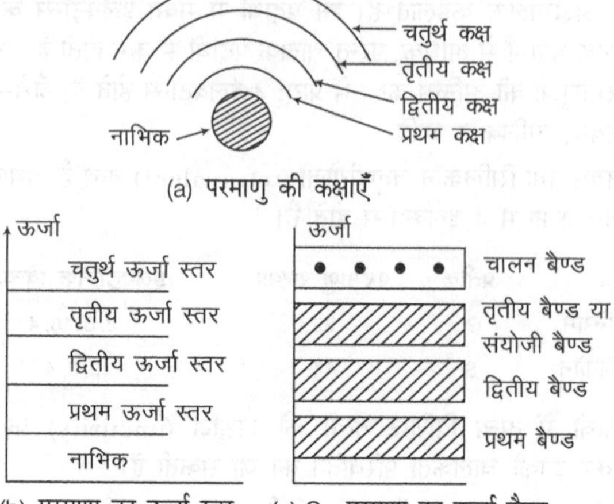

चित्र अर्द्धचालक ऊर्जा स्तर

उपरोक्त चित्र से स्पष्ट है कि नाभिक के द्वारा निकटतम कक्षा पर अधिकतम आकर्षण बल तथा बाह्य कक्षा पर न्यूनतम आकर्षण बल आरोपित होता है। अत: यदि इलेक्ट्रॉन को प्रथम कक्षा से द्वितीय कक्षा में स्थानान्तरित करना हो, तो दोनों के ऊर्जा स्तरों के अन्तर के बराबर ऊर्जा इलेक्ट्रॉन को प्रदान करनी होगी।

उपरोक्त चित्र c में Ge परमाणु का ऊर्जा बैण्ड दर्शाया गया है। यदि Ge परमाणु को बाह्य स्रोत से ऊर्जा (प्रकाश अथवा ऊष्मा के रूप में) प्रदान की जाए, तो Ge परमाणु उत्तेजित हो जाता है, जिस कारण उसमें इलेक्ट्रॉन्स का स्थानान्तरण निम्न ऊर्जा की कक्षा से उच्च ऊर्जा स्तर की कक्षा में होने लगता है।

13.3 अर्द्धचालक के प्रकार Types of Semiconductor

अर्द्धचालक निम्न दो प्रकार के होते हैं

1. इन्ट्रिन्सिक अर्द्धचालक
2. एक्सट्रिन्सिक अर्द्धचालक

1. इन्ट्रिन्सिक अर्द्धचालक Intrinsic Semiconductor

ऐसे अर्द्धचालक जो प्रकृति में शुद्ध अवस्था में विद्यमान होते हैं, वे इन्ट्रिन्सिक या शुद्ध अर्द्धचालक कहलाते हैं। शुद्ध अवस्था में अर्द्धचालक पदार्थ, विद्युत धारा प्रवाह के लिए उच्च प्रतिरोध प्रस्तुत करते हैं। इनकी संरचना क्रिस्टलीय (crystalline) होती है। सिलिकॉन एवं जर्मेनियम इन्ट्रिन्सिक अर्द्धचालक के उदाहरण हैं।

2. एक्सट्रिन्सिक अर्द्धचालक Extrinsic Semiconductor

शुद्ध अर्द्धचालक पदार्थों में किसी उचित पदार्थ को अशुद्धि (impurity) के रूप में मिलाकर उनकी चालकता में वृद्धि की जा सकती है। अशुद्धि युक्त अर्द्धचालक, एक्सट्रिन्सिक अर्द्धचालक कहलाते हैं। शुद्ध अर्द्धचालकों में सूक्ष्म मात्रा में अशुद्धि मिलाने की यह प्रक्रिया **डोपिंग** (doping) कहलाती है। अर्द्धचालक परम शून्य ताप (शून्य केल्विन) पर कुचालक के समान कार्य करता है एवं इसमें धारा का प्रवाह ताप पर निर्भर करता है। शुद्ध अर्द्धचालकों में अशुद्धि मिलाने पर तापमान में वृद्धि किए बिना ही उसमें धारा के प्रवाह को बढ़ाया जा सकता है।

डोपिंग के आधार पर एक्सट्रिन्सिक अर्द्धचालकों को निम्न दो भागों में वर्गीकृत किया जाता है

(i) *p*–टाइप अर्द्धचालक

(ii) *n*–टाइप अर्द्धचालक

(i) *p*-टाइप अर्द्धचालक *p*-Type Semiconductor

इण्डियम तथा गैलियम त्रिसंयोजी (trivalent) तत्व होते हैं। यदि इनमें से किसी एक तत्व की अल्प मात्रा, जर्मेनियम/सिलिकॉन में प्रवेश करा दी जाए, तो प्रत्येक इण्डियम/गैलियम परमाणु के लिए एक इलेक्ट्रॉन की कमी उत्पन्न हो जाती है, जो **होल** (hole) अथवा **कोटर** कहलाती है, जैसा कि चित्र में दर्शाया गया है। 'होल' का अर्थ इलेक्ट्रॉन के लिए 'रिक्त स्थान' या 'रिक्ति' होता है।

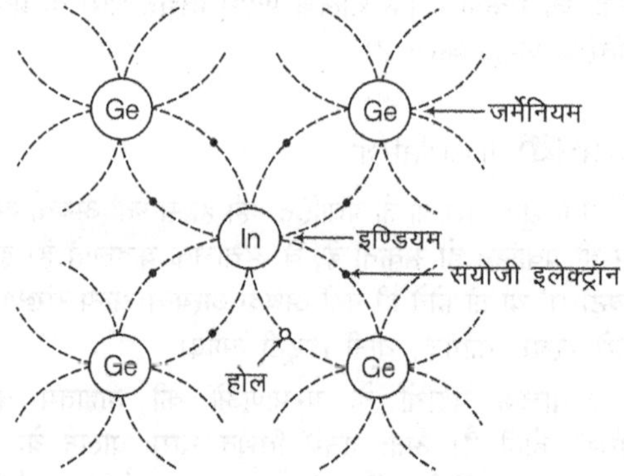

चित्र *p*-टाइप अर्द्धचालक की क्रिस्टलीय संरचना

जर्मेनियम की संरचना जालीय (lattice) होती है, जिसमें प्रत्येक जर्मेनियम परमाणु, चार अन्य जर्मेनियम परमाणुओं के साथ सह-संयोजी बन्ध स्थापित करता है।

जब इस जालीय संरचना में एक त्रिसंयोजी (trivalent) इण्डियम प्रवेश कर जाता है, तो उसकी बाह्य कक्षा में केवल 3 इलेक्ट्रॉन्स विद्यमान होने के कारण एक इलेक्ट्रॉन की कमी हो जाती है अर्थात् 'होल' (hole) उत्पन्न हो जाता है। इस 'होल' का आवेश धनात्मक होता है।

चूँकि इण्डियम परमाणु क्रिस्टल में से कोई एक अन्य इलेक्ट्रॉन ले लेता है, इसलिए इसे ग्राही (acceptor) कहते हैं, क्योंकि क्रिस्टल की वैद्युत चालकता बढ़ाने के लिए एक धनात्मक आवेश उपलब्ध है, इसलिए इस क्रिस्टल को *p*-टाइप अर्द्धचालक कहते हैं।

p-टाइप के अर्द्धचालक में होल उत्पन्न होने के कारण यह एक इलेक्ट्रॉन ग्रहण करने की क्षमता रखता है, जिस कारण *p*-टाइप के अर्द्धचालक में मिश्रित अशुद्धि, ग्राही या एक्सेप्टर अशुद्धि कहलाती है, जिसका ऊर्जा स्तर संयोजी बैण्ड से ठीक ऊपर होता है।

चित्र में p-टाइप के अर्द्धचालक का ऊर्जा स्तर आरेख दर्शाया गया है, जो E_c चालन बैण्ड, E_v संयोजी बैण्ड, E_g बैण्ड अन्तराल तथा E_a ग्राही ऊर्जा स्तर को प्रदर्शित करता है।

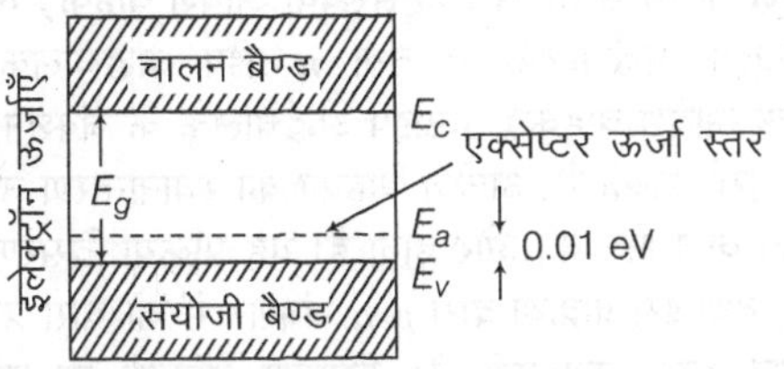

चित्र p-टाइप के अर्द्धचालक के लिए ऊर्जा बैण्ड आरेख

टिप्पणी *p-टाइप के अर्द्धचालक में होल्स की अधिकता के कारण होल्स बहुसंख्यक आवेश वाहक तथा इलेक्ट्रॉन्स अल्पसंख्यक आवेश वाहक होते हैं।*

(ii) *n*-टाइप अर्द्धचालक *n*-Type Semiconductor

आर्सेनिक तथा एन्टीमनी पंचसंयोजी (pentavalent) तत्व हैं। यदि इनमें से किसी एक तत्व की अल्प मात्रा, जर्मेनियम/सिलिकॉन में प्रवेश करा दी जाए, तो प्रत्येक आर्सेनिक/एन्टीमनी परमाणु का एक इलेक्ट्रॉन, जालीय संरचना में मुक्त हो जाता है, जो **मुक्त इलेक्ट्रॉन** (free electron) कहलाता है, जैसा कि चित्र में दर्शाया गया है।

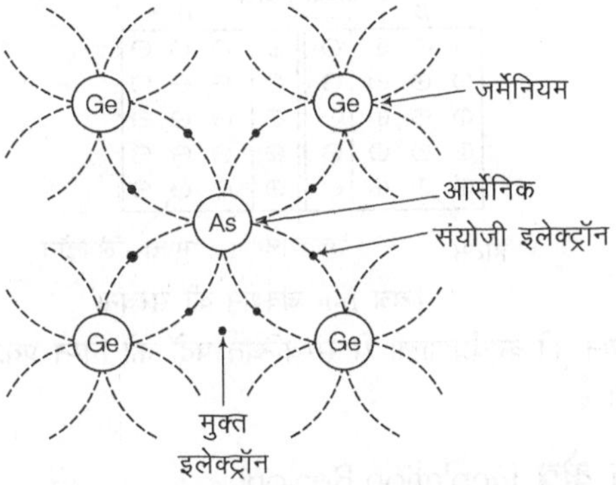

चित्र n-टाइप अर्द्धचालक की क्रिस्टलीय संरचना

जब जर्मेनियम की जालीय संरचना में एक पंचसंयोजी (pentavalent) आर्सेनिक प्रवेश कर जाता है, तो उसकी बाह्यतम कक्षा में 5 इलेक्ट्रॉन्स विद्यमान होने के कारण एक इलेक्ट्रॉन को जालीय संरचना में स्थान नहीं मिल पाता और वह 'मुक्त' हो जाता है।

'n-टाइप' अर्द्धचालक में 'मुक्त इलेक्ट्रॉन्स' की संख्या पदार्थ में मिलाए गए आर्सेनिक की मात्रा पर निर्भर करती है। n-टाइप के अर्द्धचालक में संयोजी बन्ध बनने के पश्चात् एक मुक्त इलेक्ट्रॉन शेष रह जाता है, जिस कारण यह एक इलेक्ट्रॉन प्रदान करने की क्षमता रखता है। अतः n-टाइप अर्द्धचालक में मिश्रित अशुद्धि, दाता अथवा डोनर अशुद्धि कहलाती है, जिसका ऊर्जा स्तर अर्थात् डोनर ऊर्जा स्तर E_d, चालन बैण्ड के ठीक नीचे स्थित होता है।

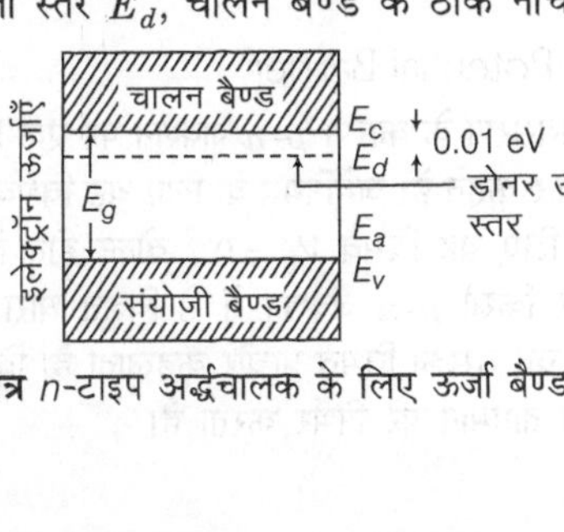

चित्र n-टाइप अर्द्धचालक के लिए ऊर्जा बैण्ड आरेख

टिप्पणी *मुक्त इलेक्ट्रॉन्स की अधिकता के कारण n-टाइप के अर्द्धचालक में इलेक्ट्रॉन्स बहुसंख्यक आवेश वाहक तथा होल्स अल्पसंख्यक आवेश वाहक होते हैं।*

तालिका n-टाइप तथा p-टाइप अर्द्धचालक के मध्य अन्तर

क्र. सं.	n-टाइप	p-टाइप
1.	इन्ट्रिन्सिक अर्द्धचालक में 5 संयोजकता वाली अशुद्धि के परमाणु मिलाने पर n-टाइप अर्द्धचालक का निर्माण होता है।	एक्सट्रिन्सिक अर्द्धचालक में 3 संयोजकता वाली अशुद्धि के परमाणु मिलाने पर p-टाइप अर्द्धचालक का निर्माण होता है।
2.	प्रत्येक अशुद्धि परमाणु एक अतिरिक्त मुक्त इलेक्ट्रॉन प्रदान करता है।	प्रत्येक अशुद्धि परमाणु एक अतिरिक्त होल प्रदान करता है।
3.	अशुद्धि परमाणु को दाता परमाणु (donor atom) कहते हैं।	अशुद्धि परमाणु को ग्राही परमाणु (acceptor atom) कहते हैं।
4.	दाता परमाणु स्थिर धनावेशित आयन होते हैं।	ग्राही परमाणु स्थिर ऋणावेशित आयन होते हैं।
5.	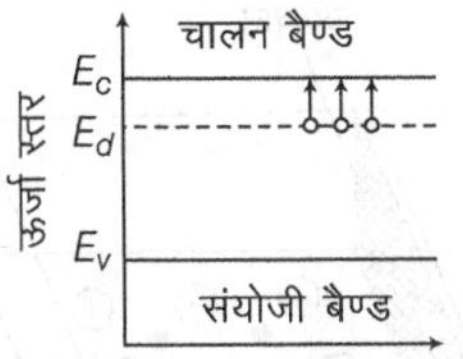 दाता परमाणु का ऊर्जा स्तर चालन बैण्ड से कुछ नीचे स्थित होता है।	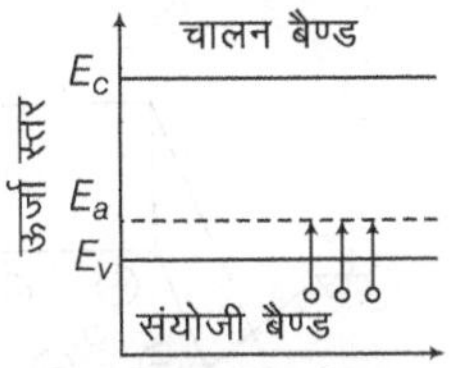 ग्राही परमाणु का ऊर्जा स्तर संयोजी बैण्ड से कुछ ऊपर स्थित होता है।
6.	बहुसंख्यक आवेश वाहक इलेक्ट्रॉन होते हैं तथा अल्पसंख्यक आवेश वाहक होल होते हैं।	बहुसंख्यक आवेश वाहक होल तथा अल्पसंख्यक आवेश वाहक इलेक्ट्रॉन होते हैं।

तालिका इन्ट्रिन्सिक तथा एक्सट्रिन्सिक अर्द्धचालक के मध्य अन्तर

क्र. सं.	इन्ट्रिन्सिक अर्द्धचालक	एक्सट्रिन्सिक अर्द्धचालक
1.	यह शुद्ध तथा प्राकृतिक अर्द्धचालक है।	यह शुद्ध अर्द्धचालक में किसी पदार्थ को अशुद्धि के रूप में मिलाकर बनता है।
2.	इलेक्ट्रॉन तथा होल की संख्या समान होती है। इलेक्ट्रॉन चालन बैण्ड में तथा होल संयोजी बैण्ड में स्थित होते हैं।	n-टाइप अर्द्धचालक में इलेक्ट्रॉनों की संख्या होल से अधिक होती है। p-टाइप अर्द्धचालक में होल की संख्या इलेक्ट्रॉनों की संख्या से अधिक होती है।
3.	वैद्युत चालकता कम होती है।	वैद्युत चालकता उच्च होती है।
4.	तापमान बढ़ने पर वैद्युत चालकता चरघातीय (exponentially) रूप से बढ़ती है।	वैद्युत चालकता सामान्य रूप से बढ़ती है।
5.	वैद्युत चालकता नियन्त्रित नहीं की जा सकती है।	डोपिंग के द्वारा वैद्युत चालकता नियन्त्रित की जा सकती है।

13.4 *p-n* जंक्शन *p-n* Junction

जब किसी p तथा n-टाइप क्रिस्टल को ऊष्मीय प्रक्रिया द्वारा संयुक्त किया जाता है, तो प्राप्त जंक्शन p-n जंक्शन कहलाता है। व्यावहारिक रूप में p-टाइप अर्द्धचालक को n-टाइप अर्द्धचालक के साथ रखकर नहीं बनाया जा सकता है। p-n जंक्शन को निम्न दो विधियों द्वारा बनाया जाता है

(i) **ग्राउन *p-n* जंक्शन** (Grown p-n junction) इस प्रकार के जंक्शन को बनाने के लिए जर्मेनियम के क्रिस्टल में पहले एक प्रकार की अशुद्धि मिलाई जाती है तथा अशुद्धि मिलाने की क्रिया के बीच में ही दूसरी प्रकार की अशुद्धि मिला दी जाती है जिससे क्रिस्टल का एक भाग एक प्रकार की अशुद्धि से तथा दूसरा भाग अन्य प्रकार की अशुद्धि से युक्त हो जाता है। चित्र में ग्राउन p-n जंक्शन दर्शाया गया है। चित्र से स्पष्ट है कि क्रिस्टल का एक भाग p-टाइप तथा दूसरा भाग n-टाइप का अर्द्धचालक बन गया है। ऋणात्मक चिन्ह (–) के बड़े गोले ग्राही (acceptor) अशुद्धि के परमाणु के ऋण आयन तथा धनात्मक चिन्ह (+) के बड़े गोल दाता (donor) अशुद्धि के परमाणु धन आयन को प्रदर्शित करते हैं।

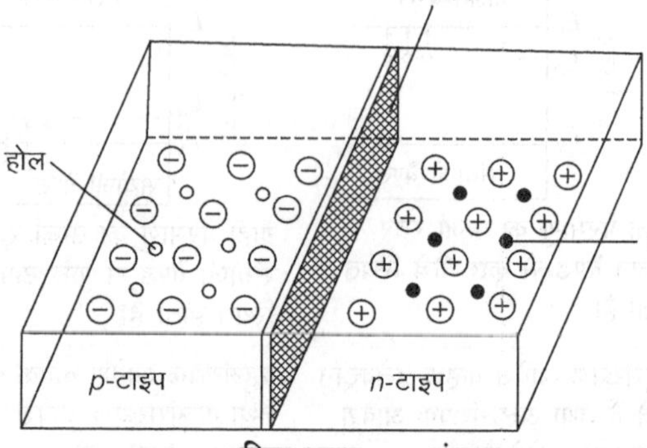

चित्र ग्राउन p-n जंक्शन

इस प्रकार ग्राउन जंक्शन में p–भाग में होल (hole) के कारण तथा n–भाग में इलेक्ट्रॉन के कारण धारा प्रवाहित हो सकती है।

(ii) **फ्यूज्ड *p-n* जंक्शन** (Fused p-n junction) इस प्रकार के जंक्शन को बनाने के लिए n-टाइप जर्मेनियम वेफर की सतह पर इण्डियम की बहुत सूक्ष्म मात्रा (क्रिस्टल की अपेक्षा लगभग एक लाखवाँ भाग) रखकर क्रिस्टल को गर्म किया जाता है जिसमें इण्डियम, जर्मेनियम सतह के नीचे कुछ दूरी पर विसरित होकर एक पतली परत के रूप में फैल जाती है। इस प्रकार सतह के नीचे एक पतली परत p-टाइप जर्मेनियम की बन जाती है तथा क्रिस्टल का शेष भाग n-टाइप जर्मेनियम ही रहता है, इस प्रकार p-टाइप क्षेत्र के मध्य क्षेत्र के मध्य एक p-n जंक्शन बन जाता है, जैसा कि चित्र में दर्शाया गया है।

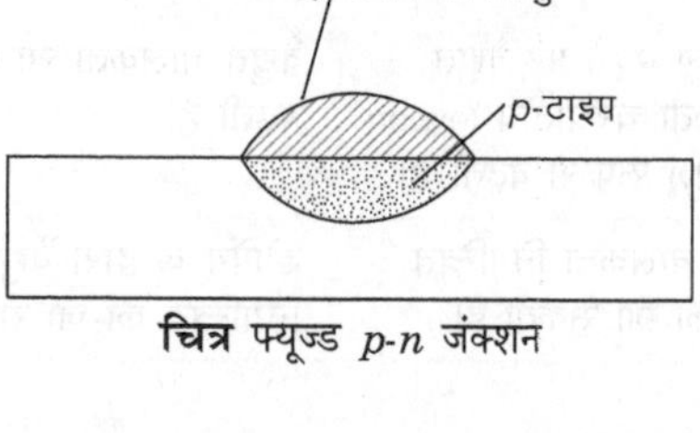

चित्र फ्यूज्ड p-n जंक्शन

कार्यप्रणाली Working Method

चित्र में p-n जंक्शन की संरचना दर्शायी गई है। p-n जंक्शन बनने के बाद p-टाइप अर्द्धचालक से होल्स (बहुसंख्यक आवेश वाहक) निम्न ऊर्जा प्राप्त करके n-टाइप अर्द्धचालक में तथा n-टाइप अर्द्धचालक से इलेक्ट्रॉन (बहुसंख्यक आवेश वाहक) p-टाइप अर्द्धचालक के जंक्शन को पार करके पहुँचते हैं। दूसरे शब्दों में, आवेश वाहकों का स्थानान्तरण उच्च सान्द्रता से कम सान्द्रता वाले क्षेत्र की ओर होता है। यह प्रक्रिया विसरण (diffusion) कहलाती है तथा इस प्रक्रिया द्वारा p-n जंक्शन में जो धारा प्रवाहित होती है, वह विसरण धारा कहलाती है। विसरण प्रक्रिया के कारण n–टाइप अर्द्धचालक के इलेक्ट्रॉन जंक्शन के निकट p-टाइप अर्द्धचालक में उपस्थित होल्स के साथ संयोजित हो जाते हैं। इसी प्रकार p–टाइप अर्द्धचालक के होल्स n-टाइप अर्द्धचालक के जंक्शन के निकटवर्ती इलेक्ट्रॉन्स के साथ संयोजित हो जाते हैं।

परिणामस्वरूप p-टाइप अर्द्धचालक में जंक्शन के निकट ऋणावेश तथा n-टाइप अर्द्धचालक में जंक्शन के निकट धनावेश एकत्रित हो जाता है। जंक्शन के निकट इन स्थिर आयनों के एकत्रित होने के कारण आवेश-वाहकों का पुन: स्थानान्तरण बाधित हो जाता है और p-n जंक्शन की साम्यावस्था प्राप्त हो जाती है।

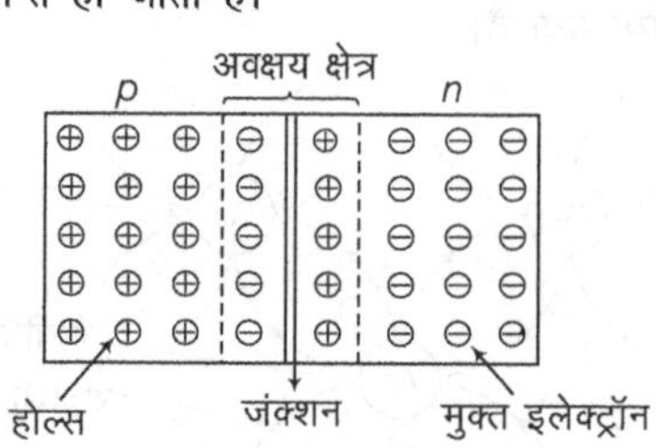

चित्र p-n जंक्शन की संरचना

p-n जंक्शन की कार्यप्रणाली से सम्बन्धित पदों को निम्न प्रकार परिभाषित किया गया है

अवक्षय क्षेत्र Depletion Region

इलेक्ट्रॉन्स तथा होल्स की विसरण प्रक्रिया के पश्चात् p-n जंक्शन के निकट बना वह क्षेत्र, जिसमें स्थिर इलेक्ट्रॉन तथा होल्स उपस्थित होते हैं, अवक्षय क्षेत्र कहलाता है। चित्र में अवक्षय परत युक्त p-n जंक्शन दर्शाया गया है, जिसमें p-अर्द्धचालक के निकट स्थिर इलेक्ट्रॉन्स तथा n-अर्द्धचालक के निकट स्थिर होल्स उपस्थित हैं। स्थिर इलेक्ट्रॉन्स तथा होल्स को सम्मिलित रूप से स्थिर आयन्स (immobile ions) भी कहा जाता है। अवक्षय क्षेत्र बनने के पश्चात् n-अर्द्धचालक पदार्थ से p-अर्द्धचालक पदार्थ तक इलेक्ट्रॉन का प्रवाह बाधित हो जाता है और साम्यावस्था प्राप्त हो जाती है। अवक्षय क्षेत्र को फ्री स्पेस क्षेत्र (free space region) अथवा ट्रांजिशन क्षेत्र (transition region) भी कहा जाता है।

विभव प्राचीर Potential Barrier

इलेक्ट्रॉन-होल के विसरण के कारण p-n जंक्शन पर एक विभव उत्पन्न होता है, जिसे विभव प्राचीर कहते हैं। जर्मेनियम के लिए यह विभव $V_B = 0.3$ वोल्ट तथा सिलिकॉन के लिए यह विभव $V_B = 0.7$ वोल्ट होता है। दूसरे शब्दों में, जिस विभवान्तर पर किसी p-n जंक्शन में से विद्युत धारा का प्रभावी प्रवाह प्रारम्भ हो जाता है, वह उसका विभव प्राचीर कहलाता है। विभव प्राचीर डोपिंग घनत्व, आवेश तथा तापमान पर निर्भर करता है।

13.5 p-n जंक्शन डायोड p-n Junction Diode

p-n जंक्शन डायोड दो टर्मिनल वाली *p-n* जंक्शन से निर्मित एक युक्ति है, जिसमें धारा का प्रवाह एकदिशीय होता है। धारा के प्रवाह की विपरीत दिशा में यह युक्ति अत्यधिक प्रतिरोध प्रस्तुत करती है, जिसके कारण उस दिशा में धारा का प्रवाह अवरुद्ध होता है। एकदिशीय धारा प्रवाह के कारण इसे एकदिशीय युक्ति भी कहते हैं। इलेक्ट्रॉनिक परिपथों में डायोड का प्रयोग स्विच की भाँति किया जाता है। इसके अतिरिक्त, इसे रेक्टिफायर परिपथ में ए.सी. को डी.सी. में परिवर्तित करने के लिए भी प्रयुक्त किया जाता है।

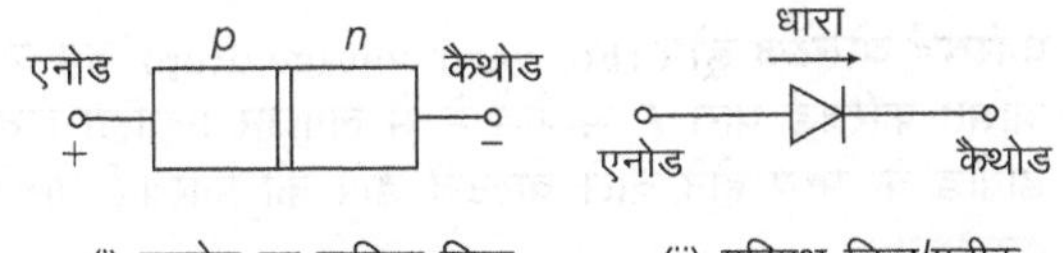

चित्र *p-n* जंक्शन डायोड

उपरोक्त चित्र में अर्द्धचालक डायोड का ग्राफिक चिन्ह तथा परिपथ चिन्ह प्रदर्शित किया गया है। परिपथ चिन्ह में तीर का निशान धारा की दिशा को प्रदर्शित करता है।

p-n जंक्शन डायोड के प्रकार
Types of p-n Junction Diode

p-n जंक्शन डायोड के निर्माण में प्रयुक्त अर्द्धचालक पदार्थ के आधार पर डायोड मुख्यत: निम्न दो प्रकार के होते हैं

(i) **जर्मेनियम डायोड** (Germanium diode) ये डायोड्स जर्मेनियम नामक तत्व से तैयार किए गए '*p*-टाइप' तथा '*n*-टाइप' के क्रिस्टलों को ऊष्मा प्रक्रिया द्वारा जोड़कर बनाए जाते हैं। इनका विभव प्राचीर 0.1 V से 0.3 V तक होता है। इनका उपयोग रेडियो तथा टी.वी. रिसीवर्स में डिटेक्शन के लिए किया जाता है।

(ii) **सिलिकॉन डायोड** (Silicon diode) ये डायोड्स सिलिकॉन नामक तत्व से तैयार किए गए *p*-टाइप तथा *n*-टाइप के क्रिस्टलों को ऊष्मा-प्रक्रिया द्वारा जोड़कर बनाए जाते हैं। इनका विभव प्राचीर 0.7 V तक होता है। इनका उपयोग 'रेक्टीफिकेशन' के लिए किया जाता है। इस कार्य के लिए 1000 V तक तथा 10 A तक विद्युत धारा वहन क्षमता वाले सिलिकॉन डायोड्स बनाए जाते हैं।

p-n जंक्शन डायोड की बायसिंग
Biasing of p-n Junction Diode

p-n जंक्शन को बाह्य वोल्टेज से संयोजित करने की प्रक्रिया बायसिंग कहलाती है। बायसिंग प्रक्रिया निम्न दो प्रकार की होती हैं

1. फॉरवर्ड बायसिंग Forward Biasing

यदि *p-n* जंक्शन डायोड के '*p*-टाइप' पदार्थ को बैटरी के धन (+) तथा '*n*-टाइप' पदार्थ को बैटरी के ऋण (–) सिरे से संयोजित कर दिया जाए, तो यह फॉरवर्ड बायसिंग कहलाती है। इस स्थिति में 'होल्स' तथा 'मुक्त इलेक्ट्रॉन्स' जंक्शन के निकट आ जाते हैं। बैटरी का ऋणात्मक आवेश, '*n*-टाइप' पदार्थ में उपस्थित 'मुक्त इलेक्ट्रॉन्स' को जंक्शन की ओर विकर्षित तथा 'होल्स' को अपनी ओर आकर्षित करता है। इसी प्रकार, बैटरी का धनात्मक आवेश '*p*-टाइप' पदार्थ में उपस्थित 'होल्स' को जंक्शन की ओर विकर्षित तथा 'मुक्त इलेक्ट्रॉन्स' को अपनी ओर आकर्षित करता है। फलस्वरूप 'मुक्त इलेक्ट्रॉन्स', *p*-टाइप पदार्थ में प्रवेश कर 'होल्स' के साथ पुनर्मिलन (recombination) प्रक्रिया सम्पादित कर विद्युत धारा का प्रवाह स्थापित कर देते हैं। इस प्रक्रिया में 'मुक्त इलेक्ट्रॉन्स', एक होल से दूसरे होल में जाते हैं और 'होल्स' अर्थात् 'रिक्तियाँ' खिसकती (drift) रहती हैं। इस प्रकार उत्पन्न होने वाली धारा **विसरण धारा** (diffusion current) कहलाती है, जोकि mA में होती है।

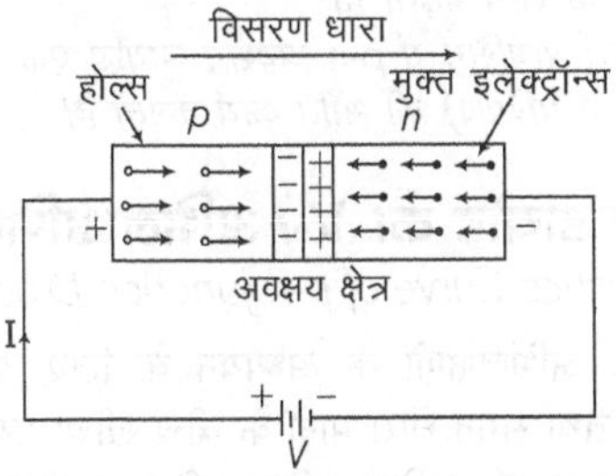

चित्र *p-n* जंक्शन की फॉरवर्ड बायसिंग

टिप्पणी (i) फॉरवर्ड बायसिंग प्रक्रिया में आरोपित बाह्य वोल्टेज का मान बढ़ाने पर विभव प्राचीर कम होने से धारा का मान बढ़ता है।

(ii) फॉरवर्ड बायसिंग में अवक्षय क्षेत्र की चौड़ाई आरोपित विद्युत वाहक बल के साथ कम होती है।

(iii) फॉरवर्ड बायसिंग में p-n जंक्शन डायोड एक बन्द स्विच, शॉर्ट परिपथ की भाँति कार्य करता है।

2. रिवर्स बायसिंग Reverse Biasing

यदि *p-n* जंक्शन डायोड के '*p*-टाइप' पदार्थ को बैटरी के ऋण (–) तथा '*n*-टाइप' पदार्थ को बैटरी के धन (+) सिरे से संयोजित कर दिया जाए, तो यह *p–n* जंक्शन की रिवर्स बायसिंग कहलाती है। इस स्थिति में 'होल्स' तथा 'मुक्त' इलेक्ट्रॉन्स' जंक्शन से दूर हट जाते हैं। बैटरी का धनात्मक आवेश, 'मुक्त इलेक्ट्रॉन्स' को आकर्षित कर लेता है और उसका ऋणात्मक आवेश, 'होल्स' को आकर्षित कर लेता है, फलत: इस युक्ति में विद्युत धारा प्रवाहित नहीं होती है।

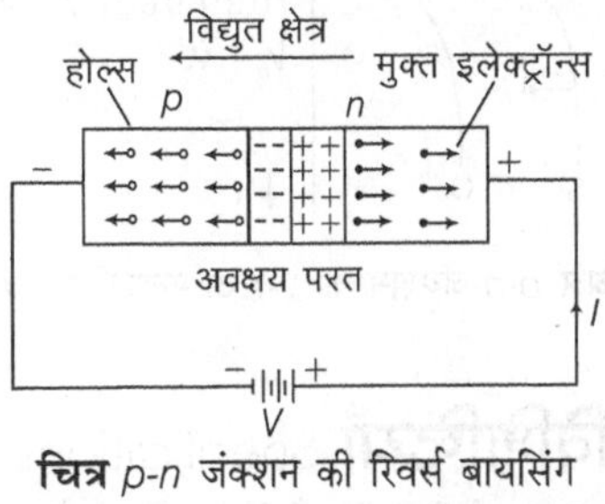

चित्र *p-n* जंक्शन की रिवर्स बायसिंग

वास्तव में, युक्ति में उपस्थित ऊष्मीय ऊर्जा एवं आरोपित विद्युत वाहक बल द्वारा उत्पन्न ऊष्मीय ऊर्जा के कारण '*n*-टाइप' पदार्थ से कुछ 'होल्स' (अल्पसंख्यक आवेश वाहक) तथा '*p*-टाइप' पदार्थ से कुछ 'मुक्त इलेक्ट्रॉन्स' निकलते रहते हैं।

जंक्शन के निकट इन अल्पसंख्यक आवेश वाहकों की पुनर्मिलन (recombination) प्रक्रिया से रिवर्स बायसिंग में भी अल्प मात्रा में विद्युत धारा प्रवाहित होती है, जिसे लीकेज धारा (leakage current) कहते हैं। रिवर्स बायसिंग अवस्था में यदि आरोपित विद्युत वाहक बल का मान, एक निश्चित सीमा से अधिक हो जाता है, तो रिवर्स दिशा में विद्युत धारा प्रवाह का मान एकाएक बहुत बढ़ जाता है और यह स्थिति **ब्रेकडाउन** (break down) कहलाती है तथा आरोपित विद्युत वाहक बल ब्रेकडाउन वोल्टेज कहलाता है।

नोट *(i) रिवर्स बायसिंग में विभव प्राचीर का मान आरोपित विद्युत वाहक बल के साथ-साथ बढ़ता है।*

(ii) रिवर्स बायसिंग में अवक्षय क्षेत्र की चौड़ाई आरोपित विद्युत वाहक बल के साथ बढ़ती है।

(iii) रिवर्स बायसिंग में p-n जंक्शन डायोड एक ओपन स्विच (खुला परिपथ) की भाँति कार्य करता है।

p-n जंक्शन डायोड का *V-I* अभिलाक्षणिक वक्र

V-I Characteristics Curve of p-n Junction Diode

किसी डायोड के अभिलक्षणों के अध्ययन के लिए डायोड के आर-पार आरोपित वोल्टेज तथा संगत धारा मानों के बीच खींचा गया वक्र, *p-n* जंक्शन डायोड का *V-I* वक्र या डायोड अभिलाक्षणिक वक्र कहलाता है। चित्र में डायोड का अभिलाक्षणिक *V-I* वक्र दर्शाया गया है। इस वक्र के आधार पर डायोड के अनुप्रयोग निर्धारित किए जाते हैं।

सामान्य प्रकार के सिलिकॉन डायोड में केवल 0.7 वोल्ट/0.8 वोल्ट फॉरवर्ड बायसिंग पर ही उच्चतम विद्युत धारा प्रवाहित होने लगती है। इस अभिलक्षण वक्र से स्पष्ट है कि फॉरवर्ड वोल्टेज (V_F) बढ़ाने से फॉरवर्ड धारा I_F का मान बढ़ता है, इसके विपरीत रिवर्स वोल्टेज (V_R) बढ़ाने पर रिवर्स धारा (I_R) का मान बहुत कम बढ़ता है लेकिन यदि रिवर्स वोल्टेज को एक निश्चित मान से अधिक बढ़ाया जाए, तो धारा का मान अचानक से अत्यधिक बढ़ता है। जिस बिन्दु से धारा का मान अचानक बढ़ने लगता है, उसे ब्रेकडाउन प्वॉइण्ट कहते हैं।

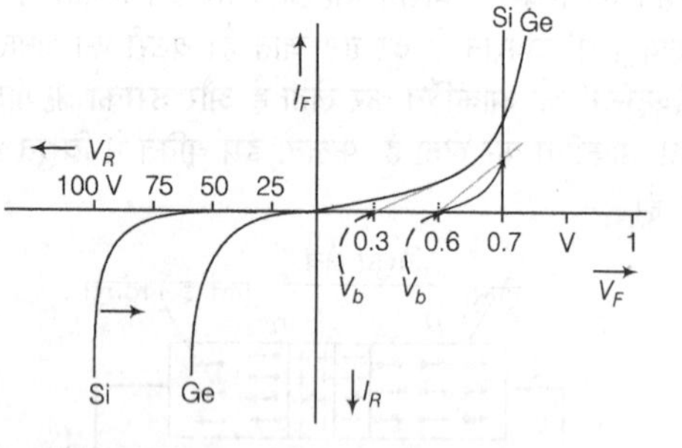

चित्र *p-n* जंक्शन का *V-I* अभिलाक्षणिक वक्र

डायोड की विशिष्टियाँ Specifications of Diodes

डायोड की कुछ महत्त्वपूर्ण विशिष्टियाँ निम्न प्रकार हैं-

1. **पदार्थ** (Material) डायोड अपमिश्रण (dopped) अर्द्धचालक पदार्थ से बनते हैं। यह सिलिकॉन या जर्मेनियम हो सकता है। कट-इन वोल्टेज, डायोड के पदार्थ पर ही निर्भर करती है। उदाहरण के लिए Ge डायोड में कट-इन वोल्टेज लगभग 0.3V है जबकि Si डायोड में कट-इन वोल्टेज लगभग 0.7V होती है।

2. **अधिकतम सुरक्षित रिवर्स वोल्टेज** (Maximum safe reverse voltage) इसे V_R या V_r से प्रदर्शित किया जाता है इस वोल्टेज को डायोड के मध्य प्रयुक्त किया जा सकता है।

   इसे पीक इन्वर्स वोल्टेज (उत्क्रम शिखर मान) या PIV भी कहते हैं। यदि निर्धारण PIV से उच्च, रिवर्स वोल्टेज को डायोड के मध्य प्रयुक्त किया जाये, तो डायोड स्थायी रूप से दोषपूर्ण हो जायेगा।

3. **अधिकतम औसत फॉरवर्ड धारा** (Maximum average forward current) इसे I_F से प्रदर्शित किया जाता है। यह डायोड में से प्रवाहित होने वाली धारा है।

4. **फॉरवर्ड वोल्टेज ड्रॉप** (Forward voltage drop) जब अधिकतम औसत फॉरवर्ड धारा I_r डायोड में से लगातार प्रवाहित होती है, तो डायोड के मध्य होने वाले वोल्टेज ड्रॉप को फॉरवर्ड वोल्टेज ड्रॉप कहते हैं।

5. **अधिकतम रिवर्स धारा** (Maximum reverse current) अधिकतम रिवर्स वोल्टेज (PIV) प्रयुक्त होने पर, डायोड में से प्रवाहित होने वाली धारा अधिकतम रिवर्स धारा कहलाती है।

6. **अधिकतम फॉरवर्ड सर्ज धारा** (Maximum forward surge current) यह डायोड में से निश्चित समय अंतराल के लिए प्रवाहित होने वाली धारा है।

7. **अधिकतम सन्धि ताप** (Maximum junction temperature) वह ताप, जिसे डायोड सन्धि को क्षतिग्रस्त किए बिना सहन कर सकता है, अधिकतम सन्धि ताप कहलाता है

8. **डायोड के निर्माताओं के कोड** (Manufacturer's code of diodes) डायोड पर एक टाइप नम्बर मुद्रित होता है। जब इस टाइप नम्बर को निर्माता की पुस्तिका से देखा जाए, तो डायोड के किसी निश्चित टाइप नम्बर के लिए विस्तृत विनिर्देश दिया होता है।

   डायोड तथा अन्य अवयव, जो विभिन्न निर्माताओं द्वारा निर्मित हैं, इनके लिए निर्माताओं तथा प्रमाणिक संस्थाओं ने कुछ निश्चित अंतर्राष्ट्रीय मानक सेट किये हैं;

   जैसे-JEDEC, PRO-ELECTION, JIS टाइप मानक।

13.6 कुछ विशिष्ट प्रकार के डायोड्स

Some Special Types of Diodes

सामान्य प्रकार के *p-n* जंक्शन डायोड्स के अतिरिक्त विशेष प्रयोजनों हेतु कई विशेष प्रकार के डायोड्स भी बनाए गए हैं, जिनमें से कुछ प्रमुख डायोड्स अग्र प्रकार हैं

1. प्रकाश उत्सर्जक डायोड Light Emitting Diode

यह एक प्रकाशोत्पादक डायोड है। यह गैलियम आर्सेनाइड (GaAs) या गैलियम फॉस्फाइड (GaP) नामक यौगिक से बनाया जाता है। इसमें 'होल्स' तथा 'मुक्त इलेक्ट्रॉन्स' के पुनर्मिलन (recombination) की दर इतनी अधिक होती है कि इसके जंक्शन के सिरों पर फॉरवर्ड बायसिंग दिशा में पूर्व निर्धारित मान का विभवान्तर आरोपित करने पर यह प्रकाश किरणें उत्सर्जित करने लगता है।

इसका प्रतीक चित्र में दर्शाया गया है। यह प्राय: चार रंगों में बनाया जाता है—हरा, नीला, पीला तथा लाल। इसका उपयोग इण्डीकेटर बल्ब के स्थान पर प्रदर्शक युक्ति एनोड के रूप में किया जाता है।

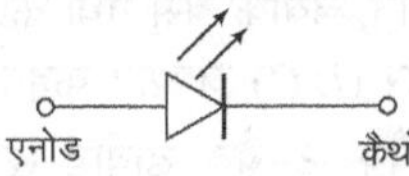

चित्र प्रकाश उत्सर्जक डायोड

2. वैरेक्टर डायोड Varactor Diode

रिवर्स बायसिंग अवस्था में प्रयोग होने वाला यह डायोड एक संधारित्र की भाँति प्रयोग किया जाता है, जिसमें प्रयुक्त p तथा n–टाइप के अर्द्धचालक, चालक प्लेटों की भाँति तथा अवक्षय क्षेत्र, एक परावैद्युत पदार्थ अथवा अचालक प्लेट की भाँति कार्य करते हैं। इस डायोड की धारिता आरोपित रिवर्स वोल्टेज में परिवर्तन करके परिवर्तित की जा सकती है। इस कारण इस डायोड को वैरीकैप डायोड भी कहा जाता है। चित्र में वैरेक्टर डायोड का प्रतीक दर्शाया गया है।

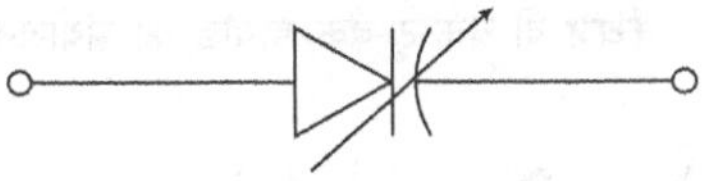

चित्र वैरेक्टर डायोड

3. जीनर डायोड Zener Diode

जीनर डायोड एक उच्च डोपिंग वाला सिलिकॉन अर्द्धचालक डायोड है, जो विशेष रूप से रिवर्स ब्रेकडाउन क्षेत्र में प्रचालित करने हेतु बनाया जाता है। इसे बिना किसी क्षति (damage) के ब्रेकडाउन रीजन में बार-बार प्रचालित किया जा सकता है, इसलिए यह ब्रेकडाउन डायोड के नाम से भी जाना जाता है। इस डायोड की 'ब्रेकडाउन वोल्टेज' सामान्य p-n जंक्शन डायोड से कम होती है जोकि पूर्व-निर्धारित होती है; जैसे—12V, 27V आदि। इसका प्रतीक चित्र में दर्शाया गया है। इसका उपयोग वोल्टेज रेगुलेटर के रूप में किसी इलेक्ट्रॉनिक परिपथ को पूर्व निर्धारित मान की वोल्टेज प्रदान करने के लिए किया जाता है।

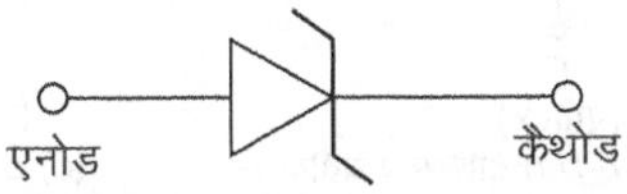

चित्र जीनर डायोड का प्रतीक

वोल्टेज का मान, निर्धारित मान से अधिक हो जाने की स्थिति में यह रिवर्स बायसिंग अवस्था में ही प्रचालित हो जाता है और इलेक्ट्रॉनिक परिपथ पर निर्धारित मान से अधिक वोल्टेज नहीं पहुँचने देता। जीनर डायोड, वोल्टेज को लगातार तब तक नियन्त्रित रखता है, जब तक रिवर्स ब्रेकडाउन रीजन में डायोड धारा, निम्नतम धारा मान (I_z) तक नहीं पहुँच जाती। चित्र में जीनर डायोड का अभिलाक्षणिक वक्र प्रदर्शित किया गया है।

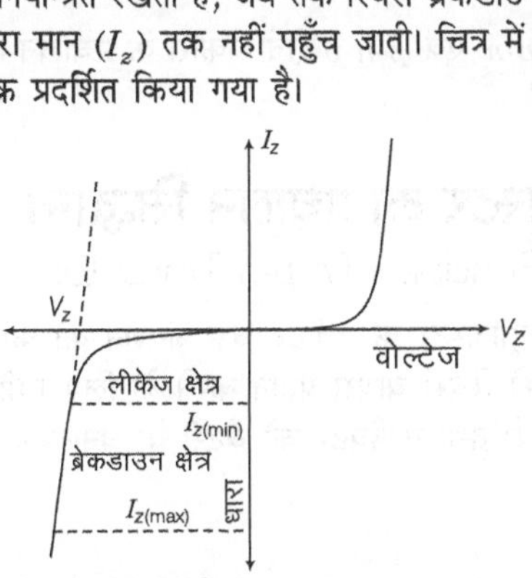

चित्र जीनर डायोड का अभिलाक्षणिक वक्र

4. फोटो-कण्डक्टिव डायोड

Photo-conductive Diode

यह एक प्रकार का प्रकाश चालित स्विच है, जो रिवर्स बायसिंग अवस्था में कार्य करता है। यह प्रकाश किरणें पड़ने पर अपने प्रतिरोध को अत्यधिक घटा लेता है, जिस कारण परिपथ में रिवर्स धारा प्रवाहित होती है और परिपथ 'ऑन' हो जाता है। यह कैडमियम सल्फाइड (CdS) नामक यौगिक से बनाया जाता है, जो एक क्रिस्टलीय पदार्थ है, जिसका प्रतिरोध, प्रकाश किरणें पड़ने पर अत्यधिक घट जाता है।

इस डायोड में रिवर्स धारा की मात्रा डायोड पर पड़ने वाली प्रकाश किरणों की तीव्रता के अनुक्रमानुपाती होती है अर्थात् प्रकाश की तीव्रता जितनी अधिक होगी, परिपथ में उतनी ही अधिक रिवर्स धारा होगी। इस युक्ति का उपयोग फोटो-कैमरे में स्वचालित स्विच के रूप में तथा अन्य यन्त्रों में 'फोटो स्विचिंग' युक्ति के रूप में किया जाता है।

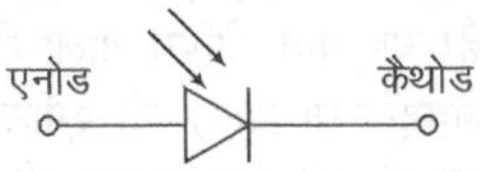

चित्र फोटो-कण्डक्टिव डायोड का प्रतीक

13.7 ट्रांजिस्टर Transistor

ट्रांजिस्टर एक तीन टर्मिनल वाली सक्रिय युक्ति है, जिसका प्रयोग इलेक्ट्रॉनिक परिपथों में बहुतायत से किया जाता है। ट्रांजिस्टर शब्द की उत्पत्ति दो शब्दों ट्रांस (trans) व रेसिस्टेन्स (resistance) से मिलकर हुई है, जहाँ 'ट्रांस' से तात्पर्य स्थानान्तरण तथा रेसिस्टेन्स का प्रतिरोध से है।

अत: ट्रांजिस्टर से अभिप्राय प्रतिरोध के स्थानान्तरण से है। यह इलेक्ट्रॉनिक परिपथों में निम्न प्रतिरोध से उच्च प्रतिरोध की ओर वोल्टेज का एम्प्लीफिकेशन करता है। इसका उपयोग प्रवर्द्धक, दोलित्र व स्विच आदि के रूप में किया जाता है।

ट्रांजिस्टर का वर्गीकरण

Classification of Transistor

ट्रांजिस्टर को निम्न दो भागों में वर्गीकृत किया गया है

(i) **यूनीपोलर ट्रांजिस्टर** (Unipolar transistor) वे ट्रांजिस्टर, जिनमें विद्युत धारा का चालन अल्पसंख्यक (minority) अथवा बहुसंख्यक (majority) केवल एक प्रकार के आवेश वाहकों द्वारा होता है, यूनीपोलर ट्रांजिस्टर कहलाते हैं; जैसे—फील्ड इफेक्ट ट्रांजिस्टर (FET)।

(ii) **बाइपोलर ट्रांजिस्टर** (Bipolar transistor) वे ट्रांजिस्टर, जिनमें विद्युत धारा का चालन दोनों प्रकार के आवेश वाहकों (अल्पसंख्यक व बहुसंख्यक) द्वारा होता है, बाइपोलर ट्रांजिस्टर कहलाते हैं; जैसे—बाइपोलर जंक्शन ट्रांजिस्टर (BJT)। ये दो प्रकार के होते हैं—n-p-n तथा p-n-p।

इस अध्याय में हम पाठ्यक्रम के अनुसार n-p-n तथा p-n-p ट्रांजिस्टरों सम्बन्धी विवरण तथा अभिलक्षणों का अवलोकन करेंगे।

ट्रांजिस्टर टर्मिनल Transistor Terminal

बाइपोलर जंक्शन ट्रांजिस्टर में तीन टर्मिनल होते हैं, जिन्हें इलेक्ट्रॉड भी कहा जाता है। प्रथम टर्मिनल को उत्सर्जक या एमीटर, दूसरे को बेस या आधार तथा तीसरे को संग्राहक या कलैक्टर कहते हैं। तीनों टर्मिनल्स का विवरण नीचे दिया गया है

एमीटर (Emitter) ट्रांजिस्टर के बाईं ओर का भाग एमीटर (emitter) होता है। इस भाग का मुख्य कार्य बेस को बहुसंख्यक आवेश वाहक (*n-p-n* ट्रांजिस्टर में इलेक्ट्रॉन तथा *p-n-p* ट्रांजिस्टर में होल) सप्लाई करना होता है। अधिक-से-अधिक आवेश वाहकों को सप्लाई करने हेतु एमीटर का डोपिंग स्तर (doping level) सबसे उच्च रखा जाता है। एमीटर को E अक्षर से प्रदर्शित करते हैं।

बेस (Base) बेस, ट्रांजिस्टर के मध्य का भाग है, जोकि एमीटर तथा कलैक्टर के मध्य स्थित होता है। इसकी चौड़ाई एमीटर तथा कलैक्टर की अपेक्षा बहुत कम (10^{-6} मी) होती है। यह कम डोपिंग वाला क्षेत्र होता है। यह टर्मिनल, जिन चार्ज कैरियर्स (इलेक्ट्रॉन या होल) को एमीटर से प्राप्त करता है, उनमें से अधिकांश को कलैक्टर में जाने देता है। बेस को B अक्षर से प्रदर्शित करते हैं।

कलैक्टर (Collector) कलैक्टर, ट्रांजिस्टर के दाहिने ओर का भाग होता है। इसका मुख्य कार्य बेस के अधिकांश मैजोरिटी चार्ज कैरियर्स को ग्रहण कर एकत्रित करना होता है। यह टर्मिनल एमीटर से बड़ा होता है, क्योंकि उसे अधिक ऊष्मा वहन करनी होती है। इस अन्तर के कारण ट्रांजिस्टर को उत्क्रम (invert) करने (अर्थात् कलैक्टर को एमीटर बनाने) की सम्भावना नहीं होती है। इसे C अक्षर से प्रदर्शित करते हैं।

ट्रांजिस्टर की संरचना Construction of Transistor

ट्रांजिस्टर अर्द्ध-चालक पदार्थों; जैसे-सिलिकॉन एवं जर्मेनियम से निर्मित किए जाते हैं। जब दो p-प्रकार के पदार्थों के मध्य में एक n-प्रकार के पदार्थ की पतली परत को सैंडविच (sandwich) किया जाता है, तो इस प्रकार निर्मित संरचना को *p-n-p* ट्रांजिस्टर कहते हैं।

इसके विपरीत, जब दो n-प्रकार के पदार्थों के मध्य में एक p-प्रकार के पदार्थ की पतली परत को सैंडविच किया जाता है, तब इस प्रकार बनने वाली संरचना को *n-p-n* ट्रांजिस्टर कहते हैं।

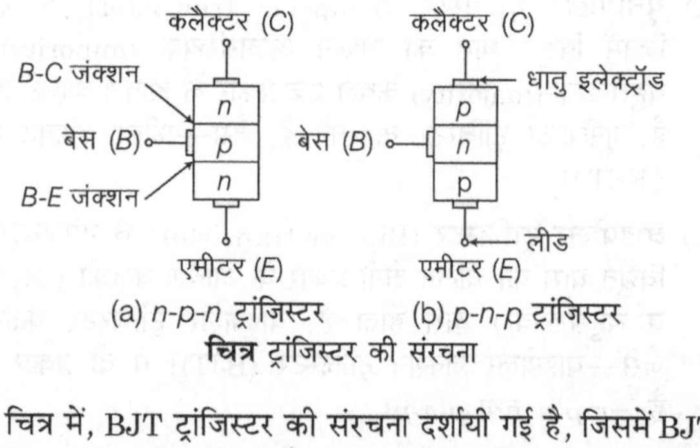

चित्र ट्रांजिस्टर की संरचना

उपरोक्त चित्र में, BJT ट्रांजिस्टर की संरचना दर्शायी गई है, जिसमें BJT के तीन टर्मिनल-एमीटर, बेस तथा कलैक्टर के अतिरिक्त एक धात्विक इलेक्ट्रॉड तथा एक लीड भी लगी है, जिनका प्रयोग ट्रांजिस्टर को बाह्य विद्युत परिपथ से जोड़ने में किया जाता है।

इसके अतिरिक्त, दो अर्द्ध-चालकों के मध्य बनने वाले जंक्शन को भी दर्शाया गया है। बेस तथा एमीटर के मध्य बनने वाले जंक्शन को **बेस-एमीटर** (*B-E*) जंक्शन, जबकि बेस तथा कलैक्टर के मध्य बनने वाले जंक्शन को **बेस-कलैक्टर** (*B-C*) जंक्शन कहते हैं।

इस प्रकार, BJT को दो बैक-टू-बैक डायोड संयोजित करके बनाया जाता है, जिसे नीचे दर्शाए गये चित्र द्वारा समझा जा सकता है

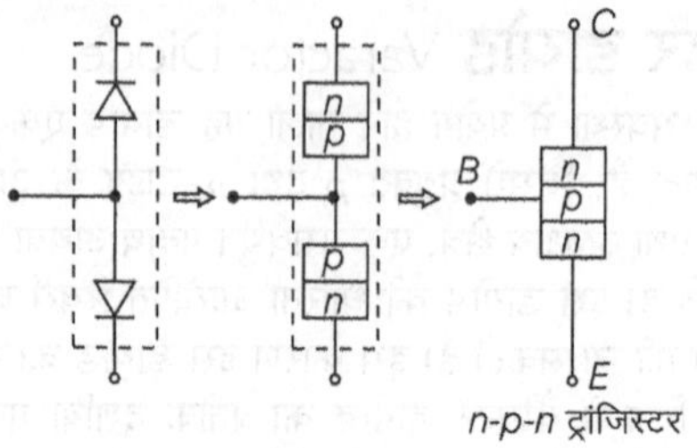

चित्र दो बैक-टू-बैक डायोड का संयोजन

ट्रांजिस्टर के प्रतीक Symbols of Transistor

चित्र में *n-p-n* तथा *p-n-p* ट्रांजिस्टर के ब्लॉक आरेख एवं प्रतीकों को दर्शाया गया है

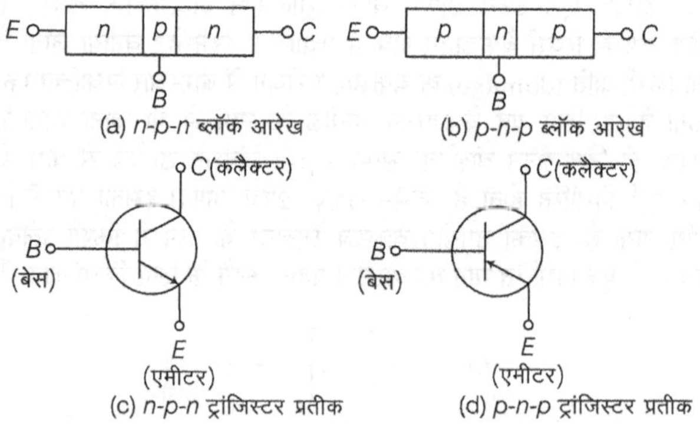

चित्र ट्रांजिस्टर के ब्लॉक एवं प्रतीक

ट्रांजिस्टर के प्रचालन का सिद्धान्त Principle of Operation of Transistor

ट्रांजिस्टर के *n-p-n* एवं *p-n-p* दोनों प्रकारों के प्रचालन सिद्धान्तों को नीचे समझाया गया है

n-p-n ट्रांजिस्टर का प्रचालन सिद्धान्त Operating Principle of *n-p-n* Transistor

चित्र में *n-p-n* ट्रांजिस्टर के एमीटर-बेस जंक्शन को फारवर्ड बायस तथा बेस-कलैक्टर को रिवर्स बायस प्रदान करने के लिए एमीटर को बैटरी के ऋणात्मक सिरे से तथा कलैक्टर को बैटरी के धनात्मक सिरे से संयोजित किया गया है।

बेस को कलैक्टर की अपेक्षा बहुत कम धनात्मक विभव पर रखा जाता है। बैटरी के ऋणात्मक सिरे द्वारा, एमीटर में विद्यमान मुक्त इलेक्ट्रॉन, बेस क्षेत्र की ओर प्रतिकर्षित होते हैं।

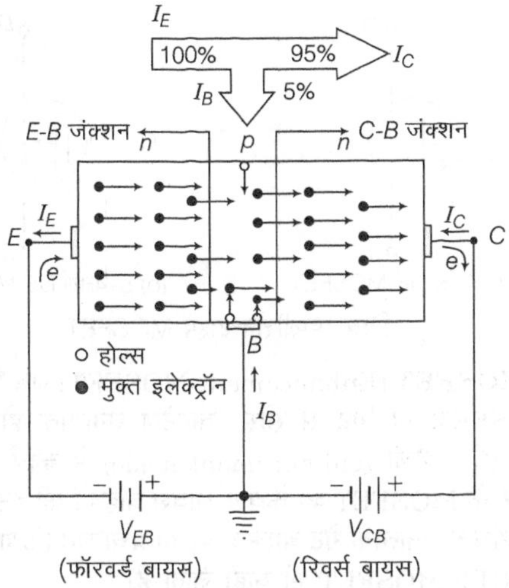

चित्र *n-p-n* ट्रांजिस्टर की बायसिंग

दिए गए परिपथ में KCL नियम का प्रयोग करने पर,

$$I_E = I_B + I_C$$

अत: बेस क्षेत्र का p–टाइप पदार्थ स्वाभाविक रूप से एमीटर द्वारा प्रतिकर्षित मुक्त इलेक्ट्रॉनों को आकर्षित कर लेता है। कुछ मुक्त (लगभग 5%) इलेक्ट्रॉन बेस क्षेत्र में होल्स के साथ संयुक्त (recombine) हो जाते हैं, जिसके फलस्वरूप धारा I_B का प्रवाह होने लगता है, परन्तु अधिकांश (लगभग 95%) मुक्त इलेक्ट्रॉनों को कलैक्टर का प्रबल धनात्मक क्षेत्र अपनी ओर आकर्षित कर लेता है।

कलैक्टर क्षेत्र में भी इलेक्ट्रॉन तथा होल्स का पुनर्मिलन (recombination) होता है, जिस कारण कलैक्टर धारा (I_C) का प्रवाह होने लगता है। इस प्रकार, मुक्त इलेक्ट्रॉन एमीटर क्षेत्र से चलकर एमीटर-बेस जंक्शन पार कर बेस क्षेत्र में तथा बेस-कलैक्टर जंक्शन को पार कर कलैक्टर क्षेत्र में पहुँच जाते हैं।

अत: इलेक्ट्रॉन्स प्रवाह के कारण एमीटर धारा (I_E) का प्रवाह सम्भव होता है।

p-n-p ट्रांजिस्टर का प्रचालन सिद्धान्त
Operating Principle of *p-n-p* Transistor

p-n-p ट्रांजिस्टर में भी एमीटर-बेस जंक्शन को फॉरवर्ड बायस तथा बेस-कलैक्टर जंक्शन को रिवर्स बायस में संयोजित किया जाता है। एमीटर पर आरोपित धन आवेश, धनावेशी 'होल्स' को विकर्षित करता है। दूसरी ओर बेस पर आरोपित ऋण आवेश 'मुक्त इलेक्ट्रॉनों' को विकर्षित करता है। इस प्रक्रिया में कुछ 'होल्स' बेस क्षेत्र की ओर खिसक जाते हैं। इनमें से कुछ 'होल्स' तो 'मुक्त इलेक्ट्रॉनों' के साथ पुनर्मिलन क्रिया करते हैं, जिसके फलस्वरूप धारा I_B का प्रवाह होने लगता है और शेष कलैक्टर के ऋण आवेश द्वारा कलैक्टर क्षेत्र में आकर्षित कर लिए जाते हैं।

कलैक्टर क्षेत्र में भी इलेक्ट्रॉनों व होल्स का पुनर्मिलन होता है, जिस कारण कलैक्टर धारा (I_C) का प्रवाह होने लगता है। इस प्रकार 'होल्स' का प्रवाह एमीटर से कलैक्टर की ओर होने लगता है, जिसके फलस्वरूप एमीटर धारा (I_E) का प्रवाह एमीटर से कलैक्टर की ओर होने लगता है।

KCL (Kirchhoff Current Law) के नियम के अनुसार, परिपथ में एमीटर धारा का मान कलैक्टर धारा तथा बेस धारा के मानों के योग के बराबर होता है अर्थात् $I_E = I_C + I_B$

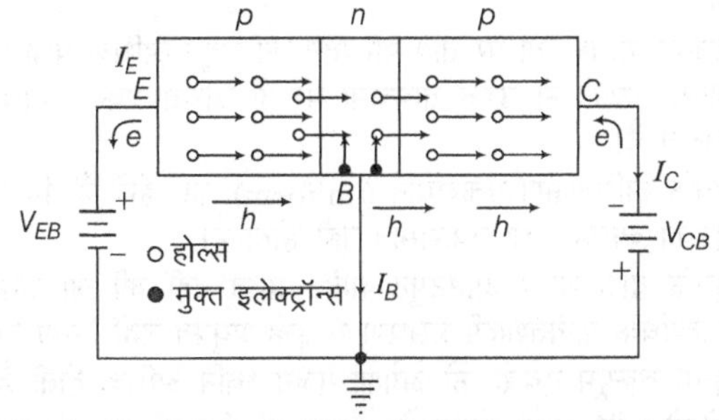

चित्र *p-n-p* ट्रांजिस्टर की बायसिंग

ध्यान रहे कि होल्स का प्रवाह वास्तव में नहीं होता है, क्योंकि होल्स केवल रिक्तियाँ हैं, जो मुक्त इलेक्ट्रॉनों द्वारा भरती रहती हैं और रिक्त होती रहती हैं, इस प्रकार रिक्तियाँ खिसकती (drift) रहती हैं। विद्युत धारा का वास्तविक चालन केवल मुक्त इलेक्ट्रॉनों के द्वारा ही सम्पन्न होता है। इस प्रकार *p-n-p* ट्रांजिस्टर में विद्युत धारा का प्रवाह, होल्स के प्रवाह की दिशा में होता है।

टिप्पणी *n-p-n ट्रांजिस्टर की कार्यप्रणाली के समान ही, p-n-p ट्रांजिस्टर में भी बहुसंख्यक आवेश वाहकों का अल्पसंख्यक आवेश वाहकों से समान अनुपात में (5% बेस में तथा 95% कलैक्टर में) पुनर्संयोजन होता है*

ट्रांजिस्टर के गुण एवं अवगुण
Merits and Demerits of Transistor

गुण Merits

ट्रांजिस्टर के आविष्कार के पश्चात् वैक्यूम ट्यूब को पूर्णरूप से ट्रांजिस्टर के द्वारा प्रतिस्थापित कर दिया गया है, क्योंकि वैक्यूम ट्यूब की अपेक्षा ट्रांजिस्टर में विविध गुण विद्यमान होते हैं, जो निम्न प्रकार हैं

(i) ट्रांजिस्टरों में वैक्यूम ट्यूब के समान फिलामेन्ट सर्किट नहीं होता है, इसलिए इनके तापन (heating) में पावर व्यय नहीं करनी पड़ती है।

(ii) वैक्यूम ट्यूब की तुलना में ट्रांजिस्टर अपेक्षाकृत कम वोल्टेज पर प्रचालित किया जा सकता है। उदाहरणार्थ-ट्यूब के प्रचालन के लिए 220 वोल्ट आवश्यक है, जबकि ट्रांजिस्टर के लिए 2-8 वोल्ट ही पर्याप्त है।

(iii) ट्रांजिस्टर में कोई कैथोड नहीं होता है, जिससे उसकी कार्यकारी आयु अधिक होती है। इसके विपरीत, ट्यूब की आयु न केवल सीमित है, अपितु वह कभी भी जलकर नष्ट हो सकती है।

(iv) ट्रांजिस्टर का आकार वैक्यूम ट्यूब की तुलना में बहुत छोटा होता है। अत: ट्रांजिस्टर का उपयोग अत्यधिक छोटे इलेक्ट्रॉनिक उपकरणों में भी किया जा सकता है।

(v) ट्रांजिस्टर की दक्षता वैक्यूम ट्यूब की अपेक्षा अधिक होती है। इसके द्वारा 3 वोल्ट के स्रोत से कई मिली-वाट शक्ति प्राप्त की जा सकती है।

(vi) वैक्यूम ट्यूब द्वारा बने यन्त्र स्विच ऑन करने के कुछ देर बाद गर्म होकर कार्य करना प्रारम्भ करते हैं, जबकि ट्रांजिस्टर युक्त यन्त्र स्विच ऑन करते ही कार्य करने लगते हैं। ट्रांजिस्टर के उपरोक्त गुणों के कारण ही आजकल इनका उपयोग रेडियो, टेलीविजन, कम्प्यूटर्स आदि सभी इलेक्ट्रॉनिक युक्तियों में किया जाता है।

अवगुण Demerits

ट्रांजिस्टर में गुणों के साथ-साथ कुछ अवगुण भी होते हैं, जो निम्न प्रकार हैं

(i) इनकी कार्यक्षमता पर ताप परिवर्तन का बहुत अधिक प्रभाव पड़ता है। प्राय: 35°C से उच्च तापक्रमों पर ये उचित प्रकार कार्य नहीं कर सकते हैं।

(ii) इनके अभिलक्षण एकसमान (uniform) नहीं होते हैं, जिसके कारण इनका व्यवहार भी एकसमान नहीं होता है।

(iii) इनके द्वारा उच्च आउटपुट शक्ति प्राप्त नहीं की जा सकती। अत: अत्यधिक शक्तिशाली प्रसारण में इन्हें प्रयुक्त नहीं किया जाता।

(iv) इनमें वैक्यूम ट्यूबों की अपेक्षा गुंजन ध्वनि अधिक होती है।

(v) वोल्टेज के उतार-चढ़ाव के कारण ये शीघ्र ही नष्ट हो जाते हैं।

13.8 मैटल ऑक्साइड सेमीकण्डक्टर फील्ड इफैक्ट ट्रांजिस्टर Metal Oxide Semiconductor Field Effect Transistor (MOSFET)

MOSFET में 'सोर्स', 'गेट' तथा 'ड्रेन' नामक तीन संयोजक सिरे होते हैं। MOSFET में गेट तथा अर्द्धचालक चैनल के बीच सिलिकॉन ऑक्साइड की एक अचालक पर्त स्थापित की जाती है जिससे 'गेट' का प्रभावी प्रतिरोध बढ़ जाता है। धात्विक 'गेट' तथा अर्द्धचालक चैनल के बीच अचालक पर्त उपस्थित होने के कारण ही इसे मैटल ऑक्साइड सेमीकण्डक्टर फील्ड इफैक्ट ट्रांजिस्टर या इन्सुलेटेड गेट फील्ड इफैक्ट ट्रांजिस्टर (IGFET) कहते हैं।

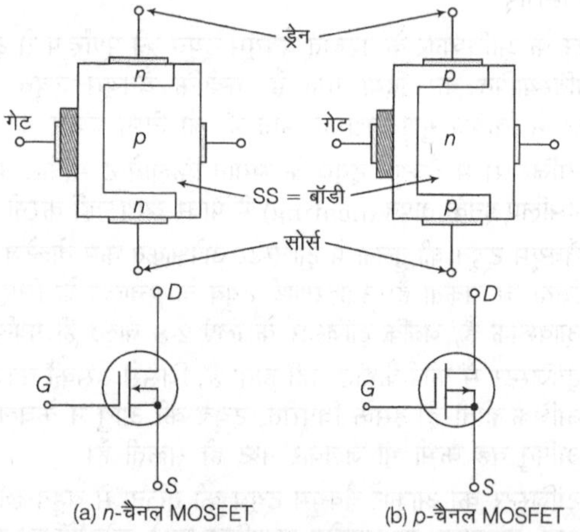

(a) n-चैनल MOSFET (b) p-चैनल MOSFET

चित्र MOSFET

इस प्रकार के ट्रांजिस्टर को दो शैलियों में प्रचालित किया जा सकता है, एक तो आवेश वाहकों की डिप्लीशन (depletion) शैली एवं दूसरी आवेश वाहकों की इनहैन्समेन्ट (enhancement) शैली में। अलग-अलग शैलियों में प्रचालन के लिए ट्रांजिस्टर की वोल्टेज की ध्रुवता ही बदलनी पड़ती है।

(i) **डिप्लीशन टाइप MOSFET** (Depletion Type MOSFET) जब किसी n-चैनल MOSFET का 'गेट से सोर्स' वोल्टेज ऋणात्मक रखा जाता है, तो वह डिप्लीशन शैली (depletion mode) में कार्य करता है। इस युक्ति को ON-MOSFET भी कहा जाता है। n-चैनल तथा p-चैनल DE-MOSFET के प्रतीकों को नीचे दिए गए चित्रों में दर्शाया गया है।

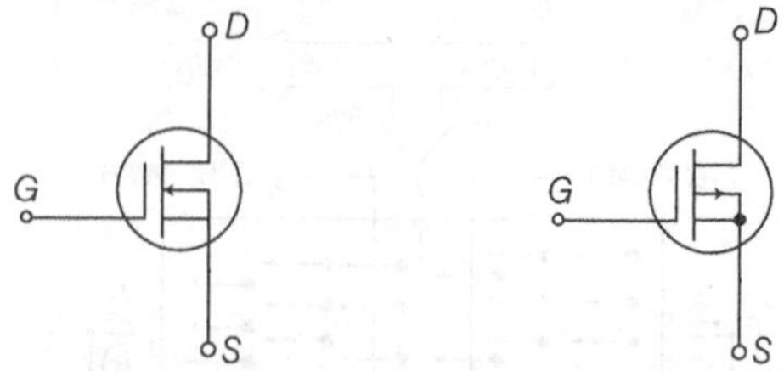

(a) n-चैनल DE-MOSFET (b) p-चैनल DE-MOSFET

चित्र डिप्लीशन टाइप MOSFET

(ii) **E-MOSFET** (Enhancement-MOSFET) जब किसी n-चैनल MOSFET का 'गेट से सोर्स' वोल्टेज धनात्मक होता है, तो वह इनहैन्समेंट शैली (enhancement mode) में कार्य करता है। इस प्रकार के MOSFET को केवल आवेश वाहकों की इनहैन्समेन्ट शैली में, अधिक धनात्मक गेट वोल्टेज पर ही प्रचालित किया जा सकता है। इसे OFF-MOSFET भी कहा जाता है।

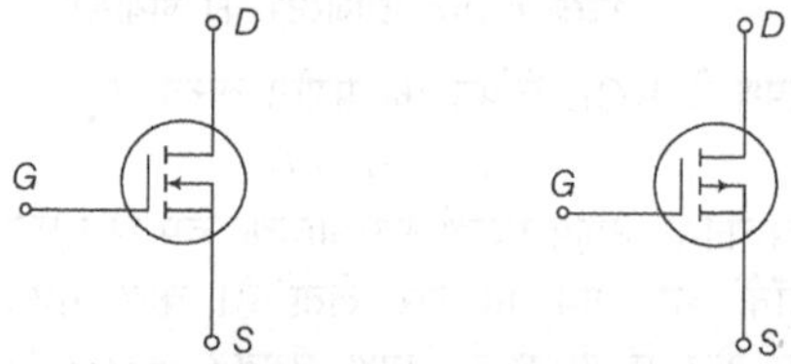

(a) n-चैनल E-MOSFET (b) p-चैनल E-MOSFET

चित्र E-MOSFET

MOSFET की संरचना Construction of MOSFET

MOSFET सामान्यत: डिप्लीशन एवं इनहैन्समेन्ट दो प्रकार के होते हैं। दोनों ही प्रकारों में n-चैनल तथा p-चैनल होते हैं। चित्र में n-चैनल डिप्लीशन टाइप MOSFET की संरचना दर्शाई गई है। सोर्स तथा ड्रेन टर्मिनलों को n क्षेत्र से संयोजित किया जाता है। इसमें एक उच्च डोपिंग युक्त p-टाइप का सब्स्ट्रेट या बॉडी होता है। सोर्स तथा ड्रेन के मध्य एक n-टाइप चैनल, डिफ्यूजन प्रक्रम द्वारा बनाया जाता है।

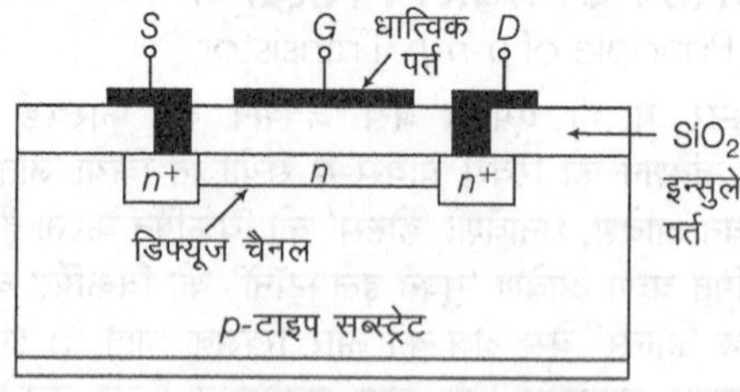

चित्र MOSFET की संरचना

इसमें एक इन्सुलेटिंग सिलिकॉन ऑक्साइड SiO_2 की पर्त सम्पूर्ण सतह पर चढ़ा दी जाती है। सोर्स तथा ड्रेन टर्मिनल्स का सम्पर्क SiO_2 इन्सुलेटिड पर्त के साथ बना दिया जाता है। इसके पश्चात् एक धातु पर्त; जैसे—एल्युमीनियम को इस पूर्ण संरचना पर बिछाकर मध्य भाग से गेट टर्मिनल निकाला जाता है। इस प्रकार की संरचना के कारण, इसकी इनपुट प्रतिबाधा का मान बहुत अधिक (10^{10} से $10^{15}\Omega$ तक) होता है।

MOSFET की कार्यप्रणाली
Working Method of MOSFET

MOSFET की कार्यप्रणाली को निम्न चरणों में समझाया गया है

(i) जब $V_{GS} = 0$ अर्थात् गेट से सोर्स वोल्टेज शून्य हो एवं ड्रेन से सोर्स वोल्टेज (V_{DS}) सामान्य हो, तो इलेक्ट्रॉन्स, 'सोर्स' से 'ड्रेन' की ओर स्वतन्त्र रूप से चलते हैं जिससे चित्रानुसार इलेक्ट्रॉन की एक संचय पर्त (accumulation layer) बन जाती है तथा ड्रेन धारा (I_D) का प्रवाह युक्ति में होने लगता है।

(ii) 'गेट' पर ऋणात्मक वोल्टेज आरोपित करने पर n-चैनल में आवेश वाहकों की कमी हो जाती है जिसके फलस्वरूप ड्रेन धारा का मान भी कम हो जाता है। इस स्थिति में MOSFET **डिप्लीशन मोड** (depletion mode) में कार्य करता है। 'गेट' पर आरोपित ऋणात्मक वोल्टेज का मान जितना अधिक होगा, ड्रेन धारा (I_D) का मान उतना ही घट जाएगा। अत्यधिक ऋणात्मक वोल्टेज, ड्रेन धारा को 'कट-ऑफ' अवस्था में पहुँचा देगा।

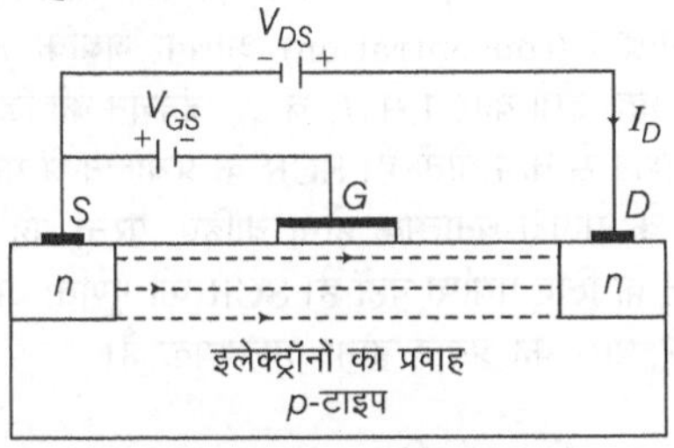

चित्र MOSFET की कार्यप्रणाली

(iii) उपरोक्त कार्यविधि के विपरीत यदि ड्रेन को स्रोत के सापेक्ष धनात्मक विभव पर रखा जाए, तो MOSFET **इनहैन्समेन्ट मोड** (enhancement mode) में कार्य करता है। इस स्थिति में ड्रेन धारा का मान बढ़ जाता है।

MOSFET के अनुप्रयोग Applications of MOSFET

MOSFET के अनुप्रयोग निम्नलिखित है

- ऑसिलोस्कोप एवं इलेक्ट्रॉनिक वोल्टमीटर में
- लॉजिक परिपथों में
- टी.वी. रिसीवर के FM मिक्सर में
- कम्प्यूटर मैमोरी में वोल्टेज वैरिएबिल रेसिस्टर के रूप में।

13.9 यूनीजंक्शन ट्रांजिस्टर
Unijunction Transistor

यूनीजंक्शन ट्रांजिस्टर (UJT) एक विशेष प्रकार की तीन टर्मिनल, दो लेयर (layer) युक्त एक स्विचिंग युक्ति है। इसमें केवल एक p-n जंक्शन वाला ट्रांजिस्टर होता है। इसमें एक छोटा 'p-क्षेत्र' होता है जो 'एमीटर' (emitter) कहलाता है और एक बड़ा 'n-क्षेत्र' होता है, जिसमें दो संयोजक 'बेस-1' तथा 'बेस-2' संयोजित किए जाते हैं। दोनों बेस संयोजकों के बीच प्रतिरोध का मान $5\,k\Omega$ से $10\,k\Omega$ के बीच रखा जाता है।

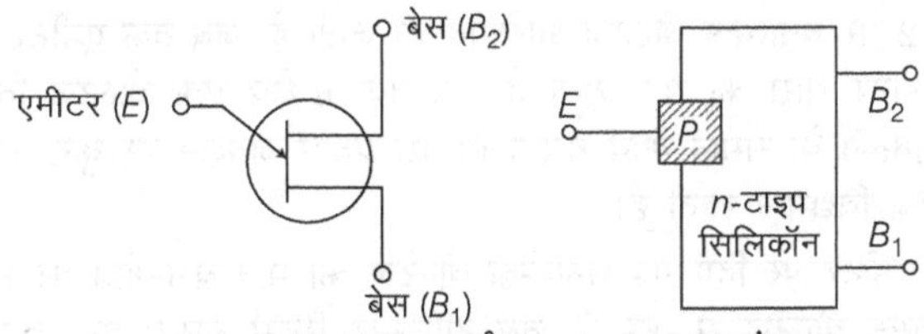

चित्र UJT का प्रतीक एवं संरचना

यूनीजंक्शन ट्रांजिस्टर की संरचना
Construction of Unijunction Transistor

इसमें एक उच्च प्रतिरोधकता वाला n-टाइप अर्द्धचालक होता है जिसमें एक p-क्षेत्र ऊपर की ओर संयोजित किया गया होता है। यह पूर्ण संरचना ऊपर की ओर से SiO_2 पर्त द्वारा ढकी होती है।

इस पर्त में कुछ रिक्तियाँ छोड़ी हुई होती हैं, जिनमें वैद्युत संयोजन हेतु एल्युमीनियम धात्विकरण विधि द्वारा एमीटर (E) एवं बेस (B_1 तथा B_2) टर्मिनल्स जुड़े होते हैं। नीचे दिए गए चित्र में यूनीजंक्शन ट्रांजिस्टर की संरचना को दर्शाया गया है।

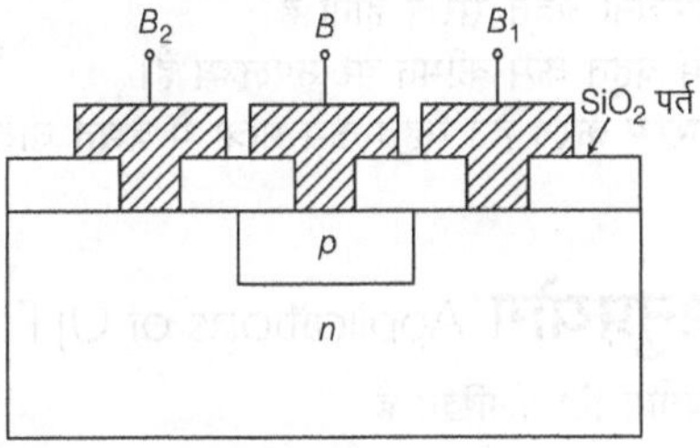

चित्र UJT की संरचना

UJT का तुल्य परिपथ Equivalent Circuit of UJT

दिए गए चित्र में UJT का एक तुल्य परिपथ दर्शाया गया है। इसमें दो प्रतिरोध (R_{B_1} व R_{B_2}) तथा एक p-n जंक्शन डायोड निहित होता है। प्रतिरोध R_{B_2} का मान R_{B_1} से कम रखा जाता है।

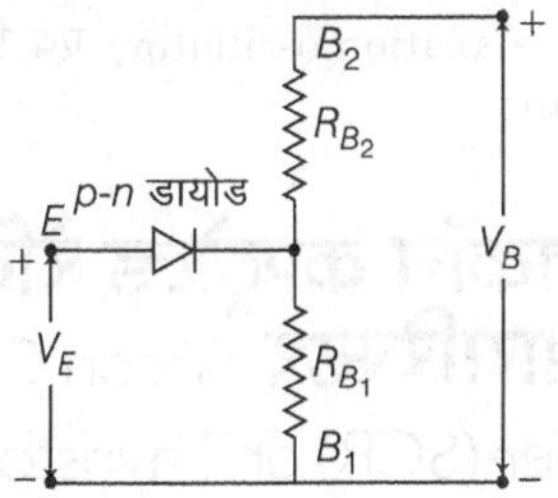

चित्र UJT का तुल्य परिपथ

UJT की कार्यप्रणाली Working Method of UJT

UJT के सामान्य परिपथ में बेस-1 को अर्थ (earth) कर दिया जाता है एवं बेस-2 पर धनात्मक वोल्टेज आरोपित की जाती है। जब तक एमीटर परिपथ में एमीटर धारा का मान शून्य है, तब तक n-क्षेत्र एक वोल्टेज विभाजक (divider) के समान कार्य करता है। इस प्रकार जंक्शन पर कुछ धनात्मक वोल्टेज विद्यमान रहती है।

यदि एमीटर पर दिए गए धनात्मक वोल्टेज का मान बेस-क्षेत्र पर विद्यमान धनात्मक वोल्टेज से कम है, तब ट्रांजिस्टर रिवर्स बायस पर रहेगा। यदि एमीटर वोल्टेज का मान, बेस-क्षेत्र से अधिक हो जाए तब ट्रांजिस्टर फॉरवर्ड बायस में होगा एवं एमीटर क्षेत्र से होल्स, जंक्शन के पार बेस-1 पर पहुँचना प्रारम्भ कर देंगे।

इस प्रकार, एमीटर धारा का प्रवाह प्रारम्भ हो जाएगा तथा जंक्शन का प्रभावी प्रतिरोध घट जाएगा। एमीटर धारा वृद्धि से जंक्शन प्रतिरोध (resistance) घटेगा जिससे एमीटर वोल्टेज भी घटेगी। अत: UJT, ऋणात्मक प्रतिरोध का लक्षण (negative resistance characteristics) प्रदर्शित करेगा।

UJT के लाभ Advantages of UJT

UJT के लाभ निम्नलिखित हैं

- UJT की लीकेज धारा बहुत कम तथा धारा वहन क्षमता बहुत अधिक होती है।
- UJT की संरचना बहुत सरल होती है।
- यह बाजार में बहुत कम कीमत पर उपलब्ध है।
- UJT को प्रारम्भ करने हेतु बहुत कम मात्रा में वैद्युत धारा की आवश्यकता होती है।

UJT के अनुप्रयोग Applications of UJT

UJT के अनुप्रयोग निम्नलिखित हैं

- फेज नियन्त्रण में।
- थायरिस्टर को ट्रिगर करने में।
- मोटर गति नियन्त्रण में।
- पल्स व सॉ-टूथ तरंग उत्पन्न करने में।
- टाइमर में।
- नियमित पावर सप्लाई में।
- SCR के लिए ट्रिगर पल्स उत्पन्न करने में।
- बाई-स्टेबल परिपथों में।
- विश्रान्ति दोलित्र (relaxation oscillator) एवं निम्न आवृत्ति दोलित्र में स्विचिंग परिपथों में।

13.10 सिलिकॉन कण्ट्रोल्ड रेक्टिफायर या थायरिस्टर Silicon Controlled Rectifier (SCR) or Thyristor

सिलिकॉन कण्ट्रोल्ड रेक्टिफायर (SCR), डायोड की भाँति ही एकदिशीय (unidirectional) ठोस अवस्था युक्ति है। दोनों (डायोड तथा SCR) में मुख्य अन्तर यह है कि SCR की स्विचिंग प्रक्रिया, SCR में ही संयोजित एक अतिरिक्त इनपुट टर्मिनल द्वारा कण्ट्रोल की जाती है। इस इनपुट टर्मिनल को गेट (gate) कहते हैं।

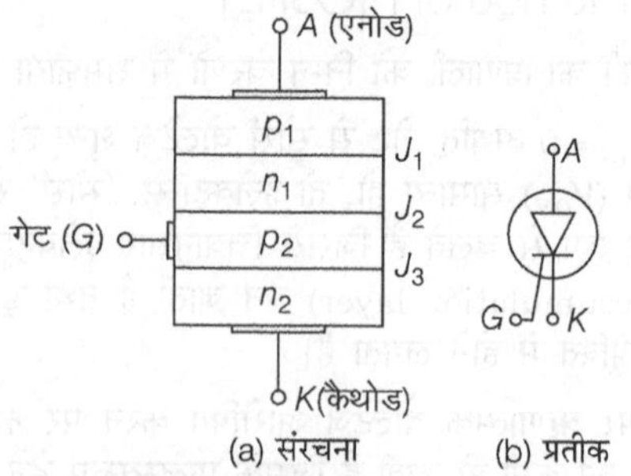

चित्र SCR की संरचना व प्रतीक

SCR की संरचना Construction of SCR

चित्रानुसार SCR में p_1, n_1, p_2, n_2 चार लेयर तथा J_1, J_2, J_3 तीन जंक्शन होते हैं। इसके तीन टर्मिनल एनोड, कैथोड एवं गेट होते हैं। p_1 व n_2 लेयर में अशुद्धि की सान्द्रता (concentration) अधिक जबकि p_2 व n_1 में कम रखी जाती है। अत: इसी कारण से J_1 व J_3 जंक्शन की डिप्लीशन लेयर की चौड़ाई J_2 जंक्शन से कम होती है। SCR के प्रचालन में फॉरवर्ड बायस हेतु एनोड, कैथोड के सापेक्ष धनात्मक होना चाहिए, परन्तु यह स्थिति SCR को टर्न-ऑन करने के लिए पर्याप्त नहीं है। SCR को पूर्णत: ऑन करने के लिए गेट टर्मिनल से धारा का प्रवाह होना आवश्यक है।

SCR की कार्यप्रणाली Working Method of SCR

SCR की कार्यप्रणाली को निम्न दो भागों में विभक्त किया गया है

1. **जब गेट खुला हो** (When gate is open) चित्रानुसार, जब SCR के एनोड टर्मिनल को कैथोड के सापेक्ष धनात्मक (+ ve) वोल्टेज से संयोजित किया जाता है। इस स्थिति में जंक्शन J_1 व J_3 फॉरवर्ड बायस में एवं J_2 रिवर्स बायस में होंगे एवं SCR फॉरवर्ड बायस में कहा जाता है। इस समय SCR में लीकेज धारा के अतिरिक्त अन्य कोई धारा प्रवाहित नहीं होती है। प्रायोगिक रूप से इस स्थिति में SCR ऑफ (OFF) रहता है। यह SCR की **फॉरवर्ड ब्लॉकिंग अवस्था** (forward blocking state) कहलाती है।

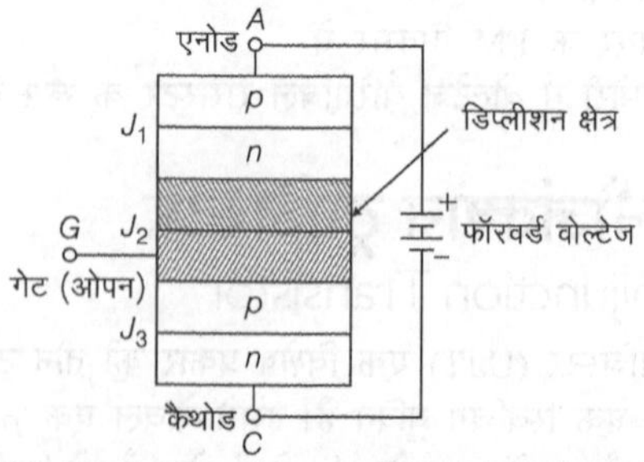

चित्र SCR की फॉरवर्ड ब्लॉकिंग अवस्था

इसके विपरीत यदि एनोड को कैथोड के सापेक्ष ऋणात्मक (– ve) वोल्टेज से संयोजित किया जाए तो चित्र के अनुसार, जंक्शन J_1, J_3 रिवर्स बायस में एवं जंक्शन J_2 फॉरवर्ड बायस में होगा तथा SCR में केवल लीकेज धारा का प्रवाह होगा।

SCR की यह अवस्था, **रिवर्स ब्लॉकिंग अवस्था** (reverse blocking state) कहलाती है तथा इस स्थिति में SCR ऑफ (OFF) रहता है।

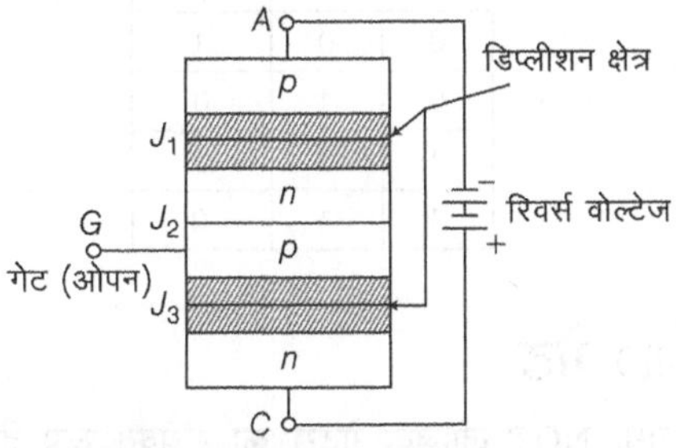

चित्र SCR की रिवर्स ब्लॉकिंग अवस्था

2. **जब गेट बन्द हो** (When gate is closed) इस स्थिति में गेट को कैथोड के सापेक्ष धनात्मक वोल्टेज से संयोजित किया जाता है। इस दशा में जंक्शन J_2 व J_3 फॉरवर्ड बायस एवं जंक्शन J_1 रिवर्स बायस हो जाता है जिससे n-प्रकार के अर्द्धचालक से इलेक्ट्रॉन्स, जंक्शन J_3 को क्रॉस (cross) करके बैटरी के धनात्मक सिरे पर (अर्थात् जंक्शन J_2 की ओर) पहुँचने लगते हैं, जबकि p-प्रकार के अर्द्धचालक से होल्स बैटरी के ऋणात्मक सिरे की ओर आकर्षित होने लगते हैं जिसके फलस्वरूप SCR में गेट धारा (I_G) प्रवाहित होने लगती है। इस गेट धारा के कारण एनोड धारा में भी वृद्धि होने लगती है।
इस एनोड धारा के कारण जंक्शन J_2 पर अधिक इलेक्ट्रॉन उपलब्ध हो जाते हैं जोकि जंक्शन J_2 को क्रॉस कर जाते हैं एवं कुछ ही समय में जंक्शन J_2 के ब्रेकडाउन होने पर SCR कार्य करने लगता है। जैसे ही चालन (conduction) प्रारम्भ होता है, गेट धारा का नियन्त्रण समाप्त हो जाता है।

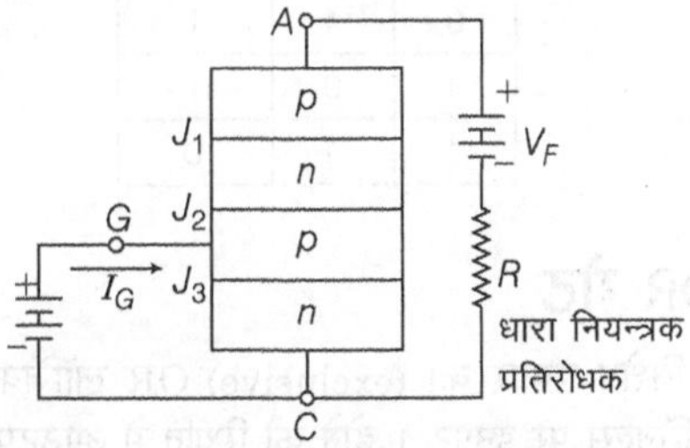

चित्र गेट टर्मिनल पर वोल्टेज आरोपित करना

SCR के अनुप्रयोग Applications of SCR

SCR के अनुप्रयोग निम्नलिखित हैं

- ए.सी./डी.सी. मोटर्स की गति नियन्त्रण हेतु
- तापमान व प्रकाश नियन्त्रण में
- दिष्टकारी स्विच के रूप में
- इन्वर्टर के रूप में
- रिले एवं ऊष्मा नियन्त्रण में
- लॉजिक एवं डिजिटल परिपथों में
- टाइम डिले परिपथों में, टाइम डिले परिपथ में
- नियमित पावर सप्लाई एवं बैटरी चार्जिंग में
- उच्च वोल्टेज से बचाव में

13.11 लॉजिक गेट्स Logic Gates

इलेक्ट्रॉनिक्स उपकरणों विशेषकर कम्प्यूटर आदि में ऐसे परिपथों की आवश्यकता होती है, जो एक विशेष प्रकार के इनपुट संकेत पर प्रचालित हों अन्य पर नहीं; ऐसे परिपथ तार्किक परिपथ अथवा लॉजिक गेट कहलाते हैं।

इन परिपथों में एक या एक से अधिक इनपुट एवं एक आउटपुट होता है। बेसिक लॉजिक गेट तीन प्रकार के होते हैं—NOT,OR व AND गेट तथा यूनिवर्सल गेट में NAND व NOR गेट आते हैं।

1. NOT गेट

यह एक प्रकार का इन्वर्टर परिपथ है, जो दिए गए बाइनरी इनपुट को उसके पूरक (complement) में परिवर्तित कर देता है, अर्थात् 1 को 0 में तथा 0 को 1 में परिवर्तित कर देता है। चित्र में वैद्युतिक NOT गेट, NOT गेट प्रतीक तथा NOT सत्य सारणी दर्शाई गई हैं। वैद्युतिक NOT परिपथ में एक लैम्प (L) को एक NC पुश-बटन से नियन्त्रित किया गया है। जब स्विच को प्रचालित नहीं किया जाता अर्थात् इनपुट 0 है, तो लैम्प जलता है अर्थात् आउटपुट 1 है। जब स्विच को प्रचालित किया जाता है अर्थात् इनपुट 1 है, तो लैम्प बुझ जाता है अर्थात् आउटपुट 0 हो जाता है।

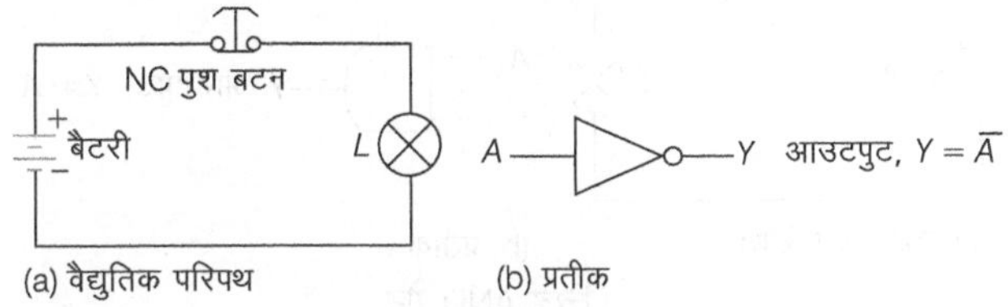

(a) वैद्युतिक परिपथ (b) प्रतीक

चित्र NOT गेट

तालिका NOT गेट की सत्य सारणी

इनपुट A	आउटपुट Y
0	1
1	0

2. OR गेट

यह एक ऐसा लॉजिक गेट है, जिसमें किसी एक अथवा दोनों इनपुट टर्मिनल्स पर 'उच्च' संकेत 1 देने पर आउटपुट भी 'उच्च' अर्थात् 1 प्राप्त होता है। यदि किसी भी इनपुट टर्मिनल पर इनपुट संकेत न दिया जाए तो आउटपुट 0 रहता है। निम्न चित्र में वैद्युतिक OR गेट, OR गेट प्रतीक तथा OR गेट सत्य सारणी दर्शाई गई है।

वैद्युतिक OR परिपथ में एक लैम्प (L) को दो स्विचों A तथा B से नियन्त्रित किया गया है। किसी भी एक स्विच (A या B) को ऑन करने पर अर्थात् इनपुट 1 होने पर लैम्प जलता है अर्थात् आउटपुट 1 होता है।

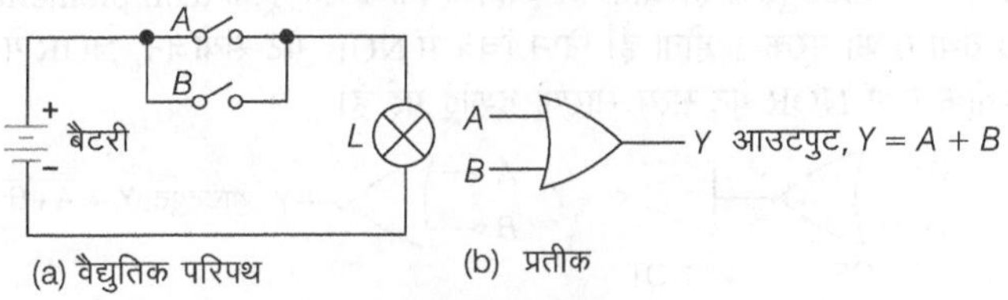

(a) वैद्युतिक परिपथ (b) प्रतीक

चित्र OR गेट

तालिका OR गेट की सत्य सारणी

इनपुट A	इनपुट B	आउटपुट Y
0	0	0
0	1	1
1	0	1
1	1	1

3. AND गेट

यह ऐसा लॉजिक गेट है, जिसमें सभी इनपुट टर्मिनल्स पर उच्च संकेत 1 देने पर ही आउटपुट 'उच्च' अर्थात् 1 होता है अन्यथा 0 रहता है। निम्न चित्र में वैद्युतिक AND गेट, AND गेट प्रतीक तथा AND गेट सत्य सारणी दर्शाई गई है। वैद्युतिक AND परिपथ में एक लैम्प (*L*) को दो स्विचों *A* तथा *B* से नियन्त्रित किया गया है। जब केवल किसी एक स्विच को ऑन किया जाता है, तो लैम्प नहीं जलता, परन्तु जब दोनों स्विचों को ऑन कर दिया जाता है, तो लैम्प जल जाता है।

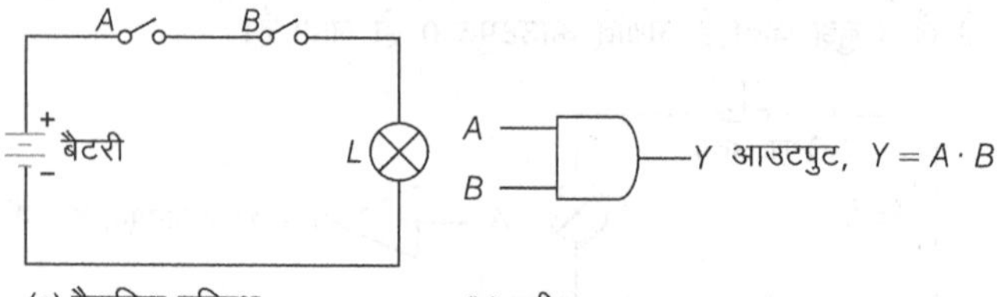

(a) वैद्युतिक परिपथ (b) प्रतीक

चित्र AND गेट

तालिका AND गेट की सत्य सारणी

इनपुट A	इनपुट B	आउटपुट Y
0	0	0
0	1	0
1	0	0
1	1	1

बेसिक प्रकार के लॉजिक गेट्स प्रयोग करके कुछ अन्य प्रकार के गेट्स विकसित किए गए हैं; जैसे—NOR, NAND, Ex-OR, Ex-NOR आदि। ये गेट्स निम्नवत् समझाए गए हैं

4. NOR गेट

यह OR तथा NOT लॉजिक गेट्स का संयुक्त रूप है। इसकी सत्य-सारणी, OR गेट की सत्य सारणी के पूरक आउटपुट प्रदान करने वाली होती है। यदि किसी भी इनपुट टर्मिनल पर इनपुट संकेत न दिया जाए तो आउटपुट 1 होता है और किसी भी एक इनपुट टर्मिनल अथवा सभी इनपुट टर्मिनल्स पर इनपुट 1 देने पर आउटपुट 0 हो जाता है। ध्यान दें कि 1 का पूरक (complement) 0 तथा 0 का पूरक 1 होता है। निम्न चित्र में NOR गेट संयोजन, NOR गेट प्रतीक तथा NOR गेट सत्य सारणी दर्शाई गई है।

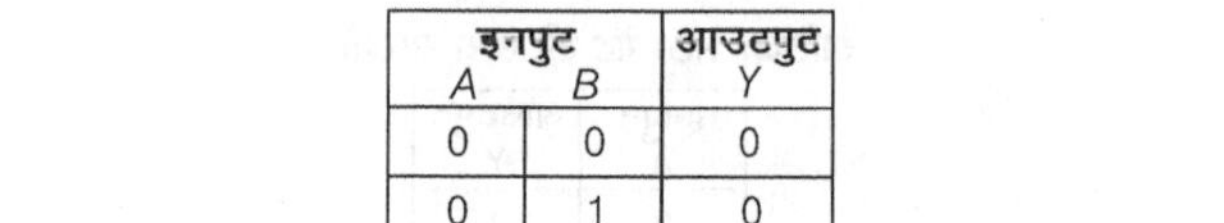

(a) NOR गेट का संयोजन (b) प्रतीक

चित्र NOR गेट

तालिका NOR गेट की सत्य सारणी

इनपुट A	इनपुट B	आउटपुट Y
0	0	1
0	1	0
1	0	0
1	1	0

5. NAND गेट

यह AND तथा NOT लॉजिक गेट्स का संयुक्त रूप है। इसकी सत्य सारणी, AND गेट की सत्य सारणी के पूरक आउटपुट प्रदान करने वाली होती है। जब सभी इनपुट टर्मिनल्स पर इनपुट 1 नहीं है तब तक आउटपुट 1 होता है। सभी इनपुट टर्मिनल्स पर इनपुट 1 होने पर आउटपुट 0 हो जाता है। निम्न चित्र में NAND गेट संयोजन, NAND गेट प्रतीक तथा NAND गेट सत्य सारणी दर्शाई गई है

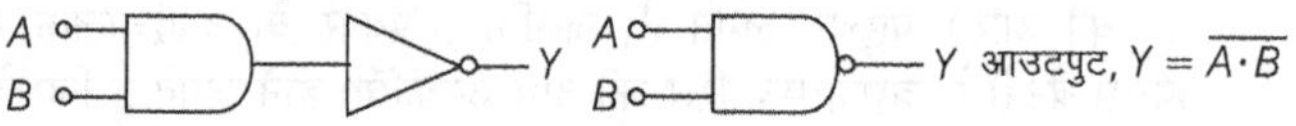

(a) NAND गेट का संयोजन (b) प्रतीक

चित्र NAND गेट

तालिका NAND गेट की सत्य सारणी

इनपुट A	इनपुट B	आउटपुट Y
0	0	1
0	1	1
1	0	1
1	1	0

6. Ex-OR गेट

यह गेट एक विशेष प्रकार का (exclusive) OR लॉजिक गेट है, जिसमें दोनों इनपुट टर्मिनल्स पर इनपुट 1 होने की स्थिति में आउटपुट 0 हो जाता है, जबकि एक इनपुट टर्मिनल पर इनपुट 1 होने पर आउटपुट भी 1 ही होती है। चित्र में Ex-OR गेट संयोजन, Ex-OR गेट प्रतीक व सत्य सारणी दर्शाई गई है

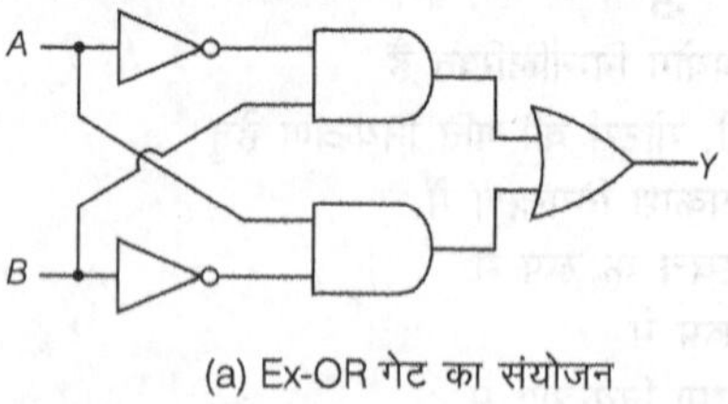

(a) Ex-OR गेट का संयोजन

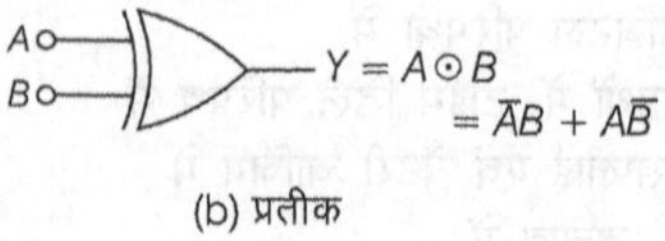

(b) प्रतीक

चित्र Ex-OR गेट

तालिका Ex-OR गेट की सत्य सारणी

इनपुट A	इनपुट B	आउटपुट Y
0	0	0
0	1	1
1	0	1
1	1	0

7. Ex-NOR **गेट**

यह गेट एक विशेष प्रकार का (exclusive) NOR लॉजिक गेट है, जिसमें दोनों इनपुट टर्मिनल्स पर इनपुट 1 होने की स्थिति में आउटपुट भी 1 हो जाता है, जबकि किसी एक इनपुट टर्मिनल्स पर इनपुट 1 होने पर आउटपुट 0 रहता है।

इसके संयोजन के लिए Ex-OR गेट के आउटपुट में एक NOT लॉजिक और जोड़ देने पर Ex-NOR लॉजिक तैयार हो जाता है।

नीचे दर्शाए गए चित्र में Ex-NOR गेट प्रतीक तथा Ex-NOR गेट सत्य सारणी दर्शाई गई है

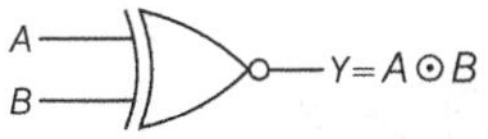

चित्र प्रतीक

तालिका Ex-NOR गेट की सत्य सारणी

इनपुट A	इनपुट B	आउटपुट Y
0	0	1
0	1	0
1	0	0
1	1	1

यूनिवर्सल लॉजिक गेट Universal Logic Gate

संयुक्त लॉजिक 'NOR' तथा 'NAND' यूनिवर्सल लॉजिक (universal logic) गेट कहलाते हैं, क्योंकि इसकी सहायता से तीन प्रकार के बेसिक गेट के प्रचालन ('NOT', 'OR' तथा 'AND') प्राप्त किए जा सकते हैं।

तालिका NAND गेट से निर्मित होने वाले विभिन्न गेट्स के परिपथ

लॉजिक	ग्राफीय संकेत	NAND गेट से निर्मित परिपथ
इनवर्टर (NOT)	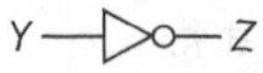	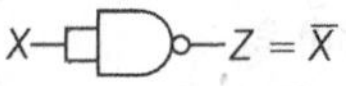
AND		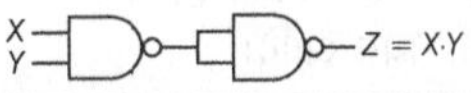
XNOR	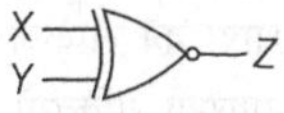	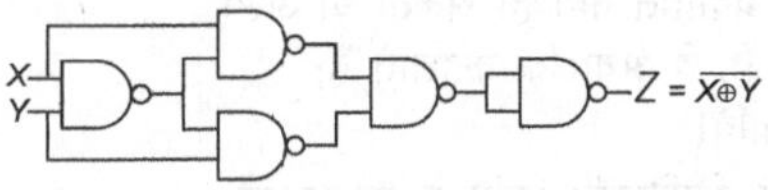
XOR	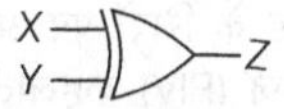	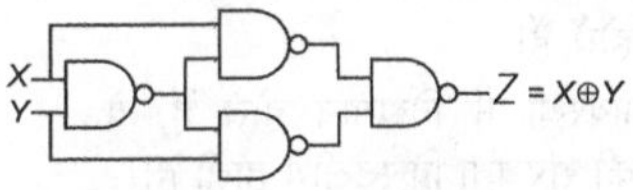
OR	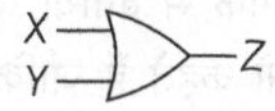	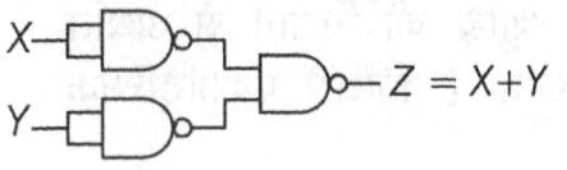
NOR	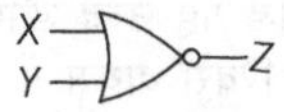	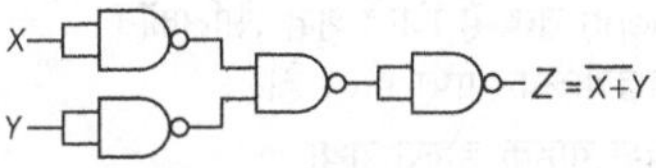

तालिका NOR गेट से निर्मित होने वाले विभिन्न गेट्स के परिपथ

लॉजिक	ग्राफीय संकेत	NOR गेट से निर्मित परिपथ
इन्वर्टर (NOT)	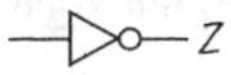	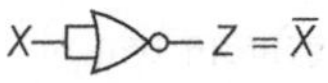
AND	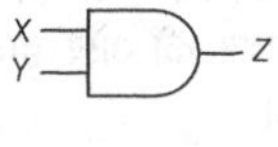	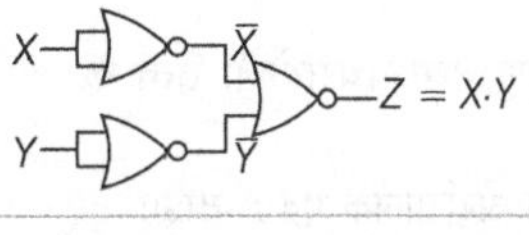

OR

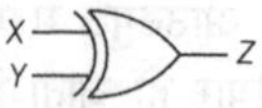

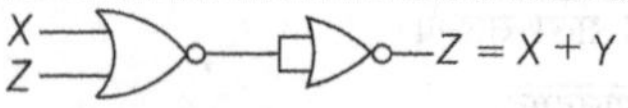

NAND

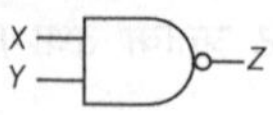

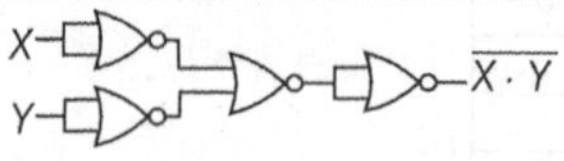

XOR

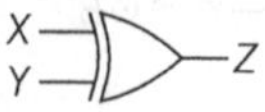

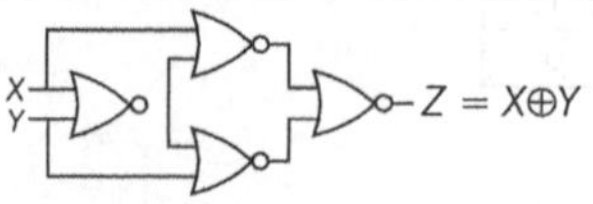

XNOR

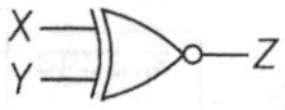

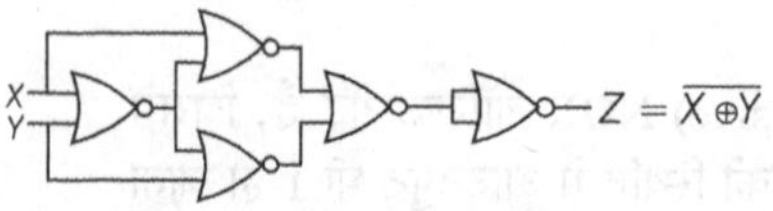

महत्त्वपूर्ण बिन्दु

- विज्ञान की वह शाखा, जिसमें बाह्य बलों के प्रभाव के अन्तर्गत इलेक्ट्रॉन तथा अन्य आवेश वाहकों के गुणों, व्यवहार एवं अनुप्रयोगों का अध्ययन किया जाता है, इलेक्ट्रॉनिक्स कहलाती है।
- इलेक्ट्रॉन में दो प्रकार की गतियाँ होती हैं-(i) चक्रण गति तथा (ii) कक्षीय गति।
- किसी तत्व के परमाणु की अन्तिम कक्षा में जितने इलेक्ट्रॉनों उपस्थित होते हैं, वे उस तत्व के संयोजी इलेक्ट्रॉन कहलाते हैं।
- किसी तत्व या पदार्थ में इलेक्ट्रॉनों का प्रवाह विद्युत धारा कहलाती है, जिसकी दिशा इलेक्ट्रॉन के प्रवाह के विपरीत होती है।
- जिन पदार्थों में विद्युत धारा सुगमता से प्रवाहित हो सकती है, वे चालक कहलाते हैं; जैसे-चाँदी, ताँबा, एल्युमीनियम आदि।
- जिन पदार्थों में विद्युत धारा या तो प्रवाहित नहीं हो सकती या अल्प मात्रा में कठिनाई से प्रवाहित होती है, वे अचालक कहलाते हैं; जैसे-कागज, रबर, चीनी मिट्टी आदि।
- अर्द्धचालकों; जैसे-कार्बन, जर्मेनियम, सिलिकॉन आदि के परमाणुओं की अन्तिम कक्षा में प्रायः 4 इलेक्ट्रॉन होते हैं।
- ऐसे अर्द्धचालक जो प्रकृति में शुद्ध अवस्था में विद्यमान होते हैं, वे इन्ट्रिन्सिक अर्द्धचालक कहलाते हैं, जिनकी संरचना क्रिस्टलीय होती है।
- शुद्ध अर्द्धचालकों में कुछ मात्रा उचित अशुद्धि की मिलाने से अर्थात् डोपिंग करने से इनकी चालकता बढ़ जाती है जिससे एक्सट्रिन्सिक अर्द्धचालक बनते हैं।
- इण्डियम तथा गैलियम त्रिसंयोजी (trivalent) तत्व हैं जिन्हें शुद्ध सिलिकॉन या जर्मेनियम में मिलाने से *p*-टाइप अर्द्धचालक प्राप्त होता है।
- *p*-टाइप अर्द्धचालक में बहुसंख्यक आवेश वाहक होल्स तथा अल्पसंख्यक आवेश वाहक इलेक्ट्रॉन होते हैं।
- आर्सेनिक तथा एन्टीमनी पंचसंयोजी (pentavalent) तत्व हैं।
- शुद्ध सिलिकॉन अथवा जर्मेनियम में पंचसंयोजी तत्व की डोपिंग करने से *n*-टाइप अर्द्धचालक प्राप्त होता है।
- *n*-टाइप अर्द्धचालक में बहुसंख्यक आवेश वाहक इलेक्ट्रॉन तथा अल्पसंख्यक आवेश वाहक होल्स होते हैं।
- त्रिसंयोजी तत्व के परमाणु को ग्राही परमाणु तथा पंचसंयोजी तत्व के परमाणु को दाता परमाणु कहते हैं।
- जब सिलिकॉन अथवा जर्मेनियम के *p*-टाइप अर्द्धचालक एवं *n*-टाइप अर्द्धचालक को ऊष्मीय प्रक्रिया द्वारा जोड़ा जाता है तो इसे *p-n* जंक्शन डायोड कहते हैं।
- *p-n* जंक्शन में आवेश वाहकों का स्थानान्तरण उच्च सान्द्रता से कम सान्द्रता वाले क्षेत्र की ओर होता है जोकि विसरण कहलाता है।
- इलेक्ट्रॉन-होल के विसरण के कारण *p-n* जंक्शन पर एक विभव उत्पन्न हो जाता है, जिसे विभव प्राचीर कहते हैं।
- जर्मेनियम के लिए विभव प्राचीर (V_B) 0.3 वोल्ट होता है जबकि सिलिकॉन के लिए विभव प्राचीर 0.7 वोल्ट होता है।
- *p-n* जंक्शन डायोड में धारा का प्रवाह एक ही दिशा में होता है, इसलिए इसे एकदिशीय युक्ति भी कहते हैं।
- यदि *p-n* जंक्शन डायोड के *p*-टाइप पदार्थ को बैटरी के धन (+) तथा *n*-टाइप पदार्थ को बैटरी के ऋण (–) सिरे से संयोजित कर दिया जाए, तो यह संयोजन फॉरवर्ड बायस कहलाता है।
- डायोड के रिवर्स बायस में प्रवाहित धारा को लीकेज धारा कहते हैं।
- अधिक धारा वहन क्षमता वाली ठोस अवस्था युक्तियों पर एक ऊष्मा विकिरण खोल चढ़ाया जाता है, जिसे हीट सिंक कहते हैं।
- रिवर्स बायस अवस्था में किसी डायोड के सिरों पर आरोपित अधिकतम वोल्टेज, पीक इन्वर्स वोल्टेज (PIV) कहलाती है।
- प्रकाश उत्सर्जक डायोड (LED) को गैलियम आर्सेनाइड (GaAs) या गैलियम फॉस्फाइड (GaP) नामक यौगिक से बनाया जाता है।
- वैरेक्टर डायोड को वैरीकैप डायोड भी कहते हैं जोकि संधारित्र की भाँति प्रयोग किया जाता है।
- जीनर डायोड अर्थात् ब्रेकडाउन डायोड यह उच्च डोपिंग वाला सिलिकॉन अर्द्धचालक डायोड है, जो रिवर्स बायस में कार्य करता है।
- फोटो-कण्डक्टिव डायोड कैडमियम सल्फाइड (CdS) नामक अर्द्धचालक यौगिक से बनाया जाता है।
- ट्रांजिस्टर इलेक्ट्रॉनिक परिपथों में निम्न प्रतिरोध से उच्च प्रतिरोध की ओर वोल्टेज प्रवर्द्धन करता है।
- ट्रांजिस्टर दो जंक्शन डायोड को बैक-टू-बैक संयुक्त करके प्राप्त किया जाता है।
- *p-n-p* ट्रांजिस्टर के एमीटर में तीर का चिन्ह अन्दर की ओर तथा *n-p-n* ट्रांजिस्टर में तीर का चिन्ह बाहर की ओर होता है, जो धारा प्रवाह की दिशा को प्रदर्शित करता है।
- ट्रांजिस्टर निर्माण के लिए जंक्शन विधि तथा बिन्दु स्पर्श विधि का प्रयोग किया जाता है।

- BJT एक तीन टर्मिनल्स वाली युक्ति है। इसके टर्मिनल्स क्रमशः एमीटर, बेस तथा कलैक्टर होते हैं।
- ट्रांजिस्टर्स के तीनों टर्मिनल्स में सबसे उच्च डोपिंग स्तर एमीटर का, इसके पश्चात् कलैक्टर का और सबसे निम्न बेस का होता है।
- ट्रांजिस्टर में कलैक्टर का कार्य, बेस के अधिकांश बहुसंख्यक आवेश वाहकों को ग्रहण कर एकत्रित करना है, इसलिए इस भाग का क्षेत्रफल, एमीटर तथा बेस की अपेक्षा अधिक रखा जाता है।
- बेस, ट्रांजिस्टर का निम्नतम डोपिंग स्तर तथा निम्नतम चौड़ाई (10^{-8} मी) वाला भाग होता है।
- ट्रांजिस्टर को सक्रिय क्षेत्र में प्रचालित करने के लिए एमीटर-बेस जंक्शन को फॉरवर्ड बायस तथा कलैक्टर-बेस जंक्शन को रिवर्स बायस में संयोजित किया जाता है।
- ट्रांजिस्टर परिपथ में एमीटर धारा का मान, कलैक्टर धारा तथा बेस धारा के मानों के योग के बराबर होता है।
- *p-n-p* ट्रांजिस्टर में होल्स बहुसंख्यक आवेशवाहक तथा इलेक्ट्रॉन अल्पसंख्यक आवेशवाहक होते हैं।
- ट्रांजिस्टर को प्रदान की जाने वाली सप्लाई वोल्टेज, ट्रांजिस्टर की वोल्टेज रेटिंग के अन्दर ही होनी चाहिए, जिससे इसका कार्यकाल बढ़ाया जा सके।
- ट्रांजिस्टर के द्वारा 3 वोल्ट के स्रोत से कई मिलीवाट शक्ति प्राप्त की जा सकती है।
- पावर इलेक्ट्रॉनिक्स युक्तियों को ठोस अवस्था युक्ति भी कहा जाता है, क्योंकि इनमें प्रयुक्त *p*-टाइप व *n*-टाइप के पदार्थ खण्डों के मध्य कोई रिक्त स्थान नहीं होता है।
- यूनिजंक्शन ट्रांजिस्टर (UJT) एक विशेष प्रकार की तीन टर्मिनल, दो लेयरयुक्त स्विचिंग युक्ति है।
- UJT ऋणात्मक प्रतिरोध का लक्षण प्रदर्शित करता है।
- UJT का प्रयोग फेज नियन्त्रण में, मोटर गति नियन्त्रण में, टाइमर में, SCR के लिए ट्रिगर पल्स उत्पन्न करने में तथा विश्रांति दोलित्र (relaxation oscillator) एवं निम्न आवृत्ति दोलित्र में किया जाता है।
- मैटल ऑक्साइड सेमीकण्डटर फील्ड इफैक्ट ट्रांजिस्टर (MOSFET) को इन्सुलेटिड गेट फील्ड इफैक्ट ट्रांजिस्टर (IGFET) भी कहते हैं।
- डिप्लीशन टाइप MOSFET को सामान्यतः ON-MOSFET कहा जाता है।
- MOSFET का प्रयोग ऑसिलोस्कोप में, इलेक्ट्रॉनिक वोल्टमीटर में, लॉजिक परिपथों में, टी.वी. रिसीवर के FM मिक्सर में तथा कम्प्यूटर मैमोरी में परिवर्ती प्रतिरोध (voltage variable resistor) के रूप में किया जाता है।
- पावर MOSFET को डिफ्यूज्ड MOS (DMOS) भी कहते हैं।
- पावर MOSFET का प्रयोग निम्न वोल्टेज स्विचों में, निम्न वोल्टेज मोटर नियन्त्रक में, ए.सी./डी.सी. आपूर्ति में तथा इन्वर्टर व यू.पी.एस. में किया जाता है।
- SCR एक चार लेयर एवं तीन जंक्शन वाली युक्ति है जिसे थायरिस्टर भी कहा जाता है।
- SCR का प्रयोग ए.सी./डी.सी. मोटर की गति नियन्त्रण में, तापमान व प्रकाश नियन्त्रण में , डी.सी. स्विच के रूप में, इन्वर्टर के रूप में, रिले एवं ऊष्मा नियन्त्रण में, लॉजिक एवं डिजिटल परिपथों में तथा रेगुलेटिड पावर सप्लाई व बैटरी चार्जिंग में किया जाता है।
- इलेक्ट्रॉनिक्स उपकरणों विशेषकर कम्प्यूटर आदि में ऐसे परिपथों की आवश्यकता होती है जो एक विशेष प्रकार के इनपुट संकेत पर प्रचालित हों, अन्य पर नहीं। ऐसे परिपथ तार्किक परिपथ या लॉजिक परिपथ कहे जाते हैं।

महत्त्वपूर्ण प्रश्नोत्तरी

1. चालक, अचालक एवं अर्द्धचालक में अन्तर स्पष्ट कीजिए।

उत्तर चालक, अचालक एवं अर्द्धचालक पदार्थ में मुख्य अन्तर चालकता के आधार पर किया जाता है, जो मुक्त इलैक्ट्रॉन्स पर निर्भर करता है।
चालक पदार्थों में मुक्त इलेक्ट्रॉन्स की संख्या पर्याप्त, अचालक पदार्थ में नगण्य तथा अर्द्धचालक में चालक तथा अचालक के मध्य स्तर की होती है।

2. परम शून्य ताप पर चालन बैण्ड में इलेक्ट्रॉनों द्वारा प्राप्त अधिकतम ऊर्जा स्तर क्या कहलाता है?

उत्तर परम शून्य ताप पर चालन बैण्ड में इलेक्ट्रॉनों द्वारा प्राप्त अधिकतम ऊर्जा स्तर फर्मी स्तर कहलाता है।

3. शुद्ध अर्द्धचालक पदार्थ में त्रिसंयोजी पदार्थ की डोपिंग करने पर किस प्रकार का अर्द्धचालक बनेगा?

उत्तर शुद्ध अर्द्धचालक पदार्थ में त्रिसंयोजी पदार्थ की डोपिंग करने पर *p*-टाइप का अर्द्धचालक बनेगा।

4. किसी अर्द्धचालक के ऊर्जा अन्तराल में क्या परिवर्तन आएगा, जब उसमें पंचसंयोजी अशुद्धता की डोपिंग की जाती है?

उत्तर अर्द्धचालक में पंचसंयोजी अशुद्धि की डोपिंग करने पर चालन तथा संयोजी बैण्ड का ऊर्जा अन्तराल कम हो जाएगा।

5. यदि किसी डायोड को 50°C तापमान पर प्रचालित किया जाए, तो 0°C तापमान की तुलना में उसकी कार्यप्रणाली पर क्या प्रभाव पड़ेगा?

उत्तर 50°C तापमान पर डायोड में निम्न फॉरवर्ड बायस वोल्टेज पर ही उच्चतम धारा प्रवाहित होने लगेगी, जबकि 0°C पर ऐसा नहीं होगा।

6. फोटो कण्डक्टिव डायोड में यदि प्रकाश की तीव्रता घट जाए, तो इसका आउटपुट कैसे प्रभावित होगा?

उत्तर फोटो कण्डक्टिव डायोड में आउटपुट पर प्राप्त होने वाली रिवर्स धारा प्रकाश तीव्रता के अनुक्रमानुपाती होती है। अतः प्रकाश तीव्रता घटने पर रिवर्स धारा का मान घटेगा, जिसके फलस्वरूप आउटपुट वोल्टेज का मान भी घट जाएगा।

7. बाइपोलर एवं यूनीपोलर ट्रांजिस्टर के मुख्य अन्तर को लिखिए।

उत्तर बाइपोलर ट्रांजिस्टर में विद्युत धारा चालन दोनों प्रकार के आवेश वाहकों के द्वारा होता है, जबकि यूनीपोलर ट्रांजिस्टर में विद्युत धारा चालन केवल एक प्रकार के आवेश वाहकों के द्वारा होता है।

8. किस प्रकार के ट्रांजिस्टर में एमीटर-बेस जंक्शन को फॉरवर्ड बायस तथा बेस-कलैक्टर जंक्शन को रिवर्स बायस प्रदान की जाती है?

उत्तर दोनों प्रकार के (*n-p-n* एवं *p-n-p*) ट्रांजिस्टर्स में एमीटर-बेस जंक्शन को फॉरवर्ड बायस तथा बेस-कलैक्टर जंक्शन को रिवर्स बायस प्रदान की जाती है।

9. ट्रांजिस्टर के एमीटर टर्मिनल का डोपिंग स्तर उच्च क्यों रहता है?

उत्तर ट्रांजिस्टर के एमीटर टर्मिनल का डोपिंग स्तर उच्च रहता है, क्योंकि यह भाग बेस को बहुसंख्यक आवेश वाहक (*n-p-n* में इलेक्ट्रॉन एवं *p-n-p* में होल्स) प्रदान करता है।

10. ट्रांजिस्टर परिपथ में एमीटर धारा (I_E) का मान, कलैक्टर धारा (I_C) से अधिक होता है, क्यों?

उत्तर ट्रांजिस्टर परिपथ में एमीटर धारा का मान, कलैक्टर धारा से अधिक होता है, क्योंकि एमीटर परिपथ में से कलैक्टर तथा बेस दोनों प्रकार की धाराएँ प्रवाहित होती हैं।

11. यदि SCR की सप्लाई वोल्टेज का मान ब्रेकओवर वोल्टेज के मान से अधिक हो जाए, तो क्या होगा?

उत्तर यदि SCR की सप्लाई वोल्टेज का मान ब्रेकओवर वोल्टेज के मान से अधिक हो जाए, तो SCR कार्य नहीं करेगा।

12. OR गेट से आप क्या समझते हैं? इसका प्रतीक भी बनाइए।

उत्तर OR गेट एक ऐसा लॉजिक परिपथ है, जिसमें एक अथवा दोनों टर्मिनल्स पर उच्च (1) इनपुट देने पर आउटपुट भी उच्च (1) प्राप्त होता है।

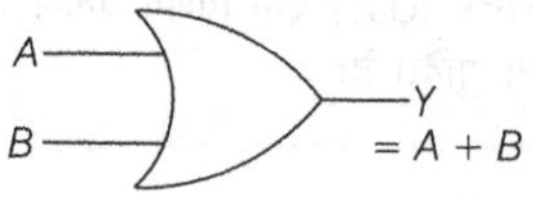

OR गेट का प्रतीक

13. दिए गए परिपथ से आउटपुट 1 प्राप्त करने के लिए इनपुट क्या होने चाहिए।

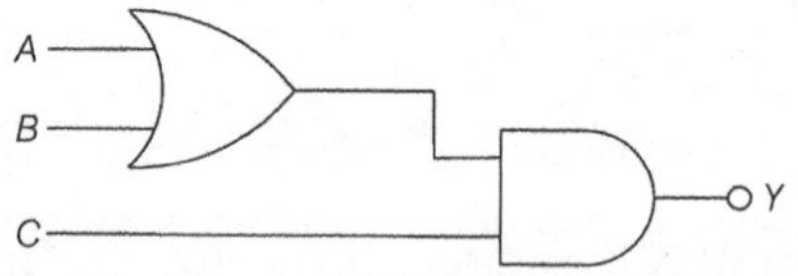

उत्तर दिए गए बूलियन व्यंजक $Y = (A + B) \cdot C$ होगा। अब यदि हम इस व्यंजक में $A = 0$, $B = 0$ तथा $C = 1$ रखते हैं, तो आउटपुट 1 प्राप्त होगा।

अभ्यास प्रश्न

परीक्षा प्रारूपी प्रश्न

बहुविकल्पीय

1. सिलिकॉन परमाणु के सबसे बाहरी कक्ष में कितने इलेक्ट्रॉन होते हैं?
(a) 3 (b) 4 (c) 5 (d) 14

2. वह कौन-सा अवयव है, जिसका प्रयोग एक अर्द्धचालक के रूप में होता है?
(a) ताँबा (b) चाँदी (c) सिलिकॉन (d) एल्युमीनियम

3. जर्मेनियम अवयव में संयोजी इलेक्ट्रॉनों की संख्या .... होती है।
(a) 5 (b) 4 (c) 3 (d) 2

4. उस अवयव का नाम बताइए जो 'n–टाइप' किस्म के अर्द्धचालक के निर्माण हेतु एक अशुद्धता के रूप में प्रयोग होता है।
(a) गैलियम (b) बोरोन
(c) एल्युमीनियम (d) आर्सेनिक

5. जर्मेनियम अवयव की अवरोधक विभव प्राचीर .... होती है।
(a) 0.7 वोल्ट (b) 0.6 वोल्ट (c) 0.5 वोल्ट (d) 0.3 वोल्ट

6. सिलिकॉन पदार्थ का विभव प्राचीर है
(a) 0.7 वोल्ट (b) 0.5 वोल्ट (c) 0.3 वोल्ट (d) 0.2 वोल्ट

7. सिलिकॉन p-n जंक्शन डायोड की 25°C तापमान पर बैरियर वोल्टता होती है
(a) 0.3 वोल्ट (b) 0.5 वोल्ट
(c) 0.7 वोल्ट (d) 1.0 वोल्ट

8. अर्द्धचालक पदार्थ न चालक है और न अचालक। पदार्थों की चालकता बढ़ायी जा सकती है
(a) अशुद्ध अणुओं को हटाकर (b) शुद्ध अणुओं को जोड़कर
(c) अशुद्ध अणुओं को जोड़कर (d) वोल्टेज का प्रयोग कर

9. निम्नलिखित में से कौन–सा परिपथ फॉरवर्ड बायस p-n जंक्शन डायोड को प्रदर्शित करता है?

(a) 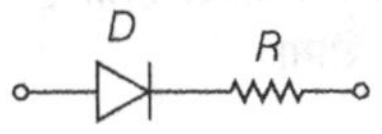

(b) 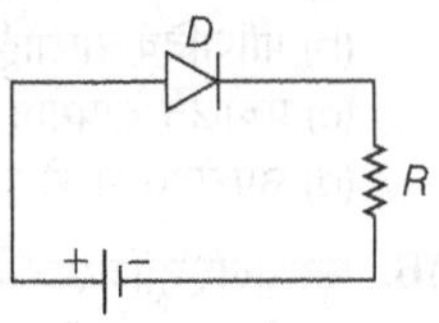

(c) 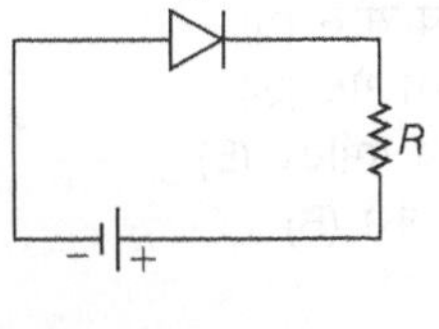

(d) इनमें से कोई नहीं

10. यदि चालन बैण्ड तथा संयोजी बैण्ड के बीच की दूरी 1 इलेक्ट्रॉन वोल्ट हो, तो यह संयोजन निम्न में से किस पदार्थ को दर्शाता है?
(a) कुचालक (b) चालक
(c) अर्द्धचालक (d) इनमें से कोई नहीं

11. डायोड की मुख्य विशेषता यह है कि
(a) यह केवल एक ही दिशा में धारा का प्रभावी प्रवाह होने देता है
(b) इसमें से अधिकांश धारा तब प्रवाहित होती है, जब यह विपरीत दिशा में बायस्ड होता है
(c) फॉरवर्ड बायस्ड दिशा में इसमें से धारा प्रवाह नहीं होता
(d) इसमें कैथोड से एनोड की ओर धारा प्रवाह होता है

12. डायोड की फॉरवर्ड बायस अवस्था में 'n-टाइप' के पदार्थ से कुछ मुक्त इलेक्ट्रॉन्स निकलकर 'p-टाइप' के पदार्थ में प्रवेश कर जाते हैं। ये मुक्त इलेक्ट्रॉन 'p-टाइप' के पदार्थ में
(a) एकत्र हो जाते हैं
(b) 'रिक्तियों' (holes) के साथ पुनर्मिलन क्रिया करते हैं
(c) से बिना किसी प्रभाव के पार निकल जाते हैं
(d) उपरोक्त में से कोई नहीं

13. प्राकृतिक रूप से प्राप्त शुद्ध सिलिकॉन एवं जर्मेनियम पदार्थ को क्या कहते हैं?
(a) चालक पदार्थ
(b) इन्ट्रिन्सिक अर्द्धचालक पदार्थ
(c) एक्सट्रिन्सिक अर्द्धचालक पदार्थ
(d) अचालक पदार्थ

14. p-n जंक्शन की ब्रेकडाउन स्थिति के सन्दर्भ में निम्न में से कौन–सा कथन सत्य है?
(a) इसमें रिवर्स बायस में धारा तीव्रता से बढ़ती है
(b) इसमें फॉरवर्ड बायस में धारा तीव्रता से बढ़ती है
(c) इसमें फॉरवर्ड बायस में वोल्टेज तीव्रता से बढ़ती है
(d) इसमें रिवर्स बायस में वोल्टेज तीव्रता से बढ़ती है

15. डायोड में, वह धारा जो बिना क्षति के अपने में से प्रवाह को गुजार सकता है, वह .... कहलाती है।
(a) अधिकतम रिवर्स धारा (b) अधिकतम फॉरवर्ड धारा
(c) अधिकतम सर्ज धारा (d) अधिकतम लोड धारा

16. डायोड शब्दावली में पी.आई.वी. (PIV) का विस्तृत रूप .... है।
(a) पीक इन्सटैनटेनियस वोल्टेज
(b) पोलैरिटी आईडिएन्टीफिकेशन वैल्यू
(c) पीक इन्वर्स वोल्टेज
(d) पीक इन्वर्स वैल्यू

17. किसी डायोड पर फॉरवर्ड बायस आरोपित करते ही उसके परिपथ में एक उच्च मानक धारा प्रवाहित होने लगती है, यह धारा कहलाती है
(a) सर्ज धारा (b) प्रत्यावर्ती धारा
(c) दिष्ट धारा (d) विसर्जन धारा

18. डायोड आदि ठोस अवस्था युक्तियों में एक अवगुण यह है कि यदि उनका तापमान एक सुरक्षित मान (75°C) से अधिक हो जाए, तो वे बेकार हो जाती हैं। तकनीकी भाषा में यह प्रक्रिया कहलाती है
(a) रिवर्स बायसिंग (b) ड्राफ्टिंग
(c) पोटेन्शियल बैरियर (d) थर्मल रनवे

19. एकल हरे रंग की एल.ई.डी. की फॉरवर्ड वोल्टेज ड्रॉप .... है।
(a) 1.8 वोल्ट (b) 2.0 वोल्ट (c) 2.2 वोल्ट (d) 2.1 वोल्ट

20. आजकल बल्ब के स्थान पर निम्न वोल्टेज पर कार्य करने वाली ठोस अवस्था युक्ति प्रयोग की जाती है, उसका नाम है
(a) जीनर डायोड (b) *p-n* डायोड
(c) लाइट एमिटिंग डायोड (d) फोटो कण्डक्टिव डायोड

21. जीनर डायोड में ....।
(a) *p*-क्षेत्र की डोपिंग अधिक होती है
(b) *n*-क्षेत्र की डोपिंग अधिक होती है
(c) *p* तथा *n* दोनों क्षेत्र की डोपिंग अधिक होती है
(d) उपरोक्त में से कोई नहीं

22. चित्र में किस डायोड का अभिलक्षण वक्र प्रदर्शित किया गया है?

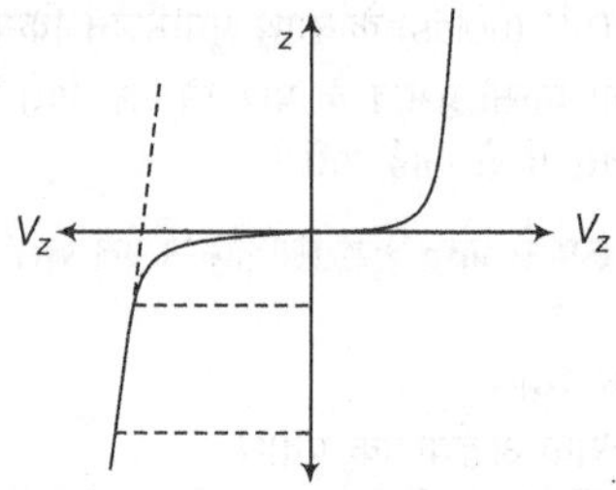

(a) वैरेक्टर डायोड (b) *p-n* जंक्शन डायोड
(c) जीनर डायोड (d) इनमें से कोई नहीं

23. निम्न में से किसका प्रयोग लाइट कण्ट्रोल स्विचों में किया जाता है?
(a) टनल डायोड (b) जीनर डायोड
(c) फोटो डायोड (d) इनमें से कोई नहीं

24. चित्र में किस डायोड को प्रदर्शित किया गया है?

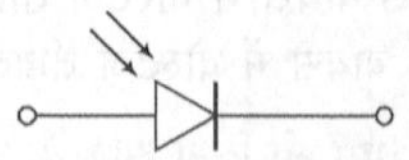

(a) जीनर डायोड (b) फोटो कण्डक्टिव डायोड
(c) प्रकाश उत्सर्जक डायोड (d) *p-n* जंक्शन डायोड

25. ट्रांजिस्टर एक .... प्रचालित युक्ति है।
(a) वोल्टता (b) धारा
(c) 'a' और 'b' दोनों (d) इनमें से कोई नहीं

26. ट्रांजिस्टर्स में कलैक्टर धारा नियन्त्रित की जाती है
(a) कलैक्टर वोल्टेज द्वारा (b) बेस धारा द्वारा
(c) कलैक्टर प्रतिरोध द्वारा (d) ये सभी

27. जिन ट्रांजिस्टर्स में विद्युत धारा चालन केवल एक प्रकार के आवेश वाहकों के द्वारा सम्पन्न होता है, वे .... कहलाते हैं।
(a) पोलर ट्रांजिस्टर्स (b) बाइपोलर ट्रांजिस्टर्स
(c) यूनीपोलर ट्रांजिस्टर्स (d) इनमें से कोई नहीं

28. "इन ट्रांजिस्टर्स में विद्युत धारा चालन होल्स तथा मुक्त इलेक्ट्रॉन दोनों प्रकार के आवेश वाहकों के द्वारा सम्पन्न होता है।" यह कथन निम्न में से किस ट्रांजिस्टर से सम्बन्धित है?
(a) यूनीपोलर ट्रांजिस्टर (b) बाइपोलर ट्रांजिस्टर
(c) 'a' और 'b' दोनों (d) इनमें से कोई नहीं

29. निर्वात नलिका की तुलना में ट्रांजिस्टर का लाभ है
(a) इसमें ऊष्मा की आवश्यकता नहीं होती है
(b) इसका साइज कम तथा भार कम होता है
(c) पावर की खपत कम होती है
(d) उपरोक्त सभी

30. ट्रांजिस्टर में कलैक्टर की डोपिंग .... होती है।
(a) बेस से अधिक व एमीटर से कम
(b) एमीटर से अधिक
(c) बेस से कम
(d) एमीटर के बराबर

31. ट्रांजिस्टर में निम्न में से कौन-सा क्षेत्र सबसे बड़ा होता है?
(a) कलैक्टर (b) बेस
(c) एमीटर (d) ये सभी

32. ट्रांजिस्टर में सबसे कम व सबसे अधिक डोपिंग क्रमशः होती है
(a) कलैक्टर तथा बेस में
(b) बेस तथा एमीटर में
(c) एमीटर तथा बेस में
(d) एमीटर तथा कलैक्टर में

33. ट्रांजिस्टर में ...... जंक्शन व ...... टर्मिनल होते हैं।
(a) 3, 2 (b) 2, 2
c) 3, 3 (d) 2, 3

34. ट्रांजिस्टर के चिन्ह में तीर का निशान .... की दिशा को दर्शाता है।
(a) एमीटर में इलेक्ट्रॉन करण्ट (b) एमीटर में होल करण्ट
(c) कलैक्टर में इलेक्ट्रॉन करण्ट (d) कलैक्टर में होल करण्ट

35. *n-p-n* ट्रांजिस्टर को *p-n-p* ट्रांजिस्टर की तुलना में वरीयता दी जाती है, इसका कारण है
(a) उच्च स्विचिंग गति
(b) पॉजिटिव सप्लाई प्रदान करना सरल होता है
(c) प्रचालन तापमान की बड़ी सीमा
(d) उपरोक्त में से कोई नहीं

36. बाइपोलर ट्रांजिस्टर के टर्मिनल हैं
(a) गेट (G), कलैक्टर (C) व सोर्स (S)
(b) सोर्स (S), कलैक्टर (C) व गेट (G)
(c) बेस (B), कलैक्टर (C) व एमीटर (E)
(d) ड्रेन (D), एमीटर (E) व बेस (B)

37. चित्र में किस प्रकार का ट्रांजिस्टर दर्शाया गया है?

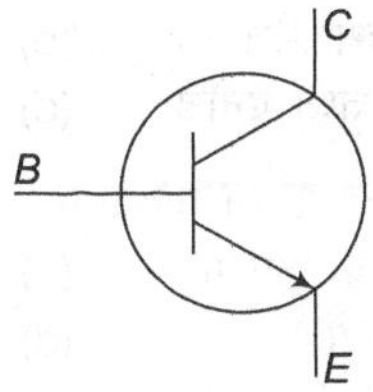

(a) *p-n-p* ट्रांजिस्टर (b) *n-p-n* ट्रांजिस्टर
(c) FET ट्रांजिस्टर (d) JFET ट्रांजिस्टर

38. निम्न में से *p-n-p* ट्रांजिस्टर के प्रतीक को पहचानिए

(a) 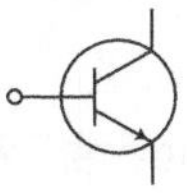 (b) 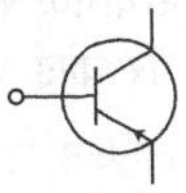

(c) 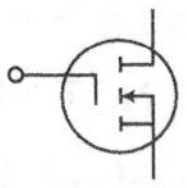 (d) 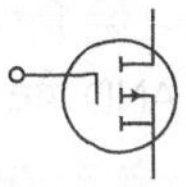

39. निम्न में से कौन-सी ट्रांजिस्टर की विशिष्टता है?
(a) एल्फा कट-ऑफ आवृत्ति (b) पावर क्षय
(c) लीकेज धारा (d) ये सभी

40. निम्न में से कौन-सा ट्रांजिस्टर का मुख्य अवगुण है?
(a) वोल्टेज का उतार-चढ़ाव (b) असमान अभिलक्षण
(c) ताप परिवर्तन का प्रभाव (d) ये सभी

41. चित्र में कौन-सा एक इलेक्ट्रॉनिक अवयव दर्शाया गया है?

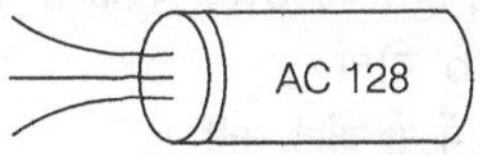

(a) डायोड (b) ट्रांजिस्टर
(c) थायरिस्टर (d) फोटो ट्रांजिस्टर

42. ट्रांजिस्टर की धारा रेटिंग निर्भर करती है
(a) ट्रांजिस्टर जंक्शनों के अनुप्रस्थ क्षेत्रफल पर
(b) मुक्त इलेक्ट्रॉनों की संख्या पर
(c) ट्रांजिस्टर की मानक वोल्टेज पर
(d) उपरोक्त सभी

43. जब एक ट्रांजिस्टर को स्विच के रूप में प्रयुक्त करें, तो उसका ऑन/ऑफ टर्मिनल क्या होगा?
(a) संग्राहक से आधार (b) उत्सर्जक से संग्राहक
(c) संग्राहक से उत्सर्जक (d) आधार से उत्सर्जक

44. एक ट्रांजिस्टर '2N 3055' के रूप में नामित है। '2N' क्या दर्शाता है?
(a) डायोड को (b) टर्मिनलों की संख्या को
(c) फील्ड इफैक्ट ट्रांजिस्टर को (d) दो जंक्शन युक्तियों को

45. ट्रांजिस्टर्स को डिजिटल परिपथ में प्रचालित किया जाता है
(a) एक्टिव रीजन में
(b) ब्रेकडाउन रीजन में
(c) सेचुरेशन और कट-ऑफ रीजन में
(d) लीनियर रीजन में

46. ट्रांजिस्टर को अधिकांश जर्मेनियम अर्द्धचालक की तुलना में सिलिकॉन का उपयोग करके बनाया जाता है, क्योंकि यह है
(a) उच्च बाधा वोल्टेज (b) उच्च प्रतिरोध परास
(c) उच्च तापीय स्थिरता (d) उच्च धारा वहन क्षमता

47. किसी ट्रांजिस्टर में तापमान वृद्धि होने पर कलैक्टर धारा
(a) कम हो जाती है (b) बढ़ जाती है
(c) नियत रहती है (d) शून्य हो जाती है

48. किसी *p-n-p* ट्रांजिस्टर में, यदि एमीटर जंक्शन फॉरवर्ड बायस तथा कलैक्टर जंक्शन रिवर्स बायस हो, तो ट्रांजिस्टर प्रचालित होगा
(a) सक्रिय रीजन में (b) संतृप्त रीजन में
(c) कट-ऑफ रीजन में (d) इन्वर्टिड रीजन में

49. निम्न में से किस अनुप्रयोग में ट्रांजिस्टर का उपयोग नहीं किया जाता है?
(a) एम्प्लीफायर में (b) दोलन में
(c) वोल्टेज मल्टीप्लायर में (d) ये सभी

50. पावर इलेक्ट्रॉनिक्स युक्तियाँ कहलाती हैं
(a) ठोस अवस्था युक्ति (b) ट्रांजिस्टर युक्ति
(c) बाइपोलर युक्ति (d) ये सभी

51. निम्नलिखित में से कौन-सी युक्ति 'स्विच' की भाँति कार्य नहीं कर सकती है?
(a) डायोड (b) ट्रांजिस्टर (c) ट्रांसफॉर्मर (d) आई.सी.

52. यूनीजंक्शन ट्रांजिस्टर में दो संयोजकों के बीच प्रतिरोध का मान .... के बीच रखा जाता है।
(a) 5 kΩ से 10 kΩ (b) 10 kΩ से 20 kΩ
(c) 20 kΩ से 30 kΩ (d) इनमें से कोई नहीं

53. UJT का उपयोग .... के रूप में किया जा सकता है।
(a) ऑसिलेटर (b) टाइमर
(c) निम्न आवृत्ति ऑसिलेटर (d) ये सभी

54. जब UJT का कलैक्टर टर्मिनल खुला (open) होता है, तब बेस टर्मिनल पर प्रतिरोध का मान होगा
(a) उच्च (b) निम्न (c) शून्य (d) अनन्त

55. निम्न चित्र में किस पावर इलेक्ट्रॉनिक युक्ति के प्रतीक को दर्शाया गया है?

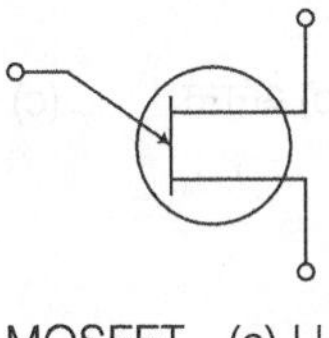

(a) SCR (b) MOSFET (c) UJT (d) FET

56. निम्न में से किस युक्ति की आन्तरिक संरचना में चार पर्तें नहीं होती हैं?
(a) UJT (b) DIAC (c) SCR (d) TRIAC

57. निम्न युक्तियों में से बेस-1 तथा बेस-2 किस युक्ति से सम्बन्धित हैं?
(a) UJT (b) DIAC (c) SCR (d) TRIAC

58. UJT का एक अनुप्रयोग .... है।
(a) फिल्टर सर्किट (b) पावर एम्प्लीफायर
(c) रिलैक्सेशन ऑसिलेटर (d) ज्यावक्रीय ऑसिलेटर

59. चार पर्तों वाली ठोस अवस्था युक्ति जिसमें टर्न-ऑन विशेषता विद्यमान हो, ·········· कहलाती है।
(a) थायरिस्टर (b) ट्रांजिस्टर
(c) डायोड (d) इनमें से कोई नहीं

60. n-MOSFET में डिप्लीशन रीजन के बीच वाले रीजन को ·········· कहा जाता है।
(a) सब्स्ट्रेट (b) चैनल
(c) बैरियर (d) इनमें से कोई नहीं

61. MOSFET की धारा चालन क्षमता ········· होती है।
(a) कम (b) अधिक
(c) नगण्य (d) इनमें से कोई नहीं

62. निम्न में से पावर MOSFET की मुख्य विशेषता है
(a) कम डोपिंग की आवश्यकता
(b) उच्च संचार गति
(c) निम्न वोल्टेज पर उच्च कोटि की दक्षता
(d) 'b' और 'c' दोनों

63. निम्न में से धारा ट्रिगरिंग युक्ति नहीं है
(a) MOSFET (b) SCR (c) GTO (d) TRIAC

64. "इस युक्ति में गेट तथा अर्द्धचालक चैनल के मध्य सिलिकॉन ऑक्साइड की एक अचालक पर्त स्थापित की जाती है जिससे गेट का प्रभावी प्रतिरोध बढ़ जाता है।" यह कथन निम्न में से किस युक्ति से सम्बन्धित है?
(a) MOSFET (b) FET (c) IGBT (d) GTO

65. निम्न में से किस युक्ति में तीन p-n जंक्शन डायोड्स का संयोजन होता है?
(a) DIAC (b) TRIAC (c) UJT (d) SCR

66. गेट के खुले होने की स्थिति में SCR को ऑन करने के लिए सप्लाई वोल्टेज को ·········· के बराबर करना होगा।
(a) रिवर्स वोल्टेज (b) फॉरवर्ड वोल्टेज
(c) ब्रेकओवर वोल्टेज (d) इनमें से कोई नहीं

67. अच्छे SCR में एनोड तथा कैथोड के मध्य ············· प्रतिरोध होता है।
(a) शून्य (b) अनन्त (c) कम (d) अधिक

68. SCR में संयोजक सिरे कहलाते हैं
(a) सोर्स, गेट तथा ड्रेन (b) एमीटर, बेस तथा कलैक्टर
(c) कैथोड, गेट तथा एनोड (d) इनमें से कोई नहीं

69. SCR का प्रयोग किया जा सकता है
(a) एम्प्लीफायर के रूप में (b) रेक्टिफायर के रूप में
(c) FET के रूप में (d) इनमें से कोई नहीं

70. SCR में जब अधिक गेट धारा दी जाती है, तब फॉरवर्ड ब्रेकओवर वोल्टेज
(a) कम हो जाती है (b) अत्यधिक बढ़ जाती है
(c) अचानक से शून्य हो जाती है
(d) पर कोई प्रभाव नहीं पड़ता है

71. वह लॉजिक गेट, जोकि निम्न (0) इनपुट को उच्च (1) एवं उच्च (1) इनपुट को निम्न (0) में परिवर्तित करता है, ········ कहलाता है।
(a) AND गेट (b) OR गेट (c) NOT गेट (d) NOR गेट

72. निम्न में से कौन-सा NOT गेट का कार्य नहीं है?
(a) सिग्नल को रोकना
(b) निवेश को प्रतिलोम करना
(c) निवेश के मान को परिवर्तित कर देना
(d) अंकीय परिपथ का तर्क बदल देना

73. OR लॉजिक गेट का मुख्य अभिलक्षण है
(a) इनपुट टर्मिनल पर उच्च संकेत देने पर आउटपुट पर उच्च संकेत प्राप्त होना
(b) बाइनरी इनपुट को उसके पूरक में परिवर्तित करना
(c) 'a' और 'b' दोनों
(d) उपरोक्त में से कोई नहीं

74. NOR गेट का आउटपुट उच्च (1) होता है, यदि
(a) सभी इनपुट उच्च हैं (b) कोई एक इनपुट उच्च है
(c) कोई एक इनपुट निम्न है (d) सभी इनपुट निम्न हैं

75. Ex-OR गेट को पहचानिए।

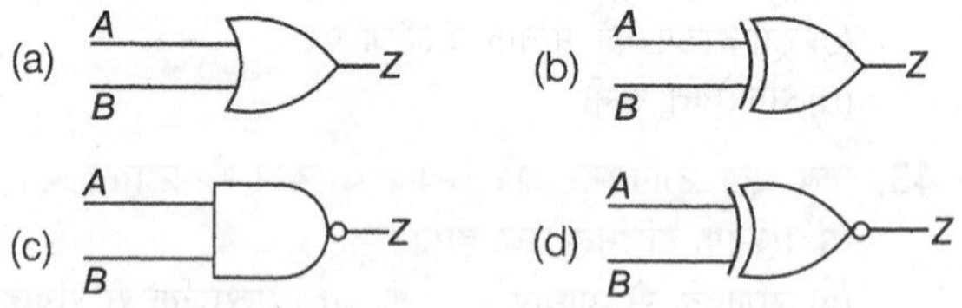

उत्तरमाला

1. (b)	2. (c)	3. (b)	4. (d)	5. (d)	6. (a)	7. (c)	8. (c)	9. (b)	10. (c)
11. (a)	12. (b)	13. (b)	14. (a)	15. (c)	16. (c)	17. (a)	18. (d)	19. (d)	20. (c)
21. (c)	22. (c)	23. (c)	24. (b)	25. (c)	26. (b)	27. (c)	28. (b)	29. (d)	30. (a)
31. (a)	32. (b)	33. (d)	34. (b)	35. (c)	36. (c)	37. (b)	38. (b)	39. (d)	40. (d)
41. (b)	42. (a)	43. (c)	44. (d)	45. (c)	46. (d)	47. (b)	48. (a)	49. (d)	50. (d)
51. (c)	52. (a)	53. (d)	54. (a)	55. (c)	56. (a)	57. (a)	58. (c)	59. (a)	60. (b)
61. (b)	62. (d)	63. (a)	64. (a)	65. (d)	66. (c)	67. (b)	68. (c)	69. (b)	70. (a)
71. (c)	72. (a)	73. (a)	74. (d)	75. (b)					

अध्याय 14

वैल्डिंग
Welding

परिचय Introduction

वैल्डिंग एक ऐसी तकनीक है, जिसके द्वारा दो समान अथवा असमान धातुओं को एक विशेष तापमान पर दबाव या बिना दबाव दिए हुए आपस में जोड़ा जाता है। वैल्डिंग द्वारा धातुओं को जोड़ने के लिए फिलर मैटल का प्रयोग किया जाता है। वैल्डिंग की दो मुख्य विधियाँ 'गैस वैल्डिंग' तथा 'आर्क वैल्डिंग' हैं। गैस वैल्डिंग में प्राय: ऑक्सीजन तथा एसीटिलीन गैसों को अलग-अलग अनुपात में मिलाकर, उनका दहन करके ताप प्राप्त किया जाता है, जबकि इलेक्ट्रिक आर्क वैल्डिंग में यह ताप इलेक्ट्रिक आर्क द्वारा उत्पन्न किया जाता है। इस अध्याय में वैल्डिंग, उससे सम्बन्धित शब्दावली तथा वैल्डिंग की प्रमुख विधियों का वर्णन किया गया है।

अध्याय विषय सूची

14.1 वैल्डिंग का वर्गीकरण Classification of Welding

वैल्डिंग का विविध प्रक्रियाओं पर आधारित वर्गीकरण निम्नलिखित है

1. वैल्डिंग की जाने वाली धातुओं के आधार पर
2. वैल्डिंग के लिए लगाए गए दाब के आधार पर

1. वैल्डिंग की जाने वाली धातुओं के आधार पर On the Basis of Metals to be Welded

जोड़ी जाने वाली धातुओं के आधार पर वैल्डिंग को निम्न दो भागों में बाँटा जा सकता है

(i) समांगी वैल्डिंग Homogeneous Welding

जब वैल्डिंग द्वारा समान धातु के दो भागों को उसी धातु की फिलर रॉड के द्वारा जोड़ा जाता है या बिना फिलर रॉड प्रयोग किए जोड़ा जाता है, तो उसे समांगी वैल्डिंग कहते हैं; जैसे—माइल्ड स्टील के पार्ट को माइल्ड स्टील द्वारा वैल्ड करना। इसके लिए फ्यूजन वैल्डिंग, फोर्ज वैल्डिंग आदि क्रियाएँ की जाती हैं।

(ii) विषमांगी वैल्डिंग Heterogeneous Welding

जब अलग-अलग धातु के भागों को फिलर रॉड की सहायता से अथवा बिना सहायता के जोड़ा जाता है, तो उसे विषमांगी वैल्डिंग कहते हैं। इसमें फिलर मैटल की रॉड का गलनांक, जोड़े जाने वाले धातु पार्ट्स से कम होता है। इसके द्वारा अधिकतर ताँबा व पीतल तथा माइल्ड स्टील व कास्ट आयरन को जोड़ा जाता है। इसके लिए सॉलिड फेज वैल्डिंग (solid phase welding), सोल्डरिंग, ब्रेजिंग आदि जोड़ने की क्रियाएँ की जाती हैं।

2. वैल्डिंग के लिए लगाए गए दाब के आधार पर
On the Basis of Pressure Applied for Welding

दाब के आधार पर वैल्डिंग दो प्रकार की होती है

(i) दाब या प्लास्टिक वैल्डिंग Pressure or Plastic Welding

इस प्रक्रिया में वैल्डिंग की जाने वाली सतहों को प्लास्टिक अवस्था (plastic stage) अर्थात् पिघलने की अवस्था तक गर्म करके, दोनों सतहों पर दबाव डालकर स्थायी जोड़ प्राप्त किया जाता है। इस प्रक्रिया में धातु का प्लास्टिक अवस्था तक गर्म होना आवश्यक होता है, क्योंकि उसके पश्चात् ही दाब लगाने पर आवश्यक बॉण्ड बनता है।

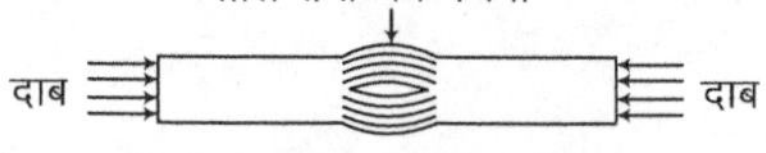

चित्र दाब या प्लास्टिक वैल्डिंग

इस प्रक्रिया के द्वारा निम्न प्रकार की वैल्डिंग की जाती हैं

(a) **प्रतिरोध वैल्डिंग** (Resistance welding) वैल्डिंग की इस विधि में फिलर रॉड या इलेक्ट्रॉड का प्रयोग किया जाता है। इसमें केवल प्रतिरोध के कारण उत्पन्न हुई ऊष्मा द्वारा चादर की सतह को प्लास्टिक स्थिति तक दबाव देकर जोड़ा जाता है।

(b) **फोर्ज वैल्डिंग** (Forge welding) इस विधि में पिटवाँ लोहे व स्टील के भागों को जोड़ा जाता है। फोर्ज वैल्डिंग द्वारा जिन भागों को जोड़ा जाता है, उन्हें पहले भट्ठी में लगभग 1300°C तापमान पर गर्म करते हैं। जब भागों का रंग हल्के पीले रंग से सफेद रंग में बदलता है, तो दोनों भागों को हथौड़े की सहायता से दबाव देकर जोड़ा जाता है। फोर्ज वैल्डिंग निम्न प्रकार की होती है

- हैमर वैल्डिंग
- डाई वैल्डिंग
- रोल वैल्डिंग

(ii) नॉन-प्रैशर या फ्यूजन वैल्डिंग
Non-pressure or Fusion Welding

इस वैल्डिंग प्रक्रिया में जोड़ी जाने वाली समान अथवा असमान धातुओं की सतहों को मिलाकर रखा जाता है तथा किसी ऊष्मा स्रोत के द्वारा दोनों सतहों को पिघलने की स्थिति तक गर्म किया जाता है। इस प्रकार पिघली धातु आपस में मिलकर एकसमान मिश्रण बनाती हैं। आवश्यकतानुसार फिलर धातु भी इसमें प्रयुक्त की जाती है। यह मिश्रित धातु ठण्डी होने पर एक पक्का जोड़ बनाती है, क्योंकि यह जोड़ धातुओं के पिघलने पर बिना दाब लगाए ही बन जाता है, इसलिए इसे फ्यूजन वैल्डिंग कहते हैं।

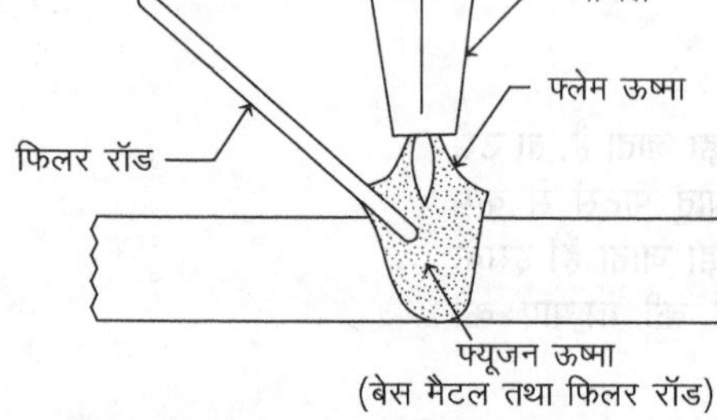

चित्र नॉन-प्रैशर या फ्यूजन वैल्डिंग

फ्यूजन वैल्डिंग में निम्न प्रकार की वैल्डिंग विधियाँ होती हैं

(a) **आर्क वैल्डिंग** (Arc welding) आर्क वैल्डिंग में धातुओं को जोड़ने के लिए आवश्यक ऊष्मा, विद्युत द्वारा प्रदान की जाती है। यह ऊष्मा धातु और इलेक्ट्रॉड को पिघलाकर जोड़ को भर देती है, जिससे धातुएँ आपस में जुड़ जाती हैं। विद्युत प्राप्ति हेतु जेनरेटर या ट्रांसफॉर्मर का प्रयोग किया जाता है।

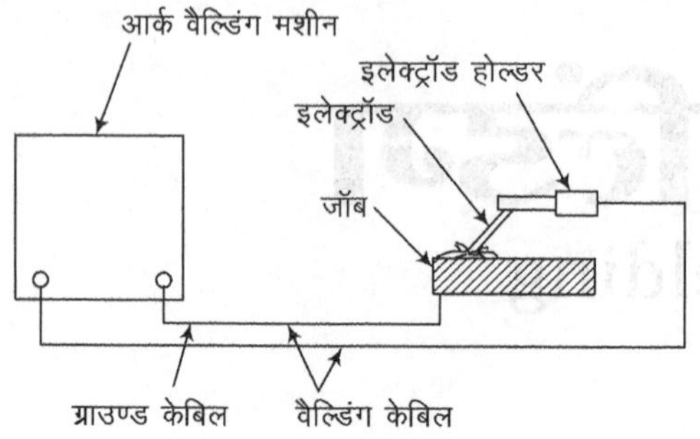

चित्र आर्क वैल्डिंग

(b) **थर्मिट वैल्डिंग** (Thermit welding) थर्मिट वैल्डिंग में रासायनिक क्रिया द्वारा ताप उत्पन्न किया जाता है। इसमें वैल्डिंग करते समय थर्मिट पाउडर का प्रयोग किया जाता है।

यह थर्मिट पाउडर एल्युमीनियम और आयरन ऑक्साइड का मिश्रण होता है। इस मिश्रण द्वारा उत्पन्न तापमान, लोहे के तापमान का दोगुना होता है। इस वैल्डिंग का प्रयोग शाफ्ट, रेलवे रोलरों को वैल्ड करने के लिए करते हैं।

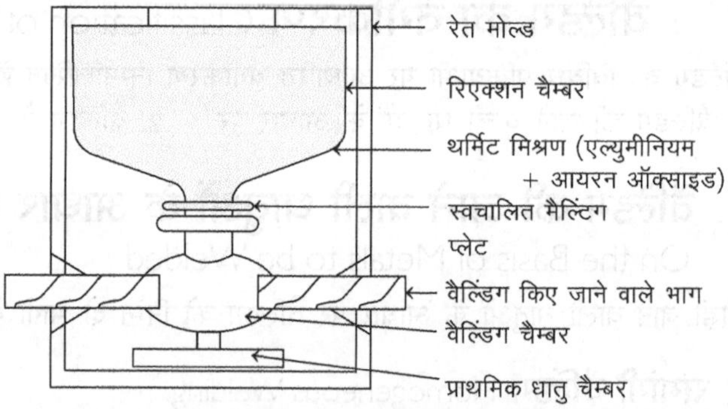

चित्र थर्मिट वैल्डिंग

(c) **गैस वैल्डिंग** (Gas welding) यह एक फ्यूजन वैल्डिंग प्रक्रिया है। इसमें जोड़े जाने वाली धातु के किनारों को गैस द्वारा ताप देकर पिघलाया जाता है। यह पिघली हुई धातु ठण्डी होने पर एक ठोस जोड़ बनाती है, इसे ही गैस वैल्डिंग कहते हैं।

गैस वैल्डिंग में तीन तरह की ज्वाला निकलती है। आवश्यक ज्वाला प्राप्त करने के लिए कई गैसो का मिश्रण प्रयोग किया जाता है;

जैसे—ऑक्सी-एसीटिलीन गैस, ऑक्सी-हाइड्रोजन गैस तथा ऑक्सी-कोल गैस आदि।

गैस वैल्डिंग में ऑक्सी-एसीटिलीन गैस मिश्रण का प्रयोग सबसे अधिक किया जाता है। एसीटिलीन गैस जलने का कार्य करती है व ऑक्सीजन गैस जलाने का।

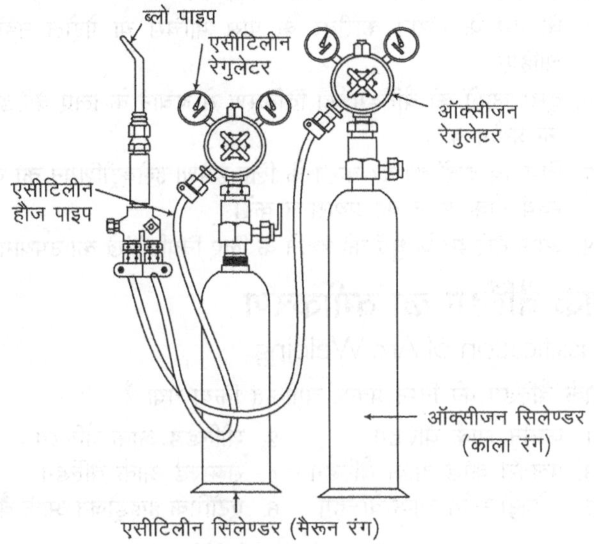

चित्र गैस वैल्डिंग उपकरण

टिप्पणी *पाठ्यक्रम की उपयोगिता को ध्यान में रखते हुए यहाँ आर्क वैल्डिंग तथा गैस वैल्डिंग का ही विस्तृत वर्णन किया गया है।*

14.2 आर्क वैल्डिंग Arc Welding

आर्क, बिजली के इलेक्ट्रॉडों (कैथोड और एनोड) के मध्य हवा में उत्पन्न किए गए इलेक्ट्रॉनों का विसर्जन है। इसका स्वरूप और गुण, फ्लेम के समान होते हैं। विद्युत आर्क अधिक धारा और कम वोल्टेज पर उत्पन्न होती है। यह आर्क 10 से 2000 एम्पियर की धारा और 10 से 25 वोल्ट के विभवान्तर के मध्य बन जाती है।

आर्क वैल्डिंग का सिद्धान्त
Principle of Arc Welding

इस वैल्डिंग प्रक्रिया में एक उपयुक्त स्रोत लेकर, उसके एक सिरे को इलेक्ट्रॉड तथा दूसरे सिरे को वस्तु से सम्बद्ध करते हैं। इलेक्ट्रॉड तथा वस्तु के मध्य 1 मिमी से 10 मिमी की दूरी में एयर गैप उपस्थित होने से यह परिपथ पूर्ण हो जाता है। संयोजित स्रोत द्वारा उत्पन्न धारा इस एयर गैप से प्रवाहित होने पर वायु द्वारा उत्पन्न प्रतिरोध से ऊष्मा उत्पन्न होती है, जिससे तापमान लगभग 3600°C तक बढ़ जाता है।

कार्यविधि Working Method

इलेक्ट्रॉड और कार्यखण्ड के मध्य 1 मिमी से 10 मिमी तक के रिक्त स्थान में आर्क उत्पन्न की जाती है। प्रारम्भ में उच्च विभव के कारण कैथोड से निकले इलेक्ट्रॉन रिक्त स्थान की हवा को आयनीकृत कर देते हैं, जिससे आयनीकृत हवा विद्युत की सुचालक बन जाती है और इसमें विद्युत धारा प्रवाहित होने लगती है। यदि इस हवा के स्तम्भ (रिक्त स्थान) का प्रतिरोध R और प्रवाहित होने वाली धारा I है, तो इलेक्ट्रॉड और कार्यखण्ड के मध्य दूरी के कारण उत्पन्न प्रतिरोध शक्ति को I^2R से प्रदर्शित किया जाएगा। यह प्रतिरोध शक्ति ही ऊष्मा उत्पन्न करने का मुख्य स्रोत बन जाती है। इसी ऊष्मा से इलेक्ट्रॉड का सिरा गर्म होकर पिघलने की स्थिति में आ जाता है और इलेक्ट्रॉन के साथ ही कार्यखण्ड की ओर बहने लगता है। इस प्रकार, आर्क विद्युत ऊर्जा को ताप ऊर्जा में बदलने का एक साधन है।

आर्क का तापक्रम 3600°C तक होने के कारण इलेक्ट्रॉड की धातु शीघ्रता से पिघल जाती है और साथ ही कार्यखण्ड की वैल्ड होने वाली सतह भी पिघल जाती है। कुछ पिघली धातुएँ आपस में मिलकर वैल्ड पूल बनाती हैं। इलेक्ट्रॉड द्वारा प्राप्त पिघली धातु, फिलर धातु और कार्यखण्ड की पिघली धातु, बेस धातु कहलाती है। ये दोनों धातुएँ आपस में मिलकर और ठण्डी होकर वैल्डिंग जोड़ बनाती हैं।

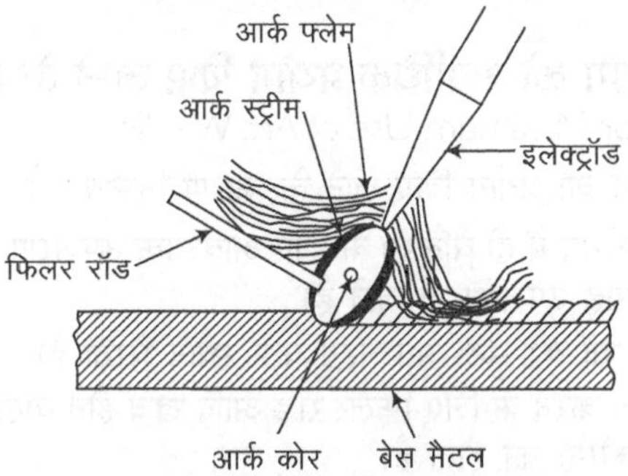

चित्र आर्क वैल्डिंग की क्रियाविधि

आर्क वैल्डिंग प्रक्रिया में प्रयोग किए जाने वाले इलेक्ट्रॉड पर फ्लक्स का लेप किया जाता है, जिसके मुख्य कार्य निम्न प्रकार हैं

1. आर्क को बनाने और उसे स्थायी रखने में सहायता देता है।
2. आर्क की गर्मी से फ्लक्स पिघलकर सुरक्षात्मक गैसें देता है, जिससे वायुमण्डलीय ऑक्सीजन और नाइट्रोजन गैसों से पिघली हुई धातु सुरक्षित रहती है।
3. फ्लक्स पिघली धातु पर एक ऊष्मा अवरोधी कवच बना देता है, जिससे वैल्ड धातु धीरे-धीरे ठण्डी होती है। इस प्रकार, फ्लक्स, वैल्ड बीड को क्रैक होने या कठोर होने से बचाता है।
4. वैल्ड धातु को डी-ऑक्सीडाइज तथा रिफाइन करता है, इससे बीड की शक्ति बढ़ती है।
5. कोर वायर की धातु में अनुपस्थित अलॉयिंग एलीमेन्ट्स की कमी को दूर करने में सहायक होता है। फ्लक्स के द्वारा इस प्रकार के अलॉयिंग एलीमेन्ट्स धीरे-धीरे वैल्ड धातु में मिलाए जा सकते हैं। इस प्रकार, वैल्ड धातु की कैमिस्ट्री को बिना कोर वायर बदले, बदला जा सकता है।
6. वैल्ड बीड की प्रोफाइल को नियन्त्रित करने और समतल वैल्डिंग सतह बनाने में सहायता प्रदान करता है।
7. फ्लक्स के द्वारा स्पैटरिंग कम होती है।
8. यह इलेक्ट्रॉड पर एक कुचालक कोटिंग देता है, जिससे इलेक्ट्रॉड, धारा पर तथा सँकरे स्थानों पर भी सुगमतापूर्वक कार्य कर सकता है।

आर्क वैल्डिंग के लाभ Advantages of Arc Welding

आर्क वैल्डिंग के मुख्य लाभ निम्न हैं

1. अन्य वैल्डिंग प्रक्रियाओं की अपेक्षा यह एक सस्ती वैल्डिंग प्रक्रिया है।
2. यह छोटे-छोटे कार्यों के लिए अधिक उपयोगी है।
3. इसमें ए.सी. तथा डी.सी. दोनों प्रकार की वैल्डिंग मशीनें प्रयोग की जा सकती हैं।
4. धारा को नियन्त्रित करके इससे हल्के व भारी सभी प्रकार के वैल्डिंग कार्य किए जा सकते हैं।
5. यह वैल्डिंग बहुत कम लागत से की जा सकती है।
6. वैल्डर तथा इसका उपयोगी सामान आसानी से उपलब्ध है।

आर्क वैल्डिंग को सर्वाधिक प्रयोग किए जाने के कारण
Reasons for Maximum Use of Arc Welding

आर्क वैल्डिंग को प्रयोग किए जाने के कारण निम्नवत् हैं

1. कम कीमत में ही वैल्डिंग के लिए आवश्यक उपकरण तथा औजार हर जगह उपलब्ध हो जाते हैं।
2. उपकरणों का सैट-अप बहुत कम स्थान घेरता है।
3. वैल्डिंग करने के लिए फिलर रॉड आदि खर्च होने वाला सामान भी कम कीमत का होता है।
4. हल्के-से-हल्के तथा भारी-से-भारी कार्यखण्डों को इस प्रक्रम के द्वारा वैल्ड किया जा सकता है।
5. आर्क द्वारा बनी ज्वाला का तापमान अन्य प्रकार से बनी ज्वालाओं के तापमान से अधिक होता है।
6. आर्क वैल्डिंग के द्वारा वैल्डिंग में कम समय व्यय होता है।
7. आजकल वैल्डिंग के लिए अनेक प्रकार के वैल्डिंग इलेक्ट्रॉड उपलब्ध हैं, जिनका प्रयोग करके लगभग हर प्रकार की धातु को वैल्ड किया जा सकता है।
8. आर्क वैल्डिंग में विशेष सावधानी बरतते हुए लगाए गए जोड़, मजबूत व टिकाऊ होते हैं।
9. विद्युत (electricity) आसानी से सभी जगह उपलब्ध है, इसलिए आर्क वैल्डिंग करना आसान होता है।
10. विशेष सावधानी बरतने पर आर्क वैल्डिंग द्वारा बनी बीड (bead) में कम दोष होते हैं।
11. मरम्मत के कार्य आसानी से किए जा सकते हैं।

आर्क वैल्डिंग के दौरान सुरक्षा/सावधानियाँ
Safety/Precautions during Arc Welding

आर्क वैल्डिंग करने के दौरान मुख्यत: निम्न सुरक्षा सावधानियों का ध्यान रखना चाहिए

1. आर्क वैल्डिंग को नमी वाली जगह पर खड़े होकर न करें।
2. सदैव सभी सुरक्षा ड्रेस (चश्मा, एप्रन, जूते आदि) पहनकर ही वैल्डिंग प्रारम्भ करें।
3. वैल्डिंग व चिपिंग के दौरान आँख व चेहरे की सुरक्षा के लिए क्रमश: वैल्डिंग पर्दे एवं चिपिंग पर्दे का प्रयोग करें।
4. उपयोग के बाद वैल्डिंग मशीन बन्द कर दें।
5. वैल्डिंग के दौरान कारीगर के पास माचिस या पेट्रोल नहीं होना चाहिए।
6. दूसरे लोगों को वैल्डिंग की विकिरण से बचाने के लिए वैल्डिंग बूथ का प्रयोग करें।
7. विद्युतीय दोषों को दूर करने के लिए हमेशा इलेक्ट्रीशियन को बुलाएँ, स्वयं ठीक करने का प्रयास न करें।
8. आर्क वैल्डिंग के धुएँ को हटाने के लिए निर्वात पंखे का उपयोग करें।

आर्क वैल्डिंग का वर्गीकरण
Classification of Arc Welding

आर्क वैल्डिंग को निम्न प्रकार वर्गीकृत किया गया है

1. कार्बन आर्क वैल्डिंग
2. शील्डिड आर्क वैल्डिंग
3. फ्लक्स कोर्ड आर्क वैल्डिंग
4. सब्मर्ज्ड आर्क वैल्डिंग
5. इलेक्ट्रो स्लैग आर्क वैल्डिंग
6. एटॉमिक हाइड्रोजन आर्क वैल्डिंग

नोट *पाठ्यक्रम के अनुसार उपरोक्त आर्क वैल्डिंग विधियों में से केवल मैनुअल मैटालिक आर्क वैल्डिंग का अध्ययन ही प्रशिक्षु हेतु आवश्यक है, जिसका वर्णन नीचे दिया गया है।*

मैनुअल मैटालिक आर्क वैल्डिंग
Manual Metallic Arc Welding

फ्लक्स कोटेड इलेक्ट्रॉड का प्रयोग करते हुए बेस मैटल तथा फिलर मैटल की हस्त विधि द्वारा की जाने वाली वैल्डिंग, मैनुअल मैटालिक आर्क वैल्डिंग कहलाती है। इस प्रकार की वैल्डिंग में विद्युत ऊष्मा से प्राप्त तापमान के कारण इलेक्ट्रॉड पर लगा हुआ फ्लक्स पिघलकर बाहरी अशुद्धीकरण से धातु की रक्षा करता है। इस प्रकार पिघली अवस्था में बेस धातु तथा फिलर धातु आपस में मिलकर वैल्ड धातु बनाती हैं। यह वैल्ड धातु जमने पर एक पक्का तथा स्थायी जोड़ बनाती है।

सिद्धान्त Principle

इस वैल्डिंग प्रक्रिया में उच्च तथा निम्न धारा के द्वारा इलेक्ट्रॉड तथा कार्यखण्ड के मध्य आर्क की ऊष्मा को घटाया अथवा बढ़ाया जा सकता है। सदैव उच्च धारा आर्क से न्यून आर्क लम्बाई प्राप्त होती है। इस प्रकार, आर्क धारा द्वारा उत्पन्न ऊष्मा से इलेक्ट्रॉड फ्लक्स पिघलकर बूँदों के रूप में आर्क द्वारा कार्यखण्ड पर ट्रांसफर होकर, उसकी सतह पर निक्षेपित हो जाता है।

कार्यविधि Working Method

मैनुअल मैटालिक आर्क वैल्डिंग में जॉब को हाथ से पकड़कर वैल्डिंग की जाती है। मैनुअल मैटालिक आर्क वैल्डिंग में आवश्यक धारा ए.सी. या डी.सी. वैल्डिंग मशीन से प्राप्त की जाती है। जब इलेक्ट्रॉड जॉब के अति निकट लाया जाता है, तो उनके मध्य उपस्थित हवा का स्तम्भ (column) आयनित (ionised) हो जाता है। इस कारण इलेक्ट्रॉन इस स्तम्भ के अन्दर से प्रवाहित होने लगते हैं तथा आर्क का स्वरूप ले लेते हैं।

इस आर्क के प्रतिरोध के कारण ऊष्मा उत्पन्न होती है। इस ऊष्मा का ज्यादातर ताप, जॉब को पिघलाता है तथा शेष इलेक्ट्रॉड को पिघलाने का काम करता है। इस आर्क का तापक्रम 3600°C से 4000°C तक हो सकता है।

इलेक्ट्रॉड के ऊपर एक विशेष प्रकार का फ्लक्स चढ़ा होता है, जो धातु के साथ पिघलकर वैल्ड पूल (weld pool) के ऊपर तैरता रहता है तथा वैल्ड धातु को वायुमण्डलीय गैसों के प्रभाव से सुरक्षा प्रदान करता है। जब वैल्ड धातु ठण्डी होती है, तो यह फ्लक्स भी एक पपड़ी के समान वैल्ड बीड के ऊपर ही ठण्डा हो जाता है। इस वैल्डिंग प्रक्रिया में वैल्ड धीरे-धीरे ठण्डा होता है, इस कारण बीड में थर्मल स्ट्रैस कम पैदा होते हैं।

फ्लक्स के पिघलने पर गैसों का निर्माण होता है, जो पिघली हुई धातु को सुरक्षित रखती है। इस कारण इसे शील्डेड आर्क वैल्डिंग भी कहा जाता है। वैल्डिंग की स्पीड तथा फीड का नियन्त्रण हाथ द्वारा होने के कारण इसे मैनुअल मैटालिक आर्क वैल्डिंग कहा जाता है।

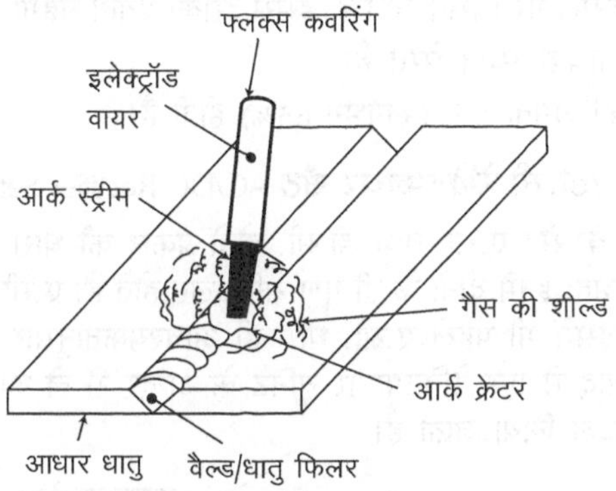

चित्र मैनुअल मैटालिक आर्क वैल्डिंग की कार्यविधि

मैनुअल मैटल आर्क वैल्डिंग में प्रयुक्त शक्ति स्रोत
Power Sources Used in Manual Metal Arc Welding

मैनुअल आर्क वैल्डिंग में विद्युत का उपयोग करके आर्क उत्पन्न की जाती है। इसके लिए निम्न तीन प्रकार की मशीनें प्रयुक्त की जाती हैं

(i) ए. सी. वैल्डिंग मशीन
(ii) डी. सी. वैल्डिंग सैट
(iii) ए. सी./डी. सी. रेक्टिफायर सैट

(i) ए.सी. वैल्डिंग मशीन AC Welding Machine

ए.सी. वैल्डिंग मशीन, ए.सी. से चलने वाली मशीन है। इस मशीन में एक स्टैप-डाउन ट्रांसफॉर्मर का प्रयोग किया जाता है, जो आर्क उत्पन्न करने के लिए आवश्यक धारा सप्लाई करता है। ये उपकरण अधिक महँगे नहीं होते हैं तथा स्थान भी कम घेरते हैं।

इन उपकरणों के अधिक रख-रखाव की आवश्यकता नहीं होती है। ए.सी. ट्रांसफॉर्मर में ध्रुवता लगातार बदलने से आर्क ब्लो दोष नहीं आता है। ए.सी. सप्लाई प्रत्येक स्थान पर उपलब्ध है, इसलिए इसका प्रयोग बहुत आसान है। ए.सी. वैल्डिंग में प्रयुक्त किए जाने वाले इलेक्ट्रॉड भी आसानी से प्राप्त हो जाते हैं।

ए.सी. वैल्डिंग ट्रांसफॉर्मर में आउटपुट की धारा को आवश्यकतानुसार कम या अधिक करने के लिए अलग से रेगुलेटिंग डिवाइस का प्रयोग किया जाता है। रिपेयर करने वाले कारीगर इसी ए.सी. ट्रांसफॉर्मर का प्रयोग करते हैं।

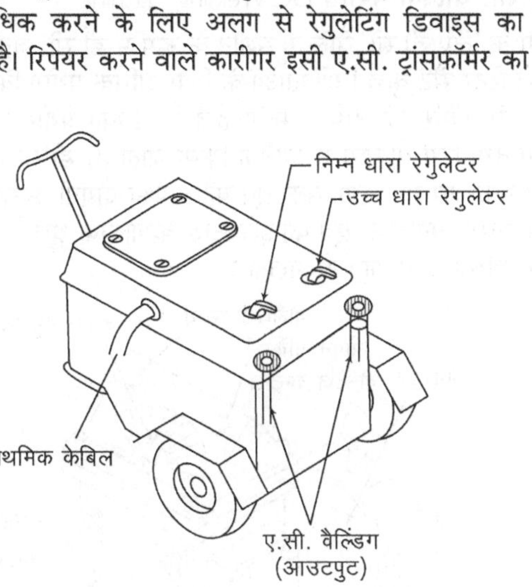

चित्र ए.सी. वैल्डिंग मशीन

लाभ Advantages

ए.सी. वैल्डिंग से सम्बन्धित लाभ निम्न प्रकार हैं

1. ए.सी. वैल्डिंग सैट के रख-रखाव में बहुत कम व्यय आता है।
2. इसकी प्रारम्भिक लागत भी बहुत कम होती है।
3. ए.सी. वैल्डिंग में पोलैरिटी बदलती रहती है, इसलिए आर्क ब्लो का दोष नहीं आता है।
4. डी.सी. जनित्र सैट से कम आवाज होती है।

हानियाँ
Disadvantages

ए.सी. वैल्डिंग से सम्बन्धित हानियाँ निम्न प्रकार हैं

1. ए.सी. वैल्डिंग में आर्क द्वारा मिलने वाली ऊष्मा को आवश्यकतानुसार इलेक्ट्रॉड या बेस मैटल के मध्य बाँट नहीं सकते, क्योंकि इसमें दोनों की पोलैरिटी बराबर बदलती रहती है।
2. पोलैरिटी बराबर बदलने से आर्क अस्थिर हो जाती है, जिसके कारण वैल्डिंग बीड बहुत सुन्दर नहीं बनती है।
3. इसके द्वारा अलौह धातुओं की वैल्डिंग नहीं की जा सकती है।
4. इसमें धारा की बहुत अच्छी सैटिंग नहीं की जा सकती।
5. इलेक्ट्रॉड के ऊपर फ्लक्स की कोटिंग होनी आवश्यक है।

ए.सी. ट्रांसफॉर्मर सिंगल-फेज और 3-फेज दोनों प्रकार की सप्लाई के लिए बनाए जाते हैं। सिंगल-फेज हल्के व 3-फेज भारी कार्यों में प्रयोग किए जाते हैं। ये एयर कूल्ड (air cooled) और ऑयल कूल्ड (oil cooled) दोनों प्रकार के होते हैं। एक विशेष प्रकार का तेल, जिसे 'ट्रांसफॉर्मर ऑयल' (transformer oil) कहते हैं, ट्रांसफॉर्मर की कुण्डली को पूरा डुबोकर रखता है। यह तेल इन्सुलेटर का कार्य भी करता है। एयर कूल्ड ट्रांसफॉर्मर में एक पंखे के द्वारा हवा ट्रांसफॉर्मर की कुण्डली तक पहुँचाई जाती है, जो इसे ठण्डा रखती है।

(ii) **डी.सी. वैल्डिंग मशीन** DC Welding Machine

वैल्डिंग के लिए डी.सी. वैल्डिंग मशीन के रूप में डी.सी. जेनरेटर सैट तथा इंजन जेनरेटर सैट कुछ विशेषताओं के लिए अधिक प्रयोग किए जाते हैं। ये ए.सी. ट्रांसफॉर्मर की अपेक्षा महँगे होते हैं। इनका प्रयोग सब्मर्ज्ड आर्क वैल्डिंग तथा टिग वैल्डिंग में अधिक किया जाता है। डी.सी. आर्क वैल्डिंग में धनात्मक ध्रुव पर ऋणात्मक ध्रुव की अपेक्षा दोगुनी ऊष्मा उत्पन्न होती है। इस कारण धनात्मक ध्रुव का इलेक्ट्रॉड ऋणात्मक ध्रुव के इलेक्ट्रॉड की अपेक्षा अधिक तीव्र गति से गलता है।

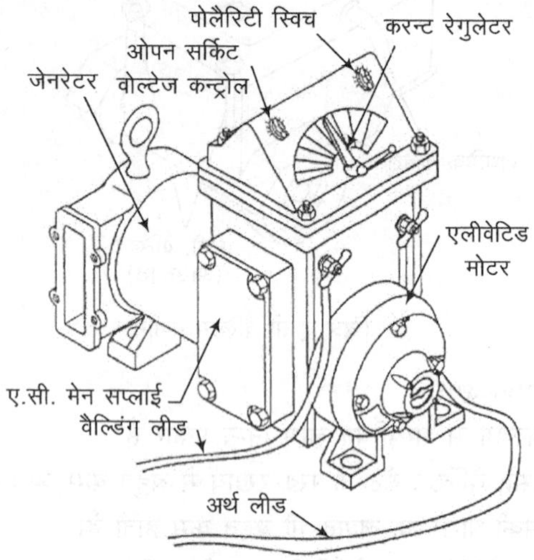

चित्र मोटर जेनरेटर सैट

चित्र इंजन जेनरेटर सैट

लाभ Advantages

डी.सी. जेनरेटर से सम्बन्धित लाभ निम्न प्रकार हैं

1. डी.सी. वैल्डिंग में पोलैरिटी को बदलकर आर्क द्वारा उत्पन्न ऊष्मा को इलेक्ट्रॉड व बेस धातु (base metal) के मध्य आवश्यकतानुसार वितरित किया जा सकता है।
2. इसमें समय के साथ पोलैरिटी (polarity) नहीं बदलती। अत: आर्क स्थिर रहती है, जिसके कारण अच्छी वैल्डिंग बीड बनती है।
3. डी.सी. वैल्डिंग का प्रयोग लौह व अलौह दोनों प्रकार की धातुओं के लिए किया जा सकता है।
4. पोजीशन वैल्डिंग (position welding) के लिए डी.सी. वैल्डिंग सैट प्रयोग करने चाहिए।
5. इसमें पतली कोटिंग के या बिना कोटिंग किए हुए इलेक्ट्रॉड भी प्रयोग किए जा सकते हैं।

हानियाँ Disadvantages

डी.सी. जेनरेटर सैट की हानियाँ निम्न प्रकार हैं

1. इसमें पोलैरिटी (polarity) समान रहने के कारण आर्क ब्लो का दोष आता है, जिसके कारण आर्क एक दिशा में बहती है।
2. डी.सी. सैट महँगे होते हैं।
3. इनके रख-रखाव व प्रयोग करने पर अधिक व्यय आता है।
4. इनमें आवाज अधिक होती है।
5. डी.सी. सैट में बहुत-से घूमने वाले पार्ट्स होते हैं, जो समय अन्तराल पर घिसते रहते हैं, इससे इसका प्रयोग महँगा पड़ता है।
6. ये अधिक स्थान घेरते हैं।
7. इनकी क्षमता कम (लगभग 65%) होती है।

(iii) **ए.सी./डी.सी रेक्टिफायर सैट** AC/DC Rectifier Set

इस प्रकार के सैट ए.सी. तथा डी.सी. दोनों प्रकार की धारा सप्लाई कर सकते हैं। अत: इनमें दोनों के ही गुण सम्मिलित होते हैं। ए.सी. ट्रांसफॉर्मर के समान इसमें भी पहले ए.सी. धारा ही आवश्यकतानुसार बनाई जाती है, जिसे बाद में एक रेक्टिफायर यूनिट के अन्दर से ले जाकर डी.सी. धारा में बदल लिया जाता है।

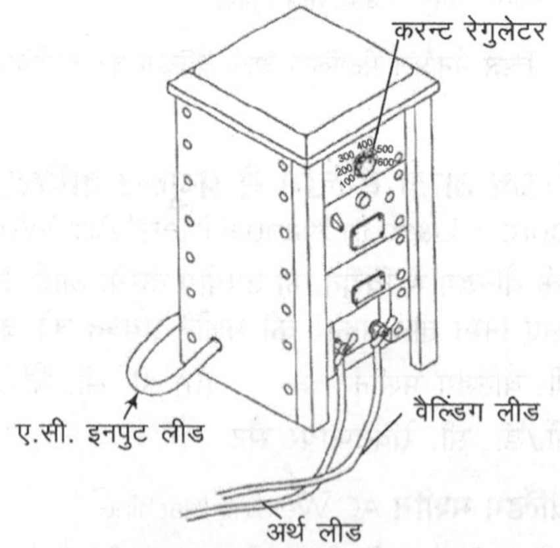

चित्र ए.सी./डी.सी. रेक्टिफायर सैट

पोलैरिटी बदलने के लिए भी एक लीवर की व्यवस्था रहती है तथा धारा नियन्त्रक भी लगा रहता है। इसकी पूँजीगत लागत साधारण ए.सी. ट्रांसफॉर्मर से अधिक होती है, परन्तु अपने लचीलेपन के कारण यह अधिक उपयोगी है। ये रेक्टिफायर स्टैक से लीनियम कोटेड प्लेटों के बने होते हैं। इस रेक्टिफायर में अनेक धातुओं के इलेक्ट्रॉड से आर्क वैल्डिंग की जा सकती है। इसके द्वारा 25 से 250 ऐम्पियर की डी.सी. धारा तथा 30 से 300 ऐम्पियर की ए.सी. धारा की रेंज में कार्य करना सम्भव होता है। इस रेक्टिफायर सैट को इन्वर्टर टाइप वैल्डिंग मशीन भी कहा जाता है।

मैनुअल मैटल आर्क वैल्डिंग में प्रयुक्त इलेक्ट्रॉड्स
Electrodes used in Manual Metal Arc Welding

विद्युत आर्क वैल्डिंग में आर्क, कार्यखण्ड एवं इलेक्ट्रॉड के मध्य स्थापित की जाती है। इलेक्ट्रॉड बेलनाकार आकृति की एक ठोस या खोखली छड़ होती है। इलेक्ट्रॉड का चयन कार्यखण्ड की धातु एवं वैल्ड जोड़ की प्रकृति के आधार पर किया जाता है।

आर्क वैल्डिंग में साधारणत: फ्लक्स लेपित अथवा कोटेड इलेक्ट्रॉड्स प्रयोग किए जाते हैं, जिनमें एक कोर वायर होता है, जिस पर कुछ रासायनिक पदार्थों का लेप चढ़ा होता है। इस कोर वायर का चयन कुछ राष्ट्रीय और अन्तर्राष्ट्रीय मानकों के अनुरूप किया जाता है। ये मानक, कोर वायर गेज (gauge) तथा धात्विक संयोजन (material composition) आदि नियत करते हैं।

मैनुअल तथा सेमी-ऑटोमैटिक आर्क वैल्डिंग के लिए निम्न तथा मध्यम कार्बन स्टील तथा निम्न अलॉय स्टील की वैल्डिंग करने के लिए 0.12% की कार्बन स्टील की इलेक्ट्रॉड्स सफलतापूर्वक प्रयोग की जाती है।

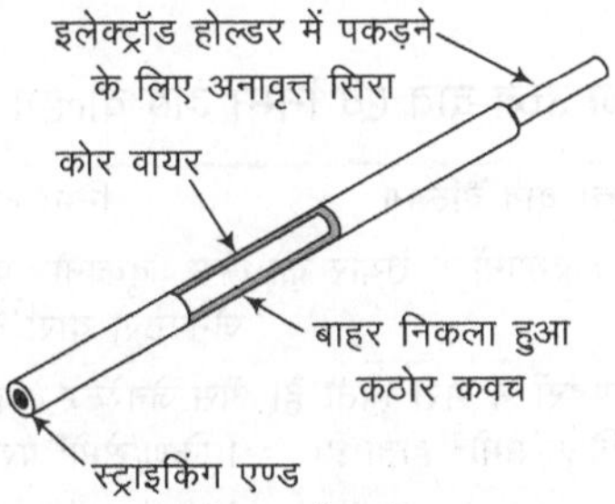

चित्र इलेक्ट्रॉड

इलेक्ट्रॉड को अनावृत्त इलेक्ट्रॉड (bare electrode) तथा लेपित इलेक्ट्राड (coated electrode) में विभक्त किया गया है। अनावृत्त इलेक्ट्रॉड वर्तमान में अधिक प्रचलन में नहीं है, परन्तु लेपित इलेक्ट्रॉडों को सामान्य रूप से प्रयोग किया जाता है।

फ्लक्स की मोटाई के आधार पर इलेक्ट्रॉड निम्न तीन प्रकार के होते हैं

(i) **हल्की परतयुक्त इलेक्ट्रॉड** Lightly Coated Electrode

इन इलेक्ट्रॉडों पर चूने की हल्की-सी परत चूने के घोल में डुबोकर चढ़ाई जाती है। यह इलेक्ट्रॉड को जंग लगने से बचाती है तथा यह आर्क को स्थिर रखने में भी सहायक है। इसका कोटिंग फैक्टर 1.25-1.3 तक होता है।

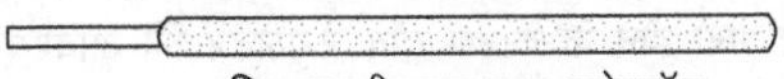
चित्र हल्की परतयुक्त इलेक्ट्रॉड

(ii) **मध्यम परतयुक्त इलेक्ट्रॉड** Medium Coated Electrode

इस प्रकार की इलेक्ट्रॉड्स पर फ्लक्स की पतली परत चढ़ाई जाती है। यह परत आर्क को स्थिर रखने में सहायता देती है तथा बीड के ऊपर स्लैग की हल्की परत बनाकर उसे वायुमण्डलीय गैसों से सुरक्षा प्रदान करती है। इसका कोटिंग फैक्टर 1.3-1.5 तक होता है।

चित्र मध्यम परतयुक्त इलेक्ट्रॉड

(iii) **मोटी परतयुक्त इलेक्ट्रॉड** Heavily Coated Electrode

इन इलेक्ट्रॉड्स पर फ्लक्स की मोटी परत चढ़ाई जाती है। ऐसी फ्लक्स में अलॉयिंग एलीमेन्ट्स भी मिले होते हैं, जो वैल्ड धातु की कैमिस्ट्री को बदलते हैं। फ्लक्स की परत मोटी होने के कारण यह देर से पिघलता है और कोर वायर के ऊपर एक स्लीव का कार्य करता है, जिससे आर्क सही दिशा में निर्देशित होती है। स्लैग की मात्रा अधिक होने के कारण वैल्ड बीड के वातावरण से पूर्ण सुरक्षा प्रदान करता है तथा इसे कठोर होने से भी बचाता है। इसका कोटिंग फैक्टर 1.5-2.2 तक होता है।

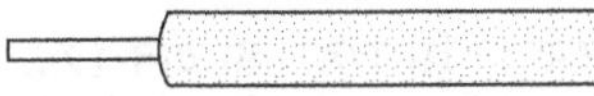
चित्र मोटी परतयुक्त इलेक्ट्रॉड

इलेक्ट्रॉड पर फ्लक्स चढ़ने के बाद व्यास तथा उसके कोर वायर के व्यास के अनुपात को कोटिंग फैक्टर (coating factor) कहते हैं।

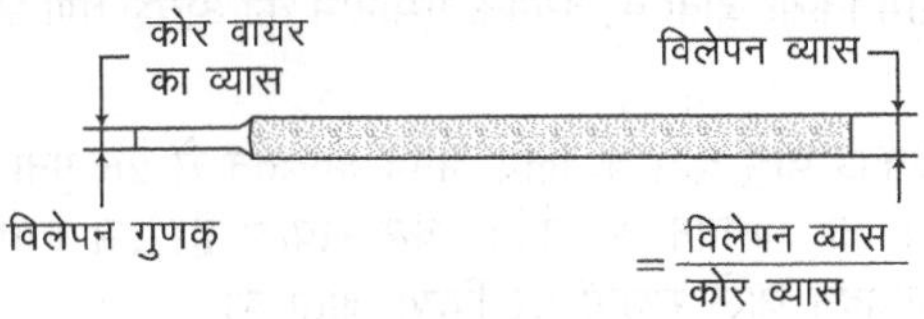

चित्र विलेपन गुणक

अत: $$\text{कोटिंग फैक्टर} = \frac{\text{कोटिंग का व्यास}}{\text{कोर वायर का व्यास}}$$

14.3 ऑक्सी-एसीटिलीन गैस वैल्डिंग
Oxy-acetylene Gas Welding

ऑक्सी-एसीटिलीन गैस वैल्डिंग विधि सर्वाधिक प्रयोग होने वाली गैस वैल्डिंग विधि है। इसमें ऑक्सीजन तथा एसीटिलीन गैसों के मिश्रण से ज्वाला बनाई जाती है। एसीटिलीन गैस की ज्वाला (flame) का तापमान सबसे अधिक (लगभग 3300°C) होता है। इसमें ऑक्सीजन गैस एसीटिलीन को जलाने का कार्य करती है।

इस विधि में ऑक्सीजन तथा एसीटिलीन गैसों को सिलेण्डरों से हौज पाइपों द्वारा वैल्डिंग टॉर्च तक पहुँचाया जाता है। इस टॉर्च में दोनों गैसों का एक मिश्रण (उचित अनुपात में) तैयार करके इसकी नॉजल (nozzle) पर एक ज्वाला बनाई जाती है। इस अधिक तापमान की ज्वाला की सहायता से धातु या कार्यखण्ड को पिघलाया जाता है। दोनों गैसों का मिश्रण पिघली धातु को ऑक्सीकरण (oxidation) से बचाता है तथा बाद में यह ठण्डा होकर एक मजबूत जोड़ बनाता है।

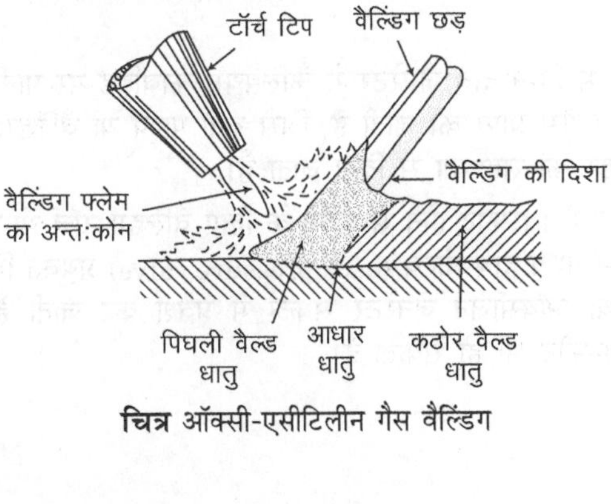

चित्र ऑक्सी-एसीटिलीन गैस वैल्डिंग

ऑक्सी-एसीटिलीन गैस वैल्डिंग में एसीटिलीन गैस के दाब के आधार पर वैल्डिंग को दो भागों में बाँटा गया है

1. उच्च दाब वैल्डिंग High Pressure Welding

जब एसीटिलीन गैस को बड़े कारखानों में तैयार करके 15 किग्रा प्रति वर्ग सेमी दाब पर सिलेण्डरों में भरकर प्रयोग किया जाता है, तो इस वैल्डिंग को उच्च दाब वैल्डिंग कहा जाता है।

इस विधि में प्रयुक्त ऑक्सीजन सिलेण्डर का दाब 12.5 किग्रा/सेमी^{2} तथा एसीटिलीन गैस सिलेण्डर का दाब 15.5 किग्रा/सेमी^{2} से अधिक नहीं रखा जाता है। इससे अधिक दाब होने पर इसमें विस्फोट हो सकता है।

एसीटिलीन में विस्फोट होने से बचाने के लिए इसे एसीटोन में मिश्रित करके प्रयोग किया जाता है, क्योंकि एसीटोन की अवशोषण क्षमता अधिक होती है।

एसीटोन इकाई वायु दाब के लिए अपने आयतन से 25 गुना तक अधिक एसीटिलीन का आयतन अवशोषित कर सकता है। इस विधि का प्रयोग अधिक उत्पादन वाले स्थानों पर किया जाता है।

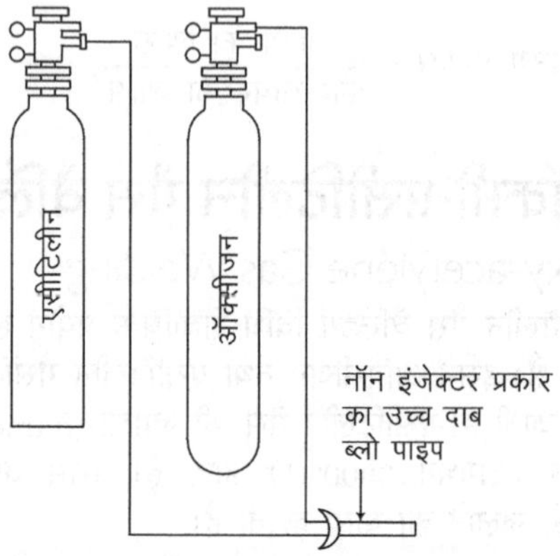

चित्र उच्च दाब ऑक्सी-एसीटिलीन संयन्त्र

2. निम्न दाब वैल्डिंग Low Pressure Welding

जब एसीटिलीन गैस का उत्पादन छोटे-से गैस जेनरेटर में कार्यस्थल पर ही 1.00 किग्रा प्रति वर्ग सेमी दाब पर या इससे भी कम दाब पर करके वैल्डिंग की प्रक्रिया की जाती है, तो इसे निम्न दाब वैल्डिंग कहा जाता है।

इस विधि में निम्न दाब जेनरेटर में कैल्सियम कार्बाइड पर पानी डालकर एसीटिलीन गैस प्राप्त की जाती है, जिसे ब्लो पाइप या वैल्डिंग टॉर्च को गैस होल्डर की सहायता से दिया जाता है।

एसीटिलीन में विस्फोट होने से बचने के लिए वैल्डिंग टॉर्च या ब्लो पाइप के मध्य में पश्च दाब वाल्व (back pressure valve) प्रयुक्त किया जाता है, अन्यथा ऑक्सीजन जेनरेटर संयन्त्र में प्रवेश कर जाती है, जिसके कारण विस्फोट भी हो सकता है।

इस विधि में प्राप्त गैस को शुद्ध व शुष्क करने के लिए गैस प्यूरीफायर (gas purifier) तथा ड्रायर (drier) का प्रयोग किया जाता है। इस विधि का उपयोग अधिकतर छोटे कार्यों की वैल्डिंग हेतु किया जाता है।

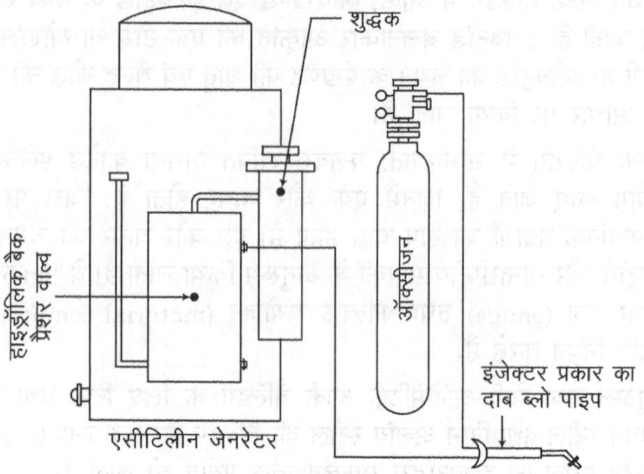

चित्र निम्न दाब ऑक्सी-एसीटिलीन संयन्त्र

तालिका उच्च दाब एवं निम्न दाब वैल्डिंग में अन्तर

क्र.सं.	उच्च दाब वैल्डिंग	निम्न दाब वैल्डिंग
1.	गैस बड़े कारखानों में तैयार की जाती है।	गैस दुकानों पर ही छोटे गैस जेनरेटरों द्वारा तैयार की जाती है।
2.	गैस सिलेण्डरों में भरी होती है। दाब 15 किग्रा/सेमी^{2} होता है।	गैस जेनरेटर के ही ऊपर वाले भाग में 1 किग्रा/सेमी^{2} पर एकत्र की जाती है।
3.	गैस शुद्ध व शुष्क अवस्था में प्राप्त होती है।	गैस को शुद्ध करने तथा शुष्क करने के लिए गैस प्यूरीफायर (gas purifier) तथा ड्रायर (drier) से गुजारना पड़ता है।
4.	ऑक्सीजन तथा एसीटिलीन दोनों गैसें उच्च दाब के कारण स्वतः विलीन हो जाती हैं।	एसीटिलीन गैस की पूरी सप्लाई रखने के लिए इंजेक्टर कोन का प्रयोग किया जाता है। इसमें से जब ऑक्सीजन गुजरती है, तो आसपास कम दाब बनाती है, जिसके कारण अधिक एसीटिलीन ऑक्सीजन में विलीन होने के लिए खिंचती है।
5.	सिलेण्डर में एसीटिलीन उच्च दाब पर भरी होने के कारण दाब रेगुलेटर (pressure regulator) की आवश्यकता होती है।	गैस निम्न दाब पर होने के कारण रेगुलेटर की आवश्यकता नहीं रहती है।
6.	इसमें उच्च दाब वाली वैल्डिंग टॉर्च का प्रयोग किया जाता है।	इसमें निम्न दाब वाली वैल्डिंग टॉर्च का प्रयोग किया जाता है।
7.	इस वैल्डिंग के लिए दोनों सिलेण्डरों को एक ट्रॉली में रखकर सुविधापूर्वक किसी भी स्थान पर ले जाया जा सकता है।	इस विधि में गैस जेनरेटर को आसानी से एक स्थान से दूसरे स्थान पर नहीं ले जाया जा सकता है।

ऑक्सी-एसीटिलीन गैस वैल्डिंग उपकरण

Oxy-Acetylene Gas Welding Equipments

गैस वैल्डिंग में निम्नलिखित उपकरणों की आवश्यकता होती है। इन सभी उपकरणों का विस्तृत विवरण दिया जा रहा है

1. ऑक्सीजन सिलेण्डर
2. एसीटिलीन सिलेण्डर
3. एसीटिलीन जेनरेटर
4. ऑक्सीजन गैस रेगुलेटर
5. एसीटिलीन गैस रेगुलेटर
6. हौज पाइप
7. ब्लो पाइप या गैस वैल्डिंग टॉर्च
8. 'की' एवं स्पैनर
9. टॉर्च लाइटर
10. फ्लेम या ज्वाला

उपरोक्त उपकरणों का विवरण निम्न प्रकार है

1. ऑक्सीजन सिलेण्डर Oxygen Cylinder

यह अलॉय स्टील का बना पतला एवं लम्बा सिलेण्डर होता है। ऑक्सीजन सिलेण्डर प्राय: 3400, 5200 तथा 6800 ली की क्षमता में उपलब्ध होते हैं। इनमें ऑक्सीजन का दाब 136 से 172 बार तक होता है। सिलेण्डर में भरी ऑक्सीजन गैस का भार उसके दाब के समानुपाती होता है। यदि सिलेण्डर का दाब 25% कम होता है, तो इसका अर्थ है कि एक-चौथाई गैस खर्च हो चुकी है। प्रत्येक सिलेण्डर में एक सेफ्टी नट लगा होता है, जो अधिक दाब से सिलेण्डर को सुरक्षित रखता है।

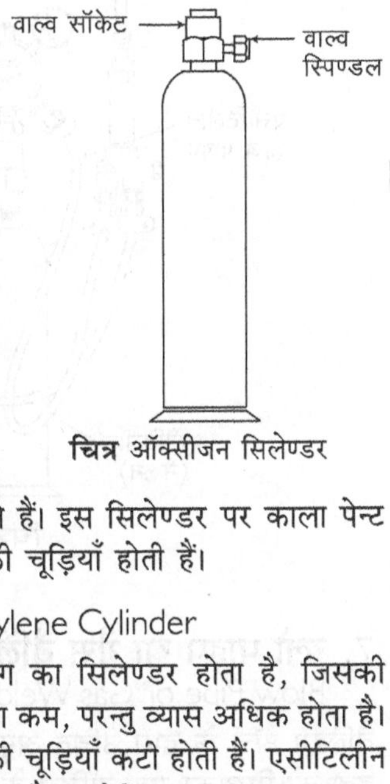

चित्र ऑक्सीजन सिलेण्डर

ऑक्सीजन सिलेण्डर को खरीदने की आवश्यकता नहीं होती, अपितु केवल सिक्योरिटी जमा करने पर यह सिलेण्डर मिल जाता है। खाली होने पर मात्र ऑक्सीजन गैस की कीमत देने पर यह सिलेण्डर बदले जा सकते हैं। इस सिलेण्डर पर काला पेन्ट किया जाता है तथा इसमें दाएँ हाथ की चूड़ियाँ होती हैं।

2. एसीटिलीन सिलेण्डर Acetylene Cylinder

यह अलॉय स्टील का बना, मैरून रंग का सिलेण्डर होता है, जिसकी लम्बाई ऑक्सीजन सिलेण्डर की अपेक्षा कम, परन्तु व्यास अधिक होता है। इसके आउटलेट वाल्व पर बाएँ हाथ की चूड़ियाँ कटी होती हैं। एसीटिलीन सिलेण्डर विभिन्न क्षमता में उपलब्ध हैं, क्योंकि उच्च दाब लगभग 15 किग्रा/सेमी^{2} पर एसीटिलीन स्थायी नहीं रहती, इसलिए इसे एसीटोन में घोलकर रखा जाता है, जिस कारण इसे घुलनशील एसीटिलीन भी कहते हैं। एसीटोन बड़ी मात्रा में एसीटिलीन को अपने में घोल लेता है और जैसे-जैसे दाब कम होता है, यह एसीटिलीन गैस उत्सर्जित करता है। सम्पूर्ण सिलेण्डर एक सरन्ध्र पदार्थ; जैसे—बाल्सा लकड़ी आदि से भरा रहता है। यह सरन्ध्र पदार्थ दाब कम होने पर सम्पूर्ण एसीटोन से एसीटिलीन निर्गत होने से रोकता है। एसीटिलीन सिलेण्डर को हमेशा सीधा खड़ा रखा जाता है, जिससे कि टॉर्च के अन्दर एसीटोन न जाने पाए, क्योंकि टॉर्च में एसीटोन जाने से विस्फोट होने का डर रहता है। एसीटिलीन सिलेण्डर में लगे वाल्व को केवल एक विशेष स्पैनर के द्वारा ही खोला जा सकता है। इसकी तली में दो गलन प्लग (fusible plug) लगे होते हैं, जो 104°C पर गल जाते हैं तथा अधिक तापक्रम होने पर एसीटिलीन को वायुमण्डल में छोड़ देते हैं।

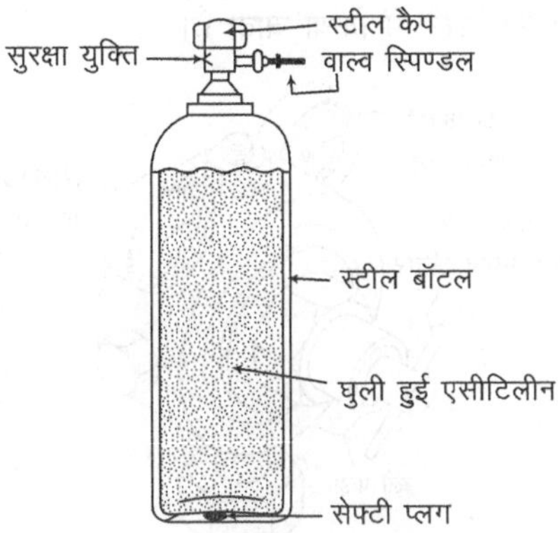

चित्र एसीटिलीन सिलेण्डर

3. एसीटिलीन जेनरेटर Acetylene Generator

यदि बहुत अधिक मात्रा में एसीटिलीन की खपत हो, तो एसीटिलीन को वैल्डिंग की जगह पर ही बनाना उचित तथा सस्ता पड़ता है। इसके लिए एसीटिलीन जेनरेटरों की आवश्यकता पड़ती है।

इसमें कैल्सियम कार्बाइड को पानी में मिलाकर एसीटिलीन गैस उत्पन्न की जाती है। गैस के दाब के आधार पर एसीटिलीन जेनरेटर को दो भागों में बाँटा गया है

(i) **निम्न दाब जेनरेटर** (Low pressure generator) ये जेनरेटर साइज में छोटे होते हैं तथा केवल 0.1 बार दाब पर एसीटिलीन उत्पन्न करते हैं। इनकी क्षमता मात्र 15 ली गैस प्रति मिनट की होती है तथा इन्हें आसानी से इधर-उधर ले जाया जा सकता है।

(ii) **मध्यम दाब जेनरेटर** (Medium pressure generator) ये जेनरेटर साइज में बड़े होते हैं। इनके द्वारा 0.6 बार दाब पर एसीटिलीन गैस सप्लाई की जाती है। इनकी गैस उत्पन्न करने की क्षमता 3000 ली प्रति मिनट तक होती है।

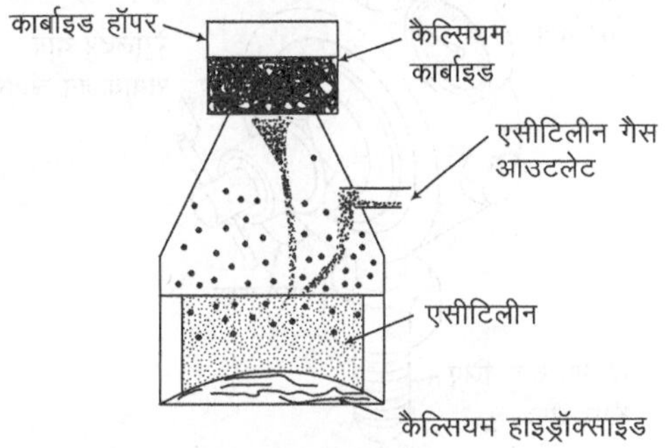

चित्र कार्बाइड टू वाटर एसीटिलीन जेनरेटर

4. ऑक्सीजन गैस रेगुलेटर Oxygen Gas Regulator

ऑक्सीजन गैस रेगुलेटर का रंग काला होता है। इस प्रकार के सिलेण्डर में उच्च दाब पर ऑक्सीजन गैस भरी जाती है। इस प्रकार के रेगुलेटर का चुनाव गैस दाब को कार्यकारी दाब के अनुसार कम करने एवं गैस ब्लो पाइप को नियन्त्रित करने में किया जाता है।

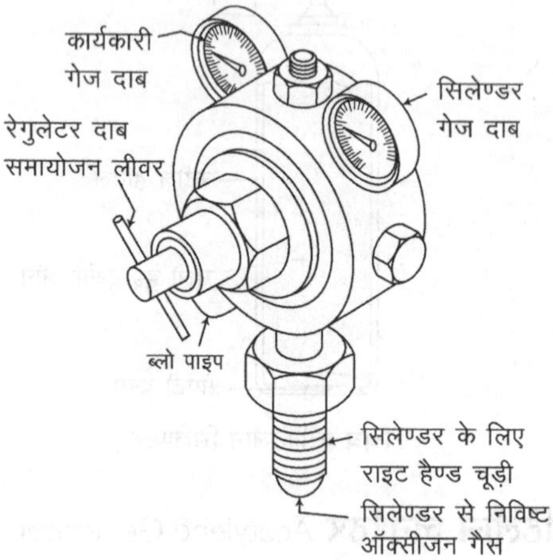

चित्र ऑक्सीजन गैस रेगुलेटर

ऑक्सीजन गैस रेगुलेटर बनावट के अनुसार दो प्रकार के होते हैं

(i) सिंगल स्टेज रेगुलेटर (ii) डबल स्टेज रेगुलेटर

5. एसीटिलीन गैस रेगुलेटर Acetylene Gas Regulator

एसीटिलीन गैस रेगुलेटर, ऑक्सीजन गैस रेगुलेटर की अपेक्षा भार में हल्का व मैरून रंग का होता है। इस प्रकार के सिलेण्डर का उपयोग कार्यकारी दाब के अनुसार गैस का दाब कम व अधिक करने तथा गैस के ब्लो पाइप को नियन्त्रित करने में किया जाता है।

इस रेगुलेटर की संरचना ऑक्सीजन गैस रेगुलेटर के समान होती है।

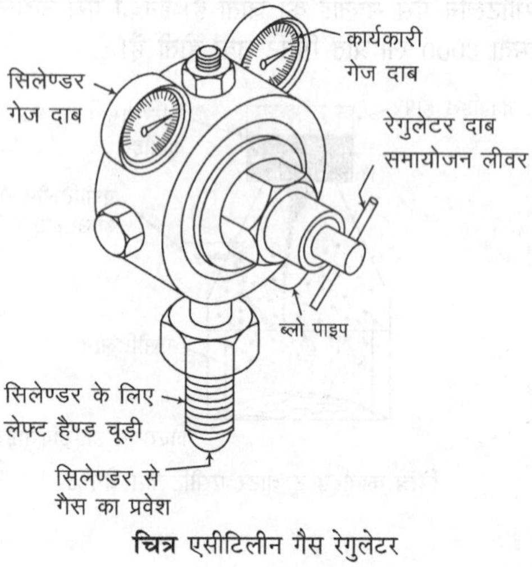

चित्र एसीटिलीन गैस रेगुलेटर

6. हौज पाइप Hose Pipe

ऑक्सीजन तथा एसीटिलीन गैस को गैस सिलेण्डरों से वैल्डिंग टॉर्च तक पहुँचाने के लिए रबड़ के हौज पाइप प्रयोग किए जाते हैं। इनको री-इन्फोर्स करके गैस का प्रैशर सहने योग्य बनाया जाता है। इस पाइप की लम्बाई 5 से 20 मी तक होती है। सामान्यत: काले रंग का पाइप ऑक्सीजन के लिए तथा मैरून रंग का पाइप एसीटिलीन गैस के लिए प्रयोग किया जाता है। हौज पाइप को निप्पल पर चढ़ाकर प्लेन नट के द्वारा सिलेण्डर पर लगे रेगुलेटर में फिट किया जाता है। इन नटों के अन्दर दाएँ हाथ की चूड़ियाँ होती हैं।

मैरून रंग के हौज पाइप को ग्रूव कटे हुए नटों वाले निप्पल पर चढ़ाकर एसीटिलीन गैस के सिलेण्डर पर लगे रेगुलेटर के निकास पर फिट किया जाता है। इन नटों में बाएँ हाथ की चूड़ियाँ होती हैं। काले रंग का हौज पाइप अन्य प्रकार की वैल्डिंग गैसों के लिए प्रयोग किया जाता है।

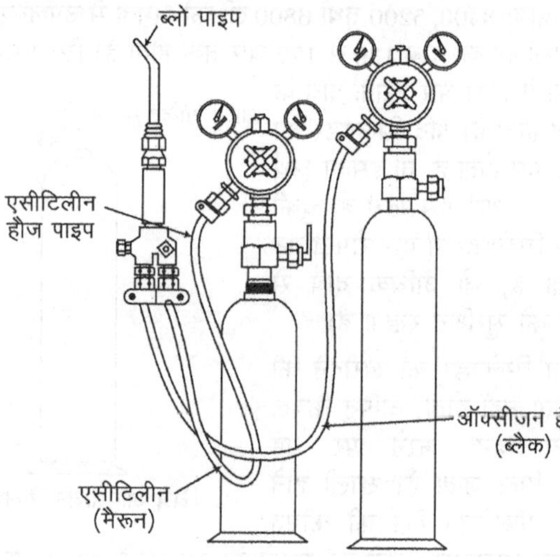

चित्र हौज पाइप

7. ब्लो पाइप या गैस वैल्डिंग टॉर्च Blow Pipe or Gas Welding Torch

वैल्डिंग टॉर्च के द्वारा उचित अनुपात में ईंधन गैस तथा ऑक्सीजन या हवा को मिलाकर एक नॉजिल के द्वारा ज्वाला (flame) तैयार की जाती है। आवश्यक गुणों वाली ज्वाला तैयार करने के लिए तथा इसमें ईंधन गैस एवं ऑक्सीजन की मात्रा को नियन्त्रित करने के लिए दो वाल्व लगे होते हैं। ब्लो पाइप के मिक्सिंग चैम्बर में गैसों को इस प्रकार भेजा जाता है कि वे आपस में अच्छी प्रकार मिल जाएँ और वैल्डिंग टॉर्च की टिप की ओर आते समय इस मिश्रण का फ्लो स्मूथ रहे, जिससे फ्लेम भी स्मूथ प्राप्त हो।

हैण्डिल के पीछे ऑक्सीजन तथा एसीटिलीन गैस के लिए दो कनैक्शन होते हैं, जिनमें सीधे हौज पाइप को जोड़ा जा सकता है। ऑक्सीजन, ऑक्सीजन कण्ट्रोल वाल्व से नियन्त्रित होती हुई, मिक्सिंग चैम्बर के मध्य में पहुँचती है। एसीटिलीन, हैण्डिल तथा कण्ट्रोल वाल्व से होती हुई बाहरी झिर्रियों से मिक्सिंग चैम्बर में पहुँचती है।

यही मिश्रित गैस हैड, टिप तथा नॉजिल से बाहर आकर ज्वाला उत्पन्न करती है।

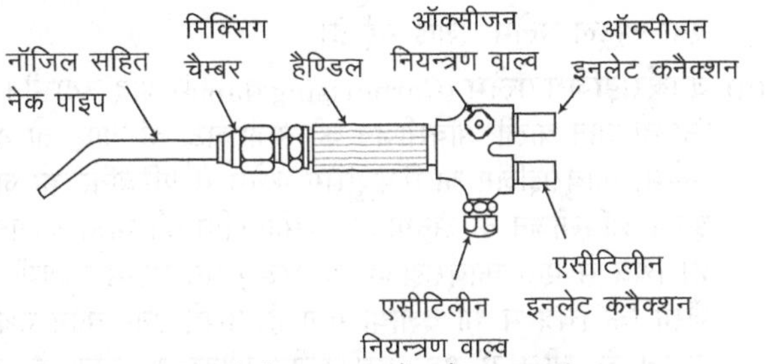

चित्र ब्लो पाइप या गैस वैल्डिंग टॉर्च

आवश्यकतानुसार छोटी या बड़ी ज्वाला उत्पन्न करने के लिए विभिन्न साइजों के नॉजिलों का प्रयोग किया जाता है, जैसा कि चित्र में दर्शाया गया है।

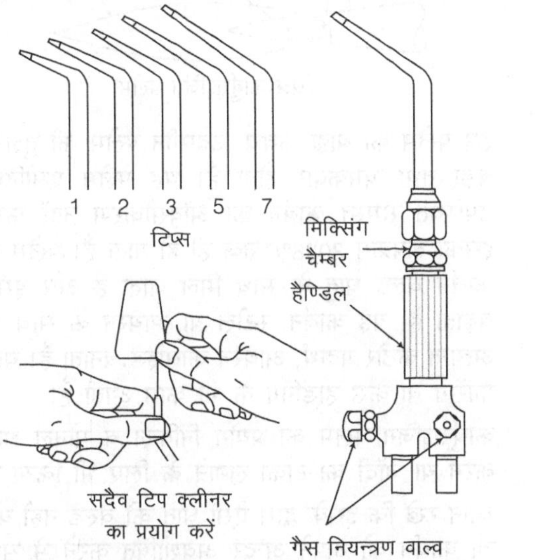

चित्र विभिन्न साइजों के नॉजिल

एसीटिलीन गैस की सप्लाई के आधार पर ब्लो पाइप तीन प्रकार के होते हैं

(i) **हाई प्रैशर ब्लो पाइप** (High pressure blow pipe) हाई प्रैशर ब्लो पाइप का क्रॉस सैक्शन चित्र में दर्शाया गया है। इसमें एसीटिलीन तथा ऑक्सीजन दोनों गैसों का प्रैशर समान (0.5 से 0.7 वायुमण्डलीय गेज) होता है। मिक्सिंग चैम्बर में दोनों गैसें बराबर अनुपात में मिलती हैं। इसमें कोई कोन (cone) नहीं लगाया जाता। एसीटिलीन उच्च दाब पर होने के कारण स्वत: मिक्सिंग चैम्बर में पहुँच जाती है।

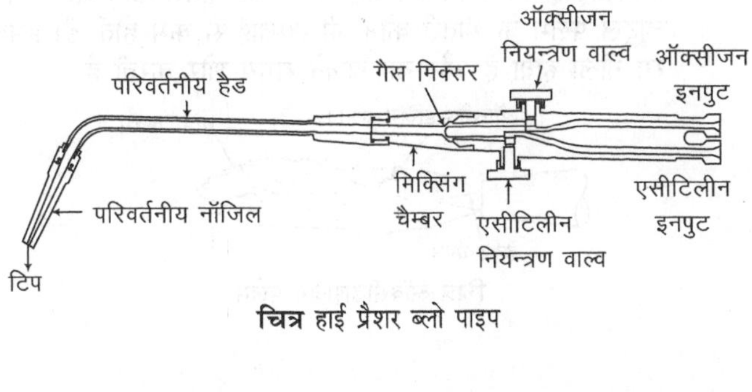

चित्र हाई प्रैशर ब्लो पाइप

(ii) **लो प्रैशर ब्लो पाइप** (Low pressure blow pipe) इसमें गैस का प्रैशर वायुमण्डलीय दाब से भी कम होता है। इसमें मिक्सिंग चैम्बर में एक कोन फिट किया जाता है। ऑक्सीजन अधिक दाब पर कोन में छोड़ी जाती है, जिससे वैन्चुरी में क्षेत्रफल बढ़ने से दाब कम हो जाता है और एसीटिलीन गैस चारों ओर से इस चैम्बर में आकर एकत्रित हो जाती है। इस प्रकार, ऑक्सीजन तथा एसीटिलीन आपस में मिलकर टिप की ओर फ्लो करती हैं।

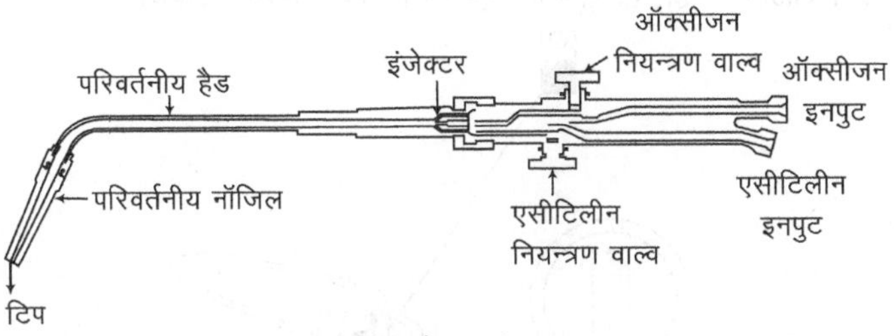

चित्र लो प्रैशर ब्लो पाइप

(iii) **स्वचालित प्रैशर ब्लो पाइप** (Automatic pressure blow pipe) इस ब्लो पाइप में ऑक्सीजन तथा एसीटिलीन पहले से निर्धारित अनुपात में मिलती हैं, अत: ज्वाला को आवश्यकतानुसार परिवर्तित नहीं किया जा सकता। यह हमेशा एक ही प्रकार की बनी रहती है, इसलिए इसका उपयोग स्वचालित वैल्डिंग में किया जाता है।

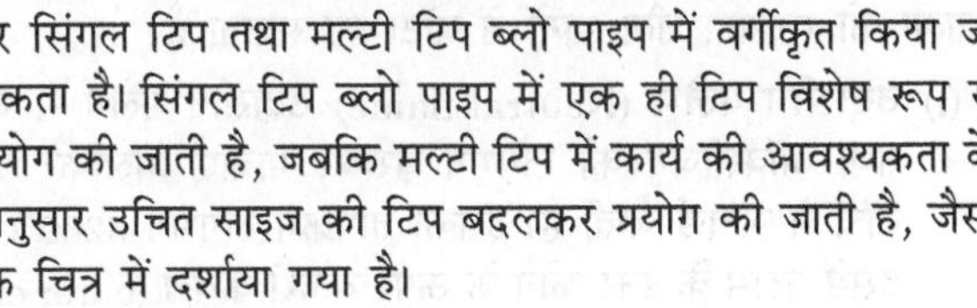

(a) ठोस टिप (b) रिप्लेसिबल टिप

चित्र स्वचालित प्रैशर ब्लो पाइप

उपरोक्त वर्गीकरण के अतिरिक्त वैल्डिंग टॉर्चों को टिपों के आधार पर सिंगल टिप तथा मल्टी टिप ब्लो पाइप में वर्गीकृत किया जा सकता है। सिंगल टिप ब्लो पाइप में एक ही टिप विशेष रूप से प्रयोग की जाती है, जबकि मल्टी टिप में कार्य की आवश्यकता के अनुसार उचित साइज की टिप बदलकर प्रयोग की जाती है, जैसा कि चित्र में दर्शाया गया है।

8. 'की' एवं स्पैनर Key and Spanner

गैस सिलेण्डरों के वाल्व खोलने के लिए विशेष प्रकार की 'की' प्रयोग की जाती हैं। वाल्व कभी भी संडासी या प्लास से नहीं खोलने चाहिए, ऐसा करने से वाल्व की रॉड गोल हो जाती है और बाद में स्लिप होने लगती है। वैल्डिंग टॉर्च की टिप बदलने के लिए उपयुक्त स्पैनर प्रयोग करना चाहिए। इसके अतिरिक्त इसे बदलने के लिए निम्न छोटे-छोटे औजारों की भी आवश्यकता पड़ती है

(i) हथौड़ा
(ii) जॉब पकड़ने वाली संडासियाँ
(iii) रेती
(iv) छेनी
(v) वाइस
(vi) फ्लैक्सिबल ग्राइण्डर

9. टॉर्च लाइटर Torch Lighter

ब्लो पाइप पर गैस को जलाने के लिए कभी भी माचिस के प्रयोग की अनुमति नहीं दी जाती है। इसके लिए एक विशेष प्रकार का टॉर्च लाइटर प्रयोग किया जाता है, जिसे चित्र में दर्शाया गया है। इसमें एक रेतीनुमा सतह पर फ्लिंट पत्थर को रगड़कर स्पार्क बनाया जाता है। यह स्पार्क कप के अन्दर एकत्रित गैस को जला देता है। यह ज्वलनशील गैस जलकर फ्लेम बना देती है। यदि टॉर्च लाइटर न हो, तो सुलगती हुई रस्सी प्रयोग करनी चाहिए।

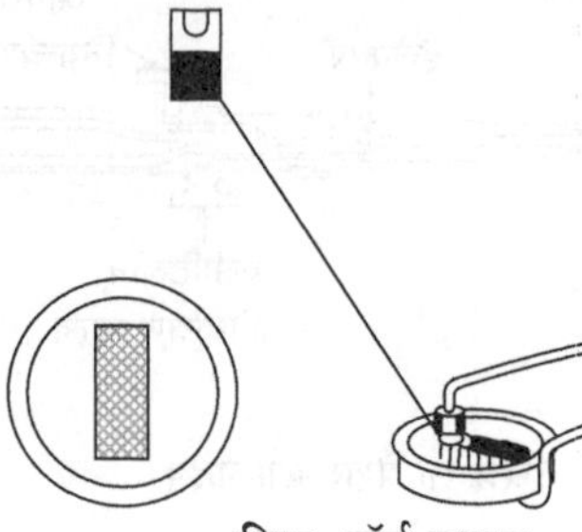

चित्र टॉर्च लाइटर

10. फ्लेम या ज्वाला Flame

गैस द्वारा वैल्डिंग करने के लिए किसी भी ज्वलनशील गैस को वैल्डिंग टॉर्च की टिप पर ऑक्सीजन या हवा की उपस्थिति में जलाकर ताप प्राप्त किया जाता है। गैस वैल्डिंग टॉर्च की टिप पर एक ज्वाला के रूप में जलती है। हवा, ऑक्सीजन तथा एसीटिलीन विभिन्न अनुपातों में मिलकर विभिन्न प्रकार की ज्वालाएँ बनाती हैं। ऑक्सी-एसीटिलीन ज्वाला (ऑक्सीजन तथा एसीटिलीन गैस के मिश्रण से बनी ज्वाला) का अधिकतम तापक्रम 3100°C-3300°C तक होता है। एसीटिलीन पहले तो टॉर्च के अन्दर ही मिलाई गई ऑक्सीजन से जलती है और बाद में यह जली हुई गैस पुन: वायुमण्डलीय हवा में जलती है।

ऑक्सी-एसीटिलीन गैस की ज्वाला में एक भीतरी चमकदार कोन (cone) बनता है, जबकि ऑक्सी-हाइड्रोजन फ्लेम में कोई कोन नहीं बनता, मात्र टिप के पास ज्वाला का रंग कुछ पीला होता है।

ज्वाला को मुख्यत: तीन भागों में बाँटा जा सकता है

(i) **उदासीन फ्लेम** (Neutral flame) उदासीन फ्लेम में एसीटिलीन तथा ऑक्सीजन की लगभग बराबर मात्राएँ मिलाकर एसीटिलीन टॉर्च में जलाई जाती हैं। इसका तापक्रम लगभग 3260°C होता है। इसमें फ्लेम के इनर कोन के ऊपर बाहरी कवच (outer envelope) होता है तथा इसमें मध्य भाग नहीं होता है।

उदासीन फ्लेम के बाहरी कवच में सुपरहीटेड (superheated) कार्बन मोनोऑक्साइड तथा हाइड्रोजन गैसें होती हैं, जो इनर कोन से प्राप्त होती हैं। ये गैसें वायुमण्डल में उपस्थित ऑक्सीजन से क्रिया करती हैं। उदासीन फ्लेम का रंग इनर कोन के रंग से अधिक गाढ़ा (dark) होता है। इस फ्लेम को उदासीन फ्लेम इसलिए कहा जाता है, क्योंकि इसके द्वारा वैल्ड धातु में कोई रासायनिक परिवर्तन नहीं होता।

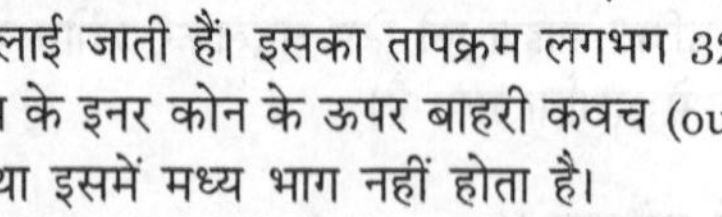

चित्र उदासीन फ्लेम

इसके द्वारा माइल्ड स्टील, स्टेनलैस स्टील, कास्ट आयरन, कॉपर तथा एल्युमीनियम आदि धातुएँ वैल्ड की जा सकती हैं। चित्र में एक न्यूट्रल फ्लेम दर्शाई गई है।

(ii) **कार्बुराइजिंग फ्लेम** (Carburising flame) यदि उदासीन ज्वाला को दी जाने वाली ऑक्सीजन की मात्रा घटा दी जाए, तो उदासीन फ्लेम, कार्बुराइजिंग या रिड्यूसिंग फ्लेम में परिवर्तित हो जाती है। इसमें ऑक्सीजन के अनुपात में एसीटिलीन की मात्रा अधिक होती है। चित्र में एक कार्बुराइजिंग या रिड्यूसिंग फ्लेम दर्शायी गई है। जैसा कि चित्र में भी दर्शाया गया है, इसमें इनर कोन तथा बाह्य कवच के बीच में एक एसीटिलीन फीदर भी होता है। इसी से कार्बुराइजिंग फ्लेम की पहचान होती है।

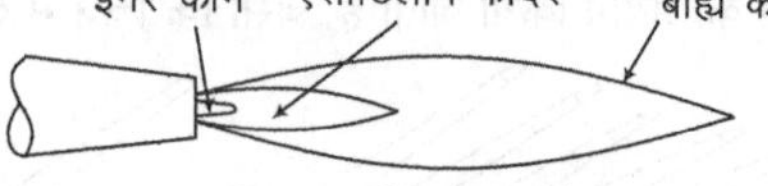

चित्र कार्बुराइजिंग फ्लेम

इस फ्लेम का बाह्य कवच, उदासीन फ्लेम की तुलना में अधिक बड़ा तथा चमकदार होता है। यह फ्लेम एसीटिलीन गैस में उपस्थित समस्त कार्बन का ऑक्सीकरण नहीं करती, इसलिए इसका तापक्रम 3038°C तक ही हो पाता है। फ्लेम में बचा हुआ कार्बन वैल्ड धातु के साथ मिल जाता है और इसकी कठोरता बढ़ाता है। यह कार्बन, स्टील या आयरन के साथ मिलकर एक अत्यन्त कठोर पदार्थ, आयरन कार्बाइड बनाता है। यह फ्लेम हार्ड फेसिंग या केस हार्डनिंग के भी काम आती है।

कार्बुराइजिंग फ्लेम का प्रयोग निकिल व मोनल धातु को वैल्ड करने या चाँदी का टाँका लगाने के लिए भी किया जाता है।

ध्यान रखें कि इसके द्वारा ऐसी धातु को वैल्ड नहीं करना चाहिए, जो कार्बन को अपने अन्दर अवशोषित करने में सक्षम हो और जिसके अनावश्यक रूप से कठोर होने का खतरा हो। कार्बुराइजिंग फ्लेम तथा रिड्यूसिंग फ्लेम में भी अन्तर होता है।

एक कार्बुराइजिंग फ्लेम, वैल्ड धातु को कार्बन सप्लाई करती है अर्थात् कार्बुराइज करती है, जबकि रिड्यूसिंग फ्लेम वैल्ड धातु को ऑक्सीडाइज होने से सुरक्षा प्रदान करती है। यह फ्लेम सुविधापूर्वक हाई-कार्बन स्टील को वैल्ड करने के लिए प्रयोग की जा सकती है।

(iii) **ऑक्सीडाइजिंग फ्लेम** (Oxidising flame) उदासीन फ्लेम में यदि ऑक्सीजन की मात्रा को और बढ़ा दिया जाए, तो यह ऑक्सीडाइजिंग फ्लेम बन जाती है। इसमें भीतरी कोन की लम्बाई, न्यूट्रल फ्लेम के भीतरी कोन की लम्बाई से कम होती है। इसका रंग नीला होता है और यह जलते समय शोर करती है।

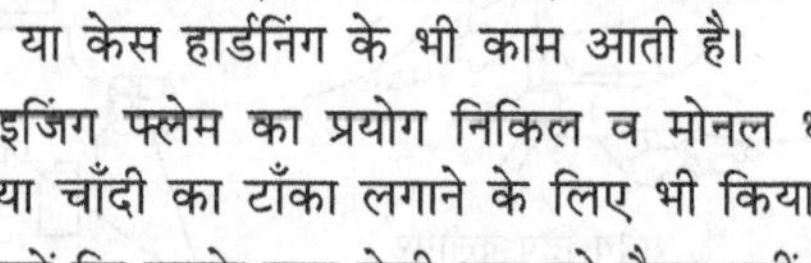

चित्र ऑक्सीडाइजिंग फ्लेम

ऑक्सीडाइजिंग फ्लेम का तापक्रम 3480°C तक होता है, जो सभी प्रकार के फ्लेम में सर्वाधिक है। ऑक्सीजन की अधिकता के कारण इस फ्लेम से वैल्ड धातु का ऑक्सीकरण होने की प्रबल सम्भावना होती है, इसी कारण यह वैल्डिंग में बहुत कम प्रयोग की जाती है। इसके अतिरिक्त स्टील की धातु की वैल्डिंग के लिए इस फ्लेम का प्रयोग नहीं किया जाता है।

14.4 वैल्डिंग मापदण्ड Welding Parameters

वैल्डिंग एक उपयोगी एवं वृहत प्रक्रिया है। वैल्डिंग प्रक्रिया पूर्णतः मापदण्डों (जैसे— कार्यखण्ड की तैयारी, ऊष्मा यान्त्रिकी तथा वैल्डिंग मानक एवं कोड आदि) पर आश्रित होती है। अतः एक कुशल कारीगर या वैल्डर को उपरोक्त विभिन्न मापदण्डों का ज्ञान निश्चित ही आवश्यक है, क्योंकि वैल्डिंग प्रक्रिया में मापदण्ड ही वैल्डिंग की गुणवत्ता को सुनिश्चित करते हैं या हम कह सकते हैं कि ये वैल्डिंग प्रक्रिया को दोषरहित बनाते हैं।

1. कार्यखण्ड की तैयारी Preparation of Workpiece

विविध इंजीनियरी प्रक्रमों में वैल्डिंग एक आवश्यक क्रिया है, जिसमें आवश्यकता के अनुसार जोड़ बनाए जाते हैं, परन्तु इन जोड़ों को बनाने हेतु वैल्डिंग करने से पहले जोड़ने वाली वस्तुओं के किनारों की तैयारी की जाती है। प्रत्येक वैल्डिंग प्रक्रम में वैल्डिंग करने से पूर्व कार्यखण्ड की तैयारी करना एक आवश्यक प्रक्रम है। कार्यखण्ड की तैयारी निम्न बातों पर निर्भर करती है

1. वैल्डिंग करने की विधि तथा प्रयोग होने वाले उपकरण।
2. जॉब की मोटाई।
3. वैल्डिंग जोड़ की वांछित शक्ति तथा महत्त्व।
4. वैल्डिंग पर होने वाले व्यय तथा उसकी उपयोगिता।
5. कारखाने में उपलब्ध मशीनिंग उपकरण।

2. सतह की सफाई Cleaning of Surface

वैल्डिंग करने से पूर्व कार्यखण्ड की सतह को पूर्णतः साफ कर लेना चाहिए, अन्यथा कार्यखण्ड की सतह पर उपस्थित धूल-मिट्टी, चिकनाई आदि तत्त्व फिलर मैटल में मिश्रित होकर वैल्ड जोड़ में मिल जाते हैं, जिसके फलस्वरूप एक दोषयुक्त जोड़ का निर्माण होता है।

प्रायः सभी कार्यखण्ड, जिन पर वैल्डिंग की जाती है, की सतह पर अनेक अशुद्धियाँ विद्यमान रहती हैं। यदि इन अशुद्धियों को वैल्डिंग करने से पूर्व साफ नहीं किया जाता है, तो ये अशुद्धियाँ बीड में मिश्रित हो जाती हैं। इन अशुद्धियों की उपस्थिति के कारण वैल्ड बीड में निम्न दोष उत्पन्न हो जाते हैं

(i) स्लैग इन्क्लूजन (Slag inclusion)
(ii) ब्लो होल्स (Blow holes)
(iii) सरन्ध्रता (Porosity) आदि।

उपरोक्त सभी दोषों के कारण वैल्ड जोड़ असफल हो जाता है। अतः वैल्डिंग करने से पूर्व कार्यखण्ड की सतह को फाइलिंग एवं ग्राइण्डिंग द्वारा पूर्णतः साफ कर लेना चाहिए।

3. ऊष्मा यान्त्रिकी Heat Mechanics

वैल्डिंग एक ऊष्मा आधारित प्रक्रिया है। वैल्डिंग जोड़ पूर्णतः ऊष्मा पर निर्भर करता है। वैल्डिंग जोड़ बनाते समय कार्यखण्ड को वैल्डिंग से पूर्व, वैल्डिंग के समय एवं वैल्डिंग के पश्चात् गर्म किया जाता है, जिससे कार्यखण्ड में वैल्डिंग के फलस्वरूप उत्पन्न हुए दोषों को कम किया जाता है। अतः उच्च गुणवत्ता के जोड़ बनाने हेतु ऊष्मा यान्त्रिकी से परिचित होना आवश्यक है।

ऊष्मा यान्त्रिकी के अन्तर्गत कार्यखण्ड में ऊष्मा में विस्तार, ऊष्मीय उपचार, ऊष्मा प्रवाह एवं ऊष्मा निर्गमन या शीतलन का अध्ययन किया जाता है। एक कुशल वैल्डर को कार्यखण्ड में ऊष्मा प्रवाह की दर और ऊष्मा के प्रवाह को नियन्त्रित करने में पारंगत होना अति आवश्यक है। प्रत्येक कार्यखण्ड में ऊष्मा का विस्तार भिन्न-भिन्न प्रकार से होता है।

किसी कार्यखण्ड में ऊष्मा का विस्तार धीरे से, तो किसी कार्यखण्ड में तीव्रता से होता है। अतः वैल्डर को वैल्डिंग करते समय कार्यखण्ड में ऊष्मा यान्त्रिकी से अवगत होना चाहिए।

4. वैल्डिंग कोड और मानक Welding Codes and Standards

भारतीय मानक संस्थान (Bureau of Indian Standard) ने वैल्डिंग के विभिन्न मानकों एवं कोड का निर्धारण किया है, जिनकी सहायता से उच्च कोटि के वैल्ड जोड़ का निर्माण प्राप्त होता है। इनके द्वारा वैल्ड जोड़ की गुणवत्ता का आकलन किया जाता है।

भारतीय मानक संस्थान (BIS) द्वारा वर्णित वैल्डिंग के विभिन्न कोड एवं मानक निम्न प्रकार हैं

क्र.सं.	कोड	शीर्षक
1.	IS 812 : 1957	धातु कार्यखण्ड की वैल्डिंग एवं कटिंग की सीमा
2.	IS 814 : 2004	कार्बन और कार्बन मैंगनीज स्टील की मैनुअल मैटल आर्क वैल्डिंग के लिए पूर्णतः ढके हुए इलेक्ट्रॉड
3.	IS 817 : 1966	आर्क वैल्डर के प्रशिक्षण एवं वैल्ड की जाँच
4.	IS 817 (Part 1) : 1992	मैनुअल मैटल आर्क वैल्डिंग
5.	IS 817 (Part 2) : 1996	ऑक्सी-एसीटिलीन वैल्डिंग
6.	IS 818 : 1968	गैस वैल्डिंग और कटिंग एवं आर्क वैल्डिंग के अन्तर्गत सुरक्षा एवं स्वास्थ्य
7.	IS 822 : 1970	वैल्ड की जाँच
8.	IS 1179 : 1967	वैल्डिंग के अन्तर्गत आँख और चेहरे की सुरक्षा सम्बन्धी उपकरण
9.	IS 1278 : 1972	गैस वैल्डिंग के लिए फिलर रॉड एवं वायर
10.	IS 1393 : 1961	ऑक्सी-एसीटिलीन गैस वैल्डर के प्रशिक्षण एवं वैल्ड की जाँच

14.5 वैल्डिंग में किनारों की तैयारी
Preparation of Edges in Welding

वैल्डिंग करने से पूर्व किनारों को वैल्ड जोड़ की डिजाइन के अनुसार 'V', 'U', 'J' या बेवेल (bevel) रूप में लाना होता है, जिसे कोर सज्जा कहते हैं। किनारों की कोर सज्जा करने पर वैल्ड धातु इन रूपों (आकृतियों) के अन्दर चली जाती है जिसके फलस्वरूप मजबूत जोड़ प्राप्त होता है। स्क्वायर बट जोड़ को छोड़कर अन्य सभी प्रकार के बट जोड़ों में किनारों की तैयारी की जाती है। पतली चादरों में किनारों की तैयारी हाथ द्वारा काटकर या फाइल द्वारा रगड़कर की जा सकती है। मोटी चादरों को मशीनों की सहायता से काटकर या मशीनन करके यह कार्य किया जाता है, जबकि बहुत अधिक मोटी चादरों को गैस द्वारा काटकर यह कार्य किया जाता है। इस प्रकार किनारों की तैयारी निम्न तीन प्रकार से की जाती है

1. हाथों द्वारा
2. मशीनों द्वारा
3. गैस कटिंग द्वारा

1. हाथों द्वारा तैयारी Preparation by Hands

जॉब के किनारों को 'V', 'U', 'J' या बेवेल (bevel) आकार (shape) में बनाने के लिए पहले डिजाइन की माप के अनुसार मार्किंग की जाती है। इसके पश्चात् छेनी, हथौड़ी या हैक्सॉ के द्वारा कटाई की जाती है। इस प्रकार प्राप्त सतह खुरदरी (rough) होती है, जिसे समतल (plane) करने के लिए रेती की सहायता ली जाती है। जिस स्थान पर हैक्सॉ, छेनी तथा रेती का प्रयोग सरलतापूर्वक नहीं किया जा सकता, उस स्थान पर किनारों को तैयार करने के लिए ग्राइण्डिग मशीन का उपयोग किया जाता है। यह विधि मुख्यत: छोटे जॉबों के किनारों को तैयार करने के लिए ही प्रयोग की जाती है। किनारों की तैयारी करने के लिए सामान्यत: निम्न हस्त औजार (tools) प्रयोग किए जाते हैं

(i) स्टील रूल
(ii) डिवाइडर
(iii) ट्राई स्क्वायर
(iv) स्क्राइबर
(v) सेन्टर पंच
(vi) हथौड़ा
(vii) रेतियाँ
(viii) छेनी
(ix) हैक्सॉ
(x) हैण्ड शियर
(xi) बेंच वाइस
(xii) बेंच ग्राइण्डर

2. मशीन टूलों द्वारा तैयारी
Preparation by Machines Tools

बड़ी औद्योगिक इकाइयों में अधिक उत्पादन के लिए सभी किनारों की एक ही प्रकार की तैयारी के लिए मशीन टूलों का प्रयोग किया जाता है। मशीन टूलों द्वारा किनारों की तैयारी करने पर समय की बचत होती है तथा मेहनत भी कम लगती है।

3. गैस कटिंग द्वारा तैयारी
Preparation by Gas Cutting

इसमें ऑक्सी-एसीटिलीन गैस का प्रयोग करके कटिंग टॉर्च द्वारा जॉब के किनारों को तिरछा काटा जाता है, जैसा कि चित्र में दर्शाया गया है। कभी-कभी गैस द्वारा किनारों को गर्म करके न्यूमैटिक हैमर (pneumatic hammer) की सहायता से पीटकर तिरछा बना लिया जाता है।

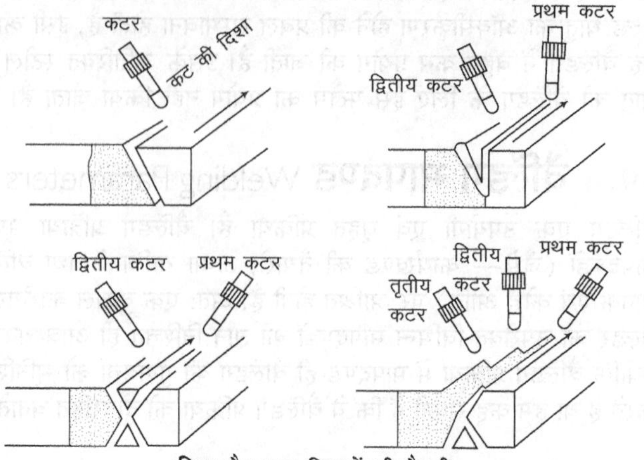

चित्र गैस द्वारा किनारों की तैयारी

14.6 वैल्डिंग की विधियाँ या तकनीक
Welding Methods or Techniques

वैल्डिंग प्रक्रम विविध उद्देश्यों से किया जाता है, इनमें वैल्डिंग बीड की स्थिति की विशेष भूमिका होती है। अत: अपनी आवश्यकता को ध्यान में रखते हुए वैल्डिंग बीड की स्थिति के आधार पर वैल्डिंग की निम्न तकनीकें प्रयुक्त की जाती हैं

1. समतल स्थिति में वैल्डिंग
Welding in Flat Position

समतल स्थिति में वैल्डिंग बीड, बाएँ-से-दाएँ या दाएँ-से-बाएँ दोनों ओर बनाई जा सकती है। इसी के आधार पर इसकी दो विधियाँ हैं

(i) फोरहैण्ड वैल्डिंग या लैफ्टवर्ड वैल्डिंग
Forehand Welding or Leftward Welding

फोरहैण्ड विधि में वैल्डिंग दाएँ-से-बाएँ को जाती है, इसलिए इसे फोरहैण्ड या लैफ्टवर्ड वैल्डिंग कहा जाता है।

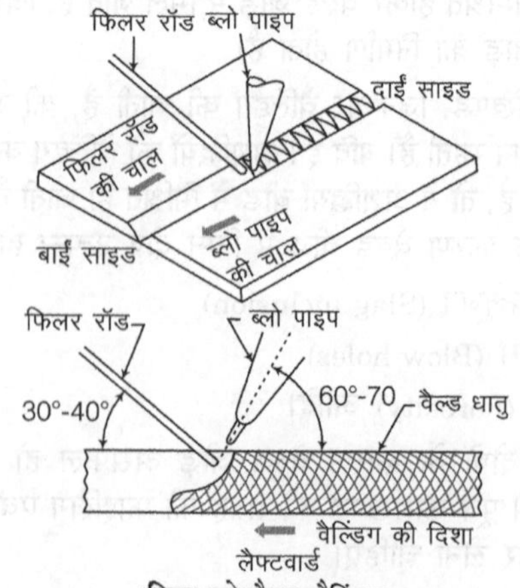

चित्र फोरहैण्ड वैल्डिंग

इसमें वैल्डिंग टॉर्च दाएँ हाथ में तथा फिलर रॉड बाएँ हाथ में रहती है। वैल्डिंग टॉर्च, वैल्डिंग बीड तथा फिलर रॉड के मध्य में रहती है। वैल्डिंग सतह से फिलर रॉड का झुकाव 30° से 40° तक रखा जा सकता है, जबकि वैल्डिंग टॉर्च का झुकाव प्लेट से 60°-70° पर रखा जाता है।

इसमें फिलर रॉड को फ्लेम के सामने आगे-पीछे चलाया जाता है, जबकि टॉर्च की फ्लेम को वैल्ड जोड़ के एक किनारे से दूसरे किनारे तक घुमाते हुए आगे चलाया जाता है।

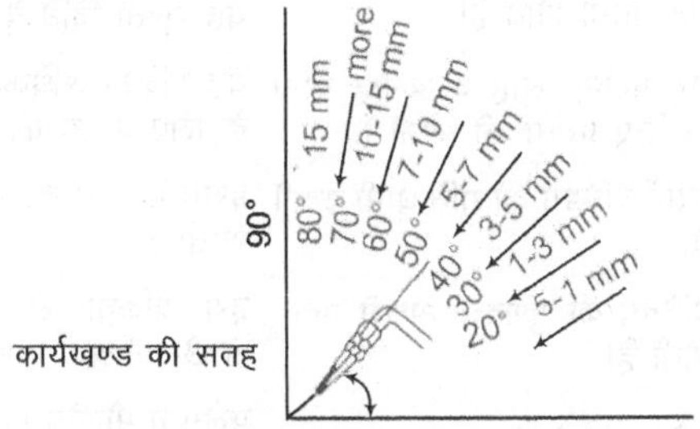

चित्र मोटाई के अनुसार टॉर्च का झुकाव

फोरहैण्ड वैल्डिंग में फ्लेम से बेस धातु को कम गर्मी मिलती है तथा फिलर रॉड को अधिक गर्मी मिलती है, इसलिए बेस धातु से फिलर रॉड अधिक पिघलती है। यह तरीका पतली चादरों को वैल्ड करने के लिए अधिक उपयोगी है। इस विधि से 5 मिमी मोटी चादरों को ही वैल्ड किया जा सकता है। लौह तथा अलौह दोनों ही प्रकार की धातुएँ इस विधि से वैल्ड की जाती हैं।

इस विधि में 3 मिमी तक चादरों की किनारों की सज्जा (preparation of edges) करने की आवश्यकता नहीं रहती है। इससे अधिक के लिए किनारों को 80° का 'V' बनाकर तैयार किया जाता है। इससे अधिक मोटी चादरों को बैकहैण्ड वैल्डिंग द्वारा वैल्ड किया जाता है।

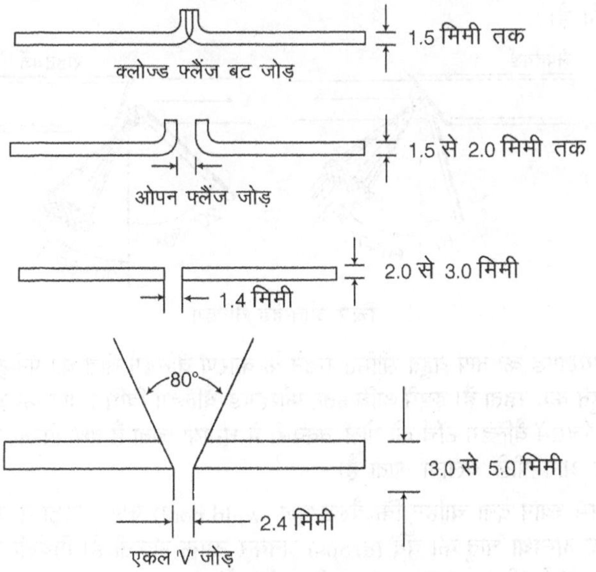

चित्र किनारों की सज्जा

तालिका लैफ्टवर्ड वैल्डिंग डाटा

क्र.सं.	प्लेट की मोटाई (*t*) मिमी	किनारा	किनारों के बीच की दूरी (*d*) मिमी	फिलर रॉड व्यास (मिमी)	गैस खपत (ली./घण्टा)	वैल्डिंग दर (मी/घण्टा)
1.	0.8	वर्गाकार	–	1.6	22-44	6.0-7.6
2.	1.6	वर्गाकार	1.6	1.6	44-66	7.6-9.0
3.	2.4	वर्गाकार	2.4	1.6	66-107	6.0-7.6
4.	3.2	वर्गाकार	3.2	3.2	107-153	5.4-6.0
5.	4.0	80° V	3.2	3.2	153-214	4.6-5.4
6.	5.0	80° V	3.2	3.2	214-283	3.6-4.6

(ii) बैकहैण्ड वैल्डिंग या राइटवर्ड वैल्डिंग

Backhand Welding or Rightward Welding

समतल अवस्था में जब बाएँ-से-दाएँ ओर वैल्डिंग की जाती है, तो इसे बैकहैण्ड वैल्डिंग कहा जाता है। बैकहैण्ड वैल्डिंग को ही बैकवर्ड वैल्डिंग या राइटवर्ड वैल्डिंग कहा जाता है।

इस वैल्डिंग में भी वैल्डिंग टॉर्च दाएँ हाथ में व फिलर रॉड बाएँ हाथ में पकड़ी जाती है, परन्तु वैल्डिंग बीड तथा वैल्डिंग टॉर्च के मध्य में फिलर रॉड रहती है। कार्यखण्ड की सतह से फिलर रॉड का झुकाव 30° से 40° के बीच रहता है तथा वैल्डिंग टॉर्च की टिप का कार्यखण्ड से झुकाव 40° से 50° के मध्य रहता है, जैसा कि चित्र में स्पष्ट रूप से समझाया गया है।

बीड को बाएँ सिरे से प्रारम्भ करके फ्लेम को स्थिर रखते हुए आगे-पीछे चलाया जाता है तथा फिलर रॉड को गोल चक्कर में चित्र के अनुसार घुमाते हुए आगे चलाया जाता है।

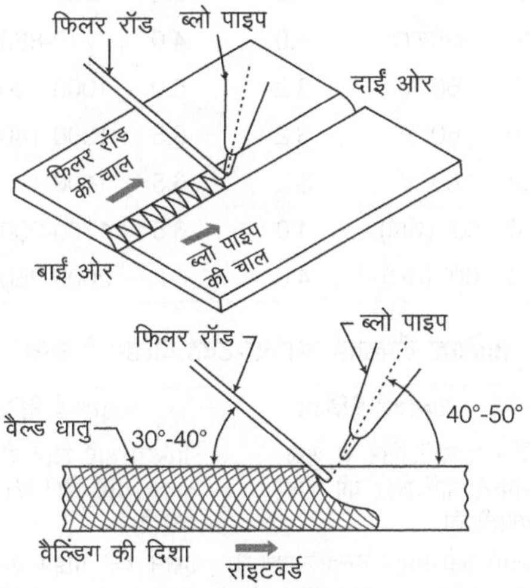

चित्र बैकहैण्ड वैल्डिंग

इस विधि में बेस धातु को ज्यादा गर्मी प्राप्त होती है। अतः बेस धातु शीघ्र पिघलती है, इसलिए यह विधि मोटी प्लेटों पर वैल्डिंग करने के लिए अधिक उपयुक्त है। इस विधि द्वारा 8 मिमी तक मोटी चादरों के किनारों की सज्जा की आवश्यकता नहीं होती है तथा 16 मिमी तक चादरों की वैल्डिंग एक ही बीड द्वारा की जा सकती है।

वैल्डिंग बीड धीरे-धीरे ठण्डी होती है, क्योंकि उसे फ्लेम से ऊष्मा (गर्मी) मिलती रहती है। इसलिए अच्छे ग्रेन (good grains) वाली बीड बनती है। वैल्ड पूल जल्दी बनने के कारण इस विधि द्वारा वैल्डिंग की स्पीड अधिक होती है। नीचे चित्र में किनारों की साज-सज्जा दर्शायी गई है।

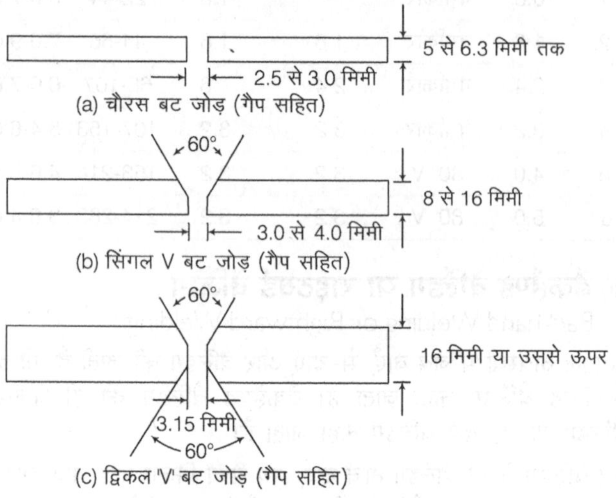

चित्र किनारों की सज्जा

तालिका राइटवर्ड वैल्डिंग डाटा

क्र.सं.	प्लेट की चौड़ाई (*t*) मिमी	किनारा	किनारों के बीच की दूरी (*d*) मिमी	फिलर रॉड का व्यास (मिमी)	गैस खपत ली/घण्टा	वैल्डिंग दर मी/घण्टा
1.	6.5	वर्गाकार	2.4	2.4	370-520	3.6-4.6
2.	6.5	वर्गाकार	3.2	3.2	520-570	3.0-3.6
3.	8.2	वर्गाकार	4.0	4.0	710-860	2.1-2.4
4.	10.0	60° V	3.2	5.0	1000-1300	1.8-2.1
5.	13.0	60° V	3.2	6.5	1300-1400	1.3-1.5
6.	16.2	60° V	3.2	6.5	1600-1700	1.1-1.3
7.	19.0	60° (शीर्ष)	4.0	6.5	1700-2000	0.9-1.0
8.	25.0	80° (तल)	4.0	6.5	2000-2500	0.6-0.7

तालिका लैफ्टवर्ड तथा राइटवर्ड वैल्डिंग में अन्तर

क्र.सं.	लैफ्टवर्ड वैल्डिंग	राइटवर्ड वैल्डिंग
1.	वैल्डिंग दाएँ सिरे से शुरू होकर, बाएँ सिरे की ओर चलती है।	वैल्डिंग बाएँ सिरे से शुरू होकर दाएँ सिरे की ओर चलती है।
2.	इसमें ब्लो पाइप वैल्ड लाइन के साथ अधिकतर 60° से 70° का कोण बनाता है।	इसमें ब्लो पाइप वैल्ड लाइन के साथ मात्र 40° से 50° का कोण बनाता है।
3.	फिलर रॉड वैल्ड लाइन से 30° से 40° का कोण बनाती है।	इसमें भी फिलर रॉड वैल्ड लाइन के साथ 30° से 40° का कोण बनाता है।
4.	इसमें फिलर रॉड ब्लो पाइप से आगे चलती है।	इसमें फिलर रॉड ब्लो पाइप से पीछे चलती है।
5.	इस विधि द्वारा अधिकतम 5.0 मिमी मोटी चादर वैल्ड की जा सकती है।	इस विधि द्वारा 5.0 मिमी से भी अधिक मोटी चादरों को वैल्ड किया जा सकता है।
6.	इसमें फिलर रॉड अधिक व्यय होती है।	इसमें फिलर रॉड कम व्यय होती है।
7.	इसमें गैस अधिक व्यय होती है।	इसमें गैस कम व्यय होती है।
8.	यह महँगी विधि है।	यह सस्ती विधि है।
9.	यह प्रक्रिया लौह व अलौह दोनों के लिए प्रयोग की जाती है।	यह प्रक्रिया अधिकतर स्टील के लिए प्रयोग की जाती है।
10.	इसमें वैल्डिंग की गति धीमी रहती है।	इसमें वैल्डिंग की गति अधिक रहती है।
11.	वैल्डिंग की गुणवत्ता अच्छी नहीं होती है।	इस प्रक्रिया से वैल्डिंग में अच्छे यान्त्रिक गुण आते हैं।
12.	फ्लेम को मोल्टेन पूल से 2-3 मिमी ऊपर रखा जाता है।	फ्लेम व मोल्टेन पूल की सतह आपस में एक-दूसरे को स्पर्श करती है।
13.	इसे फॉरवर्ड या फोरहैण्ड वैल्डिंग भी कहते हैं।	इसे बैकवर्ड या बैकहैण्ड वैल्डिंग भी कहते हैं।

2. ओवरहैड वैल्डिंग Overhead Welding

ओवरहैड वैल्डिंग का सीधा अर्थ है सिर के ऊपर वैल्डिंग अर्थात् नीचे से ऊपर देखते हुए वैल्डिंग करना। यह विधि अधिक कठिन है तथा खतरों से भरी है। इसमें पिघली धातु के नीचे टपकने का खतरा बना रहता है। यह विधि उन विशेष परिस्थितियों में ही अपनाई जाती है, जब कार्यखण्ड को समतल अवस्था में रखना सम्भव न हो। इस अवस्था में वैल्डिंग फोरहैण्ड तथा बैकहैण्ड दोनों विधियों से की जा सकती है, जैसा कि चित्र में दर्शाया गया है।

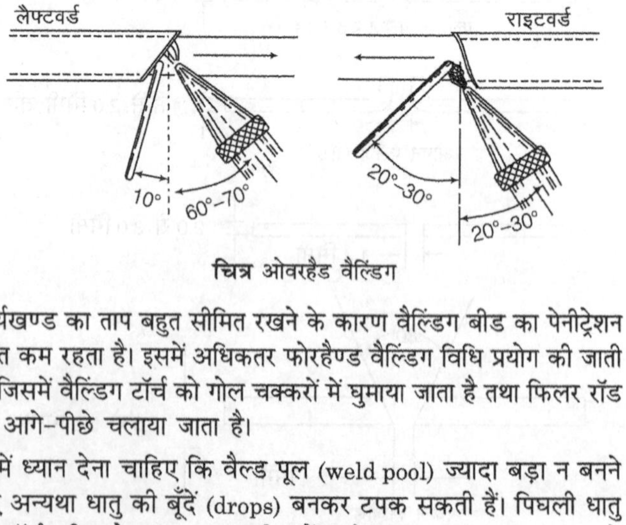

चित्र ओवरहैड वैल्डिंग

कार्यखण्ड का ताप बहुत सीमित रखने के कारण वैल्डिंग बीड का पेनीट्रेशन बहुत कम रहता है। इसमें अधिकतर फोरहैण्ड वैल्डिंग विधि प्रयोग की जाती है, जिसमें वैल्डिंग टॉर्च को गोल चक्करों में घुमाया जाता है तथा फिलर रॉड को आगे-पीछे चलाया जाता है।

इसमें ध्यान देना चाहिए कि वैल्ड पूल (weld pool) ज्यादा बड़ा न बनने पाए अन्यथा धातु की बूँदें (drops) बनकर टपक सकती हैं। पिघली धातु को टॉर्च की फ्लेम तथा धातु की सर्फेस टेंशन (surface tension) से नियन्त्रित किया जाता है तथा टॉर्च को बार-बार हटाकर धातु को जमने का अवसर दिया जाता है।

3. ऊर्ध्वाधर वैल्डिंग Vertical Welding

कभी-कभी वैल्डिंग बीड वैल्डिंग मेज (welding table) की ऊर्ध्वाधर (vertical) दिशा में बनानी पड़ती है, तो उसे ऊर्ध्वाधर वैल्डिंग कहते हैं। यह वैल्डिंग नीचे से ऊपर की दिशा में या फिर ऊपर से नीचे की दिशा में की जाती है। ऊपर-से-नीचे की दिशा में वैल्डिंग करने से धातु के गुरुत्वाकर्षण बल के कारण, नीचे तेजी से बह जाने का डर रहता है तथा पिघली धातु को रोकने के लिए बेस नहीं मिल पाता है।

इस विधि में पतली प्लेटें एक ही वैल्डर वैल्ड कर लेता है, परन्तु मोटी प्लेटों को वैल्ड करने के लिए दो ऑपरेटरों की आवश्यकता होती है। वैल्डिंग प्रारम्भ करने से पहले नीचे एक छिद्र बना लिया जाता है। फिर उसमें फिलर रॉड की सहायता से माल भरते हुए ऊपर चलते जाते हैं और वैल्डिंग करते जाते हैं।

फिलर रॉड का कोण तो 30° ही रहता है, परन्तु वैल्डिंग टॉर्च का कोण प्लेट की मोटाई के अनुसार 25° से 90° के मध्य रखा जाता है। यदि एकसाथ दो वैल्डर कार्य करते हैं, तो दोनों ओर ब्लो पाइप और प्लेट के मध्य 45° से 50° का कोण रखा जाता है तथा फिलर रॉड को 30° के कोण पर झुकाया जाता है। इस वैल्डिंग विधि से 15 मिमी तक की प्लेटों को बिना किनारे तैयार किए वैल्ड किया जा सकता है।

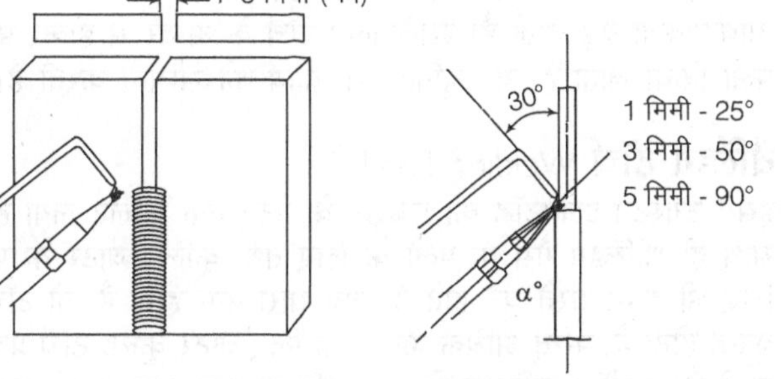

चित्र ऊर्ध्वाधर वैल्डिंग (सीधी स्थिति में)

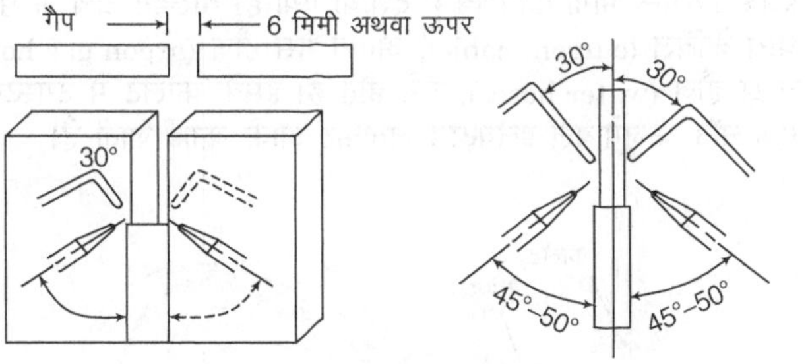

चित्र ऊर्ध्वाधर वैल्डिंग (घूर्णीय स्थिति में)

4. लिण्डे वैल्डिंग Linde Welding

गर्म लोहे का यह गुण होता है कि वह कार्बन लेकर कम तापक्रम पर पिघलने वाला अलॉय बनाता है। इसी गुण का उपयोग लिण्डे विधि में किया जाता है। यह विशेषकर पाइपों को वैल्ड करने के लिए प्रयोग की जाती है। लोहे के पाइपों को कार्बन देने के लिए ऑक्सी-एसीटिलीन टॉर्च की कार्बुराइज्ड फ्लेम प्रयोग की जाती है।

पाइपों के वैल्ड करने वाले किनारों पर 70° का 'V' खाँचा बना लेना चाहिए तथा उन्हें एक विशेष प्रकार के रोलिंग फिक्स्चरों पर रखकर कम-से-कम तीन स्थानों पर टैकिंग कर देनी चाहिए, जिससे वैल्डिंग करते समय पाइपों को आसानी से घुमाया जा सके।

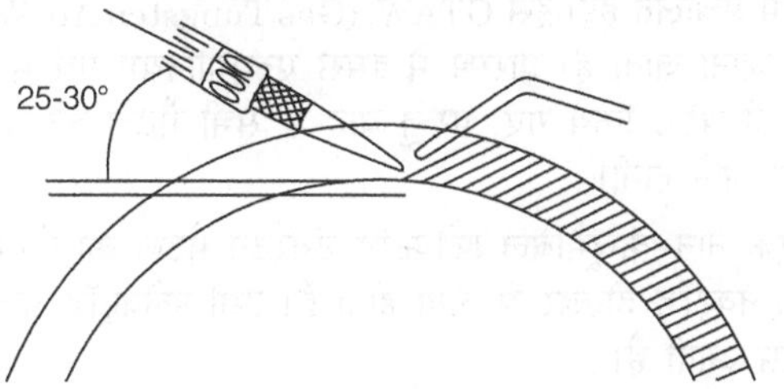

चित्र लिण्डे वैल्डिंग

लिण्डे वैल्डिंग में दोनों किनारों के बीच लगभग 2.5 मिमी की दूरी रखनी आवश्यक होती है तथा फिलर रॉड सिलिकॉन तथा मैंगनीज (manganese) युक्त होनी चाहिए। फ्लक्स का प्रयोग करके वैल्ड धातु को ऑक्सीडाइज्ड होने से रोकना चाहिए।

5. ब्लॉक वैल्डिंग Block Welding

अधिक मोटे पाइपों की वैल्डिंग करने के लिए ब्लॉक वैल्डिंग की जाती है। इसमें पूर्ण वैल्डिंग प्रक्रिया तीन रनों (three runs) में पूर्ण की जाती है। ब्लॉक वैल्डिंग में प्रत्येक रन से पहले लिए गए रन से थोड़ा आगे लिया जाता है। यह जोड़ पूरी मजबूती प्रदान करता है।

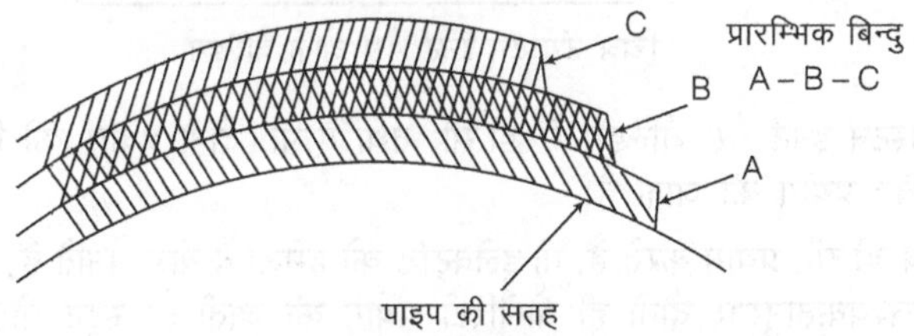

चित्र ब्लॉक वैल्डिंग

14.7 उन्नत वैल्डिंग प्रक्रम Advanced Welding Processes

आधुनिक युग मशीनों का युग है। प्रत्येक दिन नए आविष्कार किये जाते हैं। समय के साथ-साथ वैल्डिंग करने की तकनीकों में परिवर्तन आया है। आज वैल्डिंग की नई तकनीकों के फलस्वरूप ही विभिन्न धातुओं की वैल्डिंग तीव्र गति से करने में मानव ने महारथ हासिल कर ली है।

वैल्डिंग की इन उन्नत तकनीकों के माध्यम से वैल्डिंग करना अत्यन्त सरल हो गया है। इन तकनीकों के माध्यम से उच्च कोटि के वैल्डिंग जोड़ अत्यधिक तीव्रता से बनाए जाते हैं। कुछ प्रमुख उन्नत वैल्डिंग प्रक्रम के प्रकार अग्रपृष्ठ पर वर्णित है।

1. गैस टंगस्टन आर्क वैल्डिंग
Gas Tungsten Arc Welding

गैस टंगस्टन आर्क वैल्डिंग या टंगस्टन इनर्ट गैस वैल्डिंग वर्ष 1940 में उद्योगों में प्रचलित हुई। इसे GTAW, (Gas Tungsten Arc Welding) के नाम से जाना जाता है। प्रारम्भ में इससे एल्युमीनियम एवं मैग्नीशियम के अलॉय ही वैल्ड किये गए, परन्तु बाद में सभी मैटल की वैल्डिंग इसके द्वारा की जाने लगी।

इसमें एक नॉन-कंजूमेबिल इलेक्ट्रॉड टंगस्टन मैटल का होता है जो एक विशेष इलेक्ट्रॉड होल्डर में लगा होता है। इसी इलेक्ट्रॉड होल्डर से एक इनर्ट गैस आती है।

जो इलेक्ट्रॉड तथा वैल्ड मैटल को सुरक्षात्मक आवरण प्रदान करती है। इससे वायुमण्डल में उपस्थित ऑक्सीजन तथा नाइट्रोजन इलेक्ट्रॉड तथा वैल्ड मैटल पर अपना कोई दुष्प्रभाव नहीं छोड़ पाती।

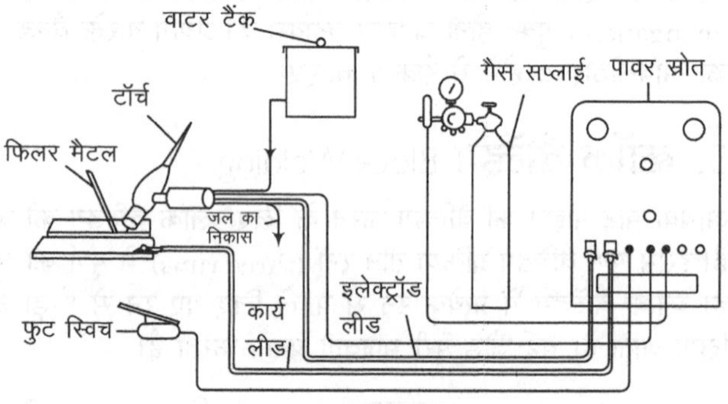

चित्र टंगस्टन इनर्ट गैस आर्क वैल्डिंग

टंगस्टन इनर्ट गैस वैल्डिंग में डी.सी. तथा ए.सी. दोनों प्रकार की विद्युत शक्ति प्रयोग की जाती हैं।

जब डी.सी. प्रयोग करते हैं, तो इलेक्ट्रॉड को हमेशा कैथोड बनाते हैं, परन्तु आवश्यकतानुसार दोनों ही पोलैरिटी प्रयोग की जाती हैं। स्ट्रेट पोलैरिटी (DCSP) में पेनीट्रेशन अच्छा होता है तथा रिवर्स पोलैरिटी (DCRP) में पेनीट्रेशन कम परन्तु सफाई अच्छी आती है।

इलेक्ट्रॉड का व्यास 0.5 मिमी से 6.5 मिमी तक रहता है तथा धारा + 5 एम्पियर से 650 एम्पियर तक रहती है। 100 एम्पियर तक की TIG वैल्डिंग गन को केवल हवा द्वारा ठण्डा रखा जाता है, परन्तु 100 एम्पियर से अधिक की धारा पर पानी द्वारा ठण्डा करने का प्रबन्ध किया जाता है।

फिलर मैटल के रूप में एक अलग से रॉड को आर्क के अन्दर गलाया जाता है जो बेस मैटल के साथ मिलकर वैल्ड मैटल बनाता है।

इस विधि में फ्लक्स के स्थान पर इनर्ट गैस द्वारा शील्डिंग की जाती है। इनर्ट गैस के रूप में आर्गन (argon) तथा हीलियम (helium) गैसों का उपयोग किया जाता है।

आर्गन गैस भारी होती है तथा इसे नियन्त्रित रखना आसान होता है। कभी-कभी आर्गन व हीलियम दोनों को मिलाकर प्रयोग किया जाता है।

इसके निम्न मुख्य भाग होते हैं

पावर यूनिट Power Unit

टिग वैल्डिंग में पावर यूनिट के रूप में डी.सी. तथा ए.सी. किसी भी मशीन को वैल्डिंग मशीन के रूप में प्रयोग किया जाता है। एल्युमीनियम तथा मैग्नीशियम धातु तथा उनके अलॉय की वैल्डिंग के लिए ए.सी. मशीनें प्रयोग की जाती हैं जबकि अन्य धातुओं के लिए डी.सी. मशीनें प्रयोग की जाती हैं। डी.सी. मशीन प्रयोग करने पर इलेक्ट्रॉड को कैथोड (–ve) बनाया जाता है।

शील्डिंग गैस Shielding Gas

वैल्ड मैटल को वायुमण्डलीय प्रभाव से बचाने के लिए शील्डिंग गैसों की आवश्यकता रहती है। इसमें भी बेयर इलेक्ट्रॉड प्रयोग किया जाता है। शील्डिंग गैसों के रूप में इनर्ट गैस; जैसे—आर्गन, हीलियम आदि का प्रयोग किया जाता है। इनर्ट गैसों के सिलेण्डरों को नीले रंग से पेन्ट किया जाता है। सिलेण्डर के ऊपर रेगुलेटरों का प्रयोग कर गैस सप्लाई को कण्ट्रोल में रखा जाता है।

वाटर सप्लाई यूनिट Water Supply Unit

100 एम्पियर से अधिक धारा प्रयोग करने पर टॉर्च को ठण्डा करने की आवश्यकता बढ़ जाती है। इसके लिए टॉर्च के अन्दर से होकर पानी को फ्लो किया जाता है। यह यूनिट इसी कार्य को सम्पन्न करती है।

वैल्डिंग टॉर्च Welding Torch

इसमें टंगस्टन इलेक्ट्रॉड को पकड़ने के लिए एक कॉलेट लगा होता है। साथ ही शील्डिंग गैस के फ्लो के लिए तथा कूलिंग वाटर के फ्लो के लिए भी इसमें रास्ते बने होते हैं। जब धारा कम होती है, तो टॉर्च एयर कूल्ड होती है, परन्तु अधिक करण्ट के लिए वाटर कूल्ड टॉर्च प्रयोग की जाती है। इसमें 5 एम्पियर से 650 एम्पियर तक धारा कार्य करती है।

इसके विभिन्न भागों को चित्र में दर्शाया गया है। वैल्डिंग टॉर्च के साथ में धारा केबिल (current cable), आर्गन गैस हौज (argon gas hoses), वाटर हौज (water hoses), लगे होते हैं। इसके कॉलेट में टंगस्टन का एक नॉन-कंजूमेबिल इलेक्ट्रॉड लगाकर आर्क बनाई जाती है।

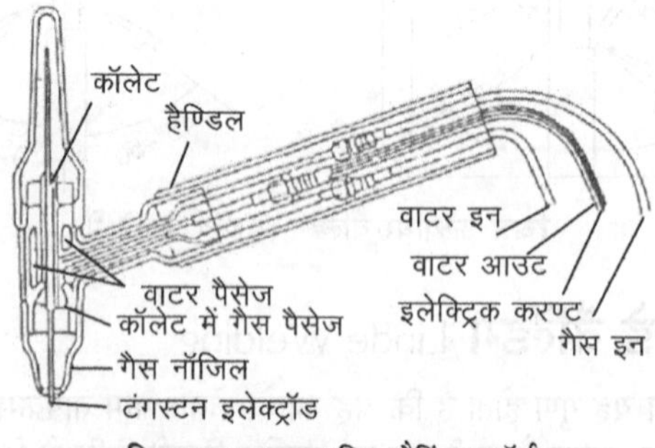

चित्र वाटर कूल्ड टिग वैल्डिंग टॉर्च

ये टंगस्टन इलेक्ट्रॉड कई आकृति (shapes) के होते हैं। इनमें से प्वॉइण्टेड कोनिकल का प्रयोग डी.सी. धारा में तथा गोल (spherical) का प्रयोग ए.सी. धारा में किया जाता है।

TIG वैल्डिंग को प्रभावित करने वाले कारक (variables) निम्नलिखित हैं

1. वैल्डिंग में प्रयुक्त धारा का मान
2. पोलैरिटी
3. आर्क लम्बाई
4. वैल्डिंग गति
5. फिलर धातु की दर
6. वैल्डिंग टॉर्च का दोलन
7. प्रयुक्त शील्डिंग गैस की प्रकृति

लाभ Advantages

1. लगभग सभी धातुओं की वैल्डिंग टिग वैल्डिंग द्वारा की जा सकती है; जैसे-सभी प्रकार के स्टील, एल्युमीनियम, पीतल, ताँबा, मैग्नीशियम, काँसा, टाइटेनियम आदि।
2. इसके द्वारा दो अलग धातुओं को भी एकसाथ जोड़ा जा सकता है; जैसे- स्टेनलैस स्टील के साथ माइल्ड स्टील आदि।
3. इसमें पेनीट्रेशन अच्छा गहरा बनता है।
4. ऊष्मा प्रभावित क्षेत्र (heat affected zone) कम होता है।
5. स्पैटरिंग की समस्या नहीं होती है।
6. मैटल जमा करने की दर (rate of metal deposite) अधिक होती है।
7. सभी स्थितियों में वैल्डिंग की जा सकती है।
8. इलेक्ट्रॉड को सुखाकर प्रयोग करने की आवश्यकता नहीं होती।

अनुप्रयोग Applications

इसका प्रयोग सभी प्रकार की कार्बन स्टील, कॉपर तथा उसकी अन्य मिश्र धातुएँ, एल्युमीनियम तथा उसकी मिश्र धातुएँ, मैग्नीशियम तथा उसकी मिश्र धातुएँ, मोनल मिश्र धातुएँ तथा टाइटेनियम, जिर्कोनियम तथा चाँदी सोना आदि को वैल्ड करने में किया जाता है।

सीमाएँ Limitations

1. यह विधि अधिक मोटी चादरों की वैल्डिंग के लिए उपयुक्त नहीं है।
2. इसमें पेनीट्रेशन कम प्राप्त होती है।
3. इस विधि में 100 एम्पियर से अधिक विद्युत धारा पर वैल्डिंग गन को ठण्डा करने के लिए पानी की आवश्यकता पड़ती है।
4. शील्डिंग गैस को नियन्त्रित करने के उचित साधनों की आवश्यकता होती है। अत: हल्की शील्डिंग गैसों का ही प्रयोग किया जाता है।
5. इस विधि में एल्युमीनियम, मैग्नीशियम तथा उनके अलॉय की वैल्डिंग के लिए ए.सी. वैल्डिंग मशीन जबकि अन्य धातुओं के लिए डी.सी. वैल्डिंग मशीन प्रयोग की जाती है।

हानि Disadvantages

1. इसके उपकरणों का सैट तुलना में अधिक कीमती है।
2. इसका सैट-अप (set-up) पोर्टेबल नहीं है।
3. अधिक मोटी चादरों को जोड़ने के लिए इसका प्रयोग नहीं किया जा सकता।
4. इसके रख-रखाव (maintenance) पर अधिक व्यय आता है।
5. इसके द्वारा पूर्ण कुशल वैल्डर ही वैल्डिंग कर सकता है।

सावधानियाँ Precautions

1. वैल्डिंग करते समय सभी सुरक्षा उपकरणों और सुरक्षा सामग्री का प्रयोग करना चाहिए।
2. 100 एम्पियर से अधिक विद्युत पर वैल्डिंग टॉर्च को ठण्डा करना चाहिए।
3. शील्डिंग गैसों को नियन्त्रित रखना चाहिए।
4. एल्युमीनियम, मैग्नीशियम तथा इनके अलॉय धातु के लिए डी.सी. वैल्डिंग मशीन ही प्रयोग करनी चाहिए।
5. विद्युतीय मशीनों से अनावश्यक छेड़-छाड़ नहीं करनी चाहिए।

सामान्य दोष General Defects

1. पेनीट्रेशन की कमी
2. आन्तरिक दरारें
3. वैल्ड मैटल में स्लैग
4. ऊँची-नीची बीड का बनना
5. आन्तरिक रन्ध्रता।

2. मैटल इनर्ट गैस वैल्डिंग Metal Inert Gas Welding, MIG

इस वैल्डिंग में कार्यखण्ड और लगातार चलने वाली मैटल इलेक्ट्रॉड के मध्य आर्क बनायी जाती है। इस आर्क के द्वारा उत्पन्न ऊष्मा कार्यखण्ड की वैल्डिंग वाली सतह तथा इलेक्ट्रॉड दोनों को पिघलाकर एक समांग (homogeneous) मिश्रण बनाती है। इलेक्ट्रॉड पर कोई फ्लक्स नहीं होती। वैल्ड मैटल को वायुमण्डलीय ऑक्सीजन तथा नाइट्रोजन आदि गैसों से बचाने के लिए इनर्ट गैस के कवच से आर्क तथा वैल्ड पूल को ढ़कते हैं। इसके लिए वैल्डिंग गन में विशेष प्रबन्ध किया जाता है। इनर्ट गैस के रूप में आर्गन या हीलियम या दोनों का मिश्रण प्रयोग किया जाता है।

MIG वैल्डिंग को प्रभावित करने वाले कारक (variables) निम्न प्रकार हैं

(i) वैल्डिंग में प्रयुक्त धारा का मान
(ii) पोलैरिटी
(iii) आर्क वोल्टेज
(iv) वैल्डिंग गति
(v) इलेक्ट्रॉड का आकार
(vi) प्रयुक्त शील्डिंग गैस की प्रकृति

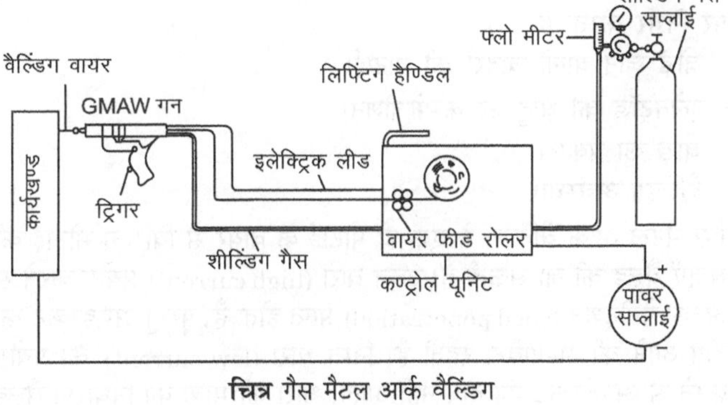

चित्र गैस मैटल आर्क वैल्डिंग

इसके मुख्य भाग निम्न प्रकार हैं

(i) **पावर सोर्स** Power Source

गैस मैटल आर्क वैल्डिंग में डी.सी. पावर सप्लाई की जाती है। इसके लिए डी.सी. मोटर जेनरेटर या रेक्टीफायर का प्रयोग किया जाता है। साधारणत: 200-250 एम्पियर तक की धारा प्रयोग की जाती है।

(ii) **वायर फीडिंग डिवाइस** Wire Feeding Device

वायर फीड डिवाइस के द्वारा स्वत: ही फीड वायर स्पूल से वैल्डिंग गन के अन्दर से होते हुए आर्क में फीड किया जाता है। आर्क द्वारा वायर गलने की स्पीड के अनुसार व बीड की वांछित मोटाई के अनुसार वायर को फीड किया जाता है।

(iii) **वैल्डिंग गन** Welding Gun

गैस मैटल आर्क वैल्डिंग गन विशेष रूप से वैल्डिंग प्रक्रिया की आवश्यकताओं को पूरा करने के लिए बनाई गयी है। इस गन के द्वारा शील्डिंग गैस तथा पानी आदि का प्रवाह भी नियन्त्रित किया जाता है। पतली प्लेटों की वैल्डिंग जहाँ पतले इलेक्ट्रॉड वायर को 200 एम्पियर से कम धारा पर वैल्ड किया जाता है, एयर कूल्ड वैल्डिंग गन प्रयोग की जाती है। मोटी प्लेटों के लिए 200 एम्पियर से अधिक धारा की आवश्यकता होती है। इसके लिए वाटर कूल्ड वैल्डिंग गन प्रयोग की जाती है।

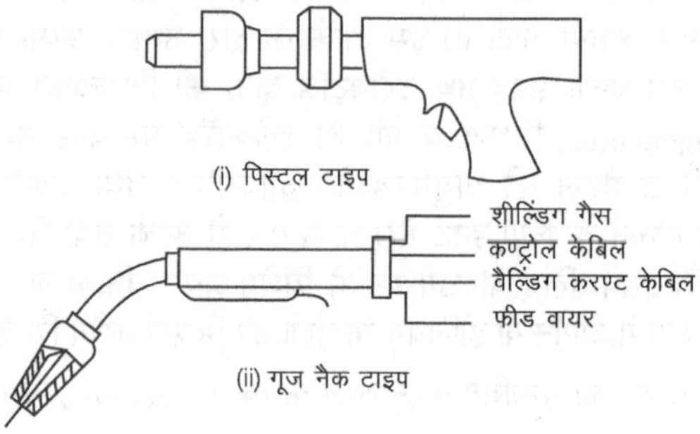

चित्र वैल्डिंग गन

(iv) **कण्ट्रोल यूनिट** Control Unit

शील्डिंग गैस, कूलिंग वाटर तथा धारा आदि को नियन्त्रित करने के लिए कण्ट्रोल यूनिट लगी होती है। इनके स्विच तो गन में होते हैं, परन्तु कण्ट्रोल मैकेनिज्म कण्ट्रोल यूनिट में ही होता है।

इसमें उचित आर्क वोल्टेज का निर्धारण बहुत आवश्यक है यह निम्न बातों पर निर्भर करता है

- जोड़े जाने वाली चादरों की मोटाई।
- इलेक्ट्रॉड की धातु का कम्पोजीशन।
- जोड़ का प्रकार।
- वैल्डिंग अवस्था।

गैस मैटल आर्क वैल्डिंग में एक ही मोटाई के वायर से विभिन्न मोटाई की धातुएँ वैल्ड की जा सकती हैं। उच्च धारा (high current) प्रयोग करने से अच्छा पेनीट्रेशन (good penetration) प्राप्त होता है, परन्तु अण्डरकट का दोष आने की सम्भावना रहती है। निम्न धारा (low current) का प्रयोग करने से अण्डरकट का दोष नहीं आता। धारा की मात्रा का निर्धारण वैल्ड वायर (weld wire) की फीड पर किया जाता है।

(v) **गैस सप्लाई** Gas Supply

इस प्रक्रिया में वैल्डिंग बीड को वायुमण्डल के प्रभाव से बचाने के लिए शील्डिंग गैसों का प्रयोग किया जाता है। यह गैस वैल्डिंग गन से निकलकर वैल्डिंग क्षेत्र के ऊपर फैल जाती है तथा उस क्षेत्र से वायु को बाहर धकेल देती है। शील्डिंग गैस आर्क द्वारा उत्पन्न ऊष्मा को भी प्रभावित करती है। इसलिए अलग प्रकार की वैल्डिंग के लिए विशेष शील्डिंग गैस प्रयोग की जाती है जिसे नीचे सूचीबद्ध किया गया है।

तालिका धातु और शील्डिंग गैसें

क्र.सं.	धातु का नाम	शील्डिंग गैस का नाम
1.	लो अलॉय स्टील (Low alloy steel)	आर्गन या आर्गन + 2% ऑक्सीजन
2.	कार्बन स्टील (Carbon steel)	आर्गन + 5% ऑक्सीजन
3.	टिटैनियम (Titanium)	आर्गन
4.	स्टेनलैस स्टील (Stainless steel)	आर्गन + 5% ऑक्सीजन
5.	ताँबा (Copper) (3 मिमी मोटाई तक)	आर्गन
6.	ताँबा (Copper) (3 मिमी से अधिक मोटाई तक)	आर्गन + 50% – 75% हीलियम
7.	एल्युमीनियम (25 मिमी तक)	आर्गन
	एल्युमीनियम (25 मिमी से 50 मिमी तक)	50% आर्गन +50% हीलियम
	एल्युमीनियम (50 मिमी से 75 मिमी तक)	25% आर्गन +75% हीलियम

शील्डिंग गैसों का चुनाव निम्न बातों पर निर्भर करता है

- धातु अन्तरण का गुण (Property of metal transfer)
- पेनीट्रेशन (Penetration)
- वैल्ड बीड की चौड़ाई (Width of weld bead)

MIG **वैल्डिंग के लाभ** Advantages of MIG Welding

MIG वैल्डिंग के निम्नलिखित लाभ हैं

1. लगातार वैल्डिंग होने के कारण MIG वैल्डिंग, TIG वैल्डिंग से अधिक तेजी से कार्य करती है।
2. यह वैल्डिंग गहरे पेनीट्रेशन जोड़ बनाती है।
3. इस वैल्डिंग द्वारा पतले तथा मोटे दोनों प्रकार के जोड़ बनाए जा सकते हैं।
4. इस वैल्डिंग में चिपिंग की आवश्यकता नहीं होती है।

अनुप्रयोग Applications

1. इस विधि का प्रयोग कार्बन स्टील, सिलिकॉन स्टील तथा लो अलॉय स्टील के लिए तथा स्टेनलैस स्टील, एल्युमीनियम, कॉपर, निकिल तथा उनके अलॉय सभी के लिए प्रयोग की जा सकती है।
2. टूल स्टील तथा डाई-स्टील के लिए भी प्रयोग की जाती है।
3. एयरक्राफ्ट, ऑटोमोबाइल तथा प्रैशर वैल्डिंग और पानी के जहाज बनाने के उद्योगों में सफलतापूर्वक प्रयोग की जाती है।

सीमाएँ Limitations

1. इसमें अलग-अलग धातुओं की वैल्डिंग के लिए अलग-अलग शील्डिंग गैसों की आवश्यकता पड़ती है।
2. वैल्डिंग के समय टॉर्च, कार्यखण्ड से लगभग 10-20 मिमी दूर रहनी चाहिए।
3. आर्क की लम्बाई 1.5 से 4 मिमी के मध्य रहनी चाहिए।
4. धातुओं की मोटाई के अनुसार वायर का चुनाव करना चाहिए।
5. मोटी प्लेटों की वैल्डिंग के लिए 200 एम्पियर से अधिक की विद्युत धारा सैट करनी पड़ती है।

सावधानियाँ Precautions

1. वैल्डिंग करते समय सभी सुरक्षा उपकरणों एवं सुरक्षा सामग्री का प्रयोग करना चाहिए।
2. मोटी प्लेटों की वैल्डिंग के लिए करण्ट 200 एम्पियर से अधिक सैट करनी चाहिए।
3. आर्क की लम्बाई 1.5 से 4 मिमी के मध्य ही रखनी चाहिए।
4. शील्डिंग गैस को मैटल के अनुसार सन्तुलित करना चाहिए।
5. मोटी चादरों के लिए वाटर कूल्ड वैल्डिंग गन प्रयोग करनी चाहिए।

3. स्पॉट वैल्डिंग Spot Welding

इसमें ताँबे के दो इलेक्ट्रॉड्स प्रयोग किए जाते हैं जो चल तथा स्थिर भुजाओं में जकड़े होते हैं। ये इलेक्ट्रॉड्स एक स्टैप-डाउन वैल्डिंग ट्रांसफॉर्मर से निम्न वोल्टता (6 to 10 V) पर उच्च धारा (300 to 600 A) प्राप्त करते हैं। इसमें रिवेटों का डिजाइन बदले बिना जोड़ लगाया जा सकता है।

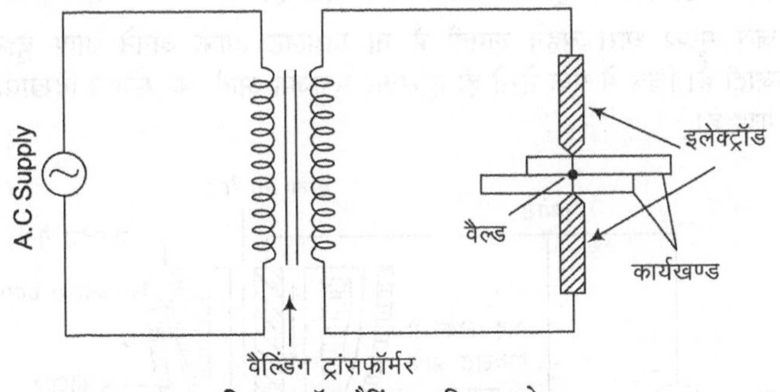

चित्र स्पॉट वैल्डिंग परिपथ आरेख

इसमें वैल्डिंग कार्य तेजी से होता है जो निम्न चरणों में पूरा होता है

(i) कार्यखण्ड को उचित अवस्था में इलेक्ट्रॉडों के बीच रखना।
(ii) फुट पैडल को दबाकर इलेक्ट्रॉडों को कार्यखण्ड के सम्पर्क में लाना।
(iii) धारा ऑन करके तथा इसे ठीक समय के लिए जोड़ में से गुजारकर सम्पर्क प्रतिरोध द्वारा दोनों प्लेटों के मध्य बिन्दु पर ऊष्मा उत्पन्न करना।
(iv) जोड़ी जाने वाली प्लेटों पर पर्याप्त दाब लगाना। यह दाब तब तक रखा जाता है जब तक वैल्ड जमकर ठोस नहीं हो जाता है।
(v) अन्त में प्लेटों को दाबमुक्त कर दिया जाता है। इलेक्ट्रॉड अलग हट जाती है। कार्यखण्ड को मशीन से अलग कर दिया जाता है।

स्पॉट वैल्डिंग मशीनों के प्रकार
Types of Spot Welding Machines

स्पॉट वैल्डिंग मशीनें मुख्यत: तीन प्रकार की होती हैं

(i) **रॉकर आर्म टाइप मशीन** Rocker Arm Type Machine

प्रतिरोध स्पॉट वैल्डिंग प्रक्रम में यह मशीन सबसे अधिक उपयोग की जाती है। इन मशीनों में इलेक्ट्रॉड पर दाब, रॉकर आर्म को पैडल की सहायता से दबाकर दिया जाता है। दाब को नियन्त्रित अर्थात् कम या अधिक करने के लिए स्प्रिंग के ऊपरी नट का प्रयोग किया जाता है। रोलर (roller) और बेल क्रैंक (bell crank) के द्वारा धारा को ऑन-ऑफ किया जा सकता है। कैम (cam) की सैटिंग द्वारा समय निश्चित किया जाता है। धारा की मात्रा स्विच के द्वारा नियन्त्रित की जाती है।

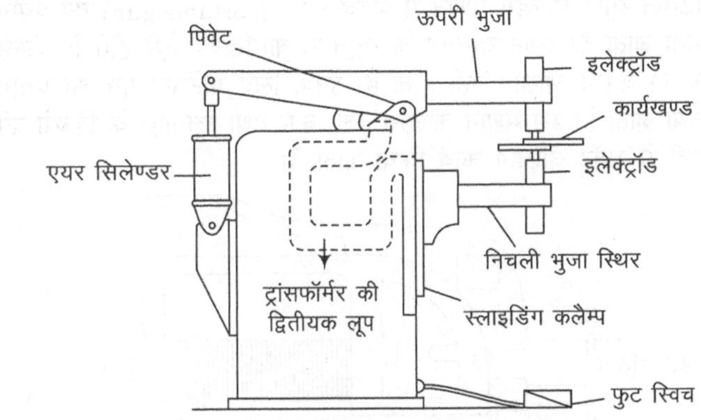

चित्र रॉकर आर्म टाइप या हॉर्न टाइप मशीन

वैल्डिंग समय कार्यखण्ड की मोटाई के अनुसार रखा जाता है। यह समय 0.25 से 1.5 सेकण्ड तक होता है तथा वैल्डों के बीच की दूरी वैल्ड के व्यास से 2.5 गुना तथा प्लेट के किनारे से दूरी व्यास की 1.5 गुना होनी चाहिए।

(ii) **प्रैस टाइप मशीन** Press Type Machine

रॉकर आर्म टाइप (rocker arm type) मशीन अधिक दबाव उत्पन्न नहीं कर पाती है। मोटी प्लेटों को जोड़ने के लिए अधिक दबाव की आवश्यकता होती है। स्पॉट वैल्डिंग द्वारा मोटी प्लेटों को जोड़ने के लिए प्रैस टाइप मशीन प्रयोग की जाती है।

इस मशीन में ऊपरी इलेक्ट्रॉड गतिमान होता है। इस इलेक्ट्रॉड को चलाने के लिए हाइड्रॉलिक या न्यूमैटिक सिलेण्डर का प्रयोग किया जाता है।

इसमें इलेक्ट्रॉड को आसानी से फिट किया जा सकता है। इस मशीन का एक लाभ यह भी है कि कार्यखण्ड को चलाया जा सकता है। यह मशीन मध्यम और भारी कार्यखण्डों में वैल्डिंग कार्य के लिए उपयुक्त है। यह 5 से 500 kVA (किलोवोल्ट-एम्पियर) तक उपलब्ध होती है।

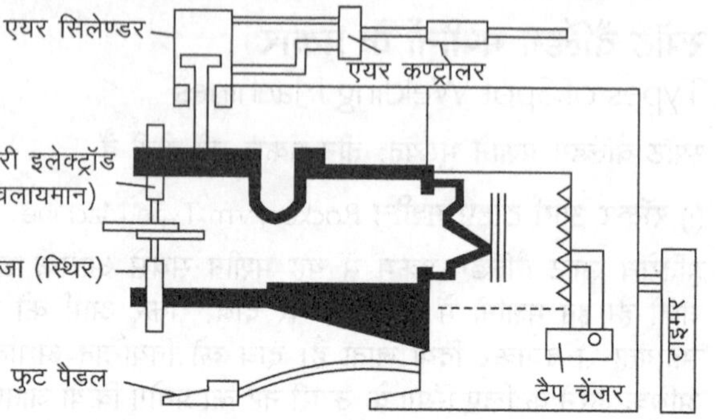

चित्र प्रैस टाइप स्पॉट वैल्डिंग मशीन

(iii) **पोर्टेबल स्पॉट वैल्डिंग मशीन** Portable Spot Welding Machine

पोर्टेबल स्पॉट वैल्डिंग मशीन में पोर्टेबल गन (portable gun) का प्रयोग किया जाता है। स्पॉट वैल्डिंग के बहुत से कार्यखण्ड ऐसे होते हैं, जिन्हें हैण्डल करना आसान नहीं होता है। इनके लिए पोर्टेबल गन का प्रयोग किया जाता है। इस मशीन के द्वारा ट्रक, कार तथा रेलगाड़ी के डिब्बों की बॉडी में स्पॉट वैल्डिंग कार्य किया जाता है।

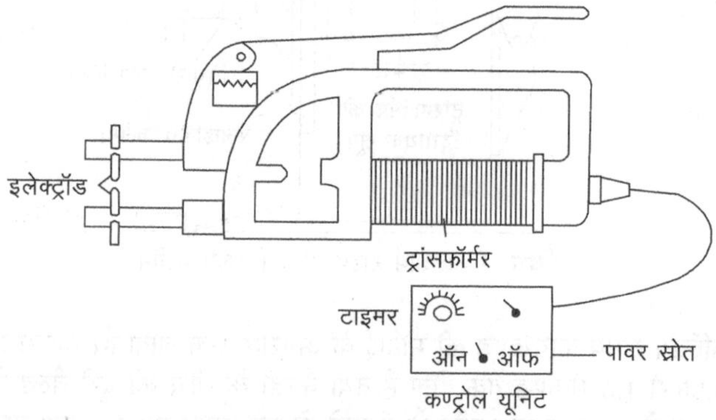

चित्र पोर्टेबल गन मशीन

स्पॉट वैल्डिंग के अनुप्रयोग Applications of Spot Welding

स्पॉट वैल्डिंग का प्रयोग प्रायः रिवेटिंग (riveting) के स्थान पर धातु चादरों में चढ़ाव जोड़ (lap joint) बनाने में किया जाता है। यह जोड़ वायुरोधक तथा जल सह्य (water proof) नहीं होते केवल यान्त्रिक सामर्थ्य प्रदान करते हैं।

अतः इस वैल्डिंग का अधिकतर प्रयोग ट्रक, ट्रैक्टर, बस, कार, स्कूटर, मोटर साइकिल आदि की बॉडी के निर्माण में किया जाता है। जब इलेक्ट्रिक आर्क या विद्युत परिपथ से कोई गैस गुजारी जाती है, तो उसका आयनीकरण हो जाता है।

जिसके फलस्वरूप गैस आयनों में टूट जाती है और स्वतन्त्र रूप से इलेक्ट्रॉनों को मुक्त करती है। इस प्रकार प्राप्त इलेक्ट्रॉन, गैस के आयनों और गैस के परमाणुओं के मिश्रण को ही प्लाज्मा कहा जाता है।

प्लाज्मा आर्क कटिंग प्रक्रम में दो इनर्ट गैसों का प्रयोग किया जाता है, जिसमें एक गैस का प्रयोग प्लाज्मा आर्क बनाने में किया जाता है और दूसरी गैस का प्रयोग शीलिडंग गैस के रूप में किया जाता है। प्लाज्मा आर्क बनाने के लिए हाइड्रोजन (10-30%) या नाइट्रोजन और हाइड्रोजन का प्रयोग किया जाता है। जबकि शीलिडंग के लिए आर्गन का प्रयोग किया जाता है।

4. प्लाज्मा कटिंग Plasma Cutting

इस विधि में आर्क, इलेक्ट्रॉड को कैथोड तथा कार्यखण्ड को एनोड बनाकर पैदा की जाती है। इस प्रकार प्राप्त प्लाज्मा आर्क की गति बहुत अधिक होती है, इसलिए इसका प्रयोग अधिकतर चादरों को काटने तथा मैटल को गलाने में किया जाता है।

इसके द्वारा स्टील, स्टेनलैस स्टील तथा अलौह-धातु की चादरों को भी आसानी से काटा जा सकता है। इसके द्वारा बहुत अधिक तेजी से वैल्ड किया जा सकता है।

प्लाज्मा आर्क को शुरू करने के लिए पहले एक पायलट आर्क (pilot arc) बनायी जाती है। जैसे ही पायलट आर्क कार्यखण्ड को छूती है, कार्यखण्ड और इलेक्ट्रॉड के मध्य मुख्य धारा (main current) बहने लगती है। इसी से ट्रांसफर आर्क बन जाता है।

जब मुख्य धारा बहने लगती है तो पायलट आर्क अपने आप बुझ जाती है। चित्र में एक ऐसी ही ट्रांसफर प्लाज्मा आर्क का संयन्त्र दिखाया गया है।

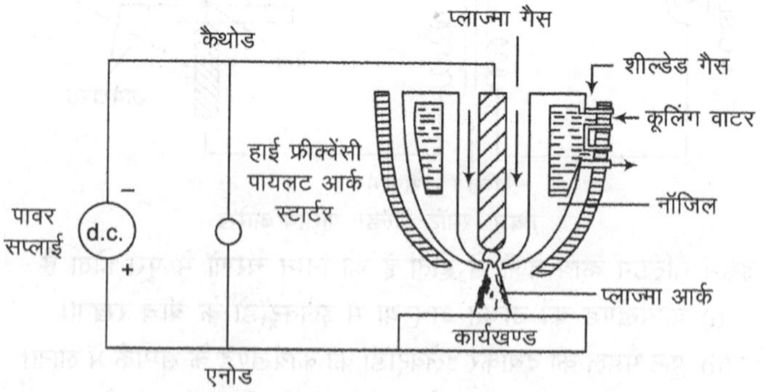

चित्र प्लाज्मा आर्क कटिंग

महत्त्वपूर्ण बिन्दु

- वैल्डिंग एक ऐसी तकनीक है, जिसके द्वारा दो समान अथवा असमान धातुओं को एक विशेष तापमान पर दाब या बिना दाब के जोड़ा जाता है।
- वैल्डिंग की मुख्य दो विधियाँ 'गैस वैल्डिंग' तथा 'आर्क वैल्डिंग' हैं।
- गैस वैल्डिंग में ऑक्सीजन तथा एसीटिलीन को अलग-अलग अनुपात में मिलाकर प्रयोग किया जाता है।
- आर्क वैल्डिंग में इलेक्ट्रिक आर्क उत्पन्न करके ताप प्राप्त किया जाता है।
- समांगी वैल्डिंग में समान धातु के दो भागों को उसी धातु की फिलर रॉड के द्वारा जोड़ा जाता है।
- विषमांगी वैल्डिंग में अलग-अलग धातु के भागों को फिलर रॉड की सहायता से अथवा बिना सहायता से जोड़ा जाता है।
- दाब या प्लास्टिक वैल्डिंग में धातु को प्लास्टिक अवस्था तक गर्म करना आवश्यक होता है।
- फ्यूजन वैल्डिंग में धातुओं के पिघलने पर बिना दाब लगाए ही जोड़ बन जाता है।
- आर्क वैल्डिंग में विद्युत आर्क अधिक धारा तथा कम वोल्टेज पर उत्पन्न होती है।
- फ्लक्स कोटेड इलेक्ट्रॉड का प्रयोग करते हुए बेस धातु तथा फिलर धातु की हाथ द्वारा की जाने वाली वैल्डिंग, मैनुअल मैटालिक आर्क वैल्डिंग कहलाती है।
- मैनुअल मैटालिक आर्क वैल्डिंग में उच्च तथा निम्न धारा के द्वारा इलेक्ट्रॉड तथा कार्यखण्ड के मध्य आर्क की ऊष्मा को घटाया या बढ़ाया जा सकता है।
- मैनुअल मैटालिक आर्क वैल्डिंग में आवश्यक धारा ए.सी. या डी.सी. वैल्डिंग मशीन से प्राप्त की जाती है।
- मैनुअल मैटालिक आर्क वैल्डिंग को शील्डेड आर्क वैल्डिंग के नाम से भी जाना जाता है।
- ए.सी. आर्क वैल्डिंग में विद्युत प्राप्त करने के लिए स्टैप डाउन ट्रांसफॉर्मर का उपयोग किया जाता है।
- वैल्डिंग के लिए डी.सी. वैल्डिंग मशीन या डी.सी. जेनरेटर सैट कुछ विशेषताओं के लिए अधिक प्रयोग किया जाता है।
- रेक्टिफायर सैट ए.सी. तथा डी.सी. दोनों प्रकार की धारा सप्लाई कर सकते हैं।
- रेक्टिफायर सैट को इन्वर्टर टाइप वैल्डिंग मशीन भी कहा जाता है।
- ऑक्सी-एसीटिलीन गैस वैल्डिंग विधि सर्वाधिक प्रयोग होने वाली वैल्डिंग विधि है।
- ऑक्सी-एसीटिलीन गैस विधि में ऑक्सीजन तथा एसीटिलीन गैसों को सिलेण्डरों से हौज पाइपों द्वारा वैल्डिंग टॉर्च तक पहुँचाया जाता है।
- उच्च दाब वैल्डिंग में प्रयुक्त ऑक्सीजन सिलेण्डर का दाब 12.5 किग्रा/सेमी^{2} तथा एसीटिलीन गैस का दाब 15.5 किग्रा/सेमी^{2} रखा जाता है।
- निम्न दाब वैल्डिंग में निम्न दाब जेनरेटर में कैल्शियम कार्बाइड पर पानी डालकर एसीटिलीन गैस प्राप्त की जाती है।
- निम्न दाब वैल्डिंग में प्राप्त गैस को शुद्ध व शुष्क करने के लिए गैस प्यूरीफायर व ड्रायर का उपयोग किया जाता है।
- वैल्डिंग करने से पूर्व किनारों को वैल्ड जोड़ की डिजाइन के अनुसार तैयार करना होता है, जिसे कोर सज्जा कहते हैं।
- बड़ी औद्योगिक इकाइयों में अधिक उत्पादन के लिए सभी किनारों की एक ही प्रकार की तैयारी के लिए मशीनों का प्रयोग किया जाता है।
- समतल स्थिति में वैल्डिंग बीड बाएँ से दाएँ या दाएँ से बाएँ दोनों ओर बनाई जाती है।
- फोरहैण्ड वैल्डिंग या लैफ्टवर्ड वैल्डिंग पतली चादरों के लिए अधिक उपयोगी है।
- फोरहैण्ड वैल्डिंग में 3 मिमी तक की चादरों की कोर सज्जा (edge preparation) की आवश्यकता नहीं पड़ती है।
- समतल अवस्था में जब बाएँ से दाएँ वैल्डिंग की जाती है, तो इसे बैकहैण्ड वैल्डिंग कहा जाता है।
- ओवरहैड वैल्डिंग विधि का उपयोग ऐसी स्थिति में किया जाता है, जब कार्यखण्ड को समतल अवस्था में रखना सम्भव नहीं होता है।
- ब्लॉक वैल्डिंग विधि का उपयोग अधिक मोटे पाइपों की वैल्डिंग के लिए किया जाता है।
- TIG वैल्डिंग वर्ष 1940 में उद्योगों में प्रचलित हुई।
- TIG वैल्डिंग में डी.सी तथा ए.सी. दोनों प्रकार की विद्युत शक्ति प्रयोग की जाती हैं।
- TIG वैल्डिंग का प्रयोग समस्त प्रकार की कार्बन स्टील की वैल्डिंग के लिए किया जा सकता है।
- MIG वैल्डिंग में कार्यखण्ड तथा लगातार चलने वाली मैटल इलेक्ट्रॉड के मध्य आर्क बनाई जाती है।
- MIG वैल्डिंग में इनर्ट गैस के रूप में आर्गन या हीलियम या दोनों का प्रयोग किया जाता है।
- MIG वैल्डिंग, TIG वैल्डिंग की अपेक्षा अधिक तेजी से कार्य करती है।
- स्पॉट वैल्डिंग में वैल्डिंग करने के लिए ताँबे के दो इलेक्ट्रॉडों का उपयोग किया जाता है।
- स्पॉट वैल्डिंग का प्रयोग मुख्यतः धातु चादरों में लैप जोड़ बनाने में किया जाता है।

महत्त्वपूर्ण प्रश्नोत्तरी

1. वैल्डिंग प्रक्रिया में प्रयुक्त इलेक्ट्रॉड से आप क्या समझते हैं?

उत्तर वैल्डिंग प्रक्रिया में प्रयुक्त इलेक्ट्रॉड एक बेलनाकार आकृति की ठोस एवं खोखली रॉड होती है। रॉड के अन्दर कोर वायर होती है, जिस पर रासायनिक पदार्थों का लेप चढ़ाया जाता है।

2. इलेक्ट्रॉडों का प्रयोग करने से पहले उन्हें पूर्णतया सुखा लिया जाता है। क्यों?

उत्तर इलेक्ट्रॉडो का प्रयोग करने से पूर्व उन्हें पूर्णतया सुखा लिया जाता है, क्योंकि यदि इलेक्ट्रॉड गीले होंगे, तो आर्क से ताप के कारण नमी भाप बन जाएगी और फ्लक्स कोटिंग को ब्रेक कर देगी, जिस कारण खराब गुणवत्ता का वैल्ड बनेगा।

3. वैल्डिंग प्रक्रम में कार्यखण्ड से डी.सी. वैल्डिंग जेनरेटर का कौन-सा ध्रुव संयोजित किया जाता है?

उत्तर विद्युत लेपन प्रक्रम में कार्यखण्ड से डी.सी. वैल्डिंग जेनरेटर का ऋण ध्रुव संयोजित किया जाता है।

4. वैल्डिंग से पूर्व आधार धातु तथा फिलर धातु को एक करना क्यों आवश्यक है?

उत्तर वैल्डिंग करने से पूर्व आधार धातु तथा फिलर धातु को एक करना आवश्यक है, क्योंकि इससे

(i) जोड़ साफ व सुन्दर बनता है।

(ii) ऑक्सीकरण कम होता है।

(iii) फिलर धातु मूल धातु के साथ ठीक प्रकार से जुड़ती है।

5. वैल्डिंग नॉजिल ताँबे का क्यों बनाया जाता है?

उत्तर ताँबा ऊष्मा का अच्छा सुचालक होता है और ताँबे के बने नॉजिल लम्बे समय तक ऊष्मा से खराब नहीं होते, इसलिए वैल्डिंग नॉजिल ताँबे का ही बनाया जाता है।

6. आर्क वैल्डिंग में धातु इलेक्ट्रॉड के ऊपर फ्लक्स लेप के दो मुख्य कार्य बताइए।

उत्तर आर्क वैल्डिंग में धातु इलेक्ट्रॉड के ऊपर फ्लक्स लेप के दो मुख्य कार्य निम्न हैं

(i) यह आर्क बनाने तथा उसे स्थायी रखने में सहायता प्रदान करता है।

(ii) फ्लक्स के द्वारा स्पैटरिंग कम होती है।

7. मैनुअल मैटालिक आर्क वैल्डिंग को शील्डेड आर्क वैल्डिंग भी कहा जाता है, क्यों?

उत्तर मैनुअल मैटालिक आर्क वैल्डिंग में फ्लक्स के पिघलने से उत्पन्न गैसें पिघली धातु के लिए सुरक्षा कवच की भाँति कार्य करती हैं, इसलिए इसे शील्डेड आर्क वैल्डिंग भी कहा जाता है।

8. पीतल की वैल्डिंग में प्रयुक्त ज्वाला के प्रकार का नाम बताइए।

उत्तर पीतल की वैल्डिंग में ऑक्सीकृत ज्वाला का प्रयोग किया जाता है।

9. कार्बुराइजिंग ज्वाला को रिड्यूसिंग ज्वाला भी कहा जाता है, क्यों?

उत्तर कार्बुराइजिंग ज्वाला में एसीटिलीन की मात्रा ऑक्सीजन की मात्रा की तुलना में अधिक होने के कारण इसे रिड्यूसिंग ज्वाला भी कहते हैं।

10. किसी वैल्डिंग को उच्च दाब वैल्डिंग कब कहा जाता है और क्यों?

उत्तर जब एसीटिलीन गैस को बड़े कारखानों में तैयार करके, 15 किग्रा प्रति वर्ग सेमी दाब पर सिलेण्डरों में भरकर वैल्डिंग प्रयुक्त किया जाता है, तब इसे उच्च दाब वैल्डिंग कहा जाता है।

अभ्यास प्रश्न

परीक्षा प्रारूपी प्रश्न

बहुविकल्पीय

1. वैल्डिंग द्वारा धातुओं के मध्य ·········· जोड़ लगाया जाता है।

(a) स्थायी

(b) अर्द्धस्थायी

(c) अस्थायी

(d) इनमें से कोई नहीं

2. इनमें से कौन-से गुणधर्म वाली धातु को वैल्ड नहीं करना चाहिए?

(a) जो कार्बन को अपने में शोषित करे

(b) जो अनावश्यक रूप से कठोर हो जाए

(c) 'a' और 'b' दोनों

(d) जिसका बाह्य कवच उदासीन की तुलना में छोटा हो

3. जोड़ बनाते समय किनारों की साज-सज्जा के दौरान ऊपर खाली स्थानों को भरने में इनमें से किसका उपयोग किया जाता है?

(a) फिलर रॉड (b) फ्लक्स

(c) 'a' और 'b' दोनों (d) इनमें से कोई नहीं

4. वैल्डिंग प्रक्रिया का निम्न में से किस क्षेत्र में प्रयोग किया जाता है?

(a) ऑटोमोबाइल (b) रेलवे (c) मशीनी (d) ये सभी

5. विषमांगी वैल्डिंग में फिलर मैटल की रॉड का गलनांक होता है

(a) जोड़े जाने वाले धातु भागों से कम

(b) जोड़े जाने वाले धातु भागों से अधिक

(c) धातुओं पर लगाए गए दाब के अनुसार

(d) उपरोक्त सभी

6. 'T' फिलेट ज्वॉइण्ट के सेकण्ड रन की वैल्डिंग के लिए इलेक्ट्रॉड को कितने अंश के कोण पर रखेंगे?

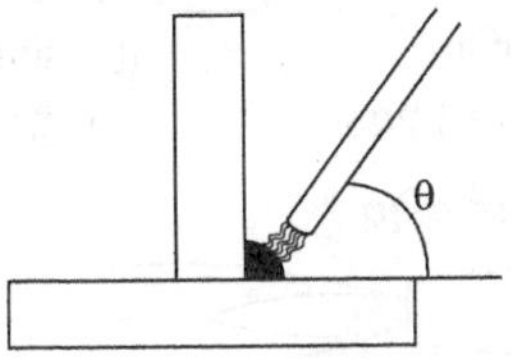

(a) 50° से 60° (b) 40° से 50°
(c) 65° से 70° (d) 35° से 40°

7. निम्न में से कौन-सा इलेक्ट्रॉड ए.सी. और डी.सी. दोनों वैल्डिंग मशीन में प्रयोग किया जाता है?
(a) कार्बन इलेक्ट्रॉड
(b) एल्युमीनियम इलेक्ट्रॉड
(c) बेयर मैटल इलेक्ट्रॉड
(d) माइल्ड स्टील कोटेड इलेक्ट्रॉड

8. किस मशीन में ध्रुव बदलने का सिस्टम होता है?
(a) डी.सी. जेनरेटर (b) ए.सी. ट्रांसफॉर्मर
(c) रेक्टिफायर (d) इन्वर्टर

9. वैल्डिंग वीविंग के परिणामस्वरूप इनमें से क्या प्राप्त होता है?
(a) उपयुक्त रूप में किनारों का मिलन
(b) फ्यूजन
(c) पेनीट्रेशन
(d) उपरोक्त सभी

10. चित्र में दर्शायी गई वैल्डिंग है

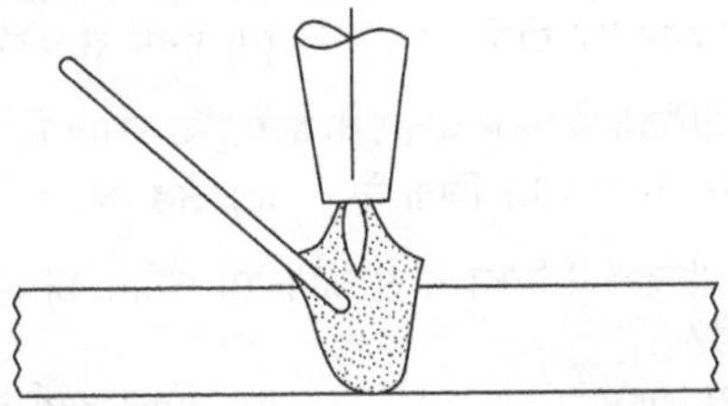

(a) गैस वैल्डिंग (b) थर्मिट वैल्डिंग
(c) फ्यूजन वैल्डिंग (d) दाब वैल्डिंग

11. मूल वैल्डिंग से पूर्व टाँका वैल्डिंग का उद्देश्य क्या है?
(a) मूल अन्तर्वेशन प्राप्त करने के लिए
(b) मूल धातु के प्रवर्तन बिन्दु पर अधिगमन से बचने के लिए
(c) जोड़ बिन्दुओं के अन्तराल और संरेखण को बनाए रखने के लिए
(d) जुड़ने वाले दोनों सिरों पर वैल्डिंग के अपूर्ण होने से बचाने के लिए

12. निम्न में से कौन-सी प्रक्रिया प्रैशर वैल्डिंग प्रक्रिया है?
(a) रेसिस्टेन्स वैल्डिंग (b) लेसर वैल्डिंग
(c) थर्मिट वैल्डिंग (d) टिग वैल्डिंग

13. आर्क वैल्डिंग के समय जोड़े गए भागों के बीच दिए गए रूट गैप की क्या आवश्यकता है?
(a) स्पैटर को अनदेखा करना
(b) अशुद्धि के नियन्त्रण के लिए
(c) फ्यूज धातु का मुक्त प्रवाह
(d) फ्यूज धातु के जोड़ के अन्त तक भरना

14. आर्क वैल्डिंग में अत्यधिक तेजी से वैल्डिंग करने पर क्या हानि होती है?
(a) फ्यूजन की कमी (b) पोरोसिटी
(c) स्पैटर्स (d) ओवरलैप

15. ओवरहैड आर्क वैल्डिंग करते समय निम्न में से किस सुरक्षा युक्ति का प्रयोग करना चाहिए?
(a) वैल्डिंग चश्मा (b) हैलमेट
(c) हैण्ड स्क्रीन (d) सन ग्लासेज

16. निम्न में से किस वैल्डिंग प्रक्रम में नॉन-कंज्यूमेबिल इलेक्ट्रॉड का प्रयोग किया जाता है?
(a) टंगस्टन इनर्ट गैस आर्क वैल्डिंग
(b) मैटल इनर्ट गैस आर्क वैल्डिंग
(c) प्लाज्मा आर्क वैल्डिंग
(d) उपरोक्त में से कोई नहीं

17. चित्र में प्रदर्शित वैल्डिंग प्रक्रिया है

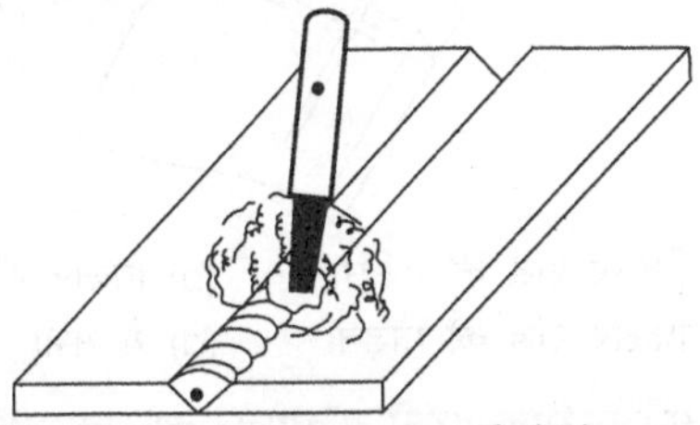

(a) गैस वैल्डिंग (b) आर्क वैल्डिंग
(c) मैनुअल मैटालिक आर्क वैल्डिंग (d) इनमें से कोई नहीं

18. गैस वैल्डिंग में जोड़े जाने वाले भाग के आकार और माप में स्थायी परिवर्तन आ जाता है, यह दोष किस कारण होता है?
(a) अनुचित ज्वाला सैटिंग
(b) किनारे की तैयारी ठीक से नहीं की गई है
(c) अनुचित नॉजिल आकार का चयन
(d) स्थानीय तपन और शीतलन

19. ऑक्सी-एसीटिलीन वैल्डिंग के पूर्व क्षरण की जाँच के लिए एसीटिलीन संयोजन को किस जल से जाँचना चाहिए?
(a) नमक जल (b) साबुन जल (c) कठोर जल (d) स्वच्छ जल

20. गैस वैल्डिंग में अनेक प्रकार की फिलर रॉड का प्रयोग करते हैं। फिलर रॉड के आकार का चयन निम्न पर आधारित है
(a) वैल्डिंग स्थिति पर (b) गैस के प्रकार पर
(c) पदार्थ की मोटाई पर (d) कटिंग ब्लो पाइप के प्रकार पर

21. कैल्सियम कार्बाइड, पानी के साथ क्रिया करके गैस के अतिरिक्त निम्न कम्पाउण्ड भी बनाता है
(a) कैल्सियम क्लोराइड (b) कैल्सियम हाइड्रॉक्साइड
(c) कैल्सियम कार्बोनेट (d) कैल्सियम ऑक्साइड

22. ऑक्सी-एसीटिलीन वैल्डिंग में एसीटिलीन सिलेण्डर किस रंग से रँगा होता है?
(a) काला (b) लाल (c) मैरून (d) भूरा

23. एसीटिलीन गैस में निम्न दो तत्त्व होते हैं
(a) कार्बन व हाइड्रोजन (b) कैल्सियम व हाइड्रोजन
(c) कैल्सियम व क्लोरीन (d) कार्बन व क्लोरीन

24. निम्न में से गैस वैल्डिंग के दौरान बैक फायर होने का कारण है
(a) टॉर्च टिप की ओवर हीटिंग
(b) गैस दाब का उच्च होना
(c) छोटे साइज के नॉजिल से वैल्डिंग
(d) उपरोक्त सभी

25. ऑक्सी-एसीटिलीन गैस कटिंग में दो प्रक्रियाएँ पूर्वतापन और कटिंग की जाती हैं। कटिंग के पूर्व, पूर्वतापन के लिए किस ज्वाला को सैट किया जाता है?
(a) उदासीन ज्वाला (b) ऑक्सीकरण ज्वाला
(c) कार्बुराइजिंग ज्वाला (d) न्यून कार्बुराइजिंग ज्वाला

26. चित्र में गैस वैल्डिंग के दौरान फिलर रॉड की किस प्रक्रिया को दर्शाया गया है?

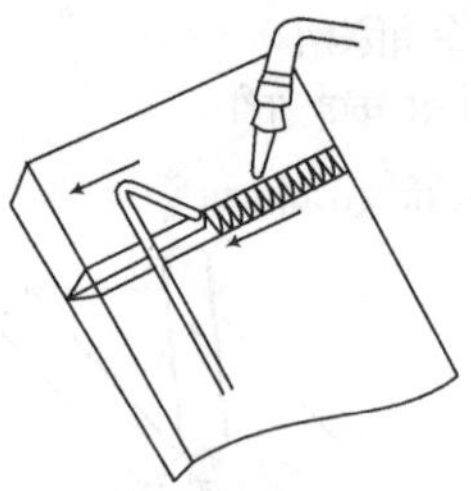

(a) फिलर रॉड की कटिंग (b) फिलर रॉड को जोड़ना
(c) फिलर रॉड को मोड़ना (d) ये सभी

27. ऑक्सीजन सिलेण्डर में ऑक्सीजन का दाब .... तक रहता है।
(a) 132 से 162 बार (b) 136 से 172 बार
(c) 130 से 140 बार (d) 135 से 170 बार

28. कटिंग से पूर्व जॉब को गर्म करने में प्रयुक्त ज्वाला है
(a) ऑक्सीडाइजिंग ज्वाला (b) उदासीन ज्वाला
(c) कार्बुराइजिंग ज्वाला (d) इनमें से कोई नहीं

29. चित्र में प्रदर्शित सिलेण्डर है

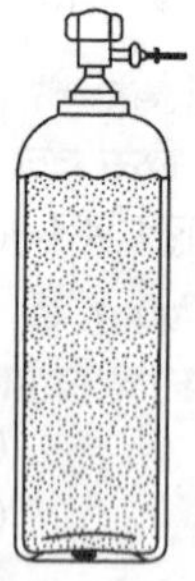

(a) ऑक्सीजन सिलेण्डर (b) एसीटिलीन सिलेण्डर
(c) 'a' और 'b' दोनों (d) नाइट्रोजन सिलेण्डर

30. चित्र में प्रदर्शित हौज पाइप में प्रयुक्त होने वाला भाग है

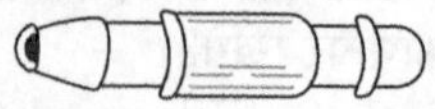

(a) हौज कपलिंग (b) ऑक्सीजन निप्पल
(c) एसीटिलीन निप्पल (d) हौज क्लिप

31. चित्र में प्रदर्शित फ्लेम है

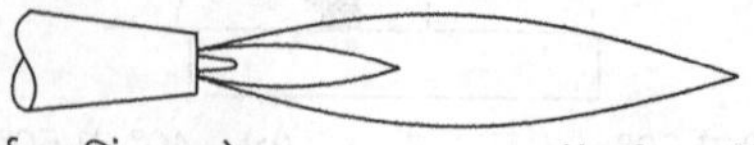

(a) कार्बुराइजिंग फ्लेम (b) ऑक्सीडाइजिंग फ्लेम
(c) उदासीन फ्लेम (d) इनमें से कोई नहीं

32. उद्योगों में TIG वैल्डिंग का प्रयोग कब से प्रारम्भ हुआ?
(a) वर्ष 1940 से (b) वर्ष 1950 से
(c) वर्ष 1960 से (d) वर्ष 1965 से

33. प्रारम्भ में किस धातु पर TIG वैल्डिंग की गई?
(a) एल्युमीनियम अलॉय पर (b) मैग्नीशियम अलॉय पर
(c) 'a' और 'b' दोनों (d) इनमें से कोई नहीं

34. TIG वैल्डिंग में इनर्ट गैस के रूप में किसका प्रयोग किया जाता है?
(a) आर्गन (b) हीलियम
(c) 'a' और 'b' दोनों (d) इनमें से कोई नहीं

35. MIG वैल्डिंग में निम्न में से किसका प्रयोग किया जाता है?
(a) डी.सी. मोटर जनित्र (b) रेक्टिफायर
(c) 'a' और 'b' दोनों (d) इनमें से कोई नहीं

36. MIG वैल्डिंग में उच्च धारा के प्रयोग से किसकी प्राप्ति की जाती है?
(a) निम्न पेनीट्रेशन (b) उच्च पेनीट्रेशन
(c) 'a' और 'b' दोनों (d) इनमें से कोई नहीं

37. स्पॉट वैल्डिंग में किस प्रकार के इलेक्ट्रॉड प्रयोग किए जाते हैं?
(a) ताँबे के (b) जिंक के (c) लैड के (d) सिल्वर के

38. स्पॉट वैल्डिंग में निम्न में से कौन-सी मशीन अधिकतर प्रयुक्त की जाती है?
(a) प्रैस टाइप (b) रॉकर आर्म टाइप
(c) पोर्टेबल टाइप (d) इनमें से कोई नहीं

39. स्पॉट वैल्डिंग द्वारा .... को जोड़ने के लिए प्रैस मशीन प्रयुक्त की जाती है।
(a) पतली प्लेटों (b) मोटी प्लेटों
(c) 'a' और 'b' दोनों (d) इनमें से कोई नहीं

40. प्लाज्मा है
(a) इलेक्ट्रॉन (b) गैस के आयन
(c) गैस के परमाणु (d) इन सभी का मिश्रण

उत्तरमाला

1. (a)	2. (c)	3. (a)	4. (d)	5. (a)	6. (a)	7. (d)	8. (c)	9. (d)	10. (c)
11. (c)	12. (a)	13. (b)	14. (c)	15. (a)	16. (a)	17. (c)	18. (d)	19. (b)	20. (c)
21. (b)	22. (c)	23. (a)	24. (a)	25. (a)	26. (c)	27. (b)	28. (b)	29. (b)	30. (a)
31. (a)	32. (a)	33. (c)	34. (c)	35. (c)	36. (b)	37. (a)	38. (b)	39. (b)	40. (d)

अध्याय 15

ऊष्मा उपचार प्रक्रम

Heat Treatment Process

परिचय Introduction

विभिन्न मशीनी अवयवों के निर्माण हेतु धातुओं पर लगातार ऐसी इंजीनियरिंग प्रक्रियाएँ की जाती हैं जिनसे उनके अणुओं के बीच स्थापित अन्तरा-आणविक बल (intra-molecular force) का सामंजस्य बिगड़ जाता है, इस कारण इनकी पुन: स्थापना के लिए ऊष्मा उपचार प्रक्रिया की जाती है। ऊष्मा उपचार एक ऐसा प्रक्रम है जिसके द्वारा धातुओं की कठोरता या सामर्थ्य को बढ़ाया जाता है। इस प्रक्रम में धातु को गर्म करके उसके आन्तरिक कणों में परिवर्तन करके धातु की आन्तरिक संरचना में परिवर्तन किया जाता है। ऊष्मा उपचार प्रक्रम प्राय: अनीलिंग, हार्डनिंग, टैम्परिंग, नॉर्मलाइजिंग एवं केस हार्डनिंग इत्यादि पदों में पूर्ण किया जाता है। इस अध्याय में इन्हीं सभी पदों का विस्तारपूर्वक विवरण दिया गया है।

अध्याय विषय सूची

15.1 ऊष्मा उपचार Heat Treatment

प्रत्येक धातु की अलग-अलग विशेषता होती है। धातुओं की इन विशेषताओं को परिवर्तित करने के लिए उन्हें गर्म तथा ठण्डा किया जाता है। धातुओं को भिन्न-भिन्न तापमानों पर गर्म तथा ठण्डा करके, उनके भौतिक तथा यान्त्रिक गुणों में परिवर्तन करने वाली प्रक्रिया, ऊष्मा उपचार (heat treatment) प्रक्रिया कहलाती है। दूसरे शब्दों में, ऊष्मा उपचार प्रक्रिया के अन्तर्गत धातु की आन्तरिक संरचना में परिवर्तन कर, उसके यान्त्रिक गुणों में परिवर्तन किया जाता है। स्टील या अन्य धातुओं में ऊष्मा उपचार द्वारा कुछ आवश्यक व विशेष गुण पैदा किए जाते हैं जिससे उन पर मशीनी प्रक्रियाएँ आसानी से की जा सकें या उनका जीवनकाल बढ़ाया जा सके।

ऊष्मा उपचार के उद्देश्य Objectives of Heat Treatment

ऊष्मा उपचार प्रक्रिया के मुख्य उद्देश्य निम्नलिखित हैं

- धातुओं की कठोरता या सामर्थ्य को बढ़ाना।
- धातुओं के ग्रेन साइज में सुधार करना।
- धातुओं पर ठण्डी अवस्था में कार्य करने, फोर्जिंग करने, वैल्डिंग करने या ढलाई करने के कारण आए आन्तरिक प्रतिबल को दूर करना।
- वायर ड्रॉइंग या शीट रोलिंग में, प्रक्रिया के बीच में हार्ड होने पर धातुओं को मुलायम करना।
- धातुओं में ऊष्मा प्रतिरोधी, घिसाव प्रतिरोधी तथा संक्षारण प्रतिरोधी गुणों का विकास करना।
- धातुओं के यान्त्रिक गुणों; जैसे—तन्यता तथा कठोरता आदि में सुधार करना।
- स्टील में मार्टेनसाइट (Fe_2C) के गोल व छोटे ग्रेन्यूल (granules) बनाना।
- धातुओं की मशीन योग्यता को बढ़ाना।

शुद्ध आयरन या कच्चा लोहा एक मुलायम तथा तन्य धातु है जिस पर ठण्डा/गर्म करने जैसी प्रक्रियाओं का कोई विशेष प्रभाव नहीं पड़ता, परन्तु जब इसमें कार्बन की 0.5% से अधिक मात्रा मिलाई जाती है, तो एक विशेष तापक्रम तक गर्म करने व तेजी से ठण्डा करने पर इसमें कठोरता (hardness) आ जाती है।

15.2 प्लेन कार्बन स्टील में संरचनात्मक परिवर्तन Structural Change in Plain Carbon Steel

प्लेन कार्बन स्टील में, कार्बन एक मुख्य संघटक (constituant) होता है जो स्टील की संरचना तथा व्यवहार में परिवर्तन का मुख्य कारक होता है।

- जब स्टील में कार्बन तत्त्व की मात्रा 0.84% से कम होती है, तो उसे हाइपो-यूटेक्टॉइड स्टील कहते हैं।
- जब स्टील में कार्बन तत्त्व की मात्रा ठीक 0.84% होती है, तो उसे यूटेक्टॉइड स्टील कहते हैं।
- जब स्टील में कार्बन तत्त्व की मात्रा 0.84 से 2.1% होती है, तो उसे हाइपर-यूटेक्टॉइड स्टील कहते हैं।

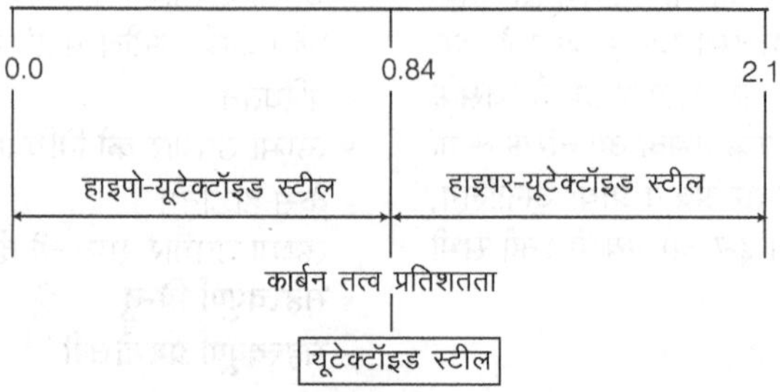

फैराइट (Ferrite) सामान्यत: शुद्ध लोहे में कार्बन की प्रतिशतता न्यूनतम 0.008 तथा अधिकतम 0.025% होती है। इस ठोस विलयन को फैराइट कहते हैं।

पियरलाइट (Pearlite) यूटेक्टॉइड स्टील की संरचना मोतियों के समान होती है जिस कारण इसे पियरलाइट कहते हैं। स्टील की पियरलाइट, स्टेज फैराइट तथा सीमेंटाइट की लेमीनेटिड संरचना होती है।

सीमेंटाइट (Cementite) जब स्टील में कार्बन, लोहे तथा कार्बन के रासायनिक यौगिक के रूप में उपस्थित होता है, तो इसे आयरन कार्बाइड तथा सीमेंटाइट कहते हैं। ये बहुत कठोर तथा भंगुर होते हैं।

ऑस्टेनाइट (Austenite) जब स्टील को उच्च क्रान्तिक तापमान पर गर्म करते हैं, तो स्टील की संरचना में सम्पूर्ण रूप से आन्तरिक परिवर्तन नहीं होता है। इस प्रकार की संरचना ऑस्टेनाइट कहलाती है।

15.3 ऊष्मा उपचार की विधियाँ Methods of Heat Treatment

सभी प्रकार की ऊष्मा उपचार प्रक्रियाओं में विशेष रूप से स्टील में ऑस्टेनाइट का रूपान्तरण तथा अपघटन होता है। इसमें ठण्डा होने की दर एक विशेष स्थान रखती है। इसी से ऑस्टेनाइट, पिअरलाइट अथवा मार्टेनसाइट में परिवर्तित होता है। ऊष्मा उपचार कुछ ही अलॉय धातुओं का हो सकता है जिनमें विभिन्न अवस्थाओं में एक एलीमेन्ट, दूसरे की ठोस अवस्था में घुलनशील (soluble) हो; जैसे—स्टील में कार्बन व एल्युमीनियम में ब्रोंज घुल जाता है।

जब स्टील को एक विशेष तापमान से अधिक ताप पर गर्म किया जाता है और फिर एक विशेष दर से ठण्डा किया जाता है, तो ठण्डा करने की दर के अनुसार उसकी आन्तरिक संरचना में परिवर्तन होता है। यदि ठण्डा करने की दर कम होती है, तो पियरलाइट स्ट्रक्चर बनता है जोकि मुलायम होता है और यदि ठण्डा होने की दर अधिक होती है, तो मार्टेनसाइट स्ट्रक्चर बनता है, जोकि बहुत कठोर होता है। ऊष्मा उपचार प्रक्रिया प्राय: निम्न पदों में पूर्ण होती है

1. अनीलिंग Annealing

सभी धातुओं में कोल्ड वर्किंग (cold working) के कारण या ढलाई के समय तेजी से ठण्डा होने के कारण उनकी आन्तरिक संरचना में विरूपण (distortion) होता है जिसके फलस्वरूप उन पर आगे प्रक्रिया करना सम्भव नहीं हो पाता है। ऐसी अवस्था में कठोर धातुओं को एक ऐसे तापमान (उच्च क्रान्तिक तापमान से 30°C से 50°C ऊपर तापमान पर) तक गर्म किया जाता है जो उनके अन्दर आए संरचनात्मक विरूपण या आन्तरिक प्रतिबल को समाप्त कर सके। इसके पश्चात् धातुओं को साधारणत: धीरे-धीरे (100 से 150°C प्रति घण्टे की दर से) ठण्डा किया जाता है। इस प्रक्रिया को अनीलिंग कहते हैं।

दूसरे शब्दों में कह सकते हैं कि कठोर धातुओं को मशीन योग्य बनाने के लिए, उन्हें नर्म अथवा मुलायम बनाने की प्रक्रिया अनीलिंग कहलाती है। निम्न चित्र में प्लेन कार्बन स्टील के लिए अनीलिंग तापमान दर्शाया गया है।

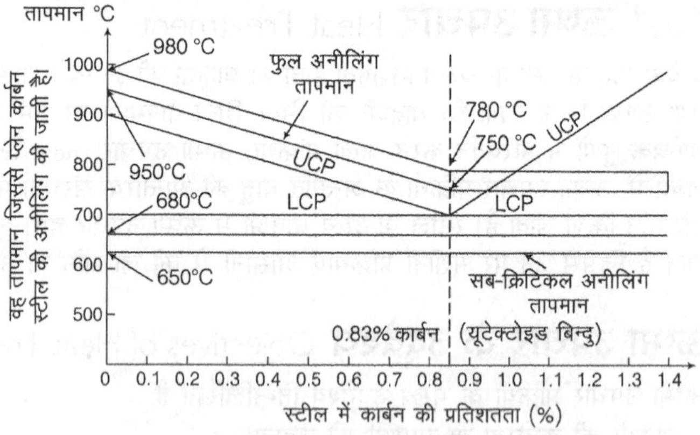

चित्र प्लेन कार्बन स्टील के लिए अनीलिंग तापमान

अनीलिंग के उद्देश्य Objectives of Annealing

अनीलिंग करने के निम्न उद्देश्य हैं

- धातुओं की मशीन योग्यता को बढ़ाना।
- धातुओं की कठोरता को कम करना।
- धातुओं में यान्त्रिक गुणों का विकास करना।
- धातुओं की आन्तरिक संरचना में आई विकृति को समाप्त करना।

- धातुओं के ग्रेन साइज को महीन करना।
- मशीन योग्यता विद्युत एवं चुम्बकीय गुणों आदि का विकास करना।
- जॉब को अनीलिंग द्वारा पुन: कोल्ड वर्किंग करने योग्य बनाना।
- ढलाई के समय पर अन्दर रह गई गैसों को बाहर निकालना।

विभिन्न प्रकार की स्टील में कार्बन की प्रतिशतता भिन्न-भिन्न होने के कारण स्टील का अनीलिंग तापमान भी भिन्न-भिन्न होता है, जैसा कि निम्न तालिका में दर्शाया गया है

तालिका कार्बन का विभिन्न प्रतिशतताओं हेतु अनीलिंग तापमान

धातु	प्रतिशलता	तापक्रम
	0.12 से कम	875°C से 925°C
माइल्ड स्टील	0.12 से 0.25	840°C से 870°C
	0.25 से 0.50	815°C से 840°C
मीडियम कार्बन स्टील	0.50 से 0.90	780°C से 810°C
हाई कार्बन स्टील	0.90 से 1.3	760°C से 780°C

बहुत छोटे स्टील के पुर्जों को अनीलिंग करते समय उन्हें डी-कार्बुटेशन (de-carbutation) या ऑक्सीडेशन (oxidation) से बचाने के लिए टिन के बॉक्स में लकड़ी का बुरादा, कोयला, रेत, चूना या पिसे हुए अभ्रक आदि के साथ रखकर भट्ठी में अनीलिंग तापक्रम तक गर्म किया जाता है। इससे पाट्र्स के ऑक्सीडाइज होने या कार्बन की कमी होने से रक्षा हो जाती है।

2. हार्डनिंग Hardening

हार्डनिंग विधि का प्रयोग धातुओं की कठोरता बढ़ाने के लिए किया जाता है। कठोरता किसी पदार्थ का वह गुण है जो खुरचे जाने, घिसने या मशीनिंग का विरोध करता है। साधारणत: टूल तथा ऐसे मशीनी पाट्र्स जिन पर अधिक भार रहता है, कठोर किए जाते हैं; जैसे—डाइयाँ, बियरिंग तथा कटिंग टूल्स इत्यादि।

हार्डनिंग प्रक्रिया के द्वारा हम ऐसी स्टील को कठोर बना सकते हैं जिसमें अन्य अलॉयिंग एलीमेन्ट्स के अतिरिक्त कम-से-कम 0.3% कार्बन हो। 0.15% से कम कार्बन वाली स्टील को कठोर नहीं बनाया जा सकता। अधिकतम कठोरता, 0.35% से 0.83% कार्बन के स्टील में लाई जा सकती है जबकि 0.83% से ऊपर कार्बन वाली स्टील स्थिर हार्डनिंग तापमान वाली होती है।

हार्डनिंग प्रक्रिया के अन्तर्गत जिस धातु को कठोर बनाना होता है, उसे क्रान्तिक तापमान (लगभग 580°C से 750°C) से अधिक तापमान तक गर्म करके कुछ समय के लिए वायु, पानी अथवा तेल में ठण्डा होने के लिए डुबा दिया जाता है।

इससे धातु में कठोर तथा भंगुर होने के साथ-साथ अन्य धातुओं को काटने की क्षमता भी आ जाती है। इसके साथ ही धातु के ठण्डा होने की दर जितनी अधिक होगी, वह उतनी ही कठोर होगी। सामान्यत: हाई स्पीड स्टील को कठोर करने के लिए उसे वायु द्वारा ठण्डा किया जाता है। हार्डनिंग के पश्चात् टैम्परिंग प्रक्रिया करके जॉब को कड़ापन (toughness) प्रदान किया जाता है।

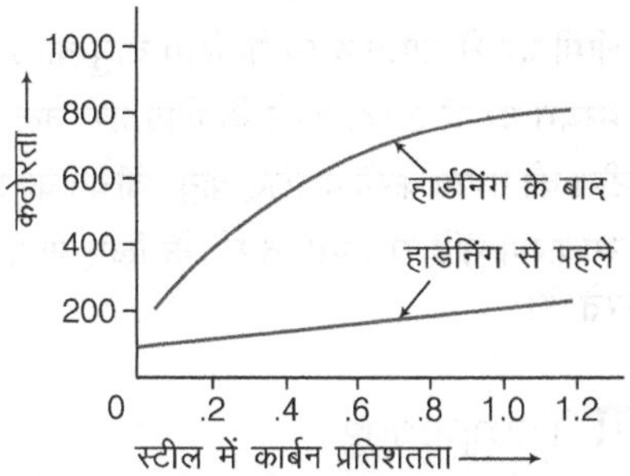

चित्र कार्बन का स्टील की कठोरता पर प्रभाव

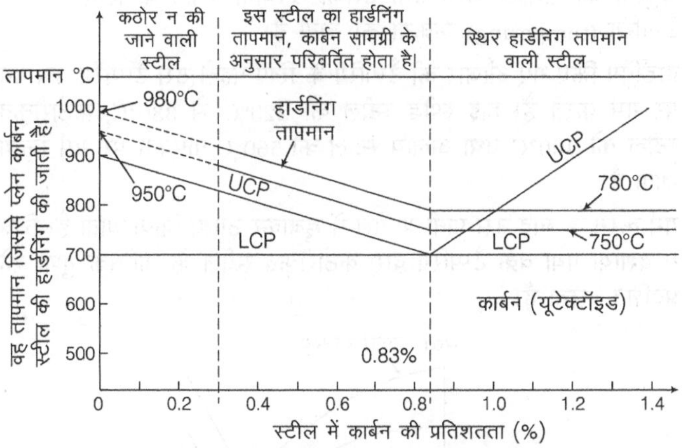

चित्र प्लेन कार्बन स्टील की हार्डनिंग

हार्डनिंग के उद्देश्य Objectives of Hardening

हार्डनिंग करने के निम्न उद्देश्य हैं

- स्टील को न घिसने योग्य बनाना।
- स्टील को काटने योग्य कठोर बनाना।
- स्टील की सामर्थ्य बढ़ाना।

स्टील की हार्डनिंग प्रक्रिया के दौरान इसकी डिग्री ऑफ हार्डनैस (degree of hardness) निम्नलिखित कारकों पर निर्भर करती है

(i) क्वैंचिंग तापमान पर।
(ii) क्वैंचिंग माध्यम के गुण पर।
(iii) ठण्डा होने की दर पर।
(iv) जॉब के आकार (छोटा जॉब ज्यादा हार्ड होता है) पर।
(v) स्टील में अन्य अलॉयिंग तत्त्व; जैसे—निकिल, क्रोमियम, मैंगनीज आदि पर।
(vi) अधिकतम तापक्रम पर, जहाँ तक उसे गर्म किया गया है।

क्वैंचिंग माध्यम Quenching Medium

गर्म स्टील को ठण्डा करने के लिए निम्नलिखित क्वैंचिंग माध्यमों का प्रयोग करते हैं

(i) धातु शीघ्रता से ठण्डा करने के लिए उसे नमक अथवा कास्टिक सोडा तथा पानी के घोल में डुबाते हैं।

(ii) धातु को धीमी दर से ठण्डा करने के लिए वायु का प्रयोग करते हैं।
(iii) धातु को मध्यम दर से ठण्डा करने के लिए उसे तेल में डुबाते हैं।
(iv) अलॉय स्टील को ठण्डा करने के लिए वायु क्वैंचिंग का प्रयोग करते हैं।
(v) धातु को साधारण गति से ठण्डा करने के लिए पानी अथवा तेल का प्रयोग करते हैं।

3. टैम्परिंग Tempering

स्टील को कठोरता प्रदान करने के पश्चात् उसमें उत्पन्न हुई अतिरिक्त भंगुरता को समाप्त करने तथा उसको उपयोगी बनाने के लिए उस पर टैम्परिंग (tempering) प्रक्रिया की जाती है।

हार्डनिंग किए गए औजार की टैम्परिंग के लिए पहले उसे टैम्परिंग तापमान पर गर्म करते हैं। हाई स्पीड स्टील को 220°C से 330°C, कठोरीकृत स्टील को 400°C तथा अलॉय स्टील को 560°C तापक्रम पर गर्म किया जाता है।

गर्म करने के बाद उसे पानी या तेल में डुबाकर ठण्डा किया जाता है। चित्र में दर्शाया गया वक्र टैम्परिंग द्वारा कठोरीकृत स्टील के यान्त्रिक गुणों को प्रदर्शित करता है।

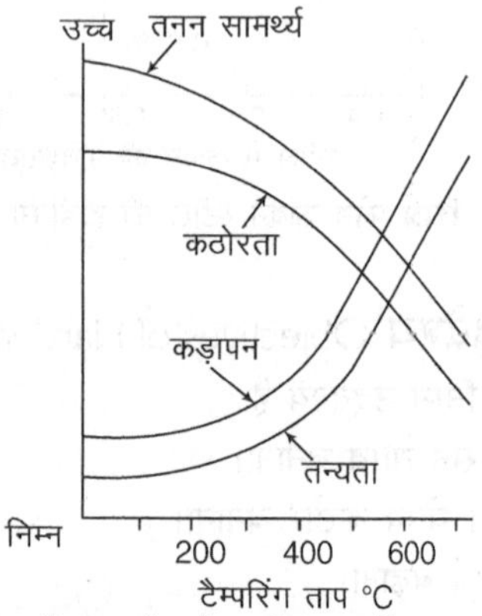

चित्र स्टील के यान्त्रिक गुणों पर तापक्रम का प्रभाव

टैम्परिंग प्रक्रिया प्राय: दो प्रकार से की जाती है

(i) सिंगल हीटिंग विधि (ii) डबल हीटिंग विधि

(i) **सिंगल हीटिंग विधि** (Single Heating Method) इस विधि में धातु को क्रान्तिक तापमान से लगभग 30° से 50° तक अधिक गर्म करने के पश्चात् उसके एक सिरे को कुछ लम्बाई तक पानी अथवा तेल में डुबाकर बाहर निकाल लिया जाता है।

इससे धातु के दूसरे सिरे से ऊष्मा ठण्डे सिरे की ओर प्रवाहित होती है जिससे ठण्डे भाग पर आयरन तथा ऑक्सीजन की पर्त जम जाती है जिसे एमरी पेपर अथवा पुरानी रेती से साफ कर लिया जाता है। इसके पश्चात् इस सिरे का रंग परिवर्तित होने लगता है। एक निश्चित टैम्परिंग रंग प्राप्त होने के पश्चात् धातु को पूरी तरह पानी अथवा तेल में डुबाकर टैम्परिंग प्रक्रिया पूर्ण की जाती है।

(ii) **डबल हीटिंग विधि** (Double Heating Method) इस विधि में हार्ड की गई धातु को टैम्पर करने के लिए क्रान्तिक तापमान से कम तापमान पर गर्म करके उसे तेल अथवा पानी में डुबा देते हैं। इस विधि में भी धातु को ठण्डा करने की प्रक्रिया सिंगल हीटिंग विधि के समान ही होती है।

टैम्परिंग रंग प्राप्त होने के पश्चात् पूर्ण धातु को ठण्डा कर लिया जाता है। छोटे-छोटे टूल्स की टैम्परिंग करते समय उनमें टेढ़ापन न आए, इसके लिए उन्हें ठण्डा करते समय लम्बवत् रूप से टाँग से पकड़कर पानी अथवा तेल में डुबाना चाहिए।

नीचे दर्शाई गई सारणी में विभिन्न औजारों का टैम्परिंग तापमान तथा टेम्परिंग रंग बताया गया है।

तालिका टैम्परिंग तापक्रम

क्र.सं.	तापक्रम (°C में)	रंग	वस्तु/औजार
1.	300	डार्क ब्लू	स्प्रिंग, स्क्रू, ड्राइवर
2.	270	ब्राउन परपल	कोल्ड चीजल, प्रैस औजार
3.	280	डार्क परपल	स्नैप रिवेट
4.	260	रेडिश ब्राउन	ट्विस्ट ड्रिल पंच, रीमर
5.	250	ब्राउन	टैप तथा शीयर ब्लेड
6.	240	डार्क स्ट्रा	मिलिंग कटर तथा ड्रिल
7.	230	लाइट स्ट्रा	टर्निंग टूल

टैम्परिंग के उद्देश्य Objectives of Tempering

टैम्परिंग करने के निम्न उद्देश्य हैं

- हार्डनिंग से उत्पन्न रेजीड्यूल स्ट्रैसेज (residual stresses) को समाप्त करना।
- जॉब में आई भंगुरता को कम कर तन्यता बढ़ाना।
- जॉब की सामर्थ्य तथा कड़ापन को बढ़ाना।
- जॉब की कठोरता को कम करना।

टैम्परिंग निम्न चार प्रकार से भी की जाती है

(i) प्वॉइण्ट टैम्परिंग
(ii) हॉट-प्लेट टैम्परिंग
(iii) सैड बाथ टैम्परिंग
(iv) लैड बाथ टैम्परिंग

4. नॉर्मलाइजिंग Normalizing

यह प्रक्रिया विभिन्न कारणों से जॉब में आई आन्तरिक संरचना की विकृति को दूर कर, जॉब के मौलिक गुणों की पुनर्स्थापना करने के लिए प्रयोग में लाई जाती है। जॉब पर लगातार कोल्ड वर्किंग (cold working), वैल्डिंग या फिर ऊष्मा उपचार प्रक्रिया करने से धातु की आन्तरिक संरचना में विकृति आती है जिसके फलस्वरूप धातु भंगुर (brittle) हो जाती है।

नॉर्मलाइजिंग के लिए जॉब को एकसमान रूप से ऊपरी क्रान्तिक तापमान से 30°C-40°C तापमान पर गर्म करते हैं, जैसा कि चित्र में दर्शाया गया है। इसके बाद उसे कमरे के तापमान पर स्थिर वायु में ठण्डा किया जाता है। इससे जॉब के सभी कण फिर से अपने वास्तविक रूप में आ जाते हैं।

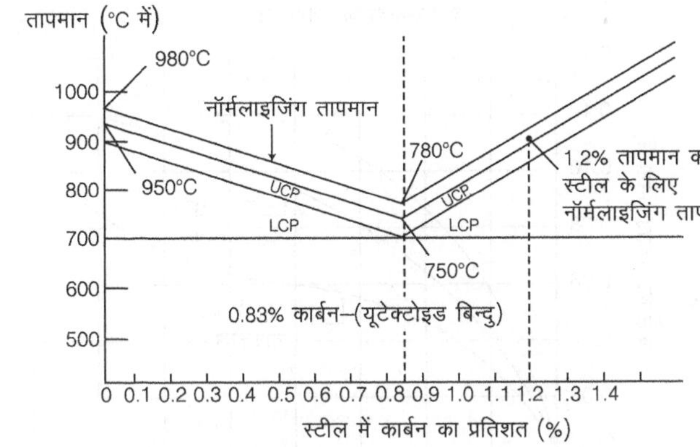

चित्र प्लेन कार्बन स्टील के लिए नॉर्मलाइजिंग तापमान

नॉर्मलाइजिंग के उद्देश्य
Objectives of Normalizing

नॉर्मलाइजिंग करने के निम्न उद्देश्य हैं

- आन्तरिक संरचना में आई विकृति के कारण उत्पन्न हुई कठोरता को दूर करना।
- यान्त्रिक गुणों का विकास करना।
- विभिन्न प्रक्रियाओं के प्रभाव को दूर कर मौलिक गुणों की पुनर्स्थापना करना।
- धातु की सामर्थ्य तथा कड़ापन को बढ़ाना।
- धातुओं में चोट को सहन करने की सामर्थ्य को बढ़ाना।
- ढलाई किए गए जॉब के कणों को समान तथा महीन बनाना।
- कठोर किए गए पार्ट्स को पुन: मुलायम तथा मशीन योग्य बनाना।

कुछ विशेष स्टील का नॉर्मलाइजिंग तापमान निम्न प्रकार होता है

(i) माइल्ड स्टील (0.1% से 0.5% C)—815°C-950°C
(ii) मीडियम कार्बन स्टील (0.5% से 0.8% C)—760°C-815°C
(iii) हाई कार्बन स्टील (0.8% से 1.5% C)—760°C-780°C

15.4 केस हार्डनिंग Case Hardening

केस हार्डनिंग, ऊष्मा उपचार के अन्तर्गत की जाने वाली एक प्रक्रिया है। केस हार्डनिंग प्रक्रिया का उपयोग लो-कार्बन स्टील की बाहरी सतह को कठोर (hard) करने के लिए किया जाता है, क्योंकि इसे हार्ड और टैम्पर करना सम्भव नहीं है।

केस हार्डनिंग विधि में कठोर किए जाने वाले अवयवों को 0.15% कार्बन वाली स्टील से बनाया जाता है जिससे कि ये सीधे ही कठोरीकरण से प्रभावित न हो सकें। इस प्रक्रिया द्वारा उपचारित की जाने वाली सतह में कार्बन की मात्रा में 0.9% तक वृद्धि हो जाती है।

जब इस प्रकार कार्बुराइज्ड स्टील को ठण्डा किया जाता है, तो उसकी केवल ऊपरी सतह ही कठोर होती है, आन्तरिक भाग मुलायम (soft) तथा कड़ा (tough) ही बना रहता है।

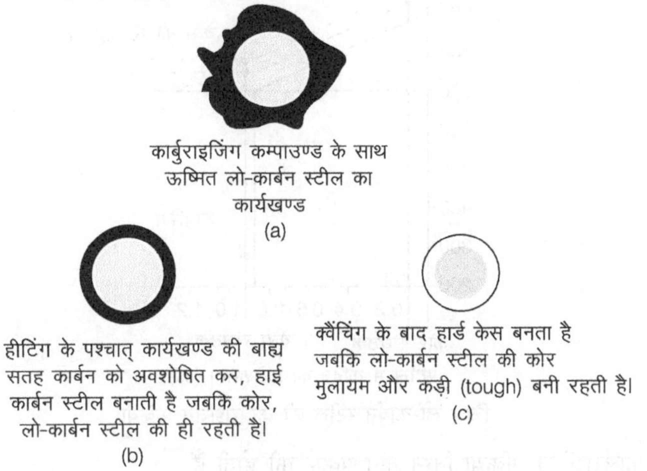

चित्र केस हार्डनिंग

केस हार्डनिंग के उद्देश्य
Objectives of Case Hardening

केस हार्डनिंग प्रक्रिया को निम्न उद्देश्यों की पूर्ति हेतु किया जाता है

- इसके द्वारा अवयवों की ऊपरी सतह को जंग-अवरोधी (corrosion-resistant) बनाया जाता है।
- लो-कार्बन स्टील सस्ता होता है। केस हार्डनिंग द्वारा लो-कार्बन स्टील को महँगी व हाई कार्बन स्टील या अलॉय स्टील के समान उपयोगी बनाया जा सकता है।
- केस हार्डनिंग प्रक्रिया में जॉब को पूरी गहराई तक गर्म करना आवश्यक नहीं होता। अत: जॉब के आकार में सबसे कम विकृति (deformation) आती है।
- इस प्रक्रिया में जॉब की टैम्परिंग बहुत कम तापमान (लगभग 200°C) पर ही हो जाती है।

केस हार्डनिंग की प्रक्रियाएँ
Processes of Case Hardening

केस हार्डनिंग करने की मुख्य प्रक्रियाएँ निम्न प्रकार हैं

1. कार्बुराइजिंग
2. नाइट्राइडिंग
3. सायनाइडिंग
4. फ्लेम हार्डनिंग
5. इण्डक्शन हार्डनिंग

1. कार्बुराइजिंग Carburising

लो-कार्बन स्टील या माइल्ड स्टील में कार्बन की प्रतिशतता (percentage) को एक निश्चित सीमा अथवा गहराई तक बढ़ाकर हार्ड केस (hard case) प्राप्त करने की प्रक्रिया को कार्बुराइजिंग कहते हैं। केस में कार्बन की मात्रा अधिक हो जाने से यह हाई कार्बन स्टील के समान हो जाता है।

निम्न दिए गए चित्र में लो-कार्बन स्टील की कार्बुराइजिंग प्रक्रिया दर्शाई गई है।

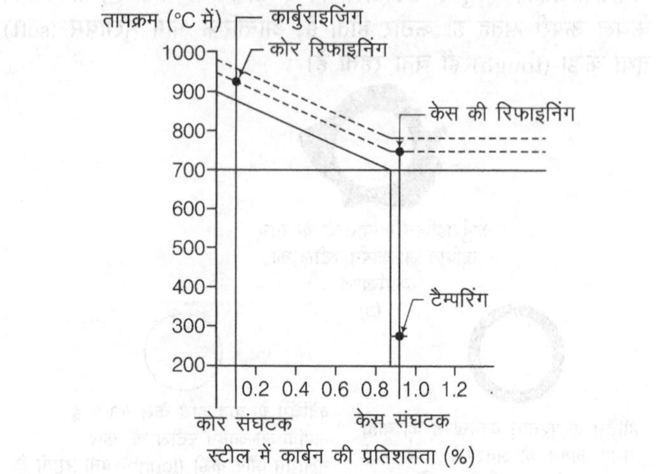

चित्र लो-कार्बन स्टील की कार्बुराइजिंग प्रक्रिया

कार्बुराइजिंग प्रक्रिया निम्न तीन प्रकार की होती हैं

(i) **पैक कार्बुराइजिंग** (Pack carburising) इस प्रक्रिया में अवयवों को कास्ट आयरन या इस्पात के डिब्बे में कार्बुराइजिंग पदार्थ के पाउडर (powder) के साथ पैक कर दिया जाता है, जैसा कि चित्र में दर्शाया गया है। पैक करते समय अवयवों के बीच में लगभग दो इंच का अन्तर रखा जाता है।

कार्बुराइजिंग पदार्थ के रूप में लकड़ी का बुरादा, चारकोल, बोन चारकोल (bone charcoal), चमड़े की छीलन आदि को सोडियम या बेरियम कार्बोनेट के साथ मिलाकर प्रयोग किया जाता है। सोडियम या बेरियम कार्बोनेट को एनर्जाइजर (energiser) के रूप में प्रयोग किया जाता है जिससे कार्बुराइजिंग प्रक्रिया तेजी से होती है।

डिब्बे अथवा बॉक्स को सील करने के लिए अग्नि मिट्टी (fire clay) का प्रयोग किया जाता है। बक्से को डी-कार्बुराइजिंग से बचाने के लिए उसे तारों से भली-भाँति बाँध दिया जाता है जिससे बक्से के अन्दर की गैस बाहर नहीं जाती और बाहर की गैस अन्दर नहीं आ पाती। अब इस इस्पात के डिब्बे को भट्ठी में कार्बुराइजिंग तापमान (900°C-950°C) पर लगभग 5 घण्टे तक रखा जाता है, यह समय **होल्डिंग समय** (holding time) कहलाता है। होल्डिंग समय को केस की वांछित मोटाई के आधार पर निर्धारित किया जाता है।

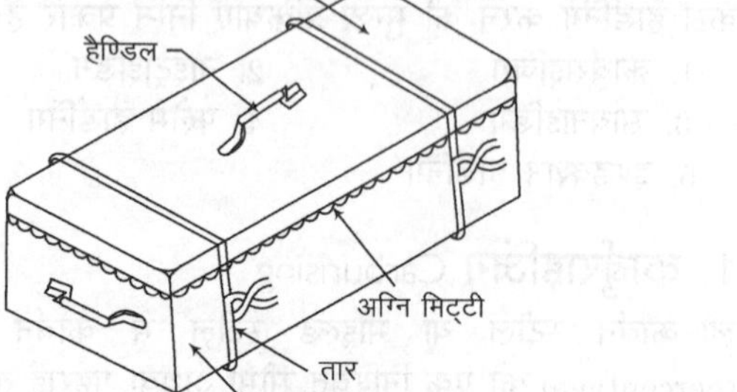

चित्र पैक कार्बुराइजिंग

इसके पश्चात् अवयवों को निकालकर उनका ऊष्मा उपचार किया जाता है। इसके द्वारा 1-2 मिमी गहरा कठोर केस प्राप्त किया जा सकता है। इस विधि में केस हार्डनिंग की कार्बुराइजिंग गहराई, होल्डिंग समय तथा तापमान पर निर्भर करती है।

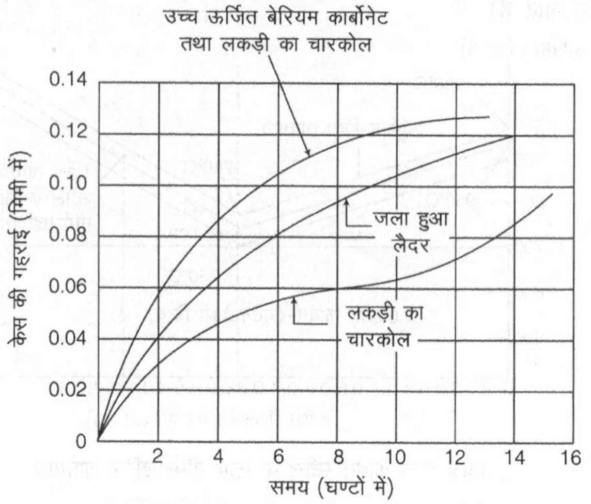

चित्र 698.8°C पर विभिन्न ठोस कार्बुराइजर के साथ कार्बुराइजेशन दर

(ii) **लिक्विड कार्बुराइजिंग** (Liquid carburising) यह प्रक्रिया, पैक कार्बुराइजिंग प्रक्रिया से सस्ती है।

इस प्रक्रिया में 20% से 50% सोडियम सायनाइड, 40% सोडियम कार्बोनेट तथा कुछ मात्रा में सोडियम या बेरियम क्लोराइड के घोल की बाथ (bath) को 870°C-950°C तापमान तक गर्म किया जाता है। अवयवों को तार में बाँधकर या फिर तारों से बनी टोकरी (basket) में रखकर बाथ में डुबो दिया जाता है।

केस की वांछित मोटाई के अनुसार कार्यखण्ड को 5 मिनट से एक घण्टे तक बाथ में डुबोकर रखा जाता है। इस प्रक्रिया को सोडियम कार्बुराइजिंग भी कहा जाता है।

(iii) **गैस कार्बुराइजिंग** (Gas carburising) गैस कार्बुराइजिंग प्रक्रिया में कार्यखण्ड को 900°C पर कार्बुराइजिंग गैसों के वातावरण में गर्म किया जाता है।

सर्वसाधारण कार्बुराइजिंग वातावरण में 20% CO, 40% H_2 तथा 40% N_2 गैसों का मिश्रण होता है जिसे कैरियर गैस (carrier gas) कहते हैं।

इसके साथ कोई भी हाइड्रोकार्बन गैस; जैसे—प्रोपेन (propane), ब्यूटेन (butane) या मीथेन (methane) को मिलाया जाता है। कैरियर गैस तथा हाइड्रोकार्बन गैस को मिलाने के लिए इस प्रक्रिया में एक एयर टाइट फर्नेस प्रयोग किया जाता है।

होल्डिंग समय, तापमान तथा गैसों के मिश्रण में परिवर्तन करके केस (case) की मोटाई को घटाया या बढ़ाया जा सकता है। इस प्रक्रिया के द्वारा 1.0 मिमी मोटाई का केस प्राप्त किया जा सकता है।

कार्बुराइजिंग तापमान (900°C) पर अवयवों को 6-8 घण्टे तक गर्म किया जाता है।

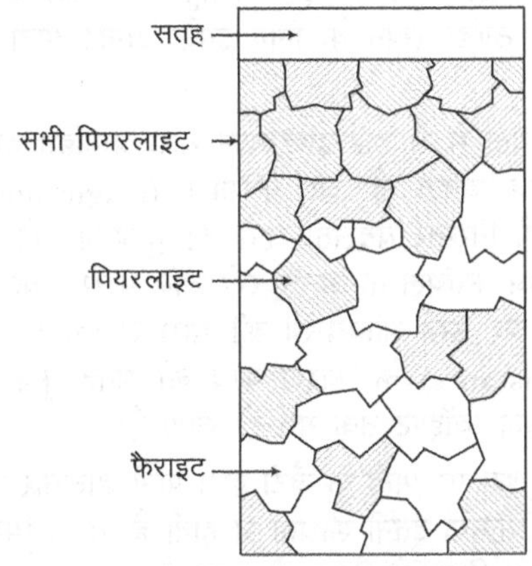

चित्र केस कठोरीकृत स्टील की सूक्ष्म संरचना

तालिका केस की मोटाई एवं होल्डिंग समय

क्र.सं.	केस की मोटाई (मिमी)	होल्डिंग समय (घण्टे)
1.	0.5 से 0.9	4 से 6
2.	1 से 1.5	8 से 12
3.	1.5 से 2	12 से 18
4.	2 से 2.5	18 से 24

कार्बुराइजिंग के लाभ Advantages of Carburising

कार्बुराइजिंग प्रक्रिया के निम्न लाभ हैं

1. यह प्रक्रिया सबसे आसान व सस्ती होती है।
2. इस प्रक्रिया द्वारा लो-कार्बन स्टील, माइल्ड स्टील तथा रॉट आयरन का ऊष्मा उपचार किया जाता है।
3. इस प्रक्रिया में केस (case) की मोटाई को आसानी से नियन्त्रित किया जा सकता है।
4. कार्बुराइजिंग से अवयवों की सतह साफ-सुथरी प्राप्त होती है।

2. नाइट्राइडिंग Nitriding

इस्पात की ऊपरी सतह में नाइट्रोजन (nitrogen) को प्रवेश कराने की विधि को नाइट्राइडिंग कहा जाता है। इस प्रक्रिया में एल्युमीनियम, क्रोमियम या वेनेडियम मिश्रित स्टील को अमोनिया गैस के वातावरण में 500°C तापमान तक गर्म किया जाता है।

अमोनिया के विघटन से प्राप्त नवजात नाइट्रोजन, स्टील में विद्यमान अलॉयिंग एलीमेन्ट्स के साथ संयोग करती है और नाइट्राइड बनाती है। ये नाइट्राइड, एक निश्चित सीमा तक ही बन पाते हैं। इन अवयवों के कारण ही स्टील में कठोरता आती है। इस प्रक्रिया में नाइट्राइड बनने से ही हार्डनैस आ जाती है इसलिए कार्बुराइजिंग प्रक्रिया के समान इसमें पुन: हार्डनिंग प्रक्रिया करने की आवश्यकता नहीं होती है।

नाइट्राइडिंग प्रक्रिया के लाभ Advantages of Nitriding Process

नाइट्राइडिंग प्रक्रिया के निम्न लाभ होते हैं

1. इसके द्वारा बहुत हार्ड सतह (लगभग 1100 VPN तक) प्राप्त होती है।
2. इसमें क्वैंचिंग प्रक्रिया नहीं होती, इसलिए विरूपण (distortion) सबसे कम होता है तथा थर्मल स्ट्रैसेज (thermal stresses) भी उत्पन्न नहीं होते।
3. इससे धातु, जंग प्रतिरोधी (corrosion resistance) तथा घिसाव अवरोधी (wear resistant) हो जाती है।
4. नाइट्राइड किए हुए पाट्र्स 500°C तक अपनी कठोरता बनाए रखते हैं।
5. इस प्रक्रिया में लागत अधिक आती है, क्योंकि इस प्रक्रिया में कठोरता के लिए अवयवों को 40 से 100 घण्टे तक 500°C तक गर्म रखना पड़ता है। इससे अधिक तापक्रम (overheat) होने पर कठोरता समाप्त हो जाती है तथा उसे पुन: नाइट्राइड करना पड़ता है।

3. सायनाइडिंग Cyaniding

इस प्रक्रिया द्वारा लो-कार्बन स्टील तथा मीडियम कार्बन स्टील को हार्ड किया जाता है। इस प्रक्रिया में 30% सोडियम सायनाइड, 40% सोडियम कार्बोनेट तथा 30% सोडियम क्लोराइड को एक क्रूसीबिल में 800°C से 900°C तक गर्म करके सायनाइड बाथ तैयार की जाती है।

स्टील के पाट्र्स को तार में बाँधकर या फिर तारों की टोकरी में रखकर, इसे सायनाइड बाथ में एक निश्चित समय तक गर्म किया जाता है। इसके पश्चात् बाथ से निकालकर पानी या तेल के अन्दर क्वैंचिंग की जाती है।

सामान्यत: 0.1 मिमी गहराई का केस बनाने के लिए 15 मिनट तथा 0.3 मिमी गहरा केस बनाने के लिए 90 मिनट तक क्वैंचिंग प्रक्रिया की जाती है। इस प्रक्रिया में प्रयुक्त होने वाली अभिक्रियाएँ निम्नवत् हैं

$$2NaCN + O_2 \longrightarrow 2NaCNO$$

$$2NaCNO + O_2 \longrightarrow Na_2CO_3 + CO + N_2$$

$$2CO \longrightarrow CO_2 + C$$

सायनाइडिंग प्रक्रिया में कठोरता दो प्रकार से आती है—पहली, नाइट्राइड कम्पाउण्ड बनने से स्वत: ही कठोरता आ जाती है, दूसरी, ऊपरी सतह में कार्बन की मात्रा बढ़ने से ऊष्मा उपचार के बाद कठोरता आ जाती है। इस प्रकार इस प्रक्रिया में नाइट्राइडिंग तथा कार्बुराइजिंग का मिला-जुला असर रहता है।

सायनाइडिंग प्रक्रिया के लाभ Advantages of Cyaniding Process

सायनाइडिंग प्रक्रिया से निम्न लाभ प्राप्त होते हैं

1. इसके द्वारा जॉब को 0.25 मिमी की गहराई तक कठोर किया जा सकता है।
2. इसके उपयोग से छोटे पुर्जे; जैसे—नट, बोल्ट, पेंच आदि की केस हार्डनिंग की जाती है।

4. फ्लेम हार्डनिंग Flame Hardening

इसके द्वारा केवल 0.35% से 0.7% कार्बन वाली इस्पात की वस्तुओं को ही केस हार्ड किया जा सकता है। इस प्रक्रिया में विशेष प्रकार से ऑक्सीएसीटिलीन फ्लेम से बने बर्नर के द्वारा तेजी से स्टील की ऊपरी सतह को ऊपरी क्रिटिकल प्वॉइण्ट से लगभग 50°C अधिक तापमान (ऑस्टेनाइट रेंज तक) तक गर्म करते हैं।

इसके साथ ही पानी या ऑयल को स्प्रे करके क्वैंचिंग करा देते हैं। इस प्रकार स्टील पार्ट्स की ऊपरी सतह तो कठोर (hard) बन जाती है, परन्तु कोर अब भी मुलायम (soft) तथा टफ (tough) ही बनी रहती है। इसी कारण इस प्रक्रिया को **शैलो हार्डनिंग** (shallow hardening) भी कहा जाता है।

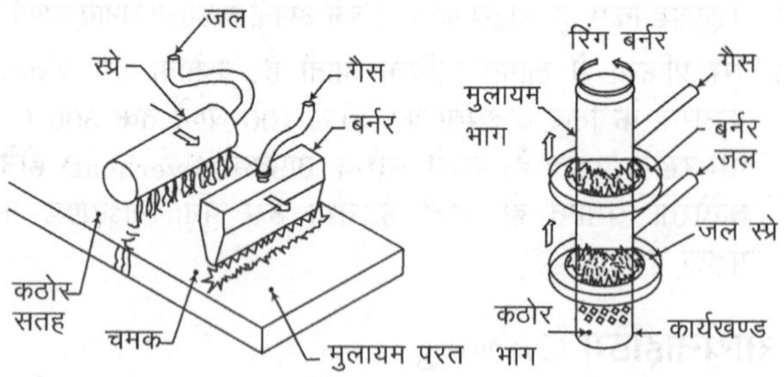

चित्र फ्लेम हार्डनिंग

फ्लेम हार्डनिंग प्रक्रिया के लाभ
Advantages of Flame Hardening Process

फ्लेम हार्डनिंग प्रक्रिया के निम्नलिखित लाभ हैं

1. इस प्रक्रिया द्वारा सबसे अधिक मोटाई का केस प्राप्त किया जा सकता है।
2. इस प्रक्रिया द्वारा किसी भी लम्बाई व चौड़ाई के पार्ट्स को कम कीमत में हार्ड किया जा सकता है।
3. फ्लेम हार्डनिंग द्वारा पार्ट्स को सतह परिष्कृति के पश्चात् कठोरता प्रदान की जाती है।
4. इस प्रक्रिया द्वारा हार्ड करने में बहुत कम समय तथा कम ईंधन लगता है।
5. इस विधि से ऐसी वस्तुओं को भी केस हार्ड किया जा सकता है जिन्हें फर्नेस (furnace) में गर्म करना सम्भव नहीं होता।
6. इस प्रक्रिया द्वारा सीमित गहराई तक हार्डनिंग करना सम्भव है।
7. इस विधि द्वारा बड़े जॉब की केस हार्डनिंग आसानी से की जा सकती है।
8. इस विधि द्वारा केस हार्डनिंग करने पर जॉब में विरूपण उत्पन्न नहीं होता है।
9. इस विधि द्वारा गियरों, स्पिण्डलों, क्रैंक पिनों, कैम इत्यादि के तलों को आसानी से सरलतापूर्वक हार्ड किया जाता है।

5. इण्डक्शन हार्डनिंग Induction Hardening

फ्लेम द्वारा धातु सतह को गर्म करके हार्ड करने में उसकी सतह के जलने का खतरा बना रहता है। इस खतरे को विद्युत इण्डक्शन द्वारा गर्म करके दूर किया जाता है। हाई फ्रीक्वेन्सी इण्डक्शन प्रक्रिया में धातु के अन्दर उत्पन्न हुई धारा (current) के द्वारा ऊष्मा (heat) उत्पन्न होती है।

इस विधि में जॉब की बाहरी सतह पर इण्डक्शन क्वॉयल लगाई जाती है। इण्डक्शन क्वॉयल में कॉपर ट्यूब (copper tube) के बने कई लूप होते हैं जिन्हें ठण्डा रखने के लिए इनके अन्दर पानी प्रवाहित किया जाता है।

जब इस क्वॉयल में से हाई इण्डक्शन धारा प्रवाहित होती है, तो एक चुम्बकीय क्षेत्र बनता है जो परिमाण (magnitude) तथा दिशा (direction) में निरन्तर बदलता रहता है। चुम्बकीय क्षेत्र की चुम्बकीय बल रेखाएँ जब क्वॉयल के अन्दर रखे जॉब में से होकर गुजरती हैं, तो उसकी सतह पर उसी फ्रीक्वेन्सी की धारा उत्पन्न करती है। धातु के प्रतिरोध (resistance) के कारण जॉब की सतह कुछ ही सेकण्ड में ऊपरी क्रिटिकल प्वॉइण्ट तक गर्म हो जाती है।

इसके पश्चात् इस पर पानी के जैटों द्वारा पानी डालकर क्वैंचिंग कर दी जाती है। यह प्रक्रिया इतनी शीघ्रता से होती है कि 3 मिमी मोटी कठोर सतह लगभग 6 मिनट में तैयार हो जाती है।

इण्डक्शन हार्डनिंग के लिए प्राय: 0.5% कार्बन वाले स्टील पार्ट्स तथा अलॉय स्टील प्रयोग किए जाते हैं। उचित फ्रीक्वेन्सी का चुनाव करके हार्डनिंग की गहराई को नियन्त्रित किया जा सकता है।

केस हार्डनिंग करने के पश्चात् थर्मल स्ट्रैसेज (thermal stresses) को दूर करने के लिए पार्ट्स को पुन: लगभग 200°C तक गर्म करके हवा में ठण्डा किया जाता है।

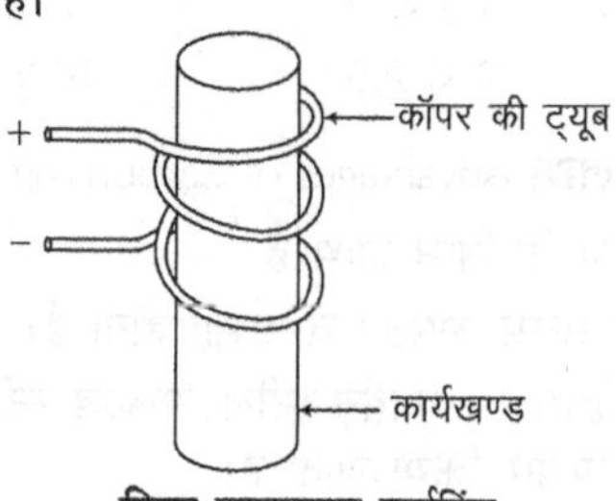

चित्र इण्डक्शन हार्डनिंग

इण्डक्शन हार्डनिंग के लाभ
Advantages of Induction Hardening

इण्डक्शन हार्डनिंग के मुख्य लाभ निम्न प्रकार हैं

1. इस प्रक्रिया में सबसे कम समय लगता है।
2. इसके द्वारा बाहरी व आन्तरिक सतहों को केस हार्ड किया जा सकता है।
3. इस प्रक्रिया में सर्फेस फिनिशिंग खराब नहीं होती।
4. फ्रीक्वेन्सी का चुनाव करके हार्ड केस की मोटाई को नियन्त्रित किया जा सकता है।
5. इसके द्वारा 60 RC तक हार्ड केस तथा टफ (tough) कोर प्राप्त की जा सकती है।
6. इस प्रक्रिया के लिए प्रयोग होने वाले उपकरण की लागत बहुत अधिक होने के कारण यह मास प्रोडक्शन (mass production) के लिए ही प्रयोग की जा सकती है। इसके द्वारा ऑटोमोबाइल पार्ट्स, एक्सल, गरारी, क्रैंक पिन, पम्प शाफ्ट तथा कैम आदि को केस हार्ड किया जा सकता है।

15.5 ऊष्मा उपचार सम्बन्धी दोषोपचार
Troubleshooting Related to Heat Treatment

ऊष्मा उपचार धातुओं की सामर्थ्य में वृद्धि करने वाला एक प्रक्रम है। इसे करने में विविध प्रक्रियाओं का उपयोग किया जाता है और सम्भवत: प्रक्रम के दौरान दोषों की उत्पत्ति हो सकती है, जिनका ज्ञान प्रशिक्षुओं को होना आवश्यक है।

ऐसे ही कुछ सामान्य दोष व उनका निवारण निम्न प्रकार है

क्र.सं.	दोष	उपचार
1.	जॉब की सतह का जलना	जॉब को उसके रिक्रिस्टलाइजेशन तापमान के अनुसार ही गर्म करें।
2.	जॉब की सतह का भद्दा हो जाना	जॉब को अधिक गर्म करें।
3.	जॉब का गल जाना	जॉब को अधिक गर्म करें।
4.	जॉब पर दरारें पड़ना	जॉब को उपयुक्त तापमान पर ही ठण्डा करें।
5.	जॉब के किनारों का पिघलना	जॉब को सतर्कता से गर्म करें।

महत्त्वपूर्ण बिन्दु

- धातुओं को अलग-अलग तापमानों पर गर्म या ठण्डा करके उनके भौतिक तथा यान्त्रिक गुणों में परिवर्तन करने वाली प्रक्रिया ऊष्मा उपचार कहलाती है।
- कठोर धातुओं को मशीन योग्य बनाने के लिए उन्हें नर्म अथवा मुलायम बनाने की प्रक्रिया अनीलिंग कहलाती है।
- अनीलिंग करने का मुख्य उद्देश्य धातुओं की कठोरता को कम करके यान्त्रिक गुणों में वृद्धि करना है।
- बहुत छोटे स्टील के पुर्जों को अनीलिंग करते समय उन्हें डी-कार्बुटेशन से बचाने के लिए रेत या चूने के साथ भट्ठी में अनीलिंग ताप तक गर्म किया जाता है।
- हार्डनिंग विधि में धातुओं को क्रान्तिक तापमान तक गर्म करके वायु, पानी या तेल में डुबोकर ठण्डा किया जाता है।
- हार्डनिंग प्रक्रिया के पश्चात् टैम्परिंग प्रक्रिया करके जॉब को कड़ापन प्रदान किया जाता है।
- हाई स्पीड स्टील की टैम्परिंग के लिए 200°C से 330°C पर गर्म किया जाता है।
- सिंगल हीटिंग विधि में धातु को क्रान्तिक तापमान से 30°C से 50°C तक अधिक गर्म करने के पश्चात् उसके एक सिरे को पानी या तेल में डुबोया जाता है।
- डबल हीटिंग विधि में हार्ड की गई धातु को क्रान्तिक तापमान से कम तापमान पर गर्म करके तेल या पानी में ठण्डा किया जाता है।
- नॉर्मलाइजिंग का उद्देश्य आन्तरिक संरचना में आई विकृति के कारण उत्पन्न हुई कठोरता को दूर करना है।
- केस हार्डनिंग प्रक्रिया का उपयोग लो-कार्बन स्टील की बाह्य सतह को कठोर करने के लिए किया जाता है।
- केस हार्डनिंग प्रक्रिया में जॉब की टैम्परिंग बहुत कम तापमान (लगभग 200°C) पर ही हो जाती है।
- लो-कार्बन स्टील या माइल्ड स्टील में कार्बन की प्रतिशतता एक निश्चित सीमा तक बढ़ाकर हार्ड केस प्राप्त करने की प्रक्रिया कार्बुराइजिंग कहलाती है।
- लिक्विड कार्बुराइजिंग प्रक्रिया में 20% से 50% सोडियम सायनाइड, 40% सोडियम कार्बोनेट तथा कुछ मात्रा में सोडियम या बेरियम क्लोराइड प्रयोग किया जाता है।
- सर्वसाधारण कार्बुराइजिंग वातावरण में 20% CO, 40% H_2 तथा 40% N_2 होता है।
- गैस कार्बुराइजिंग प्रक्रिया द्वारा 1.0 मिमी मोटाई का केस प्राप्त किया जा सकता है।
- इस्पात की ऊपरी सतह में नाइट्रोजन प्रवेश कराने की प्रक्रिया नाइट्राइडिंग कहलाती है।
- नाइट्राइडिंग प्रक्रिया में क्वैंचिंग प्रक्रिया नहीं होती है, इसलिए इसमें विरूपण सबसे कम होता है।
- सायनाइडिंग प्रक्रिया में लो-कार्बन स्टील तथा मीडियम कार्बन स्टील को हार्ड किया जाता है।
- सायनाइडिंग प्रक्रिया में कठोरता दो प्रकार से आती है—पहली, नाइट्राइड कम्पाउण्ड बनने से तथा दूसरी, सतह में कार्बन की मात्रा बढ़ने से।
- सायनाइडिंग प्रक्रिया द्वारा जॉब को 0.25 मिमी की गहराई तक कठोर किया जाता है।
- फ्लेम हार्डनिंग द्वारा 0.35% से 0.7% कार्बन वाली इस्पात की वस्तुओं को ही केस हार्ड किया जाता है।
- फ्लेम हार्डनिंग द्वारा पाट्र्स की सतह परिष्कृति के पश्चात् कठोरता प्रदान की जाती है।
- इण्डक्शन हार्डनिंग के लिए प्रायः 0.5% कार्बन वाले स्टील पाट्र्स तथा अलॉय स्टील प्रयुक्त किए जाते हैं।
- इण्डक्शन हार्डनिंग द्वारा ऑटोमोबाइल पाट्र्स, पम्प शाफ्ट तथा कैम आदि को केस हार्ड किया जा सकता है।

महत्त्वपूर्ण प्रश्नोत्तरी

1. ऊष्मा उपचार प्रक्रिया से आप क्या समझते हैं?

उत्तर धातुओं को भिन्न-भिन्न तापमानों पर गर्म तथा ठण्डा करके, उनके भौतिक तथा यान्त्रिक गुणों में परिवर्तन करने वाली प्रक्रिया, ऊष्मा उपचार कहलाती है।

2. स्टील के छोटे पुर्जों को अनीलिंग करते समय, उन्हें टिन के बॉक्स में रखकर भट्ठी में गर्म करने का क्या उद्देश्य है?

उत्तर स्टील के छोटे पुर्जों को अनीलिंग करते समय, उन्हें डी-कार्बुटेशन तथा ऑक्सीडेशन से बचाने के लिए टिन के बॉक्स में रखकर भट्ठी में गर्म करते हैं।

3. हार्डनिंग प्रक्रिया के अन्तर्गत यदि धातु के ठण्डे होने की दर अधिक हो, तो उसकी कठोरता किस प्रकार प्रभावित होगी?

उत्तर हार्डनिंग प्रक्रिया के अन्तर्गत यदि धातु के ठण्डे होने की दर अधिक होगी, तो हार्डनिंग के पश्चात् धातु अत्यधिक कठोर होगी।

4. धातु की हार्डनिंग के पश्चात् टैम्परिंग प्रक्रिया की क्या आवश्यकता है?

उत्तर धातु की हार्डनिंग के पश्चात् उसमें उत्पन्न अतिरिक्त भंगुरता को समाप्त करने तथा उसको उपयोगी बनाने के लिए उसकी टैम्परिंग करना आवश्यक है।

5. हाई कार्बन स्टील का नॉर्मलाइजिंग तापमान कितना होता है? तथा इसमें कार्बन की प्रतिशतता कितनी होती है?

उत्तर हाई कार्बन स्टील का नॉर्मलाइजिंग तापमान 760°C से 780°C होता है तथा इसमें 0.8% से 1.5% कार्बन होता है।

6. केस हार्डनिंग में जॉब के आकार में अधिक विकृति क्यों नहीं आती है?

उत्तर केस हार्डनिंग प्रक्रिया में जॉब को पूरी गहराई तक गर्म करने की आवश्यकता नहीं होती है, इसी कारण जॉब के आकार में कम विकृति उत्पन्न होती है।

7. केस की मोटाई को कैसे बढ़ाया या घटाया जा सकता है?

उत्तर होल्डिंग समय, तापमान तथा गैसों के मिश्रण में परिवर्तन करके केस की मोटाई को बढ़ाया या घटाया जा सकता है।

8. कभी-कभी केस हार्ड किए जाने वाले अवयवों को लगभग 200°C पर पुनः गर्म किया जाता है। इसका क्या कारण है?

उत्तर क्वैंचिंग (quenching) प्रतिबलों को दूर करने के लिए केस हार्ड किए जाने वाले अवयवों को कभी-कभी लगभग 200° C पर पुनः गर्म करने की आवश्यकता पड़ती है।

9. कार्बुराइजिंग की किस विधि में चारकोल, हड्डी और चमड़े का उपयोग कर कार्बन को प्रेरित किया जाता है?

उत्तर कार्बुराइजिंग की पैक कार्बुराइजिंग विधि में चारकोल, हड्डी तथा चमड़े का उपयोग करके कार्बन को प्रेरित किया जाता है।

10. फ्लेम हार्डनिंग में धातु सतह के जलने का खतरा रहता है। इस खतरे को किस प्रकार दूर किया जा सकता है?

उत्तर फ्लेम हार्डनिंग में धातु सतह के जलने के खतरे को विद्युत इण्डक्शन द्वारा गर्म करके दूर किया जा सकता है।

अभ्यास प्रश्न

परीक्षा प्रारूपी प्रश्न

बहुविकल्पीय

1. ऊष्मा उपचार का उद्देश्य धातु
   (a) को चमकीला बनाना होता है
   (b) की आकृति बदलना होता है
   (c) में निश्चित आवश्यक गुण उत्पन्न करना होता है
   (d) को रस्टिंग से रोकना होता है

2. ऊष्मा उपचार की प्रक्रिया के दौरान किस तापमान पर स्टील की संरचना में परिवर्तन आने लगता है?
   (a) उच्च क्रान्तिक तापमान (b) निम्न क्रान्तिक तापमान
   (c) गलन तापमान (d) इनमें से कोई नहीं

3. यदि स्टील को विशेष तापमान पर गर्म करके निम्न दर से ठण्डा किया जाए, तो निम्न में से कौन-सी संरचना प्राप्त होगी?
   (a) पियरलाइट (b) मार्टेनसाइट
   (c) ऑस्टेनाइट (d) इनमें से कोई नहीं

4. कठोर धातुओं को मशीन योग्य बनाने के लिए उन्हें नर्म या मुलायम बनाने की प्रक्रिया कहलाती है
   (a) हार्डनिंग
   (b) अनीलिंग
   (c) नॉर्मलाइजिंग
   (d) टैम्परिंग

5. अनीलिंग करने का उद्देश्य है
(a) मशीन योग्यता को बढ़ाना (b) केस हार्डनिंग करना
(c) पुनः हार्डनिंग करना (d) भंगुरता को बढ़ाना

6. धातुओं की आन्तरिक संरचना में आई विकृति को समाप्त करने के लिए निम्न में से कौन-सा प्रक्रम अपनाया जाता है?
(a) अनीलिंग (b) हार्डनिंग
(c) टैम्परिंग (d) नॉर्मलाइजिंग

7. पदार्थ का वह गुण जो खुरचे जाने, घिसने या मशीनिंग का विरोध करता है, कहलाता है
(a) भंगुरता (b) तन्यता
(c) कठोरता (d) मशीन योग्यता

8. अलॉय स्टील को ठण्डा करने के लिए प्रयुक्त क्वैंचिंग माध्यम है
(a) रेत (b) जल (c) तेल (d) वायु

9. धातुओं की हार्डनिंग करने का उद्देश्य है
(a) धातुओं की गुणवत्ता बढ़ाने के लिए
(b) धातुओं की कठोरता बढ़ाने के लिए
(c) धातुओं की मैलीएबिलिटी बढ़ाने के लिए
(d) धातुओं की भंगुरता कम करने के लिए

10. हार्डनिंग प्रोसेस में हाई स्पीड के टूल को 1250°C तक गर्म करने के पश्चात् निम्न क्वैंचिंग माध्यम में ठण्डा करते हैं
(a) पानी (b) तेल
(c) सोडा पानी (d) ब्राइन वाटर

11. टैम्परिंग की जाती है
(a) कठोरता बढ़ाने हेतु (b) मजबूती सुधारने हेतु
(c) प्रतिबल कम करने हेतु (d) मशीन योग्यता बढ़ाने हेतु

12. निम्न में से कौन-सी विधि टैम्परिंग प्रक्रिया के अन्तर्गत अपनाई जाती है?
(a) सिंगल हीटिंग विधि (b) डबल हीटिंग विधि
(c) 'a' और 'b' दोनों (d) सायनाइडिंग

13. उच्च कार्बन स्टील को क्रान्तिक तापक्रम के ऊपर गर्म कर क्रमशः ठण्डा करने की प्रक्रिया को .... कहते हैं।
(a) नॉर्मलाइजिंग (b) अनीलिंग
(c) हार्डनिंग (d) टैम्परिंग

14. नॉर्मलाइजिंग के समय, अवयवों को ठण्डा किया जाना चाहिए
(a) पानी में डुबोकर (b) सम्पीडित वायु से
(c) क्वैंचिंग ऑयल से (d) कमरे के तापमान पर

15. निम्नलिखित में से ऊष्मा उपचार विधि नहीं है
(a) अनीलिंग (b) नॉर्मलाइजिंग
(c) टैम्परिंग (d) मैचिंग

16. निम्न में से केस हार्डनिंग का लाभ कौन-सा है?
(a) ऊपरी सतह को घिसाव अवरोधी बनाना
(b) जॉब के आकार में न्यूनतम विकृति का आना
(c) जॉब की टैम्परिंग बहुत कम तापमान पर हो जाना
(d) उपरोक्त सभी

17. कार्बुराइजिंग विधि द्वारा 0.1% कार्बन वाली लो-कार्बन स्टील को .... कार्बन वाली स्टील में बदला जा सकता है।
(a) 1.0 % (b) 0.01%
(c) 0.12% (d) 1.2%

18. चित्र में दर्शायी गई केस हार्डनिंग विधि का नाम बताइए

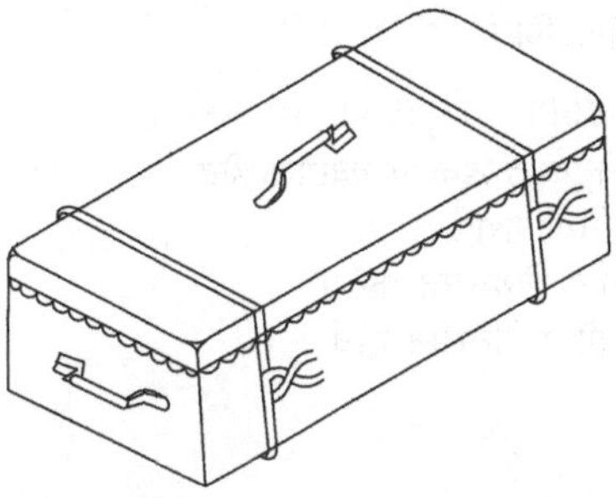

(a) पैक कार्बुराइजिंग (b) फ्लेम हार्डनिंग
(c) इण्डक्शन हार्डनिंग (d) सायनाइडिंग

19. लिक्विड कार्बुराइजिंग प्रक्रिया में कितने प्रतिशत सोडियम कार्बोनेट की मात्रा होती है?
(a) 20% (b) 50% (c) 25% (d) 40%

20. गैस कार्बुराइजिंग में केस (case) की मोटाई को घटाया या बढ़ाया जा सकता है
(a) गैसों के मिश्रण में परिवर्तन करके
(b) तापमान में परिवर्तन करके
(c) होल्डिंग टाइम में परिवर्तन करके
(d) उपरोक्त सभी

21. नाइट्राइडिंग विधि में निम्न में से किस तापमान पर NH_3 गैस गुजारी जाती है?
(a) 500° C से 560° C (b) 600° C से 650° C
(c) 650° C से 700° C (d) 575° C से 600° C

22. नाइट्राइडिंग की जाती है
(a) मैंगनीज स्टील की (b) क्रोमियम स्टील की
(c) कार्बन की (d) ये सभी

23. ऊष्मा उपचार में नाइट्राइडिंग तथा कार्बुराइजिंग प्रक्रिया का मिला-जुला असर निम्न में से किस प्रक्रिया में पाया जाता है?
(a) फ्लेम हार्डनिंग में (b) सायनाइडिंग में
(c) इण्डक्शन हार्डनिंग में (d) ये सभी

24. सायनाइडिंग प्रक्रिया में किस तापमान पर सोडियम सायनाइड पिघल जाता है?
(a) 500° C पर (b) 600° C पर
(c) 700° C पर (d) 900° C पर

25. निम्न में से किस विधि में ऐसी वस्तुओं को भी केस हार्ड किया जा सकता है जिन्हें फर्नेस में गर्म करना सम्भव नहीं होता है?
(a) कार्बुराइजिंग (b) सायनाइडिंग
(c) फ्लेम हार्डनिंग (d) इण्डक्शन हार्डनिंग

26. "इस विधि में छोटे आकार की जॉब की हार्डनिंग करना कठिन होता है, क्योंकि इसमें पूरी मोटाई में जॉब हार्ड हो जाती है।" यह कथन निम्न में से किससे सम्बन्धित है?

(a) इण्डक्शन हार्डनिंग
(b) फ्लेम हार्डनिंग
(c) गैस नाइट्राइडिंग
(d) कार्बुराइजिंग

27. फ्लेम हार्डनिंग में प्रयुक्त हार्डनैस प्रक्रम है

(a) इलेक्ट्रिक इण्डक्शन क्वॉयल हीट
(b) अमोनिया गैस
(c) तापमान नियन्त्रित फर्नेस
(d) ऑक्सी-एसीटिलीन टॉर्च

28. फ्लेम हार्डनिंग को ………… के नाम से भी जाना जाता है।

(a) शैलो हार्डनिंग
(b) नाइट्राइडिंग
(c) सायनाइडिंग
(d) इनमें से कोई नहीं

29. इण्डक्शन हार्डनिंग निम्न धातुओं के अवयव के लिए उपयुक्त है

(a) कास्ट आयरन
(b) माइल्ड स्टील
(c) कार्बन स्टील
(d) रॉट आयरन

30. निम्न में से कौन-सा एक इण्डक्शन हार्डनिंग का लाभ नहीं है?

(a) इस प्रक्रिया में सबसे अधिक समय लगता है
(b) इसमें सर्फेस फिनिश खराब नहीं होती है
(c) इसमें बाहरी व आन्तरिक सतहों को केस हार्ड किया जा सकता है
(d) इसके द्वारा 60 RC तक केस हार्ड प्राप्त हो सकता है

उत्तरमाला

1. (c)	**2.** (b)	**3.** (a)	**4.** (b)	**5.** (a)	**6.** (a)	**7.** (c)	**8.** (d)	**9.** (b)	**10.** (b)
11. (b)	**12.** (c)	**13.** (a)	**14.** (d)	**15.** (d)	**16.** (d)	**17.** (d)	**18.** (a)	**19.** (d)	**20.** (d)
21. (a)	**22.** (d)	**23.** (b)	**24.** (d)	**25.** (c)	**26.** (b)	**27.** (d)	**28.** (a)	**29.** (c)	**30.** (a)

अध्याय 16

परीक्षण विधियाँ
Testing Methods

अध्याय विषय सूची

- अभंजनात्मक परीक्षण
- अभंजनात्मक परीक्षण के प्रकार
- अभंजनात्मक परीक्षण सम्बन्धित दोषोपचार
- भंजनात्मक परीक्षण
- स्कॉच योक मैकेनिज्म
- **महत्त्वपूर्ण बिन्दु**
- **महत्त्वपूर्ण प्रश्नोत्तरी**
- **अभ्यास प्रश्न**

परिचय Introduction

धातु की सामर्थ्य से अवगत होने का एकमात्र माध्यम उसका परीक्षण है। धातु के परीक्षण की अनेक मानक विधियाँ हैं, जिनके आधार पर हम धातु के जोड़ की सुरक्षा को सुनिश्चित कर सकते हैं।

इन परीक्षणों के द्वारा जोड़ों में स्लैग इन्क्लूजन, दरारें, फ्यूजन की कमी या पेनीट्रेशन की कमी आदि दोषों का पता लगाया जा सकता है और उनका उपयुक्त रूप में प्रयोग कर, इन दोषों को दूर करके वैल्डिंग प्रक्रिया में गुणवत्तापूर्ण सुधार लाया जा सकता है, साथ ही जोड़ों की सामर्थ्य का सही-सही पता भी लगाया जा सकता है धातुओं से सम्बन्धित परीक्षण को दो भागों में वर्गीकृत किया गया है— भंजनात्मक (destructive) और अभंजनात्मक (non-destructive)। प्रस्तुत अध्याय में पाठ्यक्रम की उपयोगिता को ध्यान में रखते हुए केवल अभंजनात्मक परीक्षण का ही विस्तृत वर्णन किया गया है।

16.1 अभंजनात्मक परीक्षण Non-destructive Testing

इस परीक्षण में नमूने के दोषों को ज्ञात करने के लिए उनको तोड़ने या नष्ट करने की आवश्यकता नहीं होती, इसलिए इसको अभंजनात्मक या अविनाशकारी परीक्षण कहते हैं। इसे संक्षेप में NDT भी कहते हैं। NDT एक बहुमूल्य तकनीक है, जो धन तथा समय दोनों की बचत करती है। अभंजनात्मक परीक्षण, औद्योगिकी व विज्ञान में किए जाने वाले तकनीकी विश्लेषणों का एक विस्तृत समूह है, जो क्षति रहित पदार्थों व अवयवों के गुणों का मापन करता है।

अभंजनात्मक परीक्षण का महत्त्व Importance of Non-destructive Testing

ट्रैक्टर उद्योग में अभंजनात्मक परीक्षण का विशेष महत्त्व है। प्रारम्भ में ट्रैक्टर उद्योग में केवल भंजनात्मक परीक्षण कर ट्रैक्टर के भागों को फिट कर दिया जाता था, जिससे उन भागों के क्षतिग्रस्त होने पर ट्रैक्टर दुर्घटना का शिकार हो जाता था। अत: इस प्रकार होने वाली दुर्घटनाओं को कम करने के उद्देश्य से वैज्ञानिकों ने ट्रैक्टर के भागों का अभंजनात्मक परीक्षण करना प्रारम्भ कर दिया। वर्तमान समय में ट्रैक्टर के छोटे-से-छोटे भाग का भी प्रशिक्षित मैकेनिकों द्वारा अभंजनात्मक परीक्षण किया जाता है, जिससे दुर्घटना दर अपेक्षाकृत घट गई है।

16.2 अभंजनात्मक परीक्षण के प्रकार

Types of Non-destructive Testing

इस परीक्षण द्वारा नमूने या ट्रैक्टर के किसी पार्ट्स की जाँच करके उसके बाहरी और अन्दरूनी दोषों जैसे-स्लैग इन्क्लूजन, ब्लो होल्स या अन्दरूनी दरारें आदि का पता लगाया जा सकता है।

ये परीक्षण विधियाँ निम्नलिखित हैं

1. दृश्यिक परीक्षण
2. तरल पेनीट्रेशन परीक्षण
3. लीक परीक्षण
4. रेडियोग्राफिक परीक्षण
5. चुम्बकीय कण परीक्षण
6. पराश्रव्य परीक्षण
7. एडी धारा परीक्षण
8. स्टैथोस्कोपिक (ध्वनि) परीक्षण

उपरोक्त विधियों का विवरण निम्नवत् है

1. दृश्यिक परीक्षण Visual Test

इस विधि में साधारण नग्न आँखों द्वारा वैल्डिंग की गई सतहों का निरीक्षण करके उनके दोषों का पता लगाया जाता है। कभी-कभी बहुत महीन दरारों को सत्यापित करने के लिए मैग्नीफाइंग लैंस का प्रयोग किया जाता है।

इसके द्वारा हम अण्डरकट, सतही दरारें, ब्लो होल, अनुपयुक्त प्रोफाइल तथा कम भरे हुए ग्रूव आदि दोषों का सफल परीक्षण कर सकते हैं। इसके अतिरिक्त इस विधि से वीविंग, स्पैटरिंग आदि दोषों का भी पता लगाया जा सकता है।

2. तरल पेनीट्रेशन परीक्षण

Liquid Penetration Test

यह परीक्षण सभी वैल्डिंग तकनीकों में छोटी सतह में दरारों का सही पता लगाने के लिए किया जाता है। इस विधि को लौह और अलौह दोनों प्रकार के वैल्डिंग जोड़ों पर समान रूप से प्रयोग किया जाता है।

इस परीक्षण विधि में सर्वप्रथम वैल्डिंग जोड़ों की सतहों को साफ किया जाता है, तत्पश्चात् इन सतहों पर रंग, द्रव डाई तथा फ्लोरोसेन्ट द्रव का लेप किया जाता है और लगभग एक घण्टा डाई को वैल्डिंग जोड़ों के अन्दर तक जाने का समय दिया जाता है।

इसके बाद सतह को पानी से धोकर साफ कर दिया जाता है और अब इस सतह पर डेवेलपर लगाया जाता है। यह डेवेलपर दरारों में छुपी डाई को बाहर खींच लेता है और ऊपरी सतह पर निशान प्रदर्शित करता है। प्राय: डाई पेनीट्रेट का निरीक्षण सफेद प्रकाश में तथा फ्लोरोसेन्ट द्रव का निरीक्षण पराबैंगनी प्रकाश में किया जाता है।

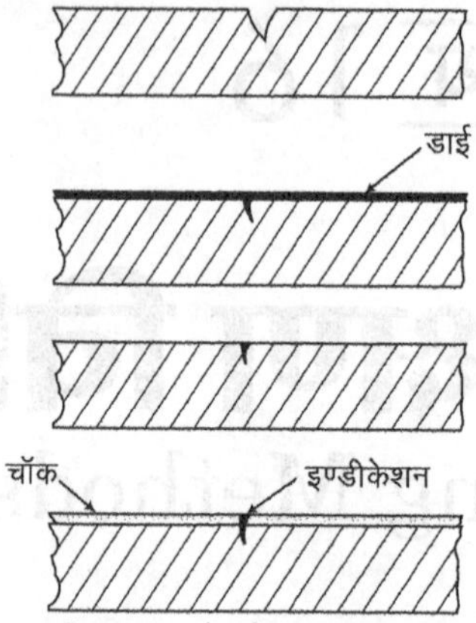

चित्र तरल पेनीट्रेशन परीक्षण

इस परीक्षण का उपयोग वैल्डिंग जोड़ों के परीक्षण के अतिरिक्त अन्य कार्बाइड टूलों के फैब्रीकेशन तथा उनकी दरारें ज्ञात करने, टरबाइन ब्लेडो की दरारें ज्ञात करने, सेरामिक इन्सुलेटरों के परीक्षण आदि में बहुतायत से किया जाता है।

तरल पेनीट्रेशन परीक्षण के लाभ एवं हानियाँ

Advantages and Disadvantages of Liquid Penetration Test

लाभ

तरल पेनीट्रेशन परीक्षण के लाभ निम्नवत् हैं

1. इस परीक्षण द्वारा जटिल आकृति वाले भागों का निरीक्षण किया जा सकता है।
2. यह परीक्षण सतह की अनिरन्तरता के लिए उच्च सुग्राहिता (sensitivity) प्रदर्शित करता है।
3. यह एक सरल परीक्षण विधि है।
4. यह लौह तथा अलौह दोनों प्रकार के पदार्थों के लिए उपयोगी है।
5. यह वैल्डिंग जोड़ों में विद्यमान समस्त अनिरन्तरताओं का परीक्षण एक ही प्रचालन के अन्तर्गत कर सकता है।

हानियाँ

तरल पेनीट्रेशन परीक्षण की हानियाँ निम्नवत् हैं

1. इस परीक्षण के बाद सफाई की आवश्यकता होती है।
2. इस परीक्षण में प्रयुक्त रसायन हानिकारक होने के कारण परीक्षण के दौरान सावधानी रखना अत्यन्त आवश्यक होता है।
3. यह विधि नॉन-पोरस तथा अलौह पदार्थों के लिए ही अत्यधिक उपयोगी है।

तरल पेनीट्रेशन परीक्षण की सीमाएँ
Limitations of Liquid Penetration Test

तरल पेनीट्रेशन परीक्षण की सीमाएँ निम्नलिखित हैं

1. इस विधि द्वारा केवल वैल्डिंग सतह की अनिरन्तरता का ही परीक्षण किया जा सकता है।
2. परीक्षण में प्रयुक्त वैल्डिंग सतह, समस्त सन्दूषित पदार्थों; जैसे—धूल, तेल, ग्रीस, जंग आदि से मुक्त होनी चाहिए।
3. इस विधि द्वारा खुरदरी सतहों का परीक्षण करना जटिल है।

3. लीक परीक्षण Leak Test

इस परीक्षण में वैल्डिंग जोड़ों से होने वाले रिसाव का पता लगाया जाता है। अधिक दाब पर बहुत महीन छिद्र भी द्रव को अपने से पार जाने देता है। इस परीक्षण का उद्देश्य वैल्डिंग किए गए टैंक या पाइप लाइनों का परीक्षण कर यह निर्धारण करना है कि उनके जोड़ लीक कर रहे हैं या नहीं। इस परीक्षण के लिए साधारणत: पानी, वायु तथा कैरोसीन का प्रयोग किया जाता है।

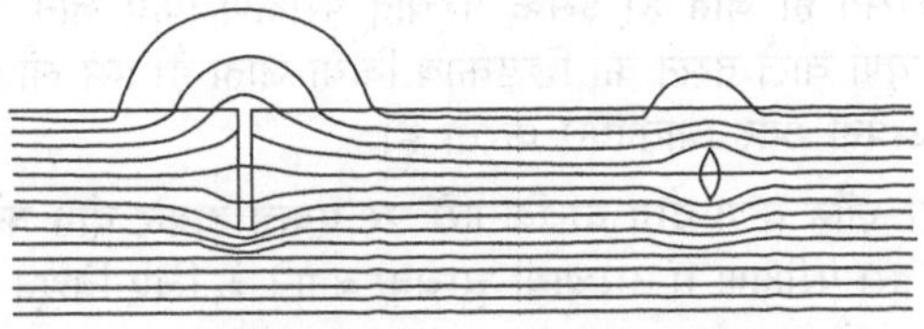

चित्र लीक परीक्षण

यह परीक्षण निम्न तरीकों से किया जा सकता है

- बन्द बर्तन में गैस, हवा या पानी भरकर, उसके दाब को तुरन्त नोट कर लिया जाता है। इसके पश्चात् क्रमश: 12 घण्टे और 24 घण्टे बाद पुन: दाब नोट किया जाता है। यदि वर्तमान दाब, प्रारम्भिक दाब से कम होता है, तो माना जाता है कि बर्तन में कहीं लीकेज है।
- बर्तन में हवा को दाबित करके, वैल्डिंग जोड़ पर साबुन के पानी का लेप किया जाता है। यदि कहीं हवा लीक करती है, तो वहाँ पर साबुन के पानी में बुलबुला बन जाएगा।
- बर्तन पर वैल्डिंग बीड में चूने के पानी का लेप लगाया जाता है तथा सूखने के लिए छोड़ दिया जाता है। जब चूना सूख जाता है, तो उसमें हवा भरकर उस पर दबाव डाला जाता है। यदि कहीं हवा लीक होती है, तो वहाँ से चूना उखड़ जाता है और इस प्रकार लीक होने वाले स्थान का पता चल जाता है।

4. रेडियोग्राफिक परीक्षण Radiographic Test

रेडियोग्राफिक परीक्षण एक आधुनिक और विश्वसनीय परीक्षण है, जिसके द्वारा हम निम्नलिखित दोषों की जानकारी प्राप्त कर सकते हैं

- दरारें
- आन्तरिक सरन्ध्रता
- छिद्रण
- वैल्ड मैटीरियल में स्लैग, फ्लक्स या ऑक्साइड का भरना
- वैल्ड का कम गहराई तक भरना तथा
- वैल्ड और जॉब की धातुओं का सही मिश्रण न बनना।

सिद्धान्त Principle

इस परीक्षण में एक्स-किरणें (X-rays) और गामा-किरणें (γ-rays) प्रयोग की जाती हैं। इन किरणों में प्रकाश अवरोधी पदार्थों से गुजरने की शक्ति होती है, परन्तु ये किरणें आन्तरिक दोषयुक्त कम सघन माध्यम के द्वारा अवशोषित हो जाती हैं और फोटोग्राफिक फिल्म पर स्पष्ट रूप से दिखाई देती हैं। इन किरणों को एक्स-रे ट्यूब या कोबाल्ट-60 जैसे रेडियोधर्मी पदार्थों के द्वारा उत्पन्न किया जाता है। इन किरणों की तरंगदैर्ध्य (wavelength) कम होती है।

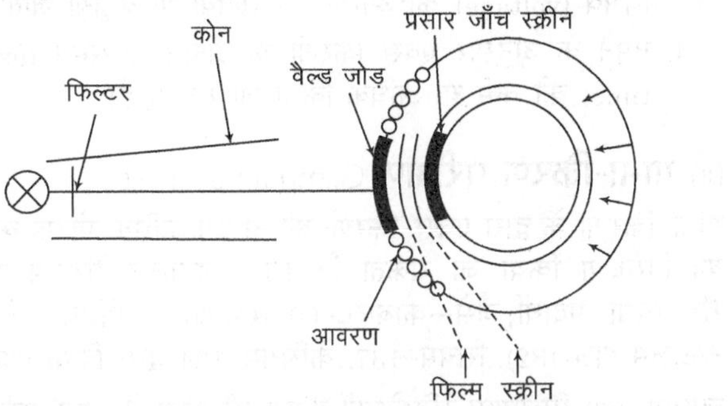

चित्र पाइप में वैल्डिंग जोड़ का रेडियोग्राफिक परीक्षण

एक्स-किरणों की तरंगदैर्ध्य, फिलामेन्ट को दिए गए विभव (voltage) के विलोमानुपाती होती है और तीक्ष्णता (intensity), उसमें प्रवाहित होने वाली धारा (current) के समानुपाती होती है। रेडियोग्राफिक परीक्षण के अन्तर्गत किए जाने वाले परीक्षण निम्न प्रकार हैं

(i) एक्स-किरण परीक्षण X-Ray Test

इस परीक्षण में वैल्डिंग जोड़ों का आन्तरिक फोटो लेकर परीक्षण किया जाता है। परीक्षण नमूने को एक्स-रे इकाई तथा फिल्म के मध्य रखकर एक्स-किरण गुजारी जाती है। यदि वैल्ड जोड़ में कोई छिपा हुआ दोष होता है, तो एक्स-किरणों द्वारा उसे सरलतापूर्वक देखा जा सकता है। इस परीक्षण में दोष, एक्स-रे फिल्म में प्रदर्शित मनुष्यों की टूटी हड्डियों के समान ही दिखाई देते हैं।

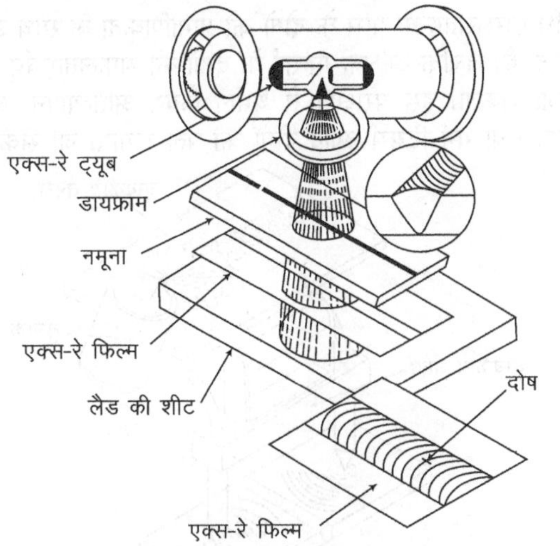

चित्र एक्स-रे परीक्षण

एक्स-किरणों के लाभ Advantages of X-Rays

एक्स-किरणों के मुख्य लाभ निम्न प्रकार हैं

1. एक्स-किरण रेडियोग्राफिक परीक्षण अपेक्षाकृत अधिक सुरक्षित प्रणाली है।
2. एक्स-किरणों के पतली चादरों पर की गई वैल्डिंग के परीक्षण के परिणाम अधिक परिष्कृत व संवेदनशील होते हैं।
3. नमूने की मोटाई के अनुसार एक्स-किरणें उत्पन्न करने के लिए विभव (voltage) को आसानी से घटाया या बढ़ाया जाता है।
4. नमूने के अनुसार एक्स-किरणों के अनावरण समय (exposure time) को कम या अधिक किया जा सकता है।

(ii) गामा-किरण परीक्षण Gamma Ray Test

गामा-किरणों के द्वारा एक्स-किरणों की अपेक्षा अधिक मोटाई की चादरों का निरीक्षण किया जा सकता है। इनका उत्पादन रेडियम या अन्य रेडियोधर्मी पदार्थों; जैसे—कोबाल्ट-60 (Co-60), इरीडियम (Ir-192), टेन्टालम (Ta-182), सियम-137, केसियम-134 द्वारा किया जाता है।

लगभग 400 मिलीग्राम रेडियोधर्मी पदार्थ को सीसे के बन्द बर्तन (lead container) में रख देते हैं। बर्तन में किए गए एक छेद से गामा-किरणें बाहर आती हैं और परीक्षण नमूने (test sample) पर पड़ती हैं। अच्छे परिणाम प्राप्त करने के लिए स्रोत को नमूने के समीप रखा जाता है। गामा-किरण परीक्षण का एक प्रमुख दोष यह है कि प्लेट की मोटाई से 2% कम मोटाई के दोष गामा-किरणों द्वारा नहीं दर्शाए जा सकते।

5. चुम्बकीय कण परीक्षण Magnetic Particle Test

रेडियोग्राफिक परीक्षण में भी बहुत बारीक दरारों का पता नहीं लग पाता। इन बारीक दरारों को चुम्बकीय विधि द्वारा आसानी से ज्ञात किया जा सकता है। इस विधि के अन्तर्गत टेस्ट किए जाने वाले जोड़ पर सर्वप्रथम लौह चूर्णयुक्त लिक्विड स्प्रे किया जाता है। जब नमूने को चुम्बकित किया जाता है, तो लौह चूर्ण के कण दोषित सिरे पर एकत्र हो जाते हैं जिन्हें नग्न आँखों से देखा जा सकता है।

इस विधि द्वारा सतह के पास के दोषों को प्रामाणिकता के साथ ज्ञात किया जा सकता है, जबकि अधिक गहराई के दोषों को सफलतापूर्वक ज्ञात नहीं किया जा सकता। इस परीक्षण से थर्मल क्रैक, अतिव्यापन, अधात्विक इन्क्लूजन तथा गर्म टियर्स आदि दोषों का पता लगाया जा सकता है।

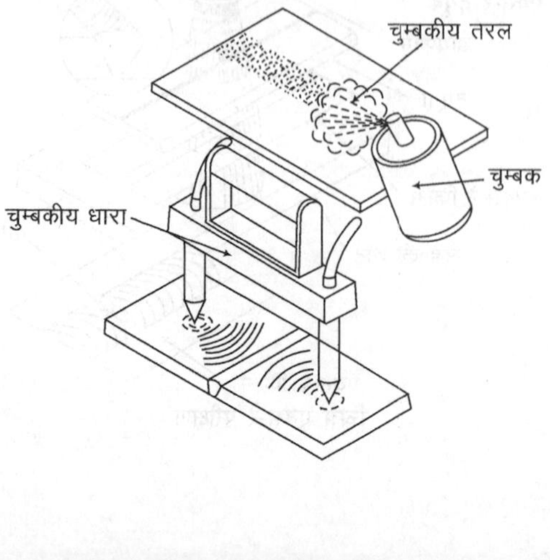

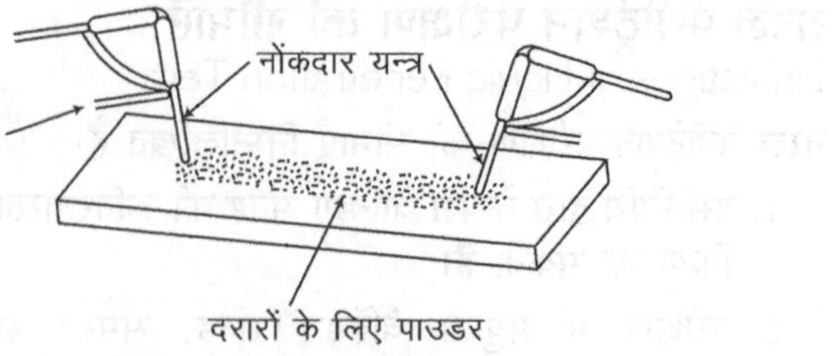

चित्र चुम्बकीय कण परीक्षण

चुम्बकीय कण परीक्षण का सिद्धान्त
Principle of Magnetic Particle Test

इस परीक्षण में चुम्बकीय फ्लक्स धारा को दो चुम्बकों की सहायता से वैल्डिंग धातु में से प्रवाहित कर, इसे चुम्बकत्व प्रदान किया जाता है। यदि वैल्डिंग धातु दोषपूर्ण होती है, तो इस दोष के कारण चुम्बकीय बल रेखाओं के मार्ग में बाधा उत्पन्न होती है और ये बल रेखाएँ चुम्बक (वैल्डिग धातु) से निकलकर धातु की सतह पर आ जाती हैं।

इस प्रकार बल रेखाओं के पुन: आगमन के कारण धातु सतह पर विपरीत ध्रुव विकसित हो जाते हैं। इसके पश्चात् परीक्षण किए जाने वाले जोड़ पर लौह चूर्ण वाले तरल का छिड़काव किया जाता है। इस लौह चूर्ण को चुम्बक अपनी ओर आकर्षित करता है।

इस प्रकार लौह कण दोष के किनारों पर एकत्र होकर दोष को प्रदर्शित करते हैं। इस परीक्षण में अस्थायी चुम्बक बनाने के लिए विद्युत का प्रयोग किया जाता है।

चुम्बकीय कण परीक्षण की कार्यविधि
Working Method of Magnetic Particle Test

चुम्बकीय परीक्षण निम्न दो विधियों द्वारा किया जाता है

(i) **सूखी विधि** Dry Method

इस विधि में कार्यखण्ड की सतह को समतल करने के पश्चात् सतह को चुम्बकीय बनाया जाता है। अब इस सतह पर चुम्बकीय कणों को फैला दिया जाता है।

ये कण दोषपूर्ण वैल्डिंग जोड़ के किनारों पर विपरीत ध्रुव उत्पन्न होने के कारण चिपक जाते हैं। इन चुम्बकीय कणों की व्यवस्था देखकर आसानी से दोषों का सत्यापन हो जाता है।

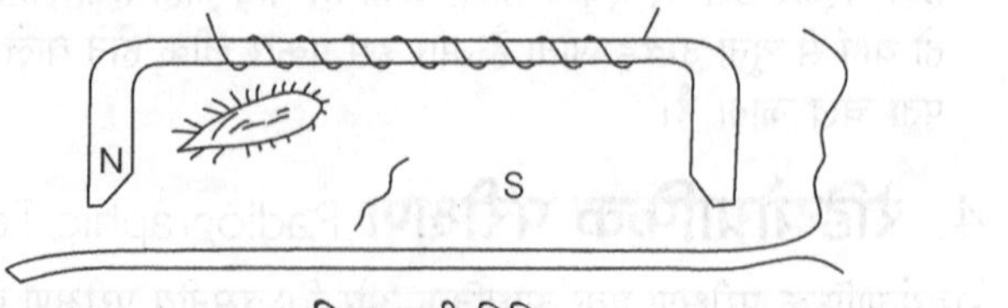

चित्र सूखी विधि

(ii) **गीली विधि** Wet Method

इस विधि में कार्यखण्ड की सतह पर चुम्बकीय कणों को तेल में भिगोकर फैलाया जाता है। ये कण दोषपूर्ण वैल्डिंग जोड़ के किनारों से चिपक जाते हैं।

कणों की व्यवस्था को देखकर दोषों का पता लगा लिया जाता है। छोटी सतह की दरारों का पता लगाने के लिए यह उत्तम विधि है। द्रव को प्रभावी बनाने के लिए इसे लगातार हिलाते रहना आवश्यक है।

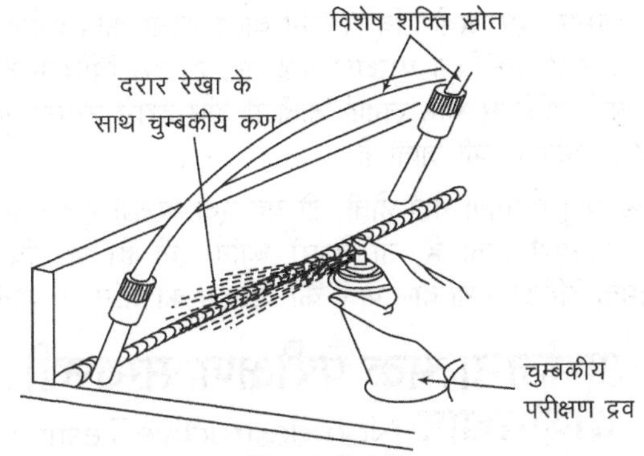

चित्र गीली विधि

लाभ Advantages

चुम्बकीय कण परीक्षण के लाभ निम्नलिखित हैं

1. इस विधि द्वारा बड़ी वैल्डिंग सतहों का निरीक्षण शीघ्रता से किया जा सकता है।
2. यह लौह-चुम्बकीय पदार्थों की ऊपरी सतह की क्षति का परीक्षण करने के लिए सर्वोत्तम विधि है।
3. यह विधि पतली कोटिंग वाली सतहों का परीक्षण करने में भी सक्षम है।
4. इस परीक्षण विधि में प्रयुक्त उपकरण सस्ते होने के कारण यह अपेक्षाकृत सस्ती विधि है।
5. इस विधि का प्रयोग करने से पूर्व प्री-क्लीनिंग की आवश्यकता नहीं होती।
6. यह सतह एवं उपसतह दोनों का परीक्षण करने में सक्षम है।

हानियाँ Disadvantages

चुम्बकीय कण परीक्षण की हानियाँ निम्नलिखित हैं

1. यह परीक्षण केवल लौह-चुम्बकीय पदार्थों के लिए ही उपयोगी होता है।
2. अनुचुम्बकीय पदार्थ; जैसे—पेन्ट आदि इस परीक्षण विधि की दक्षता एवं सुग्राहिता को घटा देते हैं।
3. इस परीक्षण के लिए समतल सतह आवश्यक होती है।

चुम्बकीय कण परीक्षण की सीमाएँ
Limitations of Magnetic Particle Test

चुम्बकीय कण परीक्षण की सीमाएँ निम्नलिखित हैं

1. इस परीक्षण के लिए वैल्ड धातु लौह-चुम्बकीय ही होनी चाहिए।
2. इस परीक्षण के दौरान, परीक्षण किए जाने वाले भागों के जलने की सम्भावना रहती है।
3. इस परीक्षण में कभी-कभी उच्च धारा की आवश्यकता होती है।
4. परीक्षण के अन्त में धातु को अचुम्बकित करना पड़ता है, जोकि एक जटिल कार्य है।
5. इस परीक्षण के द्वारा केवल सतह तथा उसके समीप की निरन्तरता का ही परीक्षण किया जा सकता है।
6. इस परीक्षण में उत्पन्न चुम्बकीय क्षेत्र की शक्ति एवं विन्यास जटिल होता है।

6. पराश्रव्य परीक्षण Ultrasonic Test

अल्ट्रासोनिक तरंगें, पीजोइलेक्ट्रिक प्रभाव के द्वारा विद्युत ऊर्जा को यान्त्रिक ऊर्जा में परिवर्तित कर उत्पन्न की जाती हैं। इसके लिए क्वाट्र्ज क्रिस्टल का प्रयोग किया जाता है। जब उच्च आवृत्ति प्रत्यावर्ती धारा (high frequency alternating current) क्रिस्टल के दोनों सिरों पर आरोपित की जाती है, तो क्रिस्टल, धारा की पहली आधी साइकिल में फैलता है और शेष आधी साइकिल में सिकुड़ता है। इस प्रकार बने यान्त्रिक कम्पन (vibration), ध्वनि तरंग उत्पन्न करते हैं।

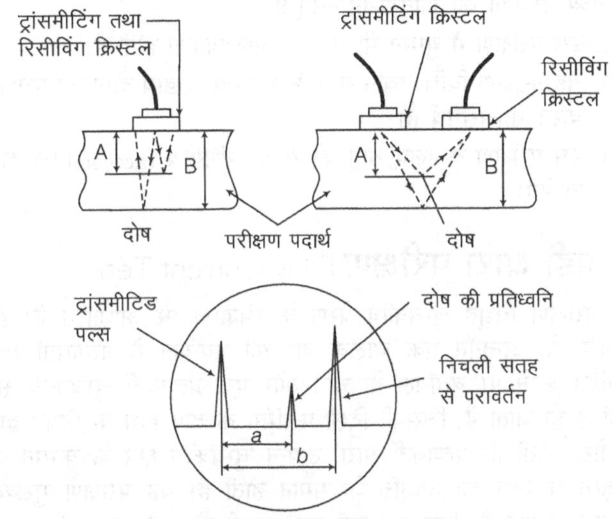

चित्र पराश्रव्य परीक्षण का सिद्धान्त

पराश्रव्य परीक्षण की कार्यविधि
Working Method of Ultrasonic Test

कार्यखण्ड की सतह को समतल करने के पश्चात् पराश्रव्य तरंगें एक प्रोब के द्वारा कार्यखण्ड में प्रवेश कराई जाती हैं। इस प्रक्रिया में दो प्रोब (probe) प्रयोग की जाती है—एक, तरंगें भेजने के लिए तथा दूसरी, वापस आने वाली तरंगों को ग्रहण करने के लिए। तरंगें भेजने से पहले एक ऑयल फिल्म जाँच की जाने वाली सतह और प्रोब के बीच लगा दी जाती है, जिससे प्रोब और सतह के मध्य उपयुक्त सम्बन्ध स्थापित हो जाता है।

अब कैथोड-रे-ऑसिलोस्कोप (CRO) के द्वारा ट्रांसमिट की जाने वाली और ग्रहण की जाने वाली तरंगों के समय अन्तराल को नोट कर लिया जाता है।

जब ट्रांसमीटर प्रोब के द्वारा भेजी तरंगें कार्यखण्ड की ऊपरी सतह से टकराती हैं, तो CRO की स्क्रीन पर एक शार्प पीक (sharp peak) बनती है।

यदि वैल्डिंग जोड़ ठीक है, तो ये तरंगें कार्यखण्ड के आधार से परावर्तित होकर CRO पर थोड़े से छोटे पीक द्वारा दिखती हैं, परन्तु यदि कार्यखण्ड में कोई दोष है, तो ये तरंगें दोष से परावर्तित होकर CRO पर स्क्रीन इको पीक (echo peak) दर्शाती हैं। दोष की गहराई CRO पर दिखाई जा रही वर्ग तरंगों के रूप में समय-दूरी स्केल की सहायता से निकाली जा सकती है।

लाभ Advantages

पराश्रव्य परीक्षण के लाभ निम्नलिखित हैं

1. इस परीक्षण के द्वारा तात्क्षणिक मान प्राप्त होते हैं।
2. यह परीक्षण अल्प समय में पूर्ण हो जाता है।
3. यह परीक्षण सतह अनिरन्तरता तथा उपसतह के प्रति सुग्राही होता है।
4. इस परीक्षण का प्रयोग धातु की मोटाई मापने में भी किया जा सकता है।

हानियाँ Disadvantages

पराश्रव्य परीक्षण की हानियाँ निम्नवत् हैं

1. इस परीक्षण में युग्मन माध्यम की आवश्यकता होती है।
2. यह परीक्षण विधि, ध्वनि बीम के समान्तर, रेखीय दोषों का परीक्षण करने में असमर्थ है।
3. इस परीक्षण के लिए धातु की सतह अभिगम्य (accessible) होनी चाहिए।

7. एडी धारा परीक्षण Eddy Current Test

यह परीक्षण विद्युत-चुम्बकीय प्रेरण के सिद्धान्त पर आधारित है। इस परीक्षण के अन्तर्गत एक चालक तार की क्वॉयल में प्रत्यावर्ती धारा प्रवाहित करने पर क्वॉयल के चारों ओर एक प्रत्यावर्ती चुम्बकीय क्षेत्र स्थापित हो जाता है, जिसकी दिशा फ्लेमिंग के दाएँ हाथ के नियम द्वारा निर्धारित होती है। प्रत्यावर्ती धारा, उत्पन्न चुम्बकीय क्षेत्र के कम्पन की आवृत्ति व धारा की आवृत्ति के समान होती है। यह परीक्षण मुख्यत: चालक धातुओं के लिए उपयुक्त एवं सुग्राही होता है। इस परीक्षण के अन्तर्गत सिलेण्डर की स्लीव की जाँच की जाती है, जिसमें क्षति, सतह दोषों, उच्च सुग्राही पदार्थ आदि का मापन किया जाता है।

लाभ Advantages

एडी धारा परीक्षण के लाभ निम्नलिखित हैं

1. इस परीक्षण द्वारा सतह एवं उपसतह के दोषों की पहचान की जा सकती है।
2. इस परीक्षण में टेस्ट प्रोब के स्पर्श की आवश्यकता नहीं होती है।

हानियाँ Disadvantages

एडी धारा परीक्षण की हानियाँ निम्नवत् हैं

1. इस परीक्षण में पेनीट्रेशन की गहराई सीमित होती है।
2. इस परीक्षण के लिए प्रशिक्षण की आवश्यकता होती है।
3. यह परीक्षण केवल धातु पदार्थों के निरीक्षण के लिए उपयोगी होता है।

8. स्टैथोस्कोपिक (ध्वनि) परीक्षण Stethoscopic (Sound) Test

यह एक सामान्य अभंजनात्मक परीक्षण है। इस परीक्षण में ध्वनि की जाँच के लिए डॉक्टरों द्वारा प्रयोग किया जाने वाला स्टैथोस्कोप प्रयोग होने के कारण, यह स्टैथोस्कोपिक परीक्षण कहलाता है। इस विधि में वैल्ड की गई धातु पर हथौड़े से चोट लगाई जाती है और इससे उत्पन्न ध्वनि की जाँच स्टैथोस्कोप से की जाती है।

यदि वैल्ड धातु दोषपूर्ण नहीं होती, तो यह एक अच्छी गूँज देती है और यदि यह दोषपूर्ण होती है, तो बेसुरी ध्वनि देती है। इस विधि द्वारा संरचनात्मक वैल्डिंग तथा दाब पात्रों की वैल्डिंग की जाँच की जाती है।

16.3 अभंजनात्मक परीक्षण सम्बन्धी दोषोपचार Non-destructive Testing Related Troubleshooting

ऑटोमोबाइल एक ऐसी युक्ति है, जिसमें किसी भी प्रक्रम या कार्य में दोष की उत्पत्ति होना स्वाभाविक है। यद्यपि परीक्षण, गुणवत्ता जाँचने का एक माध्यम है, परन्तु इसके दौरान भी उत्पन्न होने वाले दोषों व उनके उपचारों से प्रशिक्षु को अवगत होना चाहिए। परीक्षण के दौरान उत्पन्न होने वाले दोष एवं उनसे सम्बन्धित उपचार निम्नवत् हैं

क्र.सं.	दोष	उपचार
1.	जॉब का टूटना	जॉब पर अत्यधिक भार न डालें।
2.	जॉब की सतह का भद्दा हो जाना	जॉब की सतह पर कुशलता से कार्य करें, जिससे उस पर स्क्रैच न पड़ें।
3.	जॉब पर गड्ढे पड़ना	जॉब की सतह पर समान रूप से भार आरोपित करें।
4.	जॉब पर जंग लगना	जॉब पर नमी न छोड़ें।
5.	जॉब का सही स्थिति में परीक्षण न होना	जॉब को समतल स्थिति में रखकर परीक्षण करें।

16.4 भंजनात्मक परीक्षण Destructive Testing

इस प्रकार के परीक्षण के लिए वैल्डिंग कार्यखण्डों में से कुछ परीक्षण नमूने (test pieces) लिए जाते हैं। इन परीक्षण नमूनों को अनेक प्रकार से तोड़कर उनकी शक्ति का मापन किया जाता है। इस परीक्षण में नमूना नष्ट हो जाता है, इसलिए इसे भंजनात्मक (destructive) परीक्षण कहा जाता है। इस परीक्षण से वैल्डिंग धातु के भौतिक गुणों की सम्पूर्ण जानकारी प्राप्त होती है। भंजनात्मक परीक्षण प्रयोगशाला में पदार्थ परीक्षण मशीनों द्वारा किए जाते हैं।

भंजनात्मक परीक्षण निम्न प्रकार के होते हैं

(i) कार्यशाला परीक्षण
(ii) प्रयोगशाला परीक्षण
(iii) यान्त्रिक परीक्षण

16.5 स्कॉच योक मैकेनिज्म
Scotch Yoke Mechanism

स्कॉच योक एक पश्चाग्र गति यन्त्रावली (reciprocating motion mechanism) है, जो स्लाइडर की रेखीय गति (linear motion) को घूर्णी गति (rotational motion) में परिवर्तित करती है। पिस्टन तथा अन्य पश्चाग्र गति करने वाले भाग प्रत्यक्ष रूप से स्लाइडिंग योक के साथ जुड़े होते हैं तथा पिन द्वारा घूर्णी भागों (rotating parts) के साथ संलग्न होते हैं। समय के साथ पिस्टन की स्थिति एक नियत आयाम की ज्या तरंग के तुल्य होती है तथा नियत आवृत्ति पर नियत घूर्णन गति प्रदान करती है।

इस प्रकार की यन्त्रावली उच्च दाब वाली तेल तथा गैस पाइप लाइन में सामान्यत: प्रयोग की जाती है। इंजनों में क्रैंक शॉफ्ट तथा कनेक्टिंग रॉड की तुलना में स्कॉच योक मैकेनिज्म छोटे सिलेण्डर साइज के साथ उच्च आउटपुट टार्क, सुचारु चालन (smooth operation), निम्न चलित भाग तथा इंजन की दक्षता में वृद्धि हेतु टॉप डैड सेन्टर (TDC) पर समय की उच्च प्रतिशतता प्रदान करता है।

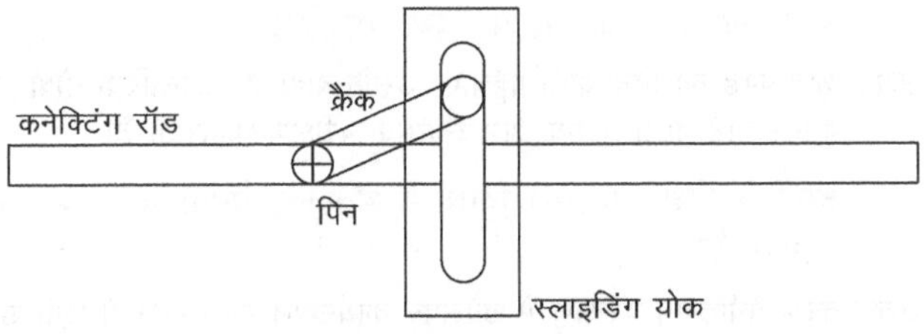

चित्र स्कॉच योक मैकेनिज्म

महत्त्वपूर्ण बिन्दु

- वे परीक्षण, जिनमें नमूने को नष्ट करने की आवश्यकता नहीं होती है, अभंजनात्मक परीक्षण कहलाते हैं।
- अभंजनात्मक परीक्षण द्वारा क्षति रहित पदार्थों व अवयवों के गुणों का मापन किया जा सकता है।
- वह विधि, जिसमें नग्न आँखों द्वारा वैल्डिंग की गई सतहों का निरीक्षण किया जाता है, दृश्यिक परीक्षण कहलाती है।
- दृश्यिक परीक्षण में वीविंग, स्पैटरिंग आदि दोषों का भी पता लगाया जा सकता है।
- सभी वैल्डिंग तकनीकों में छोटी सतह वाली दरारों का ज्ञान तरल पेनीट्रेशन परीक्षण से किया जाता है।
- तरल पेनीट्रेशन परीक्षण की जाने वाली सतहों पर रंग द्रव डाई तथा फ्लोरोसेन्ट का लेप लगाया जाता है।
- लीक परीक्षण में वैल्डिंग जोड़ों से होने वाले रिसाव का पता लगाया जाता है।
- लीक परीक्षण के लिए सामान्यत: पानी, वायु तथा कैरोसीन का प्रयोग किया जाता है।
- रेडियोग्राफिक परीक्षण एक आधुनिक और विश्वसनीय परीक्षण है।
- एक्स-किरण परीक्षण में वैल्डिंग जोड़ों का आन्तरिक फोटो लेकर परीक्षण किया जाता है।
- एक्स-किरण परीक्षण में दोष, एक्स-रे फिल्म में प्रदर्शित मनुष्यों की टूटी हड्डियों के समान प्रतीत होता है।
- गामा-किरणों के द्वारा एक्स-किरणों की अपेक्षा अधिक मोटाई की चादरों का निरीक्षण किया जाता है।
- गामा-किरण परीक्षण में प्लेट की मोटाई से 2% कम मोटाई का दोष प्रतीत नहीं होता है।
- रेडियोग्राफिक परीक्षण में बहुत बारीक दरारों का पता लगाया जाता है।
- चुम्बकीय कण परीक्षण विधि के द्वारा सतह के पास के दोषों को प्रामाणिकता के साथ ज्ञात किया जा सकता है।
- चुम्बकीय कण परीक्षण से थर्मल क्रैक, अतिव्यापन तथा अधात्विक इन्क्लूजन आदि दोषों का पता लगाया जा सकता है।
- चुम्बकीय कण परीक्षण में चुम्बकीय फ्लक्स धारा को दो चुम्बकों की सहायता से वैल्डिंग धातु में से प्रवाहित कर, इसे चुम्बकत्व प्रदान किया जाता है।
- चुम्बकीय कण परीक्षण की गीली विधि में कार्यखण्ड की सतह पर चुम्बकीय कणों को तेल में भिगोकर फैलाया जाता है।
- अल्ट्रासोनिक तरंगें, पीजोइलेक्ट्रिक प्रभाव के द्वारा विद्युत ऊर्जा को यान्त्रिक ऊर्जा में परिवर्तित कर उत्पन्न की जाती हैं।
- कार्यखण्ड की सतह को समतल करने के पश्चात् पराश्रव्य तरंगें एक प्रोब के द्वारा कार्यखण्ड में प्रवेश कराई जाती हैं।
- अल्ट्रासोनिक परीक्षण विधि में दोष की गहराई CRO पर वर्ग तरंगों के रूप में समय-दूरी स्केल की सहायता से निकाली जा सकती है।
- एडी धारा परीक्षण विद्युत-चुम्बकीय प्रेरण के सिद्धान्त पर आधारित है।
- जिस परीक्षण में ध्वनि की जाँच के लिए स्टैथोस्कोप का प्रयोग किया जाता है वह स्टैथोस्कोपिक परीक्षण कहलाता है।
- वे परीक्षण, जिनमें नमूनों को अनेक प्रकार से तोड़कर उनकी शक्ति का मापन किया जाता है, भंजनात्मक परीक्षण कहलाते हैं।
- स्कॉच योक मैकेनिज्म स्लाइडर की रेखीय गति को घूर्णी गति में परिवर्तित करता है।

महत्त्वपूर्ण प्रश्नोत्तरी

1. अभंजनात्मक परीक्षण से आप क्या समझते हैं?

उत्तर कार्यखण्ड को बिना क्षति पहुँचाए, उसके बाह्य एवं आन्तरिक दोषों का पता लगाने वाली प्रक्रिया अभंजनात्मक परीक्षण कहलाती है।

2. तरल पेनीट्रेशन परीक्षण विधि में डेवेलपर प्रयोग करने का क्या उद्देश्य है?

उत्तर तरल पेनीट्रेशन परीक्षण में डेवेलपर कार्यखण्ड की दरारों में छुपी डाई को बाहर खींचने के लिए प्रयोग किया जाता है।

3. एक्स-किरण परीक्षण द्वारा किन दोषों का पता लगाया जाता है?

उत्तर एक्स-किरण परीक्षण द्वारा स्लैग इन्क्लूजन, वैल्डिंग कैविटी, दरारें तथा पेनीट्रेशन दोषों का पता लगाया जाता है।

4. गामा-किरणों का उपयोग वैल्डिंग को जाँचने में होता है। किस पदार्थ से गामा-किरणों को उत्पन्न किया जाता है?

उत्तर वैल्डिंग जाँचने के लिए गामा-किरणों को रेडियो आइसोटोप्स कोबाल्ट से उत्पन्न किया जाता है।

5. अल्ट्रासोनिक परीक्षण, एक्स-किरण परीक्षण तथा गामा-किरण परीक्षण तीन अभंजनात्मक परीक्षण हैं। इन परीक्षणों में से किस परीक्षण का उपयोग ऐसे स्थान पर किया जाता है, जहाँ बिजली उपलब्ध नहीं है?

उत्तर अल्ट्रासोनिक परीक्षण, एक्स-किरण परीक्षण तथा गामा-किरण परीक्षण में से गामा-किरण परीक्षण का उपयोग बिजली उपलब्ध नहीं होने के स्थान पर किया जाता है।

अभ्यास प्रश्न

परीक्षा प्रारूपी प्रश्न

बहुविकल्पीय

1. अभंजनात्मक परीक्षण, ………… का महत्त्वपूर्ण अंग है।
(a) क्वालिटी कण्ट्रोल (b) प्रोडक्शन कण्ट्रोल
(c) प्लानिंग कण्ट्रोल (d) क्वान्टिटेटिव एनालिसिस

2. बिना किसी अवयव को हानि पहुँचाए परीक्षण निम्न में से किसके द्वारा सम्भव है?
(a) अविनाशी परीक्षण विधि (b) विनाशी परीक्षण विधि
(c) 'a' और 'b' दोनों (d) इनमें से कोई नहीं

3. अभंजनात्मक परीक्षण है
(a) लीक परीक्षण (b) दृश्यिक परीक्षण
(c) चुम्बकीय कण परीक्षण (d) ये सभी

4. दृश्यिक परीक्षण का लाभ है
(a) सरल, द्रुत तथा अल्पव्ययी है
(b) अन्दरूनी तथा बाह्य दोषों के लिए उपयुक्त
(c) बॉयलर आदि के लिए उपयुक्त
(d) रेडिएशन से खतरा नहीं

5. दृश्यिक परीक्षण की सहायता से कौन-सी क्रियाओं के वैल्डिंग दोषों को सुनिश्चित किया जा सकना सम्भव है?
(a) वीविंग (b) स्पैटरिंग
(c) 'a' और 'b' दोनों (d) इनमें से कोई नहीं

6. दृश्यिक परीक्षण में इनमें से किसकी सहायता ली जाती है?
(a) मैग्नीफाइंग ग्लास (b) स्पीडोमीटर
(c) ऑडोमीटर (d) इनमें से कोई नहीं

7. तरल पेनीट्रेशन परीक्षण निम्न के दोष ज्ञात करने के लिए प्रयोग होता है
(a) ऊपरी सतह (b) बीच की सतह
(c) गहराई में (d) कहीं भी

8. तरल पेनीट्रेशन परीक्षण, अभंजनात्मक परीक्षण का एक प्रकार है, जिसमें द्रव को परीक्षण की जाने वाली धातु में से प्रवाहित करते हैं। निम्नलिखित में से इस परीक्षण से उत्पन्न होने वाली हानि है
(a) अत्यधिक क्षेत्रफल वाले भाग कम लागत पर मापे जाते हैं
(b) यह केवल नॉन-पोरस पदार्थ का परीक्षण करता है
(c) जटिल आकृति वाले भागों की जाँच की जा सकती है
(d) न्यून प्रारम्भिक निवेशित लागत

9. वाहनों में प्रयुक्त महँगे तरल का अपव्यय-रोधन निम्न में से किस परीक्षण विधि द्वारा सम्भव है?
(a) दृश्यिक परीक्षण (b) रिसाव परीक्षण
(c) 'a' और 'b' दोनों (d) इनमें से कोई नहीं

10. लीक परीक्षण में प्रयुक्त अवयव है
(a) वायु (b) पानी
(c) गैस (d) ये सभी

11. रेडियोग्राफिक परीक्षण से निम्न में से कौन-सी जाँच की जाती है?
(a) छिद्रण (b) आन्तरिक सरन्ध्रता
(c) 'a' और 'b' दोनों (d) इनमें से कोई नहीं

12. 'X' किरणों के उत्पादन के लिए विद्युत विभव होता है
(a) 20 से 40 किलो वोल्ट
(b) 40 से 2000 किलो वोल्ट
(c) 2000 से 20000 किलो वोल्ट
(d) 0 से 20 किलो वोल्ट

13. 'X' किरणों के बारे में सही कथन है
(a) इन किरणों की तरंगदैर्ध्य कम होती है
(b) इन किरणों की तरंगदैर्ध्य फिलामेन्ट को दिए गए विभव के विलोमानुपाती होती है
(c) तीक्ष्णता उसमें बहने वाली धारा के समानुपाती होती है
(d) उपरोक्त सभी

14. निम्न चित्र में किस परीक्षण को दर्शाया गया है?

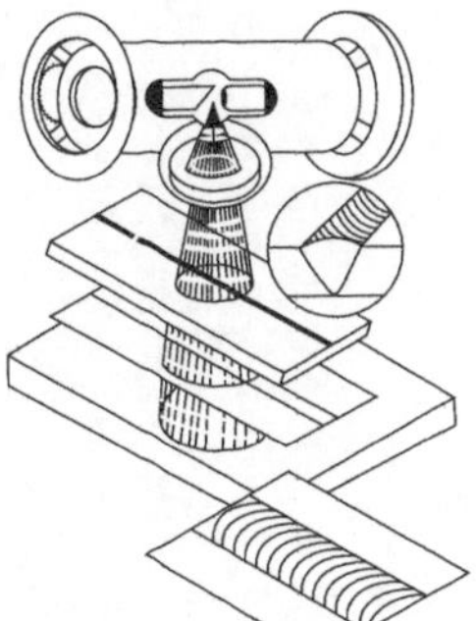

(a) गामा-किरण परीक्षण
(b) चुम्बकीय कण परीक्षण
(c) रेडियोग्राफिक परीक्षण
(d) एक्स-किरण परीक्षण

15. यह परीक्षण बिना विद्युत के किया जा सकता है
(a) अल्ट्रासोनिक परीक्षण
(b) गामा-किरण परीक्षण
(c) एक्स-किरण परीक्षण
(d) उपरोक्त में से कोई नहीं

16. निम्न में से किस परीक्षण में थर्मल क्रैक, अतिव्यापन, अधात्विक इन्क्लूजन तथा गर्म टियर्स आदि का पता लगाया जा सकता है?
(a) गामा-किरण परीक्षण
(b) एक्स-किरण परीक्षण
(c) चुम्बकीय कण परीक्षण
(d) उपरोक्त सभी

17. गामा-किरणों का उत्पादन किया जाता है
(a) कोबाल्ट-60 से (b) इरीडियम से
(c) सियम-137 से (d) ये सभी

18. चुम्बकीय कण परीक्षण से सम्बन्धित तथ्य है
(a) चुम्बकीय कण परीक्षण सूखी विधि द्वारा किया जाता है
(b) यह एक प्रकार का दृश्यिक परीक्षण है
(c) यह परीक्षण समतल सतहों पर किया जाता है
(d) 'a' और 'b' दोनों

19. निम्न चित्र में चुम्बकीय कण परीक्षण की कौन-सी विधि दर्शाई गई है?

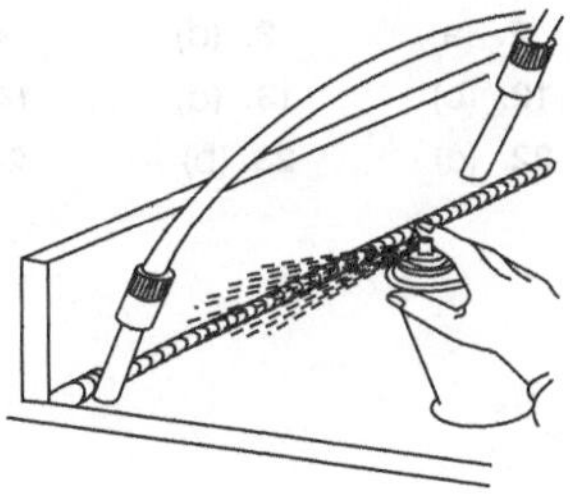

(a) गीली विधि
(b) सूखी विधि
(c) गामा किरण परीक्षण विधि
(d) एक्स-किरण परीक्षण विधि

20. पराश्रव्य परीक्षण में उच्च आवृत्ति किरणें उत्पन्न करने के लिए निम्न में से किसका प्रयोग किया जाता है?
(a) यूरेनियम (b) एल्युमीनियम
(c) क्वार्ट्ज क्रिस्टल (d) सोडियम क्लोराइड

21. किस परीक्षण द्वारा बड़ी वैल्डिंग सतहों का निरीक्षण शीघ्रता से किया जा सकता है?
(a) गामा-किरण परीक्षण
(b) चुम्बकीय कण परीक्षण
(c) एक्स-किरण परीक्षण
(d) पराश्रव्य परीक्षण

22. पराश्रव्य परीक्षण के दौरान CRO पर प्राप्त तरंग रूप में 'X' द्वारा प्रदर्शित भाग है

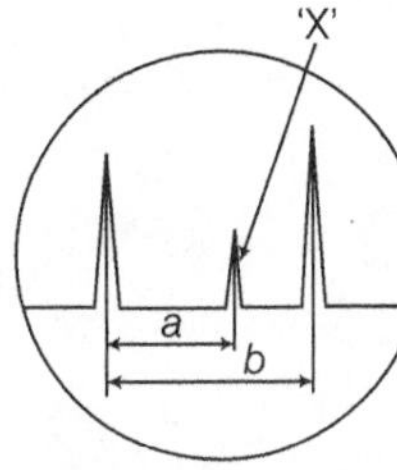

(a) ट्रांसमीटिड पल्स
(b) निचली सतह से परावर्तन
(c) दोष की प्रतिध्वनि
(d) इनमें से कोई नहीं

23. एडी धारा परीक्षण ·········· के सिद्धान्त पर आधारित है।
(a) पीजोइलेक्ट्रिक (b) विद्युत चुम्बकीय प्रेरण
(c) फोटोइलेक्ट्रिक इफेक्ट (d) इनमें से कोई नहीं

24. संरचनात्मक वैल्डिंग तथा दाब पात्रों की वैल्डिंग की जाँच के लिए ·········· परीक्षण किया जाता है।
(a) पराश्रव्य (b) तरल पेनीट्रेशन
(c) चुम्बकीय कण (d) स्टैथोस्कोपिक

25. जॉब पर अभंजनात्मक परीक्षण टैस्टिंग के दौरान यदि गड्ढे पड़ जाएँ, तो इस दोष के निवारण हेतु करना चाहिए
(a) जॉब पर अत्यधिक भार डालें
(b) जॉब की सतह पर असमान रूप से भार डालें
(c) जॉब की सतह पर समान रूप से भार डालें
(d) उपरोक्त में से कोई नहीं

उत्तरमाला

1. (a)	**2.** (a)	**3.** (d)	**4.** (a)	**5.** (c)	**6.** (a)	**7.** (a)	**8.** (b)	**9.** (b)	**10.** (d)
11. (c)	**12.** (b)	**13.** (d)	**14.** (d)	**15.** (b)	**16.** (c)	**17.** (d)	**18.** (d)	**19.** (a)	**20.** (c)
21. (b)	**22.** (c)	**23.** (b)	**24.** (d)	**25.** (c)					

अध्याय 17

हाइड्रॉलिक एवं न्यूमैटिक मैकेनिक्स

Hydraulic and Pneumatic Mechanics

परिचय Introduction

प्रौद्योगिक एवं तकनीकी क्षेत्र में विभिन्न प्रकार के परम्परागत मैकेनिक्स का प्रयोग किया जाता है एवं दिन-प्रतिदिन नए मैकेनिक्स की खोज भी की जा रही है, परन्तु वर्तमान समय में प्रचलित मैकेनिक्स में हाइड्रॉलिक एवं न्यूमैटिक मैकेनिक्स मुख्य हैं। हाइड्रॉलिक मैकेनिक्स के अन्तर्गत तरल पदार्थ के दबाव से तथा न्यूमैटिक मैकेनिक्स के अन्तर्गत गैसों के दबाव द्वारा मैकेनिक्स गति प्राप्त की जाती है।

वर्तमान समय में प्रयोग होने वाले वाहनों के अवयव इन मैकेनिक्स पर आधारित सिद्धान्तों पर ही प्रचालित होते हैं, इसलिए इन वाहनों की कार्यप्रणाली को समझने हेतु हाइड्रॉलिक एवं न्यूमैटिक मैकेनिक्स पर आधारित सिद्धान्तों को समझना एवं उनका अध्ययन करना प्रशिक्षु के लिए अति आवश्यक है। इस उपयोगिता को ध्यान में रखते हुए प्रस्तुत अध्याय में हाइड्रॉलिक एवं न्यूमैटिक मैकेनिक्स पर आधारित सिद्धान्तों के साथ-साथ वाहन में प्रयुक्त इन पर आधारित अवयवों का भी विस्तृत वर्णन किया गया है।

अध्याय विषय सूची

17.1 हाइड्रॉलिक मैकेनिक्स Hydraulic Mechanics

तकनीक का वह भाग, जिसके अन्तर्गत तरल पदार्थ के प्रवाहक गुणधर्मों का अध्ययन किया जाता है, हाइड्रॉलिक मैकेनिक्स कहलाता है एवं वह प्रणाली, जिसमें दबाव सहित तरल पदार्थ का प्रयोग किया जाता है, हाइड्रॉलिक प्रणाली कहलाती है। हाइड्रॉलिक मैकेनिक्स के अन्तर्गत तरल को एक निश्चित सीमा तक दबाकर बल अथवा ऊर्जा को संचरित किया जाता है। इसमें प्रयुक्त इनपुट अवयव, पम्प तथा आउटपुट अवयव, एक्चुएटर कहलाते हैं। प्रौद्योगिकी के क्षेत्र में हाइड्रॉलिक मैकेनिक्स का प्रयोग तरल पदार्थों के प्राकृतिक गुणों; जैसे—घनत्व, श्यानता, प्रत्यास्थता, पृष्ठ तनाव आदि पर निर्भर करता है, क्योंकि प्राय: सभी तरल पदार्थों का सामान्य व्यवहार एकसमान होता है।

विभिन्न औद्योगिक क्षेत्रों, इंजन प्रचालन, विद्युत उत्पादक जनित्रों, कृषि क्षेत्रों आदि में इस तकनीक का अत्यधिक प्रयोग किया जाता है। इसके अतिरिक्त वाहनों की ब्रेक प्रणाली में भी इसका प्रयोग होता है। हाइड्रॉलिक मैकेनिक्स में सामान्यत: प्रयुक्त तरल, तेल होता है।

हाइड्रॉलिक मैकेनिक्स पर आधारित कुछ मशीनें एवं युक्तियाँ निम्न प्रकार हैं

(i) हाइड्रॉलिक प्रैस (ii) हाइड्रॉलिक गवर्नर (iii) हाइड्रॉलिक लिफ्ट

(iv) हाइड्रॉलिक सिलेण्डर (v) हाइड्रॉलिक एक्चुएटर

हाइड्रॉलिक मैकेनिक्स सम्बन्धी शब्दावली
Terminology Related to Hydraulic Mechanics

हाइड्रॉलिक मैकेनिक्स, उन्नत तकनीक का एक उदाहरण है, जिसको पूर्णत: समझने के लिए इससे सम्बन्धित शब्दावली (पदावली) का ज्ञान होना अति आवश्यक है। हाइड्रॉलिक मैकेनिक्स से सम्बन्धित कुछ उपयोगी पद (शब्द) निम्न हैं

1. बल Force

वह बाह्य कारक, जो किसी वस्तु की स्थिर अवस्था या गति की अवस्था को परिवर्तित कर देता है या परिवर्तित करने का प्रयत्न करता है, बल कहलाता है। वस्तु पर लगाया गया बल, उसके द्रव्यमान (mass) तथा त्वरण (acceleration) के गुणनफल के बराबर होता है।

$$\therefore \quad \text{बल } (F) = \text{द्रव्यमान } (m) \times \text{त्वरण } (a)$$

$$F = ma$$

SI प्रणाली में बल का मात्रक किग्रा-मीटर/सेकण्ड^2 होता है, जिसे न्यूटन भी कहते हैं।

2. दाब Pressure

किसी तल के इकाई क्षेत्रफल पर जो लम्बवत् बल कार्य करता है, उसके परिमाण को उस तल पर पड़ने वाला दाब कहते हैं। यह दाब वायुमण्डल के कारण होता है। माना एक बन्द पात्र में, A क्षेत्रफल वाले पिस्टन द्वारा आरोपित बल F है, तो दाब निम्न सूत्र द्वारा ज्ञात किया जाएगा

$$\text{दाब } (p) = \frac{\text{बल } (F)}{\text{क्षेत्रफल } (A)}$$

किसी तल पर पड़ने वाला दाब, उस तल पर आरोपित बल के अनुक्रमानुपाती होता है। दाब का SI मात्रक न्यूटन/मी^{2} होता है, जिसे पास्कल भी कहते हैं।

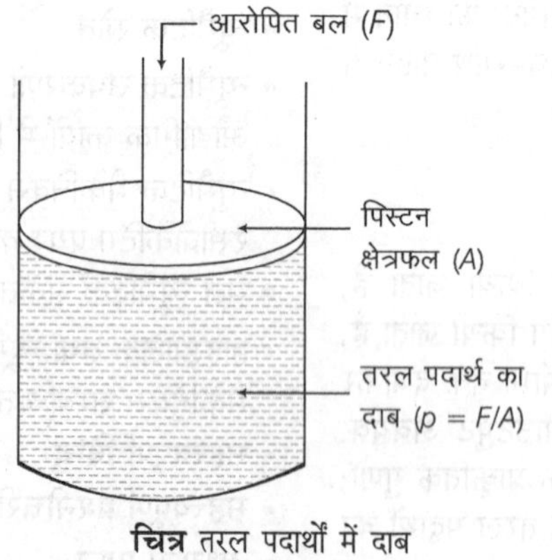

चित्र तरल पदार्थों में दाब

3. श्यानता Viscosity

तरल पदार्थ के आन्तरिक घर्षण को श्यानता कहते हैं। जब किसी तरल (द्रव) की एक परत, उसी तरल की दूसरी परत पर फिसलती है, तो उनके बीच घर्षण बल कार्य करता है, जो परतों की सापेक्ष गति का विरोध करता है। यह घर्षण बल ही श्यान बल है तथा तरल पदार्थों द्वारा प्रदर्शित यह गुण, श्यानता कहलाता है।

$$\text{श्यान बल } (f) = \pm \eta A \frac{\Delta v}{\Delta y}$$

जहाँ, $\frac{\Delta v}{\Delta y}$ = वेग प्रवणता (velocity gradient)

η = श्यानता गुणांक (viscosity coefficient)

A = परतों का क्षेत्रफल (area of layers)

श्यानता दो प्रकार की होती है

(i) वास्तविक श्यानता

(ii) शुद्ध गतिकी श्यानता

(i) **वास्तविक श्यानता** (Real viscosity) मोटी द्रवित फिल्म से भरी दो प्लेटों के मध्य लगने वाले बल का मापन वास्तविक श्यानता द्वारा किया जाता है। CGS प्रणाली में वास्तविक श्यानता का मात्रक पॉइज (poise) होता है।

(ii) **शुद्ध गतिकी श्यानता** (Pure dynamic viscosity) इस श्यानता का मान एक निश्चित तेल को कैपिलरी ट्यूब में गुजारने के समय ज्ञात किया जाता है। यह श्यानता वैज्ञानिक क्षेत्रों में प्रयोग की जाती है। इस श्यानता का मात्रक स्टोक्स (stokes) होता है।

17.2 हाइड्रॉलिक मैकेनिक्स का सिद्धान्त
Principle of Hydraulic Mechanics

हाइड्रॉलिक मैकेनिक्स सिद्धान्त से आशय इसमें प्रयोग होने वाले उन सिद्धान्तों से है, जिन पर इंजीनियरिंग तथा तकनीकी की विविध मशीनें निर्भर करती हैं एवं अपनी प्रचालन (operation) क्रिया करती हैं। अत: ऐसे सिद्धान्तों का अध्ययन करना अति आवश्यक है। हाइड्रॉलिक मैकेनिक्स पर आधारित इन सिद्धान्तों का वर्णन निम्न प्रकार है

1. पास्कल का नियम Pascal's Law

पास्कल का नियम हाइड्रॉलिक मैकेनिक्स में दाब से सम्बन्धित एक महत्त्वपूर्ण सिद्धान्त है, जिसे फ्रांसीसी वैज्ञानिक ब्लेज पास्कल ने प्रतिपादित किया था।

इस सिद्धान्त के अनुसार, "चारों तरफ से घिरे (covered) असम्पीड्य (incompressible) तरल पदार्थ में यदि किसी बिन्दु पर दाब परिवर्तन किया जाए अर्थात् दाब को घटाया या बढ़ाया जाए, तो उस तरल पदार्थ के अन्दर प्रत्येक बिन्दु पर दाब में उतना ही परिवर्तन होगा।"

गणितीय सूत्र,

$$\boxed{\Delta p = \rho g (\Delta h)}$$

जहाँ, Δp = तरल स्थैतिकी में दाब

ρ = तरल का घनत्व

g = गुरुत्वीय त्वरण का अन्तर

Δh = गहराई पर स्थित दो बिन्दुओं के बीच की ऊँचाई में अन्तर

2. आर्किमिडीज का सिद्धान्त
Archimedes Principle

आर्किमिडीज के सिद्धान्त के अनुसार, "जब किसी वस्तु को किसी तरल में पूर्णत: या आंशिक रूप से डुबोया जाता है, तो तरल वस्तु पर ऊपर की ओर एक बल कार्य करता है, जिसे उत्प्लावन बल कहते हैं। यह बल वस्तु द्वारा हटाए गए तरल के भार के बराबर होता है।"

किसी वस्तु को किसी तरल में पूर्ण या आंशिक रूप से डुबोने पर वस्तु के भार में कमी प्रतीत होती है, वस्तु के भार में आई यह आभासी कमी वस्तु द्वारा हटाए गए तरल के भार के बराबर होती है।

∴ वस्तु का आभासी भार = वस्तु का भार−तरल का उत्प्लावन बल
= वस्तु का भार−विस्थापित तरल का भार

17.3 हाइड्रॉलिक मैकेनिक्स पर आधारित ऑटोमोटिव अवयव Automotive Components Based on Hydraulic Mechanics

ऑटोमोबाइल के डिजाइन (design), प्रचालन (operation) तथा अनुप्रयोगों (applications) को देखते हुए ऐसे अनेक अवयवों का निर्माण किया गया है, जो पूर्णत: हाइड्रॉलिक तथा न्यूमैटिक मैकेनिक्स पर आधारित हैं। ऐसे अवयवों के प्रयोग से ऑटोमोबाइल की दक्षता (efficiency), सुविधा (convenience) एवं सुरक्षा (safety) बढ़ जाती है। इसी प्रकार के कुछ अवयवों का वर्णन नीचे दिया गया है

1. गियर पम्प Gear Pump

गियर पम्प एक ऐसी युक्ति है, जिसके द्वारा निश्चित दाब पर तरल को स्थानान्तरित किया जाता है। यह हाइड्रॉलिक मैकेनिक्स पर आधारित सबसे अधिक प्रयोग होने वाला पम्प है। यह एक धनात्मक अथवा नियत विस्थापन वाला पम्प होता है, क्योंकि यह प्रत्येक चक्कर में तरल की एक नियत मात्रा को ही पम्प करता है।

इस पम्प का प्रयोग अधिकतर उच्च श्यानता वाले द्रवों को पम्प करने के लिए ऐसे स्थानों पर किया जाता है, जहाँ निम्न से मध्यम दाब की आवश्यकता हो; जैसे—कार का ऑयल पम्प, ट्रकों एवं निर्माण कार्यों में लगी हाइड्रॉलिक यूनिट आदि। इस पम्प को इस प्रकार डिजाइन किया जाता है कि यह, पम्प तथा मोटर दोनों की तरह कार्य कर सकता है।

गियर पम्प का सिद्धान्त Principle of Gear Pump

मोटर द्वारा प्रचालित एक ड्राइवर गियर, आइडलर गियर को विपरीत दिशा में घुमाता है। गियर्स के घूर्णन के दौरान हाउसिंग बोर तथा गियर्स के दाँतों के मध्य स्थान में फँसा हुआ तरल, गियर्स के चारों ओर घूमता हुआ पम्प के इनलेट से आउटलेट की ओर चला जाता है। पम्प की आउटलेट साइड में गियर्स का आपस में मैश होना ही तरल को पम्प करके पाइप में भेजता है।

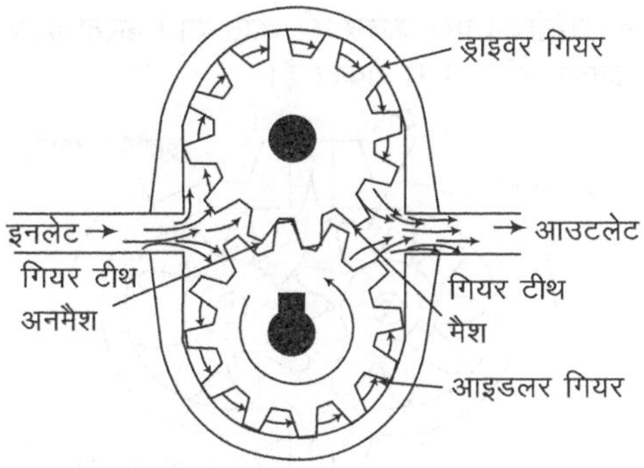

चित्र गियर पम्प का सिद्धान्त

गियर पम्प के प्रकार Types of Gear Pump

गियर पम्प मुख्यत: दो प्रकार के होते हैं

(i) आन्तरिक गियर पम्प (ii) बाह्य गियर पम्प

(i) **आन्तरिक गियर पम्प** (Internal gear pump) आन्तरिक गियर पम्प, एक ऐसा गियर पम्प है, जिसे ऑटोमोटिव ऑयल पम्प में गेरोटर (gerotor) के नाम से भी जाना जाता है। इस गियर पम्प में एक बाह्य गियर तथा एक आन्तरिक स्पर गियर होता है। ये दोनों गियर आपस में अन्तर्संयोजित (interconnected) होते हैं तथा समान दिशा में घूर्णन करते हैं। जैसे-जैसे दोनों गियर्स के दाँत अन्तर्संयोजन से बाहर आते हैं, गियर के दाँतों तथा सेपरेटर (separator) के मध्य एकत्रित तरल इनलेट से होता हुआ आउटलेट में चला जाता है।

इस प्रकार का पम्प छोटे इंजनों, जिनमें कैम शाफ्ट ऊपर लगी होती है, के लिए अधिक उपयुक्त होता है। यह बहुत कम स्थान लेता है तथा क्रैंक शाफ्ट पर लगे हुए गियर द्वारा सीधे प्रचालित (operated) होता है। ऐसे पम्प का प्रचालन (operation) तथा अनुरक्षण (maintenance) अत्यन्त सरल होता है।

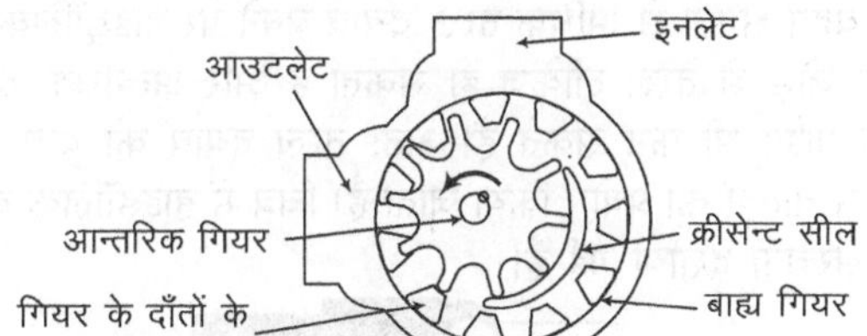

चित्र आन्तरिक गियर पम्प

(ii) **बाह्य गियर पम्प** (External gear pump) बाह्य गियर पम्प का प्रयोग प्राय: मशीन औजार (machine tool) में स्नेहक पम्प के तौर पर किया जाता है। इसमें दो बाह्य स्पर गियर होते हैं, जो परस्पर अन्तर्संयोजित होते हैं। इसमें एक ड्राइवर गियर होता है, जो दूसरे गियर को प्रचालित करता है। गियर्स के घूमने के दौरान इनलेट से प्राप्त तरल, हाउसिंग बोर तथा गियर के दाँतों के मध्य एकत्रित होकर, पम्प के आउटलेट की ओर चला जाता है।

यह अन्तर्संयोजन एक कवच की भाँति कार्य करता है, जो तरल को पुनः इनलेट में जाने से रोकता है।

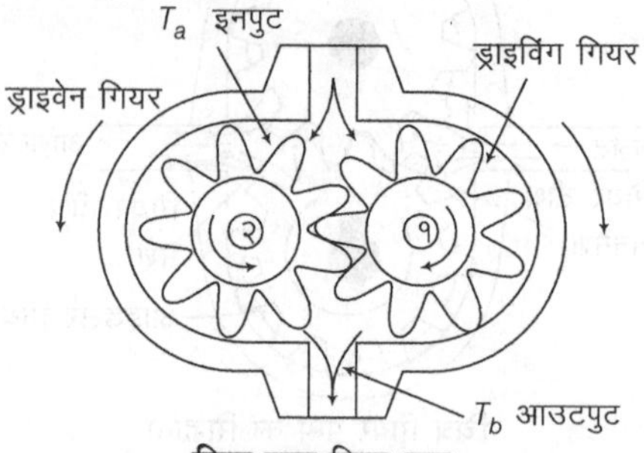

चित्र बाह्य गियर पम्प

अधिक क्षमता वाले बाह्य गियर पम्प में आदर्श रूप से हैलिकल (helical) या हैरिंगबोन (herringbone) गियर का प्रयोग किया जाता है। कम क्षमता वाले गियर पम्प सामान्यतः 1750 या 3450 rpm की चाल पर कार्य करते हैं। ऐसे पम्प, गियरों (gears) की दोनों भुजाओं के निकट टॉलरैन्स (close tolerance) तथा शाफ्ट को सपोर्ट (support) करते हैं। हाइड्रॉलिक मैकेनिक्स द्वारा प्रचालित मशीनरी में ये उच्च दाब अनुप्रयोगों के लिए प्रयोग किए जाते हैं।

गियर पम्प के लाभ Advantages of Gear Pump

गियर पम्प के लाभ निम्नवत् हैं

(i) गियर पम्प दोनों दिशाओं में घूर्णन करने में सक्षम है।
(ii) यह स्वतः प्रिनिंग होने के कारण बिना वायु के द्रव का संचरण करता है।
(iii) यह पम्प लुब्रीकेशन में प्रयोग किया जा सकता है।
(iv) अन्तः गियर पम्प द्वारा उच्च श्यानता वाले द्रव भी पम्प किए जा सकते हैं।

2. वाल्व Valve

पम्प की वहन क्षमता से अधिक तरल दबाव बनने पर हाइड्रॉलिक पम्प के पाइपों के जोड़ से तरल लीकेज हो सकता है और अत्यधिक दबाव की स्थिति में पाइप भी फट सकते हैं। अतः तरल दबाव को कम करने के उद्देश्य से वाल्वों का प्रयोग किया जाता है। चित्र में हाइड्रॉलिक वाल्व की सामान्य संरचना दर्शायी गई है।

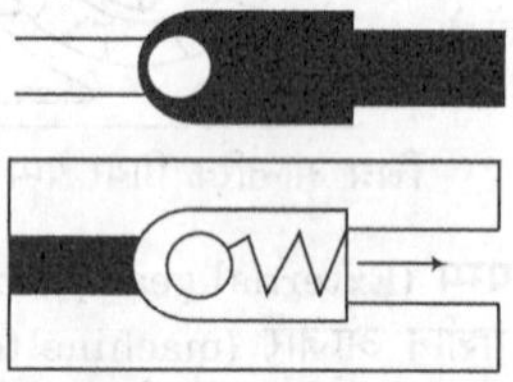

चित्र हाइड्रॉलिक वाल्व

हाइड्रॉलिक मैकेनिक्स में विभिन्न प्रकार के वाल्वों का प्रयोग किया जाता है, जो निम्नलिखित हैं

(i) दिशात्मक कण्ट्रोल वाल्व Directional Control Valve

दिशात्मक कण्ट्रोल वाल्व, हाइड्रॉलिक तथा न्यूमैटिक मैकेनिक्स का अत्यधिक प्रयोग होने वाला मौलिक भाग है। ऐसे वाल्व एक या एक से अधिक स्रोतों से तरल (fluid) के प्रवाह को अनुमति प्रदान करते हैं। इनमें आमतौर पर स्पूल (spool) निहित होता है, जो मैकेनिकली (mechanically) या इलेक्ट्रिकली (electrically) नियन्त्रित होता है।

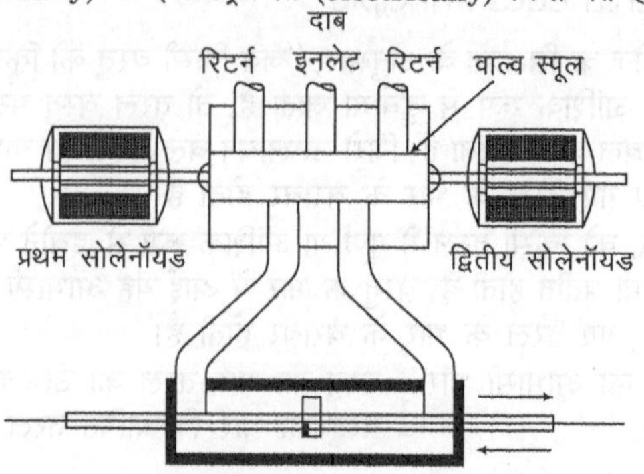

चित्र दिशात्मक कण्ट्रोल वाल्व

इसमें स्पूल (spool) ही तरल के प्रवाह को रोकता तथा अनुमति प्रदान करता है। स्पूल के मार्ग प्रकारों के आधार पर दिशात्मक कण्ट्रोल वाल्व निम्न प्रकार के होते हैं

(a) **दिशात्मक कण्ट्रोल वाल्व 2/2** इस वाल्व में दो रास्ते, दो पोर्ट तथा दो स्थान होते हैं।
(b) **दिशात्मक कण्ट्रोल वाल्व 3/2** इस वाल्व में तीन रास्ते, तीन पोर्ट तथा दो स्थान होते हैं।
(c) **दिशात्मक कण्ट्रोल वाल्व 4/2** इस वाल्व में चार रास्ते, चार पोर्ट तथा दो स्थान होते हैं।
(d) **दिशात्मक कण्ट्रोल वाल्व 4/3** इस वाल्व में चार रास्ते, चार पोर्ट तथा तीन स्थान होते हैं।

(ii) प्रैशर रिलीफ वाल्व Pressure Relief Valve

प्रैशर रिलीफ वाल्व एक प्रकार की युक्ति है, जिसका प्रयोग इंजनों में तरल के दाब नियन्त्रण के लिए किया जाता है। इसमें दाबित (pressurized) तरल के प्रवाह को सहायक मार्ग से बाहर भेजकर दाब का नियन्त्रण किया जाता है। प्रैशर रिलीफ वाल्व को इस तरह डिजाइन किया जाता है कि यह निर्धारित दाब से अधिक दाब होने पर अपने आप खुल सके, जिससे अधिक दाब होने के कारण इंजन को क्षति न पहुँचे। इस प्रकार का वाल्व, स्प्रिग (spring) द्वारा प्रचालित किया जाता है तथा कम प्रैशर होने पर स्प्रिग की जगह डायफ्राम द्वारा भी इसका प्रचालन किया जा सकता है।

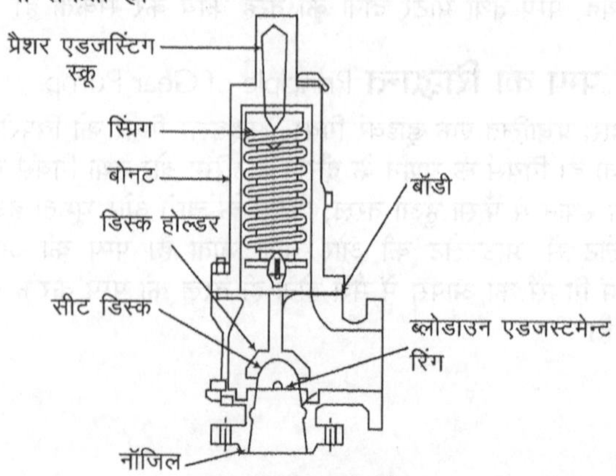

चित्र प्रैशर रिलीफ वाल्व

प्रैशर रिलीफ वाल्व निम्न दो प्रकार के होते हैं
(i) बॉल टाइप प्रैशर रिलीफ वाल्व
(ii) प्लंजर टाइप प्रैशर रिलीफ वाल्व

उपरोक्त प्रैशर रिलीफ वाल्व का वर्णन निम्न प्रकार है

(i) **बॉल टाइप प्रैशर रिलीफ वाल्व** (Ball type pressure relief valve) इस प्रैशर रिलीफ वाल्व में तेल का दाब, स्प्रिंग बल से अधिक होने पर, एक स्प्रिंग लोडेड बॉल, रिटर्न चैनल का संयोजन खोल देती है, जिससे तेल रिटर्न चैनल से होता हुआ ऑयल पम्प में वापस आ जाता है।

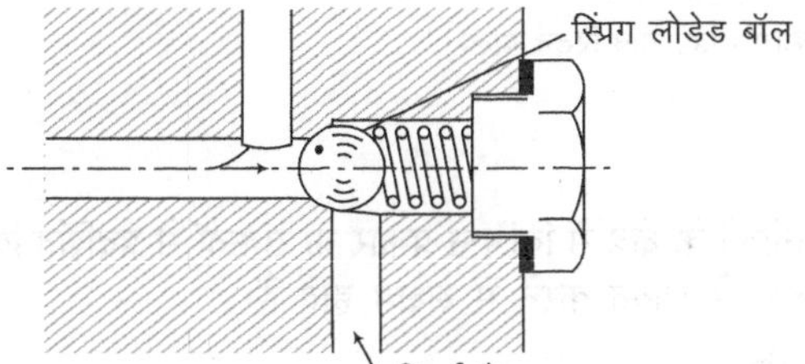

चित्र बॉल टाइप प्रैशर रिलीफ वाल्व

(ii) **प्लंजर टाइप प्रैशर रिलीफ वाल्व** (Plunger type pressure relief valve) प्लंजर टाइप प्रैशर रिलीफ वाल्व, बॉल टाइप रिलीफ वाल्व के समरूप ही होता है, अन्तर केवल यह है कि इसमें बॉल के स्थान पर प्लंजर का प्रयोग किया जाता है। इस रिलीफ वाल्व में तेल का दाब बढ़ने पर, वाल्व में प्रयुक्त लीकेज ऑयल रिटर्न मार्ग से, प्लंजर से होता हुआ ऑयल पम्प में चला जाता है।

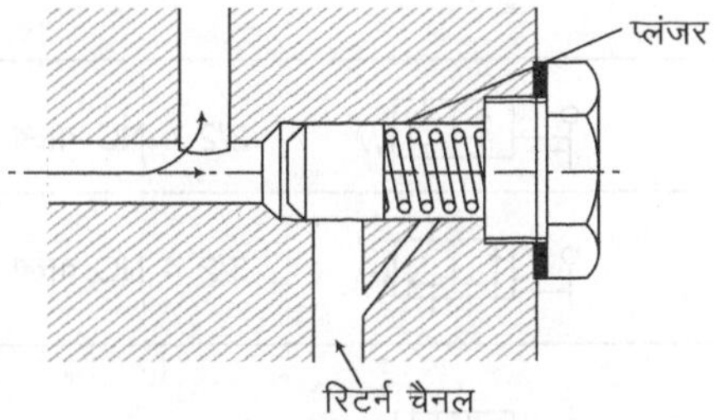

चित्र प्लंजर टाइप प्रैशर रिलीफ वाल्व

(iii) फ्लो कण्ट्रोल वाल्व Flow Control Valve

फ्लो कण्ट्रोल वाल्व के माध्यम से तरल या द्रव के दाब को नियन्त्रित किया जाता है। इस प्रकार के वाल्व प्राय: स्वतन्त्र युक्तियों (जैसे—प्रवाह मीटर या ताप गेज) द्वारा उत्पन्न संकेतों का जवाब (response) देते हैं। फ्लो कण्ट्रोल वाल्व के स्वचालित (automatic) होने के कारण ये बाह्य (external) साधनों का उपयोग नहीं करते हैं।

इसमें मूल रूप से एक ही बॉडी में निडिल तथा चैक वाल्व लगे होते हैं, जिससे हाइड्रॉलिक परिपथ में तरल के बहाव को नियन्त्रित किया जाता है। ऑटोमोबाइल इंजन का प्रचालन अत्यधिक मात्रा में विभिन्न प्रकार के तरलों पर निर्भर करता है।

इन तरलों के प्रवाह से इंजन में जटिलता बढ़ जाती है। इस कारण प्रवाह के द्वारा उत्पन्न जटिलता को समाप्त (finish) तथा प्रवाह को नियन्त्रित (regulate) करने के लिए फ्लो कण्ट्रोल वाल्व प्रयोग किए जाते हैं।

इसके अतिरिक्त पावर स्टीयरिंग सिस्टम में दाब को नियन्त्रित करने के लिए भी इसका प्रयोग किया जाता है। वाहन को निम्न गति पर चलाने के लिए तरल प्रवाह की आवश्यकता कम होती है अर्थात् इस समय उच्च दाब की आवश्यकता होती है। अत: डिस्चार्ज पोर्ट, तरल को आउटपुट की तरफ भेज देता है, जहाँ से यह तरल, स्ट्रिंग गियर को सप्लाई हो जाता है। इस समय आउटपुट पर प्रवाहित तरल का दाब, पम्प के उच्च दाब से कम होता है।

इसके विपरीत यदि वाहन को उच्च गति पर चलाना हो, तो उच्च तरल प्रवाह तथा निम्न दाब की आवश्यकता होती है।

इसके अतिरिक्त स्टीयरिंग के पूर्ण रूप से लॉक होने की स्थिति में अर्थात् वाहन के रुक जाने पर, प्रैशर रिलीफ वाल्व, दाब को एक निश्चित सीमा से अधिक नहीं बढ़ने देता, साथ ही पावर पिस्टन चैम्बर में दाब के अत्यधिक बढ़ जाने से तरल पदार्थ का प्रवाह रोक देता है।

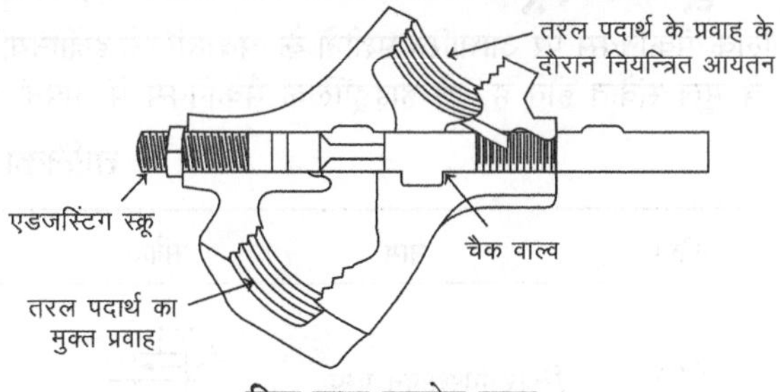

चित्र प्रवाह कण्ट्रोल वाल्व

(iv) नॉन-रिटर्न वाल्व Non-return Valve

नॉन-रिटर्न वाल्व तरल पदार्थ के मुक्त प्रवाह को केवल अग्र (forward) दिशा में ही जाने की अनुमति देता है।

इस वाल्व में दो पोर्ट होते हैं—एक तरल, पदार्थ के अन्दर प्रवेश करने के लिए तथा दूसरा तरल, पदार्थ के बाहर निकलने के लिए। यह वाल्व साधारणत: वापसी प्रवाह (return flow) को धीमा (slow) कर देता है तथा वापसी प्रवाह के रूप में यह अवशिष्ट दबाव (residual pressure) को समाप्त या शून्य कर देता है। ये वाल्व प्राय: आकार में छोटे तथा साधारण होते हैं तथा भिन्न-भिन्न साइजों में उपलब्ध होते हैं। ये वाल्व स्वचालित प्रकृति के होते हैं। ऐसे वाल्वों का प्रयोग अधिकतर ऑटोमोबाइल (कार) की ब्रेक प्रणालियों में, हीटिंग एवं कूलिंग प्रणालियों में तथा घरेलू पानी प्रणाली को बैक फ्लो से बचाने के लिए किया जाता है।

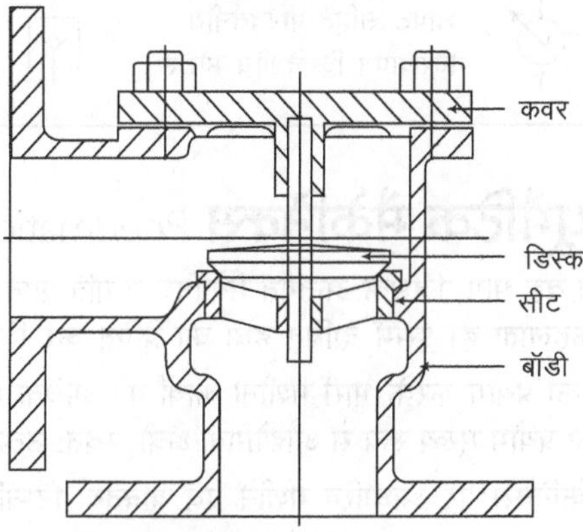

चित्र नॉन-रिटर्न वाल्व

नॉन-रिटर्न वाल्व विभिन्न प्रकार के होते हैं; जैसे—स्प्रिंग लोडेड व क्लैपर टाइप आदि। चित्र में स्प्रिंग तथा क्लैपर टाइप नॉन-रिटर्न वाल्व दर्शाए गए हैं

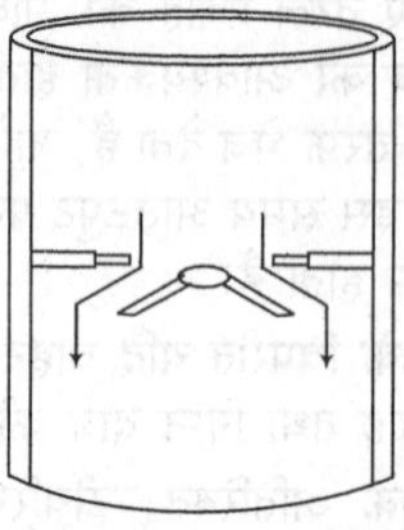

चित्र (a) क्लैपर टाइप नॉन-रिटर्न वाल्व

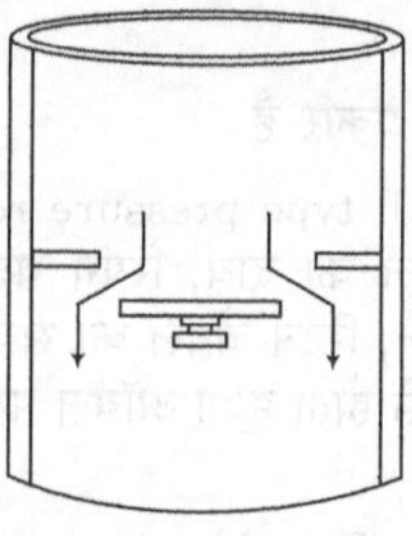

चित्र (b) स्प्रिंग टाइप नॉन-रिटर्न वाल्व

17.4 मूल हाइड्रॉलिक संकेत Basic Hydraulic Symbols

हाइड्रॉलिक मैकेनिक्स पर आधारित मशीनों के अवयवों को इंजीनियरिंग आरेखों तथा तकनीकी के क्षेत्र में विभिन्न प्रकार के संकेतों से प्रदर्शित किया जाता है। ये वे मूल संकेत होते हैं, जो हाइड्रॉलिक मैकेनिक्स में अपनी भूमिका को स्पष्ट रूप से व्यक्त करने में सक्षम होते हैं।

तालिका कुछ हाइड्रॉलिक संकेत

संकेत	नाम	संकेत	नाम	संकेत	नाम
	स्थिर विस्थापन पम्प	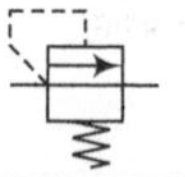	डबल एक्टिंग रिलीफ वाल्व		शोधक
	शाफ्ट एवं ड्रेन सहित लोड सेन्सिंग पम्प	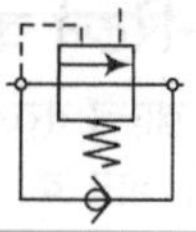	काउन्टर वैलेन्स वाल्व	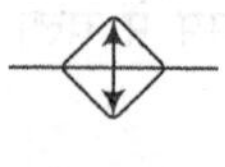	कूलर
	हाइड्रोस्टैटिक रिजरवॉयर	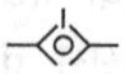	बॉल टाइप लोड शटल	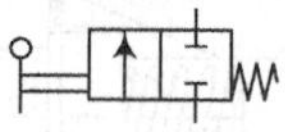	2/2 वे NC वाल्व
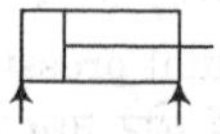	डबल एक्टिंग सिलेण्डर		परिवर्तनीय थ्रॉटल वाल्व	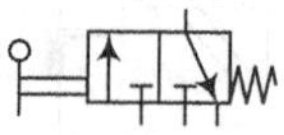	3/2 वे NC वाल्व
	द्वि-दिशीय मोटर		परिवर्तनीय नॉन-रिटर्न थ्रॉटल वाल्व	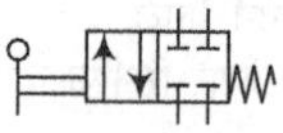	4/2 वे NC वाल्व
	शाफ्ट सहित परिवर्तनीय विस्थापन द्वि-दिशीय मोटर	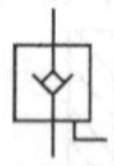	पायलट चालित चेक वाल्व	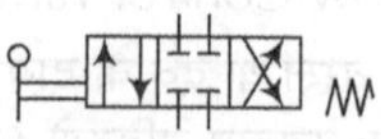	4/3 वे NC वाल्व

17.5 न्यूमैटिक मैकेनिक्स Pneumatic Mechanics

तकनीकी का वह भाग, जिसके अन्तर्गत मैकेनिकल गति प्राप्त करने हेतु दाबित (pressurised) गैसों के अनुप्रयोगों का अध्ययन किया जाता है, न्यूमैटिक मैकेनिक्स कहलाता है। इसमें दाबित हवा को प्रेषित कर विभिन्न साधनों को नियन्त्रित किया जाता है।

इस प्रणाली का प्रयोग करके भारी मशीनी कार्यों को अधिक क्षमता एवं दक्षता के साथ और कम श्रम शक्ति प्रयोग करके किया जा सकता है। न्यूमैटिक मैकेनिक्स का प्रयोग मुख्य रूप से औद्योगिक क्षेत्रों, स्वत: उत्पादन लाइनों, ट्रेनों के स्वचालित दरवाजे खोलने अथवा बन्द करने आदि में किया जाता है।

न्यूमैटिक मैकेनिक्स पर आधारित मशीनें एवं युक्तियाँ निम्नलिखित हैं

(i) कम्प्रेस्ड वायु इंजन (ii) कम्प्रेस्ड वायु वाहन (iii) अभ्यास मशीनें (iv) वायवीय सिलेण्डर

(v) वायवीय टायर

न्यूमैटिक मैकेनिक्स से सम्बन्धित पद
Terms Related to Pneumatic Mechanics

न्यूमैटिक मैकेनिक्स से सम्बन्धित पद निम्नलिखित हैं

1. **क्रान्तिक ताप** (Critical temperature) वह ताप, जिससे उच्च ताप पर किसी गैस का दाब बढ़ाकर उसे द्रवित नहीं किया जा सकता, उस गैस का क्रान्तिक ताप कहलाता है। इसे निम्न सूत्र से प्रदर्शित किया जाता है

$$T_C = \frac{80}{27Rb}$$

(जहाँ, R = गैस स्थिरांक, b = वान्डर वाल्स स्थिरांक)

2. **परम शून्य ताप** (Absolute zero temperature) वह काल्पनिक ताप, जिस पर गैसों का आयतन शून्य हो जाए, उसे परम शून्य ताप कहते हैं।

न्यूमैटिक मैकेनिक्स में प्रयुक्त सिद्धान्त
Principles used in Pneumatic Mechanics

न्यूमैटिक मैकेनिक्स में प्रयोग होने वाले दो प्रमुख सिद्धान्त निम्नवत् हैं

(i) **बॉयल का नियम** (Boyle's law) बॉयल के नियम के अनुसार, स्थिर ताप पर, किसी गैस की निश्चित मात्रा का आयतन, दाब के व्युत्क्रमानुपाती होता है।

अत: $V \propto \frac{1}{P}$ या PV = नियतांक (स्थिर ताप पर)

$$P_1V_1 = P_2V_2$$

(ii) **चार्ल्स का नियम** (Charle's law) चार्ल्स के नियम के अनुसार, स्थिर दाब पर, किसी गैस की निश्चित मात्रा का आयतन, परमताप के समानुपाती होता है।

$V \propto T$ या $\frac{V}{T}$ = नियत (स्थिर दाब पर)

$$\frac{V_1}{T_1} = \frac{V_2}{T_2}$$

17.6 न्यूमैटिक स्रोत Pneumatic Sources

न्यूमैटिक ऊर्जा मुख्य रूप से सिलेण्डरों द्वारा प्राप्त की जाती है। सिलेण्डरों में संकुचित हवा प्रवाहित करके भिन्न-भिन्न कार्यों को नियन्त्रित तरीके से किया जाता है। वायवीय ऊर्जा प्राप्त करने हेतु वायवीय स्रोतों का प्रयोग किया जाता है, जो मुख्यत: सिलेण्डर के रूप में होते हैं।

ये सिलेण्डर मुख्य रूप से तीन प्रकार के होते हैं जिनका विवरण निम्नवत् हैं

1. सिंगल एक्टिंग सिलेण्डर Single Acting Cylinder

सिंगल एक्टिंग सिलेण्डर में सम्पीडित हवा के प्रवेश के लिए केवल एक ही द्वार होता है, इसलिए इसके द्वारा एक ही दिशा में बल का प्रयोग किया जा सकता है।

सिंगल एक्टिंग सिलेण्डर में लगा पिस्टन, रॉड स्प्रिंग (spring) की सहायता से दूसरी दिशा (हवा से विपरीत दिशा) में चलाया जाता है। बाहर से लोड पड़ने की स्थिति में रॉड अन्दर की ओर गति करती है और स्प्रिंग द्वारा पिस्टन को रीस्टोरिंग बल (restoring force) मिलता है।

क्योंकि पिस्टन के साथ स्प्रिंग लगी होती है, इसलिए हवा का दबाव पूर्ण मात्रा में प्रयोग में नहीं लाया जा सकता। इस हानि से बचने के लिए बड़े व्यास के सिलेण्डरों का प्रयोग किया जाता है, परन्तु बड़े सिलेण्डर महँगे होने के कारण 100 मिमी स्ट्रोक प्रति लम्बाई से अधिक सिलेण्डर प्रयोग नहीं किए जाते हैं।

कभी-कभी स्प्रिंग की लम्बाई के हिसाब से भी सिलेण्डरों का चयन किया जाता है। सिंगल एक्टिंग सिलेण्डरों का प्रयोग प्रिन्टिंग मशीनों, स्टैम्पिंग (stamping) आदि के लिए किया जाता है।

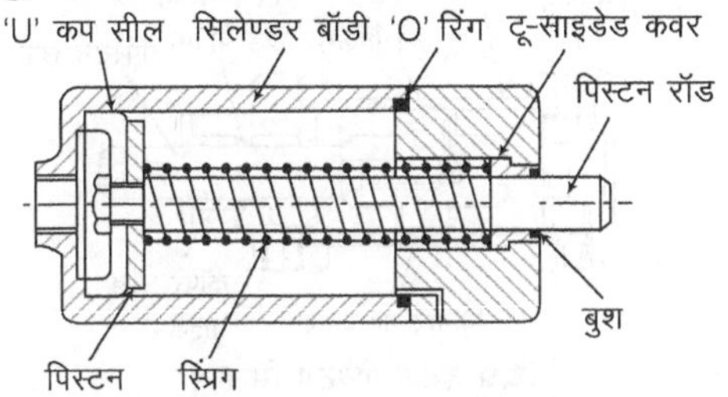

चित्र सिंगल एक्टिंग सिलेण्डर

कुछ पिस्टन में अग्र दिशा में चालन, स्प्रिंग द्वारा तथा पश्च दिशा में चालन, वायु द्वारा होता है। निम्न चित्र में पिस्टन की प्रारम्भिक स्थिति में दो अवस्थाएँ दर्शाई गई हैं

(i) प्रारम्भिक स्थिति में अन्दर की तरफ पिस्टन (ii) प्रारम्भिक स्थिति में बाहर की तरफ पिस्टन

सिंगल एक्टिंग सिलेण्डर प्राय: दो प्रकार के होते हैं

(i) डायफ्राम सिलेण्डर (ii) रॉलिंग डायफ्राम सिलेण्डर

(i) **डायफ्राम सिलेण्डर** (Diaphragm cylinder) डायफ्राम सिलेण्डर में पिस्टन के स्थान पर डायफ्राम प्रयोग किया जाता है, जो प्लास्टिक, रबर या अन्य धातु का बना होता है। पिस्टन रॉड, केवल डायफ्राम के केन्द्र से जुड़ी होती है तथा इसमें पदार्थ के खिंचाव के कारण घर्षण बल होता है। डायफ्राम सिलेण्डर, क्लैम्पिंग में प्रयोग किए जाते हैं। इसका संकेत चित्र में दर्शाया गया है

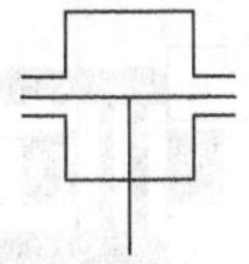

चित्र डायफ्राम सिलेण्डर का संकेत

(ii) **रॉलिंग डायफ्राम सिलेण्डर** (Rolling diaphragm cylinder) इसकी संरचना साधारण डायफ्राम सिलेण्डर की भाँति ही होती है, परन्तु इसमें बड़े स्ट्रोक का प्रयोग किया जाता है। इसमें वायु के कम्प्रेस्ड होने पर डायफ्राम, पिस्टन की अन्त: दीवार की तरफ घूमता है, जिससे पिस्टन छड़ बाहर की ओर चलने लगती है

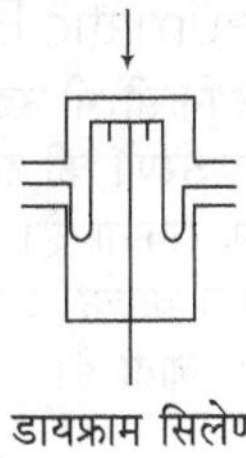

चित्र रॉलिंग डायफ्राम सिलेण्डर का संकेत

2. डबल एक्टिंग सिलेण्डर Double Acting Cylinder

डबल एक्टिंग सिलेण्डरों में हवा दोनों ओर से प्रवाहित की जाती है, जिससे पिस्टन, रॉड के दोनों ओर से गति करने पर कार्य करता है। पिस्टन का प्रभावी क्षेत्र कम होने के कारण इसमें विपरीत बल (retracting force) कमजोर पड़ जाता है। इस सिलेण्डर की ट्यूब स्टील द्वारा निर्मित होती है। इस सिलेण्डर में घर्षण द्वारा होने वाली हानि और उत्पन्न होने वाले ताप को कम करने के लिए क्रोमियम (chromium) की कोटिंग की जाती है।

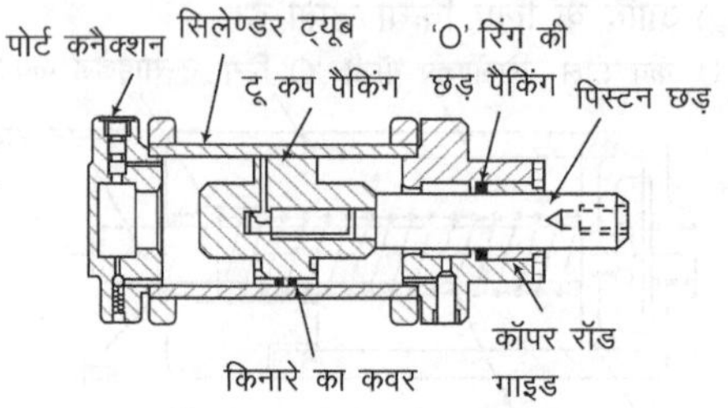

चित्र डबल एक्टिंग सिलेण्डर

3. डबल एण्डेड सिलेण्डर Double Ended Cylinder

दो रॉड वाले सिलेण्डरों में अधिकतर दोनों सिरों पर पिस्टन रॉड का व्यास समान होता है, परन्तु कुछ विशेष परिस्थितियों में तथा कुछ विशिष्ट अनुप्रयोगों के लिए इनका व्यास भिन्न-भिन्न भी हो सकता है। डबल एण्डेड सिलेण्डरों के सिलेण्डर नम्बर में Y लिखा होता है, जो यह स्पष्ट करता है कि सिलेण्डर, डबल रॉड सिरे वाला है। डबल एण्डेड सिलेण्डरों का प्रयोग अधिकतर ऑटोमेटेड मैनुफैक्चरिंग सिस्टम में किया जाता है। चित्र में एक डबल एण्डेड सिलेण्डर दर्शाया गया है

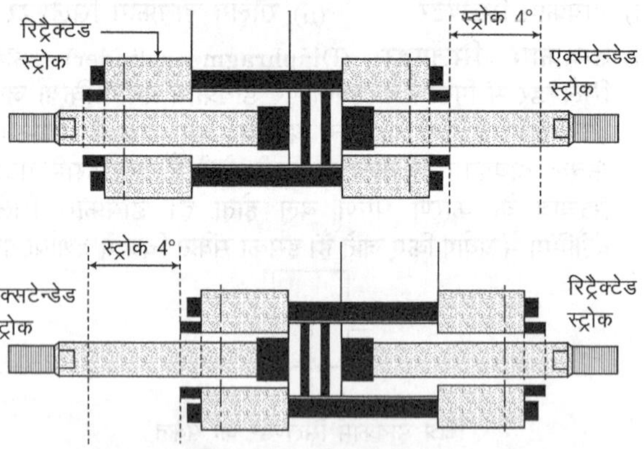

चित्र डबल एण्डेड सिलेण्डर

17.7 न्यूमैटिक उपकरणों द्वारा औद्योगिक कार्यों में नियन्त्रण Control in Industrial Works by Pneumatic Equipments

वायवीय उपकरणों के प्रयोग से किसी भी उद्योग में मशीनी कार्य सरलता से किए जा सकते हैं। वायवीय उपकरणों की सहायता से कार्य अधिक दक्षता और कम समय में किया जा सकता है। कम्प्रैसर (compressor) की सहायता से कण्डेंस हवा उत्पन्न करके, उससे अन्य न्यूमैटिक उपकरणों द्वारा कार्यों को नियन्त्रित किया जाता है।

यह कण्डेंस हवा, वाल्व को चलाने या बन्द करने के लिए प्रयोग की जाती है। उपकरणों में उपस्थित सभी कण्ट्रोल वाल्व, प्रैशर स्विच आदि सभी न्यूमैटिक सिस्टम द्वारा नियन्त्रित किए जाते हैं। न्यूमैटिक सिस्टम एक अत्यन्त महत्त्वपूर्ण एवं सुरक्षित कार्यप्रणाली है। औद्योगिक कार्यों में न्यूमैटिक सिस्टम के नियन्त्रण हेतु FRL यूनिट अथवा एयर सर्विस यूनिट का प्रयोग किया जाता है।

एयर सर्विस यूनिट Air Service Unit

एयर सर्विस यूनिट वास्तव में कम्प्रेस्ड वायु फिल्टर, कम्प्रेस्ड वायु रेगुलेटर तथा कम्प्रेस्ड वायु स्नेहक का संयोजन है। इसका मुख्य कार्य न्यूमैटिक सिस्टम को स्वच्छ तथा स्नेहनयुक्त बनाए रखना तथा कम्प्रेस्ड वायु को नियन्त्रित करना है। इसके संयोजनों का वर्णन निम्न प्रकार है

(i) एयर फिल्टर Air Filter

यह एक प्रकार की एयर सर्विस यूनिट है। इसके द्वारा प्रवाहित कम्प्रेस्ड गैस में से अवांछित या दूषित तत्त्वों तथा कण्डेंस (condensed) जल को पृथक् कर वायु को शुद्ध किया जाता है। इसमें कम्प्रेस्ड वायु, गाइड स्लॉट्स (guide slots) के द्वारा फिल्टर बाउल (bowl) में प्रवेश करती है, जहाँ द्रव के कण तथा दूषित कण अपकेन्द्रीय तरीके से (centrifugally) अलग होकर फिल्टर बाउल (filter bowl) के निचले भाग में एकत्रित होते रहते हैं। इस प्रकार सम्बन्धित मशीनरी को दूषित तथा कण्डेंस जल से बचाया जाता है।

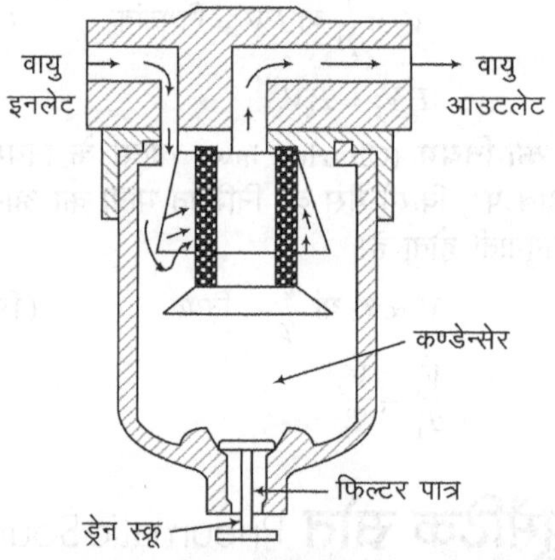

चित्र एयर फिल्टर

उपरोक्त चित्र में एक एयर फिल्टर दर्शाया गया है। इसका प्रमुख अवयव, जो ब्रॉन्ज से बना होता है, फिल्टर कार्टिज होता है। कार्टिज की चौड़ाई इस प्रकार रखी जाती है कि इससे वायु को जिग-जैग (zig-zag) पैटर्न में गति करने में सहायता प्राप्त हो, जिससे कम्प्रेस्ड वायु में उपस्थित ठोस अशुद्धियाँ पृथक् हो जाएँ।

कम्प्रेस्ड वायु से जलवाष्प के पृथक्कीकरण के लिए इसे फिल्टर के निचले सिरे में लगे पात्र में एकत्रित कर लिया जाता है। यह पात्र पारदर्शी प्लास्टिक से निर्मित होता है।

अन्त में कम्प्रेस्ड वायु में बची अति सूक्ष्म अशुद्धियाँ वायु के साथ गति करती हुईं, कार्टिज में से प्रवाहित होकर न्यूमैटिक मैकेनिक्स सिस्टम में चली जाती हैं। एयर फिल्टर में फिल्टर पात्र के नीचे लगे वाल्व से जल तथा अन्य ठोस अशुद्धियाँ बाहर आ जाती हैं।

(ii) एयर रेगुलेटर Air Regulator

एयर रेगुलेटर, एक प्रकार का न्यूमैटिक रेगुलेटर होता है, जिसका उद्देश्य प्रणालियों में प्रचालित दाब या उप-दाब (secondary pressure) को प्राथमिक दाब के उतार-चढ़ाव के बावजूद यथार्थ व नियत बनाए रखना है, जिससे कि हवा की खपत कम हो सके।

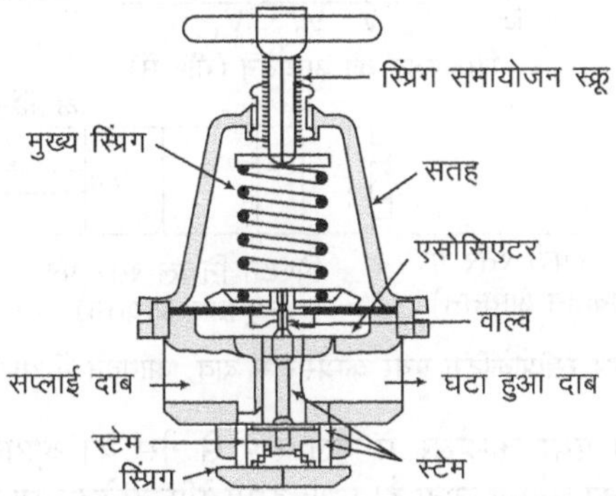

चित्र एयर रेगुलेटर

एयर रेगुलेटर में दो सिरे होते हैं—प्राथमिक एवं द्वितीयक। चित्र में एक एयर रेगुलेटर दर्शाया गया है। इसमें सर्वप्रथम समायोजन स्क्रू के माध्यम से डायफ्राम की गति को ऊपर की ओर सैट करते हैं, जिससे पोपट वाल्व खुल जाता है और वायु, प्राथमिक भाग से द्वितीयक भाग की ओर प्रवाहित होनी प्रारम्भ हो जाती है। इस वाल्व के खुलने से वायु के दाब का प्रवाह भी प्रारम्भ हो जाता है, जो स्प्रिंग कम्प्रेशन के अनुक्रमानुपाती होता है। अत: स्प्रिंग कम्प्रेशन को परिवर्तित करके, पोपट वाल्व की स्थिति को परिवर्तित किया जा सकता है। प्राय: प्रायोगिक परिपथों में वांछित एयर दाब प्राप्त करने के लिए पोपट वाल्व प्रयोग किया जाता है।

(iii) एयर लुब्रीकेटर Air Lubricator

एयर लुब्रीकेटर, न्यूमैटिक मैकेनिक्स द्वारा प्रचालित एक स्नेहक है, जिसे अत्यधिक चलायमान अवयव का स्नेहन (lubrication) करने के लिए प्रयोग किया जाता है। निर्धारित समय से अवयवों में स्नेहक का प्रयोग करने से सिलेण्डर, वाल्व तथा वायु मोटर की दक्षता बढ़ जाती है। ऐसे स्नेहक (lubricator) प्राय: न्यूमैटिक मैकेनिक्स द्वारा चालित अवयवों में स्नेहन करने के लिए प्रयोग किए जाते हैं।

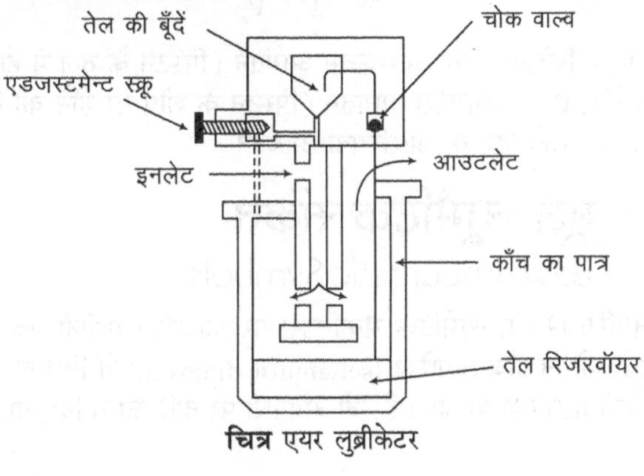

चित्र एयर लुब्रीकेटर

लगभग समस्त स्नेहक वेंचुरीमीटर के सिद्धान्त का पालन करते हैं, जिसे निम्न चित्र में दर्शाया गया है

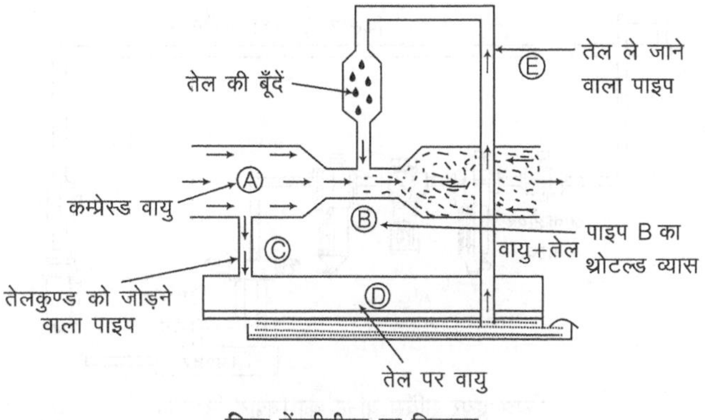

चित्र वेंचुरीमीटर का सिद्धान्त

जैसा कि चित्र में दर्शाया गया है, जब A के थ्रोटल्ड जोन, B में वायु प्रवाहित होती है, तो दाब विभेदी (pressure differential) सैट हो जाने के कारण वायु, पाइप C से तेल रिजर्वॉयर में प्रवाहित होती हुई तेल पाइप में पहुँच जाती है।

प्राय: वायु स्नेहन में प्रयुक्त स्नेहक तेल की शुद्ध गतिक श्यानता 20°C पर 10 से 20 cSt (centi stokes) के परास में होनी चाहिए, साथ ही यह भी ध्यान रखना चाहिए कि स्नेहन तेल की मात्रा सन्तुलित हो अर्थात् न ही कम और न ही बहुत अधिक।

एयर सर्विस यूनिट अवयवों (फिल्टर, रेगुलेटर, लुब्रीकेटर) के कार्य Functions of Air Service Unit Components (Filter, Regulator, Lubricator)

एयर कम्प्रैसर (air compressor) में मूलत: वायु को कम्प्रैस (compress) किया जाता है। वायु कम्प्रैसर से निकलने वाली कण्डेंस वायु, गर्म, नमीयुक्त एवं धूलयुक्त होती है, जिस कारण यह अन्य उपकरणों जैसे-इंजन वाल्व व सिलेण्डर को क्षति पहुँचाती है।

ये क्षतियाँ न हों, इसके लिए कण्डेंस वायु को इन उपकरणों में से गुजारने से पूर्व साफ किया जाता है, जिसके लिए इंजन में एयर सर्विस यूनिट प्रयोग की जाती है।

एयर सर्विस यूनिट में एफ.आर.एल. (FRL) लाइन अर्थात् फिल्टर, रेगुलेटर एवं लुब्रीकेटर निहित होते हैं। एक एफ.आर.एल. लाइन (Filter Regulator Lubricator Line) अर्थात् वायु लाइन फिल्टर, कम्प्रेस्ड वायु को शुद्ध करता है।

यह सभी दूषित या ठोस कणों (धूल, मिट्टी आदि) और नमी को छानता है। वायु लाइन में फिल्टर के पश्चात् रेगुलेटर फिट होता है। यह कम्प्रेस्ड वायु को व्यवस्थित करने का कार्य करता है।

रेगुलेटर के पश्चात् वायु लाइन में स्नेहक फिट होता है। यह वायु में निहित सभी सूक्ष्म कणों को सोख लेता है, इस प्रकार स्वच्छ वायु इंजन सिलेण्डर में प्रवेश करती है।

इस प्रकार एयर सर्विस यूनिट (air service unit) में FRL लाइन प्रमुख भूमिका का निर्वहन करती है।

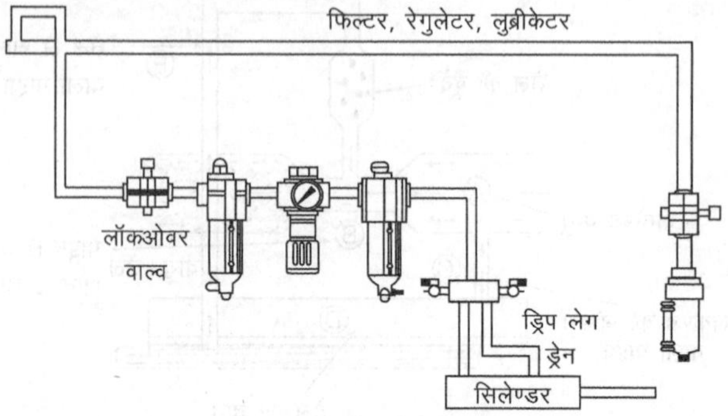

चित्र एयर सर्विस यूनिट का चित्रीय निरूपण

17.8 न्यूमैटिक मैकेनिक्स पर आधारित रेसीप्रोकेटिंग एयर कम्प्रैसर

Reciprocating Air Compressor Based on Pneumatic Mechanics

रेसीप्रोकेटिंग एयर वायु कम्प्रैसर, धनात्मक विस्थापन वाला एक कम्प्रैसर है, जिसमें क्रैंक शाफ्ट द्वारा संचालित पिस्टन का उपयोग करके, गैसों को उच्च दाब पर वितरित किया जाता है। गैसों का दाब बढ़ाने के लिए कम्प्रैसर को प्राइम मूवर द्वारा प्रचालित किया जाता है। इसमें गैस, प्रवेश द्वार से सक्शन मैनीफोल्ड में जाती है। इसके पश्चात् यह गैस कम्प्रैसन सिलेण्डर में प्रवाहित होती है, जहाँ पर इन गैसों को संचालित पिस्टन द्वारा कम्प्रैस किया जाता है।

इनका उपयोग तेल शोधनशालाओं (oil refineries), गैस पाइप लाइनों, रसायन प्लाण्टों, रेफ्रिजरेशन प्लाण्टों में किया जाता है। इसे पिस्टन कम्प्रैसर के नाम से भी जाना जाता है। रेसीप्रोकेटिंग एयर कम्प्रैसरों की कार्यकारी दक्षता का निर्धारण विशिष्ट रूप से आयतनी दक्षता द्वारा किया जाता है। यह आयतनी दक्षता दो प्रकार क्रमशः पूर्ण आयतनी दक्षता (η_{vt}) तथा क्लीयरैंस आयतनी दक्षता (η_{vc}) की होती है।

रेसीप्रोकेटिंग एयर कम्प्रैसरों की आयतनी दक्षता निम्न सूत्र द्वारा प्रदर्शित की जाती है

अर्थात् $$\eta = \frac{\text{वास्तविक आयतन प्रवाह दर}}{\text{कम्प्रैसर की विस्थापन दर}} \times 100$$

यहाँ कम्प्रैसर की विस्थापन दर का अर्थ पिस्टन द्वारा सक्शन स्ट्रोकों में प्रति यूनिट समय में स्वैप्ट आयतन से है।

नीचे दिए गए चित्र में पिस्टन की दो भिन्न स्थितियों (अधिकतम स्वैप्ट आयतन तथा न्यूनतम स्वैप्ट आयतन) को दर्शाने के साथ-साथ भिन्न-भिन्न आयतन पर दाब तथा आयतन के मध्य सम्बन्ध को ग्राफ द्वारा दर्शाया गया है।

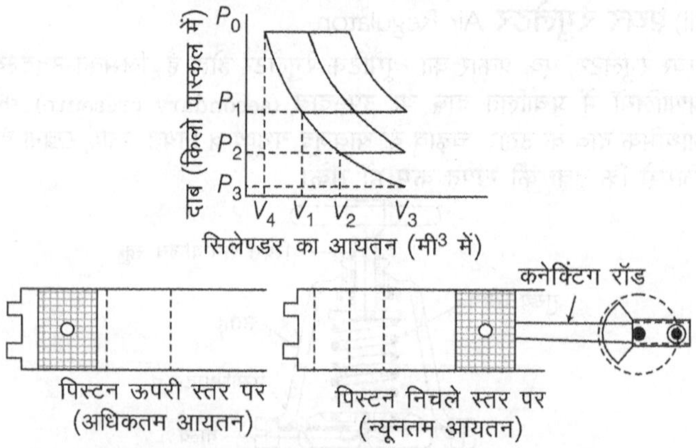

चित्र रेसीप्रोकेटिंग एयर कम्प्रैसर में दाब, आयतन में सम्बन्ध

रेसीप्रोकेटिंग एयर कम्प्रैसर में मूल रूप से गैस का आयतन घटाकर, उसके दाब को बढ़ाया जाता है। प्रायः इसमें रेफ्रिजरेटेड वायु को डिस्चार्ज करने के लिए एक से अधिक सिलेण्डर तथा वायु को कम्प्रैस करने के लिए रेसीप्रोकेट पिस्टन लगे होते हैं।

रेसीप्रोकेटिंग एयर कम्प्रैसर प्रायः निम्नलिखित कार्यों के लिए प्रयोग किए जाते हैं

(i) एवैपोरेटर द्वारा रेफ्रिजरेटेड वायु के वाष्पन को रोककर, वांछित ताप तथा दाब बनाए रखने के लिए।
(ii) रेफ्रिजरेटेड वायु के वाष्पन का तापमान बढ़ाने के लिए।
(iii) दाब के अनुसार वाष्पन में तापमान बढ़ाने के लिए, जिससे यह चालक कूलिंग माध्यम को ऊष्मा देने में सक्षम हो।

रेसीप्रोकेटिंग एयर कम्प्रैसर सामान्यतः ओपन, फुल हर्मेटिक तथा सेमी हर्मेटिक प्रकार के होते हैं, जिसमें फुल हर्मेटिक में स्थायी रूप से मोटर तथा स्टील शेल वैल्ड होने के कारण इसे हटाया नहीं जा सकता, जबकि सेमी हर्मेटिक के कुछ भाग; जैसे—एण्ड प्लेट्स सिलेण्डर हैड तथा बॉटम प्लेट्स अस्थायी रूप से वैल्ड होने के कारण हटाए जा सकते हैं।

अतः ग्राफ के अनुसार क्लीयरैंस आयतनी दक्षता निम्न सूत्र द्वारा ज्ञात की जा सकती है

$$\eta_{vc} = \frac{V_3 - V_1}{V_3 - V_c} \times 100$$

जहाँ, V_3 = सिलेण्डर का अधिकतम आयतन (पिस्टन के तल में होने की स्थिति में), V_c = क्लीयरैंस आयतन (पिस्टन के शीर्ष पर होने की स्थिति में), V_1 = सिलेण्डर का प्रारम्भिक आयतन

17.9 मूल न्यूमैटिक संकेत

Basic Pneumatic Symbols

इंजीनियरिंग क्षेत्र में न्यूमैटिक मैकेनिक्स पर आधारित मशीनों एवं उनके अवयवों को नियोजित आरेख (schematic diagram) में विभिन्न प्रकार के संकेतों द्वारा दर्शाया जाता है, जो अग्रपृष्ठ पर तालिका में दिए गए हैं।

तालिका कुछ न्यूमैटिक संकेत

संकेत	नाम	संकेत	नाम	संकेत	नाम
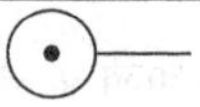	मुख्य वायु सप्लाई		रोलर एक्टिवेटर	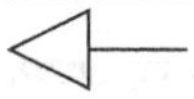	एग्जॉस्ट वायु
	डायफ्राम एक्टिवेटर	----------------------	पायलट एयर	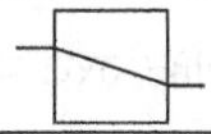	सोलेनॉयड एक्टिवेटर
	संयोजित वायु पाइप	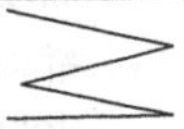	वापसी स्प्रिंग	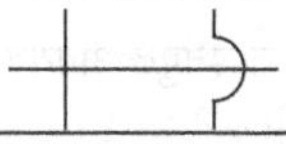	असंयोजित वायु पाइप
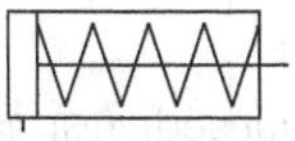	सिंगल एक्टिंग सिलेण्डर		वायु ब्लीड		डबल एक्टिंग सिलेण्डर
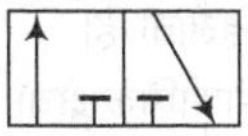	3/2 वाल्व	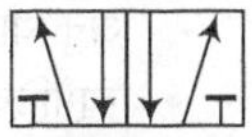	5/2 वाल्व	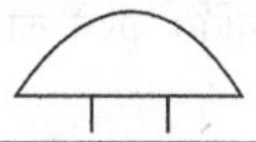	पुश बटन एक्टिवेटर
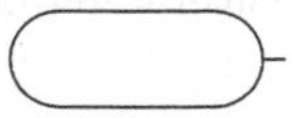	रिजरवॉयर		प्लंजर एक्टिवेटर	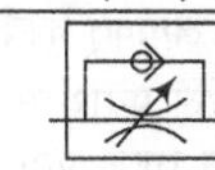	एकदिशीय रेस्ट्रिकटर
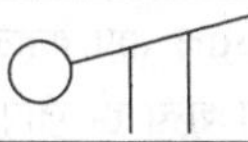	लीवर एक्टिवेटर	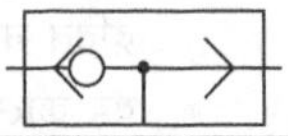	शटल वाल्व		

तालिका हाइड्रॉलिक तथा न्यूमैटिक मैकेनिक्स के मध्य अन्तर

क्र.सं.	हाइड्रॉलिक मैकेनिक्स	न्यूमैटिक मैकेनिक्स
1.	इसमें अपेक्षाकृत असम्पीड्य (incompressible) तरल माध्यम का प्रयोग किया जाता है; जैसे–तेल।	इसमें सामान्यतः सम्पीड्य (compressible) गैस का प्रयोग किया जाता है; जैसे–हवा।
2.	इससे सम्बन्धित अनुप्रयोगों में प्रायः 1000 से 5000 पाउण्ड प्रति वर्ग इंच तक दाब का प्रयोग किया जाता है।	इससे सम्बन्धित अनुप्रयोगों में प्रायः 80 से 100 पाउण्ड प्रति वर्ग इंच तक दाब का प्रयोग किया जाता है।
3.	इसमें तरल, प्रत्यक्ष रूप से बल को स्थानान्तरित कर देता है।	इसमें गैस, अत्यधिक बल को अवशोषित कर लेती है।

17.10 हाइड्रॉलिक तथा न्यूमैटिक मैकेनिक्स सम्बन्धित दोषोपचार
Troubleshooting Related to Hydraulic and Pneumatic Mechanics

ऑटोमोबाइल क्षेत्र में तरलीय एवं वायवीय यान्त्रिकी के उपयोग से जहाँ एक ओर इस क्षेत्र में बदलाव होने से पर्याप्त बचत होने लगी है, वहीं इससे कुछ दोष भी उत्पन्न होते हैं, जो कई बार जटिल रूप भी धारण कर लेते हैं। ऐसे कुछ दोष निम्नलिखित हैं

क्र.सं.	दोष	उपचार
I. हाइड्रॉलिक मैकेनिक्स आधारित युक्तियों में पैकिंग के कारण अनुपयुक्तता		
1.	द्रव का लीक होना	(i) लीक की मरम्मत करें।
2.	कम दाब का बनना।	(ii) लीक की जाँच करें।
3.	द्रव की कमी।	(iii) द्रव को उचित लेवल तक भरें।
4.	उचित प्रकार से कार्य न होना।	(iv) उचित दाब बनाएँ।
5.	तरल का शीघ्रता से कम होना।	(v) उपयुक्त गुणवत्ता वाले तरल का प्रयोग करें।
II. न्यूमैटिक मैकेनिक्स में द्रष्टव्य जटिलता (visual complexity) **से कारण का स्पष्ट न हो पाना**		
1.	वायु का लीक होना।	(i) वायु लीक की मरम्मत करें।
2.	कम दाब का बनना।	(ii) वायु लीक न हो।
3.	कम्प्रैसर (compressor) का खराब होना।	(iii) कम्प्रैसर (compressor) की मरम्मत करें।
4.	शोर उत्पन्न होना।	(iv) कम्प्रैसर के अवयवों (components) का स्नेहन करें।
5.	वायु का कम कम्प्रैसर होना।	(v) कम्प्रैसर के इनलेट को साफ करें।

महत्त्वपूर्ण बिन्दु

- तरल पदार्थ के प्रवाहक गुणधर्मों का अध्ययन हाइड्रॉलिक मैकेनिज्म में किया जाता है।
- हाइड्रॉलिक मैकेनिज्म में दाब सहित तरल पदार्थ का प्रयोग किया जाता है।
- हाइड्रॉलिक मैकेनिज्म में प्रयुक्त इनपुट अवयव, पम्प तथा आउटपुट अवयव, एक्चुएटर कहलाते हैं।
- हाइड्रॉलिक मैकेनिज्म का प्रयोग ब्रेक सिस्टम में भी किया जाता है।
- वह बाह्य कारक, जो किसी वस्तु की स्थिर अवस्था या गति की अवस्था को परिवर्तित या परिवर्तित करने का प्रयास करता है, बल कहलाता है।
- किसी तल के इकाई क्षेत्रफल पर लम्बवत् कार्यरत बल दाब कहलाता है।
- चारों ओर से घिरे असम्पीड्य तरल पदार्थ में यदि किसी बिन्दु पर दाब परिवर्तन किया जाए, तो उस तरल पदार्थ के अन्दर प्रत्येक बिन्दु पर दाब में उतना ही परिवर्तन होगा।
- निमज्जित (submerged) तरल वस्तु पर ऊपर की ओर कार्यरत् बल, उत्प्लावन बल कहलाता है।
- गियर पम्प एक ऐसी युक्ति है, जिसके द्वारा निश्चित दाब पर तरल को स्थानान्तरित किया जाता है।
- गियर पम्प एक धनात्मक अथवा नियत विस्थापन वाला पम्प होता है।
- आन्तरिक गियर पम्प को ऑटोमोटिव ऑयल पम्प में गेरोटर (gerotor) के नाम से भी जाना जाता है।
- बाह्य गियर पम्प प्रायः मशीन औजारों में स्नेहक पम्प के रूप में प्रयोग किया जाता है।
- तेल दबाव को कम करने के लिए वाल्वों का उपयोग किया जाता है।
- दिशात्मक कण्ट्रोल वाल्व एक या एक से अधिक स्रोतों से तरल के प्रवाह को अनुमति प्रदान करते हैं।
- प्रैशर रिलीफ वाल्व का उपयोग इंजनों में तरल के दाब को नियन्त्रित करने के लिए किया जाता है।
- बॉल टाइप रिलीफ वाल्व, प्लंजर टाइप रिलीफ वाल्व के समरूप ही होते हैं।
- तरल या द्रव के दाब को कण्ट्रोल करने के लिए फ्लो कण्ट्रोल वाल्व का प्रयोग किया जाता है।
- नॉन-रिटर्न वाल्व तरल पदार्थ के मुक्त प्रवाह को केवल अग्र (forward) दिशा में ही जाने की अनुमति प्रदान करता है।
- नॉन-रिटर्न वाल्व स्वचालित प्रकृति के होते हैं।
- यान्त्रिक गति प्राप्त करने हेतु दाबित (pressurised) गैसों के अनुप्रयोगों का अध्ययन न्यूमैटिक मैकेनिक्स कहलाता है।
- न्यूमैटिक मैकेनिक्स का प्रयोग मुख्य रूप से औद्योगिक क्षेत्रों, स्वतः उत्पादन लाइनों, ट्रेनों के स्वचालित दरवाजे खोलने व बन्द करने आदि में किया जाता है।
- वह ताप, जिससे उच्च ताप पर किसी गैस का दाब बढ़ाकर उसे द्रवित नहीं किया जा सकता, उस गैस का क्रान्तिक ताप कहलाता है।
- वह काल्पनिक ताप, जिस पर गैसों का आयतन शून्य हो जाए, उसे परम शून्य ताप कहते हैं।
- स्थिर ताप पर किसी गैस की निश्चित मात्रा का आयतन, दाब के व्युत्क्रमानुपाती होता है।
- स्थिर दाब पर किसी गैस की निश्चित मात्रा का आयतन, परमताप के समानुपाती होता है।
- सिंगल एक्टिंग सिलेण्डर में कण्डेंस वायु के प्रवेश के लिए केवल एक ही द्वार होता है।
- डबल एक्टिंग सिलेण्डर में पिस्टन का प्रभावी क्षेत्र कम होने के कारण, इसमें रीट्रैक्टिंग बल कमजोर पड़ जाता है।
- डबल एण्डेड सिलेण्डरों का प्रयोग अधिकतर ऑटोमेटिक मैनुफैक्चरिंग में किया जाता है।
- एयर लुब्रीकेटर का प्रयोग अत्यधिक चलायमान अवयवों के स्नेहन के लिए किया जाता है।
- पश्चाग्र वायु कम्प्रैसर, धनात्मक विस्थापन वाला कम्प्रैसर है।

महत्त्वपूर्ण प्रश्नोत्तरी

1. हाइड्रॉलिक मैकेनिक्स के अन्तर्गत किसका अध्ययन किया जाता है?

उत्तर हाइड्रॉलिक मैकेनिक्स के अन्तर्गत तरल पदार्थों के प्रवाहक गुणधर्मों का अध्ययन किया जाता है।

2. तरल पदार्थ की श्यानता से आप क्या समझते हैं?

उत्तर तरल पदार्थ की दो परतों के मध्य लगने वाला वह घर्षण बल, जो उन परतों की सापेक्ष गति का विरोध करता है, श्यानता कहलाता है।

3. गियर पम्प धनात्मक अथवा नियत विस्थापन वाले पम्प कहे जाते हैं, क्यों?

उत्तर गियर पम्प प्रत्येक चक्कर में द्रव की नियत मात्रा को पम्प करते हैं, इसलिए ये धनात्मक या नियत विस्थापन वाले पम्प कहलाते हैं।

4. यदि एक दिशात्मक कण्ट्रोल वाल्व पर 3/2 लिखा है, तो इसका क्या अर्थ है?

उत्तर दिशात्मक कण्ट्रोल वाल्व पर 3/2 लिखने का अर्थ है कि इसमें तीन रास्ते, तीन पोर्ट तथा दो स्थान हैं।

5. प्रैशर रिलीफ वाल्व की विशेषता बताइए।

उत्तर प्रैशर रिलीफ वाल्व की विशेषता यह है कि इसे इस प्रकार डिजाइन किया जाता है कि निर्धारित दाब से अधिक दाब होने पर यह स्वयं खुल जाता है और दाब को नियन्त्रित करता है।

6. नॉन-रिटर्न वाल्व का प्रयोग कहाँ किया जाता है?

उत्तर नॉन-रिटर्न वाल्व का प्रयोग ऑटोमोबाइल की ब्रेक प्रणाली में, हीटिंग एवं कूलिंग प्रणालियों में तथा घरेलू पानी प्रणाली को बैक फ्लो से बचाने के लिए किया जाता है।

7. इंजीनियरिंग क्षेत्र में न्यूमैटिक मैकेनिक्स को प्रयोग करने का क्या उद्देश्य है?

उत्तर इंजीनियरिंग क्षेत्र में न्यूमैटिक मैकेनिक्स का प्रयोग दाबित गैसों की सहायता से यान्त्रिक गति पैदा करने के लिए किया जाता है।

8. डबल एक्टिंग सिलेण्डर में क्रोमियम की कोटिंग क्यों की जाती है?

उत्तर घर्षण से उत्पन्न होने वाली हानि और ताप को कम करने के लिए डबल एक्टिंग सिलेण्डर में क्रोमियम की कोटिंग की जाती है।

9. एयर सर्विस यूनिट में एयर फिल्टर क्यों प्रयुक्त किया जाता है?

उत्तर एयर सर्विस यूनिट में एयर फिल्टर कम्प्रेस्ड गैस में से अवांछित एवं दूषित तत्त्वों तथा संघनित जल को पृथक् कर वायु को शुद्ध करने के लिए प्रयुक्त किया जाता है।

10. रेसीप्रोकेटिंग एयर कम्प्रैसर का प्रयोग कहाँ किया जाता है?

उत्तर रेसीप्रोकेटिंग एयर कम्प्रैसर का प्रयोग तेल शोधनशालाओं, गैस पाइप लाइनों, रसायन प्लाण्टों एवं रेफ्रिजरेशन प्लाण्टों में किया जाता है।

अभ्यास प्रश्न

परीक्षा प्रारूपी प्रश्न

बहुविकल्पीय

1. तरल पदार्थों के प्रवाह सम्बन्धी गुणधर्मों का अध्ययन किया जाता है
(a) हाइड्रॉलिक मैकेनिक्स में (b) न्यूमैटिक हाइड्रॉलिक
(c) 'a' और 'b' दोनों (d) इनमें से कोई नहीं

2. हाइड्रॉलिक मैकेनिक्स प्रणाली में हाइड्रॉलिक ऑयल का प्राथमिक कार्य है
(a) स्नेहन करना
(b) ऊष्मा अवशोषित करना
(c) ऊर्जा स्थानान्तरण करना
(d) सील करना

3. लम्बवत् बल तथा क्षेत्रफल के अनुपात को ………… कहते हैं।
(a) बल (b) दाब
(c) श्यानता (d) इनमें से कोई नहीं

4. श्यान बल (f) का सूत्र है
(a) $\pm\eta A\dfrac{\Delta v}{\Delta y}$ (b) $\pm\eta v\dfrac{\Delta A}{\Delta y}$ (c) $\pm vA\dfrac{\Delta\eta}{\Delta y}$ (d) $\pm\eta A\dfrac{\Delta y}{\Delta v}$

5. CGS प्रणाली में श्यानता का मात्रक होता है
(a) स्टोक्स (b) पॉइज
(c) न्यूटन-मी/से (d) ये सभी

6. "चारों तरफ से घिरे तथा असम्पीड्य (incompressible) द्रव में यदि किसी बिन्दु पर दाब परिवर्तन किया जाए, तो द्रव के अन्दर के प्रत्येक बिन्दु पर दाब में उतना ही परिवर्तन होगा।" यह कथन किस नियम से सम्बन्धित है?
(a) न्यूटन का नियम (b) पास्कल का नियम
(c) फैराडे का नियम (d) इनमें से कोई नहीं

7. यदि द्रव खुली हवा में हो, तो द्रव की सतह पर दाब, ... के बराबर होता है।
(a) वायुमण्डलीय दाब (b) गेज दाब
(c) आपेक्षिक दाब (d) इनमें से कोई नहीं

8. आर्किमिडीज के सिद्धान्त के अनुसार वस्तु का आभासी भार = ... होता है।
(a) तरल का उत्प्लावन बल – वस्तु का भार
(b) वस्तु का भार – विस्थापित तरल का भार
(c) वस्तु का भार – तरल का उत्प्लावन बल
(d) 'b' और 'c' दोनों

9. निम्न में से कौन-सी युक्ति पास्कल के नियम पर आधारित है?
(a) हाइड्रॉलिक जैक (b) हाइड्रॉलिक प्रैस
(c) हाइड्रॉलिक रैम (d) ये सभी

10. धनात्मक या नियत विस्थापन करते हैं
(a) गियर पम्प (b) सिंगल एक्टिंग सिलेण्डर
(c) डबल एक्टिंग सिलेण्डर (d) रेसीप्रोकेटिंग एयर कम्प्रैसर

11. निम्न में से गियर पम्प का प्रकार है
(a) आन्तरिक (b) बाह्य
(c) 'a' और 'b' दोनों (d) इनमें से कोई नहीं

12. कम क्षमता वाले गियर पम्पों की चाल होती है
(a) 1000 से 1500 चक्कर प्रति मिनट
(b) 1000 से 1750 चक्कर प्रति मिनट
(c) 1750 से 3450 चक्कर प्रति मिनट
(d) 1000 से 3450 चक्कर प्रति मिनट

13. हाइड्रॉलिक तथा न्यूमैटिक मैकेनिक्स का अत्यधिक प्रयोग होने वाला भाग है
(a) प्रैशर रिलीफ (b) फ्लो कण्ट्रोल वाल्व
(c) नॉन-रिटर्न वाल्व (d) दिशात्मक कण्ट्रोल वाल्व

14. हाइड्रॉलिक सिस्टम में हाइड्रॉलिक पम्प का कार्य है
(a) हाइड्रॉलिक ऑयल को ठण्डा करना
(b) हाइड्रॉलिक सिस्टम को ईंधन उपलब्ध करना
(c) तेल प्रवाह की दर को नियन्त्रित करना
(d) तेल प्रवाह की दिशा को नियन्त्रित करना

15. निम्न चित्र में दर्शाया गया है

(a) आन्तरिक गियर पम्प (b) बाह्य गियर पम्प
(c) फ्लो कण्ट्रोल वाल्व (d) इनमें से कोई नहीं

16. प्रैशर रिलीफ वाल्व निम्न में से किसके द्वारा प्रचालित किए जाते हैं?
(a) बैलोज (b) डायफ्राम
(c) स्प्रिंग (d) क्लैपर

17. पावर स्टीयरिंग में दाब को निम्न में से किसके द्वारा नियन्त्रित किया जाता है?
(a) दिशात्मक कण्ट्रोल वाल्व (b) प्रैशर रिलीफ वाल्व
(c) फ्लो कण्ट्रोल वाल्व (d) नॉन-रिटर्न वाल्व

18. इंजन स्नेहन प्रणाली में प्रैशर रिलीफ वाल्व का कार्य है
(a) तेल के दाब को घटाना
(b) तेल के दाब को हटाना
(c) तेल के दाब को नियन्त्रित करना
(d) उपरोक्त में से कोई नहीं

19. लोड का दाब, हाइड्रॉलिक जैक की क्षमता से अधिक बढ़ने की स्थिति में जैक की सुरक्षा .... के द्वारा की जाती है।
(a) नॉन-रिटर्न वाल्व-1 (b) शट ऑफ वाल्व
(c) नॉन-रिटर्न वाल्व-2 (d) प्रैशर रिलीफ वाल्व

20. कम प्रैशर होने पर प्रैशर रिलीफ वाल्व प्रचालित किया जाता है
(a) स्प्रिंग से (b) डायफ्राम से
(c) 'a' और 'b' दोनों (d) इनमें से कोई नहीं

21. हाइड्रॉलिक प्रणाली में फ्लो कण्ट्रोल वाल्व का कार्य है
(a) तरल के बहाव को नियन्त्रित करना
(b) तरल का दाब बढ़ाना
(c) तरल प्रवाह की दिशा परिवर्तित करना
(d) उपरोक्त सभी

22. फ्लो कण्ट्रोल वाल्व होता है
(a) स्वचालित (b) अर्द्धस्वचालित
(c) मैनुअल (d) इनमें से कोई नहीं

23. नॉन-रिटर्न वाल्व साधारणत: वापसी प्रवाह को .... कर देता है?
(a) तीव्र (b) मन्द (c) गर्म (d) ठण्डा

24. चित्र में 'X' प्रदर्शित करता है

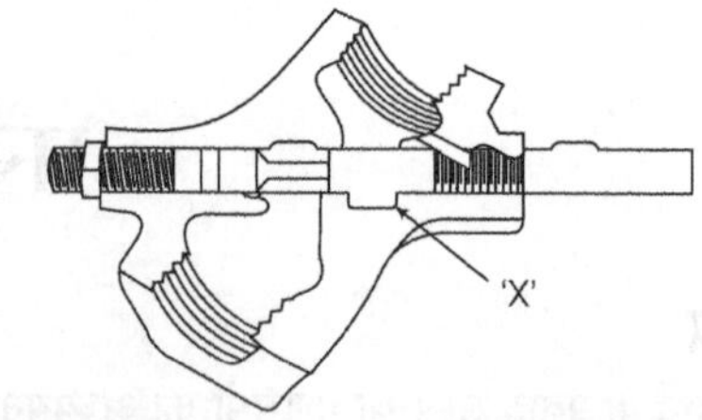

(a) चैक वाल्व (b) रिजरवॉयर
(c) एडजस्टिंग स्क्रू (d) स्प्रिंग

25. निम्न में से कौन-सा वाल्व मुक्त प्रवाह को अग्र (forward) दिशा में जाने की अनुमति तथा वापसी (return) दिशा में मुक्त प्रवाह को आने से रोकता है?
(a) प्रैशर रिलीफ वाल्व (b) प्रवाह कण्ट्रोल वाल्व
(c) नॉन-रिटर्न वाल्व (d) इनमें से कोई नहीं

26. हाइड्रालिक मैकेनिक्स प्रणाली में नॉन-रिटर्न वाल्व का कार्य है
(a) तरल प्रवाह की दिशा नियन्त्रित करना
(b) तरल दाब को नियन्त्रित करना
(c) तरल प्रवाह की दर को नियन्त्रित करना
(d) तरल प्रवाह को एकदिशीय अनुमति प्रदान करना

27. मास्टर सिलेण्डर में प्रयुक्त वाल्व है
(a) दिशात्मक कण्ट्रोल वाल्व (b) नॉन-रिटर्न वाल्व
(c) प्रवाह कण्ट्रोल वाल्व (d) प्रैशर रिलीफ वाल्व

28. ऑटोमोबाइल में नॉन–रिटर्न वाल्व का प्रयोग किया जाता है
(a) फ्यूल फिल्टर में (b) ब्रेकिंग सिस्टम में
(c) इग्नीशन सिस्टम में (d) इलेक्ट्रिक सिस्टम में

29. हाइड्रॉलिक ब्रेक सिस्टम आधारित है
(a) बॉयल के नियम पर (b) चार्ल्स के नियम पर
(c) पास्कल के नियम पर (d) हुक के नियम पर

30. निम्न में से कौन–सा संकेत डबल एक्टिंग सिलेण्डर को प्रदर्शित करता है?

(a) 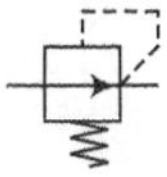
(b) 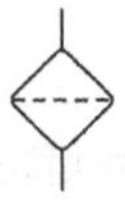
(c) 
(d) 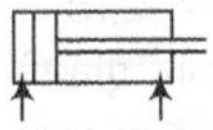

31. यान्त्रिक गति प्राप्त करने हेतु दाबित गैसों के अनुप्रयोग का अध्ययन कहलाता है
(a) हाइड्रॉलिक मैकेनिक्स (b) न्यूमैटिक मैकेनिक्स
(c) 'a' तथा 'b' दोनों (d) इनमें से कोई नहीं

32. न्यूमैटिक मैकेनिक्स में सामान्यतः ················ का प्रयोग किया जाता है।
(a) असम्पीड्य गैस (b) सम्पीड्य गैस
(c) 'a' और 'b' दोनों (d) इनमें से कोई नहीं

33. संकुचित हवा के दबाव से कार्य करने वाली प्रणाली है
(a) ऊष्मीय ऊर्जा प्रणाली (b) प्रवाहित ऊर्जा प्रणाली
(c) वायवीय ऊर्जा प्रणाली (d) तरल ऊर्जा प्रणाली

34. बॉयल के नियमानुसार $V \propto$ ....
(a) $2/p$ (b) $1/p$
(c) $3/p$ (d) p

35. चार्ल्स के नियमानुसार आयतन, परमताप के ········· होता है।
(a) समानुपाती (b) व्युत्क्रमानुपाती
(c) बराबर (d) इनमें से कोई नहीं

36. सिंगल एक्टिंग सिलेण्डर में संकुचित हवा के प्रवेश द्वार होते हैं
(a) 3 (b) 1
(c) 2 (d) 4

37. चित्र में प्रदर्शित सिलेण्डर है

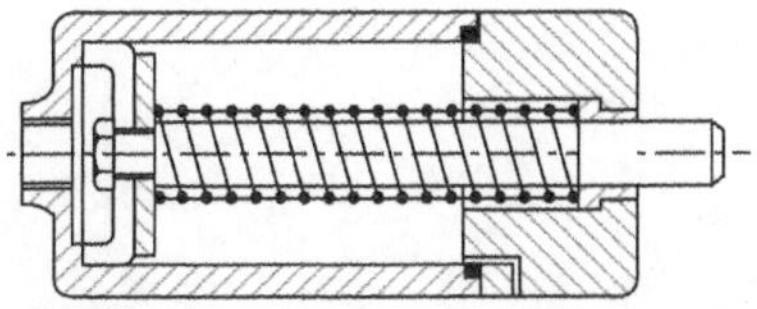

(a) सिंगल एक्टिंग (b) डबल एण्डेड
(c) डबल एक्टिंग (d) इनमें से कोई नहीं

38. पिस्टन ट्यूब बनी होती है
(a) स्टील की (b) एल्युमीनियम की
(c) प्लास्टिक की (d) लोहे की

39. सिंगल एक्टिंग सिलेण्डरों का प्रयोग किया जाता है
(a) प्रिन्टिंग मशीन में (b) स्टैपिंग में
(c) 'a' और 'b' दोनों में (d) इनमें से कोई नहीं

40. डबल एण्डेड सिलेण्डरों के सिलेण्डर नम्बर में लिखा होता है
(a) X (b) Y
(c) Z (d) W

41. न्यूमैटिक मैकेनिक्स में एयर सर्विस यूनिट का कार्य है
(a) वायु को शुद्ध करना तथा दाब को नियन्त्रित करना
(b) वायु को शुद्ध करना, दाब को नियन्त्रित करना तथा स्नेहन करना
(c) वायु को शुद्ध करना तथा स्नेहन करना
(d) उपरोक्त में से कोई नहीं

42. प्रवाहित कम्प्रेस्ड गैस में से अवांछित या दूषित तत्त्वों तथा कण्डेंस जल को हटाया जाता है
(a) एयर फिल्टर द्वारा (b) एयर लुब्रीकेटर द्वारा
(c) एयर रेगुलेटर द्वारा (d) इनमें से कोई नहीं

43. चित्र में प्रदर्शित वायु सेवा इकाई है

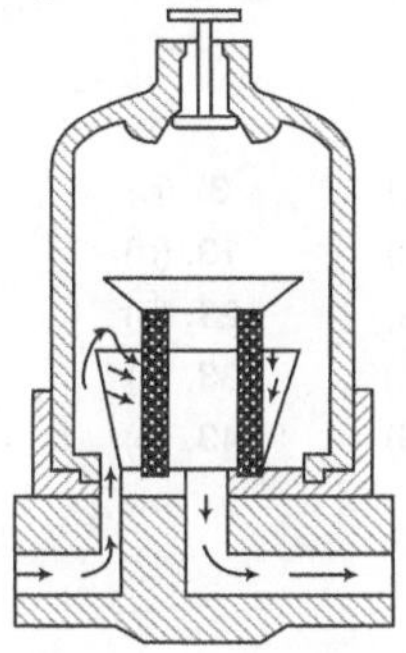

(a) एयर लुब्रीकेटर (b) एयर फिल्टर
(c) एयर रेगुलेटर (d) इनमें से कोई नहीं

44. चित्र में 'X' भाग प्रदर्शित करता है

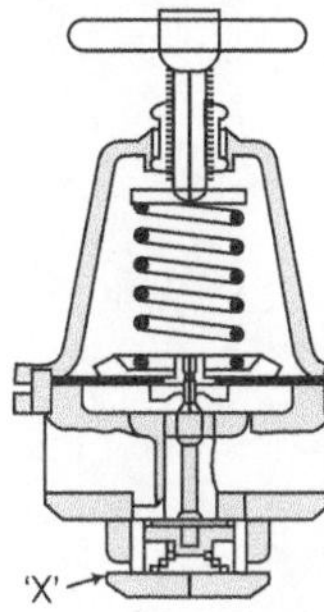

(a) एसोसिएटर को (b) स्प्रिंग को
(c) डायफ्राम को (d) स्टेम को

45. पश्चाग्र वायु कम्प्रैसर को अन्य किस नाम से जाना जाता है?
(a) पिस्टन कम्प्रैसर (b) घूर्णित कम्प्रैसर
(c) वायु कम्प्रैसर (d) इनमें से कोई नहीं

46. निम्न में से रेसीप्रोकेटिंग एयर कम्प्रैसरों की आयतनी दक्षता (η) का सूत्र है

(a) $\dfrac{\text{वास्तविक आयतन प्रवाह दर}}{\text{कम्प्रैसर की विस्थापन दर}} \times 100$

(b) $\dfrac{\text{कम्प्रैसर की विस्थापन दर}}{\text{वास्तविक आयतन प्रवाह दर}} \times 100$

(c) $\dfrac{\text{क्लीयरैंस आयतन}}{\text{कुल आयतन}} \times 100$

(d) उपरोक्त में से कोई नहीं

47. निम्न न्यूमैटिक संकेतों में से 5/2 वाल्व का संकेत कौन-सा है?

(a) 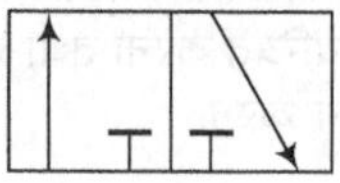

(b) 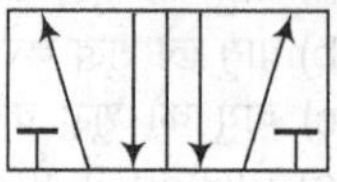

(c) 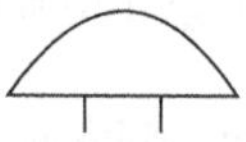

(d) 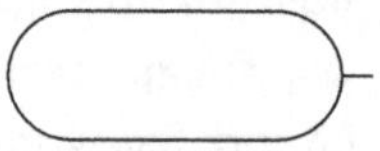

48. धनात्मक विस्थापन वाला कम्प्रैसर है

(a) स्क्रॉल वायु कम्प्रैसर
(b) अपकेन्द्रीय वायु कम्प्रैसर
(c) पश्चाग्र वायु कम्प्रैसर
(d) घूर्णी वायु कम्प्रैसर

49. रेगुलेटर में प्रैशर गेज लगे होते हैं

(a) एक (b) दो (c) तीन (d) चार

50. चित्र में प्रदर्शित संकेत किसका है?

(a) पुश बटन एक्टिवेटर
(b) एयर ब्लीड
(c) प्लंजर एक्टिवेटर
(d) एग्जॉस्ट एयर

उत्तरमाला

1. (a)	**2.** (c)	**3.** (b)	**4.** (a)	**5.** (b)	**6.** (b)	**7.** (a)	**8.** (d)	**9.** (d)	**10.** (a)
11. (c)	**12.** (c)	**13.** (d)	**14.** (b)	**15.** (b)	**16.** (c)	**17.** (c)	**18.** (c)	**19.** (d)	**20.** (b)
21. (a)	**22.** (a)	**23.** (b)	**24.** (a)	**25.** (c)	**26.** (d)	**27.** (b)	**28.** (b)	**29.** (c)	**30.** (d)
31. (b)	**32.** (b)	**33.** (c)	**34.** (b)	**35.** (a)	**36.** (b)	**37.** (a)	**38.** (a)	**39.** (c)	**40.** (b)
41. (b)	**42.** (a)	**43.** (b)	**44.** (b)	**45.** (a)	**46.** (a)	**47.** (b)	**48.** (c)	**49.** (b)	**50.** (c)

अध्याय 18

वाहन उद्योग

Auto Industry

परिचय Introduction

किसी भी राष्ट्र का वाहन उद्योग, उसकी अर्थव्यवस्था का महत्त्वपूर्ण अंग होता है, जो उसके आर्थिक एवं औद्योगिक विकास में महत्त्वपूर्ण भूमिका निभाता है। इस उद्योग का प्रारम्भ सर्वप्रथम 1769 ई. में निकोलस जोजेफ द्वारा आविष्कृत भाप से चलने वाली गाड़ी से हुआ था। इसके पश्चात् इस उद्योग से सम्बन्धित निरन्तर शोध होने के कारण इसमें दिन-प्रतिदिन अत्यधिक उन्नति हुई है। इस उद्योग के अन्तर्गत यात्री वाहन, मध्यम एवं भारी व्यावसायिक वाहन; जैसे—जीप, स्कूटर, मोटरसाइकिल एवं ट्रैक्टर इत्यादि तथा वाहन के पुर्जे; जैसे—इंजन के भाग, ड्राइव एवं संचरण भाग इत्यादि आते हैं, क्योंकि वाहन उद्योग अर्थव्यवस्था से जुड़ा एक वृहद् क्षेत्र है।

अत: वर्तमान समय में सड़क परिवहन एवं राज्य मन्त्रालय द्वारा इसके विकास सम्बन्धी बहुत-सी परियोजनाएँ; जैसे—NATRIP (National Automotive Testing and Research Infrastructure Project) प्रारम्भ की जा रही हैं। उपरोक्त विवरण से यह स्पष्ट है कि वाहन उद्योग किसी भी राष्ट्र के लिए कितनी महत्त्वपूर्ण इकाई है। अत: इस अध्याय में वाहन उद्योग, उससे सम्बन्धित मन्त्रालय एवं इस उद्योग के विकास से सम्बन्धित विकास परियोजना को एकीकृत किया गया है।

अध्याय विषय सूची

18.1 वाहन उद्योग का इतिहास History of Auto Industry

भारत एवं विश्व के अन्य देशों के सम्बन्ध में ऑटोमोबाइल अथवा वाहन उद्योग के विकास को निम्न पदों में सरलता से समझा जा सकता है

1. इस उद्योग के अन्तर्गत सर्वप्रथम 1769 ई. में तीन पहियों पर चलने वाली गाड़ी का आविष्कार एक फ्रांसीसी कैप्टन **निकोलस जोजेफ** द्वारा किया गया।
2. इसके पश्चात् 1805 ई. में **ऑलीवर एवान** नामक एक इंजीनियर ने चार पहियों पर चलने वाली मोटरगाड़ी विकसित की।
3. 1816 ई. में प्रेग पॉलीटेक्निक (Prague Polytechnic) के एक प्रोफेसर **जोसफ बोजेक** ने एक ऑयल फायर स्टीम कार बनाई।
4. 1880 ई. में सर्वप्रथम जर्मन तथा फ्रांसीसी इंजीनियरों ने मिलकर इन्टर्नल कम्बशन इंजन के डिजाइन का आविष्कार किया, जिस पर आधारित तीन पहियों वाली गाड़ी का निर्माण सर्वप्रथम एक जर्मन इंजीनियर **बेंज** द्वारा 1885 ई. में किया गया।

5. इसके पश्चात् सन् 1886 से 1906 तक विभिन्न देशों; जैसे— जर्मनी, फ्रांस, अमेरिका, इंग्लैण्ड आदि के द्वारा मोटरगाड़ियों के डिजाइन को विकसित करने के लिए अनेक प्रयास किए गए जिसमें उन्हें सफलता भी मिली और वर्ष 1909 में अमेरिका के **सर हेनरी फोर्ड** ने व्यावसायिक स्तर पर मोटरगाड़ियाँ बनाने के लिए 'फोर्ड मोटर कम्पनी' की स्थापना की।

   इसके अन्तर्गत 20,000 मोटरगाड़ियाँ प्रतिवर्ष बनाने का लक्ष्य रखा गया। यही कारण है कि मोटरगाड़ियों को प्रसिद्ध करने का श्रेय **फोर्ड मोटर** को दिया जाता है।

6. विश्व स्तर पर ऑटोमोबाइल उद्योग का विकास होने के पश्चात् भारत में इसकी शुरुआत 1940 के दशक में हुई। स्वाधीनता से पूर्व भारत में मोटरगाड़ियों का आयात अमेरिका, इंग्लैण्ड, फ्रांस आदि देशों से किया जाता था।

7. वर्ष 1939 में ब्रिटिश कानून के प्रतिरूप मोटरगाड़ी एक्ट बनाने के पश्चात् वर्ष 1943-44 में तत्कालीन शासन ने सर्वप्रथम हिन्दुस्तान मोटर्स, मुम्बई तथा प्रीमियर ऑटोमोबाइल कम्पनी को भारत में मोटरगाड़ियाँ बनाने की अनुमति प्रदान की।

8. स्वतन्त्रता प्राप्ति के बाद (1947 के बाद) भारत सरकार तथा निजी क्षेत्रों द्वारा वाहन के कल-पुर्जों के निर्माण के लिए उद्योग लगाने के प्रयास किए गए।

   परन्तु 1950 तथा 1960 के दशक में लाइसेन्स रूल होने के कारण इस उद्योग की वृद्धि दर धीमी रही। इसके साथ ही वर्ष 1956 में इन परिस्थितियों में परिवर्तन होने के कारण मोटरगाड़ी एक्ट, 1939 में संशोधन किया गया।

9. वर्ष 1952 में भारत सरकार द्वारा ऑटो उद्योग के बचाव एवं सहायता की दृष्टि से टैरिफ कमीशन का गठन कर, उसे इस सम्बन्ध में निर्देश देने को कहा गया। विस्तृत विश्लेषण के पश्चात् टैरिफ कमीशन द्वारा दिए गए निर्देश निम्नलिखित थे
   - गाड़ियों का क्रमबद्ध निर्माण इस प्रकार हो कि सरकारी मंजूरी के तीन वर्षों के भीतर CKD (Completely Knuckle Down) वाहनों के कुल मूल्य का 50% निर्माण देश में ही हो।
   - ऑटोमोबाइल निर्माता, स्वदेशी सहायक उद्योगों द्वारा निर्मित पुर्जों को ही मौलिक सहायक युक्तियों के तौर पर वाहनों में प्रयोग करने के लिए खरीदें।

10. वर्ष 1970 के पश्चात् भारत में वाहन उद्योग का विकास प्रारम्भ हो गया, परन्तु यह विकास प्रमुख रूप से ट्रैक्टरों, व्यावसायिक वाहनों तथा स्कूटरों के निर्माण तक ही सीमित रहा।

11. इसके पश्चात् 1980 के दशक में जापानी वाहन निर्माता कम्पनियों ने भारतीय बाजार में प्रवेश के प्रयास किए और वर्ष 1981 में भारत में मारुति उद्योग की स्थापना हुई।

    इसके साथ ही इस दशक में अनेक जापानी वाहन निर्माता कम्पनियों ने मोटरसाइकिलों एवं हल्के व्यावसायिक वाहनों के उत्पादन हेतु संयुक्त उद्यमों की स्थापना की और भारत सरकार ने सुजुकी को छोटी कारों के निर्माण हेतु संयुक्त उद्यम स्थापित करने के लिए चुना।

12. वर्ष 1991 में प्रारम्भ हुए आर्थिक उदारीकरण के पश्चात् और साथ ही लाइसेन्स रूल के धीरे-धीरे कमजोर होने पर कई भारतीय एवं बहुराष्ट्रीय कम्पनियाँ भारतीय बाजार में उद्योग स्थापित करने आईं। नीचे दी गई सारणी में वाहन उद्योग से सम्बन्धित वर्ष 1919 से 1930 तक भारत द्वारा विभिन्न देशों से आयात किए गए विभिन्न वाहनों की सूची दी गई है

वर्ष	यात्री वाहन	कॉमर्शियल वाहन	मोटरसाइकिल
1919-20	9,925	1,229	2,332
1920-21	15,432	2,885	5,179
1921-22	2,895	580	734
1922-23	4,323	480	866
1923-24	7,984	1,044	1,182
1924-25	9,380	2,156	1,462
1925-26	12,757	4,860	1,629
1926-27	13,197	6,943	1,803
1927-28	15,122	8,682	2,146
1928-29	19,567	12,790	1,802
1929-30	17,399	15,306	1,956

18.2 वाहन उद्योग का विकास
Development of Automobile Industry

भारत में वाहन उद्योग की निरन्तर प्रगति होने का कारण उपभोक्ता का पर्याप्त मात्रा में होना है। शुभ अवसरों पर वाहन खरीद का प्रचलन भी इस उद्योग की वृद्धि का एक अन्य कारण है। भारत, एशिया का चतुर्थ यात्री कार बाजार होने के साथ ही सर्वाधिक मोटरसाइकिल निर्माताओं वाला देश भी है।

भारत में इस सेक्टर की स्थापित उत्पादन क्षमता 95,40,000 वाहन प्रतिवर्ष है, जिनमें 15,90,000 चार पहियों वाले वाहन (यात्री कारों सहित) और 79,50,000 दो और तीन पहियों वाले वाहन हैं। भारत के सम्बन्ध में यदि कारों के विषय में बात करें, तो स्थिति कुछ इस प्रकार है कि भारत, विश्व में छोटी कारों के सबसे बड़े उत्पादकों में से एक है। 'न्यूयॉर्क टाइम्स' के अनुसार, भारत के मजबूत इंजीनियरिंग आधार, कम लागत और ईंधन-दक्ष कारों के निर्माण में विशेषज्ञता के कारण अनेक वाहन निर्माता कम्पनियों; जैसे—हुण्डई मोटर्स, निसान, टोयोटा, वॉक्सवैगन तथा सुजुकी की उत्पादन सुविधाओं का यहाँ विस्तार हुआ है। वर्ष 2008 में अकेले हुण्डई मोटर्स ने ही भारत में निर्मित अपनी 2,40,000 कारों का निर्यात किया। वहीं निसान मोटर्स की योजना वर्ष 2011 तक अपने संयन्त्र में बनी 2,50,000 कारों को निर्यात करने की थी। इसी प्रकार, जनरल मोटर की योजना भी भारत में बनने वाली 50,000 कारों के निर्यात की थी।

सितम्बर, 2009 में फोर्ड मोटर्स ने 50 करोड़ अमेरिकी डॉलर की लागत से 2,50,000 कारों की वार्षिक उत्पादन क्षमता वाले संयन्त्र की स्थापना की और अपनी योजना घोषित की। कारों का निर्माण भारतीय बाजारों में बिक्री के साथ-साथ निर्यात के लिए भी किया जाता है।

फोर्ड कम्पनी के अनुसार, संयन्त्र की स्थापना भारत को कम्पनी के भौगोलिक उत्पादन का केन्द्र बनाने की योजना का हिस्सा है। फिएट ने भी घोषणा की है कि उसके द्वारा 1 अरब अमेरिकी डॉलर का निवेश भारत द्वारा निर्मित वाहन के कल-पुर्जों का आयात करने के लिए किया जाएगा।

एल. पी. ब्लूमबर्ग के अनुसार, वर्ष 2009 में प्राप्त आँकड़ों के अनुसार भारत ने एशिया के चौथे सबसे बड़े कार निर्यातक के रूप में उभरकर चीन को भी पीछे छोड़ दिया।

वर्तमान में यहाँ 15 यात्री कारों व बहुउपयोगी वाहनों के निर्माता, 9 व्यावसायिक वाहनों के निर्माता, 16 दो पहिया एवं चार पहिया वाहनों के निर्माता और 14 ट्रैक्टर निर्माताओं के साथ ही 5 इंजन निर्माता भी हैं।

विगत् कुछ वर्षों में इस क्षेत्र में विदेशी निवेश को आकर्षित करने के लिए उदारीकरण की नीति को अपनाया गया है जिसके अन्तर्गत यात्री कार के क्षेत्र में अब शत-प्रतिशत तक विदेशी निवेश की अनुमति प्रदान की गई है, जो इस सेक्टर में स्वचालित रूट के अन्तर्गत सम्भव है।

भारतीय वाहन उद्योग का टर्नओवर अनुमानतः ₹1,65,000 करोड़ है जबकि देशभर में इसने अनुमानतः 1.31 करोड़ लोगों को रोजगार भी प्रदत्त किया है।

18.3 अनुगामी वाहन उत्पादक
Leading Vehicle Manufacturers

इस श्रेणी के अन्तर्गत उन उत्पादकों का समावेश किया जाता है जो देश की यातायात जरूरतों को पूर्ण करने के साथ-साथ पर्याप्त मात्रा में रोजगार के अवसर भी उपलब्ध कराते हैं।

ऐसे शीर्ष दस उत्पादकों में मारुति, हुण्डई, टाटा, महिन्द्रा, जी. एम. शेवर्ले, होण्डा, टोयोटा, फोर्ड, स्कोडा और फिएट मोटर्स हैं, जिन्होंने अत्यन्त महत्त्व के गुणवत्तापूर्ण उत्पाद भारत समेत अन्य देशों को उपलब्ध कराए हैं।

भारत के शीर्ष कार निर्माताओं के लोकप्रिय उत्पादों के रूप में रैनो, बोलेरो, स्कॉर्पियो, ऑल्टो, स्विफ्ट, सियाज, रिओ, नैनो, इण्डिका, सूमो व सफारी आदि हैं। इनमें से कुछ का संक्षिप्त वर्णन नीचे किया गया है

1. **टाटा मोटर्स** (Tata Motors) यह एक भारतीय-अन्तर्राष्ट्रीय कम्पनी है जिसका मुख्यालय मुम्बई में है। इस कम्पनी के प्रमुख ब्राण्ड इण्डिगो, सफारी, स्टार बस एवं सूमो इत्यादि हैं तथा यह कार, ट्रक वैंज कोचेज, बस एवं मिलिट्री वाहन बनाती है।

   यह विश्व की छठे नम्बर की सबसे बड़ी ऑटोमोबाइल निर्माता कम्पनी है। पिछले कुछ वर्षों में इसने जगुआर, लैण्ड रोवर जैसी कम्पनियों को खरीदकर अपने व्यापार का विस्तार किया है।

   वर्तमान समय में यह डीआरडीओ के सम्बन्ध में फ्यूचरिस्टिक इन्फैन्ट्री कॉम्बैट वाहन (Futuristic Infantry Combat Vehicle; FICV) के निर्माण की दिशा में कार्यरत् है।

2. **मारुति सुजुकी इण्डिया** (Maruti Suzuki India) यह जापान की ऑटो कम्पनी सुजुकी मोटर कॉर्पोरेशन की सहायक कम्पनी है, जो भारत की सर्वाधिक यात्री कार निर्माता कम्पनी है। मारुति 800, एस्टीम, स्विफ्ट, ओमनी, आर्टिगा, ग्रैण्ड विटारा आदि इसके कुछ प्रमुख उत्पाद हैं। यह कम्पनी लगभग 14 ब्राण्ड तथा 150 तरह की विभिन्न प्रकार की कारों का निर्माण करती है।

3. **महिन्द्रा एण्ड महिन्द्रा** (Mahindra and Mahindra) यह भारत की प्रमुख ऑटोमोबाइल कम्पनियों में से एक है, जिसका मुख्यालय भी मुम्बई में है।

   यह भारतीय काँग्लोमेरेट (conglomerate) ग्रुप का ही एक भाग है। महिन्द्रा बोलेरो, स्कॉर्पियो, लीजैण्ड आदि इसके प्रमुख उत्पाद हैं।

4. **अशोक लेलैण्ड** (Ashok Leyland) यह कम्पनी वर्ष 1948 में रघुनन्दन सरन द्वारा स्थापित की गई थी। इसका मुख्यालय चेन्नई में है तथा यह भारत में मीडियम एवं व्यावसायिक वाहनों का निर्माण करती है।

   यह भारत की दूसरी सबसे बड़ी व्यावसायिक वाहन निर्माता कम्पनी है जो बसों के निर्माण में विश्व की चौथी तथा ट्रकों के निर्माण में विश्व की शीर्ष 16 कम्पनियों में से एक है। यह प्रतिवर्ष 60,000 वाहन तथा 7,000 इंजन का व्यापार करती है।

5. **फोर्स मोटर्स** (Force Motors) यह भारत के शीर्ष 10 व्यवसाय केन्द्रों में से एक, बजाज समूह की अंशतः कम्पनी है जो बजाज टैम्पो कम्पनी के नाम से जानी जाती है।

   यह कम्पनी थ्री व्हीलर्स, मल्टीयूटिलिटी वाहन, क्रॉसकन्ट्री वाहन, हल्के तथा भारी व्यावसायिक वाहन, ट्रक, बसें आदि बनाती है। व्यक्तिगत वाहन सेग्मेन्ट के अन्तर्गत एसयूवी, जिसे फोर्स-वन नाम दिया गया, इसके द्वारा ही निर्मित है।

6. **हुण्डई मोटर्स** (Hyundai Motors) यह छोटी कारों की निर्माता कम्पनी है। इसके प्रमुख उत्पाद सैन्ट्रोजिंग, एसैन्ट, द्वितीय चरण की वर्ना, सोनाटा ट्रांसफॉर्म इत्यादि हैं।

7. **शेवर्ले इण्डिया** (Chevrolet India) यह अमेरिकी कम्पनी जनरल मोटर्स की संयुक्त कम्पनी है जो ऑटो निर्माण में पाँचवें स्थान पर है। इसके प्रमुख उत्पाद स्पार्क, क्रूज, कैपटिवा आदि हैं।

8. **फोर्ड इण्डिया** (Ford India) यह फोर्ड कम्पनी की सहायक कम्पनी है जिसका मुख्यालय चेन्नई में है। इसके प्रमुख उत्पाद फीगो, क्लासिक, एण्डेयवर, फिएस्टा इत्यादि हैं।

9. **होण्डा कार लिमिटेड** (Honda Car Limited) यह जापान की होण्डा मोटर कम्पनी का एक भाग है जिसका मुख्यालय नोएडा में है। होण्डा कम्पनी के वाहनों का निर्माण कार्य मुख्यतः ग्रेटर नोएडा (उत्तर प्रदेश) तथा भिवाड़ी (राजस्थान) में होता है। इसके प्रमुख उत्पाद सीआरवी, एकोर्ड, सिविक आदि हैं।

10. **टोयोटा किर्लोसकर मोटर्स** (Toyota Kirloskor Motors) इस कम्पनी का मुख्यालय बैंगलोर में है। यह कम्पनी टोयोटा मोटर कम्पनी तथा किर्लोसकर गुड्स का मिश्रित स्वरूप है। इसके प्रमुख उत्पाद प्रियस, लैण्ड क्रूजर, इटिऑस, फॉर्चूनर इत्यादि हैं।

11. **हिन्दुस्तान मोटर्स** (Hindustan Motors) इस कम्पनी का मुख्यालय कोलकाता में है। यह कम्पनी मित्सुभिसी कम्पनी के साथ मिलकर पजैरो आदि उत्पाद बनाती है।

18.4 सड़क परिवहन एवं राष्ट्रीय राजमार्ग मन्त्रालय Road Transport and National Highways Ministry

भारत सरकार की इस शाखा का कार्य राष्ट्रीय राजमार्गों एवं मार्गों का निर्माण तथा उनका अनुरक्षण (maintenance) करना है। इन्हीं को ध्यान में रखते हुए इस मन्त्रालय द्वारा सड़क परिवहन, राष्ट्रीय राजमार्गों और परिवहन शोध सम्बन्धी नियमों, अधिनियमों एवं कानूनों का निर्माण किया जाता है। किसी भी अर्थव्यवस्था पर सड़क परिवहन का विशेष प्रभाव पड़ता है।

यह किसी भी देश की प्रगति (progress), आधारभूत संरचना (infrastructure) एवं पद्धति (system) पर विशिष्ट प्रभाव डालती है। भारत जैसे देश में अभी भी इस दिशा में पर्याप्त कार्य किए जाने की आवश्यकता है, क्योंकि यहाँ 60 से 85% तक यात्री परिवहन के लिए सड़क परिवहन का उपयोग करते हैं। इस शाखा के दो भाग अथवा विंग है

1. सड़क विंग Road Wing

शाखा के इस भाग के अन्तर्गत राष्ट्र के विकास एवं राष्ट्रीय राजमार्गों के रख-रखाव की जिम्मेदारी आती है। इस भाग की जिम्मेदारियाँ निम्नलिखित हैं

(i) देश के राष्ट्रीय राजमार्गों का विकास, उनका रख-रखाव एवं उनसे सम्बन्धित नई योजनाएँ बनाना।

(ii) राज्यों को परस्पर सड़कों के माध्यम से जोड़ना एवं सड़कों से सम्बन्धित विकास कार्य करना।

(iii) देश में निर्मित होने वाले मार्गों, पुलों आदि के लिए मानक विनिर्देशों को बनाना एवं उनके तकनीकी विकास सम्बन्धी योजनाएँ बनाना।

(iv) प्रादेशिक सड़कों के निर्माण हेतु वित्तीय एवं तकनीकी सहायता प्रदान करना।

2. परिवहन विंग Transport Wing

शाखा का यह भाग सड़क परिवहन से सम्बन्धित कार्य करता है। इसकी प्रमुख जिम्मेदारियाँ निम्नवत् हैं

(i) मोटर वाहनों पर कर निर्धारण करना एवं उन्हें प्राप्त करना।

(ii) मोटर वाहन का अनिवार्य बीमा हुआ है या नहीं, यह सुनिश्चित करना।

(iii) मोटर वाहन सम्बन्धित कानून बनाना।

(iv) मोटर वाहन अधिनियम, 1988 का प्रशासन चलाना।

(v) सड़क दुर्घटना का विश्लेषण कर, नए नियम बनाना तथा नागरिकों को सड़क सुरक्षा हेतु जागरूक करना।

(vi) सड़क परिवहन निगम अधिनियम, 1950 का पालन करना।

18.5 वाहन नीति, 2002 Auto Policy, 2002

इस नीति का उद्देश्य भारत में वैश्विक प्रतिस्पर्द्धा में ऑटोमोटिव उद्योग की स्थापना और वर्ष 2010 में इसका योगदान दोगुना करना, ऑटोमोबाइल सेक्टर के लिए उन्नति की दिशा तय करना तथा निरन्तर नई तकनीकें विकसित करना था। इसमें कम धुआँ देने वाली ऑटो तकनीकों और ऑटो उत्पादकों को स्व-सक्षम स्तर तक पर्याप्त ऑटो ईंधन उपलब्ध कराने पर बल दिया गया।

इस नीति के अन्तर्गत निश्चित उद्देश्यों का लाभ देश में तब देखने को मिला, जब विभिन्न सेक्टरों में भिन्न-भिन्न क्षमताओं के वाहनों का निर्माण देश में बढ़ा। इस नीति के व्यापक उद्देश्य निम्न थे

1. ऑटो सेक्टर में भारत की पहुँच को विश्वव्यापी बनाना तथा उच्च गुणवत्तापूर्ण तकनीकी आधारित विकास और वृहद् उत्पादन करना।
2. उच्च तकनीक चालित ऑटो उत्पादों का निर्यात करना।
3. ऑटो इंजीनियरिंग के साथ भारत की क्षमता को सूचना प्रौद्योगिकी तथा इलेक्ट्रॉनिक्स पर केन्द्रित करना।
4. राष्ट्र में उत्पादन क्षमता को बढ़ाकर, राष्ट्र में उच्चस्तरीय रोजगार के अवसरों का सृजन करना।

18.6 ऑटोमोटिव मिशन प्लान Automotive Mission Plan

भारत को वैश्विक ऑटोमोटिव हब बनाने के उद्देश्य से वर्ष 2006-16 के लिए इस प्लान की घोषणा की गई। इसका उद्देश्य विश्व में भारत को डिजाइन, ऑटोमोबाइल्स और ऑटो पुर्जों के केन्द्र के रूप में तथा विश्व की पसन्द के रूप में प्रस्तुत करना था। इसका प्राप्ति लक्ष्य 145 बिलियन यू.एस. डॉलर के स्तर तक पहुँचना तथा वर्ष 2016 तक 25 मिलियन लोगों को रोजगार के अवसर प्रदान करना था।

इसका उद्देश्य भारत में ऑटोमोबाइल उद्योग के उत्पादन को वर्ष 2016 तक ₹6,00,000 करोड़ तक पहुँचाने का था। इसकी राष्ट्रीय अर्थव्यवस्था में व्यापक भूमिका है।

इसका सम्बन्ध अर्थव्यवस्था के अन्य मुख्य लघु क्षेत्रों के साथ-साथ भावी वृद्धिकारक आशाओं से है। यह प्लान देश के घरेलू बाजार में ऑटोमोबाइल की उन्नति में निहित है।

18.7 राष्ट्रीय ऑटोमोटिव परीक्षण एवं शोध अवसंरचना परियोजना National Automotive Testing and Research Infrastructure Project (NATRIP)

NATRIP, भारतीय ऑटोमोबाइल उद्योग का एक अत्यन्त महत्त्वपूर्ण एवं बड़ा प्रोजेक्ट है। यह भारत सरकार, राज्य सरकारों एवं वाहन उद्योगों द्वारा निर्मित एक सम्मिलित संस्था है जिसका उद्देश्य वाहनों से सम्बन्धित शोध, परीक्षण, सत्यापन एवं उनके विकास सम्बन्धी परियोजनाएँ बनाना है।

इसके अतिरिक्त इसका उद्देश्य भारत में ऑटोमोटिव उद्योग को विकसित कर, इसे अन्तर्राष्ट्रीय स्तर पर अन्य देशों के समकक्ष लाना है। इन उद्देश्यों की पूर्ति हेतु इस प्रोजेक्ट के अन्तर्गत 7 विभिन्न स्थानों पर 7 ऑटो परीक्षण केन्द्रों की वर्ष 2011 तक ₹ 1718 करोड़ की लागत के साथ स्थापना की जानी थी, जिसका समय तथा लागत बाद में बढ़ाकर क्रमश: दिसम्बर, 2012 तथा ₹ 2,268.06 करोड़ कर दी गई।

राष्ट्रीय ऑटोमोटिव परीक्षण एवं शोध अवसंरचना परियोजना के अन्तर्गत वाहनों के परीक्षण के लिए स्थापित कुछ प्रमुख परीक्षण केन्द्र निम्नवत् हैं

क्र.सं.	परीक्षण केन्द्र	केन्द्र स्थल
1.	ICAT	मानेसर
2.	GARC	चेन्नई
3.	ARAI	पुणे
4.	NCAT	अहमदनगर
5.	NCVRS/ADAC	रायबरेली
6.	East Centre	सिल्चर
7.	NATRAX	इन्दौर

18.8 भारतीय ऑटोमोबाइल शोध संगठन
Automobile Research Association of India (ARAI)

इस संगठन की स्थापना वर्ष 1986 में पुणे में हुई थी। इस संगठन का कार्य सुरक्षित, दक्षतापूर्ण एवं निम्न प्रदूषक वाहनों का निर्माण करना तथा उनसे सम्बन्धित नई तकनीकों की खोज करना है।

यह संस्था वाहनों को उनके प्रदर्शन के अनुरूप प्रमाण-पत्र प्रदान करती है। भारतीय वाहन शोध संगठन, उद्योगों को तकनीकी सलाह, परीक्षण एवं प्रदूषण नियन्त्रण के उद्देश्य हेतु विशेषज्ञ उपलब्ध कराता है। ये विशेषज्ञ अपने क्षेत्र में पारंगत होते हैं।

ऑटोमोटिव वाहनों के अन्तर्राष्ट्रीय स्तर पर विकास के प्रयास चल रहे हैं और भारत में भी इस दिशा में गम्भीर प्रयास किए जा रहे हैं। उपरिवर्णित बिन्दु इन प्रयासों को दर्शाने के लिए पर्याप्त हैं कि भारत में भी यह सेक्टर अत्यन्त महत्त्वपूर्ण स्थान रखता है और यह भारतीय अर्थव्यवस्था का एक महत्त्वपूर्ण सेक्टर है जो अनेक सम्भावनाओं से भरा है। अत: भारत में इस सेक्टर की प्रगति की अपार सम्भावनाओं को नकारा नहीं जा सकता।

इस संगठन द्वारा उद्योगों के विकास के लिए कई नए प्रोजेक्ट बनाए गए हैं; जैसे—इंजन डिजाइन, सिमुलेशन सॉफ्टवेयर, कम्प्रैस्ड नैचुरल गैस्केट इत्यादि। इसके अतिरिक्त VOACS सॉफ्टवेयर जो चेसिस डायनमोमीटर का नियन्त्रण करता है, भी इस संस्था द्वारा निर्मित है।

18.9 ऑटोमोबाइल एसोसिएशन
Automobile Association

अन्य भारतीय औद्योगिक संस्थाओं की भाँति ऑटोमोबाइल उद्योग की भी अपनी कुछ क्षेत्रीय संस्थाएँ हैं जिनका प्रमुख कार्य वाहन सम्बन्धी गुणवत्ता सुधार, तकनीकी विकास, वाहन उद्योग की उन्नति करना तथा इसके विषय में व्यापक जानकारी प्राप्त करना अथवा देना है। ये संस्थाएँ सरकार एवं उद्योग के मध्य सेतु का कार्य करती हैं। इनके द्वारा किए गए सर्वेक्षण से प्राप्त आँकड़ों के आधार पर सरकार यह निर्धारित करती है कि कौन-से नए नियम बनाने तथा लागू करने हैं और कौन-से नियम अनुपयोगिता के आधार पर निरस्त करने हैं।

इसके अतिरिक्त ये संस्थाएँ सरकार को अपने क्षेत्रीय कार्य; जैसे—उत्पाद, प्रारूप, इंजीनियरिंग अनुसन्धान, उपकरण एवं सह-उद्योग तकनीकी सूचना सेवा आदि से भी अवगत कराती हैं। भारत में मुख्यत: चार ऑटोमोबाइल एसोसिएशन्स हैं, जिनका वर्णन निम्नलिखित है

1. **भारतीय ऑटोमोबाइल उत्पादक सोसायटी** (Society of Indian Automobile Manufacturers; SIAM) यह वर्ष 1988 में निर्मित भारत की शीर्ष ऑटोमोबाइल सोसायटी है जिसका मुख्यालय नई दिल्ली में स्थित है।

   इसका प्रमुख कार्य कुछ महत्त्वपूर्ण विषयों; जैसे—पर्यावरण सुरक्षा, सड़क सुरक्षा जैसी जानकारियाँ प्रयोगात्मक रूप में देकर नागरिकों में जागरूकता पैदा करना है।

2. **भारतीय ऑटोमोटिव अवयव उत्पादक एसोसिएशन** (Automotive Component Manufacturers Association of India; ACMAI) द्वितीय शीर्ष ऑटोमोबाइल सोसायटी है जिसमें कुल 365 सदस्य होते हैं।

   वाहन अवयवों के निर्माण की यह संस्था एक प्रवक्ता के रूप में क्रियाशील है, जो ऑटोमोटिव उद्योग सम्बन्धी नियमों को बनाने का कार्य करती है।

3. **पश्चिमी भारत ऑटोमोबाइल एसोसिएशन** (Western India Automobile Association; WIAA) इस एसोसिएशन की स्थापना वर्ष 1919 में की गई थी। यह सबसे पुरानी एवं सबसे बड़ी मोटरिंग बॉडी बनाने वाली कम्पनी है जिसमें चार राज्यों (महाराष्ट्र, गुजरात, राजस्थान एवं गोवा) के 4,800 सदस्य सम्मिलित हैं।

   इसका मुख्यालय मुम्बई में स्थित है। इसका प्रमुख उद्देश्य मार्ग सुरक्षा सम्बन्धी नई तकनीकों की खोज करना है। इसके अतिरिक्त यह एसोसिएशन भारत में पर्यटन विकास में उन्नति करने के लिए भी जानी जाती है।

4. **फेडरेशन ऑटोमोबाइल डीलर्स एसोसिएशन** (Federation of Automobile Dealers Association; FADA) यह डीलर्स समूह द्वारा गठित प्रथम परिषद् है जिसकी स्थापना वर्ष 1964 में की गई थी।

   इसके अन्तर्गत ऑटोमोबाइल सम्बन्धी समाचार-पत्र, सेमिनार, प्रैस कॉन्फ्रेन्स, विशिष्ट अध्ययन आदि को आयोजित किया जाता है।

वर्तमान में वाहन उद्योग एक अत्यन्त विकसित एवं मुख्य उद्योग है। इस उद्योग में कुछ हल्के एवं कुछ भारी वाहनों को विकसित किया जाता है। प्राय: भारी वाहनों की श्रेणी में ट्रक, मशीनें, एम्बुलैन्स और स्कूल बसें आती हैं। भारत के कुछ लोकप्रिय भारी वाहनों के ब्राण्ड वॉल्वो, आयशर, महिन्द्रा, टाटा, टेल्को, अशोक लेलैण्ड, बजाज ऑटो, स्वराज आदि हैं।

18.10 भारी वाहनों के प्रकार
Types of Heavy Vehicles

एक स्थान से दूसरे स्थान पर जाने के लिए एवं विभिन्न वस्तुओं अथवा सामान को ढोने के लिए विभिन्न प्रकार के भारी वाहन प्रयोग किए जाते हैं जिनका विवरण निम्नवत् है

1. ट्रक Truck

ट्रक भारत में वस्तुओं के परिवहन के लिए प्रयोग किया जाने वाला प्रमुख साधन हैं। ये भारी वाहनों के अन्तर्गत आते हैं। इनका उपयोग भारी मात्रा में वस्तुओं को उनके गन्तव्य (destination) तक पहुँचाने में किया जाता है।

ये भारत में वाणिज्यिक गतिविधियों के सुगम प्रवाह (smooth flow) तथा उनकी वृद्धि (growth) के लिए बहुत महत्त्वपूर्ण माने जाते हैं।

तालिका ट्रक उत्पादकों का विवरण

क्र.सं.	उत्पादक	उत्पाद
1.	टाटा (1983)	टाटा ऐस, एस.एफ.सी. व टर्बो
2.	अशोक लेलैण्ड	हॉथेज, टस्कर, कॉमेट, एक्सल
3.	महिन्द्रा एण्ड महिन्द्रा	यूटिलिटी, पिकअप, मैक्सी, लोडकिंग
4.	स्वराज (1983) (वर्तमान में SML)	हाई-डेक स्वराज, डम्पर

2. रक्षा वाहन Defence Vehicle

ये ऐसे भारी वाहन हैं जो रक्षा विभागों/सेवाओं; जैसे—सेना, नेवी और एयरफोर्स में सहायक के तौर पर प्रयोग किए जाते हैं। रक्षा वाहन, भारत में देश की सीमा रेखाओं की सुरक्षा में रक्षा सेवाओं हेतु बहुतायत से प्रयोग किए जाते हैं। रक्षा विभाग द्वारा विविध कार्यों को करने योग्य भारी वाहनों का चयन किया जाता है।

भारत में रक्षा वाहनों का उपयोग सीमा या मोर्चे पर सैनिकों को आवश्यक सामान पहुँचाने में तथा छोटे वाहनों को दूरस्थ स्थानों पर पहुँचाने में किया जाता है।

भारत में सेना के लिए ऐसे भारी वाहन मुख्य रूप से अशोक लेलैण्ड तथा टाटा ने डिजाइन किए हैं जो विपरीत परिस्थितियों में भी उत्तम कार्यक्षमता दर्शाने में सक्षम हैं साथ ही ये ईंधन की बचत करने वाले भी हैं। इनकी एक अतिरिक्त विशेषता यह है कि रक्षा सेवाओं के लिए बनाए जाने वाले ये वाहन फोर-व्हील ड्राइव होते हैं।

तालिका रक्षा वाहन उत्पादकों का विवरण

क्र.सं.	उत्पादक	उत्पाद
1.	टाटा (1983)	एस. डी. 1015, टाटा 407S, हाई टॉप अप कैरियर
2.	अशोक लेलैण्ड	स्टैलियन शृंखला, हाई-मोबिलिटी, कॉमेट
3.	महिन्द्रा एण्ड महिन्द्रा	कमाण्डर शृंखला, रक्षक, महिन्द्रा 550 x D

3. बसें Buses

ये भारत में परिवहन का मुख्य साधन हैं। देशभर में अधिक संख्या में यात्रियों को एक स्थान से दूसरे स्थान तक पहुँचाने में बसों की मुख्य भूमिका होती है। बसें परिवहन का मूलभूत रूप होने के कारण इन पर शासन-प्रशासन का ध्यान मुख्यत: रहता है। अपने गन्तव्यों को जाने वाले हजारों लोग बस सेवा का प्रतिदिन उपयोग करते हैं।

तालिका बस उत्पादकों का विवरण

क्र.सं.	उत्पादक	उत्पाद
1.	टाटा	–
2.	अशोक लेलैण्ड	–
3.	महिन्द्रा एण्ड महिन्द्रा	एफ.जे.मिनी बस, एफ.जे. 470, टूरिस्टर
4.	फोर्स मोटर्स (1950)	सिटिलाइन, कम्यूटर व ट्रैवलर
5.	हिन्दुस्तान मोटर्स	कस्टम पैसेंजर व स्कूल बस
6.	आयशर (1982)	स्काइलाइन शृंखला व क्रूजर बस
7.	वाइकिंग	बी.एस. II व III, सी.एन.जी. व एस.एल.एफ.

4. ट्रैक्टर Tractors

भारत एक कृषि आधारित अर्थव्यवस्था वाला देश है। परिणामत: भारत की अर्थव्यवस्था के विकास में ट्रैक्टर्स की महत्त्वपूर्ण भूमिका है। कृषि क्षेत्र में ट्रैक्टरों का विविध कार्यों में उपयोग किया जाता है। इनकी सहायता से बहुत कम समय में काफी बड़े क्षेत्र की बुआई प्रभावी रूप से की जा सकती है।

तालिका ट्रैक्टर उत्पादकों का विवरण

क्र.सं.	उत्पादक	उत्पाद
1.	एस्कॉर्ट्स	फार्मट्रैक शृंखला व पावरट्रैक शृंखला
2.	फोर्स मोटर्स	बलवान शृंखला व ओ.एक्स. 25
3.	स्वराज (वर्तमान में SML)	सुपर 722 एफ.ई. 735, 855 व एफ.ई. 724
4.	सोनालिका	सोनालिका
5.	न्यू हॉलैण्ड	न्यू हॉलैण्ड

5. एम्बुलैन्स Ambulance

एम्बुलैन्स, स्वास्थ्य उद्योग का एक अनिवार्य घटक है। इसका उपयोग मुख्यत: रोगियों के स्थानान्तरण में किया जाता है। एम्बुलैन्स निर्माण में रोगियों के हितों को सर्वोच्च वरीयता देते हुए सुरक्षा, सुगमता तथा वाहन की गति पर विशेष ध्यान दिया जाता है। ये हल्के चौपहिया वाहन के रूप में भी उपलब्ध हैं।

तालिका एम्बुलैन्स उत्पादकों का विवरण

क्र.सं.	उत्पादक	उत्पाद
1.	हिन्दुस्तान मोटर्स	आर.टी.वी. एम्बुलैन्स
2.	फोर्स मोटर्स	ट्रैवलर एम्बुलैन्स
3.	महिन्द्रा एण्ड महिन्द्रा	एम.एम.540 डी.पी. एम्बुलैन्स
4.	मारुति उद्योग	ओम्नी एम्बुलैन्स

18.11 भारी वाहनों के मुख्य भाग Main Components of Heavy Vehicles

भारी वाहन अनेक भागों से मिलकर बना होता है जिनका विवरण नीचे दिया गया है

1. चेसिस Chassis

किसी मोटर वाहन की बॉडी को यदि अलग कर दिया जाए, तो शेष भाग को चेसिस कहते हैं। चेसिस भी मोटर वाहन के समान, पावर से सड़क पर चल सकती है। इसे ड्राइवर सीट लगाकर भी चलाया जा सकता है; जैसे—टाटा ट्रक एवं बस। चेसिस फ्रेम का मुख्य कार्य यात्रियों, सामान का भार तथा वाहन की सभी यूनिट को सपोर्ट करना होता है। चेसिस फ्रेम स्टील का बना होता है जिसमें दो लम्बी अनुप्रस्थ काट 1 तथा दो छोटी अनुप्रस्थ काट 2 को अन्य भागों के साथ रिवेट, नट-बोल्ट या वैल्डिंग द्वारा जोड़ा जाता है। निम्न चित्र में एक मोटर व्हीकल की बॉडी तथा चेसिस को दर्शाया गया है

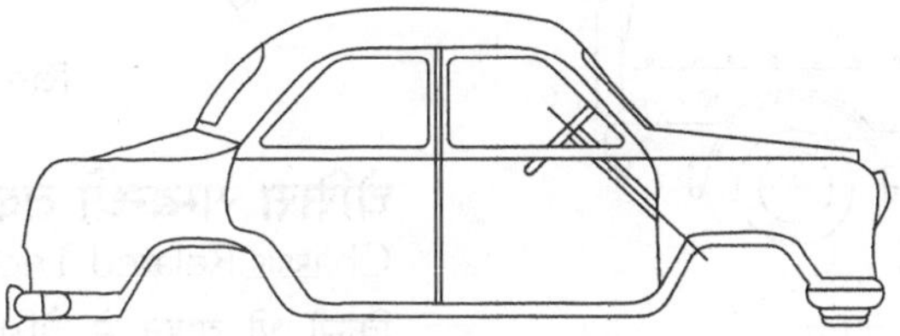

चित्र मोटर व्हीकल की बॉडी

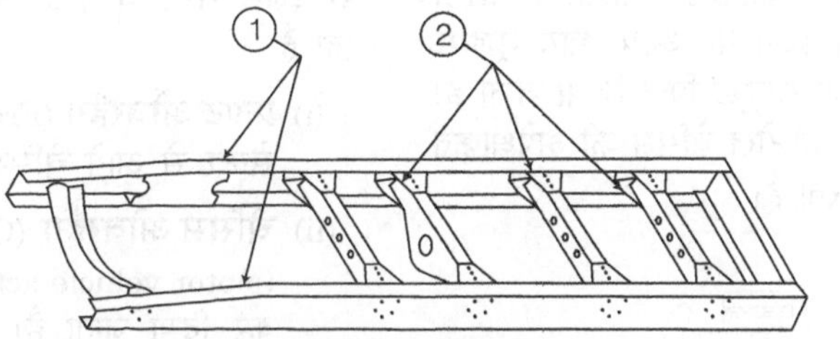

चित्र मोटर व्हीकल का चेसिस

चेसिस के मुख्य भागों को निम्न चित्र के माध्यम से दर्शाया गया है।

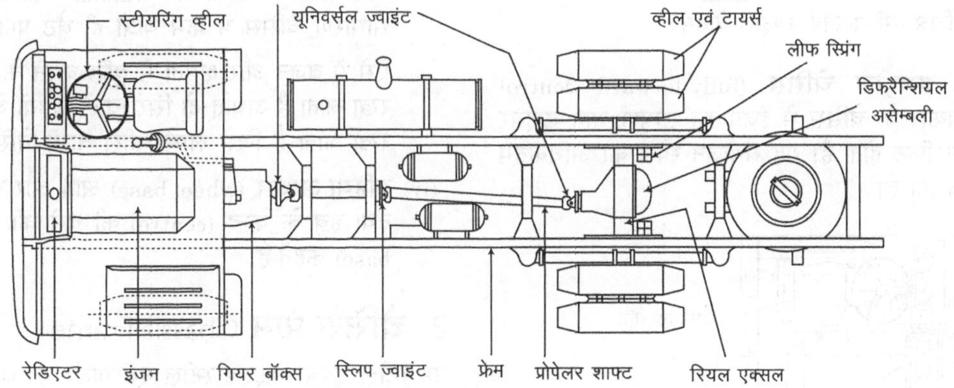

चित्र चेसिस के मुख्य भाग

चेसिस का वर्गीकरण Classification of Chassis

चेसिस कण्ट्रोल के आधार पर इसे निम्न तीन प्रकार से वर्गीकृत किया गया है

(i) **कन्वैंशनल कण्ट्रोल चेसिस** (conventional control chassis) इस प्रकार के चेसिस में इंजन, ड्राइवर केबिन के सामने फिट होता है। यह संयोजन स्पेस के पूर्ण उपयोग को प्रतिबन्धित करता है।

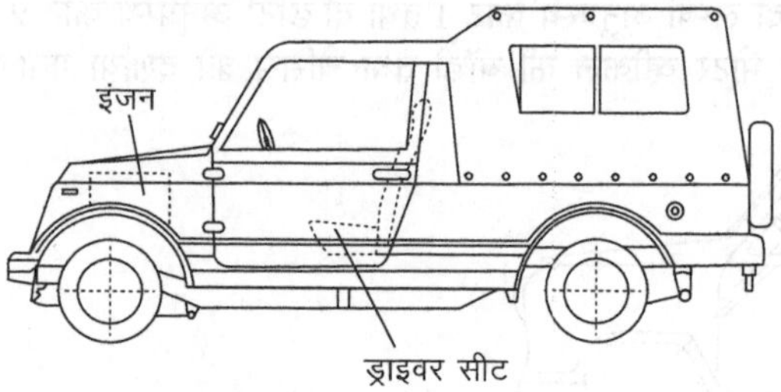

चित्र कन्वैंशनल कण्ट्रोल चेसिस

(ii) **सेमी-फॉरवर्ड कण्ट्रोल चेसिस** (semi-forward control chassis) इस प्रकार के चेसिस में इंजन का आधा भाग ड्राइवर केबिन में तथा आधा भाग ड्राइवर के सम्मुख फिट किया जाता है। इस प्रकार का संयोजन कन्वैंशनल, कण्ट्रोल चेसिस की अपेक्षाकृत अधिक स्पेस का उपयोग प्रदान करता है।

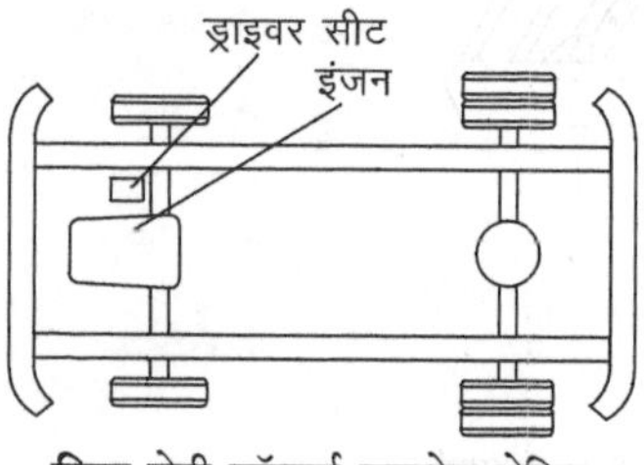

चित्र सेमी-फॉरवर्ड कण्ट्रोल चेसिस

(iii) **फुली-फॉरवर्ड कण्ट्रोल चेसिस** (fully-forward control chassis) इस प्रकार के चेसिस में इंजन का सम्पूर्ण भाग ड्राइवर केबिन के अन्दर फिट होता है। यह संयोजन स्पेस का अधिकतम उपयोग प्रदान करता है।

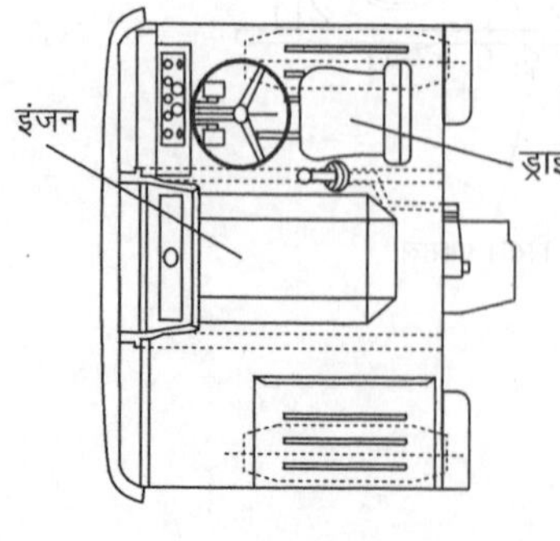

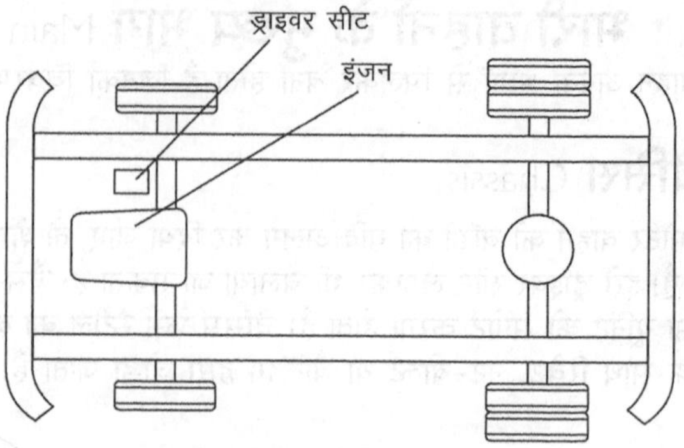

चित्र फुली-फॉरवर्ड कण्ट्रोल चेसिस

चेसिस सम्बन्धी तकनीकी शब्दावली Chassis Related Technical Terminology

किसी भी वाहन में चेसिस मुख्य भाग होता है। अतः इससे सम्बन्धित विविध पदों (शब्दों) का भी प्रशिक्षुओं को पर्याप्त ज्ञान होना चाहिए। यहाँ पर इससे सम्बन्धी कुछ अनिवार्य पदों (शब्दों) का उल्लेख किया जा रहा है

(i) **फ्रण्ट ओवरहैंग** (Front overhang) यह अगले पहियों के हब के सेन्टर से आगे चेसिस तक की दूरी है।

(ii) **चेसिस ओवरहैंग** (Chassis overhang) मोटर वाहन अधिनियम (motor vehicle act) में बस चेसिस में रियर ओवरहैंग को बड़ा कर दिया जाता है। इस चेसिस में इसको अधिनियम (act) के अनुरूप और बढ़ाया जा सकता है। चेसिस के इस बढ़े हुए भाग को ही चेसिस ओवरहैंग कहते हैं।

(iii) **लम्बे व्हील बेस वाली चेसिस** (Long wheel base chassis) मोटर वाहन अधिनियम (motor vehicle act) के अनुसार, साधारण चेसिस में कम यात्री ही बैठ पाते हैं।

ऐसे में वजन और क्षमता में वृद्धि करने के लिए चेसिस को लम्बा रखा जाता है अर्थात् दो सिरों वाले पहियों के मध्य दूरी को अधिक रखा जाता है जिसे लम्बे व्हील वाली चेसिस कहते हैं।

(iv) **पहिया आधार** (wheel base) आगे और पीछे के पहिए (wheel) तथा हब के केन्द्र (centre) की दूरी को पहिया आधार (wheel base) कहते हैं।

2. चेसिस फ्रेम Chassis Frame

यह स्टील ट्यूब, माइल्ड स्टील एवं गार्डर का बना होता है। यह चेसिस की मुख्य इकाई है जिसमें अन्य सभी असेम्बली या भागों को विभिन्न प्रकारों से फिट किया जाता है।

किसी वाहन की बॉडी के आकार का सही निर्धारण चेसिस फ्रेम की लम्बाई-चौड़ाई पर ही निर्भर करता है। सभी असेम्बली एवं भागों को चेसिस फ्रेम पर संयोजित करने के पश्चात् ही चेसिस बनती है।

3. एक्सल Axles

यह घूर्णन करने वाले पहियों एवं गियरों के मध्य एक केन्द्रीय शाफ्ट होता है। बड़े वाहनों में एक्सल पहियों पर फिक्स किया जाता है। यह वाहन का वह भाग है जिस पर दो मध्य स्थानों पर भार आता है। यह दो प्रकार का होता है—फ्रण्ट एक्सल एवं रियर एक्सल।

इसमें फ्रण्ट एक्सल (front axle) वाहन के आगे के भार को सहन करके उसको सड़क पर चलने में सहायता करता है एवं इसकी सहायता से वाहन को किसी भी दिशा में मोड़ा जा सकता है। स्टीयरिंग यन्त्रावली भी इसी के साथ संयोजित की जाती है।

रियर एक्सल (rear axle) वाहन के पिछले भार को सहन करके पावर के ट्रांसमिशन में सहायता करता है।

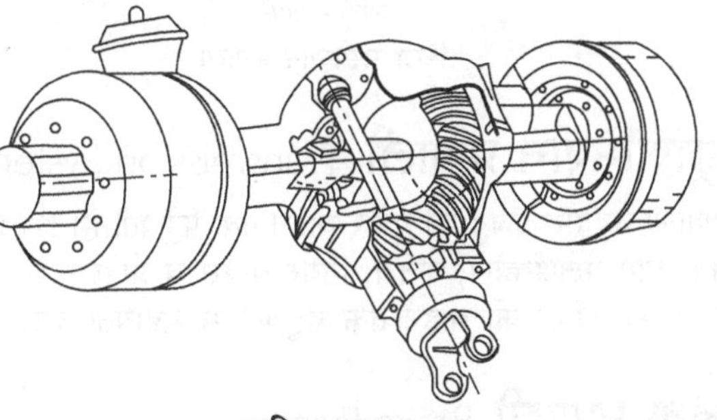

चित्र एक्सल

(i) **फ्रण्ट एक्सल** (Front axle) सामान्य तौर पर यह एक्सल निष्क्रिय होता है। यह 0.4% कार्बन इस्पात तथा 1.3% निकिल इस्पात से मिलकर बना होता है। वर्तमान समय में आधुनिक कारों में यह एक्सल प्रयोग नहीं किया जाता, परन्तु भारी गाड़ियों में अब भी इसका प्रचलन है।

इस एक्सल पर गाड़ी के भार के कारण बैंडिंग लोड तथा ब्रेक के कारण टॉर्क लोड उत्पन्न होते हैं, इसलिए चित्रानुसार इसके मध्य भाग को 'I' आकार में तथा सिरों को गोल या दीर्घ वृत्ताकार बनाया जाता है। चेसिस के इस भाग के साथ स्टीयरिंग यन्त्रावली लगाई जाती है जिसके द्वारा वाहन को किसी भी दिशा में मोड़ा जा सकता है। फ्रण्ट एक्सल प्राय: वाहन के आगे के भार को सहन करता है एवं वाहन को सड़क पर चलने में सहायता प्रदान करता है।

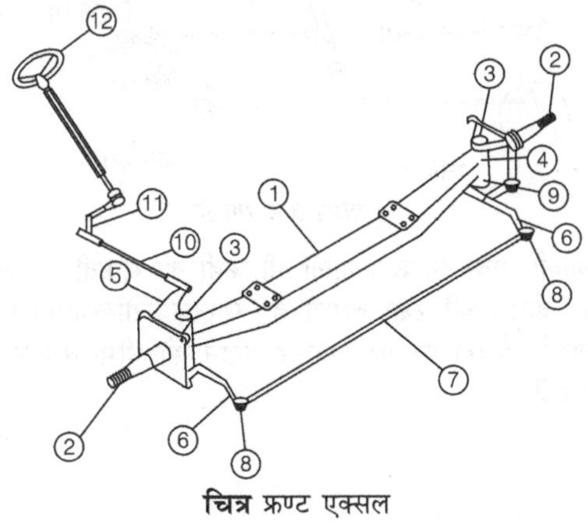

चित्र फ्रण्ट एक्सल

फ्रण्ट एक्सल के विभिन्न भागों को निम्न प्रकार दर्शाया गया है

1. एक्सल बीम	2. स्टब एक्सल
3. किंग पिन	4. कॉटर पिन
5. स्टीयरिंग आर्म	6. स्टब एक्सल आर्म
7. ट्रैक रोड	8. बॉल ज्वॉइण्ट
9. थ्रस्ट बियरिंग एवं वाशर	10. ड्रैग लिंक
11. स्टीयरिंग ड्रॉप आर्म	12. स्टीयरिंग व्हील

(ii) **रियर एक्सल** (Rear axle) इसे विभेदक असेम्बली (differential assembly) भी कहा जाता है। यह वाहन के पिछले भाग के भार को सहन करता है।

इस एक्सल के द्वारा पावर ट्रांसमिट की जाती है जिससे कि वाहन को वांछित दिशा में मोड़ा जा सके।

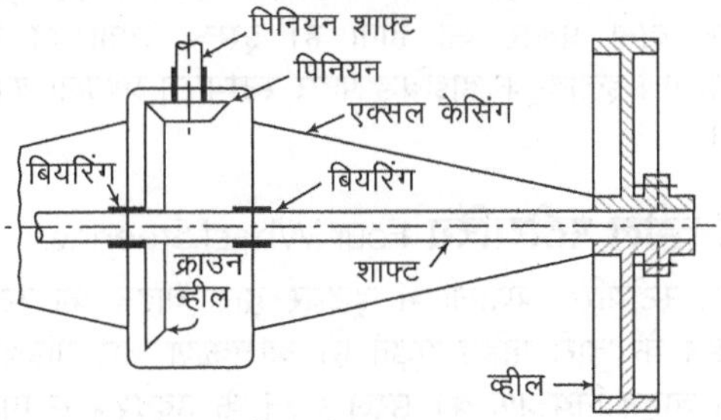

चित्र रियर एक्सल

4. स्टीयरिंग प्रणाली Steering System

यह किसी भी वाहन की वह व्यवस्था है, जिसकी सहायता से चालक वाहन को मार्ग की अवस्था या चालन स्थिति के अनुसार किसी भी ओर बाएँ या दाएँ मोड़ सकने में सक्षम हो जाता है।

यही वाहन के नियन्त्रण का कार्य भी करती है। स्टीयरिंग प्रणाली का मुख्य कार्य स्टीयरिंग व्हील की घूर्णी गति को फ्रण्ट व्हील की कोणीय गति में परिवर्तित करना है। वाहन की स्टीयरिंग प्रणाली, वाहन के फ्रण्ट एक्सल से संयोजित होती है।

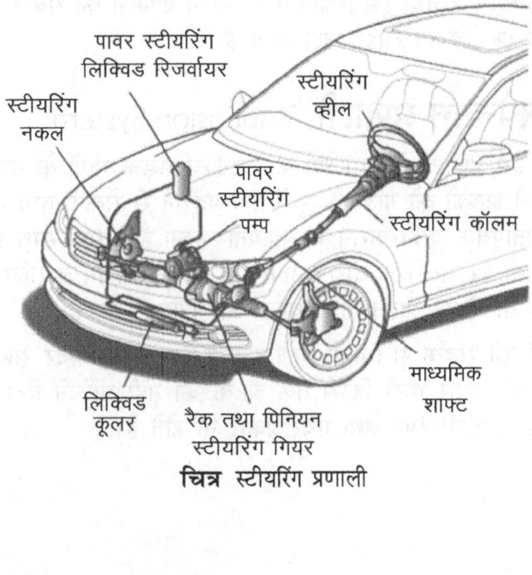

चित्र स्टीयरिंग प्रणाली

वाहनों में प्राय: दो प्रकार की स्टीयरिंग प्रणाली प्रयोग की जाती है, जो निम्नवत् हैं

(i) पावर स्टीयरिंग Power Steering

इस स्टीयरिंग प्रणाली का उपयोग अधिकतर मध्यम एवं अधिक भार की गाड़ियों में किया जाता है। इस स्टीयरिंग प्रणाली का प्रयोग करने से अथवा तेज गति पर चलने वाले वाहनों को मोड़ते समय ड्राइवर को कम शारीरिक परिश्रम की आवश्यकता होती है।

इस प्रणाली को इस प्रकार डिजाइन किया जाता है कि वाहन को मोड़ते समय स्टीयर किए जाने वाले पहिए पर प्रयास की मात्रा एक पूर्व निर्धारित मान से अधिक बढ़ जाती है।

यह स्टीयरिंग प्रणाली पावर एसिस्टेड स्टीयरिंग अथवा स्टीयरिंग एसिस्ट प्रणाली भी कहलाती है। पावर स्टीयरिंग प्रणाली, इलेक्ट्रॉनिक तथा हाइड्रॉलिक दोनों प्रकार की होती है। इसके अतिरिक्त वर्तमान में हाइड्रॉलिक एवं इलेक्ट्रिक हाइब्रिड पावर स्टीयरिंग प्रणाली का प्रयोग भी सम्भव है।

(ii) फोर-व्हील स्टीयरिंग Four Wheel Steering

फोर-व्हील स्टीयरिंग प्रणाली में ड्राइवर द्वारा वाहन को स्टीयर करते समय वाहन के चारों पहिए मुड़ते हैं। अधिकांश चार पहिया स्टीयरिंग प्रणाली में वाहन नियन्त्रण को सरल रखने के उद्देश्य से पिछले पहिए कम्प्यूटर नियन्त्रण द्वारा स्टीयर किए जाते हैं। फोर-व्हील स्टीयरिंग प्रणाली का प्रयोग अधिकांश वाहनों में स्टीयरिंग प्रभाव को बढ़ाने, वाहन को उच्च गति पर चलाने के दौरान स्थायित्व प्रदान करने तथा न्यून गति पर चलने पर टर्निंग रेडियस घटाने के उद्देश्य से किया जाता है।

वाहन को न्यून गति पर चलने के दौरान इसके पिछले पहिए अगले पहियों के विपरीत दिशा में चलकर, टर्निंग रेडियस को 20-25% तक कम कर देते हैं। इस प्रकार के वाहनों में ट्रैक्टर तथा बड़े व्हील वाले ट्रक जैसे वाहन आते हैं। इसके विपरीत वाहन के उच्च गति पर चलने पर इसके चारों पहिए एक ही दिशा में गति करते हैं, जिससे ये वाहन को रेखीय गति में चलते हुए स्थायित्व प्रदान करते हैं। चार पहिया प्रणाली के विफल होने की स्थिति में इसके पिछले पहिए उदासीन हो जाते हैं एवं सीधे आगे की ओर गति करते हैं तथा इस स्थिति में स्टीयरिंग प्रणाली का संकेत देने के लिए एक इण्डीकेशन लाइट जल जाती है।

5. सस्पेन्शन प्रणाली Suspension System

वाहन में इस प्रणाली के समावेश का उद्देश्य सड़क मार्गों के गड्ढों से लगने वाले झटकों को गाड़ी के पुर्जों तक पहुँचने से रोकना तथा यात्रियों को सुगमतापूर्वक यात्रा कराने में सहायता करना है। इसके साथ ही यह सड़क मार्गों पर चलने के दौरान उत्पन्न होने वाले पिचिंग व रोलिंग जैसे व्यवधानों के दौरान वाहन की स्थिरता को बनाए रखता है।

यह गाड़ी को सड़क से मिलने वाले झटकों को अपने अन्दर सहन कर लेता है और ऊपर वाले हिस्से तक झटके को नहीं पहुँचने देता है। ये कन्वेन्शन, इण्डीपेण्डेण्ट तथा एयर प्रकार के होते हैं। इसे चेसिस फ्रेम तथा व्हील के मध्य लगाया है। इस प्रणाली में लीफ स्प्रिंग, शॉकर का कार्य करती है।

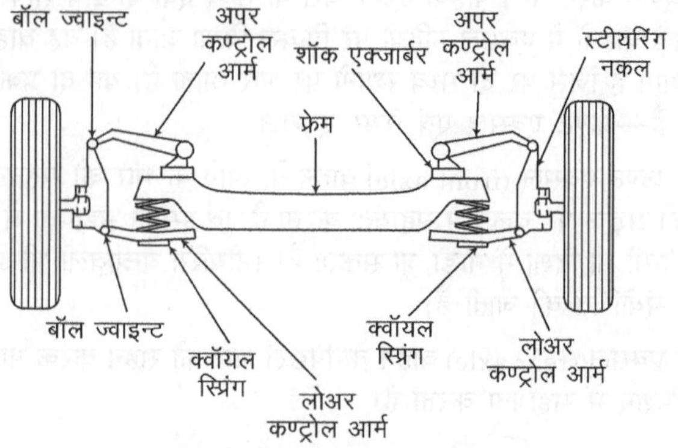

चित्र सस्पेन्शन प्रणाली

6. ट्रांसमिशन प्रणाली Transmission System

इस प्रणाली के द्वारा इंजन की पावर वाहन तक पहुँचती है। इस प्रणाली के सहायक भाग फ्लाईव्हील, क्लच, गियर बॉक्स व प्रोपेलर शाफ्ट होते हैं जो इंजन की शक्ति को वाहन तक पहुँचाने में सहायता करते हैं।

7. ब्रेक प्रणाली Brake System

यह वाहन सम्बन्धी एक नियन्त्रण प्रणाली है जो वाहन की गति को धीमी करने या उसको रोकने में प्रयुक्त की जाती है। वाहनों में दो प्रकार के ब्रेक होते हैं—सर्विस ब्रेक एवं हैण्ड या पार्किंग ब्रेक।

सर्विस ब्रेक का सम्बन्ध फुट पैडल से होता है। इस पैडल पर पैर रखते ही ब्रेक कार्य करने लगते हैं जबकि पार्किंग ब्रेक एक हैण्ड लीवर के द्वारा प्रचालित किया जाता है।

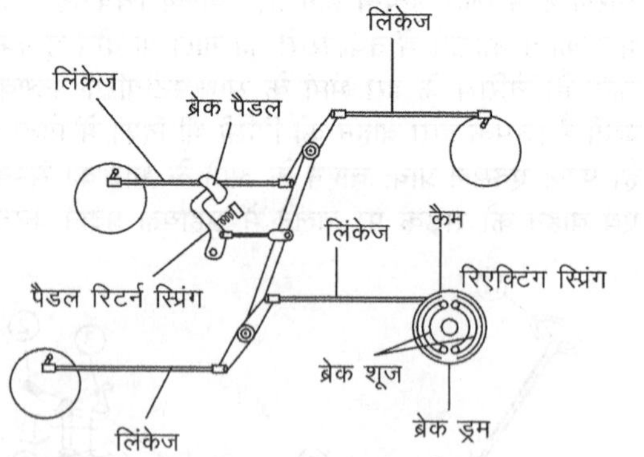

चित्र ब्रेक प्रणाली

ब्रेकिंग प्रणाली, एक रक्षक प्रणाली भी कही जा सकती है, क्योंकि यही चालक के जीवन की रक्षा करती है। चालक जोखिमपूर्ण स्थितियों में सर्विस ब्रेक के पैडल पर पैर रखकर वाहन को धीमा कर सकता है या रोक सकता है।

8. इंजन Engine

इंजन वाहन में प्रयुक्त वह युक्ति है जो वाहन में संयोजित विविध यन्त्रावलियों के लिए आवश्यक शक्ति उत्पन्न करती है। इसमें यान्त्रिक अवयवों के सहयोग से रासायनिक ऊर्जा, ऊष्मीय ऊर्जा में तथा ऊष्मीय ऊर्जा, यान्त्रिक ऊर्जा में परिवर्तित होती है। इसी को वाहन का शक्ति संयन्त्र (power plant) भी कहते हैं।

इंजन दो प्रकार के होते हैं—एक्सटर्नल कम्बशन इंजन तथा इन्टर्नल कम्बशन इंजन। मोटर वाहन में प्राय: इन्टर्नल कम्बशन इंजन का प्रयोग किया जाता है। यह स्पार्क इग्नीशन एवं कम्प्रैसन इग्नीशन प्रकार का होता है।

9. बॉडी Body

वाहन की बॉडी लकड़ी या लोहे की बनी होती है जिसमें यात्री सुगमतापूर्वक बैठ सकते हैं या इसके द्वारा सामान ढोया जा सकता है। चौपहिया वाहनों की बॉडी प्राय: लोहे की बनी होती है और यात्रियों की सुविधा के लिए इसमें गद्देदार सीटें लगी होती हैं तथा यह सब ओर से ढकी रहती है, जिससे धूप, बारिश आदि में भी यात्रा आराम से की जा सके। इसी क्रम से बसों की बॉडियाँ (bodies) पूरी ढकी होती हैं जबकि ट्रकों की बॉडियों में सिर्फ आरामदायक चालक कक्ष ही ढका होता है तथा पिछला भाग खुला हुआ होता है जिसे लोड बॉडी (load body) कहते हैं।

आमतौर पर ये बॉडी लोहे की बनी होती हैं, परन्तु कई बार सम्पूर्ण बॉडी एल्युमीनियम की बनी होती है।

वाहनों की कम्पोजिट बॉडी में एंगल आयरन का प्रयोग किया जाता है जिसके साथ लकड़ी जुड़ी होती है। वाहनों की बॉडी चेसिस फ्रेम के साथ नट-बोल्ट द्वारा जुड़ी होती है। यहाँ यह समझ लेना अत्यावश्यक है कि ट्रकों एवं बसों में प्रयुक्त चेसिस, कार की चेसिस से पूर्णतया भिन्न होती है।

यह फ्रेम आगे से पीछे तक एकसमान होता है। भारी वाहन के ऐसे फ्रेमों में कुछ विशेष व्यवस्थाएँ की गई होती हैं जिससे कि दुर्घटना से बचा जा सके। भारी वाहन का फ्रेम आगे से सँकरा तथा पीछे की ओर चौड़ा होता जाता है। फ्रेम या चेसिस ही समस्त प्रणालियों एवं इंजन तथा यात्रियों के बोझ को वहन करता है।

10. पहिया Wheel

वाहनों में प्रयुक्त दूसरा मुख्य भाग पहिया है। ऑटोमोबाइल में पहियों तथा टायरों का कार्य गाड़ी का भार उठाना, स्टीयरिंग को नियन्त्रित करना इत्यादि होता है। बिना इंजन के वाहन को खींचा जा सकता है, परन्तु बिना पहियों तथा टायरों के नहीं। अत: ऑटोमोबाइल में इनकी एक विशिष्ट उपयोगिता है। वाहनों में प्रयोग होने वाले पहिए अपनी उपयोगिता तथा बनावट के आधार पर तीन प्रकार के होते हैं

(i) डिस्क पहिया Disc Wheel

यह पहिया दो भागों से मिलकर बना होता है—पहला, इस्पात का रिम जिसमें टायर ठीक तरह से फिट हो जाए और दूसरा, एक कम्प्रैस्ड इस्पात की डिस्क। इस पहिए में डिस्क को रिम से अस्थायी रूप से वैल्ड किया जाता है। वर्तमान में यह पहिया अपनी सरल तथा पुष्ट बनावट, कम लागत एवं सफाई के कारण सर्वत्र प्रयोग हो रहा है।

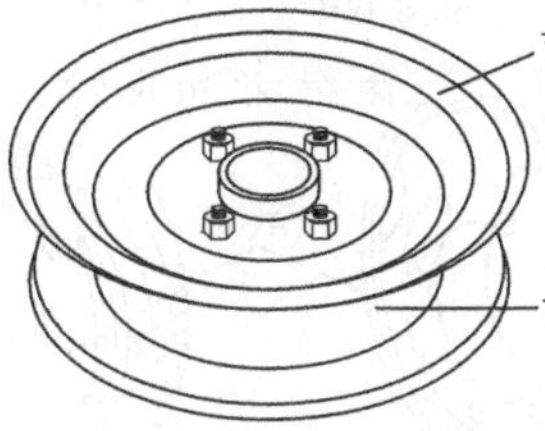

चित्र डिस्क पहिया

(ii) तारों वाला पहिया Wire Wheel

यह पहिए का सबसे प्राचीन प्रकार है, जिसका प्रयोग वर्तमान समय में केवल स्पोर्ट्स कारों में ही किया जाता है। डिस्क पहियों के विपरीत इस पहिए में एक पृथक् हब बनी होती है, जो तारों के स्पोकों द्वारा रिम से जुड़ी होती है।

स्पोक का कार्य भार वहन करना तथा वाहन की चलित अवस्था में तनाव एवं ब्रेकिंग के समय टॉर्क ट्रांसमिट करना है। यह पहिया अपेक्षाकृत हल्का होता है, परन्तु इसमें ऊष्मा विक्षेप अधिक होता है तथा इस पर ट्यूब रहित टायर न लगने के कारण इसकी सफाई करने में भी कठिनाई होती है।

चित्र तारों वाला पहिया

(iii) हैवी ड्यूटी प्रैस्ड स्टील रिम Heavy Duty Pressed Steel Rim

आधुनिक वाहनों में मुख्यत: इस पहिए का प्रयोग किया जाता है। इसे एल्युमीनियम तथा मैग्नीशियम की मिश्र धातुओं से बनाया जाता है जिससे अत्यधिक चौड़े रिम तथा टायरों का प्रयोग करना सम्भव है जिस कारण वाहन को मोड़ते समय स्थिरता प्राप्त होती है।

इसमें प्रयुक्त हल्की मिश्र धातुओं के कारण इसकी ऊष्मा संवहन क्षमता अच्छी होती है जिससे इसमें टायरों तथा ब्रेकों द्वारा उत्पन्न ऊष्मा का निक्षेप, इस्पात की अपेक्षा अत्यधिक दक्षता से होता है।

इस पहिए का एक अन्य लाभ यह भी है कि हल्की मिश्र धातुओं का प्रयोग होने से इसका भार भी कम होता है, क्योंकि मैग्नीशियम मिश्रित धातु के पहिए का भार इस्पात के पहिए के भार का लगभग 50% व एल्युमीनियम के पहिए का लगभग 70% होता है। इन लाभों के अतिरिक्त इस पहिए को उपयोग करने की कुछ सीमाएँ भी हैं; जैसे—ये पहिए अपेक्षाकृत महँगे होते हैं तथा ये जंग (corrosion) से अत्यधिक प्रभावित होते हैं।

चित्र में एक हैवी ड्यूटी प्रैस्ड स्टील रिम दर्शाया गया है।

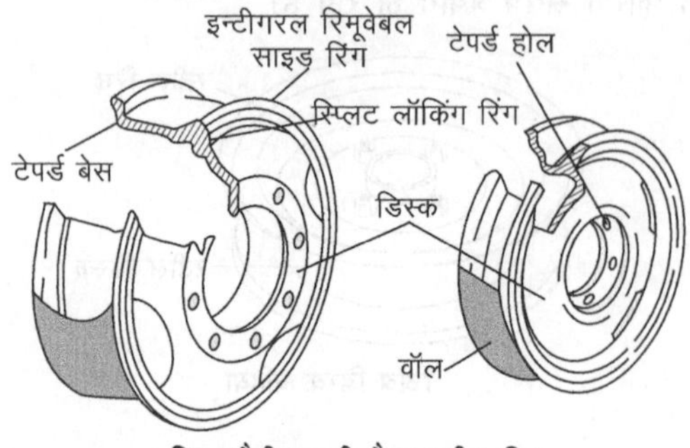

चित्र हैवी ड्यूटी प्रैस्ड स्टील रिम

11. फाइनल ड्राइव यूनिट Final Drive Unit

फाइनल ड्राइव का कार्य स्थायी गति मन्दन प्रदान कर ड्राइव को समकोण (90°) पर घुमा देना है। फाइनल ड्राइव के दो मुख्य भाग होते हैं—पहला बेवेल पिनियन तथा दूसरा क्राउन व्हील। बेवेल पिनियन, यूनिवर्सल जोड़ से संयोजित प्रोपेलर शाफ्ट से जुड़ा होता है तथा क्राउन व्हील ड्राइव डिफरैन्शियल से जुड़ा होता है। सामान्यत: छोटी गाड़ियों में अन्तिम ड्राइव 4:1 तथा बड़ी गाड़ियों में 10:1 तक होती है।

न्यून गति मन्दन के लिए अन्तिम ड्राइव एक स्टेज में तथा उच्च गति मन्दन के लिए यह दो स्टेजों में की जाती है, क्योंकि उच्च गति मन्दन में गियरों का आकार बड़ा हो जाता है। चित्र में फाइनल ड्राइव की संरचना दर्शाई गई है।

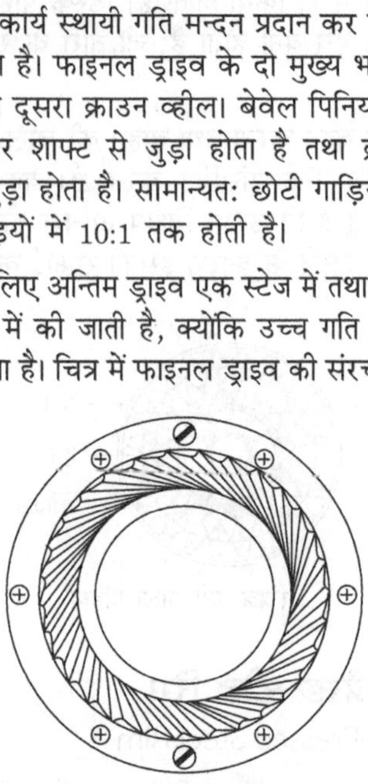

चित्र फाइनल ड्राइव यूनिट

18.12 ऑटोमोबाइल का वर्गीकरण Classification of Automobile

वाहन उद्योग का विगत कुछ वर्षों में तीव्र गति से विस्तार हुआ है। अत: इस असीमित विस्तार को उपयुक्त रूप में समझने के लिए ऑटोमोबाइल को उनके उद्देश्य के अनुसार वर्गीकृत किया जाना आवश्यक है। सामान्यत: ऑटोमोबाइल को निम्न वर्गों में विभक्त कर अध्ययन किया जा सकता है

1. भार वहन क्षमता के आधार पर On the Basis of Load Carrying Capacity

केन्द्रीय मोटर वाहन नियमों के अनुसार, ऑटोमोबाइल का यह सबसे श्रेष्ठ कहा जाने वाला वर्ग है जिसमें लगभग सभी प्रकृति व भार वहन क्षमता वाले वाहनों का समावेश किया गया है।

इस श्रेणी का वर्गीकरण केन्द्रीय मोटर व्हीकल नियमों के अनुसार किया गया है, जो निम्न प्रकार है

(i) **भारी परिवहन वाहन** (Heavy transport vehicle; HTV) इनके अन्तर्गत भार को एक-स्थान से दूसरे स्थान पर पहुँचाने में सक्षम अर्थात् मालवाहक वाहनों को रखा गया है; जैसे—ट्रक, बस व डम्पर आदि।

(ii) **मध्यम परिवहन वाहन** (Medium transport vehicle; MTV) यह मध्यम कार्यों को करने में सक्षम वाहनों की वह श्रेणी है जिसको भारतवर्ष में हल्के वाहनों की श्रेणी में रखा जाता है; जैसे—वैगन, थ्री-व्हीलर, टैम्पो, मिनी बस और मिनी ट्रक आदि। ये मुख्यत: यातायात परिवहन के अन्तर्गत सवारियों को ढोने के लिए उपयोग में लाए जाते हैं।

(iii) **हल्के परिवहन वाहन** (Light transport vehicles; LTV) यह हल्के कार्यों को कर सकने में सक्षम वाहनों की श्रेणी है; जैसे—पिकअप वाहन व स्टेशन वैगन आदि।

2. ईंधन के आधार पर On the Basis of Fuel

ईंधन के आधार पर वाहनों को निम्न श्रेणियों में वर्गीकृत किया जाता है

(i) **पेट्रोल आधारित वाहन** (Petrol based vehicles) इस श्रेणी में पेट्रोल चालित वाहनों को रखा गया है; जैसे—कार, मोटरसाइकिल, स्कूटर, थ्री-व्हीलर आदि।

(ii) **डीजल आधारित वाहन** (Diesel based vehicles) इस श्रेणी में डीजल चालित वाहनों को रखा गया है; जैसे—कार, ट्रक, बस, डम्पर आदि।

(iii) **गैस आधारित वाहन** (Gas based vehicles) इस श्रेणी के अन्तर्गत कोल गैस और पेट्रोलियम गैस चालित वाहनों को रखा गया है; जैसे—वोल्वो आदि।

(iv) **विद्युत आधारित वाहन** (Electric based vehicle) इस श्रेणी के अन्तर्गत बैटरी की शक्ति से चालित वाहनों को रखा गया है। इस श्रेणी के अन्तर्गत ही ई-रिक्शा आता है, जो अपनी विशिष्ट विशेषताओं के कारण वर्तमान में काफी लोकप्रियता अर्जित कर रहा है।

(v) **भाप आधारित वाहन** (Steam based vehicles) इस श्रेणी के अन्तर्गत भाप की शक्ति से चालित वाहनों को रखा गया है।

3. पहियों एवं एक्सलों के आधार पर On the Basis of Wheels and Axles

बहुत से वाहनों का वर्गीकरण उनमें नियोजित पहियों एवं एक्सलों के अनुसार भी किया जाता है; जो निम्नवत् है

(i) **टू-व्हीलर्स या दो पहिया वाहन** (Two wheeler vehicles) इस श्रेणी के अन्तर्गत दो पहिया वाहन आते हैं; जैसे—मोपेड, स्कूटर, मोटरसाइकिल आदि।

(ii) **ति-पहिया वाहन** (Three wheeler vehicles) इस श्रेणी के अन्तर्गत ति-पहिया वाहन आते हैं; जैसे—श्री-व्हीलर स्कूटर, रिक्शा, टैम्पो आदि।

(iii) **चौ-पहिया वाहन** (Four wheeler vehicles) इस श्रेणी के अन्तर्गत चौ-पहिया वाहन आते हैं। इनको पुन: 4×2 व 4×4 की श्रेणियों में रखा जाता है, जिनमें कार, जीप, स्टेशन वैगन, पिकअप, ट्रक और बसें आती हैं।

नोट *उपरोक्त वर्गीकरण में ध्यान देने योग्य एक तथ्य यह है कि एक्सल के एक ओर लगे एक या फिर दो पहिए एक इकाई (unit) के रूप में ही गिने जाते हैं।*

4. ड्राइव के आधार पर On the Basis of Drive

ड्राइव के आधार पर वाहन निम्न प्रकार के होते हैं

(i) **दाईं ओर की ड्राइव** (Right hand drive) इसमें स्टीयरिंग व्हील गाड़ी के दाईं ओर फिट होते हैं।

(ii) **बाईं ओर की ड्राइव** (Left hand drive) इसमें स्टीयरिंग व्हील गाड़ी के बाईं ओर फिट होते हैं।

(iii) **फ्ल्यूड ड्राइव** (Fluid drive) इसमें टॉर्क कन्वर्टर फ्लूड फ्लाईव्हील लगे होते हैं।

5. सस्पेन्शन के आधार पर On the Basis of Suspension

सस्पेन्शन के आधार पर निम्न प्रकार के वाहन होते हैं

(i) कन्वैंशनल श्रेणी; जैसे—लीफ स्प्रिंग।

(ii) इण्डीपेण्डेण्ट श्रेणी; जैसे—क्वॉयल स्प्रिंग, रबर सस्पैन्शन इत्यादि।

(iii) एयर श्रेणी

6. वाहन बॉडी और दरवाजों के आधार पर On the Basis of Vehicle Body and Gates

ये निम्न प्रकार के वाहन होते हैं

(i) **सैलून कार** (Saloon car) यह कार एक बन्द डिब्बे (compartment) की तरह होती है जिसमें दो अथवा चार दरवाजे होते हैं। इसमें सामान रखने के लिए अतिरिक्त स्थान होता है, जिसे डिक्की (dicky) या ट्रंक बॉक्स (trunk box) कहते हैं।

(ii) **कन्वर्टेबल** (Convertable) इसके अन्तर्गत वे गाड़ियाँ आती हैं। जिनकी छत को आवश्यकतानुसार खोला या बन्द किया जा सके; जैसे— जीप, कार तथा अन्य विदेशी गाड़ियाँ।

(iii) **स्टेशन वैगन** (Station wagon) जिन गाड़ियों में सीटें लगी होती हैं तथा सामान रखने की पर्याप्त जगह भी होती, स्टेशन वैगन कहलाती हैं।

(iv) **पिकअप वैन** (Pickup van) इनमें ड्राइवर के लिए अलग से केबिन बना होता है तथा इनका पिछला भाग ट्रक की भाँति खुला रहता है जिसमें समान रखकर एक स्थान से दूसरे स्थान पर पहुँचाया जाता है। इन्हें डिलीवरी वैन भी कहते हैं।

(v) **विशेष वाहन** (Special vehicle) इस प्रकार के वाहनों के अन्तर्गत एम्बुलैंस, आग बुझाने वाली गाड़ियाँ, सोडा वाटर गाड़ियाँ, दूध वाली गाड़ियाँ तथा चलते-फिरते औषधालय आते हैं।

7. ट्रांसमिशन के आधार पर On the Basis of Transmission

ट्रांसमिशन के आधार पर वाहन निम्न प्रकार के होते हैं

(i) **बस चेसिस** (Bus chassis) इनका इंजन ड्राइवर केबिन में ही लगा होता है जिससे फ्लोर एरिया काफी बढ़ जाता है। इस प्रकार गाड़ी में दो से तीन सीटें अधिक आ सकती हैं। इन गाड़ियों में ड्राइवर सड़क को पहियों के पास तक देख सकता है।

(ii) **कन्वैंशनल** (Conventional) यह भारत में बनी हुई सामान्य प्रकार की गाड़ी होती है।

(iii) **सेमी-ऑटोमैटिक** (Semi-automatic) ये गाड़ियाँ जापान तथा इंग्लैंड में बनाई जाती हैं। अब इनका निर्माण भारत में भी होने लगा है।

(iv) **ऑटोमैटिक** (Automatic) इनमें गियर बदलने की आवश्यकता नहीं होती है। इनमें सड़क की स्थिति, भार, वायु बाधा के अनुसार गियर स्वयं ही बदल जाता है तथा स्पीड भी स्वयं ही नियन्त्रित हो जाती है।

8. इंजन स्थिति के आधार पर On the Basis of Engine Position

इंजन की स्थिति के आधार पर वाहनों को निम्न प्रकार से वर्गीकृत किया जा सकता है

(i) **फ्रण्ट इंजन स्थिति** (Front engine position) इंजन को इस स्थिति में व्यवस्थित करने का उद्देश्य दुर्घटना के समय ड्राइवर को सुरक्षा प्रदान करना तथा इंजन कूलिंग प्रणाली को ठीक रखना है; जैसे—होण्डा सिटी।

(ii) **रियर इंजन स्थिति** (Rear engine position) इंजन की इस व्यवस्था से वाहन का डिजाइन सरल होने के साथ-साथ इंजन के अवयवों; जैसे—क्लच, गियर बॉक्स, फाइनल ड्राइव इत्यादि को सिंगल यूनिट पर स्थापित किया जा सकता है। इस प्रकार की व्यवस्था में रियर व्हील्स पर लोड बढ़ने से पहियों की ग्रिप अच्छी हो जाती है। उदाहरण—टाटा नैनो।

(iii) **सेण्ट्रल या मिड इंजन स्थिति** (Central or mid engine position) इंजन की यह व्यवस्था अच्छी हैण्डलिंग तथा पहियों के लिए अधिकतम ट्रैक्शन प्रदान करने के साथ-साथ एक इकाई के रूप में संचरण प्रक्रिया सम्पन्न कराती है। इंजन की इस व्यवस्था का प्रयोग अधिकतर स्पोर्ट्स कारों में किया जाता है।

18.13 वाहन/भार को उठाने वाले साधन Means to Hoist Vehicles/Weight

वर्कशॉप में इंजन व वाहनों की मरम्मत तथा धुलाई-सफाई के लिए उन्हें समय-समय पर उठाना पड़ता है। इन साधनों के प्रचालन (operation) तथा उपयोग (use) के लिए इनकी कार्यिकी को समझना आवश्यक हो जाता है। इसके लिए विभिन्न साधन प्रयोग किए जाते हैं, जो विविध प्रकृति के होते हैं। उनमें से निम्नलिखित मुख्य हैं

1. जैक Jacks

सामान्य रूप से वाहनों को ऊपर उठाने के लिए जैक का प्रयोग सबसे अधिक किया जाता है।

ये निम्न दो प्रकार के होते हैं

(i) **मैकेनिकल जैक** (Mechanical jack) इन जैकों में भार उठाने के लिए मैकेनिकल लीवरेज की चूड़ियों को माध्यम के रूप में प्रयोग किया जाता है। इसमें जैक की मेन शाफ्ट पर चौकोर चूड़ी बनी होती है तथा इसकी बॉडी के ऊपर चढ़े रिंग नट में भी उसी प्रकार चूड़ियाँ बनी होती हैं। इसे हैण्ड लीवर की सहायता से घुमाया जाता है, तो नट-बोल्ट के समान यह कार्य करके ऊपर या नीचे होता है।

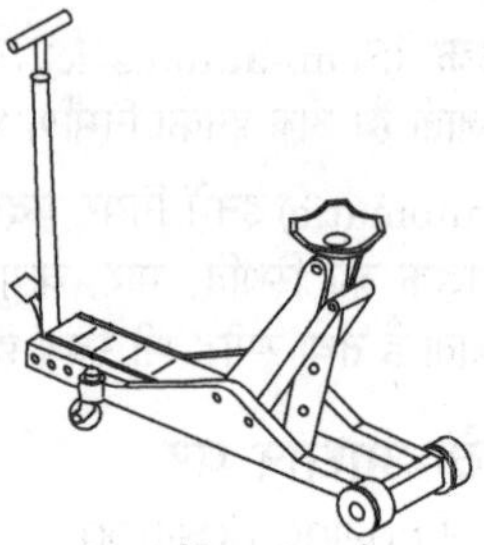

चित्र मैकेनिकल जैक

(ii) **हाइड्रॉलिक जैक** (Hydraulic jack) इस प्रकार के जैकों में हाइड्रॉलिक दबाव का शक्ति के रूप में प्रयोग किया जाता है। इसमें पम्प तथा पिस्टन मुख्य भाग होते हैं। हैण्डिल द्वारा पम्प चलाने पर, तेल का दबाव पिस्टन को भार के विरुद्ध उठाता है। इसके दबाव को एक पेंच द्वारा निष्क्रिय करने पर स्वत: जैक नीचे झुक जाता है। ये जैक प्राय: बॉटल टाइप अथवा ट्रॉली टाइप होते हैं।

चित्र हाइड्रॉलिक जैक

2. हाइड्रॉलिक प्रैस Hydraulic Press

इंजन आदि मशीनों के बुश व बियरिंगों को सरलता से फिट करने या निकालने के लिए इसका प्रयोग किया जाता है। यह प्रैस हाइड्रॉलिक दबाव से कार्य करती है।

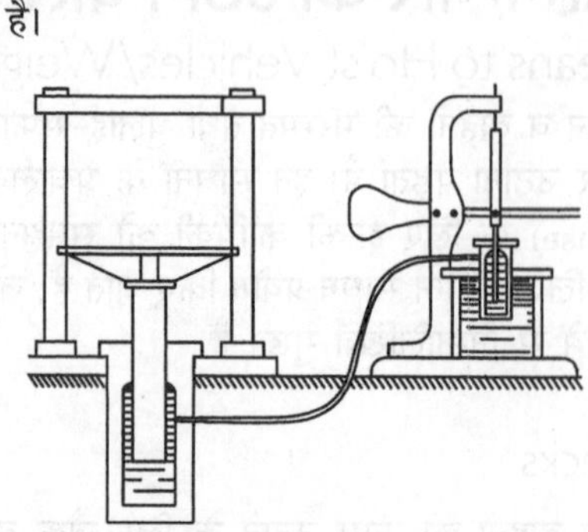

चित्र हाइड्रॉलिक प्रैस

इसके द्वारा मुड़े भागों को भी सीधा किया जा सकता है। हाइड्रॉलिक प्रैस के अतिरिक्त वर्कशॉप में हाथ द्वारा चलने वाली आर्बर प्रैस का भी प्रयोग होता है। इसमें मैकेनिकल लीवरेज को शक्ति के रूप में प्रयोग किया जाता है।

3. हाइड्रॉलिक लिफ्ट/हॉएस्ट
Hydraulic Lift/Hoist

वाहनों की सर्विसिंग तथा मरम्मत के लिए उनके नीचे खड़े होकर कार्य करने की भी आवश्यकता होती है। इसके लिए हाइड्रॉलिक लिफ्ट का प्रयोग किया जाता है। इसी को हाइड्रॉलिक हॉएस्ट भी कहते हैं।

यह वह व्यवस्था है जिसमें टू-पोस्ट हाइड्रॉलिक लिफ्ट के द्वारा हल्के चौपहिया वाहनों को उठाया जाता है, जबकि भारी वाहनों की सर्विसिंग के लिए फोर-पोस्ट हाइड्रॉलिक लिफ्ट की व्यवस्था की जाती है।

सर्विस स्टेशनों में इनकी सहायता से वाहन को सन्तुलन में बनाए रखा जाता है। टू-पोस्ट एवं फोर-पोस्ट हाइड्रॉलिक लिफ्टों के लिए इंजन हॉएस्ट की व्यवस्था अलग से केवल इंजन को उठाने के लिए की गई होती है।

हाइड्रॉलिक लिफ्ट में एक सिलेण्डर व पिस्टन होता है। पिस्टन के साथ एक बॉक्स की दोनों साइडों में रेल की पटरी लगी होती है। लिफ्ट के पिस्टन पर रिजरवॉयर से तेल का दबाव डालने पर पटरी ऊपर उठने लगती है।

इस प्रकार, पटरियों पर खड़ा वाहन ऊपर उठ जाता है तथा उसके नीचे खड़े होकर सफाई व मरम्मत आदि की जा सकती है।

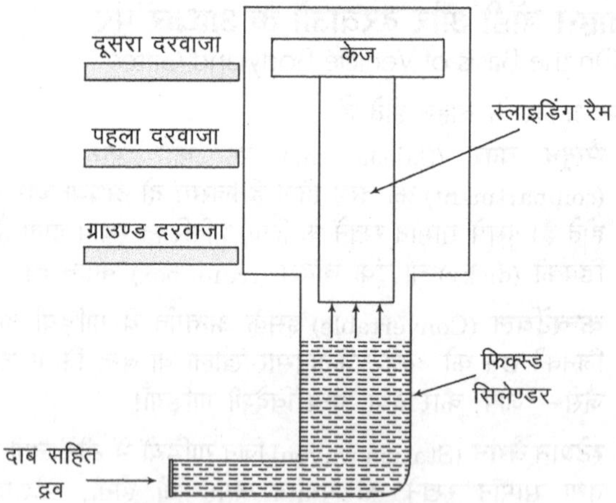

चित्र हाइड्रॉलिक हॉएस्ट का अभिन्यास

हाइड्रॉलिक हॉएस्ट निम्न प्रकार के होते हैं

(i) 2-पोस्ट हॉएस्ट Two Post Hoist

2-पोस्ट हॉएस्ट अत्यधिक वजन वाले होते हैं तथा ये अधिक स्थान घेरते हैं। इनका प्रयोग वाहन की मरम्मत तथा उसकी सफाई के दौरान उसे ऊपर उठाने के लिए किया जाता है। इसमें चार छोटी भुजाओं वाले पैड का सन्तुलन उपयुक्त विधि से किया जाता है जिससे कि इस पर वाहन को

उचित अवस्था में रखकर उठाया जा सके। वाहन को ऊपर उठाने के लिए विभिन्न विधियों का प्रयोग किया जाता है। चित्र में एक 2-पोस्ट हॉएस्ट दर्शाया गया है।

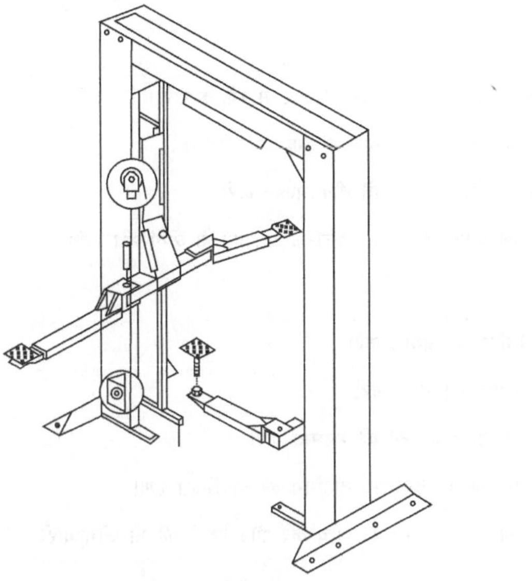

चित्र 2-पोस्ट हॉएस्ट

(ii) 4-पोस्ट हॉएस्ट Four Post Hoist

इस हॉएस्ट के प्रयोग का उद्देश्य भी 2-पोस्ट हॉएस्ट के समान ही होता है, परन्तु संरचना में यह हॉएस्ट उससे भिन्न होता है। 4-पोस्ट हॉएस्ट में दो समान्तर, लम्बे तथा चौड़े प्लेटफॉर्म लगे होते हैं जिन्हें वाहन की मरम्मत अथवा सफाई के लिए वाहन के पहियों के साथ जोड़ दिया जाता है। इसके पश्चात् वाहन को ऊपर उठाकर अनुरक्षण कार्य पूर्ण किया जाता है। वाहनों को ऊपर उठाने की यह एक सरल विधि है जिसे चित्र में दर्शाया गया है।

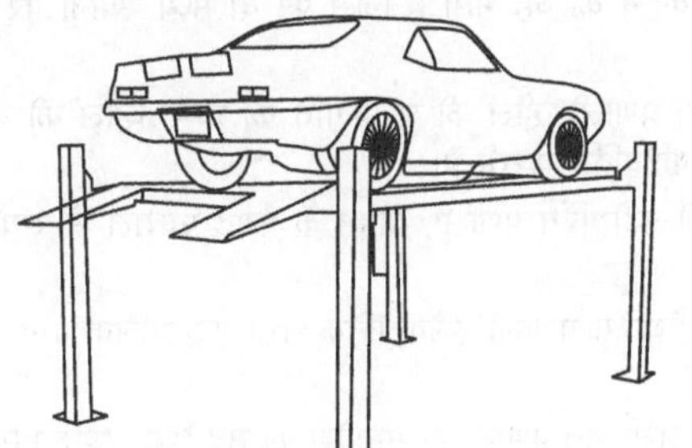

चित्र 4-पोस्ट हॉएस्ट

4. इंजन हॉएस्ट Engine Hoist

यह हॉएस्ट एक क्रेन के समान होता है जिसे एक हाइड्रॉलिक सिलेण्डर के द्वारा चलाकर, भारी वाहनों को उठाया जाता है। इसका प्रयोग मुख्यत: वाहन में इंजन फिट करने अथवा इंजन पृथक् करने के समय इंजन को उठाने में किया जाता है। इसके सपोर्टिंग फीट को स्थायित्व के आधार पर घटा अथवा बढ़ा सकते हैं। इसका प्रयोग करते समय उठाई जाने वाली वस्तु को लिफ्ट से स्लिंग अथवा लिफ्टिंग चेन से बाँध दिया जाता है।

स्लिंग अथवा लिफ्टिंग चेन का चुनाव उठाए जाने वाले भार के अनुसार ही किया जाता है। इसके पश्चात् वस्तु को ध्यानपूर्वक हॉएस्ट की सहायता से ऊपर उठाया जाता है और उसे धीरे से जमीन अथवा स्टैण्ड पर रख दिया जाता है। चित्र में एक इंजन हॉएस्ट दर्शाया गया है।

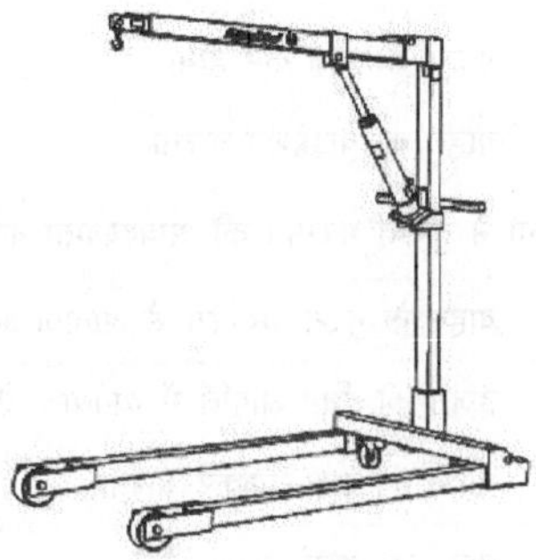

चित्र इंजन हॉएस्ट

5. स्टैण्ड Stand

वाहन के मरम्मत सम्बन्धी कार्यों के दौरान, मैकेनिक द्वारा इसका प्रयोग वाहनों को कम ऊँचाई पर उठाने के लिए किया जाता है। सामान्यत: मैकेनिकों द्वारा निम्न दो प्रकार के स्टैण्ड प्रयोग किए जाते हैं

(i) **एक्सल स्टैण्ड** (Axle stand) वाहन के मरम्मत सम्बन्धी कार्यों के लिए, वाहन के नीचे कार्य करने पर, यदि वाहन को जैक लगाकर ऊँचा किया गया हो, तो यह सम्भव है कि जैक में दोष होने के कारण, वाहन भार मैकेनिक पर गिरने से दुर्घटना हो सकती है, इसलिए सुरक्षा की दृष्टि से जैक लगाने के पश्चात् लकड़ी के गुटके या एक्सल स्टैण्ड को लगाया जाता है। चित्र में एक एक्सल स्टैण्ड को दर्शाया गया है।

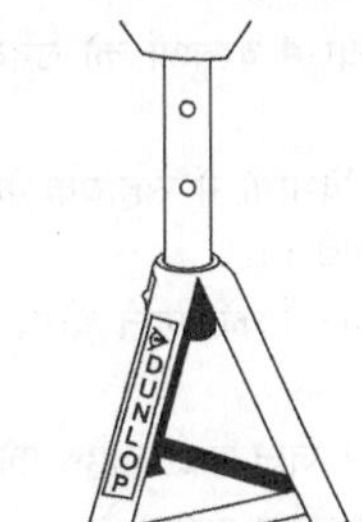

चित्र एक्सल स्टैण्ड

(ii) **इंजन रिपेयरिंग स्टैण्ड** (Engine repairing stand) वाहन के इंजन, ट्रांसमिशन आदि की रिपेयरिंग और ओवरहॉलिंग के लिए आधुनिक ऑटो वर्कशॉप में रिपेयरिंग स्टैण्ड का होना अति आवश्यक है। इंजन रिपेयरिंग स्टैण्ड इसी कार्य के लिए प्रयुक्त किया जाता है। इस रिपेयरिंग स्टैण्ड का समायोजन इस प्रकार होता है कि यदि इसे एक बार रिपेयर करने वाले यूनिट से बाँध दिया जाए, तो उसे पूरा 360° के कोण पर घुमाया जा सकता है।

18.14 वाहनों से सम्बन्धित दोषोपचार Troubleshooting Related to Vehicles

वाहनों से सम्बन्धित दोष तथा उनके उपचार निम्नवत् हैं

क्र.सं.	दोष		दोषोपचार
I. वाहनों में अनुरक्षण की आवश्यकता का द्रष्टव्य होना			
1.	वाहन से आवाज आना	(i)	वाहन के सभी भागों का सही प्रकार से स्नेहक करें।
2.	वाहन में स्नेहक की कमी होना	(ii)	वाहन में उच्च गुणवत्ता वाले स्नेहक का प्रयोग करें।
3.	इंजन की गति कम होना	(iii)	इंजन को ईंधन की आपूर्ति ठीक प्रकार करें।
4.	वाहन का वाइब्रेशन करना	(iv)	इंजन को वाहन की उचित चाल के अनुसार ही व्यवस्थित रखें।
II. वाहनों में तुरन्त मरम्मत की आवश्यकता का महसूस होना			
1.	वाहन के मुख्य बियरिंग से आवाज आना	(i)	नए बियरिंग का प्रयोग करें।
2.	इंजन की ईंधन आपूर्ति में व्यवधान होना	(ii)	फ्यूल लाइन को साफ करें।
3.	वाहन का रुक-रुककर चलना	(iii)	वाहन की ईंधन प्रणाली की मरम्मत करें।
4.	वाहन का झटके देना	(iv)	इंजन में प्रज्वलन इग्नीशन टाइमिंग को व्यवस्थित रखें।
5.	इंजन का स्टार्ट न होना	(v)	इंजन की ईंधन आपूर्ति की जाँच करें और बैटरी की भी जाँच करें।

महत्त्वपूर्ण बिन्दु

- वाहन उद्योग के अन्तर्गत सर्वप्रथम सन् 1769 में तीन पहियों पर चलने वाली गाड़ी फ्रांसीसी कैप्टन निकोलस जोजेफ ने बनाई थी।
- सन् 1880 में सर्वप्रथम जर्मन तथा फ्रांसीसी इंजीनियरों ने मिलकर इन्टर्नल कम्बशन इंजन के डिजाइन का आविष्कार किया था।
- ट्रक भारत में वस्तुओं के परिवहन के लिए प्रयोग किया जाने वाला प्रमुख साधन है।
- ट्रक का उपयोग भारी मात्रा में वस्तुओं को उनके गन्तव्य तक पहुँचाने में किया जाता है।
- ऐसे भारी वाहन जो रक्षा विभागों में सहायक के तौर पर प्रयोग किए जाते हैं, रक्षा वाहन कहलाते हैं।
- रक्षा विभाग द्वारा विविध कार्यों को करने योग्य भारी वाहनों का चयन किया जाता है।
- रक्षा सेवाओं के लिए बनाए जाने वाले वाहन फोर-व्हील ड्राइव होते हैं।
- बसें भारत में परिवहन का मुख्य साधन हैं।
- बसें परिवहन का मूलभूत रूप होने के कारण इन पर शासन-प्रशासन का ध्यान मुख्यतः रहता है।
- किसी मोटर वाहन की बॉडी को यदि अलग कर दिया जाए, तो शेष भाग को चेसिस कहते हैं।
- चेसिस फ्रेम का मुख्य कार्य यात्रियों का सामान व भार तथा वाहन की सभी यूनिट को सपोर्ट करना होता है।
- चेसिस फ्रेम स्टील का बना होता है।
- सेमी-फॉरवर्ड कण्ट्रोल चेसिस में इंजन का आधा भाग ड्राइवर केबिन में तथा आधा भाग ड्राइवर के सम्मुख फिट होता है।
- फुली-फॉरवर्ड कण्ट्रोल चेसिस में इंजन का सम्पूर्ण भाग केबिन के अन्दर होता है।
- एक्सल घूर्णन करने वाले पहियों एवं गियरों के मध्य एक केन्द्रीय शाफ्ट होता है।
- एक्सल वाहन का वह भाग है जिस पर दो मध्य स्थानों पर भार आता है।
- स्टीयरिंग प्रणाली व्हील की घूर्णी गति को फ्रण्ट व्हील की कोणीय गति में परिवर्तित करती है।
- वाहन की स्टीयरिंग प्रणाली, वाहन के फ्रण्ट एक्सल से संयोजित होती है।
- पावर स्टीयरिंग प्रणाली इलेक्ट्रॉनिक तथा हाइड्रॉलिक दोनों प्रकार की होती है।
- वाहन में सस्पेन्शन प्रणाली के समावेश का उद्देश्य सड़क मार्गों के गड्ढों से लगने वाले झटकों को गाड़ी के पुर्जों तक पहुँचने से रोकना है।
- सस्पेन्शन चेसिस फ्रेम तथा व्हील के मध्य लगाया जाता है।
- इंजन वाहन में प्रयुक्त वह युक्ति है जो वाहन में संयोजित यन्त्रावलियों के लिए आवश्यक शक्ति उत्पन्न करती है।
- 2-पोस्ट हॉएस्ट अत्यधिक वजन वाले होते हैं तथा ये अधिक स्थान घेरते हैं।
- इंजन हॉएस्ट एक क्रेन के समान होता है जिसे एक हाइड्रॉलिक सिलेण्डर के द्वारा चलाकर भारी वाहनों को उठाया जाता है।

महत्त्वपूर्ण प्रश्नोत्तरी

1. सर्वप्रथम इन्टर्नल कम्बशन इंजन का डिजाइन कब बनाया गया?

उत्तर सर्वप्रथम इन्टर्नल कम्बशन इंजन का डिजाइन सन् 1880 में जर्मन एवं फ्रांसीसी इंजीनियरों द्वारा बनाया गया।

2. अनुगामी वाहन उत्पादकों में सम्मिलित अशोक लेलैण्ड की स्थापना कब हुई एवं इसका मुख्यालय कहाँ स्थित है?

उत्तर अनुगामी वाहन उत्पादकों में सम्मिलित अशोक लेलैण्ड की स्थापना वर्ष 1948 में हुई तथा इसका मुख्यालय चेन्नई में स्थित है।

3. भारतीय सरकार के अन्तर्गत सड़क परिवहन एवं राष्ट्रीय राजमार्ग मन्त्रालय के कार्य के विषय में बताइए।

उत्तर भारतीय सरकार के अन्तर्गत इस शाखा का कार्य राष्ट्रीय राजमार्गों एवं मार्गों का निर्माण तथा उनका अनुरक्षण करना है।

4. वाहनों पर शोध एवं परीक्षण करने पर आधारित परियोजना का नाम बताइए।

उत्तर वाहनों पर शोध एवं परीक्षण करने पर आधारित परियोजना का नाम राष्ट्रीय ऑटोमोटिव परीक्षण एवं शोध अवसंरचना परियोजना (NATRIP) है।

5. भारत में स्थापित प्रमुख ऑटोमोटिव एसोसिएशन के नाम बताइए।

उत्तर भारत में स्थापित चार प्रमुख ऑटोमोटिव एसोसिएशन निम्नवत् हैं

(i) भारतीय ऑटोमोबाइल उत्पादक सोसायटी

(ii) भारतीय ऑटोमोटिव अवयव उत्पादक एसोसिएशन

(iii) पश्चिमी भारत ऑटोमोबाइल एसोसिएशन

(iv) फेडरेशन ऑटोमोबाइल डीलर्स एसोसिएशन

6. चेसिस के किस भाग के साथ स्टीयरिंग यन्त्रावली लगाई जाती है?

उत्तर चेसिस के फ्रण्ट एक्सल के साथ स्टीयरिंग यन्त्रावली लगाई जाती है।

7. वाहन में स्टीयरिंग प्रणाली का कार्य बताइए।

उत्तर वाहन में स्टीयरिंग प्रणाली, वाहन की चालन स्थिति को बाएँ अथवा दाएँ मोड़कर वाहन को नियन्त्रित करने का कार्य करती है।

8. इंजन को वाहन का शक्ति संयन्त्र कहा जाता है, क्यों?

उत्तर इंजन द्वारा वाहन में संयोजित विविध यन्त्रावलियों के लिए आवश्यक शक्ति उत्पन्न की जाती है, इसलिए इसे वाहन का शक्ति संयन्त्र कहा जाता है।

9. तारों वाले पहियों में स्पोक लगाने का क्या उद्देश्य है?

उत्तर तारों वाले पहियों में स्पोक लगाने का उद्देश्य भार वहन करना तथा वाहन की चालित अवस्था में तनाव एवं ब्रेकिंग अवस्था में टॉर्क ट्रांसमिट करना है।

10. मैकेनिकल जैक द्वारा भार किस प्रकार उठाया जाता है?

उत्तर मैकेनिकल जैक में भार उठाने के लिए मैकेनिकल लीवरेज की चूड़ियों को माध्यम के रूप में प्रयोग किया जाता है।

अभ्यास प्रश्न

परीक्षा प्रारूपी प्रश्न

1. किसी अर्थव्यवस्था की प्रगति की धुरी इनमें से क्या होती है?
(a) खेल उद्योग (b) वाहन उद्योग
(c) 'a' और 'b' दोनों (d) इनमें से कोई नहीं

2. वाहन उद्योग किसी देश की प्रगति में कैसे योगदान करता है?
(a) तीव्र आर्थिक विकास द्वारा (b) औद्योगिक विकास द्वारा
(c) 'a' और 'b' दोनों (d) इनमें से कोई नहीं

3. इनमें से कौन-सा वाहन, वाहन होने के बावजूद इंजन रहित है?
(a) ई-रिक्शा (b) यात्री गाड़ियाँ
(c) हल्के व्यावसायिक वाहन (d) भारी व्यावसायिक वाहन

4. वाहन उद्योग से कौन-से सेक्टर जुड़े होते हैं?
(a) मोटरगाड़ी सम्बन्धी (b) पुर्जे सम्बन्धी
(c) 'a' और 'b' दोनों (d) इनमें से कोई नहीं

5. भारत में मोटरगाड़ी के निर्माण की अनुमति शासन ने किस वर्ष दी?
(a) वर्ष 1947-48 (b) वर्ष 1943-44
(c) वर्ष 1945-46 (d) वर्ष 1944-45

6. भारत वर्ष इनमें से किसमें सर्वोत्तम स्थिति में है?
(a) सबसे बड़ा दुपहिया वाहन निर्माता
(b) सबसे बड़ा ट्रैक्टर निर्माता
(c) 'a' और 'b' दोनों
(d) उपरोक्त में से कोई नहीं

7. इनमें से कौन-सा विश्वस्तरीय श्रेष्ठता सम्बन्धी शब्द-युग्म वर्ष 2009 की सही सूचना प्रदत्त करता है?
(a) भारत IV (b) जापान II
(c) कोरिया III (d) थाइलैण्ड I

8. वाहन उद्योग इनमें से किसकी अवसंरचना सुविधाओं के विकास में सहायक होता है?
(a) ऊर्जा (b) सड़क परिवहन
(c) 'a' और 'b' दोनों (d) इनमें से कोई नहीं

9. विश्व में दूसरा सबसे बड़ा दुपहिया वाहन निर्माता देश इनमें से कौन है?
(a) भारत (b) चीन (c) जापान (d) कोरिया

10. 'न्यूयॉर्क टाइम्स' समाचार-पत्र ने छोटी कारों के सन्दर्भ में इनमें से किसमें भारत की विशेषज्ञता मानी है?
(a) मजबूत इंजीनियरिंग आधार (b) ईंधन दक्षता
(c) कम लागत (d) ये सभी

11. भारतीय वाहन उद्योग का अनुमानित टर्न ओवर क्या है?
(a) ₹ 1,65,000 करोड़ (b) ₹ 1,55,000 करोड़
(c) ₹ 1,45,000 करोड़ (d) ₹ 1,35,000 करोड़

12. इनमें से कौन अनुगामी वाहन उत्पादकों में शीर्ष दस में सम्मिलित है?
(a) महिन्द्रा (b) जी.एम. शेवर्ले
(c) टाटा (d) ये सभी

13. फोर्ड इण्डिया का मुख्यालय कहाँ स्थित है?
(a) मुम्बई (b) हैदराबाद
(c) चेन्नई (d) कोलकाता

14. भारत इनमें से किसके सबसे बड़े उत्पादकों में है?
(a) छोटी कारों के (b) बड़ी कारों के
(c) मध्यम कारों के (d) इनमें से कोई नहीं

15. भारत को अनुगामी वाहन उत्पादकों का लाभ किस रूप में प्राप्त हुआ है?
(a) यातायात जरूरतों को पूरा करने के रूप में
(b) रोजगार के अवसर प्रचुर मात्रा में उपलब्ध होने के रूप में
(c) 'a' और 'b' दोनों
(d) उपरोक्त में से कोई नहीं

16. भारत सरकार का सड़क परिवहन एवं राष्ट्रीय राजमार्ग मन्त्रालय इनमें से किसमें अपना हस्तक्षेप रखता है?
(a) नियम क्रियान्वयन (b) अधिनियम तैयारी
(c) कानून निर्माण (d) ये सभी

17. सड़क परिवहन एवं राष्ट्रीय राजमार्ग मन्त्रालय का इनमें से क्या कार्य है?
(a) राजमार्गों व मार्गों का निर्माण (b) उनका अनुरक्षण
(c) 'a' और 'b' दोनों (d) इनमें से कोई नहीं

18. किसी भी अर्थव्यवस्था पर सड़क परिवहन इनमें से किस पर अपना विशिष्ट प्रभाव डालता है?
(a) प्रगति (b) अवसंरचना
(c) पद्धति या प्रणाली (d) ये सभी

19. निम्न में से कौन-सी संस्था वाहनों को उनके प्रदर्शन के अनुरूप प्रमाण-पत्र प्रदान करती है?
(a) NATRIP (b) GARC (c) ACMAI (d) ARAI

20. भारत में प्रमुख ऑटोमोटिव एसोसिएशन की संख्या है
(a) 2 (b) 4 (c) 6 (d) 7

21. वाहन निर्मित करने का श्रेय इनमें से किसको जाता है?
(a) फोर्ड (b) ऑटो
(c) लोहिया (d) बजाज

22. वाहन उद्योग में स्वतः (auto) चलने वाले वाहन इनमें से किस प्रकार के होते हैं?
(a) डीजल या पेट्रोल चालित वाहन
(b) विद्युत चालित वाहन
(c) भाप चालित वाहन
(d) उपरोक्त सभी

23. 'एनर्जी' नामक मोटरसाइकिल का उत्पादन इनमें से कौन-सी कम्पनी करती है?
(a) बजाज (b) यामाहा
(c) एल.एम.एल. (d) टी.वी.एस.

24. इनमें से कौन-सी वाहन उत्पादन कम्पनी 'डॉल्फिन' कार का निर्माण करती है?
(a) बी.एम.डब्ल्यू. (b) होण्डा
(c) सिपोनी ऑटोमोबाइल्स
(d) प्रीमियर ऑटोमोबाइल्स

25. कारों की बॉडी (body) के निर्माण में इनमें से किस सामग्री का उपयोग किया जाता है?
(a) लोहा (b) एल्युमीनियम
(c) कॉपर (d) रॉट आयरन

26. इनमें से किसके साथ वाहन के स्टीयरिंग का सम्बन्ध होता है?
(a) रियर एक्सल (b) फ्रण्ट एक्सल
(c) गियर बॉक्स (d) इंजन

27. इनमें से कौन सड़क पर मिलने वाले झटकों को सहन करता है?
(a) स्टीयरिंग प्रणाली (b) ट्रांसमिशन प्रणाली
(c) ब्रेक प्रणाली (d) सस्पेंशन प्रणाली

28. निम्न में से वाहन के भार को सहने में सक्षम है
(a) फ्रण्ट एक्सल (b) फ्रण्ट बम्पर
(c) रियर एक्सल (d) रियर बम्पर

29. निम्न में से रक्षक प्रणाली है
(a) ब्रेक प्रणाली (b) सस्पेन्शन प्रणाली
(c) स्टीयरिंग प्रणाली (d) ये सभी

30. निम्न में से पेट्रोल आधारित इंजन नहीं है
(a) कार (b) स्कूटर (c) थ्री-व्हीलर (d) बस

31. निम्न में से पहिए का प्रकार है
(a) डिस्क व्हील (b) तारों वाला पहिया
(c) प्रैस्ड स्टील व्हील (d) ये सभी

32. दो दरवाजे लगी तथा पीछे सामान रखने में सक्षम कार इनमें से क्या कहलाती है?
(a) स्टेशन वैगन (b) सैलून (c) कन्वर्टेबल (d) पिकअप

33. इनमें से कौन-सी कम्पनी कॉमेट बसों का निर्माण करती है?
(a) हिन्दुस्तान मोटर्स (b) टेल्को
(c) आयशर (d) अशोक लेलैण्ड

34. थर्मोस्टेट का उद्देश्य इंजन को ………… रखना है।
(a) ठण्डा (b) गर्म
(c) कार्यकारी तापमान पर (d) इनमें से कोई नहीं

35. सामान्य हाइड्रॉलिक जैक में कितने वाल्व प्रयुक्त किए जाते हैं?
(a) 1 (b) 2 (c) 4 (d) 6

36. वाहनों की बैटरी चार्ज की जाती है
(a) इलेक्ट्रोलाइट से (b) इन्वर्टर से
(c) डायनमो से (d) इनमें से कोई नहीं

37. वाहन अथवा भार को उठाने में प्रयुक्त किए जाते हैं
(a) जैक (b) स्टैण्ड (c) हॉएस्ट (d) ये सभी

38. हाइड्रॉलिक प्रैस में ………… को शक्ति के रूप में प्रयोग किया जाता है।
(a) इलेक्ट्रिकल लीवरेज (b) मैकेनिकल लीवरेज
(c) 'a' और 'b' दोनों (d) इनमें से कोई नहीं

39. टाटा नैनो में प्रयुक्त इंजन की व्यवस्था है
(a) रियर इंजन स्थिति (b) फ्रण्ट इंजन स्थिति
(c) मिड इंजन स्थिति (d) 'b' और 'c' दोनों

40. निम्न में से इंजन के स्टार्ट न होने का उपयुक्त कारण है
(a) ऑयल फिल्टर का ब्लॉक होना
(b) ऑयल पम्प के गियर खराब होना
(c) फ्यूल डिलीवरी पाइप का ब्लॉक होना
(d) उपरोक्त में से कोई नहीं

उत्तरमाला

1. (b)	**2.** (c)	**3.** (a)	**4.** (c)	**5.** (b)	**6.** (c)	**7.** (a)	**8.** (c)	**9.** (a)	**10.** (d)
11. (a)	**12.** (d)	**13.** (c)	**14.** (a)	**15.** (c)	**16.** (d)	**17.** (c)	**18.** (d)	**19.** (d)	**20.** (b)
21. (b)	**22.** (d)	**23.** (c)	**24.** (c)	**25.** (a)	**26.** (b)	**27.** (d)	**28.** (a)	**29.** (a)	**30.** (d)
31. (d)	**32.** (b)	**33.** (d)	**34.** (c)	**35.** (c)	**36.** (c)	**37.** (d)	**38.** (b)	**39.** (a)	**40.** (c)

अध्याय 19

वाहन : विवरण एवं रख-रखाव

Vehicle : Description and Maintenance

परिचय Introduction

वाहन एक ऐसी व्यवस्था है, जो स्वत: शक्ति उत्पन्न करके सवारियों तथा समान को एक स्थान से दूसरे स्थान तक पहुँचाने में सहायता करती है। वाहन उद्योग में इंजन की सहायता लेकर वाहन को निर्मित करने का श्रेय ऑटो (auto) नामक एक जर्मन वैज्ञानिक को दिया जाता है। इन्हीं के नाम पर ऑटोमोबाइल शब्द की रचना हुई। इसके अतिरिक्त 'ऑटो' का शाब्दिक अर्थ 'स्वत:' होता है तथा मोबाइल का अर्थ है चलने वाली। अत: स्वत: चलने वाली गाड़ी को ऑटोमोबाइल या वाहन कहा जा सकता है। वाहन उद्योग में स्वत: चलने वाले वाहन तीन प्रकार के होते हैं

1. डीजल या पेट्रोल चालित वाहन (Diesel or Petrol driven vehicle)—ट्रैक्टर, कार, ट्रक व बस
2. विद्युत चालित वाहन (Electric driven vehicle)—कार व दो पहिया वाहन
3. भाप चालित वाहन (Steam driven vehicle)—केवल रेल के इंजन।

अध्याय विषय सूची

19.1 ऑटोमोबाइल से आशय

Meaning of Automobile

ऑटोमोबाइल से आशय पहियों वाली उस गाड़ी से है, जिसके साथ उसकी अपनी गतिदायक इकाई भी सम्बद्ध होती है। यह दो, तीन, चार या फिर उससे भी अधिक गतिशील पहियों वाली हो सकती है। ट्रैक्टर में संयोजित पहियों की संख्या के बढ़ने के साथ ही उसकी क्षमता में भी स्वत: ही वृद्धि हो जाती है। ट्रैक्टर को गतिमान करने में पहियों की मुख्य भूमिका होती है और पहिये ही ट्रैक्टर की सामर्थ्य के अनुरूप सुगम संचालन करने में सहायक होते हैं।

19.2 ऑटोमोबाइल तन्त्र का परिचय

Introduction to Automobile System

एक ऑटोमोबाइल रचना में उसके डिजाइन को ध्यान में रखकर विविध इकाइयों को संयोजित किया जाता है। ये विविध इकाइयाँ समग्र प्रयास से वाहन को गतिमान कर देती हैं। 'मैकेनिक ट्रैक्टर' ट्रेड के प्रशिक्षुओं को भी इन सभी इकाइयों का ज्ञान उपयुक्त रूप से होना चाहिए। अत: इनका विवरण निम्नवत् है

(i) मूल रचना Basic Structure

मूल रचना किसी भी ट्रैक्टर या वाहन का वह मुख्य भाग है, जिसमें बड़े भाग (major assemblies) सम्मिलित होते हैं। इन संयोजनों का विवरण अग्रलिखित है

(ii) मूल आकृति या चेसिस Basic Shape or Chassis

यह सम्पीडित (compressed) स्टील से निर्मित होता है, जिससे यान्त्रिक इकाइयाँ परस्पर सम्बद्ध होती हैं। मूल रचना इकाई में ही ट्रैक्टर को शक्ति चालित बनाने वाली इकाई भी सम्मिलित है। इस इकाई के मुख्य भाग निम्न प्रकार हैं

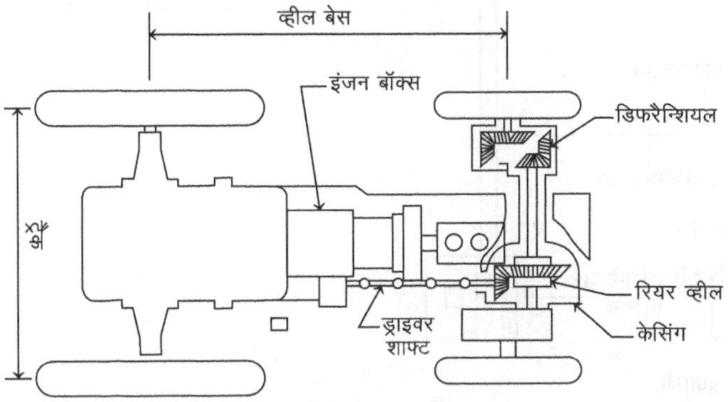

चित्र ट्रैक्टर का चेसिस

(a) फ्रेम Frame

यह सामान्य सम्पीडित स्टील का फ्रेम होता है, जिसके ऊपर समस्त यान्त्रिक इकाइयाँ लगी होती हैं।

(b) धुरे Axles

इसको उस बीम (beam) की भाँति माना जाता है जिसे सिरों पर सपोर्ट दी गई हो। यह ट्रैक्टर का वह भाग है, जिसके दो मध्य स्थानों पर भार आरोपित होता है। इसमें अगला धुरा (front axle) ट्रैक्टर के आगे के बोझ को सहकर उसको सड़क पर चलने में मदद करता है। स्टीयरिंग यन्त्रावली भी इसी के साथ संयोजित की जाती है। पिछला धुरा (rear axle) ट्रैक्टर के पिछले बोझ को सहकर पावर के ट्रांसमिशन में सहायता करता है। ट्रैक्टर में मुख्यत: दो प्रकार के धुरे उपयोग किए जाते हैं

1. डेड धुरे (dead axle) तथा 2. लाइव धुरे (live axle)

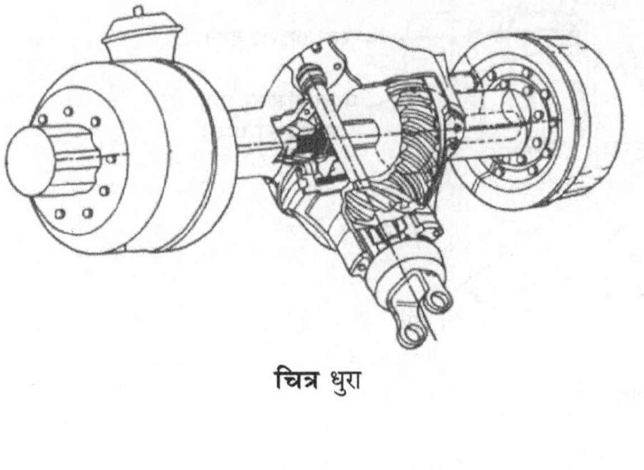

चित्र धुरा

(iii) स्टीयरिंग प्रणाली Steering System

स्टीयरिंग प्रणाली किसी भी ट्रैक्टर की वह व्यवस्था है, जिसकी सहायता से चालक वाहन को मार्ग की अवस्था या चालन स्थिति के अनुसार किसी भी ओर; बाएँ या दाएँ मोड़ सकने में सक्षम हो जाता है।

यह प्रणाली ट्रैक्टर के नियन्त्रण का भी कार्य करती है। ट्रैक्टर की स्टीयरिंग प्रणाली वाहन के अगले धुरे (front axle) से संयोजित होती है।

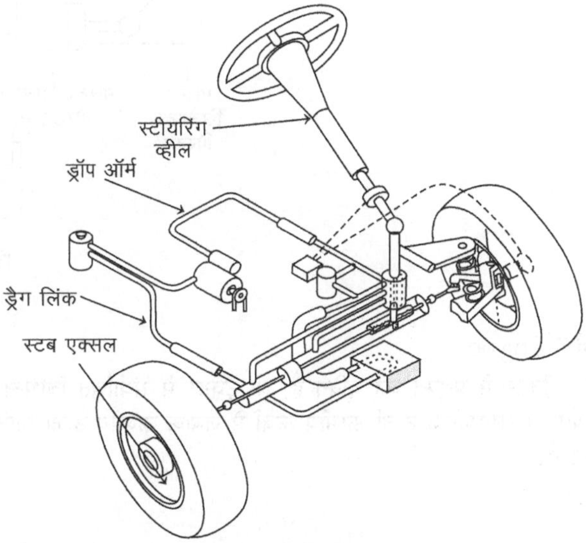

चित्र स्टीयरिंग प्रणाली

(iv) ट्रांसमिशन प्रणाली Transmission System

इस प्रणाली के सहायक भाग फ्लाई व्हील, क्लच, गियर बॉक्स व डिफरैन्शियल होते हैं, जो इस प्रणाली के द्वारा इंजन की शक्ति को ट्रैक्टर के पहियों तक पहुँचाने में सहायता करते हैं।

(v) ब्रेक प्रणाली Brake System

यह ट्रैक्टर सम्बन्धी एक नियन्त्रण प्रणाली है, जो ट्रैक्टर की गति को धीमी करने या उसको रोकने में प्रयुक्त की जाती है। ट्रैक्टरों में यह दो प्रकार की; सर्विस ब्रेक एवं हैण्ड या पार्किंग ब्रेक होती है।

यह प्रणाली एक रक्षक प्रणाली भी कही जा सकती है, क्योंकि यह ही चालक के जीवन की रक्षा करती है और चालक जोखिमपूर्ण स्थितियों में सर्विस ब्रेक के पैडल पर पैर रखकर ट्रैक्टर को धीमा कर या रोक सकता है।

निम्न चित्र में ट्रैक्टर की ब्रेक प्रणाली को दर्शाया गया है।

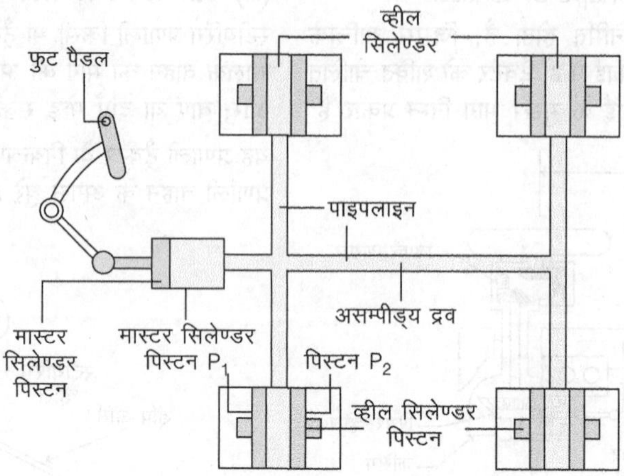

चित्र ब्रेक प्रणाली

इंजन Engine

इंजन, ट्रैक्टर में प्रयुक्त वह युक्ति है, जो ट्रैक्टर में संयोजित विभिन्न यन्त्रावलियों के लिए आवश्यक शक्ति उत्पन्न करती है। इसमें यान्त्रिक अवयवों के सहयोग से रासायनिक ऊर्जा ऊष्मीय ऊर्जा में जबकि ऊष्मीय ऊर्जा यान्त्रिक ऊर्जा में परिवर्तित होती है। इसी को ट्रैक्टर का शक्ति संयन्त्र (power plant) भी कहते हैं।

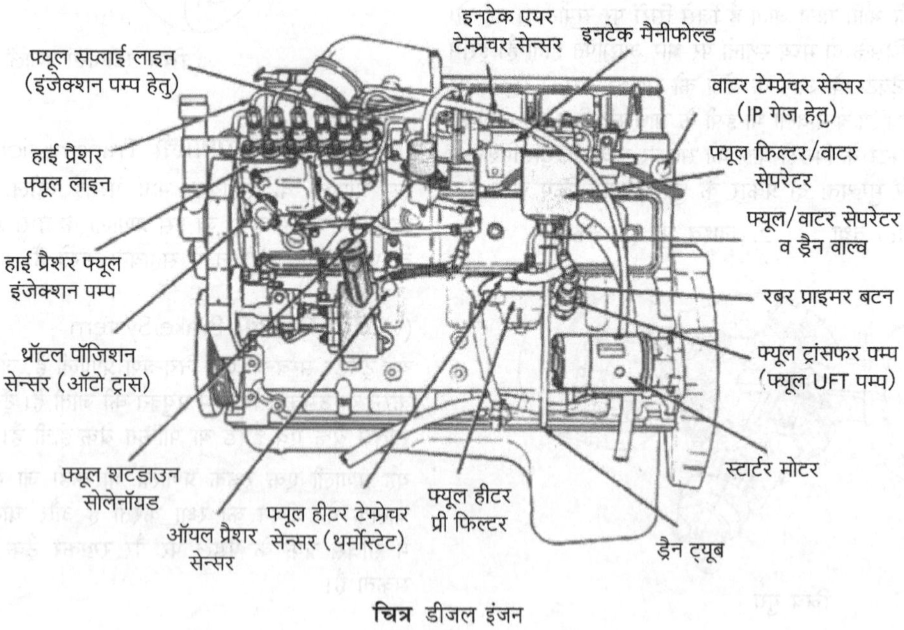

चित्र डीजल इंजन

बॉडी Body

यह किसी ट्रैक्टर का वह बाह्य भाग है, जिसमें सवार बैठ सकता है या सामान को अपनी सुविधा के अनुसार रख सकता है। ट्रैक्टर का यह भाग फाइबर, लकड़ी या लोहे से निर्मित होता है। इसमें सवार/सवारों की सुविधा को ध्यान में रखकर सीटों की भी व्यवस्था की जाती है। ट्रैक्टर बॉडी (tractor body) ढकी या फिर खुली हो सकती है।

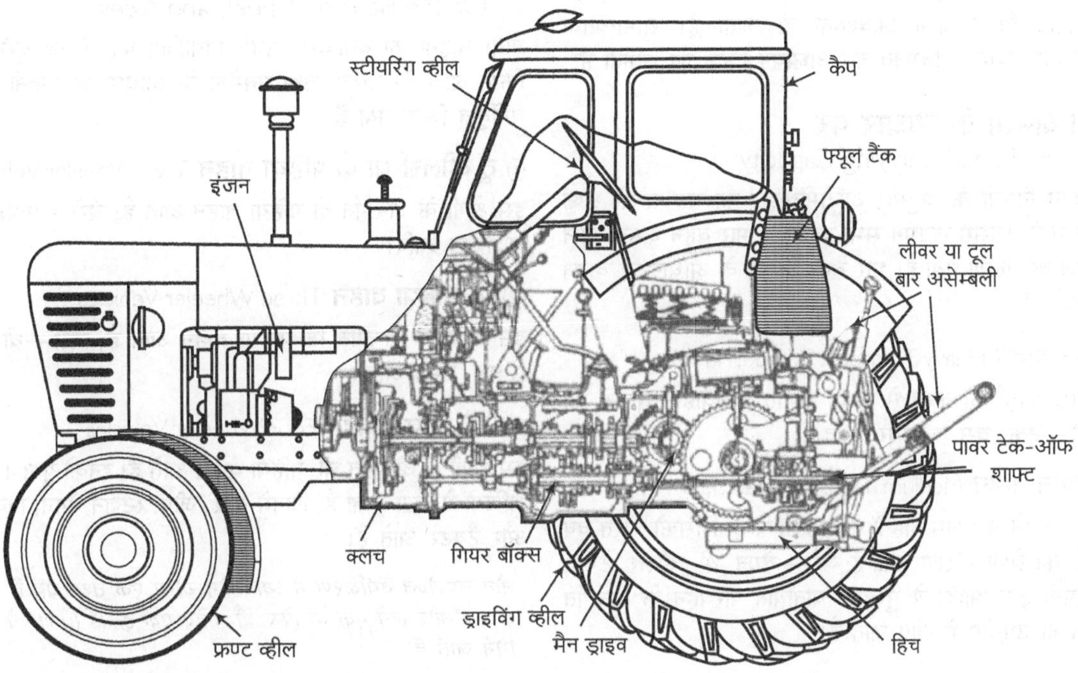

चित्र ट्रैक्टर की बॉडी

19.3 चेसिस सम्बन्धी तकनीकी शब्दावली Chassis Related Technical Terminology

किसी भी वाहन में चेसिस ही मुख्य भाग होता है, अत: इससे सम्बन्धित विविध पदों (शब्दों) या पदावली (शब्दावली) का भी प्रशिक्षुओं को पर्याप्त ज्ञान होना चाहिए। ट्रैक्टरों में चेसिस चेन टाइप ट्रैक्टरों, जे.सी.बी. में प्रयोग होती है। चेसिस सम्बन्धी तकनीकी पदावली निम्न प्रकार है

(i) फ्रंट ओवरहैंग Front Overhang

यह अगले पहियों के हब के सेन्टर से आगे चेसिस तक की दूरी है।

(ii) चेसिस ओवरहैंग Chassis Overhang

मोटर वाहन अधिनियम (motor vehicle act) में बस चेसिस में रियर ओवरहैंग को बड़ा कर दिया जाता है। इस चेसिस में इसको अधिनियम (act) के अनुरूप और बढ़ाया जा सकता है। चेसिस के इस बढ़े हुए भाग को ही चेसिस ओवरहैंग कहते हैं।

(iii) लम्बे व्हील बेस वाली चेसिस Long Wheel Base Chassis

मोटर वाहन अधिनियम (motor vehicle act) के अनुसार साधारण चेसिस में कम यात्री ही बैठ पाते हैं। ऐसे में वजन और क्षमता में वृद्धि करने के लिए चेसिस को लम्बा रखा जाता है अर्थात् दो सिरों वाले पहियों के बीच अन्तर अधिक रखा जाता है, जिसे लम्बे व्हील बेस वाली चेसिस कहते हैं।

(iv) व्हील बेस Wheel Base

आगे और पीछे के पहियों (wheel) के हब के केन्द्रों के बीच की दूरी को व्हील बेस (wheel base) कहते हैं।

19.4 ऑटोमोबाइल का वर्गीकरण
Classification of Automobile

वाहन उद्योग का पिछले कुछ वर्षों में तीव्र गति से विस्तार हुआ है। अत: इस विस्तार को उपयुक्त रूप में समझने के लिए ऑटोमोबाइल को उनके उद्देश्य के अनुसार वर्गीकृत किया जाना आवश्यक हो जाता है। सामान्यतया ऑटोमोबाइल को निम्न वर्गों में विभक्त कर अध्ययन किया जा सकता है

1. भार वहन क्षमता के आधार पर
On the Basis of Load Carrying Capacity

केन्द्रीय मोटर वाहन नियमों के अनुसार ऑटोमोबाइल का यह सबसे श्रेष्ठ कहा जाने वाला वर्ग है, जिसमें लगभग सभी प्रकृति व भार वहन क्षमता वाले वाहनों का समावेश कर लिया गया है। भार वहन क्षमता के आधार पर वाहन निम्न प्रकार के होते हैं

(i) **भारी परिवहन वाहन** Heavy Transport Vehicle; HTV

इनके अन्तर्गत भारी कार्यों को करने में सक्षम अर्थात् मालवाहक वाहनों को रखा गया है; जैसे—ट्रक, बस व डम्पर आदि।

(ii) **मध्यम परिवहन वाहन** Medium Transport Vehicle; MTV

ये मध्यम कार्यों को करने में सक्षम वाहनों की वह श्रेणी है, जिसको भारत वर्ष में हल्के वाहनों ही की श्रेणी में रखा जाता है; जैसे—वैगन, थ्री-व्हीलर, टेम्पो, मिनी बस और मिनी ट्रक आदि। ये मुख्यत: यातायात परिवहन के अन्तर्गत सवारियों को ढोने के उपयोग में लाए जाते हैं।

(iii) **हल्के परिवहन वाहन** Light Transport Vehicles; LTV

ये हल्के कार्यों को कर सकने में सक्षम वाहनों की श्रेणी है; जैसे—पिकअप वाहन व स्टेशन वैगन आदि।

2. ईंधन के आधार पर On the Basis of Fuel

ईंधन के आधार पर वाहनों को निम्न श्रेणियों में वर्गीकृत किया गया है

(i) **पेट्रोल आधारित वाहन** Petrol Based Vehicles

इस श्रेणी में पेट्रोल चालित वाहनों को रखा गया है; जैसे—कार, मोटर साइकिल, स्कूटर, थ्री-व्हीलर आदि।

(ii) **डीजल आधारित वाहन** Diesel Based Vehicles

इस श्रेणी में डीजल चालित वाहनों को रखा गया है; जैसे—कार, ट्रक, बस, डम्पर ट्रैक्टर आदि।

(iii) **गैस आधारित वाहन** Gas Based Vehicles

इस श्रेणी के अन्तर्गत कोल गैस और पेट्रोलियम गैस चालित वाहनों को रखा गया है।

(iv) **विद्युत आधारित वाहन** Electric Based Vehicle

इस श्रेणी के अन्तर्गत बैटरी की शक्ति से चलने वाले वाहनों को रखा गया है। इस श्रेणी के अन्तर्गत ही ई-रिक्शा आता है जो अपनी विशिष्ट विशेषताओं के कारण वर्तमान में काफी लोकप्रियता अर्जित कर रहा है।

(v) **भाप आधारित वाहन** Steam Based Vehicles

इस श्रेणी के अन्तर्गत भाप की शक्ति से चलने वाले वाहनों को रखा गया है।

3. पहियों एवं एक्सेल के आधार पर
On the Basis of Wheels and Axles

प्राय: वाहनों का वर्गीकरण उनमें नियोजित पहियों एवं धुरों के अनुसार भी किया जाता है। पहियों तथा एक्सेल के आधार पर वाहनों को निम्न प्रकार वर्गीकृत किया गया है

(i) **टू व्हीलर्स या दो पहिया वाहन** Two Wheeler Vehicles

इस श्रेणी के अन्तर्गत दो पहिया वाहन आते हैं; जैसे—मोपेड, स्कूटर, मोटर साइकिल आदि।

(ii) **ति-पहिया वाहन** Three Wheeler Vehicles

इस श्रेणी के अन्तर्गत ति-पहिया वाहन आते हैं; जैसे—थ्री-व्हीलर स्कूटर, रिक्शा, टेम्पो आदि।

(iii) **चौ-पहिया वाहन** Four Wheeler Vehicles

इस श्रेणी के अन्तर्गत चौ-पहिया वाहन आते हैं। इनको पुन: 4×2 व 4×4 की श्रेणियों में रखा जाता है, जिनमें कार, जीप, स्टेशन वैगन, पिकअप, ट्रक, बस और ट्रैक्टर आते हैं।

नोट *उपरोक्त वर्गीकरण में ध्यान देने योग्य एक तथ्य यह है कि एक्सेल के एक ओर लगे एक या फिर दो पहिए एक इकाई (unit) के रूप में ही गिने जाते हैं।*

4. ड्राइव के आधार पर On the Basis of Drive

- दाईं ओर की ड्राइव
- बाईं ओर की ड्राइव
- फ्ल्यूड ड्राइव

5. सस्पेन्शन के आधार पर
On the Basis of Suspension

- कन्वैंशनल श्रेणी,
- इण्डीपेण्डेण्ट श्रेणी
- एयर श्रेणी

6. वाहन बॉडी और दरवाजों के आधार पर
On the Basis of Vehicle Body and Gates

- सैलून
- कन्वर्टेबल
- स्टेशन वैगन
- पिकअप वैन
- विशेष श्रेणी।

7. ट्रांसमिशन के आधार पर
On the Basis of Transmission

- पूर्ण (फुल) फॉरवर्ड
- अर्द्ध-फॉरवर्ड तथा बस चेसिस
- कन्वैंशनल
- अर्द्ध-स्वचालित तथा स्वचालित

8. इंजन फिटिंग के आधार पर
On the Basis of Engine Fitting

- आगे लगा इंजन
- पीछे लगा इंजन
- मध्य में लगा इंजन।

19.5 विविध परिवहन वाहन
Miscellaneous Transport Vehicles

इसके अन्तर्गत उन वाहनों का उल्लेख किया जा रहा है, जो परिवहन कार्य में सहायक होते हैं।

1. **वैन** (Vans) ये वे हल्के परिवहन वाहन हैं, जिनमें आगे बैठने के लिए सीटें तथा पीछे सामान रखने के लिए रिक्त स्थान होता है। इन वाहनों के साइड गेट्स सामान्यतया सरकने वाले होते हैं।
2. **ट्रक** (Trucks) ये विशुद्ध भारी मालवाहक वाहन होते हैं, जिनमें धुरे एक फ्रेम से संयोजित होते हैं। इनमें भार वहन क्षमता पर निर्भर दो अथवा अधिक धुरे होते हैं।
3. **बस** (Buses) ये साधन अपनी क्षमता के अनुसार यात्रियों को कम या अधिक दूरी तक ले जाने में प्रयुक्त किए जाते हैं। इनमें सामान के लिए नियत परन्तु कम ही स्थान होता है। भारी सामान के लिए प्राय: इनमें बॉडी के ऊपर कैरियर की व्यवस्था होती है।

   इनमें शीशों की पर्याप्त मात्रा में व्यवस्था होने के कारण यात्रियों द्वारा अपने गन्तव्य की पहचान सहज ही की जा सकती है। बसों में सामान्यतया दो द्वार आगे तथा पीछे होते हैं, किन्तु कुछ बसों के मध्य में एक ही द्वार होता है। इनमें आपात द्वार की भी व्यवस्था होती है।
4. **कोच** (Coach) ये अधिक सुविधा सम्पन्न बसें होती हैं, जिनका उपयोग लम्बी दूरी की यात्राओं में किया जाता है। इनमें यात्रा को मनोरंजक व सुगम बनाने के साधनों का भी उपयोग किया जाता है।
5. **ट्रैक्टर** (Tractor) ट्रैक्टर भी वाहन की श्रेणी में आता है, परन्तु अधिकतर केवल चालक को ही यात्रा करना अनुमान्य है और वह भी केवल कृषि कार्य में प्रयोग हेतु।

19.6 वाहन/भार को उठाने वाले साधन
Means to Hoist Vehicles/Weight

वर्कशॉप में इंजन व वाहनों (ट्रैक्टर) की मरम्मत तथा धुलाई-सफाई के लिए उन्हें समय-समय पर उठाना पड़ता है। इन साधनों के प्रचालन (operation) तथा उपयोग (use) के लिए इनकी कार्यिकी को जानना-समझना आवश्यक हो जाता है। इसके लिए विभिन्न साधन प्रयोग किए जाते हैं, जो विविध प्रकृति के होते हैं। उनमें से निम्नलिखित मुख्य हैं

1. जैक Jacks
सामान्य रूप से वाहनों को ऊपर उठाने के लिए जैक का प्रयोग सबसे ज्यादा किया जाता है। ये दो प्रकार के होते हैं

(i) मैकेनिकल जैक Mechanical Jacks
इन जैकों में भार उठाने के लिए मैकेनिकल लीवरेज की चूड़ियों के माध्यम से प्रयोग किया जाता है। इसमें जैक की मेन शाफ्ट पर चौकोर चूड़ी बनी होती है तथा इसकी बॉडी के ऊपर चढ़े रिंग नट में भी उसी प्रकार चूड़ी बनी होती हैं। हैण्ड लीवर की सहायता से इसे घुमाया जाता है, तो नट-बोल्ट के समान यह कार्य करके ऊपर या नीचे होता है।

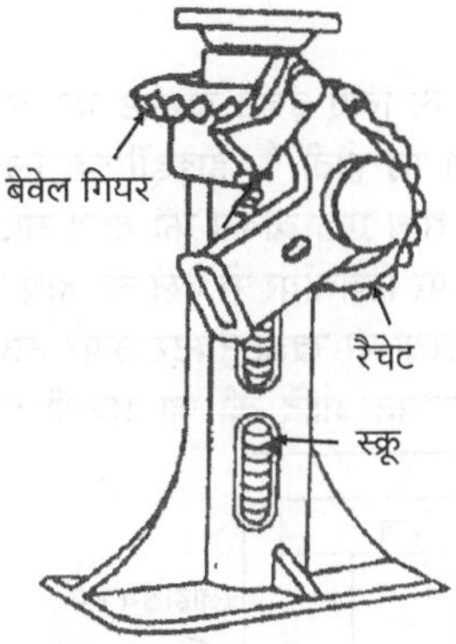

चित्र मैकेनिकल जैक

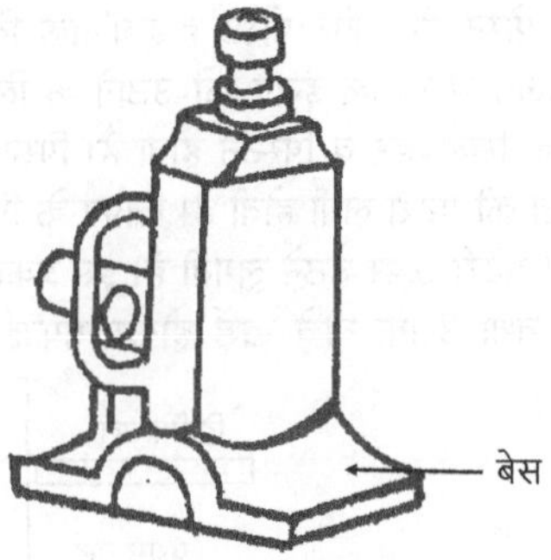

चित्र हाइड्रॉलिक जैक

(ii) हाइड्रॉलिक जैक Hydraulic Jack
इस प्रकार के जैकों में हाइड्रॉलिक दाब का शक्ति के रूप में प्रयोग किया जाता है। इसमें पम्प तथा पिस्टन मुख्य भाग होते हैं। हैण्डिल द्वारा पम्प चलाने पर तेल का दाब पिस्टन को भार के विरुद्ध उठाता है। इसके दाब को एक पेंच द्वारा निष्क्रिय करने पर स्वत: जैक नीचे झुक जाता है। जैक प्राय: बॉटल टाइप अथवा ट्रॉली टाइप होते हैं।

2. हाइड्रॉलिक प्रेस Hydraulic Press
इंजन आदि मशीनों के बुश व बियरिंगों को फिट करने या निकलने के लिए हाइड्रॉलिक प्रेस का प्रयोग किया जाता है। यह प्रेस हाइड्रॉलिक दाब से कार्य करती है। इसके द्वारा मुड़े भागों को भी सीधा किया जा सकता है। हाइड्रॉलिक प्रेस के अतिरिक्त वर्कशॉप में हाथ द्वारा चलने वाली आर्बर प्रेस का भी प्रयोग किया जाता है। इसमें मैकेनिकल लीवरेज को शक्ति के रूप में प्रयोग किया जाता है।

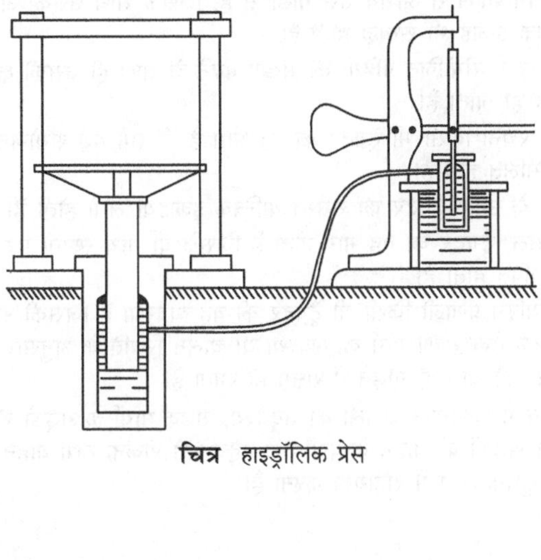
चित्र हाइड्रॉलिक प्रेस

3. हाइड्रॉलिक लिफ्ट Hydraulic Lift

ट्रैक्टरों की सर्विसिंग तथा मरम्मत के लिए उनके नीचे खड़े होकर कार्य करने की भी आवश्यकता होती है। इसके लिए हाइड्रॉलिक लिफ्ट का प्रयोग किया जाता है। हाइड्रॉलिक लिफ्ट को हाइड्रॉलिक हॉएस्ट भी कहते हैं। यह एक ऐसी व्यवस्था है जिसमें टू पोस्ट हाइड्रॉलिक लिफ्ट के द्वारा हल्के ट्रैक्टरों को उठाया जाता है जबकि भारी ट्रैक्टरों की सर्विसिंग के लिए फोर पोस्ट हाइड्रॉलिक लिफ्ट की व्यवस्था की जाती है।

टू पोस्ट एवं फोर पोस्ट हाइड्रॉलिक लिफ्टों के लिए इंजन हॉएस्ट की व्यवस्था अलग से केवल इंजन को उठाने के लिए की गई होती है। हाइड्रॉलिक लिफ्ट में एक सिलेण्डर व पिस्टन होता है। पिस्टन के साथ एक बॉक्स की दोनों साइडों में रेल की पटरी लगी होती है। लिफ्ट के पिस्टन पर रिजर्वायर से तेल का दाब डालने पर पटरी ऊपर उठने लगती है। इस प्रकार पटरियों पर खड़ा ट्रैक्टर ऊपर उठ जाता है तथा उसके नीचे खड़े होकर सफाई व मरम्मत आदि की जा सकती है।

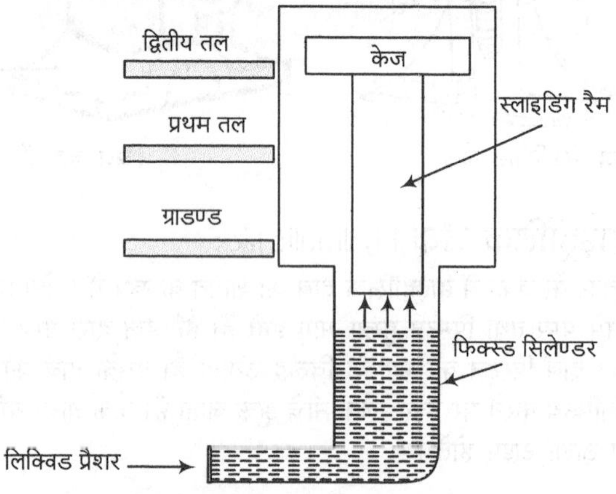

चित्र हाइड्रॉलिक लिफ्ट का अभिन्यास

19.7 ट्रैक्टर सम्बन्धी दोषोपचार Troubleshooting Related to Tractor

क्र. सं.	दोष	उपचार
I. वाहनों में अनुरक्षण की आवश्यकता का द्रष्टव्य होना		
1.	ट्रैक्टर से आवाज आना।	ट्रैक्टर के सभी भागों का सही प्रकार से स्नेहक करें।
2.	ट्रैक्टर में स्नेहक की कमी होना।	ट्रैक्टर में उच्च गुणवत्ता वाले स्नेहक का प्रयोग करें।
3.	इंजन की गति कम होना।	इंजन को ईंधन की आपूर्ति ठीक प्रकार करें।
4.	ट्रैक्टर का वाइब्रेशन करना	इंजन की उचित ट्रैक्टर की चाल के अनुसार ही व्यवस्थित रखें।
II. वाहनों में तुरन्त मरम्मत की आवश्यकता का महसूस होना		
1.	ट्रैक्टर के मुख्य बियरिंग से आवाज आना।	नए बियरिंग का प्रयोग करें।
2.	इंजन की ईंधन आपूर्ति में व्यवधान होना।	फ्यूल लाइन को साफ करें।
3.	ट्रैक्टर का रुक-रुक कर चलना।	ट्रैक्टर की ईंधन प्रणाली की मरम्मत करें।
4.	ट्रैक्टर का झटके देना।	इंजन में प्रज्वलन (इग्नीशन) टाइमिंग को व्यवस्थित रखें।
5.	इंजन का स्टार्ट न होना।	इंजन की ईंधन आपूर्ति की जाँच करें और बैटरी की भी जाँच करें।

महत्त्वपूर्ण बिन्दु

- वाहन एक ऐसी व्यवस्था है जो स्वतः शक्ति उत्पन्न करके सवारियों तथा सामान को एक स्थान से दूसरे स्थान तक पहुँचाने में सहायता करती है।
- ऑटोमोबाइल से आशय उस गाड़ी से है, जिसके साथ उसकी अपनी गति दायक इकाई भी सम्बद्ध होती है।
- ट्रैक्टर में संयोजित पहियों की संख्या बढ़ने के साथ ही उसकी क्षमता में वृद्धि हो जाती है।
- मूल रचना किसी भी ट्रैक्टर का वह भाग है, जिसमें बड़े संयोजन सम्मिलित होते हैं।
- फ्रेम के ऊपर ट्रैक्टर की समस्त यान्त्रिक इकाइयाँ लगी होती हैं।
- एक्सेल, ट्रैक्टर का वह भाग होता है जिसके दो मध्य स्थानों पर भार आरोपित होता है।
- स्टीयरिंग प्रणाली किसी भी ट्रैक्टर की वह व्यवस्था है जिसकी सहायता से चालक ट्रैक्टर को मार्ग की अवस्था या चालन स्थिति के अनुसार किसी भी ओर बाएँ या दाएँ मोड़ने में सक्षम हो जाता है।
- वाहन में सस्पेन्शन प्रणाली का उद्देश्य, सड़क-मार्गों के गड्ढों से लगने वाले झटकों को वाहन के पुर्जों तक पहुँचने से रोकना तथा वाहन सवारों को सुगम यात्रा में सहायता करना है।
- ट्रांसमिशन प्रणाली के मुख्य भाग फ्लाई व्हील, क्लच, गियर बॉक्स व प्रोपेलर शाफ्ट होते हैं।
- ब्रेक प्रणाली द्वारा ट्रैक्टर की गति को धीमा तथा ट्रैक्टर को रोका जाता है।
- इंजन, ट्रैक्टर में प्रयुक्त वह युक्ति है, जो ट्रैक्टर में संयोजित विभिन्न यन्त्रावलियों के लिए आवश्यक शक्ति उत्पन्न करती है।
- बॉडी वाहन का वह भाग होता है, जिसमें कोई व्यक्ति बैठ सकता है या सामान को अपनी सुविधानुसार रख सकता है।
- फ्रण्ट ओवरहैंग, अगले पहियों के हब के सेन्टर से आगे चेसिस तक की दूरी होती है।
- पिक-अप तथा स्टेशन वैगन हल्के परिवहन वाहन हैं।
- सामान्य रूप से वाहनों को ऊपर उठाने के लिए जैक का उपयोग किया जाता है।
- इंजन आदि के बुश व बियरिंगों को निकालने या फिट करने के लिए हाइड्रॉलिक प्रेस का उपयोग किया जाता है।
- हाइड्रॉलिक लिफ्ट को हाइड्रॉलिक हॉएस्ट भी कहा जाता है।

महत्त्वपूर्ण प्रश्नोत्तरी

1. ऑटोमोबाइल से आपका क्या आशय है?

उत्तर ऑटोमोबाइल से आशय पहियों वाली उस गाड़ी से है, जिसके साथ उसकी अपनी गतिदायक इकाई भी सम्बद्ध होती है।

2. ट्रैक्टर की चेसिस किस धातु से बनाई जाती है?

उत्तर ट्रैक्टर की चेसिस सामान्यतः सम्पीडित स्टील की बनी होती है।

3. ट्रैक्टर की ट्रांसमिशन प्रणाली में कौन–कौन से भाग फिट होते हैं?

उत्तर ट्रैक्टर की ट्रांसमिशन प्रणाली में फ्लाई व्हील, क्लच, गियर बॉक्स व प्रोपेलर शाफ्ट फिट होते हैं।

4. फ्रण्ट ओवरहैंग से आप क्या समझते हैं?

उत्तर फ्रण्ट ओवरहैंग, अगले पहियों के हब के सेन्टर से आगे चेसिस तक की दूरी होती है।

5. व्हील बेस क्या होता है?

उत्तर आगे और पीछे के पहियों के हब के केन्द्रों के बीच की दूरी को व्हील बेस कहा जाता है।

अभ्यास प्रश्न

परीक्षा प्रारूपी प्रश्न

बहुविकल्पीय

1. वाहन निर्मित करने का श्रेय इनमें से किसको जाता है?
(a) फोर्ड (b) ऑटो (c) लोहिया (d) बजाज

2. वाहन उद्योग में स्वतः (auto) चलने वाले वाहन इनमें से किस प्रकार के होते हैं?
(a) डीजल या पेट्रोल चालित वाहन
(b) विद्युत चालित वाहन
(c) भाप चालित वाहन
(d) उपरोक्त सभी

3. इनमें से कौन–सा वाहन की मूल रचना के अन्तर्गत नहीं आता?
(a) मूल आकृति (b) शारीरिकी
(c) फ्रेम (d) सस्पेन्शन प्रणाली

4. कारों की बॉडी (body) के निर्माण में इनमें से किस सामग्री का उपयोग किया जाता है?
(a) लोहा (b) एल्युमीनियम
(c) कॉपर (d) रॉट आयरन

5. इनमें से किसके साथ वाहन के स्टीयरिंग का सम्बन्ध होता है?
(a) पिछला धुरा (axle) (b) अगला धुरा (axle)
(c) गियर बॉक्स (d) इंजन

6. लूना नामक मोपेड का निर्माण इनमें से कौन-सी कम्पनी करती है?
(a) मैजेस्टिक ऑटो (b) काइनेटिक
(c) कैल्विनेटर इण्डिया (d) श्री चामुण्डी

7. इनमें से कौन सड़क पर मिलने वाले झटकों को सहन करता है?
(a) स्टीयरिंग प्रणाली
(b) ट्रांसमिशन प्रणाली
(c) ब्रेक प्रणाली
(d) सस्पेन्शन प्रणाली

8. वाहन के बोझ को इनमें से कौन सहन करता है?
(a) अगला धुरा (axle) (b) अगला बम्पर
(c) पिछला धुरा (axle) (d) पिछला बम्पर

9. दो दरवाजे लगी पीछे सामान रखने में सक्षम कार इनमें से क्या कहलाती है?
(a) स्टेशन वैगन (b) सैलून
(c) कन्वर्टिबल (d) पिकअप

10. बैटरी शक्ति चालित वाहन इनमें से क्या कहलाते हैं?
(a) विद्युत चालित वाहन (b) भाप चालित वाहन
(c) गैस चालित वाहन (d) पेट्रोल चालित वाहन

उत्तरमाला

1. (b) **2.** (d) **3.** (b) **4.** (a) **5.** (b) **6.** (b) **7.** (d) **8.** (a) **9.** (b) **10.** (a)

अध्याय 20

ट्रैक्टर परिचय

Tractor Introduction

परिचय Introduction

ट्रैक्टर शब्द की उत्पत्ति ट्रैक्शन (traction) शब्द से हुई है, जिसका अर्थ है "वह मशीन जो खींचने का कार्य करती है" अर्थात् ट्रैक्टर वह मशीन है, जो कृषि यन्त्रों या उपकरणों को खींचकर या धकेलकर कृषि कार्य को सम्पन्न करती है। ट्रैक्टरों में भी मोटरगाड़ियों के समान अन्तः दहन इंजन का प्रयोग किया जाता है। अन्तः दहन इंजन की खोज का मुख्य श्रेय **ऑटो** नामक जर्मन वैज्ञानिक को जाता है। सन् 1769 से 1885 के मध्य हुई खोजों के बाद वर्तमान वास्तविक इंजन बनाया गया। वैज्ञानिकों के निरन्तर शोधों (research) के फलस्वरूप ही वर्ष 1942 में प्रथम क्राउलर ट्रैक्टर का निर्माण किया गया।

स्वतन्त्रता प्राप्ति के बाद कृषि पर विशेष ध्यान दिया गया, जिसके फलस्वरूप स्वदेशी ट्रैक्टरों की माँग बढ़ गई, और भारत में कई कम्पनियाँ ट्रैक्टरों का निर्माण करने लगीं। वर्तमान में कई विदेशी कम्पनियाँ भारतीय कम्पनियों के साथ मिलकर ट्रैक्टर निर्माण कर रही हैं।

अध्याय विषय सूची

20.1 भारत में ट्रैक्टर उद्योग Tractor Industry in India

प्रारम्भ में देश में ट्रैक्टरों का निर्माण विदेशी तकनीक के सहयोग से किया जाता था, परन्तु वर्तमान में लगभग सभी ट्रैक्टरों का निर्माण पूर्णतः स्वदेशी है। निर्माता ट्रैक्टर का निर्माण कार्य के अनुसार करने का प्रयास करते हैं। निर्माता द्वारा विशिष्टियों के साथ प्रयोग होने वाले ऑयल और कृषि यन्त्रों का विवरण भी दिया जाता है। इसके साथ-साथ विभिन्न कम्पनियाँ भारत सरकार द्वारा बनाए गए प्रदूषण नियमों (भारत-ट्रम स्तर III उत्सर्जन मापदण्ड) के अनुसार निर्माण करती हैं।

सामान्यतः ट्रैक्टर का निर्माण टू-व्हील ड्राइव व फोर व्हील ड्राइव में किया जाता है। 4×4 व्हील ट्रैक्टर का निर्माण कुछ निर्माता ही कर रहे हैं। यह व्यवस्था अभी तक महँगी कारों में ही उपलब्ध थी, परन्तु देश में ट्रैक्टरों की माँग के अनुसार 4×4 ट्रैक्टर का निर्माण भी सम्भव हो गया है। इस प्रकार के ट्रैक्टर अन्य ट्रैक्टरों के मुकाबले महँगे होते हैं, इसलिये इनका उत्पादन अन्य ट्रैक्टरों की अपेक्षा कम है।

मुख्य निर्माता Main Manufacturers

वर्तमान में निम्न कम्पनियाँ भारत के ट्रैक्टर उद्योग में मुख्य निर्माता के रूप में कार्य कर रही हैं

1. महिन्द्रा एण्ड महिन्द्रा
2. सोनालिका
3. एस्कोर्ट
4. मैसी फर्ग्यूसन (टैफे)
5. सामे ग्रिव्स
6. आयशर
7. एच एम टी
8. फोर्ड
9. स्वराज

20.2 ट्रैक्टर उद्योग में विकास Development in Tractor Industry

भारत में ट्रैक्टर उद्योग के मुख्य 13 निर्माताओं में से 10 विदेशी तथा 3 स्वदेशी निर्माता है। भारत में अधिकतर 25 HP, 35 HP, 45 HP के ट्रैक्टरों की लोकप्रियता है, परन्तु किसानों की माँग को देखते हुए 60 HP और उससे अधिक शक्ति के ट्रैक्टरों का निर्माण कार्य प्रगति पर है। इसके अतिरिक्त ट्रैक्टर को बड़ी जुताई के लिए उपयुक्त बनाने तथा ड्राइवर को सुविधा प्रदान करने के लिए भी ट्रैक्टरों का निर्माण किया जा रहा है। ट्रैक्टर उद्योग में विकास के मुख्य बिन्दु निम्न प्रकार हैं

ट्रैक्टर इंजन Tractor Engine

ट्रैक्टर इंजन से सम्बन्धित विकास के लिए ईंधन दक्षता में सुधार, इंजन की टर्बोचार्जिंग, इंजन के भार को कम करना, सिरामिक का उपयोग आदि सम्बन्धित हैं।

ट्रांसमिशन और फाइनल ड्राइव

ट्रांसमिशन और फाइनल ड्राइव से सम्बन्धित विकास निम्नवत् है

(i) गियरों की अधिक संख्या और उच्च अधिकतम चाल
(ii) सिन्क्रोमैश गियर का प्रयोग
(iii) हाइड्रोस्थैतिक हाइड्रोडायनमिक ट्रांसमिशन का प्रयोग
(iv) फोर व्हील ड्राइव का प्रयोग

सहायक उपकरणों का विकास Development of Auxiliary Devices

ट्रैक्टर के सहायक उपकरणों के विकास के लिए निम्नलिखित प्रक्रियाओं में प्रोत्साहन की आवश्यकता है

(i) आलू रोपण और कटाई क्षेत्र में।
(ii) चावल रोपाई क्षेत्र में
(iii) गन्ना कटाई क्षेत्र में

द्रवचलित प्रणाली Hydraulic System

उपकरणों के नियन्त्रण के लिए हाइड्रॉलिक प्रणाली भारत में पहले से ही विकसित है। अब कुछ देशों में इलेक्ट्रॉनिक सेंसर वाले उपकरण भी उपयोग में लाये जा रहे हैं। ट्रैक्टर उद्योग में इलेक्ट्रॉनिक सेंसर वाले उपकरणों के उत्पादन में अभी भी विकास की आवश्यकता है।

20.3 ट्रेण्ड Trend

किसी निर्माता द्वारा कोई उत्पाद बिना किसी बदलाव के कई बार बनाया जाता है, तो उसे ट्रेण्ड कहा जाता है। कोई भी निर्माता अपने उत्पादन में किसी भी समय बदलाव कर सकता है। इसके लिए उसके पास अधिकार होते हैं, क्योंकि आवश्यकता आविष्कार की जननी है। अत: निर्माता अपने उत्पाद को बेहतर बनाने में निरन्तर प्रयास करते रहते हैं। इसलिए वे कार्य की आवश्यकता तथा क्षमता के अनुसार अपने उत्पादन में बदलाव करते हैं। ये बदलाव उत्पाद को नया बनाते हैं; जैसे—

1. **नवीन उत्पाद** (New Products) वर्तमान युग में ऑटोमोबाइल क्षेत्र में बहुत अधिक बदलाव आ गया है। विशेष रूप से ट्रैक्टर कृषि कार्य से सम्बन्धित उपकरणों में निरन्तर बदलाव आए हैं, जिसके फलस्वरूप ट्रैक्टर की कार्य क्षमता बढ़ने के साथ कृषि उत्पादन में भी उन्नति हुई है।

   ट्रैक्टर में ये बदलाव इंजन, क्लच, गियर बॉक्स, स्टीयरिंग, ब्रेक, डिफरैन्शियल, पी टी ओ एवं रोलर, हैरो, टिलर, रोटावेटर, बुआई यन्त्र में आए हैं। महिन्द्रा 595 DI Super Turbo, स्वराज 735, मेसी फर्ग्यूसन MF 9000 DI आदि ट्रैक्टर के नये उत्पाद हैं।

2. **इंजन** (Engine) ट्रैक्टर व वाहन को शक्तिशाली बनाने में इंजन का सर्वाधिक महत्त्व है, परन्तु इसके साथ यह हानि भी पहुँचाता है, जो दो रूपों में सामने आती है

   (i) वायु प्रदूषण (ii) ध्वनि प्रदूषण

   प्रदूषण समाप्त करने के लिए इंजन में डी आई (DI-Direct Injection) व टर्बो (turbo) का प्रयोग किया जाता है। इससे वाहन में धुआँ न के बराबर निकलता है एवं इंजन की कार्यक्षमता में भी वृद्धि होती है।

3. **क्लच** (Clutch) ट्रैक्टरों में कुछ समय पहले एक ही क्लच प्लेट लगायी जाती थी, परन्तु वर्तमान में डबल क्लच प्लेट का भी ट्रैक्टर में उपयोग किया जाने लगा है। इनमें एक ट्रांसमिशन व दूसरी पी टी ओ शाफ्ट के लिए प्रयोग की जाती है।

4. **पावर स्टीयरिंग** (Power Steering) साधारण स्टीयरिंग के स्थान पर बड़े ट्रैक्टरों में पावर स्टीयरिंग का प्रावधान है, जिससे स्टीयरिंग मोड़ने में अधिक शक्ति नहीं लगानी पड़ती।

5. **गियर बॉक्स** (Gear Box) पहले ट्रैक्टरों में स्लाइडिंग मैश गियर बॉक्स प्रयोग किए जाते थे। इनमें शिफ्टिंग लीवर मध्य में होता था, जिससे गियर बदलने में आवाज होती थी। वर्तमान में ट्रैक्टरों में सिन्क्रोमैश गियर बॉक्स का प्रयोग किया जा रहा है, जिसमें शिफ्टिंग लीवर भी साइड में दिया जाता है।

6. **ब्रेक** (Break) ट्रैक्टर में केवल पिछले पहिये में ही ब्रेक होते हैं। पहले ट्रैक्टरों में मैकेनिकल ब्रेक होते थे, परन्तु इस समय हाइड्रॉलिक, मल्टीडिस्क ब्रेक, तेल में डूबे मल्टीडिस्क ब्रेक प्रयोग किये जा रहे हैं। इससे ब्रेक क्षमता में बहुत बदलाव आया है।

7. **डिफरैन्शियल** (Differential) डिफरैन्शियल के साथ लगने वाले रिडक्शन गियर डिफरैन्शियल हाउसिंग में ही लगाए जाते हैं जो चलने में कम आवाज करते हैं।

8. **पावर टेक ऑफ (पी टी ओ) शाफ्ट** (Power Take Off (PTO) Shaft) ट्रैक्टर में पी टी ओ शाफ्ट पीछे लगी होती है, परन्तु वर्तमान में कार्य की आवश्यकता के अनुरूप यह आगे भी लगाई जाती है। यह ग्रास कटर, आइस कटर ब्लोअर व ड्रिलिंग आदि का कार्य करती है।

20.4 ट्रैक्टर के प्रकार Types of Tractor

कृषि कार्यों में भूमि तैयार करने के लिए ट्रैक्टरों का प्रयोग किया जाता है। पहाड़ी स्थानों में खेत तैयार करने, सड़कें बनाने, बर्फ हटाने, पहाड़ टूटने पर सड़कें साफ करने, सेना में अनेक कार्यों में ट्रैक्टरों का प्रयोग किया जाता है। ये मुख्यत: निम्न प्रकार के होते हैं

1. **ट्रैक्टर** (व्हील टाइप) [Tractor (Wheel Type)] इस प्रकार के ट्रैक्टर का प्रयोग मैदानी स्थानों पर कार्य करने, पानी निकालने, फसल पूरी होने पर कटाई, ढुलाई, व बाजार आदि तक ले जाने के लिए किया जाता है।
2. **ट्रैक्टर चेन टाइप** (डोजर) [Tractor Chain Type (Dozer)] इस प्रकार के ट्रैक्टरों का नाम अक्सर उनके कार्य के अनुसार ही रखा जाता है।

चित्र ट्रैक्टर चेन टाइप (डोजर)

3. **क्राउलर ट्रैक्टर** (Crowler Tractor) इस प्रकार के ट्रैक्टर में ट्रैक (रास्ता) जिस पर ट्रैक्टर चलता है, लोहे की छोटी-छोटी प्लेट जोड़कर बनाया जाता है। इनमें डीजल व पेट्रोल दोनों प्रकार के इंजन प्रयोग किए जाते हैं। ट्रैक पर बड़े गार्ड लगे होते हैं व बियरिंग पर बड़ी प्लेट लगी होती है, जिससे मिट्टी इन्हें खराब न कर सके। इनका प्रयोग जुताई कार्य के लिए किया जाता है।
4. **एंगिल डोजर** (Angle Dozer) इस प्रकार के ट्रैक्टर में ब्लेड को एक कोण पर फिक्स किया जाता है, जो मिट्टी को नीचे धकेल देता है। ये डोजर प्राय: सड़कें बनाने के कार्य में प्रयोग किए जाते हैं।
5. **बुलडोजर** (Bulldozer) एंगिल डोजर के समान इसका ब्लेड भी सीधा होता है। यह सड़कें बनाने, पहाड़ खोदने, ऊबड़-खाबड़ जमीन को समतल करने के कार्य में प्रयोग किया जाता है।

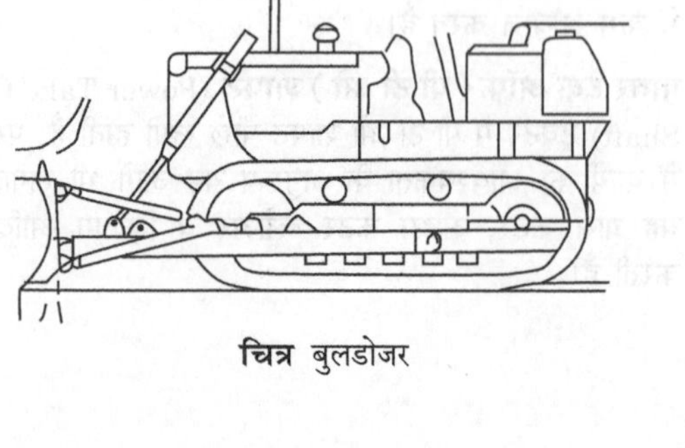

चित्र बुलडोजर

6. **डेम्पर** (Demper) इनमें ट्रैक्टर के आगे व पीछे लम्बे हाइड्रॉलिक सिस्टम द्वारा प्रचालित बड़े बकेट्स (buckets) टाइप बॉक्स लगाकर मिट्टी, कूड़ा-करकट आदि उठाया जाता है।

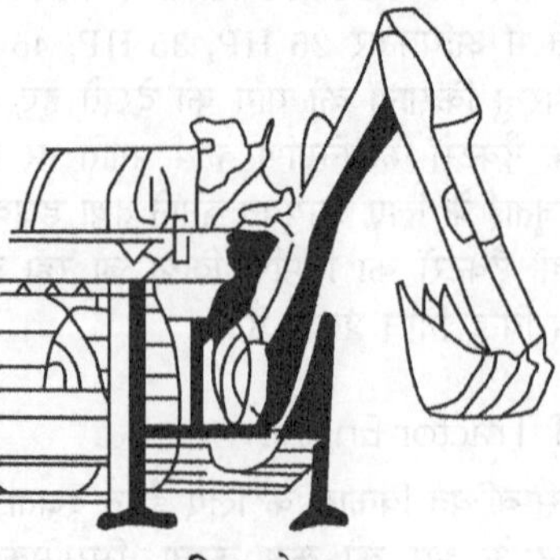

चित्र डेम्पर

7. **फेस शावल्स** (Face Shawels) फेस शावल्स बड़ी खुदाई, सड़कें बनाने, रेलवे लाइन पर कार्य करने व पुल बनाने में प्रयोग किया जाता है।
8. **बेका कटरस** (Beca Cutrus) यह पाइप लाइन की खुदाई में प्रयोग किये जाते हैं।
9. **ड्रैग लिंक** (Drag Link) यह मुख्यत: पानी वाली जगहों पर सफाई कार्य हेतु प्रयोग किए जाते हैं।
10. **स्कीमर** (Skimmer) यह सड़कों के किनारों को ढलाऊ (slope) बनाने के कार्य में प्रयोग किया जाता है।
11. **ग्रेब** (Grab) यह गहरे पानी की निचली सतहों को साफ करने में प्रयोग किया जाता है।
12. **क्रेन** (Crane) क्रेन उपरोक्त सभी उपकरणों से बड़ी होती है और इन सभी से ज्यादा वजन अधिक ऊँचाई तक उठा सकती है। इसके अतिरिक्त यह घूम भी सकती है।

    इसमें 10 Cu. Ft. (क्यूबिक फिट) से 17 Cu. Ft. तक की बकेट लगाकर कार्य किया जा सकता है, इससे कोयला खदानों से कोयला एवं बड़े पत्थरों को उठाने का काम लिया जाता है। इसके अतिरिक्त इसका प्रयोग सभी प्रकार के भारी वजन उठाने में भी किया जाता है।

20.5 ट्रैक्टर और डोजर की मुख्य असेम्बली Main Assembly of Tractor and Dozer

रचना और बनावट के आधार पर ट्रैक्टर की मुख्य असेम्बली निम्न प्रकार है

1. शक्ति इकाई Power Unit

ट्रैक्टर में यान्त्रिक शक्ति पैदा करने के लिए इंजन की आवश्यकता होती है। ये अन्त: दहन इंजन होते हैं। इंजन ट्रैक्टर के अगले भाग में स्थित होता है। अधिकांश ट्रैक्टरों में मल्टी सिलेण्डर इंजन का प्रयोग किया जाता है। कम खेती करने वाले किसानों के लिए एक सिलेण्डर वाले ट्रैक्टरों का निर्माण भी किया जा रहा है।

2. संचरण इकाई Transmission Unit

इंजन में उत्पन्न हुई यान्त्रिक शक्ति को क्लच, गियर बॉक्स, डिफरैन्शियल द्वारा पिछले पहियों तक पहुँचाया जाता है। इस इकाई से यान्त्रिक शक्ति को खिंचाव शक्ति में बदला जाता है।

ट्रैक्टर में फ्लाईव्हील को गियर बॉक्स से जोड़ने के लिए सिंगल या मल्टी प्लेट क्लच का प्रयोग किया जाता है। गियर बॉक्स में गियर अनुपात 14 : 1 से 20 : 1 तक रखा जाता है।

इस अनुपात में गियर अनुपात रखने का एक मुख्य कारण कृषि उपकरण खींचने के लिए अधिक शक्ति प्रदान करना है। डिफरैन्शियल के द्वारा गियर बॉक्स से प्राप्त शक्ति को घूर्णन ऊर्जा में बदला जाता है, जिससे पिछले पहियों को चलाया जा सके।

3. टायर Tyre

पहियों के रिम पर रबर के टायर तथा ट्यूब चढ़ाए जाते हैं। टायर के अन्दर पतले रबर की थैलीनुमा ट्यूब फिट की जाती है जिसमें हवा भरी जाती है, इसलिए ये न्यूमैटिक टायर कहलाते हैं।

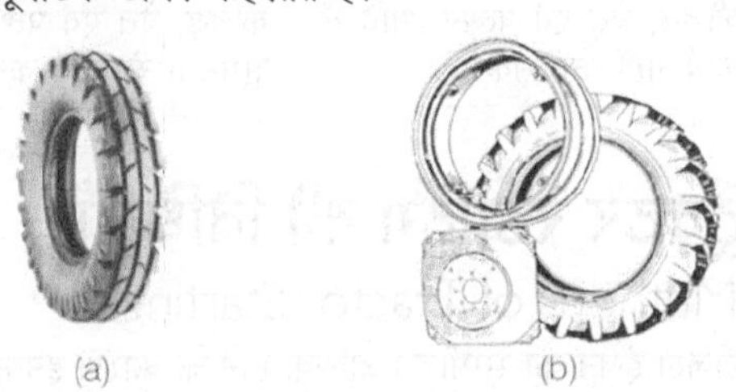

चित्र रिम सहित टायर

इस प्रकार के पहियों में अप्रत्यक्ष रूप से हवा ही ट्रैक्टर का बोझ उठाती है। इसके अतिरिक्त टायरों के प्रयोग से सड़क के हल्के झटके उसी के द्वारा सहन हो जाते हैं। टायरों के कारण ही ब्रेकों का अच्छी प्रकार कार्य करना भी निर्भर करता है। ये टायर ही सड़क से रगड़ कर ट्रैक्टर को चलाने में सहायता करते हैं।

टायरों के मुख्य कार्य Main Functions of Tyres

टायरों के मुख्य कार्य निम्न प्रकार हैं

(i) टायर, ट्रैक्टर का कम्पन सहन करते हैं।

(ii) टायर, ट्रैक्टर को चलाने के लिए सड़क से रगड़ खाने का कार्य करते हैं।

(iii) टायर, ब्रेक लगाने पर ट्रैक्टर को रोकने में सहायता करते हैं।

(iv) टायर, ट्रैक्टर का भार वहन करते हैं।

4. विद्युत प्रणाली Electrical System

ट्रैक्टर में लाइट जलाने, हॉर्न बजाने, सेल्फ स्टार्टर मोटर चलाने आदि के लिए विद्युत का प्रयोग किया जाता है। इसके अतिरिक्त पेट्रोल इंजन से चलने वाले ट्रैक्टरों का चलना तो पूर्णतया विद्युत पर ही निर्भर करता है। इन ट्रैक्टरों में विद्युत सप्लाई हेतु बैटरी का उपयोग होता है, जो प्राय: डायनमो अथवा आल्टरनेटर द्वारा चार्ज होती रहती है।

5. नियन्त्रण इकाई Control Units

ट्रैक्टर को रोकने के लिए ब्रेक प्रणाली तथा मोड़ने के लिए स्टीयरिंग प्रणाली का प्रयोग किया जाता है।

6. सहायक इकाई Auxiliary Units

पावर टेक ऑफ शाफ्ट एक प्रकार की सहायक इकाई है, जो ट्रैक्टर के पिछले भाग पर संयोजित होती है। इससे थ्रैसर, क्रैशर (कोल्हू), ड्रिल इत्यादि चलाए जाते हैं। लिफ्ट मैकेनिज्म द्वारा ट्रैक्टर यन्त्रों को उठाया जाता है।

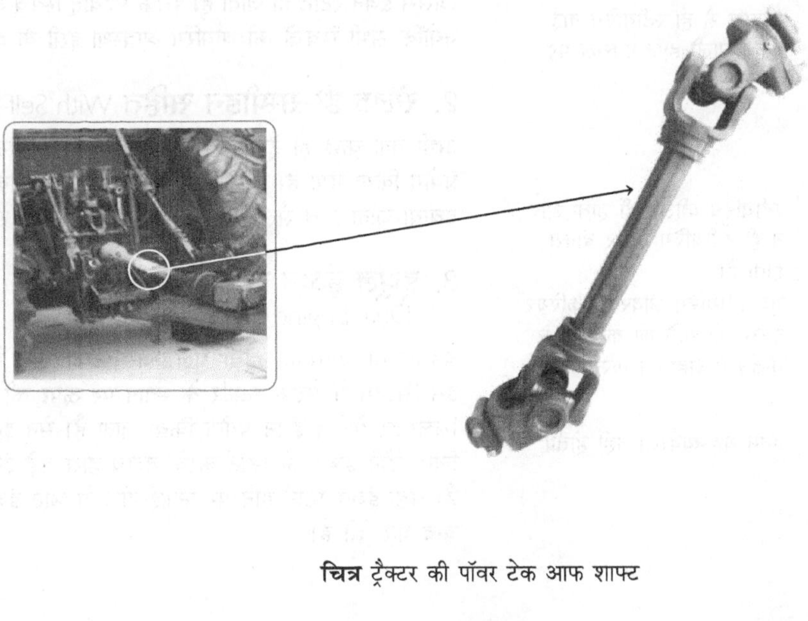

चित्र ट्रैक्टर की पॉवर टेक आफ शाफ्ट

ट्रैक्टर व डोजर की मुख्य असेम्बली
Main Assembly of Tractor and Dozer

ट्रैक्टर व डोजर की मुख्य असेम्बली के तुलनात्मक अध्ययन को निम्न तालिका के माध्यम से समझ सकते हैं

क्र.सं.	ट्रैक्टर	डोजर
I. इंजन के आधार पर		
1.	कम-से-कम 1 सिलेण्डर इंजन का प्रयोग होता है।	कम-से-कम 4 सिलेण्डर इंजन का प्रयोग होता है।
2.	अधिकतर 60 HP से कम क्षमता के बनाए जाते हैं।	अधिकतर 60 HP से अधिक क्षमता के बनाए जाते हैं।
II. स्नेहन प्रणाली के आधार पर		
3.	ये वाटर व एयर कूल्ड दोनों प्रकार के बनाए जाते हैं।	ये केवल वाटर कूल्ड बनाए जाते हैं।
III. क्लच प्रणाली के आधार पर		
4.	सिंगल व डबल क्लच प्लेट प्रणाली प्रयोग की जाती है।	सिंगल क्लच प्लेट प्रणाली प्रयोग की जाती है।
IV. गियर बॉक्स के आधार पर		
5.	आधुनिक ट्रैक्टरों में कॉन्स्टेन्ट या स्लाइडिंग मैश गियर बॉक्स का प्रयोग होता है।	स्लाइडिंग मैश गियर बॉक्स प्रयोग होता है।
V. डिफरैन्शियल के आधार पर		
6.	डिफरैन्शियल लॉक करने की व्यवस्था होती है।	डिफरैन्शियल लॉक नहीं होता है।
7.	आधुनिक ट्रैक्टरों में हाफ एक्सेल पर मल्टी ब्रेक (वेट टाइप) लगाकर ब्रेक प्रणाली दी जा रही है।	आरम्भ से ही स्टीयरिंग बाई ब्रेक प्रणाली हाफ एक्सेल पर दी जाती है।
VI. स्टीयरिंग के आधार पर		
8.	ट्रैक्टर के पिछले पहियों के मध्य में ड्राइविंग सीट व गियर बॉक्स के ऊपर स्टीयरिंग गियर बॉक्स लगाया जाता है। यह स्टीयरिंग व्हील से नियन्त्रित होता है, जो अगले पहियों को मोड़ते हैं।	स्टीयरिंग व्हील नहीं होता और न ही स्टीयरिंग गियर बॉक्स होता है। यह स्टीयरिंग लीवर से कैरियर रोलर की गति को कम करके मोड़ने में सहायता करता है।
9.	अगले पहियों को मोड़ने में अधिक शक्ति न लगानी पड़े, इसके लिए पावर स्टीयरिंग प्रयोग में आ रहे हैं।	इनमें यह व्यवस्था नहीं होती।
VII. ब्रेक के आधार पर		
10.	मैकेनिकल व हाइड्रॉलिक प्रणाली प्रयोग होती है।	यह प्रणाली इसमें प्रयोग नहीं होती है।
VIII. संरचनात्मक अन्तर के आधार पर		
11.	ट्रैक्टर में आगे दो छोटे पहिये व पीछे दो बड़े पहिये होते हैं।	डोजर में पहियों के स्थान पर लोहे की पट्टियों की बनी चेन प्रयोग होती है। कुछ डोजरों में चार पहिये भी होते हैं, जो एकसमान होते हैं।
12.	ट्रैक्टर में फ्रेम नहीं होता, इसमें इंजन + गियर बॉक्स + डिफरैन्शियल को बोल्टों से जोड़ा जाता है।	डोजर के सभी भाग भारी फ्रेम पर फिट किए जाते हैं।
13.	अधिकतर कृषि कार्य व हल्के कार्य हेतु प्रयोग किए जाते हैं।	कृषि कार्य के उपयोग में नहीं आते, भारी कार्य हेतु प्रयोग होते हैं।
14.	कीचड़, रेत एवं पत्थर आदि में कार्य नहीं कर सकते।	कीचड़, रेत एवं पत्थर आदि में सुगमता से कार्य कर सकते हैं।

20.6 ट्रैक्टर स्टार्टिंग की विधियाँ
Methods of Tractor Starting

ऊर्ध्वाधर डीजल इंजन का सम्पीडन अधिक होने के कारण इनको स्टार्ट करने के लिए अधिक शक्ति की आवश्यकता होती है या कोई अन्य साधन अपनाया जाता है, जिससे कि ये स्टार्ट हो सकें। स्टार्टिंग के लिए जो विधियाँ अपनाई जाती हैं, वे निम्न वर्णित हैं

1. सेल्फ स्टार्टिंग सिस्टम Self Starting System

ट्रैक्टरों, मोटरों, डोजरों में इस विधि का अधिक प्रयोग किया जाता है। इस विधि में स्टोरेज बैटरी से स्विच द्वारा सेल्फ स्टार्टर को घुमाया जाता है, जिससे इंजन स्टार्ट हो जाता है। इसके पश्चात् स्विच ऑफ कर दिया जाता है, क्योंकि सभी स्विचों की वायरिंग व्यवस्था इसी के द्वारा होती है।

2. सेल्फ डी-सम्पीडन सहित With Self De-compression

अभी तक कुछ ही ट्रैक्टरों में; जैसे— एस्कोर्ट, जीटर में ही इस विधि का प्रयोग किया गया है। इसमें टेपिड कवर में एक लीवर से इनलेट वाल्व को दबाया जाता है व सैल्फ स्टार्टिंग या हैण्डिल द्वारा स्टार्ट किया जाता है।

3. ड्यूल इंजन स्टार्टिंग सिस्टम
Dual Engine Starting System

यह सिस्टम अधिकतर हैवी-बुलडोजर्स, टैंकों आदि में प्रयोग किया जाता है। इस सिस्टम में सेल्फ स्टार्टर के स्थान पर ऊपर की ओर एक छोटा सिंगल सिलेण्डर पेट्रोल इंजन प्रयोग किया जाता है। मेन इंजन को स्टार्ट करने के लिए, छोटे इंजन को स्टार्ट करके क्लच द्वारा बड़े इंजन से जोड़ दिया जाता है। बड़ा इंजन स्टार्ट होने पर फ्लाईव्हील से छोटे इंजन का सम्बन्ध हटाकर बन्द कर देते हैं।

4. **एयर स्टार्टिंग सिस्टम** Air Starting System

एयर स्टार्टिंग सिस्टम का उपयोग डोजर, टैंक इत्यादि में किया जाता है। इसमें ड्राइवर सीट के पीछे एक एयर-टैंक (हवा की टंकी) रहता है, जिसमें मेन-इंजन के साथ लगे एयर सम्पीडक से हवा एकत्रित की जाती है। स्टार्टिंग के लिए एयर टैंक से एक पाइप द्वारा हवा प्रेशर से अतिरिक्त पाइप द्वारा अतिरिक्त वाल्व से पिस्टन पर छोड़ी जाती है।

यह हवा खुले वाल्व से होती हुई पिस्टन पर दबाव डालती है। इस हवा से पिस्टन का पावर-स्ट्रॉक पूरा होता है, जिससे इंजन स्टार्ट हो जाता है। इसके पश्चात् हवा बन्द कर देते हैं व इस हवा से फ्लाईव्हील को भी घुमाया जा सकता है। इसमें फ्लाईव्हील पर कटोरी-नुमा या सीधी फिन्स लगी रहती है। (यह सिस्टम स्टीम इंजनों में बिजली बनाने हेतु डायनमो को चलाने के लिए प्रयोग किया जाता था। इसमें हवा के स्थान पर भाप लगातार छोड़ी जाती थी)।

5. **हैण्डिल-स्टार्टिंग सिस्टम** Handle Starting System

जब तक सेल्फ सिस्टम का आविष्कार नहीं हुआ था, तब तक मोटरों, ट्रैक्टरों आदि को स्टार्ट करने के लिए हैण्डिल सिस्टम का प्रयोग किया जाता था, क्योंकि तब तक इंजन पेट्रोल लो सम्पीडन के होते थे, जिनका सम्पीडन हैण्डिल को झटके से घुमाने पर आसानी से समाप्त किया जाता था और इंजन स्टार्ट हो जाता था, परन्तु जब डीजल (हाई सम्पीडन) का आविष्कार हुआ उसके साथ सेल्फ आया, परन्तु कम लागत के डीजल इंजन (सिंगल सिलेण्डर) जब खेती के कार्य में लगाए गए, तो हैण्डिल सिस्टम ही उपयुक्त लगा।

इसके सम्पीडन को समाप्त या कम करने के टेपिट कवर में इनलेट वाल्व को दबाने का प्रबन्ध किया जाता है, जिसे हैण्डिल लगाते समय उठा दिया जाता है व तेजी से हैण्डिल (हत्थी) घुमाते हैं। आठ-दस तेजी से चक्कर घूमने पर वाल्व लीवर नीचे छोड़ देते हैं। लीवर नीचे गिरते ही इंजन स्टार्ट हो जाता है एवं इंजन के स्टार्ट होने के बाद हैण्डिल को निकाल लेते हैं।

20.7 ट्रैक्टर बन्द करने की विधियाँ
Method of Tractor Stopping

आधुनिक ट्रैक्टरों की ईंधन प्रणाली में दो प्रकार के फ्यूल-इंजेक्शन पम्प प्रयोग किए जाते हैं—इण्डीविजुअल (individual) तथा रोटरी (rotary) फ्यूल पम्प।

जिन ट्रैक्टरों में इण्डीविजुअल फ्यूल इंजेक्शन पम्प लगे होते हैं, उनमें बन्द करने हेतु डैश-बोर्ड पर स्टॉप नॉब (stop knob) लगी होती है, जिसे अपनी ओर खींचने पर इंजन बन्द हो जाता है। नॉब खींचने से फ्यूल इंजेक्शन पम्प में ईंधन जाना बन्द हो जाता है।

जिन ट्रैक्टरों में रोटरी फ्यूल इंजेक्शन पम्प लगे हैं, उनमें इग्नीशन की (ignition key) ऑफ करने पर ही इंजन बन्द हो जाता है, क्योंकि इस पम्प में स्टॉप सोलेनॉयड (stop solenoid) यूनिट लगी होती है, जो बैटरी के करण्ट से चलती है।

स्विच ऑफ करने पर फ्यूल इंजेक्शन पम्प को ईंधन जाना बन्द हो जाता है। सिंगल सिलेण्डर इंजन ट्रैक्टरों में नॉब को खींचकर कण्ट्रोल रॉड को खींचा जाता है, जिससे ईंधन रुक जाता है और ट्रैक्टर बन्द हो जाता है। इस प्रकार निम्न तीन विधियाँ प्रयोग की जाती हैं

1. स्टॉप नाब (पुल नॉब),
2. इग्नीशन 'की' ऑफ (ignition key off) तथा
3. कण्ट्रोल रॉड पुल ऑफ (control rod pull off)।

महत्त्वपूर्ण बिन्दु

- ट्रैक्टर शब्द की उत्पत्ति 'ट्रैक्शन' शब्द से हुई है, जिसका अर्थ है खींचना।
- ट्रैक्टरों में भी मोटर गाड़ियों के समान अन्तः दहन इंजन का उपयोग किया जाता है।
- अन्तः दहन इंजन की खोज का मुख्य श्रेय ऑटो नामक जर्मन वैज्ञानिक को जाता है।
- ट्रैक्टर निर्माता द्वारा, ट्रैक्टर की विशिष्टियों के साथ-साथ प्रयोग किए जाने वाले ऑयल तथा कृषि यन्त्रों का विवरण भी दिया जाता है।
- सामान्यतः ट्रैक्टर का निर्माण टू-व्हील ड्राइव व फोर व्हील ड्राइव में किया जाता है।
- वर्तमान में महिन्द्रा एण्ड महिन्द्रा, सोनालिका, एस्कोर्ट, मैसी फर्ग्यूसन, जॉन डीयर, आयशर, स्वराज इत्यादि मुख्य ट्रैक्टर निर्माता कम्पनियाँ हैं।
- भारत में ट्रैक्टर उद्योग के मुख्य निर्माताओं में से 10 विदेशी तथा 3 स्वदेशी निर्माता हैं।
- ट्रैक्टर इंजन से सम्बन्धित विकास के लिए ईंधन दक्षता में सुधार, इंजन की टर्बोचार्जिंग, इंजन के भार को कम करना, सिरामिक का उपयोग आदि सम्बन्धित है।
- किसी निर्माता द्वारा कोई उत्पाद जब बिना किसी बदलाव के कई बार बनाया जाता है, तो उसे ट्रैण्ड कहा जाता है।
- ट्रैक्टर व वाहन को शक्तिशाली बनाने में इंजन का सर्वाधिक महत्त्व है।
- ट्रैक्टरों में कुछ समय पहले तक एक ही क्लच प्लेट लगायी जाती थी, परन्तु वर्तमान में डबल क्लच प्लेट का भी उपयोग किया जाने लगा है।
- प्रारम्भ में ट्रैक्टरों में स्लाइडिंग मैश गियर बॉक्स प्रयोग किए जाते हैं जिनमें शिफ्टिंग लीवर मध्य में होता था।
- ट्रैक्टरों में पी टी ओ शाफ्ट पीछे लगी होती है, परन्तु वर्तमान में कार्य की आवश्यकतानुसार अब यह आगे भी लगाई जाने लगी है।
- व्हील टाइप ट्रैक्टर का प्रयोग मैदानी स्थानों पर कार्य करने, पानी निकालने, फसल पकने पर कटाई करने इत्यादि कार्य हेतु किया जाता है।
- ग्रेब का प्रयोग गहरे पानी की निचली सतहों को साफ करने में किया जाता है।
- ट्रैक्टर में टायर ही सड़क से रगड़कर चलाने में सहायता करते हैं।
- ट्रैक्टर में लाइट जलाने, हॉर्न बजाने, सैल्फ स्टार्टर मोटर चलाने आदि के लिए विद्युत प्रणाली प्रयोग की जाती है।
- ट्रैक्टर को स्टार्ट करने के लिए विभिन्न प्रकार की विधियाँ प्रयोग की जाती हैं, जिनमें से सैल्फ स्टार्टिंग सिस्टम, एयर स्टार्टिंग सिस्टम, हैण्डिल स्टार्टिंग सिस्टम आदि मुख्य हैं।
- ट्रैक्टरों को बन्द करने के लिए दो प्रकार की प्रणालियाँ इण्डीविजुअल व रोटरी फ्यूल पम्प प्रयोग की जाती हैं।

महत्त्वपूर्ण प्रश्नोत्तरी

1. ट्रैक्टर शब्द की उत्पत्ति किस शब्द से हुई है?

उत्तर ट्रैक्टर शब्द की उत्पत्ति 'ट्रैक्शन' शब्द से हुई है, जिसका अर्थ है-खींचना।

2. ट्रैक्टर से क्या अभिप्राय है?

उत्तर ट्रैक्टर वह मशीन है जो कृषि यन्त्रों या उपकरणों को खींचकर या धकेलकर कृषि कार्य सम्पन्न करती है।

3. भारत में ट्रैक्टर निर्माण करने वाली कम्पनियाँ कौन-कौन सी हैं?

उत्तर भारत में महिन्द्रा एण्ड महिन्द्रा, सोनालिका, एस्कोर्ट, मैसी फर्ग्यूसन, आयशर, एच एम टी, जॉन डीयर, स्वराज, फोर्ड, पंजाब, सामे ग्रिव्स ट्रैक्टर का निर्माण करती हैं।

4. ट्रैक्टर इंजन से वायु प्रदूषण व ध्वनि प्रदूषण को कम करने के लिए किसका उपयोग किया जाता है?

उत्तर ट्रैक्टर इंजन से वायु प्रदूषण व ध्वनि प्रदूषण को कम करने के लिए इंजन में डी आई (DI-Direct Injection) व टर्बो (turbo) का उपयोग किया जाता है।

5. व्हील टाइप ट्रैक्टर के कार्य बताइए।

उत्तर व्हील टाइप ट्रैक्टर के मुख्य कार्य पानी निकालना, कटाई करना, ढुलाई करना व बाजार आदि में सामान पहुँचाना है।

अभ्यास प्रश्न

परीक्षा प्रारूपी प्रश्न

बहुविकल्पीय

1. ट्रैक्टर शब्द की उत्पत्ति निम्न में से किस शब्द से हुई है?
(a) ट्रैक्शन (b) ट्रैक्जेन (c) ट्रैक्जर (d) ट्रैक्जेम

2. कृषि कार्य हेतु निम्न में से क्या उपयुक्त है?
(a) मोटरसाइकिल (b) ट्रैक्टर
(c) कार (d) जीप

3. डीजल इंजन की खोज निम्न में से किसने की है?
(a) रूडोल्फ डीजल (b) ऑटो
(c) मार्क चार्ल्स (d) इनमें से कोई नहीं

4. ट्रैक्टर के सम्बन्ध में मुख्य निर्माता इनमें से कौन-सा है?
(a) आयशर (b) स्वराज (c) सोनालिका (d) ये सभी

5. ट्रैक्टरों का उपयोग प्राय: किया जाता है
(a) चिकित्सा के क्षेत्र में (b) विज्ञान के क्षेत्र में
(c) 'a' और 'b' दोनों (d) कृषि के क्षेत्र में

6. P.T.O. शाफ्ट का पूर्ण रूप है
(a) Power take off (b) Power took off
(c) Path take off (d) Power tile off

7. इनमें से किस ट्रैक्टर का प्रयोग निचले स्थानों पर खेती करने के लिए किया जाता है?
(a) ट्रैक्टर व्हील टाइप (b) ट्रैक्टर चेन टाइप
(c) 'a' और 'b' दोनों (d) इनमें से कोई नहीं

8. निम्न में से किसका कार्य पहाड़ खोदना, ऊबड़-खाबड़ रास्ते को समतल बनाना है?
(a) एंगिल डोजर (b) डेम्पर
(c) बुलडोजर (d) क्राउलर ट्रैक्टर

9. स्कीमर का प्रयोग निम्न में से किस कार्य हेतु किया जाता है?
(a) सड़कों के किनारों को स्लोप में लाने हेतु
(b) पाइपलाइन की खुदाई हेतु
(c) 'a' और 'b' दोनों
(d) उपरोक्त में से कोई नहीं

10. गहरे पानी की निचली सतहों को साफ करने में प्रयोग होता है
(a) क्रेन (b) ग्रेब
(c) डेम्पर (d) फेस शावल्स

11. टायरों का मुख्य कार्य है
(a) ट्रैक्टर का कम्पन सहन करना
(b) सड़क के झटकों को यथाशक्ति सहन करना
(c) ट्रैक्टर का बोझ उठाना
(d) उपरोक्त सभी

12. ट्रैक्टरों में ....।
(a) कम-से-कम एक सिलेण्डर का प्रयोग किया जाता है
(b) कम-से-कम दो सिलेण्डरों का प्रयोग किया जाता है
(c) कम-से-कम तीन सिलेण्डरों का प्रयोग किया जाता है
(d) कम-से-कम चार सिलेण्डरों का प्रयोग किया जाता है

13. ट्रैक्टर में शीतलन हेतु निम्न में से कौन-सी प्रणाली प्रयोग में लाई जाती है?
(a) वाटर कूल्ड (b) एयर कूल्ड
(c) 'a' और 'b' दोनों (d) इनमें से कोई नहीं

14. डोजर में किस प्रकार का गियर बॉक्स उपयुक्त है?
(a) स्लाइडिंग मैश गियर बॉक्स (b) कॉन्स्टेन्ट मैश गियर बॉक्स
(c) डबल मैश गियर बॉक्स (d) ये सभी

15. ट्रैक्टर में ...... प्रयोग की जाती है।
(a) मैकेनिकल ब्रेक प्रणाली
(b) हाइड्रॉलिक ब्रेक प्रणाली
(c) मल्टीडिस्क ब्रेक प्रणाली
(d) उपरोक्त सभी

16. इनमें से कौन-सी ब्रेक प्रणाली डोजर में प्रयोग नहीं की जाती है?
(a) मैकेनिकल ब्रेक प्रणाली
(b) हाइड्रॉलिक ब्रेक प्रणाली
(c) 'a' और 'b' दोनों
(d) मल्टी ब्रेक प्रणाली

उत्तरमाला

1. (a) **2.** (b) **3.** (a) **4.** (d) **5.** (d) **6.** (a) **7.** (a) **8.** (c) **9.** (a) **10.** (b)
11. (d) **12.** (a) **13.** (c) **14.** (a) **15.** (d) **16.** (c)

अध्याय 21

इंजन का परिचय
Introduction of Engine

परिचय Introduction

इंजन एक यान्त्रिक मशीन है जो ऊष्मीय ऊर्जा को यान्त्रिक ऊर्जा अथवा कार्य में परिवर्तित करने की क्षमता रखता है। यह ऊष्मीय इंजन (heat engine) का ही एक स्वरूप है, जो ईंधन दहन द्वारा गैसों को फैलाकर ऊष्मा प्राप्त करता है और फिर यही ऊष्मा, कार्य में परिवर्तित हो जाती है।

सामान्यत: इंजन दो प्रकार के होते हैं—इन्टर्नल कम्बशन इंजन तथा एक्सटर्नल कम्बशन इंजन। इन दोनों इंजनों में प्रमुख अन्तर यह है कि इन्टर्नल कम्बशन इंजन में ईंधन कम्बशन (अथवा ईंधन का दहन) सिलेण्डर के अन्दर ही होता है, जबकि एक्सटर्नल कम्बशन इंजन में ईंधन दहन के लिए बाह्य स्रोत की सहायता लेनी पड़ती है। प्रस्तुत अध्याय में विषय की उपयोगिता तथा पाठ्यक्रम को ध्यान में रखते हुए, प्रशिक्षुओं के अध्ययन हेतु इन्टर्नल कम्बशन इंजन से पूर्व उनसे सम्बन्धित उपयोगी तकनीकी पदों का सविस्तार वर्णन किया गया है

अध्याय विषय सूची

21.1 इंजनों का वर्गीकरण Classification of Engines

इंजन को कार्यक्षमता, कार्य की उपलब्धता, ईंधन एवं परिस्थिति के अनुसार कई भागों में वर्गीकृत किया गया है। प्रस्तुत अनुच्छेद में हम विविध प्रकार के इंजनों का अध्ययन करेंगे, जिनका प्रयोग विविध कार्यों एवं उद्देश्यों हेतु किया जाता है।

निम्न आरेख में इंजन के वर्गीकरण को दर्शाया गया है

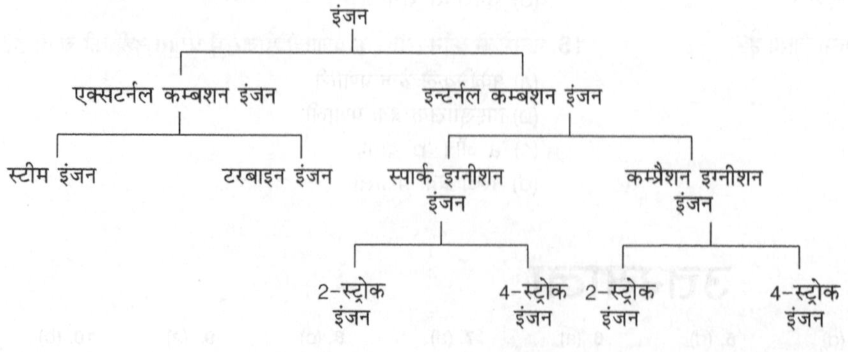

1. एक्सटर्नल कम्बशन इंजन
External Combustion Engine

ये वे ऊष्मा इंजन हैं, जिनमें ईंधन दहन के लिए किसी बाह्य स्रोत (external source) की सहायता ली जाती है, जैसा कि चित्र में दर्शाया गया है। इस इंजन में बॉयलर के निचले भाग में ईंधन को जलाकर ऊष्मा उत्पन्न की जाती है। इस ऊष्मा का प्रयोग पानी को भाप में परिवर्तित करने के लिए किया जाता है।

ईंधन दहन द्वारा उत्पन्न भाप फैलकर, सिलेण्डर के अन्दर पिस्टन पर दबाव डालती है। इस प्रकार के इंजनों में ईंधन दहन के फलस्वरूप उत्पन्न गैसें इंजन यन्त्रावली (engine mechanism) से अन्त:क्रिया करके गति एवं उपयोगी कार्य करती हैं। क्योंकि इसमें दहन का कार्य अलग से होता है, इसलिए ये इंजन सामान्यत: इन्टर्नल कम्बशन इंजन की तुलना में अधिक बड़े होते हैं; उदाहरण—स्टीम इंजन आदि। इस प्रकार के इंजनों का प्रयोग प्राय: ताप विद्युत गृहों, कुछ रेलवे इंजनों, बॉयलरों इत्यादि में किया जाता है। इसके अतिरिक्त रोड रोलर्स में प्रयुक्त इंजन भी इसी प्रकार का होता है।

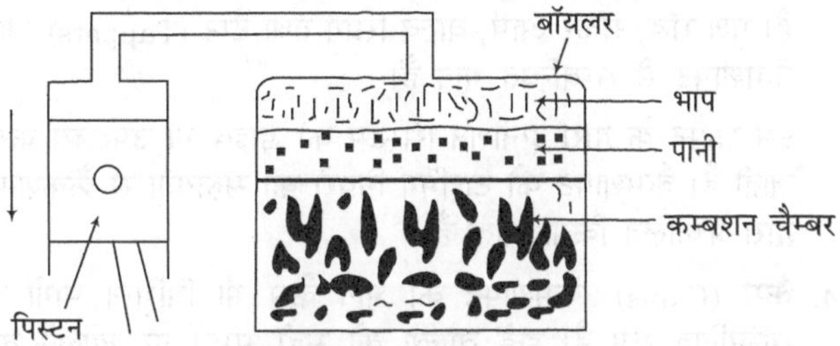

चित्र एक्सटर्नल कम्बशन इंजन

2. इन्टर्नल कम्बशन इंजन
Internal Combustion Engine

ये वे इंजन हैं, जिनमें ईंधन का दहन, इंजन के सिलेण्डर के अन्दर होता है। इसके फलस्वरूप दहन से उत्पन्न गैसों के दाब से पिस्टन रिवर्स गति करता है। इस प्रकार के इंजनों में पिस्टन एक कनैक्टिंग रॉड के माध्यम से क्रैंकशाफ्ट से जुड़ा होता है। जब पिस्टन नीचे की ओर जाता है, तो कनैक्टिंग रॉड से जुड़ी क्रैंकशाफ्ट घूमने लगती है।

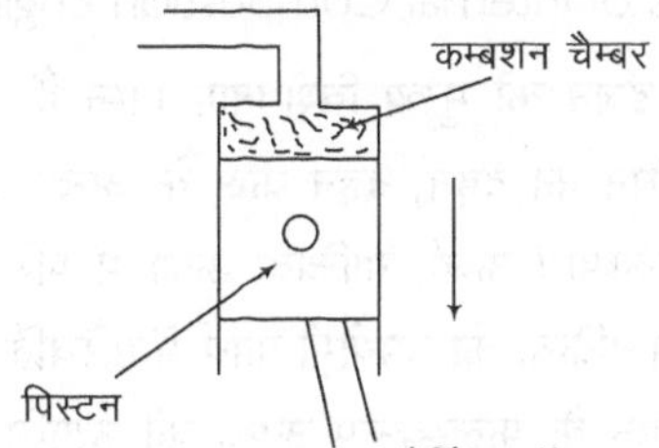

चित्र इन्टर्नल कम्बशन इंजन

इस प्रकार ईंधन की रासायनिक ऊर्जा पहले ऊष्मीय ऊर्जा में और फिर यह ऊष्मीय ऊर्जा, यान्त्रिक ऊर्जा में परिवर्तित हो जाती है; उदाहरण—जेट इंजन, पेट्रोल इंजन, डीजल इंजन आदि।

इस प्रकार के इंजनों का प्रयोग प्राय: ट्रक, मोटरगाड़ियों, ट्रैक्टर इत्यादि में किया जाता है। इसके अतिरिक्त वर्तमान में प्रचलित टू-व्हीलर, थ्री-व्हीलर इत्यादि वाहनों में भी इसी इंजन का प्रयोग किया जाता है।

टिप्पणी *विषय एवं पाठ्यक्रम की प्रमुखता एवं उपयोगिता को ध्यान में रखते हुए यहाँ केवल इन्टर्नल कम्बशन इंजनों को ही वर्गीकृत किया गया है।*

इन्टर्नल कम्बशन इंजन के मुख्य भाग
Main Parts of Internal Combustion Engine

निम्न चित्र में एक सिंगल सिलेण्डर स्पार्क इगनीशन टाइप के इन्टर्नल कम्बशन इंजन के क्रॉस सेक्शन दृश्य को दर्शाया गया है। इस इंजन के मुख्य भागों का वर्णन निम्नवत् है

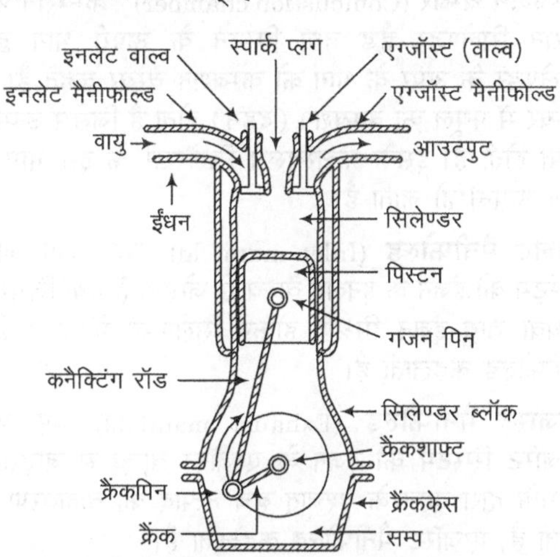

चित्र सिंगल सिलेण्डर स्पार्क इगनीशन इंजन

1. **सिलेण्डर ब्लॉक** (Cylinder block) सिलेण्डर ब्लॉक अन्य विभिन्न प्रकार के अवयवों को सपोर्ट देने वाली मुख्य संरचना होती है। मल्टी-सिलेण्डर इंजनों के सिलेण्डर को एक सिंगल यूनिट के रूप में निर्मित किया जाता है। सिलेण्डर ब्लॉक पर सिलेण्डर हैड को माउण्ट किया जाता है।

   सिलेण्डर हैड तथा सिलेण्डर ब्लॉक के साथ जल शीतलन (water cooling) की स्थिति में वाटर जैकेट (water jackets) को तथा वायु शीतलन (water jackets) की स्थिति में कूलिंग फिन्स (colling fins) को लगाया जाता है।

   सिलेण्डर हैड तथा सिलेण्डर ब्लॉक के मध्य सिलेण्डर हैड गैस्केट को लगाकर कई बोल्टों अथवा स्टड के द्वारा दोनों को टाइट किया जाता है।

   सिलेण्डर ब्लॉक के निचले भाग को क्रैंककेस (crankcase) कहते हैं। क्रैंककेस पर लगा कवर जो लुब्रीकेटिंग ऑयल के लिए सम्प का कार्य करता है, क्रैंककेस के निचले भाग में जोड़ा जाता है। सिलेण्डर ब्लॉक की आन्तरिक सतह जिसे मशीनिंग द्वारा शुद्धता के साथ फिनिश किया गया होता है, को बोर (bore) या फेस (face) कहते हैं।

2. **सिलेण्डर** (Cylinder) जैसा कि इसके नाम से ही ज्ञात होता है, यह एक बेलनाकार पात्र अथवा खाली स्थान होता है जिसमें पिस्टन रेसीप्रोकेटिंग गति करता है। सिलेण्डर को सिलेण्डर ब्लॉक द्वारा सपोर्ट दी जाती है।

3. **पिस्टन** (Piston) यह एक बेलनाकार भाग होता है जो सिलेण्डर में फिट होकर कम्बशन इंजन की चालित सीमारेखा का निर्माण करता है। यह सिलेण्डर में पूर्ण रूप से (सुविधापूर्वक) फिट होकर पिस्टन रिंग तथा लुब्रीकेंट के साथ गैस-टाइट स्थान (gas-tight space) बनाता है। यह गैसीय बल को आउटपुट शाफ्ट पर ट्रांसमिट करने के लिए प्रथम लिंक बनाता है।

4. **कम्बशन चैम्बर** (Combustion chamber) कम्बशन प्रक्रिया के दौरान सिलेण्डर हैड तथा पिस्टन के ऊपरी भाग द्वारा घिरे सिलेण्डर के ऊपर के भाग को कम्बशन चैम्बर कहते हैं। कम्बशन चैम्बर में फ्यूल का कम्बशन (दहन) होता है जिससे ऊष्मीय ऊर्जा प्राप्त होती है। इसके फलस्वरूप सिलेण्डर के इस भाग में उच्च दाब उत्पन्न हो जाता है।

5. **इनलेट मैनीफोल्ड** (Inlet manifold) वह पाइप जो इनटेक सिस्टम को इंजन के इनलेट वाल्व से जोड़ता है तथा जिसमें से वायु अथवा वायु-इंजन मिश्रण होकर सिलेण्डर में जाता है इनलेट मैनीफोल्ड कहलाता है।

6. **एग्जॉस्ट मैनीफोल्ड** (Exhaust manifold) वह पाइप जो एग्जॉस्ट सिस्टम को इंजन के एग्जॉस्ट वाल्व से जोड़ता है तथा जिसके द्वारा दहन के पश्चात् बचे उत्पाद को वातावरण में छोड़ा जाता है, एग्जॉस्ट मैनीफोल्ड कहलाता है।

7. **इनलेट तथा एग्जॉस्ट वाल्व** (Inlet and exhaust valve) इसमें सामान्यत: मशरूम आकृति के पोपेट वाल्वों का प्रयोग किया जाता है। इन वाल्वों को या तो सिलेण्डर हैड पर या सिलेण्डर की साइड पर, सिलेण्डर (इनलेट वाल्व) में आने वाले चार्ज को रेगुलेट करने के लिए तथा सिलेण्डर से निकले दहन के पश्चात् उत्पाद (एग्जॉस्ट वाल्व) को डिस्चार्ज करने के लिए लगाया जाता है।

8. **स्पार्क प्लग** (Spark plug) स्पार्क इग्नीशन इंजनों में दहन को प्रारम्भ करने वाला अवयव स्पार्क प्लग कहलाता है। यह सिलेण्डर हैड पर लगा होता है।

9. **कनैक्टिंग रॉड** (Connecting rod) कनैक्टिंग रॉड के द्वारा पिस्टन तथा क्रैंकशाफ्ट को परस्पर जोड़कर गैसीय बल को पिस्टन से क्रैंकशाफ्ट पर ट्रांसमिट किया जाता है। कनैक्टिंग रॉड के दो सिरे-छोटा सिरा एवं बड़ा सिरा होते हैं। छोटा सिरा गजन पिन (gudgeon pin) के द्वारा पिस्टन से तथा बड़ा सिरा क्रैंकपिन (crankpin) के द्वारा क्रैंकशाफ्ट से जुड़ा होता है।

10. **क्रैंकशाफ्ट** (Crankshaft) यह पिस्टन की रेसीप्रोकेटिंग गति को आउटपुट शाफ्ट के लिए उपयुक्त रोटरी गति में परिवर्तित करती है। सिंगल सिलेण्डर इंजन की क्रैंकशाफ्ट में एक जोड़ा क्रैंक आर्म तथा सन्तुलित भार होते हैं।

    सन्तुलित भार रोटेटिंग सिस्टम के स्थैतिक व गतिक सन्तुलन के लिए लगाए जाते हैं। क्रैंकशाफ्ट क्रैंककेस के अन्दर लगी होती है।

11. **पिस्टन रिंग** (Piston rings) पिस्टन रिंग, पिस्टन के ऊपर बने स्लॉटों में लगाए जाते हैं। इनके द्वारा सिलेण्डर एवं पिस्टन के मध्य टाइट सील उपलब्ध करायी जाती है जिससे कम्बशन गैसों के लीकेज को रोका जा सके।

12. **गजन पिन** (Gudgeon pin) इसके द्वारा कनैक्टिंग रॉड के छोटे सिरे तथा पिस्टन को जोड़ा जाता है।

13. **कैमशाफ्ट** (Camshaft) कैमशाफ्ट तथा इससे सम्बन्धित भागों द्वारा दोनों वाल्वों के खुलने व बन्द होने को नियन्त्रित किया जाता है। पुश रॉड, रॉकर आर्म, वाल्व स्प्रिंग तथा टैप्ट (Tappets) आदि कैमशाफ्ट से सम्बन्धित भाग हैं।

    इस शाफ्ट के द्वारा इग्नीशन सिस्टम को ड्राइव भी उपलब्ध कराई जाती है। कैमशाफ्ट को टाइमिंग गियरों की सहायता से क्रैंकशाफ्ट द्वारा प्रचालित किया जाता है।

14. **कैम** (Cams) कैमशाफ्ट की भाग कैम भी विभिन्न भागों का सम्मिलित रूप है। इन्हें वाल्वों को सही समय पर खोलने तथा आवश्यक अवधि तक खोले रखने के लिए डिजाइन किया जाता है।

15. **फ्लाई व्हील** (Fly wheel) इंजन के प्रचालन के एक पूर्ण चक्र के दौरान क्रैंकशाफ्ट को प्रदान किया गया शुद्ध टॉर्क, शाफ्ट के कोणीय वेग में परिवर्तन के कारण घटता-बढ़ता है।

    एक व्हील के रूप में एक समान टॉर्क तथा जड़त्व द्रव्यमान (inertia mass) प्राप्त करने के लिए आउटपुट शाफ्ट पर एक व्हील जुड़ा होता है, जिसे फ्लाई व्हील कहते हैं।

इन्टर्नल कम्बशन इंजन की विशेषताएँ
Characteristics of Internal Combustion Engine

इन्टर्नल कम्बशन इंजन की मुख्य विशेषताएँ निम्न हैं

1. इंजनों में ईंधन का दहन, दहन कक्ष के अन्दर होता है।
2. इंजनों की ऊष्मीय ऊर्जा, यान्त्रिक ऊर्जा में परिवर्तित होती है।
3. इंजन की अन्तर्क्रिया को उपयोगी कार्य में परिवर्तित किया जाता है।
4. ईंधन के दहन के फलस्वरूप ऊष्मा की उत्पत्ति होती है।

एक्सटर्नल तथा इन्टर्नल कम्बशन इंजन में तुलना
Comparision between External and Internal Combustion Engine

एक्सटर्नल तथा इनटर्नल कम्बशन इंजनों की तुलना निम्न प्रकार है—

क्र.सं.	एक्सटर्नल कम्बशन इंजन	इन्टर्नल कम्बशन इंजन
1.	इस इंजन में ईंधन का दहन बाहर होता है।	इस इंजन में ईंधन का दहन, दहन कक्ष के अन्दर होता है।
2.	इस इंजन की क्षमता कम होती है।	इस इंजन की क्षमता अधिक होती है।
3.	ईंधन को रखने के लिए अधिक स्थान की आवश्यकता होती है।	ईंधन को रखने के लिए फ्यूल टैंक का प्रयोग किया जाता है।
4.	इस इंजन द्वारा उत्पन्न शक्ति अधिक होती है।	इस इंजन द्वारा उत्पन्न शक्ति कम होती है।
5.	इस इंजन की लागत अधिक होती है।	इस इंजन की लागत कम होती है।
6.	इस इंजन में मरम्मत कार्य अधिक होता है।	इस इंजन की मरम्मत अपेक्षाकृत कम होती है।
7.	इस इंजन का स्टार्टिंग टाइम अधिक होता है।	इस इंजन का स्टार्टिंग टाइम कम होता है।
8.	इसमें भाप का कार्यकारी दबाव तथा तापक्रम कम होता है।	गैसों का कम्बशन दबाव एवं तापक्रम बहुत अधिक होता है।

21.2 इन्टर्नल कम्बशन इंजनों का वर्गीकरण
Classification of Internal Combustion Engines

इन्टर्नल कम्बशन इंजनों का वर्गीकरण कुछ प्रमुख आधारों पर किया गया है। ये निम्न प्रकार है

1. प्रचालन चक्र के आधार पर
2. प्रयुक्त ईंधन के आधार पर
3. ईंधन प्रज्वलन के आधार पर
4. स्ट्रोकों के आधार पर
5. सिलेण्डरों की संख्या के आधार पर
6. सिलेण्डर व्यवस्था के आधार पर
7. इंजन चार्जिंग के आधार पर
8. शीतलन प्रणाली के आधार पर

उपरोक्त का विवरण निम्नवत् है।

1. प्रचालन चक्र के आधार पर
On the Basis of Operation Cycle

इंजन प्रचालन के अन्तर्गत कई प्रक्रम घटित होते हैं। इंजन के प्रत्येक प्रक्रम का प्रचालन चक्र भिन्न होता है। प्रस्तुत अनुच्छेद में हम इंजन के इन्हीं प्रचालन चक्रों का अध्ययन करेंगे। प्रचालन चक्र के आधार पर इंजनों को निम्नलिखित भागों में विभाजित किया जा सकता है

(i) ओटो चक्र इंजन Otto Cycle Engine

इस इंजन का आविष्कार निकोलस ओटो (Nikolas Otto) ने किया था। इसका डिजाइन (design) बड़े स्थिर सिंगल सिलेण्डर वाले इन्टर्नल कम्बशन इंजन की तरह होता है। प्राय: इन इंजनों को निम्न चक्कर प्रति मिनट (RPM) मशीन के नाम से भी जाना जाता है। ये इंजन ऑटो साइकिल की वजह से प्रत्येक दूसरे स्ट्रोक में ज्वलन (fire) उत्पन्न करते हैं; जैसे—कार आदि।

कार्यविधि Working Method

इन इंजनों की कार्यिकी में जब पेट्रोल तथा वायु का मिश्रण सिलेण्डर में प्रवेश करता है, तो सक्शन स्ट्रोक (1-2) में, पिस्टन टी.डी.सी.से बी.डी.सी. की ओर जाता है और वायुमण्डलीय दाब से निम्न दाब पर सक्शन प्रक्रिया प्रारम्भ हो जाती है। इसके उपरान्त कम्प्रैशन स्ट्रोक (2-3) के दौरान जब पिस्टन बी.डी.सी.से टी.डी.सी.की ओर जाता है, तो सिलेण्डर में उपस्थित पेट्रोल तथा हवा का मिश्रण कम्प्रैस होता है।

ऊष्मा परिवर्धन (Heat addition) स्ट्रोक (3-4) में स्थिर आयतन पर स्पार्क प्लग द्वारा चिंगारी उत्पन्न करके ईंधन मिश्रण को प्रज्वलित किया जाता है, तत्पश्चात् पावर एक्सपैंशन स्ट्रोक (4-5) के दौरान सिलेण्डर में उत्पन्न गैस फैलने से तापमान तथा दाब दोनों कम हो जाते हैं। अन्तत: एग्जॉस्ट स्ट्रोक (5-2-1) के दौरान स्थिर आयतन पर ऊष्मा रद्द हो जाती है और पिस्टन के बी.डी.सी.से टी.डी.सी.की ओर जाने से दहन गैसें एग्जॉस्ट हो जाती हैं।

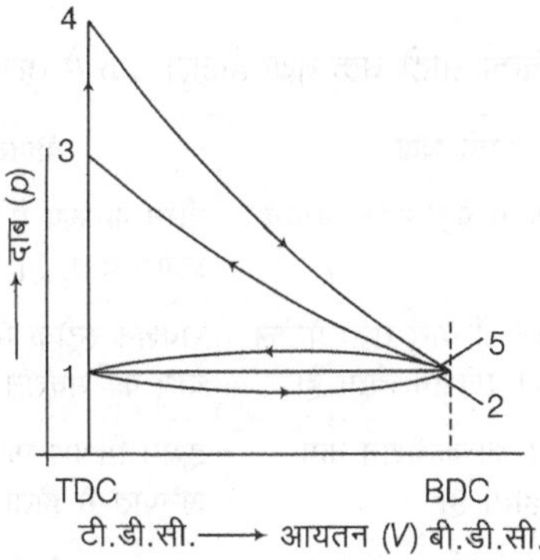

(ii) डीजल चक्र इंजन Diesel Cycle Engine

इस इंजन का आविष्कार रुडोल्फ डीजल (Rudolph Diesel) ने किया था। यह एक प्रकार से पश्चाग्र इन्टर्नल कम्बशन इंजन का दहन प्रक्रम है। इनमें कार्यिकी तरल या ईंधन के रूप में डीजल का प्रयोग किया जाता है; जैसे—पनडुब्बी, ट्रैक्टर, डीजल बस, इलेक्ट्रिक लोकोमोटिव आदि।

कार्यविधि Working Method

इन इंजनों की कार्यिकी में जब एयर क्लीनर द्वारा स्वच्छ वायु सिलेण्डर में प्रवेश करती है, तो सक्शन स्ट्रोक (1-2) के दौरान, पिस्टन टी.डी.सी से बी.डी.सी की ओर जाता है और वायुमण्डलीय दाब से निम्न दाब पर वायु की सक्शन प्रक्रिया प्रारम्भ हो जाती है।

इसके उपरान्त कम्प्रैशन स्ट्रोक (2-3) के दौरान जब पिस्टन बी.डी.सी.से टी.डी.सी.की ओर जाता है, तो दहन कक्ष में उपस्थित वायु कम्प्रैस हो जाती है। दहन कक्ष में वायु के कम्प्रेशन के पश्चात् वायु का तापक्रम, डीजल जलने के तापक्रम से बहुत अधिक हो जाता है।

ऊष्मा परिवर्धन (Heat addition) स्ट्रोक (3-4) के दौरान इस गर्म वायु में इंजेक्टर द्वारा उच्च दाब पर ईंधन को स्प्रे किया जाता है और यह प्रक्रम स्थिर दाब पर घटित होता है। गर्म वायु में डीजल के पहुँचते ही वह प्रज्वलित हो जाता है तत्पश्चात् पावर एक्सपैंशन स्ट्रोक (4-5) के दौरान दहन गैसों का दाब बढ़ने से वह फैलती है एवं पिस्टन को टी.डी.सी.से बी.डी.सी.की ओर धकेलती है।

अन्तत: एग्जॉस्ट स्ट्रोक के दौरान ऊष्मा स्थिर आयतन पर अवशोषित हो जाती है और पिस्टन के बी.डी.सी.से टी.डी.सी.की ओर जाने से दहन गैसें एग्जॉस्ट हो जाती हैं।

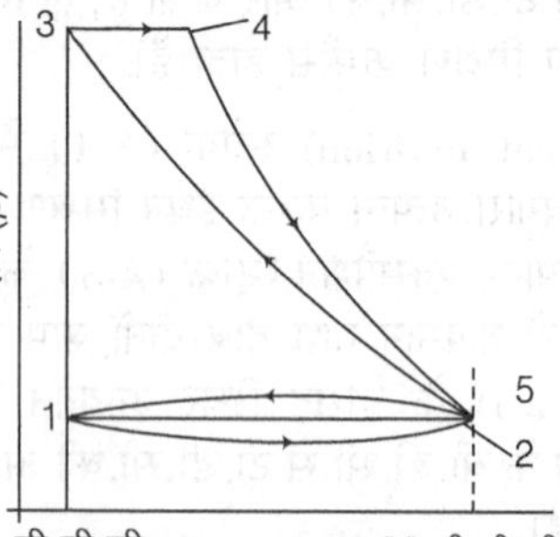

तालिका ओटो चक्र तथा डीजल चक्र में तुलना

क्र.सं.	ओटो चक्र	डीजल चक्र
1.	ईंधन के रूप में पेट्रोल का प्रयोग होता है।	ईंधन के रूप में डीजल का प्रयोग होता है।
2.	सक्शन स्ट्रोक में वायु तथा पेट्रोल के मिश्रण का सक्शन होता है।	सक्शन स्ट्रोक में केवल स्वच्छ वायु का सक्शन होता है।
3.	इसमें मिश्रण का कम्प्रैशन कम अनुपात में होता है।	इसमें मिश्रण का कम्प्रैशन अधिक अनुपात में होता है।
4.	दहन कक्ष में स्पार्क प्लग द्वारा चिंगारी प्रदान कर मिश्रण का दहन किया जाता है।	दहन कक्ष में इंजेक्टर द्वारा डीजल स्प्रे करके मिश्रण का दहन किया जाता है।
5.	मिश्रण का दहन स्थिर आयतन पर किया जाता है।	मिश्रण का दहन स्थिर दाब पर किया जाता है।
6.	इसे स्थिर आयतन चक्र भी कहते हैं।	इसे स्थिर दाब चक्र भी कहते हैं।

प्रचालन चक्र पर आधारित इंजनों की विशेषताएँ
Characteristics of Engines Based on Operation Cycle

प्रचालन चक्र पर आधारित इंजनों की विशेषताएँ निम्न हैं

(i) प्रचालन चक्र के आधार पर इंजन में प्रयुक्त ईंधन का आकलन किया जा सकता है।

(ii) इसके द्वारा इंजन प्रचालन प्रक्रम से अवगत हुआ जा सकता है।

(iii) इसके द्वारा इंजन प्रचालन प्रक्रम की स्थिति का भी आकलन किया जा सकता है।

(iv) इससे इंजन की दक्षता का आकलन किया जा सकता है।

(v) इससे इंजन की क्षमता का आकलन किया जा सकता है।

2. प्रयुक्त ईंधन के आधार पर
On the Basis of Fuel Used

विविध इंजनों में विविध प्रकार के ईंधनों (पेट्रोल, डीजल एवं गैस) का प्रयोग किया जाता है, जिससे यह स्पष्ट होता है कि इंजन, स्पार्क इग्नीशन प्रणाली पर आधारित है अथवा कम्प्रैशन इग्नीशन प्रणाली पर आधारित। अत: प्रयुक्त ईंधन के आधार पर इंजनों को निम्न वर्गों में विभाजित किया जा सकता है

(i) पेट्रोल ईंधन पर आधारित इंजन
Petrol Fuel Based Engines

पेट्रोल ईंधन पर आधारित इंजन, एक प्रकार का इन्टर्नल कम्बशन इंजन है। इसको **गैसोलीन** (gasoline) इंजन के नाम से भी जाना जाता है। इन इंजनों में ईंधन के रूप में पेट्रोल का प्रयोग किया जाता है।

ये इंजन सामान्यतया कम स्थान घेरते हैं तथा टॉर्क (torque) कम होने के कारण, इनमें प्रयुक्त भागों को अधिक मजबूत बनाने की आवश्यकता नहीं पड़ती। इनका प्रयोग कार, स्कूटर, मोटर साइकिल आदि में अधिक होता है।

(ii) डीजल ईंधन पर आधारित इंजन
Diesel Fuel Based Engines

डीजल ईंधन पर आधारित इंजन भी एक प्रकार का इन्टर्नल कम्बशन इंजन है। इनमें ईंधन के रूप में डीजल ईंधन का उपयोग किया जाता है। पेट्रोल इंजन की तुलना में ये अधिक स्थान घेरते हैं तथा इन इंजनों में टॉर्क (torque) अधिक होता है, जिसके कारण इनमें प्रयुक्त भागों को मजबूत बनाया जाता है।

(iii) गैस ईंधन पर आधारित इंजन
Gas Fuel Based Engines

गैस ईंधन पर आधारित इंजन भी एक प्रकार का इन्टर्नल कम्बशन इंजन है। इस इंजन में ईंधन के रूप में कोल गैस (coal gas), बायोगैस (biogas) या प्राकृतिक गैस (natural gas) आदि का प्रयोग किया जाता है। इस कारण यह अन्य इंजनों; जैसे—पेट्रोल इंजन या डीजल इंजन आदि से भिन्न होते हैं।

इस इंजन में काबुरिटर या इंजेक्टर (injector) के स्थान पर वेंचुरी प्रणाली (venturi system) का प्रयोग किया जाता है तथा इस इंजन की ऊष्मीय दक्षता 35 से 40% तक होती है।

इनका प्रयोग प्राय: यातायात साधनों; जैसे—कार, बस तथा टैम्पो आदि में मुख्य रूप से किया जाता है।

3. ईंधन प्रज्वलन के आधार पर
On the Basis of Fuel Ignition

सामान्यतया दहन कक्ष में ईंधन के प्रज्वलन के पश्चात् ही दहन प्रारम्भ होता है, जिसके फलस्वरूप ऊष्मा की उत्पत्ति होती है। इस ऊष्मा का उपयोग यान्त्रिक कार्यों हेतु किया जाता है। ईंधन प्रज्वलन के आधार पर इंजनों को दो भागों में बाँटा गया है, जो निम्न प्रकार हैं

(i) स्पार्क इग्नीशन इंजन Spark Ignition Engine

स्पार्क इग्नीशन इंजन इन्टर्नल इंजनों से सम्बन्धित है, जिनमें पेट्रोल या गैस ईंधन के रूप में प्रयुक्त किए जाते हैं। पेट्रोल इंजन हल्के होते हैं तथा उच्चतर गति प्राप्त करते हैं। इंजन में प्रवेश करने वाले मिक्सर (ईंधन + वायु) की मात्रा को भार तथा गति के अनुसार काबुरेटर द्वारा मापा जाता है।

सिद्धान्त Principle

स्पार्क इग्नीशन इंजन को पेट्रोल इंजन के नाम से भी जाना जाता है। इन इंजनों में पेट्रोल एवं वायु के मिश्रण को दहन कक्ष में कम्प्रैस्ड करके स्पार्क प्लग के द्वारा प्रज्वलित (ignite) करके शक्ति उत्पन्न की जाती है। इसी कारण इस प्रकार के इंजन को स्पार्क इग्नीशन इंजन कहा जाता है। ये इंजन (स्पार्क इग्नीशन इंजन), **ओटो चक्र** सिद्धान्त पर कार्य करते हैं।

कार्यविधि Working Method

स्पार्क इग्नीशन इंजन का एक कार्यकारी चक्र (working cycle) पिस्टन के निम्न स्ट्रोकों के निम्नवत् पूर्ण होने पर पूरा होता है

सक्शन स्ट्रोक (Suction stroke) इस स्ट्रोक में पिस्टन टी.डी.सी. (TDC) से बी.डी.सी. (BDC) की ओर चलता है, जिससे इंजन के सिलेण्डर में वैक्यूम उत्पन्न हो जाता है अर्थात् इंजन सिलेण्डर के अन्दर का दाब, वायुमण्डलीय दाब से कम हो जाता है और सिलेण्डर में सक्शन उत्पन्न हो जाता है। अतः वायुमण्डलीय दाब के कारण इनलेट वाल्व खुल जाता है और काबुरेटर से पेट्रोल एवं वायु का मिश्रण इंजन सिलेण्डर में प्रवेश कर जाता है।

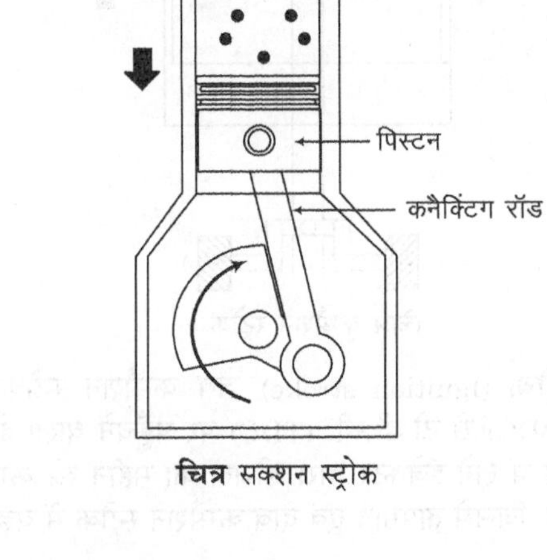

चित्र सक्शन स्ट्रोक

कम्प्रैशन स्ट्रोक (Compression stroke) कम्प्रैशन स्ट्रोक में पिस्टन बी.डी.सी. (BDC) से टी.डी.सी. (TDC) की ओर चलता है, जिससे दहन कक्ष (combustion chamber) का दाब बढ़ता है और इनलेट वाल्व बन्द हो जाता है। जिस कारण दहन कक्ष में उपस्थित ईंधन का कम्प्रैशन होता है और ईंधन के दाब एवं तापमान में वृद्धि हो जाती है।

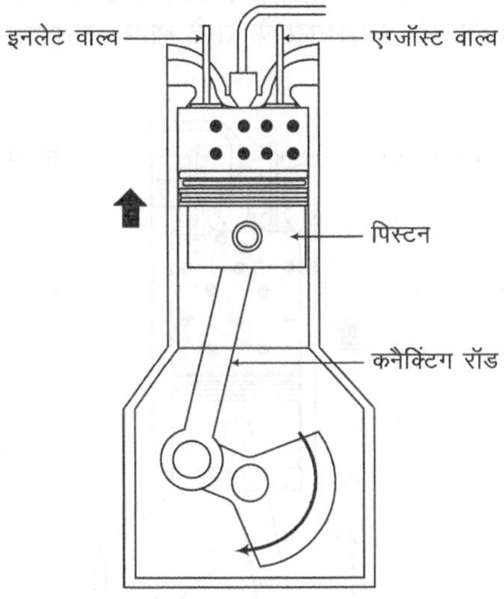

चित्र कम्प्रैशन स्ट्रोक

इग्नीशन स्ट्रोक (Ignition stroke) जब कम्प्रैशन स्ट्रोक में पिस्टन बी.डी.सी. (BDC) से टी.डी.सी. (TDC) पर पहुँचने वाला होता है, तभी सिलेण्डर हैड में लगे स्पार्क प्लग द्वारा चिंगारी उत्पन्न की जाती है, जिससे दहन कक्ष में उपस्थित कम्प्रैस्ड ईंधन प्रज्वलित हो जाता है और इंजन के दहन कक्ष में विस्फोट होता है।

इस कारण इंजन के दहन कक्ष में गैसें फैलने लगती हैं और ये गैसें पिस्टन को नीचे की ओर धकेलती हैं अर्थात् पिस्टन टी.डी.सी. से बी.डी.सी. की ओर जाने लगता है, जिससे पिस्टन से सम्बद्ध कनैक्टिंग रॉड (connecting rod), क्रैंकशाफ्ट तथा फ्लाईव्हील को घूमने की शक्ति प्रदान करती है। इस शक्ति को फ्लाईव्हील अन्य स्ट्रोकों के लिए संचित कर लेता है।

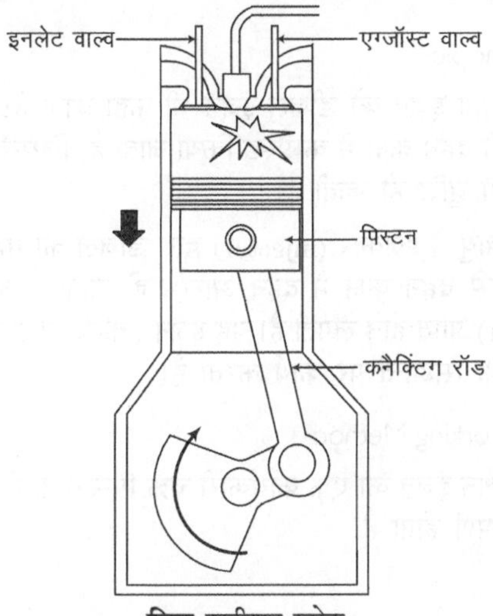

चित्र इग्नीशन स्ट्रोक

एग्जॉस्ट स्ट्रोक (Exhaust stroke) यह पिस्टन का अन्तिम स्ट्रोक है। इसमें पिस्टन बी.डी.सी. (BDC) से टी.डी.सी. (TDC) की ओर चलता है, जिससे पिस्टन दहन गैसो को ऊपर की ओर धकेलता है।

इस कारण सिलेण्डर हैड में लगा एग्जॉस्ट वाल्व खुल जाता है और गैसें सिलेण्डर से बाहर निकल जाती हैं। पिस्टन के ऊपर जाने से निष्क्रिय गैसें एग्जॉस्ट वाल्व और साइलेन्सर के रास्ते बाहर (वायुमण्डल में) निकल जाती हैं।

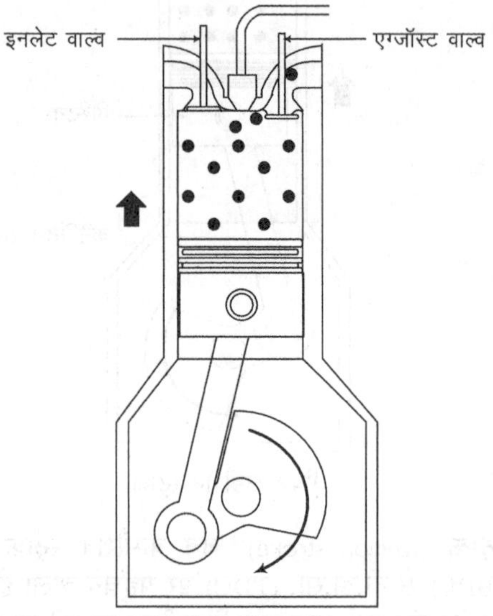

चित्र एग्जॉस्ट स्ट्रोक

(ii) कम्प्रैशन इग्नीशन इंजन
Compression Ignition Engine

कम्प्रैशन इग्नीशन इंजन भी एक प्रकार का इन्टर्नल कम्बशन इंजन होता है। इनमें डीजल का ईंधन के रूप में प्रयोग किया जाता है और ईंधन के रूप में इसका उपयोग वायुरहित रूप में किया जाता है। इनमें ईंधन प्रज्वलन सिलेण्डर में इंजन के दहन के फलस्वरूप तापमान वृद्धि के कारण होता है।

सिद्धान्त Principle

कम्प्रैशन इग्नीशन इंजन को डीजल इंजन भी कहा जाता है। इन इंजनों में केवल वायु को दहन कक्ष में कम्प्रैस्ड किया जाता है, जिससे वायु के दाब एवं तापमान में वृद्धि हो जाती है।

इस कम्प्रैस्ड वायु में इंजेक्टर (injector) द्वारा डीजल का महीन स्प्रे किया जाता है, जिससे दहन कक्ष में दहन आरम्भ हो जाता है और इंजन को शक्ति (power) प्राप्त होने लगती है। यह इंजन (कम्प्रैशन इग्नीशन इंजन), डीजल चक्र के सिद्धान्त पर कार्य करता है।

कार्यविधि Working Method

कम्प्रैशन इग्नीशन इंजन का एक कार्यकारी चक्र पिस्टन के निम्न स्ट्रोकों के पूर्ण होने पर पूर्ण होता है

सक्शन स्ट्रोक (Suction stroke) इस स्ट्रोक में पिस्टन टी.डी.सी. (TDC) से बी.डी.सी. (BDC) की ओर चलता है, जिससे इंजन सिलेण्डर में निर्वात उत्पन्न हो जाता है अर्थात् इंजन सिलेण्डर में अन्दर का दाब, वायुमण्डलीय दाब से कम हो जाता है और सिलेण्डर में सक्शन उत्पन्न हो जाता है। अतः वायुमण्डलीय दाब के कारण इनलेट वाल्व खुल जाता है और इंजन सिलेण्डर में वायु प्रवेश कर जाती है।

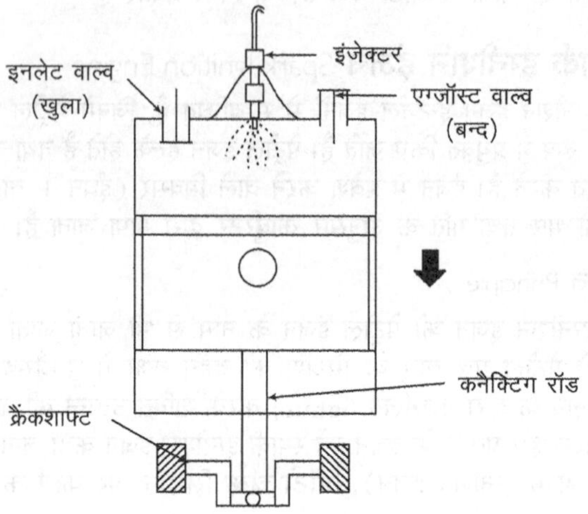

चित्र सक्शन स्ट्रोक

कम्प्रैशन स्ट्रोक (Compression stroke) कम्प्रैशन स्ट्रोक में पिस्टन बी.डी.सी. (BDC) से टी.डी.सी. (TDC) की ओर चलता है, जिससे दहन कक्ष का दाब बढ़ता है और इनलेट वाल्व बन्द हो जाता है। जिस कारण दहन कक्ष में उपस्थित वायु का कम्प्रैशन होता है। इस कारण वायु के दाब एवं तापमान में वृद्धि हो जाती है।

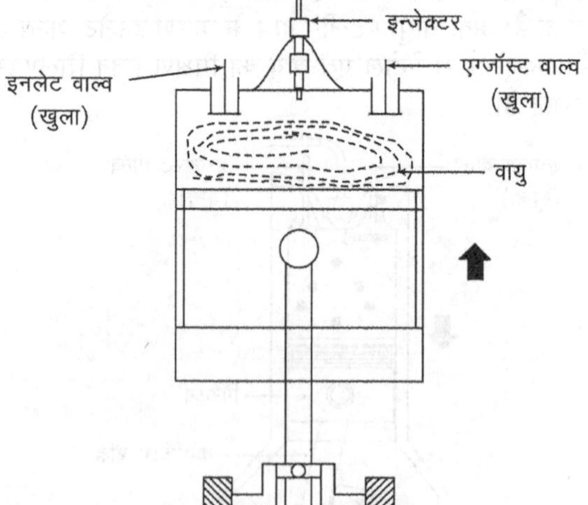

चित्र कम्प्रैशन स्ट्रोक

इग्नीशन स्ट्रोक (Ignition stroke) जब कम्प्रैशन स्ट्रोक में पिस्टन बी.डी.सी. (BDC) से टी.डी.सी. (TDC) पर पहुँचने वाला होता है, तभी सिलेण्डर हैड में लगे इंजेक्टर द्वारा डीजल का महीन स्प्रे कम्प्रैस वायु में किया जाता है, जिससे तापमान एवं दाब कम्प्रैशन स्ट्रोक में बढ़ जाता है।

डीजल के स्प्रे के कारण दहन कक्ष में विस्फोट होता है। इस कारण इंजन के दहन कक्ष में गैसें फैलने लगती हैं और ये गैसें पिस्टन को नीचे की ओर धक्का देने लगती हैं अर्थात् पिस्टन टी.डी.सी. (TDC) से बी.डी.सी. (BDC) की ओर जाने लगता है।

जिससे पिस्टन से सम्बद्ध कनैक्टिंग रॉड, क्रैंकशाफ्ट तथा फ्लाईव्हील को घूमने की शक्ति प्रदान करती है। इस शक्ति को फ्लाईव्हील अन्य स्ट्रोकों के लिए संचित कर लेता है।

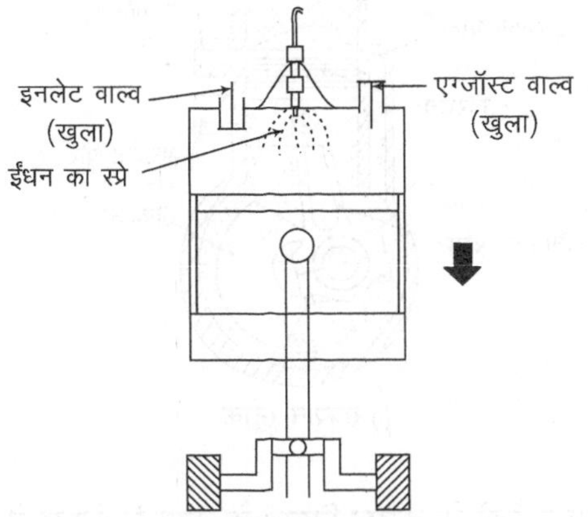

चित्र इग्नीशन स्ट्रोक

एग्जॉस्ट स्ट्रोक (Exhaust stroke) यह पिस्टन का अन्तिम स्ट्रोक होता है। इसमें पिस्टन बी.डी.सी. (BDC) से टी.डी.सी. (TDC) की ओर चलता है, जिससे पिस्टन दहन गैसों को ऊपर की ओर धक्का देता है।

इस कारण सिलेण्डर हैड में उपस्थित एग्जॉस्ट वाल्व खुल जाता है और गैसें सिलेण्डर से बाहर निकल जाती हैं।

पिस्टन के ऊपर जाने से निष्क्रिय गैसें एग्जॉस्ट वाल्व एवं साइलेन्सर के रास्ते बाहर (वायुमण्डल में) निकल जाती हैं।

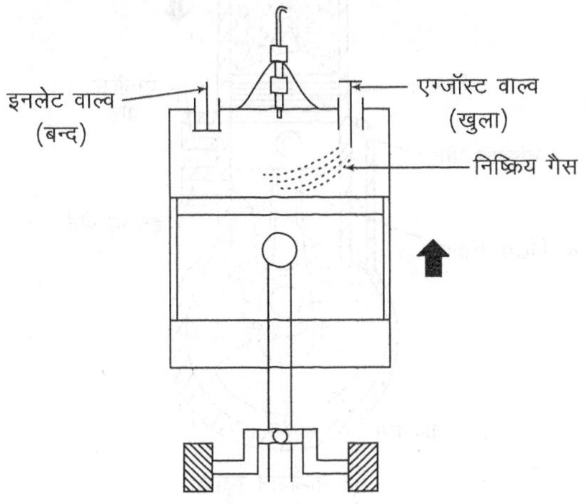

चित्र एग्जॉस्ट स्ट्रोक

तालिका कम्प्रैशन इग्नीशन (CI) तथा स्पार्क इग्नीशन (SI) इंजनों में अन्तर

कम्प्रैशन इग्नीशन इंजन	स्पार्क इग्नीशन इंजन
सक्शन स्ट्रोक के समय केवल साफ वायु सिलेण्डर में आती है, जिसे आने में कोई असुविधा नहीं होती।	चूषण स्ट्रोक के समय वायु एवं पेट्रोल का मिश्रण सिलेण्डर में आता है, जिसे कार्बुरेटर के बहुत से टेढ़े-मेढ़े व संकरे मार्गों से निकलना पड़ता है
डीजल इंजन का कम्प्रैशन अनुपात उच्च लगभग 24 : 1 तक रहता है।	पेट्रोल इंजन का कम्प्रैशन अनुपात निम्न लगभग 10 : 1 तक रहता है।
डीजल इंजन में ईंधन (डीजल) जलाने के लिए केवल कम्प्रैशन द्वारा वायु में उत्पन्न तापक्रम का ही प्रयोग किया जाता है। बैटरी का प्रयोग ट्रैक्टर में लाइट, हॉर्न, सैल्फ स्टार्टर आदि के लिए ही किया जाता है।	पेट्रोल इंजन में ईंधन (पेट्रोल) जलाने के लिए कार्बुरेटर, इग्नीशन क्वॉयल, स्पार्क प्लग, डिस्ट्रीब्यूटर तथा बैटरी आदि की व्यवस्था करनी आवश्यक होती है।
ईंधन इंजेक्शन पम्प के द्वारा नियन्त्रित तथा दबाव के साथ डीजल का स्प्रे इंजेक्टर द्वारा सम्भव हो पाता है।	पेट्रोल टैंक को कार्बुरेटर की सतह से ऊँचा रखकर काम चलाया जा सकता है।
डीजल ऑयल सस्ता होता है तथा एक अश्व शक्ति के लिए पेट्रोल की अपेक्षा व्यय भी कम होता है।	पेट्रोल की कीमत अधिक रहती है तथा एक अश्व शक्ति के लिए यह व्यय भी अधिक होता है।
डीजल इंजन में अधिक अश्व शक्ति भी प्राप्त की जा सकती है, इसलिए ये भारी-से-भारी कार्यों में भी प्रयोग किए जा सकते हैं।	पेट्रोल इंजन में उतनी शक्ति विकसित नहीं की जा सकती, इसलिए बहुत भारी कार्यों में इनका उपयोग नहीं किया जा सकता।
डीजल इंजन निरन्तर प्रैशर साइकिल पर कार्य करते हैं।	पेट्रोल इंजन निरन्तर वॉल्यूम पर कार्य करते हैं।
डीजल इंजन ठण्डा होने की दशा में देर से स्टार्ट होता है।	पेट्रोल इंजन ठण्डा होने पर भी शीघ्र स्टार्ट हो जाता है।
डीजल इंजन का टॉर्क अधिक होने के कारण ट्रांसमिशन में भाग (parts) अधिक मजबूत बनाने पड़ते हैं।	पेट्रोल इंजन का टॉर्क कम होता है। अतः उनके भाग (parts) बहुत अधिक मजबूत बनाने की आवश्यकता नहीं होती।
डीजल इंजन का अधिकतर प्रयोग ट्रक, बस तथा ट्रैक्टर आदि में होता है।	पेट्रोल इंजन का अधिकतर प्रयोग कार, स्कूटर, मोटर साइकिल आदि में होता है।
डीजल इंजन का स्टार्टिंग टॉर्क अधिक होता है। अतः बड़ी बैटरी की आवश्यकता सैल्फ के लिए होती है।	पेट्रोल इंजन का स्टार्टिंग टॉर्क कम होने से उसमें सैल्फ के लिए छोटी बैटरी से काम चल जाता है।
इस इंजन का वजन अधिक होता है।	इस इंजन का वजन कम होता है।
इस इंजन का कम्प्रैशन दाब (400-550 पी.एस.आई.) तथा कम्प्रैशन ताप उच्च होता है।	इस इंजन का कम्प्रैशन दाब (90-150 पी.एस.आई.) तथा कम्प्रैशन ताप निम्न होता है।
यह इंजन प्रचालन के दौरान CO_2 (कार्बन डाइ-ऑक्साइड) उत्सर्जित करता है।	यह इंजन प्रचालन के दौरान CO (कार्बन मोनो-ऑक्साइड) उत्सर्जित करता है।

ईंधन प्रज्वलन पर आधारित इंजनों की विशेषताएँ
Characteristics of Engines Based on Fuel Ignition

ईंधन प्रज्वलन पर आधारित इंजनों की मुख्य विशेषताएँ निम्नलिखित हैं

1. इसके अन्तर्गत इंजन की स्टार्टिंग प्रणाली से अवगत हुआ जा सकता है।
2. दहन कक्ष में ईंधन दहन कार्यिकी को दर्शाता है।
3. इससे इंजन के प्रचालन चक्र से अवगत हुआ जा सकता है।
4. यह इंजन की कार्यक्षमता को प्रदर्शित करता है।
5. इससे इंजन की दक्षता का आकलन किया जा सकता है।

4. स्ट्रोकों के आधार पर
On the Basis of Strokes

इंजन को उनके स्ट्रोकों के आधार पर निम्न वर्गों में विभाजित किया गया है

(i) दो स्ट्रोक इंजन Two Stroke Engines

इन इंजनों में प्राय: इंजन चलाने के चक्र के चारों स्ट्रोक (सक्शन, कम्प्रैशन, पावर तथा एग्जॉस्ट) पिस्टन के दो ही स्ट्रोकों में पूरे हो जाते हैं। इस प्रकार के इंजनों में ईंधन दहन का समय कम होता है, जबकि प्रति हॉर्स पावर ईंधन खपत अधिक होती है। ये इंजन सामान्यतया पेट्रोल तथा डीजल ईंधनों के प्रयोग द्वारा चालित किए जाते हैं।

A. दो स्ट्रोक पेट्रोल इंजन Two Stroke Petrol Engines

इस प्रकार के इंजनों में ईंधन के रूप में पेट्रोल का प्रयोग किया जाता है तथा इनका उपयोग ऐसे अनुप्रयोगों में किया जाता है जहाँ कि सरलता (simplicity) एवं मितव्ययी (low cost) वाले प्राइम मूवर (prime mover) की आवश्यकता होती है; जैसे—स्कूटर, मोटर साइकिल आदि।

सिद्धान्त Principle

दो स्ट्रोक पेट्रोल इंजनों में एक कार्यकारी चक्र (working cycle) पिस्टन के दो ही स्ट्रोक में पूर्ण हो जाता है अर्थात् क्रैंकशाफ्ट के प्रत्येक चक्कर में इंजन को शक्ति प्राप्त होती है।

यह शक्ति इंजन क्रैंककेस में वायु एवं पेट्रोल के मिश्रण के दहन के फलस्वरूप प्राप्त होती है। ये इंजन ओटो चक्र पर आधारित होते हैं।

कार्यविधि Working Method

दो स्ट्रोक पेट्रोल इंजन की कार्यिकी में प्रथम स्ट्रोक में ईंधन का सक्शन एवं कम्प्रैशन तथा द्वितीय स्ट्रोक में पावर एक्सपैंशन तथा एग्जॉस्ट होता है, जिनका विस्तृत वर्णन नीचे किया गया है

प्रथम स्ट्रोक (सक्शन एवं कम्प्रैशन) इसमें प्रथम ऊपरी स्ट्रोक में सक्शन तथा कम्प्रैशन होता है, जिसमें पिस्टन बी.डी.सी. से ऊपर की ओर चलता है। पिस्टन के ऊपर जाने से इनलेट पोर्ट खुल जाता है तथा क्रैंककेस में आंशिक वैक्यूम बन जाता है। इस वैक्यूम (या रिक्त स्थान) को पूरा करने के लिए कार्बुरेटर से पेट्रोल एवं हवा का मिश्रण क्रैंककेस (crankcase) में इनलेट पोर्ट द्वारा भर जाता है।

इस प्रकार सक्शन स्ट्रोक का कार्य सम्पन्न होता है।

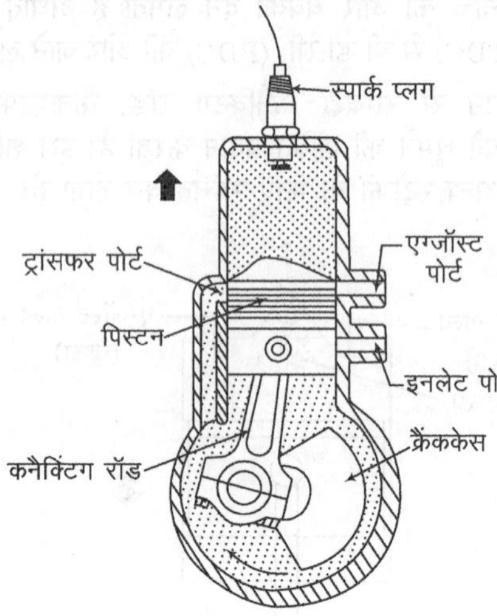

(i) सक्शन स्ट्रोक

पिस्टन के ऊपर पहुँचने के कारण पिस्टन के ऊपर सिलेण्डर में ट्रांसफर पोर्ट द्वारा आया हुआ वायु एवं पेट्रोल का मिश्रण दहन कक्ष (combustion chamber) में कम्प्रैस हो जाता है।

क्योंकि ट्रांसपोर्ट तथा एग्जॉस्ट पोर्ट पिस्टन द्वारा बन्द हो जाते हैं और मिश्रण के निकलने का कोई मार्ग नहीं रह जाता है। इस प्रकार पिस्टन के उसी स्ट्रोक में कम्प्रैशन स्ट्रोक का कार्य सम्पन्न हो जाता है।

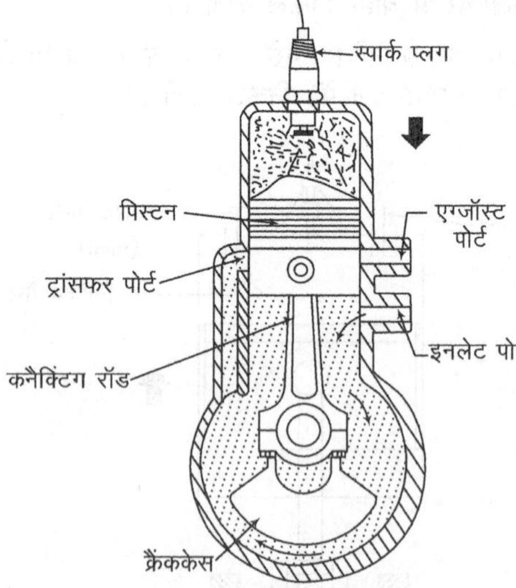

(ii) कम्प्रैशन स्ट्रोक

चित्र दो स्ट्रोक पेट्रोल इंजन का प्रथम स्ट्रोक

द्वितीय स्ट्रोक (पावर एवं एग्जॉस्ट) इसमें द्वितीय निचला स्ट्रोक पावर तथा एग्जॉस्ट होता है, जिसमें दहन कक्ष में कम्प्रैस्ड (compressed) हवा तथा पेट्रोल के मिश्रण को स्पार्क प्लग द्वारा बैटरी या मैग्नेटों की सहायता से बनी हाई टेंशन धारा की चिंगारी देकर जला दिया जाता है। मिश्रण के जलते ही गैसें फैलती हैं तथा पिस्टन को धक्का लगता है।

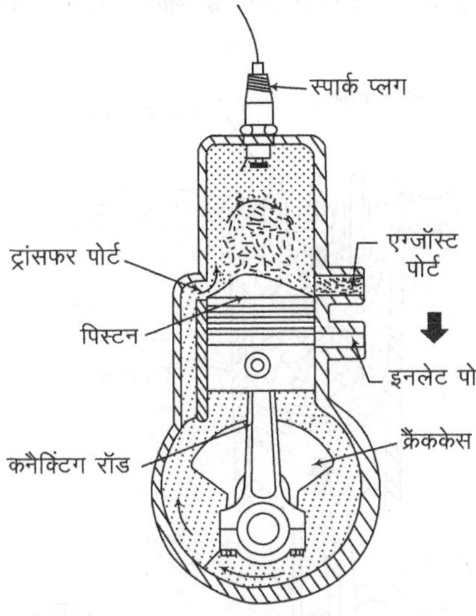

चित्र दो स्ट्रोक पेट्रोल इंजन का द्वितीय स्ट्रोक (पावर एवं एग्जॉस्ट)

पिस्टन का यह धक्का क्रैंकशाफ्ट तथा फ्लाईव्हील को घुमाता है, जिससे इंजन को शक्ति प्राप्त होती है। इस समय पिस्टन टी.डी.सी. से बी.डी.सी. की ओर चलता है तथा अपना पावर स्ट्रोक (power stroke) पूरा करता है।

पिस्टन के नीचे जाने से एग्जॉस्ट पोर्ट खुल जाता है तथा सिलेण्डर की जली गैसें उसके साइलेन्सर में होकर बाहर निकल जाती हैं।

इस प्रकार इंजन चक्र का अन्तिम एग्जॉस्ट स्ट्रोक (exhaust stroke) भी पिस्टन के उसी स्ट्रोक में पूरा हो जाता है। इसी समय एग्जॉस्ट पोर्ट के ठीक सामने बना ट्रांसफर पोर्ट भी खुल जाता है तथा पिस्टन के नीचे आने से क्रैंककेस के मिश्रण पर दबाव पड़ता है और यह मिश्रण खुले हुए ट्रांसफर पोर्ट के द्वारा इंजन के अगले चक्र के लिए सिलेण्डर में आ जाता है।

B. दो स्ट्रोक डीजल इंजन Two Stroke Diesel Engines

इस प्रकार के इंजनों में ईंधन के रूप में डीजल का प्रयोग किया जाता है तथा इन इंजनों का प्रयोग सामान्यतया शिप प्रोपल्सन (ship propulsion) में किया जाता है। ये इंजन लोअर गवर्नड स्पीड (lower governed speed) होने के कारण अधिक लचीले नहीं होते हैं; जैसे—जहाजीय इंजन।

सिद्धान्त Principle

दो स्ट्रोक आधारित डीजल इंजन, डीजल चक्र (diesel cycle) पर आधारित होते हैं। इनमें डीजल वाष्प एवं कम्प्रैस वायु (compressed air) के दहन के फलस्वरूप शक्ति प्राप्त होती है। इस प्रकार के इंजन में एक कार्यकारी चक्र पिस्टन के दो स्ट्रोकों में पूर्ण हो जाता है अर्थात् इंजन के चारों स्ट्रोक (सक्शन, कम्प्रैशन, इग्नीशन एवं एग्जॉस्ट) पिस्टन के दो ही स्ट्रोक में पूर्ण हो जाते हैं। दो स्ट्रोक डीजल इंजन में भी दो स्ट्रोक पेट्रोल इंजन की भाँति ही क्रैंकशाफ्ट के प्रत्येक चक्र में शक्ति प्राप्त होती है।

कार्यविधि Working Method

इस प्रकार के इंजनों में इंजन चक्र के प्रथम अपवर्ड स्ट्रोक में चूषण (suction) द्वारा केवल साफ वायु क्रैंककेस में आती है। इस इंजन में कम्प्रैशन स्ट्रोक, पेट्रोल इंजन के समान ही होता है। द्वितीय स्ट्रोक में जब पिस्टन लगभग टी.डी.सी. पर पहुँचने को होता है, तो इंजेक्टर (injector) द्वारा दबी गर्म वायु में दहन कक्ष के अन्दर डीजल को स्प्रे कर दिया जाता है। गर्म हवा के सम्पर्क में आने से डीजल जलता है और गैसें फैलती हैं, जिससे शक्ति प्राप्त होती है।

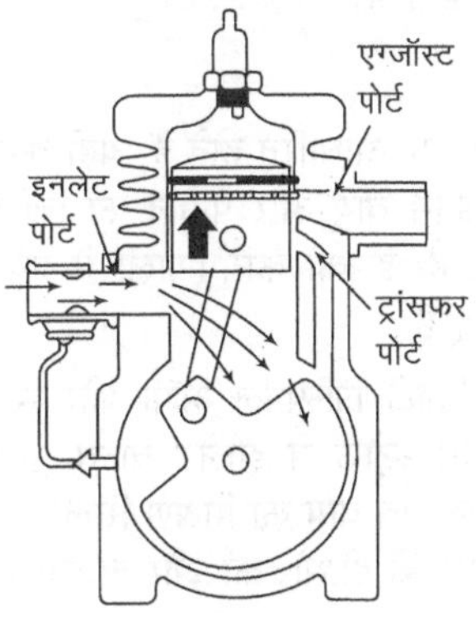

चित्र सक्शन स्ट्रोक

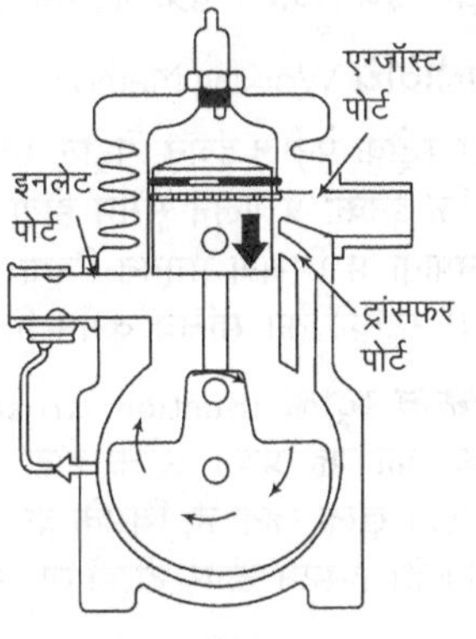

चित्र कम्प्रैशन स्ट्रोक

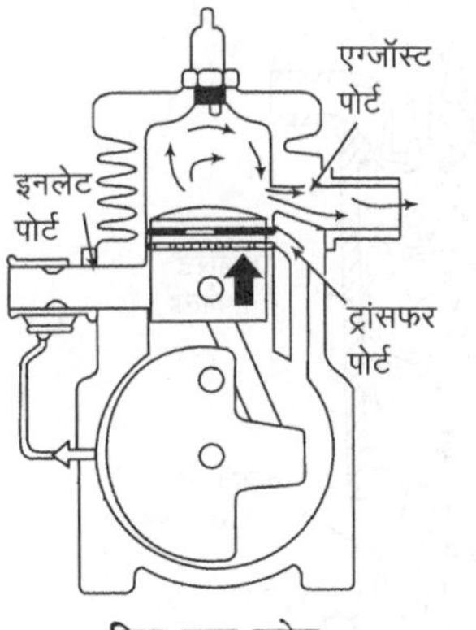

चित्र पावर स्ट्रोक

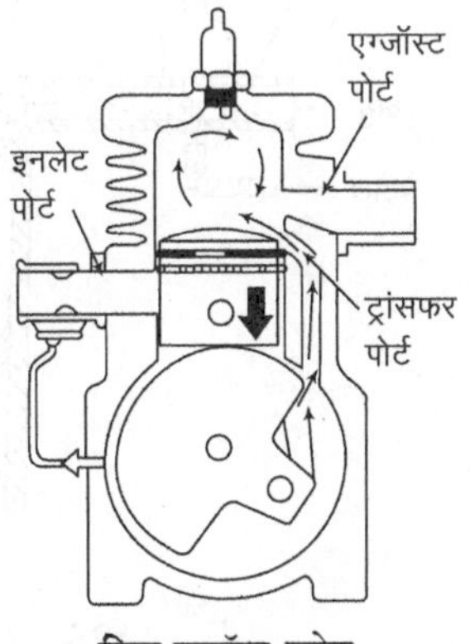

चित्र एग्जॉस्ट स्ट्रोक

(ii) चार स्ट्रोक इंजन Four Stroke Engines

प्राय: इन इंजनों में इंजन चलाने के चक्र के चारों स्ट्रोक (सक्शन, कम्प्रैशन, पावर तथा एग्जॉस्ट) पिस्टन के चार स्ट्रोकों में पूरे होते हैं। इस प्रकार के इंजनों में एक स्ट्रोक में एक ही क्रिया होती है तथा प्रति दो चक्करों पर प्रति सिलेण्डर एक स्पार्क मिलता है एवं प्रति हॉर्स पावर ईंधन की खपत इन इंजनों में कम होती है।

सबसे महत्त्वपूर्ण बात यह है कि इन इंजनों में पोर्ट के स्थान पर वाल्व प्रयोग में लाए जाते हैं। ऐसे इंजन प्राय: दो स्ट्रोक इंजनों की ही तरह पेट्रोल तथा डीजल इंजनों में प्रयोग किए जाते हैं।

A. **चार स्ट्रोक पेट्रोल इंजन** Four Stroke Petrol Engines

इस प्रकार के इंजनों का प्रयोग अधिकतर ऑटोमोबाइल (automobile) क्षेत्र में किया जाता है। इसमें ईंधन (पेट्रोल) जलाने के लिए कार्बुरेटर, इग्नीशन क्वॉयल, स्पार्क प्लग, डिस्ट्रीब्यूटर तथा बैटरी आदि की व्यवस्था करनी आवश्यक होती है। इस इंजन का टॉर्क कम होता है। अत: इनके भाग बहुत अधिक मजबूत बनाने की आवश्यकता नहीं होती है; जैसे—कार, स्कूटर आदि।

सिद्धान्त Principle

चार स्ट्रोक पेट्रोल इंजन में एक कार्यकारी चक्र पिस्टन के चार स्ट्रोकों में पूर्ण होता है। अत: इंजन के सक्शन, कम्प्रैशन, इग्नीशन एवं एग्जॉस्ट स्ट्रोक पूर्ण होने पर ही एक कार्यकारी चक्र प्राप्त होता है अर्थात् इंजन के एक कार्यकारी चक्र में क्रैंकशाफ्ट दो चक्र पूर्ण करती है। चार स्ट्रोक पेट्रोल इंजन ओटो चक्र पर आधारित होते हैं।

कार्यविधि Working Method

चार स्ट्रोक पेट्रोल इंजन, पेट्रोल एवं गैस पर आधारित होते हैं, यही कारण है कि इनका प्रचालन सुगम होता है। इनमें वायु और पेट्रोल का विभिन्न अनुपातों में मिश्रण प्रयुक्त किया जाता है। इसकी कार्यप्रणाली में प्रयुक्त चारों स्ट्रोकों का सचित्र वर्णन निम्नवत् है

सक्शन स्ट्रोक (Suction stroke) 'ओटो प्रिन्सिपल ऑफ फोर स्ट्रोक चक्र' का यह प्रथम स्ट्रोक होता है। इस स्ट्रोक में इनलेट वाल्व (inlet valve) खुला रहता है, जिसके द्वारा पेट्रोल एवं वायु का मिश्रण सिलेण्डर में जाता है। पिस्टन ऊपर टी.डी.सी. से नीचे बी.डी.सी. की ओर चलता है।

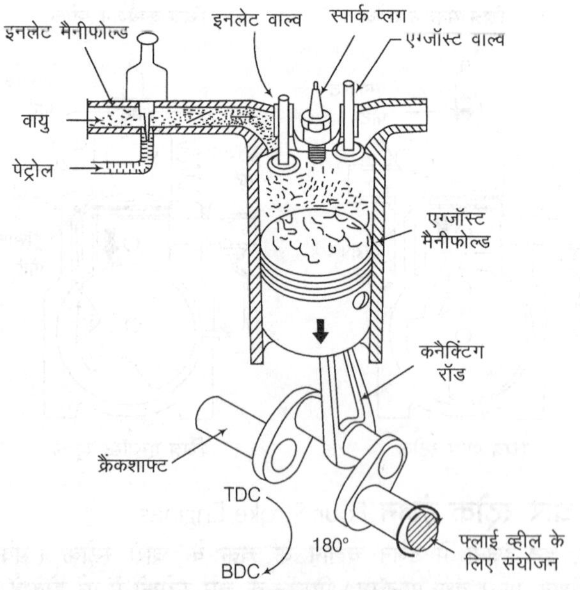

चित्र सक्शन स्ट्रोक

सिलेण्डर में पिस्टन के नीचे की ओर पहुँच जाने से वहाँ खाली जगह (vacuum) बन जाती है। इस खाली जगह को पूरा करने के लिए काबुरेटर (carburator) द्वारा पेट्रोल एवं वायु का मिश्रण इनलेट मैनीफोल्ड (inlet manifold) तथा इनलेट वाल्व के रास्ते सक्शन (suction) के कारण सिलेण्डर में भर जाता है।

कम्प्रैशन स्ट्रोक (Compression stroke) इस स्ट्रोक में पिस्टन नीचे बी.डी.सी. से ऊपर टी.डी.सी. की ओर चलता है। इस समय सक्शन स्ट्रोक में खुला हुआ इनलेट वाल्व बन्द हो जाता है तथा एग्जॉस्ट वाल्व भी बन्द रहता है।

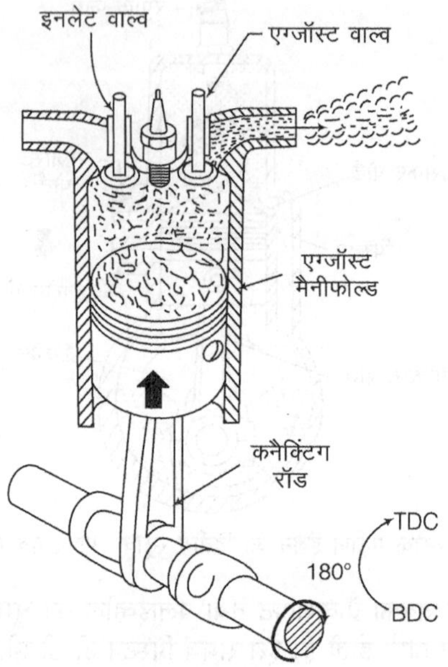

चित्र कम्प्रैशन स्ट्रोक

पिस्टन के ऊपर चलने से सिलेण्डर में भरे पेट्रोल एवं वायु के मिश्रण पर दबाव पड़ता है, परन्तु उसे पिस्टन के ऊपर से निकलने का कहीं भी मार्ग नहीं मिलता है। इस कारण वह सिलेण्डर हैड में बने दहन कक्ष में कम्प्रैस्ड हो जाता है।

पावर या फायरिंग स्ट्रोक (Power or firing stroke) इस स्ट्रोक में ही दबे मिश्रण को जलाया जाता है। जब पिस्टन टी.डी.सी. के पास पहुँचने को होता है, तो कम्प्रैस्ड हुए मिश्रण को स्पार्क प्लग (spark plug) द्वारा बैटरी (battery) आदि के करण्ट की सहायता से चिंगारी (spark) देकर जला दिया जाता है।

इससे सिलेण्डर के अन्दर एक विस्फोट जैसा होता है तथा मिश्रण का पेट्रोल जल जाता है और गैसें (हवा) बहुत ताकत से फैलती हैं। इसी से शक्ति प्राप्त होती है।

गैसों के फैलने की यह शक्ति पिस्टन हैड को धकेलती है तथा पिस्टन ऊपर (टी.डी.सी.) से नीचे (बी.डी.सी.) की ओर चलता है। पिस्टन के साथ ही लगी कनैक्टिंग रॉड (connecting rod) पिस्टन को मिले इस धक्के के कारण नीचे आकर क्रैंकशाफ्ट तथा फ्लाईव्हील को घूमने की शक्ति प्रदान करती है।

फ्लाईव्हील द्वारा इंजन की शक्ति का उपयोग अन्य यान्त्रिक (mechanical) कार्यों के लिए किया जाता है।

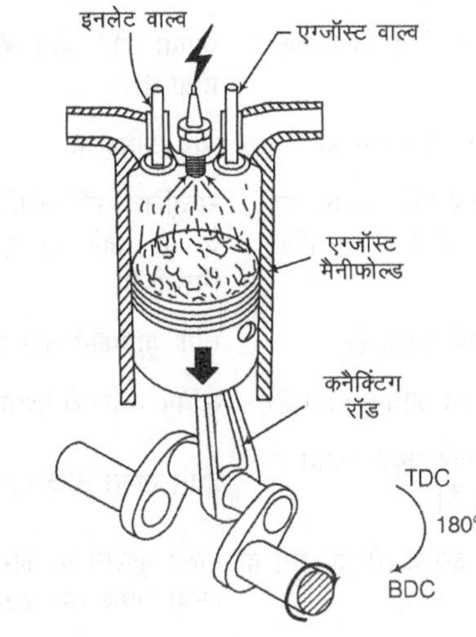

चित्र पावर स्ट्रोक

एग्जॉस्ट स्ट्रोक (Exhaust stroke) यह चौथा व अन्तिम स्ट्रोक है। इसके द्वारा इंजन का एक चक्र (cycle) पूरा हो जाता है।

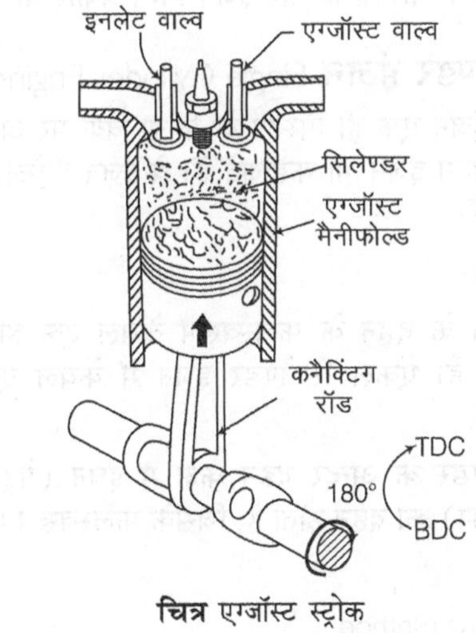

चित्र एग्जॉस्ट स्ट्रोक

इस स्ट्रोक में जली गैसें सिलेण्डर से बाहर निकलती हैं। इस स्ट्रोक में पिस्टन बी.डी.सी. से टी.डी.सी.की ओर चलता है। पिस्टन के ऊपर जाने से सिलेण्डर की निष्क्रिय गैसों पर, दबाव पड़ता है। इस कारण वे एग्जॉस्ट वाल्व, एग्जॉस्ट मैनीफोल्ड तथा साइलेन्सर से होकर बाहर निकल जाती हैं।

B. **चार स्ट्रोक डीजल इंजन** Four Stroke Diesel Engines

इस प्रकार के इंजनों का प्रयोग भारी वाहनों में किया जाता है। ये इंजन चार स्ट्रोक पेट्रोल इंजन की तुलना में अधिक प्रभावशाली होते हैं, परन्तु इनमें इंजन का टॉर्क अधिक होता है, जिसके कारण इनके भाग बहुत अधिक मजबूत बनाने की आवश्यकता होती है; जैसे—ट्रक, ट्रैक्टर आदि।

सिद्धान्त Principle

चार स्ट्रोक डीजल इंजन में चार स्ट्रोक पेट्रोल इंजन की भाँति एक कार्यकारी चक्र पिस्टन के चार स्ट्रोक में पूर्ण होता है। इसमें डीजल वाष्प एवं कम्प्रैस्ड वायु (compressed air) के दहन के फलस्वरूप शक्ति प्राप्त होती है।

इंजन के एक कार्यकारी चक्र में क्रैंकशाफ्ट दो चक्र पूर्ण करती है। इसमें पिस्टन के चारों स्ट्रोक (सक्शन, कम्प्रैशन, इग्नीशन एवं एग्जॉस्ट) के पूर्ण होने पर ही एक कार्यकारी चक्र प्राप्त होता है। चार स्ट्रोक डीजल इंजन, डीजल चक्र के सिद्धान्त पर कार्य करता है।

कार्यविधि Working Method

जिस प्रकार पेट्रोल इंजन के चार स्ट्रोक में सक्शन, कम्प्रैशन, पावर तथा एग्जॉस्ट स्ट्रोक एक क्रम में होते हैं, उसी प्रकार डीजल इंजन में भी चारों स्ट्रोक उसी क्रम में होते हैं, परन्तु इनकी कार्यप्रणाली में भिन्नता केवल पावर एवं फायरिंग स्ट्रोक में होती है, क्योंकि इस स्ट्रोक में चार स्ट्रोक पेट्रोल इंजन द्वारा ईंधन का दहन स्पार्किंग द्वारा होता है, जबकि चार स्ट्रोक डीजल में यह प्रक्रिया इंजेक्टर द्वारा डीजल स्प्रे करके की जाती है। चार स्ट्रोक डीजल इंजन के स्ट्रोकों का वर्णन निम्नवत् है

सक्शन स्ट्रोक (Suction stroke) इस स्ट्रोक में पिस्टन टी.डी.सी. से बी.डी.सी. की ओर चलता है। उस समय इनलेट वाल्व खुला रहता है। सिलेण्डर में पिस्टन के नीचे जाने से खाली जगह हो जाती है। इससे सिलेण्डर में सक्शन पैदा होता है और इनलेट वाल्व तथा इनलेट मैनीफोल्ड द्वारा एयर क्लीनर (air cleaner) से साफ हवा खिंचकर सिलेण्डर में भर जाती है।

कम्प्रैशन स्ट्रोक (Compression stroke) इस स्ट्रोक में पिस्टन बी.डी.सी. से टी.डी.सी. की ओर चलता है और सक्शन स्ट्रोक में खुला हुआ इनलेट वाल्व भी बन्द हो जाता है। पिस्टन के ऊपर जाने से सिलेण्डर में आई वायु पर दबाव पड़ता है, परन्तु उसे कहीं से भी निकलने का मार्ग नहीं मिल पाता। अन्तत: वह दहन कक्ष (combustion chamber) में दब (compress) जाती है।

पावर या फायरिंग स्ट्रोक (Power or firing stroke) इन कक्ष में दबने के बाद वायु का तापक्रम डीजल जलने के तापक्रम से बहुत अधिक हो जाता है। इस गर्म वायु में फ्यूल इंजेक्शन पम्प की सहायता से इंजेक्टर (injector) द्वारा डीजल का छिड़काव (spray) कर दिया जाता है।

गर्म वायु में डीजल के पहुँचते ही वह जल जाता है, जिससे गैसें फैलती (expand) हैं। गैसों के फैलने से पिस्टन को धक्का लगता है तथा पिस्टन टी.डी.सी. से बी.डी.सी. की ओर चलता है। पिस्टन को मिली यह शक्ति (power) कनैक्टिंग रॉड द्वारा क्रैंक शाफ्ट (crank shaft) तथा फ्लाईव्हील को घुमाती है, जिससे अन्य यान्त्रिक कार्य लिए जाते हैं।

एग्जॉस्ट स्ट्रोक (Exhaust stroke) पिस्टन के बी.डी.सी. पर पहुँचने से कुछ पहले ही एग्जॉस्ट वाल्व खुल जाता है तथा पिस्टन पुन: बी.डी.सी. से टी.डी.सी. की ओर चलता है। इससे सिलेण्डर में भरी हुई जली निष्क्रिय गैसों पर दबाव पड़ता है और जली गैसें एग्जॉस्ट वाल्व, एग्जॉस्ट मैनीफोल्ड तथा साइलेन्सर पाइप द्वारा सिलेण्डर से बाहर निकल जाती हैं। इसी प्रकार क्रम में चारों स्ट्रोक होते रहते हैं तथा इंजन चलता रहता है।

स्ट्रोकों पर आधारित इंजनों की विशेषताएँ
Characteristics of Engines Based on Strokes

स्ट्रोकों पर आधारित इंजनों की विशेषताएँ निम्न प्रकार हैं

(i) स्ट्रोक, इंजन के पिस्टन के विस्थापन को दर्शाते हैं।

(ii) स्ट्रोक, इंजन के विभिन्न प्रक्रमों को दर्शाते हैं।

(iii) स्ट्रोक, इंजन के प्रचालन चक्रों को दर्शाते हैं।

(iv) स्ट्रोकों पर इंजन की गति निर्भर करती है।

(v) स्ट्रोकों पर इंजन की मितव्ययिता निर्भर करती है।

तालिका दो स्ट्रोक व चार स्ट्रोक के इंजनों में अन्तर

क्र.सं.	दो स्ट्रोक इंजन	चार स्ट्रोक इंजन
I. बनावट के अनुसार अन्तर		
1.	इसमें प्रायः पोर्ट होती हैं।	इसमें वाल्व होते हैं।
2.	इसमें प्रायः क्रैंककेस सीलेड होता है।	इसमें क्रैंक चैम्बर के नीचे सम्प लगता है।
3.	इसमें प्रायः क्रैंकशाफ्ट स्पलिट-अप होती है।	इसमें क्रैंकशाफ्ट मोनो ब्लॉक होता है।
4.	इसमें प्रायः कनैक्टिंग रॉड सिंगल पीस होती है।	इसमें कनैक्टिंग रॉड स्पलिट-अप टाइप होती है।
5.	इसमें प्रायः पिस्टन डोम हैड होता है।	इसमें फ्लैट हैड पिस्टन होता है।
6.	इसमें प्रायः त्रि-लुब्रीकेटिंग बियरिंग लगते हैं।	इसमें शैल टाइप फ्रिक्शनल बियरिंग लगते हैं।
7.	इसमें प्रायः वायुशीतलित सिलेण्डर हैड और ब्लॉक होता है।	इसमे प्रायः जल शीतलित (water cooled) किस्म के होते हैं।
8.	ये इंजन कम स्थान घेरते हैं।	ये इंजन प्रायः ज्यादा स्थान घेरते हैं।
9.	इस इंजन का फ्लाईव्हील हल्का व छोटा होता है।	इस इंजन का फ्लाईव्हील भारी व बड़े व्यास का होता है।
10.	इस इंजन का डिजाइन साधारण होता है।	वाटर जैकेट्स के कारण इस इंजन का डिजाइन जटिल होता है।
II. कार्यविधि के अनुसार अन्तर		
1.	प्रति सिलेण्डर एक स्ट्रोक में कई क्रियाएँ होती हैं।	एक स्ट्रोक में एक ही क्रिया होती है।
2.	क्रैंकशाफ्ट के प्रति चक्कर पर प्रति सिलेण्डर एक स्पार्क मिलता है।	क्रैंकशाफ्ट के प्रति दो चक्करों पर प्रति सिलेण्डर एक स्पार्क मिलता है।
3.	ईंधन दहन का समय कम होता है।	ईंधन दहन का समय अधिक होता है।
4.	ईंधन के अपूर्ण दहन से निश्चित हॉर्स पावर के लिए प्रति आउटपुट 50 से 60% मिलती है।	ईंधन के पूर्ण दहन से निश्चित हॉर्स पावर के लिए प्रति लीटर आउटपुट 100% होती है।
5.	इसमें एग्जॉस्ट पोर्ट शीघ्र बन्द हो जाता है।	साइलेन्सर काफी देर तक कार्य करता है।
III. अन्य अन्तर		
1.	इंजन की आवाज अधिक होती है।	आवाज कम होती है।
2.	पोर्ट कम होने से इंजन हल्का होता है।	ज्यादा पोर्ट होने से इंजन भारी होता है।
3.	इंजन निर्माण व्यय कम है।	व्यय अधिक है।
4.	प्रति सिलेण्डर प्रति चक्कर पर पावर मिलने से इंजन सन्तुलित चलते हैं।	सन्तुलित नहीं चलते, क्योंकि क्रैंक के दो चक्रों पर एक बार पावर मिलती है।
5.	टॉर्क यूनिफॉर्म रहता है।	टॉर्क यूनिफॉर्म नहीं रहता है।
6.	यान्त्रिक दक्षता अधिक होती है।	अधिक घर्षण से दक्षता कम होती है।
7.	प्रति हॉर्स पावर फ्यूल खपत अधिक होती है।	ईंधन खपत ठीक रहती है।
8.	अधिक दूरी तय करते हुए गर्म हो जाते हैं।	वाटर कूलिंग के कारण अधिक लम्बा सफर तय करते हैं।

5. सिलेण्डरों की संख्या के आधार पर
On the Basis of Number of Cylinders

सिलेण्डरों की संख्या के आधार पर इंजन निम्न प्रकार के होते हैं

(i) एकल सिलेण्डर इंजन Single Cylinder Engine

एकल सिलेण्डर इंजन एक ही पिस्टन के क्रिया चक्र पर आधारित इंजन है, जो सिंगल एक्टिंग इंजन भी कहलाते हैं। ये इंजन पेट्रोल, डीजल एवं गैस चालित होते हैं।

सिद्धान्त Principle

इन इंजनों में ईंधन के दहन के फलस्वरूप केवल एक ही पिस्टन की शक्ति प्राप्त होती है। एकल सिलेण्डर इंजन में केवल एक ही इंजन सिलेण्डर होता है।

इसमें इंजन सिलेण्डर के अन्दर दहन कक्ष में ईंधन (पेट्रोल, डीजल, गैस एवं वायु मिश्रण) का दहन होता है, जिसके फलस्वरूप शक्ति उत्पन्न होती है।

कार्यविधि Working Method

एकल सिलेण्डर इंजन में एक कार्यकारी चक्र केवल एक पिस्टन के दो अथवा चार स्ट्रोक (सक्शन, कम्प्रैशन, इग्नीशन एवं एग्जॉस्ट) में पूर्ण होता है।

इसमें इंजन के दहन कक्ष में ईंधन के दहन से विस्फोट होता है, जिससे दहन गैसें पिस्टन को नीचे की ओर धक्का देती हैं और पिस्टन से सम्बन्धित कनैक्टिंग रॉड, क्रैंक शाफ्ट एवं फ्लाईव्हील को घुमा देती हैं।

(ii) बहु-सिलेण्डर इंजन Multi-cylinder Engine

बहु-सिलेण्डर इंजन दो या अधिक पिस्टन के क्रिया चक्रों पर आधारित इंजन है।

सिद्धान्त Principle

ये इंजन पेट्रोल, डीजल एवं गैस चालित होते हैं। इनमें ईंधन के दहन के फलस्वरूप दो या अधिक पिस्टनों की शक्ति प्राप्त होती है। बहु-सिलेण्डर इंजन में दो या अधिक इंजन सिलेण्डर होते हैं। इनमें प्रत्येक सिलेण्डर के दहन कक्ष में ईंधन (पेट्रोल, डीजल एवं गैस) का दहन होता है, जिसके फलस्वरूप शक्ति उत्पन्न होती है।

कार्यविधि Working Method

बहु-सिलेण्डर इंजन में एक कार्यकारी चक्र दो या अधिक पिस्टनों के दो या चार स्ट्रोकों (सक्शन, कम्प्रैशन, इग्नीशन एवं एग्जॉस्ट) में पूर्ण होता है। इसमें प्रत्येक सिलेण्डर के दहन कक्ष में ईंधन के दहन से विस्फोट होता है, जिससे दहन हुई गैसें प्रत्येक पिस्टन को नीचे की ओर धक्का देती हैं और पिस्टन से सम्बन्धित कनैक्टिंग रॉड, क्रैंक शाफ्ट एवं फ्लाईव्हील को घुमा देती हैं।

6. सिलेण्डर व्यवस्था के आधार पर On the Basis of Cylinder Arrangement

इंजन में सिलेण्डर व्यवस्था की विशिष्ट महत्ता है, जिसके आधार पर भी इंजनों का वर्गीकरण किया जाता है। विषय एवं पाठ्यक्रम की उपयोगिता को ध्यान में रखते हुए इसके अन्तर्गत निम्न इंजनों का वर्णन किया गया है

(i) अपोज्ड सिलेण्डर इंजन Opposed Cylinder Engine

अपोज्ड सिलेण्डर इंजन को ही डबल एक्टिंग इंजन (double acting engine) भी कहते हैं।

सिद्धान्त Principle

अपोज्ड सिलेण्डर इंजनों में पिस्टन के प्रत्येक स्ट्रोक में शक्ति विकसित होती है अर्थात् पिस्टन के टी.डी.सी. (TDC) एवं बी.डी.सी. (BDC) पर शक्ति उत्पन्न होती है। इसमें एक पिस्टन के दोनों ओर शक्ति उत्पन्न होती है।

कार्यविधि Working Method

अपोज्ड सिलेण्डर इंजन में एक ही सिलेण्डर के अन्दर एवं पिस्टन के दोनों ओर दहन होता है। इसी कारण इस इंजन को अपोज्ड सिलेण्डर इंजन कहा जाता है। इस प्रकार के इंजन में पिस्टन के दोनों ओर इनलेट और एग्जॉस्ट वाल्व दोनों ही लगे होते हैं।

जब पिस्टन टी.डी.सी. पर होता है, तो सक्शन के कारण बी.डी.सी. पर लगा इनलेट वाल्व खुल जाता है, जिससे ईंधन सिलेण्डर में प्रवेश कर जाता है और जब पिस्टन बी.डी.सी. की ओर चलता है, तो इस ईंधन का कम्प्रैशन होता है तथा तभी सक्शन के कारण पिस्टन के दूसरी ओर टी.डी.सी. पर लगा इनलेट वाल्व खुल जाता है।

जिससे ईंधन सिलेण्डर में प्रवेश कर जाता है और जब पिस्टन पुन: टी.डी.सी. की ओर चलता है, तो इस ईंधन का कम्प्रैशन होता है। कम्प्रैशन के पश्चात् दोनों ओर ईंधन का क्रमवार दहन होता रहता है, जिससे पिस्टन के प्रत्येक स्ट्रोक में इंजन में शक्ति विकसित होती रहती है।

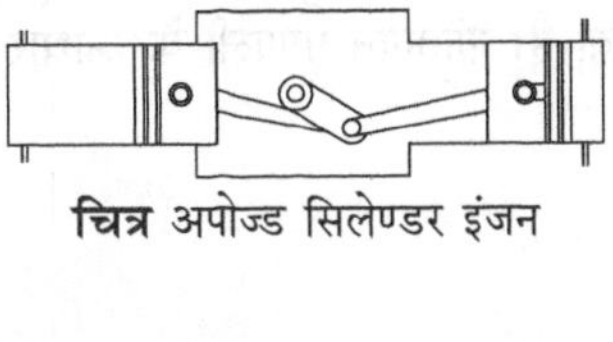

चित्र अपोज्ड सिलेण्डर इंजन

(ii) इन-लाइन इंजन In-line Engine

इन-लाइन इंजन में सिलेण्डर ऊर्ध्वाधर स्थिति में होते हैं तथा पिस्टन परस्पर समान कला में होते हैं। इस प्रकार के इंजन में शक्ति-स्ट्रोक क्रैंकशाफ्ट, घूर्णन के प्रति 360° पर होती है।

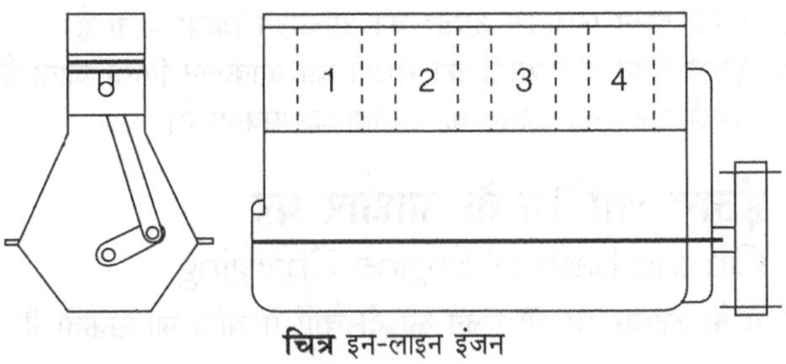

चित्र इन-लाइन इंजन

(iii) V-आकार इंजन V-Shape Engine

इनमें सिलेण्डरों की मध्य रेखाएँ एक-दूसरे के साथ किसी कोण पर होती है यह कोण सिलेण्डरों की संख्या के अनुसार होते हैं। इन इंजनों का मुख्य लाभ यह है कि ये इंजन अधिक कॉम्पेक्ट बनाए जा सकते हैं।

इनकी निर्माण लागत अधिक तथा सन्तुलन कठिन होने के कारण इनका प्रयोग ऑटोमोबाइलों में नहीं किया जाता है।

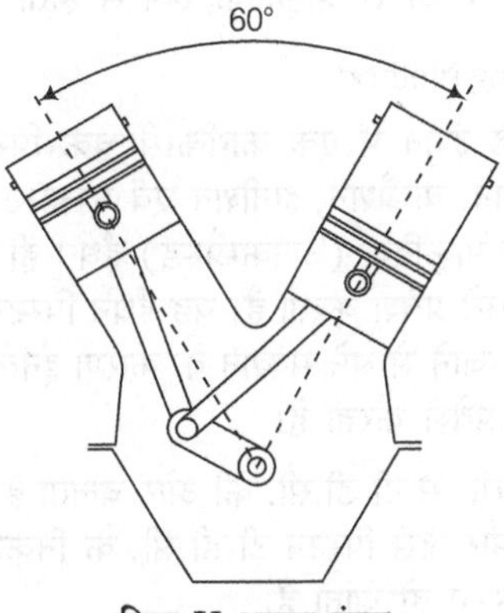

चित्र V-आकार इंजन

(iv) रेडियल इंजन Radial Engine

इस प्रकार के इंजनों में सिलेण्डर रेडियली व्यवस्थित किए जाते हैं। इस प्रकार के इंजन छोटे, हल्के तथा अधिक दृढ़ होते है। रेडियल इंजनों का प्रयोग अधिकतर वायुयान (aeroplanes) में किया जाता है।

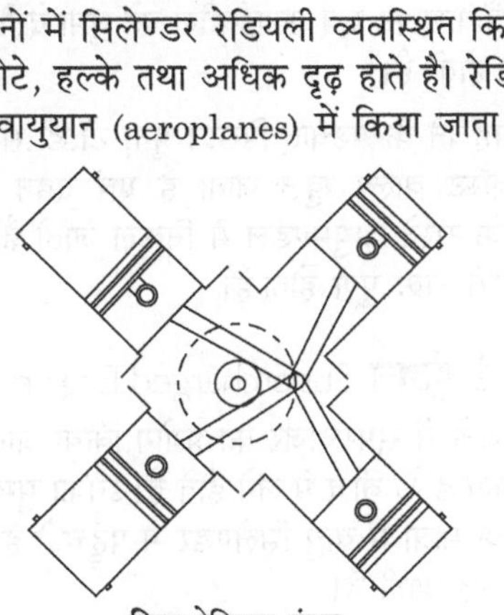

चित्र रेडियल इंजन

सिलेण्डर व्यवस्था पर आधारित इंजनों की विशेषताएँ
Characteristics of Engines Based on Cylinder Arrangement

सिलेण्डर व्यवस्था पर आधारित इंजनों की विशेषताएं निम्न हैं

1. इससे इंजन की कार्यक्षमता का आकलन किया जाता है।
2. इससे इंजन फायरिंग ऑर्डर का आकलन किया जाता है।
3. इससे इंजन में पिस्टनों की संख्या का आकलन किया जाता है।
4. इससे इंजन की दक्षता को दर्शाया जा सकता है।

7. इंजन चार्जिंग के आधार पर
On the Basis of Engine Charging

चार्जिंग के आधार पर भी इंजन को दो वर्गों में बाँटा जा सकता है

(i) प्राकृतिक एस्पीरेटेड इंजन Natural Aspirated Engine

प्राकृतिक एस्पीरेटेड इंजन केवल इंजन सिलेण्डर के अन्दर ही कम्प्रैस्ड हुए ईंधन के दहन पर आधारित इंजन हैं।

सिद्धान्त Principle

ये वे इंजन हैं, जिनमें किसी बाह्य स्रोत से कम्प्रैस्ड ईंधन को इंजन सिलेण्डर के दहन कक्ष में नहीं पहुँचाया जाता है। इन इंजनों में ईंधन का कम्प्रैशन सिलेण्डर के अन्दर प्राकृतिक रूप से होता है।

कार्यविधि Working Method

प्राकृतिक एस्पीरेटेड इंजन में एक कार्यकारी चक्र पिस्टन के दो अथवा चार स्ट्रोकों (सक्शन, कम्प्रैशन, इग्नीशन एवं एग्जॉस्ट) में पूर्ण होता है। इस इंजन में केवल प्राकृतिक (अनकम्प्रैस्ड) ईंधन ही इंजन सिलेण्डर में इनलेट वाल्व के रास्ते प्रवेश करता है। यह ईंधन पिस्टन के टी.डी.सी. से बी.डी.सी. की ओर जाने से बने सक्शन के कारण इनलेट वाल्व खुलने से इंजन सिलेण्डर में प्रवेश करता है।

जब पिस्टन बी.डी.सी. से टी.डी.सी. की ओर चलता है, तब इस ईंधन का कम्प्रैशन होता है और जैसे पिस्टन टी.डी.सी. के निकट पहुँचता है, तभी ईंधन का दहन आरम्भ हो जाता है।

अत: ईंधन के दहन से दहन कक्ष में विस्फोट होता है, जिससे दहन गैसें पिस्टन को नीचे की ओर धक्का देती हैं और पिस्टन से सम्बन्धित कनैक्टिंग रॉड, क्रैंकशाफ्ट एवं फ्लाईव्हील को घुमा देती हैं अर्थात् इंजन में शक्ति विकसित होती है।

बी.डी.सी. पर पहुँचने के पश्चात् पिस्टन पुन: टी.डी.सी. की ओर चलता है, जिससे एग्जॉस्ट वाल्व खुल जाता है एवं दहन की निष्क्रिय गैसें एग्जॉस्ट वाल्व के रास्ते वायुमण्डल में निकल जाती हैं। इस प्रकार इंजन का एक कार्यकारी चक्र पूर्ण होता है।

(ii) सुपरचार्ज्ड इंजन Supercharged Engine

इस प्रकार के इंजनों में सुपरचार्जर का प्रयोग किया जाता है, जो आमतौर पर इनलेट मैनीफोल्ड के बीच में लगे होते हैं। इनका मुख्य लाभ यह है कि ये शीघ्र व अधिक मात्रा में वायु सिलेण्डर में पहुँचाते हैं, जिससे कि इंजन की कार्यक्षमता बढ़ जाती है।

सिद्धान्त Principle

सुपरचार्ज्ड इंजन में इंजन दक्षता में वृद्धि करने हेतु बाह्य स्रोत से ईंधन को कम्प्रैशन करके इंजन सिलेण्डर में पहुँचाया जाता है, जिससे ईंधन का पूर्ण दहन सम्भव हो पाता है। इस कम्प्रैशन ईंधन को पुन: इंजन सिलेण्डर में कम्प्रैशन स्ट्रोक के अन्तर्गत कम्प्रैशन किया जाता है, जिससे ईंधन का पूर्ण दहन होता है।

कार्यविधि Working Method

सुपर चार्ज्ड इंजन में एक कार्यकारी चक्र पिस्टन के दो अथवा चार स्ट्रोकों (सक्शन, कम्प्रैशन, इग्नीशन एवं एग्जॉस्ट) में पूर्ण होता है। इस इंजन में कम्प्रैशन ईंधन इनलेट वाल्व अथवा पोर्ट के रास्ते इंजन सिलेण्डर में प्रवेश करता है। यह कम्प्रैशन ईंधन पिस्टन के टी.डी.सी. से बी.डी.सी. की ओर जाने के कारण बने सक्शन से इनलेट वाल्व खुलने के कारण इंजन सिलेण्डर में प्रवेश करता है। जब पिस्टन बी.डी.सी. से टी.डी.सी. की ओर चलता है, तब इस ईंधन का पुन: कम्प्रैशन होता है और जैसे ही पिस्टन टी.डी.सी. के निकट पहुँचता है, तभी ईंधन का दहन आरम्भ हो जाता है।

अत: ईंधन के दहन से दहन कक्ष में विस्फोट होता है, जिससे दहन गैसें पिस्टन को नीचे की ओर धक्का देती हैं और पिस्टन से सम्बद्ध कनैक्टिंग रॉड, क्रैंकशाफ्ट एवं फ्लाईव्हील को घुमा देती है अर्थात् इंजन में शक्ति विकसित हो जाती है।

बी.डी.सी. पर पहुँचने के पश्चात् पिस्टन पुन: टी.डी.सी. की ओर चलता है, जिससे एग्जॉस्ट वाल्व खुल जाता है एवं दहन की निष्क्रिय गैसें एग्जॉस्ट वाल्व के रास्ते वायुमण्डल में निकल जाती हैं। इस प्रकार इंजन का एक कार्यकारी चक्र पूर्ण होता है।

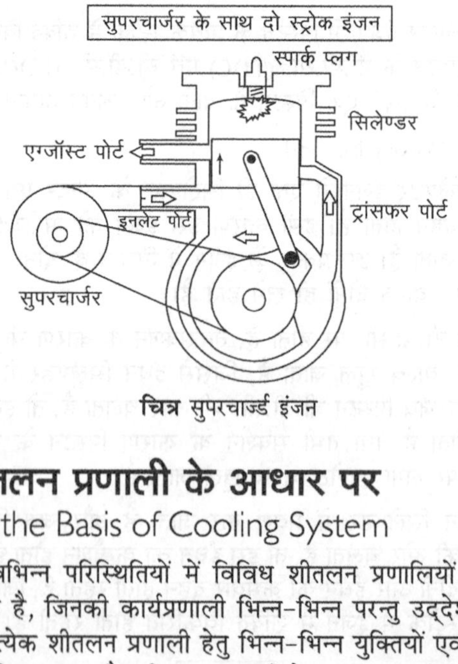

चित्र सुपरचार्ज्ड इंजन

8. शीतलन प्रणाली के आधार पर
On the Basis of Cooling System

इंजन में विभिन्न परिस्थितियों में विविध शीतलन प्रणालियों का प्रयोग किया जाता है, जिनकी कार्यप्रणाली भिन्न-भिन्न परन्तु उद्देश्य एक ही होता है। प्रत्येक शीतलन प्रणाली हेतु भिन्न-भिन्न युक्तियों एवं उपकरणों का प्रयोग किया जाता है। शीतलन प्रणाली के आधार पर इंजन दो प्रकार के होते हैं

(i) वायु शीतलित इंजन Air Cooled Engine

वायु शीतलित इंजनों में इंजन को सामान्य तापक्रम पर ठण्डा करने के लिए वायु का उपयोग किया जाता है।

सिद्धान्त Principle

इस प्रणाली द्वारा ठण्डे होने वाले इंजनों के सिलेण्डर के चारों ओर टेपर एवं पतले पंख (fins) बनाए जाते हैं। इन पंखों के कारण सिलेण्डर के चारों ओर एकत्रित वायु का क्षेत्रफल बढ़ जाता है। पंखों के पतले होने के कारण ये वायु के सम्पर्क में आकर शीघ्रता से ठण्डे होते रहते हैं। इस प्रकार इंजन सिलेण्डर का तापमान सामान्य बना रहता है।

कार्यविधि Working Method

वायु शीतलन इंजन के चारों ओर पतले एवं नुकीले पंख बने होते हैं। ये पंख इंजन के तापमान का पारेषण वायुमण्डल की वायु को करते रहते हैं, क्योंकि पंखों के कारण सिलेण्डर के चारों ओर एकत्रित वायु का क्षेत्रफल बढ़ जाता है और वायु इंजन के तापमान को अवशोषित करती रहती है, जिससे वायु के सम्पर्क से इंजन सिलेण्डर शीघ्र ठण्डे होते रहते हैं। इंजनों में आवश्यकतानुसार वायु के प्रबन्ध हेतु पंखे या ब्लोअर (blower) की व्यवस्था की जाती है।

(ii) जल शीतलित इंजन Water Cooled Engine

जल शीतलित इंजनों में इंजन का तापमान सामान्य बनाए रखने हेतु जल का प्रयोग किया जाता है।

सिद्धान्त Principle

इस प्रणाली द्वारा ठण्डे होने वाले इंजनों के सिलेण्डर के अन्दर वाटर जैकेट बनाए जाते हैं। इनमें वाटर जैकेटों में जल का प्रचालन किया जाता है। जल सिलेण्डर के तापमान को अवशोषित करता है और सिलेण्डर का तापमान सामान्य बना रहता है।

कार्यविधि Working Method

जल शीतलित इंजनों के सिलेण्डर में बने वाटर जैकेटों में जल का निरन्तर प्रचालन होता रहता है। यह जल दहन कक्ष की दीवारों के सम्पर्क में रहता है, जिससे यह निरन्तर दहन कक्ष की दीवारों की गर्मी को अवशोषित करता रहता है। वाटर जैकेटों में उपस्थित जल भी प्रचालन के कारण संघनित्र अथवा कण्डेन्सर (condenser) के द्वारा ठण्डा होता रहता है।

इस प्रकार सामान्य इंजनों को विविध आधारों पर वर्गीकृत कर उनका अध्ययन किया जा सकना सम्भव है। इसका परोक्ष-अपरोक्ष लाभ यह होता है कि इंजनों को विविध वर्गों में रखकर लगभग सभी प्रकृति के इंजनों का अध्ययन सम्भव हो जाता है। ऐसे में प्रशिक्षु किसी भी प्रकार के इंजन की जानकारी से अनभिज्ञ नहीं रहते हैं।

शीतलन प्रणाली पर आधारित इंजनों की विशेषताएँ
Characteristics of Engines Based on Cooling System

शीतलन प्रणाली पर आधारित इंजनों की विशेषताएँ निम्न हैं

(i) इससे इंजन में प्रयुक्त युक्तियों का आकलन किया जाता है।
(ii) इससे इंजन के कार्यिकी तापमान को व्यवस्थित किया जाता है।
(iii) इससे इंजन की अभिकल्पना (design) का आकलन किया जाता है।

21.3 ईंधन इंजेक्शन की विधियाँ
Methods of Fuel Injection

इंजनों में इंजेक्शन एक ऐसी व्यवस्था है, जिसके द्वारा ईंधन को इंजन में प्रवेश (enter) कराया जाता है, जिससे कि इंजन से आवश्यकतानुसार कार्य किया जा सके। इसके अन्तर्गत निम्न दो विधियाँ आती हैं

1. प्रत्यक्ष इंजेक्शन (Direct Injection)
2. अप्रत्यक्ष इंजेक्शन (Indirect Injection)

1. प्रत्यक्ष इंजेक्शन Direct Injection

प्रत्यक्ष इंजेक्शन, डीजल इंजन में ईंधन को इंजेक्ट कराने की एक ऐसी विधि है, जिसके द्वारा डीजल इंजन में पिस्टन की सहायता से ईंधन को प्रत्यक्ष रूप से दहन कक्ष में इंजेक्ट कराया जाता है।

डीजल इंजनों में यह इंजेक्शन उच्च दाब पर किया जाता है, जिसके कारण इंजन को हवा में ईंधन के प्रसार (diffusion) को सुनिश्चित करने के लिए प्री-चैम्बर की आवश्यकता नहीं पड़ती है तथा इसमें ईंधन के व्यवस्थित प्रवाह के लिए दहन कक्ष में ही इंजेक्शन नॉजिल लगाया जाता है।

यह इंजेक्शन अधिक किफायती तथा श्रेष्ठ ऊष्मीय दक्षता वाला होता है। डीजल इंजन में इंजेक्टर यन्त्र, कम्बशन चैम्बर के शीर्ष पर लगाया जाता है। इसमें ईंधन की खपत अप्रत्यक्ष इंजेक्शन से 15-20% कम होती है। इस इंजेक्टर को दो विधियों द्वारा सक्रिय किया जा सकता है

(i) ईंधन पम्प द्वारा हाइड्रोलिक दाब प्रदान कर।
(ii) इंजन नियन्त्रक द्वारा इलेक्ट्रॉनिक सिग्नल प्रदान कर।

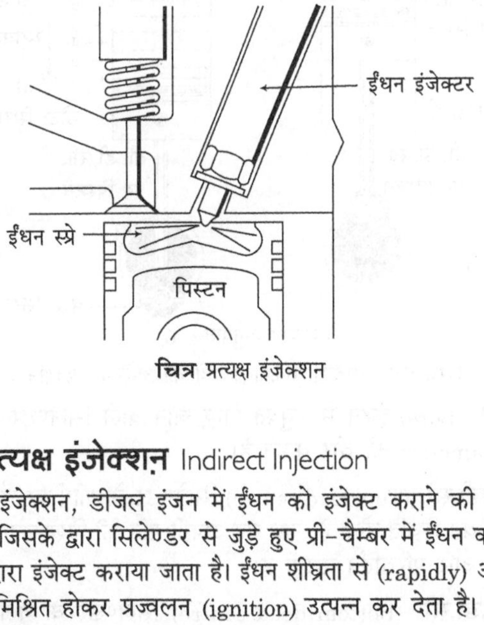

चित्र प्रत्यक्ष इंजेक्शन

2. अप्रत्यक्ष इंजेक्शन Indirect Injection

अप्रत्यक्ष इंजेक्शन, डीजल इंजन में ईंधन को इंजेक्ट कराने की एक ऐसी विधि है, जिसके द्वारा सिलेण्डर से जुड़े हुए प्री-चैम्बर में ईंधन को संकीर्ण मार्ग के द्वारा इंजेक्ट कराया जाता है। ईंधन शीघ्रता से (rapidly) ऑक्सीजन के साथ मिश्रित होकर प्रज्वलन (ignition) उत्पन्न कर देता है।

अप्रत्यक्ष इंजेक्शन प्री-चैम्बर में ग्लो प्लग भी संयोजित होता है, जिसमें प्रत्यक्ष इंजेक्शन की भाँति उच्च दाब इंजेक्शन प्रणाली की आवश्यकता नहीं होती तथा सैल्फ क्लीनिंग पिन्टल इंजेक्टर (self cleaning pintle injector) के कारण इंजेक्टर व्यवधान (injector blockage) की

सम्भावनाएँ भी कम होती हैं। बड़े वाहनों में, प्रत्यक्ष इंजेक्शन इंजन की अपेक्षा अप्रत्यक्ष इंजन बहुत आसानी से चलते हैं, क्योंकि अप्रत्यक्ष इंजेक्शन इंजन में कम इंजेक्ट दाब का प्रयोग किया जाता है।

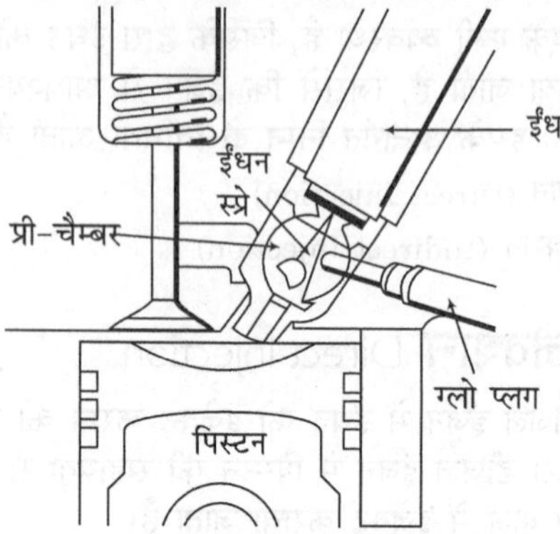

चित्र अप्रत्यक्ष इंजेक्शन

21.4 इंजन सम्बन्धी तकनीकी पद
Technical Terms Related to Engine

इंजनों से भली प्रकार अवगत होने के लिए कुछ ऐसे तकनीकी पदों की जानकारी होना भी अति आवश्यक है, जिनका बार-बार उपयोग किया जाता है। यहाँ पर ऐसे ही कुछ तकनीकी उपयोगी पदों को एकीकृत किया गया है, जोकि निम्न प्रकार हैं

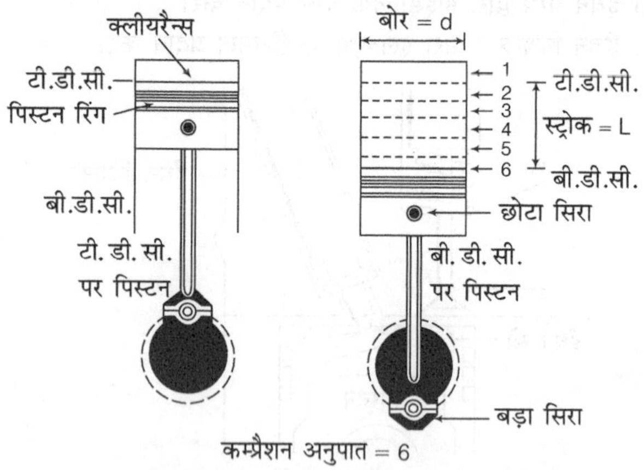

चित्र इंजन सम्बन्धी तकनीकी पदों का आरेखीय प्रदर्शन

1. **बोर** (Bore) इंजन में प्रयुक्त किए जाने वाले सिलेण्डर के व्यास (diameter) को बोर कहते हैं।
2. **टी.डी.सी.** (Top dead centre) सिलेण्डर के शीर्ष पर यह पिस्टन की वह स्थिति होती है, जब वह अपनी गति की दिशा ऊपर से नीचे की ओर परिवर्तित करता है।
3. **बी.डी.सी.** (Bottom dead centre) सिलेण्डर के तल पर यह पिस्टन की वह स्थिति होती है, जब वह अपनी गति की दिशा नीचे से ऊपर की ओर परिवर्तित करता है।
4. **स्ट्रोक** (Stroke) पिस्टन के द्वारा टी. डी. सी. से बी. डी. सी. या बी.डी.सी. से टी.डी.सी तक तय की गई दूरी को स्ट्रोक कहते हैं।
5. **चक्र** (Cycle) एक इंजन में पिस्टन की गति द्वारा शक्ति उत्पन्न करने के लिए किए गए अनुक्रम प्रचालनों का सैट चक्र (cycle) कहलाता है।
6. **पिस्टन विस्थापन आयतन/अपमार्जित आयतन** (Piston displacement volume/swept volume) इंजन में पिस्टन के टी.डी.सी. से बी. डी. सी. तक की तय की गई दूरी में जो आयतन प्राप्त होता है, उसे पिस्टन विस्थापन आयतन अथवा अपमार्जित आयतन कहते हैं। इसे प्रायः V_s से प्रदर्शित किया जाता है तथा इसका सूत्र निम्नवत् है

$$V_s = \frac{\pi}{4} d^2 \cdot s$$

यहाँ, d = सिलेण्डर बोर व s = स्ट्रोक

7. **क्लीयरैन्स आयतन** (Clearance volume) पिस्टन जब टी. डी. सी. पर होता है, तो यह पिस्टन के ऊपर का आयतन क्लीयरैन्स आयतन कहलाता है। इसे प्रायः V_c से प्रदर्शित किया जाता है।
8. **कम्प्रैशन अनुपात** (Compression ratio) स्ट्रोक से पूर्व कम्प्रैशन आयतन तथा स्ट्रोक के पश्चात् कम्प्रैशन आयतन के अनुपात को कम्प्रैशन अनुपात कहते हैं।
कम्प्रैशन अनुपात को C_r से प्रदर्शित करते हैं तथा इसका सूत्र निम्नवत् है

$$C_r = \frac{V_s + V_c}{V_c}$$

यहाँ, V_s = स्वैप्ट आयतन (swept volume) व V_c = क्लीयरैन्स आयतन (clearance volume) हैं।

9. **इंजन धारिता** (Engine capacitance) इंजन में सिलेण्डरों की संख्या तथा पिस्टन विस्थापन के गुणनफल को इंजन धारिता कहते हैं। इसे निम्न सूत्र द्वारा प्रदर्शित किया जाता है

$$V_d = V_s \cdot n$$

यहाँ, n = सिलेण्डरों की संख्या
तथा V_s = पिस्टन विस्थापन

10. **शक्ति** (Power) एक निर्धारित समय में कार्य करने की दर शक्ति कहलाती है।

अर्थात् $$\textbf{शक्ति} = \frac{\textbf{बल} \times \textbf{तय की गई दूरी}}{\textbf{समय}}$$

11. **ब्रेक अश्व शक्ति** (Break horsepower; BHP) इंजन फ्लाईव्हील पर उपस्थित इंजन की आउटपुट शक्ति ब्रेक अश्व शक्ति (BHP) कहलाती है।

इसे निम्न सूत्र द्वारा प्रदर्शित किया जाता है

$$\text{BHP} = \frac{2\pi NT}{4500}$$

यहाँ, N = क्रैंकशाफ्ट की घूर्णन गति (rpm में)
तथा T = उत्पन्न टॉर्क है।

12. **सूचित अश्व शक्ति** (Indicated horsepower; IHP) इंजन सिलेण्डर में विकसित शक्ति, सूचित अश्व शक्ति कहलाती है। इसका सूत्र निम्नवत् है

$$\text{IHP} = \frac{p_m LAN}{4500} \times K$$

यहाँ, p_m = औसत प्रभावी दाब (किग्रा/सेमी^{2} में)
L = स्ट्रोक की लम्बाई (मीटर में)
A = पिस्टन का क्षेत्रफल (सेमी^{2} में)
N = एक मिनट में स्ट्रोकों की संख्या
तथा K = सिलेण्डरों की संख्या है।

13. **घर्षण अश्व शक्ति** (Frictional horsepower; FHP) इंजन में घर्षण के कारण क्षय हुई शक्ति घर्षण अश्व शक्ति कहलाती है। इसका सूत्र निम्नवत् है

$$\text{FHP} = \text{IHP} - \text{BHP}$$

14. **यान्त्रिक दक्षता** (Mechanical efficiency) इंजन में ब्रेक अश्व शक्ति (BHP) और सूचित अश्व शक्ति (IHP) के अनुपात को यान्त्रिक दक्षता कहते हैं। इसे प्रतिशत से व्यक्त किया जाता है। इसका सूत्र निम्नवत् है

$$\text{यान्त्रिक दक्षता} = \frac{\text{BHP}}{\text{IHP}} \times 100$$

15. **आयतनिक दक्षता** (Volumetric efficiency) इंजन में सक्शन के दौरान सिलेण्डर से खींची गई वायु और सिलेण्डर के आयतन के अनुपात को आयतनिक दक्षता कहते हैं।
16. **क्षेप** (Throw) क्रैंकपिन के केन्द्र तथा मुख्य जर्नल (journal) के मध्य की दूरी क्षेप कहलाती है। इंजन का पिस्टन स्ट्रोक सदैव क्षेप का दुगना होता है।

21.5 इंजन विशिष्टियाँ Engine Specifications

इंजन विशिष्टियों से तात्पर्य इंजन सम्बन्धी विशेषताओं; जैसे—इंजन विन्यास, घन इंच, अश्व शक्ति आदि से है। इंजन की ये विशेषताएँ ही इंजन की व्यापक समझ विकसित करने में सहायक होती हैं। कुछ जानने योग्य इंजन विशिष्टियाँ निम्न प्रकार हैं

1. इंजन विन्यास Engine Configuration

इंजन विन्यास (engine configuration) एक अभियान्त्रिकीय पद है, जिसके माध्यम से इंजन की आन्तरिक व्यवस्था, क्षमता, उपयुक्त भागों (parts) तथा दक्षता से अवगत हुआ जाता है। अन्य शब्दों में कह सकते हैं कि इंजन सम्बन्धी जानकारी; जैसे—इंजन में सिलेण्डर की व्यवस्था, इंजन में प्रयुक्त होने वाले ईंधन आदि इंजन विन्यास द्वारा प्राप्त की जा सकती है।

लाभ Advantages

इंजन विन्यास के लाभ निम्न हैं

1. इंजन विन्यास से इंजन में प्रयुक्त ईंधन के प्रकार का आकलन किया जा सकता है।
2. इसके द्वारा इंजन की प्रकृति से अवगत हुआ जा सकता है।
3. इससे इंजन की आन्तरिक व्यवस्था एवं क्षमता का आकलन किया जा सकता है।
4. इसके द्वारा इंजन के स्ट्रोकों एवं कार्यिकी चक्र का आकलन किया जा सकता है।

2. घन इंच Cubic Inch

घन इंच मूलतया एक राशि है, जो इंजन में सिलेण्डर के अन्दर पिस्टन द्वारा टी.डी.सी. से बी.डी.सी के बीच तय किए गए कुल विस्थापन को प्रदर्शित करती है।

इस राशि के द्वारा ही इंजन में सिलेण्डर के अन्दर के क्षेत्रफल को पिस्टन के कुल विस्थापन से प्रदर्शित किया जाता है।

लाभ Advantages

घन इंच के लाभ निम्न हैं

1. यह इंजन की क्षमता पर निर्भर करता है।
2. इससे इंजन द्वारा वहन किए जा सकने वाले भार से अवगत हुआ जा सकता है।
3. इससे पिस्टन के विस्थापन का आकलन किया जा सकता है।
4. इससे इंजन के दहन कक्ष के आयतन का आकलन किया जाता है।
5. इससे ईंधन दहन की मात्रा से अवगत हुआ जाता है।

3. अश्व शक्ति Horse Power

अश्व शक्ति से तात्पर्य इंजन की क्षमता से है अर्थात् अश्व शक्ति द्वारा इंजन की क्षमता या ताकत से अवगत हुआ जाता है। FPS मापन प्रणाली के अनुसार 33000 पौण्ड भार को एक मिनट में एक फीट से अथवा MKS प्रणाली के अनुसार 4500 किग्रा भार को एक मिनट में एक मीटर से उठाने में आपेक्षित शक्ति, एक अश्व शक्ति होती है। प्राय: भारी इंजनों के लिए अधिक अश्व शक्ति की तथा हल्के इंजनों के लिए कम अश्व शक्ति की आवश्यकता पड़ती है।

लाभ Advantages

अश्व शक्ति के लाभ निम्न हैं

1. इससे इंजन की क्षमता का आकलन किया जाता है।
2. इससे इंजन के भार वहन करने की दक्षता से अवगत हुआ जाता है।
3. इससे इंजन के आकार का आकलन किया जाता है।

21.6 इंजन से सम्बन्धित दोषोपचार Troubleshooting Related to Engine

किसी भी ऑटो वाहन के लिए इंजन एक अनिवार्यता है। इंजन के वाहन में उपयोग के दौरान दोषों का उत्पन्न होना स्वाभाविक है। इंजन के सामान्य व जटिल दोषों को जानना प्रशिक्षुओं के लिए आवश्यक है, जो निम्नवत् हैं

क्र.सं.	दोष	उपचार
I. इंजनों में मरम्मत हेतु दृश्यिक सामान्य कारण		
1.	इंजन से ऑयल का रिसाव होना।	(i) इंजन में रिसाव वाले स्थान से सम्बन्धित नट-बोल्ट या स्टड को टाइट करें या पैकिंग को बदल दें।
2.	इंजन का झटका देकर बन्द होना।	(ii) इंजन की फ्यूल लाइन की सफाई करें।
3.	इंजन का शोर करना।	(iii) इंजन में उपयुक्त स्नेहन करें।
4.	इंजन का अत्यधिक धुआँ देना।	(iv) इंजन की समयानुसार मरम्मत कराएँ।
5.	इंजन का अत्यधिक कम्पन करना।	(v) इंजन की प्रज्वलन टाइमिंग को व्यवस्थित करें।
II. इंजन में दृश्यिक जटिल विकृतियों के लिए उत्तरदायी कारण		
1.	इंजन की क्रैंक का आवाज करना।	(i) इंजन की क्रैंकशाफ्ट की मरम्मत कराएँ अथवा क्रैंकशाफ्ट को बदल दें।
2.	इंजन का स्टार्ट न होना।	(ii) इंजन की ईंधन प्रणाली की मरम्मत कराएँ।
3.	इंजन से आवश्यकता से अधिक उत्सर्जन होना।	(iii) इंजन की मरम्मत कराएँ।
4.	इंजन के भागों का अत्यधिक गर्म होना	(iv) इंजन की शीतलन प्रणाली की मरम्मत कराएँ।
5.	इंजन का अत्यधिक घर्षण होना।	(v) इंजन में उच्च गुणवत्ता के स्नेहक का एक निश्चित लेवल बनाएँ।
6.	इंजन की वाल्वों का आवाज करना।	(vi) इंजन की वाल्व टाइमिंग व्यवस्थित करें।

महत्त्वपूर्ण बिन्दु

- इंजन एक यान्त्रिक मशीन है जो ऊष्मीय ऊर्जा को यान्त्रिक ऊर्जा अथवा कार्य में परिवर्तित करने की क्षमता रखती है।
- इंजन को मुख्य रूप से इन्टर्नल कम्बशन इंजन व एक्सटर्नल कम्बशन इंजन में वर्गीकृत किया जाता है। ऐसे ऊष्मा इंजन, जिनमें ईंधन के दहन के लिए, किसी बाह्य स्रोत की आवश्यकता होती है, एक्सटर्नल कम्बशन इंजन कहलाते हैं।
- ऐसे ऊष्मा इंजन, जिनमें ईंधन का दहन इंजन के सिलेण्डर के अन्दर होता है, इन्टर्नल कम्बशन इंजन कहलाते हैं।
- इन्टर्नल कम्बशन इंजन में पिस्टन एक कनैक्टिंग रॉड के माध्यम से क्रैंकशाफ्ट से जुड़ा होता है। ओटो चक्र इंजन के सक्शन स्ट्रोक में पिस्टन टी.डी.सी.से बी.डी.सी. की ओर जाता है।
- गैस ईंधन पर आधारित इंजन में कार्बुरेटर या इंजेक्टर के स्थान पर वेन्चुरी प्रणाली का प्रयोग किया जाता है।
- स्पॉर्क इंजन में प्रवेश करने वाले ईंधन तथा वायु के मिश्रण की मात्रा कार्बुरेटर द्वारा निर्धारित की जाती है।
- दो स्ट्रोक पेट्रोल इंजन की कार्यिकी में प्रथम स्ट्रोक में ईंधन का सक्शन एवं कम्प्रैशन तथा द्वितीय स्ट्रोक में पॉवर तथा एग्जॉस्ट होता है।
- अपोज्ड सिलेण्डर इंजन में इंजन की फायरिंग ऑर्डर का आकलन किया जा सकता है।
- इंजनों में इंजेक्शन एक ऐसी व्यवस्था है, जिसके द्वारा ईंधन को इंजन में प्रवेश कराया जाता है।
- डीजल इंजनों में प्रत्यक्ष इंजेक्शन उच्च दाब पर किया जाता है।
- प्रत्यक्ष इंजेक्शन विधि द्वारा डीजल इंजन में पिस्टन की सहायता से ईंधन को प्रत्यक्ष रूप से दहन कक्ष में इंजेक्ट कराया जाता है।
- अप्रत्यक्ष इंजेक्शन विधि द्वारा सिलेण्डर से जुड़े हुए प्री-चैम्बर में ईंधन को संकीर्ण मार्ग के द्वारा इंजेक्ट कराया जाता है।
- अप्रत्यक्ष इंजेक्शन के प्री-चैम्बर में ग्लो प्लग भी संयोजित होता है।
- इंजन में प्रयुक्त किए जाने वाले सिलेण्डर के व्यास को बोर कहा जाता है।
- सिलेण्डर के शीर्ष पर पिस्टन की वह स्थिति, जब वह अपनी गति की दिशा ऊपर से नीचे की ओर परिवर्तित करता है।
- सिलेण्डर के तल पर पिस्टन की वह स्थिति, जब वह अपनी गति की दिशा नीचे से ऊपर की ओर परिवर्तित करता है।
- पिस्टन के द्वारा टी. डी. सी. से बी. डी. सी. तक या बी. डी. सी. से टी. डी. सी. तक तय की गई दूरी स्ट्रोक कहलाती है।
- पिस्टन जब टी. डी. सी. पर होता है, तो पिस्टन के ऊपर का आयतन क्लीयरैन्स आयतन कहलाता है।
- स्ट्रोक से पूर्व कम्प्रैशन आयतन तथा स्ट्रोक के पश्चात् कम्प्रैशन आयतन के अनुपात को कम्प्रैशन अनुपात कहते हैं।
- इंजन सिलेण्डर में विकसित शक्ति, सूचित अश्व शक्ति कहलाती है।
- इंजन में ब्रेक अश्व शक्ति और सूचित अश्व शक्ति के अनुपात को यान्त्रिक दक्षता कहते हैं।

महत्त्वपूर्ण प्रश्नोत्तरी

1. एक्सटर्नल कम्बशन इंजन, इन्टर्नल कम्बशन इंजन की तुलना में आकार में बड़ा होता है, क्यों?

उत्तर एक्सटर्नल कम्बशन इंजन में ईंधन का दहन अलग से होता है, इसलिए इसका आकार इन्टर्नल कम्बशन इंजन की तुलना में अधिक बड़ा होता है।

2. डीजल इंजन में वायु के कम्प्रैशन के पश्चात् यदि इसका तापमान डीजल के दहन तापमान से कम रह जाए, तो इंजन की कार्यप्रणाली किस प्रकार प्रभावित होगी?

उत्तर डीजल इंजन में यदि कम्प्रैस्ड वायु का तापक्रम डीजल के दहन के तापक्रम से कम होगा तो, पावर स्ट्रोक के दौरान इसका दहन नहीं होगा एवं शक्ति उत्पन्न नहीं होगी।

3. स्पार्क इग्नीशन इंजन, इन्टर्नल कम्बशन इंजन से किस प्रकार सम्बन्धित है?

उत्तर स्पार्क इग्नीशन इंजन में भी इन्टर्नल कम्बशन इंजन की भाँति पेट्रोल तथा गैस ईंधन के रूप में प्रयुक्त होते हैं, इस प्रकार यह इन्टर्नल कम्बशन इंजन से सम्बन्धित है।

4. दो स्ट्रोक पेट्रोल इंजन का उपयोग कहाँ होता है?

उत्तर दो स्ट्रोक पेट्रोल इंजन का उपयोग वहाँ होता है, जहाँ सरलता एवं मितव्ययी वाले प्राइम मूवर की आवश्यकता होती है।

5. चार स्ट्रोक पेट्रोल इंजन किस सिद्धान्त पर आधारित होते हैं?

उत्तर चार स्ट्रोक पेट्रोल इंजन ओटो चक्र आधारित होता है, जिसमें एक कार्यकारी चक्र पिस्टन के चार स्ट्रोकों में पूर्ण होता है।

6. स्ट्रोक आधारित इंजनों की तीन विशेषताएँ बताइए।

उत्तर स्ट्रोक आधारित इंजनों की तीन विशेषताएँ निम्न हैं

(i) स्ट्रोक पिस्टन के विस्थापन को दर्शाते हैं।

(ii) स्ट्रोकों पर इंजन की मितव्ययिता निर्भर करती है।

(iii) स्ट्रोक, इंजन के विभिन्न प्रक्रमों को दर्शाते हैं।

अभ्यास प्रश्न

परीक्षा प्रारूपी प्रश्न

बहुविकल्पीय

1. ऊष्मा इंजन वह इंजन है, जिसमें ……… ताप द्वारा गैसों को फैलाकर प्राप्त की जाती है।

(a) चाल (b) शक्ति
(c) दाब (d) इनमें से कोई नहीं

2. इंजनों का प्रयोग निम्न में से किस आधार पर किया जाता है?

(a) विविध कार्यों के (b) विविध उद्देश्यों के
(c) 'a' और 'b' दोनों (d) इनमें से कोई नहीं

3. "इंजन में पेट्रोल का दहन होता है।" इससे क्या अभिप्राय है?

(a) पेट्रोल के जलने के कारण इंजन बन्द हो जाता है
(b) पेट्रोल के जलने के कारण इंजन में शक्ति उत्पन्न होती है
(c) पेट्रोल के जलने के कारण इंजन कार्य नहीं कर पाता है
(d) उपरोक्त में से कोई नहीं

4. निम्न में से कौन-सा ईंधन ऑटोमोबाइल इंजन में प्रयुक्त नहीं होता है?

(a) पेट्रोल (b) डीजल
(c) कोयला (d) ये सभी

5. एक्सटर्नल कम्बशन इंजन में ईंधन जलाने का स्थान होता है

(a) बहुत कम (b) बड़ा
(c) गोल (d) इनमें से कोई नहीं

6. एक्सटर्नल कम्बशन इंजनों में गैसें इनमें से क्या करती हैं?

(a) इंजन यन्त्रावली से अन्तर्क्रिया (b) गति
(c) उपयोगी कार्य (d) ये सभी

7. इनमें से कौन-सा इन्टर्नल कम्बशन इंजन का प्रकार है?

(a) भाप इंजन (b) टरबाइन इंजन
(c) डीजल इंजन (d) इनमें से कोई नहीं

8. इन्टर्नल कम्बशन इंजन स्टार्ट होता है

(a) कम समय में (b) काफी देर में
(c) तुरन्त (d) इनमें से कोई नहीं

9. इन्टर्नल कम्बशन गैसीय इंजन इनमें से किसका उपयोग ईंधन रूप में करता है?

(a) कोल गैस (b) बायो गैस
(c) प्राकृतिक गैस (d) ये सभी

10. इन्टर्नल कम्बशन इंजन में ऊर्जित करने का कार्य इनमें से किस प्रकार होता है?
(a) सर्वप्रथम रासायनिक ऊर्जा ऊष्मीय ऊर्जा में परिवर्तित होती है
(b) फिर ऊष्मीय ऊर्जा यान्त्रिक ऊर्जा में परिवर्तित होती है
(c) यान्त्रिक ऊर्जा वाहन को प्रचालित कर देती है
(d) उपरोक्त सभी

11. इन्टर्नल कम्बशन इंजन में सक्शन स्ट्रोक के दौरान कौन–सी संक्रिया होती है?
(a) सिलेण्डर में पेट्रोल का सक्शन
(b) सिलेण्डर में डीजल का सक्शन
(c) सिलेण्डर में पेट्रोल तथा वायु का सक्शन
(d) केवल वायु का सक्शन

12. इन्टर्नल कम्बशन इंजन का कौन–सा भाग 'ऊर्जा का भण्डार' कहा जाता है?
(a) क्रैंकशाफ्ट (b) कैमशाफ्ट
(c) कम्पन डेम्पर (d) फ्लाई व्हील

13. सिलेण्डर में उच्च सीमा तथा निम्न सीमा कहलाती है
(a) एन.डी.सी. तथा सी.डी.सी. (b) पी.डी.सी तथा के.डी.सी.
(c) टी.डी.सी. तथा बी.डी.सी. (d) इनमें से कोई नहीं

14. गैस के फैलने पर पिस्टन चलता है
(a) टी.डी.सी. से बी.डी.सी. की ओर
(b) बी.डी.सी. से टी.डी.सी. की ओर
(c) नीचे की ओर
(d) 'b' और 'c' दोनों

15. सिलेण्डर में पिस्टन के गति करने के अधिकतम उच्च बिन्दु को कहते हैं
(a) टी.डी.सी. (b) बी.डी.सी.
(c) स्ट्रोक (d) इनमें से कोई नहीं

16. ओटो साइकिल में कम्बशन होता है
(a) नियत दाब पर (b) नियत ताप पर
(c) नियत आयतन पर
(d) नियत दाब एवं नियत आयतन पर

17. डीजल इंजन में ईंधन इंजेक्शन ······ का प्रयोग किया जाता है।
(a) पम्प (b) कार्बुरेटर
(c) गवर्नर (d) मोटर

18. नीचे दिए गए ओटो चक्र पर आधारित इंजन के p-V डायग्राम में 2-3 प्रक्रम किस स्ट्रोक को प्रदर्शित करता है?

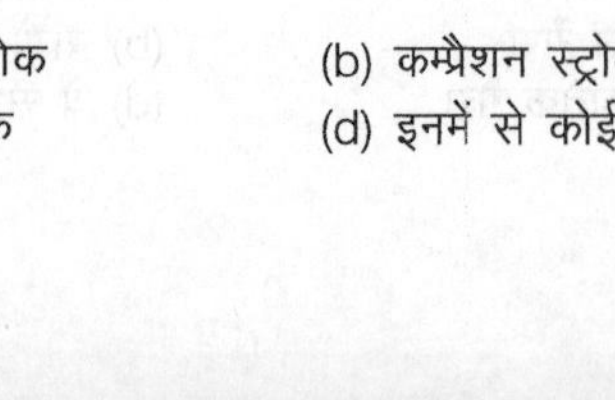

(a) सक्शन स्ट्रोक (b) कम्प्रैशन स्ट्रोक
(c) पावर स्ट्रोक (d) इनमें से कोई नहीं

19. स्पार्क इग्नीशन इंजन में ईंधन के रूप में प्रयोग होता है
(a) पेट्रोल
(b) गैस
(c) डीजल
(d) पेट्रोल व वायु का मिश्रण

20. कम्प्रैशन इग्नीशन इंजन में ······ का दहन होता है।
(a) पेट्रोल (b) डीजल
(c) 'a' और 'b' दोनों (d) इनमें से कोई नहीं

21. सक्शन स्ट्रोक में पिस्टन टी.डी. सी. से ······ की ओर चलता है।
(a) कनैक्टिंग रॉड (b) वाल्व
(c) बी.डी.सी. (d) इनमें से कोई नहीं

22. निम्न में से किस स्ट्रोक में इंजन को शक्ति प्राप्त नहीं होती है?
(a) सक्शन (b) एग्जॉस्ट
(c) 'a' और 'b' दोनों (d) इनमें से कोई नहीं

23. दबे मिश्रण को जलाना किस स्ट्रोक के अन्तर्गत आता है?
(a) पावर स्ट्रोक
(b) सक्शन स्ट्रोक
(c) एग्जॉस्ट स्ट्रोक
(d) कम्प्रैशन स्ट्रोक

24. कम्प्रैशन स्ट्रोक में पिस्टन चलता है
(a) ऊपर की ओर
(b) बी.डी.सी. से टी.डी.सी. की ओर
(c) नीचे की ओर
(d) 'a' और 'b' दोनों

25. पिस्टन का अन्तिम स्ट्रोक है
(a) सक्शन स्ट्रोक
(b) कम्प्रैशन स्ट्रोक
(c) इग्नीशन स्ट्रोक
(d) एग्जॉस्ट स्ट्रोक

26. दो स्ट्रोक साइकिल इंजन एक पावर स्ट्रोक बनाता है
(a) क्रैंकशाफ्ट के प्रत्येक चक्कर में
(b) क्रैंकशाफ्ट के दो चक्कर में
(c) क्रैंकशाफ्ट के तीन चक्कर में
(d) क्रैंकशाफ्ट के चार चक्कर में

27. दो स्ट्रोक इंजन में क्रैंकशाफ्ट के प्रत्येक चक्कर में ······ प्राप्त होता है।
(a) पावर स्ट्रोक (b) दहन
(c) सक्शन (d) ये सभी

28. दो स्ट्रोक इंजन में ईंधन को क्रैंककेस से सिलेण्डर में भेजने के लिए प्रयुक्त पोर्ट है
(a) इनलेट पोर्ट (b) स्पार्क प्लग पोर्ट
(c) ट्रांसफर पोर्ट (d) एग्जॉस्ट पोर्ट

29. दो स्ट्रोक इंजन में चार स्ट्रोक इंजन की अपेक्षा दोलन ······ होता है।
(a) कम (b) अधिक
(c) बराबर (d) इनमें से कोई नहीं

30. एक चार स्ट्रोक डीजल इंजन की पावर साइकिल चार स्ट्रोक में पूरी होती है। चार स्ट्रोक डीजल इंजन में सक्शन स्ट्रोक के दौरान पिस्टन उत्पन्न करता है
(a) गैस (b) केवल ईंधन
(c) केवल स्वच्छ वायु (d) वायु तथा ईंधन का मिश्रण

31. कम्प्रैशन अनुपात का सूत्र है
(a) $\frac{V_C - V_S}{V_C}$ (b) $\frac{V_S - V_C}{V_C}$
(c) $\frac{V_S + V_C}{V_S}$ (d) $\frac{V_S + V_C}{V_C}$

32. क्लीयरैन्स आयतन के लिए इंजन की उपयुक्त स्थिति है
(a) सिलेण्डर में BDC पर पिस्टन
(b) सिलेण्डर में BDC से ऊपर पिस्टन
(c) सिलेण्डर में TDC पर पिस्टन
(d) सिलेण्डर में TDC से नीचे पिस्टन

33. चार स्ट्रोक इंजन में कैमशाफ्ट की स्पीड …… होती है।
(a) क्रैंकशाफ्ट की दोगुनी
(b) क्रैंकशाफ्ट के बराबर
(c) क्रैंकशाफ्ट की आधी
(d) क्रैंकशाफ्ट की चार गुनी

34. इग्नीशन टाइमिंग सैट की जाती है
(a) TDC पर, कम्प्रैशन स्ट्रोक के प्रारम्भ में
(b) TDC पर, कम्प्रैशन स्ट्रोक के अन्त में
(c) BDC पर, पावर स्ट्रोक के प्रारम्भ में
(d) BDC पर, पावर स्ट्रोक के अन्त में

35. अपोज्ड पिस्टन दो स्ट्रोक इंजन में ……… क्रैंकशाफ्ट प्रयुक्त होती है।
(a) एक (b) दो
(c) तीन (d) इनमें से कोई नहीं

36. जल शीतलित इंजनों के सिलेण्डर में बने वाटर जैकेटों में क्या होता रहता है?
(a) जल का निरन्तर प्रचालन
(b) जल दहन कक्ष की दीवारों से सम्पर्क
(c) दीवारों की गर्मी का अवशोषण
(d) उपरोक्त सभी

37. इंजन की ओवर हीटिंग का कारण है
(a) फ्यूल लीकेज (b) दोषयुक्त शीतलन प्रणाली
(c) कमजोर कम्प्रैशन (d) लो डायनमो शाफ्ट rpm

38. इंजन के अधिकतम ईंधन खपत का कारण है
(a) इंजन ब्लॉक में स्केल फॉरमेशन (b) डिफेक्टिव डायनमो
(c) फ्यूल लीकेज (d) उच्च तेल स्तर

उत्तरमाला

1. (c)	**2.** (c)	**3.** (b)	**4.** (c)	**5.** (b)	**6.** (a)	**7.** (c)	**8.** (a)	**9.** (d)	**10.** (d)
11. (d)	**12.** (d)	**13.** (c)	**14.** (a)	**15.** (a)	**16.** (c)	**17.** (a)	**18.** (b)	**19.** (d)	**20.** (b)
21. (c)	**22.** (c)	**23.** (a)	**24.** (b)	**25.** (d)	**26.** (a)	**27.** (d)	**28.** (c)	**29.** (a)	**30.** (c)
31. (d)	**32.** (c)	**33.** (a)	**34.** (a)	**35.** (b)	**36.** (a)	**37.** (b)	**38.** (c)		

अध्याय 22

इंजन अवयव
Engine Components

परिचय Introduction

ट्रैक्टर में इंजन मूलत: विविध अवयवों (components) एवं यन्त्रावलियों (mechanisms) की समग्र रचना है, जिसमें विभिन्न स्ट्रोक्स सिलेण्डर के पिस्टन के ऊपर नीचे चलने से पूरे होते हैं। इन स्ट्रोकों को पूरा करने के लिए इंजन वाल्वों का प्रयोग किया जाता है, जोकि कैम शाफ्ट द्वारा खुलते हैं। इंजन के इन स्ट्रोकों से जो शक्ति विकसित (develop) होती है, वह कनैक्टिंग रॉड द्वारा क्रैंक शाफ्ट तथा उस पर लगे फ्लाईव्हील को घुमाती है।

इस प्रकार हम कह सकते हैं कि सिलेण्डर, पिस्टन कनैक्टिंग रॉड, इंजन वाल्व, कैम शाफ्ट, क्रैंक शाफ्ट तथा फ्लाईव्हील इंजन के मुख्य आधार भाग होते हैं। इसके साथ ही सिलेण्डर हैड, गैस्केट, पिस्टन रिंग, गजन पिन, वाल्व स्प्रिंग तथा लॉक आदि भी इंजन के मुख्य भाग हैं। प्रस्तुत अध्याय में इंजन के मुख्य भागों का विस्तार पूर्वक वर्णन किया गया है एवं साथ ही इंजन के संयोजन और उसको आवश्यकता पड़ने पर खोलने-बाँधने की प्रक्रिया का भी उल्लेख किया गया है।

अध्याय विषय सूची

22.1 इंजन के मुख्य अवयवों को जानने की आवश्यकता
Need of Knowing the Main Components of an Engine

ट्रैक्टर की कार्यिकी को सुचारु रूप से समझने के लिए सम्बन्धित अवयवों को जानना अति आवश्यक है। ट्रैक्टर में इंजन के प्रत्येक अवयव का अपना अलग-अलग कार्य होता है और इन अवयवों से सम्बन्धित विभिन्न यन्त्रावलियों का अपनी आवश्यकता के अनुसार निर्माण कर उनको समग्र रूप में इंजन का आकार दे दिया जाता है। इसके पश्चात् ही इंजन सुचारु रूप से क्रियाशील बने रहने में सक्षम हो पाते हैं। अन्य शब्दों में हम कह सकते हैं कि इंजन की उपयोगिता को देखते हुए इसमें प्रयुक्त होने वाले अवयवों को जानना भी प्रशिक्षु के लिए अत्यन्त आवश्यक है, क्योंकि इनकी सहायता से ही इंजन क्रियाशील बन पाता है।

22.2 इंजन के मुख्य अवयव Main Components of an Engine

इंजन के मुख्य अवयव (component) वे हैं, जो इंजन के प्रचालन (operation) में महत्त्वपूर्ण भूमिका का निर्वहन करते हैं और 'मैकेनिक ट्रैक्टर' ट्रेड में दक्ष तकनीशियन के लिए इन अवयवों को जानना अनिवार्य रूप से आवश्यक है। इंजन में इनकी भूमिका से लेकर इनके संघटन (composition) तथा कार्य (function) से अवगत होना एक तकनीशियन के लिए उसका कौशल कहा जा सकता है। प्रशिक्षुओं को इनका भली प्रकार अवलोकन कर इनकी ट्रेड उपयोगिता को समझ लेना चाहिए।

इंजन के मुख्य अवयवों का वर्णन निम्न प्रकार है

1. सिलेण्डर हैड Cylinder Head

इंजनों में सिलेण्डरों को ऊपर से बन्द करने के लिए सिलेण्डर हैड का उपयोग किया जाता है। इन्हीं सिलेण्डर हैड में दहन कक्ष बना होता है, जहाँ ईंधन जलता है एवं इंजन की दक्षता को सुनिश्चित करता है।

संरचना Construction

सिलेण्डर हैड प्राय: ढलवाँ लोहे (cast iron) के बने होते हैं, परन्तु कुछ इंजनों के लिए सिलेण्डर हैड आवश्यकतानुसार एल्युमीनियम अलॉय के भी बनाए जाते हैं। इस भाग की निर्माणक सामग्री धातु प्रकृति के अनुरूप भाग को सामर्थ्य प्रदान करती है।

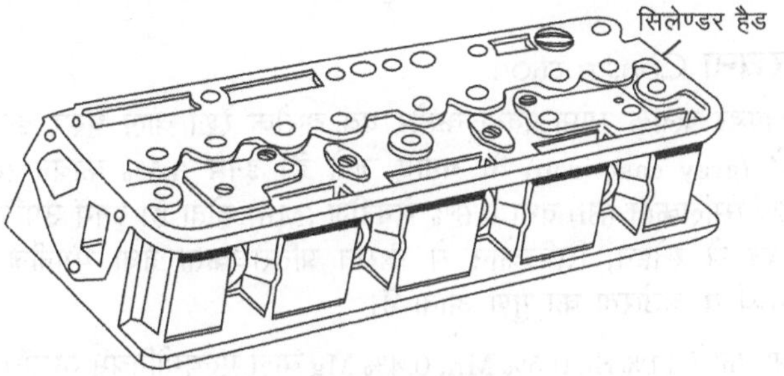

चित्र सिलेण्डर हैड की संरचना

कार्य Function

सिलेण्डरों को ऊपर से बन्द करने के लिए सिलेण्डर हैड का उपयोग किया जाता है। जिन इंजनों में वाल्व हैड में फिट किए जाते हैं, वे ऊँचे होते हैं, क्योंकि उन्हीं में वाल्व गाइड फिट की जाती है। इसे सिलेण्डर ब्लॉक के साथ नट तथा बोल्ट के साथ कसा जाता है। इसकी सिलेण्डर ब्लॉक के साथ मिलने वाली सतह समतल होनी चाहिए, अन्यथा वहाँ से गैस के साथ पानी के भी लीक होने की सम्भावना बनी रहती है। इससे सिलेण्डर हैड की कार्यिकी व्यवस्थित रूप से नहीं हो पाती है

डिजाइन की महत्ता Importance of Design

इंजन दक्षता (efficiency) को उच्च बनाए रखने के लिए सिलेण्डर हैड डिजाइन की अलग ही महत्ता है। इसके डिजाइन की सहायता से ही वायु-ईंधन के मिश्रण का टर्बुलेन्स (turbulence) या स्विर्ल (swirl) बढ़ाया जा सकता है तथा सिलेण्डर हैड का डिजाइन ही सिलेण्डर दीवारों (cylinder walls) या दहन कक्ष की सतह पर ईंधन बूंदों (fuel droplets) का स्थायीकरण (settling) रोकता है, ताकि दहन ठीक प्रकार से हो सके एवं इंजन की दक्षता कायम रहे।

2. डीजल दहन कक्ष Diesel Combustion Chamber

डीजल इंजन सिलेण्डर में उपलब्ध यह एक ऐसा कक्ष है, जिसमें ईंधन का दहन किया जाता है। परिणामस्वरूप ईंधन की रासायनिक ऊर्जा का परिवर्तन ताप ऊर्जा में एवं अन्तत: यान्त्रिक ऊर्जा में होता है।

इनको प्राय: डीजल की स्प्रे मात्रा तथा सिलेण्डर में दबी हवा के आधार पर दो भागों में वर्गीकृत किया जाता है, जोकि निम्न प्रकार हैं

(i) ओपन दहन कक्ष Open Combustion Chamber

इसे प्रत्यक्ष दहन कक्ष के नाम से भी जाना जाता है। इसमें दहन कक्ष (combustion chamber) का सम्पूर्ण आयतन मुख्य सिलेण्डर में स्थित (locate) होता है तथा इसी आयतन में ईंधन अन्त: क्षेप (inject) किया जाता है।

ईंधन का प्रज्वलन कक्ष में ठीक प्रकार से हो सके एवं इंजन की दक्षता (efficiency) बढ़ाई जा सके, इसके लिए इस प्रकार के कक्ष को निम्न डिजाइन में बनाया जाता है

1. शैलो डैप्थ दहन कक्ष
   (Shallow Depth Combustion Chamber),
2. अर्द्ध-बेलनाकार दहन कक्ष
   (Semi-Spherical Combustion Chamber),
3. बेलनाकार दहन कक्ष
   (Cylindrical Combustion Chamber) तथा
4. टोरोइडल दहन कक्ष (Toroidal Combustion Chamber)।

(ii) क्लोज दहन कक्ष Close Combustion Chamber

इसे अप्रत्यक्ष दहन कक्ष (indirect combustion chamber) के नाम से भी जाना जाता है। इसमें दहन कक्ष दो-या-दो से अधिक भागों में विभाजित तथा वर्जित मार्ग (restricted passage) से आपस में जुड़े होते हैं। ये प्राय: निम्न प्रकार के होते हैं

(a) एयर सैल चैम्बर Air Cell Chamber

इस विधि में डीजल का इंजेक्शन एक बेलनाकार (cylindrical) जगह पर किया जाता है। इससे वह तुरन्त हवा की पूरी मात्रा के सम्पर्क में आ जाता है, जिससे डीजल शीघ्र जलकर गैसों के प्रसरण में सहायता करता है।

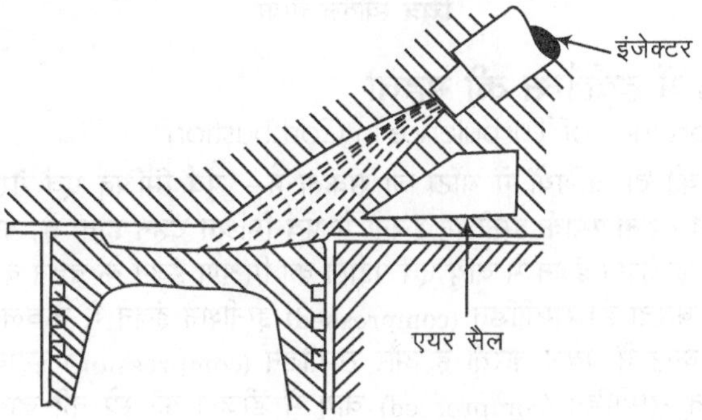

चित्र एयर सैल दहन कक्ष

(b) प्री-इग्नीशन चैम्बर Pre-ignition Chamber

एक प्रकार के दहन कक्ष (combustion chamber) में इंजेक्टर के साथ अथवा कम्बशन चैम्बर में एक अतिरिक्त प्री-इग्नीशन चैम्बर बना होता है। इसमें ही डीजल का पूर्ण स्प्रे किया जाता है।

इसके अतिरिक्त दहन कक्ष (combustion chamber) के द्वारा हवा में टर्बुलैन्स अधिक पैदा हो जाता है, जिससे डीजल शीघ्र जल जाता है तथा कम्बशन चैम्बर की शेष हवा भी प्री-इग्नीशन चैम्बर की गर्म हवा द्वारा गर्म होकर गैसों को फैलाती है।

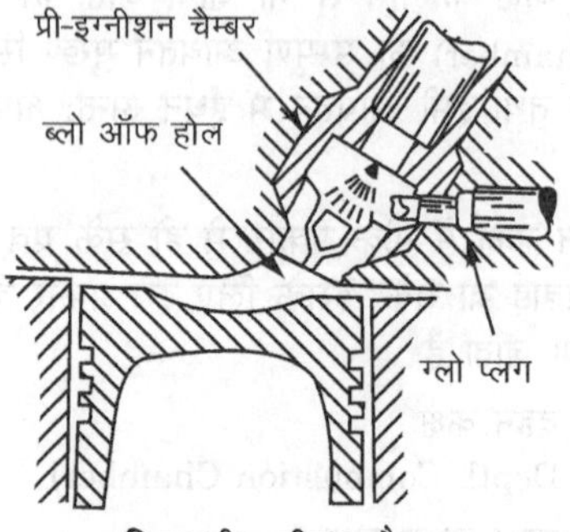

चित्र प्री-इग्नीशन चैम्बर

(c) **स्वीवेल चैम्बर** Swivel Chamber

इसमें एक अतिरिक्त भँवर कक्ष (swivel chamber) बना होता है, जिससे हवा को वृत्ताकार घुमाया जाता है। हवा में घुमाव बन जाने से डीजल शीघ्र पूरी हवा में फैलकर जल जाता है। इसमें हवा को गर्म करने के लिए हीटर प्लग भी प्रयोग किया जाता है, जिससे हवा गर्म होकर शीघ्र डीजल को जलाने में समर्थ रहती है।

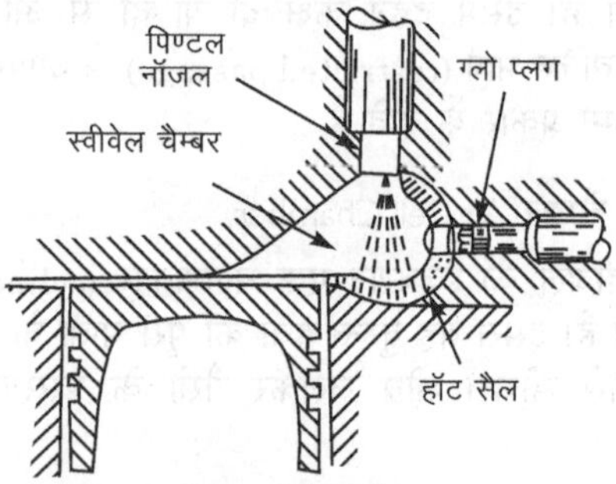

चित्र स्वीवेल चैम्बर

दहन में टर्बुलैन्स की महत्ता
Importance of Turbulence in Combustion

दहन को दो श्रेणियों में बाँटा जा सकता है– पूर्व मिश्रित एवं गैर-पूर्व मिश्रित दहन। स्पार्क इग्नीशन इंजनों में पूर्व मिश्रित दहन होता है, क्योंकि स्पार्क इग्नीशन इंजन में वायु एवं पेट्रोल का मिश्रण इंजन के दहन कक्ष में प्रवेश करता है। सम्पीडित (compressed) इग्नीशन इंजन में केवल वायु दहन कक्ष में प्रवेश करती है और सम्पीडन (compression) स्ट्रोक के पश्चात् सम्पीडित (compressed) वायु में डीजल की स्प्रे की जाती है, जिससे डीजल ऑटोमाइज हो जाता है।

इसके पश्चात् दहन होता है। स्पार्क इग्नीशन इंजन में ईंधन एवं वायु का मिश्रण दहन कक्ष में लम्बे समय तक टर्बुलैन्स द्वारा आणविक स्तर तक प्रज्वलित होने से पहले मिश्रित होता है। प्रज्वलन के पश्चात् ज्वाला (flame) की उत्पत्ति पहले लेमिनार (laminar) या पर्णदलीय रूप में होती है, इसके पश्चात् ज्वाला टर्बुलैन्स का रूप धारण कर लेती है। टर्बुलैन्स दहन में टर्बुलैन्स दहन गति बहुत महत्त्वपूर्ण कार्य करती है। कम्प्रैस्ड इग्नीशन इंजन में डीजल का वाष्पीकरण हो जाता है और स्वत: प्रज्वलन आरम्भ हो जाता है।

यह स्वत: प्रज्वलन बहुत तीव्रता से बढ़ता है और पूर्व मिश्रित गैसों की तीव्रता से खपत होती है। दहन के अन्तिम चरण में दहन गैर-पूर्व मिश्रित स्थिति में होता है, जिससे NO_x का उत्सर्जन होता है। दहन में टर्बुलैन्स के कारण NO_x के उत्सर्जन में कमी आती है। अत: दहन में टर्बुलैन्स का विशेष महत्त्व है।

3. सिलेण्डर ब्लॉक Cylinder Block

यह एक इंजन का अनिवार्य भाग है, जो विभिन्न उपयोगी भागों को सिलेण्डर से सम्बद्ध बनाए रखने में मुख्य भूमिका का निर्वहन करता है।

संरचना Construction

सिलेण्डर ब्लॉक सामान्यतया कठोर एवं बारीक रेशों वाले धूसर ढलवाँ लोहे (grey cast iron) के बनाए जाते हैं। इनमें 3.5% कार्बन (C), 2.5% सिलिकॉन (Si) तथा 0.6% मैंगनीज (Mn) होता है। इनमें उपस्थित कार्बन से स्नेहन, सिलिकॉन से घिसन प्रतिरोधकता तथा मैंगनीज से सामर्थ्य व कठोरता का गुण आता है।

कभी-कभी 11% Si, 0.5% Mn, 0.4% Mg वाले एल्युमीनियम अलॉय के भी सिलेण्डर ब्लॉक बनाए जाते हैं, जबकि बड़े कार्यों हेतु इंजन सिलेण्डर निकिल क्रोम ढलवाँ लोहे के बनाए जाते हैं। इसकी रचना एकल ढलाई (single casting) के रूप में होती है।

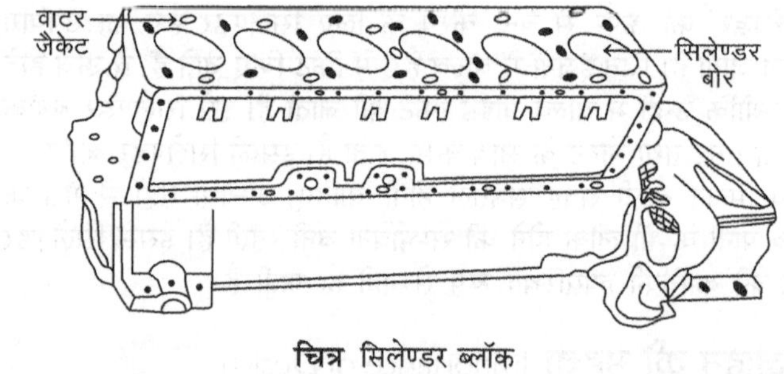

चित्र सिलेण्डर ब्लॉक

कार्य Function

यह इंजन में पश्चाग्र गति करने वाले भागों को सपोर्ट प्रदान करता है तथा पश्चाग्र गति हेतु स्थान उपलब्ध कराता है। इसमें खोखले बेलनाकार रूप में सिलेण्डर बने होते हैं। इस ब्लॉक को ऊपर से सिलेण्डर हैड के द्वारा तथा नीचे से ऑयल सम्प के द्वारा बन्द किया जाता है।

4. सिलेण्डर लाइनर Cylinder Liner

किसी भी इंजन के सिलेण्डर एक निश्चित सीमा तक ही री-बोर किए जा सकते हैं, उससे अधिक माल काटने पर सिलेण्डर की दीवारें पतली रह जाती हैं, जिनसे सम्पीडन स्ट्रोक या फायरिंग के समय उनके फट जाने का भय रहता है, इसलिए ऐसे सिलेण्डरों में नए सिलेण्डर लाइनर या स्लीव (sleeve) फिट किए जाते हैं। ये दो प्रकार के होते हैं

(i) **सूखा सिलेण्डर लाइनर** Dry Cylinder Liner

इस प्रकार के लाइनर, सिलेण्डर के घिसे हुए बोर में फिट किए जाते हैं। इनको फिट करने के लिए पहले के लाइनर को निकालना नहीं पड़ता है। इन्हें सिलेण्डर में दबा (press) कर फिट किया जाता है।

सिलेण्डर की दीवार से यह चिपककर फिट रहे, इसका ध्यान रखना आवश्यक है। इसी प्रकार के लाइनर अधिकतर प्रयोग किए जाते हैं, परन्तु इन लाइनरों का सम्बन्ध सीधे जैकेट के पानी से नहीं रहता है। इस कारण ये पूर्णतया ठण्डे नहीं रह पाते।

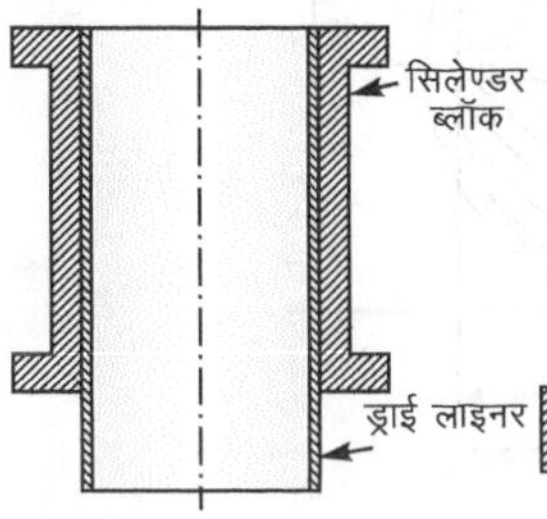

चित्र सूखे सिलेण्डर लाइनर

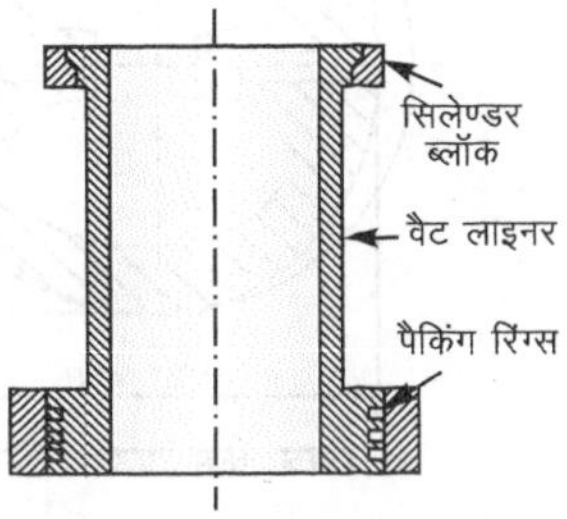

चित्र गीला सिलेण्डर लाइनर

(ii) **गीला या नम सिलेण्डर लाइनर** Wet Cylinder Liner

इस प्रकार के लाइनर पूर्ण रूप से सिलेण्डर बैरल का कार्य करते हैं। इन्हें पुराने लाइनर को निकालकर फिट किया जाता है, इसलिए इनकी दीवारों का सम्पर्क वाटर जैकेट के ठण्डे पानी से सदैव बना रहता है।

इनमें लाइनरों के ऊपर तथा नीचे वाटर टाइट ज्वॉइण्ट बनाना आवश्यक है। इसके लिए ऊपर की ओर से इन्हें ताँबे की गैस्केट से सील किया जाता है तथा नीचे की ओर से दो टाइट रबर स्प्रिंग प्रयोग करते हैं, जोकि पानी को निकलने नहीं देती है।

5. **हैड गैस्केट** Head Gasket

हैड गैस्केट एक प्रकार की मैकेनिकल सील है, जो इंजन के अन्दर सिलेण्डर हैड एवं ब्लॉक के मध्य दहन द्वारा उत्पन्न दाब को नियन्त्रित करती है।

ये मुख्यता स्टील कोर (steel core) द्वारा बनायी जाती है। इसका प्रयोग इंजन में सिलेण्डर ब्लॉक एवं हैड के मध्य शीतलक के प्रवाह, रिसाव एवं संक्षारण जैसी समस्याओं को नियन्त्रित करने में भी किया जाता है।

6. **पिस्टन** Piston

पिस्टन किसी भी इंजन का अनिवार्य भाग है जो इंजन के प्रचालन (operation) में मुख्य भूमिका निभाता है। पिस्टन सिलेण्डर के अन्दर गतिमान रहकर शक्ति का सृजन करते हैं और इंजन में जब शक्ति उत्पन्न होती है।

तो सर्वप्रथम पिस्टन को ही तेज झटका सहन करना पड़ता है। अत: पिस्टन की संरचना झटकारोधी होनी चाहिए।

संरचना Construction

पिस्टन अधिकांशत: ढलवाँ लोहे, ढलवाँ इस्पात तथा एल्युमीनियम के बनाए जाते हैं। उच्च ऊष्मीय दक्षता तथा कम भार के कारण एल्युमीनियम अलॉय के बने पिस्टन ज्यादा प्रचलित हैं। ये ढलाई या फोर्जन क्रियाओं द्वारा बनाए जाते हैं। फोर्जित पिस्टन हल्के एवं दृढ़ होते हैं तथा अच्छे (श्रेष्ठ माने जाने वाले) इंजनों में प्रयोग किए जाते हैं। पिस्टन के सबसे ऊपरी भाग को हैड या क्राउन (head or crown) कहते हैं, जो सामान्यत: चपटा होता है।

सम्पीडन अनुपात बढ़ाने हेतु उच्च शक्ति इंजनों में पिस्टन हैड उन्नत गुम्बद (raised dome) आकार के बनाए जाते हैं। आधुनिक पिस्टन के सिरे पर खोखला स्थान बनाया जाता है, जिससे सिलेण्डर का अन्तरायतन (clearance volume) कम हो जाता है। वाल्वों को खुलने के लिए स्थान मिल जाता है तथा वायु ईंधन मिश्रण के ठीक प्रकार से दहन की सम्भावना बढ़ जाती है।

द्वि-घात इंजनों में पिस्टन सिर के उभार से सिलेण्डर में ईंधन मिश्रण का प्रवेश तथा जली गैसों का निकास समुचित रूप से होता है। पिस्टन को संयोजक दण्ड से जोड़ने हेतु पिस्टन पिन या गजन पिन (gudgeon pin) या रिस्ट पिन (wrist pin) का प्रयोग करते हैं। यह निम्न कार्बन इस्पात का बेलनाकार आकृति का होता है। केस हार्डनिंग विधि द्वारा इसकी सतह को कठोर बनाया जाता है।

कार्य Function

यह इंजन के सिलेण्डर में ईंधन दहन से उत्पन्न गैसों की ऊर्जा को क्रैंक शाफ्ट तक पहुँचाता है एवं इंजन में उत्पन्न गैसों को क्रैंक केस में जाने से रोकता है। यह प्राय: संयोजक दण्ड (connecting rod) को गाइड करता है तथा उसके छोटे सिरे को सहारता है।

प्रकार Types

विविध प्रकृति के वाहनों में आवश्यकता के अनुसार पिस्टनों का प्रयोग किया जाता है। अत: मैकेनिक ट्रैक्टर के लिए पिस्टन प्रकारों से अवगत होना आवश्यक है। पिस्टन अग्र प्रकार के होते हैं

(i) **ठोस स्कर्ट पिस्टन** Solid Skirt Piston

इस प्रकार के पिस्टन का प्रयोग सम्पीडित प्रज्वलन इंजनों या भारी पेट्रोल इंजनों में किया जाता है। यह डिजाइन भारी लोड प्रणोद (thrust) ग्रहण कर सकता है।

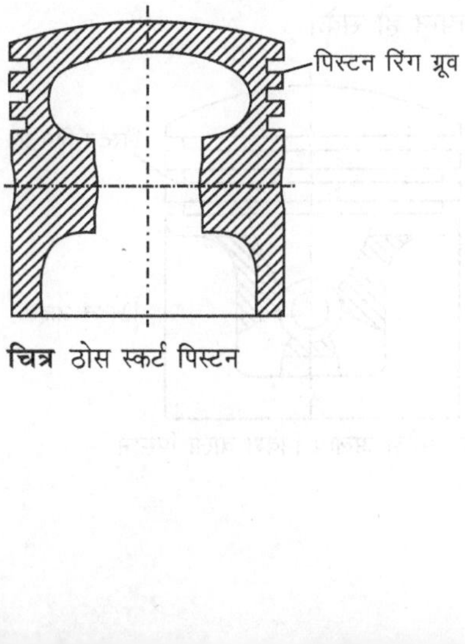

चित्र ठोस स्कर्ट पिस्टन

(ii) **स्लिपर पिस्टन** Slipper Piston

इस प्रकार के पिस्टनों का प्रयोग आधुनिक इंजनों में प्रणोद (thrust) फलकों पर सम्पर्क का क्षेत्र (area of contact) बढ़ाने के लिए किया जाता है। ठोस स्कर्ट पिस्टन की तुलना में यह हल्का होता है।

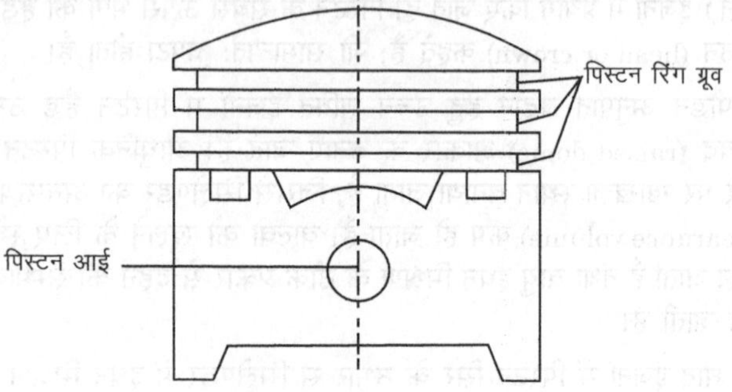

चित्र स्लिपर प्रकार का पिस्टन

(iii) **स्प्लिट स्कर्ट पिस्टन** Split Skirt Piston

इस प्रकार के पिस्टन का प्रयोग व्यापक रूप से स्कूटरों और मोपेडों में किया जाता है। यह हल्का होता है और इसका जड़त्व लोड कम होता है।

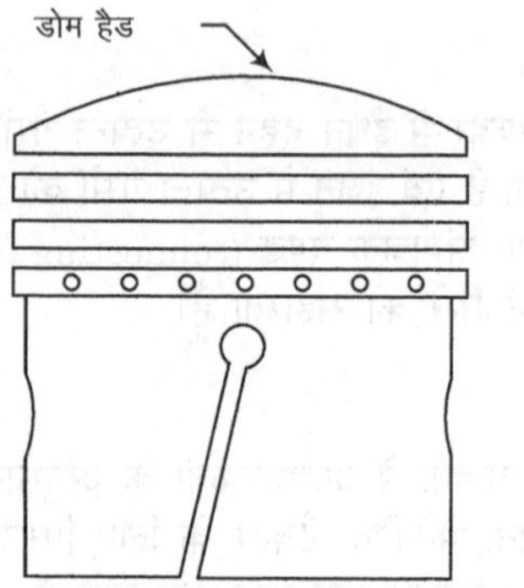

चित्र स्प्लिट स्कर्ट पिस्टन

(iv) **स्टील अलॉय निवेश वाला पिस्टन** Piston with Steel Alloy Insert

इस प्रकार के पिस्टन में गजन पिन बोसेस (gudgeon pin bosses) के अन्त: प्रणोद पृष्ठ (thrust face) के मध्य स्टील अलॉय को प्रविष्ट कराया जाता है, जिससे कि पिस्टन का विस्तार नियन्त्रित किया जाता है, ताकि शक्ति उत्पन्न हो सके।

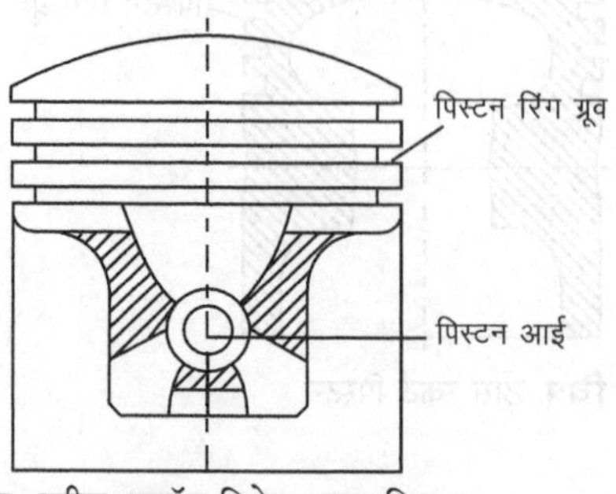

चित्र स्टील अलॉय निवेश वाला पिस्टन

(v) **कैम ग्राउण्ड पिस्टन** Cam Ground Piston

इस पिस्टन की स्कर्ट (skirt) आकार में अण्डाकार (oval) होती है। जब इंजन चलायमान होता है, तो पिस्टन गर्म होता है एवं बाहर की ओर फैलता है, जिसके कारण पिस्टन गोल बन जाता है और सिलेण्डर बोर के साथ अवकाश (clearance) एकसमान रखता है।

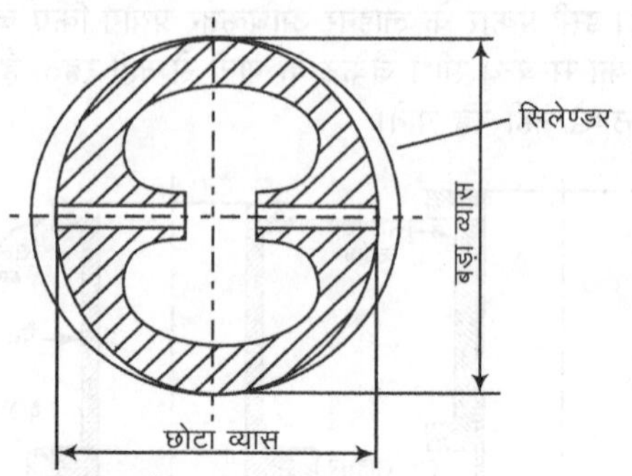

चित्र कैम गाउण्ड पिस्टन

(vi) **नियत अवकाश पिस्टन** Constant Clearance Piston

इस प्रकार के पिस्टन में एक या दो स्लॉट कटे होते हैं। जब पिस्टन गर्म हो जाता है, तो स्लॉट की चौड़ाई कम हो जाती है। प्रतिबल संकेन्द्रण से बचने के लिए स्लॉट के सिरों पर छिद्र बने होते हैं।

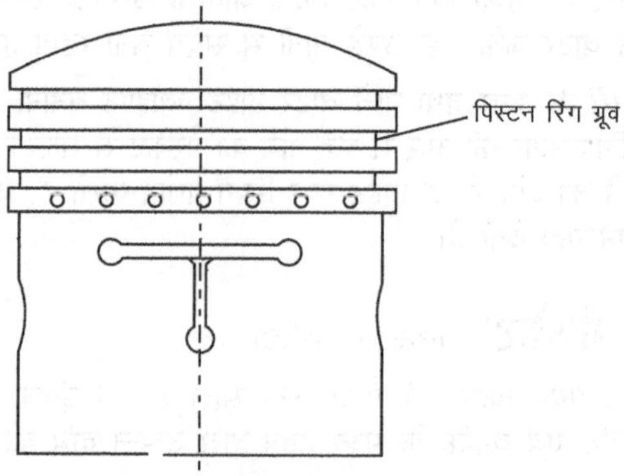

चित्र नियत अवकाश पिस्टन

(vii) **ऊष्मा डैम पिस्टन** Heat Dam Piston

इस प्रकार के पिस्टनों में शीर्ष रिंग खाँचे और पिस्टन चोटी के बीच एक अतिरिक्त खाँचा ढाला जाता है, इसे ऊष्मा कहते हैं। यह पिस्टन शीर्ष से स्कर्ट तक ऊष्मा पथ को घटाता है।

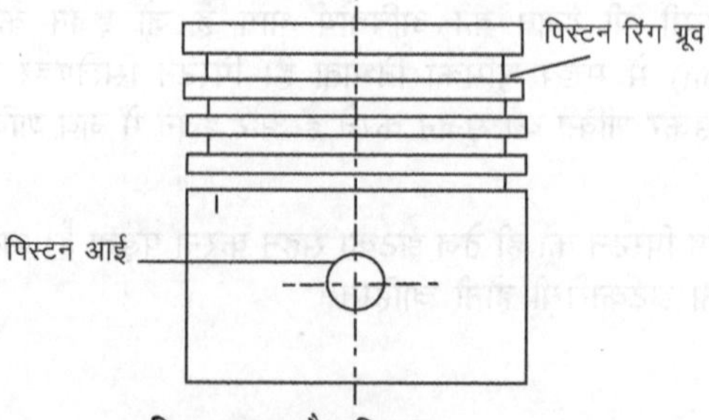

चित्र ऊष्मा डैम पिस्टन

(viii) **एल्फिन पिस्टन** Alfin Piston

इस प्रकार के पिस्टन में रिंग खाँचे के घिसने से दहन कक्ष (combustion chamber) में अधिक तेल पहुँचता है। पिस्टन में शीर्ष रिंग में निघर्षण कम करने के लिए एक धातु की रिंग फिट की जाती है। यह टॉप रिंग ग्रूव (top ring groove) के निघर्षण को कम करता है।

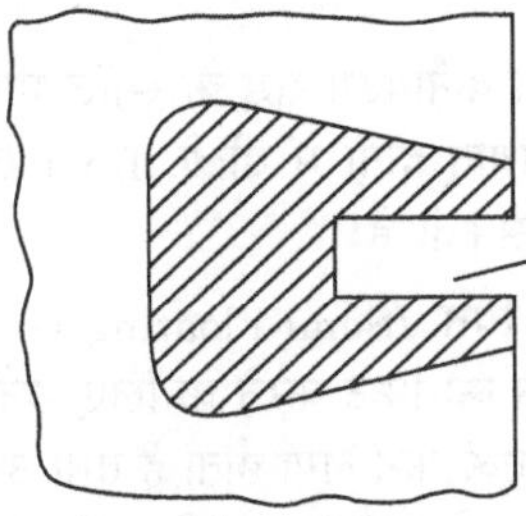

चित्र एल्फिन पिस्टन

पिस्टन सम्बन्धी अवयव Components Related to Piston

पिस्टन इंजन का एक अनिवार्य भाग है, जिसका वायुरोधक एवं उपयुक्त रूप में प्रयोग करने हेतु कुछ अवयवों को समंजित किया जाता है, जो पिस्टन की कार्यक्षमता में वृद्धिकारक होते हैं।

(i) **पिस्टन रिंग** Piston Ring

पिस्टन रिंग इंजनों में प्रयुक्त होने वाला एक ऐसा अवयव है, जो दहन कक्ष की सीलबन्दी (sealing) करता है, ताकि दहन कक्ष से क्रैंक तक गैसों का स्थानान्तरण न हो सके।

संरचना Construction

पिस्टन रिंग सामान्यत: सूक्ष्म कणों वाले धूसर ढलवाँ लौह अलॉय (grey cast iron alloy) से बनाए जाते हैं। इसमें सिलिकॉन तथा मैंगनीज भी मिले होते हैं। पिस्टन की टॉप रिंग या सम्पीडन रिंग (compression ring) क्रोमियम प्लेटेड रिंग होती हैं, जो संक्षारणरोधी तथा उच्च ताप सहन करने में समर्थ होती है।

इसके अतिरिक्त मॉलिब्डेनम फेस वाली रिंग भी प्रयोग की जाती हैं, जो सिलेण्डर की दीवारों का अच्छा स्नेहन करने के साथ इंजन का जीवनकाल बढ़ाने में भी सहायक होती हैं।

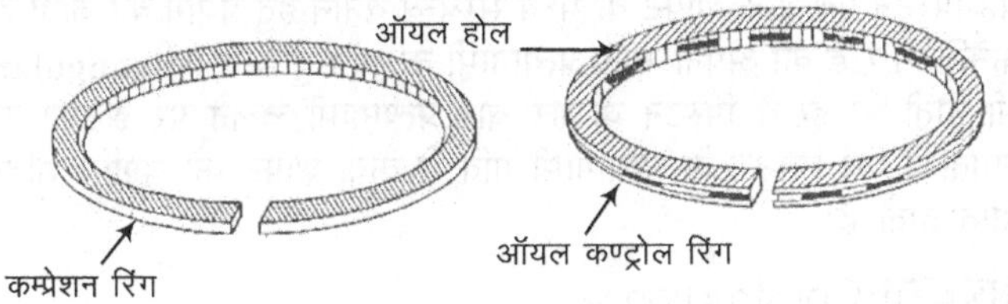

चित्र पिस्टन रिंग

कार्य Function

इन दोनों पिस्टन रिंगों का अपना अलग-अलग कार्य है। सम्पीडन रिंग का प्रमुख कार्य सिलेण्डर से गैसों के क्षरण को रोकना तथा पिस्टन से सिलेण्डर की ऊष्मा का संवहन करना है तथा तेल नियन्त्रण (oil control) रिंग का प्रमुख कार्य सिलेण्डर की दीवारों पर लगे अतिरिक्त स्नेहक तेल को खुरचना तथा तेल के हौज (oil reservoir) की तरफ गुजारना है।

(ii) **पिस्टन रिंग ग्रूव** Piston Ring Groove

रिंग ग्रूव पिस्टन के ऊपर वाले भाग में काटे जाते हैं। इनके अन्दर पिस्टन रिंग फिट किए जाते हैं।

ऑयल रिंग के लिए ग्रूव में छोटे-छोटे सुराख किए जाते हैं, जिससे कि ऑयल रिंग द्वारा जो तेल पिस्टन की दीवारों से स्क्रैप किया जाता है, वह वापस सम्प में गिर सके।

(iii) **रिंग लैण्ड** Ring Land

रिंग ग्रूव काटने के बाद जो स्थान रिंग ग्रूव के बीच रह जाता है, उसे रिंग लैण्ड कहते हैं।

पिस्टन अवयवों की फिटिंग के दौरान सावधानियाँ
Precautions during the Fitting of Piston Components

रिंग किसी भी कार्य के लिए प्रयोग किए गए हों, गर्मी पाकर उनके आयतन का बढ़ना स्वाभाविक ही है, इसलिए इनके सिरों (ends) के बीच कुछ अन्तर (gap) रखा जाता है, जिससे कि इंजन की गर्मी पाकर ये पिस्टन को सिलेण्डर में जाम न कर दें। यह अन्तर 'रिंग एण्ड गैप' (ring end gap) कहलाता है।

इसके लिए एक इंच व्यास (diameter) के पिस्टन पर 0.002" के अनुपात में अन्तर रखा जाता है। इसके अतिरिक्त यह भी आवश्यक है कि पिस्टन में बने खाँचों में भी यह रिंग पर्याप्त ढीली रहनी चाहिए।

इसके लिए रिंग के ऊपर तथा खाँचे के बीच अन्तर रहना भी आवश्यक है। यह अन्तर 0.015" रखा जाता है। इसे 'रिंग ग्रूव (ring groove) क्लीयरैन्स' कहते हैं।

पिस्टन सम्बन्धी दोषोपचार
Troubleshooting Related to Piston

इंजन का पिस्टन क्योंकि महत्त्वपूर्ण भाग है। अत: उसकी महत्ता के कारण उसमें दोष आना स्वाभाविक है। अत: पिस्टन सम्बन्धी दोषोपचार का निवारण निम्न है

तालिका पिस्टन सम्बन्धी दोषोपचार

क्र.सं.	कारण	उपचार
I. पिस्टन का जाम होना		
1.	पिस्टन का व्यास अधिक है।	सही व्यास का पिस्टन फिट करें।
2.	पिस्टन व सिलेण्डर की दीवारों पर स्नेहन की कमी अथवा उचित ग्रेड के तेल का प्रयोग न करना।	स्नेहन प्रणाली की जाँच करके दोष दूर करें। उचित ग्रेड के तेल का प्रयोग करें।
3.	गजन पिन पिस्टन बॉस में टाइट है।	सही गजन पिन का प्रयोग करें।
4.	डेटोनेशन के कारण अधिक तापक्रम।	डेटोनेशन के कारणों को दूर करें।
5.	शीतलन प्रणाली का दोषपूर्ण होना।	शीतलन प्रणाली का दोष दूर करें।

II. पिस्टन का जलना

1.	उच्च सम्पीडन प्रेशर।	सम्पीडन प्रेशर का दोष दूर करें।
2.	प्री-इग्नीशन।	प्री-इग्नीशन का दोष ढूँढ़कर दूर करें।
3.	एच. टी. करण्ट का अधिक होना।	एच.टी.करण्ट की वोल्टता की जाँच करें।

III. रिंग ग्रूव को हानि

1.	रिंग ग्रूव ढीले हों।	सही नाप का रिंग बदलें।
2.	प्री-इग्नीशन व डेटोनेशन।	दोष दूर करें।
3.	सिलेण्डर में पानी का जाना।	पानी की रोक करें।

7. गजन पिन या पिस्टन पिन Gudgeon Pin or Piston Pin

पिस्टन एवं कनैक्टिंग रॉड को संयोजित करने के लिए इसका उपयोग किया जाता है। यह पिस्टन के बॉस के आर-पार फिट की जाती है तथा इनके बीच में कनैक्टिंग रॉड का स्मॉल एण्ड फँसाया जाता है।

संरचना Construction

गजन पिन को प्राय: स्टील के खोखले पाइप द्वारा बनाया जाता है। इनकी बाहरी सतह केस हार्डनिंग (case hardening) की होती है, जिससे कि इनमें घर्षण (friction) कम-से-कम हो। गजन पिन को डिजाइन के अनुसार कई प्रकार से फिट किया जा सकता है। इस फिटिंग के अनुसार गजन पिन तीन प्रकार के होते हैं

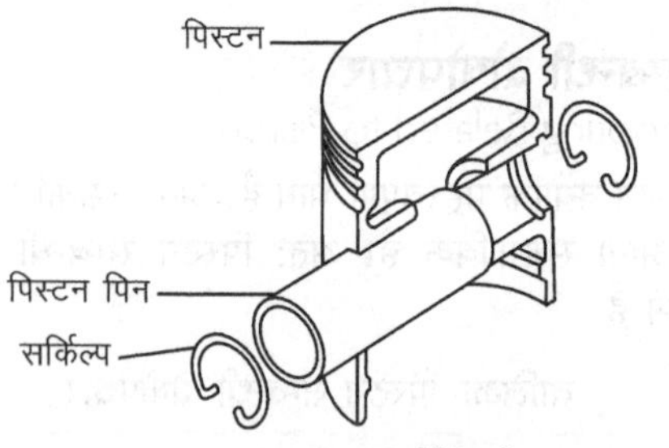

(a) फुल फ्लोटिंग पिन

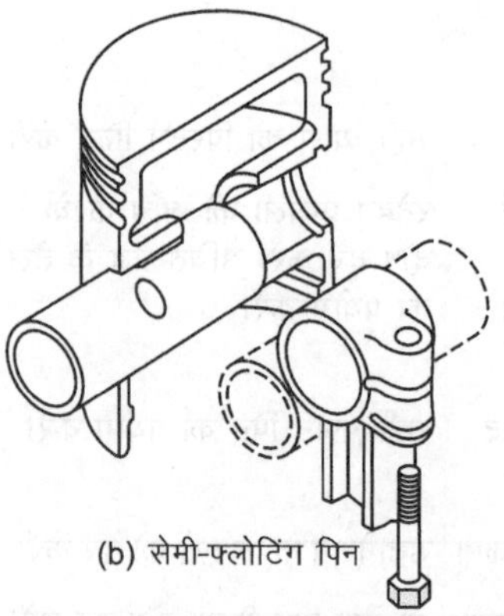

(b) सेमी-फ्लोटिंग पिन

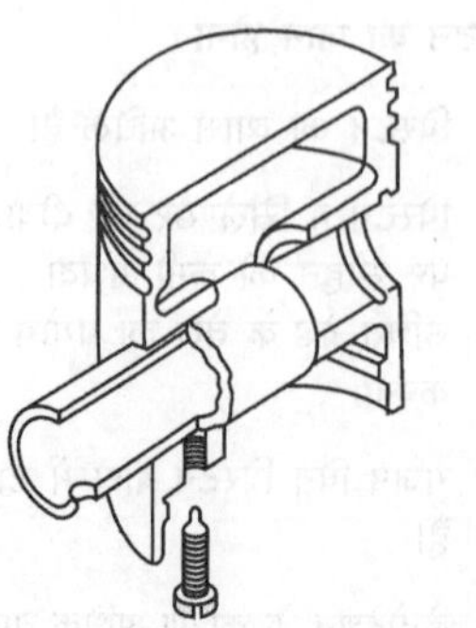

(c) फिक्स्ड पिन

चित्र गजन पिन या पिस्टन पिन

प्रकार Types

ये निम्न प्रकार की होती है-

(i) **फुल फ्लोटिंग गजन पिन** (Full Floating Gudgeon Pin) इस प्रकार की गजन पिन के दोनों किनारों पर धातु के पैड बने रहते हैं, जिनमें सर्क्लिप (circlip) फँसाकर गजन पिन को लॉक किया जाता है।

इस प्रकार की गजन पिन कनैक्टिंग रॉड के स्मॉल एण्ड बियरिंग में तथा पिस्टन के बॉस अर्थात् दोनों में ढीली (free) रहती है, इससे वह सुगमतापूर्वक घूम सकती है।

(ii) **सेमी-फ्लोटिंग गजन पिन** (Semi-Floating Gudgeon Pin) इस प्रकार की गजन पिन को फिट करने के लिए कनैक्टिंग रॉड के स्मॉल एण्ड बियरिंग में एक कट लगा होता है तथा उसे टाइट करने के लिए एक बोल्ट लगा होता है। गजन पिन का बीच का हिस्सा एक बोल्ट द्वारा कसा जाता है। इस प्रकार यह गजन पिन कनैक्टिंग रॉड के स्मॉल एण्ड बियरिंग में तो कसी रहती है, परन्तु पिस्टन बॉस में यह ढीली (loose) फिट की जाती है, जिससे वह बॉस में घूम सके।

(iii) **फिक्सड पिन** (Fixed Pin) इस प्रकार की गजन पिन पिस्टन बॉस में स्क्रू द्वारा जाम (fix) कर दी जाती है। इसमें कनैक्टिंग रॉड का स्मॉल एण्ड बुश में गजन पिन के ऊपर फ्री घूमता है। इसे सेट स्क्रू टाइप गजन पिन भी कहते हैं।

कार्य (Function) इन पिनों का मुख्य कार्य पिस्टन तथा कनैक्टिंग रॉड को संयोजित करना होता है। गजन पिन फिट करते समय यह ध्यान रखना चाहिए कि फिट करने के बाद उसमें कम-से-कम चाल रहनी चाहिए तथा किसी भी दशा में गजन पिन सिलेण्डर की दीवारों से रगड़ नहीं खानी चाहिए। गजन पिन को बॉस में डालते समय ठोकना नहीं चाहिए, इसे आसानी से पुश द्वारा फिट होना चाहिए। गजन पिन सामान्यत: शीघ्र खराब नहीं होती है, परन्तु स्नेहन की कमी के कारण अथवा इंजन के अत्यधिक गर्म चलने से ये घिस जाती हैं, इनसे आवाज आने लगती है। ऐसी दशा में इनके स्थान पर दूसरी नई गजन पिन फिट करनी चाहिए।

8. कनैक्टिंग रॉड Connecting Rod

यह पिस्टन एवं क्रैंक शाफ्ट के मध्य सम्बन्ध बनाने हेतु प्रयोग की जाती है। कनैक्टिंग रॉड की अपनी चाल प्रत्यागामी के साथ कुछ तिरछी (angular) भी होती है। इससे पिस्टन के हर बार प्रत्यागामी चलने पर झटका-सा लगता है एवं पिस्टन के प्रत्यागामी गति से क्रैंक शाफ्ट को घूर्णीय शक्ति प्राप्त होती है।

संरचना Construction

ये मृदु ढलवाँ लोहे (malleable cast iron) या गोलाकार ग्रेफाइट ढलवाँ लोहे (spheroidal graphite cast iron) के बनाए जाते हैं। सामान्यत: यह फोर्जड् (forged) इस्पात का बनाया जाता है। इसका परिच्छेद वृत्ताकार, आयताकार, I या T आकार का होता है। इसका छोटा सिरा पिस्टन पिन द्वारा पिस्टन से और बड़ा सिरा क्रैंक पिन द्वारा क्रैंक से जुड़ा रहता है।

बड़े सिरे से छोटे सिरे तक एक बारीक छिद्र बना होता है, जिससे स्नेहक तेल द्वारा पिस्टन तथा पिस्टन पिन का स्नेहन होता है।

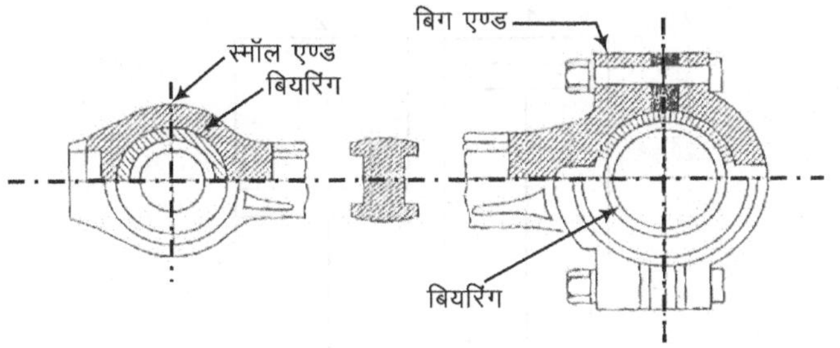

चित्र कनैक्टिंग रॉड

कार्य Function

इसके द्वारा विस्तार स्ट्रोक में पिस्टन पर लगे बल को क्रैंक पर स्थानान्तरित किया जाता है। यह इंजन में पिस्टन की पश्चाग्र गति को क्रैंक शाफ्ट की घूर्णीय गति में बदलता है तथा अन्य स्ट्रोकों में क्रैंक पर लगे बल को पिस्टन पर स्थानान्तरित करता है।

9. क्रैंक शाफ्ट Crank Shaft

अन्त: दहन (internal combustion) प्रकार के इंजन के इस महत्त्वपूर्ण भाग के द्वारा पिस्टन की प्रत्यागामी चाल को घूर्णीय चाल में परिवर्तित किया जाता है। इंजन के अन्दर यह सबसे तेज गति से घूमने वाला भाग होता है।

संरचना Construction

क्रैंक शाफ्ट को, SAE स्टील 1045 से फोर्ज (forge) करके बनाया जाता है। फोर्ज के बाद मशीनन कर इनकी सतह को अच्छी तरह तैयार किया जाता है।

क्रैंक शाफ्ट हेतु उपयुक्त ढलवाँ लोहे (cast iron) का रासायनिक संघटन कार्बन 1.35 – 1.6%, सिलिकॉन 0.85 – 1.1%, मैंगनीज 0.6 – 0.8%, ताँबा 1.5 – 2%, फॉस्फोरस 0.1% व सल्फर 0.09% होता है।

कार्य Function

यह अन्त:दहन इंजन का बहुत महत्त्वपूर्ण भाग है। इसके द्वारा पिस्टन की प्रत्यागामी चाल (reciprocating motion) को घूर्णीय चाल (rotary motion) में परिवर्तित किया जाता है। इसके द्वारा ही इंजन शक्ति प्रदान करता है।

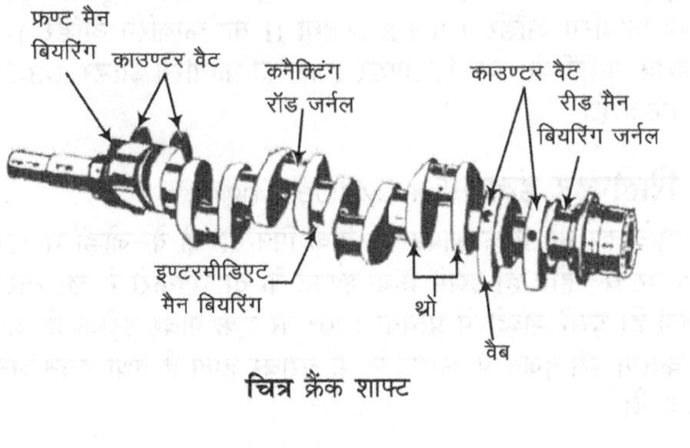

चित्र क्रैंक शाफ्ट

क्रैंक शाफ्ट सन्तुलन Crank Shaft Balancing

इंजन के शक्ति स्ट्रोक (power stroke) में ही क्रैंक शाफ्ट को शक्ति मिलती है। जब शक्ति स्ट्रोक के अन्दर सम्पीडन होता है तो क्रैंक शाफ्ट के ऊपर पिस्टन द्वारा अचानक भार पड़ता है, जिस कारणवश क्रैंक शाफ्ट घूमने लगती है। धीरे-धीरे यह लोड अन्य सिलेण्डरों के फायर करने पर बारी-बारी से पड़ते रहते हैं।

जब किसी शाफ्ट को बहुत तेजी से घुमाया जाता है, तो क्रान्तिक चाल पर पहुँचने पर शाफ्ट में कम्पन पैदा हो जाता है।

इन कम्पनों को रोकने के लिए क्रैंक शाफ्ट पर वैब्स बाँध दिये जाते हैं और गतिचालक पहिया और वाईब्रेशन डैम्पर का प्रयोग किया जाता है।

क्रैंक शाफ्ट को ग्राइण्ड के दौरान वेट उतारते समय इन पर नम्बर अंकित कर लें, ताकि वेट अपने उचित स्थान पर फिट किया जा सके, अन्यथा क्रैंक शाफ्ट 'आउट ऑफ बैलेंस' हो जाती है।

वाइब्रेशन डैम्पर Vibration Damper

इसके द्वारा क्रैंक शाफ्ट के कम्पन को समाप्त किया जाता है। फायरिंग के समय क्रैंक शाफ्ट को अचानक झटका लगता है, परन्तु वह तुरन्त घूम नहीं पाती है, परिणामस्वरूप उसमें कम्पन होता है। इसे रोकने के लिए वाइब्रेशन प्रयोग किए जाते हैं।

प्रकार Types

ये निम्न प्रकार के होते हैं

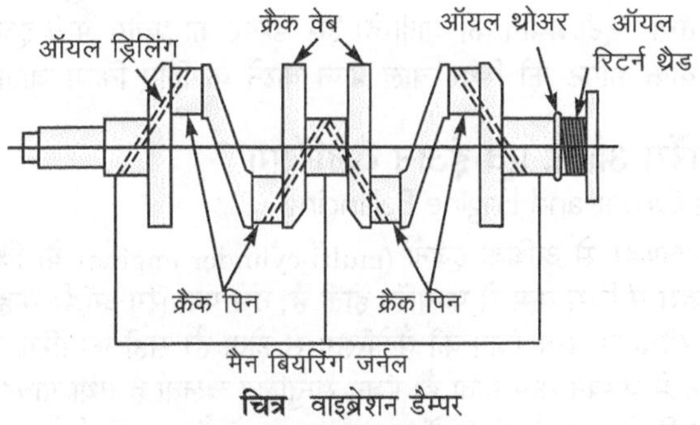

चित्र वाइब्रेशन डैम्पर

(i) **मैकेनिकल वाइब्रेशन डैम्पर** Mechanical Vibration Damper
इसमें दो भाग होते हैं—एक छोटा डैम्पर फ्लाईव्हील समान प्लेट तथा पुली, आपस में रिवेट द्वारा जुड़े रहते हैं। इनके बीच रबर प्लेट या वाशर होते हैं।

सम्पूर्ण इकाई (unit) निम्न चित्र में दिखायी गई है। इसी के पीछे एक छोटा गियर बना रहता है, जो कैम शाफ्ट को टाइमिंग गियर की सहायता से घुमाता है।

जिन इंजनों में स्टार्टिंग के लिए हैण्डिल का प्रयोग किया जाता है, उनके लिए ड्राइविंग पुली पर ही एक डॉग नट भी कसा रहता है, जिसमें हैण्डिल फँसाकर इंजन की क्रैंक शाफ्ट को घुमाया जाता है। ड्राइविंग पुली द्वारा ही वाटर पम्प तथा डायनमो 'V' बैल्ट की सहायता से घुमाए जाते हैं।

क्रैंक शाफ्ट बनावट के आधार पर दो प्रकार की होती हैं, जिनका प्रयोग इंजन बनाने वाली कम्पनियाँ अपने डिजाइन के अनुसार करती हैं।

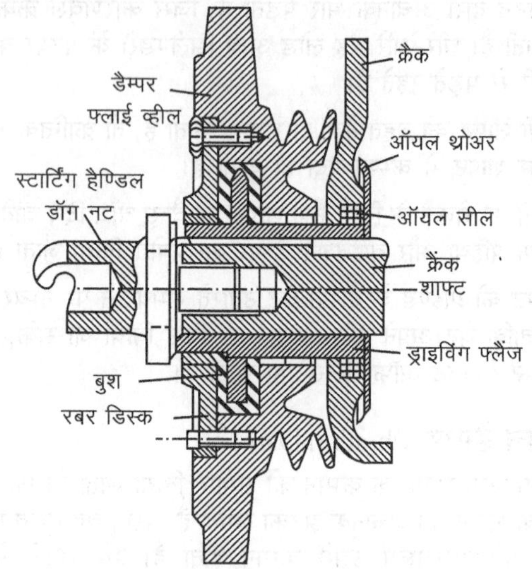

चित्र मैकेनिकल वाइब्रेशन डैम्पर

(ii) **क्लच व रबर बुश टाइप डैम्पर** Clutch and Rubber Bush Type Damper इस प्रकार के डैम्पर में पुली व डैम्पर के मध्य फ्रिक्शन क्लच बनाया जाता है। घर्षण के नियन्त्रण हेतु एक स्प्रिंग तथा पट्टी प्रयोग की जाती है। इस डैम्पर का प्रयोग भारी इंजनों में क्रैंक शाफ्ट की स्थिर चाल प्राप्त करने के लिए किया जाता है।

फायरिंग ऑर्डर एवं इंजन बैलेन्सिंग
Firing Order and Engine Balancing

एक सिलेण्डर से अधिक इंजनों (multi-cylinder engine) के विभिन्न सिलेण्डरों में जिस क्रम से फायरिंग होती है, उसे फायरिंग ऑर्डर कहते हैं। इसका सीधा सम्बन्ध इंजन की बैलेन्सिंग से होता है। सही फायरिंग ऑर्डर से इंजन में कम्पन कम होता है। इंजन सन्तुलित चलता है तथा पावर फ्लो समान गति से होता है। इंजन में झटके कम लगते हैं। यह कार्य क्रैंक शाफ्ट की सहायता से ही सम्भव है। अत: क्रैंक शाफ्ट की इसमें भूमिका को नजरअंदाज नहीं किया जा सकता। नीचे विभिन्न सिलेण्डरों वाले इंजनों के फायरिंग ऑर्डर तथा बैलेन्सिंग के विषय में बताया गया है।

(i) **एकल सिलेण्डर इंजन** One Cylinder Engine

एक सिलेण्डर के इंजन में क्रैंक शाफ्ट के दो चक्करों में एक बार पावर मिलती है। इस प्रकार चार स्ट्रोकों में एक लाभकारी पावर स्ट्रोक होता है। शेष स्ट्रोकों में पिस्टन, क्रैंक शाफ्ट आदि के घर्षण (friction) में पावर की हानि होती है। इस कारण इंजन असन्तुलित चलता है, उसमें कम्पन होता है। कुछ सीमा तक यह कम्पन, वाइब्रेशन डैम्पर तथा बड़ा फ्लाईव्हील लगाकर दूर किया जाता है।

(ii) **दो सिलेण्डर इंजन** Two Cylinder Engine

दो सिलेण्डर इंजन की क्रैंक शाफ्ट में क्रैंक पिन 180° पर बनी होती है। इसमें पिस्टन एक-दूसरे के विपरीत चलते हैं। इसमें क्रैंक शाफ्ट के प्रत्येक चक्कर में पावर मिलती है। अत: इंजन अपेक्षाकृत सन्तुलित चलता है।

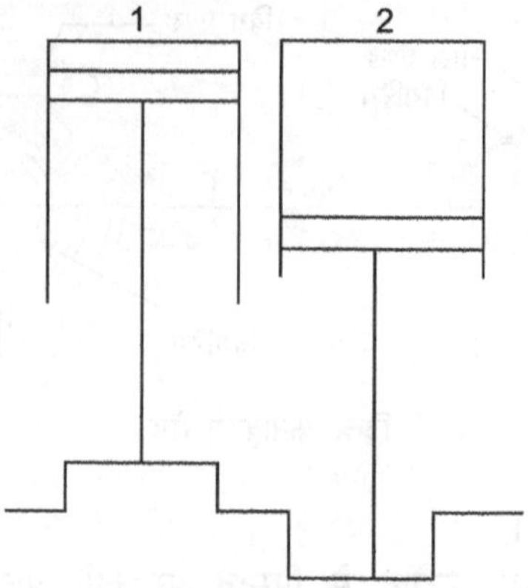

चित्र दो सिलेण्डर इंजन

तालिका दो सिलेण्डर इंजन की विभिन्न घटनाएँ

Cylinder	1	2
First	P → Power Stroke	C → Compression Stroke
Revolution	E → Exhaust Stroke	P → Power Stroke
Second	S → Suction Stroke	E → Exhaust Stroke
Revolution	C → Compression Stroke	S → Suction Stroke
First	P → Power Stroke	E → Exhaust Stroke
Revolution	E → Exhaust Stroke	S → Suction Stroke
Second	S → Suction Stroke	C → Compression Stroke
Revolution	C → Compression Stroke	P → Power Stroke

चार सिलेण्डर इंजन Four Cylinder Engine

चार सिलेण्डर इंजन की क्रैंक शाफ्ट पर क्रैंक पिन 180° कोण में बने होते हैं। इसमें नं. 1 पिस्टन तथा नं. 4 पिस्टन दोनों एक साथ टी.डी.सी. या बी.डी.सी. पर आते हैं। इसके ठीक विपरीत नं. 2 पिस्टन तथा नं. 3 पिस्टन चलते हैं। इसमें क्रैंक शाफ्ट के प्रथम चक्कर में नं. 1 पिस्टन पावर स्ट्रोक, नं. 2 पिस्टन एग्जॉस्ट स्ट्रोक, नं. 3 पिस्टन सम्पीडन स्ट्रोक तथा नं. 4 पिस्टन सक्शन स्ट्रोक करता है।

इस प्रकार इंजन में 180° के बाद पावर प्राप्त होती रहती है। इससे इंजन में अपेक्षाकृत कम्पन और कम होता है तथा इंजन और सन्तुलित चलता है। इसका फायरिंग ऑर्डर 1-3-4-2 है तथा II का फायरिंग ऑर्डर 1-2-4-3 है। इसके अतिरिक्त चार सिलेण्डर इंजन का फायरिंग ऑर्डर 1-3-2-4 भी हो सकता है।

छः सिलेण्डर इंजन Six Cylinder Engine

छ: सिलेण्डर की क्रैंक शाफ्ट पर क्रैंक पिन दो-दो के जोड़ों में 120° के कोण पर बने होते हैं। इसमें क्रैंक शाफ्ट के दो चक्करों में छ: बार पावर मिलती है। दूसरे शब्दों में प्रत्येक 120° पर एक पावर स्ट्रोक हो जाता है। इस कारण इस इंजन में कम्पन न के बराबर होता है तथा इंजन सन्तुलित चलता है।

तालिका को देखने से विदित होता है कि जब नं. 1 पिस्टन तथा नं. 6 पिस्टन नीचे की ओर चलेंगे तो नं. 2 पिस्टन और नं. 5 पिस्टन पूर्ण रूप से नीचे पहुँचे होंगे तथा नं. 3 पिस्टन और नं. 4 पिस्टन ऊपर आ रहे होंगे।

तालिका छः सिलेण्डर इंजन की विभिन्न घटनाएँ

I

Cylinder	1	2	3	4
First	P → Power Stroke	E → Exhaust Stroke	C → Compression Stroke	S → Suction Stroke
Revolution	E → Exhaust Stroke	S → Suction Stroke	P → Power Stroke	C → Compression Stroke
Second	S → Suction Stroke	C → Compression Stroke	E → Exhaust Stroke	P → Power Stroke
Revolution	C → Compression Stroke	P → Power Stroke	S → Suction Stroke	E → Exhaust Stroke

II

Cylinder	1	2	3	4
First	P → Power Stroke	C → Compression Stroke	E → Exhaust Stroke	S → Suction Stroke
Revolution	E → Exhaust Stroke	P → Power Stroke	S → Suction Stroke	C → Compr-ession Stroke
Second	S → Suction Stroke	E → Exhaust Stroke	C → Compression Stroke	P → Power Stroke
Revolution	C → Compression Stroke	S → Suction Stroke	P → Power Stroke	E → Exhaust Stroke

इस प्रकार की क्रैंक शाफ्ट वाले इंजन के चार फायरिंग ऑर्डर हो सकते हैं।

1. 1-4-2-6-3-5
2. 1-3-5-6-2-4
3. 1-3-2-6-4-5
4. 1-2-4-6-5-3

इसके उपरान्त जब नं. 3. पिस्टन और नं. 4 पिस्टन अपना नीचे का स्ट्रोक पूरा कर लेंगे, तो नं. 1 पिस्टन ऊपर आ रहा होगा। इस प्रकार की क्रैंक शाफ्ट वाले इंजन के भी चार फायरिंग ऑर्डर हो सकते हैं। इनमें सबसे अच्छा फायरिंग ऑर्डर 1-5-3-6-2-4 है। इसका प्रयोग लगभग सभी छः सिलेण्डर (एक लाइन) अमेरिकन इंजनों में किया जाता है। छः सिलेण्डर के कुछ इंजन V-6 होते हैं।

इनमें सिलेण्डर V के आकार के दो समूहों में होते हैं। दाहिने समूह में 2-4-6 नं. के सिलेण्डर तथा बाएँ समूह में 1-3-5 नं. के सिलेण्डर होते हैं। दोनों समूह 90° या 60° पर बने होते हैं। इनका फायरिंग ऑर्डर 1-6-5-4-3-2 होता है। इसके अतिरिक्त छः सिलेण्डर अपोज्ड (six cylinder opposed) इंजन भी होते हैं। इनमें तीन-तीन सिलेण्डर एक-दूसरे के विपरीत दिशा में बने होते हैं। इनमें एक ओर 1-3-5 नं. के सिलेण्डर तथा दूसरी ओर 2-4-6 नं. के सिलेण्डर होते हैं। इनका फायरिंग ऑर्डर 1-4-5-2-3-6 होता है।

आठ सिलेण्डर इंजन Eight Cylinder Engine

आठ सिलेण्डर इंजनों में सिलेण्डर लगाने की दो विधियाँ हैं— पहले प्रकार में एक लाइन में ही सभी सिलेण्डर बने होते हैं, इनमें क्रैंक शाफ्ट पर क्रैंक पिन 90° के कोण पर बने होते हैं। इनके फायरिंग ऑर्डर निम्नलिखित हो सकते हैं

1. 1-6-2-5-8-3-7-4
2. 1-7-3-8-4-6-2-5
3. 1-5-2-6-4-8-3-7

दूसरे प्रकार में सिलेण्डर दो समूहों में (V) के आकार में लगे होते हैं। एक क्रैंक पिन पर दो पिस्टनों की कनैक्टिंग रॉड फिट की जाती है, जैसा कि चित्र में दिखाया गया है। ये दोनों समूह 90° पर बने होते हैं, इसलिए जब एक समूह का 1 No. पिस्टन T.D.C पर होता है, तो दूसरे समूह का उस क्रैंक पिन पर फिट पिस्टन B.D.C पर होता है।

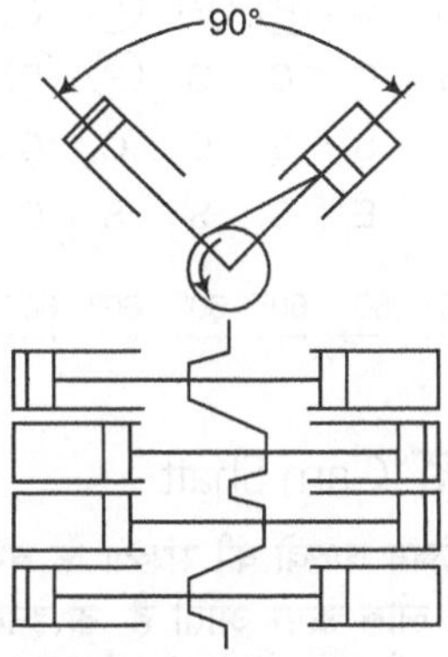

चित्र आठ सिलेण्डर इंजन

V-8 इंजन बनाने वाले अपने सिलेण्डर क्रम को अपने अनुसार अपनाते हैं जैसा कि चार्ट 1 में दिखाया गया है। इन्हीं के आधार पर उनके फायरिंग आर्डर निर्धारित किए जाते हैं। V-8 इंजन में तीन प्रकार के फायरिंग आर्डर हो सकते हैं

चार्ट 1 के अनुसार	1-8-4-3-6-5-7-2
या	1-8-7-3-6-5-4-2
चार्ट 1 के अनुसार	1-5-4-2-6-3-7-8
या	1-5-4-8-6-3-7-2

पावर ओवरलैप Power Overlap

जैसा कि पहले बताया गया है कि मल्टी सिलेण्डर इंजन एक सिलेण्डर इंजन से अधिक सन्तुलित तथा कम्पनरहित चलते हैं। जितने अधिक सिलेण्डर का इंजन होगा, उतना अधिक सन्तुलित चलेगा। चार सिलेण्डर इंजन की क्रैंक शाफ्ट को 180° पर पावर स्ट्रोक का धक्का मिल जाता है, परन्तु इसमें पावर स्ट्रोक में कोई ओवरलैप नहीं होता है।

छः सिलेण्डर इंजन में प्रत्येक 120° पर क्रैंक शाफ्ट को पावर स्ट्रोक का धक्का मिल जाता है। इससे ये इंजन चार सिलेण्डर की अपेक्षा अधिक सन्तुलित चलते हैं। इन इंजनों में पावर स्ट्रोक 60° ओवरलैप करता है। अत: इंजन को कोई झटका नहीं लगता जैसा कि चार्ट में दिखाया गया है

Chart 1

Firing Order	Stroke			
1	(P)	E	S	C
3	C	(P)	E	S
4	S	C	(P)	E
2	E	S	C	(P)
	180°	180°	180°	180°
One Revolution = 360°	Two Revolution = 720° (One complete cycle)			

Chart 2

Firing Order	Stroke											
1	(P)	(P)	(P)	E	E	E	S	S	S	C	C	C
5	C	C	(P)	(P)	(P)	E	E	E	S	S	S	C
3	S	C	C	C	(P)	(P)	(P)	E	E	E	S	S
6	S	S	S	C	C	C	(P)	(P)	(P)	E	E	E
2	E	E	S	S	S	C	C	C	(P)	(P)	(P)	E
4	P	E	E	E	S	S	S	C	C	C	(P)	(P)
	60° ⟷	60° ⟷	60° ⟷	60° ⟷	60° ⟷	60° ⟷	60° ⟷	60° ⟷	60° ⟷	60° ⟷	60° ⟷	60° ⟷

10. कैम शाफ्ट Cam Shaft

इस सीधी शाफ्ट पर इंजन वाल्वों की संख्या के बराबर कैम (cam) बनी होती है। जब यह कैम लोब ऊपर आती है, तो इनलेट या एग्जॉस्ट वाल्व इनके दबाव से खुलता है। इन कैम की लोब इंजन फायरिंग ऑर्डर के अनुसार क्रम से अलग-अलग दिशाओं में बनी होती है। कैम शाफ्ट द्वारा बड़ी संख्या में इंजन के अवयवों को प्रचालित करने के कारण इसका मजबूत होना आवश्यक है।

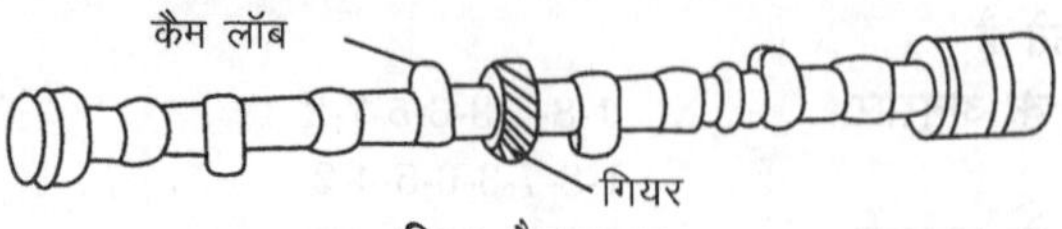

चित्र कैम शाफ्ट

संरचना Construction

यह एक प्रकार से सीधी शाफ्ट होती है, जिसमें कैम (cam) बनी होती है। उत्तम कैम शाफ्ट अलॉय इस्पात के एक ही पीस से फोर्जिंग (forging) द्वारा बनाई जाती है।

कार्य Function

इसके द्वारा इंजन में प्रवेश तथा निकास वाल्वों को खोला तथा बन्द किया जाता है तथा यह ईंधन एवं स्नेहन पम्प को चलाने में सहायक होती है। इन कैम की लोब इंजन फायरिंग ऑर्डर के अनुसार क्रम से अलग-अलग दिशाओं में बनी होती है। इसके बीच में एक स्क्यू (skew) गियर बना रहता है, जिससे ऑयल पम्प डिस्ट्रीब्यूटर से चलाया जाता है।

कैम लोब एवं इसकी महत्ता
Cam Lobe and its Importance

कैम लोब, कैम शाफ्ट पर बनी रहती है। कैम शाफ्ट पर इंजन वाल्वों की संख्या के बराबर कैम लोब बनी रहती है। ये कैम लोब इंजन फायरिंग ऑर्डर के अनुसार अलग-अलग दिशाओं में बनी रहती हैं। इन कैम लोब के बीच में एक स्क्यू गियर लगा रहता है, जिससे ऑयल पम्प चलता है।

कैम लोब के द्वारा ही इंजन वाल्व क्रमश: खुलते एवं बन्द होते रहते हैं। जब कैम लोब ऊपर आती है, तब इनलेट या एग्जॉस्ट वाल्व इनके दबाव से खुलते हैं और जब कैम लोब नीचे आती है, तब इनलेट वाल्व या एग्जॉस्ट वाल्व इनके दबाव से बन्द होते हैं। कैम लोब इंजन फायरिंग ऑर्डर के अनुसार ही क्रमश: इनलेट एवं एग्जॉस्ट वाल्व खुलते एवं बन्द होते हैं।

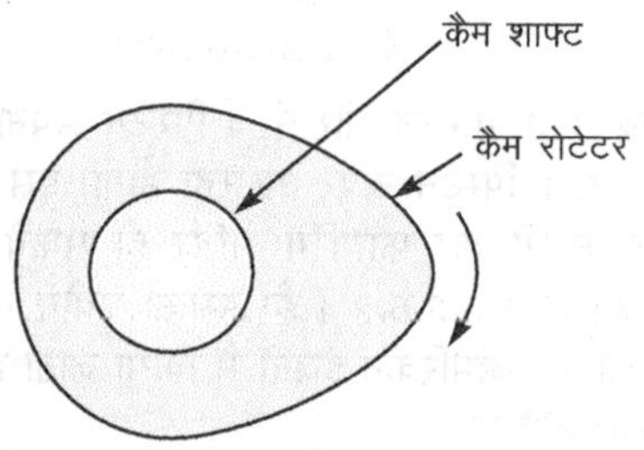

चित्र कैम लोब

ओवरहैड कैम शाफ्ट Overhead Cam Shaft

ओवरहैड कैम शाफ्ट को संक्षिप्त रूप में ओ. एच. सी (OHC) के नाम से जाना जाता हैं। यह एक प्रकार का वाल्व ट्रेन अभिन्यास है, जोकि कैम शाफ्ट को पश्चाग्र प्रकार के अन्त:दहन सिलेण्डर के अन्तर्गत पिस्टन एवं दहन कक्ष के ऊपर स्थापित (place) करता है एवं ओवरहैड वाल्वों और पुश रॉड की अपेक्षा वाल्वों या लिफ्टरों को सीधे तरीके से चलायमान बनाता है। ओवरहैड कैम शाफ्ट तीन प्रकार के होते हैं

1. सिंगल ओवरहैड कैम शाफ्ट
2. डबल ओवरहैड कैम शाफ्ट
3. ट्रिपल ओवरहैड कैम शाफ्ट

11. टाइमिंग गियर Timing Gear

कैम शाफ्ट के अगले सिरे पर एक गियर चढ़ा रहता है, जो प्राय: फाइबर एल्युमीनियम का बना होता है, परन्तु बड़े एवं भारी इंजनों में यह स्टील का बना होता है जोकि क्रैंक शाफ्ट गियर से दोगुना (two times) बड़ा होता है। इन्हीं के द्वारा दोनों शाफ्टों को एक-दूसरे से प्राय: जोड़ा जाता है।

इसे टाइमिंग गियर भी कहते हैं। इसके अतिरिक्त भी कई अन्य तरीकों से दोनों शाफ्टों को मिलाया जाता है। कुछ इंजनों में क्रैंक शाफ्ट तथा मेन शाफ्ट को मिलाने के लिए चेन (chain) का प्रयोग किया जाता है।

इसके अतिरिक्त कुछ इंजनों में इस कार्य के लिए एक अतिरिक्त आइडलर गियर (idler gear) का प्रयोग इन दोनों शाफ्टों के गियरों के बीच किया जाता है।

कुछ इंजनों में क्रैंक शाफ्ट गियर तथा कैम शाफ्ट गियर के अतिरिक्त आइडलर गियर को भी चेन द्वारा सम्बन्धित किया जाता है।

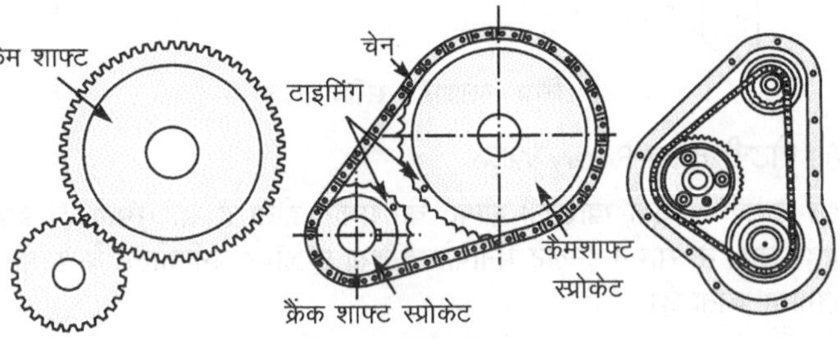

चित्र टाइमिंग गियर

टाइमिंग मार्क Timing Mark

टाइमिंग मार्क एक सूचक होता है, जिसका उपयोग एक इंजन की ज्वलन प्रणाली की टाइमिंग के समायोजन में होता है। विशिष्ट रूप से, टाइमिंग मार्क क्रैंक शाफ्ट पुली और फ्लाईव्हील में स्थापित होता है।

चेन टेंशनर Chain Tensioner

जिन इंजनों में चेन द्वारा कैम शाफ्ट को ड्राइव दी जाती है, उनमें कुछ दिनों के बाद चेन ढीली हो जाती है। इसके फलस्वरूप वह झोल मारती चलने लगती है। इसे रोकने के लिए चेन टेंशनर का उपयोग किया जाता है।

यह कई प्रकार के होते हैं; जैसे—असेन्ट्रिक टाइप स्प्रिंग, लोडेड टाइप, हाइड्रॉलिक टाइप आदि। इनके प्रयोग से चेन झोल नहीं मारती है, चेन की आवाज कम होती है और गियर कम घिसते हैं।

11. **फ्लाई व्हील** Flywheel

फ्लाई व्हील इंजन का एक अभिन्न अंग है। हम जानते हैं कि इंजन के प्रत्येक स्ट्रोक में शक्ति की आवश्यकता होती है। इंजन में शक्ति केवल एक ही स्ट्रोक में उत्पन्न होती है और शेष स्ट्रोकों में इंजन की शक्ति का ह्रास होता है, परन्तु किसी कार्य को करने के लिए निरन्तर शक्ति की आवश्यकता होती है।

अत: इंजन द्वारा निरन्तर शक्ति पारेषित कराने के उद्देश्य से इंजन में फ्लाई व्हील का प्रयोग किया जाता है अर्थात् फ्लाई व्हील इंजन द्वारा नियमित रूप से शक्ति उपलब्ध कराने की एक युक्ति है।

फ्लाई व्हील इंजन में शक्ति स्ट्रोक के समय शक्ति को संग्रहित कर लेता है और शेष स्ट्रोक के समय यह नियमित रूप से शक्ति उपलब्ध कराता रहता है।

संरचना Construction

फ्लाई व्हील ढलवाँ लोहे का बनाया जाता है। ये सामान्यत: दो प्रकार के होते हैं

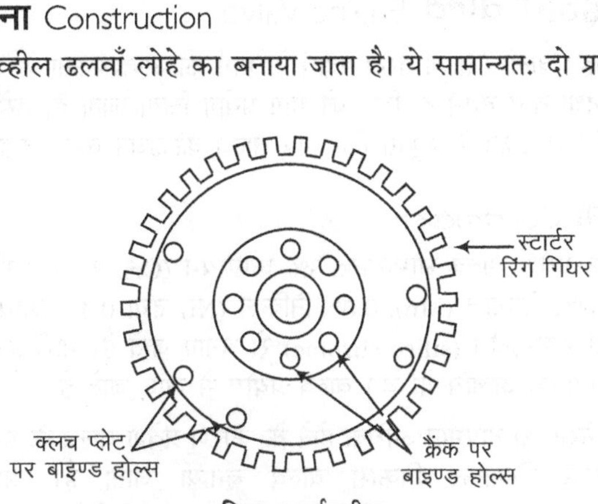

चित्र फ्लाई व्हील

(i) **चकती के आकार में** In the Shape of Disk

इसमें पहिया केन्द्र पर अधिक मोटा व किनारों पर पतला होता है। यह अपेक्षाकृत कम ऊर्जा उच्चावच को नियन्त्रित कर सकता है।

(ii) **रिम के आकार में** In the Shape of Rim

इसकी घूर्णन त्रिज्या अधिक होने के कारण अधिक ऊर्जा उच्चावच को नियन्त्रित करता है। यह क्रैंक शाफ्ट पर लगा होता है तथा क्रैंक शाफ्ट की गति से ही घूमता है।

कार्य Function

इसके द्वारा एक्सपेंशन स्ट्रोक के अन्तर्गत अतिरिक्त ऊर्जा तथा अन्य स्ट्रोकों के अन्तर्गत आवश्यक ऊर्जा मुक्त की जाती है। यही ऊर्जा उच्चावच (fluctuation) को भी नियन्त्रित करती है। इसको प्राय: इंजन को ठण्डी अवस्था में चालू करने पर फ्लाई व्हील को घूर्णन गति उपलब्ध कराई जाती है, जिससे कि इंजन शीघ्र ही स्टार्ट हो सके।

इसके लिए इसे क्रैंक शाफ्ट के पिछले सिरे पर फिट करते हैं। इसके बीच में एक रोलर बियरिंग पर गियर बॉक्स की प्राइमरी शाफ्ट भी टिकाई जाती है। इसकी पूरी गोलाई में एक रिंग गियर फिट किया जाता है जो गियर सेल्फ स्टार्टर द्वारा घूमकर इंजन स्टार्ट करते समय क्रैंक शाफ्ट को घुमाता है।

क्लच एवं फ्लाईव्हील युग्मन Clutch and Flywheel Coupling

इंजन की शक्ति को ट्रैक्टर के ट्रांसमिशन तन्त्र को पारेषित करने के लिए क्लच का प्रयोग किया जाता है, क्योंकि ट्रैक्टर को बार-बार रोकने पर इंजन को बन्द नहीं किया जा सकता।

इसके लिए ट्रैक्टर में क्लच का प्रयोग किया जाता है। पूर्व में क्लच एवं फ्लाईव्हील का युग्मन (coupling) घर्षण (friction) आधारित होता था, परन्तु अब द्रविक युग्मन का प्रयोग किया जाता है। द्रविक युग्मन बिना झटके शक्ति पारेषण करने की एक युक्ति है। द्रविक युग्मन क्लच का उपयोग प्राय: ऑटोमैटिक कारों में किया जाता है।

12. इंजन वाल्व Engine Valve

किसी बहने वाली गैस या तरल पदार्थ के मार्ग को आवश्यकता के अनुसार खोलने तथा बन्द करने के लिए जो भाग प्रयोग किया जाता है, उसे वाल्व कहते हैं और इंजन में प्रयुक्त किये गए वाल्व को इंजन वाल्व कहते हैं।

संरचना Construction

इंजनों के प्रवेश वाल्व सामान्यत: 8% क्रोमियम (Cr), 3.5% सिलिकॉन (Si), 0.5%, मैंगनीज (Mn), 0.5% निकिल (Ni) तथा 0.4% कार्बन (C) वाले सिलिको-क्रोम (silico-chrome) से बनाए जाते हैं। भारी इंजनों के लिए निमोनिक अलॉय के बने वाल्व प्रयोग में लाए जाते हैं।

निकास गैसों का तापमान अधिक होने के कारण प्रवेश वाल्व के पदार्थ में मॉलिब्डेनम मिलाकर निकास वाल्व बनाया जाता है। आजकल ऑस्टिनिटिक इस्पात (austinitic steel) तथा प्रेसिपिटेशन हार्डनिंग इस्पात (precipitation hardening steel) का प्रयोग निकास वाल्व बनाने में किया जाता है।

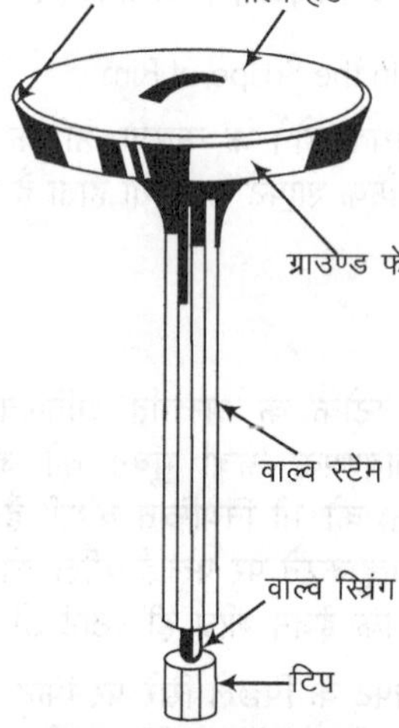

चित्र इंजन वाल्व

कार्य Function

इंजन में वाल्व का मुख्य कार्य वायु-ईंधन मिश्रण को दहन कक्ष (combustion chamber) में प्रवेश कराना होता है।

प्रकार Types

निरन्तर हो रहे मशीनीकरण के कारण इंजनों में आवश्यकता के अनुसार परिवर्तन उनको और कार्यक्षम बनाए रखने के ध्येय से किये जा रहे हैं। इस कारण से विविध किस्म के वाल्वों के प्रयोग की आवश्यकता महसूस की जाती है, जिससे प्रशिक्षुओं के लिए यह आवश्यक हो जाता है कि वे सभी वाल्व प्रकारों को जानें।

(i) **स्लाइडिंग स्लीव वाल्व** Sliding Sleeve Valve

इस प्रकार के वाल्व आजकल के ट्रैक्टरों में प्रयोग नहीं किए जाते हैं। इन्हें दहन कक्ष में फिट किया जाता था तथा ऊपर-नीचे चलकर अपने पोर्ट को खोलते तथा बन्द करते थे। ये ऊपर-नीचे चलने के साथ घूमते भी रहते थे। इन वाल्वों में बहुत पेचीदा प्रबन्ध करना पड़ता था। इस कारण ये वाल्व इंजन की कीमत को बढ़ा देते थे। इसके अतिरिक्त इनमें घर्षण (friction) अधिक होता था।

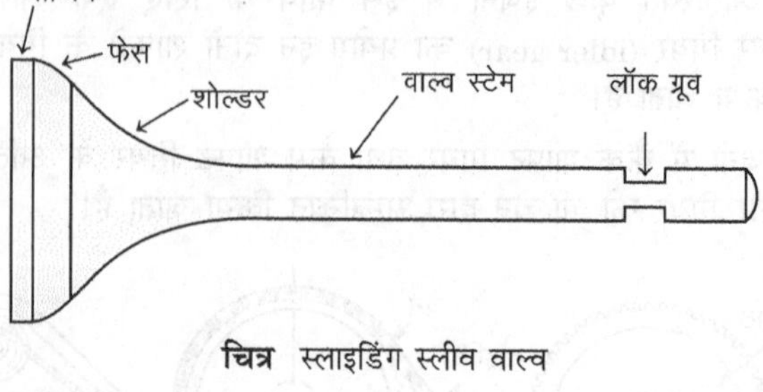

चित्र स्लाइडिंग स्लीव वाल्व

(ii) **रोटरी वाल्व** Rotary Valve

इन वाल्वों में एक खोखली शाफ्ट का प्रयोग होता है जो घूमती है। इन्हें दहन कक्ष के सामने इनलेट मैनीफोल्ड तथा एग्जॉस्ट मैनीफोल्ड के मार्ग में लगाया जाता है।

यह शाफ्ट घूमकर समय पर दहन कक्ष को बारी-बारी से इनलेट तथा एग्जॉस्ट की ओर से खोलती थी। शेष समय दहन कक्ष के मार्ग बन्द रहते हैं। इन वाल्वों में सबसे बड़ी कमी यह है कि शाफ्ट के घूमने से उसमें शीघ्र घिसावट आ जाती है, जिससे गैसें लीक होने लगती हैं।

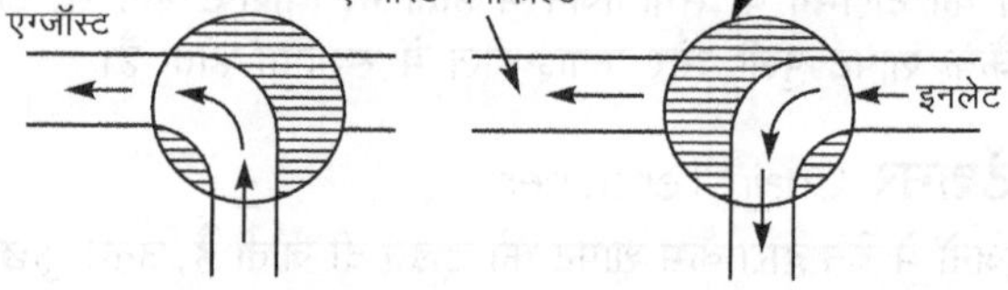

चित्र रोटरी वाल्व

(iii) **पोपेट या मशरूम वाल्व** Popet or Mushroom Valve

इस प्रकार के वाल्व आजकल लगभग सभी अन्त: दहन इंजनों में प्रयोग किए जाते हैं। ये देखने में छतरी (umbrella) के समान होते हैं। इनके हैड 45° या 30° पर वाल्व सीट के अनुसार बने होते हैं।

इस हैड के साथ एक लम्बी डण्डी लगी होती है, जिसे स्टेम कहते हैं। इस पर वाल्व को स्प्रिंग के साथ लॉक करने के लिए लॉक ग्रूव (lock groove) बना रहता है। स्टेम वाल्व, गाइड में ऊपर-नीचे वाल्व के खुलते व बन्द होते समय चलती है।

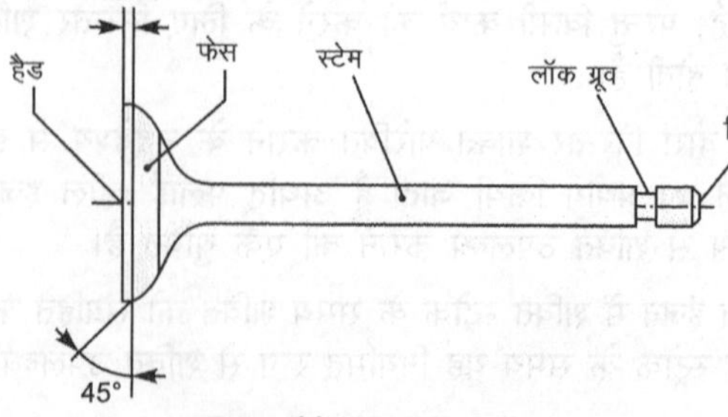

चित्र पोपेट या मशरुम वाल्व

सामान्य रूप से इंजन में एक सिलेण्डर के लिए एक इनलेट वाल्व की व्यवस्था होती है, जिससे ताजा मिश्रण अथवा केवल साफ हवा सिलेण्डर में आती है। एक एग्जॉस्ट वाल्व जिससे जली गैसें सिलेण्डर से बाहर निकलती हैं, परन्तु कुछ बहुत भारी इंजनों में दो-दो वाल्व भी प्रयोग किए जाते हैं।

(iv) **रीड वाल्व** Reed Valve

इसको इनलेट और ट्रांसफर पोर्ट के मध्य लगाया जाता है। इसका उपयोग मुख्य रूप से टू स्ट्रोक इंजनों में किया जाता है।

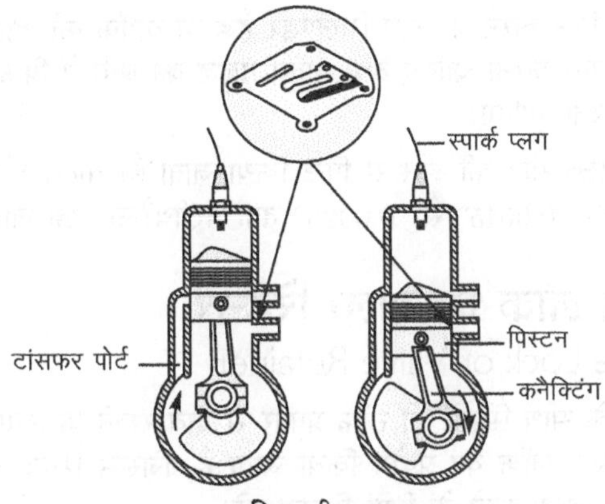

चित्र रीड वाल्व

(v) **सोडियम शीतलित वाल्व** Sodium Cooled Valve

जैसा कि ऊपर वर्णन किया गया है कि एग्जॉस्ट वाल्व को बहुत अधिक ताप का सामना करना पड़ता है, इसलिए बहुत से बड़े इंजनों में सोडियम शीतलित वाल्व का प्रयोग एग्जॉस्ट वाल्व के रूप में करते हैं।

इस प्रकार के वाल्व की स्टेम खोखली बनाई जाती है, जिसमें मेटालिक सोडियम (metalic sodium) नामक पदार्थ कुछ मात्रा में भरा जाता है। सोडियम 97.5°C पर पिघलता है।

अत: इंजन के चलने पर सोडियम गर्म होकर पिघल जाता है। वाल्व के ऊपर-नीचे चलने से यह तरल सोडियम वाल्व हैड की गर्मी के नीचे स्टेम की ओर बढ़ता रहता है तथा स्टेम इंजन ऑयल द्वारा ठण्डी होती रहती है। इस प्रकार सोडियम वाल्व अधिक ताप में भी कुशलता से अधिक दिनों तक कार्य करता रहता है, परन्तु इसके प्रयोग में काफी सतर्कता की आवश्यकता है।

यदि खोखली स्टेम क्रैक (crack) हो जाए या टूट जाए, तो बहुत बड़ी दुर्घटना हो सकती है, क्योंकि ऐसी दशा में पानी के साथ मिलकर सोडियम आग के रूप में फट सकता है।

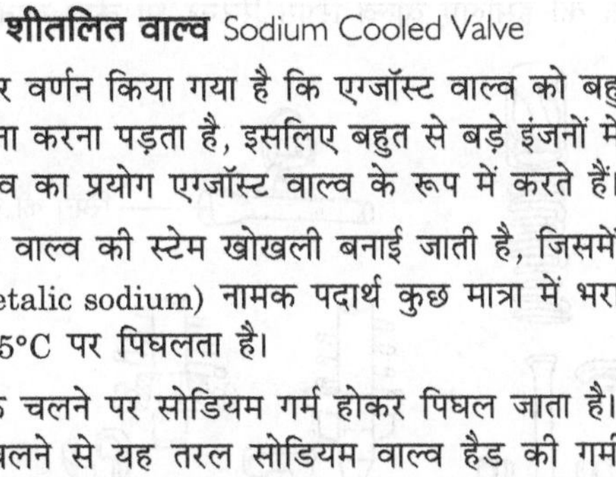

चित्र सोडियम शीतलित वाल्व

22.3 इंजन की वाल्व यन्त्रावली के लिए सहायक अवयव Accessories for a Valve Mechanism of an Engine

वाल्व यन्त्रावली इंजन का एक महत्त्वपूर्ण भाग है, जिसमें वाल्व एक महत्त्वपूर्ण अवयव है। इसकी सहायता से ही इंजन में द्रव तथा गैस का प्रवेश निश्चित हो पाता है। वाल्व को यन्त्रावली से सम्बद्ध करने के लिए सहायक अवयवों के सहयोग की आवश्यकता पड़ती है। ये अवयव अपनी भूमिका का निर्वहन कर यन्त्रावली को उपयुक्त कार्य करने में सहायता करते हैं।

1. वाल्व टॉप Valve Top

वाल्व के ऊपरी हिस्से को वाल्व टॉप कहा जाता है। वाल्व निम्न प्रकार के होते हैं

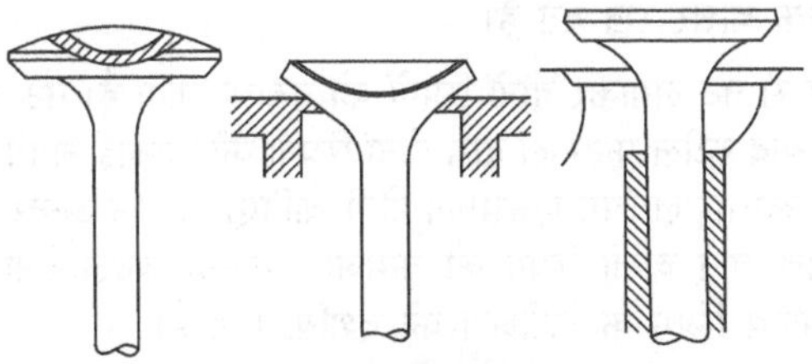

चित्र वाल्व टॉप

(i) **फ्लैट टॉप** (Flat Top) अधिकतर ट्रैक्टर में इस प्रकार के वाल्व प्रयोग होते हैं। इनकी टॉप समतल बनी होती है।

(ii) **ट्यूलिप टॉप** (Tulip Top) इस प्रकार के वाल्व गैसों की दक्षता से सील करने की सामर्थ्य रखते हैं। इनका प्रयोग रेसिंग कार तथा वायुयानों के इंजनों में होता है। इनकी टॉप नीचे की ओर कुछ गोलाई लिए होती है।

(iii) **स्टैण्डर्ड टॉप** (Standard Top) इन वाल्वों का प्रयोग कम होता है। इनकी टॉप ऊपर से कुछ गोलाई लिए होती है।

2. वाल्व स्टेम Valve Stem

यह एक प्रकार का स्व-सन्तुलित वाल्व अंग है, जिसका प्रयोग कक्ष (chamber) में गैस का प्रवेश कराने हेतु किया जाता है। यह कक्ष (chamber) में गैस भरने के पश्चात् स्वत: (automatically) ही बन्द हो जाता है एवं कक्ष में दाब स्प्रिंग या दोनों के कारण सील हो जाता है। इससे चैम्बर में से गैस के निकलने (escaping) की सम्भावना खत्म हो जाती है। इनका प्रयोग प्राय: विविध वाहनों, साइकिल के पहियों तथा अन्य अनुप्रयोगों में गैस भराव के लिए किया जाता है।

वाल्व स्टेम ऑयल सील Valve Stem Oil Seal

ऑयल सील सामान्यतया वाल्व के इनटेक तथा एग्जॉस्ट वाल्व पर फिट की जाती है। इस वाल्व स्टेम ऑयल सील के द्वारा मुख्यत: चैम्बर में ऑयल की आवश्यकता से ज्यादा मात्रा को प्रवेश करने से रोका जाता है। इसमें सील के ऊपरी या शीर्ष (top) कोण पर ऑयल जलाशय (reservoir) होता है, जो स्टेम में स्नेहन का कार्य करता है।

3. वाल्व स्प्रिंग Valve Spring

वाल्वों को उसकी सीट से ठीक प्रकार चिपकाकर बन्द करने के लिए वाल्व स्प्रिंग का प्रयोग किया जाता है। प्राय: एक वाल्व के लिए एक स्प्रिंग का प्रयोग किया जाता है, परन्तु कुछ इंजनों में दो स्प्रिंग भी एक वाल्व में लगाई जाती हैं। इससे गैसों के लीक होने की कोई सम्भावना नहीं रह जाती। इन स्प्रिंगों की तनाव शक्ति (tension) बहुत अच्छी होनी चाहिए। इन्हें स्प्रिंग वायर द्वारा कुण्डली प्रकार (coiled type) का बनाया जाता है। इंजन ओवरहॉलिंग के समय इन स्प्रिंगों की तनाव शक्ति नाप लेनी चाहिए।

इसके लिए कई प्रकार के स्प्रिंग तनाव परीक्षक (spring tension tester) आते हैं। यदि स्प्रिंग कमजोर हो गए हों तो उनके स्थान पर नए स्प्रिंग डालने चाहिए। स्प्रिंग चेक करने का एक साधारण उपाय चित्र में दिखाया गया है। इस उपाय में वाइस (vice) में एक लम्बा बोल्ट कस लिया जाता है। इसमें नीचे एक स्प्रिंग डालकर एक वाशर रख देते हैं, फिर दूसरी स्प्रिंग रखकर एक वाशर रख देते हैं।

अब ऊपर से नट लगाकर दोनों स्प्रिंगों को दबाया जाता है। नट को थोड़ा कसने के बाद स्टील फुटरूल द्वारा दोनों स्प्रिंगों की लम्बाई नापते हैं। दोनों स्प्रिंगों की लम्बाई लगभग एकसमान होनी चाहिए। अधिक अन्तर आने पर अधिक दब जाने वाली स्प्रिंग को कमजोर मानकर बदल देना चाहिए। चित्र में वाल्व स्प्रिंग के निरीक्षण को दर्शाया गया है।

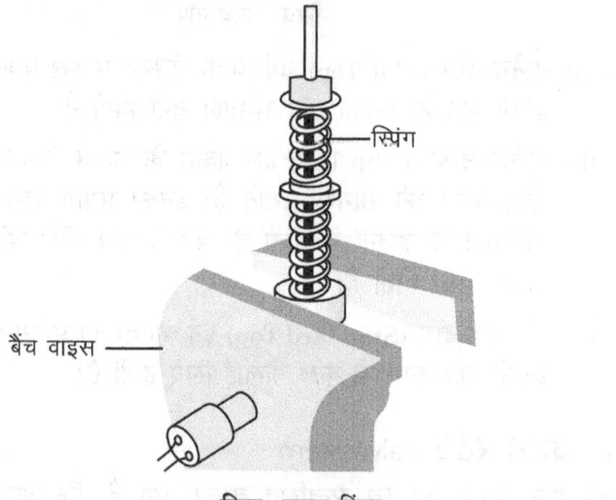

चित्र वाल्व स्प्रिंग

4. वाल्व गाइड Valve Guide

सिलेण्डर ब्लॉक अथवा सिलेण्डर हैड में जहाँ वाल्व फिट किए जाते हैं, उनके ठीक बीच में वाल्व गाइड फिट की जाती है। वाल्व की डण्डी (stem) इसी गाइड में ऊपर-नीचे होती है।

यह प्राय: कास्ट आयरन (cast iron) की बनी पतले पाइप जैसी होती है, परन्तु 'V' टाइप सिलेण्डर के इंजनों में यह दो टुकड़ों में बनी रहती है, जिन्हें वाल्व फिट करते समय अलग से लगाया जाता है। वाल्व गाइड इंजन के काफी दिनों तक चलने से वाल्व स्टैम की रगड़ खाकर घिस जाती है। इस कारण वाल्व ठीक प्रकार से कार्य नहीं कर पाते हैं तथा वाल्व स्टेम द्वारा इनमें से स्नेहन तेल (lubrication oil) की पम्पिंग सी होने लगती है, जिससे वह तेल दहन कक्ष (combustion chamber) में जाकर जलने लग जाता है, इसलिए जब इंजन ओवरहॉलिंग की जाए, तो वाल्व गाइड अवश्य बदल देनी चाहिए। इसके अतिरिक्त भी यदि कभी वाल्व बदले जाएँ, तो उनके अनुरूप ही नई वाल्व गाइड डालना ही श्रेयस्कर है।

फिट करना Fitting

वाल्व गाइड फिट करने के लिए सिलेण्डर हैड या ब्लॉक की 325°C से 375°C तक गर्म करना चाहिए तथा वाल्व गाइड को बर्फ में प्रिंक करके प्रेस फिट करना चाहिए।

गाइड को वाल्व सीट की ओर से फिट किया जाता है। वाल्व स्टेम तथा गाइड के मध्य "0.0015" से "0.0025" तक क्लीयरैन्स रखा जाता है।

5. वाल्व लॉक या वाल्व रिटेनर Valve Lock or Valve Retainer

वाल्व स्टेम के साथ स्प्रिंगों को ठीक प्रकार से दाबे रखने के लिए वाल्व कैप तथा वाल्व लॉक का प्रयोग किया जाता है, जिससे स्प्रिंग का पूरा दबाव, वाल्व बन्द करने के लिए मिलता रहे।

वाल्व लॉक को इसलिए वाल्व स्प्रिंग रिटेनर भी कहा जाता है।

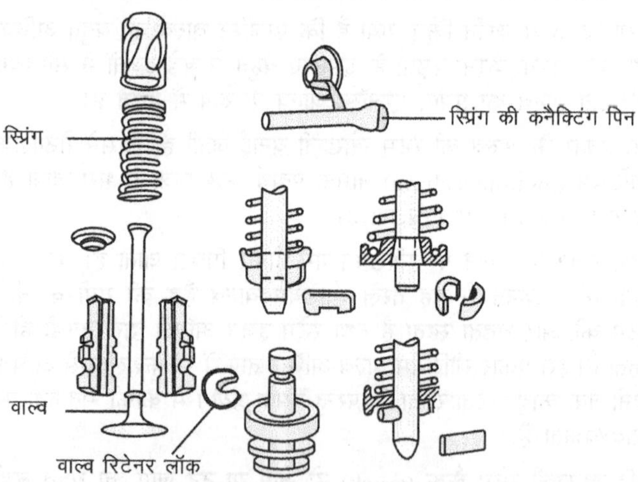

चित्र वाल्व लॉक या वाल्व रिटेनर

ये तीन प्रकार के होते हैं

1. पिन टाइप, 2. हॉर्स शू टाइप तथा 3. कोनीकल टाइप।

पिन टाइप स्प्रिंग रिटेनर में एक पतली पिन वाल्व कैप के ऊपर से वाल्व स्टेम में आर-पार (across) फिट की जाती है। हॉर्स शू टाइप रिटेनर केवल 'V' टाइप सिलेण्डर व्यवस्थापन वाले इंजनों में प्रयोग किये जाते हैं, जिनमें वाल्व गाइड को भी वाल्व स्टेम के साथ इसी रिटेनर द्वारा लॉक किया जाता है। कोनीकल (conical) टाइप वाल्व स्प्रिंग रिटेनर का प्रयोग आमतौर पर सभी इंजनों में किया जाता है।

ये दो टुकड़ों में बने होते हैं, जिन्हें वाल्व कैप के बीच में इस प्रकार फिट किया जाता है कि रिटेनर वाल्व स्टेम (valve stem) में बने खाँचे में भी ठीक प्रकार बैठ जाए। इस लॉक के बीच में एक धारी-सी पड़ी रहती है, जिसके घिसने से ये बेकार हो जाते हैं तथा वे खुल जाते हैं। अत: इन्हें बदल देना चाहिए।

6. वाल्व टैपेट या लिफ्टर Valve Tappet or Lifter

कैम शाफ्ट द्वारा वाल्वों को उठाकर खोलने के लिए टैपिट या लिफ्टर की मुख्य भूमिका रहती है। यह इंजन के सिलेण्डर ब्लॉक के एक ओर जिस ओर कैम शाफ्ट लगी होती है, फिट रहते हैं। जब कैम शाफ्ट घूमती है, तो उस पर बने कैम बारी-बारी से प्रत्येक वाल्व टैपिटों को उठाते जाते हैं।

यह टैपिट ऊपर उठकर सीधे ही वाल्व स्टेम को ऊपर उठाकर वाल्व को खोलते हैं, अथवा इन टैपिटों द्वारा पुश रॉड उठती है जो रॉकर को उठाकर सिलेण्डर हैड में लगे वाल्व स्टेम को दबाती है, जिससे वाल्व खुलते हैं। जिन इंजनों के वाल्व सिलेण्डर ब्लॉक में लगे होते हैं उनके टैपिटों के ऊपर टैपिट क्लीयरैन्स एडजस्टिंग स्क्रू भी लगा रहता है।

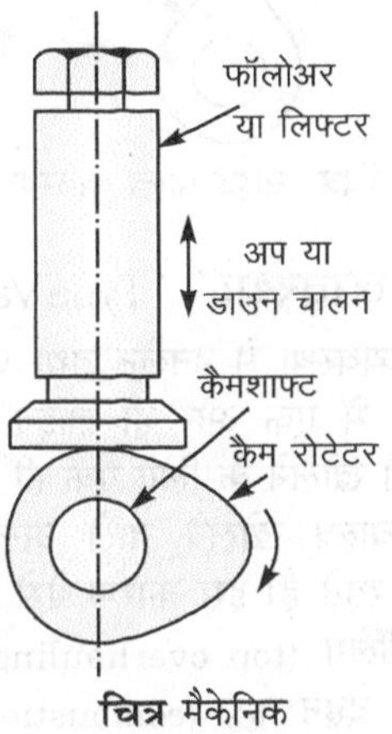

चित्र मैकेनिक

7. हाइड्रॉलिक वाल्व टैपेट या लिफ्टर Hydraulic Valve Tappet or Lifter

आजकल मैकेनिकल वाल्व लिफ्टर के स्थान पर हाइड्रॉलिक वाल्व लिफ्टर का प्रयोग होने लगा है। इसमें टैपिट की आवाज नहीं आती है, क्योंकि इसमें टैपिट क्लीयरैन्स नहीं रखा जाता है। इसमें एक सिलेण्डर तथा एक रिजर्वायर (reservoir) होता है।

इसकी बॉडी के एक छेद का सम्बन्ध तेल की प्रेशर लाइन से रहता है, जिसके द्वारा तेल स्नेहन प्रणाली से रिजर्वायर में आता है। सिलेण्डर में एक प्लंजर (plunger) होता है, जिसका ऊपरी सिरा पुश रॉड या सीधे वाल्व स्टेम के साथ मिला रहता है। नीचे का सिरा तेल पर रहता है।

जब इंजन वाल्व बन्द रहता है, तो रिजर्वायर का तेल बॉल चैक वाल्व को खोलता है तथा प्लंजर को ऊपर उठाता है। इससे लिफ्टर असेम्बली तथा पुश रॉड अथवा वाल्व स्टेम के बीच की दूरी समाप्त हो जाती है।

जब कैम लोब ऊपर आती है, तो लिफ्टर ऊपर उठता है तथा बॉल चैक वाल्व बन्द हो जाता है और तेल रिजर्वायर में नहीं जाता है, इससे लिफ्टर असेम्बली ऊपर उठकर वाल्व को खोल देती है।

इसी समय कुछ तेल प्लंजर और सिलेण्डर के बीच लीक कर जाता है, जिससे प्लंजर नीचे आता है तथा वाल्व बन्द हो जाता है।

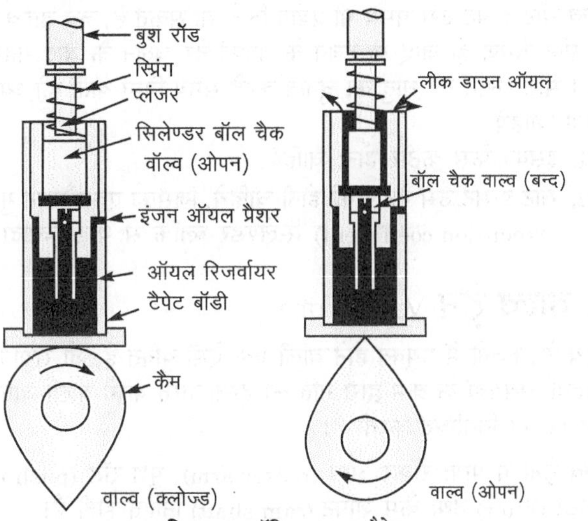

चित्र हाइड्रॉलिक वाल्व टैपेट

8. वाल्व सीट Valve Seat

इंजन वाल्वों के फेस (face) इन्हीं वाल्व सीट पर चिपककर बैठते हैं, जिससे गैसें लीक नहीं हो पाती हैं। सिलेण्डर ब्लॉक या सिलेण्डर हैड में यह ऐसे स्थान पर बनी रहती है।

जहाँ कम्बशन चैम्बर इन्हें ढक सके। दूसरे शब्दों में कह सकते हैं कि यह वाल्व सीट ऐसे स्थान पर बनी होती है, जहाँ वाल्व, दहन कक्ष (combustion chamber) में खुल सके।

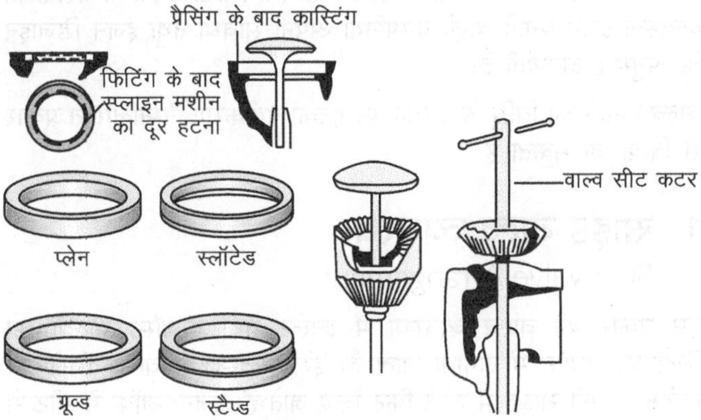

चित्र वाल्व सीटें

वाल्व सीट इन्सर्ट Valve Seat Insert

वाल्व सीट इन्सर्ट क्रोम मौलिब्डेनम स्टील के होते हैं और बहुत कठोर होते हैं। इनका जीवनकाल अत्यधिक होता है। ये इन्सर्ट शिरिंक करके गुव्र के अन्दर प्रेस कर दिये जाते हैं।

कई इंजन निर्माता इन्सर्ट सीट को वाल्व सीट में ही प्रयोग करते हैं। दोनों वाल्व सीट इन्सर्ट उस समय भी प्रयोग किये जा सकते हैं, जब वाल्व टूटने पर सीट डैमेज हो जाए या इंजन के काफी देर चलने के बाद गहरी हो जाए। सीट इन्सर्ट की धातु का चुनाव करते समय निम्न बातों को ध्यान में रखना चाहिये।

1. इसका फेस कठोर होना चाहिये।
2. सीट इन्सर्ट उस मेटल की होनी चाहिये, जिसका एक्सपैन्शन गुणांक (expension coefficient) सिलेण्डर ब्लॉक से थोड़ा ज्यादा हो।

9. वाल्व ट्रेन Valve Train

वाल्व ट्रेन इंजनों में प्रयुक्त होने वाली एक ऐसी युक्ति है, जो संयोजन में पूर्णतया अवयवों के क्रम द्वारा गति को हस्तान्तरित करने वाली वाल्व के प्रचालन को नियन्त्रित करती है।

वाल्व ट्रेनों में प्राय: रॉकर आर्म (rocker arm), पुश रॉड (push rod), लिफ्टर (lifter) तथा कैम शाफ्ट (cam shaft) निहित होती है।

इसमें ट्रेन की ज्यामिति (geometry) ही किसी निश्चित समय में निर्धारित बिन्दु पर दहन कक्ष में वायु तथा ईंधन की मात्रा के प्रवेश को नियन्त्रित करती है। आवश्यकतानुसार यह विभिन्न आकृतियों में बनाई जाती है।

22.4 इंजन की वाल्व प्रचालन यन्त्रावली
Valve Operating Mechanism of an Engine

सामान्य रूप से इंजन वाल्व, इंजन के सिलेण्डर हैड में अथवा सिलेण्डर ब्लॉक में लगाए जाते हैं। वाल्व लगाने की विधि तथा उनके संचालन की व्यवस्था इंजन बनाने वाली कम्पनियाँ अपनी सुविधा तथा इंजन डिजाइन के अनुसार अपनाती हैं।

वाल्व लगाने की विधि के आधार पर इनका वर्गीकरण निम्नलिखित प्रकार से किया जा सकता है

1. साइड वाल्व व्यवस्था
Side Valve Arrangement

इस प्रकार की वाल्व व्यवस्था में इनलेट तथा एग्जॉस्ट वाल्वों को सिलेण्डर ब्लॉक में लगाया जाता है। इस व्यवस्था में वाल्व सिलेण्डर ब्लॉक में बनी साइड में उल्टे फिट किए जाते हैं। इंजन ब्लॉक में सीट से इन्हें चिपकाए रखने के लिए स्प्रिंग लगी होती है, जिसे कैप तथा स्प्रिंग रिटेनर द्वारा लॉक कर दिया जाता है।

यह वाल्व इंजन के चलने पर कैम शाफ्ट की कैम लोब द्वारा उठाए गए टैपिट से ऊपर उठकर खुलते हैं। इस व्यवस्था के अन्तर्गत ही 'L' टाइप 'T' टाइप तथा 'F' टाइप वाल्व व्यवस्था आती है

इनका वर्णन निम्न है

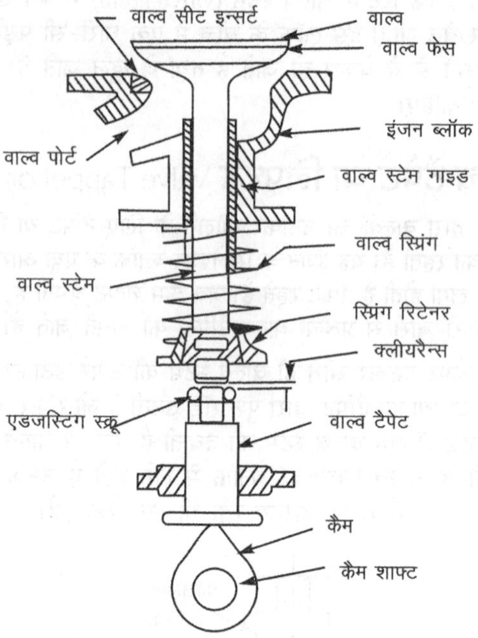

चित्र साइड वाल्व व्यवस्था

2. 'L' टाइप वाल्व व्यवस्था 'L' Type Valve Arrangement

इस प्रकार की वाल्व व्यवस्था में इनलेट तथा एग्जॉस्ट दोनों प्रकार के वाल्व सिलेण्डर ब्लॉक में एक ओर ही लाइन में फिट किए जाते हैं, इसलिए सभी वाल्वों को खोलने के लिए एक ही कैम शाफ्ट पर्याप्त होती है। इसके अतिरिक्त वाल्व खोलने वाले अन्य सभी भाग (parts) सिलेण्डर ब्लॉक में ही रहते हैं। इस कारण ऐसे इंजनों में सिलेण्डर हैड खोलकर टॉप ओवरहॉलिंग (top overhauling) आसानी से की जा सकती है, परन्तु इसका दहन कक्ष (combustion chamber) छोटा ही बनाया जा सकता है, जो डीजल इंजन के लिए उपयुक्त नहीं है।

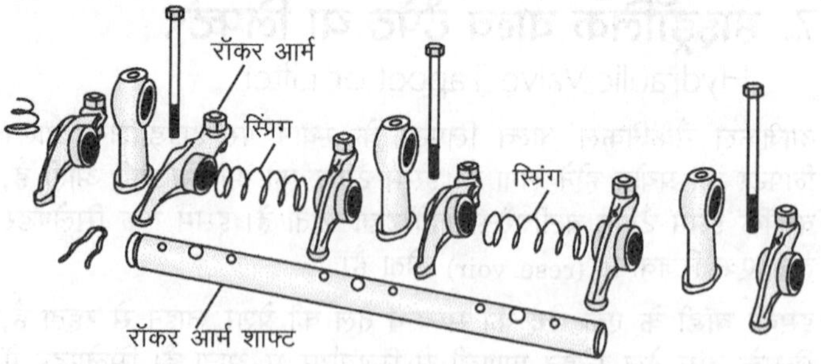

चित्र 'L' टाइप वाल्व व्यवस्था

3. 'T' टाइप वाल्व व्यवस्था 'T' Type Valve Arrangement

इस प्रकार की वाल्व व्यवस्था में सिलेण्डर ब्लॉक के एक ओर इनलेट वाल्व तथा दूसरी ओर एग्जॉस्ट वाल्व लगे होते हैं। इस प्रकार के इंजनों में दो कैम शाफ्टों का प्रयोग करना आवश्यक होता है, इसलिए यह एक महँगी प्रणाली (system) है, जिसका उपयोग बहुत कम किया जाता है।

4. 'F' टाइप वाल्व व्यवस्था 'F' Type Valve Arrangement

इस प्रकार की वाल्व व्यवस्था में इनलेट वाल्व तो सिलेण्डर ब्लॉक में ही 'L' टाइप व्यवस्था की तरह लगे होते हैं। प्राय: इसमें एक ही कैम शाफ्ट का प्रयोग किया जाता है, परन्तु कुछ इंजन ऐसे भी होते हैं, जिनमें दो कैम शाफ्ट भी प्रयोग किया जाता है। इस प्रकार यह 'L' टाइप वाल्व व्यवस्था तथा 'I' टाइप वाल्व व्यवस्था का मिला-जुला (combined) रूप होता है।

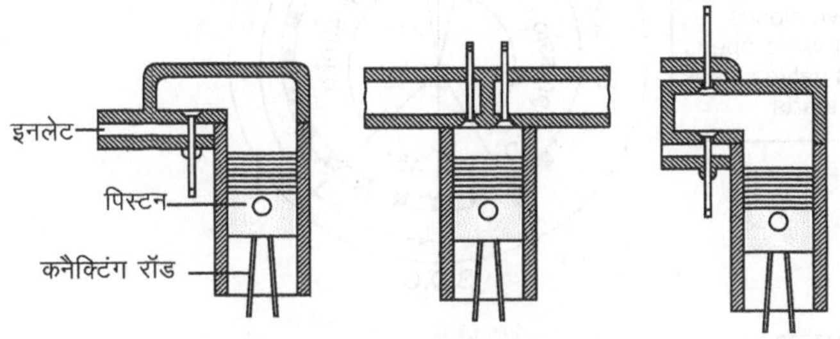

चित्र 'L' टाइप वाल्व व्यवस्था **चित्र** 'T' टाइप वाल्व व्यवस्था
चित्र 'F' टाइप वाल्व व्यवस्था

ओवरहैड वाल्व व्यवस्था
Overhead Valve Arrangement

इस प्रकार की वाल्व व्यवस्था को 'आई हैड' (I head) वाल्व व्यवस्था भी कहा जाता है। इस व्यवस्था में इनलेट तथा एग्जॉस्ट सभी वाल्व सिलेण्डर हैड में लगाए जाते हैं। इसमें एक ही कैम शाफ्ट का प्रयोग वाल्व खोलने के लिए किया जाता है।

इस व्यवस्था में वाल्व खोलने के लिए दो अतिरिक्त भागों की आवश्यकता होती है। पुश रॉड (push rod) तथा रॉकर आर्म असेम्बली (rocker arm assembly) इंजन के चलने पर कैम लोब द्वारा टैपिट ऊपर उठते हैं, इनके द्वारा पुश रॉड भी ऊपर उठती है।

पुश रॉड के ऊपर उठने से रॉकर, जोकि एक शाफ्ट पर फिट रहता है, उसका एक सिरा ऊपर उठता है तथा तराजू की डण्डी के समान दूसरा सिरा नीचे झुक जाता है। इसके झुकने से वाल्व स्टेम पर दबाव पड़ता है तथा वाल्व खुल जाता है। यह व्यवस्था सबसे अच्छी समझी जाती है।

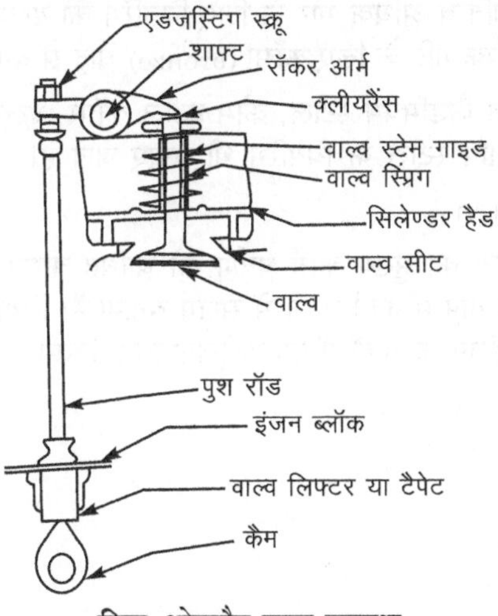

चित्र ओवरहैड वाल्व व्यवस्था

तालिका डीजल इंजन वाल्व खुलने व बन्द होने का समय व स्थिति

वाल्व	वाल्व स्थिति	6 हा.पा.	8 हा.पा.	9.5 हा.पा.	10 हा.पा.
इनलेट वाल्व खुलता है	टी.डी.सी. से पूर्व	4° से 8°	4° से 8°	9° से 13°	9° से 13°
इनलेट वाल्व बन्द होता है	बी.डी.सी. के बाद	14° से 18°	14° से 18°	13° से 23°	13° से 23°
एग्जॉस्ट वाल्व खुलता है	बी.डी.सी. के पूर्व	42° से 48°	42° से 48°	55° से 59°	55° से 59°
एग्जॉस्ट वाल्व बन्द होता है	टी.डी.सी. के बाद	6° से 10°	6° से 10°	19° से 30°	19° से 30°
इंजेक्शन आरम्भ	टी.डी.सी. से पूर्व	18° से 20°	18° से 20°	18° से 20°	18° से 20°
वाल्व ओवरलैपिंग	जब दोनों वाल्व खुलते हैं	10° से 18°	10° से 18°	28° से 43°	28° से 43°

वाल्व टाइमिंग Valve Timing

पिस्टन इंजन में वाल्व के खुलने एवं बन्द होने के निश्चित समय को वाल्व टाइमिंग (valve timing) कहते हैं।

कार्य Function

सिद्धान्त रूप में सक्शन के समय इनलेट वाल्व पिस्टन के टी.डी.सी. पर खुलना चाहिए तथा इसी प्रकार एग्जॉस्ट स्ट्रोक के समय एग्जॉस्ट वाल्व बी.डी.सी. पर खुलना चाहिए। इसी क्रम (sequence) में इनलेट वाल्व सक्शन स्ट्रोक समाप्त करने के बाद बी.डी.सी पर बन्द हो जाना चाहिए तथा एग्जॉस्ट वाल्व, एग्जॉस्ट स्ट्रोक समाप्त करने के बाद टी.डी.सी. पर बन्द हो जाना चाहिए।

इस प्रकार इनलेट वाल्व टी.डी.सी से बी.डी.सी. तक 180° खुलता है तथा इसी प्रकार एग्जॉस्ट वाल्व बी.डी.सी से टी.डी.सी तक 180° खुलता है। यह आरेख (diagram) मात्र सैद्धान्तिक (theoretical) होता है, परन्तु इंजन के क्रियात्मक स्वरूप (practical aspect) में नहीं होता है।

वास्तव में इनलेट वाल्व सक्शन स्ट्रोक शुरू होने के कुछ डिग्री पहले खुल जाता है तथा सम्पीडन स्ट्रोक में भी कुछ डिग्री तक खुला रहता है। इसी प्रकार एग्जॉस्ट वाल्व एग्जॉस्ट स्ट्रोक शुरू होने के कुछ डिग्री पहले अर्थात् पावर स्ट्रोक में ही खुल जाता है तथा सक्शन स्ट्रोक में कुछ डिग्री तक खुला रहता है।

यहाँ एक पेट्रोल इंजन की वास्तविक वाल्व टाइमिंग दिखायी गई है, परन्तु डीजल इंजन की वास्तविक वाल्व टाइमिंग पेट्रोल इंजन से कुछ भिन्न होती है। इसमें इनलेट वाल्व सक्शन स्ट्रोक के 25° पहले ही खुल जाता है तथा बी.डी.सी. के 30° के बाद तक खुला रहता है।

इसी प्रकार एग्जॉस्ट वाल्व, एग्जॉस्ट स्ट्रोक में बी.डी.सी. से 45° पहले खुल जाता है तथा टी.डी.सी. के 15° बाद तक खुला रहता है। इस तरह इनलेट वाल्व क्रैंक स्टेशन के 235° तक खुलता है तथा एग्जॉस्ट वाल्व 240° तक खुला रहता है।

चित्र के अनुसार पावर स्ट्रोक से 5° पूर्व फ्यूल इंजेक्शन शुरू हो जाता है तथा 25° बाद तक होता रहता है। इस प्रकार कुल 30° फ्यूल इंजेक्शन होता है।

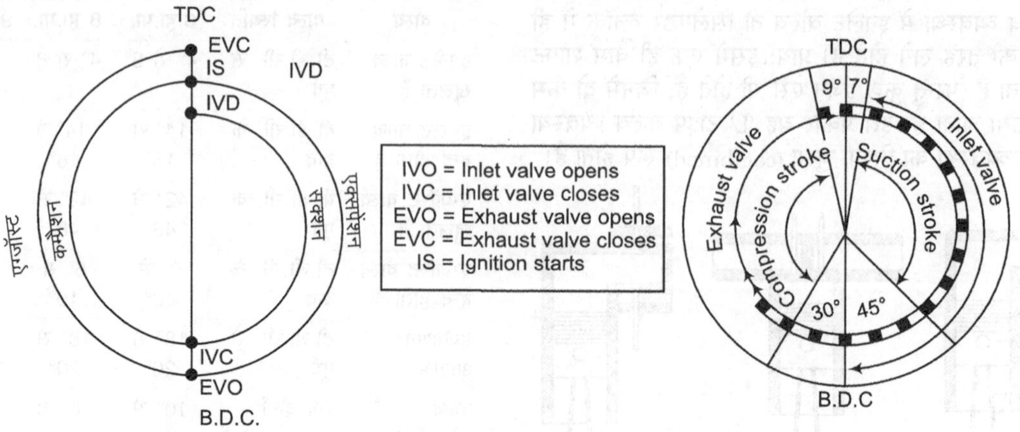

चित्र वाल्व टाइमिंग

उपरोक्त चित्रों से स्पष्ट हो जाता है कि इनलेट वाल्व टी.डी.सी. से पूर्व खुल जाता है तथा बी.डी.सी. के बाद बन्द होता है। इसी प्रकार एग्जॉस्ट वाल्व बी.डी.सी. से पूर्व खुल जाता है तथा टी.डी.सी. के बाद बन्द हो जाता है।

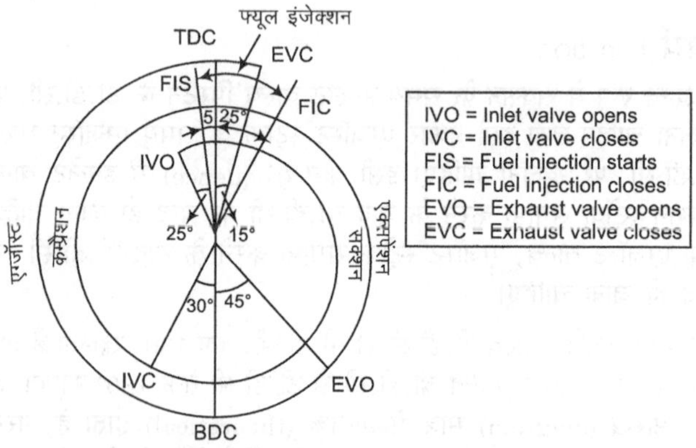

चित्र डीजल इंजन की वाल्व टाइमिंग

वाल्व घूर्णन की महत्ता Importance of Valve Rotation

हम जानते हैं कि टाइमिंग के अनुसार वाल्व खुलते एवं बन्द होते हैं। खुलने एवं बन्द होने के साथ-साथ वाल्व अपनी धुरी पर धीरे-धीरे घूमते भी रहते हैं, जिससे ये सुगमतापूर्वक अपनी सीट पर बैठते रहते हैं एवं अपने फेस को साफ करते रहते हैं।

वाल्व घूर्णन के कारण वाल्व फेस पर उपस्थित कार्बन स्वत: ही साफ होता रहता है, जिससे ये दीर्घायु बनते हैं। इससे वाल्व गाइड के चिपचिपे होने से भी बचाव होता है। वाल्व घूर्णन के कारण वाल्व की ऊष्मा का पारेषण भी वाल्व सीट के चारों ओर होता रहता है।

22.5 इंजन बियरिंग Engine Bearing

इंजन बियरिंग, इंजन चालक शाफ्ट में घर्षण को कम करने अथवा शक्ति ह्रास को कम करने की एक युक्ति है। बियरिंग युक्ति इंजन चालन को सुगम बनाती है और साथ-ही-साथ इंजन के शोर को भी कम करती है, जिसके फलस्वरूप इंजन का शक्ति ह्रास कम हो जाता है।

चित्र इंजन बियरिंग

संरचना Construction

इंजन में कम गति व अधिक भार के लिए बियरिंग को ढलवाँ लोहे (cast iron) एवं अधिक गति के लिए काँसा (bronze) धातु से बनाया जाता है।

इनके अतिरिक्त कैडमियम स्टील, क्रोम स्टील कॉपर, एल्युमीनियम तथा सिल्वर व अलॉय स्टील के बियरिंग भी बनाए जाते हैं।

कार्य Function

इंजन में बियरिंग का मुख्य कार्य घर्षण को बाधित करना एवं इंजन के भागों को उच्च ताप में कार्य करने में सक्षम बनाना है। बियरिंग के कारण ही इंजन तथा इंजन के भागों में क्रियाशीलता बिना किसी अवरोध के बनी रहती है।

प्रकार Types

इंजन में निम्न प्रकार की बियरिंग प्राय: उपयोग में लायी जाती हैं

1. मेन बियरिंग Main Bearing

क्रैंक शाफ्ट, ब्लॉक के साथ कसने के बाद इन्हीं मेन बियरिंगों में घूमती है। यह प्राय: दो टुकड़ों में बनी होती है। इन्हें ढलवाँ लोहे के बाहरी खोल में एक पतले शैल के रूप में फिट किया जाता है। ये व्हाइट मेटल की बनी होती हैं। कुछ बियरिंग शैल ताँबे की भी होती हैं, उन पर व्हाइट मेटल का लेप चढ़ा रहता है।

इनकी अन्दर की सतह बहुत चिकनी तथा क्रैंक शाफ्ट के क्रैंक जर्नलों से लगभग चिपकी होनी चाहिए। जब क्रैंक शाफ्ट ग्राइण्ड करा कर फिट की जाती है, तो इन बियरिंगों की सतह पर क्रैंक जर्नलों की रगड़ के हाई स्पॉट निशान देखकर उन्हें खुरचकर दूर किया जाता है। इस कार्य को बियरिंग मिलाना (bearing matching) कहते हैं।

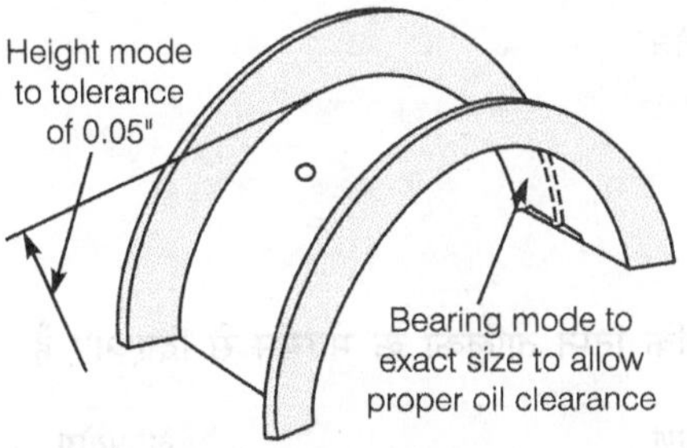

चित्र इंजन मेन बियरिंग

2. बिग एण्ड बियरिंग Big End Bearing

इस प्रकार के बियरिंग क्रैंक शाफ्ट के क्रैंक पिन पर कनैक्टिंग रॉड जोड़ने के लिए प्रयोग किए जाते हैं। ये भी मेन बियरिंग की भाँति दो टुकड़ों में बनाए जाते हैं तथा इन्हें भी व्हाइट मेटल से बनाया जाता है।

इन बियरिंगों में अन्दर ऑयल ग्रूव बना होता है, जिसके बीच में क्रैंक शाफ्ट से तेल आने के लिए एक छेद बना होता है। इसके अतिरिक्त ये बियरिंग कनैक्टिंग रॉड में घूमे नहीं, इसके लिए लॉकिंग लिप (locking lip) बनी रहती है, जो कनैक्टिंग रॉड के बिग एण्ड में बनी लिप स्लॉट में बैठ जाती है।

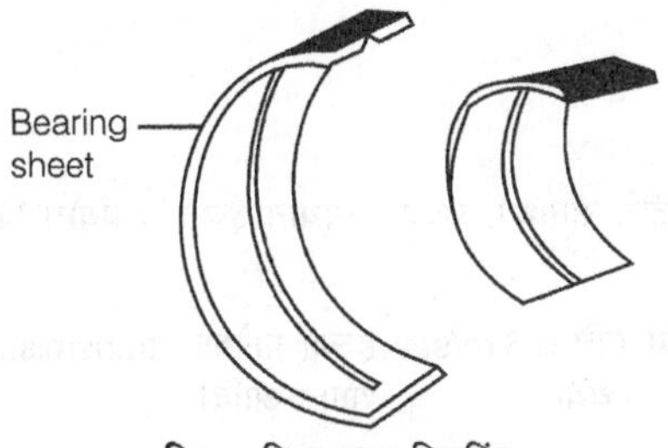

चित्र बिग एण्ड बियरिंग

3. स्मॉल एण्ड बियरिंग Small End Bearing

कनेक्टिंग रॉड के छोटे सिरे पर गजन पिन को फिट करने के लिए इसका प्रयोग किया जाता है। यह एक बुश बियरिंग के रूप में गन मेटल अथवा ब्रोंज मेटल द्वारा बनाया जाता है। इन धातुओं की यह विशेषता होती है कि स्नेहक तेल इनके अदृश्य छिद्रों में से रिसता रहता है। इसके अतिरिक्त स्नेहन के लिए इसमें एक ड्रिल होल बनाया जाता है, जिसमें कनैक्टिंग रॉड से तेल आता है।

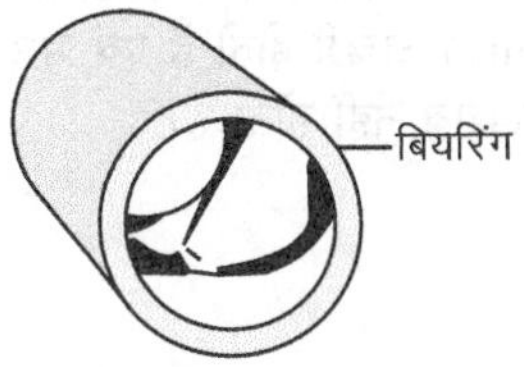

चित्र स्मॉल एण्ड बियरिंग

4. स्पिगॉट बियरिंग Spigot Bearing

फ्लाईव्हील के ठीक बीच में जो बियरिंग फिट रहता है जिस पर गियर बॉक्स की प्राइमरी शाफ्ट टिकती है, उसे स्पिगॉट बियरिंग कहते हैं। इसके लिए छोटी बॉल बियरिंग या नीडिल रोलर बियरिंग (needle roller bearing) का प्रयोग किया जाता है।

जब इंजन ओवरहॉलिंग किया जाए अथवा क्लच की मरम्मत की जाए, तो इसे भी चैक कर लेना चाहिए। यदि यह खराब हो, तो बदल देना चाहिए।

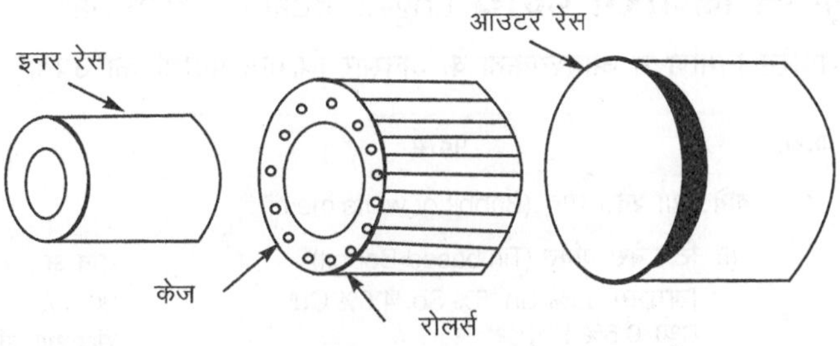

चित्र स्पिगॉट बियरिंग

5. थ्रस्ट बियरिंग Thrust Bearing

क्रैंक शाफ्ट थोड़ी-सी एण्ड प्ले रखी जाती है। इसके लिए बियरिंग के कॉलर की मोटाई घटाई या बढ़ाई जाती है। ऐसा प्रबन्ध छोटे इंजनों में होता है। बड़े इंजनों में, सेन्टर वाले मेन जर्नल के एक ओर थ्रस्ट वाशर लगाया जाता है। यह थ्रस्ट वाशर बियरिंग की धातु की ही बनी होती है। ये 0.10" से 0.60" तक ओवर साइज में आती हैं।

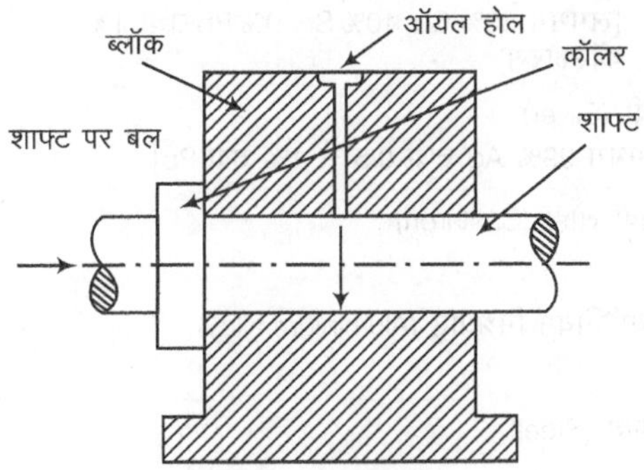

चित्र थ्रस्ट बियरिंग

6. **शैल बियरिंग** Shell Bearing

इस प्रकार की बियरिंग में पीछे की ओर स्टील (steel) या ब्रोन्ज (bronze) तथा अन्दर कॉपर लैड या कैडमियम सिल्वर की धातु लगाई जाती है। इनका प्रयोग प्रायः क्रैंक मेन जर्नल तथा क्रैंक पिन द्वारा उत्पन्न भार को सहन करने के लिए किया जाता है। इस प्रकार की बियरिंग में ऊष्मीय सुचालकता (thermal conductivity) अच्छी होती है एवं भार को उठाने या सहन करने की क्षमता अधिक होती है। इनका मुख्य लाभ यह है कि ये वायुमण्डलीय रासायनिक प्रभाव से खराब नहीं होती हैं।

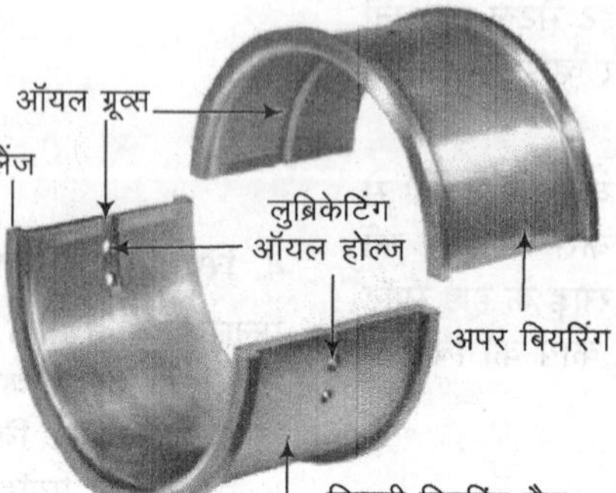

चित्र शैल बियरिंग

इंजन बियरिंग पदार्थ Engine Bearing Material

बियरिंग निर्माण में आवश्यकता के अनुसार विभिन्न पदार्थों का उपयोग किया जाता है जोकि निम्न तालिका के माध्यम से दिए गए हैं

क्र.सं.	पदार्थ	गुण तथा लक्षण	अनुप्रयोग
1.	बबित या श्वेत धातु (Babbit or white metal)		
	(i) टिन बेस बबित (Tin based Babbit) [लगभग 90% Sn, 5% Sb, 4.5% Cu तथा 0.5% Pb]	दाब क्षमता लगभग 35 MPa तथा गति 20 m/s, गतिक भार वहन क्षमता अच्छी, अच्छा संक्षारण प्रतिरोध, अधिक मूल्य।	गैस इंजन, डीजल इंजन तथा सम्पीडक आदि में प्रयोग किया जाता है।
	(ii) लैड बेस बबित (Lead based babbit) [लगभग 84% Pb, 9.5% Sb, 6% Sn तथा 0.5% Cu]	दाब क्षमता लगभग 7 MPa तथा गति 1 m/s, लम्बा जीवनकाल, कम मूल्य।	टरबाइन शाफ्ट तथा मोटर आदि।
2.	काँसा (Bronze) [Cu, Sn तथा Zn की मिश्र धातुएँ]	उच्च दाब पर भी क्रियाशील, मितव्ययी व निर्माण में सरल।	सामान्यतया ब्रुश रूप में इसका प्रयोग किया जाता है।
	(i) गन धातु (Gun metal) [लगभग 88% Cu, 10% Sn तथा 2% Zn]	दाब व क्षमता लगभग 10 Mpa	
	(ii) फॉस्फोरस ब्रोन्ज (Phosphorus bronze) [लगभग 80% Cu, 10% Sn, 9% Pb तथा 1% फॉस्फोरस]	दाब क्षमता लगभग 14 Mpa	
3.	चाँदी (Silver) [लगभग 99% Ag तथा 0.5 से 1% तक Pb]	सामान्य दाब 35 Mpa, अच्छी फटीग सामर्थ्य, उच्च ऊष्मा चालकता।	वायुयान इंजन में प्रयोग किया जाता है।
4.	ढलवाँ लोहा (Cast iron)	दाब क्षमता लगभग 3.5 Mpa तथा गति 0.6 m/s, निम्न घर्षण, अच्छा स्नेहन गुण, मितव्ययी।	हल्का पारेषण (transmission) तथा कैम शाफ्ट आदि।
5.	एल्युमीनियम मिश्रधातु (Aluminium alloy)	उच्च ऊष्मा प्रसार, अच्छी ऊष्मा चालकता, अधिक भार वहन क्षमता, अच्छी फटीग सामर्थ्य।	कम उपयोगी।
6.	इस्पात (Steel)	कम मूल्य, हल्का भार तथा गति लगभग 0.8 m/s	गाइडें आदि में प्रयोग किया जाता है।
7.	कैडमियम बेस मिश्रधातु (Cadmium base alloy) लगभग 97% Cd, 1.5% Ni, 0.5% Cu तथा 1% Ag]	दाब क्षमता 10.5 MPa, उच्च तापमान पर भी क्रियाशील, निम्न संक्षारण प्रतिरोध, अधिक मूल्य।	अन्तः दहन इंजन आदि।

क्र.सं.	पदार्थ	गुण तथा लक्षण	अनुप्रयोग
8.	अधातु पदार्थ (Non-metallic materials)		
	(i) कार्बन-ग्रेफाइट (Carbon-graphite)	सामान्य दाब 4.2 MPa, स्वतः स्नेहित (self lubricated), स्नेहन की आवश्यकता नहीं, उच्च तापमान पर भी क्रियाशील, रासायनिक प्रक्रिया के लिए निष्क्रिय, कम गति पर भी उपयोगी।	भाप यन्त्र वाहक (conveyor), विद्युत मोटर, खाद्य-सामग्री, मशीनरी।
	(ii) लकड़ी (Wood)	उच्च गति पर हल्के भारों हेतु उपयुक्त तथा स्वच्छ, स्वतः स्नेहित (self-lubricating), स्नेहन की आवश्यकता नहीं, लम्बा जीवनकाल तथा मितव्ययी।	वाहक (conveyors) आदि में प्रयोग किया जाता है।
	(iii) रबर (Rubber)	झटका, भार एवं कम्पन की परिस्थितियों में उपयोगी, जल स्नेहन की आवश्यकता तथा न्यून घर्षण।	पम्प हाइड्रॉलिक टरबाइन तथा समुद्री प्रोपैलर शाफ्ट में प्रयोग किया जाता है।
	(iv) प्लास्टिक (Plastics) [टेफ्लोन (teflon) तथा नायलॉन (nylon)]	दाब क्षमता 17.5 MPa तथा गति लगभग 2.25 m/s निम्न घर्षण, रासायनिक प्रक्रिया के लिए निष्क्रिय, स्नेहन की आवश्यकता नहीं तथा स्वच्छता।	पम्प, प्रोपैलर, कैम, डेरी, कपड़ा तथा खाद्य-सामग्री, मशीनरी में प्रयोग किया जाता है।

विशिष्ट डीजल इंजन बियरिंग
Special Diesel Engine Bearing

डीजल इंजन में घूमती शाफ्ट और अन्य अवयवों को बैठाने में सहायता करना, एक भाग से दूसरे भाग को भार स्थानान्तरित करना, दो भागों के मध्य के घर्षण को कम करना तथा अवयव सतहों के टकराने की आवाज को कम करना, न रोकी जाने वाली घर्षण की गर्मी को हटाना ही बियरिंग का मुख्य उद्देश्य है। इन उद्देश्यों की पूर्ति के लिए डीजल इंजनों में विशिष्ट बियरिंगों का प्रयोग किया जाता है, जोकि इंजन में क्रैंक पिन या मेन जर्नल पर स्लीव की तरह दो भागों में फिट होते हैं। इन भागों के अन्दर एण्टीफ्रिक्शन (antifriction) धातु लगी होती है। प्राय: इन बियरिंगों के निर्माण में पदार्थ के रूप में बैबिट धातु में प्राय: टिन (tin) या लैड (lead) एवं कभी–कभी सिल्वर या एल्युमीनियम अलॉय का प्रयोग होता है।

बियरिंग खराब होने के कारण
Causes of Defecting Bearing

इंजन बियरिंग के शीघ्र खराब होने के निम्न कारण हैं

1. रासायनिक कारणों से बियरिंग की धातु का खराब हो जाना।
2. स्नेहन (lubrication) ऑयल इंजन में कम रहना।
3. इंजन बियरिंग ठीक प्रकार फिट न होना।
4. इंजन ऑयल में मिट्टी के तेल का मिश्रण होना।
5. इंजन पर अधिक लोड पड़ना।
6. बियरिंग शीघ्र घिसना।
7. इंजन की गलत फिटिंग करना।

महत्त्वपूर्ण बिन्दु

- ट्रैक्टर में इंजन मूलतः विभिन्न अवयवों एवं यन्त्रावलियों की समग्र रचना है।
- सिलेण्डर हैड, गैस्केट, पिस्टन रिंग, गजन पिन, वाल्व स्प्रिंग इत्यादि इंजन के मुख्य भाग होते हैं।
- इंजनों में सिलेण्डर को ऊपर से बन्द करने के लिए सिलेण्डर हैड का उपयोग किया जाता है।
- डीजल दहन कक्ष, सिलेण्डर में उपलब्ध एक ऐसा कक्ष है जिसमें ईंधन का दहन होता है।
- सिलेण्डर ब्लॉक प्रायः कठोर व बारीक रेशों वाले ग्रे कास्ट आयरन के बनाए जाते हैं।
- सूखा सिलेण्डर लाइनर, सिलेण्डर के घिसे हुए बोर में फिट किए जाते हैं।
- हैड गैस्केट एक प्रकार की मैकेनिकल सील है जो इंजन के अंदर सिलेण्डर हैड तथा ब्लॉक के मध्य दहन द्वारा उत्पन्न दाब को नियन्त्रित करती है।
- पिस्टन सिलेण्डर के अन्दर गतिमान रहकर शक्ति का सृजन करते हैं।
- कनैक्टिंग रॉड, पिस्टन व क्रैंक शाफ्ट को कनैक्ट करने हेतु उपयोग की जाती है।
- क्रैंकशाफ्ट द्वारा पिस्टन की प्रत्यागामी चाल को घूर्णीय चाल में परिवर्तित किया जाता है।
- वाइब्रेशन डैम्पर का उपयोग, क्रैंकशाफ्ट के कम्पन समाप्त करने के लिए किया जाता है।
- एकल सिलेण्डर के इंजन में क्रैंकशाफ्ट के दो चक्करों में एक बार पावर मिलती है।
- कैम शाफ्ट पर इंजन वाल्वों की संख्या के बराबर कैम बनी होती है।
- फ्लाई व्हील, इंजन का एक मुख्य भाग होता है जो पावर स्ट्रोक के समय पावर को संग्रहित कर लेता है।
- फ्लाई व्हील का आकार व भार, इंजन की बनावट तथा पावर पर निर्भर करता है।
- इंजन में वाल्व का मुख्य कार्य वायु-ईंधन मिश्रण को दहन कक्ष में प्रवेश करना है।
- वाल्व गाइड फिट करने के लिए सिलेण्डर हैड या ब्लॉक को 325°C से 375°C तक गर्म किया जाता है।
- पिस्टन इंजन में वाल्व के खुलने एवं बन्द होने के निश्चित समय को वाल्व टाइमिंग कहते हैं।
- इंजन बियरिंग, इंजन चालक शाफ्ट में घर्षण को कम करने की युक्ति है।

महत्त्वपूर्ण प्रश्नोत्तरी

1. सिलेण्डर हैड तथा सिलेण्डर ब्लॉक के बीच किस युक्ति का उपयोग किया जाता है?

उत्तर सिलेण्डर हैड तथा सिलेण्डर ब्लॉक के बीच गैस्केट का उपयोग किया जाता है।

2. गर्म इंजन पर शीतल जल डालने से सिलेण्डर हैड पर क्या प्रभाव पड़ेगा?

उत्तर गर्म इंजन पर शीतल जल डालने से सिलेण्डर हैड में दरारें पड़ जाएँगी।

3. इंजन में फ्लाई व्हील का क्या कार्य है?

उत्तर फ्लाई व्हील का मुख्य कार्य क्लच को पावर एंगेज तथा डिस्एंगेज करना है।

4. वाल्व टाइमिंग से आप क्या समझते हैं?

उत्तर पिस्टन इंजन में वाल्व के खुलने व बन्द होने के निश्चित समय को वाल्व टाइमिंग कहा जाता है।

5. कैम शाफ्ट द्वारा वाल्वों को उठाकर खोलने के लिए किसकी मुख्य भूमिका होती है?

उत्तर कैम शाफ्ट द्वारा वाल्वों को उठाकर खोलने में टैपेट की मुख्य भूमिका होती है।

अभ्यास प्रश्न

परीक्षा प्रारूपी प्रश्न

1. इंजन इनमें से किनकी समग्र रचना है?
(a) अवयवों (b) यन्त्रावलियों
(c) संयोजनों (d) ये सभी

2. इंजन स्ट्रोकों को पूरा करने के लिए मुख्य रूप से किसका उपयोग किया जाता है?
(a) इंजन वाल्वों का (b) कैम शाफ्ट का
(c) 'a' और 'b' दोनों (d) इनमें से कोई नहीं

3. इंजन स्ट्रोकों से विकसित शक्ति के उत्पादन में इनमें से किसका योगदान होता है?
(a) कनैक्टिंग रॉड (b) क्रैंक शाफ्ट
(c) फ्लाई व्हील (d) ये सभी

4. इंजन में उसके अवयवों को संयोजित करने के मूल में क्या होता है?
(a) उसका ध्येय
(b) उसका कार्य
(c) 'a' और 'b' दोनों
(d) उपरोक्त में से कोई नहीं

5. इंजन की उपयोगिता को ध्यान में रखते हुए क्या जानना आवश्यक है?
(a) खोलने-बाँधने का तरीका
(b) अवयव व उनकी कार्यिकी
(c) इंजन की क्रियाशील स्थिति
(d) उपरोक्त सभी

6. सिलेण्डर हैड किस धातु के बने होते हैं?
(a) कॉपर (b) कास्ट आयरन
(c) एल्युमीनियम अलॉय (d) इस्पात

7. सिलेण्डर किस धातु के बने होते हैं?
(a) पीतल (b) लोहा
(c) ढलवाँ लोहा (d) इनमें से कोई नहीं

8. मल्टी सिलेण्डर इंजन में प्रयोग होते हैं
(a) एक सिलेण्डर
(b) एक सिलेण्डर, दो पिस्टन
(c) एक से अधिक सिलेण्डर
(d) उपरोक्त में से कोई नहीं

9. पिस्टन पर कौन-से दो प्रकार के रिंग फिट होते हैं?
(a) कार्ड रिंग व ऑयल रिंग
(b) सम्पीडन रिंग व ऑयल रिंग
(c) ऑयल रिंग व स्मॉल रिंग
(d) सम्पीडन रिंग व पर्फोरेटेड रिंग

10. पिस्टन पर स्लॉट किसलिए कटे होते हैं?
(a) पिस्टन व्यास स्थिर रखने के लिए
(b) पिस्टन हल्का करने के लिए
(c) पिस्टन सस्ता करने के लिए
(d) पिस्टन की आयु बढ़ाने के लिए

11. सिलेण्डर की दीवारों व पिस्टन के बीच कुछ दूरी रखी जाती है
(a) जिससे गैस लीक कर सके
(b) गर्म होने पर पिस्टन जाम न हो जाए
(c) पिस्टन रिंग जाम न हो जाए
(d) उपरोक्त में से कोई नहीं

12. निम्न में से कौन पिस्टन से सम्बद्ध नहीं है?
(a) रिंग (b) गजन
(c) कनैक्टिंग रॉड (d) क्रैंक शाफ्ट

13. इनमें से कौन-सा इंजन का भाग है?
(a) सिलेण्डर (b) पिस्टन
(c) फ्लाईव्हील (d) ये सभी

14. "क्रैंक शाफ्ट इंजन का मुख्य भाग होता है।" इस भाग का कार्य क्या है?
(a) क्रैंक शाफ्ट दोलन गति करती है
(b) क्रैंक शाफ्ट, पिस्टन की दोलन गति को घूर्णन गति में परिवर्तन करती है
(c) क्रैंक शाफ्ट, पिस्टन की ऊपर नीचे की गति को घूर्णन गति में परिवर्तित करती है
(d) उपरोक्त में से कोई नहीं

15. इंजन वाल्व किसके द्वारा खुलते हैं?
(a) कैम शाफ्ट द्वारा (b) क्रैंक शाफ्ट द्वारा
(c) रॉकर शाफ्ट द्वारा (d) वाल्व गाइड द्वारा

16. डीजल इंजन में डीजल जलता है
(a) स्पार्क प्लग द्वारा (b) इंजेक्टर द्वारा
(c) सम्पीडन द्वारा (d) इनमें से कोई नहीं

17. वाल्वों को सीट से चिपकाकर बन्द करने के लिए ······ का प्रयोग किया जाता है।
(a) वाल्व स्प्रिंग
(b) टैपिट
(c) वाल्व गाइड
(d) वाल्व लॉक

18. सुपर चार्जर से इंजन की ······· बढ़ जाती है।
(a) खपत (b) कार्यक्षमता
(c) आवाज (d) इनमें से कोई नहीं

19. इंजन की जली गैसें निम्न पोर्ट से बाहर नहीं निकलती हैं
(a) इनलेट पोर्ट
(b) ट्रांसफर पोर्ट
(c) 'a' और 'b' दोनों
(d) उपरोक्त में से कोई नहीं

20. फ्लाईव्हील में ········।
(a) स्पिगॉट बियरिंग फिट रहता है
(b) बिग एण्ड बियरिंग फिट रहता है
(c) स्मॉल एण्ड बियरिंग फिट रहता है
(d) मेन बियरिंग फिट रहता है

21. जली गैसों की आवाज कम करने के लिए इंजन में ······· का प्रयोग किया जाता है।
(a) साइलेन्सर (b) पैकिंग
(c) सुपर चार्जर (d) मैनीफोल्ड

22. इनमें इनटेक प्रणाली का अवयव है।
(a) इनलेट मैनीफोल्ड (b) एयर क्लीनर
(c) 'a' और 'b' दोनों (d) इनमें से कोई नहीं

23. नीचे दिए गए चित्र को पहचानिए

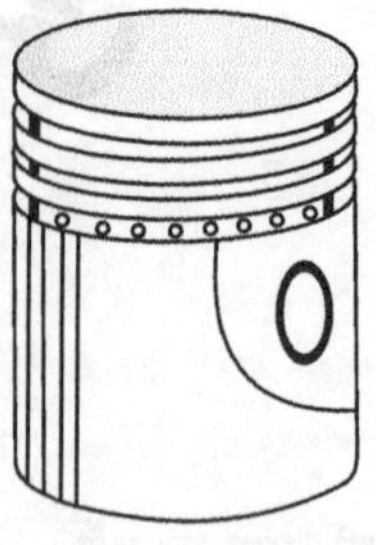

(a) पिस्टन (b) सिलेण्डर हैड
(c) सिलेण्डर ब्लॉक (d) इनमें से कोई नहीं

24. नीचे दिये गए चित्र में तीर द्वारा दिखाए गए भाग का नाम बताइए

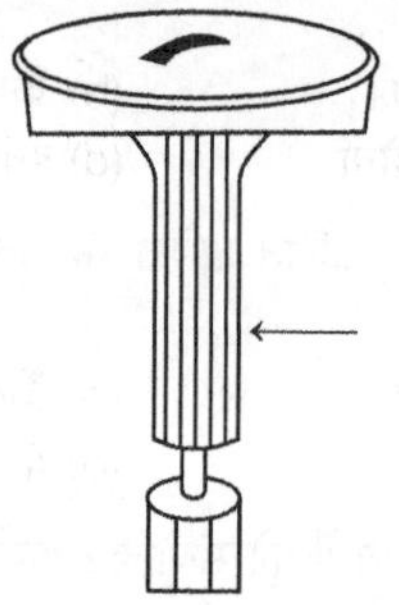

(a) वाल्व स्टेम (b) वाल्व स्प्रिंग
(c) वाल्व शीर्ष (d) इनमें से कोई नहीं

25. रबर की बियरिंग का प्रयोग किया जाता है
(a) समुद्री प्रोपैलर शाफ्ट में (b) पम्प हाइड्रॉलिक टरबाइन में
(c) 'a' और 'b' दोनों (d) इनमें से कोई नहीं

उत्तरमाला

1. (d)	**2.** (c)	**3.** (d)	**4.** (c)	**5.** (d)	**6.** (b)	**7.** (c)	**8.** (c)	**9.** (b)	**10.** (b)
11. (b)	**12.** (d)	**13.** (d)	**14.** (c)	**15.** (a)	**16.** (c)	**17.** (a)	**18.** (b)	**19.** (b)	**20.** (a)
21. (a)	**22.** (c)	**23.** (a)	**24.** (a)	**25.** (c)					

अध्याय 23

शीतलन एवं स्नेहन प्रणाली

Cooling and Lubrication System

परिचय Introduction

ट्रैक्टर में ऊष्मीय इंजन का प्रयोग किया जाता है। इंजन के कार्य करने के समय उत्पन्न ऊष्मीय ऊर्जा के फलस्वरूप इंजन के ताप में निरन्तर वृद्धि होती रहती है। अत: इंजन के तापमान को नियन्त्रित करने की आवश्यकता होती है। इंजन के अनावश्यक ताप को समाप्त करने या इंजन का तापमान नियन्त्रित करने हेतु शीतलन प्रणालियों का प्रयोग किया जाता है, जो दो प्रकार की होती है (i) वायु शीतलन तथा (ii) जल शीतलन।

इसके अतिरिक्त ट्रैक्टर संक्रियाओं के दौरान जब ट्रैक्टर के संगामी भाग परस्पर गति करते हैं, तो घर्षण के कारण ट्रैक्टर का गर्म अर्थात् क्षतिग्रस्त होना सम्भव है। इसके उपाय हेतु ट्रैक्टरों में स्नेहन प्रणाली का प्रयोग किया जाता है।

इस प्रकार ट्रैक्टर में शीतलन एवं स्नेहन प्रणाली की अत्यन्त महत्त्वपूर्ण भूमिका होती है, क्योंकि शीतलन एवं स्नेहन प्रणालियाँ, ट्रैक्टर को दीर्घायु व उनके प्रचालन को सुगम बनाने में सहायक होती है। प्रस्तुत अध्याय में शीतलन एवं स्नेहन प्रणालियों से सम्बन्धित तथ्यों को क्रमवार एकीकृत किया गया है, जिससे कि प्रशिक्षु इनकी कार्यिकी एवं उपयोगों से अवगत हो सकें।

अध्याय विषय सूची

23.1 शीतलन प्रणाली की आवश्यकता Need of Cooling System

इंजनों में शीतलन प्रणाली की व्यवस्था उनमें उत्पन्न होने वाली ऊष्मा के कुप्रभाव से इंजन को बचाने के लिए की जाती है। शीतलन प्रणाली के अभाव में इंजन के अन्दर निम्नलिखित दोष उत्पन्न होने की सम्भावना रहती है

1. प्री-इग्नीशन
2. डेटोनेशन
3. नॉकिंग
4. वाल्वों का जल जाना तथा
5. तेल की कमी से बियरिंग आदि का खराब होना।

23.2 शीतलन सम्बन्धी तकनीकी शब्दावली

Technical Terminology Related to Cooling

ट्रैक्टरो में शीतलन प्रणाली की व्यवस्था ट्रैक्टरों के क्रियाशील अवस्था में तापमान को व्यवस्थित बनाए रखने हेतु की जाती है। इस प्रणाली की उपस्थिति ट्रैक्टर को सुचारू रूप से क्रियाशील बनाए रखती है।

ट्रैक्टरों की शीतलन सम्बन्धी तकनीकी शब्दावली निम्न प्रकार है

1. क्वथनांक बिन्दु Boiling Point

वह नियत ताप जिस पर कोई द्रव, गैस में परिवर्तित होने लगता है, द्रव का क्वथनांक या वाष्प बिन्दु कहलाता हैं तथा यह क्रिया क्वथन कहलाती है; जैसे— पानी का क्वथनांक 100°C होता है तथा डीजल इंजन में डीजल का क्वथनांक 180°C–360°C होता है।

2. ऊष्मा स्थानान्तरण Heat Transfer

ऊष्मा का एक स्थान से दूसरे स्थान तक स्थानान्तरण मुख्यत: तीन विधियों से किया जा सकता है—चालन, संवहन तथा विकिरण। प्रथम दो विधियों में ऊष्मा स्थानान्तरण के लिए माध्यम की आवश्यकता होती है, जबकि विकिरण विधि के लिए यह आवश्यक नहीं है।

विकिरण विधि, ऊष्मा स्थानान्तरण की सबसे तीव्र विधि है, जिसमें ऊष्मा एक स्थान से दूसरे स्थान की ओर विद्युत-चुम्बकीय विकिरण के रूप में स्थानान्तरित होती है। ऊष्मा स्थानान्तरण की इन तीनों विधियों का संक्षिप्त वर्णन नीचे दिया गया है

(i) चालन Conduction

जब किसी वस्तु के विभिन्न भागों में तापान्तर होता है, तो वस्तु के ऊँचे ताप वाले कण अपने निकट के अपेक्षाकृत नीचे ताप वाले कणों से परस्पर सम्पर्क कर उन्हें ऊष्मा देते हैं। जिससे ऊष्मा ऊँचे ताप वाले भाग से नीचे ताप वाले भाग की ओर जाने लगती है। ऊष्मा के संचरण की यह प्रक्रिया, जिसमें वस्तु के कण अपने स्थान से नहीं हटते, चालन कहलाती है।

(ii) संवहन Convection

इस प्रक्रिया में ऊष्मा स्थानान्तरण, माध्यम के पदार्थ के कणों के एक स्थान से दूसरे स्थान पर चले जाने के कारण होता है। यह प्रक्रिया दो प्रकार से होती है

- प्राकृतिक संवहन
- फोर्स्ड संवहन

(iii) विकिरण Radiation

किसी गर्म स्रोत से ऊष्मा (ऊर्जा) विद्युत-चुम्बकीय तरंगों के रूप में संचरित होती है, इसे 'विकिरण' कहते हैं। इसके लिए माध्यम की आवश्यकता नहीं होती। सूर्य से पृथ्वी पर ऊष्मा, विकिरण द्वारा ही प्राप्त होती है।

3. दाब Pressure

किसी तल के इकाई क्षेत्रफल पर जो लम्बवत् बल कार्य करता है, उसके परिमाण को उस तल पर पड़ने वाला दाब कहते हैं।

अर्थात् $$\text{दाब} = \frac{\text{लम्बवत् बल}}{\text{क्षेत्रफल}} \text{ अर्थात् } p = \frac{F}{A}$$

जहाँ, F = बल, p = दाब तथा A = क्षेत्रफल।

4. अपकेन्द्रीय बल Centrifugal Force

जब कोई वस्तु एकसमान वृत्तीय गति करती है, तो उस पर एक ऐसा बल कार्य करता है, जो वस्तु को केन्द्र से बाहर की ओर धकेलने का प्रयत्न करता है, उसे अपकेन्द्रीय बल कहते हैं।

$$\text{अपकेन्द्रीय बल} = \frac{mv^2}{r} = mr\omega^2 \qquad [\because v = r\omega]$$

जहाँ m = वस्तु का द्रव्यमान,
v = वस्तु का वेग,
ω = कोणीय वेग
तथा r = वृत्त की त्रिज्या

इसकी दिशा त्रिज्या के अनुदिश केन्द्र से बाहर की ओर होती है।

23.3 शीतलक के गुणधर्म Properties of Coolant

इंजन में प्रयुक्त किए जाने योग्य आदर्श शीतलक में निम्नलिखित गुणधर्म होने चाहिए

(i) **उच्च ऊष्मीय क्षमता** (High thermal capacity) शीतलक की ऊष्मीय क्षमता उच्च होनी चाहिए अर्थात् शीतलक के द्वारा तीव्र क्षमता के साथ ऊष्मा को अवशोषित किया जाना चाहिए।

(ii) **निम्न श्यानता** (Low viscosity) एक अच्छा शीतलक वह होता है, जिनमें लगभग नगण्य श्यानता होती है। निम्न श्यानता वाले शीतलक तीव्रता से बहते हैं।

(iii) **कम लागत** (Low cost) शीतलक कम कीमत पर बाजार में उपलब्ध होने चाहिए, जिससे इन्हें सुगमता से खरीदा जा सके।

(iv) **गैर-विषाक्त** (Non-toxic) शीतलक, गैर-विषाक्त होने चाहिए अन्यथा ऊष्मा के सम्पर्क में आने पर ये रासायनिक अभिक्रिया कर विषैली गैसे मुक्त करते हैं, जो मानव स्वास्थ्य के लिए घातक सिद्ध हो सकती है।

(v) **रासायनिक निष्क्रियता** (Chemical inertness) शीतलक, रासायनिक अभिकर्मक नहीं होना चाहिए अन्यथा शीतलक इंजन के भागों से रासायनिक अभिक्रिया कर लेता है, जिसके फलस्वरूप जंग लगने आदि जैसी समस्या उत्पन्न हो जाती है।

(vi) **विद्युत कुचालकता** (Electrical insulator) शीतलक, विद्युत का कुचालक होना चाहिए। यदि शीतलक विद्युत का सुचालक होगा, तो इंजन में स्पार्क होने की सम्भावना बनी रहती है।

शीतलक को परिवर्तित करने हेतु अनुशंसित अन्तराल
Recommended Change of Interval of Coolant

शीतलक ट्रैक्टर के रख-रखाव में अधिक अनदेखा (overlooked) किया जाने वाला तरल पदार्थ है परन्तु जब शीतलक पुराना हो जाता है तो इसका pH मान परिवर्तित हो जाता है जो इंजन के विभिन्न भागों, गैस्केट तथा सील (seal) को नुकसान पहुँचा सकता है। अत: इंजन के अन्त: भागों के सुगमतापूर्वक प्रचालन के लिए शीतलक को प्रत्येक 3 वर्ष में बदल देना चाहिए। परन्तु कुछ ट्रैक्टर निर्माता शीतलक को 10 वर्ष या 10,000 मील के पश्चात् बदलने की सलाह देते हैं।

23.4 शीतलन प्रणालियों के प्रकार
Types of Cooling Systems

इन्टर्नल कम्बशन इंजन को ठण्डा करने अथवा सामान्य तापक्रम पर रखने के लिए निम्न शीतलन प्रणालियाँ प्रयोग की जाती हैं

शीतलन प्रणाली
- वायु शीतलन प्रणाली (प्रत्यक्ष शीतलन प्रणाली)
- जल शीतलन प्रणाली (अप्रत्यक्ष शीतलन प्रणाली)
  - थर्मो-साइफन प्रणाली
  - पम्प सर्कुलेशन प्रणाली

उपरोक्त प्रणालियों का विवरण निम्नवत् है।

1. वायु शीतलन प्रणाली Air Cooling System

वायु शीतलन प्रणाली में इंजन को सामान्य तापक्रम तक ठण्डा करने के लिए वायु का उपयोग किया जाता है। इस प्रणाली में केवल वायु ही सिलेण्डर हैड और ब्लॉक को फिन्स तथा ब्लोअर की सहायता से ठण्डा करती है।

इसमें ठण्डे होने वाले इंजनों के सिलेण्डर के चारों ओर अनेक टेपर व पतले पंख (fins) बनाए जाते हैं। इन पंखों के कारण सिलेण्डर के चारों ओर जमा होने वाली वायु का क्षेत्रफल बढ़ जाता है। ये पंख किनारे से पतले होने के कारण वायु के सम्पर्क से शीघ्र ठण्डे होते रहते हैं।

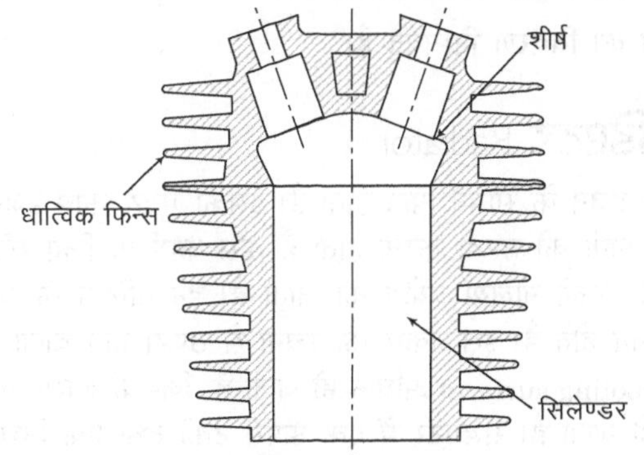

चित्र वायु शीतलन प्रणाली

वायु शीतलन प्रणाली की कार्यकुशलता इंजन में प्रयुक्त पंखों की सतह के क्षेत्रफल, वायु की मात्रा, वेग तथा ठण्डा होने वाले तापमान पर निर्भर करती है। इस प्रणाली का उपयोग दो या तीन पहियों वाले वाहनों, हवाई जहाजों के इंजनों और छोटे स्टेशनरी इंजनों में किया जाता है।

लाभ Advantages

वायु शीतलन प्रणाली के मुख्य लाभ निम्नलिखित हैं

1. इस प्रणाली में पानी जमने की कोई सम्भावना नहीं होती है।
2. इस शीतलन प्रणाली का रख-रखाव सरल होता है।
3. इस प्रणाली में इंजन के भार में वाटर पम्प, रेडिएटर तथा फैन आदि का अतिरिक्त भार नहीं रह जाता है।
4. इस प्रणाली में सिलेण्डर की ढलाई (casting) सरलता से हो सकती है, क्योंकि उसमें वाटर जैकेट नहीं बनाने होते हैं।
5. इस प्रणाली में इंजन शीघ्र अपने सामान्य तापक्रम पर आ जाता है।

हानि Disadvantages

वायु शीतलन प्रणाली की मुख्य हानि निम्नलिखित है

1. इससे इंजन शोर अधिक करते हैं।
2. इससे इंजनों की दक्षता कम होती है।
3. इस प्रणाली के अन्तर्गत बड़े इंजनों में बड़े फिन्स बनाने होते हैं।
4. इस प्रणाली के अन्तर्गत इंजन धीरे-धीरे ठण्डे हो पाते हैं।

2. जल शीतलन प्रणाली Water Cooling System

जल शीतलन प्रणाली के अन्तर्गत इंजन के अनावश्यक तापमान को समाप्त करने के लिए जल का उपयोग किया जाता है। जल रेडिएटर (radiator) में भरा जाता है जिसे इंजन सिलेण्डर के चारों ओर जमा करने के लिए वाटर जैकेट्स (water jackets) बने होते हैं। रेडिएटर का पानी रबर होज पाइप (rubber hose pipe) द्वारा इन वाटर जैकेटों में जाता है तथा सिलेण्डर की ऊष्मा इस पानी में स्थानान्तरित (transfer) हो जाती है।

सिलेण्डर की ऊष्मा को लेकर पानी पुन: रेडिएटर में आ जाता है, जहाँ आकर वह ठण्डा होता है तथा पुन: इंजन के वाटर जैकेटों में जाता है। इसी प्रकार पानी का यह चक्र (cycle), इंजन के चलने पर निरन्तर बना रहता है तथा इंजन अपने सामान्य तापक्रम पर चलता रहता है। जल शीतलन प्रणाली को रेडिएटर से वाटर जैकेट तक पानी पहुँचाने तथा वापस रेडिएटर में लाने के आधार पर प्रणालियों का प्रयोग जल शीतलन प्रणाली में किया जाता है।

लाभ Advantages

जल शीतलन प्रणाली के मुख्य लाभ निम्नलिखित हैं

1. इस प्रणाली में इंजन सुगठित डिजाइन (compact design) वाले होते हैं।
2. इस प्रणाली के इंजनों में ईंधन की खपत उच्च सम्पीडन (compression) पर होती है।
3. इस प्रणाली के द्वारा इंजन के सिलेण्डर हैड तथा वाल्व सीट के ताप को आसानी से कम किया जा सकता है।
4. इस प्रणाली का डिजाइन इंजन के आकार पर निर्भर नहीं करता है।

हानि Disadvantages

जल शीतलन प्रणाली की मुख्य हानि निम्नलिखित हैं

1. इस प्रणाली में रेडिएटर को अत्यधिक बड़ा बनाना आवश्यक होता है, जिससे पानी शीघ्र ठण्डा हो सके।
2. इसमें यदि किसी कारणवश जलमार्ग में बाधा उत्पन्न हो जाए, तो यह प्रणाली अपना कार्य करने में सक्षम नहीं होती है।

जल शीतलन प्रणाली के प्रकार
Types of Water Cooling System

जल शीतलन प्रणाली निम्नलिखित प्रकार की होती है

(i) थर्मो-साइफन प्रणाली
(ii) पम्प सर्कुलेशन प्रणाली

(i) थर्मो-साइफन प्रणाली Thermo-syphon System

थर्मो-साइफन प्रणाली में भी फोर्स्ड सर्कुलेशन प्रणाली की तरह ही रेडिएटर में पानी भरा होता है। यह रेडिएटर लगभग फोर्स्ड सर्कुलेशन प्रणाली के रेडिएटर की भाँति ही बना होता है, परन्तु इस प्रणाली में वाटर पम्प का प्रयोग नहीं किया जाता है।

साधारणतया थर्मो-साइफन प्रणाली में इंजन के आगे एक रेडिएटर लगा होता है। इसके नीचे वाली हौज पाइप से रेडिएटर का ठण्डा पानी इंजन के ब्लॉक में जाता है। यहाँ से पानी गर्म होकर वाटर जैकेट या वाटर पैसेज (water jacket or water passage) से इंजन हैड में और गर्म होता हुआ इंजन हैड से पाइप द्वारा रेडिएटर के ऊपरी टैंक में प्रवेश करता है।

रेडिएटर फिन्स (radiator fins) के सम्पर्क में आने वाली वायु पानी के तापमान को कम करती है व रेडिएटर में लगी ट्यूबों से ठण्डा पानी गुरुत्व द्वारा रेडिएटर के निचले टैंक में प्रवेश करता है।

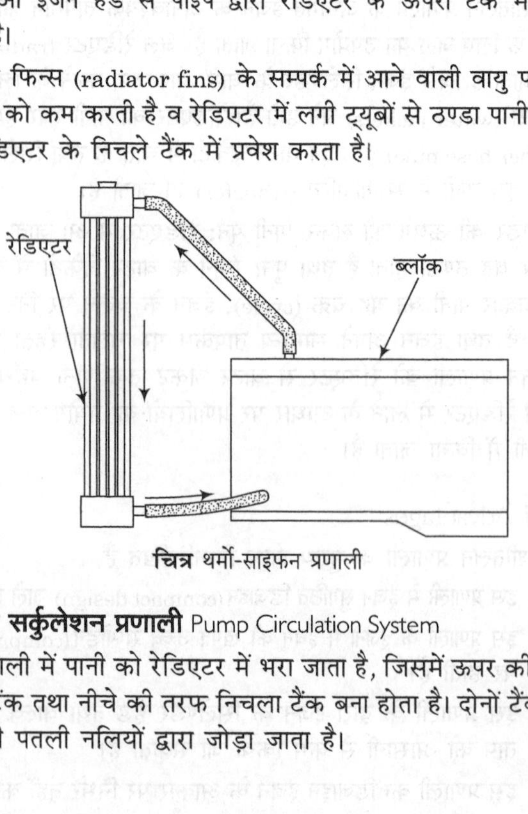

चित्र थर्मो-साइफन प्रणाली

(ii) पम्प सर्कुलेशन प्रणाली Pump Circulation System

इस प्रणाली में पानी को रेडिएटर में भरा जाता है, जिसमें ऊपर की तरफ ऊपरी टैंक तथा नीचे की तरफ निचला टैंक बना होता है। दोनों टैंकों को ताँबे की पतली नलियों द्वारा जोड़ा जाता है। नलियों के चारों तरफ टेढ़े-मेढ़े (*zig-zag*) फैन (पंख) लगे होते हैं, जिसमें वायु के प्रवाहित होने से क्षेत्रफल बढ़ जाता है। ऊपरी टैंक में पानी भरने के लिए स्थान बना होता है, जिस पर वाटर टाइट कैप का प्रयोग किया जाता है।

इसे 'फोर्स्ड फीड प्रणाली' भी कहते हैं। इसी टैंक में वाटर जैकेटों से आने वाले गर्म पानी की वापसी के लिए रबर हौज पाइप फिट किया जाता है। निचले टैंक का सम्बन्ध रबर हौज पाइप द्वारा वाटर इनलेट से रहता है। इस स्थान पर एक विशेष प्रकार का वाटर पम्प लगा होता है।

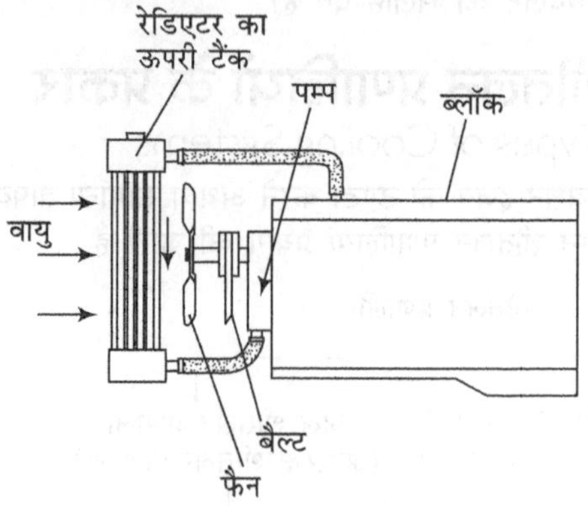

चित्र पम्प सर्कुलेशन प्रणाली

23.5 शीतलन प्रणाली के मौलिक अवयव
Basic Components of Cooling System

इंजनों में शीतलन प्रणाली को सुचारु एवं व्यवस्थित ढंग से प्रयोग करने हेतु विभिन्न सहायक अवयवों का प्रयोग किया जाता है। ये सहायक अवयव निम्न प्रकार हैं।

1. रेडिएटर
2. थर्मोस्टेट
3. थर्मो-स्विच
4. हौज पाइप
5. वाटर पम्प
6. वाटर पम्प फैन
7. रेडिएटर प्रैशर कैप
8. वाटर जैकेट
9. रेडिएटर शटर तथा काउल

उपरोक्त का विवरण निम्नवत् है।

1. रेडिएटर Radiator

रेडिएटर इंजन के सामने फिट होता है। इसका मुख्य कार्य इंजन से आ रहे गर्म पानी को ठण्डा करना होता है। इस कार्य के लिए रेडिएटर में ताँबे की पतली नलियाँ प्रयोग की जाती हैं। इन नलियों के चारों ओर फिन्स लगे होते हैं। इस प्रकार की रचना से ठण्डी होने वाली शीतलित सतह (cooling surface) अधिक हो जाती है, जिसके कारण पानी शीघ्र ठण्डा हो जाता है। रेडिएटर में एक ऊपरी टंकी तथा एक निचली टंकी लगी होती है, जिसके मध्य रेडिएटर कोर लगे होते हैं।

ऊपरी टंकी को एक रबड़ हौज द्वारा इंजन के जल निकास के साथ जोड़ा जाता है तथा निचले टैंक को रबड़ हौज द्वारा जल पम्प से जोड़ा जाता है।

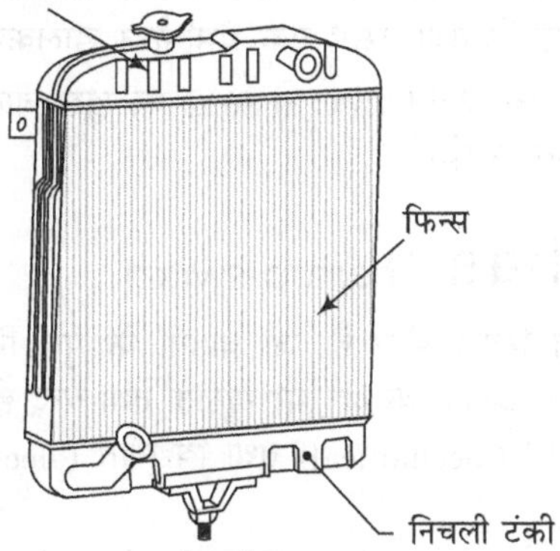

चित्र रेडिएटर

रेडिएटर के प्रमुख भाग Main Parts of Radiator

रेडिएटर के मुख्य भाग निम्न होते हैं

(i) **ऊपरी टैंक** Upper Tank

यह रेडिएटर का ऊपरी भाग होता है, जिसमें पानी डालने के लिए एक मुख बना होता है। इसके ऊपर टैंक कैप फिट होती है। ऊपरी टैंक के साथ एक छोटी पाइप की संयोजित होती है, जिसका कार्य इंजन ओवरहीटिंग के समय पानी को भाप में परिवर्तित करके रेडिएटर से बाहर निकालना है। इस पाइप को स्टीम पाइप अथवा लीक ऑफ पाइप भी कहते हैं।

(ii) **रेडिएटर कोर** Radiator Core

रेडिएटर कोर, अपर तथा लोअर टैंक में सोल्डर करके अथवा नट-बोल्टों द्वारा जोड़कर बनाई जाती हैं। रेडिएटर कोर में बारीक-बारीक नलियाँ पाइप बनी होती हैं। इन नलियों के ऊपर फिन्स लगे होते हैं, जो नलियों के अन्दर प्रवाहित होने वाले पानी को ठण्डा करने का कार्य करते हैं।

रेडिएटर कोर को दो भागों में वर्गीकृत किया गया है

(a) ट्यूबुलर टाइप रेडिएटर कोर (b) हनीकॉम्ब टाइप रेडिएटर कोर

(a) **ट्यूबुलर टाइप रेडिएटर कोर** (Tubular Type Radiator Core) ट्यूबुलर टाइप रेडिएटर कोर में ऊपरी और निचली टंकियाँ ट्यूबों द्वारा जोड़ी जाती हैं। जल इन ट्यूबों में से गुजरता है। ट्यूबों के आस-पास कूलिंग फैन (cooling fan) लगे होते हैं, जो जल की ऊष्मा को सोख कर वायुमण्डल में फैला देते हैं। यदि ट्यूब किसी कारणवश बन्द (block) हो जाए, तो पानी का ठण्डा होना रुक जाता है।

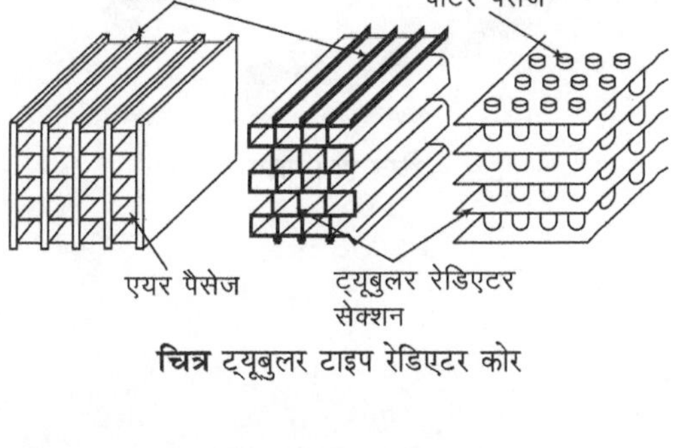

चित्र ट्यूबुलर टाइप रेडिएटर कोर

(b) **हनीकॉम्ब टाइप रेडिएटर कोर** (Honeycomb Type Radiator Core) इसे सेल्यूलर टाइप कोर के नाम से भी जाना जाता है। इस प्रकार की कोर में ट्यूबों के अन्दर से आर-पार (across) वायु प्रवाहित होती है तथा पानी उसके बाहर की ओर रहता है। यह कोर अनेक वायु सैलों से मिलकर बनती है। रेडिएटर प्राय: ताँबे या पीतल के बनाए जाते हैं, क्योंकि इन धातुओं में शीघ्र ठण्डा होने का गुण होता है। इसके सभी जोड़ सोल्डरिंग से जोड़े जाते हैं, जिससे मरम्मत के लिए उन्हें गर्म करके सरलता से खोला जा सके। इस प्रकार का रेडिएटर कोर देखने से ऐसा प्रतीत होता है जैसे यह कोई मधुमक्खी का छत्ता हो, इसलिए इसे 'हनीकॉम्ब' भी कहते हैं।

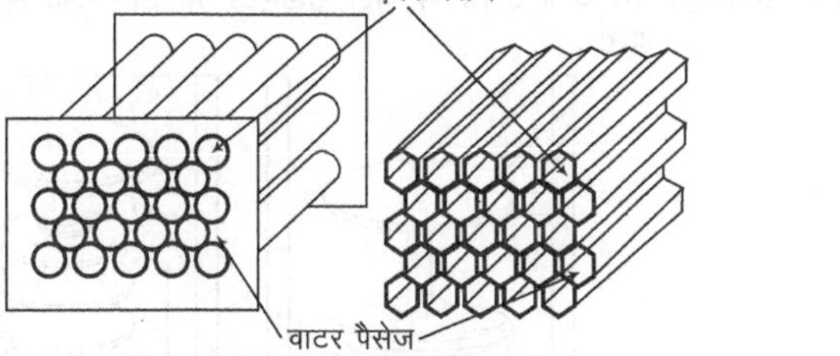

चित्र हनीकॉम्ब टाइप रेडिएटर कोर

(iii) **निचला टैंक** Lower Tank

यह रेडिएटर का निचला भाग होता है, जिसमें ऊपरी टैंक का पानी रेडिएटर कोर द्वारा ठण्डा होकर संग्रहीत होता है। निचली टैंक के अन्दर एक पाइप संयोजित होता है, जिसकी सहायता से हौज पाइप द्वारा पानी पम्प में जाता है। कभी-कभी निचली टैंक के साथ एक टैप भी संयोजित कर दी जाती है, जिससे अतिरिक्त पानी बाहर निकाला जा सकता है।

2. थर्मोस्टेट Thermostat

थर्मोस्टेट एक ऐसी युक्ति है, जो पूर्व निर्धारित तापमान पर स्वचालित रूप से (automatically) खुल जाती है। इसे इंजन से रेडिएटर तक जाने वाली पानी के पाइप में लगाया जाता है। चित्रानुसार जब इंजन ठण्डा होता है, तो थर्मोस्टेट बन्द हो जाता है और वाटर पम्प सिलेण्डर ब्लॉक के चारों तरफ साधारण रूप में पानी को पम्प करता है। जब इंजन अपने सही तापमान पर पहुँच जाता है, तो थर्मोस्टेट खुल जाता है और इंजन को ठण्डा करने के लिए रेडिएटर से होते हुए पानी को सर्कुलेट किया जाता है।

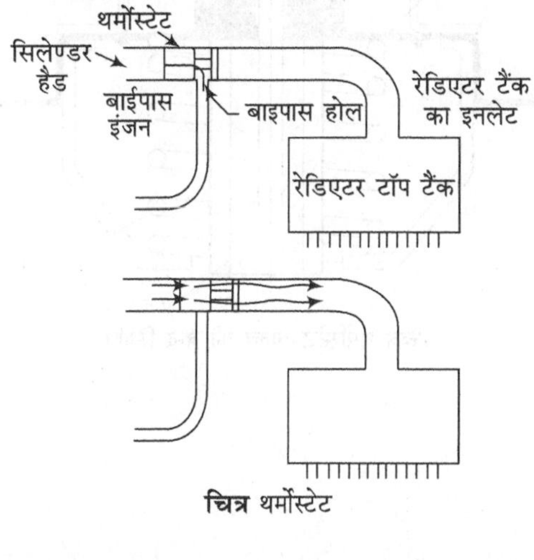

चित्र थर्मोस्टेट

थर्मोस्टेट के प्रकार Types of Thermostat

थर्मोस्टेट दो प्रकार के होते हैं

(i) **बैलो टाइप थर्मोस्टेट** Bellow Type Thermostat

बैलो टाइप थर्मोस्टेट में एक लचीला धातु का बैग होता है, जिसके दोनों सिरे बन्द होते हैं। इस धातु के बैग में कम क्वथनांक तापमान वाला इथाइल भरा होता है। जब इंजन ठण्डा होता है तो वॉल्व इसका आउटलेट पैसेज बन्द कर देता है तथा जल को इंजन से रेडिएटर के टॉप टैंक में पहुँचने नहीं देता है, परन्तु जल इंजन के बाइपास पोर्ट द्वारा सर्कुलेट करता है। जब जल कार्यकारी तापमान पर पहुँचता है तो बैग में भरा इथाइल विस्तारित होता है और वाल्व को खोल देता है। अब इंजन से जल रेडिएटर के टॉप टैंक में पहुँचता है।

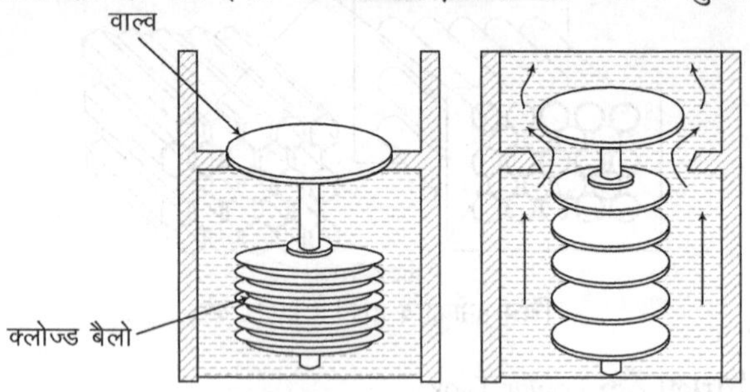

चित्र बैलो टाइप थर्मोस्टेट

(ii) **वैक्स पैलेट टाइप थर्मोस्टेट** Wax Pallet Type Thermostat

इस प्रकार का वैक्स पैलेट एक हीटिंग एलीमेन्ट के समान प्रयोग किया जाता है। जब सर्कुलेटिंग जल का तापमान ऑपरेटिंग तापमान से कम होता है, तो स्प्रिंग, वाल्व को बन्द स्थिति में रखती है तथा जल इंजन से रेडिएटर के टॉप टैंक में नहीं पहुँच पाता है।

जैसे ही जल ऑपरेटिंग तापमान पर पहुँचता है तो वैक्स पैलेट विस्तारित होता है और स्प्रिंग तनाव के विरुद्ध वाल्व को बल लगाकर खोलता है। अब जल इंजन से रेडिएटर के टॉप टैंक में पहुँचता है। इस स्थिति में वाल्व द्वारा बाइपास पोर्ट बन्द रहता है।

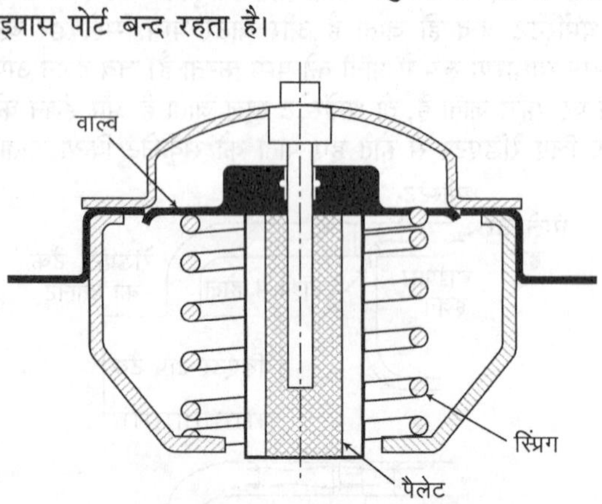

चित्र थर्मोस्टेट वाल्व की बन्द स्थिति

थर्मोस्टेट की जाँच Testing of Thermostat

शीतलन प्रणाली में लगा थर्मोस्टेट सही कार्य कर रहा है, इसकी जाँच के लिए एक पुराना थर्मोस्टेट लेकर काँच के बीकर में डालें तत्पश्चात् बीकर को पानी से भर दें तथा उसमें एक थर्मामीटर डालकर गर्म करें।

थर्मोस्टेट में डिस्क वाल्व 75°C से 80°C पर खुल जाना चाहिए अन्यथा थर्मोस्टेट खराब समझें।

3. थर्मो-स्विच Thermo-switch

यह एक ऐसा स्विच होता है, जो वाहनों के पूर्व-निर्धारित ताप स्तर (temperature level) के अनुसार खुलता तथा बन्द होता है। यह स्विच प्राय: यान्त्रिकीय (mechanical) तथा विद्युतीय (electrical) दो प्रकार का होता है।

इनकी रचना (design) इस प्रकार की जाती है कि ये दाब के नियत स्तर (certain level) से दाब वृद्धि होने पर स्वत: बन्द हो सकें तथा दाब के नियत स्तर के समतुल्य पहुँचने पर खुल सकें, जिससे दाब के कारण शीतलन प्रणाली में अवरोध उत्पन्न न हो।

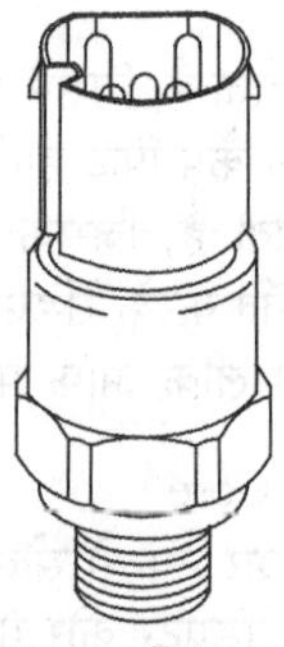

चित्र थर्मो-स्विच

4. हौज पाइप Hose Pipe

वाटर पम्प से रेडिएटर तथा इंजन ब्लॉक से रेडिएटर का सम्बन्ध बनाने के लिए हौज पाइप का प्रयोग किया जाता है। यह रबर तथा सूत के धागों से मिलकर बना होता है।

यह हौज पाइप, हौज क्लैम्पों द्वारा कस दिया जाता है। हौज पाइप बनाने के लिए PVC का उपयोग किया जाता है।

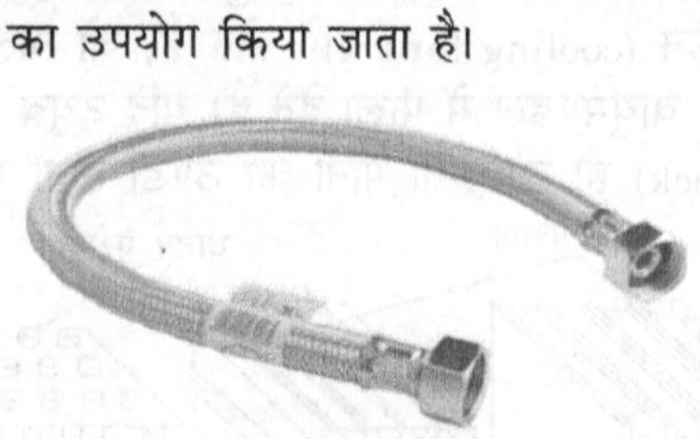

चित्र हौज पाइप

5. वाटर पम्प Water Pump

इंजनों में अपकेन्द्रीय प्रकार का वाटर पम्प प्रयोग किया जाता है। यह सिलेण्डर ब्लॉक या हैड के सामने की ओर स्थित होता है। वाटर पम्प फैन बेल्ट द्वारा क्रैंक शाफ्ट पुली से चलाया जाता है। वाटर पम्प शाफ्ट के एक सिरे पर इम्पैलर लगा होता है। शाफ्ट, पम्प हाउसिंग में बियरिंग के साथ फिट होती है।

बियरिंगों में पानी के प्रवेश को रोकने तथा पानी की लीकेज को रोकने के लिए पम्प में वाटर सील लगाई जाती है। जब इम्पैलर घूमता है तो यह रेडिएटर के लोअर टैंक से जल खींचता है तथा जल को अपकेन्द्रीय बल द्वारा दाब के साथ इंजन ब्लॉक में पहुँचाता है। फैन, वाटर पम्प पुली पर स्थित होता है।

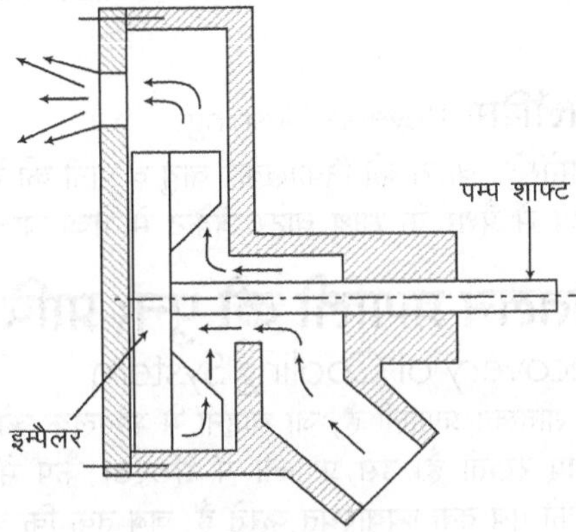

चित्र वाटर पम्प

6. वाटर पम्प फैन Water Pump Fan

वाटर पम्प फैन को वाटर पम्प पुली पर फिट किया जाता है। इसमें चार या पाँच ब्लेड लगे होते हैं। यह हवा को रेडिएटर कोर की तरफ से सोखता (suction) है, जिससे ट्यूब ठण्डी हो जाती है और ट्यूब पानी को ठण्डा कर देती है तथा यही हवा इंजन पर पड़ती रहती है, जिससे इंजन ठण्डा होता रहता है।

7. रेडिएटर प्रैशर कैप Radiator Pressure Cap

सामान्य वायुमण्डलीय स्थिति में जल 100°C पर उबलता है। उच्चतम ऊँचाई पर वायुमण्डीय दाब कम होता है तथा जल 100°C से नीचे तापमान पर उबलता है। जल के क्वथनांक तापमान में वृद्धि के लिए शीतलन प्रणाली के दाब में वृद्धि करनी पड़ती है। यह प्रणाली को प्रैशर कैप से सील करके प्राप्त किया जाता है।

एवैपोरेशन के कारण शीतलन हानि को भी प्रैशर कैप के द्वारा कम किया जा सकता है। यह इंजन को उच्च तापमान पर चलाने की अनुमति प्रदान करता है जिस कारण इंजन की उच्च दक्षता प्राप्त होती है। प्रैशर कैप रेडिएटर टैंक के ऊपर फ्लिर नैक पोर्शन पर फिट होती है। यदि दाब 15 PSI बढ़ता है, तो क्वथनांक तापमान 113°C बढ़ता है। प्रैशर कैप में दो वाल्व होते हैं।

(i) दाब वाल्व (ii) वैक्यूम वाल्व

(i) दाब वाल्व Pressure Valve

यदि प्रणाली में दाब बढ़ता है, तो इससे घटकों की क्षति हो सकती है। इससे बचने के लिए एक दाब रिलीफ वाल्व का प्रयोग किया जाता है। यह स्प्रिंग लोडेड वाल्व होता है। स्प्रिंग का तनाव (tension) दाब प्रणाली पर निर्भर होता है। जब इंजन के शीतलक जल (cooling water) को गर्म किया जाता है, तो यह फैलता है, जिसके फलस्वरूप प्रणाली में उच्च दाब उत्पन्न होता है। यदि दाब के कारण बल स्प्रिंग के तनाव से अधिक है, तो वाल्व खुलता है और जल वाष्प ओवर फ्लो पाइप से होकर निकल जाती है, जैसा कि निम्न चित्र में दर्शाया गया है।

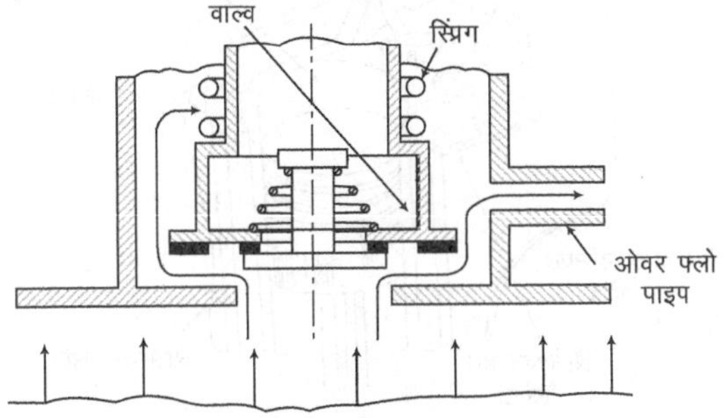

चित्र दाब वाल्व

(ii) वैक्यूम वाल्व Vacuum Valve

जब इंजन ठण्डा होता है, तो शीतलक द्रव्य की हानि के कारण प्रणाली में दाब घट जाता है और एक निर्वात उत्पन्न हो जाता है। यह वाल्व कैप में भी स्थित होता है और रेडिएटर की फिलर नेक (filler neck) में लगाया जाता है। इस समय निर्वात वाल्व खुलता है और वायु, प्रणाली में प्रवाहित होती है जब तक कि प्रणाली में वैक्यूम भर नहीं जाता।

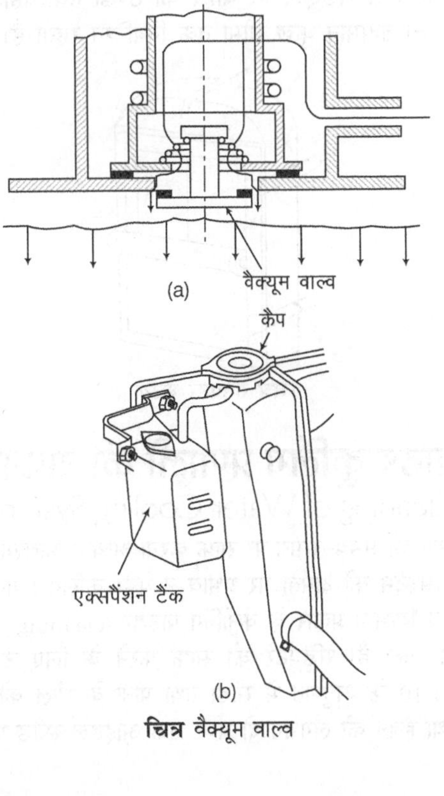

चित्र वैक्यूम वाल्व

8. वाटर जैकेट Water Jacket

सिलेण्डर ब्लॉक तथा सिलेण्डर हैड में रेडिएटर का ठण्डा पानी पहुँचाने के लिए उनमें वाटर जैकेट बने होते हैं। रेडिएटर से ठण्डा पानी वाटर जैकेट्स से बहता है। यह पानी गर्म पार्ट्स की गर्मी को रेडिएटर तक ले जाता है।

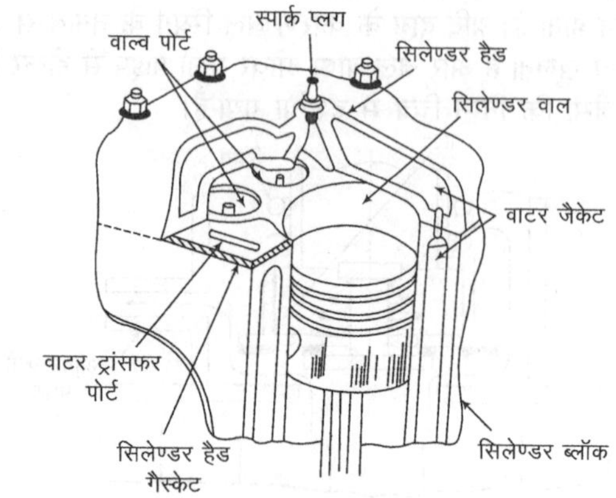

चित्र वाटर जैकेट

9. रेडिएटर शटर तथा काउल Radiator Shutter and Cowl

रेडिएटर के पीछे की ओर एक काउल फिट किया जाता है। इसको लगाने से पंखे द्वारा खींची गई हवा सीधे इंजन पर जाती है। रेडिएटर शटर का प्रयोग ठण्डे प्रदेशों में किया जाता है। यह रैक्सीन का एक पर्दा होता है, जिसे बन्द करने से रेडिएटर पर बाहर की ठण्डी हवा नहीं जा पाती है। इससे इंजन का तापमान कुछ सीमा तक नियन्त्रित रहता है।

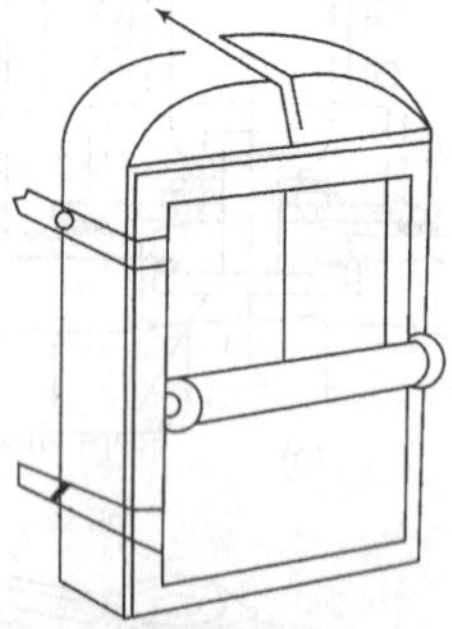

चित्र रेडिएटर शटल

23.6 वाटर कूलिंग प्रणाली की सफाई Cleaning of Water Cooling System

कूलिंग प्रणाली को समय-समय पर साफ करना अत्यन्त आवश्यक है, जिससे कि कूलिंग सिस्टम की क्षमता पर प्रभाव न पड़े। कूलिंग प्रणाली को साफ करने के लिए विभिन्न प्रकार के क्लीनिंग पाउडर (cleaning powder) का प्रयोग किया जाता है। रेडिएटर को साफ करने के लिए उसमें से पानी निकालकर 1:10 के अनुपात में सोडा तथा पानी के घोल को रेडिएटर में डालते हैं तथा इंजन को लगभग दो घण्टे तक आइडल स्पीड पर चलाते हैं, फिर इस घोल को निकालकर शुद्ध पानी भरते हैं। इसके अतिरिक्त व्यावसायिक हाइड्रो क्लोराइड व पानी का 1:8 का घोल भी प्रयोग किया जाता है। वाटर कूलिंग की सफाई प्रैशर फ्लैशिंग विधि द्वारा की जाती है।

प्रैशर फ्लैशिंग Pressure Flushing

इस विधि द्वारा कूलिंग प्रणाली को साफ करने के लिए पानी व वायु (हवा) का प्रयोग कम्प्रैसर द्वारा पर्याप्त दबाव के साथ किया जाता है। यह विधि दो प्रकार से की जाती है

(i) स्ट्रैट फ्लैशिंग Straight Flushing

स्ट्रैट फ्लैशिंग विधि से कूलिंग प्रणाली को साफ करने के लिए वायु व पानी को प्रैशर के साथ रेडिएटर से वाटर पम्प व वाटर जैकेटों में भेजा जाता है।

(ii) रिवर्स फ्लैशिंग Reverse Flushing

इस विधि में थर्मोस्टेट वाल्व को निकालकर वायु व पानी को रेडिएटर के आउटलेट पाइप से प्रैशर के साथ वाटर जैकेट में भेजा जाता है।

23.7 शीतलन प्रणाली की पुनः प्राप्ति Recovery of Cooling System

यह एक ऐसी शीतलन प्रणाली है, जो वाहनों में शीतलक को हर समय व्यवस्थित बनाए रखती है। इस प्रणाली में रेडिएटर कैप में वाल्व के प्रतिकूल दाब को तब तक व्यवस्थित करते हैं, जब तक कि यह वर्तमान दाब तक न पहुँच जाए। इससे वाल्व खुल जाता है तथा गर्म शीतलक जल- प्लावन (overflow) पात्र (container) से बाहर की तरफ प्रवाह करता है। इंजन के ठण्डा होने पर शीतलक तथा रेडिएटर (radiator) में दाब कम (pressure drops) होने लगता है।

जल-प्लावन पात्र में वायुमण्डलीय दाब के कारण दूसरा वाल्व खुल जाता है तथा रेडिएटर में जल-प्लावन शीतलक (overflow coolant) पुनः वापस आने लगता है, जिससे शीतलक में किसी भी प्रकार की हानि नहीं होती तथा वायु की अत्यधिक मात्रा को प्रणाली से बाहर भेजा जाता है। इस प्रणाली के प्रयोग से वाहनों में शीतलन प्रणाली सुचारु रूप से कार्य करने में सक्षम बन पाती है।

23.8 शीतलक हेतु तापमान मापक इण्डीकेटर Temperature Measuring Indicator for Coolant

इंजन का तापक्रम सामान्य अर्थात् 80°C तक रखना चाहिए, क्योंकि इससे अधिक तापक्रम हो जाने से इंजन की शक्ति पर विपरीत प्रभाव पड़ता है। यह अधिक तापक्रम थर्मोस्टेट वाल्व के खराब होने, वाल्व टाइमिंग या इग्नीशन टाइमिंग की गलत सैटिंग होने अथवा फैन बैल्ट के स्लिप करने के कारण होता है।

मोटरगाड़ी चलाते समय चालक (driver) को इंजन का तापक्रम पता लगता रहे, इसके लिए डैशबोर्ड पर एक तापमान इण्डीकेटर लगाया जाता है।

टेम्प्रेचर इण्डीकेटर दो प्रकार के होते हैं

1. यान्त्रिक प्रकार का तापक्रम इण्डीकेटर
Mechanical Type Temperature Indicator

यान्त्रिक तापक्रम इण्डीकेटर में एक सील्ड बल्ब वाटर जैकेट के गर्म पानी से सम्बन्धित रहता है। इस बल्ब को एक पतली ट्यूब द्वारा बॉर्डन टाइप प्रैशर गेज से जोड़ दिया जाता है। बल्ब में वाष्प बनने वाला द्रव भरा रहता है। जब यह बल्ब इंजन के पानी से गर्म होता है, तो द्रव वाष्प में बदलकर दबाव उत्पन्न करता है। यह दबाव गेज पर लगी सुई को प्रभावित करता है, जिसे प्वॉइण्टर द्वारा पढ़ा जाता है। यह रीडिंग पानी के तापक्रम को दर्शाती है। यह तापक्रम 70°C से 90°C तक रहना चाहिए। इसका सर्वश्रेष्ठ उदाहरण तापक्रम इण्डीकेटर (temperature indicator) है।

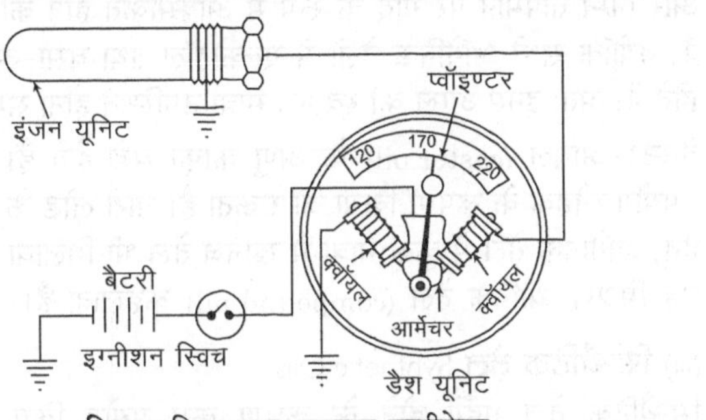

चित्र यान्त्रिक टाइप तापक्रम इण्डीकेटर

2. वैद्युतिक प्रकार का तापक्रम इण्डीकेटर
Electrical Type Temperature Indicator

इस प्रकार के तापक्रम इण्टीकेटर में एक इंजन इकाई तथा एक पैनल या डैशबोर्ड इकाई होता है। इंजन इकाई का सम्बन्ध एक इलेक्ट्रिकल तार द्वारा पैनल इकाई से रहता है। जब इग्नीशन स्विच चालू (ON) किया जाता है, तो इस तार में बैटरी की धारा जाने लगती है।

जैसे-जैसे इंजन का तापक्रम बढ़ता जाता है, दोनों इकाइयों में धारा की मात्रा भी बढ़ती जाती है। धारा के बढ़ने से पैनल इकाई, जोकि विद्युत-चुम्बक से चालित होता है, उच्च तापक्रम को सुई (pointer) द्वारा सूचित करने लगता है।

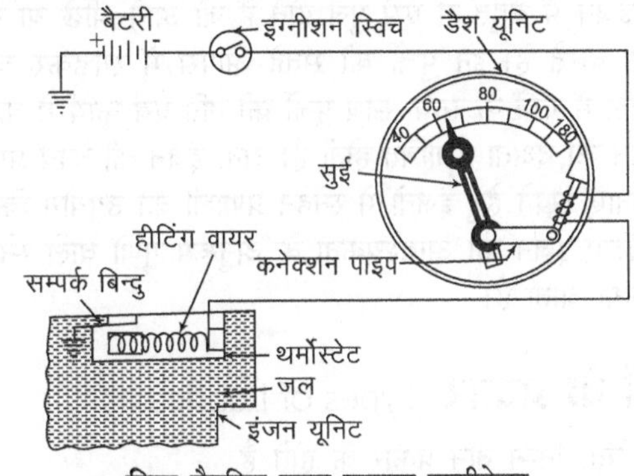

चित्र वैद्युतिक टाइप तापक्रम इण्डीकेटर

23.9 शीतलन प्रणाली सम्बन्धी दोषोपचार Troubleshooting Related to Cooling System

शीतलन प्रणाली के उपयोग के दौरान इंजनों में कुछ दोष भी स्वाभाविक रूप से उत्पन्न होते हैं, जिनको नीचे तालिका के माध्यम से वर्णित किया गया है

क्र.सं.	दोष	कारण	उपचार
1.	रेडिएटर में पानी का कम हो जाना।	(i) रेडिएटर में बहुत दिनों से पानी नहीं डालना।	(i) रेडिएटर में पानी भरें।
		(ii) रेडिएटर कोर से लीकेज होना।	(ii) कोर की सोल्डरिंग कराएँ।
		(iii) इनलेट या आउटलेट हौज पाइप का ढीला अथवा खराब होना।	(iii) हौज पाइप को कसें या बदलें।
		(iv) हैड गैस्केट टूटी होना।	(iv) हैड गैस्केट को बदलें।
		(v) वाटर ड्रेन प्लग का लीक होना।	(v) ड्रेन प्लग टाइट करें या मरम्मत करें।
		(vi) वाटर पम्प से पानी का लीक होना।	(vi) वाटर पम्प की जाँच कर मरम्मत करें।
2.	इंजन का अधिक गर्म हो जाना।	(i) रेडिएटर में पानी की कमी होना।	(i) पानी पूरा करें।
		(ii) थर्मोस्टेट वाल्व का बन्द रहना।	(ii) थर्मोस्टेट वाल्व बदलें।
		(iii) वाटर पम्प दोषपूर्ण होना।	(iii) वाटर पम्प की मरम्मत करें।
		(iv) फैन बैल्ट टूटी होना।	(iv) फैन बैल्ट नई डालें।
		(v) रेडिएटर में पानी का मार्ग अवरुद्ध होना।	(v) रेडिएटर साफ करें।
		(vi) वाटर जैकेटों में जंग लगना।	(vi) वाटर जैकेट पानी के प्रैशर से साफ करें।
		(vii) वाल्व टाइमिंग या इग्नीशन टाइमिंग का गलत होना।	(vii) टाइमिंग सही करें।
		(viii) प्री-इग्नीशन दोष होना।	(viii) दोष दूर करें।
		(ix) एग्जॉस्ट मैनीफोल्ड का बन्द (चोक) होना।	(ix) मैनीफोल्ड साफ करें।
		(x) साइलेन्सर बन्द होना।	(x) साइलेन्सर साफ करें।
		(xi) ब्रेक तथा क्लच का दोषपूर्ण होना।	(xi) दोष दूर करें।
		(xii) इंजन का जाम होना।	(xii) इंजन सही करें।

23.10 स्नेहन प्रणाली Lubrication System

घर्षण के कारण होने वाली हानियों से बचने के लिए किए जाने वाले उपायों में से एक उपाय स्नेहन भी है। स्नेहन की प्रक्रिया में, घर्षणशील पार्ट्स की सतहों के मध्य में उपयुक्त स्नेहक (lubricant) का प्रयोग किया जाता है। यह स्नेहक घर्षण कर रही सतहों के मध्य में एक पतली परत बनाता है, जिससे दोनों सतह अलग-अलग हो जाती हैं तथा दोनों सतहों के मध्य उत्पन्न घर्षण का मान बहुत कम रह जाता है।

स्नेहन प्रणाली की आवश्यकता
Need of Lubrication System

किसी भी इंजन में बहुत से ऐसे पुर्जे होते हैं जो आगे-पीछे या गोलाई में चाल प्रदान करते हैं। इन पुर्जों की सतहें आपस में रगड़कर चलती हैं। इससे ऑयल में गर्मी के साथ-साथ पुर्जों की गति एवं कार्य में कमी आती है तथा इंजन की दक्षता प्रभावित होती है। अत: इंजन की कार्य प्रणाली को लगातार बनाए रखने हेतु इंजनों में स्नेहन प्रणाली का उपयोग किया जाता है। इसके लिए इंजन की आवश्यकता के अनुरूप गुणों वाले स्नेहकों का उपयोग किया जाता है।

स्नेहकों के प्रकार Types of Lubricants

स्नेहक मुख्यत: निम्न तीन प्रकार के होते हैं

1. द्रवीय स्नेहक 2. अर्द्धठोसीय स्नेहक 3. ठोसीय स्नेहक

1. द्रवीय स्नेहक Liquid Lubricants

तरल अवस्था के स्नेहकों का आकार निश्चित नहीं होता, इसलिए उन्हें एक स्थान से दूसरे स्थान तक प्रवाहित करके ले जाया जा सकता है। इसी गुण के कारण इनका उपयोग सबसे अधिक किया जाता है। निम्न चार प्रकार के तेल, द्रवीय स्नेहक के रूप में प्रयोग किए जाते हैं

(i) **खनिज तेल** Mineral Oils

खनिज तेल, पेट्रोलियम से निकाले जाते हैं। ये तेल मोमीय (paraffin) तथा नैफ्थायुक्त (naphthenic) होते हैं। मोमीय तेल, अधिक तापमान पर भी स्थायी रहते हैं, क्योंकि इनमें काफी मात्रा में मोम घुला होता है, जो उच्च तापमान पर तेल को नैफ्थायुक्त तेल की अपेक्षा अधिक स्थायित्व प्रदान करता है।

ये निम्न प्रकार के होते हैं

- सर्कुलेटिंग ऑयल
- मोबिल ऑयल या इंजन ऑयल
- स्पिण्डल ऑयल
- वायर रोप ऑयल।
- गियर ऑयल
- रेफ्रीजरेशन ग्रेड ऑयल
- स्टीम सिलेण्डर ऑयल

आधुनिक इंजनों में मुख्य रूप से गियर ऑयल तथा मोबिल ऑयल का प्रयोग किया जाता है, जिनका वर्णन निम्नवत् है

गियर ऑयल (Gear Oil) गियर ऑयल एक हल्का गाढ़ा तेल होता है, जिसका उपयोग वाहनों के गियर बाक्स, स्टीयरिंग तथा डिफरेन्शियल आदि भागों में किया जाता है। गियर बाक्स में SAE 90 का गियर ऑयल तथा अन्य भागों में SAE 140 का गियर ऑयल प्रयोग किया जाता है।

मोबिल ऑयल या इंजन ऑयल (Mobil oil or engine Oil) मोबिल ऑयल एक हल्का पतला तेल होता है, जिसका उपयोग मोटरगाड़ियों के इंजन, डायनमो, एयर क्लीनर, ब्रुश आदि भागों में किया जाता है। ठण्डे मौसम में SAE, Society of Automotive Engineers 30 का तथा गर्म मौसम में SAE 140 का मोबिल ऑयल प्रयोग करते हैं। SAE प्रणाली सोसायटी ऑफ ऑटोमोटिव इन्जीनियर ने विस्कोसिटी के आधार पर इन्हें प्रयोग करने के लिए पहचान के रूप में अंक या नम्बर प्रदान किए गए हैं, जैसे—SAE 30, SAE 40, SAE 50 आदि।

(ii) **ऑर्गेनिक ऑयल** Organic Oils

ये तेल पशुओं, वनस्पतियों और मछली आदि से प्राप्त किए जाते हैं। ये तेल ऊष्मा के कारण सरलतापूर्वक अपने घटकों में विच्छेदित हो जाते हैं और निम्न तापमान पर गोंद के रूप में ऑक्सीकृत होने की प्रवृत्ति रखते हैं, क्योंकि सभी ऑर्गेनिक तेलों में एल्कोहॉल तथा वसा-अम्ल विद्यमान होते हैं। अत: इनमें अम्ल की स्वतन्त्र मात्रा उपस्थित होना सम्भावित है।

कैस्टर-ऑयल (castor oil) के अणु काफी बड़े होते हैं। अत: इसका उपयोग स्नेहक के रूप में किया जा सकता है। भारी लोड के लिए उपयोग हेतु, ऑर्गेनिक तेल में कुछ मात्रा में खनिज तेल भी मिलाया जाता है और यह मिश्रण, यौगिक तेल (compound oil) कहलाता है।

(iii) **सिन्थैटिक तेल** Synthetic Oils

सिन्थैटिक तेल महँगे होने के कारण कम प्रयोग किए जाते हैं। ये पोल्केलाइन ग्लाइकोल (polakaline glycols) तथा सिलिकॉन (silicons) दो प्रकार के होते हैं। उपयुक्त रासायनिक साधनों द्वारा सिलिकॉन कार्बाइड को सिलिकॉन और ऑक्सीजन में बदल दिया जाता है। सिन्थैटिक तेल कुछ अन्य तत्वों के साथ मिलकर सिलिकॉन स्नेहक बनाता है। ये तेल बहुत लम्बे समय तक अपने गुणों को बनाए रखते हैं, इसलिए प्रिसीजन औजारों के स्नेहन के लिए प्रयोग किए जाते हैं।

(iv) **ब्लैन्डेड तेल** Blended Oils

खनिज स्नेहकों को भारी बनाने तथा उनकी श्यानता (viscosity) में वृद्धि करने के लिए उनमें 5 से 20% तक फैटी ऑयल (fatty oils) मिलाया जाता है। इन तेलों को कम्पाउण्ड ऑयल भी कहा जाता है।

2. अर्द्धठोसीय स्नेहक Semi-solid Lubricants

वह तेल, जिसकी श्यानता उच्च होने के कारण उसमें प्रवाहित होने का गुण नहीं होता है, अर्द्धठोसीय स्नेहक कहलाता है। इसे बनाने के लिए खनिज तेल या ऑर्गेनिक तेलों में गाढ़ा करने वाले पदार्थ; जैसे—कैल्शियम, सोडियम, एल्युमीनियम, बेरियम, लीथियम, स्ट्रॉन्सियम, ग्रीस आदि के कम्पाउण्ड मिलाए जाते हैं। अर्द्धठोसीय स्नेहक मुख्य रूप से ग्रीस व वैसलीन हैं।

ग्रीस प्राय: कोमल तथा कठोर दोनों प्रकार की होती है। कोमल ग्रीस का प्रयोग सामान्यतया उन भागों का स्नेहन करने के लिए किया जाता है जिन भागों पर स्नेहन ऑयल का रुकना असम्भव होता है; जैसे—व्हील एक्सल असेम्बली, रियर एक्सल, फ्रण्ट एक्सल आदि। इसका उपयोग अधिक शक्ति संचरण करने वाले बुश बियरिंग का स्नेहन करने के लिए भी किया जाता है। इसके विपरीत कठोर ग्रीस का प्रयोग तेज धार वाले कटिंग टूल्स; जैसे, मिलिंग कटर्स आदि को लम्बे समय तक जंग से बचाने के लिए किया जाता है।

3. ठोस स्नेहक Solid Lubricants

बहुत अधिक ताप तथा दाब पर ग्रीस तथा तेल द्वारा स्नेहन सफल नहीं रह पाता; जैसे—फोर्जिंग शॉप में कार्यरत पावर हैमर या पावर प्रैसें। ऐसे स्थानों पर ठोस स्नेहक उपयोग में लाए जाते हैं।

ये ठोस स्नेहक अधिक ताप पर भी स्नेहन करने में सफल रहते हैं। ठोस स्नेहक के रूप में अधिकतर ग्रेफाइट पाउडर को ग्रीस या तेल में मिलाकर प्रयोग किया जाता है।

ठोस स्नेहकों का प्रयोग मशीनों के पार्ट्स के मध्य घर्षण के कारण उत्पन्न ताप व दाब के नियन्त्रण में किया जाता है। कभी-कभी सोप स्टोन (soap stone), टैल्क (talc), वैक्स (wax), माइका (mica) आदि का भी ठोस स्नेहक के रूप में प्रयोग किया जाता है।

स्नेहक तेल के कार्य Functions of Lubricant Oil

स्नेहक के मुख्य कार्य हैं

(i) पार्ट्स को जंग से बचाना।

(ii) पिस्टन रिंगों और सिलेण्डर की दीवारों के बीच प्रभावशाली सील प्रदान करना।

(iii) इंजन के बियरिंग और अन्य पार्ट्स के बीच झटकों को सोखकर आवाज को कम करना।

(iv) कार्बन जमा होने से बचाना।

(v) लीकेज को यथासम्भव कम करना।

(vi) ऑक्सीडेशन (oxidation) को रोकना।

(vii) रगड़कर चलने वाले पार्ट्स में घर्षण को कम करना जिससे पार्ट्स कम घिसे।

स्नेहकों के गुण Properties of Lubricants

स्नेहकों के मुख्य गुण निम्न प्रकार हैं

(i) तैलीयता Oilness

यह स्नेहक का वह गुण है, जिससे स्नेहक की एक पतली सतह दो चलने वाले पार्ट्स में बनी रहती है, जिसके कारण दो पार्ट्स आपस में फिसलकर आसानी से चलते हैं।

(ii) श्यानता Viscosity

स्नेहक के आन्तरिक प्रतिरोध की माप उसकी श्यानता कहलाती है। यदि कोई पदार्थ सरलता से प्रवाहित हो जाता है, तो उसकी श्यानता निम्न स्तर की होती है। इसके विपरीत यदि कोई तरल पदार्थ कठिनाई से प्रवाहित होता है, तो उसकी श्यानता उच्च स्तर की होती है। प्रयोग किए जाने वाले स्नेहक की श्यानता जानने के लिए विस्कोमीटर (viscometer) का प्रयोग किया जाता है।

स्नेहकों के इस गुण को नम्बर से प्रकट किया जाता है। यह नम्बर सोसायटी ऑफ ऑटोमोटिव इंजीनियर्स (SAE) द्वारा दिया जाता है। नीचे दी गई तालिका में विभिन्न प्रकार के स्नेहक तेलों को उनकी श्यानता संख्या तथा अनुप्रयोग सहित दर्शाया गया है।

स्नेहक तेल का ग्रेड	श्यानता संख्या	अनुप्रयोग
कम्प्रैसर ऑयल	275	एयर कम्प्रैसर में
टर्बो आयल	145,150	टर्बो जनित बियरिंग में
पम्प ऑयल	300,375	निर्वात पम्प में
हल्के मशीन ऑयल	180,210	सामान्य कार्यों में
मध्यम अथवा भारी मशीन ऑयल	1050	स्वचालित मशीनों में
इन्टर्नल कम्बशन इंजन ऑयल	260	उपकरणों में
डीजल ऑयल	600,900	स्टीम सिलेण्डर में
भारी ऑयल	2000, 3500	सिलेण्डर ऑयल के रूप में

(iii) दहन तथा ज्वलन बिन्दु Fire and Flash Point

किसी स्नेहक के लिए वह तापमान जिस पर वह ज्वाला के रूप में जलना प्रारम्भ कर दे, दहन बिन्दु कहलाता है। इसी प्रकार किसी स्नेहक के लिए वह तापमान, जिस पर वह वाष्पीकृत होना प्रारम्भ कर दे, ज्वलन बिन्दु कहलाता है।

स्नेहक का ज्वलन बिन्दु, दहन बिन्दु से 15° F से 20° F अधिक होता है। स्नेहक के चयन के समय यह ध्यान रखना आवश्यक है कि प्रचालित मशीन का ताप, स्नेहक के ज्वलन बिन्दु तथा दहन बिन्दु से कम हो।

(iv) बहाव बिन्दु Pour Point

बहाव बिन्दु वह निम्नतम तापमान है, जिस पर कोई तेल प्रवाहित हो सकता है या उसे गिराया जा सकता है। निम्न तापमान पर कार्य करने वाली मशीनों में प्रयोग किए जाने वाले स्नेहकों के लिए बहाव बिन्दु एक महत्त्वपूर्ण विवरण होता है; जैसे—बर्फ के कारखाने, रेफ्रीजरेटर आदि में अच्छे स्नेहकों के लिए बहाव बिन्दु निम्न होना चाहिए, जिससे कि वह निम्न ताप पर भी सरलतापूर्वक कार्य करता रहे।

(v) अपशिष्ट कार्बन मात्रा Carbon Residue Content

किसी तेल में अपशिष्ट कार्बन चूर्ण की मात्रा, उसके अपशिष्ट पदार्थ की मात्रा और उसकी स्नेहन क्षमता को दर्शाती है। किसी इंजन की उच्च दक्षता प्राप्त करने के लिए उसमें प्रयोग किए गए स्नेहक तेल में अपशिष्ट कार्बन की मात्रा न्यूनतम होनी चाहिए।

अन्त: दहन इंजन एवं कम्प्रैसर के लिए तो इस मात्रा का न्यूनतम होना और भी अधिक आवश्यक है।

(vi) अम्लीयता Acidity

तेल में अम्लीयता अथवा तेजाब की मात्रा नहीं होनी चाहिए, यदि होगी तो यह बियरिंग मैटल पर बुरा प्रभाव डालेगी।

(vii) जल-मिश्रणता और जल-पृथक्कता Emulsification and Distinctively of Water

जल-मिश्रणता, किसी स्नेहक तेल का वह गुण है, जिसके कारण वह जल के साथ शीघ्र ही मिश्रित हो सके और एकसमान तथा लगभग स्थायी मिश्रण बना सके। इसी प्रकार जल-पृथक्कता किसी स्नेहक तेल का वह गुण है, जिसके कारण जल-तेल मिश्रण में से जल को शीघ्रता से पृथक् किया जा सकता है।

(viii) **आपेक्षिक घनत्व** Specific Gravity

यह स्नेहक का वह गुण है, जिसके द्वारा स्नेहक के भार को पानी के भार के साथ 30° F पर तुलना करते हैं।

(ix) **उदासीनीकरण संख्या** Neutralisation Number

उदासीनीकरण संख्या, पोटैशियम हाइड्रॉक्साइड की मिलीग्राम में वह मात्रा है, जो एक ग्राम स्नेहक तेल में घुल सकती है।

उदासीनीकरण संख्या का स्नेहक तेल में विद्यमान अम्लता से कोई सीधा सम्बन्ध नहीं है। मुख्य बात यह है कि स्नेहक तेल के उपयोग काल में उदासीनीकरण का मान बढ़ते रहना नहीं चाहिए। इसके मान में अचानक वृद्धि होने का अर्थ है—तेल का ऑक्सीकृत (oxidise) हो जाना।

भली प्रकार साफ किए गए स्नेहक तेल में इस संख्या का मान 0.01 से कम ही रहता है। यदि कार्यरत् मशीन में यह संख्या अचानक बढ़ने लगे, तो तेल को बाहर निकालकर नया तेल डाल देना चाहिए।

(x) **रासायनिक स्थिरता** Chemical Stability

रासायनिक स्थिरता स्नेहक तेलों का वह गुण है, जिसके कारण वे अपना संगठन तथा अस्तित्व बनाए रखते हैं तथा कार्य के प्रभाव से विघटित नहीं होते हैं।

स्नेहक तेल में मिलाए जाने वाले एडिटिव्स
Additives Mixed in Lubricating Oil

स्नेहक तेल के उपरोक्त गुणों में वृद्धि करने के लिए कुछ एडिटिव्स मिलाए जाते हैं। ये एडिटिव्स स्नेहक के गुणों में वृद्धि के साथ-साथ हानिकारक पदार्थों के निक्षेपण (deposit) को भी नियन्त्रित करते हैं तथा इंजन की एण्टी-फ्रीजिंग क्वालिटी में वृद्धि करते हैं। इंजन के जटिल आन्तरिक भागों की साफ-सफाई के लिए स्नेहक में डिटर्जेन्ट (detergents) मिलाए जाते हैं।

स्नेहक के लाभ Advantages of Lubricant

मशीनों में स्नेहक का प्रयोग करने से निम्न लाभ प्राप्त होते हैं

1. स्नेहक के प्रयोग से मशीन की कार्यक्षमता में वृद्धि हो जाती है।
2. स्नेहक के प्रयोग से मशीन के जीवनकाल में वृद्धि हो जाती है।
3. स्नेहक के प्रयोगों से मशीन की शुद्धता बनी रहती है।
4. स्नेहक, मशीन के कार्यशील होने से घर्षण द्वारा उत्पन्न ताप को नियन्त्रित करता है।
5. स्नेहक के प्रयोग से मशीन द्वारा विद्युत की खपत कम होती है।
6. स्नेहक के प्रयोग से मशीनें जंग (corrosion) के प्रभाव से मुक्त रहती हैं।
7. स्नेहक के प्रयोग से मशीनों के पार्टों के मध्य एक पतली परत बन जाती है, जिससे कार्य करने वाले भागों के बीच कम घर्षण उत्पन्न होता है तथा पार्ट्स कम घिसते हैं।

स्नेहन की आवश्यकता वाले भाग
Parts Required Lubrication

डीजल इंजन के भागों में स्नेहन करने के लिए ग्रीस गन अथवा ऑयल गन का प्रयोग किया जाता है, जिससे भागों में तेल आसानी से पहुँच जाता है। इंजन के निम्नलिखित भागों को निरन्तर विशेष स्नेहन की आवश्यकता रहती है, क्योंकि ये भाग अधिक रगड़ खाकर चलते हैं

1. क्रैंकशाफ्ट
2. पिस्टन
3. टाइमिंग गियर्स
4. पिस्टन रिंग्स
5. बियरिंग
6. वाल्व गाइड
7. पिस्टन गाइड
8. रॉकर असेम्बली
9. गजन पिनों के बुशेज
10. सिलेण्डरों की आन्तरिक दीवार
11. स्मॉल एण्ड बियरिंग

23.11 स्नेहन प्रणाली के प्रकार
Types of Lubrication System

इंजनों में स्नेहन हेतु विभिन्न प्रणालियाँ प्रयोग में लाई जाती हैं

1. ऑयल कप Oil Cup

यह एक साधारण कप के आकार का होता है, जिसे चूड़ियों (threads) की सहायता से तेल छिद्र में फिट कर दिया जाता है। यह तेल छिद्र तेल को धूलकण इत्यादि से बचाता है तथा लगातार तेल सप्लाई करता रहता है। चित्र में एक ऑयल कप दिखाया गया है।

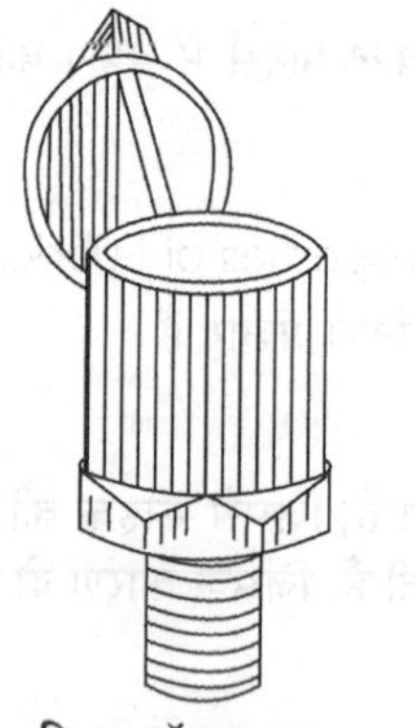

चित्र ऑयल कप

2. बत्तीदार स्नेहक Wick Lubricant

इसका कार्य सिद्धान्त साइफन (siphon) पर आधारित होता है। यदि दो बर्तनों को लेकर एक में द्रव भरकर ऊँचे स्थान पर रख दिया जाए तथा एक मुड़ी हुई नली या ट्यूब में द्रव भरकर नली के एक छोर को ऊपरी बर्तन के द्रव में डुबा दिया जाए और दूसरे सिरे को नीचे रखे खाली बर्तन में रखा जाए, तब इस स्थिति में जब तक नली का सिरा ऊपरी बर्तन के

द्रव में डूबा रहेगा, तब तक लगातार नली से होकर द्रव निचले बर्तन में गिरता रहेगा।

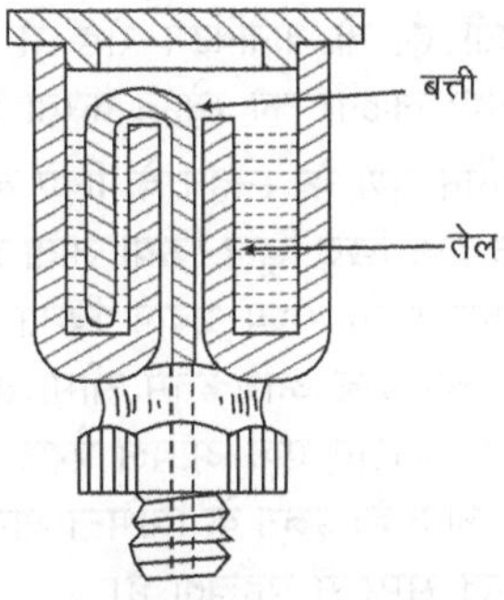

चित्र बत्तीदार स्नेहक

3. ड्रॉप फीड स्नेहक Drop Feed Lubricant

इसका तेल-टैंक (oil-reservoir) ग्लास (काँच) का बना होता है। कुप्पी के ऊपर एक छिद्र होता है, जिसे फिलिंग छिद्र (filling hole) कहते हैं। इस छिद्र से स्नेहक को कुप्पी में डाला जाता है।

यह तेल फिल्टर (जाली) से छनकर एक छिद्र के अन्दर से भीतरी चैम्बर (chamber) में प्रवेश करता है और गुरुत्वाकर्षण के कारण नोजल से होकर बूँद-बूँद गिरता है। तेल के बहाव को नीडिल वाल्व (valve) द्वारा नियन्त्रित किया जाता है।

साइट ग्लास (sight glass) से यह देखा जाता है कि तेल कितनी मात्रा में गिर रहा है। चित्र में एक ड्रॉप फीड स्नेहक दर्शाया गया है।

चित्र ड्रॉप फीड स्नेहक

4. ल्यूवेन्स ग्लास-बॉटल स्नेहक Lieuvain's Glass-bottle Lubricant

इसे नीडिल स्नेहक भी कहा जाता है। यह काँच की बनी एक कुप्पी या बोतल होती है, जिसमें तेल भरा जाता है। कुप्पी या बोतल के मुँह में एक डबल टेपर कॉर्क (double tapered 'cork') फिट की हुई रहती है। इसी कॉर्क के बीच में एक सुई (needle) लगी रहती है। कुप्पी को उलटकर, उसके स्टॉपर या कॉर्क का निचला भाग बियरिंग के ऊपरी सिरे में बने तेल छिद्र में फिट कर दिया जाता है।

शाफ्ट का घूर्णन सुई को हिलाता है, जिससे हवा के बुलबुले ऑयल चैम्बर (oil-chamber) में प्रवेश करते हैं। इन्हीं बुलबुलों द्वारा विस्थापित तेल बूँद-बूँद करके शाफ्ट पर गिरता है। आवश्यकतानुसार छोटी सुई लगाकर तेल के प्रवाह को बढ़ाया जा सकता है।

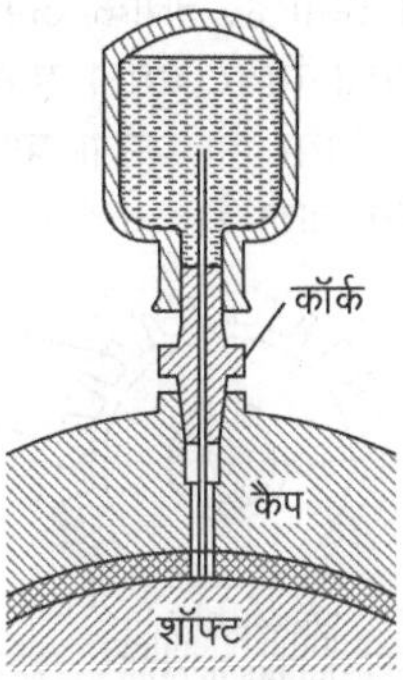

चित्र ल्यूवेन्स ग्लास-बॉटल स्नेहक

5. रिंग स्नेहन Ring Lubrication

यह स्प्लैश स्नेहन की सामान्य विधि है। इस प्रणाली में बियरिंग बीच में से कटी होती है तथा शाफ्ट के ऊपर से एक रिंग गुजरती है। इस रिंग का निचला सिरा तेल कक्ष में डूबा रहता है। जब शाफ्ट घूमना प्रारम्भ करती है, तो रिंग के साथ तेल चिपककर शाफ्ट या बियरिंग में पहुँच जाता है।

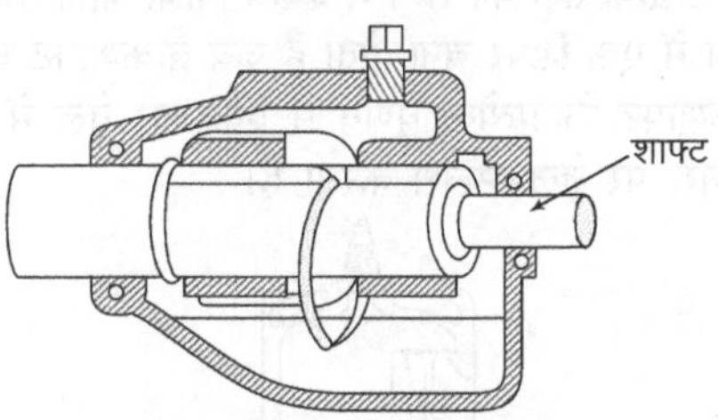

चित्र रिंग स्नेहन

6. चेन स्नेहन Chain Lubrication

यह विधि भी रिंग स्नेहन के समान ही है, परन्तु इसमें रिंग के स्थान पर चेन का प्रयोग किया जाता है। यह विधि मध्यम गति की शाफ्ट के लिए उपयुक्त होती है। मोटर जनित्र तथा लाइन शाफ्टों में इस विधि का प्रयोग किया जाता है।

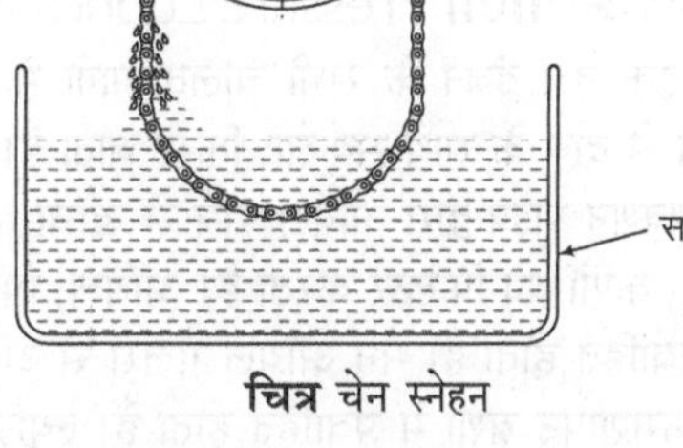

चित्र चेन स्नेहन

7. वॉर्म गियर बाथ स्नेहन
Warm Gear Bath Lubrication

यह दो वॉर्म गियरों की व्यवस्था होती है, जिसमें नीचे वाला गियर तेलकक्ष (oil chamber) में डूबा रहता है, जबकि ऊपर वाला गियर स्नेहन क्रिया करता है। जब ऊपर वाला गियर घूमना प्रारम्भ करता है, तो तेलकक्ष (oil chamber) में डूबा गियर भी घूमना प्रारम्भ करता है, जिससे तेल चिपककर शाफ्ट में पहुँच जाता है।

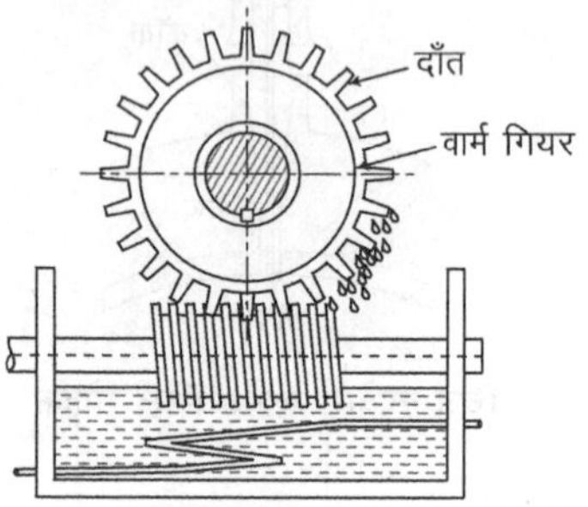

चित्र वॉर्म गियर बाथ स्नेहन

8. स्प्लैश स्नेहन प्रणाली
Splash Lubrication System

इस प्रणाली में स्नेहक तेल को सम्प में एकत्र किया जाता है। कनैक्टिंग रॉड के निचले भाग में एक डिपर बना होता है जब क्रैंकशाफ्ट घूर्णन करती है, तो डिपर क्रैंकशाफ्ट के प्रत्येक घूर्णन में एक बार तेल में डूबता है तथा सिलेण्डर दीवारों पर तेल स्प्लैश करता है।

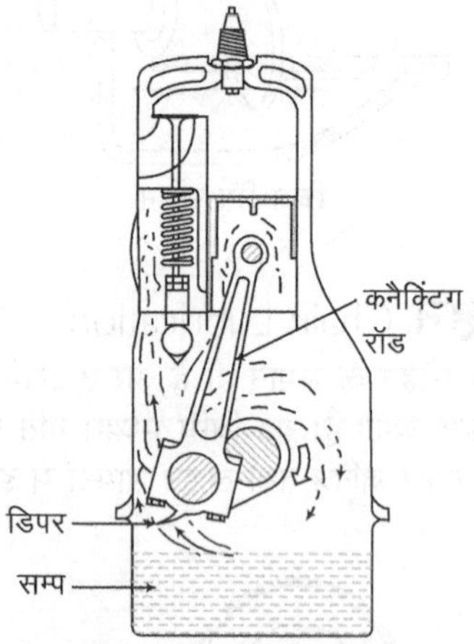

चित्र स्प्लैश स्नेहन प्रणाली

9. दाब स्नेहन प्रणाली Pressure Lubrication System

इस प्रणाली में स्नेहक तेल इंजन के सभी चलित भागों में क्रैंकशाफ्ट द्वारा चलित ऑयल पम्प से दाब के साथ सर्कुलेट किया जाता है। ऑयल सम्प से ऑयल स्ट्रेनर या सक्शन पाइप द्वारा ऑयल पम्प से खींचा (suck) जाता है। स्ट्रेनर ठोस धूल के कणों को फिल्टर करता है। ऑयल, फिल्टर ऑउटलेट से मैन गैलरी में प्रवाहित होता है। मैन ऑयल गैलरी से ऑयल क्रैंकशाफ्ट मैन जनरल तथा कैमशाफ्ट ब्रशों में प्रवाहित होता है। ल्यूब्रिकेटिंग ऑयल, क्रैंकशाफ्ट मैन जनरल से ऑयल क्रैंक पिन को प्रवाहित होता है। कैमशाफ्ट बुश से यह सिलेण्डर हैड तथा रॉकर बुशों का स्नेहन करता है। जब क्रैंकशाफ्ट घूर्णन करती है, तो कनैक्टिंग रॉड से ऑयल स्प्लैश होकर बियरिंग पिस्टन रिंग तथा लाइनर का स्नेहन करता है।

कुछ इंजनों में गजन पिन बुश के स्नेहन के लिए कनैक्टिंग रॉड के बड़े सिरे से छोटे सिरे तक एक छिद्र ड्रिल किया जाता है। एक रिलीफ वाल्व ऑयल पम्प तथा फिल्टर के मध्य प्रदान किया जाता है। प्रणाली में रिलीफ वॉल्व ऑयल का दाब अधिकतम सीमा तक रखता है। ऑयल प्रैशर को सूचित करने के लिए एक ऑयल प्रैशर गेज तथा इण्डीकेटिंग लैम्प का प्रयोग किया जाता है। इंजन के विभिन्न भागों का स्नेहन करने के पश्चात् ऑयल, ऑयल सम्प में पहुँचता है।

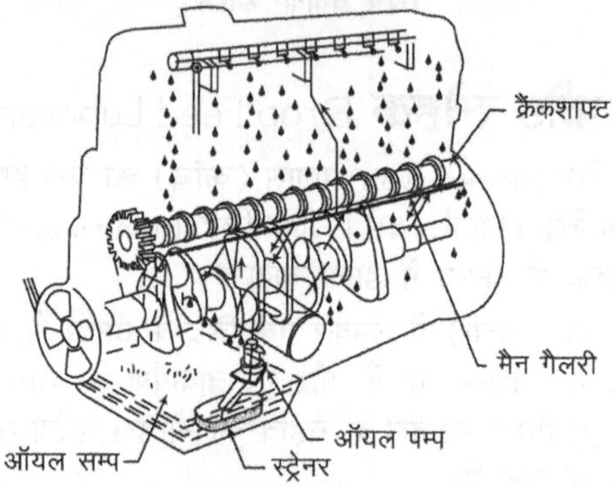

चित्र निम्न दाब स्नेहन प्रणाली

10. पेट्रोल स्नेहन प्रणाली
Petrol Lubrication System

इस प्रणाली में स्नेहक तेल को पेट्रोल के साथ मिलाया जाता है। पेट्रोल और तेल का अनुपात 20:1 होता है। जब ईंधन क्रैंककेस चैम्बर और क्रैंकशाफ्ट बियरिंगों में जाता है, तो तेल चलित भागों के साथ धुंध (mist) के रूप में चिपक जाता है और स्नेहन प्रभाव देता है। इसका प्रयोग दो-स्ट्रोक इंजनों में किया जाता है।

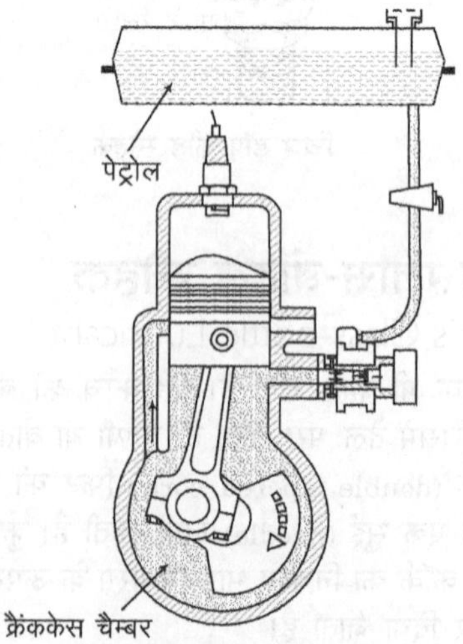

चित्र पेट्रोल स्नेहन प्रणाली

11. ड्राइ सम्प स्नेहक प्रणाली
Dry Sump Lubricant System

इस प्रणाली में स्नेहक तेल एक ऑयल पम्प के घटक पृथक् टैंक से पहुँचाया जाता है। ऑयल चलित भागों का स्नेहन करता है तथा पुन: ऑयल सम्प के लिए प्रवाहित होता है। पम्प से टैंक तक ऑयल पहुँचाने के लिए एक स्वेजिंग पम्प का प्रयोग किया जाता है।

जब वाहन उतार चढ़ाव वाले रास्तों पर गति करता है, तो स्नेहन प्रभावित करता है।

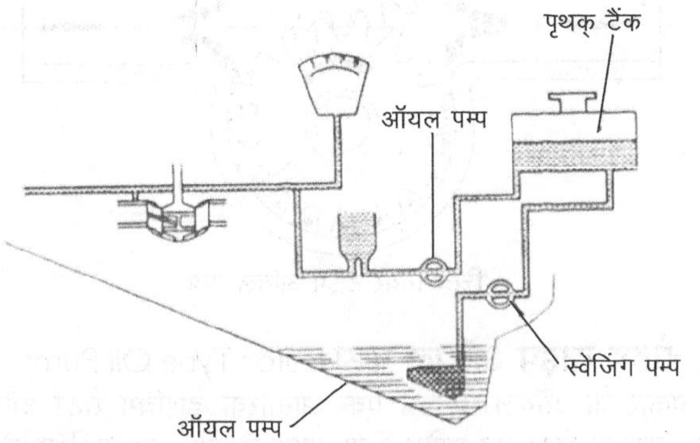

चित्र ड्राइ सम्प स्नेहन प्रणाली

12. संयुक्त स्नेहन प्रणाली
Combined Lubrication System

यह स्प्लैश स्नेहन प्रणाली तथा दाब स्नेहन प्रणाली का संयुक्त रूप है। इसमें कुछ भाग स्प्लैश स्नेहन प्रणाली से स्नेहित होते हैं; जैसे- सिलेण्डर वाल्व, कैमशाफ्ट बियरिंग, कनैक्टिंग रॉड बियरिंग तथा शेष भाग दाब स्नेहन प्रणाली द्वारा स्नेहित होते हैं।

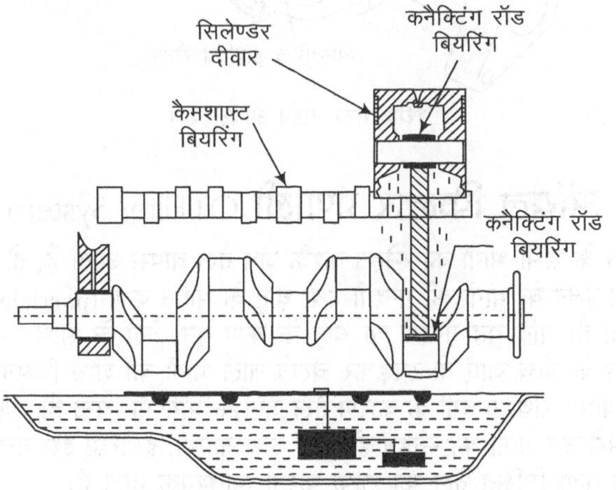

चित्र संयुक्त स्नेहन प्रणाली

23.12 स्नेहन प्रणाली के घटक
Components of Lubrication System

स्नेहन प्रणाली के घटकों का वर्णन निम्न प्रकार किया गया है

1. ऑयल सम्प Oil Sump

सिलेण्डरों को नीचे से बन्द करने तथा क्रैंक शाफ्ट आदि इंजन के भागों को नीचे से धूल-मिट्टी आदि से बचाने के लिए ऑयल सम्प को इंजन में सबसे नीचे लगाया जाता है। इंजन के लिए स्नेहन भी इसी सम्प द्वारा किया जाता है, इसलिए इसे तेल कक्ष (oil chamber) भी कहा जाता है। यह नर्म इस्पात (mild steel) की चादर (sheet) से या एल्युमीनियम अलॉय की चादर को प्रेस करके मशीन द्वारा बनाया जाता है।

जिन इंजनों में बिग एण्ड बियरिंग (big end bearing) स्नेहन के लिए उनके साथ ऑयल डिपर लगे होते हैं, उनमें सिलेण्डरों की संख्या के बराबर तेल की खुली नालियाँ भी बनी होती हैं। कुछ इंजनों में सिलेण्डरों के आधार पर अलग-अलग खाने (partitions) बने होते हैं। खुली नालियों में तेल भरा होता है तथा उसमें ऑयल डिपर डूबते हुए चलते हैं, जिनसे उनमें तेल भर जाता है और वह बियरिंगों का स्नेहन करता है।

सम्प के नीचे एक ड्रेन प्लग लगा रहता है, जिसको खोलकर इंजन का तेल बदलते समय बाहर निकाला जाता है। कभी-कभी इस ड्रेन प्लग की गैस्केट कट जाती है, जिससे तेल टपकता रहता है। इसे फिट करते समय जाँच लेना चाहिए। यदि गैस्केट टूटी हो तो नई गैस्केट लगानी चाहिए।

इंजन ब्लॉक के साथ सम्प को फिट करते समय कॉर्क शीट आदि की पैकिंग अवश्य लगानी चाहिए अन्यथा उस जोड़ से भी तेल टपकने की सम्भावना रहेगी।

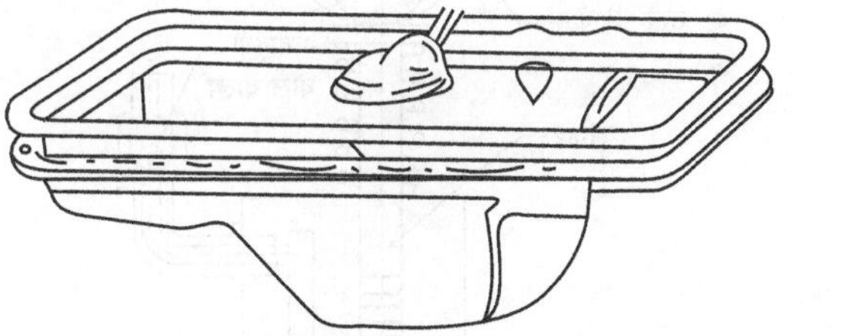
चित्र ऑयल सम्प

2. ऑयल पम्प Oil Pump

ऑयल पम्प मुख्यत: चार प्रकार के होते हैं

(i) वेन टाइप ऑयल पम्प
(ii) प्लंजर टाइप ऑयल पम्प
(iii) गियर टाइप ऑयल पम्प
(iv) रोटर टाइप ऑयल पम्प

(i) **वेन टाइप ऑयल पम्प** Vane Type Oil Pump

वेन टाइप पम्प में रोटर, पम्प हाउसिंग में उत्केन्द्री (eccentric) रूप से चलता है। स्प्रिंग लोडेड वेन्स पम्प हाउसिंग बॉल पर सरकती है। जब रोटर घूमता है तो वेन्स द्वारा सक्शन उत्पन्न होता है। इनलेट डक्ट के माध्यम से तेल को सोखा (suck) जाता है और डिस्चार्ज डक्ट के माध्यम से बाहर निकाला जाता है।

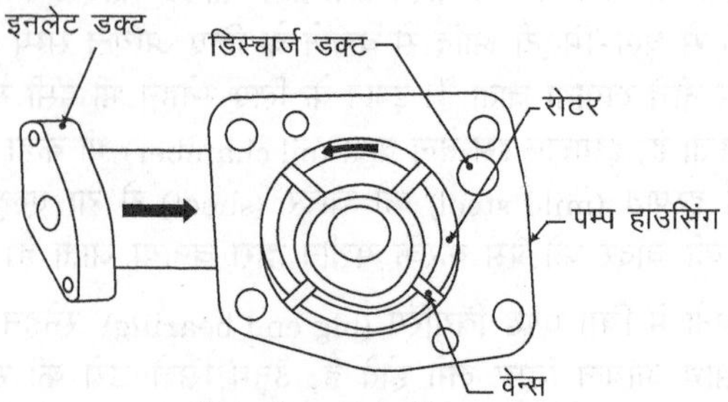

चित्र वेन टाइप ऑयल पम्प

(ii) **प्लंजर टाइप ऑयल पम्प** Plunger Type Oil Pump

इस प्रकार के ऑयल पम्प में प्लंजर, सिलेण्डर में ऊपर-नीचे जाता है। इसे एक विशेष उत्केन्द्री कैम की सहायता से प्रचालित किया जाता है। पम्प में दो अनावर्ती बॉल वाल्व (non-return ball valve) लगे होते हैं। ये वाल्व स्प्रिंग लोडेड वाल्व होते हैं। इनमें से एक सक्शन (suction) साइड पर होता है। ऊर्ध्वमुखी स्ट्रोक के दौरान तेल, वाल्व के माध्यम से सोखा जाता है। इस प्रकार के ऑयल पम्प का प्रयोग कम किया जाता है।

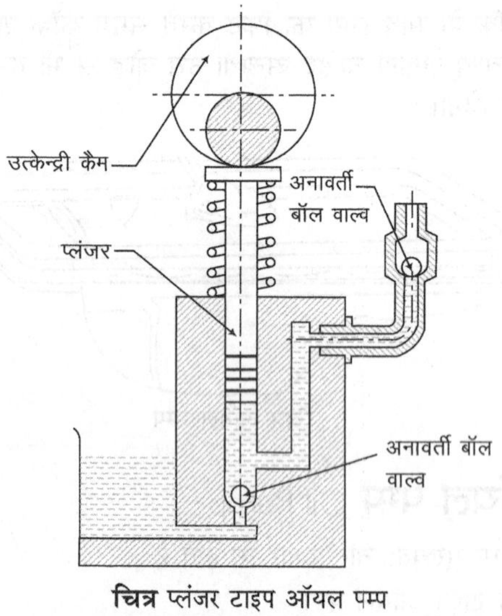

चित्र प्लंजर टाइप ऑयल पम्प

(iii) **गियर टाइप ऑयल पम्प** Gear Type Oil Pump

इस प्रकार के ऑयल पम्प का प्रयोग सबसे अधिक किया जाता है। इस पम्प को इंजन के नीचे लगे ऑयल पम्प के अन्दर लगाया जाता है तथा इसमें पम्प हाउसिंग में दो गियर लगाए जाते हैं। गियरों का पम्प हाउसिंग से बहुत कम क्लीयरैन्स होता है। जब गियर घूर्णन करते हैं, तो केसिंग में एक वैक्यूम उत्पन्न हो जाता है। इनलेट के माध्यम से तेल को सोखा (sucked) जाता है और निकास नली के माध्यम से तेल गैलरी को पहुँचाया जाता है।

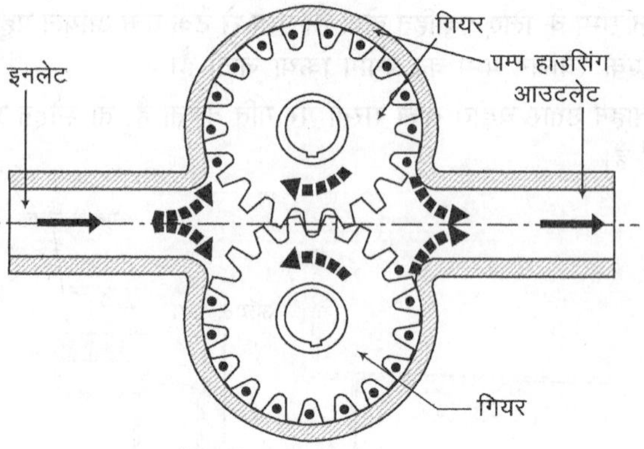

चित्र गियर टाइप ऑयल पम्प

(iv) **रोटर टाइप ऑयल पम्प** Rotor Type Oil Pump

इस प्रकार के ऑयल पम्प में एक आन्तरिक ड्राइविंग रोटर और एक बाह्य ड्राइविंग रोटर का प्रयोग किया जाता है, जो पम्प हाउसिंग में मुक्त रूप से घूमता है और आन्तरिक रोटर के सम्बन्ध में उत्केन्द्री रूप से चलता है। ये रोटर इंजन के चलने पर गियर व्हील टाइप ऑयल पम्प के समान घूमकर तेल को प्रैशर के साथ मेन ऑयल गैलरी तक पहुँचाते हैं।

चित्र रोटर टाइप ऑयल पम्प

3. **ऑयल फिल्टर प्रणाली** Oil Filter System

इंजन के सभी भागों का स्नेहन करके जब तेल वापस आता है, तो अपने साथ इंजन के भागों की गन्दगी तथा धातु के महीन कण (particles) भी लाता है। यदि यह गन्दगी या धातु के कण पुनः तेल के साथ इंजन के भागों के बीच जाएँ तो रगड़कर चलने वाले भागों का शीघ्र घिसना शुरू हो जाएगा तथा गन्दगी के कारण तेल जाने के मार्ग भी बन्द हो सकते हैं, जिससे उन भागों का स्नेहन होना ही रुक जाएगा, इसलिए इस गन्दे तथा धातु कण मिश्रित तेल को साफ करना आवश्यक होता है।

इसके लिए ऑयल पम्प तथा मेन ऑयल गैलरी के बीच ऑयल फिल्टर प्रणाली की व्यवस्था की जाती है। इंजन ऑयल को फिल्टर करने के लिए दो प्रकार की प्रणालियों का प्रयोग किया जाता है

(i) फुल फ्लो ऑयल फिल्टर प्रणाली
Full Flow Oil Filter System

इस प्रणाली में तेल मेन ऑयल गैलरी में पहुँचने से पूर्व फिल्टर से होकर गुजरता है। फिल्टर में एक बाइपास वाल्व होता है जो फिल्टर के चोक होने की स्थिति में ऑयल को सीधे ही मेन ऑयल गैलरी में पहुँचाता है।

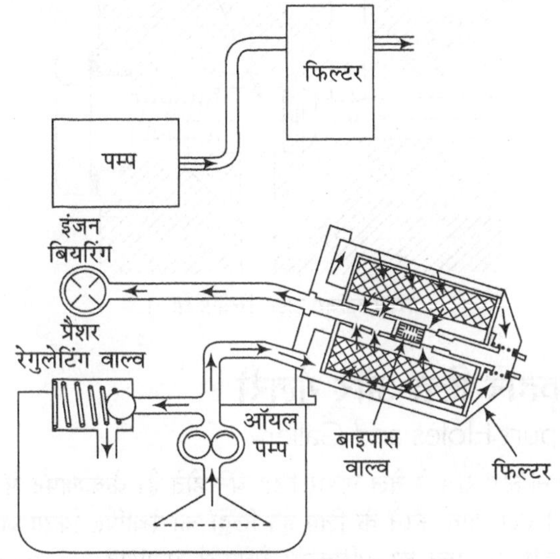

चित्र फुल फ्लो ऑयल फिल्टर प्रणाली

(ii) बाइपास ऑयल फिल्टर प्रणाली
Bypass Oil Filter System

इस प्रणाली में केवल इंजन ऑयल का एक भाग फिल्टर में प्रवेश करता है। फिल्टरिंग के पश्चात् ऑयल, ऑयल सम्प में पहुँचता है। शेष बचा हुआ ऑयल सीधे ही मेन ऑयल गैलरी में पहुँचाया जाता है।

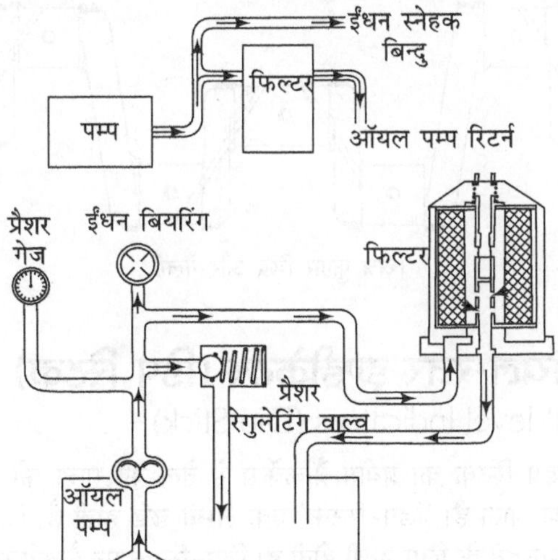

चित्र बाइपास ऑयल फिल्टर प्रणाली

फिल्टर तत्व Filter Element

फिल्टर नमदा (felt), कॉटन वेस्ट, कपड़ा तथा कागज से बनाया जाता है। निर्माता अनुसार विनिर्दिष्ट इंजन के कुछ निश्चित किलोमीटर की दूरी चलने के पश्चात् इसे बदल दिया जाता है।

ऑयल फिल्टर के प्रकार Types of Oil Filter

ऑयल फिल्टर निम्न प्रकार के होते हैं

(i) कार्ट्रिज टाइप ऑयल फिल्टर

(ii) सेन्ट्रीफ्यूगल टाइप ऑयल फिल्टर

(i) कार्ट्रिज टाइप ऑयल फिल्टर Cartridge Type Oil Filter

इस ऑयल फिल्टर द्वारा छनकर पुन: तेल इंजन के भागों में जाता है। इस फिल्टर में भी फ्यूल फिल्टर की तरह कागज तथा तार की महीन जाली का प्रयोग फिल्टर एलीमेन्ट के रूप में किया जाता है।

यह एलीमेन्ट एक ऐसी केसिंग में बन्द रहता है, जिसमें तेल आने व छन कर जाने के लिए पृथक् मार्ग बने होते हैं। इसकी तली में एक ड्रेन प्लग लगा रहता है, जिसे खोलकर गन्दा तेल बाहर निकाला जाता है। यदि फिल्टर तत्व अधिक गन्दा हो गया हो तो बदला जाता है।

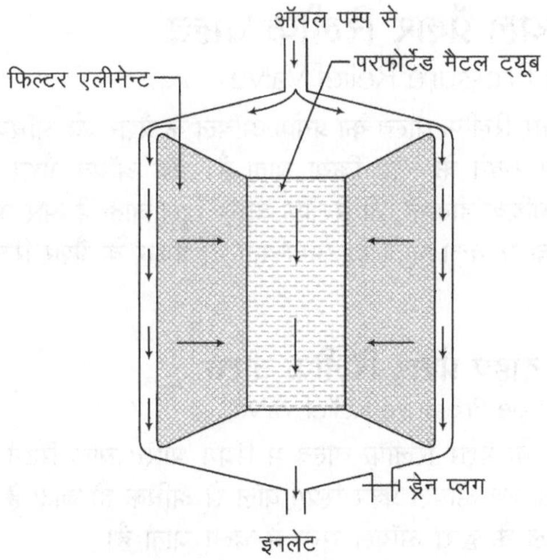

चित्र कार्ट्रिज टाइप ऑयल फिल्टर

(ii) सेन्ट्रीफ्यूगल टाइप ऑयल फिल्टर Centrifugal Type Oil Filter

इस प्रकार के फिल्टर में चार मुख्य भाग; स्टेशनरी केसिंग, रोटर केसिंग, सेण्ट्रल स्पिण्डल तथा जेटयुक्त ट्यूब होते हैं। इसमें तेल सेण्ट्रल स्पिण्डल में इनलेट मार्ग से आता है। यहाँ से रोटर केसिंग में जाता है तथा रोटर केसिंग से तेल ट्यूब में जाता है।

इन ट्यूबों में जेट फिट रहते हैं, जिनसे प्रैशर के साथ तेल निकलता है, जिससे रोटर केसिंग को गति मिलती है और वह घूमने लगता है। जेट से निकलकर तेल स्टेशनरी केसिंग की दीवार से टकराता है, जिस पर

धूल-मिट्टी के कण रह जाते हैं और शुद्ध तेल आउटलेट से बाहर निकलता है।

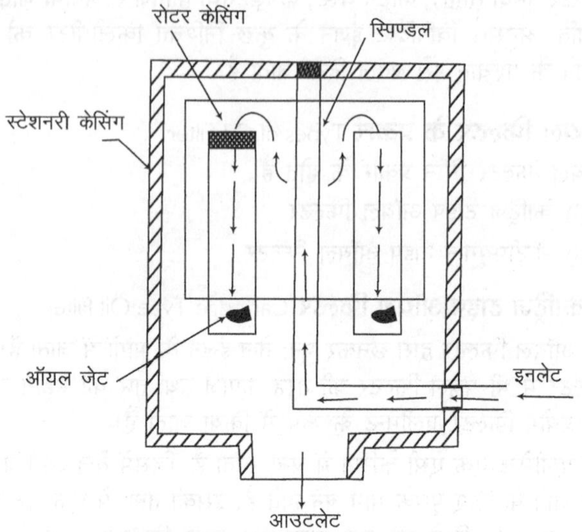

चित्र सेन्ट्रीफ्यूगल टाइप ऑयल फिल्टर

4. ऑयल प्रैशर रिलीफ वाल्व
Oil Pressure Relief Valve

ऑयल प्रैशर रिलीफ वाल्व का प्रयोग ऑयल के प्रैशर को अधिकतम सीमा तक बनाए रखने के लिए किया जाता है। जब ऑयल प्रैशर अनुमानित सीमा से अधिक होता है, तो रिलीफ वाल्व खुल जाता है और ऑयल पुनः ऑयल टैंक में चला जाता है। सामान्यतः दो प्रकार के प्रैशर रिलीफ वाल्व होते हैं।

(i) बॉल टाइप प्रैशर रिलीफ वाल्व
Ball Type Pressure Relief Valve

इस प्रकार के प्रैशर रिलीफ वाल्व में स्प्रिंग भारित बॉल रिटर्न चैनल को खोलती है। जब ऑयल प्रैशर स्प्रिंग बॉल से अधिक हो जाता है तो ऑयल रिटर्न चैनल के द्वारा ऑयल सम्प में चला जाता है।

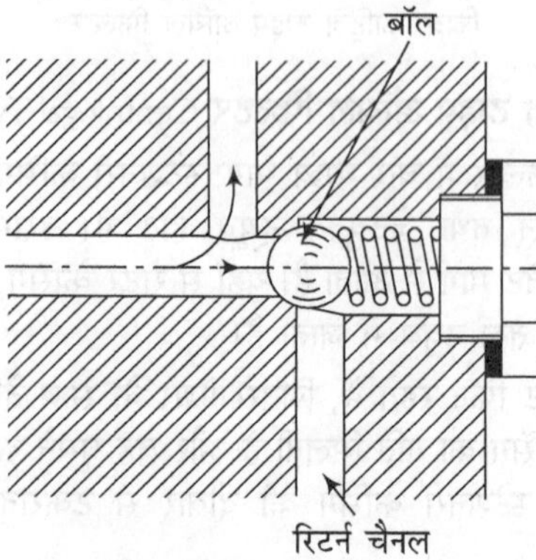

चित्र बॉल टाइप प्रैशर वाल्व

(ii) प्लंजर टाइप रिलीफ वाल्व Plunger Type Relief Valve

इस प्रकार का प्रैशर रिलीफ वाल्व में बॉल के स्थान पर प्लंजर लगा होता है।

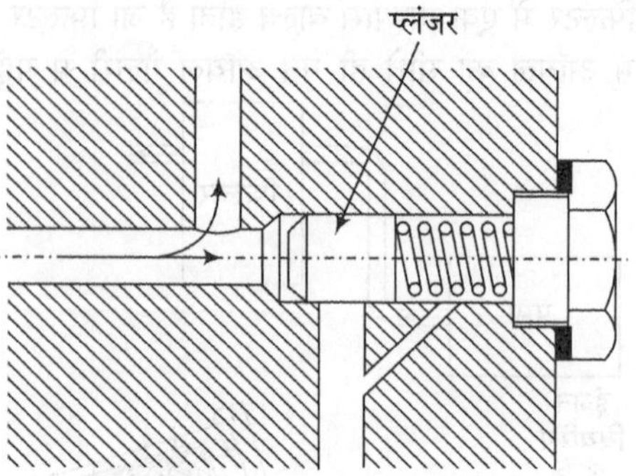

चित्र प्लंजर टाइप रिलीफ वाल्व

5. फुहार छिद्र और गैलरी
Spurt Holes and Gallery

कुछ कनैक्टिंग रॉड में तेल फुहार छिद्र बने होते हैं। क्रैंकशाफ्ट में समान छिद्रों से तेल प्राप्त करने के लिए इन छिद्रों को स्थापित किया जाता है। जब सिलेण्डर वाल्व का अधिकतम क्षेत्रफल अनाश्रित (exposed) होता है, तो इस बिन्दु पर इंजन प्रक्रम में तेल फुहार में बाहर निकलता है और इसके द्वारा वाल्व और गजन पिन का स्नेहन होता है तथा पिस्टन के अन्दर की सतह को भी ठण्डा रखता है।

सिलेण्डर हैड तथा एक गैलरी के द्वारा बियरिंग एवं वाल्व-ट्रेन में तेल भरते हैं। ये चल भाग स्नेहित होने के साथ-साथ इंजन से ऊष्मा का अवशोषण भी करते हैं, इसलिए इनका तापमान बढ़ता है।

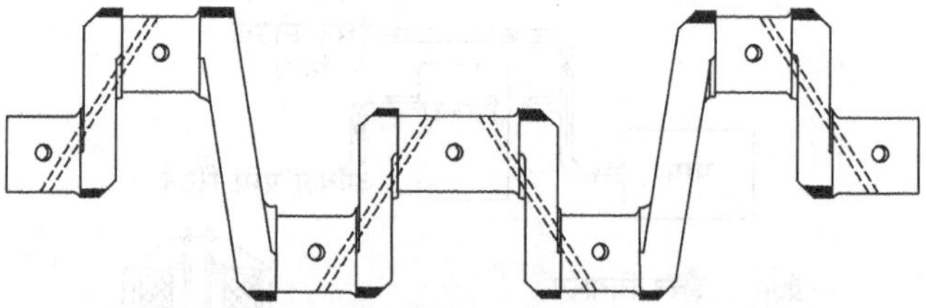

चित्र फुहार छिद्र और गैलरी

6. ऑयल-स्तर इण्डीकेटर (डिप स्टिक)
Oil-level Indicators (Dip Stick)

ऑयल डिप स्टिक का प्रयोग क्रैंककेस में तेल की मात्रा को मापने के लिए किया जाता है। 'डिप-स्टिक' एक लम्बी छड़ होती है, जिसके एक सिरे पर पकड़ने के लिए हत्थी होती है। डिप-स्टिक पर क्रैंककेस के पूर्ण, अर्द्ध-पूर्ण और एक चौथाई पूर्ण स्तर तक सूचित करने वाले चिन्ह बने होते हैं। इस पर एक क्रान्तिक चिन्ह भी बना होता है, जिसके नीचे तेल का स्तर नहीं गिरना चाहिए।

चालक को नियमित अन्तरालों पर तथा विशेषतः लम्बी यात्रा पर जाने से पहले तेल के स्तर की जाँच कर लेनी चाहिए। एक अन्य प्रकार का तेल-स्तर इण्डीकेटर फ्लोर प्रणाली पर आधारित होता है।

क्रैंककेस के भीतर के फ्लोर पर एक उपयुक्त इण्डीकेटर लगा होता है, जो क्रैंककेस के बाहर से ही तेल का स्तर इण्डीकेटर करता है।

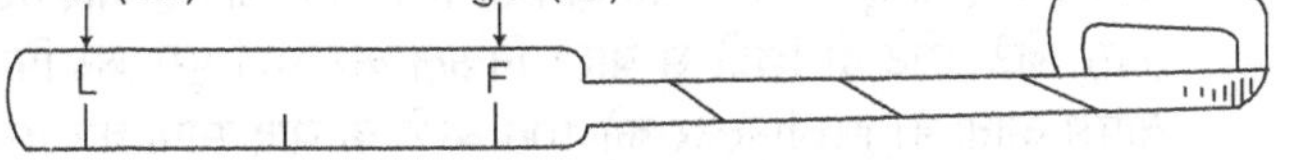

चित्र ऑयल डिप-स्टिक

7. ऑयल कूलर Oil Cooler

भारी इंजनों में जहाँ पर तेल का तापमान बहुत अधिक होने की सम्भावना होती है, वहाँ लुब्रीकेटिंग ऑयल को ठण्डा करने के लिए ऑयल कूलर को लगाया जाता है। ऑयल कूलर दो भागों को मिलाकर बनाया जाता है। ऑयल सर्कुलेशन के लिए पैसेज कूलर के मध्य प्रदान किया जाता है। वांछित ऑयल प्रैशर को बनाए रखने हेतु एक बॉल वाल्व का प्रयोग किया जाता है जो कास्ट आयरन की बनी होती है। ऑयल कूलर का उद्देश्य इंजन ऑयल से कूलिंग वाटर को ऊष्मा स्थानान्तरण करना है तथा इंजन ऑयल को ठण्डा करना है।

ऑयल कूलर की आन्तरिक दीवारें कूलिंग वाटर के सम्पर्क में रहती है। इंजन ऑयल जो पैसेज के द्वारा सर्कुलेट करना होता है उसे ऑयल कूलर में प्रवाहित किया जाता है। ऑयल कूलर, इंजन ऑयल की ऊष्मा को कूलिंग वाटर को स्थानान्तरित करता है और वाटर को इंजन ब्लॉक तथा आन्तरिक दीवारों में सर्कुलेट करता है। इस प्रकार यह इंजन के तापमान को बनाए रखता है।

चित्र ऑयल कूलर

8. ऑयल प्रैशर गेज Oil Pressure Gauge

ऑयल प्रैशर गेज का प्रयोग इंजन की मेन ऑयल गैलरी में तेल का दबाव पता करने के लिए किया जाता है।

ये मुख्यतः दो प्रकार के होते हैं

(i) प्रैशर एक्सपैन्शन टाइप ऑयल प्रैशर गेज

(ii) इलेक्ट्रिक बैलेन्सिग क्वॉयल टाइप ऑयल प्रैशर गेज

(i) प्रैशर एक्सपैन्शन टाइप ऑयल प्रैशर गेज
Pressure Expansion Type Oil Pressure Gauge

प्रैशर एक्सपैन्शन टाइप ऑयल प्रैशर गेज एक पाइप द्वारा इंजन की मेन गैलरी से जुड़ा होता है। इस प्रकार मेन ऑयल गैलरी में तेल का जो दबाव बनता है, वह पाइप डैशबोर्ड पर इंगित गेज की सुई पर प्रैशर देकर तेल के दबाव को दर्शाता है। यदि यह गेज मोटरगाड़ी चलाते समय तेल का प्रैशर न बताए तो ऑयल सम्प में तेल के लेवल को चैक करें। यदि तेल कम हो तो उसे पूरा करना चाहिए।

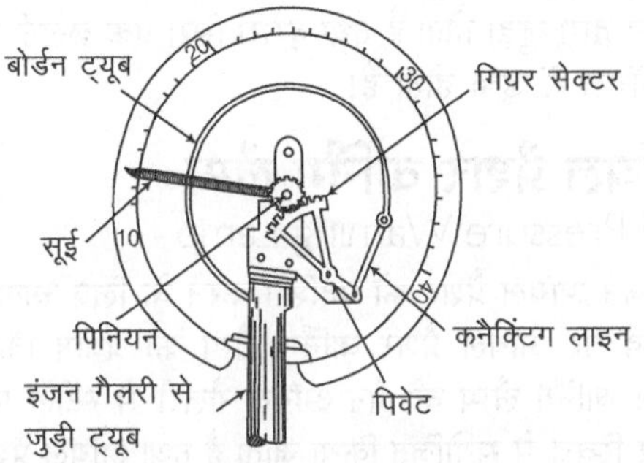

चित्र प्रैशर एक्सपैन्शन टाइप ऑयल प्रैशर गेज

(ii) इलेक्ट्रिक बैलेन्सिग क्वॉयल टाइप ऑयल प्रैशर गेज
Electric Balancing Coil Type Oil Pressure Gauge

इलेक्ट्रिक बैलेन्सिग क्वॉयल टाइप प्रैशर गेज अधिकतर प्रयोग में लाई जाती है। इसमें दो यूनिट होती हैं—इंजन यूनिट और डैशबोर्ड यूनिट। इंजन यूनिट ऑयल गैलरी में फिक्स की जाती है। इसमें एक वेरिएबल रेजिस्टेन्स होता है जिसे स्प्रिंग-लोडेड डायफ्राम के साथ लिंक किया जाता है। इंजन यूनिट में एक स्लाइडिंग कॉन्टैक्ट होता है। जब डायफ्राम पर ऑयल का प्रैशर अधिक पड़ता है, तो यह ऊपर उठकर स्लाइडिंग कॉन्टैक्ट को गति देता है। डैशबोर्ड यूनिट में दो क्वॉयल होती है। इस पर लगी हुई सूई एक डायल पर घूमती है, जो तेल के प्रैशर को डैशबोर्ड पर प्रदर्शित करती है।

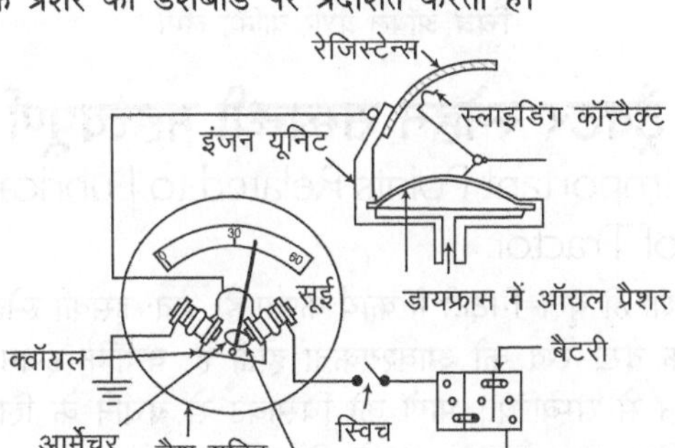

चित्र इलेक्ट्रिक बैलेन्सिग क्वॉयल टाइप ऑयल प्रैशर गेज

9. ऑयल संग्रहण पैन Oil Collection Pan

ऑयल संग्रहण पैन प्रायः धातु या एल्युमीनियम के बने होते हैं। यह इंजन ब्लॉक के पेंदी (bottom) में बोल्ट द्वारा जुड़ा होता है। यह स्नेहन प्रणाली के लिए सप्लाई किए जाने वाले तेल को संग्रहित रखता है। ऑयल पैन में एक स्क्रू-इन ड्रेन प्लग होता है जो ऑयल बदलने हेतु प्रयुक्त किया जाता है। ऑयल पैन में सबसे निचला क्षेत्र ऑयल पम्प कहलाता है।

10. ऑयल टैंक Oil Tank

ऑयल टैंक, स्नेहन के दौरान ऑयल उपलब्ध कराता है। यह इंजन का सबसे निचला भाग होता है।

11. ऑयल पिक-अप ट्यूब Oil Pickup Tube

ऑयल पिक-अप ट्यूब ऑयल पम्प से शुरू होकर ऑयल पैन के पेंदे में खुलती है। इस ट्यूब का एक सिरा ऑयल पम्प या इंजन ब्लॉक के साथ स्क्रू या बोल्ट द्वारा जुड़ा होता है तथा दूसरा सिरा एक छलनी से जुड़ा होता है जोकि ऑयल में डूबी होती है।

12. ऑयल प्रैशर वार्निंग लैम्प Oil Pressure Warning Lamp

वाहनों में इंजन ऑयल प्रैशर को प्रदर्शित करने के लिए चालक के सामने लगे डैशबोर्ड पर ऑयल प्रैशर वार्निंग लैम्प का प्रयोग किया जाता है। ऑयल प्रैशर वार्निंग लैम्प को मेन ऑयल गैलरी से स्टील पाइप के द्वारा ऑयल प्रैशर स्विच से संयोजित किया जाता है तथा ऑयल प्रैशर स्विच को बैटरी तथा लैम्प से संयोजित किया जाता है। जब इंजन नहीं चलता अथवा धीमे चलता है तब वार्निंग लैम्प, इग्नीशन स्विच ऑन करने पर जलने लगता है और जैसे ही इंजन चलता है और गति बढ़ती है, तो वार्निंग लैम्प बुझ जाना चाहिए।

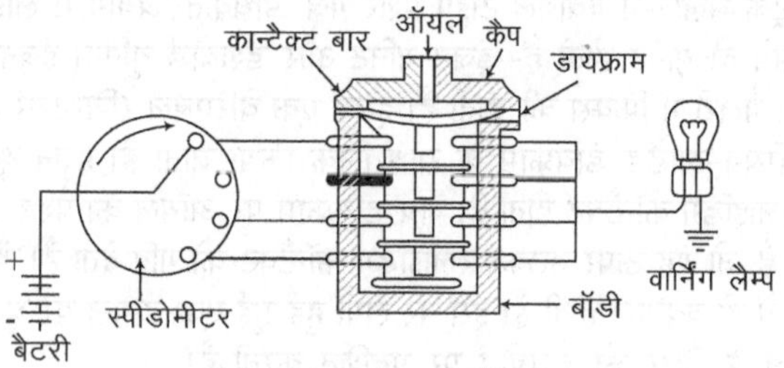

चित्र ऑयल प्रैशर वार्निंग लैम्प

23.13 ट्रैक्टर स्नेहन सम्बन्धी महत्त्वपूर्ण बिन्दु Important Points Related to Lubrication of Tractor

ट्रैक्टर हमेशा ही धूल-मिट्टी में कार्य करता है। अत: इसकी स्नेहन प्रणाली को अधिक देख-रेख की आवश्यकता होती है, क्योंकि इंजन में इसका प्रयोग इंजन से सम्बन्धित भागों को घिसावट से बचाने के लिए या कम करने के लिए होता है। अत: इसके लिए निम्न बातें आवश्यक हैं

1. स्नेहक (lubricant oil) की सतह हमेशा पूर्ण रखी जाये, कम रहने पर स्नेहक का दबाव सही नहीं होगा और वह इंजन के भागों का अच्छी तरह स्नेहन नहीं कर पायेगा।
2. इसकी फिल्टर प्रणाली को अधिक साफ रखने की आवश्यकता होती है। इस प्रणाली में बार-बार फिल्टर न बदलने पड़ें इसके लिए धातु के फिल्टर (metal filter) का प्रयोग अधिक होता है। इन्हें पहले डीजल या मिट्टी के तेल से साफ करना चाहिए, उसके बाद हवा के प्रैशर से साफ करके लगाना चाहिए।
3. कुछ प्रकार के ट्रैक्टरों में रोटेटिंग फिल्टर का प्रयोग होता है। यह सिस्टम ऑयल प्रैशर से कार्य करता है। ऑयल प्रैशर जब फिल्टर में जाता है, तो यह बॉडी के अन्दर घूमता है जिसकी स्पीड बहुत तेज होती है।

   इसके घूमने से धूल के कण, पार्टों की रगड़ से उत्पन्न छोटे-छोटे कण इस घूमते हुए फिल्टर की दीवारों पर चिपक जाते हैं और तेल (oil) छोटे-छोटे दो छिद्रों से बाहर निकल कर चक्र पूरा कर फिर वापस आता है। इस फिल्टर को 100 घण्टे के बाद साफ कर देना चाहिए।
4. ट्रैक्टर में फिल्टर बदलते समय रबर रिंग (rubber ring), फेल्ट वाशर (felt washer), स्प्रिंग का विशेष ध्यान रखना चाहिए, अन्यथा ये ऑयल की लीकेज कर सकते हैं।
5. ऑयल प्रैशर वाले ट्रैक्टरों की प्रैशर पाइपलाइन को भी समय-समय पर साफ करते रहना चाहिए, अन्यथा यह बन्द होकर या कम मार्ग रहने पर, प्रैशर को नहीं बताएगा या कम बताएगा, जो इंजन में ऑयल की स्थिति में अव्यवस्था पैदा करेगा।
6. किसी भी स्थिति में इंजन ऑयल की कमी में ट्रैक्टर को नहीं चलाना चाहिए। खासतौर पर जब ट्रैक्टर से लोड पर कार्य करना हो। ऑयल की सतह का बुलडोजर में ध्यान रखना आवश्यक है, क्योंकि उसमें अपने आप में ही ट्रैक्टर से कई गुना अधिक वजन होता है, इसके लिए इसे ट्रैक्टर से अधिक इंजन स्पीड पर चलाना पड़ता है।
7. सभी प्रकार के फिल्टरों में लगने वाली पाइप लाइन व यूनियन के लगने वाले स्थान पर एल्युमीनियम, कॉपर के वाशर ही प्रयोग होने चाहिए, फाइबर के वाशर कसने पर टूट सकते हैं।

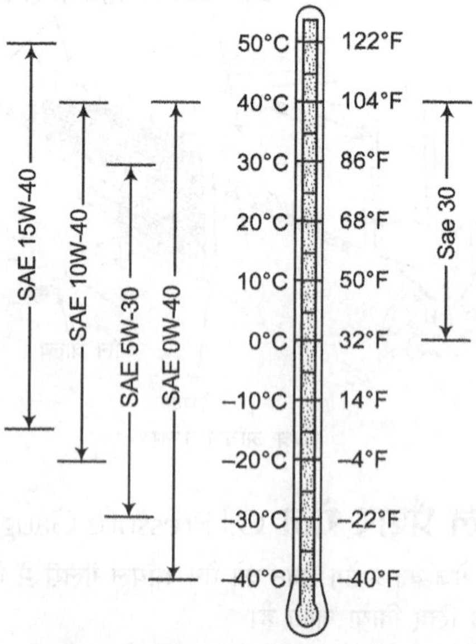

चित्र तापक्रम के अनुसार स्नेहक का प्रयोग

8. ट्रैक्टर में तापक्रम के अनुसार ही स्नेहक का प्रयोग करें।

23.14 स्नेहकों का परीक्षण Testing of Lubricants

सभी प्रकार के तेल पृथ्वी से क्रूड ऑयल के रूप में प्राप्त होते हैं। क्रूड ऑयल को रिफाइनरी में साफ किया जाता है। इसके पश्चात् इसका परीक्षण होता है। परीक्षणों के बाद क्रूड ऑयल से कार्बन, चिपचिपाहट, वार्निश तथा जंग आदि दूर की जाती है। इस शुद्ध किए क्रूड ऑयल में भिन्न-भिन्न मिनरल पदार्थ मिलाए जाते हैं, जिससे इनसे हानिकारक तत्व पूर्ण रूप से नष्ट हो सकें। ये परीक्षण निम्नलिखित प्रकार के होते हैं

1. आपेक्षिक घनत्व परीक्षण Specific Density Testing

अमेरिकन पेट्रोलियम इन्स्टीट्यूट ने एक ऐसा हाइड्रोमीटर बनाया है, जो तेल के घनत्व या यूनिट भार को सीधे दर्शाता है। इसे API ग्रेविटी के नाम से जाना जाता है। इसके अतिरिक्त कार्बन की मात्रा ज्ञात करने का परीक्षण, लिटमस पेपर द्वारा एसिड परीक्षण, नेशनल पेट्रोलियम एसोसिएशन द्वारा निश्चित रंग परीक्षण, जंग व ऑक्सीडेशन का परीक्षण पानी के साथ किया जाता है।

2. श्यानता रेटिंग Viscosity Rating

इंजन ऑयल बहने की विशेषता को श्यानता कहते हैं। इसे सेबोल्ट विस्कोसिटी मीटर, ड्रेगलर विस्कोसिटी मीटर अथवा रैडवुड विस्कोसिटी मीटर द्वारा चैक किया जाता है। भारत में श्यानता चैक करने के लिए SAE (सोसायटी ऑफ ऑटोमोटिव इन्जीनियर्स) के निर्देशों के अनुसार जाना जाता है। श्यानता का परीक्षण 100° F, 130° F, 250° F पर किया जाता है। इसी के अनुसार तेल SAE 10, SAE 20 तथा SAE 30 आदि के नामों से प्राप्त होता है। इंजन में अधिकतर SAE 40 का तेल प्रयोग किया जाता है। कुछ कम्पनियाँ SAE 10 W-30 के मार्का का तेल बनाती हैं। इसका अर्थ है कि ठण्डी अवस्था में इस तेल की श्यानता 10 तथा गर्म होने पर श्यानता 30 के बराबर हो जाती है।

3. गियर ऑयल की रेटिंग Rating of Gear Oil

वाहनों में ट्रांसमिशन सिस्टम के लिए मल्टीपरपज गियर स्नेहक को API सर्विस GL-4 नम्बर दिया गया है। यह SAE 90 तथा SAE 140 नम्बर के होते हैं।

4. ASTM सर्विस रेटिंग ASTM Service Rating

वर्तमान में SAE प्रणाली के अतिरिक्त एक अन्य विस्कोसिटी सर्विस रेटिंग भी प्रयोग की जाती है। इसमें पेट्रोल इंजनों के नम्बर SA, SB, SC, SD चार भागों में बाँटे गए हैं। इसी प्रकार डीजल इंजनों के तेल के लिए CA, CB, CC तथा CD चार श्रेणियाँ होती हैं। इनका प्रयोग निम्नलिखित प्रकार से किया जाता है

1. **SA** जिन इंजनों में मिनरल ऑयल सीधे ही प्रयोग किया जाता है।
2. **SB** इस प्रकार के तेल जंगरोधक तथा ऑक्सीडेशनरोधक होते हैं।
3. **SC** धूल कणों से बचाव करता है।
4. **SD** निर्देशित अवधि के लिए उपयुक्त।
5. **CA** बियरिंगों को जंग से बचाता है।
6. **CB** लो-ग्रेड डीजल इंजनों के लिए उपयुक्त।
7. **CC** हल्के सुपरचार्जरयुक्त इंजनों के लिए।
8. **CD** हाई स्पीड डीजल इंजनों के लिए उपयुक्त।

23.15 स्नेहन प्रणाली सम्बन्धी दोषोपचार Troubleshooting Related to Lubrication System

स्नेहन यद्यपि एक उपयोगी प्रणाली है, परन्तु इसमें भी अनेक अवसरों पर दोष उत्पन्न हो जाते हैं।

दोष	कारण	उपचार
इंजन ऑयल प्रैशर का कम होना।	(i) सम्प में तेल की कमी।	(i) तेल पूरा करें।
	(ii) तेल पतला है।	(ii) सही ग्रेड का तेल डालें।
	(iii) मेन व बिग एण्ड बियरिंग घिस गए हैं।	(iii) इंजन ओवरहॉलिंग कराएँ।
	(iv) तेल मार्गों में लीकेज है।	(iv) दोष ढूँढ कर उपचार करें।
	(v) प्रैशर रिलीफ वाल्व दोषपूर्ण है।	(v) रिलीफ वाल्व बदलें।
	(vi) ऑयल पम्प दोषपूर्ण है।	(vi) ऑयल पम्प की जाँच करें।
	(vii) मेन ऑयल गैलरी बन्द है।	(vii) फ्लैशिंग ऑयल से साफ करें।
	(viii) ऑयल प्रैशर गेज दोषपूर्ण है।	(viii) ऑयल प्रैशर गेज बदलें।
इंजन ऑयल प्रैशर का अधिक होना।	(i) सम्प में अधिक मोटा तेल है।	(i) सही ग्रेड का तेल डालें।
	(ii) प्रैशर रिलीफ वाल्व दोषपूर्ण है।	(ii) प्रैशर रिलीफ वाल्व बदलें।
	(iii) रिलीफ वाल्व ठीक प्रकार व्यवस्थित न हो।	(iii) रिलीफ वाल्व ठीक प्रकार व्यवस्थित करें।
	(iv) ऑयल प्रैशर गेज दोषपूर्ण है।	(iv) ऑयल प्रैशर गेज बदलें।
इंजन ऑयल की खपत अधिक होना।	(i) पिस्टन रिंग का घिसना।	(i) रिंग बदलें।
	(ii) इंजन बियरिंग घिसे हैं।	(ii) इंजन ओवरहॉलिंग करें।
	(iii) सिलेण्डर में घिसावट।	(iii) इंजन ओवरहॉल करें।
	(iv) इंजन ऑयल सील लीक है।	(iv) ऑयल सील बदलें।
	(v) वाल्व गाइड घिसे हैं।	(v) वाल्व गाइड बदलें।
	(vi) टाइमिंग कवर, टैपिट कवर अथवा सम्प पैकिंग टूटी है।	(vi) टूटी पैकिंग बदलें।

इस प्रकार स्नेहन प्रणाली (lubrication system) डीजल इंजन या वाहन के लिए एक अनिवार्यता है। इस प्रणाली का उपयोग कर एक ओर जहाँ वाहन का उपयोग सहज-सरल रूप में किया जा सकता है वहीं वाहन के अवयवों (components), यन्त्रावलियों (mechanisms) और संयोजनों (joints) को दीर्घायु एवं क्रियाशील रखा जा सकता है। प्रशिक्षुओं को स्नेहन सम्बन्धी पक्ष से भी पूर्णतया अवगत होना चाहिए, क्योंकि डीजल इंजन या वाहन का यह भी एक ऐसा पक्ष है जिसको नजर-अन्दाज नहीं किया जा सकता।

महत्त्वपूर्ण बिन्दु

- इंजन में उत्पन्न होने वाले प्री-इग्नीशन, डेटोनेशन, नॉकिंग इत्यादि दोषों को दूर करने के लिए उसमें शीतलन की व्यवस्था की जाती है।
- ऊष्मा स्थानान्तरण की चालन तथा संवहन दोनों विधियों में माध्यम की आवश्यकता होती है, जबकि विकिरण विधि ऊष्मा स्थानान्तरण में माध्यम की आवश्यकता नहीं होती है।
- चालन विधि द्वारा ऊष्मा स्थानान्तरण करने के लिए वस्तु के कण अपने स्थान से विस्थापित नहीं होते हैं।
- दाब, किसी तल के इकाई क्षेत्र पर पड़ने वाले लम्बवत् बल का परिमाण होता है।
- वायु शीतलन प्रणाली की कार्यकुशलता इंजन में प्रयुक्त पंखों की सतह के क्षेत्रफल, वायु की मात्रा, वेग तथा ठण्डा होने वाले तापमान पर निर्भर करती है।
- जल शीतलन प्रणाली में इंजन सिलेण्डर के चारों ओर पानी जमा करने के लिए वाटर जैकेट्स बने होते हैं।
- थर्मोसाइफन प्रणाली में शीतलन के लिए प्रयोग होने वाला पानी रेडिएटर में भरा होता है। अतः इस प्रणाली में वाटर पम्प का प्रयोग नहीं किया जाता है।
- फोर्स्ड सर्कुलेशन प्रणाली में प्रयुक्त रेडिएटर के रेडिएटर कोर में उपस्थित नलियों के चारों तरफ टेढ़े-मेढ़े फिन्स लगे होते हैं, जो नलियों में प्रवाहित होने वाली वायु को ठण्डा रखते हैं।
- रेडिएटर, इंजन के सामने फिट एक शीतलन अवयव होता है, जिसका कार्य गर्म पानी को ठण्डा करना होता है।
- रेडिएटर प्रायः एल्युमीनियम तथा रेडिएटर कोर ब्रास से निर्मित होती है।
- थर्मोस्टेट वाल्व का उद्देश्य इंजन को नियत ताप पर रखना होता है और यदि किसी कारणवश यह वाल्व खुला रह जाए, तो इंजन धीरे-धीरे गर्म होता है।
- थर्मोस्विच यान्त्रिकीय तथा विद्युतीय दोनों प्रकार का होता है।
- शीतलन प्रणाली में प्रयुक्त रेडिएटर प्रैशर कैप का कार्य शीतलक का तापमान बढ़ाना है।
- सिलेण्डर ब्लॉक तथा सिलेण्डर हैड में रेडिएटर का ठण्डा पानी पहुँचाने के लिए उनमें वाटर जैकेट बने होते है।
- इंजन में प्रयुक्त शीतलक के तापमान को मापने के लिए मापक गेज का प्रयोग किया जाता है, जो यान्त्रिक तथा वैद्युतिक दोनों प्रकार के होते हैं।
- मशीन के स्नेहन में प्रयुक्त मोमीय तथा नैफ्थायुक्त खनिज तेल अधिक तापमान पर भी स्थायी रहते हैं।
- मशीनी अवयवों को घर्षण से होने वाली हानियों से बचाने के लिए स्नेहकों का प्रयोग किया जाता है, जो ठोसीय, द्रवीय तथा अर्द्धठोसीय प्रकार के होते हैं।
- ऑर्गेनिक तेल ऊष्मा के कारण सरलतापूर्वक अपने घटकों में विच्छेदित हो जाते हैं और निम्न तापमान पर गोंद के रूप में ऑक्सीकृत होने की प्रवृत्ति रखते हैं।
- स्नेहक का वह तापमान जिस पर वह ज्वाला के रूप में जलना प्रारम्भ कर दे, वह उसका ज्वलन बिन्दु तथा जिस पर वह वाष्पीकृत होना प्रारम्भ हो, वह उसका दहन बिन्दु कहलाता है।
- वेन टाइप पम्प में रोटर, पम्प हाउसिंग में उत्केन्द्री रूप से चलता है।
- स्प्लैश फीड प्रणाली में शाफ्ट या उससे जुड़ा कोई भाग तेल में डूबा रहता है, जिसकी गति के साथ स्नेहक की धारा, इंजन के विभिन्न भागों के चारों तरफ लगातार उछलती रहती है।
- कार्ट्रिज टाइप ऑयल फिल्टर में कागज तथा तार की जाली का प्रयोग फिल्टर एलीमेन्ट के रूप में किया जाता है।
- ऑयल डिप स्टिक का प्रयोग क्रैंककेस में तेल की मात्रा को मापने के लिए किया जाता है।
- भारी इंजनों में स्नेहक तेलों का तापमान अधिक होने पर उन्हें ठण्डा करने के उद्देश्य से ऑयल कूलर का प्रयोग किया जाता है।
- इंजन के ऑयल सम्प से दूषित गैसों को बाहर निकालने की व्यवस्था क्रैंककेस वेन्टीलेशन कहलाती है।
- स्नेहक तेलों का आपेक्षित घनत्व मापने के लिए हाइड्रोमीटर नामक उपकरण प्रयोग किया जाता है।

महत्त्वपूर्ण प्रश्नोत्तरी

1. वायु शीतलन प्रणाली की देखभाल किस प्रकार की जाती है?

उत्तर वायु शीतलन प्रणाली की देखभाल निम्न प्रकार की जाती है–

(i) सिलेण्डर ब्लॉक और हैड के फिन्स को साफ करें।
(ii) ब्लोअर के ब्लेडों की पोजिशन को ठीक करें।
(iii) यह भी देखें कि वायु के गुजरने में कहीं कोई रुकावट पैदा न हो।

2. किस प्रणाली में पानी सर्कुलेट करने के लिए पम्प की आवश्यकता नहीं होती है?

उत्तर थर्मो-साइफन प्रणाली में पानी सर्कुलेट करने के लिए पम्प की आवश्यकता नहीं होती है।

3. थर्मोस्टेट वाल्व कितनी डिग्री फॉरेनहाइट पर पूर्णतः खुल जाता है?

उत्तर थर्मोस्टेट वाल्व 75° से 80° फॉरेनहाइट पर खुल जाता है।

4. इंजन कूलिंग प्रणाली में लगाए गए एक्सपेंशन टैंक का क्या कार्य है?

उत्तर एक्सपेंशन टैंक का मुख्य कार्य प्रैशर वाल्व के ऑपरेशन के दौरान पानी की वाष्प को एकत्र करना होता है।

5. रेडिएटर में पानी कम हो जाने का क्या कारण है?

उत्तर रेडिएटर में पानी कम हो जाने के निम्न कारण हो सकते हैं

(i) हैड गैस्केट का टूटा होना
(ii) कोर से लीकेज होना
(iii) हौज पाइप लीक होना

6. स्नेहन करने के लिए सिन्थैटिक तेलों का प्रयोग कम किया जाता है। इसका मुख्य कारण क्या है?

उत्तर स्नेहन के लिए सिन्थैटिक तेलों के अत्यधिक महँगा होने के कारण इनका प्रयोग कम किया जाता है।

7. स्नेहक तेल के उपयोगकाल में उदासीनीकरण संख्या का मान बढ़ते क्यों नहीं रहना चाहिए?

उत्तर स्नेहक तेल के उपयोगकाल में उदासीनीकरण संख्या के मान में वृद्धि होने से तेल का ऑक्सीकरण हो जाता है।

8. SAE का संक्षिप्त नाम बताइए।

उत्तर SAE का संक्षिप्त नाम Society of Automotive Engineers है।

9. इंजन में लुब्रीकेन्ट ऑयल क्यों बदला जाता है?

उत्तर इंजन के चलते रहने से ऑयल में धूल, मिट्टी, कार्बन, पानी और फ्यूल मिलने से गन्दगी जमा हो जाती है और ऑयल अपना लुब्रीकेन्ट गुण खो देता है, इसलिए इंजन में लुब्रीकेन्ट ऑयल एक निश्चित समय पर बदला जाता है।

10. स्नेहक का चुनाव करते समय किन बातों का विशेष ध्यान रखना चाहिए?

उत्तर स्नेहक का चुनाव करते समय निम्न बातों का विशेष ध्यान रखना चाहिए

(i) दो गति करने वाले भागों के मध्य दबाव पर (ii) दोनों सतहों के मध्य सापेक्ष गति पर

अभ्यास प्रश्न

परीक्षा प्रारूपी प्रश्न

बहुविकल्पीय

1. शीतलन प्रणाली के अभाव में निम्न में कौन-सा दोष उत्पन्न होता है?

(a) प्री-इग्नीशन (b) नॉकिंग (c) डेटोनेशन (d) ये सभी

2. ऊष्मा का एक स्थान से दूसरे स्थान को स्थानान्तरण होता है

(a) चालन द्वारा (b) संवहन द्वारा
(c) विकिरण द्वारा (d) ये सभी

3. ऊष्मा के संचरण की वह प्रक्रिया, जिसमें वस्तु के कण अपने स्थान से नहीं हटते ……… कहलाती है।

(a) विकिरण (b) चालन
(c) संवहन (d) इनमें से कोई नहीं

4. लम्बवत् बल तथा क्षेत्रफल के अनुपात को क्या कहते हैं?

(a) अभिकेन्द्रीय बल (b) अपकेन्द्रीय बल
(c) दाब (d) इनमें से कोई नहीं

5. ऊष्मा के कारण इंजन के भागों के ……… में वृद्धि होती है।

(a) क्षेत्रफल (b) आयतन (c) तापमान (d) ये सभी

6. वायु शीतलन प्रणाली की कार्य कुशलता निर्भर करती है

(a) वायु की मात्रा पर
(b) प्रणाली में प्रयुक्त पंखों की सतह के क्षेत्रफल पर
(c) वायु के वेग पर
(d) उपरोक्त सभी

7. दिए गए चित्र में किस प्रकार की कूलिंग प्रणाली दर्शायी गई है?

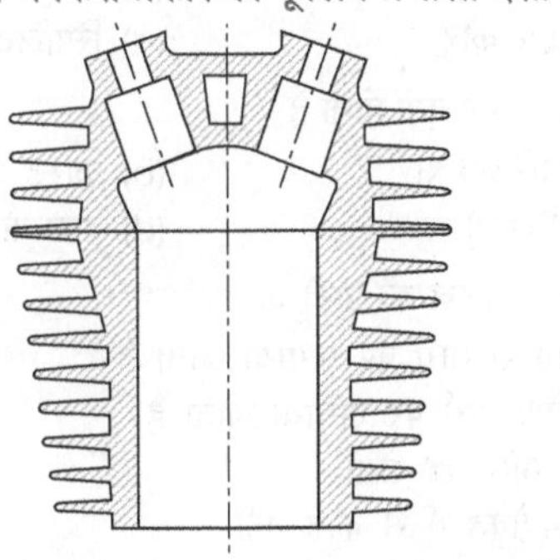

(a) प्रत्यक्ष कूलिंग प्रणाली (b) अप्रत्यक्ष कूलिंग प्रणाली
(c) थर्मो-साइफन प्रणाली (d) फोर्स फीड प्रणाली

8. थर्मो-साइफन प्रणाली है

(a) जल शीतलन प्रणाली (b) वायु शीतलन प्रणाली
(c) 'a' और 'b' दोनों (d) फोर्स्ड फीड प्रणाली

9. जल शीतलन प्रणाली में पानी को किस प्रकार की व्यवस्था से ठण्डा रखा जाता है?

(a) रेडिएटर से (b) फिन्स से
(c) वाटर जैकेटों से (d) इनमें से कोई नहीं

10. जल शीतलन प्रणाली में सिलेण्डर के चारों तरफ बने होते हैं
(a) वाटर जैकेट (b) टेपर फिन्स
(c) खाँचे (d) इनमें से कोई नहीं

11. शीतलन की फोर्स्ड जल शीतलन प्रणाली में ताँबे की नलियाँ किससे ठण्डी होती हैं?
(a) पानी से (b) हवा से
(c) 'a' और 'b' दोनों (d) इनमें से कोई नहीं

12. चित्र में किस प्रकार की कूलिंग प्रणाली का प्रयोग किया गया है?

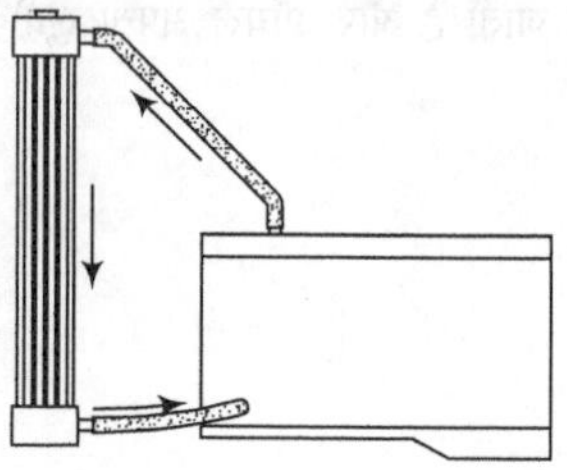

(a) अप्रत्यक्ष प्रणाली (b) वायु शीतलन प्रणाली
(c) थर्मो-साइफन प्रणाली (d) दाब प्रणाली

13. डीजल इंजन की जल शीतलन प्रणाली में वायुमण्डलीय वायु प्रवेश करने के लक्षण क्या हैं?
(a) अतितापन
(b) शीतलक मटमैला हो जाता है
(c) शीतलक लाल हो जाता है
(d) शीतलक हरा हो जाता है

14. किस प्रकार की रेडिएटर कोर में पानी ट्यूब में से पास होता है?
(a) ट्यूबलर कोर (b) सेल्युलर कोर
(c) पाइप कोर (d) स्पिलिट कोर

15. रेडिएटर कोर बना होता है
(a) प्लास्टिक से (b) कास्ट आयरन से
(c) स्टील से (d) ब्रास से

16. थर्मोस्टेट वाल्व को पानी के ....।
(a) निकास मार्ग पर लगाया जाता है
(b) प्रवेश मार्ग पर लगाया जाता है
(c) 'a' और 'b' दोनों
(d) उपरोक्त में से कोई नहीं

17. थर्मोस्टेट वाल्व लगभग .... पर खुल जाना चाहिए।
(a) 20°C (b) 50°C (c) 80°C (d) 90°C

18. थर्मोस्टेट का उद्देश्य इंजन को .... रखना होता है।
(a) ठण्डा (b) थोड़ा गर्म
(c) गर्म (d) निश्चित तापमान पर

19. यदि थर्मोस्टेट वाल्व खुली पोजिशन में रह जाए, तो क्या होगा?
(a) इंजन धीरे-धीरे गर्म होगा
(b) इंजन ओवरहीट हो जाएगा
(c) इंजन को स्टार्ट करना मुश्किल होगा
(d) इंजन रुक जाएगा

20. यदि थर्मोस्टेट वाल्व बन्द पोजिशन में रह जाए, तो क्या हो सकता है?
(a) इंजन ओवरहीट हो जाएगा
(b) आइडलिंग रफ होगी
(c) इंजन धीरे-धीरे गर्म होगा
(d) इंजन को स्टार्ट करना मुश्किल होगा

21. इंजन कूलिंग प्रणाली में कौन-सा भाग PVC पदार्थ है?
(a) हौज (b) फैन लीफ
(c) रेडिएटर कोर (d) रेडिएटर टैंक

22. इंजन कूलिंग प्रणाली में, वाटर पम्प पानी को इंजन ब्लॉक तक ...... के द्वारा पम्प करता है।
(a) सेन्ट्रीफ्यूगल फोर्स (b) सेन्ट्रीपिटल फोर्स
(c) प्रैशराइज्ड फोर्स (d) कम्प्रैसर

23. रेडिएटर सामान्यत: किस पदार्थ के बने होते हैं?
(a) पीतल (b) एल्युमीनियम
(c) ताँबा व पीतल (d) कास्ट आयरन

24. इंजन कूलिंग प्रणाली में रेडिएटर प्रैशर कैप का सिद्धान्त क्या है?
(a) जल का क्वथनांक बढ़ना
(b) जल का क्वथनांक घटना
(c) जल सर्कुलेशन की स्पीड बढ़ना
(d) उपरोक्त में से कोई नहीं

25. कूलिंग प्रणाली में कूलैन्ट का बॉयलिंग प्वॉइण्ट बढ़ जाता है। निम्नलिखित में से किसके द्वारा बॉयलिंग प्वॉइण्ट को बढ़ाना सम्भव होता है
(a) वाटर जैकेट
(b) वैक्यूम वाल्व
(c) प्रैशर रेडिएटर कैप
(d) रेडिएटर कोर

26. दाबयुक्त शीतलन प्रणाली में किस प्रकार का रेडिएटर ढक्कन प्रयोग करते हैं?
(a) शीतलन के लिए बड़े रेडिएटर
(b) खुले शीतलन की अपेक्षा अधिक शीतलक
(c) दाबपूर्ण रेडिएटर ढक्कन जो शीतलक के उबाल को रोके
(d) उपरोक्त में से कोई नहीं

27. एक रेडिएटर में जल संचरण किस प्रकार से होता है?
(a) निम्न टैंक से उच्च टैंक की ओर
(b) उच्च टैंक से निम्न टैंक की ओर
(c) इंजन से निम्न टैंक की ओर
(d) इंजन से जल पम्प की ओर

28. कई कारणों से इंजन ओवरहीट हो सकता है। निम्नलिखित में से इन कई कारणों में एक कारण कौन-सा है?
(a) रेडिएटर कोरों का बन्द होना
(b) लो आयडल स्पीड की सैटिंग
(c) वाल्व टैपेट क्लीयरेन्स अत्यधिक होना
(d) लुब्रीकेंट ऑयल का प्रैशर बहुत अधिक होना

29. दिए गए चित्र में किस प्रकार के टेम्परेचर इण्डीकेटर का प्रयोग किया गया है?

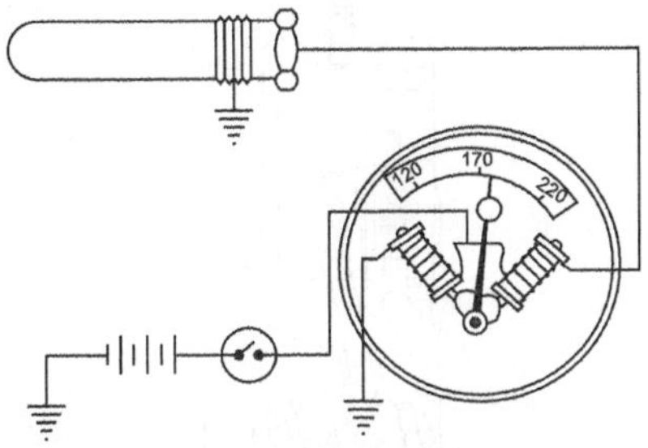

(a) इलेक्ट्रिकल टाइप टेम्परेचर इण्डीकेटर
(b) यान्त्रिक टाइप टेम्परेचर इण्डीकेटर
(c) 'a' और 'b' दोनों
(d) उपरोक्त में से कोई नहीं

30. बियरिंग घर्षण में कमी करने हेतु पतली परत प्रदान करने वाले पदार्थों को कहते हैं
(a) स्नेहक (b) शीतलक
(c) ग्रेफाइट (d) कटिंग ऑयल

31. स्नेहक का मुख्य कार्य है
(a) मशीन टूल को गर्म होने से बचाना
(b) मशीन के पुर्जों को ठण्डा रखना
(c) दो मैचिंग पार्ट्स को गीला (wet) रखना
(d) दो मैचिंग पार्ट्स के बीच के घर्षण को कम करना

32. स्नेहकों को किस प्रकार वर्गीकृत किया गया है?
(a) द्रवीय (b) अर्द्धठोसीय
(c) ठोस (d) ये सभी

33. चर्बी का तेल, खनिज तेल, वनस्पति तेल किस स्नेहक की श्रेणी में आते हैं?
(a) द्रवीय (b) अर्द्धठोसीय
(c) ठोस (d) इनमें से कोई नहीं

34. निम्न में से कौन-सा द्रवीय स्नेहक अधिक तापमान में भी स्थायी रहता है?
(a) खनिज तेल (b) ब्लैण्डेड तेल
(c) सिन्थैटिक तेल (d) ऑर्गेनिक तेल

35. "ये तेल मोमीय (paraffine) अथवा नैफ्थायुक्त (naphthanic) होते हैं।" यह कथन निम्न में से किस स्नेहक के रूप में प्रयुक्त तेल से सम्बन्धित है?
(a) सिन्थैटिक तेल (b) ब्लैण्डेड तेल
(c) खनिज तेल (d) इनमें से कोई नहीं

36. खनिज तेल कौन-से होते हैं?
(a) मिट्टी का तेल (b) सोल्यूबल ऑयल
(c) मोबिल ऑयल (d) पानी

37. द्रवीय स्नेहक के रूप में प्रयुक्त खनिज तेल का उदाहरण निम्न में से कौन-सा है?
(a) सर्कुलेटिंग ऑयल (b) गियर ऑयल
(c) स्पिण्डल ऑयल (d) ये सभी

38. निम्न में से किस कारण ऑर्गेनिक तेल सरलतापूर्वक अपने घटकों में विच्छेदित हो जाते हैं?
(a) ताप (b) ऊष्मा
(c) घर्षण (d) इनमें से कोई नहीं

39. वह ताप बिन्दु जिस पर तेल वाष्पीकृत होता है, क्या कहलाता है?
(a) फ्लैश प्वॉइण्ट (b) ग्रेविटी फीड
(c) फ्लैश फीड (d) इनमें से कोई नहीं

40. अच्छे श्रेणी के स्नेहक तेल के ज्वलन बिन्दु का मान .... के आस-पास होता है।
(a) 150° C (b) 200° C (c) 300° C (d) 350° C

41. स्नेहक तेल में उदासीनीकरण संख्या का मान होता है
(a) 0.01 से कम (b) 0.01 से अधिक
(c) 0.001 से कम (d) 0.001 से अधिक

42. किसी तरल पदार्थ के प्रवाहित होने के गुण के विरोध को क्या कहते हैं?
(a) तैलीयता (b) विस्कोसिटी
(c) फिजिकल स्टेबिलिटी (d) फ्लैश प्वॉइन्ट

43. चित्र में दर्शाया गया औजार किस प्रक्रिया में प्रयुक्त किया जाता है?

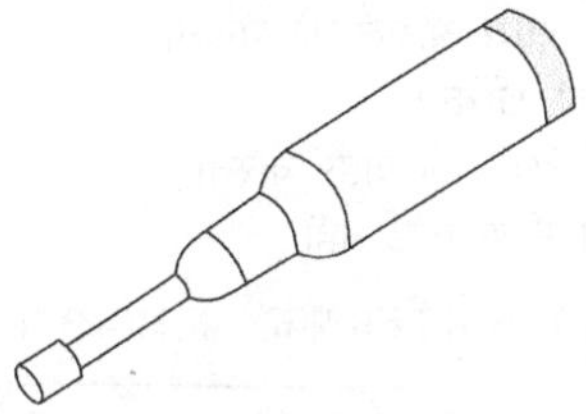

(a) स्नेहन (b) शीतलन
(c) 'a' और 'b' दोनों (d) इनमें से कोई नहीं

44. नीचे चित्र में प्रवाहित लुब्रीकेटर को किस नाम से जाना जाता है?

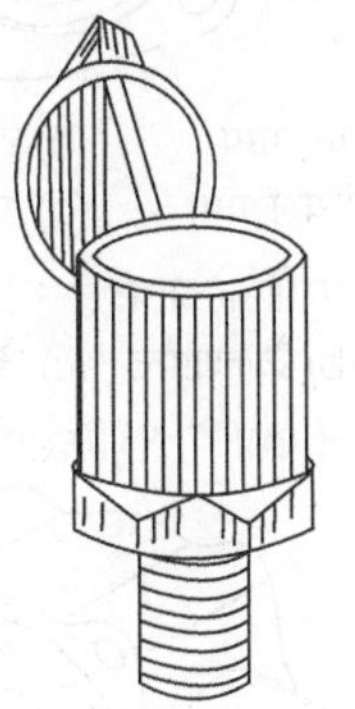

(a) बत्तीदार लुब्रीकेटर
(b) ऑयल कप
(c) ल्यूवेन्स ग्लास-बॉटल लुब्रीकेटर
(d) ड्रोप फीड लुब्रीकेटर

45. खुरदरी सतहों के बीच स्नेहक का प्रयोग किया जाता है
(a) प्रतिरोध को बढ़ाने के लिए
(b) स्ट्रेस को घटाने के लिए
(c) घर्षण को कम करने के लिए
(d) उपरोक्त में से कोई नहीं

46. निम्न चित्र की पहचान कीजिए

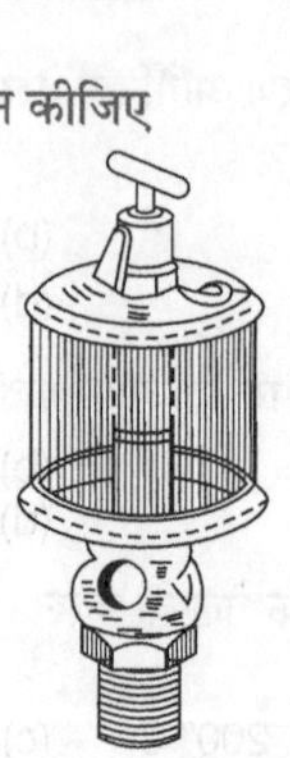

(a) ऑयल कप (b) विक लुब्रीकेटर
(c) ड्रोप फीड लुब्रीकेटर (d) इनमें से कोई नहीं

47. "स्नेहन की इस विधि में लुब्रीकेटर द्वारा स्नेहक पर दबाव देकर स्पर्शीय सतहों के बीच या बियरिंग के अन्दर प्रविष्ट कराया जाता है।" उपरोक्त कथन में स्नेहन की किस विधि की ओर संकेत किया गया है?
(a) बल द्वारा स्नेहन (b) गुरुत्वाकर्षण द्वारा स्नेहन
(c) ग्रीस गन विधि (d) इनमें से कोई नहीं

48. ऑयल पम्प का क्या कार्य है?
(a) दबाव के साथ ऑयल को भेजना
(b) ऑयल को खींचना
(c) जली हुई गैसों को बाहर करना
(d) उपरोक्त में से कोई नहीं

49. नीचे दिए गए चित्र में किस प्रकार के ऑयल पम्प को दर्शाया गया है?

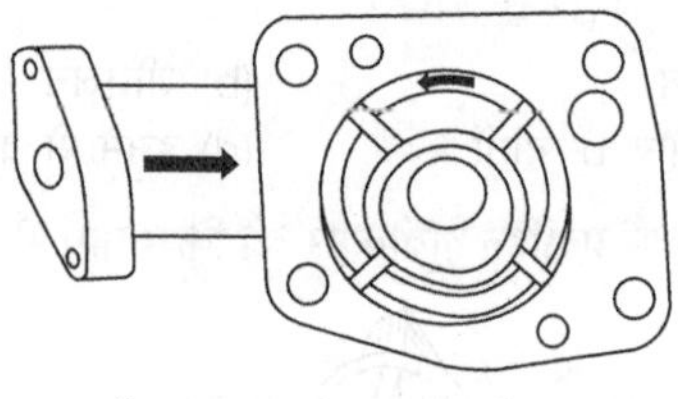

(a) वेन टाइप ऑयल पम्प (b) रोटर टाइप ऑयल पम्प
(c) गियर टाइप ऑयल पम्प (d) प्लंजर टाइप ऑयल पम्प

50. लुब्रीकेटिंग ऑयल पम्पों को प्रायः .... के द्वारा चलाया जाता है।
(a) कैमशाफ्ट (b) क्रैंकशाफ्ट (c) डेम्पर पुली (d) रॉकर शाफ्ट

51. नीचे दिए गए ऑयल पम्प में 'X' किसको प्रदर्शित करता है?

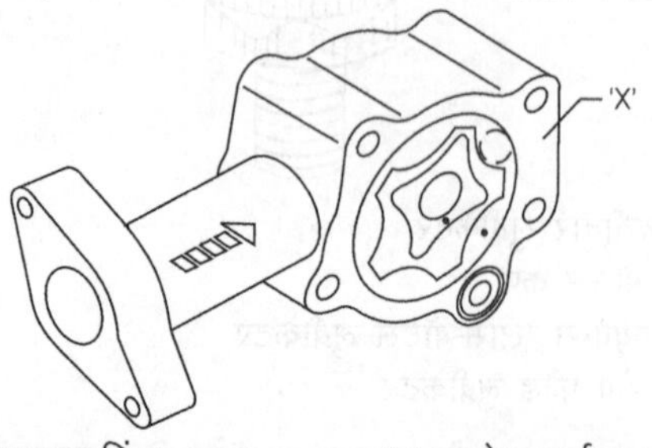

(a) पम्प हाउसिंग (b) इनलेट मार्ग
(c) आउटलेट मार्ग (d) ड्राइविंग रोटर

52. कैमशाफ्ट पर बने स्पाइरल गियर द्वारा कौन-सा ऑयल पम्प चलाया जाता है?
(a) वेन टाइप (b) प्लंजर टाइप (c) रोटर टाइप (d) गियर टाइप

53. नीचे दिए गए चित्र में किस प्रकार की स्नेहन प्रणाली को दर्शाया गया है?

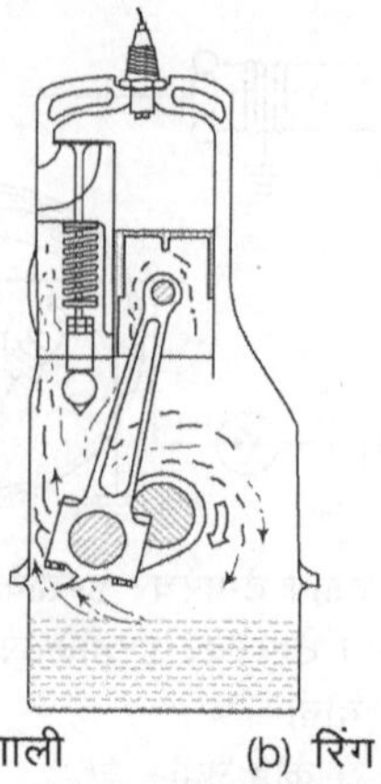

(a) चेन स्नेहन प्रणाली (b) रिंग स्नेहन प्रणाली
(c) वार्म गियर बाथ स्नेहन प्रणाली (d) स्प्लैश स्नेहन प्रणाली

54. चित्र में किस स्नेहन प्रणाली को दर्शाया गया है?

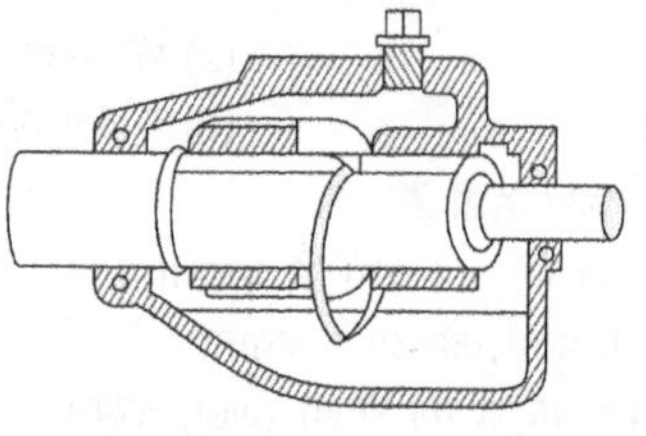

(a) कन्टीन्यूअस फीड स्नेहन (b) प्रैशर फीड स्नेहन
(c) रिंग स्नेहन (d) गुरुत्वाकर्षण स्नेहन

55. पेट्रोल या मिस्ट स्नेहन प्रणाली में पेट्रोल और तेल का अनुपात होता है
(a) 18 : 1 (b) 20 : 1 (c) 19.5 : 2 (d) 22 : 1

56. स्नेहन प्रणाली में ऑयल किससे बदला जाता है?
(a) सेन्ट्रीफ्यूगल ऑयल फिल्टर
(b) स्ट्रेनर एलीमेन्ट
(c) परिवर्तित किए जाने वाला फिल्टर
(d) उपरोक्त में से कोई नहीं

57. नीचे दिए गए चित्र में किस प्रकार की स्नेहक प्रणाली का प्रयोग किया गया है?

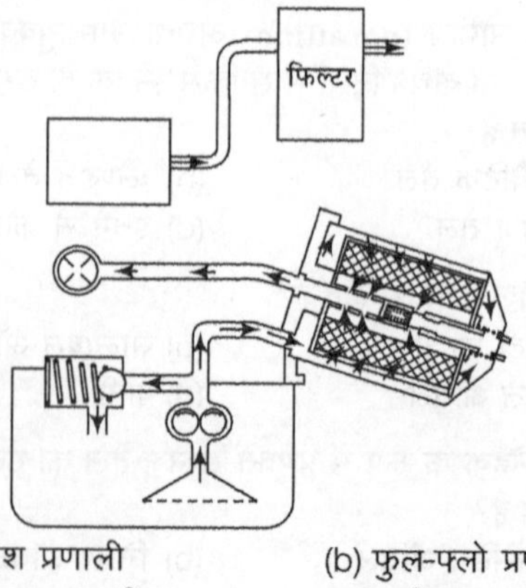

(a) स्प्लैश प्रणाली (b) फुल-फ्लो प्रणाली
(c) बाइपास प्रणाली (d) ट्राई स्क्रब

58. नीचे दिए गए ऑयल फिल्टर में 'X' किसको निरूपित करता है?

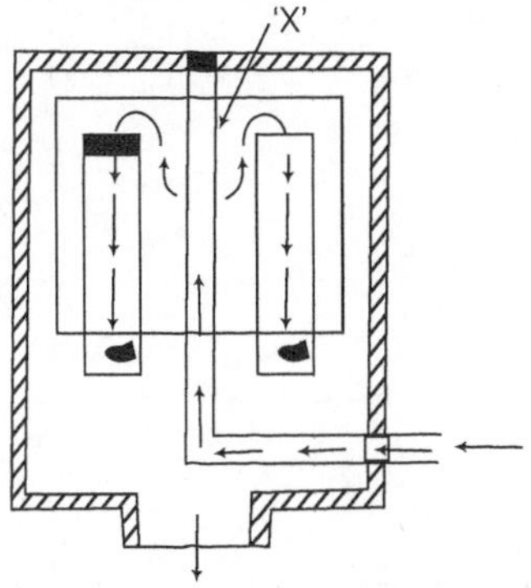

(a) रोटर केसिंग (b) स्टेशनरी केसिंग
(c) स्पिण्डल (d) ऑयल सैट

59. ऑयल के स्तर को जाँचने के लिए प्रयोग की जाती है
(a) एमीटर (b) डिप-स्टिक
(c) फ्यूल गेज (d) ऑयल प्रैशर गेज

60. लुब्रीकेशन ऑयल को किससे ठण्डा किया जाता है?
(a) ऑयल फिल्टर
(b) ऑयल कूलर से
(c) क्रैंककेस वैन्टीलेशन
(d) उपरोक्त में से कोई नहीं

61. ऑयल सम्प से दूषित गैसों को बाहर निकालने के लिए कौन-सी व्यवस्था की जाती है?
(a) ऑयल कूलर
(b) ड्राई सम्प व्यवस्था
(c) ऑयल फिल्टर से
(d) क्रैंककेस वैन्टीलेशन

62. ऑयल प्रैशर रिलीफ वाल्व किससे खुलता है?
(a) ऑयल के दबाव से
(b) स्प्रिग के दबाव से
(c) प्लंजर के दबाव से
(d) उपरोक्त में से कोई नहीं

63. स्नेहन प्रणाली में प्रैशर रिलीफ वाल्व का इंजन में क्या कार्य है?
(a) ऑयल प्रैशर को कम करना
(b) ऑयल प्रैशर को अधिक करना
(c) ऑयल प्रैशर को लिमिट में करना
(d) उपरोक्त में से कोई नहीं

64. टू-स्ट्रोक इंजन में लुब्रीकेशन के लिए कौन-सी व्यवस्था की जाती है?
(a) अलग से ऑयल चैम्बर बना होता है
(b) ऑयल डिपर लगाकर
(c) पेट्रोल से मोबिल ऑयल मिलाकर
(d) उपरोक्त में से कोई नहीं

उत्तरमाला

1. (d)	**2.** (d)	**3.** (b)	**4.** (c)	**5.** (d)	**6.** (d)	**7.** (a)	**8.** (a)	**9.** (a)	**10.** (a)
11. (b)	**12.** (c)	**13.** (d)	**14.** (a)	**15.** (d)	**16.** (a)	**17.** (c)	**18.** (d)	**19.** (a)	**20.** (a)
21. (a)	**22.** (b)	**23.** (c)	**24.** (a)	**25.** (c)	**26.** (c)	**27.** (b)	**28.** (a)	**29.** (b)	**30.** (a)
31. (d)	**32.** (d)	**33.** (a)	**34.** (a)	**35.** (c)	**36.** (c)	**37.** (d)	**38.** (b)	**39.** (a)	**40.** (a)
41. (a)	**42.** (b)	**43.** (a)	**44.** (b)	**45.** (c)	**46.** (c)	**47.** (a)	**48.** (a)	**49.** (a)	**50.** (a)
51. (a)	**52.** (d)	**53.** (d)	**54.** (c)	**55.** (b)	**56.** (c)	**57.** (b)	**58.** (c)	**59.** (b)	**60.** (b)
61. (d)	**62.** (a)	**63.** (c)	**64.** (c)						

अध्याय 24

इनटेक एवं एग्जॉस्ट प्रणालियाँ

Intake and Exhaust Systems

परिचय Introduction

ट्रैक्टर के इंजन की कार्यिकी को सुचारु रूप से चलाने के लिए इनटेक एवं एग्जॉस्ट प्रणालियों (intake and exhaust systems) का उपयोग किया जाता है। इन प्रणालियों के अन्तर्गत ट्रैक्टर या इंजन में प्रविष्ट किए जाने वाले पदार्थों का उपयोग निहित होता है। इनटेक प्रणाली, इंजन की वह प्रणाली है, जिसके माध्यम से ईंधन को जलाने के लिए आवश्यक वायु को सप्लाई करना होता है। इंजन में वायु की सप्लाई मुख्यतः एयर कम्प्रैसर, सुपरचार्जर, टर्बोचार्जर आदि के माध्यम से की जाती है, जबकि एग्जॉस्ट प्रणाली, किसी वाहन या इंजन की वह व्यवस्था है, जिसके माध्यम से ईंधन दहन के फलस्वरूप उत्पन्न हानिकारक अपशिष्टों व गैसों को इंजन या वाहन से निष्कासित किया जाता है।

इन दोनों प्रणालियों का कार्य सम्पन्न करने के लिए कुछ अवयवों की आवश्यकता होती है, जैसे कि मैनीफोल्ड का उपयोग, इन दोनों ही प्रणालियों में किया जाता है। 'मैनीफोल्ड' शब्द का अर्थ है—अधिक मोड़। इंजन के सन्दर्भ में इसका अर्थ कई मार्गों से माना जाता है। ये मैनीफोल्ड इंजन के प्रत्येक वाल्व के लिए मार्ग के रूप में प्रयोग किए जाते हैं तथा ये सिलेण्डर की एक साइड अथवा दोनों साइडों में अलग-अलग एक साथ लगाए जाते हैं। प्रस्तुत अध्याय का उद्देश्य प्रशिक्षुओं को इनटेक व एग्जॉस्ट प्रणाली एवं इसके अवयव सम्बन्धी ज्ञान से अवगत कराना है।

अध्याय विषय सूची

24.1 इनटेक एवं एग्जॉस्ट प्रणाली Intake and Exhaust System

जिस प्रणाली द्वारा वायुमण्डल की वायु को साफ करके इंजन के सिलेण्डर में पहुँचाया जाता है वह इनटेक प्रणाली (intake system) कहलाती है तथा जिस प्रणाली द्वारा इंजन की जली हुई (burned) गैसें सिलेण्डर से निकालकर वायुमण्डल में छोड़ी जाती है वह एग्जॉस्ट प्रणाली (exhaust system) कहलाती है। पेट्रोल इंजन की इनटेक प्रणाली के अन्तर्गत एयर क्लीनर, काबुरैटर, इनलेट अथवा इनटेक मैनीफोल्ड, इनलेट वाल्व तथा सीट सम्मिलित होते हैं जबकि डीजल इंजन की इनटेक प्रणाली के अन्तर्गत एयर क्लीनर, एयर हॉर्न, इनलेट वाल्व व सीट सम्मिलित होते हैं। इंजन की एग्जॉस्ट प्रणाली के अन्तर्गत एग्जॉस्ट पाइप, मफलर्स एग्जॉस्टर, एग्जॉस्ट मैनीफोल्ड तथा एग्जॉस्ट वाल्व सम्मिलित होते हैं।

इन दोनों प्रणालियों व इनके विभिन्न अवयवों का प्रदर्शन निम्न चित्र में दर्शाया गया है।

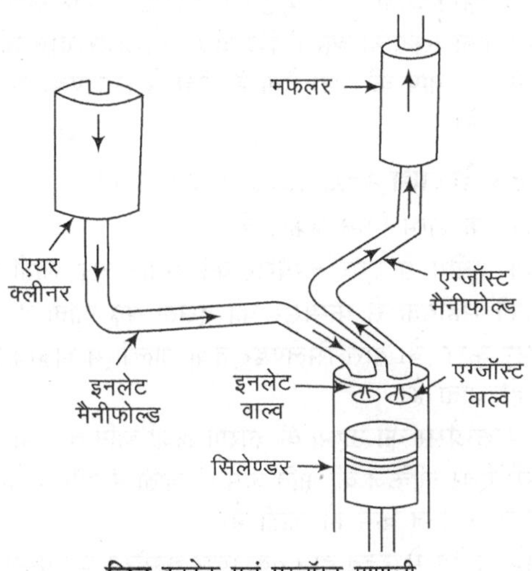

चित्र इनटेक एवं एग्जॉस्ट प्रणाली

24.2 इनटेक प्रणाली के अवयव Components of Intake System

इनटेक प्रणाली के अन्तर्गत इंजन में प्रयुक्त सहायक अवयवों का वर्णन निम्नवत् है

1. एयर कम्प्रैसर Air Compressor

विभिन्न उद्देश्यों; जैसे—ट्रैक्टर के टायर में वायु भरने के लिए, सिलेण्डर के अन्दर वायु को पहुँचाने आदि की पूर्ति हेतु एयर कम्प्रैसर बनाए जाते हैं। इन्हें टाइमिंग गियर या कैमशाफ्ट से चालित किया जाता है। सामान्यत: यह एकल सिलेण्डर टाइप होते हैं, जिसमें एक कनेक्टिंग रॉड के माध्यम से क्रैंकशाफ्ट से जुड़ी एक पिस्टन असेम्बली होती है। इसमें एक इनलेट वाल्व और एक डिलीवरी वाल्व होता है। वायु शीतलक के रूप में इसमें ऊपर की तरफ फिन्स लगे होते हैं। एयर कम्प्रैसर के भागों के स्नेहन के लिए स्नेहक तेल प्रवाहित किया जाता है।

प्रचालन Operation

पिस्टन में डाउनवर्ड स्ट्रोक (downward stroke) के समय सिलेण्डर में आंशिक (partical) निर्वात बनाया जाता है, जो इनलेट वाल्व को खोलता है, जिससे कि वायु सिलेण्डर में प्रवेश हो सके। अपवर्ड स्ट्रोक के समय दाब, इनलेट वाल्व को बन्द कर देता है। इस प्रकार वायु सिलेण्डर में सम्पीडित होती है, जिसके फलस्वरूप डिलीवरी वाल्व खुलता है और सम्पीडित वायु टंकी में चली जाती है।

2. सुपरचार्जर Supercharger

सुपरचार्जर एक एयर पम्प होता है, जो इंजन के क्रैंकशाफ्ट से बैल्ट या चैन द्वारा चलता है। कुछ इंजनों में वायुमण्डल से अधिक दबाव पर वायु व ईंधन का मिश्रण सिलेण्डरों में पहुँचाने के लिए इसका प्रयोग किया जाता है। इसे मुख्य रूप से इनलेट मैनीफोल्ड के बीच में लगाया जाता है। इनका मुख्य लाभ यह है कि ये शीघ्र व अधिक मात्रा में वायु को सिलेण्डर में पहुँचाते हैं, जिससे इंजन की कार्यक्षमता बढ़ जाती है। इसमें एक दोष यह भी है कि वायु व ईंधन के मिश्रण के अधिक होने से कम्प्रेशन अनुपात बढ़ जाता है, जिसके कारण सिलेण्डर में वायु का दबाव व तापक्रम भी बढ़ जाता है तथा इंजन नॉकिंग (knocking) करने लगता है। सुपरचार्जर टू-स्ट्रोक व फोर-स्ट्रोक इंजनों में भी लगाए जाते हैं। ये निम्न प्रकार के होते हैं

(i) सेन्ट्रीफ्यूगल सुपरचार्जर (ii) पिस्टन सुपरचार्जर
(iii) रूट-एयर ब्लोअर सुपरचार्जर (iv) वेन सुपरचार्जर

(i) सेन्ट्रीफ्यूगल सुपरचार्जर Centrifugal Supercharger

ये सुपरचार्जर ट्यूबवैल पर प्रयुक्त होने वाले सेन्ट्रीफ्यूगल वाटर पम्प के समान बनाए जाते हैं। इनके इम्पैलर इस प्रकार के बने होते हैं कि अत्यधिक वायु को पम्प कर सकें। ये सुपरचार्जर भार में हल्के होते हैं तथा कम स्थान घेरते हैं। इन सुपरचार्जरों को चलाने हेतु अधिक अश्व शक्ति की आवश्यकता होती है। इन्हें इंजन द्वारा ही ड्राइव किया जाता है, परन्तु वायु को अधिक मात्रा में पम्प करने के लिए इनकी गति, इंजन की गति से अधिक रखनी पड़ती है।

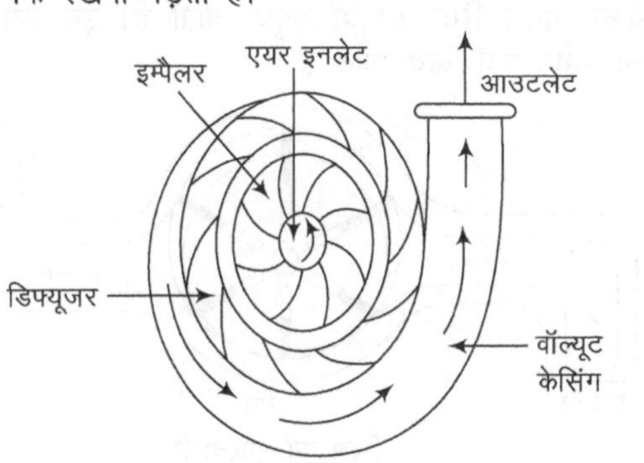

चित्र सेन्ट्रीफ्यूगल सुपरचार्जर

(ii) पिस्टन सुपरचार्जर Piston Supercharger

इस प्रकार के सुपरचार्जर में एक बड़े सिलेण्डर के अन्दर एक पिस्टन लगा होता है, जो वायु को पम्प करके मुख्य सिलेण्डर को सप्लाई करने का कार्य करता है। इस प्रकार के सुपरचार्जर का प्रयोग आजकल नहीं किया जाता है, क्योंकि वायु को पम्प करने हेतु जिससे इसका भार बहुत अधिक हो जाता है।

(iii) रूट-एयर ब्लोअर सुपरचार्जर Root-Air Blower Supercharger

इस सुपरचार्जर का आविष्कार विशेषज्ञ एम. पी. एच. रूट ने किया था, इसलिए इसे रूट-एयर ब्लोअर सुपरचार्जर कहा जाता है। ये सुपरचार्जर टू-स्ट्रोक इंजन में अत्यधिक प्रयुक्त होते हैं। ये वायु को लगभग 1.5 वायुमण्डलीय दाब तक मुख्य सिलेण्डर में प्रवेश करा सकते हैं। इनमें 2 अथवा 3 लोब्स मिलकर इंजन की शक्ति से चलती है। इन सुपरचार्जरों का उपयोग धीमी गति पर ही किया जाना उचित है, क्योंकि उच्च गति पर इनसे वायु लीक होने लगती है।

रूट-एयर ब्लोअर सुपरचार्जर को निम्न चित्र में दर्शाया गया है।

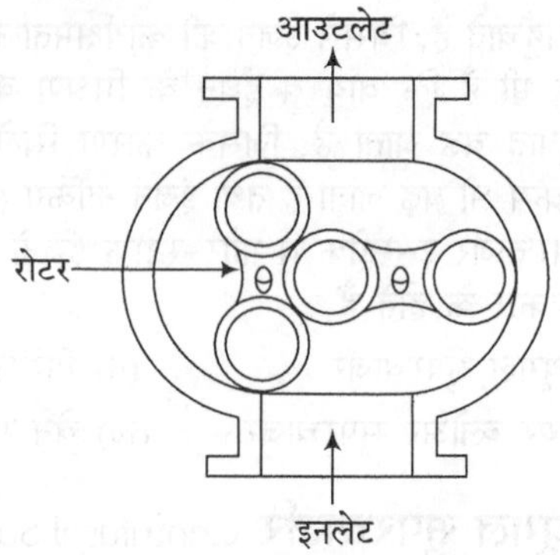

चित्र रूट-एयर ब्लोअर सुपरचार्जर

(iv) वेन सुपरचार्जर Vane Supercharger

इसे पॉजिटिव डिस्प्लेसमेन्ट सुपरचार्जर भी कहा जाता है। इस सुपरचार्जर में एक शाफ्ट पर एक रोटर बाँधा जाता है, जिसमें खाँचे कटे होते हैं। इन खाँचों में वेन्स लगे होते हैं, इसलिए इसे वेन सुपरचार्जर कहा जाता है। जब रोटर घूमता है तो वेन अन्दर तथा बाहर की ओर निकलते हैं जिससे वायु पम्प होकर मुख्य सिलेण्डर में पहुँच जाती है। इन सुपरचार्जरों को आजकल प्रयोग नहीं किया जाता है।

चित्र वेन सुपरचार्जर

3. इण्टर कूलर Inter Cooler

इण्टर कूलर एक यान्त्रिक युक्ति है, जिसका प्रयोग प्राय: तापन (heating) प्रक्रियाओं में द्रव या गैसों को ठण्डा करने के लिए किया जाता है। यह एक प्रकार का जटिल ऊष्मा विनियामक (heat exchanger) भी होता है, जो गैस कम्प्रैसर में व्यर्थ ऊष्मा को निष्कासित करता है। ये अधिकांशतया इन्टर्नल कम्बशन इंजनों में आयतनिक दक्षता (volumetric efficiency) सुधारने हेतु उपयोग में लाए जाते हैं।

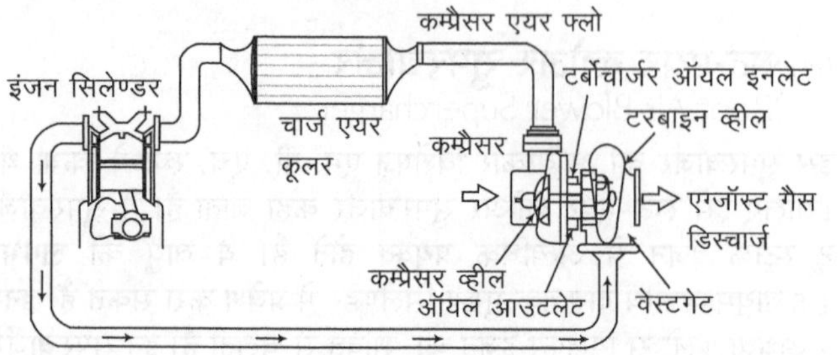

चित्र इण्टर कूलर

इण्टर कूलर, इंजन की नॉकिंग (knocking) को कम करता है तथा आउटपुट को बढ़ाता है। इसका प्रयोग मुख्य रूप से बड़े इंजन के रेडिएटरों में किया जाता है। ये मुख्य रूप से दो प्रकार के होते हैं—वायु एवं जल। इसका सिद्धान्त यह है कि जब टर्बोचार्जर दाब को बढ़ाता है, तब यह वायु के ताप को घटा देता है, जिससे सिलेण्डर में शीतल वायु प्रसारित होती है।

इण्टर कूलर के लाभ Advantages of Inter Cooler

इण्टर कूलर के लाभ निम्न प्रकार हैं

(i) इसके प्रयोग से एयर कम्प्रैसर की अवधि बढ़ जाती है।
(ii) इसकी सहायता से कम्प्रैसर की दक्षता बढ़ जाती है।
(iii) इण्टर कूलर के द्वारा सिलेण्डर तथा वाल्वों में लुब्रीकेशन आसानी से हो जाता है।
(iv) इसमें कम्प्रैसर की ऊष्मा के कारण ऊर्जा हानि कम हो जाती है।
(v) इससे एयर लीकेज की क्षति कम हो जाती है और प्रत्येक सिलेण्डर की प्रैशर रेन्ज कम हो जाती है।
(vi) इसके प्रयोग से उच्च दाब तक एयर कम्प्रैसर का दक्षतापूर्वक कार्य करना सम्भावित होता है।
(vii) कम्प्रैसर का कुल भार कम होता है, क्योंकि कम तापमान पर कम्प्रैसर के लिए हल्के सिलेण्डर का प्रयोग किया जाता है।

4. टर्बोचार्जर Turbocharger

टर्बोचार्जर एक प्रकार की फोर्स्ड इण्डक्शन प्रणाली है, जो इंजन में प्रवाहित होने वाली वायु को कम्प्रैस (compress) करती है। प्रारम्भ में सभी सुपरचार्जर, इंजन की शक्ति द्वारा चलाए जाते थे जिस कारण इंजन की कुछ शक्ति इसमें क्षय होती थी। इससे बचने के लिए वर्तमान में एग्जॉस्ट गैसों से चलने वाला टर्बोचार्जर प्रचलित हो गया है, जिसे टर्बोचार्जर कहते हैं। इसमें दो भाग होते हैं; एक तो टरबाइन, जो इंजन की एग्जॉस्ट गैसों से घूमता है तथा दूसरा कम्प्रैसर, जो वायु को कम्प्रैस करके सिलेण्डर में भेजता है। दोनों टरबाइन तथा कम्प्रैसर एक ही शाफ्ट में फिट होते हैं, परन्तु वे अपनी-अपनी हाउसिंग में चलते हैं।

टर्बोचार्जर इंजन पर लगा होता है। यह इंजन को प्रदान होने वाली वायु की मात्रा में वृद्धि करता है जिससे ज्यादा ईंधन जलता है जो इंजन पावर को बढ़ाता है। जब कभी उच्च ऊँचाइयों पर वायु का घनत्व वायुमण्डलीय दाब के घनत्व से कम होता है तो टर्बोचार्जर पर्याप्त मात्रा में वायु को इंजन में प्रवेश कराने में सहायता करता है। एक इंजन में एक या एक से अधिक टर्बोचार्जर हो सकते हैं।

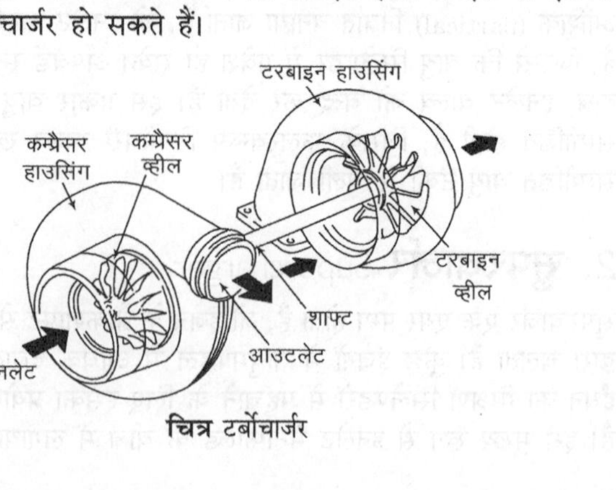

चित्र टर्बोचार्जर

टर्बोचार्जर यन्त्रावली Turbocharger Mechanism

इंजन में लगे एग्जॉस्ट मैनीफोल्ड के ऊपर टर्बोचार्जर लगा होता है। इसमें एक ही शाफ्ट पर टरबाइन व्हील तथा कम्प्रैसर व्हील लगा होता है। एग्जॉस्ट गैसें टरबाइन हाउसिंग में प्रवेश करती हैं और टरबाइन व्हील को घुमाती हैं।

कम्प्रैसर हाउसिंग का इनलेट एयर क्लीनर से जुड़ा होता है तथा इनलेट मैनीफोल्ड के आउटलेट से कम्प्रैस एयर को निष्कासित कर दिया जाता है। टर्बोचार्जर भी सुपरचार्जर की तरह कार्य करता है।

यह सिलेण्डर में अधिक शक्ति उत्पन्न करने के लिए अधिक दबाव से वायु को सिलेण्डर में भेजता है। टर्बोचार्जर, एग्जॉस्ट मैनीफोल्ड से कसा होता है। इसमें एक टरबाइन और एक अपकेन्द्री कम्प्रैसर युग्मित होते हैं, जिन्हें चित्र के माध्यम से दर्शाया गया है। इंजन से निष्कासित होने वाली गैसें टरबाइन में प्रवेश करके टरबाइन को चलाती हैं, जिससे आगे कम्प्रैसर चलता है।

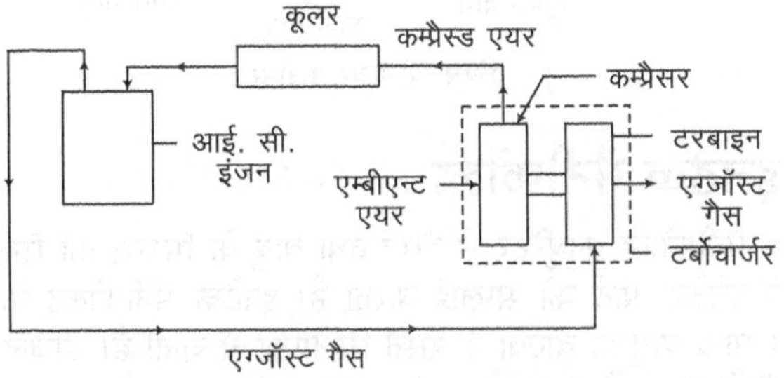

चित्र टर्बोचार्जर की कार्य-प्रणाली

टिप्पणी *(i) आधुनिक इंजनों में वायु व ईंधन के अनुपात को फिक्स करने के लिए ऑक्सीजन संवेदी लगा होता है।*

(ii) टर्बोचार्जर वाले इंजनों की परफॉर्मेंस में कोई विशेष सुधार न होने के कारण पेट्रोल इंजनों में इनका प्रयोग सीमित होता है।

टर्बोचार्जर के लाभ Advantages of Turbocharger

टर्बोचार्जर के मुख्य लाभ निम्न प्रकार हैं

(i) टर्बोचार्जर से इंजन की आउटपुट शक्ति को बढ़ाया जा सकता है।

(ii) इसमें ईंधन की खपत तथा निकास गैस एग्जॉस्ट कम होता है।

(iii) टर्बोचार्जर की सहायता से इंजनों में ब्रेक शक्ति और भार का अनुपात अधिक होता है।

(iv) इसके प्रयोग से अधिक ऊँचाइयों पर वायु का घनत्व (density) कम होने के कारण इंजन की शक्ति हानि में कमी आती है।

5. एयर क्लीनर Air Cleaner

वायुमण्डलीय वायु में मिट्टी, कण, रेत तथा अन्य बाहरी पदार्थ मिले होते हैं। यदि यही वायु सक्शन स्ट्रोक के समय इंजन के सिलेण्डर में भेजी जाए, तो इससे वाल्व खराब हो जाते हैं तथा पिस्टन और सिलेण्डर लाइनर्स घिस जाते हैं, इसलिए वायु का इंजन के सिलेण्डरों में जाने से पूर्व साफ होना अतिआवश्यक है। इसके लिए एयर क्लीनर या क्लीनर का प्रयोग किया जाता है।

एयर क्लीनर प्राय: इनलेट मैनीफोल्ड पर लगाया जाता है अथवा उसके निकट किसी स्थान पर लगाकर हौज पाइप द्वारा उसका सम्बन्ध मैनीफोल्ड से कर दिया जाता है। एयर क्लीनर सामान्यत: निम्न प्रकार के होते हैं

(i) पेपर (ड्राई टाइप) एयर क्लीनर

(ii) ऑयल सोक्ड (वेट टाइप) एयर क्लीनर

(iii) ऑयल बाथ एयर क्लीनर

(iv) प्री-एयर क्लीनर

उपरोक्त का विवरण निम्नवत् है

(i) पेपर (ड्राई टाइप) एयर क्लीनर
Paper (Dry Type) Air Cleaner

ड्राई टाइप एयर क्लीनर में एक विशेष प्रकार से तैयार किया फिल्टर इनटेक एयर को साफ करने के लिए प्रयोग में लाया जाता है। इस प्रकार के क्लीनर का उपयोग बहुत छोटे इंजनों के लिए किया जाता है। इसमें पतले कागज की बहुत-सी पर्तों को एक पाइप पर लपेटकर एक छिद्रयुक्त डिब्बे में बन्द कर दिया जाता है। इसे ड्राई क्लीनर के नाम से भी जाना जाता है। सक्शन स्ट्रोक के समय वायु, क्लीनर के बाहरी खोल में से होकर अन्दर जाती है तथा वहाँ कागजों के बीच लगभग सभी मिट्टी के कण आदि छोड़कर, पाइप से होकर क्लीनर के नीचे की ओर से निकलती है, जहाँ से वह कार्बुरेटर के एयर हॉर्न में पहुँचती है।

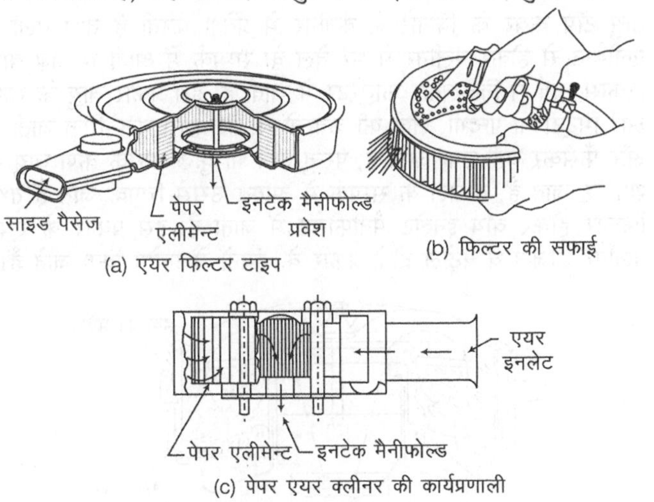

चित्र पेपर (ड्राई टाइप) एयर क्लीनर

(ii) ऑयल सोक्ड (वेट टाइप) एयर क्लीनर
Oil Soaked (Wet Type) Air Cleaner

ऑयल सोक्ड एयर क्लीनर भी पेपर एयर क्लीनर की भाँति ही बना होता है, परन्तु इसमें वायु को साफ करने के लिए बुरादे तथा तार की बारीक जाली का प्रयोग किया जाता है। इसमें बुरादे तथा तार की बारीक जाली को लपेटकर क्लीनर एलीमेन्ट बना लिया जाता है, जिसे तेल में भिगो दिया जाता है।

वातावरणीय वायु साइड पैसेज के द्वारा एयर क्लीनर में प्रवेश करती है तथा तेल सतह पर टकराती है। भारी धूल कण तेल द्वारा अवशोषित कर लिए जाते हैं और आंशिक रूप से फिल्टर तथा तेल कणों के साथ वायु फिल्टर एलीमेन्ट द्वारा ऊपर की ओर गति करती है।

धूल के सूक्ष्म कण तथा तेल के कण फिल्टर तत्व द्वारा एकत्रित कर लिए जाते हैं और शुद्ध वायु पैसेज के द्वारा इनलेट मैनीफोल्ड में भेज दी जाती है।

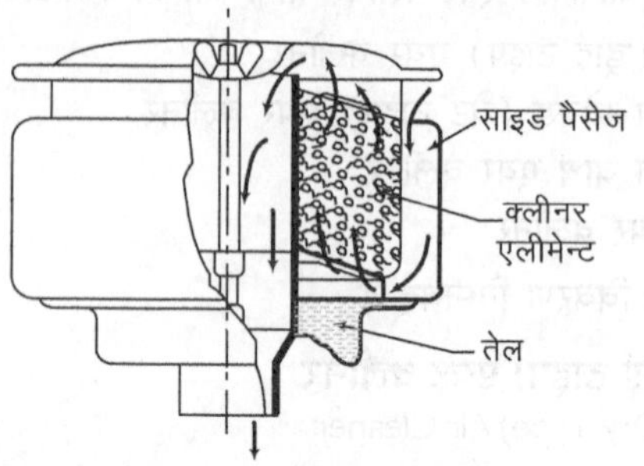

चित्र ऑयल सोक्ड एयर क्लीनर

(iii) ऑयल बाथ एयर क्लीनर Oil Bath Air Cleaner

इस प्रकार के एयर क्लीनर प्रायः हाई स्पीड इंजनों में प्रयोग किए जाते हैं। इसमें नीचे की ओर एक ऐसे गोल बर्तन का प्रयोग किया जाता है, जिसमें वायु का निकास मार्ग बना होता है। इस बर्तन के ऊपर बारीक लोहे की कतरनों वाले एलीमेन्ट को, जो लोहे की तारों द्वारा लिपटा रहता है, रखा जाता है। क्लीनर एलीमेन्ट में एक निश्चित स्थान तक तेल भर दिया जाता है तथा इसे ऊपर से क्लीनर टॉप द्वारा बन्द कर दिया जाता है।

वायु टॉप कवर के किनारे से क्लीनर में प्रवेश करती है तथा क्लीनर एलीमेन्ट से होकर क्लीनर में भरे तेल के सम्पर्क में आती है, तब वायु निकास मार्ग से निकलकर काबुरैटर में जाती है। इस प्रकार वायु के साथ आई मिट्टी या गन्दगी, लोहे की कतरनों में, तेल द्वारा घुल-मिल जाती है और फँसकर वहीं रुक जाती है, परन्तु अब भी कुछ बारीक कण वायु में शेष रह जाते हैं, वे तेल के सम्पर्क में आकर उससे चिपक जाते हैं तथा फिल्टर होकर वायु इनलेट मैनीफोल्ड में जाती है। इस प्रकार के एयर क्लीनर डीजल व पेट्रोल दोनों प्रकार के इंजनों में प्रयोग किए जाते हैं।

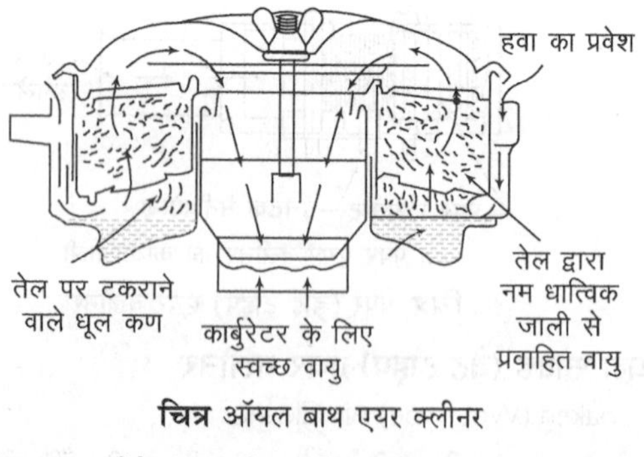

चित्र ऑयल बाथ एयर क्लीनर

एलीमेन्ट के गन्दा होने पर उसे साफ करके उसमें नया तेल भर देना चाहिए। यदि ऑयल बाथ एयर क्लीनर में तेल की सतह कम रह जाए, तो उसे भी समय से पहले पूरा करना चाहिए।

(iv) प्री-एयर क्लीनर Pre-air Cleaner

इस प्रकार के क्लीनर का प्रयोग उन इंजनों में किया जाता है, जिन्हें अधिक धूल-मिट्टी वाले स्थानों पर काम में लाया जाता है। इंजनों में मुख्य एयर क्लीनर के साथ ही एक प्री-एयर क्लीनर का भी प्रयोग किया जाता है। प्री-एयर क्लीनर साइक्लोन (cyclone) प्रकार का होता है। इनके बाहर जाली लगी होती है। यह जाली मिट्टी के मोटे कणों तथा तिनके आदि को मुख्य क्लीनर में जाने से रोक देती है। इस एयर क्लीनर में घूमने वाली एंगल में पत्तियाँ लगी होती हैं। पत्तियों के द्वारा वायु तेजी से घूमकर इंजन में जाती है। प्री-एयर क्लीनर के बाहर पारदर्शी बाउल (bowl) लगा होता है। इस बाउल के भर जाने पर ऑपरेटर इसे देखकर साफ कर सकता है। ट्रैक्टर से अधिकतर धूल-मिट्टी में कार्य-किया जाता है। यह उपकरण मुख्य एयर क्लीनर के ऊपर लगाया जाता है।

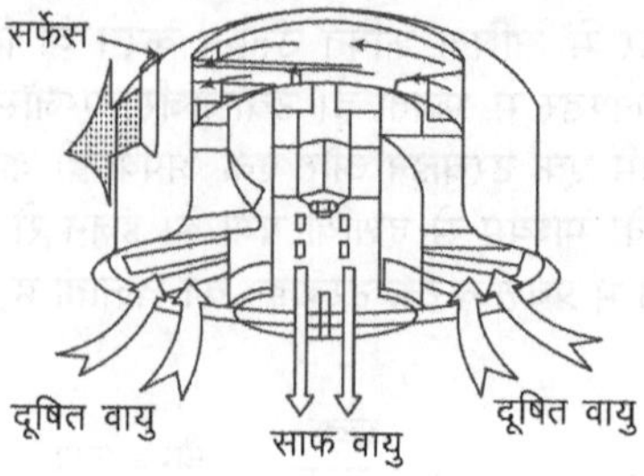

चित्र प्री-एयर क्लीनर

6. इनटेक मैनीफोल्ड Intake Manifold

इनटेक मैनीफोल्ड कार्बुरेटर से ईंधन तथा वायु के मिश्रण को सिलेण्डर हैड में इनटेक पोर्ट को सप्लाई करता है। इनटेक मैनीफोल्ड के द्वारा केवल साफ वायु ही वाल्वों के रास्ते सिलेण्डर में जाती है। डीजल इंजन के मैनीफोल्ड पर केवल एयर क्लीनर को लगाया जाता है अथवा इनटेक मैनीफोल्ड का सम्पर्क दूसरी जगह लगे एयर क्लीनर से बनाया जाता है। इसका डिजाइन इस प्रकार बनाया जाता है कि यह सभी सिलेण्डरों को बराबर मात्रा में ईंधन तथा वायु का मिश्रण दे सके। इनटेक मैनीफोल्ड प्रायः एल्युमीनियम तथा ढलवाँ लोहे (cast iron) से मिलकर बने होते हैं। इंजन में इनटेक मैनीफोल्ड को फिट करने के लिए गैस्केट का प्रयोग किया जाता है, जिससे गैसें लीक होने पर आवाज न हो। इसमें टूटी हुई गैस्केट प्रयोग नहीं करनी चाहिए।

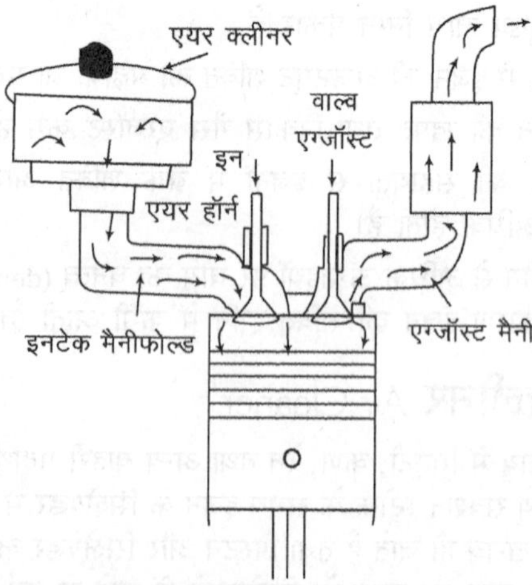

चित्र सिंगल सिलेण्डर इंजन के मैनीफोल्ड

24.3 एग्जॉस्ट प्रणाली के अवयव
Components of Exhaust System

इस शीर्षक के अन्तर्गत इंजन में प्रयुक्त होने वाले ऐसे अवयवों का वर्णन किया गया है, जिनका प्रयोग इंजन की एग्जॉस्ट प्रणालियों में विभिन्न कार्यों हेतु किया जाता है। ये अवयव निम्न प्रकार हैं

1. एग्जॉस्ट मैनीफोल्ड Exhaust Manifold

यह भी इनलेट मैनीफोल्ड की तरह ही बनाया जाता है। इसको ब्लॉक या इंजन हैड पर स्टड या बोल्ट द्वारा कसा जाता है। इसका प्रयोग सिलेण्डरों की जली गैसों को बाहर निकालने के लिए किया जाता है। इसके साथ ही साइलेन्सर या मफलर (silencer or muffler) जोड़ा जाता है। इस मैनीफोल्ड द्वारा सभी सिलेण्डरों की जली गैसों को एकत्र करके साइलेन्सर तक पहुँचाया जाता है। एग्जॉस्ट मैनीफोल्ड प्राय: कास्ट आयरन को ढाल कर बनाया जाता है।

V-8 इंजनों में दो, जबकि अन्य शेष इंजनों में एक एग्जॉस्ट मैनीफोल्ड का प्रयोग किया जाता है। इनका डिजाइन इस प्रकार किया जाता है कि एग्जॉस्ट गैसों का बैक प्रैशर न बनने पाए। कुछ एग्जॉस्ट मैनीफोल्डों में इनलेट फोल्ड को हर समय एक निश्चित तापमान में रखने के लिए मैनीफोल्ड हीट कण्ट्रोल डिवाइस (heat control device) लगी होती है, जिससे इंजन की स्थिर अवस्था में इनलेट मैनीफोल्ड में आया मिश्रण जम नहीं पाता है।

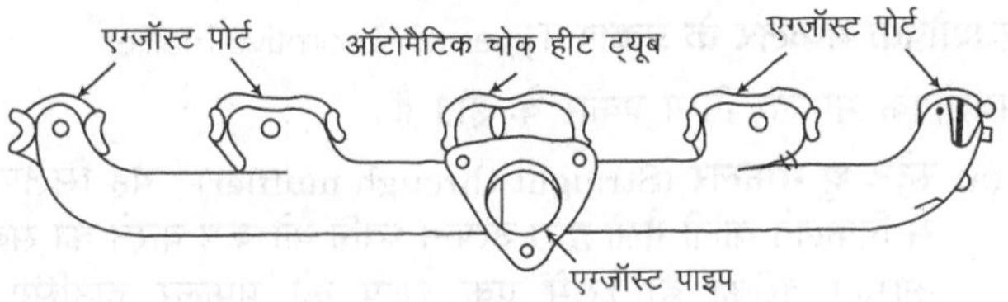

चित्र एग्जॉस्ट मैनीफोल्ड

2. एग्जॉस्टर Exhauster

यह एक प्रकार का वैक्यूम पम्प होता है। इसमें पाइप को इस प्रकार फिट किया जाता है कि उसमें मोड़ कम हो एवं निकास इंजन के बाहर हो। एग्जॉस्ट पाइप को सदैव क्षैतिज दिशा में ही लगाना चाहिए, जिससे बारिश के दिनों में एग्जॉस्ट पाइप बन्द न होने पाए। एग्जॉस्टर मुख्यत: निम्न प्रकार के होते हैं

(i) **वेन टाइप एग्जॉस्टर** (Vane type exhauster) फ्यूल इन्जेक्शन पम्प (FIP) के न्यूमैटिक गवर्नर की सहायता से वैक्यूम विकसित करने के लिए इंजन पर एग्जॉस्टर लगाए जाते हैं। वेन टाइप एग्जॉस्टर इंजन में निकास मार्ग पर बोल्ट द्वारा फिट किया जाता है। इसमें एक रोटर लगा होता है, जो शाफ्ट पर कुंजी द्वारा लगा होता है। रोटर को एग्जॉस्टर की बॉडी पर उत्केन्द्री रूप से माउण्ट किया जाता है। रोटर के स्लॉटों में वेन्स तिरछी लगाई जाती है। एग्जॉस्टर पर फिट शिफ्ट वाल्व वैक्यूम को एक पूर्व निर्धारित दाब तक सीमित करता है।

(ii) **इम्पैलर टाइप एग्जॉस्टर** (Impeller type exhauster) इम्पैलर टाइप एग्जॉस्टर में दो स्पिण्डल होती है। एक स्पिण्डल में इम्पैलर लगा होता है, जिसे सहायक ड्राइविंग शाफ्ट द्वारा चालित किया जाता है तथा दूसरे स्पिण्डल पर रोटर लगा होता है, जिसकी वेन्स चालित रोटर की वेन्स के साथ संलग्न होती है।

(iii) **फिन्स टाइप एग्जॉस्टर** (Fins Type Exhauster) यह एग्जॉस्टर वैक्यूम पम्प के समान ही कार्य करता है। इसे एग्जॉस्टर बॉडी अथवा केसिंग के इनलेट मार्ग पर लगाया जाता है। इसे टाइमिंग गियर से चलाया जाता है। इस एग्जॉस्टर की शाफ्ट पर रोटर लगा होता है, जिसमें चार से छ: ब्लेड लगे होते हैं। शाफ्ट के दोनों ओर तेल को रोकने हेतु सील लगी होती है। यदि फिन्स टाइप रोटर एग्जॉस्टर के गैस्केट खराब हो जाते हैं, तो वे वैक्यूम नहीं बना पाते जिससे रोटर कार्य नहीं कर पाता है।

एग्जॉस्टर की कार्यविधि Working Method of Exhauster

वेन टाइप एग्जॉस्टर यूनिट अपकेन्द्री बल के सिद्धान्त पर कार्य करती है। जब इंजन अपकेन्द्री क्रिया के कारण चलता है, तो स्लाइडिंग युक्त वेन्स रोटर के स्लॉटों में फिट हो जाती है जो बॉडी (बैरेल) के भीतरी पृष्ठ पर बाहर निकलती है। इस प्रकार वायु पूरे सेक्शन से निष्कासित होती है और क्रैंककेस में डिस्चार्ज होती है। क्रैंककेस से तेल के छिड़काव द्वारा वेन्स का स्नेहन किया जाता है।

3. एग्जॉस्ट पाइप Exhaust Pipe

एग्जॉस्ट पाइप मैनीफोल्ड के मफलर से गर्म गैसें प्राप्त करता है। ये पाइप स्टील ट्यूब के उपर्युक्त आकार होते हैं तथा गैसों को वाहन पिछले सिरे (rear end) पर ले जाने के लिए चैसिस के नीचे लगाया जाता है। इसे फ्लैंज या क्लैम्प द्वारा बाँधा जाता है। एग्जॉस्ट मैनीफोल्ड को साइलेन्सर या मफलर के साथ जोड़ने के लिए एग्जॉस्ट पाइप का प्रयोग किया जाता है। यह पाइप, एग्जॉस्ट मैनीफोल्ड और मफलर में फ्लैंज और क्लैम्प द्वारा लगाई जाती है। इस प्रकार एग्जॉस्ट मैनीफोल्ड से निकली हुई गैसें एग्जॉस्ट पाइप द्वारा ही उत्प्रेरक परिवर्तक एवं मफलर तक पहुँचाई जाती हैं। एग्जॉस्ट पाइप व साइलेन्सर को चैसिस के झटकों से दूर रखने के लिए रबड़ या ब्रिक के टुकड़े लगाए जाते हैं।

4. मफलर Muffler

मफलर सामान्यत: बॉडी के अन्दर लगा होता है तथा फ्लेक्सिबल माउण्टिंग के साथ बॉडी एवं चैसिस से जुड़ा होता है। कुछ ट्रक जिनमें एग्जॉस्ट गैसें ऊपर की ओर दिशात्मक होती है उनमें मफलर कैब के पिछले सिरे पर स्थापित होता है और दुर्घटना से बचाने के लिए गार्ड से ढका जाता है। मफलर इंजन की एग्जॉस्ट ध्वनि को कम करता है। यह एक बड़ा बेलनाकार आकार का कन्टेनर होता है जो पैसेज तथा चैम्बर के साथ लगा होता है और एग्जॉस्ट गैसों की ध्वनि को अवशोषित करता है। कभी-कभी छोटा और प्री-मफलर भी एग्जॉस्ट सिस्टम में मैनीफोल्ड तथा मेन मफलर के साथ फिट किए जाते हैं।

इंजन के सिलेण्डर से निकलने वाली ध्वनि की आवृत्ति को मुख्य रूप से दो भागों में वर्गीकृत किया गया है

1. निम्न आवृत्ति की ध्वनि (500 से 1500 प्रति सेकण्ड)
2. उच्च आवृत्ति की ध्वनि (3000 से 10000 प्रति सेकण्ड)

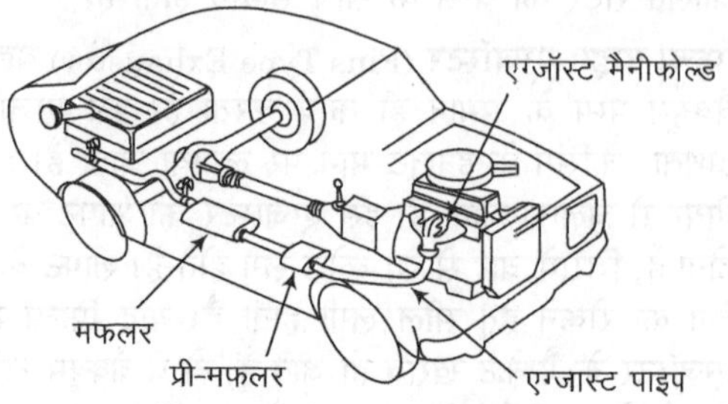

चित्र वाहन में मफलर की व्यवस्था

इस प्रकार वाहनों में निम्न व उच्च आवृत्ति वाली ध्वनि को कम करने वाले साइलेन्सर का प्रयोग करना चाहिए। वाहनों में आवश्यकतानुसार निम्न प्रकार के मफलर प्रयोग किए जाते हैं

(i) रिएक्टिव मफलर Reactive Muffler

इस प्रकार के मफलर में इनलेट एवं आउटलेट ट्यूब, चैम्बर की ओर प्रसारित होते हैं, इसलिए इस मफलर को चैम्बर मफलर के नाम से भी जाना जाता है। प्रायः इसमें कई प्रकार के पाइप सेग्मेन्ट (segment) निहित होते हैं, जो एक बड़े चैम्बर से आपस में संयोजित होते हैं। ये दहन द्वारा उत्पन्न ध्वनि को डिस्ट्रक्टिव इन्टरफैरेन्स (destructive interference) द्वारा कम करते हैं। दूसरे शब्दों में कहें तो ये पाइप सेग्मेन्ट उत्पन्न ध्वनि को विभाजित कर उसका मान घटा देते हैं।

यह मफलर निम्न आवृत्ति वाली ध्वनि को कम करने के लिए बहुत सहायक होते हैं; जैसे—मिदास (midas), बहाव टेक, पूर्ण बोर आदि। आजकल ट्रकों में रिएक्टिव मफलर ही उपयोग में लाए जाते हैं।

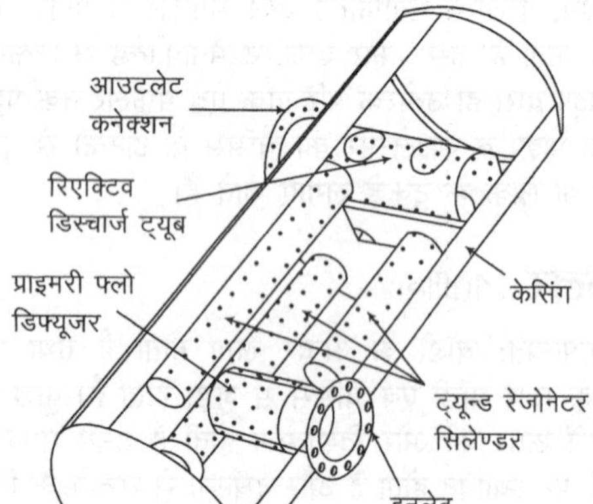

चित्र रिएक्टिव मफलर

लाभ Advantages

रिएक्टिव मफलर के लाभ निम्न हैं

1. यह निम्न आवृत्ति के लिए अधिक उपयोगी होते हैं।
2. इसका उपयोग कठोर या हार्श (harsh) अवस्था में किया जाता है।

हानि Disadvantages

रिएक्टिव मफलर की हानियाँ निम्नलिखित हैं

1. इसका उपयोग ब्रॉडबैण्ड के लिए नहीं किया जाता है।
2. ये उच्च आवृत्ति पर अधिक उपयोगी नहीं होते हैं।

(ii) अवशोषक मफलर Absorptive Muffler

इस प्रकार के मफलर में दहन प्रक्रम द्वारा उत्पन्न ध्वनि या आवाज को कम करने के लिए अवशोषण (absorption) करने वाले पदार्थों का प्रयोग किया जाता है। इस विधि के कारण ध्वनि तरंगें कम हो जाती हैं एवं अवशोषक पदार्थ में ऊर्जा, ऊष्मा में परिवर्तित हो जाती है।

अवशोषक मफलर में दो क्रियाएँ, उच्च गुणांक से अधिक ऊर्जा का नष्ट होना व कम विकरित वाली ध्वनि तरंगों का उत्पन्न होना सम्पन्न होती हैं।

चित्र अवशोषक मफलर

अवशोषक मफलर के प्रकार Types of Absorptive Muffler

अवशोषक मफलर निम्न प्रकार के होते हैं

(a) **स्ट्रेट थ्रू मफलर** (Straight through muffler) यह सिलेण्डर से निकलने वाली गैसों द्वारा उत्पन्न ध्वनि को कम करने का सबसे आसान तरीका है। इसमें एक पाइप को मफलर हाउसिंग में आर-पार फिट किया जाता है। इसमें छिद्र कटे होते हैं। इस पाइप को बीच में से बन्द कर दिया जाता है।

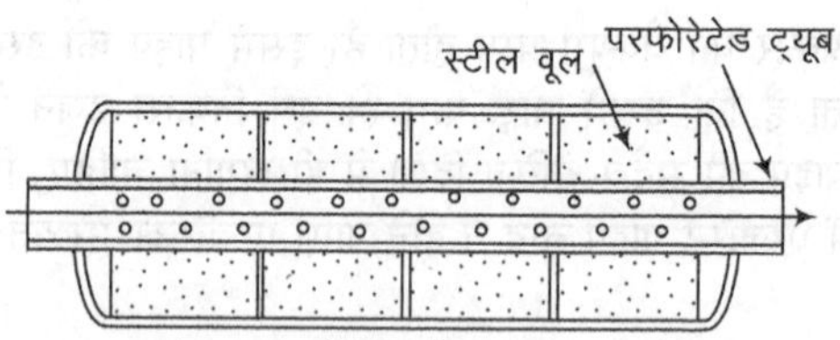

चित्र स्ट्रेट थ्रू

चित्रानुसार एग्जॉस्ट मैनीफोल्ड से जली गैसें इस पाइप से होकर हाउसिंग में भर जाती हैं। इसी हाउसिंग से पुनः दूसरे सिरे के पाइप के छिद्रों से होकर ये गैसें बिना किसी दबाव एवं ध्वनि के बाहर निकल जाती हैं। इस पाइप के छिद्रों के कारण गैसों का प्रवेश तथा निकास धीरे-धीरे हो पाता है। इस कारण इन गैसों का वेग तथा दबाव समाप्त हो जाता है।

(b) **रिवर्स फ्लो प्रकार** (Reverse flow type) इस प्रकार के मफलर में अलग-अलग कम्पार्टमेन्ट या खाने बने होते हैं और प्रत्येक खाने एक-दूसरे से जुड़े होते हैं, जिससे मफलर में जली हुई गैसों को कई घुमावदार भागों से होकर बाहर निकाला जाता है।

इस घुमाव के कारण जली हुई गैसों का वेग तथा दबाव समाप्त हो जाता है और गैसें बिना आवाज के बाहर निकल जाती हैं।

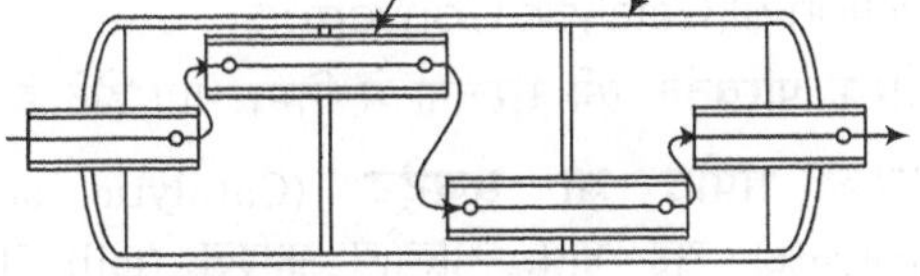

चित्र रिवर्स फ्लो प्रकार का मफलर

(c) **बैफल प्लेट प्रकार** (Baffle plate type) इस प्रकार के मफलर में हाउसिंग के अन्दर एक-दो सुराखों वाली बैफल प्लेटों का प्रयोग किया जाता है। जब इन प्लेटों से निकलने वाली गैसें टकराती हैं, तो उनका वेग तथा दबाव कम हो जाता है, जिससे जली हुई गैसें बिना किसी आवाज के बाहर निकल जाती हैं।

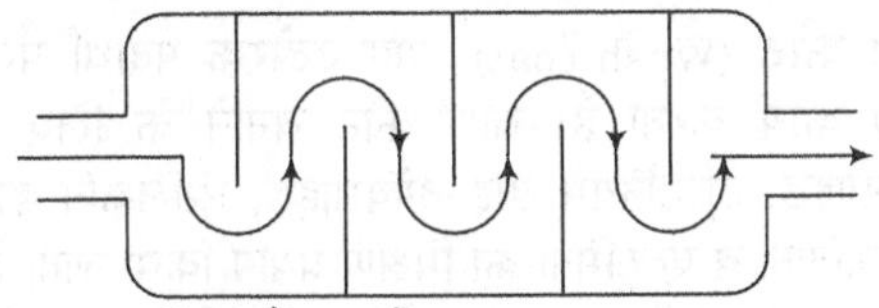

चित्र बैफल प्लेट प्रकार का मफलर

लाभ Advantages

अवशोषक मफलर के लाभ निम्न हैं

1. इसका उपयोग ब्रॉडबैण्ड के लिए किया जाता है।
2. इसमें उच्च आवृत्ति के लिए अवशोषण अधिक होता है।
3. अवशोषक मफलर में तुलनात्मक बैक प्रैशर कम होता है।

हानि Disadvantages

अवशोषक मफलर की हानियाँ निम्न हैं

1. ये निम्न आवृत्ति पर कम प्रदर्शन करते हैं।
2. इस प्रकार के मफलर कुछ समय तक ही सीमित होते हैं।

अवशोषक मफलर के अनुप्रयोग
Applications of Absorptive Muffler

इसके अनुप्रयोग निम्न प्रकार हैं

1. इसका प्रयोग रेसिंग कारों व घरेलू वाहनों में अधिक किया जाता है।
2. लाइन की डक्ट में तथा प्लेनम चैम्बर में मुख्यत: इसका प्रयोग किया जाता है।
3. इसका प्रयोग वेन्टीलेशन प्रणाली में भी किया जाता है

(iii) संयुक्त मफलर Combination Muffler

वाहनों में कुछ मफलर अवशोषक एवं प्रतिक्रियाशील तत्वों (element) को आपस में संयोजित कर लेते हैं, जिससे की ध्वनि के विस्तृत रूप को सरलतापूर्वक कम किया जा सके। इस प्रकार के मफलरों का अत्यधिक प्रयोग एग्जॉस्ट ध्वनि को कम करने में किया जाता है।

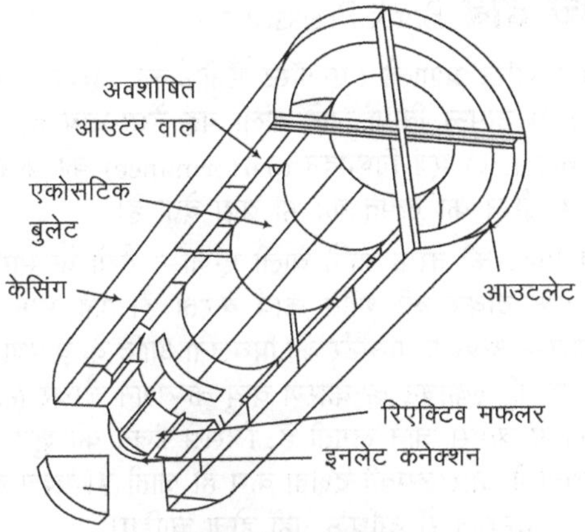

चित्र संयुक्त मफलर

टिप्पणी *उपरोक्त मफलर के अतिरिक्त ऊष्मा रिकवरी मफलर (heat recovery muffler) एवं सक्रिय मफलर (active muffler) भी होते हैं, परन्तु पाठ्यक्रम की उपयोगिता को ध्यान में रखकर, यहाँ पर विस्तृत वर्णन नहीं दिया गया है।*

(iv) इलेक्ट्रॉनिक मफलर Electronic Muffler

इस मफलर को इसके निर्माता के नाम पर 'हैल्म होल्टेज' मफलर भी कहा जाता है। यह मफलर रेजोनेटर सीरीज में जुड़े होते हैं जिनके बीच में एक पाइप होता है, जिसमें पोर्ट बने होते हैं।

इन पोर्टों की सहायता से ध्वनि तरंगें बिना किसी रुकावट के बाहर निकलती हैं। इसका प्रयोग मुख्य रूप से इलेक्ट्रॉनिक ध्वनि नियन्त्रण प्रणाली में किया जाता है। यह एग्जॉस्ट ध्वनि को लगभग समाप्त कर देता है।

इस प्रणाली में कम्प्यूटर द्वारा नियन्त्रित उत्सर्जक में ध्वनि का पता लगाने के लिए माइक्रोफोन का प्रयोग किया जाता है। यह एग्जॉस्ट ध्वनि तरंगों के समान एवं विपरीत होते हैं। इसके अनुप्रयोग से एग्जॉस्ट प्रणाली में शोर उत्पन्न नहीं होता है। अत: इसे एन्टी-न्वॉइज (anti-noise) के नाम से भी जाना जाता है।

इलेक्ट्रॉनिक मफलर की क्रियाविधि
Working Method of Electronic Muffler

इस प्रकार के मफलर में सेन्सर व माइक्रोफोन की सहायता से एग्जॉस्ट पाइपों द्वारा उत्पन्न ध्वनि तरंगों का निरीक्षण कर एक पैटर्न लिया जाता है। इस पैटर्न का कम्प्यूटर में विश्लेषण किया जाता है, जिससे एक मिरर इमेज उत्पन्न होती है।

इस मिरर इमेज को स्पीकर में भेज दिया जाता है, जिसके फलस्वरूप कान्ट्रा तरंग उत्पन्न होती है और शोर बन्द हो जाता है। इस प्रणाली में ईंधन की बचत व एग्जॉस्ट का इमीशन (emission) किया जाता है।

अत: इस प्रकार के मफलर का प्रयोग विशिष्ट ध्वनि प्राप्त करने के लिए किया जाता है।

5. पश्च दाब Back Pressure

ट्रैक्टरों में एग्जॉस्ट प्रणाली (एग्जॉस्ट मैनीफोल्ड, उत्प्रेरक परिवर्तक एवं मफलर) द्वारा उत्पन्न किया जाने वाला यह ऐसा दाब है, जो इंजन की दक्षता (efficiency) एवं निष्पादन (performance) को कम कर देता है एवं इंजन में ईंधन की खपत को भी बढ़ा देता है।

पश्च दाब बाहर की तरफ बहने वाली एग्जॉस्ट गैसों के मार्ग में रुकावट पैदा कर एक दीवार की भाँति कार्य करता है। यह मफलर में किसी रुकावट जैसे—उत्प्रेरक कन्वर्टर का पिघलना आदि के कारण उत्पन्न होता है इस प्रकार की रुकावट के कारण वायु कम्बशन चैम्बर (combustion chamber) में वापस जाने लगती है, जिससे इंजन को शुद्ध वायु मिलनी बन्द हो जाती है और उसकी दक्षता कम हो जाती है। पश्च दाब का मान 17.2 किलो पास्कल से अधिक नहीं होना चाहिए।

6. उत्प्रेरक परिवर्तक Catalytic Converter

सर्वप्रथम इसका उपयोग वर्ष 1975 में **अमेरिकी पर्यावरण संरक्षण एजेन्सी** के अन्तर्गत पेट्रोल इंजन युक्त वाहनों में किया गया। आधुनिक कारों में भी उत्प्रेरक परिवर्तक का प्रयोग किया जाता है। उत्प्रेरक परिवर्तक बिना जली हुई गैसों (HC) तथा कुछ जली हुई गैसों (CO) को पानी (H_2O) तथा कार्बन डाइ-ऑक्साइड (CO_2) में परिवर्तित करता है।

उत्प्रेरक परिवर्तक एक प्रकार का एग्जॉस्ट नियन्त्रक उपकरण है जो रेडॉक्स अभिक्रिया (ऑक्सीकरण या अपचयन) करके उत्सर्जित गैसों के विषैले प्रदूषकों को कम विषैला बनाने में सहायक होता है। साथ ही यह एग्जॉस्ट पाइपों द्वारा उत्पन्न ध्वनि को कम करने में भी सहायक होता है।

मोनोलिथिक प्रकार के उत्प्रेरक परिवर्तक के भाग को नीचे चित्र के माध्यम से दर्शाया गया है।

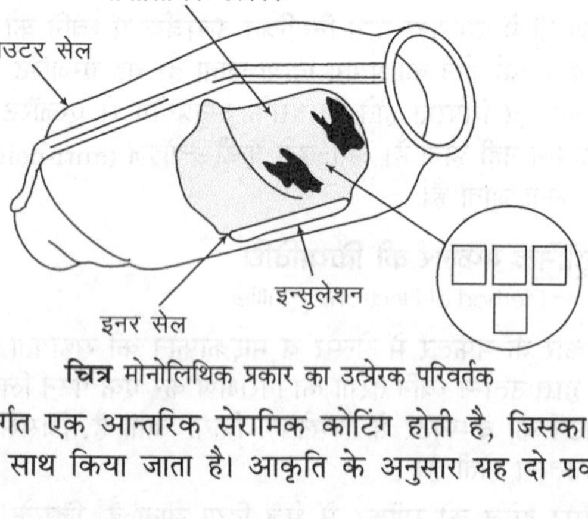

चित्र मोनोलिथिक प्रकार का उत्प्रेरक परिवर्तक

इसके अन्तर्गत एक आन्तरिक सेरामिक कोटिंग होती है, जिसका प्रयोग उत्प्रेरक के साथ किया जाता है। आकृति के अनुसार यह दो प्रकार के होते हैं

(i) **पैलेट टाइप परिवर्तक** (Pellet type converter) यह समतल आकृति का होता है। इसमें सैकड़ों छोटे बैडों से मिलकर एक बड़ा बैड बनता है और इसके ऊपर से उत्सर्जित गैसें प्रवाहित की जाती हैं।

(ii) **मोनोलिथ या हनीकॉम्ब टाइप परिवर्तक** (Monolith or honeycomb type converter) इस टाइप के परिवर्तक मधुमक्खी के छत्ते की आकृति के होते हैं। इसलिए इसे हनीकॉम्ब के नाम से भी जाना जाता है।

इसमें उत्सर्जित गैसें, सेरामिक ब्लॉक से पास होती हैं। ये ब्लॉक सीरियम के अतिरिक्त प्लेटिनम, रोडियम, पैलेडियम आदि के बने हो सकते हैं।

उत्प्रेरक परिवर्तक की संरचना
Construction of Catalytic Converters

सपोर्ट उत्प्रेरक परिवर्तक की संरचना में निम्न भाग होते हैं

(i) **उत्प्रेरक सपोर्ट या सब्स्ट्रेट** (Catalytic support or substrate) यह प्राय: धात्वीय फॉइल (foil) तथा कन्थाल (kanthal) से मिलकर बनी होती है, जिसका प्रयोग उच्च प्रतिरोध वाली जगहों पर किया जाता है। उत्प्रेरक परिवर्तक में मुख्यत: कॉर्डियराइट सेरामिक सब्स्ट्रेट (cordierite ceramic substrate) का प्रयोग किया जाता है जिसे वर्ष 2002 में रोडने बागले (Rodney Bagley), इरविन लॉचमैन (Irwin Lachmen) व रोनाल्ड लुईस (Ronald Lewis) ने कार्निंग ग्लास पर प्रयोग किया।

(ii) **वाश कोट** (Wash coat) यह उत्प्रेरक पदार्थों पर कैरियर की भाँति कार्य करता है। वाश कोट बनाने के लिए एल्युमीनियम ऑक्साइड, टाइटेनियम डाइ-ऑक्साइड, सिलिकॉन डाइ-ऑक्साइड या सिलिका व एल्युमिना का मिश्रण प्रयोग किया जाता है। इन पदार्थों का चयन चिकनी सतह की अपेक्षा खुरदरी व अनियमित सतह को बनाने के अनुसार किया जाता है। इस प्रकार का कोट तापकुंजन (sintering) को 1000°C तक रोकने वाला होना चाहिए।

(iii) **उत्प्रेरक** (Catalyst) उत्प्रेरक विभिन्न धातुओं का मिश्रण होता है। इसके मिश्रण में अत्यधिक बहुमूल्य धातुओं का प्रयोग किया जाता है। उत्प्रेरक के रूप में विभिन्न धातुओं; जैसे—सीरियम, लोहा, मैंगनीज, निकिल, पैलेडियम तथा रोडियम का प्रयोग किया जाता है। सामान्यत: सक्रिय उत्प्रेरक के रूप में प्लेटिनम का प्रयोग किया जाता है, परन्तु इसकी अवांछित प्रतिक्रिया महँगे होने के कारण इसके अनुप्रयोग सीमित हैं। ,

रोडियम तथा पैलेडियम का प्रयोग क्रमश: अपचयित उत्प्रेरक तथा ऑक्सीकरण उत्प्रेरक में किया जाता है, जबकि प्लेटिनम धातु को ऑक्सीकरण एवं अपचयन दोनों प्रतिक्रियाओं के लिए प्रयोग में लाया जाता है।

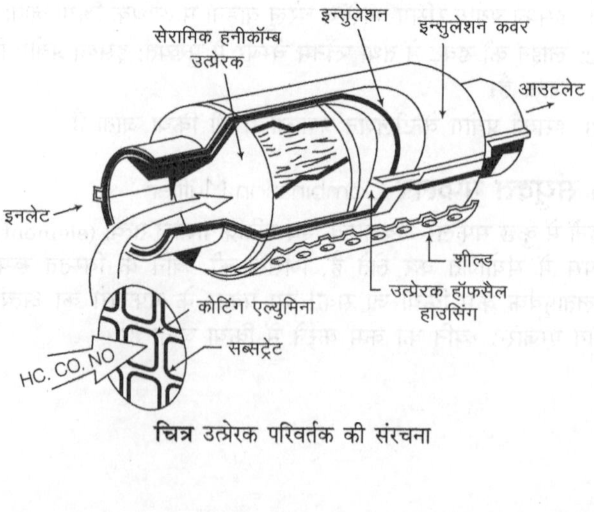

चित्र उत्प्रेरक परिवर्तक की संरचना

उत्प्रेरक परिवर्तक के प्रकार Types of Catalytic Converter

उत्प्रेरक परिवर्तक मुख्य रूप से दो प्रकार के होते हैं

(i) **द्वि-मार्ग परिवर्तक** Two-way Converter

इस प्रकार का उत्प्रेरक परिवर्तक, बिना जली गैसों (HC) तथा कुछ जली गैसों (CO) को पानी (H_2O) तथा कार्बन डाइ-ऑक्साइड (CO_2) में परिवर्तित करता है।

इसका प्रयोग इंजनों में हाइड्रोकार्बन (HC) तथा कार्बन मोनो-ऑक्साइड (CO) को रोकने के लिए किया जाता है। सर्वप्रथम इसका उपयोग वर्ष 1918 में अमेरिका व कनाडा के ऑटोमोबाइल कम्पनियों में किया गया।

द्वि-मार्ग उत्प्रेरक परिवर्तक में निम्न दो क्रियाएँ होतीं हैं

(a) कार्बन मोनो-ऑक्साइड से कार्बन डाइ-ऑक्साइड में ऑक्सीकरण

$$2CO + O_2 \longrightarrow 2CO_2$$

(b) हाइड्रोकार्बनों का कार्बन डाइ-ऑक्साइड व जल में ऑक्सीकरण

$$C_xH_{2x} + [(3x+1)/2]O_2 \longrightarrow xCO_2 + (x+1)H_2O -$$

(दहन अभिक्रिया)

(ii) **त्रि-मार्ग परिवर्तक** Three-way Converter

यह सर्वप्रथम वर्ष 1981 में कनाडा व अमेरिका के ऑटोमोबाइल कम्पनियों में प्रयोग किया गया। त्रिमार्ग परिवर्तक तीनों एग्जॉस्टों हाइड्रोकार्बन, कार्बन मोनो-ऑक्साइड तथा नाइट्रोजन के ऑक्साइड को रोकने के लिए उपयोग में लाया जाता है। यह कार्बन मोनो-ऑक्साइड (CO) व हाइड्रोकार्बन को पानी तथा कार्बन डाइ-ऑक्साइड में तथा NO_x को नाइट्रोजन में परिवर्तित करता है। इसमें एक उभयनिष्ठ कक्ष होता है, जिसमें अपचयित व ऑक्सीकारण दोनों एक साथ रखे जाते हैं।

त्रि-मार्ग परिवर्तक में निम्न तीन अभिक्रियाएँ होती हैं

(a) नाइट्रोजन के ऑक्साइडों का नाइट्रोजन में अपचयन

$$2NO_x \longrightarrow xO_2 + N_2$$

(b) CO का CO_2 में ऑक्सीकरण $2CO + O_2 \longrightarrow 2CO_2$

(c) हाइड्रोकार्बन का कार्बन डाइ-ऑक्साइड व पानी में ऑक्सीकरण

$$C_xH_{2x+2} + [(3x+1)/2]O_2 \longrightarrow x\,CO_2 + (x+1)H_2O$$

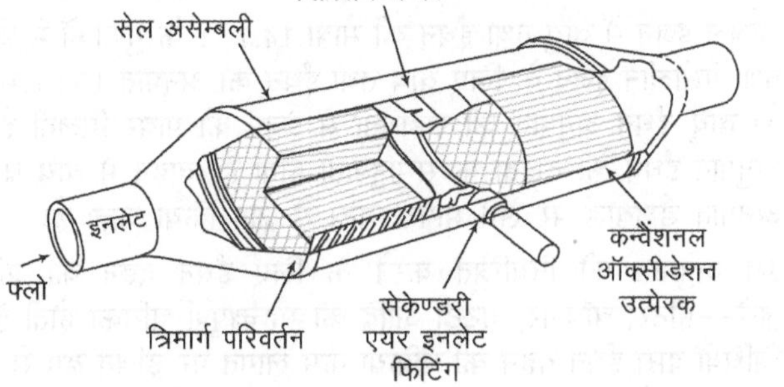

चित्र त्रि-मार्ग परिवर्तक

7. फ्लैक्सिबल संयोजन Flexible Connection

मोबिल ऑयल को एक भाग से दूसरे भाग तक पहुँचाने के लिए सिन्थेटिक फ्लैक्सिबल पाइप का प्रयोग किया जाता है। इस पाइप के दोनों सिरों पर संयोजन हेतु यूनियन फिट होती है। यह पाइप किसी कारणवश कटकर खराब न हो जाए, इसके लिए पाइप पर मजबूत जाली चढ़ी होती है। इसका प्रयोग रिक्त स्थानों को बन्द करने के लिए तथा इंजन पर लोड आने पर पाइपों के संरेखन के लिए किया जाता है। इसमें HVAC (Heating Ventilation and Air Conditioning) प्रकार के पाइप का प्रयोग किया जाता है।

8. सेरामिक कोटिंग Ceramic Coating

कुछ एग्जॉस्ट मैनीफोल्ड में अन्दर की ओर सेरामिक (चीनी मिट्टी) की कोटिंग की जाती है। इसके प्रयोग से जली हुई गैसों की गर्मी का मैनीफोल्ड अथवा इंजन ब्लॉक आदि पर कोई दुष्प्रभाव नहीं पड़ता है। सेरामिक कोटिंग कार्यक्षमता के आधार पर बहुत ही उपयोगी होती है।

सेरामिक कोटिंग का प्रयोग एग्जॉस्ट प्रणाली, एग्जॉस्ट मैनीफोल्ड आदि में किया जाता है। यह धातुओं को जंग व संक्षारण से भी बचाता है। यह सिलेण्डर के चैम्बर में एक थर्मल बैरियर की तरह कार्य करती है, जिससे तापीय ऊर्जा को यान्त्रिक ऊर्जा में बदला जा सकता है। इसका मुख्य अनुप्रयोग एग्जॉस्ट प्रणाली, एग्जॉस्ट मैनीफोल्ड या शीर्षक (header) में किया जाता है।

सेरामिक कोटिंग के लाभ
Advantages of Ceramic Coating

सेरामिक कोटिंग के मुख्य लाभ निम्न हैं

(i) इसके प्रयोग से धातुओं को जंग व संक्षारण से बचाया जा सकता है।
(ii) यह थर्मल बैरियर की तरह कार्य करके इंजन की कार्यक्षमता को बढ़ाती है तथा इंजन के तापमान को कम करती है।
(iii) यह 1100°C तक तापमान सहन कर सकती है।
(iv) यह धातुओं के संक्षारण के लिए उच्च प्रतिरोधकता प्रदान करती है।

9. एक्स्ट्रैक्टर/एग्जॉस्ट एक्स्ट्रैक्शन प्रणाली
Extractor/Exhaust Extraction System

एग्जॉस्ट एक्स्ट्रैक्शन प्रणाली मुख्य रूप से दो प्रकार की होती है, जो निम्न हैं

(i) **भूमिगत एक्स्ट्रैक्शन प्रणाली**
Underground Extraction System

एक्जॉस्ट एक्स्ट्रैक्शन प्रणाली बहुत ही महत्त्वपूर्ण व लोकप्रिय है। भूमिगत एक्स्ट्रैक्शन प्रणाली की कार्यक्षमता बहुत अधिक होती है और लागत मूल्य भी दूसरी प्रणाली की अपेक्षा कम होता है। यह प्रणाली टैस्ट सेल को निर्मित करने में अप्रत्यक्ष रूप से सहायक होती है। इसमें एग्जॉस्ट प्रणाली के द्वारा इंजन की ध्वनि आवृत्ति को कम किया जाता है और निकलने वाले गैसों की डिस्चार्जिंग सावधानीपूर्वक सम्पन्न की जाती है। इस प्रणाली से इंजन की कार्यक्षमता में वृद्धि उत्पन्न होती है।

(ii) ओवरहैड एक्स्ट्रैक्शन प्रणाली
Overhead Extraction System

इस प्रणाली को निलम्बित प्रणाली (suspended system) के नाम से भी जाना जाता है। इसमें एग्जॉस्ट प्रणाली की पाइपिंग को टैस्ट सेल की सहायता से सस्पेन्ड किया जाता है, जिससे टैस्ट सेल में प्रयुक्त होने वाले सस्पेन्ड एग्जॉस्ट प्रणाली में डक्टिंग की सहायता से एग्जॉस्ट गैसों को बाहर निकाला जाता है। आउटलेट की सहायता से धुएँ (smoke) का मापन लेते हैं। इस प्रणाली में एग्जॉस्ट पाइपिंग जमीन से 6 से 8 फीट ऊँची होती है, जो एग्जॉस्ट प्रणाली को दुर्घटना से बचाती है।

24.4 उत्सर्जन नियन्त्रण की विधियाँ
Methods of Emission Control

उत्सर्जन को नियन्त्रित करने के लिए निम्न विधियाँ प्रयोग में लाई जाती हैं

1. एवैपोरेटर उत्सर्जन नियन्त्रण प्रणाली
Evaporator Emission Control System

इस प्रणाली द्वारा इंजन से ईंधन के कुल उत्सर्जन का लगभग 20% भाग उत्सर्जित होता है। इसमें ईंधन बिना उपयोग में लाए हुए ही उत्सर्जित हो जाता है, इसलिए ईंधन को उत्सर्जित होने से रोकने एवं उपयोग में लाने के लिए एवैपोरेटिव उत्सर्जन को नियन्त्रित करना आवश्यक है। इसमें ईंधन टैंक से उत्सर्जित ईंधन, पर्यावरण में उत्सर्जित न होकर सिस्टम में ही इकट्ठा कर लिया जाता है, जैसा कि निम्न चित्र में दर्शाया गया है। इसमें ईंधन टैंक के साथ चारकोल कन्टेनर को लगाया जाता है। चारकोल कन्टेनर को थर्मो वैक्यूम वाल्व व वैक्यूम पर्ज पोर्ट के द्वारा इंजन के कम्बशन चैम्बर से जोड़ा जाता है, जहाँ पर ईंधन का उपयोग किया जाता है।

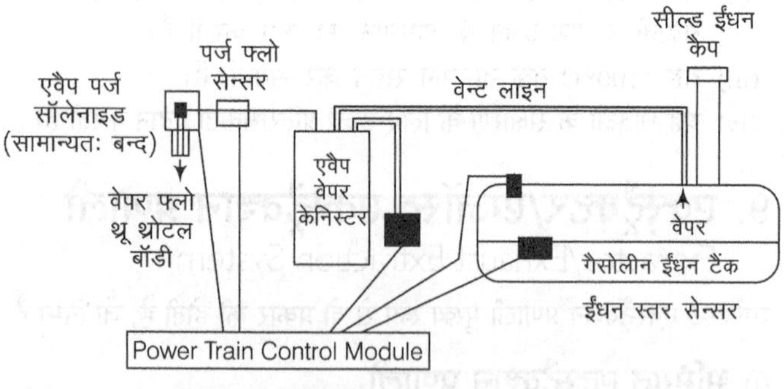

चित्र एवैपोरेटर उत्सर्जन नियन्त्रण सिस्टम

एवैपोरेटर उत्सर्जन नियन्त्रण प्रणाली की क्रियाविधि
Working Method of Evaporator Emission Control System

एवैपोरेटिव उत्सर्जन नियन्त्रण प्रणाली में ईंधन, चैक वाल्व की सहायता से ईंधन टैंक में जाता है तथा चारकोल कन्टेनर में हाई प्रैशर के साथ हवा को प्रवाहित किया जाता है, जिससे उत्सर्जित ईंधन पर्ज पोर्ट पर लगे वाल्व को खोल देता है और ईंधन, कम्बशन चैम्बर (combustion chamber) में पहुँच जाता है, जहाँ ईंधन का दहन होता है।

2. क्रैंककेस उत्सर्जन नियन्त्रण प्रणाली
Crankcase Emission Control System

इस प्रणाली का उपयोग सर्वप्रथम वर्ष 1963 में किया गया था। यह सिस्टम एक प्रकार का बन्द सिस्टम होता है, इसलिए इसका उपयोग इंजन से ईंधन की वाष्प के उत्सर्जन को नियन्त्रित करने के लिए किया जाता है। इसमें कम्बशन चैम्बर में उपस्थित ईंधन के वाष्प के प्रवाह को नियन्त्रित करने के लिए पॉजिटिव क्रैंककेस वैन्टीलेशन (PCV) वाल्व को लगाया जाता है। इस प्रकार की प्रणाली में कम्बशन चैम्बर का तापमान अधिक होने के कारण ईंधन वाष्पित होने लगता है।

एयर क्लीनर से हवा प्रवेश करती है, जो कम्बशन चैम्बर में पहुँचकर उसमें उपस्थित ईंधन को वाष्पित करने लगती है, जिससे हवा का दाब बढ़ जाता है और पी.सी.वी. वाल्व खुल जाता है। इससे ईंधन कम्बशन चैम्बर में पहुँचता है और पुन: उपयोग में लाया जाता है।

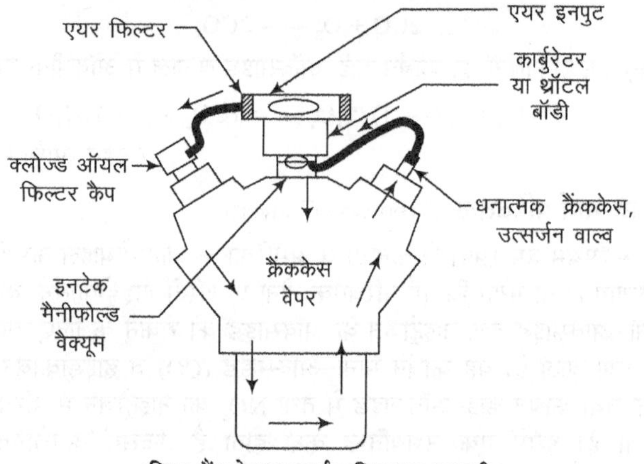

चित्र क्रैंककेस उत्सर्जन नियन्त्रण प्रणाली

3. वायु-ईंधन अनुपात नियन्त्रण प्रणाली
Air-Fuel Ratio Control System

वायु–ईंधन अनुपात की सहायता से आन्तरिक दहन में वायु व ईंधन के भार के अनुपात को प्रदर्शित किया जाता है। इसे AFR (Air Fuel Ratio) के नाम से भी जाना जाता है।

$$AFR = \frac{m_{\text{वायु}}}{m_{\text{ईंधन}}}$$

डीजल इंजन में वायु तथा ईंधन की मात्रा 14.7 : 1 के गुणांकों में होती है तथा गैसोलीन इंजन के लिए वायु तथा ईंधन का अनुपात 15 : 1 में होता है। वायु–ईंधन अनुपात की सहायता से इंजन को पावर मिलती है। यह अनुपात ईंधन की दक्षता के समानुपाती होता है। वाहन में वायु व ईंधन अनुपात डैशबोर्ड पर लगे मापक यन्त्र से ज्ञात किया जाता है।

इस अनुपात को नियन्त्रित करने के लिए ईंधन दहन की प्रक्रिया; जैसे—हीटर, बॉयलर, भट्ठी आदि की महत्त्वपूर्ण भूमिका होती है। इन विधियों द्वारा ईंधन दहन की प्रक्रिया कम लागत पर उचित ढंग से कराई जा सकती है, क्योंकि इस अनुपात का ईंधन दहन क्षमता एवं दहन से होने वाले उत्सर्जन पर सीधा प्रभाव पड़ता है।

वायु-ईंधन अनुपात को नियन्त्रित करने के लिए फ्यूल फीड रेट व कम्बशन एयर फीड रेट को मापकर प्रोसेज वैरिएबल के रूप में प्रयोग किया जाता है, जैसा कि चित्र के माध्यम से दर्शाया गया है।

कई अनुप्रयोगों में वायु की प्रवाह दर विल्ड फीड (wild feed) तथा ईंधन की प्रवाह दर कण्ट्रोल फीड हो सकती है।

चित्र वायु-ईंधन अनुपात

वायु-ईंधन अनुपात का नियन्त्रण निम्न समीकरण द्वारा समझा जा सकता है

वायु + ईंधन = उपयोगी ऊष्मा + $CO_2 + H_2O + CO +$ बिना जला हुआ ईंधन

(वायु का अनुपात कम करने पर बढ़ता है।)

+ स्टैकल अपशिष्ट (stacle waste) को गर्म करना

(वायु का अनुपात बढ़ाने पर बढ़ता है।)

इस समीकरण से यह स्पष्ट है कि हीटर, बॉयलर एवं भट्ठी में पर्याप्त मात्रा में ऑक्सीजन के न पहुँचने से 15% ईंधन नहीं जल पाता है, जो मोनोक्साइड के रूप में परिवर्तित हो जाता है।

जबकि ऑक्सीजन के अधिक पहुँचने से ईंधन जल्दी जलता है, जिससे ऊष्मा व्यर्थ हो जाती है। अत: वायु-ईंधन अनुपात नियन्त्रण अत्यन्त आवश्यक है।

24.5 उत्सर्जन नियन्त्रण की युक्तियाँ Devices for Emission Control

प्रारम्भ में जब उत्सर्जन मानक (standards) अस्तित्व में नहीं थे, तो उत्सर्जन नियन्त्रण की दिशा में प्रयास भी नहीं होते थे, परन्तु उत्सर्जन मानकों के अस्तित्व में आने के बाद से उत्सर्जन के परिणामस्वरूप पर्यावरण को प्रदूषित करने वाले घटकों को नियन्त्रित करने की दिशा में भी प्रयास प्रारम्भ हुए और उत्सर्जन नियन्त्रक विधियों को ध्यान में रखकर शोध किए गए।

इन शोधों का परिणाम उत्सर्जन नियन्त्रक युक्तियों के रूप में सामने आया। उनमें से कुछ उपयोगी एवं लोकप्रिय उत्सर्जन नियन्त्रक युक्तियाँ अग्रलिखित है।

1. उत्प्रेरक परिवर्तक Catalytic Convertor

उत्प्रेरक परिवर्तक एक उत्सर्जन नियन्त्रक युक्ति है, जो विषैले प्रदूषकों को कम विषैले प्रदूषकों में रेडॉक्स उत्प्रेरक अभिक्रिया द्वारा परिवर्तित करती है। उत्प्रेरक परिवर्तक का मुख्यत: इन्टर्नल कम्बशन इंजनों में प्रयोग किया जाता है।

यह सिरेमिक एवं महँगी धातुओं से मिलकर एक मधुमक्खी के छत्ते की आकृति में बना होता है, इसलिए इसे हनीकॉम्ब (honeycomb) के नाम से भी जाना जाता है, जैसा कि निम्न चित्र में दर्शाया गया है। इसमें इंजन से निकलने वाली प्रदूषित अर्थात् विषैली गैसों को प्रवाहित किया जाता है, जो इसमें उपस्थित तत्वों से क्रिया करके कम विषैली गैसों में परिवर्तित होती हैं; जैसे—हाइड्रोकार्बन, कार्बन मोनोक्साइड एवं नाइट्रोजन के ऑक्साइड को कम हानिकारक तत्त्वों कार्बन डाइ-ऑक्साइड, जलवाष्प एवं नाइट्रोजन में बदल देता है। त्रि-मार्गी उत्प्रेरक परिवर्तक को बन्द लूप उत्प्रेरक परिवर्तक (closed loop catalytic convertor) कहा जाता है।

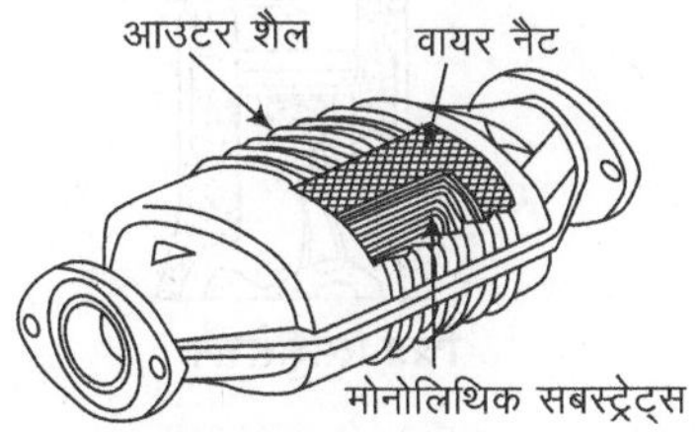

चित्र उत्प्रेरक परिवर्तक

नोट *प्रथम उत्प्रेरक परिवर्तक वर्ष 1976 में बनाया गया, जो HC और CO को ऑक्सीकृत करता है तथा द्वितीय उत्प्रेरक परिवर्तक वर्ष 1977-78 में बनाया, जो* NO_x *के इमीशन को नियन्त्रित करता है।*

2. एग्जॉस्ट गैस पुनः परिसंचरण वाल्व Exhaust Gas Recirculation (EGR) Valve

एग्जॉस्ट गैस पुन: परिसंचरण (EGR) वाल्व के प्रयोग का मुख्य उद्देश्य, वाहनों में नाइट्रोजन के ऑक्साइड के उत्सर्जन को कम करना है जो वायु प्रदूषण में वृद्धि करता है।

कार्यविधि Working Method

EGR प्रणाली नाइट्रोजन ऑक्साइड बनने में कमी करती है तथा इंजन की नॉकिंग को भी नियन्त्रित करती है। नीचे चित्र में पुन: परिसंचरण द्वारा एग्जॉस्ट गैस की छोटी मात्रा का इनटेक मैनीफोल्ड पर इनटैक वायु-ईंधन मिश्रण में प्रवेश दर्शाया गया है।

EGR वाल्व को एग्जॉस्ट पोर्ट या मैनीफोल्ड तथा इनटैक सिस्टम के मध्य लगाया जाता है। यदि इंजन नाइट्रोजन के ऑक्साइड उत्पन्न करता है तो EGR वाल्व को खोल दिया जाता है जिससे कुछ गैसें (6 से 10%) एग्जॉस्ट से गुजरकर इनटैक सिस्टम में चली जाती हैं। कम्बशन के दौरान ये एग्जास्ट गैसें ज्वलित हवा तथा ईंधन से ऊष्मा अवशोषित करती है।

इससे कम्बशन तापमान घट जाता है तथा नाइट्रोजन एवं ऑक्सीजन की अभिक्रिया से नाइट्रोजन ऑक्साइड बनता है। पुरानी EGR प्रणालियों में वैक्यूम रेगुलेटिड EGR वाल्व का प्रयोग किया जाता है जबकि नए वाहनों में एग्जॉस्ट गैसों के रिसर्कुलेशन को नियन्त्रित करने के लिए इलेक्ट्रॉनिक EGR वाल्व का उपयोग किया जाता है।

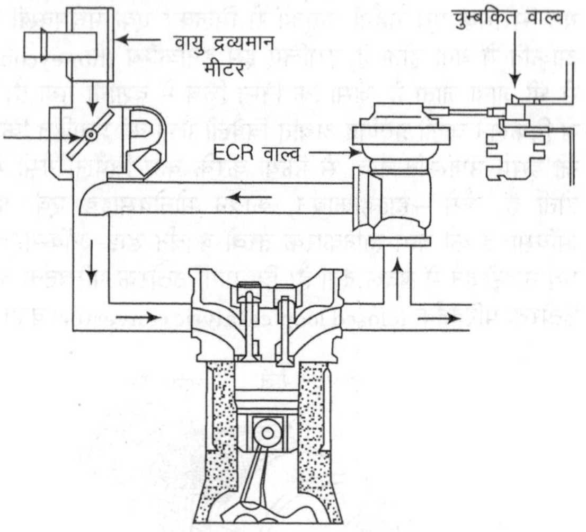

चित्र रिसर्कुलेशन

जब इंजन आदर्श अवस्था में प्रचालित होता है तो EGR वाल्व को बन्द रखा जाता है। इस स्थिति में मैनीफोल्ड से किसी भी EGR गैस का प्रवाह नहीं होता है। EGR वाल्व को तब तक बन्द रखा जाता है जब तक इंजन गर्म न हो जाए तथा लोड के अन्तर्गत कार्य न करने लगे। जैसे ही लोड तथा कम्बशन तापमान बढ़ता है,

वैसे ही EGR वाल्व को खोल दिया जाता है तथा एग्जॉस्ट गैसें, मैनीफोल्ड में लीक होनी प्रारम्भ हो जाती है। इस प्रक्रिया में क्वैन्चिंग प्रभाव उत्पन्न होता है जो कम्बशन के तापमान को कम कर देता है जिससे नाइट्रोजन के ऑक्साइड का बनना कम हो जाता है।

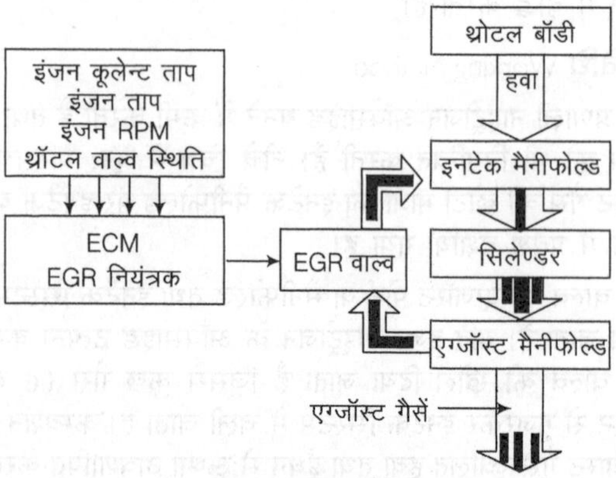

चित्र एग्जॉस्ट गैस

EGR वाल्व, एग्जॉस्ट तथा इनटैक मैनीफोल्ड के मध्य के पैसेज को खोलता एवं बन्द करता है जिससे वैक्यूम, EGR वाल्व द्वारा हट जाता है।

EGR **वाल्व के प्रकार** Types of EGR Valves

EGR वाल्व दो प्रकार के होते हैं

(i) **वैक्यूम रेगुलेटिड** EGR **वाल्व** Vacuum Regulated EGR Valve

वैक्यूम रेगुलेटिड EGR वाल्व में एक वाल्व, डायफ्राम तथा एक स्प्रिंग लगे होते हैं। जब डायफ्राम पर वैक्यूम आरोपित किया जाता है तो यह वाल्व को अपनी सीट से ऊपर उठा देता है जिससे एग्जॉस्ट गैसें इनटेक एयर स्ट्रीम में जाने लगती हैं। जैसे ही वैक्यूम को हटाया जाता है, स्प्रिंग डायफ्राम को बलपूर्वक नीचे गिरा देती है तथा वाल्व के नीचे एग्जॉस्ट पैसेज बन्द हो जाता है।

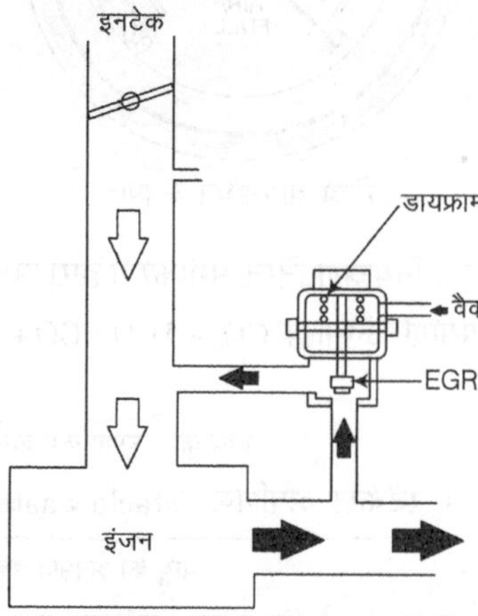

चित्र वैक्यूम रेगुलेटिड EGR वाल्व

(ii) **इलेक्ट्रॉनिक कण्ट्रोल** EGR **वाल्व** Electronic Control EGR Valve

इलेक्ट्रॉनिक कण्ट्रोल EGR वाल्व एक लीनियर (linear) EGR वाल्व है जैसा कि चित्र में दर्शाया गया है। इस प्रकार के वाल्व में, EGR वाल्व को खोलने व बन्द करने के लिए कम्प्यूटर नियन्त्रित स्टैपर मोटर का प्रयोग किया जाता है। इस वाल्व का मुख्य लाभ यह है कि इसका प्रचालन, इंजन के वैक्यूम से पूर्णतः स्वतन्त्र होता है। यह पूर्ण रूप से इलेक्ट्रिकल प्रचालित वाल्व है तथा विभिन्न भागों में खुल सकता है।

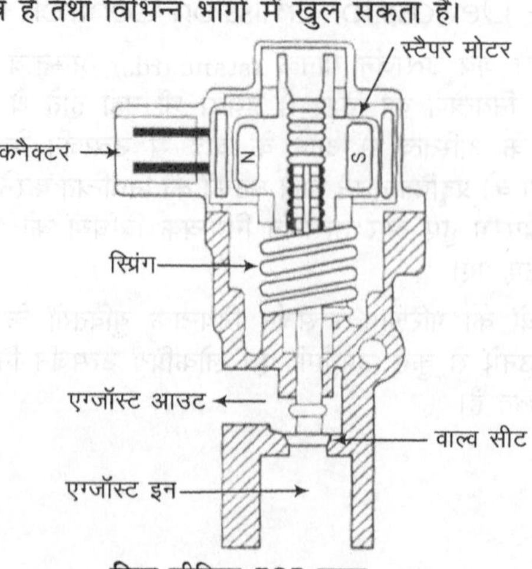

चित्र लीनियर EGR वाल्व

लीनियर EGR वाल्वों में एक EGR वाल्व पॉजिशन सेन्सर (EVP) भी लगा होता है जो कम्प्यूटर को EGR की स्थिति बताता रहता है। चित्र में एक EVP सेन्सर दर्शाया गया है।

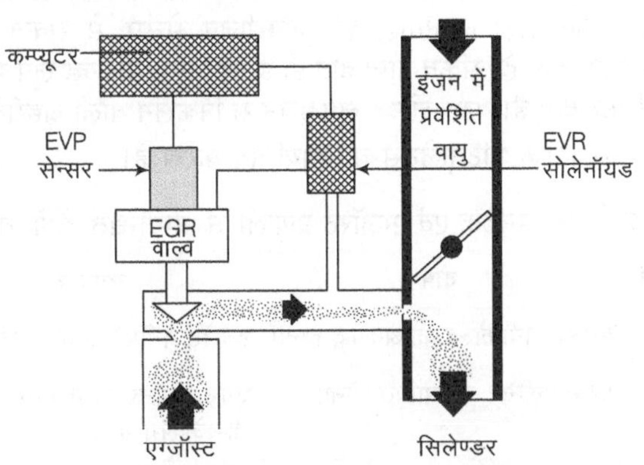

चित्र इलेक्ट्रॉनिक कण्ट्रोल EGR वाल्व

EVP सेन्सर अपने आप स्वयं ही एक खोजी वाल्व के समान कार्य करता है तथा EGR की स्थिति से ECM को अवगत कराता रहता है जिससे कि EGR वाल्व को खोलने व बन्द करने के लिए कमाण्ड दी जा सके। सेन्सर थ्रॉटल पॉजिशन सेन्सर के समान कार्य करता है तथा प्रतिरोध को चार्ज करता रहता है। इसमें वाल्व को बन्द करने के लिए 0.3 वोल्ट तथा खोलने के लिए 0.5 वोल्ट के सिग्नल का उपयोग किया जाता है।

3. चारकोल भण्डारण युक्ति
Charcoal Storage Device

सक्रिय चारकोल का कन्टेनर एक भण्डारण युक्ति है। सक्रिय चारकोल से तात्पर्य अधिक सतही क्षेत्रफल वाले छिद्रयुक्त चारकोल से है। इसका प्रयोग ईंधन वाष्प को भण्डारित करने में किया जाता है। इस चारकोल कन्टेनर या चारकोल भण्डारण युक्ति को ईंधन टैंक एवं फिल्टर लाइन से सम्बद्ध किया जाता है, जोकि इनटेक मैनीफोल्ड की वाष्प को एकत्रित करता रहता है। कुछ इंजनों में इस युक्ति को कार्बुरेटर से भी सम्बद्ध किया जाता है।

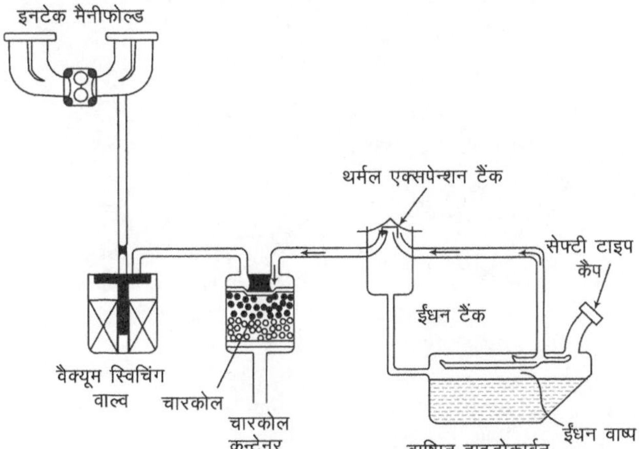

चित्र चारकोल भण्डारण युक्ति

जब इंजन चलता है, तो पिस्टन के इनटेक स्ट्रोक के समय इनटेक मैनीफोल्ड में निम्न दाब क्षेत्रफल बन जाता है। इसका प्रयोग फिल्टर वाल्व को खोलने में किया जाता है, जिससे कन्टेनर की तली में ताजा वायु प्रवेश करती है। यह वायु यहाँ से ईंधन वाष्प को अवशोषित करके इनलेट मैनीफोल्ड में आ जाती है और इंजन के कम्बशन चैम्बर में प्रवेश करके दहन में भाग लेती है।

इस फिल्टर वाल्व का डिजाइन इस प्रकार किया जाता है कि यह इंजन की निष्क्रिय चाल से अधिक चाल पर कार्य कर सके। यदि यह वाल्व इंजन की निम्न चाल पर कार्य करेगा, तो अधिक ईंधन वाष्प, ईंधन-वायु अनुपात को विक्षुब्ध कर देती है, जिससे इंजन का चालन अव्यवस्थित हो जाता है। वाहन के ईंधन का वाष्पीकरण ही हाइड्रोकार्बन के उत्सर्जन का मुख्य स्रोत है। गैसोलीन ईंधन के वाष्पीकरण की दर डीजल के वाष्पीकरण की अपेक्षा अधिक होती है, क्योंकि गैसोलीन शीघ्र घुलनशील होता है।

4. डीजल पर्टिकुलेट फिल्टर Diesel Particulate Filter

वर्तमान समय में वाहनों के इंजन में ईंधन के रूप में डीजल का भी प्रयोग किया जाता है। डीजल में विभिन्न प्रकार के मिट्टी के कण, रेत आदि हो सकते हैं, जो इंजनों में पहुँचकर इंजन के सिलेण्डर एवं लाइनर्स को खराब कर देते हैं। इस प्रकार, इंजन में इन कणों को जाने से रोकने के लिए डीजल पर्टिकुलेट फिल्टर का प्रयोग किया जाता है, जोकि अग्र चित्र में दर्शाया गया है।

डीजल पर्टिकुलेट फिल्टर की सहायता से ईंधन में उपस्थित लगभग 85% कणों को इंजन में जाने से रोका जा सकता है, परन्तु फिर भी 15% कण फिल्टर में जमा होते रहते हैं। इन कणों की अधिक मात्रा होने पर फिल्टर को बदल दिया जाता है या इसका तापमान बढ़ाकर कणों को समाप्त कर दिया जाता है, इसे फिल्टर रिजनरेशन (filter regeneration) भी कहा जाता है।

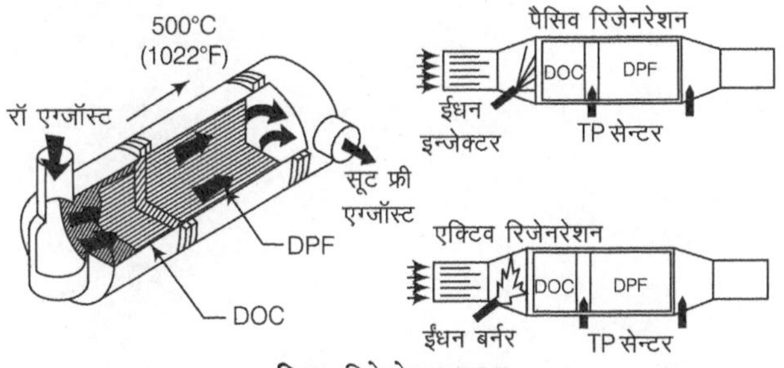

चित्र रिजनरेशन DPF

5. चयनात्मक उत्प्रेरक रिडक्शन वाल्व
Selective Catalytic Reduction (SCR) Valve

इंजन में ईंधन दहन के फलस्वरूप निष्कासित होने वाली विषैली गैसों में उपस्थित नाइट्रोजन ऑक्साइड की मात्रा को उत्प्रेरक द्वारा कम करने की प्रक्रिया, चयनात्मक उत्प्रेरक रिडक्शन कहलाती है। इंजन से निकलने वाली विषैली गैसें (नाइट्रोजन ऑक्साइड) पर्यावरण को दूषित करती हैं, इसलिए चयनात्मक उत्प्रेरक रिडक्शन का उपयोग इंजन से निष्कासित होने वाले नाइट्रोजन के ऑक्साइड (NO_x) को नाइट्रोजन एवं जलवाष्प में परिवर्तित करने में किया जाता है।

SCR नाइट्रोजन ऑक्साइड के उत्सर्जन को 93% तक कम कर देता है। इस प्रणाली में निम्नलिखित मुख्य भाग होते हैं

- DEF इन्जेक्टर
- मिक्सिंग ट्यूब
- SCR उत्प्रेरक

क्रियाविधि Working Method

SCR प्रणाली में यूरिया आधारित डीजल एग्जॉस्ट फ्लूड का उपयोग किया जाता है। इस फ्लूड में 67.5% डी-आयोनाइज्ड जल तथा 32.5% यूरिया होता है। इस फ्लूड को एक विशेष इन्जेक्टर द्वारा एग्जॉस्ट प्रणाली में स्प्रे किया जाता है। जहाँ DEF गर्म एग्जॉस्ट गैसों से क्रिया करके नाइट्रोजन के ऑक्साइड बनाता है तथा उत्प्रेरक इन नाइट्रोजन के ऑक्साइड को दो अवयवों जल वाष्प तथा नाइट्रोजन में विभक्त कर देता है।

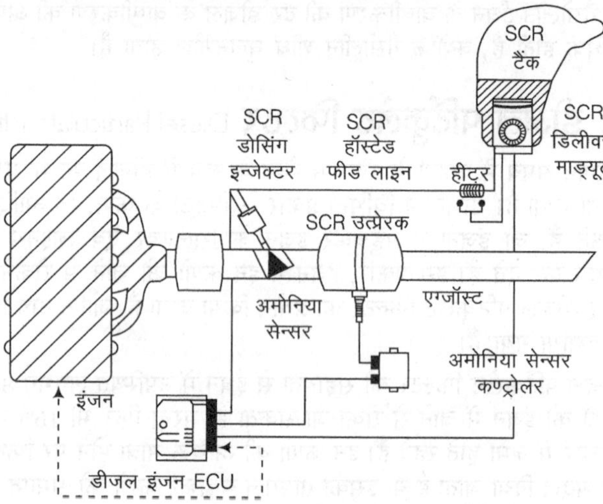

चित्र चयनात्मक उत्प्रेरक रिडक्शन वाल्व

6. क्लोज्ड लूप Closed Loop

इंजन में ऑक्सीजन सेन्सर एग्जॉस्ट मैनीफोल्ड पर लगाया जाता है। जैसे ही इंजन तथा ऑक्सीजन कार्यकारी तापमान पर आते हैं, ई. सी. एम. (engine control module) को ऑक्सीजन सेन्सर से संकेत मिलना प्रारम्भ हो जाता है। संकेत प्राप्त होते ही ई. सी. एम. क्लोज्ड लूप मोड को स्टार्ट कर देता है। यह क्लोज्ड लूप इंजन से निकलने वाली जहरीली गैसों तथा हानिकारक पर्टिकुलेट्स को नियन्त्रित करता है।

तालिका इनटेक एवं एग्जॉस्ट प्रणाली से सम्बन्धित दोषोपचार

क्र.सं.	दोष	उपचार
1.	इनलेट मैनीफोल्ड का अवरुद्ध होना।	इनलेट मैनीफोल्ड की सफाई करें।
2.	एयर क्लीनर का बाधित होना।	एयर क्लीनर के क्लीनर की डी-स्केलिंग करें।
3.	इनलेट मैनीफोल्ड का लीक होना।	नई गैस्केट का प्रयोग करें।
4.	इनलेट मैनीफोल्ड के निकास पर इन्जेक्टर का कार्य न करना।	इन्जेक्टर की मरम्मत करें।
5.	एग्जॉस्ट मैनीफोल्ड से गैसों का रिसना।	पुरानी गैस्केट को बदलकर, नई गैस्केट का प्रयोग करें।
6.	एग्जॉस्ट मैनीफोल्ड में अत्यधिक कार्बन जमना।	एग्जॉस्ट मैनीफोल्ड की सफाई करें।
7.	एग्जॉस्ट का ठीक प्रकार से कार्य न करना।	एग्जॉस्टर की मरम्मत करें।

महत्त्वपूर्ण बिन्दु

- जिस प्रणाली द्वारा वायुमण्डल की वायु को साफ करके इंजन के सिलेण्डर में पहुँचाया जाता है, वह इनटेक प्रणाली कहलाती है।
- वह प्रणाली जिसके द्वारा इंजन की जली हुई गैसें सिलेण्डर से निकालकर वायुमण्डल में छोड़ी जाती हैं, वह एग्जॉस्ट प्रणाली कहलाती है।
- इंजन की इनटेक प्रणाली के अन्तर्गत निम्न अवयव आते हैं–एयर कम्प्रैसर, सुपरचार्जर, इण्टरकूलर, टर्बोचार्जर, एयर क्लीनर, इनटेक मैनीफोल्ड आदि।
- वाहन के टायर में वायु भरने तथा सिलेण्डर में वायु पहुँचाने जैसे उद्देश्यों की पूर्ति हेतु एयर कम्प्रैसर बनाए जाते हैं।
- सुपरचार्जर एक एयर पम्प होता है जोकि इंजन के क्रैंकशाफ्ट से चेन या बैल्ट द्वारा चलाया जाता है।
- टर्बोचार्जर एक प्रकार की फोर्स्ड इण्डक्शन प्रणाली है।
- शक्ति क्षय से बचने के लिए एग्जॉस्ट गैसों से चलने वाला टर्बोचार्जर प्रचलित है।
- इण्टरकूलर एक यान्त्रिक युक्ति है, जिसका प्रयोग प्रायः तापमान प्रक्रियाओं में द्रव या गैसों को ठण्डा करने के लिए किया जाता है।
- वायुमण्डलीय वायु को इंजन के सिलेण्डरों में प्रवेश कराने से पूर्व साफ करने के लिए एयर क्लीनर का प्रयोग किया जाता है।
- इनटेक मैनीफोल्ड कार्बुरेटर से ईंधन तथा वायु के मिश्रण को सिलेण्डर हैड के इनटेक पोर्ट को सप्लाई करता है।
- इनटेक मैनीफोल्ड को प्रायः एल्युमीनियम तथा ढलवाँ लोहे को मिलाकर बनाया जाता है।
- इंजनों में इनटेक मैनीफोल्ड को फिट करने के लिए गैस्केट का प्रयोग किया जाता है।
- एग्जॉस्ट मैनीफोल्ड द्वारा सभी सिलेण्डरों की जली गैसों को एकत्र करके साइलेन्सर तक पहुँचाया जाता है।
- एग्जॉस्टर एक प्रकार का वैक्यूम पम्प होता है, जिसमें पाइप को इस प्रकार फिट किया जाता है कि उसमें मोड़ कम हो एवं निकास इंजन के बाहर हो।
- एग्जॉस्ट पाइप सदैव क्षैतिज दिशा में लगाना चाहिए।
- एग्जॉस्टर मैनीफोल्ड को साइलेन्सर या मफलर के साथ जोड़ने के लिए एग्जॉस्ट पाइपों का प्रयोग किया जाता है।
- इंजन के सिलेण्डर में जली हुई गैसों के वेग तथा ध्वनियों को कम करने के लिए मफलर का प्रयोग किया जाता है।
- कुछ इंजनों में छोटे और प्री मफलर भी एग्जॉस्ट सिस्टम में मैनीफोल्ड तथा मेन मफलर के साथ प्रयोग किए जाते हैं।
- प्रतिकारी मफलर में इनलेट एवं आउटलेट ट्यूब, चैम्बर की ओर प्रसारित होते हैं, इसलिए इसे चैम्बर मफलर भी कहा जाता है।
- अवशोषक मफलर में दहन प्रक्रम द्वारा उत्पन्न ध्वनि को कम करने के लिए अवशोषक (absorptive) पदार्थों का प्रयोग किया जाता है।
- संयुक्त मफलरों का अत्यधिक प्रयोग एग्जॉस्ट ध्वनि को कम करने में किया जाता है।
- इलेक्ट्रॉनिक मफलर में सेन्सर व माइक्रोफोन की सहायता से एग्जॉस्ट पाइपों द्वारा उत्पन्न ध्वनि तरंगों का निरीक्षण किया जाता है।
- उत्प्रेरक परिवर्तक एक प्रकार का एग्जॉस्ट नियन्त्रक उपकरण है जो रेडॉक्स अभिक्रिया करके उत्सर्जित गैसों के विषैले प्रदूषकों को कम विषैला बनाने में सहायक होता है।
- मोबिल ऑयल को एक भाग से दूसरे भाग में पहुँचाने के लिए सिन्थेटिक फ्लैक्सिबल पाइप का प्रयोग किया जाता है।
- एग्जॉस्ट मैनीफोल्ड के अन्दर सेरामिक की कोटिंग भी की जाती है, जिससे जली हुई गैसों की गर्मी का मैनीफोल्ड अथवा इंजन ब्लॉक पर कोई दुष्प्रभाव न पड़े।

महत्त्वपूर्ण प्रश्नोत्तरी

1. इनटेक प्रणाली क्या है?

उत्तर इनटेक प्रणाली इंजन की वह प्रणाली है, जिसके माध्यम से ईंधन को जलाने के लिए आवश्यक वायु को सप्लाई करना होता है।

2. वायु का तापमान कम्प्रैशन के कारण बढ़ता है या कम्प्रैशन के कारण घटता है।

उत्तर वायु का तापमान कम्प्रैशन के कारण बढ़ता है।

3. कम्प्रैशन अनुपात बढ़ाने से एक इंजन की पावर आउटपुट पर क्या प्रभाव पड़ेगा?

उत्तर कम्प्रैशन अनुपात बढ़ाने से इंजन की पावर आउटपुट बढ़ जाएगी।

4. सुपर चार्जर के लिए कम्प्रैसर को किन दो स्रोतों से चलाया जाता है?

उत्तर सुपर चार्जर के लिए कम्प्रैसर को मुख्यतः दो स्रोतों से चलाया जाता है

(i) इंजन की क्रैंकशाफ्ट से (ii) एक एग्जॉस्ट गैस टरबाइन से

5. नीचे दिए गए टर्बोचार्जर में 'X' किसको प्रदर्शित करता है?

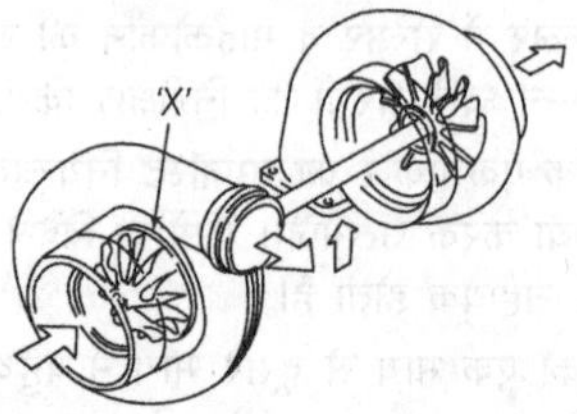

उत्तर चित्र में 'X' द्वारा कम्प्रैस व्हील को प्रदर्शित करता है।

6. टर्बोचार्जर क्या है?

उत्तर टर्बोचार्जर एक प्रकार की फोर्स्ड इण्डक्शन प्रणाली है, जो इंजन में प्रवाहित होने वाली वायु को कम्प्रैस (compress) करता है।

7. एयर इनटेक प्रणाली में एयर फिल्टर लगाना क्यों आवश्यक होता है?

उत्तर वायुमण्डल की वायु में धूल, मिट्टी, कण, रेत और अन्य बाहरी पदार्थ होते हैं। यदि सक्शन के दौरान डीजल इंजन सिलेण्डर में इस वायु को खींचा जाता है, तो इसके कारण वाल्व खराब हो जाते हैं तथा पिस्टन रिंग्स व लाइनर्स घिस जाते हैं।

8. इनटेक साइलेन्सर का प्रयोग करना क्यों आवश्यक है?

उत्तर इनटेक साइलेन्सर का प्रयोग करना इसलिए आवश्यक है, क्योंकि इनटेक वाल्व से उच्च वेग पर वायु प्रवेश करती है, जो काफी तीव्र गति से शोर करती है। इस शोर को कम करने के लिए इनटेक साइलेन्सर का प्रयोग करते हैं।

9. मफलर क्या है?

उत्तर यह एक डिवाइस है, जो एग्जॉस्ट गैसों के निकलने के द्वारा उत्पन्न हुई आवाज को कम करता है।

10. उत्प्रेरक कन्वर्टर का क्या कार्य है?

उत्तर उत्प्रेरक कन्वर्टर, बिना जली गैसों (HC) तथा कुछ जली गैसों (CO) को पानी (H_2O), कार्बन डाइ-ऑक्साइड (CO_2) में बदलता है

अभ्यास प्रश्न

परीक्षा प्रारूपी प्रश्न

बहुविकल्पीय

1. डीजल इंजन में अत्यधिक धुआँ ·········· के समय निकलता है।

(a) स्टार्टिंग (b) आइडलिंग
(c) एक्सीलरेटिंग (d) डिसीलरेटिंग

2. इनटेक प्रणाली में इनमें से किसका उपयोग नहीं किया जाता है?

(a) एयर कम्प्रैसर (b) एयर क्लीनर
(c) सुपरचार्जर (d) मफलर

3. एग्जॉस्ट प्रणाली का कार्य है

(a) ईंधन का दहन
(b) वायु शोधन
(c) जली गैसों को बाहर निकालना
(d) उपरोक्त सभी

4. एयर कम्प्रैसर द्वारा इंजन को प्रदान किया जाता है

(a) वायु (b) पानी
(c) इंजन ऑयल (d) ब्रेक ऑयल

5. इण्टर कूलर इंजन की नॉकिंग को ·········· करता है।

(a) कम (b) अधिक
(c) 'a' और 'b' दोनों (d) इनमें से कोई नहीं

6. सुपर चार्जिंग के बारे में निम्नलिखित में से कौन-सा कथन सही नहीं है?

(a) यह एयर इनटेक की मात्रा को बढ़ाती है
(b) यह अधिक पावर को विकसित करने में सहायक होती है
(c) यह वायु के प्रैशर को वायुमण्डलीय प्रैशर से ऊपर बढ़ाती है
(d) यह वायु के प्रैशर को वायुमण्डलीय प्रैशर से नीचे घटाती है

7. सुपर चार्जर द्वारा सिलेण्डर में पहुँचता है

(a) अधिक पानी
(b) पेट्रोल मिश्रण
(c) स्नेहक तेल
(d) उपरोक्त में से कोई नहीं

8. कम्प्रैसर के टर्बोचार्जर को घुमाने के लिए कौन-सी ड्राइव प्रयोग की जाती है?

(a) टरबाइन व्हील
(b) कैमशाफ्ट
(c) क्रैंकशाफ्ट
(d) फ्लाईव्हील

9. टरबाइन व्हील का टर्बोचार्जर किसके द्वारा घूमता है?

(a) कैमशाफ्ट (b) क्रैंकशाफ्ट
(c) एग्जॉस्ट गैसों से (d) कम्प्रैसर से

10. इण्टर कूलर के सिद्धान्त में टर्बोचार्जर के क्या करने पर ताप हटाना होता है?

(a) दाब घटाने पर (b) ताप बढ़ाने पर
(c) दाब बढ़ाने पर (d) ताप घटाने पर

11. निम्न में से कौन-सा इण्टर कूलर के लिए सही कथन नहीं है?

(a) वायु को ठण्डा करना
(b) इंजन की दक्षता बढ़ाना
(c) इंजन की गति कम करना
(d) सम्पीडन की ऊष्मा हानि कम करना

12. निम्न में कौन-से इण्टर कूलर के प्रकार हैं?

(a) वायु (b) जल
(c) 'a' और 'b' दोनों (d) अग्नि

13. निम्न में से किस क्लीनर का प्रयोग अधिकतर इंजनों में किया जाता है?

(a) ऑयल सोक्ड एयर क्लीनर
(b) ड्राई एयर क्लीनर
(c) ऑयल बाथ टाइप एयर क्लीनर
(d) उपरोक्त में से कोई नहीं

14. हाई स्पीड इंजनों में निम्न में से कौन-से एयर क्लीनर का प्रयोग किया जाता है?

(a) ड्राई एयर क्लीनर
(b) वेट एयर क्लीनर
(c) ऑयल बाथ एयर क्लीनर
(d) प्री-एयर क्लीनर

15. इंजन के सिलेण्डरों में वायु के जाने से पूर्व इनमें से किसकी सहायता से उसको फिल्टर किया जाता है?

(a) एयर क्लीनर (b) मफलर
(c) टर्बोचार्जर (d) ये सभी

16. निम्न में से कौन-सा एयर क्लीनर का प्रकार नहीं है?

(a) पेपर क्लीनर
(b) इलेक्ट्रॉनिक मफलर प्रकार का क्लीनर
(c) ऑयल सोक्ड क्लीन
(d) ऑयल वाल प्रकार का क्लीनर

17. निम्न में से कौन–सा एयर क्लीनर सर्वश्रेष्ठ समझा जाता है?
(a) पेपर एयर क्लीनर
(b) ऑयल सोक्ड प्रकार
(c) ऑयल बाथ प्रकार
(d) इनमें से कोई नहीं

18. ऑयल बाथ एयर क्लीनर को तेल से क्यों भरा जाता है?
(a) स्नेहन करने के लिए
(b) वायुमण्डल से मिट्टी और धूल को रोकने के लिए
(c) प्रैशराइज करने के लिए
(d) गति बढ़ाने के लिए

19. नीचे दिए गए चित्र में एयर क्लीनर के किस भाग को साफ किया जा रहा है?

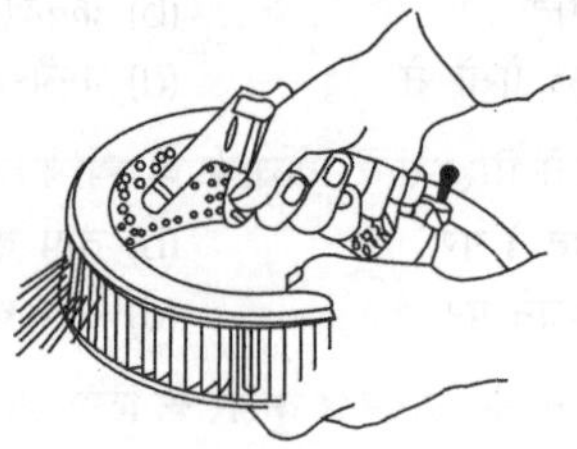

(a) कवर
(b) एलीमेन्ट
(c) बॉडी
(d) गैस्केट

20. वेट टाइप एयर क्लीनर में ऑयल का मुख्य कार्य क्या है?
(a) वायु द्वारा भारी कणों को अवशोषित करना
(b) एयर पैसेज को स्नेहन करना
(c) वायु को ठण्डा करना
(d) उपरोक्त सभी

21. नीचे दिए गए चित्र में 'X' किसको प्रदर्शित करता है?

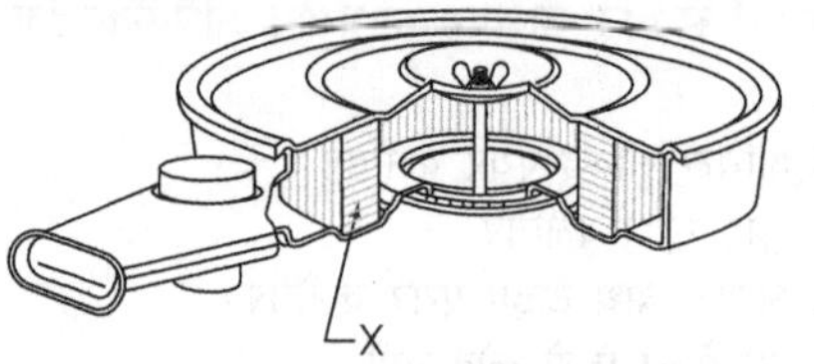

(a) ऑयल
(b) साइड पैसेज
(c) क्लीनर एलीमेन्ट
(d) इनमें से कोई नहीं

22. .... को हैल्म होल्टेज मफलर भी कहा जाता है।
(a) इलेक्ट्रॉनिक मफलर
(b) अवशोषिक मफलर
(c) रिएक्टिव मफलर
(d) इनमें से कोई नहीं

23. चैम्बर मफलर किस मफलर का दूसरा नाम है?
(a) इलेक्ट्रॉनिक
(b) रिएक्टिव
(c) अवशोषिक
(d) इनमें से कोई नहीं

24. उत्प्रेरक परिवर्तक में मुख्य भाग होता है
(a) एग्जॉस्ट पाइप
(b) वाश कोट
(c) एग्जॉस्ट मैनीफोल्ड
(d) ये सभी

25. एस. सी. आर. का पूर्ण रूप है
(a) सेलेक्टिव कैटालाइटिक रेगुलेटर
(b) सेलेक्टिव कैटालाइटिक रेगुलेटर
(c) सिलिकॉन कैटालाइटिक रेगुलेटर
(d) सिलिकॉन कैटालाइटिक रिसर्कुलेशन

26. एक इंजन को प्रभावित करने वाला कारक है
(a) कम्प्रैशन अनुपात
(b) कोल्ड मिक्स्चर
(c) एडीटिबिज (भोजक)
(d) ये सभी

27. एक इन्टर्नल कम्बशन द्वारा उत्सर्जित हानिकारक एग्जॉस्ट HC, CO, NOx का कम हानिकारक वाले अवयव; जैसे–H_2O, CO_2 और H_2 परिवर्तित करने के कौन–सा कन्वर्टर प्रयोग किया जाता है?
(a) त्रिमार्ग कैटालाइटिक कन्वर्टर
(b) द्विमार्ग कैटाइलाइटिक कन्वर्टर
(c) EVAP कण्ट्रोल सिस्टम
(d) EGR

28. धात्वीय सेरामिक आस्तरण की अधिकतम तापमान सीमा कितनी होती है?
(a) 1000°C
(b) 10000°C
(c) 1100°C
(d) 11000°C

उत्तरमाला

1. (c)	**2.** (d)	**3.** (c)	**4.** (a)	**5.** (a)	**6.** (a)	**7.** (b)	**8.** (a)	**9.** (c)	**10.** (b)
11. (c)	**12.** (c)	**13.** (c)	**14.** (c)	**15.** (a)	**16.** (b)	**17.** (c)	**18.** (b)	**19.** (b)	**20.** (a)
21. (a)	**22.** (a)	**23.** (b)	**24.** (b)	**25.** (a)	**26.** (d)	**27.** (a)	**28.** (c)		

अध्याय 25

डीजल ईंधन प्रणाली

Diesel Fuel System

अध्याय विषय सूची

- ट्रैक्टर में फ्यूल फीड सिस्टम
- काबुरिटर
- डीजल ईंधन
- डीजल ईंधन की विशिष्टियाँ एवं अभिलक्षण
- डीजल इंजेक्शन की विधियाँ
- ईंधन प्रणाली की शान्त तथा शुद्ध डीजल तकनीक की अवधारणा
- डीजल ईंधन प्रणाली के मुख्य अवयव
- डीजल सप्लाई प्रणालियाँ
- डीजल इलेक्ट्रॉनिक नियन्त्रण प्रणाली
- ईंधन प्रणाली के सामान्य दोष
- **महत्त्वपूर्ण बिन्दु**
- **महत्त्वपूर्ण प्रश्नोत्तरी**
- **अभ्यास प्रश्न**

परिचय Introduction

डीजल इंजन के अन्दर शुद्ध हवा को ही इनलेट वाल्व द्वारा ले जाकर सिलेण्डर में कम्प्रेस किया जाता है। कम्प्रेशन स्ट्रोक में कम्प्रेशन का अनुपात अधिक होने के कारण इसका तापमान और प्रैशर बढ़ जाता है और जब पिस्टन, कम्प्रेशन स्ट्रोक पर पहुँचने ही वाला होता है, उस समय इंजेक्टर द्वारा दहन कक्ष में डीजल स्प्रे किया जाता है। वह स्प्रे ऑटोमाइजेशन फॉर्म में होता है। डीजल इंजेक्ट करने से कम्प्रेस्ड हवा और ऑटोमाइज्ड डीजल में आग लग जाती है, जिससे इंजन को पावर-स्ट्रोक मिलती है। डीजल इंजन को 'कम्प्रेशन इग्नीशन' इंजन भी कहते हैं।

डीजल का स्प्रे भली-भाँति उचित समय पर होना अति आवश्यक है। डीजल भारी तेलों में से एक है तथा इसमें ईंधन प्रणाली की पाइप लाइनों में सुगमतापूर्वक बहने तथा शीघ्र जलने का गुण होना आवश्यक है। डीजल का जलना सीटेन नम्बर पर आधारित होता है। जिस डीजल का सीटेन नम्बर अधिक होता है। वह अधिक शीघ्रता से जलता है तथा जिस डीजल का सीटेन नम्बर कम होता है उसे जलाने के लिए अधिक सम्पीडन ताप की आवश्यकता होगी। इसी सिद्धान्त के आधार पर लो स्पीड तथा हाई स्पीड डीजल इंजन बनाए जाते हैं।

25.1 ट्रैक्टर में फ्यूल फीड सिस्टम

Fuel Feed System in Tractor

ट्रैक्टरों में फ्यूल टैंक से फ्यूल को इंजन सिलेण्डर तक सप्लाई करने के लिए निम्न प्रकार के सिस्टम का प्रयोग किया जाता है

1. ग्रेविटी फीड सिस्टम
2. फोर्स्ड या प्रैशर फीड सिस्टम
3. वैक्यूम फीड सिस्टम

1. ग्रेविटी फीड सिस्टम Gravity Feed System

फ्यूल के ग्रेविटी फीड सिस्टम में फ्यूल टैंक को कार्बुरेटर से ऊँचे स्थान पर माउण्ट किया जाता है। इसमें फ्यूल गुरुत्वाकर्षण बल के द्वारा फ्यूल टैंक से कार्बुरेटर में प्रवेश करता है।

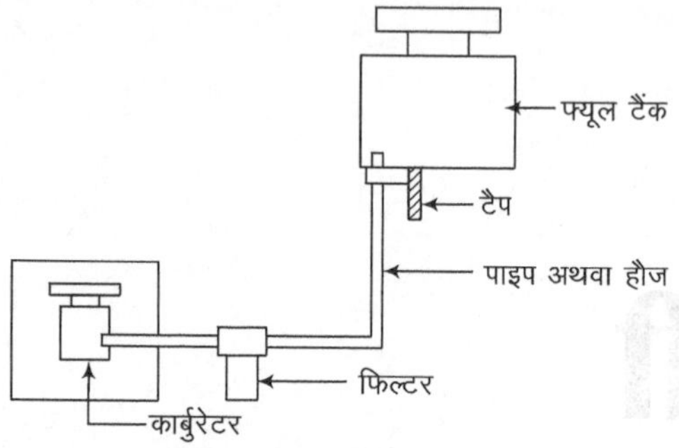

चित्र ग्रेविटी फीड सिस्टम

2. फोर्स्ड या प्रैशर फीड सिस्टम Forced or Pressure Feed System

इस प्रकार के फीड सिस्टम में एक दाबयुक्त सील्ड फ्यूल टैंक का प्रयोग किया जाता है। एक अतिरिक्त एयर पम्प द्वारा टैंक में प्रैशर उत्पन्न किया जाता है। इस पम्प को कैम के साथ युग्मित करके टैंक में प्रैशर बनाते हैं जिससे फ्यूल कार्बुरेटर तक प्रवाहित होने लगता है। इस सिस्टम में फ्यूल टैंक को कार्बुरेटर के ऊपर अथवा नीचे कहीं भी स्थापित किया जा सकता है।

3. वैक्यूम फीड सिस्टम Vacuum Feed System

वैक्यूम फीड सिस्टम में इंजन द्वारा फ्यूल का सक्शन किया जाता है। इसमें पहले फ्यूल का सक्शन मेन फ्यूल टैंक से एक सहायक फ्यूल टैंक में किया जाता है। सहायक फ्यूल टैंक से गुरुत्वाकर्षण बल के द्वारा फ्यूल कार्बुरेटर तक पहुँचता है।

25.2 कार्बुरेटर Carburettor

कार्बुरेटर, पेट्रोल इंजन में ईंधन प्रणाली की एक ऐसी यूनिट (unit) होती है, जो पेट्रोल एवं वायु का मिश्रण बनाकर इंजन को विभिन्न चाल प्रदान करती है। पेट्रोल एवं वायु का यह मिश्रण बनाने का कार्य ही कार्बुरेशन (carburation) कहलाता है। मिश्रण में इंजन की आवश्यकतानुसार, पेट्रोल एवं वायु का अनुपात घटता-बढ़ता रहता है। कार्बुरेटर, इनलेट मैनीफोल्ड पर फिट किया जाता है तथा इसके द्वारा इंजन के दहन कक्ष में दहन होने वाला पेट्रोल, गैस के रूप में परिवर्तित किया जाता है। कार्बुरेटर के तीन मुख्य कार्य हैं

1. यह तरल रूप से पेट्रोल को महीन कणों में विभाजित करके, उसे वायु के साथ मिलाकर, गैस के रूप में बदलता है। यह प्रक्रिया ऑटोमाइजेशन कहलाती है।
2. वायु व पेट्रोल का उचित अनुपात में मिश्रण बनाकर, उसे शीघ्र दहन होने योग्य बनाता है।
3. इंजन की प्रत्येक चाल के लिए, आवश्यकतानुसार पेट्रोल तथा वायु मिश्रण देता है।

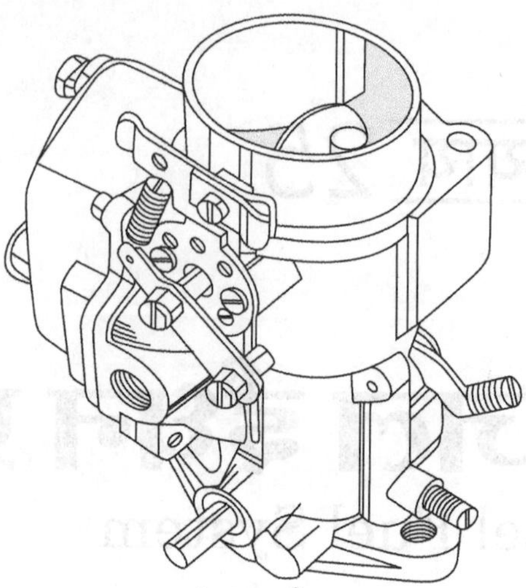

चित्र कार्बुरेटर

इंजन को कभी तेज गति से प्रचालित किया जाता है, तो कभी धीमी गति से, कभी उस पर कोई लोड (load) नहीं होता, तो कभी उसे पूरा लोड लेकर चलना पड़ता है, इसलिए जब इंजन की गति धीमी होती है अथवा उस पर कोई लोड नहीं होता, तो उस समय उसे ऐसे मिश्रण की आवश्यकता होती है, जिसमें पेट्रोल की मात्रा अपेक्षाकृत कम हो। इसके विपरीत, जब इंजन तेज गति से चलता है तथा उस पर पूरा लोड पड़ता है, तो उस समय इंजन को अधिक शक्तिशाली अर्थात् अधिक पेट्रोल वाले मिश्रण की आवश्यकता होती है। इंजन की प्रत्येक चाल में मिश्रण के अन्दर पेट्रोल तथा वायु की मात्रा के अनुपात में अन्तर रहता है। सामान्यतः पेट्रोल एवं वायु के मिश्रण में 5 : 1 से 22 : 1 तक का अनुपात होता है।

कार्बुरेशन का सिद्धान्त Principle of Carburation

कार्बुरेटर, फ्यूल को एटोमाइजिंग तथा वेपोराइजिंग करने के लिए प्रयुक्त की जाने वाली युक्ति है। यह ईंधन को वायु के साथ विभिन्न अनुपातों में मिलाकर मिश्रण को मोटर वाहनों के इंजनों की परिवर्ती गति, लोड तथा तापमान के अनुसार नियन्त्रित करता है। सक्शन स्ट्रोक के दौरान वायु एयर क्लीनर द्वारा खींची जाती है तथा एयर होर्न के द्वारा निष्कासित की जाती है। एक डिस्चार्ज ट्यूब, एयर होर्न तथा फ्यूल बाउल के मध्य जुड़ी होती है।

जब वायु एयर होर्न से निकलती है, तो यह डिस्चार्ज ट्यूब की टिप पर निर्वात उत्पन्न करता है तथा फ्यूल बाउल से ईंधन को खींचता है। जैट ट्यूब पर एक एयर ब्लीड प्रवाहित की जाती है जो ईंधन को अति सूक्ष्म कणों में विभक्त कर देती है। यह क्रिया एटोमाइजिंग कहलाती है। तत्पश्चात् ईंधन तथा वायु का मिश्रण सिलेण्डर में खींचा जाता है।

ईंधन को वायु के साथ मिलाने तथा सूक्ष्म कणों में विभक्त करने की क्रिया को कार्बुरेशन कहते हैं।

कार्बुरेटर का वर्गीकरण Classification of Carburettor

ट्रैक्टरों में कार्बुरेटर लगाने की विभिन्न विधियाँ हैं, जिन्हें वायु प्रवेश मार्गों के अनुसार इंजन के डिजाइन के आधार पर अपनाया जाता है। इसके अनुसार निम्न तीन प्रकार के कार्बुरेटर अधिकतर प्रयोग किए जाते हैं

(i) **अपड्राफ्ट कार्बुरेटर** Updraft Carburettor

इस प्रकार के कार्बुरेटर, इनलेट मैनीफोल्ड के नीचे की ओर इस प्रकार नट-बोल्ट द्वारा फिट किए जाते हैं कि ये देखने पर उल्टे लटके प्रतीत होते हैं। ये नीचे की ओर से वायु खींचते हैं, जो ऊपर जाकर पेट्रोल को मेन नॉजिल के साथ सिलेण्डर में ले जाती है, परन्तु मेन नॉजिल का मुँह ऊपर ही रहता है। इस प्रकार के कार्बुरेटर में एक्सीलेरेशन (acceleration) पम्प की व्यवस्था नहीं की जाती है। अत: यह हल्के तथा छोटे इंजनों के लिए ही उपयुक्त समझा जाता है।

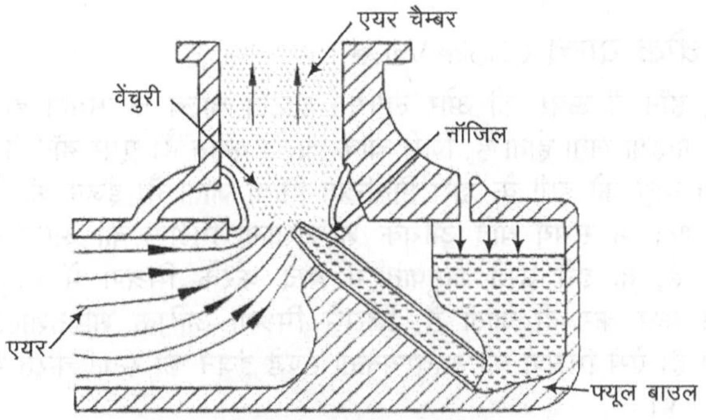

चित्र अपड्राफ्ट कार्बुरेटर

(ii) **डाउनड्राफ्ट कार्बुरेटर** Downdraft Carburettor

इस प्रकार के कार्बुरेटर, इनलेट मैनीफोल्ड में ऊपर की ओर नट-बोल्ट द्वारा फिट किए जाते हैं। इसमें वायु हॉर्न के ऊपर की ओर चोक वाल्व लगाया जाता है, जो ऊपर से ही वायु को खींचता है। यह वायु, मेन नॉजिल से पेट्रोल खींचकर अपने साथ सिलेण्डर में ले जाती है। इस प्रकार के कार्बुरेटर में सभी आवश्यक सुविधाएँ होती हैं, जिनसे इंजन की सभी प्रकार की चाल में सही अनुपात में ईंधन मिश्रण प्राप्त होता रहता है। इस कारण अधिकतर वाहनों में इस प्रकार के कार्बुरेटर का ही प्रयोग किया जाता है।

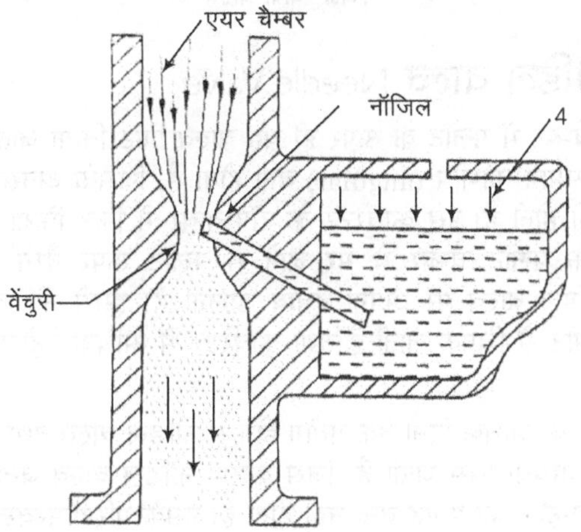

चित्र डाउनड्राफ्ट कार्बुरेटर

(iii) **हॉरिजॉण्टल कार्बुरेटर** Horizontal Carburettor

इस प्रकार का कार्बुरेटर, इनलेट मैनीफोल्ड के साथ एक लाइन में फिट किया जाता है। इसका वायु हॉर्न लेटा हुआ सा प्रतीत होता है, जिसमें बाहर के सिरे पर चोक वाल्व लगा होता है, इसमें भी मेन नॉजिल, वेंचुरी में ऊपर की ओर मुँह करके ही फिट की जाती है।

यह एक किनारे से वायु खींचकर सिलेण्डर तक पहुँचाता है। इस प्रकार के कार्बुरेटर का वायु हॉर्न पूरी लम्बाई में एग्जॉस्ट मैनीफोल्ड की गर्मी प्राप्त करता रहता है, जिस कारण पेट्रोल शीघ्र गैस रूप में परिवर्तित हो जाता है।

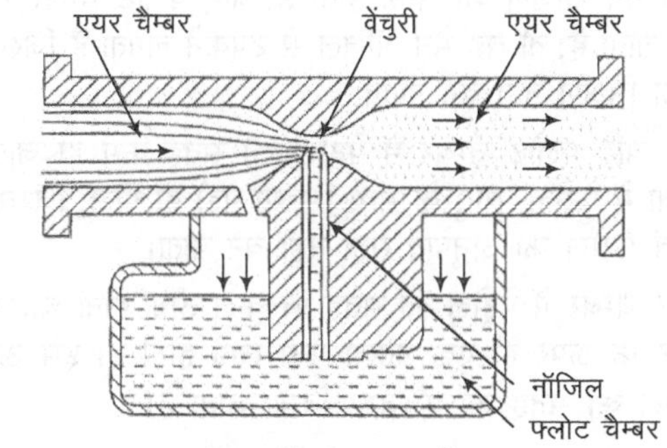

चित्र हॉरिजॉण्टल कार्बुरेटर

कार्बुरेटर प्रणाली Carburettor System

चित्र में एक सामान्य कार्बुरेटर प्रणाली दर्शायी गयी है। इससे स्पष्ट है कि वायु, एयर हॉर्न से वेंचुरी में आती है और मेन नॉजिल से अपने साथ पेट्रोल लेकर सिलेण्डर में पहुँचाती है।

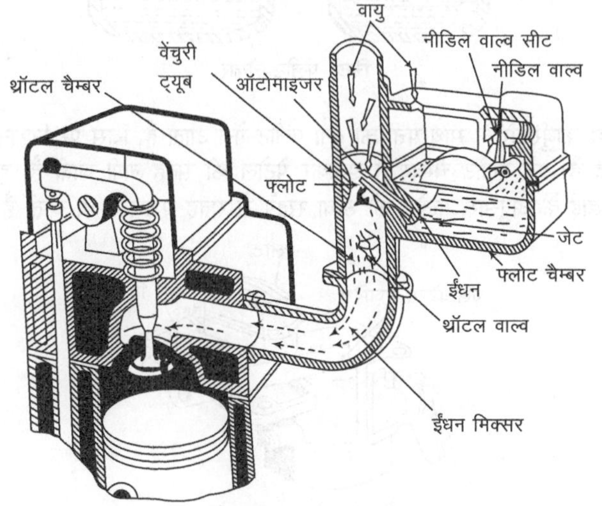

चित्र कार्बुरेटर प्रणाली

कार्बुरेटर प्रणाली के भाग Parts of Carburettor System

एक सामान्य कार्बुरेटर में निम्नलिखित मुख्य भाग होते हैं

1. फ्लोट चैम्बर
2. एयर हॉर्न
3. थ्रॉटल वाल्व
4. चोक वाल्व
5. नीडिल वाल्व
6. मेन नॉजिल
7. मीटरिंग जैट
8. कार्बुरेटर बैरल

1. फ्लोट चैम्बर Float Chamber

जैसा कि चित्र में दिखाया गया है, फ्लोट चैम्बर में एक फ्लोट (float) होता है। यह एक एयर टाइट डिब्बी जैसा होता है, जो पेट्रोल पर तैरता रहता है। इसी के ऊपर एक नीडिल वाल्व लगा होता है, जो अपनी सीट से चिपककर पेट्रोल आने के मार्ग को बन्द कर देता है। जब फ्लोट नीचे रहता है, तो नीडिल वाल्व भी अपनी सीट (seat) से खिसक जाता है तथा पेट्रोल आने का मार्ग खुल जाता है।

फ्लोट चैम्बर में पेट्रोल भरने की एक निश्चित सतह (level) होती है। इसी के अनुरूप मेन नॉजिल की सतह होती है। यदि फ्लोट चैम्बर में अधिक पेट्रोल भर जाता है, तो वह मेन नॉजिल से टपकने लगता है जिससे उचित अनुपात का मिश्रण नहीं बन पाता।

इसी प्रकार यदि फ्लोट चैम्बर में पेट्रोल की सतह कम हो जाती है, तो पर्याप्त मात्रा में पेट्रोल, वायु के साथ मिश्रित नहीं हो पाता, जिससे मिश्रण में वायु एवं पेट्रोल का अनुपात सही नहीं बन पाता।

अत: फ्लोट चैम्बर में पेट्रोल की सतह बिल्कुल ठीक होनी चाहिए। इसके लिए फ्लोट के ऊपर ही एक पतली पत्ती लगी होती है। इसे ऊपर-नीचे करके पेट्रोल की सतह को एडजस्ट किया जाता है।

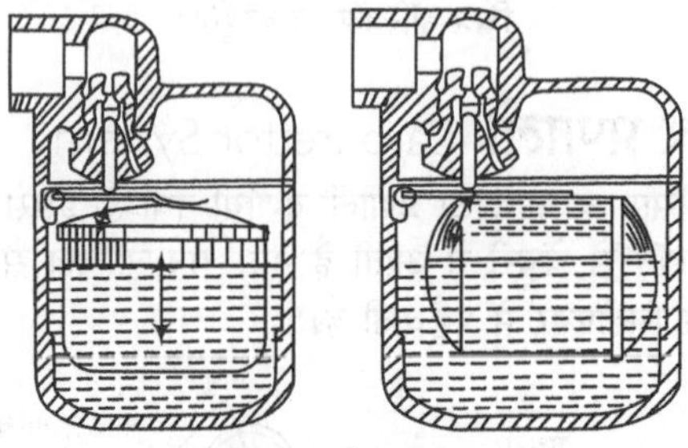

चित्र फ्लोट चैम्बर

कुछ काबुरिटरों के साथ पत्ती का बना फ्लोट गेज आता है, जिस पर निशान बने होते हैं। इसे फ्लोट चैम्बर में डुबोकर पेट्रोल की सतह नापी जाती है। इसकी चौड़ाई के अनुसार, फ्लोट को ऊँचा रखने से सतह एडजस्ट हो जाती है।

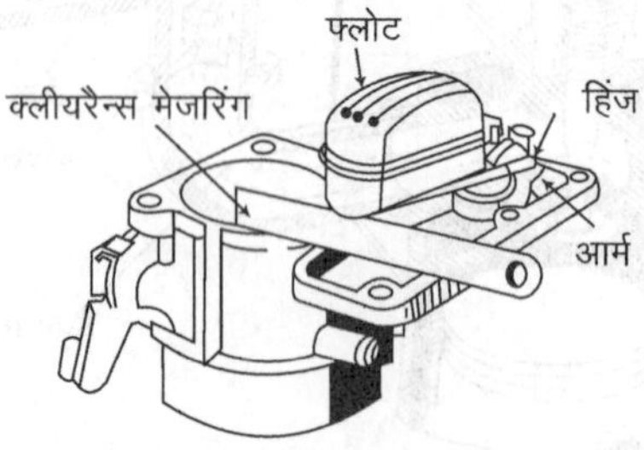

चित्र फ्लोट एडजस्टमेन्ट

2. एयर हॉर्न Air Horn

फ्लोट चैम्बर के पास ही यह दूसरा मुख्य भाग होता है, जिसके द्वारा वायु सिलेण्डर में जाती है। इसका ऊपर व नीचे का व्यास अधिक होता है, परन्तु बीच में इसका व्यास कम करके वेंचुरी बनाई जाती है। इसी में मेन जैट, स्लो रनिंग जेट आदि के विकास मार्ग बने होते हैं। एयर हॉर्न में ऊपर की ओर चोक वाल्व तथा नीचे की ओर थ्रॉटल वाल्व लगा होता है।

3. थ्रॉटल वाल्व Throttle Valve

यह काबुरिटर का अत्यन्त महत्त्वपूर्ण भाग है। इसके खुलने से मिश्रण में पेट्रोल एवं वायु का अनुपात घटाया-बढ़ाया जाता है। इसका सम्बन्ध काबुरिटर लिंक द्वारा एक्सीलेरेटर से होता है। यह एक गोल पहिये के रूप में एयर हॉर्न में नीचे लगा होता है।

इससे ईंधन की खपत बढ़ने लगती है, इसलिए जब थ्रॉटल वाल्व घिसकर कुछ अण्डाकार (oval) हो जाए, तो उसके स्थान पर नया थ्रॉटल वाल्व लगाना चाहिए।

कभी-कभी एयर हॉर्न भी घिस जाता है, जिससे सक्शन का प्रभाव, थ्रॉटल के बन्द होने की स्थिति में भी वेंचुरी पर पड़ता रहता है। ऐसी स्थिति में एयर हॉर्न की घिसावट नापकर बोर कराना चाहिए तथा उसी बोर के अनुरूप थ्रॉटल वाल्व फिट करना चाहिए।

4. चोक वाल्व Choke Valve

एयर हॉर्न में ऊपर की ओर लगभग थ्रॉटल वाल्व के समान ही एक गोल पहिया लगा होता है, जिसे चोक वाल्व कहते हैं। एयर हॉर्न में जाने वाली वायु को इसी के द्वारा नियन्त्रित किया जाता है। इंजन की किसी भी चाल के समय यदि अधिक शक्तिशाली मिश्रण की आवश्यकता होती है, तो इसे उसी अनुपात में बन्द करके मिश्रण में वायु की मात्रा कम कर दी जाती है, जिससे मिश्रण अधिक शक्तिशाली हो जाता है। ऐसे मिश्रण की आवश्यकता ठण्डे इंजन को स्टार्ट करते समय पड़ती है।

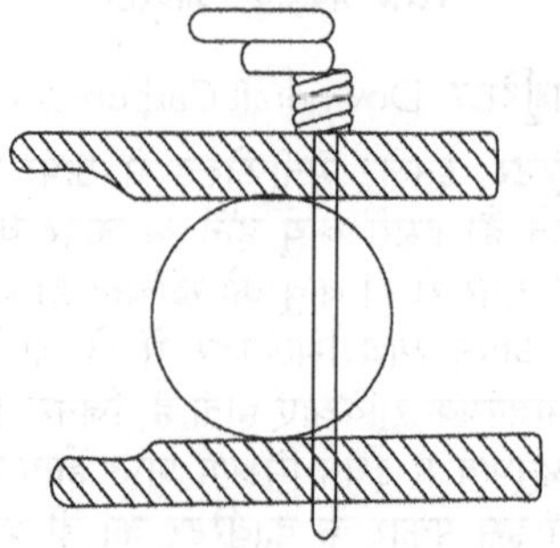

चित्र चोक वाल्व

5. नीडिल वाल्व Needle Valve

फ्लोट चैम्बर में फ्लोट के ऊपर ही यह वाल्व फिट किया जाता है। यह सूई के समान कोणीय (angular) बना होता है, जिसके अनुसार इसकी सीट बनी होती है। इसे काबुरिटर के टॉप कवर में फिट किया जाता है। पेट्रोल के फ्लोट चैम्बर में भर जाने से फ्लोट ऊपर तैरने लगता है तथा नीडिल वाल्व पर अपना दबाव डालता है। इससे नीडिल वाल्व, अपनी सीट से चिपक जाती है तथा काबुरिटर में अधिक पेट्रोल नहीं आ पाता है।

काबुरिटर के अधिक दिनों तक प्रयोग होने से नीडिल वाल्व तथा सीट कट जाती है अथवा घिस जाती है, जिस कारण नीडिल वाल्व बन्द होने के बाद भी पेट्रोल का प्रवाह बन्द नहीं होता है। इसके परिणामस्वरूप फ्लोट चैम्बर में पेट्रोल की सतह बढ़ जाती है तथा काबुरिटर में ओवरफ्लो का दोष आ जाता है।

इस दोष को दूर करने के लिए नीडिल वाल्व तथा सीट दोनों को ही बदल देना चाहिए।

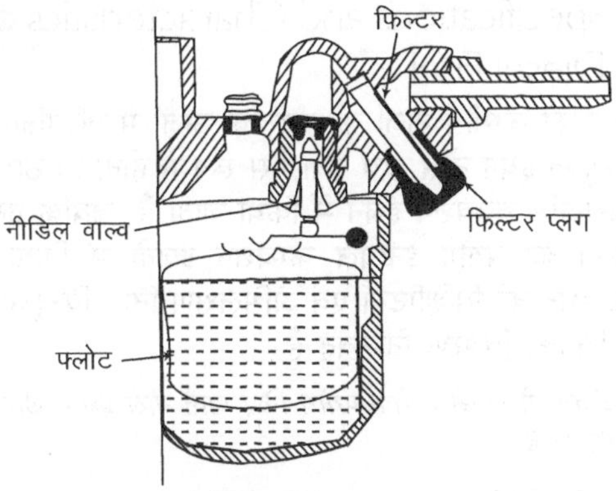

चित्र नीडिल वाल्व

6. मेन नॉजिल Main Nozzle

यह पेट्रोल का मुख्य मार्ग होता है, इसे मेन जेट आदि से नियन्त्रित रखा जाता है। इंजन की अधिकतर चालों में इसी मार्ग से पेट्रोल फ्लोट चैम्बर में जाता है। इसके मुँह की ऊँचाई फ्लोट चैम्बर में भरे पेट्रोल की सतह के बराबर होती है। इस प्रकार यह भाग सदैव ऊपर तक पेट्रोल द्वारा भरा रहता है।

7. मीटरिंग जैट Metering Jet

मीटरिंग जैट को मीटरिंग रॉड भी कहा जाता है। इसे फ्लोट बाउल के एक जैट में फिट किया जाता है तथा इसका एक सिरा एक्सीलेरेटर से जुड़ा होता है। जब इंजन को तेज चाल पर प्रचालित करने की आवश्यकता हो, तो उस समय मेन नॉजिल से अधिक मात्रा में पेट्रोल जाना चाहिए, जिससे ईंधन का शक्तिशाली मिश्रण बन सके।

इसके विपरीत, धीमी चाल पर उतने पेट्रोल की आवश्यकता नहीं होती है, अत: इस मीटरिंग रॉड द्वारा इंजन की विभिन्न चालों के लिए पेट्रोल सप्लाई की मात्रा नियन्त्रित की जाती है। इस पर दो-तीन स्टैप बने होते हैं। मीटरिंग रॉड, जिस जैट में फिट की जाती है, उसी के द्वारा सभी परिपथों में पेट्रोल निकलकर मिश्रण के रूप में सिलेण्डरों में जाता है। मीटरिंग रॉड का सम्बन्ध थ्रॉटल खोलने वाली एक्सीलेरेटर लिंक से होता है, इसलिए जब एक्सीलेरेटर कम दबाया जाता है, तो थ्रॉटल वाल्व खुलता है तथा मीटरिंग रॉड भी ऊपर उठ जाती है, जिससे पेट्रोल जाने का मार्ग बढ़ जाता है।

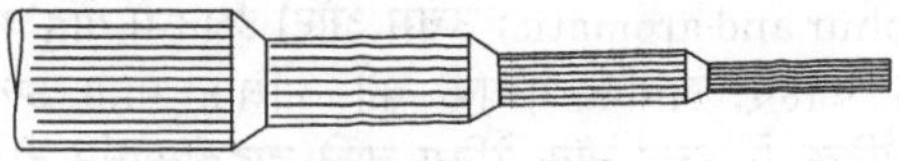

चित्र मीटरिंग रॉड

चित्र मीटरिंग रॉड का खुलना व कम होना

इसी प्रकार मीटरिंग रॉड का प्रत्येक स्टेप, थ्रॉटल के अधिक खुलने के साथ ही खुलता जाता है तथा मिश्रण में पेट्रोल का अनुपात पर्याप्त बढ़ता जाता है और इंजन की चाल भी बढ़ती है। जब मीटरिंग रॉड के सबसे मोटे भाग से पेट्रोल निकलता है, तो उस समय थ्रॉटल वाल्व लगभग बन्द रहता है तथा मिश्रण में पेट्रोल की मात्रा कम अनुपात में पहुँचती है, जिससे इंजन धीमी गति से चलता है।

8. कार्बुरेटर बैरल Carburettor Barrel

यह एक ऐसी युक्ति है, जो कार्बुरेटर के साथ संयोजित होकर इंजन के निष्पादन को उच्च चाल में बढ़ा देती है। सामान्यत: कार्बुरेटर में एक, दो, तीन या चार बैरल का प्रयोग किया जा सकता है।

दो बैरल रखने वाले कार्बुरेटर में दो इनलेट एवं दो आउटलेट मैनीफोल्ड होते हैं। वर्तमान में प्राय: कार्बुरेटर के साथ दो एवं चार बैरल का प्रयोग किया जाता है, क्योंकि ये दीर्घ इंजन विस्थापन (large engine displacement) के साथ उच्च वायु प्रवाह दर को भी समायोजित (adjust) करते हैं।

कार्बुरेटर की सीमाएँ Limitations of Carburettor

कुछ विशिष्ट परिस्थितियों में कार्बुरेटर की कार्य प्रणाली सीमित होती है। जैसे ऊँचाई एवं बर्फ जमने की स्थिति में सीमाएँ निम्नवत् है

1. **कार्बुरेटर पर ऊँचाई का प्रभाव** (Effects of altitude on carburettor) मार्ग की ऊँचाई बढ़ने के साथ-साथ वायुमण्डल का दबाव कम होता है, जिससे वायु के घनत्व में भी कमी आती है। अत: यदि कार्बुरेटर कम ऊँचाई पर कार्य करने के लिए सैट किया गया है, तो वह अधिक ऊँचाई पर ठीक प्रकार से कार्य नहीं करेगा, क्योंकि फ्यूल में वायु की मात्रा कम हो जाएगी तथा मिश्रण अधिक शक्तिशाली हो जाएगा।
2. **कार्बुरेटर में बर्फ जमने का प्रभाव** (Effect of icing in carburettor) कार्बुरेटरों में पेट्रोल को वाष्प के रूप में परिवर्तित किया जाता है। इस प्रक्रिया में पेट्रोल ऊष्मा ग्रहण कर लेता है तथा कार्बुरेटर ठण्डा हो जाता है। ठण्डे स्थानों में यह ठण्डक, वेंचुरी तथा चोक पर बर्फ जमने की सीमा तक हो जाती है, जिसे 'कार्बुरेटर आइसिंग' कहा जाता है।

   इसे कम करने के लिए कार्बुरेटर के पास से एग्जॉस्ट गैसों को निकाला जाता है अथवा शीतलन प्रणाली में गर्म पानी के प्रयोग द्वारा इस दोष को समाप्त किया जाता है।

   (i) कार्बुरेटर को बाहर से साफ रखें, जिससे लीकेज आदि होने पर उसका पता चल सके।
   (ii) कार्बुरेटर को खोलकर अन्दर के भागों की सफाई करें।
   (iii) जैट को साफ करने के लिए साफ वायु का प्रयोग करें।
   (iv) फिट करते समय नया गैस्केट तथा वाशर प्रयोग करें।
   (v) फ्लोट लेविल सही एडजस्ट करें।
   (vi) प्रोटेल की जाँच करें, अधिक घिसे जाने पर नया बदलें।
   (vii) कार्बुरेटर के सभी स्क्रू ठीक प्रकार टाइट करें।

कार्बुरेटर सैट करना Setting of Carburettor

सभी गतियों पर कार्बुरेटर ठीक प्रकार कार्य करे, इसके लिए निम्नलिखित कार्य करने चाहिए

(i) इंजन को कुछ देर चलाएँ जिससे वह कुछ गर्म हो जाए।

(ii) आइडल स्क्रू को पूरा टाइट करके एक-दो चूड़ी ढीली करें, जिससे इंजन कम-से-कम चाल पर भी चल सके।

(iii) अब इंजन को फुल एक्सीलेरेटर पर चलाएँ। यदि इंजन स्मूथ न चले तो मिक्स्चर बढ़ा दें।

25.3 डीजल ईंधन Diesel Fuel

डीजल ईंधन उच्च रिफाइन डिस्टीलेट ईंधन है जो क्रूड तेल के फ्रेक्शनल डिस्टलाइजेशन से प्राप्त होता है। बाजारों में हल्के माध्यम तथा भारी डीजल ईंधन उपलब्ध हैं जो इंजन निर्माताओं के अनुसार प्रयोग किए जाते हैं। डीजल ईंधन हल्का तथा अति निम्न श्यानता (viscosity) वाला होना चाहिए। डीजल ईंधन उच्च ऑक्टेन संख्या वाला भी होना चाहिए।

डीजल ईंधन इंजेक्शन प्रणाली का विवरण तथा कार्य Description and Function of Diesel Fuel Injection System

डीजल ईंधन इंजेक्शन प्रणाली का मुख्य कार्य इंजन सिलेण्डरों में ठीक समय पर तथा पूर्व निर्धारित दर पर उचित मात्रा में ईंधन इंजेक्ट करना है। डीजल ईंधन इंजेक्शन प्रणाली को ठोस इंजेक्शन प्रणाली तथा वायु इंजेक्शन प्रणाली में वर्गीकृत किया जाता है।

ठोस इंजेक्शन प्रणाली में केवल द्रव ईंधन ही इंजेक्ट किया जा सकता है, जबकि वायु इंजेक्शन प्रणाली में सम्पीडित हवा के साथ द्रव ईंधन इंजेक्ट किया जा सकता है। वायु इंजेक्शन प्रणाली कम विश्वसनीय तथा दक्ष होती है तथा इसमें 7 MPa या इससे भी अधिक दाब पर हवा भेजने के लिए सम्पीडक की आवश्यकता होती है जो शक्ति उत्पादन का 10% खर्च करता है। इसलिए वायु इंजेक्शन प्रणाली का प्रयोग वर्तमान में नहीं किया जाता है।

कार्य Functions

डीजल फ्यूल इंजेक्शन प्रणाली के मुख्य कार्य निम्न प्रकार हैं

1. उचित मात्रा में द्रव डीजल सिलेण्डरों में इंजेक्ट करना।
2. निश्चित समयावधि पर इंजेक्शन आरम्भ एवं समाप्त करना।
3. डीजल को महीन कणों में ऑटोमाइज करना।
4. ईंधन इंजेक्शन की इंजेक्शन दर पर नियन्त्रण रखना।
5. कम्बशन चैम्बर के प्रत्येक भाग तक डीजल कणों को पहुँचाना।

25.4 डीजल ईंधन की विशिष्टियाँ एवं अभिलक्षण Specifications and Characteristics of Diesel Fuel

इंजन, ईंधन की ऊष्मीय ऊर्जा को यान्त्रिक ऊर्जा में परिवर्तित करता है। इंजन में प्रयुक्त ईंधन ठोस, द्रव तथा गैस रूप में होता है। ठोस ईंधन का प्रयोग एक्सटर्नल कम्बशन इंजन में किया जाता है, जबकि तरलीय तथा गैसीय ईंधन का प्रयोग इन्टर्नल कम्बशन इंजनों में किया जाता है। सामान्यत: ईंधन की विशिष्टियाँ एवं अभिलक्षण निम्न बिन्दुओं पर निर्भर करते हैं, जिनका विवरण निम्नवत् है

नोट *इंजनों में सबसे अधिक प्रयोग किए जाने वाले ईंधन, डीजल और पेट्रोल हैं।*

1. **ऑक्टेन रेटिंग** (Octane rating) ऑक्टेन नम्बर अथवा रेटिंग एक ऐसी माप है, जिसके द्वारा पेट्रोल ईंधन के जलने के गुण को ज्ञात किया जाता है। यह इंजन में नॉकिंग दोष को कम करने की प्रवृत्ति रखता है। नॉकिंग दोष को कुछ सीमा तक कम करने के लिए पेट्रोल में एक रासायनिक पदार्थ मिलाया जाता है।
2. **सीटेन रेटिंग** (Cetane rating) यह वह रेटिंग है, जिसके द्वारा डीजल की गुणवत्ता ज्ञात की जाती है तथा इसी रेटिंग के द्वारा, कम रेटिंग वाले ईंधन के प्रयोग से इंजन में कठोर स्टार्टिंग इग्नीशन में समय का लगना, शक्ति हानि, इंजन की व्यवस्थित कार्यप्रणाली तथा ईंधन अर्थव्यवस्था जैसी जटिल अव्यवस्थाओं के उत्पन्न होने का पता भी लगाया जा सकता है।

   भारतीय वाहनों में उच्च गति के लिए अल्पतम निर्धारित सीटेन अंक 48 है। इस रेटिंग के ईंधन से इंजन की कार्यिकी सुचारु रूप से कार्य करने में सक्षम होती है।
3. **नॉक रेटिंग** (Knock rating) इंजन में प्रयुक्त सिलेण्डर में ईंधन के जलने से जब दबाव उत्पन्न होता है, तो एक विशेष प्रकार की तेज आवाज उत्पन्न होती है, जिसे नॉकिंग (knocking) कहते हैं। सभी परिचालन स्थितियों में नॉकिंग को रोकने के लिए कम-से-कम नॉक रेटिंग ही उपयुक्त होती है। अत: उच्च सम्पीडन अनुपातों (compression ratio) का उपयोग करने के लिए ईंधन का प्रति नॉक मान उच्च होना चाहिए।
4. **गोंद, गन्धक व एरोमैटिक की मात्रा** (Quantity of glue, sulphur and aromatic) उत्तम ऑटो ईंधन में गोंद की मात्रा कम होनी चाहिए, जबकि गन्धक की अधिक मात्रा अवांछनीय है। एरोमैटिक में उच्च नॉक रेटिंग वाले हाइड्रोकार्बन होते हैं,

   तब भी ये ईंधन प्रणाली में रबर पर संक्षारण क्रिया करते हैं व इनका हिमांक भी उच्च होता है। अत: इंजन में निश्चित सीमा से अधिक इनका अनुपात नहीं बढ़ना चाहिए।

5. **श्यानता** (Viscosity) यह डीजल ईंधन का एक ऐसा अभिलक्षण होता है, जो ईंधन के प्रवाह से उत्पन्न प्रतिरोध (resistance) को मापता है। प्राय: इंजनों में डीजल ईंधन की श्यानता भी एक मुख्य भूमिका निभाती है।

   यदि डीजल की श्यानता अत्यधिक उच्च हो या बहुत कम हो, तो इन दोनों स्थितियों में इंजन की इंजेक्ट (inject) प्रणाली में भारी क्षति उत्पन्न हो सकती है। अत: इंजनों की व्यवस्थित कार्यिकी के लिए ईंधन की श्यानता का सामान्य होना अनिवार्य है।

6. **वाष्पशीलता** (Volatility) वाष्पशीलता, गैसोलीन के वाष्पित होने की क्षमता होती है, जिससे वाष्प दहन के लिए पर्याप्त रूप में वायु के साथ मिलकर, वाष्पीकृत ईंधन को आसानी से जला सके।

7. **क्लाउड बिन्दु** (Cloud point) क्लाउड बिन्दु ईंधन के अभिलक्षण का एक ऐसा ताप बिन्दु है, जिस पर डीजल ईंधन धुँधला (cloudy) दिखाई देने लगता है, जिससे इंजन में ईंधन का प्रवाह रुक जाता है। अत: इंजन की सुगम कार्यिकी के लिए न्यूनतम क्लाउड बिन्दु वाले ईंधन का प्रयोग करना चाहिए।

8. **विस्फोट** (असामान्य कम्बशन) (Detonation (Abnormal Combustion)) सामान्य कम्बशन धीरे-धीरे प्रत्येक सिलेण्डर में उत्पन्न होता है। फ्लेम सरलतापूर्वक कम्बशन चेम्बर में बढ़ती रहती है। जब तक कि वायु ईंधन का सम्पूर्ण मिश्रण जल नहीं जाता है।

   जब फ्लेम, तापमान के सैल्फ इग्नीशन (self ignition) बिन्दु तक पहुँचने से पूर्व मिश्रण के एक भाग तक नहीं पहुँच पाती है, तो विस्फोट उत्पन्न होता है। विस्फोट के कारण इंजन में नॉकिंग की ध्वनि उत्पन्न होती है।

25.5 डीजल इंजेक्शन की विधियाँ Methods of Diesel Injection

डीजल इंजन में डीजल को इंजेक्ट कराने के लिए मुख्य रूप से दो विधियों का प्रयोग किया जाता है

1. प्रत्यक्ष इंजेक्शन Direct Injection

प्रत्यक्ष इंजेक्शन, डीजल इंजन में डीजल को इंजेक्ट कराने की एक ऐसी विधि है, जिसके द्वारा डीजल इंजन में पिस्टन की सहायता से डीजल को प्रत्यक्ष रूप से कम्बशन चैम्बर में इंजेक्ट कराया जाता है।

डीजल इंजनों में यह इंजेक्शन उच्च दाब पर किया जाता है, जिसके कारण इंजन को हवा में फ्यूल के प्रसार (diffusion) को सुनिश्चित करने के लिए प्री-चैम्बर की आवश्यकता नहीं पड़ती है तथा इसमें फ्यूल के व्यवस्थित प्रवाह के लिए कम्बशन चैम्बर में ही इंजेक्शन नॉजिल लगाया जाता है। यह इंजेक्शन अधिक किफायती तथा श्रेष्ठ ऊष्मीय दक्षता वाला होता है। डीजल इंजन में इंजेक्टर यन्त्र, कम्बशन चैम्बर के शीर्ष पर लगाया जाता है। इसमें ईंधन की खपत अप्रत्यक्ष इंजेक्शन से 15-20% कम होती है। इस इंजेक्टर को दो विधियों द्वारा सक्रिय किया जा सकता है

(i) ईंधन पम्प द्वारा हाइड्रॉलिक दाब प्रदान कर।

(ii) इंजन नियन्त्रक द्वारा इलेक्ट्रॉनिक सिग्नल प्रदान कर।

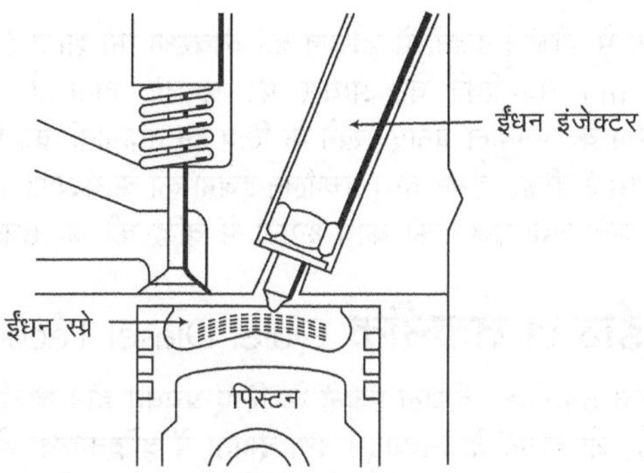

चित्र प्रत्यक्ष इंजेक्शन

2. अप्रत्यक्ष इंजेक्शन Indirect Injection

अप्रत्यक्ष इंजेक्शन, डीजल इंजन में ईंधन को इंजेक्ट कराने की एक ऐसी विधि है, जिसके द्वारा सिलेण्डर से जुड़े हुए प्री-चैम्बर में ईंधन को संकीर्ण मार्ग के द्वारा इंजेक्ट कराया जाता है। ईंधन शीघ्रता से (rapidly) ऑक्सीजन के साथ मिश्रित होकर प्रज्वलन (ignition) उत्पन्न कर देता है।

अप्रत्यक्ष इंजेक्शन प्री-चैम्बर में ग्लो प्लग भी संयोजित होता है, जिसमें प्रत्यक्ष इंजेक्शन की भाँति उच्च दाब इंजेक्शन प्रणाली की आवश्यकता नहीं होती तथा सैल्फ क्लीनिंग पिन्टल इंजेक्टर (self cleaning pintle injector) के कारण इंजेक्टर व्यवधान (injector blockage) की सम्भावनाएँ भी कम होती हैं। बड़े वाहनों में, प्रत्यक्ष इंजेक्शन इंजन की अपेक्षा अप्रत्यक्ष इंजन बहुत आसानी से चलते हैं, क्योंकि अप्रत्यक्ष इंजेक्शन इंजन में निम्न इंजेक्ट दाब का प्रयोग किया जाता है।

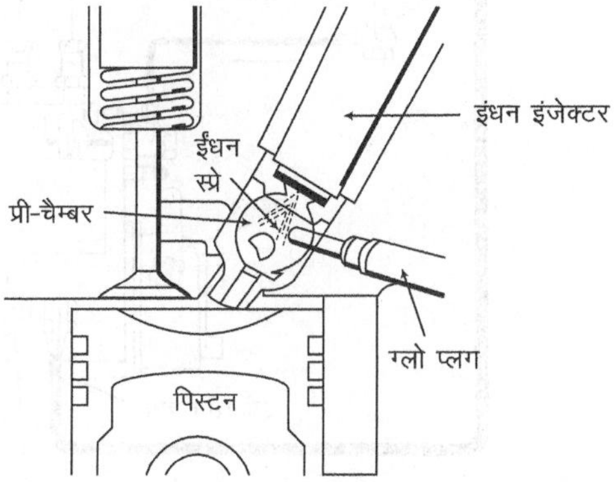

चित्र अप्रत्यक्ष इंजेक्शन

25.6 ईंधन प्रणाली की शान्त तथा शुद्ध डीजल तकनीक की अवधारणा Concept of Quiet and Clean Diesel Technology of Fuel System

वर्तमान युग में डीजल इंजनों में डीजल की व्यवस्था को शान्त (quiet) व शुद्ध (clean) तकनीकों के आधार पर बनाया जाता है तथा इंजनों को पर्यावरण के अनुकूल बनाए रखने के लिए इन तकनीकों का प्रयोग किया जाता है, जिससे डीजल ईंधन द्वारा प्रचालित इंजनों की कार्य प्रणाली व्यवस्थित ढंग से हो सके तथा इंजन की कार्य क्षमता में वृद्धि की जा सके।

शान्त डीजल तकनीक Quiet Diesel Technology

शान्त डीजल तकनीक, डीजल इंजनों के लिए प्रयुक्त होने वाली एक ऐसी तकनीक है, जो इंजनों के निष्पादन तथा दक्षता में वृद्धिकारक होती है। इस तकनीक में प्राय: डीजल इंजनों में एडवान्स्ड इंजेक्टर डिजाइन (advanced injector design) वाले इंजेक्टर के साथ-साथ बेहतर स्प्रे पैटर्न (better spray pattern) तथा इंजेक्शन समय नियन्त्रण (injection timing control) का प्रयोग किया जाता है, जो इंजनों में ईंधन के कम्बशन की स्थिति का परिष्करण करता है तथा इंजन दक्षता व इंजन निष्पादन आदि कारकों में वृद्धि करता है। इससे इंजन व्यवस्थित ढंग से प्रचालित होने में सुचारु रूप से सक्षम हो पाता है।

शुद्ध डीजल तकनीक Clean Diesel Technology

शुद्ध डीजल तकनीक, डीजल इंजनों में प्रयुक्त होने वाली एक ऐसी तकनीक है, जो डीजल इंजनों में डीजल ईंधन को इलेक्ट्रॉनिक डीजल नियन्त्रण (EDC) द्वारा उत्पादित (produced) स्वच्छक (cleaners) से स्वच्छ या शुद्ध करके इंजन में प्रेषित करता है। इससे डीजल इंजनों से उत्सर्जन (emission) न के बराबर तथा प्रदूषणरहित होता है अर्थात् दूसरे शब्दों में कहा जा सकता है कि इस तकनीक के द्वारा डीजल इंजनों को पर्यावरण के प्रतिकूल बनाया जा सकता है।

यह तकनीक इंजनों में कम उत्सर्जन के साथ पूर्ण दहन, बेहतर अर्थव्यवस्था (better economy), उच्च शक्ति तथा कम शोर स्तर (low noise level) का वातावरण प्रदान करती है। जिन वाहनों में ईंधन के रूप में डीजल का प्रयोग किया जाता है, वह रिफाइनरी द्वारा साफ किया हुआ होता है। यह हाइड्रोजन और कार्बन का मिश्रण है। इसमें लगभग 85% कार्बन तथा 15% हाइड्रोजन होती है।

25.7 डीजल ईंधन प्रणाली के मुख्य अवयव Main Components of Diesel Fuel System

ईंधन को टैंक से इंजन के दहन कक्ष (combustion chamber) तक पहुँचाने के लिए जिन अवयवों का प्रयोग किया जाता है, डीजल ईंधन प्रणाली के अवयव कहलाते हैं। चित्र में डीजल इंजन में ईंधन की वितरण व्यवस्था को डीजल ईंधन प्रणाली के मुख्य अवयवों सहित दर्शाया गया है। इनका सविस्तार विवरण निम्न प्रकार है

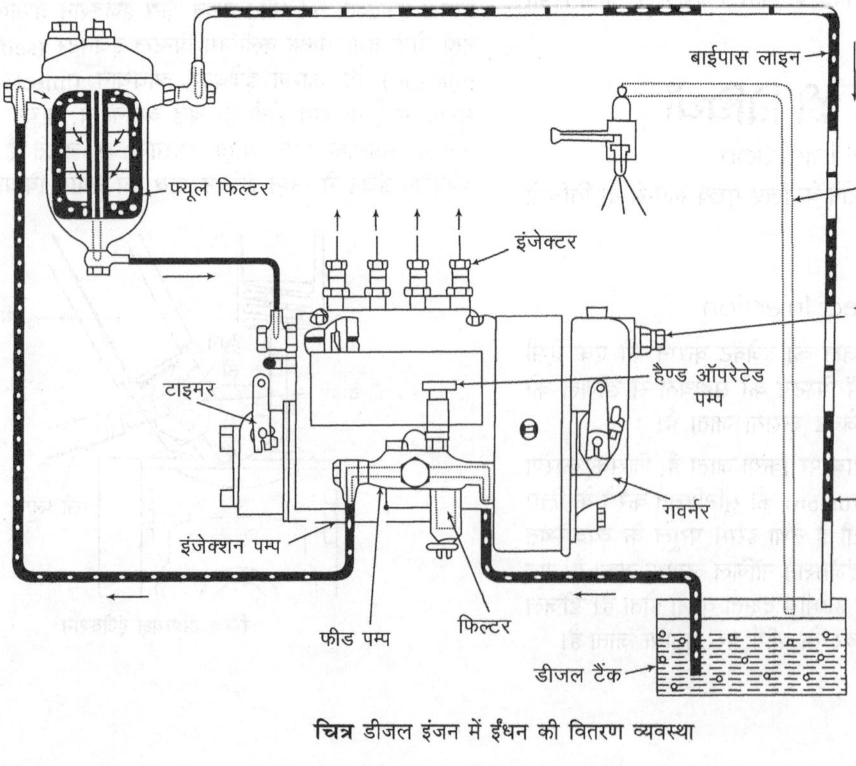

चित्र डीजल इंजन में ईंधन की वितरण व्यवस्था

1. डीजल टैंक Diesel Tank

ईंधन को भरने के लिए डीजल वाहनों में इंजन असेम्बली के ऊपर डीजल टैंक लगा होता है। यह मजबूत धातु चादर से गोल या चौकोर या अन्य सुविधाजनक डिजाइन में बना होता है। इसमें डीजल भरने के लिए पर्याप्त स्थान होता है, जिस पर ढक्कन लगा होता है। टैंक के नीचे की ओर एक यूनियन लगी होती है, जिसके द्वारा डीजल, पाइपों की सहायता से, फिल्टर या फ्यूल ट्रांसफर पम्प में जाता है। डीजल टैंक का निर्माण धातु चादर का तेल सीम के साथ किया जाता है तथा संक्षारण से बचाव हेतु इस पर एक विशेष कोटिंग या फाइबर ग्लास रीनफोर्स्ड प्लास्टिक धातु की परत चढ़ाई जाती है।

डीजल में मिली अन्य दूषित वस्तुएँ भी इसी सेडीमेन्ट चैम्बर (sediment chamber) में जमा होती रहती हैं। इस टैंक के ऊपर ही एक अन्य विद्युत यन्त्र लगाया जाता है, जिसके द्वारा टैंक में ईंधन की मात्रा का पता डैशबोर्ड पर लगे गेज द्वारा चलता रहता है। इंजेक्टरों (injectors) में आए हुए अतिरिक्त ईंधन वापस टैंक में लाने के लिए भी टैंक पर पाइप लाइन लगाने की व्यवस्था रहती है, जिसे ओवर फ्लो पाइप लाइन कहते हैं।

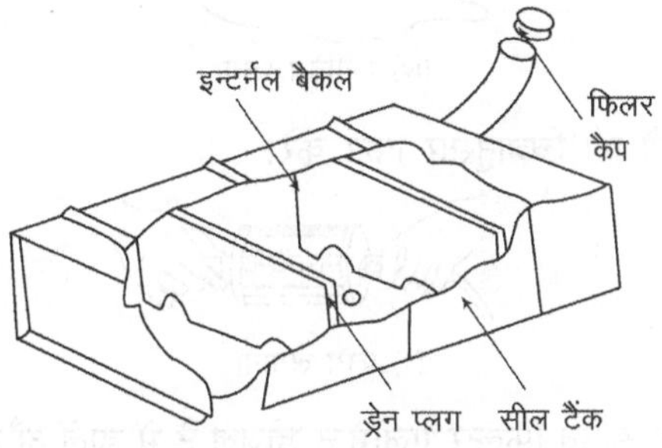

चित्र डीजल टैंक

2. ईंधन लाइन Fuel Line

किसी भी इंजन में ईंधन के प्रवेश से लेकर उसके प्रयोग तक ईंधन को वितरित करने के उद्देश्य से ईंधन प्रणाली में निर्धारित व्यवस्था होती है। इसका लाभ यह होता है कि तकनीशियन को दोषोपचार करने में किसी भी असुविधा का सामना नहीं करना पड़ता। यह निर्धारित व्यवस्था ही मूलतः ईंधन लाइन है, जिसके प्रति तकनीशियन दोषोपचार के समय निश्चिंत रहता है कि वह सही दिशा में कार्य कर रहा है।

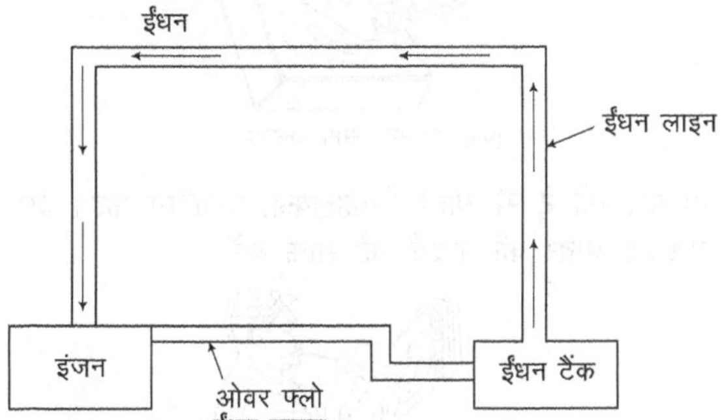

चित्र ईंधन लाइन

3. डीजल ईंधन फिल्टर Diesel Fuel Filter

उत्पादन के समय ईंधन को शुद्ध करने के लिए विभिन्न प्रकार के उपाय किए जाते हैं फिर भी थोड़ी बहुत गन्दगी ईंधन में रह ही जाती है। इसके अतिरिक्त, डीजल को एक स्थान से दूसरे स्थान तक पहुँचाने के लिए प्रयोग होने वाले साधनों की गन्दगी भी डीजल में मिल जाती है, इसलिए डीजल को इंजेक्टरों में पहुँचाने से पहले ठीक प्रकार साफ करना आवश्यक होता है।

डीजल स्वयं एक भारी तेल होता है और इसमें धूल, मिट्टी के कण आदि मिल जाएँ, तो यह ईंधन प्रणाली में प्रयुक्त ट्रांसफर पम्प, फ्यूल इंजेक्शन पम्प तथा इंजेक्टर आदि में जाते समय अवरोध उत्पन्न करता है। इन भागों में बहुत संकीर्ण (narrow) मार्ग होते हैं, जिनमें गन्दगी फँस या जम कर उन मार्गों को बन्द कर देती है। इसलिए डीजल इंजनों में ईंधन को शुद्ध करने के लिए फिल्टर का प्रयोग किया जाता है।

डीजल को फिल्टर करने के लिए कई स्थानों पर व्यवस्था रहती है, परन्तु दो मुख्य फिल्टरों का प्रयोग अवश्य किया जाता है। इनमें डीजल फिल्टर करने के लिए कागज, नमदा तथा तार की बारीक जाली आदि का प्रयोग एक एलीमेन्ट के रूप में किया जाता है। फिल्टर, गोल डिब्बे के आकार में बने होते हैं, जिन्हें ढक्कन द्वारा बन्द करने की व्यवस्था होती है। इसी ढक्कन में ईंधन के प्रवेश तथा निकास के लिए मार्ग बने होते हैं।

प्रवेश मार्ग से डीजल एलीमेन्ट के किनारों पर आता है तथा साफ होकर बीच में फिट किए गए पाइप के द्वारा निकास मार्ग से बाहर आता है। डीजल फिल्टर किसी भी प्रकार का हो, उसे समय-समय पर साफ करना अति आवश्यक होता है, क्योंकि डीजल में मिली गन्दगी फिल्टर में डीजल मार्गों को बन्द कर देती है। इससे उचित मात्रा में डीजल का प्रवाह फिल्टर में नहीं हो पाता है। प्रत्येक सिंगल सिलेण्डर तथा मल्टी सिलेण्डर इंजन में डीजल फिल्टर का प्रकार व संख्या अलग-अलग होती है। कुछ इंजनों में सिंगल डीजल फिल्टर तथा कुछ में ट्विन डीजल फिल्टर प्रयोग होते हैं।

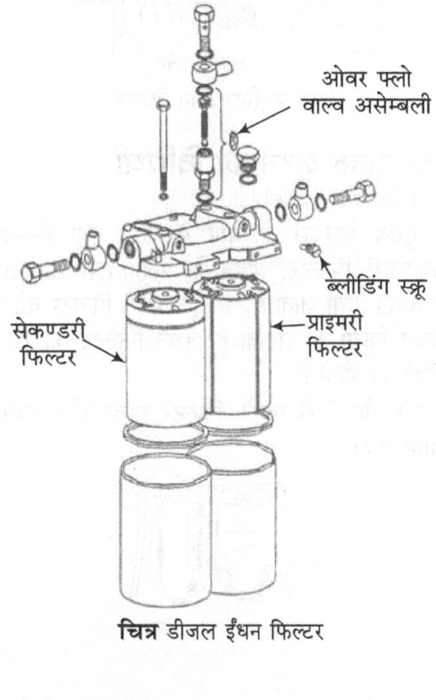

चित्र डीजल ईंधन फिल्टर

ईंधन फिल्टर के प्रकार Types of Fuel Filter

ईंधन फिल्टर मुख्य रूप से दो निम्न प्रकार के होते हैं

(i) **सेरामिक टाइप फ्यूल फिल्टर** (Ceramic type fuel filter) इस प्रकार का फिल्टर, काबुरैटर तथा ईंधन पम्प अथवा टैंक के बीच लगाया जाता है। इसमें एक काँच (glass) का बाउल होता है, जिसके अन्दर सेरामिक फिल्टर तथा स्ट्रेनर लगा रहता है। ईंधन पहले इनलेट से ग्लास बाउल में आता है, फिर स्ट्रेनर में होकर तथा छनकर आउटलेट से काबुरैटर में जाता है। कुछ मोटर साइकिलों में भी इस प्रकार के फिल्टर प्रयोग किए जाते हैं।

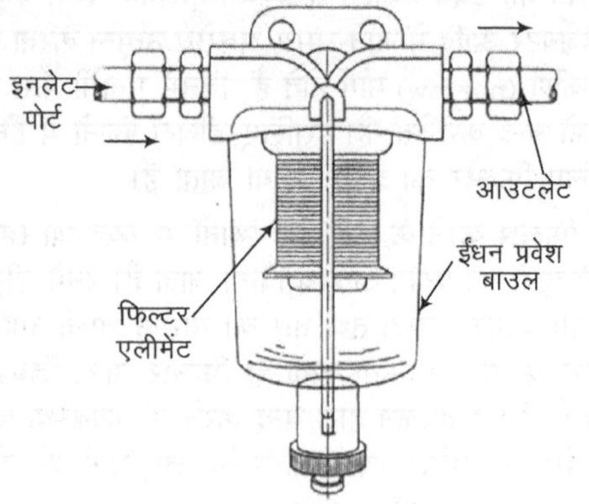

चित्र सेरामिक टाइप फ्यूल फिल्टर

(ii) **काबुरैटर ईंधन फिल्टर** (Carburetor fuel filter) यह फिल्टर, काबुरैटर के ईंधन इनलेट मार्ग में लगाया जाता है। इसके अन्दर प्लीटेड पेपर (pleated paper) का एक फिल्टर लगा होता है, जो ब्रास यूनियन द्वारा कसा जाता है। कुछ स्थानों में इन-लाइन फिल्टर का भी प्रयोग किया जाता है।

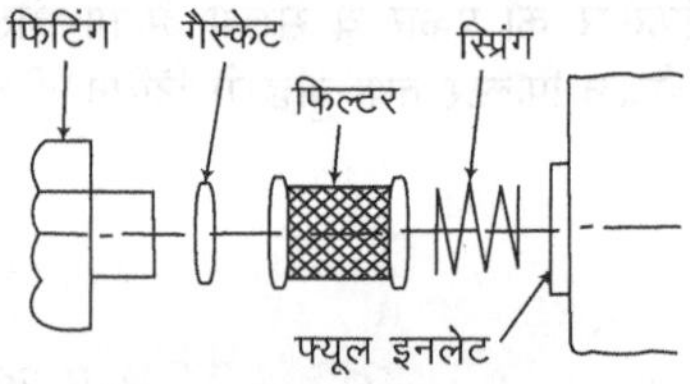

चित्र काबुरैटर ईंधन फिल्टर

ईंधन फिल्टर साफ करने की विधियाँ
Methods of Cleaning Fuel Filter

ईंधन फिल्टर मुख्य रूप से दो वर्गों में बाँटा गया है—प्राइमरी तथा सेकण्डरी। सेकण्डरी फिल्टर, वाहन के 20000 से 25000 किमी तक चलने के बाद बदल दिया जाता है, परन्तु प्राइमरी फिल्टर को एक-दो बार साफ करके फिट किया जा सकता है। ईंधन फिल्टर को साफ करने की निम्नलिखित विधियाँ होती हैं

1. फिल्टर को खोलने से पहले, फिल्टर बॉडी और कवर को अच्छी तरह साफ करें।

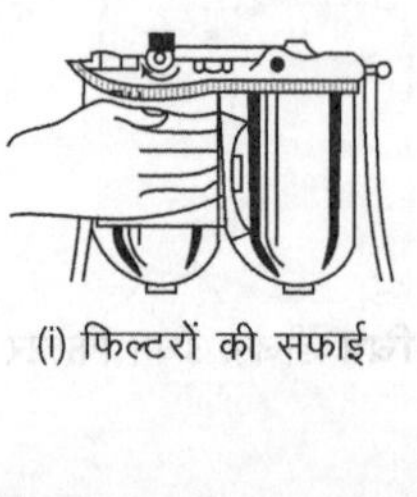

(i) फिल्टरों की सफाई

2. फिल्टर बॉडी के सेन्टर बोल्ट खोलकर, फिल्टर कवर उतार लें।

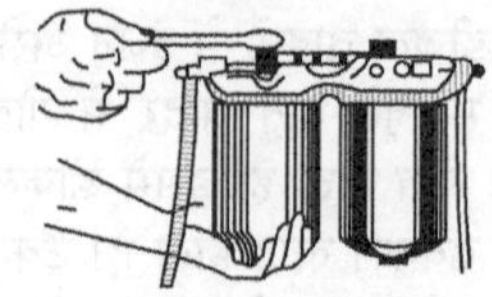

(ii) फिल्टर कवर खोलना

3. फिल्टर एलीमेन्ट को बॉडी से बाहर निकालें।

(iii) फिल्टर एलीमेन्ट अलग करना

4. फिल्टर एलीमेन्ट के क्लीनिंग प्लग लगाएँ।

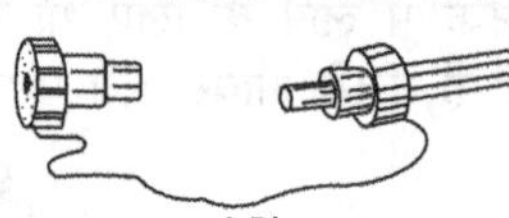

(iv) क्लीनिंग प्लग

5. प्लगों को चित्रानुसार फिट करें।

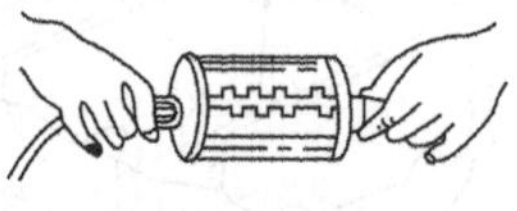

(v) प्लग लगाना

6. प्लग सहित फिल्टर एलीमेन्ट डीजल ट्रे में डालें और उसको साफ करें।

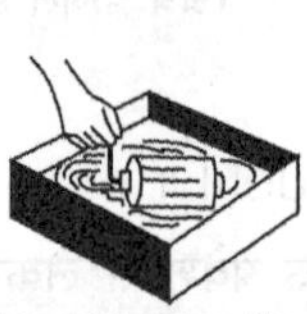

(vi)एलीमेन्ट को डीजल में डुबाना

7. एलीमेन्ट की गन्दगी को ब्रुश से साफ करें।

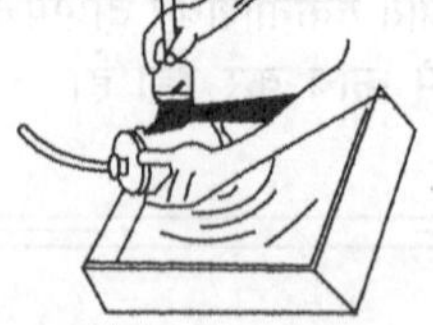

(vii) एलीमेन्ट साफ करना

8. फिल्टर को ट्रे से बाहर निकालकर, क्लीनिंग पाइप द्वारा फूँक मारकर अन्दर की गन्दगी को साफ करें।

(viii) अन्दर की गन्दगी साफ करना

9. फिल्टर की बॉडी तथा कैप को अच्छी प्रकार डीजल से साफ करें।

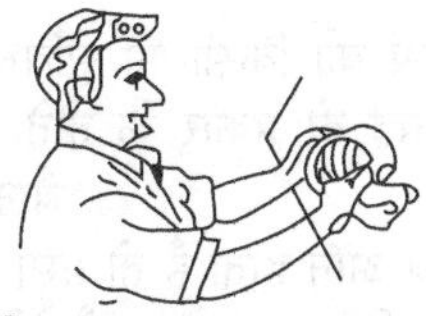

(ix) फिल्टर कवर साफ करना

10. अब ईंधन फिल्टर को वापस फिट करें।

4. वाटर सेपरेटर Water Separator

वाटर सेपरेटर को डीजल टैंक व फ्यूल पम्प के मध्य लगाया जाता है। वाहनों में डीजल शीघ्रता से पानी द्वारा दूषित हो जाता है, क्योंकि डीजल, पानी को पेट्रोल की अपेक्षा अधिक अवशोषित करता है। इसी कारण डीजल इंजनों में वाटर सेपरेटर का प्रयोग किया जाता है।

वाटर सेपरेटर, पानी को डीजल से अलग करने की एक युक्ति है। यह डीजल में मिश्रित पानी को अपने अन्दर एकत्रित करता रहता है। इसे ईंधन फिल्टर के निकट लगाया जाता है। यह फिल्टर पेपर एलीमेन्ट (paper element) का बना होता है। इसमें नीचे की ओर एक पारदर्शी बाउल बना होता है, जिसमें एक ड्रेन प्लग लगा होता है। डीजल वाटर, सेपरेटर में बनता रहता है।

यहाँ से डीजल में मिश्रित पानी कटोरे (bowl) में एकत्रित होता रहता है और डीजल फ्यूल फिल्टर में चला जाता है। पानी को बाउल से समय-समय पर ड्रेन प्लग द्वारा बाहर निकालते रहते हैं।

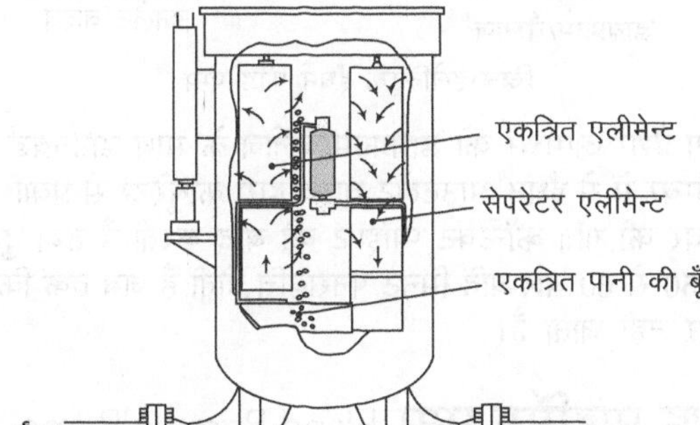

चित्र वाटर सेपरेटर का संरचनात्मक आरेख

5. ईंधन फीड पम्प Fuel Feed Pump

ईंधन फीड पम्प सामान्यत: एफ. आई. पी. (fuel injection pump) पर स्थापित होता है तथा क्रैंक शाफ्ट द्वारा चलाया जाता है। यह फ्यूल टैंक से ईंधन को अवशोषित करता है और ईंधन फिल्टर को सप्लाई करता है। ईंधन फीड पम्प में बैरेल, प्लंजर, रिटर्न स्प्रिंग, स्पिण्डल, रोलर टैपेट, सक्शन एवं डिलीवरी वाल्व, हैण्ड प्राइमर तथा प्री-फिल्टर होते हैं। इसे प्लंजर पम्प (plunger pump) भी कहते हैं।

कार्यविधि Working Method

फीड पम्प प्लंजर कैम द्वारा प्रचालित किया जाता है, जो FIP कैमशाफ्ट पर संयोजित होती है। जब रोलर की सहायता से प्लंजर नीचे की ओर गति करके स्पिण्डल पर दाब लगाता है, तो सक्शन चैम्बर में उपस्थित ईंधन का कुछ भाग प्रैशर वाल्व की सहायता से प्रैशर चैम्बर को प्रदान कर दिया जाता है और प्लंजर स्प्रिंग इण्टरमीडिएट स्ट्रोक में कम्प्रेस हो जाती है।

इस स्ट्रोक के समाप्त होने तक स्प्रिंग लोडेड प्रैशर वाल्व पुन: बन्द हो जाती है। जैसे-जैसे कैम अथवा उत्केन्द्रित अपने अधिकतम स्ट्रोक को पास करते हैं, प्लंजर, प्रैशर स्पिण्डल तथा रोलर टैपेट, प्लंजर स्प्रिंग के दाब के कारण ऊपर पहुँच जाते हैं। इस स्थिति में प्रैशर चैम्बर में उपस्थित ईंधन का कुछ भाग फिल्टर के द्वारा फ्यूल इंजेक्शन पम्प को प्रदान किया जाता है। इस प्रक्रिया के दौरान ही फीड पम्प तथा सक्शन वाल्व में उपस्थित प्राथमिक फिल्टर द्वारा फ्यूल टैंक से सक्शन चैम्बर तक निरन्तर फ्यूल का अवशोषण होता रहता है। जब फीड पाइप का दाब एक निश्चित दाब से अधिक हो जाता है, तो प्लंजर स्प्रिंग, प्लंजर को थोड़ा-सा ऊपर की ओर उठा देती है।

इस स्थिति में प्रति स्ट्रोक प्रदान की जाने वाली ईंधन की मात्रा अपेक्षाकृत कम होती है। जब FIP को और अधिक ईंधन की आवश्यकता नहीं होती है, तो फीड पम्प को निष्क्रिय कर दिया जाता है। फ्यूल आउटलेट लाइन में ईंधन की अधिकता के कारण प्रैशर चैम्बर का दाब फीड पम्प को निष्क्रिय रखते हुए प्लंजर को शीर्ष स्थिति में बनाए रखता है। इस समयान्तराल के दौरान केवल स्पिण्डल कार्य करता है। जब दाब घटने लगता है, तो स्प्रिंग, प्लंजर को नीचे की ओर धकेलती है और पम्पिंग क्रिया पुन: प्रारम्भ हो जाती है।

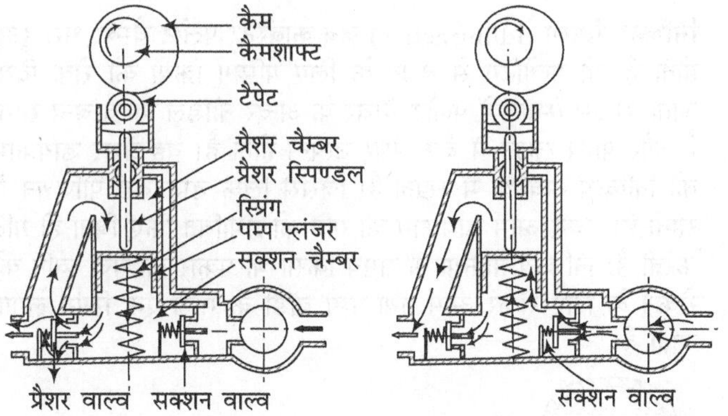

चित्र ईंधन फीड पम्प की कार्यविधि

ईंधन फीड पम्प के प्रकार

Types of Fuel Feed Pump

ईंधन फीड पम्प दो प्रकार के होते हैं

(i) मैकेनिकल फीड पम्प

(ii) इलेक्ट्रिकल फीड पम्प

(i) **मैकेनिकल फीड पम्प** Mechanical Feed Pump

मैकेनिकल पम्प इंजन पर स्थापित होता है तथा कैमशाफ्ट द्वारा चलाया जाता है। इस पम्प में एक एयर चैम्बर होता है जिसमें डायफ्राम लगा होता है।

- **मैकेनिकल टाइप फीड पम्प की प्रक्रिया** (Operation of Mechanical Type Feed Pump) रॉकर आर्म कैमशाफ्ट से सक्रिय होती है और गतिमान हो जाती है यह डायफ्राम को स्पिण्डल तथा स्प्रिंग के साथ ऊपर नीचे चलाता है। डायफ्राम की नीचे की ओर गति के कारण आंशिक निर्वात उत्पन्न होता है और इनलेट वाल्व खुल जाता है, जिससे चैम्बर में ईंधन खिंच (suck) जाता है (चित्र (a))। जब डायफ्राम ऊपर की ओर गति करता है तो इनलेट वाल्व बन्द हो जाता है और ईंधन बल द्वारा आउटलेट वाल्व तथा पाइप लाइन से होता हुआ कार्बुरेटर फ्लोट चैम्बर में पहुँचता है। इसमें दाब 0.18 kg/cm^2 से 0.3 kg/cm^2 तक उत्पन्न होता है। इस पम्प को लिफ्ट पम्प (lift pump) भी कहते हैं।

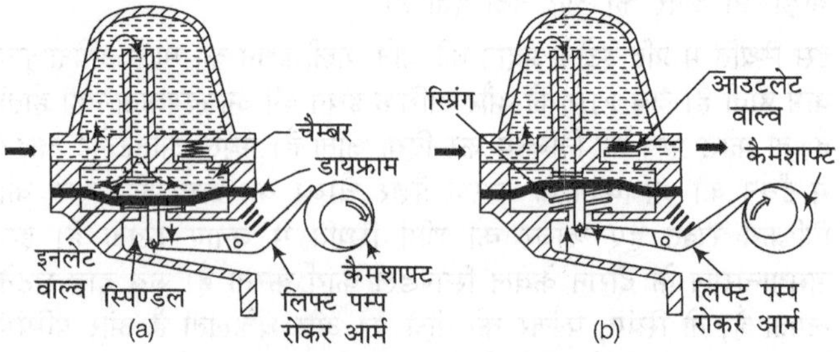

चित्र मैकेनिकल फीड पम्प की प्रक्रिया

- **निष्क्रिय क्रिया** (Idling action) जब कार्बुरेटर फ्लोट चैम्बर भरा हुआ होता है, तो फ्लोटिंग से बचने के लिए पम्पिंग क्रिया को रोक दिया जाता है। इस स्थिति में फ्लोट चैम्बर के अन्दर नीडिल वाल्व बन्द रहता है और पाइप लाइन में बैक प्रैशर उत्पन्न होता है। यह प्रैशर डायफ्राम को निष्क्रिय अवस्था में रखता है। जिससे लिंक डाउनवर्ड पोजिशन में रहती है। रॉकर ऑर्म डायफ्राम की गति को प्रभावित किए बिना ही गति करती है। निष्क्रिय प्रक्रिया के समय किसी भी प्रकार की तेज ध्वनि को रोकने के लिए रॉकर आर्म तथा पम्प बॉडी के मध्य एक स्प्रिंग लगाई जाती है।

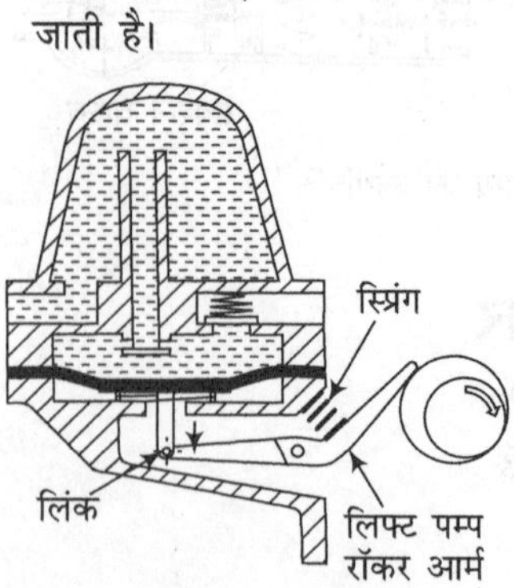

चित्र निष्क्रिय क्रिया A

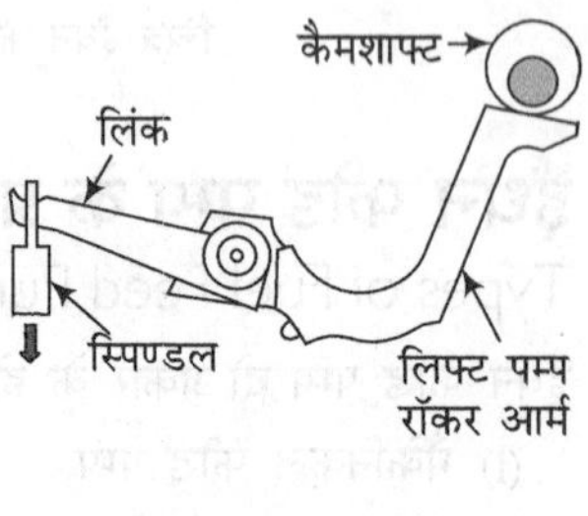

चित्र निष्क्रिय क्रिया B

(ii) **इलेक्ट्रिक ईंधन फीड पम्प** Electrical Fuel Feed Pump

बैटरी चलित फीड पम्प को किसी भी सुविधाजनक स्थान पर स्थापित किया जा सकता है। यह दो प्रकार के होते हैं

- डायफ्राम
- बैलोज

जब इग्नीशन का स्विच ऑन होता है तो पम्प का सॉलेनायड ऊर्जित होता है और स्प्रिंग तनाव के विरुद्ध आर्मेचर मैग्नेटिक कोर की ओर आकर्षित होता है। जिससे डायफ्राम/बैलोज झुकता है। यह पम्पिंग चैम्बर में आंशिक निर्वात उत्पन्न करता है। ईंधन इनलेट वाल्व द्वारा पम्प चैम्बर में ईंधन टैंक से खींचता (suck) है। जब आर्मेचर रुकी अवस्था में पहुँचता है, तो ब्रोंज प्लंजर कॉन्टेक्ट प्वॉइण्ट को खोलता है और सॉलेनायड से इलेक्ट्रिक कनैक्शन को कट ऑफ करता है। परिणामस्वरूप सॉलेनायड ऊर्जित नहीं होता है।

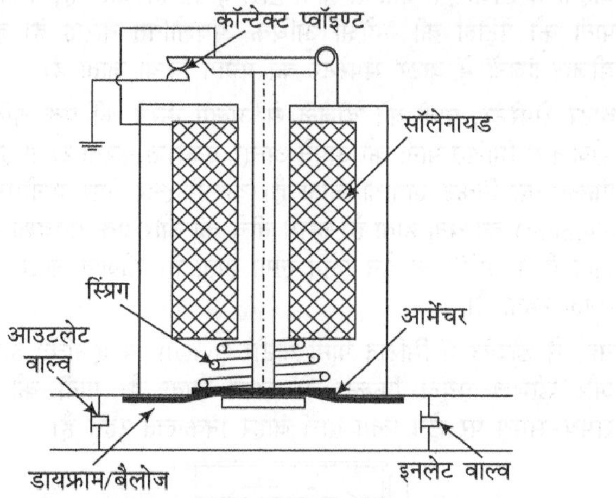

चित्र इलेक्ट्रिक ईंधन फीड पम्प

अब स्प्रिंग प्रैशर आर्मेचर को डायफ्राम/बैलोज के साथ डाउनवर्ड चलाता है तथा चैम्बर में से ईंधन आउटलेट वाल्व द्वारा कार्बुरेटर से प्रवाहित होता है। आर्मेचर की गति कॉन्टेक्ट प्वॉइण्ट को बन्द करती है तथा दुबारा से चक्र की 50 से 60 बार प्रति मिनट पुनरावृत्ति होती है जब तक कि फ्लोट चैम्बर भर नहीं जाता है।

6. हैण्ड प्राइमिंग पम्प Hand Priming Pump

फीड पम्प के अन्दर सक्शन वाल्व के ऊपर हैण्ड प्राइमिंग पम्प स्क्रू द्वारा संयोजित होता है। जब इंजन हैण्ड प्राइमिंग पम्प की सहायता से शान्त अवस्था में रहता है, तो ईंधन टैंक से फिल्टर की सहायता से ईंधन को FIP में भेजा जाता है, प्राइमर के प्रचालन के लिए नर्ल्ड नॉब (knurled knob) को तब तक कसा जाता है, जब तक प्लंजर ऊपर की ओर नहीं खिंचता है। इसके कारण सक्शन वाल्व खुल जाता है और सक्शन चैम्बर में ईंधन प्रवाहित होता है।

डीजल इंजन तभी ठीक प्रकार से चलता है, जब उसकी डीजल सप्लाई लाइन में हवा न हो। प्राय: डीजल के समाप्त हो जाने, किसी मरम्मत के बाद अथवा पाइपों के जोड़ ढीले हो जाने पर डीजल मार्ग में हवा चली जाती है, जिससे डीजल सप्लाई स्वत: बन्द हो जाती है। इस हवा को बाहर करना एयर ब्लीडिंग कहलाता है। एयर ब्लीडिंग के लिए सभी फिल्टरों व फ्यूल इंजेक्शन (injection) पम्प पर ब्लीडिंग स्क्रू लगे होते हैं।

हैण्ड प्राइमिंग पम्प चलाकर तथा इन स्क्रुओं को खोलकर हवा निकाली जाती है। सर्वप्रथम डीजल टैंक के समीप वाले ब्लीडिंग स्क्रू को खोला जाता है। ब्लीडिंग तब तक करते रहना चाहिए, जब तक डीजल के साथ हवा के बुलबुले आने बन्द न हो जाएँ।

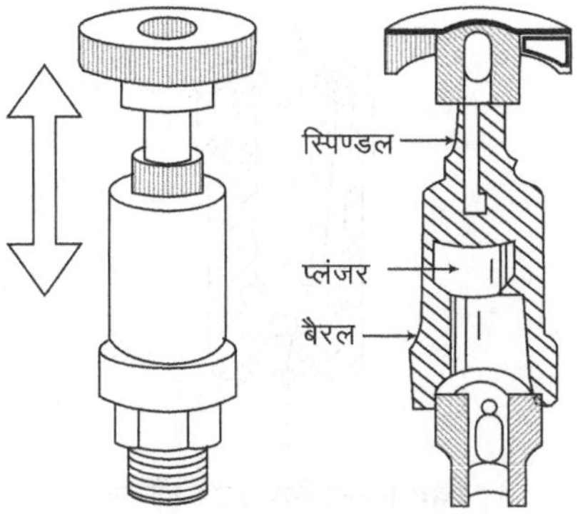

चित्र हैण्ड प्राइमिंग पम्प

7. ईंधन इंजेक्शन पम्प Fuel Injection Pump

डीजल इंजन में ईंधन इंजेक्शन पम्प एक महत्त्वपूर्ण अवयव है, जो डीजल इंजन में ईंधन की उचित मात्रा को उच्च दाब (120 से 200 bar) पर सिलेण्डर से संयोजित इंजेक्टर (injector) द्वारा सिलेण्डर में दबाव के साथ प्रेषित करने का कार्य करता है। ईंधन इंजेक्शन पम्प प्राय: दो प्रकार के होते हैं

(i) डिस्ट्रीब्यूटेड टाइप ईंधन इंजेक्शन पम्प
(ii) इन-लाइन ईंधन इंजेक्शन पम्प

(i) डिस्ट्रीब्यूटेड टाइप ईंधन इंजेक्शन पम्प

Distributed Type Fuel Injection Pump

इस प्रकार के पम्प में एक पम्पिंग एलीमेन्ट होता है तथा इसमें ईंधन को रोटर की सहायता से प्रत्येक सिलेण्डर में वितरित (distribute) किया जाता है। रोटर में मध्य लॉंगीट्यूडनल मार्ग तथा विभिन्न ऊँचाइयों पर त्रिज्यीय छिद्रों (radial holes) के दो जोड़े स्थित होते हैं। इसमें से एक जोड़ा पम्प के प्रवेश से मध्य मार्ग के द्वारा जुड़ा होता है तथा दूसरा जोड़ा विभिन्न सिलेण्डरों के इंजेक्टर की डिलीवरी रेखाओं से जुड़ा होता है। ऐसे पम्प प्राय: आकार में छोटे तथा वजन में हल्के होते हैं।

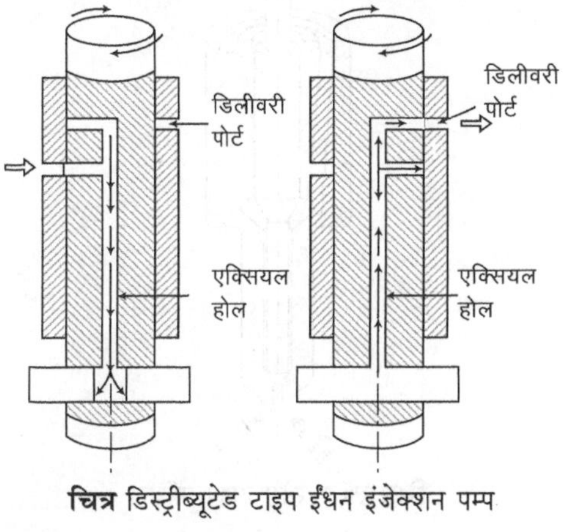

चित्र डिस्ट्रीब्यूटेड टाइप ईंधन इंजेक्शन पम्प

(ii) इन-लाइन ईंधन इंजेक्शन पम्प

In-line Fuel Injection Pump

इस प्रकार के पम्प को ईंधन लाइन में फिट किया जाता है। यह एक उच्च दाब पम्प (high pressure pump) होता है, जो उच्च दाब पर क्रमानुसार डीजल तथा उचित समय पर फायरिंग सभी इंजेक्टर्स को प्रदान करता है।

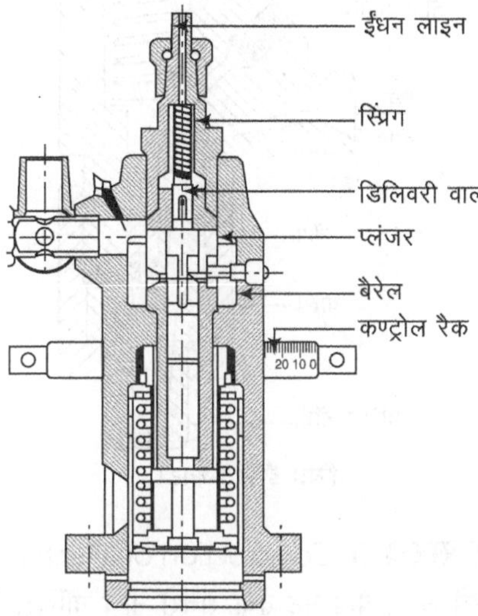

चित्र इन-लाइन ईंधन इंजेक्शन पम्प

जब प्लंजर अपनी बॉटम स्थिति में होता है, तो फीड पम्प से ईंधन बैरल इनलेट पोर्ट द्वारा प्रवेश करता है। इसमें नॉजिल बारी-बारी से घूर्णन करके प्रत्येक इंजेक्टर के पाइप में डीजल पहुँचाती है।

इस पम्प में एक पम्पिंग एलीमेन्ट होता है, जिसके द्वारा समान मात्रा में डीजल पम्प से होकर इंजेक्टर्स में जाता है। यह पम्प कैमशाफ्ट द्वारा चलता है। इस पम्प से डीजल फिल्टर होकर मीटरिंग वाल्व में जाता है तथा यहाँ से डीजल इंजेक्टर के पाइपों द्वारा इंजेक्टर में चला जाता है। इस पम्प में दाब की 400 से 700 बार तक की वृद्धि होती है।

8. ईंधन इंजेक्टर Fuel Injector

इसे नॉजिल, ऑटोमाइजर या ईंधन वाल्व भी कहा जाता है। इंजेक्टर के शीर्ष प्वॉइण्ट पर कैप नट तथा तलीय प्वॉण्इट पर नॉजिल लगी होती है। इंजेक्टर के अन्दर स्पिण्डल, प्रैशर एडजस्टिंग स्क्रू, नॉजिल, नॉजिल स्प्रिंग आदि भाग फिट रहते हैं। किसी बहने वाली वस्तु को किसी सीमित स्थान में प्रवेश कराना इंजेक्शन (injection) कहलाता है अर्थात् डीजल इंजनों में दहन कक्ष की गर्म हवा में डीजल फ्यूल को छोटे-छोटे कणों में फुहार के रूप में प्रवेश कराना इंजेक्शन कहलाता है।

यह इंजेक्शन इंजेक्टर (injector) द्वारा किया जाता है। इसे फ्यूल स्प्रे वाल्व अथवा ऑटोमाइजर भी कहा जाता है। इंजेक्टर द्वारा इंजेक्शन 1500 से 2000 प्रति वर्ग इंच (PSI) के दबाव पर किया जाता है, क्योंकि कम्प्रैशन स्ट्रोक के अन्त में दहन कक्ष में हवा का दबाव ही लगभग 550 पौण्ड प्रति वर्ग इंच रहता है तथा उस समय दबी हवा का तापक्रम 500°C से 700°C रहता है।

इस इंजेक्शन के होते ही डीजल गर्म हवा के सम्पर्क में आने से जल जाता है, जिससे शक्ति प्राप्त होती है।

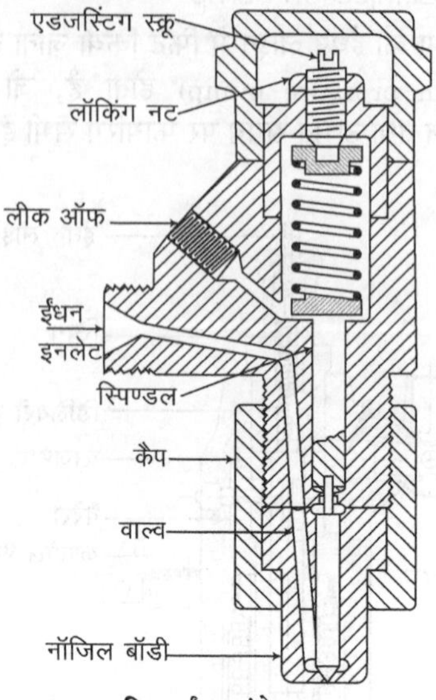

चित्र ईंधन इंजेक्टर

इंजेक्टर की संरचना Construction of Injector

इंजेक्टर में सबसे ऊपर कैप नट तथा सबसे नीचे नॉजिल फिट होता है। बीच का भाग, बॉडी कहलाता है। बॉडी को अन्दर से ठीक प्रकार ग्राइण्ड करके, पॉलिश करते हैं। बॉडी के अन्दर स्पिण्डल, नॉजिल, नॉजिल स्प्रिंग, प्रैशर एडजस्टिंग स्क्रू आदि फिट रहते हैं। इंजेक्टर की बॉडी में ही ईंधन इनलेट तथा ओवरफ्लो रिटर्न पाइप फिट करने की व्यवस्था होती है। ईंधन इनलेट में डीजल, ईंधन इंजेक्शन पम्प से आता है। ओवरफ्लो पाइप द्वारा ईंधन इनलेट से आया अतिरिक्त डीजल वापस आ जाता है।

इंजेक्टर की कार्यविधि Working Method of Injector

सामान्य दशा में नॉजिल अपनी स्प्रिंग द्वारा सीट से चिपका रहता है। डीजल अपने निश्चित समय पर ईंधन इंजेक्शन पम्प से इंजेक्टर के ईंधन इनलेट मार्ग से बॉडी के अन्दर बने ईंधन पैसेज में आता रहता है। इस समय डीजल में पर्याप्त दबाव रहता है। इस दबाव के कारण नॉजिल स्प्रिंग, दबाव से ऊपर उठ जाती है तथा ईंधन पैसेज में जमा डीजल उच्च दबाव उत्पन्न होने से नॉजिल में बने छिद्रों द्वारा महीन फुहार के रूप में कम्बशन चैम्बर की गर्म हवा में तुरन्त फैल जाता है। गर्म हवा के सम्पर्क में आते ही वह डीजल जल जाता है तथा इंजन में शक्ति उत्पन्न होती है। इंजेक्शन होते ही ईंधन पैसेज में डीजल का दबाव कम हो जाता है तथा स्प्रिंग द्वारा नॉजिल वाल्व पुन: सीट से चिपक जाता है और इस बीच आया अतिरिक्त डीजल, ओवरफ्लो पाइप द्वारा वापस टैंक या फिल्टर में चला जाता है।

इंजेक्टर नॉजिल के प्रकार Types of Injector Nozzles

पूर्ण दहन प्राप्त करने के लिए इंजन सिलेण्डर में ईंधन को कणों के रूप में लाने के लिए इंजेक्टर उपलब्ध कराए जाते हैं। इंजन तथा कम्बशन चैम्बर में डिजाइन के अनुसार इंजेक्टर नॉजिल का भी भिन्न-भिन्न प्रकार से प्रयोग किया जाता है। इंजन में निम्न प्रकार के नॉजिलों का प्रयोग किया जाता है

(i) **सिंगल छिद्र टाइप नॉजिल** (Single hole type nozzle) इस प्रकार के नॉजिल में एक छिद्र, इसके केन्द्र अथवा इसकी बॉडी से किसी एक कोण पर ड्रिल किया जाता है, जिसे नॉजिल वाल्व द्वारा बन्द किया जाता है।

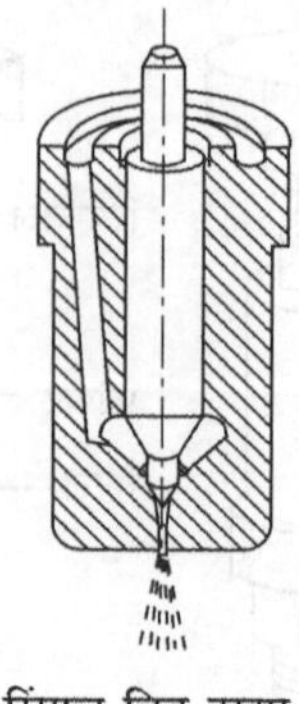

चित्र सिंगल छिद्र टाइप नॉजिल

(ii) **मल्टी छिद्र टाइप नॉजिल** (Multi hole type nozzle) इस टाइप में बॉडी के एक सिरे पर विभिन्न संख्या में छिद्र किए जाते हैं। छिद्र की वास्तविक संख्या इंजन की आवश्यकता पर निर्भर करती है।

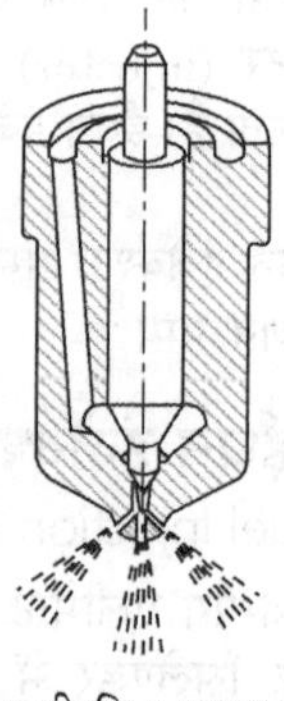

चित्र मल्टी छिद्र टाइप नॉजिल

(iii) **लॉन्ग स्टेम टाइप नॉजिल** (Long stem type nozzle) स्टैण्डर्ड शॉर्ट स्टेम नॉजिल को पर्याप्त शीतलन प्रदान कराने के लिए एक नॉजिल का निर्माण किया गया है। इसे लॉन्ग स्टेम नॉजिल कहते हैं।

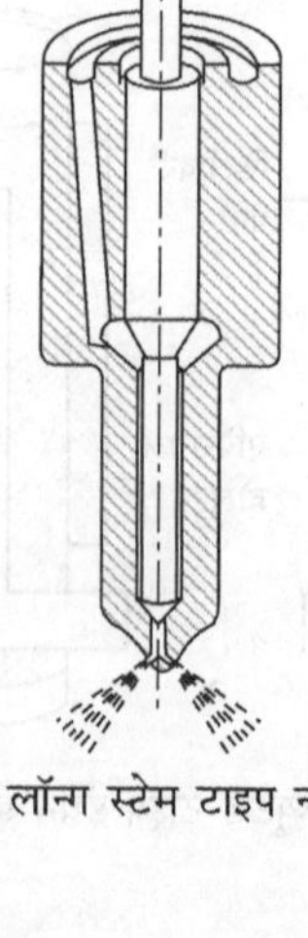

चित्र लॉन्ग स्टेम टाइप नॉजिल

(iv) **पिण्टल टाइप नॉजिल** (Pintle type nozzle) इस प्रकार के नॉजिल में वाल्व स्टेम को विस्तारित करके एक पिन या पिण्टल का रूप प्रदान किया जाता है, जो नॉजिल बॉडी के मुख से बाहर निकलता है।

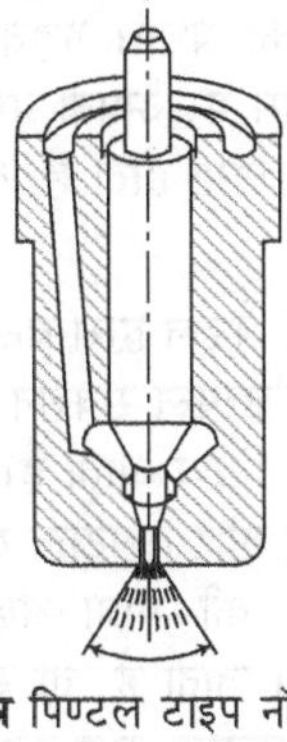

चित्र पिण्टल टाइप नॉजिल

(v) **डिले टाइप नॉजिल** (Delay type nozzle) इस प्रकार के नॉजिल में स्प्रे पैटर्न को पिण्टल डिजाइन में सुधार करके नियन्त्रित किया जाता है। जब कम्बशन प्रारम्भ होता है, तो यह कम्बशन चैम्बर में ईंधन की मात्रा को कम करेगा। इस रूपान्तरित नॉजिल को डिले नॉजिल कहते हैं।

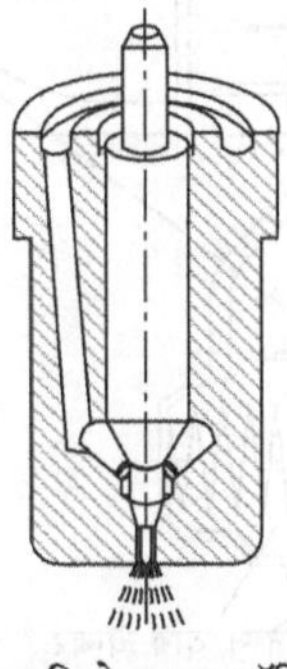

चित्र डिले टाइप नॉजिल

(vi) **पिन्टॉक्स टाइप नॉजिल** (Pintaux type nozzle) पिन्टॉक्स टाइप नॉजिल, पिण्टल नॉजिल का विकसित रूप है। इसमें एक सहायक स्प्रे छिद्र होता है, जो कोल्ड स्थिति में इंजन को आसानी से स्टार्ट करने में सहायता प्रदान करता है।

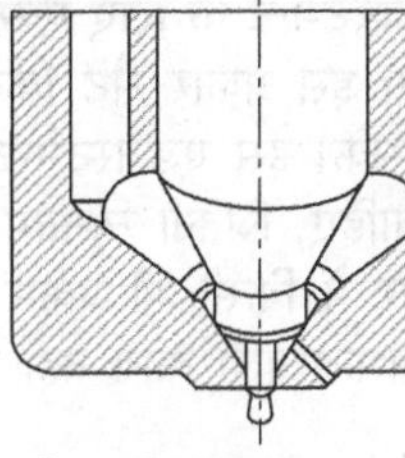

चित्र पिन्टॉक्स टाइप नॉजिल

9. ग्लो प्लग Glow Plug

ग्लो प्लग का प्रयोग अप्रत्यक्ष इंजेक्शन विधि में किया जाता है। ये प्लग कम्बशन चैम्बर में ही इंजेक्टर के पास लगाए जाते हैं। ये बैटरी द्वारा करण्ट प्राप्त करते हैं। ये सामान्यत: PVC (पॉली विनाइल क्लोराइड) से बनाए जाते हैं।

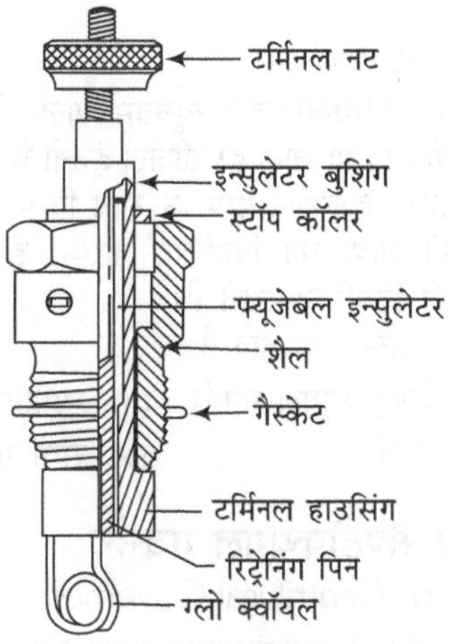

चित्र ग्लो प्लग

इंजन को स्टार्ट करने से पूर्व इंजन ठण्डा रहता है, इसलिए दहन कक्ष का तापक्रम बढ़ाने के लिए हीटर प्लग स्विच को ऑन (ON) कर देता है। इंजन स्टार्ट करते समय इस प्लग को ऑफ (OFF) कर देते हैं। जब दहन का तापमान बढ़ता है, तब डीजल स्प्रे होते ही जल जाता है। इंजन को अधिक देर तक घुमाकर गर्म करने की आवश्यकता नहीं होती है, परन्तु इस प्लग का डीजल के जलाने से कोई सीधा सम्बन्ध नहीं होता।

10. क्युमिन्स तथा डेट्रोइट डीजल इंजेक्शन
Cummins and Detroit Diesel Injection

भारी डीजल इंजनों में कई वर्षों से यूनिट इंजेक्टर (unit injector) उपलब्ध हैं। इसी के समावेशन के कारण क्युमिन्स दाब समय प्रणाली तथा डेट्रोइट डीजल प्रणाली का प्रयोग किया जाता है।

इन दोनों ईंधन प्रणालियों का विवरण नीचे दिया गया है

(i) क्युमिन्स डीजल इंजेक्शन
Cummins Diesel Injection

क्युमिन्स डीजल इंजेक्शन (injection) में ईंधन का दाब, ईंधन लाइन में उच्च तथा कैम लोब (came lobe) में निम्न होता है, जो इंजेक्टर सूई (injector needle) को उठाने के पश्चात् ईंधन को निश्चित समय में सिलेण्डर में इंजेक्ट कराने हेतु स्वीकृति प्रदान करता है तथा इस इंजेक्शन में विशेष (particular) समय में ईंधन की मात्रा को, ईंधन के दाब का समायोजन (adjust) करके नियन्त्रित किया जाता है।

(ii) डेट्रोइट डीजल इंजेक्शन Detroit Diesel Injection

डेट्रोइट डीजल इंजेक्शन में प्रत्येक इंजेक्टर एक विशिष्ट जर्क पम्प (jerk pump) के समान होता है। इस इंजेक्शन में कैमशाफ्ट के ऊपर कैम में उच्च दाब बिन्दु के कारण इकाई इंजेक्टर में ईंधन दाब शीघ्रता से बढ़ने लगता है, जो ईंधन को नॉजिल में भेज देता है, जिसके कारण सूई उठ जाती है एवं ईंधन, सिलेण्डर में इंजेक्ट करने लगता है। इस इंजेक्शन के यूनिट इंजेक्टर में इंजेक्ट ईंधन की मात्रा को लघु नियन्त्रण रैक (small control rack) द्वारा नियन्त्रित किया जाता है।

11. गवर्नर Governor

किसी भी इंजन की अधिकतम तथा न्यूनतम चाल को नियमित रखने के लिए गवर्नर का प्रयोग किया जाता है। डीजल इंजनों में इस प्रयोजन के लिए गर्वनर का प्रयोग ईंधन इंजेक्शन पम्प के साथ किया जाता है। ये गवर्नर, डीजल सप्लाई की मात्रा को नियन्त्रित करके, इंजन की न्यूनतम व अधिकतम चाल को नियन्त्रित रखते हैं।

गवर्नर मुख्यत: चार प्रकार के होते हैं

(i) यान्त्रिक या सेण्ट्रीफ्यूगल गवर्नर (ii) न्यूमैटिक गवर्नर
(iii) हाइड्रोलिक गवर्नर (iv) सर्वो गवर्नर

(i) यान्त्रिक या सेण्ट्रीफ्यूगल गवर्नर Mechanical or Centrifugal Governor

इस प्रकार के गवर्नर में सेण्ट्रीफ्यूगल बॉल वेट (centrifugal ball weight) या फ्लाई वेट का प्रयोग होता है। ये वेट, ईंधन इंजेक्शन पम्प की कैमशाफ्ट पर लगे रहते हैं। भारों (weights) को एक स्प्रिंग द्वारा साधा जाता है। इंजन के चलने पर ईंधन इंजेक्शन पम्प की कैम शाफ्ट उसी के अनुरूप इन भारों को घुमाती है। इन भारों का सम्बन्ध पम्प की कण्ट्रोल रॉड से भी रहता है।

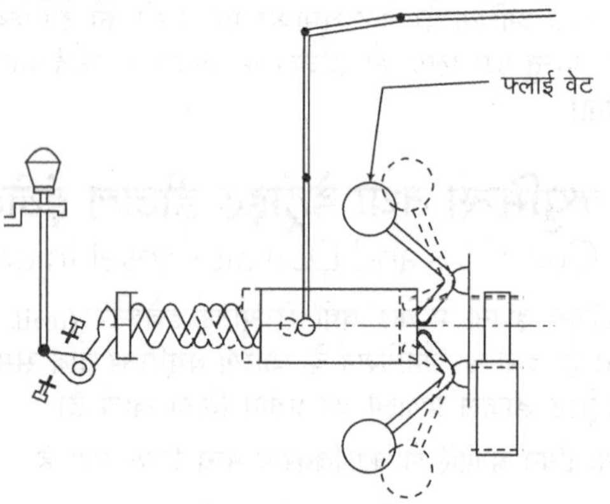

चित्र यान्त्रिक गवर्नर

जब बॉल वेट घूमते हैं, तो सेण्ट्रीफ्यूगल फोर्स के कारण ये बाहर की ओर फैलने भी लगते हैं। जब इंजन धीमी गति से चलता है, तो इनका फैलाव (expansion) कम होता है तथा जब इंजन तेज गति से चलता है, तो वेट भी तेज घूमकर बाहर की ओर अधिक फैलते हैं। इसलिए इनसे सम्बन्धित कण्ट्रोल रॉड भी वेट के फैलने के अनुरूप ही बाहर की ओर कम या अधिक होती रहती है। ईंधन इंजेक्शन पम्प में कण्ट्रोल रॉड आगे-पीछे होकर, प्लंजर को कण्ट्रोल स्लीव के द्वारा घुमाकर, डीजल सप्लाई में डीजल की मात्रा को कम या अधिक करके, इंजन की अधिकतम तथा न्यूनतम चाल को नियन्त्रित रखती है। दूसरे शब्दों में कह सकते हैं कि गवर्नर, डीजल सप्लाई में डीजल की मात्रा को इंजन की आवश्यकता के अनुसार नियन्त्रित करता है।

(ii) न्यूमैटिक गवर्नर Pneumatic Governor

इस प्रकार के गवर्नर में एक डायफ्राम का प्रयोग किया जाता है, जो प्रणाली का आधार होता है। यह इनलेट मैनीफोल्ड में सक्शन स्ट्रोक के समय उत्पन्न डिप्रेशन (depression) से प्रभावित होता है। इस गवर्नर में दो मुख्य इकाइयाँ होती हैं—इनलैट मैनीफोल्ड यूनिट तथा डायफ्राम यूनिट। इनलेट मैनीफोल्ड में एक बटरफ्लाई लगी होती है, जिसका सम्बन्ध एक्सीलेटर से होता है। इनलेट मैनीफोल्ड में एक वेंचुरी की व्यवस्था भी होती है, जिसका सीधा सम्बन्ध पाइप द्वारा डायफ्राम यूनिट से होता है। जब इंजन चलता है, तो इनलेट मैनीफोल्ड में सक्शन स्ट्रोक के समय सक्शन का प्रभाव पड़ता है। इससे वेंचुरी में वैक्यूम उत्पन्न होता है, जो डायफ्राम पर अपना प्रभाव डालता है। यह डायफ्राम, जो कि एक स्प्रिंग के साथ लगा होता है, कण्ट्रोल रॉड से भी सम्बन्धित होता है।

इस कारण, जब एक्सीलेटर पैडल द्वारा बटरफ्लाई को खोला जाता है, तो उसी के अनुरूप वैक्यूम से उत्पन्न सक्शन द्वारा डायफ्राम बाहर की ओर स्प्रिंग के दबाव के विपरीत खिंच आता है। इससे डायफ्राम से सम्बन्धित कण्ट्रोल रॉड भी खिंचती है और कण्ट्रोल स्लीव को घुमाकर प्लंजर द्वारा डीजल सप्लाई में डीजल की मात्रा बढ़ा देती है। इसी प्रकार जब एक्सिलेटर को कम दबाया जाता है, तो सक्शन का डायफ्राम पर कम प्रभाव पड़ता है, जिससे कण्ट्रोल रॉड कम खिंचकर डीजल सप्लाई में डीजल की मात्रा कम कर देती है। इस प्रकार इंजन की अधिकतम तथा न्यूनतम चाल के अनुरूप डीजल की सप्लाई नियन्त्रित की जाती है।

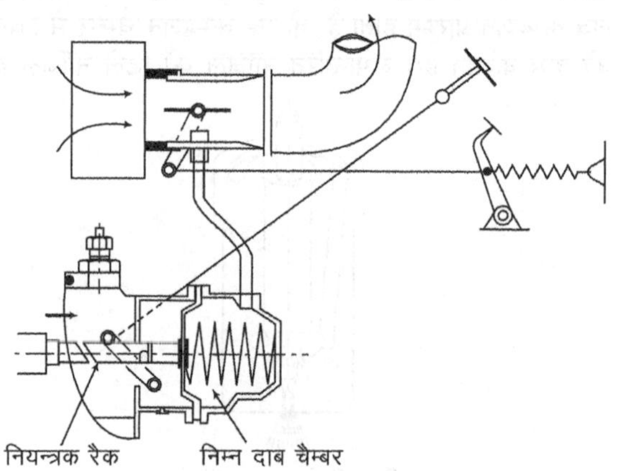

चित्र न्यूमैटिक गवर्नर

- **थ्रॉटल यूनिट** (Throttle unit) थ्रॉटल यूनिट द्वारा ही इंजन की अधिकतम व न्यूनतम चाल के लिए एडजस्टमेन्ट किया जाता है। थ्रॉटल वाल्व जितना अधिक खुलेगा, इंजन उतना ही तेज चलेगा। अत: अधिकतम चाल के एडजस्टमेन्ट के लिए एक्सीलेटर व थ्रॉटल वाल्व को एडजस्टिंग स्क्रू द्वारा इस प्रकार सैट किया जाता है कि थ्रॉटल वाल्व अधिकतम खुल सके। इस एडजस्टमेन्ट के बाद सैट स्क्रू को उतना टाइट कर देना चाहिए, जितनी न्यूनतम चाल की आवश्यकता हो। इस प्रकार के गवर्नर में किसी भी प्रकार की लीकेज नहीं होनी चाहिए अन्यथा गवर्नर प्रभावशाली कार्य नहीं करेगा।

(iii) हाइड्रोलिक गवर्नर Hydraulic Governor

इस प्रकार के गवर्नर में इंजन की चाल नियन्त्रित रखने के लिए डीजल सप्लाई के समय कण्ट्रोल रॉड पर हाइड्रोलिक दबाव का प्रयोग किया जाता है। इस गवर्नर में चार मुख्य भाग; हाइड्रोलिक पम्प, कण्ट्रोल प्लंजर, संकुचित मुख तथा प्लंजर स्प्रिंग होते हैं। जब इंजन चलता है, तो उसकी चाल के अनुरूप हाइड्रोलिक पम्प चलता है तथा वह उसी अनुपात में तेल का दबाव कण्ट्रोल प्लंजर पर डालता है।

कण्ट्रोल प्लंजर, जो एक स्प्रिंग के साथ फिट रहता है, ईंधन पम्प की कण्ट्रोल रॉड से भी सम्बद्ध होता है। इसलिए जब कण्ट्रोल प्लंजर पर तेल का दबाव पड़ता है, तो कण्ट्रोल रॉड की स्थिति बदलती है। इससे डीजल सप्लाई में डीजल की मात्रा में भी अन्तर आता है। इस प्रकार डीजल की सप्लाई द्वारा ईंधन की अधिकतम तथा न्यूनतम चाल नियन्त्रित रहती है।

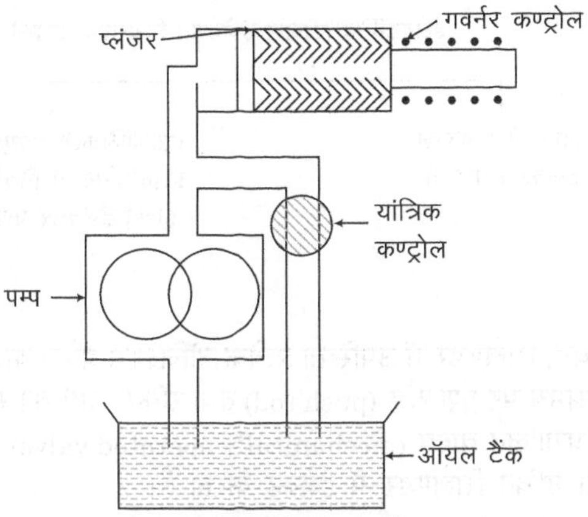

चित्र हाइड्रोलिक गवर्नर

(iv) सर्वो गवर्नर Servo Governor

सर्वो गवर्नर में ईंधन नियन्त्रण यन्त्रावली, द्रवचालित क्रिया (hydraulic action) द्वारा प्रेरित की जाती है। इस प्रकार का गवर्नर ईंधन नियन्त्रण युक्ति को चलाने के लिए आवश्यक प्रयास को घटाता है, क्योंकि गवर्नर द्वारा ईंधन नियन्त्रण यन्त्रावली को चलाने के लिए कम बल की आवश्यकता होती है।

12. डिलीवरी वाल्व Delivery Valve

प्लंजर और बैरेल के ऊपर एक डिलीवरी वाल्व लगा होता है। जिस समय डीजल प्रैशर से यह वाल्व खुल जाता है, तो ऑयल की सप्लाई इंजेक्टर पाइप द्वारा इंजेक्टर में जाती है तथा डीजल प्रैशर समाप्त हो जाता है जिससे डिलीवरी वाल्व बन्द हो जाता है। इस प्रकार, डीजल इंजेक्टर पाइप में सदैव भरा रहता है और वापस प्लंजर में नहीं जा पाता।

चित्र डिलीवरी वाल्व

13. कण्ट्रोल रॉड स्टॉप Control Rod Stop

कण्ट्रोल रॉड की स्पीड को अधिकतम स्पीड पर रोकने के लिए स्टॉप लगाए जाते हैं। इनको कई बार स्मोक स्टॉप (smoke stop) भी कहते हैं। यह हमेशा टैस्ट बैंच पर ही सैट करके सील कर दिया जाता है। यदि इंजन में स्पीड अधिक बढ़ानी हो, तो इसके एडजस्टिंग स्क्रू को एक या दो चूड़ी बाहर निकाल दिया जाता है। कण्ट्रोल रॉड की स्पीड को अधिकतम गवर्नर स्पीड पर रोकने के लिए दो प्रकार के स्टॉप प्रयोग किए जाते हैं—फिक्स्ड टाइप तथा एडजस्टेबल टाइप।

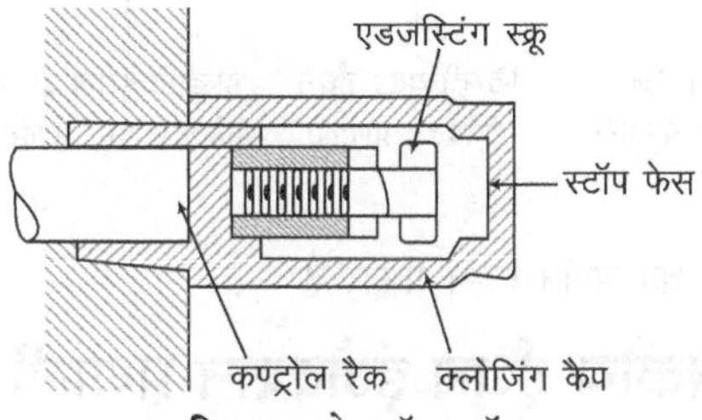

चित्र कण्ट्रोल रॉड स्टॉप

14. एक्सेस ईंधन डिवाइस Excess Fuel Device

इंजन के स्टार्टिंग के समय जब इंजन को अधिक डीजल की आवश्यकता होती है, तो उस समय यह कण्ट्रोल रॉड को स्टॉप से भी आगे निकलने देता है। जब एक्सेस फ्यूल डिवाइस का बटन दबा देते हैं, तो ऊपर लगा हुआ स्टॉप स्क्रू, कण्ट्रोल रॉड के मध्य किए गए सुराख के अन्दर घुस जाता है, जिससे कण्ट्रोल रॉड को आगे जाने के लिए स्थान मिल जाता है और वह खिसक जाती है, जिससे डीजल ऑयल की सप्लाई अधिक होने पर इंजन शीघ्र स्टार्ट हो जाता है। जैसे ही इंजन स्टार्ट होता है, गवर्नर कण्ट्रोल रॉड को भार स्पीड के अनुसार वापस खींच लेता है और पुश बटन अपनी पूर्व स्थिति में आ जाता है।

25.8 डीजल सप्लाई प्रणालियाँ Diesel Supply Systems

डीजल इंजन की प्रणाली को व्यवस्थित तथा सुगम बनाने में ईंधन इंजेक्शन (injection) प्रणाली की मुख्य भूमिका होती है। ईंधन इंजेक्शन के द्वारा उत्पन्न शक्ति के कारण ही इंजन क्रियाशील अवस्था में लाने के लिए सक्षम बन पाते हैं तथा इंजन की दक्षता भी इसी प्रणाली पर निर्भर करती है।

डीजल इंजनों में ईंधन इंजेक्शन के लिए मुख्यतः यान्त्रिक इंजेक्शन प्रणाली (mechanical injection system) तथा इलेक्ट्रॉनिक इंजेक्शन प्रणाली (electronic injection system) का प्रयोग किया जाता है।

ईंधन इंजेक्शन प्रणाली को निम्न चार्ट के माध्यम से समझाया गया है।

- ईंधन इंजेक्शन प्रणाली
  - यान्त्रिकीय ईंधन इंजेक्शन प्रणाली
    - वायु इंजेक्शन प्रणाली
    - वायुरहित या ठोस इंजेक्शन प्रणाली
      - कॉमन रेल इंजेक्टर प्रणाली
      - डिस्ट्रीब्यूटर ईंधन इंजेक्टर प्रणाली
      - इण्डीविजुअल ईंधन इंजेक्टर पम्प प्रणाली
  - इलेक्ट्रॉनिक ईंधन इंजेक्शन प्रणाली
    - मल्टीप्वॉइण्ट ईंधन इंजेक्शन प्रणाली
    - इलेक्ट्रॉनिक डीजल इंजेक्शन नियन्त्रण प्रणाली
      - कॉमन रेल डीजल इंजेक्शन प्रणाली
      - हाइड्रॉलिकली एक्युएटेड इलेक्ट्रॉनिकली नियन्त्रित इकाई इंजेक्टर प्रणाली

इन प्रणालियों का वर्णन निम्न प्रकार है

1. यान्त्रिकीय ईंधन इंजेक्शन प्रणाली
Mechanical Fuel Injection (MFI) System

डीजल इंजनों में ईंधन के रूप में डीजल को इंजेक्ट (inject) कराने के लिए प्रयुक्त होने वाली प्रणाली एक यान्त्रिकीय ईंधन इंजेक्शन प्रणाली कहलाती है। इसमें डीजल, पम्प द्वारा दबाव के साथ इंजेक्टरों (injectors) को भेजा जाता है। इंजेक्टर द्वारा डीजल का ऑटोमाइजेशन (automization) करके स्प्रे के रूप में, डीजल कम्बशन चैम्बर (combustion chamber) में चला जाता है तथा जलने लगता है। यह प्रणाली मुख्य रूप से दो प्रकार की होती है

(i) वायु इंजेक्शन प्रणाली Air Injection System

इस प्रकार की इंजेक्शन (injection) प्रणाली का प्रयोग शुरुआत में स्टेशनरी डीजल इंजनों तथा मैरीन इंजनों में किया जाता था। इसमें पहले हवा को उच्च दाब पर दबाते थे, तत्पश्चात् उसके साथ ईंधन को सिलेण्डर में इंजेक्ट कराते थे। ईंधन इंजेक्शन (injection) की दर वायु के दबाव से नियन्त्रित की जाती थी। हवा को उच्च दाब पर दबाने के लिए कम्प्रैशर का प्रयोग किया जाता था, जिसे इंजन के द्वारा चलाया जाता था। इस विधि में लगभग 10% पावर की हानि कम्प्रैशर के कारण ही थी, इसलिए अब यह विधि प्रयोग नहीं की जाती। इसमें दबाव 600 से 700 पाउण्ड प्रति वर्ग इंच होता है।

(ii) वायुरहित या ठोस इंजेक्शन प्रणाली

वर्तमान में इस प्रणाली का प्रयोग सभी डीजल इंजनों में किया जाता है। इसमें उच्च दाब पर ईंधन सीधे कम्बशन चैम्बर (combustion chamber) में इंजेक्ट किया जाता है। इंजेक्शन के लिए विशेष प्रकार के ईंधन इन्जेक्शन पम्प का प्रयोग किया जाता है।

यह पम्प लगभग 300 किग्रा/सेमी^{2} प्रैशर पर कार्य करता है। यह प्रणाली निम्न भागों में वर्गीकृत की जाती है

(a) कॉमन रेल इंजेक्शन प्रणाली Common Rail Injection (CRI) System

इस प्रणाली में उच्च दाब पम्प का प्रयोग किया जाता है, जो पेट्रोल अथवा डीजल को उच्च दाब में ईंधन हैडर (fuel header) की सहायता से ईंधन की सप्लाई (supply) करता है। ईंधन इंजेक्टर में उच्च दाब के कारण ईंधन (पेट्रोल या डीजल) को बल मिलता है, जिससे ईंधन, सिलेण्डर में उपस्थित प्रत्येक नॉजिल में प्रवेश करता है तथा निर्धारित समय पर पुश रॉड (push rod) तथा रॉकर आर्म की सहायता से यान्त्रिकी प्रचालित वाल्व (mechanically operated valve) द्वारा ईंधन नॉजिल से उचित सिलेण्डर में इंजेक्ट करता है।

इस प्रणाली में सिलेण्डर में इंजेक्ट ईंधन को पुश रॉड स्ट्रोक (push rod stroke) की बदलती लम्बाई द्वारा नियमित (regulate) किया जाता है।

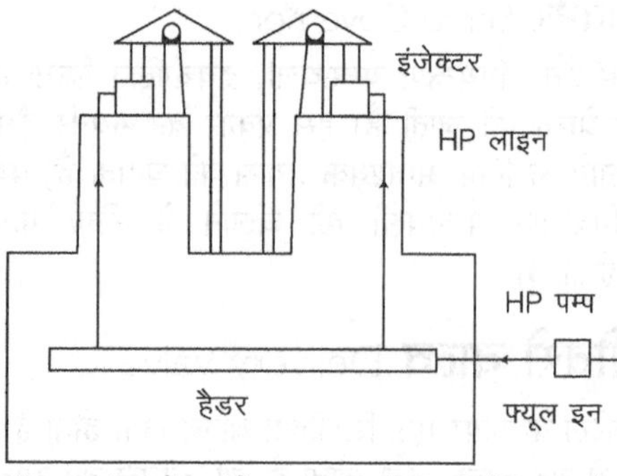

चित्र कॉमन रेल इंजेक्शन प्रणाली का नियोजित आरेख

(b) डिस्ट्रीब्यूटर ईंधन इंजेक्शन पम्प प्रणाली
Distributor Fuel Injection Pump System

इस प्रणाली में विशेष प्रकार के उच्च दाब पम्प (high pressure pump) का प्रयोग किया जाता है, जो डीजल को उच्च दाब का बनाकर डिस्ट्रीब्यूटर द्वारा फायरिंग क्रम के अनुसार सभी इंजेक्टर्स को समय पर पहुँचाता है। इसमें एक मास्टर पम्प होता है, जो डिस्ट्रीब्यूटर मैकेनिज्म तक दाब के साथ डीजल पहुँचाता है। डिस्ट्रीब्यूटर में एक नॉजिल लगी होती है, जो घूर्णन करके बारी-बारी से प्रत्येक इंजेक्टर के पाइपों में तेल पहुँचाती रहती है।

इस प्रकार प्रत्येक इंजेक्टर को फायरिंग के समय डिस्ट्रीब्यूटर द्वारा डीजल प्राप्त होता रहता है। इस पम्प में एक ही पम्पिंग एलीमेन्ट होता है, जिसके द्वारा ठीक समय पर बराबर मात्रा में एक समान डीजल सप्लाई की जाती है। ट्रांसफर पम्प द्वारा डीजल फिल्टर होकर मीटरिंग वाल्व में जाता है। यहाँ से डीजल की जितनी मात्रा इंजेक्टर को भेजनी होती है, वह तप कर डिस्ट्रीब्यूटर के पिछले भाग में सुराखों के बीच पहुँचती है। इस भाग में दो प्लंजर आमने-सामने लगे होते हैं।

यह डिस्ट्रीब्यूटर में लगी कैम के कारण एक साथ खुलते व बन्द होते हैं। डीजल इन प्लंजरों के बीच भर जाता है तथा बाद में हाई प्रैशर से सुराख द्वारा डिस्ट्रीब्यूटर के मध्य में पहुँच जाता है। वहाँ से इंजेक्टरों के पाइपों द्वारा इंजेक्टरों में जाता है। यह एक अधिक जटिल प्रणाली है, इसलिए इस प्रणाली का प्रयोग कम ही किया जाता है।

(c) इण्डीविजुअल ईंधन इंजेक्शन पम्प प्रणाली
Individual Fuel Injection Pump System

इस प्रणाली को इन-लाइन प्रणाली के नाम से भी जाना जाता है। आजकल इसका प्रयोग अधिकतर डीजल इंजनों में किया जाता है। इस प्रणाली में प्रत्येक सिलेण्डर के इंजेक्टर के लिए अलग-अलग पम्प की व्यवस्था होती है। ये पम्प अलग-अलग भी बने हो सकते हैं, परन्तु एक से अधिक सिलेण्डरों वाले इंजनों के पम्प सामान्यत: एक ब्लॉक में तथा एक लाइन में ही बने होते हैं। ये सभी पम्प अपनी कैमशाफ्ट द्वारा वाल्वों की भाँति बारी-बारी से अपना कार्य करते हैं। इसके लिए अलग से एक छोटी कैमशाफ्ट का प्रयोग पम्प में किया जाता है। जो टाइमिंग गियर से विशेष कपलिंग द्वारा चलाई जाती है। यह पम्प इस प्रकार डिजाइन किया जाता है, जिससे कि इसके द्वारा सप्लाई की जाने वाली डीजल की मात्रा के साथ-साथ प्रत्येक इंजेक्टर द्वारा इंजेक्शन के प्रारम्भ तथा समापन के अन्तराल (interval) पर नियन्त्रण रखा जा सके।

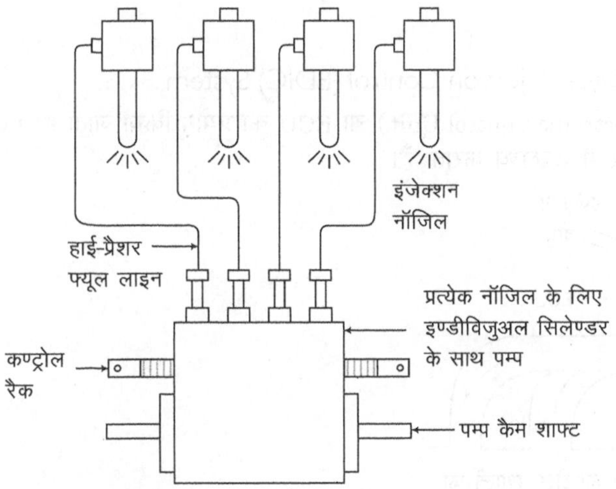

चित्र इण्डीविजुअल ईंधन इंजेक्शन पम्प प्रणाली का नियोजित आरेख

ईंधन इंजेक्शन पम्प में सबसे ऊपर इंजेक्टर्स को डीजल पहुँचाने के लिए पाइप जोड़ने का प्रबन्ध होता है तथा सबसे नीचे कैमशाफ्ट लगी होती है जिसके ऊपर रोलर टैपिट फिट रहते हैं, जिनके द्वारा प्लंजर ऊपर उठते हैं। पम्प बैरल में सबसे ऊपर डिलीवरी वाल्व लगा होता है जो एक स्प्रिंग की सहायता से बन्द रहता है तथा डीजल के दबाव से खुलता है। पम्प बैरल के मध्य भाग पर एक नियन्त्रण स्लीव चढ़ी रहती है जिसके दाँतों का सम्बन्ध नियन्त्रण रॉड पर बने दाँतों से रहता है अर्थात् नियन्त्रण रॉड के आगे-पीछे होने से नियन्त्रण स्लीव भी घूमकर प्लंजर को घुमा सकती है। इसी नियन्त्रण स्लीव के बीच में प्लंजर फिट रहता है, जो कि ईंधन इंजेक्शन पम्प का मुख्य भाग होता है। इस पर एक तिरछा कट बना होता है जिसके खुलने के अनुपात पर ही डीजल प्रेषित करने की मात्रा निर्भर करती है। यह प्लंजर एक स्प्रिंग की सहायता से नीचे दबा रहता है। पम्प बैरल में ऊपर की ओर दो सक्शन पोर्ट बने होते हैं, जिनका सम्बन्ध पम्प चैम्बर में भरे डीजल से होता है।

2. इलेक्ट्रॉनिक ईंधन इंजेक्शन प्रणाली
Electronic Fuel Injection (EFI) System

इंजनों में ईंधन के रूप में डीजल को इंजेक्ट (inject) कराने के लिए प्रयुक्त होने वाली प्रणाली, इलेक्ट्रॉनिक ईंधन इंजेक्शन प्रणाली कहलाती है, जिसमें इंजेक्टर्स के द्वारा इनटेक मैनीफोल्ड या इनटेक पोर्ट के समीप से ईंधन को इंजेक्ट कराया जाता है। तत्पश्चात् ईंधन को कम्प्रेस्ड वायु में भेजा जाता है, जिससे ईंधन ऑटोमाइज होकर इंजन को शक्ति प्रदान करता है। इसके अन्तर्गत निम्न प्रणालियाँ आती हैं

(i) मल्टी-प्वॉइण्ट ईंधन इंजेक्शन प्रणाली
Multi-Point Fuel Injection (MPFI) System

मल्टी-प्वॉइण्ट ईंधन इंजेक्शन प्रणाली में इंजन में ईंधन के इंजेक्शन का मुख्य उद्देश्य ईंधन तथा हवा के उचित अनुपात को इंजन सिलेण्डर से सप्लाई (supply) करना होता है। इस प्रकार की प्रणाली प्राय: इन दो मूल व्यवस्थाओं (arrangements) द्वारा प्रयोग में लाई जाती है

(a) **पोर्ट इंजेक्शन** Port Injection

इस व्यवस्था (arrangement) में इंजेक्टर इनटेक पोर्ट के समीप इनटेक मैनीफोल्ड की साइड पर स्थित होता है, जिसके कारण इंजेक्टर आसानी से इनटेक मैनीफोल्ड के अन्दर वायु या हवा में डीजल को स्प्रे कराता है।

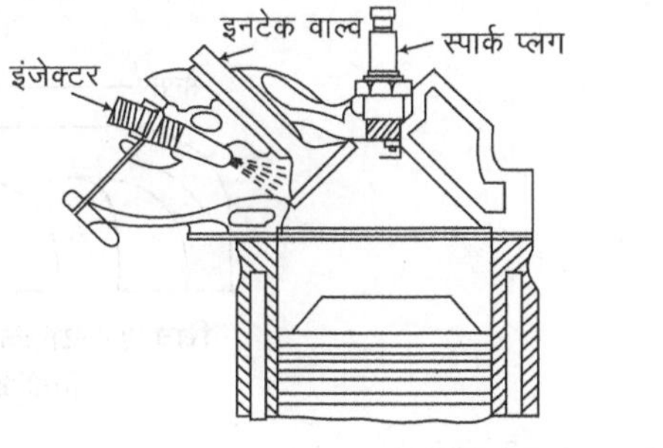

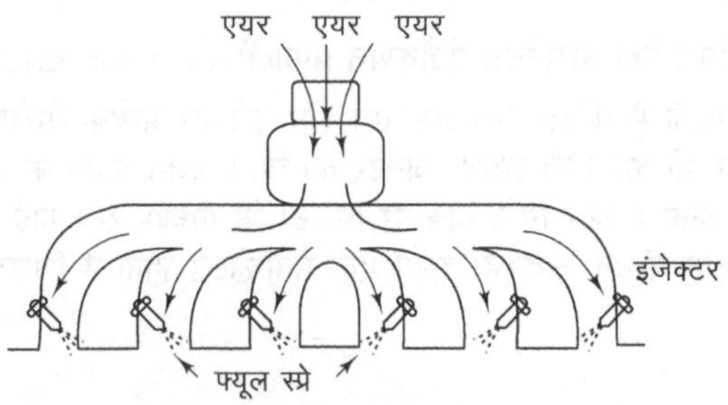

चित्र मल्टी-प्वॉइण्ट ईंधन इंजेक्शन प्रणाली की पोर्ट इंजेक्शन व्यवस्था

इससे हवा तथा डीजल ईंधन का उचित अनुपात पर्याप्त मात्रा में मिश्रण बन जाता है तथा वायु तथा डीजल ईंधन का मिश्रण इनटेक वाल्व के मार्ग से सिलेण्डर में प्रवेश करता है। इस व्यवस्था में प्रत्येक सिलेण्डर के लिए इंजेक्टर उपलब्ध होता है; जैसे—यदि इंजन में छ: सिलेण्डर उपलब्ध हैं, तो इंजेक्टरों (injectors) की संख्या भी छ: होगी।

(b) **थ्रॉटल बॉडी इंजेक्शन** Throttle Body Injection

इस व्यवस्था में इंजेक्टर में थ्रॉटल बॉडी (throttle body) इसके थ्रोट (throat) से थोड़ा-सा ऊपर लगी होती है। इसमें इंजेक्टर के द्वारा इनटेक मैनीफोल्ड (intake manifold) में डीजल ईंधन को स्प्रे किया जाता है, जिससे इनटेक मैनीफोल्ड में हवा तथा इंजेक्टर द्वारा स्प्रे डीजल से पर्याप्त मात्रा में हवा तथा डीजल का मिश्रण बन जाता है। इसके पश्चात् यह मिश्रण थ्रॉटल वाल्व के द्वारा इनटेक मैनीफोल्ड में प्रवेश करता है। इनटेक मैनीफोल्ड में हवा की मात्रा को थ्रॉटल वाल्व द्वारा नियन्त्रित किया जाता है। इस व्यवस्था में प्रयुक्त थ्रॉटल बॉडी कार्बुरेटर थ्रॉटल बॉडी के समरूप होती है।

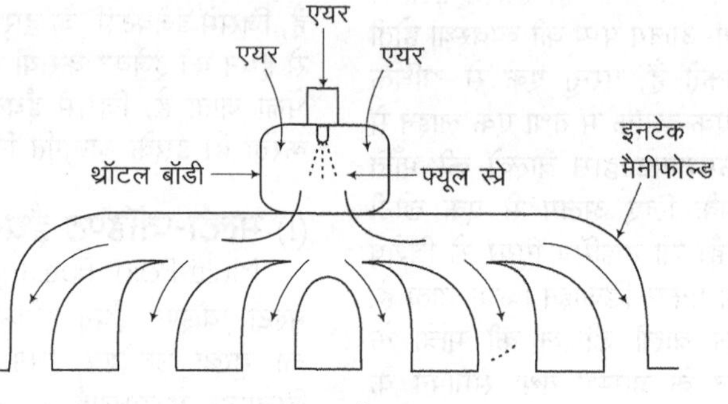

चित्र मल्टी-प्वॉइण्ट ईंधन इंजेक्शन प्रणाली की थ्रॉटल बॉडी इंजेक्शन (सिंगल प्वॉइण्ट) व्यवस्था

(ii) **इलेक्ट्रॉनिक डीजल इंजेक्शन नियन्त्रण प्रणाली** Electronic Diesel Injection Control (EDIC) System

इस ईंधन प्रणाली में इनटेक मैनीफोल्ड में एक इलेक्ट्रॉनिक नियन्त्रण यूनिट (Electronic Control Unit) या ECU का प्रयोग किया जाता है। ECU स्वत: ही वायु एवं डीजल के मिश्रण को पर्याप्त मात्रा में प्रत्येक इंजन सिलेण्डर में उपलब्ध कराता है।

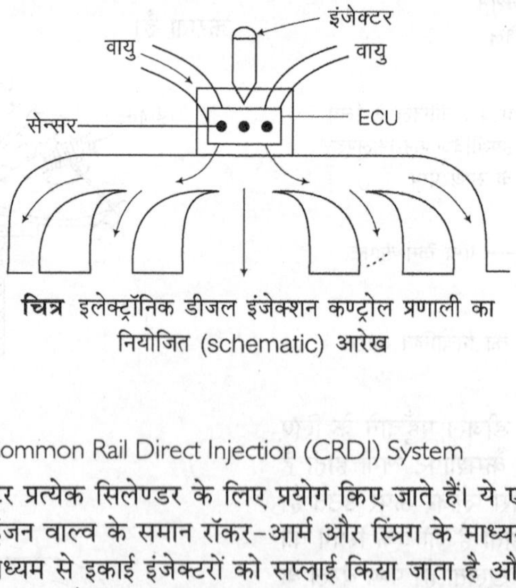

चित्र इलेक्ट्रॉनिक डीजल इंजेक्शन कण्ट्रोल प्रणाली का नियोजित (schematic) आरेख

यह मुख्यत: निम्न प्रकार की होती है

(a) **कॉमन रेल डायरेक्ट इंजेक्शन प्रणाली** Common Rail Direct Injection (CRDI) System

इस प्रणाली में सिंगल इंजेक्शन पम्प और इंजेक्टर प्रत्येक सिलेण्डर के लिए प्रयोग किए जाते हैं। ये एक इकाई के रूप में होते हैं, इसलिए इन्हें इकाई इंजेक्टर भी कहते हैं। इकाई इंजेक्टर की क्रिया इंजन वाल्व के समान रॉकर-आर्म और स्प्रिंग के माध्यम से होती है। ईंधन टैंक से फीड पम्प द्वारा ईंधन खींचा जाता है और निम्न दाब पर फिल्टर के माध्यम से इकाई इंजेक्टरों को सप्लाई किया जाता है और अतिरिक्त ईंधन रिलीफ वाल्व से होकर वापस ईंधन टैंक में आ जाता है। इसमें एक मैनीफोल्ड होती है जिसकी सहायता से ड्राइव पम्प में दाब के साथ इंजन की फीडिंग की जाती है।

जैसा कि चित्र में दर्शाया गया है। इंजेक्टर पम्प रेल से कनेक्ट पाइपों द्वारा फीड किया जाता है।

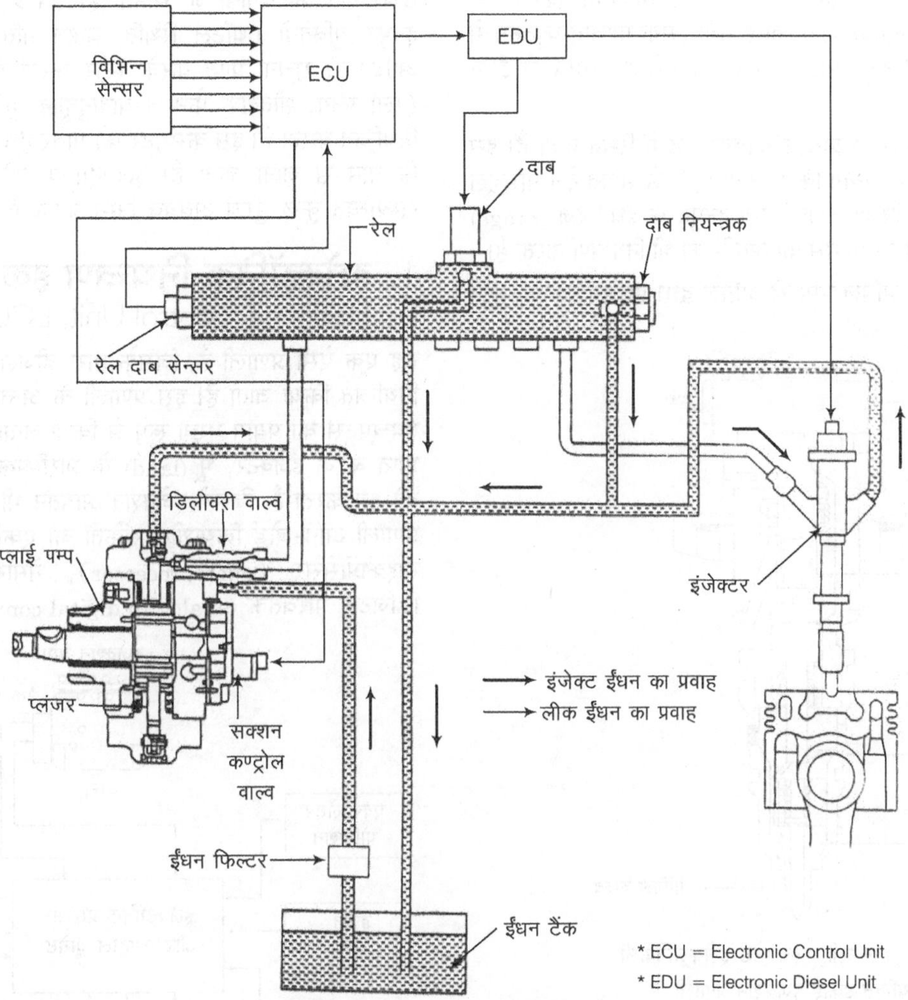

चित्र कॉमन रेल डायरेक्ट इंजेक्शन प्रणाली

इस प्रकार की प्रणाली में एक कम दबाव वाला विद्युतीय ईंधन पम्प, ईंधन टैंक से डीजल खींचकर एक फिल्टर के द्वारा उच्च दबाव वाले पम्प को डीजल भेजता है। यह उच्च दबाव पम्प एक दबाव नियन्त्रक वाल्व द्वारा कॉमन रेल में उच्च दबाव बनाता है। इस प्रैशर नियन्त्रक वाल्व को दबाव सेन्सर के माध्यम से इलेक्ट्रॉनिक कण्ट्रोल यूनिट, नियन्त्रित करता है। इस प्रकार कॉमन रेल में बना डीजल का दबाव, इंजन गति के प्रभाव से मुक्त होता है। इंजेक्टर से किसी प्रकार के डीजल लीकेज से होने वाले परिणामों को प्रणाली में लगे हुए बहाव सीमा सुरक्षित रखते हैं। इस प्रणाली में अधिक डीजल दबाव को रोकने के लिए दबाव नियन्त्रण वाल्व (प्रैशर लिमिटर वाल्व) कार्य करता है। एक सॉलेनायड वाल्व द्वारा नियन्त्रित इंजेक्टर की इंजेक्शन नॉजिल से इंजन कम्बशन चैम्बर में डीजल इंजेक्ट होता है। इस प्रणाली में डीजल दबाव, इंजेक्शन अवधि, इंजेक्शन नॉजिल का आकार और प्रारूप के आधार पर ही इंजेक्ट किए जाने वाले डीजल की मात्रा निर्भर करती है।

(b) हाइड्रॉलिकली एक्चुएटेड इलेक्ट्रॉनिकली नियन्त्रित इकाई इंजेक्शन प्रणाली

Hydraulically Actuated Electronically Controlled Unit Injection (HEUI) System

हाइड्रॉलिकली एक्चुएटेड इलेक्ट्रॉनिकली नियन्त्रित इकाई इंजेक्शन (HEUI) प्रणाली, डीजल इंजन में प्रयुक्त होने वाली एक ऐसी प्रणाली है, जिसके द्वारा डीजल के रूप में ईंधन को इंजन में सप्लाई किया जाता है। डीजल ईंधन इंजेक्शन का प्रचालन, ईंधन को ईंधन टैंक से लेकर उच्च तथा निम्न दाब ईंधन पम्प का प्रयोग करके किया जाता है।

इस प्रणाली में ईंधन पम्प, ईंधन को निम्न दाब पर पम्प की निम्न साइड में ईंधन फिल्टर, वाटर सेपरेटर तथा हीटर बाउल (heater bowl) के संयोजन से प्रचालित (circulates) करता है तथा इसके पश्चात् व्युत्क्रम में ईंधन गैलरियों से पम्प की उच्च साइड (high side) में उच्च दाब पर ईंधन को प्रचालित करता है।

ईंधन गैलरियाँ (fuel galeries) प्राय: सिलेण्डर हैड में स्थित होती हैं। इस व्यवस्था में इंजेक्टर्स का भी प्रयोग किया जाता है, जिसे शक्ति ट्रेन मॉड्यूल या PCM द्वारा नियन्त्रित किया जाता है एवं इनपुट के ईंधन रेंज (range) पर आधारित PCM, इंजेक्शन पल्सेस की अवधि का भी नियन्त्रण करता है।

इंजेक्टर प्राय: उच्च दाब ऑयल पम्प से ऑयल द्वारा हाइड्रॉलिकली प्रेरित (actuate) होते हैं।

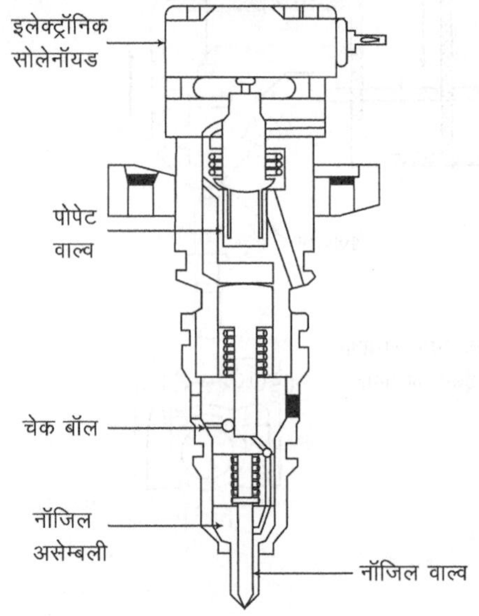

चित्र हाइड्रॉलिकली एक्चुएटेड इलेक्ट्रॉनिकली नियन्त्रित इकाई इंजेक्शन प्रणाली

सॉलेनायड प्रेरित वाल्व का प्रयोग इस प्रणाली में तेल प्रवाह द्वारा उत्पन्न उच्च दाब को नियन्त्रित करने के लिए किया जाता है। तेल प्रवाह के उच्च दाब के कारण इंजेक्शन दाब भी 1250 से 1800 bar या 18,000 से 24,000 PSI बढ़ जाता है।

25.9 डीजल इलेक्ट्रॉनिक नियन्त्रण प्रणाली Diesel Electronic Control System (DEC)

इस प्रणाली का प्रयोग ईंधन इंजेक्टर व कम्बशन क्रिया को नियन्त्रित करने के लिए किया जाता है। कुछ इंजनों में गवर्नर के स्थान पर सम्पूर्ण इलेक्ट्रॉनिक नियन्त्रण प्रणाली का प्रयोग किया जाने लगा है। इसके द्वारा इंजन गति, वाहन गति, थ्रॉटल स्थिति, टॉर्क सीमा निर्धारित की जा सकती है तथा विभिन्न परिस्थितियों के सेन्सर को मॉनीटर किया जा सकता है। यह प्रणाली, सेन्सर द्वारा भेजे गए सूचना संकेत आँकड़ों का विश्लेषण करके निर्धारित करती है कि कितना डीजल इंजेक्ट होना चाहिए।

डीजल इलेक्ट्रॉनिक नियन्त्रण प्रणाली के द्वारा इंजनों को साफ-सुथरा एवं उच्च गति का बनाया जा सकता है। इस प्रणाली में कम्प्यूटर विभिन्न इनपुट युक्तियों (थ्रॉटल स्थिति, वाहन गति, कूलैन्ट तापमान RPM आदि) से सूचना प्राप्त करके स्टोर करता है तथा आउटपुट युक्तियों (ग्लो प्लग, शीतलक फैन व वातानुकूल युक्ति आदि) की क्रिया को नियन्त्रित करता है। इस कम्प्यूटर को पावर ट्रेन कण्ट्रोल मॉड्यूल (PCM) के नाम से जाना जाता है। इलेक्ट्रॉनिक डीजल नियन्त्रण प्रणाली से सम्बन्धित कुछ मुख्य अवयव निम्न प्रकार हैं

1. इलेक्ट्रॉनिक नियन्त्रण इकाई Electronic Control Unit, ECU

यह एक ऐसी प्रणाली है, जिसके द्वारा डीजल इंजेक्शन के प्रचालन को नियन्त्रित किया जाता है। इस प्रणाली के अन्तर्गत सेन्सर (sensor) तथा एक्चुएटर्स का प्रयोग मुख्य रूप से किया जाता है। यह यूनिट संकेतों को प्राप्त करके इंजेक्टर, भू (land) के प्रारम्भिक समय (opening time) को तय करता है, जिससे इंजेक्शन आयतन भी नियन्त्रण में रहता है। यह प्रणाली ऑन-बोर्ड क्रियाशील संकेतों को एकत्रित करती है। इसमें प्राय: माइक्रोप्रोसेसर (microprocessor), मैमोरी यूनिट, एनालॉग से डिजिटल परिवर्तक (analog to digital converter) समंजित होते हैं।

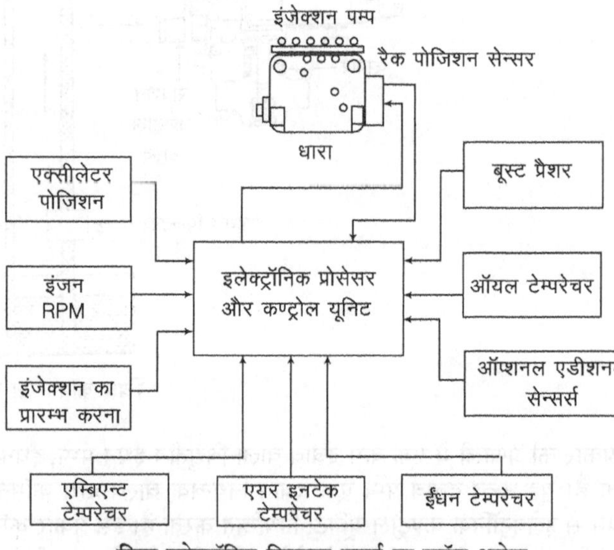

चित्र इलेक्ट्रॉनिक नियन्त्रण इकाई का ब्लॉक आरेख

2. सेन्सर Sensor

ऑटोमोटिव वाहनों में सेन्सर का प्रयोग वाहनों की प्रचालन स्थिति व परिवर्तन को मापने के लिए किया जाता है। वाहनों में मुख्य रूप से निम्न प्रकार के सेन्सर प्रयोग किए जाते हैं

(i) **ऑक्सीजन सेन्सर** (Oxygen sensor) ऑक्सीजन सेन्सर का प्रयोग विश्लेषित ऑक्सीजन के समानुपात को आँकने के लिए किया जाता है। इसके द्वारा निकलने वाली गैसों की सान्द्रता भी मापी जा सकती है।

(ii) **क्रैंक सेन्सर** (Crank sensor) इस इलेक्ट्रॉनिक उपकरण का प्रयोग आन्तरिक दहन इंजनों तथा उनकी घूर्णन गति को मॉनीटर करने हेतु किया जाता है। इसके द्वारा पिस्टन तथा वाल्व की घूर्णन गति भी मॉनीटर की जा सकती है।

(iii) **शीतक तापमान सेन्सर** (Cold temperature sensor) इस प्रकार के सेन्सर का प्रयोग वाहनों के इंजन में उपस्थित लुब्रीकेन्ट तापमान को मापने के लिए किया जाता है।

(iv) **तापमान सेन्सर** (Temperature sensor) इस प्रकार के सेन्सर का प्रयोग विभिन्न तापमान; जैसे—ईंधन तापमान, शीतक तापमान, इनटेक तापमान, वायु तापमान आदि मापने के लिए किया जाता है।

(v) **वाहन गति सेन्सर** (Vehicle speed sensor) इस सेन्सर से वाहनों की स्पीड को मॉनीटर किया जाता है।

(vi) **इंजेक्शन पम्प गति सेन्सर** (Injection pump speed sensor) इस प्रकार के सेन्सर का प्रयोग पम्प की रोटेशन स्पीड को मॉनीटर करने के लिए किया जाता है।

(vii) **ईंधन रैक पोजिशन सेन्सर** (Fuel rack position sensor) इस प्रकार के सेन्सर का प्रयोग ईंधन रैक की पोजिशन को मॉनीटर करने में किया जाता है।

(vii) **वायु प्रवाह सेन्सर** (Air flow sensor) वायु प्रवाह सेन्सर का प्रयोग ईंधन इंजेक्शन इंजन के अन्दर आने वाली वायु प्रवाह की दर का आकलन करने हेतु किया जाता है।

उपरोक्त सभी सेन्सर्स के अतिरिक्त कुछ अन्य सेन्सर; जैसे—ईंधन दाब सेन्सर, वायु साफ करने वाला निर्वात दाबीय सेन्सर, ब्रेक पैडल सेन्सर, क्लच पैडल सेन्सर, ड्राइवर इनपुट स्विच सेन्सर भी वाहनों में प्रयोग किए जाते हैं।

3. एक्चुएटर्स Actuators

एक्चुएटर्स का उपयोग इलेक्ट्रिकल संकेत को यान्त्रिक क्रिया (mechanical action) में स्थानान्तरित करने के लिए किया जाता है। इलेक्ट्रॉनिक डीजल कण्ट्रोल प्रणाली में विद्युत-चुम्बकीय एक्चुएटर्स का प्रयोग किया जाता है।

इस प्रकार के एक्चुएटर्स ईंधन पम्प पर स्थित होते हैं। इलेक्ट्रिक संकेत को यान्त्रिक क्रिया में स्थानान्तरित करने के लिए बूस्ट-दाब एक्चुएटर्स, थ्रॉटल वाल्व एक्चुएटर्स, एग्जॉस्ट गैस रिसर्कुलेशन एक्चुएटर्स आदि का प्रयोग किया जाता है।

25.10 ईंधन प्रणाली के सामान्य दोष General Faults of Fuel System

डीजल ईंधन प्रणाली में उत्पन्न होने वाले विभिन्न दोषों एवं उनके निवारणों को नीचे तालिका में दर्शाया गया है

क्र.सं.	सामान्य दोष व कारण		निवारण
I. इंजन का सामान्य न चलना			
1.	डीजल में मिलावट	(i)	सही ग्रेड का अच्छा डीजल भरें।
2.	फिल्टर इन्सर्ट बन्द चोक	(ii)	नए फिल्टर एलीमेन्ट डालें।
3.	ईंधन प्रणाली में हवा	(iii)	डीजल लाइन की ब्लीडिंग करें।
4.	एक्सीलेटर लीकेज में ढीलापन/रुकावट	(iv)	दोष देखकर दूर करें।
5.	इंजेक्शन टाइमिंग गलत	(v)	इंजेक्शन (injection) टाइमिंग पुनः सैट करें।
6.	पम्प की फेजिंग गलत/डिलीवरी का बराबर न होना	(vi)	इंजेक्शन (injection) पम्प की फेजिंग तथा कैलीब्रेशन करें।
7.	पम्प की कण्ट्रोल रॉड/गियर का घिस जाना	(vii)	रॉड बदलें व पम्प कैलीब्रेट करें।
8.	हाई प्रैशर पाइप के जोड़ों में लीकेज	(viii)	दोष देखकर दूर करें।
9.	हाई प्रैशर पाइप में रुकावट	(ix)	दोष देखकर दूर करें।
10.	नॉजिल के सुराख बन्द/सुई जाम होना/स्प्रे का ठीक न होना	(x)	नॉजिल साफ करें या नया डालें।
11.	इंजन का कम्प्रेशन कम/इंजन का सीज होना	(xi)	इंजन ओवरहॉल करें।
12.	वाल्व स्टिकी/वाल्व स्प्रिंग का टूटना/वाल्व गाइड का घिस जाना	(xii)	रीसेट करें या बदलें।
II. स्टार्टिंग में समस्या			
1.	बैटरी कमजोर/स्टार्टर में खराबी	(i)	इलेक्ट्रिकल प्रणाली चैक करें, खराब भाग को बदलें।
2.	हीटर प्लग्स परिपथ में खराबी	(ii)	परिपथ चैक करें, हीटर प्लग बदलें।
3.	टैंक में डीजल समाप्त	(iii)	डीजल की पूर्ति करें।
4.	डीजल में मिलावट	(iv)	सही ग्रेड का अच्छा डीजल डालें।
5.	टैंक के ढक्कन में हवा छिद्र बन्द	(v)	टैंक की कैप का छिद्र खोलें।
6.	लो प्रैशर पाइप में रुकावट	(vi)	पाइप साफ करें।

क्र.सं.	सामान्य दोष व कारण		निवारण
7.	फिल्टर इन्सर्ट्स बन्द (चोक)	(vii)	फिल्टर एलीमेन्ट साफ करें या बदलें।
8.	ओवरफ्लो वाल्व जाम/लीकेज	(viii)	पाइप साफ करें या बदलें।
9.	फ्यूल सिस्टम में हवा	(ix)	डीजल लाइन से हवा ब्लीड करें।
10.	गवर्नर स्टॉप लीवर खिंचा होना	(x)	लीवर को सही करें।
11.	एक्सीलेटर लिंकेज में ढीलापन/रुकावट	(xi)	दोष देखकर सही करें।
12.	पम्प इंजेक्शन (injection) टाइमिंग गलत	(xii)	टाइमिंग सही सैट करें।
13.	अधिक डीजल उपकरण खराब	(xiii)	खराब उपकरण बदलें या ठीक करें।
14.	फ्यूल इंजेक्शन (injection) पम्प/फीड पम्प के पुर्जों का घिस जाना	(xiv)	मरम्मत करें या बदलें।
15.	हाई प्रैशर पाइप के जोड़ों में लीकेज	(xv)	लीकेज बन्द करें।
16.	इंजेक्टर और सिलेण्डर हैड की सीलिंग में लीकेज	(xvi)	सीट साफ करें तथा वाशर बदलें।
17.	नॉजिल के सुराख बन्द/नीडल जाम होना/स्प्रे का ठीक न होना	(xvii)	सुराख साफ करें तथा नॉजिल बदलें।
18.	वायु फिल्टर/एग्जॉस्ट सिस्टम बन्द	(xviii)	फिल्टर साफ करें तथा दोष देखकर दूर करें।
19.	इंजन कम्प्रेशन कम/इंजन का सीज होना	(xix)	इंजन ओवरहॉल करें।
20.	वाल्व स्टिकी/वाल्व स्प्रिंग का टूटना/वाल्व गाइड का घिस जाना	(xx)	खराब भागों को बदलें।
III. इंजन में नॉकिंग आवाज			
1.	डीजल में मिलावट	(i)	सही ग्रेड का अच्छा डीजल डालें।
2.	पम्प इंजेक्शन (injection) टाइमिंग गलत	(ii)	टाइमिंग पुनः सैट करें।
3.	पम्प की फेजिंग गलत/डिलीवरी का बराबर न होना	(iii)	पम्प फेजिंग कैलीब्रेशन करें।
4.	पम्प के डिलीवरी वाल्व जाम/स्प्रिंग का टूटना	(iv)	डिलीवरी वाल्व साफ करें/स्प्रिंग बदलें।
5.	इंजेक्टर (injector) का ओपनिंग प्रैशर अधिक है	(v)	इंजेक्टर प्रैशर एडजस्ट करें।
6.	नॉजिल का खुली स्थिति में जाम होना/नॉजिल होल्डर स्प्रिंग का टूटना	(vi)	नॉजिल बदलें, स्प्रिंग बदलें।
7.	नॉजिल के सुराख बन्द होना /नीडिल का जाम होना/स्प्रे का ठीक न होना	(vii)	नॉजिल साफ करें।
8.	इंजन का कम्प्रेशन कम होना/इंजन का सीज होना	(viii)	इंजन ओवरहॉल करें।
9.	वाल्व स्टिकी/वाल्व स्प्रिंग का टूटना/वाल्व गाइड का घिस जाना	(ix)	वाल्व खोलकर स्प्रिंग व गाइड बदलें।
10.	बिग एण्ड/मेन बियरिंग्स का घिस जाना/क्रैंक शाफ्ट के अधिक बल होना	(x)	इंजन ओवरहॉलिंग करें।
11.	कम्बशन कक्ष (चैम्बर) में अधिक कार्बन जमा	(xi)	डी-कार्बनाइजिंग करें।
IV. डीजल की अधिक खपत			
1.	डीजल लीक होना	(i)	ठीक करें।
2.	पम्प इंजेक्शन टाइमिंग गलत होना	(ii)	दोबारा एडजस्ट करें।
3.	डीजल उपकरणों में खराबी होना	(iii)	ठीक करें।
4.	इंजन की आइडलिंग स्पीड अधिक होना	(iv)	दोबारा सैट करें।
5.	फुल लोड/कोर्स ऑफ डिलीवरी अधिक होना	(v)	पम्प को दोबारा कैलीब्रेट करें।
6.	इंजेक्शन टाइमर का ऑटोमैटिक एडवान्स गलत होना	(vi)	ठीक करें।
7.	इंजेक्टर का ओपनिंग प्रैशर कम होना	(vii)	दोबारा सैट करें।
8.	नॉजिल के सुराख बन्द/नीडल जाम/स्प्रे ठीक नहीं होना	(viii)	साफ करें/बदलें।
9.	नॉजिल नीडिल लिफ्ट अधिक होना	(ix)	नॉजिल बदलें।
10.	वायु फिल्टर/एग्जॉस्ट सिस्टम बन्द (चोक) होना	(x)	साफ करें/बदलें।
11.	इंजन कम्प्रेशन कम/इंजन का सीज होना	(xi)	इंजन ओवरहॉल करें।
12.	वाल्व स्टिकी/वाल्व स्प्रिंग टूट जाना/वाल्व गाइड घिस जाना	(xii)	बदलें/रीसेट करें।
13.	कूलिंग/स्नेहन प्रणाली खराब होना	(xiii)	ठीक करें।

क्र.सं.	सामान्य दोष व कारण		निवारण
V. अधिक धुआँ			
1.	पम्प इंजेक्शन टाइमिंग गलत होना	(i)	टाइमिंग पुनः सैट करें।
2.	डीजल उपकरण का खराब होना	(ii)	उपकरण की मरम्मत करें।
3.	पम्प डिलीवरी वाल्व जाम/स्प्रिंग टूट जाना	(iii)	स्प्रिंग बदलें व पम्प कैलीब्रेट करें।
4.	फुल लोड/कोर्स ऑफ डिलीवरी अधिक होना	(iv)	पम्प पुनः कैलीब्रेट करें।
5.	इंजेक्शन टाइमर का ऑटोमैटिक एडवान्स गलत होना	(v)	टाइमर सही करें।
6.	सिलेण्डर हैड में नॉजिल की स्थिति गलत होना तथा वाशर्स का इस्तेमाल करना	(vi)	नॉजिल सही फिट करें।
7.	इंजेक्टर ओपनिंग प्रैशर कम	(vii)	इंजेक्टर टैस्ट करके सही करें।
8.	नॉजिल खुली स्थिति में जाम होना/नॉजिल होल्डर स्प्रिंग का टूट जाना	(viii)	होल्डर स्प्रिंग बदलें, नॉजिल साफ करें।
9.	नॉजिल के सुराख बन्द/नीडल जाम/स्प्रे ठीक नहीं होना	(ix)	सुराख साफ करें, नॉजिल बदलें।
10.	नॉजिल नीडल की लिफ्ट अधिक होना	(x)	नॉजिल बदलें।
11.	वायु फिल्टर/एग्जॉस्ट सिस्टम बन्द (चोक) होना	(xi)	फिल्टर साफ करें या बदलें।
12.	इंजन कम्प्रेशन कम/इंजन का सीज होना	(xii)	इंजन ओवरहॉल करें।
VI. इंजन का अधिक गर्म होना			
1.	पम्प इंजेक्शन टाइमिंग गलत होना	(i)	टाइमिंग पुनः सैट करें।
2.	फुल लोड/कोर्स ऑफ डिलीवरी अधिक होना	(ii)	पम्प कैलीब्रेट करें।
3.	नॉजिल के सुराख बन्द/नीडल जाम/स्प्रे ठीक नहीं होना	(iii)	नॉजिल साफ करें या बदलें।
4.	इंजन कम्प्रेशन कम/इंजन का सीज होना	(iv)	इंजन की ओवरहॉलिंग करें
5.	वाल्व-स्टिकी/वाल्व स्प्रिंग टूट जाना/वाल्व गाइड घिस जाना	(v)	वाल्व आदि ठीक करें।
6.	कम्बशन चैम्बर में अधिक कार्बन का जाम होना	(vi)	डी-कार्बनाइजिंग करें।
7.	शीतलन/स्नेहन प्रणाली का खराब होना	(vii)	दोष देखकर दूर करें

महत्त्वपूर्ण बिन्दु

- डीजल इंजन को कम्प्रेशन इग्नीशन इंजन के नाम से भी जाना जाता है।
- कार्बुरेटर पेट्रोल इंजन में ईंधन प्रणाली की एक ऐसी यूनिट है जो पेट्रोल एवं वायु का मिश्रण बनाकर इंजन को विभिन्न चाल प्रदान करती है।
- ईंधन को वायु के साथ मिलाने तथा सूक्ष्म कणों में विभक्त करने की प्रक्रिया कार्बुरेशन कहलाती है।
- कार्बुरेटर में बैरल का उपयोग करके पेट्रोल तथा वायु के मिश्रण की गति को बढ़ाया जाता है।
- अपड्राफ्ट कार्बुरेटर में एक्सीलेरेशन पम्प की व्यवस्था नहीं होती है।
- डाउनड्राफ्ट कार्बुरेटर में वायु हॉर्न के ऊपर की ओर चोक वाल्व लगा होता है।
- हॉरिजॉण्टल कार्बुरेटर, इनलेट मैनीफोल्ड के एक किनारे पर फिट रहता है।
- कार्बुरेटर में इंजन की विभिन्न चालों के लिए अलग-अलग प्रकार के मिश्रण जाने के मार्ग बने होते हैं, जिन्हें कार्बुरेटर परिपथ कहा जाता है।
- डीजल का जलना सीटेन नम्बर पर निर्भर करता है।
- इंजन, ईंधन की ऊष्मीय ऊर्जा को यान्त्रिक ऊर्जा में परिवर्तित करता है।
- ऑक्टेन नम्बर अथवा रेटिंग एक ऐसी माप है, जिसके द्वारा ईंधन के जलने के गुण को ज्ञात किया जाता है।
- भारतीय वाहनों में उच्च गति के लिए अल्पतम निर्धारित सीटेन संख्या 48 है।
- इंजन में प्रयुक्त सिलेण्डर में ईंधन के जलने से जब दाब उत्पन्न होता है, तो एक विशेष प्रकार की आवाज उत्पन्न होती है, जिसे नॉकिंग कहते हैं।
- श्यानता, डीजल ईंधन का एक ऐसा अभिलक्षण होता है, जो ईंधन के प्रवाह से उत्पन्न प्रतिरोध को मापता है।
- क्लाउड बिन्दु ईंधन के अभिलक्षण का ऐसा ताप बिन्दु है जिस पर डीजल ईंधन धुँधला दिखाई देने लगता है।
- डीजल इंजनों में प्रत्यक्ष इंजेक्शन उच्च ताप पर किया जाता है।
- शान्त डीजल तकनीक द्वारा डीजल इंजनों की दक्षता तथा निष्पादन में वृद्धि होती है।
- शुद्ध डीजल तकनीक द्वारा डीजल इंजनों को पर्यावरण के प्रतिकूल बनाया जा सकता है।
- ईंधन को टैंक से इंजन के कम्बशन चैम्बर तक पहुँचाने वाले अवयव, डीजल ईंधन प्रणाली के अवयव कहे जाते हैं।
- डीजल को फिल्टर करने हेतु कागज, नमदा तथा बारीक जाली का प्रयोग एलीमेन्ट के रूप में किया जाता है।
- ईंधन फीड पम्प द्वारा टैंक से ईंधन को इंजेक्शन पम्प तक पहुँचाने का कार्य किया जाता है।
- डायफ्राम टाइप ईंधन पम्प अधिक प्रैशर से डीजल ट्रांसफर नहीं कर पाता है।
- फेजिंग, डीजल इंजन के ईंधन इंजेक्शन पम्प की वह सैटिंग है, जो डीजल इंजेक्शन के प्रारम्भ से अन्त तक बराबर अन्तराल बनाए रखती है।
- डीजल इंजनों के ईंधन इंजेक्शन पम्प की वह सैटिंग जो डीजल इंजेक्शन की समान मात्रा के लिए की जाती है, कैलिब्रेशन कहलाती है।
- इन-लाइन ईंधन इंजेक्शन पम्प, उच्च दाब पर क्रमानुसार डीजल तथा उचित समय पर फायरिंग सभी इंजेक्टर्स को प्रदान करता है।
- हैण्ड प्राइमिंग पम्प का प्रयोग इंजन की हवा निकालने के लिए किया जाता है।
- ग्लो प्लग का प्रयोग अप्रत्यक्ष इंजेक्शन विधि में किया जाता है।
- क्यूमिन्स डीजल इंजेक्शन में ईंधन का दाब, ईंधन लाइन में उच्च तथा कैम लोब में निम्न होता है।
- डेट्रोइट डीजल इंजेक्शन के यूनिट इंजेक्टर में इंजेक्ट ईंधन की मात्रा को लघु नियन्त्रक रैक द्वारा नियन्त्रित किया जाता है।
- किसी भी इंजन की अधिकतम तथा न्यूनतम चाल को नियन्त्रित रखने के लिए गवर्नर का प्रयोग किया जाता है।
- डीजल इंजेक्टर, नॉजिल, ऑटोमाइजर या ईंधन वाल्व भी कहलाता है।
- डीजल इंजनों में ईंधन इंजेक्शन के लिए मुख्यतया यान्त्रिक तथा इलेक्ट्रॉनिक इंजेक्शन प्रणाली का प्रयोग किया जाता है।
- मल्टी प्वॉइण्ट ईंधन इंजेक्शन प्रणाली में ईंधन के इंजेक्शन का मुख्य उद्देश्य ईंधन तथा हवा के उचित अनुपात को इंजन सिलेण्डर में सप्लाई करना है।
- इलेक्ट्रॉनिक डीजल नियन्त्रण प्रणाली का प्रयोग ईंधन इंजेक्टर व कम्बशन प्रक्रिया को नियन्त्रित करने के लिए किया जाता है।
- इलेक्ट्रॉनिक नियन्त्रण इकाई में प्रायः माइक्रोप्रोसेसर, मैमोरी यूनिट तथा कन्वर्टर समंजित रहते हैं।
- वाहनों मे सेन्सर का प्रयोग वाहनों की प्रचालन स्थिति व परिवर्तन को मापने के लिए किया जाता है।
- वाहनों में एक्चुएटर्स का उपयोग इलेक्ट्रिकल संकेत को यान्त्रिक क्रिया में स्थानान्तरित करने के लिए किया जाता है।

महत्त्वपूर्ण प्रश्नोत्तरी

1. प्रत्यक्ष इंजेक्शन किसे कहते हैं?

उत्तर प्रत्यक्ष इंजेक्शन, डीजल इंजन में ईंधन को इंजेक्ट कराने की एक ऐसी व्यवस्था है, जिसके माध्यम से डीजल इंजन में ईंधन प्रत्यक्ष रूप से पिस्टन की सहायता से दहन कक्ष में इंजेक्ट करता है।

2. फ्यूल फीड पम्प का कार्य क्या होता है?

उत्तर फ्यूल फीड पम्प द्वारा डीजल को ईंधन टैंक से इंजेक्ट पम्प तक पहुँचाने का कार्य किया जाता है।

3. ईंधन फीड पम्प में डायफ्राम के आगे आंशिक शून्य क्यों बन जाता है?

उत्तर जब इंजन के चलने से ईंधन इंजेक्शन पम्प की कैम द्वारा रॉकर दबता है, तो पम्प का डायफ्राम पीछे या नीचे यथास्थिति में दबता है, जिसके फलस्वरूप डायफ्राम के आगे आंशिक शून्य (vacuum) बन जाता है।

4. पिन्टॉक्स नॉजिल की बॉडी में एक छोटा-सा होल होता है, उसे क्या कहते हैं?

उत्तर पिन्टॉक्स नॉजिल की बॉडी में बने छोटे होल को सहायक छिद्र कहते हैं।

5. सेकण्डरी फिल्टर को कितनी अवधि के पश्चात् बदल देना चाहिए?

उत्तर सेकण्डरी फिल्टर को 20000 व 25000 किमी के पश्चात् बदल देना चाहिए।

6. मैकेनिकल गवर्नर्स किस चाल पर भली-भाँति से कार्य करते हैं?

उत्तर मैकेनिकल गवर्नर्स धीमी चाल पर भली-भाँति से कार्य करते हैं?

7. ग्रेविटी फीड सिस्टम में किस बल के द्वारा फ्यूल टैंक से काबुरेटर में प्रवेश करता है?

उत्तर ग्रेविटी फीड सिस्टम में फ्यूल टैंक को कार्बुरेटर से ऊँचे स्थान पर माउण्ट किया जाता है। इसमें फ्यूल गुरुत्वाकर्षण बल के द्वारा फ्यूल टैंक से कार्बुरेटर में प्रवेश करता है।

8. ईंधन को वायु के साथ मिलाने तथा सूक्ष्म कणों में विभक्त करने की क्रिया क्या कहलाती है?

उत्तर ईंधन को वायु के साथ मिलाने तथा सूक्ष्म कणों में विभक्त करने की क्रिया, कार्बुरेशन कहलाती है।

9. एयर हॉर्न में जाने वाली वायु को किसके द्वारा नियन्त्रित किया जाता है?

उत्तर एयर हॉर्न में जाने वाली वायु को चोक वाल्व द्वारा नियन्त्रित किया जाता है। चोक वाल्व एयर हॉर्न के ऊपर लगा होता है।

10. वर्तमान में काबुरेटर के साथ दो तथा चार बैरल का प्रयोग क्यों किया जाता है?

उत्तर वर्तमान में कार्बुरेटर के साथ दो तथा चार बैरल का प्रयोग किया जाता है, क्योंकि ये दीर्घ इंजन विस्थापन के साथ उच्च वायु प्रवाह दर को समायोजित करते हैं।

11. डीजल ईंधन इंजेक्शन प्रणाली का क्या मुख्य कार्य है?

उत्तर डीजल ईंधन इंजेक्शन प्रणाली का मुख्य कार्य इंजन सिलेण्डरों में ठीक समय पर तथा पूर्व निर्धारित दर पर उचित मात्रा में ईंधन इंजेक्ट करना है।

12. प्रत्यक्ष इंजेक्शन प्रणाली में प्री-चैम्बर की आवश्यकता क्यों नहीं पड़ती है?

उत्तर प्रत्यक्ष इंजेक्शन प्रणाली में डीजल का इंजेक्शन उच्च दाब पर किया जाता है, जिसके कारण इंजन को हवा में फ्यूल के प्रसार को सुनिश्चित करने के लिए प्री-चैम्बर की आवश्यकता नहीं पड़ती है।

13. डीजल इंजन की अधिकतम एवं न्यूनतम चाल को नियन्त्रित करने के लिए किसका प्रयोग किया जाता है?

उत्तर डीजल इंजन की अधिकतम एवं न्यूनतम चाल को नियन्त्रित करने के लिए गवर्नर का उपयोग किया जाता है।

14. डीजल इंजनों में वाटर सेपरेटर का प्रयोग क्यों आवश्यक है?

उत्तर डीजल इंजनों में डीजल शीघ्रता से पानी द्वारा दूषित हो जाता है, क्योंकि डीजल पानी को पेट्रोल की अपेक्षा अधिक अवशोषित करता है। इसी कारण डीजल इंजनों में वाटर सेपरेटर का प्रयोग किया जाता है।

15. डेट्रोइट डीजल इंजेक्शन विधि के यूनिट इंजेक्टर में ईंधन की मात्रा को किसके द्वारा नियन्त्रित किया जाता है?

उत्तर डेट्रोइट डीजल इंजेक्शन विधि के यूनिट इंजेक्टर में ईंधन की मात्रा को लघु नियन्त्रक रैक (small control rack) द्वारा नियन्त्रित किया जाता है।

16. सर्वो गवर्नर में ईंधन नियन्त्रण यन्त्रावली, किसके द्वारा प्रेरित की जाती है?

उत्तर सर्वो गवर्नर में ईंधन नियन्त्रण यन्त्रावली, द्रवचालित क्रिया (hydraulic action) द्वारा प्रेरित की जाती है

17. ठोस या वायुरहित इंजेक्शन प्रणाली में प्रयुक्त ईंधन इंजेक्शन पम्प कितने दाब पर कार्य करता है?

उत्तर ठोस या वायुरहित इंजेक्शन प्रणाली में प्रयुक्त ईंधन इंजेक्शन पम्प 300 किग्रा/सेमी^{2} दाब पर कार्य करता है।

18. मल्टी-प्वॉइण्ट ईंधन इंजेक्शन प्रणाली में ईंधन के इंजेक्शन का मुख्य उद्देश्य क्या है?

उत्तर मल्टी प्वॉइण्ट ईंधन इंजेक्शन प्रणाली में ईंधन के इंजेक्शन का मुख्य उद्देश्य ईंधन तथा हवा के उचित अनुपात को इंजन सिलेण्डर से सप्लाई करना होता है।

19. वाहनों में एक्चुएटर्स का उपयोग क्यों किया जाता है?

उत्तर वाहनों व एक्चुएटर्स का उपयोग इलेक्ट्रिकल संकेत को यान्त्रिक कार्य में स्थानान्तरित करने के लिए किया जाता है।

20. क्लाउड बिन्दु से आप क्या समझते हैं?

उत्तर क्लाउड बिन्दु ईंधन के अभिलक्षण का ऐसा ताप बिन्दु होता है जिस पर डीजल ईंधन धुँधला दिखाई देता है।

अभ्यास प्रश्न

परीक्षा प्रारूपी प्रश्न

बहुविकल्पीय

1. ग्रेविटी फीड सिस्टम में फ्यूल टैंक को ·········· से ऊँचे स्थान पर माउण्ट किया जाता है।
(a) कार्बुरेटर (b) सहायक फ्यूल टैंक
(c) इंजन (d) इनमें से कोई नहीं

2. कार्बुरेटर द्वारा पेट्रोल व वायु का मिश्रण बनाने का कार्य कहलाता है
(a) कार्बुरेशन (b) इग्नीशन
(c) एक्सीलेरेशन (d) वेपोराइजेशन

3. कार्बुरेटर का कार्य होता है
(a) पेट्रोल को महीन कणों में विभाजित करके हवा में मिलकर गैस रूप में बदलना
(b) हवा व पेट्रोल का उचित अनुपात में मिश्रण बनाना
(c) 'a' और 'b' दोनों
(d) उपरोक्त में से कोई नहीं

4. कार्बुरेटर को ········· लगाया जाता है।
(a) फ्यूल टैंक में (b) फ्यूल पम्प में
(c) इनलेट गैनीफोल्ड के ऊपर (d) इंजेक्टर के साथ

5. कार्बुरेटर का मुख्य भाग है
(a) फ्लोट चैम्बर (b) चोक वाल्व
(c) थ्रॉटल वाल्व (d) ये सभी

6. कार्बुरेटर के वर्गीकरण का आधार होता है
(a) ईंधन मिश्रण शक्ति परिवर्तन
(b) वेंचुरी
(c) वायु की दिशा
(d) उपरोक्त सभी

7. कार्बुरेटर में मेन जैट निम्न में से किसमें खुलता है?
(a) थ्रॉटल वाल्व (b) फ्लोट चैम्बर
(c) एयर हॉर्न (d) इनमें से कोई नहीं

8. कार्बुरेटर में हवा तथा पेट्रोल के कई मार्ग अलग-अलग बनाए जाते हैं। वे क्या कहलाते हैं?
(a) मेन जैट (b) वेंचुरी
(c) कार्बुरेटर (d) इनमें से कोई नहीं

9. कार्बुरेटर में वेंचुरी का कार्य होता है
(a) हवा जाने का मार्ग चौड़ा करना
(b) हवा जाने का मार्ग बन्द कर देना
(c) हवा जाने का मार्ग संकीर्ण करना
(d) उपरोक्त में से कोई नहीं

10. चोक वाल्व कहाँ लगा होता है?
(a) फ्लैट चैम्बर के ऊपर (b) एयर हॉर्न के ऊपर
(c) थ्रॉटल वाल्व में (d) मेन जैट के ऊपर

11. अपड्राफ्ट कार्बुरेटर लगाए जाते हैं
(a) इनलेट मैनीफोल्ड के नीचे
(b) इनलेट मैनीफोल्ड के ऊपर
(c) एग्जॉस्ट मैनीफोल्ड के नीचे
(d) एग्जॉस्ट मैनीफोल्ड के ऊपर

12. जो कार्बुरेटर उल्टे फिट किए जाते हैं, उन्हें कहते हैं
(a) डाउन-ड्राफ्ट कार्बुरेटर (b) अप-ड्राफ्ट कार्बुरेटर
(c) हॉरिजॉण्टल कार्बुरेटर (d) इनमें से कोई नहीं

13. चित्र में प्रदर्शित कार्बुरेटर की पहचान कीजिए

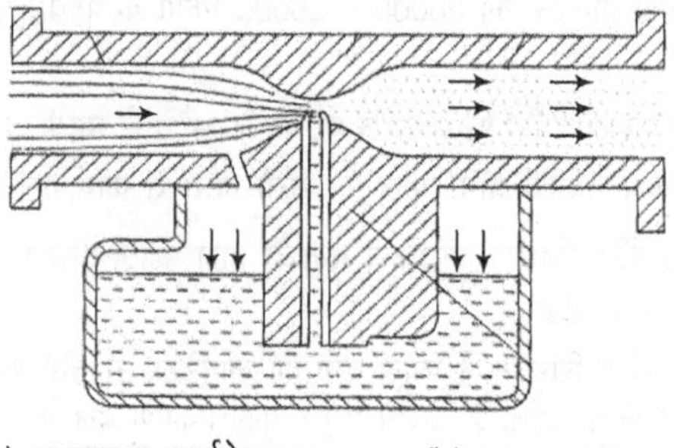

(a) अपड्राफ्ट कार्बुरेटर (b) डाउनड्राफ्ट कार्बुरेटर
(c) हॉरिजॉण्टल कार्बुरेटर (d) इनमें से कोई नहीं

14. हॉरिजॉण्टल कार्बुरेटर इनलेट मैनीफोल्ड पर किस प्रकार फिट रहता है?
(a) किनारे पर (b) ऊपर
(c) उल्टे (d) इनमें से कोई नहीं

15. पावर सिस्टम के आधार पर कार्बुरेटर का प्रकार है
(a) वैक्यूम ऑपरेटेड कार्बुरेटर (b) डबल वेंचुरी कार्बुरेटर
(c) कॉन्स्टैन्ट चोक कार्बुरेटर (d) सिंगल बैरल कार्बुरेटर

16. डीजल फ्यूल की क्षमता को किससे प्रदर्शित करते हैं?
(a) सीटेन नम्बर (b) ऑक्टेन नम्बर
(c) 'a' और 'b' दोनों (d) इनमें से कोई नहीं

17. डीजल के शीघ्र जलने का मुख्य आधार है
(a) उसकी मात्रा (b) ऑक्टेन नम्बर
(c) सीटेन नम्बर (d) इनमें से कोई नहीं

18. भारतीय वाहनों में उच्च गति के लिए अल्पतम निधारित सीटेन संख्या है
(a) 48 (b) 58 (c) 68 (d) 93

19. वर्तमान में ऑटोमोबाइल उद्योग द्वारा ………… तक के ऑक्टेन नम्बर वाला रेगुलर ग्रेड का पेट्रोल प्रयुक्त किया जाता है।
(a) 90 से 100 (b) 101 से 102
(c) 93 से 94 (d) 45 से 103

20. वह ताप बिन्दु जिस पर डीजल ईंधन धुँधला दिखाई देने लगता है, कहलाता है
(a) वाष्प बिन्दु (b) क्लाउड बिन्दु
(c) ऐरोमीट्रिक बिन्दु (d) नॉक रेटिंग बिन्दु

21. डीजल इंजनों में प्रत्यक्ष फ्यूल इंजेक्शन किया जाता है
(a) उच्च दाब पर (b) निम्न दाब पर
(c) निम्न ताप पर (d) उच्च ताप पर

22. शुद्ध डीजल तकनीक प्रदान करती है
(a) कम उत्सर्जन के साथ पूर्ण दहन
(b) उच्च शक्ति
(c) कम शोर स्तर
(d) उपरोक्त सभी

23. डीजल टैंक में सेडीमेन्ट चैम्बर बना होता है
(a) टैंक की साइड में (b) टैंक के ऊपर
(c) निचले तल पर (d) इनमें से कोई नहीं

24. डीजल फिल्टर बना होता है
(a) कागज का (b) महीन तार की जाली का
(c) नमदा का (d) ये सभी

25. फिल्टर साफ करने के लिए हवा का दबाव देते समय इनकी गन्दगी अन्दर की तरफ न जाए, इसके लिए प्रयोग करते हैं
(a) प्लग (b) जाली
(c) सक्शन वाल्व (d) रोलर

26. वाटर सेपरेटर का मुख्य कार्य है
(a) डीजल को गर्म करना
(b) डीजल से पानी अलग करना
(c) डीजल को ऑटोमाइज करना
(d) डीजल को विस्फोटक बनाना

27. फीड पम्प द्वारा ईंधन की सप्लाई न होने की प्रक्रिया कहलाती है
(a) प्राइमिंग क्रिया (b) निष्क्रिय क्रिया
(c) ओवरफ्लो क्रिया (d) ब्लीडिंग क्रिया

28. फ्यूल ट्रांसफर पम्प, निम्न में से किससे चलता है?
(a) क्रैंक शाफ्ट (b) कैमशाफ्ट
(c) हैण्डिल (d) पिस्टन

29. फीड पम्प सामान्यतः लगाए जाते हैं
(a) FIP में (b) फ्यूल फिल्टर में
(c) फ्यूल टैंक में (d) सिलेण्डर हैड में

30. हैण्ड प्राइमिंग पम्प का कार्य है
(a) हवा को ब्लीड करना (b) डीजल सप्लाई को रोकना
(c) डीजल को जलाना (d) इनमें से कोई नहीं

31. हैण्ड प्राइमिंग पम्प में कौन-सा अवयव लगाया जाता है?
(a) वेन टाइप (b) प्लंजर टाइप
(c) डायफ्राम टाइप (d) इनमें से कोई नहीं

32. डीजल इंजन में अधिकतम व न्यूनतम चाल नियमित रखने के लिए ईंधन इंजेक्शन पम्प के साथ क्या प्रयोग किया जाता है?
(a) गवर्नर (b) नॉजिल
(c) प्लंजर (d) वाल्व

33. इंजेक्टर में निम्न में से कौन-सा परीक्षण किया जाता है?
(a) इंजेक्टर प्रैशर परीक्षण (b) Z परीक्षण
(c) 'a' और 'b' दोनों (d) इनमें से कोई नहीं

34. इंजेक्टर का मुख्य भाग है
(a) लॉक नट (b) स्पिण्डल
(c) नॉजिल (d) ये सभी

35. इंजेक्टर द्वारा कितने दाब से डीजल स्प्रे होता है?
(a) 1500 से 2000 पाउण्ड प्रति वर्ग इंच
(b) 1000 से 1200 पाउण्ड प्रति वर्ग इंच
(c) 500 से 1000 पाउण्ड प्रति वर्ग इंच
(d) उपरोक्त में से कोई नहीं

36. इंजेक्टर का कार्य है
(a) डीजल सप्लाई को रोकना (b) डीजल स्प्रे करना
(c) डिलीवरी वाल्व को खोलना (d) इनमें से कोई नहीं

37. नीचे दिए गए चित्र में किस प्रकार के नॉजिल को दर्शाया गया है?

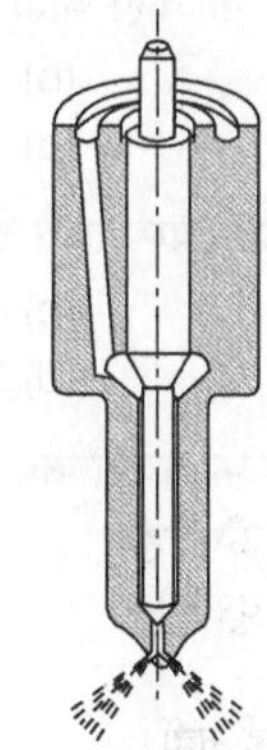

(a) सिंगल छिद्र (b) लॉन्ग स्टेम
(c) पिन्टॉक्स (d) पिण्टल

38. वर्तमान में किस प्रकार के नॉजिल का प्रयोग किया जा रहा है?
(a) सिंगल छिद्र टाइप नॉजिल (b) डिले टाइप नॉजिल
(c) पिण्टल टाइप नॉजिल (d) इनमें से कोई नहीं

39. किस प्रकार के नॉजिल में सहायक स्प्रे छिद्र होता है?
(a) पिन्टॉक्स (b) लॉंग स्टेम
(c) पिण्टल (d) डिले

40. ग्लो प्लग किस पदार्थ का बना होता है?
(a) फाइबर (b) माइका
(c) पॉली विनाइल क्लोराइड (d) रबर

41. ग्लो प्लग कहाँ फिट किए जाते हैं?
(a) गवर्नर में (b) दहन कक्ष में
(c) ईंधन इंजेक्शन पम्प में (d) स्पिण्डल के साथ

42. डीजल इंजन में डीजल किसके द्वारा प्रज्वलित होता है
(a) ग्लो प्लग
(b) स्पार्क प्लग
(c) इंजेक्टर
(d) टेम्प्रेचर या कम्प्रैस्ड एयर

43. नीचे दिए गए चित्र में 'X' से इंगित भाग का नाम बताइए

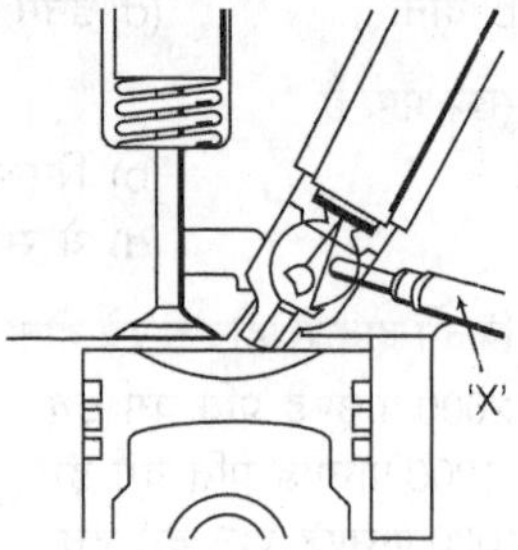

(a) ग्लो प्लग (b) वाल्व
(c) फ्यूल इंजेक्टर (d) इनमें से कोई नहीं

44. निम्न में से कौन–सा भाग ग्रेविटी फीड डीजल प्रणाली का नहीं है?
(a) गवर्नर (b) हौज
(c) ईंधन फिल्टर (d) टैप

45. डिस्ट्रीब्यूटर टाइप FIP को कहा जाता है
(a) इनलाइन पम्प (b) रोटरी पम्प
(c) लो प्रैशर पम्प (d) सर्वो पम्प

46. डिस्ट्रीब्यूटर पम्प में कितने पम्प तत्त्व होते हैं?
(a) 3 (b) 4
(c) 1 (d) 2

47. फ्यूल डिस्ट्रीब्यूटर पम्प का प्रयोग कब किया जाता है?
(a) जब टैंक, पम्प से ऊँचा हो
(b) जब टैंक, पम्प से दूर हो
(c) 'a' और 'b' दोनों
(d) उपरोक्त में से कोई नहीं

48. एक पौण्ड डीजल को जलाने हेतु कितने पौण्ड वायु की आवश्यकता होती है?
(a) 2 पौण्ड (b) 14 पौण्ड
(c) 10 पौण्ड (d) 20 पौण्ड

49. डिलीवरी वाल्व खुलता है
(a) स्प्रिंग द्वारा (b) डीजल के दबाव से
(c) कण्ट्रोल रॉड द्वारा (d) इनमें से कोई नहीं

50. CRDI प्रणाली में हाई डीजल पम्प निम्न में किसको चलाता है?
(a) कैम शाफ्ट (b) क्रैंक शाफ्ट
(c) फ्लाई व्हील (d) टाइमिंग गियर

51. इलेक्ट्रॉनिक कण्ट्रोल प्रणाली का भाग है
(a) ECU (b) सेन्सर (c) एक्चुएटर (d) ये सभी

52. नीचे दिए गए चित्र में 'X' से इंगित भाग का नाम बताइए।

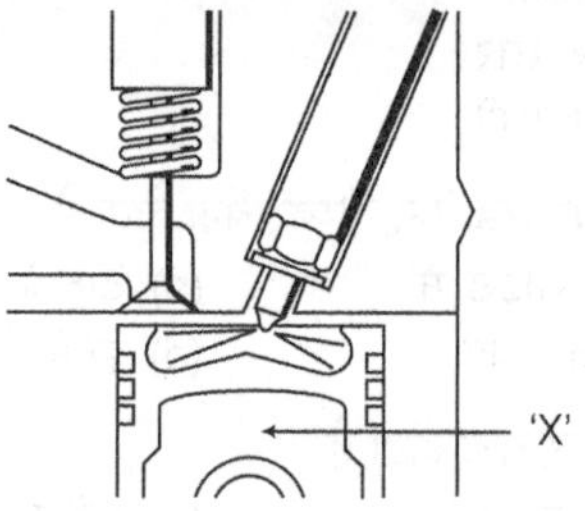

(a) इंजेक्टर (b) वाल्व
(c) पिस्टन (d) इनमें से कोई नहीं

53. निम्न में से किसका कुप्रभाव डीजल ईंधन प्रणाली के अवयवों पर पड़ता है?
(a) ग्रीस (b) मिट्टी का तेल
(c) धूल कण (d) स्नेहक

54. डीजल की अनियमित सप्लाई का कारण हो सकता है
(a) एयर लॉक (b) गन्दा फिल्टर
(c) टैपेट रोल घिसा होना (d) ये सभी

55. इंजेक्शन प्रैशर अधिक होने का कारण हो सकता है
(a) नॉजिल वाल्व जाम होना (b) स्प्रिंग टूटी होना
(c) एयर लॉक (d) नॉजिल वाल्व कटा होना

उत्तरमाला

1. (a)	2. (a)	3. (c)	4. (c)	5. (d)	6. (d)	7. (c)	8. (a)	9. (c)	10. (b)
11. (a)	12. (b)	13. (c)	14. (a)	15. (a)	16. (a)	17. (c)	18. (a)	19. (c)	20. (b)
21. (a)	22. (d)	23. (c)	24. (d)	25. (a)	26. (b)	27. (b)	28. (b)	29. (a)	30. (a)
31. (b)	32. (a)	33. (c)	34. (d)	35. (a)	36. (b)	37. (b)	38. (b)	39. (a)	40. (c)
41. (b)	42. (d)	43. (a)	44. (a)	45. (c)	46. (c)	47. (b)	48. (b)	49. (b)	50. (b)
51. (d)	52. (c)	53. (c)	54. (d)	55. (a)					

अध्याय 26

शक्ति संचरण प्रणाली
Power Transmission System

परिचय Introduction

ट्रैक्टर को क्रियाशील अवस्था में लाने हेतु इंजन द्वारा विकसित शक्ति पिछले पहिये को स्थानान्तरित की जाती है। यह पूर्ण व्यवस्था, जिसके द्वारा यह शक्ति पिछले पहिये को स्थानान्तरित की जाती है, शक्ति संचरण प्रणाली (power transmission system) कहलाती है। इस शक्ति संचरण प्रणाली के अन्तर्गत क्लच, गियर बॉक्स, डिफरैन्शियल, रियर एक्सेल शाफ्ट आदि आते हैं।

ये भाग अलग-अलग इकाई के रूप में क्रमानुसार इंजन में फिट रहते हैं। इनके द्वारा पिछले पहिये को सुगमतापूर्वक शक्ति का प्रेषण तो होता ही है, आवश्यकता के समय इंजन को चलते रहने पर रोका भी जा सकता है। कुछ ट्रैक्टरों में अगले पहिये को भी इंजन की शक्ति प्रत्यक्ष रूप से दी जाने की व्यवस्था रहती है। इन ट्रैक्टरों के फ्रण्ट एक्सेल 'लाइव एक्सेल' कहलाते हैं।

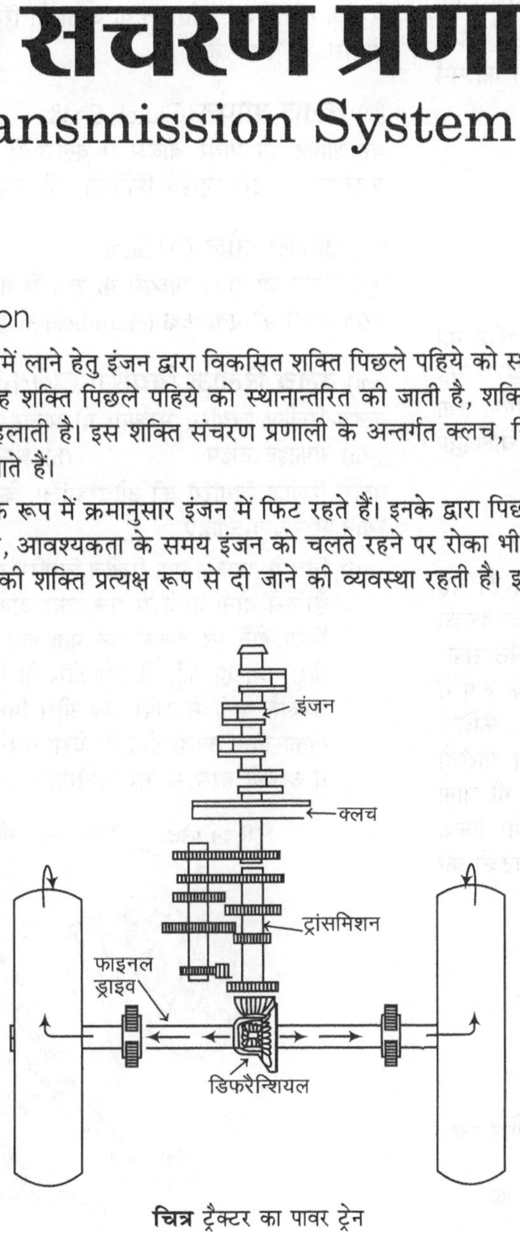

चित्र ट्रैक्टर का पावर ट्रेन

26.1 क्लच Clutch

यह एक ऐसा मैकेनिज्म (mechanism) है, जो एक ही लाइन (line) में शाफ्टों के दो भागों अथवा किसी पहिये (wheel) तथा शाफ्ट को एंगेज अथवा डिसएंगेज करता है, ताकि एंगेज करने पर दोनों एक साथ घूमें तथा डिसएंगेज करने पर दोनों स्वतन्त्र रूप से घूम सकें। ट्रैक्टर में क्लच, इंजन का सम्बन्ध गियर बॉक्स से जोड़ता है तथा आवश्यकता पड़ने पर तोड़ता भी है, जिससे कि इंजन की शक्ति पिछले पहियों तक न जा सके। इसके कारण ही इंजन के चलते रहने पर भी ट्रैक्टर को खड़ा करना सम्भव हो पाता है। जब भी कोई गियर बदला जाता है, तो अस्थायी तौर पर इंजन का सम्बन्ध शेष संचरण प्रणाली से डिस्कनैक्ट करना पड़ता है, जिससे कि गियर आसानी से बदला जा सके। इसके अतिरिक्त ट्रैक्टर स्टार्ट करते समय गियर डालने के बाद इंजन की चाल पर्याप्त बढ़ाकर इंजन को गर्म करने के लिए भी क्लच का प्रयोग करना पड़ता है।

क्लच के भाग Parts of Clutch

क्लच के मुख्य भाग निम्नलिखित हैं

(i) दाब प्लेट Pressure Plate

दाब प्लेट प्राय: उच्च ग्रे ढलवाँ लोहे की बनाई जाती है। दाब प्लेट को पर्याप्त ठोस होना चाहिये, ताकि क्लच, क्लच-कमानियों के दाब से यह विकृत न हो जाये। क्लच लगाते समय उत्पन्न ऊष्मा के अवशोषण तथा संवहन के लिए दाब प्लेट का द्रव्यमान (mass) और ऊष्मा चालकता भी पर्याप्त होनी चाहिए।

(ii) क्लच प्लेट Clutch Plate

यह क्लच असेम्बली में ड्राइविंग मैम्बर के रूप में प्रयोग होती है। यह फ्लाईव्हील तथा प्रेशर प्लेट के बीच में इस प्रकार फिट रहती है कि इसका हब फ्लैंज गियर बॉक्स की प्राइमरी शाफ्ट पर बने खाँचों पर बैठ सके। इसके दोनों ओर घर्षण पदार्थ (frictional material) लाइनिंग के रूप में फिट रहता है। यह लाइनिंग चमड़े (leather), कॉर्क (cork), फैब्रिक (fabric), एस्बेस्टॉस (asbestos), रेबस्टॉस (raybestos) तथा फैरोडो (ferodo) आदि की बनी होती हैं। इसे क्लच फेसिंग के नाम से भी जाना जाता है। क्लच प्लेट पर कुशन स्प्रिंग तथा टॉर्सन स्प्रिंग का भी प्रयोग किया जाता है। यह स्प्रिंग क्लच प्लेट के घूमते समय घूमते बल के झटकों को कम करते हैं। इस क्लच प्लेट को चित्र में दिखाया गया है।

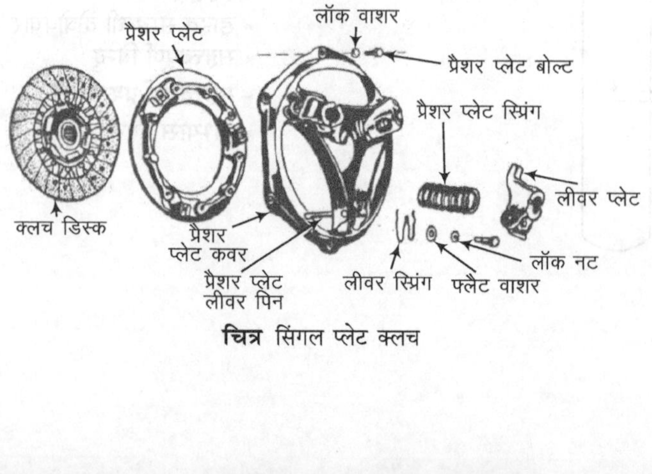

चित्र सिंगल प्लेट क्लच

(iii) मरोड़ स्प्रिंग Torsion Spring

मरोड़ स्प्रिंग, मरोड़ एवं घुमाव द्वारा कार्य करने वाला एक स्प्रिंग होता है। यह एक लचीला प्रत्यास्थ स्प्रिंग होता है। जब यह घुमाया जाता है, तो यान्त्रिक ऊर्जा को एकत्रित करता है। यह दो प्रकार का होता है

(a) मरोड़ छड़ (Torsion bar)
(b) कुण्डलित मरोड़ स्प्रिंग (Helical torsion spring)

(iv) ऑपरेटिंग फिंगर्स Operating Fingers

भारत में प्राय: सभी वाहनों में छोटे क्वॉयल स्प्रिंग टाइप का क्लच ही प्रचलन में है। इसके अन्दर क्लच कवर, क्वॉयल स्प्रिंग, प्रेशर प्लेट और रिलीज लीवर का प्रयोग किया जाता है। रिलीज लीवर्स को ही ऑपरेटिंग फिंगर्स भी कहते हैं।

(v) क्लच शाफ्ट Clutch Shaft

वह शाफ्ट जो गियर बॉक्स में क्लच से शक्ति लेती है, क्लच शाफ्ट कहलाती है। इसे 'ड्राइव पिनियन' भी कहते हैं।

(vi) ऑयल सील Oil Seal

एक युक्ति जो सील माध्यम के रूप में तेल का उपयोग करती है तथा तरल पदार्थ को एक कक्ष (chamber) से दूसरे कक्ष में बहने से रोकती है

(vii) क्लच रिलीज बियरिंग Clutch Release Bearing

क्लच रिलीज बियरिंग मुख्यत: दो प्रकार के होते हैं
(a) ग्रेफाइट टाइप (b) थ्रस्ट बॉल बियरिंग टाइप

क्लच रिलीज बियरिंग की ओवरहालिंग के समय निम्नलिखित बातों को ध्यान में रखना चाहिए

(i) चित्र में आपको एक रिलीज बियरिंग को चैक करते हुए दिखाया गया है। इसे दोनों हाथों से पकड़कर आगे-पीछे की ओर गोल घुमाएँ। घिसा होने पर इसकी प्ले पता लग जायेगी। अगर थ्रस्ट टाइप में ग्रीस कम हो गई, तो इसे ग्रीस के डिब्बे में डालें और डिब्बे को उबलते पानी में रखें। जब ग्रीस पिघल जाये तो डिब्बे को बाहर निकालकर ठण्डा होने दें। ऐसा करने से पिघली हुई ग्रीस बियरिंग में अच्छी तरह से भर जायेगी।

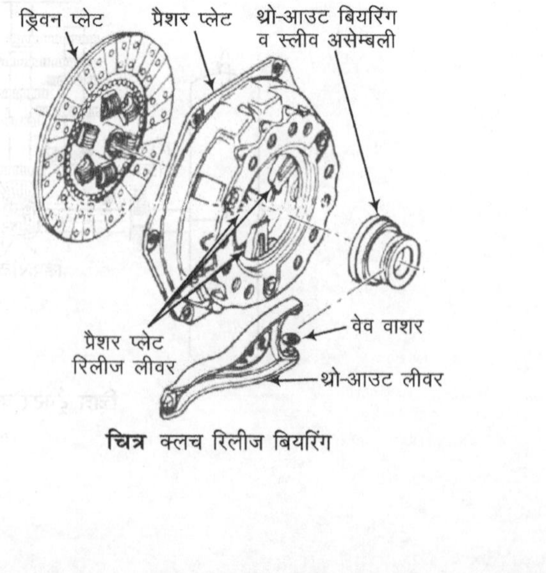

चित्र क्लच रिलीज बियरिंग

(ii) रिलीज बियरिंग रिटेनर में किसी प्रकार की घिसावट नहीं होनी चाहिए और उसके अन्दर बनी हुई उल्टी चूड़ियाँ भी ठीक होनी चाहिए। यह उल्टी चूड़ियाँ इसलिए बनाई जाती हैं कि गियर बॉक्स का तेल क्लच शाफ्ट से बाहर लॉक हो, तो यह उल्टी चूड़ियाँ उसे वापस गियर बॉक्स में डाल दें अन्यथा यह क्लच हाउसिंग में चला जायेगा।

(iii) क्लच रिलीज फॉर्क बुश में किसी प्रकार की प्ले नहीं होनी चाहिये। घिस जाने पर इन्हें बदल दें।

(iv) क्लच रिलीज फॉर्क को चैक करें कि यह घिसा हुआ या मुड़ा हुआ तो नहीं है। यदि है, तो ठीक करें।

(v) क्लच पैडल बुश की प्ले चैक करें ज्यादा होने पर इसे बदलें।

(vi) क्लच पैडल की प्ले निर्माता के अनुसार रखें।

क्लच की कार्य प्रणाली Working System of Clutch

जब इंजन चलता है तथा क्लच एंगेज रहता है, उस समय क्लच प्लेट, प्रेशर प्लेट के द्वारा क्लच स्प्रिंग की सहायता से फ्लाईव्हील से चिपकी रहती है। फ्लाईव्हील के घूमने से यह क्लच प्लेट भी घूमती है तथा क्लच शाफ्ट पर बने खाँचों (spline) पर चढ़ी होने के कारण क्लच शाफ्ट को भी घुमाने लगती है। इस प्रकार इंजन द्वारा विकसित शक्ति गियर बॉक्स तक पहुँचती है।

जब आवश्यकता पड़ने पर क्लच डिसएंगेज करना होता है अर्थात् इंजन तथा गियर बॉक्स का सम्बन्ध तोड़ना होता है, तो क्लच पैडल को दबाया जाता है। इससे क्लच ऑपरेटिंग शाफ्ट, क्लच फॉर्क को फॉर्क बॉल के फलक्रम की सहायता से आगे की ओर खिसकाती है। क्लच फॉर्क आगे बढ़कर क्लच रिलीज बियरिंग को आगे की ओर खिसकाकर क्लच रिलीज लीवर को दबाती है। इससे तराजू की डण्डी के समान क्रिया होती है अर्थात् क्लच लीवर का एक सिरा तो बियरिंग द्वारा दबता है, परन्तु दूसरा सिरा पीछे की ओर होता है।

क्लच लीवर का यह सिरा प्रेशर प्लेट को, जोकि क्लच प्लेट को दबाए रहती है, पीछे की ओर खिसकाती है। इस प्रकार क्लच प्लेट पर से दबाव हट जाता है तथा वह स्वतन्त्र हो जाती है। इस समय फ्लाईव्हील द्वारा उसका घूमना बन्द हो जाता है।

इस प्रकार इंजन की शक्ति भी गियर बॉक्स में जानी बन्द हो जाती है तथा इंजन से गियर बॉक्स का सम्बन्ध टूट जाता है। ऐसी स्थिति में गियर बदलना आसान हो जाता है, क्योंकि इंजन की चाल का प्रभाव गियरों पर नहीं रहता है।

जब क्लच पैडल पर से दबाव हटता है, तो क्लच स्प्रिंग के दबाव से प्रेशर प्लेट पुन: क्लच प्लेट को फ्लाईव्हील के बीच दबा लेती है। इस प्रकार क्लच प्लेट फिर घूमने लगती है तथा क्लच शाफ्ट के द्वारा इंजन की शक्ति गियर बॉक्स तक जाने लगती है। इंजन तथा गियर बॉक्स का सम्बन्ध जुड़ जाता है।

क्लच के प्रकार Types of Clutch

क्लच के मुख्य प्रकार निम्नवत् हैं

(i) कोन क्लच Cone Clutch

इस प्रकार के क्लच में आउटर (outer) तथा इनर (inner) कोन का प्रयोग किया जाता है। आउटर कोन फ्लाईव्हील के साथ बोल्टों द्वारा फिट की जाती है, जबकि इनर कोन गियर बॉक्स की क्लच शाफ्ट पर चढ़ाई जाती है।

यह कोन, क्लच शाफ्ट पर बने खाँचों (spline) पर इस प्रकार चढ़ी रहती है, जिससे यह उस शाफ्ट को घुमाने के साथ-साथ शाफ्ट पर क्लच डिसएंगेज करते समय खिसकाई (slide) जा सके। आउटर कोन के अन्दर वाले भाग में तथा इनर कोन के बाहरी भाग में लाइनिंग चढ़ी रहती है। इनर कोन एक स्प्रिंग के द्वारा आउटर से चिपकी रहती है।

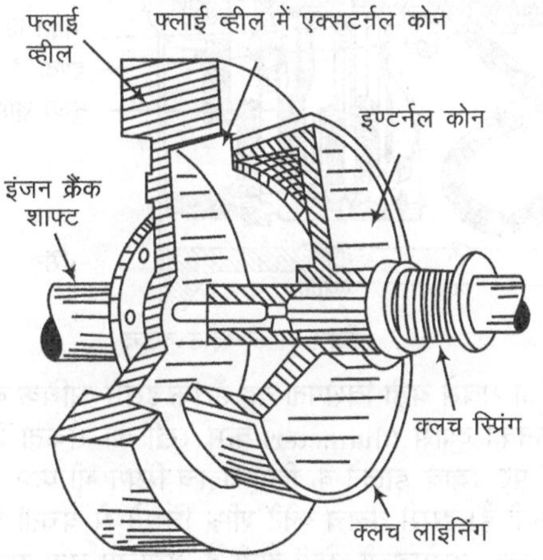

चित्र कोन क्लच

इंजन के चलने पर फ्लाईव्हील पर फिट आउटर कोन, इनर कोन को भी अपने साथ एक इकाई बनाकर घुमाने लगती है। इस प्रकार इनर कोन के घूमने से क्लच शाफ्ट भी घूमती है तथा इंजन की शक्ति गियर बॉक्स तक पहुँचने लगती है।

आवश्यकता पड़ने पर जब इंजन तथा गियर बॉक्स का सम्बन्ध तोड़ना होता है, तो क्लच पैडल दबाकर क्लच शाफ्ट की इनर कोन को पीछे की ओर लिंक तथा रॉड द्वारा खिसका लिया जाता है।

इससे यह कोन घूमना बन्द कर देती है तथा इंजन का सम्बन्ध गियर बॉक्स से टूट जाता है अर्थात् इस समय इंजन की शक्ति पिछले पहियों को नहीं जाती है। जैसे ही क्लच पैडल पर से दबाव हटा लिया जाता है, क्लच स्प्रिंग इनर कोन को पुन: आउटर कोन के साथ चिपका देती है, जिससे इंजन की शक्ति गियर बॉक्स तक जाने लगती है।

(ii) मल्टी प्लेट क्लच Multi Plate Clutch

इस प्रकार के क्लच में अनेक क्लच प्लेटों तथा प्रेशर प्लेटों का प्रयोग किया जाता है। यह क्लच भी सिंगल प्लेट क्लच की भाँति ही कार्य करता है तथा सभी भाग लगभग एक जैसे ही होते हैं। इनमें सभी क्लच प्लेटों पर पूरी गोलाई में लाइनिंग चढ़ी रहती है तथा उनके लिए उतनी ही प्रेशर प्लेटें लगाई जाती हैं।

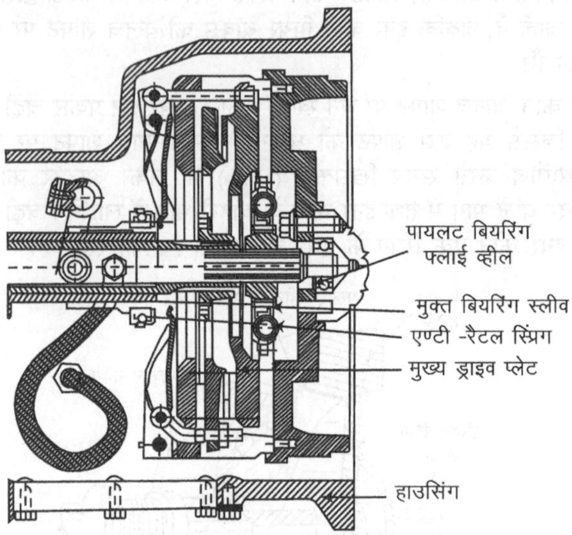

चित्र मल्टी प्लेट क्लच

इस क्लच की सबसे बड़ी विशेषता यह है कि इसमें अधिक क्लच प्लेटों के प्रयोग से उनका व्यास (diameter) कम रखा जा सकता है। इसके लिए प्रेशर प्लेटों पर दबाव डालने के लिए क्लच स्प्रिंग भी कम दाब की प्रयोग की जा सकती है। इससे क्लच प्लेटें शीघ्र घिसने से बचती हैं, क्योंकि इस प्रकार की क्लच असेम्बली छोटी होती है, इसलिए कम स्थान में ही फिट की जा सकती है।

(iii) निर्वात क्लच Vacuum Clutch

इस प्रकार के क्लच में इंजन मैनीफोल्ड के निर्वात का उपयोग किया जाता है। चित्र में निर्वात क्लच की व्यवस्था दिखायी गयी है। इसमें निम्नलिखित मुख्य भाग होते हैं

- बैटरी (Battery)
- सॉलेनायड ऑपरेटेड वाल्व (Solenoid operated valve)
- स्विच (Switch)
- निर्वात सिलेण्डर (Vacuum cylinder)
- रिजर्वायर (Reservoir)
- नॉन-रिटर्न वाल्व (Non-return valve)

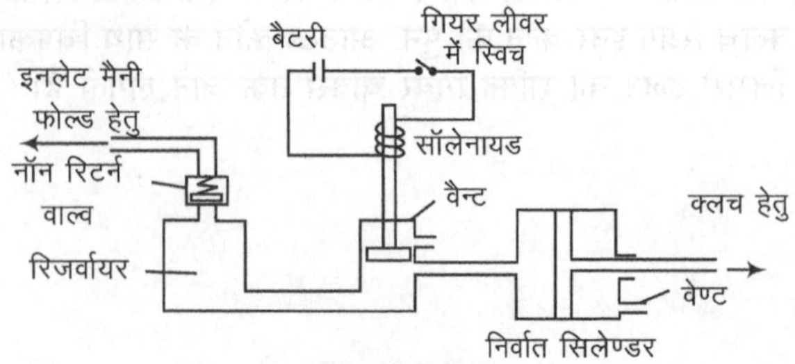

चित्र निर्वात क्लच

रिजर्वायर का मैनीफोल्ड से सम्बन्ध नॉन-रिटर्न वाल्व द्वारा रहता है। वैक्यूम सिलेण्डर से रिजर्वायर का सम्बन्ध सॉलेनायड ऑपरेटेड वाल्व द्वारा रहता है। सॉलेनॉयड को बैटरी से करण्ट प्राप्त होता है। इन दोनों के मध्य एक स्विच की व्यवस्था लीवर पर की जाती है।

जब थ्रॉटल खुला होता है, तो इनलेट मैनीफील्ड में दबाव पड़ता है, इसके फलस्वरूप नॉन-रिटर्न वाल्व बन्द रहता है तथा रिजर्वायर में निर्वात (vacuum) बनता है। सामान्य स्थिति में स्विच ऑन रहता है तथा सॉलेनॉयड वाल्व नीचे की स्थिति में रहता है। ऐसी दशा में पिस्टन के दोनों ओर वायुमण्डलीय दाब कार्य करता है, क्योंकि निर्वात सिलेण्डर भी एक छिद्र के द्वारा वायुमण्डल में खुला 'होता है। जब गियर बदलना होता है, तो गियर लीवर को प्रयोग करने पर स्विच बन्द हो जाता है तथा वाल्व ऊपर की ओर आ जाता है। इससे निर्वात सिलेण्डर एक ओर से रिजर्वायर से जुड़ जाता है। पिस्टन पर दबाव के अन्तर के कारण यह चलता है। पिस्टन के चलने से इसकी गति एक लिंकेज द्वारा क्लच को ट्रांसफर होती है तथा क्लच डिसएंगेज हो जाता है। यदि गियर लीवर का प्रयोग नहीं किया गया है, तो स्विच ऑफ रहता है तथा क्लच एंगेज रहता है।

(iv) हाइड्रॉलिक एसिस्ट क्लच Hydraulic Assist Clutch

हाइड्रॉलिक एसिस्ट क्लच में सिंगल प्लेट क्लच के समान भाग होते हैं, परन्तु क्लच डिसएंगेज करने के लिए रिलीज बियरिंग को दबाने के लिए एक मध्यम आकार का मास्टर सिलेण्डर हाइड्रॉलिक ब्रेक जैसा उप-भाग प्रयोग किया जाता है।

इसका सम्बन्ध पाइप द्वारा एक स्लीव सिलेण्डर से किया जाता है। जब क्लच पैडल दबाते हैं, तो मास्टर सिलेण्डर से तेल का प्रेशर स्लीव सिलेण्डर में पहुँचकर रिलीज बियरिंग को दबाता है। मास्टर सिलेण्डर पर से ही दूसरा पाइप ब्रेकों के लिए प्रयोग होता है। ऐसा एक क्लच चित्र में दिखाया गया है।

जब क्लच डिसएंगेज करना होता है, तो क्लच पैडल दबाते हैं। उससे उस पैडल से जुड़ा मास्टर सिलेण्डर प्रेशर के साथ तेल को स्लीव सिलेण्डर में पहुँचाता है। इस स्लीव सिलेण्डर से पिस्टन का सम्बन्ध एक रॉड व पिन के द्वारा क्लच फॉर्क से रहता है।

स्लीव सिलेण्डर में आया तेल का प्रेशर फॉर्क द्वारा क्लच फिंगर को दबाता है, जिससे क्लच डिसएंगेज सामान्य सिंगल प्लेट की भाँति हो जाता है। जैसे ही क्लच पैडल पर से दबाव हटाते हैं, तो तेल वापस मास्टर सिलेण्डर में आ जाता है तथा तेल का प्रेशर समाप्त होने के कारण और प्रेशर प्लेट स्प्रिंगों के कारण पुनः क्लच एंगेज हो जाता है।

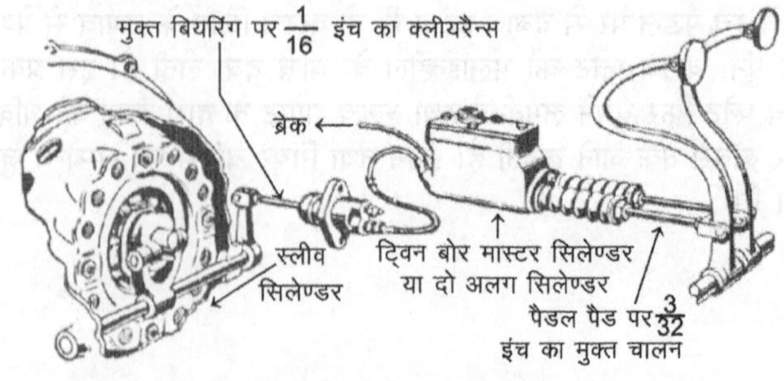

चित्र हाइड्रॉलिक एसिस्ट क्लच

(v) सेन्ट्रीफ्यूगल टाइप क्लच
Centrifugal Type Clutch

इसमें स्प्रिंग बल (force) के साथ-साथ सेन्ट्रीफ्यूगल बल का भी प्रयोग होता है। ये क्लच इंजन की स्पीड के अनुसार स्वत: ही कार्य करते हैं। इसमें क्लच प्लेट के स्थान पर एक डिस्क व दो क्लच लीवर प्रयोग होते हैं, जो एक स्प्रिंग से बँधे रहते हैं। जब इंजन चलता है, तो ये लीवर, जो इंजन शाफ्ट से लगे रहते हैं, घूमते हैं तथा सेन्ट्रीफ्यूगल बल के कारण बाहर फैलते जाते हैं।

इन पर बाहर की ओर लाइनिंग चढ़ी होती है। बाहर फैलकर ये लीवर डिस्क को घुमाने लगते हैं, क्योंकि अच्छी पकड़ के लिए डिस्क के अन्दर घेरे पर लाइनिंग चिपकी रहती है। जैसे-जैसे इंजन की चाल बढ़ती जाती है, वैसे-वैसे लीवर डिस्क से चिपककर उसकी चाल बढ़ाते जाते हैं। इस प्रकार के क्लच अधिकतर ऑटोमैटिक टू-व्हीलर में प्रयुक्त किए जाते हैं।

(vi) सिंगल प्लेट क्लच Single Plate Clutch

इसे डिस्क क्लच या सॉलिड क्लच भी कहा जाता है। यह क्लच अधिकतर ट्रैक्टरों में प्रयोग किया जाता है।

इसमें निम्नलिखित मुख्य भाग होते हैं

- फ्लाईव्हील
- प्रेशर प्लेट
- क्लच कवर
- क्लच फॉर्क बॉल
- क्लच प्लेट या ड्रिवेन प्लेट
- क्लच स्प्रिंग
- क्लच रिलीज बियरिंग

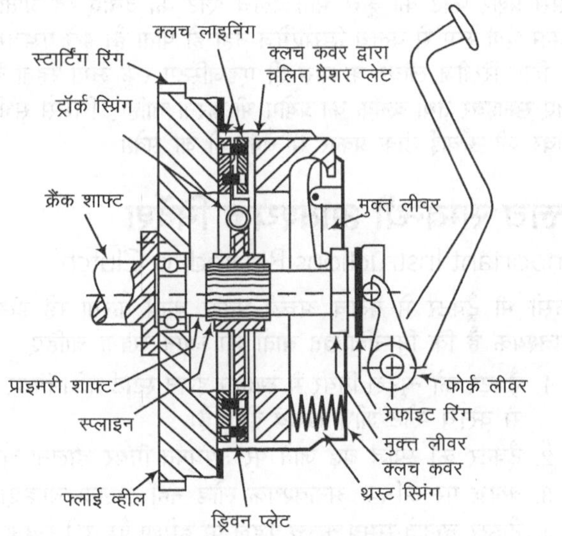

चित्र सिंगल प्लेट क्लच

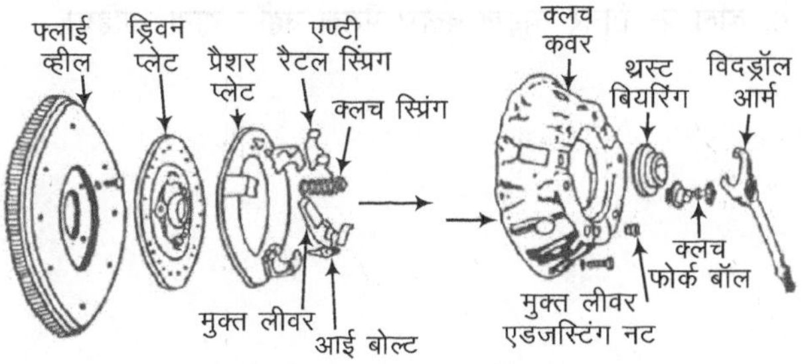

चित्र सिंगल प्लेट क्लच के भाग

इस प्रकार के क्लच में फ्लाईव्हील भी एक ओर से रगड़ खाने वाली घर्षणीय (frictional) सतह प्रदान करता है। क्लच के सारे भाग एक असेम्बली के रूप में फलाईव्हील के साथ बोल्टों द्वारा जोड़े जाते हैं। इनमें क्लच प्लेट तथा प्रेशर प्लेट मुख्य भाग होते हैं। फ्लाईव्हील तथा प्रेशर प्लेट के बीच फँसी क्लच प्लेट भी छोटे-छोटे भागों से मिलकर असेम्बली के रूप में इंजन के चलने पर घूमती है। इसमें निम्नलिखित भाग होते हैं

- क्लच लाइनिंग या फेसिंग
- कुशन स्प्रिंग
- टॉरसन स्प्रिंग
- रिवेट
- हब फ्लैंज

(vii) विद्युत-चुम्बकीय क्लच Electromagnetic Clutch

इसकी रूप रेखा चित्र में दिखाई गई है। इस प्रकार के क्लच में फ्लाईव्हील पर ताँबे के तारों की वाइण्डिंग में बैटरी के करण्ट को प्रवाहित करने की व्यवस्था की जाती है। इसमें गियर लीवर पर एक क्लच रिलीज स्विच लगा होता है। जब स्विच ऑन रहता है, तो बैटरी का करण्ट वाइण्डिंग में जाकर विद्युत-चुम्बक बनता है। यह चुम्बक प्रेशर प्लेट को फ्लाईव्हील की ओर खींचता है, इससे क्लच एंगेज रहता है। जब क्लच डिसएंगेज करना होता है, तो रिलीज स्विच को ऑफ करते हैं। इस कारण करण्ट का प्रवाह समाप्त हो जाता है, जिसके फलस्वरूप विद्युत चुम्बक समाप्त हो जाता है तथा प्रेशर प्लेट के बीच क्लच प्लेट की पकड़ ढीली पड़ जाती है। इस प्रकार क्लच डिसएंगेज हो जाता है।

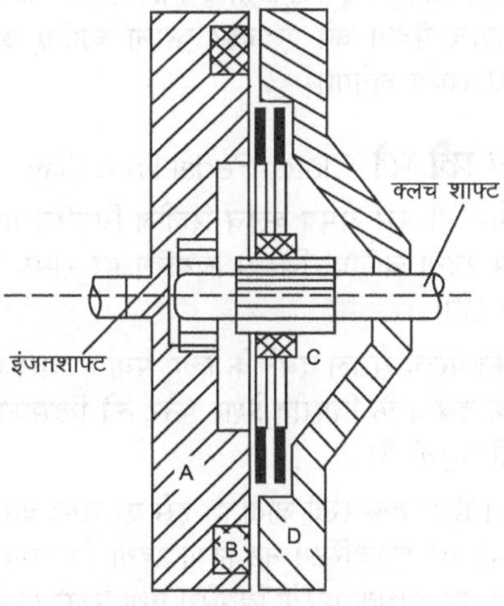

चित्र विद्युत-चुम्बकीय क्लच

क्लच एडजस्टमेन्ट Clutch Adjustment

क्लच प्रणाली ठीक प्रकार कार्य करे अर्थात् जब क्लच एंगेज हो तथा इंजन से गियर बॉक्स का सम्बन्ध जुड़ा हुआ हो, उस समय क्लच प्लेट पूरी तरह फ्लाईव्हील तथा प्रेशर प्लेट के बीच में दबी रहे तथा स्लिप न करें।

इसी प्रकार जब क्लच डिसएंगेज किया जाए, उस समय क्लच प्लेट पूर्ण रूप से स्वतन्त्र रहें, इसके लिए अग्रप्रकार एडजस्टमेन्ट करना चाहिए।

क्लच पैडल तथा फ्लोर बोर्ड के बीच दूरी
Distance between Clutch Pedal and Floor Board

जब क्लच डिसएंगेज करने के लिए क्लच पैडल दबाया जाए, तो वह फ्लोर बोर्ड से टकराना नहीं चाहिए। उन दोनों के बीच पर्याप्त अन्तर रहना चाहिए, जिससे कि यह निश्चित हो जाए कि पैडल पूरा दब गया है तथा क्लच पूर्णतया डिसएंगेज हो गया है।

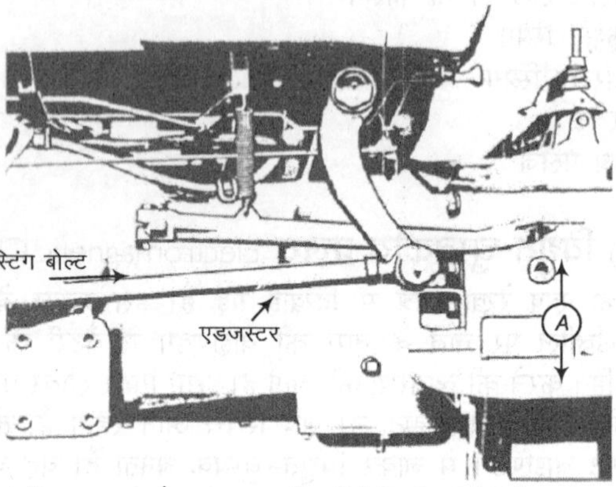

चित्र क्लच पैडल तथा फ्लोर बोर्ड के बीच की दूरी

क्लच पैडल की चाल
Speed of Clutch Pedal

क्लच पैडल एक निश्चित दूरी तक ही दबकर क्लच को डिसएंगेज कर दे, इसके लिए क्लच पैडल को एडजस्ट करना चाहिए अन्यथा डिसएंगेज करने में काफी समय लगेगा।

क्लच पैडल फ्री प्ले Clutch Pedal Free Play

जब क्लच एंगेज हो उस समय क्लच रिलीज बियरिंग तथा रिलीज लीवर के बीच अन्तर रहना चाहिए, जिससे बियरिंग हर समय रिलीज लीवर के द्वारा घूमती न रहे।

इसके अतिरिक्त क्लच पैडल दबने के लिए पर्याप्त चाल बन जाए, क्योंकि क्लच स्प्रिंग के दबाव के विपरीत प्रेशर प्लेट को खिसकाने में कुछ शक्ति अवश्य लगानी पड़ती है।

यह फ्री प्ले 3/4 से 1" तक रखी जाती है। इसे एडजस्ट करने के लिए क्लच ऑपरेटिंग शाफ्ट पर एडजस्टिंग नट दिया रहता है। इसके द्वारा शाफ्ट की लम्बाई को कम या अधिक करके बियरिंग तथा रिलीज लीवर के बीच दूरी एडजस्ट की जाती है। हाथ द्वारा क्लच पैडल को दबाकर उसी के अनुसार यह अन्तर ज्ञात किया जाता है।

निम्न चित्र में क्लच पैडल एडजस्टमेन्ट नट को दर्शाया गया है।

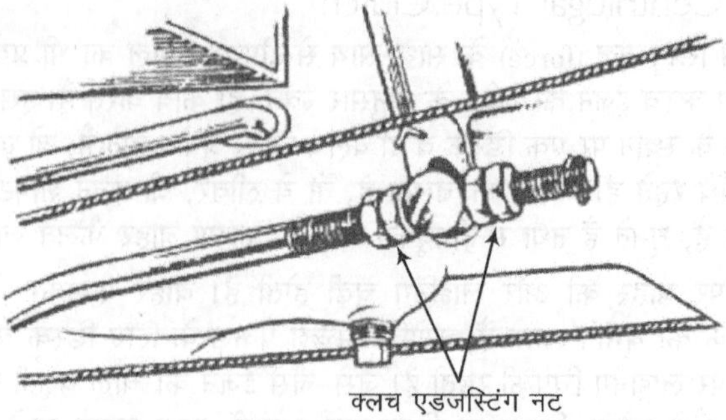

चित्र क्लच पैडल एडजस्टमेन्ट नट

क्लच रिलीज लीवर एडजस्टमेन्ट
Clutch Release Lever Adjustment

क्लच डिसएंगेज करते समय क्लच रिलीज बियरिंग द्वारा एक साथ सभी रिलीज लीवर का स्पर्श कर उन्हें दबाना चाहिए, परन्तु कभी-कभी इन रिलीज लीवर की ऊँचाई में अन्तर होने के कारण ऐसा होना सम्भव नहीं हो पाता है।

इससे प्रेशर प्लेट का कुछ भाग क्लच प्लेट को दबाए रह जाता है। इस प्रकार पूर्ण रूप से क्लच डिसएंगेज नहीं हो पाता है। इसे एडजस्ट करने के लिए रिलीज लीवर के पास ही एडजस्टिंग स्क्रू लगा रहता है। इसके लिए स्क्राइबर तथा ब्लॉक का प्रयोग भी करना चाहिए, जिससे सभी रिलीज लीवर की ऊँचाई ठीक प्रकार से चैक की जा सके।

क्लच सम्बन्धी आवश्यक निर्देश
Important Instructions Related to Clutch

किसी भी ट्रैक्टर में क्लच अच्छी प्रकार कार्य करता रहे इसके लिए आवश्यक है कि निम्नलिखित बातों का ध्यान रखना चाहिए

1. ट्रैक्टर को न्यूट्रल गियर में रखकर इंजन स्टार्ट करें। गियर में रखने से क्लच प्लेट शीघ्र खराब होती है।
2. ट्रैक्टर की स्पीड बढ़ जाने पर उपयुक्त गियर डालना चाहिए।
3. क्लच पर अधिक अनावश्यक लोड नहीं डालना चाहिए।
4. ट्रैक्टर चलाते समय क्लच पैडल पर हमेशा पैर नहीं रखना चाहिए।
5. ट्रैक्टर खड़ी करते समय न्यूट्रल करें, क्लच से यह कार्य न लें।
6. ढाल पर गियर न्यूट्रल क्लच पैडल नहीं दबाना चाहिए।

क्लच देखभाल Clutch Maintenance

क्लच के भाग काफी दिनों तक अच्छा कार्य करते हैं, फिर भी उनकी निम्नलिखित प्रकार से देखभाल करनी चाहिए

1. समय-समय पर क्लच प्लेटें देखें, उसकी लाइनिंग अधिक घिसी न हों, उसके रिवेट तथा हब ढीला न हो तथा टार्क स्प्रिंग टाइट लगे हों, प्लेट टेढ़ी न हो।
2. प्रेशर प्लेट खराब न हो, वह टेढ़ी न हो, उसमें चिकनापन न हो।
3. प्रेशर स्प्रिंग कमजोर न हो।
4. क्लच फिंगर बराबर ऊँचाई पर हों।
5. फ्लाईव्हील टाइट हो।
6. क्लच रिलीज बियरिंग टूटा न हो।
7. क्लच एडजस्टमेन्ट सही हो।

क्लच के सामान्य दोषोपचार
General Troubleshooting of a Clutch

क्लच को शक्ति संचारक की संज्ञा दी जा सकती है। इस प्रकार क्लच किसी भी ट्रैक्टर के लिए एक महत्त्वपूर्ण अवयव है। प्रशिक्षुओं को इस सम्बन्धी दोषोपचारों से अवगत कराने के ध्येय से उनका विवरण यहाँ पर दिया जा रहा है

क्र.सं.	कारण	उपचार
I. क्लच पूरी तरह डिसएंगेज (disengage) नहीं होता।		
1.	क्लच प्लेट पर तेल या ग्रीस लगी है।	क्लच प्लेट पेट्रोल से साफ करके फिट करें।
2.	क्लच एडजस्टमेन्ट अधिक टाइट है।	एडजस्टमेन्ट ढीले करें।
3.	क्लच पैडल गलत एडजस्ट है।	क्लच पैडल सही एडजस्ट करें।
4.	पायलट बियरिंग फ्लाईव्हील में जम गई है।	बियरिंग बदलें।
5.	क्लच प्लेट फेसिंग खराब हो गई है।	क्लच लाइनिंग बदलें।
6.	प्रेशर प्लेट चटखी या गद्देदार है।	प्रेशर प्लेट बदलें।
7.	प्रेशर प्लेट स्प्रिंग टूटी या कमजोर है।	स्प्रिंग का पूरा सेट बदलें।
8.	क्लच शाफ्ट टेढ़ी है।	क्लच शाफ्ट बदलें।
II. क्लच फिसलता है।		
1.	क्लच प्लेट लाइनिंग घिस गई है।	दूसरी लाइनिंग फिट करें।
2.	क्लच प्लेट कुशन स्प्रिंग टूटी है।	क्लच प्लेट बदलें।
3.	क्लच एडजस्टमेन्ट गलत है।	एडजस्टमेन्ट सही करें।
4.	प्रेशर स्प्रिंग कमजोर या टूटी है।	स्प्रिंग बदलें।
5.	रिलीज लीवर टेढ़े हैं।	रिलीज लीवर बदलें।
6.	क्लच प्लेट लाइनिंग पर तेल या ग्रीस है।	लाइनिंग साफ करें।
7.	क्लच रिलीज लीवर गलत सेट है।	रिलीज लीवर सही सेट करें।
III. क्लच आवाज करता है।		
1.	क्लच पैडल बुश सूखा है।	बुश में स्नेहन करें।
2.	क्लच रिलीज बियरिंग खराब है।	बियरिंग में ग्रीस भरें।
3.	रिलीज बियरिंग खराब है।	बियरिंग बदलें।
4.	क्लच स्प्रिंग टूटी है।	स्प्रिंग बदलें।
5.	कुशन स्प्रिंग टूटी है।	क्लच प्लेट बदलें।
6.	पायलट बियरिंग खराब है।	पायलट बियरिंग बदलें।

26.2 संचरण के प्रकार
Types of Transmission

संचरण के मुख्य प्रकार निम्नलिखित हैं

1. मैनुअल संचरण Manual Transmission

मैनुअल संचरण, संचरण का एक प्रकार है जिसका उपयोग स्वचालित उपकरणों में किया जाता है। मैनुअल संचरण की प्राय: विशेषता चालक संचालित गियर और एक चल गियर सलेक्टर है। मैनुअल संचरण में गियर शिफ्टिंग का कार्य चालक के द्वारा होता है। सामान्यत: क्लच पैडल और एक छड़ी जो कन्सोल (console) में स्थित होती है, के द्वारा मैनुअल संचरण को गियर अनुपात के आधार पर वर्गीकृत किया गया है, जिसे संचरण में जोड़े जाने वाले गियर के आधार पर चुना जाता है। मैनुअल संचरण सामान्यत: चार से छ: अग्रवर्ती स्ट्रोक गियर और एक रिवर्स गियर में उपलब्ध होते हैं। मैनुअल संचरण निम्न प्रकार के होते हैं

(i) सामान्य असमकालिक प्रणाली
Simple Unsynchronised System

इस प्रणाली में, गियर स्वतन्त्र घूमता है और उनकी सापेक्ष गति ऑपरेटर के द्वारा समकालिक (synchronised) होती है, ताकि शोर (noise), क्लैशिंग (clashing) एवं ग्राइण्डिग जैसी सम्भावनाओं से बचाया जा सके। जब दो घूर्णन दाँतों को मैश किया जाता है, तब समय एवं शिफ्टिंग हेतु सावधानी से थ्रोटल परिचालन की आवश्यकता होती है।

इस कारणवश एंगेज (engaged) स्थिति में गियर समान चाल पर रफ तरीके से घूमते हैं। यह शिफ्ट संचरण का सबसे पुराना मानक है। मैनुअल शिफ्ट संचरण की दो बहुत प्रचलित शैली स्लाइडिंग गियर और कॉलर शिफ्ट हैं। स्लाइडिंग गियर शैली में, गियर मुख्य शाफ्ट के साथ स्प्लाइन होती है तथा गियर का चुनाव गियर की वास्तविक गति के आधार पर होता है। कॉलर शिफ्ट शैली में गियर स्टैक में बिल्ट अप होता है। यह गियर मुख्य शाफ्ट के साथ स्प्लाइन नहीं होता और घूमने के लिए स्वतन्त्र होता है।

(ii) समकालिक प्रणाली Synchronised System

इस प्रणाली में कॉन्स्टैन्ट मैश प्रकार का गियर बॉक्स होता है, जिसमें सभी गियर सदैव मैश में होते हैं। इन्हीं मैश गियर के जोड़े में से एक शाफ्ट के साथ लॉक होती है। जब गियर बदलते हैं, तो यह प्रणाली स्वचालित मैश होती है। क्लच का उपयोग भी सदैव स्टार्ट, स्टॉप और शिफ्टिंग के लिए होता है। इसमें सामान्यत: 6-8 फॉरवर्ड गियर और 1-2 रिवर्स गियर होते हैं।

(iii) शटल शिफ्ट प्रणाली Shuttle Shift System

यह एक मानक संचरण प्रणाली है, जिसमें कई फॉरवर्ड और रिवर्स गियर होते हैं। स्टीयरिंग के बाईं ओर एक लीवर होता है, जो फॉरवर्ड से रिवर्स गियर में बदलाव को दर्शाता है। क्लच का उपयोग भी स्टार्ट, स्टॉप और दिशा बदलाव के लिए होता है। सामान्यत: प्रत्येक दिशा में 9, 12 और 16 गियर होते हैं।

(iv) शक्ति शटल प्रणाली Power Shuttle System

इस संचरण प्रणाली में बिना किसी क्लच के उपयोग के फॉरवर्ड से रिवर्स दिशा में परिवर्तन, स्टार्ट और स्टॉप कर सकते हैं।

2. स्वचालित संचरण Automatic Transmission

स्वचालित संचरण एक ऑटोमोबाइल गियर बॉक्स है, जो गियर अनुपात में स्वत: परिवर्तन करता है। इस प्रकार के संचरण में चालक का कार्य समाप्त हो जाता है। यह प्रणाली सामान्यत: तेल दाब पर आधारित होती है। इसमें गियर के प्रत्येक शिफ्ट को शिफ्ट वाल्व द्वारा नियन्त्रित किया जाता है एवं गियर का होना चाल, सड़क एवं भार की स्थिति पर निर्भर करता है। संचरण, जो क्लच पैक को उपयोग में लाता है, किन्तु ड्राइवर को गियर मैनुअल चयन की आज्ञा देता है, अर्द्ध-स्वचालित संचरण कहलाता है।

3. द्रवस्थैतिकी संचरण Hydrostatic Transmission

द्रवस्थैतिकी संचरण शक्ति को ऑयल की शक्ति से संचरित करता है। संचरण का एक हॉफ परिवर्ती विस्थापन पम्प और दूसरा हॉफ एक द्रवचलित मोटर होता है। एक चल स्विस प्लेट पम्प विस्थापन बदलने के लिए पिस्टन स्ट्रोक को नियन्त्रित करता है। द्रवित स्वचालित संचरण में टॉर्क कन्वर्टर मुख्य भाग होता है

टॉर्क कन्वर्टर Torque Converter

यह एक ऐसी युक्ति है, जिसके द्वारा कम चाल पर भी टॉर्क को बढ़ाने के लिए गियर बॉक्स के समान कार्य किया जा सकता है। गियर बॉक्स द्वारा निश्चित गियर अनुपात प्राप्त किया जाता है, जबकि टॉर्क कन्वर्टर से निम्नतम व अधिकतम तक इसी प्रकार का अनुपात प्राप्त किया जाता है। इसके द्वारा हाइड्रॉलिक प्रणाली से गियर अनुपात अथवा यान्त्रिक लाभ प्राप्त किया जा सकता है।

संरचना Construction

टॉर्क कन्वर्टर की संरचना लगभग फ्ल्यूड कपलिंग के समान होती है। टॉर्क कन्वर्टर में एक अतिरिक्त स्थिर मैम्बर जिसे रिएक्शन मैम्बर भी कहते हैं, प्रयोग होता है। इस प्रकार टॉर्क कन्वर्टर में तीन भाग होते हैं

1. पम्प या इम्पैलर, जोकि इंजन से सम्बन्धित रहता है।
2. रोटर या टरबाइन, जिसका सम्बन्ध प्रोपैलर शाफ्ट से रहता है।
3. स्टेटर या रिएक्शन मैम्बर जिसका सम्बन्ध बॉडी से रहता है, स्टेटर इनपुट तथा आउटपुट शाफ्ट में टॉर्क परिवर्तन करता है। स्टेटर को फ्री व्हील पर लगाया जाता है, जोकि एक ही दिशा में घूमता है। स्टेटर के सामने टरबाइन होती है, जो इनपुट शाफ्ट पर स्प्लाइनों पर फिट रहती है। टरबाइन रिएक्शन शाफ्ट के अन्दर घूमती है तथा जुड़ी रहती है। तेल के घुमाव से टरबाइन घूमती है और तेल पम्प द्वारा आता है। यह तेल ब्लेडों से होकर चलता है। यह पूरी असेम्बली एक इकाई के रूप में फ्लाईव्हील से जुड़ी रहती है।

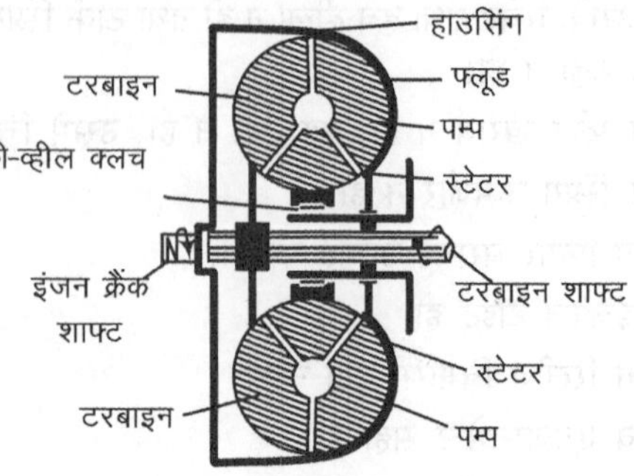

चित्र टार्क कन्वर्टर की बनावट

कार्य प्रणाली Working System

इंजन की चाल जब आइडल होती है, तो उस समय तेल धीमी गति से बहता है, इस कारण टरबाइन नहीं घूमती है। जब इंजन तेज गति से चलता है, तो टरबाइन की ओर अधिक तेल जाता है।

इस समय भी टरबाइन केन घूमने से तेल वापस पम्प में आ जाता है और अब तेल का दबाव अधिक बढ़ जाता है। इससे टरबाइन घूमती है और इनपुट शाफ्ट के घूमने से शक्ति स्थानान्तरण का कार्य होता है। फ्ल्यूड कपलिंग उतना ही टार्क स्थानान्तरित करती है, जितना इंजन द्वारा टार्क प्राप्त होता है, परन्तु टार्क कन्वर्टर इसे बढ़ाकर1 : 2 से 3 : 1 तक बढ़ा देता है। इस प्रकार इस टार्क कन्वर्टर द्वारा गियर बॉक्स का कार्य सम्पन्न हो जाता है।

26.3 गियर बॉक्स Gear Box

ट्रैक्टर का इंजन अपनी अधिकतम शक्ति पूरी चाल पर देता है। इस शक्ति से सामान्य दशा में तो ट्रैक्टर को चलाया जा सकता है, परन्तु ट्रैक्टर को ऊबड़-खाबड़ स्थानों, चढ़ाई, दलदल वाले स्थानों, कृषि यन्त्र जोड़कर एवं अन्य भारी कार्यों को करते समय चलाने की आवश्यकता भी पड़ती है। इसके अतिरिक्त कुछ सीमा तक गुरुत्वाकर्षण, विपरीत हवा का दबाव तथा चढ़ाई आदि के समय इंजन की सीमित शक्ति से काम नहीं चलता है।

ऐसी स्थिति में किसी अन्य शक्ति की भी आवश्यकता होती है, जिससे ट्रैक्टर सरलता से चल या कार्य कर सके। इसके लिए इंजन की शक्ति को गियर लीवरेज (gear leverage) द्वारा गियर बॉक्स में बढ़ाने का प्रबन्ध किया जाता है। दूसरे शब्दों में कह सकते हैं कि गियर बॉक्स एक ऐसी व्यवस्था है, जिसके द्वारा ट्रैक्टरों को प्रत्येक परिस्थिति में सुगमतापूर्वक चलाने के लिए इंजन की शक्ति को गियरों के द्वारा बढ़ाया जा सकता है।

इसके अतिरिक्त ट्रैक्टर को पीछे (backward) चलाने की भी आवश्यकता पड़ती है और यह कार्य गियर बॉक्स के द्वारा ही सम्भव हो पाता है, क्योंकि इंजन की चाल की दिशा सदैव एक-सी रहती है, उसे बदला नहीं जा सकता है।

गियर नियम Gear Rule

गियरों का एक नियम होता है कि यदि किसी छोटे गियर के द्वारा किसी अन्य बड़े गियर को चलाया जाए, तो बड़े गियर में छोटे गियर की अपेक्षा अधिक शक्ति स्थानान्तरित होती है, साथ ही उसकी चाल (RPM) कम हो जाती है। इसके विपरीत यदि किसी बड़े गियर के द्वारा किसी अन्य छोटे गियर को चलाया जाए तो बड़े गियर की अपेक्षा छोटे गियर में शक्ति कम स्थानान्तरित होती है तथा चाल बढ़ जाती है।

उदाहरणार्थ— A गियर में 10 दाँते (teeth) हैं तथा B गियर में 30 दाँते (teeth) हैं। यदि A गियर में तीन चक्कर प्रति मिनट (RPM) हो रहे हैं, तो B गियर में केवल एक ही चक्कर हो पाएगा अर्थात् उसकी चाल कम होगी। इसी के साथ-साथ यदि छोटे गियर में 5 फुट पौण्ड शक्ति एक चक्कर में प्राप्त हो रही है तो बड़े गियर में 15 फुट पौण्ड शक्ति स्थानान्तरित होगी। जब एक गियर के द्वारा दूसरा गियर चलाया जाता है, तो पहले वाले गियर की दिशा चलने वाले गियर की दिशा के विपरीत होती है। इसके अतिरिक्त यदि इन दोनों गियरों के बीच कोई तीसरा गियर लगाकर चलाया जाये

तो चलने वाले गियर की दिशा घूमते समय समान हो जाएगी, इस प्रकार के गियर को आइडलर गियर कहते हैं।

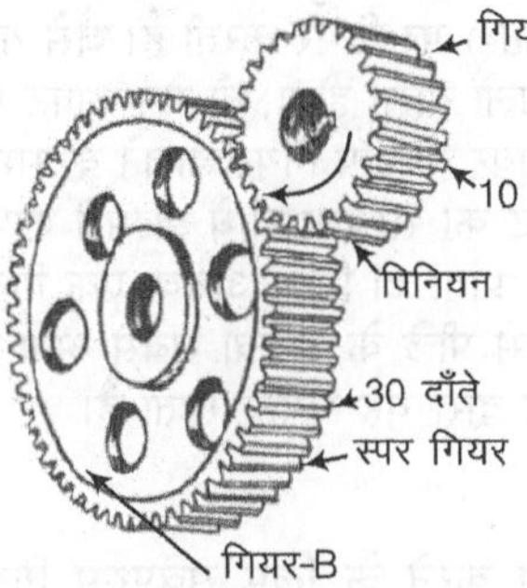

चित्र गियर द्वारा शक्ति का स्थानान्तरण

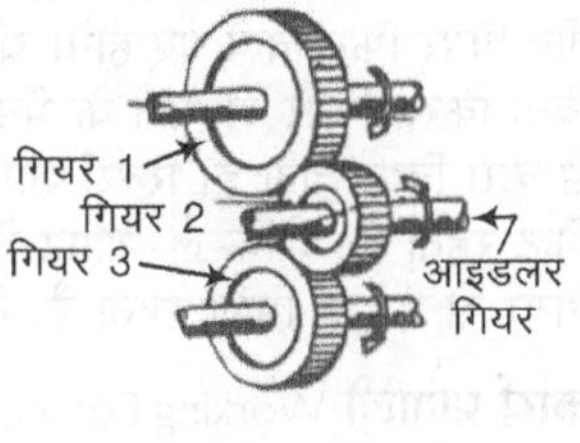

चित्र आइडलर गियर

गियर अनुपात Gear Ratio

जब दो गियर जिनके दाँते बराबर हों एवं उनको एक-दूसरे पर चलाया जाये, तो एक के चलाने पर दूसरा भी उसी गति से चलेगा, जिससे उसका गियर अनुपात 1 : 1 होगा, ऐसा तब होगा जब एक छोटा गियर जिसके छः दाँते हैं, एक बड़े 18 दाँतों वाले गियर को चलाता है।

ऐसे ही अगर छोटा गियर तीन चक्कर लगाए तो बड़े दाँतों वाले गियर का एक पूरा चक्कर होगा। इस अवस्था में गियर अनुपात 18 : 6 या 3 : 1 रहेगा। टॉर्क का सरल शब्दार्थ है— घुमाने की ताकत। जब हम एक गियर को दूसरे गियर से घुमाते हैं, तो वह दूसरा गियर घुमाने वाले की टॉर्क के कारण घूमता है तथा इनकी टार्क अनुपात यान्त्रिक लाभ पर निर्भर करता है। उदाहरण के तौर पर एक छोटा गियर, जिसमें 24 दाँते हैं।

एक बड़े दाँतों वाले गियर को चलाता है, तो इससे बड़े गियर की स्पीड आधी रह जाएगी, लेकिन टॉर्क छोटे के मुकाबले दोगुनी हो जाएगी और अगर हम बड़े गियर से छोटे गियर को चलाएँ तो छोटे गियर की स्पीड दोगुनी एवं टॉर्क के मुकाबले से आधी हो जायेगी।

इसी कारणवश हम ऑटोमोबाइल में गियरबॉक्स लगाकर उच्च गति में कम टॉर्क और निम्न गति में ज्यादा टॉर्क ले पाते हैं।

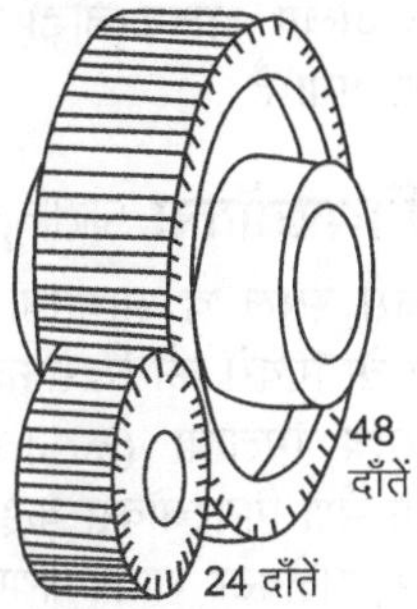

चित्र गियर अनुपात

गियर के प्रकार Types of Gear

ट्रैक्टर गियर बॉक्स में तीन प्रकार के गियरों का सामान्यतया प्रयोग किया जाता है।

(i) स्पर गियर Spur Gear

इस प्रकार के गियर की परिधि पर धुरे (axle) के समान्तर (parallel) पूरे में दाँते कटे होते हैं। ये दाँते आकार में एकसमान तथा बराबर दूरी पर होते हैं।

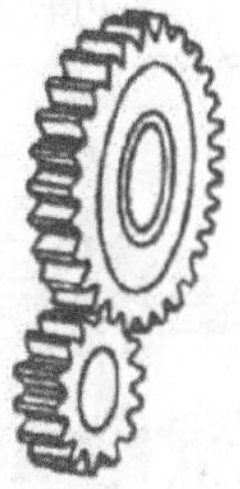

चित्र स्पर गियर

(ii) हैलीकल गियर Helical Gear

इस प्रकार के गियर की परिधि पर दाँते एक विशेष कोण पर कटे होते हैं, परन्तु इनका आकार तथा दूरी बराबर होती है।

चित्र हैलीकल गियर

(iii) डबल हैलीकल गियर Double Helical Gear

इन्हें हियरिंग बोन गियर भी कहा जाता है। ये गियर हैलीकल गियर के समान ही होते हैं, परन्तु मध्य (centre) में उनके दाँते उल्टे कोणों में बदल जाते हैं।

गियरबॉक्स के प्रकार Types of Gearbox

गियरबॉक्स में गियरों के अलग-अलग जोड़ों को मिलाने के आधार पर उन्हें चार प्रकारों में बाँटा गया है

1. स्लाइडिंग मैश गियरबॉक्स Sliding Mesh Gearbox

गियरबॉक्स का यह सबसे सरल व साधारण प्रकार है। इस प्रकार के गियरबॉक्स में मेन शाफ्ट के गियरों को खिसकाकर (slide) ले-शाफ्ट पर बने उसके जोड़े के साथ मिलाया (mesh) जाता है, इसलिए इस गियरबॉक्स को स्लाइडिंग मैश गियरबॉक्स कहते हैं। गियरों को खिसकने के लिए गियर चेंज लीवर, सलेक्टर शाफ्ट तथा सलेक्टर फॉर्क का प्रयोग किया जाता है। गियर चेंज लीवर को न्यूट्रल की जगह से जब किसी गियर से मिलाने के लिए झुकाया या ऊपर किया जाता है तो ये लीवर सलेक्टर शाफ्ट को आगे या पीछे यथास्थिति करके फॉर्क द्वारा वांछित गियर को खिसकाकर ले-शाफ्ट पर बने उसके जोड़ से मिला देते हैं।

इस प्रकार गियर के दाँतों के अनुपात (gear teeth ratio) में ले-शाफ्ट द्वारा मेन शाफ्ट घूमने लगती है तथा शक्ति का स्थानान्तरण उसी के अनुसार पिछले पहियों को होने लगता है। ले-शाफ्ट को प्राइमरी शाफ्ट द्वारा शक्ति प्राप्त होती रहती है, जोकि इंजन की चाल चक्कर प्रति मिनट (RPM) पर घूमती रहती है।

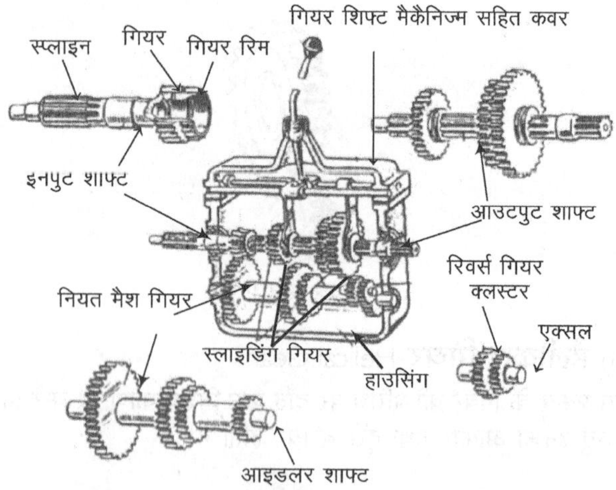

चित्र स्लाइडिंग मैश गियरबॉक्स व उसके अवयव

संरचना तथा मुख्य भाग Construction and Main Parts

इस प्रकार के गियरबॉक्स में निम्नलिखित मुख्य भाग होते हैं

1. प्राइमरी शाफ्ट या ड्राइव शाफ्ट
2. प्राइमरी शाफ्ट बियरिंग
3. मेन शाफ्ट या ड्राइविंग शाफ्ट
4. मेन शाफ्ट बियरिंग
5. ले-शाफ्ट या काउण्टर शाफ्ट
6. ले-शाफ्ट बियरिंग सेट
7. रिवर्स शाफ्ट या रिवर्स आइडलर शाफ्ट
8. गियरबॉक्स हाउसिंग
9. गियर चेंज लीवर
10. टॉप कवर
11. गियर सलेक्टर शाफ्ट
12. गियर सलेक्टर फॉर्क

गियरबॉक्स हाउसिंग में प्राइमरी शाफ्ट तथा मेन शाफ्ट अपनी-अपनी बियरिंगों के साथ एक सीध में फिट रहती हैं। प्राइमरी शाफ्ट का स्प्लाइन (spline) भाग गियरबॉक्स हाउसिंग में आगे की ओर बाहर निकला रहता है। इसी पर क्लच प्लेट चढ़ी रहती है। इसी प्रकार मेन शाफ्ट का कुछ भाग गियरबॉक्स हाउसिंग में पीछे की ओर बाहर निकला रहता है। इसी पर फ्लैंज चढ़ा रहता है, जिसको यूनिवर्सल ज्वॉइण्ट की सहायता से प्रोपैलर शाफ्ट के साथ जोड़ा जाता है।

प्राइमरी शाफ्ट के अन्दर वाले सिरे पर एक गियर बना रहता है। यह गियर ले-शाफ्ट के अगले गियर से हमेशा मिला रहता है, इसलिए जब इंजन चलता है तथा क्लच डिसएंगेज (disengage) न किया गया हो, तो प्राइमरी शाफ्ट क्लच प्लेट द्वारा घूमकर इस ले-शाफ्ट को भी हमेशा घुमाती रहती है। इस प्रकार इंजन की शक्ति ले-शाफ्ट तक आती रहती है। रिवर्स शाफ्ट तथा ले-शाफ्ट, मेन शाफ्ट के समानान्तर अपनी बियरिंगों की सहायता से फिट रहती हैं। मेन शाफ्ट पर छोटे बड़े गियर, जिनमें अलग-अलग संख्या में दाँते कटे होते हैं, चढ़ाए जाते हैं।

ये गियर मेन शाफ्ट पर बने स्प्लाइन पर खिसक भी सकते हैं तथा स्वयं ले-शाफ्ट के अपने जोड़े से घूमकर मेन शाफ्ट को घुमाते भी हैं। इन गियरों की संख्या गियरबॉक्स की चालों (speeds) पर निर्भर करती हैं। जैसे यदि गियरबॉक्स चार अगली (forward) चालों वाला होगा, तो मेन शाफ्ट पर तीन गियर फिट किये गए होंगे। चौथा गियर या टॉप गियर डालने के समय बिना किसी गियर अनुपात के मेन शाफ्ट का सम्बन्ध सीधे प्राइमरी शाफ्ट से करा दिया जाता है। रिवर्स शाफ्ट पर प्रायः दो गियर अथवा एक गियर फिट रहता है, जोकि ले-शाफ्ट के सबसे पीछे के अथवा सबसे आगे के गियर से हमेशा मिला रहता है, जिसके द्वारा यह घूमता रहता है।

कार्य प्रणाली Working Procedure

स्थिर अवस्था से ट्रैक्टर को गतिशील करने के लिए सर्वप्रथम गियर डालने की आवश्यकता पड़ती है अथवा चलती हुए डिसएंगेज ट्रैक्टर को इंजन की उसी चाल पर तेज चलाने के लिए गियर बदलने की आवश्यकता पड़ती है। इंजन के चलते रहने पर हमेशा क्लच को दबाकर ही गियर डालना या बदलना चाहिए। जब ट्रैक्टर को गतिशील किया जाता है, तो प्रायः पहले गियर को डाला जाता है। ट्रैक्टर के गतिशील होने के पश्चात् दूसरे, तीसरे तथा चौथे गियर को यथास्थिति डाला जाता है।

- **पहला गियर** (First Gear) पहले गियर को डालने के लिए ले-शाफ्ट के सबसे छोटे गियर से मेन शाफ्ट के सबसे बड़े गियर के गियर लीवर सलेक्टर शाफ्ट तथा फॉर्क की सहायता से खिसकाकर मिलाया जाता है। अग्र चित्र में शक्ति स्थानान्तरण (transmission) को तीर (arrow) के निशान से दर्शाया गया है। इस पहले गियर में शक्ति सबसे अधिक प्राप्त होती है, परन्तु चाल सबसे कम प्राप्त होती है, क्योंकि ले-शाफ्ट का सबसे छोटा गियर मेन शाफ्ट के सबसे बड़े गियर को चलाता है।
- **दूसरा गियर** (Second Gear) प्रायः यह गियर ट्रैक्टर की गतिशील अवस्था में डाला जाता है। इस गियर में ले-शाफ्ट के बीच गियर से मेन शाफ्ट का बड़े से छोटा गियर खिसकाकर मिलाया जाता है। इस गियर में पहले गियर की अपेक्षा शक्ति तो कम ही प्राप्त होती है, परन्तु ट्रैक्टर की चाल कुछ बढ़ जाती है।

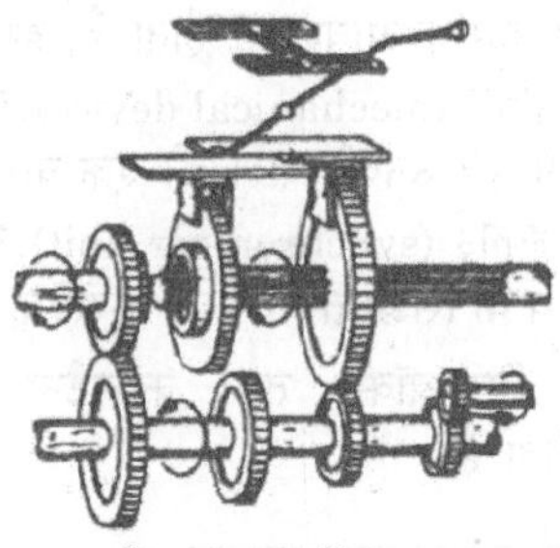

चित्र पहला गियर

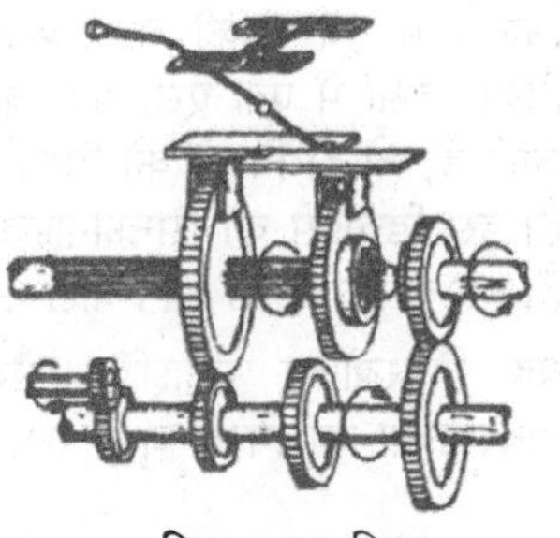

चित्र दूसरा गियर

- **तीसरा गियर** (Third Gear) भीड़ वाले स्थानों में अथवा ऊँची-नीची जगहों या रेत अथवा दलदल वाली जगहों पर इस गियर का ही सबसे अधिक उपयोग होता है। इस गियर में ले-शाफ्ट के सबसे बड़े गियर से मेन शाफ्ट के सबसे छोटे गियर को खिसकाकर मिलाया जाता है। इस गियर में शक्ति तो और भी कम प्राप्त होती है, परन्तु इंजन पर लोड कम पड़ता है तथा पहले की अपेक्षा चाल और बढ़ जाती है।

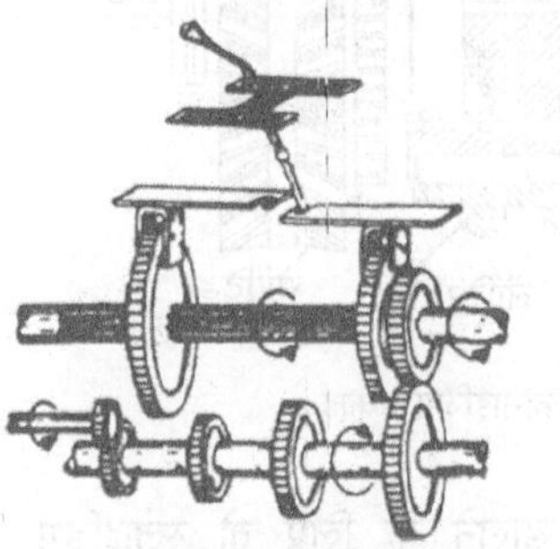

चित्र तीसरा गियर

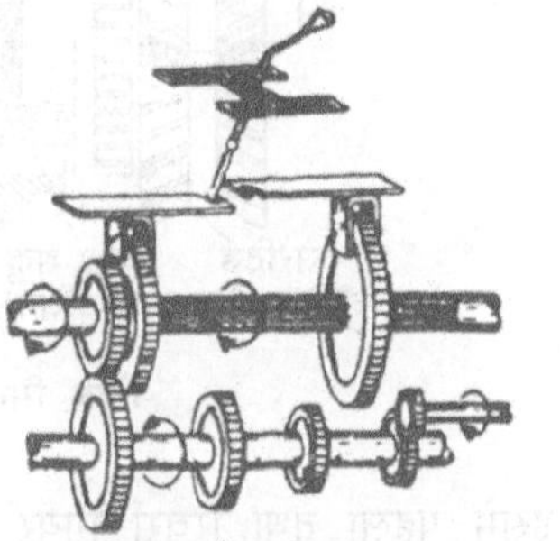

चित्र चौथा गियर

- **चौथा या टॉप गियर** (Fourth or Top Gear) ट्रैक्टर की अधिकतम चाल इसी गियर में प्राप्त की जा सकती है, क्योंकि ट्रैक्टर इससे पूर्व ही सब अवरोधों (गुरुत्वाकर्षण, भार तथा चढ़ाई) को पार करके अपनी सामान्य चाल पर चलने लगता है। इस गियर को डालने के लिए मेन शाफ्ट का सम्बन्ध बिना किसी गियर के माध्यम से सीधे ही प्राइमरी शाफ्ट से कर दिया जाता है।

  ट्रैक्टर को सामान्यत: अधिकतर इसी गियर में चलाया जाता है जब तक कि किसी कारणवश उसकी चाल कम न हो जाए। इस समय पिछले पहियों को सबसे कम शक्ति प्राप्त होती है, परन्तु उनकी चाल अधिकतम बढ़ाई जा सकती है, क्योंकि इस समय मेन शाफ्ट इंजन की चाल (RPM) के बराबर घूमने लगती है।

- **न्यूट्रल गियर** (Neutral Gear) इंजन की चलती हुई दशा में यदि ट्रैक्टर को खड़ा रखना है, तो गियरबॉक्स को न्यूट्रल करना होता है। यदि टॉप गियर की अवस्था से मेन शाफ्ट का सम्बन्ध प्राइमरी शाफ्ट से हटा दिया जाए, तो गियरबॉक्स न्यूट्रल हो जाएगा अर्थात् इंजन की शक्ति ले-शाफ्ट तक ही सीमित रहेगी।

  दूसरे शब्दों में कह सकते हैं कि जब मेन शाफ्ट का कोई भी गियर ले-शाफ्ट गियरों से न मिला हो तथा मेन शाफ्ट प्राइमरी शाफ्ट से भी अलग हो, उस समय गियर न्यूट्रल रहता है। इस समय पिछले पहियों अथवा मेन शाफ्ट को शक्ति प्राप्त नहीं होती है।

- **रिवर्स गियर** (Reverse Gear) ट्रैक्टर को आवश्यकता पड़ने पर पीछे की ओर (reverse) भी चलाना पड़ता है। इसके लिए रिवर्स गियर डाला जाता है। इस गियर में लगभग पहले गियर के बराबर शक्ति तथा चाल प्राप्त होती है। इस गियर को डालने के लिए मेन शाफ्ट के सबसे बड़े गियर को खिसकाकर रिवर्स शाफ्ट के आइडलर गियर से मिला दिया जाता है। रिवर्स शाफ्ट का आइडलर गियर सदा ले-शाफ्ट के छोटे गियर से मिला रहता है तथा उससे विपरीत दिशा में घूमता रहता है, क्योंकि प्राइमरी शाफ्ट द्वारा ले-शाफ्ट उससे विपरीत दिशा में अर्थात् घड़ी की सुई की चाल के विपरीत (anti-clockwise) दिशा में घूमती है, इसलिए रिवर्स शाफ्ट का आइडलर गियर ले-शाफ्ट से विपरीत अर्थात् घड़ी की सुई की दिशा (clockwise) में घूमता है।

  इस प्रकार जब मेन शाफ्ट के बड़े गियर को रिवर्स शाफ्ट के गियर से मिलाते हैं, तो मेन शाफ्ट का गियर विपरीत दिशा में अर्थात् घड़ी की सुई की चाल के विपरीत घूमने लगता है तथा मेन शाफ्ट को उल्टा घुमाकर ट्रैक्टर को पीछे रिवर्स में चलाता है। सामान्य गियरों की दिशा में मेन शाफ्ट सीधी अर्थात् घड़ी की सुई की चाल क्लॉकवाइज (clockwise) घूमती है। स्लाइडिंग मैश गियरबॉक्स बहुत सरल तथा सस्ता होता है, परन्तु इसमें कुछ हानियाँ भी हैं, जैसे— गियर बदलना इसमें कठिन होता है, क्योंकि इस समय मेन शाफ्ट तथा ले-शाफ्ट के गियरों की चाल लगभग बराबर करना आवश्यक होता है, जोकि इस प्रकार के साधारण गियरबॉक्स में एक अच्छा ड्राइवर ही कर सकता है, अन्यथा गियर मिलाते समय आवाज बहुत होती है, क्योंकि इसमें स्पर (spur) गियर का ही प्रयोग किया जाता है। इससे गियरों के दाँते भी शीघ्र टूटते हैं। किसी भी गियरबॉक्स में बिना आवाज गियर बदलने के लिए दोनों गियरों की चाल समान होना आवश्यक है। स्लाइडिंग मैश गियरबॉक्स में इसके लिए विशेष व्यवस्था नहीं रहती है। अत: इस प्रकार के गियरबॉक्स में गियर बदलते समय डबल डी-क्लचिंग की आवश्यकता होती है। इसके लिए गियर बदलते समय पहली बार क्लच डिसएंगेज (disengage) करते हैं तथा गियरबॉक्स न्यूट्रल करते हैं। दूसरी बार पुन: क्लच पैडल दाबकर गियर बदलता है।

2. कॉन्स्टैन्ट मैश गियरबॉक्स Constant Mesh Gearbox

बिना आवाज के सरलतापूर्वक गियर बदलने के लिए कॉन्स्टैन्ट मैश गियरबॉक्स को डिजाइन किया गया है। यह भी स्लाइडिंग मैश गियरबॉक्स का ही सुधरा रूप है। इसमें भी उसी प्रकार लगभग सभी भाग होते हैं। केवल स्लाइडिंग कॉलर नए भाग होते हैं, परन्तु इसमें मेन शाफ्ट पर जो गियर फिट रहते हैं, वे मेन शाफ्ट के खाँचों (spline) में फिट न होकर मेन शाफ्ट पर बनी समतल (plane) जगह पर फिट किए जाते हैं, जिससे कि ये शाफ्ट को घुमाए बिना भी सरलता से घूम सकें।

ये सभी गियर ले-शाफ्ट पर बने अपने जोड़े के गियर से हमेशा मिले रहते हैं।

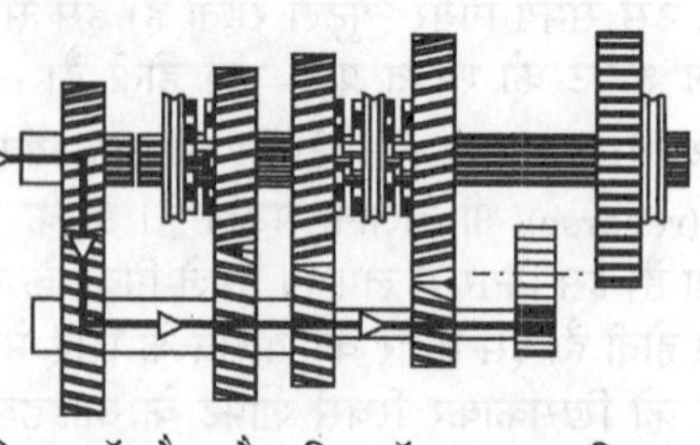

चित्र कॉन्स्टैन्ट मैश गियरबॉक्स (पहला गियर)

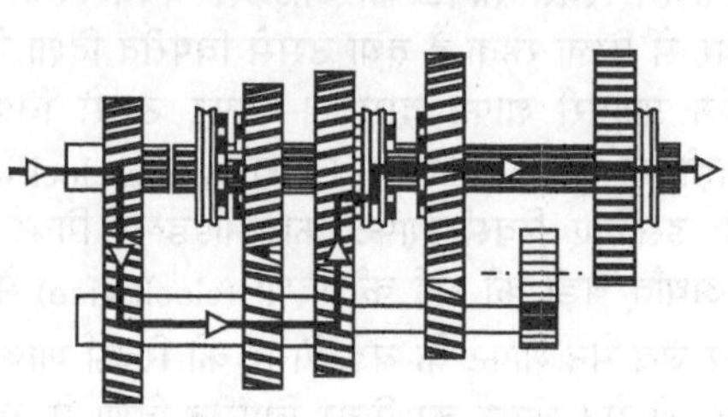

चित्र कॉन्स्टैन्ट मैश गियरबॉक्स (दूसरा गियर)

इन गियरों को खिसकाकर मिलाने की आवश्यकता नहीं होती है। ये सभी गियर अपने दाँतों के अनुपात में साथ-साथ घूमते रहते हैं। जो गियर डालना होता है, उससे सम्बन्धित स्लाइडिंग कॉलर या डॉग को खिसकाकर गियर के साथ लॉक कर दिया जाता है, क्योंकि ये कॉलर या डॉग मेन शाफ्ट पर बने खाँचों के ऊपर फिट रहते हैं, इसलिए गियर के साथ लॉक होते ही गियर की चाल में मेन शाफ्ट को भी घुमाने लगते हैं।

इस प्रकार इंजन की शक्ति पिछले पहियों को जाने लगती है। इस गियरबॉक्स में गियरों के दाँते टूटने का भय नहीं रहता है तथा आवाज भी गियर बदलते समय कम आती है। केवल स्लाइडिंग कॉलर या डॉग के ही दाँतों के टूटने का भय रहता है, जोकि अपेक्षाकृत कम हानि पहुँचाता है।

स्लाइडिंग मैश की तुलना में कॉन्स्टैन्ट मैश गियरबॉक्स के लाभ Advantages of Constant Mesh Gearbox in Comparison to Sliding Mesh

1. कॉन्स्टैन्ट मैश में गियर के जोड़े हमेशा मिले रहते हैं। अत: इसमें हैलीकल गियर भी प्रयोग कर सकते हैं।
2. कॉन्स्टैन्ट मैश में डॉग अपेक्षाकृत कम घिसते हैं। इसके अतिरिक्त इन्हें बदलना सस्ता पड़ता है।

3. सिन्क्रोमैश गियरबॉक्स Synchromesh Gearbox

किसी भी ट्रांसमिशन प्रणाली में बिना आवाज सरलता से दो अलग-अलग चाल पर चलते हुए गियरों को मिलाने के लिए यह आवश्यक है कि उन दोनों गियरों की चाल पूर्ण मिलान से पूर्व लगभग एक जैसी की जाए जिस प्रकार चलते ट्रैक्टर में चढ़ते समय अपनी चाल लगभग ट्रैक्टर के समान करनी होती है अन्यथा सुगमता से आप उस पर चढ़ नहीं सकते।

सिन्क्रो शब्द का प्रयोग सामान्यत: एक साथ चलाने के लिए किया जाता है। दो अलग-अलग चालों पर घूमने या चलने वाले भागों की चाल को बराबर करना सिन्क्रोनाइजिंग कहलाता है।

गियरबॉक्सों में भी दो अलग-अलग चाल पर चलते हुए गियरों को मिलाने से पूर्व उनकी चाल बराबर करना आवश्यक होता है, इसलिए गियरबॉक्सों में एक ऐसी यान्त्रिक युक्ति (mechanical device) लगाई जाती है, जो दो गियरों को मिलाने से पूर्व उनकी चाल को एक कर देती है। इस डिवाइस को सिन्क्रोनाइजर इकाई (synchronizer unit) कहते हैं। यह लगभग रगड़ खाने वाले क्लच के सिद्धान्त पर कार्य करती है।

यह गियरबॉक्स स्लाइडिंग मैश गियरबॉक्स तथा कॉन्स्टैन्ट मैश गियरबॉक्स का मिला-जुला रूप होता है।

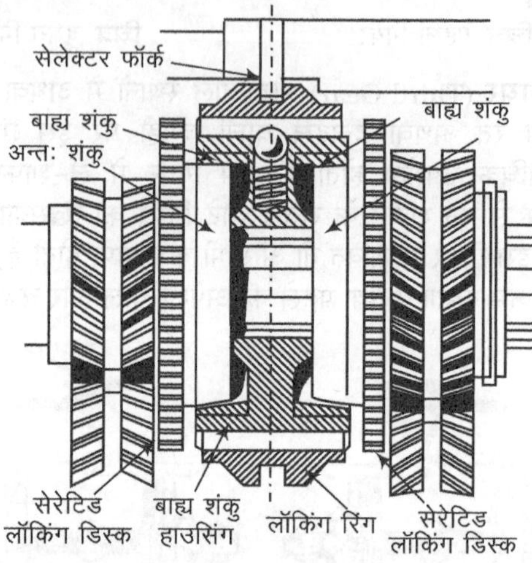

चित्र सिन्क्रोनाइजिंग इकाई

इसमें पहला तथा रिवर्स गियर डालने के लिए तो स्लाइडिंग मैश गियरबॉक्स की भाँति ही व्यवस्था रहती है, क्योंकि ये गियर सामान्यत: ट्रैक्टर की खड़ी अवस्था में ही डाले जाते हैं तथा उस समय मेन शाफ्ट स्थिर रहती ही है और ले-शाफ्ट को भी क्लच डिसएंगेज करके स्थिर कर दिया जाता है।

चित्र वास्तविक सिंक्रोनाइजर असेम्बली

इस प्रकार स्थिर गियरों को मिलाने में कोई कठिनाई नहीं होती है। अन्य सभी गियर कॉन्स्टैन्ट मैश गियरबॉक्स की भाँति अपने-अपने जोड़े के साथ मिले रहते हैं तथा मेन शाफ्ट पर फ्री घूमते रहते हैं, परन्तु इन गियरों को कॉलर या डॉग द्वारा लॉक करने की व्यवस्था नहीं की जाती है।

मुख्य भाग Main Parts

इस प्रकार के गियरबॉक्स में गियर एंगेज करने के लिए सिन्क्रोनाइजर इकाई का प्रयोग किया जाता है। इसमें निम्नलिखित मुख्य भाग होते हैं

1. सिन्क्रोनाइजिंग रिंग
2. सिन्क्रोनाइजिंग क्लच हब
3. सिन्क्रोनाइजिंग क्लच स्लीव
4. सिन्क्रोनाइजिंग क्लच स्प्रिंग

मुख्य शाफ्ट के ऊपर सिन्क्रोनाइजिंग हब टाइट फिट रहता है। इसके ऊपर स्प्रिंग की सहायता से सिन्क्रोनाइजिंग क्लच स्लीव चढ़ी रहती है। इसी को खिसकाकर गियरों को एंगेज किया जाता है। हब के दोनों ओर सिन्क्रोनाइजिंग रिंग, जोकि पीतल की बनी होती है तथा अन्दर टेपर रहता है और ऊपर दाँते कटे होते हैं, फिट की जाती है।

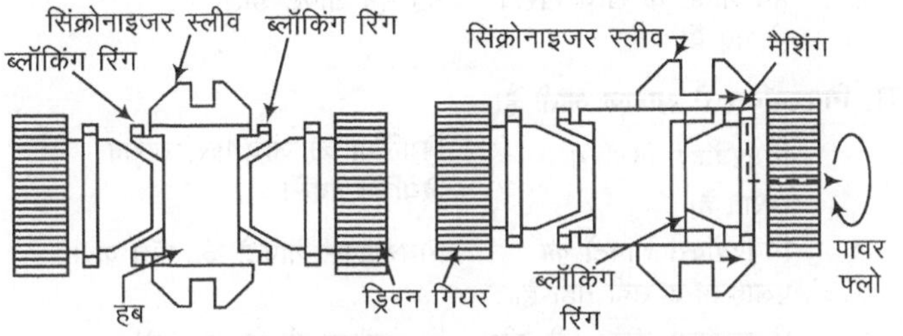

चित्र सिन्क्रोनाइजिंग इकाई की न्यूट्रल अवस्था एंगेज अवस्था

कार्य प्रणाली Working Procedure

जब गियर चेंज लीवर द्वारा फॉर्क की सहायता से सिन्क्रोनाइजर हब स्लीव को खिसकाया जाता है, तो यह स्लीव सिन्क्रोनाइजिंग कोन को खिसकाती है, जिससे यह अपनी पहली चाल में गियर की चाल को समान कर देती है। गियर लीवर की अगली चाल में सिन्क्रोनाइजर स्लीव पूर्ण रूप से आगे बढ़कर सिन्क्रोनाइजर रिंग तथा गियर के किनारे बने टेपर भाग के दाँतों पर चढ़ जाती है। इस प्रकार सिन्क्रोनाइजिंग इकाई तथा गियर एक इकाई बनकर घूमने लगते हैं तथा गियर एंगेज (engage) हो जाता है। सिन्क्रोनाइजिंग स्लीव हब पर बने खाँचों के ऊपर इस प्रकार फिट रहती है कि उसे दोनों ओर खिसकाया जा सके। इस हब के घूमने से मेन शाफ्ट, जिस पर हब टाइट फिट रहता है, भी घूमने लगती है तथा गियर की चाल के अनुसार पिछले पहिये को शक्ति जाने लगती है।

टॉप गियर डालने के लिए भी इसी प्रकार क्रिया होती है। प्राइमरी शाफ्ट के सिरे पर भी टेपर कोन तथा उस पर दाँते कटे होते हैं, जिस पर बिना आवाज सुगमता से सिन्क्रोनाइजिंग स्लीव चढ़कर गियर को एंगेज (engage) कर देती है।

4. प्लेनेटरी या एपीसाइक्लिक गियरबॉक्स Planetary or Epicyclic Gearbox

प्लेनेटरी गियर्स का नाम हमारे ब्रह्माण्ड में सूरज के आस-पास घूमने वाले सितारों के नाम पर रखा गया है। इसमें सन गियर के आस-पास पिनियन अपने अक्ष (axis) पर घूमता है। इसमें आस-पास सेन्टर वाले गियर को सन गियर (sun gear) कहते हैं, उसके साथ लगे दो गियरों को प्लेनेट पिनियन गियर (planet pinion gear) कहते हैं और बाहर लगे गियर को इन्टर्नल गियर (internal gear) कहते हैं। ये दोनों प्लेनेट गियर पिन द्वारा प्लेनेट कैरियर के साथ जुड़ते हैं।

इस गियरबॉक्स के अन्दर गियरों को शिफ्ट नहीं करना पड़ता, जिससे गियरों में कोई घिसावट नहीं आती, जिसके कारण गियरबॉक्स में आवाज भी नहीं होती। ऐसे गियरबॉक्स का निर्माण अभी तक हमारे देश में नहीं हुआ है।

प्रकार Types

प्लेनेटरी प्रकार के गियर दो प्रकार के होते हैं

(i) **साधारण प्लेनेटरी टाइप गियरबॉक्स** (Simple planetary type gearbox) इस प्रकार के गियरबॉक्स में प्रत्येक शाफ्ट (चालक एवं चालित) पर एक-एक गियर की ही व्यवस्था होती है। इसमें सन गियर के घूमने की दिशा, प्लेनेट गियर की घूमने की दिशा के विपरीत होती है।

(ii) **युग्म प्लेनेटरी टाइप गियरबॉक्स** (Compound planetary type gearbox) इस प्रकार के गियरबॉक्स में प्रत्येक शाफ्ट (चालक एवं चालित) पर एक से अधिक गियरों (सन एवं प्लेनेट गियर) की व्यवस्था होती है। इस प्रकार के गियरबॉक्स का प्रयोग युग्म में शक्ति पारेषित करने में किया जाता है।

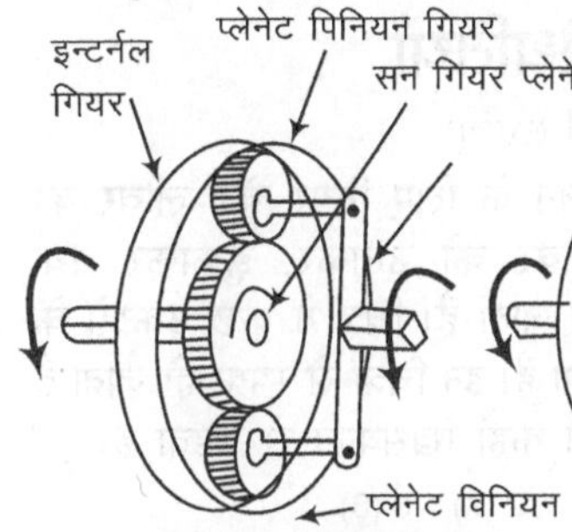

चित्र साधारण प्रकार

चित्र युग्म प्रकार

26.4 गियर शिफ्ट मैकेनिज्म Gear Shift Mechanism

संचरण प्रणाली में गियर बॉक्स के गियर बदलने के लिए गियर शिफ्ट मैकेनिज्म का प्रयोग किया जाता है। इसमें गियर चेंज लीवर, शाफ्ट रॉड या रेल, शिफ्ट फोर्क, रिटेनर्स तथा लॉक आदि मुख्य भाग होते हैं। इन्हें चित्र में दिखाया गया है। शिफ्ट लीवर के द्वारा शिफ्ट रॉड, शिफ्ट फोर्क को आगे या पीछे यथा स्थिति खिसकाती है।

शिफ्ट फोर्क में गियर फँसे रहते हैं, इस कारण फोर्क के साथ ही वे खिसककर वांछित गियर के साथ मिल जाते हैं। शिफ्ट शाफ्ट में गियर लॉक करने के लिए प्राय: बॉल व स्प्रिंग की व्यवस्था रहती है। गियर शिफ्ट लीवर प्राय: गियर बॉक्स के ऊपर ही लगाया जाता है।

कुछ ट्रैक्टरों में इसे डैश बोर्ड के दाईं ओर नीचे को लगाया जाता है, जैसे कि जीटर ट्रैक्टर में। कुछ ट्रैक्टरों में मेन गियर शिफ्ट लीवर के साथ एक अन्य छोटा लीवर भी लगा रहता है।

यह ट्रैक्टर के सभी गियरों के 'लो' अथवा 'हाई' स्पीड में कार्य करने योग्य बनाता है। कुछ ट्रैक्टरों में मेन गियर शिफ्ट लीवर के पास एक छोटा लीवर गियर बॉक्स की सभी चालों को रिवर्स या फारवर्ड करने का भी कार्य करता है।

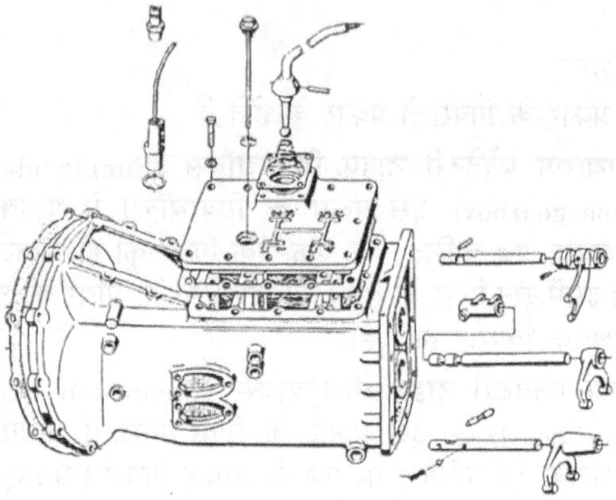

चित्र गियर शिफ्ट मैकेनिज्म

गियर चेंज लीवर की स्थितियाँ

Position of Gear Change Lever

आवश्यकतानुसार वांछित गियर डालने के लिए गियर चेंज लीवर का उपयोग किया जाता है। गियर लीवर को उठाकर, झुकाकर तथा दाएँ-बाएँ करके वांछित गियर डाला जाता है। चित्र में कुछ ट्रैक्टरों के गियर लीवर की चालों को दर्शाया गया है। इन चित्रों से स्पष्ट हो जाता है कि कौन-सा गियर शिफ्ट लीवर को कहाँ खिसकाने से पड़ता है।

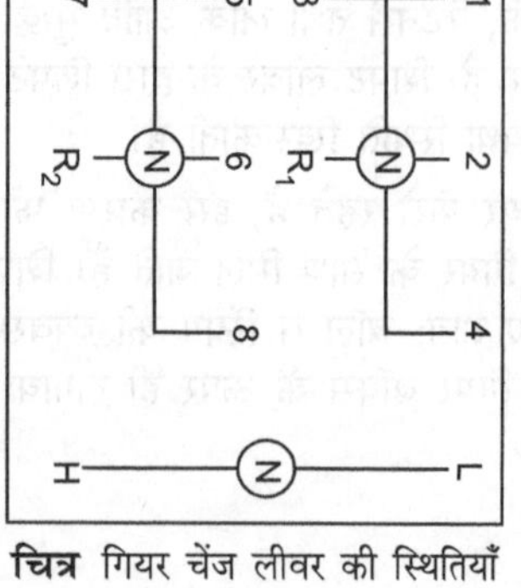

चित्र गियर चेंज लीवर की स्थितियाँ

गियरबॉक्स दोष एवं उपचार

Gearbox Troubles and Remedies

क्र. सं.	कारण	उपचार
I. गियर कठिनता से पड़ते हैं।		
1.	गियर सलेक्टर मैकेनिज्म में खराबी है।	दोष ढूँढकर दूर करें।
2.	गियर के दाँते टूटे हैं।	दूसरा गियर बदलकर फिट करें।
3.	क्लच पूरी तरह डिसएंगेज नहीं होता है।	सही प्रकार क्लच पैडल एडजस्ट करें।
4.	लुब्रीकेशन की कमी है।	गियरबॉक्स में उचित मात्रा में तेल भरें।
5.	मैन शाफ्ट के खाँचे खराब हो गए हैं।	नई मैन शाफ्ट डालें।
II. गियरबॉक्स से आवाज आती है।		
1.	गियरबॉक्स बियरिंग खराब है।	बियरिंगों की जाँच करें, खराब बियरिंग बदलें।
2.	गियरबॉक्स शाफ्टों का एलाइनमेन्ट सही नहीं है।	गियरबॉक्स शाफ्टों की जाँच करें।
3.	गियरबॉक्स इंजन की सीध में नहीं है।	गियरबॉक्स की स्थिति देखें।
4.	गियरों के दाँते टूटे हैं।	गियरबॉक्स के खराब गियर बदलें।
5.	लुब्रीकेशन की कमी है।	गियरबॉक्स में उचित मात्रा में तेल भरें।
6.	सिन्क्रोनाइजर रिंग घिसी है।	रिंग बदलें।
III. गियर डालने के बाद निकल जाता है।		
1.	गियरबॉक्स इंजन की सीध में नही है।	गियर बॉक्स की स्थिति देखें।
2.	गियरों के दाँते नुकीले या खराब हैं।	गियरों को देखकर खराब गियर बदलें।
3.	सलेक्टर मैकेनिज्म की स्प्रिंग टूटी या कमजोर है।	सलेक्टर शाफ्ट स्प्रिंग बदलें।
4.	गियर लिंकों का एडजस्टमेन्ट गलत है।	एडजस्टमेन्ट सही करें।
5.	गियर टेढ़े हैं।	गियर बदलें।
6.	प्राइमरी अथवा मेन शाफ्ट बियरिंग गलत है।	बियरिंगों की जाँच करें, खराब बियरिंग बदलें।
IV. गियरबॉक्स का तेल लीक करता है।		
1.	गियरबॉक्स ड्रेन प्लग की चूड़ी खराब है।	दूसरा ड्रेन प्लग फिट करें।
2.	ड्रेन प्लग वाशर कटा है।	दूसरा वाशर डालें।
3.	गियरबॉक्स में तेल की अधिकता है।	उचित सतह पर तेल भरें।
4.	गियरबॉक्स ऑयल सील कटी है।	ऑयल सील बदलें।
5.	टॉप कवर गैस्केट कटी है या बोल्ट ढीले हैं।	कटी गैस्केट बदलें, बोल्ट टाइट करें।
6.	गियर हाउसिंग में छेद है या चटका हुआ है।	दोष देखकर मरम्मत कराएँ।

26.5 फोर व्हील ड्राइव संचरण Four Wheel Drive Transmission

खराब सड़कों, सड़क से हटे मार्गों, पहाड़ी स्थानों, दलदल वाले स्थानों या रेतीले स्थानों आदि पर ट्रैक्टर को पिछले पहियों द्वारा धकेलने की शक्ति काम नहीं करती है। ऐसे स्थानों के लिए इंजन की शक्ति को अगले एक्सेलों में भी बाँट देने की व्यवस्था की जाती है। ऐसे ट्रैक्टर 4×4 फोर व्हील ड्राइव कहलाते हैं।

इन ट्रैक्टरों में गियर बॉक्स के साथ ही ट्रांसफर केस लगाया जाता है। इनमें अगले एक्सेलों के मध्य एक अतिरिक्त डिफरैन्शियल भी लगा होता है। ट्रांसफर केस में निम्नलिखित मुख्य भाग होते हैं

1. हाउसिंग
2. इनपुट शाफ्ट
3. आइडल शाफ्ट
4. आउटपुट शाफ्ट
5. फ्रण्ट एक्सेल ड्राइव शाफ्ट
6. डायरेक्ट ड्राइव तथा स्टेप डाउन गियर

ट्रांसफर केस को एंगेज करने व लो तथा हाई गियर के लिए ट्रांसफर केस हाउसिंग के ऊपर दो छोटे गियर चेंज लीवर लगे होते हैं जो ड्राइविंग सीट के समीप होते हैं। जब किसी कारण पिछले पहियों द्वारा ट्रैक्टर नहीं चलते है,

तो ट्रांसफर केस को चेंज लीवर द्वारा एंगेज करने से इंजन की शक्ति छोटी प्रोपैलर शाफ्ट व अगले डिफरैन्शियल में होकर अगले एक्सेलों को घुमाने लगती है, जिससे ट्रैक्टर सरलता से ऊँचे मार्गों, दलदल व रेतीले स्थानों में आगे बढ़ते है। पिछले पहिये फँसने पर तो इसकी उपयोगिता और भी बढ़ जाती है।

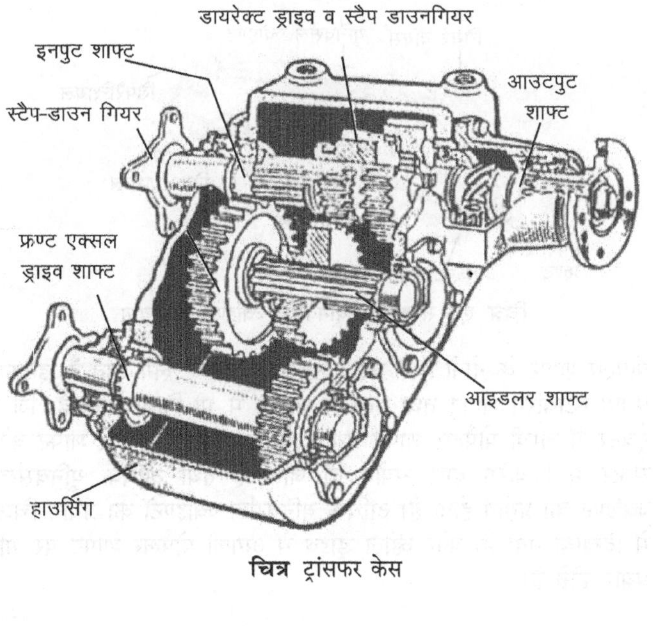

चित्र ट्रांसफर केस

26.6 यूनिवर्सल ज्वॉइण्ट Universal Joint

इंजन द्वारा विकसित शक्ति क्लच, गियरबॉक्स द्वारा प्रोपैलर शाफ्ट में यूनिवर्सल ज्वॉइण्ट की सहायता से पहुँचती है तथा वहाँ से डिफरैन्शियल द्वारा 90° पर एक्सेल शाफ्टों तथा पहियों को प्राप्त होती है। इसके लिए प्रोपैलर शाफ्ट का सम्बन्ध यूनिवर्सल ज्वॉइण्ट की सहायता से गियरबॉक्स की मेन शाफ्ट से किया जाता है। पिछले पहियों को रॉड स्प्रिंग तथा शॉक एब्जॉर्बर की सहायता से फिट किया जाता है, इसलिए एक्सेल शाफ्ट तथा उनके बीच में लगा डिफरैन्शियल कभी ऊपर, तो कभी नीचे होता रहता है। ट्रैक्टरों में यह ट्रांसफर केस हेतु प्रयोग किया जाता है।

इससे गियरबॉक्स तथा डिफरैन्शियल की दूरी में भी परिवर्तन होता रहता है। इस परिवर्तन की पूर्ति के लिए प्रोपैलर शाफ्ट में यूनिवर्सल स्लिप ज्वॉइण्ट बनाया जाता है। इसके अतिरिक्त गियरबॉक्स तथा डिफरैन्शियल एक लाइन में नहीं किये जाते हैं, इसलिए गियरबॉक्स तथा डिफरैन्शियल के कोण में परिवर्तन होता है, इसलिए परिवर्तनशील कोण पर शक्ति स्थानान्तरित करने के लिए यूनिवर्सल ज्वॉइण्ट प्रयोग किए जाते हैं। इसके अतिरिक्त कई प्रकार के यूनिवर्सल ज्वॉइण्टस का प्रयोग किया जाता है; जिनका विवरण निम्न प्रकार है।

1. बॉल टाइप या स्थिर वेग टाइप यूनिवर्सल ज्वॉइण्ट Ball Type or Constant Velocity Type Universal Joint

इस प्रकार के ज्वॉइण्ट अधिक कोण पर भी सरलता से शक्ति स्थानान्तरित कर सकते हैं। इसमें दो योकों के अन्दर पाँच स्टील की गोलियाँ (balls) फिट रहती हैं। इनमें एक गोली बीच में तथा चार योक के खाँचों में फिट की जाती हैं। इस प्रकार के ज्वॉइण्ट को कॉन्स्टैन्ट वैलोसिटी टाइप ज्वॉइण्ट भी कहा जाता है, क्योंकि यह कोण पर भी गति बराबर रख पाता है।

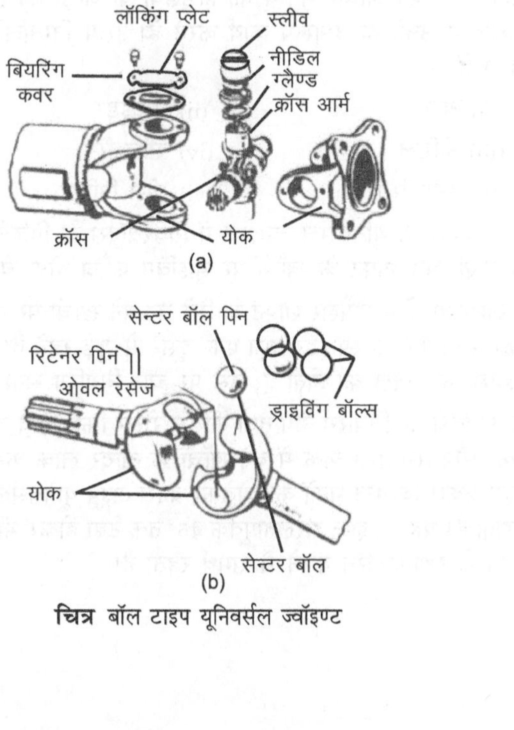

चित्र बॉल टाइप यूनिवर्सल ज्वॉइण्ट

2. रबर कपलिंग टाइप यूनिवर्सल ज्वॉइण्ट
Rubber Coupling Type Universal Joint

इसकी कपलिंग में फ्लैंज बोल्टों के लिए सुराख बने होते हैं। एक फ्लैंज गियरबॉक्स के साथ तथा दूसरी फ्लैंज प्रोपैलर शाफ्ट के स्लिप ज्वॉइण्ट पर लगी होती है। इस प्रकार के ज्वॉइण्ट फिएट कार तथा कुछ थ्री-व्हीलर में देखे जा सकते हैं।

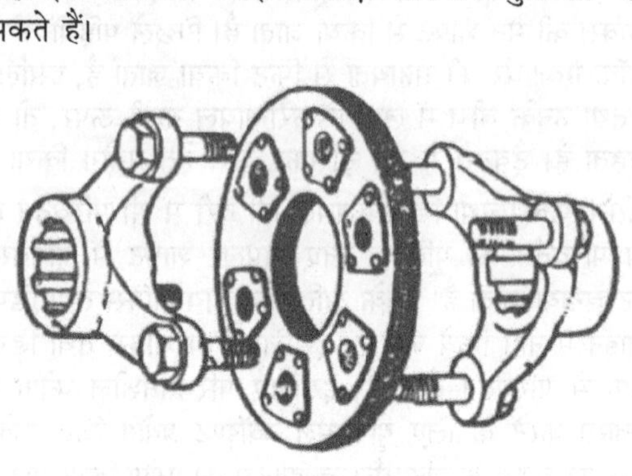

चित्र रबर कपलिंग टाइप यूनिवर्सल ज्वॉइण्ट

3. पॉट टाइप यूनिवर्सल ज्वॉइण्ट
Pot Type Universal Joint

इसमें एक ट्यूब के रूप में पॉट तथा एक ब्लॉक में क्रॉस पिन का प्रयोग किया जाता है। पॉट में ब्लॉक के लिए दो झिर्री कटी होती हैं, जिसमें गोली तथा ब्लॉक स्लाइड कर सकते हैं। इनका प्रयोग अब नहीं किया जाता है, क्योंकि इनमें शीघ्र घिसावट आने लगती है।

4. क्रॉस टाइप या योक टाइप यूनिवर्सल ज्वॉइण्ट
Cross Type or Yoke Type Universal Joint

इन जोड़ों का आधार मनुष्य की हड्डियों के जोड़ों की तरह होता है। ये ज्वॉइण्ट उन्हीं के अनुरूप कार्य करते हैं। इसमें निम्नलिखित मुख्य भाग होते हैं

(i) योक
(ii) स्पाइडर
(iii) नीडिल
(iv) सील रिंग
(v) स्नैप रिंग
(vi) ग्रीस निपिल

इस प्रकार के यूनिवर्सल ज्वॉइण्ट में गियरबॉक्स के पिछले सिरे पर बाहर निकली मेन शाफ्ट के खाँचों पर ड्राइविंग फ्लैंज योक चढ़ा रहता है।

स्लाइडिंग योक प्रोपैलर शाफ्ट के सिरे पर बने खाँचों पर फिट किया रहता है। ये दोनों योक स्पाइडर द्वारा एक-दूसरे से जुड़े रहते हैं। स्पाइडर, जोकि क्रॉस की शक्ल का होता है, उस पर चार बियरिंग सतह बनी रहती हैं।

इन सतहों पर बियरिंग कैप तथा नीडिल रोलर फिट किये जाते हैं। इन कैपों को स्नैप रिंग द्वारा योक में बने खाँचों के अन्दर लॉक कर दिया जाता है। इस प्रकार विभिन्न भागों को जोड़कर क्रॉस टाइप यूनिवर्सल ज्वॉइण्ट तैयार होता है। यह ज्वॉइण्ट सरलतापूर्वक 45° तक टेढ़ा होकर भी शक्ति को सही ढंग से स्थानान्तरित करने में समर्थ रहता है।

इसके साथ ही गियर बॉक्स तथा डिफरैन्शियल के बीच दूरी में ट्रैक्टर के चलते समय जो अन्तर आता रहता है, उसे स्लिप निपिल ज्वॉइण्ट आवश्यकतानुसार खिसककर पूरा करता रहता है।

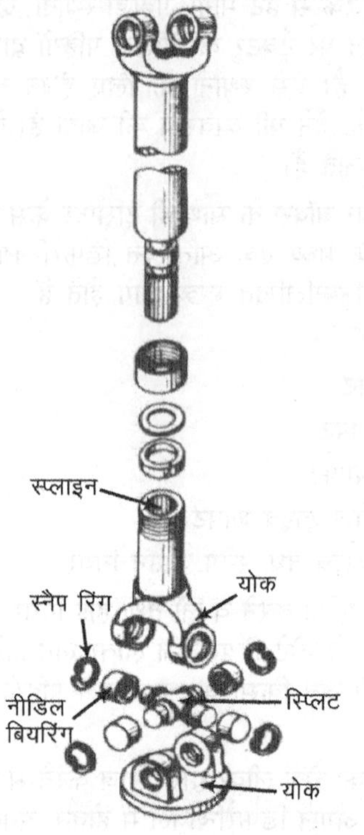

चित्र क्रॉस टाइप या योक टाइप यूनिवर्सल ज्वॉइण्ट

इसके रख-रखाव के लिए स्पाइडर पर लगी ग्रीस निपिल में समय-समय पर ग्रीस गन से ग्रीस दे देनी चाहिए।

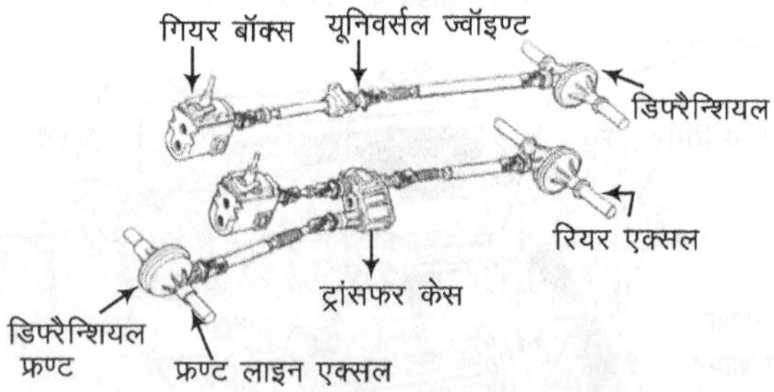

चित्र एक से अधिक यूनिवर्सल ज्वॉइण्ट का प्रयोग

प्रोपैलर शाफ्ट के दोनों सिरों पर यूनिवर्सल ज्वॉइण्ट लगे रहते हैं। इनका प्रयोग स्टीयरिंग शाफ्ट तथा एक्सेल शाफ्टों में भी किया जाता है। जिन ट्रैक्टर में लम्बी प्रोपैलर शाफ्ट प्रयोग होती है, उनमें प्रोपैलर शाफ्ट को सेन्टर में बियरिंग द्वारा सपोर्ट दी जाती है तथा अधिक यूनिवर्सल ज्वॉइण्ट का प्रयोग होता है। अधिक यूनिवर्सल ज्वॉइण्टों का प्रयोग चित्र में दिखाया गया है। फोर व्हील ड्राइव में अगली प्रोपैलर शाफ्ट पर भी प्रयोग होते हैं।

5. ले-रब टाइप यूनिवर्सल ज्वॉइण्ट
Lay-rub Type Universal Joint

इस प्रकार के यूनिवर्सल ज्वॉइण्ट स्टील की दो मोटी शीट से बनाए जाते हैं, इनके अन्दर चार इनर बाउल बने होते हैं। इन बाउल के अन्दर रबर के बुश लगाकर चित्र की तरह दोनों प्लेटों को नट-बोल्ट द्वारा जोड़ दिया जाता है। दो आमने-सामने के रबर बुशों को प्रोपैलर शाफ्ट की फ्लैंज से जोड़ा जाता है तथा शेष दो रबर बुशों को गियरबॉक्स फ्लैंज के साथ जोड़ते हैं।

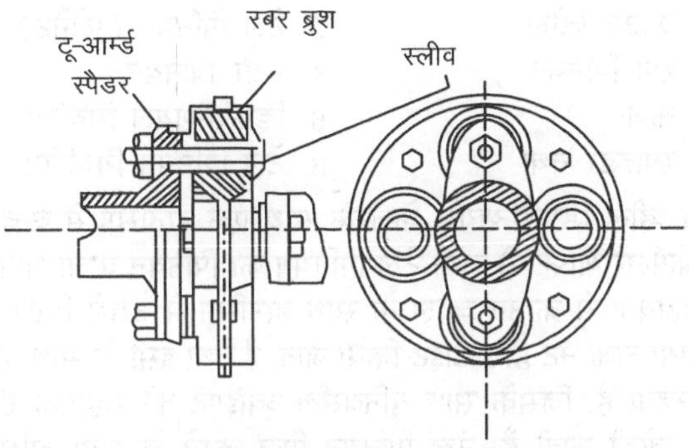

चित्र ले-रब टाइप यूनिवर्सल ज्वॉइण्ट

26.7 प्रोपैलर शाफ्ट Propeller Shaft

गियरबॉक्स तक आई इंजन की शक्ति को डिफरैन्शियल तक पहुँचाने का कार्य प्रोपैलर शाफ्ट द्वारा किया जाता है। यह पर्याप्त मजबूत, हल्की तथा बैलेन्स्ड भी होनी चाहिए, क्योंकि इसमें झटके लगते हैं तथा कम्पन भी होता है।

प्रोपैलर शाफ्ट को स्टील ट्यूब द्वारा बनाया जाता है। प्रोपैलर शाफ्ट के गियरबॉक्स वाले सिरे पर एक स्लिप ज्वॉइण्ट बना होता है, जो ऊँची-नीची सतह पर प्रोपैलर शाफ्ट की लम्बाई के अन्तर को पूरा करता रहता है। प्रोपैलर शाफ्ट के दूसरे सिरे का सम्बन्ध डिफरैन्शियल से किया जाता है।

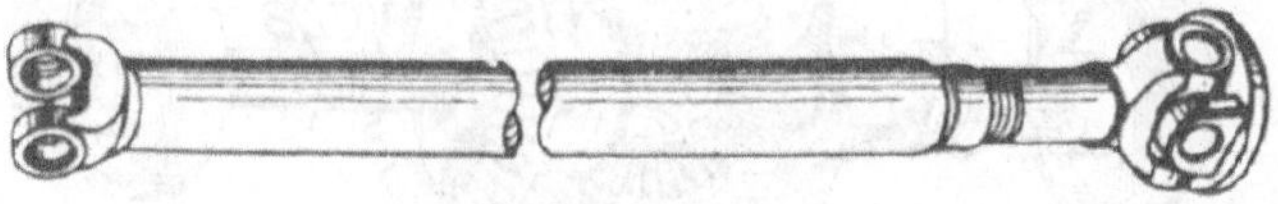
चित्र प्रोपैलर शाफ्ट

प्रोपैलर शाफ्ट डिफरैन्शियल के माध्यम से शक्ति एक्सेल शाफ्ट तक पहुँचती है, जिससे पहिये भी घूमते हैं। जब एक्सेल शाफ्ट पहियों को घुमाती है तो उस समय एक्सेल केसिंग में विपरीत दिशा में घुमाव उत्पन्न होता है। परन्तु एक्सेल केसिंग अपनी जगह स्थिर रहकर एक्सेल शाफ्ट की ड्राइव चेसिस को देती है।

प्राय: यह ड्राइव दो प्रकार से पहुँचाई जाती है

1. होचकिस ड्राइव
2. टॉर्क ट्यूब ड्राइव ट्यूब

1. होचकिस ड्राइव Hotchkiss Drive

चेसिस को ड्राइव देने के लिए इस प्रणाली का ही प्रयोग किया जाता है। इस प्रणाली में ड्राइव के झटके एक्सेल केसिंग द्वारा ड्राइव रॉड पर स्प्रिंग की सहायता से चेसिस तक पहुँचते हैं, को आगे की ओर से चेसिस के साथ फिक्स रखा जाता है तथा पिछले सिरे पर झूला लगा रहता है।

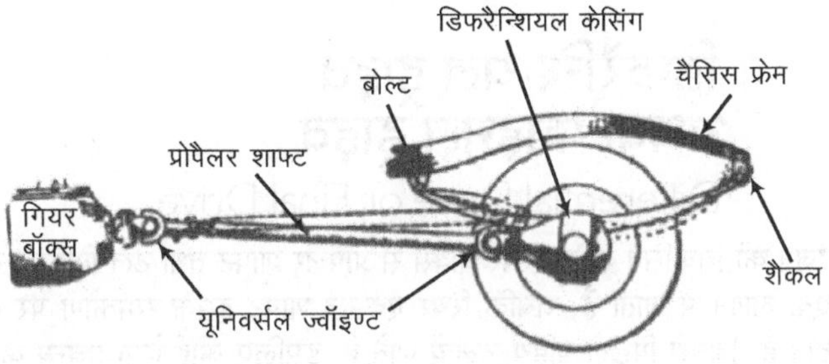

चित्र होचकिस ड्राइव

इस ड्राइव में जिस प्रोपैलर शाफ्ट का प्रयोग किया जाता है, उसका वर्णन ऊपर किया गया है।

2. टार्क ट्यूब ड्राइव Torque Tube Drive

इसमें जिस प्रोपैलर शाफ्ट का प्रयोग किया जाता है, वह एक आउटर केसिंग में घूमती है। इस प्रकार की प्रोपैलर शाफ्ट को घूमते हुए नहीं देखा जा सकता है। इनर शाफ्ट बॉल ज्वॉइण्ट की सहायता से गियरबॉक्स की मेन शाफ्ट के साथ जुड़ी रहती है। डिफरैन्शियल की ओर यह सीधे टेल पिनियन से जुड़ी रहती है। इसके ऊपर की केसिंग गियरबॉक्स हाउसिंग तथा दूसरी ओर डिफरैन्शियल हाउसिंग से मजबूत कसी रहती है।

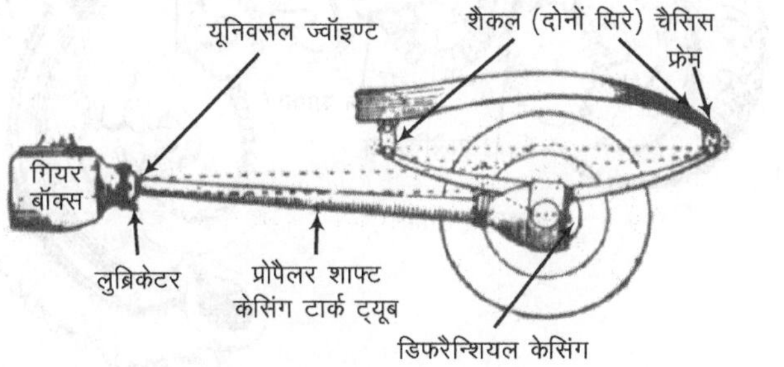

चित्र टार्क ट्यूब टाइप ड्राइव

पिछले एक्सेल केसिंग द्वारा ड्राइव, इसमें भी रॉड स्प्रिंग की सहायता से चेसिस को प्राप्त होती है, परन्तु इसमें रोड स्प्रिंग का अगला सिरा झूले की सहायता से फिट किया जाता है, जबकि पिछले सिरे को आई होल में शैकल पिन डालकर उसे फिक्स कर दिया जाता है। इस प्रकार रोड स्प्रिंग की फिटिंग होचकिस ड्राइव के बिल्कुल विपरीत होती है।

प्रोपैलर शाफ्ट बिना किसी दोष के बहुत समय तक कार्य करती है, परन्तु काफी समय बाद उसमें कुछ दोष आ जाते हैं। इनमें सबसे प्रमुख दोष यह आ जाता है कि प्रोपैलर शाफ्ट बहुत अधिक कम्पन करने लगती है तथा कभी-कभी तो पूरी मोटरगाड़ी को झंझोड़ कर रख देती है।

इसके निम्नलिखित कारण हो सकते हैं

- प्रोपैलर शाफ्ट के योक एक सीध में एक जैसे फिट न हों।
- प्रोपैलर शाफ्ट टेढ़ी हो गयी हो।
- यूनिवर्सल ज्वॉइण्ट के नीडिल रोलर घिस गये हों।
- प्रोपैलर शाफ्ट योक ढीले हो गये हों।

26.8 डिफरैन्शियल ड्राइव अथवा फाइनल ड्राइव

Differential Drive or Final Drive

इंजन की विकसित शक्ति रियर बॉक्स से प्रोपैलर शाफ्ट तथा टेल पिनियन तक एक लाइन में जाती है, जबकि रियर एक्सेल शाफ्ट इसके समकोण पर लगे होते हैं, जिनसे पिछले पहिये चलाये जाते हैं, इसलिए कोई ऐसा प्रबन्ध करना आवश्यक होता है कि इस एक सीध में आई शक्ति 90° पर बँटकर दोनों हाफ रियर एक्सेल शाफ्ट के माध्यम से पहियों को प्राप्त हो सके। इसके लिए भी डिफरैन्शियल का प्रयोग करना आवश्यक होता है। प्रोपैलर शाफ्ट तक आई शक्ति टेल पिनियन के द्वारा क्राउन व्हील को मिलती है। यहीं इस चाल का कोण परिवर्तन होता है। इसके अतिरिक्त ट्रैक्टर को ऊँची-नीची सतह पर भी चलना होता है, उस समय ऊँचाई पर चढ़कर निकलने वाले पिछले पहिये को अथवा नीचे गड्ढे में से गुजरने वाले पिछले पहिये को समतल भूमि पर चलने वाले पहिये की अपेक्षा अधिक चलना पड़ता है।

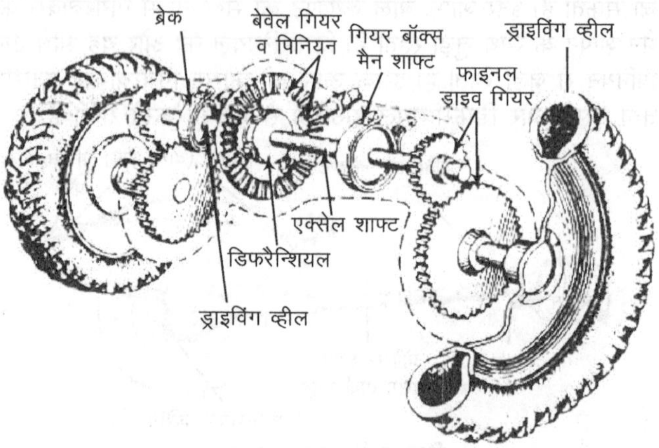

चित्र डिफरैन्शियल ड्राइव

इसी प्रकार जब ट्रैक्टर मुड़ता है, तो अन्दर वाले पहिये को कम दूरी चलनी पड़ती है तथा बाहर वाले पहिये को अधिक दूरी चलनी पड़ती है।

दोनों समय में पिछले पहियों की चाल में अन्तर पड़ने में कोई कठिनाई न हो, इसके लिए भी डिफरैन्शियल का प्रयोग किया जाता है। यदि ऊँची-नीची सतह पर चलने के लिए यह प्रबन्ध न हो, तो एक पहिया घिसटकर चलेगा, जिससे एक्सेल शाफ्ट टूटने का भय रहेगा। इसी प्रकार यदि मोड़ते समय ट्रैक्टर के पिछले पहियों की चाल में अन्तर नहीं हो सकेगा तो ट्रैक्टर मोड़ने के लिए बहुत अधिक स्थान की आवश्यकता होगी तथा अन्दर वाला पहिया घिसटकर चलेगा। इससे टायर शीघ्र घिसेगा और एक्सेल के भी टूटने का भय रहेगा।

इसलिए यह कहा जा सकता है कि "डिफरैन्शियल एक ऐसी इकाई है, जो इंजन से आई शक्ति को एकसमान 90° पर दोनों हाफ एक्सेल शाफ्टों की सहायता से पहियों तक पहुँचाने के साथ-साथ आवश्यकता पड़ने पर उनकी चाल में अन्तर डालने का कार्य करता है।"

संरचना तथा कार्य प्रणाली

Construction and Working Process

डिफरैन्शियल में निम्नलिखित मुख्य भाग होते हैं

1. क्राउन व्हील	2. टेल पिनियन (प्लेनेट)
3. सन पिनियन	4. स्टार पिनियन
5. केज	6. डिफरैन्शियल बियरिंग
7. स्पाइडर तथा	8. टेल पिनियन बियरिंग।

क्राउन व्हील डिफरैन्शियल केज के साथ एक हाउसिंग में बन्द रहता है तथा प्रोपैलर शाफ्ट से जुड़ी टेल पिनियन का पिनियन वाला भाग बियरिंग की सहायता से क्राउन व्हील के साथ हाउसिंग में उससे मिला रहता है। इसे प्राय: चक नट द्वारा टाइट किया जाता है तथा इसी के साथ एक फ्लैंज फिट रहता है, जिसके साथ यूनिवर्सल ज्वॉइण्ट की सहायता से प्रोपैलर शाफ्ट जोड़ी जाती है। टेल पिनियन फिट करने के लिए अधिकतर दो बियरिंगों का प्रयोग किया जाता है। इनको टाइट या ढीला करके बैकलैश एडजस्ट किया जाता है। क्राउन व्हील के साथ केज के अन्दर सन पिनियन तथा स्टार पिनियन बोल्ट द्वारा जुड़ी रहती हैं। केज के अन्दर दोनों सन पिनियन एक्सेल शाफ्ट को अपने अन्दर फँसा लेती हैं।

दोनों सन पिनियन का सम्बन्ध स्टार पिनियनों तथा स्पाइडर द्वारा आपस में बना रहता है। इस प्रकार जब ट्रैक्टर को चलाया जाता है, तो रियर बॉक्स द्वारा प्रोपैलर शाफ्ट, टेल पिनियन को घुमाती है। टेल पिनियन द्वारा क्राउन व्हील घूमता है।

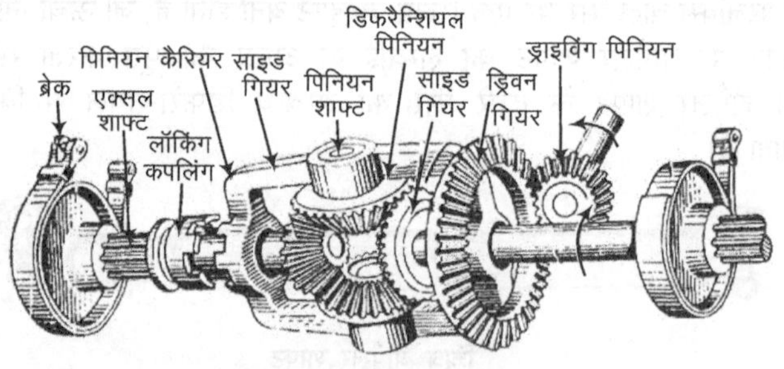

चित्र डिफरैन्शियल यूनिट

इस समय डिफरैन्शियल द्वारा दोनों पहियों को एकसमान शक्ति तथा चाल मिलती है, क्योंकि दोनों सन पिनियन समान सम्पूर्ण केज के अनुसार घूम रहे होते हैं, परन्तु जब ट्रैक्टर ऊँची-नीची सतह पर चलता है अथवा मुड़ रहा होता है, तो उस समय उसके दोनों पिछले पहियों की चाल में अन्तर आ जाता है।

मुड़ते समय अन्दर वाले पहिये की चाल जब लोड पड़ने पर कम हो जाती है, तो उसका प्रभाव उससे जुड़े सन पिनियन पर भी पड़ता है। इससे वह सन पिनियन भी अपनी चाल को कम कर देती है।

उस समय उससे लगी स्टार पिनियन, जो अब तक एक इकाई के रूप में ही घूम रही थी, वह स्वतन्त्र रूप से अपनी जगह पर स्पाइडर में ही मुक्त रूप से घूमने लगती है। इस प्रकार इस पहिये तथा सन पिनियन का सम्बन्ध दूसरी सन पिनियन से नहीं रह जाता है तथा दोनों पहिये स्वतन्त्र रूप से आवश्यक चाल पर घूमते हैं। इस समय कम चलने वाले पहिये को प्राप्त होने वाली अतिरिक्त शक्ति भी अधिक चलने वाले पहिये को प्राप्त होने लगती है, जिससे थोड़े से स्थान में शीघ्र मुड़ने की क्रिया हो जाती है।

26.9 टेल पिनियन तथा क्राउन व्हील फाइनल ड्राइव
Tail Pinion and Crown Wheel Final Drive

जैसे पूर्व में बताया गया है कि डिफरैन्शियल एक सीध में आई शक्ति को 90° पर दोनों पहियों के लिये बाँटता है। इसके लिए टेल पिनियन द्वारा क्राउन व्हील के घूमने से यह कोण परिवर्तन होता है। टेल पिनियन तथा क्राउन व्हील की फिटिंग तथा डिजाइन के कई प्रकार (types) प्रयोग किये जाते हैं। ये दोनों ट्रैक्टर में अन्तिम रूप से गियर रिडक्शन करके पहियों को फाइनल ड्राइव तक पहुँचाते हैं। इनकी चाल में प्राय: 1 : 7 का अनुपात होता है अर्थात् जब टेल पिनियन के सात चक्कर हो जाते हैं, तो क्राउन व्हील एक चक्कर घूमता है। इससे स्पष्ट होता है कि क्राउन व्हील में टेप पिनियन से सात गुना अधिक दाँते होते हैं, जिससे टार्क (torque) बढ़ जाता है।

फाइनल ड्राइव के प्रकार Types of Final Drive

टेल पिनियन तथा क्राउन व्हील की डिजाइन तथा फिटिंग के अनुसार ये फाइनल ड्राइव प्राय: तीन प्रकार की होती हैं

1. वर्म गियर टाइप फाइनल ड्राइव
Worm Gear Type Final Drive

इस प्रकार की फाइनल ड्राइव में क्राउन व्हील का प्रयोग न करके एक वर्म व्हील का प्रयोग किया जाता है। इसके साथ प्रोपैलर शाफ्ट के साथ लगा वर्म रियर पिनियन लगा होता है, जो वर्म व्हील से ठीक ऊपर या नीचे चित्र के अनुसार मिली होती है। इसमें व्हील गन मेटल या ब्रोन्ज का बना प्रयोग होता है, जिससे वह आवाज कम करता है, परन्तु फिर भी वर्म व्हील के दाँतों के टूटने का भय रहता है। वर्म रियर पिनियन का ऊपर या नीचे लगाया जाना प्रोपैलर शाफ्ट तथा डिफरैन्शियल के कोण पर निर्भर करता है।

2. बेवेल गियर टाइप फाइनल ड्राइव
Bevel Gear Type Final Drive

प्रारम्भ में इस प्रकार की फाइनल ड्राइव में सीधे दाँते (straight teeth), कटे क्राउन व्हील तथा टेल पिनियन का प्रयोग किया गया, परन्तु बाद में सीधे दाँतों के अतिरिक्त इनमें तिरछे (helical) दाँतों का प्रयोग भी होने लगा। इस प्रकार इसमें आवाज भी कम होती है, परन्तु इसमें दो या तीन दाँते ही एक-दूसरे की पकड़ कर पाते हैं, जिससे उनकी पकड़ मजबूत नहीं होती है, साथ ही केवल क्राउन व्हील ही नहीं घिसता, उसके साथ टेल पिनियन भी उसी के अनुरूप घिसती है, क्योंकि दोनों ही एकसमान धातु के बने होते हैं।

3. हाइपॉइड टाइप फाइनल ड्राइव
Hypoid Type Final Drive

इसमें क्राउन व्हील तथा टेल पिनियन का प्रयोग होता है, जिन पर तिरछे दाँते (helical teeth) बने होते हैं। इसकी सबसे बड़ी विशेषता यह है कि इसमें प्रोपैलर शाफ्ट को काफी नीचे भी लगाया जा सकता है, क्योंकि टेल पिनियन क्राउन व्हील के सेन्टर से नीचे ही फिट की जाती है।

इसके अतिरिक्त इसमें तीन दाँते तो एक-दूसरे के साथ पूरी तरह फँस जाते हैं तथा दो दाँते आधी-आधी पकड़ करते हैं। इस प्रकार इसमें टेल पिनियन तथा क्राउन व्हील की बहुत मजबूत पकड़ हो जाती है। इससे दाँतों के टूटने की कम सम्भावना रहती है। कुछ डिफरैन्शियलों में टेल पिनियन तथा क्राउन व्हील पर डबल हैलीकल रियर दाँतों का भी प्रयोग किया जाता है।

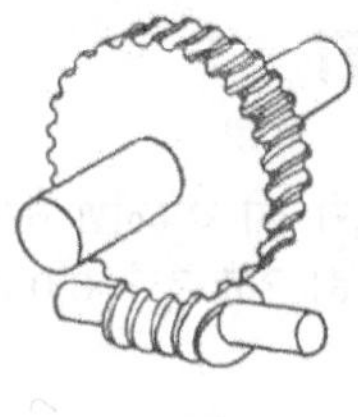

चित्र वर्म गियर टाइप फाइनल ड्राइव

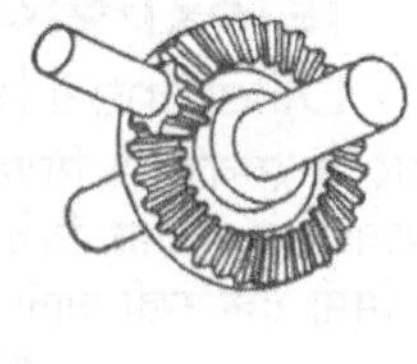

चित्र बेवेल गियर टाइप फाइनल ड्राइव

चित्र हाइपॉइड टाइप फाइनल ड्राइव

26.10 रिडक्शन गियर Reduction Gear

सामान्य रूप से टेल पिनियन तथा क्राउन व्हील के माध्यम से गियर रिडक्शन हो जाता है, परन्तु ट्रैक्टरों को भारी कार्य करते समय और अधिक शक्ति (torque) की आवश्यकता होती है।

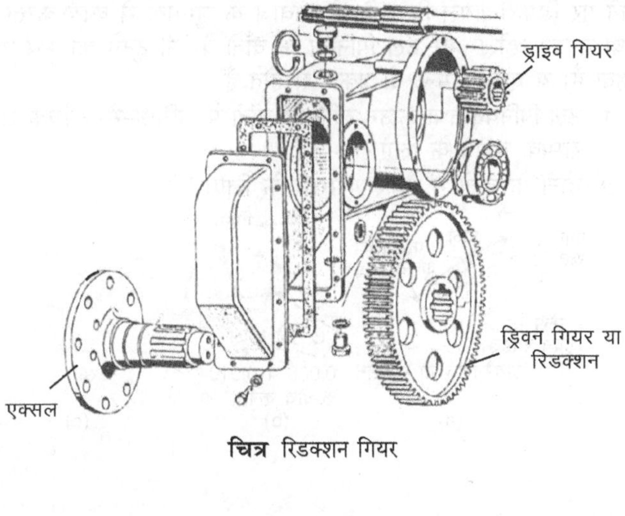

चित्र रिडक्शन गियर

इसके लिए रियर एक्सेल के बाहरी सिरे पर एक छोटे गियर का प्रयोग करके एक दूसरे बड़े गियर को घुमाया जाता है जैसा कि चित्र में दिखाया गया है। इस बड़े गियर के साथ ही पिछला पहिया जोड़ा जाता है।

रिडक्शन गियर असेम्बली में हाउसिंग, एक्सेल शाफ्ट, रिडक्शन गियर 16 दाँतों तथा 71 दाँतों वाला तथा ड्राइविंग व्हील मुख्य भाग होते हैं। यह सम्पूर्ण असेम्बली एक अलग हाउसिंग में फिट की जाती है। इसमें लुब्रीकेशन की व्यवस्था भी रहती है। रिडक्शन गियर से ट्रैक्टर की खींचने की शक्ति तो बढ़ ही जाती है इसके अतिरिक्त ईंख जैसी फसल जो बड़ी हो गई हो, को भी सरलता से जोतने के लिए इस असेम्बली की हाउसिंग को उल्टा फिट करके ग्राउण्ड क्लीयरैन्स बढ़ाया जा सकता है। जिन ट्रैक्टरों में रिडक्शन गियर का प्रयोग किया जाता है, उनकी ब्रेक असेम्बली एक्सेल ट्यूब के अन्दर ही एक्सटर्नल कॉन्ट्रैक्टिंग टाइप की प्रयोग की जाती है।

26.11 डिफरैन्शियल बैकलैश
Differential Backlash

एक-दूसरे से सम्बद्ध दो गियरों के बीच की दूरी को बैकलैश कहते हैं। डिफरैन्शियल में इसका विशेष महत्त्व होता है। यह दूरी 0.0015 से 0.0040 मिमी तक रखी जाती है।

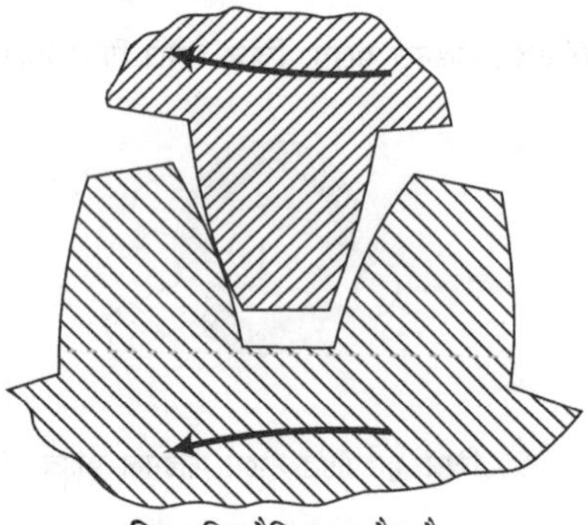

चित्र डिफरैन्शियल बैकलैश

26.12 डिफरैन्शियल एडजस्टमेन्ट
Differential Adjustment

ट्रैक्टरों में डिफरैन्शियल एडजस्टमेन्ट एक महत्त्वपूर्ण कार्य है। इसके सही होने पर डिफरैन्शियल बिना किसी आवाज के सुगमता से कार्य करता है तथा क्राउन व्हील और टेल पिनियन के दाँतों के भी टूटने का भय नहीं रहता है। ये एडजस्टमेन्ट दो प्रकार से होते हैं

1. टेल पिनियन तथा क्राउन व्हील के दाँतों में अधिक-से-अधिक सही सम्पर्क बनाने के लिए।
2. दोनों के दाँतों में बैकलैश रखने के लिए।

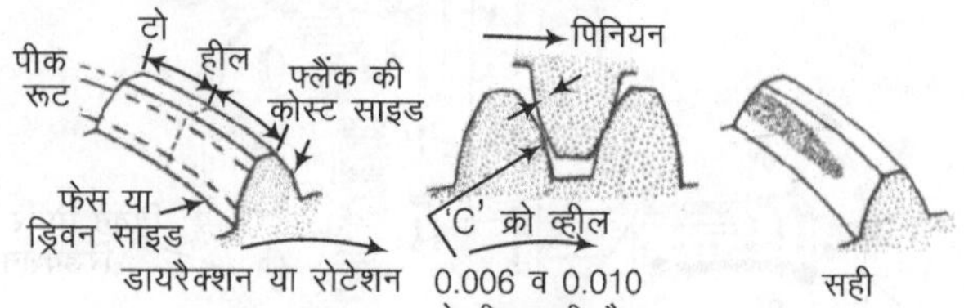

चित्र डिफरैन्शियल दाँते कॉन्टैक्ट

टेल पिनियन तथा क्राउन व्हील के दाँतों की पिच का अधिक-से-अधिक सम्पर्क होना आवश्यक होता है। इसके साथ ही उसमें 0.15 मिमी से 0.18 मिमी तक बैकलैश भी होना चाहिए। पिच कॉन्टैक्ट सही एडजस्ट करने के लिए क्राउन व्हील के तीन दाँतों को रैड लैड पेस्ट या इंजीनियरिंग ब्लू का लेप लगाकर क्राउन व्हील को घुमाएँ तथा टेल पिनियन पर उसका रंग देखकर टीथ कॉन्टैक्ट को सही करें।

यदि रूट कॉन्टैक्ट (root contact) सही नहीं है, तो पिनियन को क्राउन व्हील की ओर से खिसकाएं। यदि दो कॉन्टैक्ट (two contact) सही नहीं है, तो टेल पिनियन को क्राउन व्हील से दूर खिसकाएँ। यदि पीक कॉन्टैक्ट सही नहीं है, तो टेल पिनियन की ओर खिसकाएँ। यदि व्हील कॉन्टैक्ट सही नहीं है, तो क्राउन व्हील को टेल पिनियन की ओर खिसकाएँ। बैकलैश एडजस्ट करने के लिए डायल गेज का प्रयोग किया जाता है। इसके लिए डिफरैन्शियल हाउसिंग कवर खोलकर डायल गेज प्वॉइण्टर की क्राउन व्हील का एक दाँता लगाएँ।

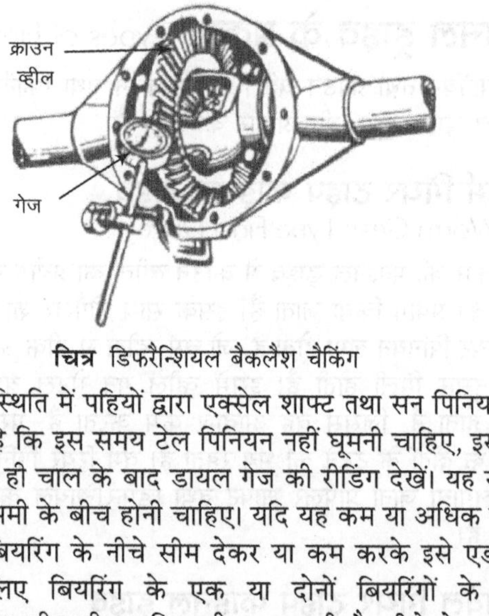

चित्र डिफरैन्शियल बैकलैश चैकिंग

प्वॉइण्टर लगी स्थिति में पहियों द्वारा एक्सेल शाफ्ट तथा सन पिनियन को घुमाएँ। ध्यान रहे कि इस समय टेल पिनियन नहीं घूमनी चाहिए, इसलिए पहिये की थोड़ी ही चाल के बाद डायल गेज की रीडिंग देखें। यह रीडिंग 0.15 से 0.18 मिमी के बीच होनी चाहिए। यदि यह कम या अधिक है, तो डिफरैन्शियल बियरिंग के नीचे सीम देकर या कम करके इसे एडजस्ट करें। इसके लिए बियरिंग के एक या दोनों बियरिंगों के नीचे आवश्यकतानुसार सीम दी या निकाली जा सकती है। पीछे के एक्सेल तथा डिफरैन्शियल में बहुत दिनों तक कोई विशेष खराबी नहीं आती है, जबकि इंजन समय-समय बार ओवरहॉल भी हो जाता है।

26.13 डिफरैन्शियल लॉक Differential Lock

ट्रैक्टर को खेतों में सामान्य रूप से प्रयोग करते समय इसका प्रयोग नहीं किया जाता है। जब बड़े फार्मों में सीधा ट्रैक्टर चलाना हो तथा पिछले दोनों पहियों में अन्तर डालने की आवश्यकता न हो, तो डिफरैन्शियल लॉक का प्रयोग किया जाता है।

डिफरैन्शियल लॉक करने के लिए एक मोटी पिन द्वारा सन पिनियनों को केज के साथ जोड़ दिया जाता है। ऐसी स्थिति में ट्रैक्टर के पिछले किसी एक पहिये के फँसने का भय नहीं रहता है, दूसरा पहिया सीधा चलकर उस पहिये को भी चला या निकाल देता है।

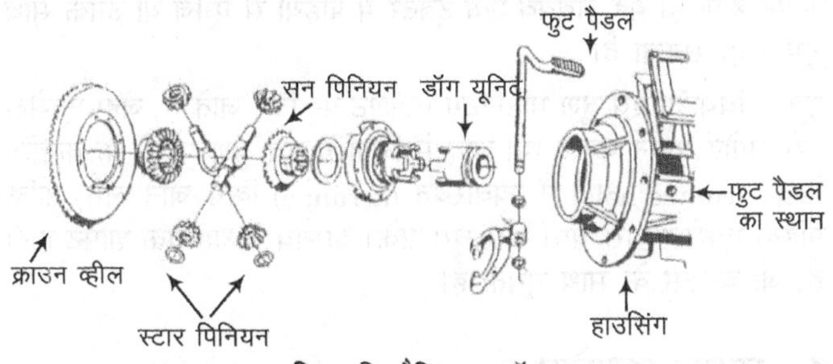

चित्र डिफरैन्शियल लॉक

डिफरैन्शियल लॉक का प्रयोग करते समय यह ध्यान रखना चाहिये कि छोटा मोड़ न मोड़ें अन्यथा एक्सेल शाफ्ट के टूटने की आशंका रहेगी। ट्रैक्टर को सामान्य स्थिति में चलाने से पूर्व डिफरैन्शियल लॉक खोल देना चाहिए।

26.14 पावर टेक ऑफ शाफ्ट Power Take Off Shaft

ट्रैक्टर द्वारा इम्प्लीमेन्ट्स के अतिरिक्त अन्य कई प्रकार की मशीनें भी चलाई जा सकती हैं। इन मशीनों को चलाने के लिए विशेष प्रकार का 'पुली' एटैचमेन्ट पी.टी.ओ. शाफ्ट पर लगाई जाती है। पी.टी.ओ. शाफ्ट ट्रैक्टर के पीछे या गियर बॉक्स के एक ओर निकली रहती है। इसका सम्बन्ध गियर बॉक्स से रहता है। इस शाफ्ट पर लम्बे खाँचे कटे होते हैं, जिन्हें स्प्लाइन्स (splines) कहते हैं। जिस पर पुली एटैचमेन्ट फिट किया जाता है। किसान इसका उपयोग निम्न प्रकार से करते हैं

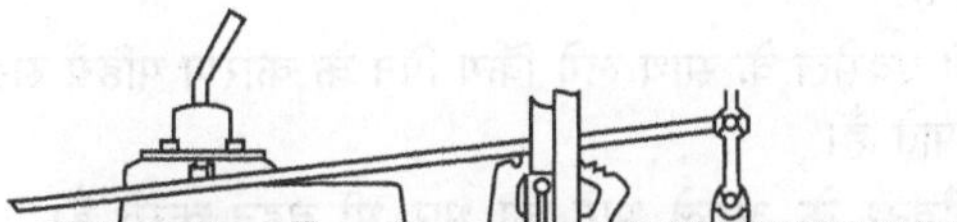

चित्र पी.टी.ओ. शाफ्ट

1. बैल्ट पुली का प्रयोग—ट्यूब-वेल से पानी निकालना (सेन्ट्रीफ्यूगल पम्प चलाकर)
2. कुट्टी की मशीन—चैफ कटर (Cheff cutter) (पशुओं के लिए चारा काटकर)
3. छोटा क्रैशर—कोल्हू चलाकर
4. थ्रैशर—गेहूँ निकालने की मशीन
5. जेनरेटर—बिजली बनाने की मशीन

पी.टी.ओ. शाफ्ट से बैल्ट (belt) के अतिरिक्त 'कपलिंग' (Coupling) करके भी निम्न कार्य लिया जाता है

1. सीड ड्रिल—सीड कम फर्टीलाइजर ड्रिल
2. पुल्ड कम्बाइन (Pulled combine)
3. सॉ (Saw)—पेड़ काटने की मशीन
4. ड्रिलिंग (Drilling)—(i) ट्यूब-वेल लगाने हेतु बोरिंग करने के लिए।
   (ii) पहाड़ तोड़ने के लिए बारुद लगाने हेतु।

ट्रैक्टर की पी.टी.ओ. शाफ्ट का प्रयोग ट्रैक्टर की स्थिर अवस्था (इंजन चलते हुए) तथा चलायमान अवस्था दोनों में किया जाता है। पी.टी.ओ. से कार्य लेने हेतु शाफ्ट को निम्न तीन प्रकार से चाल (Drive) दी जाती है

1. कन्टीन्युअस ड्राइव Continuous Drive

इस पी.टी.ओ. पुली का प्रयोग ट्रैक्टरों में वर्ष 1900 के आस-पास आरम्भ हुआ था। पी.टी.ओ. को क्रैंक से सीधे ड्राइव दी जाती थी।

इंजन स्टार्ट होते ही पुली भी चलने लगती थी। इससे कार्य करते समय इंजन की स्पीड से ही इसके आर.पी.एम. (चक्कर) घटाये बढ़ाये जाते थे।

यह इंजन और गियर के बीच में दाहिनी ओर फिट की जाती थी।

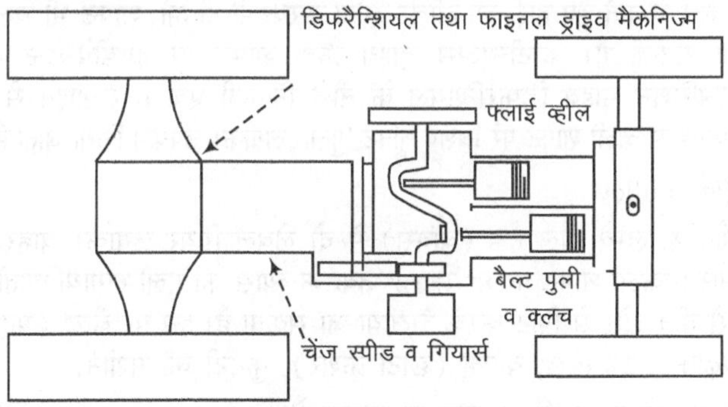

चित्र कन्टीन्युअस ड्राइव

2. इण्डीपेन्डेन्ट ड्राइव Independent Drive

कन्टीन्युअस ड्राइव की कठिनाइयों को समाप्त करने के लिए एक अलग गियर का प्रयोग करके कार्य करने के लिए एंगेज लीवर से सम्बन्ध बनाया गया।

साधारणतया: इस गियर को पावर, ट्रांसमिशन से मिलती है। क्लच पैडल दबाकर पी.टी.ओ. एंगेज लीवर को ऑन करके पी.टी.ओ. को चलाते हैं तथा कार्य स्थिति पर डिसएंगेज कर देते हैं। यह लीवर ट्रैक्टर निर्माता अलग-अलग दिशाओं में देते हैं। कुछ ट्रैक्टरों में पी.टी.ओ. शाफ्ट से ही हाइड्रॉलिक सिस्टम चलाया जाता है।

3. संचरण ड्राइव Transmission Drive

कन्टीन्युअस ड्राइव व इण्डीपेन्डेन्ट ड्राइव में पुली को ड्राइव इंजन की स्पीड से मिलती है। लोड के अनुसार कभी-कभी परेशानी हो जाती है। इसमें ईंधन अधिक खर्च होता है। इस समस्या को दूर करने के लिए कुछ बड़ी कम्पनियों ; जैसे– मैसी-फर्ग्यूसन, एच.एम.टी., जीटर आदि ने यह कमी पी.टी.ओ. को ट्रांसमिशन से एंगेज करके दूर की है।

ट्रांसमिशन सिस्टम में हाई और लो गियर लीवर होता है। पी.टी.ओ. के लिए एंगेज लीवर होता है और यह ड्राइवर सीट के नीचे व दाहिनी ओर होता है। पी.टी.ओ. चलाने के लिए गियर एंगेज करके हाई और लो लीवर को न्यूट्रल कर देते हैं, व मेन गियर लीवर को कार्य के अनुसार एक, दो या तीन गियर में डालकर पी.टी.ओ. को स्पीड देकर घुमाते हैं (ट्रैक्टर के खड़े रहने की स्थिति में)।

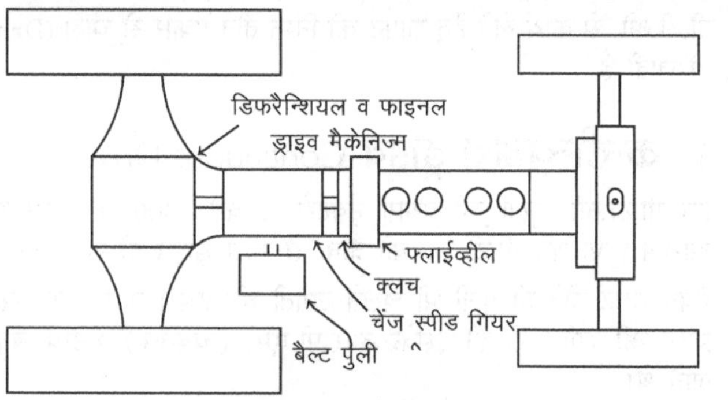

चित्र संचरण ड्राइव

ट्रैक्टर चलाते हुए हाई-लो लीवर एंगेज करके पी.टी.ओ. शाफ्ट भी चलायी जा सकती है। कन्टीन्युअस ड्राइव क्रैंक शाफ्ट पर इण्डीपेन्डेन्ट और ट्रांसमिशन ड्राइव डिफरैन्शियल के नीचे निकली एक 6 स्प्लाइन से 12 स्प्लाइन्स वाली शाफ्ट पर विशेष यूनिट 'पुली' लगाकर उपयोग किया जाता है।

पुली Pulley

चौकोर, लम्बे गोल हैड (बॉक्स) में दो लेवल गियर लगाकर बाहर की ओर निकली शाफ्ट पर 8" से 12" तक के व्यास की पुली लगायी जाती है। इसे तीन ओर से फिट करके चलाया जा सकता है। इस पर बैल्ट (पट्टा) चढ़ाकर, ट्यूबवेल, कोल्हू (छोटा क्रैशर), कुट्टी की मशीन, थ्रैशर, सोरटर आदि चलाया जा सकता है।

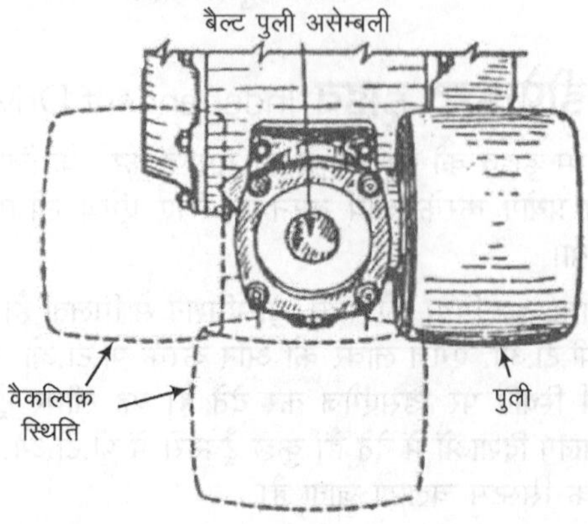

चित्र पुली

26.15 एक्सेल Axle

एक्सेल को ट्रैक्टर का आधार इनकी विशिष्ट भूमिका के कारण कहा जा सकता है। एक्सेल वास्तव में एक घूमते पहिये या गियर हेतु एक केन्द्रीय शाफ्ट होती है। यह अवयव एक ट्रैक्टर में पहियों से एंगेज या उनके साथ घूमता हो सकता है।

पूर्व में बियरिंग एवं बुश माउण्टिंग प्वॉइण्ट पर दिये जाते थे, जहाँ एक्सेल उसे सपोर्ट प्रदान करता था। बाद में बियरिंग एवं बुश पहिये के केन्द्रीय छिद्र (centre hole) में व्यवस्थित (arrange) किये जाने लगे, ताकि पहिया एक्सेल द्वारा चारों ओर घूम सके। वास्तव में यह एक शाफ्ट होती है, जो व्हील्स के साथ घूमती है।

1. फ्रण्ट एक्सेल Front Axle

चार पहिये वाले वाहनों या ट्रैक्टरों के अगले पहियों को आवश्यकता पड़ने पर बिना स्लिप के मोड़ने के लिए तथा ट्रैक्टरों को नियन्त्रित (control) करने के लिए स्टीयरिंग का प्रयोग किया जाता है। स्टीयरिंग के बहुत-से भाग आगे के एक्सेल से जोड़े जाते हैं। आगे के एक्सेल तथा स्टीयरिंग एक-दूसरे से सीधे सम्बन्ध रखते हैं।

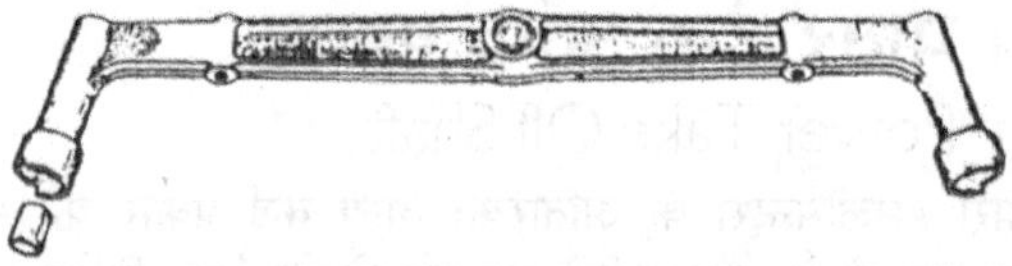

चित्र ट्रैक्टर का फ्रण्ट एक्सेल

कार्य Functions

(i) अगले पहियों को एक्सेल साथ जोड़ा जाता है।
(ii) 4 ×4 वाले ड्राइव में पहियों में शक्ति इन्हीं एक्सेलों के द्वारा दी जाती है।
(iii) अगले एक्सेल के साथ लगे किंग पिन के कारण पहिये सरलता से मुड़ पाते हैं।
(iv) यह ट्रैक्टर के अगले भाग का भार भी वहन करते हैं।

फ्रण्ट एक्सेल के भाग Parts of Front Axle

स्प्रिंग आधार पर रॉड स्प्रिंग को एक सेट बोल्ट तथा दो 'U' बोल्ट द्वारा कसा जाता है। इस रॉड स्प्रिंग द्वारा ही चेसिस को मिली ड्राइव अगले पहियों को चलाने के लिए स्थानान्तरित होती है, जिससे स्टब एक्सेल पर लगे पहिये चलते हैं।

कुछ ट्रैक्टरों में 'I' सेक्शन बीम के स्थान पर ट्यूबलर बीम का प्रयोग किया जाता है। यह बीम भी अच्छे स्टील को प्रेस करके ट्यूब के रूप में पर्याप्त मजबूत बनायी जाती है।

एक्सेल बीम किसी भी प्रकार की हो, उसके दोनों किनारों पर स्टब एक्सेल जोड़ने के लिए योक बनाया जाता है। स्टब एक्सेल पर ही हब की सहायता से पहिये फिट किये जाते हैं। यह एक टेपर एक्सेल होता है, जिसके किनारे पर हब कसने के लिए चूड़ी कटी होती हैं। इन चूड़ियों पर चक नट या कैसिल नट कसकर हब को कसा जाता है।

फ्रण्ट एक्सेल में उपरोक्त दो भागों के साथ निम्नलिखित भाग होते हैं

(i) एक्सेल बीम, (ii) स्टेब एक्सेल,
(iii) एक्सेल बीम योक, (iv) किंग पिन,
(v) गन मेटल बुश, (vi) टेपर रोलर बियरिंग एवं
(vii) थर्स्ट वाशर या पैड।

एक्सेल बीम पर जुड़ने वाले स्टब एक्सेल पर दो टेपर रोलर बियरिंग, जिनमें एक छोटा तथा एक बड़ा होता है, की सहायता से फ्रण्ट व्हील हब को फिट किया जाता है। इस हब को स्टब एक्सेल पर कसने के लिए चक नट या कैसिल नट को इस प्रकार कसा जाता है कि व्हील हब अपने स्थान पर आसानी से घूम सके, उसमें अधिक प्ले न रहे तथा वह आवाज भी न करे। व्हील हब में 0.001 मिमी प्ले रहनी चाहिये।

सही प्ले एडजस्ट करने के बाद चक नट को पूरा टाइट करना चाहिये। कैसिल नट का प्रयोग जहाँ किये जाए, वहाँ उसे सही टाइट करने के बाद इसे लॉक करने के लिए स्प्लिट पिन को उसके खाँचे में आर-पार फँसाना चाहिये।

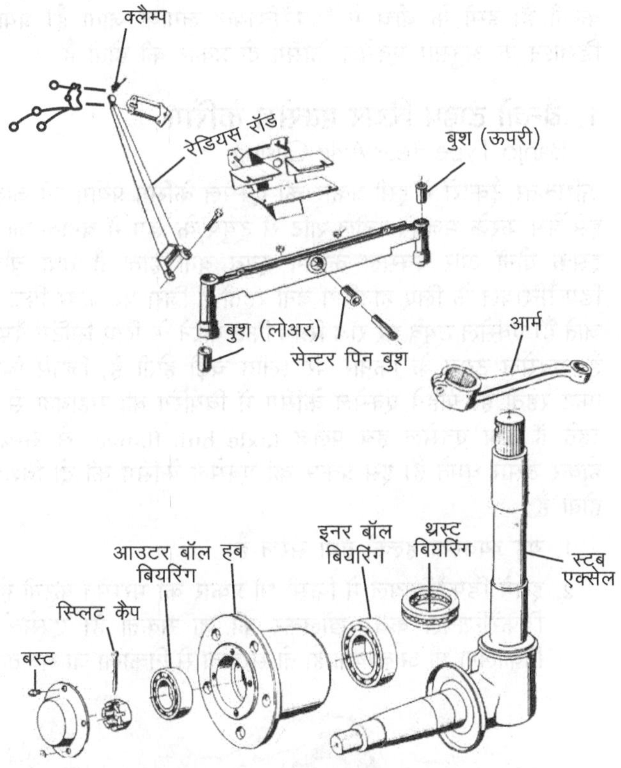

चित्र ट्रैक्टर फ्रण्ट एक्सेल के भाग

सामान्य प्रकार General Types

एक्सेल दो प्रकार के होते हैं

(i) डैड फ्रण्ट एक्सेल Dead Front Axle

डैड एक्सेल वाले ट्रैक्टरों में अगले पहियों को इंजन द्वारा विकसित शक्ति नहीं पहुँचाई जाती है जैसा कि पिछले पहियों के लिए व्यवस्था की जाती है। फ्रण्ट एक्सेल के साथ आगे पहियों के द्वारा ही ट्रैक्टर को रोकने में सहायता मिलती है।

ये पहिये ट्रैक्टर का बोझ उठाने में सहायता करते हैं। ट्रैक्टर को स्टीयरिंग द्वारा अगले पहियों की सहायता से मोड़ा भी जाता है। फ्रण्ट एक्सेल वास्तव में दो भागों में बना होता है—एक्सेल बीम (axle beam) तथा स्टब एक्सेल (stub axle)। ट्रैक्टर का वास्तविक भार एक्सेल बीम पर ही रहता है।

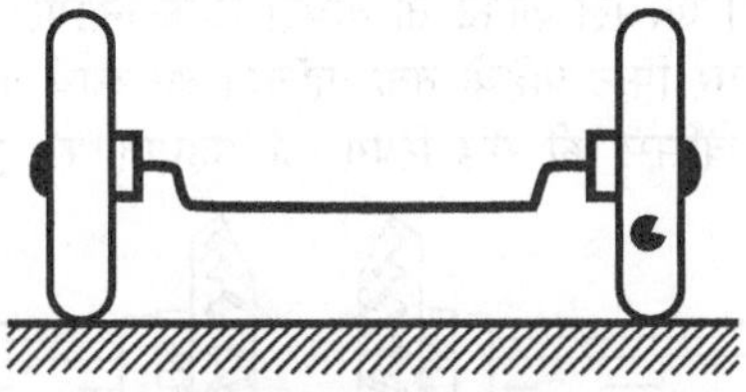

चित्र डैड फ्रण्ट एक्सेल

इस कारण एक्सेल बीम का पर्याप्त मजबूत होना आवश्यक होता है। इसे अच्छे स्टील को फोर्ज करके बनाया जाता है। यह एक्सेल बीम I सेक्शन बीम के रूप में होती है। इसी पर रॉड स्प्रिंग के आधार के लिए स्थान बना होता है।

लाभ Advantages

(i) ये बनावट में आसान होते हैं।
(ii) इनमें लागत कम आती है।
(iii) इनकी मरम्मत सरलता से व कम समय में की जा सकती है।
(iv) इनकी देख-रेख (maintenance) का व्यय कम आता है।

हानियाँ Disadvantages

इससे ट्रैक्टर का भार बढ़ जाता है।

(ii) लाइव फ्रण्ट एक्सेल Live Front Axle

जिन ट्रैक्टरों को अधिकतर कच्ची तथा ऊँची-नीची गड्ढेदार सड़कों पर चलना होता है अथवा जिनका प्रयोग पहाड़ी आदि स्थानों में होता है, उनमें पिछले पहियों के समान अगले पहियों को भी इंजन की विकसित शक्ति से ड्राइव दी जाती है। इनकी विशेषता यह होती है कि यदि पिछले पहिये कच्ची या दलदल वाली जगह पर फँस जाए, तो अगले पहियों द्वारा उन्हें उस स्थान से निकाला जा सकता है।

इसके अतिरिक्त चढ़ाई पर अगले पहियों को शक्ति पहुँचाकर ट्रैक्टर की खिंचाव (pulling) शक्ति बढ़ जाती है। इस प्रकार के फ्रण्ट एक्सेल भी पिछले पहियों के समान एक्सेल केसिंग में फिट किये जाते हैं। एक्सेल केसिंग में पीछे का एक्सेल केसिंग की तरह बीच में शक्ति बाँटने के लिये डिफरैन्शियल प्रयोग किया जाता है। इस प्रकार के फ्रण्ट एक्सेल के लिए गियर बॉक्स के साथ एक विशेष प्रकार का गियर बॉक्स प्रयोग किया जाता है, जिसे ट्रांसफर केस कहते हैं।

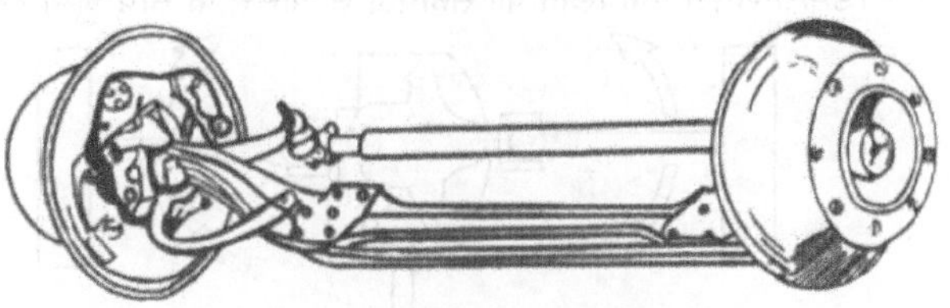

चित्र लाइव फ्रण्ट एक्सेल

2. रियर एक्सेल Rear Axle

अधिकतर ट्रैक्टरों में केवल पिछले (rear) पहियों को ही इंजन द्वारा विकसित शक्ति से चलाया जाता है। यह शक्ति डिफरैन्शियल द्वारा उन्हें समकोण (right angle) पर प्राप्त होती है। वास्तव में पिछले एक्सेल का मुख्य भाग केसिंग होता है। एक्सेल शाफ्ट तो केवल डिफरैन्शियल से मिली शक्ति को उनके किनारों पर फिट पहियों तक पहुँचाने का कार्य करते हैं, जिनके द्वारा पहिये घूमकर चेसिस की रॉड स्प्रिंग की सहायता से ड्राइव देते हैं।

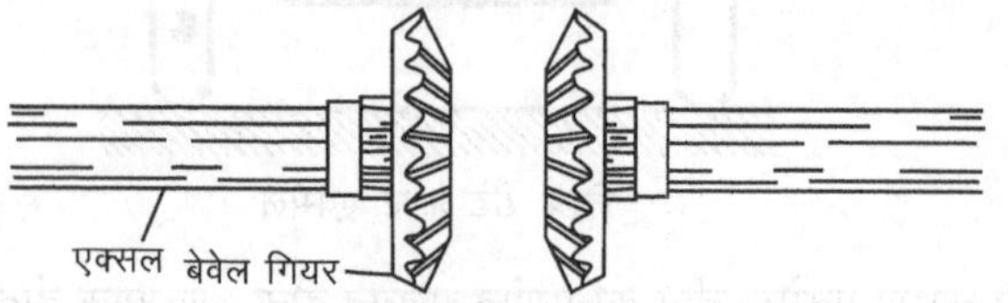

चित्र रियर एक्सेल

प्रकार Types

रियर एक्सेलों को दो भागों में बाँटा जा सकता है

(i) **डैड रियर एक्सेल** Dead Rear Axle

इस प्रकार के एक्सेलों को इंजन की शक्ति द्वारा नहीं चलाया जाता है। इनका प्रयोग ट्रेलर में अथवा उन ट्रैक्टरों में किया जाता है, जिनमें इंजन द्वारा केवल अगले पहियों को ही शक्ति दी जाती है।

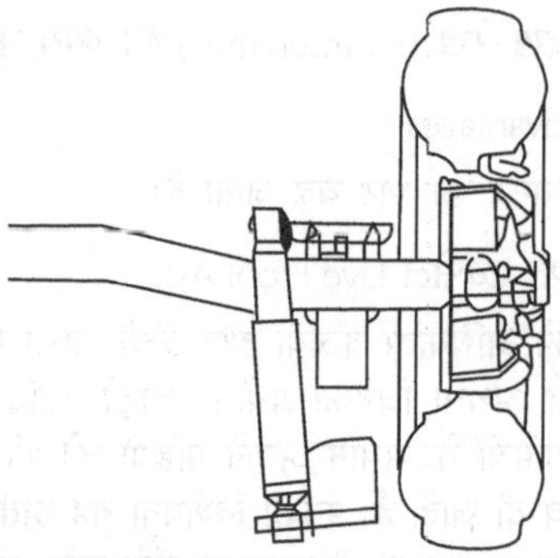

चित्र डैड रियर एक्सेल व्यवस्था

(ii) **लाइव रियर एक्सेल** Live Rear Axle

इस प्रकार के एक्सेलों को इंजन की शक्ति रियर बॉक्स व डिफरैन्शियल द्वारा देने की व्यवस्था की जाती है। सामान्य रूप से इसका प्रयोग सभी ट्रैक्टरों में किया जाता है। ये दो प्रकार के होते हैं

(a) **फ्लेक्सिबल एक्सेल शाफ्ट** (Flexible Axle Shaft) इस प्रकार की व्यवस्था में इण्डीपेन्डेन्ट सस्पैन्शन का प्रयोग किया जाता है। एक्सेल शाफ्टों को यूनिवर्सल ज्वॉइण्टों द्वारा डिफरैन्शियल से जोड़ा जाता है। डिफरैन्शियल एक स्प्रिंग की सहायता से चेसिस के साथ जुड़ा रहता है।

चित्र फ्लेक्सिबल रियर एक्सेल

(b) **रिजिड रियर एक्सेल** (Rigid Rear Axle) इसमें एक्सेल शाफ्ट के अन्दर वाले सिरे पर स्प्लाइन कटे होते हैं, उनकी सहायता से यह डिफरैन्शियल से जोड़े जाते हैं। इनके बाहर के सिरे पर पहिये फिट रहते हैं। इनके ऊपर एक्सेल केसिंग का भी प्रयोग किया जाता है।

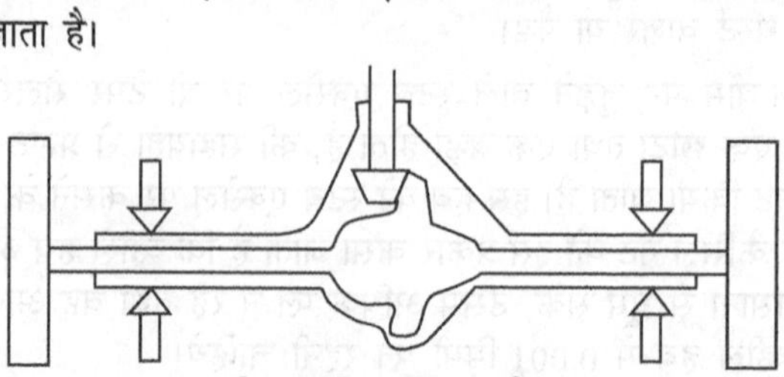

चित्र रिजिड रियर एक्सेल

एक्सेल केसिंग Axle Casing

ये एक्सेल जिस केसिंग में घूमते हैं, वही ट्रैक्टर का अधिकतम भार सहन करती हैं। इसी के बीच में डिफरैन्शियल लगाया जाता है। प्रयोग व डिजाइन के अनुसार एक्सेल केसिंग दो प्रकार की होती हैं

1. बैन्जो टाइप रियर एक्सेल केसिंग Banjo Type Rear Axle Casing

अधिकतर ट्रैक्टरों में इसी प्रकार की एक्सेल केसिंग प्रयोग की जाती है। इसे प्रेस करके मजबूत स्टील शीट से ट्यूब के रूप में बनाया जाता है। इसके दोनों ओर एक्सेल केसिंग ट्यूब बनी होती है तथा बीच में डिफरैन्शियल के लिए हाउसिंग बनी रहती है जिस पर कवर फिट किये जाते हैं। एक्सेल ट्यूब पर रॉड स्प्रिंग फिट करने के लिए सिटिंग पैड होते हैं। एक्सेल ट्यूब के किनारे पर स्लीव चढ़ी होती है, जिनमें बियरिंग फिट रहती है। पहिये एक्सेल केसिंग में बियरिंग की सहायता से फिट रहते हैं तथा एक्सेल हब फ्लैंज (axle hub flange) से सम्बन्धित होकर उसमें घूमते हैं। इस प्रकार की एक्सेल केसिंग की दो विशेषताएँ होती हैं

1. यह व्यवस्था हल्की तथा सरल है।
2. इसमें डिफरैन्शियल में किसी भी प्रकार की मरम्मत करनी हो, तो डिफरैन्शियल कवर खोलकर की जा सकती है। एक्सेलों को निकालना भी आवश्यक हो तो सरलता से निकाला जा सकता है।

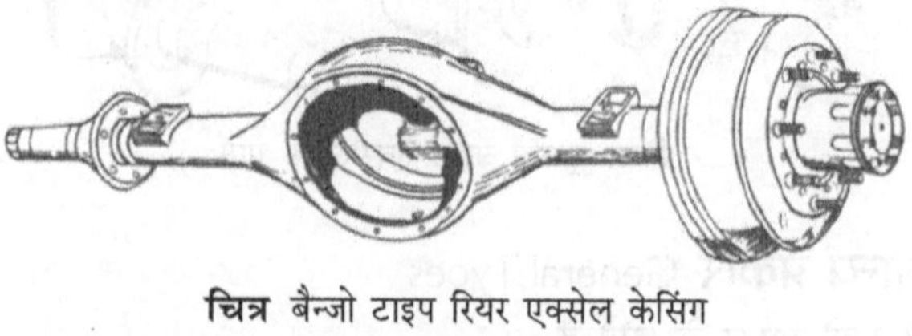

चित्र बैन्जो टाइप रियर एक्सेल केसिंग

2. स्प्लिट टाइप रियर एक्सेल केसिंग Split Type Rear Axle Casing

इस प्रकार की एक्सेल केसिंग में सम्पूर्ण केसिंग दो भागों में बनी होती है। एक्सेल ट्यूब के एक किनारे पर हब फ्लैंज बना रहता है तथा दूसरे पर हाफ डिफरैन्शियल हाउसिंग बनी होती है। दोनों हाफ डिफरैन्शियल

हाउसिंग के बीच में डिफरैन्शियल फिट किया जाता है तथा हाउसिंग को नट-बोल्टों द्वारा जोड़ दिया जाता है। आजकल इसका प्रयोग नहीं किया जाता है। यह बहुत भारी केसिंग होती है तथा इसमें सबसे बड़ी असुविधा यह रहती है कि यदि इसके डिफरैन्शियल की मरम्मत करनी हो तो एक्सेल केसिंग को ही ट्रैक्टर से अलग करना आवश्यक होता है। इससे काम बढ़ जाता है तथा समय नष्ट होता है।

चित्र स्प्लिट टाइप रियर एक्सेल केसिंग

26.16 ड्राइव सम्बन्धी दोषोपचार
Drives Related Troubleshooting

ट्रैक्टर मूलतया विविध अवयवों एवं यन्त्रावलियों (mechanisms) का एक समग्र संयोजन होता है। अत: ट्रैक्टर के निर्माण से लेकर उसके प्रचालन तक के कार्य में विभिन्न दोष उत्पन्न होते हैं। अत: प्रशिक्षुओं के लिए यह आवश्यक हो जाता है कि वे उन दोषों तथा उनके निवारण से भी अवगत हो लें।

क्र. सं.	कारण	उपचार
I. एक्सेल में आवाज		
1.	पर्याप्त स्नेहन (lubrication) न होना।	बियरिंगों का स्नेहन ठीक से करें।
2.	उचित ग्रेड का स्नेहन (lubrication) न होना।	उचित ग्रेड का स्नेहक उपयोग करें।
3.	एक्सेल में धूल-मिट्टी होना।	एक्सेल को समय-समय पर साफ करें।
4.	ट्रैक्टर पर क्षमता से अधिक भार हो जाना।	ट्रैक्टर पर क्षमता के अनुसार ही भार डालें।
5.	बदले हुए भाग दोषपूर्ण होना।	भागों को परीक्षण के बाद ही फिट करें।
II. रियर एक्सेल में आवाज		
1.	टेल पिनियन तथा डिफरैन्शियल बियरिंगों का खराब होना।	बियरिंगों की जाँच करके उन्हें ठीक करें या बदलें।
2.	टेल पिनियन तथा क्राउन व्हील में बैकलैश का कम होना।	बैकलैश सही एडजस्ट करें।
3.	व्हील बियरिंग खराब है।	व्हील बियरिंग बदलें।
4.	डिफरैन्शियल में तेल नहीं है।	डिफरैन्शियल में उचित सतह तक तेल डालें।
III. डिफरैन्शियल कार्य नहीं करता है		
1.	प्रोपैलर शाफ्ट स्प्लाइन भाग की वेल्डिंग का खुल जाना।	सही वेल्डिंग कराएँ।
2.	प्रोपैलर शाफ्ट फ्लैंज का जोड़ खुल जाना।	सही वेल्डिंग कराएँ।
3.	एक्सेल शाफ्ट का टूटा होना।	एक्सेल शाफ्ट बदलें।
4.	टेल पिनियन फ्लैंज का स्लिप करना।	टेल पिनियन फ्लैंज की चाबी (key) टाइट फिट करें।
5.	टेल पिनियन तथा क्राउन व्हील के दाँतों का टूटा होना।	जाँच करके बदलें।
6.	सन पिनियन 'की' तथा एक्सेल 'की' स्प्लाइन का घिस जाना।	थर्स्ट वाशर के प्रयोग से दोनों को टाइट करें।
7.	स्टार पिनियन का फ्री हो जाना।	स्टार पिनियन सही फिट करें।
IV. डिफरैन्शियल आवाज करता है		
1.	डिफरैन्शियल हाउसिंग में तेल कम है।	तेल उचित सतह तक पूरा करें।
2.	उचित ग्रेड का तेल प्रयोग न करना।	डिफरैन्शियल में EP 90 नं. का गियर ऑयल डालें।
3.	टेल पिनियन तथा क्राउन व्हील का एडजस्टमेन्ट गलत है।	एडजस्टमेन्ट सही करें।
4.	दाँते पकड़ नहीं बना पा रहे।	दाँते सही करें।
5.	डिफरैन्शियल बियरिंग खराब हैं।	बियरिंग बदलें।
6.	केज असेम्बली का ढीला होना।	केज सही टाइट करें।
7.	सन पिनियन तथा स्टार पिनियन के बीच अधिक प्ले हो जाना।	थर्स्ट वाशर द्वारा प्ले कम करें।

नोट *डिफरैन्शियल में ट्रैक्टर के चलते समय बहुत अधिक हीट उत्पन्न हो जाती है। इसके लिए उसमें स्नेहन (lubrication) के लिए S.A.E. 90 या E. P. 90 गियर ऑयल उचित सतह तक भरें। सर्विसिंग के समय उसकी सतह देख लें। ऑयल सील कट जाने अथवा ड्रेन प्लग के ढीला रहने या उसके गैस्केट के कट जाने से डिफरैन्शियल का तेल लीक करने लगता है।*

महत्त्वपूर्ण बिन्दु

- ट्रैक्टर को क्रियाशील अवस्था में लाने हेतु इंजन द्वारा विकसित शक्ति पिछले पहियों को स्थानान्तरित की जाती है। वह व्यवस्था जिसके द्वारा यह शक्ति पिछले पहिए को स्थानान्तरित की जाती है, शक्ति संचरण प्रणाली कहलाती है।
- शक्ति संचरण प्रणाली के अन्तर्गत क्लच, गियर, बॉक्स, डिफरैन्शियल, रियर एक्सेल, शाफ्ट इत्यादि आते हैं।
- क्लच एक ऐसा मैकेनिज्म है जो एक ही लाइन में शाफ्टों के दो भागों अथवा किसी पहिए तथा शाफ्ट को एंगेज या डिसएंगेज करता है।
- मैनुअल संचरण संचरण का एक प्रकार है जिसका उपयोग स्वचालित उपकरणों में किया जाता है।
- समकालिक प्रणाली में कॉन्सटेन्ट मैश प्रकार का गियर बॉक्स होता है जिसमें सभी गियर मैश में होते हैं।
- स्वचालित संचरण एक ऑटोमोबाइल गियर बॉक्स है,जो गियर अनुपात में स्वतः परिवर्तन करता है।
- द्रवस्थैतिकी संचरण, शक्ति को ऑयल की शक्ति से संचरित करती है।
- ट्रैक्टर गियर बॉक्स में मुख्यतः तीन प्रकार के गियरों - स्पर गियर, हैलिकल गियर तथा डबल हैलिकल गियर का उपयोग किया जाता है।
- संचरण प्रणाली में गियर बॉक्स के गियर बदलने के लिए गियर शिफ्ट मैकेनिज्म का उपयोग किया जाता है।
- गियर शिफ्ट मैकेनिज्म में, गियर चेंज लीवर, शाफ्ट रॉड या रेल, शिफ्ट फोर्क, रिटेनर्स तथा लॉक मुख्य भाग होते हैं।
- ट्रैक्टर में खराब सड़कों, ऊँचे-नीचे रास्तों, दलदल वाले स्थानो आदि के लिए इंजन की शक्ति को अगले एक्सेलों में भी बाँट देने की अवस्था होती है। ऐसे ट्रैक्टर 4×4 व्हील ड्राइव कहे जाते हैं।
- इंजन द्वारा विकसित शक्ति क्लच, गियर बॉक्स द्वारा प्रोपैलर शाफ्ट में यूनिवर्सल ज्वॉइण्ट की सहायता से पहुँचती है और वहाँ से डिफरैन्शियल द्वारा 90° पर एक्सेल शाफ्टों तथा पहियों को प्राप्त होती है।
- गियर बॉक्स तक आई इंजन की शक्ति डिफरैन्शियल तक पहुँचाने का कार्य प्रोपैलर शाफ्ट द्वारा किया जाता है।
- प्रोपैलर शाफ्ट पर्याप्त मजबूत, हल्की तथा बैलेंस्ड होनी चाहिए।
- डिफरैन्शियल एक ऐसी इकाई है जो इंजन से आई शक्ति को 90° पर दोनों हाफ एक्सेल शाफ्टों की सहायता से पहियों तक पहुँचाने के साथ-साथ आवश्यकता पड़ने पर उनकी चाल में अन्तर डालने का कार्य करता है।
- टेल पिनियन तथा क्राउन व्हील ट्रैक्टर में गियर रिडक्शन करके पहियों को फाइनल ड्राइव तक पहुँचाते हैं।
- रिडक्शन गियर असेम्बली में हाउसिंग, एक्सेल शाफ्ट, रिडक्शन गियर (16 दांतों व 71 दाँतो वाला) तथा ड्राइविंग व्हील मुख्य भाग होते हैं।
- ट्रैक्टरों में डिफरैन्शियल एडजस्टमेण्ट एक महत्त्वपूर्ण कार्य होता है।
- जब बड़े फार्मों में सीधा ट्रैक्टर चलाना हो तथा पिछले दोनों पहियों में अन्तर डालने की आवश्यकता नहो, तो डिफरैन्शियल लॉक का उपयोग किया जाता है।
- ट्रैक्टर द्वारा विभिन्न प्रकार की मशीनों को चलाने के लिए विशेष प्रकार की पुली एटैचमेन्ट की व्यवस्था की जाती है जिसे पावर टेक ऑफ शाफ्ट (Power Take off Shaft, PTO) कहा जाता है।
- एक्सेल, को ट्रैक्टर का आधार कहा जाता है। यह ट्रैक्टर में पहियों से एंगेज, या उनके साथ घूमता हो सकता है।

महत्त्वपूर्ण प्रश्नोत्तरी

1. शक्ति संचरण प्रणाली से आप क्या समझते हैं?

उत्तर ट्रैक्टर में इंजन द्वारा विकसित शक्ति को पिछले पहियों को स्थानान्तरित करने की व्यवस्था शक्ति संचरण प्रणाली कहलाती है।

2. क्लच के मुख्य भागों के नाम बताइए।

उत्तर दाब प्लेट, क्लच प्लेट, मरोड स्प्रिंग, ऑपरेटिंग फिगर्स, क्लच शाफ्ट, ऑयल सील, क्लच रिलीज बियरिंग।

3. संचरण कितने प्रकार का होता है?

उत्तर संचरण तीन प्रकार का होता है- मैनुअल संचरण, स्वचालित संचरण तथा द्रवस्थैतिक संचरण।

4. टॉर्क का सरल शब्दार्थ बताइए।

उत्तर टॉर्क का सरल शब्दार्थ है, घुमाने की व्यवस्था।

5. संचरण प्रणाली में गियर शिफ्ट मैकेनिज्म का उपयोग क्यों किया जाता है?

उत्तर संचरण प्रणाली में गियर बॉक्स के गियर बदलने के लिए गियर शिफ्ट मैकेनिज्म का उपयोग किया जाता है।

6. प्रोपैलर शाफ्ट का कार्य बताइए।

उत्तर गियर बॉक्स तक आई इंजन की शक्ति को डिफरैन्शियल तक पहुँचाने का कार्य प्रोपैलर शाफ्ट द्वारा किया जाता है।

7. प्रोपैलर शाफ्ट तक आई शक्ति किसके द्वारा क्राउन व्हील को मिलती है?

उत्तर प्रोपैलर शाफ्ट तक आई शक्ति टेल पिनियन द्वारा क्राउन व्हील को मिलती है।

अभ्यास प्रश्न

परीक्षा प्रारूपी प्रश्न

बहुविकल्पीय

1. निम्न में से किस संचरण में इंजन द्वारा उत्पादित सम्पूर्ण शक्ति को व्हील पर संचरित किया जाता है?
(a) समकालिक संचरण (b) असमकालिक संचरण
(c) 'a' और 'b' दोनों (d) इनमें से कोई नहीं

2. निम्न में से किस संचरण में क्लच को पैरों का उपयोग किए बिना गियरों में बदलाव सम्भव है?
(a) क्लच आधारित संचरण
(b) स्वचालित संचरण
(c) सिन्क्रोनाइज्ड संचरण
(d) ऑटोमेटेड मैनुअल

3. सिंगल प्लेट क्लच हेतु निम्न में से कौन-सा कथन उपयुक्त है?
(a) प्रेशर प्लेट नहीं होती
(b) इसे डिफरैन्शियल के साथ जोड़ते हैं
(c) क्लच प्लेट प्रेशर प्लेट तथा फ्लाईव्हील के बीच दबी रहती है
(d) उपरोक्त में से कोई नहीं

4. वैट क्लच कहलाते हैं
(a) जिनकी प्रेशर प्लेट तेल में डूबी रहती है
(b) क्लच प्लेट तेल में नहीं डूबी रहती है
(c) जिनका क्लच रिलीज बियरिंग नहीं होता है
(d) जिनमें प्रेशर प्लेट नहीं होती है

5. मल्टी प्लेट क्लच में ………।
(a) क्लच प्लेट का व्यास ज्यादा होता है
(b) क्लच प्लेट की संख्या अधिक होती है
(c) प्रेशर प्लेट किसी भी आकार की प्रयोग होती है
(d) ज्यादा टैंशन की स्प्रिंग का प्रयोग करते हैं

6. क्लच प्लेट बनी होती है
(a) स्टील की पत्तियों द्वारा (b) कास्ट आयरन द्वारा
(c) कांसा की चादर द्वारा (d) इनमें से कोई नहीं

7. क्लच एडजस्टमेन्ट के लिए ऑपरेटिंग शाफ्ट पर व्यवस्था रहती है
(a) फ्लाईव्हील की (b) एडजस्टिंग नट की
(c) बियरिंग की (d) पिन की

8. किस प्रकार के क्लच में ब्रेक लगाते समय या गाड़ी खड़ी करते समय गियर न्यूट्रल करने की आवश्यकता नहीं होती है?
(a) सिंगल प्लेट क्लच (b) मल्टी प्लेट क्लच
(c) कोन क्लच (d) हाइड्रॉलिक क्लच

9. टार्क कन्वर्टर का कार्य है
(a) इंजन की शक्ति को बढ़ाना
(b) एक इंजन की शक्ति को कम करना
(c) इंजन की शक्ति को स्थिर रखना
(d) उपरोक्त में से कोई नहीं

10. हाइड्रॉलिक असिस्ट क्लच में रिलीज बियरिंग दबाने के लिए ………।
(a) प्रैशर प्लेट का प्रयोग करते हैं
(b) हाइड्रॉलिक प्रेशर का प्रयोग करते हैं
(c) स्प्रिंग का प्रयोग करते हैं
(d) उपरोक्त में से कोई नहीं

11. क्लच प्लेट चैक करने के लिए
(a) फिलर गेज का प्रयोग करते हैं
(b) डैप्थ गेज का प्रयोग करते हैं
(c) डायल गेज का प्रयोग करते हैं
(d) कैलीपर का प्रयोग करते हैं

12. क्लच प्लेट के दोनों ओर किस पदार्थ की लाइनिंग बनी होती है?
(a) कॉर्क की (b) चमड़े की
(c) फैब्रिक एस्बेस्टॉस की (d) ये सभी

13. विद्युत चुम्बकीय क्लच के फ्लाईव्हील पर ………… ।
(a) ग्रूव कटी रहती है
(b) ताँबे के तार की वाइण्डिग रहती है
(c) लोहे के तार की वाइण्डिग रहती है
(d) परमानेन्ट मैग्नेट रहती है

14. टॉर्क कन्वर्टर का सिद्धान्त निम्न में से किसके समान है?
(a) आल्टरनेटर (b) फ्री व्हील
(c) 'a' और 'b' दोनों (d) फ्लाईव्हील

15. निम्न में से कौन-सा एक भाग फ्री व्हील का नहीं है?
(a) सन व्हील (b) प्लेनेट शाफ्ट
(c) रोटर (d) प्लेनेट व्हील

16. निम्नलिखित में क्लच के मुख्य भाग कौन-कौन से हैं?
(a) ड्राइविंग मेम्बर (b) ड्रिवन मेम्बर
(c) ऑपरेटर मेम्बर (d) ये सभी

17. क्लच किस सिद्धान्त पर कार्य करता है?
(a) घर्षण (b) विस्कोसिटी
(c) जड़त्व आघूर्ण (d) इनमें से कोई नहीं

18. हाइड्रॉलिक क्लच में वाइब्रेशन (vibration) दोष होता है
(a) तेल की कमी से
(b) हाउसिंग (housing) के बोल्ट ढीले होने से
(c) तेल की श्यानता निश्चित होने से
(d) उपरोक्त में से कोई नहीं

19. किस प्रकार के संचालन में केवल क्लच स्वचालित होता है?
(a) पूर्ण स्वचालित शक्ति संचालन
(b) अर्द्धस्वचालित शक्ति संचालन
(c) ओवर ड्राइव शक्ति संचालन
(d) उपरोक्त में से कोई नहीं

20. क्लच ड्राइविंग मैम्बर (clutch driving member) में, क्लच प्लेट को दबाने के लिए किस स्प्रिंग का प्रयोग प्लेट के साथ किया जाता है?
(a) बड़ी क्वॉयल स्प्रिंग टाइप का
(b) डायफ्राम स्प्रिंग टाइप का
(c) छोटे क्वॉयल टाइप का
(d) उपरोक्त सभी

21. रियर एक्सेल को ड्राइव प्राप्त होती है
(a) गियर बॉक्स द्वारा (b) इंजन द्वारा
(c) डिफरैन्शियल द्वारा (d) इनमें से कोई नहीं

22. फिटिंग के अनुसार रियर एक्सेल होती है
(a) सेमी-फ्लोटिंग (b) थ्री-क्वार्टर फ्लोटिंग
(c) फुल फ्लोटिंग (d) ये सभी

23. किस एक्सेल फिटिंग में शाफ्ट पर ट्रैक्टर का भार नहीं पड़ता है?
(a) फुल फ्लोटिंग टाइप
(b) सेमी-फ्लोटिंग टाइप
(c) थ्री-क्वार्टर फ्लोटिंग टाइप
(d) इनमें से कोई नहीं

24. एक्सेल शाफ्ट को क्राउन व्हील के साथ जोड़ा जाता है
(a) नट-बोल्ट की सहायता से (b) वेल्डिंग की सहायता से
(c) स्प्लाइन की सहायता से (d) इनमें से कोई नहीं

25. पिछले पहियों को जैक पर उठाने के लिए यदि पहिये घुमाएँ तो वह
(a) एक दिशा में घूमते हैं (b) विपरीत दिशा में घूमते हैं
(c) घूमते नहीं हैं (d) इनमें से कोई नहीं

26. डिफरैन्शियल द्वारा सम्भव होता है
(a) पिछले पहियों की चाल में अन्तर डालना
(b) ट्रैक्टर को पीछे चलाना
(c) ट्रैक्टर को न्यूट्रल करना (d) उपरोक्त में से कोई नहीं

27. डिफरैन्शियल का भाग नहीं है
(a) टेल पिनियन (b) क्राउन व्हील
(c) सन गियर (d) स्पर गियर

28. टेल पिनियन क्राउन व्हील को देती है
(a) फ्री-ड्राइव (b) फास्ट-ड्राइव
(c) फाइनल-ड्राइव (d) फाइन-ड्राइव

29. डिफरैन्शियल को किसके बीच एडजस्ट करते हैं?
(a) टेल पिनियन तथा क्राउन व्हील के बीच
(b) सन गियर तथा स्टार पिनियन के बीच
(c) एक्सेल शाफ्ट तथा हाउसिंग के बीच
(d) उपरोक्त में से कोई नहीं

30. बैकलैश मापी जाती है
(a) प्रेशर गेज द्वारा
(b) डैप्थ गेज द्वारा
(c) फिलर गेज द्वारा
(d) डायल गेज द्वारा

उत्तरमाला

1. (a)	2. (d)	3. (c)	4. (a)	5. (b)	6. (a)	7. (b)	8. (d)	9. (a)	10. (b)
11. (c)	12. (c)	13. (b)	14. (d)	15. (b)	16. (d)	17. (a)	18. (b)	19. (b)	20. (d)
21. (c)	22. (d)	23. (b)	24. (c)	25. (b)	26. (a)	27. (d)	28. (c)	29. (d)	30. (d)

अध्याय 27

स्टीयरिंग प्रणाली

Steering System

परिचय Introduction

स्टीयरिंग शब्द अंग्रेजी शब्द स्टीयर 'stear' से लिया गया है, जिसका अर्थ है—मोड़ना या घुमाना। स्टीयरिंग द्वारा ट्रैक्टर को किसी भी ओर मोड़ा जा सकता है। स्टीयरिंग प्रणाली का सम्बन्ध ट्रैक्टर के अगले पहियों के साथ होता है। स्टीयरिंग व्हील, स्टीयरिंग कॉलम, स्टीयरिंग गियर बॉक्स, ड्रैग लिंक तथा टाई रॉड आदि स्टीयरिंग प्रणाली के ही मुख्य भाग होते हैं।

एक अच्छी स्टीयरिंग प्रणाली में निम्नलिखित गुण होने चाहिए

1. स्टीयरिंग प्रणाली ऐसी हो कि उसका प्रयोग करने में कम-से-कम शक्ति खर्च हो।
2. स्टीयरिंग प्रणाली की फिटिंग ऐसी हो कि वह अचानक कार्य करना बन्द न कर दे।
3. ट्रैक्टर के भार का उस पर अधिक प्रभाव न पड़े।
4. ब्रेक लगाने से उस पर प्रभाव न पड़े।
5. स्टीयरिंग प्रणाली ऐसी हो कि पहियों पर लगने वाले झटकों का उस पर विपरीत प्रभाव न पड़े।

स्टीयरिंग के कुछ भाग फ्रण्ट एक्सेल के साथ सम्बद्ध रहते हैं अर्थात् फ्रण्ट एक्सेल की सहायता से ही स्टीयरिंग प्रणाली कार्य करती है।

27.1 स्टीयरिंग प्रणाली की संरचना Construction of Steering System

स्टीयरिंग प्रणाली में थोड़े बहुत अन्तर के साथ सभी ट्रैक्टरों में लगभग एकसमान भाग होते हैं। ट्रैक्टरों में स्टीयरिंग प्रणाली वर्म एण्ड सेक्टर टाइप की होती है।

स्टीयरिंग प्रणाली के मुख्य भागों का विवरण निम्नवत् है

1. बाहरी ट्यूब Outer Tube

यह एक खोखली ट्यूब होती है, जिसका एक भाग स्टीयरिंग व्हील के पास जाकर समाप्त होता है। इसी भाग में एक बुश लगा होता है, जिसके अन्दर स्टीयरिंग शाफ्ट आसानी से घूमती है।

2. स्टीयरिंग शाफ्ट Steering Shaft

स्टीयरिंग शाफ्ट का एक भाग स्टीयरिंग व्हील तथा दूसरा भाग स्टीयरिंग बॉक्स के अन्दर वर्म के साथ फिट होता है। इस शाफ्ट के दोनों सिरों पर एक-एक बियरिंग दिया जाता है, ताकि स्टीयरिंग शाफ्ट आसानी से घूम सके।

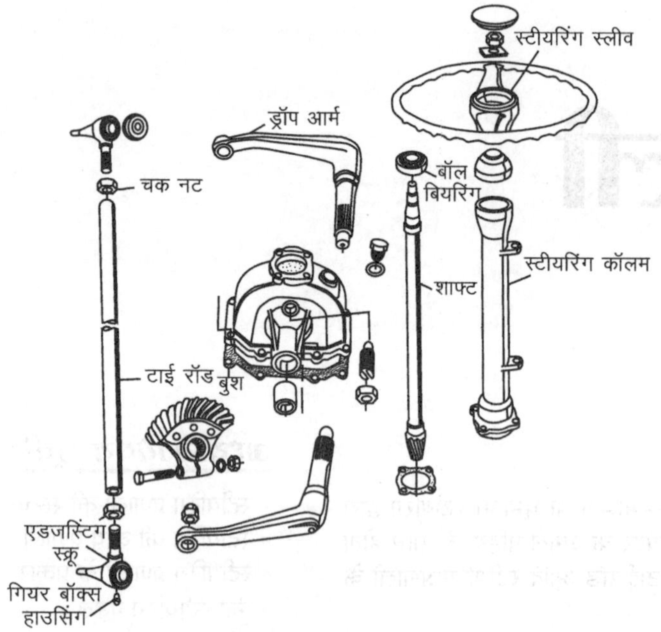

चित्र ट्रैक्टर में प्रयुक्त स्टीयरिंग प्रणाली के भाग

3. स्टीयरिंग व्हील Steering Wheel

स्टीयरिंग व्हील आकार में गोल व हार्ड रबर या प्लास्टिक का बना होता है। स्टीयरिंग व्हील को साँचे में ढालते समय इसके अन्दर स्टील तार डाल दी जाती है, ताकि इसके अन्दर मजबूती बनी रहे। स्टीयरिंग व्हील के सेन्टर हब में स्प्लाइन (spline) कटे होते हैं। इन स्प्लाइन में स्टीयरिंग शाफ्ट को फिट किया जाता है।

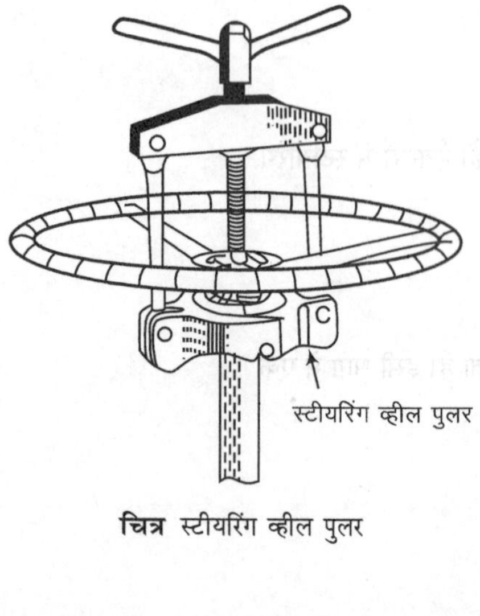

चित्र स्टीयरिंग व्हील पुलर

4. स्टीयरिंग गियर Steering Gear

बॉक्स हाउसिंग के अन्दर स्टीयरिंग गियर को वर्म के साथ फिट किया जाता है। गियर के समकोण पर क्रॉस शाफ्ट फिट होती है। इसका स्नेहन करने के लिए गियर ऑयल का प्रयोग करते हैं।

5. क्रॉस शाफ्ट Cross Shaft

क्रॉस शाफ्ट का दूसरा नाम रॉकर शाफ्ट है। इसका एक सिरा चलित गियर (driven gear) के साथ समकोण पर फिट होता है तथा दूसरे सिरे पर लम्बी झिर्रियाँ कटी होती हैं, जिस पर ड्रॉप आर्म को कॉटर सहित फिट किया जाता है। यह हार्ड स्टील की बनी होती है।

6. ड्रॉप आर्म Drop Arm

इसको स्टीयरिंग आर्म या पिटमैन आर्म भी कहते हैं। ड्रॉप आर्म को भट्ठी में लोहे को पिघलाकर बनाया जाता है। इसका एक सिरा क्रॉस शाफ्ट से जुड़ा रहता है तथा दूसरे सिरे पर ड्रैग लिंक बँधा रहता है। यह क्रॉस शाफ्ट के घूमने से लिंक को आगे-पीछे ले जाता है, जिससे ट्रैक्टर घुमाने पर दाएँ या बाएँ मुड़ जाता है।

7. टाई रॉड Tie rod

टाई रॉड और ड्रैग लिंक मोटे इस्पात (steel) के पाइप की बनाई जाती है। इसके दोनों सिरों पर चूड़ियाँ कटी होती हैं। एक ओर सीधी तथा दूसरी ओर उल्टी चूड़ी होती है। ड्रैग लिंक का कार्य स्टीयरिंग की गति (motion) को स्टब एक्सेल पर लगे आर्म पर पहुँचाने के लिए होता है, जबकि पुश रॉड का कार्य दोनों स्टब एक्सेलों के आर्म को जोड़ना है।

8. बॉल ज्वॉइण्ट Ball Joint

ड्रैग लिंक और टाई रॉड के दोनों सिरों को बॉल ज्वॉइण्ट के द्वारा जोड़ा जाता है। यह परिवर्तनीय बॉल ज्वॉइण्ट चारों ओर प्रत्येक कोण पर घूमता है। स्टीयरिंग को संयोजन फ्रेम (assembly frame) के ऊपर और स्टब एक्सेल बीम के सिरों पर फिट किया जाता है। फ्रण्ट एक्सेल, स्प्रिंग की सहायता से चेसिस के साथ लगा होता है। इस प्रकार तीनों भागों के लाइन में न होने के कारण आपस में जो कोण बनता है, उसमें अन्तर आ जाता है। इनको एकसमान कोण में लाने के लिए ड्रैग लिंक और टाई रॉड के सिरों पर बॉल ज्वॉइण्ट का प्रयोग किया जाता है।

बॉल ज्वॉइण्ट का प्रयोग कभी-कभी यूनिवर्सल ज्वॉइण्ट के रूप में भी किया जाता है। यह बॉल ज्वॉइण्ट कई प्रकार के होते हैं। छोटे ट्रैक्टर में यह फिक्स्ड प्रकार के होते हैं, जबकि बड़े ट्रैक्टर में यह एडजस्टेबिल प्रकार के होते हैं। एडजस्टेबिल प्रकार में बॉल ज्वॉइण्ट के दोनों ओर का दबाव स्प्रिंग और लॉक नट द्वारा कम या ज्यादा किया जाता है।

9. स्टीयरिंग गियर बॉक्स Steering Gear box

स्टीयरिंग गियर बॉक्स का कार्य व्हील की घूर्णन गति को ड्रॉप आर्म के इधर-उधर की गति में रूपान्तरित करना है, जिसके फलस्वरूप ड्रैग लिंक का सम्बन्ध ड्रॉप आर्म के साथ किया जाता है। पुश या पुल के परिणामस्वरूप चलायमान स्टब एक्सेल दाएँ या बाएँ अथवा चालक की इच्छानुसार मुड़ने में सक्षम होता है।

स्टीयरिंग में सबसे ऊपर स्टीयरिंग व्हील लगा होता है। यह व्हील स्टीयरिंग कॉलम या शाफ्ट पर चाबी (key) तथा नट द्वारा कसा जाता है। स्टीयरिंग कॉलम के दूसरे सिरे पर वर्म बना रहता है, जोकि सेक्टर तथा उसकी शाफ्ट से सम्बन्धित रहता है। ये दोनों एक केसिंग में बन्द रहते हैं, जिसमें गियर ऑयल भरा रहता है। सेक्टर शाफ्ट से लगी ड्रॉप आर्म, ड्रैग लिंक अथवा पुल एण्ड पुश रॉड से जुड़ी रहती है। ड्रैग लिंक का दूसरा सिरा स्टीयरिंग आर्म से जुड़ा रहता है, जोकि स्टब एक्सेल के साथ फिट रहता है। स्टब एक्सेल से कनैक्टिंग आर्म के द्वारा दोनों पहिये एक-दूसरे से जुड़े रहते हैं।

27.2 स्टीयरिंग की कार्य प्रणाली
Working System of Steering

जब आवश्यकता पड़ने पर ट्रैक्टर को मोड़ना होता है, तो स्टीयरिंग व्हील को इच्छित दिशा में घुमाया जाता है। इसके घूमने से स्टीयरिंग कॉलम घूमकर वर्म को घुमाती है। वर्म के घूमने से उससे लगा सेक्टर चूड़ियों के कारण घूमने लगता है। सेक्टर की यह चाल ड्रॉप आर्म को स्टीयरिंग घुमाने की दिशा के अनुसार आगे या पीछे करती है। इसे पुल एण्ड पुश रॉड तथा ड्रैग लिंक भी कहा जाता है, वह स्टीयरिंग के द्वारा स्टब एक्सेल को दाएँ या बाएँ घुमाती है, जिस पर पहिया लगा होता है। स्टब एक्सेल की यह चाल कनैक्टिंग आर्म के द्वारा रॉड की सहायता से दूसरे पहिये के स्टब एक्सेल तथा पहिये को घुमाती है। इस प्रकार दोनों पहिये एकसमान दिशा में घूमते हैं। स्टीयरिंग व्हील को एक सीमा तक घुमाया जा सकता है। यह सीमा वर्म तथा सेक्टर पर निर्भर करती है।

स्टीयरिंग व्हील को छोटे ट्रैक्टरों में 2 से 2½ चक्कर तक घुमाया जा सकता है, परन्तु भारी ट्रैक्टर में स्टीयरिंग व्हील के 4 से 5 चक्कर तक घूमने की व्यवस्था रहती है। इससे स्टीयरिंग के प्रयोग में कम शक्ति लगानी पड़ती है। वैसे स्टीयरिंग पर लगाई गई शक्ति उसमें प्रयोग किए गए गियर अनुपात (gear ratio) पर निर्भर करती है। गियर अनुपात से तात्पर्य स्टीयरिंग व्हील तथा सेक्टर शाफ्ट के घूमने के अनुपात से है कि कितने चक्कर स्टीयरिंग व्हील को घुमाया जाए, तब सेक्टर शाफ्ट एक चक्कर घूमेगी। प्राय: छोटे ट्रैक्टरों के लिए यह अनुपात 8 : 1 से 20 : 1 तक तथा भारी ट्रैक्टरों में यह अनुपात 20 : 1 से 30 : 1 तक भी रहता है। इससे स्टीयरिंग हल्का घूमता है तथा चलाने वाले को कम शक्ति लगानी पड़ती है।

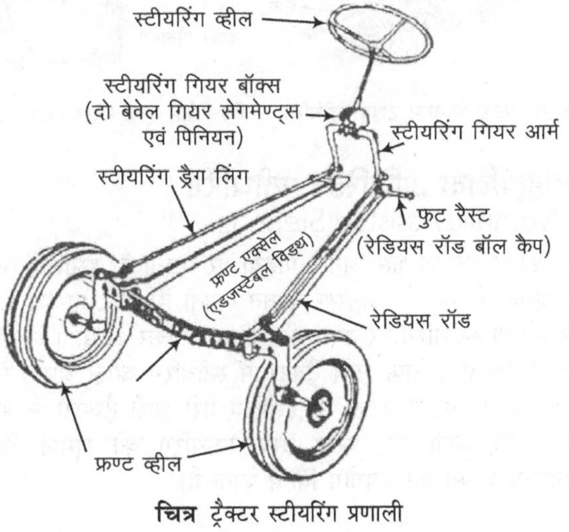

चित्र ट्रैक्टर स्टीयरिंग प्रणाली

27.3 स्टीयरिंग प्रणाली के प्रकार
Types of Steering System

स्टीयरिंग प्रणाली में स्टीयरिंग गियर बॉक्स मुख्य भाग होता है, जिसमें सेक्टर तथा वर्म आदि गियर होते हैं। स्टीयरिंग शाफ्ट के अन्त में फिट होने वाले प्रबन्ध कई प्रकार के होते हैं, जिनकी सहायता से स्टीयरिंग के अन्य भाग अपना कार्य करते हैं। इनमें निम्नलिखित प्रकार के प्रबन्ध अधिक प्रचलित हैं तथा इन्हीं प्रबन्धों के नामों पर ही स्टीयरिंगों के नाम जाने जाते हैं

1. वर्म एण्ड सेक्टर टाइप स्टीयरिंग
Worm and Sector Type Steering

इस प्रकार के स्टीयरिंग में, स्टीयरिंग शाफ्ट के निचले सिरे पर वर्म बना रहता है, जो सेक्टर के साथ जुड़ा रहता है। इसमें वर्म के ऊपर तथा नीचे दो बियरिंग लगे होते हैं। नीचे वाले बियरिंग के साथ इसे एडजस्ट करने के लिए नट तथा चैक नट की व्यवस्था रहती है। इसके द्वारा सेक्टर तथा वर्म गियर की प्ले एडजस्ट की जाती है।

2. वर्म एण्ड रोलर टाइप स्टीयरिंग
Worm and Roller Type Steering

इस प्रकार के स्टीयरिंग में भी वर्म का प्रयोग किया जाता है, परन्तु स्टीयरिंग गियर बॉक्स में इसका सम्बन्ध एक रोलर द्वारा रहता है। यह रोलर सेक्टर शाफ्ट के साथ 'U' के आकार के खाँचे में बियरिंग की सहायता से लगा होता है। स्टीयरिंग व्हील के घूमने पर वर्म घूमता है तथा इसके द्वारा रोलर घूमकर सेक्टर शाफ्ट को घुमाता है। अन्य क्रिया दूसरे सभी स्टीयरिंगों जैसी होती है जैसा कि पहले बताया जा चुका है।

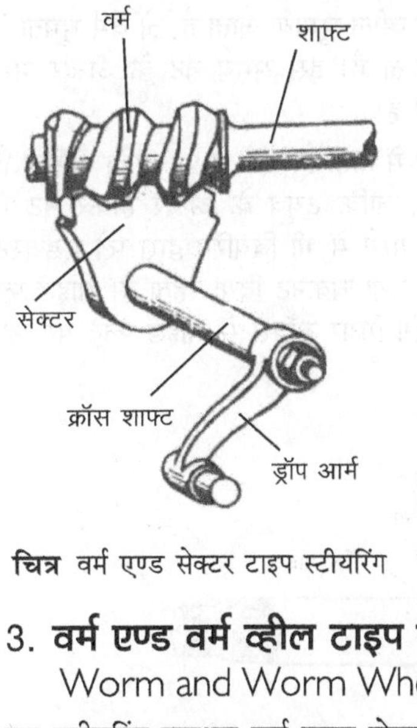

चित्र वर्म एण्ड सेक्टर टाइप स्टीयरिंग

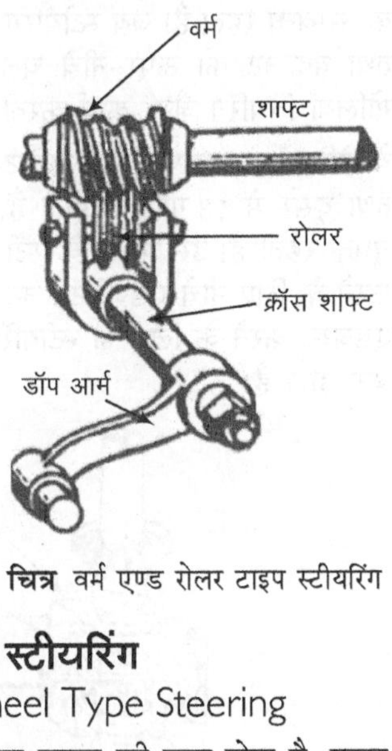

चित्र वर्म एण्ड रोलर टाइप स्टीयरिंग

3. वर्म एण्ड वर्म व्हील टाइप स्टीयरिंग
Worm and Worm Wheel Type Steering

यह स्टीयरिंग लगभग वर्म एण्ड सेक्टर शाफ्ट की तरह होता है, परन्तु इसमें सेक्टर के रूप में चौथाई से भी कम भाग का गियर प्रयोग होता है, जबकि इसमें सेक्टर शाफ्ट के ऊपर पूरा वर्म व्हील फिट रहता है। जैसा कि चित्र में दिखाया गया है।

अन्य सभी भाग तथा एडजस्टमेन्ट वर्म एण्ड सेक्टर टाइप स्टीयरिंग जैसे होते हैं।

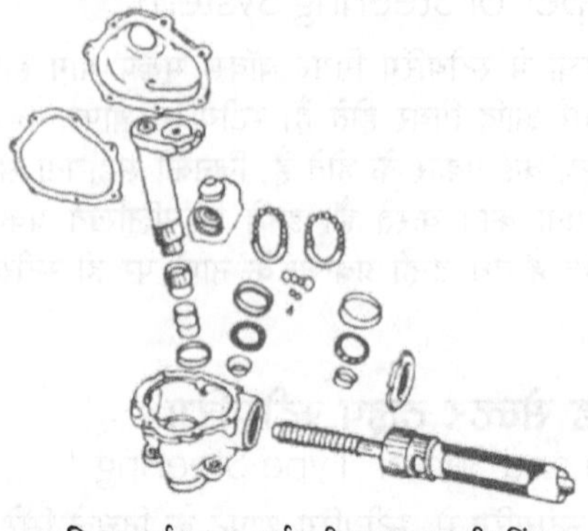

चित्र वर्म एण्ड वर्म व्हील टाइप स्टीयरिंग

4. रिसर्कुलेटिंग बॉल एण्ड नट टाइप स्टीयरिंग
Recirculating Ball and Nut Type Steering

इस प्रकार के स्टीयरिंग में रिसर्कुलेटिंग बॉल तथा एक नट का मुख्य प्रयोग होता है। स्टीयरिंग शाफ्ट के निचले सिरे पर अन्य स्टीयरिंगों की तरह वर्म लगा रहता है, जोकि दो टेपर रोलर बियरिंगों की सहायता से फिट रहता है। इस वर्म के ऊपर एक चौकोर नट चढ़ा रहता है। इन नट की चूड़ियों तथा वर्म के मध्य लोहे की छोटी गोलियाँ (small iron balls) भरी जाती हैं जिसके लिए नट में चार छिद्र बने होते हैं। इन छिद्रों में गोलियाँ भरकर 'U' टाइप ट्यूब, जोकि बीच से कटा रहता है, उसमें भी गोलियाँ भरकर नट में बने छिद्रों में फँसा दी जाती हैं। इस प्रकार नट के चारों छिद्र ट्यूबों से बन्द हो जाते हैं। यह ट्यूब पत्तियों तथा पेचों के द्वारा नट के साथ कसी रहती है।

नट के बाहर एक ओर तिरछे खाँचे कटे होते हैं, जिसके साथ सेक्टर शाफ्ट का सम्बन्ध रहता है। जब स्टीयरिंग व्हील घुमाया जाता है, तो वर्म घूमता है तथा यह नट को ऊपर-नीचे चलाता है। इस समय नट के अन्दर भरी गोलियाँ बियरिंग जैसा कार्य करती हैं।

ये गोलियाँ दो अलग-अलग सर्किट में होती हैं। एक में 25 गोलियाँ होती हैं तथा दूसरे में 13 गोलियाँ होती हैं, जोकि ट्यूब के अन्दर होकर नट में घूमती रहती हैं। इस प्रकार के स्टीयरिंग में भी बियरिंग द्वारा प्ले एडजस्ट करने के लिए नीचे एडजस्टिंग नट तथा चकनट दिया रहता है। साइड प्ले एडजस्ट करने के लिए भी स्टीयरिंग गियर बॉक्स में साइड प्लेट पर स्क्रू बना होता है।

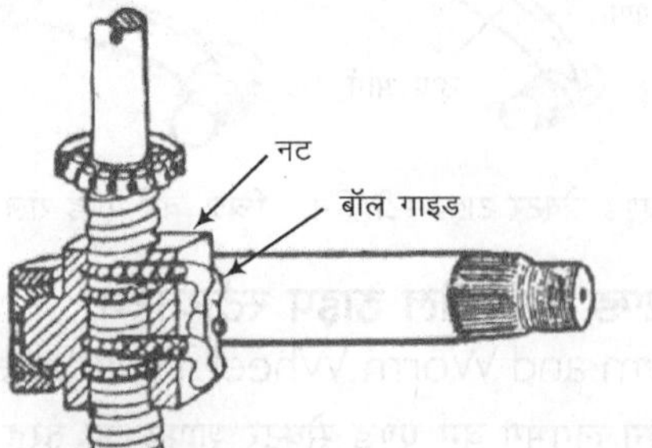

चित्र रिसर्कुलेटिंग बॉल एण्ड नट टाइप स्टीयरिंग

5. रैक एण्ड पिनियन टाइप स्टीयरिंग
Rack and Pinion Type Steering

इस प्रकार के स्टीयरिंग में वर्म अथवा सेक्टर आदि का प्रयोग नहीं किया जाता है। इसमें ट्रैक्टर की चौड़ाई के अनुसार एक रैक लगी होती है, जिसके दोनों सिरों पर टाई रॉड और बॉल ज्वॉइण्ट रहते हैं। इनका सम्बन्ध स्टब एक्सेल से रहता है। स्टीयरिंग शाफ्ट के निचले सिरे पर एक पिनियन लगी होती है, जिस पर रैक के अनुरूप ही दाँते बने होते हैं।

जब स्टीयरिंग व्हील घुमाया जाता है, तो पिनियन के द्वारा रैक दाएँ या बाएँ यथास्थिति खिसकता है। इससे स्टब एक्सेल घूमकर टाई रॉड की सहायता से दोनों पहियों को मोड़ता है। पिनियन के ऊपर तथा नीचे टेपर रोलर बियरिंग लगे होते हैं। रैक हाउजिंग में ग्रीस भरने की व्यवस्था रहती है, जिससे स्नेहन (lubrication) का कार्य होता है। इसमें बैक-लैश या प्ले एडजस्ट करने के लिए स्प्रिंग लोडेड नट की व्यवस्था रहती है।

6. कैम एण्ड रोलर टाइप स्टीयरिंग
Cam and Roller Type Steering

इस प्रकार के स्टीयरिंगों में स्टीयरिंग शाफ्ट के साथ अन्य प्रकार के स्टीयरिंगों की भाँति वर्म जुड़ा रहता है, परन्तु सेक्टर के स्थान पर एक कैम का प्रयोग किया जाता है जिस पर दो खूँटी रोलर के समान लगी होती हैं। जब स्टीयरिंग घुमाया जाता है, तो वर्म में फँसे रोलर कैम को ऊपर या नीचे करते हैं, जिससे क्रॉस शाफ्ट घूमकर ड्रॉप आर्म को आगे-पीछे करके स्टीयरिंग को क्रियाशील बनाती है।

इसमें क्रॉस शाफ्ट भी दो बियरिंगों की सहायता से फिट किया जाता है, जिसको एडजस्ट करके रोलर तथा वर्म की बैक-लैश को भी एडजस्ट किया जाता है।

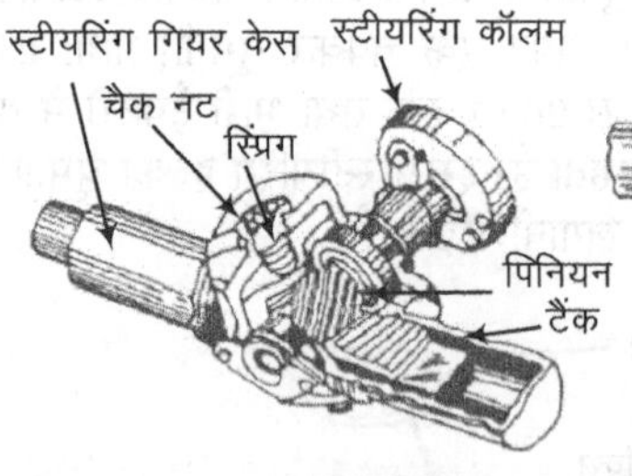

चित्र रैक एण्ड पिनियन टाइप स्टीयरिंग

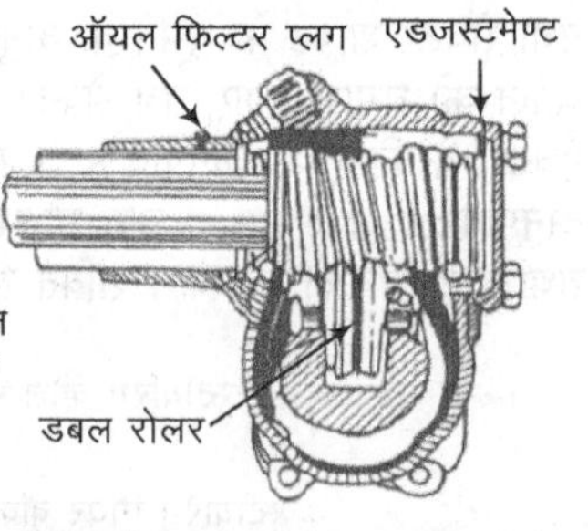

चित्र कैम एण्ड रोलर टाइप स्टीयरिंग

7. हाइड्रॉलिक असिस्टिड स्टीयरिंग
Hydraulic Assisted Steering

ट्रैक्टर का अधिकांश भार अगले पहियों पर पड़ता है, इसलिए स्टीयरिंग व्हील घुमाने में भार के अनुसार शक्ति लगती है। छोटे अथवा साधारण ट्रैक्टर को तो स्टीयरिंग पर स्वयं की शक्ति लगाकर आसानी से मोड़ा जा सकता है, परन्तु अधिक भारी ट्रैक्टर में स्टीयरिंग व्हील घुमाने में बहुत अधिक शक्ति लगानी पड़ती है, इसलिए ऐसे भारी ट्रैक्टरों में हवा की सहायता ली जाती थी, परन्तु अब स्टीयरिंग को घुमाने के लिए हाइड्रॉलिक शक्ति का उपयोग किया जाता है।

इसके द्वारा स्टीयरिंग व्हील को घुमाने अथवा ट्रैक्टर को मोड़ने में कम शक्ति लगानी पड़ती है। इन्हें स्टीयरिंग के अन्य भागों के अतिरिक्त ऑयल रिजर्वायर, हाइड्रॉलिक पम्प, पावर सिलेण्डर तथा स्पूल वाल्व के साथ डिजाइन किया गया है।

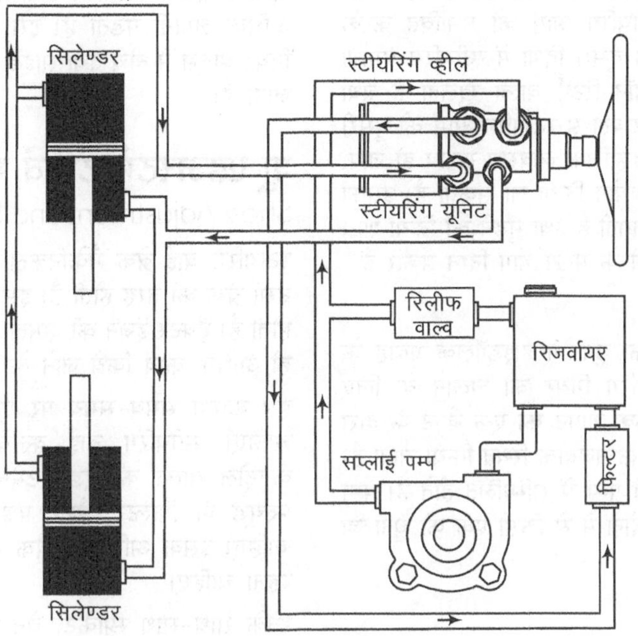

चित्र हाइड्रॉलिक असिस्टिड स्टीयरिंग

हाइड्रॉलिक असिस्टिड स्टीयरिंग प्रणाली का सिद्धान्त Principle of Hydraulic Assisted Steering System

हाइड्रॉलिक स्टीयरिंग प्रणाली पास्कल के सिद्धान्त पर कार्य करती है। इस सिद्धान्त के अनुसार किसी बन्द बर्तन के अन्दर द्रव सभी दिशाओं में समान रूप से संचरित होता है।

कार्यविधि Working Method

हाइड्रॉलिक ऑयल एक रिजर्वायर में भरा रहता है, जिसका सम्बन्ध हाइड्रॉलिक पम्प से रहता है। इस पम्प से दो पाइप तेल जाने व आने के लिए स्पूल वाल्व से जुड़े रहते हैं। यह वाल्व ही इस व्यवस्था का मुख्य अंग होता है। स्टीयरिंग की विशेष प्रकार की बनी ड्रैग लिंक इस वाल्व से जुड़ी रहती है। स्पूल वाल्व से दो पाइप तेल जाने व आने के लिए पावर सिलेण्डर से जोड़े जाते हैं।

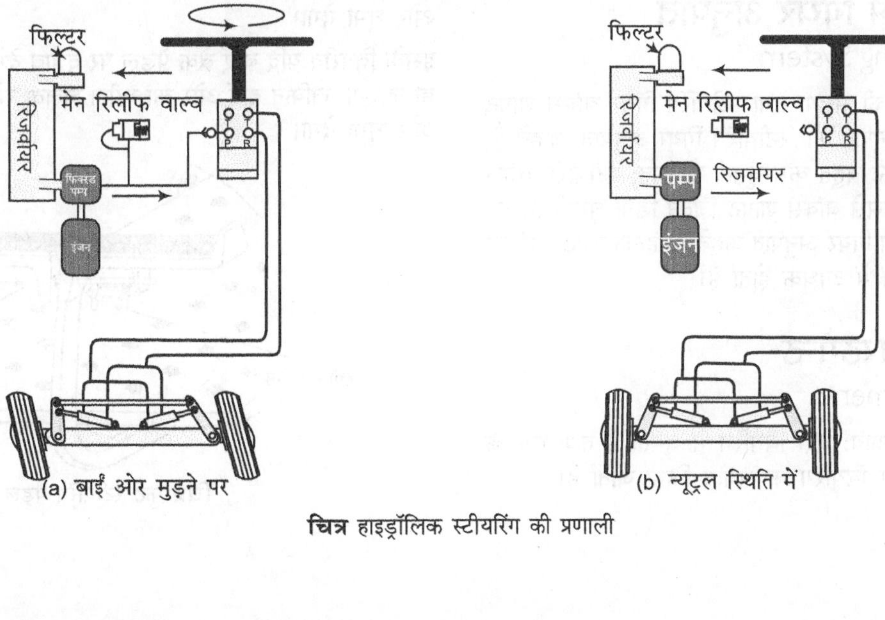

चित्र हाइड्रॉलिक स्टीयरिंग की प्रणाली

जब स्टीयरिंग व्हील घुमाया जाता है, तो सेक्टर शाफ्ट द्वारा ड्रैग लिंक स्पूल वाल्व पर अपना प्रभाव डालकर नॉन-रिटर्न वाल्व को खोलती है, जिससे पम्प द्वारा आया हाइड्रॉलिक दबाव स्टीयरिंग आर्म को प्रभावित करके स्टीयरिंग द्वारा पहियों को मोड़ता है। जब दूसरी दिशा में स्टीयरिंग घुमाया जाता है, तो स्पूल वाल्व का दूसरा नॉन-रिटर्न वाल्व खुलता है तथा हाइड्रॉलिक दबाव पावर सिलेण्डर की सहायता से स्टीयरिंग आर्म को दूसरी दिशा में घुमाता है। जब किसी कारण हाइड्रॉलिक व्यवस्था खराब हो जाए, तो इसे साधारण स्टीयरिंग की तरह भी प्रयोग किया जा सकता है। इसका मुख्य लाभ यह है कि इसमें शक्ति कम लगती है तथा मुड़ने की क्रिया शीघ्र हो जाती है। हाइड्रॉलिक स्टीयरिंग प्रणाली के मुख्य भाग निम्न प्रकार हैं

(i) **पम्प** Pump

यह एक स्टीयरिंग पम्प होता है, जिसका उपयोग हाइड्रॉलिक प्रवाह के उत्पादन में किया जाता है। यह स्टीयरिंग गियर को चलाने के लिए आवश्यक बल प्रदान करता है। इंजन क्रैंक शाफ्ट को एक बैल्ट के द्वारा पम्प से जोड़ा जाता है तथा इसको इंजन के नजदीक स्थित किया जाता है। पम्प में जलाशय और कण्ट्रोल वाल्व भी पम्प में सम्मिलित होते हैं। पम्प रोलर और वेन प्रकार का हो सकता है। दोनों में से किसी एक को चुना जा सकता है।

(ii) **वाल्व** Valve

तरल प्रवाह और दाब के नियन्त्रण के लिए वाल्व का उपयोग किया जाता है। वह वाल्व जो तरल प्रवाह को नियन्त्रित करता है, कण्ट्रोल वाल्व (control valve) कहलाता है तथा वह वाल्व जो दाब को नियन्त्रित करता है, रिलीफ वाल्व कहलाता है। पम्प के आउटपुट से कण्ट्रोल वाल्व सम्बन्धित रहती है। पम्प से ओरेफिस के द्वारा द्रव बहता है इसके कारण ही दाब में गिरावट आती है। स्प्रिंग और कम दाब के कारण वाल्व बन्द रहती है। इस स्थिति में, समस्त द्रव स्टीयरिंग गियर से जाता है। इंजन की स्पीड में बढ़ोतरी के साथ पम्प से प्रवाह की स्पीड में भी बढ़ोतरी होती है। यह वाल्व के दोनों ओर अधिक दाब में भिन्नता के कारण बल पर काबू पाने के सक्षम है। यह वाल्व को खुला तथा अधिक तरल की सप्लाई वापस पम्प को करता है। इस तरह स्टीयरिंग सिस्टम में द्रव प्रवाह नियन्त्रित होता है।

स्टीयरिंग प्रणाली में गियर अनुपात
Gear Ratio in Steering System

स्टीयरिंग व्हील के चक्करों की संख्या तथा स्टीयरिंग गियर बॉक्स शाफ्ट के चक्करों की संख्या के अनुपात को 'स्टीयरिंग गियर अनुपात' कहते हैं, क्योंकि स्टीयरिंग बॉक्स शाफ्ट बहुत कम घूमती है। अतः स्टीयरिंग व्हील जितने डिग्री घूमता है और उससे बॉक्स शाफ्ट जितने डिग्री घूमती है, उन दोनों के अनुपात को स्टीयरिंग गियर अनुपात कहते हैं। हल्के ट्रैक्टरों में यह अनुपात कम व भारी ट्रैक्टरों में अधिक होता है।

स्टीयरिंग प्ले एडजस्टमेन्ट
Steering Play Adjustment

ट्रैक्टर स्टीयरिंग का सेक्टर प्रायः बुश बियरिंग में घूमता है तथा वर्म के नीचे बॉल अथवा टेपर रोलर बियरिंग का प्रयोग किया जाता है। ट्रैक्टर के ऊँची-नीची भूमि पर झटके के साथ चलने से स्टीयरिंग में प्ले आ जाती है। इससे स्टीयरिंग ठीक प्रकार कार्य नहीं करता है तथा शक्ति भी अधिक लगानी पड़ती है। इस प्ले को ठीक करने के लिए स्टीयरिंग गियर बॉक्स में नीचे तथा साइड में प्ले एडजस्टमेन्ट स्क्रू की व्यवस्था की जाती है।

शू एडजस्टमेन्ट एवं मरम्मत
Shoe Adjustment and Maintenance

स्टीयरिंग बाई ब्रेक मैकेनिकल ब्रेक होता है और इसकी एडजस्टमेन्ट उसी ब्रेक की तरह होती है। इसकी ब्रेक लगाने की क्षमता उससे अधिक होती है। ट्रैक्टर इंजन की क्षमता अधिक होने के कारण और केवल शू से ही अधिक कार्य किये जाने के कारण ब्रेक शू अधिक घिसता है।

इस कारण समय-समय पर एडजस्टिंग स्क्रू से एडजस्ट करते रहना चाहिए। स्टीयरिंग बाईं क्लच की एडजस्टमेन्ट के लिए इसके कण्ट्रोल वाल्व की एडजस्टमेन्ट करनी चाहिए। साथ ही हाइड्रॉलिक फ्ल्यूड के फिल्टर, प्रैशर पाइप, प्रैशर मीटर को चैक करते रहना चाहिए। इसके अतिरिक्त चैक वाल्व या रिलीफ वाल्व भी चैक करते रहना चाहिए।

इनके साथ-साथ स्प्रोकेट, चेन एडजस्टिंग यूनिट आइडलर व्हील, चेन पिन के नट-बोल्ट समय-समय पर चैक करते रहना चाहिए।

नोट *उपरोक्त के अतिरिक्त विदेशी ट्रैक्टरों में हाइड्रॉलिक असिस्टेड स्टीयरिंग, वैक्यूम असिस्टेड स्टीयरिंग तथा कमप्रैस्ड एअर असिस्टेड स्टीयरिंग प्रयोग में लाये जाते है।*

27.4 फुट स्टीयरिंग पैडल
Foot Steering Pedal

यदि हम ट्रैक्टर के दोनों ब्रेक पैडलों को लॉक करने वाला मीटर हटा दें, तत्पश्चात् अगर दाएँ ब्रेक पैडल पर दबाव दें तो दायाँ ब्रेक ड्रम जाम हो जाएगा, लेकिन बाएँ ओर का व्हील चलता रहेगा और ट्रैक्टर को दाएँ ओर घुमा देगा।

इसके विपरीत यदि बाएँ ब्रेक पैडल पर दबाव देंगे, तो बाएँ ब्रेक ड्रम जाम हो जाएगा, लेकिन दाएँ ओर का व्हील चलता रहेगा और ट्रैक्टर को बाएँ ओर घुमा देगा।

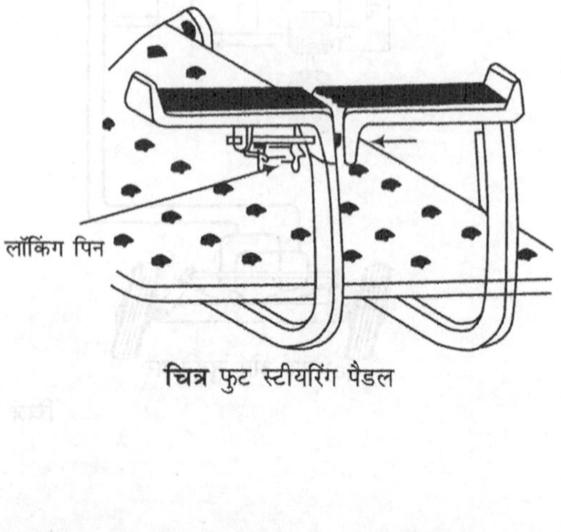

चित्र फुट स्टीयरिंग पैडल

27.5 व्हील एलाइनमेन्ट Wheel Alignment

ट्रैक्टर का स्टीयरिंग हल्का रहे, तेज चाल में भी ट्रैक्टर सरलता से कण्ट्रोल किया जा सके, व्हील बबलिंग न हो अथवा उसका प्रभाव स्टीयरिंग पर न पड़े, अगले टायर शीघ्र न घिसें तथा पहिये स्वयं सीधे नियन्त्रित रहें, इसके लिए अगले पहियों में फिटिंग के साथ कुछ कोण भी दिए जाते हैं। इन कोणों को ही व्हील एलाइनमेन्ट कहते हैं। इसके अन्तर्गत चार कोण होते हैं

1. कैम्बर कोण Camber Angle

यदि ट्रैक्टर के अगले पहियों को सामने से ध्यानपूर्वक देखा जाए, तो वे ऊपर की ओर से कुछ बाहर की ओर झुके रहते हैं तथा नीचे का हिस्सा अन्दर की ओर रहता है। यह झुकाव स्टब एक्सेल में रहता है। स्टब एक्सेल का तली की ओर के इस झुकाव से जो कोण बनता है, वह कैम्बर कोण कहलाता है। यदि पहिये के मध्य बिन्दु से एक लम्बवत् रेखा खींचे और उसी बिन्दु से पहिये के दो भाग करती हुई एक दूसरी रेखा खींचे तो इन रेखाओं द्वारा बना कोण कैम्बर की डिग्री दर्शाएगा।

यह कोण 2° से 5° तक दिया जाता है। इसके परिणामस्वरूप स्टीयरिंग हल्का घूमता है, क्योंकि ट्रैक्टर का अधिकतर भार स्टब एक्सेल के अन्दर वाले बियरिंग पर ही पड़ता है। यदि यह झुकाव न रहे, तो भार पड़ने पर पहिये अन्दर की ओर झुकेंगे, जिससे उनका एक किनारा शीघ्र घिस जाएगा। यदि यह कोण किसी कारणवश कम या अधिक हो गया है, तो इसे व्यवस्थित कर लेना चाहिए।

कैम्बर एंगल दो प्रकार का होता है

(i) पॉजिटिव कैम्बर (Positive Camber) तथा

(ii) निगेटिव कैम्बर (Negative Camber)।

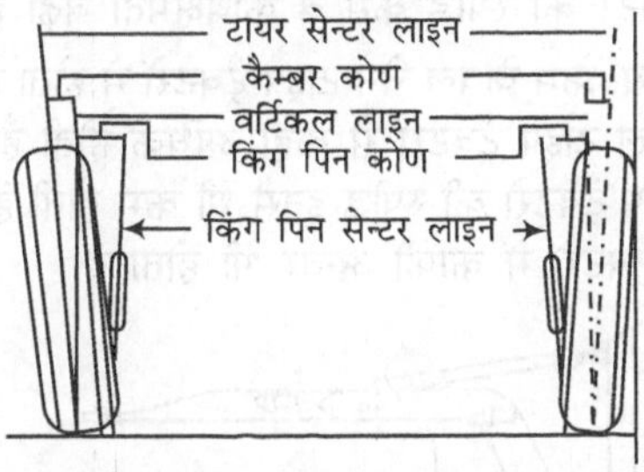

चित्र कैम्बर एंगल एवं किंग पिन का झुकाव

पॉजिटिव कैम्बर में पहियों का झुकाव ऊपर से बाहर की ओर रहता है। इसी प्रकार की फिटिंग अधिकतर ट्रैक्टरों में रहती है, परन्तु कुछ ट्रैक्टरों में इसके विपरीत पहियों को ऊपर से अन्दर की ओर झुकाया जाता है। इस प्रबन्ध को निगेटिव कैम्बर कहते हैं।

2. कैस्टर कोण Caster Angle

पहियों को ट्रेलिंग एक्शन प्रदान करने तथा उनमें सीधे चलने की प्रवृत्ति बनाए रखने के लिए कैस्टर कोण दिया जाता है। यह कोण किंग पिन में होता है, जिसे कैस्टर पैड तथा शिम की सहायता से दिया जाता है। यदि किंग पिन को ट्रैक्टर की एक साइड में देखा जाए तो किंग पिन का ऊपरी भाग ट्रैक्टर के पीछे की ओर झुका दिखाई पड़ता है। किंग पिन के मध्य बिन्दु से यदि लम्बवत् रेखा खींची जाए, तो उसी बिन्दु को स्पर्श करती किंग पिन को दो भागों में विभाजित करती है। एक दूसरी रेखा खींची जाए तो इन रेखाओं से जो कोण बनता है, वह कैस्टर कोण (caster angle) कहलाता है।

यह कोण 3° से 5° तक रहता है। इस झुकाव से पहियों में बबलिंग नहीं होती। वे स्वतः सीधे चलते हैं। स्टीयरिंग को घुमाने के बाद स्टीयरिंग व्हील अपने स्थान पर स्वयं आने लगता है, जिससे ट्रैक्टर नियन्त्रित करना आसान हो जाता है।

यदि दोनों पहियों में एकसमान कैस्टर कोण नहीं होगा, तो ट्रैक्टर एक ओर भागेगा। इसे व्यवस्थित कर देना चाहिए। कैस्टर कोण के कारण भार टायर के केन्द्र से कुछ आगे कैस्टर कोण के अनुसार ही रहता है। अतः भार के होने पर भी स्टीयरिंग सरलता से घुमाया जा सकता है।

कैस्टर कोण के लाभ की प्रवृत्ति दैनिक उपयोग में भी देखी जा सकती है। चिकित्सालय के फर्नीचरों में कैस्टर व्हील प्रयोग किए जाते हैं। इनके प्रयोग से जिस दिशा में उसको धकेला जाता है, उसके सभी कैस्टर व्हील स्वतः उस सीध में हो जाते हैं।

इसी प्रकार कैस्टर साइकिल के अगले चिमटे में दिया जाता है, जिससे साइकिल का हैण्डल सरलता से घूमने के साथ-साथ पहिये को सीधा रखने में भी सहायता करता है तभी तो अच्छी साइकिलों को कुछ चालक बिना हैण्डिल पकड़े चला सकते हैं।

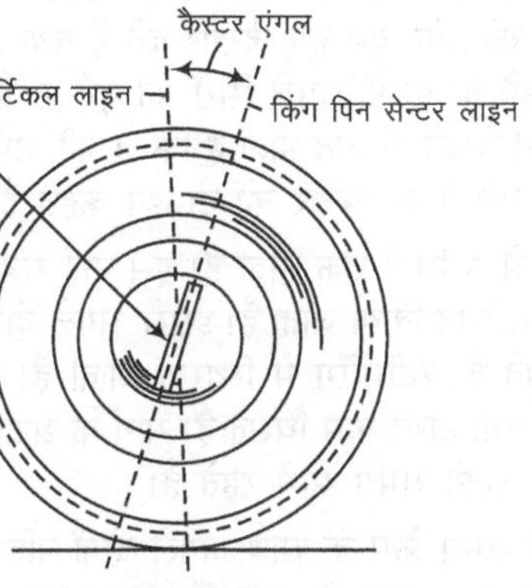

चित्र पॉजिटिव कैस्टर एंगल

3. किंग पिन झुकाव King Pin Inclination

यदि अगले पहियों की किंग पिनों को ध्यानपूर्वक देखा जाए, तो वे ऊपर से ट्रैक्टर के अन्दर की ओर झुकी रहती हैं तथा इनका नीचे का भाग बाहर की ओर फैला दिखाई देता है।

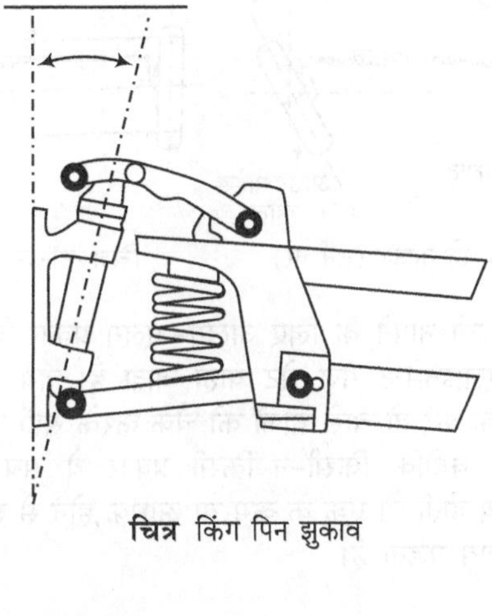

चित्र किंग पिन झुकाव

यह झुकाव कैम्बर कोण के ठीक विपरीत रहता है। इस झुकाव से जो कोण बनता है, उसे किंग पिन झुकाव कहा जाता है। यह झुकाव कोण 5° से 8° तक रखा जाता है। इस कोण के कारण पहिये हमेशा स्पिण्डल की सीध में आने की कोशिश करते है।

इस कारण स्टीयरिंग आसानी के साथ मुड़ कर अपने स्थान पर आने की कोशिश करता है, क्योंकि इस कोण का सम्बन्ध सीधे कैम्बर कोण से रहता है, इसलिए एक में कमी या अधिकता आने से दूसरे पर भी प्रभाव पड़ता है।

4. टो-इन एवं टो-आउट Toe-in and Toe-out

यदि किसी गोल चपटी वस्तु को कुछ तिरछा करके लुढ़काया जाए, तो वह बाहर की ओर को घूमते समय मुड़ जाएगी। इसी प्रकार ट्रैक्टर के अगले पहियों में जब कैम्बर रखा जाता है, तो उनके झुकाव के कारण पहियो में बाहर की ओर भागने की क्रिया होने लगती है। इससे स्टीयरिंग को बीच में रखना कठिन हो जाता है। उसे रोकने के लिए पहियों में टो-इन दिया जाता है। यदि अगले पहियों को आगे की ओर से देखा जाए तो उनके अगले सिरे (toe) अन्दर की ओर घूमे हुए दिखाई देते हैं तथा पिछले हिस्से बाहर की ओर फैले रहते हैं। इसमें अगले सिरों की दूरी B है तथा पिछले सिरों की दूरी A है। इसे देखने से ज्ञात होता है कि A की अपेक्षा B की दूरी अधिक है। इन दोनों दूरियों के अन्तर को टो-इन कहते हैं।

यह 2 मिमी से 5 मिमी तक होता है। इसे टाई रॉड एण्ड की सहायता से रखा तथा व्यवस्थित किया जाता है। इससे अगले दोनों पहिये एक-दूसरे के समान्तर चलते हैं, स्टीयरिंग में स्थिरता आती है। पहिये साइड से स्लिप नहीं करते हैं तथा टायर कम घिसते हैं। मार्ग के झटके भी कम महसूस होते हैं। ये पहिये चलते समय सीधे रहते हैं।

ट्रैक्टर मोड़ते समय फ्रेम के साथ अगले दोनों पहियों के कोणों के अन्तर को टो-आउट कहा जाता है। स्टीयरिंग सिस्टम इस प्रकार डिजाइन किया जाता है कि ट्रैक्टर मोड़ते समय अन्दर का पहिया अधिक कोण बनाता है। इसके विपरीत बाहरी पहिया कम कोण बनाता है। इसी कारण मोड़ते समय पहिये टो-आउट रहते हैं। उदाहरण के लिए यदि अन्दर का पहिया 23° तथा बाहरी पहिया 20° का कोण बनाता है, तो इसमें $23° - 20° = 3°$ टो-आउट है।

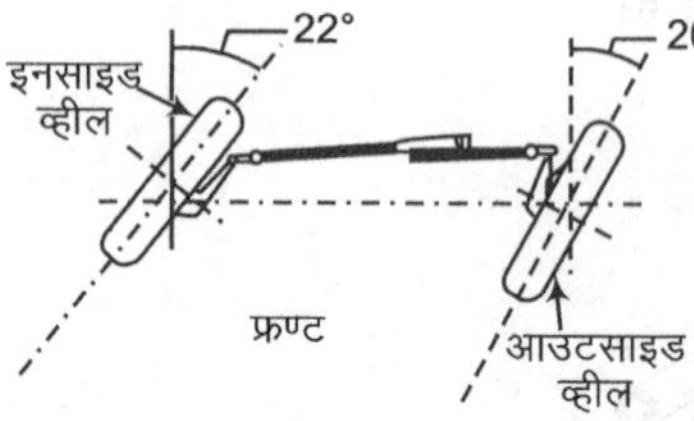

चित्र टो-आउट (टर्न पर)

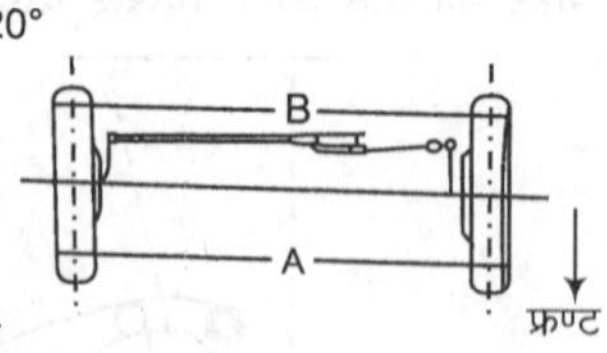

चित्र टो-इन

उपरोक्त चारों को नापने के लिए अलग-अलग प्रकार के गेज आते हैं, जिन्हें व्हील एलाइनमेन्ट गेज सेट कहा जाता है। जब कभी भी व्हील एलाइनमेन्ट चैक करें तो चारों चीजों को चैक करके सही प्रकार व्यवस्थित करना चाहिए, क्योंकि किसी-न-किसी प्रकार ये सब एक-दूसरे से प्रभावित अवश्य होती हैं। एक के कम या अधिक होने से सम्पूर्ण स्टीयरिंग पर उसका प्रभाव पड़ता है।

27.6 ट्रैक्टर की चेसिस Chassis of Tractor

ट्रैक्टर की चेसिस तीन मजबूत हिस्सों को जोड़कर बनाई जाती है ये निम्न हैं

1. इंजन Engine

इंजन के सिलेण्डर ब्लॉक को ही इस प्रकार बनाया जाता है कि यह कृषि कार्य करने से लगने वाले झटकों को सहन कर सके। आगे की ओर से इसे कास्टिड फ्रेम से फ्रण्ट एक्सेल से जोड़ा जाता है, पीछे से क्लच हाउसिंग को गियर बॉक्स हाउसिंग से बोल्टों द्वारा जोड़ा जाता है।

2. क्लच हाउसिंग Clutch Housing

कुछ ट्रैक्टरों में यह, सिलेण्डर ब्लॉक में ही ढाला जाता है, परन्तु किन्हीं में अलग से फिट किया जाता है।

3. गियर बॉक्स हाउसिंग Gear Box Housing

गियर बॉक्स के हाउसिंग को भी काफी मजबूत कास्ट आयरन में ढाला जाता है, क्योंकि यह ट्रैक्टर के बीच का हिस्सा होता है। इसके पीछे डिफरैन्शियल लगाया जाता है। डिफरैन्शियल के दोनों ओर रियर एक्सेल ट्यूब लगाकर पहिये फिट किए जाते हैं। इस प्रकार ट्रैक्टर का निर्माण बिना चेसिस-फ्रेम के हो जाता है। कुछ पुराने ट्रैक्टरों-इण्टरनेशनल, बाई लार्स में चेसिस प्रयोग होती थी। ट्रैक्टर की इस प्रकार फिटिंग से इसे इसके आकार-प्रकार से ही पहचाना जाता था, इसीलिए इनकी स्पीड में मोटर की अपेक्षा अन्तर होता था, क्योंकि इसकी कार्यक्षमता मोटर से अधिक होती थी, परन्तु ट्रैक्टर के गियरों का अनुपात उससे अधिक होता था, जिससे ट्रैक्टर की स्पीड कम व कार्यक्षमता बढ़ी हुई होती थी।

ट्रैक्टरों में चेसिस-फ्रेम केवल चेन टाइप ट्रैक्टरों में होता है, क्योंकि इनकी कार्यक्षमता व्हील टाइप ट्रैक्टरों से कहीं अधिक होती है। इसी क्षमता के कारण चेन टाइप ट्रैक्टरों की स्पीड इनसे भी कम होती है। इसके अनुसार ही चेन टाइप ट्रैक्टरों में काफी अन्तर भी होता है।

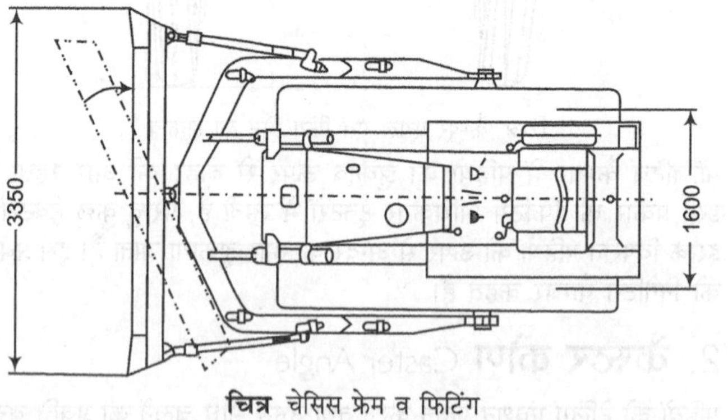

चित्र चेसिस फ्रेम व फिटिंग

इस प्रकार चेन टाइप ट्रैक्टरों में फ्रेम पर निम्न फिटिंग लगाई जाती है रेडिएटर, इंजन, गियर बॉक्स, डिफरैन्शियल, ड्रिबिन व्हील, आइडलर व्हील एवं हाइड्रॉलिक ऑयल ट्रैक। इसका उपयोग भिन्न-भिन्न प्रकार के अन्य उपकरणों; जैसे— डोजर, एंगल डोजर क्रेन आदि, कुछ बड़े चार पहियों वाले डोजर्स में भी किया जाता है, जिससे अधिक ऊबड़-खाबड़ वाली जगहों पर कार्य लिया जाता है, क्योंकि इनका ग्राउण्ड क्लीयरैन्स (ground clearance) चेन टाइप ट्रैक्टरों से अधिक होता है।

27.7 स्टीयरिंग प्रणाली के दोष, कारण और उपचार
Defects, Causes and Remedy of Steering System

क्र. सं.	कारण	उपचार
I. स्टीयरिंग में शक्ति अधिक लगती है।		
1.	स्टीयरिंग गियर बॉक्स में तेल नहीं है।	तेल सही सतह तक भरें।
2.	किंग पिन जाम हो गई है।	किंग पिन खोलकर सही करें।
3.	टो-इन गलत है।	टो-इन सही करें।
4.	टायरों में हवा कम है।	हवा सही दबाव की भरें।
II. ट्रैक्टर का इधर-उधर चलना		
1.	व्हील एलाइनमेन्ट का गलत होना विशेष रूप से कैस्टर कोण का गलत होना।	सही प्रकार से व्हील एलाइनमेंट चैक कराकर उसे एडजस्ट रखें।
2.	स्टीयरिंग कनेक्शन ढीले हैं।	दोष देखकर उसे दूर करें।
3.	टायरों में समान दबाव का न होना।	एक समान दबाव की हवा रखें।
4.	स्टीयरिंग आर्म ढीली होना।	स्टीयरिंग आर्म कसें।
5.	किंग पिन बुश ढीले हो गए हैं।	किंग पिन बुश बदलें।
6.	व्हील बियरिंग ढीले हैं।	व्हील बियरिंग सही एडजस्ट करें। यदि बियरिंग खराब है, तो उसे बदलें।
7.	स्टीयरिंग गियर बॉक्स फाउण्डेशन पर ढीला है।	स्टीयरिंग गियर बॉक्स सही टाइट करें।
III. ट्रैक्टर एक ओर खिंचता है।		
1.	अगले पहियों में एकसमान हवा का न होना।	एक समान हवा भरें।
2.	ब्रेक ठीक प्रकार एडजस्ट नहीं हैं।	सही प्रकार से ब्रेक एडजस्ट करें।
3.	व्हील एलाइनमेन्ट का गलत होना।	व्हील एलाइनमेंट चैक कराकर एडजस्ट करें।
4.	कैस्टर प्लेट असमान है।	एक समान प्लेटें फिट करें।
5.	स्टब एक्सेल टेढ़ा हो गया है।	दूसरा एक्सेल फिट करें।
IV. स्टीयरिंग में फ्री चाल अधिक है।		
1.	स्टीयरिंग के भाग अधिक घिस गए हैं।	घिसे भागों को बदलें।
2.	स्टीयरिंग एडजस्टमेन्ट ढीले हैं।	एडजस्टमेन्ट सही करें।
3.	स्टीयरिंग शाफ्ट में बुश ढीला है।	नया बुश प्रयोग करें।
V. अगले टायर शीघ्र घिसते हैं।		
1.	टो-इन तथा कैम्बर का ठीक सम्बन्ध न होना।	टो-इन तथा कैम्बर एंगल सही करें।
2.	स्टीयरिंग आर्म टेढ़ी है।	स्टीयरिंग आर्म बदलें लें।
3.	ब्रेक ठीक एडजस्ट नहीं हैं।	ब्रेक ठीक प्रकार एडजस्ट करें।
4.	स्टब एक्सेल टेढ़ा है।	स्टब एक्सेल बदलें।
5.	व्हील बियरिंग ढीले हैं।	बियरिंग सही टाइट करें।

नोट *स्टीयरिंग किसी भी प्रकार का हो, उसमें उचित समय पर लुब्रीकेशन करते रहना चाहिए। स्टीयरिंग के जोड़ों पर लुब्रीकेशन के लिए ग्रीस निपल लगे होते हैं। इन निपलों द्वारा उचित ग्रेड की ग्रीस देनी चाहिए। स्टीयरिंग गियर बॉक्स में SAE-90 का गियर ऑयल डाला जाता है। यदि किसी कारण इसकी सतह कम हो गई है, तो उसे शीघ्र पूरा करना चाहिए।*

महत्त्वपूर्ण बिन्दु

- स्टीयरिंग का प्रयोग करके ट्रैक्टर को मोड़ा जाता है। स्टीयरिंग प्रणाली का सम्बन्ध ट्रैक्टर के अगले पहियों के साथ होता है।
- स्टीयरिंग शाफ्ट का एक भाग स्टीयरिंग व्हील तथा दूसरा भाग स्टीयरिंग बॉक्स के अन्दर वर्म के साथ फिट रहता है।
- स्टीयरिंग व्हील आकार में गोल तथा हार्ड रबर या प्लास्टिक का बना होता है।
- ड्रैग लिंक का कार्य स्टीयरिंग की गति को स्टब एक्सेल पर लगे आर्म पर पहुँचाने के लिए होता है जबकि पुश रॉड का कार्य दोनों स्टब एक्सेलों के आर्म को जोड़ना है।
- स्टीयरिंग गियर बॉक्स का कार्य व्हील की घूर्णन गति को ड्रॉप आर्म के इधर-उधर की गति में रूपान्तरित करना है।
- वर्म एण्ड सेक्टर टाइप स्टीयरिंग में, स्टीयरिंग शाफ्ट के निचले सिरे पर वर्म बना रहता है जो सेक्टर के साथ जुड़ा रहता है।
- रिसर्कुलेटिंग बॉल एण्ड नट टाइप स्टीयरिंग में रिसर्कुलेटिंग बॉल तथा एक नट का मुख्य प्रयोग होता है।
- रैक एण्ड पिनियन टाइप स्टीयरिंग में बैक-लैश या प्ले एडजस्ट करने के लिए स्प्रिंग लोडेड नट की व्यवस्था रहती है।
- हाइड्रॉलिक असिस्टिड स्टीयरिंग प्रणाली पास्कल के सिद्धान्त पर कार्य करती है।
- हल्के ट्रैक्टरों में गियर अनुपात कम व भारी ट्रैक्टरों में अधिक होता है।
- स्टब एक्सेल का तली की ओर के झुकाव से जो कोण बनता है, उसे कैम्बर कोण कहते हैं।
- पहियों को ट्रेलिंग एक्शन प्रदान करने तथा उसमें सीधे चलने की प्रवृत्ति बनाए रखने के लिए कैस्टर कोण दिया जाता है।
- ट्रैक्टर की चेसिस तीन मजबूत हिस्सों—इंजन, क्लच हाउसिंग तथा गियर बॉक्स हाउसिंग से जोड़कर बनाई जाती है।
- ट्रैक्टरों में चेसिस फ्रेम केवल चेन टाइप ट्रैक्टरों में होती है।
- चेन टाइप ट्रैक्टरों के फ्रेम पर रेडिएटर, गियर बॉक्स, डिफरैन्शियल, ड्रिबिन व्हील, आइडलर व्हील एवं हाइड्रॉलिक ऑयल ट्रैक लगे होते हैं।

महत्त्वपूर्ण प्रश्नोत्तरी

1. स्टीयरिंग शब्द किससे लिया गया है?

उत्तर स्टीयरिंग शब्द अंग्रेजी के स्टीयर (Stear) से लिया गया है जिसका अर्थ है- मोड़ना या घुमाना।

2. स्टीयरिंग गियर बॉक्स का कार्य बताइए।

उत्तर स्टीयरिंग गियर बॉक्स का कार्य, व्हील की घूर्णन गति को ड्रॉप आर्म के इधर-उधर की गति में रूपान्तरित करना है।

3. हाइड्रॉलिक असिस्टिंग प्रणाली किसके सिद्धान्त पर कार्य करती है?

उत्तर हाइड्रॉलिक असिस्टिंग प्रणाली पास्कल के सिद्धान्त पर कार्य करती है।

4. स्टीयरिंग गियर अनुपात से आप क्या समझते हैं?

उत्तर स्टीयरिंग व्हील के चक्करों की संख्या तथा स्टीयरिंग गियर बॉक्स शाफ्ट के चक्करों की संख्या को गियर अनुपात कहते हैं।

5. ट्रैक्टर में पहियों को ट्रेलिंग एक्शन प्रदान करने तथा उनमें सीधे चलने की प्रवृत्ति बनाए रखने के लिए कितने डिग्री का कैस्टर कोण दिया जाता है?

उत्तर ट्रैक्टरों मे पहियों को ट्रेलिंग एक्शन प्रदान करने तथा उनमें सीधे चलने की प्रवृत्ति बनाए रखने के लिए 3 से 5° तक का कैस्टर कोण दिया जाता है।

अभ्यास प्रश्न

परीक्षा प्रारूपी प्रश्न

बहुविकल्पीय

1. ट्रैक्टर में स्टीयरिंग का क्या कार्य है?
(a) ट्रैक्टर को रोकना (b) ट्रैक्टर को मोड़ना
(c) ट्रैक्टर को भगाना (d) ये सभी

2. स्टीयरिंग व्हील द्वारा अगला एक पहिया मुड़ता है, दूसरा पहिया किसके द्वारा मुड़ता है?
(a) कनैक्टिंग आर्म द्वारा (b) ड्रैग लिंक द्वारा
(c) टाई रॉड द्वारा (d) इनमें से कोई नहीं

3. ट्रैक्टर के लिए स्टीयरिंग व्हील कितने चक्कर घूम सकता है?
(a) 1 से 4 चक्कर (b) 2 से 4 चक्कर
(c) 3 से 6 चक्कर (d) ये सभी

4. निम्न में से कौन-सा स्टीयरिंग का मुख्य प्रकार है?
(a) वर्म एण्ड सेक्टर (b) वर्म एण्ड व्हील
(c) रैक एण्ड पिनियन (d) ये सभी

5. विशेष प्रकार का स्टीयरिंग है
(a) हाइड्रॉलिक स्टीयरिंग
(b) वैक्यूम स्टीयरिंग
(c) सम्पीडित वायु असिस्टिड स्टीयरिंग
(d) उपरोक्त सभी

6. ट्रैक्टर में हाइड्रॉलिक असिस्टिड स्टीयरिंग की क्या विशेषता है?
(a) मानव शक्ति कम लगती है (b) मानव शक्ति अधिक लगती है
(c) मानव शक्ति नहीं लगती है (d) इनमें से कोई नहीं

7. पावर स्टीयरिंग का प्रयोग होता है
(a) हाई प्रैशर टायर के साथ (b) बैलून टाइप टायर के साथ
(c) लो प्रैशर टायर के साथ (d) इनमें से कोई नहीं

8. अच्छे स्टीयरिंग में कौन-सा गुण होता है?
(a) मानव शक्ति कम लगे
(b) ब्रेक का स्टीयरिंग पर प्रभाव न पड़े
(c) स्टीयरिंग सेल्फ सेन्टर रहे
(d) उपरोक्त सभी

9. ट्रैक्टर के व्हील एलाइनमेन्ट में मुख्य कोण कौन-सा है?
(a) कैम्बर एंगल (b) कैस्टर एंगल
(c) किंग पिन इन्कलीनेशन तथा टो-इन
(d) उपरोक्त सभी

10. कैम्बर एंगल के कारण अगले पहिये दिखते हैं
(a) ऊपर से बाहर की ओर (b) नीचे से बाहर की ओर
(c) बिल्कुल सीधे (d) इनमें से कोई नहीं

11. व्हील एलाइनमेन्ट किसके द्वारा चैक होता है?
(a) रेडियस गेज द्वारा (b) वर्क टेबल द्वारा
(c) टर्न टेबल द्वारा (d) इनमें से कोई नहीं

12. स्टीयरिंग गियर बॉक्स में कौन-सा तेल डाला जाता है?
(a) हाइड्रॉलिक ऑयल (b) मोबिल ऑयल
(c) गियर ऑयल 90 नं. (d) गियर ऑयल 20 नं.

13. स्टीयरिंग लिंक रॉड को कहते हैं
(a) ट्रैक रॉड (b) पिटमैन आर्म (c) ड्रैग लिंक (d) वर्म रॉड

14. रैक एण्ड पिनियन में लगती है
(a) रिले रॉड (b) पिटमैन रॉड (c) ले-आउट (d) स्पोक रॉड

15. कैम्बर कोण होता है?
(a) पॉजिटिव (b) निगेटिव
(c) 'a' और 'b' दोनों (d) शून्य

16. रिडक्सन सिस्टम (reduction system) की गति का अनुपात निम्नलिखित में से कितना होता है?
(a) 1 : 5 से 2 : 10 तक (b) 10 : 2 से 22 : 3 तक
(c) 10 : 1 से 22 : 1 तक (d) इनमें से कोई नहीं

17. अगर ट्रैक्टर एक ओर स्टीयर करता है, तो इसका अर्थ है
(a) ड्राइवर ट्रैक्टर जितना मोड़ना चाहता है, उससे कम मुड़ता है
(b) ड्राइवर ट्रैक्टर जितना मोड़ना चाहता है, उससे अधिक मुड़ता है
(c) ट्रैक्टर ड्राइवर के हाथ से निकल जाता है
(d) उपरोक्त में से कोई नहीं

18. ट्रैक्टर को देखने पर कैम्बर बाहर की ओर हो, तो यह होता है
(a) ऋणात्मक (b) उदासीन (c) धनात्मक (d) शून्य

19. कैम्बर कोण का मान कितना होता है?
(a) 2° से अधिक नहीं (b) 2° से 50°
(c) 1° से 5° (d) 5° से 10°

20. आधुनिक ट्रैक्टर में किंग पिन झुकाव कितना होता है?
(a) 1° से 2° तक (b) 2° से 6° तक
(c) 5° से 8° तक (d) इनमें से कोई नहीं

उत्तरमाला

1. (b)	**2.** (c)	**3.** (b)	**4.** (d)	**5.** (d)	**6.** (a)	**7.** (b)	**8.** (d)	**9.** (d)	**10.** (a)
11. (c)	**12.** (c)	**13.** (c)	**14.** (d)	**15.** (c)	**16.** (c)	**17.** (b)	**18.** (c)	**19.** (a)	**20.** (c)

अध्याय 28

व्हील एवं टायर

Wheel and Tyre

परिचय Introduction

ट्रैक्टर में व्हील एक महत्त्वपूर्ण भाग है जो ट्रैक्टर के समस्त भार को वहन करता है तथा ड्राइविंग टॉर्क व ब्रेकिंग टॉर्क को भी सहन करता है। इसके अतिरिक्त व्हील सड़क के झटकों को स्वयं सहन करके, ट्रैक्टर पर होने वाले प्रभावों को रोकता है। व्हील एक ऐसी असेम्बली है जिसमें हब, स्पोक्स, रिम, टायर तथा ट्यूब सम्मिलित होते हैं।

ट्रैक्टरों में पीछे की ओर कुछ बड़े व्हील्स लगाए जाते हैं, क्योंकि उन पर अधिक भार होता है। ट्रैक्टर के आगे वाले व्हील्स वाहन को मोड़ने में तथा पीछे वाले व्हील्स, आगे वाले व्हील्स को पावर ट्रांसमिट करने में प्रयोग होते हैं। इसके अतिरिक्त सभी व्हील्स ब्रेक लगाने पर साइड के दबाव को रोकने तथा सहने में समर्थ होते हैं।

अध्याय विषय सूची

- ट्रैक्टरों में व्हील्स एवं टायरों की आवश्यकता
- ट्रैक्टरों में प्रयुक्त व्हील
- वाहनों में प्रयुक्त व्हील रिम
- ट्रैक्टरों में प्रयुक्त टायर
- टायर-ट्यूब
- **महत्त्वपूर्ण बिन्दु**
- **महत्त्वपूर्ण प्रश्नोत्तरी**
- **अभ्यास प्रश्न**

28.1 ट्रैक्टरों में व्हील्स एवं टायरों की आवश्यकता Need of Wheels and Tyres in Tractors

किसी भी ट्रैक्टर हेतु व्हील्स एवं टायर वह अनिवार्य आवश्यकता है जिनके अभाव में ट्रैक्टर का प्रचालन सम्भव ही नहीं है। व्हील्स तथा टायर का कार्य ट्रैक्टर व चालक के भार को वहन करना, झटकों व कम्पनों को यथासम्भव कम करना तथा ट्रैक्टर के नियन्त्रण में अन्य प्रणालियों की सहायता करना होता है। किसी भी ट्रैक्टर के व्हील्स ही उस ट्रैक्टर के समग्र भार को वहन कर विविध प्रणालियों के सहयोग से उसको क्रियाशील (activate) कर अपने गंतव्य तक पहुँचने में सक्षम होते हैं। व्हील्स एवं टायर असेम्बली संयुक्त रूप से ट्रैक्टर के लिए एक बहुउपयोगी गद्दे का कार्य करती है, जिसमें वायवीय दाब को निश्चित बनाए रखने की बाध्यता होती है।

28.2 ट्रैक्टरों में प्रयुक्त व्हील Wheel Used in Tractors

व्हील का समग्र संयोजन हब, डिस्क, रिम, टायर और ट्यूब से होता है। व्हील टायर-ट्यूब के सहयोग से न केवल ट्रैक्टर के समस्त भार को सहारा देता है अपितु सड़क-मार्गों में उत्पन्न झटकों एवं कम्पनों से भार, ट्रैक्टर को सुरक्षा एवं ट्रैक्टर को नियन्त्रण भी प्रदान करता है। इन उद्देश्यों को पूर्ण करने के लिए व्हील मजबूत, कार्यक्षम, पकड़दार, सन्तुलित एवं हल्के होने चाहिए।

व्हील की माप Size of Wheel

ट्रैक्टरों में प्रयुक्त होने वाले व्हील की माप निम्न पदों में व्यक्त की जाती है

1. चौड़ाई   2. व्यास   3. प्रकार

व्हील का प्रकार	व्हील की चौड़ाई (*W*)	व्हील का व्यास (*D*)
B	5.5	13
J	4.5	14

जहाँ, W = चौड़ाई (इंच में) तथा D = व्यास (इंच में)

28.3 वाहनों में प्रयुक्त व्हील रिम Wheel Rim Used in Vehicles

व्हील की परिधि का वह बाहरी गोल भाग जिस पर टायर और ट्यूब सैट किए जाते हैं, व्हील रिम कहलाता है।

ट्रैक्टरों में प्राय: निम्नलिखित प्रकार के व्हील रिम प्रयुक्त होते हैं

1. आर्टिलरी वुडन स्पोक व्हील रिम
2. हैवी ड्यूटी प्रैस्ड या फ्लैट रिम
3. टू-पीस रिम

1. आर्टिलरी वुडन स्पोक व्हील रिम Artillery Wooden Spoke Wheel Rim

ट्रैक्टरों के आविष्कार के समय इस प्रकार के रिमों का प्रयोग किया गया था। इसमें लकड़ी के हब में लकड़ी की ही स्पोक लगाई जाती थी जिन्हें बाहर से लकड़ी के टुकड़ों से बने रिंग से जोड़ा जाता था।

लकड़ी से बने होने के कारण इस प्रकार के रिम पानी में तथा सड़क की रगड़ से शीघ्र ही खराब हो जाते थे तथा इनमें संकुचन प्रभाव (shrinking effect) भी उत्पन्न होने लगा, इसलिए इनके बाहर लोहे का रिंग प्रयोग किया जाने लगा। यह रिम ठेला गाड़ी आदि में प्रयोग किए जाते हैं।

2. हैवी ड्यूटी प्रैस्ड रिम या फ्लैट रिम Heavy Duty Pressed Rim or Flat Rim

प्राय: सभी भारी मोटरगाड़ियों में इस प्रकार के व्हील रिम प्रयोग किए जाते हैं। इनमें अच्छे स्टील की शीट को प्रेस करके सम्पूर्ण रिम बनाया जाता है जिसके एक ओर टायर को रोकने के लिए कॉलर बना होता है कॉलर के ऊपर ट्यूब व टायर चढ़ाकर एक रिंग, फ्लैंज के रूप में फिट करके लॉक कर दी जाती है। इस प्रकार के रिम से टायर-ट्यूब निकालने तथा लगाने में अधिक सावधानी की आवश्यकता होती है।

जब भी रिम से टायर-ट्यूब अलग करनी होती है, तो उसकी हवा निकालकर टायर लिवर को फ्लैंज में लॉक के स्थान पर फँसाया जाता है तथा हथौड़े की चोट मार कर दबाया जाता है, परन्तु उस समय रिंग को किसी प्रकार दबाए रखते हैं, अन्यथा वह ग्रूव से हटते ही अपने स्थान से हट जाती है, जिससे दुर्घटना हो सकती है। इसे फिट करते समय पूर्ण रूप से देख लेना चाहिए कि रिंग सही प्रकार फिट होकर लॉक हो गया है

अथवा नहीं, अन्यथा रिम पर लोड पड़ते ही रिंग खुल जाती है।

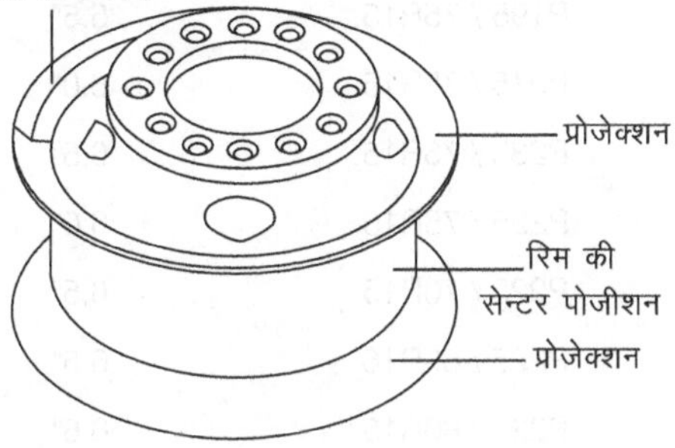

चित्र फ्लैट रिम

3. टू पीस रिम Two Piece Rim

ये दो भागो में बने होते हैं अथवा कहा जा सकता है कि साधारण रिम को मध्य से विभाजित करके दो भाग कर दिए जाते हैं, इन्हे टयूब के मध्य में दोनों ओर से रखकर इनमे बने छिद्रों में नट-बोल्ट कस दिए जाते हैं।

व्हील रिम का अनुरक्षण Maintenance of Wheel Rim

वाहन के व्हील्स तथा उनसे संयोजित रिम बिना किसी व्यवधान के कार्य करते रहें, इसके लिए व्हील रिम का समय-समय पर अनुरक्षण करना चाहिए। इसके लिए निम्नलिखित तथ्यों का ध्यान रखना चाहिए

1. महीने में एक बार रिम के सीधापन (straightness) की जाँच कर लें। यदि रिम टेढ़ा है, तो उसे सीधा कराएँ अथवा बदल दें। टेढ़े रिम के कारण टायर शीघ्र घिस जाते हैं एवं गाड़ी की चाल पर भी प्रभाव पड़ता है।
2. वर्ष में एक बार व्हील रिम पर नया पेन्ट कराना चाहिए, क्योंकि पानी के सम्पर्क में निरन्तर आने के कारण रिम में जंग लग सकती है जिससे उनकी मजबूती कम हो जाती है। इसके साथ ही रिम का वह भाग जो ट्यूब के सम्पर्क में आता है, वहाँ जंग लगने से ट्यूब में पंक्चर होने का भय रहता है।
3. महीने में एक बार व्हील्स के नट अवश्य चैक कर लें, क्योंकि ढीले व्हील नट कभी भी दुर्घटना का कारण बन सकते हैं।
4. स्लिप व्हील के नट अथवा स्टड समय-समय पर बदल देने चाहिए।

व्हील रिम का आकार Size of Wheel Rim

प्रत्येक टायर के लिए एक मानक रिम चौड़ाई निर्धारित होती है, क्योंकि रिम की चौड़ाई टायर की चौड़ाई को प्रभावित करती है। रिम की चौड़ाई को टायर के 'डिजाइन रिम चौड़ाई' के रूप में भी जाना जाता है।

टायरों की चौड़ाई को प्राय: इंच में व्यक्त किया जाता है। कुछ विशेष टायरों हेतु रिम की चौड़ाई निम्न है

क्र. सं.	टायर का नाम	रिम की चौड़ाई
1.	P175 / 75R14	5.0"
2.	P195 / 75R15	5.5"
3.	P215 / 75R15	6.0"
4.	P235 / 75R15	6.5"
5.	P225 / 75R15	6.0"
6.	P225 / 70R15	6.5"
7.	P225 / 65R16	6.5"
8.	P225 / 60R15	6.5"
9.	P225 / 55R15	7.0"
10.	P225 / 50R15	7.0"
11.	P225 / 45R17	7.5"
12.	P225 / 40R18	8.0"

रिम की माप में रिम के व्यास को भी दर्शाया जाता है। रिम का व्यास इसके एक सिरे पर स्थित बीड सीट से दूसरे सिरे पर स्थित बीड सीट के मध्य, केन्द्र के सापेक्ष दूरी होती है।

28.4 ट्रैक्टरों में प्रयुक्त टायर Tyre Used in Tractors

व्हील्स के रिम पर रबर के टायर तथा ट्यूब चढ़ाए जाते हैं। टायर के अन्दर पतली रबर की थैलीनुमा ट्यूब फिट की जाती है जिसमें हवा भरी जाती है ट्यूब में भरी हवा ही गाड़ी का भार उठाती है। टायरों पर ही ब्रेकों का अच्छी प्रकार से कार्य करना भी निर्भर करता है।

टायरों के मुख्य कार्य निम्न हैं

1. ये ट्रैक्टर का भार उठाते हैं।
2. ये ट्रैक्टर के कम्पन तथा झटके सहन करते हैं।
3. ये ट्रैक्टर को चलाने के लिए सड़क से रगड़ खाने का कार्य करते हैं।
4. ये ब्रेक लगाने पर ट्रैक्टर को रोकने में सहायता करते हैं।

टायर के संरचनात्मक पदार्थ Constructional Material of Tyre

टायर संरचना प्रक्रिया में टायर के उपयोग को ध्यान में रखकर निर्माणक सामग्री का चयन कर उत्तम टायर के वांछनीय गुणों को समाहित करने का प्रयास किया जाता है।

टायर की संरचना में ऐसा पदार्थ प्रयोग करना चाहिए जिससे टायर सन्तुलित रहे, शोर न करे, एकसमान घिसे, झटका सह सके, भारवाहक हो एवं फिसलने वाले न हो। टायरों के बाहरी आवरण को बनाने हेतु रेयॉन तथा नायलॉन का उपयोग किया जाता है।

टायर निर्माणक सामग्रियाँ निम्नलिखित हैं

(i) **रबर** (Rubber) टायरों के ट्रेड बनाने में प्रयोग होने वाली रबर प्राकृतिक और कृत्रिम रबर का मिश्रण होती है, जिसमें घिसाई-प्रतिरोधकता, कम आन्तरिक घर्षण इत्यादि जैसे गुण प्राप्त करने के लिए विशेष रसायन (गन्धक, कार्बन ब्लैक आदि) मिलाए जाते हैं।

(ii) **नायलॉन या रेयॉन** (Nylon or reyon) टायरों को मजबूती प्रदान करने के लिए इनका उपयोग किया जाता है। इसका उपयोग टायर निर्माण में इसलिए किया जाता है कि टायर के घिसने पर भी उसमें रीट्रेडिंग की क्षमता बनी रहे।

(iii) **उच्च तनन स्टील वायर** (High tensile steel wire) टायरों की आन्तरिक मजबूती को बनाए रखने के लिए उसमें बीड वायर के रूप में उच्च तनन स्टील का उपयोग किया जाता है।

टायर की संरचना Construction of Tyre

टायर बनाने के लिए पहले रबर, सूत की डोरियों एवं तार का प्रयोग किया जाता था, परन्तु वर्तमान में टायरों में मजबूती के उद्देश्य से सूत की डोरियों के स्थान पर नायलॉन तथा रेयॉन की डोरियों का प्रयोग किया जाने लगा है। टायर बनाने हेतु तार के गोल रिंग के साथ रबर तथा डोरियों की कई प्लाई (plies) एक के ऊपर एक चिपकाई जाती हैं

टायर के प्रमुख अवयव Main Components of Tyre

टायर के प्रमुख अवयवों का विवरण निम्नवत् है

1. ट्रेड Tread

यह टायर के ऊपर लगी रबर की मोटी परत होती है। इसमें डिजाइन, टायर को अधिक-से-अधिक सामर्थ्य प्रदान करने के उद्देश्य से बनाए जाते है। ये टायर को पकड़ प्रदान करते हैं।

2. साइड वाल Side wall

रबर कम्पाउण्ड से निर्मित काले या सफेद रंग की साइड वाल, टायर की केसिंग प्लाइयों हेतु सुरक्षा आवरण तथा टायर को वातावरण प्रतिरोधक क्षमता प्रदान करती है। इसके साथ ही साइड वाल टायर को मजबूती प्रदान करने में भी महत्त्वपूर्ण भूमिका का निर्वहन करती है।

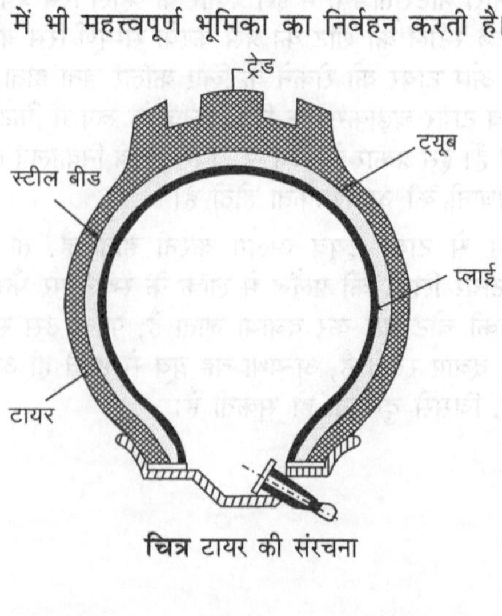

चित्र टायर की संरचना

3. बीड्स Beads

रबर यौगिक में जड़े हाई टेन्साइल स्टील तारों के गुच्छों को बीड कहते हैं। इन्हें टायर के किनारों में इस प्रकार व्यवस्थित किया जाता है कि व्हील्स के रिम के भीतरी भागों में टायर मजबूती से लगाए जा सकें।

4. ब्रेकर Breaker

ये टायर के ऊपर वाली दो प्लाइयाँ होती हैं जोकि रेयॉन या नायलॉन से निर्मित होता है। ये वाहन के भार को सम्पूर्ण टायरों पर विभक्त करने में सहायक होती हैं।

5. केसिंग प्लाइयाँ Casing Plies

यह नायलॉन या रेयॉन के धागों से निर्मित की जाती है। यह, ट्यूब पर भार आने के कारण जो दबाव बनता है,

उसे सम्भाले रखती है। इसके अतिरिक्त यह वाहन पर सड़क के झटकों तथा उस पर आने वाले भार को भी सहन करती है। इन प्लाइयों की संख्या पर ही टायर की मजबूती निर्भर करती है। अधिक प्लाई वाले टायर अधिक मजबूत होते हैं।

टायर की प्लाई रेटिंग Ply Rating of Tyre

शब्द 'प्लाई रेटिंग' रबर के अन्दर धातु तार कोर्ड (Cord) की बनावट को अंकित करता है। टायर में धातु की बनावट रबर को एक साथ पकडे रखती हैं।

तार व क्रोड टायर के आकार व संरचना का निर्माण करती हैं। टायर में अधिक प्लाई रेटिंग का होना अधिक लोड रेटिंग को दर्शाता है। ट्रैक्टरों में प्रयुक्त टायरों की प्लाई रेटिंग 2, 4, 6 व 8 तक होती है।

टायर ट्रेड डिजाइन Tyre Tread Design

टायर कम्पनियाँ टायर पर, उसकी उपयोगिता के अनुसार अलग-अलग प्रकार के डिजाइन बनाती हैं। इन ट्रेड डिजाइनों के अनुसार ही इन टायरों को पहचाना जाता है; जैसे—प्लस बार, ट्रेड मास्टर तथा पावर ग्रिप आदि। इस ट्रेड का ट्रैक्टर की चाल तथा उसके चलने के स्थान के अनुसार चुनाव करके ही टायरों का प्रयोग करना चाहिए जिससे ट्रैक्टर की चाल पूर्ण क्षमता पर उपयोग की जा सके।

इन ट्रेडों के घिस जाने से व्हील्स स्लिप होने लगते हैं तथा उनकी रोड ग्रिपिंग शक्ति (road gripping power) कम हो जाती है। अत: घिसे हुए टायरों को बदलना चाहिए या उन्हें अच्छी प्रकार रीट्रेडिंग करके प्रयोग करना चाहिए। निम्न चित्रों में कुछ प्रमुख टायर ट्रेड डिजाइन दर्शाए गए हैं

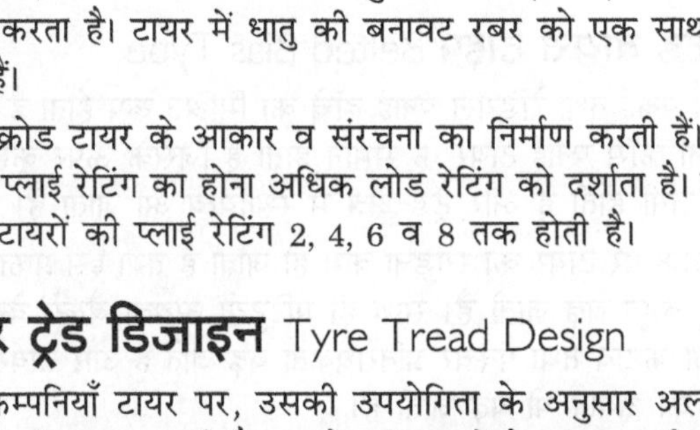

चित्र टायर ट्रेड डिजाइन

टायर के डिजाइन में ध्यान रखने योग्य बिन्दु
Points to be Remembered in Design of Tyre

टायर ट्रेड के डिजाइन में कुछ मौलिक विशिष्टियों को ध्यान में रखा जाता है जो टायरों को गुणवत्ता प्रदान करने में सहायक होती है। टायर की ब्रेकिंग पकड़ दो कारकों, ट्रेड सामग्री और मॉडल पर निर्भर करती है। सूखी सड़कों पर रन फ्लेट टायर सबसे अधिक पकड़ बनाए रखता है जबकि गीली सड़कों पर इसकी पकड़ नाममात्र की अर्थात् कम रह जाती है। एक विशेष ट्रेड नमूने के लिए पकड़ यान्त्रिक तौर पर और घर्षण द्वारा प्रभावित होती है। ट्रेड्स के मध्य में पर्याप्त चौड़ी झिर्रियाँ सड़क के पानी के निकास का काम करती हैं।

टायरों पर बहुत चौड़ी झिर्रियों की थोड़ी-सी संख्या की अपेक्षा उससे संकरी, परन्तु अधिक संख्या में झिर्रियाँ रखने से पानी का निकास अच्छी तरह होता है। सड़क की सतह और टायर ढाँचे के विरूपण से उत्पन्न विभिन्न प्रकार के कम्पन भी शोर उत्पन्न करते हैं, परन्तु इनके अतिरिक्त टायरों में होने वाला शोर ट्रेड के प्रकार पर भी निर्भर करता है।

टायर में होने वाले शोर के इस स्रोत को ट्रेड्स के मॉडल में थोड़ा आकार या आकृति परिवर्तन करके बन्द किया जा सकता है। कम घिसाई के लिए, टायर ट्रेड ऐसा हो कि चलते समय, इनके अलग-अलग खण्डों का कम-से-कम विरूपण हो पाए।

टायर ट्रेड डिजाइन के कुछ उदाहरण निम्नवत् हैं

1. हाइवे डिजाइन — पक्की सड़कों पर ट्रकों तथा बसों हेतु
2. RK 20 — कच्ची-पक्की सड़कों हेतु
3. सी 49 — पक्की सड़कों पर कारों हेतु

टायर की संरचना के प्रकार
Types of Tyre Construction

टायर का नाम भी उनकी संरचना के अनुसार होता है, क्योंकि उनकी संरचना ही वाहन के प्रचालन (operation) के समय प्रतिबल सहन करने योग्य होती है। टायरों की संरचना निम्न तीन प्रकार की होती है

1. क्रॉस प्लाई टाइप Cross Ply Type

इस प्रकार के टायर में दो प्लाइयों के धागे विपरीत दिशाओं में बुने जाते हैं। ये धागे टायरों की अक्ष पर 30° से 40° के झुकाव पर बुने जाते हैं। इस प्रकार के टायरों को ही क्रॉस बायस्ड प्रकार भी कहते हैं। इनमें प्लाइयों की संख्या 1, 4, 6, 8, 10, 12, 14, 16 होती है, जिनमें से 1, 3, 5 किसी एक दिशा में तथा 2, 4, 6 उसके विपरीत दिशा में बुनी जाती है। यह क्रम पूरी प्लाई संख्या में समान रखा जाता है। इस प्रकार निर्मित टायर कम घिसते हैं। इन ढाँचे वाले टायरों का उपयोग केवल फ्रण्ट व्हील पर ही किया जाता है।

चित्र क्रॉस प्लाई टाइप

2. रेडियल प्लाई टाइप Radial Ply Type

इसमें प्लाइयों के धागे रेडियल दिशा में बुने होते हैं जिसमें मूल रचना के ऊपर परिधीय दिशा में कुछ ब्रेकर पट्टियाँ (breaker strips) लगी होती हैं। ब्रेकर पट्टियों को बनाने हेतु लचीला पदार्थ प्रयुक्त करना चाहिए, परन्तु यह पदार्थ विस्तार होने वाला नहीं होना चाहिए जिससे कि टायर में हवा बढ़ने पर उसकी परिधि में कोई परिवर्तन न हो। ब्रेकर पट्टियों के बिना रेडियल प्लाइयों से यात्रा बहुत आरामदायक होती है, परन्तु इसमें पार्श्व-स्थायित्व (lateral stability) नहीं होता।

चित्र रेडियल प्लाई टाइप

क्रॉस प्लाई टाइप व रेडियल प्लाई टाइप टायरों के बीच तुलनात्मक विश्लेषण

Comparative Analysis between Cross Ply Type and Radial Ply Type Tyre

(i) रेडियल प्लाई टायरों की साइड दीवारें, क्रॉस प्लाई टायरों की अपेक्षा 25% अधिक आघात सह सकती हैं।

(ii) रेडियल प्लाई टायरों में गीली सड़कों पर ब्रेक लगने तथा पानी हटाने की दक्षता क्रॉस प्लाई टायरों की तुलना में अधिक होती है।

(iii) रेडियल प्लाई टायरों में ब्रेकर पट्टियाँ लगी होती हैं जबकि क्रॉस प्लाई टायरों में ब्रेकर पट्टियाँ नहीं होती हैं।

(iv) रेडियल प्लाई टायरों के छोटे स्लिप कोण क्रॉस प्लाई टायरों की अपेक्षा अधिक अच्छे स्टीयरिंग गुण प्रदान करते हैं।

(v) मोड़ पर मुड़ते समय रेडियल प्लाई टायरों में विरूपण तथा सड़क पर से एक ओर से उठ जाने की प्रवृत्ति कम होती है। इस प्रकार रेडियल प्लाई टायरों में सड़क के साथ अधिक स्पर्श होता है व मोड़ पर मुड़ते समय फिसलने की प्रवृत्ति कम होती है।

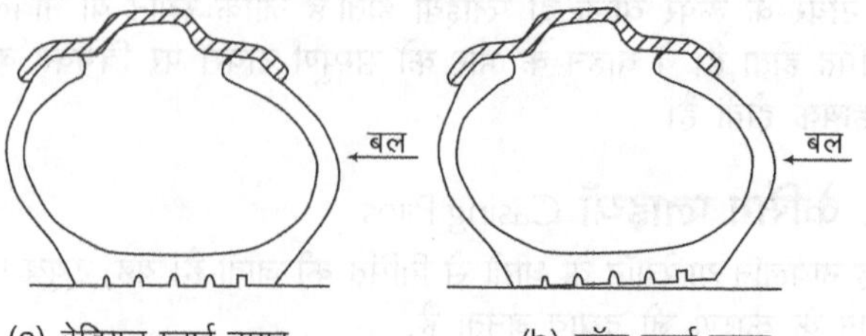

चित्र मोड़ काटते समय टायर विरूपण की तुलना

(vi) रेडियल प्लाई टायरों में ब्रेकर पट्टियों के कारण ट्रेडेड क्षेत्र में पंक्चर, काट इत्यादि टायर की क्रॉस प्लाई टायरों की अपेक्षा कम होते हैं।

(vii) रेडियल प्लाई टायरों की प्रारम्भिक लागत क्रॉस प्लाई टायरों से लगभग 20% अधिक होती है।

3. बैल्टेड बायस टाइप Belted Bias Type

यह क्रॉस प्लाई तथा रेडियल प्लाई ढाँचे का मिश्रित रूप होता है जिनकी मूल रचना क्रॉस प्लाई टायर के समान होती है जिसके ऊपर कुछ ब्रेकर पट्टियाँ लगी होती हैं और ट्रेड क्षेत्र में स्थायित्व आ जाता है।

इससे सड़क पर टायर का रगड़ना कम हो जाता है तथा इस प्रकार टायर की आयु बहुत बढ़ जाती है। साथ ही पट्टियों अथवा बैल्टों के कारण टायरों का कटाव तथा पंक्चर प्रतिरोधकता बढ़ जाते हैं और टायरों की न फिसलने की क्षमता भी बढ़ जाती है।

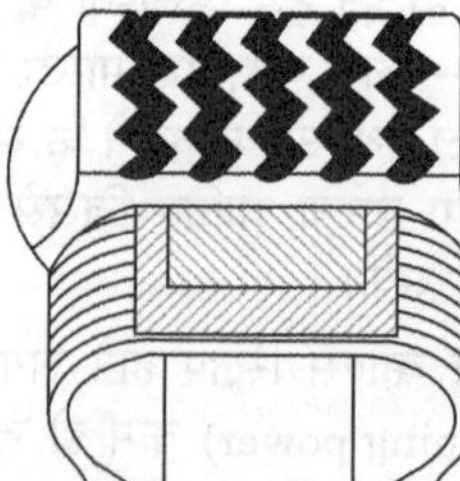

चित्र बैल्टेड बायस टाइप

बैल्टेड बायस टायरों के कुछ दोष भी हैं जो निम्न हैं

(i) इसमें घिसावट अधिक होती है।

(ii) इसकी जमीन पर पकड़ कम होती है।

(iii) इसमें स्लाइडिंग प्रभाव होता है।

(iv) इसमें ईंधन की खपत अधिक होती है।

टायरों के साइज Size of Tyres

छोटे-बड़े ट्रैक्टरों में अलग-अलग साइज के टायर प्रयोग किए जाते हैं। प्रत्येक टायर पर निर्माता द्वारा उसका साइज प्रदर्शित किया जाता है। इसमें टायर की शोल्डर तक चौड़ाई तथा बीड-से-बीड तक की नाप के अतिरिक्त प्लाई रेटिंग अर्थात् प्लाई की संख्या लिखी रहती है। उदाहरण के लिए यदि किसी टायर पर 6.00-14-6PR लिखा है, तो इसका अर्थ निम्नलिखित है

1. इसमें टायर की शोल्डर-से-शोल्डर तक चौड़ाई 6 इंच है।
2. इसमें बीड-से-बीड की माप (रिम का व्यास) 14 इंच है।
3. इसमें छः प्लाई हैं।

अन्य उदाहरण के लिए, नीचे एक टायर दर्शाया गया है जिस पर 9′′ × 14′′ 14 PR कोड अंकित है। इस कोड में 9′′ शोल्डर की चौड़ाई, 14′′ बीड का व्यास तथा 14 प्लाइयों की संख्या है।

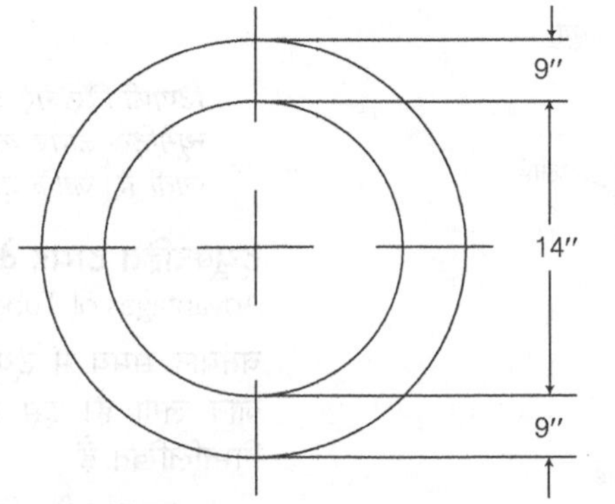

टायरों के साइज को मीट्रिक विमाओं में दिया जाता है जैसा कि निम्न तालिका में दर्शाया गया है

तालिका टायर विशिष्टियाँ

1.	**110/70** **a b**	**R** **c**	**17** **d**	**54** **e**	**V** **f**	
a : टायर चौड़ाई (110 मिमी) d : रिम व्यास (17 इंच)	b: अस्पेक्ट अनुपात (70%) e: अधिकतम भार (212 किग्रा 290 किलो पास्कल पर)					c: रेडियल संरचना f: स्पीड लिमिट (240 किमी/घण्टा)
2.	130/90 a b	R	18 d	69 e	H f	
a : टायर चौड़ाई (130 मिमी) d : (रिम व्यास) (18 इंच)	b: आस्पेक्ट अनुपात (70%) e: अधिकतम भार (325 किग्रा 280 किलो पास्कल)					c: रेडियल संरचना f: स्पीड लिमिट (210 किमी/घण्टा)
3.	4.00 H a b	-	18 c	4PR d		
a : टायर चौड़ाई (4 इंच) d : टायर क्षमता (4 प्लाई रेटिंग)	b: स्पीड लिमिट (210 किमी/ घण्टा)					c: रिम व्यास (18 इंच)

टायर के प्रकार Types of Tyre

आवश्यकता के अनुसार, ट्रैक्टरों में निम्न प्रकार के टायर प्रयोग किए जाते हैं

1. ट्यूब टायर Tube Tyres

इस प्रकार के टायर को परम्परागत (traditional) प्रकार के टायर भी कह सकते हैं। ट्यूब टायरों को उनकी काट की ढाँचागत भिन्नता के कारण स्पष्ट पहचाना जा सकता है। एक ट्यूब युक्त टायर में ढाँचा मुख्यतः विभिन्न लोड देने वाली मूल रचना होती है और इसमें रेयॉन या किसी अन्य उपयुक्त पदार्थ के रेशों से एक विशेष विधि से बुनी हुई कुछ प्लाइयाँ होती हैं। टायर को रिम से बाहर न निकलने देने के लिए ये प्लाइयाँ उच्च सामर्थ्य वाले इस्पात के तारों से निर्मित दो रिंगों से संयोजित होती हैं। इन रिगों को ही बीड कहते हैं जो रिम में फिट हो जाते हैं।

टायर के बाह्य भाग पर ट्रेड्स बने होते हैं जिनकी संरचना भार, पकड़, शोर व घिसाई (wear) को ध्यान में रखकर तैयार की जाती है। टायरों की साइडों का डिजाइन ऐसा होता है कि वे चलते समय बिना खराब हुए मुड़ सकें। इस टायर में ट्यूब डाले जाने की व्यवस्था होती है और उसमें अनुशंसित मात्रा तक हवा भरी जाती है।

हवा भरने के उपरान्त लचीली ट्यूब, टायर के रिक्त स्थान में फैल जाती है और टायर को सहारा देने का कार्य करती है।

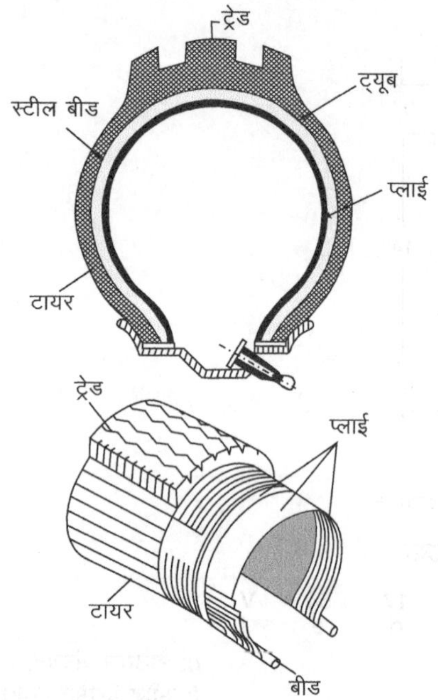

चित्र ट्यूब टायर

2. ट्यूबरहित टायर Tubeless Tyres

ट्यूबसहित टायरों के अन्दर ट्यूब फिट की जाती है तथा उसमें हवा भरी जाती है, परन्तु अब बिना ट्यूब के टायरों का भी आविष्कार कर लिया गया है जो धीरे-धीरे सामान्य प्रचलन में आने लगे हैं।

इसमें ट्यूब का प्रयोग नहीं होता है, इसलिए इसे ट्यूबरहित टायर कहा जाता है। इस प्रकार के टायरों में मुलायम रबर की एक तह अन्दर की ओर लगी रहती है।

रिम पर जब इसे चढ़ा दिया जाता है, तो ये टायर टाइट हो जाते हैं, क्योंकि रिम की बाहरी सतह बहुत अच्छी बनी होती है। रिम में ही वाल्व बॉडी लगी रहती है, जिसकी सहायता से इस टायर में हवा भर दी जाती है।

इस प्रकार के टायर प्रयोग करते समय यह ध्यान रखना चाहिए कि रिम पूर्ण रूप से सीधा हो अन्यथा इनमें से हवा लीक करने लगती है। इनमें एक कमी यह है कि यदि इसमें पंक्चर हो गया है अथवा हवा लीक कर रही है, तो सम्पूर्ण टायर या रिम को ही पानी में डालकर चेक करना होता है।

चित्र ट्यूबरहित टायर

टिप्पणी *दिए गए दोनों ही प्रकार के टायर (ट्यूब एवं ट्यूबरहित) न्यूमैटिक टायर कहे जाते हैं। इन दोनों ही प्रकार के टायरों में हवा भरी जाती है, जोकि टायरों में गद्देदार प्रभाव उत्पन्न करती है।*

ट्यूबरहित टायर के ट्यूब टायर की तुलना में लाभ
Advantages of Tubeless Tyre over Tube Tyre

वर्तमान समय में ट्यूबरहित टायर का प्रयोग अधिकांश मात्रा में किया जाने लगा है। इस टायर के ट्यूब टायर की तुलना में मुख्य लाभ निम्नलिखित हैं

(i) सुरक्षा की दृष्टि से उत्तम
(ii) उच्च शीतलन
(iii) सरल असेम्बली
(iv) वायु का निम्न लीकेज
(v) निम्न भार
(vi) निम्न ऊष्मक

टायर सम्बन्धी तकनीकी सूचना
Technical Information Related to Tyre

टायर निर्माताओं के लिए यह अनिवार्यता होती है कि वे सभी टायरों के साइड-किनारों पर मानकीकृत तकनीकी सूचनाएँ दें। ये सूचनाएँ टायरों के मूल आधारों की पहचान एवं व्याख्या करती है।

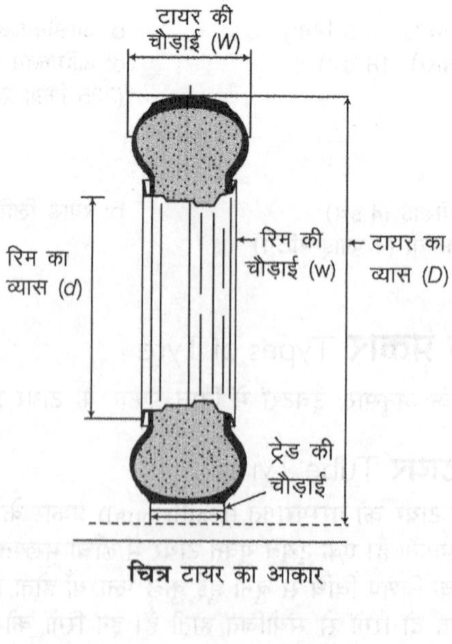

चित्र टायर का आकार

टायर रेटिंग Tyre Rating

टायरों की साइड वाल (sidewall) पर अंकित जानकारी ही टायर रेटिंग कहलाती है। टायर रेटिंग कुछ शब्दों तथा अंकों का समूह होता है जिसके द्वारा टायर के प्रकार, सेक्शन चौड़ाई, आस्पेक्ट अनुपात, गति संकेत, संरचना का प्रकार, रिम का व्यास, भार क्षमता आदि की जानकारी प्राप्त होती है। निम्न चित्र में P215/65R15 89H टायर रेटिंग वाले टायर को दर्शाया गया है

चित्र टायर सम्बन्धी तकनीकी सूचनाएँ

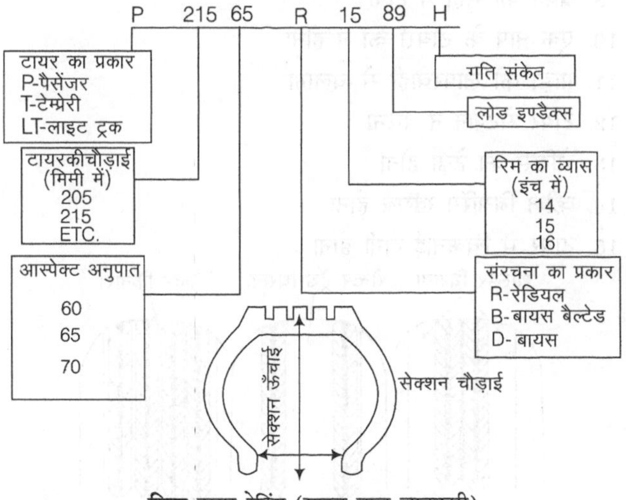

चित्र टायर रेटिंग (साइड वाल जानकारी)

टायर रेटिंग से सम्बन्धित पद निम्नलिखित हैं

1. टायर प्रकार Tyre Type

यह टायर के उपयुक्त प्रयोग को दर्शाता है; जैसे—P का अर्थ है, पैसेंजर कार टायर। इसी प्रकार LT, लाइट ट्रक के लिए प्रयुक्त होता है।

2. टायर की चौड़ाई Tyre Width

टायर की चौड़ाई उसकी एक साइड वाल से दूसरी साइड वॉल तक की माप होती है, जोकि टायर पर मिमी में अंकित होती है। चित्र में दर्शाया गया टायर 215 मिमी चौड़ाई का है।

3. आस्पेक्ट अनुपात Aspect Ratio

टायर की लम्बाई से चौड़ाई का अनुपात आस्पेक्ट अनुपात कहलाता है। चित्र में प्रदर्शित टायर में आस्पेक्ट अनुपात 65 है जिसका अर्थ है कि टायर की लम्बाई, उसकी चौड़ाई की 65% है।

4. संरचना Construction

टायर की संरचना का प्रकार भी टायर पर अंकित होता है; जैसे-अक्षर B, टायर की बायस संरचना हेतु तथा R, टायर की रेडियल प्लाई संरचना हेतु प्रयोग होता है।

5. व्हील का व्यास Wheel Diameter

व्हील के एक सिरे से दूसरे सिरे तक की चौड़ाई व्हील का व्यास कहलाती है। टायर पर यह माप इंच में अंकित होती है। चित्र में प्रदर्शित टायर 15 इंच व्यास के व्हील हेतु डिजाइन किया गया है।

6. लोड इण्डेक्स Load Index

यह टायर के द्वारा वहन करने वाले अधिकतम लोड को दर्शाता है। टायर पर यह माप पाउण्ड या किग्रा में अंकित रहती है।

लोड इण्डेक्स तथा सम्बन्धित अधिकतम लोड को निम्न तालिका में दर्शाया गया है।

लोड इण्डेक्स	अधिकतम लोड किग्रा	लोड इण्डेक्स	अधिकतम लोड किग्रा	लोड इण्डेक्स	अधिकतम लोड किग्रा	लोड इण्डेक्स	अधिकतम लोड किग्रा	लोड इण्डेक्स	अधिकतम । लोड किग्रा
30	106	40	140	50	190	60	250	70	335
31	109	41	145	51	195	61	257	71	345
32	112	42	150	52	200	62	265	72	355
33	115	43	155	53	206	63	272	73	365
34	118	44	160	54	212	64	280	74	375
35	121	45	165	55	218	65	290	75	387
36	125	46	170	56	224	66	300	76	400
37	128	47	175	57	230	67	307	77	412
38	132	48	180	58	236	68	315	78	425
39	136	49	185	59	243	69	325	79	437

7. स्पीड संकेत Speed Symbol

स्पीड संकेतों के द्वारा वाहन की अधिकतम स्पीड को प्रदर्शित किया जाता है जैसा कि निम्न तालिका से स्पष्ट है।

स्पीड संकेत	अधिकतम स्पीड
J	100
N	140
P	150
S	180
H	210
V	240
ZR	240 से अधिक

8. तापमान एवं कर्षण हेतु टायर रेटिंग Tyre Rating for Temperature and Traction

टायर की साइड वाल पर हुई मार्किंग में तापमान तथा कर्षण के लिए भी मार्किंग रहती है जिससे पता चलता है कि टायर किस तापमान पर कितना कर्षण सहन कर सकता है तथा उसमें कितनी घिसाई की सम्भावना है। ट्रेड की घिसाई (treadwear) की संख्या जितनी अधिक होगी, टायर का जीवनकाल भी उतना ही अधिक होगा। टायर के ट्रेड की घिसाई को प्राय: प्रतिशत में समझा जाता है, क्योंकि प्रत्येक ट्रेक्टर समान सतह तथा समान गति पर नहीं चलता है।

अग्र चित्र में दर्शाए गए टायर की घिसाई की संख्या 220 है जिसका अर्थ है कि इस टायर की घिसाई अवधि 440 घिसाई की संख्या वाले टायर की घिसाई अवधि की आधी है। टायर के कर्षण की रेटिंग, अक्षर द्वारा व्यक्त की जाती है।

यह रेटिंग गीली कंक्रीट पर ट्रैक्टर को रोकने हेतु टायर की क्षमता को दर्शाती है। टायरों पर यह रेटिंग प्राय: AA, A, B, C द्वारा अंकित रहती है जिनमें से AA उच्चतम रेटिंग है तथा C निम्नतम रेटिंग है। चित्र में प्रदर्शित टायर की कर्षण रेटिंग (traction rating) A है।

इसके अतिरिक्त, टायर पर तापमान रेटिंग भी अक्षरों द्वारा व्यक्त की जाती है। यह रेटिंग टायर के तापमान सहन करने की क्षमता को दर्शाती है।

टायरों में तापमान रेटिंग को A, B, C द्वारा दर्शाया जाता है जिनमें से A उच्चतम तथा C निम्नतम रेटिंग है चित्र में प्रदर्शित टायर की तापमान रेटिंग (temperature rating) A है। इनके अतिरिक्त टायरों पर प्लाई रेटिंग भी अंकित होती है; जैसे—9.90-20-12 कोड में 9" टायर की चौड़ाई, 20" रिम का व्यास तथा 12 प्लाई रेटिंग है।

टायरों की घिसाई Tyre Wear

टायर घिसने के दृश्यिक परीक्षण के लिए ट्रेड्स के खाँचों के नीचे घिसाई सूचकों की व्यवस्था (arrangement) होती है। टायर घिसने के पश्चात् जब ट्रेड्स की शेष मोटाई 1.5 मिमी रह जाती है, तब ये सूचक 12 मिमी चौड़ी पट्टियों के रूप में सामने निकल आते हैं। इन सूचकों के प्रदर्शित होने पर टायर बदल देना चाहिए।

निम्न चित्र में टॉयर की घिसाई को दर्शाया गया है।

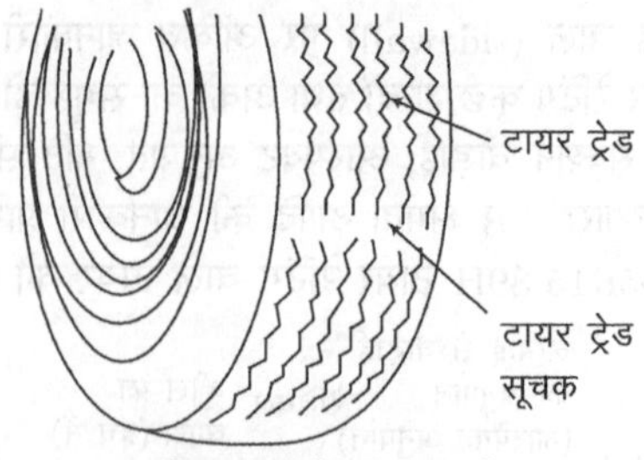

चित्र टायरों की घिसाई

टायर घिसने के मुख्य कारण Main Causes of Tyre Wear

टायर के घिसने के मुख्य कारण निम्नवत् हैं

1. टायर में उचित दबाव की हवा का न होना
2. व्हील एलाइनमेन्ट ठीक न होना
3. अनावश्यक एक्सेलेरेशन तथा ब्रेकिंग
4. स्टीयरिंग के जोड़ों में प्ले का होना
5. किंग पिन टूटी होना या टेढ़ी होना
6. व्हील रिम का टेढ़ा होना
7. वाहन में निर्धारित भार से अधिक भार होना
8. भार को असन्तुलित रूप से लादना
9. ब्रेकों का सही न होना
10. एक नाप के टायरों का न होना
11. गाड़ी को लापरवाही से चलाना
12. टायर रोटेशन न करना
13. चेसिस का टेढ़ा होना
14. व्हील बियरिंग खराब होना
15. टायर में चिकनाई लगी होना

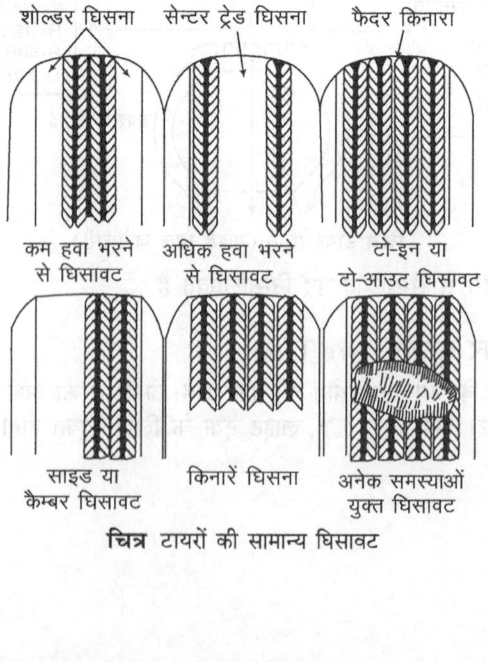

चित्र टायरों की सामान्य घिसावट

टायरों में होने वाली घिसाई का विवरण निम्नवत् है

1. **शोल्डर्स पर तीव्र घिसाई** (Rapid wear at shoulders) टायर-ट्रेड मध्य की अपेक्षा साइडों पर अधिक घिसता है, ऐसा टायर में हवा का दबाव कम होने के कारण ही होता है।

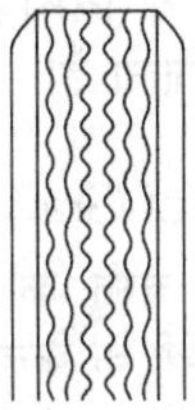

2. **एक साइड घिसाई** (One side wear) टायरों की एक साइड घिसाई गलत कैम्बर कोण या गलत टो-इन के कारण होता है।

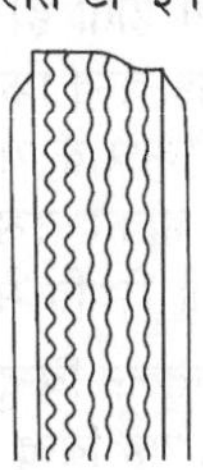

3. **मध्य की घिसाई** (Wear of middle) इसका मुख्य कारण टायर में हवा का दबाव अधिक होना है।

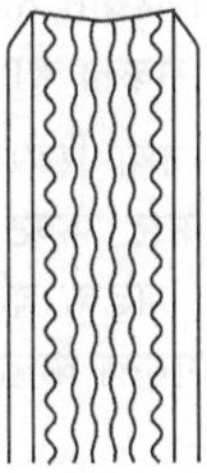

4. **बाल्ड स्पॉट्स घिसाई** (Bald spots wear) यह टेढ़े व्हील्स या टायर और व्हील्स की असेम्बली सन्तुलित न होने के कारण होती है। आकस्मिक त्वरण व ब्रेकिंग के कारण भी इस प्रकार की घिसाई हो सकती है।

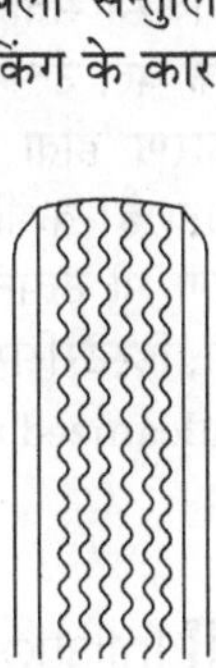

5. **एकसमान घिसाई** (Uniform wear) खराब सड़कों पर या तेज ट्रैक्टर चलाने से टायर एकसमान परन्तु अधिक घिसते हैं। उदाहरणार्थ— 50 किमी/घण्टा की अपेक्षा 90 किमी/घण्टा की गति पर दोगुनी घिसाई होती है।

6. **ट्रेड्स पर पंखदार किनारों वाली द्रुत घिसाई** (Speedy wear of feathered sides on trades) इस प्रकार की घिसाई का पता ट्रेड्स पर अँगुलियाँ रखकर आड़ी दिशा में पहले एक ओर तथा फिर दूसरी ओर फिराने से चलता है। इस प्रकार की घिसाई से टायर अधिक फिसलने लगता है। यह घिसाई पहियों के एक सीधी रेखा में न लगे होने से होती है।

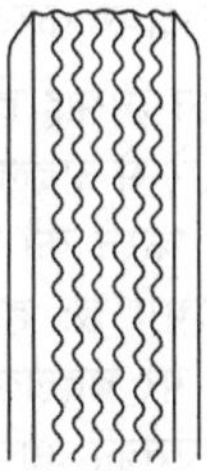

7. **ट्रेड्स का चटकना** (Cracking of trades) यह घिसाई अधिक भार तथा हवा के अत्यधिक अथवा अति कम दाब के होने से हो सकता है।

8. **ट्रेड्स अथवा परतों का पृथक्कीकरण** (Separation of trades or layers) ऐसा अधिक लोड, अत्यधिक अथवा अति कम हवा-दाब, उच्च गति या संघटन के कारण हो सकता है।

9. **टायर लीड** (Tyre lead) लीड, ट्रैक्टर की उस प्रवृत्ति को कहते हैं जिसके कारण स्टीयरिंग व्हील्स पर कोई बल न लगा होने पर भी ट्रैक्टर अपने सीधे पथ से विचलित होती है। यह गलत अलाइनमेन्ट, असमान ब्रेक समंजन अथवा टायर की बनावट में कोई दोष होने के कारण हो सकती है; जैसे—
   (i) रेडियल टायर में पट्टी मध्य में न होने से ट्रैक्टर पर बल लगता है जिसके कारण ट्रैक्टर के व्हीलों में लीड उत्पन्न हो जाती है।
   (ii) यदि किसी टायर के एक साइड का व्यास दूसरी साइड के व्यास से भिन्न है, तो उस टायर में एक दिशा में रोल करने की प्रवृत्ति होगी जिसके कारण एक बल उत्पन्न होगा जिससे ट्रैक्टर में लीड उत्पन्न हो सकती है।

टायर रीट्रेडिंग Tyre Retreading

यह टायर को पुनः जीवन देने की एक मितव्ययी व्यवस्था है। ट्रैक्टर में टायर का निरन्तर उपयोग करने पर निश्चित सेवाकाल पूर्ण कर लेने के उपरान्त टायरों को बदलने की आवश्यकता होती है। अपनी क्रियावधि पूर्ण कर लेने वाले टायरों को पुनः उपयोगी बना लेने की व्यवस्था टायर रीट्रेडिंग है जिसमें एक निश्चित प्रक्रिया के द्वारा घिसे टायर पर आसंजक पदार्थ (adhesive) की सहायता से मशीन के द्वारा रबर प्लाई चढ़ा दी जाती है। रीट्रेडिड टायर यद्यपि ट्रैक्टर को प्रचालन में सक्षम कर देता है, परन्तु यह ईंधन औसत (fuel average) के दृष्टिकोण से ट्रैक्टर के लिए उपयुक्त नहीं होता है क्योंकि इन्हें प्रयोग करने से ईंधन की खपत अधिक होती है।

टायर रोटेशन Tyre Rotation

ट्रैक्टर के टायर, व्हील अलाइनमेन्ट में थोड़ा-सा भी अन्तर आने के कारण एक ओर से खराब हो जाते हैं। इसके अतिरिक्त अन्य टायर भी किसी कारण एक समान फिट होने से खराब हो सकते हैं, जब ट्रैक्टर चलता है, तो उसके सभी व्हील्स में समान घिसाव नहीं होता। प्राय: ट्रैक्टर के फ्रण्ट टायर, रियर टायरों की अपेक्षा अधिक घिसते हैं, क्योंकि ट्रैक्टर के मुड़ते समय फ्रण्ट टायर ट्रैक्टर को स्टीयर करते हैं।

ट्रैक्टर के सभी टायरों पर समान घिसाई हो, इसके लिए ट्रैक्टर के टायरों को कुछ समय पश्चात् एक-दूसरे से अदल-बदल कर लगा दिया जाता है। टायरों के इस प्रकार परिवर्तित करने की क्रिया को टायर रोटेशन (tyre rotation) कहा जाता है। लगभग छ: हजार किमी के बाद टायरों को आपस में एक-दूसरे के स्थान पर बदलकर, लगाना चाहिए। इससे सभी टायर एक-समान घिसेंगे तथा उनकी आयु भी बढ़ेगी।

टायर रोटेशन को नीचे दिए गए चित्रों की सहायता से समझा जा सकता है

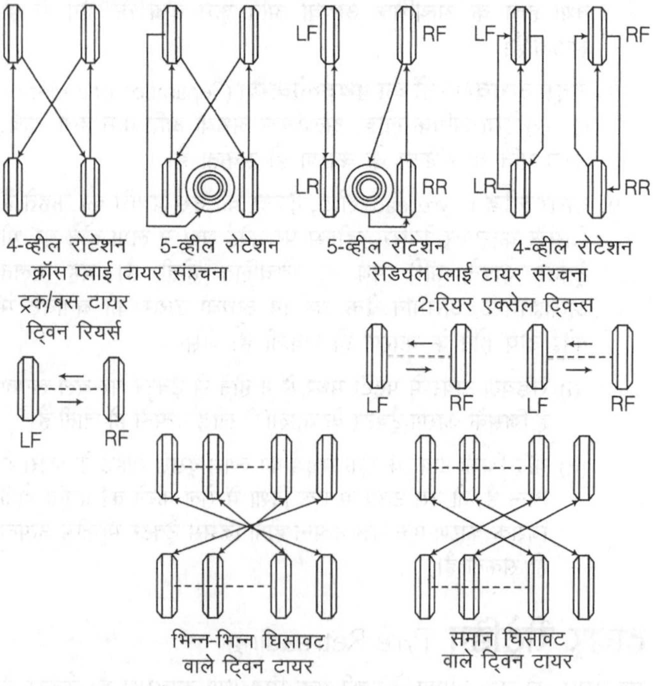

चित्र टायर रोटेशन

टायरों से सम्बन्धित कुछ महत्त्वपूर्ण पद Important Terms Related to Tyres

टायरों से सम्बन्धित महत्त्वपूर्ण पद निम्नवत् हैं

1. टायर विरूपण Tyre Distortion

धीरे-धीरे टायर की आन्तरिक संरचना को मजबूती प्रदान करने वाले तार के धागे निकल जाते हैं तथा टायर का आन्तरिक वायुदाब धागे निकले हुए कमजोर क्षेत्र को विकृत करने में सहायक हो जाता है। यह स्थिति टायर का विरूपण कहलाती है। इस स्थिति में गति सीमा (speed range) प्रमुख भूमिका का निर्वहन करती है। यदि 30 किमी प्रति घण्टा की गति पर ट्रैक्टर में कम्पन उत्पन्न होता है, तो यह टायर विरूपण का प्रतीक है। एक विकृत टायर आगे स्टीयरिंग पकड़ को प्रभावित करता है, जबकि पीछे की ओर कम गति पर गाड़ी में कम्पन उत्पन्न करता है। टायर के विरूपित होने का मुख्य कारण स्टील के तार के धागों में जंग लग जाना है।

2. गुरुत्व केन्द्र Centre of Gravity

भौतिकी के अनुसार, प्रत्येक वस्तु को पृथ्वी अपने केन्द्र की ओर आकर्षित करती है, क्योंकि पृथ्वी के केन्द्र से वस्तु के विभिन्न कणों की दूरी लगभग समान होती है, इसलिए यह बल समान्तर रेखाओं के कार्यरत् माने जाते हैं, इस प्रकार की समान्तर रेखाओं का परिणामी बल, वस्तु के एक निश्चित बिन्दु पर कार्यरत् होता है। इसी बिन्दु से होकर वस्तु का समस्त भार कार्य करता है, चाहे वस्तु किसी भी स्थिति में रहे। इस बिन्दु को हम गुरुत्व केन्द्र कहते हैं। ट्रैक्टर के सन्दर्भ में किसी ट्रैक्टर का गुरुत्व केन्द्र वह बिन्दु है जिसमें से होकर उस ट्रैक्टर का समस्त भार कार्य करता है चाहे ट्रैक्टर किसी भी स्थिति में रहे।

यह बिन्दु सम्पूर्ण ट्रैक्टर का सन्तुलन बिन्दु होता है जो ट्रैक्टर के बड़े पुर्जे की स्थिति पर निर्भर करता है। यह बिन्दु सड़क की सतह के ऊपर तथा फ्रण्ट व रियर टायरों के मध्य में होता है। जब कोई ट्रैक्टर सड़क की सतह के किनारे पर मुड़ता है, तो इस बिन्दु पर ही अपकेन्द्रीय बल कार्यरत् होता है। इस बिन्दु की स्थिति को फ्रण्ट व रियर व्हील के भार वहन करने से ज्ञात किया जा सकता है।

यदि ट्रैक्टर के फ्रण्ट व्हील्स तथा रियर व्हील्स पर भार का वितरण 60:40 है, तो इसका गुरुत्व केन्द्र फ्रण्ट व्हील के समीप होगा। इससे वाहन स्थिर अवस्था में रहेगा। सड़क की सतह से वाहन का द्रव्यमान जितना ऊपर होगा, ट्रैक्टर का गुरुत्व केन्द्र भी उतनी ही ऊँचाई पर स्थित होगा।

3. हिस्टेरेसिस Hysteresis

जब एक पहिया अथवा टायर किसी सतह पर रोल करता है, तो उसकी गति का विरोध करने वाला एक बल उत्पन्न होता है जोकि मुख्य रूप से नॉन-इलास्टिक प्रभाव के कारण होता है। यह विरोधी बल रोलिंग प्रतिरोध या हिस्टेरेसिस कहलाता है। कभी-कभी यह व्हील्स तथा सतह के मध्य की फिसलन के कारण भी उत्पन्न हो जाता है जोकि ऊर्जा को नष्ट कर देता है। दूसरे शब्दों में, हिस्टेरेसिस ऊर्जा में वह क्षति होती है जो टायर की वल्कनीकृत रबर (vulcanized rubber) के ट्रेड्स के नियमित खराब होने से होती है।

टायरों में हवा भरना Inflation of Tyres

टायर की नाप, प्लाई और कच्चे माल के आधार पर टायरों में अलग-अलग दबाव की हवा भरने की आवश्यकता होती है। किसी भी टायर में हवा का निश्चित दाब होना आवश्यक होता है जिससे ट्रैक्टर का भार वहन किया जा सके। यदि टायर में वायुदाब निम्न होगा, तो टायर किनारों से अधिक घिसेगा और यदि टायर में वायुदाब उच्च होगा, तो टायर मध्य से अधिक घिसेगा।

टायरों में नाइट्रोजन Nitrogen in Tyres

सामान्यत: टायरों में कम्प्रैस्ड वायु भरी जाती है जिसमें लगभग 80% नाइट्रोजन तथा 20% ऑक्सीजन होती है। नाइट्रोजन अपेक्षाकृत अक्रिय (inert) तथा ऑक्सीजन क्रियाशील गैस है।

वर्तमान में ट्रैक्टरों के टायरों में नाइट्रोजन का भी प्रयोग आरम्भ हो गया है, जबकि हवाई जहाजों एवं रेसिंग कारों के टायरों में बहुत पहले से ही नाइट्रोजन का उपयोग किया जा रहा है। रेस ट्रैक तथा उद्योगों में प्रयुक्त नाइट्रोजन 99% तक शुद्ध होती है। इसे उच्च दाब सिलेण्डरों में 2000PSI से अधिक दाब पर स्टोर किया जाता है।

नाइट्रोजन के लाभ Advantages of Nitrogen

टायरों में नाइट्रोजन के लाभ निम्नलिखित हैं

(i) टायरों में नाइट्रोजन भरने से इनकी चालन गुणवत्ता में सुधार होता है। यह गैस वायु की अपेक्षा कुछ हल्की होती है जो टायरों के बिना उछाल (un-sprung) भार के लिए लाभदायक है।

(ii) अधिक भार एवं गति पर टायरों के चलने के दौरान नाइट्रोजन इनके चालन तापमान को कम करती है जिससे टायरों का जीवनकाल बढ़ जाता है।

(iii) नाइट्रोजन, टायरों के दाब को नियत रखती है।

(iv) टायर दाब के कम होने के प्रति अति संवेदनशील होते हैं, क्योंकि ये प्राकृतिक रूप से सरंध्र (Porous) होते हैं। इनकी बनावट के कारण इनमें से नाइट्रोजन का लीकेज कम्प्रैस्ड वायु की अपेक्षा धीरे-धीरे होता है। इसलिए इनके दाब में धीरे-धीरे कमी होती है।

(v) ऑक्सीजन, टायर तथा रिम के पदार्थों से क्रिया करती है जिससे इनका ऑक्सीकरण होता है तथा धातुओं पर जंग लग जाता है। नाइट्रोजन एक अक्रिय गैस है, जो टायर तथा रिम के पदार्थों से क्रिया नहीं करती है।

नाइट्रोजन की हानियाँ Disadvantages of Nitrogen

(i) टायरों में नाइट्रोजन भरना अपेक्षाकृत महँगा होता है।

(ii) टायरों में नाइट्रोजन भरने से इसका अनुरक्षण (maintenance) कम्प्रैस्ड गैस की अपेक्षा बढ़ जाता है।

(iii) टायरों में नाइट्रोजन भरने का मुख्य दोष इसकी उपलब्धता है। यह गैस सामान्य रूप में उपलब्ध नहीं होती है। यह केवल विशिष्ट टायर डीलरों के पास ही पाई जाती है।

टायर दाब निरीक्षण प्रणाली
Tyre Pressure Monitoring System, TPMS

ट्रैक्टर की सुरक्षा तथा कार्यक्षमता को बनाए रखने हेतु टायर में हवा का दाब उचित होना आवश्यक है। इससे ईंधन की खपत भी कम होती है तथा यह टायर के जीवनकाल को भी बढ़ाता है।

ट्रैक्टर के ड्राइवर को टायर में हवा के दाब का निरन्तर निरीक्षण करते रहना आवश्यक है। वाहनों में हवा के दाब का निरीक्षण करने हेतु टायर दाब निरीक्षण प्रणाली लगाई जाती है। इसमें टायर के दाब का दो प्रकार (डायरेक्ट तथा इनडायरेक्ट) से निरीक्षण किया जाता है।

डायरेक्ट निरीक्षण प्रणाली में प्रत्येक व्हील पर एक सेन्सर लगा होता है जो दाब को सेन्स करता है साथ ही इसमें वायरलैस ट्रांसमीटर भी लगा होता है जो डायरेक्ट टायर में दाब की रीडिंग बताता है।

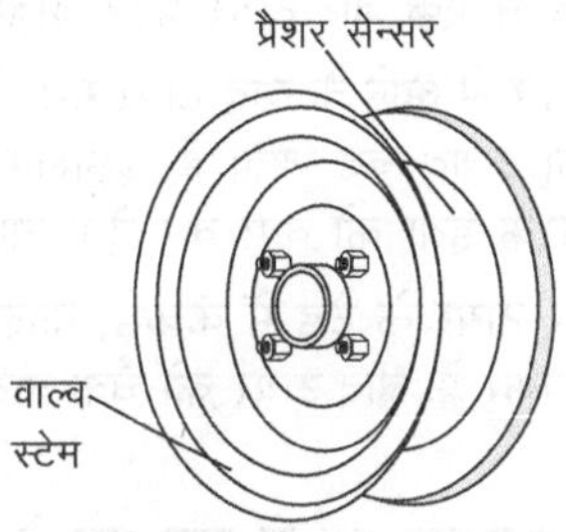

चित्र दाब निरीक्षण की डायरेक्ट प्रणाली

इनडायरेक्ट निरीक्षण प्रणाली में एक व्हील स्पीड सेन्सर लगा होता है जो एक टायर की अपेक्षा दूसरे टायर में हवा के दाब का कम होना प्रदर्शित करता है।

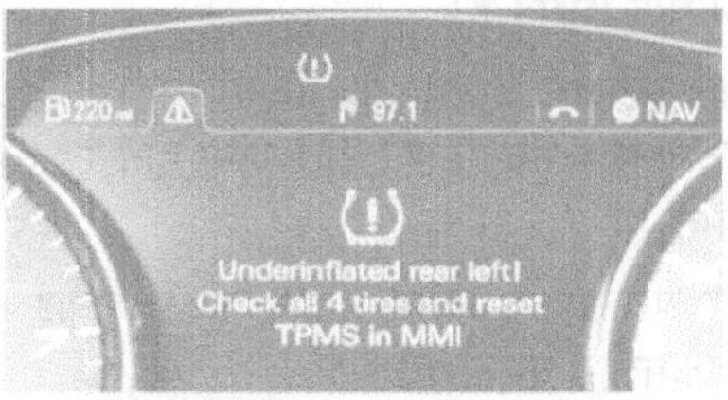

चित्र टायर दाब निरीक्षण की इनडायरेक्ट प्रणाली

टायरों में लगी यह प्रणाली चेतावनी देकर दर्शाती है कि टायरों में वायु का दाब असुरक्षित अवस्था में है। यह डैशबोर्ड पर लगा संकेतक (indicator) होता है जो एक पीले संकेत के माध्यम से वायु दाब के सन्दर्भ में अवगत कराता है। इस संकेतक की सहायता से दुर्घटनाओं को नियन्त्रित करने में सहायता मिलती है। सामान्य स्थितियों में पहियों के कम वायुदाब परिणामों से अवगत होने के पश्चात् चालक अनदेखा कर देते हैं।

TPMS का लाभ यह है कि यह वायु दाब की असुरक्षित अवस्था से अवगत करा देती है तथा इस प्रणाली के द्वारा ड्राइवर अपनी सीट से ही टायर के दाब का निरीक्षण कर लेता है।

टायर सुरक्षा Tyre Safety

ट्रैक्टर के टायरों को अधिक समय तक चलाया जा सके इसके लिए अग्रलिखित बातों को ध्यान में रखना चाहिए, अन्यथा ये शीघ्र घिसकर खराब हो जाते हैं

1. टायरों में सही दबाव की हवा भरें, क्योंकि अधिक हवा के कारण टायर का रोड से सम्पर्क कम सतह से रहेगा तथा उस स्थान पर ही अधिक रगड़ पड़ने से वह शीघ्र घिसेगा। साथ ही टायर की दीवारों पर तनाव पड़ने से वे कमजोर होकर टूट जाएँगी। इसके विपरीत यदि हवा का दबाव टायरों में कम होगा, तो टायर की अधिक सतह सड़क के सम्पर्क में आएगी जिससे गाड़ी की चाल पर प्रभाव पड़ेगा, स्टीयरिंग भारी रहेगा तथा टायर पूरी गोलाई में चटक जाएगा, इसलिए सप्ताह में एक बार टायर प्रेशर अवश्य चैक कर लें।
2. किसी लम्बे सफर से आने के बाद टायर गर्म हो जाते हैं तथा गर्मी के कारण हवा का दबाव बढ़ जाता है, इसलिए लम्बे सफर के बाद दबाव चैक करके हवा को कम कर देना चाहिए।
3. खराब मार्गों पर टायर के ट्रेड में कंकड़, कील तथा लोहे के टुकड़े फँस जाते हैं। सफर के बाद टायर को चैक करके इन्हें निकाल देना चाहिए।
4. ट्रैक्टर को अनावश्यक रूप से बार-बार तेज चलाकर ब्रेक नहीं लगाने चाहिए।
5. मोड़ते समय ट्रैक्टर की गति कुछ धीमी कर लें अन्यथा टायर घिस जाते हैं।
6. फ्रण्ट व्हील्स का व्हील एलाइनमेन्ट सही रखें, फ्रण्ट टायर इसी कारण अधिक घिसते हैं।
7. ट्रैक्टर को लगातार सड़क के किनारे पर ही न चलाएँ, क्योंकि छोटे-छोटे कंकड़ किनारे की ओर जमा होते रहते हैं, जिससे टायर शीघ्र घिसते हैं।
8. टायरों पर यथासम्भव किसी प्रकार की चिकनाई न लगने दें, यह रबर को कमजोर करती है।
9. ट्रैक्टर जितने भार के लिए बनी हो उस पर उससे अधिक भार न लादें।
10. टायर व ट्यूब में मरम्मत करने की आवश्यकता हो, तो तुरन्त कराएँ अन्यथा इस दोष के कारण हो सकता है कि टायर खराब हो जाए।
11. समय-समय पर टायरों को आपस में बदल देना चाहिए इससे सभी टायर समान रूप से घिसेंगे।

टायर स्टोरिंग Tyre Storing

यदि ट्रैक्टर को कुछ दिनों के लिए चलाना न हो, तो इसके पहियों को जैकअप कर दें और हवा भी कम कर दें। यदि ट्रैक्टर बहुत दिनों तक न चलाना हो, तो उस अवस्था में ट्रैक्टरों के पहियों को खोलकर ऐसी जगह रखें, जहाँ धूप, रोशनी तथा पानी न पडे। ट्रैक्टर के टायरों पर डीजल ऑयल, ग्रीस नहीं लगी रहने देनी चाहिए, क्योंकि ये टायर की रबड़ को जल्दी खराब कर देते हैं।

28.5 टायर-ट्यूब Tyre-tube

व्हील्स के रिम और टायर के भीतर वाले स्थान में रबड़ की गोल ट्यूब लगाई जाती है। इस ट्यूब में हवा भरने और हवा को रोके रखने के लिए एक नली के अन्दर वन-वे वाल्व लगाया जाता है। इस नली का निचला सिरा रबड़ ट्यूब में जोड़ा होता है। रिम में ट्यूब वाल्व छिद्र बनाया होता है। प्रायः व्हील्स के रिम और रबड़ ट्यूब के मध्य रबड़ का एक और गोल टुकड़ा डालते हैं, जिसे फ्लैप्स कहते हैं। यह रिम में पानी जाने से पैदा हुए जंग से ट्यूब को गलने से बचाता है। रबड़ ट्यूब का रंग प्रायः लाल या काला होता है।

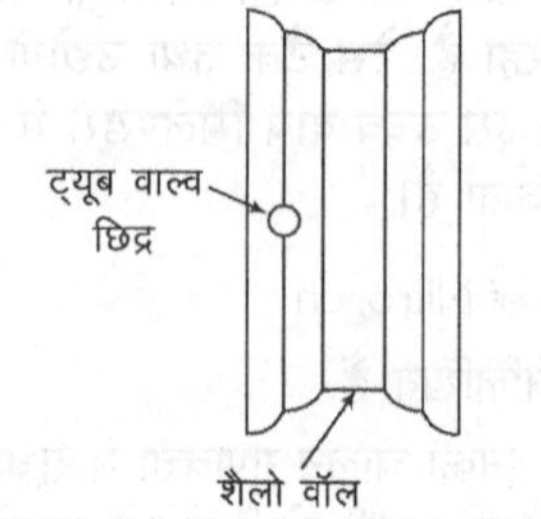

चित्र रिम का ट्यूब वाल्व छिद्र

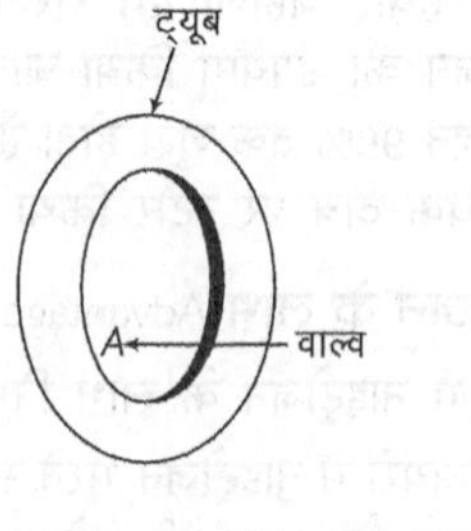

चित्र रबर ट्यूब

ट्यूब वाल्व Tube Valve

ट्यूब के अन्दर हवा भरने के लिए ट्यूब वाल्व लगा होता है। यह वन-वे वाल्व होता है अर्थात् यह हवा को ट्यूब में जाने देता है और भरी हवा के दबाव को बाहर निकलने से रोकता है।

यदि ट्यूब में हवा का दबाव उचित मान से अधिक हो जाए और इस अतिरिक्त हवा को निकालना पड़े, तो इसके ऊपर की ओर निकली पिन के सिरे को अन्दर की ओर दबाना पड़ता है जिससे स्प्रिंग दबकर हवा निकासी का रास्ता खोलती है। इस वाल्व से हवा लीकेज चैक करने के लिए इसके बाहरी सिरे पर साबुन का घोल लगाया जाता है।

यदि हवा बाहर लीक करती होगी, तो घोल के बुलबुले बनते दिखाई देंगे। इस वाल्व में मिट्टी, धूलकण व पानी आदि के प्रवेश को रोकने के लिए ऊपरी सिरे पर कैप लगाकर कस देते हैं।

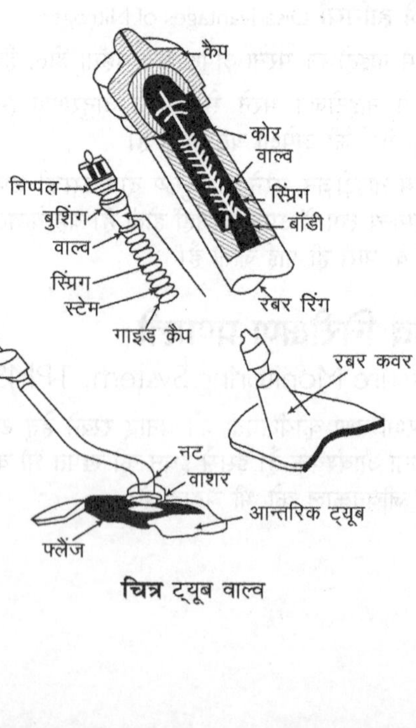

चित्र ट्यूब वाल्व

ट्यूब वाल्व बॉडी फिटिंग Tube Valve Body Fitting

जिस बॉडी में यह वाल्व असेम्बली कसते हैं, वह वाल्व बॉडी कहलाती है। ट्यूबरहित टायर में वाल्व बॉडी को लगाने की निम्न दो विधियाँ हैं

1. **रबड़ स्नैप इन कैप टाइप** Rubber snap in cap type

इस प्रकार की ट्यूब वाल्व बॉडी को गोल छिद्र में वाल्व पर रबड़ स्नेहक लगाकर बिठाया जाता है। उसके पश्चात् वाल्व इनसर्टिंग टूल से वाल्व के आधार पर इतना दबाव डाला जाता है कि यह रिम छिद्र में अपनी सीट पर बैठ जाए।

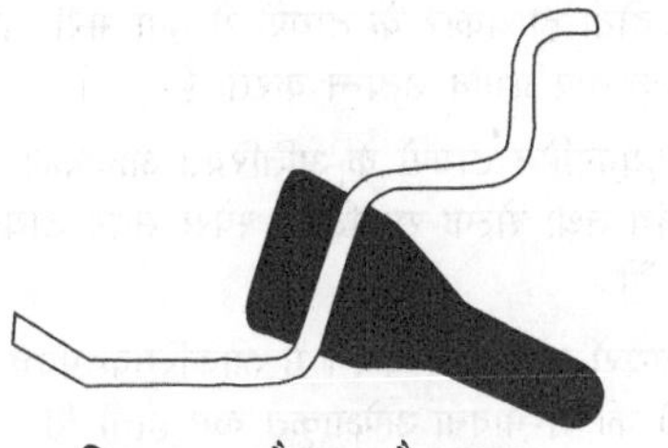

चित्र रबर स्नैप इन कैप टाइप

2. **मैटल क्लैम्प इन टाइप** Metal clamp in type

इसे फिट करने हेतु रिम में अण्डाकार या गोल छिद्र किया जाता है। उसके पश्चात् बड़ी रबड़ वाशर को वाल्व आधार पर रखकर वाल्व को छिद्र में सैट किया जाता है।

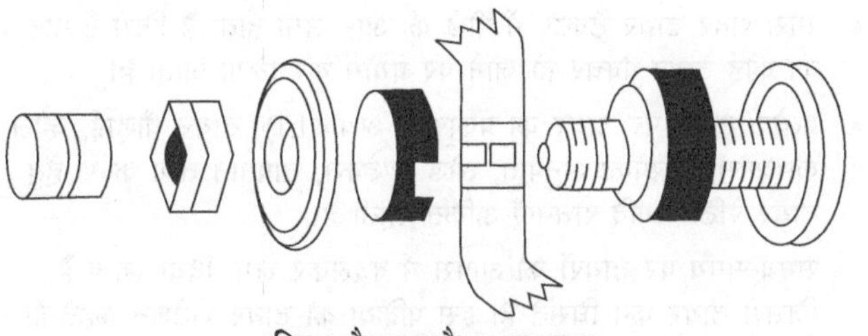

चित्र मैटल क्लैम्प इन टाइप

ट्यूब निकालते व फिट करते समय सुरक्षा सावधानियाँ

Safety Precautions During Fitting and Eliminating Tube

टायर से ट्यूब निकालते व फिट करते समय निम्न सुरक्षा सावधानियों को ध्यान में रखना आवश्यक है

1. प्रयोग होने वाले टायर लीवर धारदार नहीं होने चाहिए अन्यथा टायर की बीड तथा ट्यूब के कटने का भय रहेगा।
2. जब टायर में ट्यूब फिट करनी हो तो टायर के अन्दर फैंच चॉक का पाउडर अवश्य डालें।
3. ट्यूब फिट करने से पहले भली प्रकार यह सुनिश्चित कर लें कि उसमें कोई कील आदि तो नहीं फँसी है। इसके लिए टायर के अन्दर हाथ घुमा-घुमा कर देखना चाहिए।
4. यदि रिम व टायर के बीड आपस में जंग के कारण चिपके हों, तो उन्हें अलग करने के लिए पानी डालना चाहिए।
5. टायर खोलते समय स्टील रिंग को (यदि लगा हो) सावधानी से खोलें।
6. नए टायर के साथ सदैव नई ट्यूब प्रयोग करें।
7. टायर से ट्यूब निकालते समय वाल्व बॉडी से पकड़कर ट्यूब को न खींचे।
8. वाल्व बॉडी में लगा वाल्व लीक होने पर उसे बदल दें।
9. वाल्व बॉडी के ऊपर कैप लगाकर रखें जिससे कि वाल्व बॉडी के अन्दर मिट्टी न जा सके।
10. एयर प्रैशर सदैव अच्छी गेज (gauge) से चैक करें।
11. ट्यूब सदैव ठीक आकार की प्रयोग करें।
12. ट्यूब का पंक्चर चैक करते समय ट्यूब के अन्दर इतनी हवा न भरें कि वह गुब्बारे की तरह फूल जाए, क्योंकि ट्यूब के फूल जाने पर वह जगह कमजोर हो जाएगी और वह उस जगह पर फैल जाएगी तथा यह फैला हुआ भाग टायर के अन्दर डालने के बाद ट्यूब में सिलवटें डाल देगा।

टायर-ट्यूब की देखभाल एवं अनुरक्षण

Care and Maintenance of Tyre-tube

टायर की आयु बढ़ाने के लिए ट्यूब की देखभाल अति आवश्यक है। यदि यह हवा के दबाव को अपने अन्दर नहीं रोक सके या इसकी रबड़ कमजोर हो जाए।

तो हवा लीक होने के कारण यह टायर को कम हवा पर चलाएगी जिससे टायर शीघ्र ही खराब हो जाएगा।

जब आप देखें कि ट्यूब हवा नहीं रोक रही है या उसके अन्दर पंक्चर अधिक लग चुके हैं तो उसे बदल दें, क्योंकि ट्यूब सस्ती होती है और उसे बदलने में कम व्यय होगा इसके अतिरिक्त यदि खराब ट्यूब उपयोग की जाएगी, तो इससे टायर खराब हो सकता है।

महत्त्वपूर्ण बिन्दु

- ट्रैक्टर में व्हील एक ऐसी असेम्बली है जिसमें हब, स्पोक, रिम, टायर तथा टायर-ट्यूब सम्मिलित होते हैं।
- व्हील एवं टायर का कार्य ट्रैक्टर व चालक के भार को वहन करना, झटकों व कम्पनों को यथासम्भव कम करना तथा ट्रैक्टर के नियन्त्रण में अन्य प्रणालियों की सहायता करना होता है।
- व्हील की परिधि का वह बाहरी गोल भाग जिस पर टायर और ट्यूब सैट किए जाते हैं, व्हील रिम कहलाता है।
- ट्रैक्टरों में प्रायः निम्न प्रकार के व्हील रिम प्रयुक्त होते हैं—आर्टिलरी वुडन स्पोक व्हील रिम, हैवी ड्यूटी प्रैस्ड रिम या फ्लैट रिम, ड्रॉप सेन्टर रिम आदि।
- ट्रैक्टरों में प्रयुक्त टायरों के मुख्य कार्य—वाहन का भार उठाना, वाहन के कम्पन तथा झटके सहन करना, ब्रेक लगने पर वाहन को रोकना आदि होते हैं।
- टायरों को बनाने हेतु रबर, नायलॉन, रेयॉन, उच्च तनन स्टील आदि पदार्थों का प्रयोग किया जाता है।
- टायर के मुख्य अवयव निम्न हैं—ट्रेड, साइड वाल, बीड, ब्रेकर तथा केसिंग प्लाइयाँ।
- ट्रेड, टायर के ऊपर लगी रबर की मोटी परत होती है जिस पर भिन्न-भिन्न प्रकार के डिजाइन बने होते हैं।
- टायरों की संरचना के आधार पर टायर क्रॉस प्लाई, रेडियल प्लाई तथा बैल्टेड बायस प्रकार के होते हैं।
- क्रॉस प्लाई टायरों में दो प्लाइयों के धागे विपरीत दिशाओं में बुने जाते हैं जोकि टायरों के अक्ष पर 30° से 40° के झुकाव पर बुने जाते हैं।
- रेडियल प्लाई टायरों में प्लाइयों के धागे रेडियल दिशा में बुने जाते हैं जिसमें मूल रचना के ऊपर परिधीय दिशा में कुछ ब्रेकर पट्टियाँ लगी होती हैं।
- बैल्टेड बायस संरचना क्रॉस प्लाई तथा रेडियल प्लाई संरचनाओं का मिश्रित रूप है।
- आवश्यकता के अनुसार, ट्रैक्टरों में निम्न प्रकार के टायर प्रयोग किए जाते हैं—ट्यूब टायर, ट्यूबरहित टायर।
- ट्यूब टायर उच्च दाब वाले, निम्न दाब वाले तथा बैलून टाइप हो सकते हैं।
- ट्यूब एवं ट्यूब रहित दोनों ही प्रकार के टायर न्यूमैटिक टायर कहलाते हैं, दोनों ही प्रकार के टायरों में हवा भरी जाती है जोकि टायरों में गद्देदार प्रभाव उत्पन्न करती है।
- ट्यूब तथा ट्यूबरहित टायरों के अतिरिक्त आजकल रन फ्लेट टायर (सेल्फ-सीलिंग तथा सेल्फ सपोर्टिंग), स्पेस सेवर टायर का भी प्रयोग किया जाता है।
- रन फ्लेट टायरों का प्रयोग करने में आकस्मिक पंक्चर के कारण दुर्घटना होने की सम्भावना अपेक्षाकृत कम होती है।
- सेल्फ-सीलिंग टायरों में टायर के भीतर ट्रेड-क्षेत्र के नीचे एक अतिरिक्त लाइनिंग होती है जिस पर पंक्चर-सीलेन्ट की एक परत चढ़ी होती है।
- सेल्फ-सपोर्टिंग टायरों की साइड-दीवारें अधिक दृढ़ होती हैं, जिससे पंक्चर होने पर भी ये दीवारें वाहनों के भार को स्वयं सहन कर सकती हैं।
- स्पेस सेवर टायर ट्रैक्टर में पीछे की ओर लगा होता है जिसे ट्रैक्टर का कोई टायर पंक्चर हो जाने पर प्रयोग कर लिया जाता है।
- प्रत्येक टायर पर टायर का प्रकार (P अथवा LT), टायर चौड़ाई, व्हील का व्यास, आस्पेक्ट अनुपात, लोड इण्डेक्स, तापमान तथा कर्षण हेतु टायर रेटिंग आदि सूचनाएँ अंकित रहती हैं।
- समय-समय पर टायरों को आपस में बदलकर लगा दिया जाता है जिससे टायर कम घिसते हैं। इस प्रक्रिया को टायर रोटेशन कहते हैं।
- टायर में हवा का निश्चित दाब होना आवश्यक है, क्योंकि टायर में निम्न वायुदाब होने से टायर किनारों से अधिक घिसेगा तथा टायर में उच्च वायुदाब होने से टायर मध्य से अधिक घिसेगा।
- ट्रैक्टरों में हवा के दाब का निरीक्षण करने हेतु टायर दाब निरीक्षण प्रणाली होती है जोकि वाहनों के डैशबोर्ड पर लगाई जाती है।

महत्त्वपूर्ण प्रश्नोत्तरी

1. ट्रैक्टरों में प्रयुक्त होने वाले व्हील रिम के नाम बताइए।

उत्तर ट्रैक्टरों में निम्नलिखित व्हील रिम प्रयुक्त होते हैं

(i) आर्टिलरी वुडन स्पोक व्हील रिम (ii) वायर स्पोक व्हील रिम

(iii) स्टील डिस्क व्हील रिम (iv) हैवी ड्यूटी स्टील व्हील रिम

(v) टू-पीस व्हील रिम

2. टायरों में केसिंग प्लाइयाँ क्यों लगाई जाती हैं?

उत्तर टायरों में केसिंग प्लाइयाँ ट्यूब पर भार आने के कारण बनने वाले दबाव को सम्भालने के लिए लगाई जाती हैं। इसके अतिरिक्त ये ट्रैक्टर पर सड़क के झटकों तथा उस पर पड़ने वाले लोड को भी सहन करती हैं।

3. टायर ट्रेड के कुछ डिजाइनों के नाम बताइए

उत्तर टायर ट्रेड के कुछ डिजाइनों के नाम निम्न हैं

(i) प्लस बार (ii) ट्रेड मास्टर (iii) पावर ग्रिप

4. ट्रैक्टरों में टायर रोटेशन (टायरों को परिवर्तित करना) क्यों किया जाता है?

उत्तर ट्रैक्टरों में टायर रोटेशन (टायरों को परिवर्तित करना) इसलिए किया जाता है क्योंकि व्हील अलाइनमेन्ट में थोड़ा-सा भी अन्तर आने के कारण टायर एक ओर से घिस जाते हैं। इसके अतिरिक्त ट्रैक्टर के फ्रण्ट टायर, रियर टायरों को अपेक्षा अधिक घिसते हैं। अतः टायर रोटेशन करने से सभी टायर समान रूप से घिसते हैं।

5. ट्रैक्टरों में हवा के स्थान पर नाइट्रोजन भरना क्यों उचित है?

उत्तर टायरों में हवा के स्थान पर नाइट्रोजन भरना इसलिए उचित है, क्योंकि हवा की अपेक्षा टायरों में नाइट्रोजन भरने से 0.4 से 0.6 किमी/लीटर ईंधन की खपत में सुधार हो जाता है। इसके अतिरिक्त नाइट्रोजन ऑक्सीकरण को कम करके टायरों का जीवनकाल बढ़ा देती है।

अभ्यास प्रश्न

परीक्षा प्रारूपी प्रश्न

बहुविकल्पीय

1. ऑटोमोबाइल ट्रैक्टरों में व्हील्स की संख्या आधारित होती है

(a) ट्रैक्टर की कीमत पर (b) इंजन की क्षमता पर

(c) ट्रैक्टर के भार पर (d) व्हील्स की माप पर

2. निम्नलिखित में से कौन व्हील असेम्बली के अन्तर्गत आता है?

(a) हब, स्पोक (b) रिम, टायर

(c) ट्यूब (d) ये सभी

3. वायर स्पोक व्हील के मध्य का वह भाग जिससे स्पोक जुड़े रहते हैं, ………… कहलाता है।

(a) हब (b) फ्लैंज

(c) ट्रेड (d) बीड

4. निम्न में से किस प्रकार के व्हील पर एक रिंग फ्लैंज के रूप में फिट करके लॉक कर दी जाती है?

(a) वायर स्पोक व्हील (b) हैवी ड्यूटी प्रैस्ड व्हील

(c) आर्टिलरी वुडन स्पोक व्हील (d) टू पीस व्हील

5. आधुनिक ऑटोमोबाइल ट्रैक्टरों में प्रयोग होते हैं

(a) आर्टिलरी वुडन स्पोक व्हील (b) वायर स्पोक व्हील

(c) स्टील डिस्क व्हील (d) इनमें से कोई नहीं

6. किस व्हील में ट्यूबरहित टायर फिट नहीं हो सकता है?

(a) डिस्क व्हील (b) वायर स्पोक व्हील

(c) वुडन स्पोक व्हील (d) इनमें से कोई नहीं

7. निम्न में से कौन-सा कथन न्यूमैटिक टायर व्हील के सम्बन्ध में सत्य है?

(a) इन्हें बच्चों की प्राइम गाड़ियों में प्रयोग किया जाता है

(b) इन पर लोहे की पत्ती चढ़ाई जाती है

(c) ये इस्पात की डिस्क पर मोटी रबर के टायर चढ़ाकर बनाए जाते हैं

(d) इन पर कम्पनों का प्रभाव अधिक पड़ता है

8. व्हीलों की देखभाल के अन्तर्गत

(a) व्हील्स का सीधापन चैक करते हैं

(b) वर्ष में एक बार व्हील्स को पेन्ट करते हैं

(c) व्हील्स का नट सदैव पूर्ण टाइट रखते हैं

(d) उपरोक्त सभी

9. आर्टिलरी रिम बनाए जाते हैं

(a) लोहे के (b) लकड़ी के (c) स्टील के (d) रबर के

10. टायर का डिजाइन बना भाग कहलाता है

(a) बीड (b) ग्रेड (c) ट्रेड (d) डेड

11. चित्र में प्रदर्शित टायर का भाग 'X' है

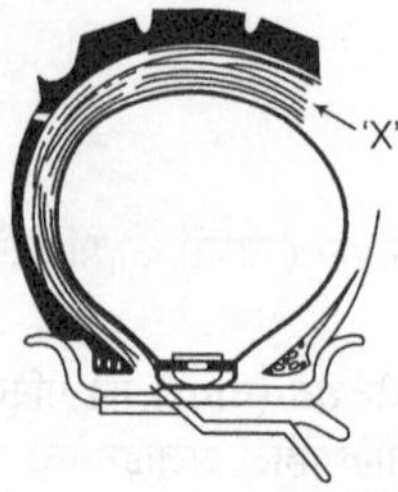

(a) टायर का ट्रेड (b) टायर की साइड वाल
(c) ब्रेकर प्लाइयाँ (d) बीड

12. टायर के बाहर का भाग जो सड़क पर घूमता है, वह क्या कहलाता है?
(a) रिम (b) ट्रेड
(c) बीड (d) इनमें से कोई नहीं

13. टायरों में प्लाई रेटिंग से तात्पर्य है
(a) सूती धागों की प्लाई की संख्या
(b) लोहे के तारों की प्लाई की संख्या
(c) रबर व सूत की डोरी की प्लाई की संख्या
(d) उपरोक्त में से कोई नहीं

14. टायर की केसिंग प्लाइयाँ निर्मित की जाती हैं
(a) रबर से (b) नायलॉन अथवा रेयॉन से
(c) तारों से (d) ये सभी

15. टायरों में कटी ट्रेड डिजाइन का उद्देश्य है
(a) टायरों की आयु बढ़ाना
(b) टायर से होने वाले शोर को कम करना
(c) कुशन प्रभाव बढ़ाना
(d) घर्षण कम करना

16. क्रॉस प्लाई टायरों में समायोजित दो प्लाइयों के धागे विपरीत दिशाओं में बुने जाते हैं जोकि टायरों की अक्ष पर ········· के झुकाव पर बुने जाते हैं।
(a) 90° (b) 40° से 50° (c) 30° से 40° (d) 60°

17. निम्न में से किस प्रकार की संरचना वाले टायरों में ब्रेकर पट्टियाँ नहीं लगी होती हैं?
(a) रेडियल प्लाई टायर (b) क्रॉस प्लाई टायर
(c) बैल्टेड बायस टायर (d) इनमें से कोई नहीं

18. चित्र में दर्शाया गए टायर के ढाँचे का प्रकार है

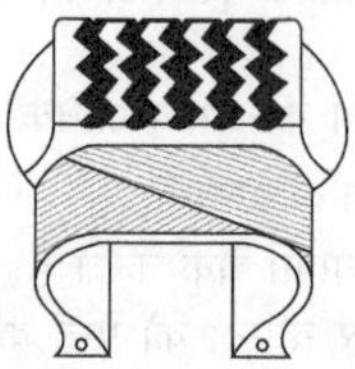

(a) रेडियल प्लाई टायर (b) क्रॉस प्लाई टायर
(c) बैल्टेड बायस टायर (d) इनमें से कोई नहीं

19. कौन-से प्रकार की टायर संरचना में डिफ्लेशन धीरे होता है जब वह पंक्चर होता है?
(a) ट्यूब क्रॉस-प्लाई (b) ट्यूब रेडियल प्लाई
(c) ट्यूबरहित क्रॉस प्लाई (d) ट्यूबरहित रेडियल प्लाई

20. टायरों की चौड़ाई की माप होती है
(a) ट्रेड से बीड तक (b) बीड की मोटाई के बराबर
(c) बीड-से-बीड तक (d) इनमें से कोई नहीं

21. एक टायर पर $8.25 \times 20 \times 10$ PR लिखा है। इसका अर्थ है
(a) टायर की शोल्डर-से-शोल्डर चौड़ाई तक 8.25" है
(b) टायर की दीवार की लम्बाई 8.25" है
(c) टायर में प्लाई का साइज 8.25" है
(d) उपरोक्त में से कोई नहीं

22. अधिक प्लाई रेटिंग का होना टायर के लिए क्या सूचित करता है?
(a) अधिक मुलायम (b) अधिक कठोर
(c) अधिक चिकना (d) इनमें से कोई नहीं

23. ट्रैक्टर के टायर में प्लाइयों की संख्या होती है
(a) 10-22 (b) 1-4
(c) 4-6 (d) इनमें से कोई नहीं

24. किसी टायर पर $8.25 \times 20 \times 10$ PR लिखा है। इसका अर्थ है
(a) बीड वृत्त का व्यास जोकि रिम पर फिट होता है, 8.25" है
(b) बीड वृत्त का व्यास जोकि रिम पर फिट होता है, 20" है
(c) 'a' और 'b' दोनों
(d) उपरोक्त में से कोई नहीं

25. यदि टायर पर 9" × 14" PR कोड अंकित है, तो कोड में 9" का क्या अर्थ है?
(a) टायर का व्यास (b) टायर का चौड़ाई
(c) प्लाई रेटिंग (d) रिम का व्यास

26. चित्र में एक ट्यूबरहित टायर प्रदर्शित है। इसके भाग 'X' का नाम बताइए।

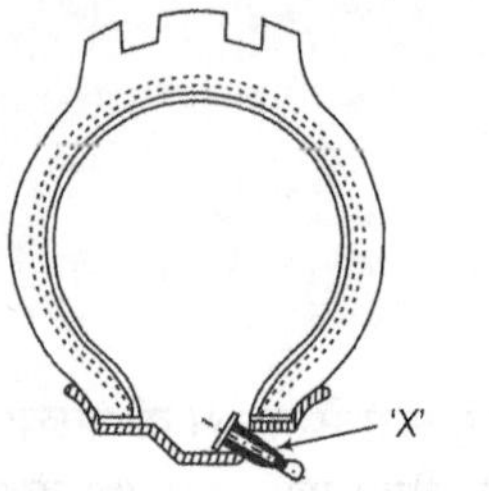

(a) ट्रेड (b) स्टील वायर बीड
(c) रबर सील्ड वाल्व (d) रेयॉन कॉर्ड्स

27. वर्तमान में किस प्रकार के टायर प्रयोग होते हैं?
(a) उच्च दाब टायर (b) निम्न दाब टायर
(c) अतिरिक्त निम्न दाब टायर (d) बैलून टाइप टायर

28. चित्र में प्रदर्शित टायर पर कुछ मार्किंग की गई है। इस पर लिखा 215 दर्शाता है

(a) टायर की चौड़ाई 215 सेमी है
(b) टायर की व्यास 215 सेमी है
(c) टायर की चौड़ाई 215 मिमी है
(d) टायर का व्यास 215 मिमी है

29. किसी भी टायर का आस्पेक्ट अनुपात होता है
(a) टायर की चौड़ाई से लम्बाई का अनुपात
(b) टायर की चौड़ाई से व्यास का अनुपात
(c) टायर की लम्बाई से चौड़ाई का अनुपात
(d) टायर की लम्बाई से व्यास का अनुपात

30. टायर के लोड इण्डैक्स की माप अंकित की जाती है
(a) किग्रा में (b) पाउण्ड में
(c) 'a' और 'b' दोनों (d) इनमें से कोई नहीं

31. एक टायर पर "TEMPERATURE A" रेटिंग अंकित है। इसका अर्थ है
(a) इसकी तापमान सहन करने की क्षमता निम्न है
(b) इसकी तापमान सहन करने की क्षमता मध्यम है
(c) इसकी तापमान सहन करने की क्षमता उच्च है
(d) उपरोक्त में से कोई नहीं

32. टायर शीघ्र घिसने का कारण है
(a) हवा का दबाव सही न होना (b) व्हील अलाइनमेन्ट सही न होना
(c) भार का अधिक होना (d) ये सभी

33. टायर में एक स्थान पर घिसाव का क्या कारण है?
(a) ब्रेक ड्रम का अण्डाकार होना (b) टायर एक स्थान से फूलना
(c) 'a' और 'b' दोनों (d) इनमें से कोई नहीं

34. टायर में कम हवा का प्रभाव होगा
(a) व्हील कम घूमेंगे
(b) पूरी गोलाई में टायरों की साइड चटक जाएगी
(c) टायर की ट्रेड शीघ्र घिसेगी
(d) उपरोक्त सभी

35. कम हवा के कारण टायर खराब होता है
(a) मध्य में (b) किनारों पर
(c) पूरी गोलाई में (d) दीवारों पर

36. टायर में एक शोल्डर के घिसाव का मुख्य कारण है
(a) कैम्बर अधिक होना
(b) व्हील अलाइनमेन्ट सही न होना
(c) 'a' और 'b' दोनों
(d) उपरोक्त में से कोई नहीं

37. टायर में हील के टो के घिसाव का मुख्य कारण क्या है?
(a) एक ओर टायर फिसलना
(b) कैम्बर अधिक होना
(c) व्हील अलाइनमेन्ट सही न होना
(d) उपरोक्त में से कोई नहीं

38. कम फूले हुए टायर के लिए ट्रेड घिसेगा।
(a) केन्द्र से (b) किनारों से
(c) व्हील और टो से (d) फैदरी प्रकार

39. टायर के ट्रेड्स की घिसाई का नम्बर जितना अधिक होता है, टायर का जीवनकाल उतना ही ………… होता है।
(a) कम (b) अधिक
(c) सामान्य (d) इनमें से कोई नहीं

40. यदि ट्रैक्टर के फ्रण्ट व्हील तथा रियर व्हील पर भार का वितरण 60:40 है, तो ट्रैक्टर का गुरुत्व केन्द्र होगा
(a) वाहन के केन्द्र पर (b) फ्रण्ट व्हील के समीप
(c) रियर व्हील के समीप (d) सड़क सतह पर

41. टायरों में हवा भरी जाती है
(a) दाबमापी द्वारा (b) कम्प्रैशर द्वारा
(c) एयर मशीन द्वारा (d) इनमें से कोई नहीं

42. टायरों की हवा मापी जाती है
(a) फिलर गेज द्वारा (b) प्रैशर गेज द्वारा
(c) टेम्परेचर गेज द्वारा (d) इनमें से कोई नहीं

43. सामान्यतः हवाई जहाज के टायरों में ………… गैस भरी जाती है।
(a) ऑक्सीजन (b) कार्बन डाइ-ऑक्साइड
(c) नाइट्रोजन (d) हीलियम

44. टायर दाब निरीक्षण प्रणाली के कौन-से निरीक्षण में प्रत्येक व्हील पर एक प्रैशर सेन्सर लगाया जाता है?
(a) डायरेक्ट निरीक्षण
(b) इनडायरेक्ट
(c) 'a' और 'b' दोनों
(d) उपरोक्त में से कोई नहीं

45. चित्र में प्रदर्शित चिन्ह टायर के किस पद की सूचना देता है?

(a) टायर की घिसाई की
(b) टायर में हवा के दाब की
(c) टायर पर पड़ने वाले भार की
(d) टायर के विरूपित होने की

उत्तरमाला

1. (c)	2. (d)	3. (a)	4. (b)	5. (c)	6. (b)	7. (c)	8. (d)	9. (b)	10. (c)
11. (c)	12. (b)	13. (c)	14. (c)	15. (a)	16. (c)	17. (b)	18. (b)	19. (c)	20. (c)
21. (a)	22. (b)	23. (a)	24. (b)	25. (b)	26. (c)	27. (a)	28. (c)	29. (c)	30. (c)
31. (c)	32. (d)	33. (c)	34. (b)	35. (b)	36. (c)	37. (a)	38. (b)	39. (b)	40. (b)
41. (b)	42. (b)	43. (c)	44. (a)	45. (b)					

अध्याय 29

ब्रेकिंग प्रणाली
Braking System

परिचय Introduction

ब्रेकिंग प्रणाली यान्त्रिकी, वैद्युतिक एवं तरलीय रूप से क्रियाशील अवयवों का एक समूह है, जो एक प्रचालित ट्रैक्टर को घर्षण ऊष्मा की सहायता से नियन्त्रित करती है अर्थात् किसी गतिशील वस्तु को स्थिर करने के लिए जो शक्ति अथवा विधि अपनाई जाती है, उसे ब्रेक शक्ति या बल कह सकते हैं। ट्रैक्टर भी एक गतिशील मशीन है, जिसे चालक की आवश्यकतानुसार धीमा करने या रोकने के लिए ब्रेकिंग प्रणाली की व्यवस्था की जाती है। एक अच्छी ब्रेक व्यवस्था के द्वारा ही ट्रैक्टर चालक (driver) तथा सड़क पर चल रहे लोगों की जीवन रक्षा सम्भव है। इसके अतिरिक्त ट्रैक्टर को उसकी क्षमता की गति पर चलाना बहुत कुछ उसकी ब्रेक प्रणाली पर निर्भर करता है। प्रस्तुत अध्याय में प्रशिक्षु के अध्ययन हेतु ट्रैक्टर सम्बन्धी ब्रेक प्रणाली को वर्णित किया गया है।

29.1 ब्रेकिंग का सिद्धान्त Principle of Braking

एक ट्रैक्टर की ब्रेकिंग प्रणाली टायरों एवं सड़क सतह के मध्य की स्थिर (static) कार्यिकी पर निर्भर करती है। ब्रेक, ट्रैक्टर के नियन्त्रक अंग हैं, जिनका कार्य ट्रैक्टर को अल्पतम समय में विविध दृष्टिकोणों से नियन्त्रित करना है। यह कार्य पहियों की गतिज ऊर्जा को ऊष्मीय ऊर्जा में परिवर्तित करके किया जाता है।

ब्रेकों की आवश्यकता Need of Brakes

ट्रैक्टर मूलत: विविध अवयवों व यन्त्रावलियों का वह समग्र रूप है, जिसको नियन्त्रित करने की व्यवस्था ब्रेकिंग प्रणाली के अधीन होती है, जिसमें इतनी सक्षमता तो होनी ही चाहिए कि ट्रैक्टर को अल्पतम समय में रोककर ट्रैक्टर को नियन्त्रित कर सके। इसमें सुरक्षा भी महत्त्वपूर्ण होती है। आपात स्थिति में भी ब्रेक लगाते समय चालक का ट्रैक्टर पर पूर्ण नियन्त्रण होना चाहिए और यह फिसलना नहीं चाहिए। ब्रेक मन्दकरोधकता के गुणों से परिपूर्ण हों तथा उनके निरन्तर उपयोग में भी वह विफल नहीं होने पाए।

क्रिया Action

तकनीकी उच्चयन (upgradation) के कारण वर्तमान में ट्रैक्टरों की गति काफी अधिक होने लगी है। इन ट्रैक्टरों को नियन्त्रित करने के लिए गति के अनुरूप ही अच्छे क्रियाशील ब्रेकों का होना भी आवश्यक है। जब ट्रैक्टर चल रहा होता है, तो उसमें गतिज ऊर्जा उत्पन्न हो जाती है। जैसे-जैसे गति बढ़ती है, गतिज ऊर्जा भी बढ़ती जाती है। ऐसे समय में ट्रैक्टर को रोकने के लिए आठ गुना अधिक शक्ति की आवश्यकता होगी।

अत: चलते ट्रैक्टर को कम दूरी पर ही रोकने के लिए शक्ति के अतिरिक्त निम्नलिखित बातों का भी महत्त्व होता है

1. पहियों की नाप
2. सड़क की तल से ऊँचाई
3. ट्रैक्टर का भार
4. ब्रेक ड्रम का व्यास
5. सड़क व टायर के मध्य घर्षण
6. ब्रेकिंग सतह की माप
7. ब्रेक ड्रम लाइनिंग के दबाव की मात्रा

29.2 ब्रेक दक्षता Brake Efficiency

ट्रैक्टर के पहियों पर ब्रेकों द्वारा लगाया जाने वाला अधिकतम मन्दक बल (F), सड़क तथा टायर की सतह के बीच घर्षण गुणांक (μ) और पहिये पर ट्रैक्टर के भार के संघटक (W) पर निर्भर करता है अर्थात्

$$F = \mu W$$

यदि घर्षण गुणांक 1 हो जाता है, तो पहियों पर कुल मन्दक बल ट्रैक्टर के भार के बराबर हो जाएगा, जो स्वयं ट्रैक्टर के बराबर द्रव्यमान (mass) वाले निर्बाध पाती पिण्ड (freely falling body) पर लग रहे मन्दक बल के बराबर होता है। इस स्थिति में ट्रैक्टर पर एक मन्दक बल गुरुत्वीय त्वरण के बराबर कार्य करता है जिस कारण ब्रेकों को 100% दक्ष कहा जाता है। इस तरह ब्रेकों की सैद्धान्तिक दक्षता 100% है।

29.3 अच्छे ब्रेकों के गुण Characteristics of Good Brakes

ब्रेकिंग प्रणाली ट्रैक्टर नियन्त्रित करने वाली प्रणाली है, जिसके उपयोग में विविध दृष्टिकोणों से ट्रैक्टर को प्रचालित (operate) किया जाता है। एक अच्छी ब्रेक प्रणाली में निम्नलिखित गुण होने चाहिए

1. ट्रैक्टर में ब्रेक लगाने पर ब्रेक की प्रतिक्रिया अति शीघ्र हो।
2. ट्रैक्टर रोकने के लिए कम-से-कम शक्ति का प्रयोग हो।
3. ब्रेक लगाने पर ट्रैक्टर एक ओर को न भागे।
4. एक पहिये के ब्रेक खराब होने पर उसका प्रभाव अन्य पहियों पर न पड़े।
5. ब्रेक प्रणाली ऐसी हो कि वह प्रत्येक मौसम में कार्य कर सके।
6. ब्रेक लगाने पर व्हील एलाइनमेन्ट पर प्रभाव न पड़े।
7. ट्रैक्टर को कम-से-कम दूरी पर रोकने की सामर्थ्य हो।
8. सभी प्रकार की सड़कों पर ठीक प्रकार ब्रेक लग सकें।
9. कम-से-कम अनुरक्षण (maintenance) हो।

29.4 ब्रेकिंग प्रणाली के अवयव Components of Braking System

ब्रेकों के मुख्य कार्यों में से एक आवश्यकता के समय न्यूनतम सम्भावित समय में ट्रैक्टर को धीमा करना या रोक देना होता है और दूसरा मोड़ों पर ट्रैक्टर की गति को नियन्त्रित करना एवं पहाड़ों से नीचे उतरते समय ट्रैक्टर को नियन्त्रण में रखना होता है।

इस कार्य में विभिन्न अवयव एवं यन्त्रावलियाँ सहायता करते हैं जिनमें से कुछ महत्त्वपूर्ण अग्रलिखित हैं

1. पार्क ब्रेक Park Brake

पार्क ब्रेक को ही हैण्ड ब्रेक (hand brake) भी कहते हैं। यह वह ब्रेक है, जो ट्रैक्टर को पार्क या खड़ा करते समय ही लगाकर रखा जाता है।

2. ब्रेक पैडल Brake Pedal

ड्राइव चाहे बाएँ हाथ की हो या फिर दाएँ हाथ की हो, यह सदा चालक के दायाँ पैर दबाने पर ही क्रियाशील होती है। इसके निचले सिरे से बँधी क्रॉस शाफ्ट व उसके आगे की पुश रॉड, आगे की चाल लेते हुए मास्टर सिलेण्डर के पिस्टन को दबाती है व पैर हटाने पर पैडल रिटर्न स्प्रिंग की तड़ से ब्रेक पैडल वापस आता है। ब्रेक पैडल की फ्री प्ले का समायोजन करने के लिए क्रॉस शाफ्ट पर ब्रेक पैडल एडजस्टिंग नट की व्यवस्था होती है।

3. ब्रेक हौज Brake Hose

मास्टर सिलेण्डर से स्टील पाइप लाइन द्वारा व्हील सिलेण्डरों को सीधे जोड़ना असम्भव है, जैसे ट्रैक्टर के दोनों अगले पहिये स्टीयरिंग प्रणाली से जुड़े होने के कारण पहियों को मोड़ने की दिशा प्रदान करते हैं। व्हील सिलेण्डरों व स्टील पाइप लाइन के मध्य लचकदार, मजबूत, हाइड्रॉलिक तेल का दबाव एवं तापमान का प्रभाव और झटकों को सहन करने वाली उच्च दाब ब्रेक हौज पाइप का लगाना अनिवार्य है। यह भिन्न-भिन्न लम्बाई में बनी होती है।

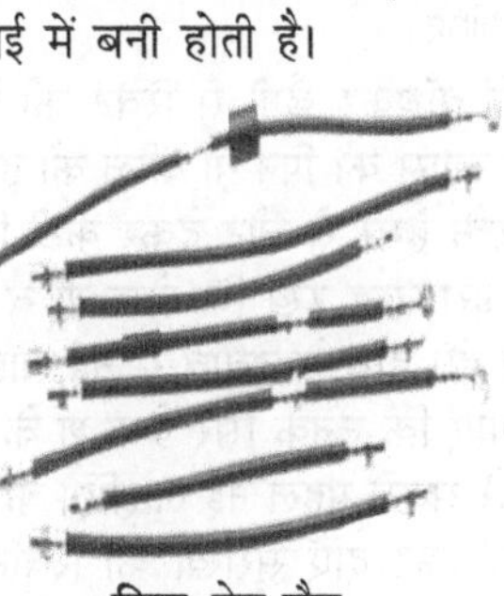

चित्र ब्रेक हौज

4. ब्रेक ड्रम Brake Drum

यह पतला गोल ड्रम, जिसके बाहरी बन्द भाग के स्टडों पर पहिये के रिम सुराख फिट होते हैं और भीतरी खाली भाग, व्हील ब्रेक शू असेम्बली के लिए ढकने का काम करता है। यह ढलवाँ लोहे, क्रोम, निकल, आयरन और स्टील से बनाए जाते हैं, इसमें कोई दो राय नहीं कि एल्युमीनियम अलॉय और मैग्नीशियम अलॉय के रिब किये ड्रम, कास्ट आयरन के ड्रम से ठण्डे चलते हैं, परन्तु इन पर अधिक भरोसा नहीं किया जा सकता।

चित्र ब्रेक ड्रम

5. ब्रेक शू Brake Shoe

ये लोहे की पत्तियों से निर्मित अर्द्धगोलाकार आकृति के होते हैं। सामान्यतया इनको 'टी' सेक्शन इसलिए दिया जाता है, ताकि इनकी आन्तरिक ताकत बनी रहे। इनका एक भाग व्हील सिलेण्डर के पिस्टन में, जबकि दूसरा एडजस्टर के साथ फँसा रहता है। ब्रेक शू के अन्दर किए गए दो सुराखों में ब्रेक शू रिटर्न स्प्रिंग फँसे रहते हैं।

ब्रेक शू से सम्बन्धित प्रक्रियाएँ
Related Operations to Brake Shoe

ब्रेक शू से सम्बन्धित प्रक्रियाएँ निम्न प्रकार हैं

(i) **लाइनिंग** Lining

वास्तव में घूमते ब्रेक व्हील ड्रम से ब्रेक शू पर चिपकाई या रिवेट की हुई लाइनिंग ही घर्षण करके ब्रेक व्हील ड्रम को रोकती है। सामान्यतया यह एस्बेस्टॉस से निर्मित होती है और इसको सख्त बनाने या आकृति (shape) देने के लिए रबर या प्लास्टिक का फिलर मिलाकर उपयोग किया जाता है।

ये निम्न प्रकार की होती हैं

(a) सॉलिड वूवन टाइप (Solid wooven type) तथा

(b) मोल्डेड टाइप (Moulded type)।

(ii) **रिलाइनिंग** Relining

ब्रेक शू को वाइस में बाँधकर छैनी से रिवेट की फैली धातु को हटाएँ व रिवेट व्यास से आधे व्यास की पिन या कील को हटाई गई फालतू धातु की रिवेट पर रखकर हल्के हैमर से चोट देकर कटी रिवेट बाहर निकालें। नई लाइनिंग को शू पर इस तरह रखें कि ब्रेक शू व नई लाइनिंग के सुराख एक-दूसरे के सामने हों। हाथ के दबाव से नई लाइनिंग के सभी सुराखों में रिवेट इस प्रकार लगाएँ कि उनके सिरे ब्रेक शू के अन्दर की ओर निकले हों। रिवेटिंग मशीन से सबसे पहले नई लाइनिंग के मध्य वाले सुराख, फिर क्रॉसवाइज बाएँ और फिर दाएँ सुराखों की रिवेटिंग करें।

(iii) **ब्रेक तरल** Brake Fluid

ब्रेकिंग प्रणाली का यह मुख्य आधार, कास्ट ऑयल एवं एल्कोहॉल को मिलाकर बनाया जाता है। ब्रेक तरल के निम्न प्रकार होते हैं

(a) **डॉट-**3 Dot-3 यह पारम्परिक ब्रेक तरल है, जिसे अधिकांशतया ए.बी. एस. व कुछ शक्ति ब्रेकिंग प्रणालियों में प्रयुक्त करते हैं।

(b) **डॉट-**4 Dot-4 यह पारम्परिक ब्रेक प्रणालियों में अधिकतर प्रयुक्त हो रहा ब्रेक तरल है।

(c) **डॉट-**5 Dot-5 यह अकेला सिलिकॉन आधारित ब्रेक तरल है, परन्तु ब्रेक सर्विस विशेषज्ञों ने विगत् कुछ वर्षों से इसका उपयोग कम कर दिया है।

(iv) **ब्रेक व्यवस्थापन** Brake Adjustment

सभी प्रकार के ब्रेकों में प्राय: दो तरह के व्यवस्थापन आवश्यक होते हैं। इनके सही होने से ही ब्रेकों सम्बन्धी बहुत-से दोष दूर हो जाते हैं। ये दो प्रकार के होते हैं

(a) **ब्रेक पैडल व्यवस्थापन** (Brake paddle adjustment) ब्रेक पैडल में अधिक-से-अधिक 1/4 से 1/2 तक फ्री चाल रहनी चाहिए। यदि ब्रेक पैडल की फ्री चाल अधिक होगी, तो पूरा ब्रेक पैडल दबाने पर ही ब्रेक ठीक प्रकार से लगेंगे। यदि फ्री चाल कम होगी, तो हो सकता है ब्रेक शू ड्रम से रगड़ खाकर चलें, जिससे हर समय पहिये में ब्रेक लगता रहे। इस व्यवस्थापन के लिए ब्रेक पैडल से सम्बन्धित पुश रॉड पर ही व्यवस्था रहती है।

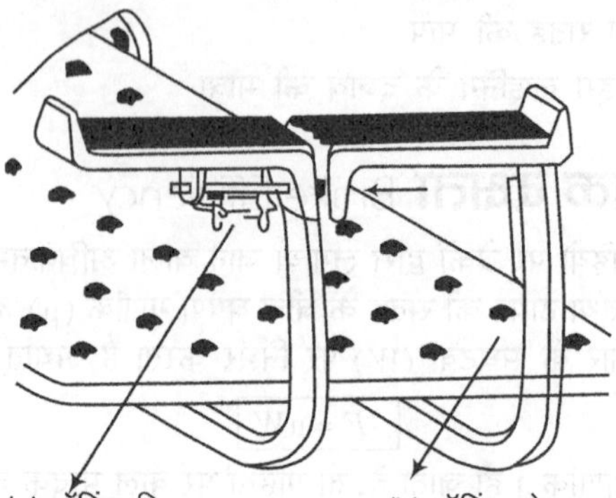

चित्र ट्रैक्टर ब्रेक पैडल व्यवस्था

(b) **ब्रेक शू व्यवस्थापन** (Brake shoe adjustment) ब्रेक किसी भी प्रकार का हो, वह तब ही अच्छा कार्य करेगा जब ब्रेक ड्रम तथा ब्रेक शू के बीच कम-से-कम अन्तर (gap) रहेगा। यदि यह अन्तर सभी पहियों में एकसमान नहीं होगा, तो ट्रैक्टर ब्रेक लगाने पर एक ओर भागेगा। इसके अतिरिक्त जिन पहियों के ब्रेक शू तथा ब्रेक ड्रम में अन्तर कम होगा, तो हो सकता है कि ब्रेक शू, ब्रेक ड्रम से रगड़कर चले, इससे उस पहिये का टायर शीघ्र घिसेगा। स्टीयरिंग पर भी कण्ट्रोल ठीक प्रकार नहीं होगा, इसलिए ब्रेक शू तथा ब्रेक ड्रम के बीच अन्तर सही व्यवस्थित करना आवश्यक है। इसके लिए ब्रेक प्लेट (ऐंकर प्लेट) के पीछे दोनों ब्रेक शू के लिए अलग-अलग एडजस्टिंग नट लगे होते हैं।

इनका सम्बन्ध प्लेट के आगे की ओर लगी एसेन्ट्रिक कैमों से रहता है। नट के घुमाने से यह कैम ब्रेक शू को बाहर या भीतर की ओर करती है। इस विधि के अतिरिक्त व्हील सिलेण्डर के दोनों ओर धातु कवर (metallic cover) भी इस कार्य के लिए प्रयोग किए जाते हैं। इन पर खाँचे कटा हुआ रिंग लगा रहता है। ब्रेक प्लेट पर बने छेदों में से ऑफसैट पेंचकस (offset screwdriver) के द्वारा व्हील सिलेण्डर के कवर पर लगे रिंग को खोल या कस कर ब्रेक शू को बाहर या भीतर सरकाया जा सकता है, क्योंकि ब्रेक शू इन्हीं के साथ सटे रहते हैं। ब्रेक शू को व्यवस्थित करने के लिए कोई भी तरीका ट्रैक्टर में प्रयोग किया गया हो, उसे व्यवस्थित करने के लिए निम्नलिखित क्रिया करनी चाहिए

1. जिस पहिये के ब्रेक शू व्यवस्थित करने हों, उसे जैक (jack) पर उठा लें।
2. एक ब्रेक शू को बाहर की ओर फैलाकर पहिया जाम कर दें।
3. उसी ब्रेक शू को धीरे-धीरे अन्दर की ओर सरकाएँ। जैसे ही पहिया फ्री घूमने लगे शू का सरकाना बन्द करें, परन्तु यह ध्यान रहे कि ब्रेक ड्रम से ब्रेक शू के रगड़ खाने की कोई आवाज न आ रही हो।
4. इसी प्रकार दूसरे ब्रेक को व्यवस्थित करें।

इस प्रकार ब्रेक शू तथा ब्रेक ड्रम के बीच कम-से-कम अन्तर व्यवस्थित किया जाता है।

(v) **ब्लीडिंग** Bleeding

किसी भी ट्रैक्टर में हाइड्रॉलिक प्रणाली तब ही अपनी पूर्ण क्षमता से कार्य करती है, जब वह वायुरहित हो। इसके लिए व्हील सिलेण्डर एवं मास्टर सिलेण्डर को वायुरहित किया जाता है और इस क्रिया को ही ब्लीडिंग कहते हैं। ब्लीडिंग क्रिया करते समय कुछ विशेष सावधानियाँ रखने की जरूरत होती है।

(vi) **विभाजित प्रणालियाँ** Divided Systems

यह ट्रैक्टर में ब्रेकिंग क्रिया के अन्तर्गत द्रष्टव्य ब्रेकिंग क्षमता है, जोकि ट्रैक्टर के भार पर निर्भर होती है। विभाजित प्रणाली के अन्तर्गत ट्रैक्टर के अगले एवं पिछले पहियों को एक साथ ब्रेक लगाकर विविध तरीकों से रोका जाता है।

इसके अन्तर्गत चालक द्वारा लगाए गए ब्रेक बल को ट्रैक्टर के सभी पहियों पर एक साथ समान रूप से वितरित किया जा सकना सम्भव है। इसका लाभ समग्र बल के रूप में सामने आता है, जो ट्रैक्टर को तत्काल रोक देने में सक्षम होता है, जिससे दुर्घटना की आशंका नहीं रहती।

6. मास्टर सिलेण्डर Master Cylinder

यह ब्रेक प्रणाली का मुख्य भाग है। इसके द्वारा ब्रेक ऑयल में दबाव उत्पन्न किया जाता है। यह एक पिचकारी के समान कार्य करता है। इसमें ब्रेक पैडल का सम्बन्ध मास्टर सिलेण्डर की पुश रॉड से रहता है। ये तीन प्रकार के होते हैं

(i) **साधारण मास्टर सिलेण्डर** Simple Master Cylinder

इस प्रकार के मास्टर सिलेण्डर परम्परागत रूप से ट्रैक्टर में प्रयोग किए जाते हैं। इनमें निम्नलिखित भाग होते हैं

1. पुश रॉड	2. डस्ट बूट
3. पिस्टन स्टॉप प्लेट	4. पिस्टन
5. लॉक रिंग	6. सेकण्डरी रबर कप
7. प्राइमरी रबर कप	8. पिस्टन रिटर्न स्प्रिंग
9. चैक वाल्व	10. वाल्व सीट

मास्टर सिलेण्डर के ऊपरी भाग में बने रिजर्वायर में ब्रेक ऑयल भरने के लिए फिलर प्लग का स्थान होता है। रिजर्वायर से ब्रेक ऑयल मास्टर सिलेण्डर में जाने के लिए दो मार्ग बने होते हैं—(1) बाईपास पोर्ट तथा (2) कम्पैनसेटिंग पोर्ट। मास्टर सिलेण्डर के आगे की ओर एण्ड प्लग (end plug) लगा होता है जिसमें बैंजों बोल्ट तथा यूनियन लगाई जाती है, जहाँ से ब्रेक ऑयल दबाव के साथ सभी व्हील सिलेण्डरों में भरा जाता है।

दबाव के कारण मास्टर सिलेण्डरों में भरा ब्रेक ऑयल चैक वाल्व में से होकर दबाव के साथ एण्ड प्लग में लगी यूनियनों में से व्हील सिलेण्डरों में चला जाता है।

व्हील सिलेण्डर के बीच में आए इस ब्रेक ऑयल के दबाव से व्हील सिलेण्डर के दोनों पिस्टन बाहर की ओर फैलते हैं और ब्रेक ड्रम को रगड़ कर धीमा करते हैं तथा अन्त में रोक देते हैं। ब्रेक शू तथा व्हील सिलेण्डर के पिस्टनों को पुरानी जगह पर ले आती है तथा व्हील सिलेण्डर में आया ब्रेक ऑयल पाइप लाइनों में होकर चैक वाल्व को सीट से उठाकर मास्टर सिलेण्डर में चला जाता है।

यदि मास्टर सिलेण्डर से तुरन्त कोई कार्य नहीं लिया जाता है, तो उसमें आया अधिक ब्रेक ऑयल बाईपास के द्वारा रिजर्वायर में स्वयं पहुँच जाता है।

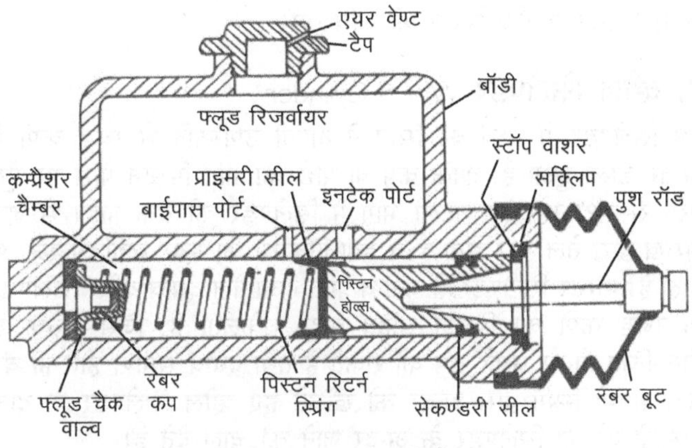

चित्र साधारण मास्टर सिलेण्डर

(ii) **टैन्डम मास्टर सिलेण्डर** Tandem Master Cylinder

इस प्रकार के मास्टर सिलेण्डर में परम्परागत एक पिस्टन के स्थान पर दो पिस्टनों का प्रयोग किया जाता है। इसके साथ ही इसमें दो आउटलेट मार्ग भी बने होते हैं। एक आउटलेट मार्ग द्वारा अगले दोनों पहियों के ब्रेकों को दबाव से तेल जाता है। दूसरे आउटलेट मार्ग से पिछले पहियों के ब्रेकों को तेल जाता है।

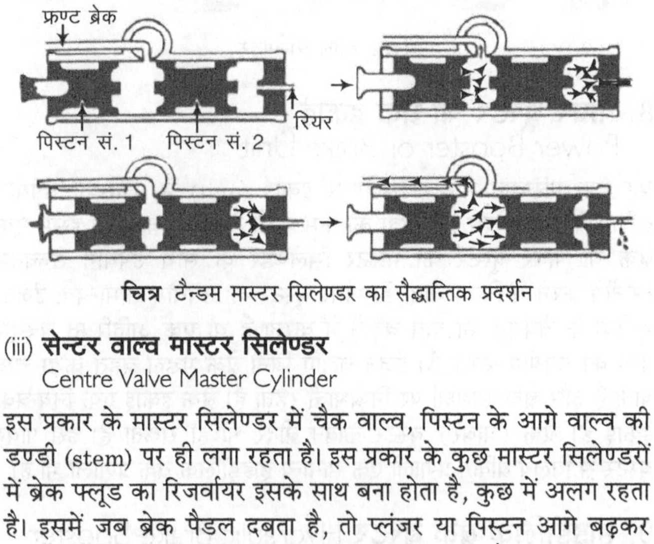

चित्र टैन्डम मास्टर सिलेण्डर का सैद्धान्तिक प्रदर्शन

(iii) **सेन्टर वाल्व मास्टर सिलेण्डर**
Centre Valve Master Cylinder

इस प्रकार के मास्टर सिलेण्डर में चैक वाल्व, पिस्टन के आगे वाल्व की डण्डी (stem) पर ही लगा रहता है। इस प्रकार के कुछ मास्टर सिलेण्डरों में ब्रेक फ्लूड का रिजर्वायर इसके साथ बना होता है, कुछ में अलग रहता है। इसमें जब ब्रेक पैडल दबता है, तो प्लंजर या पिस्टन आगे बढ़कर वाल्व सीट सप्लाई लाइन की पोर्ट को बन्द कर देता है तथा पिस्टन के आगे आया तेल दबाव के साथ व्हील सिलेण्डर में चला जाता है। जब ब्रेक पैडल पर से दबाव हट जाता है, तो सामान्य मास्टर सिलेण्डर की भाँति चैक वाल्व को सीट से हटाकर तेल वापस आ जाता है।

मरम्मत Repair

(i) मास्टर सिलेण्डर से पाइप खोलें।
(ii) मास्टर सिलेण्डर को चेसिस से अलग करें।
(iii) स्टॉप लाइट स्विच व बैंजो बोल्ट आदि खोलें।

(iv) पुराना तेल निकाल दें।
(v) रबर कपों को हटाकर शेष भागों को पेट्रोल से साफ करें।
(vi) मास्टर सिलेण्डर के पोर्ट साफ करें।
(vii) पिस्टन व चैक वाल्व की जाँच करें।

7. व्हील सिलेण्डर Wheel Cylinder

इस सिलेण्डर में मध्य की स्प्रिंग ने अपनी उपस्थिति से रबड़ कपों में अन्तर डाला हुआ है, ताकि कप के पीछे का भाग पिस्टन फेस पर पूरी तरह से सटा रहे। इस खाली भाग में सिलेण्डर की ब्रेक पाइप से जुड़े सुराख द्वारा तेल भरा होता है व हवा निकासी का एयर ब्लीडिंग स्क्रू भी होता है। मास्टर सिलेण्डर से बना व प्राप्त हुआ तेल दबाव व्हील सिलेण्डर के रबड़ कपों को पिस्टन सहित बाहर धकेलता है, जिससे ब्रेक शू क्रियान्वित होकर घूमते ड्रम को रोकते हैं तथा दबाव समाप्त होते ही वह ब्रेक शू भी स्प्रिंग द्वारा अन्दर को खींचते हुए व्हील सिलेण्डर के दोनों पिस्टनों को भी सिलेण्डर के अन्दर जाने की चाल देते हैं।

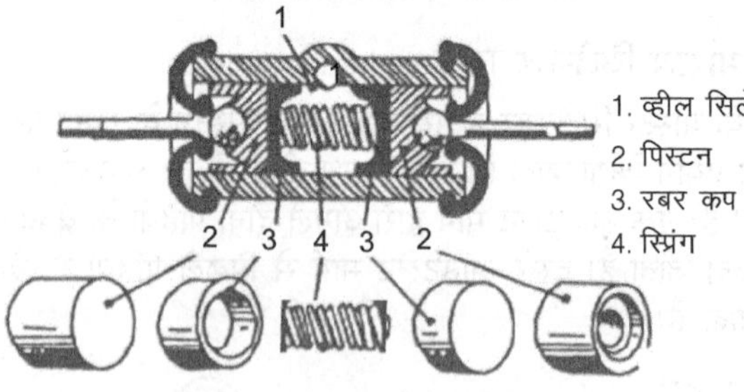

चित्र व्हील सिलेण्डर

8. पावर बूस्टर या ब्रेक इकाई Power Booster or Brake Unit

यह एक परिष्कृत मास्टर सिलेण्डर इकाई (unit) है, जिसका उपयोग ब्रेकिंग में पैडल प्रेशर की मात्रा को कम करने में किया जाता है। इसमें एक ब्रेक या पावर बूस्टर का मास्टर सिलेण्डर के साथ उपयोग उच्चतम तरलीय करने में किया जाता है। पावर बूस्टर का उपयोग सामान्यत: इंजन, इनटेक के वैक्यूम का दाब बढ़ाने में करता है या एक अतिरिक्त वैक्यूम पम्प का उपयोग करता है। इंजन चलाए बिना ब्रेक पैडल बहुत कड़ा चल पाता है और ब्रेक सामर्थ्य पर निष्प्रभावी रहता है। ब्रेक इकाई एक नियन्त्रक इकाई है। ब्रेक (पावर) बूस्टर केबिन ब्रीदर भी हो सकता है। इस पावर बूस्टर से विलय ब्रेकिंग प्रणाली एक सामान्य हाइड्रॉलिक ब्रेक प्रणाली भी है।

9. हाइड्रॉलिक ब्रेक बूस्टर Hydraulic Brake Booster

वर्तमान में अनेक ट्रैक्टर हाइड्रॉलिक तकनीक आधारित ब्रेक बूस्टरों से युक्त होते हैं। इस पर आधारित प्रणाली या इकाई इंजन वैक्यूम के स्थान पर पावर स्टीयरिंग पम्प से उत्पन्न हाइड्रॉलिक दाब का उपयोग करती है व एकुमुलेटर पर संग्रहित रहती है। यही ब्रेक पैडल पर हाइड्रॉलिक बूस्टर इकाई द्वारा मास्टर सिलेण्डर पर प्रभावी कर दी जाती है। यह बूस्टर तरल से उत्पन्न दाब का उपयोग करता है, जो तरल इसमें सदैव संचरित होता है। दाब-स्रोत (pressure source) के रूप में यह मास्टर सिलेण्डर के द्वारा एक्चुएटिड (actuated) पिस्टन के विरुद्ध लगता है।

10. ब्रेक लाइट स्विच Brake Light Switch

यह ब्रेक अवयव द्रवचालित ब्रेक प्रणाली के एक भाग के निष्क्रिय होने की चेतावनी देता है। इसी को डिफरैन्शियल वाल्व भी कहते हैं।

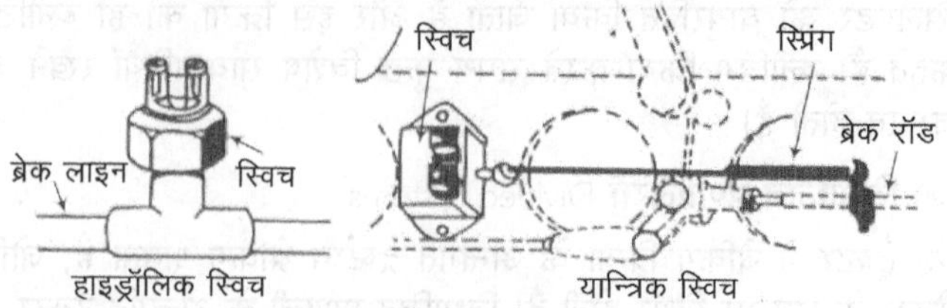

चित्र ब्रेक लाइट स्विच

11. हाइड्रॉलिक दबाव व बल Hydraulic Pressure and Force

यह पास्कल के नियम पर आधारित है। इस नियम के अनुसार किसी बन्द बर्तन में भरे द्रव के अन्दर प्रत्येक स्थान पर दाब तीव्रता एकसमान रूप से वितरित होती है अर्थात् यदि द्रव के अन्दर क्रमश: x, y तथा z दिशा में दाब तीव्रताएँ p_x, p_y तथा p_z हों तो,

$$p_x = p_y = p_z$$

12. ब्रेक पैड Brake Pad

ट्रैक्टरों की डिस्क (चकती) ब्रेकों के पैडों के लिए दृढ़ मोल्ड घर्षण पदार्थ (material) का प्रयोग करते हैं। यह हल्के भूरे रंग का होता है। इसमें मूलत: एस्बेस्टॉस के बेतरतीब रेशे होते हैं और ताँबे के कण भी होते हैं। इसमें मन्दनरोधी व घिसाईरोधी गुण होते हैं।

13. रिजेनरेटिव ब्रेकिंग Regenerative Braking

यह वह ब्रेकिंग तकनीक है, जो एक ट्रैक्टर को सामान्यत: ब्रेक लगाने के दौरान व्यय गतिक ऊर्जा की पुन: प्राप्ति व संग्रह की अनुमति देती है।

14. ब्रेक लगाना Applying Brake

ब्रेक जैसे ही प्रयुक्त किए जाते हैं, तो पैडल पुश रॉड शक्ति इकाई के माध्यम से ब्रेकों को पिस्टन पर लागू करने के लिए तुरन्त गतिमान हो जाती है और यही ब्रेक लगाना है।

29.5 ब्रेक के प्रकार Types of Brake

गतिमान ट्रैक्टर को रोकने के लिए ट्रैक्टरों में ब्रेकिंग प्रणाली का प्रयोग किया जाता है। ब्रेकिंग प्रणाली में निम्नलिखित प्रकार के ब्रेकों का उपयोग किया जाता है

1. ड्रम ब्रेक (Drum Brake)
2. डिस्क ब्रेक (Disc Brake)
3. हैण्ड ब्रेक (Hand Brake)
4. फुट ब्रेक (Foot Brake)
5. सिंगल एक्टिंग ब्रेक (Single Acting Brake)
6. डबल एक्टिंग ब्रेक (Double Acting Brake)
7. यान्त्रिक ब्रेक (Mechanical Brake)

8. शक्ति ब्रेक (Power Brake)
9. हाइड्रॉलिक ब्रेक (Hydraulic Brake)
10. सर्वो या वैक्यूम ब्रेक (Servo or Vacuum Assisted Brake)
11. एयर या वायवीय ब्रेक (Air or Pneumatic Brake)
12. इलेक्ट्रिक ब्रेक (Electric Brake)
13. पावर ब्रेक (Power Brake)

उपरोक्त ब्रेकों के प्रकारों में ट्रैक्टरों में प्रयुक्त किये जाने वाले मुख्य ब्रेकों का वर्णन निम्न प्रकार है

1. हैण्ड ब्रेक Hand Brake

ट्रैक्टर को यथास्थान खड़ा (park) करने के बाद इस ब्रेक को लगाया जाता है, जिससे ट्रैक्टर ढलान आदि पर खड़ा करने पर भी हिल-डुल कर सरकने न लग जाए। इस ब्रेक को हाथ द्वारा ब्रेक लीवर खींचकर लगाया जाता है, इसलिए इसे हैण्ड ब्रेक कहा जाता है। इस ब्रेक को मैकेनिकल लीवरेज द्वारा लगाया जाता है। इसके लिए ब्रेक शू असेम्बली (brake shoe assembly) के किसी एक ब्रेक शू से हैण्ड ब्रेक का सम्बन्ध लिंकेज या केबिल (cable) द्वारा कर दिया जाता है। जब ब्रेक लीवर को खींचा जाता है, तो उक्त ब्रेक शू फैलकर ब्रेक ड्रम को जाम कर लेता है।

इस प्रकार ट्रैक्टर एक ही जगह स्थिर रहता है जब तक कि हैण्ड ब्रेक लीवर को फिर से अपनी पुरानी स्थिति में न लाया जाए। कुछ ट्रैक्टरों में इस कार्य के लिए ब्रेक शू असेम्बली में एक अतिरिक्त छोटा ब्रेक शू भी इस कार्य के लिए प्रयोग किया जाता है। इसके ऊपर ब्रेक शू एक बैण्ड (band) के रूप में स्प्रिंग की सहायता से लगा रहता है। यह एक्सटर्नल कॉन्ट्रैक्टिंग ब्रेक (external contracting brake) होता है।

जब हैण्ड ब्रेक लीवर को खींचा जाता है, तो ब्रेक शू बाहर से अन्दर की ओर सिकुड़ कर प्रोपैलर शाफ्ट पर लगे ब्रेक ड्रम को जकड़कर जाम कर देता है। इस प्रकार ट्रैक्टर स्थिर अवस्था में खड़ा रहता है, जब तक कि हैण्ड ब्रेक लीवर को पुरानी जगह पर लाकर ब्रेक को रिलीज न किया जाए।

यह ब्रेक, क्योंकि ट्रैक्टर को खड़ा (park) करने के लिए लगाया जाता है, इसलिए इसे पार्किंग ब्रेक (parking brake) कहते हैं। इसके साथ-साथ जब फुट ब्रेक कार्य नहीं करता है, तो उस समय भी इसका प्रयोग किया जा सकता है, इसलिए इसे आपातकालिक (emergency) ब्रेक भी कह सकते हैं।

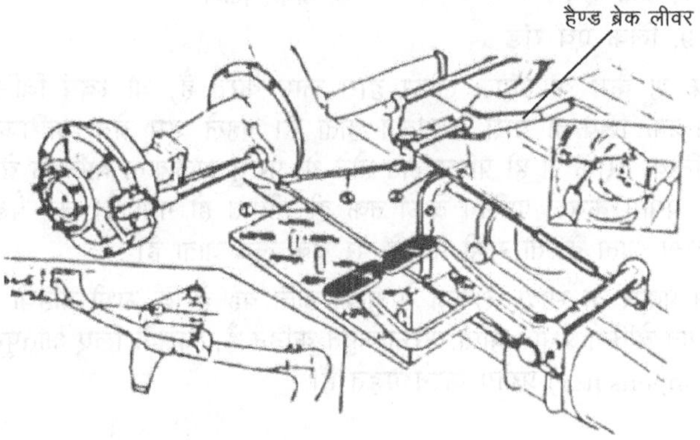

चित्र फर्ग्यूसन ट्रैक्टर का हैण्ड ब्रेक

2. ड्रम ब्रेक Drum Brake

इस प्रकार के ब्रेकों में प्रत्येक पहिये पर एक ब्रेक ड्रम लगा होता है और धुरे के खोल पर बैक प्लेट लगी होती है। अगले धुरे पर बैक प्लेट स्टीयरिंग नकल से बोल्टों द्वारा संयोजित होती है।

बनावट Construction

ड्रम ब्रेक की बनावट की विशेषता यह है कि बैक प्लेट इस्पात की चादर से बनाई जाती है और दृढ़ता बढ़ाने के लिए इसे पसलीदार बनाया जाता है। इस पर विस्तारक, समंजक और ब्रेक गुटकों की व्यवस्था होती है और यह गुटका असेम्बली को कीचड़ और धूल से बचाती है। बैक प्लेट पर दो ब्रेक शू (brake shoe) लगे होते हैं। ब्रेक शू पर घर्षण लाइनिंग्स होती हैं। इसमें एक या दो रीट्रैक्टर स्प्रिंगों का प्रयोग भी किया जाता है। एक समंजक भी लगा होता है।

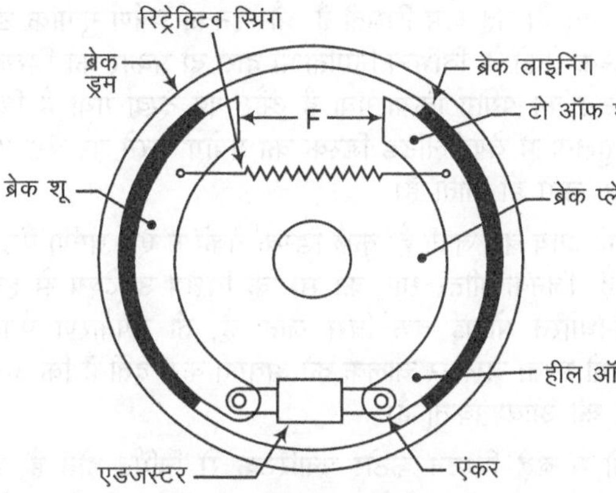

चित्र ड्रम ब्रेक

स्थिर विस्तारक Stable Expander

इस प्रकार के ब्रेक की क्रिया को समझने के लिए क्रिया में लीडिंग तथा ट्रलिंग शूज को समझना आवश्यक है, क्योंकि ये ब्रेक लगाने के दौरान प्रमुख भूमिका निभाते हैं व जब कोई ब्रेकिंग बल भी न लग रहा हो, तो भी अग्र गुटके का सिरा ड्रम के साथ ही घिसटता चला जाता है, जबकि अनुगामी गुटके का सिरा इस स्थिति में ब्रेक से दूर फेंक दिया जाता है।

प्लवमान विस्तारक Floating Expander

इस प्रकार के ब्रेक में विस्तारक कैम पिछली प्लेट पर स्थिर नहीं होती, बल्कि प्लवमान (floating) रहती है। फलत: दोनों गुटकों पर असमान ब्रेकिंग प्रभाव अपने आप सन्तुलित होकर बराबर हो जाते हैं। यदि एक गुटके की लाइनिंग दूसरे गुटके से अधिक घिसी हुई हो तो भी प्लवमान विस्तारक (floating expander) एक दिशा में सरक जाता है, जिससे दोनों गुटकों पर वही प्रचालन बल लगता है।

3. डिस्क ब्रेक Disc Brake

कुछ ट्रैक्टरों में डिस्क टाइप ब्रेकों का प्रयोग भी किया जाता है। इसमें मल्टी प्लेट क्लच के समान कई ब्रेक डिस्कें तथा प्रेशर प्लेटें प्रयोग की जाती हैं। ब्रेक असेम्बली एक हाउजिंग में ट्रैक्टर की चेसिस से जुड़ी रहती है।

ब्रेक असेम्बली में दो ब्रेक डिस्कें व प्रेशर प्लेटें प्रयोग की जाती हैं। दोनों डिस्क प्लेटें बॉल तथा स्प्रिंग द्वारा एक-दूसरे से अलग की जाती हैं। ब्रेक डिस्कों के साथ लगी प्रेशर प्लेटों पर खाँचे बने होते हैं, जोकि कनैक्टिंग लिंक द्वारा जुड़े रहते हैं। कनैक्टिंग लिंक ब्रेक शाफ्ट से जुड़ी रहती है।

जब ब्रेक पैडल दबाया जाता है, तो ब्रेक शाफ्ट कनैक्टिंग लिंक द्वारा प्रेशर प्लेटें समीप आ जाती हैं तथा बॉल जो खाँचों में थीं वह खाँचों से बाहर की ओर फैलती हैं, जिससे ब्रेक डिस्कें ड्राइव शाफ्ट पर लगी हाउजिंग के साथ रगड़ खाने लगती हैं तथा ब्रेक लग जाता है जब ब्रेक पैडल पर से दबाव हटाया जाता है, तो प्लेटों के बीच लगी स्प्रिंग ब्रेक डिस्क को पुरानी दशा में ले आती है तथा ब्रेक रिलीज हो जाता है।

बनावट Construction

इन ब्रेको की चकतियाँ (discs) पियरलिटिक ग्रे ढलवाँ लोहे (pearlitic grey cast iron) की बनाई जाती हैं, जोकि सस्ती तथा अच्छी प्रति-घिसाई गुणों वाली धातु है। यह कम घिसती है और इनका घर्षण गुणांक उच्चतर होता है। डिस्क ब्रेकों के विभिन्न निर्माताओं द्वारा दो प्रकार की डिस्क ठोस व वेण्टीलेटिड का प्रयोग किया गया है और यह देखा गया है कि ठोस डिस्क की तुलना में वेण्टीलेटिड डिस्क का प्रयोग करने पर पैड तापमान लगभग 30% कम हो जाता है।

इससे पैड की आयु बढ़ जाती है। कुछ डिस्क ब्रेकों में ऐसे घर्षण पैड प्रयोग किए जाते हैं, जिनके भीतर धातु का सम्पर्क विशेष उद्देश्य से होता है। जब पैड निर्धारित मोटाई तक घिस जाता है, तो उपकरण पैनल पर चेतावनी-बत्ती स्वत: जलकर चालक को अवगत करा देती है कि अब पैडों को बदलने की आवश्यकता है।

डिस्क ब्रेकों में बड़े पिस्टन कठोर प्लास्टिक से निर्मित होते हैं, जबकि अन्य में इनकी सूक्ष्म घिसाई के बाद इन पर निकिल क्रोम की परत चढ़ाई जाती है, जो इन्हें कठोर तल प्रदान करती है, जिससे इनकी आयु बढ़ जाती है।

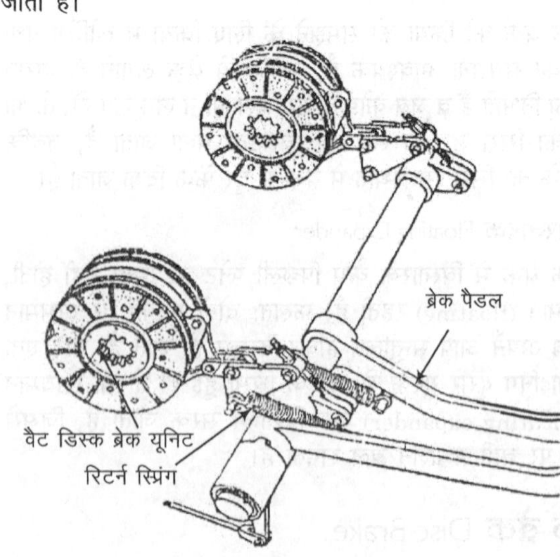

चित्र डिस्क ब्रेक

ड्रम व डिस्क ब्रेकों की तुलना
Comparison of Disc and Drum Brakes

कहीं भी प्रचलित साधनों के मध्य तुलना कर उनकी क्षमताओं से उपयुक्त रूप में अवगत हुआ जा सकना सम्भव है। इस तथ्य को दृष्टिगत रखकर ही ड्रम व डिस्क ब्रेकों के अध्ययन के उपरान्त उनकी तुलना प्रस्तुत की गई है।

यह इस प्रकार है

(i) ड्रम ब्रेक प्रकार की तुलना में डिस्क ब्रेकों का डिजाइन सरल होता है।

(ii) ड्रम ब्रेक के विपरीत डिस्क ब्रेक का डिजाइन ऐसा होता है कि इनके ऊष्मा द्वारा फैलने से भी दक्षता कम नहीं होती।

(iii) डिस्क ब्रेकों में घर्षण सतहें शीतलन वायु के लिए खुली रहती हैं, जबकि ड्रम ब्रेक प्रकार में घर्षण आन्तरिक स्तरों पर होता है, जहाँ से ऊष्मा का विक्षेप ड्रम के बीच में से चालन (conduction) द्वारा ही हो सकता है।

(iv) ड्रम ब्रेकों में घर्षण लाइनिंग वक्र (curved) होती है, जबकि डिस्क ब्रेकों में घर्षण पैड समतल (flat) होते हैं। इससे यह लाभ होता है कि चकती ब्रेकों में घर्षण पैड के पदार्थ से कोई नमन (bending) नहीं होता।

(v) ड्रम प्रकार की ब्रेकों में ब्रेक लाइनिंग को रिवेटों अथवा आसंजक द्वारा ब्रेक गुटकों पर लगाना पड़ता है, जबकि डिस्क ब्रेकों में आवश्यकता पड़ने पर घर्षण पैडों को बदलना बहुत आसान होता है।

(vi) डिस्क ब्रेकों के मन्दनरोधी गुण (antifade characteristic) ड्रम ब्रेकों से अच्छे होते हैं।

4. यान्त्रिक ब्रेक Mechanical Brake

इस प्रकार के ब्रेक में ब्रेक शू तक ब्रेकिंग शक्ति पहुँचाने के लिए मैकेनिकल लीवरेज की शक्ति का प्रयोग किया जाता है।

इसके मुख्य अवयव निम्नलिखित हैं

1. ब्रेक प्लेट
2. फलक्रम
3. ब्रेक शू
4. ब्रेक शू लाइनिंग
5. घूमने वाली कैम
6. ब्रेक शू रिटर्न स्प्रिंग
7. ब्रेक ड्रम
8. ब्रेक पैडल
9. लिंक एवं रॉड

ब्रेक शू कैम या टॉगल लीवर द्वारा काम करते हैं, जो स्वयं विभिन्न यान्त्रिक लिंकेजों द्वारा प्रचालित होता है। पहले ड्रम ब्रेक अधिकतर यान्त्रिक तरीके से ही परिचालित होते थे, परन्तु आजकल यान्त्रिक ब्रेकों का प्रयोग केवल पार्किंग ब्रेकों तक ही सीमित हो गया है। जब पैडल दबाया जाता है, तो सभी पहियों पर ब्रेक लग जाता है।

इस प्रकार के सादा लिंकेज में मुख्य हानि यह है कि सभी पहियों पर समान ब्रेकिंग प्रभाव प्राप्त करना बहुत कठिन है, जिसके लिए क्षतिपूरक (compensator) प्रयोग करने पड़ते हैं।

इसके अतिरिक्त इसमें प्राय: प्रयोग के कारण हुई घिसाई के प्रभाव समंजित करने की कोई व्यवस्था नहीं होती।

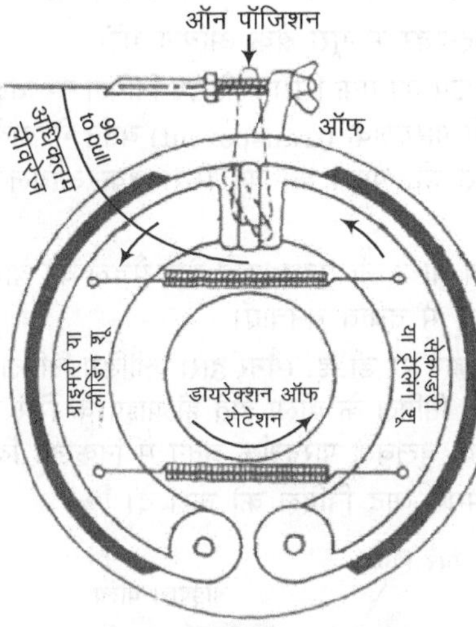

चित्र यान्त्रिक ब्रेक शू असेम्बली

5. द्रवचालित ब्रेक Hydraulic Brakes

इस प्रकार की ब्रेक प्रणाली में गतिशील पहियों को धीमा करने या रोकने के लिए हाइड्रॉलिक दबाव की शक्ति का उपयोग किया जाता है। इसमें एक विशेष प्रकार का तेल प्रयोग होता है, जिसे ब्रेक तरल (brake fluid) कहा जाता है। यह प्रणाली पास्कल नियम पर आधारित है कि तरल पदार्थ दबाने से दबते (compress) नहीं हैं तथा उनका दबाव चारों ओर एकसमान रहता है। संलग्न चित्र में पाँच सिलेण्डर दिखाए गए हैं।

इन सभी का व्यास (diameter) समान है। इनमें एक-एक पिस्टन फिट है तथा सिलेण्डरों में तरल पदार्थ है। जब एक निश्चित दबाव बीच के मुख्य सिलेण्डर के पिस्टन पर डाला जाता है, तो उतना ही दबाव तरल पदार्थ द्वारा अन्य चारों सिलेण्डरों के पिस्टन पर पड़ता है।

यही सिद्धान्त हाइड्रॉलिक ब्रेक प्रणाली में प्रयोग किया जाता है, परन्तु इस प्रणाली में यदि किसी प्रकार हवा का प्रवेश हो जाता है तो उसे निकालना आवश्यक है अन्यथा ब्रेक कार्य नहीं कर पाते हैं।

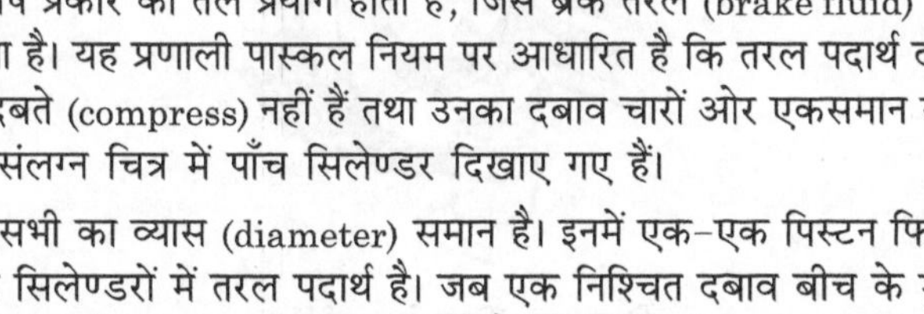

चित्र द्रवचालित ब्रेक व्यवस्था का सिद्धान्त

अभिन्यास Layout

इसमें मुख्य भाग मास्टर सिलेण्डर (master cylinder) है, जिसमें ब्रेक-द्रव के लिए एक रिजर्वायर भी होता है। मास्टर सिलेण्डर ब्रेक पैडल द्वारा प्रचालित होता है और आगे सभी पहियों में व्हील सिलेण्डरों के साथ इस्पात की पाइप लाइनों, जोड़ों तथा लचीले हौज पाइपों द्वारा जुड़ा होता है।

ट्रैक्टर में अगले पहियों पर प्रत्येक ब्रेक-गुटका अपने पृथक् व्हील सिलेण्डर द्वारा चालित होता है (इस तरह अगली ब्रेकें दो अग्र गुटकों वाली होती हैं), जबकि पिछले पहियों पर प्रत्येक में केवल एक व्हील सिलेण्डर होता है, जो दो गुटकों को प्रचालित करता है, (जिससे पिछली ब्रेक अग्र-अनुगामी प्रकार की होती हैं) क्योंकि पिछले व्हील सिलेण्डर हाथ-ब्रेक (hand-brake) द्वारा यन्त्रचालित भी होते हैं, इसलिए उनको प्लवमान बनाया जाता है।

कार्यविधि Working Procedure

ब्रेक ऑयल मास्टर सिलेण्डर के रिजर्वायर (reservoir) में भरा जाता है। यह या तो मास्टर सिलेण्डर के साथ ही उसके ऊपर ढला रहता है या उसके पास ही लगे बर्तन में होता है। जब ब्रेक लगाना होता है, तो ब्रेक पैडल दबाया जाता है। ब्रेक पैडल के दबने से मास्टर सिलेण्डर ब्रेक ऑयल दबाव के साथ पाइप लाइनों में होकर व्हील सिलेण्डर के ठीक बीच में पहुँचता है। व्हील सिलेण्डर में दबाव के साथ आया ब्रेक ऑयल उसके पिस्टनों को बाहर की ओर फैलाता है।

इससे ब्रेक शू, जो पिस्टनों से सटे (close) रहते हैं, भी फैलते हैं और ब्रेक ड्रम से चिपककर उसे घूमने से रोक देते हैं। ब्रेक ड्रम, क्योंकि एक्सेल शाफ्ट पर ही लगे होते हैं, इसलिए ब्रेक ड्रम के रुकते ही ट्रैक्टर भी रुक जाता है।

जब ब्रेक पैडल पर से पैर का दबाव हट जाता है, तो ब्रेक शू रिटर्न, ब्रेक शू तथा व्हील सिलेण्डर के पिस्टनों को पुरानी स्थिति में ले आती है तथा व्हील सिलेण्डर में आया ब्रेक ऑयल सर्विस पाइप लाइनों में होकर मास्टर सिलेण्डर में चला जाता है। ब्रेक रिलीज होकर ट्रैक्टर को पुन: चलने योग्य कर देता है।

मुख्य भाग Main Parts

हाइड्रॉलिक प्रणाली में निम्न मुख्य भाग होते हैं

ब्रेक शू असेम्बली Brake Shoe Assembly

सम्पूर्ण ब्रेक शू असेम्बली फ्रण्ट तथा रियर एक्सेलों पर लगाई जाती है। इसमें निम्नलिखित भाग होते हैं

1. बैक प्लेट (Back Plate)
2. ब्रेक शू तथा लाइनिंग (Brake Shoe and Lining)
3. व्हील सिलेण्डर (Wheel Cylinder)
4. शू रिटर्न स्प्रिंग (Shoe Return Spring)
5. गाइड शैकल्स (Guide Shackles)
6. ऐंकर पिन (Anchor Pin)
7. शू एडजस्टिंग कैम (Shoe Adjusting Cam)

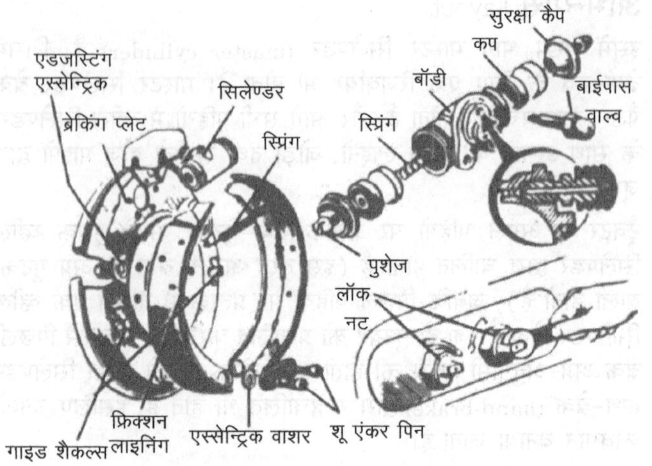

चित्र हाइड्रॉलिक ब्रेक प्रणाली शू असेम्बली

विशेषताएँ Characteristics

1. चारों पहियों में समान शक्ति के ब्रेक लगते हैं।
2. फिटिंग सरल होती है।
3. शक्ति कम लगानी पड़ती है।
4. घर्षण कम भागों में होता है।
5. व्हील सिलेण्डरों की नाप में अन्तर करके अगले पहियों को कुछ पहले रोका जा सकता है, जो आवश्यक है।

दोष Faults

1. एक पहिये के किसी दोष का प्रभाव अन्य सभी पहियों के ब्रेकों पर पड़ता है।
2. द्रवचालित ब्रेकों की एकमात्र हानि यह है कि इनमें थोड़ी-सी मात्रा में ही हवा प्रवेश हो जाने से यह निष्क्रिय हो जाती है।
3. यह प्रणाली केवल रुक-रुककर ब्रेक लगाने के लिए ही उपयुक्त होती है। पार्किंग के कार्य के लिए अलग से यान्त्रिक लिंकेज का प्रयोग करना पड़ता है।
4. व्हील सिलेण्डर के तेल से ब्रेक शू लाइनिंग शीघ्र चिकनी होने लगती है तथा ब्रेक की देख-रेख की आवश्यकता होती है।
5. किसी भी कारण हाइड्रॉलिक ब्रेक प्रणाली में हवा आ जाए तो, उसे निकाले बगैर ब्रेक कार्य नहीं किया जा सकता है।

हवा निकालना Air Bleeding

हाइड्रॉलिक ब्रेक प्रणाली में किसी भी कारण से हवा प्रवेश कर जाए तो उसे निकालना आवश्यक हो जाता है। इस प्रणाली में किसी भी प्रकार की मरम्मत के लिए इसके भागों को खोलने से अथवा किसी जगह पर लिंकेज हो जाने से हवा आ जाती है। इसके अतिरिक्त मास्टर सिलेण्डर के रिजर्वायर (reservoir) में ब्रेक ऑयल समाप्त हो जाने पर भी हवा प्रवेश कर जाती है। हवा निकालने के लिए व्हील सिलेण्डर पर एयर ब्लीडिंग निपिल लगा रहता है।

एयर ब्लीडिंग करने के लिए निम्नलिखित प्रकार से क्रमवार कार्य करें

1. मास्टर सिलेण्डर को बाहर से ठीक प्रकार साफ करें।
2. मास्टर सिलेण्डर में पूरा ब्रेक ऑयल भरें।
3. ब्लीडिंग पाइप का एक सिरा ब्लीडिंग निपिल पर चढ़ाएँ तथा दूसरा सिरा किसी पारदर्शक (transparent) बर्तन में डालें, जिसमें ब्रेक ऑयल भरा हो। पाइप का यह सिरा ब्रेक ऑयल में डूबा रहना चाहिए।
4. किसी अन्य साथी की सहायता से ब्रेक पैडल को बार-बार दबाकर ब्रेक ऑयल में दबाव बनवाएं।
5. दबाव बन जाने पर डी. ई. स्पैनर द्वारा ब्लीडिंग निपिल को एक या दो चूड़ी खोलें। निपिल के ढीला होते ही पाइप के सिरे से ब्रेक ऑयल तथा हवा के बुलबुले पारदर्शक बर्तन में निकलते दिखाई पड़ेंगे।
6. कुछ ही समय बाद निपिल को कस दें।

चित्र हाइड्रॉलिक ब्रेक ब्लीडिंग

7. पुनः ब्रेक पैडल द्वारा दबाव बनवाकर निपिल ढीला करें। यह क्रिया तब तक करते रहें, जब तक कि तेल के साथ हवा के बुलबुले आने बन्द न हो जाएँ। ध्यान रहे कि सबसे पहले मास्टर सिलेण्डर से दूर के पहिये की ब्लीडिंग करनी चाहिए। प्रत्येक पहिये की ब्लीडिंग करने के बाद मास्टर सिलेण्डर के रिजर्वायर में ब्रेक ऑयल की पूर्ति कर देनी चाहिए, क्योंकि ब्लीडिंग के समय काफी मात्रा में ब्रेक ऑयल बर्तन में चला जाता है।

लाभ Advantages

1. सर्किट के प्रत्येक स्थान पर द्रव का दबाव समान होने के कारण चारों पहियों पर समान ब्रेकिंग प्रभाव प्राप्त होता है।
2. द्रवचालित व्यवस्था यान्त्रिक प्रणाली में आवश्यक ब्रेक दण्डों, जोड़ों आदि के न होने के कारण इसकी संरचना सरल होती है।
3. यान्त्रिक ब्रेकों की अपेक्षा इस प्रणाली में जोड़ों के न होने से इसका कम अनुरक्षण करना पड़ता है।
4. यह प्रणाली प्राय: स्व-स्नेहित होती है।

नोट *द्रवचालित प्रणाली के अन्य अवयवों के अध्ययन के लिए प्रशिक्षु ब्रेकिंग प्रणाली अवयव के अन्तर्गत मास्टर सिलेण्डर का अध्ययन करें।*

29.6 ब्रेकों का निरीक्षण Inspection of Brakes

सीधे ब्रेकों की जाँच करने से पहले, ट्रैक्टर के अन्य पुर्जों का, जो ब्रेकिंग प्रणाली के काम को प्रभावित करते हैं, निरीक्षण कर लेना हमेशा लाभकारी होता है। उदाहरणार्थ, यदि एक धुरे के दोनों ओर टायर बिल्कुल अलग स्थितियों में हैं, तो ब्रेकिंग प्रभाव सन्तुलित नहीं होगा। इसी तरह ढीले U-बोल्टों के कारण ब्रेकिंग प्रभाव या तो बढ़ जाएगा या कम हो जाएगा, क्योंकि U-बोल्टों के ढीले होने के कारण धुरा ब्रेकों के खिंचाव की दिशा में घूर्णन करने का प्रयत्न करेगा।

ऐसे ही घिसे हुए पहियों के बियरिंग या ऐंठ-नली के ढीले जोड़ ब्रेकों के काम को प्रभावित करेंगे, इसलिए ब्रेकों विशेष का निरीक्षण आरम्भ करने से पहले ऐसी खराबियाँ (जैसी ऊपर बताई गई हैं) पहले सही कर लेनी चाहिए। ब्रेकों का निरीक्षण करने के लिए ट्रैक्टर को जैक लगाकर ऊपर उठाएँ। यह आवश्यक है कि जैक धुरों के नीचे ही लगाएँ, क्योंकि तब कमानियाँ, जैसे सड़क पर सामान्यत: होती हैं, वैसे ही विचलन (deflection) की स्थिति में रहेंगी। यदि यह सावधानी नहीं बरती जाती और ट्रैक्टर के नीचे फ्रेम पर किसी ओर जगह जैक लगाया जाता है, तो कमानियाँ उस सामान्य स्थिति में नहीं होंगी, जिससे वे सड़क पर होती हैं।

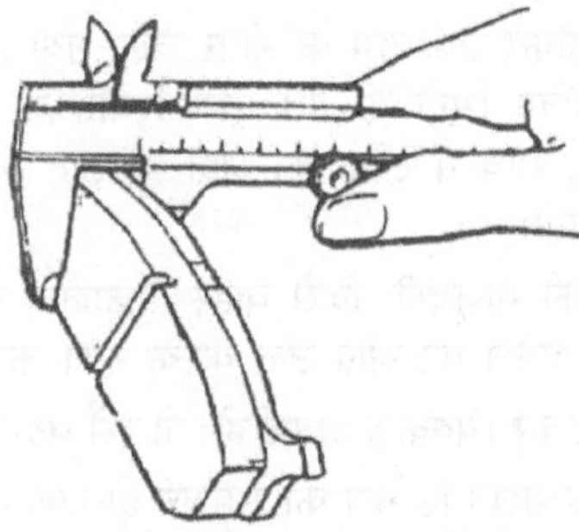

चित्र चकती ब्रेक के पैड की घिसाई जाँच

ट्रैक्टर को जैक लगाकर ऊपर उठाने के बाद ब्रेक-ड्रम को खोलें और पहले देखें कि वहाँ कोई कमानी टूटी हुई, एंकर ढीला या कैम घिसा हुआ आदि तो नहीं है। ऐसी किसी भी स्थिति में उसको आवश्यकतानुसार बदल दें या कस दें। फिर देखें कि लाइनिंग तो घिसी हुई नहीं है। यदि लाइनिंग रिवेट-शीर्षों के 1 मिमी तक घिस चुकी हो या उस पर किसी तरह की खरोंचें पड़ गई हों, तो उसे बदलना पड़ेगा।

आजकल जब ब्रेक लाइनिंग प्राय: आसंजकों द्वारा लगाते हैं, लाइनिंग और गुटके दोनों की कुल मोटाई मापते हैं। यह मोटाई वर्नियर कैलीपर द्वारा आसानी से माप सकते हैं। यह आवश्यक है कि चाहे एक लाइनिंग ही सर्विस-सीमा तक घिसी हो, फिर भी सभी लाइनिंगों को साथ ही बदलना होता है। इसी प्रकार चकती ब्रेकों में, घिसाई देखने के लिए ब्रेक पैड की जाँच करते हैं। जब घिसाई सीमा से बढ़ जाती है, तो पैड बदलना होता है। ब्रेक ड्रम की घिसाई की जाँच की जाती है। इनमें से कोई भी स्थिति होने पर ड्रम को सही ओवर साइज पर खरादना पड़ता है, बशर्ते ड्रम सर्विस-सीमा से अधिक न घिस चुका हो। ब्रेक ड्रम का निरीक्षण आन्तरिक कैलीपर द्वारा कर सकते हैं। यदि ड्रम में बारीक दरारें पड़ गई हों, तो उसे बदल दें। इसी प्रकार डिस्क ब्रेकों में, डिस्क के तल पर खरोंचों की जाँच की जाती है।

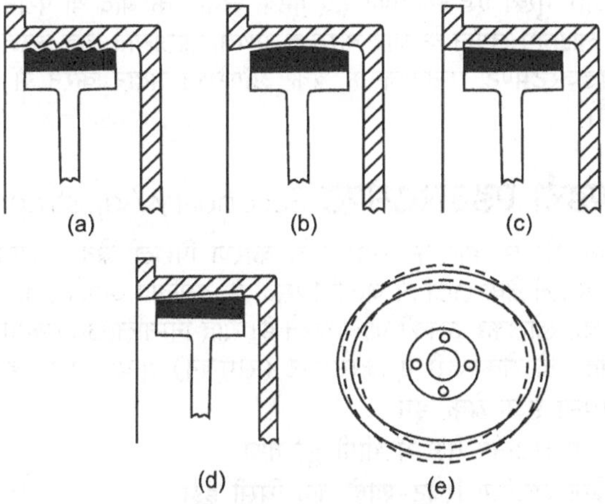

चित्र ब्रेक ड्रम की घिसाई के प्रकार (a) खरोंचें, (b) ढोलाकार, (c) घण्टी-मुख, (d) टेपर तथा (e) अ-वृत्तीय (out-of round)।

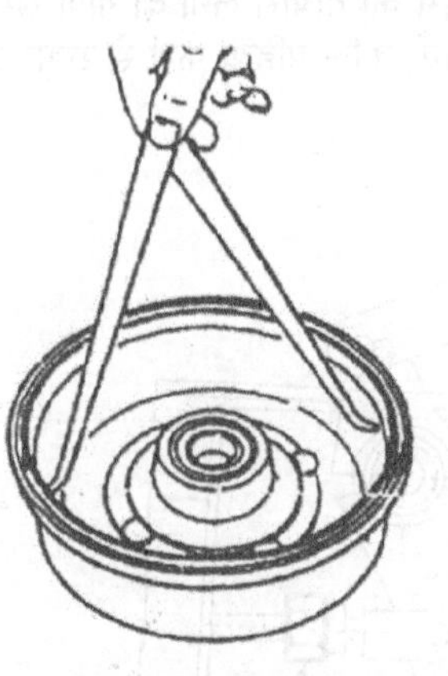

चित्र ड्रम की घिसाई की जाँच

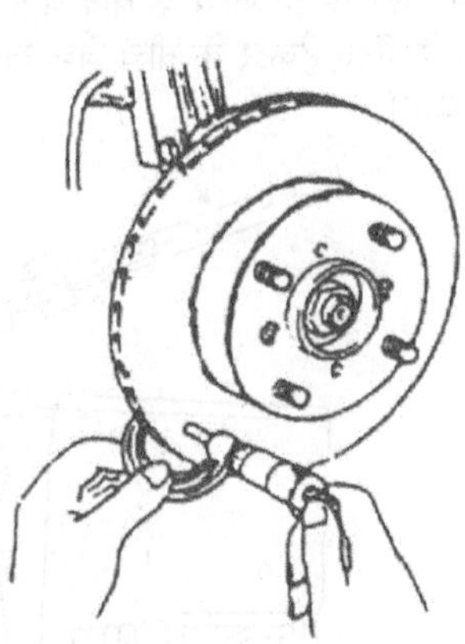

चित्र चकती की मोटाई मापना

यदि इस पर गहरी खरोंचे हों या डिस्क तल पर सभी जगह खरोंचे हों, तो डिस्क बदल दें, परन्तु यदि खरोंचे केवल एक साइड पर ही हैं, तो उस साइड को पॉलिश करके सही कर सकते हैं। डिस्क की मोटाई मापने के लिए माइक्रोमीटर का प्रयोग करें और घिसाई 2 mm से अधिक होने पर डिस्क को बदल दें। फिर विभिन्न ऐंकरों व कड़ियों का स्नेहन करें, ताकि कोई पुर्जा भी जाम न रहे। तब ब्रेक-पैडल को दबाएँ और मुक्त चाल एवं प्रभावी पैडल चाल महसूस करके देखें। यदि मुक्त चाल ट्रैक्टर की पुस्तिका में दिए गए मान (value) से अधिक हों, तो ट्रैक्टर के एडजस्टमेण्ट की आवश्यकता है।

29.7 ब्रेकों का एडजस्टमेण्ट Adjustment of Brakes

ब्रेकों के लगातार प्रयोग से ब्रेक लाइनिंग, ड्रम, लिंकेज आदि घिस जाते हैं, जिससे समय पर ब्रेकिंग प्रणाली की जाँच और उपयुक्त एडजस्टमेण्ट की आवश्यकता पड़ती है। ब्रेक एडजस्टमेण्ट को मुख्यत: दो प्रकारों में बाँट सकते हैं अर्थात् गौण और मुख्य एडजस्टमेण्ट। गौण एडजस्टमेण्ट में मुख्यत: लाइनिंग की घिसाई की पूर्ति के लिए ब्रेक गुटकों का एडजस्टमेण्ट होता है जो बिना पहियों को उतारे ही किया जा सकता है।

दूसरी ओर मुख्य एडजस्टमेण्ट नए गुटके लगाने के बाद या पुराने गुटकों पर नई लाइनिंग लगाने के बाद करते हैं अथवा सामान्यत: तब करते हैं जब गौण एडजस्टमेण्ट सन्तोषजनक ब्रेक ऑपरेशन प्रदान करने में विफल रहता है।

सेकण्डरी एडजस्टमेण्ट Secondary Adjustment

सामान्यत: ट्रैक्टर-भार के वितरण के कारण पिछली ब्रेक लाइनिंगों की अपेक्षा अगली ब्रेक लाइनिंगें जल्दी घिसती हैं, इसलिए अगले ब्रेक-ड्रमों में से एक को खोलकर उसकी जाँच करते हैं। यदि निम्नलिखित स्थितियाँ नहीं पाई जातीं, तो सेकण्डरी एडजस्टमेण्ट (समंजन) प्राय: पर्याप्त होता है।

1. घिसा हुआ ब्रेक ड्रम
2. ब्रेक लाइनिंग तेल में भीगी हुई तथा
3. ब्रेक लाइनिंग रिवेट-शीर्षों तक घिसी हुई।

परन्तु यदि उपरोक्त में से कोई भी स्थिति पाई जाती है, तो गौण समंजन पर्याप्त नहीं रहेगा। जाँच के बाद ब्रेक ड्रम को दोबारा लगा दें। गौण समंजन करने के लिए ट्रैक्टर के नीचे जैक लगाएँ, ताकि पहिया फर्श से साफ ऊपर उठ जाए।

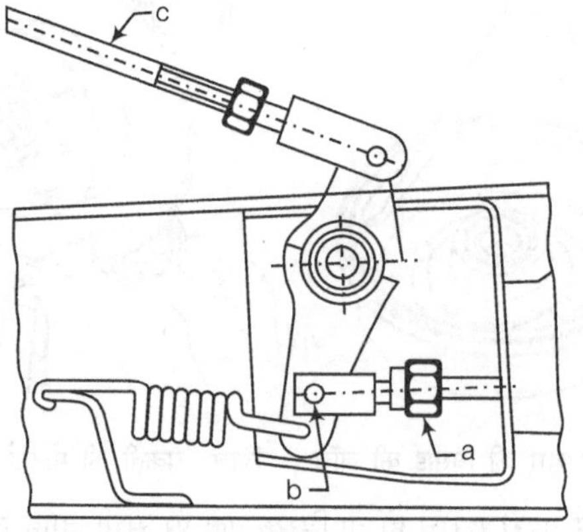

चित्र ब्रेक मुक्त पैडल चाल का एडजस्टमेण्ट (a) लॉक ढिबरी, (b) पिन तथा (c) ब्रेक पैडल को जाने वाले लिंकेज

फिर एक के बाद एक लाइनिंग की घिसाई के लिए ब्रेक गुटकों का समंजन करें। वायु-ब्रेकों में, लाइनिंग की घिसाई की क्षतिपूर्ति के लिए ढील समंजक प्रयोग करते हैं।

सभी गुटकों का एडजस्टमेण्ट करने के बाद, 'मुक्त पैडल चाल' की जाँच करते हैं। यह एडजस्टमेण्ट बहुत आवश्यक है, क्योंकि विशेषत: द्रवचालित ब्रेकों की रिलीज स्थिति में मास्टर सिलेण्डर पिस्टन के कप की गति इतनी हो कि उपमार्ग पोर्ट पूर्णत: खुली रहे, नहीं तो बार-बार ब्रेकें लगने से उत्पन्न ऊष्मा के कारण ब्रेकें जाम हो जाएँगी।

मुक्त पैडल चाल की यथार्थ मात्रा ट्रैक्टरों की शॉप-पुस्तिका से पता चलती है, परन्तु सामान्यत: यह लगभग 5mm से 20 mm तक होती है। इस एडजस्टमेण्ट को लिंकेज के उपयुक्त एडजस्टमेण्ट द्वारा करते हैं, जिसकी पूर्ण विधि ट्रैक्टर के मेक तथा मॉडल पर निर्भर करती है।

1. मुख्य एडजस्टमेण्ट Main Adjustment

ब्रेकों के मुख्य एडजस्टमेण्ट के लिए सभी ब्रेक ड्रमों को खोलकर लाइनिंग और ड्रमों का निरीक्षण करें। यदि ड्रम घिसे हुए हैं अथवा खुरचे हुए हैं और यदि क्षति सीमाओं के भीतर है, तो उनको खराद दें। यदि लाइनिंग घिसकर रिवेट-शीर्षों के 1 mm तक आ चुकी हैं, तो उन्हें उतारकर नई लाइनिंग लगा दें। यदि ब्रेकें द्रवचालित हैं और व्हील सिलेण्डरों पर ब्रेक-द्रव का रंग काला है, तो सम्पूर्ण ब्रेक प्रणाली को फ्लश करें। मास्टर सिलेण्डर तथा व्हील सिलेण्डरों को खोलकर उनके सभी भागों का निरीक्षण करें और क्षतिग्रस्त भाग बदल दें। उसके बाद पर्याप्त मात्रा में ब्रेक-द्रव भरकर ब्रेक प्रणाली से पूर्णत: हवा निकाल दें। उसके बाद ब्रेक एंकरों तथा गुटकों का सही एडजस्टमेण्ट करें तथा मुक्त पैडल चाल की जाँच भी करें। यदि सीमाओं के भीतर न पाई जाए, तो इसका एडजस्टमेण्ट करें।

ब्रेक दक्षता की हानि Loss of Brake Efficiency

जब दबाने पर ब्रेक पैडल बिना किसी प्रतिरोध के अथवा बहुत ही कम प्रयास से सीधे नीचे लग जाता है, तो इसके निम्नलिखित सम्भव कारण हो सकते हैं

1. ब्रेक-द्रव लीक होकर ब्रेक ड्रम के भीतर चला गया हो और वहाँ जाकर ब्रेक लाइनिंग भिगो दी हो। ऐसी स्थिति में लाइनिंग तो बदलनी ही होगी, साथ में लीक का स्रोत भी ज्ञात करके उसकी मरम्मत करनी होगी।
2. प्रणाली में हवा की मौजूदगी, जिसे बाहर निकालना होगा। इसके साथ ही हवा के प्रवेश का स्रोत ज्ञात करके सही करना होगा।
3. ब्रेक लाइनिंग घिसकर चिक्कड़ हो गई हो, तो इसे बदलना होगा।
4. ब्रेक प्रणाली के प्रचालन लिंकेज का समंजन हो सकता है, सही न हो या फिर यह लिंकेज टूटा हुआ हो सकता है, जिसे आवश्यकतानुसार जोड़ अथवा एडजस्टमेण्ट कर सकते हैं।
5. स्वचल ब्रेक समंजक ने काम करना बन्द कर दिया हो, जिसकी जाँच करके आवश्यकतानुसार मरम्मत कर सकते हैं अथवा बदल सकते हैं। इसके बाद ब्रेक गुटकों का एडजस्टमेण्ट (समंजन) फिर से करना होगा।
6. ब्रेक गुटके विरूपित हो सकते हैं, जिन्हें बदलना होगा।

29.8 ब्रेक अनुरक्षण Brake Maintenance

ब्रेक अनुरक्षण के लिए केवल मास्टर सिलेण्डर में ब्रेक द्रव के स्तर की समय-समय पर (प्रत्येक 500 km के बाद) जाँच करना और उसे आवश्यकतानुसार द्रव डालकर सही करना (द्रवचालित ब्रेकों में) तथा ब्रेक लाइनिंग की घिसाई की पूर्ति के लिए ब्रेकों का एडजस्टमेण्ट करना होता है। प्रयोग किया जाने वाला द्रव सही विशिष्टियों वाला होना चाहिए। ब्रेक कड़ियों का स्नेहन भी समय-समय पर प्राय: 2,000 किमी के बाद कर देना चाहिए। सभी रबड़ कप तथा सीलें प्रत्येक 60,000 किमी के बाद बदल देने चाहिए।

29.9 ब्रेक प्रणाली के दोषोपचार Troubleshooting of Brake System

ट्रैक्टरों की ब्रेक-व्यवस्था अत्यन्त संवेदनशील होती है और इसका उपयोग करने पर इसमें विविध प्रकृति के दोष द्रष्टव्य होते हैं। यहाँ ऐसे दोषों, उनके कारणों एवं निवारणों को सारणीबद्ध किया गया है

क्र.सं.	दोष	कारण	निवारण
1.	ब्रेक दक्षता हानि	ब्रेक द्रव लिंकेज से ब्रेक लाइनिंग भीगना।	लाइनिंग बदलें तथा लिंकेज को बन्द करें।
		प्रणाली में हवा की उपस्थिति।	प्रणाली को वायुरहित करें।
		ब्रेक लाइनिंग घिस जाना।	इसे बदलें।
		प्रचालन लिंकेज का सही समंजन न हो पाना।	इसे जोड़ें या समंजित करें।
		स्वचलित ब्रेक समंजक का कार्य न करना।	निरीक्षण उपरान्त मरम्मत करें या बदलें।
		ब्रेक गुटकों का विरूपित हो जाना।	गुटके बदलें।
2.	ब्रेक मन्दन	ब्रेक तरल का खराब होना।	उपयुक्त विशिष्ट का ब्रेक तरल भरें।
		ब्रेक लाइनिंग व ड्रम के मध्य कम सम्पर्क।	गुटकों को रगड़कर उनकी त्रिज्या सही करें।
		ब्रेकों का घिसटना।	दोष को समझकर निदान करें।
		ब्रेकों का अत्यधिक प्रयोग होना।	गति व भार कम कर निम्न गियर का प्रयोग कर ब्रेकों को शीतलन का अवसर प्रदान करें।
		ब्रेक पैडल पर पैर रखकर वाहन चलाने की आदत।	अनावश्यक ही ब्रेक पैडल पर पैर न रखें।
3.	ब्रेक जाम	ब्रेक गुटकों की ट्रैक्टर कमानियाँ कमजोर होना।	इनको बदलें।
		ब्रेक गुटके एंकरपिनोंपी जाम होना।	इनका स्नेहन ग्रीस से करें।
		पार्किंग ब्रेक बहुत कसी होना।	इनका समंजन करें।
		पार्किंग ब्रेक्स का मुक्त (release) न हो पाना।	लिंकेज की साफ-सफाई कर उनका स्नेहन व समंजन करें।
4.	ब्रेकों का अति तप्त होना	जाम मन्दन की स्थिति बनना।	गहन निरीक्षण कर निदान करें।
		पिस्टन का जाम हो जाना।	लीवर को बोर कर पिस्टन बदलें।
5.	ब्रेक कम्पन	गलत ब्रेक समंजन।	ब्रेक समंजन ठीक करें।
		ब्रेक लाइनिंग रिवेटें ढीली होना।	लाइनिंग में नई रिवेटें लगाएँ।
6.	ब्रेक लगाने पर वाहन का एक ओर को खिंचना	ब्रेक्स सही समंजित न होना।	समुचित समंजन करें।
		गुटकों पर भिन्नता वाली लाइनिंग लगी होना।	यथायोग्य लाइनिंग लगाएँ।
		ब्रेकों में धूल का आ जाना।	साफ-सफाई करें।
		सस्पैन्शन कम्पनी का कमजोर होना।	कमानी को बदलें।
		शॉक एब्जॉर्बर में दोष का उत्पन्न होना।	शॉक एब्जॉर्बर को बदलें।
7.	ब्रेक अधिक संवेदनशील (sensitive)हो जाना	ब्रेक लाइनिंगों पर स्नेहक लग जाना।	लाइनिंगों को बदलें।
		ब्रेक ड्रम का खुरच जाना।	उन्हें खरादें या बदलें।
		ब्रेक लाइनिंग का गुटकों पर ढीला होना।	उनको कसें या आवश्यक हो, तो तत्काल बदलें।
		पहियों के बियरिंग ढीले होना।	बियरिंगों को कसें या बदलें।
8.	ब्रेकिंग प्रणाली में हवा का आ जाना	मास्टर सिलेण्डर का अनुपयुक्त हो जाना।	उसकी मरम्मत करें या जरूरत हो तो बदलें।
		किसी जोड़ का ढीला होना।	जोड़ को कसें।

महत्त्वपूर्ण बिन्दु

- ब्रेक सामान्यतः वाहन का नियन्त्रण भाग है, जिसके द्वारा अल्पतम समय में वाहन की गति को कम किया जा सकता है अथवा रोका जा सकता है।
- जब गाड़ी चल रही होती है, तो उसमें गतिज ऊर्जा उत्पन्न होती है।
- वाहन के पहियों पर लगाया जाने वाला अधिकतम मन्दक बल सतह तथा टायर की सतह के बीच घर्षण गुणांक और पहिए पर गाड़ी के भार के संघटक पर निर्भर करता है।
- मैकेनिकल ब्रेकों में ब्रेकिंग शक्ति पहुँचाने के लिए मैकेनिकल लीवरेज की शक्ति का उपयोग किया जाता है।
- हाइड्रॉलिक ब्रेक पास्कल के नियम पर आधारित होते हैं। इस नियम के अनुसार, दाब $(P) = \frac{\text{बल}\,(F)}{\text{क्षेत्रफल}\,(A)}$
- ऐसी यन्त्रावली जिसके ब्रेक लगाने में चालक के प्रयास में वृद्धि हो, सर्वो यन्त्रावली कहलाती है। सर्वो ब्रेक इसी यन्त्रावली पर आधारित है।
- वैक्यूम सर्वो ब्रेक्स में इंजन के इनलेट मैनीफोल्ड से सक्शन को ब्रेक लगाने के लिए उपयोग किया जाता है।
- एयर ब्रेकों में वाहन को रोकने व नियन्त्रित करने के लिए कम्प्रैस्ड वायु को पिस्टन प्रेसिंग हेतु उपयोग किया जाता है।
- एयर टैंक स्टील की शीट का बना होता है, जोकि ब्रेकों के लिए कम्प्रैस्ड वायु को संगृहीत करता है।
- वाहन के प्रत्येक पहिए पर एक ब्रेक चैम्बर लगा होता है, जोकि वायु दाब ऊर्जा को ब्रेक लगाने के लिए यान्त्रिक ऊर्जा में परिवर्तित करता है।
- निकास ब्रेक इंजन के निकास मार्ग को अस्थायी रूप से बन्द करने हेतु प्रयुक्त किया जाता है।
- हैण्ड ब्रेक को पार्किंग ब्रेक भी कहा जाता है, क्योंकि यह ब्रेक वाहन को पार्क करने के लिए लगाया जाता है।
- ब्रेक पैडल सदैव चालक के दाएँ पैर द्वारा क्रियाशील होता है, जोकि कम शक्ति लगाने हेतु उपयोग किया जाता है।
- ब्रेक लाइनिंग सामान्यतः एस्बेस्टॉस से निर्मित होती है जिसको कठोर बनाने या आकृति देने के लिए रबर या प्लास्टिक का फीलर मिलाकर उपयोग किया जाता है।
- टैन्डम मास्टर सिलेण्डर के अन्तर्गत दो सिलेण्डर, दो रिजर्वायर तथा दो पिस्टन (प्राइमरी तथा सेकण्डरी) प्रयोग किए जाते हैं।
- व्हील सिलेण्डर के अन्दर, कप्स के मध्य में सदैव एक फ्लूड भरा रहता है। इन कप्स के द्वारा ही आवश्यकता पड़ने पर ब्रेक ऑयल को सील किया जाता है।
- इलेक्ट्रो-हाइड्रॉलिक ब्रेकिंग (EHB) में मास्टर सिलेण्डर को क्रियाशील करने के लिए एक एक्युमुलेटर का उपयोग किया जाता है।
- ड्रम ब्रेक कास्ट आयरन के बने होते हैं, जिनकी बैक प्लेट पर दो ब्रेक शू लगे होते हैं।
- डिस्क ब्रेकों का प्रयोग अगले व पिछले सभी पहियों में किया जाता है।
- डिस्क ब्रेकों की कास्ट आयरन से बनी डिस्क प्रायः हाउसिंग एवं व्हील हब पर कसी होती है।
- डिस्क ब्रेक फ्लोटिंग कैलीपर, फिक्स्ड कैलीपर तथा स्लाइडिंग कैलीपर प्रकार के होते हैं।
- एण्टी-लॉक ब्रेकिंग प्रणाली (ABS) एक ऑटोमोबाइल सुरक्षा प्रणाली है जो ब्रेक लगाने पर पहिए की लॉकिंग को रोकती है तथा वाहन को अनियन्त्रित होने से बचाती है।
- आधुनिक ABS में इलेक्ट्रॉनिक कण्ट्रोल यूनिट, प्रत्येक पहिए पर एक सेन्सर, विद्युत चालित फ्लूड पम्प और प्रैशर एक्युमुलेटर लगा होता है।
- चार चैनल, चार सेन्सर वाली ABS प्रणाली फ्रण्ट इंजन फ्रण्ट ड्राइव कार में तथा तीन चैनल, चार सेन्सर वाली ABS फ्रण्ट इंजन रियर ड्राइविंग कार में प्रयोग की जाती है।
- इलेक्ट्रॉनिक ब्रेक-फोर्स डिस्ट्रीब्यूशन (EBD), एण्टी-लॉक ब्रेकिंग प्रणाली की उप-प्रणाली है, जोकि पार्टिकल ब्रेकिंग रेंज में रियर व्हील्स की स्लिप को नियन्त्रित करती है।

महत्त्वपूर्ण प्रश्नोत्तरी

1. पार्क ब्रेक को अन्य किस नाम से जाना जाता है?

उत्तर पार्क ब्रेक को हैण्ड ब्रेक के नाम से भी जाना जाता है।

2. ब्रेक ड्रम किन-किन धातुओं से बनाए जाते हैं?

उत्तर ब्रेक ड्रम कास्ट आयरन, क्रोम, निकिल, आयरन तथा स्टील धातुओं से बनाए जाते हैं।

3. टैन्डम मास्टर सिलेण्डर के अन्तर्गत कितने सिलेण्डर तथा रिजर्वायर प्रयोग किए जाते हैं?

उत्तर टैन्डम मास्टर सिलेण्डर के अन्तर्गत दो सिलेण्डर तथा रिजर्वायर प्रयोग किए जाते हैं।

4. जब ट्रैक्टर्स रिवर्स में गतिमान होता है, तो ब्रेकिंग में क्लिकिंग शोर को नियन्त्रित करने हेतु कौन-सा व्हील सिलेण्डर उपयोग किया जाता है?

उत्तर जब ट्रैक्टर्स रिवर्स में गतिमान होता है, तो ब्रेकिंग में क्लिकिंग शोर को नियन्त्रित करने हेतु बैफल प्रकार का पिस्टन व्हील सिलेण्डर उपयोग किया जाता है।

5. फिक्स कैलीपर डिस्क ब्रेक में कैलीपर, स्टब एक्सल से किसके द्वारा संयोजित रहता है?

उत्तर फिक्स कैलीपर डिस्क ब्रेक में कैलीपर, स्टब एक्सल से बोल्टों द्वारा संयोजित रहता है।

अभ्यास प्रश्न

परीक्षा प्रारूपी प्रश्न

1. ब्लीडिंग क्रिया में ब्रेक प्रणाली से निकलते हैं
(a) हवा के बुलबुले (b) निर्वात
(c) अतिरिक्त द्रव (d) अतिरिक्त दाब

2. एयर ब्रेक का सामान्य रूप से प्रयोग होता है
(a) कारों में (b) जीपों में
(c) ट्रकों में (d) तिपहिया वाहनों में

3. व्हील सिलेण्डर का कौन-सा पार्ट ब्रेक ऑयल को सील करता है?
(a) पिस्टन (b) कमानी (c) कवर (d) कप

4. नई ट्रैक्टर की ब्रेक दक्षता होती है
(a) 30% (b) 50% (c) 80% (d) 100%

5. वजन ले जाने के कारण, अगले व पिछले एक्सेल पर ब्रेकिंग प्रभाव का अनुपात होता है
(a) आगे 50%, पीछे 50% (b) आगे 60%, पीछे 40%
(c) आगे 40%, पीछे 60% (d) इनमें से कोई नहीं

6. इनमें से कौन-सा मैकेनिकल ब्रेक का भाग है?
(a) ब्रेक शू (b) फलक्रम
(c) ब्रेक ड्रम (d) ये सभी

7. किस प्रकार का ब्रेक एक पहिये के ब्रेक खराब होने की दशा में भी अन्य पहियों में काम कर सकता है?
(a) हाइड्रॉलिक ब्रेक (b) पार्किंग ब्रेक
(c) मैकेनिकल ब्रेक ड्रम (d) ये सभी

8. तरल पदार्थ दबाने से दबते नहीं हैं। यह नियम किस प्रकार के ब्रेक पर लागू होता है?
(a) मैकेनिकल ब्रेक (b) हाइड्रॉलिक ब्रेक
(c) इलेक्ट्रिक ब्रेक (d) हैण्ड ब्रेक

9. किसके द्वारा हाइड्रॉलिक फ्लूइड का प्रेशर बनाकर व्हील सिलेण्डरों तक भेजा जाता है?
(a) ब्रेक ड्रम (b) ब्रेक प्लेट
(c) मास्टर सिलेण्डर (d) इनमें से कोई नहीं

10. व्हील सिलेण्डर को किसके बीच में फिट किया जाता है?
(a) ब्रेक ड्रम (b) ब्रेक प्लेट
(c) ब्रेक शू (d) पुश रॉड

11. ब्रेक पैडल में किस सीमा तक फ्री चाल रहनी चाहिए?
(a) 1 से $\frac{1}{2}$ तक (b) 0.5 से 1.0 तक
(c) $\frac{1}{4}$ से $\frac{1}{2}$ तक (d) इनमें से कोई नहीं

12. टैन्डम मास्टर सिलेण्डर में पिस्टन होते हैं
(a) 1 (b) 2
(c) 4 (d) इनमें से कोई नहीं

13. हैण्ड ब्रेक का प्रयोग होता है
(a) दाईं ओर के पहिए पर (b) बाईं ओर के पहिए पर
(c) अगले पहियों पर (d) पिछले पहियों पर

14. हैण्ड ब्रेक में किस प्रकार के प्रबन्ध का प्रयोग होता है?
(a) इन्टर्नल एक्सपैण्डिग (b) स्लिप ज्वॉइण्ट
(c) 'a' और 'b' दोनों (d) एक्सटर्नल कॉन्ट्रेक्टिव

15. निम्नलिखित में से कौन-सा अवयव ड्रम ब्रेक में होता है?
(a) ब्रेक शू (b) ब्रेक डिस्क (c) क्लच डिस्क (d) ब्रेक पैड

16. डिस्क ब्रेक का प्रयोग होता है
(a) अगले पहियों में (b) पिछले पहियों में
(c) अगले व पिछले पहियों में (d) इनमें से कोई नहीं

17. एग्जॉस्ट ब्रेक का प्रयोग होता है
(a) इंजन की चाल को कण्ट्रोल करने में
(b) इमरजेन्सी में ब्रेक लगाने के लिए
(c) पार्किंग ब्रेक लगाने के लिए
(d) उपरोक्त में से कोई नहीं

18. मास्टर सिलेण्डर का मुख्य भाग होता है
(a) पिस्टन (b) बॉडी
(c) फाउण्डेशन बोल्ट (d) रबर बूट

19. मास्टर सिलेण्डर के किस पोर्ट द्वारा तेल वापस आता है?
(a) बाईपास पोर्ट (b) कम्पन सेटिंग पोर्ट
(c) एग्जॉस्ट पोर्ट (d) इनलेट पोर्ट

20. ब्रेक पैडिल एडजस्ट किए जाते हैं
(a) ब्रेक लगाने के लिए
(b) कम शक्ति लगाने के लिए
(c) मैकेनिकल लीवरेज प्राप्त करने के लिए
(d) उपरोक्त में से कोई नहीं

उत्तरमाला

1. (a)	**2.** (c)	**3.** (d)	**4.** (c)	**5.** (b)	**6.** (d)	**7.** (c)	**8.** (b)	**9.** (c)	**10.** (c)
11. (c)	**12.** (b)	**13.** (d)	**14.** (d)	**15.** (a)	**16.** (c)	**17.** (a)	**18.** (a)	**19.** (b)	**20.** (b)

अध्याय 30

ट्रैक्टर उपकरण

Tractor Equipments

अध्याय विषय सूची

परिचय Introduction

भारत एक कृषि प्रधान देश है, अर्थात् कृषि से ही भारत की अर्थव्यवस्था जुड़ी हुई है। इस अर्थव्यवस्था को व्यवस्थित बनाए रखने के लिए कृषि कार्य में उत्कृष्टता लाना आवश्यक है। यह कृषि कार्य से सम्बन्धित विभिन्न उपकरणों के प्रयोग द्वारा ही सम्भव है। ये उपकरण सामान्यतया ट्रैक्टर के साथ संयोजित होकर कृषि कार्य करने में सक्षम बन पाते हैं। इन उपकरणों के अन्तर्गत टिलर, हैरो, थ्रेशर एवं रोलर प्लेन आदि आते हैं।

प्रस्तुत अध्याय में ऐसे ही उपकरणों का विवरण दिया गया है, ताकि प्रशिक्षुओं को कृषि कार्य में इनके प्रयोग के दौरान किसी भी प्रकार की अव्यवस्था का सामना न करना पड़े और वे निम्न स्तर की त्रुटि को अपने स्तर से ही हल करने में सक्षम बन सकें। प्रस्तुत अध्याय में ट्रैक्टर सम्बन्धित उपकरणों का विस्तृत वर्णन किया गया है

30.1 गार्डन ट्रैक्टर (टू व्हील ट्रैक्टर)

Garden Tractor (Two Wheel Tractor)

कृषि कार्य के लिए, बड़े रिहायशी मकानों के लॉन, बर्फीले स्थानों के लिए रिहायशी मकानों के रास्तों से बर्फ हटाने, सड़कों से बर्फ हटाने के लिए छोटे ट्रैक्टर (टू व्हील ट्रैक्टर) या मूवर्स का प्रयोग किया जाता है।

बनावट Construction

इसमें पाँच हॉर्स पावर तक के पेट्रोल इंजन होते हैं। ये अधिकतर एक सिलेण्डर के होते हैं। इन इंजनों के साथ ही छोटा-सा डिफरैन्शियल दिया होता है जिसको पावर इंजन की पावर शाफ्ट से दी जाती है। यह प्राय: पुल स्टार्ट (pull start) अर्थात् रस्सी द्वारा स्टार्ट होते हैं। इनके पहिए लगभग 18" से 24" तक होते हैं तथा इंजन के आगे यन्त्र लगाए जाते हैं। यह यन्त्र पाँच प्रकार के होते हैं, जो कार्य के अनुसार बदले जा सकते हैं। इन इंजनों को की पावर बैल्ट से प्राप्त होती है, जिससे इनमें क्लच की आवश्यकता लगभग समाप्त हो जाती है।

कुछ ट्रैक्टरों में यन्त्र पीछे की ओर लगाया जाता है। अत्याधुनिक पावर टिलर जिसे बैठकर भी चलाया जा सकता है, रोटरी टिलर होता है। इन ट्रैक्टरों की बनावट बैलों के पीछे चलने वाले कल्टीवेटर के आकार की होती है। इनमें हैण्डिल के बीच एक एटैचमैन्ट से एक्सीलेटर लगाया जाता है, जो विभिन्न दशाओं में स्थिर किया जा सकता है। यहीं पर इंजन टंकी दी जाती है, हैण्डिलों के दोनों ओर ब्रेक लीवर दिए जाते हैं, जिससे इन्हें मोड़ा जाता है, इसलिए यह सिस्टम स्टीयरिंग बाई ब्रेक के रूप में कार्य करता है।

कार्यविधि Working Method

इंजन स्टार्ट करने के बाद उपकरण को हैण्डिल के माध्यम से ऊपर उठा लेते हैं। कार्य करने के लिए उपकरण को नीचे करते हैं, जिससे यह कार्य करने लगता है। आवश्यकता पड़ने पर ब्रेक से मोड़ देते हैं। आमतौर पर मोड़ने की आवश्यकता नहीं पड़ती, क्योंकि अक्सर यह सीधा ही चलाया जाता है, क्योंकि इससे प्राय: लॉन में ही कार्य करना पड़ता है।

केवल अन्त में घुमाने के लिए ही मोड़ना पड़ता है। बीच में मोड़ने पर लॉन में गड्ढा हो सकता है। यदि मोड़ना भी पड़े, तो बहुत धीरे मोड़ना चाहिए, क्योंकि इसमें लगभग सभी यन्त्र आगे लगाए जाते हैं। अत: दोनों हैण्डिल से बैलेन्स बनाकर रखना चाहिए, जिससे यन्त्र लॉन की मिट्टी में न घुसे।

खेती के कार्य में प्रयोग Uses in the Work of Farming

इन ट्रैक्टरों का आकार अश्व शक्ति में कम होने के कारण इनसे अधिक भारी कार्य नहीं लिया जा सकता । इनसे केवल छोटी क्यारियों को तैयार करने में जिनमें धान जैसी फसल को बोने के लिए पौध तैयार करने के लिए प्रयोग में लाया जाता है।

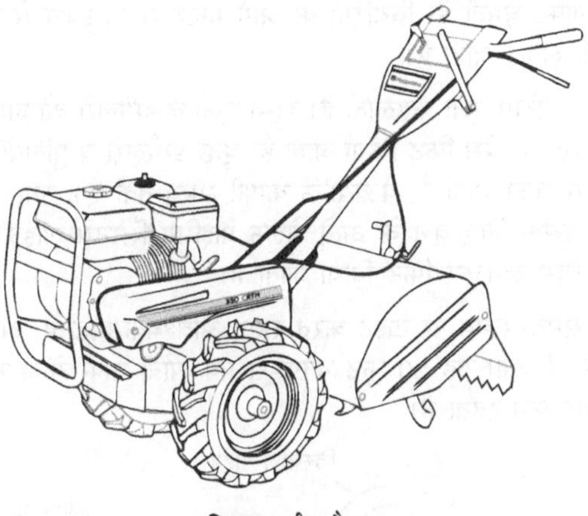

चित्र गार्डन ट्रैक्टर

इन्हें प्राय: क्यारी की मिट्टी बारीक करने व उसमें खाद मिलाने के लिए प्रयोग किया जाता है। इसके अतिरिक्त आगे व पीछे लगने वाले कल्टीवेटर से ईख व गेहूँ की खरपतवार को समाप्त करने के लिए भी इनका प्रयोग किया जाता है। इन ट्रैक्टरों को थोड़े समय के लिए व विश्राम देकर प्रयोग करना चाहिए।

30.2 स्टीयरिंग क्लच/ब्रेक Steering Clutch/Brake

स्टीयरिंग क्लच मल्टी डिस्क, प्रकार के होते हैं। ये आठ ड्राइविंग डिस्क और आठ ड्रिवन डिस्क से मिलकर बने होते हैं। इनके ब्रेक यान्त्रिक चलित होते हैं, जो बाहरी बैण्ड और ड्रम से मिलकर बने होते हैं। आन्तरिक दाँता क्लच हब को ब्रेक ड्रम भी कहते हैं। दोहरे यान्त्रिक लिंकेज के साथ दो लीवरों का उपयोग करके स्टीयरिंग क्लच को असंयोजित और स्टीयरिंग ब्रेक को लगाया जाता है।

स्टीयरिंग ब्रेक पर बारी-बारी से मास्टर ब्रेक पैडल आरोपित किया जाता है। स्टीयरिंग क्लच और ब्रेक को दो हस्त प्रचालित लीवरों के साथ मल्टी यान्त्रिक लिंकेज का उपयोग करके कण्ट्रोल किया जाता है। यहाँ यह महत्त्वपूर्ण है कि एडजस्टमेण्ट सही ढंग से और यथार्थता से किया गया हो। जैसे ही स्टीयरिंग (क्लच/ब्रेक) लीवर को पीछे खींचा जाता है, तो यह निम्न चार प्रकार की प्रक्रियाओं को पूर्ण करता है

(i) स्टीयरिंग (क्लच) लीवर फ्री ट्रैवल
(ii) स्टीयरिंग क्लच असंयोजन
(iii) ब्रेक उपयोग और क्लच असंयोजन के बीच स्टीयरिंग लीवर फ्री ट्रैवल
(iv) स्टीयरिंग ब्रेक अनुप्रयोग

स्टीयरिंग क्लच और ब्रेक क्रमानुसार प्रदर्शन कर तीन प्रकार से समायोजित करते हैं

1. ब्रेक बैण्ड
2. स्टीयरिंग क्लच लीवर फ्री ट्रैवल
3. क्लच असंयोजन और ब्रेक अनुप्रयोग के बीच स्टीयरिंग लीवर फ्री ट्रैवल

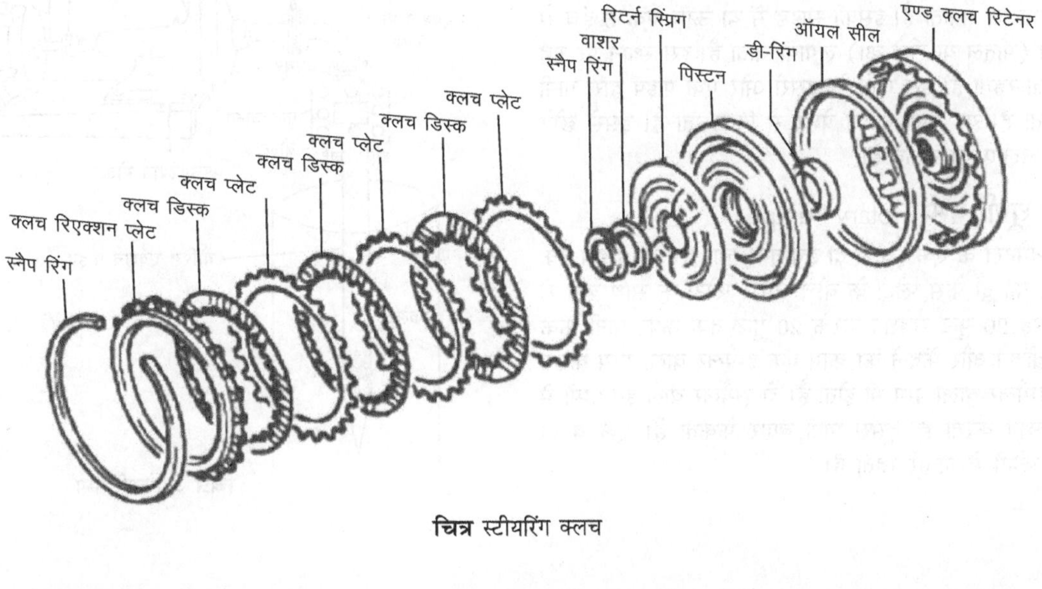

चित्र स्टीयरिंग क्लच

30.3 पम्प Pump

पानी अथवा किसी तरल पदार्थ को दाब के माध्यम से एक स्थान से दूसरे स्थान पर भेजने वाले यन्त्र पम्प कहलाते हैं। पम्प का उपयोग गहरे जल स्रोतों से पानी निकालने, तरल पदार्थ को ऊँचाई पर भेजने तथा तरल पदार्थ को अधिक वेग से प्रवाहित करने के लिए किया जाता है। बोरिंग चाहे जैसी हो, उससे पानी बाहर निकालने के लिए पम्प की आवश्यकता होती है, ये मुख्यतया विस्थापन तथा रोटोडायनामिक प्रकार के होते हैं

विस्थापन पम्प
- प्रत्यागामी पम्प
- चक्रीय या घूर्णी पम्प

रोटो डायनामिक पम्प
- रेडियल फ्लो या अपकेन्द्री पम्प
- मिश्रित प्रवाह पम्प
- अक्षीय प्रवाह या प्रोपैलर पम्प

1. विस्थापन पम्प Displacement Pump

इस प्रकार के पम्प में चलित भागों की यान्त्रिक शक्ति से निर्वात उत्पन्न होता है। निर्वात के कारण पहले पानी पम्प के अन्दर खिंचता है और जैसे ही यान्त्रिक भाग अपनी जगह पर आते हैं, तो उनके द्वारा उत्पन्न हुए बल से पानी पाइप से होता हुआ चैम्बर के बाहर बलपूर्वक निकल जाता है। पानी को विपरीत दिशा में बहने से रोकने के लिए उपयुक्त वाल्वों का प्रयोग किया जाता है। ये मुख्यतया दो प्रकार के होते हैं

(i) प्रत्यागामी पम्प Reciprocating Pump

यह पम्प जमीन के ऊपर एकत्र पानी को उठाकर छिड़काव (spray) के काम आता है। यह नदी, नालों, तालाबों से पानी उठाकर सिंचाई करता है। इसके अतिरिक्त बागों, फसलों पर दवाई मिलाकर पानी स्प्रे करने का काम सरलता से करता है। इस पम्प में खींचने की शक्ति कम होती है, परन्तु इससे पानी को धकेला जा सकता है।

यह कम पानी से अधिक प्रेशर बना सकता है यह पम्प जमीन के समानान्तर या खड़ी दशा में लगाया जा सकता है। इसकी साइड में या ऊपर एक 6 इंच से एक फुट का गोला (पीतल या लोहे का) लगाया जाता है। इस स्थान पर यह प्रेशर इकट्ठा करता रहता है। इस गोले के दूसरी ओर एक पाइप द्वारा पानी बाहर निकाला जाता है। यह पानी काफी प्रेशर से निकालता है। इससे छोटे सर्विस स्टेशन भी चलाए जा सकते हैं।

(ii) चक्रीय या घूर्णी पम्प Rotary Pump

छोटी शाफ्ट पर गनमेटल के एक इंच से दो इंच तक, चार इंच से 6 इंच तक गोलाई के इम्पैलरों को दो फेस प्लेटों के बीच स्पेसर प्लेटों के साथ क्रम से लगाया जाता है। यह 20 फुट सक्शन करके 20 फुट तक ऊपर पानी फेंक सकता है। इसमें खींचने और फेंकने का काम एक इम्पैलर वाला पम्प करता है। इसमें एक दो इम्पैलर वाला पम्प भी होता है। दो इम्पैलर वाले इन पम्पों में एक पानी का सक्शन करता है, दूसरा पानी बाहर फेंकता है। एक व दो इम्पैलरों की फेस प्लेटों में अन्तर रहता है।

2. रोटो डायनामिक पम्प Roto Dynamic Pump

खेती के प्रयोग में प्रायः इसी प्रकार के पम्प प्रयोग में आते हैं। इसका मुख्य कारण इनके संचालन व रख-रखाव में सरलता है। ये मुख्यतया तीन प्रकार के होते हैं

(i) रेडिएल फ्लो या अपकेन्द्री पम्प Radial Flow or Centrifugal Pump

डीजल इंजन (स्टेशनरी इंजन) में लगने वाले पम्प में 14 इंच तक की व बड़ी बिजली की मोटरों में लगने वाले पम्प में 28 इंच तक की शाफ्ट लगायी जाती है। इसके एक सिरे पर गनमेटल (पीतल + ताँबा) का बुश पम्प की बॉडी में पुश फिट किया जाता है,

जिसमें शाफ्ट आसानी से घूम सकती है। बुश के आगे इम्पैलर लगाया जाता है, जिसके दोनों ओर $\frac{3}{4}$ इंच से 1.4'' तक का सीधा कॉलर होता है। बीच में विभिन्न संख्या में अन्दर कास्टिंग की गई फिन्स होती हैं। ये फिन्स उल्टी या सीधी दिशा में हो सकती हैं। इम्पैलर को बाहर से एक कवर से बन्द किया जाता है। शाफ्ट के दूसरी ओर एक या दो बॉल बियरिंग लगाए जाते हैं। जिन पर यह शाफ्ट घूमती है। बियरिंगों के आगे मोटर से या इंजन से जोड़ने के लिए पुली लगाई जाती है।

यह पुली कपलिंग पुली कहलाती है। इसमें पुली व इम्पैलरों को लम्बी की वे (key way) से प्रेस फिट किया जाता है। कुछ इम्पैलरों व पुलियों को आगे एक नट से रोका जाता है, ये क्योंकि काफी समय तक एक स्थान पर कार्य करते हैं। इसके लिए बुश के आगे सेल्फ प्राइमिंग सिस्टम लाइन टर्निंग के साथ ग्लैण्ड्स लगाकर फिट किया जाता है।

ग्लैण्ड्स समय-समय पर टाइट करते रहना आवश्यक होता है, अन्यथा यह पानी नहीं खींचेगा। यह 20 फुट ग्लैण्ड्स तक पानी ऊपर फेंक सकता है, परन्तु प्रेशर कम रहता है।

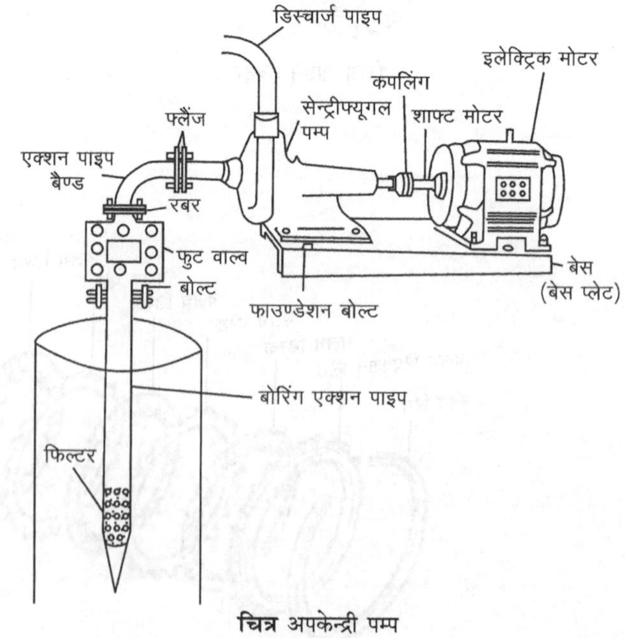

चित्र अपकेन्द्री पम्प

(ii) **मिश्रित प्रवाह पम्प** Mixed Flow Pump

इस प्रकार के पम्प बहुत कम प्रैशर से कार्य करते हैं, इनमें केवल इम्पैलर के आकार भिन्न होते हैं। ये इम्पैलर गिलमिट टाइप (लकड़ी में छेद करने वाला टूल), केफलन रनर (keflan runner) तथा स्पून टाइप (spoon type) प्रकार के होते हैं। अधिकतर फैक्ट्रियों में; जैसे—डिस्टीलरी, रिफाइनरी, बड़े क्रेशर आदि में इसी प्रकार के पम्पों का उपयोग किया जाता है।

(iii) **प्रोपैलर पम्प** Propeller Pump

एक लम्बी शाफ्ट पर 8 से 15 तक छोटे-छोटे इम्पैलर (बोरिंग के पाइप की साइज) लगाए जाते हैं। इन्हें हार्ड रॉक के पास तक पहुँचाया जाता है। यहाँ से यह पम्प पानी लगातार उठाकर बाहर फेंकते रहते हैं। इनमें गिलमिट टाइप इम्पैलर का भी प्रयोग किया जा सकता है।

प्राय: कॉलोनियों में लगी टंकियों को भरने के लिए प्रोपैल्ड इम्पैलर का प्रयोग होता है। इनकी पानी को ऊपर चढ़ाने की क्षमता 20 फुट तक होती है। इस प्रकार के पम्प प्रेशर नहीं बना पाते हैं, परन्तु इनकी पानी खींचने की शक्ति बहुत अधिक होती है।

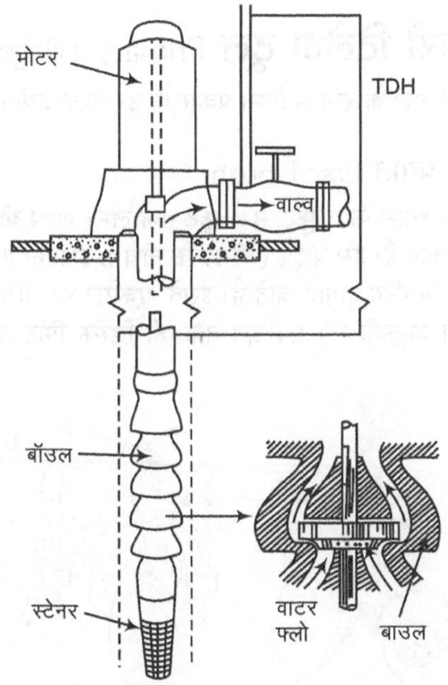

चित्र प्रोपैलर पम्प या टरबाइन पम्प

पानी को और अधिक ऊपर 60 फुट, 100 फुट तक फेंकने के लिए स्पेशल पम्प M.P.2, M.P.3 लगाए जाते हैं। साधारण इम्पैलर की अपेक्षा ये आकार में बड़े व साइज में पतले होते हैं। इन्हें चलाने के लिए 1800 RPM से 3000 RPM वाली बिजली की मोटरें लगानी पड़ती हैं।

इनके रख-रखाव में काफी खर्च व मेहनत आती है, इनके स्थान पर (आजकल) इसी का छोटा रूप 'मोनोब्लॉक' (monoblock) प्रयोग किया जा रहा है, जिसमें मोटर की शाफ्ट पर ही इम्पैलर फिट रहता है। वर्तमान में इसके स्थान पर जेट पम्प का प्रयोग भी किया जा रहा है, क्योंकि इसकी थ्रो 100 फुट तक भी हो सकती है।

30.4 पम्प से सम्बन्धी दोषोपचार Troubleshooting Related to Pump

पम्प से सम्बन्धित दोषोपचार नीचे तालिका के माध्यम से दर्शाए गए हैं

	कारण	उपचार
I. पम्प पानी नहीं देता है।		
1.	पम्प से हवा नहीं निकाली है।	पम्प से हवा निकालें
2.	पम्प या सक्शन पाइप में पानी नहीं भरा है।	पानी भरें।
3.	सक्शन पाइप में हवा भरी हुई है।	पम्प चलाकर हवा निकालें।
4.	सक्शन पाइप ठीक से टाइट नहीं है।	पम्प और सक्शन पाइप के बीच में रबर पैकिंग लगाकर टाइट करें।
5.	स्पीड कम है।	स्पीड बढ़ाएँ।
6.	मोटर के चक्कर उल्टे हैं।	चक्कर सीधे करें।
7.	पम्प के हैड से डिलिवरी ऊँची है।	डिलिवरी की ऊँचाई कम करें।
II. पम्प पानी कम देता है।		
1.	पम्प पूरी तरह पानी से नहीं भरा है।	पम्प को पानी से डिलिवरी तक भरें।
2.	सक्शन की दूरी अधिक है। (पम्प की सक्शन 16 फुट से अधिक है)	ट्यूबवैल का कुआँ गहरा करके पम्प नीचे उतारें।
3.	आवश्यकता से अधिक हवा पानी में है।	ग्लैण्ड्स टाइट करें।
4.	बुश और ग्लैण्ड्स (स्टाफ बॉक्स) से हवा आ रही है।	लाइन टर्निंग को साफ करके दोबारा ग्लैण्ड भरें।
5.	फुट वाल्व थोड़ा खुलता है।	प्लेट खोलकर वाल्व ठीक करें।
6.	स्पीड कम है।	स्पीड बढ़ाएँ।
7.	इम्पैलर में कमी है।	इम्पैलर बदलें।
8.	पम्प की गैस्केट से हवा आ रही है।	पम्प की गैस्केट बदलकर अच्छी प्रकार बोल्ट टाइट करें।
III. पम्प चलने में अधिक शक्ति लगती है।		
1.	पम्प स्पीड बहुत अधिक है।	इंजन की स्पीड कम करें।
2.	पम्प उल्टी दिशा में घूम रहा है।	मोटर की स्पीड सीधी करें।
3.	पम्प की थ्रो उसके डिजाइन से ज्यादा है।	हैड कम करें।
4.	पम्प और मोटर का एलाइनमेन्ट सही नहीं है।	एलाइनमेन्ट सही करें।
5.	स्टफ बॉक्स में ग्लैण्ड ठीक नहीं भरी है।	ग्लैण्ड में ग्रीस लगाकर दोबारा भरें।
6.	इम्पैलर बैलेन्स नहीं है, कम्पन अधिक होता है।	इम्पैलर बदलकर एलाइनमेन्ट ठीक करें।

IV. स्टफिंग बॉक्स से पानी अधिक आता है।

1.	मोटर पम्प की एलाइनमेन्ट गलत है।	एलाइनमेन्ट ठीक करें।
2.	पम्प की शाफ्ट मुड़ी है।	शाफ्ट-बुश बदलें।
3.	ग्लैण्ड्स जली हैं।	ग्लैण्ड्स मुँह बदलकर (CCC) ठीक से भरें।
4.	पम्प बेस-प्लेट से ढीला है, जिससे कम्पन होकर पैकिंग से पानी बाहर आ जाता है।	पम्प को टाइट करें और पैकिंग बदलकर बोल्ट ठीक से टाइट करें।

V. ग्लैण्ड्स जल्दी जल जाती है।

1	एलाइनमेन्ट गलत है।	एलाइनमेन्ट ठीक करें।
2.	शाफ्ट मुड़ी है।	शाफ्ट और बुश बदलें।
3.	बियरिंग टूटा है।	बियरिंग बदलें।
4.	ग्लैण्ड अधिक टाइट है, जिससे अधिक जलती है।	ग्लैण्ड को ढीला करें तथा ग्लैण्ड ग्रीस के साथ भरें।
5.	इम्पैलर बैलेन्स नहीं है।	इम्पैलर बैलेन्स कराएँ।

VI. पम्प में आवाज अधिक है एवं कम्पन है।

1.	सक्शन की दूरी अधिक है।	गड्ढा गहरा करें।
2.	पम्प कम पानी प्राप्त कर रहा है।	सक्शन सिस्टम में लीकेज चैक करें।
3.	इम्पैलर में आवाज है।	बोरिंग से पत्थर इम्पैलर में फँसा है, निकालकर दोबारा इम्पैलर लगाएँ।
4.	एलाइनमेन्ट, बियरिंग खराब है।	बियरिंग बदलें, एलाइनमेन्ट ठीक करें।
5.	घूमने वाले पार्ट्स स्थिर पार्टो से रगड़ रहे हैं।	सभी पार्ट्स चैक करके ठीक करें।
6.	बियरिंग में तेल, ग्रीस कम है या नहीं है व गन्दे हैं।	बियरिंग निकालकर, साफ करके दोबारा ग्रीस भरकर फिट करें।

VII. पम्प अधिक गर्म होता है

1.	पम्प की हवा नहीं निकली है।	पम्प से हवा निकालें।
2.	पम्प के बियरिंग खराब हैं व ग्लैण्ड्स कट गई हैं, जिससे इम्पैलर सीधा नहीं घूम रहा है।	बियरिंग बदलकर ग्लैण्ड्स ठीक तरीके से भरें, इम्पैलर चैक कराएँ।
3.	एलाइनमेन्ट सही नहीं है।	एलाइनमेन्ट ठीक कराएँ।
4.	कपलिंग अधिक गर्म होती है।	कपलिंग का फासला सही नहीं है। ठीक कराएँ।

30.5 कृषि यन्त्र Agriculture Equipments

खेत को बीज बोने के लिए तथा तैयार करने के लिए ट्रैक्टर पर कृषि यन्त्र लगाकर तैयार किया जाता है। इसके अतिरिक्त बिजाई करने, खाद व कीटनाशक फेंकने और कटाई करने आदि के लिए भी कृषि यन्त्रों का उपयोग किया जाता है। वह औजार, जिन्हें ट्रैक्टर के साथ जोड़कर विभिन्न प्रकार के कृषि कार्य किए जाते हैं, कृषि यन्त्र कहलाते हैं। कृषि यन्त्रों को निम्न प्रकार वर्गीकृत किया जाता है

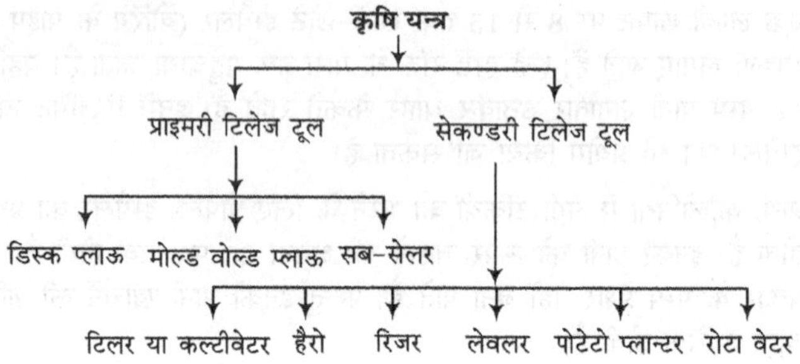

1. प्राइमरी टिलेज टूल Primary Tillage Tool

प्राइमरी टिलेज टूल के रूप में निम्न प्रकार के उपकरण प्रयोग किए जाते हैं

(i) डिस्क प्लाउ Disc Plough

इसमें चार इंच व्यास के 3 फुट से 4 फुट तक लम्बे पाइप बीम (beam) का प्रयोग किया जाता है। इस पाइप (बीम) के नीचे 3 इंच के पाइप पर नीचे की ओर दो बॉल बियरिंग लगाए जाते हैं। इसके एक्सेल पर बीच में गोलाई लिए हुए (कॉन्केव आकृति में) 24 इंच तक की डिस्क फिट की जाती है।

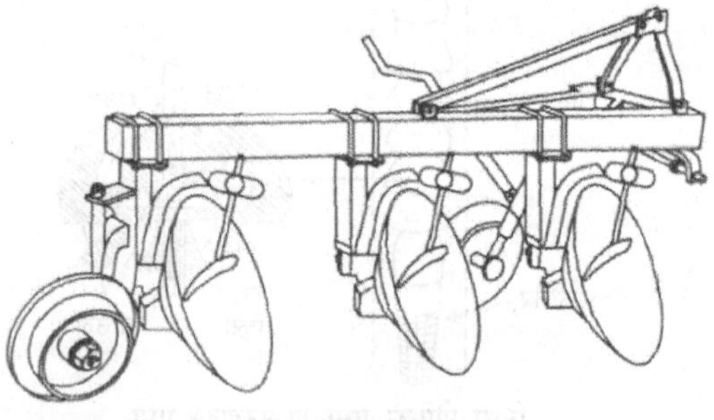

चित्र डिस्क प्लाउ

यह डिस्क दो या तीन की संख्या में फिट की जाती है। आगे से दोनों ओर थ्री-प्वॉइण्ट लिंकेज से जुड़ने की व्यवस्था की जाती है। इसमें साइड पिन व टॉप लिंक के लिए छेद बने होते हैं। प्लाउ अच्छी प्रकार से कार्य कर सके, इसके लिए कुछ कम्पनियों द्वारा बीम पर पीछे की ओर 5 किलोग्राम से 10 किलोग्राम तक का भार लगाया जाता है एवं डिस्क अधिक गहराई तक न जाए इसके लिए कॉल्टर्स व्हील (caulter wheel) लगाया जाता है।

कुछ कम्पनियाँ कॉल्टर्स व्हील सभी डिस्कों पर भी लगाती हैं। इससे ट्रैक्टर के ड्राफ्ट (खिंचाव) पर भी प्रभाव पड़ता है। इन सभी भागों की धातु माइल्ड-स्टील होती है।

डिस्क प्लाउ बहुत समय से खाली पड़े खेत में खरपतवार, छोटी-छोटी झाड़ी आदि उत्पन्न होने पर उन्हें समाप्त करने के लिए प्रयोग करते हैं। इस खरपतवार से खेत की उर्वरक शक्ति समाप्त हो जाती है या कम हो जाती है। खरपतवार को समाप्त करने के लिए पहले उसे दरांती (हाथ से घास काटने वाला उपकरण), फावड़ा (हाथ से गहरी व कठोर जड़ों को निकालने वाला उपकरण) से काटकर वहीं छोड़ देते हैं।

तदोपरान्त खेत की सिंचाई करते हैं। खेत जब जुताई के लिए तैयार हो जाए तो उसमें डिस्क प्लाउ का प्रयोग किया जाता है। एक बार में यह खेत की मिट्टी को कम-से-कम 12 इंच से 18 इंच तक पलट देता है, जिससे खरपतवार मिट्टी के नीचे दबाकर खाद (उर्वरक) का कार्य करती है। खेत की कुछ उर्वरक शक्ति भी नीचे से ऊपर आ जाती है।

दोबारा जुताई से पहले खेत में कुछ उर्वरक डालकर जुताई करनी चाहिए, जिसमें दूसरी जुताई में खेत में उर्वरक अच्छी प्रकार मिल जाए। ट्रैक्टर में डिस्क-प्लाउ थ्री-प्वॉइण्ट पर लगाकर कार्य करता है। दोनों ओर लोअर लिंक और मध्य में टॉप लिंक से जोड़ा जाता है।

लोअर लिंक इधर-उधर न हिले इसके लिए लिंक के दोनों ओर एडजस्टिंग चेन (adusting chain) लगी रहती है। इनको टाइट न रखने से जुताई करते समय ट्रैक्टर एक ओर को खिंचता महसूस होता है। डिस्क प्लाउ तीन डिस्कों में भी उपलब्ध होता है।

(ii) मोल्ड बोल्ड प्लाउ Mould Bold Plough

यह थ्री प्वॉइण्ट लिंकेज पर फिट होकर कार्य करने में सक्षम बन पाता है। इसके द्वारा कठोर जमीन को भी जोता जाना सम्भव है। मोल्ड बोल्ड प्लाउ की बीम व मोल्ड बोल्ड साधारण स्टील के व शियर (फाल) कॉल्टर्स, कठोर स्टील के बनाए जाते हैं।

इन भागों को बोल्टों द्वारा एक-दूसरे से जोड़ा जाता है। शियर कॉल्टर्स अधिक दिनों तक कार्य करने के बाद घिस सकते हैं, इन्हें बदला जा सकता है। मोल्ड बोल्ड प्लाउ (M.B.P.) तीन प्रकार के होते हैं

(a) माउण्टेड Mounted

यह थ्री प्वॉइण्ट लिंकेज से हाइड्रॉलिक दबाव द्वारा काम करता है। फैरो अधिक बड़े होने के कारण एवं संख्या में 3 से 6 तक होने के कारण केवल ट्रैक्टर से ही खींचा जाता है।

कुछ कम्पनियों द्वारा प्रत्येक एक फैरे के आगे कॉल्टर्स भी लगाए जाते हैं। कॉल्टर्स का कार्य शियर (फाल) के आगे की जमीन को काटना व छोटी घास-फूस को काटना होता है।

(b) सेमी माउण्टेड Semi mounted

ये एक या दो शियर के होते हैं, जिन्हें आवश्यकता पड़ने पर दोनों प्रकार से (बैलों व ट्रैक्टर से) खींचकर कार्य लिया जा सकता है।

(c) ट्रेल्ड Trailed

इस प्रकार के प्लाउ अक्सर बैलों और घोड़ों से खींचे जाने वाले होते थे। इनके आगे डेप्थ कण्ट्रोल कॉल्टर्स या व्हील लगे होते थे। इनका प्रयोग अब लगभग बन्द हो गया है, लेकिन गाँवों में अब भी कुछ स्थानों पर इनका प्रयोग किया जाता हैं।

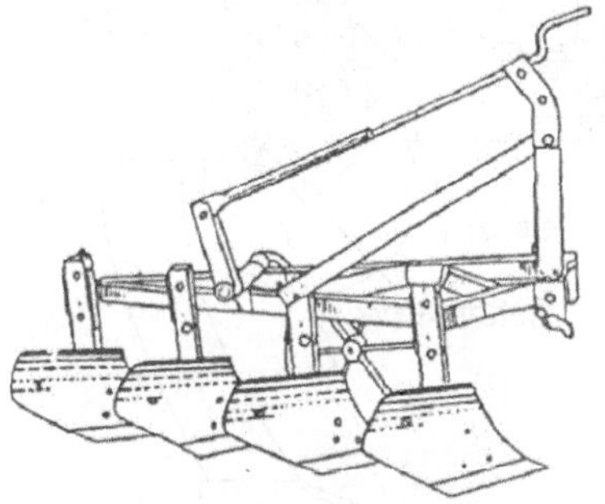

चित्र मोल्ड बोल्ड प्लाउ (ट्रैल्ड)

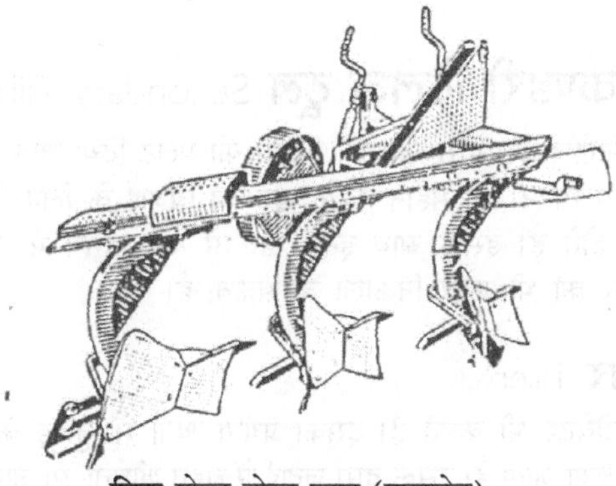

चित्र मोल्ड बोल्ड प्लाउ (माउण्टेड)

बनावट Construction

इसमें 3 इंच के गोल पाइप या चैनल जो माइल्ड स्टील के होते हैं, प्रयोग किए जाते हैं। इसे बीम कहते हैं। बीम भी के नीचे की ओर निकले एक फुट पाइप पर कॉल्टर्स के पीछे एक फैरो वाला, एक साइड को निकला हुआ शियर लगाया जाता है। कॉल्टर्स फैरो के आगे इसलिए लगाया जाता है कि कठोर भूमि में फैरो के धँसने का स्थान मिल सके। कॉल्टर्स के व्हील की धार (ऐज) तेज होती है। शियर तीन की संख्या तक लगाए जाते हैं। इसकी हिचिंग थ्री प्वॉइण्ट पर होती है।

(iii) सब-सॉइलर Sub-soiler

यह ट्रैक्टर पर थ्री प्वॉइण्ट प्रणाली पर कार्य करता है। कुछ कम्पनियों के द्वारा यह बिना डिस्क के भी बनाया जाता है। इसके आगे एक गोल, धार वाली डिस्क (सीधी) लगी होती है, जो जमीन को गहराई तक चीर देती है। इस डिस्क के पीछे एक खुरपा लगा होता है, जो चीरी गयी जमीन में घुस कर मिट्टी को पलट देता है। ऐसा दो-तीन बार किया जाता है, जिससे खरपतवार जमीन के नीचे दब जाती है इसके उपरान्त पानी से सिंचाई कर देते हैं।

इस प्रकार खरपतवार भी खाद का कार्य करती है। यह सात खुरपों तक का होता है।

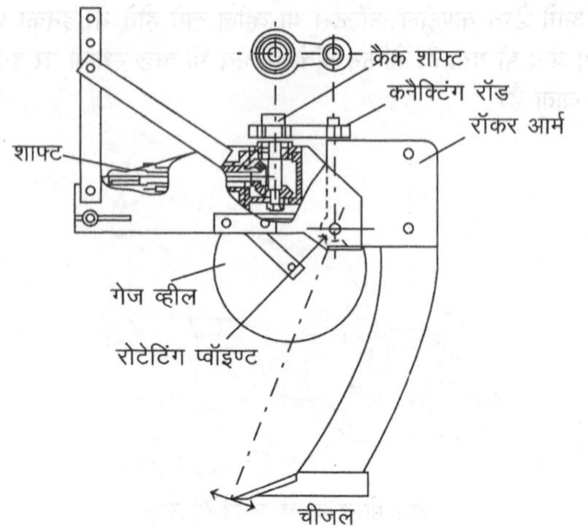

चित्र सब-सॉइलर (ट्रेल्ड)

2. सेकण्डरी टिलेज टूल Secondary Tillage Tool

प्राइमरी टिलेज टूल द्वारा खेत की मिट्टी को पलट दिया जाता है, सेकण्डरी टिलेज इस मिट्टी को महीन करके खेत को बिजाई के लिए तैयार करने में सहायक होते हैं। इसके साथ इनसे खेत में कम समय में न गलने वाले खरपतवार को भी बाहर निकाला जा सकता है।

(i) टिलर Tiller

इसे कल्टीवेटर भी कहते हैं। इसका प्रयोग खेती में जुताई के लिए सबसे अधिक किया जाता है। इसके द्वारा जुताई में बहुत शीघ्रता आ जाती है व जुताई काफी गहरी होती है, परन्तु इनको समतल खेतों में ही सफलतापूर्वक प्रयोग किया जा सकता है, क्योंकि ऊँची-नीची जगहों पर इसके हल (फाल-टाइन) भूमि में धँस जाते हैं। टिलर दो प्रकार के होते हैं

(a) ट्रैल्ड टिलर Trailed Tiller

यह बैलों और घोड़ों से खींचकर प्रयोग किया जाता है। इसमें 4 से 6 तक संख्या में टाइन लगे होते हैं। समतल भूमि पर अथवा सड़क पर एक स्थान से दूसरे स्थान तक ले जाने के लिए दोनों साइडों में लोहे के पहिए प्रयोग किए जाते हैं।

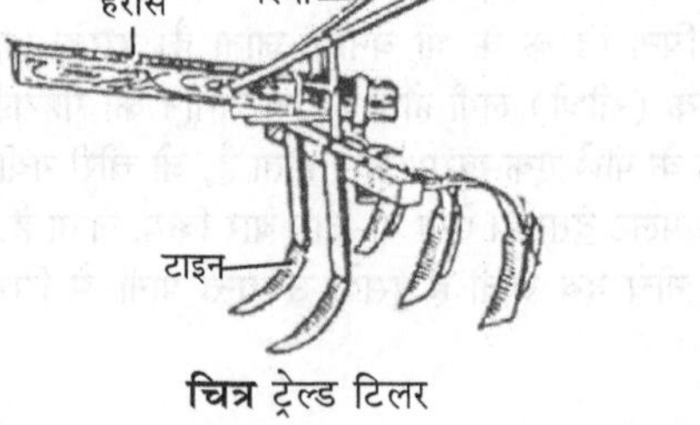

चित्र ट्रेल्ड टिलर

(b) माउण्टेड टिलर Mounted Tiller

डिस्क प्लाउ के द्वारा खेत की मिट्टी पलटने का ही कार्य होता है। इससे मिट्टी के बड़े-बड़े ढेले बन जाते हैं। इन ढेलों को महीन करने के लिए माउण्टेड टिलर का प्रयोग किया जाता है। इसके अतिरिक्त इसके द्वारा खेत को लगभग समतल भी किया जा सकता है। इसमें 7 से 11 की संख्या में खुरपे (टाइन) प्रयोग किए जाते हैं। इन टाइनों को दो लम्बी एंगिल आयरनों के बीच स्प्रिंगों की सहायता से फिट किया जाता है। स्प्रिंगों के कारण ही यह उछल कर अपने को टूटने से बचाता है।

यह भूमि में 18 इंच तक घुस जाता है, जिससे गहरी जाने वाली जड़ों को भी निकालना सम्भव होता है। यह टिलर मोटे खरपतवार को अपने साथ बाहर भी ले आता है। चित्र में बना स्प्रिंग वाला रिजिड टिलर भी दिखाया गया है। इसके लिए खेत को बहुत बारीक तैयार करना पड़ता था। यह डिबलर की लकड़ी का बना होता था। लकड़ी की 4 से 6 इंच की दूरी वाले फ्रेम में 2 इंच से 3 इंच तक दूरी पर नीचे की ओर 2 इंच लम्बी खूँटी लगायी जाती थी।

इस डिबलर को चौकोर या आयताकार $2'' \times 2''$ या $2'' \times 2\frac{1}{2}$ फुट का फ्रेम बनाकर खेत में घुमाते थे, जिससे खेत में खूँटी का निशान बन जाता था। इन निशानों पर गेहूँ, मक्का का बीज डाल देते थे, इसके बाद उसे पाटा (प्लेनर) को चलाकर ढक देते थे। इस क्रिया में खेत में नमी की आवश्यकता होती थी। इस प्रकार से बोये जाने पर काफी समय और खर्च अधिक होता था, अनुसन्धान केन्द्रों में अब भी इसी क्रिया का प्रयोग होता है, समय और लागत की बचत के लिए सीड ड्रिल का आविष्कार किया गया।

चित्र टिलर (माउण्टेड)

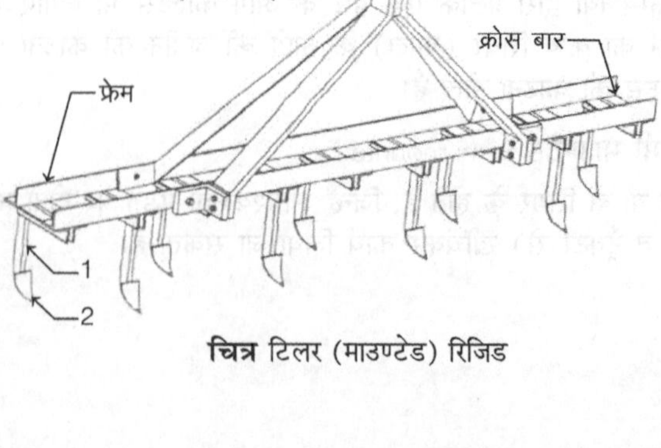

चित्र टिलर (माउण्टेड) रिजिड

(ii) हैरो Harrow

यह भी एक विशेष प्रकार का हल है, जिसका प्रयोग जुताई के लिए किया जाता है। इनके द्वारा जुताई के साथ मिट्टी पलटने का कार्य भी होता है। खेतों में खाद डालने के बाद उसे मिट्टी में ठीक प्रकार से मिलाने के लिए यह बहुत उपयोगी इम्प्लीमेन्ट है। यह इम्प्लीमेन्ट ऊँची-नीची अथवा समतल भूमि पर एक-समान कार्य कर सकता है।

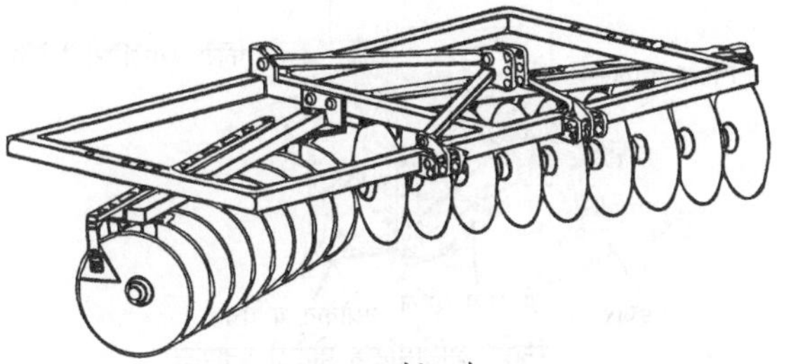

चित्र डिस्क हैरो (ट्रैल्ड)

हैरो दो प्रकार के होते हैं, जिनका प्रयोग खेतों के लिए किया जाता है।

(a) सिंगल एक्शन हैरो Single Action Harrow

सिंगल एक्शन हैरो को भी दो भागों में वर्गीकृत किया जाता है

- **ट्रैल्ड हैरो** (Trailed harrow) इसे ऑफसैट हैरो भी कहते हैं। इसके द्वारा एक बार एक ही साइड में मिट्टी कटती है। ये छोटी होने के कारण बैलों, घोड़ों द्वारा भी खींची जा सकती है। यह एंगिल आयरन के आयताकार फ्रेम में एक्सेल पर फिट की जाती है। इसके दो डिस्कों के बीच सेपरेटर बुश (डमरू) लगाकर बनाया जाता है। इसमें बैलों के लिए चार एवं ट्रैक्टर के लिए 14 से 18 तक डिस्कें ट्रैक्टर की क्षमता के अनुसार लगाई जाती हैं।
- **माउण्टेड हैरो** (डबल एक्शन) (Mounted Harrow (Double Action) यह थ्री प्वॉइण्ट हिच सिस्टम पर कार्य करने वाली होती है। इसकी ट्रैक्टर पर साइड ड्राफ्ट (एक ओर को खिंचने के कारण) सेटिंग नीचे चित्र में दर्शायी गई है। इस सैटिंग को एडजस्ट करके साइड ड्राफ्ट कम कर सकते हैं।

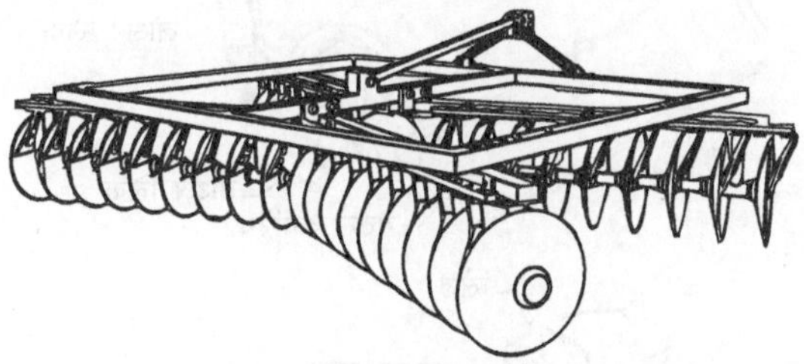

(a) टेण्डम डिस्क हैरो

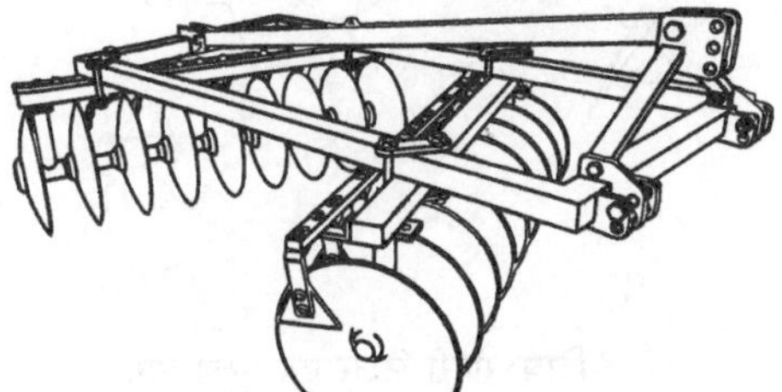

(b) ऑफसैट डिस्क हैरो

चित्र डिस्क हैरो (माउण्टेड)

बनावट Construction

इसे तीन इंच व्यास के पाइप में हाफ एक्सेल द्वारा बनाया जाता है। इसके डिस्कों के बीच में 10 इंच से 12 इंच तक का स्पेसर (डमरू) पाइप पर फिट किया जाता है। इसकी डिस्कें गोल लोहे की धारदार होती हैं। इन पर लगभग 2 इंच परिधि पर धार बनी होती है। यह 14 से 18 तक डिस्कों को मिलाकर बनाई जाती है। एक डिस्क की गहराई $2\frac{1}{2}$ इंच से 3 इंच तक होती है। इसको एक एंगिल आयरन के मजबूत फ्रेम में फिट किया जाता है। खेत में यह कार्य करते समय एक्सेल पर घूमती है। ऐसे दो फ्रेम लगाकर हैरो का निर्माण होता है। इसके फ्रेम को थोड़ा एंगिल में दिया जा सकता है जिससे ट्रैक्टर पर लोड न पड़े, क्योंकि दोनों फ्रेमों में लगी डिस्क एक-दूसरे के विपरीत होती हैं। यह चलने पर मिट्टी को दो-बार काटकर महीन कर देती है । इसे दो बार या तीन बार चलाने से खेत बुआई के लिए तैयार हो जाता है। यह ऑफसैट हैरो भी कहलाती है।

इस हैरो को एक प्वॉइण्ट पर लगने वाली हिच या ड्रॉ-बार में लगाने वाली भी बनाया जाता है। यह ट्रैक्टर के पीछे लगाकर खींची जाती है। खेत में इसे लम्बे छेद वाले पाइप में पिन लगाकर एडजस्ट कर सकते हैं। सड़क या कच्चे रास्ते में इसे बिल्कुल ऑफ पोजीशन में कर देते हैं। (दोनों फ्रेम मिला देते हैं) जिससे इसकी डिस्क मिट्टी या सड़क को खराब नहीं करती, इससे काम करते समय लिंक चेन को टाइट कर लेना चाहिए, जिससे मोड़ पर लिंक पिछले पहियों को नुकसान न पहुँचाए। इन हैरों में समय-समय पर एक्सेल में ग्रीस करते रहना चाहिए। अन्यथा ये कट जाती हैं। यह कास्ट-आयरन के बुश पर चलती है।

(b) डबल एक्शन हैरो (टेण्डम डिस्क हैरो) Double Action Harrow (Tandom Disc Harrow)

इस प्रकार के हैरो की बनावट व कार्य लगभग सिंगल एक्शन हैरो के समान होता है। इसे भी ऑफसैट हैरो के समान प्रयोग करते हैं। टेण्डम हैरो में चार फ्रेम अपेक्षाकृत बड़े बनाए जाते हैं। इस हैरो का प्रयोग भारी ट्रैक्टरों के साथ बड़े खेतों (big farms) में किया जाता है। इन्हें ट्रैल्ड टाइप अथवा माउण्टेड टाइप बनाया जा सकता है। माउण्टेड टाइप हैरो हाइड्रॉलिक दबाव से उठने वाली बनाई जाती है, यह मिट्टी को एक साथ बड़े क्षेत्र में काटती है।

(iii) रिजर Ridger

टिलर, हैरो द्वारा मिट्टी बारीक बनाने के बाद इसके द्वारा आलू आदि के बीज बोने के लिए नाली (trench) बनाई जाती है। इसके द्वारा ही नाली बनाकर ईख की बिजाई की जाती है। यह नरम मिट्टी को दोनों ओर को पलटता है। माउण्टेड रिजर में तीन से पाँच फाले होती हैं। एक फाल वाला ट्रैल्ड रिजर भी बनाया जा सकता है। इसके द्वारा खेत में डोल (मेड) व सिंचाई के लिए नाली भी बनाई जा सकती है। रिजर मुख्यत: दो प्रकार के होते हैं

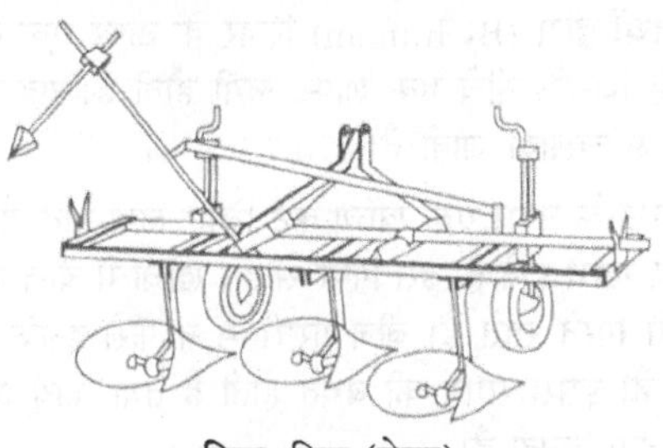

चित्र रिजर (ट्रैल्ड)

(a) ट्रैल्ड रिजर (b) माउण्टेड रिजर

(iv) लेवलर Leveller

ऊँची भूमि को समतल करने के कार्य में लेवलर का प्रयोग किया जाता है। इसके लिए पहले हैरो अथवा टिलर से जुताई करके खेत को भुर-भुरा बना लेते हैं। यह ट्रैक्टर के पीछे ही थ्री प्वॉइण्ट पर लगाया जाता है। परन्तु चेन टाइप ट्रैक्टरों में यह आगे भी लगाया जाता है।

इसके द्वारा पहाड़ी तोड़ कर सड़क बनाने में तथा बर्फ हटाने का काम भी लिया जाता है। इसमें जगह कम होने या पहाड़ में ऊपर से नीचे को मलवा ढकेलने के लिए इसके ब्लेड को भिन्न-भिन्न कोणों पर भी फिक्स किया जा सकता है। इसे एंगिल डोगर के नाम से भी जाना जाता है। इसे मांझा या प्लेनर भी कहते हैं। यह माइल्ड स्टील का बना होता है।

चित्र लेवलर

(v) पोटेटो प्लाण्टर Potato Planter

आलू, किसानों की आमदनी बढ़ाने की मुख्य फसल है। इसे खेत में दो प्रकार से बोया जाता है। 1. मैन्युअली (मजदूरी पर) तथा 2. मशीन से।

इस मशीन से भी दो प्रकार से कार्य लिया जाता है। (i) ट्रैक्टर के पीछे प्लाण्टर लगाकर मनुष्यों द्वारा बीज गिराकर। (ii) ट्रैक्टर के पीछे ऑटोमेटिक तरीके से (पोटेटो प्लाण्टर द्वारा)।

(a) **मैन्युअली** (Manually) इसमें बड़े साइज के आलू को चार से छ: टुकड़ों में निश्चित हिसाब से काटा जाता है। खेत में बीमारी से बचाव हेतु प्रि-स्प्रेईंग करते हैं। ट्रैक्टर के पीछे रिजर लगाकर या बैलों के रिजर से नालियाँ बनाई जाती हैं।

दो नालियों के बीच में बनी मेड़ (डोली) पर खुरपों से कटे हुए टुकड़ों को चार से छ: इंच के अन्तर पर रोप देते हैं। इन्हें हाथ से ढक देते हैं। इस प्रकार की प्लाण्टिंग में समय व लागत अधिक लगती है। इसको कम करने के लिए मशीन का प्रयोग किया जाता है।

(b) **व्यक्तियों द्वारा** (By human) रिजर के ऊपर एक सीड टैंक लगाया जाता है जिसके नीचे एक शाफ्ट लगी होती है। यह शाफ्ट दोनों ओर पहियों से चलायी जाती है।

इस शाफ्ट के ऊपर एक खाँचा कट गियर लगा होता है, जिसमें बीज के अनुसार खाँचे होते हैं। इस गियर से इन खाँचों में बीज फँसकर पीछे लगी ट्यूब में गिरते रहते हैं। बीज गरारी में न फँसे इसके लिए व्यक्ति इसे गिराता है। इससे समय की बचत होती है तथा कार्य अधिक होता है व लागत कम लगती है।

(vi) मेज प्लाण्टर Maze Planter

मेज प्लाण्टर में अन्तर केवल यह होता है कि मेज प्लाण्टर को रिजर के पीछे न लगाकर टिलर के पीछे लगाया जाता है। बीज गिराने वाली गरारी में छोटे खाँचे काटे जाते हैं। इसमें केवल ट्रैक्टर चालक ही कार्य कर सकता है।

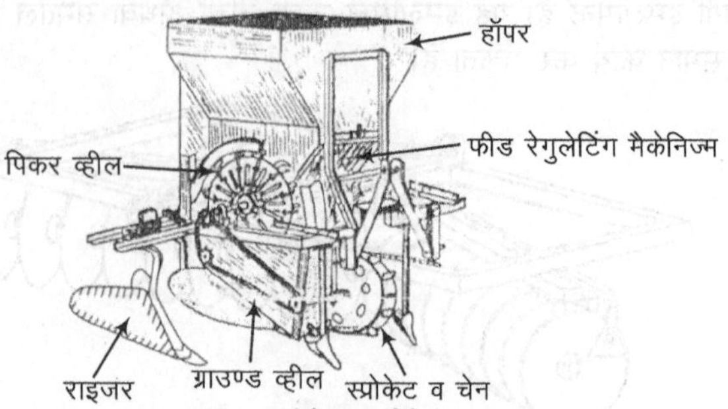

चित्र ऑटोमेटिक पोटेटो प्लाण्टर

(vii) रोटरी टिलर या रोटावेटर

प्राइमरी यन्त्रों से जुताई के बाद खेत में मिट्टी के ढेले बन जाते हैं, रोटरी टिलर या रोटावेटर से इन्हें बारीक किया जाता है। सेकण्डरी यन्त्रों से जुताई के बाद दो या तीन बार जुताई के बाद खेत गेहूँ, मक्का आदि की बुआई के लिए तैयार होता है। इससे ईंधन अधिक खर्च होता है। खेत की सिंचाई के बाद जुताई के लिए तैयार होने पर सेकण्डरी टूल के स्थान पर रोटावेटर खेत को जोतने के साथ-साथ खरपतवार भी 4" से 6" तक जुताई करके मिट्टी में दबा देता है।

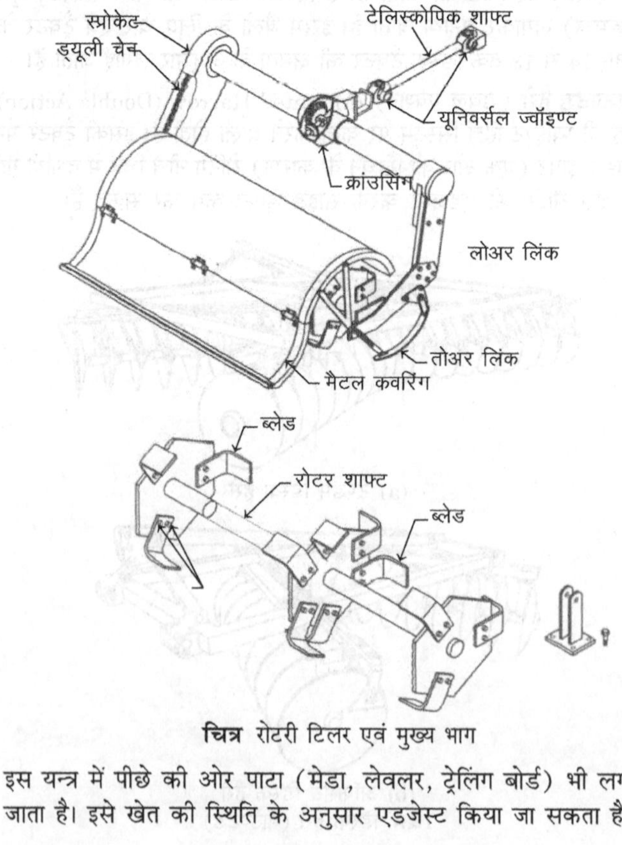

चित्र रोटरी टिलर एवं मुख्य भाग

इस यन्त्र में पीछे की ओर पाटा (मेडा, लेवलर, ट्रेलिंग बोर्ड) भी लगाया जाता है। इसे खेत की स्थिति के अनुसार एडजेस्ट किया जा सकता है।

रोटरी टिलर के लाभ Advantages of Rotary Tiller

रोटरी टिलर के लाभ निम्न हैं

1. रोटावेटर, हैरो, टिलर, पाटा का कार्य एक ही बार में बुआई के लिए खेत को तैयार कर देना है।
2. ब्लेड का एंगिल उचित होने के कारण ज्यादा गहराई में नहीं जाता इसलिए जमीन में नमी बनाए रखता है व मिट्टी को भली-भाँति भुर-भुरी बनाता है।
3. सूखी, नमीयुक्त, गीली (धान हेतु, पानी में) हर प्रकार की मिट्टी के लिए उपयुक्त है।
4. पिछली फसल गन्ना, आलू, मक्का, गेहूँ, कपास, केला, सब्जियाँ व अन्य खरपतवार को बारीक करके मिट्टी में मिला देता है, जो जैविक खाद का कार्य करते हैं।
5. जमीन के अनुसार बने ब्लेड डिजाइन के कारण ट्रैक्टर पर कम लोड पड़ता है, जिससे टायर स्लिप नहीं होते, इससे डीजल भी कम खर्च होता है।

(viii) सीड ड्रिल Seed Drill

भूमि को बिजाई के लिए तैयार करने के बाद खेत में बीज बोना होता है। बीज को अंकुरित होने के लिए निम्न बातें ध्यान में रखनी आवश्यक हैं

1. बीज की मात्रा
2. बिजाई की गहराई
3. भूमि का प्रकार
4. लाइनों के बीच की दूरी
5. बिजाई करने वाला उपकरण
6. बीज का प्रकार व इसे ढकने वाला उपकरण

बिजाई के लिए सबसे अधिक प्लाण्टर और सीड ड्रिल का ही अधिक प्रयोग होता है। यह दो प्रकार की होती है

(a) ट्रैल्ड सीड ड्रिल Trailed Seed Drill

यह गेहूँ, मक्का आदि के बीज बोने के काम आती है। इसे बैलों द्वारा खींचा जाता है। यह एंगिल आयरन के एक मजबूत फ्रेम से 2 से 5 फैरो (farrow) वाली बनाई जाती है।

इसकी बनावट लगभग टिलर जैसी होती है। फ्रेम के ऊपर बीज बॉक्स (seed box) होता है, जिसमें बीज भर देते हैं। इसके साथ ही खाद के लिए भी एक बॉक्स भी फिट किया जा सकता है।

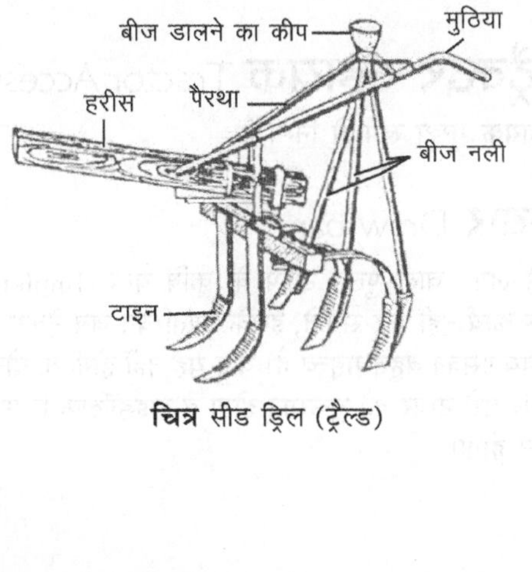

चित्र सीड ड्रिल (ट्रैल्ड)

इस प्रकार इसे सीड कम फर्टीलाइजर ड्रिल (seed cum fertilizer drill) का नाम भी दिया जा सकता है। बीज अधिक गहराई तक न जाए, इसके लिए इसमें दोनों ओर एडजस्टिंग व्हील दिए जाते हैं। जिन्हें ऊपर-नीचे खिसकाकर गहराई सेट की जा सकती है।

(b) माउण्टेड सीड ड्रिल Mounted Seed Drill

इसकी बनावट टिलर जैसी ही होती है, परन्तु इसके फैरो छोटे होते हैं और इसमें स्प्रिंग नहीं लगाए जाते। फ्रेम के मध्य में दोनों ओर दो स्लॉटिड बेस व्हील लगाया जाता है। इसे चेन चढ़ाकर सीड बॉक्स के नीचे लगाया जाता है। बाँसुरी के आकार का सीड ड्रॉपिंग मैकेनिज्म, शाफ्ट जो चौकोर होती है, के साथ जोड़ा जाता है। इसे व्हील चेन या गियर सेट से चलाया जाता है। फ्लूटिड शाफ्ट के घूमने पर बीज बाहर की ओर लगी एक फ्लेक्सिबल ट्यूब के गेट (रास्ते) में गिरते हैं। इस गेट का साइज (mouth) बीज के अनुसार एडजस्ट किया जा सकता है। बीज की गिरने की मात्रा भी सीड बॉक्स में लगी फीड रोल (feed roll) के द्वारा खिसकाकर कम या अधिक की जा सकती है।

टिलर में फैरो अधिक लम्बी, चौड़ी एवं खुली होती है, परन्तु सीड ड्रिल में फैरो छोटे व पीछे से ढकी होती है। इससे बीज की मात्रा एवं गहराई सेट करने में सहायता मिलती है। सीड ड्रिल से बीज की मात्रा खाद की मात्रा सेट करने के लिए सीड बॉक्स में ऊपर लीवर लगे होते हैं।

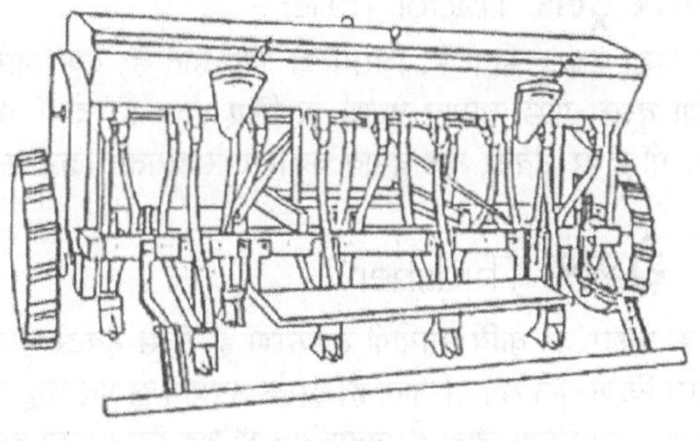
चित्र सीड ड्रिल (माउण्टेड)

सीड का साइज उसके फैरो की संख्या एवं फैरो के बीच की दूरी पर निर्भर करता है। जैसे ड्रिल पर 12/18 लिखा है। ड्रिल में 12 फैरो हैं एवं फैरो के बीच की दूरी 18 सेमी है। बिजाई करते समय सीड ड्रिल के पीछे मार्क व्हील लगा होता है। इससे दूसरे चक्कर में उतना अन्तर देकर बिजाई की जाती है।

(ix) डिस्क ड्रिल Disc Drill

इसमें सीड ड्रिल की तरह बीज बोने का प्रबन्ध होता है। अन्तर केवल यह होता है कि यह टिलर के पीछे भी लगाई जा सकती है, जिसमें दो डिस्क लगाई जाती हैं, जो बोई हुई नाली को ढक देती हैं।

सीड ड्रिल से बीज की मात्रा ज्ञात करने के निम्न पद आवश्यक हैं

- सीड ड्रिल की चौड़ाई ज्ञात करें।
- दो फालों (हैरो) के बीच की दूरी ज्ञात करें
- सीड ड्रिल को लकड़ी या ईंट पर इस प्रकार रखें कि दो पहिये घूमते रहें।

- ड्रिल के ड्राइव व्हील का व्यास नापकर पहिये की परिधि निकालें।
  जहाँ, $C = \pi D$
  C = पहिये की परिधि (मीटर)
  D = पहिये का व्यास (मीटर)

  परिधि पहिये के ऊपर धागा लपेटकर भी निकाली जा सकती है।
- चक्कर नापने के लिए पहिये पर चॉक से निशान लगाएँ।
- मशीन के एक चक्कर में बोये गये क्षेत्र का क्षेत्रफल निकालें।
  बोया गया क्षेत्र = सीड ड्रिल की चौड़ाई × पहिये की परिधि
- एक एकड़ में बिजाई के लिए मशीन के चक्कर 43560 फीट (एक एकड़ की लम्बाई) को 7 से विभाजित करके प्राप्त करें।
- सीड बॉक्स भर लें।
- सीड ड्रिल में लगे एडजस्टर को आवश्यकतानुसार बीज गिराने के लिए सेट करें।
- ड्रिल के फैरो के नीचे कपड़े या प्लास्टिक की थैली बाँध दें।
- ड्रिल के पहिये को एक हेक्टेयर के चक्कर के अनुसार घुमाएँ।
- प्रत्येक थैली में बीज की मात्रा समान होनी चाहिए।
- बीज की मात्रा ज्ञात करें।
- यदि बीज अधिक या कम है, तो एडजस्टर को एडजस्ट करके दोबारा यही क्रिया करके चैक करें और इच्छित मात्रा का बीज व खाद डालें।

(x) ट्रैक्टर ट्रेलर Tractor Trailer

यह एक बड़ा ट्रैक्टर होता है, जिसमें दो भाग होते हैं, एक आगे ड्राइवर के लिए तथा दूसरा पीछे सामान ढुलाई के लिए होता हैं। दोनों भागों के बीच संयोजन, मोड़ पर ट्रैक्टर को घुमाव के लिए सहायता प्रदान करता है।

30.6 थ्रेशर Thrasher

थ्रेशर एक प्रकार का कृषि उपयोगी उपकरण है, जिसे ट्रैक्टर पुली एवं विद्युत मोटर द्वारा क्रियाशील बनाया जाता है। इसके उपयोग से पूर्व गेहूँ की फसल को काटकर इकट्ठा किया जाता है। तत्पश्चात् ही यह निम्न कार्य करने में सक्षम बन पाता है

1. **थ्रेशिंग** (Thrashing) गेहूँ के पौधों को तोड़ने का कार्य करता है।
2. **सेपेरेटर** (Seperator) गेहूँ से गाँठें (cheff), स्टो (stow) तथा भूसा आदि को अलग करता है।
3. **क्लीनर** (Cleaner) सफाई करता है।

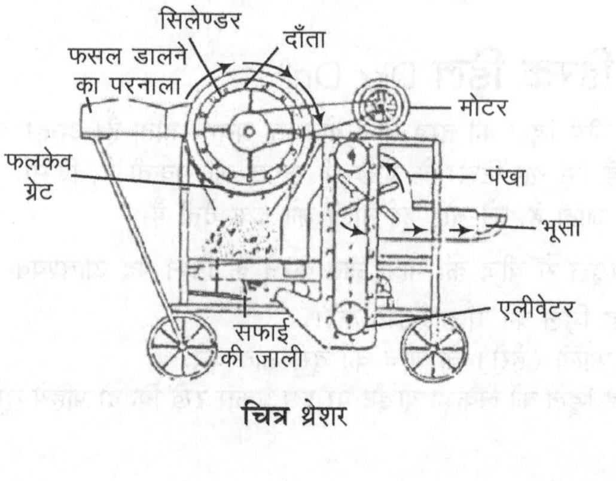

चित्र थ्रेशर

पुल्ड थ्रेशर Pulled Thrasher

ट्रैक्टर के पीछे हिच से और एक आवश्यक उपकरण पुल्ड थ्रेशर 'हर्विस्टर' (harvester) लगाकर कार्य किया जाता है। यह P.T.O शाफ्ट से चलाया जाता है। यह खेत में खड़े गेहूँ को काटने के बाद गेहूँ और भूसे को अलग करता है। इससे निकला हुआ गेहूँ ट्रॉली में इकट्ठा होता रहता है और भूसा खेत में गिरता जाता है। यदि चाहें तो भूसा भी दूसरी ट्रॉली में इकट्ठा किया जा सकता है।

इस प्रकार के थ्रेशर में पौधों को मोड़ने के लिए गोल लम्बे तारों वाला सिलेण्डर होता है।

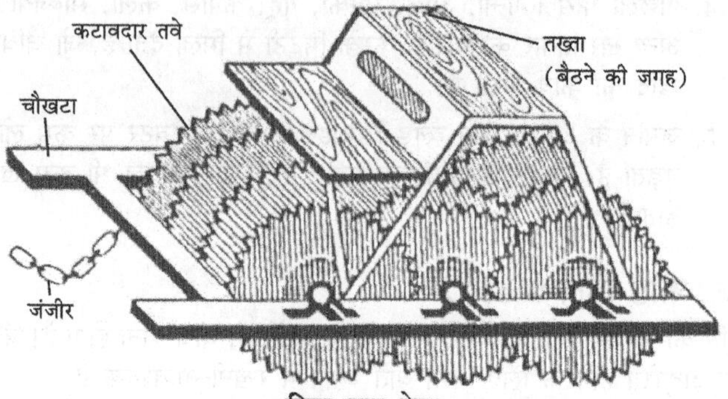

चित्र पुल्ड थ्रेशर

इसमें नीचे लगे ब्लेड (cutter) पौधों को मोड़ते हैं, जहाँ ब्लेड दाएँ-बाएँ चलते रहते हैं। तारों वाला सिलेण्डर पौधों को अन्दर वाले सिलेण्डर में धकेलता है, जहाँ पर एक नीचे आधी गोलाई के लिए बॉक्स होता है। इसमें थोड़े-थोड़े फासले पर चौकोर सरिये लगे होते हैं इसके ऊपर लगा सिलेण्डर भी लम्बी पत्तियों की तरह लगा होता है, जो पौधों को तेजी से काटता है। यहीं पर हवा के लिए ब्लोअर (blower) होता है, जो हल्की चीज भूसे को गेहूँ से अलग करता है।

यहाँ गेहूँ के लिए बोरी का भी प्रयोग कर सकते हैं। यही प्रक्रिया खड़े थ्रेशर में भी अपनायी जाती है। अन्तर केवल इतना है कि उसमें पौधों को पहले हाथ से (दराँती) से काटकर एक स्थान पर इकट्ठा, कर लिया जाता है और थ्रेशर में व्यक्ति द्वारा गेहूँ के बने बण्डल को धकेला जाता है। इस प्रकार दोनों थ्रेशरों को गेहूँ के साफ न होने पर, न कटने पर भूसा अलग न होने पर, नीचे वाले बॉक्स को ऊपर-नीचे व ब्लोअर को खिसकाकर एडजस्ट (adjust) कर सकते हैं।

30.7 ट्रैक्टर सहायक Tractor Accessories

ट्रैक्टर सहायक मुख्य रूप से निम्न हैं

1. ड्रॉ-बार Draw-bar

ड्रॉ-बार में लगने वाले पुल्ड टाइप के कृषि यन्त्र (Implements) बिना ड्रॉ-बार के कार्य नहीं कर सकते, इसके अतिरिक्त जब ट्रैक्टर खाली चलता है, उस समय इसका बहुत महत्त्व है। यदि यह नहीं होगी तो दोनों लिंक टायर में लगेंगी, जिससे टायर को नुकसान होगा व हाइड्रॉलिक लिफ्ट के पार्टों को भी नुकसान होगा।

पुल्ड टाइप कृषि यन्त्रों में ड्रॉ-बार की ऊँचाई ठीक न रखी जाए, तो वह कृषि यन्त्र ठीक प्रकार से कार्य नहीं करेगा, ट्रैक्टर पर लोड पड़ेगा, ट्रैक्टर एक ओर को खिंचेगा, इसलिए कृषि यन्त्र और ट्रैक्टर की आवश्यकता को देखकर ड्रॉ-बार की सही ऊँचाई होनी आवश्यक है। इसके साथ जुताई करने वाले कृषि यन्त्र हैरो (पुल्ड टाइप) रोलर हैं।

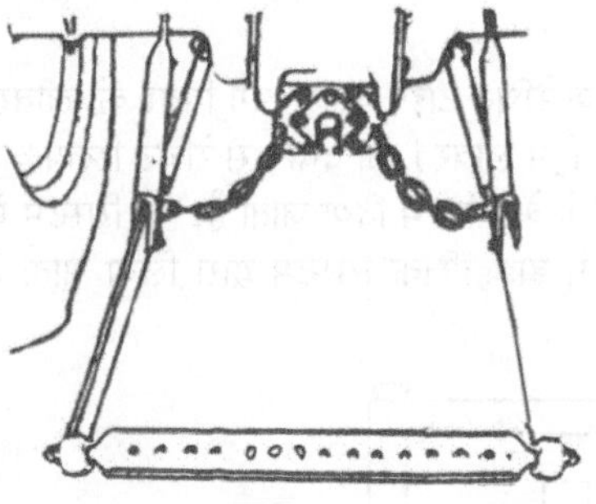

चित्र ड्रॉ-बार

ड्रॉ-बार की ऊँचाई को इसकी सीमा के अन्दर समायोजित किया जा सकता है, लेकिन परीक्षण के दौरान यह स्थिर रहनी चाहिए। ड्रॉ-बार की ऊँचाई कुछ इस तरह चुनते हैं कि ट्रैक्टर की दिशा हमेशा नियन्त्रित रहे एवं $P \times H$ कभी भी $0.8 \times W \times Z$ से अधिक न हों। यह निर्धारित करता है कि फ्रण्ट व्हील कम-से-कम 20% स्थिर भार पर व्यवस्थित रहे

जहाँ P = अधिकतम ड्रा-बार

H = ड्राफ्ट की रेखा की स्थिर ऊँचाई

W = सतह पर फ्रण्ट व्हील की स्थिर ऊँचाई, Z = व्हील बेस

2. टॉप-लिंक Top-link

ट्रैक्टर के पीछे थ्री-प्वॉइण्ट लिंकेज में इसे कृषि यन्त्र के मध्य में लगाया जाता है। इसके द्वारा यन्त्र को आगे व पीछे से समान (समतल) न होने पर इसे बीच से घुमाकर यन्त्र के फालों को (खुरपों को) समतल लगने वाला किया जाता है। इसकी सहायता से जुताई समान गहराई की होती है और ट्रैक्टर पर अनावश्यक खर्च भी नहीं होता है।

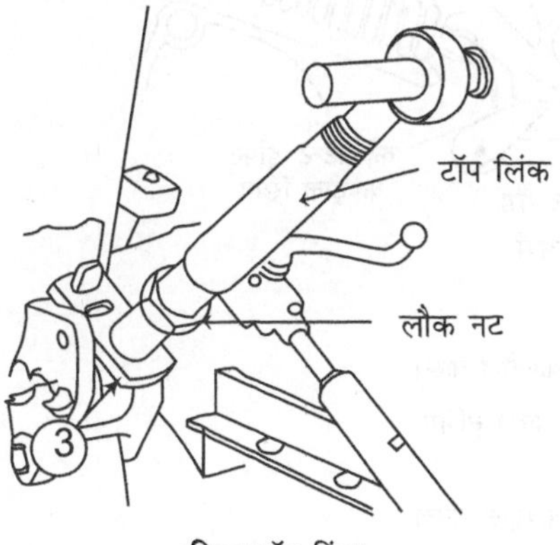

चित्र टॉप लिंक

यदि जुताई एक-सी न हो; जैसे— एम बी प्लाउ का आगे के फाल और टिलर आगे के फाल ही जुताई कर रहे हों व पीछे के फाल खेत से ऊपर ही रहें, तो खेत में केवल लकीर खिंचेगी, जुताई नहीं होगी।

इसके अतिरिक्त ट्रैक्टर को अनावश्यक चलना पड़ेगा, इससे ईंधन का खर्च भी बढ़ेगा।

3. हिच सिस्टम
Hitch System

ट्रैक्टर को मुख्यत: खेती के कार्यों में प्रयोग किया जाता है। खेती में फसल तैयार होने पर काटने के बाद उसे एकत्र करना पड़ता है। थ्रेशर को लाना व प्रयोग करना होता है।

अन्त में फसल को घर पर ढोना होता है। गन्ने की फसल को क्रेशर, कोल्हू, शुगर मिल पर ले जाना होता है।

यह कार्य किसान **भैंसा बुग्गी** में खड़े तख्ते लगाकर या ट्रैक्टर के पीछे **ट्रॉली** से सम्पन्न करता है।

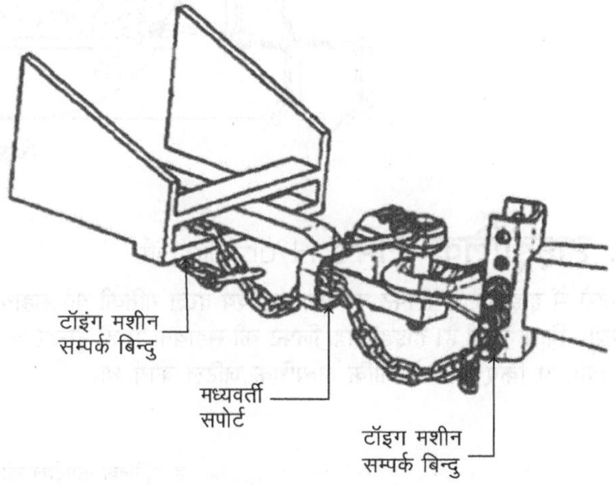

चित्र हिच सिस्टम (हुक)

ट्रैक्टरों में जो ट्रॉली प्रयोग की जाती है, वह दो पहियों वाली, चार पहियों वाली, छोटी और बड़ी दोनों प्रकार की प्रयोग की जाती है।

छोटी या बड़ी दोनों प्रकार की ट्रॉली को जोड़ने के लिए ड्राइवर सीट के पीछे डिफरैन्शियल के हाउसिंग पर 'यू' के आकार का उपकरण 'हिच' फिट किया जाता है, जिसमें ट्रॉली का 'ओ' टाइप का हुक फँसाया जाता है।

कुछ ट्रैक्टरों में पीछे लगने वाला हिच प्लेट पर 'U' टाइप के हुक में मध्य में छिद्र बना होता है। जिस छिद्र में मोटी पिन लगाकर पिन को लॉक कर दिया जाता है, जिससे पिन झटकों में हुक से निकल न सके। इसी प्रकार हैरो का हुक भी फँसाकर कार्य लिया जाता है।

30.8 पावर लिफ्ट Power Lift

ट्रैक्टर पर कृषि यन्त्र; जैसे—टिलर, हैरो, सीड ड्रिल आदि लगाकर कृषि कार्य किए जाते हैं। इन यन्त्रों को जुताई करते समय मोड़ों पर उठाया, गिराया जाता है या ट्रैक्टर के खड़े रहने के समय उठाना, गिराना पड़ सकता है। इसके लिए ट्रैक्टर में एक व्यवस्था की गई है, जिसे पावर लिफ्ट के नाम से जाना जाता है।

1. मैकेनिकल लिफ्ट Mechanical Lift

इस सिस्टम में लिफ्ट को पावर PTO शाफ्ट (power take of shaft) से सीधे वार्म गियर द्वारा, एक रेचिट टाइप क्लच लगे गियर को लीवर द्वारा चलाकर दी जाती है। पावर मिलने पर यन्त्र उठ जाता है, आवश्यकता न होने पर दाहिने पैर पर लगे पावर ऑफ (ट्रिप लीवर) को दबाने से रेचिट स्लिप करने लगता है, यन्त्र नीचे गिरकर कार्य करने लगता है। यह एक बहुत पुराना सिस्टम है, जिसमें एक टिलर फैरो दोनों पहियों के बीच में दिया जाता है। यह सिस्टम मैकेनिकल मरम्मत अधिक होने के कारण समाप्त हो गया है। इस सिस्टम का प्रयोग कुछ विशेष प्रकार के ट्रैक्टरों में हाइड्रॉलिक सिस्टम द्वारा लिया जाता है।

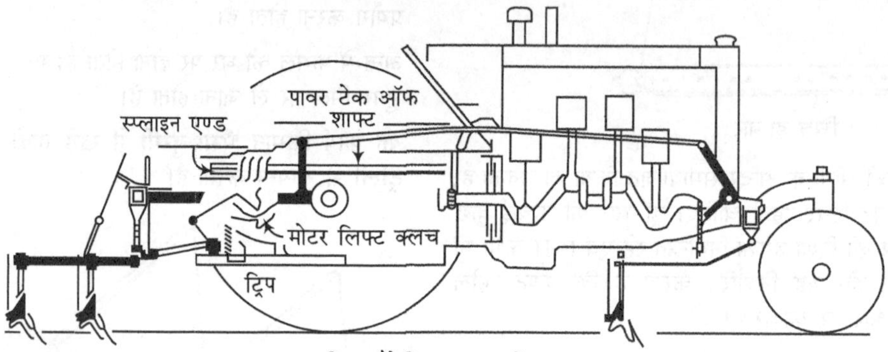

चित्र मैकेनिकल पावर लिफ्ट

2. हाइड्रॉलिक लिफ्ट Hydraulic Lift

ट्रैक्टरों में हाइड्रॉलिक लिफ्ट का मूल उद्देश्य तरल गतिकी की सहायता से ट्रैक्टर द्वारा विभिन्न कार्यों को सरलता से करना है। इसमें ब्रेक एवं स्टीयरिंग का उपयोग किया जाता है। हाइड्रॉलिक लिफ्ट की सहायता से ही ट्रैक्टर के विभिन्न यन्त्रों को ऊपर या नीचे उठाया जा सकता है। पहले ये कार्य यान्त्रिक साधनों की सहायता से किए जाते थे जोकि अत्यधिक जटिल कार्य था।

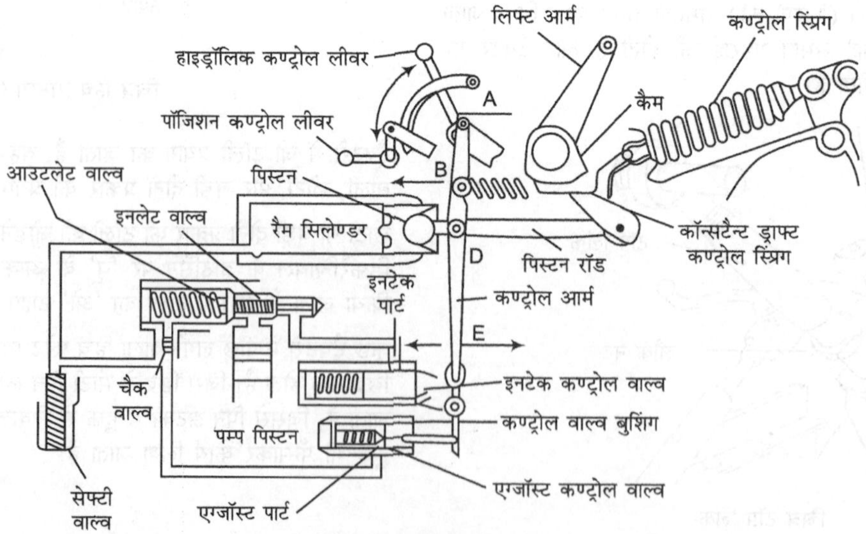

चित्र हाइड्रॉलिक लिफ्ट

पिस्टन टाइप हाइड्रॉलिक सिस्टम
Piston Type Hydraulic System

यह लिफ्ट गियर बॉक्स व डिफरैन्शियल में बॉक्स के रूप में लगाई जाती है। यह तेल द्वारा हाइड्रॉलिक प्रेशर से कार्य करती है। कुछ ट्रैक्टरों में तेल के लिए अलग टैंक लगा होता है। यह डिफरैन्शियल ऑयल (SAE 90) से ही कार्य करती है। लिफ्ट को उठाने-गिराने के लिए ड्राइविंग सीट के पास दाहिनी ओर हाइड्रॉलिक कण्ट्रोल लीवर लगा होता है।

यह लीवर क्लच पैडल दबाकर एंगेज किया जाता है। हाइड्रॉलिक लिफ्ट में निम्नलिखित मुख्य भाग कार्य करते हैं

1. हाउसिंग
2. लिफ्ट कण्ट्रोल लीवर
3. पोजीशन कण्ट्रोल लीवर
4. लिंक आर्म
5. कैम
6. पम्प पिस्टन
7. इनटेक कण्ट्रोल वाल्व
8. कण्ट्रोल वाल्व
9. चैक वाल्व
10. इनटेक वाल्व
11. आउटलेट वाल्व
12. रैम सिलेण्डर

कार्यविधि Working Method

इंजन स्टार्ट होने के बाद, लीवर एंगेज होने पर पम्प में पिस्टन के चलने पर तेल का प्रेशर इनटेक कण्ट्रोल वाल्व में जाता है। यहाँ कण्ट्रोल वाल्व का सम्बन्ध हाइड्रॉलिक कण्ट्रोल लीवर से होता है, कण्ट्रोल लीवर को चलाने से तेल चैक वाल्व से होकर रैम सिलेण्डर में जाता है और पिस्टन को धकेलता है।

पिस्टन को एक रॉड से जोड़ते हैं जिसके दोनों ओर आर्म लगते हैं, पिस्टन के चलने से आर्म ऊपर उठ जाते हैं और यन्त्र भी ऊपर उठ जाता है। नीचे गिराने के लिए लीवर को नीचे करते हैं। इस समय एग्जॉस्ट कण्ट्रोल वाल्व खुल जाता है तथा तेल रैम सिलेण्डर से वापस आने लगता है। रैम सिलेण्डर का पिस्टन अपने पुराने स्थान पर वापस आ जाता है और लिंक, आर्म यन्त्र के भार के कारण नीचे हो जाता है।

खेत के कभी अधिक गीला या रेतीला होने से यन्त्र जमीन में अधिक गहरा जा सकता है, जो ट्रैक्टर और यन्त्र पर लोड डाल सकता है। इसे कण्ट्रोल करने के लिए हाइड्रॉलिक कण्ट्रोल लीवर के पास या नीचे ड्राफ्ट कण्ट्रोल लीवर लगा होता है। इसका सम्बन्ध एग्जॉस्ट कण्ट्रोल वाल्व से होता है।

यह यन्त्र के गहरा जाने पर स्वयं खुल जाता है और यन्त्र स्वयं अपनी सही पोजीशन पर आ जाता है, इसके अतिरिक्त सारे सिस्टम को ओवर लोड से बचाने के लिए ड्राइविंग सीट को एक स्प्रिंग द्वारा सम्बन्धित किया जाता है। यह स्प्रिंग ओवर लोड होने पर लीवर को खींच देता है, जिससे तेल का प्रेशर समाप्त हो जाता है।

30.9 कृषि उपकरणों की देखभाल एवं अनुरक्षण Care and Maintenance of Agriculture Equipments

कृषि उपकरणों का निरन्तर क्रियाशील बने रहने के कारण विभिन्न प्रकार की समस्याएँ उत्पन्न होने लगती हैं, जिससे कृषि कार्य प्रभावित होने लगता है। अत: इन उपकरणों की देखभाल एवं अनुरक्षण आवश्यक है। नीचे प्राइमरी एवं सेकण्डरी टिलेज टूलों की देखभाल एवं अनुरक्षण हेतु आवश्यक जानकारी दी गई है।

1. डिस्क प्लाउ Disc Plough

इसकी दोनों डिस्कों को एक ही एक्सेल पर दो बियरिंगों द्वारा रोका जाता है। इनके पीछे बियरिंगों में मिट्टी न जाने पाए इसलिये सील लगाते हैं। बाहर से नट द्वारा टाइट कर देते हैं। सील को समय-समय पर चैक करना चाहिए अन्यथा बियरिंग खराब हो सकते हैं, नट को चैक करना चाहिए अन्यथा ढीला होने पर बियरिंग और सील दोनों खराब हो सकते हैं।

2. मोल्ड बोल्ड प्लाउ Mould Bold Plough

टिलर की तरह इसमें आगे चपटा टेपर खुरपा होता है, जो कार्य करते-करते घिस जाता है, इसे बदल देना चाहिए अन्यथा ट्रैक्टर पर अधिक लोड पड़ेगा और जुताई ठीक से नहीं होगी।

3. प्लाण्टर Planter

इसे टिलर के साथ जोड़ा जाता है। इसकी सीड बैल्ट, फर्टिलाइजर बैल्ट, व्हील (सीड) के बुश व बीज छोड़ने वाली स्पून चैक करना चाहिए अन्यथा बीज, खाद अधिक खर्च होगा, क्योंकि कार्य करते-करते ये घिस जाते हैं।

4. लेवलर Leveller

इसका ब्लेड बोल्टों द्वारा लगाया जाता है। इस ब्लेड के घिसने पर इसे चैक करके बदल देना चाहिए।

उपरोक्त प्रथम व द्वितीय टिलेज टूल्स को हाइड्रॉलिक लिफ्ट पर लगाया जाता है यहाँ पिन लगाई जाती हैं, इनके एक ओर चूड़ी कटी होती है, जिससे इन्हें यन्त्र में खींचा जाता है (फिट किया जाता है)। यह ढीला नहीं होना चाहिए, दूसरी ओर इसमें लॉक पिन कसी जाती है। इसका स्प्रिंग ढीला नहीं होना चाहिए व पिन का छेद बड़ा नहीं करना चाहिए।

हाइड्रॉलिक लिंक की गोली (balls) कटी नहीं होनी चाहिए, टॉप लिंक की गोली व जैक थ्रेड ढीली नहीं होनी चाहिए। जैक थ्रेड का नट या लॉक पत्ती, लॉक करके रखनी चाहिए। ड्रॉ-बार के छिद्र में सही साइज की पिन लगानी चाहिए।

5. डिस्क हैरो Disc Harrow

लम्बे समय तक प्रयोग होने से डिस्क के स्पेसर घिस जाते हैं। इनको समय पर बदल देना चाहिए अन्यथा जुताई करते समय एक ओर से कम गहरी जुताई होगी। हैरो का एंगेल (कोण) ज्यादा नहीं करना चाहिए, इससे हैरो के फ्रेम के हटने की आशंका रहती है तथा ट्रैक्टर पर अधिक लोड पड़ता है।

6. टिलर Tiller

टिलर के सभी खुरपे (टाइन) अन्त में लगे होते हैं, जो शीघ्र घिस जाते हैं। इन्हें बोल्टों द्वारा टाइन पर टाइट किया जाता है। ये दोनों ओर से एक से होते हैं।

टाइन के ऊपर जहाँ से ये फ्रेम में फिट होते हैं, वहाँ दो हाफ बुश रहते हैं। इसको एक-एक फुट लम्बे मजबूत स्प्रिंग से लोड किया जाता है, अधिक कठोर जमीन व पथरीली व बड़े झाड़ वाली जमीन में अधिक चलाने से इसकी टाइन कुंद हो जाती हैं, जिससे बुश घिस जाते हैं, स्प्रिंग का तनाव कम हो जाती है। इन्हें बदल देना चाहिए, अन्यथा जमीन जोतते समय कम तनाव वाली टाइन ऊपर उठी रहेगी, जिससे वह जुताई न करके केवल लकीर-सी ही खींचेगी।

महत्त्वपूर्ण बिन्दु

- गॉर्डन ट्रैक्टर का उपयोग छोटे कृषि कार्यों; घरों के लॉन, सड़कों से बर्फ हटाने के लिए किया जाता है।
- गॉर्डन ट्रैक्टर में पाँच हॉर्स पावर तक के इंजन का उपयोग किया जाता है।
- स्टियरिंग क्लच/ब्रेक आठ ड्राइविंग डिस्क तथा आठ डिवन डिस्क से मिलकर बने होते हैं।
- पानी अथवा किसी तरल पदार्थ को एक स्थान से दूसरे स्थान तक भेजने वाले यन्त्र पम्प कहलाते हैं।
- विस्थापन पम्प में चलित भागों की यान्त्रिक शक्ति से निर्वात उत्पन्न होता है।
- प्रत्यागामी पम्प जमीन के ऊपर एकत्र पानी को उठाकर छिड़काव करने के काम आता है।
- खेत में बीज बोने के लिए तैयार करने हेतु कृषि यन्त्रों का उपयोग किया जाता है।
- डिस्क प्लाऊ में 4 इंच के व्यास के 3 फुट से 4 फुट लम्बे पाइप बीम का उपयोग किया जाता है।
- सब-सॉइलर, थ्री प्वॉइण्ट प्रणाली पर कार्य करता है।
- सेकण्डरी टिलेज टूल का उपयोग, मिटटी को महीन करके खेत को बिजाई हेतु तैयार करने में किया जाता है।
- टिलर को कल्टीवेटर के नाम से भी जाना जाता है।
- ट्रैल्ड टिलर में 4 से 6 संख्या में टाइन लगे होते है।
- हैरो एक प्रकार का हल है जिसका उपयोग जुताई हेतु किया जाता है।
- ऊँची भूमि को समतल बनाने के लिए लेवलर का उपयोग किया जाता है।
- रोटरी टिलर या रोटा वेटर का उपयोग मिट्टी के ढेलों को बारीक करने के लिए किया जाता है।
- थ्रेशर एक प्रकार का कृषि उपयोगी यन्त्र है जिसे ट्रैक्टर पुली या विद्युत मोटर द्वारा क्रियाशील बनाया जाता है।
- पिस्टन टाइप हाइड्रॉलिक सिस्टम गियर बॉक्स व डिफरैन्शियल में लगी होती है।

महत्त्वपूर्ण प्रश्नोत्तरी

1. टिलर कितने प्रकार के होते हैं?

उत्तर टिलर दो प्रकार के होते हैं- ट्रैल्ड टिलर तथा माउण्टेड टिलर

2. ट्रैल्ड हैरो को किस अन्य नाम से भी जाना जाता है?

उत्तर ट्रैल्ड हेरो को ऑफसैट हैरो के नाम से भी जाना जाता है।

3. लेवलर का कार्य बताइए।

उत्तर लेवलर का कार्य, ऊँची भूमि को समतल बनाना है।

4. ट्रैल्ड सीड ड्रिल को किस प्रकार की फसल बोने हेतु प्रयोग किया जाता है?

उत्तर ट्रैल्ड सीड ड्रिल को गेहूँ मक्का आदि के बोने हेतु प्रयोग किया जाता है।

5. थ्रेशर का कृषि कार्य में क्या उपयोग है?

उत्तर थ्रेशर, गेहूँ की सफल को काटने तथा गेहूँ निकालने हेतु प्रयोग किया जाता है।

अभ्यास प्रश्न

परीक्षा प्रारूपी प्रश्न

1. कृषि यन्त्रों का प्रयोग किया जाता है
(a) बीज बोने के लिए
(b) खाद व कीटनाशक फेंकने के लिए
(c) कटाई के लिए
(d) उपरोक्त सभी

2. प्राइमरी टिलेज टूल नहीं है
(a) डिस्क प्लाउ (b) मोल्ड बोल्ड प्लाउ
(c) हैरो (d) सब-सॉइलर

3. गार्डन ट्रैक्टर मुख्यतया कितने सिलेण्डर में होते हैं?
(a) 1 (b) 2 (c) 3 (d) 4

4. गार्डन ट्रैक्टर के पहिये लगभग होते हैं
(a) 12″ से 18″ तक (b) 18″ से 14″ तक
(c) 6″ से 18″ तक (d) 24″ से 32″ तक

5. पम्प मुख्यतया कितने प्रकार के होते हैं?
(a) 2 (b) 3 (c) 4 (d) 5

6. विस्थापन पम्प (displacement pump) के बारे में सही कथन है
(a) यह पम्प जमीन के समान्तर या खड़ी दशा में लगाया जाता है
(b) यह नदी, नालों, तालाबों से पानी उठाकर सिंचाई करता है
(c) इस पम्प में खींचने की क्षमता कम होती है
(d) उपरोक्त सभी

7. रेडियल फ्लो सेन्ट्रीफ्यूगल पम्प में बुश बना होता है
(a) गन मेटल का(b) स्टील का (c) मैंगनीज का (d) लोहे का

8. प्रोपैलर पम्प में पानी को अधिक दूर तक फेंकने के लिए किस पम्प का प्रयोग किया जाता है?
(a) M.P 2 (b) M.P 3
(c) 'a' और 'b' दोनों (d) फुटबॉल

9. पम्प के पानी न देने का कारण है
(a) पम्प से हवा नहीं निकाली है
(b) पम्प या सक्शन पाइप में पानी नहीं भरा है
(c) मोटर के चक्कर उल्टे हैं (d) उपरोक्त सभी

10. थ्रेशर (thrasher) का मुख्य कार्य है
(a) थ्रेशिंग (b) सेपरेटर (c) क्लीनर (d) ये सभी

11. स्टीयरिंग क्लच/ब्रेक में कितनी ड्राइविंग व ड्रिवन डिस्क होती हैं?
(a) 4 (b) 6 (c) 2 (d) 8

12. प्राइमरी टिलेज टूल का मुख्य कार्य है
(a) समय से खाली पड़े खेत को गहरे सीड बेड के रूप में तैयार करना
(b) मिटट्री को तोड़ना, जिससे हवा भूमि में जा सके
(c) 'a' और 'b' दोनों
(d) उपरोक्त में से कोई नहीं

13. एम वी प्लाउ की धातु होती है
(a) साधारण स्टील (b) कठोर स्टील
(c) 'a' और 'b' दोनों (d) ढलवाँ लोहा

14. फाल्टर, फैरो के ·········· लगाया जाता है।
(a) आगे (b) पीछे
(c) 'a' और 'b' दोनों (d) साथ

15. ऑफसैट हैरो का दूसरा नाम है
(a) ट्रैल्ड हैरो (b) माउण्टेड हैरो
(c) स्प्रिंग टूथ हैरो (d) स्पाइक टूथ हैरो

16. डिबलर किस प्रकार का यन्त्र है?
(a) बिजाई का
(b) खाद व कीटनाशक फेंकने का
(c) कटाई का
(d) खेत को तैयार करने का

17. बीज अधिक गहराई तक न जाये, इसके लिए ट्रैल्ड सीड ड्रिल में दिए जाते हैं
(a) डिबलर (b) एडजस्टिंग व्हील
(c) फीड रोल (d) टाइन

18. हैरो के बीच की दूरी होती है
(a) 12 सेमी (b) 14 सेमी (c) 16 सेमी (d) 18 सेमी

19. ड्रॉ-बार के साथ जुताई कार्य करने वाला कृषि यन्त्र है
(a) हैरो (पुल्ड टाइप) रोलर (b) ट्रैक्टर टिलर
(c) टिलर (d) डबल एक्शन हैरो

20. निम्नलिखित में से कौन-सा पम्प हाइड्रॉलिक पम्प है?
(a) वेन टाइप पम्प (b) प्लंजर टाइप पम्प
(c) अक्षीय पिस्टन टाइप पम्प (d) ये सभी

21. लिफ्ट को उठाने व गिराने के लिये ड्राइविंग सीट के पास क्या लगा होता है?
(a) पिस्टन पम्प (b) लिफ्ट आर्म
(c) रैम सिलेण्डर (d) चैक वाल्व

उत्तरमाला

1. (d)	**2.** (c)	**3.** (a)	**4.** (b)	**5.** (a)	**6.** (d)	**7.** (a)	**8.** (c)	**9.** (d)	**10.** (d)
11. (d)	**12.** (c)	**13.** (c)	**14.** (d)	**15.** (b)	**16.** (a)	**17.** (b)	**18.** (d)	**19.** (a)	**20.** (d)
21. (a)									

अध्याय 31

ट्रैक्टर विद्युत संरक्षण
Tractor Electrical Maintenance

ट्रैक्टरों में डीजल इंजन का प्रयोग किया जाता है। डीजल इंजन को चालू करने के लिए विद्युत धारा की आवश्यकता नहीं होती, लेकिन रात्रि के समय काम करने के लिए रोशनी की आवश्यकता होती है। इसके अतिरिक्त हॉर्न बजाने, इण्डीकेटर, फ्यूल गेज, डायनमो, सेल्फ स्टार्ट आदि के लिए भी ट्रैक्टर में विद्युत की आवश्यकता होती है। इन सभी यन्त्रों को बैटरी से जोड़ना एक कठिन कार्य है। इन सभी को धारा की आवश्यकता के अनुसार विद्युत तारों से जोड़कर बैटरी का सम्बन्ध स्विच आदि द्वारा स्थापित किया जाता है। ट्रैक्टर में, विद्युत धारा को एकत्रित करने के लिए बैटरी का उपयोग किया जाता है। बैटरी विद्युत प्रणाली का एक महत्त्वपूर्ण भाग है। प्रस्तुत अध्याय में ट्रैक्टर सम्बन्धी विद्युत युक्तियों की कार्यिकी एवं संरक्षण का विस्तृत वर्णन है।

अध्याय विषय सूची

31.1 ट्रैक्टर में प्रकाशीय व्यवस्था
Lighting Arrangement in Tractor

ट्रैक्टर किसी भी प्रकार का हो, उसमें विभिन्न कार्यों के लिए विद्युत का प्रयोग किया जाता है; जैसे— सभी प्रकार के ट्रैक्टरों में प्रकाश, ध्वनि आदि के लिए विद्युत का प्रयोग होता है। इलेक्ट्रिक हॉर्न, साइड इण्डीकेटिंग लाइट, हैड लाइट साइड या पार्किंग लाइट, स्टॉप लाइट आदि विद्युत उपकरण में मुख्य रूप से विद्युत का उपयोग करते हैं। ट्रैक्टर में लाइट जलाने सेल्फ स्टार्टर घुमाने, हॉर्न बजाने आदि के लिए बैटरी की विद्युत शक्ति का उपयोग किया जाता है। ट्रैक्टर की प्रकाशीय प्रणाली में बैटरी का एक महत्त्वपूर्ण भाग है। ट्रैक्टर की प्रकाशीय प्रणाली से सम्बन्धित अवयव निम्न प्रकार हैं

1. हैड लाइट Head Light

ट्रैक्टर को रात्रि में चलाते समय हैड लाइट का प्रकाशित होना आवश्यक है। इसके अतिरिक्त इण्डीकेटर लाइट का प्रयोग करके ही रात्रि में सुरक्षित यात्रा की जा सकती है। हैड लाइट का इतना प्रकाश आवश्यक है कि चालक (driver) आगे के मार्ग व सामने से आने वाले वाहनों आदि को समुचित दूरी से भली प्रकार देख सके। ट्रैक्टर में आगे की ओर दोनों साइडों में एक-एक हैड लाइट लगी होती है।

हैड लाइट की बनावट Construction of Head Light

हैड लाइट में निम्नलिखित भाग होते हैं

1. हैड लाइट बॉडी
2. लाइट यूनिट बॉडी
3. सॉकेट या होल्डर
4. बल्ब
5. गैस्केट
6. रिफ्लेक्टर

हैड लाइट की बॉडी स्टील की खोखली गहरी बनी होती है। इसके अन्दर एक रिफ्लेक्टर, लेन्स व बल्ब के साथ होल्डर या सॉकेट फिट करने की व्यवस्था रहती है। रिफ्लेक्टर पर शीशे जैसी चमक की पॉलिश रहती है, जिससे रोशनी का रिफ्लेक्शन अधिक-से-अधिक हो सके। हैड लाइट का बल्ब डबल फिलामेन्ट का प्रयोग किया जाता है, जिससे कि डिपर का प्रयोग किया जा सके। इस हैड लाइट को पूरा खोला जा सकता है।

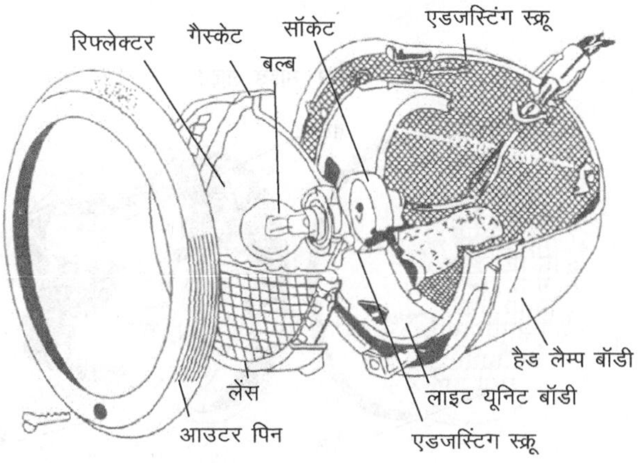

चित्र ट्रैक्टर की हैड लाइट के मुख्य भाग

सील्ड बीम Sealed Beam

हैड लाइट में खुली असेम्बली के अतिरिक्त कुछ ट्रैक्टरों में सील्ड बीम का प्रयोग किया जाता है। इनमें रिफ्लेक्टिड लेन्स तथा बल्ब एक साथ लगाने के बाद सील्ड कर दिए जाते हैं। इनमें से किसी एक के भी खराब होने पर पूरी सील्ड बीम बदलनी आवश्यक होती है।

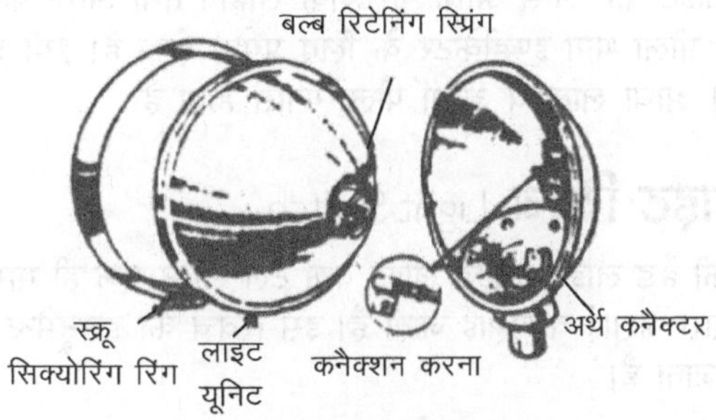

चित्र सील्ड बीम

हैड लाइट एडजस्टमेन्ट Head Light Adjustment

हैड लाइट असेम्बली किसी भी प्रकार की हो, उसे ठीक कोण पर रोशनी डालने का कार्य करना चाहिए। इसके लिए यह ध्यान रखना चाहिए कि अच्छी रोशनी रिफ्लेक्टर तथा बल्ब की फिटिंग पर निर्भर करती है।

रिफ्लेक्टर के पिछले भाग के बीच में एक फोकल प्वॉइण्ट होता है। इस प्वॉइण्ट से ही बल्ब की किरणें रिफ्लेक्टर की पॉलिशदार सतह से टकराकर आगे की ओर तेज रोशनी के रूप में निकलती हैं। यदि बल्ब को इस प्वॉइण्ट से पीछे लगाया जाएगा, तो चित्र के अनुसार रोशनी की किरणें तिरछी निकलेंगी।

यदि बल्ब को फोकल प्वॉइण्ट से आगे लगाया जाएगा, तो रिफ्लेक्टर से निकली रोशनी की किरणें ऊपर से नीचे की ओर तथा नीचे से ऊपर की ओर जाएँगी। ठीक व सीधी रोशनी की किरणें प्राप्त करने के लिए हैड लाइट को व्यवस्थित किया जाता है। इसके लिए हैड लाइट माउण्टिंग पर एडजस्टिंग स्क्रू लगे होते हैं।

चित्र में हैड लाइट व्यवस्थित करने के लिए एडजस्टिंग स्क्रू दिखाए गए हैं। यहाँ A, B, C तीन स्क्रू हैं। यदि लाइट को होरीजॉण्टल एडजस्टमेन्ट करना हो, तो A तथा C एडजस्टिंग स्क्रू को यथास्थिति खोला या कसा जाता है। यदि हैड लाइट का वर्टिकल एडजस्टमेन्ट करना हो, तो एडजस्टिंग स्क्रू B को यथास्थिति खोला या कसा जाता है।

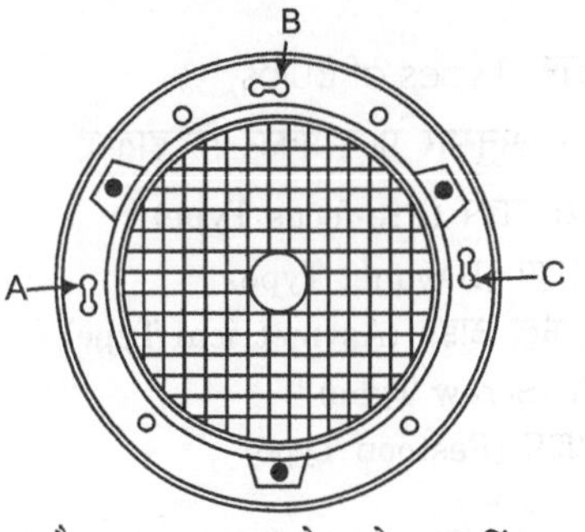

चित्र हैड लाइट एडजस्टमेण्ट के एडजस्टिंग स्क्रू

हैड लाइट फोकस सैट करना Setting of Head Light Focus

ट्रैक्टर को रात्रि में चलाते समय जब हैड लाइट का प्रयोग किया जाता है, तो यह भी आवश्यक है कि हैड लाइट का प्रकाश पूरी सड़क की चौड़ाई पर भी पड़े, साथ-ही-साथ सामने की ओर भी उसका उचित कोण हो। इसे सेट करने की विधियाँ निम्नलिखित हैं

1. प्रकाश का कोण तथा चौड़ाई सेट करने के लिए ट्रैक्टर के सभी पहियों में निर्धारित हवा भरें तथा ट्रैक्टर पर उतना भार दें, जो अनुमन्य हो।
2. ट्रैक्टर को किसी समतल भूमि पर किसी दीवार के सामने लगभग आठ मीटर तक की दूरी पर खड़ा करें।
3. अब दीवार पर लम्बी रेखाएँ खींचें, जो दोनों हैड लाइट के बीच की दूरी पर ही हों। फिर एक भूमि के समान्तर रेखा खींचें, जोकि हैड लाइट की ऊँचाई के समान हो।
4. अब एडजस्टिंग स्क्रू के द्वारा दोनों हैड लाइटों को इस प्रकार सेट करें कि दोनों का अधिक-से-अधिक प्रकाश रेखा पर पड़ने के साथ-साथ समान रूप से ट्रैक्टर की पूरी चौड़ाई में पड़े।

2. बल्ब Bulb

विद्युत प्रकाश की किसी भी व्यवस्था में बल्ब मुख्य होता है। ट्रैक्टर के बल्ब में एक काँच का खोल (glass envelope) होता है। इसके अन्दर इलेक्ट्रोड के सिरे पर महीन क्वॉयल के रूप में फिलामेन्ट लगे होते हैं। बल्ब के आधार (base) पर धातु की एक कैप लगाकर बल्ब की हवा निकालकर उसे सील कर दिया जाता है।

कुछ बल्ब सिंगल फिलामेन्ट के होते हैं तथा कुछ बल्ब डबल फिलामेन्ट के प्रयोग किए जाते हैं; जैसे– हैड लाइट, टेल लाइट आदि में। सिंगल फिलामेन्ट बल्ब में दो इलेक्ट्रोड होते हैं, उनमें से एक बल्ब कैप के साथ जुड़ा रहता है तथा दूसरा इलेक्ट्रोड कैप के बीच से इन्सुलेशन में होकर बाहर रहता है।

इस प्रकार के बल्ब के होल्डर में एक ही कॉन्टैक्ट बना होता है। डबल फिलामेन्ट बल्ब में तीन इलेक्ट्रोड होते हैं। एक इलेक्ट्रोड बल्ब कैप से जुड़ा रहता है, अर्थ के लिए शेष दो इलेक्ट्रोड कैप व इन्सुलेशन से बाहर कॉन्टैक्ट प्वॉइण्ट से जुड़े रहते हैं। इनके लिए जो होल्डर प्रयोग होते हैं, उनमें होल्डर के नीचे दो कॉन्टैक्ट बने होते हैं।

बल्ब के प्रकार Types of Bulbs

बल्ब डिजाइन के अनुसार पाँच प्रकार के होते हैं

1. प्री-फोकस टाइप (Pre-focus Type)
2. बायनेट टाइप (Bayonet Type)
3. असीमिट्रिकल टाइप (Asymetrical Type)
4. स्क्रू टाइप (Screw Type)
5. फैस्टून टाइप (Festoon Type)

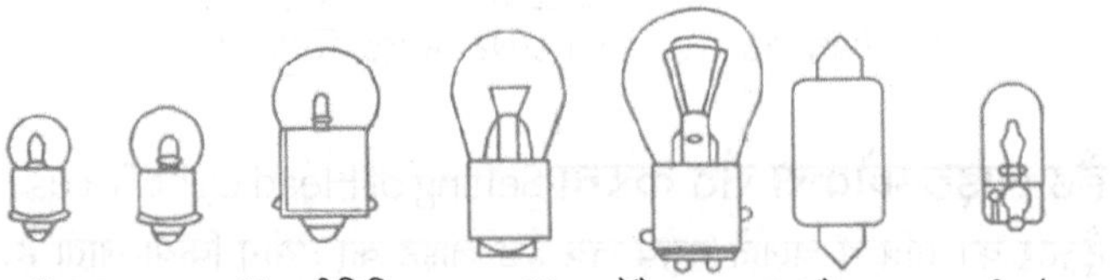

चित्र विभिन्न प्रकार के बल्ब

हैड लाइट के अन्दर क्रमशः बायनेट टाइप, प्री-फोकस टाइप तथा एसीमिट्रिकल टाइप बल्ब प्रयोग होते हैं, जोकि सभी डबल फिलामेन्ट के होते हैं। स्क्रू टाइप बल्ब पहले सिंगल फिलामेन्ट के स्थानों पर ही प्रयोग होते थे। अब इनका प्रयोग टॉर्च में देखा जा सकता है। फैस्टून टाइप बल्ब केवल रूफ लाइट, टेल लाइट या नम्बर प्लेट लाइट में प्रयोग होते हैं।

3. साइड लाइट तथा टेल लाइट Side Light and Tail Light

ट्रैक्टर में सामने की ओर दोनों सिरों पर एक-एक साइड लाइट लगी होती है। इनसे ट्रैक्टर चलाते समय रात्रि में सामने से आ रहे वाहनों की चौड़ाई का अन्दाजा (अनुमान) हो जाता है।

इसके अतिरिक्त जब थोड़ी देर के लिए ट्रैक्टर खड़ा किया जाता है, उस समय भी इन लाइटों को जला दिया जाता है, जिससे अन्य वाहनों आदि को ट्रैक्टर खड़ा होने का संकेत मिल जाए, इसलिए इसे पार्किंग लाइट भी कहा जाता है। इन लाइटों में सिंगल फिलामेन्ट के दो बल्ब अथवा डबल फिलामेन्ट का एक बल्ब प्रयोग होता है। सिंगल फिलामेन्ट का अतिरिक्त बल्ब साइड इण्डीकेटर के लिए प्रयोग होता है। इसी प्रकार डबल फिलामेन्ट का दूसरा अतिरिक्त फिलामेन्ट साइड इण्डीकेटर के लिए प्रयोग होता है।

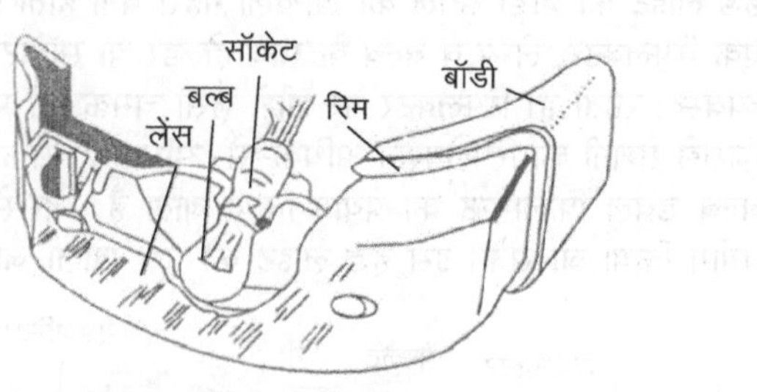

चित्र साइड लाइट

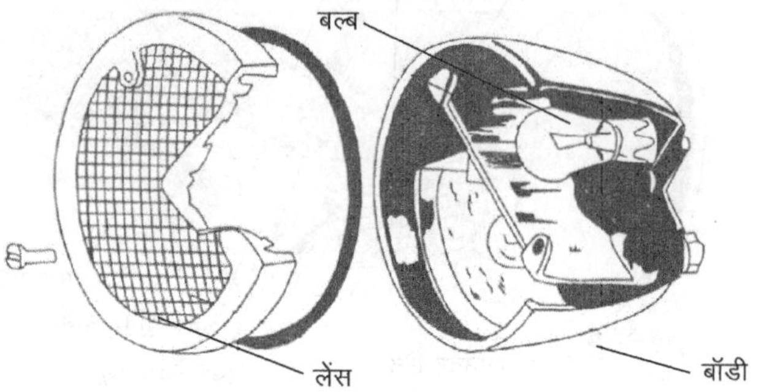

चित्र टेल लाइट

ट्रैक्टर में पीछे की ओर दोनों मडगार्डों पर लाल रंग की लाइटें लगी होती हैं, इन्हें टेल लाइट कहते हैं। यह गोल या चौकोर होती हैं। इनके द्वारा पीछे से आने वाले वाहनों आदि को ट्रैक्टर होने का संकेत मिल जाता है।

इनमें भी डबल फिलामेन्ट बल्ब प्रयोग होते हैं। एक साधारण उपयोग के लिए तथा दूसरा साइड इण्डीकेटर के लिए। इन्हीं लाइटों में एक अन्य बल्ब स्टॉप लाइट के लिए भी लगाया जाता है।

साइड लाइट का ग्लास आधा पारदर्शक रंगहीन तथा आधा पीले रंग का होता है। पीला भाग इण्डीकेटर के लिए प्रयोग होता है। इसी प्रकार टेल लाइट में आधा लाल व आधा पीला ग्लास होता है।

4. लाइट स्विच Light Switch

ट्रैक्टर की हैड लाइट, साइड लाइट तथा टेल लाइट एक ही मास्टर लाइट स्विच द्वारा जलाई व बुझाई जाती है। इस स्विच को इन्स्ट्रूमेन्ट पैनल पर लगाया जाता है।

यह रोटरी टाइप स्विच होता है जिसमें निम्नलिखित भाग होते हैं

1. बॉडी
2. टर्मिनल ब्लॉकमय कॉन्टैक्ट प्लेट
3. स्प्रिंग
4. बाल तथा रिटेनर
5. ऑपरेटिंग शाफ्ट
6. कवर

यह स्विच घूमकर कार्य करता है। इसमें नोब तीन स्थानों पर कार्य करती है

(i) जब कोई लाइट न जलानी हो, तो पूरा उल्टा घुमा दिया जाता है।

(ii) जब साइड लाइट तथा टेल लाइट जलानी हो, तो नोब को आधा घुमाया जाता है। इससे इन्स्ट्रूमेन्ट पैनल की लाइट भी जल जाती है।

(iii) जब हैड लाइट जलानी होती है, तो नोब को पूरा घुमाया जाता है। इस समय हैड लाइट के साथ-साथ साइड लाइटें तथा टेल लाइटें भी जलती रहती हैं। इसके अतिरिक्त पुश-पुल स्विच का भी प्रयोग किया जा सकता है।

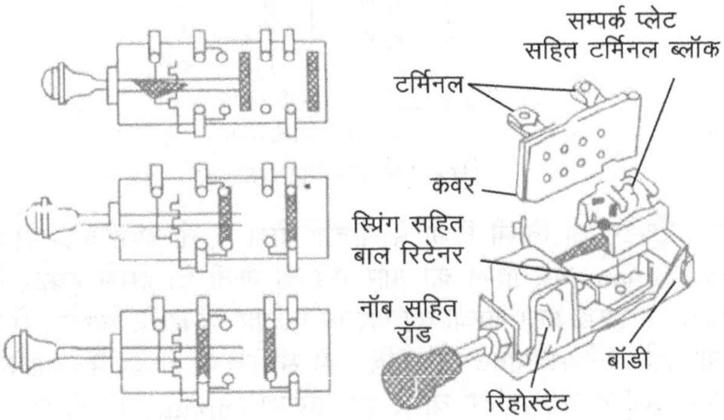

चित्र लाइट स्विच

5. हैड लाइट डिपर स्विच Head Light Dipper Switch

हैड लाइट में डबल फिलामेन्ट बल्ब का प्रयोग किया जाता है। जब ट्रैक्टर को हाईवे अथवा सीधी साफ सड़कों पर चलाना होता है, तो उस समय उसे सीधी व लम्बी रोशनी की आवश्यकता होती है, परन्तु भीड़ वाली जगहों तथा सामने से आने वाले ट्रैफिक की रोशनी की चौंध से बचने के लिए रोशनी का कोण नीचे की ओर झुकाया जाता है। इस कार्य के लिए डिपर स्विच का प्रयोग किया जाता है, जो साधारणतया: पैर के पास पुश बटन के रूप में लगा होता है। इस पर तीन टर्मिनल बने होते हैं।

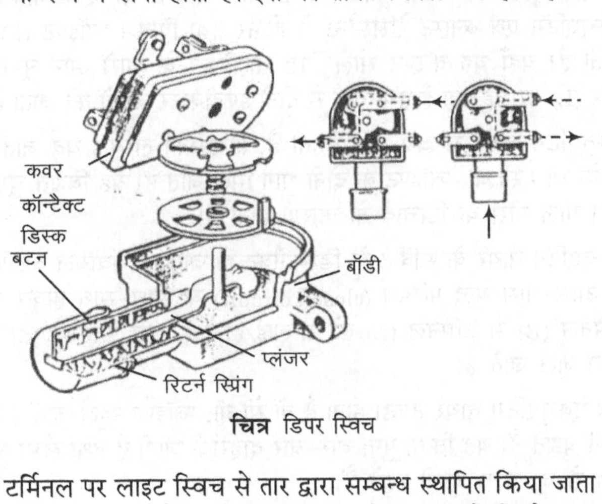

चित्र डिपर स्विच

एक टर्मिनल पर लाइट स्विच से तार द्वारा सम्बन्ध स्थापित किया जाता है। शेष दो टर्मिनल से हैड लाइट बल्ब के दोनों फिलामेन्टों से सम्बन्ध अलग-अलग करते हैं। मेन टर्मिनल हमेशा ही किसी-न-किसी एक फिलामेन्ट का परिपथ पूरा करता रहता है। जब दूसरा फिलामेन्ट जलाना होता है, तो पैर द्वारा डिपर स्विच दबा देते हैं। इससे मेन टर्मिनल का सम्बन्ध दूसरे टर्मिनल के साथ हो जाता है तथा दूसरा फिलामेन्ट जलने लगता है तथा रोशनी का कोण बदल जाता है।

6. पार्किंग लाइट Parking Light

यह डैश बोर्ड में स्थित एक ऐसा संकेतक है, जो ट्रैक्टरों को पार्किंग के दौरान ब्रेक आरोपित करने का संकेत प्रदान करता है, ताकि पार्किंग में गाड़ी सुरक्षित स्थिर अवस्था में खड़ी हो सके। इस प्रकार के संकेतक में लाइट डैश बोर्ड पर पार्किंग की स्थिति में चमकती है तथा यह दर्शाती है कि ब्रेक को आरोपित करना है, ताकि ट्रैक्टरों को पार्किंग में स्थिरता प्रदान की जा सके। इसका प्रयोग पार्किंग में गाड़ियों की व्यवस्था को बनाए रखने के लिए भी किया जाता है।

चित्र पार्किंग ब्रेक एंगेजमेन्ट चेतावनी लाइट

7. इलेक्ट्रिकल साइड इण्डीकेटर Electrical Side Indicator

सड़क पर चल रहे अन्य यात्रियों को तथा ट्रैफिक पुलिस को यह दर्शाने के लिए कि ट्रैक्टर मुड़ने वाला है, साइड इण्डीकेटर का प्रयोग किया जाता है। पहले इस कार्य के लिए मैकेनिकल इण्डीकेटर प्रयोग होते थे, जिन्हें हाथ द्वारा लीवर खींचकर दाएँ तथा बाएँ ओर उठाया जाता था, परन्तु आजकल इलेक्ट्रिकल साइड इण्डीकेटर का प्रयोग होता है। ये दो प्रकार के होते हैं

1. आर्म टाइप साइड इण्डीकेटर
2. फ्लैशर टाइप लैम्प इण्डीकेटर।

(i) आर्म टाइप इण्डीकेटर Arm Type Indicator

इस प्रकार के इण्डीकेटर में ट्रैक्टर के दोनों ओर एक-एक आर्म लगा रहता है, जोकि प्लास्टिक के बने होते हैं। इनके बीच एक छोटा बल्ब भी रहता है। इसके साथ एक मैग्नेटिक क्वॉयल तथा प्लंजर का प्रयोग होता है।

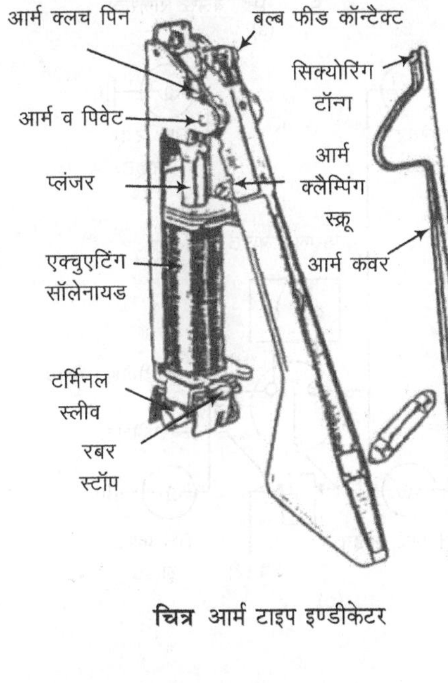

चित्र आर्म टाइप इण्डीकेटर

जब भी किसी दिशा में घूमने का संकेत करना होता है, टू वे स्विच द्वारा उस ओर के यूनिट को बैटरी का करण्ट प्रेषित किया जाता है। बैटरी के करण्ट से मैग्नेट क्वॉयल में विद्युत चुम्बक उत्पन्न हो जाता है। यह चुम्बक प्लंजर को नीचे खींचता है, जिसमें आर्म उठ जाता है। जब स्विच को मध्य में कर देते हैं तो विद्युत परिपथ के टूटने से चुम्बकीय प्रभाव क्वॉयल में समाप्त हो जाता है तथा प्लंजर पुन: उठकर आर्म को नीचे कर देता है।

(ii) फ्लैशर टाइप लैम्प इण्डीकेटर
Flasher Type Lamp Indicator

सड़क पर चल रहे अन्य ट्रैफिक को मुड़ने का संकेत करने के लिए यह दूसरी विद्युत प्रणाली है। इस प्रणाली में ट्रैक्टर के आगे व पीछे तथा दोनों ओर जलने-बुझने (flasher) वाले बल्बों की व्यवस्था की जाती है। बल्ब को जलने-बुझने वाला बनाने के लिए विशेष प्रकार का फ्लैशर यूनिट प्रयोग किया जाता है। इस यूनिट में एक्चुएटिंग वायर (actuating wire) तथा सोलेनॉयड क्वॉयल (solenoid coil) की सहायता ली जाती है। इस फ्लैशर यूनिट में जोकि सील्ड होता है, तीन टर्मिनल बाहर बने होते हैं। एक टर्मिनल पर बैटरी वायर को जोड़ते हैं। दूसरे टर्मिनल को टू वे (two way) इण्डीकेटर स्विच से तार द्वारा जोड़ते हैं। तीसरे टर्मिनल का सम्बन्ध तार द्वारा डैश बोर्ड पर लगे पायलट लैम्प से किया जाता है।

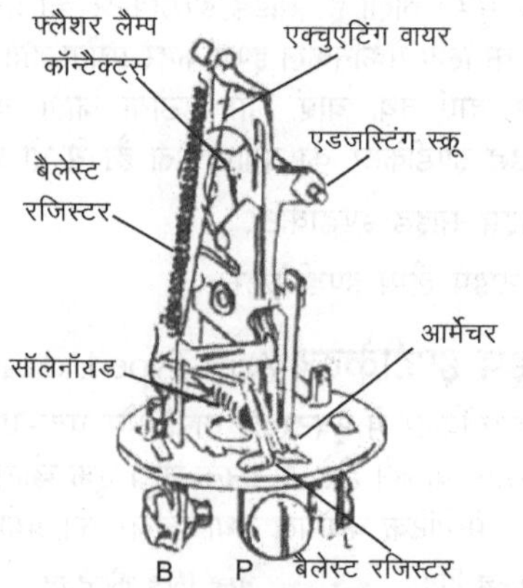

(a)

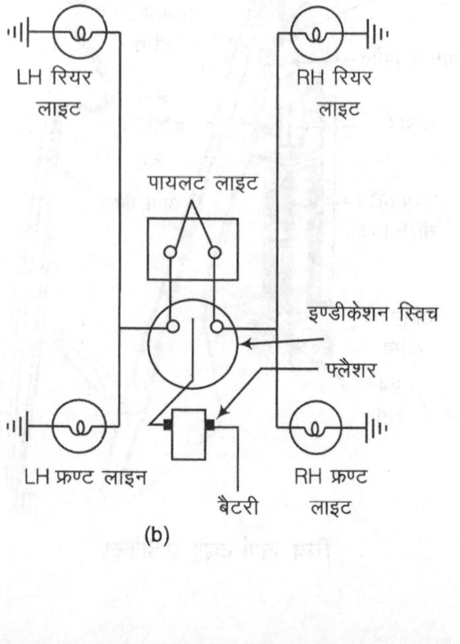

(b)

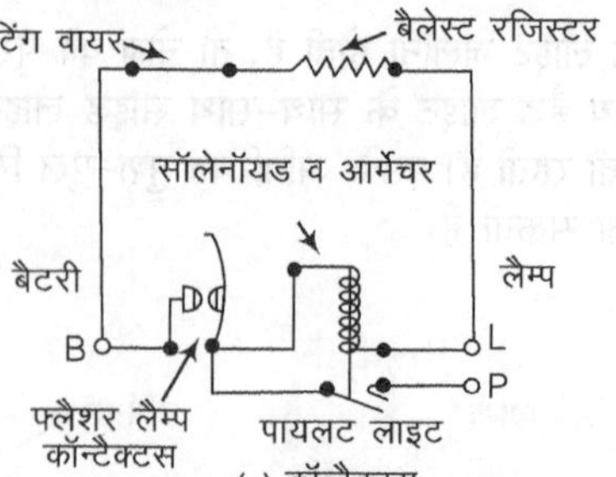

(c)

चित्र फ्लैशर यूनिट सिद्धान्त

जब ट्रैक्टर को किसी दिशा में मोड़ना होता है, तो इण्डीकेटर स्विच की नोब (knob) उस दिशा की ओर कर दी जाती है। इससे ट्रैक्टर के उस दिशा के इण्डीकेटर बल्बों का परिपथ फ्लैशर यूनिट के माध्यम से पूरा हो जाता है। फ्लैशर यूनिट इस सर्किट में सीरीज (series) में लगा होता है। इसमें प्रयुक्त एक्चुएटिंग वायर इस परिपथ (circuit) को तोड़ता-जोड़ता रहता है, जिससे आगे व पीछे के बल्ब जलते-बुझते रहते हैं। इनसे ट्रैक्टर के मुड़ने का संकेत अन्य ट्रैफिक पुलिस को मिल जाता है।

फ्लैशर यूनिट की कार्यविधि
Working Method of Flasher Unit

फ्लैशर यूनिट का परिपथ आरेख उपरोक्त चित्र में दिखाया गया है। इसमें सोलेनॉयड वाइण्डिंग होती है तथा कॉन्टैन्ट ब्रेकर प्वॉइण्ट होते हैं। परिपथ में ब्लास्ट रेसिस्टैन्ट एवं एक्चुएटिंग वायर लगे होते हैं। एक्चुएटिंग वायर में यह विशेष गुण होता है कि जब वह गर्म होती है, तो उसकी लम्बाई बढ़ जाती है तथा ठण्डी होने पर पुन: सिकुड़ जाती है। इसी के कारण सी.बी. प्वॉइण्ट स्वत: खुलते व बन्द होते हैं।

फ्लैशर यूनिट में बैटरी की धारा सी.बी. प्वॉइण्ट के एक भाग तथा एक्चुएटिंग एवं ब्लास्ट रेसिस्टैन्ट से होकर तथा फिक्स प्वॉइण्ट (L) को जाती है। यहाँ यह करण्ट सोलेनॉयड वाइण्डिंग के चारों ओर घूमता है और (L) पर पहुँचता है तथा यहाँ से दोनों इण्डीकेटर बल्बों को जाता है।

एक्चुएटिंग वायर से जब धारा बहती है, तो इसकी लम्बाई बढ़ जाती है। इसके साथ सी.बी. प्वॉइण्ट के दोनों भाग मिल जाते हैं। यह विद्युत चुम्बक द्वारा पोल पीस के खिंचाव के कारण होता है।

एक्चुएटिंग वायर के सर्किट के डिस्कनैक्ट हो जाने पर क्वॉयल वाइण्डिंग के आस-पास बन्द परिपथ (closed circuit) के साथ-साथ होकर धारा टर्मिनल (B) से टर्मिनल (L) को सप्लाई होती है। इस प्रकार इण्डीकेटर लैम्प जल जाते हैं।

जब एक्चुएटिंग वायर ठण्डा होता है तो सी.बी. प्वॉइण्ट खुल जाते हैं तथा लैम्प बुझते हैं। यह क्रिया पुन: बार-बार दोहरायी जाती है तथा लैम्प धीमी गति से जलते व बुझते रहते हैं।

8. इलेक्ट्रिक हॉर्न Electric Horn

भीड़ वाली सड़कों पर ट्रैक्टर चलाते समय आगे के ट्रैफिक को सावधान करने के लिए हॉर्न का ट्रैक्टर में फिट होना आवश्यक होता है। इसके न होने से आगे के ट्रैफिक को हटने के लिए सावधान नहीं किया जा सकता है और हो सकता है कि आगे चलने वाला ट्रैक्टर की चपेट में आ जाए।

ट्रैक्टर चलाना अपराध है। ट्रैक्टरों में आरम्भ से ही बल्ब व हॉर्न का प्रयोग किया जाता था, जिनमें बिगुल के साथ रबर का एक बल्ब-सा लगा रहता था। उस रबर के बल्ब को दबाने से हवा बिगुल के रीड्स में से निकलती थी तथा उससे आवाज आने लगती थी।

आजकल भी इलेक्ट्रिक हॉर्न के साथ इसको भी कुछ ट्रैक्टरों में लगा देखा जा सकता है, परन्तु मुख्य रूप से इलेक्ट्रिक हॉर्न का प्रयोग किया जाता है। यह ट्रैक्टर के अगले भाग में सुविधाजनक स्थान पर फिट रहता है तथा इसके लिए पुश बटन स्विच (push button switch) स्टीयरिंग कॉलम या डैश बोर्ड आदि पर लगाया जाता है।

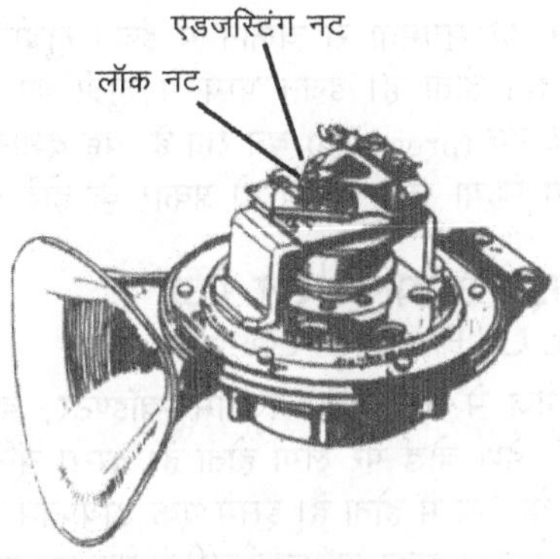

चित्र इलेक्ट्रिक हॉर्न

दो प्रकार के इलेक्ट्रिक हॉर्न प्रयोग होते हैं

1. वाइब्रेटरी हॉर्न
2. विण्ड टोन हॉर्न

इसमें निम्नलिखित मुख्य भाग होते हैं

1. मैग्नेट क्वॉयल
2. डायफ्राम
3. सी.बी. प्वॉइण्ट
4. मैग्नेट
5. डायफ्राम कवर
6. आर्मेचर
7. एडजस्टिंग नट

इलेक्ट्रिक हॉर्न की कार्यविधि Working Method of Electric Horn

हॉर्न किसी भी प्रकार का हो, उसका सिद्धान्त विद्युत-चुम्बक की बल रेखाओं को जोड़ने-तोड़ने पर आधारित रहता है। हॉर्न में मुख्य कार्य तीन भागों का है

1. सी.बी. प्वॉइण्ट जोकि शुरू में मिले रहते हैं।
2. मैग्नेट क्वॉयल, जोकि विद्युत-चुम्बक उत्पन्न करती है।
3. डायफ्राम या टोन डिस्क, जोकि थर-थराहट से आवाज उत्पन्न करती है।

जब हॉर्न बजाना होता है, तो हॉर्न पुश बटन दबाया जाता है। इससे बैटरी का करण्ट सी. बी. प्वॉइण्ट द्वारा विद्युत परिपथ पूरा करके मैग्नेट क्वॉयल में विद्युत-चुम्बक बनाता है। यह विद्युत-चुम्बक डायफ्राम को अपनी ओर खींच लेती है।

इसी समय आर्मेचर भी चुम्बक के प्रभाव से खिंच जाता है तथा सी. बी. प्वॉइण्ट जो मिले थे, उन्हें खोल देता है। सी.बी. प्वॉइण्ट के खुलते ही विद्युत परिपथ टूट जाता है तथा मैग्नेट क्वॉयल का चुम्बकीय प्रभाव समाप्त हो जाता है। इस कारण डायफ्राम पुनः अपने स्थान पर आ जाता है। डायफ्राम जैसे ही अपने स्थान पर आता है, सी.बी. प्वॉइण्ट पुनः मिल जाते हैं और फिर से उपरोक्त क्रिया होने लगती है। विद्युत परिपथ के टूटने व जुड़ते रहने से डायफ्राम, जोकि पतली धातु का बना होता है, ध्वनि उत्पन्न करने लगता है।

यह ध्वनि एडजस्टिंग नट द्वारा इस प्रकार एडजस्ट कर दी जाती है कि कानों को प्रिय लगे तथा उसमें पर्याप्त आवाज भी हो। वाइब्रेटरी हॉर्न में इस आवाज को यूँ ही वातावरण में प्रेषित किया जाता है, परन्तु विण्ड टोन हॉर्न में इस आवाज को एक बिगुल के माध्यम से वातावरण में प्रेषित करते हैं। कुछ ट्रैक्टरों में एक हॉर्न का प्रयोग होता है तथा कुछ ट्रैक्टरों में अनेक हॉर्न भी प्रयोग होते हैं। दोनों ही प्रकार के हॉर्न लो फ्रीक्वेन्सी तथा हाई फ्रीक्वेन्सी के बनाये जाते हैं।

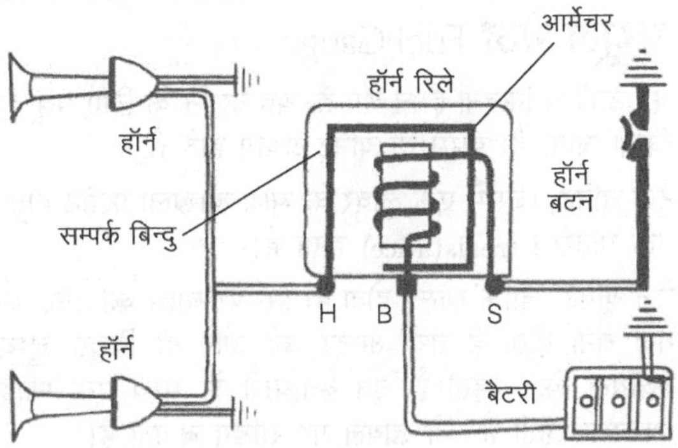

चित्र हॉर्न परिपथ

होर्न का रख-रखाव Care of Horn

काफी लम्बे समय तक हॉर्न के प्रयोग से उसके प्वॉइण्ट जल जाते हैं तथा हॉर्न की टोन बिगड़ जाती है। सी.बी. प्वॉइण्ट को समय-समय पर साफ करते रहना चाहिए तथा एडजस्टिंग नट द्वारा टोन को व्यवस्थित करना चाहिए। हॉर्न में लगे सी.बी. प्वॉइण्ट अधिक दिनों तक खराब न हों, इसके लिए आजकल हॉर्न के साथ हॉर्न रिले नामक विद्युत इकाई का प्रयोग किया जाता है। हॉर्न की वायरिंग सर्किट में दिखायी गयी है।

नोट *हॉर्न किसी भी प्रकार का हो, उसे हमेशा इंजन बोनट के अन्दर पतली लचीली लोहे की पत्ती के साथ फिट करना चाहिए। हॉर्न रिले, हॉर्न के यथासम्भव पास ही लगा हो। जब डबल हॉर्न फिट करें, तो हार्ड फ्रीक्वेन्सी हॉर्न दाईं (right) ओर ही हो। हॉर्न सर्किट में फ्यूज का प्रयोग अवश्य करें।*

9. हॉर्न रिले Horn Relay

अधिकतर हॉर्न के साथ एक विद्युत का विशेष उपकरण भी फिट किया जाता है, जिसे हॉर्न रिले कहते हैं। इसके प्रयोग में बैटरी का अधिक धारा हॉर्न बजाते समय व्यय नहीं होती है तथा हॉर्न को उचित एम्पीयर की धारा भी प्राप्त होती है।

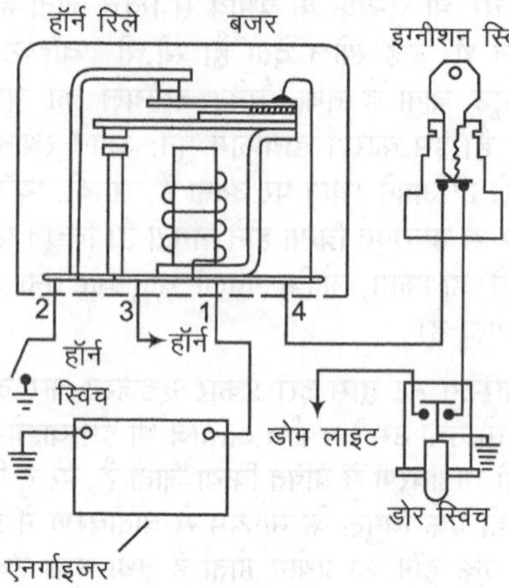

चित्र हॉर्न रिले

10. फ्यूल गेज Fuel Gauge

ट्रैक्टर की टंकी में कितना ईंधन शेष है, यह दर्शाने के लिए फ्यूल गेज का प्रयोग किया जाता है। इसमें दो यूनिट प्रयोग होते हैं

1. टैंक यूनिट, जिसमें एक लीवर के साथ खोखला फ्लोट होता है तथा एक प्रतिरोध (resistance) होता है।
2. गेज यूनिट, जोकि सील्ड होता है। इस पर बाहर की ओर डायल पर गेज बना होता है तथा अन्दर की ओर दो विद्युत चुम्बक हेतु क्वॉयल फिट रहती हैं। इन क्वॉयलों के मध्य एक प्वॉइण्ट की व्यवस्था रहती है, जो डायल पर रीडिंग बताता है।

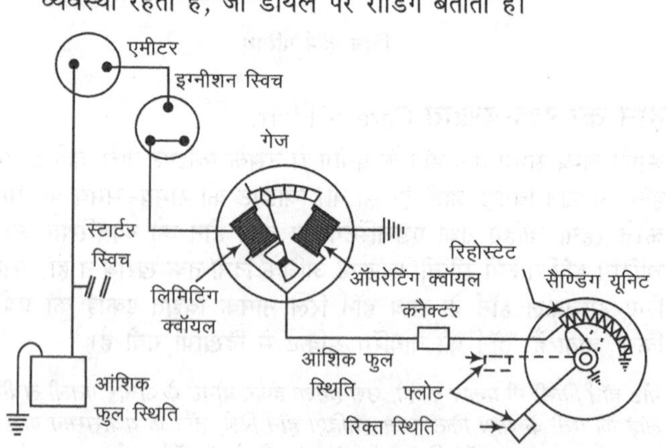

चित्र फ्यूल गेज

टैंक यूनिट का फ्लोट ईंधन (fuel) पर तैरता रहता है। जब ईंधन की मात्रा कम या अधिक होती है, तो यह फ्लोट भी यथा स्थिति ऊपर या नीचे चलता है। इससे इसमें लगा आर्म भी प्रतिरोध के ऊपर खिसकता है। इस प्रकार फ्यूल गेज सर्किट तथा गेज सर्किट की प्रतिरोध में अन्तर पड़ता रहता है। यह अन्तर अपना प्रभाव गेज यूनिट में लगे मैग्नेट क्वॉयलों पर भी डालता है, जिसके कारण प्वॉइण्टर इधर या उधर चलता है। जब प्रतिरोध कम होगा तो चुम्बक अधिक प्रभावशाली बनता है। इस कारण प्वॉइण्टर उस ओर के क्वॉयल की ओर आकर्षित होता है। डायल पर उस ओर E (empty) लिखा होता है।

इसके विपरीत यदि ईंधन की मात्रा टैंक में अधिक होती है तो प्रतिरोध के अनुपात में ही अधिक प्रभावशाली चुम्बक दूसरे क्वॉयलों में बनता है तथा प्वॉइण्टर उस ओर आकर्षित होता है। उसी ओर F (full) लिखा होता है F तथा E के मध्य टैंक की क्षमता के अनुसार अन्य निशान भी डायल पर बने होते हैं, जिनकी सहायता से प्वॉइण्टर की स्थिति देखकर टैंक में ईंधन की मात्रा का अन्दाजा किया जाता है।

11. इलेक्ट्रिकल ऑयल प्रैशर गेज
Electrical Oil Pressure Gauge

ट्रैक्टर के इंजन को सुगमता से चलाने में इंजन लुब्रीकेशन ऑयल का महत्त्वपूर्ण योगदान होता है। इंजन पम्प में लुब्रीकेशन ऑयल है तथा उसका पर्याप्त दबाव (pressure) बन रहा है, यह दर्शाने के लिए ऑयल प्रेशर गेज प्रयोग किया जाता है। ये दो प्रकार के होते हैं

(i) डायल टाइप ऑयल प्रैशर गेज
Dial Type Oil Pressure Gauge

इस प्रकार के गेज में एक यूनिट जिसमें प्वॉइण्टर, डायल तथा मैग्नेट क्वॉयल होते हैं, डैश बोर्ड पर लगा होता है। दूसरा यूनिट इंजन की मेन गैलरी में स्विच के रूप में होता है। इसमें एक डायफ्राम तथा एक प्रतिरोध मुख्य भाग होते हैं। जब इंजन ऑयल गैलरी में तेल का दबाव बढ़ता है, तो डायफ्राम पर दबाव पड़ता है। इस दबाव से स्लाइडिंग कॉन्टैक्ट प्रतिरोध पर सरकता है। इस सर्किट में प्रतिरोध के परिवर्तन से डायल गेज का प्वॉइण्टर रेजिसटैन्स के अनुपात में खिसककर तेल का दबाव दर्शाता है।

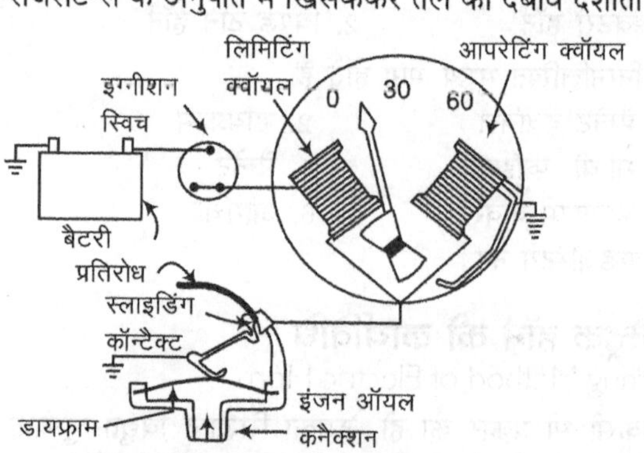

चित्र डायल टाइप ऑयल प्रैशर गेज

(ii) लैम्प टाइप ऑयल प्रैशर गेज
Lamp Type Oil Pressure Gauge

इस प्रकार के गेज में केवल एक लैम्प (बल्ब) डैश बोर्ड पर लगा होता है, जिसका सम्बन्ध सीरीज में लगे ऑयल प्रैशर स्विच से रहता है। इस स्विच में एक डायफ्राम प्रयोग किया जाता है तथा इसे मेन ऑयल गैलरी में लगाया जाता है। इस पर एक टर्मिनल होता है, जिसका सम्बन्ध लैम्प के अर्थ से रहता है। जब इंजन में तेल का दबाव बढ़ता है, तो डायफ्राम के दबने से स्विच द्वारा अर्थ का परिपथ टूट जाता है तथा बल्ब बुझ जाता है। इससे स्पष्ट है कि इग्नीशन स्विच चालू करते समय यह लैम्प जलता है तथा जैसे ही इंजन स्टार्ट होकर इंजन ऑयल में पर्याप्त दबाव बनाता है,

तो लैम्प बुझ जाता है। यदि इंजन के चलने पर भी लैम्प जलता रहे, तो लुब्रीकेशन प्रणाली में दोष समझना चाहिए।

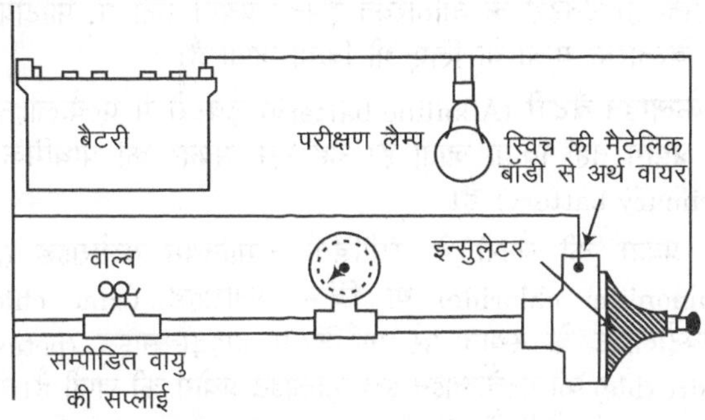

चित्र लैम्प टाइप ऑयल प्रैशर गेज

31.2 आवेशन प्रणाली Charging System

ट्रैक्टर में इलेक्ट्रॉनिक युक्तियों; जैसे—हॉर्न, लाइट, इण्डीकेटर आदि के लिए दिष्ट धारा ऊर्जा स्रोत की आवश्यकता होती है और बैटरी शुद्ध दिष्ट धारा की प्राप्ति का उत्तम स्रोत है।

आवेशन के सहायकों के अन्तर्गत बैटरी डायनमो व आल्टरनेटर आते हैं, जिनमें बैटरी मूलत: रासायनिक सेलों का एक समूह है, जिसमें रासायनिक क्रिया के फलस्वरूप उत्पन्न विद्युत वाहक बल (emf) के द्वारा विद्युत ऊर्जा की प्राप्ति की जाती है।

इसे एक विश्वसनीय युक्ति की संज्ञा दी जा सकती है। सभी बैटरियाँ एक बार आवेशित होने के बाद प्रयोग में लाए जाने पर कुछ समय बाद अनावेशित (discharged) हो जाती हैं।

अत: उन्हें पुन: से आवेशित (charged) करने के लिए की जाने वाली पूर्ण प्रक्रिया को आवेशन प्रणाली (charging system) कहते हैं। बैटरी के आवेशन हेतु डायनमो अथवा आल्टरनेटर का प्रयोग किया जाता है।

इंजन को स्टार्ट करने, हॉर्न बजाने, लाइटें जलाने एवं अन्य सभी युक्तियों को चलाने हेतु बैटरी के करण्ट का प्रयोग किया जाता है। अत: बैटरी को निरन्तर आवेश (charge) उपलब्ध कराना आवेशन प्रणाली की प्राथमिकता है।

आवेशन प्रणाली में सहायक
Aids in a Charging System

विद्युत आपूर्ति के नियमन हेतु आवेशन प्रणाली में आवेशन के स्तर को बनाए रखने के लिए जिन सहायकों की आवश्यकता होती है, उनका वर्णन निम्न प्रकार है

1. बैटरी Battery

बैटरी एक सेलों के समूह को कहते हैं। यह ऑटोमोबाइल क्षेत्र में एक महत्त्वपूर्ण सहायक है। इसी के द्वारा ट्रैक्टरों में प्रयुक्त विद्युत की आवश्यकता रखने वाली विभिन्न युक्तियों; जैसे—सेल्फ स्टार्टर, मीटर, सूचक तथा गेज आदि का संचालन किया जाता है।

चित्र बैटरी

बैटरी में निम्न मुख्य भाग होते हैं

(i) **बैटरी बॉक्स** Battery Box

इसे बैटरी कन्टेनर भी कहते हैं, यह हार्ड रबर का बना होता है। इसे ऊपर से बन्द करने वाले टॉप कवर भी इसी हार्ड रबर के बने होते हैं। टॉप कवर में चूड़ी बने छेद होते हैं जिनमें वेन्ट प्लग कसे रहते हैं। बैटरी बॉक्स में उसकी वोल्टेज के अनुसार तीन, छ: या बारह भाग अलग-अलग कम्पार्टमेन्ट के रूप में होते हैं। नीचे की ओर प्रत्येक कम्पार्टमेन्ट में रिक्त स्थान रहता है, जिससे प्लेटों की धातु आदि गिरकर इसमें जमा हो सके अन्यथा यह धातु का बुरादा प्लेटों को शॉर्ट भी कर सकता है।

(ii) **नेगेटिव तथा पॉजिटिव प्लेटें** Negative and Positive Plates

आजकल ट्रैक्टरों में 6, 12 या 24 V की बैटरियों का प्रयोग किया जाता है, जिनमें 3,6 या 12 सेल होते हैं। इन सेलों में नेगेटिव तथा पॉजिटिव प्लेटें होती हैं। ये प्लेटें सीसे (lead) की बनी होती हैं, जोकि चौकोर जाली-सी होती हैं। इनमें पॉजिटिव प्लेटों पर लैड परॉक्साइड (PbO_2) भरा जाता है। यह भूरे रंग का होता है।

नेगेटिव प्लेटों पर एण्टिमनी भरा जाता है। इसका रंग स्लेटी होता है। सेल की शक्ति उसमें प्रयुक्त की गई प्लेटों की संख्या तथा नाप पर निर्भर करती है। प्रत्येक सेल में अलग-अलग नेगेटिव तथा पॉजिटिव प्लेटों का समूह बनाकर उन्हें एक गुच्छे के रूप में आपस में फँसा दिया जाता है। प्रत्येक प्लेट के बीच में सेपरेटर लगाए जाते हैं, जिससे वे आपस में शॉर्ट न हों।

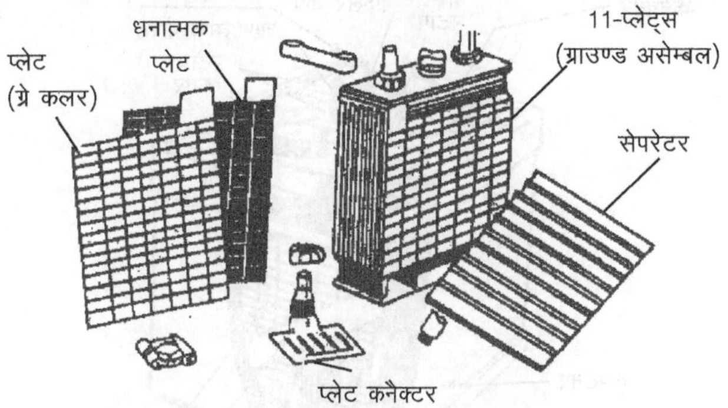

चित्र प्लेट्स तथा विभाजक सम्बन्धी बैटरी के घटक

सेपरेटर (Separator) बैटरी की नेगेटिव तथा पॉजिटिव दोनों प्लेटें किसी प्रकार आपस में टकराकर शॉर्ट न हों, इसके लिए सेपरेटर का प्रयोग किया जाता है। ये ग्लास फाइबर, ग्लास वुड तथा प्लास्टिक के बने होते हैं।

(iii) **मुख्य टर्मिनल पोस्ट** Main Terminal Post

प्रत्येक बैटरी के पहले तथा अन्तिम सेल पर दो खूँटियाँ निकली रहती हैं, जिनमें एक नेगेटिव तथा दूसरी पॉजिटिव टर्मिनल पर कार्य करती है। इन्हीं मेन टर्मिनल पोस्टों पर बैटरी वायर जोड़कर अन्य स्थान पर विद्युत धारा पहुँचाई जाती है।

ये खूँटियाँ भी सीसे (lead) की बनी होती हैं। ऐसा देखा गया है कि बैटरी की रासायनिक क्रिया से इसकी खूँटियों के साथ बैटरी वायर के टर्मिनल चिपक जाते हैं। इन्हें कभी-भी ठोक-पीटकर निकालने की कोशिश नहीं करनी चाहिए। इन्हें छुड़ाने के लिए खौलता पानी डालने से ये सुगमता से अलग हो जाते हैं।

(iv) **इलेक्ट्रोलाइट** Electrolyte

बैटरी की प्लेटें अपने-अपने सेल कन्टेनर में गन्धक के तेजाब (sulphuric acid) के घोल में डूबी रहती हैं। इस घोल का विशिष्ट घनत्व (specific gravity) 1.250 से 1.280 तक होता है। बैटरी के लिए उचित घोल तैयार भी मिलता है अथवा इसे बनाया जाता है। इसे बनाने के लिए शुद्ध गन्धक, तेजाब तथा आसुत जल (distilled water) का प्रयोग किया जाता है। इसे किसी काँच, चीनी मिट्टी अथवा प्लास्टिक के पात्र में बनाना चाहिए तथा यह ध्यान रहे कि एसिड को पानी में डालना चाहिए अन्यथा यदि एसिड में पानी डालेंगे तो उसके छींटे शरीर या वस्त्रों को जला देंगे। यह घोल बैटरी की प्लेटों से लगभग 15 मिमी ऊपर तक भरा रहना चाहिए।

बैटरी के प्रकार Types of Battery

विभिन्न कार्यों की आवश्यकता के अनुसार बैटरी निम्न प्रकार की होती हैं

- **लैड-एसिड बैटरी** (Lead-acid Battery) ट्रैक्टरों आदि में लैड-एसिड बैटरी का ही प्रयोग किया जाता है। इसकी मुख्य विशेषता यह है कि इसे बार-बार आवश्यकता हेतु आवेशित (charged) कर सकते हैं।

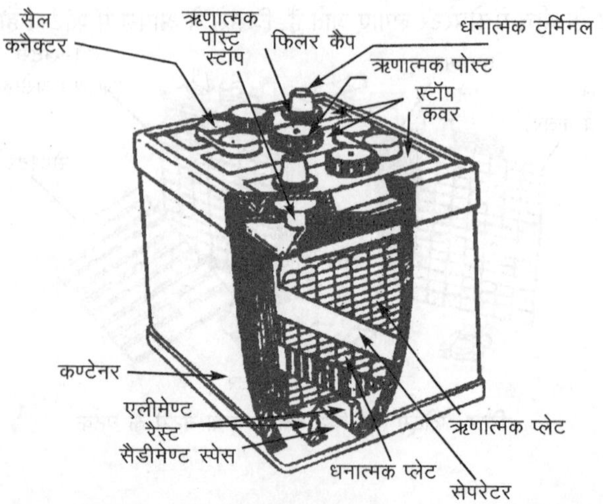

चित्र लैड-एसिड बैटरी की बाह्य एवं आन्तरिक संरचना

इससे स्थिर विद्युत वाहक बल प्राप्त होता है तथा आन्तरिक प्रतिरोध व्यय कम होता है। ट्रैक्टरों के अतिरिक्त इसका प्रयोग रेलों में, फोटोग्राफी व ध्वनि विस्तारक यन्त्रों के लिए भी किया जाता है।

- **एल्कैलाइन बैटरी** (Alkaline battery) ट्रैक्टरों में एल्कैलाइन बैटरी का प्रयोग नहीं किया जाता है। यह एक प्रकार की प्राथमिक बैटरी (primary battery) है।

  इस प्रकार की बैटरी में एसीडिक अमोनियम क्लोराइड (acidic ammonium chloride) या जिंक क्लोराइड (zinc chloride) इलेक्ट्रोलाइट के स्थान पर पोटैशियम हाइड्रॉक्साइड (potassium hydroxide) की एल्कैलाइन इलेक्ट्रोलाइट प्रयोग की जाती है। ये प्राय: दो प्रकार की होती हैं

  1. निकिल-आयरन बैटरी (Nickel-iron Battery)
  2. निकिल-कैडमियम बैटरी (Nickel-cadmium Battery)

बैटरी की विभिन्न अवस्थाएँ Various Conditions of a Battery

बैटरियों का यदि परीक्षण करें तो वे तीन अवस्थाओं (conditions); जैसे-अनावेशित, अर्द्ध-आवेशित या फिर पूर्ण आवेशित में से किसी में भी हो सकती हैं। इनमें से अनावेशित (discharged) अवस्था में बैटरी का विद्युत वाहक बल 2.0 वोल्ट प्रति सेल से कम, अर्द्ध-आवेशित (half-charged) अवस्था में बैटरी का विद्युत वाहक बल 2.0 से 2.15 वोल्ट प्रति सेल तथा पूर्ण आवेशित (fully charged) अवस्था में बैटरी का विद्युत वाहक बल 2.2 वोल्ट प्रति सेल होता है।

- **बैटरी आवेशन परिपथ** (Battery charging circuit) बैटरी के अनावेशित (discharged) होने के बाद चार्जर द्वारा जब बैटरी आवेशित की जाती है, तो एक या फिर एक साथ एक से अधिक बैटरियाँ भी आवेशित की जा सकती हैं। ऐसे समय में सभी बैटरियों को श्रेणी (series) अथवा समान्तर (parallel) परिपथ में जोड़कर आवेशित (charged) करते हैं।

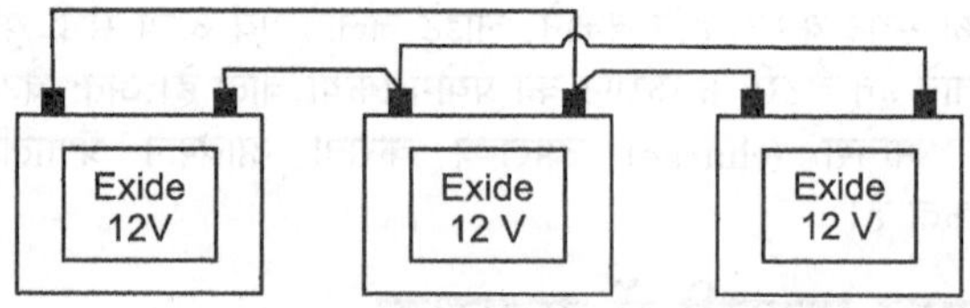

चित्र श्रेणी क्रम में बैटरी आवेशन

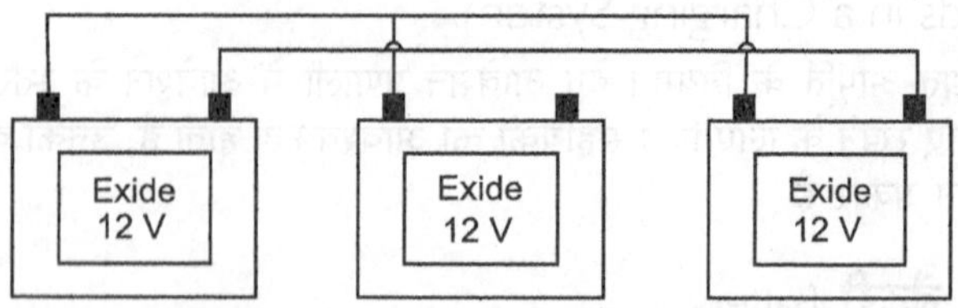

चित्र समान्तर क्रम में बैटरी आवेशन व्यवस्था

यदि श्रेणी-क्रम में बैटरियाँ जोड़ी जाती हैं, तो उनमें एक बैटरी का नेगेटिव दूसरी बैटरी के पॉजिटिव टर्मिनल से जोड़ा जाता है। इस प्रकार के परिपथ में बैटरियों की कुल वोल्टेज बढ़ जाती है। अत: इन्हें उतने ही वोल्ट करण्ट के द्वारा बैटरी को आवेशित करना होता है।

समान्तर परिपथ में यदि बैटरियाँ आवेशित करनी हैं तो सभी बैटरियों के नेगेटिव तथा पॉजिटिव टर्मिनल्स अलग-अलग आपस में एक करके बैटरी चार्जर से जोड़ दिए जाते हैं। इस प्रकार के परिपथ में बैटरियों की वोल्टेज पर कोई अन्तर नहीं पड़ता।

बैटरी आवेशन की विधियाँ
Methods of Battery Charging

बैटरी आवेशन की मुख्य रूप से दो विधियाँ हैं

- **स्थिर धारा विधि** (Constant current method) इसके अन्तर्गत बैटरी के पूरा आवेशित होने तक बैटरी में आवेशन का स्तर एकसमान रखा जाता है। विभिन्न बैटरियों को अलग-अलग आवेशन धारा की आवश्यकता होती है, ऐसी स्थिति में निरन्तर धारा आवेशन विधि का प्रयोग किया जाता है। निरन्तर धारा का स्तर विभिन्न बैटरियों के लिए अलग-अलग हो सकता है। चित्र में बैटरी के साथ कई बल्ब लगे होते हैं, ये बल्ब नेगेटिव तथा पॉजिटिव लाइनों के समानान्तर जुड़े हुए होते हैं। सप्लाई का नेगेटिव टर्मिनल एक एम्पियर द्वारा बैटरी के नेगेटिव से जोड़ा जाता है।

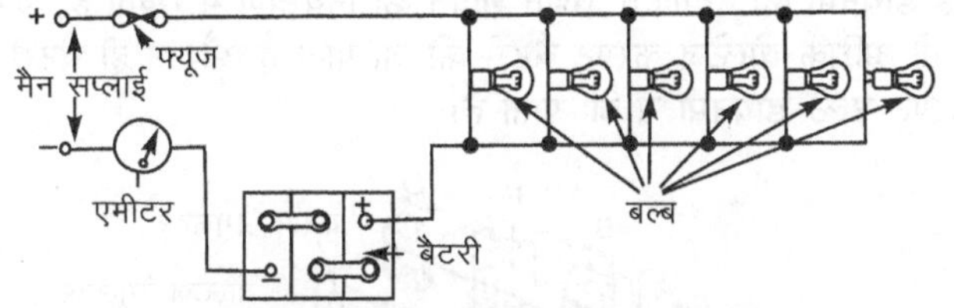

चित्र आवेशन की निरन्तर धारा विधि का प्रदर्शन

- **स्थिर पोटैन्शियल विधि** (Constant potential method) इस विधि में विद्युत प्रणाली की वोल्टता औसतन लगभग 2.7 V प्रति सेल होती है। 6 वोल्ट बैटरी के लिए 7.5 V पोटैन्शियल की आवश्यकता होती है। 12 वोल्ट बैटरी के लिए आवेशन वोल्टता 15 V होती है। चित्र में एक तीन तार वाली बैटरी का आवेशन परिपथ (charging circuit) दिखाया गया है। इसमें 7.5 V की दो परिशोधित पॉजिटिव 7.5 V लैड और न्यूट्रल लैड के बीच जुड़ी होती है। 12 V की बैटरी पॉजिटिव तथा नेगेटिव तारों के बीच में जुड़ी है। यह विधि बहुत कम प्रयुक्त होती है।

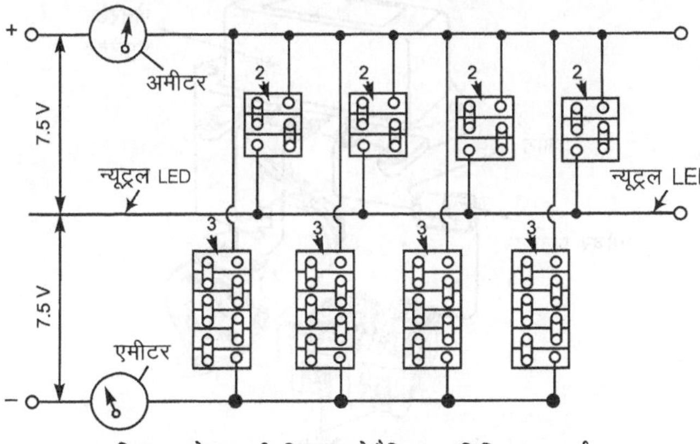

चित्र आवेशन की निरन्तर पोटैन्शियल विधि का प्रदर्शन

2. डायनमो Dynamo

बैटरी को हमेशा चार्ज करते रहने के लिए डायनमो लगाया जाता है। यह इंजन द्वारा यान्त्रिक शक्ति से घूमकर विद्युत शक्ति उत्पन्न करता है, क्योंकि यह विद्युत उत्पादन करता है, इसलिए इसे जनित्र भी कहा जाता है।

डायनमो नियन्त्रण Dynamo Control

जैसा कि आप जानते हैं कि ट्रैक्टर कभी धीमी गति से चलता है तो कभी तेज गति से चलता है। इससे डायनमो आर्मेचर भी इसी के अनुरूप कभी तेज गति से घूमता है तो कभी धीमी गति से। इस कारण उसके द्वारा उत्पादित विद्युत वोल्टेज कभी अधिक तो कभी कम होती है, परन्तु मोटर में लगी बैटरी को एक निश्चित वोल्टेज की ही विद्युत शक्ति की आवश्यकता होती है, इसलिए डायनमो द्वारा उत्पादित वोल्टेज को नियन्त्रण में रखना आवश्यक है अन्यथा वह बैटरी तथा अन्य विद्युत उपकरणों के लिए हानि पहुँचा सकता है।

इसके साथ ही विद्युत का भी यह नियम है कि वह कम वोल्टेज की ओर बहती है। जब डायनमो धीमी गति से घूमता है तो उस समय बैटरी की वोल्टेज की तुलना डायनमो द्वारा कम वोल्टेज उत्पन्न होती है। अत: बैटरी का करण्ट उल्टे डायनमो में आने लगता है, इसलिए इनको नियन्त्रण करने के लिए निम्न प्रणालियाँ अपनाई जाती हैं

(a) **थर्ड ब्रुश नियन्त्रण प्रणाली** Third Brush Control System

डायनमो नियन्त्रण की यह बहुत पुरानी प्रणाली है। इसमें दो कार्बन ब्रुशों के अतिरिक्त एक तीसरा कार्बन ब्रुश और प्रयोग किया जाता है। कार्बन ब्रुशों को प्राप्त करण्ट की कुछ मात्रा फील्ड क्वॉयलों में भी जाती है। अत: जब डायनमो अधिक करण्ट बनाता है, तो फील्ड को भी अधिक करण्ट जाकर चुम्बकीय बल रेखाओं की शक्ति बढ़ाता है, जिससे डायनमो की शक्ति बढ़ती ही जाती है। अत: एक तीसरा कार्बन ब्रुश चित्र के अनुसार लगाया जाता है।

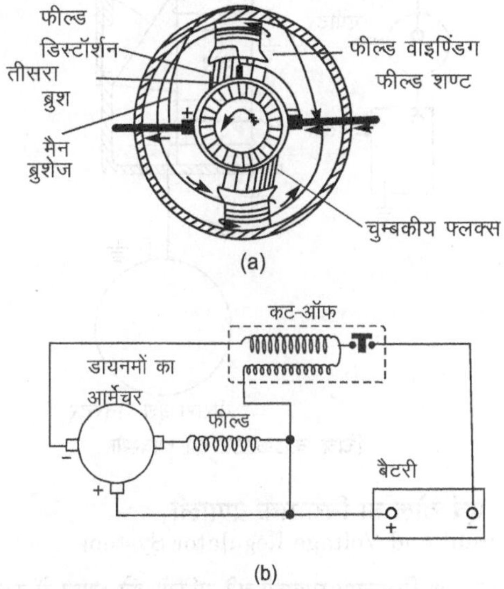

चित्र थर्ड ब्रुश नियन्त्रण प्रणाली की व्यवस्था

इस ब्रुश के कारण अधिक करण्ट फील्ड में नहीं जाने पाता तथा डायनमो का विद्युत उत्पादन सीमित वोल्टेज तक ही रह जाता है। इस ब्रुश को हाथ द्वारा व्यवस्थित किया जाता है। जब इस ब्रुश आर्मेचर को चाल की दिशा में खिसकाया जाता है, तो बैटरी की आवेशन दर बढ़ जाती है, क्योंकि उस समय फील्ड को कम विद्युत शक्ति प्राप्त होती है, परन्तु इसमें दो हानियाँ होती थीं

1. रात के समय जब लाइट का प्रयोग होता था, तो यह बहुत धीमी जल पाती थी यदि थर्ड ब्रुश को अधिक एडजस्ट कर दिया जाता था।
2. इसके साथ ही बैटरी को अधिक आवेशन दर या धारा प्राप्त होने से हानि पहुँचती थी।

- **कट-आउट** (Cut-out) कट-आउट में शाफ्ट आयरन कोर पर प्राइमरी वाइण्डिंग मोटे तथा कम लपेट (turn) की होती हैं, जबकि सेकण्डरी वाइण्डिंग सेकण्डरी (शंट) पतले तथा अधिक लपेट (turn) की होती हैं। प्राइमरी वाइण्डिंग का एक सिरा डायनमो से जुड़ा रहता है तथा दूसरा सिरा सेकण्डरी वाइण्डिंग के एक सिरे से हिंज के द्वारा जुड़ा रहता है। सेकण्डरी का दूसरा सिरा अर्थ रहता है। हिंज के साथ ऊपर की ओर आर्मेचर लगा होता है जिसे एक स्प्रिंग द्वारा साधा (hold) जाता है। इसी आर्मेचर के साथ सी.बी. प्वॉइण्ट लगे होते हैं।

सी.बी. प्वॉइण्ट का एक भाग आर्मेचर से तथा दूसरा एमीटर से सम्बद्ध रहता है। कट-आउट एक ऑटोमैटिक मैग्नेटिक स्विच के समान कार्य करता है। जब डायनमो नहीं चलता है, तो सी.बी. प्वॉइण्ट खुले रहते हैं। इससे बैटरी तथा डायनमो का सम्बन्ध टूटा रहता है। जब डायनमो चलता है तो डायनमो की धारा प्राइमरी व सेकण्डरी वाइण्डिंग में जाकर मैग्नेटिक फील्ड बनाती है। अब डायनमो का करण्ट एमीटर में होकर बैटरी में जाने लगता है, परन्तु यह तभी सम्भव होता है जब डायनमो बैटरी की वोल्टेज के अनुरूप धारा बना रहा हो।

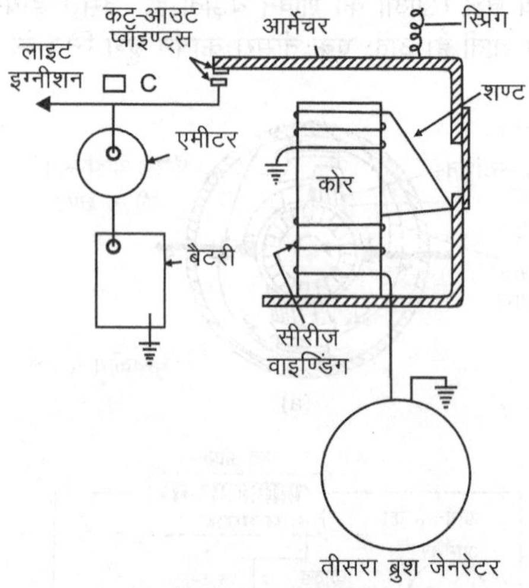

चित्र कट-आउट की व्यवस्था

(b) धारा एवं वोल्टता नियामक प्रणाली
Current and Voltage Regulator System

उपरोक्त थर्ड ब्रुश नियन्त्रण प्रणाली की त्रुटियों को ध्यान में रखते हुए इस तीन इकाई वाली धारा तथा वोल्टेज नियामक प्रणाली को डिजाइन किया गया।

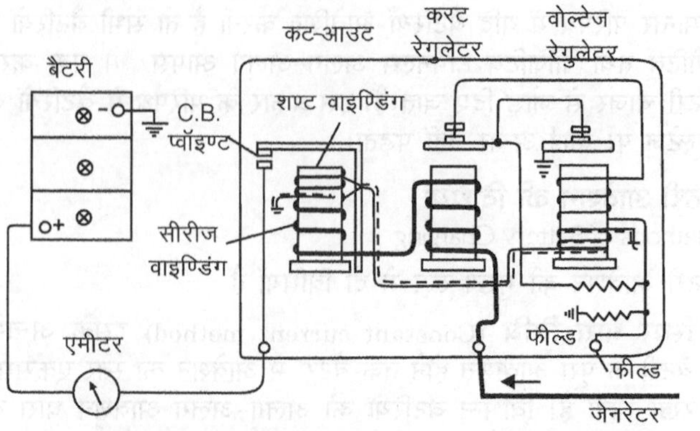

चित्र धारा तथा वोल्टता नियामक (regulator) की व्यवस्था

इस प्रकार की प्रणाली आजकल के सभी ट्रैक्टरों में प्रयोग की जाती है। इसमें 'करण्ट एण्ड वोल्टेज नियामक' नामक एक विद्युत यन्त्र का प्रयोग होता है, जिसे डायनमो आवेशन परिपथ में डायनमो तथा बैटरी के बीच लगाया जाता है।

यह डायनमो की उत्पादित विद्युत शक्ति को नियन्त्रण में रखता है, जिससे न तो अधिक वोल्टेज करण्ट बैटरी को जा पाता है और न ही बैटरी का करण्ट उल्टे डायनमो में जा पाता है।

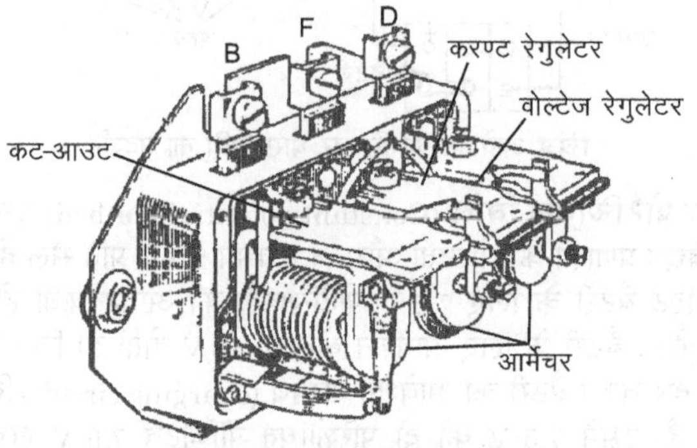

चित्र धारा तथा वोल्टता नियामक

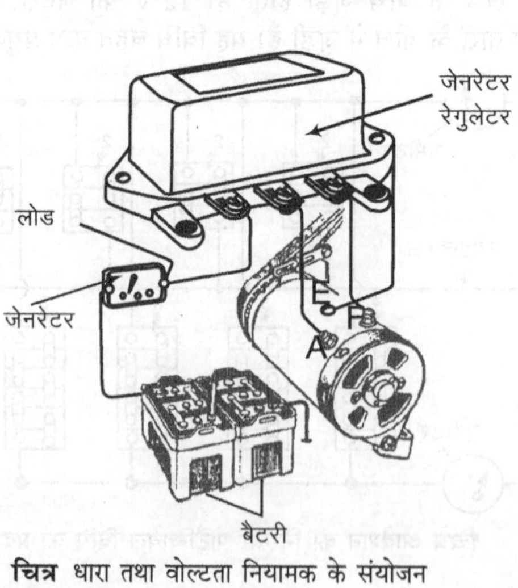

चित्र धारा तथा वोल्टता नियामक के संयोजन

3. आल्टरनेटर Alternator

आजकल कुछ इंजन आदि में आल्टरनेटर का प्रयोग डायनमो के स्थान पर किया जाने लगा है, क्योंकि बड़े-बड़े शहरों में अधिक ट्रैफिक होने के कारण गाड़ी को अधिक गति से नहीं चलाया जा सकता। डायनमो ट्रैक्टर की कम गति पर भी सही प्रकार से बैटरी को आवेशित कर पाने में असमर्थ रहता है।

आल्टरनेटर जोकि ए.सी. जनित्र होता है, डी.सी. करण्ट के स्थान पर ए.सी. करण्ट उत्पन्न करता है, जिसे पुन: डी.सी. में परिवर्तित करके बैटरी आवेशित की जाती है। आल्टरनेटर का भार डायनमो की अपेक्षा कम होता है। इसमें कम्यूटेटर, कार्बन ब्रुश तथा आर्मेचर वाइण्डिग आदि नहीं होती। अत: ताँबे की बचत होती है।

यह इंजन की कम चाल पर भी अपेक्षाकृत अधिक धारा (current) पैदा करता है। इसकी देखभाल कम करनी होती है। इसके साथ छोटा-सा नियामक (regulator) प्रयोग किया जाता है, क्योंकि इसमें लगे डायोड केवल धारा (current) को एक दिशा में जाने देते हैं तथा वापस नहीं आने देते, जिससे कट-आउट क्वॉयल नहीं लगानी पड़ती है।

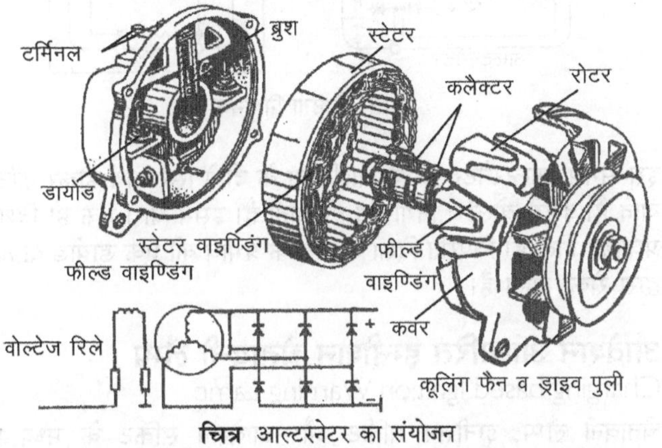

चित्र आल्टरनेटर का संयोजन

इसमें एक आर्मेचर चुम्बक होती है, जिसके ऊपर ताँबे के इन्सुलेटेड तार लिपटे रहते हैं। इसमें ऊपर की ओर चुम्बक का उत्तरी ध्रुव तथा नीचे की ओर दक्षिणी ध्रुव होता है। जब आर्मेचर चुम्बक को घुमाया जाता है, तो इसके आधे चक्कर में तारों में विद्युत शक्ति उत्पन्न होती है,

जिसकी दिशा एक ओर होती है। इसके उपरान्त चुम्बकीय ध्रुवों की स्थिति बदलकर उल्टी हो जाती है। आर्मेचर चुम्बक ही आगे की आधी चाल में दूसरी दशा में करण्ट प्रवाहित होता है। इस प्रकार आर्मेचर चुम्बक के एक चक्कर में दोनों ओर करण्ट प्रवाहित होता है, इसलिए इसे प्रत्यावर्ती धारा (alternating current) कहते हैं।

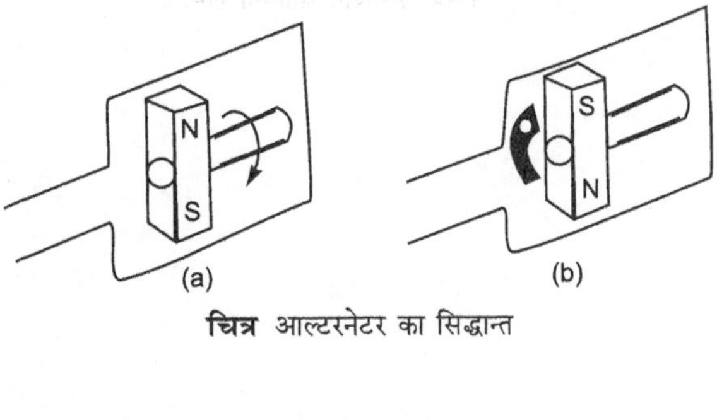

चित्र आल्टरनेटर का सिद्धान्त

मुख्य भाग Main Parts

आल्टरनेटर में निम्न मुख्य भाग होते हैं

1. रोटर या आर्मेचर
2. स्टेटर
3. बियरिंग
4. स्लिप रिंग
5. कार्बन ब्रुश
6. चुम्बक पोल
7. डायोड रेक्टीफायर

आल्टरनेटर में रोटर को बियरिंगों की सहायता से स्टेटर में फिट किया जाता है। यह रोटर क्रैंक शाफ्ट ड्राइविंग पुली द्वारा 'V' बैल्ट की सहायता से घूमता है। रोटर पर ताँबे की इन्सुलेटेड तार की वाइण्डिग क्वॉयल के रूप में रहती है, जोकि एक अलग स्लिप रिंग से सम्बन्धित रहते हैं।

बैटरी का करण्ट दो कार्बन ब्रुशों की सहायता से इस रोटर के क्वॉयलों को पहुँचाता है, तो आर्मेचर में विद्युत चुम्बक बनता है। इससे इसमें एक ओर उत्तरी ध्रुव तथा दूसरी ओर दक्षिणी ध्रुव बन जाते हैं। इसी प्रकार की ताँबे के इन्सुलेटेड तार की वाइण्डिंग स्टेटर पर भी क्वॉयल के रूप में रहती है। जब भी चुम्बकीय क्वॉयल प्रत्येक क्वॉयल के सामने से घूमते हैं उसमें विद्युत उत्पादन होने लगता है।

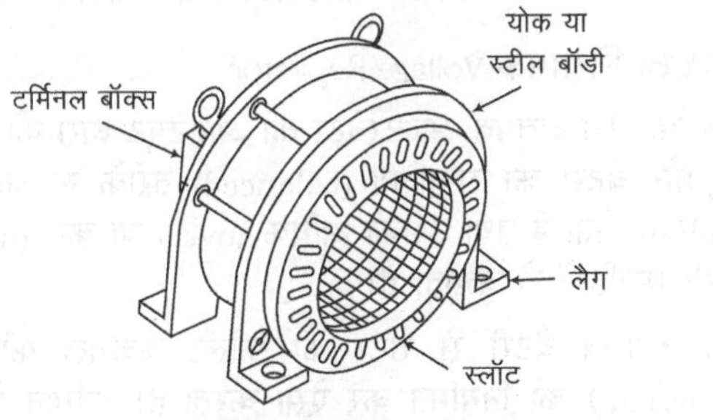

चित्र स्टेटर की संरचना

चित्र (a) बेलनाकार पोल टाइप रोटर

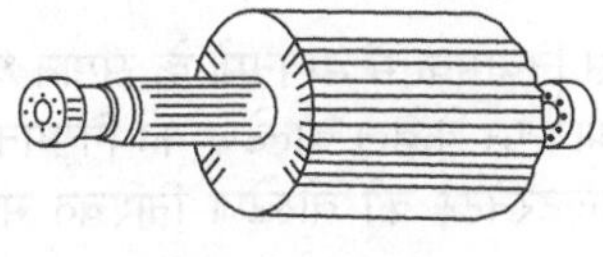

चित्र (b) बेलनाकार रोटर लेमिनेशन

इस प्रकार के आल्टरनेटिव करण्ट से बैटरी चार्ज नहीं की जा सकती, क्योंकि बैटरी के लिए डायरेक्ट करण्ट (डी.सी.) की आवश्यकता होती है। अत: डायोड रेक्टीफायर की सहायता से ए.सी. को डी.सी. में परिवर्तित कर लिया जाता है। प्रत्येक आल्टरनेटर में छ: डायोड प्रयोग किए जाते हैं। इस प्रकार प्रत्येक वाइण्डिंग के लिए दो डायोड लगाए जाते हैं, क्योंकि तीन ही वाइण्डिंग होती हैं।

तीनों वाइण्डिंग जोड़ने के लिए स्टार (Y) तथा डेल्टा (Δ) संयोजन किया जाता है।

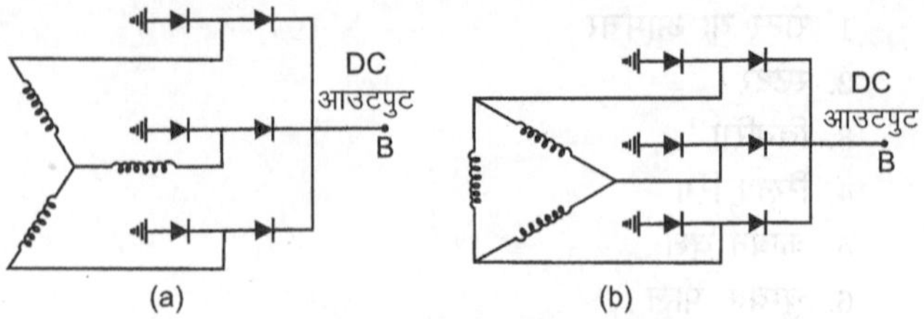

चित्र (a) स्टार तथा (b) डेल्टा संयोजन

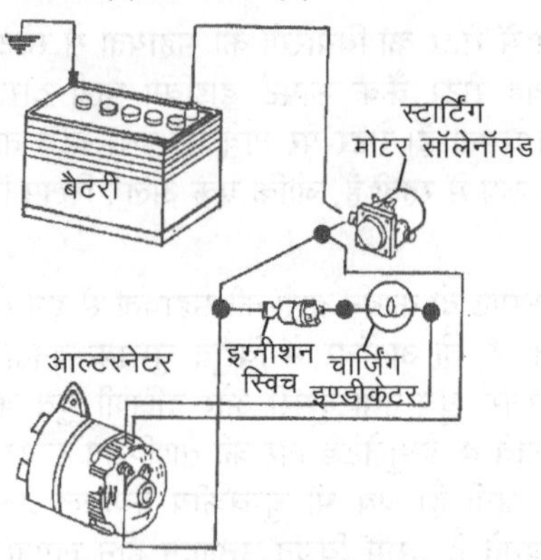

चित्र आल्टरनेटर वायरिंग परिपथ

वोल्टता नियामक Voltage Regulator

यह आवेशन अवयव आल्टरनेटर की आउटपुट धारा को नियन्त्रित करता है और बैटरी को सन्तुलित (balanced) तरीके से आवेशित करने में सहायक होता है तथा उसको अधिक (over) या कम (under) आवेशन जैसी स्थितियों से बचाता है।

यह अवयव बैटरी से रोटर की फील्ड क्वॉयल की प्रवाहित धारा (current) को नियमित कर ऐसा करता है। वर्तमान में रेसिस्टरों एवं डायोडों से युक्त आई. सी. वोल्टता नियामक एक पूर्णतया इलेक्ट्रॉनिक युक्ति (device) है।

इस नियामक में डायनमो के समान धारा तथा वोल्टेज का नियमन करने के स्थान पर केवल वोल्टेज का नियमन करने की व्यवस्था की जाती है। जब आल्टरनेटर की वोल्टेज निश्चित मात्रा से अधिक हो जाती है,

तो इसके कॉन्टैक्ट ब्रेकर प्वॉइण्ट खुल जाते हैं। इससे क्षेत्र परिपथ में प्रतिरोध (resistance) बढ़ जाता है, जो अतिरिक्त वोल्टेज को रोक देता है। इसमें कॉन्टैक्ट प्वॉइण्ट हमेशा कम्पन करते हुए वोल्टेज को स्थिर रखते हैं।

इनमें कॉन्टैक्ट प्वॉइण्ट के दो सेट होते हैं, एक लोअर तथा एक अपर। गाड़ी की मध्यम गति पर लोअर प्वॉइण्ट खुलते व बन्द होते रहते हैं तथा आल्टरनेटर की वोल्टेज को नियन्त्रित रखते हैं। तेज गति पर अधिक वोल्टेज के कारण अपर प्वॉइण्ट खुलते व बन्द होते हैं।

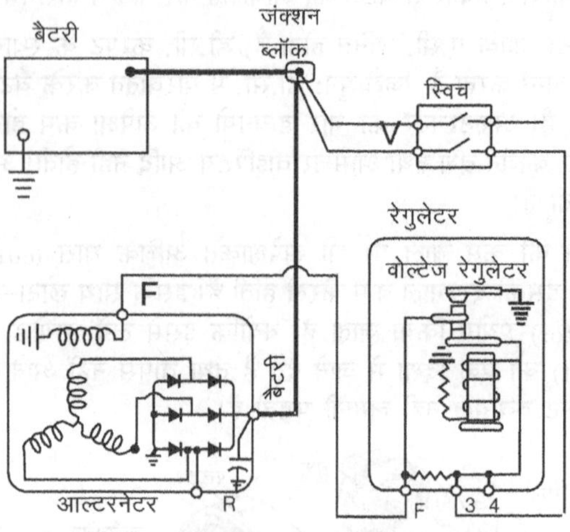

चित्र वोल्टता नियामक

इस समय आल्टरनेटर फील्ड वाइण्डिंग के दोनों सिरे अर्थ होकर शॉर्ट हो जाते हैं। इससे वोल्टेज नियन्त्रित हो जाती है। इसमें धारा एक ही दिशा में प्रवाहित होती है। विपरीत दिशा में धारा के प्रभाव को एक डायोड (diode) द्वारा रोका जाता है।

आवेशन आधारित इग्नीशन चेतावनी लैम्प
Charging based Ignition Warning Lamp

चेतावनी लैम्प, इग्नीशन सर्किट और आवेशन सर्किट के मध्य एक सन्तुलित पैमाना है। लैम्प का एक सिरा इग्नीशन स्विच से सम्बन्धित रहता है, जबकि दूसरा सिरा डायनमो या आल्टरनेटर से सम्बन्धित रहता है।

जब डायनमो में आउटपुट बैटरी के वोल्टेज से कम रहता है, तो यह लैम्प जल जाता है। जब डायनमो में आउटपुट वोल्टेज बैटरी के वोल्टेज के समान हो जाता है, तो यह लैम्प स्वतः ही बन्द हो जाता है।

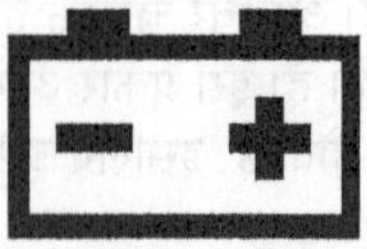

चित्र इग्नीशन चेतावनी लैम्प

आवेशन प्रणाली सम्बन्धी सामान्य दोषोपचार

General Troubleshooting Related to Charging System

आवेशन प्रणाली ट्रैक्टरों के दृष्टिकोण से अत्यन्त महत्त्वपूर्ण है और यह प्रणाली ही ट्रैक्टरों में विद्युत नियमन का कार्य करती है। इस प्रणाली में समय-समय पर कुछ दोष द्रष्टव्य होते हैं, जिनका विवरण यहाँ पर प्रशिक्षुओं को उनसे अवगत कराने के ध्येय से प्रस्तुत किया जा रहा है।

क्र. सं.	कारण	उपचार
I. बैटरी का आवेशित न होना।		
1.	डायनमो संयोजन के तार टूटे हैं।	वायरिंग चैक करके दोष दूर करें।
2.	नियामक (रेगुलेटर) में बैटरी इकाई के प्वॉइण्ट मिल नहीं पाते हैं।	गैप अधिक है अथवा उसकी वाइण्डिग में दोष है।
3.	आर्मेचर जल गया है।	आर्मेचर को फिर से वाइण्ड कराएँ।
4.	फील्ड क्वॉयल टूटी है।	फील्ड क्वॉयल चैक कराकर ठीक कराएँ।
5.	कार्बन ब्रुश छोटे हो गए हैं तथा कम्यूटेटर से उनका सम्बन्ध नहीं है।	नये कार्बन ब्रुश डालें अथवा कार्बन होल्डर की जाँच करें। हो सकता है कि होल्डर में कार्बन फँस गया हो।
6.	कम्यूटेटर पर आर्मेचर के तार टूटे हैं या कम्यूटेटर कार्बन के कारण शॉर्ट है।	आर्मेचर का परीक्षण करें या कम्यूटेटर साफ करें।
7.	फैन बेल्ट टूटी है या स्लिप कर रही है।	फैन बेल्ट की जाँच करें। आवश्यक होने पर बदलें।
8.	डायनमो पुली शाफ्ट पर फ्री हो गई है।	पुली को टाइट फिट करें।
II. डायनमो का कम आवेशित करना।		
1.	डायनमो टर्मिनल नट ढीले हैं।	नट सही प्रकार टाइट करें।
2.	डायनमो बियरिंग या ब्रुश ढीले हैं।	बियरिंग अथवा ब्रुश बदलें।
3.	आर्मेचर शाफ्ट टेढ़ी है।	दूसरी आर्मेचर शाफ्ट डालें।
4.	आर्मेचर कम्यूटेटर पर चिकनाई है।	कम्यूटेटर को पेट्रोल से साफ करें।
5.	कार्बन ब्रुश कम्यूटेटर से सही सम्पर्क नहीं करते हैं।	कार्बन ब्रुशों को सही फॉयल करके फिट करें।
6.	कार्बन होल्डर स्प्रिंग में तनाव कम है।	नई स्प्रिंग डालें।
7.	डायनमो फाउण्डेशन पर ढीला है।	डायनमो फाउण्डेशन बोल्ट को टाइट करें।
8.	कम्यूटेटर शॉर्ट हो रहा है।	कम्यूटेटर साफ करें।
9.	फैन बेल्ट स्लिप कर रही है।	बेल्ट टाइट करें, यदि आवश्यक हो तो बदलें।
10.	नियामक (रेगुलेटर) के प्वॉइण्ट गन्दे हैं।	प्वॉइण्ट साफ करें।
11.	कम्यूटेटर घिसकर ओवल हो गया है।	कम्यूटेटर टर्न कराएँ।
III. आल्टरनेटर में धारा का न बनना।		
1.	'V' बेल्ट का ढीला होना अथवा स्लिप होना।	बेल्ट एडजस्ट करें अथवा बदलें।
2.	नियामक (रेगुलेटर) का खराब होना।	नियामक (रेगुलेटर) को एडजस्ट करें अथवा बदलें।
3.	स्लिप रिंग ब्रुशों का खराब होना।	स्लिप रिंग ब्रुश बदलें।
4.	वायरिंग में खराबी है।	दोष देखकर दूर करें।
5.	स्टेटर वाइण्डिंग का शॉर्ट होना।	स्टेटर सही करें।
6.	डायोड का खराब होना।	डायोड बदलें।
7.	रोटर वायरिंग का टूटा होना।	रोटर वायरिंग ठीक करें।
8.	सुरक्षा फ्यूज का जल जाना।	दोष देखकर दोष दूर करें, फिर नया फ्यूज लगाएँ।

क्र. सं.	कारण	उपचार
IV. आल्टरनेटर का कम धारा बनाना।		
1.	डायोड खराब है।	डायोड बदलें।
2.	ड्राइव बैल्ट ढीली है।	ड्राइव बैल्ट एडजस्ट करें।
3.	स्टेटर का अर्थ हो जाना।	वायरिंग ठीक करें अथवा बदलें।
4.	वायरिंग संयोजन का गन्दा या ढीला होना।	संयोजन साफ करें तथा जोड़ टाइट करें।
5.	नियामक (रेगुलेटर) का सही एडजस्ट न होना।	नियामक (रेगुलेटर) ठीक व्यवस्थित करें।
V. आल्टरनेटर का घूमने पर आवाज करना।		
1.	बियरिंग खराब है।	बियरिंग बदलें।
2.	पुली या फैन का ढीला होना।	दोष देखकर टाइट करें।
3.	आल्टरनेटर फाउण्डेशन बोल्ट ढीले होना।	फाउण्डेशन बोल्ट टाइट करें।
4.	ड्राइव बैल्ट खराब होना।	ड्राइव बैल्ट बदलें।
5.	नियामक (रेगुलेटर) में वायु गैप का अधिक होना।	दोष देखकर उपचार करें।
VI. नियामक (रेगुलेटर) का शीघ्र जल जाना।		
1.	रोटर का शॉर्ट होना।	रोटर वायरिंग ठीक करें अथवा रोटर बदलें।
2.	नियामक (रेगुलेटर) का सही अर्थ न होना।	सही अर्थ करें।
3.	नियामक (रेगुलेटर) में वायु गैप का अधिक होना।	गैप सही व्यवस्थित करें।

31.3 ट्रैक्टर सम्बन्धी प्रकाशीय परिपथ Tractor Related Lighting Circuits

एक ट्रैक्टर मूलत: अनेक अवयवों (components) एवं यन्त्रावलियों (mechanisms) का एकीकृत संयोजन होता है, जिसमें परिपथों (circuits) की विशेष भूमिका होती है। ऐसे में उन परिपथों का ज्ञान होना भी आवश्यक (necessary) हो जाता है। यहाँ पर परिपथ में ट्रैक्टर के समायोजित प्रकाशीय परिपथों को दर्शाया गया है

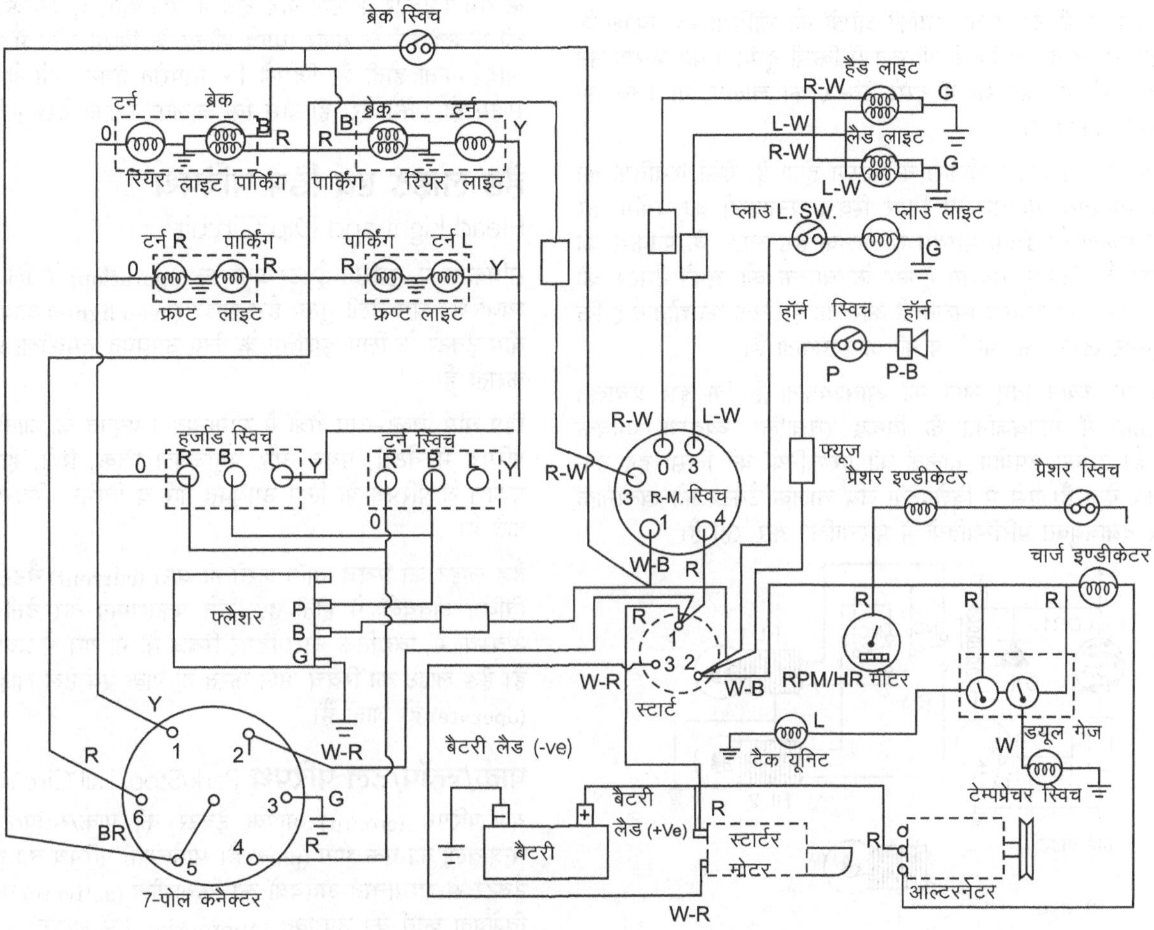

CODE	COLOUR	CODE	COLOUR
Br	Brown		
W	White	B-G	Black with green
B	Black	R-Y	Red with Yellow
P	Green	P-B	Purple with black
O	Orange	W-R	White with red
L	Blue	L-W	Blue with white
Y	Yellow	Y-B	Yellow with black
R	Red	B-Y	Black with yellow

चित्र ट्रैक्टर वायरिंग परिपथ कलर कोड सहित

हैड लाइट का डिपर/डिमर परिपथ

Dipper/Dimmer Circuit of Head Light

हैड लैम्पों के स्वचालित डिपिंग/डिमिंग प्रचालन हेतु डिपर/डियर परिपथ को प्रयुक्त कर सकते हैं। ऐसा सामने वाले ट्रैक्टर के हैड लैम्पों से आ रहे तीव्र प्रकाश की प्रतिक्रिया स्वरूप होता है। आप ऐसी स्थिति का सामना सीधे आ रहे किसी ट्रैक्टर के आपकी आँखों को चौंधिया रहे प्रकाश के कारण कर सकते हैं, जो किसी भी रूप में किसी दुर्घटना का कारण बन सकता है। ऐसी ही अवस्था में दूसरे ट्रैक्टर का चालक भी स्वयं को महसूस कर सकता है।

ऐसे ट्रैक्टर के हैड लाइट फोकस के कारण होता है। ऐसी स्थितियों का सामना सामान्यतया मानवजनित डिपर स्विच यन्त्रावली का प्रयोग कर किया जा सकता है। इसके माध्यम से चालक हैड लाइट के फोकस को डिप करता है, जिससे विपरीत ट्रैक्टर के चालक को अपने ट्रैक्टर को व्यवस्थित करने का अवसर मिलता है और यह इस बात का द्योतक है कि उसके ट्रैक्टर लैम्प्स को भी डिप की आवश्यकता है।

यहाँ इस पर ध्यान दिए जाने की आवश्यकता है कि इस प्रचालन (operation) में मानवजनित के विरुद्ध स्वचालित व्यवस्था अधिक उपयुक्त है। इसका उपयोग चालक की परेशानियों को किसी हद तक सीमित कर देता है। ऐसे में विशेषतया जब चालक ट्रैक्टर को खतरनाक हाइवे पर दबावयुक्त परिस्थितियों में परिचालित कर रहा है।

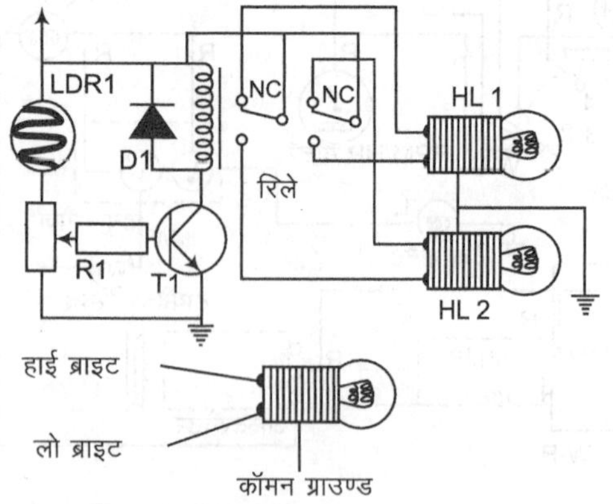

LDR1 = Light Dependent Resistor
D1 = Diode
T1 = Transistor
NC = Normally Closed
HL1 = Head Light 1
HL2 = Head Light 2

चित्र ट्रैक्टर हैड लाइट का डिपर/डिमर परिपथ

दर्शित चित्र डिपर या डिमर परिपथ की प्रभाविता की स्पष्ट व्याख्या करता है। इस परिपथ में ट्रांसिस्टर को कम्परेटर के रूप में प्रयुक्त किया जाता है। ट्रैक्टर की हैड लाइट से एल.डी.आर. के ऊपर पड़ रहा प्रकाश सामने से स्वत: अपनी प्रतिरोधकता खो रहा है और ट्रांसिस्टर के आधार (base) से अधिक धारा (current) बहने की अनुमति प्रदान कर रहा है। ट्रांसिस्टर रिले को शासित एवं क्रियाशील करता है, जो प्रतिक्रिया स्वरूप कॉन्टैक्ट्स को इस प्रकार फ्लिप करते हैं कि मेजबान ट्रैक्टर के हैड लैम्प्स डिपर फिलामेन्ट से संयोजित हो जाते हैं, अपनी तीव्रता में परिवर्तन करके।

यह सम्पूर्ण परिपथ एक छोटे बॉक्स से सम्बद्ध हो सकता है और चालक के समीप ट्रैक्टर के डैश बोर्ड क्षेत्र में लगा होता है, जबकि एल. डी. आर. को एन्क्लोजर्स के बाहर विण्ड शील्ड के किसी कोने में लगाए जाने की आवश्यकता होती है, जिससे कि विपरीत ट्रैक्टर को ये देख सकने में सक्षम हो सकें। ऐसे ही जैसे कि चालक उसको देख सकेगा।

हैड लाइट एवं डिप परिपथ

Head Light and Dip Circuit

रात्रिकाल में सुरक्षित ट्रैक्टर प्रचालन (operation) के लिए अच्छी प्रकार व्यवस्थित चमकीली मुख्य हैड लाइटें (head lights) आवश्यक हैं। मुख्य बीम ट्रैक्टर के लिए ड्राइविंग के लिए उपयुक्त चमकीला प्रकाश उपलब्ध कराती है।

डिप बीम बिल्ट-अप क्षेत्रों में सामान्यतया प्रयुक्त की जाती है। हैड लाइट परिपथ में बैटरी, फ्यूज और फ्यूजिबल लिंक, रिले, हाईबीम संकेतक प्रकाश व परिपथ के लिए उपयुक्त तार व विभिन्न स्विचेज सम्मिलित होते हैं।

हैड लाइट का स्विच-ऑन करते ही धारा (current) बैटरी के माध्यम से विविध अवयवों से होती हुई, उसे प्रकाशमान कर देती है। डिप बीम अवस्था में, विद्युतिक धारा डिपर स्विच के माध्यम से प्रवाहित हो सकती है। हैड लाइट का स्विच ऑन करते ही पार्क एवं टेल लाइटें भी प्रचालित (operate) हो जाती हैं।

पार्क/स्टॉप/टेल परिपथ Park/Stop/Tail Circuit

यह परिपथ (circuit) आपके ट्रैक्टर की पार्क/स्टॉप/टेल लाइटों की यन्त्रावली का एक भाग (part) है। सामान्यत: परिपथ वह युक्ति है, जोकि ट्रैक्टर से सम्बन्धित अवयवों को क्रियाशील (activate) करती है। इसकी विशेषता कार्य को उपयुक्त (appropriate) में सम्पन्न करना होता है।

यदि स्थिति (position) की बात करें तो इनमें पार्क लाइटें निम्न वोल्टता युक्त होती हैं तथा हैड लाइटों के ठीक नीचे लगी होती हैं। इन लाइटों का उपयोग ट्रैक्टर के खड़े होने के दौरान किया जाता है।

इनका उपयोग ट्रैक्टर के भीड़ भरे क्षेत्र में तथा ज्यादा चमक-दमक वाले क्षेत्र में किया जाना संस्तुत है। पार्क/स्टॉप/टेल लाइटें पिछली नम्बर प्लेट के निकट लगी होती हैं।

इनका उपयोग ट्रैक्टर की नम्बर प्लेट को दर्शाने में तथा रात के समय मार्ग पर तथा मार्ग के किनारे खड़े ट्रैक्टर की स्थिति (position) को स्पष्ट करना होता है।

इसके अतिरिक्त आपके ट्रैक्टर के ये भाग भी ट्रैक्टर विशिष्टियों (specifications) के अनुरूप ट्रैक्टर में फिट किए जाते हैं।

ब्रेक लाइट परिपथ Brake Light Circuit

इस परिपथ का मुख्य कार्य ब्रेक लगने के उपरान्त ब्रेक लाइट को प्रकाशमान कर अन्य ट्रैक्टर चालकों को ब्रेक लगाए जाने सम्बन्धी संकेत देना है। इस प्रकार किसी चालक द्वारा भीड़ भरे क्षेत्रों में या आकस्मिक् रूप से ब्रेक का प्रयोग करने पर ब्रेक लाइट जलाकर इस चेतावनी रूपक प्रक्रिया के उपयोग का संकेत दे देती है।

मोड़ संकेत परिपथ Turn Signal Circuit

रात में दृश्यता-वृद्धि (increase in visibility) के उद्देश्य से ट्रैक्टर निर्माता ट्रैक्टरों में ऐसे परिपथों का भी पर्याप्त मात्रा में उपयोग कर रहे हैं। इनमें प्रयुक्त लाइटें सम्बन्धित लाइटें कही जाती हैं और श्वेत प्रकाश देती हैं तथा मुख्य रूप से बम्पर बार में फिट की जाती हैं तथा ये मोड़ संकेतों के रूप में प्रयुक्त की जाती हैं।

इस परिपथ के अन्तर्गत संयोजित अवयव व यन्त्रावलियाँ भी पूर्ववत् होती हैं, परन्तु उनके माध्यम से धारा का केवल पारेषण सम्बन्धित लाइटों को कराया जाता है। ये लाइटें हैड लाइटों व मोड़ संकेतों को स्विच ऑन के साथ ही क्रियाशील (activate) हो जाती हैं, परन्तु ट्रैक्टर के मुड़ने पर ही प्रज्वलित (ignite) होती हैं और मोड़ समाप्त होने पर स्वत: ही बन्द भी हो जाती हैं।

फॉग लाइट परिपथ Fog Light Circuit

इन लाइटों का उपयोग ट्रैक्टर के अन्य प्रकाशों के साथ घनी धुंध, वर्षा या फिर बर्फबारी जैसी स्थिति में किया जाता है। धुंध, क्योंकि घनीभूत जल-बूँदों से निर्मित होती है। अत: यह रात्रिकाल में हैड लाइटों के प्रकाश को रिफ्लेक्ट कर आपकी आँखों को प्रभावित कर सकती है। ऐसी दशाओं में फॉग लाइटें चालकों को काफी दूर तक देखने में मदद करती हैं तथा ट्रैक्टर का प्रचालन सन्तोषजनक गति से करने में सक्षम बनाती हैं।

इनको हैड लाइटों के स्थान पर पार्क लाइटों के साथ प्रयुक्त किया जाता है और इन्हीं के साथ परिपथीय व्यवस्था भी की गई होती है। अधिकांशत: ये पीले रंग में होती हैं, परन्तु अब श्वेत रंग की लाइटें भी आ रही हैं। ये विविध आकृतियों व आकारों में उपलब्ध होती हैं।

ये लाइटें चालक की आँखों पर रिफ्लेक्टेड प्रकाश बेहतर दृश्यता (visibility) प्रदत्त करती हैं। फॉग लाइटें सामान्यतया एक रिले व परिपथ विभाजक (circuit breaker) से मढ़ी (wired) होती हैं। इनकी संयोजन विधि स्थानीय नियमों-विनियमों पर निर्भर करती है। ट्रैक्टर शरीर नियन्त्रण इकाई-फॉग लाइटों के नियन्त्रण का कार्य करता है, उसके मूल उपकरण के रूप में।

31.4 स्टार्टर मोटर परिपथ Starter Motor Circuit

स्टार्टर मोटर इस सिद्धान्त पर आधारित है कि जब किसी कण्डक्टर को करण्ट प्रवाहित होने वाले चुम्बकीय क्षेत्र में रखते हैं, तो उस कण्डक्टर पर यान्त्रिक बल उत्पन्न हो जाता है, जो उसे घुमाता है। इस बल की दिशा फ्लेमिंग राइट हैण्ड रूल (fleming right hand rule) से ज्ञात होती है।

दिए गए चित्र में एक कण्डक्टर में करण्ट प्रवाहित हो रहा है। इसमें करण्ट के प्रवाहित होने की दिशा तारों द्वारा दर्शायी गई है। इससे कण्डक्टर के चारों ओर चुम्बकीय क्षेत्र (magnetic field) बनता है। इसकी दिशा घड़ी के विपरीत दिशा (anti-clockwise) है। यह कण्डक्टर चुम्बकीय क्षेत्र में स्थापित होता है।

इस क्षेत्र की बल रेखाएँ उत्तरी ध्रुव से दक्षिणी ध्रुव की ओर सीधी हैं। कण्डक्टर के बाईं ओर का वृत्ताकार चुम्बकीय क्षेत्र उसी दिशा में है, जिसमें चुम्बक का सीधा क्षेत्र है, परन्तु कण्डक्टर के दाईं ओर का क्षेत्र विपरीत दिशा में होता है। इससे कण्डक्टर के चारों ओर का क्षेत्र बलशाली होता है और दाईं ओर का क्षेत्र निर्बल होता है।

इससे कण्डक्टर के चारों ओर का क्षेत्र विकृत हो जाता है, क्योंकि चुम्बकीय बल रेखाओं का गुण रबर की तरह का होता है। अत: वे कम-से-कम लम्बाई की होकर सीधी होने का प्रयत्न करती हैं। इससे कण्डक्टर में जितना अधिक करण्ट होगा, उतनी ही अधिक चुम्बकीय बल रेखाएँ विकृत होंगी तथा उतना ही अधिक बल कण्डक्टर अधिक गति से घुमाएगा।

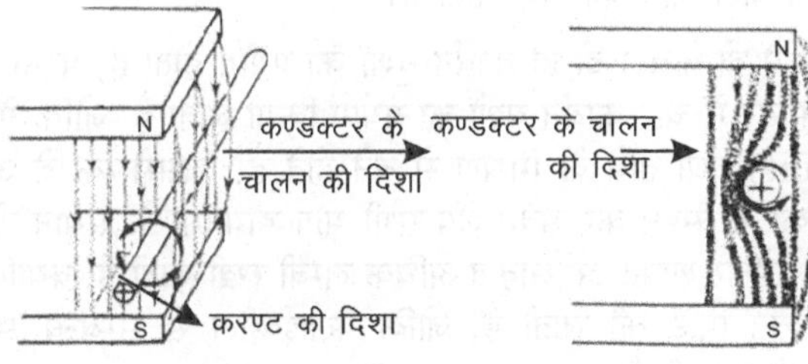

चित्र स्टार्टर मोटर का कार्य सिद्धान्त

परिपथ Circuit

स्टार्टर मोटर प्रणाली में तीन इकाइयों (units) का योगदान होता है

1. बैटरी
2. स्टार्टिंग स्विच
3. सैल्फ स्टार्टर

इसमें बैटरी से सीधे ही धारा प्राप्त करने की व्यवस्था की जाती है, अन्य विद्युत यन्त्रों से इसका परिपथ (circuit) बिल्कुल पृथक् रहता है।

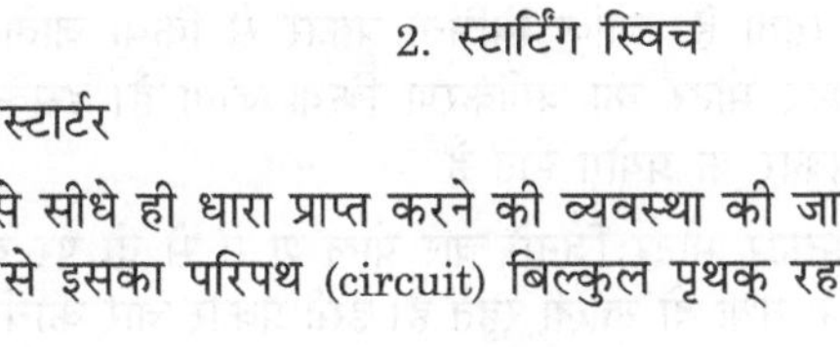

चित्र स्टार्टिंग परिपथ

बनावट Construction

स्टार्टर मोटर की बनावट देखने में लगभग डायनमो जैसी ही होती है तथा इसमें भी डायनमो के समान पोल शू, फील्ड क्वॉयल, आर्मेचर, कम्यूटेटर तथा ब्रुश आदि होते हैं।

सैल्फ स्टार्टर मोटर प्राय: सीरीज वाउण्ड (series wound) होते हैं। इनकी फील्ड क्वॉयल तथा आर्मेचर वाइण्डिंग ताँबे के इन्सुलेटेड मोटे तार की अथवा ताँबे की पतली पत्तियों (copper strips) की होती हैं, क्योंकि क्रैंक शाफ्ट को घुमाने के लिए अधिक शक्ति की आवश्यकता होती है, इसीलिए इसे इस प्रकार की वाइण्डिंग द्वारा बनाया जाता है।

इसमें प्रतिरोध (resistance) बहुत कम रह जाता है तथा अधिक करण्ट प्राप्त किया जा सकता है, जिससे यह पर्याप्त शक्ति से क्रैंक शाफ्ट को घुमाने में समर्थ रहता है, क्योंकि इसमें बहुत अधिक धारा ली जाती है, जोकि लगभग 400 से 500 एम्पियर तक होता है।

इस कारण यह शीघ्र ही गर्म हो जाता है, इसलिए इसे एक बार में 30सेकण्ड से अधिक देर तक नहीं चलाना चाहिए अन्यथा इसकी वाइण्डिंग जल जाने का भय रहता है।

डायनमो में तो केवल दो ही कार्बन ब्रुशों का प्रयोग होता है, परन्तु सैल्फ स्टार्टर मोटर में चार कार्बन ब्रुशों का प्रयोग किया जाता है, जोकि ग्रेफाइट (graphite) तथा ताँबे के मिश्रण से बने होते हैं, जिससे कि वे अधिक करण्ट को भी सहन कर सकें। शेष सभी भाग डायनमो के समान होते हैं, केवल आर्मेचर शाफ्ट अपेक्षाकृत अधिक लम्बी रखी जाती है, क्योंकि इस पर पिनियन फिट की जाती है, जोकि फ्लाईव्हील से सम्बन्ध स्थापित करके उसे घुमाती है।

वायरिंग परिपथ Wiring Circuit

जैसा कि ऊपर बताया गया है कि ये स्टार्टर सीरीज वाउण्ड होते हैं तथा इनमें चार पोल शू तथा चार ब्रुशों का प्रयोग होता है। इनका सम्बन्ध आर्मेचर से रहता है, जोकि विभिन्न प्रकार से किया जाता है। इसी के अनुसार स्टार्टर मोटर का वर्गीकरण किया जाता है। इसके अनुसार ये प्राय: तीन प्रकार के प्रयोग होते हैं

1. ऐसे स्टार्टर मोटर जिनमें चार पोल शू में से दो पर वाइण्डिंग की जाती है तथा दो खाली रहते हैं। इसी प्रकार चार कार्बन ब्रुशों में से दो इन्सुलेटेड रहते हैं, जिनका सम्बन्ध फील्ड क्वॉयल से रहता है। शेष दो कार्बन ब्रुश स्टार्टर बॉडी के साथ अर्थ (earth) रहते हैं।
2. ऐसे स्टार्टरों मोटरों जिनमें चारों पोल शू पर फील्ड वाइण्डिंग की जाती है तथा चार कार्बन ब्रुशों में से दो का सम्बन्ध फील्ड क्वॉयल से रहता है। ये इन्सुलेटेड रखे जाते हैं तथा दो कार्बन ब्रुश अर्थ (earth) रहते हैं।
3. जिनमें चारों पोल शू पर फील्ड क्वॉयल होते हैं, जिनका सम्बन्ध चारों इन्सुलेटेड कार्बन ब्रुशों से रहता है। इस प्रकार के सर्किट में कोई भी कार्बन ब्रुश अर्थ नहीं किया जाता है, इसके विपरीत एक फील्ड क्वॉयल को अर्थ करके विद्युत परिपथ पूरा किया जाता है।

निम्न चित्र में स्टार्टर वायरिंग परिपथीय व्यवस्था को दर्शाया गया है।

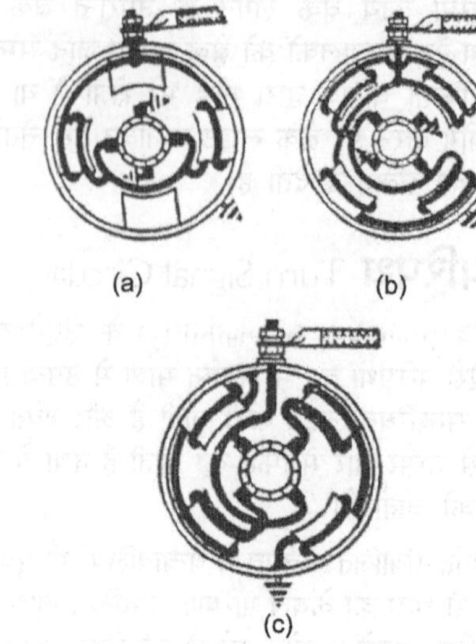

चित्र स्टार्टर वायरिंग परिपथीय व्यवस्था

कार्यविधि Working Method

प्राय: ट्रैक्टर की बैटरी का नेगेटिव (–ve) टर्मिनल केबिल की सहायता से चेसिस के साथ अर्थ (earth) किया जाता है। बैटरी का पॉजिटिव (+ve) टर्मिनल केबिल द्वारा स्टार्टर मोटर के मेन टर्मिनल से जोड़ा जाता है। इस पॉजिटिव परिपथ के बीच विशेष प्रकार के स्विच (switch) की व्यवस्था रहती है, क्योंकि स्टार्टर की बॉडी कास्ट आयरन की बनी हुई होती है, इसलिए जहाँ भी इसे कसा जाता है वहाँ उसे बैटरी का नेगेटिव प्राप्त हो जाता है।

जब स्टार्टिंग स्विच चालू (ON) किया जाता है तो करण्ट फील्ड क्वॉयल में बहता है जोकि मेन टर्मिनल से जुड़े रहते हैं। यह करण्ट स्टार्टर बॉडी के द्वारा अर्थ होकर नेगेटिव प्राप्त करके अपना परिपथ पूरा कर लेता है। इस करण्ट के प्रभाव से आमने-सामने के फील्ड क्वॉयलों में एकसमान चुम्बकीय ध्रुवों की रचना होती है। जैसा कि पहले बताया गया है कि एकसमान चुम्बकीय ध्रुव एक-दूसरे को धकेलने का प्रयत्न करते हैं तथा इसके विपरीत असमान चुम्बकीय ध्रुव एक-दूसरे को आकर्षित करते हैं।

इसी सिद्धान्त के अनुसार जब फील्ड क्वॉयलों के बीच आर्मेचर (armature) को करण्ट प्राप्त होता है तो फील्ड क्वॉयलों की चुम्बकीय बल रेखाओं के बीच आर्मेचर में घूमने का बल पैदा हो जाता है तथा वह घूमने लगता है।

आर्मेचर के घूमने की गति दी गई करण्ट की मात्रा एवं उस पर लिपटे ताँबे के तारों के घुमाव की संख्या पर निर्भर करती है। आर्मेचर शाफ्ट के एक सिरे पर फ्लाईव्हील घुमाने के लिए ड्राइव मैकेनिज्म (drive mechanism) लगा रहता है, जोकि आर्मेचर के घूमने पर आगे बढ़कर फ्लाईव्हील को घुमाने लगता है।

सोलेनॉयड स्विच Solenoid Switch

स्टार्टर मोटर विद्युत यन्त्रों में सबसे अधिक धारा लेकर घूमता है इसलिए बैटरी के साथ इसे जोड़ने के लिए पर्याप्त ताँबे के केबिल का प्रयोग किया जाता है। इसके साथ ही इसमें सामान्य स्विच कार्य नहीं कर सकता, इसलिए सैल्फ के साथ विशेष प्रकार का एक स्विच प्रयोग होता है, जिसे सोलेनॉयड स्विच कहते हैं। इसे सैल्फ स्टार्टर मोटर पर या उसके पास ही फिट किया जाता है।

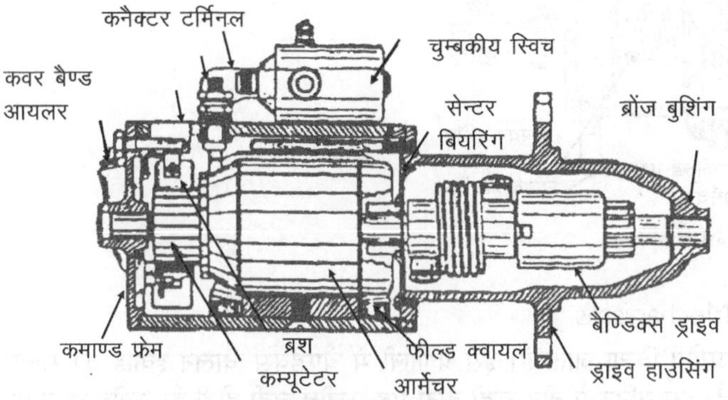

चित्र सैल्फ स्टार्टर मोटर

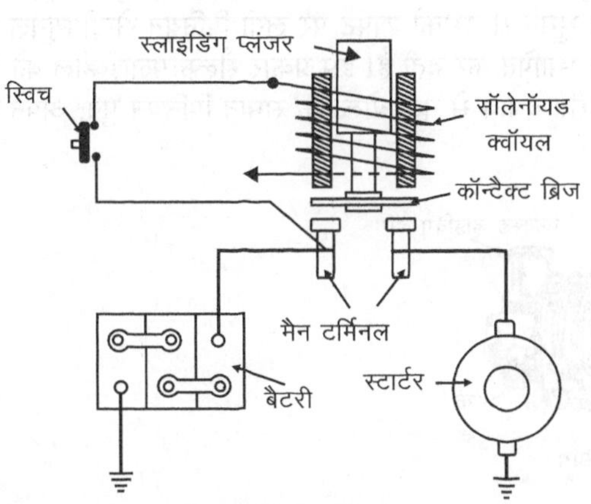

चित्र सॉलेनॉयड स्विच

इसमें निम्नलिखित मुख्य भाग होते हैं

1. मेन टर्मिनल
2. कॉन्ट्रैक्ट ब्रिज
3. हॉलो कोर
4. सोलेनॉयड क्वॉयल
5. स्लाइडिंग प्लंजर
6. सोलेनॉयड टर्मिनल

इस स्विच पर तीन टर्मिनल बने होते हैं तथा यह सील्ड यूनिट होता है। एक टर्मिनल से बैटरी का पॉजिटिव (+ve) केबिल जोड़ा जाता है। दूसरे टर्मिनल से फील्ड क्वॉयल को स्टार्टर के मेन टर्मिनल की सहायता से जोड़ा जाता है। तीसरा टर्मिनल डैश बोर्ड के स्टार्टिंग स्विच से जुड़ा रहता है।

जब डैश बोर्ड का स्टार्टिंग स्विच चालू (ON) किया जाता है तो विद्युत धारा सोलेनॉयड टर्मिनल से होकर सोलेनॉयड क्वॉयल पर पहुँचती है। यह क्वॉयल क्योंकि अर्थ रहता है इस कारण विद्युत परिपथ पूरा हो जाता है।

इससे सोलेनॉयड क्वॉयल में विद्युत चुम्बक बनता है। चुम्बक के कारण स्लाइडिंग प्लंजर मेन टर्मिनलों को आपस में जोड़ देता है।

इस प्रकार बैटरी का करण्ट सीधे स्टार्टर मोटर में जाने लगता है। जब स्टार्टिंग स्विच बन्द (OFF) कर दिया जाता है तो सोलेनॉयड क्वॉयल में चुम्बक समाप्त हो जाता है तथा स्प्रिंग के कारण प्लंजर ऊपर उठकर मेन टर्मिनलों का सम्बन्ध तोड़ देता है।

इस स्विच का सबसे बड़ा लाभ यह है कि डैश बोर्ड तक तो कम करण्ट पतले तार द्वारा चला जाता है, जिससे सोलेनॉयड स्विच कार्य करता है। सैल्फ स्टार्टर मोटर को किसी तार द्वारा अधिक करण्ट देने की आवश्यकता नहीं होती।

स्टार्टर ड्राइव यन्त्रावली
Starter Drive Mechanisms

सभी प्रकार के स्टार्टर मोटर तो लगभग एकसमान ही होते हैं, परन्तु फ्लाईव्हील तथा स्टार्टर मोटर का सम्बन्ध जोड़ने वाले ड्राइव मैकेनिज्म में अन्तर रहता है।

चालन यन्त्रावलियाँ कई प्रकार की प्रयोग की जाती हैं। इनमें सैल्फ आर्मेचर तथा फ्लाईव्हील के बीच 15 : 1 का गियर अनुपात रहता है अर्थात् जब सैल्फ पिनियन के 15 चक्कर हो जाते हैं तो फ्लाईव्हील एक चक्कर घूम पाता है।

इससे शक्तिशाली टॉर्क मिलता है। इंजन के चलते ही इनका सम्बन्ध टूट जाना आवश्यक है अन्यथा इंजन की गति के साथ सैल्फ आर्मेचर आदि घूमने लगे तो कम्यूटेटर सिगमेन्ट तथा कनेक्शन आदि टूटने का भय रहेगा। इसी प्रयोजन से विशेष प्रकार के मैकेनिज्म ड्राइव देने के लिए प्रयोग किए जाते हैं। ये निम्न प्रकार हैं

1. लीवर या ओवर रनिंग क्लच प्रकार की यन्त्रावली
Lever or Over Running Clutch Type Mechanism

कुछ पुराने टैक्टरों में स्टार्टर मोटर के साथ हाथ द्वारा चालित लीवर की सहायता से ड्राइव पिनियन तथा फ्लाईव्हील का सम्बन्ध स्थापित किया जाता है।

इस प्रणाली में ड्राइविंग सीट के पास ही एक लीवर लगा रहता है, जिसका सम्बन्ध शिफ्ट लीवर से रहता है। जब सैल्फ घुमाना होता है, तो इस लीवर को दबाया जाता है, इससे शिफ्ट लीवर एक ही समय में स्टार्टिंग स्विच को दबा (push) भी देता है तथा ड्राइव मैकेनिज्म को फ्लाईव्हील से जोड़ भी देता है। लीवर पर से दबाव हटते ही स्टार्टिंग स्विच बन्द (OFF) हो जाता है तथा ड्राइव मैकेनिज्म भी फ्लाईव्हील से सम्बन्ध तोड़ लेता है।

निम्न चित्र में लीवर टाइप ड्राइव मैकेनिज्म को दर्शाया गया है।

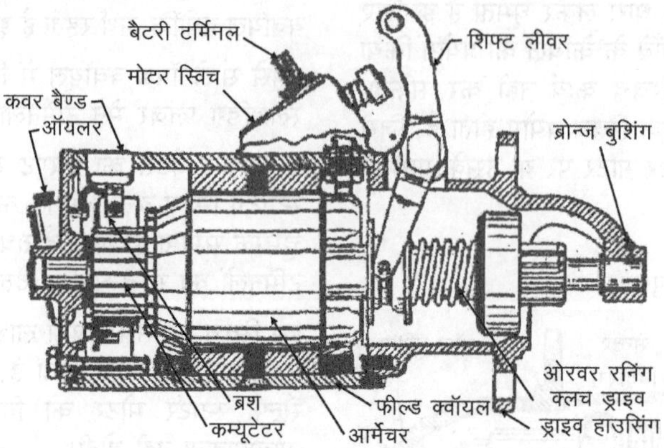

चित्र लीवर टाइप ड्राइव मैकेनिज्म

2. बैण्डेक्स प्रकार की चालन यन्त्रावली Bendex Type Drive Mechanisms

इस प्रणाली के अतिरिक्त कुछ स्टार्टरों मोटर में बैण्डेक्स चालन पिनियन का प्रयोग किया जाता है। इस प्रणाली में बैण्डेक्स चालन इकाई को सैल्फ आर्मेचर शाफ्ट पर आगे की ओर चाबी (key) की सहायता से फिट किया जाता है। इस यूनिट में तीन चूड़ी कटी एक स्लीव चढ़ी होती है। स्लीव के ऊपर बैण्डेक्स पिनियन फिट रहती है, जिसके ऊपर फ्लाईव्हील रिंग गियर के अनुरूप दाँते बने होते हैं तथा अन्दर की ओर स्लीव के अनुसार चूड़ी कटी होती हैं। जब स्टार्टिंग स्विच चालू (ON) किया जाता है, तो आर्मेचर घूमने लगता है। आर्मेचर घूमने से उसकी शाफ्ट पर लगी पिनियन सेन्ट्रीफ्यूगल बल द्वारा स्लीव पर फिसलकर आगे बढ़ जाती है और आर्मेचर शाफ्ट तथा फ्लाईव्हील से सम्बन्ध स्थापित कर देती है। इस प्रकार सैल्फ फ्लाईव्हील को भी घुमाने लगता है। जैसे ही स्टार्टिंग स्विच बन्द किया जाता है अथवा इंजन स्टार्ट होता है तो विपरीत दबाव से नट-बोल्ट के समान पिनियन पुन: अपने स्थान पर आ जाती है। इस प्रकार फ्लाईव्हील तथा स्टार्टर का सम्बन्ध टूट जाता है।

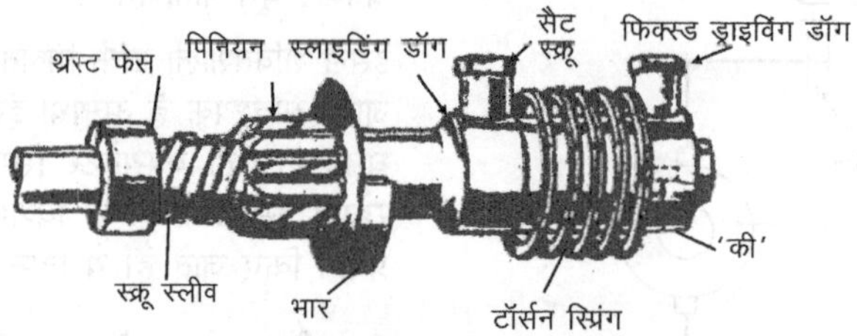

चित्र बैण्डेक्स चालन

3. अक्षीय प्रकार की चालन यन्त्रावली Drive Mechanisms of Axial Type

इस प्रणाली में ड्राइव पिनियन आर्मेचर शाफ्ट के साथ ही फिट रहती है तथा सारा आर्मेचर ही अपनी शुरू की चाल में आगे की ओर सरककर पिनियन को फ्लाईव्हील से मिलाता है। जब स्टार्टिंग स्विच चालू (ON) किया जाता है, तो सैल्फ आर्मेचर शुरू में धीमी गति से घूमने लगता है। इसके लिए विशेष व्यवस्था के रूप में सहायक शंट तथा सीरीज (shunt and series) वाइण्डिंग अतिरिक्त की जाती है। इस प्रकार के सैल्फ स्टार्टर मोटर में दो चरणों (steps) वाला सोलेनॉयड स्विच का प्रयोग भी किया जाता है।

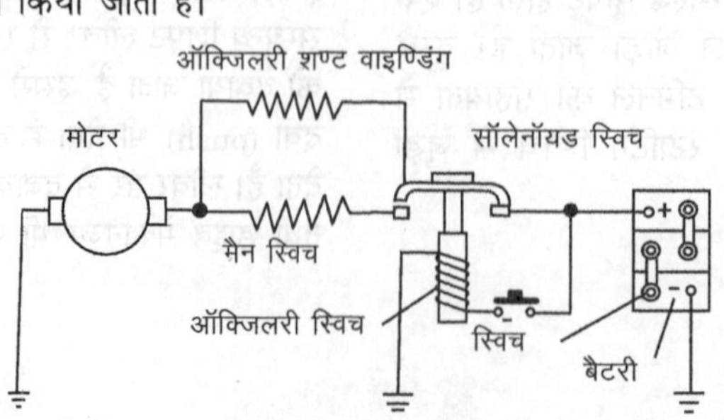

चित्र चालन यन्त्रावली

इस प्रणाली का सबसे बड़ा लाभ यह है कि पिनियन तथा फ्लाईव्हील रिंग गियर की पकड़ बहुत अच्छी होती है तथा पिनियन के दाँते बहुत दिनों तक खराब नहीं होते हैं। उपरोक्त ड्राइव मैकेनिज्म के अतिरिक्त कुछ स्टार्टरों के साथ करण्ट रिवर्सेबिल स्विच का भी प्रयोग किया जाता है। इनके प्रयोग से विद्युत धारा के बहाव की दिशा-परिवर्तन करके पिनियन का सम्बन्ध फ्लाईव्हील से तोड़ने का प्रबन्ध किया जाता है। कुछ सैल्फों में ओवर रनिंग क्लच का प्रयोग भी इस कार्य के लिए किया जाता है।

स्टार्टर मोटर सम्बन्धी दोषोपचार Troubleshooting Related to Starter Motor

इंजन आरम्भ करना अर्थात् अनेक अवयवों एवं यन्त्रावलियों को एक साथ क्रियाशील (activate) करना है। ऐसे में कुछ दोष भी उत्पन्न होते हैं जिनमें से सामान्य दोषोपचारों का यहाँ पर विवरण दिया जा रहा है

क्र. सं.	कारण	उपचार
I. स्टार्टर न घूमना अथवा धीमे घूमना		
1.	बैटरी का कमजोर होना।	बैटरी रीचार्ज करें।
2.	बैटरी टर्मिनलों का गन्दा होना।	टर्मिनल साफ व गर्म पानी से साफ करें।
3.	बैटरी का सही अर्थ न होना।	बैटरी सही प्रकार से अर्थ करें।
4.	बैटरी केबिल के तारों का अन्दर से टूटना।	नया केबिल बदलें।
5.	सोलेनॉयड स्विच के प्वॉइण्ट का जला होना।	सोलेनॉयड के प्वॉइण्ट बदलें।
6.	कम्यूटेटर के सिग्मेन्टों का शॉर्ट होना।	सेग्मेण्ट साफ करें।
7.	आर्मेचर क्वॉयलों के तारों का कम्यूटेटर ढीला होना।	तारों की सोल्डरिंग करें।
8.	आर्मेचर शाफ्ट बियरिंगों या ब्रुशों का घिस जाना।	नई बियरिंग व ब्रुश डालें।
9.	कॉपर ब्रुशों का होल्डर में जाम हो जाना।	ब्रुश साफ करके होल्डर में फ्री करें।
10.	फील्ड कनेक्शन का आपस में ढीला होना।	कनेक्शन पक्का करें।
11.	रिंग गियर तथा स्टार्टर पिनियन के दाँतों का घिस जाना।	रिंग गियर व पिनियन बदलें।
II. स्टार्टर की पिनियन का एंगेज न होना		
1.	बैटरी का कमजोर होना।	बैटरी रीचार्ज करें अथवा बदलें।
2.	वायरिंग का ढीला होना।	वायरिंग टाइट करें।
3.	सोलेनॉयड स्विच का ठीक न होना।	सोलेनॉयड स्विच बदलें।
4.	स्टार्टर रिले का खराब होना।	रिले बदलें।
5.	स्टार्टिंग स्विच का खराब होना।	स्विच बदलें।
III. स्टार्टर पिनियन तो घूमती है पर फ्लाईव्हील नहीं		**घूमता है**
1.	बैण्डेक्स पिनियन का शाफ्ट पर जाम होना।	साफ करके फिट करें।
2.	आर्मेचर शाफ्ट टेढ़ी होना।	आर्मेचर शाफ्ट बदलें।
3.	बैण्डेक्स के स्प्रिंग का टूटा होना।	स्प्रिंग बदलें।
4.	बैण्डेक्स हाउजिंग का टूटा होना।	हाउजिंग बदलें।
5.	आर्मेचर शाफ्ट के स्प्लाइन का घिस जाना।	आर्मेचर शाफ्ट बदलें।
6.	फ्लाईव्हील रिंग गियर के दाँते खराब होना।	रिंग गियर बदलें।
7.	पिनियन का सही एडजस्ट न होना।	पिनियन सही एडजस्ट करें।
8.	सोलेनॉयड स्विच का खराब होना।	सोलेनॉयड स्विच बदलें।
IV. स्टार्टर पिनियन का फ्लाईव्हील से वापस न आना		
1.	स्टार्टर पिनियन का जाम होना।	पिनियन साफ करके फिट करें।
2.	सोलेनॉयड स्विच का खराब होना।	सोलेनॉयड स्विच बदलें।
3.	स्टार्टर स्विच का खराब होना।	स्विच बदलें।
4.	पिनियन का सही एडजस्ट न होना।	पिनियन सही एडजस्ट करें।

महत्त्वपूर्ण बिन्दु

- ट्रैक्टर में विभिन्न प्रकार के कार्यों जैसे-प्रकाश, ध्वनि आदि के लिए विद्युत प्रणाली की व्यवस्था की जाती है।
- ट्रैक्टर को रात्रि में चलाते समय हैड लाइट का प्रकाशित होना आवश्यक है।
- हैड लाइट में खुली असेम्बली के अतिरिक्त कुछ ट्रैक्टरों में सील्ड बीम का भी प्रयोग किया जाता है।
- विद्युत प्रकाश की किसी भी व्यवस्था में बल्ब मुख्य भाग होता है।
- ट्रैक्टर की हैडलाइट, साइड लाइट तथा टेल लाइट, एक ही मास्टर लाइट स्विच द्वारा जलाई व बुझाई जाती है। इस स्विच को इन्स्ट्रूमेण्ट पैनल पर लगाया जाता है।
- ट्रैक्टर की हैड लाइट में डबल फिलामेण्ट बल्ब का उपयोग किया जाता है।
- पार्किंग लाइट, डैश बोर्ड में स्थित एक ऐसा संकेतक है जो ट्रैक्टरों को पार्किंग के दौरान ब्रेक आरोपित करने का संकेत प्रदान करता है।
- सड़क पर चल रहे ट्रैक्टर को मुड़ने का संकेत देने के लिए इण्डीकेटर का उपयोग किया जाता है।
- ट्रैक्टर की टंकी में कितना फ्यूल शेष है यह दर्शाने के लिए फ्यूल गेज का उपयोग किया जाता है।
- अधिकतर हॉर्न के साथ एक विद्युत का विशेष उपकरण उपयोग किया जाता है, जिसे हॉर्न कहते हैं।
- ट्रैक्टर मे बैटरी को चार्ज करने के लिए डायनमो का उपयोग किया जाता है।
- चेतावनी लैम्प, इग्नीशन सर्किट और आवेशन सर्किट के मध्य एक संतुलित पैमाना है।
- निरन्तर धारा विधि के अन्तर्गत बैटरी के पूरा आवेशित होने तक बैटरी में आवेशन का स्तर एक समान रखा जाता है।
- निरन्तर पोटैन्शियल विधि में प्रणाली की वोल्टता औसतन लगभग 2.7V प्रति सैल होती है।
- ट्रैक्टर की स्टार्टर प्रणाली में बैटरी, स्टार्टिंग स्विच तथा सैल्फ स्टार्टर मुख्य भाग होते हैं।
- अक्षीय प्रकार की चालन यन्त्रावली में ड्राइव पिनियन, आर्मेचर के साथ ही फिट रहती है।

महत्त्वपूर्ण प्रश्नोत्तरी

1. ट्रैक्टर की हैड लाइट में किस प्रकार के बल्ब का उपयोग किया जाता है?

उत्तर ट्रैक्टर की हैड लाइट में डबल फिलामेण्ट वाले बल्ब का उपयोग किया जाता है।

2. ट्रैक्टर की पार्किंग लाइट से आप क्या समझते हैं?

उत्तर यह डैश बोर्ड में स्थित एक ऐसा संकेतक है, जो ट्रैक्टरों को पार्किंग के दौरान ब्रेक आरोपित करने का संकेत प्रदान करता है।

3. बैटरी के इलेक्ट्रोलाइट का विशिष्ट घनत्व कितना होता है?

उत्तर बैटरी के इलेक्ट्रोलाइट का विशिष्ट घनत्व 12.5 से 12.8 होता है।

4. निरन्तर पोटैन्शियल विधि में विद्युत प्रणाली की वोल्टता कितनी होती है?

उत्तर निरन्तर पोटैन्शियल विधि में विद्युत प्रणाली की वोल्टता 2.7V प्रति सैल होती है।

5. स्टार्टर मोटर किस सिद्धान्त पर आधारित है?

उत्तर स्टार्टर मोटर इस सिद्धान्त पर आधारित है कि जब किसी कण्डक्टर को करण्ट प्रवाहित करने वाले चुम्बकीय क्षेत्र में रखते हैं तो उस कण्डक्टर पर यान्त्रिक बल उत्पन्न हो जाता है।

अभ्यास प्रश्न

परीक्षा प्रारूपी प्रश्न

बहुविकल्पीय

1. टेल लाइट में ·············· बल्ब प्रयोग होते हैं।
   (a) डबल फिलामेन्ट (b) एकल फिलामेन्ट
   (c) 'a' और 'b' दोनों (d) इनमें से कोई नहीं
2. निम्न में से कौन-सा घटक तारों में उत्पन्न हानि को कम करता है?
   (a) रिले (b) वायरिंग हारनैस
   (c) 'a' और 'b' दोनों (d) फ्यूज
3. ट्रैक्टर की हैड लाइट ············ धारा खर्च करती है।
   (a) 3 से 5 एम्पियर
   (b) 5 से 15 एम्पियर
   (c) 13 से 20 एम्पियर
   (d) 35 से 45 एम्पियर
4. प्रिज़मेटिक लैन्स का दूसरा नाम क्या है?
   (a) साधारण ग्लास (b) हैड लाइट ग्लास
   (c) रिफ्लेक्टर ग्लास (d) नॉन रिफ्लेक्टिव ग्लास
5. निम्न में से कौन-सा एक हैड लाइट का भाग नहीं है?
   (a) गैस्केट (b) बल्ब
   (c) रिफ्लेक्टर (d) बैटरी
6. बल्बों की मुख्यतया कितनी श्रेणी हैं?
   (a) 1 (b) 2 (c) 3 (d) 4
7. पोल के आधार पर ट्रैक्टरों में प्रयुक्त वायरिंग है
   (a) सिंगल पोल
   (b) डबल पोल
   (c) 'a' और 'b' दोनों
   (d) उपरोक्त में से कोई नहीं
8. टेल लाइट के लिए प्राय: ट्रैक्टरों में किस प्रकार के बल्ब का प्रयोग किया जाता है?
   (a) प्रि-फोकस (b) बायनेट
   (c) स्क्रू टाइप (d) फैस्टून
9. प्रकाशीय प्रणाली में लैम्प का न जलना निम्न में से किसका कारण हो सकता है?
   (a) बैटरी का डिस्चार्ज होना
   (b) ढीले या टूटे तार का होना
   (c) बल्ब फ्यूज होना
   (d) उपरोक्त सभी
10. हैड लाइट डिपर या डिमर परिपथ में ट्रांसिस्टर को निम्न में से किस रूप में प्रयोग किया जाता है?
    (a) बैटरी (b) कम्पेरेटर
    (c) आल्टरनेटर (d) डायनमो
11. निम्न से किस लाइट का प्रयोग मार्ग के किनारे खड़े वाहन की स्थिति को स्पष्ट करने के लिए किया जाता है?
    (a) टेल लाइट (b) हैड लाइट
    (c) ब्रेक लाइट (d) फॉग लाइट
12. ट्रैक्टरों में लैम्पों के द्वारा कम रोशनी देने का कारण हो सकता है
    (a) बैटरी का कमजोर होना
    (b) रिफ्लेक्टर का खराब होना
    (c) बल्ब का ठीक प्रकार से फिट न होना
    (d) उपरोक्त सभी
13. ट्रैक्टरों में लैम्पों का कभी तेज तथा कभी धीमे जलने का कारण निम्न में से कौन-सा नहीं है?
    (a) बैटरी कमजोर होना
    (b) लैम्प संयोजनों का ढीला होना
    (c) बैटरी का आवेशित होना
    (d) तारों का टूटा या ढीला होना
14. ट्रैक्टर में किस प्रकार की बैटरी प्रयोग होती है?
    (a) एल्कैलाइन (b) निकिल-आयरन
    (c) निकिल-कैडमियम (d) लैड-एसिड
15. बैटरी प्लेटें बनी होती हैं
    (a) रबर की
    (b) सीसे की
    (c) लोहे की
    (d) उपरोक्त में से कोई नहीं
16. बैटरी के सेलों में कितनी ऊँचाई तक इलेक्ट्रोलाइट भरा होना चाहिए?
    (a) 15 मिमी ऊपर तक (b) 10 मिमी ऊपर तक
    (c) 5 मिमी नीचे तक (d) इनमें से कोई नहीं
17. बैटरी बॉक्स किस धातु का बना होता है?
    (a) प्लास्टिक
    (b) एल्युमीनियम
    (c) हार्ड रबर
    (d) बैकेलाइट

18. अनावेशित बैटरी किससे आवेशित होती है?
(a) डायनमो से (b) दूसरी बैटरी से
(c) इलेक्ट्रोलाइट से (d) इनमें से किसी से नहीं

19. डायनमो धारा बनाता है
(a) ए.सी. (b) डी.सी.
(c) ए.सी. व डी.सी. (d) इनमें से कोई नहीं

20. आल्टरनेटर के ए.सी. को डी.सी. में बदलते हैं
(a) बैटरी चार्जर द्वारा
(b) रेक्टीफायर द्वारा
(c) सुपर चार्जर द्वारा
(d) उपरोक्त में से कोई नहीं

21. आल्टरनेटर के मुख्य भाग हैं
(a) रोटर व स्टेटर
(b) बियरिंग
(c) नियामक (रेगुलेटर)
(d) उपरोक्त में से कोई नहीं

22. वोल्टेज रेगुलेटर में बैटरी तथा करण्ट टर्मिनल के अतिरिक्त होता है
(a) डायोड टर्मिनल
(b) सी. बी. प्वॉइण्ट टर्मिनल
(c) वोल्टेज टर्मिनल
(d) उपरोक्त में से कोई नहीं

23. स्टार्टर एक मोटर है जो चलती है
(a) ए.सी. से (b) डी.सी. से
(c) 'a' और 'b' दोनों से (d) इनमें से कोई नहीं

24. एक आल्टरनेटर में डायोड प्रयोग होते हैं
(a) 3 (b) 2 (c) 4 (d) 6

25. स्टार्टर मोटर होती है
(a) मैग्नेटिक वाउण्ड
(b) सीरीज वाउण्ड
(c) शंट वाउण्ड
(d) सीरीज व शंट वाउण्ड

26. परिपथ में वायरिंग जलने से बचाने हेतु लगाते हैं
(a) अर्थ प्वॉइण्ट (b) फ्यूज
(c) सोलेनॉयड स्विच (d) जम्फर

27. स्टार्टर मोटर में ड्राइव मैकेनिज्म रिंग गियर के साथ
(a) जुड़ता-टूटता है
(b) संयोजित रहता है
(c) कभी नहीं मिलता
(d) उपरोक्त में से कोई नहीं

28. सोलेनॉयड स्विच सैल्फ को करण्ट देता है
(a) सीधे (b) पूरे सर्किट द्वारा
(c) चार्जिंग सर्किट द्वारा (d) ये सभी

29. बैटरी को अलग करते समय पहले खोलते हैं
(a) नेगेटिव टर्मिनल
(b) पॉजिटिव टर्मिनल
(c) सोलेनॉयड स्विच
(d) उपरोक्त में से कोई नहीं

30. स्टार्टर मोटर प्रयोग करने पर हैड लाइट का प्रकाश ………।
(a) तेज होता है
(b) कम होता है
(c) जलता-बुझता है
(d) कोई अन्तर नहीं होता है

उत्तरमाला

1. (a)	**2.** (d)	**3.** (c)	**4.** (b)	**5.** (d)	**6.** (b)	**7.** (c)	**8.** (d)	**9.** (d)	**10.** (b)
11. (a)	**12.** (d)	**13.** (c)	**14.** (d)	**15.** (b)	**16.** (a)	**17.** (c)	**18.** (a)	**19.** (b)	**20.** (b)
21. (a)	**22.** (c)	**23.** (b)	**24.** (d)	**25.** (d)	**26.** (c)	**27.** (a)	**28.** (a)	**29.** (a)	**30.** (b)